国家出版基金项目
NATIONAL PUBLICATION FOUNDATION

世界历史文库
World History Library

上卷

法国史

〔法〕乔治·杜比 主编
吕一民 沈坚 黄艳红 沈衡 顾杭 杨庭芳 田军 译

Histoire de la France: des origines · à · nos jours

中国出版集团
商务印书馆

Histoire de la France
des origines à nos jours
sous la direction de Georges DUBY
de l'Académie française

图书在版编目(CIP)数据

法国史 /（法）杜比著；吕一民等译. —北京：商务印书馆，2010（2022.12 重印）
（世界历史文库）
ISBN 978-7-100-06904-5

Ⅰ.①法… Ⅱ.①杜… ②吕… Ⅲ.①法国－历史 Ⅳ.①K565

中国版本图书馆 CIP 数据核字(2009)第 226571 号

责任编辑　郭　可
装帧设计　罗　洪
出版发行　商务印书馆
地　　址　北京王府井大街 36 号
邮政编码　100710
电　　话　010－65258899
印　　刷　北京冠中印刷厂印刷
开　　本　710×1000　1/16
印　　张　132½
字　　数　1800 千字
印　　次　2022 年 12 月第 1 版第 5 次印刷
定　　价　360 元

《世界历史文库》出版前言

在全球化时代，关注世界各国各地区文明发展的源流、现实和未来，不仅仅是新世纪人文学科的一个重点课题，也是许多当代中国知识分子强烈兴趣所在。甚至，关注别国热点，不亚于关注自身状况，也已经成为心态开放、视野开阔的许许多多当代中国人的一种精神生活方式。然而，至今我国尚未出版过一套相对完备的世界国别史及地区史丛书，这不能不说是一个很大的缺憾。改革开放以来，我国出版业虽然陆续推出过一些国别史、地区史，但既无规划，也很分散，而且主要集中在英、法、美、俄、日、德等大国，覆盖面过于狭小，更遑论完备与权威了。为此，中国出版集团公司通过深入调研，邀约史学界专家进行多方论证，精心策划组织出版这套《世界历史文库》。

《世界历史文库》主要选收国别史、地区史的通史性著作，以国别史为主体，适当辅以地区史。计划共出版80种，2年内出齐。文库编辑委员会特邀我国世界史学界著名学者专家担任学术顾问，精心遴选著作。编选者和学术顾问一致认为，每个国家、地区的历史只选一种著作，因而要求此一种应是在学界已获得广泛定评的上乘之作，且最好是最新成果，作者应为著名史学专家，原出版者也应是知名的出版机构。原著使用的语种主要是英语、德语、法语、俄语、日语等，中文译者应基本上是史学专业人士或具有较高史学修养的翻译家。总之，学术性、权威性、完备性、可资借鉴性以及可读性，是《世界历史文库》编选出版工作所追求的目标。

显而易见，入选《世界历史文库》的著作，只是给读者们提供了关于一个国家一个地区历史一种具有较高学术价值并可资借鉴的优秀文本。在史学领域里，治史者所拥有的材料、眼光、立场以及才学识见的不同，必然导致历史研究结论与叙述状态的迥异，相信读者们会在阅读研究时注意加以辨别。上下数千年，人类一直在探寻自己的历史，寻找“信史”，追求“良史”，以期获得历史的真相和启悟。正如清代著名思想家龚自珍所说："出乎史，如乎道，欲知大道，必先为史。"治史、读史的目的是为了发现并把握历史发展的规律，这是人类认识自身与寻求发展的需要。因而，寻找"信史"——要求史家叙述历史时具有很高的可信度，是其正当的要求。而追求"良史"——希望史家叙述历史时，在可信的基础上能正确揭示历史的内在真相与内在规律，达到"知兴替"而经世致用的目的，则是其最高的要求。宋代曾巩在《南齐书目录序》中曾提出"良史"的标准："古之所谓良史者，其明必足以周万事之理，其道必足以适天下之用，其智必足以通难知之意，其文必足以发难显之情，然后其任可得而称也。"《世界历史文库》编选出版工作就是要坚持提供"信史"的原则，努力追求"良史"的境界，竭诚为我国史学研究者提供具有较高学术价值并可资借鉴的优秀文本，并满足各界读者了解世界各国各地区历史的需要，增进国际文化交流，为我国文化的繁荣发展作出贡献。这是编辑委员会和各位学术顾问的共同心愿和追求。

编辑出版工作不周之处在所难免，恳请批评指正！

《世界历史文库》编辑委员会

目 录 *Contents*

第二章　史前时代

第三章　罗马征服前的高卢

第四章 罗马高卢人

第五章 蛮族大迁徙

第六章 墨洛温王朝时代

第七章 加洛林王朝的建树

第十章　12世纪的飞跃

第十一章 卡佩王朝的整合

第十二章 伟大的王国

第二部分　王朝与革命：1348—1852 年

第十三章　苦难时代

第十四章　重　建

第十五章 文艺复兴和宗教纷争

第十六章 巴洛克时代的法国

第十七章 古典主义时代

第十八章 启蒙运动

第十九章　大革命

第二十章　帝　国

第二十一章　浪漫主义和资产阶级的法国

第二十二章　第二共和国

第三部分　新的时代：从 1852 年到当今

第二十三章　一种新文明的演进

第二十四章　第二帝国

第二十五章　第三共和国

第二十六章　知识传播和文化变革

第二十七章　第一次世界大战

第二十八章　两次世界大战之间

第二十九章　第二次世界大战中的法国

第三十章　战后法国经济社会史

序　言

在我们的集体记忆当中，法国的历史有如由一连串的事件所构成，这些事件的情节，随着时间的推移，变得越来越具有延续性，越来越紧凑和复杂。有鉴于此，本书始终通过年代来标明某些政治或军事事件发生的确切时刻，并且亦以年代来标明本书各个部分之间的连接点。

不过，无论是战役还是骚乱，王朝危机还是政府决定，显然普遍可以看作是一种表面的动荡。推动历史发展的深层动力当在别的地方，亦即在生产力的开发，以及权力和财富世世代代在人们之间进行分配时采用的方式之中。因而，本书的作者们最为关注的将是政治、社会、经济和人口等各个方面的结构。他们希冀把握住对上述结构产生影响的种种或是缓慢或是急剧的变化。

此外，似乎颇有必要对历史学家最近在着手研究的两个领域予以充分的关注。当对日常生存状态的考古研究，以及对往昔的人类学研究在法国取得进展之际，当人们意欲指出种种心态和行为举止的特性之时，我们在本书中亦致力于把生活方式、劳动方式、在自然环境中安身立命的方式的历史，还有信仰的历史、宗教实践的历史、舆论的历史、文学艺术创造的历史，以及教育、伦理、思想与科学进步的历史，尽可能紧密地同事件与社会经济结构的历史联系起来。归根结底，本书要写的就是构成当今法国的各个地区的整个文明的历史。

但是，这是一部在持续发展的历史，而且，它意欲与现实相连接。这样一种基本意图，在本书的谋篇布局中得到了证明。在构成本书的三大部分中，有一部分完全用于一个短促的时期（其时间刚刚超过一个世纪），这一时期以法国在第二帝国发生的巨大变化为起点，并且一直持续到当代。在这一时期当中，将经济、社会与文化的历史，与严格意义上的政治史区分开来，似乎更为可取。与之相反，在本书的头两大部分中，每一章均对应于能将法兰西文明的演进予以分辨的各个阶段中的某一阶段。参与撰写本书的每位专家均懂得通过强调政治以及社会问题，或是通过强调文化的表现方式，来点明每个阶段最为别具一格的特点。

乔治·杜比

（法兰西学院院士）

第一部分

从起源到 1348 年

17 # 第一章　国　土

自然框架
法兰西文明史镌刻此中

从南至北约1000公里，从东到西也约1000公里，顶着“法兰西”名字的这片近乎规整六边形的土地，与当今世界的大国相比，似乎很小。就面积而言，排名第37，人口位列第13。但在过去的数个世纪里，法国在文明和世界事件的进程中扮演了第一流的角色，今天依然如此。从法兰西民族植根的这块奇异土地本身来寻求这种优越性的部分原因，如果不是为了表明某种荒唐的宿命论，还是颇有几分道理的。

这片领土地理位置极佳，位居西欧心脏地带，而西欧间隔两千年二度成为重要文明和世界扩张的摇篮。它地处世界各大陆的十字路口。作为陆地，它与邻近广袤的欧亚大陆紧密相连；作为滨海地带，四海波涛拍打而至，路通天下。由于这样的双重身份，它向所有的经营事业和所有的冒险活动敞开了胸怀。这片领土同样由于它多彩的风貌和充满希冀而让人怦然心动，在此既有北部围垦地柔和淡定的灰调，也有地中海海角波光粼粼的闪亮，既有麦穗沉沉的大平原，也有欧洲最宏大的冰川。

在所有这些累积的天赋之中，也许最终就是由于自然环境的无穷变幻和居住人群的多种多样才为人类提供了最诱人的前景，才保证了我们的国土不仅具有吸引人的魅力，而且为我们国家提供了在历史上多次被开发的多重可能性。法国属于温带的国度，但气候却千差万别，同时包含有海洋型、大陆型和地中海型气候的影响。它位于欧洲的顶端，其地质地貌似乎是整个欧洲大陆的汇总：其中有广袤连绵的北方平原，有亘古不变的古老高原，还有俯瞰深谷的年轻山脉。这些因素以特有的方式结合在一起，以至于它们的效应进一步强化，从而赋予我们领土的各个部分以更鲜明的个性：有些低矮丘陵勉强隆起的宽广平原占据了整个西部，它们为海洋势力的渗透提供了场地；而与此对应的是，地中海气候特征却由于庇护着东南平原的高山屏障而进一步得到增强。如果笼而统之地描绘整个法国，有可能使这种非常丰富的自然多样性消失殆尽。相反，如果我们依着景致的变化，逐个地区地来刻画，就可能不会发生这样的危险。

一、西北部 18

法国西北部的尖端深深地伸入大海，整个沉浸在海洋的影响之下。从犬牙交错海岸变幻不定的天空到缓缓掠过长满荆豆类植物荒野的雾气，无不体现出海洋的气息。

海洋与天空

大海不仅指芒什海峡的门户，更多的成分指的是大西洋：此为受强劲西风横扫的5000公里水域，阵阵西风一直深入到内陆，几乎一年四季均是如此。海风随之带来了相对规则的气温：夏季凉爽并姗姗来迟（在布雷斯特，8月份的最高温度为17℃），冬季温暖（1月份的最低温度为7℃），此处为法国温差最小的地区（10摄氏度）。这片海岸几乎不知冰雪为何物，再加之掠过布列塔尼西北部大洋暖流（长期以来人们称之为“海湾流”）分支的加温，造成了这一地区非常特殊的植被。与温暖为伍的还有潮湿：没有瓢泼大雨，有时为难以察觉的零星雨点，有时小雨淅淅沥沥，在布雷斯特一年降雨天数为220天，降雨量却仅有700毫米，还比不过马赛。这种潮湿不仅表现在降雨上，它还表现为雾，大雾漫漫有利于产生传奇故事，却使航海充满了危险。潮湿还表现为朦胧，远方不再透明，一切隐入朦胧之中。

然而，你如果将这里的景象想象成灰蒙蒙的一片，那就大错特错了。风不断地吹着，有时甚至狂风大作。风策动着海浪扑向岸边，尤其扑向菲尼斯泰尔蜿蜒曲折的礁石褶皱；但大风也不停地吹拂着天空，推动后面的云追逐着前面的云，时常会出现这样的情况：风将云层撕开，让布列塔尼闪现在灿烂的阳光下，大海湛蓝，岩石轮廓突现，地平线扩展延伸，“阿尔摩”和“阿尔科阿”一下子让人难以辨认了。

“阿尔摩”地区①

这是海洋的国度：它不仅受到海洋或远或近的影响，而且它本身被海洋切割，沉浸在海洋之中，它以海洋为生。它既是海洋之岸，也是海洋的陆地边饰。

在北部，海岸为连绵不断的礁石岬角，有的岬角硕大突兀，就如弗雷埃尔那些几何形状的玫瑰红岩石；有的被鬼斧神工劈成褐色的礁石，礁石围着细沙海滩，它们通过暗礁和小岛向海平面延伸。海岬之间，有开阔延展、形态各异的浅湾，也有曲折幽深的溺湾：这种千姿百态证明了地形演进的复杂性。海岸的大方向（如圣布里厄海湾的V字形开口，莱昂地区这块直线条巨大长方形等等）主要取决于断层，许多断层年代久远，又经第三纪地质运动再造。岩石的硬度不同又决定了海岸在几何形状细节上的起伏变化：有坚硬的石英矿脉注入并作为支撑的结晶岩构成礁石嶙峋的岬角，在柔性的页岩地区，海湾往往开阔（如圣雅居半岛、弗雷奈海湾等）。此外还要考虑到大海的退缩（海水挖出沉陷的峡谷，这些峡谷现在身处海下），和大海最近的上升。在恺撒时代，现在的圣米歇尔山海湾还长着一片森林，伊丝城的

---

① 阿尔摩（L'Armor），古代凯尔特人对布列塔尼的称呼，原意即为海洋之国，今天用于指布列塔尼地区的沿海地带。

传说①是一段历史真实的记忆，在 4 至 5 世纪，确实发生过海侵。由此，所有古代的低谷都被淹没，海水冲击造成了一些著名的溺湾，如朗斯溺湾，它狭长而曲折，每天有两次海潮溯流而上穿行于草场和田地之间。圣米歇尔山海湾以前曾经是陆地，后来被海水深深地淹没，现今又被当地入海河流的冲积层所淤塞，这些当地的河流中就有库埃农河，它的河床变化还是晚近的事情。俯视一片围垦地风光的多尔山原先是小岛，而圣米歇尔山本身除了它的北面之外更像是一片陆地而非沿海地带。

阿尔摩的西海岸向前突出，遭遇海洋的直接冲击，其特征与北边 19
大致一样，但要更严酷。树木在狂风的横扫下消失了。布雷斯特深水锚地原为古代欧讷河的河谷，被海水淹没后形成，仅仅是因为它出海通道的狭窄，才有了受到庇护的安全感。这里的海岬暗礁丛生，一直延伸至海里（如卡马雷的“豌豆堆”礁石群、桑岛长条形暗礁等）。有些地名还能让人联想航海家们常常遭遇的风险（“亡故者”湾）。

在南边，景色要赏心悦目得多：泥沙盖住了岩石，松林丛丛，阳光也常常光顾。莫尔比昂湾海岸平整起伏，已经透露出卢瓦尔平原那种温情脉脉的气息了。

阿尔摩的海岸被变化着的地质褶皱分割得七零八碎，却带来一些资源：或多或少为港口提供多重保护，由于气候和海洋肥料而得益的沿海农业。

阿尔科阿地区

“阿尔科阿”（L'Arcoat）是“森林国度”的意思，用它称呼内陆的布列塔尼地区有点名不符实。因为今日布列塔尼内陆部分的森林植被几乎不复存在，除了一些局部地区，主要在丘陵地带。其他地区的森林呈零散分布。尽管如此，树木倒是常见的：旷野中的苹果树，

① 传说布列塔尼地区有个小国王的女儿达郁建造了伊丝城，达郁要求海洋成为她的未婚夫，但却与其他水手欢娱，并将这些水手杀死后投入海洋，由此引起海洋的愤怒，海水最终冲毁了伊丝城，吞噬了达郁。

到处可见的树篱等。当人们获得雷恩盆地周边的土地后，这种树篱就日益增加，替代了灰暗的、将土地分割成极小块的矮石墙。

在丘陵地带，普遍是荆棘丛生的荒野：带刺的荆豆类植物在春天花开遍野，铺满了一切被抛荒的土地，发育不良的树木在遭受着狂风的折磨，水塘零星少见，塘底多泥炭……这些丘陵有着非常奇怪的排列，这一特征强化了布列塔尼海西地质构架：在靠近海岸的地区，不论是北部还是南部，它们均为西南—东北走向（北部的阿雷山，南边的努瓦尔山），接着丘陵带突然弯折，呈西北—东南走向（北部是梅内荒地，南边是朗伏沃荒地）。这些山体低矮且连绵不断，波浪起伏，高度约 300 米，然后突然遇到居高临下的石英山脊，垂直高耸，仿佛由一把锐利的刀切割而成，严格地排成一线，上下数十米，其中就有布列塔尼的最高峰（阿雷山区的布拉斯帕尔的圣米歇尔山，391 米）。与这些山体相连的，或是坚硬而硕大的岩石（如于埃尔戈阿的花岗岩），或是原始坚硬的岩层，这些岩层表面由于长期风化而起褶或磨光，而内部的石英岩片挺直身子抵御着自然风化。

这些不太高的丘陵伴以严酷的气候，现在这些土地，人们仅用来放牧。但就在丘陵之间，有两块稍显丰饶的盆地，盆地位于一片巨大的复向斜地质构造底部的软页岩中，丘陵的山脊线正好构成这一复向斜地质构造耸起的边际。

在西边的是狭长的沙托林盆地，盆地朝大海的方向，由梅内—霍姆山护卫，这座山俯视着克罗宗半岛。欧讷河蜿蜒曲折绕行其间，滋润着农作物和青草地。但这片盆地深陷于丘陵之中，地理位置不佳，往东边被树丛杂乱的罗昂丘陵所封闭。

相反，在东边的雷恩盆地却一派欣欣向荣的景象。这片地区在软页岩沉降和侵蚀以后，被铺上了第三纪的海相沉积物和第四纪的软土，由此为它提供了肥沃的土壤。这类宽阔的盆地还具有多条河在此汇合的特征，地理位置上比布列塔尼其他地区更接近中心地带。雷恩城就诞生于此，早先它是一块公爵领的首府，现在是法国最年轻的城市之一。

“博卡日”地带①

雷恩盆地以远，有一块边缘地区，与盆地若即若离。这块地区难以归并到法国领土其他部分。这就是博卡日地带，这一地区很多特征 20 与东布列塔尼接近。地质学上，它与古地块“阿摩里卡高原”② 处在同一基础之上。但相似之处还并不限于此，它们的丘陵走向也相同。在诺曼底高地和佩尔什高地，很明显的东西走向，或西北—东南走向，几乎是布列塔尼北部地形的延伸；在旺代地区，丘陵呈西北—东南走向，它们越过卢瓦尔河与朗沃荒地丘陵走向相接。它们同样也为硕重的圆形山丘，时而其中也有一些深沟，深沟中的更为险峻的地层保持着凹凸不平（如法莱兹周边的一些石英岩冠）。山地上升到阿伐卢瓦山，最高点达 417 米。峡谷被紧紧地夹在群山之中，就如萨尔特河的上游那样。

这一布列塔尼的外圈当然享受不到布列塔尼那样的纯粹的海洋气候，但仍然强烈地受到海洋的影响。如果说夏天要热一些，冬天却始终不太严酷，雨量充沛，阵风频频，青草常绿，或几乎常绿，树是大地之王：森林茂密壮丽，如埃库乎森林、帕伊森林、科埃弗隆森林…… 树篱无数，繁茂杂乱，到处蔓延；道路凹陷，适合游击战；苹果树枝丫弯弯曲曲，除了在收获酿酒的苹果时，不太有人照看……人们对绿地已经熟视无睹，但却看不到辽阔的大海。房屋本身星星点点，分布在小树林周围，消失于茂密的树篱丛中。村庄在这种蔓延的绿色中被分解了，这就是“博卡日”。

这种景观甚至超出了古代高原的边界。借助沙、黏土和硅岩占优势的那层不太厚的地表沉积，“博卡日”地带一直延伸至严格意义上

---

① “博卡日”法语为 Bocages，此词中文无恰当的对应词，因此取音译。Bocages 为古诺曼底语，意为“树林的”，现指法国带有以下特色的一些地区：这些地区里的田地和草地用土埂围起来，土埂上栽种树篱或排成几行的树，形成树篱和小树割裂地块的景观，居住环境局促，那里的居民大多分散居住在农庄和小村庄中。

② 法国西部地质区，为侵蚀均夷后形成的海西高原，包括现今的布列塔尼全部、旺代地区和西诺曼底地区。

所说的阿摩里卡高原的外围。

北部是诺曼底“博卡日”，该地区之冠为科唐坦半岛，一直延伸至芒什省中心地区。在那里，绿地面积达到可谓无以复加的地步。谷地湿润，树木密布的丘陵规则地交替分布，阿摩里卡高原的前端顶着诺曼底的丘陵一直推进至阿朗松的北边。南边是勒芒“博卡日”，它较为干燥些，耕地主要分布在马延和拉瓦勒盆地，这一地区的地貌可以使人联想起雷恩盆地，而且马延和拉瓦勒盆地的西边开口正对着雷恩盆地，不过这里的盆地要小的多，也要相对贫瘠一些，几条河流成束状分支，它们的流向与东西走向的地质岩层露头正好垂直。河流汇合后也就将这些地区与卢瓦尔盆地连在了一起。再往南是昂热和南特“博卡日”，卢瓦尔河像一条深沟将之割裂，此处出现了第一批葡萄园山坡，在现今大西洋法国的部分，这里标志着葡萄种植园的最北端。最后是旺代“博卡日”。它与卢瓦尔河三角洲以南的丘陵为伴，西北面有南特的葡萄园；南边是塞弗尔·尼奥尔泰兹的沼泽地，此处经过历史上的排水改造已经成为围垦地；东边，是更开阔更适于谷物生产的石灰质土壤的平原，此为普瓦图地区的门户。这一博卡日区外圈的端点在南部逐渐收缩，这里的绿地比不上诺曼底那样的茂盛。

这些西北部的土地由于它们拥有的共同自然特征而联系在一起：近海的框架；普遍不透水的古老岩基，但岩石的硬度有很大的反差；形态上经历了长期的演化，却很少受到近期地质事件的干扰，这种演化造就了丘陵和盆地，它们高低起伏依然明显，但并没有给人带来太大的限制。所有这一切都保证了这些地区具有草场多过耕地的共同属性，它们更倾向于牧业而非农耕（个别地区例外，如布列塔尼沿海的蔬菜种植或雷恩盆地等）。

还有另一个共同因素：西北地区相对远离法国主要领土，远离欧洲。周围虽然是海洋，虽然海洋保证了联络，为在不列颠群岛西部边缘和法国的西部边缘建立凯尔特文明共同体创造了条件，但这片海洋难以利用进行大众航海。由于远离欧洲大陆之间的主要商路，远离丰
21 富的矿产资源，也远离最后成为工业发展摇篮的商业中心，这些地区

仍然是边缘的、自我封闭的、少有变化的。唯有卢瓦尔河这条轴线与内地建立了联系，但它本身流经的地区都非常特殊，利用的可能性也非常有限。因此，传统的力量非常强大，这一特点由于布列塔尼的居民具有一种原始的同质性而尤其突出。城市仅仅是地方性的港口或地区农业的集市：经济生活的细胞也要适应自然框架的划分，无力超越它。从这一意义来说，西北部具有惊人的原始性。

二、平原

北部

北欧大平原在俄罗斯部分极其巨大然后向西逐渐变细，直到变成了这么一小块三角形，这块三角形紧靠阿登山区边缘，到阿图瓦丘陵带微微隆起，构成了法国的北部地区。该地区被阿图瓦白垩纪褶皱一分为二，这条丘陵带海拔 200 米，经巴波姆山隘（160 米）一直延伸，由此，同属此平原的佛兰德尔地区和庇卡底地区其性质就不大相同，庇卡底地区已经接近巴黎盆地的复杂体系。

在平原的东南面，是阿登高地（600 米），原本是小高原最后的突出部分，却在比利时阿登地区和德国莱茵页岩高原扩展开来，地势也开始增高。西部高地有默兹河以幽深偏僻的峡谷形式穿越而过，桑布尔河成了高地的边饰。这片岩石表层苍老，经历了复杂和几乎完美的平整运动，它形成皱褶，遭受切削，前后由一条黑森林带串连起来。唯一的断面是河谷两边的峭壁，这些河谷是在准平原作用后地壳隆升所形成的深沟。从这里，人们就可以通过梯叶拉什和埃诺的“博卡日”型且湿润的丘陵地带（适于牧业和种植苹果）下到北部平原了。

平原

背对法国腹地，这片平原向大海和比利时方向倾斜，上面的河流几乎毫无例外地发源于阿图瓦丘陵及其绵延带，最后汇入比利时的入洋河流中，直接的有伊塞河，间接的经过埃斯考河。然而这片平原并非千篇一律，该地区的海拔甚至可以说富有变化：东南、南和西南隆起，逐渐降到平均海拔为 30 至 35 米的平台上，在这块平台之中有些宽广的平地（海拔约 20 米），相伴随的是一些河谷，尤其是利斯河谷和埃斯考河谷。河流平缓地流淌，残留的沙丘（60 米）与之形成对照，沙丘上的片片森林使对照显得更为鲜明。然而真正的地势起伏是在里尔以东，梅朗图瓦高地（100 米）为石灰岩山丘，它的延伸穿越德于尔沼泽，圆圆的山顶成了向下排放积水之地。佛兰德尔的首府城市就诞生在这座平原“小岛”上。还有那些值得玩味的山丘，从西到东排列着（卡塞尔山、卡山……），海拔约 160 米，关于这些山丘的起源人们有多种解释，尚无定论。这些小山丘之北，即为佛兰德尔沿海地区，那里一马平川，围垦地呈棋盘格状，古老的风车无人再用，房屋星星点点，几乎匍匐在地平线上，看也看不见。唯一看得到的是一条以沙丘为标志的海岸带，沙丘上布满了沙芦苇，这条沙丘带成为南边围垦绿地与北面灰蒙蒙大海分不太清的沙滩之间的点缀。

它是法国唯一面向北海的地区，更多的是受到北方气流的影响，而不是海洋的影响。它的气候虽然湿润（沿海胜过内陆，在加莱，年降雨量为 740 毫米，在里尔则为 680 毫米），但也寒冷，不过它的寒冷并不严酷：在敦刻尔克，1 月的平均气温为 3℃，8 月平均气温为 15.7℃。温差比布雷斯特要大一些（达 12.7℃）。空中总是飘着大团
22 大团的云，晴空万里的日子属于例外，所以被人们细心记录在案。风无休无止地掠过平原。

劳作和财富

平原多姿多态，多种经营，它是富裕的。厚厚的土层经过人们数百上千年的改良，今天已经成为法国农业收成最好的地区。地层底下蕴藏着法国一半的煤炭。它地处交通枢纽，还不用说它离不列颠群岛的距离最近（加莱海峡的宽度仅 31 公里），这一优势使它有了活跃的商贸活动、早熟的城市繁荣、手工业者的广泛分布以及最后带来的工业的强劲飞跃。因此，那里人口众多，他们分布在大村庄里，分布在聚集着纺织手工工匠的小城镇（如康布雷西斯）里，也分布在连绵

120 公里矿藏盆地的星云状城市中（这条城市星云带起自比利时边境一直延伸到阿图瓦丘陵的山脚下），还分布在从海岸沙滩上拔地而起的港口城市里，如加莱和敦刻尔克。今天，这里的人们都生活在一座多种经营的集合城市中，它的辐射影响力超越了政治疆界。

巴黎盆地

不论你是来自庇卡底高地，还是来自阿图瓦的小圆丘，不论你是来自布满森林的阿登山区或洛林高地，还是来自马恩河、奥布河和塞纳河犁出它们最初河谷的石灰岩台地，不论你是来自莫尔旺小高原，还是来自诺曼底博卡日高地，向下走都汇聚到了巴黎和奥尔良地区。所谓“盆”的形象就是中间深凹，边缘突起。这也就是从孚日山区至诺曼底丘陵、从中央高原的北沿至芒什海岸整个地区地形的定义。构成巴黎周边的地形板块，其平均海拔约 100 米，向大海方向甚至有所升高，因为庇卡底高地的沿海边缘海拔超过 130 米。在勒芒的东部一直抬升至 200 米，在汝拉高地海拔达到 300 米，它居高临下地俯视着莫尔旺山以北的大平原。到了俯视第戎平原和索恩河平原的高原处，海拔达到 420 米。最后在东边最远的最外圈，海拔爬升至 450 至 500 米，随后人们可以深入到孚日山区了。

河流汇集

与此地形配置相适应，水网也呈现相似态势，此种情形虽然并非十分鲜明，却无可争议。水系走向与地势平行的情况在东南部更为确定：东北方最远端的默兹河和摩泽尔河与地势走向不同；南方的卢瓦尔河同样也溢出盆地；至于海边的河流直接流入就近的大海，全然不顾巴黎盆地的吸引。但是水系的汇流同样也给人以深刻印象，在巴黎周边 100 公里的范围内，有多条水系汇集，其中有来自莫尔旺山及其周边山区的水系（约讷河及其支流），有来自朗格勒高地的河流（马恩河），有来自比利时边境的水流（瓦兹河），有来自卢瓦尔河周边地区的河流（卢万河），还有来自佩尔什地区的河流（厄尔河）。

中央凹陷和水系汇集还不足以道尽这一地区最具特征的事实。如果我们从巴黎往孚日山区方向前进，同样引起我们注意的还有一圈又一圈的环形山地，它们的排列非常规则。地势的变化不断重复，甚至达到单调的程度：先是缓缓上升的高坡，然后到达一道突起的山顶，随后下降。这一循环周而复始了五次，从西向东，人们依次遭遇到：法兰西岛斜坡、香槟斜坡、默兹斜坡和摩泽尔斜坡。在翻越洛林高地后，人们重新看到相同的组合，不过幅度没有先前那么大。此种景象符合盆地的深层结构，从边缘向中心发展，地质层的堆积越来越年轻，地质学家们称之为“沉积盆地”：最外圈由一系列高原构成，其基底为古生代岩层或结晶岩（阿登、孚日、中央高原和它的延伸、阿摩里
23 卡高原）；中生代的地质层一级级地下沉，构成了洛林、香槟、朗格勒高地、贝里外围、曼恩和诺曼底东部、庇卡底等；再往中央，它们被第三纪地质层所替换，倾斜度减小，构成了奥尔良—巴黎中央凹陷的高台（博斯、布里、法兰西平原、维克辛平原、苏瓦松内平原）；第四纪的冲积层覆盖着谷地，同样年轻的涅软泥给广袤的空间铺上了薄薄的一层沃土。

景观各异

这些地质层的硬度和厚度多种多样，它们的分布也不相同，由此在盆地的总框架中引入了不同细节的景观。东部和南部富有节奏感，与此相对，北方更规则，西部呈混杂状态，中部更精致。

此外，我们还应该考虑一种普遍的影响，这种影响处处可以感觉到，或者可以说“几乎处处”可感受到：这就是第四纪冰川期的影响。该冰川期用巨大的冰盖覆盖了大部分北欧之地（不列颠群岛除了东南部外的几乎全部，斯堪的纳维亚半岛、德意志和荷兰的北部）以及居中的海洋（北海、波罗的海等等），也覆盖了巨大的山地高原，如阿尔卑斯山和比利牛斯山，甚至还包括孚日山脉和中央高原，尽管程度稍显温和。在这些寒冷体积的周围笼罩着“冰缘性”气候，人们可以从白垩这类脆弱岩石的碎化，从斜坡非正常地滑坡这些现象中感觉到此种气候所带来的效应，因此这一气候还决定了斜坡的缓和（“粗沙”淤积在谷地和小山沟里，形成了广阔的平原，现在流经这些

平原的河流就是这一地貌软弱的继承者），决定了斜坡的成型，决定了某些特别脆弱的白垩岩坡面迅速后退（如香槟斜坡），决定了谷地根据朝向呈现非对称性……所有这些地形的细节变化，它们的发生仅仅只有数万年。与此同时，狂风围绕着冰盖打转，掀起光秃秃的泥土，将尘土带往它处。这些肥沃的湿软泥覆盖了一些平原，在一些凹陷处或沿着一些坡面堆积起来，其厚度从几十厘米至几米不等，用统一的外套将下层岩石千姿百态的自然差别掩饰起来。冰川期的影响在法国多个地区均有显示，表现形式也多种多样，但在巴黎盆地留下的后果尤其突出，因为这一地区地势起伏不大，离大冰川也不太远，而且大面积构成的是冰裂得非常厉害的岩石。

地区多样性：东部和南部

由两条裂谷带割裂的三大山柱在此方向支撑着巴黎盆地的一端。围绕着这些古老的支撑点，这里的斜坡呈现非对称状，它们变成弧形，弯曲起来，与古老高原的边缘平行，仿佛是它们的系列复制品。说实在话，阿登山区的影响较为有限，而孚日山和莫尔旺山的影响却非常明显。中生代的地层（三叠纪、里阿斯纪、侏罗纪、白垩纪）非常厚，分布也非常规则，不同的岩相，坚硬的砂岩或石灰岩、柔软的泥灰岩或黏土轮换变化着，向中心的沉陷非常温和，没有受到中生代地质断层的损害：借助这些必要条件，我们得到的效果是，在空中俯瞰这片风景就如看一张地形图。

洛林高原向着孚日山脉的方向爬升，这片高原主要由孚日山脉的砂岩构成，它的表面树木葱郁，预示了高山乔木林的壮观。在地下深处，蕴藏着丰富的煤、盐和铁矿。在黏土和泥灰岩之上，绿意盎然的大平原伸展着（沃埃弗尔森林、湿地香槟……），上面流淌着多条河流。在石灰岩高地的背面则适合种植谷物，而冠状山脊由一条条森林带将之勾勒出来，诸如覆盖阿戈讷山脊的那条森林带。这种景观的节 24
律止于土质高原的边缘，即法兰西岛斜坡处，那里布满了名声在外的香槟区葡萄园。

西部

盆地结构上的一体性在这里并不存在。如果说，人们在贝里地区重新看到东部起伏地形的延伸，那么这里也为通向卢瓦尔地区打开了一个大缺口。至于与阿摩里卡高原的连接处，与高原接触有点模糊不清：这里中生代的地层非常薄，也非到处都有，再加上硬岩岩相的稀少，因此没能形成高低起伏的美景。一些高低起伏不太明显的高地框住了梅尔勒洛一带的丘陵，这一丘陵带成了卢瓦尔河谷与芒什海岸的分水岭。博卡日地带、开阔的农田和森林根据地质岩层露头分布着，这些地质露头或多或少不太渗水，或多或少有点岗峦起伏。

塞纳河

我们终于来到盆地北部，从阿图瓦到科唐坦这一片，巴黎盆地通向大海。然而，只有塞纳河谷才真正是与大海接触的主动脉，它同样也是中心轴，盆地的许多水流和盆地的许多商品贸易均汇入其中。塞纳河是一条适应航行的河流，它穿行于形态各异的高地之间，开辟出宽阔的谷地，拥有宽敞的入海口，海潮溯流而上。它开放给大海的那片法国陆地经过历史演进，逐渐成为法国最活跃和人口最稠密的地区。

此地，白垩地层在整个地区占有优势。从塞纳河到阿图瓦丘陵，西北至东南走向的山峦规则地排列着，中间被条条谷地隔开：塞纳河谷、布赖地区丘陵、索姆河谷、阿图瓦丘陵。此地的白垩地层，那白色美丽的白垩土，厚达百米，上面还覆盖了湿软泥，它没有光秃秃的“无草香槟”地区那样的干旱。因此，庇卡底高地谷物收成高，拥有大片农田和大型的村落，而在更为潮湿的考地区，则适于开辟大片草场。

由大海冲刷而成的白垩悬崖景观壮美，但不利于航海，航海活动只在三角洲北部零星出现。需要指出有一个例外地区，这就是滨海布洛涅地区，它位于阿图瓦丘陵之中，却适于种植谷物，就如丛山之中的一只绿眼。

法兰西岛[1]

最后，我们来到盆地的中央。这里的一切都不太一样，但又是如此精致和谐。法兰西岛远方透出的淡蓝色非常具有诱惑力，同样具有诱惑力的还有远景巧妙的安排，还有土地利用的多样性，伴随着平缓坡地的是瞬间变幻的不同地块和不同朝向。

这番花边般的风景，我们应该将之归因于第三纪沉积的地质条件。这里的地层几乎水平，细薄，局部厚度不同，有时呈岩相，与此相应的，一方面是石灰岩台地，上面覆盖着厚厚的湿软泥，其中包括谷物收成颇丰的法兰西平原、瓦卢瓦平原、苏瓦松内平原，它还延伸到更为广泛的区域，如博斯地区和布里地区；另一方面是白沙山峦，一条条冠状山顶由砂岩组成，这些山峦顺着古老的沙丘排列，并被广阔的森林所覆盖（橡树、栗树、榉树、榆树和松树等）。这样的布局绝非杂乱无章：在海拔百来米的石灰岩中间层高地之上堆着一些山丘，它们简直就是较为晚近的沙土或黏土堆，形态不定，上面草木葱郁，经常呈北至东南的方向延伸。这些山丘顶上覆盖的是坚硬而不透水的硅化石灰岩，或称为磨石粗沙岩，这种岩石在山坡顶端突出出来，斜歪在沙土之中。大片大片的森林靠这种岩石支撑着，从山顶一直扩展到山的南坡，一直延伸到河谷地带（蒙莫朗西森林、贡比涅森林、朗布伊 25
埃森林、奥蒂尔森林、阿吕埃森林、圣日耳曼-昂-莱森林……）

整片高地沙丘被宽大的河谷分割开来，河谷与河流的数量不成比例，多条河流在宽大的河谷里犁出一条条的沟，蜿蜒曲折延伸开去，比如蓬图瓦兹前面的瓦兹河和圣莫尔一带的马恩河就是如此，这些弯弯曲曲的长龙在巴黎盆地中陪伴着塞纳河。

以前整片土地上林木茂盛。近三千年来，耕种植们持之以恒的拓荒，接着是汹涌而来的城市化浪潮，吞噬了森林，今天唯有在那些不能移作他用的土地上还有残存。在山丘和河谷的南坡，长期占据统治

---

① 法语原文为 L'Ile-de-France，直译为“法兰西岛”，实际上它不是真正意义上的岛，而是以巴黎为中心的一片平原，这片平原的四周被多条河流环绕，故有“岛”的称呼。

地位的葡萄园已经被果园所替代：盆地的底部今天已经被草场、菜地和越来越城市化的居民点所瓜分；而高地属于大农场和种植谷物者们的大村庄。

巴黎

然而，当人们接近巴黎时，所有的自然景观在我们眼前消失了，迎面而来的是吞食土地的房屋。偶尔还有小块小块的土地，将乡村景观分割成几何状，随后它们都融入包罗万象的大杂烩里。然而，巴黎的地形仍然保持了它原有的优雅：它是一座巨大的阶梯剧场，观看着被塞纳河舍弃的一段古老水流弯曲，一些丘陵轻轻地隆起，如现在先贤祠高地（56 米）和星形广场高地；岩基有时突显出来，如在蒙马特尔高地和瓦雷连山；默东高地和美丽城高地的剪影形成了城市的外圈；最后，河流洞穿城市，呈现舒展的曲线，河水在河中分割出一座座河心岛，它是便利的通道和主要的向外出口。

卢瓦尔地区

围绕着卢瓦尔河构成了一个自然单位，这条河流是法国最长的河流，但极不规则，它或穿行于沙洲之中，或突然膨胀起来，宽大起来。

温柔和节制有度

从诺曼底丘陵和佩尔什丘陵往下汇聚成两条长长的斜坡，卢瓦尔河北面的一束河流就发源于这两条斜坡，这几条水流平缓宁静。另一面是中央高原的北坡，从那里顺势而下的水流最不规则。在奥尔良和昂热之间是一条宽大而明显的天堑，这条天堑将这条大河的很大一部分框限其中：以上即为总体的地貌。这已足以确定一种特殊环境的存在。这一越过高地面向海洋的开口迎接着海洋的温柔，但在这片陆地洋湾空间，风已远离海洋，雨量有限，越往内陆，雨量就越少（卢瓦尔三角洲年降雨量 700 毫米，到奥尔良地区少于 500 毫米）。冬无严寒，夏无酷暑，阳光普照的日子比北部要多，甚至超过巴黎地区，这一切吸引着人们，使人们流连忘返，使人们心情大悦：杜贝莱[①]曾经赞美这“昂热的温柔”，在两个多世纪里，法国宫廷非常愿意亲近这般“温柔”。

在此起伏适度、光影婆娑、蓝天白云之上还要增添另一种魅力：被人类不知节俭地使用着的那些自然材质的美丽，几个世纪里，随着人口的增加，人们用此美化着自然环境。还有谁能够想像得出比古色古香的白垩岩与灰调中带点浅蓝色的板岩搭配更和谐的组合呢？白垩岩精巧得切割成一块一块，垒成带点细颗粒状的美丽墙壁；板岩的质地细细的，听凭人们异想天开地摆布。悬崖上凹陷进去的白垩岩也可以建成有利于身体健康的房屋或是酒窖，这些悬崖俯视着卢瓦河、卢瓦尔河和维埃纳河。白垩给不起眼的农舍以朴素和优美的姿态，同时它也使城堡显得更有光泽，不论这些城堡是王公贵族的古老宫殿还是资产者们简单的宅邸。

河谷地带 26

卢瓦尔河从中央高原走出，流经这些地区，用它的水系织成了一张网。水流如影相随的这些河谷，甚至是最不起眼的河谷，也吸引和维持着座座城市。河流经常变得非常宽广，为人类提供了极其适宜生活的环境，就如那些著名的“谷”，这些谷地在卢瓦尔河中段一直与河为伴。由此它们将一些分散的因素和完全不相干的因素串联起来了。

脱离中央高原后，由卢瓦尔河[②]和阿列河汇集的水流首先向北穿行于尼维尔内郁郁葱葱的山岗和贝里平原规则变化的地质带之间。河水流经布瓦肖的草场和森林，这里是黏土质的，覆盖着来自邻近高原的花岗岩沙粒，然后进入石灰岩原野，这里地平线曚曚昽昽，而且光秃秃的，几乎是绵羊的领地，但经伟大农民之手的改造，现今这里已

---

① 法国16世纪著名诗人，七星诗社成员。

② 这里的卢瓦尔河是上游支流，它与下面提到的阿列河均发源于中央高原，开始几乎平行，后在讷韦尔附近汇合，汇入卢瓦尔河主流之中。

是丰产的小麦产地，犹如真正的香槟地区[①]。桑塞尔丘陵是这片白垩质斜坡的上沿。再往北，在几百万年前，河水通过大致与现今的卢万河谷相同的路径流入塞纳河，然而向西的下沉运动形成了一条下陷带，引导卢瓦尔河流向大海。在到达奥尔良的大转折之前，景色发生了变化：河道呈现为一段一段的曲线，这些曲线取代了中生代地层交错的架构（它给予贝里地区地质带成规则排列的景象），也取代了白垩地层的露头（白垩地层处在山峦起伏的上曼恩地区，那里的土质更为柔软，常常是不透水的），也取代了普瓦图地区更干更硬的侏罗纪石灰岩台地。这些曲折河流处在沙地和薄薄的第三纪土层之中，因此易变，不具恒定性。那些沙土来自周边山区，大量地保存在索洛涅的凹地里或者保存在部分都兰地区和安茹东部地区之中。在这些形状模糊、有时由谷地之上的突出边缘勾勒出的高地之上，荒原和松树林几乎占据了整个空间（奥尔良森林、希农森林、吕夏尔荒原……），有的地方星星点点地布满了池塘，如索洛涅地区和布雷讷地区。

财富就在河谷之中。著名的“卢瓦尔谷”，宽 2 至 7 公里，长约 250 公里，轻微高出谷地的斜坡上固定着一系列村庄。斜坡有朝向向南的优势，小块小块得到精心照料的葡萄园就如花环点缀在半坡上。谷地底部宽敞且鼓出，总有数条河流在其中犁出道道深沟，这些河流懒懒散散地相互寻找着，最终汇到一起：卢瓦尔谷中依次有卢瓦雷河，它简直就是卢瓦尔水系在地下重新冒出而成，然后有谢尔河、安德尔河、维埃纳河和其他不太重要的河流，由此它们构成了卢瓦尔河的随从，同时通过它们自己的河谷又扩充了这片最大的河谷地。逐渐地，人们通过修筑堤坝来保护最易受到洪涝威胁的谷底，因为卢瓦尔河和来自中央高原的其他河流涨起水来非常迅速，也极其汹涌。由此人们获取部分用于草场的土地，而在地势相对较高、富有肥沃冲积层的底部，在丰富的黑土地区（图尔的瓦雷讷），人数众多的村民精耕细作

① “香槟”一词为音译，原意为“白垩质平原”，所以此地又称为“贝里的香槟”(Champagne Berrichonne)，“真正的香槟地区”则指法国著名的香槟地区。

着花圃和蔬菜地。

卢瓦尔河河谷穿过古老的高原和博卡日区后，逐渐变窄了，然后通过宽敞的三角洲投入大海环抱，以三角洲相伴的是比较晚近形成的冲积平原，在大布里埃尔地区严重淤塞，形成沼泽带，南特地区的葡萄园更需要排水。长期以来，这是一个适于内河航运的场所，这种航运活动通过卢瓦尔河以及它的水系网络激活了很大一部分法国土地。交通运输的技术进步已经限制了这一功能。但是与外岛的贸易使南特在18世纪致富，19世纪创建了圣纳泽尔港，20世纪大工业逐渐移植到这里。

阿基坦及其边缘地区

经过普瓦图开放式的高原和高原的裂谷，或通过古老高原博卡日地貌山峦之间隘口，通过这些通往西南平原的通道，人们进入到阿基坦地区。 27

流淌着加龙河水的“檐槽”

有人说阿基坦就像一块“盆地”。然而，虽然它也像巴黎盆地那样面向大海，周边有高地作为框架，虽然它也像巴黎盆地那样，由平原、丘陵和不太高的高地组成，地势汇集到一条中央河谷（加龙河谷），但它和巴黎盆地具有根本性的不同。最根本的理由在于阿基坦周边山势的不对称性：阿基坦的东北边缘为中央高原的古老群山，这是石灰岩的高地，顶平、坡缓、山体开膛剖肚，与此相对的是南方居高临下、形态张狂、犹如石壁一样的比利牛斯山脉。这两大山系通过它们的分支或它们的延伸最终在东边几乎会合在一起，而在西边，呈三角形的平原开口朝向海洋。因此人们不应该称它为盆地，而应该称之为犹如屋顶斜坡下的“檐槽”：地平线比巴黎盆地要狭窄；平原仅在西部充分展开；根据沉积层复制的地貌受到稍晚一些从比利牛斯山脱落下来的大量碎片的影响，以及由风所带来并积累起来海洋沙粒的影响，而被完全打乱。地层根据年代远近逐级推进的情况我们只能在北部才能看到，即在中央高原和加龙河之间。

这里的水网反映出这些纷扰局面的冲撞：在靠近加龙河附近，这条河谷几乎是几何学意义上的中轴线，其中流淌的加龙河由于它的水大流急已经不适于今天的航行。水大流急的原因是这条河发源于比利牛斯山脉的中心地带，迅速下泻到平原，它汇集了大山里的多条水流。在阿基坦的东北部，来自中央高原的河流长但不规则，其中有洛特河、塔恩河、阿韦龙河以及多尔多涅河及其支流，后者汇集了来自利穆赞南部及其周围的水流。在南部，河流较短，有的发源自山脉中央，如阿里埃热河，有的起源于山麓（萨弗河、热尔河、巴伊斯河），后者冲过最短的坡地，直接下到中央河流之中。通过加龙河的一条支流，人们可以非常方便地从阿基坦地区进入到地中海地区：这条通道就是“死埃尔”河谷，它深陷在瑙鲁兹隘口里，此隘口开口在努瓦尔山的山梁分支尾部与比利牛斯阿段丘陵末端之间。没有中央凹地，没有中心汇合点：这样的地理条件也许可以解释为何这里未能产生支配整个“盆地”的大都市，区域影响始终由两大都市平分秋色：图卢兹和波尔多。

波尔多地区夏季炎热（8月平均气温20.8℃），冬季温和（1月平均气温4.3℃），湿度较高（年降雨750毫米）。人们越往内陆，海洋的影响就越加不明显；在图卢兹地区，从气温来说反差更大一些，但在山区温差又缩小了（7月21.8℃，1月4.9℃）。该地区的降雨略少一些（年降雨660毫米），但它的雨量相对集中于春末，在杂交技术还未能使玉米的种植扩展到法国的北部和东部之时，这种降雨条件使得该地区成为玉米的特权领地。

加龙之乡

在盆地中央，加龙河谷自脱离比利牛斯前麓以后一直与宽敞和肥沃的台地相伴。这些台地的开阔得益于构成盆地轴之“檐槽”东部和中部的柔软地质：黏土、磨砾层、难以辨认的沙土、零散、不太厚且脆弱的石灰岩滩，所有这些被雕塑成无数和丘陵，有的尖尖的，有的如翻腾的白浪。每座丘陵都有一座农庄：阿热内地区是法国乡村居民最为分散的地区之一。

然而，面向大海，景色变高了，为波尔多提供石材的海星石灰岩在加龙河谷和多尔多涅河谷之上勾画出高地的风景，这两条河谷互相靠近，最后在“昂贝嘴”（bec d’Ambès）合二为一。波尔多地区是多种植物种植区，自 13 世纪以来，葡萄园占据了优势：在峡谷冲积地 28
里，在斜坡的坡地上，在高地的沙土上，在著名的“酒店”周围，葡萄在完全适合它生长的自然环境中成长着。这块葡萄园以其质量和数量著称，自从在它附近创建了大港口以后，其中很大一部分面向出口。

中央高原的背面

我们从这里经过非常构造化的风景到达中央高原，这边的风景与中央高原北边的风景（地处巴黎盆地的南界）无法相提并论。在这里，古老高原与中生代沉积层之间的接合部表现得更为突兀：丝毫不见覆盖层的循序渐进，逐步升高，而通常的情况是突然的脱位，结晶岩与沉积层赫然并列。地形起伏复杂而多变，这片断裂带在布里夫盆地以作物绿洲和菜园的形式表现出来。这片盆地的北边是种植着栗树的利穆赞圆顶山丘，在这片山地的庇护下，布里夫盆地已经感受到南方气候温和的一些效应。不过总体上来说，高原的接触部没有这般满眼绿色的雅致，厚厚的、几乎水平的侏罗纪石灰岩高地与苍老、阴暗的群山连在一起：凯尔西地区和佩里戈尔地区荒凉干燥的喀斯[①]高原（海拔为 500 米），白色的碎石堆上只有绵羊在放养，垂直的峭壁逐渐逐渐地分离开来，直至狭狭的柱状岩冠；而另一边的河谷在不断扩大，那是绿野之地、清新之地、生命之地，它们的经济是加龙平原经济的先声。

比利牛斯山麓

在南部，位于加龙河和阿杜尔河之间，盆地隐入比利牛斯山麓之下。一片巨大的平坡缓缓而下，中规中矩，中央部分膨出，与比利牛斯山最高处正好相对，一直延至图卢兹和阿让之间那段河流曲线处。

---

① 喀斯为法语 causse 的音译，指法国南部特有的石灰岩高原。

拉纳默藏高地通过一系列草木葱郁的低地逐渐与山脚脱离，高地被扇形发散的河谷犁出一条条的沟，同时奇异地分割出不对称的丘陵带，高地就在阿马尼雅克丘陵间如手掌五指般地下行，从 680 米下降到 250 米。这里的物质材料来自比利牛斯山，当比利牛斯山处在不断隆起的过程中，它脱落的碎片积累起来，巨大的碎片有的如圆锥，有的如片状，这些材料交织着，并列着。巨大的碎片堆呈现了山体不太古老的并受到猛烈摧残的惊人画面，但其上已经覆盖了被严重褶皱的中生代地层，在这些褶皱中，最近人们已经发现了天然气和石油矿藏。位于不太肥沃丘陵的西部，阿杜尔河摆脱了轴心区的引力，通过博卡日地貌的丘陵注入大海。

在阿杜尔河与加龙河河谷之间，呈现一片宽敞的三角形地带，它的西边终结了阿基坦“盆地”。这里的沙土长期贫瘠，被池塘和沼泽分割得一片一片的，如此的荒野在几个世纪以来是法国领土中最不讨人喜欢的部分之一。荒野主要用来放牧羊群，偶尔也能看到踩着高跷的牧羊人，几乎等同于沙漠。这片巨大的沙土堆积一方面来自中央高原和比利牛斯山，撒播的途径是陆地水流，另一方面来自海边，由海洋大风将它们带来。它并不固定。此外，这些沙土粘合成一层深度不深且不透水的砂岩，使水滞留在沙丘间的凹地里。在 19 世纪，当地一些大地产主努力净化这片土地，种植松树，如此来固化沙丘。

三、古老的高原

这座苍老群山的构架肩顶着、支撑着、有时甚至洞穿着周边广袤的平原、高地和丘陵，而这片广袤的平原、高地和丘陵构成了法国领土的北部和西部。这座苍老群山的构架呈现为巨大的 V 字形，它起自孚日山脉的前端，终于阿摩里卡高原的西端。在整个东部，海西褶皱
29 占主导地位的走向是东北至西南向，或东北偏北至西南偏南向，人们

称之为“伐里斯克”① 走向。在中央高原的中部，褶皱倒转：莫尔旺褶皱和东部贮煤大洼地（蒙索雷明盆地和圣艾蒂安盆地）仍然是东北至西南走向，而利穆赞大轴线、再加上旺代高原和布列塔尼褶皱表现为西北至东南走向，或西北偏西至东南偏东走向，即“阿摩里卡高原”走向。

领土之骨架

这片苍老的群山诞生于古生代，当时山势巍峨。后来受到多种形式源源不断的侵蚀，它绝大部分面积均受其害。中生代的大海侵冲撞着这些大山，高原边缘被削平和几乎水平的岩基上覆盖了层层的沉积层，这些沉积层构成了目前的洛林斜坡、诺曼底平原、贝里平原和阿基坦平原。在高原内部的低地和断裂带，海侵形成了一些山湾和湖泊，堆积起河相湿软泥，有的地方甚至形成厚度超过 1500 米的沉积垫，如在大利马涅地区的西部。在第三纪，气候与现在的东非差不多，促进了“岩石第三纪病变”，即在潮湿炎热的条件下，造成强烈的化学解体，使岩石真正腐变。伴随着断裂和局部火山喷发的地质上升带来了阿尔卑斯山褶皱的反向运动。在第四纪，与大冰河期相联系的气候变冷使孚日山脉的南端和中央火山的一些顶部，如康塔尔地区，覆盖了冰川。寒冷促使岩石破裂，被冻裂后造成物理性的解体，碎落的物质形成泥石流，填塞在谷地的底部，磨平了地势，伴随着形成了泥炭沼和池塘等，现在这些泥沼和池塘围绕在被磨平的山顶的周围。然而，一些断裂深沟和剧烈变动的冰川峡谷在这些被磨损的地形中赫然被割出，一下子给了山势以庄严雄伟的全新面貌。

如果说，离阿尔卑斯褶皱带最远的阿摩里卡高原地势仅仅表现为布列塔尼半岛内部的小丘陵带，那么，孚日山脉和中央高原却与它们周边平原形成鲜明对照，表现为非常个性化的高山。

---

① 指北欧北-东北到南-东南走向的海西褶皱，该词最早由奥地利地质学家爱德华·聚斯（Eduard Suess）在南德巴伐利亚地区对海西造山运动进行研究时使用，来源于南德城市霍夫居民古罗马时期的称谓“伐里斯科罗姆库里叶”（*Curia Variscorum*）。

孚日山区

在西边，孚日山脉逐渐从布满森林的洛林高地脱颖而出，而洛林高地也可视为向孚日山脉抬升。在孚日山脉的北部[1]，高地和高山被砂岩外壳所覆盖，很难说得清楚，哪是山的开端，哪是高地的结束。在山脉的东部，情况恰恰相反，山的下倾非常强烈，鲜明的起伏将莱茵平原与孚日高地明显地分割开来。东西两边不对称，南北两边也不对称：北边 400 至 500 米高的简单丘陵切割出德国边境，而与汝拉山遥遥相对的贝尔福山口却被一堵非常明显的崖壁笼罩着。最高的山峰集中在东南部，这一带的地势是阿尔卑斯褶皱带的直接复制品：盖布维耶圆顶山，最高峰达 1424 米，阿尔萨斯圆顶山（1248 米），奥内克山（1382 米）。

因此，孚日山脉南段山势更高（一般超过 1000 米），没有方便的通道。这里的山由结晶岩构成，顶部呈圆形，上面长满茅草。山谷带有冰川的印记，深深地凹陷在布满森林的长斜坡之间，底部是草场和湖泊（隆日梅湖、勒图尔讷梅湖、热拉梅湖）。孚日山脉的北段山势更低，起始点为多农山（1008 米），越向北海拔越低。在那里，厚度达
30 200 米的三叠纪红砂岩没有流失，它包裹着多农山，而多农山顶则分布着废墟状的岩石。

气候严酷，西坡比东坡有更多的降水，却有利于森林的成长：山毛榉和冷杉，挺拔、结实、庄重，就如教堂内的支柱一般，成为法国最美丽的自然森林，为当地既传统又现代的主要资源之一。东部是过渡式阶地，受到很好庇护，它为岩基碎片，镶嵌在断层之间，在偏北的部分覆盖着沉积层，这片阶地构成了孚日下丘陵带：朝向佳，排水通畅，躲开了平原的潮湿和雾气，这片土地早就种满了葡萄。

山脉的位置和它的结构使它成为真正的屏障，庇护阿尔萨斯平原免受海洋影响，同时只留两条通道允许人们交流：北边的萨韦尔讷山

① 原文如此，根据上下文和实际地理情况，“北部”应为“西部”之误。

口（330 米）和南边的贝尔福山口。

中央高原

中央高原占据法国国土的六分之一，是海西体系中真正的主要部件，国家空间上的主心骨。这一高原没有剧烈的高低起伏，明显的是它的延续性和中心位置。围绕着这一庞然大物，中生代以及第三纪的海浪赶来拍打，但势头越来越弱。极有可能的情景是，在造山运动达到极致时，在现在利穆赞之地，高原上的山峰接近 20 000 米，因此这一庞大的山体可能从来也未被后来的大海完全淹没过。在侵蚀过程中遭受了拍打、磨损、啃咬，经受了从热带到冰川各种气候的变化，在更晚近的褶皱反向运动下抬升、断裂，中央高原是我们国家地质历史最全面的见证者，它现在还保留着许多痕迹，让懂行的人能够破解其中的密码。

不对称的中心板块

如果人们从北部和西北部进入这片高原，经过的是不易察觉的坡地，唯有形状如谷地但较多的是夹在峭壁之间的通道揭示出通向古老岩基入口。相反，从东部和南部登山，最显著的就是非常陡峭的陡坡，有时甚至遇到笔直的石壁，就如在维瓦莱山一带，人们只有通过蜿蜒曲折的山隘才能潜入。从罗讷平原看，中央高原是一座山；而从围绕着高原的平原看，利穆赞地区仅仅是博卡日型绿地的大杂烩；根据莫尔旺山周边的那些石灰岩突出地，如果人们在附近的高地上看下来，中央高原就成了低平、潮湿之地了。

中央高原宽广，高度千差万别，开口左摇右摆，甚至面向海洋来风，因此多雨。它是全法国的水塔。它的水流流向三大海，法国的所有大河均难于摆脱它的影响。河流的位置、轨迹、长度、流动方式自然要取决于它们诞生的大山：与向北向西下行的长坡相对的是东边特别是东南边的突然下冲。雨量充分，北边和中央常有降雪，但在塞文山坡面就看不到下雪，因为这里已经受到地中海的影响。对水流还有影响的是岩石，构成这一山体的岩石具有非常不同的特征，喀斯特石灰岩的多孔，它对水的效应就与不透水的结晶岩和火成岩不一样。

利穆赞

西北部是更好地溶入周边平原的部分。它的面积辽阔，地貌相对统一，边缘部分慢慢隆起，海拔仅 300 来米，到中央部分达到 1000 米，不过这种上升中间有陡坡分割，有时坡度非常强，一下就上升 100 米到 200 米，景观上非常明显。“米勒瓦什山”或“米勒瓦什高地”在利穆赞中央达到最高点（978 米），在东部迅速跌入克勒兹和多尔多涅的河谷之中。周边的高地经过几个地质时期明显被削平，但其河谷却呈深山峡谷状，在直线式的斜坡间突然开辟道路，见证了中央
31 高原在第三纪总体抬升中峭壁的形成。某些河谷部分完全是断层的翻版，如克勒兹河的阿安深沟段，这些断层割裂了由花岗岩、麻粒岩和片麻岩构成的古老岩基……这里是博卡日地貌的国度：草场，或是由绿篱、树丛分割的农田，森林与绿地杂陈，而小村庄到处占地筑巢。今天这里是以畜牧业为主的地区，这一产业使牛的集市欣欣向荣。东部的山更险峻、更多雨水、也更寒冷，覆盖山地荒野的是欧石南灌木丛，森林则附着在起伏减弱的山地上，造成起伏减弱是因为在较晚近冰川外围气候的影响下，岩石风化，碎石在山谷底部积累起来。米勒瓦什高地现在已经荒弃，它可以称为中央高地的前哨。

高原核心区

高原核心区在西边始于框限西乌勒平原的高地，东边以高原的环型隆起带为界，这也是整个中央高原的东界，下面即为索恩平原和罗讷平原，北边下降到巴黎盆地南部的最后的平原，南边碎化在大喀斯地区厚厚的石灰岩之上。该核心区充满着动荡和变化，在这里有海拔高但较为单一的结晶岩表层，如马尔热里德山和富雷山，有的地方被削平直到根部，有的地方被劈成巨大的峡谷；这里也有豪放不羁的火成岩高峰，有的中间开着口子，如桑西山（中央高原的最高峰，1886 米）和康塔尔山（远古时为巨大的锥形山峰，可能高达 3000 米，现在已经解体，从该山的山峰康塔勒峰［1858 米］和玛丽峰［1787 米］

往下散布着一些三角形的熔岩高地），有的显得笨重和呆滞，如多姆山（1453米），有的尖削高耸、身单影只，如梅藏克峰（1754米）和热尔比埃-德-容克峰（1551米），有的以多个形态各异的锥体山峰排成一长列，如皮伊山链[1]等；这里还有裂谷低地，有的低地边界呈几何状，有的深陷于峭壁之中，如与阿利埃河如影相随的利马涅平原，如维莱平原，如与卢瓦尔河上游河谷相连的富雷平原和罗阿讷平原。正是这些南北走向的低地（有时它们本身布满火山遗存）在整个历史时期成为农业活动和城市的集中地。最繁荣的始终在大利马涅地区，其中的大城市是克莱蒙费朗，奥弗涅地区的传统首府。

东部隆起带

中央高原的东部和南部，结晶岩的高山构成了高原的边界。由于靠近阿尔卑斯山褶皱的大山，这些结晶岩的高山强烈地反映出阿尔卑斯山较晚近的褶皱运动的反作用力，这种反作用力造成中央高原部分的断裂，也造成了高原东部的陡峭。到圣艾蒂安裂谷为止，割裂的庞大岩石构成了一系列山地：莫尔旺山（小森林高原，最高峰为902米的上福兰峰）、夏罗莱山地、博若莱山地、里昂山地等，这些高地多多少少相互隔开，山与山的走向成摆动之势，每个高地东西不对称，西坡为草地和绿地，东坡遮庇着葡萄园。隔开这些巨大山体的是潮湿的低地，是人丁兴旺、草地肥美的谷地，它们始终是地中海世界与塞纳河流域和卢瓦尔河流域之间的通道，为新生的工业文明提供矿产资源。从这里往南，山成为不再分割的整体。维瓦赖山脉和塞文山脉紧连着高原中央的高地，中心高地缓慢上升，到了东边就突然下垂，两条山脉顶端冠以熔岩，熔岩沿着夸龙山一直散落下来，直抵罗讷平原。两条山脉的高山海拔均达到1500米至1600米（热尔比埃-德-容克峰1551米，洛泽尔山1702米）。艾瓜勒山是山脉最南端的据点。它的西坡受潮湿寒冷的山地气候影响，顺着坡地，生长着针叶树林。在另一面陡峭的山侧，栗树牢牢地抓附着，树上的知了吱嘎吱嘎地叫着，山背被激流冲刷得光光滑滑的，

① 也译多姆山链，因主峰为多姆峰。

这些激流顺势奔向地中海。这里的山区非常贫穷，自 1910 年以后，三分之二的人背井离乡，常有栖身之所被抛弃。这条山势雄峻的边缘带向南弯曲伸入努瓦尔山几乎东西走向的山脊之中，而努瓦尔山的岩石块和幽
32 暗森林勉强与阿里埃热丘陵分隔开。

在这些上面覆盖黑土和红土、覆盖着茂密森林的结晶岩和火成岩山体之间，是大喀斯特地区白色和荒凉的裸露之地；在起伏的山峦和高耸的山峰之间，是石灰岩高地干燥的平地。这层厚厚的沉积层，由中生代海侵带来放置在高原的低地里。重复的解体力量使此地块下沉，由于这一原因，沉积层得以保留。这片白色的高原台地从西部的 1000 米上升至弗洛拉克平原之上的 1300 米，弗洛拉克平原就处在洛泽尔山山脚下，台地勉强长着一些低矮的小草。只有铺满石灰坑低洼地里的红黏土才可耕作一些农作物，今天与村庄废墟杂陈的是一些树桩和不纯的石灰岩经过化学分解后雕刻出来的峭壁。在这片荒凉不毛之地垂直切削下来的峡谷（如塔恩峡谷）紧夹着湿润地带，幽暗的水流在底部的岩石中穿行。穿越喀斯地区的唯有那些发源于石灰岩以外地区的大河。这些河流水流强劲，水源充足，可以将它们的河谷割开到足够深，最终到达下面不透水的岩层。

中央高原在地质地貌上多种多样，但在国家领土生活上，总体扮演重要的角色。由于它的庞大、它的广袤、高地的相对一致性，以及只向中北部平原开口，它就成了阻碍交通宽广和多重的障碍。

高原上的居民孤独，忍受着严酷的山区自然条件，他们的人口在最不适于人居的地区，如海拔高，岩石崎岖，从来就不多，人口总是外流。现在，他们大量移居到附近的平原地区或更遥远的大都市中。

四、东部平原走廊

古老高原在东边和东南边急剧下降，滑入那里非常狭窄的平原，这些狭窄的平原还不断变细，有时甚至到了完全消失的程度，就如罗讷河谷中的坦-图尔农那里的情况。

阿尔萨斯仅仅是处于孚日山脉与黑森林之间这块大平原的西半部。这片地势凹陷区可能自古以来一直存在于两块巨大岩体之间，曾经一度由于阿尔卑斯山褶皱运动的反作用力造成崩塌，成为一条深沟（深度达 3000 米），后来被湖相沉积和陆相沉积回填了 2000 米。这些沉积来自周边的大山，尤其是上升过程中的阿尔卑斯山脉，由莱茵河的前身，后来就是莱茵河本身将这些沉积携带而来。从孚日下丘陵的突出部往下，人们可以经过一系列铺满湿软泥的平台到达常受洪水困扰的平原。此地的土壤细到极点，人数众多、繁殖能力强的人们在这块土地上耕耘，他们聚集组成了大村庄或小城镇，成为商业贸易的活跃中心。莱茵河在草场和森林间流淌着，河面宽广，水流强劲，伊尔河在斯特拉斯堡汇入其中。

索恩河平原平整、潮湿、有时还迷雾茫茫，它位于两条相隔较远、不太高耸的突出带之间，一边是与中央高原相伴的石灰岩高地，任何部分的高度均不超过 800 米，与此相对的是汝拉山脉的突出部也没有超出这一高度。与突出部内切的是汝拉山第一流的崇山峻岭，雄伟的盲谷潜入其中，山上覆盖着森林，在南部，突兀的岩石块使山体显得更为坚硬。索恩河平原就处在这些清晰的线条之间，这些线条有时甚至由一些笔直的峭壁为引导，有时从平原升起的迷雾使这种景观变得模糊，平原非常显著的特点就是平坦。在不利的季节大雨连连的时候，低洼的草地大面积地被淹，部分构成了古老的湖泊，停在这些地方久久不退。平原中央是索恩河，它发源于连接莫尔旺山和孚日山脉的石
灰岩高地，此河是平静和规则河流的典范，适于航行，人工开挖的古 33
老运河确保了它与莱茵河、塞纳河和卢瓦尔河的连通。

里昂是得天独厚的交通枢纽，很早就有利于城市的发展。就在此地索恩河与罗讷河会师。罗讷河是法国水量最充沛的河流，但性格暴烈，只有在流经瑞士莱芒湖时才勉强温驯一些，在行进的过程中，它通过贝勒加德横谷将汝拉山脉的最后余脉切断。在为中央高原培土以后，它迅速向下奔流到地中海。它流经的河谷或扩大为宜人的平原（维埃纳、瓦朗斯），或紧缩为崎岖的隘道（坦-图尔农、栋泽尔-蒙

德拉贡），这两种景象轮流交替着。

五、年轻的山脉

汝拉山脉

这是阿尔卑斯山突出在外的一块前庭，在瑞士平原那边逐渐壮大起来。它是法国年轻山脉中最小的山，同时也是最简单的山：千篇一律由沉积岩构成，基本上属石灰岩，上面布满褶皱，西北部为相对平稳的高地，有时被背斜山割断（洛蒙山839米），与此并立的是东部的山地，褶皱紧密得多，山势也更为高耸。这些紧密而雄伟的褶皱遍布整个汝拉山脉南部。坚硬的石灰岩骨架决定了地质地貌，圆圆的“山”与背斜褶曲对应，而宽宽的“谷”追寻着向斜褶曲的足迹，峭壁似的岩石块中间被切开，盲谷或称之为“世界尽头”被石灰岩壁堵住去路。山体上大的山脊线，时而与山的整体结构走向吻合，时而偏离，时而甚至翻转，它们与山脉的总体图案或平行或垂直，而山脉的总体图案呈刺刀形，这在地图上一眼就能看出来，由于有纵横交错的线路，跨山的交通可以实现（如有蓬塔利耶横谷、楠蒂阿横谷、贝勒加德横谷等）。

然而，这座崎岖的大山由于丰富的植被而变得柔美了。汝拉山脉就是这种石灰岩与绿色世界的对立统一体。海拔与纬度的影响造就了这里湿润寒冷的气候，岩石的裂缝间残存着腐质黏土，由上阿尔卑斯山冰川携带而来的不透水冰碛残余散布在南部：这些不同的因素结合在一起，使汝拉山区免遭喀斯特地区那种荒凉的命运。草地和树林在这里占据优势，非常适合畜牧业的发展；喀斯特地貌现象只限于某些地表部分，如封闭的低洼地，以及一些地下河流中：例如，卢河从沉陷地下的溶洞中涌出，使消失在地下的杜河水流在此重见天日。汝拉山可称之为小型的“大山”，它保有众多居民，他们的村庄长长地散布在谷地里，他们的城市成为横谷通道的卫护者。

阿尔卑斯山脉

法意边境完全依着阿尔卑斯山的山脊弯弯曲曲爬行，意大利一边的斜坡以50公里的距离迅速下降到波河①平原，而法国一边的山地延伸距离长且复杂，从山梁往下150公里，到了中央高原对面、罗讷平原之上才告结束。而比利牛斯山的情况正好相反，西班牙一边斜坡为渐进式的，法国一边则呈急遽下降。然而这两大西欧最壮观山脉的不同之处还不仅仅如此。阿尔卑斯山更为年轻，它包含上升到高海拔地区的岩基比例更小一些，它的结构更为复杂，但却更为排列有序，尤其在它的北部，最后，它无可比拟地更适于人类居住，也更适于交通，而且在整个欧洲版图中它更位于“中心”。

穿越法国境内的南北走向使得这部分的山脉具有明显的多样性：北部深深地插进中欧，南部则濒临波光粼粼的地中海。不论是古老的地质时代还是当今时期，山脉南北均表现气候反差，这 34
种反差进一步扩大和突出了与地质构造和造山运动相关的差异：北阿尔卑斯山和南阿尔卑斯山所呈现的景观和天赋鲜有共同之处：分界线位于强大的佩勒伏高原以南和刻板的维尔科尔前山地区。

北阿尔卑斯山

这里的阿尔卑斯山更雄伟、更高耸，但这里的气流也更通畅，人员进出也更方便。欧洲的最高峰勃朗峰（4807米）就位于此。然而，大山内部也有深山峡谷：在这位欧洲巨人的脚下，沙莫尼山谷的海拔仅1000米；法国和瑞士之间的蒙代山口海拔仅1350米。

这种进出的便利首先得益于山脉各组成部分的位置：各地理带均取近似东北—西南向的走势，其中包括前阿尔卑斯山地区带、阿尔卑

---

① 波河（Po）是意大利最长的一条河流，发源于法国与意大利交界的阿尔卑斯地区，向东在威尼斯附近注入亚得里亚海，全长652km。

斯地沟[①]带、中央高原带和阿尔卑斯山内侧带[②]，同时还存在着横向的大裂带。这一地区的特征就是呈现出真正的棋盘格状。前阿尔卑斯山部分似乎就是巨大的汝拉山脉，但要更高一些，更粗犷一些，也更复杂一些。它们基本上由中生代和第三纪的沉积岩组成，褶皱的方向总体上呈东北偏北至西南偏南向，与此相伴的是经过激烈和多形式的侵蚀而形成的岩块北部漂移、弯曲、拉长、解体和倒置等现象。硬质石灰岩在此扮演着支配角色，它是该地区的骨架，其中张牙舞爪的山尖或高大山脊的残留在前山的最北部搭建了山的架构（热纳伏瓦地区、沙布莱地区、吉夫尔谷地等），越往中部（沙特勒兹）走，这条山脊就越明显，最终在维科尔地区形成这一带景观的骨架，它的特征是完全被奥尔贡石灰岩外衣[③]所覆盖。

阿尔卑斯前山起自莱茵河流域之上，后逐渐上升，在东边下降到一整条低地中，这条低地从布朗峰山脚下开始，然后经过阿尔利峡谷、伊泽尔河中游河谷和格雷西伏当河谷、德拉克河下游河谷，直至佩勒伏高原的西部，由此勾勒出这条长达120公里的“下阿尔卑斯山地沟”大口子。它庇护着交通要道、农作物、稠密的人口和最大的城市：格勒诺布尔。这条地沟的东侧，是居高临下的中心高原。高原坚硬而强大，被雕塑在一条结晶岩为基座的高原轴线上，在南边和北边的最高峰均超过4000米，山顶终年积雪，或覆盖冰川，有时状如穹隆体态雍容，有时状如针尖直刺云天。到了第4条地理带，即阿尔卑斯山内侧带，山势稍有下降，这一地带大部分处在意大利境内，成分混杂，有几处美丽的如船艏般倾斜的悬崖。

---

① 原书用词 sillon alpin，这是几乎沿阿尔卑斯山西麓的一条通道，串连了日内瓦、阿讷西、尚贝里、格勒诺布尔、瓦朗斯等城市，但书中下面描述的是另一条通道，即下阿尔卑斯地沟（sillon subalpine），注意区别。

② 内外的概念来自古罗马，古罗马人称自己意大利一侧为“山内”，现法国一侧为“山外”。

③ 奥尔贡石灰岩（calcaire urgonien）是阿尔卑斯前山特别丰富的石灰岩，它的特征是颜色泛白，色泽淡，本身碳酸钙的纯度高，它得名于法国罗讷河口省的一个小镇奥尔贡（Orgon），那里有石灰岩的采石场。

这一庞然大物全身被河流水系犁出一道道沟，水流有双重方向，一个方向顺从山体结构的大线条，呈东北—西南向，另一方向与此交叉呈东南—西北向。有可能的情况是，有些水流的最终定型要早已现在的地势，它们在第三纪的发展过程中分几个阶段逐渐形成，并达到充分发展的程度，然后嵌入在原有的地方。河流的古老也许可以解释为什么会存在与石灰岩山脉和结晶岩高原垂直相交的横谷（阿讷西横谷、尚贝里横谷等）。但不管怎样，造成褶皱和岩基起伏不平的局部解体和坍塌常常决定山间谷地的配置。然而如果不是气候因素加在结构因素之上，现在这些显著的水路可能收效甚微。

北阿尔卑斯山高海拔，位于北方，雨量充沛，它是第四纪大冰川的猎物，大冰川在此地发育极其充分，在某些时期覆盖了整条山脉，就如现在的大陆冰川那样，真正的冰河填塞了谷地，它们在山谷里慢慢流淌着，雕刻、刨削和割裂着山体，夹带着如此割削下来的冰碛碎片直达汝拉山脉南部和里昂地区。宽广荒凉的冰斗、深深凹陷的峡谷、
两岸宽敞的冰川谷、水深流静的湖泊见证了冰川的支配力，而今日的 35
冰川仅仅是那时冰川可怜的残余而已。因此，北阿尔卑斯山不存在人到不了的地方。

传统的经济在于适应过去的自然条件：长长的斜坡上，层层农地种植着粮食蔬菜；饲养的牲口根据季节的节律迁移；还有当地的手工业等等。在 19 世纪中叶，传统经济受到动摇，在一个世纪的时间里，50%的居民被迫背井离乡。但从现代技术和现代生活情趣中，阿尔卑斯山呈现出新的面貌：滑雪城市和工业城市竞相兴起，给高原坡面和内部大谷地带来新的生机。

南阿尔卑斯山

地质地貌呈现混乱的局面。在南部，不存在中心高原，唯一的例外是东南端的梅尔康杜尔地区，阿尔让特拉山是唯一超过 3000 米的山（3147 米）。也不存在阿尔卑斯山下的那种地沟：唯有迪朗斯河谷形成一条大通道，多多少少还有点宽，多多少少还能用于人类交通。相反的，这里的前山部分发展非常充分，占据了很大一部分地区。地势的

一般走向也极端的分散，因为在这里确切的阿尔卑斯山类型的走向，即南北走向，叠床架屋在更古老的褶皱之上，这些褶皱是与比利牛斯山的造山运动相联系的，它们的走向为东西向。后者因素在下罗讷河平原之上的边缘地区占据了优势，给直线条的丘陵以非常优美的姿态（阿尔皮勒山、吕贝龙山等等）。然而，在山的内部，山势的互相干扰或造成小山脉的交错纵横，或造成体态笨重的圆形山（加普山），山谷将它切割出来。总之，这一复杂地形给交通没有带来什么便利。

而且，交通由于河谷的形态而变得更为困难。相对干旱的气候实际上是以前时代、特别是第四纪时期气候的延续。这种干旱气候，再加上低海拔和南方纬度，限止了冰川在梅尔康杜尔地区的形成的扩展。因此这里的河谷没有如北部那样被扩大，它们仍然维持狭窄的峡谷状，有的峡谷非常雄伟（如维尔东），既不能形成交通要道，也难以建立哪怕是最小的村庄。这种地形上的崎岖难行的状况由于岩石的性质而进一步加剧：在南阿尔卑斯，石灰岩相的发展比它北部邻居更充分，厚度达近千米，它们造就了那些令人眩晕的岩柱和岩壁以及干燥的高地。森林在此难以生长，雪量不足，草地稀疏，仅适于放羊。至于阳光，这里是法国光照最多的地区之一。夏季太阳的炽热，不仅没有得到植被的缓解，而且烤焦了山坡上的岩石，与其说是魅力还不如是说是灾难。这里的贫困迫使人逃离，南阿尔卑斯山，既美丽又荒凉，今天位居法国人口密度最低的土地之列。

比利牛斯山

比利牛斯山如同法国和西班牙之间的一堵障碍那样矗立着，横亘 450 公里。法国还没有任何一座山像它那样既不利于人类居住，也不利于建成跨越此山的通道。在法国的丘陵之上和平原之上拔地而起，像一堵城墙，而且少有分支，而在西班牙一侧坡地却拉长了距离缓缓下降，一直下滑至埃伯尔河谷。海拔从大西洋和地中海两端逐渐向中央部分升高，直到普遍超过 3000 米的高度，最高峰为阿内托峰（3404 米）。正常的翻越仅仅在山脉的两个尽头，沿着两边的山坡，才有可能，或者利用离两个尽头不太远的一些山口（西边的龙斯沃[1]山口和东边的佩尔杜山口）。某些道路在夏天才开放（西班牙之桥；图尔马莱山口，2114 米），铁路通过中央山区冒着很大的风险。 36

事实上，比利牛斯山脉整条轴线是由一整块古老的岩基构成的，被中生代和第三纪的褶皱运动增加了海拔高度，形成现在山脉的布局。在山脉南北两个坡面，沉积层被粗暴地折曲，形成较为宽大的、由剧烈扭曲的纵向山脊和山谷构成的轴线两翼。在阿基坦平原，沉积层最后消失在由山上削蚀下来的、厚厚的山体碎片之中。沉积层区域体积大，中央有厚度，一些浅浅的山口勉强将之割出一些口子。山峰一座接着一座，陡峭如针尖。这些被称之为"峰"的山巅勉强脱离承受它们的高原，它们的山脊线平行，在沉积层较厚的地区分为两岔。鲜见冰川和终年积雪，因为这里的海拔并不太高，纬度也偏南。唯有众多的小湖泊和碎石堆满在高坡上，成为第四纪冰川最盛期冰川曾经光顾的见证。第四纪冰川同时也通过敞开的冰川谷、荒凉的冰斗留下了自己的痕迹，如加瓦尔尼那些雄伟的石壁。

在地貌差异之外，最明显的反差来自气候：比利牛斯山从西到东绵延，一只脚踩进大西洋，另一只脚踏在地中海。虽然在大西洋边缘就迅速上升，但西部还是雨量充沛：它的西部群山是法国最为湿润的地区，每年接受雨水在 3 米左右。相反，伸入地中海的坡面，避开了西风，要干燥得多，阳光也充足。在西部，雨水连连，草木葱郁，天空飘过一大团一大团的云，云雾缭绕在山顶；与此相对，在佩皮尼昂一带，满眼是干燥的岩石坡和光秃秃的地平线：分界线位于阿里埃热比利牛斯山地区。这些多重的差异结合在一起，形成了特点鲜明的三大区域。

首先是西比利牛斯山，或称大西洋比利牛斯山。它的端点是由第三纪折曲形成的悬崖，阴森森，塌陷状，大西洋海浪从比亚里茨到比达索阿拍打着这些悬崖。比利牛斯山以草木葱郁的坡面迅速上升，吕

---

① 法文为 Roncevaux，译名从西班牙语 Roncesvalles。

讷山（海拔 900 米）离大海仅 10 公里。西比利牛斯山的顶峰为阿尼峰（2504 米）。这是法国与西班牙分享的山之脊梁，蓄水之地，巴斯克人之乡，山坡上覆盖着博卡日型的土地，水量充沛的河流犁出条条水道。温和与湿润结合在一起，促进植物茂密生长。

在松波特山口以东，我们进入中比利牛斯山，其中所有的山巅均在 2800 米以上：西部狭窄的轴心区到这里变得宽大起来（南方峰、佩尔迪山、马拉代塔山、阿内托峰等）。这样的高海拔一直维持到卡里特山（2921 米）以远，在那里佩尔什山口割裂了山脉，开辟了一条从鲁西永至塞尔达纳的通道。这里的山直到加龙河谷均湿润多雪，大西洋的海风依然能够强劲地吹到那里。在陡坡脚下，山麓平缓地下到阿基坦平原的前部。在阿里埃热河以东，阿地区的比利牛斯山的面貌完全变样，它向前长出许多支脉，人们可以从瑙鲁兹隘口出发，缓缓地登上法西边境所在的最高峰。这里的山已经被更多的遮挡（避开了西风），高度也稍低一些，因此也更为干燥。

最后是东比利牛斯山，它已经背靠地中海盆地。海拔大大降低，仿佛被卡尼古山（2785 米）那块三角形高原压垮似的。在干旱且阳光普照的气候条件下，植被稀稀拉拉。山巅覆盖着岩石，而低矮的丘陵上种植着橄榄树和葡萄，河流在铺满卵石和岩石块的河床中流淌。山脉大量分岔，如指掌一般（如科比耶尔支脉、阿尔贝尔山等），将长长的盆地（鲁西永等）攥在手里。比利牛斯山的坡地，崎岖而且色彩多样，已经属于加泰罗尼亚地区，一如巴斯克地区，它的大部分延伸到西班牙。因此，不太容易穿越的比利牛斯山脉，它的两端却终止在特
37 色鲜明两大地区的心脏地带，其特色在南北两边山坡发展起来。

地中海地区

在蒙泰利马尔以南，橄榄树出现了。这里打开了一片天地，它背靠阿尔卑斯山、中央高原和比利牛斯山，因此避开了来自北面和西面的气流影响，夏天干旱炎热（尼斯 7 月的平均气温达 26℃，整个夏季的降水占全年的 10％），冬季温暖（1 月，尼斯平均气温 7.8℃），降

雪和寒冷极其罕见。足够充沛的雨量大多集中在春季和秋季，常常是倾盆大雨。当太阳照耀时，人们又把它们遗忘了，阳光明亮，有时甚至使人难以忍受。这样的气候无论对伸入大海的山地，还是对处在淤积过程中现在还表现为水陆两栖型的平原，均一视同仁。在整个地中海地区，唯有气候是完全一致的。

通过种满葡萄和橄榄树的崎岖余脉，比利牛斯山下落到朗格多克地区。该地区是灌木丛生的石灰质荒地与较晚形成的冲积平原的结合。石灰质荒地覆盖着以中央高原为依托的那些低矮石灰岩高原；平原则以滨外沙洲为边缘，沙洲被突出的尖状岩石所钩绊，它们用一个个长长的水塘将大海切割开来。一条东边的水流将罗讷河的部分沉积带到这里。今天该地区仍然是葡萄单一作物区，它开始于19世纪末在葡萄根瘤蚜虫病危机后葡萄园重建时期，在经济方面，这里难以令人满意。新近开凿了一条运河，引来了邻近罗讷河的河水，它是否能够让这里的经济得以革故鼎新呢?

从罗讷河的两岸扩展开去，形成了三角形的下罗讷平原，它被夹在塞文山脉的“山脊”(上面爬满橄榄树，其次是栗子树）和普罗旺斯的丘陵之间。普罗旺斯丘陵是阿尔卑斯前山最后山梁分支的接替者，高度可达2000米左右（旺图山，1912米)，人们在此也可看到葡萄藤、橄榄树、散发芬芳的薰衣草丛、只有羊群才涉足的稀疏草地和荆棘丛生之地。平原由巨大的海湾淤积而成，它向上在山的支脉之间分岔，逐渐被填满。罗讷河及其支流对这一堵塞贡献巨大：某些平原基本上就是由它们形成的，如多石块的克劳平原、迪朗斯河与罗讷河交汇的古老三角地带、以及卡马格平原（它总是向滨海方向突前，而内部的堵塞则从罗讷河的夹带泥沙中得以保证）。在这样的土地上，在这样的气候下，水决定了所有的丰收，受到灌溉的空间明显得以耕种。然而还需要防范密史脱拉风（mistral)，这是南方中部的自然灾害，是来自北方的冷风、狂风，其猛烈程度取决于中央高原以北的高气压与平原和海洋低气压之差，风速可以超过每小时100公里。今天整整一条用柏树和芦苇组成的绿篱隔离带保护着法国最大的蔬菜水果种植基地。在卡马格平原，高温和大量可用水源的存在使这里近年来开垦了一些水稻田。

罗讷河不仅是中央动脉，也是生命之河，它构成了一条交通轴线，在马赛附近注入大海。它是地中海各种肤色人群的大熔炉，人群的流入和定居使葡萄之园和蔬菜之乡人丁兴旺，其中的集体文明给法国地中海地区以显明的特色。

再往东，大山再次沿着曲折破碎的海岸线与大海混合在一起。这是大阿尔卑斯山的余脉，它们由被折曲和扭曲的石灰岩层构成，被一些风景如画的河谷所切割，如瓦尔河谷，它们将两个古代小高原的残余框在中间。这两个小高原的残余就是莫尔山和埃斯特雷尔山，它们口衔着海岸线，自己又被凹陷在软岩中的峡谷所环绕，峡谷里流淌着湍急的水流（加波河、阿尔让河、卢河等）。人类的活动与这种犬牙交错的地貌相适应：无论是在有水灌溉的平原还是在干旱的台地上，人们种植蔬菜、鲜花、水果、葡萄、橄榄等，这里有古老的深山村落，
38 也有近期迅速成长起来的沿海居民城镇。在大海之中，那是多山和孤独的科西嘉岛：西边多岩石的山坡使人联想到普罗旺斯，东边冲积层构成的斜坡与朗格多克相符，一片奇妙的土地，它忍受着岛屿特性和人口稀少的痛苦。

如果我们在美国中部大平原、在巴西高原、在俄罗斯大平原割出法国领土那样大小的一片土地，人们会迷失在统一和单调之中。相反，我们的国土就如我们西欧的近邻那样，其风景呈现出无尽的多样性。而这些风景是不同来源的人民根据自然条件，经过成千上万年的不懈努力，一点一点打造的。这需要历史学家们去追寻这些创造的足迹，去揭示这些不断扩展的城市是如何形成的，去揭示不久前还建有防御体系、并保存某种严厉制度的那些居民点是如何形成的，去揭示那些通道，即道路和桥梁是如何建立起来的，去揭示乡村居民点如何在土地上生根，它的不同侧面折射出当地物质条件的千差万别，也反映了农民生产活动的多种多样。

第二章　史前时代 39

千年万年

人类缓慢前行

数千年前，法国就有人居住。我们对那遥远历史时代的了解却至多只有一个世纪之久，在这一点上，布歇·德·佩尔特在索姆河谷以及另一些先驱在比利牛斯和佩里戈尔地区洞穴中所作的探索发现，功不可没。在大众语言中，史前时代涵盖了凯尔特人到达之前的历史时期。本章所要叙述的是发生在法国国土上的那些最古老的事件。然而，这一时段的时间跨度太大，所以我们有必要将之粗略地划分为两大部分，决定这种划分的是自然现象和人类活动：第一时段的冰河时代，为旧石器时代（paléolithique），在此时期，采集狩猎的原始部落缓慢发展；第二时段的后冰河时代，为新石器时代（néolithique）和青铜时代，在此时期，人类普遍采取农业定居的生活方式。在两大时段之间有一个过渡期：中石器时代（mésolithique），就是在这一阶段，采集狩猎经济逐渐过渡到农业经济。两大不同时段的探究方式有很大的差异。

40

一、史前远古时代

冰河时代

在法国历史上，从来没有一个时期，人类的生活如此明显地受自然环境左右，自然环境的变迁居高临下地决定了人类的迁徙、扩张和生存。在那个时期，法国就如目前气候温和的所有欧洲中部一样，处在北欧广袤冰川层的边缘。在冰川生长期，斯堪的纳维亚大陆冰川将前沿推进到荷兰平原和日耳曼平原，但没有到达法国疆域。但贴近冰川使巴黎盆地经历了冰缘现象的发展，决定发展的是冰川的推进和后退。在冰川寒冷期，狂风掠过已经被黄土尘暴改造成沙漠的广阔荒原，尘土撒落在平原上，仿佛给它披上了一件大衣，并堆积起来形成一些谷坡。在间冰期，气温回升，降水增多，尘土降落减少甚至停止了，灌木生长替代了干燥的荒漠。草食动物和厚皮动物开始走动，人类狩猎者们追逐着它们。

在冰河时代，浮现在欧洲北部冰层的延展数度反复，引起气候的波动，这种波动有的明显一些，有的则不然，其时间也长短不一，而所有动物和人类的生活则取决于这些变化。不论是法国，还是欧洲其他地区，用于旧石器时代叙事的分期框架就是冰期和间冰期。但在欧洲大陆，石器时代的原始文明在法国比其他地方更为先进，对此我们可以更精确和细致地辨认出来。对冰期的经典命名是采用多瑙河支流的名称，人们用来定义欧洲中心地区的冰期。从远到近依次是：根兹冰期；距今50万年的民德冰期；里斯冰期——里斯冰期的时间很长，其间又有几度气候趋缓，由此又可细分为三大主要阶段（里斯一期、里斯二期和里斯三期），时间距今约20万年；最后是玉木冰期，距离我们最近，延续时间也最短，开始于距今约9万年，结束于距今约9000至1万年，再可细分为4个阶段（玉木一期、二期、三期和四期）。

厚度薄一点、面积也小一些的冰层同样也覆盖中央高原和比利牛斯山区。另一块大陆冰川阿尔卑斯冰川下降到罗讷河谷，一直到达今天里昂的位置。这些冰川筑起屏障，阻止人们进入高海拔的山区。然而，关乎人们生活的主要因素是冰川决定的冰缘现象。除了尘土的积累以外，伴随着结冰和融冰的冰川进退决定了河谷平台和深壑的形成，决定了洞穴的填塞或掏空，相应地决定了冰雪的保留和融化以及海平面的下降和上升。

野兽群

在这样漫长的时间里，野兽变化多端。人也许曾经与大量短剑剑齿虎相伴，这是属于第四纪维拉弗朗层时代古兽中犬齿锋利如刀的猫科动物。在明德冰期，当人类出现的证据更为明显的时候，牛科动物、鹿科动物和马科动物在法国与大型的厚皮动物共同生活在一起，如南方象、伊特鲁利亚犀牛和河马等。接着，在明德冰期与里斯冰期之间的间冰期，这种组合让位于古象和默克犀牛。这些“喜热动物”，与洞穴动物，如熊、狮和鬣狗等一起度过了漫长的里斯冰期，断断续续被
“喜寒动物”替代（里斯三期）。大型的喜寒动物被认为是史前时代的 41
主要特征。它们盛行于玉木冰期，这一最后的也许是最严酷的冰期。其中的动物有猛犸、长毛犀牛、驯鹿和大量阿尔卑斯山和北极物种。在冰河时代末期，这些喜寒动物消失了。更为温暖和潮湿的气候有利于森林动物的生长，法国至今仍能见到这些动物，如野猪、马鹿、猞猁和狼等。最近狼的消失是法国自 1 万年以来玉木冰期喜寒动物消失后在野外动物种群中发生的最令人震撼的事件。

风景

旧石器时代法国的植物，我们部分通过在各考古地层收集到的花粉化石而得以认识。我们必须放弃错误地将古代地表景观看作千篇一律的观点，即认为这是一片苔原，上面有地衣、桦树和矮柳这样的植物，与现在北欧的景观相似。甚至在最寒冷的冰期（特别表现为里斯冰期后期，即三期，甚至玉木冰期的最后阶段，即玉木三期和四期），法国由于它所处的纬度，从来就没有经历过漫长的极夜和阳光的低斜照射，而这种情况决定了当代北极苔原的生成和延展。在干冷的时代，

42

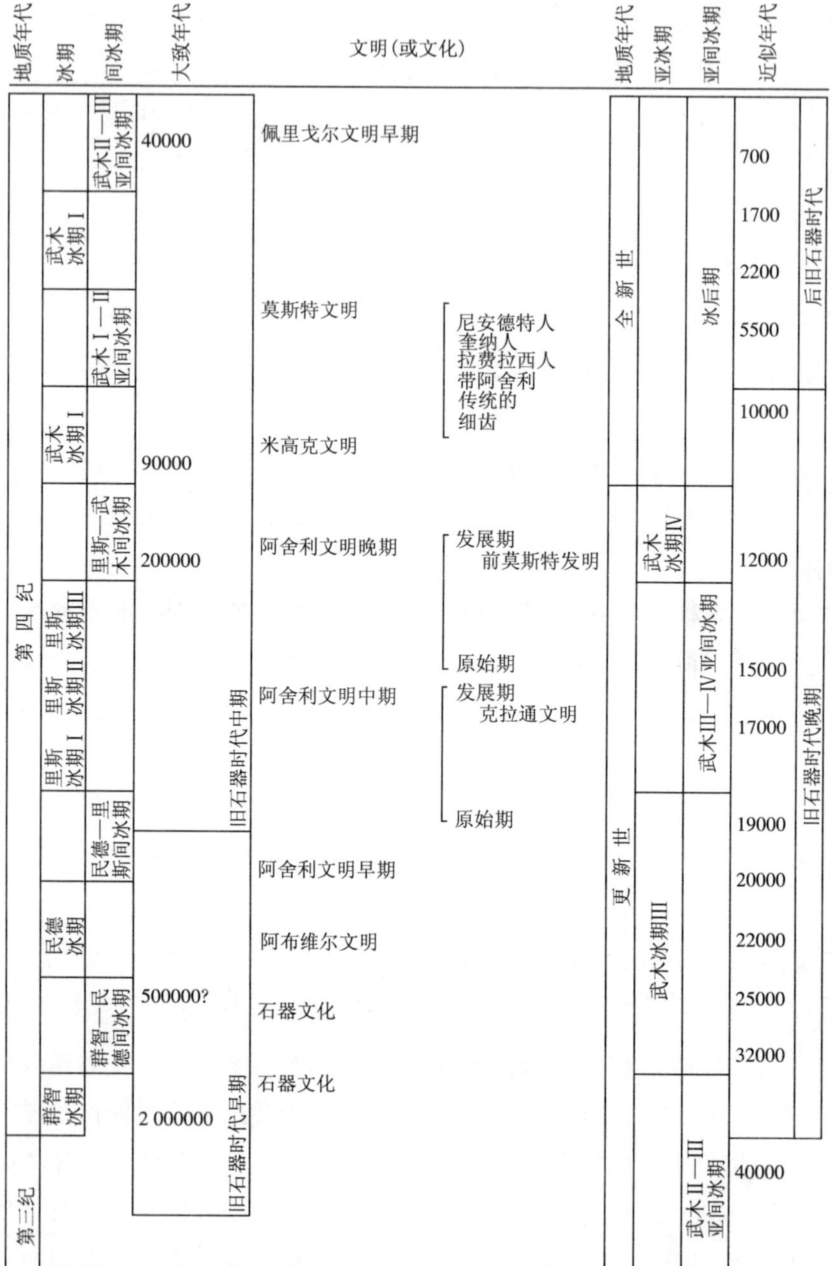

法国的旧石器时代早期、中期
和晚期及后旧石器时代,依据A．鲁索的理论

文明或(文化)	技术工艺典型形态	古人类化石	艺术石窟壁画艺术
铁器时代特 诺/哈尔施塔特	十分多样的铁制工具(现代类型) 铁剑。车 青铜剃刀		凯尔特艺术
青铜时代 黄铜(或铜器) 时代铜石并用时代	手镯,青铜剑和斧 燧石匕首,带柄和尾翼的箭 及珍珠,匕首 及铜针		线条造型 偶像,塑像,糙石巨柱 巨石雕刻
新石器	打磨的手斧,箭尖 陶瓷		没有形象艺术
中石器	几何状小型石制工具		
阿齐尔	扁平鱼叉,阿齐尔尖头 指甲形和几何形刮刀	罗什莱伊	卵石绘画
马格德林晚期 VI*b*	双排鱼叉 嘴状尖头凿,带槽口的尖石器	拉马德莱纳	里默伊,泰雅特 VI
VI*a*	下罗日里和泰雅特的尖石器 VIb尖头标枪,尖形石器 阿齐尔几何状小型石器	下罗日里 尚斯拉德	拉乌德莱纳 IV V VI
V	单排鱼叉,标枪 半圆形棒,绑在矛上的小木板	圣日尔曼-拉里	
马格德林中期 IV	原始鱼叉,底部分叉 的尖头,半圆形棒	维耶 勃朗角	切割的轮廓
III	带齿槽的标枪 半圆形棒 细长形标枪		勃朗角 拉马尔什 III
马格德林早期 II	尾部为圆锥形或棱锥形标枪		
I	薄片,齿状三角石器 椭圆截面标枪,尾部为 扇形或柳叶形,带穗形刻痕		
"0"	小刮刀,星形钻头 侧翼带槽痕的凿子		
索留特累 终期	月桂叶形石器,索留特累飞镖	罗克德塞尔	罗克德塞尔 鬼炉
晚期	柳叶形石器,带槽口的尖石器,薄片		
中期	月桂叶形石器		
早期	平面尖石器		
原始索留特累	平面尖石器		
奥瑞纳V	带简单细槽斜棱的标枪		
原始马格德林	打磨过的薄片	帕多	带装饰的棍棒
佩里戈尔晚期 VI	截削过的石片,平面凿 石镖		罗塞尔的浅浮雕
诺阿伊 V*c*	诺阿伊石凿,带背侧的薄片 尖石器		
埃朗、特隆克 V*b*	截削过的简单石器,弯形刮器		
丰-罗贝尔 V*a*	丰-罗贝尔尖形尖形碎石器		"维纳斯"
格拉维特 IV	格拉维特尖石器		
丰特尼乌 IV	嘴状刮器		
奥瑞纳 IV	双锥标枪 迪福尔薄片		绘画雕刻的杂合藏于 布朗夏尔、塞里叶、 拉费拉西、罗塞尔
III	椭圆标枪 钩状石凿		
II	菱形标枪 流线型刮器	克罗-马农格里 马尔迪的"黑人"	
I	尾部有开口的标枪 打磨过的薄片		
0	带刻痕的骨器		
佩里戈 德科戴 II	夏特佩隆和德科戴尖石器	孔勃-卡佩尔	颜料,刻划 过的骨头和石块
夏特佩隆 I	莫斯特工具,赭石,骨器		
0	和切割的象牙,穿孔齿状物		

既没有树木也没有灌木的荒原横亘在风暴施虐的地区，但免受风暴侵袭的谷地也存在小气候，使得一些树木和矮树丛得以生存。在气候适宜生长的时期，气温和湿度都在增高，森林重回和扩展，特别是在长期和炎热的间冰期，甚至在玉木冰期经常出现的气候转暖期。树木形成了稀疏的森林、灌木林和树丛，中间被一些草原隔断，在偏远的角落还分布着长满水生植物的沼泽。

这种自然环境似乎与数千年以后历史上的法国的情况不太一样，但它们并不完全也并不始终矛盾，因为地势的多样性在这种简单化图景中引入了无尽的差别，它们产生于适于植物密集生长和长盛不衰的地区。而比其他地区更有利的就是从卢瓦尔河至比利牛斯山面向大西洋的地区。

行动手段

在漫长的几十万年时间里，旧石器时代的人类过着一种采集狩猎者的生活，但他对自然的支配能力与对外部环境的适应能力却在不断改善，最初非常缓慢，接着有了明显的加速。火和工具是这种征服的手段。

人类在漫长岁月中的体征改变可能促进了这种有效进化，这种进化在很多方面得益于人们的心智转变，但我们所能把握的只是这些心智变化的外表结果。事实上，在这一漫长时期，人类的进化与旧石器时代分期存在对应关系。旧石器时代早期，在民德冰期，出现的是非常古老的阿布维尔文化期（舍莱时期）的石器，对应的人类是“直立人”（公元前 50 万年左右）。接着在里斯冰期，发展出阿舍利文化的石器，人类进化到前尼安德特人阶段。在玉木冰期之初（一期和二期）出现了典型的尼安德特人，对应的是旧石器中期的莫斯特文化时期的石器（在公元前 9 万年至 3.5 万年）。在玉木冰期的第二阶段（三期和四期）标志性的是“智人”，即现代人的出现，对应的是旧石器时代晚
44 期精致和复杂的工具。当大约公元前 10000 年，冰河时代结束之际，人类唯一大幅度的变化是诞生了短颅人。

火

从莫斯特文化时期起，到处可证实有火的使用。尼安德特人就如在他之后旧石器时代晚期的人类一样，在他们居住的山洞里维持着真正的火灶，火灶由石块围成圆圈而成，形状多少有点规整、平铺。他们在火灶里添加木柴、骨髓等。在木柴缺乏的无树草原，他们烧动物骨头，这种燃料燃烧时没有火光。自此以后，所有人都能够通过用石块击打石英石或长时间地摩擦木头（或钻木或锯木）来生火。大堆大堆的鹅卵石成了热量储存器：人们将卵石放在灶中加热，一旦火种熄灭，这些储存热量的卵石可以发出热度来。火可以用来抵御野兽，同时也是热和光的来源，由此成了人类防护和生存的手段。

食物的烧煮，可能也对食物进行烘干和烟熏，有利于食品的保存。不过，在合适的时期和合适的季节，人们也可以通过冷冻来保存食品，就如我们熟知的爱斯基摩人不久前还在做的那样。当时人们还不知道烧结黏土（它以后会带来陶器制造），但已经能够通过燃烧赭矿石获取色彩多样的颜料，其中有黄色、棕色和紫红色等。

灯

人类当然已经能够使用火把用于照明。在拉斯科洞穴里发现的木柴残片属于刺柏树枝，这种木柴燃烧时火焰猛烈，但无烟。然而直到旧石器时代晚期，人类才有将火放入石灯中转移的想法。人类利用自然晶球作灯，或者用石灰石或砂岩制成灯，灯有可攥握的把手，有下陷的窝穴，用于放置动物油脂和骨髓。这些灯在装饰有洞窟壁画的山洞里发现过很多：它们为地下长廊的大胆探索和洞壁的装饰提供了便利。在洛塞尔（多尔多涅省）发现的一座浮雕呈现一位裸体女子手里托着个东西，这可能就是一盏灯。

不论是人们有意做成的盘或盅（有时在边缘还留出沟或槽让油脂流动），还是简单的一块石板，因为它们呈现出烧红和烧黑的痕迹，我们都将它们当作灯看待。这些标志重大技术进步的证据大部分是在法国发现的，特别是一些带有装饰的灯具，如在拉莫特发现的灯，用红砂岩做成，上面雕刻有一头山羊；再如拉斯科的灯具，用玫瑰红的砂岩制作，刺点、刮擦、抛光，手柄上有人字纹的阴刻线条。

工具

工具是人类最基本的成就。最初的工具是用一块鹅卵石敲击另一块鹅卵石，然后稍加修饰而制成。但在法国，我们极少见到这些非常原始的“砾石工具文化”。随后出现的石器是对石块进行双面切削制成。这种双面石器是古人的“铁拳”，它们用肾形燧石块打造而成，燧石在石灰岩层以及带有燧石的粘土层及河床中非常丰富。它们有时也用石英和石英岩制成。

为了将石器打造成各种形状，人们使用了多种技术。用卵石打击燧石或者用另一块燧石来打击，即用直接打击石头来切削，这是最古老的方法。用这种方法制造出来的双面石器，切削面非常明显（阿布维尔文化期，亦称舍莱时代）。在阿舍利文化期，人类发现，如果用软一点的打击物（骨、鹿角、硬木等）来打击石块，切削的形状更容易把握。因此他们使用这种技术制造出形状更规整、表面更平整的双面
45 石器，切削面成为不太明显的小贝壳状。同样的技术也使得继承了阿舍利文化传统的莫斯特人制造出精美的三角形和心形的双面石器。再往后，梭鲁特文化的人再次利用这一工艺砍削出大件的叶状双面石器，称为月桂树叶状石器。在阿舍利文化期，人们还发明了一种切取术，非常精巧也很难操作，人们称之为“勒伐卢瓦法”[①]：人们事先对石核进行特别准备加工，然后从上面割取事前设想好形状的石片。

梭鲁特文化期的人在旧石器时代晚期发明了新技术。这项切削技术不再对石块进行打击，而是压制，即用骨头、象牙和硬木作为压制器，挤压石块的边缘。这种方法仅用于小型石器，但它使得人们的石器上的修饰排列得非常整齐、非常规整，特别在梭鲁特文化时，人们

① 名称来源于19世纪考古学家发现这些石器的地点，即巴黎郊区的勒伐卢瓦-佩雷(Levallois-Perret)。

用来制作精制的带缺口的矛状器①。这种矛状器后来被弃之不用，直到青铜时代才重新出现，但它的精美程度已经今非昔比了。梭鲁特文化期的人还发现，经过加热的燧石可以更容易切割，他们在制作带缺口矛状器时非常独特地使用了这一工艺。另一发现这种工艺的人群是远隔重洋的美洲古印第安人。

石质保留的无限期性以及法国考古遗址发现的石器极其丰富，使我们能够对祖先留下来的石器进行精确和详细的分类。石器功能依旧停留在假设猜测上，也许需要通过电子显微镜来检视石器上呈现的使用痕迹，联系石器的使用情况，才能更精确地确定。

动物骨头和鹿角上留下来的痕迹（切口、条纹和牙印等）表明，莫斯特文化期的人使用了这些材料，但没有对它们进行加工。一般说来，一直要到旧石器时代晚期，才发展出用骨头、象牙和鹿角制成的工具和武器，这些工具和武器形状各异，有时非常复杂，如一些投射推进器和一些有可能用于矫直箭杆的带洞棍棒。由于容易腐烂，这些早就加工成木棍、粗棒或长矛的木器已经从这些极为古老的遗址中消失了。

旧石器时代的人类

起源

在人类的摇篮期，相对于非洲和亚洲的发现，欧洲的角色似乎微不足道。曾有一个非常古老的人类居住点在普罗旺斯地区地中海沿岸的瓦罗内洞穴里得以证实（1961 年）：其中有些是切割下来的石片和 5 件鹅卵石工具，有些也许是人为打碎的骨头，有维拉弗朗层时代晚期的古兽。

阿布维尔文化期（舍莱时代）与明德冰期同期，它的工艺分布不太广，人们对它的了解也不多。最初，人们是在马恩河畔的台地，即在巴黎周边的舍莱发现的。唯一完整的文化层是在阿布维尔，在索姆河畔高出河面 45 米的台地上。约在 1880 年，人们在地势较低的杜波

① 这种尖状器的下端留有缺口，似可以装入柄或杆之类的物体。

瓦斯门和马尔斯校场砾石坑里出土了一些古兽骨头（但不属于维拉弗朗层时代），出土一些双面石器，这些石器的中脊弯弯曲曲，头部有时略呈尖状，而在底部保留大片石头的原始表皮。这是该文化期原始工业唯一无可争议的遗址，尽管其中的一些双面器在其它地方也有零星发现。人们没有发现任何这些石器的制造者，但这些石器制造者应该属于直立人阶段，就如在德国海德堡附近的毛尔发现的那块下颌骨的人属，这是欧洲唯一发现的那个阶段的人类遗骸。

成长

在这一仅留细微蛛丝马迹的阶段之后，随之突然涌现出大量遗址，出土了丰富的动物遗骸和工具。这些遗址属于阿舍利文化，这一文明
46 在西欧广泛扩展，就如它在非洲的情况一般。我们并不清楚这些遗址的起源，因为这些遗址最古老的地层由于里斯冰期初期的泥流现象而受到摧毁。阿舍利文化的年代划分以及其发展情况所依据的是亚眠地区最经典的遗址所处的索姆河畔高出河面 30 米和 10 米台地的土层堆积，这些遗址中特别重要的有圣-阿舍利采石场[1]和卡尼-拉-加雷纳采石场。这些内容丰富的石器制造工场出土了一些如古象那样的喜热动物化石，也出土了大量的双面石器和石片工具。阿舍利文化期的人在北方广袤的平原上到处流动。沿着河岸和海岸，自然界的切削使人们能够不费什么力气就能获得由于侵蚀而散落的燧石块。人们大量使用这些石块，甚至达到浪费的程度。

再往南，人们在夏朗特河畔和加龙河畔的台地上也发现了这些人的踪迹。在那里，由于缺乏燧石，人们用石英石打制传统的双面石器。石块切割的中转站和石器制造工场就如北部一样散布各地，分布在贝尔热拉克瓦高地和夏洛斯等地区。虽然没有放弃到处流动的生活，但那里的人在南方地区开创了穴居山洞的生活方式，在这些洞窟里，人们非常罕见地发现大量动物化石和石器与人类的遗骸混合在一起。我们在上加龙省的蒙莫兰库珀—戈尔热山洞、在夏朗特省的谢斯山洞、

① 阿舍利文化由此得名。

在东比利牛斯省陶塔维尔的阿拉戈山洞等地的发现表明，这些人已经发展到前尼安德特人的阶段。

阿舍利文化末期在时间上对应玉木冰期初期，这一石器工艺的最后阶段，命名为“米柯盖时期”①，包含了许多精美的双面石器，器端瘦尖，经过仔细的修凿。我们必须弱化这些欧洲最早大量存在的人类在地理上分布广泛的印象，应该有这样的概念，即阿舍利文化延续的时间非常长，有数十万年之久。与这些双面石器工艺齐头并进，人们还发现了一些证据，证明存在另一种复杂的工艺，这种工艺完全与双面石器毫不相干，属于砾石石器。这些石器发现于普罗旺斯和法国西南地区（丰代舍伐德和米柯克）的一些洞穴古老地层中，与英格兰克拉克顿文化相近。

在最后冰期的初期，法国浮现出莫斯特文化层，该文化在此冰期的为期约 5 万年的最初两个阶段（玉木冰期一期和二期）内得以发展。莫斯特文化期的人们向阿舍利文化借用了石器制造技术和生活方式。尽管一般的观点认为，莫斯特时期的人仍然非常原始，但他们还是向前大大地跃进了一步。他们生活的时代，气候恶化，变得非常严酷。大型的喜寒动物在后面动物的连锁推动下最终到达欧洲中部平原，一直到达大西洋沿岸。这些动物截止冰期末期一直是史前人类的猎物。

莫斯特文化遗址非常多。在露天，他们经常是阿舍利时期人们的继承者。在巴黎盆地黄土平原、在索姆河畔和塞纳河畔的情形就是如此。混杂在喜寒动物化石之中的工具所处的位置很低，在索姆河畔距河面 5 米的台地上。也许，这些人只有在天气回暖的时期或为了捕猎动物才愿意冒险待在受寒风横扫的地区。同样，在海拔较高的山区，冒险的也只有小股人群，也要利用气候改善时，可能是为了出发捕猎熊。然而，他们长期驻扎的地区是法国西南部，如夏朗特和佩里戈尔地区，莫斯特文化就因其中的穆斯蒂埃遗址而得名。洞穴和岩石掩蔽体里厚达数米的堆积告诉我们，人们在此曾长期出入，也许和人们至少开始

---

① 得名于多尔多涅省的小镇米柯克（Micoque）的地层。

半定居生活有关。但在这些自然掩蔽体里，人们还停留在对它们进行初步改造的阶段，已经证实有一些小木桩、小隔墙和地砖的痕迹。

莫斯特文化人的灵巧表现在他们的石器使用上。他们只使用原先已由阿舍利文化人发明的石片工具类型中的一小部分：除双面器以外，
47 主要有尖状器、刮削器、锯齿背石刀和带凹缺口石刀等。在这样几乎千篇一律的共同背景下，根据各种工具组合的不同可以区分不同的族群，从一个地层到另一个地层，从一处遗址到另一处遗址，这种工具组合结构在数量上非常稳定。由此人们在莫斯特文化人中区分出5大平行发展的族群：1. 典型的莫斯特文化群，没有双面石器，有尖状器和扁平的刮削器；2. 继承阿舍利传统的莫斯特文化群，有心形双面石器、刮削器、钝背石刀、一些刮刀和石凿等，是旧石器晚期的先驱；3. 几纳型莫斯特群，即夏朗特文化，特征是很厚的刮削器；4. 拉费拉西型莫斯特群，与前者相近，但采用勒伐卢瓦石器技术；5. 锯齿状器莫斯特群，工艺贫乏，石器充斥锯齿和凹缺。

莫斯特文化工艺的掌握者是尼安德特人，他们的原始特征为人们所熟知，因为在法国莫斯特地层中出土了大量而且有时甚至非常完整的尼安德特人的遗骸。这些原始特征包括：颅顶弧度扁平，眉脊骨粗大，前额低斜，枕骨后冲，脸部前突，没有下巴。然而现代的研究已对这幅生硬的画面作了柔化处理。尽管存在这方面的原始性，但尼安德特人已经表现出一些新的精神关怀，他们可能用氧化锰的笔，或用切削刮磨过的铁矿石在自己身上画图案。尤其是，在人类历史上，他们首次举行葬礼，这可以解读为对死者的尊重或恐惧，因此有了至少非常初步的“往生”的概念。在科雷兹省的“圣徒小教堂”，人们发现单个成年男子的墓。在多尔多涅省的罗克·德·马萨尔有单个孩子的墓。人们还发现了家庭墓葬，如在多尔多涅省的拉费拉西，墓里埋着一个成年男子、一个成年女子以及4位未成年的孩子。在墓穴中，一家人互相都靠得很近，在身旁，放着些食品，也许象征最后旅程所需的粮食。我们经常发现一些孤零零的人头或下颌骨，这些头颅或颌骨随意散布，和居住层的动物化石混杂在一起。我们不知道应该把这

种现象解读为对头颅的崇拜呢，还是人吃人的做法。在多尔多涅省勒古尔杜属于莫斯特文化的洞窟里，人们发现有些棕熊的遗骸被装入棺中，埋在巨大的碎石堆下。这种现象引发了当代关于莫斯特时代熊崇拜的激烈争论。

充分发展

数十万年旧石器时代的早期和中期是昏暗不明的，随之而来的时期，从法国有人现身算起的人类发展期角度来说是极其短暂的阶段，但与后来人类的历史时期相比，这一阶段又显得非常漫长。旧石器时代晚期延续了 2 万多年，在此期间，在法国的土地上，人类取得了非常突出的成就。我们已经熟知那些最震撼和最吸引人的种种成就，如绘画、雕刻、雕塑等，它们大量出现在洞窟和岩棚地的岩壁上，装饰着一些日用品。这些艺术创造离不开人类总的进步，其中包括可以证明的技术发明、人口增长，甚至人们可以据此判断的某些社会组织形式的出现。这种强烈变化的发生在此漫长时代并不呈现同样的节奏，而且在整个地域上也不可能表现得千篇一律。

新的人类

我们有理由相信，新技术的发明与现代人，即“智人”的出现完全重合，由此这种组合可以认定为一个新时代的开始。然而，我们也有必要对这种观点作一点修正。古人类生物学研究证明，尼安德特人与后来出现的智人没有生理上的联系。多尔多涅省的孔伯－卡佩尔人是最早出现的智人之一，但这种人还呈现一些原始的体态特征，他们
的工具也是莫斯特类型的。尽管如此，虽然也看到一些文化和体态特 48
征上的关联，也有一些有可能的起源证据，但旧石器晚期的人类与先前的居民有着根本的不同：他们的颅顶弧较高，下巴非常明显，而这些特征在后来相继出现的人种中（格利马尔蒂人、克罗马农人、尚瑟拉德人）都毫无例外地可以找到。

发明

旧石器时代晚期各种复合文明互相之间都极有特点，但它们又拥

有共同的发明，这些共同发明又突出了它们与前面的莫斯特文化以及继之而来的中石器文化大相径庭的个性。不过，我们也许不应该将这些发明归因于环境的变化。气候、动物种类、植物种类与前一阶段并无大的不同，有差别的只是气候寒冷加剧，天气更冷更干燥，尤其是最后面的马格德林文化晚期。伴随严寒天气再发作的是高鼻羚羊的入侵。此动物群来源于中亚干燥的草原，那时到达了大西洋沿岸，特别是到达了夏朗特和纪龙德①地区。

公元前 33000 年以前的时间是不太确定的，而通过碳 14 测定的日期使我们可以相对精确地确定旧石器晚期重大事件发生的年代。人们对位于佩里戈尔的艾齐埃-德-塔亚克地区的一些遗址，如拉费拉西洞穴和上洛吉里洞穴进行了细致的地层分析，由此掌握了旧石器时代晚期重大事件的发展脉络。佩里戈尔文化出现在公元前 33000 年间，当时处在玉木冰期二期和玉木冰期三期的过渡阶段。从公元前 30000 年起，奥瑞纳文化发展起来。佩里戈尔文化与奥瑞纳文化在整个玉木冰期三期齐头并进。在阶段的末尾，约公元前 19000 年，梭鲁特文化起步，继而取代了前两个文化。在玉木三期与玉木四期的过渡期，约公元前 15000 年，出现了马格德林文化。它的发展贯穿玉木四期，最后终至于约公元前 10000 年，而冰河时代也同时结束。

旧石器时代的新气象就是技术的不断更新。人们用石片和小石片来制造工具，但与一般通行的观点相反，这些石片和小石片不是唯一使用的物质材料：人们仍然经常采用石块的裂片制作工具。不管这些工具是用石片还是用裂片制成，工具的高度专门化成了最基本的事实。刮削器、凿刻器、钻进器这些在旧石器时代中期还很罕见的石器，此时已经发展出无数的种类，在同一件石器上经常出现几种功能的配对和组合，如刮削和凿刻器或多用途的凿刻器等。在旧石器时代晚期，各种文化的工具类型具有相当的一致性，而在这样的共同背景下，每个文化也有专属于它们自己的独特工具类型，如奥瑞纳文化厚重的刮

---

① 旧译“吉伦特”。

削器、佩里戈尔文化石器背部经过打制的尖状器、梭鲁特文化的叶状器等。有些石器的存在时间不长，局限在一个很短的时期，如在佩里戈尔文化晚期，诺阿耶的凿刻器和丰罗贝尔的带柄尖状器等。

在旧石器时代晚期，骨器出现。在燧石制的尖状器缺乏之时，骨质的尖状器发展起来，而且种类繁多。奥瑞纳文化就是如此，它发明了底部开叉的投枪尖，这是第一个外抱式装柄技术的实例，这种技术后来失传，直到青铜时代才以套筒装柄的形式重新出现。马格德林文化也如此，它用骨头，象牙，鹿角等制造出多种多样的投枪尖，也制造出非常精致的工具，如箭杆矫直器（“指挥棒”），还制造了鱼钩和投射助力器等。带针眼的骨针在梭鲁特文化时就发明出来，到马格德林文化期已经非常多见。但如此精巧的用具随后销声匿迹，直到青铜时代，人们才用金属重新发明。

边界 49

与此前一样，人类扩张的地理疆界常常受到气候条件的限制。甚至比莫斯特文化时有过之而无不及的是，旧石器时代晚期的人避免穿越黄土漫舞的巴黎盆地，他们留在那里的零星足迹表明他们来去匆匆。然而接踵而至的那些文化的分布揭示出新的事实。如果说这些文化的疆界从来也未能覆盖目前法国六边形的土地，但它们经常与一些自然疆域相重合，这些自然疆界将在后来法国历史的发展中起到非常重要的作用。比利牛斯山、卢瓦尔河、加龙河、迪朗斯河等一时成为了屏障，某些文化就以这些屏障为依托，或者勉强越出一点。比利牛斯山脉在它的末端，尤其在大西洋沿岸，是可供通行进入西班牙的地区。然而相对于奥瑞纳文化期和佩里戈尔文化期人口众多的情况，比利牛斯山谷地带在梭鲁特文化初期成了荒漠，文化经进一步发展后才在此地重现；同样在马格德林文化初期也成为荒漠，直到该文化的后期人们才在那里再见证到马格德林文化，不过成果辉煌。梭鲁特文化期人没有越过或勉强越过卢瓦尔河和罗讷河。在迪朗斯河左岸实际上看不到马格德林文化期的人。艺术证据的分布也证实了这样的格局，出现在梭鲁特文化和马格德林文化岩棚岩壁上高雕浅刻动物造型壁檐严格局限于一个狭窄的区域，它的边界由卢瓦尔河、比利牛斯山和中央高原构成。洞穴岩壁艺术分布更广泛一些，但也没有超越卢瓦尔河和罗讷河，或只越过一点点。

在这两万年时间里，法国唯一一直有人居住而不留空白的地区是卢瓦尔河与加龙河之间的这块土地，人口最稠密的当数佩里戈尔地区，就在多尔多涅河与韦泽尔河的河谷地带：所有旧石器时代晚期的文明，它们的主要面貌和其次的多样性在这块古典地区均有呈现。然而，如果我们将这种人口稠密的连续性解读为法国西南部是唯一承担了产生新思想和新技术角色，没有从外部吸收任何东西，那就有点夸张，可能也并不太确切。实际问题要复杂得多，虽然由于缺乏年代坐标我们不太容易确定一些思想和技术的来源，即它们的先驱，但思想和技术的交流总有发生。

在旧石器时代晚期之初，有两大文明平行和独立地存在：佩里戈尔文化和奥瑞纳文化。佩里戈尔文化以它的燧石尖状器（沙特尔佩荣尖状器和格拉维特尖状器）为特征，它依稀起源于原来承袭了阿舍利文化传统的莫斯特文化区，由此发展而来。该文化的地域局限于卢瓦尔河、约讷河和加龙河之间，此地区存在的古老文化层最多也最丰富。相对来说，奥瑞纳文化在法国的情况与欧洲中部相比没有多大差别，它们具有同样的底部开叉的骨质矛状器，从大西洋到匈牙利的奥瑞纳文化均以此为特征。因此，我们应该可以假设，在此时期存在着一个广泛的欧洲文化共同体，法国则占据了此文化共同体的大西洋一侧。在佩里戈尔文化晚期，有一些妇女小雕像，人们错误地称之为“奥瑞纳的维纳斯”。这些小雕像圈定了一块区域：除了法国之外，还包括了意大利、多瑙河河谷地带，甚至到达乌克兰。从这些证据中，我们看到，即使称不上有民族迁移的话，至少也存在着文化上的联系。

空间征服

在马格德林文化晚期，人类在法国得到了惊人的扩张。到处都有人，同时技术的多样性和艺术创造的丰富也证实了这种生机勃勃。人类的征服以传统地区为基础：在法国探明的400多个马格德林文化遗址中，有 300 个处在西南部，而超过 1/4 位于佩里戈尔地区。人类征服也依靠着位于法兰西岛的一些临时居民点。在勃雷加尔高地，事实 50
上这一块位于卢万河河谷地带、靠近内穆尔的地方，晚期的佩里戈尔文化人和早期的马格德林文化人的一些部落曾经几度明显占据这个露天的居民点。此露天居民点也许是巴黎盆地不适合人居的平原上一块传统的人类迁徙休憩站。居住在卢瓦尔以南的人群似乎利用这些休憩站作为向比利时阿登山区和莱茵地区挺进的中继站和基地。

向南，是对比利牛斯地区的再征服，这里在梭鲁特文化时曾有少数人占据过，后被抛弃；向东，马格德林文化人完成了对中央高原的围绕，人流涌向索恩河和罗讷河右岸那些穿越崇山峻岭的河口地带。在阿尔代什河和加尔河的河谷地带定居的人群分成一小股一小股；在塔恩河河谷，人们遍地散布；在洛特地区，人群密布。通过卢瓦尔河和阿利埃河的自然通道，人们抵达了寒冷的山区高地。他们还越过了罗讷河，在汝拉山区、多菲内地区和萨伏依地区殖民。向北，人群居住在露天，至于他们与莱茵地区人们所维持关系的重要程度，我们难以估量。他们某些特别的石器实际上有点类似德国的马格德林文化。

衰落

约在公元前 10000 年，冰河时代后期，此度繁荣发展宣告结束。喜寒动物消失。雨水频降，随之而来的是气候普遍回暖。森林替代了草原。在比利牛斯山区（特别在阿里埃热省的阿齐尔农庄）、阿尔卑斯山区、中央高原以及周边地区的山洞和岩棚里，阿齐尔农庄的小氏族群体步马格德林强大部落的后尘。这些人用粗陋的工具追逐着森林猎物，制造工艺简单。他们的工具有：小型球状刮削器、弧背尖状器、某些凿刻器、无倒齿的鱼钩和鹿角质的锥子等。时而还可加上一些上面绘有红色几何图案的鹅卵石，其用途尚不可知。

日常生活

在此数万年中，人类从狩猎、渔猎和植物采集中获取食物。尽管在此期间动物发生着进化，但人类的猎物没有根本的改变。武器和工具使人能够捕获、宰杀动物，并能将动物剥皮和分割成碎块。我们无论在露天遗址还是在洞窟遗址中都发现了这些动物的遗存，大量被肢解的骨架和打碎的、被切割的骨头。这些动物中有：大型的草食动物（马、牛、野牛）、鹿科动物（驯鹿、鹿）、猛兽（狮子、熊、狼、狐狸、猞猁等）、原山羊、野猪，最后还有厚皮动物（象、犀牛等）。所有的物质生活都依赖于这些猎物的捕获。从这些动物中，人们可以得到肉类储备，可以获得用于制造武器和工具的骨头、象牙和动物角、用于制造衣服皮带的动物毛皮、用于制造绳索细线的毛鬃、韧带和动物肠子。人们还有一些食物补充，其中包括捕捉禽类，人们捕获鸡、大松鸡、野鸭、雷鸟等，禽类的羽毛和骨头也可供人利用。食物补充还来自人们的渔猎，捕获鳟鱼、白斑狗鱼，特别是捕获鲑鱼。在旧石器时代晚期，这些鱼类的脊椎骨被串起来，配以穿孔的动物牙齿和贝壳，制成项链和手镯等，用于装饰死者。长骨的骨髓具有很高的能量使得人类的肉类食谱圆满完成。这一肉类食谱通过一些浆果类食品得到平衡，如欧洲越橘类、根茎类、坚果类、禽蛋类和野蜂蜜等。因此不存在食物匮乏。人类遗骸中看不到佝偻病患者。人们也从没有龋齿，但由于用牙齿啃动物的皮，或扯动物的筋，牙齿经常磨损到根部，就如现今的爱斯基摩人一样。

在非常古老的时候，人们就经常去沿海地区。许多遗迹证实了这一点，如在大西洋沿岸，位于阿图瓦地区维姆勒市的波安特—奥—祖瓦海滩有非常古老的粗略加工过的鹅卵石，位于塞纳河口的
51 勒阿弗尔有阿舍利文化人的营地，在菲尼斯泰尔省的特兰西尼的小海湾也有此类营地；同样，在地中海沿岸，在尼斯的泰拉·阿马塔海滩，也有阿舍利人的营地。然而，在千万年的历史时期，海岸线由于海平面的涨落经常发生改变。在冰河时期的后期，当时的海岸

线比我们现在要低百十来米，大西洋离我们目前的海滩要再远 15 公里左右。后冰河时代，由于海平面的上升，使得一些历史沉积被淹没在大海里而消失，使我们失去了关于旧石器时代人类与海洋关系的许多信息，也失去了古人类如何通过海洋渔猎和收集贝壳来获取生活资源的许多信息。

我们在普罗旺斯地区吕内尔-维埃尔一处遗址的古老地层中发现了一些海豹的残骸，这一地点离海岸非常近，有缘获得海洋物品的交换。然而在离海岸很远的内陆地区也找到过类似的遗骸，如旧石器时代晚期佩里戈尔地区洞穴中就有发现，证明当时已有了物物交换，也有了海洋至内陆的远距离贸易。

我们从发现的鱼骨中得到证实，从阿舍利文化期开始，人们从河流和湖泊中开发了淡水鱼资源。这一进程在莫斯特文化期得以延续，在旧石器时代后期得到进一步发展。新的渔具，如标枪和鱼叉，新的捕鱼方法对此起了促进作用。用鱼骨和鱼齿等作为装饰物也刺激了对鱼类的追捕。只有到了后冰河时代，中石器的狩猎者们才在他们的食谱中增加了软体动物、蜗牛、淡水贝类、沿海地区则增加了海贝类：在古人类旧居地，人们有时能看到巨大的贝壳堆。

狩猎技术

随着时间的推移，人们的武器和工具越来越多样化，越来越精致，越来越复杂，当然面对更专门化的任务也就越来越有效。不过，早在阿布维尔文化期和阿舍利文化期，原始人已经表现出用简陋的工具捕猎大型动物和凶猛动物的能力。在这大大往前推移的年代，我们假设他们的捕猎行动应该是集体性的，需要组织和协调。捕猎大象，陷阱和机关必不可少：当时可能也有这样的装置。在时间略微更靠后一些的多尔多涅省贝尔尼法尔洞窟中，人们发现有一幅线条简约的图画，从中人们看到有一间貌似“茅屋”中关着若干猛犸。在索恩－卢瓦尔省的梭鲁特，人们发现了野马骨架堆积如山，总数超过 10000 匹，这一地层属于佩里戈尔文化晚期。史前历史工作者用招魂者的术语将之称为“马的残留”。这处遗址处在一块巨大的、向外突出的悬崖脚下，人们推断，那些狩猎者在一片高地上将这些马群合围，然后威胁它们，将它们驱赶到悬崖边，逼它们跳入深渊，跌入崖底，作出惊人的“死亡一跃”。这一假设在目前已经遭到质疑，梭鲁特马骨堆有人认为是自然灾害的产物，就如在美国某些地方发生的事情一样，一些野牛群在暴风雪中迷失方向，遭到同样命运。原始人洞窟中所绘和所刻的一些简略图案，特别是在拉斯科洞窟，被人们解读为是一些障碍和围栏，这些图案也许可以证明，史前人类采取了一种围猎的方式。这种捕获动物的方式是将兽群赶入或多或少由人工筑成的封闭空间里。在比利牛斯山区属于马格德林文化期的洞窟中出土了一些小骨雕，其剪影如马头，上面用颜料涂描了一些次要线条。人们有时认为，这些次要的线条表示的是套马的皮带、笼头和鞍辔之类。如果此言为实，那么我们不得不承认，在旧石器时代末期，马已经被驯养或半驯养。燧石或骨质的尖矛状器，不论有无后柄，此时都装置在投射杆上。从梭鲁特文化期起，投枪借助一种投矛器来投射。然而，在中石器时代之前，没有证据表明已经有了弓箭，尽管我们在拉斯科的洞窟壁画中看到有些马中了带翎的箭。在中石器时代，人驯服了狗，它在打猎中帮助围
52 捕和叼回猎物。

住所

从旧石器时代中期开始，人类不再是那种不断追逐猎物的游猎者。他们至少在一定时期居住在岩棚或洞窟中。人们居住岩棚和洞窟的历史始于阿舍利文化期，不过当时是偶尔为之。通过对处在人类生活层的驯鹿齿的研究，人们发现，当时人类全年不间断地宰杀驯鹿，并将之带入山洞。因此表明，人类居住在洞窟中，至少不会长期远离这一地点。人们生活在洞窟的入口处，通常是在入洞的斜坡上，突出的大岩石为他们遮风蔽雨。他们很少深入洞窟深处或地下的洞窟长廊之中。这种相对定居的方式丝毫不排除迁徙，大量存在的野外遗址就是明证。遗址的规模千差万别，这些遗址应该是一些中转站或狩猎营地，或是季节性的居住地，一年之中会有多次人来人往，人们回到这里的理由也许出于习惯也许出于传统。在旧石器时代晚期，这些地方常常在地

面上铺上鹅卵石。

服装

史前人类如果没有毛皮服装肯定难以抵御非常严酷的气候。然而，关于这方面的资料几乎是空白。佩里戈尔文化期的那些被称作“维纳斯”的小雕像都是赤裸的，仅仅装饰着项链、手镯和踝镯等。马格德林文化期的女性浮雕和雕像也不穿衣服。男性形象虽然不是一丝不挂，但身上所穿的是奇形怪状的动物皮，不是巫师的打扮，就是狩猎者的伪装。只有雕刻在多尔多涅省加比尤洞窟里的那幅“穿滑雪衣者”的形象有点那个时代衣服的模样：很厚并带风帽的衣服。

有针眼缝针的发明以及在马格德林文化期的发展促成并推动了缝制衣服的制作。这些缝针大小各异，有骨制的，也有用象牙或用鹿角制成的，刮削后磨光，但上面极少有装饰。它们由于使用而充满光泽，但经常被折断，在针尖和针眼处经常可见修复的痕迹。在针眼这一脆弱的部分，人们使用不同的方式来打针眼，或用强压钻孔，或用旋转钻孔，但更多的时候是通过刻槽后不断加深的方法，为了防止针身开裂，分别在两面来加深沟槽。这项开凿针眼的高超技艺到了阿齐尔文化期就失传了。

人口

甚至在人口繁盛的马格德林时期，法国的居民在很大程度上没有连续性，人口也仍然稀少，尽管在西南部显得出奇的集中。由于发现的遗骸非常少，它们留给我们关于旧石器时代人类疾病的信息也仅仅是一些片断：有一些先天畸形，有一些骨折（特别是前臂），相对常见的是关节病，还有各种牙齿损伤和疾病，但完全看不到龋齿。根据在墓葬中发现的尸骨的年龄和性别（墓葬在莫斯特文化期还非常少见，到旧石器时代后期，特别是在马格德林文化期，这类墓葬就有很多），经研究后人们可以得出结论，当时人的期望寿命非常短。在莫斯特文化期，只有一个属于尼安德特人的个体超过了 40 岁。在旧石器时代晚期，所谓的“老人”很少超过 60 岁。女性死得比男性早，原因可能是女性怀孕和生育的风险比较大。在墓葬中，女性的尸骨有时伴随有胎儿或早年夭折的孩子。婴儿死亡率非常高。在这些原始人群里，生殖率能够正常地保持人口的自然增长率，关键因素也许就在于年轻的成年人。然而，要确定一个群体的人数仍然非常困难。对于非常古老的时代，如阿舍利和莫斯特文化期，一个群体大概不会超过十多个人，就如现在的布须曼人和澳大利亚原住民，他们的生活状态比较相似。而在马格德林文化的繁荣期，至少在人们长期居住的地区，
53 如佩里戈尔地区，情况就要好得多，人群的数目可以达到百人。而对遥远和艰苦地区的远征，移居到高山之上或巴黎盆地，所能动员的群体大概不会超过 10 来个人。

妇女

妇女似乎从来没有被摒弃在社会生活之外。从莫斯特文化期起，在墓葬中，妇女和孩子与成年男子享受同样的丧葬保护。从旧石器晚期起，妇女佩戴同样的首饰，如贝壳和动物牙齿打洞串起来的项链和手链等。在纪龙德省的圣日耳曼-里维埃尔，一位女子身上撒有一些赭石，佩戴有 70 颗鹿齿串起来的项链，鹿齿上还刻着一些几何图纹，她被埋葬在类似支石墓的石板之下。妇女们也没有远离山洞以及在山洞里举行的各种仪式：在上比利牛斯省的加尔加山洞的洞壁上，妇女们涂抹着红色和黑色的手印与小孩的手印和成年男子的手印混杂在一起。随着时间的推移，她们在社会中的作用也许发生了变化。奥瑞纳－佩里戈尔文化期一些怀孕状的“维纳斯”雕像或雕刻，如多尔多涅省洛塞尔那样的，也许与某种巫术的权力相联系，原始人可能将这种权赋予女性，也有可能与生殖崇拜有关。然而，一些躺着的或弯腰的女子雕像或雕刻（在马格德林文化期比较多见）似乎更具有世俗的意味，有可能带点色情。

巫术

从奥瑞纳文化期开始，艺术生活有了相当大的发展，它的意义在于社会生活和人们余暇时间的组织，同样也反映出个人和集体开始思

考通过何种方式来促进人与自然世界、人与神秘世界的交流。我们发现从奥瑞纳文化期起出现了一些骨头和木头，人们在上面重复地刻一些线条，这些线条排列规整，但样式各异。这种所谓的“狩猎标记”到梭鲁特文化期和马格德林文化期日见增多。这些刻线可能事关计数方法，虽然我们并不知道，他们计的是何种物品数目：也许是狩猎数，也许是消灭的敌人，也许是人口统计。马格德林后期在骨头上出现的一些小图案的刻印有可能是通过图画语言来表达某些信息。阿齐尔文化期的一些上彩的鹅卵石被人们解读为某种书写文字。

有一些意义不明的记号，雕刻在或绘在洞窟装饰性的洞壁上，或涂描在某些动物的身上，或将这些动物框画起来。有些记号较易解读，可以认为是投射线或是射出的箭，另一些不太确定，可能是捕捉动物的陷阱、机关或障碍等。所有这些记号都被认为是某种想要占有某物的巫术，预想将要展开的狩猎行动，希望得到好的结果。另一些记号刻画在难以进入的通道处或地形发生变化的地方，也许是指路的标记，深入地下通道的路牌。不过，它们也许有另一些意义和用途，但不幸的是，我们现在已经无从知晓。然而，最近有一种理论赋予它们一些性方面的意义，女性的或男性的。而在我们看来，这似乎是不可能的。某些洞窟内存在着一些男性和女性的手印，有的红色，有的黑色，有的是阳画（实绘），有的是阴绘（手掌贴在壁上，在外围喷颜料而成），我们常常看到这些手印缺少手指或某些指节。我们从中看到的可能是与古代某种巫术手势相联系的要掌握某种东西的信号，也可能是通过弯曲手指和指节表达的某种约定俗成的语言。

出现在洞窟壁画上的动物种类相对比例各地均有不同。人依周边动物种群的情况挑选他们爱画的动物。马和野牛是出现最多的动物，但并不是在所有地方它们都占优势地位。例如在多尔多涅省的鲁菲尼
亚克洞窟壁画中就存在着异乎寻常多的猛犸和犀牛。在洛特省的库尼 54
亚克，人们看不到马和野牛，看到的却是鹿、象和原山羊。我们可能应该承认，这些动物的选择可能与当时人们的巫术要求有关，而这种要求我们现在已经无法获知。但无论如何，不论是画的还是雕刻的，

动物形象往往叠加覆盖在同一洞壁上，这一现象反映出艺术家们对于前人的作品完全不在意。在拉斯科洞窟的“公牛厅”，人们清点出6个时期的画作连续不断地覆盖上去。在这种来源于巫术灵感的艺术中，人们最先关心的是作画行为的本身，以及在这片石壁上作画所体现的权力。在这些画作和雕刻作品重复叠加的洞壁边上却保留着一些完全空白的洞壁。完全有可能存在着一个巫师社会集团：有许多稀奇古怪的人像，身披动物皮，被解读为巫医。当时成功的狩猎是个人生存的必备条件，在这样的社会里，也许是不区分艺术家与巫师的。

二、史前晚近时代

中石器时代

狩猎采集经济的衰落

史前晚近时代开始之时，也就是旧石器时代文化光辉随着阿齐尔工艺消失而逐渐暗淡之日。冰河时代结束，大地回暖。气候首先是湿润的，而后明显感到更为温暖更为干燥，人类再也不必花很大的努力来适应它。然而，在当时覆盖法国大部分地区的森林中，中石器的人们没有得到理应获得的人口增长和文化进步。从普罗旺斯和阿基坦的石灰岩岩棚到枫丹白露沙地，稀稀拉拉的人群捕食着鹿、野猪等等，或者蜗牛之类，或者钓鱼和捕捞贝壳类。池塘边或河边、小沙丘和大西洋岸边都容纳过他们稀疏的营地，而那些盛产鱼类和多猎物的地区却没有巨大的岩石和岩洞，难以提供栖身之处。在中石器长达三四千年的发展中，工具普遍具有一种“微型化”的趋势，这一趋势其实开始于马格德林文化期。有些普通工具还保留着中等大小，但与它们同时发展的是一些极小型的燧石器，其形状各异，有尖状、有弯弓状、有三角形和梯形等，这些石器或是为适应新猎物而发明的武器，如最早用弓发射的箭，当时的人似乎掌握了这一武器，或是复合工具的组成部分，如布满倒刺的鱼叉可能是安装在木柄上或骨柄上的。这些猎人加渔夫，一如他们的前辈，对陶器仍然一无所知。他们已经有狗相伴，这些狗有可能是他们驯服的，也有可能是狗本身的顺从，狗也许和它们的主人一起狩猎。

对死者的关怀

我们已经发现了一些墓葬。因此我们知道，地处布列塔尼的俄迪克岛和代维埃克岛上的中石器时代居民已用虔敬的形式埋葬死者。遗体被安放在不太深的坑中，有时上面堆上粗石块，陪葬品有食物、工具、贝壳首饰等。上面还撒一些红赭石。有些遗体得到特殊的荣誉，如在死者头上戴上完整的鹿角。有3个孩子被掩埋在一个岩石的凹坑中，其中一个孩子佩戴大量的首饰，并有武器装备相伴，人们称之为“幼王”。另两个孩子，一个被掩埋在母亲（?）的膝盖处，另一位被埋在父亲（?）的膝盖处，父亲还用手握着小孩的双脚。人们不禁要问，大人和孩子是同时去世的吗？会不会一些人是另一些人死后而殉葬的呢？我们对当时这些人的宗教信仰和道德规范一无所知。那些贝壳项
55 链、耳坠、锯齿状的贝壳、红色的赭石块证明当时的人已经关心美化自己的身体。那些粗糙的雕刻，那些刻在砂岩上、刻在石板上、刻在骨质物体上的交叉线条展示的是一种非具象的艺术，与旧石器时代晚期那些堪称“古代的西斯廷教堂”的洞窟壁画相比，则逊色多了。

低度发展的人口

从总体上说，法国中石器时代没有给人以文明繁荣的印象，也看不到人口的大量增长，孤立的小股人群零星分散在广袤的土地上对人口增长不利。平均寿命也非常短。仅一人除外，所有代维埃克岛的人均死于30岁以前。慢性风湿症、佝偻症、排出性牙龈炎，还不包括骨折和箭伤，使他们短暂的生命显得更为暗淡。他们个子矮小，身体不太强壮，却有一个大脑袋，与勇猛的克罗马农人相比应该自惭形秽了。

总之，如果说旧石器时代和新石器时代之间的间隙或多或少由中石器时代来填补，那么中石器时代充其量是一个等待的时期。在传统的概念中，这一时期展示出的景象诸如人口低度发展，当时的人们在

技术文化方面发展不充分，无法解决自己面临的问题，无法如古代人改造石块那样通过技术发明来利用自然，还不懂得用农业和畜牧业的手段迫使自然为他们服务，他们还只能为生存而奋力挣扎，而就在同时其他地区一些更有活力的人群已经开始为“新石器时代革命”作准备了。

面对这样一幅灰暗的图画，我们当然应该添加一些色彩：从索弗代尔文化到塔德努瓦文化末期，中石器文化的人也有进步。工具的变化无疑反映了人们在渔猎和狩猎方面的新技术；有些抑制木柴燃烧的遗迹使人推测，当时人们已懂得将捕猎的鱼进行熏制。鱼的保存，动物饲养（即肉类储存），表明中石器时代的人也许开始考虑未来。各种葬礼则证明，他们的世界的时间维度也超越了他们荒蛮的现实。

“前陶器新石器时期”？

中近东丰富的考古发现表明可能存在着一种“原新石器时代”或“前新石器时代”，在这一时期，人们已经掌握了农业、畜牧业和磨光石器的技术，却对陶器一无所知。由此触发了一个假设，在法国也可能存在类似的阶段。对花粉化石的分析显示，有许多地区并不存在与陶器烧制相对应的大量砍伐森林的时期。我们知道，当人类摧毁森林时，某些植物，如蒿属植物和车前草一类，就会在空旷的土地上蔓延开来，这些植物原本在树荫下便不能生长。它们的花粉被保留在泥炭中或旧土层里。几千年乃至上万年后，可以证明此地的森林曾遭到破坏。在古人的居所，现代考古找到了一些植物的遗存，种子和植物的残株之类，因此我们发现，这些中石器时代最后的狩猎者也同样是我们这块国土上最早的园丁（根据让·瓦盖的说法）。那些低贱的种植物，如豌豆、小扁豆、野豌豆、山黧豆等，可能仅仅是食物的补充，采集和狩猎仍然是食物的主要来源。如果说宅旁园地先于农田出现，并不见得有什么新意。但不可忽视的是，最早耕种的植物并不是谷物类，而谷物类从新石器时代起对于我们文明来说是最基本的种植品种，可以称得上真正的麦类文明。西欧和中欧一样，在时间排序上，蔬菜无可争辩地处在前列。它们的耕种从公元前7千纪就已出现，特别是在朗格多克这样一些有利植物生长的地区，而耕种这些植物的部落还没有陶器，也没有磨光石器。这种古老的园艺预示了人类的沧桑巨变。它为某种人类生活方式作了准备，尽管在某些方面还属于中石器时代，但这种人类生活方式在不久的将来将接受谷类农业的准则和约束，而 56
这种农业又将彻底改变人们在时间和空间上的活动轨迹。

与此同时，尤其是在地中海地区，从普罗旺斯到加泰罗尼，人们开始驯养动物，强化了人与他们追逐的猎物之间的关系。他们比他们祖先更关注保护周边世界的生态平衡，在打猎时对动物的年龄和性别进行选择，以保证动物有足够的再生育率。

这是不是意味着在这类捕猎动物时，人们不间断地引入了对动物的饲养呢？对此我们还不敢肯定，因为在陶器出现以前，人们最早饲养的是羊类，绵羊或山羊（仅凭骨头很难将之区分）。就如在南欧的情况一样，法国南部饲养最早的动物是绵羊，当时仅仅吃它的肉和奶。羊毛只是到了后来才被利用，仅仅是饲养者在挑选时次要考虑的问题。后来白色羊毛取代了有色的毛，有人认为这种有色毛来源于它的野生祖先，即近东的岩羊。事实上，最近基于这些动物血型的研究表明，科西嘉岛和撒丁岛上的岩羊不一定是现在绵羊的祖先，它可能是从古代人饲养的羊群中偶然逃脱，然后在适合生长的自然环境中重新变为野生动物的“逃亡”动物。如果这项重大的发现被证实，那么某些地层中比陶器的出现早了一两千年的所谓“中石器时代”的羊类遗骸，就并不一定是从中近东引入的饲养动物，西欧动物饲养的开端在时间上将大大提前，在此问题上的定论将被颠覆。

尽管这些农业和畜牧业的前兆在初期在经济是并不占重要地位，对人类群体的生活方式和社会结构的影响非常有限，但它从此奠定了人类未来经济社会组织的基础，到了新石器时代，这种经济社会组织得到充分发展。戈登·柴尔德所说的“新石器革命”并不像以前人们认为的那样是一蹴而就的，它的根基深深地扎在当地中石器的土壤里，由此决定了与外地输入的东西并不完全相同的特征，虽然外部世界也许是这种变化的发源地和机遇。

此外，这些人群的物质装备也同时发生着微妙的变化。在他们使用的工具上开始出现一种覆盖式的修饰，其风格有如燧石的切割修饰，最后我们看到，中石器时代晚期与中石器早期的差距要远大于它与新石器时代晚期的差距。在新石器晚期，许多地区不间断地生产着中石器晚期就出现的梯形石器。

在这一转变中，航海无疑具有非常重要的作用。从公元前7千纪起，中石器时代的船只就在地中海上航行。于是在许多岛屿上有了居民，其中就有科西嘉岛。随着这些居民的到来，动物和植物也被带到那里。

法国的新石器化

在新石器时代早期与我们这块土地相关的文化源流主要有两股。

第一股源流在法国的南部，它是很早发生的农业和畜牧业前兆的自然延伸，有非常漂亮的陶器，上面有心型贝壳的印纹，人们名符其实地称之为“心形”印纹陶文化。此外在那里还出现了磨制石斧。“心形”印纹陶文化的人们仍然过着游牧的生活，时而把一些岩洞作为临时居所，然而也已知道在野外建立居民点，如在沃克吕兹省的库尔泰宗，一些圆形小屋的地上铺着卵石。在那里，谷类植物的种植最近得到明确的证实，那里发现了石磨、石杵以及小麦和大麦碳化的麦粒。在普罗旺斯沿海，“心形”印纹陶文化从公元前6000年出现，它经历了“心外膜形”印纹陶文化[1]，一直延续到公元前4千纪中期，其时
57 分布的地域非常广泛，包括普罗旺斯、朗格多克、鲁西永、阿基坦、甚至中央高原的南部。

另一文化潮流，源自中欧，在公元前5世纪中期到达法国东部，随它而来的有农业、猪和牛的饲养、黑色磨光重型石斧和线纹饰的陶器。最初，这仅仅是莱茵河以外文化群体向阿尔萨斯和洛林地区的自

① 心形海贝饰文化后期，在普罗旺斯，原先的海贝饰被淡水贝类饰替代，在朗格多克等地，取而代之的则是凹槽纹。

然扩展。随后这一多瑙河文明向西延展，同时发生分化，由此组成了新的地区部落，他们逐适于农耕的黄土地而居。这一文明占据了埃纳河谷、巴黎盆地，向西发展一直深入到诺曼底，经卢瓦—谢尔省向南一直伸展到奥弗涅地区。来自多瑙河的殖民者在此就如在中欧地区一样建造了宽敞的长方形木屋，屋顶具有两面斜坡，有 5 排柱子支撑。整个公元前 4 千纪，这种殖民化一直延续着。

两股文化源流的辐射非常强劲，造成了中石器生活方式的逐渐消失。从公元前 3900 年起，距地中海 250 公里的鲁卡杜尔的穴居居民已经学会了新的技术，他们掌握了麦类的栽培，也许已经懂得饲养猪，拙劣地模仿陶器制造。渐渐地，这些技巧获得了成功，在新石器时代中期，在法国全境几乎都实现了新石器化。

鼎盛

在公元前 4 千纪左右，也许更早一点，几乎完全新石器化的法国领土被一种相对同质的、属于新石器时代中期的文明所占据，人们称之为“夏塞文明”。它的起源仍不太清楚，在加泰罗尼亚和朗格多克南方，也许在公元前 4500 年至 4000 年已经有了这一文明的蛛丝马迹。在南方，这一文明的某些因素应该来自正在消亡中的心形印纹陶文化。这一文明经利古里亚和普罗旺斯与意大利有某些联系。基本特征是，陶器少有装饰、陶器表面光滑，色彩总体偏暗，形状比以前更为多样，有碟、流线型的勺、有脚的酒杯、瓶等、多种丝状穿孔的把手或如潘神之笛状的手柄。

同时在西欧广大地区也发生着相似的变迁，虽然我们不能肯定这种变迁的起源是否来自南方。事实上，在非常早的时期，从公元前 5 千纪末期开始，在欧洲的西海岸，尤其是在布列塔尼一带，有了明显的发展。与法国南部不同，我们对这儿的居住状况知之甚少，但墓葬却具有大型纪念式建筑的特色，其规模超乎人们的想象。在普罗旺斯和朗格多克地区属于夏塞文明期，那里有最早的支石墓和石冢，我们还不知道这些墓的主人是谁。

在法国的东部和中部，有一些属于夏塞文明或相似文明的区域人群，除了从古地层发掘发现的一些地区差别之外，夏塞文明的统一性显而易见。

新石器后期的危机

约在公元前 3 千纪中叶，根据不同的地区，或早或迟，一些重大的变故产生了。早在公元前 2800 年至 2700 年，法国中西部已经出现一些独特的文化，这些文化建立在石灰岩质的小丘上，人们营地的周围有深沟环绕。他们的陶器首次出现平底与圆底共存的情况。陶罐上的装饰图案有眼睛状、有太阳状，还有海浪状等。这些文化的起源似乎不来自夏塞文明。它们一直延续到公元前的 2300 年至 2200 年，而在此过程中逐渐退化。

而几乎在所有地区，约在公元前的 2600 年至 2500 年，夏塞文明的一体化开始解体，涌现出许多地区部落。在南部夏塞文明圈内迅速繁衍出一些地域范围狭小的群落：如普罗旺斯地区的古罗纳文化、朗
58 格多克地区的费里耶尔文明（将第一批支石墓引入该地区）、朗克多克北部的古尔加斯文化和圣彭文化等。

法国的北部和西部出现了非常重要和富有生命力的文化，这一文化以巴黎盆地为中心，称之为“塞纳-瓦兹-马恩文化”，它向周边地区大范围地扩散，其中包括诺曼底、阿摩里卡丘陵区、卢瓦尔河中游地区和阿基坦北部地区等。它的陶器量少且粗糙，但石器和骨器以及各种装饰品却丰富多彩。居住状况不得而知，我们对这一文化的基本认识来自他们的墓葬，这些墓葬或采用加顶盖的石廊形式，或采用地下墓形式。在香槟省白土地带，长廊式墓的墙壁上呈现一些线条简练的画：上面画着一些装手柄的斧和一些抽象的、头部为猫头鹰的人形，其形状非常接近于同期矗立在法国南部的一些巨石雕像。

在法国东部，如萨伏依地区和汝拉山区，存在着另一种文化，人们称之为“索恩-罗讷文化”，它也包括瑞士西部地区。该文化在靠近河边和湖边建立起来，人们居住在长方形、木结构、建筑在柱桩上的大房屋里。

该文化从更为先进的部落那里接受了一些金属元素（如金和铜

等），但他们的社会结构却没有发生深刻变化。

如前所述，许多文化人群（我们提及一些主要的）在新石器时代3千年时间里经历了组建、奋斗和消失的过程。在此我们观察到历史的加速现象：在这三千年间所发生的事情远胜于旧石器时代的漫长岁月。然而，我们对新石器时代人们的生活依然知之不足。

日常生活

与中石器时代的人一样，新石器时代的人也不得不承受气候的巨大反差。起先，气候比我们今天要热得多，逐渐变得潮湿起来。海平面升高，淹没了海边的居住地。这种现象带着一点摇摆波动一直延续至今，它在当时将一些中石器时代居民点，如俄迪克和代维埃克，转变为孤岛，同样的情况也发生在莫尔比昂海湾埃尔拉尼克和加伏尔里尼这些重要的新石器聚落。从菲尼斯泰尔到夏朗特地区，淹没在海里的巨石见证了海水的上升。大约到了新石器中期，气候变得凉爽和干燥起来。山毛榉入驻森林之中，而榆树却节节败退。在人口最为稠密的地区，自然景观让位于半农或半牧的居民点。这些半农或半牧的居民用烧荒或用石斧成片砍伐树木的方法侵蚀着森林，人们通过烧荒使土壤能够维持几年的肥沃。其他的一些做法也有可能造成森林地区树木的减少：如采摘榆树的嫩芽用来喂牲口也许对于这一树种在新石器时期的消退负有部分责任。从那以后，用单一气候的原因来解释自然景观的改变再也行不通了。环境的变化已经启动，在整个历史过程中，这一变化只会更宽泛，而决不会改变基本的方向。

狩猎和渔猎

在一些先驱者刚刚开始少量砍伐的森林里，野兽种群的情况还保持原样：鹿、弗吉尼亚鹿、野猪等。人们追捕狼、狐和熊，把它们当作害兽，同时也为了获得它们的毛皮。当时的人不太猎杀兔子（除了南方地区），同样也不太猎杀禽类。渔猎是食物供应的重要支撑点。农业生产并不杜绝祖先传统的狩猎和渔猎活动，直到非常晚近的时候人们才放弃这类活动。然而，狩猎占人们肉类食品中的份额在新石器时期却依据不同的文化有着非常奇怪的差异。如果新石器时代早期鲁卡杜尔那些“皈依文明的野蛮人”吃的几乎仍然是猎物再加上他们收割的麦类，那么，心形印纹陶人主要吃饲养的牛和羊，它们的遗骨是鹿的 10 倍之多。至于古代的多瑙河地区的人，即生活在黄土地上的人们，他们更多的是农业生产者而不是动物饲养者，更多是动物饲养者
59 而不是狩猎者。我们注意到，这种对狩猎的淡漠几乎均不能以中石器时代强烈的传统来辩解。

在新石器时代中期，夏塞文明的人们似乎更像是渔民和伟大的贝类爱好者：牡蛎、海螺等。他们也吃乌龟。他们猎杀鹿是为了得到用来制造某些物品的材料，这些物品包括斧套、磨光器、半圆凿，甚至还包括骨珠、小瓶、角制灯具和用作装饰的野猪獠牙（劈开后再抛光）等。与这些人一样，费利耶尔的牧民喜欢用猎杀到的狼和海狸的牙齿制作成挂件饰。波利夏尔人①从饲养业中获得他们消费肉类的 70%（有时达 90%）。到了新石器晚期，这一比例颠倒过来。人们在埃松省的维代勒发现的食用野兽比例也许是最高的：在那里比例超过了 2/3。这一地带的森林形势可能夸大了食用野兽为主的事实，但食用野兽为主却是真实的，它突显了落后的特征，或者更确切的说法是从“塞纳-瓦兹-马恩文化”的倒退。

农业的拓展

在农业技术层面，我们所知甚少。根据花粉研究所探测到的最早的垦荒大约发生在公元前 6 千纪的比利牛斯东部。稍后人们观察到在诺曼底和布列塔尼均有发生。最初，人们摧毁森林的目的是为了让饲养的动物有活动的空间，但很快出现了谷物的花粉。最初的农业是刀耕火种，随后有了改进。木锄和石锄的农作接着有了犁耕的补充。新石器时代直角相交的犁沟在不列颠群岛发现，时间大约在公元前 3 千纪初。相似的情形将来也有可能在法国发现。在青铜时代已经得到证实的牲口牵引至少在新石器时代晚期应该存在。在尼斯北部的麦尔维

① 得名于夏朗德滨海省的波利夏尔（Peu-Richard）新石器时代遗址。

耶山谷，若干石刻上显现两头牛拉犁的场景。第一批永久性的农田（用围墙和斜坡围成的）要很晚才出现，最早也要在青铜时代。地力的迅速衰退（当时人们还不懂施肥）需要人们实行频繁的轮作。这种循环农业从新石器时代早期即线纹陶文化时期起在中欧实行。占据主导地位的作物是小麦，小麦种植的品种多种多样：单粒小麦、二粒小麦和软小麦等，大麦要稍逊一筹。燕麦和黑麦的种植要晚得多。

人们用石镰收割，或是一大块石片，或是用几块石片组合而成，这些石片组成一个系列，固定在木把手上。麦秆上所含的硅类物质给工具的刃口抹上了光泽，人们称之为“谷类光泽”。人们将收获的麦子贮藏在平地上开挖的地窖里，上面覆盖有用火硬化过的黏土。有时人们也将麦粒焙炒，以防止不合时宜的发芽。人们将麦粒放入原始的手磨中碾碎，这种手磨由一个固定的磨盘和一个圆形的或半圆形的滚轮组成，滚轮来来回回的运动。人们也种植油料作物：在南方有橄榄，其他地方到处种植亚麻。亚麻的纤维也用于布料的织造。一些采用多种纺织方法织造的精细织物，有的甚至镶有花边，躺在瑞士一些湖底的淤泥里，一直保存到现在。新石器时代的人仍然采摘野生的果子，同时人们也懂得了种植苹果。

绵羊、山羊、猪和牛的驯养明显改变了这些动物的体态，与它们的野生祖先相比，身材明显缩小，头颅变短。可以部分解释这种体形变化的原因可能是由于圈养和冬季较差的食物条件，当时人工草场还不存在。农业和畜牧业的关系不同的文化人群表现得千差万别，不过我们看不到农业和畜牧业的真正专业化，在专业化的情况下草原牧民与定居的农民是截然分开的。采集、狩猎和渔猎对于食品供应和生产原料的 60
供应（鹿角和骨头）所占比重已经变化不定，但仍然非常重要。

定居生活和住宅

在中近东地区，人的定居要早于新石器时代。但在法国的土地上，情况却不太一样。当时既不存在城市性的居民聚落，也不见多重遗迹地层叠加的居民点。人口稀少和相对多的迁移性也许可以解释这种差异，最大的居民点只能称之为村庄，甚至只能称为小村庄。在新石器时代早期，埃纳河谷的多瑙河人就如他们中欧的近亲一样，将他们大型的长方形木屋按照同一方向并排排列：我们现在只能通过土地上的平面布局认识它们，地面上留有5排平行的柱洞。我们据此推断，内部的柱子支撑着有两面斜坡屋顶的房架，外部的墙壁是用并排靠着的柱子组成，编织的树枝将柱子连接起来，再用黏土糊上。屋子外面是挖取黏土后形成的土沟。房屋经常得到翻修。屋子长10来米、宽5至6米，可以容纳一个核心家庭。它们聚集成平原的村庄，有时周围还围以栅栏。

这种木建筑在相同的地质地带一直持续到新石器时代中期，其形状有时变得略带梯形的样子，长度上也要短一些，但源于中欧平原传统的样式连同它的建筑材料却仍然保持着，仅仅是适应周边的环境。最晚的亮相是位于汝拉山区和萨瓦地区河边和湖边的一些长方形木屋，它们存在的时间一直延续到新石器时代的末期。

从新石器时代中期起，与这些位于湖边和平原、有时用防御功能较弱的栅栏围成的村庄同时并存的是一些设防的营地，它们的周边用壕沟或城墙围起来，不是建在高耸的山崖上，就是背靠河流的曲折处，其动机似乎并非为了和平。在北部省、诺曼底、勃艮第和中西部地区居民点建在一些遭到封锁的山鼻子上，相对应的，在巴黎盆地，则是一些以水流曲折处为依据的群落。在庇卡底地区、旺代地区和森通热地区则是用一些断断续续的壕沟围成的营地。这些营地是否具有军事用途并不是非常确定，但建造它们所要付出的巨大努力与它们的和平目的却不成比例，虽然人们愿意把它们的主要用途看成是和平的：如家畜的放养地或者防止野兽等等。无论如何，这是一种与敞开式的村庄完全不同的居住方式。通常我们不太清楚位于这些设防工事里房屋的情况。似乎有些房屋在里面靠在城墙上。被壕沟或城墙围起来的面积事实上从来没有小于1公顷，应该包括了农田或花园以及农业的附设设施。在图卢兹附近，有一个高地居民点，周边设置了由壕沟和栅栏构成的防御体系，它内部的小屋数超过300。

在南部，大部分建筑偏向于用未经加工的石块建造，至少基础部分用石块，在这些地区这是比木料更容易获得的材料。有利的气候也有利于采用轻质材料建造临时性的建筑，不过这些建筑未能留下太多的痕迹。心形印纹陶文化有了一些由一些圆形的小屋组成的小村庄，这些圆形房屋的地上铺设鹅卵石。在新石器中期出现了一些由 20 来户人家组成的村庄，房屋是长方形的，用石块奠基。

社会生活和宗教生活

新石器时代的社会总体上在荣誉和财富的分配上并没有太大的不平等，也许布列塔尼的南部是个例外，在那里存在着一个祭司和首领的阶级，他们让人在卡尔纳克竖立了一些巨大的纪念石碑，某些墓葬丰富的家具陪葬品也说明了这一点。在其他地区，在特定的村庄里，所有的社会集团均处在相同的水平上，我们看不到他们在家具的配备
上有明显的差异，在任何地方都找不到给人以特别印象的建筑或不同 61
于一般的建筑，如神庙、宫殿或宏伟的城门等，这些建筑在地中海东部地区却是在很早的时候就出现了。人们的住房条件似乎适合于核心家庭或核心扩展家庭的日常生活。除了在多瑙河地区，我们看不到宽大空间的存在，这样的宽敞空间在所有的人类社会里对于社会、政治、宗教功能的履行都必不可少。然而，建造多瑙河人的那些大房子和一些巨石建筑都需要集体的力量，由此可以推断当时应该有一个有组织的集体机构，包括用法律细致规定的权利和义务网络。然而，这些村庄一般都只有 20 户左右的人家，没有街道，没有阴井，也没有水井，事实上只能算作是小村。

人口和种族

确切地说，当东方开始出现城市现象之时，法国大地依然人烟稀少，居住点非常分散。对新石器时代人口估算引起很多争议。我们关于人口发展的数据受里盖博士的影响，根据他的估计，将不太适宜人居的地区也包括在内，人口密度为平均每平方公里 2.2 人。在最耀眼和最具活力的文明区，人口密度也许达到每平方公里 5 至 10 人（最高的数字可以到达每平方公里 20 人，这样的数目只有在个别非常特殊的地区才可以考虑，如新石器时代中期莫尔比昂沿海地区）。婴儿的高

死亡率可能无法总是从出生率中得到补偿，某些文明的消失似乎与人口的衰减有关。只有“塞纳-瓦兹-马恩文化”可为我们提供足以说明问题的数据：20岁以前去世的比例达到57%，这一数字还不包括早年夭折的婴孩，因为这些早逝的孩子被埋葬在墓地以外。1/2的人死于12岁以前。老人极其罕见，许多妇女死于30岁之前，而存活下来的妇女确实要比她们的异性伙伴活得更长。瘟疫和营养不良症到处残忍施虐，如果我们看到一些刚刚开化的“野蛮人”取代一些更辉煌更有天赋的文明，这也许是因为这些“野蛮人”生活在相对封闭的环境中，逃过了流行疾病的劫难。通常这些疾病对有组织的社会更具杀伤力。相对于文化的多样性的是人种的多样性。多瑙河人构成了另外的种族：他们个子矮小（人们有时过分地将他们类比成俾格米人），身体纤弱，头颅和脸都很长，鼻子宽大且短。我们对心形印纹陶人知之甚少。至于夏塞文明人，他们埋在支石墓中的遗骸经常被后来者的遗骸搞混。除了东部地区，地中海因素明显支配着新石器时代中期。有些个子高大、头颅也很长的个体使我们联想到大西洋—地中海人种。在新石器时代晚期，出现了一个体态更为粗野，形态更为原始的人种，他们在“塞纳-瓦兹-马恩文化”的加顶盖石廊墓和地下墓中被发现。

墓葬建筑

与村庄的平面结构一样，甚至有过之而无不及，人类将他们个人的灵感、社会组织形式和他们的信仰也投射到他们的墓葬建筑上。同样在这一点上，我们也不可能将新石器时代看作铁板一块。不论是个人的墓葬还是集体的墓地，不论是纪念碑式的还是平淡无奇的，墓葬为我们博物馆提供了大量的藏品。然而，墓葬里的家具、尸骨的体位、墓穴里布置的细枝末节可能会给我们提供比那些装点博物馆橱窗没有主人的物品多得多的信息，不幸的是，我们经常忽略了这一点。在新石器时代早期，多瑙河人和心形印纹陶人只采用个人埋葬的方式，前
62 者只在地上挖一个坑，后者则将尸体放入岩洞和岩棚里。尸体被折叠起来，膝盖弯曲到胸前，这种姿势最为常见，但并不是唯一的。我们在这种姿势中看到了胎儿姿态的回归，也许它意味着在地下世界里人

能够重生的希望。

新石器时代中期出现一种极端重要的现象：巨石文化的诞生。在南方，夏塞文明人最初满足于一些小的墓穴，即在地上挖一个坑，然后坑壁用石板侧立遮盖。而就在此时，在大西洋沿岸和西部芒什海峡沿岸，在布列塔尼和法国中西部，一些陶器风格属于夏塞文明的文化群落却建造了一些巨大的纪念性建筑，那是一些真正的葬祭庙宇。这些巨大的石丘，或长条状的、或椭圆形的，或长方形的，长度可达125米。这类墓葬以卡尔纳克地区最为著名，但夏朗特地区也拥有同样大小的墓葬。位于德塞夫勒省的布贡墓地由六座巨大的石丘组成，构成一个墓葬群，这在欧洲绝无仅有。这六座石丘互相靠得非常近，几乎首尾相连。长期以来，人们认为这些墓葬属于金石并用时代，但通过碳14的测定，现在可以将这些给人印象深刻的纪念式建筑的时间定位在公元前4千纪。在卡尔纳克，人们将这些巨大的石丘称之为“圣米歇尔山”，但被它掩藏其中的石棺却很小，里面有些遗骸，有时甚至是不完整的；还有一些半透明非常精致的翡翠斧，它们的长度很长；还有绿宝石珍珠和陶器等。某些石丘的前端与大型的支石墓相通，这些支石墓应该是后人的重新利用物。我们不应该把这类墓葬建筑与菲尼斯泰尔省普卢埃佐克的巴尔纳内那类巨大的石冢混为一谈。巴尔纳内那类石冢是为保护一群支石墓而建，这些支石墓的进出口都开在石冢的正面，这是一面精心堆砌的石壁，在石壁后面，是同心圆阶梯建筑，从侧面远看使人联想到古埃及贵族墓葬“马斯塔巴”。某些支石墓是用石板建成的，另一些则用未经加工的粗糙石块，再有就是结合两种石料，其比例千差万别。然而所有的支石墓都包含墓道和墓室两部分，墓室比墓道要宽一些。很大部分的支石墓已经有了确切的答案，它们年代的意义和文化意义构成了新石器时代研究最重要的部分。所有的支石墓均为集体墓葬，多多少少在很长的时间里被人们使用。所有的支石墓原先外面都有丘状的覆盖物，这样保证了墓穴的密封防水，同时也可以防止秃鹫一类凶禽侵入。后来覆盖材料被侵蚀或被人移走，经常使得墓丘难以察觉，但考古发掘则总能发现它们的蛛丝马迹。同样原因的毁损也经常影响到墓道，留下的是支石墓假的面貌，人们称之为“简单”支石墓：三块竖立的石头，支撑着上面第四块石头。“加盖石廊墓”这一名称是用来指称这一类支石墓：它们的墓道和墓室很难区分，下面的两排石壁是平行的，上面盖板的高度始终如一。

加盖石廊墓于新石器时代晚期出现在法国的北部、巴黎盆地、西部和中西部。在法国南半部，在新石器时代中期末出现的巨石文化追随着自己的发展轨迹，一直延续到金石并用时代。朗格多克支石墓以四边形墓室和墓道为特征，与之并存的有许多各具地方特色的形式，它们大部分属于新石器时代末期和金石并用时代，其中有奥德的假性加盖长廊墓，有肘形弯曲的支石墓，有简单支石墓等等。

除了工具以外，死者的陪葬品中还有武器、陶器等，这是为他在另一个世界中的旅行而准备的。支石墓和加盖石廊墓里有时还隐藏着一些石刻、神秘符号、斧子、权杖、匕首、蛇形线条、写意式的妇女偶像（其形状有如盾牌的，也有如章鱼的，还有的就是一对乳房上面挂一串项链）等等。其中有些墓葬中可能有绘画装饰，就如西班牙的情况，但现在已经荡然无存。在上比利牛斯省的热尔高地，有一座加盖石廊墓，当人们打开此墓时，发现还有一片绘画的黏土，但与外部的空气一接触，黏土涂层顷刻化为粉末。

63 “支石墓宗教”

在支石墓上，人们已经花费了大量的笔墨。有人曾经说存在一种巨石宗教，它的传教士来自遥远的东部地中海世界，经大海到达布列塔尼。也有人绘制了一些地理分布图，显示巨石建筑集中于海边和河流两岸。第一个假设，听起来似乎有理，却无法证实。至于第二个假设，法国有太多的海岸和河流，无论怎样的地理分布图都会碰巧与海边和河流相重合。然而，这些地理分布图却突出强调了法国巨石文化的两极：布列塔尼沿海（尤其是莫尔比昂沿海）和朗格多克地区（拥有紧密相依的支石墓群，外观上不及布列塔尼的壮观，但可能在数量上要更多一些）。难道我们真的能用“支石墓人”这一词语来谈论问题？当然不能。巨石的思想观念一定是以某种广泛传播的宗教为载体的，但这种思想观念一旦被采纳，它就会在不同的文化群体间产生不同的解读。再说，巨石现象至少在法国大地上延续了两千多年。也许，这可以说明为什么巨石建筑在法国表现出如此的多样性。

多样性也同样表现在丧葬礼仪上：在某些明显未遭破坏的支石墓中，人的尸骨被堆放成形状对称的骨堆，可以让人认为，当时的人可能事先将尸体上的肉割除了；而在另一些坚固的墓葬中，如加盖的石廊墓里，时间要更晚近一些，放入的尸体骨骼依然如生理解剖那样完整相连。

人工石窟和死亡女神

新石器时代在葬礼上完全是革故鼎新、成果累累的时代。地面上有巨石和非巨石的丘形建筑，再加上地底下的人工石窟建筑和地下墓建筑。这类地下墓地，在地中海世界非常普遍，同时也在法国南部的地中海沿岸和巴黎盆地出现。在阿尔勒附近的卡斯特莱，有 4 座墓葬，是在石灰岩中开挖的，其中 3 座墓上盖有石板。第 4 座墓最为宽敞，完全配得上称之为地下墓，因为它墓室的顶部就是原来的岩石层，高 4 米，长 25 米，宽 3 米，通向墓室的墓道是在岩石中开凿出来的，顶部成拱形。进口有条斜坡道长 10 米，有 5 级台阶，门廊为两裂片式，宽 9 米，门廊顶部开口，这样使得这座纪念性建筑更为完美。加上斜坡道的建筑总长 42 米，是新石器时代规模最大的建筑之一。墓的上部有圆形的丘堆，在墓丘附近，还竖立了一块巨大的石柱。但在那里没有任何其他的考古遗迹。在香槟地区，“塞纳-瓦兹-马恩文化”的人们建造了著名的马恩人工洞窟，洞窟前有一条平缓的斜坡道，斜坡道的出口或者直接通向开凿在岩石里的一间墓室，或进入一间墓室的前厅，这一前厅本身又开着一至二间相通墓室的门。前厅的照壁正对着入口，应该说偏左一点，照壁上有时有象征性的形象，或男或女，或浮雕或彩绘，人形没有嘴巴，头为猫头鹰，佩戴项链或有手柄的斧头。有时，斧头单独出现在一根柱子上，可能是对斧子崇拜的象征，就如克里特岛[①]的情况，或者就是简单恐吓那些可能来盗墓的人。

---

① 希腊爱琴文明。

医术和巫术

“塞纳-瓦兹-马恩文化”的人们经常在头颅上施行穿颅术，我们也不能确定，这是否出于巫术—宗教考虑，还是有其医疗目的。战争创伤时有必要实行这样的手术。我们在考古现场发现若干箭头深刺进骨头里。但从头颅中取出的一些小圆片应该是为了装饰或作为护身符而植入的。某些颅孔愈合得很好，而另一些则没有愈合，其原因可能是病人当场死去，或此人死后，人们拿走了作为吉祥物的小圆片。这可能
64 就是在“塞纳-瓦兹-马恩文化”骸骨堆发现的一个揭开天灵盖头颅的情况。手术的方法，首先是用燧石工具在头颅上钻孔，然后除去被割开的部分，再将颅孔的边沿进行修整，与经典的技术没有太大的不同。这个时代的“外科医生”已经能够使骨折复位，尽管我们也看到一些失败的例子。若干女性的头颅上有切割的痕迹和表皮烧灼的痕迹，烧灼的痕迹形成了“前顶的 T”形。最后，里盖博士在这些人群中发现头颅有轻微变形，这可能是由于佩戴僵硬的帽饰或紧束的头带而造成的。

商品交换

不同人群之间的关系不仅体现在战争创伤上，同样也体现在远距离的思想传播和新技术的传播上。物物交换或其他形式的商品交换涉及到奢侈品，人们选择它们是由于它们的稀缺或者具有美学上和巫术上的价值：其中有贝壳制成的项链和手镯、质地细腻的绿色岩石、或绿宝石珍珠（这是一种浅绿色的绿松石，我们至今未发现它的矿脉）。用来制造磨光石斧必不可少的原材料也是商品，如燧石和软岩。

金石并用时代：燧石工业

在公元前 3 千纪末叶，第一种被人认识的金属——铜出现在法国。最早呈现的是一些比较私密的小物品，如首饰、珍珠、针、“纹身锥”等，很快它在制造流行工具，如斧子和匕首方面就成了燧石不可忽视的竞争对手。流动小贩或金属工匠（可能也是流动的）推销这些新产品，迫使立足于燧石的人们（原料生产者或成品制造者）

组织起来，更有效地抵制或适应技术进步带来的新要求。在此之前，人们制造工具大部分需求是石材，骨材工业则起到一种补充作用，主要用作制作工具的手柄，或一些小型工具，如锥、针、陶器的磨光器等。石材工业中最重要的是燧石工业。诚然，人们也加工其他的石材，如蛇纹石或珍贵的翡翠，如榴辉石，如粗玄武岩或更为流行的纤维石等，但用来制造如刮刀、钻头、箭镞、切割器和钻洞器等工具，燧石是不可替代的。此外，它抛光后的光泽与“硬质”岩石一样的好，因此它也是制造石斧的竞争材料。正是由于这样的原因，在燧石较为丰富的地区，重要的工场逐渐发展起来。起初，人们可能并不懂得系统地利用石矿的露头，每人随手拿来他看到的石头，自己缺少的就通过商品交换来获得。到了新石器时代晚期，情况改变了。也许人们已经发现，那些容易得到的肾状燧石块，由于长期处在表面，饱受冰冻之苦，对它们的加工比不上从土壤深处挖出来的燧石。因此，在新石器时代晚期就出现了开采业，出现了燧石矿，人们挖掘垂直的井或水平的坑道。这样的经营单靠个人的力量是难以想象的，因此我们可以推想，应该有了社会分工，甚至存在着某种奴隶的形式。在矿山，时常发生塌方事故，矿工们被埋在地下深处，在他们身边还发现鹿角制的镐。有一个令人好奇的事实，某些矿工竟然为女性。在一条被沙子掩塞改变了用途的坑道里，人们甚至还发现了小孩的手印。这些工人可能来自战俘，他们送出的产品是燧石“石锭”一类的东西，也许随后由专业工匠加工成石斧的粗坯或最后的成品，再交由他人抛光。这种专门化和工业集中化的现象在燧石的“鲁尔区”(杰克·圭察尔语)[①] 造就了一些大工场，它们向外地出口它们的产品：如格朗-普雷锡尼和科洛格的石刀、贝尔热拉克瓦加工的石斧、萨利奈勒再加工的古板等。 65

对技术进步的抵制

这一由于铜出现而受威胁的工业试图自卫。在这种威胁的激励下，

① 鲁尔区为德国著名的煤炭工业区。

燧石的加工技术有了进步。石器的形状从来也没有如此那么精致过，石器整修也从来没有如此规整过：箭镞配备有线条优美的镞柄和倒刺。匕首的出现使得位于都兰格朗-普雷锡尼石刀达到前所未有的高度。不过这一切均为天鹅绝唱。对于那些面对金属竞争影响不大的普通工具却变得越来越粗糙。双面石器不太规整，整修过的石裂片有时使人误以为一种古老的文化，人们称之为“假康皮尼文化”。

然而，金属的采用并非没有遇到抵制。某些新石器时代晚期的人们虽然用金属制作一些装饰用品：如别针、挂珠等，但数量不多，而且人们不用金属制造工具和武器。“塞纳-瓦兹-马恩”文化经历了整个金石并用时代却很少改变它的生活方式、它的葬祭礼仪以及它的工具组合。当时也许它使用了一些刀背磨光的燧石匕首，但它那横向开刃的箭却依然属于新石器时代的武器装备。也许它已经倾向于将死者进入地下墓，而不放入加盖的石廊墓，但礼仪却保持不变。如果说从那时起陶器有时加上一些粗陋的耳环，但它们的形状和它们的烧制技术却无意改变。从公元前 2500 年至前 1800 年，甚至还要更晚一些，该文化在已经发生的世界里似乎成了极少变化一个整体。但它无法阻止新潮流的现身，这一新潮流在同一时代已经流遍欧洲，从波希米亚到布列塔尼，从葡萄牙到不列颠群岛：这一被称为“钟形杯文明”的新潮流从公元前 2200 年起在法国大地得到确认。在法国，这一文明完全处于金石并用时代。

弓箭人

“钟形杯文明”以具有钟的形状的平底大口杯而得名，它的典型装饰是模仿细短绳的绳印。伴随这一文明的是铜匕首、纹身锥、V 形钻孔头等。背部磨光的匕首、带方形箭镞柄或带长倒刺箭镞还在使用。人们已经赋予这些钟形杯文明人多种身份，如最早的冶金者、铜文明在欧洲的旅行推销员，甚至是铜矿的地质勘探者。这种假设并非子虚乌有，它在荷兰的一些墓葬中得到证实，人们发现了一些熔炉用的工具，以及与他们工具有联系的一些铜炉渣。人们有时也喜欢称他们为巨石文化的使者，但这些人使用的巨石纪念性建筑都是前人留下的，属于“鸠占鹊巢”。人们将在莫尔比昂支石墓中的一些非常精美的黄金首饰归在他们名下：事实上，此种金属差不多与铜同时被人们认知，甚至还有可能再早一些，因为人们可以找到纯天然形态黄金，它的加工也非常方便。

钟形杯文明人在葬礼方面似乎不太带有宗派色彩，根据地区不同，他们将死者放入简单的墓穴里，往往借用前人已用过的墓堆、支石墓和加盖石廊墓。他们在法国的居住情况并不十分清楚，唯一的例外是在奥德省梅拉克附近有一个村庄或一个陶器工场。伴随着“环带饰杯文明”（人们有时也这样称呼钟形杯文明），在法国第一次大批出现短颅人，这些人圆颅，脸部轮廓较粗野，身材比地中海人和多瑙河人更高大，有点近似洛林人。不管怎样，在法国，除了罗讷河走廊、朗格 66
多克—鲁西永地区和布列塔尼以外，他们的人数并不多。他们的角色可能主要在经商方面。他们有一些零星分布的殖民点。就他们本身来说，说他们是武力入侵可能言过其实，尽管人们有时因为他们拥有精美的箭镞、弓箭的指套、带有两个尖端的四边形石片而称他们为“弓箭人”。

区域群体

除了阿摩里卡丘陵区、旺代地区、普罗旺斯地区和朗格多克地区以外，钟形杯文明人并不多，他们与土著文化群体共存。这些土著居民群体在生产技术上要落后一些，却具有更强烈的定居倾向。“塞纳-瓦兹-马恩文化”和“索恩-罗讷文化”依然存在，而后者越来越受到源自中欧的金石并用文化影响。在此同时，约在公元前 2300 年，从诺曼底到夏朗特、从阿奎丹经利穆赞、凯尔西和中央高原到阿韦龙，产生了一种原生文明，即阿尔特纳克文明。这一区域文明在许多方面仍然属于新石器时代，但已经懂得使用铜。它选择高山和河边建筑住房，利用岩洞作为人们的墓地，但也建造简易的支石墓。它的石器和骨器与同时代其他的人群并无异样：如带柄和倒刺的箭镞、匕首、磨光石斧、锥子等等，但它的陶器却非常独特，圆底和平底共存，上面的花纹为几何形的切线和圆点。一个典型的特征是卷边的“鼻状”陶器把手。此文化也许与钟形杯文明人保持着贸易关系，但与人们认定的不同，它没有延续到青铜时代早期。

部落战争

金石并用时代是箭镞的美好时代。箭镞不仅仅用于狩猎：部落和周边民族之间的斗争和战争不断发生。在朗格多克的灌木丛地带，费里耶尔的牧民、丰布伊斯的牧民和罗德兹的牧民进行了殊死的斗争。在埃罗省的马代尔的絮盖-古科里埃尔骸骨堆中，人们发现罗德兹人带小圆齿的箭还插在他们的敌人费里耶尔的牧民的骨头里。

农业似乎到处都在退步，也许有利于畜牧业，但我们也看到狩猎在提供肉类食品的份额上也在普遍增长。然而，在南部似乎仍然表现出某些繁荣，也许是由于塞文山区的铜矿，因为从这一时期起，这里的铜矿得到开发。冶金业也许所起的作用还非常有限，但如果认为这一时期用于制造铜器的矿石均来自伊比利亚和中欧那就大错特错了。

村庄

我们所了解到这一文明的居住情况也仅局限在朗格多克，特别是在埃罗省，相关的是凤布依丝文明。凤布依丝文明的人们建造了椭圆形的小石屋，长度达到 10 米，顶部呈穹隆突出状。这些“穹顶石屋”的入口前有长 2 米的走廊，有时呈肘状弯曲，石屋互相靠在一起，有时围成一个圆圈，中间为中央大院。在凤布依丝的一个村庄（在埃罗省特雷维埃附近的格拉瓦）中还存在一处貌似广场的地方。该广场里面不含任何石头，甚至连小石子也找不到，泥土就如筛过一般。我们不禁想起在非洲的某些村庄里，一些妇女不知疲倦地打扫着屋边的村中主道。我们注意到，在同一村庄里还有一间设有熔铜炉的房屋。这些村庄似乎并不比新石器时代的小村庄更大一些。但人们认为在那里发现了一些公共建筑或祭祀地点的痕迹，如在马代尔的布瓦一马丹，人们用竖直的石板围出三条平行通道，通道通向一块依托山岩的封闭
67 空间。在格拉伐，在村庄边缘人们还发现了一块有雕刻的石柱。

雕像石柱

普罗旺斯、朗格多克和鲁埃格的雕像石柱是一种雕刻成形象简约

男女人像的石柱，人像穿着宽大衣服，腰间束一条腰带。这些人像的脸可以使人联想到“塞纳-瓦兹-马恩文化”地下墓中“猫头鹰女神”的脸。有的人像在腰带上佩戴一件神秘的物品，我们发现了若干神器石质或骨质的实物。还有一些形状类似、但不雕刻人像的石柱在凤布依丝墓地被发现。罗德兹人则用骨头制造一些可佩戴的人偶，人的脸采用写意手法。虽然费里耶尔的牧民继续将他们的尸体掩埋于支石墓之中，但凤布依丝的牧民则偏爱把死者放入地下墓、改变用途的燧石矿坑道和“蜂窝墓”之中，还推行火葬，在新石器时代不太流行这种礼仪。

最后的抗拒

尽管付出了巨大的战争代价，凤布依丝的牧民最后还是在公元前1900年消失了。他们的村庄似乎是突然被放弃的。完整无损的陶罐还沿着墙整齐摆放，当时非常珍贵的金属物件也被遗留在那边，没有人再回来取回它们。是自然灾害造成了这次抛弃？抑或是瘟疫？抑或是地震？最有可能是入侵者蹂躏了这块土地。在金石并用时代末期，世事似乎动荡不安，村庄筑起防御设置。埃罗省的雷布-德-特雷维埃四周建起一堵四边形的城墙，每边设置圆形的箭楼，城墙配有一条弯弯曲曲的暗道，使得要进入的人不得不将他身体一侧暴露出来，这样设置已经有了小城堡的模样。在某些村庄里，箭镞在工具中的比重大大增加，甚至几乎为石器的全部，犹如人们将当时全部财源拿来用于保卫自己。然而，在曾经最为繁荣地区，金石并用时代以悲剧告终。在法国国土范围，人口受到战争削弱，似乎明显减少。

如果说，新石器时代被人们认为是文明进步的伟大时代，它奠定了人类生活的经济基础，这一基础一直到中世纪都没有大变化，那么，金石并用时代的特点与其说是引入了金属冶炼还不如说是对前一个时代的清算。它揭开了青铜时代早期和中期各种新文化的面纱。

青铜时代早期和中期

中欧青铜时代早期辉煌文明的最初影响在法国出现于公元前1800年。虽然影响最大的地区是法国的东部和东南部，但从厄尔河到梅多克地区和阿韦龙河这些地方也能零星地发现属于这一文明的物品。人们首先想到的是金属物品通过逐渐的商品交换而得到传播，而没想到民族的入侵和渗入。在这个时代出现了第一批货栈和贮物点：商人们将斧子、匕首、手镯和别针等埋入土中，因为他们不能或愿意随身携带他所有的商品。再后一些，一些铸造商将一些破损的斧子和过时的手镯回收重新回炉，因此在贮藏的物品中又增加了一些金属块和由此得到的一些熔渣。通过这些未被它们的所有者使用的贮存物，考古学者们可以勾勒出一个特定时期流行工具类型的确切画面。

与德意志地区和瑞士地区建立了商业和文化联系（在整个青铜时代不断得到加强）的以后，布列塔尼地区似乎成了一块特区：一个“领主”阶级（也许是征服这里的武士）统治了该地区。在掩埋他们的坟墓里，陪伴他们的是非常豪华的葬祭品。其中有燧石箭镞和水晶箭镞，这些箭镞是不具原来功用的奢侈品，它们的倒刺长且易断；其中也还有金属匕首，时常配有系带。人们还发现了由于铜锈而使之成为
68 化石的匕首木柄，木柄上布满了一些小孔，如针眼大小，里面嵌入黄金，这些黄金点排列成几何图案。

在南部，意大利的影响开始感觉得到，那里的别针头部椭圆并穿孔。但那里可以带系绳环的陶器和青铜柄的匕首则属于瑞士瓦莱的罗讷河文明。同时圣韦雷代姆的陶器占领了旧时朗格多克高地牧民的领土，这类陶器装饰有大圆点和“拉链”图案，这些图案深深地印在陶胚上。

新的区域实体

青铜时代早期和中期的区分至少对法国而言在很大程度上是人为的。当我们的东部近邻已经成为青铜的“大工业主”时，我们的国家还落后地处在金石并用时代，我们这里真正的青铜时代早期似乎不大看得到。到了青铜中期，边沿凸起的斧子出现了，剑取代了匕首，戟消失了。阴刻陶器（陶器表面的图案在烧制前在厚厚的陶胚上用刀雕刻出）从阿尔萨斯到夏朗特均有存在。在南部，人们发现一些非常漂亮且带有卷边把手的陶罐，制造它们的灵感应该来自意大利。在阿基

坦，还看到一些底下有小脚的陶罐。在梅多克，存在着重要的冶炼业，加工进口来的铜矿石和锡矿石，生产数千把“梅多克斧”，它们的特征为直线凸边。在诺曼底，人们特别生产一种装柄部带深槽的斧子，我们已经找到一些制作这些斧子的模子。布列塔尼、中西部、克勒兹、中央高原等地也有一些制造中心发展起来，主要生产斧子。文化上的互动、经济上的贸易并非罕见。

我们看到，金石并用时代和青铜时代早中期可谓完全决裂。新文化人群的分布完全不同，东部的影响占据主导地位，而且时间久远。在金属制品和陶器上，人们的原创性和当地特色的创造性均不能掩盖借鉴的重要性。然而，在金石并用时代大量依赖外国矿石的地区至少在青铜时代中期已开始自己开采一些锡矿和铜矿。

最初的困难

经济问题并不一定取决于政治。自新石器时代晚期始，农业似乎遭遇了困难，干旱与更加炎热的气候也许使之更为加剧。在阿尔萨斯，青铜时代中期之初的人们与其说是农民还不如说是畜牧业者。他们离开了肥沃的平原，赶着牲口深入到与今天相比稀疏一些的森林之中。喀斯地区的沙漠化在新石器时代就已开始，而到了这个时候已经是不争的事实。

选择居住地要考虑到安全问题，随着青铜时代晚期民族大迁移的临近，安全状况越来越趋于恶化。高山上的营地被重新利用，同样的情况也发生于危难时期最典型的避难地——洞窟上。葬礼与过去大相径庭。最初，原先的葬礼还继续维持，人们仍然用支石墓和岩洞，尤其是在南方。在青铜时代中盛期，忠实于将死者尸骨集体安葬习俗的南部居民有时将死者的遗骸垒在岩石狭小的缝隙中。

个人主义

对传统如此的忠诚可谓绝无仅有。青铜时代的墓地又回复到个人分葬形式（这是一个非常重要的事实）。不论他们死后被埋葬在坟丘下面的狭小的石板匣子里，还是躺在更为宽大的棺材中；不论是埋入用木板筑成的真正阴宅之中，还是被简单地埋葬在土堆下面，这些死者都有自己分开埋葬的坟墓。当然，一个坟丘只使用一次的情况并不多见，但每具尸体都与其他尸体单独分开。同时，在金石并用时代还
69 非常罕见的火葬形式开始普及起来。在阿尔萨斯，火葬在青铜时代早期还不多见，但到了中期则成为常见的现象，再后来就成了定制了。阿格诺森林地区的坟丘提供了这一新式葬礼发展经过的信息：起初，仅仅只有妇女（如果根据她们的首饰判断应该是富家女子）才实行火葬；稍后一些，火葬形式得到确立，但仍然只涉及妇女和儿童。总体上说，火葬仍然是少数。尸体被放置在坟丘以外的柴堆上，随身还有一些葬祭品，如手镯和别针之类，现在我们看到的这些物品还留有火烧过的痕迹。焚烧一结束，人们仅拾取一些骨头的碎片，将它们直接埋入土里，随同埋葬的还有火焚过的陪葬品，人们还加入一些未经焚烧的陪葬品，可能人们认为死者在另一个世界里也许喜欢看到原封不动的这些物品。有些可能装有食品的陶器被放置在骨灰旁边。

社会结构和家庭结构

个人分葬墓的习俗使我们看到了社会的不平等，这种不平等现象在集体墓葬中还没有明显出现。确实，想要拥有自己独立墓穴这一事实本身就已经表现出希望与社会其他成员相区别的意愿，这种意愿很容易就滑向炫耀和张扬。我们想知道，坟丘是否并不局限于某些特殊人物？诚如前述，阿摩里卡地区的坟丘表明那里存在着一个统治阶级。但后来相似的礼仪普及开来，因为我们知道，稍后的一些坟丘是一些有少量家具陪葬的穷人墓葬。在阿格诺森林地带，富裕的特权者们则表现出另一番景象：一些坟丘之中容纳了1至2座坟，坟里有丰富的家具；而另一些坟丘容纳了许多墓穴，其中的家具非常贫乏，这些是小人物的墓。某些死者被埋葬在属于他们的坟丘之中，陪葬的有项链、手镯、带扁平螺旋圈的脚环、青铜别针等；而另一些只有一二件陶罐作为送终用品。

妇女和儿童的地位在各地并不千篇一律。在布列塔尼，最好的坟墓似乎是保留给男人，保留给武士的。在阿尔萨斯，则与之不同，妇

女似乎享有与男人同样的权利，我们从陪葬的陶器品质、首饰品质和化妆物品的目录上就可以作出这一判断。儿童佩戴小型的首饰，基本上是他们父母亲的缩微版。在财富上稍逊一筹的家庭的孩子埋葬时佩戴的是成年人的手镯和脚镯，依他们的身材改造，同时还有玩具、拨浪鼓、缩微陶瓶、水晶石等。

火葬再加上青铜时代早中期的人经常在土壤难以保存尸骨的地区加高坟丘等因素，使得可供我们研究的人体骨架非常稀少。也许北欧人已经开始落户法国北部和东部，同时也可能落户到布列塔尼地区。

史前历史的结束

因此，文化和商贸关系已经超越了我们的国界。对青铜的分析表明，从青铜时代早期，我们疆域中的人们就已经利用中欧和西班牙地区的矿石。布列塔尼与威塞克斯[1]的联系显而易见，波罗的海的琥珀贸易规模非常大。煤玉珍珠和孔眼密布的琥珀在英格兰和希腊都有发现。如果说用蓝玻璃分割而成的珍珠并不如人们认为的那样直接来自埃及，那么，它们的样品无论如何是埃及的，也许它们的生产工艺也来自埃及。陶器由于原料易变质一般都现场烧制，它们受到更普遍的时尚的影响，但却保留某些地方特色；而同时，金属工具在取得了对石器的胜利以后，开始成为系列产品，它们从法国的一端到另一端都非常相像。也许，一些地方作坊依自己的品味重新诠释了别针的时尚和斧子的轮廓，或凸边的斧或装柄部带深槽的斧等，但这与其说是发 70
明新形式，还不如说是对既定形式的小改动。

青铜时代末期

约公元前 1200 年，巨大的变化发生了。这些变化的前兆在法国疆域以外的东方已经能得到清楚地辨认，但在法国，一直要到公元前 1 千纪初才发生变化。在普罗旺斯地区和朗格多克东部地区外部的影响来自意大利世界，但对法国影响最大的是来自德意志地区的“骨灰瓮

① Wessex，位于英格兰西南部，当时非常繁荣。

墓地”文明，法国其他地区均得益于它。后者的影响在陶器和金属器皿方面均显而易见，如在陶器上，这类陶器普遍造型优美、质地细腻，色彩为黑色或淡黄色，有光质，表面带有沟槽阴刻纹；在金属器皿上，斧刃两端呈弧线的斧子取代了凸边斧和装柄部带深槽的斧，别针完全是莱茵河彼岸式样的翻版，剑有时带有金属手柄。该文明因它葬礼而得名，这种葬礼也为法国部分地区采纳（汝拉、香槟、巴黎盆地、都兰、朗格多克），不过法国仍然保留其他墓葬形式，如洞窟和坟丘。火葬是最常见的形式。人们的居住地通常是筑有防御设置的高山营地，或者住在洞窟中，当然也存在一些地处河边谷地的村庄和湖边的居住点。朗格多克西部也受此文明的影响，它的影响甚至一直延伸到比利牛斯山区。与此相对，承继着可以追溯至青铜时代中期的冶金传统，大西洋世界努力保持着自己原有的特征。它也模仿东部世界的一些东西，如刃部两尖呈弧状的斧，但却继续生产着古旧样式的东西，如装柄部带深槽、单侧带环的斧，随后它创造出自己的一些样式，如“鲤鱼舌状”的剑，剑端渐渐收以细长；如阿摩里卡式带套筒的斧，它的生产在青铜时代末期达到狂热的程度，生产了至少22500把斧子，如果人们加上芒什省的斧子，这一数字还得加倍！这些斧子有时甚至远销到阿摩里卡以外的地区。大西洋沿岸的青铜匠与不列颠群岛和伊比利亚半岛维持着联系。但他们的居住情况和墓葬情况却不得而知。

最早的铁器大约出现在公元前8世纪至前7世纪。它们是否由新的移民带入，如我们所知的符腾堡和巴伐利亚那些佩带大剑的骑士？难道由于这一原因，人们在青铜时代晚期将许多物品埋藏在土里？还是我们更应该想一想，在法国许多地区，铁器悄悄地在青铜时代业已存在的一些文化内部产生？但无论是突然的入侵还是不易察觉的渐变，这一时代标志着法国史前社会的结束。

第三章　罗马征服前的高卢 71

罗马征服前第一缕历史之光

当青铜文明行将结束之际，一股新的入境潮（似乎来自西里西亚和勃兰登堡边境）涌入我国。这些新来者带来一些陌生的礼仪：他们将尸体放在木柴上焚烧，骨灰放入骨灰瓮中埋葬。有时人们称这种文明为卢萨斯文明。我们对这些民族知之甚少，在青铜时代末期，他们向东深入到马其顿，向西扩展到法国东部，甚至进入西班牙。

约公元前1200年，进入民族混乱时期，开始似乎发生在多瑙河盆地，但在法国，土地占领似乎以和平的方式进行，青铜时代老的习俗并没有被彻底消灭：人们依然实行土葬（如同在金色海岸的弗克斯奥莱和荣纳省的科隆比纳一样），但同时也有一些人实行火葬。似乎许多地方土葬与火葬并存。这些“骨灰瓮田人”（人们如此称呼这些新来者）与以前的居民毗邻而居，和平相处：在普盖-莱-奥，人们发现一处墓地，有11个土葬穴和11个火葬穴。一般而言，土葬者穴中的陪葬用具要比火葬者的丰富。

何为“骨灰瓮田”? 72

这是由埋入土中巨大骨灰瓮组成的墓地，通常选择在谷地的谷底或坡地上。骨灰瓮的陶器非常有特点：它们均手工制作，不用陶轮，陶土颜色深暗，表面装饰有乳头状突起物和凹槽，槽线有斜的，也有圆形的。金属物品（如匕首、别针和腰带扣等）不见烧过的痕迹。在香槟地区的奥尔内-奥-普朗歇，人们观察到当地的骨灰瓮被安置在圆形的深穴中央，上面填满了黑土，这些墓穴的直径达到25米。墓穴挖在白色土地上，它们与原土泾渭分明，航拍很容易将之分辨出来。夏季，上面覆盖着植物，它们长得比其他地方更为茂盛。小麦长得更高，成熟也更早；冬季，墓上的雪化得更快一些。由此，航空勘探可以在众多地方发现史前遗址：这种研究方法还处在初创阶段，但它会有利于发现新遗址，给考古带来越来越多的帮助。

一、第一铁器时代

在公元前一千纪，约公元前900年，人们发现在高卢出现了新的文明，以一种以前不为人知的金属为特征，这种金属就是铁。人们经常称这第一个铁器文明为哈尔施塔特文明，这一名称来源于奥地利的一个小村庄哈尔施塔特，坐落在萨尔茨堡东南约50公里处。此地多山多树，有一条巨大的盐矿带，很早的时候就吸引着人们，成为经济上非常重要并难以与之匹敌的地区。19世纪人们在此发掘出一块有2000多个墓穴的巨大墓地。从墓葬仪式看，既有火葬，也有土葬。墓地的时代大约自公元前850年至公元前500年。

这种文明在法国第一次被发现是在勃艮第地区。约在1875年，人们在夏蒂永内南方的马尼-朗贝尔开始发掘一处重要的古墓群，其中有的墓体积巨大，它们的直径超过30米。古冢为高出地面的坟堆，里面埋葬着尸体或盛有骨灰的瓮，自然的地面被事先精心平整过。人们用石板将尸体围起来，构成一个大型的石棺，然后用沙、土或干燥的石头筑成坟堆。

在法国东北部有三个地区，存有大量此类墓葬：阿尔萨斯地区、弗朗什-孔泰地区和勃艮第地区。覆盖这些地区广阔的森林高原成了其保护因素之一，而森林砍伐和开荒竞相摧毁了这些坟冢。此外，人们注意到哈尔施塔特文化遗存较为丰富的地点与容易开采的铁矿资源正好重合：如洛林、夏蒂永内、贝里地区等。

新金属与新武器

如果认为铁器出现青铜就消亡，这就错了。恰恰相反，青铜继续被使用，特别是在装饰品和首饰的制作方面更是如此。我们已经习惯于在博物馆看到的那些青铜器，其表面覆盖着绿褐色的铜锈，但它们原来的面貌，以及它们被一直使用时的面貌，却光亮熠熠，而且，一 73
旦变得暗淡，人们就会将它们清洁一番，使其美丽如故。

在哈尔施塔特文化初期，人们还使用青铜剑，与青铜时代相比，剑的区别在于它的局部形状：剑柄尾端呈梯形，剑身没有中棱。剑鞘用皮革制成，鞘端包以青铜小顶，青铜叶片非常优雅地弯曲。

巨大的铁剑照搬照抄青铜剑：它们的区别只是在于剑身更长更大，铁剑可以达到甚至超出 1.1 米。剑尾插入剑柄的部分是平的，剑柄在绝大部分的时间里我们看不到，因为它们通常是木制的。也有极少用青铜和象牙制成的例子，它们的形状都一样，呈吊钟形。发现铁剑最多的地方要数勃艮第。

从公元前 6 世纪开始，人们不再使用这种长剑，取而代之的是一种匕首，剑身逐渐收尖，青铜或铁制的剑柄尾端分为两小叉。这些匕首的平均长度约为 0.4 米。进攻性武器还包括矛尖和投枪头，形状可以使人联想起青铜时代的长矛。弓极其罕见，人们没有看到过它们的模样，但某些铁制的箭镞和箭筒残片证明了这类武器的存在。

防御性武器少有。我们没有看到任何盾牌的残余。然而，在上萨伏依的菲兰热，人们找到若干个青铜的胸甲。另一个青铜胸甲来自索恩河上的疏浚船（其具体地点是在圣日耳曼-迪-普兰）。但这些东西似乎是舶来品。

在法国的南半部，古冢极其稀少。在阿基坦地区和朗格多克地区，人们发现了大片的墓地，每个骨灰瓮被放置在圆形的深坑里，并伴有大量的陶器。

大车墓

某些哈尔施塔特文化墓葬将遗体埋在大车里。这类墓并不多，在法国总共发现十五六处，这些墓葬集中在阿尔萨斯地区、勃艮第地区和弗朗什-孔泰地区。有两座墓葬属于普瓦图。

这些大车墓时间较晚，分布于公元前 6 世纪。它们经常由一个很大的土石堆构成，基部直径有时可超过 50 米，高度可 6 至 7 米。大车始终是四轮车，但与其说真正的四轮大车，还不如说是更为简陋的两轮大车。

1953 年，人们在金色海岸省的维克斯发现一座此类墓葬，我们看到的这座墓葬非常完整，给我们提供了珍贵的信息。当时人们首先在平地上挖出一个 3 米见方的墓室，然而用木板将墓室框起来，然后放入尸体和祭品后，顶上再盖上木板，最后人们筑起土石堆，基部直径达 40 米。

这是一位 30 岁左右女子的遗体，她被置于大车的木框之中，胸部垫高，两腿伸直，被卸下的 4 个大车轮子沿着墓壁摆放。死者埋葬时佩戴着各种各样的珠宝：一顶重达 480 克的金冠出土时还紧箍在头上，镶嵌着红珊瑚和玛瑙的青铜别针扣住她的衣衫，一串青铜、玛瑙珍珠
74 和宝石项链装点着她的胸脯，手镯脚环构成了整体的雍容华贵。陪葬用具包括了一件重达 200 多公斤青铜双耳爵，3 只青铜盂，一只青铜酒壶，还有一只银酒杯，2 只希腊陶瓷杯。其中一件陶瓷杯的图案为黑绘式，可以确定墓葬的年代大约为公元前 500 年。

人们竟然将如此异乎寻常丰富的陪葬品放入墓中，那么，这位女子究竟会是何等人物呢？人们对此一无所知。她也许是一位公主，也许是一名女祭司。但有一点是肯定的，即在当时凯尔特人中，某些妇女具有很高的社会地位。

圣科隆伯距离维克斯仅几公里，应该与维克斯有关联。在此也有两座墓葬，从中出土了一件精致的青铜水盆，水盆上装饰有 4 个怪兽

头，支撑它的是一件铁和青铜制成的三脚架，另外还出土了2副金手镯和一对金耳环。

另一些大车墓也提供了大量装饰品。如上索恩省的阿普勒蒙小土岗的墓葬出土一件非常华丽的金冠，一件金杯和大量的大车配件。几乎所有的这些墓葬都埋葬有青铜容器。

居住条件

总体上，我们并不清楚与这些墓葬相关人们的居住条件。有时我们看到一些小屋的地基，证明在墓地周围曾经有居住地。然而，在遗址，我们极少看到结构复杂的房屋。在汝拉省萨兰附近的“城堡营地”人们发现了一些城墙，还有掩埋在厚厚城墙中的内部铺面，许多禁行的护墙从新石器时代起就有人占据，当时已经属于第一次铁器时代的新居民。也许维克斯的城堡给我们提供了当时人们居住条件最好的例证。

这座城堡坐落在拉索瓦山，离塞纳河畔夏蒂永不远。它从100多米的山上俯瞰着塞纳河，河水流经山脚。此山从公元前7世纪起开始建立城堡。围绕着城堡的是一条连绵不断的深壕。它起自平地，延绵2.8公里，深壕的截面呈三角形，上面开口的宽度为19米，最大深度为5米。从壕沟中挖出的材料，人们用以建造位于壕沟后面的巨大城墙，它的基部厚达13米。城堡的入口弯弯曲曲，设有卫兵岗守护，使城防体系万无一失。巨大的土坝向下延伸至与塞纳河毗邻的小溪边。至于人们的居所，却非常粗陋。建在山顶平台上的那些建筑已经被历次占领者或农业耕作所毁，但在山坡上类似阶梯平台地方建造的房屋留下了少许蛛丝马迹：柱洞，糊在栅栏枝条上带有颜色的泥灰残片等。屋内的地面被精心夯实，屋顶大概就盖以茅草，石头还未被使用到建筑上。

在洛林，残留着许多围墙，有些石头地基指示出房间的大致位置，有些房子规模可观：在距离南锡几公里的“阿弗里克营”，人们确认有过一些长方形的房屋，其长达14米，宽达3米。这些房屋已经部分埋入土里，曲折的房门阻止冷风直接吹入屋内。火炉的位置千差万别。在南部，当时许多山洞都有人居住。在设防的据点，如凯拉德马亚克，或昂塞吕纳，人们发现了用石头垒成的墙基。

首饰

死者与他们生前使用过的首饰和武器一起埋葬。人们发现，这些装饰品各地存在着差异，它们本身就是地区特殊性的产物：距我们并不太长的时间，每个行省还有它们自己独特的服饰。

在阿尔萨斯和弗朗什-孔泰，人们看到的是非常宽大的腰带，它们是用装饰有浅浮雕图案的青铜片串联而成的。而这类腰带在勃艮第就非常罕见。与大铁剑经常联系在一起的是青铜剃刀。我们不能确定这些剃刀是否果真是人们在现实中使用的剃刀，它们也可能就是简单的
75 挂件，但人们赋予了它们很高的价值。一般情况下，在尸体上找不到它们，它们被暗藏在尸体下方的石板下面。

不可弯曲的项链，或称为金属项圈，直到第一次铁器时代的晚期才有。它们是用青铜片做成的。青铜片圈成管状，圆管与圆管头尾相套连，并用小插销固定。与这些项圈经常相配的是类似的手镯与脚环，这些首饰佩戴者似乎有男有女。而当时还存在着其他类型的手镯：有开口的手镯，端口装饰有圆球；装饰着多多少少有点笨重球状物的手镯；可以折叠的手镯；还有金属细丝圈状的手镯，人们发现在前臂可以套上30—35个这样的手镯。在汝拉山区和杜河流域的那些古冢，也包括阿尔萨斯的古冢里，有时还能发现有点显得累赘的臂套，其状如小桶或筒，这些臂套是妇女的专属品。

扣针，一种诞生于青铜时代的胸别针，在第一次铁器时代末期出现得越来越多。这种别针的特征是长弹簧小螺圈，别住针尖的支架设计为圆珠或半圆珠。这些实用的小物品形态各异，差别很大，经常可以藉此判定精确的时代。在某些场合，首饰上大量使用玛瑙和红珊瑚。有几种物品分布地区非常有限：特别是那些用雕镂过的青铜制成的胸饰，这些胸饰都有细链，细链的下端吊着一些铃铛或圆片。有一挂件

是一些可转动的、扁平的同心圆圈，一面有雕刻，这些同心圆围绕着一个正中央凸起的圆牌，人们称之为“遮羞盾牌”。这种饰品见于妇女的墓葬中，放置于妇女的腹部。胸饰和遮羞盾牌仅出现于弗朗什-孔泰地区。皮带头上的青铜带扣，种类繁多。至于耳环，则比较少见，最常见的呈新月状。

以上所述的这些装饰物品均为青铜制品。当时应该有铁制的饰品，但是，在大多数的情况下，氧化将它们严重腐蚀或严重变形，所以没有引起考古发掘者的注意。然而，我们看到的一些样品证明，当时这类物品的制作技巧非常高超。例如在维克斯一座王族墓中发现的一枚别针，铁制的别针镶嵌着黄金和红珊瑚，它表明铁和青铜一样也是高贵的象征。

第一铁器时代的黄金

我们观察到，这种在青铜时代如此丰富的贵金属到了第一铁器时代却成了稀缺。其中一个原因是地表金矿大部分开已采殆尽，人们必须借助于从某些沙土中来淘金，但淘金的产量并不大。黄金饰品均发现于大车墓坑之中。我们可以回想一下维克斯公主墓中的金冠。在圣科隆伯的两座墓葬中，其中有一座出土了一对金手镯，每只重达 64 克，它是用长 19 厘米宽 5 厘米的带状金片箍成的，上面装饰有压印花纹。同一座墓葬中还埋藏着一对非常精美的耳环，用带状金片圈成环，然后在环上再缀 32 颗小金珠。首饰做工极其精细，见证了当时首饰工匠高超的技巧。同样精美的还有一些金头箍，头箍本身不是冠冕，而很可能是帽子的配件，其中最有特色的头箍在阿普勒蒙的大墓中发现。

希腊、罗马的舶来品

在青铜时代，活跃的商业潮使高卢与北方国家发生联系：爱尔兰曾将许多黄金饰品输入我们这片土地。在第一铁器时代，高卢与地中海国家有了商品交换。进口的货物基本上是青铜器和瓷器。

非常多见的青铜器是带边饰的青铜桶，这是一种圆柱形的桶，桶 76

口装饰着一圈圈平行的边饰，有活动的提手或固定的把柄。这些青铜桶产自意大利北部。在高卢，这类青铜器仅集中在2个地区：勃艮第和贝里。这两个地区也是铁剑出土最多的地区。

与青铜桶圆柱形不同，青铜罍为圆锥形，但制作技术两者相似。锻打而成的青铜片弯曲起来，两边用铆钉铆接住。在高卢，人们只看到这样合接起来的青铜罍，诸如在莫尔比昂省的普鲁古默伦和约讷省的桑斯的那些青铜罍。直至今日，人们没有看到装饰有人物图案的青铜罍，而在意大利北部和伊利里亚地区却有这样的器皿。我们上面还提到过维克斯的青铜双耳爵和圣科隆伯的青铜三脚架和青铜盂。

长久以来，人们相信所有这些物品均来自伊达拉里亚地区，因为在伊达拉里亚人的墓葬中埋葬着大量相似的物品。事实上，出自伊达拉里亚墓葬中的这些物品原产地也不在那里。这些物品的制造中心应该到南意大利希腊人的手工作坊中去寻找。这些作坊首先是储藏物品的仓库，后来成为南部意大利的制造中心，尤其是在居梅和卡普埃更是如此。

最后一种起源于希腊的青铜器是酒壶，用于斟酒，它的特征是壶嘴呈三叶片状：最典型的是在沃克吕兹省佩尔蒂伊的阿涅尔发现的酒壶。另一种类型与之不同，它发现于维克斯的墓葬中，但这种类型要在第二铁器时代初才逐渐多见。

希腊瓷器重点存在于普罗旺斯沿海地区，由此也证明这一地区某种程度的希腊化。当我们深入高卢腹地，希腊瓷器就极其罕见，我们能够提及的就是在萨兰附近"城堡营地"发现的一些黑绘式和红绘式图案的阿提卡瓷片，以及在维克斯墓葬中发现的瓷杯。

输入物品所循线路

在此提出了一个问题：这些希腊罗马的物品经由何处输入？当我们想到马赛城建立于公元前600年时，我们似乎自然会认为，这些舶来品可能就是取道罗讷河谷走廊，然后到达勃艮第地区或弗朗什-孔泰地区。事实上，这条线路似乎与现实不大相符。这个时代的马赛贸易主要是沿海贸易，几乎不进入内陆。希腊罗马出土文物的分布图呈现，索恩河①沿岸是一条空白带。正是通过泰辛河谷②，经大圣贝尔纳山口，大部分舶来品才来到我们国土。此外，这条路径上分布着里程碑式考古发掘。

第一铁器时代高卢的贸易

对贸易情况我们知之不详。我们看到了许多贵重物品和金属器皿，它们大部分从意大利输入，但我们却不了解高卢人用什么与之交换。也许是一些食品类商品，这些东西不会留下任何痕迹。维克斯城堡所展现出的丰饶难以解释：在那里我们清点出 50 多件希腊瓷器的残片，公主墓葬和圣科隆伯墓葬中的陪葬品又是如此丰富，但这一地区却是贫穷的。这里有矿藏露头，但也不足以合理说明城堡的繁荣。要寻求城堡繁荣的真正原因最重要的可能是它所处的地理位置。拉索瓦山是河谷的门户，扼守着河谷的通道，塞纳河到维克斯便不能通航。当时生产青铜所需的锡大部分来自英格兰：取道索姆河、瓦兹河和塞纳河，最后到达维克斯，在此人们卸下货物，改走陆路到达意大利北部，穿越阿尔卑斯山隘应该较为容易。后来，只是到了后来，根据普林尼的 77
证据，锡直接经地中海沿岸到达意大利南部。从锡料取道海路后，维克斯城堡的繁荣之花在公元前 475 年左右也随之凋落，城堡被遗弃，直到公元前 1 世纪才有人重新占据。

瓷器

在第一铁器时代，瓷器随处可见。当发现某个瓷瓶之时，人们总要自问，瓷瓶是实际使用的，还是仅仅专门用于陪葬的礼器。德意志南部民族制造了一些美丽的瓷瓮，这些瓷瓮为白底，红色和褐色的图案跃然而出，但这类瓷器似乎在高卢不见使用。

哈尔施塔特文化的瓷器均不用陶轮制作，瓷器的特征为高瓶颈，

---

① 索恩河位于罗讷河上游，在里昂汇入罗讷河。

② 泰辛河为发源于阿尔卑斯山的河流，最后汇入意大利波河，意大利语为 Ticino，故亦译提契诺。

颈垂直或轻微有点喇叭口，圆腹。在青铜时代使用的一些装饰手法仍旧流行：如阳刻，阴刻，或多或少带点螺旋卷的边饰线。在维克斯，住宅的地面铺有大量的彩绘瓷片（用刷子将一些带有颜色的灰浆水刷上去），装饰图案几乎全是直线几何形的：带叠影的三角形，带框的人字形纹，棋盘格形等等，曲线的图案属于例外，我们必须等到公元前 5 世纪末，才能看到曲线图案流传开来并成为凯尔特艺术偏爱的图案。有几片稀有的瓷片上呈现出动物的图案，有鸟类，也有四足动物类，这些形象有的非常自然逼真，有的则是象征性的。

二、第二铁器时代

新来民族

约公元前 450 年，高卢遍布来自东方的一些民族，与他们带来了新风俗和新习惯。只有到了这时，我们才能提到真正意义上的凯尔特人。当凯尔特人到达香槟地区时，他们发现这是一块人口稀少的土地，对此我们现在可以从第一铁器时代末期的墓地情况判断。他们依赖人数的强势，把当地人淹没了，然后在这块软土白垩平原永久定居下来。这片土地也许并不十分丰饶，但容易耕作。如果说，从青铜时代晚期到第一铁器时代是一种渐进和一种过渡（古代哈尔施塔特文化最初的青铜剑与青铜时代末期的剑无大不同，它们的来源即是青铜时代，对此毋庸置疑），那么在第一铁器时代和第二铁器时代之间却有真正的断层，对此我们在许多地区，尤其是法国东部地区，有深刻的印象。葬礼就有区别，以前的土石堆墓让位于地表平坦的墓。我们还看到哈尔施塔特文化后期一些大型的居住点被完全遗弃，经常需等待 2 至 3 个世纪，这些居民点才重新有人。

第二铁器时代始自公元前 5 世纪中叶，延续到公元 1 世纪初，称之为“拉泰纳文化时代”。拉泰纳文化得名于瑞士纳沙泰尔湖畔的拉泰纳遗址，这里曾是重要的商业中心，有很多商店和宽敞的仓库。挑选这一遗址来命名并非幸事，因为第二铁器时代最古老的时期在这里没有太多的体现。非常明显的，在延续四个多世纪的时间里，这里也有变化，因此人们将拉泰纳文化分成三个阶段：从公元前 450 年至公元前 300 年为拉泰纳一期；从公元前 300 年至公元前 100 年为拉泰纳二期，从公元前 100 年到公元起始为拉泰纳第三期。

居住条件

人们对拉泰纳一期和拉泰纳二期的居住条件知之甚少。最常见的是一些小屋简陋的地基，没有使用如石头之类不易毁损的材料。用泥
灰、树枝和木板做成的墙已消失殆尽，仅保留了支撑房屋那些柱子的 78
柱洞，由此我们可以得知，当时人们所住的茅屋，圆形的和长方形的并存。

然而，在拉泰纳最后阶段，人们知道一些真正的居民点，最为著名的有现今奥顿附近的比布拉克特，现今克莱蒙费朗附近的热尔戈维以及现今在金色海岸省的阿莱西亚。恺撒和古代作家曾多次提到这些城市。这些遗址已经得到系统地发掘，使我们能够对罗马征服前的高卢城市有足够确切的认识。最为重要的是，这些城市可以很好地抵御外敌入侵，因为它们都有厚实的城墙，城墙的建筑技术非常独特，人们称用这种工艺建造的城墙为“高卢墙”。高卢墙主体用石块垒成，在石块中间人们深埋一些直冲外墙面的木横梁，在墙体内部再铺设与外墙面相平行的木横梁，直冲墙面的横梁与平行横梁由此形成内部方格状木架，十字相交的横梁再用长铁销固定住，使木结构更为坚固。厚达数米这样的城墙可以抵抗诸如撞城羊头锤和其它一些战争机械的进攻。目前保存最好的其中一堵城墙就在洛特省的米尔桑。

这项筑城技术在罗马征服后并未遗弃，由于不再需要建造防御工事，人们用此建造绕城大道，金色海岸省的维尔托城便是如此。然而，更为常见的是，人们在罗马化高卢时期铲平了这些城墙，我们能够看到的只是深埋在泥土里的城墙地基。

在法国南部，罗马人在征服之前就已在此定居，其防御体系更为复杂，但人们不用横梁埋入石墙内的方法，在外墙面石块的排列上和

城墙建有箭楼等方面表现出来的是希腊的影响。

最著名的城市是距奥顿 27 公里的比布拉克特，建造在海拔 800 米的博弗莱山上。围墙延绵近 5 公里，城的面积达 135 公顷。它建于拉泰纳文化三期，约在奥古斯都时期被废弃，取代它的是现在的奥顿城。居室为长方形，用木头建造，地基铺石块，石块缝隙用黏土填补。有些在罗马征服后建造的房屋受意大利民居影响。人们可以在比布拉克特分辨出各种专门化的城区：有别墅建筑的居住区，也有手工工匠区，手工工匠区有简陋的茅草屋，这里住着些铁匠，那边住着些陶瓷工匠。

在拉登文化一期，那些征服者……

那么，入侵的高卢人所持的是怎样的武器装备呢？某些高卢人（那些首领们）头戴青铜片做成的头盔，上面雕刻着许多图案，有时还镶嵌有红珊瑚和玛瑙。尖尖的帽顶使人联想起亚述人的头盔，但这纯属巧合。有时，也能看到一些帽顶略平的头盔，它让我们联想起我们现在的马术骑士帽。在罗马征服的时候，高卢人似乎戴装饰有牛角、羽毛和鸟翅的头盔。考古发掘没有发现此类帽子，但我们在高卢罗马时期建造的一些纪念性建筑上，如奥朗日凯旋门，看到了这些头盔，它们被作为高卢武器战利品而展示出来。

古典时期的作家告诉我们，高卢人打仗时往往剥光身上的衣服，炫耀自己不需要任何防身装备。但我们仍然多次在高卢人的墓葬中看到一些铁盾的残边，也看到盾牌中央隆起的把手，它呈贝壳状，便于手抓，同时也保护手。

就进攻性武器而言，首先看到的就是剑，质地优良，入柄的剑尾
79 不再如第一铁器时代那样是平的了，它呈细长的茎状。剑配以铁制的剑鞘来保护，剑鞘的上端常常有精美的雕刻装饰。

我们多次在他们的墓葬中发现一些卷曲或断裂的剑，有人由此推断，这些剑质量是如此之差，用于战斗就弯曲了，以至于战士被迫用脚踩到剑上，将它扳直。事实上，实验室的分析已经显示，这些武器非常优良，无论是锻造还是淬火都做得非常好，不会弯曲。我们在墓中看到那些卷曲的剑，这是为了某种礼仪而特意让它们变形的，也就

是说他们把武器留给了死者，但同时又不想让这些武器还能使用。铁匠对自己的产品感到非常自豪，他们会毫不犹豫地在剑刃头上打上钢印，留下自己的标记。

武器装备有了匕首才算完整。起初，匕首置于青铜剑鞘中，后来剑鞘就如剑本身采用铁制的了。在高卢独立末期，我们看到有一种非常漂亮的匕首，人们称之为“人型”：它的把手为圣-安德烈十字型，其状让人想像为一个人张开他的双手和双腿，在底部出现一人头，雕刻作品，风格逼真。长矛和投枪分布广泛，矛尖和投枪头总固定在枪杆上，插入木头中的方式采用套筒，而不是剑柄式的。

高卢服饰

对公元前 4 世纪和前 3 世纪高卢人的穿着打扮，我们知之甚少。越往后，知道的就多起来了。事实上，我们没有看到服装实物的任何影子，没有保留有全套衣服的泥炭层，也没有保留衣服的橡树干，而这种情况在斯堪的纳维亚半岛时有发现。然而，从公元前 2 世纪起，文明世界的历史学者就开始谈及高卢人，有些人还着力描绘这些“野蛮人”的服饰。此外，由于在罗马征服以后，他们的服饰也没有发生明显的变化，因此我们也可以从罗马化高卢时期一些纪念式建筑上的图案得到关于高卢人穿着打扮较为确切的信息。

高卢人最主要的衣服是他们的长裤，与我们今天的长裤有点类似，所不同的是在裤腿的下端，他们用一根小绳索扎紧。这些长裤（拉丁语为 bracae）的名称来自高卢的纳尔榜地区，人们称之为“Gallia bracata”，即“穿长裤的高卢”之意。高卢人上身穿套衫，有时在套衫外面还围上披风，其质地冬天为粗毛织品，夏天为细布。

我们所得到的高卢人最完整的形象之一是在阿莱西亚发现的一件青铜附饰品，上面是一个睡着的高卢人：他究竟是死了，还是在休息？这件物品虽然制作于高卢被罗马征服之后，但它忠实反映了恺撒亲眼所见的那些高卢人的穿着。尽管气候恶劣，但高卢人在许多地区经常赤身裸体。某些迹象还表明，高卢男人身上还涂油彩。

对妇女的穿着，我们知道的要少得多。妇女似乎经常穿短袖的长裙，因为我们发现妇女们臂镯佩戴的位置正好在肘部下方。也许某些奢侈高档的衣料上镶金缀银。斯特拉波[①]已经向我们证实了这一点，但我们却没有任何来自考古发掘的遗物。

首饰

如同所有“蛮族”一样（这里所用“蛮族”一词取义于罗马化高卢时期作家的用法，即指那些既不会讲柏拉图的语言也不会讲西塞罗的语言的民族），高卢人喜欢佩戴饰品。在香槟地区确定为拉泰纳文化
80 一期的墓葬中，出土了大量的青铜项圈和不能弯曲的项链。与许多人可能有的想像不同，这一时期的项链只供女子佩戴，从来没有发现武器和项链同葬一墓的情况。只是到了更靠后的时间，武士们才轮到佩戴项链。有一个关于提图斯·曼利乌斯·托尔卡图斯的非常著名的传说，这位罗马人参加了一场他父亲不准他投身的战斗后，佩戴着他敌人的项圈来到他父亲面前。这一故事说明，在拉泰纳文化末期，项圈不再是妇女的专利品，男人们也非常愿意佩戴它。

在拉泰纳文化早期，有封闭的项圈，也有开口的项圈。经常看到的是，开口的两头变大，其形状如耳塞，上面精工细雕。装饰图案可以明确界定高卢艺术的特征。有时，画面由等距离的三个图案集结而成，最为常见的是每个图案又由三部分组成。非常好奇的是，人们发现这些珠宝的地区丝毫不差地与特里加斯人[②]占据的地区重合，其首府为特鲁瓦[③]。

耳环较少见到，不论它们采用何种材料制造，用青铜或用黄金，其式样始终如一。有一两侧鼓起并雕刻有花纹的挂件，挂件首尾用细丝串起，构成真正的金属环。

手镯非常普遍，女的戴，男的也戴。首领们有一副金制的，样式

---

① 斯特拉波（Strabon，约公元前64年—公元23年），罗马时期杰出的地理学家和历史学家。

② Tricasses一词的前缀tri-有“三”的含义。

③ Troyes，该词的发音与法语数字“三”相近。

简朴。相反，青铜制的手镯却有各种各样的装饰：有开口的，开口端呈耳机状；也有整个镯身布满结状装饰，这些物品经常在洛林地区的墓葬中发现；至公元前 3 世纪，手镯变得粗大起来，长椭圆形饰与卵形饰都采用曲线几何图案，最多的为三卷曲枝图案。正是在这一时期，玻璃手镯问世，这些玻璃手镯似乎是当地原产的。玻璃环的胎料有绿色的、蓝色的和透明的等，经常有一条细细的釉线装饰其中。人们怀疑这些玻璃制品是否来自国外，来自东方，但这些珠宝丰富的数量、传播范围和它们的同质性却有力地支持了为当地工匠制造的观点。

虽然我们对妇女的服装知之不多，但我们至少了解服装的配件。最突出的是腰带，起先，它是一条皮带，一头有个环，另一头为镂空的青铜皮带扣。青铜匠在遵循一般的规范的同时，发挥他们的想像力，自由驰骋，创造出魅力十足的新奇产品：这里选择简约的几何形装饰物体，那里则相反，奇禽怪兽巧妙组合，组成三角形，支撑带扣。

两个世纪以后，腰带全部用青铜制成，它由一串简单和成对的青铜环组成，紧箍腰部，让前身吊下两条长长的链子。珐琅有时增添暖暖的色彩，与这些服装的配件交相辉映。

对胸针和别针令人惊奇的选择

别针，它诞生于青铜时代末期，到哈尔施塔特文化晚期遍地开花，继续着它的时尚演变。因此，对于考古学家来说，别针是最好的指示性的化石，可以让他们确定一座墓葬和一处民居的年代，误差在 50 年之内。如果说，第一铁器时代末期的别针特征是长长的弹簧，细而密的螺圈，我们看到在拉泰纳文化一期，别针的螺圈数减少，最多也只有 4 圈，螺圈也大多了，扣针的针座上出现了镶嵌有红珊瑚和珐琅的玫瑰花饰。有时还出现一些装饰风格的动物形象，如鸟头、狐狸或公羊等，它们证明，直到那时还一直缺席的艺术方面的考虑终于出现。

接着，到拉泰纳文化二期，别针拉长了，它用铁来制造，形式基本不变。然而到公元前 1 世纪，想像力又浮现上来。别针上端配以叶片饰，别针头镂空，呈现出无数种类，直到几个世纪后的罗马化高卢时期人们仍然还能看到这类物品。

81 ## 新材料

从第一铁器时代末起，红珊瑚已经被用于某些首饰，但这类使用颇有点羞羞答答。在拉泰纳文化初，红珊瑚的使用普遍起来，他们用它装饰别针、手镯、马具，有时还装点青铜器。罗马化高卢世界则完全忽视这一在凯尔特人中大受青睐的材料。老普林尼[①]向我们指出过红珊瑚的不同来源：有来自科西嘉岛，有来自北非海岸。由于红珊瑚热烈的红色使人联想到希腊女妖戈耳贡三姐妹的血[②]，被认为具有某种神奇功能，至今在阿尔及利亚和突尼斯等国仍大受欢迎。但在高卢它很早就失宠了，其原因很可能纯粹是经济上的，如市场关闭，供应困难等，取而代之的是一种新材料，称为红珐琅，它的长处是可以根据需要来制造，从而避免了依赖进口会产生的不稳定的问题。

在高卢数地，尤其是在比布拉克特，我们已经发现了珐琅的制作作坊。一项精确设计的技术可以在金属表面覆盖上牢固的红色珐琅质层。我们非常好奇地观察到，高卢人虽然已经懂得制造玻璃品，但却不想尝试得到其他颜色的珐琅，其原因可能出自人们对某种材料已有的尊重，这种材料最初已经被赋予某种神奇的和象征性的意义。

多种多样的瓷器

瓷器经常帮助考古学家们来确定文明。我们主要通过墓葬来了解陶瓷。在拉登文化初期，我们发现许多陶瓷瓶散布在香槟地区的坟墓之中。这些陶瓷瓶随处可见，19世纪的盗墓者对此兴趣也不大。如果它们已经破碎，即使仅仅破成两半，就瞧不上眼，被遗弃在杂物堆里。这些瓷器的特征是，有棱角，瓶脚狭窄，瓶口呈喇叭状。瓷胎细腻、

---

① 盖乌斯·普林尼·塞孔都斯（Gaius Plinius Secundus，公元23或24—79年），又称老普林尼，古代罗马的百科全书式的作家，以其所著《自然史》一书著称。

② 在希腊神话中，戈耳贡是一群女妖，她们右侧身体的血有起死回生之妙，左侧的则是迅速致命的毒药。

深色、精心抹光。表面装饰有时是阴切线，图案为加框的人字纹；有时则是彩绘。陶轮还未见采用，尽管当时人们在制作石质手镯时已经使用转轮。罗马征服前夕，涌现出一种非常美丽的瓷器，特别是在高卢的中心地带，这种瓷器为白底，棕色的几何图案跃然而出，视觉效果极佳。

死者告诉我们很多

正如绝大部分原始文明的情况，我们认识高卢人主要通过他们墓葬中的物品。正是从这些由虔诚之手放入墓中的少量葬祭品出发，考古学家们竭力重构这一文化的物质状态。最早时候，在香槟地区的墓葬属于被称为“平葬墓”的类型，在白垩土壤里挖一个简单的墓穴，死者仰卧直躺。当我们发掘到一处这样的墓葬时，惊奇地发现一块很黑的泥土，它在白垩土壤的淡颜色中赫然醒目。由于没有进行仔细分析，我们还不能确切知道这片黑土的来历。难道是有意带来的吗？也许人们在死者的墓里放入了死者家中的一点土，比如被灶灰染黑的土壤。由此，让死者在走向另一个世界时能有某些其日常生活的纪念品陪伴着他或她。

王亲贵族之墓

虽然拉泰纳文化初期多少有点财富之墓（这类墓在香槟地区特别多，已超过 1 万）就它们墓里所埋的财物来说表现出惊人的一致性，但人们还是发现另一些墓就它们的结构以及出土的物品来说却存在巨大差异。存在差异的墓就是所谓的“大车墓”，我们已经发现了近 150 82
座。不幸的是，这些墓葬大部分在远古就遭到盗挖，仅少量的几座才让我们看到其中埋藏的财富。

人们在白垩土壤上挖出一个长方形的大坑，在坑底再挖两小穴放置车轮，让轮子的下半部处于穴中，当时的车子不是哈尔施塔特文化时期那种巡游和检阅的四轮大车，它们是两轮轻型战车。车板被安置在墓底，死者直躺，仰卧，身边是武器、首饰和陪他走完人生最后旅程的葬祭品。葬祭品通常是贵重的、产自阿尔卑斯山另一侧的青铜器。

有时在相邻的一个小坑里埋有整头野猪，如塞普特-索尔克斯和马恩河畔夏龙的那些墓葬就是如此。

这些战车是马拉的。人们不用马作牺牲和陪葬，但在大车坑的前部有意挖一小穴，将一些马具放入其中：如马衔、马衔圆片饰、马缰、套车环等。在戈尔热-梅耶的一处墓葬中，在车顶之上，人们放置了一尊小雕像，这尊雕像被认为是车夫的雕像，这位车夫也许在他主人去世时，以身殉主（或与主人死于同一事故）。根据古代不同作家的说法，在罗马征服时期的高卢人在战斗中使用战车阵，这些战车装饰精美，用银片包装。人们还提到，这些战车有时还装备着长镰刀。但非常不幸，考古发掘从来不曾出土过此类战车，我们只有通过文学作品才结识它们。

凯尔特艺术

凯尔特人将一种原创艺术带入高卢，其特点为曲线条盛行。我们已经理所当然地让大家注意到，这种艺术主要运用于一些实用的小物品，它起到美化和装饰的作用，非功能性的纯艺术品还没出现。曲线、反向曲线、蜗旋卷到处可见，它们组合成非常复杂的装饰图案。如果有动物形象出现时，它们几乎总是根据精确的比例被扭曲，它们仅仅是用来表示曲线的借用物。当一个罐子采用这样的方式来装饰时，你不可能认出那头动物，因为它的作用仅是装饰。

武器也有丰富的装饰。头盔上布满了细刻纹，或直接用黄金片打制，轧印花纹与珐琅镶嵌网线交替出现，竞相表现出装饰的富丽堂皇。剑鞘顶端雕刻有动物图案，但动物形象极度变形，纯粹是装饰性的。

凯尔特人的艺术多种多样而且不断演变。也许在高卢西南部发现的黄金首饰最能使人欣赏到它的特征。在第一铁器时代，黄金主要用于压印花纹的细薄片。在拉泰纳文化时代，情况就不大相同了。在香槟地区的一些大车墓葬中，我们曾发掘出一只金手镯，但它仅仅是非常简单的黄金环，没有任何装饰。在拉泰纳文化二期，尤其在加龙河上游盆地，首饰的风格非常不同。譬如，我们在塔恩省的拉斯格雷塞发现了一个项圈和一支手镯，两件物品采用同一工艺：以螺旋形曲线为底，环体上突出一些如芽苞状如赘瘤状那样的疙瘩，在曲线的导引下呈现翻滚旋转的感觉，布局颇为复杂。由此用繁多的结状体取代了纯粹的曲线，突出了奢华和繁复的装饰。如果要寻找这种风格的源头，可能是在莱茵河和多瑙河地区。项链有时表现出完全不同的风格：呈螺旋状的主干上装饰一些切割得薄薄的小圆片，总体上看非常别致。

然而，如果人们想了解凯尔特人用具的艺术原创性，就必须研究一下下玉茨的酒壶，酒壶是青铜制成的酒器，大部分产自意大利北部，有些在拉泰纳文化初期输入到高卢地区，差不多所有我们所知未被盗挖的 83
大车墓中都有一件酒壶。吸引凯尔特青铜匠的是珍奇物品优雅的造型，他们费尽心思仿效。但他们所完成的绝非是照样画葫芦的东西。1927 年在摩泽尔省的下玉茨发现了两把酒壶，具体的环境不太确定，我们所能知道的是，两把酒壶放在另外两件青铜器的边上，我们不能确定这是一处仓库呢还是一处墓葬。这些酒壶的希腊罗马原型不明，已经不见踪影，而这些酒壶的复制品，或更确切的说法是，这些酒壶的凯尔特人阐释，首先在装饰上增添了一些运用恰到好处的红珊瑚薄片和珐琅质薄片。但这样的添加还不够，酒壶的造型也被修改，出现了完完整整的一幅怪兽图，容器成了艺术家创造力的基础。酒壶把手变形为一头造型怪异的动物，神话般的四腿动物，以非现实主义的风格表现出来。

作为艺术品的钱币

凯尔特艺术最为明显的特征，还也表现在高卢人的硬币上。希腊世界很久就开始使用硬币，马其顿的菲利普二世（公元前 382—前 336 年）[①] 的金币可以看作是最初的样板。这些硬币的正面是戴桂冠的阿波罗神，反面是套上马的战车。最早的高卢复制品竭力想做得像真的一样，这些硬币由高卢部落首领打造，目的不是用于商业，而是用来表现首领的慷慨大方和用于赠送。但在很早的年代，制币者就自由发挥创造性的想像力，希腊币的原型不断地被改变，变化之多甚至达到

① Phillippe II de Macédoine，一译马其顿腓力二世。

这样的地步，如果你不掌握所有变化的样板，你就不能追随变化的全过程。譬如，发绺被改成双螺旋形，鼻子线条连上了眉毛。但这种变形并不漫画化，它纯粹是装饰性的，原来的脸部是所有奇思怪想的借用物。硬币反面的情况也是如此：拉车马的模样逐渐变得越来越奇妙，腿和关节变成了线条和圆点，人头取代了马头。

每个民族在各自的钱币上都表现出他们的个性，然而在高卢人的硬币上我们看到了最鲜明的风格一致性。

雕塑

虽然恺撒的战记证实，高卢人有许多墨丘利神像的"模拟品"，但除去在法国南部发现的雕刻在岩石上的作品外，我们没有确凿的材料来印证这些仿制品的时间早于罗马人的征服。一些神像如布雷之神和厄菲涅克斯之神的时间在公元1世纪，甚至有可能是2世纪。此外，难道我们不应该对恺撒所用"模拟品"一词有更精确的理解吗？它也许并不是指确切意义上的雕像，也有可能仅仅是象征意义的东西，如竖一块石头，立一根木桩，并没有具体的形象。只是到了更晚一些时候，才能感受到希腊罗马的影响，高卢人才采用人形来表现神祇。某些石雕，诸如菲尼斯泰尔省的凯尔马里亚那样的石雕，就是采用了神的象征表现手法。

然而，在法国南部，公元2世纪时就有了真正的雕像。离马赛不远的维洛附近，在一座山鼻上矗立着一座非常奇异的圣所，周边有宽大的壕沟护卫，圣所的主体部分似乎由一条柱廊构成，有至少三根四边形的柱子撑着一条过梁。这些柱子上被掏出一些蜂窝状的椭圆形窟窿，里面安置的是人头。人们在遗址当场还发现了一些头颅的残留。
84 这些骷髅装饰证实了一些古典作家的说辞。斯特拉波、西西里的狄奥多罗斯[①]和狄特·李维[②]等人都提到过高卢人砍去敌人脑袋的习俗，高

---

① 西西里的狄奥多罗斯（公元前90年—前27年），古希腊历史学家，著有《历史丛书》40卷。

② 狄特·李维（公元前59年—公元17年），古罗马历史学家，其最著名的代表作是《罗马史》。

卢人将敌人脑袋砍下后吊在马的脖子下，或戳在家门口的石头上。有时，他们还将敌人的头颅放入油中浸润一下，由此可以保存更久的时间。他们赋予这些遗骨以极高的价值，不管出多大价钱，他们都不愿意脱手。

这座罗克佩尔蒂斯的圣所出土了相当数量的雕刻品，其中有过梁或门楣的残存，这一遗存有可能属于我们上面提到过的那个柱廊，门廊上呈现出轮廓完美、线条纯正的四个头形窟窿。有一双面的“赫尔墨斯”神像，脖子上撑着两个头，原本中间有鸟将之分开，并高耸其上，但现在只留一张粗大的弯钩鹰嘴，给人留下突出印象的是神像的两张脸，表情静穆严肃。还有两尊坐像，采取佛像的盘腿姿势，应该代表了两位被英雄化的萨利安族首领。雕塑上面仍然保留着一些涂料颜色的痕迹（和柱廊一样）。身上披着如教士做祭祀时所穿的那种长袍，上面涂有几何图案，也许是一件皮衣。不幸的是，这两尊雕像都遭到毁坏，失去了头部。在格拉努姆也有相同姿态的雕像出土。

普罗旺斯地区另一处著名的考古遗址是昂特尔蒙，它距离艾克斯城几公里。这是一座有防御工事的城市，为萨利安人的首都。它的圣所中出土了许多雕塑，其中有的形象为眼睛半开半闭的脑袋，人们是不是可以认为这是真人的头像呢。这并非不可能。

在加尔省的圣阿纳斯塔西埃，有一座武士胸像，它可能被放置在石制的或木制的底座上，这位武士的头上戴一顶头盔，应该是皮制的，盔顶的饰须一直下垂至后肩，帽两边美化成螺旋曲线，其状如公羊角。

通过这些作品，我们可以掌握法国南部高卢人雕塑的特征。与那些头颅雕塑相配的是脸部表情的僵硬和刻板。然而这种僵硬的表情我们也在胸像上发现，这些胸像应该代表着活人，至少是那些被英雄化的人，然后被固化在传统的庄严和刻板之中。

高卢宗教

我们拥有多种用以了解高卢宗教的情况的资料。首先是古代作家们所见所闻，其次是高卢罗马时期当地原始宗教的残余，最后在罗马征服高卢以后神祇的形象。事实上，这三重信息资料是远远不够的：如果要确切理解和掌握一位神祇，需要与供奉此神的人民一起生活较长的时间，而古典作家们却往往满足于带回一些传闻逸事，带回一些被严重误读的事实。罗马的宗教政策非常灵巧，特别表现为，用非常表面化的方式将高卢的众神改变为拉丁罗马的神祇，而并不关心这样的同化是否贴切。最后不要忘了，高卢祭司们使用的是口头语言。

尽管有如此多的空白，我们还是能够对高卢宗教有粗线条的了解。似乎在最早的时候，神的概念还不太有高卢的个性。追溯至史前社会，至少到新石器时代，存在有大地母神的概念，她是所有生物的源泉，支配着人们的信仰。这位丰饶大地之神也保护死者，人们是如何祭拜她的情况不太清楚。人们崇拜所有的奇景异象：巨型突兀的石块、形状可以让人联想起某个物品和某种动物的怪石、森林中的某些树种。泉、湖和河被看作是大地女神的表露。

这位女神应该是一位男神的伴侣，这位男神可能是天空之神，也可能是地狱之神，他的象征物为战斧和锁子盔甲。

经过罗马人的同化以后，要努力找回高卢神的原型是一项复杂的
85 任务，因为高卢人各部落间存在着特殊性，每个神在不同的地区就会表现为不同的形象和性格。罗马人绝不会搞错。我们举一例子：阿波罗神有时混同于太阳，他的象征物有水鸟、三曲枝、小船等，但我们看到这位太阳神在高卢就变成了医疗之神，与水流的崇拜联系在一起，特别是泉水。阿波罗在金色海岸省的埃萨鲁瓦被称为万东努斯，在亚琛被称为格朗努斯。如果泉水为温泉，他就成了博尔沃神，有些城市名就来源于此，如布尔博纳，布尔布勒，波旁，这些城市至今仍然享有泉水可以治病的声誉。这位大神，有时也可能是朱庇特，他是天空之神，以轮子为象征物，同样也是雷电之神。从这一例子我们看到同化问题是多么复杂，当人们试图建立高卢神与罗马神一一对应的严格关系时，就有可能发现自己得面对无法调和的事情。每个部落和每个民族的特殊性因此造成了每个神祇的地区独创性，神还是这个神，但他具有自己的地区特征。

恺撒提到高卢人中最受欢迎的神是墨丘利，但这一罗马标签涵盖了什么？它指的是高卢人的埃素斯神，还是特塔泰神？是不是有可能是塔拉尼斯神？依据象征性和功能，这些神似乎都能互相转换。当然，他们也有共同点：人们用活人向他们献祭。牺牲品为囚徒，他们被关在柳条编成的笼子里，或被活活烧死，或将头浸入汤锅中直至死亡为止，或吊在树枝上等等。

其他的神

除了埃素斯神、特塔泰神和塔拉尼斯三大神外，人们还知道另外一些神，他们的特征是以某种动物作为象征形象，如塞尔南诺斯神，长鹿角的神，他的造型常盘腿而坐；还有塔尔沃·特里古拉努斯神，与三只仙鹤相伴的公牛之神。有时神成了怪兽，如长着公羊头的蛇，这是公羊的力量（雄性力量）与蛇钻地洞能力的结合，蛇的毒液还极具危险性。还有一神打败了凶恶的毒蛇，他叫斯梅尔特里奥斯，人们把他等同于罗马大力神赫拉克勒斯。神祇也可以与某种动物相联系，如埃波娜神是马和马厩的保护女神，她的形象常与母马、有时与小马一起呈现。阿尔迪伊纳神骑野猪，而阿尔蒂奥神则有熊相伴。

祭神之地

虽然大家认为圣树和奇石是高卢人宗教祭拜的对象，但这仅仅是拉丁文献的一面之辞。在普罗旺斯地区，罗克佩尔蒂斯和昂特尔蒙的柱廊和石柱的功能可能是文化上的。我们已经看到，高卢人通常并不使用石头，他们一般用轻型材质，如粘土、柴泥和柴排来建造，所以我们不大可能找到祭所的只砖片瓦，但对罗马化高卢时期一些小神庙的仔细的发掘，发现在神庙底层结构以下，存在有早于神庙的圣所，它用木头建造而成，特征是在柱洞底部放置了高卢的钱币。因此，与以前人们的意见相反，大概在罗马征服高卢之前，高卢就有了真正意义上的宗教建筑。

德罗伊德[1]们

德罗伊德的传统形象是穿着白色长袍的一位德高望重的老人，他站在巨型的石柱上，拿着金镰刀收割长在橡树上的槲寄生。大众化的画像使这一形象几乎家喻户晓，但这一形象具有致命缺陷，即它与事实不符。巨石建筑（石柱和石桌或支石墓）大约在两千年前就已矗立，
86 那些石桌（或支石墓）早已淹没在土石堆里。后来人们还增添了血腥人祭的神话，经常有人认为在石桌的石板上发现了用于收集牺牲者鲜血的沟槽。这番富有浪漫色彩的景象不乏感召的悲剧力量，但与事实却大相径庭。

老普林尼和恺撒都向我们谈及德罗伊德，其中一位名叫蒂维西亚库斯，他在罗马人和埃迪恩人之间充当外交使者的角色。德罗伊德究竟是怎样的人，精确定义可能不太容易：他是祭司，这是无可争辩的，但他同时也是医生（或更确切的是医疗者），也是教师，也是学者。作为祭司，他负责安排献祭，规范宗教礼仪。作为社会等级的德罗伊德，有一位最高首领来领导。德罗伊德们的医疗功能我们知道不多，应该与巫师的功能相联系，而他们本身也具有巫师的职能。对植物以及植物的医疗效果的知识已经非常先进。他们同时也是真正的外科医生，疗伤接骨。

教师和最高仲裁

德罗伊德们同时也是教育他人者，他们不仅教导他们的接班人，也教导所有愿意接受教育者。文字的使用遭到禁止，教育主要通过口头教导，在隐秘的地方进行，有的在森林深处，有的在神秘的山洞中。此类教育具有神秘入教仪式的特征。基本的信条是灵魂不灭，而灵魂不灭的象征就是橡树上的槲寄生，它们所寄生的橡树已经树叶凋零，但它们却依然保持鲜绿，并结出果实。

---

① 德罗伊德（les druides）是高卢古代宗教僧侣的音译，高卢的古代宗教也因此得名（人们称之为德罗伊德教）。不过把他们称为僧侣并不确切，他们的功能远超于此，因此采取音译可能更符合原意。

德罗伊德由于社会地位非同寻常，他们的影响超越部落城邦，因此，当两个民族发生冲突时，他们就可以充任仲裁者，可以发出革除教籍的处罚。在卡尔尼特人那里，德罗伊德们一年一度举行全体大会。举行的确切地点难以确定：可能是在夏尔特尔，但最有可能的还是在奥尔良。丰盛的祭品要献给神，不同部落城邦的纷争在此作一了断，所宣布的惩罚非常之严厉。由此体现出德罗伊德们的又一功能，即法官的功能，他们的司法有时与一般的司法重合。

社会组织

我们未能掌握任何第一铁器时代凯尔特人社会组织的信息。某些大车式墓葬有丰富的陪葬品，墓葬的主人有男的也有女的，这些都证明有些人具有较高的社会地位，这就是我们知道的全部。然而，我们对罗马征服之前高卢社会结构情况之所知却要详细得多。每年，城邦的显贵们和德罗伊德们要选举一位最高政务官，称为“维尔戈布莱”，他是城邦的绝对主人，但其权限无法扩展到其他城邦。恺撒称之为“埃基泰”的显贵们组成贵族集团，但我们必须对古典作家们将他们简单等同于罗马贵族的做法持怀疑态度。高卢城邦的政务官和军队军官来自这些显贵。有人提到过高卢的元老院，但它真的是一种集会议事的形式吗？难道它指的不就是贵族本身，即乡村首领和大家族的首领吗？

自由民是接受这些长官领导之人，这些自由民人数众多，可以对政务官施加他们的影响，有时也起到制衡作用。此外，高卢人对现存秩序并不太尊重，他们经常会毫不犹豫地投入首领之争，于是引发内战。最低等的阶级是奴隶，他们受到的待遇似乎较不苛刻。

人口的密度如何？

我们难以估计公元前 4 世纪和公元前 3 世纪高卢人的确切人数。虽然在某些地区，如香槟地区，墓葬的数目显示出人口的稠密，但其他地区的墓葬就要少得多。然而，我们可以对罗马征服高卢时的人口 87
作大致的估计。历史学家们对此莫衷一是：有人认为在恺撒时代仅500万人而已，有人却夸大其辞，估计人数是此数之十倍。根据最新的一些著作，现实的人数大约在 1500 万人，甚至有可能还要少一些。

民族星云

多亏了恺撒，使我们较多地了解到生活在高卢的诸民族所具有的多样性。恺撒提到，高卢全境一分为三：阿基坦、凯尔特和比尔及。这三大地区在语言、法律和习俗上均不相同。事实上，高卢还应该包括从公元前 121 年就被罗马吞并的普罗旺斯地区。

普罗旺斯，就是以前的纳尔榜地区，它处在比利牛斯山脉到阿尔比斯山脉之间，罗讷河谷构成了它的中轴线。普罗旺斯面向地中海，呈现出与意大利特殊的亲缘关系，很早就摆脱了凯尔特人的控制。然而在落入罗马人手掌之前，该地区就已经深受希腊的影响。约在公元前 600 年，来自福赛[①]的希腊人在现马赛一带海滩上岸，建立了商站和一小块殖民地，取名为马西利亚。1967 年，马赛的希腊港口遗址被发现。人们有时认为希腊人来到普罗旺斯沿海，建立了许多商站，如尼斯、昂蒂布等，其结果是造成了普罗旺斯地区的希腊化。事实上，希腊人不得不跟与他们为敌的民族作艰苦的斗争，要面对萨利安人和利古里亚人的凶猛。纳尔榜地区其他主要民族还有沃孔斯人，特里卡斯坦人，沃尔克人——又可细分为泰托沙吉的沃尔克人和阿雷科米克的沃尔克人等。罗讷河谷还是重要的商路。马赛的作用非常重要，正是由于有了马赛，高卢人一旦要书写什么（这样的情况极为罕见），使用的是希腊字母。虽然石雕在高卢其他地区几乎不见踪影，但在普罗旺斯地区（如在昂特尔蒙和罗克佩尔蒂斯）却有发现，其影响可能也来自马赛。马赛硬币已被证实是高卢最古老的硬币。

阿基坦地区

这一地区处于加龙河的南部和西部，它的居民更接近于伊比利亚人而不是高卢人，但凯尔特人在公元前 6 世纪就占领了这一地区，人们在高原发现了许多第一铁器时代的墓葬就是最好的明证。伊比利亚

① 古希腊城市，位于小亚细亚，属于爱奥尼亚人，从公元前 7 世纪起，成为重要的商业港口城市。

人的影响难以发现，但从公元前 2 世纪起这种影响的存在确定无疑。数量众多的小民族（至少 20 多个）居住于此。最出名的是科基热的孔维纳人，奥斯克人和塔尔贝勒人。

凯尔特地区

此为地域最广的地区，在此居住的民族也最为强悍，经常结成联盟。在凯尔特地区中央，卢瓦尔河以西，人们发现有比杜利其人；他们最大的城市为阿瓦里库姆（现今的布尔日），该城以它的美丽而著称。在北部，与塞纳河相接，卡尔尼特人拥有两大城堡——奥尔良的热纳比姆城堡和夏尔特尔的奥尔蒂库姆城堡。卡尔尼特人的领土正好位于整个高卢的中央，就是这一民族，每年举行德罗伊德大会。

卡尔尼特人北部与巴黎希人相邻。巴黎希人控制着瓦兹河和塞纳河的汇流处，他们主要的城镇是吕岱斯，以后演变成巴黎。卡尔尼特人的东边居住着塞农人，他们以阿热丹库姆（现今的桑斯）为首府，领土相当于现今的桑斯地区。这一民族好事多动，曾有多次远征。他们当中一位名叫布雷尼斯的首领曾经因为在公元前 390 年占领过罗马而名噪天下。

兰贡人占据了整个朗格勒高原，以昂德马蒂尼姆（现今的朗格勒 88
市）为首府。在恺撒时代，他们是整个高卢最强大的民族。他们也曾入侵意大利，其中一支还在波河入海口定居下来。汝拉山区和弗朗什-孔泰地区属于塞加内，他们起初居住在塞纳河上游，由于有杜河的环绕，维松蒂奥（贝桑松）就自然就成了他们设防的地方。赫尔维蒂人占据着瑞士。埃迪恩人的领地十分广阔，西边以卢瓦尔河为界，东边触到甚至超出索恩河。这一有利形势是他们强大的原因之一。他们的主要城寨有活跃的河流港口索恩河畔夏龙的卡比洛尼姆，和另一河流港口马孔的马蒂斯科。而最为重要的城市是比布拉克特，这是建在博弗莱山上的重要手工业城市。埃迪恩人在北部有他们手工业品的主顾基迪比安人，这是一个小民族，他们的主要城市是阿莱西亚，高卢独立地位的最后丧失就在于此。

中央高原的占据者是阿维尔尼人，他们粗犷、勇敢、有冒险精神。

在公元前2世纪，以他们为中心形成了如果称不上真正帝国至少也是联盟的组织形式。他们是这一联盟的当然盟主，正是在他们的号召下，高卢各城邦才揭竿而起，抵抗恺撒。他们的若干位国王，如吕埃尔恩、比蒂伊特等，皆以他们的奢华著称，而他们的最后一位首领维尔琴热托里克斯则成功地捍卫了他们的首府热尔戈维。

卢代尼人的领地位于阿维尔尼人和泰托沙吉的沃尔克人之间，其首府是舍戈蒂尼姆（现今的罗德兹）。凯尔西是卡蒂尔克人的领地，佩里戈尔属于佩特罗科尔人，利穆赞住着莱莫维克人。在西部沿海，从南到北，首先有维维斯克的比杜利基人，他们以比尔迪加利阿（现今的波尔多）为首府，接着我们可以看到桑东人，首府为默迪奥拉尼姆（现今的桑特）。现在的普瓦图由皮克东人占据，大城镇是勒莫尼姆，位置在现在的普瓦提埃市。其他民族的疆域要小一些：纳姆耐特人定居在卢瓦尔河河口，昂德人住在安茹，杜隆人在都兰。

只是到了很晚的时候，凯尔特人才深入到布列塔尼地区。本地因素在那里继续保留，成为真正的地区特征。阿尔摩里克民族中最著名的是维奈特人，这是些勇敢的航海者，通过开发科尔努阿伊的锡矿而致富。同属海洋民族的还有科尔瑟尔的科里奥索里特人和奥西缅人。顺着塞纳河往里走，可以遭遇到莱克索维安人和奥莱尔克人。

比尔及人[①]

高卢的比尔及地区大大超出了现在法国的版图，因为它一直延伸到莱茵河。就是这条河流成了凯尔特人和日耳曼人的界河。

在塞纳河下游的右岸，有维里奥卡斯人，以罗托马格斯（现今的鲁昂）作为首府。他们的北部住着卡莱特人，后者靠在海边。沿芒什海峡海岸上行，首先有昂比安人，其主要城市是萨马罗布里瓦（现今的亚眠）。接着，在加莱海峡的纬度，住有莫林人。

香槟地区由雷梅人占据，苏瓦松内地区的定居者是苏艾雄人。从第二铁器时代初起，这些地区人口稠密，轻质土壤让耕种轻而易举，

① 也可译为比利时人。

羊的饲养已非常普遍。最后，勒克人定居于现今洛林的南部地区。

城邦还是地区？

占据高卢土地的凯尔特人的多样性与自然地区的多样性似乎非常吻合。朱利安曾经非常明确地指出了这一点，他写道：“地区面貌的改变精确地依高卢城邦边界而发生。在奥尔良通往巴黎的路上，当告别博斯千篇一律令人生厌的麦田，进入埃当普错落有致赏心悦目的小山谷地之中，人们也从卡尔尼特人的城邦进入了巴黎希人的城邦。”

对于每个城邦来说，很难分清哪些因素是土生土长的，哪些因素是完全属于凯尔特人的。如同在布列塔尼那样，史前的古旧根基依然 89
继续存在。在其他地方，旧的根基则已被入侵者掩盖掉了。一般说来，维持和确定高卢城邦界限的东西是领地的同一性：为了生活和繁荣，就需要在同一地区里发现森林、牧场和可耕地。在发展过程中，这一经济地区概念就是构成城邦领土的基础。

某种同一性

虽然在罗马征服时定居高卢各民族间存在着多样性，但他们中间也存在巨大的文化同一性。我们已经看到了第一铁器时代的地方特殊性：弗朗什-孔泰的哈尔施塔特文化时期墓葬拥有非常原始的用具，如胸饰和遮羞盾牌；勃艮第，而且唯有勃艮第，出土了粗大的装饰有蔓形饰的手镯；这些事例不胜枚举，然而到了拉泰纳文化时期，从北到南，从东到西，人们发现的东西几乎都一样了。少数与世隔绝的地区还有一些独特类型的首饰，如阿尔卑斯山谷地带的一些别针，但分布地区非常有限。

每个城邦有特殊的个性，但在物质层面，它与周边邻居没什么两样。此外，这种同一性甚至超越了高卢边境，我们拿比布拉克特的东西与波希米亚地区斯特拉托尼茨的东西比较一下：它们完全相同。

罗马征服前夕的日常生活

以城邦为单位聚焦在一起，城邦又分为帕吉，即乡村。高卢人过着辛苦劳作的生活。他们爱吃肉，因此他们大量饲养猪，这种猪与野猪非常接近，猪鬃非常长。他们还懂得肉的腌制和熏制，从而可以将肉长期保存。他们已经有了猪肉食品加工业。虽然高卢人对面包并不陌生，但据普林尼的说法，他们的面包非常轻薄。他们非常喜欢食用奶制品，考古发掘出土了许多干酪沥干器的碎片，他们将奶酪放入其中沥干。

用餐和宴饮菜肴丰盛，尤其提供大量酒水。高卢人围绕着餐桌坐在茅草墩上，而在地中海世界，宴会的宾客们则是半躺着的。对他们的啤酒，古典作家们却不太欣赏（根据德尼的说法是“臭气熏天的烂大麦汁”），但高卢人的消耗量却非常大。不过，高卢贵族们最爱喝的却是葡萄酒。为了得到葡萄酒，贵族们不惜与外国人进行物物交换，一个青壮年奴隶换一桶酒。贵族们既不懂得节制，又不胜酒力，很快就酩酊大醉，伴随而来的是唱歌和打架。

农业兴旺发达，生产出丰富的谷类食品，其中有多种小麦、大麦和小米，精心耕作。我们所了解的蔬菜很少，普林尼提到的有洋葱、欧防风属萝卜等。根据地方不同，人们施肥用的有泥灰土、石灰等，当然也用粪肥，粪肥各地都用，常与柴灰混合使用。狩猎和打渔是不可忽视的食物补充。

手工业

高卢人心灵手巧。他们是优秀的制车匠，在第一铁器时代就建造了四轮大车，接着从公元前5世纪起，他们造出了两轮轻便车，这种被称作“伯纳”的真正的战车，车身用柳树制成。在罗马征服以后，在高卢比尔及地区，人们发明了第一批收割机。

生活在海边的民族，如维奈特人，科里奥索里特人和奥西缅人，
90 都是造船能手。他们建造的船只非常牢固，足以抗击海上的大风大浪。不过，这些船只有一个缺点，就是太重了，操控不太容易。

在高卢人创造发明的名单中，首先必须提到的是木桶：希腊罗马世界的人们用陶罐和陶瓮来放饮料，这些器皿既笨重又易碎，可盛放的东西也较少。高卢人使用的是木桶，更轻更实用。最后，他们还将油脂和苏打混合，发明了肥皂。高卢金属矿藏非常丰富，有铜、铅、

金、银、铁等，金属开采和冶炼活动非常活跃，直到现在，我们还能在古代金属矿的遗址看到大量的矿渣。据说，正是在阿莱西亚，人们发明了镀锡工艺。铁剑的质量非常优良，实验室的分析表明，高卢人已经可以生产钢一般硬度的铁。

高卢战争

从公元前 58 年起，高卢人不得不拿起这些武器抗击恺撒。恺撒出兵高卢的借口是保护埃迪恩人，这一民族从公元前 121 起就与罗马人结盟。他派兵深入到凯尔特地区，击退了阿利奥维斯特的苏威夫人和赫尔维蒂人，但随后他并没有带兵退回罗马的普罗旺斯。为了反对占领，比尔及人在公元前 57 年举行起义，恺撒给予沉重打击，摧毁了阿尔摩里克沿海的舰队，建立了一些城寨。为此，恺撒于公元前 55 年渡过莱茵河，次年进入大不列颠。他利用高卢各民族的分歧和矛盾，最终控制了高卢全境。他对起义的镇压采用了非常残忍的手段，以致于在公元前 52 年 1 月引发了大规模的起义，这场全民族的起义似乎消弭了以前部落间的敌对和内部冲突。阿尔维尔尼族的维尔琴热托里克斯（“他的父亲曾经掌握过全高卢的领导权，因为图谋王位，被他的同族人杀死”）是这场起义有领导者。他使他的战士服从非常严厉的纪律，通过游击战袭击罗马的散兵游勇，烧毁村庄和农场，摧毁城邦已经不为自己所用的城墙，截断罗马军团的供给。当 6 月他在阿莱西亚最终失败后，经过罗马六年征服和十个月全民抵抗的高卢已经面目全非。高卢最终实现了统一。然而，高卢原本的文明并没有被摧毁，它已作好准备，在它厚实肥沃的土壤上接受罗马带来的营养。

91 第四章　罗马高卢人[①]

在罗马统治下，高卢旧貌换新颜。

罗马征服的结束

维尔琴热托里克斯在阿莱西亚的失败，成了高卢历史上的一个重要界标。它标志着一个时代，即高卢独立的时代的结束，这一独立地位的失去可归因于各部落民族的不团结以及派系纷争。随着罗马人介入高卢南部，进而吞并纳尔榜地区，与某些高卢民族如埃迪恩人建立友好关系，同时也随着苏威夫人从东北面入侵高卢，得到塞加内人支持的阿利奥维斯特人加入到这场角逐之中，我们会问这样的问题：高卢今后到底会归顺日耳曼人呢，还是依附于罗马人，或者更有可能的是被两者瓜分？恺撒的胜利解决了这一问题，它将高卢从日耳曼人的阴影下拖出来，时间长达五个世纪，它拯救了国土的统一，并固定了将莱茵河作为高卢与日耳曼界河的格局。同时，它也将凯尔特人的高卢变成了拉丁人的一个行省。

这是一个决定性的日子，它标志着新时代的开始。在罗马的统治

① “罗马高卢人”，法语原词为组合词“Gallo-Romains”，有译成“高卢罗马人”的，也有译成“罗马高卢人”，译者采用“罗马高卢人”，强调高卢的主体性，即生活在罗马文化影响下的高卢人。

下，虽然还有一些零星的对占领势力的抵抗，但是，高卢人（现在把他们叫做罗马高卢人可能还为时太早）在几个世纪里埋头于他们的和平建设。他们利用和平经营他们的土地，为了生产，也为了出售。他们已经喜欢上了城市的生活，日益成为城市居民。他们接受了罗马人的神祇，但也没有完全放弃他们自己的神。他们开始上学，说拉丁语，但也没有失去他们的特性。他们的艺术受到罗马的影响，但也没有抛弃他们自己的特点。由此高卢凯尔特文明与罗马文明亲密结合产生了新的文明，这一新文明最后在日耳曼人入侵的困境和危机过后固化了它的拉丁特征，成为我们国家的文化。

恺撒征服后的高卢

在公元前 1 世纪时，人们强烈的印象是，南部高卢与中部和北部高卢的强烈反差：南方自从公元前 121 年已经成为罗马的一部分，是“先进的行省”（让-雅克·阿特语），而中部和北部则经过 8 年殊死的战争已经大量失血。

高卢南部享有某种地理上的同一性，特别是整个地区都属于地中海气候。老普林尼在公元 1 世纪晚期特别强调了这一点，他认为，纳尔榜地区是意大利向高卢的延伸部分。同时高卢南部深刻的特征也在于它的希腊化色彩。在公元前 50 年左右，南部高卢所面临的形势既有优势又有困难。在罗马控制 70 多年后，它得益于“多米提亚大道”的整修（借用从史前时代就有的故道以及希腊人修建的道路，此道将西班牙与意大利连接起来），带动了重要的商业发展，与此同时，公元前 123 年罗马设立阿卡·塞克斯提亚殖民地（今艾克斯）；公元前
118 年，又设立纳尔波·马提乌斯殖民地（今纳尔榜）；公元前 106 年 92
建立要塞托洛萨（今图卢兹）；这些都成了罗马文化传播的中心。确实，意大利的一些不良商贩遍布各地，他们不仅通过正常的经济活动猎取财富，而且有时与某些总督共谋巧取豪夺当地财产，其中最著名的总督就是西塞罗曾为之辩护过的封泰乌斯。尽管有官员擅用职权和渎职，尽管土地被罗马殖民者剥夺，尽管禁止高卢人引种新的葡萄品

种和新的橄榄品种，尽管征召高卢人加入西班牙军队（后来是恺撒在高卢的军队）并为他们提供军需品，但人们还是看到，纳尔榜地区在经济上有了真正的飞跃。海底陶瓮的发现证明当时有大量的希腊和罗马的葡萄酒输入。考古表明，在圣雷米-德-普罗旺斯的格拉努姆，城市化大有进展。在纳热（今加尔）城堡，1960年至1961年人们对此进行考古发掘，发现大量意大利坎帕尼地区和阿雷丹地区的陶器，这一发现证明此地与意大利曾经有着连续不断的商业来往。

我们也不会忘记，在当时，沃孔斯贵族和艾尔维特贵族将自己的名字中安上一个罗马姓氏，如沃孔斯贵族中的特罗克·庞培的祖父，艾尔维特贵族中的瓦勒里乌斯·普罗西里乌斯，他们把自己置于庞培和恺撒荫庇之下。竟然已经学会了罗马的家长制了！至少应该承认，与真正的殖民盘剥并行的是南部高卢的发展，城市市民和部落首领都是发展的得利者，这是真正的罗马化，它为奥古斯都时期的丰功伟业作了铺垫。

位于塞文山脉与罗讷河另一边的凯尔特高卢在阿莱西亚陷落后其景观全然不同。虽然与地中海文明有比人们料想的多许多的接触，虽然拥有先进的制造铁器和冶炼的先进技术，虽然拥有称得上能工巧匠和善于稼穑的农夫，甚至有时可以称得上艺术家，高卢人却为自己的内部不和付出了沉重代价。作为有着广袤土地的居民，连罗马也知道其地貌和气候的特殊，也知道他们财源茂盛，也知道他们人口众多，但现在他们却被征服了。如果人们相信普鲁塔克所言，恺撒“进攻了800多座要塞，征服了300多个部落，打败了300万敌人，横尸100万，俘虏100万”，那么，普鲁塔克一定是从公元前46年恺撒举行凯旋式时满街游走的告示牌上抄下了这些数字，而这些数字难免有些夸张。一位历史学家最近估计，从高卢带回的奴隶总数达到15万之多，不过，这可能再次犯了夸大数字的错误。可以确定的是，领土之内常见荒芜之地，城市甚至神庙遭到洗劫，各民族（除埃迪恩人、兰贡人和雷米人之外，因为他们与罗马人结盟为友）都遭受奴役，被迫进贡。长发高卢在公元前51年或前52年被宣布为罗马行省；它已经被自己的贵族和最优秀的战士抛弃，这些人已经甘愿为征服者服务；它也失去了祭司，由于反抗，祭司们遭到驱逐。长发高卢由此带着它的废墟、带着它的资源、带着它的希望走进了罗马领地，而更确切的说法是，走进了恺撒的领地。

尽管面对内战风云，在恺撒的政策中也没遗忘掉高卢。在纳尔榜地区，他分配土地给他的老兵，如第十军团的老兵在纳博讷，第八军团的老兵在弗雷瑞斯，第七军团老兵在贝济耶，第六军团老兵在阿尔勒，第二军团老兵在奥朗日。维埃纳和瓦朗斯也同样享受到恺撒的照顾，就如赫尔维蒂人那边的尼翁一样，所有罗马化活跃的中心均是如此。

在长发高卢，恺撒将高卢人编入他的辅助部队，让他们自己的贵族来指挥，这些贵族成了罗马公民。有些贵族甚至被接纳进入罗马元老院。至少我们听到在公元前 46 年凯旋式后有人这样说道：“恺撒在他的凯旋式上带领着一些高卢人。高卢人在元老院脱去他们的长裤，换上了元老们穿的托加（一种长袍）”。独裁者恺撒希望将这些被征服者迅速转变为罗马人。公元前 44 年 3 月 15 日，阴险的暗杀打断了同 93
化高卢人的进程，或者至少延后了一个世纪。

一、罗马和平

在两个半世纪里，高卢享受了它并不习惯的和平。和平并不绝对，因为还存在着高卢人的抵抗斗争。多亏了早期罗马皇帝的政策，高卢迅速复兴。

和平精神

虽然恺撒的死造成了一点麻烦，但在公元前 43 年，罗马作出了一项重要的决定：创建新城吕格杜纳姆（今里昂）。这项决定也许是想实现恺撒要在高卢设立首都的计划。在现今里昂的位置上似乎当时就存在两个原住民居住点，一个是挺立在福尔维埃尔山冈上的吕格杜纳姆（其意为祭拜吕格神之地），另一个处在罗讷河和索恩河的汇流处，取名孔达特。后者在公元前62年曾成为维埃纳的意大利商人避难所，当时起义的阿洛伯罗吉人将这些商人驱逐。然而，最后人们决定在福尔维埃尔小山上建设罗马殖民点吕格杜纳姆，在这座小山上，人们可以俯瞰罗讷河和索恩河。有人说是在公元前43年的3月，而又有人说是在10月，长发高卢总督慕纳提乌斯·普朗库斯根据元老院的命令来实行这一计划。奥古斯都[①]正式将此城市确定为“三省高卢”的首都。公元10年，皇帝的代表德鲁苏斯在此进行了两项非常重要的开创性工作，一是设立行省议会，成员由高卢60个民族的代表组成，另一个是建造“罗马和奥古斯都祭坛”，用于举行帝国祭祀活动。每年8月1日，高卢的代表齐集于里昂的克罗瓦-卢斯山坡上（从公元19年起改在联盟露天剧场，该遗址目前还在清理中），会议由一位祭司主持，主要有两大使命，一是处理各行省的事务，对行政管理给予歌颂或批评；另一项则围绕邻近的联盟祭坛，正式祭拜罗马和皇帝。这样的会议似乎是独立高卢旧贵族会议的复活，它们的作用仅限于给高卢人参与共同事务的幻象，同时强化了他们同属于一个民族的印象，也有利于他们与征服者和解。我们历史上的“国民议会”（?）的萌芽就诞生于里昂。

此外，屋大维·奥古斯都通过亲自现身、积极介入和个人接触等政策来实现和平精神。他曾四次造访高卢。由于内部反抗和外部入侵，他几次延长行程。他在当地审视行省的问题，对众多领域作出决定。在公元前39—前38年，作为共和国三巨头之一的他，来到高卢平息起义，对此，历史学家迪翁·卡修斯曾有记载。极有可能就是在此首次进行的高卢之行期间，在阿尔勒建造了一间圣所，有尊年轻俊美的屋大维雕像就来源于此，这尊雕像留着胡须，表示他在恺撒被刺以后服丧。在公元前27—前25年，他在西班牙逗留期间第二次来到高卢。迪翁·卡修斯认为，此次高卢之行与远征大不列颠计划和阿基坦地区

① 即屋大维（公元前63年—公元14年），罗马帝国第一任皇帝。

骚乱有关。当时奥古斯都在达克斯和纳尔榜住了一些日子，解决了涉及纳尔榜行省的行政问题。他在高卢逗留时间最长的一次是公元前16—前15年在里昂，此乃日耳曼人入侵的结果。当时，他关注将长发高卢分为三部分的问题。最后是公元前10年，他第四次来到高卢平定莱茵河边界的骚动。

我们已经看到了，保持边境地区的安宁是必不可少的。这也是皇帝最为操心的事情之一，他数次领兵亲征，有时则将军事行动托付给自己的心腹，由最能干的将军辅助。因此，从阿尔卑斯山谷到比利牛斯山地，那些造反的民族被依次征服。公元前25年建造的“吕格杜纳 94
姆·孔弗纳拉姆”纪念碑（圣贝特朗-德-科曼热）和公元前6年建造的“拉杜尔比埃”纪念碑，用它们的铭文和雕刻证明了战斗的惨烈，以及奥古斯都要以胜利展示罗马对高卢以及对被俘的高卢人拥有不可战胜和神奇无比的意志。这是奥古斯都威望的展示，若要探究这种威望，就需要进一步地对奥古斯都的罗马化工程加以解释。

高卢的罗马化

在公元1世纪，斯特拉波在提及高卢人时，将高卢人描绘成这样的形象：蓄胡须，留长发，精力旺盛，大胆鲁莽，好吹牛，渴望战争。一个世纪以后，许多浮雕作品表现的高卢人则是如此这般，他们或弯腰扶犁，或在手工作坊工作，所关心的是生产和商贸。维尔琴热托里克斯式的易怒暴躁的高卢人，遂成了安详平和的罗马高卢人。对于这样深刻的变化，公元1世纪中的三任皇帝起了决定作用，他们分别是奥古斯都、克劳狄和韦伯芗。

奥古斯都，诸多高卢的整合者

在建立和平精神的设想中，奥古斯都，这位恺撒以及恺撒思想的继承者，正如他养父生前所做的那样，考虑将年轻的高卢人编入他的军队之中，将他们的战斗热情转而为罗马所用。如果是罗马公民，他们就可在罗马军团中服役。人们可以到非洲在奥古斯都第三军团中看到他们的身影，也可以到埃及在希雷纳伊克第三军团中与他们相遇。

如果不是罗马公民，他们也可以组成辅助部队，对于辅助部队来说，高卢是人力资源库。高卢大队、内尔维安大队、兰贡大队、皮克东王子阿泰克托列克斯侧翼部队、高卢侧翼部队和通格尔侧翼部队等遍布帝国各地参加行动。当服完25年的军役之后，他们就获得了罗马公民权。返还故乡，他们对取得与征服者民族同等的新身份、对他们所服的军役感到非常自豪。譬如，在桑特，有一位名叫凯乌斯·伊乌里乌斯·马塞的桑特人，属于伏尔提尼亚部落，他就是如此获得了完全的罗马公民权，在他的墓志铭中，他告诉人们，他曾在阿泰克托列克斯的骑兵部队中晋升到拿双份军饷的士兵军阶，在过了一段平民生活后，他又再次被编入雷提亚部队，经过32年的军旅生活后才退役。他的战友送给他盾牌、头盔和黄金环，作为对他的表扬。我们很容易推想，这些“退伍老兵”在家乡或接受他们的殖民点所享有的声望，他们还可以得到土地以及税收特权。

高卢人对这些荣誉和利益非常在意，他们似乎也有意要重建他们家乡的行政组织，这是与占领当局建立更平等更人性化关系的支撑点和条件。奥古斯都将高卢分为4个行省。一边是纳尔榜行省，它是靠近意大利旧有的行省，非常和平。斯特拉波指出，这一地区如同一平行四边形，它的四边分别为比利牛斯山脉、塞文山脉、阿尔卑斯山脉和地中海海岸。它处于元老院控制之下，由退职执政官（事实上是退职的副执政）任总督，他与他的执政团队驻扎在纳博讷城。另一边是“三省高卢”，三个行省分别为，阿基坦省（延伸到卢瓦尔河）、里昂内兹省（位于卢瓦尔河、塞纳河和马恩河之间）、比尔及省（高卢北部），每一省都有自己的总督，是直接代表皇帝的帝国官员，但同时三个行省聚会于共同的首都——里昂。

除此之外，为了在中央政权与行省权力之间有一中介机构，使之更接近于行省权力，而且更容易进入，奥古斯都支持在三省高卢60多个“民族”或“城邦”的核心地带建立中心城市。因此我们看到双重现象，一方面，人们逐步放弃建立在山上的卫城，或称为“城寨”(*oppida*)，这些独立的象征，另一方面，一些位于宽阔平原上、有利于商业交换的居民点得到发展，由此产生了城市。这些城市一般都处于互为补充的经济区域的接触点，或交通要道的交叉点上。高卢由此 95
被城市覆盖，城市的名称既可以让人们联想到奥古斯都和恺撒，同时也与凯尔特语的词根相联系。譬如，词根“*-dunum*”（杜纳姆）或“*-durum*”（杜拉姆）在凯尔特语中是“城堡”的意思，因此就有了城市的组合名称“奥古斯都-杜纳姆”（今奥顿市）、“奥古斯都杜拉姆”（今贝叶）；凯尔特语词根“*-magu*”（马居）为“市场”之意，由此有城市取名“尤里奥马居”（今昂热市）和“奥古斯都马居”（今桑利斯）；词根“*-ritum*”（利图姆）意为“通道”，相关城市名有“奥古斯都利图姆”（今里摩日）；词根“*-nemetum*”（尼美图姆）意为“神庙，圣所”，城市名有“奥古斯都尼美图姆”（今克莱蒙费朗）。在纳尔榜行省，由于新的殖民者到来而建立殖民地或扩大殖民地。其中发展起来的就有尼姆（奥古斯都·尼莫苏斯殖民地）、奥朗日（尤里亚·阿劳西奥殖民地）、阿维尼翁（尤里奥·阿维尼奥殖民地）和维埃纳（尤里奥·奥古斯都·弗罗伦西亚·维埃纳殖民地），而某些重要的城邦和居民点则有了新的定位。下面我们看一个具体的例子，在现在的德龙省，我们看到原来特里卡斯丁人的居住点升格为罗马殖民地（奥古斯都·特里卡斯丁诺拉姆殖民地），迪瓦的居民中心冠名为“奥古斯都神”（现今的迪城）和“卢卡斯·奥古斯都”（现今的吕克），而原先处在阿尔卑斯山路上的一个简易驿站小镇取名为“奥古斯塔”（今阿乌斯特）。高卢一直以来是村野之地，由于奥古斯都的努力，终于成为城市文明的热土，这是罗马化最显著的因素。

同时，皇帝通过给予大量补贴的政策，使得这些城市光彩照人，就如皇帝使罗马成为十分优秀的大都市一样。这种财政补贴，只有动用安东尼①和克莉奥帕特拉②的宝库和奥古斯都的巨大财富才有可能。尼姆和维埃纳在同一年（公元前 16—前 15 年）建造了一道巨大的城

---

① 罗马后三头政治中三执政之一（约公元前 82—前 30 年），曾与埃及女王克莉奥帕特拉联姻。

② 埃及女王（公元前 69—前 30 年）。

墙（尼姆城墙长6公里，维埃纳城墙长7.25公里），当时处于和平时期，并不需要城墙，它们的建设纯粹是为了展示殖民者的丰功伟绩。在不计其数的建设中，我们只要列举下列一些建筑就足够了：尼姆的长方殿，加尔水道桥[①]，维埃纳的奥古斯都与莉维亚[②]神庙，奥朗日、阿尔勒、维埃恩和里昂的大型剧场等。奥古斯都的高卢是一个巨大的建筑工地。

人们设想，城市能够吸引乡村的人，高卢人开始热爱都市生活，由此创造出罗马高卢人的市民阶级。更何况城市的发展与财政管理的整顿紧密相连（如人口调查，土地丈量造册等），与促进行业发展的立法紧密相连，总之与经济发展紧密相连。其中道路网络建设在我们今天看来仍然是最为壮观的方面。这就是阿格里帕[③]工程。斯特拉波曾经非常清楚地展示了道路图（《地理学》第六卷）：吕格杜纳姆是凯尔特地区的中心，这一城市的地理位置处在河流交汇处，同时与地区的其他部分相距都不远。阿格里帕就将这一城市作为多条大道的出发点："穿越塞文山脉到达桑特人那里和阿基坦地区的大道；通向莱茵河的大道；通向大海洋的大道（这是第三条，它可到达贝罗瓦克人和昂比安人的居住区）；最后是通向纳尔榜地区和马赛地区的大道"。以里昂为中心呈发散状的道路系统如此被勾画出来。它构成道路的骨架，它的建造花费了3个多世纪的时间。

高卢在许多方面都得归功于奥古斯都，这无可争议。他使高卢人和罗马人和解共存，他创造了高卢人融入罗马社会的条件，但这种融入并没有变为现实：在公元14年，皇帝去世之时，高卢人讲的还是凯尔特语，大众信仰的也还是高卢宗教，高卢的货币仍然在流通。使罗马化迈出全新步伐的功绩属于克劳狄。

---

①　通常人们译成加德水道桥，因为该桥在尼姆附近，属法国加尔省（Gard），但不应根据英语发音译成"加德"而应译成"加尔"。

②　莉维亚为奥古斯都之妻。

③　罗马奥古斯都统治时期最重要的将领，约公元前63—前12年。

克劳狄，罗马高卢人的皇帝

克劳狄于公元前10年8月1日出生在里昂，这是高卢行省议会召开的日子。他在整个统治时期对他出生地所在的行省表现出特别的关心。作为他叔公奥古斯都的仰慕者，他重新开始和继续奥古斯都的未竟事业，主要表现在三个方面：保卫疆域、经济和居民地位。

公元41年，高卢的东北和东南部都残存着一些不安定区。在东南 96
边，反抗的星火在阿尔卑斯山区部落中延烧，时间之长超过其他地方。当然也有良好坚固的保护屏障，这道屏障由两个次级行省构成，在南部是滨海阿尔卑斯省，北部为雷提亚-温戴利西亚省。这道屏障一方面扼守着意大利通往高卢南部的沿海道路，另一方面控制着意大利连接日耳曼地区和高卢中东部的走廊。然而，在这两个有组织的行省之间的地方，防卫就不太坚固，其中就有科提乌斯①管辖的领地（未来的科提亚阿尔卑斯省，由14城邦组成，公元41年时统治这块土地的是科提乌斯二世，是同名被征服国王之子）、格雷阿尔卑斯地区（现今塔朗泰兹地区）和佩宁阿尔卑斯（现瑞士瓦莱州），现代名称“瓦莱”非常有意思，它来自一条古道的名称，古道由囊图阿特人、维拉格尔人、塞杜努瓦人和于贝尔人等民族占据，这些民族通过大圣贝尔纳和森普隆进行走私贸易为生。在这三个地区，奥古斯都的事业并未完成。克劳狄作为这项事业的延续者在通向北部意大利的道路组织方面表现出他的天才。当然，很久以前，这里有不少骡子走的羊肠小道（根据神话传说这些小道的开辟归功于赫拉克勒斯②）。克劳狄将它们整修成可通车辆的大道。未来显现出这些道路的无比重要性。其中有经过拉杜尔比和滨海阿尔卑斯省首府西米埃兹的“阿尔卑斯大道”，最近的考古发掘已经证实了皇帝对此的杰出作用。另有两条大道，一条经过大圣贝尔纳山口，另一条经过小圣贝尔纳山口，它们穿越了瓦

① 科提乌斯及其父亲为居住在阿尔卑斯山区的利古里亚人部落之王，在奥古斯都统治时，归附罗马，接受地方长官的封号，但仍然相对独立，到尼禄统治时被完全吞并，设立行省。

② 古希腊神话中的英雄，在现代语言中，他成了大力神。

莱地区和塔朗泰兹地区。后面提到的两条大道在历史上发挥了重要作用。后来的历史事实均可以从这两条道路的存在中得到解释：伦巴第的国王们选择帕维亚作为首都；查理曼设想的他三个儿子拆分国土的领土安排等。而在当时，整个瓦莱的历史由此发生了深刻变化，因为它的居民获得了拉丁族的权利，不久就转变为罗马权利，随之还创建弗鲁姆克罗蒂伊瓦朗西乌姆（今瑞士马尔蒂尼市）作为佩宁阿尔卑斯省的首府，与此同时，在塔朗泰兹地区，弗鲁姆克罗蒂伊桑特罗努姆成了格雷阿尔卑斯省的首府。

在北部和东北部的莱茵河一线（从雷提亚地区到莱茵河口）将日耳曼地区与罗马化高卢分开，在这里有两方面的问题够罗马操心。为了抵抗一直躁动不安的日耳曼部落，罗马人在自己境内建立两个桥头堡，即两个行省：上日耳曼省和下日耳曼省，在此驻扎了8个军团，加上辅助部队和当地民兵，总人数达10万之众。但这样的安排并非万全之策。由此，在日耳曼人的危险（瓦鲁斯灾难[①]已为期不远!）之上又增加了两省总督对中央政权强大的威胁：公元39年，上日耳曼省总督就曾发动叛乱。因此就有了高卢的安全问题和帝国政权的稳定问题。为了反对这双重的危险，克劳狄一改奥古斯都进攻型的做法，采取灵活的防守策略，并辅以巩固边防的深思熟虑的政策。公元50年，创设克劳狄阿拉奥古斯都阿戈利皮纳努姆殖民地（今科隆），扩大（也可能是新建）了特里尔城[②]，他由此建立了两个坚固忠诚的抵抗基地。同时还整治了瑟尔茨、莱茵贡海姆、霍夫海姆等要塞（最后一个要塞后来成为弗拉维边防线上要塞的典范），原来用泥土和木料建造的波恩营地用石块进行了加固改造。由此，克劳狄成为最早将防线设计为纵深防御“区域”的皇帝，他在要塞后方，修建连通奥古斯都交通网的道路，将交通网扩展到空白地区。三条大道构成高卢北部和东北部

---

① 瓦鲁斯（Publius Quinctilius Varus，公元前46年—公元9年），奥古斯特统治时期罗马政治家和军队将领，公元9年在与日耳曼人的战斗中遭到惨败，损失3个罗马军团，最后自杀身亡。

② 法语发音从拉丁语，因它现为德国城市，故根据德语Trier音译。

的路网骨架：一条从美因茨经科隆到达莱茵出海口；第二条是位于莱茵河左岸的战略通道，从兰斯到特里尔和宾根；第三条从布洛涅经巴伐伊到科隆。虽然我们当时还不可能把这称为有组织的“边防线”，但我们为什么不能认为克劳狄的莱茵河政策就是弗拉维王朝伟大事业的 97
前奏和预告呢?

这些道路有双重用途。在征服不列颠（现英格兰）时，这些道路便利了莱茵地区军营与军事行动战场之间的联系。同时，在比尔及高卢，特别是在莫兰人和梅纳皮安人的居住地进行征服前的准备工作刺激了那个地区的经济活动，而在之前，这里没有什么经济可言。这场战役的胜利将不列颠转变为高卢西北部的突出部分，罗马人对高卢北部的控制向该地引入了道路网络，联系到这些事实，我们可以推论，比尔及地区的罗马高卢化应该从此开始。法国和比利时的考古学家也以出土的瓷器和货币为依据，同意将克劳狄的统治看作是具有决定性的转折点，是这些地区历史新阶段的起始点。在这完全乡村化的地区，我们看到了城市生活的诞生：布洛涅，这个过去莫兰人的小渔港，转变成与不列颠联系紧密的大中心城市；亚眠，原来简陋的驿站，成为里昂到不列颠道路上的主要兵站和军需储备地；同样，在科隆通往布洛涅的道路上，巴伐伊、图尔内和库尔特莱这些临时营地已经发展成城市。更远一些，例如在希尔瓦纳克特人的居住地，有一篇公元 48 年献给克劳狄的铭文（1959 年重新发现），似乎是这一地区首府的出生证明，它本身也是道路的产物，这座城市就是桑利斯。它的古代名字虽是“奥古斯都马居”，但并不应该产生错觉：这一名字可能是克劳狄为了对这位帝国组织者表示敬意，或者这名字标志着一个由奥古斯都创立的小集镇升格为地方的首府城市。

至于乡村的腾飞，可以称得上这些罗马化的第二个证据。两位比利时历史学家不久前刚刚作出了证明。一位历史学家指出，在现在比利时国土之内，至少有 40 块大领地（根据探测到的领地庄园确定）在克劳狄时期开始了经营活动（要为军队提供军需食品）；另一位历史学家对墓地进行研究，发现此时乡村人口有大量的增加。

征服不列颠的战争应该还有一个后果。在北部高卢，在梅纳皮安人，莫兰人、内尔维安人和巴塔维人的所在地，罗马帝国将高卢人编入辅助部队参与军事行动，由此成功地进行了三重心理治疗：它分离了凯尔特人的事业和不列颠人的事业；它在军队中创造出高卢人和罗马人的兄弟情谊；它允许辅助部队的统帅成为罗马公民，跻身上层社会。自从恺撒和提比略[1]反德罗伊德教立法之后，不列颠成了德罗伊德教和凯尔特教的避难所。不列颠被征服后，克劳狄采取措施在高卢禁止德罗伊德教，由此消除了高卢人罗马化的最后障碍。这也可以让他通过罗马公民权扩展最终完成高卢人身份提升的事业。

在高卢人的法律地位方面，克劳狄登上帝位时看到的情况与奥古斯都去世留下的如出一辙。在纳尔榜行省，许多城市是罗马公民的殖民地，他们已经完全融入罗马帝国的生活之中（从卡里古拉起，维埃纳就向帝国输送了第一位执政官，瓦勒里乌斯·阿西亚蒂克斯），也有些城市是罗马文化的传播中心。与这些城市比邻的高卢城邦完全或部分罗马化了：从公元 14 年起，所有的罗马公民均有“任职荣誉权”，即他们有权出任罗马帝国的行政长官，因此也可以进入罗马元老院。至于那些不具备罗马公民身份的高卢人也享有拉丁权利[2]。但与非常罗马化的纳尔榜行省相邻的三省高卢，其面貌却相去甚远。首先，城市的数量要少得多，人们在那里建造的不多，上溯至公元 1 世纪前半叶，除里昂外，考古遗迹极少。但与纳尔榜最大的不同在于居
98 民的身份地位。除了三个罗马殖民地（其中的里昂曾经输送过元老院成员），旧时的凯尔特分区连同他们的部落首领依然保留着。在这些高卢人的共同体里，罗马公民本身只具有有限的城邦权利，他们无权选举行政长官，也无权当选行政长官，因此也无权进入罗马元老院。

---

① 罗马皇帝，公元 14—37 年在位。

② 拉丁权利（droit latin）是介于罗马充分公民权与无公民权之间的一种身份权利，最重要的部分包括商业权（*commercium*），婚姻权（*conubium*）和迁徙权（*Ius migrationis*）。商业权允许拉丁人在任何拉丁城市拥有自己的土地，与其他人合法签订合约；婚姻权允许享有权利者与任何拉丁城市的居民合法结婚；迁徙权允许享有拉丁权利者如果在罗马的城市获得永久居留权就可获得那个城市的公民权。享有拉丁权利者受罗马法保护。

我们可以这样说，从罗马人的眼光看，这是一个管理不善的地区；而从高卢人看，这是一个法律地位低下的地区。也正是在这方面，克劳狄跨出了决定性的一步。在简单城邦权利层次，克劳狄慷慨地授予了高卢人这方面的权利，这可以说明为什么我们在罗马化高卢的铭文中看到大量“克劳狄”的名字。在充分的城邦权利层次，这是罗马城市所拥有的，包括可以出任行政长官的权利，克劳狄将高卢贵族们的事业掌握在自己手中，这些贵族曾经在公元47年每年联省会议召开之际提出享受这一以前遭到拒绝的权利的要求。根据塔西佗①的记载和著名的里昂克劳狄铜牌铭文②，我们知道，办成此事并不容易。皇帝决定自己亲往元老院向元老们说明问题，尽管有保守派和仇视高卢派的激烈反对，但最终他得到满意的结果。自此以后，三省高卢已经获得罗马公民权的高卢人获得了充分权利，他们个人身份地位上增加了可以出任行政长官和进入元老院的权利。

长发高卢在城市高卢化，道路高卢化，军队高卢化之外，特别应该将精神高卢化归功于克劳狄。事实上，正是这位充满争议的皇帝（古典作家把他描写成一个怪物，愚笨，并被酒精和美女搞得晕晕乎乎）成功地实现了心理上的双重转向。在罗马人的心理上，结束了数百年来对高卢和高卢人的蔑视；从高卢人的心理上，消除了他们对罗马征服时期残酷战争的记忆和罗马人严厉镇压以往高卢起义的记忆。在克劳狄之前，在高卢有高卢人和罗马人；在他之后，高卢被融入罗马的事业和罗马的文明之中，高卢人仍然存在，但他们已经转变为罗马高卢人。

为了让这些罗马高卢人能真正地生活在和平之中，能够同时避开日耳曼人的入侵骚扰和罗马莱茵军团心血来潮的反叛（公元68—70年发生的事件使高卢遭受严重震荡，揭示出它们的害处），韦伯芗（公元69—79年在位）以及他的儿子提图斯（公元79—81年在位）和图

① 罗马历史学家，生卒年代约公元55—118年。

② 克劳狄铜牌（La Table Claudienne）镌刻了克劳狄公元48年在元老院的演说辞，1528年重新发现于里昂克鲁瓦-卢斯山坡上，这是原高卢联省议会集会之地。

密善（公元81—96年在位）着手进行了与克劳狄相当的、对这块国土未来具有决定作用的事业：构建莱茵边防线。

弗拉维王朝诸帝，莱茵边防线和高卢和平的缔造者

克劳狄已经打下了最初的基础，但未能解决所有问题。日耳曼民族仍然蠢蠢欲动，为了对付这些“蛮族人”的威胁，就需要维持一支强大的军队，但强大的军队是政治野心的温床。把尼禄[1]拖入死亡、在两年时间里使罗马帝国西部遭遇血腥冲突、有可能引发高卢起义的那些悲剧性事件向韦伯芗揭示了用建设性的方法解决莱茵边境问题的迫切性。韦伯芗皇帝善思考，责任心强，人们称之为“通情达理的皇帝”，他采取了三方面的行动。通过巧妙地结合外交和军事手段，他将莱茵河以外的若干日耳曼民族变成自己的庇护邦，由此加强了罗马对那里的影响力。为了利用本地人的好战习性，他继续积极地将当地日耳曼人吸收到辅助部队之中，但把他们置于罗马军官的指挥之下，并派遣他们到远离家乡的地方去，同时让新的罗马军团进驻到这些日耳曼地区，替代那些被分解和挪位的日耳曼部队。尤其是，他认识到这样的办法也是权宜之计，因此决定封闭非常危险的莱茵河到多瑙河的走廊，组建真正的防区。这项工作延续了几个阶段。开始阶段，他利用克劳狄在曼恩河北所创建的现状：在霍夫海姆要塞边上再建立第二
99 座要塞海登海姆要塞。此地成为莱茵河右岸坚实凹进的一角。公元73—74年，他在河对岸发动了强大的攻势，吞并了阿尔根特雷特（今斯特拉斯堡）和康斯坦茨湖之间的大片领土，为了开辟这片土地，他在这两点之间建立了一条要塞线，后来再延展至内卡尔河畔的拉登堡。这一附加有道路系统的防御体系，其结合点（我们从地图上看到）是阿尔根特雷特，这是一块旧军营，约在公元60年被遗弃，这时根据新的扩展规划进行了重建。为了更有效地阻塞这条自然通道，人们在此建立了一些殖民点，负责开垦分配给他们的土地，耕种者要交纳占收成十分之一的税，因此就有了“十分之一税田”这一专属于该地区的

---

[1] 罗马皇帝，公元54—68年在位。

名词。最后，第三阶段，公元 77—78 年，发动了对布吕克泰尔人征讨，这一民族受到凯尔特女先知维蕾达的蛊惑煽动，之后，在宾根和卡尔卡尔一线建立一系列要塞用于保护莱茵河下游。

图密善（又一位被古典作家全面贬损的皇帝）继续他父亲的事业。在两次艰难的但最终取得胜利的战役之后，罗马的边防线向前推进。公元 83—88 年间，在取得对夏特人胜利，将他们从霍夫海姆-海登海姆要塞区赶走后，一条新要塞线建造起来，它连接莱茵河畔的费尼斯和曼恩河畔的凯塞尔施塔特，包括了莱茵地区最富裕的小麦种植区。在取得新胜利后，在公元 90—96 年间，新边防线向南延伸，沿着曼恩河和内卡尔河一直到达勒斯河的汇流处，再从此处向东直至多瑙河上游的海因海姆。事实上，我们不应该称之为“边防线”，它会让你误以为这是一种线型的防御工事，最好称之为“要塞区”，或防御和监视体系区，它包含了四大要素：一条连绵不断标志边境线的道路（limes，原来意义上的边防线）；用于掩护道路的要塞；在要塞之间的瞭望塔楼；再往后面，多少有些重要的防御工事，从简陋的小堡垒到由骑兵侧翼部队和步兵大队占据的军营。所有这些要素由道路网联系在一起。

后来，边境道路又复加栅栏和壕沟。整个体系有点类似航空考古在北非撒哈拉沙漠边缘看到的那种情形。在公元 2 世纪安东尼王朝期间，防线又作了一些调整，原来用木料和泥土建造的工事（塔楼和要塞）改用坚硬的石块。虽然如此，但这一具有伟大意义工程的最基本部分应该归功于韦伯芗及其子图密善。日耳曼—莱茵边防线的建设使高卢免于侵略达两个世纪。由它所带动的活力，保证了该地经济的真正“跃进”。这一切对于消除罗马高卢人的反抗精神，使他们专注于物质和精神创造都具有特殊的贡献。该地区经济发展到公元 2 世纪达到它的顶峰。

抵抗罗马的终结

事实上，如果认为高卢人不加抵抗地接受了罗马人的统治，那就错了。被征服的民族表现了他们的反抗，虽然不是全部。某些民族没有给帝国政权添多少麻烦，特别是纳尔榜高卢地区。其他一些民族相对于他们的“纳税”邻居来说，享有某些特权，如特雷维尔人，他们是“自由的”，即免除交税义务；再如埃迪恩人，他们通过条约与罗马人结盟，是罗马的同盟者，不过，恰恰是这些民族某些时候构成反抗甚至起义的温床。这就是说，反对罗马并不总是具有“全民”的外衣。反抗的面貌，如同他们的诉求，总是多种多样、纷繁复杂的。

然而，占领者到处均可找到他们的合作者。但如埃尔维（今维瓦莱山区）那样的情况并不多见，从公元前83年起，当地的高卢首领卡比尔获得了罗马公民权，同时还获得罗马姓氏瓦勒里乌斯·卡比鲁斯。他的儿子瓦勒里乌斯·普罗西里乌斯后来成了恺撒的忠实朋友。恺撒发还埃尔维人被庞培掠夺去的土地，接着在发动对阿维尔尼人的战斗时以这里为出发地，恺撒非常感谢他们的归附。恺撒的继承人奥古斯都给予他们政治和经济特权，除了享有拉丁权利外，他们的手工业行
100 业团体还适用“尤里亚结社法”，他们的首府城市阿尔巴·埃尔维奥拉姆殖民地（今之阿尔巴，距蒙泰利马尔15公里）采用“奥古斯都”之名。

占领者也常常遭遇抵抗。在奥古斯都统治时期，我们已经看到爆发过几次激烈的起义，尤其是在北部和东北部莫兰人的居住地和特雷维尔人的居住地，以及西南部阿基坦人的居住地，这些起义足以引起罗马人的担心，甚至导致皇帝本人亲自干预。然而，除了这些我们知道的并不多的起义之外，也有一些不太暴力的反抗，主要针对人口调查、税收以及税收官的欺诈行为等（如著名的利希努斯利用历法的不精确性征收额外税收），也有一般民众反对贪婪的远方统治当局的严厉措施，如将商人和手工工匠移往日耳曼人地区，甚至远至波希米亚的马尔科芒人地区（人们已经在那里发现这些商人和手工工匠的踪迹）。毋庸置疑，奥古斯都的庞大补贴政策和巨大工程，其初衷并非要阻止人口的流失。

不幸的是，人口流失严重。克服财政困难（在奥古斯都统治后期已初露端倪）的一些做法，到提比略时发展成危机。为了减少财政赤

字，新皇帝取消了一些结盟民族和自由民族的免税特权。再加上反对德罗伊教的政策，这一切似乎已足以在公元 21 年引发特雷维尔人（自由民族）和埃迪恩人（联盟民族）的起义。这场起义由两位出身高贵并已经罗马化的高卢人领导，一位是尤里乌斯·弗洛鲁斯，另一位是尤里乌斯·萨克罗维尔。这其实是一场有地高卢贵族反对罗马的斗争，并不真正涉及人民，因此我们当然不能视之为全民反抗运动。但它可以称得上“高卢民族主义者们的最后起义”（J.-J. 阿特语）。

事实上，在公元 47 年后显示出的抵抗精神似乎已面目全非。公元 68 年至 70 年的起义似乎同样也是因税收问题而引发。公元 61 年进行了土地普查，多位古典作家都提到，高卢人被税收压得透不过气来，甚至压垮了。然而这场造反运动，虽然程度更为激烈、范围也更广，甚至也有可能建立高卢帝国，但它绝没有朝全民反罗马的方向发展。起义来自不同的社会层面：有来自元老院阶层的，如阿基坦出生的文戴克斯，曾任里昂省的总督；有罗马高卢人贵族阶层，其中有兰贡人尤里乌斯·萨比努斯还有两位特雷维尔人尤里乌斯·图托尔和尤里乌斯·克拉西库斯，后一位具有王室血统；最后也有乡下普通民众，由一位名叫马里库斯的冒险家领导，他在埃迪恩人农民中争取到 8000 多人的支持者。此人被称为“宗教幻想狂”，他自称为高卢人的解放者，后来被费迪南德洛特奥顿地方元老下令逮捕，并被处死。如果除开农民起义者，其他的起义并不是针对罗马帝国的，而是针对尼禄政权的贪赃枉法。文戴克斯的口号最能说明问题：“起来！拯救你们自己，也拯救罗马人，解放整个世界！”至于图托尔、克拉西库斯和萨比努斯等人，他们要求建立高卢帝国，但他们身穿罗马军服，佩戴罗马指挥官肩章。最后，面对巴塔维人的起义，人们视之为新的日耳曼人的威胁，高卢人在兰斯集结，强调他们对罗马的忠诚，多个高卢城邦参与了对这场起义的镇压。

公元 68 年至 70 年的这场流血冲突最好不过地说明了，奥古斯都时代的高卢人历经克劳狄的统治已经演变为罗马高卢人，从此已自认为与罗马帝国、与罗马文明、与罗马的命运联系在一起了。抵抗运动已经死亡。高卢已经属于罗马帝国。它的边境已经牢牢上锁，经历一个世纪的繁荣。

101 在安东尼王朝统治下的跃进和巅峰

多亏了国土的和平，也多亏了达西亚[①]的黄金（使得图拉真可以再续奥古斯都宽松的财政政策），公元2世纪的高卢成了城市建设和经济活动的重要舞台，其活跃程度前所未有。例如，图拉真统治时期（公元98—117），开始大规模地开采比利牛斯山区圣贝阿的大理石，人们在那里将大理石加工成柱石和贴面石片，用于装点罗马化高卢的城市和高级住宅。

图拉真的继承者哈德良（公元117—138年在位）连续两年顺道经过和视察高卢：公元121年赴莱茵边境；公元122年从不列颠返回。一次，他在尼姆逗留，他为图拉真的遗孀、刚刚去世的皇后普洛丁娜修建了一座神庙。得益于帝国的繁华，处于诸多城市中的里昂（公元121年皇帝可能在此停留）建造了四条水道中的其中一条：吉耶水道；老的奥古斯都广场完全翻新；剧场得到扩大（座位从4500个增加到10700个）；联省议会阶梯剧场修葺一新；罗讷河上的港口实行了搬迁。

出生于尼姆的皇帝安东尼（公元138—161年在位）并不满足于仅仅施惠于尼姆城，还对纳尔榜进行了重建，这座城市被大火部分焚毁。里昂在他手里建造了音乐堂和俯视剧院的西贝拉女神庙，在萨拉高地新修了一个广场，建造了竞技场（现在踪迹全无）。这一城市由此达到它辉煌的顶峰。至于整个高卢，他的功绩被新发现的、沿着道路而立的军事界碑所证实，他整治和发展了道路系统。

在马可·奥里略（公元161—180年在位）和康茂德（公元180—192年在位）统治时期，最初的困难露头，但算不上有多严重。公元162年和174年有日耳曼人的入侵，其破坏的痕迹已经在斯特拉斯堡

---

① 罗马皇帝图拉真征服的东欧领土，相当于现今的罗马尼亚。

发现，主要在城墙之外的居民区。当时还发生过塞加尼人的起义，贝桑松的“黑拱门”上的浮雕让人联想到战争的胜利和公元2世纪末的风格，可能就是在这个时候建造的。里昂还发生过地方性的宗教冲突，西贝拉女神的信徒与基督教的信徒互相对立，此次冲突被称为“清算”，我们不知道，公元177年对教徒的第一次迫害以及高卢出现第一批宗教殉道者是否与此有关。在康茂德时期，考古发现了确信无疑的危机迹象，人们将大量货币掩埋起来。此外，就在当时，在阿基坦地区出现最初的乡村抢劫现象，这预示了帝国后期大规模的巴高达运动。

然而，也不能夸大其辞。当时只是出现了困难的兆头，以后的困难会更严重。直到公元196—197年，罗马高卢人在罗马帝国的羽翼之下，处在普遍的安宁与繁荣之中，埋头于和平时期的建设。那么，他们的生活又如何？他们有哪些活动？他们如何消遣？他们关心什么？提出这些问题，也就是想知道高卢有多少东西来自罗马。

二、罗马高卢人的生活

斯特拉波在其著作《地理学》的第五卷一开始就谈到山外高卢[①]，在对4大行省进行描述的引言里，他观察到“纳尔榜省到处生产与意大利相同的作物，如果我们往北行，到达塞文山区，橄榄和无花果就消失了，其他种植的东西还是差不多。如果再往北，葡萄就不太容易成熟。相反，整个凯尔特地区盛产小麦、小米和橡栗。牲口饲养非常兴旺。在那里看不到抛荒的土地，除了有些由于池塘和森林而不能耕种以外。然而，由于人口数目超过可用土地的面积，甚至那些不能耕种的地方也有人居住。事实上，妇女们生殖力强，也是很好的哺育者；
男人们大多是战士或农夫。今天，千真万确的是，他们已经放下了武 102
器，从事着田间劳动。”稍后，在谈到罗讷河下游河谷地带的民族时，他写道：“他们不再是野蛮人，因为他们绝大部分时间已经放弃了自

① 古代罗马人对阿尔卑斯山以北高卢地区的称呼。

己的习俗，去向罗马人学习，讲罗马语言，采取罗马人的生活方式。”精确地说，高卢人放弃的是他们简朴的乡村习俗，转而采用城市的生活方式。因为我们知道，对于一个罗马人来说，文明是与城市联系在一起的。我们上面尝试着勾勒的历史粗线条正是这一乡村与城市价值观换位的最好说明。事实非常清楚，在公元1世纪，土地贵族仍然占支配地位。军事首领们加强了土地贵族的力量，罗马人的胜利给了他们许多地产，土地贵族保留了他们的习俗，享有他们的自由，珍惜恺撒和奥古斯都让与他们的行政和税收特权（这些让与并不是没有政治上的考虑）。弗罗卢斯和萨克洛维尔作为这一集团的代表，当他们受到提比略财政限制和税收措施的影响时揭竿而起，更加说明了他们对自己权利的渴望。从这一角度说，这种起义，我们可以视之为“成长中的危机”（A. 格勒尼埃）。通过将高卢人城市化，鼓励城市中兴建大工程，为手工业活动和商业活动提供便利，公元1世纪的那些罗马皇帝造就了城市“市民阶级”。这一由富裕的手工业者和商人组成的市民阶级热爱和平，因为和平可以确保他们的利益；他们也看重罗马的秩序，因为它可以保证他们的社会地位。因此，正是他们在公元70年兰斯集会期间通过了忠于罗马的决定。正如斯特拉波所说，高卢人是战士和农夫。而罗马高卢人从大众来说始终是乡下人，但他们的领导精英却越来越与城市市民打成一片。

乡村地主和农民

当然，乡村生活仍然占主导位置。然而，我们的问题是，罗马的征服在多大程度上影响了农民的生活方式，影响了农业的面貌，而最为重要的，影响了领地。因为在前罗马时期的高卢，领地构成乡村生活的基本细胞。

土地制度

伴随罗马的统治，新的土地制度也自然而然地建立起来，这一土地制度在公元1世纪末得到简化。它将土地分为两类：罗马公民土地和非公民土地，罗马公民土地享有充分所有权，而非公民土地则要交租税，尤其是要奉献贡品，这是表示附属地位的实物象征。在此之上还要添加罗马当局自己保留的经营垄断权，主要是矿山、采石场和某些森林（如比利牛斯山森林）的经营，这一权利不仅是在高卢，在其他地方也一样。为了建立课税基数，就必须进行土地普查。奥古斯都的朋友和女婿阿格里帕在公元前 27 年负责这一巨大的土地造册行动，在韦伯芗皇帝期间对土地登记又作了彻底修正。在奥朗日发现的碑帖使我们能够精确了解奥朗日地区和蒙泰利马尔地区殖民者土地的变化情况。有三份相互重叠的土地簿册，它们清楚表明，罗马的殖民者最初获取了最好的土地，而其他一些土地，如荒地和用于放牧的土地，再分成两部分，一部分给了特里卡斯坦当地原来的地主，另一部分出租给殖民者或当地人。后来，似乎是由于一些殖民者放弃了土地（我们下面还会提到公元 1 世纪乡村人口减少的现象），而有些人就非法耕种这些无人管理的领地，韦伯芗因此不得不在公元 77 年修正第一份土地簿册，将阿格里帕献给自己的土地仍旧归还殖民地。在公元 2 世纪中叶，大概在安东尼皇帝时期，土地簿册又进行了一次修改。

另外，在殖民地以外地区（特别是在三省高卢地区，那里殖民地本身也不多），旧地主依然保留。唯一可以真实感觉到的是，地主们在每 15 年一次的土地普查时要申报下列有关的内容：可耕地、牧场、荒地、收成、葡萄和橄榄的种植数等。土地税就根据这些登记在税册上 103
的申告征收。总之，影响乡村生活的土地制度变化一般来说并没有改变农村结构本身。基本的框架依然是领地，但从今往后，庄园越来越表现出它的中心作用。

领地和庄园

克劳狄时期农业大发展的情况，人们往往通过发现的庄园来说明。比如，在高卢北部，我们还记得，有 40 多座庄园可以确定是克劳狄时期的。同样，在下孚日、布里、还有其他一些地区人们开垦荒地，也有人排去沼泽地的水，如马恩河河谷地带，由此增加了一些新的可耕地。考古未发现庄园的地区极少，即使在使人们感到惊讶没有发现任何庄园的庇卡底地区，最近的航拍照片也显示那里有超过 300 座罗马化高卢时期的乡村建筑，其中大庄园有20多处。在洛林梅迪奥马特里克人居住区，人们调查发现每100公顷有一座庄园。这一比例在埃迪恩人居住区也无大不同。相反，勒克人的家乡可能要贫穷一些，同样，布列塔尼地区的庄园比诺曼底地区要少。而在卢瓦尔河流域，在普瓦图地区和利穆赞地区，在佩里戈尔地区和波尔多地区，在索恩河和罗讷河的河谷地带，有大量的庄园存在。

原则上讲，领地尽量依靠自己的资源生活，因此领地包括了可耕地、牧场、森林，同时也包括手工作坊（磨坊、铁匠铺、织坊、锯木坊、细木工场、在北方有啤酒作坊，南方则为葡萄酒酿造坊）。简言之，它表现出来的形式，用今天的话来说，就是“经济复合体”。但不要就此就认为（就如许多人经常认为的那样）高卢罗马的领地是完全自给自足的。对庄园进行考古发现（我们以维克辛地方的吉里庄园为例），他们不仅从外地购进各类器皿，如来自格罗费桑克（今属阿韦龙省）、勒佐（今属多姆山省）的陶器，稍后（4世纪）还有来自阿尔戈纳地区的陶器，而且他们还购买各种首饰（如在庄园里发现的、在比尔及地区生产的别针），他们还向外地买进一些特别喜爱的食品，如海洋生物（牡蛎、小海贝、帽贝等），人们到处可以看到人们吃剩的贝壳（在蒙莫兰庄园有22个不同品种）。

然而，领地的经济活动仍然是多种多样的。圣罗曼-昂-加尔的一幅马赛克镶嵌画表现为乡村劳动的年历，虽然并不完整，但也足以说明这一点。许多阿尔隆和特里尔的石碑上的浮雕以及伊热尔廊柱上的浮雕也强调了活动的多样性。在管理者的领导下（地主越来越喜欢生活在城市中，满足于到领地来视察一下，或进行一些自己喜爱的消遣活动，如打猎等），30多个人可以保证一块中等大小的领地（大约100公顷土地）正常运作。

作为领地的心脏，庄园一般的格局为，有一个中心院子，围绕着院子，排列着领主和管理者的房间、公共浴室，还有粮仓和食品储藏室、马厩牛棚猪羊圈，还有日常生活需要的各种手工作坊。在这些相对一致和通行的庄园旁边，保留着巨大的豪华的庄园，这是些例外。

罗马化高卢大地产一例

在包含许多大地产的地区（波尔德莱地区修辞学者奥索尼乌斯①在公元 4 世纪认为 260 公顷的地产还只能算是“小地产”），蒙莫兰庄园的地产应该在西南部是最大的之一。它的面积估计有 1500 公顷左右，其中有可耕地、牧场和森林，有数百人雇佣者在那里劳动。领地中央的庄园占地 18 公顷，与其他大地产主的房屋一样，他的庄园也分为两大建筑群：一部分是领主的居住区（唯一进行发掘的部分），它的面积大约 4 公顷；另一部分是公共的和依附者们的区域（只进行了探 104
测），由经营者的房屋组成。庄园里有铁匠铺、瓦窑、烤炉、织坊等，通过炉渣、瓦砾和瓷片、织机上的秤等我们可以证实。这样的设施似乎暗示了该庄园经济相对封闭的倾向。如果我们对该庄园的历史略知一二，对此就能理解。蒙莫兰庄园建于公元 2 世纪，并在 2 世纪和 3 世纪致富，约在公元 275—280 年被毁，公元 4 世纪第二个 25 年期间在废墟上重建。面对农民起义和日耳曼人的入侵，庄园经济自然就朝着自给自足的方向发展了。

与大部分罗马化高卢的地产主不同，与小普林尼②（他仅仅现身于他在奥斯蒂附近的洛朗特庄园）也不同，蒙莫兰领地的主人在那块领地上待过很久。但又有与普林尼相同的一点，他在豪华的住宅里过着城里人的生活。墙上镶着五彩的大理石，家具考究，配有中央取暖炉、自来水和冰窖。蒙莫兰的主人已经过上城堡主的生活，其豪华和考究，不要说中世纪的领主，就连文艺复兴时期的王公贵族、还有身居凡尔赛宫的路易十四可能都闻所未闻。

小地主和农民

我们对小地主们知道得要少一些，原因是他们的建设性活动没有留下太多经久不败的遗物。然而，确实有许多小地主与古代的大中领

---

① 奥索尼乌斯（约公元 310—395 年），拉丁全名为 Decimus Magnus Ausonius，高卢波尔德莱修辞学者、诗人，曾任高卢执政官。

② 罗马政治家和作家（约公元 61—113 年），老普林尼之侄。

主们毗邻而居。例如，在下孚日地区，充斥着一些小的集体农庄，他们可能实行共同劳动。同时，我们也注意到比利牛斯山谷地带分散的小地产与加龙河平原的大领地形成鲜明的对比。在高卢的边缘地带，远离小麦生产区，高卢罗马的乡村表现出更丰富的多样性。

同时，农民们，不论他们自由与否，可能更多地生活在庄园的阴影里（庄园在地名里留下“维尔”两字作为历史的记忆①），生活在领地的阴影里（领地通过在领主姓名后面加后缀“阿库斯”-acus，或“雅库斯”-iacus 就保留了它们的影响，如“尤里雅库斯”即指尤里亚的领地，地名“尤里亚克”、“尤里”、“尤里亚”都与此领地有关；再比如“保里雅库斯”，即保罗的领地，地名“保拉克”、“保里亚特”、“布耶”和“布依”等与此有关）。虽然如此，但也有一些农民把他们的家集合成村庄（vici），这些房屋要么围绕着道路的交通站、要么围绕着神庙（朝圣之地），要么围绕着集市。这些村庄在现在还通过“维克”、“维厄”这样的地名表露出来，也有的通过在地名上加“维”（-wy，如隆维）保留痕迹，还有包括“老村”（Vieux-Vic）和“干村”（Vissèche，来自拉丁语 vicus siccus）这样的地名。对于这些农民来说，罗马时代最具革命性的变化就是高卢的“小茅棚”变成了石头建的房子，从弗拉维王朝起，这些石头房屋已经随处可见了。

农业资源

无论是大的、中的还是小的地产主，无论是殖民者还是奴隶，在罗马化的高卢他们共同促进了发展，这种发展达到这样的程度，以致老普林尼如此称赞道：“在土地耕种方面，在居民的精神风貌上，纳尔榜地区由于出产丰富而不输给任何其他省份。”它的主要农业生产包括：果树和蔬菜种植、饲养业（在特里卡斯坦山区放牧）、特别是葡萄和橄榄的种植。尽管在罗马共和国末期和图密善时期有种植葡萄的禁令，但葡萄种植仍随处扩展，甚至超越了纳尔榜地区，在勃艮第、摩泽尔、波尔多等地区发展起来。在纳尔榜省本地，有一种葡萄

① 法语原文为“ville”，该词是从拉丁语“庄园”（villa）演变而来。

品种（阿尔巴的埃尔维安人最早培育出来）避免了葡萄花果早落的危险，根据普林尼的说法，它被到处引种。代表葡萄产区的葡萄酒品种如“阿罗布洛吉克酒”[①]，尤其是维埃纳“松香酒”，深受罗马美食家的青睐。

在三省高卢，农产品的多样性让人瞠目结舌。从奥古斯都时代起，斯特拉波就对此深感震惊。这块土地的主要出产有小麦、小米、大麦（用于配制啤酒）、亚麻和大麻（为纺织业提供稳定的原料）和家畜。 105
塞加尼人和罗讷河谷的人民向整个高卢供应粮食，甚至还向罗马的猪肉加工业供应原料。特雷维尔人、埃迪恩人、阿维尔尼人和佩尔什地区居民提供马匹。各地的人普遍养牛养羊，这也带动了手工业：阿尔卑斯山区和塞文山区的奶酪生产，莫兰人的毛纺织业，还有皮革业。至于莫兰人的鹅，它们用鹅肝酱丰富了罗马人的餐桌，著名的美食家阿皮西乌斯还给我们留下了菜谱。

罗马化高卢的农业技术

然而，他们农业的独创性主要表现在罗马高卢人所使用的农业技术上。

事实上，他们从土地上获得的可观收成既受益于他们的耕作“方式”，也受益于他们所使用的完善农具。由此，通过模仿比尔及人，他们采用污泥作肥料；他们从埃迪恩人和皮克东人那里学会了施用石灰水的方法。同样，在寒冷地区，普遍种植的是春麦，特雷维尔人在过了3月份的冰冻期后才播种。所有这些天才方法表明他们对自己领土的认识有丰富的长期的经验。

农具也毫不逊色。如果我们联想到拉泰纳文化三期墓葬中的丰富农具，我们可以据此认为大部分的农具继承自高卢独立时代。镰刀、砍刀、犁头与长柄镰刀同时共存，普林尼特别强调了他们长柄镰刀的质量，提到这些长柄镰刀比意大利的要更长一些，需要用双手才能握住。但罗马高卢农民已经真正开始使用农业机械。除了采用三角形犁

---

① 名称来源于高卢纳尔榜地区的一支民族阿罗布洛吉人（Allobroges）。

头的摆杆步犁外，从公元1世纪起，他们已经采用有轮的犁（可能由雷提亚的高卢人发明），而且他们使用真正的收割机。普林尼在他完成于公元1世纪晚期的《自然史》中描述了收获农作物的不同方法，简单地提及高卢收割机："在高卢的大地产上，人们使用大型收割机，收割机前沿装配有锯状刀具，牛反向套辕，推着两轮车穿过收获庄稼，由此拔起的麦秆倒在收割机上。"更后一些的作家帕拉迪乌斯（公元4世纪）则对这件出奇的机械作出了更为仔细的描绘：这一机械由两部分构成，一部分是架在车轮上的车厢，用于收藏麦秆，然而在车子的前端固定金属的锯状刀具，刀具可以根据麦秆的高低上下调节。因此，他写道："完全不需人手，一头牛就足以进行所有的收割……数小时来回就把收割完成了。"有些考古材料，其中一件出现在兰斯的马尔斯门，另两件来自比利时的阿尔隆和比泽诺尔-蒙托邦，它们通过图像再现了文字所描写的东西，表现正在工作的收割机。收割机是"技术的杰作，同时也是乡村优雅的杰作"，它是高卢人天才智慧的明证，当时的世界和时代我们还看不到技术发明的光芒。

总之，在罗马帝国给乡村带来了秩序和和平，给乡村居民带来了有组织的感觉，给经济产品提供了交通手段和新的出路。而高卢的部分，它提供了人力和技术。正由于此，罗马化的高卢经历了辉煌的物质繁荣。而城市的光彩是最好的证明。

城市和市民

罗马在所有的省份到处建造和改造城市，但没有一个地方具有被征服高卢地区那样雄心勃勃的广度和纪念碑式的辉煌。作为朱利安把罗马帝国的基本特征归结为"城市巅峰"这一名言的回声，我们甚至
106 也可以说，高卢是"过度城市化的文明"。情况确实如此，最近考古研究已经揭示和证实了这一点：在一些中等大小的城市中心，人们给予公共建筑以非常重要的地位，与一些个人住宅形成巨大反差。如在韦松，我们在大教堂下面发现了罗马帝国早期纪念性建筑的巨大遗迹；在西米埃兹，看到了公元2世纪扩建的阶梯剧场和3世纪的公共浴室；

在巴伐伊，发现了巨大的暗道门。至于更为重要的城市，如弗雷瑞斯，尼姆，奥顿，它们的城墙前者方圆 3.5 公里，后两者达 6 公里，依他们的人口来说，城市的框架空间过分地宽裕了。提到维埃纳，7.25 公里的城墙将它围在罗讷河的左岸，面积达 200 公顷。而更为显著的是，城墙围起来的居住区还只是城市的一部分，人们已经在殖民城市城墙的外边发现另一城区，有房屋，有手工作坊，也有商店。

城市建设是要通过建筑来张扬罗马的伟大和强大，同时也是为了促进手工业活动和商品交换，还为了使游手好闲之徒可以得到消遣，也为了向所有人传播文化。城市人口从数量上说似乎并不多，但从罗马化的程度上看，从城市精英的质量上看，从他们在高卢和罗马行政管理上的作用看，城里人是非常强的。

罗马帝国早期的城市城墙

	周长（公里）	塔楼数	墙高（估计，米）	墙厚（米）
维恩	7.25	54	8	2.5
尼姆	6.2	60 多	9—10	2.6—3
奥顿	6	54	11	2.5
阿文什	5.5	72	5	1.35—1.65
里昂	5			
科隆	4	16 多	7.8	2.3—2.5
弗雷瑞斯	3.5			2.5
奥朗日	3.5			
普罗旺斯的艾克斯	2.7			2.5

建筑，罗马化之利器

不论是平地新建，还是旧有地方小镇的改建，没有任何城市可以像高卢公元 1、2 世纪的城市那样到处布满建筑工地（也许除了我们现在的情况）。今天，工地建设的是住宅。而罗马所建设的是公共建筑，它自已的公共建筑与它在非洲、亚洲和不列颠建造的几乎如出一辙。一位罗马高卢人在世界的另一端任职或旅行，他会发现这种建筑的一致性就是帝国统一的秘密之一。而在阿洛伯罗吉农民和比杜利其农民眼里，维埃纳和波尔多巨大的纪念性建筑证实了罗马的恢宏气势和文明的优越高超。大部分大型的公共建筑都是炫耀的产物。

一走到殖民地性质城市的边上，就会被巨大城墙压迫人的气势所震撼，高大的墙体更有塔楼作为支撑。此外，纪念性的门楼（如兰斯的马尔斯门）和布满胜利场景浮雕的拱门（如奥朗日凯旋门和格拉努姆凯旋门，贝桑松黑拱门）迎接着参观者。经过铺着地砖的街道进入广场，这是一块封闭的宽敞空地，它本身也铺着地砖，周边围有柱廊，
107 装饰着雕塑，侧旁排列着纪念性公共建筑：有用于召开市议会的议会厅，有既可用于法庭、也可用于交易所的长方形廊柱大厅，有休息大厅，有人们祭拜罗马大神的卡皮托尔神殿，还有设在柱廊之下的市场，人们在那儿交换商品和新闻。广场构成了城市真正的心脏。它的规模与它华丽的装饰一样使人吃惊。在圣贝特朗-德-科曼热，广场长75米，宽60米，旁边有神庙、公共浴室、商店围绕的长方形廊柱大厅（它本身装饰着许多表示光荣业绩的浮雕，以纪念奥古斯都对西班牙和揭竿反抗的阿基坦的胜利）。在贝桑松，广场是一块由柱廊围成的空地，80米宽，120米长，广场中央是一座神庙。考古发掘发现了大理石柱、柱头、墙面石板和白色大理石雕像，它装饰的丰富由此可见一斑。

离广场不远处，多少有点分散在城市中的是公共浴室。模仿罗马人的方式，人们来此度过午后生活。不仅是洗澡房，其他的如健身房、散步房、阅览室、酒吧货摊，总之一切提供娱乐的场所都铺陈着大理石、雕像和马赛克镶嵌画的奢华。巴黎的克吕尼公共浴室以它的规模（总面积达6500平方米）、建筑的庄严和装饰的独特而著称。此浴室可能是由航运同业协会（即塞纳河的船主们）出资建造，浴室中似乎保留有他们的会议厅。西米埃兹（旧时的尼斯）的公共浴室规模也差不多。圣贝特朗-德-科曼热尽管是首府城市，但从来都没达到大城市标准，它拥有至少4处浴室。在维埃纳-圣-科隆伯，有一座“镜宫”，与它名称无关，实际上这是一座宏伟豪华的洗浴建筑，其中出

土了许多艺术品。同样，在阿尔勒，也有一座类似的“恐怖宫”。为了给这些公共的和私人的（重要人物的住宅拥有）浴室供水，也为了供应城里人的饮用水，人们设计建造了巨大工程。这就是水道。水道是建筑上的杰作，它从离城数十公里的远处将水引过来。加尔水道桥非常著名，而同样值得引起我们赞叹的还有尼姆的水塔，它分配着珍贵的清水。供应里昂用水的有 4 条水道，人们对此有充分的研究。位于儒伊-奥-阿尔什的梅斯水道长达 22 公里，是法国重要的文物古迹之一。与水道相联系的还有散布在城市中的喷泉和带喷泉的拱形凹壁，还有辅助引水管，这些引水管有的用瓦做的，有的是铅制的（在维埃纳-圣罗曼-昂-加尔最近进行考古的区域，人们发现了 8 位铅管工的印章），还有将用过的水排出的下水道。因此水道是一项巨大的工程，它是罗马人带给高卢最壮观也最有用的东西之一。它保障城里人良好的生活条件，这些条件是乡下粗陋的设施所无法提供的。

在城区巨型建筑中，神庙占据着重要的地位，有的神庙是当地传统形式与古典规制混合的产物，如伊泽尔诺尔神庙（安省）和佩里格被称为“维索纳塔”圆柱形神庙；有的是罗马传统神庙，就如供奉三大神朱庇特-朱诺-密涅瓦的朱庇特神庙（卡皮托尔）；有的是帝国神庙，其中尼姆的长方殿、维埃纳的奥古斯都和莉维亚神庙是这类神庙中最经典和保存最完好的神庙。

在神庙旁边，表演场所以最光彩夺目的方式表现出罗马对高卢的统治。有一张地图揭示出，这些表演场所分布密度出奇的高，城市和乡村均有。乡村的演出剧场通常与集市和神庙联系在一起，它可以将
乡村居民召集在一起，通过演出接受希腊罗马的文化，这样的文化是 108
由巡回演出的艺人来传播的。文化的水平和演出的价值究竟如何？我们只知道存在着一些演员团体。有些碑文向我们提到过他们，确实谈得更多的不是悲剧演员和喜剧演员，而是哑剧表演者和杂耍演员，或者是音乐演奏者。其中提到一位名叫塞唐特里翁的 12 岁美少年死前在昂蒂布“跳舞，逗人高兴”。

城市里的剧场演出，它们的文化、道德和艺术水准也高不到哪里

去。但至少他们吸引了许多人，不仅是城里人，也有周边的人，如果我们看一下剧场的规模就可以判断。奥顿的剧场直径达 148 米，可容纳 33000 观众。芒德尔（现属杜省）的剧场小不了多少，直径为 142 米。里昂和维埃纳也差不多。此外，与剧场相配都有一个音乐堂。

比剧场更为宏伟的阶梯剧场和竞技场迎合了时尚，它们的数目和规模对此作了证明。成千上万的观众（阿尔勒有 26000 人，尼姆有 24000 人）在这里观看角斗士与角斗士、角斗士与野兽的搏斗，到那里观看赛车，罗马高卢人对此同样极度痴迷。根据塔西佗的说法，埃迪恩人自己养着一队“土著的”角斗士，他们身披铁甲。还是依据塔西佗的看法，作为埃迪恩人首府的奥顿确实可以列为“富有和热爱消遣之城”。这种角力血腥游戏的吸引力，我们还应该再看一个证据，这就是人们将剧场改造成阶梯剧场，使它既可以用来演戏，也可以表演角斗。这是三省高卢特殊的地方。竞技场在那里并不太流行，只有重要城市才有，但它们直到公元 6 世纪中叶还吸引着大量观众，历史学家普洛可庇①提到，法兰克国王成为阿尔勒的主人后，在那里也举办赛车。

城市由于它提供的消遣活动而成为吸引人的中心，同时也由于它拥有的文化而具有吸引力。剧场和音乐堂有时可以向观众传达一些希腊罗马文化的只言片语。然而，对于拉丁语传播贡献最大的应该是学校（虽然我们对此了解不多），拉丁语在高卢成了行政语言、官方语言，同时也是文化语言。所有的城市都有一些识文断句之人，他们从事初级和中级教育，我们知道在图卢兹、在阿尔勒、在里昂、在里摩日和在贝桑松都有这样的教师，在贝桑松，一位希腊语语法教师极受尊崇。有些城市甚至有大学，如马赛的大学，它是从希腊人那里继承而来的，以它的科学研究和医学研究著称；在公元 3 世纪末，修辞学教师厄梅纳使得奥顿的大学享有盛誉；公元 4 世纪末，奥索尼乌斯②

---

① 普洛可庇，拉丁语原名 Procopius（约公元 500—570 年），拜占庭历史学家。

② 奥索尼马斯，拉丁语原名 Ausonius（公元 310—395 年），古罗马诗人。

也使得波尔多的大学出了名。作为格拉提亚努斯皇帝的家庭教师，奥索尼乌斯这位波尔多人热爱他的家乡，没有被他的政治生活和执政官生涯弄得晕头转向。他回到了波尔多，留给我们关于那个时代大学生活、关于他“亲爱的同事们”、关于他的学生、甚至关于那时的罗马化高卢许多珍贵的信息，我们不必抱怨他常常用可憎的诡辩和平庸的诗歌为这些东西涂脂抹粉。

城市，手工业和商业之中心

城市对农村居民之所以有吸引力，其中展开的工商业活动也是重要的原因。建筑师与雕刻家已经留下了一大批非常美丽的作品，当然也包括所有将他们的艰苦劳动贡献给公共建筑和私人建筑的人。然而，在他们周围又有多少工匠在劳作！石碑、浮雕和碑文显示了他们的活动。他们有的是独立劳动者，有的组成同业行会，生产出罗马式的内衣套衫和托加长袍，同时也生产纯高卢风格的长裤、带风帽的风衣。卡蒂尔克人生产的亚麻布非常有名。阿特雷巴特人，以及许多北部地区和饲养业发达地区的居民贡献出毛织品。公元3世纪初，在塞维鲁 109
王朝统治下，里昂就有了彩缎织工或绣花匠。他们之间互相合作，为埃尔维安人居住区的葡萄农提供生活用品，与此同时，阿尔巴的一些专业群体则为葡萄农的生产活动供应所有必不可少的商品，如运木者将木头带到箍桶匠和造船主那里；多亏了皮囊匠制作的装酒羊皮袋，减轻了货物的重量；皮料和布料的缝缀者制作的雨篷布可以用于遮盖货物，这样一来，里昂的商人就能将酒通过湍急的罗讷河运往荷兰，这一巴塔维人的故乡。

另一种罗马化高卢的特殊产品叫“卡里加”，罗马皇帝卡里古拉的名字就由此而来，这是一种大军靴，由饲养牛的地区制造，那里皮革业非常发达。高卢人是优秀的青铜匠，也是优秀的铁匠，同样他们还是名声卓著的玻璃匠和首饰匠：在纳博讷和里昂，金银首饰匠精雕细刻着珍奇的器皿和首饰。然而在罗马化高卢，密度最大的产品应该是陶瓷品。有一座设置在里昂索恩河畔的印纹陶器窑，它的工人来自意大利大城市阿雷佐，从奥古斯都时期就开始生产，获得了巨大的声誉，以至于通过阿格里帕的优越的道路网，它的产品可以与意大利产品竞争，而且很快超过了它们。由于采用更先进的技术，对祖传工艺进行了改良，这种印纹陶安家落户到卢代尼人居住区，格罗费桑克，蒙唐斯，巴纳萨克等城市从公元1世纪起成了这种陶器重要的生产和销售中心；后来中心又转到阿维尔尼人地区的勒佐和埃迪恩人地区的盖尼翁。从他们作坊，如同东北部的作坊，生产出许多红色陶器，上釉，各种美丽的画面跃然而上。人们在所有考古现场都发掘出这种产品。当里昂在公元2世纪专门生产带椭圆框镶饰的瓷瓶时，在阿利埃河谷的作坊却向各地配发它们生产的白色陶质小雕像，尤其以妇女形象为多。人们在庞贝古城的遗址中发现了一个装满生产的碗和灯具的箱子，公元79年突如其来的灾难使得人们还来不及打开。

所有这些手工业促进了商业活动，而仅仅是城市本身的需要远远不够维持商业。城市中的商铺和市场将它们的商品提供给顾客，而这些前来购买东西的顾客既来自城里，也来自乡下。然而，城市越大，就越需要更宽敞的货仓。在纳尔榜，许多库房组成一个边长为176米的四边形长廊，长廊侧面排列着126间仓库。整座建筑深达地下5米。许多地方有宽敞的地下廊房，其中在阿尔勒，地下廊房度达到4.5米，在兰斯和巴伐伊也有类似的地下廊房。这些古迹，常常还有防潮的设施，似乎是临时堆货用的。

我们可以想象，这样的工商业活动一定吸引不同国家的人来到城里。在里昂，当公元2世纪人口达到顶峰时，最近的估算表明，当时有22%的人拥有希腊的姓氏，至于城乡结合部①的商业区，这些人的比例达到28%。来自安条克的叙利亚人在此制造陶器，迦太基人生产玻璃制品。一位出生在罗马的船主在那里成了来往于里昂和波佐利②的远洋运输老板。在公元3世纪末，里昂有两位医生的姓氏分别为弗雷贡③和亚历山大。在里昂公元177年殉道的第一位基督教主教姓波

① 古代罗马时的用语，指城乡结合部的居民点，通常为经商区域。

② 意大利港口城市，位于那不勒斯湾。

③ 与一希腊历史学家同姓。

提诺斯[1]。而且，在这一国际大都市里，一年一度，高卢 60 个民族的代表将聚集于此，召开自己的议会。他们到此难道不会感受到罗马帝国的威力？难道不赞叹罗马文明的普世性和统一性？最后难道不会被罗马文化深深吸引？

城市，政治生活的中心罗马化高卢的“市民们”

在罗马化的高卢，已经有许多这样的城市：喧嚣热闹，布满了雄 110
伟的建筑和游乐场所，地位重要，人口众多。而在凯尔特时期的高卢，只有一些看不到建筑的居民点。斯特拉波曾经这样描写维埃纳：“虽然现在人们已经称它为（阿洛伯罗吉人）首府，以前却是一个小镇。主要是（阿洛伯罗吉人中的）贵族才将小镇建成了城市。”

罗马已经使高卢城市化。从公元 1 世纪起，每个民族都有它一个或数个城市中心。代替比布拉克特城堡，埃迪恩人可以常常去奥顿；阿维尔尼人也常以去克莱蒙取代去热尔戈维。直到公元 4 世纪末，还有新建的城市和进行改造的城市。吕岱斯的飞速发展要部分地归功于恺撒，多亏了奥索尼乌斯的学生[2]，古拉罗变成了“格拉蒂阿诺波利斯城”，即今天的格勒诺布尔。“城市性是罗马文明在高卢最主要的特征”（A. 格勒尼埃语）。

那么这是不是说，高卢人，甚至部分地由于城市而成为罗马高卢人，他们就任由城市将他们迷惑住，并由此转变成市民了呢？既是又否。说是，那是因为许多富裕起来的手工业者和商人（还不算住在城里的乡村大地产主）很早就被城市的政治所吸引，尽管城市政治被限定了非常狭小的管理范围。特雷维尔人阿普罗尼乌斯。拉普托尔的例子就是明证：作为索恩河上内河船运者和老板，也是里昂的酒商，还是特里尔的市议员。同样，维埃纳人埃尔维乌斯・弗乌吉起先是财产托管者，后成为罗讷河和索恩河内河船运老板，他进入了维埃纳市政府，任两执政之一。然而，这样的事例并不多。一般说来，手工业者

① 与埃及托勒密王朝（希腊化时期王朝）一首相（因埃及艳后的事迹而著名）同姓。
② 指罗马皇帝格拉提亚努斯。

和小商人不可能担任城市要职，这些要职主要留给那些最好称他们为“地方贵族”那样的人。他们满足于担任祭祀奥古斯都的主祭官，除了主持帝国祈祷仪式外，他们也享受令人羡慕的荣誉，在观看演出时可以挑选座位，可以穿饰有朱红边饰的托加（白色长袍），甚至还配备两位侍从。我们看到，这里涉及的都是外表，都是装饰性的诱饵，而不是真正的行政责任。行政责任总是托付给或多或少世袭的贵族阶级。因此，我们又很难说有真正的市民（资产阶级），更谈不上有文化的、介入帝国政治生活的社会精英。

不过，这样的精英确实存在过。高卢纳尔榜地区和里昂从公元1世纪起就出过元老院议员，维埃纳在卡里古拉皇帝时期出过执政官。克劳狄让元老院向三省高卢开放。科内利乌斯·加卢斯[①]可能是高卢弗雷瑞斯人，而阿格里科拉[②]则确定是那里的人。安东尼皇帝本身出自尼姆。但所有这些都出自行省的贵族，或是乡村显贵，或是非常富有的城里人，大商业的巨头。

人们完全有理由对高卢文化生活的平庸感到惊讶。在伟大的文学作品中，有出自高卢的作品吗？没有，或几乎没有。有三位堪称凤毛麟角的诗人，他们的读者几乎没有超出罗马上流社会的圈子，他们分别是：特朗提乌斯·瓦罗，科内利乌斯·加卢斯和瓦勒里乌斯·加图。有一位历史学家，特罗格·庞培，他是沃孔斯人，其史著《通史》强调了罗马征服的邪恶。不过，演说家倒出过不少，其中有：维比乌斯·加卢斯，尤里乌斯弗洛鲁斯（坎蒂利安称之为“高卢的雄辩之王”），乌尔库斯·阿佩尔，和桑东人尤里乌斯·阿弗里卡努斯，尤其是纳尔榜人多米蒂乌斯·阿费尔，据坎蒂利安的说法，他是当时最伟大的演说家。这些雄辩家，全部来自高卢南部，在那里“语言艺术与葡萄一样非常容易生长”（朱利安）。来自高卢文学巨子的名单显得非常短。

---

① 科内利乌斯·加卢斯（Cornelius Gallus，公元前70—26年），罗马诗人，演说家和政治家。

② 阿格里科拉（Gnaeus Julius Agricola，公元40—93年），罗马征服不列颠时的主要军事将领。

这是因为与西班牙不同，拉丁语在高卢取得彻底胜利之前遭遇了凯尔特语的顽强抵抗。科里历年历（有人确定为公元2世纪的物品）用的还是凯尔特语。许多陶工在陶器上做印记时不用拉丁语的“fecit”（已做），而是用高卢语的“avot”，其意与“已做”一致。此外，在另一领域，也存在着类似的抵抗，比之语言抵抗有过之而无不及，这就是涉及人的灵魂的领域——宗教。

高卢宗教的罗马化

在宗教领域，罗马的胜利并非容易也非全面。然而，我们看到，罗马中央政权曾想通过消灭德罗伊德僧侣，组织对皇帝的崇拜和对与此相
联系的罗马的崇拜，实现灵魂的罗马化。无疑，罗马政权已经获得了正 111
式的归附。大量的宗教献辞、为希腊罗马神祇制作的雕像和小雕像都证明了这一点。在行省行政界和城市行政界，在罗马人和深刻罗马化的高卢人中间，人们敬仰罗马人的神朱庇特、阿波罗、马尔斯和墨丘利。

然而，在罗马化高卢一般民众的宗教生活中，如果说存在一种令人印象深刻的特征，那就是凯尔特人神祇、信仰和礼仪的顽固不化。这种顽固不化表现在多个方面。首先，在整个罗马时期，纯粹本地的男神女仙继续存在：其中有些动物模样的神，如高卢中西部和莱茵河谷的三角公牛；如有三只鹤停在公牛背上的形象出现在巴黎船员留下的古迹上，也出现在夏朗德地区和勃艮第地区的浮雕上；如长着公羊头或长着鱼尾的蛇。还有一些半人半动物的怪物，如在巴黎“船员公会柱”上、在兰斯和旺德弗尔的浮雕上出现的长着鹿角的神塞尔南诺斯；或者长有3个头的神：我们所知的三头神雕像不下18尊，其中波尔多所拥有的最为出色。著名女神埃波娜也属于本地神，她是马的保护神，也是重要的家神和死神，她与母神、生殖之神和墓葬之神有亲缘关系：对这些神的崇拜更具大众性。同样具有大众性，并具有土生土长特征的还有自然之神，如对奇山异石的崇拜，对树木森林的崇拜，特别是对河流和泉水的崇拜等，当然特别重要的是对传说能治病的神泉的崇拜。在兰贡人的城邦中，就有170多位泉神。内莫苏，喷泉之神，尼姆城市之名就来源于此；

迪沃娜，她就是卡奥尔的女神[1]；这样的例子不知道有多少！在塞纳河畔供奉泉神的圣所，出土了许多橡木的小雕像和雕像，富有艺术情趣，也包含着宗教价值。

与凯尔特神的生存一样顽强的是高卢人想要同化罗马神祇的努力，而在高卢的罗马人也同样要用他们的神同化高卢人的神。于是，就产生了双重解读的现象，即对当地神的“罗马解读”（正如塔西佗所说）和对希腊罗马神的凯尔特解读。朱庇特-塔拉尼斯的同化成为最重要的天神，手持霹雳和车轮。有时与马尔斯较难区分，因为马尔斯与许多神同化后而进一步泛化，如马尔斯与勒瑟提乌斯的同化成光明之神，马尔斯与阿尔比奥里克斯神同化在热奈福尔山被尊崇为医疗之神和旅行者保护神，马尔斯与鲁迪亚努斯同化成为掌管山巅之神，马尔斯与素图吉乌斯同化成为死者的保护神，马尔斯与斯梅尔特里奥斯同化成为富饶之神。而斯梅尔特里奥斯鲁迪亚努斯本身又与罗马神赫拉克勒斯相似，而罗马神赫拉克勒斯在爱克斯勒班又将他的一些属性转移到凯尔特神博尔沃身上，而博尔沃又普遍地与阿波罗神等同。在孚日山区的格朗，阿波罗与格朗努斯同化确实成了太阳神，而在阿莱西亚，阿波罗与莫里塔斯古斯合为一体保留了健康的特性。与罗马树神希尔瓦努斯归为一体，高卢的锤神苏瑟卢斯成了葡萄园和住宅的保护神。罗马神墨丘利，至少有 20 多个别名，仍然是商业、旅行和工艺的保护神，但对罗马高卢人来说，他也是能治病的神，也是山巅之神。有了这一名份，似乎所有的殉道者之山都由他监管。

懂得在罗马外表下保护自己的神祇和信仰之后，罗马高卢宗教还成功地在神庙建筑上维持了自己的一些特征甚至保存了某些礼仪。伊泽尔诺尔神庙在形状和比例上虽然是古典式的，但在围绕内殿的四边长廊，却留下了凯尔特人的印记。然而，大量的乡村圣所，甚至有些城市圣所（如在佩里格的“维索纳塔”和在奥顿的雅努斯神庙）恪守
112 凯尔特传统的程度令人吃惊。神庙以正方形或近似正方形（偶尔有圆

① 法语女神一词 divine 与女神之名同音。

形和八角形）的内殿为中心，四周围以贯通的长廊，用以祭祀队伍的行进。伊达拉里亚的神庙朝南，罗马神庙朝西，而高卢神庙朝东，常常建在居高临下的地方，宽敞的围墙封闭之。在所有这些方面，最典型的是夏特拉尔·德·拉尔迪埃圣所。它们也经常简化为规模非常小的庙宇，分布在农村，接待农民的祈祷和献祭。

臣服罗马以后，高卢人已经感到了政治制度和财政制度的沉重负担。他们失去了自由，但他们获得了和平和秩序，这使得他们能够耕耘、生产和做买卖。他们的狂热和野性消失了，但他们见识了城市文明，由此保持了对本城的热爱和对故乡的热爱。因此是不是如人们所说的那样，他们在失去自由的同时也失去灵魂了呢？如果认为人的灵魂很大程度上表现在语言上，那么，我们可以说，高卢语言在向拉丁语言和思想屈服之前作了很好的抵抗。至于宗教，这是比语言更能表达人们灵魂的东西，高卢人巧妙地利用了罗马的宽容得以保留。罗马高卢人很好地融入了帝国的物质生活，同时也保持了他们的某些精神特征。当困难和危机来临时，哪方面的因素将占上风，是他们对征服者的忠诚，还是他们对过去的依恋？抑或那些累积的废墟将确认一个新的共同体？

三、困难与危机

我们已经看到，正是到了马可·奥里略和康茂德皇帝时期，才有了自“边防线”建立以后蛮族的最初始入侵。然而，衰落的最初征兆却来自不同的方向，这是由塞普提米乌斯·塞维鲁和克洛狄乌斯·阿尔比努斯的争权夺利引发的国内困境。

争权夺利与罗马化高卢衰落的开始

公元 196 年，高卢成了两大将军争斗的舞台，他们分别被自己的军队拥戴为罗马的皇帝。支持克洛狄乌斯·阿尔比努斯为帝的是不列颠和西班牙的军团，塞普提米乌斯·塞维鲁则得到多瑙河和莱茵河地区军团的拥护。高卢北部一些部落以及日耳曼的部分军队起而站在阿尔比努斯一边。阿尔比努斯将大本营设在里昂，负责维持城市秩序的里昂城市第 13 辅助部队也团结到阿尔比努斯的事业之中。塞普提米乌斯·塞维鲁从伊利里亚[①]出发，经贝桑松，攻击他的对手。公元 197 年 2 月 19 日，在里昂城下发生了激烈的战斗。结果塞普提米乌斯·塞维鲁获胜，阿尔比努斯自杀身亡。城市当然遭受物质上的破坏，但比人们想象的要小。受影响更大的似乎是那些里昂贵族，由于他们宣布支持阿尔比努斯而被胜利者所唾弃，因而遭殃。塞普提米乌斯·塞维鲁的注意力被非洲和叙利亚吸引，前者是他的出生地，后者是皇后的故乡。他，也包括他的后继者，除了对公元 197 年事件作最终了结外，对高卢不再有多大的兴趣。在里昂的城市第 13 辅助部队由从 4 个莱茵军团抽调的特遣支队替换。在边防线，他恢复了一些必要的营地和道路，同时为配合前线防卫工事，第二线的营地也得以重建和重新驻军，如安德纳赫和斯特拉斯堡这些在哈德良时期已经撤除的营地。由此，人们又回复到“双重防线的完整概念，第一线有边防线上的碉堡，第二线是得以恢复的莱茵军营。”（让-雅克·阿特语）。与这些军事考虑相联系的是组织公共运输，因为当下不仅要将增加的军饷，而且要将以实物租税形式从各省征收来的小麦运往边境部队，以作军需。在这方面，在负责这项工作的“运输长官”看
113 来，将比尔及省与日耳曼两省联为一体是具有标志性的，高卢仿佛就此分成两大部分：一部分是军事的，以莱茵军队以及军队的需要为轴心；另一部分属于平民，包括纳尔榜、阿基坦和里昂地区。得宠于皇帝的是第一部分。在第二部分，支持阿尔努比斯的领导阶层遭受流放和财产没收的噩运，宣告了危机的开始，这一危机延续了三个世纪，将使高卢倍受震荡。此外，我们能够看到的当局在高卢的作为还有，建造或发行一些纪念性建筑，尤其是在罗讷河谷地区。如在布尔格-圣昂戴奥尔建造了密特拉神庙；在阿尔巴，建造了一大片建筑群，似乎皇帝想要重新掌

① 古希腊和古罗马地区名，位于亚德里亚海东岸巴尔干半岛西北部，相当于原南斯拉夫国土的大部和匈牙利、奥地利的一小部分。

控颇有敌意的公众舆论。

他的儿子和继承者卡拉卡拉也主要将关注放在高卢的军事部分，他在公元 213 年为了组织对日耳曼的进攻曾访问那里。作为边防线和后方道路的恢复者，他的姓名留在众多罗马道路的里程碑上，在许多东北部城市（特别是在斯特拉斯堡和格朗），因为他的雕像而留下了对他的记忆。这一防御工程预示了公元 3 世纪的严重危机。

外族入侵和公元 3 世纪的危机

事实上，这种军事忧虑从公元 235—236 年起在社会困难和经济困难的推波助澜下益加凝重。得益于罗马的保护，贵族们重新找回了他们的权利，甚至还有所增加。他们攫取无主土地，形成巨大的庄园领地，蒙莫兰的大地产就展示出这样一幅画面。此后，贵族利用他们的势力开始对罗马帝国高层施加影响。所谓“托里尼大理石座”[①] 上的碑文对此有充分的说明，这位名叫塞尼乌斯·索伦尼乌斯的维杜卡瑟显贵于公元 238 年吹嘘他与帝国高官的关系。

大地产主咄咄逼人的甚至蛮横跋扈的态度，通货膨胀、价格上涨和税收负担引发的悲剧，唯一让士兵得利的专断独行的经济措施，所有这一切触发了农村的社会危机。首先是盗匪横行，然后发展为公元 3 世纪整个下半叶的农民起义。破产的农民、无事可做的牧羊人和巴高达起义者[②]使高卢大地弥漫着令人恐惧的不安气氛，而同样令人心生恐惧的还有入侵的蛮族人：阿拉曼人[③]和法兰克人[④]。

阿拉曼人于公元 233—234 年发动了第一波严重的入侵。数个边防营地被夷为平地，他们越过尸横遍野的营地，摧毁了设在今斯特拉斯

---

① 这是一件原来用来放置胸像的石座，材质为砂岩，而非真正的大理石，1580 年发现于诺曼底地区卡尔瓦多斯省的维叶城，由于发现于托里尼-旭尔维尔的马提翁城堡，故名。上面的碑文反映了当时罗马高卢贵族与罗马帝国的关系。

② 巴高达（Bagaude）运动是罗马帝国 3—4 世纪农民、奴隶、士兵的起义，巴高达一词来自凯尔特语 bagad，意为“成群结队”。

③ 日耳曼人的一支。

④ 同上。

堡的第二道防线的营地撒莱提奥和阿尔根特雷特。通向内部的大路畅通无阻。继承亚历山大·塞维鲁担任皇帝的马克西米努斯[1]不得不在公元 235 年进行残酷的反击战，将这些日耳曼人赶回到易北河。

接着，罗马出现一个无政府状态的时期，统治者如走马灯似的变换，先有戈狄亚努斯一世和二世，然后是两皇帝庇皮努斯和巴尔庇努斯共治，政治阴谋不断，军团受到削弱。在此情况的鼓动下，日耳曼人的入侵在公元 244 年和 253—254 年再掀波澜。他们前进的路线可以从逃亡者在逃亡之前和逃亡路上埋下的金钱宝藏中得到确定，考古学家在发掘中找到了许多这样的金钱埋藏处。

从公元 256 年到 258 年，日耳曼人的入侵泛滥成灾：从广度上说，法兰克人从桑布尔河谷和默兹河谷一线进入，阿拉曼人则最终突破了边防线的中段地区；从深度上来说，法兰克人逐级越过高卢，向西班牙方向挺进，阿拉曼人到达了罗讷河谷；从危害的后果来说，到处有屠杀、掳掠、破坏、大恐慌。

到罗马皇帝伽利埃努斯统治时期，灾难发展到顶点。这位皇帝曾因对法兰克人的一次胜利而获得“高卢重建者”的称号，但在公元 256 年，他不得不决定撤出莱茵边境的军队，镇压发生在多瑙河畔的军事暴动。新的强大的日耳曼军队于公元 259—260 年又涌向高卢南部。布尔日、克莱蒙，甚至是阿尔巴、维瓦莱山区埃尔维人的故乡遭
114 到克罗古斯的阿拉曼人洗劫。到处没有安全感。钱已经算不了什么东西。罗马帝国似乎已经不能保障和平和秩序，高卢人只好自己起来进行自卫，这种自卫的努力持续了 15 年之久。

高卢帝国（公元 260—275 年）

在 259 年或 260 年间，一位名叫波斯杜穆斯的高卢军官被他的部队拥戴为皇帝。然而，应该防止将这样的拥戴解读为高卢要分离的愿望。它也不涉及要建立“高卢”帝国，它想建立的是“高卢人的罗马”帝国，以抵御蛮族人，以此拯救罗马世界。当这位新皇帝进入科

---

① 公元 235—238 年在位。

隆时人们欢迎他的欢呼声就清楚地表明了这一点：人们高喊："高卢重建者"和"重建者"。他的最初措施不乏灵活性：他从公元 260 年起发行一种比罗马官方货币成色更足的货币，这使他迅速赢得了罗马高卢人的信任。他派人修复道路，在纵深地带组织防御。他对日耳曼人的战争虽然受到来自伽利埃努斯皇帝的干扰，但最终还是取得了胜利。8 年期间，高卢再也没有受到严重的侵略。

可惜！这只是短暂的喘息。公元 268 年，波斯杜穆斯被他自己的部队暗杀，起因竟然只是他禁止这些部队对美因茨进行抢掠！他的继任：马利乌斯、维克托利努斯、泰特里古斯既没有他那样的能力，也没有他那样的威信。日耳曼人新的入侵又开始了，新的宝藏掩埋可以证明这一点。内讧和货币贬值伤害了那些既昙花一现、又缺乏威望的皇帝们的可信度。奥顿变节，向罗马皇帝求援。经过七个月的围困，该城被维克托利努斯的部队重新攻占，他们在城里大肆抢劫，其狂热不亚于蛮族人。与此同时，巴高达起义者洗劫乡村。259 年的情景再次重现。奥勒良皇帝利用了这一点，将之转化为能量，270 年他被拥戴为奥古斯都。他首先在巴尔米拉[①]粉碎了可怕的泽诺比女王意欲像高卢人那样建立独立王国的企图。接着，在 273 年，他开始对付泰特里古斯。这是一位年迈并与世无争的阿基坦贵族，从 270 年起，他不情不愿地被推上权力宝座。经过在马恩河畔夏龙所勉强进行的一场战斗，泰特里古斯就投降了。他陪伴皇帝出现在凯旋仪式上，后来被任命为卢卡尼亚[②]的总督。高卢的罗马帝国就此寿终正寝。

新的入侵

公元 275 年，奥勒良死后，日耳曼人的入侵卷土重来，范围更广。此次，高卢四面都被突破：日耳曼人越过下莱茵地区，到达巴伐伊和巴黎；越过默兹河，到达兰斯；经摩泽尔河，到达特里尔和梅斯；经萨韦尔讷、朗格勒，到达索恩河谷和罗讷河谷。到处充满了血与火。

---

① 叙利亚古城。

② 古代意大利南部地区。

在三省高卢大约有六七十个城市遭到法兰克人和阿拉曼人洗劫。普罗布斯皇帝[1]成功将之击退。但在他282年被暗杀后，新的入侵浪潮将阿拉曼人和勃艮第人带到东部，将法兰克人带到北部，将撒克逊人带往西部海岸。

在公元3世纪末，经过一个世纪的危机和困境后，高卢的形势惨不忍睹。大部分城市曾遭洗劫，乡村或被入侵者劫掠，或遭巴高达暴动者侵扰，居民因恐惧而出逃，土地贵族龟缩在他们筑有碉堡城墙的庄园里，货币贬值，伪币泛滥，纪念性建筑化为废墟：呈现出的就是这样的画面。高卢人会不会在无政府、困苦和野蛮化的境况下沉沦呢？面对这样悲惨的境地，先有戴克里先[2]皇帝，再有君士坦丁[3]皇帝希望复兴高卢。

公元4世纪高卢的复兴

高卢罗马帝国的经历表明（至少在它开始阶段），人们对分享权力有兴趣，戴克里先的长处就是以非常务实的方式，从事件中得出结论，
115 对国家进行改革。他创立了一种既分散指挥权，但为了防止权力碎化又保持权力等级化的政治体制，最先设立两位皇帝，后来发展为四位皇帝[4]。这种“四头政治”拯救了高卢，使高卢在许多方面呈现出新的气象。

和平复归

辅佐戴克里先统治西部的是马克西米安[5]，他的首要任务是要镇压巴高达盗匪，恢复境内和平。由于使用轻装部队，并采用了宽严相济的灵活政策，马克西米安使农村恢复了农业生产。他的第二个考虑

---

① 公元276—282年在位。

② 公元284—305年在位。

③ 公元306—337年在位。

④ 戴克里先将罗马分成东西两部分，先设两位皇帝，他本人直接统治东部，设另一“奥古斯都”治理西部。以后帝国进一步再分为四块，分别由两位“奥古斯都”和两位“恺撒”治理，史称“四皇政治”或“四头政治”。

⑤ 公元285—305年在位。

的重点保卫领土，使之免于日耳曼人的侵扰。在这方面，马克西米安与戴克里先共同介入，利用多种手段：其中有军事进攻（公元 288 年，两位皇帝带兵越过前沿阵地），还有占领新的土地，可能还重建了边防线的某些要塞，还有与下莱茵地区的部落进行谈判签订条约，甚至建立罗马人与日耳曼人的联盟。所有这一切缓解了罗马皇帝的担忧。为了抗击撒克逊人和弗里松人海盗，马克西米安首先起用梅纳皮安人[①]卡劳西乌斯，但此人后来反叛，并想建立不列颠海上帝国，马克西米安又不得不寻求“苍白者”康斯坦斯[②]的协助，后者重新夺回反叛者在大陆的据点热索里亚库姆（今布洛涅），最终于公元 296 年，消灭了不列颠篡位者的继承人阿莱克图斯。公元 298 至 299 年，康斯坦斯必须重新与阿拉曼人进行战斗，后者越过了莱茵河，侵入瑞士和阿尔萨斯，他两次把对手打得落花流水。

虽然展开了上述军事行动，但关键地带还是处在莱茵河和多瑙河之间的地区。在这一首要事实上还要增加另外两种考虑：其一，保卫莱茵边境对于高卢来说具有生死存亡的重要意义，因此既要加强后方的防御，也要让指挥部更靠近边境；其二，抵御外部和内部威胁的问题压倒了其他一切问题，因此需要从战略的角度出发来建立新的行省。由此，一张新的高卢行政图脱颖而出。

新的高卢行政图

取消了以前 4 个高卢的划分，代之以两个行政区：一个大区更具有军事性质，即高卢行政区，首府特里尔，它比里昂更适合设立总指挥部，因为里昂离边境太远；另一个大区更带有民事色彩，即维埃纳行政区，以维埃纳为首府。

高卢行政区包括卢瓦尔河和罗讷河上游水系以北的土地，由 8 个省组成：

---

① 罗马时代居住在比尔及省的一个部落。

② 起先担任马克西米安的副手，公元 293 年成为“四头政治”中的“恺撒”。公元 305 至 306 年为罗马皇帝。名字中的 Chlore（chrorus）是绰号，即“苍白”的意思。

——里昂第一省，首府：里昂；

——里昂第二省，首府：鲁昂；

——大塞加尼省，首府：贝桑松。有一条特殊的边防线防卫，在驻扎了1个军团，以阻止日耳曼人通过莱茵河上游谷地。

——格雷和佩宁阿尔卑斯省，首府：穆蒂埃；

——比尔及第一省，首府：特里尔；

——比尔及第二省，首府：兰斯；

——日耳曼尼亚第一省，首府：美因茨；

——日耳曼尼亚第二省，首府：科隆；

维埃纳行政区位于卢瓦尔河与罗讷河上游水系以南，包括5个行省：

——维埃纳省，首府：维埃纳；

——纳尔榜省，首府：纳博讷；

——滨海阿尔卑斯省，首府：昂布兰；

——阿基坦省，首府：布尔日；

——诺凡波比拉尼亚[1]省，首府：欧兹。这里居住着古代阿基坦的9个民族，根据阿斯帕朗的碑文，在公元3世纪，他们已经宣布与高卢人分离。

戴克里先以后，在公元4世纪，又有了一些改动：创设了阿基坦第二省，首府为波尔多；同时还设立了里昂第三省（首府：图尔）、里
116 昂第四省（首府：桑斯）和纳尔榜第二省（首府：艾克斯）。如此，总共设了17个行省。

与行政改革配套，罗马进行了军队改革，君士坦丁最终将军队分为驻扎在边境线的基础部队和驻扎在内地、随时准备干预的机动部队；同时还进行了财政和货币改革，建立更公正的税收制度，以应付更繁重的军事开支和行政开支。由此，戴克里先的重组工作给罗马化高卢的城市和乡村带来了新的面貌。

---

① 拉丁语原意为“九支民族”。

城市新面貌

从公元3世纪起，城市人口的减少以及长期的不安定使得许多在美好年代拥有宽敞空间的人们选择自我封闭，经常躲在有城堡的围墙里面。那些从帝国早期起就住在有城墙的城市（如尼姆和维埃纳）里的人们，后退到新的城墙里。在尼姆，它的新城墙只圈定围绕着角斗场的西南老区，面积只有32公顷，取代了以前的220公顷。在维埃纳，帝国晚期的城墙方圆只有2公里。同样，诸如奥顿这样的城市，在经历了苦难的折磨以后，不得不以更小的规模重建。在奥古斯都时期，奥顿的城墙达6公里，面积为200公顷，而重建的奥顿，仅11公顷，防卫的城墙仅1.3公里。布尔日，虽然上升为省府城市，却只有26公顷，而波尔多也仅有32公顷。城市生活经过公元后头两个世纪的扩展而走向紧缩，这是高卢在罗马帝国晚期表现出的主要现象。

至于那些本来就没有城墙的城市，许多都建起了城墙。有一些是在蛮族人威胁来临时匆匆忙忙建造的，用的是原来被摧毁和被遗弃的历史建筑的石头，巴黎、桑斯、图尔、佩里格等城市就是如此。另一些城市并没有直接面对危险，可以从容地建造城墙，用的材料都是精心修整过的方石料，就如3世纪末4世纪初在“四头政治”时期建造城墙的城市：勒芒、迪埃和格勒诺布尔。通过一种奇特的回归，城市重新变回了小镇，但是已是坚固设防的小镇。

乡村新面貌

在农村，变化也同样深刻。如果认为日耳曼人和巴高达的洗劫摧毁了乡下所有的一切，也许是错的。从普罗布斯皇帝起，我们甚至看到葡萄种植在高卢的东北部有所发展。然而，大量农民的流离失所，再加上社会的动荡不宁给农村生活带来了两大变化。一方面，在一些城邦荒废的土地上，特别在雷米人和兰贡人生活的区域，设立由挑选出来的日耳曼俘虏组成的殖民地，他们被固定在土地上。这些被称为

"放任者"①的人似乎是蛮族人在帝国境内定居制度的先驱，这一制度从狄奥多西皇帝起全面开花，为法兰克人和勃艮第人王国的创立作了准备。另一方面的变化是以庄园为中心的大地产的扩张，这些大地产在经济、管理甚至司法上越来越趋于自我封闭，为了自卫，它们筑起堡垒，有点类似道路中转站（如失布兰）和驿站。在马特尔—托洛萨纳（属上加龙省）附近的希拉冈庄园，全部建筑用围墙围在一块长方形的地方，占地 16 公顷。而希多瓦纳·阿波利奈尔②提到过的布尔古斯·莱昂提伊（后变成布尔-昂-纪龙德）变成了城堡庄园，这种类型在高卢当然非常罕见，但它仍然是中世纪城堡的先声。当皇帝成为越来越遥远的人物之时，大地产主就扮演起当地百姓保护人的角色，虽然这种保护关系并非强加，但他毕竟已经成了百姓的领主。

117 ## 基督教和文化

由于发展较为迟缓，无论在基本面貌上还在日常生活上，基督教并没有给公元 2 至 3 世纪的罗马化高卢带来深刻变化。仅仅是到了 2 世纪行将结束的时候，我们才能证明在里昂和维埃纳出现了最初的基督徒团体。在奥顿发现的、确定为 3 世纪的一块希腊语碑文证明那里和里昂一样存在着来自东方的基督徒。马赛出土的一块遭到毁损的石碑暗示有两位殉道者，这块石碑的时间可能更古老一些。此后，直到公元 254 年，迦太基圣西普里安在一封信中才提及阿尔勒主教马尔西安和其他一些不知名的高卢主教：由此可以证明，在里昂以外，当时已存在高卢的主教团。主教团设在哪里？我们不能肯定。也许在兰斯，在特里尔，在巴黎，在纳尔榜或在图卢兹。只是从 4 世纪教会获得和平起，基督教才有长足发展。从那时起，每个城市都非常迅速地有了自己的主教，自己的宗教团体和祭祀场所。

同样，到了公元 3 世纪末和 4 世纪初，高卢在长期缺席以后又重

① Lètes 一词来自日耳曼语的 laeten，意思是"让他们去"，含义是"让他们活着"，原来是投降的战俘或投诚者。

② 公元 5 世纪高卢罗马政治家和文学家。生于公元 430 年，卒于公元 486 年。

回文学界。在奥顿，有修辞学教授厄梅纳，他是许多帝国颂词的作者。随后，又有奥索尼乌斯，他公元 310 年生于巴扎斯，波尔多大学在 3 世纪最后的岁月里因他而出名。

总之，从奥古斯都到康茂德皇帝，罗马化高卢和它的居民经历了两个世纪的黄金时代。在此以后，并非所有的一切均付之东流。恰恰相反。公元 3 世纪的困境和危机催生了法兰西。由戴克里先皇帝开创的两大行政区，它们之间的界限已经粗略地勾画出“奥依语区”和“奥克语区”的分界[①]。有些行省是中世纪地区的前身。许多紧缩到它们城墙后面的城市要过数个世纪才有扩展。至于乡村生活，即使不算它的基本风貌，至少在技术领域，长期没有变化。基督教已经初具形态。在采纳了拉丁的语言、思想和文明以后（并非一帆风顺），处在蛮族人威胁下的高卢找回了它自身的特点，那些罗马高卢人找回了他们祖先的灵魂。

① 奥依语和奥克语代表了法国两种方言，名称来自两种语言对“是”这一回答的发音，北方方言发音为“oïl”，因此称奥依语，南方发音为“oc”，因此称奥克语。现代法语以北方方言为基础发展而来，现代法语对“是”的发音为“oui”。

118

第五章　蛮族大迁徙

在公元4世纪和5世纪各支日耳曼人定居高卢

本章涉及的是见证了西罗马帝国消失、各支日耳曼人在西罗马帝国的废墟上建立了一系列王国的时代，在我们的历史上鲜有如此模糊不清的时期。同样，在我们民族的历史中也鲜有如此具有决定性的时期。我们国家的名字来自这个时期，我们政治面貌中最持久的某些特征也来自这个时期，譬如，我们国家的重心确定在巴黎盆地的中央，南部依附于卢瓦尔河以北起决定作用的城市。我们的村庄萌芽于罗马高卢的庄园旧址，深深扎根在民族意识中的地区区划，如阿尔萨斯地区或勃艮第地区等，它们的形成基本上也可以追溯到这一关键时期。但是关于这一时代，相关文献不是稀缺和过于简单，就是解读困难。考古材料，尽管最近这些年来人们已经作出了巨大努力，但依然微不足道，零零落落。两个多世纪以来，每代历史学家在当时关注热点的影响下创建自己的解释体系，而下一代的历史学家则又推倒重来。尽管我们非常想避免这种无效劳动，但却难以掩饰这样的现实：下面这几页文字包含着很大的假设成分，它们随时可能遭遇批评，随时可能由于新文献的发现或者考古研究的成果（我们仅存的希望）而被推翻。我们提出的问题比我们所能解决的要多得多。

受到威胁的社会 119

帝国后期的罗马高卢社会充满着巨大的反差，皇帝们的专断政权、他们的官吏和他们的秘密警察也无法将这些反差消弭。

在社会阶梯的顶端（经常离实质权力还很远），首先是元老院贵族，这是一小撮世袭家族，他们有机会向罗马输送元老院成员和政务官。这些官职头衔始终与家庭相伴，即使在我们考察的这一历史时期，这些家庭实际上已经无任何人在元老院任职。这一贵族逐渐形成某种显贵集团。确定这一集团身份的与其说是成员的职务还不如说是他们的生活方式和巨大的财富，因为他们的任职一般时间都很短，职务经常无实质意义。他们从小就受到文学、法律和演说才能（不太有用了）的教育，他们自认为代表了罗马的精神和伟大。在公元 4 世纪，他们已经完全基督教化，有时他们非常虔诚地投身于新的宗教，甚至出现一些禁欲苦行的杰出事迹，但普遍的情况稍有不同，他们所怀有的仅是随遇而安的宗教情感，这种情感有助于社会秩序的稳定。

元老家族的财富经常是巨大无比（作为政务官所需豪华排场的开支也难以支撑）。这些财富由巨大的乡村领地组成，他们的领地分布在地中海盆地的西侧，偶尔也到达东部。这种地产的分散却促进了对帝国的归属感。然而，整个贵族阶层与其说是罗马贵族，还不如说是高卢贵族。他们的心是属于高卢的，他们很大一部分财产也属于高卢。当他们没有受到召唤履行政务官义务之时，当他们不必赴宫廷办理某些事务之时，他们在这里居住。正是在高卢的城邦范围内，他们亲历了日常生活中所发生的事情。

在他们所受教育所允许的范围里，他们有职有权，但这一阶级所行使的职权却非常有限：他们出任一些荣誉官职和行省的高级文职官吏。在当时唯一有决定权的军队指挥官、宫廷要职和拉文纳[1]行政官吏一般说来与他们无缘。他们也认识到这些局限，但常常能心平气和

---

① 拉文纳（Ravenne），公元 5 世纪时为西罗马帝国的首都。

地对待：这种好心情需要在平时的闲适中得到补偿。他们可以在他们的庄园里找到这样的闲适，因为这些庄园的奢华已貌似宫廷，这是帝国晚期新出现的同时也是非常典型的现象。这一阶层曾深深地依恋罗马的观念，现在也懂得与那些走马灯般变换的君主们保持一定的距离，这些君主都由一部分军队或宫廷官吏推上权位。随着公元 5 世纪政治灾难的发生，他们把对帝国的部分效忠转移到教会身上，从那时起，教会成了拉丁传统毋庸置疑唯一的保存者。许多元老院成员在他们最后的生涯中成了主教，在他们的新职位上展现了他们在为国家服务时所获得的行政管理才能。另一些出家做了修道士，特别是在莱兰岛修道院里，他们为基督教隐修制度提供了一些学理思考，而此前他们几乎对此漠不关心。

元老贵族的奢华情景通过当时的文学作品得以彰显，如奥索尼乌斯的和希多瓦纳·阿波利奈尔的作品。其他社会阶层的情况要模糊得多，我们只有通过枯燥的法律文本，通过越来越没有意义的碑文题字，通过某些考古发现来了解他们。从中他们给我们的总体印象似乎显得较为平庸。

十人队长在外省城市中组成市政元老院，我们对他们的认识主要集中在税收问题上。人们让他们负责征收土地税，通常这是非常困难的，因此他们竭力逃避这种责任。国家对他们并不太信任，对原本属于他们的市政自治权力给予越来越多的限制。在市镇元老院之上，设立掌握全权的警察（城市保卫官）和财政控制官。这些十人队长当国库充足让他们得以休息的时候，他们的职责仅仅是登记土地的变更情
120 况。到 5 世纪末，这回轮到帝国警察的作用被削弱，取而代之的是拥有全权的军队首脑——城市伯爵。他们原来是皇帝的亲信，受派遣最早出现在高卢南部，而到墨洛温王朝时代[①]成为普遍现象。在与国库的争吵以外，我们所能窥见到这一市镇贵族的活动还包括，他们从事围绕着他们影响力而进行的非法交易，高价出售他们的“保护权”，

---

① 法兰克王国王朝，参见下一章。

即保护他们近邻的小地产者免遭敲诈勒索，代价是这些小地产者要放弃他们的部分财产。这些成员与元老院贵族一样可能以生活在乡下为多。但是中等规模的庄园已经遭到日耳曼入侵者的很大破坏，留下的极少，呈现的面貌也非常悲惨，一些没有水源的断垣残壁，生活的乐趣也丧失殆尽。唯一的创新乃为许多庄园设立了家庭的小礼拜堂。不久，乡村的活动逐渐偏离庄园而转移到村庄，村庄在原址上取代了庄园。

比十人队长更有特权（虽然不能说更有权力）的阶层是他们的职业允许他们可以持有武器的人。首先是帝国的士兵，他们可以分成几部分人，功能迥异。其中有陆地边疆和海洋边疆的卫戍者，机动性较小，在严重危机发生时不太有效率，但这些人通常扎根在当地；另一部分是干预部队，他们主要驻扎在巴黎盆地的北部和东部，机动性更强，经常令人感到恐怖，但与当地平民的关系就较疏远。最后是特遣部队，同样与当地居民关系疏远，在内地守护着一些交通枢纽、军火库和大本营。其次是特种士兵：因为一切有权势者都有自己的警卫部队①，他们如同士兵那样训练和维持。各种兵种大部分的士兵在4世纪名义上仍然是“罗马的”。但到了5世纪，大部分士兵来自新近移入帝国的“蛮族人”，由于他们的英勇善战得到首长的肯定，因此人员越来越多。

军队指挥层中也逐渐充斥着“蛮族人”，一般说来是一些属于较小民族的日耳曼人，他们不构成真正的政治威胁。通过这条途径，他们中的有些人到达荣誉阶梯的顶端：如此，从公元377年起就向法兰克人梅罗博德敞开了阶梯②。那些老罗马人蒙着脸不愿正眼看他们，指责他们随时可能叛变，但他们显然错了，因为大部分指挥官真心接受罗马人的思想，在最为困难的时候仍然表示出对他们的忠诚。而对于普通士兵而言，由于他们是文盲，不可能与罗马传统的保持人发生

① 这一名词来自拉丁语“口粮”(bucella)，即他们每天配给的口粮。——原注

② 他曾在公元372年被罗马皇帝任命为军队统帅，分别在377年，383年和388年出任执政官。

频繁接触，奄奄一息的罗马帝国在我们不太清楚的情况下想象出一种“士兵兼耕种者”的身份。这些“士兵兼耕种者”的人，人们称之为“放任者”或“结盟者”，有这种身份的人居住在特殊的殖民区里，这些殖民区建在荒废的或遭人抛弃的土地上，每次日耳曼人入侵后，都会造成许多荒凉地区。这些乡村孤岛可能是北部高卢被日耳曼化的最初因素，而相反，罗马高卢的农业技术也被这里的人采纳。根据某些目光敏锐的学者的观点，这种对不开化状态的渗透为6世纪墨洛温“文明”打下了最初的基础。

对城市居民的情况，我们知之甚少。各类工匠是由国家严格控制的。一部分工匠，尤其如武器制造者和高档织物织造者，他们在由帝国政府直接控制的工场里干活。其他一些工匠被编入世代相传的行会之中，他们只有在找到替代者之后才能离开。譬如面包匠，他们的生活条件有名的“低下”，在刑法方面，规定对他们的处罚更为严厉。商人的流动性使人无法对他们进行严密的监督。他们经常被人们怀疑有短斤缺两、非法携带货币出境、将私货混入运送国家货物的车船之中
121 等行为，因此他们遭到一大批国家官吏的围追堵截，而且必须在高卢边境和主要的交通枢纽上交付一种称为（商品运输税）的税收，税率一般为5%。此外，人们不可能想象帝国的优质金币会用于促进商品流通，它的功能主要是在国库财政上的，因为它的价值非常高，不太适用于日常生活品的购买。而且人们也不再铸造银币和铜币，因此，个人面对的选择就是，要么制造假钱（常见的情况，但要冒相当大的风险），要么回到物物交换…… 国家对此毫不在意。

某些规模巨大的生产工场不设在城里。从帝国早期开始，先有格罗费桑克的制陶窑场，然后有勒佐的窑场，这些工场是设在乡村之中真正大工业的典型。到了4世纪，接班的是阿尔纳和莱茵河地区的工场。直到帝国崩溃，甚至还要久长，陶瓷制造保留了这一特征。与此相同的还有玻璃制品业、木材加工业（某些工场设在阿登山区的森林之中）和冶金业。我们不太知道这些企业和其中劳动者的社会地位，但他们与国家经济的关系应该是更为松散的。

乡村居民占据着压倒性的绝对多数，当然他们也不是铁板一块。其中有些人通过他们巨大的领地以及专业化的农业深深参与到帝国的一般生活之中。而另一部分人却完全生活在帝国的框架和意识形态之外，他们退缩到自己封闭的圈子里，退缩到几乎属于史前的过去。这些人大概在4世纪时还零星地保留着高卢语言，更为确定的是，他们保留了原来高卢的爱好和习俗，自恺撒以来影响高卢的因素没有在这些习俗爱好上留下不可磨灭的痕迹。

大地产到4世纪往往达到一种超乎寻常的程度。这可能是由于人们在如此广袤的地产上采用了完善的农业技术（中世纪早期被人弃用），如用长柄镰刀收割，以及包含春季谷物的轮作制度等。因此人们有了谷物的剩余产品，在气候许可的情况下，也有了酒类的剩余产品。这些剩余产品养活了帝国城市的人们，如公元407年前作为省督驻地的特里尔城，以及后来省督退守的阿尔勒城。为了加工这些剩余谷物，国家工程师们发明了新式机器：水磨。它适应了推磨奴隶人数减少的状况。与前面提到的一些技术一样，这项发明在罗马帝国崩溃以后也受到长期隐没。简言之，我们可以想像，这些大领地面向各种技术进步，关心市场的起伏、道路的安全、税收的使用情况，在总体上非常深入地介入到帝国的经济活动之中，而帝国的政治存在则是这一切的前提。实际上，经过公元5世纪以后，这些地产失去了它们的光彩，最常见的情况是完全消失。此外，没有任何迹象可以证明，在这些领地上劳动的农民由此遭受了巨大苦难。这一地产制真正的获利者是人数极少的一小部分人，而劳动者大概会为摆脱这种乡村经济带给他们的固有束缚而感到宽慰。

然而，相当一部分乡村居民对这些事情是完全陌生的。有小部分人大概一直生活在罗马社会的边缘，没有从中得到任何利益，他们成了古老传统的托管人，居住在远离庄园的小村庄里。似乎到了公元5世纪，这小部分人的人数有了增加，甚至在某些地区，特别是在高卢的西北部，这部分人成了居民的多数。为了逃避帝国税收的严酷重压，逃避大地产主的过分索求，离开遭日耳曼人蹂躏的土地，用一些地方贵族带着怨恨的眼光看来，一些罗马文明的“叛徒”加入到那些“落伍者”之中。而这些地方贵族既不喜欢远在天边的皇帝，也不喜欢近在眼前而过分活跃的税收。人们从完全被动状态转而进行公开的抵抗，
122 甚至武装抵抗：这大概就是被人们称为“巴高达”的神秘运动的故事。5 世纪时，这类摒弃罗马政治和社会制度以及精神的“游击队”在高卢西部和西班牙北部的广大地区经常大行其道。他们占领一些地方，但并不涉及全部，表现为一种土著起义的特色，如这里是“凯尔特人的”（用这样的名称就非常有意义），那里是“利比里亚人的”或者“巴斯克人的”等等。然而，他们又和那些对完全罗马化的社会不满的人结成联盟。

对罗马的疏远成了一种广泛蔓延的情绪。这种情绪很少出现如萨尔维安描写的清晰形式，这位公元 5 世纪中叶的基督教论战者展现出他对“蛮族”的特别偏袒。但我们还是可以从各种层面上察觉出来，甚至远在西罗马帝国崩溃的决定命运之年公元 476 年之前。最受人们尊敬的一些习俗遭到嫌弃，其中就有穿罗马长袍“托加”的习俗（人们改穿束腰紧身的衣服和日耳曼人式的裤子）和使用“三姓”（古代自由人的标志）。这可能是时尚问题，但却不完全如此。考古学家在许多领域发现一些自恺撒以来被希腊罗马文化深深埋葬的“野蛮”风格重新浮出水面。瓷器的花纹不再采用神话故事的图案或经典的叶旋涡纹（这些是勒佐陶瓷器的重要特征），而是采用如人字纹和钉头纹这样的几何图案。被人遗忘的凯尔特人技艺，如珐琅，如大马士革式剑也涌上台面。这不一定是一种倒退，却可能是人们品味的突然转向，代表着新精神的发展方向，这些新精神从伟大罗马的记忆中脱颖而出。

新的意识形态

哪些是这场真正革命的因素呢？有些属于物质层面。在 3 世纪日耳曼人的入侵时，高卢的城市几乎受到全面的摧毁，它们不再具有帝国建造它们时所展现出来那样令人吃惊的景象。大部分令人惊异的大型建筑消失了，它们的石块甚至被用来匆忙建造狭窄的城墙，居民现

在不得不拥挤在城墙背后。日耳曼士兵家常便饭般地进进出出也发挥了作用。然而，基本的情况并非如此：许多城市，特别是一些首府，如特里尔、里昂和阿尔勒等，仍然装饰着一些纪念性建筑，城市内部的平民与军队没有什么接触。

翻天覆地的变化发生在精神层面。罗马王族旧的宗教基础已经碎化。对罗马和奥古斯都的旧崇拜，或称为12大神的崇拜，已经没有任何意义。异教大量存在，但它对公民精神几乎没有什么贡献，它或停留在东方起源的几乎带有神秘主义色彩的崇拜上，或依地域不同而呈现的对圣树、圣泉和高山的崇拜上。自君士坦丁皇帝以后，异教整个消退，几乎成了某种化石。仍然有些异教信徒在地方层面作出激烈的反抗，但异教已经不构成被人接受的精神力量。基督教自此成为前台的唯一角色，唯有它可以成为新意识形态的基石。

从公元320年起罗马皇帝与基督教的联盟（除去公元360—363年尤利安[①]昙花一现的统治）是4世纪高卢重要的历史事件。基督教从非法的并且被极少数人接受的宗教成为官方学说，成为道德理想，不久（带着更多的犹豫），成为文化知识生活的框架。

由此带来的政治和社会变化也许比人们想像的要小。由戴克里先开创的专制国家（现代的历史学家情愿称之为君主制）在实践上极少向这一浸润着博爱精神的学说让步。我们只要翻一下狄奥多西法典[②] 123
就可以看到，在全部的基督教时代，很少有立法受到使徒思想的影响。人们也许可以注意到，其中对奴隶、对儿童、对妇女有些恶劣条件有所柔性化。但这些柔化却被粗暴的管束抵消，最经常的配合手段就是残忍的刑罚（每一页上都能看到），如烧死。古代社会的基本结构也没有受到任何质疑，尤其是根深蒂固的阶级不平等和被奴役人口的大量存在。教会逐渐向国家靠拢，它接受了国家的司法概念和行政概念，而国家向基督教道德的靠拢就要少得多了。

---

① 尤利安，罗马帝国皇帝（公元361—363年），史称“叛教者”（l'Apostat）。

② Code Théodosien，这是一部自公元313年以来帝国法律的系统汇编，438年颁布。——原注

在君士坦丁上台之际，基督教在高卢仍然没有太深的根基，它仅沿罗讷河与莱茵河交通要道的大关节点分布。高卢在整个教会中的比重也微不足道，公元325年尼西亚全体教会宗教评议会上仅一位主教就足以代表高卢了，他就是尼凯斯·德第。两个世纪后，高卢则完全基督教化，在基督教世纪扮演第一流的角色。让我们大致勾勒出这场伟大变革的发展阶段。

起初，在公元314年召开的阿尔勒西部宗教大会上，我们看到有12位分别来自阿尔勒、维埃纳、里昂、韦松、马赛、波尔多、欧兹、奥顿、鲁昂、兰斯，特里尔、科隆的主教，其中还不包括来自南方4个教区的代表。这些主教中的许多人有着希腊姓名，这是第一代西方基督教的特征，当时新的信仰还没有赢得拉丁群众的心。只有到了4世纪中叶以后，才完成了决定性的进步。国家促进了教阶结构的产生，这一结构基本模仿世俗的行政管理制度：每个城市设一主教（在高卢全境大约有120个），在这一层次以上，每个行省再设一大都市的主教（到公元4世纪末，大约清点出17个）。显而易见，如此雄心勃勃的框架不是一蹴而就的：直到6世纪，在高卢北部还存在许多空白点。此外，与古代地中海传统相匹配，这些结构也不完全直接与城市相关。在南部，城市周边土地非常小，不便之处不太大。但在高卢其他地区，城市网络并不密集，乡村人口很长时间难以涉及。必须等到马丁·德·图尔和他的模仿者时代，才看到教会开始朝着乡村的方向付出认真努力。教会向乡村的渗透几乎花费了五百年不间断的辛苦劳动：事实上，一直要到加洛林时代，通过系统地组织起乡村教区，才最终完成这种渗透。然而，它已经属于我们历史的重大事件之一了。

就如整个帝国的情况一样，高卢的教会在4世纪也被要求加入到当时神学家们有关基督神性和前定论等一些重大问题的争论之中。然而，它却明智地几乎置身事外。个中的原因，不是因为高卢教会知识的贫乏，普瓦提埃主教圣希莱尔（公元350—368年在任）在与阿里乌斯派的争论中表现出极端的活力就表明了这一点；同样也不是因为他们无法理解当时东方学派所辩论的问题，阿塔纳斯·德·亚历山大里亚在公元335年流亡到特里尔，他在高卢就发现了知音，来源于东方的隐修制度很快收罗了许多高卢的信徒。主要的原因应该是教会的适度感和对眼前任务的关注。在罗马皇帝居住特里尔的时代，即大约在公元367至390年，基督教在高卢获得了最快发展，这种进步真正令人惊叹：绝大部分的城市居民受洗、接受教理并组织起来，最高行政也完全被基督教掌握，教育，就如奥索尼乌斯在波尔多的事例所表现的那样，同样也被教会赢得。所有的进程非常温和，没有冲突，也没有公开的抵抗。有人也许知道，国家曾经介入。然而国家的介入是发生在一位篡位皇帝的身上，它的介入也不是为了反对异教徒，而是为了反对一位基督教徒，一位强硬争辩者——西班牙人普里西利安。尽管遭到马丁·德·图尔的反对，这位西班牙人还是在公元384年在特里尔被处决：这是世俗政权干预镇压异端的第一例，教会与国家的 124
紧密结合由此得到确认，这种共生关系将成为中世纪社会的重要特征。

在后来几代人的记忆中，主宰这段高卢皈依基督教历史的有一位大名鼎鼎的人物，他就是马丁·德·图尔。此人死后的荣耀应该在多大程度上归功于圣徒主教絮尔皮斯·塞韦尔的传记并不重要（近代学者曾为此激烈争论）。对于狂热的基督教徒们来说，马丁的生涯正好浓缩了他那一代人的宗教斗争。他的一生是在统一的罗马世界里度过的，当时还没有未来分裂的迹象。他生于潘诺尼亚（今属匈牙利），他可以在高卢活动也可以在意大利活动。然而，在这个世界里，他的出生使这位积极的基督教徒还得固守着他的社会地位，而不能专门考虑灵魂拯救的问题。虽然官方已经放弃了异教，但社会仍然没有多大变化。马丁首先在高卢军队中任职，通过斗争才于公元356年得到罗马恺撒（副皇帝）尤利安的批准得以脱离军队。自此，他获得了进一步修行和摆脱尘世的自由，然而他却不能完全逃避与阿里乌斯教派争论的烦恼。在普瓦提埃附近的利居日，他成为高卢最早的修道士之一。公元371年，他接受了图尔主教之职，重新承担某些义务。由此，他被卷入到斗争的旋涡之中，时而反抗滥权的世俗当局，而更经常地是反对乡村异教和迷信。对他的敌意一直没有间断。但不知疲倦的他，对这些敌意，要么不加理会，要么战而胜之，一直到公元 397 年 11 月 8 日他去世为止。在他充满激情地干预后，在高卢再也看不到异教有力的抵抗，剩下的抵抗也是消极的、无组织的、不抱希望的。还有一位人物可以看作是马丁的翻版，但没有马丁那样耀眼，他就是鲁昂的维克特里斯主教。他也是旧日的军官，后来成为高卢最北部修道制度的积极宣传者和偶像崇拜的猛烈攻击者。由此显现出前中世纪时期一个特征：精英放弃为国家服务而转向教会。

让我们再强调预示中世纪到来的最后一个特征：在基督教群体中，修道士的作用越来越大。直到 5 世纪初，修道士的作用还微不足道：很小的群体，通过不同的居住条件和生活方式，与世隔绝，他们居住在海岛或某些大城市的郊区。然而，马丁所获得的荣耀，以及公元 406 年随着日耳曼人入侵而散布开来的绝望情绪，使修道院吸引了大量信徒，而这些人经常来自上流社会。他们操守的"皈依"并没有阻止这些穿着修道院服装的贵族保留他们对文化知识的爱好，同样得到保留的还有他们的行政管理能力。更为有利的，他们将大地产简单转化为他们的苦行基金。圣马丁的崇拜者絮尔皮斯·塞韦尔从公元 395—396 年起在图卢兹的普里穆利亚克姆就曾这样做过。由此产生的高卢修道制度与荒凉土地神父们所创立的修道院有很大的不同：如果说精神关怀和道德关怀仍然占据修道院的主要地位，那么高卢修道院同样还能向教会输送虔诚和有才能的干部。这种新修道制度的主要实验场所是设在莱兰的修道院，这是戛纳对面的一座小岛。来自东方的难民奥诺拉约在公元 410 年前在此建立一块实行苦行的居民点，15 年以后，这里真正成了主教和第一流学者的温床。另一位来自多瑙河口军团的东方人让·卡西安在马赛的圣维克多也提供了相似的贡献。平行发展的隐居传统在这种新模式取得非常成功的光辉下有点黯然失色。在 5 世纪，北部高卢也受到这种制度的影响，而大概此时法兰克人在那里开始占据统治地位：墨洛温文明从中获得难以消除的印记。在元老院贵族和某些征服者身边，在高卢最大的地产主之中，修道院占有一席之地。

蛮族威胁 125

用习惯于帝国早期社会景象的眼光来看，如同用我们自己的眼光来看一样，公元5世纪的高卢大概算不上太有吸引力。但对于游离在古代文明圈之外的高卢邻居们来说，则无疑是一块神之应许之地。它的城市虽然已经大大缩减，但仍然是唯一展示巨大纪念式建筑、温泉、阶梯剧场的地方，享有盛誉，特别是阶梯剧场，里面进行着许多令人着迷的娱乐活动。莱茵河以外的农民刀耕火种，与海滨平原的水害抗争，高卢种植谷物和葡萄的大地产给他们留下了极强烈的印象。然而，他们之中的许多人有机会瞥见这些景象，比如参加对罗马领土某些不成功的突袭，而更经常的是，他们的亲戚之中有人通过军旅生涯为罗马服务。对于罗马高卢文明，他们与其说想摧毁它，不如说想欣赏它，希望得到它的赐福。那么，如果不使用暴力又如何能大量得到它呢？蛮族人消灭罗马的社会结构绝非深思熟虑的结果，而是为了获利而进行的无序和匆忙的行动。他们之中许多人设想的获利行为也就是原始的暴力抢劫和瓜分。

高卢在两个方向暴露在这些贪婪者的面前：它的海岸和它的莱茵前线。在第一方向，早在公元3世纪就拉响了警报。在萨克森海岸（顾名思义，这是一条防卫撒克逊人的海岸线）部署了大量军事装备，以一些要塞为依托。没有任何迹象表明它具有很大的效果，因为考古没有发现任何遗迹。但是，非常幸运的是，撒克逊人在5世纪却从另一方向侵入，他们利用罗马部队的撤离，涌向大不列颠，在那里大量殖民。高卢则经历了分叉于撒克逊洪流的小股入侵。他们长期占领的土地主要在两个地方：下布洛内和贝桑。这些狭窄的桥头堡只有通过与英格兰相似的地名而得到确切的指标。当罗马在高卢的组织体系濒于崩溃之时，“萨克森海岸”防线被抛弃。然而，由此获利的不是已经掌握了大不列颠的撒克逊人，入侵高卢极西端的是没有预料到的移民，即来自大不列颠的布列塔尼人。他们由于撒克逊人的大量到来而非常不安，希望用大海将他们与他们的敌人隔开。这些布列塔尼人大概在5世纪下半叶开始登上大陆。到6世纪初，才有真正意义上的入侵，他们首先在阿摩里卡[1]和邻近的岛屿上立足，然后一直深入到从多尔至瓦讷一线。这些布列塔尼人特别好战，但在政治层面的组织较为薄弱，他们赋予了高卢西北端属于他们的名称——布列塔尼，以及独特的文明和他们一直保持着的凯尔特语言。人们一直讨论的问题是，这些外来移民和原先固守高卢传统之本土因素的遭遇在多大程度上促进了这种文明的扎根安家。

然而，这些沿海的因素是边缘性的。决定高卢命运的事件来自莱茵河一线，就如人们长久以来就有预感的一样。沿着莱茵河，人们已经累积起许多永久性的防御工事，但驻守的部队是二流的。罗马情愿将更多的希望寄托于驻扎在巴黎盆地的野战军身上，设想一旦防线被突破，他们可以迅速驰援。尽管这支军队成员的很大部分来自日耳曼人，但却是高卢土地上效忠罗马的最后堡垒，它的最后瓦解一直要到公元486年，在西罗马帝国崩溃后还过了10年。这就是说，无论如何，它没有辜负这支军队创立者的期望。

126 这样的部署在军事上是有效的，但在政治层面却存在重要的不妥：它使得特里尔这座西罗马第二大都市、位于高卢东北部却是高卢真正首都的城市处在没有掩护的境地。人们被迫将原先的巨大城墙（所围面积达285公顷，包括了一些宏伟的建筑）缩减到一个防卫圈。公元407年，行省的行政机构迁移到阿尔勒，该城得到更好的保护，但在地域上较为偏远[2]。特里尔在5世纪上半叶曾四度落入蛮族之手，均无出现认真的抵抗。统治阶级大量迁移到南方：4世纪高卢政治社会赖以存在、本来就非常狭窄的基础完全崩溃。

如果要复述两个世纪中高卢地区罗马防卫所遭受到的所有冲击事件，难免有点枯燥乏味。但是对实施这些打击的民族作出必要的区分、对这些打击进行历史分期却显得非常重要。普通“蛮族人”和“日耳

① 法国布列塔尼地区的旧称。
② 该城位于高卢南部，罗讷河下游三角洲地带，靠近马赛。

曼人”的标签（就如“大入侵”这样的概念）有可能掩盖更深层次的不同。

罗马世界莱茵河一线的直接近邻是日耳曼人，然而他们又分属于不同的语言分支，文化背景也颇多差异。在下莱茵河，从美因茨至入海处，高卢人与法兰克人相邻，他们很久以来就已定居，是3世纪一些在与罗马人的长期冲突中逐渐衰微的弱小民族部落融合而成，这些弱小民族包括夏马夫人、布吕克泰尔人和夏特人等。从3世纪中叶起，他们参与了突破罗马防线、深入内地的行动，最初打算沿海岸远征，后来采取与帝国当局订立协议的方式，踏上一条更为有利的道路。许多法兰克首领以个人身份加入罗马军队，并获得很高的军阶。他们的军事和政治能力似乎得到赞赏。在君士坦丁皇帝时期，出现了第一位法兰克军官。约在公元370至390年，一群法兰克军官最后控制了帝国西部，有三次得到执政官的高位。然而更为突出的是，一些法兰克的小国王（在6世纪常常同时有好多个）与罗马签订协定，使法兰克人总体投入到为罗马服务的行列中。第一个协定签订于公元287—288年，罗马人给予他们土地，其中有些土地在日耳曼人的入侵中遭到破坏，这样能让法兰克人去耕种，法兰克人则保留他们自己民族的制度。显然，这样的协定并未受到长期尊重，法兰克人和罗马人的全面冲突经常爆发。然而，这些协定指明了一条特殊的道路，法兰克人通过这条道路获得了如此的成就：他们成功地与罗马，即与罗马的制度和罗马的文明实现了结合。

再往莱茵河的上游走，可以遇到非常不同的民族，他们更不稳定，许多部落是由于3世纪刺激日耳曼世界的暴力运动而被推到这里的。大部分属于另一语言分支，哥特人是其中的主要代表。对于高卢历史来说，他们许多日耳曼人只是匆匆过客，其中就有旺达尔人和苏威夫人。他们在公元406年突破罗马防线，409年进入西班牙。在我们看来更为重要的是勃艮第人，3世纪时他们从现在的波兰之地来到法兰克人和苏威夫人的居住地，他们也在406年突破了罗马人的莱茵防线，最后在高卢停了下来，在勃艮第结束他们的生涯。他们与哥特人有较近的亲缘关系，但更多地受到某些大草原民族的影响，采取某些匈奴人的习俗。最后还有阿拉曼人，他们在4世纪时沿着上莱茵河一直分布到康斯坦茨湖。他们历史的特点不止一次使我们联想到法兰克人。他们与法兰克人一样也是由许多与罗马冲突中衰微的民族汇合而成；他们也与法兰克人一样在5世纪决定性的行动中只移动了很短的一段
127 距离，最后也成功地获得了长期的扎根地。然而他们却不大愿意接受罗马的影响，仅仅以个人身份为帝国服务。

在公元4世纪时，在阿尔卑斯山的一侧没有人能考虑到日耳曼人的威胁，这里不存在防线，有的只是一条行政区划线和关税线。然而，第一批在高卢永久定居日耳曼人却正是在这一侧突破进入高卢的。公元412年，西哥特人在蹂躏了巴尔干半岛和意大利后，在他们的国王阿托尔夫的带领下进入高卢南部。这支民族是日耳曼入侵者中声誉最高、组织性最好的。2世纪时来自波罗的海沿岸，在4世纪时，他们在乌克兰大草原建立起一个半游牧式的王国。这是一个非常强大的王国，对于这一王国的记忆不停地出现在中世纪与日耳曼人有关的史诗作品中。一位极具天赋之人，即乌尔菲拉主教给他们带去了基督教的第一粒种子。他所传播的基督教是当时在拜占庭占统治地位的那种基督教的翻版（康斯坦茨皇帝受到阿里乌斯基督教异端的影响），但主教将基督教经典翻译成哥特语以适应哥特人的习俗。后来，这个王国被匈奴人所灭（公元375年）。西哥特人就通过武力向罗马提出要在帝国土地上定居的要求，最后他们达到了目的，定居在巴尔干半岛的北部，从而成为第一支定居罗马帝国境内的日耳曼人。经过一代人与罗马当局的共处（经常是吵吵闹闹的），他们学到了国家的概念和价值，领会到并懂得利用后期帝国制度的长处。至少，他们的首领在5世纪初定居的图卢兹附近和波尔多附近时已经强烈地意识到这一点。

西哥特人和勃艮第人的经历提醒我们，这些日耳曼人的运动并不完全是自主的。在他们身后有欧亚大草原游牧骑兵的身影，这些游牧民族与中国和伊朗的接触可以追溯得很远，甚至可以追溯到他们还未开化的时候。我们可以列举两个重要的民族：阿兰人和匈奴人。他们

的人数并不多，但战斗力却令人恐怖：定居民族往往高估游牧民族，我们所看到的这个时代不乏西方的传说，特别是关于匈奴人。匈奴人具有一种天生的灵巧性，他们懂得让自己罩上一圈恐怖的光环，这样有利于增强他们的军事效率，吸引追随他们的人，当胜利与他们相伴时获得这些人的忠诚，他们吸纳游荡在中欧的一些日耳曼小部落。罗马受到了他们的一些打击，但最终阻止了他们，并加速了他们的崩溃。他们在高卢的主要历史意义是将日耳曼人推向这个国度，而此前日耳曼人并没有打算要在那里定居下来。他们的进攻仅仅到了公元 451 年才到达我们的国度，同年 6 月 20 日，匈奴人在“卡塔劳尼克田野”战败（部分归功于对匈奴人怀有深仇大恨的西哥特人），其首领阿提拉不敢再继续推进。阿兰人与高卢人的接触时间更长一些，在公元 406 年突破后，维持了整整一代人，他们的小股人群只是在全面的动乱上增添了一些缺乏深思熟虑的烧杀抢掠而已。

最初的入侵

这些邻居总是给罗马制造麻烦。但君士坦丁父子在整个 4 世纪上半叶强有力的复兴将这一问题暂时抛在脑后。公元 350 年，马格嫩提乌斯和三四名军官试图篡夺帝位，日耳曼人利用这一机会再犯罗马疆域：法兰克人和阿拉曼人突破防线，试图在高卢的土地上扎下根来。尤利安皇帝将他们赶过莱茵河，同时接受萨利安法兰克部落作为“联盟者”，允许他们落户于布拉班[①]北部。很快，他们将他们的前哨站推进到滨海布洛涅至通格尔一线。罗马得到暂时的喘息机会。但在帝国内部，蛮族人地位的提升使许多罗马人感到了威胁：如此多的法兰克人首领担任了最高指挥官，甚至在公元 392 年，掌握了执政官的大权，满足了他们的狂想。公元 402 年后，一位名叫斯提利贡的旺达尔人，尽管对帝国忠心耿耿，但仍遭到所有人的憎恨：他兼任了军队指挥官，通过联姻成为皇帝狄奥多西的外甥，成为设在拉文纳朝廷的真正主人。 128

① 古代公国，今分属荷兰和比利时。

在东部，人们长久以来已经接纳了哥特人，哥特人在巴尔干半岛游荡而未受到任何伤害，他们时而成为政府的同盟者，时而又成为敌对方。这时的西罗马帝国仍然还是自由的，但已感到日薄西山的气息，它将野战军团的指挥权交给了蛮族首领，而这是它唯一还能支配的武装力量。然而，没有任何证据表明，这些做法是经过深思熟虑的，罗马人不会考虑与这些贪婪的并且逼迫边境的同类分享权力。

就在这时，决定性的突破发生了。公元406年12月31日，旺达尔人、阿兰人和苏威夫人突然在沃姆斯和美因茨之间越过莱茵河。这是自恺撒击退阿利奥维斯特之后，蛮族人在高卢第一次获得确定的且不可逆转的结果，这次突破并不比阿利奥维斯特的那次更有缜密的组织性，它的成功完全是由于罗马的虚弱，它不再能填补留下的缺口。人们枉然地将驻扎在大不列颠的野战军投入战场，但他们很快在战火的大熔炉中融化了。在近3年的时间里，日耳曼人在高卢的四面八方驰骋。当高卢已经没有多大油水后，这些蛮族的大部分人在公元409年秋进入西班牙，只留阿兰人殿后。这部分人几乎不受管制，长期给高卢带来不安定。这场灾难使得3世纪的危机死灰复燃。更糟糕的是，以前相对没有攻击性的、长期在莱茵河畔与罗马和平共处的民族也利用这样的情势，开始有了巨大的欲望。勃艮第人大量涌入莱茵河左岸，到达科布伦茨的下游。法兰克人一个重要的分支占领了莱茵兰的部分地区，并洗劫了特里尔城。阿拉曼人的一些分遣队开始在阿尔萨斯和巴拉丁那定居。这些伴随着公元406年突破的移民潮产生了极严重的后果：它们成功地在莱茵河西岸引入了日耳曼语言，纵深度达50至100公里。以后的入侵虽然有着巨大的政治成功，但在领土方面却再也没有获得更深刻的结果。

帝国解体

帝国缺乏有效反应的原因首先是帝国首脑们缺少政治考量。霍诺里乌斯皇帝偏安于拉文纳一隅，忙于屠杀他那些最好的高级军官，他愚蠢地指控他们与蛮族人共谋。另一个原因是由于一连串的灾难同时降临到罗马最基本的地区。当拉达盖兹领导的游牧部落和阿拉里克的哥特人军队肆虐意大利时，当西班牙燃起熊熊烈火时，当匈奴人的打击声响彻多瑙河畔时，人们又如何能驰援高卢呢？罗马本身也在公元410年陷落。专制政体根深蒂固的不信任不允许各行省组织“自保”：高卢不能以一己之力来抵抗。

然而，帝国并未因此死亡。两项权宜之计让它又存活了四分之三世纪。一项是为断绝火种，即将境内足够广袤和肥沃的土地分割，让给蛮族人耕种，由此人们有望让日耳曼人安静一些时日。另一项权宜之计，见效慢一些，也更危险一些。即刺激距离更远的蛮族人进攻正在对罗马构成严重威胁的蛮族。高卢是这两项权宜之计推行的主要舞台。推行这两项政策的是富有智慧的政治家，其一是大贵族康斯坦提乌斯，其二是大贵族艾提乌斯。

尤利安皇帝统治时，他将布拉班的一部分给了法兰克人。公元413年，帝国当局承认勃艮第人有权占领莱茵兰的一部分，以换取他们对罗马的忠诚。既然这样做了，为什么不能在更广的范围内推广呢？当西哥特人到达南方的时候，人们想到了这一点。西哥特人的目标是先到达西班牙，然后前往非洲。但公元416年，他们的国王瓦利亚倾向于放弃冒险，听从康斯坦提乌斯的劝说，与罗马帝国签订协议。第一个镶嵌在罗马国土里的日耳曼人国家由此诞生。这个哥特人的王国占有图卢兹和波尔多，它延续了将近一个世纪。这种制度随后被几乎所有的地中海沿岸 129
的日耳曼国家所采纳。这是一种“客居”制，是一种共管的制度：罗马掌握着民事权利，但不拥有军事权，日耳曼人则掌握军队。他们的军队开支由当地人负担，他们的税收用于维持军官和士兵的费用，他们让出宿营地接收蛮族人的军队。哥特人由于得到军饷和维持军队的费用而成为罗马的同盟军，在危急时刻，他们会响应罗马的号召。他们数次这样做了，并有实际效果：为此在公元451年提奥多利克二世[①]在抗击阿提拉的战斗中战死。但他们也不放弃利用苍老帝国日趋明显的衰败为自己

① 应为提奥多利克一世，原文有误。

图利。厄里克（公元466—484年）从罗马人手里夺过阿尔勒城（这是高卢统帅府的治所，非常宝贵的政府机器由此落入他们之手），还夺取了奥弗涅地区和比利牛斯山脉以外的广大地域。

艾提乌斯更像是一位现实主义和讲究效率的战争首领。他曾经在匈奴人那里充当过人质，因此他长期将匈奴人当作抵抗日耳曼人的工具。首先他用匈奴人抵抗勃艮第人，因为在他看来，勃艮第人哪怕有一丝一毫的扩张念头都是十分危险的。勃艮第人被打败后，在公元443年从莱茵兰被转移到萨波迪亚（瑞士法语区），受命在那里阻挡阿拉曼人的推进。由此诞生了日内瓦的勃艮第王国，三十年以后，该王国吞并了里昂，由此获得第二个首都。在那里，同样实行“客居”制度。在此期间，原来将主要精力放在巴尔干半岛的匈奴人决定将进攻的矛头指向高卢，其原因部分是由于罗马境内有些人的挑唆。此时，艾提乌斯又一次表现出他的高超能力：阿提拉被击退。然而，不久，虚弱的皇帝瓦伦提尼安三世暗杀了艾提乌斯（公元454年）。高卢内部纷乱不已。

事实上，在军事行动的背后，高卢人更有激情介入到各类政治冒险中，因为他们加入的军事行动仅仅是充当了牺牲者而已。他们中的许多人，特别在西北部，加入到巴高达运动之中：在公元435年和448年爆发了两次大规模起义。另一些已经跻身于上流阶层的人们则追随日耳曼人首领，寻求高官厚禄。有些人成了图卢兹西哥特国王们和里昂勃艮第国王们的顾问和官员。同样得到这些西哥特人的信任，一位在奥弗涅地区拥有主要领地的元老院成员阿维图斯曾一时成功地得到了罗马皇帝的桂冠（公元455—456年）。最后，还有一些人聚集在巴黎盆地野战军团的军事首领周围，军队的首领先有艾吉迪乌斯，后有希亚格利乌斯等。这支军队从公元461年已经不再承认任何龟缩在拉文纳、昙花一现毫无权力的皇帝。没有人再对残存的帝国特权有多少兴趣。实际权力几乎都转移到地方军事首领的手里，人们赋予这些军事首领以“城市伯爵”这样的新头衔。

从阿维图斯皇帝被罢黜到西罗马末代皇帝罗慕路·奥古斯都路斯退位（公元476年）的20年间，罗马政权事实存在的疆域差不多缩小到奥弗涅和它的周边地区（西哥特人在公元475年对此取得控制权）

以及普罗旺斯地区。因此帝国标签的最终消失几乎没有引起人们多大的注意。

法兰克人的征服

我们的历史学基本上是地中海历史学，相反却很少注意高卢北部的转变，而发生在同一历史时期的变化中，这一地区的变化要激烈得多，并将法兰克人带到最为重要的地位。约在5世纪中叶，法兰克人介入高卢历史表现在两个方面：一是地域上向西推进到比利时地区和莱茵兰地区；二是向罗马军队输送高质量的军官。公元451年以后，法兰克人，特别是墨洛温王朝统治的部落成了高卢野战军的主要伙伴。最常见的是，他们充任辅助部队：例如，他们的国王希尔代里克为高卢自卫部队 130
首领艾吉迪乌斯和保罗服务，与试图跨越卢瓦尔河的西哥特人战斗，也与想溯卢瓦尔河而上的撒克逊人开战。有时，他们也成为罗马军队的敌人，希尔代里克的儿子克洛维从公元486年起就是如此。

历史事实的演进很难搞清。我们依稀可知的是，希尔代里克于公元481年在图尔内去世（1653年一个偶然的机会，人们发现了他的墓葬），接着，克洛维在他统治的第五年征服了艾吉迪乌斯的儿子与继承者希亚格利乌斯，夺取了他设在苏瓦松的指挥总部，也许由此将他统治的疆域延展到卢瓦尔河。残留的“罗马”军队不得不为他服务，他不久将巴黎确定为他权力统治的中心。也许最使克洛维操心的是如何消灭与他王朝抗衡的那些法兰克部落小王：格雷戈里·德·图尔在一个世纪后对克洛维解决这些以科隆、康布雷和勒芒为基地的小王作了生动和残酷的描绘，但这些历史事件的年代顺序非常模糊，它们之间如何连贯也难以确定。与其迷失在这些知识的互相矛盾之中，还不如将思考焦点放在这些事件所带来的最为确定的历史影响上。

法兰克人的征服是与蛮族潮在公元406年突然喷发呈现出完全不同的现象。它基本上是小幅度的运动：大规模的人群仅仅从莱茵河的一岸转移到另一岸，移动距离仅数十里而已。从处于利珀河和兰河的法兰克原始居民到他们密集侵入的最前哨站加莱海峡，直线距离没有超过400公里：从法兰克人所形成的家乡（紧邻莱茵河东部）到最终保留移民运动最直接遗产的佛兰德尔，法兰克人的移民潮连绵不绝。

然而，这场短距离的移民仅仅是法兰克人扩张的一方面，扩张的另一面表现为克洛维统治初期法兰克人占领索姆河和卢瓦尔河之间的土地。同样，在这方面也谈不上确切意义上的入侵。或许稍显有点夸张的说法，这些事件有点类似于政变，而不是真正的征服，就像公元476年奥多亚克在意大利所做的那样。事实上，法兰克人早已在这片领土的很多地方现身：人们可以回忆一下，克洛维之父希尔代里克约在公元463年至465年间已经在卢瓦尔河畔建立了要塞；人们也看到，在克洛维时期，有一位法兰克部落首领在勒芒地区也有相似的行动。公元486年消灭希亚格利乌斯的法兰克人在高卢北部早已为人们所熟知，这一事件就很容易被当地居民认为是一个军事政权取代另一个军事政权。

然而，有一种变化也许给高卢民心带来深刻的冲击：486年，克洛维还是一位异教徒。但他马上认识到这对他来说是多大的弱点，非常明智地选择接受天主教的洗礼，使他与他的臣民处在同一宗教阵营中。这无疑是这位国王最具政治性的举动，它对未来最具决定性。不幸的是，我们并不了解这一举动的确切场合和原因。有可能的情况是，法兰克国王作出这项决定是受他妻子克洛蒂尔德的影响，她是一位信仰天主教的勃艮第人，当时正处在与阿拉曼人的战争状态。然而，究竟是496年呢？还是498年？或者是506年？还有受洗就是在兰斯举行的吗？为他施洗的是圣・雷米？人们也许可以信以为真，但却不能证明之。

但无论如何，克洛维与天主教的联盟是法国历史最具决定性的事件之一。克洛维没有像其他日耳曼国王那样成为阿里乌斯教派[①]的信徒，从而使高卢和法兰克避免了长期的宗教分裂和国家分裂，而这种情况发生在哥特人和伦巴第人的意大利，发生在西哥特人的西班牙，发生在旺达尔人的北非。由于法兰克征服者与原罗马臣民在宗教上的

① 基督教异端，由北非神学家阿里乌斯于公元4世纪所创。

隔阂期非常短，大约在10至20年，所以没有留下太多的痕迹。两大统治集团很快靠拢，在随后的世纪中最终融合。高卢在没有大的冲突下逐渐地演变为法兰西，而此时西班牙却没有变为哥特国。名字的变化反映了在法兰西这片土地上日耳曼人和当地居民缔结关系的特殊性。 131

作为一个重心处在图尔内和科隆之间的民族首领的克洛维，最初可能并未将建立统一的高卢为法兰克人谋利益当作他的目标。他统治时期很大一部分军事行动并不是针对南方，而是指向东方，目标是征服其他法兰克人部落以及他母亲的同胞图林根人，并阻止阿拉曼人的推进。在6世纪，他的儿孙们推行的仍然是着眼于日耳曼和非高卢的对外政策。然而对我们具有重要意义的是克洛维对高卢的征服。他试图赶走大量定居于汝拉山区和索恩河平原的勃艮第人，但未获明显成功：对罗马观念采取宽容和开放态度、统治日内瓦和里昂的这些国王们仍出现在高卢统治者们的眼前。但面对西哥特人，他有更多的机会。西哥特人信仰阿里乌斯教，更具侵略性，他们刚刚对加龙河和卢瓦尔河之间土地的攫取引发了他们与罗马元老院成员和教会主教们的冲突。这些罗马人中的某些人还为法兰克人出谋划策。仅仅一场大战就解决了问题，这场战役于公元507年发生在普瓦提埃附近的福耶，西哥特王阿拉里克二世被杀，首都波尔多和图卢兹被占领，大批西哥特人被迫缓慢迁移，从加龙河两岸移居到杜罗河和塔热河岸边。克洛维吞并了从卢瓦尔河至比利牛斯山之间除地中海沿岸的所有土地。在这些稍后征服的地区，法兰克人只形成非常小的构架：阿基坦地区的特征在8世纪巴斯克人大举进攻时基本上保留了罗马特色。

从阿基坦回来后，克洛维在图尔接受了东罗马帝国对其成就的认可：东罗马帝国皇帝阿纳斯塔瑟给他送来了证书和荣誉勋章，但对它们的实质内容，我们并不清楚（会不会是荣誉执政官?）。接着，克洛维定居于巴黎，并在公元511年死于此地，下葬于圣热纳维埃芙教堂——就在今天亨利四世中学的大门口。

法兰克人虽然取得了迅速和完全的胜利，但并未因此失去他们长期以来体现在他们运动中的政治谨慎。非常明显的是，克洛维在福耶战役后，放弃吞并塞普提曼尼亚（今下朗格多克地区），就是为了不与强大的意大利东哥特王国彻底翻脸。那个地区构成东哥特与西哥特地域之间的一座桥梁。同样的明智也使他不去铸造自己的货币，铸造货币会被认为有意冒犯东罗马皇帝。人们继续在硬币上刻上在高卢已经失去所有权力的东罗马帝国皇帝的姓名。所有的证据似乎都表明，原来希亚格利乌斯的臣民没有对新的统治者表示出那种天生的敌意：克洛维的受洗一下子就消除了先前的不满情绪。虽然在萨利克法典的序言中和其他一些文献中可以看到作为一个法兰克人略带攻击性的自傲，不过这种表述非常少见，法兰克人的胜利也没有将征服者降为受奴役的地位，而使自己成为陶醉在胜利中的"主人"。征服者以令人吃惊的速度给那些愿意合作的被征服者腾出位置：墨洛温王朝政府几乎是在国王领导下法兰克军事贵族与罗马高卢民事和教会领导层的"共管地"。

在这方面，克洛维选择巴黎作为自己主要的居住地和埋葬地是非常有意义的。它表明，王朝法兰克人不会在意在此会生活在旧日统治者的阴影里，比如在特里尔就会有这样的情况。巴黎几乎原封不动，没有迹象表明法兰克人在这里建立大量的要塞，或者国王也没有采取与周边朝廷常去的众多其他住所更为特别的防备措施。定居巴黎也表
132 明法兰克王对法兰克人和罗马人关系的未来有某种程度的自信：两个民族古老的关系似乎证明了这一点，就如未来还将表现出来的一样。同时这也为在即将形成的综合文明中使罗马因素长期占据主导地位作了前期准备。

克洛维的受洗并未一蹴而就地解决异教问题。在高卢北部的法兰克人中，相当多的人对受洗有抵触。在鲁昂北部，在亚眠附近，在阿拉斯附近，特别是在佛兰德尔地区，异教孤岛一直残存到7世纪初。我们经常难以确定，异教是否提升演变为真正的宗教，还是如罗马高卢人那种情况，是为所有文化隔绝的乡村人口保留的地方性迷信的星云。然而，一直到莱茵河为止，所有可考虑的因素，不论是政治的还是社会的，都与基督教携起手来。从克洛维统治起，法兰克王与天主

教会缔结了联盟。它的影响可能如何估计都不会过分。

在所有的日耳曼王国里，由于征服者采信阿里乌斯教会，这就使得君士坦丁皇帝开创的基督教会与国家在罗马世界内部的共生关系被打断了。而此时，墨洛温王朝的高卢却在它那里重建这种关系。从公元511年起，克洛维召集了一次主教大会，向会议提出一系列问题，他对圣职授任权的控制得到会议的承认。出自这种和解，克洛维首先获得了威望，其次在反对"罗马"（即拜占庭帝国）的可能进攻时有了相对的保障，最后而且特别重要的是在内部得到了独一无二的和谐成分。教会也没少得到好处：它维持了原有的结构；保住了它巨大的资产，甚至还有增长；可以自由从事宗教活动等。在如此具有正面意义的总体视野下，其他的不和谐一时三刻似乎表现得微不足道。它们要随着时间流逝才完全显露出来。在国王一方，到580年，希尔佩里克一世愤怒地观察到"他的所有财富都转移到教会手里"；在教会一方，它又怎能忘记与这些没有文化且残暴的王族和民族的亲密结合所造成的文化知识的摧毁和道德价值的沦丧？以及对基督教早期获得的最珍贵思想的抛弃？

日耳曼渗透

因此，中世纪的高卢史基本上是法兰克国家史。哥特人部分（在阿基坦）、勃艮第人部分（在汝拉山区、索恩河谷和罗讷河中段）、阿拉曼人部分（在阿尔萨斯）和萨克森人部分（在芒什海峡沿岸）仅引起地方史专家的兴趣。而正是法兰克人，他们塑造了墨洛温文明，墨洛温文明在二至三个世纪里又转而成为日耳曼欧洲的楷模。这一文明的最终成型大概是在6世纪。然而，在克洛维去世后，这一文明几乎已经在高卢的土地上生根。让我们对此作一简单回顾。

日耳曼人对高卢的影响究竟深度如何？如果要作出确切的估计，就需要将考察时间大大延后，这一时间将超出本章涉及的范围：事实上，来自莱茵河另一边的影响，在克洛维统治之后，以更隐蔽的方式不断被人们感知。某些影响随着加洛林王朝的上台表现出新的活力，加洛林王朝比墨洛温王朝的最后时期显示了深厚的日耳曼因素。然而，我们仍然想大胆地对日耳曼因素在后来法国的发展，分别就不同的领域设定若干标志。

我们首先提及语言领域，因为在这一领域，偏见最少，可以最好地区分出罗马因素和日耳曼因素（尽管贴得太近的观察有可能失去这份清晰）。两大地理区域形成鲜明对比。一大区域覆盖了全部古代罗马的“边境”区，位于莱茵河以西，纵深50到100公里不等。在此区域，讲日耳曼语者最终获胜。另一大区域即为高卢的剩余部分（除了
133 极西端的阿摩里卡地区），讲罗曼语者（拉丁语的继承者）幸存下来。至少一千年以来，在这两大区之间存在着一条“语言分界线”。这条语言分界线轨迹清晰，几乎成直线。除去在阿尔卑斯山区中部，这条分界线自加洛林王朝垮台后几乎没有变动。历史学家和语言学家们也一直没有停止对这条语言分界线起源的探究。但其发生的原因仍然充满神秘，因为这条界限并不与现存的或消失的自然屏障重合，也不与可分辨的政治与行政边界重合。它如同一堵墙那样僵硬地穿越了比利时平原，也穿越了洛林高地。为了方便读者，我们不再铺陈所有的假设，而仅保留一些看似合理的结论。

首先，这条边界的直线式特征形成于5世纪法兰克人征服以后很长的时间。罗马语孤岛在北部一直存在到中世纪（例如在通格尔一带、在亚琛一带、特别是在特里尔一带和摩泽尔河中游河谷一带等），另一方面，日耳曼语孤岛在南部存在更长的时间。只有在这些少数印迹被周边地区吸收以后，现代的轨迹才最后确定。

在消除飞地之前的原始划界仅仅在某个社会层面表现得较为清晰，即在乡下居民中。最有可能的情况是，至少是到卢瓦尔河一线，法兰克士兵集团和法兰克贵族在一段时间里能够保留他们的民族语言，后来在罗马官员、墨洛温宫廷和养活他们的农民的共同影响下放弃了母语。同时，我们也许应该将法兰克语词汇的入侵归因于这一人数较少但享有社会威望的社会集团。我们在高卢北部古法语中看到：许多词汇是一些有关制度方面的词汇（如“侍从”、“市政官”、“神意裁决”

等），或者军事用语（如“元帅”、“旌旗”、“鞘”、“箭”和“守卫”等）。当时的社会时尚也完全来自这一社会阶层，比如很快流行的一种时尚是给出生的孩子取日耳曼名字，通常由两个日耳曼词合并而成，如：Dagobert（光辉之日）、Theuderic 或 Thierry（人民之王）、Arnolf 或 Arnoul（狼和鹰）等。这一时尚甚至在罗马帝国崩溃之前就已渗入到某些社会阶层里（如圣热纳维埃芙出生于巴黎，在克洛维之前 50 年），延续将近六个世纪，直到 12 世纪才盛行基督教名字。从地名角度考察（就此的分析也许过分微妙）也得出相似的结论：占主导的是领主们，最常见的由他们给旧的庄园来命名新的地名。当他们占据的地方以日耳曼人为主时，村庄就取纯粹的日耳曼名。此外，在通常情况下，新的地名采取杂交的形式，法兰克领主的名字配上来自拉丁语的词汇，由此得来的地名有 Arnouville，即阿尔努夫（Arnulf）的“庄园”之意；有 Aboncourt，即阿邦（Abbon）的“农庄”之意。

迈向新的文明

……从罗马人方面

关于旧居民与新来者之间共处的具体细节以及生动场面鲜有人知。历史文献让我们窥见一斑的东西，大部分又是涉及其他民族，而不是有关墨洛温时期法兰克人的。但它们仍然具有一定的价值。人们特别熟知的是罗马皇帝阿维图斯的女婿希多瓦纳·阿波利奈尔描绘勃艮第军官的画面。约在公元 457 年，他在里昂地区不得不与他们周旋。这位岳父大人曾一度戴上罗马皇冠，他对蛮族人的一切都感到厌恶：他们的服饰、他们的语言、他们的饮食、他们的身材、他们的时间表和他们歌声等等。也许，不是每一个高卢人都这样气量狭窄，这样的敏感。社会层次越低，对蛮族人的反感会越小。也许就是从最底层，至少是在不太有文化的社会群体中，蛮族与高卢人的接近才开始出现。
但它以令人惊异的速度影响上层阶级。暂且不讲那些因罗马的非人道 134
和腐败已对罗马政权生心憎恨的少数人群（其中卫道士萨尔维安就是这些人的代言人），我们可以认为，许多罗马人非常容易就顺从了新政权，因为新政权能够让他们保留自己的财产，甚至还有机会担任他们以前只能梦想的一些官职，代价只是表示效忠就可以了。那些征服者国王从第一代开始就认识到在他们周围需要一些法律、财政和行政方面的技术官僚辅助，而这些人只有罗马人的圈子才能提供。因此，从公元5世纪中叶起，莱昂·德·纳尔榜跟随阿基坦的西哥特国王厄里克，扮演了相当于首相的角色。即使是法兰克国王，他们对罗马事务有更久更深的了解，在6世纪有时仍必须求助于罗马元老院成员。

我们要单独说说基督教会。不论是日耳曼人的入侵还是克洛维的受洗，均未能改变这样的基本事实：教阶制度基本上是罗马式的。公元5世纪所有经过证实的主教，只有两人用日耳曼人的姓：这是一些长期服务于罗马帝国的家族成员。在6世纪的大部分时期，主教团仍然是罗马传统几乎不受触动的堡垒。然而，正是在教会身上，国家面对全面混乱的情况，倾向下卸给它一些基本任务：公共救济、教育、司法调解、家庭事务，甚至在很大的范围内，还有城市管理。人们在许多这些领域发现罗马的残余因素就不会感到惊讶了。我们不太清楚，皈依基督教的下层法兰克人如何融入到基督教徒的共同体中。但有一个事实是确定无疑的，而且也是最为重要的：在西方蛮族的其他地方，教会在日耳曼人周围筑起几乎无法逾越的隔离墙，因为这些日耳曼人是异教徒。这些日耳曼国王也不会挑战这堵围墙，因为这堵隔离墙有利于保存他们民族的特性，有利于保护他们阿里乌斯教的信仰。而在高卢，教会不论在法律上还是事实上都没有设置任何障碍，来阻止法兰克人与罗马人的完全融合。不同民族的通婚尽管在理论上是禁止的，但在这里是合法并普遍实行，不论是社会的上层还是下层。墨洛温时期圣人们（6世纪最出名的人物）的谱系就呈现许多此类事例。

也许在克洛维时期，这种融合走得并不太远。许多迹象表明，6世纪时，在许多地区，法兰克人的村庄与罗马人的村庄经常可以明显区别出来，定居于城市里的法兰克人保留很大的团结性。在摩泽尔地区的农村，河谷里的罗马葡萄农与高地上的法兰克耕种者很少往来；在巴黎盆地，用“La Fère”或“La Fare”作地名的村镇几乎与法兰克人聚集地吻合；在鲁昂，城里的法兰克人组成独立的群体。但在二三代人以后，所有这些并列的群体都开始大规模互相交流。由此产生的民族融合对法兰西民族的形成是决定性的。相似的过程也发生在罗讷河谷地区的勃艮第人之中，接着在6世纪发生在朗格多克的西哥特人之中，这均出现在他们与基督教结盟之后，但他们的作用却不能与法兰克人相比拟。

……来自入侵者一边

我们对法兰克人本身知之甚少。如果将格雷戈里·德·图尔在6世纪描绘的墨洛温社会的场景投射到5世纪的情况，未免有点冒失。而重提奥古斯丁·梯叶里及其后来模仿者制造的陈词滥调则更有风险。我们是否应该知道，作为开始，更为明智的做法也许应该抹去人们习惯赋予法兰克战士装备的一些名称呢？我们是否应该知道，人们称法兰克单刃斧为“法兰西斯克”，这一用词可能仅仅是在西班牙才适用？我们是否应该知道，“法兰克人的标枪”实际上是剑而非标枪？我们是 135
否应该知道，人们并不能确定别在法兰克人腰间的短刀是否就是格雷戈里·德·图尔提到的“scramasax”？因此，让我们放弃勾画一幅克洛维战士肖像的努力吧。但我们可以试图认清他们的影响。

其实，许多迹象表明，法兰克民族的迁移以及落户在罗马帝国的土地上，伴随这一过程的是这些入侵者内部发生了深刻的社会变化。最为可观的当然是涌现出了土地贵族，出现的时间或迟或早（专家对此仍然争论激烈），它的社会地位和功能类似罗马帝国晚期的元老院成员。在这一演变中，王室分配国家土地和无主地的做法起到明显和主要的作用。从萨利克法时期起，我们已经可以察觉到某些痕迹，但似乎主要是到了下一代，这一集团才最终形成。随着赋予法兰克人地方长官的行政权力，法兰克王国在政治领域圈定了一个领导集团。

普通人在越过莱茵河后也经历了变化。多亏了考古学家对5世纪高卢北部“行列式坟墓”的研究，使我们对变化的深刻程度有可能作出推测：在丧葬习俗上，一切均发生了变化。人们首先考虑到造成变化的因素之一是官方皈依基督教，但事实上，这一因素的作用微乎其微：它甚至未能将极其古老的仪式抛弃，例如在墓穴中用火烧或者有时将尸体斩首。新的习俗是多因素综合的结果，包括罗马高卢传统、凯尔特残存复现和纯粹由日耳曼人带来的因素。这种化合也许开始于公元476年以前，出现在罗马帝国设置在高卢的日耳曼人殖民地：人们将死者放入石棺或石板箱中埋葬，墓穴规则地平行排列，死者的姿态是脚在东而头在西，陪葬品有武器和珠宝，有时有陶器和其他的祭品。

尽管法兰克人发生了变化，但他们也向高卢输入了一种“战争文化”，这是一种所有自由民均为战士的文明，他们随时准备拿起武器，法兰克将之传给了罗马高卢人的后代。明确的社会界限在罗马帝国晚期是将士兵与平民区分开来，平民被解除了武装，消失了几个世纪：这是古代史与中世纪史交接点之一，它具有深刻的政治、行政和司法方面的后果。除了国王和某些重要人物的周围的卫队以外，再也没有了常备军。然而，一直到乡下最偏远的地方，所有的成年自由民都以自己的剑感到骄傲，懂得一旦需要就会挥剑相向。如此这般的社会是很难按照事无巨细的行政管理方式来维持：在克洛维之后，大部分想在高卢征收直接税的人在碰鼻以后很快就明白了这一点。国家在经济上的约束失去了任何意义。司法也不再来自上面：对违法者的司法审判来自当地武装自由民的压力，他们聚集于设在空旷地里的封建法庭，由此组成主要的司法机构。随着文化的退步，法兰克社会在所有层面都由暴力主宰。久而久之，教会也不能完全幸免而不受到传染。

然而，正是在主教团周围，聚集了罗马领导阶级的最后幸存者，聚集了古代思想体系的最后继承者。从“平民”与“军人”对立的意义上来说，我们可以说，在很长一段时间里，教会成了平民社会的避难所。只有在它内部，位阶不取决于人们拥有武器和使用武器的能力，而主要根据每个人的道德水准和知识水平。

136 新社会通过它的法律表现出来。所有的日耳曼民族也许都拥有自己的法律。我们不知道，这些民族在大草原的时候的法律情况，但每个日耳曼“民族”，在入侵西欧之后，一旦获得喘息的机会，就十分关心通过形成自己在法律的体系来确认自己民族的特性。我们保留有在高卢地区的大部分法典，因为在罗马人的影响下，这些法典采用了成文法的形成。这些法典有：在法兰克人中著名的萨利克法（loi salique，最早的版本在公元 507 至 511 年之间）、西哥特人的厄里克法典（le code d'Euric，约公元 470 年至 480 年）、勃艮第人的贡伯特法（loi Gombette，由西哥特王贡德博制定，约公元 501 至 515 年）。尽管法律强调民族的独特性，但它们具有共同精神：家庭的团结互助、借助“神的判罚”（神裁）、用于证实指控或为被告脱罪的“涤罪”证誓、用精细的金钱价目处理司法案件甚至刑事案件、在负责审判的自由民面前极端程式化的口头诉讼程序等等。历史学家对这些有别于帝国晚期罗马法典的特征印象深刻，因此最初大家倾向于认为 5 世纪至 6 世纪这些法典是纯日耳曼人的产物。但进一步的思考在没有否认这些入侵者的主要贡献的前提下，对以前的评价作了微调，从日耳曼人的法律体系中区分出一些在越过莱茵河才出现的因素。例如，“因人适法”这种奇怪的做法，即审判时依据的是被审判人所属的民族法律，而不是依据诉讼案所在地的法律，不一定具有普遍性（哥特人和勃艮第人对此也许并不知晓），同时也不一定如人们认定的那样纯粹来自日耳曼人（罗马人对接纳到自己领土内的日耳曼移民和日耳曼士兵早就采取这样有利于他们的做法）。不止这一条，罗马不成文的习惯法可能为其他一些日耳曼成文法律铺平了道路。总之，法律也和其他所有墨洛温文明因素一样，它是综合的产物。但是，由于法律起草的时间非常早，法律方面的综合就相对来说有了比我们在其他领域看到的情况更多的日耳曼因素。

鉴于萨利克法对于未来发展的重要性，值得我们对它作细节上的补充。它有许多版本：由 65 章构成的最古老的版本可以追溯至克洛维统治后期，约公元 507 年至 511 年之间，似乎适用于从“炭用林”区（比利时中部）到卢瓦尔河之间的领土。然而，由于我们现在掌握的版本没有早于 8 世纪晚期的，它有可能遭到后人的添加，例如在货币方面就有这样的情况。即使如此，罗马和基督教对该法律的影响非常有限（除了这些法律文本是用拉丁文书写）。它是一部日耳曼因素深厚的法律（基本的技术用语至今仍未译出），非常程式化，主要关心的问题是维持国内安定，或者通过细致入微的程序奠定这种安定，不受任何行政权力和公共权力的干预。但某种程度上，法律也照顾到了法兰克王国刚刚征服那片广袤土地。与传统观点（现在还不断有人重复）不同，里普埃尔法[1]绝不是萨利克法的翻版，它适用于法兰克的另一个部落，但我们掌握的是这一法律在科隆地区传承到 7 世纪的形式。

在此，公元 5 世纪末奠定的基础表现出它的历久不衰。直到 10 世纪，在高卢所有的司法仍然受到"蛮族"法律框架的支配，或者受到取代罗马高卢习惯法的罗马法律翻版框架的支配。然后，在 10 世纪至 12 世纪，中世纪第二时期之初以司法的无政府状态为标志，许多法兰克法律的痕迹转化为习俗，这些习俗支配着法国北部，一直延续到法国大革命。

试作小结

137 从比例来说，公元 5 世纪日耳曼入侵的冲击比起 3 世纪下半叶的冲击来，给高卢留下的直接印记要小得多。我们似乎有些高估了它，原因在于它动摇和摧毁了罗马帝国的政治结构，伴随这一过程的是日耳曼人大规模的殖民。然而应该承认，这一冲击基本上没有改变城市的分布和城市的命名：城市被烧毁后，顽强地得到重建，由此反映出人们仍然需要城市的功能，城市仍然是同一行政区划之首；应该承认，它比 3 世纪的灾难对乡村庄园的摧毁也要少；应该承认，它还表现为人们埋藏金钱的行为非常少，高卢的贫困不足以解释它和 3 世纪灾难的差别；最后应该承认，它基本没有触动宗教结构，但让教会更现代，与国家联系更紧密。也许不能用日耳曼人在公元 406 年的暴力行为来解释他们获得了更大的成功，可能更为重要的是这些事件的发生时间：

① loi ripuaire，属于法兰克人里普埃尔分支的法律。

它们在许多其他事件发生后突然喷发，而且在罗马世界各地同步出现。日耳曼人发现这时的罗马世界已经衰败，自皇帝马可·奥里略以来罗马帝国所能做的强力反应和重建已经难以为继。这也不是由于克洛维是蛮族国王中最强有力者（差远了）而使他获得成功，而是因为他是最晚到来的。唯有他，有足够余暇从容定居下来，因为在他的身后已经没有其他民族推着他了。法兰克人唯一值得担心的东方邻居是撒克逊人，但他们在这一时期对大陆扩张不感兴趣。

高卢因此从罗马的地中海帝国中、从罗马普世主义的野心中、从辉煌的罗马文明中被分离出来，全部落入日耳曼部落的控制下。而对于日耳曼人来说，高卢是一块有待开发的土地。然而，罗马的印痕已经太深，足以在政治大厦解体以后没有造成全部事业的彻底毁灭。罗马留给高卢一个非常突出的遗产继承者：天主教会，这是罗马文化和罗马语言的承载者。罗马还留给高卢它的城市、它的纪念式建筑、它的道路、它的行政构架，以及在以后的一两个世纪里它的经济构架。罗马的阴影仍然高高在上，笼罩着整个墨洛温王朝的历史，由此也笼罩了整部法国史。法兰西准备成为古典遗产和莱茵河另一边的日耳曼世界的垂直平分线。

138 # 第六章　墨洛温王朝时代

公元 6 至 7 世纪：蛮族人、基督教和罗马残余因素的融合

一、地中海世界和日耳曼世界之间的高卢

公元 5 世纪末，高卢呈现出奇特的反差。撇开阿摩里卡地区不论（那里来自威尔士的凯尔特人开始形成并建立自治国家），高卢的北部和东部深刻地日耳曼化，而与之截然相对是卢瓦尔河以南的地区，南方部分仍然是罗马化的。来自埃斯考河畔和莱茵河畔的法兰克人以及阿拉曼人所安身立足的是罗马化程度极为肤浅的地区，随着日耳曼人的移入，土地被这些新移民所占据，这一地区的罗马文化因素消失殆尽。在日耳曼语与罗曼语实际分界线以北和以东，存有为数最多的日耳曼人的坟墓。塞纳河和默兹河之间的地区，虽然没有遭受日耳曼人的大规模殖民，但受日耳曼的人影响并不小。由于日耳曼人入侵造成城市的破坏，这里的城市生活大大衰退。罗马高卢的农民与日耳曼人没什么区别，书写文字消失了，这一时期留下的碑文极少即为明证。在摩泽尔河与莱茵河谷地区，存在着一些保持罗马文化的孤岛，但由于它们的孤立状态，注定会在世界上消失。教会组织难以长期抵抗，当地传统的异教得到日耳曼因素的支援而得以强化，恢复了活力。由

于与日耳曼人的国土过于接近，现在应该称之为“蛮族人”的高卢似乎命里注定要与被罗马抛弃的世界同甘共苦。

卢瓦尔河与朗格勒高地以南地区的命运截然不同。如果我们扫一眼发掘墓葬的分布图，我们就会发现，蛮族人的坟墓在这里并不太多。或者如同在勃艮第王国那样，虽然蛮族人的坟墓不少，但主要集中在汝拉山区，以及杜河和索恩河河谷的高地上。勃艮第法律讲究的是根据“驻军法”程序将土地在罗马人与日耳曼人之间瓜分，但没有迹象表明，勃艮第居民人数众多。对于阿基坦地区来说，日耳曼人的印记微不足道，只有若干座阿尔比热瓦坟墓和少量地名显示哥特人曾经光顾过这片土地，也许在福耶战败后还继续留在那边。在夏朗热瓦发现的一些武器也许属于从海上侵入的撒克逊人，而阿基坦的其余地区几乎是空白。奥弗涅地区拥有天然屏障，特别有效地抵御了所有的入侵。法兰克人能够在政治上征服阿基坦，但他们没有在那里殖民。在大部 139
分时间里，他们将城市的治理交由旧罗马元老家族的罗马高卢人。

在这些仍然保持罗马文化的高卢地区，城市的角色依然如故，虽然不再具有行政上的意义，但至少在经济上仍然重要。直到 7 世纪中叶，人们还可以在城市中遇到叙利亚商人或来自犹太居住地的商人。罗马的道路系统保证了城市之间的商品贸易，也保证了与地中海港口城市的联系，如西班牙和意大利的港口城市。马赛、阿尔勒、甚至波尔多与东方仍然保持联系。罗讷河谷始终是商品流通的大通道，一直设置到沙隆为止的商品运输税关卡，直到 7 世纪还不断地征收输入商品税。虽然贵族远离城市，但他们并不完全与之脱离，尤其是在普罗旺斯地区和勃艮第地区更是如此。

这些在旧罗马时期可以出任元老院成员的贵族保留了其祖先在罗马帝国时代那样的生活方式。阿维蒂家族、夏格利家族、阿波利奈尔家族为自己的祖先感到骄傲，他们也如他们的祖先那样为民事和教会的管理机构输送了不少的官员。他们按照百年传统安排他们的乡村领地。如果我们将 4 世纪的奥索尼乌斯、5 世纪的希多瓦纳·阿波利奈尔、6 世纪的福尔蒂纳对庄园领地的文学描述加以对比，它们的相似令我们感到惊奇。福尔蒂纳使我们认识了莱昂蒂家族所拥有的、地处波尔多地区的那些领地。领地上有领主居住带防御设施的房子，有温泉浴室，有私人教堂，有大量的奴隶，有定居在采邑上的外来户：我们仍然处在罗马时代。

此外，贵族继续保持着与古典文化的接触，想以自己对古典文学的熟知而显得与众不同。和东哥特人统治的意大利和旺达尔人统治的非洲一样，他们再也不可能将自己的孩子送进语法或修辞学校，最后一批公共学校在5世纪末在高卢消失。于是，只有在家庭内部，古典知识才得以传承。家庭教师，更多的时候是自己的家长启发孩子对文学的崇拜，让他们接触家庭图书馆所珍藏的图书。对古典文化的这种迷恋直到7世纪第一个30年时间里还在普罗旺斯、勃艮第和阿基坦的一些家庭中保持着。

对于北部高卢和南部高卢这种反差，当时的人就清楚地感觉到了。直到8世纪中期，法兰克人还一直称阿基坦人为“罗马尼”。而在阿基坦人这一边，他们为自己从属于罗马世界而自豪，并不想了解日耳曼文化。6世纪最好的见证者当推格雷戈里·德·图尔，他虽对国王们的所作所为了如指掌，但却未能理解法兰克人的司法习惯和社会风俗。

在法兰克人一边，他们被南方所吸引，到6世纪与地中海世界发生了联系。克洛维梦想占领贡德博[①]的勃艮第王国和普罗旺斯的地中海沿岸地区。他未能如愿的事由他的儿子们完成了：勃艮第新国王西吉斯蒙被打败，他的王国很快被法兰克王子们瓜分（公元533—534年）。普罗旺斯在537年被东哥特人抛弃，落入墨洛温家族之手。因此，轮到法兰克人开始染指地中海，这可以说是所有蛮族人梦寐以求的目标。法兰克人拥有了阿尔勒和马赛这两大财政的重要来源。克洛维的孙子提奥德贝尔特得到一些罗马高卢精英分子支持（尤其得到毕业于拉文纳学校的贵族帕特尼乌斯的支持）。在这些精英的影响下，

① 即贡多巴德（Gondobald），勃艮第国王（公元480—516年在位）。

提奥德贝尔特想要效仿罗马皇帝在阿尔勒的角斗场中举办赛马会，甚至胆敢铸造以自己的头像为图案的金币，此举惹恼了拜占庭人。提奥德贝尔特的儿子提奥德巴尔德是他与一位朗格多克女贵族联姻的产物，这位儿子忠实地执行他的地中海政策，企图占领意大利北部地区。法兰克此次向阿尔卑斯山另一边的扩张由于伦巴第人征服了意大利而遭遇挫折。奥斯特拉西亚的国王们（控制着普罗旺斯的部分地域）开始与拜占庭的皇帝们结盟。虽然这一结盟由于法兰克人过多地关注于黄金来源上的利益而并没有达到预期的结果，但它打开了蛮族人通向古 140
典文明中心的一扇窗户。公元631年达戈贝尔特[①]与埃拉克里乌斯[②]互派使节是这一联盟的最高潮，同时也意味着这一政策的结束。当时，东方物品，如丝绸、调味用香料、植物香料、乳香、纸莎草纸等源源不断地运抵高卢。朝圣者从圣地带回许多来自东方的圣物。铸钱者不缺黄金，他们铸造成色很好的货币“特连特斯”（相当于金币“苏勒德斯”[sou]的1/3）；金银匠也不缺黄金，著名金银匠如艾鲁瓦之类开始为大人物们服务。我们需要等到7世纪末才会看到形势的逐渐逆转。

此外，法兰克人渗入高卢南部也使得“蛮族人的”高卢获利。人们也许会认为，克洛维和他的后继者深入到卢瓦尔以南地区，会使整个王国更加蛮族化。而事实上，却是产生了完全相反的效果：南方帮助北方“重建”。多亏了阿基坦，高卢北部和东部的教会得到重组。公元534年蒂埃里国王[③]将阿维尔尼的教士带到特里尔，为那里的教会服务；阿基坦人戈阿尔和弗里多兰在摩泽尔地区建造了修道院；特里尔主教尼塞出生于利穆赞，他吁请在南方帮助恢复他的教堂；菲利贝尔、艾鲁瓦和阿芒这些7世纪著名的传教士也都是阿基坦人。为主教们和国王们效力的建筑师们在巴黎、奥塞尔和谢尔河畔塞勒等地建造了罗马式的长方形大教堂，柱头、石柱和石棺的切割加工在离比利牛斯石矿不远的地方完

① 墨洛温王朝国王，公元629—639年在位。

② 拜占庭皇帝，公元575—641年在位。

③ 墨洛温王朝的奥斯特拉西亚国王，公元511—534年在位。

成，然后通过水路运往北方建筑工地。

高卢南部不仅提供教士和艺术家。它还向北方君主们提供有学问的顾问，这些顾问使君主们熟悉了罗马的行政运作。在墨洛温最初的那些国王周围，我们发现有罗马高卢籍的帝王客卿，有萨利克法典的拉丁语编纂者等。还有一些人，如帕特尼乌斯，他们鼓励国王们建立起针对人头和地产征收的直接税制度。在与这些文人接触的过程中，法兰克贵族在书写文书上有了进步，他们起草遗嘱，请人订立书面的买卖和赠与契约，《文书汇编集》（Formulaires）为我们留下了这些文书。到了 7 世纪，在日耳曼文明的国度里，书写文字由此出现。我们可以通过对萨利克法典、里普埃尔法兰克人的法律和巴伐利亚人的法律的比较对此作出判断。6 世纪的法兰克的君主并不拒绝学习拉丁语。意大利人福尔蒂纳长期居住在奥斯特拉西亚的宫廷之中，与法兰克人建立了深厚的友谊，这一点可以从他们的书信往来中得到解读。没有迹象可以让我们断言，他的通信者读不懂他的行文。相反，我们有证据表明，若干个所谓的“蛮族人”（如宫相戈果）对拉丁文学表现出了浓厚的兴趣。纽斯特里亚国王希尔佩里克自吹是一位诗人，他学着罗马皇帝克劳狄的样子，在拉丁字母表中增加了 3 个字母。正是在这个时期，关于法兰克人起源于特洛伊的神话开始形成，这样的神话使得这些蛮族人有权自立于文明世界之林。最后，作为狂热基督教徒的法兰克君主和贵族成员们体会到，他们新的信仰首先需要有最低限度的文化基础。正是通过该宗教形式，拉丁文化才得以维持。

高卢因此利用了这段漫长的罗马文明黄昏期。然而，到 7 世纪末，情况发生了变化。日耳曼文化因素似乎战胜了罗马因素，给墨洛温王朝下的高卢带来另外一张面孔。我们不要忘了，当法兰克国王们从地中海一边东张西望的时候，他们在原来蛮族人的土地上也取得进展。兰斯和梅斯的国王们（蒂埃里、提奥德贝尔特）和克洛泰尔一世征服了巴伐利亚、莱茵河内侧的阿拉曼尼亚和图林根。图林根的女君王拉德贡德嫁给了克洛泰尔。巴伐利亚人保留了他们本国的大公，但这些大公受法兰克人控制。公元 539 年起，法兰克人的国王写信给查士丁尼[1]：“我们的统治到达了多瑙河，到达了潘诺尼亚[2]和海洋的边界。”在多瑙河流域中部和波希米亚山区，法兰克人与斯拉夫人和阿瓦尔人的世界发生了接触。 141
从 6 世纪中叶起，源自亚洲大草原、定居于潘诺尼亚的阿瓦尔人进击法兰克人，俘虏了法兰克国王西吉贝尔特。596 年，阿瓦尔人进攻图林根。一位名叫萨莫的商人在 7 世纪初领导了斯拉夫人抵抗阿瓦尔人的斗争。他最后成功建立起一个小王国，大致相当于今天的波希米亚地区。为了对付他，法兰克国王达戈贝尔特将巴伐利亚人、伦巴第人和奥斯特拉西亚人联合起来，但还是未能击败他。在这则有关萨莫的故事（只有化名为弗雷戴加尔的人提到过它）的背后，我们可以联想到日耳曼人地域与多瑙河诸国的商业联系，甚至经多瑙河诸国与东方的联系。法兰克人则通过另一途径找到了通向东方的道路。

法兰克人在日耳曼人土地上的扩张使他们保留了与其原始居住地的接触，因此也保留了他们文明的日耳曼特征。在 5 世纪末编纂而成的《萨利克法典》使我们能够对法兰克人的社会和他们独特的司法惯例有所了解。军事首领被认为是神的后代，他通过一些外部标志与其他战士区分开来，其中比较著名的就是他的长发。他的周围有一群贵族，或世袭贵族或通过才能而晋升的贵族。他将土地和战利品分配给他们（最著名的苏瓦松金杯的故事说明分配战利品并非易事）。他死后，他的儿子们每人得到一份遗产。因此，墨洛温王国在 6 世纪和 7 世纪不断地被瓜分，丝毫不考虑民族因素和国家概念。法兰克人大部分由自由民构成，他们可以佩带武器，拥有并耕种自己的土地，他们也是奴隶主，奴隶或是战俘，或是无法偿还债务的欠债者。

法兰克家庭保留了以前的传统。父亲是一家之主，拥有对子女的绝对权力，直到女儿出嫁或儿子到 12 至 15 岁被武士阶层所接纳。家庭对家庭所有成员的过失均负有责任，它要负责清偿债务，如果它的

① Justinien，拜占庭皇帝，公元 527—565 年在位。

② 旧罗马帝国行省，位于多瑙河中游。

成员受到伤害就要去复仇，当它的成员犯罪时就要付出“血的代价”。《萨利克法典》让我们了解了一个被称为“克勒纳克鲁达”的诉讼程序，根据这一程序，一个无法清偿债务的法兰克人可以将他的财产和债务转移给他的家庭。犯罪之人首先要发誓保证他已经没有了任何财物，接着在他屋内四角抓一些尘土，然后用左手将尘土从肩上掷向他关系最近的亲属，最后，他身穿内衣，不系腰带，不穿鞋子，跳过围住他房子的篱笆，意味着他完全将房子放弃。

这个仪式仅仅是中世纪欧洲承继自日耳曼人司法程序一例而已。类似的例子，我们在“人身补偿”这一习惯做法中又一次看到。“人身补偿”是为了减少过度的私人报复行为和根据神的意愿建立秩序而设立的一种习俗。日耳曼人和许多原始民族一样，他们设计的对受害人或受害人家庭的赔付根据的是比例原则，赔偿的数目依据的是罪行的严重程度和受害人的社会地位：一位正当年的男子比小孩、比老人和比妇女“值钱”；伤及食指比伤及其他手指要支付更多的钱，因为食指是用来拉弓箭的。“当打击头部，造成脑子外露或遮盖脑子的三块骨头裸露：赔付 30 苏勒德斯金币；夺去他人之手、脚、眼、鼻：赔付 100 苏勒德斯金币；如果手还垂挂着，减为 60 苏勒德斯金币。”同样详细的规定还涉及损害财产、破坏篱笆、偷盗牲口、侮辱妇女等行为。勃艮第法律判处想要触摸自由民妇女头发的男子罚款 24 苏勒德斯金币，而巴伐利亚人的法律规定，如果某人将妇女的服装撩至膝盖以上将要赔付 12 苏勒德斯金币。在《萨利克法典》中，男性自由民握女性自由民之手、臂或手指，一旦证实，将赔付 15 苏勒德斯金币；如果按压上臂，付 30 苏勒德斯金币；按压肘部以上，付 35 苏勒德斯。

所有法兰克人的生活行为均带有宗教色彩。非常接近凯尔特人旧习俗的异教没有丧失它的能量，甚至在克洛维和他的战士们皈依基督
142 教以后亦是如此。对墓葬和陪葬品的研究足以证明日耳曼人的信仰继续存在。我们在武器上、首饰上和石头上读到的北欧古文字铭文基本上具有巫术上的意义。它们保护佩戴这些物品的人，它们的词意对于

大部分人来说始终是“秘不可宣”的。在腰带扣上呈现出来的动物形象：鹿、马、半马半鹰有翅兽、公牛、鸟等等也同样证明了这种来自远方还不愿寿终正寝的宗教的存在。

墓葬发掘揭示出的冶金技术表明，法兰克人、阿拉曼人和勃艮第人一直与日耳曼人世界保持着联系。铁匠在法律规定中和在神话传说中被人们看作是社会的重要人物。6 世纪拜占庭编年史家普洛可庇在意大利看到提奥德贝尔特士兵的武器装备时，深感震惊：“只听一声令下，他们习惯性地将手中的斧子扔出去，将敌人的盾牌劈得粉碎，由此足以置敌人以死地。”在一封卡西奥多鲁斯①给瓦尔尼人（定居在图林根的一个民族）国王的信件中，使我们得以了解一位地中海人对日耳曼长剑的羡慕和赞叹，“这是甚至能够切开盔甲的剑”：“你们的祖国可谓得天独厚，它使你们获得了独特的名声：这些剑的精美有理由认为它们是出自锻造之神伏尔甘之手，他把铁锻造得如此优雅，这些手工作品似乎不该是人的产品，而是神的产物。”在日耳曼人的史诗中，锻造之神以威兰②的形象出现。日耳曼金银匠同样声誉卓著。日耳曼人的工艺和手艺是否借鉴了其他民族，这并不重要。基本的事实是，他们将金属别针，将带有动物图案彩色装饰的腰带扣传播到欧洲北部广大地区。墨洛温人是工艺大师，他们在 6 世纪和 7 世纪不断完善他们的技艺，然后将工艺传递给他们的后继者加洛林人。

多亏了日耳曼人的创造力，墨洛温人抵制了地中海地区的影响。当古典文明开始消亡之际，他们将自己的统治建立在民族传统的基础之上。

7 世纪末，我们目睹了高卢重心非常有意思的转移。克洛维及其最初的继任者将他们的首都建在纽斯特里亚，即位于索姆河和卢瓦尔河之间的国土，希望以此在罗马高卢势力和日耳曼势力之间取得一种平衡。在对莱茵河以东土地的征服过程中，他们从来没有寻求将国家

---

① 古罗马历史学家，约公元 490—约 585 年。

② 北欧史诗《尼卜龙根之歌》中的铁匠。

的中心东移。一如罗马帝国时期一样，莱茵河仍然被视作边界。

但当拜占庭在西方的失败已成定局之际，当人们已经清楚地感受到阿拉伯人侵入地中海地区的影响时，一切就不一样了：普罗旺斯任由它自生自灭，通往意大利的道路固定在更北面的地方，即穿越阿尔卑斯山。长期保存着古典文明的阿基坦地区对法兰克人再也不具吸引力。处于马恩河和莱茵河之间的奥斯特拉西亚成了王国真正的中心。在这里诞生出一些大贵族家族，地多人众，其中就有丕平家族，即加洛林国王们的祖先。默兹河谷的埃和兰登、摩泽尔河畔的梅斯被贵族们选作居住地。由奥斯特拉西亚贵族资助的基督教传教士们在阿拉曼尼亚、图林根和弗里西亚建立了教堂，并与新皈依基督教的盎格鲁-撒克逊人的小国建立了直接的联系。高卢北部的修道院成了宗教文化，甚至世俗文化仅存的中心。同时，由于高卢、爱尔兰和英格兰之间的商品交换，大西洋贸易得以发展。塞纳河、默兹河和莱茵河的出海口迎接着来自不列颠群岛的商船。鲁昂、康什河畔的冈托维克从此获得了活力，预示了光辉的未来。盎格鲁-撒克逊籍和弗里西亚籍的商人自公元 674 年起用一种新的银币“塞塔”，这种银币仿制金币，很快
143 取代了传统货币。由此在“北欧地中海”形成了新的贸易，北海和芒什海峡两岸的国家可以进行商品、人员和思想的交流。墨洛温高卢从这一经济和文化中心的北移中得到好处。当其他日耳曼王国难以适应新的政治格局，成为地中海世界局势动荡（拜占庭人退守东部，阿拉伯人入侵等）的牺牲品时，高卢由于保持了与日耳曼世界的接触，不仅抵消了动荡的影响，而且成为唯一稳定的国家，所有的日耳曼势力都围绕着它而聚集起来。

公元 739 年，教皇在受到拜占庭和伦巴第人的威胁时向墨洛温王朝的宫相查理·马特求救不是没有理由的。查理·马特刚刚在普瓦提埃取得对阿拉伯人的著名胜利。如果此次求援没有取得成效，那么 754 年的求救则有了实际结果。自此，欧洲的两大势力，精神的和世俗的势力，即教皇和法兰克人的君主结成了联盟。

二、墨洛温君主的行事方式

国王和他身边的人

法兰克国王们源自墨洛温家族，原先属法兰克人的小首领，多少带有一些传说的色彩。他们的势力得自他们家族传说中的神圣起源和他们好战的美德。甚至克洛维的名字（Clovis，相当于法语中的路易）原意即为“善战”。君主要得到自由民大会的确认，而自由民事实上是贵族战士。国王行使绝对权力，但经常只是理论上的。事实上，部落首领的特征逐渐与在数年间由于征服而扩大的王国相适应。由此产生出困难和妥协。国王的头脑里丝毫没有罗马时期那样的国家概念，总是将他的王国看作是应该在他儿子间瓜分的财产。他自然而然地将个人的财产和共同体的收入混为一谈。他领导他的臣民有如领主对待其土地上的农夫，丝毫不考虑他们的宗教归属和地区归属。墨洛温家族在不同领地瓜分中常常将不同的民族置于同一个政权之下，其中有阿基坦人、奥斯特拉西亚人、纽斯特里亚人和普罗旺斯人等。而不同的民族似乎对此也没有反应，因为事实上，他们对这一政权可能一无所知。历史上很少提及有人民起义反抗，除非纳税人被征收太重的赋税。在这种情况下，征税者被杀死，之后生活又恢复了常态。

国王的权威仅限于他周围的人。在罗马高卢因素的影响下，君主依照帝国模式建立了朝廷。有些“官员”管理着王室的马厩（后来发展为王室总管，再后来发展为元帅）、王室的用餐和王室的法庭。一位宫相控制着管理国王地产的小管家们。因为已经有“国王凭自己的收入生活”的说法，他的生活来源大部分来自自己的财产、原来帝国的国库和新征服的土地。可能是由于经济上的要求，也可能是由他的祖先在乡间迁移的传统而产生的喜新厌旧的偏好，国王在一块领地生活一阵后又转移到另一领地。尽管克洛维在巴黎设立了“王座”（用格雷戈里·德·图尔的话来说），但墨洛温王朝的国王们偏爱森林地带的乡间住所，如舍莱、克利希、诺让、吕埃伊、维尔贝里等地。他们将城市用作避难所或自己的墓地：在巴黎，圣徒修道院，即圣热纳维埃芙修道院接受了克洛维及其妻克洛蒂尔德的遗骸；圣日耳曼-代-普雷教堂埋葬着希尔德贝尔、希尔佩里克和克洛泰尔二世的遗体；后来，圣德尼教堂取而代之。我们就此看到了日耳曼传统和罗马传统妥协的例证。

墨洛温王朝的国王本身属蛮族人，但他时不时地会想到，他所领导的人民是习惯于罗马治理方式的。由“宫廷大臣”推动的官僚体制
144 萌芽由此开始显现，国王的训诫和敕令之类的告示也由此诞生。我们观察到，在很长一段时间里，罗马帝国的行政传统还是存在（纸莎草纸的使用，僧侣书写体，官吏头衔等）。熟知《文书汇编集》和古典立法文风的世俗公证人让人产生一种错觉，似乎书写文字在行政管理方面始终扮演着重要的角色。然而，在公元 7 世纪中叶，随着世俗文化的消失，它们的功能也失去了现实意义。口头担保、手按着圣物发誓这些做法流行起来。

国王要使人敬畏，就需要拥有重要的金库和供自己驱使的军事力量。所有墨洛温王朝国王均喜欢在自己的“房间”里收集黄金，形式多种多样：金首饰、金条、金餐具、金币等等。他们常常炫耀他们从拜占庭得到的或从被征服者那里没收来的这类物品。他们搜刮罚没的物品、间接税（货物运输税等）税收，以及在他们最终决定征收直接税后的直接税。作为铸造货币权利的继承者，他们发行铸有自己头像的金币，即价值相当于苏勒德斯 1/3 的“特连特斯”。但他们不能阻止一些工场私铸钱币。

日耳曼人的传统是把所有的自由人都当作战士，他们受最高“人身赔偿”制度的保护。每年春季，国王将这些人召集起来，他们是同一种族的战士，也即法兰克人。然而，他也让一些罗马高卢人服军役，至少是那些富裕的土地所有者和他们自己的卫队。由于战争行动可以为他们带来财富，因此这些罗马高卢人自觉自愿地接受这些派遣。格

雷戈里·德·图尔曾经在一页书中叙述了贡特朗对塞普提曼尼亚[①]的远征，使我们能够了解“法兰克”军队的战斗行动：“居住在索恩河、罗讷河和塞纳河以外的人已经与勃艮第人会合，庄稼和牲口都遭到破坏。他们在自己的家乡进行了大肆烧杀抢掠，甚至洗劫教堂，杀害教士、神甫和处在神坛附近的其他人，然后他们冲进尼姆城中。”

伯爵们和主教们

国王要召集军队时，就求助于其派往各个居民点的代表，这些代表就是“伯爵”。在非常巨大的居民区，他将地域再划分为小区，称为“帕吉”。伯爵（日耳曼语叫 graf“格拉夫”）拥有全权：掌握行政权、司法权、财政权和军权。他由国王任命，原则上也可以被国王撤换。墨洛温王朝的国王们在高卢南部让罗马高卢的元老院贵族们行使这一职能，似乎国王对他们没有什么抱怨。一件保存到现在的授职书让我们看到了当时国王对伯爵的要求：“鉴于你的忠诚和热诚，我们将一直如此管理之帕吉的伯爵权授予你，这是为了让法兰克人、罗马人、勃艮第人和所有其他不同来源的人能够在你的管理和统治下和平相处；这是为了让你带领他们遵守他们的法律和习俗走正确的道路；这是为了让你特别成为寡妇和孤儿的保护者；这是为了让你无情地惩罚盗贼和罪犯；这是为了通过你的作为，让人们和平、安宁和幸福地生活；最后，这是为了让你亲手将每年该上交的一切交到我们的金库里。”这也许可以称得上是不错的纲领，且似乎受到罗马法律和基督教教义的影响，然而，在当时那种艰难时刻，要实行起来殊非易事。

伯爵有可能成为公正的法官，也有可能成为暴君。他的周围也有显贵[②]相助，帮助他主持法庭，根据他的法律作出审判，或者利用他的绝对权力剥削人民。有些国王（如达戈贝尔特）于是组织在王国内的巡视，让有些案件可以上诉到王家法庭。伯爵们没有薪俸，因此他

① 古代高卢南部沿海地区，位于罗讷河与比利牛斯山之间。

② 拉丁语作 boni homines，意为“大人物”。

们有意增加罚款和税收，以致百姓们转而支持居民区的二号人物：主教。

145 事实上，自从国王皈依基督教以后，主教就已经成为国王权力的另一位代理人。国王们仔细监督教会的选举，向教士和百姓这些传统的选举者提出他们认为对他们忠诚又具有管理能力的人选，这些人选或是教士或是世俗人员。在日耳曼人入侵的时候，主教承担起保护民众、与侵略者谈判和修复围城后留下之废墟的责任。5世纪和6世纪，他们继续关心世俗事务的管理，当公共权力衰弱时，人们就介入进来。南特主教费利克斯就是一例，他不仅建造了一座大教堂（福尔蒂纳对此有描写），而且还在卢瓦尔河畔设置了一港口，建造了一批磨坊。同样的例子还有特里尔的尼基耶，他在摩泽尔河畔建造了一座壮观的宫殿，他就像一位大庄园主对此进行经营。狄迪埃·德·卡奥尔修复了该城的城墙，对通过水路运送生活物资非常感兴趣。当征税人所索要的赋税过重时，主教也会干涉：布尔日主教乌斯特里耶和他的继任絮尔比斯阻挠王家官员加尔尼埃征税；因茹里奥索斯·德·图尔用圣马丁会发怒这类说法威胁征税者。主教们不仅干涉与教士有关并按教会法处置的司法案件，他们也介入所有普通公民的案件。希尔德里克国王对格雷戈里·德·图尔呼吁道："噢，主教，你应该关注所有的司法审判！"逐渐地，主教们利用世俗世界的困难，将他们的世俗权力进一步扩大，甚至到7世纪末，他们成了居民区唯一的首领，奥顿的主教莱热就是如此。

贵族

不论他们是世俗的，还是属于教会的，领导王国者一般来自贵族。但是，他们属于何种贵族？罗马高卢的？抑或蛮族的？罗马高卢元老院贵族的适应能力非常强。让我们看一下阿波利奈尔家族：希多瓦纳·阿波利奈尔一直忠于罗马帝国，参加过保卫遭到厄里克领导的西哥特人进攻的克莱蒙；他的儿子在福耶战役中却站在西哥特人一边反对克洛维；他的孙子阿卡迪乌斯则邀请法兰克王希尔德贝尔特占领奥弗涅。上述接二连三的结盟可以解释为他们对政治权力的漠视。贵族保卫着他们的社会角色和他们的财产，这种情况就如罗马的元老院贵族在东哥特占领的意大利所做的那样，比如罗马贵族卡西奥多鲁斯所做的那样。他们认为，挑选他们担任伯爵或占据一个教职是很正常的事。他们的文化、他们的财富以及他们的祖先造就了他们第一流的社会地位。在蛮族人一边，贵族是由国王的亲信构成的，他们在战斗中表现突出，并在战利品的瓜分中获得了土地。他们常常是国王“近卫军”的一部分，即他们是通过对国王效忠而与国王联系在一起的。他们追随他们的主人参加国王与国王之间的战斗，一旦恢复和平，他们可以索回他们失去的财产。至少我们可以在 613 年的巴黎敕令中看到这样的规定，其中第 12 条写道:“一位亲信，或‘近臣’，因忠诚于他合法的主人而失去的东西，我们命令给予归还。”

在 7 世纪，两大贵族通过罗马高卢人和法兰克人联姻开始合流。他们应召承担共同的管理任务。事实上，国王希望将王国各地的富裕家庭子弟都吸引到宫廷里来。征集工作没有定规，一般来说，能否进入宫廷全凭关系。当年轻人到达青春发育期，他就可以要求进入到“食客”团体中。宫相负责监管他们，并负责他们的教育。墨洛温时期年轻人的这种共同生活有利于在所有的宫廷官员中建立深厚的友谊。狄迪埃·德·卡奥尔在自己家里接受最初的教育后被送进克洛泰尔二世的宫廷里。他和年轻的王子达戈贝尔特一起长大。后来他向这位君主提及“这段在美好岁月里度过的、充满伙伴情谊和青春柔情的记忆”。在宫廷里，狄迪埃发现了其他一些阿基坦人，诸如纽斯特里亚人艾鲁瓦,诸如奥斯特拉西亚人达东（即以后的圣乌昂），再诸如未来的梅斯主教阿尔努夫等。与人们经常谈的情况相反，这些年轻人在 146
宫廷里没有受文学方面的教育。有些人已经在家里接受了这方面的教育，而另一些人则始终对古典文学一无所知。在宫廷的官员学校里，他们所学的是如何成为官员和战士。王室公证人培养他们从事行政实务，使他们能够主掌行政公署（如达东）或财政机构（如狄迪埃）。经过考验以后，他们可以升任伯爵或主教。

在此同时，这些年轻的贵族也可以掌握某些“生活艺术”。诚然，当时一些为圣贤涂脂抹粉的传记文学把宫廷描绘成藏污纳垢之地，但我们不必把它们太当一回事：因为传记作家为了拔高他们的主人公，不惜故意抹黑宫廷，说明在那个地方要获得圣洁困难之极。远在家乡、心存忧虑的母亲们也怕自己的儿子变坏。狄迪埃的母亲在写给儿子的信中，不乏一些语重心长地劝告：“要忠君，交友要谨慎，要敬爱和敬畏上帝，特别重要的是要保持贞洁。”然而，狄迪埃却对他在宫廷中度过的这段岁月怀有非常美好的记忆。他写信给他旧时的伙伴，对这段时间满怀悼念地写道：“我们穿着正当时的服装，围绕在尊贵的君主克洛泰尔周围，非常放松地谈一些无关痛痒的话题。”有一首可能在宫廷中所作的诗歌提到了这些廷臣们讲述的故事，其中还提到人们在竖琴和齐特拉琴的伴奏下歌唱。但没有东西保存下来可以使我们重建“墨洛温王朝的史诗”。墨洛温王朝宫廷并非是如有人向我们所描绘的那样的邪恶之地，至少在达戈贝尔特去世之前。宫廷的声望超越了高卢疆界，诺森伯里亚[①]国王爱德温的遗孀将自己两个儿子送到墨洛温王朝的宫廷里，以便让他们获得教育。到7世纪后半叶，宫廷经历了王权的衰落，它的声望要到加洛林王朝最初的国王时期才得以重新获得。

公元7世纪末的危机

在达戈贝尔特去世以后，一直以来或多或少受人顺从的国王们失去了他们的权威，也失去了他们统治的各种手段。王位落到一批因生活放纵或病魔缠身而早衰的青年国王手里，克洛维二世23岁时就去世了，西吉贝尔特三世死时27岁，其他的国王都没有活过20岁。贵族出身的宫相们不再满足于替王家的利益承担责任，他们想要主掌王国。如果国将不国，至少也得领导王国的残余部分。事实上，给高卢带来不少东西的阿基坦渐行渐远，已过上独立的生活。加龙河以南巴斯克

① 当时地处英格兰的小王国。

人的进攻迫使阿基坦贵族自选出地方领袖：约 672 年，“经杰出人物卢普公爵的思考”，当地召集了一次地方议事会。普罗旺斯也同样走向自治。在西部，聚居着许多凯尔特人的阿摩里卡地区长期以来一直让法兰克国王忧心忡忡；瓦讷和雷恩这两座罗马高卢人的城市不断受到威胁，墨洛温国王们为此不得不修建防御设置；达戈贝尔特曾经成功地劝说布列塔尼大公朱蒂卡埃尔来到克利希，与他建立一种类似封建制度的关系。但在这位墨洛温王朝最后的大君主去世后，布列塔尼人又重新找回了他们的独立。在东部，阿拉曼人和巴伐利亚人摆脱了所有的羁绊；撒克逊人时不时地渗透到图林根地区。在北方，弗里松人到达埃斯考河畔。最后，在内部，王国已经分裂成几大部分：纽斯特里亚、勃艮第、奥斯特拉西亚。每一部分都有自己的国王，都有自己的宫相。

此外，靠税收填充的国库越来越空虚，甚至间接税也越来越少。这些经济来源的消失和 7 世纪末货币铸造的停止恰好遇上政治危机。国王们为了赢得追随他们的人，将王室的特权放弃，将其交给一些个人，尤其是交给教会人士。“免税权”的出让也越来越多：伯爵及其代理人不再有权进入一些私人领地去征收罚款、行使司法职权和征召兵员。更过分的是，国王将他们领地的一部分割让给一些修道院，如 147
圣德尼修道院就从达戈贝尔特手里，特别是从其后继者的手里得到很大一块地产。国王将在秋季集市期间征收货物运输税而获得的利润交给修道院，但是，巴黎的伯爵们难于接受如此的剥夺。因此，相关的诉讼案件一直延续到丕平统治时期，我们今天还能看到存有此事痕迹的王家文书。

国王们寻求获得另外一些统治手段，其中之一就是让他们的追随者与他们保持牢固的个人联系。在罗马庇护制做法的基础上，补充日耳曼人随扈制的做法（对此，塔西佗业已提及）。贵族武士们周围簇拥着他们的受保护者，而这些接受贵族保护者反过来也要给贵族帮助和协助。国王因此就有了他的“近卫军”和他的“近臣”，这些人享受三倍的“人身赔偿”。这是一些国王值得信赖的人，但条件是国王要有足够的权威和足够的慷慨大方。然而，随着这两项条件逐渐消失，他们的追随者也越来越少，更有甚者，一些追随者改换门庭，为当时更有权有势者效劳去了。

由此，世俗贵族和教会贵族自己的被保护人，形成了后来的“附庸”的雏形。为了吸引这些“附庸”(该词第一次出现于公元 735 年的一件证书上)，大贵族们向他们送礼，而最常见的礼物就是土地。这些赠予或称之为“恩惠”，其最常见的情形是终身赠予，但要交少量的租税。由于请求者要向出让者递交一份“请求书”，因此，这些恩惠也称为“普雷卡里亚”(precaria，与“请求书”一词同音)，现代法语“不确定的”(précaire) 一词的出处就在于此。

从 7 世纪起，贵族们懂得利用保护者与被保护者之间的个人关系，操控几个王国的事务。例如，在勃艮第，奥顿的主教莱热从宫廷起家，曾经成功地建立起一个真正的公国。但他的对手、宫相艾勃卢万击败了他，并将他凌迟处死，而这一死反而让莱热得到殉道者的头衔，受到民众的敬重：法国有 56 个村庄以他的名字命名。在奥斯特拉西亚，有一个家族脱颖而出，这就是兰德斯的丕平家族。丕平是默兹河畔一大块庄园领地的领主，在达戈贝尔特时期，他担任宫相一职。640 年，他的儿子格里莫接替了他。格里莫觉得自己已足够强大，遂将奥斯特拉西亚国王达戈贝尔特二世流放到爱尔兰，并让自己的儿子取而代之。第一次政变后来流产，公元 662 年，墨洛温国王重登王位。然而，丕平家族并没有放下武器，他们在奥斯特拉西亚与另一强大的家族联手，这一家族之首就是梅斯主教阿尔努夫，即达戈贝尔特的老顾问。来自地产的力量又添加了教会的支持。丕平一世的孙子丕平二世，也称之为“小丕平”或用其领地的名字称呼他“埃斯塔勒的丕平”，和梅斯的阿尔努夫家族联合，召集了奥斯特拉西亚人，等艾勃卢万死后，在韦芒杜瓦的泰尔特里战胜了纽斯特里亚人（公元 687 年)。这次战役标志着墨洛温王朝历史的结束。

三、墨洛温文明的因素

这两个世纪充满难以尾随的跌宕起伏，既有内部纷争，又有连绵不断的入侵，但是，它却赋予了高卢新的面貌。从日耳曼和罗马两股势力的冲突中脱颖而出的墨洛温文明也许难以廓清，因为这一文明似乎没有全盛时期。所谓的“达戈贝尔特时代”仅仅延续了10年！中世纪高卢的面貌虽在慢慢形成，但在此时，我们似乎觉得它仍还未成型。然而，在这两个世纪的岁月里，这块土地上的男男女女生活着，或多或少生活过。那么，他们物质生活和精神生活的大致面貌又是如何的呢？

乡村景象

和罗马高卢一样，墨洛温王朝时期的高卢同样被大片森林所覆盖。 148
我们从若干文献得知，当时许多森林丝毫未受触动：炭用林横亘在布鲁塞尔至阿图瓦之间；以山毛榉树为主的阿登森林从庇卡底边缘地带延伸至艾费尔高原和孚日高原；巴黎盆地森林，有处在下白垩纪地质区外围的（阿尔戈纳和代尔），也有位于巴黎地区第三纪高地的（布里、瓦兹河地区、于勒普瓦）；还有佩尔什森林、夏特尔森林、下诺曼底森林、阿摩里卡森林、勃艮第高原森林、中央高原森林、加龙河中游森林等等。某些森林形成王国内部不同地区之间的分界线，如维柯涅森林、阿鲁埃兹森林、拉昂森林和苏瓦松内森林构成了纽斯特里亚和奥斯特拉西亚的分界线。然而，这些森林并非无人问津的纯自然领地，它们是非法者和隐居者的避难所。喜好打猎的墨洛温国王们把离他们住处不远的森林划定为打猎保留地。“foresta”一词大概出现在7世纪，指的就是王家打猎保留区。国王们有打野兽的特权，他们可以猎杀原牛、熊、野猪等动物。就农民，甚至也包括城市居民而言，森林对于食物（肉类、野果和蜂蜜等）、烧煮、取暖、建筑、玻璃和金属“加工业”、家养动物（尤其是猪）的放养等方面均不可缺少。

墨洛温时期的人们就如他们史前时代的祖先一样，仍然是狩猎者、采集者和畜牧业者。日耳曼人占据了高卢的土地，虽然他们在人数上还是少数，但他们的占据也许促进了边缘地区的垦荒。公元 6 世纪和 7 世纪，修道院在各地的设立又将垦荒延续下去。但工具原始和缺乏劳力阻碍了人们深入到森林密布的高原地带。

森林仍然是大领地的主要组成部分，不论是罗马高卢人的领地还是法兰克人的领地，我们可以通过某些赠予书和遗嘱，通过某些地名看到它们的身影。罗马类型的大地产在高卢南部地区长期存在。希多瓦纳·阿波利奈尔、福尔蒂纳和格雷戈里·德·图尔的亲历亲见碰巧都涉及这一题目。大地产主筑有防御工事的住所庇护着他的家庭。有别于荒地和森林的耕地越来越多地交由自由的佃农耕种，他们是古代殖民垦荒者的后代，同时也交由"住小屋"的奴隶耕种，他们与佃农的境遇相似。

高卢北部和东部的日耳曼贵族以同样的方式来管理他们的领地，这些领地或通过武力征服，或受之于国王的慷慨赠予。很长一段时间人们认为，地名中前半部分为日耳曼名称，后缀为"court"或"ville"的，都表示这里曾经存在过日耳曼人的领地，而这些地名在卢瓦尔河以北非常多见。事实上，最常见的情况是，这些是罗马高卢人的领地，它们在 7 世纪和 8 世纪到处出现日耳曼化时重新改名。更有趣的是带有"-ans"、"-ens"、"-ange"、"-enge"这些字根的地名，它们似乎指的是领地里面的分区、小村庄、偏远的小村落等。

日耳曼人并未改变土地的经营方式，虽然也有非常例外的进步，比如在西北平原使用有导轮的犁犁地。然而长期以来农民耕地用的工具主要还是摆杆步犁（无导轮），比较简单粗陋。和罗马高卢人一样，人们让耕地增肥的办法，仍然满足于烧荒或休耕数年。无论采取何种方式，产量一定很低。

不论是在高卢南部还是在高卢北部，我们总可以看到一些小地产主，在奴隶的帮助下直接耕种着自己的土地。这种家庭农场在 7 世纪开始被称为"庄园"（来自拉丁语 maneo，意为"居所"）。这些小地产主的顽强因日耳曼的影响而得到强化。事实上，萨利克法典的文本中证实了法兰克人对个人所有权的依恋。法兰克人保卫他们的园地、牧场和葡萄园。偷盗、破坏篱笆、牲口毁坏他人庄稼都要受到严惩，支付巨额罚款。

大地产主不能维持他们的地产一成不变。我们保存的一些遗嘱、 149
买卖和交换契约证实了地产的流动性。土地一部分一部分地被转手，被重组、继而又解体，而领地被分成自耕地和出租地似乎依然少见。现实的情况要复杂得多，历史学家们勉为其难而已。

城市景观

如果我们将视线转向城市，所面对的将是一块相对比较确定的领域。虽然如前所述，城市文明在高卢南部 6 世纪时还幸存，不过在 7 世纪，它就受到拖累了。城市失去了它们的行政功能，甚至连商业功能也不复存在。东方商人，即那些叙利亚人，销声匿迹；人们对犹太人没有像西班牙那边那样强迫他们改变信仰，因此，他们是留存下来的数量极少的商人。城市具有双重特征，即军事的和宗教的特征。从 3 世纪日耳曼人入侵开始，城市就被城墙围起来了，此后城市本身越来越往里退缩，有时成了真正的城堡，有的居民以河心岛屿为依托（例如巴黎和默伦），有的以山冈作为屏障（例如奥塞尔和奥顿），有的退缩到古代的建筑物里（例如图尔的阶梯剧场）。伯爵们，尤其是主教们，监督城墙的维护。其中典型的事例就有圣徒狄迪埃·德·卡奥尔和奥顿的圣徒莱热。根据格雷戈里·德·图尔的说法，第戎完全是一座要塞，有很高的城墙保护，防卫能力通过 33 座箭楼而得到增强。墨洛温时期的军队常常遭遇城市的防卫系统的阻拦。被人追捕的国王们和王后们也带着他们的财物躲避到城市里。

城市的郊区并非空无一人。在紧挨着墓地的地方还有拔地而起的修道院和巴西利卡教堂[①]。在普瓦提埃，梅勒博德主教的地下墓就建造在杜纳高地墓地里。为了保护城市免遭天灾人祸，当时的人们将教堂建在城墙以外。阿维[②]提到里昂时就曾说道："城外巴西利卡教堂比城墙更能保护这座城市。"勒芒的主教贝特朗在市郊建造了巴西利卡教堂"以保护城市及人民的健康"。因为当时除了担心战争以外也要担心瘟疫。教堂同样也可以用来接纳城里小教堂在举行巨大礼拜活动时难以容纳的信徒。奥塞尔主教奥奈尔在公元6世纪末为连祷仪式的举行制定了规定，其中提到的8座教堂中有6座是建在城外的。在巴黎，有10座教堂建在塞纳河左岸[③]，建在右岸的仅为4座。高卢的城市常常由于其宗教中心的地位和主教居住地而幸免于难。但是，后来它们遭遇了教会无组织化的痛苦：公元8世纪初，南部城市在几十年时间里没有了主教，于是比北方城市衰落得还要快。高卢城市同样也遭遇私人教堂大量增加的问题，大地产主在自己的领地上建造自己的教堂。乡村神甫们和信徒们都不知道到城里该怎么走了。

生活的困难

把墨洛温王朝时代的人们仅仅放在乡村和城市的背景下是远远不够的。两个世纪里，高卢的人口可能不断变化。没有统计文献能让我们勾勒出人口演变的曲线。日耳曼人墓地的数目使我们有了关于这些新人口在特定地区定居的大致概念，但也许还应该确定这些墓葬的确切时间，以及埋在里面这些武士们的确切民族归属。日耳曼人可能占据的是一些无人区或被罗马人放弃的地区，就如他们的祖先那样。早在3世纪起，罗马帝国当局就将他们的祖先安插在那里。日耳曼家庭的凝聚力和生殖力也许在没有战争、瘟疫和食品短缺的情况下使人口增加。事实上，人们的生存条件受到极大的威胁。通过对墓葬中出土

① 巴西利卡教堂（basilique）是仿罗马时期的长方形结构的教堂，有别于中世纪十字形布局的教堂。

② 维埃纳主教，公元490年？—公元525年？后封圣。

③ 当时左岸还在城墙以外。

的遗骸进行分析，我们发现了许多疾病的蛛丝马迹，如佝偻症、结核病和龋齿等。我们观察到，婴儿死亡率非常高。极少量的碑刻和文献 150
证实了这一点。对于成年人来说，45 岁左右去世可视作正常。虽然克洛维活到了这个龄，达戈贝尔特却在 36 岁就去世了。死亡的原因除战争以外还有多种。格雷戈里·德·图尔认真记下了所有影响高卢的自然灾害：地震、火灾、水灾等。他也同样留下了非常珍贵的有关于瘟疫的资料，其中最重要的是那场大鼠疫的记录。这场鼠疫从拜占庭传播过来，公元 543 年到达意大利，546 年到达普罗旺斯，随后蔓延到高卢南部很大一部分地区。在 6 世纪末，瘟疫卷土重来："一艘载有平常货物来自西班牙的船只停靠到了马赛港，随船带来了病种。"在 7 世纪中叶，新的警报又拉响了：克莱蒙主教通知狄迪埃·德·卡奥尔，灾难摧垮了普罗旺斯，要求他能够关闭通往高卢中心的道路。鼠疫并不是唯一的瘟疫，文献资料中还谈到了天花和痢疾等等。这些灾难必然让农业活动停顿下来，因此又造成了饥荒，饥荒又使人口减少，死亡率上升。约在公元 585 年，格雷戈里·德·图尔记载道："一场大饥荒几乎在高卢全境肆虐了 7 年。许多人用葡萄籽、榛子花来做面包，还有一些人用蕨根来做。"人们吃大麦和燕麦糊，或用它们做成的饼，有些饼甚至是用橡栗和栗子做成的。

寻找保护者

处在日常生活困境中的人们自然要寻找保护者。国王们遥不可及，对于镇压动乱和纠正司法不公也显得无能为力。他们未能成功地给予他们的臣民以共同灵魂，而且他们也未必想要这么做。当某人站在法庭面前，他受审的依据是当地因人而异的"法律"。如果他迁移到另一地区，他所遇到的语言还会是一样的吗？似乎并不可能。历史学家们常常自问，到底何时，在高卢才停止使用拉丁语？这一问题并不容易回答。在南方贵族家庭中，拉丁语的使用一直延续到 7 世纪，而在北部，除了某些受南部文化影响的特权家庭，拉丁语却很早就消失了。一种大众语言，或者更应该说几种大众语言，代替了拉丁语。某些受凯尔特语影响的大众语言也许在奥弗涅维持着，但肯定在阿摩里卡地区也存在；另一些大众语言则受到日耳曼语影响。日耳曼语借助拉丁语词汇的现象不断发展，尤其在北部和东部地区发展得更快。作为现在罗曼语的祖先的“乡间罗马语”在不同的地区有不同的特点。它并不能实现整个王国境内的文化交流。我们再强调一次，惟有教会才能在各地文化特殊性上建造起共同的文化。

因此，只有在个性化的地区框架里，墨洛温王朝时代的臣民才能互相了解和互相认同。他们在这一狭小的框架中寻求靠山。地方豪强，领主或武士首领，给臣民提供保护，有时订立书面契约。典型的合法格式如下：“众所周知，我已衣不蔽体食不果腹，有鉴于此，我恳请您的仁慈，向我提供或向他人推荐‘保护权’。我将遵守下列条件：您向我提供食物和衣物，我为您服务并为您建功……”也有人向教会强人提出同样的请求。主教们和修道院们对于请求保护的人可以说来者不拒，这些人中有农民也有城市居民。许多人从中发现双重利益，既有物质帮助，又有精神支撑。因为一座教堂或一座修道院的主供圣徒，如图尔的圣马丁或圣德尼，也许会成为他们在天堂有效的说情者。圣徒崇拜在墨洛温时代有了加速的发展，这与人们寻求保护的需求并非
151 无关。教会起了推波助澜的作用，因为它在其中看到了对抗异教的有效方式，当时异教还深深地扎根在许多人的心里。

异教神祇的保护

罗马高卢人当时还是异教活动的信徒，就如阿尔勒的塞泽尔誓言所反映的那样。人们在6月夏至时晚上行净身仪式，当发生月食时集体叫喊，将祭品献给山泉树木，向巫师、占卜者和魔法师求助等等。对墓葬研究表明，日耳曼血统的民众或已日耳曼化的民众更愿意寻求来自另一个世界的保护。男男女女都佩戴出自动物或出自植物的护身符：如鹿角、野猪獠牙、熊的犬齿、贝壳、树脂或琥珀块等。用动物甚至用人来献祭以确保神对他们的仁慈。在一些宗教仪式中，他们喝一些含有日耳曼人的啤酒或普通啤酒的饮料，他们由此陷入到装神弄鬼的迷醉状态，最后演变成狂欢。绘制在首饰上的动物图案同样也是

异教崇拜的证据。据说马可以让死者摆脱魔鬼；公牛和鱼是生殖力的象征；鹰是栖息在“宇宙树”上的动物；形态各异的龙以及各种形象的魔鬼，总是向后看，是从草原世界承袭而来。最后我们还要提到太阳的象征：圆圈、轮状物、万字符、绠带饰等等，它们既具有装饰价值，同样也有宗教含义。

基督教会希望用其他的宗教符号来替代异教的符号，让这些符号也具有保护民众的意义。基督的象征符号，特别是十字架，以希腊字母“阿尔法”和“奥米加”相伴，刻在首饰上。但以理[①]对抗狮子的形象出现在许多勃艮第徽章上，它象征着基督徒战胜邪恶势力。献给异教神祇的祭品逐渐变成献给当地圣徒的捐赠。格雷戈里·德·图尔回忆道，塞伏当的居民习惯向圣湖中扔入羊皮、奶酪、蜡和面包等物。一位主教在那个地方建造了一座巴西利卡教堂，供奉圣希莱尔，里面放置了圣徒的遗物，提议让他们把传统的供品从此后放在教堂里。异教的那些千奇百怪的龙和魔鬼也成了基督教会恶魔的形象。

圣徒的保护

为了摆脱身体上和心灵上的伤痛，信徒们被请去拜谒圣徒墓。在圣马丁墓前，可以看到来自王国各地的人，甚至还有来自国外的人。格雷戈里·德·图尔记录了在那块圣地上所发生的奇迹。他展现了大批朝圣者，或步行而来，或躺在担架上抬来，他们都挤在巴西利卡教堂的门厅里。大家都想尽可能地靠近坟墓祈祷，摸一下石棺，放上一块织物以便能让织物沾染圣徒的美德，捞一点日夜长明的油灯里的灯油，要做到这些都很困难，因为你推我搡，拥挤不堪。那些治愈的人有的留下来为教会服务，另一些人带着珍贵的“圣徒遗物”返回家乡，这些圣物就成了他们的护身符。朝圣者有时甚至寻找远离家乡的圣所去拜谒。从6世纪起，使徒崇拜就在高卢扩展开来。到了7世纪，前往罗马朝圣的人不断增多，由此拉近了高卢与教皇的关系。有些基督教徒走得更远，毫不犹豫地远渡重洋。我们至今还保存着勃艮第主

① 《圣经》里的先知。

教阿尔居尔夫的朝圣回忆录，上面记录了他在苏格兰遭遇艾欧纳僧侣阿达姆南的旅行经历。这本回忆录冠名为《圣地录》，是当时其他朝圣者的朝圣指南。到东方去朝圣者由此把对一些东方圣徒的崇拜引入高卢，例如对圣乔治、圣西尔和圣黛克尔的崇拜等。

拥有一位神圣保护人的愿望是如此迫切，以至于一位行动积极的
152 主教或一位声名远播的苦行僧，只要他一死，便被立即封圣，成为供人敬仰的圣主。拥有一座圣徒的墓是人们梦寐以求的特权，教士们和僧侣们为了得到克莱蒙的博内遗骨和奥顿的莱热遗骨而争吵不休。当地如果有一座圣徒的墓葬，这不仅是一笔不小的精神遗产，而且还能保证物质利益，因为朝圣者会有捐赠。在圣徒墓上会盖一座"先烈纪念祠"，而更常见的是盖一座巴西利卡教堂。现在这些"先烈纪念祠"不复存在，这种纪念性建筑的规模较小，里面装饰的壁画、彩石镶嵌画和一些织物。普瓦提埃的地下墓提供了一点类似的模样。巴西里卡教堂也几乎全部不见了踪影，但有些文献可以让我们知其一二。如图尔的巴西利卡大教堂，长50米，有120根柱子，有8扇门，应该与现在还屹立着的维埃纳圣彼得教堂有些类似。建筑师们把旧有的古典石柱和大理石柱头加以再利用，就如谢尔河畔塞勒的巴西利卡教堂，它是国王希尔德贝尔特为了纪念隐修者厄西斯而建造的。在祭坛和圣人墓之上盖起一个并不太高的穹顶或塔楼，光线透过塔楼下的拱孔射进教堂，将穹隆上的彩石镶嵌画照亮，如此，教堂最神圣的地方熠熠闪光，吸引着人们的目光。盖在一位圣徒遗体之上的教堂往往是城外居民聚居区形成的起点。受人尊敬的死者吸引着其他的死者，这些死者们希望从圣徒那儿得到永恒的庇护。活人接踵而至，其中既有圣地的主管教士，也有奴隶或登记注册者（即受教堂保护者），甚至还有商人。然而，居住在城里的大教堂旁，并照管着大的宗教仪式，尤其是洗礼的主教们，继续在他的权威下得到颂扬。

人们不能因如此众多的宗教活动而忘了教会在传教和传播福音方面的困难，后者包括，或者受到原有异教的抵制，或者基督教的实践受到异教的污染。在北部和东部，异教的阻力更显坚固。国王们和国

王支持的传教士们的努力经常劳而无功，摧毁旧教圣所和偶像的敕令如同一纸空文。在7世纪，努瓦永的艾鲁瓦奋起反对其教区信众的异教活动："希望没有一个基督徒们再去相信迷信的火堆；希望没有一个基督徒坐在火堆边歌唱；希望没有一个基督徒敢于举行净身仪式，也不对植物施魔法，也不要驱使动物从有洞的树干中穿过……"奥塞尔宗教会议（6世纪末举行）禁止在个人的家中举行宗教仪式，或者在圣徒节日的前夜私自守夜。会议反对在圣树、山泉、人形或脚形的木雕前许愿。我们通过某些文献可以想象得到当时大众宗教文化和民间传统的丰富多彩。构成墨洛温王朝时期人口大多数的乡村群众显现出他们的分量，并偏离了教士们或僧侣们所指引的方向。

隐修制度的力量

然而，那些僧侣们可能比当时其他人更了解农民，因为他们愿意贴近乡村生活。至少，通过两个世纪高卢隐修制度的演变的研究，我们可以作出这样的判断。起初，主要的修道院设置在高卢南部，如莱兰群岛、阿尔勒、维埃纳、阿戈纳（地处瓦莱的圣莫里斯）和汝拉山区的孔达（地处圣克洛德）① 等地。僧侣们是一些依据东方习俗规条而行事的苦行者，他们强迫自己从事体力劳动，如果地方适宜，他们自己从土地上获得自己的生活必需品。写成于6世纪的《汝拉山区神甫们的生活》（Vie des Pères du Jura）向我们讲述了他们开荒的艰辛："他们砍倒了杉树，拔起树桩。他们用砍刀开荒造地，结果是这些适宜耕种的土地使得孔达居民的贫困有所缓解。"但是，这些僧侣们拒绝所有的土地捐赠：有一位勃艮第的君主请求吕皮森收下他给的田地
和葡萄园，但吕皮森只满足于收取实物地租。在卢瓦尔河以北地区， 153
修道院要少一些。有些隐居者招引了一些同伴，或者干脆自己保持离群索居：其中的事例就是我们所知在西方唯一的一位在高石柱顶苦修者：伦巴第人乌尔费莱克。他生活在卡里尼昂（现属阿登省的一根石

① 后两处地点应该处在高卢北部，原文照译。

柱顶端，引来很多人围观。他鼓动他们放弃对狄安娜①的崇拜。但在主教们的要求下，他放弃了石柱上的生活，加入到教会团体修士的行列之中。在城市，隐修制度较少受人追捧，已经显现虚弱的迹象。普瓦提埃修道院（该修道院系由拉德贡德王后所建）修士们的造反事件则又属于另外的迹象。

公元6世纪末，爱尔兰修士们到达高卢，给隐修制度注入了新的活力。高隆班及其同伴们从爱尔兰的班戈出发到达高卢，居住在吕克瑟伊附近，与世隔绝（公元591年）。开始可谓艰难之极，但成功却来得很快。事实上，这些修士用其严格要求的清贫生活、不因循守旧的作风、独立的精神赢得了人心。他们的礼拜仪式和他们从爱尔兰带来的习俗使高卢的主教们感到非常恼火，但却吸引了世俗百姓。高隆班被布吕纳奥从勃艮第驱逐出去，他两次穿越高卢北部地区，受其感召的人越来越多。他在教规里，加入了世俗教徒进行忏悔的规则，其类似于一份罗列人们错误以及赎买这些错误所需精神代价的目录。

高隆班前往意大利以后，他的信徒们继续着他的事业。达东（即以后的圣乌昂）使宫廷了解了高隆班的修行活动，由此影响了艾鲁瓦和狄迪埃·德·卡奥尔。通过宫廷，这种源自凯尔特人的教规渗透到高卢南部，而在南部另一种教规，即圣本尼狄克·德·努尔西亚②的教规业已存在。这两种教规来源于完全不同的精神：圣本尼狄克继承了罗马适度和节制的精神，不愿意让他的修士承受“过分的”负担。而高隆班却与之相反，他追求的就是严厉的苦修。然而，不论哪一方，他们均主张要进行宗教研习，尤其要阅读《圣经》。不过高隆班却不愿如本尼狄克那样有文学修养，也不想让他的修士们成为“人文学学者”。两种教规的相遇使得凯尔特人的隐修制度在高卢得以巩固。圣旺德里耶、圣菲利贝尔和其他一些修士采取两种教规的妥协做法，“用吕克瑟伊的方式接受本尼狄克的教规”。

① 罗马神话中的月神和狩猎女神。

② 圣本尼狄克为基督教本笃会创始人。

爱尔兰修士到达高卢也使得在俗的教会获得新的活力。如前所述，墨洛温的主教们来自贵族阶层。他们有文化，但是他们的文化主要是世俗文化，这适应于贵族的需要。南特的费利克斯、波尔多的贝特朗和布尔日的絮尔比斯曾经仿效诗人福尔蒂纳。主教们布道说教能够看到古典修辞的遥远遗产。格雷戈里·德·图尔认为主教们研究世俗自由的艺术是非常正常的。相反，主教们对神学和注经却兴趣索然。因此和西班牙和拜占庭的情况不同，高卢从未经历重大的教义论争。我们没有看到公元6世纪有关于圣经的评注，当时的人是否常读《圣经》也成了问题。然而，爱尔兰来的修士们强调宗教文化，并且与东方隐修传统建立了联系，公元6世纪初莱兰和阿尔勒的修道院就受此传统影响。这些修士后来应召担任了图尔内、泰鲁阿讷、努瓦永、马斯特里赫特等地的主教，成为新的主教类型。他们是管理型的修士，但更是精神型的和传道型的。高卢北部和东部重新受到福音教化，国王们支持这些行动。在达戈贝尔特的鼓励下，圣阿芒使根特地区的异教徒皈依基督教：他赎买了一些奴隶，教育他们，把他们培养成神甫，这些人的宗教价值要高于他周围的那些居家教士。另一位阿基坦人雷马克尔是斯塔沃洛-马尔梅迪修道院的创始人，他得到国王西吉贝尔三世的支持。他将这些宗教中心打造成传教士的研讨学校。丕平家族仿效墨洛温的君主们，也主持创立了这一类修道院。

宗教复兴得益于外来因素，而外来因素源源不断。爱尔兰人一直保持与他们祖国的联系，或保持与意大利北部的联系，因为由高隆班创立的意大利博比奥修道院成了人们朝圣的中心。在爱尔兰的凯尔特人之后，盎格鲁-撒克逊人也来到了高卢。当时由大格利高里教皇[①]派遣之传 154
教士创立的英格兰教会开始发展起来，高卢成了不列颠群岛与意大利联络的必经之地。公元653年，威尔弗里德前往罗马，在里昂停留，这是盎格鲁-撒克逊人往罗马朝圣的正常步骤。这些旅行建立起高卢、爱

① 即格列高里一世（约公元540—604年）。

尔兰、英格兰和罗马的文化关系，促成了人员、思想和手稿的交流。公元7世纪末，墨洛温时期高卢修道院里的图书资料日益丰富，随后图书馆向世俗文化敞开了大门。约公元700年，利居日的修士德芬索引用伊西多尔·德·塞维利亚大主教的一段文章，要求他那里的初学修士读者们不要去读“诗人们的谎言”。事实上，从意大利带来的一些古典作家的书稿在誊写作坊里被抄写复制。由高隆班修士们激发出的苦行文化到了公元7世纪末演变为更具人文色彩的文化。

同时，修道院是艺术复兴的发祥地。只要我们想一想由阿吉尔贝尔[①]建造的茹阿尔修道院的“地下小教堂”就足够了。大理石的石柱和柱头完全是古典风格。泰奥德希尔德[②]墓上的碑刻是如此完美，考古学家犹豫了很长时间才最终确定它属于墨洛温时期。第一批带插图的手抄本在吕克瑟伊（《礼拜诵经本》成书年代约在公元700年）、科尔比和拉昂等地几乎同时出现。这些手抄本没有诺森伯里亚手稿那么出色，但它们这种类型却是加洛林时期文化复兴的源泉。当在俗教会组织开始瓦解、主教会议不再举行、教士们成了文盲之际，修士们至少在某几个隐修中心维持了文化水平。

在物质层面，我们也看到相似的转变：修道院在土地占有和经济方面崛起成为强者。和世俗贵族比肩而立的凯尔特修士们的威望，他们的道德和精神权威，得到迅速提升，与这种提升速度相一致的是修道院的财富。那些大贵族们将他们财产的一部分遗赠给他们创立的或接纳的这些机构。例如布尔贡多法拉[③]，作为布里贵族的继承人，她将许多地产交给她创立的法尔穆蒂埃修道院。当国王西吉贝尔三世支持创立斯塔沃洛-马尔梅迪修道院时，他将阿登森林国王保留地的一部分送给修道院。由国王克洛维二世的妻子巴蒂尔德创立的科尔比和舍莱修道院用的是国王金库的钱。一旦建成以后，修道院依靠赠予和

① 圣徒，约公元650—680年，曾任西萨克森王国主教和巴黎主教。

② 女圣徒，即圣黛尔希尔德（Sainte-Telchilde），阿吉尔贝尔特的妹妹，茹阿尔修道院第一任女修道院长。

③ 女圣徒，即圣法拉（Sainte-Fare），约在公元600年出生。

购买增加自己的财富。世俗之人，不论身份大小，甚至还包括主教们，都愿意提供部分土地或劳力来给予修士们物质上和精神上的保护。例如非教会人士赠送给魏森堡修道院一座庄园、三块葡萄园和若干奴隶。这个修道院还购买了别的庄园和森林。这些修道院一点一点地扩大他们的财产。公元649年，圣贝尔丹[①]为自己创立的修道院争取到10多块领地；663年，修道院又获得另一批地处圣康坦附近的领地；20年以后，获得第三批地产；682年，得到国王的资助。为了补充生活来源，修道院的领地经常分布在不同的地区。圣德尼修道院在安茹、普瓦图、利穆赞和埃斯考河谷地区均有土地。图尔的圣马丁修道院在曼恩、贝里、波尔多地区均拥有地产。所以修道院拥有了自己的基本的生活必需品：小麦、酒、木材、盐等。因此，它们需要安排对这些土地的经营、安排生活资源的运输，安排出售剩余产品。修道院为此还建立了船队，开设了市场。为了消除不同地区间的关税障碍，修道院长们经常得到各种特权，要么免除税收（如661年科尔比修道院的情况），要么返还税收。更普遍的情况是，国王直接将免税特权授予修道院。修道院长们直接与国王商讨，利用王权衰落的形势，获得完全的独立。

《圣徒菲利贝尔的一生》一书中有一段话提到公元7世纪末修道院 155
建筑的情况："平面方方正正，四周围以城墙，城墙侧面建有塔楼，令人仰慕的内院为主人们接待来访者……"在东边，有一座呈十字状的教堂，在北边，是供奉圣德尼和圣日耳曼的小教堂，在南边是菲利贝尔生活的小屋。"修士们就寝的房子在东边两层高的小楼，长90米，宽16米。"这里再也不是最初缔造者们住的小木屋了。修士安家乐业。在这些房间中，配备了抄写经书者的工作间。修道院财富增加与知识文化和艺术的复兴同时发生。同一本书里还提到，"森林枝繁叶茂，枝头果实累累，草地青翠欲滴，葡萄园里挂满葡萄"，河流是"船的通道，对于

---

① 圣徒，生卒年代为公元615—709年，曾任圣奥梅尔（Saint-Omer）修道院院长。

许多物品的交换都很便捷：几乎什么都不缺，不论人们是徒步运输还是使用动物运输，不论是用大车，还是用船只”。

我们很难估计在这类修道院里聚集的修士人数。人们提到在朱米埃热修道院有900人，这可能有点夸大其辞。与修士们同处的还有奴隶，这些奴隶不是“被羁押”的奴隶，他们被赎身后，留下来为教会服务。因此，被当作“保留地”的土地也得到了开垦。此外，那些移民耕种着租地，他们付给租税，和从事大车运输或维护保养活动的劳役。可以确定的是，修道院大地产的管理有利于垦荒，有利于沼泽地的排水拓荒，有利于新的生产技术（如水力磨坊）的推广。修士们真正关心的是土地的增值。当有人提出请求时，他们将土地以“普雷卡里亚”① 的形式转让，只要经营者缴纳象征性的租税。越是面积大的土地越利于经营。

公元7世纪末8世纪初的政治斗争有可能中断了修道院财富的增长：非教会人士利用教会组织的瓦解为自己攫取财物，并培植自己的亲信。然而，结果是他们并未能摧毁修道院的权利，也未能使在墨洛温时代形成的法兰克文明基础之一的隐修制度消失。

---

① 参见前述，普雷卡里亚是一种特殊租地，接受这份土地的人要向土地的主人提供服务，普雷卡里亚特别指教会分封的土地。

第七章　加洛林王朝的建树 156

公元 8 世纪至 840 年：
经过了三代人的努力，
中世纪文明的基础得以奠定。

一、加洛林王朝最初的国王们

墨洛温王朝寿终正寝

宫相的胜利

墨洛温王朝的历史，实际上在公元 687 年奥斯特拉西亚宫相丕平二世，即埃斯塔勒的丕平，在圣康坦附近的泰尔特里打败纽斯特里亚的对手后就已经结束了。丕平二世只在理论上承认纽斯特里亚国王蒂埃里三世（曾经被丕平逼得落荒而逃）的权威，而且在奥斯特拉西亚不再有其他国王的统治，丕平为了自己的利益并在他的主导下重新统一了法兰克王国。他自己从来都不放弃奥斯特拉西亚，而让那些徒有虚名的国王们（根据他的意愿挑选送上王位）生活在纽斯特里亚，位于塞纳河和瓦兹河之间的河谷地区（此为自克洛维以来法兰克君主们平常居住之地），使得国王家族的光环逐渐消散。掌握纽斯特利亚这些地区实权的是纽斯特利亚和勃良第宫相，丕平交由自己的次子格里莫二世占据此要职。因此，在 8 世纪来临之际，奥斯特拉西亚的宫相俨然已是整个法兰克王国的首领。埃斯塔勒的丕平事实上是加洛林王朝的第一任国王。加洛林王朝的千秋家业似乎得到了保障，经过前几十年无政府状态后，秩序最终似乎得以建立。

查理·马特的最初成功

然而，这是一种非常脆弱的秩序。格里莫二世是丕平两个婚生儿子的唯一幸存者，当他 80 多岁的老父亲行将撒手人世之时，他火速赶往父亲所在的默兹河畔的瑞皮耶，却在途中遭遇刺杀身亡。于是，这一秩序很快面临崩溃的危险。几个月之后，丕平之死马上成了纽斯特里亚那些权贵们起义的信号，他们推举他们之中的兰弗鲁瓦担任宫相，兰弗鲁瓦就是这次起义不倦不休的领导者。

丕平的伟业遂处在危急之中，无政府状态似乎要重新降临：萨克森人已经越过莱茵河，向盖尔德兰[①]挺进，他们得到弗里松人的支持。就在此时，有加洛林强权拯救者面相的人脱颖而出：此人就是丕平与情妇阿尔帕伊德的私生子查理·马特[②]。查理·马特曾被丕平的遗孀普莱特鲁德打入大牢，但他从中逃脱，躲在阿登山区。随后，他接连打败了纽斯特里亚人、普莱特鲁德（她躲避在科隆）的支持者、弗里松人和撒克逊人。这些北部战役刚一结束，他又马不停蹄地赶往纽斯特里亚的心脏地带：当时在厄德公爵领导下、具有事实独立地位的阿基坦人越过卢瓦尔河和兰弗鲁瓦结成联盟。查理·马特赶跑了兰弗鲁
157 瓦，与厄德公爵谈判。当时厄德的领地已经受到穆斯林的威胁，穆斯林在侵入鲁西永和下朗格多克地区后，同时向尼姆和图卢兹两个方向挺进。

撒拉森人[③]入侵：普瓦提埃

这似乎就是查理·马特在他统治之初就该有的命运：虽然他是法

① 现荷兰的海尔德兰省（Gelderland）。

② Charles Martel，一译铁锤查理。

③ 即阿拉伯人，系源自阿拉伯文“东方人”（sharqiyyin），拉丁文作 Saracen。

兰克王国两大部分（奥斯特拉西亚和纽斯特里亚）的实际主人，虽然他以幼王（他认为谨慎的做法是把他从修道院里请出来）名义行使着唯一宫相的权力，但是他要继续保持这样的地位，靠的只是对王国所有热点冲突迅速、强有力和多次的干预。查理以他异乎寻常的精力和胆魄从一条边境跑向另一条边境，恢复遭到破坏的秩序。然而当他奋战在莱茵河以东和以北地区之时（这两个地区上的阿拉曼人、巴伐利亚人、萨克森人和弗里西亚人已经不再承认法兰克人的霸权），一场致命的危险在高卢的心脏地区出现了。

穆斯林掀起了第二次入侵潮，此次从潘普洛纳[①]出发，事实上已在加斯科涅地区获胜，他们越过加龙河和多尔多涅河，向图尔方向挺进。查理·马特火速赶往那里，他的军队排列成密不透风的战阵，就像“一堵不可移动的城墙”，最终在普瓦提埃城边粉碎了穆斯林的进攻（732 年）。此次胜利对于西方世界的未来和法国的未来都具有决定意义，为这位宫相也赢得了遍及整个高卢的声望。

征服高卢南部

此次胜利也使阿基坦被迫向宫相投降。阿基坦保留自己的公爵，但必须承认法兰克人至高的权力。然而，普瓦提埃大捷并未让查理·马特在高卢东南部问题上得到喘息：事实上，勃艮第和普罗旺斯处在当地几大家族的掌控之中，查理·马特在几次巡视期间曾经将他们免职。他们毫不犹豫地就将阿维尼翁和罗讷河左岸地区交给了萨拉森人。因此，宫相在未来的几年中被迫对这些地区发动惩罚性的远征。虽然在罗讷河左岸地区，他最终稳固地建立了法兰克人的政权，但在这些战役中，他未能成功地消除阿拉伯人对下朗格多克地区的威胁，阿拉伯人始终占据着纳尔榜和鲁西永。

卡洛曼和丕平[②]的即位

由查理·马特统治的王国到他去世为止，总体上还是虚弱的，甚

---

① 西班牙北部城市。

② 此二人为查理·马特之子，此处的丕平即后来的矮子丕平，下同，注意与他祖父的区别。

至可以说非常脆弱。不管是在什么时候，以及是在哪里，只有首领亲自到场和亲自行动，才能成功确保王国的团结。这就是查理·马特的两个儿子要面临的局面。查理·马特于公元741年在基耶尔齐突然去世，在去世前不久，这位宫相就像国王一样将王国分给两个儿子。查理之死引发了王国外围地区的全面反叛：如阿基坦、巴伐利亚、阿拉曼尼亚和萨克森等，查理·马特的私生子格里丰也同时起事。卡洛曼和丕平迅速作出反应：他们仅用了一年时间（742年），就同时降服了阿基坦、阿拉曼尼亚和巴伐利亚。但在随后的四年时间里，他们还得不断地发动对那里的居民和当地贵族家族新的征讨，那里的反抗精神始终未被消灭。

墨洛温王朝的末代国王

查理·马特的儿子们认为比较审慎的做法是将墨洛温王朝的正统代表希尔代里克三世从默默无闻中请到前台来，他们让他登上查理·马特自公元737年以来就一直有意空着的王位。这一举动纯粹具有形式上的意义，因为卡洛曼和丕平本人仍然掌握着实权。此举只是表明，他们自此开始关心面对王国内的其他贵族，他们统治的
158 正统性问题。这些贵族被排斥在权力之外，而之所以如此，仅仅是由于机会，或者更应该说是由于查理·马特的威望所致。事情非常清楚，墨洛温王朝最后一位国王被召回到王座上，完全是权宜之计，是时势使然。这位傀儡国王自身隐含了废除他的种子，因为国王在他自己的诏书里已昭告天下，他的崇高地位是卡洛曼所给予的：“希尔代里克，法兰克人的国王，向卓越的宫相卡洛曼致意，是他让我们恢复了王位……”

加洛林王朝的开端

卡洛曼的退位和丕平的政变

要结束这种无政府状态，必须满足两个条件。第一个条件由于卡洛曼退位而实现：747年，卡洛曼宣布放弃权力，将权力转交给他的

兄弟丕平。随后，他自己前往意大利卡西诺山的修道院里做了修士。第二个条件就是王国内部的和平，现在唯一掌权的丕平最终连续三年维持了和平，尽管也有由于他对同父异母的兄弟格里丰的宽容而引出的一些不愉快。

到了公元751年，摆脱墨洛温王朝虚幻影子的时刻显得最为成熟。在教皇的支持下（卡洛曼和丕平利用圣卜尼法斯在法兰克恢复教会的时机早已与教皇靠近），丕平于公元751年11月在苏瓦松召集了王国诸侯[①]大会。他被与会者推举为法兰克国王，在圣卜尼法斯的引导下，到场的主教们为他涂圣油（这是当时高卢还不太了解的仪式）。

神权的王国

于是，教会赋予政变以神圣的意义，基督教福音的传播比历史上任何时期都要迅速，这也保证了政变的成功。自此以后，对由聚集在苏瓦松的主教们作出的决定性选择进行庄严的确认并非显得可有可无。当754年教皇受到伦巴第人进攻罗马的威胁时，机会来了。教皇亲赴法兰西的蓬蒂翁，请求新国王到意大利进行干涉。在得到丕平的书面承诺后，即授予教皇拉韦纳主教职[②]和保证让教皇平静地拥有罗马公爵领，教皇斯特凡二世[③]在圣德尼修道院教堂为丕平重新施行了祝圣礼，同时还为他的两个儿子查理和卡洛曼祝圣，前者就是后来的查理曼。一位可能亲历了这一事件的圣德尼修士补充道："同一天，圣皇还给丕平的妻子、王后贝特拉德祝圣，禁止任何人从其他血统中挑选国王，否则将受到革除教籍的处罚。以后国王只能从这些王子中产生，这位王子是令人崇敬之神所垂顾赞同的，并通过圣徒们的中介，借真福之教皇之手，确认并为之祝圣，认定为神的代理人。"神权之王国由此诞生。起先在王国贵族家族眼中被看作是篡位者的国王自此连同他的接班人都成了基督教上帝的选定者。

---

① 直译应该为"大人物"（les grands），主要包括贵族、主教和国王的近臣。

② 原属拜占庭帝国。

③ 此教皇在位时间为公元752至757年，依英语原文应为Stephen II，此处从法语，但汉语音译依基督教通例。

征服塞普提曼尼亚[1]和阿基坦

这一全新的、具有决定性后果的（尤其对教会来说）局面，可以保护丕平免遭心生妒忌者和以正统原则为借口进行攻击的人的算计（至少在理论上）。新国王坐稳王位后，事实上也可以战胜许多困难。正是在高卢，丕平遇到了最激励的抵抗。

塞普提曼尼亚的情况与阿基坦不同。查理·马特就曾想征服它但未能成功，这次穆斯林世界内部的一系列困难，尤其在西班牙遇到的困境，为丕平对它的征服提供了便利：多亏了西哥特人的配合，法兰克军队于公元752年至759年间相继征服了尼姆、马盖隆纳[2]、阿格
159 德、贝济耶，最后是纳博讷。阿基坦是另一番景象。这片广袤的土地由卢瓦尔河、大西洋、加龙河和塞文山脉围合起来，在一位“民族的”公爵领导下实际上是独立的。丕平还是宫相的时候曾和他的兄弟卡洛曼一起对这里以罗马传统为荣的居民发动过多次战争，公爵理论上臣服法兰克人，但一有机会，他就会在加斯科涅[3]粗野山民的支持下，毫不犹豫、肆无忌惮地表现出实际上的独立。丕平成为国王后，希望能够终结这些桀骜不驯的对手：从公元760至768年，几乎每年他都要向卢瓦尔河以南用兵。这些残酷的战争为丕平赢得一年又一年新的支撑点，最终到达加龙河。甚至在加龙河畔，那些定居于加龙河与比利牛斯山脉之间的加斯科涅人也来向他表示臣服。由此对阿基坦的征服大功告成。然而就在阿基坦的城市桑特，丕平染上了重病，几天以后，即公元768年9月24日，他病逝于圣德尼。生前他颁布了将阿基坦并入王国的一些措施，然而要让阿基坦在精神上同化于加洛林王朝的事业，还有待于他的继承者来考虑。

---

① 古代高卢南部沿海地区，位于罗讷河与比利牛斯山之间。

② 法国中世纪重要城市，位于朗格多克海岸，现蒙彼利埃以南，1633年被路易十三摧毁。

③ 旧译加斯科因，法国西南部历史地区，位于加龙河和比利牛斯山脉之间。

查理曼的统治

父亲遗产的瓜分

丕平的两个儿子查理和卡洛曼在父王去世后共同继承了王位，而他们最初操心的就是阿基坦的问题。丕平遵循法兰克古老的规矩，即王国是国王的私有财产，已经将王国分给他的两个儿子，但分割的方式有点怪异，他将每一地区都分成两部分，分属两位儿子统治。阿基坦就是如此，面向大西洋的西边一半，交由查理统治，卡洛曼则获得其余的部分，即中央高原和朗格多克地区，甚至还包括了塞普提曼尼亚。但是，丕平一死，阿基坦人爆发新的起义。卡洛曼拒绝支援查理去镇压起义。由此，阿基坦首先提供了一个证据，丕平强加给他儿子们的那种分而治之的方式是行不通的，同时也证明，丕平所获得的成果，即其王国各地区之间的和平和团结也是不巩固的。

这种双重困境却由于公元 771 年卡洛曼的早逝而得到解决。卡洛曼的遗孀和他的两个儿子向意大利伦巴第国王寻求庇护以后，查理占领了他死去的兄弟的领土，独自一人承担起巩固法兰克国王疆域之基和保证国土统一的严峻任务。

重建统一和高卢南部的重组

查理曼[①]在阿基坦（现在重新置于他统一领导之下）彻底改组行政机构。他在主要的城市中任命法兰克血统的伯爵，在整个阿基坦，安置了许多法兰克封建领主（国王的附庸），在主教区和修道院都安排他信得过的人来领导。然而，由于阿基坦是边境地区，由于远征西班牙的失败（著名的罗兰就是在那场失败中战死，当他穿越比利牛斯山的龙斯沃[②]山口时遭巴斯克部队突袭而亡），它仍然处在西班牙人的威胁之下，查理曼采取了更为严厉的措施来维持当地居民对法兰克人的顺从，并更严密地监视一有机会就制造麻烦的加斯科涅人。因此，

---

① 即丕平之子查理，后面加“曼”有“伟大”的意思，即查理大帝。

② 西班牙语作 Roncesvalles，故也译成龙塞斯瓦列斯。

公元781年，查理曼将阿基坦打造成一个特殊的王国，将之置于他的儿子路易（未来的虔诚者路易）的掌控之下。尽管此王国一直与查理曼政权保持密切的附属关系，查理曼有时还直接介入当地事务，但阿基坦单独建立王国的措施同时也培植了阿基坦自治的倾向。当公元8世纪最后十五年查理曼通过多次战争征服了西班牙全部领土以后，阿基坦的重要性进一步增加。西班牙被并入图卢兹公爵领，或“边疆
160 区”① 的范围之中，这一公爵领交由史诗《奥朗日的纪尧姆武功歌》(Cycle de Guillaume d'Orange)② 中的主人公威廉公爵管辖，他是查理曼的表兄弟，他的母亲是丕平的妹妹奥德。

自此，阿基坦和下朗格多克地区的南部边界，尤其向东，扩展到比利牛斯山脉的南坡，永远摆脱了萨拉森人入侵的威胁，同时又有大量的法兰克人在此殖民。由此，到9世纪初，这两个地区已经牢牢地并入法兰克王国。

反对布列塔尼人的斗争

“法兰西亚”从塞纳河与瓦兹河之间的纽斯特里亚出发逐渐向外扩展，唯独遭到布列塔尼地区的抵制。查理曼试图同化这一惹是生非的民族，但非常困难。最初，他在边境设立了一个军事区，交给后来在龙斯沃不幸阵亡的英雄罗兰来领导。罗兰的继承者是一位名叫基依的伯爵，他是摩泽尔地区的人，深受国王的信任，同时与当时著名的文人阿尔昆交情匪浅。他负责彻底征服布列塔尼地区。《王家编年史》说：“这一省区似乎彻底投降了”，但根据这一官方来源而改编的一个文本的作者补充道：“然而，如果不是这一变化不定、背信弃义的民族依照他们的习性突然变卦，这个地区可能还处在臣服状态。”事实上，布列塔尼从来也没有并入到法兰克王国之中。甚至在查理曼的继承者虔诚者路易统治期间，几场战争也没什么成效：法兰克人每次都

① Marche源自法兰克语marka，即边境的意思，这是查理曼在边境地区设立的缓冲区，“边疆区”的管理权交给marquis，即我们通常译为“侯爵”的人。

② 12—13世纪形成的法国史诗作品，也从法语发音译为《吉约姆·德·奥朗日的武功》，但在历史著作中，尤其在古代中世纪，法语的Guillaume应译成“威廉”。

不得不将就着接受布列塔尼首领的暂时投降，满足于在阿摩里卡半岛边缘维持一个缓冲区，这一缓冲区逐渐得到加强。

边界的扩展与保护

除了布列塔尼这部分领土，其他整个高卢都牢牢地置于一位首领的掌握之下，应该补充一点，这在高卢的中世纪历史上还是首次。这是查理曼的军事行动最有积极意义的成果。

这项政策的另一个积极方面是保卫了广阔领土的边疆，至少是陆疆。我们不应该忘记，实际上，除去比利牛斯边疆和阿摩里卡边疆以外（它们的问题如前所述），加洛林帝国的其他边疆已经被查理曼推进到莱茵河以远和阿尔卑斯山脉以远。在莱茵河以外，他吞并了弗里西亚、萨克森、巴伐利亚等；在阿尔卑斯山脉以外，吞并了意大利北部的伦巴第王国。相对而言，海岸线不仅非常长，而且又极端脆弱。不过，海岸线构成了加洛林国家的核心部分“法兰西”的外围，这些生气勃勃的地区通过一些大河，如卢瓦尔河、塞纳河和埃斯考河，直接与大海相通。然而，自公元800年以后，这些一直以来相安无事的边疆变得危险起来：诺曼人出现在大西洋沿岸，而穆斯林威胁着地中海沿海。

只要查理曼还活着，这些威胁就显得微不足道。国王只要通过应急的防御措施便能化险为夷。然而，有朝一日在他死后，帝国会陷入纷乱和无政府状态，而丹麦人和萨拉森海盗就会利用这一点，给法兰克王朝以致命的打击。

二、加洛林帝国

查理曼与帝国的根基

领土方面的功绩

直到现在，我们所论及的加洛林王朝的建树主要集中在他的领土扩张上。法兰西从卢瓦尔河与莱茵河之间这片由法兰克人居住

的土地（纽斯特里亚和奥斯特拉西亚）出发，通过兼并勃艮第、普罗旺斯、尤其是阿基坦，以及后来的朗格多克和塞普提曼尼亚，
161 由此形成为坚固的内核，在内核的周围是一片星云，这是对加洛林政权臣服程度较低的地区和缓冲国，它们构成了越来越遥远的、越来越不稳定的疆界，疆界所面对的是法兰西的敌对者丹麦人、斯拉夫人和阿拉伯人。

帝国在拓疆扩土方面的成就，早在查理曼于公元 800 年加冕皇冠之前就已大功告成。查理曼统治的后半期（直至 814 年去世）到他儿子虔诚者路易统治期间（814—840 年），实际上在这份现成的功业上未增加任何东西。相反，在领土方面，进攻性的态度越来越让位于迫不得已的防守，因为疆域已经扩展到它防御能力的极限，这就暗示了防守的必要性。守卫遥远的陆地疆域和就近的海疆自此吸引了加洛林王朝全部对外政策的注意力。然而，反对入侵者的斗争还很少成为他们主要担心的事情。

内部政治平衡

加洛林国家内部的团结自从查理曼以来已经不再受到那些不太驯服和不完全同化民族独立意识的威胁，但却有可能受到内部政治分歧和纷争的削弱，受到帝国诸侯们为争夺财富和权力争斗的削弱，甚至受到统治家族内部争夺最高统治权斗争的削弱。

为了更好地了解这一变化（该变化过程超越了虔诚者路易的统治期，成为整个 9 世纪的重要特征），我们应该提醒，加洛林家族通过查理·马特、矮子丕平和查理曼从上升、登基和凯旋的历史事实上不过是当时的贵族家族对墨洛温王朝反叛的一个侧面而已（丕平家族充其量只是这些贵族家族中的一员）。因此，我们很难相信，其他的显贵家族会眼睁睁地看着他们之中的一员重新恢复他们已经破坏殆尽的王权而无动于衷。矮子丕平想必也看到这一点，如前所述，他在 751 年政变以后，曾两次处心积虑地请教会的最高掌权者举行涂圣油仪式，一次是高卢的大主教圣卜尼法斯，一次是教皇。而且还请他们给自己的两个儿子施行了祝圣礼，其中就有后来的查理曼。教会由此创造了

新的王家血统，它赋予这一家族的神圣权力要高于那些旧的异教徒赋予克洛维后代的权力。然而，如果丕平和查理曼没有持续不断地努力寻求他们的权威与诸侯权势之间的平衡（通过让步或展示武力），而仅仅依靠权力神圣化是远远不够的。但保持这种平衡并非总是轻而易举，甚至在查理曼统治时期，还发生了两起危及这位君主生命的阴谋。事情发生在莱茵河东边，一次是786年由阿尔德拉伯爵和图林根的谋反者策划，另一次是792年由查理曼宠爱的私生子驼子丕平在许多伯爵的支持下所为。

王权与帝国观念

然而，查理曼没有刻意寻求将自己的地位提升到帝国皇帝的高度来巩固君主权力。帝国观念来自查理周边的那些文人学士们。教士阿尔昆是其中最具权威的代言人。799年6月，他写信给国王："吾主耶稣为汝而设之国王之事，足以统辖保留的俾使统治基督教臣民，地位胜过另两尊位（使徒之首和拜占庭皇帝），汝之智慧让之相形见绌，并超越之。当今基督教会唯汝为靠，唯汝有拯救之冀：汝为罪行之复仇者、误入迷途者之引路人、受伤害者之慰藉、善者之支柱。"

正如我们在此文本中所见，帝国观念是一种普世概念，它大大地超越了严格意义上的法兰克王国的范围，甚至更应该说，超越了"法兰西"领土的范围。这是一种基督徒的观念，更进一步说是教士们的观念，甚至可以说是罗马人的观念。因此，尽管我们可以相信，查理曼分 162
享着这样的一种精神情结，在他在800年动身前往罗马之时准备采取决定性的行动，但是我们不应该忽视，正是罗马本身面临的形势以及法兰克王国面对拜占庭帝国的国际形势才是推动查理曼接受帝国皇帝称号的动因。教皇加速了事情的进程，800年12月25日，他突然将帝国的皇冠戴在查理曼的头上。查理曼当然对这种新尊位带来的荣耀并非无动于衷，但也并不认为这对他来说是最根本的东西。他在改变他的称谓时，并未放弃原有的国王头衔，即为明证："查理·奥古斯都，由上帝加冕之伟大和和平的皇帝，统驭罗马帝国，同时得上帝之恩宠，为法兰克人和伦巴第人之国王。"另一项证据是他的政策并未改变，国家的组织也未改变。最多不过是在802年，他要求所有臣民，包括曾经在他为国王时对他宣誓效忠过的臣民，要对皇帝进行新的效忠宣誓。这项决定也是查理曼与他的亚琛宫廷幕僚们，在801年和802年的冬季制订的少数多多少少实行了的帝国政纲之一。包括其他主要有关服从皇帝秩序和承担军事义务的措施在内，这同时也是唯一有意要加强王权（至少部分地）的措施。从这种意义上来说，802年有关宣誓的"帝国"敕令无非是查理曼在如前所述的786年和792年两次谋反行动次日所采取相似措施的延伸和扩展而已。

王权家产观的持久生命力

查理曼加冕帝国皇帝对王国内部事务（特别是对法兰西）影响微不足道的最后一个证据，就是他对继承问题的安排。806年宣布的决定其实来源于视王权几乎为家产的古老观念：这项决定丝毫也不考虑抽象的帝国观念所蕴含的领土统一，查理曼也许相信，所谓的帝国会随他本人而消逝。根据这项决定，法兰西被瓜分：最小的儿子，即后来的虔诚者路易，当时已是阿基坦国王，他得到了整个高卢南部，而最年长的儿子查理除了帝国北部地区外还得到了卢瓦尔河以北的所有高卢领土①。后来完全是由于不可预见的事件才使得帝国统一免遭破坏，帝国的幸存由偶然因素造成，就如同帝国的诞生也是偶然那样。810年和811年，在相隔很短的时间里，查理曼两位年纪稍长的儿子相继去世，虔诚者路易因此单独获得了整个帝国的继承权，查理曼亲自为他戴上皇冠，此次教会没有介入。几个月以后，814年1月28日，查理曼在亚琛突然辞世。

皇帝虔诚者路易

决定性的转变

虔诚者路易登基在法兰西历史上是一个决定性的转变。他的统治

① 查理曼有三个正统婚生儿子，第二个儿子丕平原为意大利王，他分得巴伐利亚地区和阿拉曼尼亚。

和他父亲的统治形成鲜明的对比：在查理曼取得巨大成功和神化为帝国皇帝以后，在经过多年的领土扩张和国内和平以后，混乱和反叛重新抬头，甚至出现在国家的心脏地带；加洛林家族在整个 8 世纪通过不懈努力构建起来的巨大版图行将解体。

确实，在查理曼统治的最后十三年里，帝国已经走向解体之路：陆地边疆模糊不清，海疆受到威胁，对巨大疆域的管理无能为力，而更重要的是国家统一观念的基础并不牢固。

虔诚者路易一上台采取的行动就是针对那些威胁到帝国统一的危险，不论这些危险是眼前的还是将来的。然而，他的反应是如此鲁莽， 163
而且又如此明显地错误百出，以至于远没有达到目的不说，反而还引发了查理曼统治后期就潜在的无政府因素借势反弹，最终加速了帝国解体的进程。

初期维护帝国的激进措施

国家统一的观念对于法兰克贵族来说，当然不是熟知的概念，也没有太大的吸引力，因为这一观念源自基督教教会人士。一个分权的或分裂的国王政权更符合大贵族的利益，尤其是下列的情况，使之显得更为明显：帝国统一的第一受益人是教会，皇帝的基本职责就是保护教会。因此，贵族对虔诚者路易上台之初几个月里立即采取的激进措施抱有敌意。这些措施包括：让他父亲的主要合作者们远离宫廷，他驱离了陪伴查理曼寻欢作乐的轻佻女子和纵情挥霍者；迫使他的姐妹（他父亲不大乐意让她们出嫁，她们的生活也不太检点）戴起面纱。所有这一切明显是受到他那些阿基坦的幕僚们的撺掇，尤其是阿尼亚讷修道院院长贝努瓦，在他的影响下，政府很快染上了教会的甚至是修道院的色彩。同样受这些幕僚们的影响，从 814 年起，虔诚者路易在他的称呼中抹去了他父亲查理曼非常珍惜的法兰克和伦巴第国王的头衔，代之以“路易，受命神圣的主，尊贵的皇帝”。之后，817 年，他通过颁布一项范围广泛的法令坚定地宣布和确立帝国的不可分割性。同时，他将自己三个儿子中的长子罗泰尔提升到皇帝的尊位，以便在他死后，成为皇帝的唯一继承者，不再有领土的瓜分。皇帝在

817 年法令中开宗明义就提道："以吾等之目光（无论吾辈或有常识之士），若要爱子，切切不可将统一帝国瓜分之，而任其分裂，此乃上帝业已维持以利吾等。"

贵族的不满

这项大胆的决定与法兰克人最纯真的、连查理曼本人都觉得应该给予尊重的传统大相径庭，因此引起所有认为自己的利益受到损害之人的不满。大规模的起义爆发。在伦巴第，不满的人们找到了他们的代言人意大利国王贝尔纳，他是皇帝的侄儿。贝尔纳从伦巴第出发进入高卢，与奥尔良主教、著名的诗人忒奥杜尔夫结成联盟。虔诚者路易不费吹灰之力动员了一支足以摧毁起义的军队，迅速而残忍地把它镇压下去了。但大贵族们并不因此就接受了有关帝国统一宪章中的那些观念。公元 821 年，皇帝命令大贵族们要宣誓服从这一宪章，但从者寥寥无几。为了弥补他在镇压贝尔纳起义时表现出来的残酷形象，虔诚者路易在他教士幕僚和推行帝国统一政策的幕僚们的逼迫下，于 822 年在阿蒂尼举行了公开忏悔，此举被贵族们理解为皇帝的软弱，同时他们认为围绕皇帝身边的那些教士是他们夺取政权的首要障碍。然而，从此掌控形势的教士集团所考虑的仅仅是要求皇帝恢复被封建主们瓜分的教会地产，他们因此不仅削弱了帝国，同时也将整个贵族矛头转而对准了他们自己。

朝廷内部的反对力量

公元 823 年，形势一触即发。那一年，虔诚者路易的第二任妻子、皇后朱蒂特产下一子，即后来的秃头查理，她希望在帝国遗产的继承
164 中让儿子获得尽可能大的一部分领土，全然不顾关于帝国统一的宪章，也不惜损害长子罗泰尔的利益，尽管他已被指定为皇帝并且已经协助他父亲管理国家。宫廷内部立即爆发了激烈的冲突：以罗泰尔的支持者和帝国统一派为一方，以朱蒂特的支持者为另一方。这样的局势非常有利于早已愤愤不平的那些贵族的起义：宫廷冲突双方都希望从贵族中获得支持，每个阵营都向贵族承诺给予补偿，不久就向贵族分发

财产。

第一次大起义

起义在公元830年爆发：全国各地均发生骚乱。谋反者打着解放皇帝和他儿子的旗号。皇帝的儿子们很快加入到叛乱者的队伍当中——罗泰尔从意大利，丕平从阿基坦，路易从巴伐利亚赶来。叛乱者抓获了皇后，迫使皇后戴起面纱，把她囚禁在位于普瓦提埃的圣拉德贡德修道院。儿皇帝罗泰尔事实上掌握了政权，虔诚者路易在半拘押的情况下不得不表示支持起义的成功，剩下的只是权力的影子而已。加洛林王朝由此遭受从未受到过的侮辱：所有人都知道，真正的力量掌握在诸侯的手上。

虔诚者路易的复仇

贵族的胜利并非最后的胜利，处在"受监督自由"下的虔诚者路易准备报复。他在争取到足够的支持者后，于次年即831年实施复仇行动，不仅恢复了朱蒂特皇后之位，还让罗泰尔远离了政权。不过，罗泰尔的权力设计是帝国大厦的基本元素。让罗泰尔远离政权，实际上意味着废除了817年帝国宪章的条款。为了补偿在复仇行动中保持中立的罗泰尔的两位兄弟，虔诚者路易重新回到正宗的领土瓜分体制，同样也为朱蒂特的儿子、未来的秃头查理保留了很大一份领土。

统治末期：无政府状态和内战

虔诚者路易的此次胜利，完全是个人的胜利，而且是付出了帝国理想的沉重代价才获得的。然而，这次胜利不过昙花一现而已。831年岁末，丕平重新反叛，不久，他的兄弟路易也加入其中。四个儿子只想着如何在遗产中得到更多的权利，根本不管这份遗产还远没有进入执行程序。自此，反叛起义在整个法兰克帝国境内成为常态。

贵族决定着参与争夺的王子的胜利：获得最多诸侯以及诸侯的附庸们支持的王子获胜。虔诚者路易又被废黜，后又再次复位，因此完全丧失了威信。王朝也随他而去。持"帝国统一"论的代言人、里昂大主教阿戈巴尔甚至用下面的言词责备虔诚者路易："噢，主啊，天地之上帝！汝为何允许汝之信徒、虔信基督之仆人、吾等之皇帝竟至于对来自四方之邪恶威胁茫然不觉之田地？使之亲近仇恨之人，仇恨亲近之人？倘若判若神明之人所言属实，皇帝之侧均为妄想消灭其子、计谋抓捕皇帝、进而瓜分王国之小人，吾等又能从皇帝处期望何物?”

被抵押的未来

因此，在虔诚者路易统治末年（他于840年6月20日去世），帝国陷入内战的深渊。在帝国的解体还在酝酿之际，中央政权本身已经垮台。它的物质基础被摧毁：王子们在争斗过程中过多许诺，由于出让太多的领地和“恩惠地”，帝国已经倾家荡产。加洛林王朝的辉煌成果中,政治统一不复存在，这本是通过艰苦斗争，将分散的领土集合
165 在法兰克人的权威之下才获得的；土地财富也失去了，这可是最终让加洛林家族战胜其他对手的本钱。

然而，从这一延续了将近半个多世纪的统一之中，也保留了一些影响深远的结构：一整套政治、经济和社会制度、一个比以前更有组织更富有的教会以及货真价实的西方文明。这就是加洛林王朝留给未来法国历史的主要遗产。

三、政治结构

地区、民族和国家：从分散到统一

就如我们后面还会看到的那样，虽然加洛林帝国在行政上被划分为一个个“伯爵区”，但这种伯爵区的组织不应该掩盖更深层次的现实。由于领土因征服而不断扩大，法兰克王国领有的国土成为许多比“伯爵区”大得多的地理单位的聚合体，它们或是以前的日耳曼人王国，如法兰克王国、勃艮第王国、阿基坦王国等，或是以前的公国，如加斯科涅公爵领、阿拉曼尼亚公爵领，其中还不包括原先在法兰西领地上建立的政体。在加洛林家族登上王位之前，这些大政体基本上是独立的。甚至在它们被并入加洛林帝国之后，它们仍然保有内部认

同的意识，因此非常容易倾向于新的自治。

这种特殊主义的原因主要基于以下的事实：并入加洛林帝国的不同王国和公国首先和第一位的基础是民族，每个民族，甚至构成此民族的每个个人，都保留着他们原来的法律地位，即他们保留自己的法律，生活在他们自己的法律管辖下。只有到了后加洛林时代，经过漫长的进程领土整合逐渐得以完成后，法律的统一才提到议事日程上来。然而，某些帝国统一论的主张者，如里昂大主教阿戈巴尔曾经在虔诚者路易统治时期就梦想实现之，他本人生活的地区，民族混杂，他对因法兰克帝国内部法权和法律的多样性而造成的混乱局面深感愤懑，他写道："同为皇帝的忠诚者和同为基督的信徒却遭遇如此不同的对待，此等局面何以能够承受？同地、甚至同城、甚至同家庭，五名并肩行走或比邻而坐者，于人事，均不适用同一法律；于更深层之神事，亦无一致基督之法。上帝之功乃帝国统一，吾等岂能让法之分散成为此等统一之障碍？"

若要理解加洛林王朝首先在民族融合，然后在制度统一和国土统一方面立下的功绩，必须设身处地地考虑阿戈巴尔所描绘的情形。这一成果在虔诚者路易最后十多年的政治分裂和国家动乱的情况下，在很大程度上，依然维持着。若没有加洛林王朝的国王们，特别是若没有查理曼，法兰西也不成其为法兰西了。

政权的工具

伯爵

政权机器中重要构成之一就是伯爵们，他们是优秀的领土管理者，是行政机器的基本齿轮。伯爵们由国王在法兰克贵族中精心选出，在查理·马特和矮子丕平时期，伯爵们尤其多地选自奥斯特拉西亚的贵族家庭。他们分布在帝国的四面八方，甚至也出现在那些新近臣服、为了满足某些保留特殊性要求而暂时维持公国地位的地区。交给他们管辖的领土范围相当于以前古罗马的行政区，或为自然的区域，或为 166
同一民族分支居住区域。范围广的可以大过今天法国的省，范围小的不超过我们今天的选区。伯爵是常设代表，但国王可以随时撤换他们，他们没有薪俸，但与他的职务相连的好处包括可以分配到一些领地。他们最重要的任务，也是最为令人关注的职责，是在维护国王权益的前提下，维持地方秩序。有鉴于此，他们拥有非常广泛的警察权，司法权成为这种警察权的补充。确实，没有任何行政机构来协助伯爵们完成他们的使命，协助他们做事的仅仅是一些自己的下属、一些仆人和一小部分附庸。

主教们

查理曼经常强调伯爵和主教们应该精诚合作。主教也由国王任命。在一个民事因素和宗教因素难以分割的国度里，主教是政治统一和王权集中化最为有用的工具之一。他们所管辖的区域往往与伯爵区重合。

虽然如此，总的说来，伯爵制度并不太有效率。很多伯爵表现出对履行他们的职责漫不经心，一些伯爵出卖自己的官职，另一些伯爵利用他们的权力剥削他们治下的人民：对伯爵们进行监视，不断重复地威胁要对他们进行惩罚就是伯爵管理不充分的证据。

巡按使和敕令

这就是查理曼如此加强“巡按使”这一设置的理由。巡按使是派往各地的王家使臣，他们最重要的任务之一就是告知国王敕令的内容，监督敕令的执行。众多的敕令是一种分成许多条例的公告，它的拉丁词原意为“章节”，加洛林王朝的国王们以此方式发布国家的司法规定或更常见的纯属行政的措施。通过这些敕令，我们可以评估大部分巡按使们所赋予的权限范围。这些巡按使要对不公正和滥用职权的情况进行调查，阻止这类事情的继续，监控地方官的行为，首要的就是伯爵的行为，向国王就此问题进行汇报，评价他们告知人民的新规定等等。

一份敕令的文本可以帮助我们比简单地列举和描述更好地理解巡按使秉承何种精神来行使他们的监控。下面是一份通报中的片段，这段文字添加在一份敕令中，四位巡按使将这份敕令传达给他们前往的辖区的每位伯爵，在此摘录如下："汝等应尽力维护皇帝的权力，一如皇帝口头和文字均已确定之，因汝等就此负有重责……应予教会、寡妇、孤儿充分、正确、不偏不倚之公平……若遇不顺从不服从之行径，若有人拒不接受汝等依司法而作之决定，记录在案，呈报吾等……若汝等对此敕令之部分段落之意存有疑义，不必迟疑，当迅速遣特使往吾处，以听从吾之解释。"其他的众多敕令中此类段落均非常相似，它们不断重复着同样的命令和同样的禁条（经常得不到遵守的证据），上面这段文字就如众多敕令中的此类文字一样，表明最高统治者如果要保证统一的政府领导，如果要在法兰克王国中维持最低程度的团结、规整和安全，就必须经常让他的代理人们保持一种紧张状态。

我们将会明白，虽然下达给巡按使的指示通常是口头的，但它们
以备忘录的形式被非常简明地用笔记录下来，这一现象构成行政史的 167
重要事实：查理曼将文字书写广泛引入疆域的管理，对政治和社会精英的培养和发展作出了贡献，已经属于加洛林帝国范围内的国土无不留下这些精英的印记。

国王

亲力亲为的重要性

与政权地方代理人（主要是伯爵）的常规行动并列，与巡按使进行的活动（为了弥补伯爵制度的不足，在查理曼时得以加强）并列，就是国王的亲力亲为。在国王定居以前，即查理曼在最后几年几乎常驻亚琛之前，国王自己的行动非常重要。事实上，他就是国家的中心发动机，他的意志就是法律，归根结底，所有的政治组织和行政组织都是为他服务的。由于我们前面已经论述过王权和皇权的某些方面，尤其是它的宗教方面和对国王和皇帝宣誓效忠的作用，我们下面仅限于论述以后被人适当地称为中央设置的方面，而中央设置与国王个人是紧密相连的，与国王的辅佐人员相重合，即与他的宫廷（那时人们称之为宫殿）相重合。

游离无定所的君主

“宫殿”一词就它的具体含义来说，就是指这样或那样的国王专属住所。事实上，我们不该忘记，加洛林王朝的国王们和他们墨洛温王朝的前辈一样，是一些到处游荡的君主。直至807年，查理曼除了偶尔还在另一些宫殿落脚之外，才永久性地定居亚琛。然而，自从794—795年以后，亚琛的宫殿已经成了查理曼的冬宫。我们实际上应该把法兰克王国政府的活动在一年中划分为两个截然不同的时期：春季和夏季为一时期，主要从事户外活动，如开大会、军事征伐和旅行等；秋季和冬季为一时期，用于室内工作，即进行思考和作出大的决策。矮子丕平已经有了偏爱的冬季住所，尤其是位于基耶尔齐的住所。此外，如果说墨洛温王朝的国王们一般居住在高卢境内的老罗马城市中，处在第一位的就是巴黎，那么，加洛林王朝的国王们开始居住在建造于荒凉地带的宫殿里，其中的原因也许在于他们的故乡，高卢的北部和东北部，处在默兹河和莱茵河之间的这片土地上，本来就缺乏真正的城市。君王的这种流动性随着疆域的巨大扩展而逐渐变成一种必要。然而，越来越衰老的查理曼逐渐寻求限制这种生活方式，直至最后放弃。

国王的住所或“宫殿”

大部分的乡村宫殿位于法国的北部和东北部，即帝国的中央核心区，特别集中在阿蒂尼、基耶尔齐、维尔贝里、贡比涅、蒂翁维尔等地。如果把这些宫殿想象成城堡一样的建筑也许就错了，因为它们一般没有建防御工事。相反地，这些宫殿其实是乡村大地产，上面有一些房屋和建筑，供君王和他的随从食宿和栖身，或者根据这样的目的来进行布置。

由于缺乏对法国领土内加洛林时期宫殿的考古研究，我们不得不借用一份描写一座二流王家宫殿的材料。这座宫殿处在佛兰德尔和阿图瓦范围内的阿纳普，描写这座宫殿的文本由一位巡视的王家专员在
168 9世纪初写成，他这样写道：“吾等于阿纳普觅见王宫一座，建以优质

石块，分三房，主屋周边围以回廊，长廊配有十一间小房。地下有食品贮藏屋与两个门厅。院内有木头房屋十七座，配以相同数目之主屋和其余保留完好之附属建筑：马厩、厨房、面包房、两座粮仓、三间货仓。院子围以坚固的栅栏，石门，门下有走廊。院内有小院，亦以篱笆围之，篱笆以各种树木整齐排列种植而成。”

政权的中心机构

宫廷官职

抽象意义上的宫廷人士即为国王的辅臣，他们随国王在王国境内到处迁徙。除开国王的家庭成员，他们主要由宫廷内部各项服务的负责人构成，他们事实上和当初是国王个人的仆人：其中有监管宫廷膳食、尤其是国王膳食的“塞内沙尔”(sénéchal)①，或称膳食官，字面上的意义就是“老仆人”，而其拉丁语头衔的意思为“国王餐桌的职员”；有司酒官（bouteiller)；有国王寝室护卫官（chambrier)，因为国王的金钱放置在寝室之中；最后还有负责马厩和交通运输的管家(connétable)②，这是非常重要的官职，因为当时的朝廷是不断移动的。

这些宫廷官吏的职能明显地并不局限于国王的私人事务，我们经常看到他们在其他的任务上展示自己，尤其是在军事指挥上。

萌芽状态的行政机构

除了这些官职，最初的加洛林朝中央行政并没有针对不同领域的事务而设的专门机构。但有两方面的事务部门除外，因为这两类事务的处理需要有良好文化素质的人员——教士来承担。一类事务是非教士莫属，另一类事务是教士具有倾向性优势。这两类事务机关就是王家教堂和掌玺署，而两者之间的联系也非常紧密。王家教堂由专门为

① 此官职名后曾演变成宫廷总管，军队统帅或最高司法官等，1191年被废止。在某些地区，该官职还是国王在地方上的代理人，与另一地方官名“巴伊”（bailli）可以类比。注意区别。

② 该官职拉丁语头衔的意思是“马厩伯爵”，从12世纪起至1627年，该官职演变为法国陆军最高统帅。

国王宫廷宗教事务服务的教士组成，他们的人数和权限在加洛林王朝时期都得到增加，由于他们的知识程度高于世俗人士，所以加洛林的国王们也派他们处理一些非教会的事务，如作为巡按使外出巡视，承担外交使命，起草文书等。在第二个部门中得到使用的教士在查理曼时代构成了一个特殊群体，他们的领导人为掌玺大臣。

王室法庭

最后我们要指出宫廷中最后一位高级官吏“宫廷伯爵”，他是宫廷法庭的专职官员。在查理曼时代，在君王有时缺席的情况下，这位官员主持王室法庭。王室法庭审理的案件涉及位居高位并有权将案件提交国王审理的教会人士和世俗人士。该法庭的重要程度在查理曼时期，特别是在他加冕为罗马皇帝以后得以增强，其特征是查理曼的个人作用增强。由于地方行政的不完善，查理曼在他生命的后期相信他自己应该越来越多地介入司法，幻想他本人在惩罚罪犯和在帝国建立与神意相符的和平方面也许会做得更好。

年度全体大会

某些特别严重的刑事案件，如事关786年由阿尔德拉伯爵阴谋叛乱者和公元792年驼子丕平阴谋的叛乱者和共谋的案件，从那时起被交由全体大会（或称之为“议会”）审理。全体大会是加洛林王朝主要的制度设置之一，现在有必要厘清它的作用。

尽管它的正式名称是“全体大会”，但它绝不是民众大会，关于民众大会的想象几乎均来自某些骑士文学，混淆的原因可能在于全民
169 大会的召集与军队的三月会议（旧名“三月野会”）或五月会议（故名“五月野会”）有紧密的联系。与军队会议相反，所谓的全体大会具有明显的贵族特征：与会成员有宫廷的高级官吏、伯爵们，通常还有主教和修道院长，再加上直属于国王的主要附庸等。全体大会一年至少集会一次，由国王召集并主持，开会地点在国王的某处宫殿，此宫殿的选择往往取决于下次军事行动的战场，会址离未来战场要相对较近。国王和他的近臣会精心准备一份议事日程，书写成文，有时通

知教士和世俗人士各自分开审议与他们各自职能相关的问题，公元811年的一份议事日程就是如此：

“我们首先将我们的主教和修道院院长分成一组，我们的伯爵分为另一组，两组分开就下列问题进行审议：1. 当需要奋起保卫祖国之时，边境区和军队之间拒绝互相帮助，这种情况的原因是什么？……4. 我们要请问他们，为何事在何地，世俗人士在行使职权时受到教士的刁难，教士在行使职权时受到世俗人士的刁难？……10. 讨论被人们称作为‘遵守教规者’（chanoines）[①] 那些人的生活。他们应该处于怎样的地位。11. 讨论修道院生活，不遵守圣本尼狄克院规者能否成为修士？”

在上述情况下，教士部分的会议带有宗教公会，甚至是大宗教公会的特征，有关教会生活的重要决定形同教法。两组人员对议事日程问题的回答仅供国王参考，但它们对讨论后形成的决定却具有非常实在的影响。这些决定最常见的是成为国王敕令中的某些章节（条款），国王习惯上把敕令当作全体大会的结论而加以公布。

军队

如前所述，一年一度的全体会议往往与军队会集重合。对于如法兰克人那样的好战民族来说，军队集会也是常规性的事件：每年春暖花开之时，军队应召而至。在查理·马特、矮子丕平和查理曼时期，军队在所有的夏季都处在战争状态。更有甚者，就如我们前面花费不少篇幅论述的政治事件所呈现的那样，这对国王和他的王国来说几乎成了一种必需，成了生存的前提条件，不论是对内还是对外。

所有的自由民原则上均应该响应“集结号”。由于他们不领军饷，自己还得带上三个月的口粮和六个月的衣服及武器装备，军事义务成了自由民很重的负担。因此，连年不断的战争使他们越来越贫穷，以

① 该称谓后来演化为教会中的一种职务，指大教堂教务会议的成员，同时也是教阶上的一个层级，现译为“议事司铎”。最初这部分人指的是早期修道院制度改革时，严格遵守院规之人，该词的拉丁语原形为 *canonicus*，即“遵守教规者”，下文中还会涉及。

致于他们中的有些人不堪重负，最终变卖掉自己的家产甚至人身，遁入教会，或者更简单地就是沦为乞丐、土匪或为非作歹之徒。这种情形在查理曼统治后期更趋恶化，因为战争不再有利可图了，普通自由民充任的步兵获得战利品的机会越来越少。因此，尽管查理曼采取了一些措施用以减轻自由民，尤其是贫穷的自由民的负担，但步兵武器的价值和重要性都缩减了，它们逐渐让位给骑兵。查理曼努力通过使用附庸制度增加骑兵的人数以达到军事目的。骑兵的武器装备，特别是重装骑兵的武器和装备，如盔甲，事实上是非常昂贵的（有人估计价值 18 至 20 头牛）。加洛林王朝的国王们开始割让部分土地给他们的直接附庸，直接附庸的人数大幅增加，再让附庸承担骑兵的军事义务，国王们可以在王国的各个地方都拥有装备精良的可靠部队。此外，国
170 王们还鼓励那些诸侯们（伯爵、主教、修道院长和富有的地产主）培植他们的附庸，由此国王可以不花自己的钱，用贵族的开支来发展骑兵。

加洛林时期的封建制

封地附庸制度（或称为采邑制）引入国家组织体系中是加洛林王朝主要的成就之一。由此形成的制度，人们称之为“封建制”，在加洛林时代以后在由查理曼帝国解体后形成的国家中得以充分发展，它甚至漫延至整个西方社会，从上到下，经久不衰，成为西方社会最基本的特征之一。原则上讲，附庸制乃建立在两个自由民私人协议的基础之上，一方为附庸，他承诺为另一方服务，承认另一方是他的主人，而作为交换，主人一方要向附庸提供保护。似这样的附庸制在墨洛温时代就已存在，在当时的社会里，公共秩序的概念逐渐消失，不安全感迫使许多自由民寻找保护者。然而，经过公元 8 世纪的发展，一种新的做法使领主保护人的承诺更加具体化：主人被迫越来越多地将某些土地和某些财产赠予他的附庸，附庸从主人那里以“恩惠”的名头得到这些地产，从 10 世纪起，这些地产被称作为“采邑”，从此这些封地就成了附庸制的补充和对等物。加洛林王朝的国王们早就将这种

做法普遍运用到他们自己的附庸，即“王室附庸”身上。通过出让部分土地或“恩惠地”，国王逐渐将他们改造成“有地”附庸，替代以前那样的在家里供养他们。这些“恩惠地”来自国王的领地，后来由于国王保留地的不足，越来越多地从修道院和教会的地产中获取。由此，国王的附庸首先为加洛林的军队输送了军官和最有效的武装——重装骑兵。其次，国王的附庸在王权的统治不太可靠的地区组成了某种军事殖民区，例如在阿基坦地区。最后，矮子丕平和查理曼还同样让自己的附庸为王国行政服务，他们迫使伯爵与之缔结主人和附庸关系。他们希望以此建立他们与伯爵们紧密的个人关系，使伯爵们肩负国家责任的同时，也兼有对国王个人的责任。只是到了后加洛林时代，人们才感觉到这一制度的不适之处，因为当时强大的王权已经消失。然而，在眼前，加洛林的君王们从中看到的是能够加强他们对国家行政机器进行控制的非常合适的手段。

“恩惠地”的不断增多，使加洛林王朝的经济来源出现了问题。人们立即发现，加洛林的国王们并没有建立真正意义上的国库。他们只满足于在墨洛温时期就保留下来的罗马旧财税制度的残余。他们对此的态度不太有建设性，这方面的根本原因在于加洛林时代的经济结构。在那时，我们应该说，当时经济结构的特征是，一方面是农业和土地财产占有首要地位，另一方面是商品交换和货币经济的衰弱。国家的需求与此相适应，朝廷首要关心的就是它的土地财产，这是它最常规收入的来源，也是数量最大的经济来源。

除了土地以外，朝廷还有哪些经济来源呢？首先是通过行使权力实现的一些利益，我们可以纳入其中的有战争所得（奴隶、战利品和进贡）和司法获利（罚金、没收财产等）。其次是可以等同于直接税的一些税收，尤其是一些或多或少还存在的人身依附税，例如一些罗马旧税的残余，或者给国王的年贡。贵族成员和教会机构每年要给国王送礼。然而，间接税才是唯一在本质上属于国库的收入，它们起源 171
于罗马时期，历经墨洛温时代保留下来，到8世纪和9世纪，随着数量的增加变得益发重要。间接税中最重要的是货物运输交易税，这是国王针对货物流通和商品买卖所征之税。在查理曼时代，此税成为国王非常重要的经济来源。加洛林时期运输交易税征收点不局限于古罗马传统的征税处，它设立在边境，特别是海港，也设立在城市或有集市的居民点，还设立在某些河流上的港口，或者简单地沿着某些道路设点征收。加洛林的国王们在这方面虽没有什么创新，但也没有妨碍某些运输交易税点在那个时代变得极为重要，在当今法国疆域内，尤其重要的征收点有些设立在芒什海峡的海港，如康什河口的冈多维克以及鲁昂等，有些设立在内陆，如圣德尼和亚眠等。

四、经济和乡村社会

大地产和领地

王室领地的代表性

然而，如前所述，所有加洛林王朝国王的非土地性收入，尽管给王室金库提供了价值不菲的额外进账，但不足以应付王家预算，充其量也仅是王家预算的补差而已。加洛林权力真正的物质基础在于王室领地。王室的领地以它们的结构、它们的经营方式和它们的经济角色成为整个加洛林文明重要的特征，如果我们要考察这一时期法国乡村社会，那就不妨将它们当作出发点。

加洛林王朝的领地在现时法国疆域内的分布是不均衡的：它们最为集中的地区是卢瓦尔河以北，尤其是巴黎地区，同时还有瓦兹河盆地、马恩河盆地、埃纳河盆地和默兹河盆地等。我们同样可以看到，王家最重要的宫殿也处在这些地区。

大领地的起源

这些地区可谓王国的核心地带，也是法兰克人的故地，同样也是当时大地产盛行的地区，而大地产可以说是加洛林世界最典型的农业经营方式。这些因素的汇合显然不是偶然形成的。事实上，在6、7和

8世纪，这些地区移民的特征是，日耳曼人在被国王忽略的土地上（国王由于对这些地区的征服而拥有非常广阔的土地，其中部分土地国王疏于关注），建立了非常稠密的殖民点。国王和贵族在法国北部和东北部的落户，对农业经营方式具有非常重要的影响。当时贵族的生活方式实际上意味着必须以保有大量生活必需品为前提，要求谷仓里始终有很多粮食，鉴于粮食产量低，就要求有大面积的良田，最后还需要有广袤的非耕地，后者可以提供猎物、让他们进行狩猎消遣和饲养马匹，这类活动也是贵族武士们的基本特征。

为了满足这些前提条件，大地产遂应运而生。这些大领地的范围通常有好几个我们现在看到的村庄那么大，为了经营这些地产，人们就需要大量劳力。这些劳力在起初，即墨洛温王朝时期，主要由奴隶构成。

奴隶的命运

奴隶在许多方面都类似于古罗马时代奴隶，主要用于耕种广阔的田地，人们称之为“耕地”（拉丁语为 culturae）。这些耕地是“领主
地产”或“领地”的组成部分。在领地上，领主的庭院是行政和经济 172
中心。部分奴隶住在领主庭院的围墙内，领主保证他们的食宿，他们供领主驱使，从事各种劳动，首要是家务，同时也包含农业劳动。然而，由于基督教化的发展，加洛林王朝征服的结束，再加上领主在农闲时节还要供养暂不需要干活的人口，让他感到得不偿失，在这些综合因素的共同作用下，奴隶制必然走向衰落。随着奴隶制的衰落，大地产所有者开始对奴隶采取“地养”方式，即将越来越多的奴隶安置在一块土地上，他也可以建立自己的家庭，他们依靠自己的劳动，来获得自己的生活资源。作为这种土地赠与的交换条件，这些农民家庭，或者称之为“农庄”[①]，要为领主地产提供不同的服务，最主要的就是

---

① Manse，通常译成“庄园”，该词源出古拉丁语 mansa，意指“住所”。欧洲中世纪时的 manse 指领地内的一些农业单位，含住所、土地和附属性建筑，通常“庄园”是指领主自己的 manse，而其他人的 manse，如农奴的和一般自由农，似应译成“农庄”较为符合我们的认知习惯。

在领主土地上劳动。

领地制

起源和扩散

此种领地经营制度的转变主要发生在 8 世纪，首先在王室领地或由原先国王领地转移到贵族手中的领地上发生，地点主要集中在我们前面提及过的巴黎盆地和处在它周边的法国北部和东北部地区。正是在这些地区，从加洛林王朝诞生前夕起，尤其是在加洛林时代，产生了大地产的典型经营模式。人们将其称为经典领地制，这是因为我们是通过一些 9 世纪初的著名文献认识它的。9 世纪中期，若干饱学之士曾经利用过这些文献，并借助这些文献构建了有关这些大地产经营模式“经典”但有时非常抽象的形象。

在我们对领地制度作静态描绘之前，应该借助其中一份文献提出一点，在隶农“农庄”旁边，还有大领主们差不多同时并入的一些先前就存在的自由农的地产和乡绅们的地产。这些地产构成“自由农”农庄。另一些领地还通过开荒的途径壮大起来，开荒通常由外来的“客农”来做，由此从荒地中获得的土地很快成为另一种类型的“农庄”。我们还应该对此补充一点，经典的领地制同样也包括卢瓦尔河以北地区教会的领地，例如圣日耳曼-代-普雷修道院的领地，而教会的领地就其起源来说经常是来自王室和贵族的赠予。这种制度的扩展，在某种意义上说是制度的统一化，似乎是政治上深思熟虑以后的产物，这种考虑既来自王室，也来自宗教大机构。

关于大领地的描绘

至少，我们可以从上面已经提及的那些著名文献中，作出如此的解释。内容最为丰富的文献之一是圣日耳曼-代-普雷修道院的折页（即领地上关于农庄所承担义务和领地组成部分的清单），这份折页是在 806 年至 829 年根据修道院长伊尔米农的命令建立的。下面是根据拉丁文翻译出的片段，主要描绘巴黎附近圣乔治新城的领地情形：

“在新城有一处领主庄园，包含住所和其他足够用的建筑。庄园有170博尼埃①可耕地，可播种800缪依②种子。葡萄园91阿尔旁③，人们从中可收获1000缪依葡萄。草场166阿尔旁，人们从中可以收获166辆大车的干草。有三座磨坊，磨坊的使用税可带来450缪依麦子的收入。还有一座磨坊是不收税的。有周长为4古里④的一片林子里，可放养500头猪。

“……阿克塔尔，自由土地依附农，其妻名艾丽吉尔德，同为自由 173
土地依附农，籍贯圣日耳曼，育有6个孩子，取名阿瑞、特多、西美昂、阿达尔茜德、荻厄多内、艾莱克塔尔等。他们拥有一处自由农庄，其中有5默絮尔⑤可耕地，4阿尔旁葡萄园，4阿尔旁半草场。他们为军队交税4苏⑥银币，次年交税2苏用于抵付肉类，第三年交带小羊羔的母羊一头抵付草料。为牧猪权需交付2缪依酒，为森林使用需交付4德尼埃⑦。为大车运输，要交一块林地，50头骡子。他耕种冬小麦用4长条地，耕种春小麦用2长条地。他还需如数承担人们所要求的牲口和劳力的徭役。还要提供3只母鸡，15枚鸡蛋。他圈围4长条地作草场……

“……阿达尔加里乌斯，来自圣日耳曼的奴隶，其妻名艾尔波尔德，自由土地依附农，籍贯圣日耳曼。阿达尔加里乌斯拥有一处奴隶农庄。阿德乌，奴隶，其妻名基尼吉尔德，奴隶，籍贯均为圣日耳曼，育有5个孩子，分别是：福罗塔尔、吉鲁阿尔、艾洛尔德、阿德薇丝、艾丽吉尔德。他们两家拥有一处自由农庄，包含有1.5默絮尔可耕地，3/4阿尔旁的葡萄园，5阿尔旁半草场。为牧猪权要交付3缪依酒、1

---

① 博尼埃（bonnier），法国古代土地单位，每博尼埃约合1.4公顷土地。

② 缪依（muid）法国古代容积单位，数量依地区不同，1缪依少则200多公升，多则400多公升，甚至有高达700多公升的。

③ 阿尔旁（arpent），法国古代土地单位，1阿尔旁约合20至50公亩土地。

④ 古里（lieue），1古里合4公里。

⑤ 默絮尔（mesure），法国中世纪罕见的土地单位，约合1.25阿尔旁。

⑥ 苏（sou）为法国古货币单位，20苏为1锂，1锂约合1磅白银。

⑦ 德尼埃（denier），法国古货币单位，1德尼埃合1/12苏，1/240锂。

塞提埃[1]芥末、50棵柳树、3只母鸡和15枚鸡蛋。依要求提供劳役。妻子要用领主的羊毛织呢，依主人的要求数喂养家禽。

“艾尔默诺尔，圣日耳曼籍自由土地依附农，其妻为奴隶；福告，奴隶，其妻亦为奴隶，名拉让蒂丝默，籍贯圣日耳曼。这两户拥有一处奴隶农庄，包括有2默絮尔可耕地、1阿尔旁葡萄园，2阿尔旁半草场。农庄要支付的东西与前面农庄相同。妻子和母亲织造哔叽呢，依照需求喂养家禽。”

一方面，新城的领地包含了领主自己的农庄，在领主农庄中，有领主居住的庭院，有非常广阔的田地（超过200公顷），有草场和葡萄园，领地上全部的森林也归领主农庄。另一方面，领地上还有60处“自由”农庄，14处半“奴隶”农庄。上面摘录的部分文献片段对每种农庄都进行了典型描述。

农庄和农民

虽然两种性质农庄的区别变得越来越模糊，但我们还能注意到，自由农庄的土地面积比奴隶农庄要更大一些，同时自由农庄要承担补偿军役的沉重赋税，因为只有那些自由土地依附农（其人身是自由的）才有义务服兵役，他们也被迫要在领主的农庄上从事指定的劳动，即必需配牲口的劳动。然而，“奴隶”农庄给领主农庄提供的主要是体力劳动和家务劳动，从中保留了他们原来身份的影子。不过，我们注意到，自由农庄的占有者们除了承担一些原专属于他们的固定工作以外，也开始从事一些原来由奴隶农庄承担的不确定的工作。而且，已经不存在农庄性质与农庄占有者身份之间的必然联系。古老的法律地位区分，自由民（他们已经演变为自由土地依附农，即事实上半自由身份）和奴隶的区分正在消逝，这种消逝受伤害的主要是古老的自由农，我们上面在说到加洛林时代的军事组织方式时已有提及，在查理曼时期，他们的生存状态越来越困苦。这种区别的消失同样也

---

[1] 塞提埃（setier）法国古液体容量，依地方不同而有所不同，约合8法国品脱（pinte），在巴黎地区1品脱约为0.93升。

是以下事实的必然结果：当时的大土地所有者，首当其冲的是国王，把农庄（即“家庭地产”，有些文章甚至称之为古代的家庭农场）作为摊派封建义务的合适单位，以取代以前（墨洛温时代可能就是如此）对个人或土地实行摊派的方法。不过，每个庄园的土地面积大不一样，甚至在同一类型的庄园中也是如此。至少在巴黎盆地人口稠密地区，人们观察到，有几个家庭共同拥有一处农庄，甚至有的农庄被一分为二。 174

法国乡村的多样性

巴黎盆地的一些地区人口似乎非常稠密，有人估算，在巴黎周边圣日耳曼-代-普雷地区的8个村庄，9世纪的人口已经与18世纪相当！结果，那儿的农业也非常先进，特别是相对于饲养业来说和就技术上角度来看。三圃轮作制[①]大约在加洛林时代一些大面积耕地上初步推行。然而，要把我们上面通过领地折页清单而描绘的情形推及到法国的全部，则似乎显得有点轻率了。

与这些人口稠密、农业高度组织化的孤岛相比邻的法国其他地区，主要是卢瓦尔河以南的地区和法国的西部地区，在相同时期也许呈现出完全不同的景象。不仅是法国大片地区仍然荒无人烟，而且领地制度连同它的先进耕作技术也难以渗入到这些地区。大量存在的是农民小地产，土地集中的大地产经营可谓凤毛麟角，即使存在这样的大地产，农庄（地产面积比上面提及的更大，种类更一致）与领主庄园的联系也更松散，甚至不存在。提到这样情形的文献非常稀少，使我们难于对此进行解释：难道我们在上面没有提到过书写文字在领地制度扩展过程中的作用吗？没有提到它主要通过国王的行动与领地制发生的联系吗？然而，国王在高卢西部和南部的基础，比起旧法兰克王国核心地带来要更脆弱和更肤浅，这是我们在本章开始叙述过的那些政治事件的必然结果。

① 在不懂施肥的时代，为恢复地力，农业采取作物种植与休耕的轮作制度，三圃制采取秋种夏收谷物、春种秋收谷物和休耕三段轮作，与早先的二圃制（种一季秋种夏收谷物后，进入十多个月的休耕）相比，提高了土地的利用率，显得更为先进。

大领地的经济作用

离群索居、自给自足，抑或融为一体?

为了解读地产在加洛林时代的经济作用，我们又被迫求助于来自国王和大教会机构的一些文字资料。当然，这样做有可能误导我们的认识，但仍不失为真实的是，大领地对那些没有纳入到领地制的农业经营体和那些经典大地产在农业活动上不占优势的地区不断施加着影响，尽管这种影响比我们资料所反映的情况范围要小一些，程度也没有那么深。事实上，我们不应该将加洛林时期的大领地视为“一个完全自我封闭运作的机体”。大地产积极地融入更广泛的经济整体里，其原因多种多样。

生产与贸易

大地产主一般都有几处领地，分布在不同地区，各地的自然风貌各异，因此有助于领地生产的某种专业化。这种情形意味着不同的领地间保持着联系，或者领主，如国王，经常由一地迁移到另一地，不断了解他行将访问的领地上所发生的一切；或者固定居住一地的领主，如修道院院长，让人组织运输，将远方领地上出产的生活必需品运过来。最后，而且特别重要的是，一部分领地产品进入到当地的、地区间的甚至国际的商业流通之中：大地产主通过贸易出售他们的剩余之物，获取另一些产品；农民也定期在众多的每周一次的集市（我们可
175 以从加洛林时代的一些文献上看到这些集市的存在）上出售部分产品，以便能够以货币形式交纳某些赋税。虽然领主们想从他自己的土地上获取所有他所需要的东西，但大领地也不得不与其他领地发生联系，也不得不与周边的农民经营者发生联系，甚至不得不通过当地市场和跨地区市场和更广阔的经济世界发生联系。

王室领地的事例

著名的《领地管家敕令》（Capitulare De villis）似乎直接由查理曼发出，它涵盖有关王室领地管理的规定，生动地反映出大地产主经

营巨大地产所面临的问题，同时也反映出我们上面提及的经济联系的某些方面：

“特命朕之管家料理职责内之葡萄园，使之良好运作……倘若需获取他类酒品，则命管家从可运至王家领地之地购买之……

“朕愿众管家于每岁四旬斋之圣棕枝主日依定规将来自朕红利之银两上交，此前朕当得知本岁红利之总数……

“朕愿众管家于收成总量中抽取部分为吾等之用，同理拨出部分以充军需……

“收成总量依此分配及分发完毕后若仍有剩余则予以存留，并根据朕旨出售或贮藏……

“特命各管家留意众仆役各尽其职，勿误时于市场……”

商业发展和利润走向

因此，领地经济是向市场开放的。虽然商品交换毫无疑问地存在，但从长远的眼光来看，我们不应赋予它太多的重要性。大领地在9世纪确实支持了贸易的发展，促使商业网点沿着大河边扩展开来，有利于专业商人（人数还相对有限）的活动。然而，8世纪和9世纪农民劳动创造的资本仍很微薄，不足以让贵族用于生产性的投资，他们热衷于奢华生活的追求：资金最终以首饰的形式积累起来，存入教堂、国王和大贵族们的保险箱里，历经几个世纪而未去触动，由此杜绝了所有投资的可能和经济增长的可能。

五、加洛林王朝时期的教会

君权和法兰克教会的改革

国王，法兰克教会之首

不论是矮子丕平，还是查理曼和虔诚者路易，加洛林君主们都参与打造教会在精神、政治、经济和文化方面的实权。不仅如此，他们还为教会赢得了组织上的完整性，反过来，这种组织的完整性“在9世纪末、10世纪和11世纪初的艰难时刻，使我们文明的最基本的东西得以保存”。如此，法兰克教会的基本特征显现出来：不仅在理论上还是在实践上，教会均非常紧密地追随世俗君王。这一特征可以作为下列现象的解释，或如人们所说，是下列现象的反映。这一现象就是，加洛林国王一直自视有责任保护和促进基督教信仰，就如查理曼在给教士的一份通谕中所说的：要关注“不断改善教会的状况”。

卡洛曼和丕平的宗教功绩

世俗权力至上（或更正确的说法，国王与宗教事务决定权几乎完全等同）在加洛林家族成员登上王位之前就已经表现出来，当时查
176 理·马特去世后不久，卡洛曼和丕平行使宫相权力。

法兰克教会在7世纪末和8世纪初经历了重大危机，它差点失去了用于完成它精神使命的物质手段，同时法兰克教会也经历了在盎格鲁-撒克逊人卜尼法斯主导下初步恢复的尝试，这位盎格鲁-撒克逊人与教皇关系密切，但他也得到查理·马特的支持。正是在“卜尼法斯式”改革的最后阶段，卡洛曼和丕平有机会展现出他们已经将西方教会的命运掌握在自己手中。

公元742年4月21日，卡洛曼在召集了一次法兰克教务公会[1]（已经40多年没举行）以后，亲自在一份敕令中公告了此次会议，开宗明义如此写道：“寡人，卡洛曼，法兰克人之大公与亲王，以吾主耶稣之名，依上帝侍奉者与吾臣之议，召集吾境内之主教与神甫……征求彼等之计策，以恢复于前朝被毁之上帝与教会法则……”此后不久，在744年3月2日苏瓦松召集的会议上，丕平在他自己的领土上也仿效其兄卡洛曼的做法，几乎逐字逐句地重复了其兄两年前颁布的规定。

国王与教皇权威

此次改革的目标主要是重建教阶制度，从上到下，对教会组织的

① 一译主教会议，教务会议。

不同层级实行控制。针对这一目标，在苏瓦松教务公会上出现了分歧，分歧的一方是由圣卜尼法斯领导的盎格鲁-撒克逊传教士，另一方是法兰克主教团。事情似乎是这样：根据卜尼法斯的想法，重建的教阶制度应该最终设立直接隶属于教皇的大主教一职，所有的法兰克教士应该完全服从教皇的权威。教务公会阻止了在鲁昂、兰斯、桑斯设立大主教，丕平在接受了圣卜尼法斯依教皇之令给他施行的加冕加洛林王朝第一任国王之涂圣油礼后，就将卜尼法斯弃之一边，从755年起将教会改革的进程掌握在自己的手中，但其方式方法则更趋灵活。

教阶制度的重建

大教区和大主教职的重新设立被推迟。只有到了查理曼时期才完成此大业，而且非常缓慢：直至811年，唯有亚琛、欧兹、纳博讷、纳尔榜设立了教职，但它们仍未被承认为大主教区性质。而在此期间，主教的人数却越来越多，尤其是在重新征服的塞提曼尼亚地区和布列塔尼地区。丕平就像查理曼一样已经开始关注主教制度的正常运作，特别注意加强主教的权威。

主教，国王的辅佐

如前所述，主教们具有与伯爵们相同的功能，他们被加洛林的国王们认为是公共官员。而且，在卜尼法斯时期成长起来的一代主教（他们还保留着某种独立性）在780年左右消失以后，从此进入主教团的人只是被国王选中并对国王忠心耿耿的人。除少数例外，他们一般均由国王从贵族成员中挑选。因此，他们的生活方式与世俗大贵族非常相似，一位当时的作家这样写道："整个阿基坦的教士在兵器和弓箭的使用上，比他们主持基督教礼仪方面显得更为灵巧。"国王们加在他们身上的许多世俗和行政义务事实上常使他们不能专心履行他们的宗教职责。因此，我们可以了解，为什么查理曼向主教们发出的
要求他们承担起宗教责任的指示会如此众多：不断重复相同的规定， 177
意味着这些规定并没有被不折不扣地遵守。

乡村教士和私人教堂

下层教士的状况当然不会更好，尤其是在农村，神甫的生活条件

非常不稳定。查理曼曾经规定（虔诚者路易统治时重申），每座教区教堂应该拥有一处作为年俸的地产，这处地产至少能够构成一座庄园，以保证教士们的物质需要，但这一规定并没有一直得到遵守。此外，虽然确实有一些神甫拥有自己的教堂，而不必向领主承担任何义务，他们直接服从主教的权威，但是，加洛林时代大部分的乡村教堂属于私人教堂。这不仅是说这些教堂就建造在领主住宅附近，和领主的磨坊和马厩一样属于领主庄园的配备设施，有些情况还损害了原先就已存在并且相距不远的教区教堂，这些教堂于是沦为废墟，而且特别重要的是，这就意味着，这些教堂的供职人员完全依赖领主，一般领主本人从他领地的奴隶中挑选服务人员。里昂大主教阿戈巴尔证实，当时没有其他人的社会地位会像本堂神甫那样不稳定："简单地因为一句'是'还是'不是'，领主就可以把神甫打发了。"

查理曼和神甫们的培养

虽然，查理曼为改善神甫培养所付出的努力一以贯之，但这种努力也常常使人觉得沮丧。因为这位伟大的加洛林君主意识到乡村教士所提出的问题：他如同法兰克教会领袖那样来行事，事无巨细，统统关心。例如，在一份关于"教士事务"的敕令里，他列举了作为神父应该掌握的知识：了解和掌握礼拜日的祈祷词和《信经》（*Credo*）、能够将这些传授给信徒们、到第二层次要懂得做忏悔、掌握日历、知晓与宗教节日相关的布道、熟悉《罗马之歌》等等。

宗教实践和道德生活

事实上，这些努力大多作了无用功：一封查理曼给列日主教吉尔巴尔的信中披露，有一天，皇帝本人想要确定，洗礼仪式是否得到正确的主持。他非常不高兴而又惊讶地发现，许多男教士和女教士都不能正确诵读《天主经》（*Pater noster*）[①] 和《信经》。遵守星期天休息规定的做法似乎也难以确立。此外，如果许多教士没有足够的手段反

① 拉丁文可以直译为"我们的父亲"，基督教新教称"主祷文"。

对异教活动的残余，那他们又如何能在他们的教区反对通奸、乱伦、偷窃、背誓、凶杀等罪行呢？许多赦令可以使人认为，当时教士的道德操守绝称不上是模范。

然而，需要复述的是，查理曼和虔诚者路易（更为严厉）已经展现了对纠正这些缺陷的巨大努力。多亏了他们，高级神职人员原有的认为他们的使命基本针对世俗人员的观念逐渐发生了变化，这就促使某些主教更多地关注对低级教士的监督和培养。

教士和修士

乡村修士和城中教士

加洛林最初的那些国王们所要进行的教会改革，或者称为改革的尝试，主要针对教阶制度的建立，以及通过严密的监督和控制，纯洁俗间教士队伍，以便让俗间教士能够单独承担保护基督教信仰的责任。事实上，自 7 世纪起，一些爱尔兰籍和盎格鲁-撒克逊籍的传教士建立 178
起修道院，这些修道院独立于以城镇为基地的普通教阶体系，在卢瓦尔河以北地区从事乡村的传播福音活动。这一“平行”的活动向最初的加洛林国王们提出了一个问题：实际上，越来越多的修道院修士趋向于接受神职授予，开始兼任起初是主教在教区从事传教和宗教事务唯一助手的“教士”之职。丕平、然后是查理曼、最后是虔诚者路易努力通过教会立法的手段逐步解决这一问题，这些立法越来越进步，越来越精确，越来越严格，在混乱不清的状况中建立秩序，严格区分“修士”和“教士”，对他们各自的任务和各自的地位作出更清晰、更稳定和更新颖的定义。

从属主教之神职人员的改革：议事司铎[①]

本着这种精神，丕平和查理曼首先感兴趣的是大教堂的教士们，即生活在主教周围的“教士们”，特别是促进他们共同生活。他们把

① 参见本书 253 页注 1。

梅斯主教克罗德冈在754年为他的教士起草的规章推广到整个王国。这个规章不仅适用于大教堂的教士，也适用于下级教堂和乡村教堂的教士。遵守此法规的教士就被称为“遵守教规者”，即后来的议事司铎。按规定他们要过共同的生活，共同进行祈祷。他们要将自己的财产交给集体，但终身保留对这些财物的用益权。但也有一些“遵守教规者”可以不在公共寝室中过夜，他们在内院里有专门的房间。关于议事司铎的这种特性，虔诚者路易通过816年在亚琛颁布的规章再次确定。他试图藉此在帝国全境内统一和普及男女议事司铎制度。

议事司铎的住地

这项针对主教身边神职人员的改革对许多法国城市的命运影响深远：为议事司铎建造的大面积建筑有时会极大地改变城市的面貌，这大片建筑群中包括：内部小教堂、食堂、食物储藏室、集体宿舍和单人房间等。新教士区的设立往往要迫使那些老住家，即大片大片的世俗人群被迫离乡背井，到旧“城”以外寻找新住地。但另一方面教产在城市围墙内的扩张使得12和13世纪建造规模宏大的教堂成为可能。

隐修制度的改革

加洛林的国王们，最主要的是查理曼和虔诚者路易，想要通过终止修士们自两个世纪以来一直在从事的宗教礼仪和传教活动，指出隐修制度新的发展方向。为此，他们采取强有力的行动，试图将圣本笃教规统一强加给所有的修道院。事实上，在许多修道院，修士们根据不同来源的习俗生活着，遵守着被称为“混合型”的院规，其中结合了圣本笃教规和源自爱尔兰但已经本土化的规定；在另一些修道院，修士的共同生活甚至没有确定的院规可循；更有甚者，如一些长期设在城中的某些修道院（比如在图尔），“修士”们的共同体实际上是由围绕着主教身边的教士构成的；最后，几乎到处都有这样的情况，修道院的传统是如此的松弛，以至于许多修士采取“游荡”的生活方式，到处乞讨或成为隐士。从查理曼敕令所经常反映出的情况看，当时存在着许多要求遵守圣本笃教规的规定，而且多次重复。这种现象表明，当时的现实情形使圣本笃教规的系统推广和一致化遭遇巨大困难。因此，在816年虔诚者路易颁布修道院法规之前，查理曼所设想的目标并没有达到。

阿基坦地区隐修制的更新 179

相反地，国王的行动却在隐修制度相对滞后的地区引起了危机，甚至出现了衰落，特别明显的就是位于卢瓦尔河和莱茵河之间的法兰克王国中部地区，在那里，自此很少再有新的修道院建立。实际上，隐修制度的更新是从卢瓦尔河以南地区开始的。这一地区在查理·马特和矮子丕平时期，由于一系列政治和军事事件的影响，几乎所有的修道院生活都被摧毁。到了查理曼时期，公共秩序得以恢复，之后才有隐修制的更新。在虔诚者路易统治下，隐修制的更新扩展到帝国的其他部分。从虔诚者路易任阿基坦国王（781—814年）起，该地区经历了真正的修道院复兴，其发起者在很大部分应该归功于查理曼本人，因为根据为虔诚者路易写传记的一位阿基坦人的记载，“他（查理曼）命令整个阿基坦各修道院院长之职应归属法兰克人。”最初的目的自然是为了巩固法兰克人在这块长期独立和反叛土地上的政治权力。其次，也希望让阿基坦的修道院为法兰克人内部殖民化的事业服务。阿尼亚讷修道院在它杰出的贝努瓦院长的领导下，在这场广泛的拓荒运动中扮演了先锋角色，这位修道院院长后来成为虔诚者路易的顾问和隐修制度改革真正的发起人。阿尼亚讷的修士们不仅开辟了修道院周边的荒地，而且在耕种周围的土地后，还创建了若干所修道院。其他一些修道院也以此为榜样，特别在拉格拉斯、栋泽尔、孔克、卡尔卡松等地。

阿尼亚讷的贝努瓦，圣本笃教规的恢复者

于是，加洛林王朝隐修制度的理想在虔诚者路易的阿基坦王国中大规模进行的具体实践，打上了阿尼亚讷修道院院长贝努瓦教规的印记，他在阿基坦和朗格多克地区修道院恢复了严格的圣本笃院规。他的行动成为“西方隐修制度史上真正的转折点”。自虔诚者路易于814年登上帝国皇帝之位后，实际上他就让阿尼亚讷修道院院长居住在亚琛的宫殿里，更有甚者，其还在亚琛附近的因达（现今之科纳利明斯特）为他建造了一所修道院。两年以后，在公元816年夏天举行的亚琛主教公会上，皇帝颁布了关于“隐修制度”的敕令，这一敕令与关于议事司铎的敕令类似，大部分是由阿尼亚讷的贝努瓦起草的。

虔诚者路易的理想：一致性和统一性

这一敕令强制在帝国范围内统一推行圣本笃院规。自从6世纪以来，圣本笃院规仅仅只是西方众多修道传统因素之一，但从816年起，它以阿尼亚讷的贝努瓦（人称“第二个本笃”）[1] 确定之形式成为修道生活的唯一法规。考虑到以前的情势，这是一项非常激进的措施，非常具有虔诚者路易的“风格”，必然招致反对。几所“修士”的修道院想要保留他们的传统的习俗，希望不要实行新的和统一的严厉教规，请求让他们具有议事司铎修道院的性质。因此，阿尼亚讷的贝努瓦被迫对修道院逐个加强控制和监督。为此虔诚者路易甚至还动用了巡按使制度，因为这样做天经地义，在虔诚者路易眼里，教会的统一是帝国统一的前提条件，诚如他在817年所宣布的那样。

由此，推动教会和国家的一体化再次得到确认，这一进程开始于加洛林家族登上王位，在虔诚者路易和他周围教士的推动下最终大功告成。人们可以得出结论，教会是这一相互靠拢的最终受益者：通过加洛林国王们的行动，它成为牢固的制度，经历公元9世纪的危机而不倒，而帝国本身却在9世纪的危机中瓦解了。

① 在法语中，本笃（Benoît）和贝努瓦的写法相同。

六、加洛林文艺复兴 180

起源

野蛮和贫瘠

加洛林时代的文化生活标志着一种更新，人们一般称之为加洛林的“文艺复兴”。这种含义不太清晰的指称使人联想到开创近代历史的“文艺复兴运动”，这次运动的结果是古典文化的觉醒，成为人们模仿的对象或灵感的来源。不过，该名称也有它合适的一面，因为从另一方面说，它正确地暗示了在公元 8 世纪前半期人们的思想、文学和艺术生活在高卢陷入衰败状态。

查理·马特和矮子丕平时期，实际上是野蛮和文化贫瘠的时代，普通大众一般都是文盲，教士成为教阶制度不完善状态的牺牲品，唯独生活在某些还保留某种常规化共同生活的修道院里的修士才有可能专心学习，他们拥有图书馆，得到最低限度的知识培训，至少还懂得读写。再者，这些文化中心，或者更好一点的，那些保留最低限度文化培训的中心，人们勉强可以称它们为学校的中心，全部集中在卢瓦尔河以北的地区，因为阿基坦、普罗旺斯、勃艮第和里昂地区由于阿拉伯人的入侵、加洛林王朝初期国王们的征服和内战而满目疮痍。此外，法兰西北部这些中心某些文化活动的延续性常常不是当地法兰克人活动的结果，它们的推动力来自公元 7 世纪和 8 世纪初爱尔兰和盎格鲁-撒克逊传教士们。诚然，矮子丕平和卡洛曼并非文盲，他们曾在圣德尼修道院里接受过某种教育，但我们不应该对他们的文化水平估计过高。丕平由于忙于他的政治和军事要务，并没有想到文化问题，即使在他关心法兰克教会的改革、为其王国里的教士和修士组织学校之时也是如此。此外，他还关心将《罗马之歌》引入法兰克教堂：但不论怎样，这是他儿子查理曼明确归功于他的唯一“文化”动议。

查理曼自身的知识训练

那么，查理曼又如何最终成为（或能够成为）给自己的统治增光添彩的知识更新的倡导者呢？要回答这一问题（其实本身就是“加洛林文艺复兴”的起源问题），首先就有必要了解查理曼本人的知识水平。关于这一题目，他的传记作家艾因哈德曾有提及，这位作家非常熟悉这位伟大君主，并且“非常忠实地”勾画了皇帝的“画像”，他写道：“……他专心学习外语，他对拉丁语的掌握是如此的好，用拉丁语和用母语进行口头表达已经没有什么区别。希腊语的程度没有那么高，听的能力比说的能力要强……为了学习语法，他听了一位教堂执事皮埃尔·德·比萨的课，其时他已进入老年。在其他学科方面，他的老师是阿尔昆，这也是一位执事，来自大不列颠的撒克逊人，是当时知识最为渊博的人。查理曼大帝花了很多时间，付出很大努力跟他学习了修辞学、辩证法，特别还学习了天文学。他懂得算术，专心并非常具有灵气地研究行星运行的轨迹。他也尝试过写字，习惯于在他床垫下面放置小木板或羊皮纸，一有空就练习写字；但他这方面的学习已经太晚了一些，故收效不甚明显。”

加洛林文艺复兴的源泉

在这段《查理曼传》的摘录中，艾因哈德已经提及了“加洛林文艺
181 复兴”的两大来源，这是由两位外国学者带来的，一个来自意大利-伦巴第，另一个来自盎格鲁-撒克逊。颇有意思的现象是，查理曼的传记作者没有提到源自法兰克人的家庭教师。求助于外国人可能是当时的需要：查理曼文化政策的最初目标之一，实际上就是要纯化拉丁语，纯化拉丁语文本的书写，尤其是圣教文本。在墨洛温时代，受口头语言（变化非常大的拉丁语）的影响，也是高卢境内教育退化的后果，拉丁语文本已经受到日耳曼蛮族文化的困扰。因此，古典拉丁语的新生需要一些来自其他国家受过教育的人士；其中有的国家，古典文化仍然是他们活生生传统的重要组成部分，如意大利；有的国家，这些古典文化被小心翼翼地保存在修道院里，如大不列颠和爱尔兰。

宗教关怀

就查理曼本人来说，这种语言关怀似乎来自对宗教秩序问题的忧虑：在他看来，信仰的纯洁和宗教生活的精确，取决于圣教文本的可靠和纯正。这就是为什么他要将修订圣经拉丁文本的任务交给盎格鲁-撒克逊人阿尔昆的原因了，阿尔昆于公元782年被查理曼召至高卢，从792年起，居住在图尔的圣马丁修道院，他依据《圣经拉丁语通行本》对拉丁语圣经进行了修正，以此也确立了《通行本》对其他译本的胜利。由于那些用于礼仪的文献也需要像圣经一样进行清理和更正，查理曼发布有关教育和抄写的命令：他认为必须要有可靠的文本，还要有足够多的抄本，为此，他需要一支受过良好教育的教士队伍。

学校改革

因此，"加洛林文艺复兴"首先和主要的就是学校改革，主要针对那些想要进入教士行列的儿童。因此他命令学校应该设在修道院里或者大教堂附近，他还命令，在附属于这些学校的抄写工作室里，这些抄写员，不论是修士还是教士，都要认真誊写那些值得信赖的礼仪文本，同时也要誊写其他拉丁作家、基督徒甚至异教的文献，以便人们能够获得"对文化的掌握"，这对理解圣教文献是必不可少的。

知识和文学的更新

查理曼宫廷里的外国学者

出自这样的宗教考虑，也出自这样不在乎新颖也不过分招摇的学校改革，一种知识和艺术的更新在查理曼统治的后半期应运而生。皇帝本人听从阿尔昆这位以前的教师、后来的主要合作者的建议，以自己个人的行动也促进了这一文化更新。

在皮埃尔·德·比萨（前引艾因哈德文中已提及）身边，查理曼在他的宫中还招揽了意大利人保罗·迪阿克雷，他是研究伦巴第人的历史学家，曾在梅斯大教堂任教并著有梅斯大教堂史。不仅如此，他还是将拉丁诗歌引入王宫并使其新生的第一人，这些拉丁诗歌自二百多年前的福尔蒂纳之后就在西方失传了。继他之后的是西班牙人忒奥杜尔夫，此人有西哥特人的血统，查理曼任命他为奥尔良主教。这是一位非常有创意的讽刺诗人、古玩、钱币和艺术品的收藏家、日耳米涅普雷教堂的建造者，该教堂里一幅著名的彩石镶嵌画也是他请人装饰上去的。

在“新罗马”中的法兰克诗人

很快，法兰克人也可以夸耀他们的荣誉了：这次轮到他们用他们的著作使古典世界复活（或模仿古代拉丁作家，或从他们那里得到灵感），使“文艺复兴”之名（我们上面已经强调了这一名称的模糊性）更加名符其实。因此，稍后成为奥顿主教的莫杜安被人取了带有诗意的别名“纳索”，此名借用自奥维德[①]。他为了歌颂查理曼和他文人的
182 宫廷，写了一首维吉尔[②]风格的牧歌。通过对话形式，他使古典诗人世界在“新罗马”中复活了。“新罗马”指的就是亚琛，早在799年，阿尔昆已经把它比喻为“新雅典”。他将这些古典诗人与赢得“荷马”[③]别名的安吉尔贝尔联系在一起，后者是圣里基叶修道院俗间院长，安吉尔贝尔本人也歌颂过查理曼和查理曼一家，特别歌颂了查理曼的女儿们（其中之一是他的情人）。

因此，查理曼的宫廷不仅是如人们所说的“宫廷学校”，而且还是辉煌的知识和艺术之家。当然，人们在宫廷中讲学，但并非采用学校的方式，也并非有组织的：宫廷更多地承担了对各种年龄的高级官吏和教士人群，以及充斥于宫廷之中的贵族子弟进行精神教育和道德教育的使命。

虔诚者路易统治下的“加洛林文艺复兴”

当查理曼在814年去世时，人们不禁要问，加洛林的文艺复兴何

① 古罗马诗人，拉丁全名波孛利乌思·奥维提乌思·纳索（Publius Avidius Naso），法语和英语世界称之为奥维德（Ovide）。

② 古罗马诗人。

③ 古希腊诗人。

去何从？毕竟查理曼在其中表现出压倒性的个人作用。多亏了这位君主的组织才能和他的现实主义精神，加洛林的文艺复兴没有因为他的去世而中断，已经开创的知识和文学成就也没有因此消失。但是，虔诚者路易既没有力量也没有合适的精神状态来继续这一伟大传统。当然，帝国宫廷并不是一下子就失去了文化意义，但逐渐地，阿尔昆或其他查理曼的合作者培养起来的人才在虔诚者路易那里既得不到热烈欢迎，也不能获得以前从他父亲那里收到的那种回应，这些人于是或离开了宫廷，或与世长辞。

修道院和大教堂学校

因此，几十年以后，当秃头查理试图恢复王家宫廷文化的辉煌时，加洛林文艺复兴的重心早已转移到当初查理曼一开始就想让它们成形的文化中心，即转移到了修道院和大教堂学校上了。事实上，在 9 世纪上半叶，查理曼在教育方面所作所为的效果已经在那些机构中明显表现出来。但在这些机构里的文化生活比起查理曼的宫廷具有更强调精神、更具知识性的特征。首先，那些机构通过大规模的抄写活动构建了保存许多拉丁经典著作的图书馆。例如在科尔比，图书馆收藏了恺撒的《高卢战纪》以及萨卢斯提乌斯①、科卢梅拉②和卢克莱修③等人的著作；在图尔，圣马丁修道院图书馆中收藏了西塞罗④、苏埃特尼乌斯⑤和其他一些作家的著作；在圣德尼，图书馆中有泰伦提乌斯⑥的剧作。

拉丁文学和人文主义

多亏了这些活动，我们今天才不至于失去全部的拉丁文学：因为，我们了解那些保留至今的大部分古典拉丁作家的作品，要么通过加洛

① 古罗马政治家和史学家。
② 古罗马农学家。
③ 古罗马哲学诗人。
④ 古罗马政治家、作家和法学家。
⑤ 古罗马多题材作家。
⑥ 古罗马剧作家。

林时期的手抄本，要么可追溯至加洛林的手抄本。然而，在大部分情况下，我们并不知道是谁保留并传播了这些著作。鲁普·德·费里耶尔修道院长是这方面的例外，人们称他为第二次加洛林文艺复兴时期的人文主义者：通过他的书信，我们看到他从法国、英格兰、罗马、德意志等地收集好的手稿。他本人抄写了一些手稿，并对它们进行了真正的文献学研究，比较不同的抄本，指出它们的错误和疏漏，小心谨慎地加以订正和修正。

文学创作

与这一富有成果的作品保存和文学研究活动（它们主要在虔诚者路易时期在大型修道院里完成）相比，同时代创造性和原创性的文学
183 作品就没有那么显眼。如果我们将作家群局限于加洛林帝国的西方部分，局限在法兰西，那么我们在诗歌领域能够提及的人就只有阿基坦人“黑人”艾尔莫尔，他用诗歌歌颂了虔诚者路易和他儿子丕平的事迹。不过在政论文和小册子方面，在虔诚者路易统治的动荡年代中，却有几位代表人物。最有活力的当推里昂大主教阿戈巴尔：我们在上面曾经引用了他的几段文章摘录，表现出他的尖刻和讽刺，甚至皇帝本人也常常成为他的靶子。与这些对皇帝怀有怨恨的作品相对，也有把虔诚者路易当作英雄的历史作品。其作者是位无名氏，人称之为“天文学家”，因为他对星体现象怀有浓厚兴趣。该世纪唯一一部真正称得上“历史”的著作出现在秃头查理统治初期：它的作者是一位加洛林家族的成员，查理曼之女与她的情人安吉尔贝尔所生之子尼塔尔。他在简单论及虔诚者路易的统治之后，重点描写了从 840 年至 843 年的历史事件，而他本人亲身经历了这一过程。

传统主义和实用主义

因此，尽管在查理曼和虔诚者路易统治时期涌现了一些带有个人主义倾向的人物，但应该强调指出，这些人物通常是属于传统主义的，并且缺乏独创性，加洛林文艺复兴由此也主要是教育和引导方面的运动。它对西方文明最积极和最持续的贡献在于它的实践特征，渗透着

宗教关怀：用知识的形式，引入书籍和图书馆、引入文字书写和学校，而所有这一切都带有古典传统的印记。

艺术运动

官方艺术

那么，这是不是说"加洛林文艺复兴"对唤醒艺术生活的贡献微不足道呢？虽然在文字作品领域，人们对美学的关心停留在次要状态，但艺术本身并非如此，加洛林文艺复兴给予的推动非常强劲而且非常显著。加洛林时期的艺术和这一时期其他的文化产品一样，首先是官方艺术，是根据君主的命令创作的。

"王家"小彩画①

这一事实首先表现在小彩画上。国王下令在宫廷内的抄写工作室里对手抄本进行绘画装饰。经过大红颜料、黄金和白银的装饰，这些抄本变得金碧辉煌，这为君主增添了光彩，显示了他的财富、他的权力和他的高贵。在这方面，可以列举的著名书籍有：《查理曼福音书》(Evangéliaire de Charlemagne)，这是戈德斯卡尔克的作品；虔诚者路易827年赠送给苏瓦松圣梅达尔修道院的《福音书》；安吉尔贝尔送给他自己任俗间院长的圣里基叶修道院的《福音书》，这部福音书是他从查理曼那儿得到的。这些艺术杰作本身均出自"王家"工坊，体现了最纯粹的"查理曼风格"，主要画面表现为人像，可能受到古典模式或拜占庭模式的影响。

外省画作

除了王宫以外，另一种独树一帜的艺术是来自法兰西北部各个修道中心的小彩画，主要在科尔比。这些画作与最古老的"王家"作品处于同一时期，主要受来自意大利题材的影响，甚至还渗透着墨洛温时代的古老因素。它们没有摆脱墨洛温时代基本装饰形式，对人像的

① 欧洲中世纪书籍中的插图，常常用来装饰每页或每段的首字母。

表现显得笨拙。然而，与国王政治目标相适应，它们对人物的表现也体现了一种新潮流。在国王政策的推动下，很快实现了许多进步。

184 在法兰西的其他地区，来自不列颠群岛的装饰艺术占据着主导地位，例如在图尔，在阿尔昆影响下制作的手抄本插图非常朴素，证明阿尔昆不太在意要模仿君主之侧所做之事。只是到了后来，图尔书籍的插图才获得在那个时代的流派中占有一席之地的荣誉。

在离图尔不远的弗勒里，当地手抄本的质量远高于毗邻图尔的圣马丁修道院书籍。他们的灵感同样来自不列颠群岛的图案，而采取了与奥尔良主教忒奥杜尔夫修道院长不同的姿态，这位修道院长似乎对他自己主管的修道院的艺术活动不太有兴趣。因此，在外省，艺术的情况是多样的、碎化的，游离在墨洛温遗产、盎格鲁-撒克逊传统和地中海艺术教导的影响之下。外省这些修道院艺术与王宫艺术有着明显的对立，来自宫廷的不断的指令表明了这种统一性并不存在。

建筑

如果说，加洛林时期的绘画是加洛林艺术中保存得最好的产物，那么，加洛林时代建筑、金银饰品和雕塑的遗存也不应受到忽视。

在法兰西，若干加洛林时代的纪念性建筑物，依然或全部，或部分地矗立着：如格兰里厄湖畔圣菲利贝尔教堂残存的耳堂和祭坛；日耳米涅-代-普雷教堂，它的修复不太忠实原建筑，但 1869 年的重建要好一些，这是忒奥杜尔夫主教的作品，他西哥特血统的印记在教堂半圆形后殿的彩石镶嵌画中依然可见；还有茹阿尔的圣保罗教堂、圣康坦教堂、夏尔特尔教堂和奥塞尔的圣日耳曼教堂地下室。此外，考古发掘也让我们了解了许多已经消失的加洛林时期教堂的平面构造或者某些构件。这些不同的材料表明，查理曼时期的建筑延续了当时还存在的早期基督教传统，或者有意向古代转向。在 8 世纪末和 9 世纪初，法国存在许多平面简约的纪念性建筑，如格勒诺布尔的圣洛朗葬祭性建筑，如内韦尔的一座洗礼堂，如日耳米涅-代-普雷那样的领地或宫廷小教堂，如圣里基叶修道院里多边形的圣母小教堂。然而，已经有一些东部和西部的建筑保留巴西利卡式柱廊殿道的形式，采用繁复的综合体构造（如圣德尼教堂和圣里基叶教堂），同时，在虔诚者路易统治时期，西方教堂地下室和台基发展出多种形式。所有这一切证明了当时的建筑活动非常频繁，同时也表明从查理曼到秃头查理建筑的变化非常快，从许多方面来看已经预示了罗马风格艺术的来临。

教会宝藏和金银器

教会在加洛林时代的物质财富、高级教职人员对奢华的追求，以及他们愿意将土地剩余产品的收入投资于贵重物品的偏好，乃是“加洛林文艺复兴”给金银器艺术以强大推动的重要原因。我们保留着大量9世纪关于教堂动产和不动产的铭文，大部分铭文开宗明义通常是一份教堂“宝藏”的详细清单，其中列举并常常细致描绘教堂收藏的珍贵物品，它们通常为礼器。固定的或可移动的祭坛常常覆盖着贵金属、珍珠或宝石，就如813年圣里基叶教堂一份“铭文”所提到的那些物品。在圣德尼的宝藏中有一幅《圣吉尔之主》（现藏伦敦国家画廊），它来自秃头查理的赠予，很可能就是在宫廷工坊里制作的，它为我们提供了这方面的画面。圣物盒或圣人遗骸盒也完全用贵金属制作，并布满各种装饰。在法国，有非常罕见的遗存，例如保存在孔克宝藏中的黄金圣骸盒，这是由丕平·德·阿基坦送给圣富瓦修道院的，上面绘有耶稣受难图；还有如被人们称为“查理曼之盒”的圣人遗物 185
盒，直到法国大革命为止一直保存在圣德尼修道院，现在保留下来的仅仅是镶嵌黄金和珍珠的古代首饰了，它原来是盒子的脊盖。教堂还拥有大量的王冠、十字架、耶稣受难十字架等物品，它们都用贵金属经艺术加工制成，常常镶以珍珠。不过现在留下来的样品已经为数极少。

象牙和雕刻

此外，属于教堂宝藏的还有加工过的象牙品。位于第一位的是刻有主教姓名和弥撒中需念诵的圣徒姓名的记事牌。再也没有其他物品，能比这些精雕细刻的象牙物件更好地体现浮雕艺术的复兴了。因为，“加洛林文艺复兴”的雕刻艺术似乎在石刻方面不太成功：大部分出自祭台、围栏或家具上的石刻作品延用墨洛温时代简单的几何图案。某些石块上装饰有人物场景，但其制作极为粗糙。

在艺术领域与在文学领域的情况一样，“加洛林文艺复兴”首先是为国家和教会服务的知识运动和艺术运动。教会从中大量获益，并在君王的推动下，甚至直接指导下，以积极的姿态作出贡献。君王的推动作用再次体现，而且表现得非常耀眼：在中世纪法国历史上，再也没有其他时代的艺术，能如此忠实地反映和突显政治史的运动。

第八章　最后的入侵 186

公元 840—980 年：

一个幅员过于辽阔的国家在最后的入侵的喧嚣中分崩离析

一、帝国的终结

兄弟相争

“当他在莱茵河对岸追击自己的儿子日耳曼人路易之际，皇帝虔诚者路易病倒了。人们将他平放在一艘船上，这艘船沿美茵河与莱茵河而下，直至一个靠近因热尔海姆的岛屿，在那里，皇帝不治身亡……罗泰尔立即从意大利赶了过来，并占据了皇位……(此后不久)，日耳曼人路易和秃头查理因眼见自己被剥夺了一切继承权，遂联手抗争。”以上为本笃会修士雷吉农·德·普伦对公元 840 年呈现的局势所作的概述。这一已经持续十年之久的围绕着继承问题而展开的斗争，就这样在虔诚者路易的几个儿子之间进行。兄长罗泰尔已被其父皇扶上帝位，并觉得自己有权继承整个国家。他的几个弟弟，即路易、丕平和查理，则依据日耳曼人的传统做法，要求获得该分别属于他们的继承权。确实，丕平在 838 年一命呜呼，但他留下了一个儿子，这就是丕平二世，后者在这场竞争中取代了其父的位置。

这些战争最为糟糕的地方，既不是他们这几位兄弟之间的自相残杀，也不是似乎存在于他们之间的病态的仇恨，而是它们最终诉诸，并且不断地诉诸贵族成员的相互争斗。在三年的时间里，这几位兄弟使用各种伎俩来勾引其对手的“拥护者”。由于罗泰尔宣称全盘继承其父皇留下的一切，而查理和路易要求的只是该分别属于自己的份额，后两人遂有可能相互接近，并为共同对付兄长结成同盟。由此，具有决定意义的对抗即将产生：此事于 841 年 6 月 25 日发生在距奥塞尔不远的丰特努瓦-昂-皮伊塞耶。这也许是这个世纪最为血腥的战事。实际上，对于每位参与者而言，此次战事可谓决定荣华富贵乃至生死存亡：每位大贵族对此所寄予的一切期望，将依据交战的结果，要么成为现实，要么化为泡影。罗泰尔吃了败仗，虽然他还没有完全认输，但他的两位弟弟已经从偶然的串通中得到了启迪，遂通过著名的《斯特拉斯堡誓约》建立持久的同盟，这一誓约是在 842 年 2 月 14 日，当着两支大军的面，分别以罗曼语和日耳曼语来宣誓的。于是，《凡尔登条约》即将产生，这一条约堪称中世纪最具有决定意义的条约之一，因为它构成了法国与德国的建立的起源。

187 《凡尔登条约》

这一条约并非单独地产生：已商定将国土平分成三份的三兄弟遇到了这样一个问题，即加洛林王朝的统治完全忽视了王室领地的数目与大小，因此也忽视了王室领地的地理分布。人们组成了代理相关事务的委员会，并在经过没完没了的讨论之后，达成了如下协议：“路易获得莱茵河以外的领土，外加莱茵河西岸的美因茨、沃尔姆斯和斯皮尔以及其伯爵领地；罗泰尔的份额包括莱茵河与埃斯科河之间并以默兹河为界的领土，外加康布雷、埃诺、洛姆、卡斯特里斯伯爵领地，以及默兹河沿岸的伯爵领地。罗泰尔统辖的国土的西部边界沿着默兹河伸展，从索恩河与罗讷河开始一直延伸到大海，并且也包括了沿岸的伯爵领地。此外，罗泰尔还得到了位于这一区域之外的阿图瓦。一直到西班牙的其余部分，则归秃头查理所有。”（《圣贝尔坦的编年史》）

王权的机会

并非所有的人都对这一条约感到满意，丕平二世就是个不满意者。阿基坦已经属于他的父亲，因而，他觉得此地应该归他所有。他不甘心自己被排除在外，于是在二十年的时间里，通过各种方式，为维护自己的权利而进行斗争。

此外，这几位兄弟并非真心实意地放弃相互争斗。在三十年的时间里，人们看到他们充分利用各种机会，在他们自己的王国之外制造麻烦。这种局势因这样一种现象而日益加剧，亦即罗泰尔一世很快撒手人寰（855 年），他的王国由他的三个儿子瓜分，而这三个儿子没有一个人能够成为合法继承人。这就意味着这些年轻国王们的叔叔们可以静观这三个新的王国的演变，并伺机将它们占为己有，实际上，他们最终未花费太大的力气就如愿以偿。虔诚者路易的子孙们之间的这种持久对立，及至 885 年左右，是绝对影响整个政治生活的基本因素。它尤其导致了国王的地位，特别是秃头查理的地位的根本削弱，后者始终面临着其领土内结成同盟的诸侯的威胁，这些诸侯当时站在了不用担心其王国利益的德意志国王一边。

如果说王朝当时还没有完全灭亡的话，这得归因于以下两大因素：其一是教会的作用，其二是贵族内部的反对力量。通过主教职位加以体现的教会对王朝予以了支持。虔诚者路易统治末期以来，教会觉得自己从君主那里得到了这样的承认，即它可在局势随着王朝越来越受到削弱而日益严峻之时，在治理方面拥有不可忽视的影响力，以便站在君主一边守住底线。于是，教会遂有兴趣去支持让它产生最大影响力的权力组织形式。教会的另一个动机则是，自其一大部分产业被查理·马特和矮子丕平改为俗用以来，教士不断地为收回自己的财产而进行斗争。然而，如果说国王们尚有可能对教会的财产权予以承认的话，那么，人们却根本不可能指望那些诸侯在占取这些土地后也会这样做。鉴此，教会完全会有兴趣去捍卫君主的权力，并反对诸侯们通过损害王权来扩充自己的势力。

至于贵族内部的反对力量，则可归结于这样一个事实，这就是在某个区域当中，每一个大家族均拥有一个稳固的基础（伯爵的领地和职责），为了巩固自己的地位，它需要排除那些妨碍自己在本区域内具有垄断地位的家族。由此，某些家族全神贯注于让本家族的成员在自己势力范围内的伯爵领中保住伯爵的职责；但是，这种野心自然而然地会与相邻的家族的类似想法发生冲突。我们还得注意在诸侯中存在着宗派。这些宗派的形成原因各异，有的是因为亲属关系，有的是因
188 为传统，还有的是因为根本利益；而在重大的政治斗争中，这些伯爵的家族是通过整个集团来行动或改变立场的，但是，这些集团是彼此势不两立的：如果某个集团站在国王一边，另一个集团就会站在国王的对立面；这导致了贵族内部的分裂，并使得君主获得某种支持，这种支持在构成方面变化莫测，但在重要性方面却恒久不变。

不过，这些因素的作用仍难以确保中央权力的强大。逐渐地，天平在向豪门望族倾斜。现在，让我们回过头去审视此期的另一个主要现象：诸曼人的入侵。

诺曼人

在8世纪时就已有所显示的诺曼人的远征，在9世纪的头几十年显得更加频繁，更有甚者，还在显得更加频繁的同时，显得规模更大，持续时间更长：通过小船组成的船队进行的快速袭击，逐渐地演变为强悍的远征，后者已不再满足于在某些沿海地带进行劫掠，而是深入到大陆。从一个阶段转到另一个阶段的经过，与本章的起点近乎吻合。

实际上，虽然死于843年年初的编年史作者尼塔尔显然没有赋予诺曼人非常重要的地位，但在这同一年里，一件惹人注目的事件给这一年份留下了烙印：一支诺曼人的船队沿卢瓦尔河而上；维京人[①]在圣约翰日占领了南特，正在主持弥撒的主教在“以心对天国”之际，被杀死在大教堂之中。仍然还是在843年，一支似乎拥有百来条船的维京人的船队，沿加龙河而上，直抵图卢兹的附近，接着安稳地返回

① 公元8—11世纪来自北欧的劫掠欧洲海岸的海盗，故亦译北欧海盗。

纪龙德河。公元845年3月，一支由拉格纳尔·罗德布洛克率领的强大的船队，沿塞纳河而上，在复活节那个星期天到达被其居民遗弃的巴黎。被他们攻占和劫掠的城市可谓不胜枚举。我们要指出的是，在众多被攻占和劫掠的城市中，夏尔特尔在858年被从塞纳河上来的诺曼人攻占，这些人还杀害了当地的主教。859年，博韦主教遭受了同样的命运。此后不久，努瓦永主教伊蒙亦难逃厄运。

直到那时，法国的东南部地区尚还免遭侵害。但是，这一现象未能持续：859年春天，一支驻扎在塞纳河口的诺曼人的船队向南航行，一边大肆劫掠，一边沿着穆斯林控制的西班牙海岸而行，他们穿过了直布罗陀海峡，劫掠了非洲的海岸地区，重新回到了西班牙，在蹂躏了巴利阿里群岛之后，一直推进到鲁西永。这些海盗曾上了岸——也许是在旺德勒港上的岸，继而又沿着海岸继续航行，并抵达罗讷河的河口。他们在卡马格建立了根据地，并从此地出发，对尼姆、阿尔勒、瓦朗斯加以蹂躏。诺曼人最终重新上了船，并向意大利航行，在862年春天，他们在回程中劫掠了布列塔尼。

一种不适合的军事组织

该如何来解释人称“欧洲的征服者”的法兰克人，在诺曼人面前竟然显得如此的无能呢？这完全可归结于他们的军事组织均围绕着进攻来安排。法兰克人的军事力量在于他们装备精良、指挥有方的庞大军队，但是，鉴于国土辽阔，这支大军的集中却不无困难之处，这种困难在进攻时并不存在，因为战士们在投入战斗前可提前很久到某个总集合点会合。

的确，一些边界受到了威胁，但这些边界人所共知，因而也就很好地得到了限定和安排：各个国境边的边境省总督管辖区的设立即与此相关。例如，某些边境省总督管辖区是针对不列颠人或萨拉森人设置的。这些边境省总督管辖区拥有得到加强的驻军（来自当地的战士不加入这支驻军），区域内的各伯爵领实行统一的军事指挥，并采用特殊的方式对当地的民兵进行动员。人们可清楚地看到，其整个组织是与一个征服者的民族的处境相吻合的，这种民族会选定其扩张的地

区，并力图守住它们的边境。但是，这一切对防范诺曼人来说可谓毫
189 无效果。这些诺曼人的主要力量在于他们的机动性：从海上突然出现的他们，只要待在自己航行在江河中的大船上时，仍然近乎无法接近。他们会选择其登陆的时间和地点，并在人们得以动用大军对付他们之前，就早已回到他们的根据地或公海上。很快地，他们甚至获得了进一步提高其机动性和扩大行动范围的方式，这就是乘水路而来的他们一上岸就征用马匹，并由此得以非常快速地移动。

人们没有必要再过多地从军事角度探究诺曼人成功的原因。作为战斗者来说，他们丝毫不见得强于法兰克人。人们尚未从这一角度来研究相关问题，但是，他们或许会看到，在旷野进行的交战中，诺曼人往往是胜负参半。而且，他们显得并不喜欢进行这类交战：来自远方的他们，情愿躲在优良的防卫工事中进行战斗。

不过，除了纯粹的军事因素，还应再考虑到某些政治因素。在此仅举两例。其一是864年发生的诺曼人横扫阿基坦的大规模远征，这次远征是由加洛林王朝的成员之一、秃头查理的侄子丕平所领导的，为了恢复自己的继承权，此人当时正不顾一切地进行斗争。其二是857年夏天法兰克人前所未有的近乎取得一场具有决定意义的胜利：在罗泰尔二世亲自指挥的洛林军队的支持下，国王查理成功地把比约尔恩率领的大军围困在他们的根据地之中；如同人们从未见过的那样，法兰克人竟然召集起了一支船队。毋庸置疑，并非所有的大船都会响应国王查理的召唤，但完全绝无仅有的是，丕平·德·阿基坦竟然反过来加入了国王的军队，诺曼人的根据地由此开始被包围。但是，当国王日耳曼人路易派兵入侵法兰西王国时，法兰西王国的大多数诸侯背弃了他们的国王，投向日耳曼人路易，而对诺曼人的根据地的包围，亦因此被他们放弃……人们完全可以想象，诺曼人兴高采烈地重新在整个法国展开掠夺性的远征。不过，类似评述实属多余。

秃头查理的策略

然而，秃头查理相当聪明地创立了一种旨在限制或制止入侵的政

策。迫于无奈的他为此采取的第一个解决方法就是支付一笔献金[①]。845年，当拉格纳尔·罗德布洛克的军队攻占巴黎之际，秃头查理就已采取了这一做法。为此，他手下的一些指挥官拒绝服从于他。为了换得诺曼人的撤离，他被迫向诺曼人提出将支付7000磅银子。他在其他时候再次使用了这一手法。公元860年春天，查理想到雇佣韦兰德指挥的诺曼人船队，该船队拥有200艘大船，此时正巡航在索姆河河口一带：为了迫使诺曼人撤离塞纳河——或在有必要时消灭他们，人们将为这支船队支付3000磅银子。双方经过艰难的讨价还价达成了如下协议：为了应对受到威胁的诺曼人的竞相加价，应当增加所支付的银两的数额，施加军事压力。归根结底，这一目标达到了。在经过7年的劫掠（855年7月—862年3月）之后，航行在塞纳河上的诺曼人的大船队被迫驶向公海。

但是，秃头查理和他的谋士已经构想出了一种新的策略，这就是到处构筑防御工事，尤其是在架有桥梁的地方。“查理命王国的所有诸侯前来参加皮特雷大会，在此地，昂德勒河和厄尔河汴入了塞纳河，诸侯们必须派一些工人和大车帮助修建禁止诺曼人在这条河流来回航行的工事”（《圣贝尔坦的编年史》）。实际上，正是在这里，开启了一种自成体系的政策，由于居民们带着他们的财富藏身于周遭筑有防御工事的场所，这一政策使得诺曼人的远征更为困难，且收效更少。

民众的反应

诺曼人的入侵，对于这一时期的男人和女人，尤其是对于农民来说，具有灾难性的后果。但是，它并非没有某些补偿。在中世纪早期 190
的社会中，基本任务均有明确限定：农民劳动，修道士祈祷，领主打仗。然而，人们已经看到，领主们并未真正把捍卫国家，使其免遭诺曼人入侵置于一切之上。恰恰相反，他们追求的首先是自己在内战中的特殊利益。人们有时还有这样的印象：只要诺曼人的劫掠没有影响到他们自己的财产时，这些人对诺曼人几乎没有感到任何不安。人们

① un tribut，一译“贡金”。

还看到，农民们拿起武器反抗侵略者，并受到法兰克领主的镇压。也许，法兰克领主觉得农民们以武装集团的方式组织起来不好，并害怕这种行动不会一直都只是针对劫掠者。

这种农民的武装集团是一些“阴谋集团”，是一些宣过誓的自卫团体。人们在此也碰到了一些有着基督教外表的宗教团体，但是，它们大都与此期几乎到处存在的不信教的组织（即“基尔特”[①]）有着极为密切的联系，这一点让当局甚为不悦。

不过，受到诺曼人威胁的农民的正常反应是逃跑。然而，这种逃跑也包含着某些好处，奴隶，佃农，逃亡者，甚至因此摆脱了他们平时的主人：他们因而如同逃避了与其身份连在一起的法律上的无资格（例如，他们可以自由地结婚）一样，也逃避了徭役、贡赋。他们向有产者出卖自己的劳动来换取报酬。老实说，许多权贵还在迫使这些逃跑者听任他们的奴役。通过 864 年的皮特雷敕令，秃头查理试图通过规定受到诺曼人威胁地区的居民在播种和收获季节待在其出生地（和受奴役的地方），让他们在其他时候自由地到别处避难和出卖劳动。于是，诺曼人的入侵就这样间接地有利于一部分奴隶的解放。

诺曼人变得顺从

不时地向诺曼人交纳献金，防御体系的发展，尤其是 869 年以来，最强有力的首领（如卡佩王族的祖先大力士罗贝尔）被置于受威胁最为严重的地方，凡此种种，或许限制住了入侵者造成的损害。不过，它们并未使入侵得以终止。斯堪的纳维亚人仍旧几乎是持续不断地待在法国的土地上。这一点最终导致了某种当地人与诺曼人之间关系的正常化。也许，人们在此期编撰的各种编年史中读到了关于维京人烧杀劫掠的记述，并觉得双方之间不可能有任何和平的交往，但是，人们清楚地知道，久而久之，生活始终会逐一地倾向于某种不可或缺的平衡。诺曼人当然甚为强悍，但是，作为在这片对他们充满敌视的土地上的外来者，他们若让自己陷入孤立，不会有任何好处：对于他们

---

① gildes 或 guildes，一译（中世纪的）“行会”。

来说，通过和平途径去获得自己注定要消费的产品，则更为可取。至于法兰克人，他们需要耕作农田来维持生活，并靠出售自己的产品赚些小钱。简而言之，商业关系不可避免地得以结成。这方面的例证颇多。例如，881年，诺曼人开放了自己设在埃尔斯洛的筑有堑壕的营地，有一伙人"为了做生意"进入了这一营地。此外，我们知道，法兰克人向诺曼人出售马匹，甚至武器……辛克马尔叙述道，诺曼人在873年，也就是说他们刚刚被打败的时候，要求得到允许在卢瓦尔河中的一个岛上设立市场。能够表明这两个民族之间的关系的真实状态的证据还有：数以百计的诺曼人出现在巴黎的街头和广场上，当时，从勃艮第返回的北欧海盗由塞纳河路过这里。

之所以如此，还存在着一个最后的并且是尤其重要的原因：从860年开始，诺曼人经常可获得以黄金白银支付的"献金"。但是，斯堪的纳维亚半岛尚不知道货币经济。事实上，人们在斯堪的纳维亚半 191
岛的土地上没有发现过任何加洛林王朝的货币，却在那里发现了大量来自东方的阿拉伯货币。这难道不会让人想到法兰克人所交纳的献金是在当地花销掉的吗？相关文献和考古发现证实了人们可能是先验地作出的假设：诺曼人和法兰克人在持续多年的时间里，肩并肩地一起出现，它符合情理地导致在两大群体之间建立起某种注重实际的关系形式，而这一切与罗马帝国末期"蛮族"入侵时产生的情景别无二致。人们应当看到，鉴于显然无法推翻法兰克帝国（当时诺曼人距灭掉盎格鲁-撒克逊国家已只有一步之遥），许多诺曼人寻求持久地在此地定居，为此，其最为简单的解决方法在于与诸位法兰克国王商谈，这也就意味着接受洗礼，并向国王俯首称臣。北欧海盗首领韦兰德就是一个例子，而且，这种例子远非独此一个。

简而言之，诺曼人的入侵，确实是从沿着海岸以及在河流的小港湾进行的劫掠性的远征开始的，继而则是长期占据领土内的大部分土地。屠杀与蹂躏行为肯定存在，但是，这只是这幅画面中最为生动的部分，在诺曼人与法兰克人之间，亦建立了合乎人情的关系，这种关系为斯堪的纳维亚人群体融入加洛林共同体作了准备。这方面最能说明问题的例子，当推诺曼人在后来成为诺曼底的地方定居。

争夺权力

不管怎样，入侵只构成了一种背景。占据前台的是法兰克人之间为争夺权力而展开的斗争。加洛林王朝的繁殖力很强，但它也极为脆弱。虔诚者路易的四个儿子已经达到了成年的年龄；罗泰尔的世系在历经他自己的儿子及其继承人之后（通过合法继承的方式），不复存在。丕平与日耳曼人路易的世系亦同样如此：他们的三个儿子，没有一位拥有达到成年年龄的合法子嗣。最后留下的是秃头查理的世系，这位君主死于877年，他的儿子中仅有一位比他晚死，这就是879年去世的结巴路易，后者留下了三个儿子，他们分别是路易三世（死于882年）、卡洛曼[①]（死于884年）和天真汉查理[②]，其中天真汉查理活的时间最长，我们接下来还会再提到他。

这一切至关重要的是，每个世系的消亡都会在幸存者中引发领土重新安排的问题，而且此类问题颇为棘手：每当，或近乎每当有人死去，都会触发一场继承战，这在处于法兰西和德意志之间的洛林表现尤甚。在那里，在与此连在一起的几个世纪当中，人们没完没了地相互征战。需要指出的是，随着接二连三的继承，秃头查理终于在875年成为皇帝。但此时此刻，在法国的王权已经沦落到了微不足道的地步。

王权的式微

每一场发生在充当君主的兄弟之间的战争，每一次远征——如秃头查理向罗马进军，他在那里被加冕为皇帝（875年），均伴随着领地的让与，或由国王赋予其国内的诸侯其他好处，以便让诸侯们暂时保持中立。君主在耗尽钱财，而诸侯则往往变得更为强大。不久，这些诸侯竟炫耀起自己的桀骜不驯。王权的式微乃通过国王日益难以收回

① 一译“加尔洛曼”。

② 一译“纯朴的查理”。

采邑和伯爵的职责表现出来。

在843年的库莱纳主教会议上，秃头查理实际上已经被迫放弃从其附庸手中收回他们的采邑。在877年的基耶尔齐主教会议上，国王承认“恩惠”可以开始合法继承。然而，王权的所有力量在于国王可以通过赐予他们采邑来奖赏表现好的仆从，并以收回他们的封地来惩戒不够忠诚的附庸。基耶尔齐主教会议的召开，恰逢已成为皇帝的国王打算返回罗马，以便在那里确立自己的权威。秃头查理作出这样的让步，足以表明他已经理解了其王国内各种力量的演变的含义；然而， 192
他还是选择返回意大利。

秃头查理很不走运。因为在法国几乎马上就爆发了一场可怕的诸侯叛乱，后者觉得已经到了终结君主权威的时候。微不足道的皇帝没有看到这场叛乱的结束，当他刚急急忙忙地重新翻过阿尔卑斯山时，竟凄惨地死在莫里埃纳一个偏远的小乡村。某些人断言，他是被其犹太医生塞德齐阿斯下毒害死的。此后，在近三个世纪的时间里，在法国不存在名副其实的君主制：诸侯们从此成了主人。秃头查理的三位后裔快速地相继即位：长子结巴路易在其父去世时，因担心无法即位，竟然无比慷慨地将领地、职责与尊严赋予诸侯。这是一种失去理智的行为。因为这些“高官厚禄”（honneurs，此为当时的用语）尚未被他所拥有，为了分发这些“高官厚禄”，他首先得从已拥有这些“高官厚禄”者手中夺取它们，这一行为引发了一场全面的叛乱。结巴路易因此差点丢掉了王位。通过献出王室所有的最后一点财产，他算是保住了王位，但是，从此以后，加洛林王朝在法国无法再在危急时刻调动起大量兵力。此外，结巴路易在879年4月去世，他的两个儿子“胜利者”路易三世和卡洛曼瓜分了王国，但是却几乎没有统治自己的国家。前者为了追逐漂亮的女孩甚至骑着马追至女孩的家中，在进入女孩家中时，他的前额撞上了一块木头，并因此搞得头破血流。至于卡洛曼，有人说他是在打猎时被一头野猪给咬死的，另一些人则说他是被自己的一位附庸给杀死的。在这一时期，日耳曼人路易的三个儿子，唯有胖子查理还活着，在分属法兰西支系和德意志支系的其他王族成员一一去世之后，他在 884 年成了加洛林王朝唯一还活着的合法继承人（虽然还有结巴路易的儿子天真汉查理，但他此时还完全是个孩子），于是，诸侯们遂吁请胖子查理也来统治法国。

旧王国的新王朝

胖子查理显得令人难以忍受的无能——这也许得归因于他重病缠身，以至于德意志的诸侯们起来造反，将他废黜，并推举卡洛曼的私生子、"卡林西亚"[①] 的阿尔努夫即位（887 年）。类似的情况也在法国出现，法国的诸侯们推举的是一位不属于加洛林王族的人士，亦即巴黎伯爵厄德，此人在与诺曼人交战时表现出是一位勇敢顽强的首领。厄德与加洛林王室没有丝毫的亲缘关系（天真汉查理一直活着，并体现着合法性），而他的当选实际上是诸侯中的某一派别对另一派别的胜利的结果，失利的一派想推上王位的人是居伊·德·斯波莱特。但是，这只是问题的一个方面，问题的另一面则是，在这一时期，新的王国摆脱了旧的加洛林王室。

普罗旺斯王国系由博松所建，此人是一个伯爵之家的成员。他的姐姐（或妹妹）起先是秃头查理的姘妇，后来成了秃头查理的妻子。博松由此成了其姐夫（或妹夫）的心腹。他不仅在宫廷中被委以重任，而且国王还先后授权他治理普罗旺斯与意大利。在秃头查理一命呜呼之后，博松很快就对王权有了非分之想。879 年 7 月，他在一份文件中提出了这样一种奇特的说法："本人博松乃得到上帝恩宠之人"。几个星期之后，普罗旺斯的诸侯和主教大会立他为国王。在他于 887 年去世之后，他的儿子路易在 890 年被选为普罗旺斯国王。与此同时，来自豪门望族韦尔夫家庭的鲁道夫伯爵，亦在 888 年被立为"勃艮第"的国王。

---

① Carinthie，一译克恩腾。

二、诸公国的诞生

各个地区的要人

在公元 9—10 世纪进行的演进中，令人印象最深的方面并非这些王国的建立，而是国家碎裂为若干大的公国，这些公国将存在于整个中世纪时期，并且以“省”的形式，继续存在于整个旧制度时期。加 193
洛林王朝的行政管理组织，也就是将领土分成一些伯爵领，只是略微地为一些更为古老，但仍以持久的方式存在的整体作了掩盖，这些整体包括勃艮第人的国家、阿基坦人的国家、“哥特人”的国家，等等，更别提仍然近乎独立的加斯科涅与布列塔尼。此外，出于防卫的考虑，促使加洛林王朝自行设置了重大的指挥权、边境省总督管辖区和公爵领。例如，存在着一个“布列塔尼”边境省总督管辖区，罗兰是该区的总督之一，加佩王朝的祖先大力士罗贝尔则是该区的另一位总督。还存在着一个西班牙边境省总督管辖区，其首府设在巴塞罗那；在比利牛斯山的这一边则有一个图卢兹边境省总督管辖区，一个戈蒂埃或塞普提曼尼亚边境省总督管辖区。“公爵领”一词的含义尚不怎么清晰，它往往指称一种重大的指挥权，但也可能要么涉及一个面积特别辽阔的伯爵领（诸如奥顿、里昂、普瓦提埃、勒芒等伯爵领），要么涉及一个诸多汇集在一起的伯爵领的组合体。

在秃头查理去世后的那几年里，某些极为重要的人物，基本上会以国王的名义，治理着 7 个、10 个，乃至 12 个伯爵领；他们不再向国王汇报，停止向国王转交罚没所得的钱款，并因此不再听从军队和朝廷的召唤——这一切是通过尽管迅速却几乎感觉不到的过渡进行的，但它只是延续了一种已经有些年头的演进。简而言之，这些要人们不再是王室的官员，而是成了从此以后可以随心所欲地统治国王交给他们管理的领土的王公。定居在这一领土内的国王的附庸，成了王公的附庸；该地区内的王家领地，也转到了王公们的手里，在很多情况下，教会的土地也同样如此。国王们对此几乎无法加以反对。人们已经知道，在胖子查理被废黜之后，一些派别各自推出了以下人选来争夺王位：巴黎的厄德，居伊·德·斯波莱特，不久又加了一位年轻的加洛林王室的成员——天真汉查理。在这样一种背景之下，应当说，不管是什么样的君主，均无法有远大的抱负，他的整个政策旨在让尽可能多的诸侯保持中立。这的确不是向这些诸侯讨要钱款或抗议他们篡权，从而引起他们的敌意的好时机。

新的入侵者

此时此刻，高卢的南部和东部遍布新的掠夺者：萨拉森人和匈牙利人。虽然来自西班牙的穆斯林尚未到这一程度，但来自非洲的穆斯林则不然。从827年开始，他们发起了尤其以意大利为目标的进攻，但是，这种进攻往往会延伸到法兰克国家之中。在838—842年左右，普罗旺斯沿岸地带、罗讷河流域遭到了蹂躏，而从888年开始，摩尔人在普罗旺斯立足；他们在那里待了将近一个世纪，在此期间，他们从设立在圣托罗佩附近的拉加尔德-弗雷内的基地出发，频频发动袭击。

马扎尔人①在917年到达了梅斯城下。926年，人们在香槟发现了他们。大约在同一时期，他们越过了阿尔卑斯山，并在勃艮第和普罗旺斯四处散布。马扎尔人在937年的新的入侵……

国王们勇敢地进行斗争。路易三世分别在索库尔和维默取得的胜利，以及厄德相继在蒙福孔、阿尔戈纳取得的胜利，可资证明。但是，他们无法在每个地方迎击敌人，一些地方的人因看不到王家军队的到来，往往投向本地区中的一些诸侯，这些人越来越多地把这些诸侯视为自己的保护者，并向他们表示效忠。

具有实效的权威传到了掌握实权者手中。国王们几乎难以遏制这样一种逐渐转变。讲究策略地确立一种妥协办法，遂在所难免：国王们试图不再直接地干涉公国的内部事务；作为交换，王公们向国王进

---

① Magyares，一译匈牙利人。

行臣从宣誓，并承认国王对他们拥有权威。因为通常在每个大面积的领土范围内存在着不止一家豪门望族，故此，对建立公国之举的抵制并非来自君主，而是敌对的家族。归根结底，敌对的家族会被强行就范，亦即要么被消灭，要么被驱逐。若属于第一种情况，这些家族会成为公国的“大贵族”。 194

阿基坦

作为公元 8 世纪时全国性的公爵领、查理大帝治下的总督管辖区、秃头查理在位期间起来造反的王国，阿基坦在东面包括了西班牙边境省总督管辖区、戈蒂埃或塞普提曼尼亚边境省总督管辖区，尤其是以图卢兹为中心的图卢森边境省总督管辖区，而在中部和西面，则包括了奥弗涅和普瓦提埃伯爵领。波尔多及其巨大的伯爵领—公爵领隶属于加斯科涅，后者的演变与阿基坦的演变有所不同。阿基坦公爵领的形成时间漫长。它在 879 年由戈蒂埃家族，因而也是在东部着手进行，直至 955 年左右才为了普瓦提埃家族的利益，也就是说在西部得以完成。

人们不妨将其视为自己后来所认识的阿基坦公爵领业已建立，该公爵领后来还通过 10—11 世纪公爵们的征服进一步扩大，这些新征服的地区包括普瓦图、利穆赞、昂古姆瓦和佩里戈尔、马尔什、奥弗涅、塞伏当、贝里、森通热。在东阿基坦的不同组成部分，亦即图卢森、戈蒂埃、鲁埃格、西班牙边境省总督管辖区，曾数度易手，但是，一个新的强权开始以图卢森为中心形成，它一度显得足以设法获得公爵的爵位。11 世纪中叶，这一强权在戈蒂埃、鲁埃格、阿尔比热瓦，以及形成之中的凯尔西，迫使人们接受了强大的图卢兹伯爵领。

在勃艮第发生的事情

博松的兄弟、伸张正义者理查是勃艮第公爵领的创立者。作为他从国王那里得来的奥顿人所在地的主宰，他以武力占据了塞农内和奥塞尔。此外，他还促使法兰克勃艮第的其他伯爵承认是他的附庸。这一切在 880—890 年间迅速发生，这一时期适逢厄德占据王位，而由于他得同天真汉查理相斗，根本无法对理查的做法予以干涉。理查的儿子拉乌尔将唯一尚不属于自己的勃艮第伯爵领——马孔并入了公爵领。此外，这位拉乌尔在天真汉查理遭到排斥后成了法兰西国王。但是，作为其继承者的他的兄弟于格，却一个个地失去了这些伯爵领。在于格952年去世之际，勃艮第公爵领不复存在，并处在罗贝尔家族的统治之下。不过，罗贝尔家族后来创立了一个新的王朝和一个新的公国，即加佩家族统治的勃艮第公国，这一公国持续了数百年之久。

在卢瓦尔河以北

处在卢瓦尔河与夏邦尼埃尔森林之间的地区（它实际上也就是相当于埃斯考一带），特别构成了一个法兰克国家。在这里，君主们在其居住时间最长，简而言之，亦即更加觉得自在的领地中堪称首富。这一切，解释了那里的公国为何会更难建立一些的现象。在许多地方，例如在兰斯、拉昂和夏龙等地，主教们攫取了伯爵的权力。他们将伯爵搞得或微不足道，或完全排除在俗的伯爵。这是一个非常重要的事实。因为主教们原则上是由国王任命的，如果他们实际上成了伯爵，那也就意味着间接地为君主保留了相关权力。至于修道院，有不少修道院极为富有，而且，由于国王免除了修道院院长的赋税，修道院院长们实际上在其领地中成了伯爵一样的人物。在勃艮第与阿基坦，修道院一般服从王公的权威。在卢瓦尔河以北，国王时常可以使修道院摆脱诸侯的侵占，并将它们掌握在自己手里——也就是说他亲自任命修道院院长，并且借此来巩固自己的权力。王权的这一教会因素，加
195 之君主在这一地区比其他地方更长地保留了宽广的领地，遂使王权得以推迟大的公国在卢瓦尔与佛兰德尔之间的建立。原有的伯爵领继续存在，这些伯爵领的面积相对要小，对王权的威胁亦相对要弱一些。

这一切并不意味着王权于是就拥有了巨大的幸存机会：在秃头查理统治时期对诸侯所作出的激励，可谓不可逆转。而且，诸侯们的压力仍然不断存在。王权此时经历了事关王朝存废的意外变故，并得以幸存，这一意外变故就是胖子查理的被废与死亡，而加洛林王朝的合法继承人天真汉查理，尚是个完全无法料理国事的小孩。由此，在高

卢出现了最为可怕的诺曼人的入侵，这次入侵始于 879 年，直到 892 年才终止。

这场事关王朝存废的意外变故具有双重的影响：其一，加洛林王室被暂时地与王权隔开，诸侯们为争夺王位展开斗争。众所周知，获胜者是厄德。其二，当天真汉查理达到成年年龄之际，他自然拒绝承认厄德的篡权，并为夺回自己的权力而不惜兵戎相见。难道应当强调所发生的一切吗？卢瓦尔河与夏邦尼埃尔之间区域的伯爵们，极为高兴地看到再次出现争夺王权的事情，因为这种争夺为他们提供了种种机会，使其能向出价最高者兜售自己的“效劳”与“忠诚”。居住在夏邦尼埃尔森林另一头的洛塔林的领主们，饶有兴趣地注视着这一切：暂时屈服于德意志国王，却并不希望始终如此的他们，为了介入相关争斗，研究了法国的权力演变，并时而支持这一派，时而支持另一派。他们还联合起来反对德意志的君主，并摆脱后者的控制。鉴此，他们不希望法兰西的国王是位强有力的主宰。德意志的国王当然会注视着这一切，有时候亦会出于自身利益的考虑，对在法国发生的争斗推波助澜。

正是在这样一种混乱当中，多个公国的轮廓开始勾画——但它们的成熟程度不尽相同。佛兰德尔侯爵领在厄德与天真汉查理争得不可开交之际率先诞生。它的首领博杜安巧妙地周旋于对手之间，攫取了许多小伯爵领，并让厄德与天真汉查理同样承认他具有的权威。

法兰西公国

纽斯特里亚侯爵领随后出现，并成了法兰西公国的起点。详情如下：国王厄德在行将去世之际作出了一种令人震惊的爱国举动。他的一生中的最后几年是在与年轻的天真汉查理争斗中度过的，虽然他完全可以让自己的兄弟罗贝尔继位，但却指定天真汉查理为他的继承人，想通过这一政治家的行为来终止加洛林王室派与罗贝尔派之间的争斗。

厄德之弟罗贝尔可能自认为受到了损害。在当时的背景下，摆在天真汉查理面前的道路有两条：一是派人刺杀罗贝尔，二是对罗贝尔重重地给予补赏。这位加洛林王室成员选择了第二条道路。他将塞纳河与卢瓦尔河之间东起勃艮第，西至大西洋的区域的王权让与了罗贝尔。罗贝尔没有成为所有伯爵领的伯爵，而是让这一地区的所有伯爵均成了他的附庸。由此，整整一个省摆脱了王权的直接影响，这种影响此后在南面没有越过塞纳河，在北面则没有越过佛兰德尔的界限。

这种王权的让与，确定了罗贝尔派真正的出发点。此前，他们构成了一个显赫的伯爵家族，但不属于正在生成的极为封闭的王公的小圈子。此时，他们已经进入了这个圈子，而且在某种程度上是以可与国王平起平坐的姿态进入的，因为，他们不像别的王公那样，是通过篡权、施压和敲诈来获得这种地位的，而是通过王家的正式让与获得的，它属于以补赏来对一种高尚行为表示感谢。

诺曼底最终形成。在9世纪如此可怕的诺曼人入侵，逐渐地变得不那么令人生畏。其规模颇为有限的最后一次入侵始于896年。诺曼
196 人，尤其是由一位挪威人首领罗隆率领的丹麦人，似乎逐渐地在一个确定的地区安顿下来。天真汉查理承认了这一事实。通过911年的圣克莱尔-苏尔-埃普特条约，诺曼人获准在塞纳河下游的两岸定居，负责让这一地区免遭可能出现的新的入侵。这个“诺曼人居住地”相当快地朝着成为一个公国的方向演变，这一公国与别的公国大致相同，但具有一定的特点，即从制度的角度来看，它是法兰克式的，但它又包含了许多斯堪的纳维亚的因素，尤其是在人种和语言方面。在塞纳河两岸扩展的诺曼底，部分地被包含在罗贝尔家族的公国之中（实际上，人们将看到诺曼底公爵称罗贝尔家族的人为“主人”），但是，它也连接上了加洛林王朝在塞纳河北岸最后产生直接影响的区域。

不过，王权的最终毁灭乃是别的原因所致：它是另一位诸侯为创立一个公国作出的努力的结果，而这种努力损害了继续存在的来自王室的影响。它涉及一个在历史学家那边尤其得不到好评者所做的事情(历史学家的这一态度或许不无道理)，人们将看到他囚禁天真汉查理直至后者去世。

天真汉查理与勃艮第的拉乌尔[①]

因为坐上了其祖先的宝座，天真汉查理一度以为自己像其祖先那样，真的拥有一种广泛的，得到所有人承认的权威。他或许不应该竟然要如此之久才认识到在自己王国的绝大部分地盘中，他的权威实际上近乎不值一提。天真汉查理把一位叫阿加农的人当作朋友与顾问，此人极有可能是洛林人。阿加农并非可以跻身于伯爵行列的人物，就出身而言，他属于小贵族。绝非难以设想的是，他鼓动天真汉查理显示国王对王公的权威。不管怎么样，王公们既不打算承认自己有一丁点儿独立于国王的愿望，也不愿意看到国王竟然听从一个出身低微者的主意。如同君主制时期经常会发生的那样，人们大声疾呼要“清君侧”。罗贝尔，这位王国北部最强有力的人物，表现出格外不满。人们要求国王辞退其宠幸者，策划密谋，发泄不满。天真汉查理对此处理得很好。尽管如此，在公元922年，还是爆发了由罗贝尔领导的诸侯大起义。罗贝尔被起义者立为国王（922年6月）。一场决定性的战役在苏瓦松展开。罗贝尔在此役中阵亡，但是，天真汉查理及其手下亦被迫撤退。并没有惊慌失措的诸侯们选出了一个新国王，把勃艮第公爵拉乌尔推上了王位（923年7月13日）。那么，天真汉查理又怎么样了呢？等待着他的是悲惨的下场：四处流窜的他始终未能讨来救兵帮他迎战对手。虽然并不是所有的人都赞同起来闹事和推选新国王，但是，没有人会打算为了挽救已经失败的事业挺身而出，因为他们觉得自己无法指望从这一事业中获得任何好处。实际上，天真汉查理提供了绝无仅有的好处：他可以充当对新国王这一无可争辩的篡位者施加压力的工具，而这正是埃尔贝尔·德·韦芒杜瓦的打算。埃尔贝尔·德·韦芒杜瓦把不幸的国王诱骗到了一个圈套之中，并把他囚禁在夏托—蒂埃里（923年），一直被囚禁的查理死于929年10月7日。

勃艮第的拉乌尔总的说来是一位相当能干的君主，他的公国使他拥有一种远大于不幸的天真汉查理能够拥有的权威。但是，意外地当

① 一译拉乌尔·德·勃艮第。

上国王的拉乌尔，并没有被加洛林王室的任何习惯性反应，甚至是罗贝尔派的习惯性反应所摆布——罗贝尔派尤其对王国的北部抱有想法。这就等于说拉乌尔并没有把洛林视为王家势力范围的延伸部分，也没有认为法兰西王室在此有着充分的权力。加洛林王朝始终为保留洛林
197 而斗争，拉乌尔却把它让给了德意志国王。同样，拉乌尔亦没有着手捍卫塞纳河与埃斯科河之间的国土，而无论是加洛林王室还是卡佩王室，却均对此抱有狂热的决心：对于卡洛林王室的人来说，这一地区构成了其王朝最后的内堡，对于卡佩王室的人来说，这一地区乃是其自身优势的根基所在。执意定居在勃艮第的拉乌尔，任由三个还较为次要的公国来侵蚀这一地区：佛兰德尔一直推进到了亚眠，诺曼底往西大大地向外扩展，韦芒杜瓦则尤其迅速地扩张到了这一原来的王家势力范围的中心地带。原来的王家势力范围的支柱有二：其一是由大量的王室领地和伯爵领组成的兰斯总主教教区；其二是拉昂的牢固地位，此地拥有塞纳河至大海之间地带最为牢固的难以攻克的堡垒。这两个支柱成了埃尔贝尔·德·韦芒杜瓦的两个目标。毋庸讳言，他遭到了罗贝尔派的坚决反对。

罗贝尔派的处境并非极为有利。罗贝尔的继承者于格还颇为年轻，而拉乌尔尚未重新提出将塞纳河与卢瓦尔河之间的公爵权限让与于格。公元 925 年，埃尔贝尔·德·韦芒杜瓦使自己的儿子被选为兰斯总主教。当人们知道这位新的高级神职人员当时刚满 5 岁，自然就会明白接下来会发生什么事情：埃尔贝尔攫取了兰斯。928 年，他使自己成了拉昂的主宰者，并迫使这一地区的大批伯爵对他俯首称臣：在几年的时间里，囚禁查理国王者竟然成了塞纳河北岸真正的主人！韦芒杜瓦地区、亚米耶努瓦地区、维克辛、拉昂地区、兰斯总主教教区所辖的大片土地，蒙蒂迪埃、蒙特勒伊，博韦，马恩河畔夏龙，统统隶属于他。他当时还侵入了香槟，侵入了特鲁瓦、莫城、默伦、桑斯等伯爵领，以及其他不久将属于他的地区。

加洛林王朝的最后几位国王

当天真汉查理被俘获的时候，他的妻子，一位英国公主，成功地

带着他们唯一的儿子回到英王身边避难。拉乌尔国王在 936 年去世，没有留下任何孩子，于是，在法国又出现了需选举新国王的问题。当时，诸侯们从英国召回了天真汉查理的儿子——“海外的”路易，由他继承王位，是为路易八世。之所以如此，是因为在当时的王公当中推选最强大者，或最强大者之一出任国王，必然会导致内战，埃尔贝尔·德·韦芒杜瓦与罗贝尔家族的于格，正为了争夺王国西北部的统治大权展开殊死搏斗。人们完全可能想到了勃艮第公爵拉乌尔的兄弟于格，人们也很有可能不愿意以某种方式开始设立一种有利于勃艮第家族的王位继承权。从那时候起，就只剩下了一个能让几乎所有的人都会感到满意的解决方法：推选加洛林王室成员担任国王，这位没有任何权威的国王将是一位不会影响任何人的“窝囊废”国王。

这样的考虑从来没有与现实完全符合：某些人始终得到了优待。就种类而言，这类人均为罗贝尔家族成员。实际上，在异邦的土地上长大的年轻国王，在忽略了权力的实际运作所导致的种种妥协的同时，显然对囚禁自己父亲者只存在最为强烈的厌恶之情。因而，埃尔贝尔·德·韦芒杜瓦事先就处于失宠的位置。国王由于力量过于弱小，无法全凭自己的力量来进行统治，遂与罗贝尔家族亲近。但是，于格的要求颇多，而国王无法明白，若要维持自己的统治，须得作出极大的让步。于是，在好几年的时间里，加洛林王室和罗贝尔家族的人仍然处于面对面的状态。一桩具有双重性的事件迫使他们串通一气：几乎是在同一时候，诺曼底公爵被人谋杀，而韦芒杜瓦最为强大的伯爵亦寿终正寝。于是，法国最重大的两大继承问题同时展现在人们的眼前。

在这一时期，所有其他的问题均没有这两大继承问题重要。我们不妨在 20 世纪设想一下，相当于法国全部财富的 1/8 或 1/9 的财富的继承事宜会是怎么样？人们可清楚地看到，如此之大的一笔财产的挪动，有可能导致重大的金融企业或工业企业之间的实力对比发生深刻的变化。经过必要的变更之后，在公元 9 世纪，一个公国变得没有了所有人，情况也差不多。的确，诺曼底公爵与韦芒杜瓦伯爵皆有子嗣，

198 但这关系不大，至关重要的是取得他们的遗产。

国王路易与大个子于格突然相互接近的原因就在于此。这里的“相互接近”可能称为“互作交易”更为合适。一方面，国王授予于格非同寻常的权力，他封于格为法兰西（“法兰西”一词在此自然是以其受到限定的含义来理解的，即它只是卢瓦尔河与埃斯科河之间的领土）、勃艮第和阿基坦的“公爵”。作为报答，大个子于格不得有任何想继承埃尔贝尔·德·韦芒杜瓦和理查·德·诺曼底的念头，相反，他应当支持国王设法获取这两人留下的巨大遗产。

于格大公

通过赋予于格法兰西王国三个地方的公爵权力，路易以某种方式，在自己的权力和其他诸侯的权力之间，插入了于格的权力。人们会说，这是重赏罗贝尔家族的大公无私。也许此言不虚，但是，对于加洛林王朝来说，它也涉及到其最后的机会：国王几乎完全缺乏构成威望的因素（可用来奖赏附庸的领地，可用来惠赐“忠诚者”的伯爵职位，向王室进贡收入的修道院），与之相反，王公们却在自己的公国中拥有上述构成威望的因素，并排除王权的实际影响力，王朝只有一种继续存在的可能性，即它自己也获得一个公国。国王当时拥有一种真正的权力，并平等地与王公们商谈。942年诺曼底公爵与韦芒杜瓦伯爵的双双去世，给国王带来了机会。还应当让罗贝尔家族的王公，这一卢瓦尔河以北地区力量最大者保持中立。人们当时以此来说明国王为何如此慷慨地将过多的恩惠赐给于格。

由于其他的原因，国王与公爵之间的协定相当大的程度上是建立在靠不住的事物的基础之上的：如果国王有办法，公爵任由国王放手去获得这两地的继承权。如果公爵有力量，国王允许公爵让阿基坦、勃艮第和还留在法国的地区接受他的权威。国王被愚弄了，因为说到底，他既无法在诺曼底取得继承权，而且也无法继承埃尔贝尔·德·韦芒杜瓦的遗产，后者的领地一块块地被他的儿子所继承。原因很简单：国王具体的权威是如此的微不足道，以至于他既无法压倒罗贝尔家族（对此他心知肚明），甚至无法压倒更为一般的王公，如无法压倒诺曼底和弗拉基的王公和韦芒杜瓦的几位儿子。

德意志国王奥托——未来的奥托大帝并不乐意看到由一位加洛林王室成员重新占据法兰西王位：他清楚地知道，这样一来会在洛林造成多种困难；事实上，洛林的领主们很快就再次起来反对德意志国王，并且归附法王路易。从此以后，奥托积极地对法国的事务进行干预。他尤其注重在参与斗争的各派中维持某种平衡，以便把他们的注意力从东面引开。在路易意外死亡的时候（954 年），大个子于格只要开口就能成为国王，但是，他极为正确地料到，小国王罗泰尔除了与罗贝尔家族交好，别无选择。

演进过程的暂停

于格于是让罗泰尔登上了王位。接着，他要求确认其在勃艮第和阿基坦的公爵权限。这一次，已不再是一种权力的影子：在清除掉他在“法兰西亚”的对手之后，于格得以安排了一场能使勃艮第落入他手中的婚姻。他还致力于通过武力来制服阿基坦，但其最初的一些尝试皆以失败而告终。或许大个子于格还将以更为有力的方式来进行这方面的努力，但是他本人却在 956 年突然去世——种种迹象表明，他是死于瘟疫。一如路易的继承者年龄尚小，他的几个孩子均还年幼。于是，人们看到了这样一幅景象：两个对立的家族的继承人均还处在未成年期，而两家的遗孀是姐妹，并且还是德意志国王的姐妹，故此，两家得以极为融洽地行使权威。她们的另一个兄弟布律农是科隆大主 199
教，他一边治理着洛林，一边为姐妹俩充当高参。正是他使加洛林王室得以略微巩固他们微弱的权力。加洛林王室与罗贝尔派之间的对立是如此根深蒂固，以至于它很快就显示了出来。但是，布律农从不允许这种对立被表现为其中的某一方取得具有意义的成功。他从中发现了两个好处：在法国保持平衡状态意味着德意志王权占有优势，而德意志王权对法国加洛林王朝的优势地位，则又可阻止后者在洛林给自己造成困难。罗泰尔的母亲热尔贝尔在 969 年的去世，使法国的加洛林王室成员与奥托国王的王室成员之间存在的紧密关系有所松懈。危机在 978 年爆发：罗泰尔决定攫取洛林，并一直推进到亚琛。这一切并未导致任何实际结果，但却启动了导致加洛林王朝在法国终结的进程。法兰西公爵于格·卡佩曾支持国王染指洛林，这个狡猾的人所想的是，煽动法兰西国王与德意志国王之间强烈的敌意对自己只会有好处。但是，罗泰尔识破了他的意图，他在极度保密，并且是完全背着法兰西公爵的情况下，与奥托二世签订了和约。于格·卡佩觉得自己受到了愚弄，遂急忙向德意志国王表达自己的忠心。于是，人们看到出现了竞相许诺的现象，而在这一现象之后将会出现战争。

终结

罗泰尔死于公元986年，享年44岁。他留下了一个儿子，即路易五世，后者时年19岁，并且已经加冕为国王。年轻的国王在位于桑利斯和贡比涅之间的森林打猎时从马上摔了下来，并因伤势过重于公元987年5月一命呜呼。从此以后，没有任何东西可以阻止过于谨小慎微的于格·卡佩登上其家族似乎唾手可得已有十年的王位。然而，罗贝尔派已经等待得过久了：在此期间，封建制度的瓦解也在其公国内表现出来，在其公国内部，布卢瓦、图尔、昂热、夏尔特尔等地的子爵，已经成为越来越独立的伯爵。假如早个五十年，卡佩王朝或许会是个强大的王朝，但当它得以建立时，它不过是虚弱的加洛林王朝无能为力的延续。

三、难以理解的时代

经商之路

有时会有人断言，加洛林王朝时期是封闭经济的时期，在这一时期当中，人们所消费的一切，几乎都来自土地。此说既对又错。如果它指的是农民的世界，而且直至极为晚近的时期，在很大程度上是自给自足的，那么，这么说没错。而如果它指的是在加洛林王朝时期不存在以货币为基础的交换经济，那么，这么说就错了。我们首先要指出的是，在这一时期，法兰西的各个地区位于环绕欧洲的巨大商业要道上，这条要道始自英国，在布洛涅、海滨蒙特勒伊、冈托维克（埃塔普勒）、鲁昂、波尔多等地触及欧洲大陆，穿过法兰西，越过阿尔卑斯山，到达帕维亚，接着，从威尼斯开始，依次向着君士坦丁堡和基辅延伸，再从基辅经由诺夫哥罗德向瑞典的比尔卡延伸，然后从比尔卡延伸到丹麦的海德比，再从海德比到荷兰的乌特勒支附近的迪尔斯泰德。从迪尔斯泰德开始有一条通向英国的通道，另外还有一条通道则沿莱茵河而上，直至帕维亚。在这一巨大的圆周中，法国的这些地区占据着近乎中心的位置；但是，它们构成了英国和意大利之间的重大贸易，以及北方与西班牙之间的贸易的过境区。

在法国的贸易之所以具有相对欠发达的特点，可归因于法兰克世界与穆斯林世界之间的关系状态：意大利东方和南方的大城市已经知道，该如何在总体上与在地中海世界占据支配地位的穆斯林保持极为 200
融洽的关系，而法兰克世界则不然，它几乎不间断地与西班牙、非洲和西西里岛的穆斯林交战。由此导致了如下结果：对于法兰克人来说，在西地中海进行海上贸易几乎无法实施，而穆斯林在9世纪期间和整个10世纪的多次入侵，摧毁了像马赛、阿尔勒这样的城市的商业繁荣。

不过，就整体而言，在9世纪和10世纪，开始了一种深刻的经济演变：诺曼人的入侵，以及在程度上要稍微弱一些的马扎尔人的入侵（它对法国的打击不如对德国或意大利的打击严重），肯定对这一发展起了减缓作用，但它没有完全压制这种发展。在此涉及到一种根本的，而且远远超越法兰西界限的运动。

对于这一时期来说，有三种经济现象尤其具有意义，它们分别是：金钱、市场和市镇。

“德尼埃”[①]

始自矮子丕平当政，银质德尼埃接替了只存在于墨洛温王朝时期的金质德尼埃。这种变化的原因是什么，在此并不重要，我们应当注

---

① 见259页注7。

意的是它的意义及其后果。

金币具有极大的固有价值，因而被用于国际贸易、批发贸易或贵重商品的交易。银质德尼埃具有的购买力要低得多——它还存在着奥博勒[①]或半德尼埃：可以一利弗尔[②] 6块银币来显示其数量级。因而，这亦是普通人日常买进卖出时的货币工具。

墨洛温王朝时期只有金币，而加洛林王朝时期更多使用银币，这一事实证明出现了一种根本演变：在墨洛温王朝时期，普通人不拥有与其需要相适应的交换工具。他不得不通过物物交换这一初级技术来完成交易，这种初级技术意味着在社会中存在的商业交换极为有限。在加洛林王朝时代则恰好相反：且不论它究竟是其原因还是结果，银质德尼埃使得一种农民层面上的交换经济成为可能，或者说这意味着他们可以出售其剩余产品，消费者可以大量购买其缺少的物品或对他产生诱惑的产品。银质德尼埃的投入使用，将数以百万计的生产者与消费者归并在商品流通之中。

一种新的货币

公元864年颁布的一项敕令首先是一项涉及货币的敕令，它的大多数条款，旨在改革货币。这一行动的目标是以一种更轻的新的银质德尼埃取代旧的银质德尼埃，这一措施被纳入了白银价格的大演变之中。从表面上，这种金属在8世纪曾经异常丰富，德尼埃的重量由此不断地加重。9世纪中叶发生了与之相反的演变：相对而言更为稀少的白银具有了堪与黄金相比的价值。864年敕令精确地确定了黄金与白银之间的比价为1∶12。鉴于在日常生活中使用的只是银币，白银价值的增加势必通过降低银币的代价表现出来。人们遂选择减少德尼埃的重量。因为，在一种农业与领主经济中，通过习俗确定的佃租或贡赋构成了一种基本因素；它要求在用货币来缴纳佃租或贡赋时，需有一种稳定的货币体系，而在以实物缴纳时，则要求有一种稳定不变的

① 奥博勒（des oboles），法国古钱币名，合1/2德尼埃。

② 利弗尔（la livre），法国古代的记账货币，相当于一古斤金或银的价格。

度量衡体系。在货币体系与计量体系之间，就这样存在着为了避免混乱须得保持的（计算）单位与（计算）单位之间的关系。不难理解，人们对这种更轻的德尼埃感到难以信任，因而，他们一般拒绝接受这种德尼埃。国王手下的官员们为了迫使人们接受这些货币，采用了名副其实的恐怖手段，以至于连国王都为之担忧，并要求手下有所收敛。201
人们也产生了另一种反应，他们要么减少了用来换取新德尼埃的食物的重量，要么在这些食物中做些手脚。这一切表明，在 9 世纪中叶，尤其是在市场上进行的零售交易甚为重要。

市场与集镇

事实上，市场在这一时期增多。公元 743 年颁布的一项敕令表明，当时尚未做到在每个城市（也就是说每个主教管辖区）均有一家市场。一百年之后，市场的数量增加得如此之多，以至于国王秃头查理要求他的伯爵们，就各自伯爵领内的市场开列一份清单，以便区分哪些市场可分别溯源于查理大帝和虔诚者路易统治时期，又有哪些市场是在他本人统治时期设立的。不过，在每个主教管辖区皆有好儿个伯爵领。

从固定的市场发展到商业性的居民点，这一过程并不漫长。事实上，人们不久就碰到了后者，亦即“集镇”。此词出现于 8 世纪，在 9 世纪后半期提到的次数增加，及至 10 世纪，则更是用得非常之多。它显然涉及的是一种功能并不仅限于农业，可以提供各种各样的手工行业服务的居民点。这些集镇是由某位在俗或担任神职的财大气粗的有产者断然建立的。人们经常将它们与城市联系在一起，后者当时是市郊或外部的集镇。此外，在 8 世纪，人们有了一些商业中心。在我们于此探讨的这一时期，通过银币和市场的普及得到证实的经济苏醒，在一种城市生活，或至少是一种前城市生活的发展中持续。

被世俗人士所折腾的教会

与国王站在一边的教会是王公地位提高的受害者，后者成了其公国中所有神职，尤其是主教和修道院院长的主子，并攫取教会的财产。教会在不长的时间里沦落到了极低的地位。人们通过出售主教职责来换取现金，购买者若不是像在南特那样由父亲传给儿子，则可由叔叔传给侄儿。在隐修院，纪律松弛。教会出现如此之严重的地位下降，实属罕见。此外，神职人员并非是不断加剧的无政府状态唯一的受害者；贫穷的世俗人士的处境更为糟糕。虽然国王无法镇住王公，但王公亦无法镇住他们手下的大贵族，这样一来，整个社会自上而下出现了最有权势者对最为弱势者滥施淫威的现象。

人们以私人之间进行的战争、家族复仇为借口，屠杀、拦路抢劫农民、旅行者、香客、商人。对于这些不幸者，并不存在真实的救助，于是，他们极为自然地大声呼唤唯一还有可能会回应他们的祈祷者，即上帝、圣徒和圣物等等，前来干预。

这实际上是对圣物的崇拜通过相关奇迹的叙述显示出来的时代。面临着停止向个人提供相对安全的世俗权威的崩溃，人们会对一个以上帝为基础的社会抱有想法。"上帝的和平"的时代即将到来。

当然，在教士的地位下降与人们诉诸神的救助之间存在着一种矛盾。这种矛盾仅仅是表面性的：10世纪的人所信任的并非那些地位下降的教士，而是得到净化的教士。

得到改造的修道士

一场争取改造隐修院的运动在呈现。或许，改造者对让隐修院住满人的议事司铎的品行与生活方式的强烈攻击有失过火。不过，它所涉及的，与其说是如同主张改造的论战者指出的那样，是善与恶之间的对立，不如说是这样两种观念，即一种较为严厉的观念与另一种较为温和的观念之间的对立。但是，西方人本能地将禁欲和圣洁与10世
202 纪的"可怜之人"联系在一起，后者生活在世俗权力的失败之中，只能求助于上帝，并显然坚信主是最管用的代为求情者。他们对隐修院的改造予以支持可归因于此。当时最有权势者也经常对此加以支持。的确，这里存在着某种悖论。从许多方面来看，王公与领主们在10世纪的行为丝毫没有可资借鉴之处。无论是在他们的日常生活方面，还是在其政治行为当中，概莫能外。前者占主导地位的是让种种最上不了台面的本能得到满足，后者则充斥了谎言、伪誓、背叛、谋杀、掠

夺、蹂躏、抢劫。这一切并没有阻止诸侯们会突然产生发自内心深处、也许是真诚的虔诚的冲动，尤其是当他面临死神威胁之际更是如此。他们又怎么可能不会去想一下未来的生活，因而去提防对他们的威胁呢？

如同普通民众，虽然其原因略有不同，他们觉得需要在至高无上的审判者那里有一位有效的代为求情者。由于他们是富人，加之他们更多地具有"安排"的观念，他们会为自己的问题构想一种永久的解决办法：让人为了他们的目的而请求修道士们过一种健康的生活。这一切解释了许多诸侯赞同改造的原因。它也许在阿基坦公爵虔诚者纪尧姆在公元910年建造克吕尼修道院上得到最为充分的体现。事实上，克吕尼修道院在其伟大的修道院院长奥东（926—942年）、马伊尔（948—994年）的领导下，成了巨大的改造运动的起点。这一成功的特定因素是得到了改造的修道院仍然隶属于母修道院：管理它们的是由克吕尼修道院院长派出的普通修道院院长。

但是，它的历史重要性尤其是通过它在这样一个时代表现出来的圣洁得到显示的，在这一时代中，受辱的教会在一个不顾一切地寻求抓住超自然价值的社会中，已被除去了光环。克吕尼修道院以10世纪所要求的形式，即以沉思、崇高、秩序、宏伟等等，恰如其分地回应了这一来自民众内心的呼唤，而沉思、崇高、秩序、宏伟等等，与世俗世界天天出现、毫无节制的无政府状态，形成了悲怆的反差。它以生活在祈祷和服从的领主们的社会的形象，去对抗由领主们以野蛮的品行统治的社会。

文化上的黑暗时期

至于加洛林文化复兴，实际上在秃头查理统治时期达到了最高水平。当时，这位有学问的君主，将好几位这一时期最伟大的思想家召至宫廷。细密画当时产生出了其最值得赞赏的不朽之作。但是，王朝的衰落也带来了文化上的衰落。教士不再构成知识精英：不再有神学家，甚至不再有历史学家。然而，加洛林建筑的大发展还在延续，不过，这种发展只出现在德意志，并没有出现在法兰西的领土上。

在极度的衰落之中，唯有一种艺术与人们对圣物的信仰不断增强在同步发展，这就是放置圣人遗骸骨的金银器的制作。但是，衰落是暂时的。公元972年，热尔贝尔，即未来的教皇西尔维斯特二世来到兰斯定居，以便在那里研究逻辑学。西方思想的最初觉醒，就发生在这里。

第九章　封建主时代 203

公元 980—1075 年

中世纪文明的第一次飞跃

外来入侵的结束

当时间逐步靠近 980 年时，法国历史也开始迈入一个新的时代。公元 980 年实际上是一个持续八个世纪之久的人口迁徙时代的终点。当然，危险还没有完全消除。1000 年时，斯堪的纳维亚的小型舰队还时有出没，试图对大西洋海滨发动掠夺性远征；另一方面，穆斯林的袭击行动一直威胁着纳尔榜。不过现在的问题只在于警戒了，因为这类入侵行为日渐稀少，且越来越容易遏止；普罗旺斯伯爵不久前刚刚摧毁萨拉森人在阿尔卑斯山和沿海山区最后的根据地；至于匈牙利人，他们的入侵已只是个回忆而已，不过，这个长期植根于集体记忆中的片段已逐渐深入到民俗和传说中。

从这个时候开始，法国各地没有再经历真正的入侵，而自罗马的和平时代结束之后，部落民族之迁徙、征服者和掠夺者构成的强大而持久的浪潮，曾经如洪流逐浪一般汹涌而至。此时，法国进入了一个关键阶段，它标志着一系列物质和文化发展的开端，这个发展过程一直延续到当代。早在加洛林时代，发展的酵母已经对高卢的某些地区有过微弱的刺激，虽然 10 世纪的动荡一度窒息了这些酵母，但此时它们又能自由发展了；它们将逐渐形成强大的推动力。

公元千年的前夕呈现出苏醒的迹象，这是第二个中世纪的苏醒，而这个中世纪不再是衰落、而是扩张的时代。从那以后，人口开始增长，在大自然的威力面前，人也不再觉得那么束手无策，他们利用过去的遗产以及开拓未来的能力更强了。虽然众多的震荡阻碍过这一发展势头，但从未打断过它。

一个依然蛮荒的国度

确切地说，对于这种发展势头最初的推动力，我们还很不清楚：在一个仍然极端野蛮的时代，物质文明实际上十分原始，以致人类业绩所留下的痕迹都是极为稀少和模糊的。当然，就这个时代而言，相关的历史知识的范围在扩大，但速度很慢。文献所能阐明的人类行为，都只牵涉极为个别的侧面，而且几乎完全是有关社会上层的；这类文献几乎根本不提下层人的生活、不提民间的语言和服饰以及日常生活的基本要素。因此，历史学家几乎不能辨识出当时推动发展的物质动因。

204 就人口问题来说，谁知道人口密度呢？谁了解那些可能促进人口增长的运动呢？我们只能进行十分模糊的猜测，人口仍然完全聚集在乡村，而村庄散落在稀稀拉拉的林间空地上，彼此之间隔着大片人迹罕至的原始旷野。我们看到的是一个孤立隔绝的天地，没有道路，交通依靠沿河行使的驳船，甚或靠穿行在小径上的人来扛运，但那种小路充满危险的埋伏，即便是骑兵也难以对付。我们见不到城市，但在尚未被原野和田地吞噬的古代城市的废墟上，在坚固的堡垒和显赫的修道院旁边，有一簇簇的棚屋聚落；居住在那里的是教士、武士、为这些人服务的工匠、葡萄农，有时还有个小型的犹太人社区，这种社区是东方商人殖民地留下的微不足道的残迹，以前商业发达之日，这类殖民地曾繁盛于罗马高卢各地。

从文献可以得知，水磨在迅速增加，但技术方面的变革则无从知晓，也许当时农民的工具也在缓慢改进，效率不再那么低下。根据史料来看，只有到1075年之后，才有明显迹象表明经济和人口在增长，不过这种增长已是一种突然性的迸发。虽然我们的研究方法仍不完善，但我们仍可以认为，980年前后到11世纪的最后25年之间的这个时段是个预备期，是一个为革新的到来默默地打下基础、酝酿动力的时代。

如果要以寥寥数语点出这个时期的特点，那就必须指出当时出现的两个重大现象。这两种变迁表现得很清晰，因为一方牵涉的是宗教态度，另一方则涉及君主和战争首领；而事实上，文献中透露出的模糊线索也只能对教俗两界的高级贵族提供某种解释。

基督降生和受难的千年前后，宗教情绪出现了强烈的骚动；教会、特别是各修道院为宗教方面的坚信、纯净和精神上的升华付出了各种努力，当时这些努力所采取的宗教艺术的形式便最鲜明地体现了这一点，宗教艺术为基督教信仰的再度勃兴奠定了基础。就教会而言，宗教艺术是宗教复兴的首要表现，它具有特别重要的意义，因为它带动了文化的复兴——加洛林秩序的崩溃曾一度摧毁了文化发展的动力。

另一方面，这个时代还出现了新的政治和社会关系，它是我们所称的“封建制度”确立的时代——正是在这一点上，这个时期在我们漫长的文明发展史上占有重要地位。

什么是封建制度？

近来对这个术语（封建制度）的各种用法严重歪曲了它的意义，故对其所指的历史实际状况作一个简短的界定便十分重要。在各种封建结构中，首要的一点是某个社会集团所具有的完全的优越地位：组成这个集团的成员因其军事职业和出身而享有被认可的特权、特别是有权依靠地位低贱者的劳动而生活在闲暇中；此外，他们负担的义务只是分封契约和采邑责任所要求的。

不过，更为准确地说，封建制度还意味着权力碎化成诸多独立的细胞。在每个细胞中，主人，即领主，以其私人名义掌握指挥权和惩罚权；他行使这种权威就像利用自己的一份世袭家产一样。在这样一种相互分割的状态下，便产生了各种政治和社会关系，它们与一种原始和全然乡村化的文明状态极为匹配，在这种文明状态中，空间辽阔，但被数不清的障碍分割开；人烟稀少，且因为难以逾越的距离而相互
205 阻隔；从精神上说，这种文明十分粗糙，以致人们从思想意识上无法感知权威的抽象观念：首领如果不亲自现身、其本人若不到场便无法赢得服从。

当然，公元千年前后的文献所揭示的社会状态并不新鲜；在整个中世纪早期，法国农村已经处于一小群贵族的控制之下，他们周围簇拥着家内侍从卫队，在他们广阔的领地上，他们实际上对依附于自己的农民享有无限的权力。我们在 11 世纪之初看到个人服从关系的规则，不过这种服从关系很久就在私人领域、在加洛林公共制度的外衣下确立起来了。而加洛林制度的崩溃则使这些关系显露出来。

不过，由于国王及其代理人的权威已经式微，这种带有主仆、亲属、效忠和庇护色彩的关系具有极为重要的价值；在习惯法中，它们取代了从前法兰克人维持的义务体制；它们成为各种政治关系的架构，而它们产生出的心态则影响到高级文化的所有方面。在这个时代，封建社会已经牢固确立下来，在此后的多个世纪中，法国文明的历史进展都是在这一社会框架内展开的。

一、法兰西国王的地位

在这个时代的开端，我们遇上了一个重大事件：987 年，这个王国的大贵族们在桑利斯聚会，他们排除加洛林家族的王位觊觎者洛林的查理，选举法兰西公爵即大力士罗贝尔的后裔于格·卡佩为君主。这是个著名的日子：它标志着加洛林王朝的终结，在此后十分漫长的岁月中，国王的尊号转归卡佩家族。不过，我们不能认为这次选举对当时人来说也具有如此重要的意义。

那么，他们认为这次选举带来了什么变化呢？在 10 世纪，于格的

两个祖先，厄德和罗贝尔就已经戴上过王冠。因此新国王也像他的那位竞争者[①]一样，自认为是出身王族，而加冕当天为他欢呼的人们也认为他是查理曼的合法继承人，他的血管里流淌的是查理曼的血液。所以这只是王位在两个家族之间的一次转移：在法兰克的古老土地上，这两个家族都负有君权的天命；这是一种正常现象，并已得到大部分贵族的认可，因而从本质上说，它不会损害王权。

法王与皇帝地位平等

我们最多可以说，选举于格·卡佩或许有利于德意志皇帝巩固其在高卢东部各省的权威，这些省份坐落在"四河"边境之外，843 年之后，这条边境就划定了法兰西王国的疆界。加洛林家族的末代后裔对洛塔林地区的权利要求无疑跟德意志诸王形成对立，后者声称对这一地区拥有权益，此后该地区最终并入了帝国；1032 年，帝国合并了从汝拉山一直绵延到地中海的勃艮第王国。

在所有人看来，拉丁基督教实体从此便分置于两个最高权威的统治之下，双方都延续了查理曼的国家，一个是东方的条顿帝国，另一个是西方的王国。但西方的王国对于东方的帝国根本不存在臣服关系，即使皇帝也是这样认为的。西方王国的君主认为日耳曼的国王与他是平等的，虽然后者戴有皇冠，他觉得自己跟帝国的君主一样，负有神所托付的、领导全体基督教人民走上得救之路的职责。公元千年前后的编年史家、克吕尼僧侣拉乌尔·格拉贝尔便是以两个主要人物为中心来创作自己的历史著作的：一个是皇帝亨利，另一个是法国国王虔诚者罗贝尔；在他看来，这两个人是加洛林天命共同的继承人，也是 206
当时仅有的真正的君主。

"一天，两人来到默兹河岸边相会，这条河是两个王国的界河；在双方的随从中，很多人都觉得，这样伟大的主人屈尊涉水渡河不太合适，这会被认为是臣服于对方的表现；最好是双方都乘船到河中央举行会晤。不过两位充满智慧的君主都想起了圣经中的教诲：'若你是

① 指洛林的查理。

伟人，万事更须放低身份。’

“拂晓时分，皇帝带着一小队随从往见法兰克人的国王；他们深情相拥，一起参加主教们举行的弥撒，并决定共同进餐。餐毕，罗贝尔向亨利赠送了数不清的金银和宝石以及一百匹马，每匹马都装饰华丽，并配有一幅甲胄和头盔；罗贝尔说，若皇帝不接受这些礼物，他们的友谊便荡然无存。

“面对如此慷慨的手足情谊，亨利只接受了一本串有黄金和宝石的福音书，一只以同样材料镶成的圣骨盒，里面装有殉道者圣文森特教士的一颗牙齿；皇帝的妻子则只接受了两只金盘。其余的礼物他们都没收下，随后他们便回去了。次日，罗贝尔和他的主教们渡过默兹河；国王来到皇帝的营帐前，后者隆重接待了他；宴席过后，皇帝向国王赠送100斤纯金。国王同样只要了两只金盘。这样他们之间的兄弟情谊便更加紧密，随后二人返回了各自的领地。”

在当时，政治关系和社会状态很少以文字形式表达出来，而总是体现在对某个仪式的繁琐安排中；在上面这段文字中，作者笔下双方的招待和赠礼仪式以及各种仔细考量过的举止都具有象征意义，文中显然表明，两位君主及其随从都希望得到兄弟般的对待（就像虔诚者路易的儿子们在凡尔登分割帝国之后还曾一度做的那样），他们都希望消除任何关于一方优越于另一方的猜疑。

早期卡佩诸王

人们普遍认为，卡佩王朝最初四位君主的权力甚为虚弱，有人还证明，他们手中的王权已变得微不足道。这些看法并没有错：封建制度意味着权威的碎化和解体，它的发展是以削弱王权为代价的。然而，不应该将这种看法推得过远。因为从来都不存在没有国王的封建社会，对后者而言，尘世的君主就像不可见的神一样不可或缺。正是由于这种原因，这一时期所有的法国国王——于格（987—996年）、虔诚者罗贝尔（987—1031年）、亨利一世（1027—1060年）以及父亲死时年仅8岁的菲利普——他们所享有的声望和实际权威是这个王国最强大的诸侯们都不可比拟的。

对于他们的统治，我们知之甚少，只有罗贝尔是个例外，因为拉乌尔·格拉贝尔对他有很多记述，而且还在圣贝努瓦旭卢瓦尔修道院还撰写过他的传记，这个修道院曾受到他的特别保护。对于这些国王，我们首先知道的是他们的家事，如婚姻和休妻，还有各种冲突：在国王的晚年，急于继承王位的儿子们彼此争斗；国王们总是不离鞍马，不停在王国北部到处露脸；当他们在的时候，没有人敢质疑他们的权威；所有人都崇敬国王；但是，从国王离开到他下一次寻访之前，各地首领又开始独立行事。不过，所有人都把国王看作和平与正义的化身。

公元千年前后，国王罗贝尔像秃头查理和虔诚者路易一样行使着自己的权威；如果不骑马巡视，他便住在奥尔良，这个地区自克洛维以来就是法兰西亚的中心；此外，他还守护着坐落于图尔的法兰克人 207
的主保圣徒圣马丁的陵墓、圣德尼昂-弗朗斯的达戈贝尔特的陵寝；他的御座周围有各种由主教、王公和伯爵们组成的会议，就像加洛林时代的大宫廷一样；在王国的边境地带，各修道院在利用国王的宽宏大量以确认它们的各种豁免权；在掌玺公署发出的公文中，颂扬国王威仪的语气与 9 世纪的敕令如出一辙；国王还是身处恶劣险境中的人们最后的希望：受萨拉森人威胁的巴塞罗那伯爵就曾吁请父亲的援助。

最后一点尤其重要：对于这个王国的所有居民而言——无论他是最看重自己独立地位的大贵族，还是最偏僻的林间原野上的最粗陋的农民——国王是行过加冕圣礼的国王：他是神的代理人，是涂过圣油的人，是天国权威的代理者，他的祈祷能为所有人带来上天的赐福，每个人的福祉，无论是尘世的还是超自然的不可见世界中的福祉，都仰赖于国王。

加冕的国王

由于国王本人的威严，再加上加冕当天对他的身体行的涂油礼，他因而处于宗教和尘世的交汇点上，同时具备宗教权力和军事权威，不过，被主教们环绕的国王的首要职责是举行宗教礼仪、向教堂广赠礼物以博取神的恩典、保护教会和所有为神服务的人免受各种暴力和掠夺的侵害。他还要监督信仰的纯洁，驱逐各种异端，将异端分子赶到柴堆上烧死。

在这个时期，圣周中的法国国王觉得自己是基督在尘世的代表，他们是圣路易的先驱者，而且他们还模仿耶稣的举动："主耶稣最后的晚餐的那一天，至少有300名穷人蒙神的召唤聚集到一起，（国王罗贝尔）用他圣洁的手把蔬菜、面包以及一个银币放到他们手里，而他们每个人都行屈膝礼……接着，在用餐完毕后，这位谦卑的国王一边准备向神行礼，一边将一件苦行衣披在自己身上，他聚集了160多个穷人，并学习主耶稣的榜样，为他们洗脚"（埃尔高）。

最后，这类祭司国王、祝圣后的国王还充满圣徒遗骨所具有的神秘力量，任何举手冒犯他的行径都是亵渎，他会制造各种奇迹；谁都知道，他像基督一样，可以通过向盲人脸上泼水的方法使他们复明：更准确地说，到11世纪之初，对法国国王超自然力量的持久信仰有了最早的表现。

这种信仰以君主的祝圣礼仪为依据，它在封建瓦解趋势加速的时刻确立下来，且没有受到侵蚀，因为它完全不是以外在物质力量为依据的，作为卡佩王朝之声望的最深厚、最牢固的根基，它也是法国君主之所以高于王国所有其他诸侯的根据所在。

王位的世袭

虽然于格·卡佩及其最初的几位继承人的权力与加洛林先王们的权力存在直接的承接关系，但在11世纪的法国，国王制度发生了三个相互伴生的变化。

于格曾学习加洛林君主路易五世的榜样，在自己当选数月之后选定长子罗贝尔为继承人，并给他行了祝圣礼。在菲利普·奥古斯都之前，他所有的继承人都仿照这一做法；因此，这些国王在生之日便在高级贵族的认可下同长子联合在一起。每到国王在位的末期，国王人格的这一双重特征就会造成两个地位等同的君主，一个年老的，一个年轻的；在习惯法中，国王的双重人格逐渐形成这样一种规则：法国国王不再由选举产生，而是根据长子继承的法则在卡佩家族内部世袭赓续。因此，这种家族制精神的胜利使得 987 年的选举开创了一个王朝。

基于同样的事实，国王的名号和于格·卡佩从其祖先法兰西诸公爵那里继承来的庞大产业，也根据同样的继承法则来决定；王位不久就与其世袭产业不可分割了，这就使得卡佩家族的私人家产成为了 208
"王家产业"（或王家领地）。这样一来，法国国王便拥有了辽阔的领地，他是这块领地上唯一的主人，而且，领地正好坐落在王国的中央。

王家领地

不能再把卡佩家族的产业想象成一个由明确的边界所框定的袖珍国家。像所有世袭家产一样，这份家业也是由一大堆模糊而变动的权益、各种特权和地产所有权构成的，这些构成要素十分分散，各不相同。没有任何清单能够全面地描述这份产业。不过，我们可以看到，它集中在奥尔良、埃当普和巴黎周围，多位于塞纳河中游和瓦兹河河谷地带；另外，它还借助几片孤立的地段沿索姆河一直延伸到芒什海峡岸边。

人们习惯于认为，这份产业并不显赫；不过，如果把它所占的地理空间与某个公爵领或伯爵领的面积相比，那是要犯错误的；因为，勃艮第公爵和图卢兹伯爵已不再是其全部领地的主人了，就像国王不再是整个王国的主人一样；他们自己也只占有一份"产业"，而且要比国王的产业局促得多。

另外还须作两点评论。从当时的情况来看，卡佩家族产业坐落的地区，比所有其他地区都更容易受经济增长苗头的刺激；水道的汇合、最早的垦荒行动、瓦兹河和塞纳河边大型葡萄园的扩张——其产品远销佛兰德尔和英国——这些因素都有利于该地区乡村、沿河地带以及奥尔良市和巴黎市的发展和繁荣；1075 年左右，来自意大利的商人出现于该地区，这便印证了这里的繁荣，而君主也并非繁荣的首要受益者。鲁昂附近的货币流量肯定更为巨大，征服者威廉掌握的货币资源无疑比菲利普一世要充裕得多。但后者的富裕超出大多数历史学者的看法——因而也比人们想象的更为强大——而且其财富还在不断增长。

另外，由于这份产业是世袭的，它来自祖先，应该传给后代，而且家族的共同责任感支配了所有领主的行为，抑制了他们削减家产的行为——他们觉得自己仅仅是这份产业的托管者——所以卡佩诸王千方百计避免像从前的加洛林家族那样轻率地分割家产，而是竭力整合这份产业。

从前的法兰克君主曾大肆挥霍王家领地，徒劳地指望借此巩固高级贵族那种摇摆不定的忠诚；于格·卡佩的后继者们力戒任何挥霍浪费行径，除非是对教堂的赠予；他们的信仰，他们对自己及祖先得救的关切，王权的尊严感和对自己神圣使命的意识，所有这些都敦请他们对神的侍奉者慷慨布施。不过他们放松了对诸侯的控制，而赠礼也许可以暂时强化这种控制，但他们不愿牺牲自己的家族产业。

内部权威

法国君主精打细算，在征召领地上的农民时十分谨慎：事实上，这种新思维根源于贵族心态的一种普遍性变革；另外，它反映了家族精神的强固、对子孙后代和家产的关切。私人的、家庭性质的考虑会推动封建化深入发展，但也会影响君主制度。

在11世纪期间，国王对远方产业的关照越来越少，位于法兰西岛最偏远处的各宗教机构也觉得再也不必去争取国王认可他们的豁免权，
209 但与此同时，国王的随从队伍发生了改变。公元千年时还能见到辉煌庄重的豪华宫廷，它让人想起加洛林时代的大型会议，但随后取而代之的是更具家庭色彩的会议，这些会议上再也看不到高级教士和伯爵们了，会议的成员只是国王的亲戚、出身小贵族的王室领地上的封臣、地产管理者和家庭仆役首领等。这些会议关注的问题同样是私人产业、家族、亲近的友人和“家务”。

这无疑是一种退缩，但绝不是衰颓。因为在这一时期，被抛弃的是虚荣和浮夸、是由来已久的追求威仪的做法，这些东西不再有任何

实际意义了。牢牢掌握手里的产业、打稳根基、开发一切资源，这才是真正把握住未来发展的杠杆。这种政策并没有损害加冕礼赋予国王的优越地位和神奇赠礼，而且使他跻身于一流领主的行列，在其他诸侯中间站稳了脚跟。

二、诸侯，堡主和骑士

各大封建采邑

在各种证书和编年中，反复出现 Principes（诸侯）、optimates（大贵族）之类的说法，它们指的是高卢各省的这样一些人物，他们手中的权力与卡佩家族在过去的法兰西公爵领行使的权力类似。

人民的首领……

在当时的集体意识中，一直十分清晰地保留着种族差异的印记，这是人口迁徙和连续的入侵在中世纪早期留下的回忆；正是由于这种记忆的留存，图卢兹的“哥特人”与昂古莱姆和里摩日一带的“阿基坦人”之间的对抗情绪依然强烈；在奥塞尔和奥顿地区，自认为是“勃艮第人”的居民与“法兰西”居民之间的关系同样如此；这种对抗滋长了双方的恶意，拉乌尔·格拉贝尔留下了这方面的证据；这个生活在勃艮第的作者曾将当时的阿基坦人描绘成可鄙之徒，但他的说法好似那些不讲廉耻和信义的史学家们。

从前的加洛林君主们也必须尊重各省的独立情绪，为了迎合这种情绪，加洛林王朝将各个不同的民族升格为一个个王国，9 世纪时，为了应对各种危机，又按各个民族来组织军事指挥，设立“边疆区”和“公爵领”。正是在这些古老而坚实的基础上，出现了 11 世纪的各大地方势力：勃艮第公爵领（虔诚者罗贝尔曾是其继承者，但他没有将该领地并入王室领地，而是把它交给自己的幼子，后者就是一个新的公爵王朝的奠基者，但该王朝是卡佩家族的血脉），阿基坦公爵领、诺曼底公爵领（在法兰西王国，该地区无疑是最具外来色彩的）、戈蒂埃侯爵领（其主人——如果名号上不是，至少事实上是——图卢兹伯爵，而图卢兹是西哥特王国的旧都）、普罗旺斯侯爵领和洛林公爵领。

在这些大封建领地之间留出的空隙地带，某些以伯爵领为核心的强大政治组织建立了起来，如佛兰德尔伯爵领、安茹和曼恩伯爵领，不久后又出现了布卢瓦和香槟伯爵领，再后来有勃艮第伯爵领（不久后被称为弗朗什-孔泰）和巴塞罗那伯爵领。

……对国王没有任何义务

在统领这些领地的诸侯中，没有一个人行过祝圣礼，所以他们都没有国王的神奇功能，也没有人在他们身上看到神的影像。因此，所有这些诸侯都处于一个与神的世界不同的世界中，神高高在上，但在
210 彰显国王威严的各种超自然神迹中却有神的帮助。当然，所有诸侯都认为，他们是蒙神的恩典而执掌权威的；他们都把自己的家世追溯到加洛林君主那里，后者把先王的血脉传给了他们；同卡佩诸王一样，所有人都自认为是世袭继承人，都把自己的头衔看作家族的世袭所有权，并培育出一种朝代情感，而为他们效劳的作家则鼓吹这种情感。

他们也想成为其领地上的教会的保护人，而且确实成功地使一些主教区摆脱了国王的控制；他们总是将本地最重要的修道院置于自己的监护之下。圣贝努瓦旭卢瓦尔和圣德尼对于卡佩家族的意义，就是圣贝尔坦对于佛兰德尔伯爵、昂热的圣欧班对于安茹伯爵、里摩日的圣马夏尔对于普瓦提埃伯爵和阿基坦公爵的意义：这些修道院为诸侯的胜利祈祷、为后者举办庆祝仪式，并保存有关诸侯功绩的回忆。诸侯也组建起宫廷，其辉煌不亚于法国国王的宫廷；那里的贵族和武士聚会通常还更为奢华，气氛也不那么严厉，所以光顾者比国王的宫廷还多。总之，这些大诸侯具有王权的一切要素。

最后，从他们的权力上来说，他们享有完全的自由，免除了对于国王的任何服从。对于国王，他们自称是忠诚的，但人们从未真正将

他们看作国王的封臣，更不用说是附庸了。在这个时期的法国，我们根本不能认为存在一个分封效忠的金字塔结构，不要认为地方贵族会通过诸侯的效忠这个中介而为国王服役。这样的结构直到12世纪时才开始形成。在当时的法国，每个诸侯都构成一个独立的封建关系网的核心，与其他关系网不存在任何联系。公爵和伯爵们有时会离开领地去参加新国王的加冕礼，并以欢呼的方式选举国王。不过他们并不认为对国王负有任何形式的义务。

公元千年，作为法国的庇护者，君主的权力是精神和宗教方面的，在离他的私人领地稍远的地方，国王对于人民来说并不比神更加实在；在法兰西王国境内，在已经出现帝王权威的各省，到处是广袤无际的蛮荒原野，人烟稀少，没有道路；在空间上，法国事实上被分割成十几个以古代部落为基础建立起来的国家。此外，随着君主权力的解体，这些地方政治结构也开始瓦解，就像不久前的王国一样。

城堡

实际上，这些诸侯领地太辽阔了，它们的主人无法持续在各地现身巡查。他只是个组织者：直到10世纪末，他的祖先还能集中本地的所有力量，抗击来犯的异教徒；他总是把和平和司法的高级权威掌握在自己手中；但他又不得不让这些权力就地行使，且施行的空间范围要小于骑马一天的行程，他也许认为那些行使权力的人是他的代表，但这类人中的大部分觉得在他面前是独立，就像他自己独立于国王一样。

在10世纪中叶，在外省各大领地的边缘地带，一些伯爵已经奠定了自己的家族势力；公元千年，他们的后代已经可以在他们的整个辖区（即从前的pagus）自由地施行裁决和惩罚，享有全部的王权性质的特权。但是，在这个时代，由于政治解体的进程在持续发展，指挥和服从的关系要在更低的层次上才会有具体体验：即在每个城堡周围，在受它保护、处于它的看管之下的狭小空间里。在这个时期，封建社会是在独立的城堡领地的框架内完成治理的。

211 简陋的防御工事

在10世纪行将结束时，出现了最早的石砌城堡主塔，它们是安茹公爵命人修建的。这仍是一些十分简单的建筑，形状呈四方形或三角形，人们在里面堆放储备粮，战士在接到警报时会撤退到里面。

但在整个11世纪，砖石砌成的堡垒仍然十分罕见。当时几乎所有的城堡都是木头的，十分脆弱，因为敌人很容易烧毁它，但重建起来也很方便：编年史家曾记载说，一些城堡三天就建好了。这样简陋的建筑今天当然不会留下什么遗迹，除了它们坐落的位置：从前的塔楼建在陡峭之处，如果自然地形不利于防御，则会有靠农民的劳役堆积成的土丘，土丘四周围绕着很深的沟渠，不远处还有几道防护土堤，以前那上面插着篱笆。

这些原始的防御工事在城堡主塔周围圈出了一块广阔的避难空间。领主的住所、家仆的草屋、客人的营栈，都坐落在里面；危险之时，四周的村民也会带着牲口和全部家当来这里避难。在外来入侵的动荡岁月里，这些工事曾经常是人民的救星；它们象征着所有能维持秩序与和平的力量。在公元千年，每个城堡都是集体安全的写照，它们以最直接有效的形式——即军事化的形式——成为权威的具体表象，它们甚至还是主权的象征物。

……公共秩序的象征……

堡垒的数量还不是很多：每个伯爵领大概最多十来个，故每个堡垒保护着20到30个农村聚落。很难知道这些堡垒是谁建造的。不过对于其中的很多堡垒而言，我们可以肯定，它们在公元千年之时已是古物，根本不是当时的主人或他们的祖先建造的，但堡垒是根据掌握公共权力者的命令而建造的，这些人也许是君主本人或其代理人，也许是诸侯、伯爵或主教。

有些城堡的年代可能不是很早。在形势极度紧张之时，某个社区的首领也许不得不自行组织当地的防御以抗击匪徒，因而会强迫当地农民修建堡垒。有的时候，一些离主干道较远的富裕地主觉得大领主的控制不是很严，于是也敢于自作主张，建造自己的“工事”，布置自己的“防御”和城堡，其行动俨然像个国王。

但所有情况都表明，这种大胆的行为远不如人们认为的那样普遍，10 世纪的法国根本没有陷入堡垒“林立”的动荡和混乱之中，堡垒工事网络的建立是在高级权威的监控下的相对秩序化的行为，并且得到居民的帮助。

这就是为什么君主权威的瓦解达到顶点之时，这些粗陋的土木工事依然与对公共秩序的最后记忆紧密相连的原因，这些记忆是关于和平、正义和保护的明确观念，而这些责任从前完全是由国王承担的。

……世袭家族的根据地

另外，11 世纪的很多城堡仍直接隶属于诸侯。没有哪个伯爵不是拥有好几个城堡的；其中最强大的封建主是佛兰德尔伯爵和诺曼底公爵，他们牢牢控制着自己领地内的所有城堡，这些堡垒构成了他们领地的骨架，而各位堡主仍是他们忠实的代理人。

但是，各地城堡的堡主都曾试图独立行事，这种情况看来首先出现于 980 年后的高卢南部，在这一地区，加洛林的政治架构从来没有
牢固地确立下来，王权很早就从这一带退却。那些有独立企图的堡主 212
也建立起自己的家族王朝。城堡的指挥权按照长子权原则由父亲传给儿子，就像王位在卡佩家族内部传递、高级权威在公爵和伯爵家族内部更替一样。堡主们还试图把城堡领地变成袖珍的自由公国。

很多堡主取得了成功。当然，这并不是说他们完全断绝了与诸侯之间的全部联系：他们还是后者的附庸，还会前往后者的宫廷，并随后者一起出征。但他们的根据地在城堡之中，城堡仿佛就是他的家产。在法国乡村，一些地名是私人所有者的名字与堡垒名字的结合，如拉费泰吉夏尔、拉加尔德阿戴马尔、蒙福尔拉莫里，堡主的名字就像一面胜利的军旗一样插在了堡垒上，以致今天还保留着对他们的篡夺行为的持久记忆。

大约 1030 年左右，马孔伯爵就这样丧失了对其领地内几乎所有城堡的自主权。在法兰西岛，在卡佩领地的中心地带，一些堡主，如蒙

莱里和庇塞的堡主，开始要求对其城堡所庇护的所有居民享有完全的支配权。更有甚者，当公爵、伯爵、甚至国王本人能牢牢掌握那些防御据点时，他们的真正力量主要不是来自他们的头衔，而是来自他们控制的城堡，所有人都持这样的看法。主权散落在无数微型区域单位中，每个区域单位都受一种强有力的联系的支配，这种联系是从一个中心扩展出来的，这个中心有军事指挥、施行司法、征税等权力——这些就是新的政治组织的基本特征。

堡主：保护人和主人……

对于所有居住在城堡附近地带的居民来说，对于所有村镇平民，（这个词来源于一个意为“居住”的拉丁词）来说，对于经过该地的外来“侨民”来说，城堡既提供保护又行使支配权。为了指称城堡周围的土地，当时的文献使用了一些颇有意味的说法：如 sauvement 一词，它强调的是保护的概念，而 ban（指裁决、惩罚、召集队伍战斗的权力）和 puissance（权力）则突出了首领的权威。而首领则扮演着重要角色，在文献上，他的名字旁边会加上一个称号，dominus，即“主人”的意思，dominus 是古法语中 sire[①] 一词的拉丁译词，而 sire 一词过去仅用来形容国王和主教，或在礼拜中用以称颂神——启示录中万能的主。

像中世纪早期的君主一样，堡主也是负责维护和平的人。他在自己的身边供养骑士，他应在这些人的协助下压制一切动乱，平息纷争，对每个人都公正执法；他应保证抵御外部危险。这一头等重要的职责为他所窃取的权力提供了合理性依据，而且这也是税收合法化的依据；负责征税的是他的 sergents，即武装的家臣；税收也被称为“惯例”，因为认可征税权的是一些变动的但不可冒犯的习惯，习惯储存在集体记忆中，规范着各种社会关系。堡主的代理人会在审判会议上课以罚金，以惩罚各类违法不轨行为；堡主在收割季节为骑兵队征收燕麦捐，也就是为自己随从的坐骑提供饲料，农民须负担赶车运输和填土等劳

① 意为“大人、陛下”。

役，以协助补充给养和修缮城堡，必要时还会有各种各样的“捐助”要求，而严格意义上的专营税仅仅是对烘炉和磨坊征收的，过桥税和引路费则是旅行者缴纳的：所有这些征收——文献有时称之为赠礼或捐纳——都被看作是受保护者自发的感激之心的表达。实际上，这些捐税是在为安全而付账，而安全的保卫者是领主（当然其中不乏粗暴的做法，不过领主还是很勤勉的，更何况这类预防和镇压行动对他来说还是收益的来源），是他保障了市场、小道、森林深处和村庄内部的安宁，这些村庄或处于城堡的庇护下，或按当时的说法，位于他的裁判辖区、即在他的控制之下。 213

征收来的物品被放置到贮藏室中，相当一部分收成，如谷物、葡萄酒、羔羊和猪肉，被送往城堡塔楼的底层，而农民挣到的大部分货币也转到了领主手中。法国农村税收形态的多样化可能发生在 11 世纪初，这是较为清晰地反映出当时推动国家走向繁荣的早期活力的征象之一。各种征收使得堡主家中堆满了食物，于是在普遍的匮乏之中出现了一个过剩的孤岛，穷苦人会到堡主那里求助，然后反过头来歌颂主人的慷慨大方。

……整个周边地区

新领主权的根基在于对城堡的控制权，正是由于这个简单的道理，指挥城堡的家族总是该地区最富裕的家族。但它之所以富裕也是得益于地产，也许以前正是因为这份地产，这个家族才会在这里立足，也许是因为家族地位、因为过去国王和诸侯的慷慨、甚或是因为使用武力，它才占领了最为广阔的土地。特别需要指出的是，堡主家族占据了所有未开垦和无人居住的土地，而这样的土地在当时十分辽阔。

当然，堡主并不是城堡周边地带唯一的地产主。有些村庄、地产、耕地、葡萄园、农奴属于其他家族或宗教机构。不过，堡主声称他的保护、强制和征收权力要延伸到这些邻近的产业上。根据他的授权，他的助手（或执法代理人）负有代行其最高权力之责任，这些人试图对上述产业收取同样的捐税，将相关的佃户及其家仆置于同一审判权之下，甚至让其负担别的农民缴纳的“惯例”税。这些做法遇到了抵抗。教会人士尤其反对这种干涉，因为这会削减他们的收入，为此他们拿出了近来由国王认可的豁免文书，这些文件禁止任何公共权力机关向神及其圣徒的财产课税。堡主大人有时只得妥协，对于那些住在跟他有竞争关系的领主房屋附近的农奴，他只好放弃控制他们的念头。像诸侯的领地一样，城堡领地也有星星点点的独立飞地。

堡主可能是国王、公爵或伯爵的代理人，也可能是完全独立的；不过一个十分普遍的现象是，堡主的权威是与地产主的特权叠加在一起的。前者与后者并不冲突，而是凌驾于后者之上，对很多农民家庭来说，除了和平保卫者的索求，还有土地和人身的主人的索求。因此，城堡领主制施行的是某种平等化的权力，在公元千年前后的几十年中，在这种权力的影响下，社会分层出现了根本性的重组。

社会的三“等级”

实际上，在堡主的权威面前，整个中世纪早期农民内部一直维持的身份差异逐渐淡化了：农民或是一份具有依附性的自由产业的所有人——当时法国有很多这样的“自由地”，或经营一块领主让与的耕地，或是农奴，但他们均须出席同样的审判会议，缴纳同样的税收，当城堡陷于危险时，他们都要以手中低劣的武器协助防御：如叉、投石器、木棍等。

这样一来，在法国大多数地区，平等的待遇模糊了自由和奴役的
214 古老划分，而这曾长期是农村居民的区别因素。各种形式的奴役和世袭性的人身依附可能还维持着，并延续了好几个世纪，不过，继承自古罗马的古老词汇、与人身自由形成强烈对照的男奴隶（servus）和女奴隶（ancilla），在11世纪期间已废弃不用了。契约的起草者们已经不敢用这样的术语来指称权力机关——即已取代王权的机构——一视同仁地指挥和惩罚的居民了。

虽然这一鸿沟已被填平，但在当时社会肌体的另一点上，一个和从前一样公开而严格的差别开始显露出来。这种差别将农民大众和一小群精英分离开来，前者在文献中被称作“庄稼汉”、“可怜人”（后一术语意指完全服从于强制和剥削权力），后者则超脱于堡主的权威，

既不缴纳“惯例”税，亦不必服从堡主的执法代理人的司法权。这些免于封建强制权的人为数很少，他们究竟是些什么人呢？

首先是当地的少数“富人”，即领地的所有人，他们自己并不耕种土地，而靠农民的劳动过活。随后是堡主家中豢养的一群年轻男子，他们构成城堡的卫戍部队。所有这些人都应在堡主的指挥下，一起直接协助本地的防御，他们应配备精良昂贵的武器，因为随着军事技术的发展，只有这些武器才是有效的，他们或以自己的财产筹得武器，或是堡主为其置办之。而所有庄稼汉，无论是自由的还是依附的，都因为其身份和贫困而成为“非战争人员”，在这些人面前，他们是唯一有资格的“战士”。

战士：在980年到11世纪中叶期间，这个词慢慢地进入各种文书的拉丁语中，这表明，这个特殊的职业逐步深入到人们的意识中，因而也见证了这类人与普通人之间愈来愈明显的隔阂。对于这些马上武士（这是民间对他们的称呼，因为他们的坐骑是其最主要的、或许也是最珍贵的装备，同时也是他们的军事和社会优越地位的最明显标志），他们特别的职责、他们与和平和正义事业的永久联系为他们带来了一项基本的特权：除了以武器维护集体安全，他们不必协助其他事务；他们是堡主的伙伴、朋友，而不是他的臣民。

当时的知识分子、法国北方的主教们，继承了加洛林时代关于社会奠基于“等级”观念之上的意象。“等级”一词指的服从某些义务、承担某一特定角色的一类人。1025年到1030年之间，这些高级教士便开始宣称，神从一开始就将人分成三个功能各异的类别：地位高的“等级”是教士，他们是受神法管理的一类人；另一个精英等级是战士，他们负责维持尘世的秩序；最后是专心于劳作的大众，由于他们的身份，他们不能指望摆脱自己的义务，他们必须为教士和骑士提供其非生产性的奢侈生活之所需。

“尘世之上，有人祈祷，有人战斗，还须有人劳作；此三者为一整体，不可分离，一方之职责，实为余下二者之所依，故三者皆彼此相助。”这是拉昂主教阿达尔贝隆提纲挈领的说法。在这个纲领之上，形成了旧制度社会的意识形态框架——三“等级”制度。在11世纪，有一个社会集团逐步凝聚成型，这个集团处于当时文明的中心并支配了文明的所有方面，这就是武士集团，或称骑士。

骑士

这个集团由不同的元素构成，实际上，在法国各省，它一方面包括人们特指的贵族，即地位最高的领主，享有指挥权的封建主、诸侯
215 和堡主；另一方面，它也包括普通的地产大领主和中等领主（每个堡主领地大约有20—30个这样不太显赫的家族，这个数字接近于村庄的数目），在法国的大部分地区，这类人在骑士集团中数量最多；此外，在法国西北部，家内武士为数更多，他们没有土地，而是与堡主一起亲密无间地生活在城堡中。不过，由于共同特征日益凸显，骑士中身份和权威的多样化消失了。当然，所有武士都具有同样的理念，遵守共同的道德准则，而在面对教会和农民时，他们便构成一个团结意识越来越强烈的集团。

……战争的热情

在这种逐步形成的团结中，最有效的黏合剂无疑在于他们共同的行为——战争之中。这个职业给了骑士集团以第一个特征：这是一个严格的男性社会。标志着从属于这个集团的词汇，如战士、骑士，都是没有阴性形式的，而且在11世纪的文化中，几乎见不到妇女。教会同样蔑视妇女，把她们看作腐败和混乱的一个诱因；在当时的编年记录中，许多女性诸侯被怀疑为巫师；宗教艺术中有少数女性形象，但都是扭曲的，与动物志奇特地串在一起，让人想起魔鬼设下的圈套。而世俗艺术中则根本没有妇女的位置。艺术的天地属于男子。

对于男青年来说，当他接受过军事训练并达到18岁或20岁时，最重要的一项社会仪式便到来了，这是某种接纳仪式：授甲礼。文献还没有相关的描述，不过当时的人们觉得这纯粹是世俗和家庭性的事情。堡主或家族首脑将年轻人引进职业武士团体，并将马具交给他；年轻人还须接受考验，当众进行模拟战斗，以展示他的能力。从此刻

到结婚之时——结婚时他也就开创了一个家系，成为一家之主——这个年轻人也可以聚集一小批未婚战士，这些人由堡主（或其儿子）训练和供养，后者还会带领他们从事收获丰硕的冒险行动以犒劳他们。

对于这些年轻人来说，战争是项快乐而有收获的竞技活动。他们的武器装备还很原始，外套是皮革的，但不久换成了锁子甲，这件大斗篷上的金属网眼一直罩到膝盖，头上戴的是柱状尖顶头盔，骑着马，不过交战时会放弃马匹，因为与持剑的敌人对垒时，马实在太脆弱，而且很昂贵。护手处镶有圣骨的神奇长剑战无不胜，此剑有自己的专用名字：如我们知道，罗兰的剑叫“杜兰达尔”，昂古莱姆伯爵纪尧姆·塔耶菲尔的剑叫“谦恭者”，这是一件“十分锐利的武器，曾一剑将诺曼人的国王（连同他的铠甲）劈为两半。”

他们在每年春天兴高采烈地投入战斗。他们可以为战斗寻找任何借口，如果听说远方某个诸侯准备发动一次诱人的远征，他们很愿意一起参加。他们总是难以安定下来，除了冬天——因为冬天的泥泞、寒冷和漫漫黑夜使得人们只能龟缩在自己的小窝中；闲暇和平的日子里，他们追猎大型野味，这种行动像伏击战一样危险；或者组织模拟战斗，这就是风靡整个12世纪的比武活动。这种军事游戏与真正的战争没有什么区别，因为它是集体游戏，是一帮人和另一帮人的激烈较量，而不是选手之间的比赛；比武中会有人受伤，有人被杀；获胜的一方会把对手视为俘虏。

在骑士社会的所有成员竞相模仿的行为模式中，在将他们凝聚成一个整体的共同道德规范中，首要的品德是力量、无畏、骁勇，叙事歌——未来武功歌的先声——已经把它们置于头等重要的地位。在这个时代的法国，处于中心地位的骑士如果不是代表暴力、持续不断的 216
攻击、侵略和抢劫精神，不代表动荡和暴行永不枯竭的源泉，他们还能代表什么呢？

谱系

在10—11世纪的法国，很可能有过一场缓慢而深刻的变化，它从社会结构的最高层步步深入，某种程度上改变了贵族的亲族关系；这一变化意义重大，但目前的研究还不够。这个时代的法国贵族比以往更坚定地置身于谱系的框架中。当时的教会继续、也许还强化了其长期的努力，以使婚姻行为和性道德符合圣经的教导；当时国王罗贝尔同他隔了三重的堂姐妹贝尔特离婚，而且根据他的传记记载，国王终生都生活在忏悔中，以便为自己犯下的罪孽赢得宽恕；当时各大诸侯的官邸中，妾越来越少，诱拐事件也日益减少；在这样一个时代，我们首先看到的是，最高层的贵族、随后是地位较低的"老爷们儿"、最后是一般的骑士，所有这些人的家族血统传递都变得更为严格了。

首先是男子至上，年长者至上。人们崇敬奠定家族之根基的祖先们，他们留下的遗产是后人权力和社会地位的基础，在家族记忆中，祖先的光荣、功绩和美德代代相传，而后辈人则努力向他们看齐。在当时，带有姓氏的绰号开始在祖传的、先人曾管辖过的土地上传诵，围绕这个称号和关于祖先的记忆，一种紧密的利益共同体将有血亲关系的人们凝聚成一个集团。他们共同利用这份集体财富；他们集体决定与其他家族建立关系的联姻事宜。

当时文献中经常提到这种原始而自然的"手足之情"和"友爱"，但这并不排除对抗和暴力行为。特别是那些年轻的小伙子，虽然他们已经是骑士，但没有一份遗产可以立足，完全缺乏独立，因为父亲或叔伯父的财产和权力不可分割，他们只能处于这样的境地。他们唯一的出路是远走他乡，出门冒险。在这个军事阶层内部，这种务求彻底合一的严格规则还加剧了儿子们的急躁之情，他们经常拿起武器反对家族中的最长者，这一时期所有贵族世家的历史都被此类代际冲突撕裂着。

但家族毕竟是最可靠的避难所。它保护个人免受敌意和危险的侵害。当某个家族成员受到攻击时，所有人都会结成一个整体，在11世纪，骑士与自己的兄弟和堂兄弟并肩战斗，正因为这样他们才克服了战斗中的恐惧和绝望，他们是不太相信自己的铠甲和盾牌的。另外，由于骑士在未经家人同意时不能作出任何重大决策，所以家人的意见经常会抑制他们的冲动。

封臣制度

其他形式的联系也加强了这种对冲动的控制力，这类联系是因为分封时的契约而结成的。8 世纪以来，分封契约的做法在法兰克地区的全体贵族以及臣服于加洛林王朝的各地方贵族阶层中逐步推广开。公元千年前后，当王权的解体最终使得各大诸侯的权威也随之瓦解时，封臣制此后就与采邑紧密相连，对骑士而言，这种分封制度是唯一可以接受的政治服从方式。

因此，若要明确指出贵族内部的服从关系所具有的新特征，封建制一说是很合适的。在封臣—附庸制度所组成的综合体中，首要的举措是对个人依附关系的认可。但这种依附不是彻底的、非自愿的，也不是按长子原则代代延续，这与当时作为“身体人”的农民的依附不 217
同，因为农民连同他所有还未出生的孩子都属于主人——“从脚掌到发根”。但对骑士来说，他的服从仍是自由、体面、个人性和灵活的。

骑士通过一种名为“效忠”的仪式而正式成为别人的人。在晋见之时，他须免冠，不带武器，摆出一副完全由人支配的姿态；随后他双膝跪倒；这时他会看到一个明显的引导手势，于是他双手合十，放在其未来主人的两手之间。后者马上扶他起来，吻他一下，以表示两个事实上平等的个人结成了新的关系，即封臣（vassal）和封君（seigneur）的关系。这两个词来自家庭和家族语汇。Vassal 来自一个十分古老的词语，原意是“小伙儿”、“侍从”，也即“年轻人”的意思；seigneur 即 senior，意思是“长者”。

家族关系总会设法确保上一代人对年轻一代的控制，封君封臣关系与此很是类似。马克·布洛赫正确地指出，封臣制是一种附加的亲属关系。对封臣来说，封君就是一位保护他、给他建议、有时还供养他的父亲。按当时的习惯，封君还把封臣的儿子接到自己家中，与自己的孩子一起抚养；封君教育他们，教他们习武，通常还会在授甲日亲自授予他们武器。不过，第二项仪式则是宗教性质的，但它会使封君封臣之间的联系更加牢固：效忠礼过后，封臣还需以誓言来担保自己的诚信。

多亏夏尔特尔主教福尔贝——当时最出色的法学家之一——我们才得以看到对这两项与服从和诚信有关的仪式所产生的义务的最精彩分析。1020年左右，当阿基坦公爵询问封臣的义务时，这位主教答道："向主人作出承诺者，头脑中须始终有六个形容词：安全、可靠、正派、有益、方便、可能。安全：即不能对其主人的身体有任何伤害；可靠：即不能透露主人的秘密、或出卖保卫主人之安全的城堡以伤害主人；正派：即不能破坏主人的公正或其他与主人之荣誉有关的权益；有益：即不能损害主人占有的一切；方便与可能：即不能给主人可能做出的善事制造困难或使其不能行事。故无论从何种公道而言，封臣均不能损害其主人。"

因此，做一个忠实的附庸就意味着克制某些有害的行径。显然，就封臣制本身而言，它并不包含任何积极义务。不过，福尔贝继续说："然而，这样还不足以让一个封臣配享其采邑。他确乎不能仅仅满足于不为恶，他尚须为善。他若要与其所得之恩惠相称、若要忠实地恪守自己的誓言，那还需要……向他的主人提供建议和帮助。"

采邑

这时出现了采邑，在当时的文书中，这个拉丁术语通常被干脆翻译成俗语词：恩惠。确实，封君对向他俯首称臣的"人"应表现得慷慨大度。他应该像个父亲一样，在家中供养自己的封臣，应不时向他们分发礼物、武器和衣服。在所有家内骑士看来，只有在这一点上才能表现出封君的大度。然而在11世纪初，封臣习惯于在效忠礼之后便立即获得其主人的赐予，如一件财产、一份产业、一个教堂、一份什一税权益，甚或是一片普通的田地，以便他至少在不背叛封君之日能保证生计。

确实，在受封仪式中，封臣会通过其他象征性举动获得财产方面的赐予：封君把一件物品亲手交到封臣的手中，如一块土、一块石头或一根树枝，它们象征着封臣即将享有的礼物。此后后者就不仅仅是简单的封臣，而是采邑封臣了，他持有一份采邑，但封君仍是高级所有者，采地的收益完全不是对封臣忠诚的酬劳，而是对其效劳的报酬。

事实上，为了获得采邑是应该提供服务的。正因为如此，封臣有“建议”的义务，就是说，他应定期造访封君，出席后者的宫廷会议，若 218
没有这种由支持者组成的聚会，中世纪的任何首领都不能实施裁决，亦不能采取任何重大决策；此外封臣还有“帮助”的义务，就是说，他必须在封君召唤之时前来支援，并听从后者指挥。

所以，为了采邑，封臣对待封君就应该像一个忠顺的儿子对待父亲那样。但正如夏尔特尔的福尔贝所说的，“无论何事，主人均须给予其封臣以同等的报答”，于是封臣—附庸关系网就将亲属关系网补充完善了。这两种关系网相互交织，把骑士限制在一些互助性的群体中，这样的群体着眼于安全、相互支援和彼此间的友爱，它们削弱了潜在的动荡因素，而一个不承认任何主人的野蛮武士阶层很自然会滋生出这些因素的。

在骑士道德中，核心内容除了军事上的胆略和骁勇外，还有另外两种美德：爱，骑士应关爱所有“肉体上的伙伴”及其所有家人；另一种美德是遵守誓约，即应保持忠诚。在11世纪的法国，这两项荣誉法则构成和平的基础。

骑士的骚乱

但事实上，和平十分脆弱，屡屡猝然中断。在当时的编年史和宪章文书中，随处可见的是抢劫、屠杀、伤残、强奸、绵延日久的残酷仇恨——这些仇恨导致家族分裂，甚至使得同一封君麾下的附庸队伍分崩离析。法国的每个省都是刀光剑影的比武场，一伙伙的骑士明火执仗，其暴行骇人听闻。当城堡领地之间开始形成边界时，相关的领主会因为争夺那里的利益而发生争执；每当出现继承问题时，争斗之风会造成兄弟相煎的局面，而且一些性情粗鲁、难以遏制其怒火的人总会制造麻烦，何况这些人所受的全部教育都是如何去进攻，而在进攻时，他们很快就把自己的义务忘得一干二净。

但持续的动荡尤其牵涉到封臣—附庸关系的缺陷。首先，这种关系根本没有在贵族内部缔结一个和谐之网。效忠和宣誓只是偶尔为之，它们在同等权威的封建主之间只能维系一种极端脆弱模糊的协调关系。

唯一团结的集体是某个城堡领地上的骑士以堡主为中心而形成的，这些骑士在日常生活中经常有接触，他们的头领在物质上拥有不容置辩的优越地位，故他能控制全局；但这个集体内部则分裂成一些孤立的小团体，它们通常相互对立。

另外，无论是忠诚还是采邑附带的义务，都不能阻止某个封臣的暴力举动，如果这一举动不是直接伤害其主人或后者的其他采邑封臣的话。这时他会逃脱任何强制措施，任何法官也不能审讯他。对于他的暴行，受害者只能诉诸一种手段：复仇，受害者的家人和朋友可以对侵害者及其所有家人采取行动。于是一场无情的战争开始了，谋杀接踵而至，有时甚至要到两个敌对家族均被灭绝之后，杀戮才告终止，除非在经过没完没了的讨价还价后，仲裁人终于通过一个和解仪式恢复宁静：在这个仪式上，敌对双方均同意赔偿对方的血债。

需要特别指出的是，1030—1075年，法国各地的采邑和封臣制之间的关系发生了根本性变化。作为具体而持久的物质因素，封建采邑所有权的重要性这时已经超过了个人之间的联系。效忠之后立即行“恩赐”礼，这在当时已经司空见惯了。在这个时期，家族纽带的巨大力量已经使得卡佩家族占有了王位、使得各伯爵领以及随后的各城堡出现了稳定的世家王朝，而这一力量同样要求采邑成为世袭产业。对于一个忠实封臣的继承人，没有哪个封君胆敢收回这个封臣当初从他
219 那里取得的产业，而且，这个封臣在世之日已经把这份产业当作自己的家产了。

因此，当那些封君通常并不熟悉的人向他行效忠礼时，他不得不承认，这些人的誓言纯粹是口头上的，他们根本不会放弃所得的采邑。当时，很多骑士只是为了保有一份地产才置身分封效忠制度之中，而根本不是为了寻找朋友。因此情感关系很快就松懈了，更何况由于继承的关系，持有不同封君之采邑的封臣越来越多。如果这些封君发生冲突，封臣到底该为谁效劳呢？当初的个人效忠是完全的，但现在这一分割了的效忠该给谁呢？可以想见的是，在这种关系环节过分膨胀、联系如此松弛的网络中，形形色色的背信弃义和忤逆行为很容易滋生

出来。

在这个依然十分野蛮、十分困苦的国家，教会人士是当时唯一通文墨的，我们所有的文献都是从他们那里得来的，正是通过他们的眼睛，我们才看到当时可以感知到的一切；因此不难理解他们对军人和恶行两个词之间的亲缘关系的思索。当然，由于身份上的原因，他们有悲观主义倾向，不过，他们对骑士们的看法无疑并非是全然错误的，对于这个因公共制度之演变而处于完全的支配地位的凶猛阶层，他们认为是邪恶的化身，是撒旦的军队。

三、世界的净化

末日期待

11 世纪的人们生活在焦虑中。今天我们已经知道，传奇故事中以阴暗笔调渲染的千年恐怖也没有在人们的意识中造成如此强烈的震动。当时并没有出现集体恐慌。但是，在基督诞生千年和基督受难千年之间，焦虑感再度上升，因为在一个葬礼仪式和死者崇拜日益发展的时代，后一个日子更为重要。在这些岁月中，面对即将到来的世界末日和最后审判，基督教世界潜在的焦虑情绪无可否认地在加剧。

在当时所有的宗教著作中，《启示录》受到最热切的关注。人们在那里面看到这样的话："那一千年完了，撒旦必从监牢里被释放，出来要迷惑地上四方的列国"，所以罪恶将侵入世界，这预示着反基督的降临和世界的完全颠覆。随着千禧年的临近，那些最博学的人也在耐心等候奇迹的出现，奇迹会预报神的怒火和魔鬼的胜利；连这些博学之士也深信，可见世界与不可见世界之间并不存在严格的界限，他们相信超自然力量，相信魔鬼的压迫，相信神的旨意会通过各种表征、召唤和预兆表现出来，而贤哲则应解释这些现象。

编年史家在记载这些奇迹时，其关切程度超过政治和战争事件。因为在他们看来，这类现象远为深刻地标志着人类的命运。因此他们的作品充满各种奇特的叙述。令人不安的微弱闪光、彗星的划过、流星的碰撞，这些都是天上的宇宙秩序的动荡。“主耶稣受难之后的第一千年，七月朔日后第三天、太阴历 20 日星期五，出现一次日食或日遮蔽，从 6 点持续到 8 点，此事引起一场名副其实的恐慌。当时的太阳呈宝石蓝颜色，其上部的形状有如上弦月。人们彼此对视，都如死人一般面色苍白。周围的一切好像都浸在番红花色的雾气中。当时人们的内心完全被惊恐和震骇占据。”

饥荒、瘟疫、教会内部的腐败放荡、邪门异端的出现：在当时人看来，所有这一切都清楚地表明，世界的根基已经被动摇了。1009 年，法国的基督徒得知，“巴比伦的君主”，即开罗的哈里发，下令摧
220 毁了耶路撒冷的圣墓。还有其他证据表明邪恶的泛滥和罪恶势力的入侵。

11 世纪的魔鬼

11 世纪的信仰自然是二元的。不可见的世界里也有两支相互对垒的军队，就像堡主麾下的骑兵队战乱不休一样。神的天使军团的对手是魔鬼的队伍，后者并不总是处于下风。人类就是这一持久冲突的见证者。人固然能看到光明的天使，但也经常遇上魔鬼。拉乌尔·格拉贝尔一生中曾三次在自己的床脚下看到“一种可怕的侏儒”，每次都是在黎明时分，在苏醒时朦胧的薄雾和光线中看到的。

这样的敌人总是在设置圈套，而且随着末日的临近，他们的图谋会更加危险。因而此刻应比以前更加警惕，应以全部勇气加入基督旗帜下的部队。层出不穷的神圣怒火的象征、接二连三的各种灾难，每个基督徒都觉得自己与之有牵连。他们是神忠实的附庸，为了能在天国争取一块封地，他们应竭尽全力、披肝沥胆地为神效劳。

在受武装团伙支配的乡间，武士们的行为、品德和作为附庸的道德要求，很自然地对人们的思想和宗教观念产生了深刻影响。在 11 世纪，神被想象成封君的样子，或坐在法庭中央的高位上，或像个骑着马的男爵。

在这个苦难的岁月，为了获得拯救，为了帮助善的力量取胜，整个基督教世界必须组织成一支精神上的武装。它应该身着忏悔的白袍。

它应该涤荡一切玷污自己的东西、应该驱逐犹太人（最早的迫害行为发生在圣墓被毁的消息传来之后）、应该烧死异端。因为早期的异端思潮已经展露出来：在当时人看来，异端就是邪恶泛滥的另一种表现方式；不过在我们看来，文化发展、意识苏醒的另一个表征也逐渐从野蛮和麻木中显露出来。

异端牵涉的是像勒塔尔这样的普通人，此人可能是香槟威尔第地区的一个乡村神父，他曾折断十字架，因为他觉得将神的尸体放在十字架上让人难以接受，他还抛弃自己的妻子，去过贞洁的生活，另外，他号召人们不要缴纳什一税，以便中断教会的富庶生活。不过，一些饱学之士也有这类离经叛道的看法：王家城市奥尔良那些最出色的司铎们，他们“看来比其他人更为虔诚”，但竟被指控为异端，1023 年，国王罗贝尔将他们送上了火刑柴堆。痴迷于千禧年奇迹的基督教会必须进行改革了，而改革首先在教会最优秀的那一部分中展开。

修道院改革

革新运动的领路人是修道士们。确实，在俗教士与现世和尘世制度有过分紧密的纠缠，当封建体制建立后，他们马上便体验到了它所带来的动荡之苦。在与王权结成一体之后（对于主教和君主来说，加冕祝圣仪式是一样的，而且国王的首要义务就是保护其王国的教会），主教团也跟着王权一起走向了衰落。很多主教区受到诸侯的监控，其相关权益甚至被完全并入后者的私人产业：例如在马赛和昂蒂布，两个兄弟一起管理一份共有产业，其中一人的身份是当地的领主，另一人则是该市的高级教士。

因此，主教的人事任命要么按照习惯性的继承做法，要么按照某种庇护制来操作，而这种庇护制跟封君对其采地骑士的庇护制并无不同：公爵、某些伯爵、或者国王将具有象征意义的权杖和指环放在候选者的手中，表示封授后者以主教职位，但这些人是他们从自己的私 221
生子或其封臣的儿子们中间挑选出来的。他们期望的回报不仅仅是祈祷，还有一个忠实的封臣因其采邑而对封君所担负的一切义务。当然，他们有时也会考虑选择最称职的人当主教。但其他的考虑经常会左右他们的选择。

因此，很多主教的行为举止很像骑士，或像与骑士类似的人物。他们醉心于战斗，而不是研究和布道：要他们将教会从封建社会的压迫和现世的腐败中解脱出来，显然是找错了人。相反，修道士是主动逃避这个现实世界的。他们无疑是最纯洁、最能取悦于神的人。像 8 世纪的情况一样，11 世纪的精神准则不是在主教座堂、而是在修道院中确立起来的。

修道院的功能

在当时的社会，修道院履行着一些十分重要的职责。首先，它是持续不断的宗教仪式的场所；一天的所有时辰里，修士唱诗班要反复向万能的主吟唱颂歌、进行祷告，这是他们的特别使命，是他们真正的职责所在。他们期待通过歌唱圣诗赢得神的恩典，这些恩典将围绕在他们身边，并延伸到他们的施主们那里。

当时的宗教观念还十分原始，人们觉得，得救的保障不在于遵守某些道德规范——在这样的暴力和贫困世界里，谁能参透福音书的劝诫意义呢？——而在于购得神的宽宥。神也像堡主一样，在接纳负罪者再度享有他赐予的和平之前，也会要他们缴纳罚款、奉献礼品。修道院分派神的恩典，确保获取各位圣徒的善意，这样一来，它就成为整个周边地区得救的永久工具。

修道院还是个大墓地，所有富人死后都想埋在离圣殿最近的地方，甚至埋在祭坛的脚底下，因为修士们就在那里为镌刻在名人追思录上的死者举办隆重的赎罪仪式和周年祭礼。修道院还接收贵族家的孩子，他们很早就被送来，以便能进入主祭团，并终生为其父母的灵魂祈祷；领主暮年也在修道院里寻找一个舒适安乐的退隐之处。

最后，修道院中还有圣骨。地下室里有主保圣徒的陵墓和圣骨盒，在战场陷于缺粮和瘟疫时，若把圣骨盒带来，那里面的圣物会引起恐惧，并将神的怒火喷到敌人身上，但圣人的遗骨会给崇敬它的人带来身体的健康和灵魂的安逸。在这个时期，圣骨崇拜成为宗教活动的中心内容；它引发了规模巨大的朝圣和宗教捐赠浪潮；无论是大型修道院还是最不起眼儿的小隐修院，都因为捐赠来的钱财和土地而日益富庶。

改革者

由于这些宗教机构越来越富有，它们便成了权势者们垂涎的猎物。10世纪的所有入侵者都热衷于进攻修道院。异教徒的入侵过去后，现在轮到俗界保护人——诸侯、堡主、修道院奠基者的后代——恣意掠夺修道院的财富了。他们把自己的骑士封臣安插到修道院的土地上（很多采邑是从修道院的产业中抽出来的）；有时，为了方便自己的掠夺，他们甚至自任修道院院长，或把这个位置作为报酬交给自己的某个亲信。

因此，修道院同样被俗界控制，并受到各种腐败的冲击。不过，修道院比主教团更早感受到由此造成的危害。确实，修士们的祷告更为必须，若要使这一祷告有效，那它就应该来自一个真正纯洁的修会。 222
因此，从10世纪开始，为遏止修道院的衰颓趋势，一些修道院的庇护者开始寻找那些精神品格高尚、可以恢复修道院秩序的人。于是各地都展开了改革运动。在高卢北方，让·德·布罗涅和里夏尔·德·圣瓦那在很多修道团体中重建了圣本笃教规，使其得以严格遵守，他们的行动得到一些封建主的支持，这些人同意放松对修道院的控制，同意以后不再对修道院内部事务进行任何干涉。

1005年，马赛主教、马赛子爵的兄弟就是这样对圣-维克托修道院进行改革的："任何主教、任何个人——不管他是何种地位，是教士还是俗人——均不得夺取修道院、修道院院长和修士的任何土地……俾使修道院院长及修士……独立于所有人的意志，能和平地、从容地侍奉神，使他们能为我们所有人，为修道院的奠基者，为所有活着和死去的基督徒祈祷"。

公元千年，最积极的改革者是第戎的圣贝尼涅修道院院长、意大利人纪尧姆·德·沃尔皮亚诺。他受诺曼底公爵的召唤，把诺曼底的修道院变成了圣洁和知识的避难所。为使这些先驱者的成就不致立刻被破坏，改革者们将所有恢复秩序的修道院组织成了修道会，后者构成净化过的教会的根基。这场运动在整个11世纪都处于发展之中，而首当其冲的是克吕尼。

克吕尼

根据奠定克吕尼修道院的宪章的规定，这所修道院从910年起就免受领主庇护制的各种弊端的侵害，而且，为了防范这种侵害，它直接依附于罗马教廷，像后者一样，它的保护人是圣彼得和圣保罗。10世纪中叶以后，克吕尼的影响力扩展到整个勃艮第和奥弗涅地区。994—1049年，奥迪隆担任克吕尼的领导者，他在通往圣雅各-德-康波斯特拉的朝圣大道沿线极力拓展该修道院的势力。他设法使克吕尼的附属修道院脱离了当地主教的权威。

采用克吕尼的习惯做法的修道机构不断增长，它们构成了一个“克吕尼”修道团，该团体完全服从于一位修道院院长的领导，此人就是克吕尼圣母院的院长。这是一个名副其实的帝国，在它不可抗拒的扩张中，主教辖区制被瓦解了，就像封建独立势力和堡主领地自治的不断发展使得伯爵辖区制分崩离析一样，克吕尼的势力甚至打入了卡佩家族的王家领地：1079年，国王菲利普一世把巴黎的圣马丁-代-尚修道院交给了克吕尼修士。

如果不是克吕尼精神成功地打入这个浸润着骑士精神的世界，那么还能怎样解释这种迅速的征服呢？实际上，克吕尼从圣笃的戒律中提出的解释与贵族的立场极为匹配。克吕尼修士没有任何个人财产，严守各种清规，因而其职责也比其他任何人更能取悦于神，但是，他们的生活是相当安逸的，而其基础在于其广阔的地产。同贵族一样，他们也无须亲自劳动。他们构成一支精神上的部队，而且比武士们的部队更守纪律，因而在反击撒旦军队的进攻时也更为有效。如果某个骑士、某个诸侯“皈依宗教”、改变生活方式、抛弃尘世俗念、归入修士行列，他们不会觉得是自跌身价。

在克吕尼修会的各机构中，给死者的祈祷占有重要地位，为的是满足共同宗教情感中最热切的期盼。所有活动都是根据一种持久而盛大的仪式而安排的，因为，为了神的荣耀，克吕尼已经把装饰、排场
223 和充满高贵感的节庆活动变成了自己的本分。正是由于那辉煌的场面、

那奢华的乐章、那繁复的礼仪、还有那祭坛和盛典上的装饰，宗教仪式看来才是最适合于博取神的恩惠的，而且它已经在尘世预演了未来天国之城的夺目光彩。

拉乌尔·格拉贝尔写道："克吕尼修士时刻关心何为上帝，就是说，他们关心的是正义和慈善的事业；所以他们应蒙受所有善恩之眷顾。要知道，这个修道院在拉丁世界绝无仅有，特别是在拯救受魔鬼控制的灵魂方面。这里用活牺牲献祭，而且是如此频繁，故每天都会有人从邪恶力量的控制下解救出来。"

上帝的和平

修士们已经逃脱尘世的诱惑，他们放弃了钱财、打仗的乐趣、肉体的享乐以及撒旦的所有诱惑，他们诵圣诗就是与天使唱诗班一起共鸣，他们作出了净化的表率，而即将到来的末日审判要求所有人都这样做。为了平息神的怒火，为了每个人都能在神的面前接受审判，这种得势的修道精神为所有信徒提供了已在修道院中使用的忏悔做法。我们可以看到，当时的教会人士正极力规劝人们保持贞洁：1040 年左右以诺曼底方言写成的《圣阿历克西的一生》便是最早的证据之一，它是现存的少数以通俗语言创作的、面向世俗读者的诗歌作品片段之一。

11 世纪初，一些异端派别中出现了对彻底贫困的追求、对婚姻的谴责、对性禁忌的强化，这些现象无疑起源于民众中广泛流传的各种说教。当那么多的灾难、那么多神意的惩罚降临在大地上时，一些大型的赎罪聚会便组织了起来。人们把最神圣的圣骨带到聚会上，与会者就在圣骨面前起誓斋戒、节制军事行动、并将这类活动斥责为罪孽。

拉乌尔·格拉贝尔写道："主耶稣受难一千年后，主教、修道院院长和其他献身于圣教的人开始将所有人聚集在一起，会上，人们带来了很多圣体和数不清的装着圣骨的盒子；这种聚会首先出现在阿基坦地区，随后传到阿尔勒地区，再经过里昂传遍整个勃艮第，一直传到法国最偏僻的角落；所有主教区都宣布了这样的消息：这个地区所有的高级教士和贵族将在特定的地点举行大会，以恢复和平、确立神圣的信仰。一张分为好几个章节的告示包括应禁止做的事情，并指出了人们在万能的主面前曾作出的庄严誓约。这些誓约中最重要的一条是维护不可侵犯的和平。所有人，不管其地位如何，不管他曾犯下何种过错，今后均可不带武器自由来往而不必心怀恐惧。曾侵犯别人产业的偷盗者，须接受严厉的体罚。所有教堂的神圣场所均应得到尊重和敬畏，即便有作恶者避难其中，亦不能对他有任何损害，除非此人已违反我们提到的和平誓约；当他被抓获时，应使其离开祭坛，按规定惩处之。至于教士、修士和修女，他们与其同伴经过乡村时，不得施以任何暴力。……所有人都同意，以后每周五禁酒，周六禁食肉，除非是重病者，或当日是重大节日；若有人持此戒律稍有松懈，应供给三个穷人饮食。”

因此，这种和平制度起源于法国南方，即那些王权解体最早的省区。由于国王无能为力，这里的教会承担起了保护“弱者”免受强者
224 侵犯的责任。最早的和平教务会议于公元 980—990 年在普瓦图的沙鲁和纳尔榜举行，随后，在阿基坦公爵领和戈蒂，这类会议不断出现；1023 年左右，这场运动经罗讷河和索恩河谷地发展到法国北部；但它在洛塔林边境地带停顿下来，那里的君主——皇帝尚能维持稳定。因此，上帝的和平运动是为匡救王权衰颓之弊端而发起的。在此项善举中，教会势力以绝罚和超自然惩罚的威胁来迫使人们遵守。

危险来自从事战争的专业人士，来自此时开始成型的新社会集团：骑士阶层。应该对他们进行约束，所有颁布的规定都是为了抑制他们的冲动。戒酒、戒肉、戒战斗：这些禁令不是针对人民大众的，因为他们生活困苦，没有武器，而是针对富人、针对骑士的。

但怎样才能让这些粗鲁的骑士接受此类禁令呢？通过个人承诺——它甚至是对分封契约的保证——即誓言。每个骑士均须将手放在圣物上，以神为证，承诺遵守新的社会契约，若有违反则立即遭受惩罚，并许诺联合起来反对违反契约者。“我不会以任何方式侵入教堂；亦不会进入教堂所属的地窖，以保障其作为避难所之安全；我不会进攻教士和修士；我不会抢劫掠夺，不会逮捕农民、商人、朝圣者、

贵族妇女以及任何不带武器的人。”这段文字是1023—1025年间博韦主教确定的誓言的主要内容。

这样一来，首先免受武士攻击的是教堂的圣殿及其周围的神圣空间；人们以十字架标出“安全村落”，这个空间中禁止使用暴力，很快这种地方就成为农民住宅的集中之地。保护还延伸到所有非职业武士者、依附于教会的人和劳动者那里。因此，上帝的和平的规定与封建社会的组织是相适应的。这些规定突出了社会组织的特点，并使其轮廓更加明确。作为职业武士，骑士与其他人是分离的，只有这个集团能扰乱神的秩序，而上帝的和平则给三个等级的理论以具体可感的形式，对这一理论最早的明确表述出现在11世纪20年代，从时间上说，与试图恢复和平的教务会议决定几乎是完全同步的。

通往十字军之路：骑士的基督教化

但教务会议决定所涉及的范围越来越广泛。实际上，教会竭力想对骑士的礼仪予以基督教化；授甲礼仪式中已经出现教会的身影；现在教会要为剑祝福；它把剑变成了圣物盒。不久，教会又迫使骑士接受那些不仅仅是消极性的道德准则。避难场所已经建立，一些禁令的设立则把武装行动限定在武士阶层的内部。不久人们又开始进一步限制战斗权。在某些被视为特别神圣的日子里，任何武力之使用——即便是在骑士之间——都应被禁止。

上帝的休战禁止“任何人从星期三到下星期一以武力夺取他人任何物品，亦禁止对任何敌人进行复仇、甚至扣押契约中的抵押物品……，因为，如果说星期日因怀念主耶稣的复活而令人崇敬，那么一周的五、六、七三日则因为怀念最后的晚餐、主耶稣的受难而应成为安息日、应免除不虔诚之行为”。最后，在1054年的纳尔榜，任何攻击基督徒的行为都被宣布为有罪的，“因为不管是谁杀了另一个基督徒，都无疑是流基督的血。”

神赐予的武器在祝圣过后，骑士便不能任意使用了。他的职责、 225
他的特权要求他履行自己的责任。此后在他们看来，唯一合法的战斗只能是反对神及其子民的敌人的战斗了。随着上帝的和平的逐渐发展，这个观念也与圣战观念对接起来。

朝圣者

圣战观念是在一种虔诚行为中自发产生的，这种行为比所有其他行为更适合贵族的口味，这就是朝圣。离开家人去迎接旅途的艰险、沿途拜访一个个最伟大圣徒的陵墓，这是一种苦修行为，而且是最艰苦的行为之一。但对于合适的人来说，这会带来最大的利益：因为朝圣者要去膜拜的看不见的力量将会给他们保护。按习惯的做法，要做好死亡的准备就必须经历这样的苦修，国王罗贝尔就曾这样苦修过，他“四旬斋期间前去拜望圣徒们，他对神的虔诚已经使自己和圣徒们融为一体了，但他还是向他们祈祷、崇敬他们、以谦卑而善意的祷告打动圣徒们，为的是能与所有圣徒一起吟唱神的颂歌。”（埃尔高）

不过，这样的旅途不仅是永恒得救的保证，它还有很多乐趣，尤其是当人们结队成行、或与朋友为伴时。对于那些总是想找借口逃离平日里骑马巡视的那片狭小天地、且总是为得救而苦恼的贵族来说，还有比这更有诱惑力的吗？在千禧年即将来临之际，社会经济环境逐渐宽松的最明显的标志之一就是陡然兴起的朝圣浪潮。修道院也鼓励朝圣，因为这会给它带来可观的收益；宣扬圣骨盒之功效的“神迹”文选旨在刺激朝圣者的热忱。所有封建主都梦想有一天带领自己最优秀的封臣朝拜三个最著名的圣墓当中的一个：罗马的圣彼得墓、圣雅各-德-康波斯特拉的墓、耶路撒冷的耶稣墓。

1033年，在耶稣受难一千年之际，拉乌尔·格拉贝尔在他的史著中指出，圣地朝拜达到了最高潮：“数不清的人从全世界各地前往主耶稣的墓地。他们首先来自下层阶级，随后是中等阶层的人，最后是显贵、国王、伯爵、侯爵、高级教士；还有一个前所未有的景象：很多妇女，包括最高贵和最贫苦的妇女，都前往圣地朝拜。大部分人都希望死在那里。”在这一涌向圣城的人流中，不是可以看到世界末日的预兆吗？

在这些漫长的旅途中，前往康波斯特拉的路线要在西班牙穿越基督徒的边界地带，而这些地方受到穆斯林抢劫者的威胁；公元千年之后，前往东方的朝圣路线推动了匈牙利人的基督教化，但这条路线出了拜占庭之后就深入到伊斯兰土地的腹地，基督教朝圣者于是与异教徒有了接触。骑士们不带武器就不敢贸然进入这一地区，而他们的随从也装作是武装扈从，护送没有武装的朝圣队伍。对于骑士来说，现在所有基督教国家已都禁止使用武力，还有什么机会比在这段旅途中更适合于发起战斗呢？

当然，他们完全是以基督的附庸的名义而打仗的；他们致力于保护弱者和扩张神的王国，正如他们在授甲礼中承诺的那样。于是，加斯科涅、诺曼底、香槟、勃艮第等地的骑士们开始对西班牙和西西里的异教徒们发动远征。这些对外攻击本身也表明当时法国各地生机勃勃的活力。

四、最初的飞跃

接二连三的灾祸

法国各地仍处在极度的贫困中。关于各地的农民，编年记中提到 226
的几乎只有可怕的苦难。堡主们的争夺、对启示录的冥思、周期性的私斗骚乱、修道会的纯洁教会运动，这一切都是在天然食品匮乏、瘟疫和营养不良的悲惨根基上展开的。

公元 997 年，“一种可怕的灾祸肆虐人间，那是一种隐匿的热病，人的某个肢体若是染上它，便会被废掉并从身体上脱落；到了夜间，大部分躯体就被这种可怕的病魔吞噬。” 1045 年，由于法国北方的诸侯——包括国王本人——破坏了上帝的和平，一种致命的热病吞噬了“很多人，既有大人物，也有中下层百姓；几个幸存下来为后代人作证的病人已是四肢残缺”。（拉乌尔·格拉贝尔）

这种热病以及各种“鼠疫”对营养不良的居民构成严重打击，而可怕的饥荒又不时会夺走他们中间很多人的性命。1033 年前后的三年间，拉乌尔·格拉贝尔在克吕尼修道院周围看到饥肠辘辘的灾民在争夺食物，他们饿极了时还拿泥土充饥：

“满眼所见都是惨白消瘦的脸庞；很多人的皮肤好像因腹气胀而膨胀……十字路口、田野四周，到处都被用作坟场遗弃尸体”。在各个堆尸处，每处大约要扔“五百个尸体，如果还有地方的话，扔的会更多；尸体横七竖八，有的半裸，有的身无片纱”。

物质进步

这些灾难虽被解释为天谴，不过在当时的文明中，这样的灾难很自然，因为它的农业技术原始，工具过于粗糙，以致难以有效地克服反常天气、难以获得稳定可靠的产量；而在当时，先前出现的人口增长可能会进一步抬高死亡率。这种增长体现在某些指标上，如新的人口聚落显著增加，这类农村“集镇”在法国西部为数众多。

但是，虽说乡村人口在增殖，但农业用地面积仍然有限，农民的生计极端不稳定。实际上，由于领主课征数量的增加，最初的垦荒和农业增产的成果被完全消耗掉了。劳动者挣得的盈余成为了主人的收益，后者就是武士和教士这两个上层“等级”。当时这两个等级的财富都有了显著增加。物质进步带来的所有最可观的成就都体现在这些社会精英阶层身上。

对于世俗贵族而言，财富的增长被用于娱乐。在领主的宫廷中，最初着意显摆的人也许穿的是质地比较细腻、色彩比较鲜亮的料子，喝的是味道较好、有香料调味的葡萄酒。为满足自己的品味，贵族经常向商人求助。我们可以推想，货币流通正日益活跃，特别是在诺曼底和加泰罗尼亚这样得天独厚的交通发达之地。商路开始兴起。在河流沿岸及古城和朝圣中心的附近，另一些“集镇”在发展，其居民多为工匠和商人。

1069年，勒芒的市民在组建反对其领主的自卫联盟时感觉相当轻松和自信。在1070年后的宪章文书中，我们可以看到有关通行费和对商人开征新税等问题的冲突的痕迹。

然而，在一个以战争为主要职业的社会中，领地收益首先用于武器的改进。骑士们渴望使用更为有效的进攻和防御武器，军事冶金业在这个时期有了迅猛发展。他们还想拥有更好的马，不仅是为了更容

易接近敌人，也是为了能在马鞍上与敌人对垒：到 11 世纪后半叶，法 227
国的骑士周身罩在柱形尖状头盔和锁子甲中，这时他们开始训练骑兵剑术。骑士们在积聚力量，他们要将自己胜利的攻势推向远方。

战争动力的主要策源地是诺曼底。在这个地区，诺曼底公爵的权威对贵族骚乱的镇压比其他任何地方都更严厉。这样，贵族的冲动被迫转向外部。在 11 世纪，拉丁基督教世界的边境地带到处都可见到诺曼底冒险者的活动，而且他们总是能成功。在意大利南部和西西里，一些大封建主家族的幼子不久便在拜占庭各城和一些穆斯林酋长国之间出没，后来这些国家逐渐合并成了中世纪西方最强大的王国之一。

诺曼底公爵即私生子威廉，决定在英国王位继承出现危机之际夺取这个宝座。他打着由教皇祝圣的旗帜（旗上还缀有圣骨圈），俨然一副“基督骑士”的姿态，并以此为自己的侵略正名；与此同时，他招募雇佣兵，下令建造战船，将法国西北部所有的年轻人都拉来参加追求功勋和战利品的行动，对于这次远征，巴约的那幅刺绣已经作了精彩描绘。在哈斯廷斯取胜后，他很快占领了整个盎格鲁-撒克逊王国；他将这块被征服土地上的领地、主教区和修道院分封给自己的随从，并以诺曼底贵族文化取代了当地的高级文化——这一过程将延续好几个世纪。

学术的飞跃发展

不过，征服者威廉并没有把所有财富用于战争。他花了大笔钱来荣耀上帝，尤其是在卡昂建立了一些令人叹为观止的教堂：如 1066 年竣工的三一教堂和圣埃蒂安教堂。由于当地贵族敬畏主耶稣，所以对教会慷慨施赠，从而推动了宗教文化的迅速发展。主教和主教座堂的议事司铎们也因捐赠而受益，不过他们延续了加洛林的优良传统，将这些财富用来发展自己举办的教育事业。

热尔贝·德·奥里亚克曾在加泰罗尼亚学习过数学，在他于 999 年成为教皇之前，他已经把兰斯的学校建成西方世界最出色的学校。未来的法国国王罗贝尔曾与福尔贝一起在那里学习，后者后来成为夏尔特尔的主教，而他的继承者又逐渐把他们的大教堂周围变成了一个十分活跃的教育中心。1050 年即将临近时，在这些学校的教学内容中，推理技能有了很大发展，以致贝朗热记载说，当法国北方的主教们在图尔注解经文时，他们中间出现了最早的关于对圣经的理性解释的学术争论。

“新教堂的白袍”

不过，虔诚的世俗人士对修道院更为优待，因而在当时，最辉煌的文化之花是在修道院的教堂中绽放的。所有盈余的财富都用在了这里，为的是给宗教礼仪活动建造一个最辉煌的空间。

给宗教仪式增光添彩的渴望刺激了音乐创作，在当时，里摩日的圣马夏尔修道院和圣贝努瓦旭卢瓦尔修道院的音乐创作特别繁荣。这种现象还推动了圣殿的重建和装饰。各式各样的建筑和装饰尝试预示着法国最辉煌的宗教艺术的到来。在图尔的圣马丁教堂和稍后吸引大量朝圣者的大型教堂中，为了疏导人群而不致影响圣事，人们开始把教堂设计成长方形廊柱大厅形制，大厅以圣物为中心进行布置，无论是在地下室还是在廊台，都设有多条通道。

为了改进教堂的音响效果，为了给它以坚实的整体感——就像宇宙那样紧凑统一，人们试图把教堂塑造为宇宙的象征——建筑师们绞
228 尽脑汁，终于用石砌穹顶取代了大厅中的木质构架，其实这种穹顶早就出现在教堂的地下室和前廊的底层了。公元千年后不久，建筑师们在加泰罗尼亚的一些修道院小教堂中成功地采用了这一技术。几年以后，人们尝试将祭坛的金银器具和圣经书页上的某些装饰性形象挪到石头上去，这标志着大型雕刻艺术的复兴。

所有这些美学探索的先锋都出自克吕尼，11 世纪初，奥迪隆院长完成的第二座克吕尼大教堂为所有新艺术的创造者提供了最负盛名的典范。千禧年之际，拉乌尔·格拉贝尔在法国各地看到人们正在编织的“新教堂的白袍”，对他而言，这是新的纯洁世界的象征。而在我们看来，“新教堂的白袍”标志着一段青春岁月的开端。

第十章　12世纪的飞跃 229

1075—1180年，一个取得决定性进步的世纪。

“这片土地从未像今天这样人口密集、耕作精细；人们也从未见过这么多富庶的庄园、城堡，以及这么富饶的城市。人们需要走出10法里、甚至15法里以外，才有可能找不到可以投宿的集镇、城堡和城市。巴黎当时非常小。”

这段文字出自12世纪写成的武功歌《莫尼亚齐·纪尧姆》，文字虽然天真，但它雄辩地反应了当时人面对经济社会发展状况时的情感，而从11世纪中叶到12世纪末，法国经济起飞的局面蔚为壮观，法国社会也经历了深刻的变革；这段文字出色地指出了其中最明显、最具震撼意义的方面，所以只需对这些方面作一个盘点就可以描述出1075—1180年间法国历史发展的深层背景了。

说实在的，这一时期与前一个时期的混乱和躁动局面形成对照，强劲的力量开始发生作用，深刻的变动正在酝酿，而这些变动的所有效应都将在一百年后表现出来。

230
一、乡村和城市

人口增殖

从根源上说，这一时期的发展中有一个范围很广的现象，它遍及整个欧洲西北部，虽然其中存在一些时空方面的差别：这就是人口的增长。对于这一重大现象，我们还没有弄清其原因和发展阶段，但其后果显而易见，因为无论是在农村还是在城市，都有数不清的迹象可作参考。

农业经营单位的碎化，"新城市"、教会设置的"安全村落"和"集镇"的激增，教区的增加，修道院的激增，向西班牙和圣地进行的十字军征服：所有这些都需要以人口增长为前提。同样可以肯定的是，这是一个长时段的运动，在法国，它始于 11 世纪中叶，并一直持续而稳定地维持到 1350 年左右。这场运动的原因仍不清楚。当然，农业技术和耕作方式的改进无疑很大程度上伴随、刺激和推动了人口的长期增长。但这些进步又是如何产生的呢？是否应认为，民族大迁徙的结束、动荡局势的逐渐缓和、饥荒和生计昂贵的打击所有缓解（只有 1125、1197 和 1317 年的三次大饥荒造成了灾难性的局面）也是其中的原因呢？对此仍不能作出明确的回答，因为在一种极为分裂隔绝的经济状态下，地区间的差别和对立比比皆是，故评论起来总是很困难。但不管怎样，结果是不容置疑的：家庭单位越来越多，养育的子女也越来越多。对现存文献的研究表明，在庇卡底，人口众多的家庭——即有 4—8 个男孩及同等数量女孩、或曰有 8 个或十几个孩子的家庭——所占的比例从 1120 年左右的 9%增长到 1150 年的 12%，1180 年为 33%，而 1210 年高达 42%。可以看到，在这个范围相对有限但良田很多的地区，这个比例已经很高了。毫无疑问，如果将这样的标准贸然套用到法国全国，那将是很不谨慎的。不过这些数字还是十分清晰地揭示了某种发展趋势。

此外，人口的增长恰好与传统农业生活（它几乎是社会的全部基础）的重大变革同步，这两场相互支持的运动的汇合很大程度上解释了变革过程不断加速的原因。

农业产量的提高

首先是农业工具的改进：这方面最引人瞩目的进步是水磨的推广，它的首要和主要功能是研磨谷物。水磨在罗马时代就已出现，后在加洛林时代逐步推广，11 世纪、特别是 12 世纪则迅速增加，无论是在诺曼底、香槟、多菲内的乡间（研磨谷物和油料作物），还是在具有工业潜力的城市（研磨大麦以加工啤酒，磨制鞣革原料，缩绒，加工各种器具等），水磨都得到迅速的运用。例如在特鲁瓦，1157—1191 年之间共建造了 11 座水磨。仅在鲁昂的一个区，12 世纪新增了 5 座水磨，而 10 世纪仅有 2 座在运转。不久，诺曼底、庇卡底、蓬迪厄、佛兰德尔等地出现了很多风磨。这种“机械”的谷物加工量是古老的手推磨根本无法比拟的，另外，地方领主也在收缴这类原始装置。一些常用的工具（如斧子、锄头、锹）仍然十分简陋，不过优质铁的使用开始推广，这可以增强工具上最经常使用的部件的强度，使其更为强固和耐用。但首先具有关键意义的是竖犁（即带犁壁的犁）的使用，同样重要的还有挽具和马蹄铁的进步，这一进步使得人们可以利用马来牵引农具（如钉齿耙），其效果比用牛来牵引更好。土地的耕耙更深更频繁，耕耙的面积更大，作业更为迅速，并可翻耕根茎盘结 231
的土壤：这些就是农技改进带来的几个最明显的效果。

再就是种植方法的改进。看来可以通过轮作制提高耕地的利用率，至少在那些精心管理的庄园里是这样，就谷物来说，人们可以在秋季播种小麦和黑麦，春季播种大麦和燕麦。这样，以往被搁置的休闲地的面积就会降低。

但是不能夸大这些重大进步带来的效果。各地仍盛行经验主义的生产方式。各地的生产方式和方法会因气候和经济条件、饮食习惯和领主课征状况而彼此不同。半游牧的农业模式、烧荒肥田的做法依然十分普遍。谷物是最主要的种植作物：除了我们刚才提到的那些作物，还有双粒小麦、黍、稷。根据一些零散而且不可靠的数据来衡量，当时的生产效率整体来说仍然十分低下。若参照1150年左右进行的一次调查的结果，在克吕尼修道院的一两个庄园（经营良好，生产工具优良），产量达到播种量的4—6倍；但在另四个庄园中，生产效率并没有超过加洛林时代，就是说，产量只相当于播种量的2—2.5倍。不过，虽然发展很不均衡，但成就还是明显的，而发展的稳定性则为经济起飞提供了不可或缺的追加资源。

人口分布和乡村生活

当然，我们对发展的运作过程还可存疑，虽然所有领域都可看到发展带来的效应。我们首先注意到的是耕地面积的扩大，这是由于人手充足，而且他们的工具也更坚固更完善。从个人层次来说，农民总是竭力扩展其耕地的边界。不过，农民之所以向荒地进军，也是受到土地所有者——僧侣和世俗领主——的推动；农民排干沼泽，在海边筑堤圩田（从1100年起便出现于佛兰德尔），不过他们优先开垦的是荆棘丛和灌木林，甚至森林的边缘地带——但他们不敢毁坏森林，因为那里面有取之不竭的野味，也是小家畜（绵羊、山羊和猪）的天然牧场。“同刺藤斗争比同橡树斗争好处多得多”（罗贝尔·佛西埃）。在整个12世纪，这些真正的“垦荒者”队伍带着斧子和犁辛勤劳作：波尔多地区数不清的带有sarts、essarts、artigues[①]的地名就见证了当初人们不知疲倦的劳动。这边的耕地延伸到了住宅地的边缘，而那边地势优越的山旁上已经种上了葡萄：垦荒运动规模不断扩大。

在此前荒无人烟的地带，教俗领主们努力吸引“宾客”前来开发，后者享有的地位要比原来农奴的地位好得多。他们只需缴纳一笔微不足道的租金便可获得其所占土地及房屋的使用权。例如，1108—1134年，国王路易六世在给移居埃当普附近托尔富的“宾客”的宪章中确认，他们“享有一又四分之一阿尔旁的土地。他们每年应缴纳6

① 这几个词的意思均与垦荒和荒地有关。

个德尼埃、2 只母鸡、2 塞蒂埃的燕麦作为租金。他们免于所有行业性捐税、军役税以及兵役和巡查义务，除非是普遍性的征调；他们不服徭役，且‘只由朕特设的代表负责审判事务’”。

中部地区和诺曼底的集镇、北方的新城和自由城市、南方的安全村都在招引旧庄园中已经过剩的劳动力。教会的和平——其领地上的
十字架是和平的标志——为这些城镇村落提供了有效的保护。于是新 232
的居民点形成了。1100—1122 年间，在离图卢兹不远的地方，耶路撒冷圣约翰医院骑士团的修士设立的安全村有四十来个，当时覆盖该地区的森林也被逐渐开垦成耕地。

这种新局面带来的后果不久就显现出来。首先，过去的庄园组织开始出现裂痕。小块的租赁地激增，其承租者是人口较少、以夫妻为基本单位的小型家庭。这样的家庭伙食较好，势头兴旺，而新增的劳动力则进一步促进了精耕细作和耕地面的扩大。为了增收，领主也容忍传统劳役的减少，而且劳役本身也是碎化的。领主觉得，用货币租金来取代劳役更为有利，因为当时商业已逐步活跃起来。所以社会气候也明显变得宽松。佃农和自由城市、集镇、安全村的居民获得的有利地位，同样有利于社会气候的宽松，由此带来的影响推动了曾禁锢农民的僵硬制度的松弛。人们学习加迪内的罗里斯宪章（1108—1137年）——由路易六世颁发——中的条文，将各种特许权迅速推广开：这一事例特别能说明制度的松弛。一般来说，这些文件对租金和税收作了严格的限定，废除了将农民束缚于土地的枷锁，规范了兵役义务，并减轻了对当地市场征收的通行费。司法程序同样进行了规范化，刑罚和罚金有所减轻。

村庄和领主制

土地的分割碎化和新的社会关系中孕育了村庄。村庄以教堂为中心，经常也以领主的城堡为中心，在这个时期，它已成为一个鲜明的实体。这种演变也体现在语言中：拉丁语 villa 此前一直指产业（domaine），此后有了村庄（village）的意思。领主的态度同样能说明问题。在他的脑海里，来自土地的实物收入，无论是自己产业的直接经

营所得，还是承租者交来的贡赋，都不再像从前那样占有优先地位了。现在他更加关心的是村民向他负担的众多捐税的收益，这些村民可能是他的佃户，也可能不是，这要看领主是否对此人拥有强制权和“指挥权”。在磨坊、烤炉和其他专营设施中征收的税款、其耕地和葡萄园产品在当地市场上的优先出售权（卖酒专营权）、桥梁通行费、实物形式的什一税、司法权和治安权及其所带来的利润，这些东西现在成了领主收入的主要来源。领主制作为社会组织和农业剥削的典型形态最终在法国扎下根来，并一直持续到旧制度告终之日。

交换、流通和货币

在一个几乎全然是农村的社会内部，人口革命和农业革命的反响特别深刻。农产品的剩余使得大部分人在饥饿时能比较按时地吃上饭。健康的相对改善体现在人们的生活条件中。在社会上层，即在领主和在俗在教的高级教士中间，这样的改善要显眼得多。这些人周围的随从队伍越来越庞大，随从由仆役构成，他们来自依附者阶层，擅长主人交给他们的职责：管家、总管、司酒官，等等。

更为重要的是，交往活动恢复了：人员、商品、思想都在加速流动。为了扩充和完善自己的学识，在俗和在教的教士在各著名的“学堂”之间来回奔走。为了拜访那些以圣物而闻名的圣地，朝圣者们手
233 持木杖，在通往罗马、皮伊、圣吉尔-迪-加尔、圣雅各-德-康波斯特拉和较近的圣地的路途上跋涉。但在这些道路上，更经常碰到的是些行商贩夫。他们的驮畜背上绑着的包裹里装着各种货物，不过一般是稀有或珍贵物品，这些东西很能激发领主和富有教士对奢侈的兴致。可以说，从 11 世纪初便出现了名副其实的“陆路交通的复兴”。实际上，一个新的交通网正在形成。这个网络不再紧紧追随古罗马道路的遗迹，它自身越来越紧密的线路联系着城堡、修道院和它们周围新的小型居民点。跨越江河的桥梁也建造起来，先是木桥，然后是石桥，这些工程的发起者是市民和“桥梁兄弟会”，后者是为了造桥而成立的宗教协会：1035 年在阿尔比是为了建造塔恩河大桥，在巴黎和

鲁昂是为了建造塞纳河上的桥梁，在 12 世纪末的阿尔勒和阿维尼翁则是为建造罗讷河大桥。日益繁忙的交通也给地方领主带来收益，他们会在交通要道（如桥梁、隘口、城堡等地）征收通行费或货运费，这类公开的敲诈显然加重了商品转运的费用，但对领主们来说则是一笔可观收入的来源。

另一方面，关于当时驳船通行的记述不胜枚举。在巴黎，商业活动的轴心是“水上商业公会”（1171 年之前），巴黎市的徽章还能让人想起这个公会的标记和箴言。在某些地区，如在佛兰德尔，人们对堤坝、码头和月台进行了修缮。1163—1183 年左右，佛兰德尔伯爵菲利普·德·阿尔萨斯在海边建立了一些新城，以便利于港口运输，这些城市有格拉维林、纽波尔、达姆、特别是敦刻尔克。加莱是布洛涅伯爵马迪厄·德·阿尔萨斯建立的（1163—1173）。

但严格来说，最活跃的商业中心位于法国境外。它们主要集中于两个地方，一个是北海沿岸，另一个是地中海沿岸。因此，大型商道也以三个主要方向为轴心：一是通往佛兰德尔，这里是优质呢绒的制造中心；二是通往加泰罗尼亚，此地是前往阿拉伯世界的中转站；三是意大利方向，那里的沿海城市与拜占庭和东方有商业往来。不过，这些商路很快就相互连接起来，因为 1127 年后，意大利商人开始在佛兰德尔的市场上做生意了。很显然，当时的贸易主要涉及高档奢侈品：呢绒、金银制品、珠宝、珍宝、香料。不过，这种贸易产生的反响是深刻的：它刺激了货币流通的发展。为了获取某些物品，通常以金银器具形式贮存在修道院、或以珠宝贮藏在贵族家中的贵金属被投入流通，更何况铸造货币还能为领主带来可观的收入。但发行货币的中心很多，而且货币间存在着很大差异。当时的人比他们的前辈更明显地感到价值之间的差异。因此，在一个货币重量不一、成色各异的时代，货币兑换商很快就成为不可或缺的中间人，这是货币正常流通所必须的；某些货币，如普罗万和夏龙的德尼埃，享有很高的信用度。有的时候，货币兑换商还是造币技工，他们改变贵金属的成色并从事货币交易，这种交易的出现完全正常。在所有重要市场上，这类商人都占据显眼的位置并享有很高的声望。

交通活跃、货币流通：经济生活中的这两个显著特征给了撒克逊人哥德弗瓦·德·维特布以深刻印象，此人是皇帝弗雷德里希·巴巴
234 罗萨①忠实的追随者，也是位著名的旅行家，他曾这样解释斯特拉斯堡双重名字的词源学来源：在他看来，阿让蒂娜让人想起付钱，这是该城常见的交易；斯特拉斯堡源自行人众多的大道，它从尼德兰和莱茵地区通往意大利。真是异想天开的解释……不过在当时的时代背景下，这个说法确能反映事实。②

商人和行会

在这种经济变革的风气下，一些精明人物找到了新的谋生和生财之道：他们了解某地的生产、另一处的需求、并熟悉连接两地的道路。他们沿途从事各种买卖，只要买卖能够挣钱。这些职业生意人在当时的文献中被称为 mercatores 或 negociatores。关于这类新人物，圣徒传记——它们通常对生意人并无好感——为我们提供了一系列相当生动的代表形象：在底层是些收入低微的买卖人，如奥维尼亚，此人对朝圣者们带往圣富瓦·德·孔克的大量蜡印象深刻，于是便以低价买入，希图在那些蜡稀少的地方以 4 倍的价格转卖之，并为此到处奔波；随后是利用地方性饥荒而发财的粮食倒卖商，抵押放款人——基贝尔·德·诺让曾描述过拉昂的两位高利贷者潦倒悲惨的结局——已经走向专业化的银行家，如圣奥梅尔的纪尧姆·加德，他曾向英国国王和附近的贵族预支了大笔资金（1160 年），这样的银行家还有阿拉斯的克雷斯潘、卢夏尔家族和瓦贡家族。最高层是经营规模巨大、熟悉各国生活特点的商人，比如皮伊的那位教士，此人曾"为赚钱"而前往耶路撒冷，"作为一个行走于世界各地的商人，他非常合适，因为他熟悉各条商路和大道，无论是陆上的还是海上的，甚至最不起眼儿的小

---

① Frédéric Barberouse，一译红胡子腓特烈。

② 斯特拉斯堡中世纪亦称 Argentina，这个名字源自古罗马时代的叫法 Argentoratum，但名字中的 Argent 与法文中的银子和钱（argent）同形；Strasbourg 中的 Stras 来自德语中的大道、街道（Straße），而 bourg 意指堡垒。

路乃至羊肠小道他都知道，但他还了解各个民族的法律和风俗以及他们的语言”。这个人无疑是大商业阶层中的行家，不过这个例子也表明，当时的大型商业活动并非一定是没有文化的人干的。若认为“读、写、算给个人行为带来的巨大增益并没有出现”（亨利·皮雷纳）[①] 在商业活动中，那可能是错误的。

从理论上说，教会对这些金融活动的看法是很不友好的，它认为这与《旧约》所斥责的高利贷类似。教皇、教务会议和教会法学家们经常进行愤怒而严厉的谴责，甚至施以绝罚、拒绝给予金融活动者以教会墓地。各种神迹故事总是提及高利贷者因自己的可鄙行为而受惩罚。如果从有关的文献来判断，实际情况大为不同。很多妥协做法被容许，更何况陷入财政困境的宗教机构也需要求助于这些放贷者。几乎只有那些“明目张胆的高利贷”——即引起公愤的剥削行为——其行为人才会受到严厉惩处。

在一个治安不力、封建混乱状态依然存在并还要维持很长时间的社会，“商品的冒险之旅”不可能是没有危险的。运输和交易的安全具有头等重要的意义。起初，人们还不能指望公共权力机构，除非让它作出担保。因此商人们组成名副其实的武装行商队伍，以便遇到打劫的领主和鲁莽的竞争者时能够自卫。这些团体在罗曼语中叫作“慈善会”、“兄弟会”、“乡友会”，在日耳曼语中叫作“行会”（或“基尔特”）、“商业公会”（或“汉莎”）。这些团体实行严格的互助原则，成员遇到抢劫、损失和决斗考验等困难时，整个团体会给予保护。但这些帮助仅仅针对团体的成员，11世纪末圣奥梅尔的行会章程明确指出：“如果居住在本城或近郊的商人拒绝加入我们的行会，如果他在旅途中遭抢劫、财产受损或被要求参与决斗，则他在任何情形下均不 235
能获得我们的援助。”这种积极活跃的团结精神一直延伸到公社联盟中。另一方面，领主很快就懂得，对穿行于自己领地上的商人提供保护会给他带来怎样的利益。领主保障商人的“通行”安全——这显然

① 一译亨利·皮朗。

是以收取贡赋为代价的——从而为本地市场奇珍货品之供应、为吸引方圆几十里内的顾客增添了优势。

集市

作为商人碰头的特许场所，集市也是专职人员周期性的汇聚地。集市是交易中心、特别是大宗交易的中心。最著名的集市很大程度上都依赖于商道。佛兰德尔有好几个著名集市：布鲁日、伊普尔、里尔、梅西内、图鲁和根特；圣德尼修道院附近的伦迪以及朗格多克和里摩日的集市也依赖于商道；1180年，香槟和布里的集市连续开市，终年不辍："首先是1月份开市的马恩河上拉尼集市，接着，在四旬斋的第三个周二，奥布河上巴尔集市开始交易；5月是普罗万的第一次集市，称圣吉利亚斯集市，6月有特鲁瓦的'热市'，9月则有普罗万的第二次集市，亦称圣阿优尔集市，最后结束一年周期的是特鲁瓦的'冷市'"。(亨利・皮雷纳)

一般来说，这些为期1—6周的集市被认为是"自由的"，因为从税收和司法方面（暂停报复和诉讼）来说，商人享有特殊条件。集市一般在紧邻城市的地方举办，离城墙不远。集市货摊上出售的物品至为广泛：高档或时兴的呢绒、金属器具、皮革制品、羊毛、染料、香料，等等，市场熙来攘往，极为热闹。当然，有权设立集市的封建诸侯很快就看到其中的利益，因而注意维护交易安全，必要时他还采取武力。比如，佛兰德尔伯爵、执斧者博杜安七世就曾因严厉镇压骑士抢劫而闻名。根据埃尔曼・德・图尔内的说法，伯爵曾下令在布鲁日市场中央把其中的一个骑士活活煮死在锅里；另外10名犯事的骑士则在图鲁集市被绞死。这些警示性的惩罚既反映了当时的残暴风习，也表明佛兰德尔伯爵维持商业集市之"和平"的坚定意志。这种政策给人上了生动的一课：它启发了某些诸侯、甚至国王本人。

城市的活力

由于商业复苏的推动，一些被称之为"集镇"或"郊区"的新兴居民点出现在旧市镇中心的附近。前来这里定居的不仅有商人，也有附近大庄园中无法供养的农奴。这些居民点的选址青睐于既方便交通、又利于防御的地方。从商业角度看，道路交汇处、涉水处（渡口、桥梁等）与陆路或水路的结合点、河流汇合处及避风港口是吸引人们定居的去处。当然条件是安全要有保障。因此新居民点很自然要寻求保护，它们的求助对象有三种，一是过去的罗马城市，在诺曼人入侵结束后，这些城市的城墙一般得以恢复，而且一般还是主教的驻跸地，后者有时还执掌公共权威；二是某位强有力的领主建立的城堡，因为城堡是某一地理区域内的行政和司法中心；最后、也是最有效的是修道院，因为它是经济中心和负有盛名的朝圣中心，而且宗教特征和坚固的院墙构成它的安全保障。 236

在 12 世纪，这些小型居民中心在商业活动的推动下持续发展。它们通常以市场为中心向外扩展：为了安顿新来的人，仍然掌握在修道院、领主手中或已让与某些特许者的土地被分成小块转让给他们。这种获益丰厚的交易也给城市带来了很多财富。“毗邻”而居的居民喜欢把家安在教堂或小礼拜堂的四周——这些宗教设施是未来教区的中心——或者集中居住在便于某些行业活动的地方，如洗染匠、缩绒工、鞋匠喜欢住在河边；屠夫、面包商、铁匠（绰号“沸夫”）等人多集中于市场附近。于是我们可以看到层出不穷的工匠店铺和商人摊位。在 12 世纪前半叶，此类商业聚落自身也有一条防御城墙，当然，佛兰德尔的情况有些例外，因为这一现象在那里出现得更早。亚眠（1135 年）、第戎（1137 年）、鲁昂（1150 年）和巴黎（1150 年之前）都曾建有这样的城墙。城墙的具体方案根据地形条件和地方政策而有所不同。有时城墙拱卫的仅仅是商人聚居区；有的则像第戎的城墙一样，把过去的据点、商人区甚至外设教堂圈在里面；而有的城市，据点周围的城墙和商业区的城墙是分开的，如巴黎和奥尔良。

根据现有零散文献来推测，12 世纪这些城市的风貌几乎还是乡村式的。宏伟建筑几乎看不到，除了大教堂和领主城堡的塔楼；几座木桥横亘在河面上；小礼拜堂通常很不结实；简陋的民宅多用木头或柴泥建成；偶尔会看到几座石塔和显要人物的宅第；防御工事仍很原始，主要靠沟渠和栅栏构成，其上有一些石门作为加固：这就是我们可以构想出来的城市全貌，当然可能很不可信。水的供应依靠水井，或那些为整个城区提供水源的泉；城里没有下水道；泥泞不堪的街道上牲畜横行。致命的瘟疫也经常光顾，同样频繁的火灾会定期摧毁城里的大片房屋，如果不是夷平全城的话——1134 年的夏尔特尔和 1137 年的第戎就曾遭受这样的灭顶之灾。不过，这些危险并不妨碍当时人把新城市视为惊人的成就，因为面对如此密集的人口和建筑，看到如此丰富齐全的商品，再加上城市生活相对舒适、充满乐趣，人们通常会弄花了眼。12 世纪末，布列塔尼人纪尧姆曾在他的《腓力皮德》（*Philippide*）中抒发了自己天真的赞叹之情，但所有人都在不同程度上表现出这种情感。例如在佛兰德尔，根特“以它点缀着塔楼的房屋、它的金库和它众多的人口而骄傲”，里尔则“以高雅的商人而自夸，它印染的呢绒享誉各个王国，由此带来的财富让它得意洋洋”。在诺曼底，卡昂是个富饶的城市，“它有那么多的教堂、房屋和居民，以致它自认不逊于巴黎”。在卢瓦尔河谷，纪尧姆歌唱图尔城的光荣，“它坐落在两条河流之间，因邻近水路而得天独厚，果树和粮食给它带来财富，它的市民很自豪，教士威望很高，它还因为保存着十分伟大的著名圣徒马丁的圣体而备感荣耀”。

这些文字中交织着细致而多变的修饰、抒情的笔调和学童的记忆。但通过这类描写，一个 12 世纪末文化人眼中的城市形象变得清晰了。毫无疑问，这个形象完全同其周围的乡村分离了。

巴黎的飞速发展

在这个时期，巴黎也在飞速发展，并给当时到访的人们留下了深刻印象，如果我们相信他们的话。1175—1190 年曾访问过巴黎的居伊·德·巴佐什曾说，这座“帝王之城的自然财富极为丰富，不仅当
237 地人舍不得走，而且还吸引远方的人”，他所描绘的激动人心的画面至今还有重大参照意义。“它（巴黎）坐落在一个美妙谷地的中央，位于一些山丘的顶部，谷神色列斯和酒神巴库斯都争相为这些山丘增添财富。塞纳河，这条发源于东方的奇妙河流，穿行于城市之中，它

水量充沛，并以自己的双臂环绕着一个岛屿，这个岛屿就是整座城市的头脑、心脏和精华。两个近郊区向左右两个方向伸展，其最不起眼儿之处也会令其他城市好生羡慕。两个近郊区都以两座石桥通往市中心的岛屿：大桥朝向北方，一直通往英吉利海峡边，小桥则遥望卢瓦尔河。大桥宽阔、富丽、繁忙、热闹非凡，其周围有数不清的装满各色货物的船只。小桥是辩论者的舞台，这些人一边散步一边讨论问题。在市中心的岛屿上，除了俯瞰整个城市的国王宫殿，还能看到哲学的宫殿，这是光辉和不朽的殿堂，学问是这里至高无上的主人。”

城市环境及其问题

在这些新兴聚落内部，大部分居民来自周围20—30公里范围内的村庄，当然一些远方的来客也经常定居于此。领主代理人通常掌握着城里的土地，征收各种捐税，维持秩序，协助司法事务，这是城市管理工作的发端。各色商人是城市中的活跃分子，他们从事各种“买卖”，从繁忙的呢绒、染料、皮革出口业务……到向大型商业活动贷款，到经营磨坊、烤炉、市场摊位，再到地产投机活动。在这个经济扩张时期，地产投机特别挣钱。最后，城市里还有大批手工业者，他们的职业十分广泛，以致我们有时都想不到。除了那些城市生计不可或缺的匠人，如屠夫、面包工、磨面工，还有一些技术工匠在为整个地区生产工具和材料：犁铧、马挽具、马鞍、武器；有铁制品工人，如铁匠、锁匠、刀剪匠；有皮革加工者，如鞣革工、鞋匠；有毛纺工，如织工和缩绒工。12世纪后半叶起，在塞纳河和埃斯科河之间的法国西北部地区，即佛兰德尔、阿图瓦和诺曼底，毛纺业发展特别快，并形成了一些富庶的毛纺中心。在人们大量消费北方衣料的时代，这些地方的呢绒出口到地中海各地。城市既是消费中心，也是制造业和集散中心，因而城市及其市场在当时的经济中扮演着全新而积极的角色。

城市的某些市民（bourgeois）——从起源上说，这个词可能是强调居住在集镇上的人——很快就让部分财富产生出利润：这些财富主要由流动资金、即德尼埃货币构成。家族联系和共同利益关系把名流中间最有钱的人团结到了一起，当时的文献或称这些人为“最优者”，或称“最强者”。这种同一城市所有居民之间的连带意识受到宗教联谊精神和行会团结的推动，连带意识在以誓约形式结成的共同体中得到最完整的表达，共同体的名字便具有象征意义：“公社”、“友爱”、“和平”。例如，1093—1111年颁布、并于1188年确认的拉里斯河上埃尔城章程规定：“所有加入本市友爱同盟的人，都以信仰和誓约确认，将以有益而公正的方式向每个人提供兄弟般的帮助”。因此，“如果有人房屋被烧，或被俘，需要节衣缩食偿付赎金，每位友人都应给这位贫困的朋友赠一埃居以接济他”。

这种以誓约为基础的团结精神很快就延伸到城市管理的费用及居民地位等问题上。因为这对聚居于集镇的新居民来说是关键的问题。
238 从组成上说，市民出身不同，法律地位混杂，因此他们的当务之急是取得某种合适的地位，以保障他们在这个社会中能从事自己的职业，而本来这个社会的全部基础一方面在于封建联系，另一方面在于农业经营所必须的条件。商人对新身份地位的渴望最为迫切，因为他们的买卖很难适应习惯法造成的各种桎梏，这些桎梏或是妨碍个人自由（如年贡、劳役等），或是妨碍商业行为（如司法决斗、诉讼时以红烙铁和沸水来取证的审判法）。大部分商人、某些税务官和地产所有人，这时都积累了可观的财富。他们越来越难以忍受领主的监护，后者是他们个人及财产的主人，有时还是城市的土地所有者，因而还以自己的权威为依据强化和提高捐税。所以关键在于限定和明确领主的征收额度（涉及年贡、死手捐、外婚费），统一居民的身份地位，尽可能地争取司法保障（特别法庭）和经济保障（免除通行费等捐税）。基贝尔·德·诺让——几乎可以肯定他对公社的要求抱有同情态度——清楚明白地表达出的纲领几乎是普遍要求：“根据习惯法，所有负担人头年贡的人（即农奴，他们须按人头缴税），每年只能因自己的奴役地位而向领主纳税一次；若他违反这一有效权益，他应缴纳一笔罚款，其数额通过裁决来确定；至于其他对农奴的习惯课征，应一律免除”。

军事化的团结：公社

这场革命的发动机是所谓的“公社”密谋。在基贝尔·德·诺让看来，“公社”是个“新颖而可憎的字眼”，夏尔特尔的议事司铎伊夫甚至认为公社意味着“骚乱的阴谋”；大部分主教的看法与他们相同，甚至教皇也是这样，如英诺森二世就曾指令路易七世“以武力驱散兰斯人的所谓协会的罪恶联盟”。公社运动的历史很难叙述，因为我们手中的大部分材料是出自教士的手笔，他们对为世俗目的而滥用誓言的做法极为愤慨。总之，这些材料如果不是片面的话，至少也是有倾向性的。

公社运动的方式因时因地、也因领主的态度而有所不同。法国国王的反应很谨慎，他希望自行消除王家领地和各主教区的动乱因素，但反过来又鼓励在自己邻人的土地上建立公社；主教们态度暧昧，通常还怀有敌意，如在勒芒、康布雷和拉昂；他们的立场引起了激烈的起义，佛兰德尔伯爵公开支持起义，而法国其他大封建主则暗中怂恿。

多数情况下，谋反的市民首先希望通过金钱换取公社的特许权和其他利益。但当他们被拒绝、不加理睬和出尔反尔之类的态度激怒时，他们会毫不犹豫地诉诸武力和暴力以及凶猛的起义，随之而来的就是骚乱、屠杀、抢劫、纵火和无情的镇压。关于这些“冲动行为”的名录漫长而血腥：从勒芒的激战（1070 年）和康布雷的叛乱（1076 年），到拉昂（1112 年）、亚眠（1114 年）和兰斯（1139 年）的暴动。在这方面，拉昂的暴动尤其典型。拉昂主教戈德里的奸诈和贪婪引发了市民的起义。起义者手拿剑、斧、弓箭等武器，攻击并占领了主教的宫殿，屠杀那里的卫兵，并将龟缩在木桶中的主教拉出来痛殴。教士和贵族都被驱逐。抢劫过后是纵火，甚至拉昂大教堂也不能幸免。但报复同样很残暴：领主和骑士在王家军队的帮助下夺回拉昂后，对该城进行洗劫，并
将能发现的市民统统绞死。这样的暴行在当时司空见惯，不过它表明了 239
冲突的尖锐性和派系对立的激烈。

大体来说，在埃斯科河、索姆河和海岸线之间的地区，这场运动逐步达到了其最大规模。该地区各城市有欣欣向荣的呢绒工业，由此

带来的繁荣壮大了它们的胆量，它们热切渴望取得公社的有利地位：除了我们上面提到的那些暴动城市，还应该加上圣康坦（1080 年左右）、博韦（1099 年）、努瓦永（1110 年）、苏瓦松（1116—1126 年）、科尔比（1120 年）、圣里基叶（1126 年之前）、阿布维尔（1130 年）。每次运动都有不同的故事情节，从暗中串通到武装暴动均有之，而镇压、重建、巩固等工作也根据时局变化渐次到来。例如，在佛兰德尔，伯爵好人查理的遇刺（1127 年）在这个伯爵领引发了一场真正的内战。城市在随后的局势发展中扮演了决定性的角色；虽然纪尧姆·克里顿得到法国国王路易六世的支持，但他最后被迫让位给蒂埃里·德·阿尔萨斯，后者许诺促进各大商业城市的贸易并保障它们的自由，从而赢得了这些城市（根特、布鲁日、里尔和伊普尔）的支持。这样的市民起义——当然并不总是采取"公社"形式——同样出现在桑斯（1149 年）、维泽莱（1136 年）、奥尔良（1137 年）、普瓦提埃（1138 年）、图卢兹（1139 年）和波尔多（1147—1149 年）。

城市的解放

因此从整体上说，这场运动呈现多样性的面貌，但它是一次明显的进步，尽管这种进步因地区差异、政治环境和经济条件而有所不同。如果说在佛兰德尔和北方省，公社在行政和司法事务上取得了很大的自治权，那么在夏龙、奥塞尔和奥尔良这样国王影响力足够强大的城市中，公社只得妥协，或放弃自己的努力。在英国国王控制的西部地区，鲁昂城仍保留的封君高级司法权成为了范本，并被推广到普瓦提埃、拉罗歇尔、波尔多和巴约讷。在南方，12 世纪 30 年代以后开始出现"市政官"：纳尔榜和贝济耶大约是在 1130 年，尼姆是在 1144 年，图卢兹是在 1155 年。在南方，城市运动一般表现得较为平和：市政官出自贵族的随从阶层，除了协助司法工作、履行市政管理职责外，他们没有别的抱负。1200 年前后的几年中，由于当地领主陷入困境，图卢兹、波尔多和马赛一度建立起意大利式的小型城市"共和国"。但在这场整体发展过程中有个特别的例外：布列塔尼的主要城市很晚才获得自由。

不管怎样，无论是成功还是失败，城市解放运动还是对整体社会关系造成了深刻的影响。它引入了新的思维方式、新的思想态度和新的方法手段，这些新事物动摇了旧的封建结构，同时，这场运动还奠定了新的制度形式——市政体制——它们将维持好几个世纪。

像农村的情况一样，城市的进步也是明显的，而且人们可以感受到名副其实的变革。不过，无论是城市还是农村，生活水平真正得以提高的只是很少一批特权者：领主、教士和城市名流。对于这个社会的绝大部分成员而言，强制性的束缚总的来说有所减轻，但日常生活的艰辛依然是让人焦虑的现实。

二、王国及其各大诸侯领地

国土破碎

12世纪法国的历史，是在经济社会局面还很不稳定、但所有领域无疑都在进步的背景下展开的。实际上，从领土的角度来看，当时的法国与古代高卢和现代法国都有很大的差异。线性边界观念对我们现 240
代人来说十分熟悉，但对旧制度时代的人们而言却很长时期内是陌生的：指导他们的唯一观念依然是对教俗领主的就地服从，除此之外就很难了。不过这并不妨碍一个最宽泛意义上的法兰西的存在，从理论上说，12世纪的法国君主在这片土地上行使王权，但这个法兰西与我们今天习惯理解的法兰西却有显著的差别。当时的法国更为狭长，包括北方的佛兰德尔伯爵领和南方的巴塞罗那伯爵领；但它在宽度上较为局促，因为洛林、弗朗什-孔泰、汝拉地区、整个罗讷河谷地——包括罗讷河右岸的里昂、维埃纳和维瓦莱三个伯爵领——都属于神圣罗马帝国或其附属国。更明确地说，我们可以认为，埃斯考河、默兹河上游、索恩河和罗讷河构成法国的边境线，阿尔勒、维维埃、里昂、贝桑松、梅斯、康布雷等古老而重要的城市均位于境外。总之，与今天的局面相比，这个王国的重心更靠西方和北方。

在这一疆界内部，差异性占据了上风。国王只是众多诸侯中间的一个。国王自己的领地——法兰西领地或法兰西岛——的中心在瓦兹河和卢瓦尔河之间的地区，其周围与一些辽阔的封建采邑相接：阿基坦、诺曼底两个公爵领，佛兰德尔、布列塔尼、图卢兹等伯爵领，这些领地的所有者通常在人员、土地和收入上同他们的君主一样强大。其中的一个还成了英国国王，将一个无可比拟的庞大实体握在自己手中，因而显得特别的咄咄逼人。正是在这样的一种领土格局下，法国国王将开始其巩固权威的工作，他特别要利用各种时运将自己的权威置于所有别的权威之上。这项工作耗时很长，其间既有成功，也有很多失败；它特别需要耐心和持续性，既要注意利用有利局势，又须遏止不利局面带来的负面后果。

卡佩王朝

当然有些因素是有利于国王权威的扩展的。比如，1060—1180年，法国的王位上只出现了三位君主：菲利普一世（1060—1108年）、路易六世（1108—1137年）、路易七世（1137—1180年）。不仅国王在位时间长，而且没有出现继承问题，这得益于继承人的祝圣礼和他在先王在生之日就与王位存在的紧密关系，故他年轻时并无骚动。无论是王后还是国王的兄弟，他们那些习以为常的阴谋性质都不够严重，还没有对王朝构成危害。在这个时代的末期，王权观念还因涂油礼而进一步增强，这种礼仪日益将国王与祭司等量齐观，而与此同时，路易七世与加洛林家族的后代、阿黛尔·德·香槟的婚姻最终也确认了王朝的正统性。菲利普·奥古斯都将最终收获这次联姻的果实。

不过，这个时代的三位国王却性格迥异，如果我们相信一份片面的文献的话：这份文献喜欢以教士的尺度来评判人物和事件。菲利普一世曾从安茹的福尔克手中夺走贝尔特拉德·德·孟福尔，并与她结婚，正是由于这桩有争议的婚姻，当时的史料都把这位国王描绘成一个贪吃贪财、耽于肉欲的人，一个头脑实际的君主，土里土气，毫无风度。当时的人们以为“法国国王头戴金冠，为人和善，身姿英武”，但这位国王的恶行实在让人望而却步。路易六世像他父亲一样，贪吃贪财，耽于肉欲。他跟父亲一样，他“把自己的肚子看得和神一样，但这可是所有神中最要命的”。在应付公社运动（拉昂，1112 年）、在佛兰德尔伯爵领的继承问题（1127—1128 年）上，他的政策经常遭受严重挫折。但讲述这位国王生平的竟是他忠实的助手、圣德尼修道院的苏热……。这位作者在给我们描述他理想中的人物时，总是强调人 241
物的优点而淡化其缺点：为了突出对比效应，他在描绘路易六世时则刻意指出后者的猴急、顽固、权势欲和急于取得教会支持的心情。但实际上，这位国王的行动与当时的很多贵族并无不同，而且他的主要优点正是完全融入了一种已经十分久远的传统中。但他的儿子路易七世为人温和、有修养、虔诚、品行优良、简朴而公正，总之他具有一切令这些作为编年史作者的教士们满意的优点。当人们列举英国国王亨利二世的财富时，他提出了一个严厉的节俭方案作为回应，当他反驳说：“我们法国人只有面包、酒和……快乐”时，难道不就意识到“真正财富”的所在吗？这大概是个趣闻，它出自一个富有创造力的作者的手笔，此人名叫戈蒂埃·马普，不过这个故事倒也很好地反映了人们的思想特征。但是，路易七世明显缺少个性和手腕，他也没有想过去削弱英格兰—安茹的势力，而正是他与阿利埃诺尔·德·阿基坦的离婚才使得这一势力得以形成。

虽然三位国王性格不同，但他们都以自己的方式继承了过去的传统，都在追求有限的目标，虽然其自觉程度各有不同。

从根本上说，在这 120 年的时间里，三位卡佩君主面临着三个长期性的难题：扩展和重新控制自己的产业，首先是法兰西岛；随后是他们与各大封建主之间的关系；最后是他们与教廷和帝国的关系。

王室产业

作为“战争神经”的王室产业问题显然最为尖锐。为扩张而付出的努力是巨大的。菲利普一世登基时（1060 年），国王的产业主要集中在三个核心地带：卢瓦尔河以北的核心区，其中心是奥尔良，该地区以西有一个以桑斯为中心的孤立地带；塞纳河核心区，其中心是巴黎，包括圣德尼和普瓦西和较远处的埃当普、德勒和默伦；最后是瓦兹河和埃纳河核心区，以桑利斯、贡比涅、基耶尔齐和拉昂为中心。在50年左右的时间内，新增的王室产业有：加迪内伯爵领（朗顿城堡，1068年），科尔比城、亚眠附近庞大的科尔比修道院的地产（1074年），维克辛伯爵领（包括芒特、蓬图瓦兹和圣德尼的豁免自治地）（1077年），以及奥尔良以南的布尔日子爵领（1100年）。如果从整体上看，这些新获得的产业并不起眼儿，但它们的位置很好，能进一步充实巩固原来的领地。路易六世时期的进展更为有限，只取得了巴黎到埃当普大道上的蒙莱里封地和科尔贝伊伯爵领。路易七世时期的成就要大些，并最终将王室产业推到了卢瓦尔河以南（尼维尔内的圣-皮埃尔-勒-穆提埃，马孔内和富雷的一些封地）。王室产业的扩大还只是国王工作的一个方面。另一项远为棘手的任务是恢复这些新领地的秩序，这就需要迫使数不清的小贵族就范，这些人盘踞在高高的木头或石头塔楼上，他们藐视国王的权威，欺压百姓，抢劫修道院。菲利普一世开始了镇压骚动好战的封建制度的斗争，这场绥靖运动在他的继承者在位期间仍延续不辍。国王通过赎买和巧妙的联姻、但更多是通过武力而逐个削平法兰西岛的男爵和堡主的势力，这些势力盘踞在蒙莱里、古希、蒙蒂尼、桑塞尔和皮埃尔丰，同样被铲除的还有很多小据点，不过这些据点的简陋却也反衬出当初卡佩王朝的虚弱。“努力啊，我的儿子，切记要守好这座城堡（蒙莱里堡），我为它受过的折磨足以让我变老”：这是菲利普一世对他的儿子路易语重心长的叮嘱。这番话中除了警示外，还有某种督促，那就是必须努力消除潜在威胁，更何况，路易六世和路易七世能投入战场的兵力很难超过300或400个骑士。不过到路易七世末年，这个目标达到了：法兰西岛最
242 终臣服于国王，经过与堡主们长期的斗争，这些人的后代终于转而为卡佩家族效劳，并为国王提供了执行其意志所必须的工具。

与内部再征服同步进行的还有另一项工作，那就是对王室产业管理机构的重组。从很多方面看，这种管理机构仍很原始。税款的征收、权威的执行、部队的征集和某些司法权力的履行，所有这些实际上都委托给了执法代理人。这些代理人一般出身寒微，但他们是某个范围

有限的辖区的中心人物，履行的是王室产业管理者的角色。当然，他们也试图把自己的职位变成世袭的。正是为了避免这种危险、为了保留挑选自己执法代理人的权力，国王对 12 世纪的制度进行了改革，此后执法代理人职位被推向了拍卖场：执法代理人从管理者变成了承租者。这个措施的确有它的优点，它能保证国库获得一笔便捷的常规收入，但职位所有人也由此取得了完全的行动自由，他可以很轻松地收回自己的垫付款。国王牢牢控制着对自己产业的管理权，而菲利普·奥古斯都时代设立的司法总管[①]制则是这一意志的最终体现。

国王的随从：宫廷

为了处理国家大事，国王遵照加洛林的封建传统，召集由教俗显要人士组成的会议。但是，从菲利普一世在位中期开始，出现了一个很明显的变化，这个变化反映在王家敕令末尾的署名中。此后，决定国务、颁赐国王奖赏、裁决诉讼的是宫廷人士：这种政治集中是重振权威的开端，它在整个路易六世和路易七世在位期间都将继续发展。

在国王周围崭露头角的是宫内官员：管家、王室总管、司酒官，他们负责骑兵巡视，管理国王的宅第、安排膳食、监督收入等事务；内廷总管和侍从负责存放君主袍冕、皮装、徽章、珠宝的“房间”及君主金库的保卫工作；掌玺官及文书负责公文的起草、发送和封印，这样的公文越来越多；礼拜堂执事负责宗教礼仪。这些职务经常由小贵族领主、出身不同的教士和修士来担任，而对他们的生平我们了解很少。宫廷内充满各种阴谋，埃蒂安·德·加兰德所吃的苦头算是很有名的了[②]，此人在路易六世时期曾集管家与掌玺官职务于一身，他兄弟还担任司酒官。宫内官员之外还出现了国王的顾问，他们是国王的“亲信”，这个模糊的叫法指的是一些以某种头衔享有君主信任的人。他们中间最著名的是苏热（1081—1151 年），此人是路易六世的

---

① bailli：巴依，或称司法区法官。

② 此人因权势欲过重而遭到其他廷臣的敌视，与国王和王后也有过摩擦，后被迫离开宫廷，隐居修道院。

顾问和朋友，路易七世的教师。这个大胆果敢、富有学养的教士是 12 世纪前半叶的标志性人物。

苏热

苏热出身寒微，后跟未来的路易六世一起在圣德尼长大。他很早就参与了圣德尼修道院的管理工作，特别是对诺曼底和博斯的一些领地进行了改组。与此同时，他在国王顾问们中的地位也越来越高。他陪同国王参加了大部分的军事行动，并经常担负国王托付的外交工作。1122 年，他当选为圣德尼修道院院长，此后他一边处理修道院事务，对它进行改组、扩充它的财富并为它兴建了一座宏伟的大教堂，一边为国王服务。对于王权，他有一个十分高尚的观念，这种观念完全来自一个理想化的基督徒的启示，他把国王置于理想中的封建金字塔的
243 顶端，赋予国王“保卫教会、保护穷人和不幸者、致力于和平和王国安全”的使命。路易六世死后，他继续指导年轻的国王路易七世。后者在前往圣地时曾委任他为摄政（1147—1149 年）。在这两年中，苏热对王室产业严格管理，向主人送去必须的钱财，他还建立起储备金，维护秩序，甚至敢与一个怂恿国王的兄弟、罗贝尔·德·德勒登基的封建同盟对抗。

王权的威望

苏热死后，情况有所改变，但国王的威望仍在不断上升。国王越来越频繁地被吁请参与调停活动，如保障修道院的财产，裁决领主之间的冲突，确认给予市民和农民的自由权利宪章。在这个书面证据记录复兴的时代，一些保存着这些调停行为之记忆的法令日益频繁地拟定出来。王家掌玺公署发出的法令在不断增长：菲利普一世在位 48 年共有 171 份，路易六世在位的 39 年至少有 359 份，而路易七世在位的 43 年则至少有 800 份，即使考虑到文献工作的进步，这种增长仍然是很能说明问题的。这一显著的发展固然部分地反映了某种普遍的演变趋势，但它也无可置疑地见证了国王对其整个王国事务的参与越来越广泛。

还有一个现象与这种不断增长的优越地位平行发展，这就是巴黎上升为首都的地位。实际上，在 12 世纪后半叶之前，巴黎的地位并不突出。直到那时为止，国王仍然是居无定处：他反复在宫殿和领地的各城堡之间巡游，这有物质方面的原因，那就是食物供应——例如他可以行使自己的食宿权而让修道院负担——但尤其重要的是，在一个实行直接和口头管理的时代，国王本人必须亲自现身于其产业的各个角落，军事和司法事务均需要他这样做。当然，巴黎的位置很好，处于一个森林地带的中央，林中野味极为丰富，是狩猎的好去处，国王亨利一世就爱在巴黎逗留，虽然他父亲罗贝尔喜欢的是奥尔良。但对巴黎的偏爱在路易六世时期更为增强，这位国王在圣德尼修道院中看到了“他王国的头脑”（1124 年）。他的儿子则更进一步，认为这个城市是王国必然的中枢，因为“根据过去编年史的说法，法国国王习惯于生活在这里”。因此西岱岛上的古老宫殿延续的是一种传统，虽然宫殿是在虔诚者罗贝尔时代修复的，但它的奠基要追溯到罗马和墨洛温时代。作为卡佩王室的永久所在地，高级教士和大贵族们将追随圣德尼的修道院院长苏热——他是发起人和开路者——在巴黎修建“公馆”，以便“在他们处理王国公务时”在巴黎有住处，一些重要官员的办公处也常设在巴黎，它们是未来行政部门的雏形。

以巴黎为首都，兰斯为加冕城市，圣德尼修道院为墓地和王家军旗的守护者，法国君主在自己领地中央不就拥有三个以其光辉的过去而与最古老的法兰克传统相连的支点吗？正是以这个现实基础为起点，君主制的意识形态才能发展起来，而在路易七世的掌玺官卡迪尔克的笔下，这种意识形态很快就将国王的职能与祭司融合在一起。

各大采邑

但法国国王是在一片远为辽阔的土地上行使其封君权力的，这片土地从北海岸边一直延伸到比利牛斯山外。占据各大地区的大封建主现在仍自认为是“国王的人”，是他的封臣，就是说，他们向国王行过效忠礼，他们认为，由于一些紧密的联系，他们在法律上仍臣服于

国王。1079年和1101年，在普瓦提埃举行的教务会议谴责菲利普一
244 世的姘居行为，但阿基坦公爵反对教务会议的做法；1162—1163年，图卢兹伯爵在同英国国王斗争时曾请求路易七世的支援，这两位大封建主的态度很能说明他们的思想状态。国王也会给予切实的回报，这就是为什么路易六世在好人查理被刺（1127年）之后要介入佛兰德尔伯爵的选举事宜的原因。效忠和采邑的法律联系、每次王位继承时的宣誓，这些因素可以解释卡佩君主为什么能继续在理论上统治那些有时比他还强大的封臣。

实际上，在王国的各大封建领地，如佛兰德尔、安茹、布列塔尼、勃艮第，都在上演类似于卡佩君主在其世袭领地上的行为举措，某种较弱的程度上说，南方的阿基坦公爵领和图卢兹伯爵领也是这样的舞台。封建世家建立起来，诸侯们构筑起庞大的个人产业。他们通过强迫地方贵族效忠、联姻和赎买等手腕，以采邑的形式将那些独立的领地并入自己的产业，从而完成其领地的统一。他们通常有了正规的行政机构，这些机构有时还组织优良，佛兰德尔就是如此，但诺曼底更胜一筹。诺曼底出现了一些独特机构，它们注定要成为楷模：如最高法院，负责监督该领地的全部管理工作；如司法总管巴依，负责监督财政和司法事务。在诉讼程序上，诺曼底普遍实行的是调查取证和陪审制度，与当时欧洲其他地区流行的取证和审判方式相比，这是一项重大进步。在内政方面，各大诸侯利用各种时机压制封建混乱，维护修道院和城市所期盼的和平，并设法吸引新的居民和商人。这一不懈的努力取得了意想不到的效果：那些可能对抗封君利益的力量很大程度上被消除了。正是在这个时候，受苏热启发的封建金字塔理论开始流行。普通大众对伯爵效忠，伯爵对公爵效忠：通过这些中间环节，金字塔最终通到了国王那里，他就是塔顶。这是一种观念化的法律体制，不过也是个前途远大的政治纲领。

在12世纪，法国封建从属关系的格局发生了一些变化。首先是一次重大损失：1162年，巴塞罗那伯爵阿方索二世把他的领地并入了阿拉贡王国。此后，他和他的继承人竭力抹去关于法国国王对加泰罗尼

亚和鲁西永的封君权的记忆。1181 年塔拉戈纳会议后，这两个地区脱离了与法国的从属关系。但随后法国有了一点微薄的收获：此前一直是帝国封地的富雷伯爵领现在承认法国的封君权（1167 年），这就使将来在罗讷河方向上的扩张成为可能，并为兼并里昂做好了准备。但最后又是一次后果沉痛的损失：阿基坦。阿基坦公爵纪尧姆十世死后，他的女儿和继承人、法国王位的继承人路易七世的妻子阿利埃诺尔于当年（1137 年）继承了父亲的爵位。即便这个公爵领继续保持独立，有一点仍然是清楚的：只要它从属于法国，那么卡佩家族产业的南部边界就会延伸到比利牛斯山，囊括了过去的基耶内和加斯科涅两个公爵领以及众多依附于它们的领地。里摩日、普瓦提埃、波尔多、昂古莱姆多少都会受到路易七世的直接监控，更何况他妻子还能提出对图卢兹伯爵领的权利要求。在 10 年的婚姻过后，这对从巴勒斯坦回来的夫妻之间的矛盾已经很深了，而且阿利埃诺尔在巴勒斯坦的举止也并非无可挑剔。1152 年 3 月 18 日，博让西教务会议不顾苏热（1151 年去世）的忠告和教皇的调停努力，以二人有血亲关系为理由宣布他们离婚。阿利埃诺尔重获自由，而她辽阔的领地也同时与卡佩家族的领 245
地脱离联系。

封臣还是竞争者？诺曼底公爵、英国国王

在法国王权与其各大封臣的关系中，唯一真正构成威胁的是诺曼底公爵，这一极为严重的威胁几乎压垮法国王权。1066 年哈斯廷斯战役后，诺曼底公爵威廉征服了英国，这次征服既造成了法律问题也造成了现实问题。法律问题是，一个强大的封臣当上了国王，传统的封臣关系因而出现了意想不到的复杂形态。现实问题是，诺曼底公爵牢牢控制了新获得领地并对其进行了有效的改组，但是他本人却是法王的“人”，即他臣服于一个遥远的上级权威。从菲利普一世到路易七世的诸位法国国王，都没有能力以武力来对抗诺曼底公爵的野心。法王的政策是，一方面维持现状，通过一些必要的妥协措施要求诺曼底公爵行效忠礼，从而继续行使其封君权力；另一方面挑起后者的家族纠纷，从而数次使得英王兼诺曼底公爵与其躁动的子孙之间出现对立。

这是一种保全大局的经验主义措施，而且不会对未来构成危害。

"安茹帝国"

但是，从路易六世在位末期开始，由于一系列复杂的联姻和继承关系，局面开始急剧恶化。法国西部形成了一个新的疆域实体。安茹、曼恩和都兰的伯爵、美男子若夫瓦与皇帝亨利五世的寡妻马蒂尔德结婚，而后者从她的父亲、英王亨利一世（1100—1135年在位）那里继承了英格兰—诺曼底的产业。1144年，若夫瓦成功地取得诺曼底公爵的名号。1151年若夫瓦死去时把一片辽阔的采邑——由法国境内管理最好的一些封地组成——传给儿子金雀花亨利①。几年之内，亨利成为一个十分辽阔的地域实体的首领，这个实体有时被称为"安茹帝国"。1152年，他与刚刚同路易七世离婚的阿利埃诺尔·德·阿基坦结婚，后者给他带来了基耶内和加斯科涅。1154年，他成为英国国王；1158年，他强迫南特伯爵柯南把领地交给他控制，这样便敲开了布列塔尼的大门，几年后，他把儿子若夫瓦安插到布列塔尼。作为一名出身法国的君主，亨利二世在位32年中只有13年在英国渡过，他是个"长着棕色汗毛、中等身材的人；一张狮子般的方形脸，眼珠暴突，脾气好的时候眼神天真和善，但恼怒时却锐利如闪电。他总是从早到晚忙于国家事务，没有片刻的歇息。只有在骑马和用餐的时候，他才能坐下来。如果他手里没有弓和剑，那他一定是在开会或读文件。没有人比他更机敏更雄辩，当他能从操劳中脱身时，他喜欢跟文人学者一起辩论"。他是个伟大的创造者。总之，"亨利和阿利埃诺尔的领地囊括了今天的法国西部，占全国的三分之一，包括整个英吉利海峡和大西洋的法国海岸地带，从布斯勒河口直到巴约讷以南的比达索阿河滨"。

路易七世的反对也不能遏止这一势力的上升。未经国王的同意而

① 关于"金雀花"的称号：相传美男子若夫瓦在芒斯附近的荒原中巡视时，曾在一片染料木（genêt）——金雀花（genêt commun）是染料木中的一种——丛中看到一只身披金袍的独角母兽，若夫瓦深受这一异象的触动，决定以这种植物（plante）作为他的象征物，并在其领地种植（planter），这是绰号 plantegenêt 的来源，后来这个词变异成为 plantagenêt。

同其封臣的女儿结婚，这显然违反封建法。亨利拒绝前往国王的法庭
接受质询，他被宣布为叛乱者，财产被宣布没收。这个判决虽然在法
律上意义重大，但它从未执行过，而 1154 年后，路易七世放弃了阿基
坦公爵的称号。他生前一直以先王的手腕尽可能地抑制其对手的势力：
挑拨亨利二世和儿子们之间的争执，利用每次机会表明自己的封君权
力，不过他的这位封臣倒也总是承认这一权力。总的来说这种策略是 246
明智的：25 年的斗争、花招和阴谋过后，“双方签订了诺南库尔条约，
条约称，两位国王之间再无仇隙，卡佩王朝对金雀花家族的图谋采取
的坚定立场最终占了上风。条约清楚地表明，1154 年后路易七世没有
遭受任何损失”。（马塞尔・帕科）

国王和皇帝

由于王国各位封建主承认国王的优先地位，国王便可以对其邻居、德意志皇帝采取独立立场。菲利普一世时期，皇帝亨利四世与教皇发生冲突，双方的授职权之争达到高潮。亨利四世曾几次要求法国国王站在他一边，或终止对教皇的支持，但都归于徒劳：菲利普根本没有听他的。更为严重的苗头出现在 1124 年，当时皇帝亨利五世因路易六世支持教皇卡里克斯特二世而深感恼怒，于是决心干涉路易六世与布卢瓦伯爵的争端。他威胁入侵法国，并宣布将摧毁兰斯。这时，在圣德尼王家军旗的指引下，教俗领主向他们的封君派去军队，一股自发的热情把所有能及时赶来的部队聚集到了这座国王的加冕城市。亨利五世的惩罚性远征熄火了：他的军队没有越过梅斯。在这段短暂的插曲中，法国听不到任何根本性的反对声音。皇帝弗雷德里希・巴巴罗萨很担心这样的插曲会接连出现，于是他和他那些热衷于罗马法的法学家们声称，皇帝高于帝国各地的小国王，这个说法看来像是这位皇帝与教皇斗争中的心理武器，而路易七世再次支持了教皇。面对这种理论上的威胁，法国国王与加洛林家族的后代阿黛尔・德・香槟联姻，从而将卡佩家族与查理曼家族联系了起来。而与此同时，苏热和他的后继者们也在圣德尼努力工作，以将法兰西岛与关于加洛林和法兰克

最古老的王权的回忆联系在一起。

国王和教廷

对于教廷，法国国王一直表现出某种忠诚，无论是在有利还是在不利的局面下，我们都可以找出相关的例证。当然，这根本不是说，法国国王毫无保留地接受、并在自己的国家热情地施行格利高里改革的各项原则。三位国王都不是这样：菲利普一世曾因为与贝尔特拉德的婚姻而三次被处以绝罚，路易六世曾向他的掌玺官埃蒂安·德·加兰德广赠教会地产，路易七世甚至与掌玺官卡迪尔克一起出卖教会职位而犯下买卖圣职罪。而另一方面，为了平息严厉的教会改革派的顾虑，法国国王放弃对主教们的效忠礼要求，而仅满足于接受他们的忠诚宣誓。不过，在与皇帝无数次的争吵中，教皇总是能在卡佩君主那里找到可靠的庇护，也能在反对圣彼得祭坛的觊觎者的斗争中赢得支持。

不过从教皇方面来说，他们也会对法国进行具有决定性意义的干预，如果局势要求他们这样做的话。1095年，乌尔班二世是在克莱蒙进行十字军布道的，这个事件很能说明问题。同时，他在克莱蒙还赋予上帝的休战以普遍意义，这一做法旨在结束领主之间数不清的、伤害平民的私人战争行为。菲利普一世固然没有参加第一次十字军，而是把此事交给自己的弟弟于格·德·维尔芒多瓦，但路易七世拿起了十字架，而且圣贝尔纳是在维泽莱（1146年）以自己的口才唤起听众的热情、发起第二次十字军的，这次十字军的目标是保卫圣城耶路撒冷免遭穆斯林的反攻。虽然这些远征不太成功，但它并没有损害教廷的突出地位。

247 积极的结局

总的来说，1180年左右的局面是颇为有利的：卡佩君主总体上取得了很大的进展。他的专有领地法兰西岛得以扩展，社会稳定，管理上有了改进，并以巴黎为轴心，这个城市此时已展现出“首都”地位。从王权的威望来说，他是各位大显赫封臣的封君，不管怎样，效忠礼要求这些人遵守自己的义务。但另一方面，英格兰—安茹对法国的威胁仍然很紧迫，在国际上，国王的声誉很大程度上来自于他对教廷的支持。不过未来的道路已经打开。当菲利普·奥古斯都登基时，新的力量已经准备就绪，他将领导这些力量，为法国王权的威望最终奠定根基。

三、信仰、知识和宗教

教士及其行为：暗影与光明

11 世纪末的精神生活状况与 12 世纪末存在非常明显的差异。首先体现在教士的招募方面。格利高里改革继承了克吕尼净化世界的努力，很显然，这场运动打击了此前相当普遍、危害教会之使命的各种行径。格利高里七世及其继承人对世俗授职权的谴责，给了教皇特使——于格·德·迪是其中的强硬角色——纠察买卖圣职和教士姘居行为的手段。由于有了更为纯洁的信条更为严格的纪律，教会在世俗世界和封建观念面前比以前有了更大的独立。高级教士的选任无疑更为严格，总的来说，他们更关心自己的宗教责任。修士越来越多地从骑士的儿子们中间招募——来自农民家庭的修士称“杂役修士”，负责物质方面的事务——他们经常能取得司祭身份，也比较服从教规，并可自由选举修道院院长。设在主教座堂的教区教务会议——其俸禄实际上留给了贵族的儿子们——则更为严格地遵守了艾克斯教规的规定。最后，主教全部由议事司铎选举产生：诚然，国王和大贵族在主教选任中经常施加影响，但一般来说，主教候选人较为称职，对自己的职责也有比较清楚的认识。

教会上层的改进很明显，但下层教士的状况则没有明显的改善。虽然领主已经把窃取来的其领地教堂主管教士的任命权交还主教或修道院院长，但成效微弱。教区机构确实稳定了下来，教区教堂也得到了更好的维护，宗教活动也更为规则，但由于缺少适当的神学培训，农奴子弟出身的乡村教士仍然对礼拜仪式一知半解，他们通常举止粗俗，目不识丁，生活方式跟自己的教民并无二致。从很多方面来看，他们所传授的教义跟迷信差不了多少，其中甚至还有一些巫术性质的仪式。

宗教纯洁化的渴望……

整个12世纪都贯穿着一场永不餍足的运动，这就是追求一种更为严格、与尘世俗务更少牵连、更贴近精神标准的宗教。很多才智之士在隐修精神的感召下，遁迹于偏僻处所，在孤独中追寻教义的纯洁。不久他们周围便聚集了几个热心的同伴，于是新的修道团体出现了，它们偏离了克吕尼的本笃会理想，虽然后者此前一直备受推崇。1108年在巴黎的圣维克托，1120年在拉昂附近的普雷蒙特雷，纪尧姆·德·尚波和诺尔贝·德·热内普成为一些服膺圣奥古斯丁之严格教规的议事司铎们的首领。而在此之前，一些修士已经在追随埃蒂安·德·缪雷和科隆的圣布鲁诺，前者于1074年退隐到利穆赞的格兰蒙，
248 后者原是兰斯学校的老师，1084年隐居于夏特勒兹高原的荒野中。罗贝尔·德·阿尔布里塞尔则在安茹的冯特维罗聚集了一批忏悔的女信徒。这些举动都在追求同样的理想：苦修、贫穷、沉默和冥想的义务。这些修行很快就传到了法国境外：从这种发展速率中可以看出它们的吸引力。

僧侣中的西多会修士……

在这些新修会中，圣本笃的基本原则被发扬光大。实际上，罗贝尔·德·默尔梅试图追随最初严格意义上的圣本笃教规，他一开始居住在索恩河谷中一片沼泽林地的中央，后来迁居西多修道院（1098年），这个修道院的名字后来就是整个修会的名字。西多会的教规突出地反映了新潮流中体现出的精神革新趋向。这些趋向如，西多会修士须生活在绝对的贫困中：简陋的衣着、饮食、床褥，甚至教堂也要四壁萧然，不得有任何形象化装饰（以反对克吕尼修会的“奢侈”）；修道院须寂然清净，须建于“荒野”中，远离城市。西多会修士须回

归体力劳动，这也是对仅关注宗教礼仪的克吕尼修会的反动；西多会修士在出身农民子弟的“杂役”的帮助下亲手耕种土地，“因为无论是在圣本笃的教规还是在他的生平中，他们都看不到这位导师占据祭坛或教堂、祭品或墓地、或别人的什一税，他也不拥有烤炉、磨坊、村庄或农民”[《西多会起源简述》(*Exordium parvum*)]。不过，这种对领主制生活明白无误的谴责根本没有阻止西多会修士逐步介入商业流通。当他们迅速转向了畜牧业后，原来的垦荒热情便相形见绌了；他们领地上原本错落有致的农场，现在转而生产羊毛和皮革、奶酪和牛肉，准确地说，为满足飞速增长的城市居民的需求而生产。

西多会的声誉很大程度上来自于一位出类拔萃的圣徒，他就是西多会一所分院——克莱沃修道院的院长圣贝尔纳，后来他成为这个修会的灵魂。这位狂热的僧侣原是勃艮第一个贵族世家的幼子，他意志坚定，满怀宗教热忱，决心改革修道院、主教、乃至教皇的生活方式。作为高级贵族、国王和教皇们的非正式顾问和第二次十字军的组织者，他在信仰和行为方面支配了 1130—1150 年间的整个基督教社会，但其热情和能量有时显得过分了。他猛烈抨击巴黎的经院哲学，斥之为“愚蠢学”；然而，他对公社起义的费解，他在南方异教徒面前的失败，都表明这位狂热的论战者的局限，虽然他给西多会带来了无可比拟的光辉。

……民众中间的纯洁派和伏多瓦教派

圣本笃教规的复兴、新修会的创立：所有这些新举措都出自严格意义上的宗教阶层，但它们在城乡大众中间的渗透仍然十分有限。不过，在民众中间也能感受到对新的宗教生活方式的渴求。因此，性质各异、思想来源不同的运动层出不穷就不是什么令人惊讶的事情了，在这些运动中，有些只是稍纵即逝，但有的在 1140—1150 年之后开始广为传播并取得了成功，乍看起来它们确实让人惊奇。正是在这个时期，纯洁派（cathares，这个希腊词指出了经意大利北部而同拜占庭的巴尔干人之间存在的联系）在中央高原和比利牛斯山之间扎下根来，1167 年后，纯洁派甚至建立起教阶制度和教务评议会，从而开始成为一个名副其实的教会。他们的宗教是摩尼教的继承者，其基础是一种十分简单的二元论：宇宙（因此也包括人）是善的精神原则和恶的物质原则斗争的舞台。为了支持善的一方，应该与物质世界断绝联系：过贫穷、贞洁、了无牵挂的生活。这样人就可以达到完善，进而得到
249 拯救，甚至灵魂也能通过一系列的转世而再生，达到彻底纯洁的状态，也即彻底的解脱。这种信仰是某种简化了的基督教教义，但它很适合群众的心态，再加上一些与正规教士对立、但行为又确实符合宗教美德的人的大力宣扬，这种信仰很快便传播开来。为了将南方拉回正统信仰中，圣贝尔纳巡回布道（1145年），但他徒劳无功。兰斯、蒙彼利埃、图尔的教务会议反衬出朗格多克和加斯科涅的异教势力在逐年发展。1177年，图卢兹伯爵在西多会的教务大会上惊恐地指出阿尔比和图卢兹局势的严重性。几次布道加上几次简短的惩罚性远征，都不能遏止一场满足群众的朦胧渴望的宗教运动的发展。

皮埃尔·瓦尔戴斯的精神历程也表明了同样的不满心绪——不过这种不满出现在城市阶层之中，而城市配备的教士数量明显不足——瓦尔戴斯是个里昂的商人，他放弃自己的财产，将钱财分发给穷苦人，并劝诫人们忏悔、回归福音书中的贫困（1176年）。他全然不顾教会的谴责，与弟子继续栖身于异端之中，不久他们被称为伏多瓦教派，并自愿同纯洁派融合在一起。

这种精神骚动肯定反映了所有社会阶层回归原始宗教之根本的愿望：贫困、谦卑、虔诚。这场运动虽然表现形式各不相同，甚至有点无政府主义的色彩，但其中相似的激情显然表达了某种更为严格的宗教和信仰，说到底，它是精神方面不可否认的进步的见证。

知识的传承

知识的传承和教师培养方面同样取得了进步。城市的教士以主教区和教区教务会督学为中心，组织起来接受“七艺”基础教育：文学方面的前三艺（语法、修辞、逻辑），即写作技巧、口头表达及推理；科学方面的四学科（算术、几何、音乐、天文），即有关数的科学的

几个分支（音乐显然是从比例和谐与声学的数学特征来考虑的）。在这些预备科目的考试通过之后，学生将获得教学“资格证”。督学老师的“课程”主要是评点拉丁、古典和基督教作家的作品。一些老师的声望很快传遍四方，他的弟子——有时是从十分遥远地方赶来听他讲课——也尝试设立新的学校。于是便出现了一些专攻某一知识领域的教育中心，或学堂。在 11 世纪末和 12 世纪的著名学堂中，应指出图尔奈的名字，但更为重要的是拉昂、昂热、图尔、奥尔良、勒芒、夏尔特尔和巴黎。还有一点需要指出：所有这些教育中心都坐落在卢瓦尔河以北。这个地区保持着高水平的思想活动。在持续不断的争辩和讨论的刺激下，这种活动将推动知识的增长和求知技能的完善。

学校中的变革很快就在所有文化领域产生了反响。在 12 世纪前半叶的所有作家中，一个明显的特征是，他们开始论述历史、神学、政治理论、甚至诗学，这样他们就与古典作家越来越熟悉了。在接触到塞奈克、卢坎、西塞罗、维吉尔、贺拉斯等人的作品后，当时的教士很快就完全掌握了拉丁散文和韵文的措辞和委婉表达法。韵律节奏和作品的背诵为他们思想的表达提供了一个成型的框架，在这方面，一些人甚至达到了精湛高雅的境界。

不过，诗人伊尔德贝·德·拉瓦丹、马尔波德·德·昂热和伯德 250
里·德·布尔格伊已经具有世俗色彩，而诺曼底人奥德里克·维塔尔的编年史在表达形式上受到狄特·李维的启发，这使其作品与阿德马尔·德·沙巴内和拉乌尔·格拉贝尔那乏味琐碎的记录判然有别。苏热同样如此，他撰写的《路易六世生平》也极具文学创作的味道；而《论政府原理》（*Policraticus*）的作者、充满激情的让·德·萨里斯伯里则被称为“真正的人文主义者”，他出生于英国，后来在夏尔特尔和巴黎成为一名受人欢迎的老师。最后，一些作者还以独特的风格来讲述自己的个人苦难：如基贝尔·德·诺让的《自传》（*De vita sua*）和皮埃尔·阿贝拉尔的《受难史》（*Historia calamitatum*）。这些作者大部分还善于创作誓词，而且他们正是以布道者的才华而著称的。总之，通过与古代伟大作家之间越来越亲密的交流，他们的世界观更为丰富和细腻，思维方式也更为灵活精致了。

推理方法的进步

在这种思想交融的影响下，另一种理解神、人类和世界的新思维方式和新方法论形成了，这就是理解、也即运用理性的演绎方法，而不是死抠福音书和解说信条。理解就是确定、分类、观察——在这种观念下，我们可以揣测一下辩证法和推理技巧所占的重要地位。在 1050 年前夕，图尔的督学贝朗热就认为，理性是"人类的骄傲，理性之中甚至有神的影像"，唯名论者和唯实论者之间关于泛指观念（共相）的实在性问题的争论——前者否认观念的实在性的存在——早已在信仰领域掀起轩然大波。11 世纪末以后，辩证法被视为教士修养的基本科目："信仰寻求理解"，圣安瑟伦——这位影响巨大的导师在就任坎特伯雷大主教（1102 年）之前曾是诺曼底的贝克修道院的院长——这句著名的话表明，正统的信仰中给这种特殊的思考方式留下了位置。

理性地位的上升是 12 世纪思想的特点。理性因而能在越来越广泛、越来越多样的领域发挥其影响力。因为这次文化飞跃也像人文主义一样，伴随着对古代作品的热情探索。欧几里得、托勒密、希波格拉底、盖伦、柏拉图等希腊哲人和学者们一些不为人知的著作，由拜占庭和阿拉伯中介人经西西里、特别是西班牙传到了法国的学校中。特别是亚里士多德的思想——无疑经过了删改歪曲——展现在他们面前；但《工具篇》《逻辑学》和《尼可马克伦理学》的片段足以激发对有序而严密的学识的渴望，即一种逻辑推理的意愿。

所有一切都发生了决定性的关联。当推理工具完善时，可供支配的思想材料也在形成，而教学方法也随之改变。"课程"过去是对古代文献的简单解读，但现在扩大了。课文伴随有"注解"，同时就某个具体问题汇编并考辨"权威"观点，于是权威也要见诸书面，并成为研究的对象。对于注解时遇到的解释上的困难，应尽可能清晰地以"问题"的形式表述出来，以便以后能以理性的方式、用逻辑的方法解决之。圣经和早期教父作品也应在高层次的研究中以这种方法来考辨，这种研究是七艺的顶点，这个顶点开始有了自己的名称：神学。

圣安瑟伦·德·拉昂、巴黎的伦巴第人皮埃尔都在设法寻找教理的合理性，都试图使之简化为一系列的"名言警句"，并引出应该论证考察的问题。这样的态度要发展下去并非没有风险，阿贝拉尔的例子就说明了这一点，他是位出色的逻辑学者和论证家、大胆的思想家、受人 251
爱戴的老师，他以自己的讲学最终奠定了巴黎各学校的前程。在当时的重大辩论中，阿贝拉尔的立场极为鲜明，通过某种更为精巧的论证，他澄清了所谓的"共相"问题。他在《是与非》中罗列了所有"名言警句"之间的矛盾，在这部书中，他以某种特别的步骤来阐明神学，在他看来，这一步骤最终将导向宽容和信赖理性的理想："切勿以强制手段来要求你的邻人接受你自己的信仰：人唯有凭自己的智慧才能自决。用暴力方式取得的虚假赞同是徒劳的，信仰不是来自强力，而是来自理性"。阿贝拉尔遭到圣贝尔纳的公开反对，1140年的桑斯教务会议终于对他进行了谴责，但他仍然奠定了某种逻辑思维体系的基础，这种体系就是经院哲学——"西方世界最早的哲学"。

传统的延续：罗曼艺术

古代世界不仅出现在文献中，它也以变形的、改造过的方式表现在1100年左右达到高峰的建筑艺术中：罗曼艺术也是西方世界最早的艺术。这种艺术的诞生地，可能是"在大型建筑中融合了传统与革新因素、结合了加洛林的形制和空间与南方的高雅和装饰的地方，也即法国中部：勃艮第、都兰和奥弗涅"（雷奥波德·热尼科）。这种艺术的基本特点是，以穹顶覆盖广阔的空间，注重外部装饰。

之所以使用穹顶，是因为继承自加洛林时代的基本形制和罗马式的长方形廊柱大厅并没有改变；于是这种适合于祈祷和冥思的封闭空间此后就盖上个石头房顶。有的穹顶是罗马式的连续筒形顶，建在由碎石和灰浆筑成的拱腹上，庞大且极为沉重，只能以又矮又厚的墙壁支撑。有的穹顶则由架设在一条条栏跨上的交叉拱加固，其支撑物是墙垛上的壁柱。还有一种尖脊穹顶，由两个相互支撑、呈直角相交的筒形顶构成。这几种穹顶几乎到处都能见到，当然也会因为地方影响而有所变化。

无论如何，这种复杂的技术工程必须有专业人士的参与：采石工、裁石工、泥瓦匠等等，他们组成流动的工作团队，不过其经验知识经常需要与建筑的整体面貌和高级教士（即建筑的主人）的美学偏好作一些妥协。此外，这也是非常昂贵的技术工程：只有非常富有的修道院才能在较短的时间内顺利进行类似的工程，例如，克吕尼修道院的第三个大教堂建了 30 年（1088—1118 年），还有如 1190 年开工的维泽莱的玛德莱娜教堂。

装饰也发生了变化。首先是内部装饰：绘画取得了完全的胜利。绘画以或明或暗的色彩展现宏伟场面，如圣萨万-苏尔-加唐普教堂穹顶上的“创世记”；亦可表现非凡人物的诞生，如贝尔泽-拉-维尔礼拜堂的半圆形后殿中的巨型基督像。支柱和廊柱成为精雕细琢的装饰元素，而雕刻的柱头也少不了彩色装饰。在建筑的外部，隔墙也被打扮得生气盎然。11 世纪末年，罗马早期的小连拱廊、壁龛和几何图案已经被石雕人物像取代。作为建筑的辅助手段，石雕像突出了塑像或浮雕的整个正面，如普瓦提埃的大圣母院；一般而言，石雕像集中于柱头和门上；柱头上的叶饰、几何图案、怪物、广为人知的圣徒奇迹等都栩栩如生；一些更为细腻的象征物出现了，如克吕尼的主祭坛所用的乐调。大门上出现了圣经中的人物和场景，过梁、三角楣和窗间墙则创造出了中世纪艺
252 术的一大杰作：教堂正门。因空间狭小而显得“不现实”是对现实扭曲的表现，但这种扭曲是有意识地受美学和宗教动机支配的。

在 12 世纪最初 30 年中，作为法国南方造型表现形式的罗曼艺术开始衰落。它的最后一次绽放是在一片深受罗马传统浸染的土地上：圣吉尔-迪-加尔（1170 年前夕），这座教堂恰好能让人想起它的古代渊源。

新风格的产生：哥特艺术

从很多方面看，罗曼艺术其实已经表明古代传统走到了尽头。1100 年前夕，就在罗曼艺术达到其最完美的平衡的时刻，一项新的革

命性建筑技术开始在北方各地运用，而此前这些地区一直坚持使用木质架构。例如，诺曼底的朱米埃热修道院会议大厅，英国的达勒姆大教堂的祭坛大殿，都采用了这种新技术。在这些初步尝试之外，具有决定意义的是这一新风格在法兰西岛的发展：法兰西风格传遍整个欧洲，并迅速取得成功。巴黎周围地区在建筑方面的成就，恰好反映该地区作为政治、经济、思想和艺术轴心的地位……

这是一项新技术：它本身来自罗曼建筑师们熟悉的尖脊穹顶，尖形拱肋的相交由置于尖脊下的肋条完成，肋条还有加固和支撑尖脊的作用。与从前的技术相比，现在的进步在于将“尖形拱肋”突出于穹顶之前，并与平顶隔栅相连。为了更好地保持整个建筑的平衡，已经在勃艮第广泛使用的尖顶拱比半圆拱腹更受青睐。这样一来，人们就能搭起一个名副其实的骨架，现在只要在用薄墙填充梁柱之间的间隔以封盖整个建筑了。穹顶很轻，依靠支柱便可支撑，而且穹顶可以升得很高，只要有拱扶垛支持：拱扶垛是一种辅助性支撑物，可以扩大建筑的基座、更恰当地分散应力。巴黎圣母院的大殿中率先使用了新穹顶技术（1163—1180年）。此后，墙壁不再支撑任何东西了：整个建筑完全依靠拱顶和支柱。“从这一点来说，建筑不再是堆起来的，而是一个组合起来的瘦长而开阔的实体”。（雷奥波德·热尼科）

这种建筑风格起始于瓦兹的默里安瓦尔教堂的回廊（约1122年），随后的20年间在博韦西、庇卡底和巴黎各地小教堂中流传，不久便进入更为宏大的建筑中：在桑斯、在卢瓦尔河上爱德教堂、以及在朗格勒的大教堂中。不过，这种建筑风格的真正确立是在圣德尼，“所有修道院中最具帝王之辉煌的”修道院——苏热曾于1132—1144年修建修道院的大教堂——在那里，数学的基本原理与受夏尔特尔学派的新柏拉图主义启发的哲学思辨完美地结合在了一起，这种结合的目的是“启迪人的思想，并以真正的智慧将人引向真正由基督开启的真理之光”。

与此前的建筑相比，这种新风格引人瞩目的地方在于对垂直角度的偏爱，对统揽一切内部秩序的上天的不可抗拒的冲动。但这也是光线的胜利：光线从众多的玻璃窗、列柱之间宽阔的空间和正墙上的大圆花窗中透进来。从前的彩绘玻璃窗艺术复兴了：无数色彩、大小和形状至为不同的玻璃片以铅浇注的方法来拼接，可组成各种高贵而富有表现力的形象，或以其光线效应让人联想起圣经故事、圣徒传记、甚至日常生活中的场景：玻璃能“将金毛色的太阳光投射到地面上”，并幻化出从深蓝到鲜红的各色光彩。

与罗曼时代相比，雕刻也发生了变化。在这个艺术领域，灵感很大程度上也是在苏热的影响下迸发出来的。从圣德尼附近开始了一场
253 波及各地的艺术运动：哥特式肖像排斥了各种想象物、各种旨在强调基督教奇迹中的人类因素的可怕而光辉的造像。旧约是福音书的序曲，它预示着基督的受难、末日审判和天堂。耶稣诞生的主题和圣母形象在勒芒、布尔日、埃当普、拉昂和桑利斯的教堂门楣上占据的位置越来越大。在随后的创作中，人物的自然主义特色成为了规范。雕刻不再歪曲表现对象了；雕刻家开始凿制浮雕，雕刻品也开始同建筑整体分离：圣德尼的门廊和夏尔特尔大教堂正门上点缀的国王和王后、先知和使徒的像柱就是如此。雕刻艺术中还诞生了一种新的人性观：在哥特艺术的“视域”中，低垂的眉毛和褶皱的眼睑与罗曼式的“眼神”判然有别，前者初露的笑容让人物的脸庞显得颇有神采。由于这种向更贴近人性的宗教的回归，教会赋予了画家和玻璃匠以新的使命：教化。

事实上，这些艺术风格传播很快，还有一点确定无疑：苏热把泥瓦匠、画家和玻璃匠的队伍从南方的各大工地上招引过来，这些人对新艺术的传播作出了贡献。我们知道，他们曾于 1145—1155 年间为夏尔特尔大教堂的宏伟正门而工作，而他们的指导思想同样体现在桑斯（约 1140 年）、桑利斯（1155 年）、拉昂（1155—1160 年），最后还有巴黎：巴黎圣母院的祭台出现于 1163 年，大殿建于 1180 年；与此同时，苏瓦松的新教堂也矗立起来。最早的哥特风格浪潮发生的地点很能说明问题：所有这些大教堂全都坐落在卡佩王家领地的城市。这种集中化同样显示出我们前面几次提到的双重趋向：法兰西岛的优势地

位和城市的优势地位。

与建筑艺术相比，其他艺术形式地位较低，它们中间只有音乐艺术明显经历了同样的运动：里摩日的圣马夏尔修道院中孕育的复调音乐也出现在了巴黎，莱奥南和他的学生、大佩罗坦先后在巴黎写下了12 世纪末的卓越作品。在其他方面，金银匠、利穆赞的搪瓷工、装饰画师和象牙雕工更加依附于他们的传统作坊。当然，日益频繁和便利的交往使他们之间的隔绝状态有所改观。他们的生产也不可避免地走上革新之路，或是因为花色选择，或是出于加工物品的选择。

四、骑士阶层和世俗文化

如果教士在思想、艺术、宗教信仰领域有十分突出而活跃的表现，那么作为世俗特权者的骑士阶层也同样如此。经济的发展深刻改变了前一时期乡村武士的生活条件。现在，他可以从其领地获得丰富的货币收入。如果他的领地中有肥沃的土地、活跃的城市和顾客众多的集市，他的收入可以达到非常高的水平。虽然收入的波动性很大，但一般来说还足以让他阔绰地花钱——12 世纪贵族的外在表征——慷慨地招待宾客，供养自己周围的武装扈从和家仆，向教堂和修道院布施，总之，他会使自己的形象符合人们心目中的理想贵族。正是在这些“排场”中，贵族的心态发生了改变。

战争人士……

但粗野的武力行为并未失去其吸引力。手执长矛、擎苍牵黄的狩猎活动粗犷而血腥，但它仍然是深受喜爱的一项普遍性的消遣，尤其是在贵族不能打仗的时候。因为战争仍然是这些小贵族生存的理由，对他们来说，健壮的身体是头等重要的。11 世纪末，防御装备确实有 254
了改进，与此同时，铁匠的技能也在进步：柱形尖状头盔配上了护鼻，即一个保护面部的金属薄片；锁子甲由铁链环或小铁圈构成，可以保护全身。战术也发生了变化：盔甲的重量使得骑士不能下马，战斗于是成了轮番冲锋，战士在战斗中特别需要利用长矛冲击敌人，将对手掀下马，俘虏后索要赎金。

我们听听罗兰怎么说的吧（老天，他的苦头真是太多了）
他用马刺扎马，让它全力狂奔，
倾尽全力进攻伯爵。

（《罗兰之歌》，1196—1198 行）

这种复杂的运动需要有充沛的体力、使用武器的高超技巧以及熟练的骑术：因此长枪比武、骑士比武以及各种形式的游戏——如刺像靶——也是一种训练，虽然总是很残酷，但对正确掌握作战技能来说是必要的。另外，在混乱的封建制度下，虽然武士之间会通过家族血缘关系或分封庇护中的誓约关系而形成某种团结，但施展他们打仗才能的机会还是不少。法国境内的情况要好一些，因为教会的努力（上帝的和平）和大贵族的意志逐步使和平成为主流，虽然这种和平还很脆弱，但毕竟降低了私战的频率。但是在境外，多次的军事远征给了那些穷困的家族幼子们以成功和迅速致富的希望。大批冒险的青年响应大胆的诺曼底人的号召。还有多少人在西班牙同穆斯林的战斗、从而开启了延续几个世纪的“再征服”运动呢？有多少人护送越来越多的武装朝圣者前往圣地的基督墓呢？终于，在 1095 年的克莱蒙教务会议上，乌尔班二世的号召引发了一场名副其实的向巴勒斯坦的移民运动。十字军是件卓越的善事，因为它将长时间地动员骑士阶层的过剩能量：这是一场群众运动：在 30 年的时间内（1097—1127 年），法国有一半的骑士前往西班牙或海外同穆斯林进行为时或长或短的战斗。

……残酷的风尚有所缓和

不过，十字架旗帜指引下的征途和同十分发达的伊斯兰文明的接触，反而使得残酷的骑士心态大为缓和了。除了忠诚和勇敢的品质外，骑士还须具有基督教的美德，而这些美德是受一种强烈的人道关怀感召的。作为弱者和被压迫者的保护人，这些“勇士”还要勇于改正错误。授甲礼就反映了这种变化：在仪式正式举行和宝剑祝圣之前，未来的骑士应先退回营中，并在教士的指导下祈祷。从此“基督战士”
成为武士中的一员，一些在圣殿骑士团和医院骑士团服役的苦修僧
侣—士兵被视为他们中间的精英，而这两个骑士团也接收了无数的捐
赠。骑士的生活方式也发生了转变：四周田野环绕的厚重塔楼让位给
了更为宽敞的居所，房子里还可以招待行吟诗人和旅行者。饮食变得
精致了：餐桌上出现了水果和香料。服装也不那么简陋了：“紧身上
装”一直垂到脚上，上面罩着带长袖的长袍，身上还披着斗篷。衣服
现在更为宽松，料子是阿图瓦、庇卡底和佛兰德尔等地生产的，质地
更细腻、色彩更多样——有时还以丝绸绲边，点缀以灰鼠皮和貂皮，
当然只有很高级的封建主才有这样的衣服。爱打扮的风气到处传播，
金银匠和搪瓷工制作的珍贵宝石也有人问津了，而且这些顾客越来越
挑剔。最后，领主身边一些有学养的文书在为他们撰写文件，处理复
杂事务，他们的出现有利于消除封建早期贵族当中特别流行的对文化
的鄙视。在这些相互作用的因素的影响下，一种新的环境诞生了，在
这种环境中，另外一些模式也受到了赞赏。它首先出现在西部，出现
在以诺曼底公爵、安茹伯爵、特别是以阿利埃诺尔·德·阿基坦为中
心的“宫廷”中，这些宫廷是新文化的小型中心，它们的数目不断增
加，一直扩展到香槟和佛兰德尔，并给新的贵族社会奠定了基调：这 255
将是一个比以前更为礼貌、更为文雅、更注重学识的贵族社会。

武功歌和抒情诗

这个新群体十分热衷于文学方面的消遣，如行吟诗人和游方乐师们吟唱的诗歌和故事，他们有时自己创作，有时解读别人的作品。

在北方的奥伊语地区，即诺曼底、卢瓦尔河谷和法兰西岛，史诗体裁在 11 世纪末盛行一时。在十分古老的历史画卷上——如加洛林时代的记忆——行吟诗人根据听众的喜好而加入了一些战争传奇故事。他们根据不同诗歌片段的相似性及其自以为是的巧合而将它们拼缀在一起，创作了“武功歌”或“组诗”，这些作品以某个史诗人物为中心，如拉乌尔·德·康布雷，威廉·德·奥兰治，查理曼。这些武功歌中最优秀、最著名的是《罗兰之歌》。它的历史依据是 778 年巴斯

克人在龙斯沃峡谷对查理曼的后卫部队的大屠杀，布列塔尼边区长官罗兰就死于这次战役。这部十音节叠韵史诗长达 4000 行，并且进行了一些大胆的创造和改编（如罗兰成了查理曼的侄子，萨拉森人取代了巴斯克人，等等），它歌颂的是武士美德、封臣的责任感以及对故土的眷恋——“甜美”的法兰西——还有对萨拉森人的圣战，在 1100 年左右，这些主题仍能激发北方封建贵族的热情。

而在南方，在普瓦提埃和里摩日之间的地区，最早的奥克语文学开始崭露头角；作品主要是些短诗，作者当中还有贵族，比如阿基坦公爵纪尧姆九世（1071—1127 年）：“歌唱能祛除我的欲望，我的悲伤也能化为歌谣。”这些短诗由专业的游吟诗人歌唱，他们善于将旋律与主人的话语结合起来，而其助手则以舞蹈或耍把势来取悦观众。爱情是这些抒情歌谣中永恒的主题，它或是展现出理想和感性的一面，如若弗雷·吕德尔的诗歌，或是以具有讽刺意味、但又不乏优雅的现实主义面目出现，如马尔卡布吕的作品；不过这些作品均以其典雅和考究的表达方式而与当时粗犷的激情判然有别。

骑士爱情

这种文学热潮中折射出骑士对妇女——贵族理解的妇女——的心态的明显变化，而这一新态度已经反映在 11 世纪末圣玛德莱娜崇拜的兴起和日益发展的对圣母的崇敬中了。

在城堡里，妻子不再仅仅是首席女仆、家族的繁衍者和武士的睡伴，她成了平等的伙伴，在丈夫外出打仗或参加十字军时有资格管理领地事务。她的出现使领主的宫廷出现了欢快愉悦的气氛，祛除了一直笼罩在这里的粗俗特征。一个很有意思的类似情形是，爱情融入了封建生活中，并有了自己的规则和特定的词汇。

于是出现了所谓的骑士爱情，在这种情感中，骑士要向他的夫人行“效忠礼”，并像一个封臣忠于封君那样忠实于妻子。这种风气诞生于南方，在阿利埃诺尔·德·阿基坦的宫廷中发扬光大，并随她一起传到了巴黎，然后又随她定居布卢瓦和香槟的女儿们进一步传播。北方也受到这种风气的感染，行吟诗人创作的织女情歌、牧羊女之歌、

晨曲和韵文剧风靡一时，这反映了心态变化的广泛性。 256

“传奇”的流行

“传奇”面向的是品位更高雅的读者。传奇就是一些爱情、历险和魔法故事，但这种八音节的平韵长诗不是为歌唱、而是为在较为私密的圈子里朗读而谱写的。它们是以一种新的语言书写的——它们的名称①指出了这一点——这就是法兰西岛的方言，而传奇作品正好促进了这种方言的传播。题材的选择是很深的学问，且受到教士的影响。事实上，故事的情节编排有时是古代作家提供的：维吉尔、奥维德，斯塔提乌斯，但诗人以自己的想象力在其中插入了爱情纠葛，如《底比斯传奇》(1150 年)、《伊尼阿斯传奇》(1155 年)、《特洛伊传奇》(1165 年)。稍后，在 1170 年前后，“布列塔尼题材”盛极一时，它表现的是传说中的威尔士国王阿尔图斯和他的圆桌骑士们的故事。特鲁瓦的克雷蒂安以此为启发，创作了《埃里克和埃尼德》(1168 年)、《朗塞罗或马车传奇》(1172 年)、《伊万或狮子骑士帕西瓦尔》；诺曼底行吟诗人贝鲁尔则把布列塔尼题材编织到其《特里斯坦和伊索》的曲折情节中，玛丽·德·法兰西后来在她的《忍冬小诗》中再次利用了这个主题。克雷蒂安的《帕西瓦尔》则带来了一场与骑士阶层的演变相平行变化：《格拉尔》反映的是一种神圣爱情的神秘观念，而加拉德这个人物歌颂了守贞、纯洁的美德，这些美德刚刚成为基督教骑士传统法典的补充。

通往新的心态

以上所提到的情况反映出一种决定性的变迁：12 世纪末的贵族更讲礼貌、更重学识、在生活方式和情感方面更讲品位，他们的心态与其 11 世纪的前辈已经有了深刻的差异。上述“宫廷”和“文人”的影响至少波及到一个有限的阶层，但也是唯一具有重要意义的阶层。毕竟正是这个阶层以最快的速度推动了前进的步伐、促进了形式的创

① 传奇，法语作 roman，在法语中的另一个意思为“罗曼语”。

新和新颖大胆的成果的出现，而这些形式和成果堪称“伟大的进步世纪”的标志，虽然当时人们对此并没有充分的感受。这场运动的原动力集中于法兰西岛，在这片生气勃勃、人口众多的肥沃土地的中央，卡佩国王也为他的权威奠定了基础。一个辉煌繁盛的局面所需的条件已经齐全了。

第十一章　卡佩王朝的整合 257

1180—1270 年

这个国家的所有力量都聚集到国王和巴黎的周围

1180 年 9 月，当年轻的菲利普二世继承路易七世登基时，他的权威并非没有受到挑战。他的联盟势力和庇护关系一直延伸到南方，但他那位金雀花家族的封臣却控制着全国一半以上的土地以及这些土地上的主从庇护网，甚至远方的图卢兹大采邑也成为主权对抗的舞台。国王生活在高级教士和僧侣们的包围中，但“穷苦人”却追随地下布道者的说教，在纯洁派流行的地区，完人（parfaits）在不到三十年的时间内便控制了几乎所有的基督教阵地。

在卡佩家族的领地，王家艺术在大教堂学校中发展壮大，它见证了一个新的时代、一种新的信仰，但整个南方仍是墨守陈规的修道院的天下，那里弥漫的是罗马的传统和贵族式的梦想，王家艺术在这里被拒绝或被歪曲。在历经三代人的繁荣过后，君主制度获胜，异端被扑灭，法国的艺术到处传播。因为法国北方——城市的、集市的、王家领地的北方——在西方世界新的发展浪潮中处于中心地位，而且速度更快。

258

一、经济集中

一个商业繁荣的世纪

法国位于一个更广阔的世界的中心……

北欧已经不再是传教士和商人冒险的天地了。从莱茵河和北海地区出发的殖民者开垦了奥德河流域的新土地，并定居到维斯瓦河①以东，形成一个日耳曼军事修道团的“帝国”。在整个波罗的海沿岸，新城市的出现标志着进步的历程，以致斯堪的纳维亚半岛的峡湾也向德国的商人开放了；在吕贝克商人控制的新经济空间中，斯卡尼集市和哥德兰岛成为了中心，而且这个空间已经和英国及佛兰德尔的港口建立了联系。早在 1250 年前，布鲁日就向一个广阔的商业世界的港口敞开了大门：这个世界一直延伸到芬兰湾、甚至到诺夫哥罗德。

从西班牙到黑海沿岸，欧洲西北部的产品找到了新的销路。热那亚、比萨以及紧随其后的加泰罗尼亚及阿拉贡城市，都在马格里布海岸广设商栈。已有一些定期商队航行到亚历山大。从塞浦路斯到巴利阿里群岛，所有地中海岛屿很快都落入了基督徒手中，因为威尼斯改变了 1204 年第四次十字军的征途，在拜占庭的废墟上建立起一个殖民帝国，控制诸海峡并进入黑海。意大利诸城市在大量进口东方商品的同时，也注意发展自身的手工业，并派遣水手和商人前往新的市场。在 13 世纪中叶之前，配备艉柱舵和三角帆的热那亚船只已经在西班牙沿岸航行，它们在那里碰到了比斯开湾的水手，后者来自森通热和布列塔尼，其业务是向英国和弗拉芒港口转运铁、葡萄酒和盐，而与此同时，锡耶纳、阿斯蒂和卢卡的商人则同阿图瓦和佛兰德尔的呢绒商在巴黎到洛林之间的市场上会面了。因此，法国的四面八方都有西方

① 一译维斯杜瓦河。

世界的主要商道环绕或穿越。不过，它自己也是一份巨大的产业，人口众多，富有商业潜力。

……更加富庶

这个时期，法国的人口持续增长，此外还有移民涌入，居民点的数目也在增加。在以前开垦的土地上，农民聚落中的人口变得更为密集；在朗格多克、佛兰德尔和法兰西岛，城市因为过剩的农村人口外溢而开始膨胀。在庇卡底，农村居民点从未这样稠密过。虽说12世纪末的生存条件尚很艰辛——缺粮、瘟疫、四个可怕的荒年——但随后的危机间隔时间较长，波及地域较小，而且为时较短。相对和平的局面也有利于人口增长，除了因十字军而遭受重创的朗格多克，政治冲突都没有造成严重后果，诸侯在执法时没有遇到太大的困难。

人口不仅有了增长，而且饮食也有了改善。虽然众多穷人依然只能满足于清汤寡水、黑麦面包、乳制品和果类，但享用小麦面包、奶酪和以香料及葡萄酒加工过的肉制品者已不再仅限于富人。在贵族的餐桌上，丰盛的菜肴已成为一个越来越开放的世界的典型表征。菜肴的数量和用餐的礼仪导致了更多的复杂要求，所有有能力的人都应竭力迎合之，这些要求无所不在，但首先表现在衣着上。现在，身穿乡野僻壤中生产的粗劣衣料的只是仆役和圣方济各修士，后者这样做乃是谦卑所要求的。紧身短装和粗皮料成为庄稼人和“体力”劳动的标志。市民和贵族在其色彩鲜艳的呢绒外套上还加上一层珍贵毛皮，他们的长袍褶皱宽大，内衣为亚麻料，他们还喜欢以产自东方或意大利作坊的“锦缎”和绸布来点缀衣服。

对于富人来说，服装也在不断变化中；从菲利普·奥古斯都时代起，一些卫道士开始谴责青年人奇特的穿戴：锯齿状的衣服、带 259
羽毛的上衣和多层的鞋子。无论在城市还是在城堡内，贵族的态度都对当时的社会生活产生了很大影响，因为当时是个生活宽裕的时期，更何况这些态度表达的是一种追求更好生活的普遍愿望。随着生活空间的扩大和人口的增长，更为强烈和多样的需求刺激了生产和交换的发展。

新的工具体系

道路

法国各地的道路都大为繁忙了。首先是沿途间隔有驿站和流沙地带的水路，但它能以低价远途运输重货，陆上道路还只是些骡车和猎马车队通行的小道，不过一些坚硬的道路已能承载四轮车和两轮车，人们在最艰难之处建造的桥梁（如1185年完工的阿维尼翁大桥，里昂的罗讷河大桥和圣埃斯普里大桥也随后建成）及跨越河流和隘谷的众多人行木桥改善了道路的原始状况，这些工程堪称善举。道路沿途也不再那么荒凉：小村庄、新城市、客栈众多的集镇、修建于关隘处的旅店日渐增多，它们承担了过去修道院的部分职能，成为人们歇脚投宿、喂养牲口和安全存放货物的处所。道路也比以前更安全，更多的车夫愿意上路了。最后，伯爵男爵等封建主以及法国国王都强调自己对大道的司法权，并将旅客置于自己的“指导”下。因此，政治权力的再集中有利于道路的规划，而由于君主制度以巴黎的力量为基础，故它已将道路引向了王国的首都。外出旅行不再是日常生活中的危险事了。大商人可以把货运事务托付给专业运输商，自己则可专心做生意。道路上的商人冒险家越来越少，交通日益正规。

货币

同样的力量也逐渐战胜王国全境内的货币障碍。在法国通行的货币种类繁多，一个地区甚至并行好几种通货。勃艮第有6个铸币厂，香槟伯爵领有5个。德尼埃的成色经常遭篡改，虽然它到处泛滥，但在大宗交易中却成为不堪使用的小额劣币。

12世纪末，在地方货币储备严重不足时，此地应不大可能出现小额通货驳杂的情况。通货流通的加速、流通过程中的自然淘汰以及人为的努力，这些都有利于规范和稳定货币体系，使其适应商业交往的实际需要。

这是一种货币体制的简化过程，其运转有利于良币、即稳定的通货的大量发行。在13世纪初的香槟，三个铸币厂制造同样的“普罗万”德尼埃。里昂、勃艮第、罗讷河谷的货币则向声誉卓著的维埃纳德尼埃看齐。在这一过程中，作为王家货币的“巴黎”币及随后的“图尔”币发挥了首要作用。王家通货很快就打入各地，无论是在阿图瓦还是在朗格多克。1262年，当国王以法令形式宣称他的货币通行全国、而领主货币只通行于自己的领地时，他只是在确认一个事实而已。圣路易死去时，虽然货币多样化的局面仍然存在，但所有主要货币彼此间都确立了简易的兑换关系，而且都在向王家货币让步。此外，国王还保有铸造新的重型货币的权力。1266年，以意大利白色硬币为楷模的大额德尼埃银币铸造发行，它很快就在各商业区取代过去的德尼 260
埃，后者转而充任辅币的角色。不过大宗商业中还使用意大利的金币，圣路易试图仿造之，但没有成功。

信用

在一场真正的革命过后，货币体制总是感到通货严重不足：金属储备不足，因而导致铸币相对稀缺。不过货币的稀缺也有其积极效应，那就是它抑制了价格的上涨——但价格的上涨能刺激所有生产部门——因而能在相对稳定的条件下实现理想的发展模式。但是，货币符号的不足妨碍商业活动。于是信用就作为补充手段出现了。这里指的不是昂贵的、高利贷性质的抵押信用，它不仅受到教会的谴责，在经济上亦无意义，而是交易柜台上形成的更为灵活的货币交易形式：可流通的借据、可在另一地支付的债券、转账（圣殿骑士团便是一家真正的储蓄银行，只要凭一份简单的字据，便可以在巴黎兑现在伦敦或东方发出的债券）。

这一可以支持经济发展的新技术在香槟各集市达到了最高水平。

欧洲的商业中心：香槟集市

由于香槟伯爵领的地理位置，由于历任伯爵的明智政策，由于对此前各种分散措施的整合，从12世纪末起，香槟这一古老的交易集散地成为了欧洲大商业的中心，并在近一个世纪的时间内充当了从北海到地中海的商业活动的节拍器。六次集市在四个城市中相继开市，其间没有大的间隔。每年的商业周期开始于拉尼，随后是奥布河上巴尔，接着依次是在普罗万和特鲁瓦。每次集市为时 3—6 周。在集市头几天，商人忙着布置货摊，比较商品的质量和价格。随后他们获准销售；最后几天是“结账日”，专门用于付款和签约。

香槟这一四方形的商业区是佛兰德尔呢绒出口的主要中心，这里销售的呢绒甚至远销到遥远的东方。德国人带来的交易品是毛皮（或是他们从森林中取得的，或是从波罗的海商栈转运而来）西班牙人的商品是莱里达或巴塞罗那的皮革，意大利人是主要的顾客，他们的交易品是染料和香料。

每次集市结束时的划账支付制度使得这里的成交额远高于可支配的货币能力。这个大市场的稳定性和长期性使得定期债券的结算成为可能，于是信用制度在各个市场发展起来，稳定的货币行市之确立也有了可能。1230 年后，精通商业交易的锡耶纳人开始常驻香槟集市。虽然这些集市从来都没有垄断欧洲的商业，但它们已是整个欧洲的“交易所”。

经常光顾这里的商人很快就自行组织起来。早在 1230 年之前，塞纳河和默兹河之间的呢绒业城市的代表就组织了一个广泛的集体防御同盟“十七城商业公会”；意大利人居住区有了“领事”，普罗旺斯和朗格多克商人则受一位“总管”约制。因此，同一个经济区的不同城市加强了联系，而南方的港口、通往香槟道路上的驿站、罗讷河谷的交通要道都因商人的聚集和通行而活跃起来。在奥布河与马恩河的两岸，在离卡佩王朝著名的庞大都城不远的地方，西方世界朦胧地意识到一种由城市繁荣组织起来的一体感，而香槟集市的成功将把这种繁荣推向新的发展天地。

261
13 世纪城市的发展

新的城市繁荣

这一时期的城市人口更多、力量更强。经济的发展、上层权威的稳定或重建、教会的新关切和人口的增长，所有这些都有利于城市成为地方生活的神经中枢。

从埃斯科河到塞纳河，12 世纪那些生机勃勃的城市正在向各个方向拓展它们的新城区，并跨过了已经改造成运河的护城河。在布鲁日、根特、阿拉斯和所有呢绒工业城市，空地都已盖上了房屋，众多难以控制的人口使得新教区的设立势在必行。巴黎的人口可能已经超过 5 万，这些人除了来自法兰西岛的农村地区外，整个法国北部都有之。1200 年后，朗格多克的城市密度堪与佛兰德尔和巴黎盆地相比。图卢兹的人口在 1.2—1.5 万之间。另外，交通要道和港口取得了令人瞩目的发展：位于索恩河和罗讷河之间的商业城市里昂与作为教士城市的里昂分庭抗礼；波尔多城墙的周围已经被近郊城区包围；拉罗歇尔的码头四周聚居着来自整个西部农村的移民……

整个省区都感受到了城市生活的脉搏。无论是在富雷和博若莱，还是在奥弗涅，权力机构的集中在长期被隔绝的堡垒周围催生出一片仆役、小商贩和工匠的聚居区。附近村庄的居民也来这里定居，沿途均留下了他们的痕迹。大道两旁的小镇不断扩展，不久与大道相交的道路两侧也出现类似情形。这些小镇现在有几千号居民，由于其功能各异，它们可以区分为紧靠市场的小镇和勉强从农业世界中游离出来的“新城”。1180 年后，第二类小镇经历了四代人的繁荣发展期，以致法国的城市地理图几乎需要重建了，而在城市内部也出现了新的面貌。

面貌改观

在商业活跃的区域，很多城市将其新城区与老发展中心合并。在最年轻的城市，一条不显眼的围墙此后把堡垒旁边发展起来的商业街圈了起来。在巴黎和普罗万，城墙的规模已经十分巨大。但在城墙外，杂乱无章地搭建起来的低矮棚屋不断扩展，以致快要与巴黎近郊的病人收容所和医院相比邻了：在这些乡村模样的近郊区，方济各会和多明我会的修士会在某个艰难岁月建立起教堂，如果他们在盛气凌人的城墙内的葡萄园和花园中找不到地方的话。在市中心，由于空地日渐稀少，地价昂贵，多楼层、临街面狭窄的房屋开始增多，虽然它们仍是木质的，但已经很阔绰了，这些房子构成一面奇特的挑墙，或像尖耸的山墙，从各个方向包围着蜿蜒曲折的行车大道和错乱如迷宫的小巷。它们通常还掩盖了城市的另一面，这就是耐火的地下空间：大厅、通道、客栈、货栈和掩蔽所。“伦巴第人”、金银匠和呢绒商的店铺和当时已比较高雅的贵族聚居区（有时还能见到石头建筑），都围绕君主的城堡、钟楼、呢绒市场和宗教堡垒铺开（而宗教城堡本身就是城中之城，它有自己的隐修院、议事司铎的住宅、以及自己的监狱和仓库），这些建筑在新教堂高耸的白塔面前都相形见绌，这些塔楼从离城很远的地方就能看到，它们是一个聚落中心的标志，教堂和修道院的尖顶就是城市密度的标志。

从卢瓦尔河到阿图瓦，教士们的雄心、封建主的权威和商人的金钱共同开创了一种新的城市体制，这一体制将成为数世纪内西方城市的标志。

262 *多样的活动*

城市的景观大体一致，但功能却不一样。从这个时代起，城市中以商人为中心的手工业活动种类之多令人吃惊。在所有城市中，新的行业不断涌现。1260年左右，巴黎共有130多种行业，到该世纪末已经接近300种了。顾客的急剧增长、物质方面的进步、新的需求是这种劳动专业化的原因。人们不会去同一个工匠那里定做长袍或短裤、而同时又购买带羽毛的帽子或孔雀帽。从此，服装、皮革、五金和木器工业中都有了众多的专业工匠，他们把产品的精致和质量视为占领城市市场的根本。聚集在同一条街道上，按需求生产，行业协会或兄弟会——它们逐渐有了明确的法律地位，并服从城市法规——相对平等的微型生产单位，缺乏生产工具和资本：这些就是手工业生产的基本条件，也是生产的桎梏。不过呢绒工业有所不同，它是西方世界的尖端产业，利润、声望和劳动力都不缺乏。在佛兰德尔和阿图瓦，呢绒业几乎完全集中于城市。12世纪末起，这个产业在整个法国北部扩展，一直发展到塞纳河。在亚眠、博韦、鲁昂、马恩河畔夏龙和兰斯等新的呢绒业中心，人们努力仿造布鲁日和根特的亮色重呢绒、伊普尔的深蓝色呢绒、杜埃的“鲜红细呢绒”以及阿拉斯较为轻质的呢绒。在这一“大呢绒业生产”中，城市活动的复杂化孕育了极端细化的劳动分工，但这种分工目的不在于增加产量，而在于提高质量；任何机械化操作都受到质疑；在乡村广为使用的缩绒机，在大型呢绒工业城市却受到禁止，原因据说是它的工作质量低劣。在13世纪，由于商业设施的改进推动了不同城市之间的竞争，因而对产品之纯正优质的关切更为强烈；市政机关的规章对原料质量、使用条件、加工标准都作了详尽规定，要求买卖行为公开，并应接受城市巡查员不间断的监控。因此在城市里，微型生产单位依然存在，其地位甚至因规章而强化；不过，纺纱工、精梳工、织布工、缩绒工、挂毯工、甚至染布工都得依赖呢绒商，后者提供原料、确定劳动价格并垄断销售权。在小作坊的点缀背后，呢绒工业城市构成一个完全由商业资本主义控制的庞大工场。

富人、工匠和穷人

城市的繁荣将城市的解放运动推向了顶点。从“法兰西”到阿图瓦，正在崛起的君主制国家承认了那些古老的公社，并同意建立新公社，勃艮第和博若莱也在照搬公社宪章。“鲁昂机构”体制从普瓦提埃传到了巴约讷，与此同时，“市政官”在整个罗讷河谷地人为普及。但几乎所有地方，甚至包括不久前还享有民主体制的城市，都出现了少数家族垄断市政机构的局面。1194年颁给阿拉斯的宪章将市政职位留给最显赫的人物去瓜分。这个宪章成了一种政府模式，不到50年的时间里，佛兰德尔的所有大城市都采用了这种模式。这个地区就像朗格多克一样，“富人”垄断了权力机构。这些人的祖先或许是在为领主效劳时致富，但更经常的是因为远途贸易而发财；现在他们周围仆役成群，城里的公馆上也盖起了塔楼。他们总是忙于生意，不过也会借钱给诸侯，关照自己的家族，儿子娶妻必须门当户对，并形成了完全类似于贵族的家族集团。作为城市自由的担保人，他们将公共负担 263
转嫁到最贫困的居民头上，并利用城市财政来牟取自己的最大利益。在大型呢绒工业城市，他们的权威是无限的；他们是唯一能够廉价购买羊毛、唯一能到远方市场销售的人：他们是房东，他们确定劳动章程、原料和产品价格，他们属下的行会成员垄断了销售市场，并将手工业者降低到类似于工资劳动者的依附地位，他们还反对成立任何同业公会，企图把城市置于他们的财富、法律和仲裁之下。

巴黎的阿罗德家族和巴尔贝特家族、里昂的夏波奈家族同样也是城市贵族；不过，在佛兰德尔和阿图瓦之外，城市产业的多样性使得富人们没有获得同样的地位，城市的社会结构也更为灵活，对抗也没有那么强烈。在索姆河和卢瓦尔河之间的地区，我们可以发现团结互助的手工业阶层，“会所”和“慈善基金”维持着他们的互助友爱关系，他们还在主保圣徒的祭坛前共同祈祷，以此求得集体保护，另外，在手工业阶层中，师傅、帮工和学徒经年累月地共同进餐，且住在一个屋檐下。有关手工业传统的镀金传说所保留的都是这些内容，但是，严格的职业等级确定了每个人在宗教游行中的位置，这种等级也是一个层层鄙视的制度。有些从业者具有贵族风范，可以不事劳作还能大摆排场，另一些从业者则能发财致富，但大部分从业者无法达到安逸的境地，而只会给人打上日常艰辛的烙印。最后，每个行业都有自己的师傅联合会。如果说帮工总有取得师傅身份的希望的话，那他首先应积攒足够的钱财以获得市民身份，有时还需“花钱入行”，如果师傅的位置还没有预留给他的儿子的话。因此很多人终身都是帮工，至少在某些已经出现同业公会制度的城市是这样。

尽管社会分化愈益明显，尽管存在严厉的管制措施，但城市毕竟是个新世界，一个充满社会上升或发财机会的奇妙地方。法兰西岛流传着一个关于巴黎富裕市民的故事，此人从前曾拿着个粗陋的盆子到处卖肉，发财后他让人在盆子上镶上金银，而《艾约尔》（*Aiol*）的作者在谴责高利贷时更强化了人们的错觉：“大肚子艾尔桑夫人和她丈夫都是勃艮第人。他们来到奥尔良这个大城市时，身上仅剩下五个苏。他们穷愁困苦，饿得气息奄奄；但他们竟靠高利贷在五年内发了一笔财。接着三分之二的奥尔良城都抵押给了他们，他们还到处购买烤炉和磨坊，剥夺所有诚实人的继承权。”为了实现自己的梦想，有多少人割断一切牵连、来到陌生的城市过着凄惨的、几近于乞讨的生活呢！1250 年时，农村繁荣的受害者中为数最多的就是这类不幸的先锋者。

城市经济和农村世界的转变

乡村和金钱

城市花巨资修筑起来的城墙不应该遮蔽我们的视线。封闭的城市和周围农村的交流从来没有这样频繁过。当然，很多市民仍然靠耕种土地养活自己；但工商业、行政和宗教活动的集中使得那些只是附带从事农业生产的居民数量不断增长。从此，农民开始承担了为城市供应而生产的任务。12 世纪规模巨大的殖民事业增加了人员的流动性，13 世纪的城市繁荣带动了土地生产的繁荣。城市在向农村施加其全部的影响力。

首先受到影响的是附近地区，即城市的郊区。在离城墙不远的地方、在为城市提供零工的乡村的四周，出现了一些不同寻常的情形：
公有地已很稀少，荒地几乎看不到；自然的天地现在被规划为牧场和 264
精耕细作的园地，园地里种植着蔬菜、有时还有纺织作物或燃料作物，而悉心栽培的葡萄园更是到处可见。

正是在城市的郊区，那些已经以租佃形式从主要的城市领主权中取得收入的市民、城市贵族和商人，现在又以信贷方式轻易地控制了农民、耕地和农具。最富裕的市民在农村拥有土地，土地由管家负责监督，由工资劳动者耕种。从 12 世纪末开始，围绕在城市群周围的那片狭小的繁荣地带已经预示着一种新的农村经济的诞生。不过，除了这片狭小的地带外，扩张的城市还需为它的烤炉和屋梁而吸收薪柴和木料，为它的磨坊而输入小麦，为它的工厂运来必须的皮革、毛皮和羊毛。像佛兰德尔这样城市密集、以致要从基督教世界的边缘之处获取所需物品的地方毕竟是个例外；但法国北部众多的富庶城市、罗讷河流域和朗格多克的城市、西部的繁忙港口，它们所仰赖的地区范围一直在扩展中。

因此商业活动也在逐步拓展。人们沿着大道规划出稳定的商业路线，将各个城镇连接起来，不久这些城镇就因其市场或季节性集市而活跃起来。附近乡村的农民也来出售他们的剩余产品。在交易场或小客栈里，人们会碰到马贩子、服饰用品商或“谷贩子”，他们在怂恿人们作买卖。交换经济通过小集镇及其代理人而触及到最不起眼儿的农村聚落。

农村面貌的改观

因此，垦荒运动的最后阶段打上了城市的烙印，而且反映了对荒野和森林的新态度。到 1230 年左右，人们已不再在巴黎地区垦荒，20 年后，庇卡底的垦荒也停止了。虽然开垦荆棘的活动在勃艮第和阿基坦的某些地区仍很众多，但各地的垦荒都明显在减速。集体垦荒并最终创建新城的现象越来越少，到 1250 年，最后一批创建起来的新聚落通常是因为其他原因、或者只是靠削弱老村庄才能发展下去。在很多地方，矮林、森林和荒地的价格超过了耕地价格。这类土地的所有者禁止外人进入，领主的看守则限制以前公地的使用权；部分公地被人占据，圈上了篱笆，禁止外人进入，就像当时一些贵族给自己的城堡围上篱笆一样，这样做的还有一些大胆的农民，他们觉得自己很有力量，可以单独或与几个伙伴一起到村子边缘定居。在法兰西岛、布里、中央地区和博若莱山区，孤立的小房子或村庄纷纷从田地之间、从草场和林地之间冒了出来。这种新插入的居民点从此以教堂、收容所、骑士的住宅和修道院的自营农场为中心编织起来，它们是个人主义的领地，是草场和乔木林所有者们的聚集地，这些人因为出售羊毛、役畜、肉类、皮革、薪柴和木料而发了财。

这样，在过去领主管辖区的中央，形成一种与禁猎区不同的局面：敞地的景观更为一致化了。土地的缺乏和被占用导致集体轮作制的发展。在潮湿的北方，从法兰西岛的大农场开始，三年内依次种植小麦、春播作物——在阿图瓦和庇卡底则是小麦和菘蓝的轮作，菘蓝是呢绒业中亟需的染料——然后进行休耕的做法逐步推广开。与此同时，四次深耕的做法更为广泛，另外，由于农具的改良和马逐渐取代牛成为牵引畜力，农业劳动效率更高也更快了。因此，在法兰西岛、庇卡底

和佛兰德尔的平原上发展出了一种更为集约化的农业体制，从而在垦荒速度放缓的同时还能提高产量。 265

垦荒的放缓与葡萄种植业的飞速发展不无关系。生活水平的提高、对优质葡萄酒的追求推动了葡萄业的发展；葡萄园的工作使得很多衣食不周的农民有了生计，他们甚至在葡萄业的发展中获得了收益。1245 年，方济各会的萨兰本指出，在奥塞尔教区，“山冈上、坡地上、平原上、田野上……都是葡萄园。这个地方的人们不播种、不收割、不囤粮。他们只要通过附近一条通往巴黎的河流把葡萄酒运到那里就够了。出售葡萄酒能给他们带来不菲的收入，足够他们吃穿所费”。巴黎处于西方世界最大的葡萄园的中心，人们在那里买到欧尼和森通热的葡萄酒，就像在佛兰德尔各城一样，与此同时，英国的需求大大推动了波尔多内地的葡萄种植业。

……结构变化

在这个时期，交换经济的发展改变了领主和农民之间的关系。土地所有主对金钱的需求使得他们宁可向租赁者索要货币，而不是劳务或农产品。租金的货币化在前一个世纪已经屡见不鲜，1200 年后更是持续发展。一笔一次性确定下来的货币从此取代了年贡支付中的谷物和葡萄酒。实物地租在向货币地租让步。在朗格多克和佛兰德尔，地租从实物形式变为货币形式后，其价值不断下降，以致变得无足轻重，而租金的调整则遇到习惯力量和农民利益的抵制，农民承租地的经济条件逐渐与自由地的条件同化。农民土地的法律地位也发生了相同的变化。领主由于向这种土地的继承者或购买者收取转手税，因而乐于取消此前一直好歹维系着庄园或类似体制之团结的各种禁令。在 1250 年之前，负担货币年贡或实物年贡的土地已经成为租赁者自由处置的产业了，在佛兰德尔和巴黎地区，购买、出售和分层转包等行为使得土地破碎为很多小块。

由于货币经济的渗透，领主制结构中也出现同样的灵活性转变。圣路易在位末年，领主制所保留的权利仍是不可触动的——也许法兰西岛是个例外。不过，佃农农忙时节还要去给领主干针线活儿的劳役制度，很快被雇佣制取代了。因此，这个依旧保留的领主权以另外的方式为卑微的短工带来了一笔补充收入。导致大领地产生新经营理念、从而弱化监督体制的依然是货币的作用，因为在这些大领地上，领主忙于为其封君效劳，他只能将经营事务托付给租佃者，这类人或是在经商中致富的农民，或是追求利润的市民，或是教会大地产的代管人。正是由于这样的经营方式，城市资本加速向北方最发达的乡村地带渗透，而资本总是努力根据市场需求来组织农业生产。

因此，在继城市之后，货币也把大部分农村世界拖入了深刻的变化中，它改变了农业体制，并影响到农业活动的所有方面。

农民的解放和土地贵族的政策调整

特权的普遍化

农民是解放运动的主要受益者。从此他可以自由支配自己的劳动，劳动成果能够便利地、以较为理想的价格出售，农民觉得自己有很多新的力量，有时还能拥有货币。他将利用这些资源来摆脱那些恶劣的土地习惯法。

农民的解放起先仅限于新开垦的土地上，随后逐渐向过去的老土
266 地上传播。领主的财政窘境、各领地之间的竞争、城市自由的榜样——有时通过斗争取得，但更经常的是借助于金钱的力量——刺激了全国各地的农民解放，在圣路易去世时，农民解放已是既成事实或正在变成事实。农民解放宪章明确并限定了领主的征收，削减了某些负担，取消了其中最可憎的，确定了过去一直随意征收的军役税的总额和周期，并削弱了领主的商业垄断行为。

农奴——在13世纪初的法兰西岛，五个居民中有一个农奴——也像其他农民一样准备为自由而斗争或花钱赎买，以摆脱这种已经难以忍受的低下身份。1250—1251年，奥利的农奴团结了两千名农民，共同抵抗巴黎圣母院的议事司铎。农奴的集体解放经常伴随有授予他们的特权。1245年后，巴黎地区的农奴解放运动十分频繁，以致农奴制在不到三十年的时间内就几乎消失了。

因此到1270年左右，在整个农村世界中，人身地位的差异已经让位于共同的自由身份。农民摆脱了领主的专断权力，他可以向市民那样买卖、立遗嘱，因为财产的出售和担保不再需要全体家人——包括远亲——的许可了。最后，农民像市民一样，也属于某个法律上区分的居民共同体：教区。

农民的新团结形式……

教区是农村世界的基本细胞，宗教评议会构成人民生活和抵抗异教的基石，更为严格的义务把教民与教堂结合到了一起。在北方，集体强制因三年轮作制的推广而强化，为了保卫自己的土地、保卫在留茬地和荆棘丛的习惯性权利，各地的教区居民共同体与擅闯者、领主、存在竞争关系的教区展开了斗争，它们的团结也随之增强。共同体设立了慈善会、共同基金，成为一个牢固的“农夫”集团，这个集团不仅维护“村庄的权益”，而且设法以慈善和祈祷等方式援助穷人、保护整个共同体。教区有具体可感的形式：几棵树、一个界标、一条道路或一片林地就是教区的边界。在教区的中间，很多小房子喜欢围绕着教堂及其墓地、小酒店、铁匠铺、有时还有市场，这些地方是宗教、节庆和农民显示团结的场所，但也是社会较量的地方。

……财富的分化

对很多人来说，为自由而付出的代价很高，为此缴付的年金十分沉重；他们的家庭人口众多，每年的收成全部被消耗光。如果来年歉收，就需要以土地为抵押向领主、宗教团体或走运的邻居借小麦或钱，接着可能缴纳自由地的租金或再度缴纳年贡，最后以致卖掉部分土地或农具。于是分割财产的艰难时刻到了，只有几阿尔旁土地的继承人将会加入短工的队伍，要不就是加入穷人的队伍，由于林地或荒地已被占领，他们只得背井离乡，到城门口乞讨，有时竟加入打劫或冒险者的队伍。这些被地下的异端布道者颂扬的谦卑的幻想者，他们以为贫穷是对神的献祭，并把所有有志于“复兴基督教”的共同事业的穷苦人团结在自己身后，不过这些人更主要是幻想着改善物质条件。他们就是12世纪末在奥弗涅、贝里和勃艮第乡村传播的“风帽修士”
267 派别、1212年的十字军“孩子”和1250年的“牧童”。所有这些人都饥肠辘辘、被魔法吸引、并有抢劫者和姑娘追随，但所有人都被保卫教会和社会秩序的势力驱散或屠杀。

但更为普遍的情况是，生活在教区和领主制之下的农民会落入新的依附关系中。对土地的渴求迫使他们耕种被视为奴役性质、并被任意课以军役税的土地。这种新的土地奴役在博韦、索洛涅、香槟和马孔地区都有出现，有时它就发生在土地调整过程中；这种现象是经济扩张和农民解放造成的牺牲品。

与财富分化相对应的情况是，有些人开始发迹了：如过去在领地效力的人在积累财产——如法兰西岛的佃农，他们经营着贵族的土地，后者因为忙于为国王服务而无暇分身——但更多的是大胆敢为的农业生产者，他们熟谙产品的买卖、土地的集中以及年贡和地租事务。这样的人每个村子有三五个，他们吃得很好，声音洪亮，满面红光，正如列那狐曾为我们描述过的那样：他们的大房子里装着粮食和成套的农具，他们还管理着教区的慈善会、在地方官员面前进言、分派税收、断案执法。他们中间有些人已经成为领地和租金的所有人，过上了领主式的甜美生活，他们很希望通过授甲礼和联姻来为自己的富裕披上一层神圣色彩，从而获得贵族身份。

地产贵族、贵族和骑士

贵族也从乡村的繁荣中受益。小贵族仍然亲自指挥生产。虽然他的年贡收入在贬值，但农民土地上的租金、财产转移税和新的租赁行为补偿了年贡的损失。圣路易时代的小贵族无疑比其曾祖父过得好，但他的开支也在猛增。开支的增长不是因为远征造成的，因为，虽然13世纪参加十字军的仍然很多，虽然很多年轻的小贵族仍然抱有冒险的梦想，但他们已经朦胧地意识到，海外并没有财富在等着他们。他们已经亲眼看到东方的海市蜃楼化为一个不太野蛮的具体世界。无论是在君主的宫廷还是在骑士的简陋宅第，珍贵衣料、昂贵的武器、稀有的香水和香料，所有这些物品都唤起了追求更好生活的欲望和讲排场的风气，这种欲望和风气受到商人和地主的刺激，而一种以慷慨大方为首要律法的道德观自然也会支持的。

但是，无论是在村庄还是在城堡，在平时还是在战时，骑士们古老的优越地位都受到了平民的挑战。市民、富裕农民、通过财富而摆脱对领主义务的幸运农奴：这些人聚集的土地面积甚至超过了骑士，他们也占据了采邑，也行效忠礼，像贵族那样地过活。在战场上，骑士这时碰到了平民出身的雇佣兵，他们身披最昂贵的雅泽兰锁子甲，或手执硬弩，这种武器在两百步内能重创最勇猛的骑士；在国王的宫廷或诸侯的会议上，骑士的发言已经不如上过大学的平民那样有分量了，有的时候，困顿至极、走投无路的骑士只能把自己的女儿嫁给村子里的某个暴发户，因为后者不要任何嫁妆。

因此，现在应该比以前更加强调：贵族地位不仅仅在于他的财富、生活方式或其所从事的职业，而且首先只能在于血统的高贵，就像东欧的那些大贵族一样。在 12 世纪末的洛林，在 1220—1240 年的法国各地，出现了一些特别的形容词，这些词虽然在私人生活和文学中早有使用，但现在它们被用来指称某种法律地位：中部地区的 damoiseaux 和阿图瓦的 écuyers 不再是急于获得武器的孩子，而是指没有行授甲礼的成年人。他们的头衔表明了他们的贵族出身，他们的“高贵”。到圣路易在位末年，这种人已经像骑士一样多，并照常不误地把他们的贵族身份传给继承人。贵族绅士（gentilhomme）的说法从此 268
取代了骑士，而骑士身份（chevalerie）——仍然是进入贵族行列所必须的——本身已经只是一种昂贵的、具有宗教意义的“附加点缀”。授甲礼变成一种圣礼、一种仪式，骑士则成为这样一种团体：其正式成员享有统领村子里的领主乡绅的荣誉。

这是一个受到威胁的社会集团在法律上的反应，贵族的团结在加强。尚未成为骑士的年轻绅士在乡村的边缘建起宅第，四周围上护城河，以此来表明其出身上的高贵；陈年的军事象征物成了人们极力呵护的纹章，辨识纹章可以对家族的古老性作出评价，亦能清除那些僭越者。一些宗教团体已经向平民关闭大门。在领主和君主的宫廷，人们比以前更加注重座次、头衔和等级、服饰、色彩、举止，这些东西能将贵族和平民区分开。于是各种虚构想象应运而生：贵族赋予他们的文书以特别的意义，以至于认为正是根据这些文件自己才占有采邑、施行司法权和享有佩剑的权利，而且这些权利从太始之初便是完全合法的。但社会事实比法律上的虚幻更有力。市民或农民出身的富人不时因为效劳而得到好处，以授甲礼来为自己的财富祝圣。但是，贵族的反应有利于维护其社会优越地位和骑士家族贫困子孙的特权，尤其是当他们依靠王权之后，因为王权声称今后将控制贵族的封授。

金钱和权威

实际上，除了这些社会效应外，货币经济的发展还使得一小部分当权者能够直接统治广阔的领地、削平过去的堡主贵族、使其完全丧失政治权威。

在12世纪后期，很多地方的指挥权仍然掌握在城堡所有者手中。但至少从1150年起，堡主们遇到了各种财政困难；不过，由于经济状况普遍较好，他们大部分还可以通过完善自己的财税管理、或以一些后果尚不严重的借贷来应付新增的开支。

但一切都在不知不觉地变化。为了保持自己的地位，为了重新点燃被反复提到的封建忠诚，为了满足经常要求他们去服役的封君，为了效仿竞争对手、建造设计更为巧妙的城堡，贵族老爷们需要在传统收益之外去寻找其政策工具，而且他们不得不把借贷作为财政的基础。能够做到这一点的多半仍控制着大片土地，并能在自己的家谱中找到出色的担保人。由于放款人的慷慨，香槟的女伯爵、勃艮第公爵都能在自己的收入到账前进行花费，但他们不仅保住了自己的资本，而且强化了对那些运气不好的家族的控制。因为，很多领主虽然拥有领地、控制着村庄和城堡，但由于远离商业大道，他们无法为自己的债务提供担保，只得放弃独立，甚至牺牲自己的财产。他们的权益相继让渡出去，成为了大小骑士们的家业，后者遭遇财政困境的时间要比领主晚。一些曾令人敬畏的领主统治在各个村庄瓦解了，有时这只需几年的时间。于是在13世纪初，一个教区便出现了几处领主领地，其掌管者是些小贵族，他们现在自称“老爷”（sire）。但早在1250年之前，这些骑士或还没有成为骑士的年轻绅士，也因为财政窘境而被迫借钱，并逐步放弃自己的独立地位。政治地形图也因此大为简化。堡主的破产曾使骑士队伍壮大，商业繁荣则进一步增强了一小群势力强大者的力量，在这两股势力之间，只有一小批领主贵族还在苦苦支撑，但他 269
们已经不能与那些实力强大者进行真正的较量了。1270年后不久，富雷伯爵的财富已是其最富有的封臣的财富的20倍。在这个王国，只有少数几个公爵和伯爵才拥有数以万计利弗尔的财富。在他们身后，几十个领主——有幸发财的堡主或著名的宗教机构——有数以千计利弗尔的财富。大贵族从来没有这么多的行动工具。

他们首先利用这些财富来扩大自己直接控制的产业：有时是通过武力，但联姻是更为常见的手段，最经常的做法是接受负债领主的抵押或购买其财产。但他们更关心的是增强自己的政治权威。各种协定和“共有领主权”（pariages）确保大贵族对某些教会产业的监护权。他们控制了城堡，这些城堡的首要征收权和司法权已归其封君所有。

在勃艮第，1180年后还一度逃脱上述命运的城堡在几年之后都相继臣服。1200年时，弗雷斯伯爵控制的城堡是1150年时的两倍。最后，在香槟，举行投献宣誓的堡垒中，有些在军事上并非全然无用。

大贵族的附庸数量大大增长，这主要通过两个途径：或是从金库中拨一笔货币收入作为附庸的采邑；但更多是将附庸的自由领地纳入自己的领地范围。对大贵族来说，他只要向这些因缺钱而苦恼的领主或骑士支付某块土地几年内的收入，便可以要求后者负担这块“重新获得”的封地所附带的强制性义务。于是堡主和骑士就得服从地区权威机构；他们其实很愿意这样做的，更何况现在给封君效劳有利可图了。新的行政职位开始设立，它们配备的是带薪水的代理人，不过这些代理人受宫廷代表的监控，这样的代表如：12世纪末出现的佛兰德尔的伯爵司法总管和香槟的司法总管，以及稍后在尼韦尔伯爵领和勃艮第公爵领设立的司法总管。所有这些人的能力和忠诚都在一个更为稳定、但更为复杂、充斥着书记员和法学家的宫廷中经受了考验。饱受困顿之苦的小贵族不能将这些新职位的好处让给其他社会团体。我们在司法总管和封君顾问等职位上又看到了领主老爷们的后代，如前来投靠的堡主们。一个职能贵族阶层诞生了，这个阶层有时也接收来自商界和大学的人物，有时还有受主人提拔的家内仆从。至于封君宫廷中地位最高的贵族，即“男爵”，他们现在服从封君的命令，因而有利于维护后者的法律及和平。

因此，货币经济的发展除了导致经济集中外，还促进了政治权力的集中。封君利用金钱、城市和封建法制服了封臣，实现了自己的统治权。国王在这方面做得更为出色，因为他的领地上有变革最为深刻的农村，有人口最多、富有全国性影响力及行为工具的城市。

二、君主制国家的集中

王朝的新力量

国王及其王国

12世纪末，卡佩君主制国家拥有了新的力量，它开始明确宣称自己的优先权，而且其威望也日渐上升。作为第八项圣礼，加冕礼所具有象征意义和奇妙性质——涂油礼中用的圣油装在一个地位从未被贬低过的圣油瓶中——是无可比拟的，即使外国教士也承认法国国王的这一特权，“因为在所有其他地方，国王只能到高级服装店里花钱做
270 涂油礼”。因此人们乐于提到法国国王的治病功能，这位国王同时也是位祭司、是这个王国的教会的天然保护者和反对异端的坚强堡垒。

在国王死去的那一刻，其合法的继承人立即成为国王；路易八世是第一个既没有加冕也没有在先王生前参与过君主事务的卡佩国王。最后，从1226年以后，加冕礼中的欢呼仪式——从前选举制的残留——在涂油之后而不是涂油之前举行。王朝问题看来就此解决。卡佩家族的根基一直延伸到虚构的历史中。路易七世娶了一位加洛林家

族的公主。他的儿子、被称为“卡洛林的”[1] 菲利普也如法炮制。一直在广场和庄园中歌唱的查理曼和罗兰的光荣，现在投射到了百合花家族头上。吟游诗人把皇帝的宫殿安在了巴黎，把“甜美的法兰西”歌颂为加洛林王朝的摇篮。他们为王室增添英雄主义的荣耀，歌唱那击退了豹子和狮子的百合花徽章，并把红色绸布王家军旗归功于查理曼——国王在出征之前总要到圣德尼的大教堂中取出这面军旗。

这样一来，将查理曼视为法国庇护人的传统意识便诞生并强化了。大批政治作家歌颂这位“伟大皇帝”以他的基督教美德为卡佩家族“极尽虔诚的国王”增添异彩、使得作为特洛伊人的后裔、罗马人的兄弟和自由人民的法兰克人格外伟大。因此国王对皇帝——特别是红胡子腓特烈——的独立也获得了新的论据；布汶大捷过后，国王用“奥古斯都”作为自己的称号。在这个人们开始称之为法兰西的王国，国王掌握了最高权威；1204 年后，教皇英诺森三世宣告：“众所周知，法兰西国王不承认任何高于他的世俗权威。”

因此，当国王最终使人们确信他不向任何人效忠、当他要求所有大贵族向他行附庸效忠礼和履行附庸义务时，教会法学家、编年史作者和高级教士就更愿意赋予他裁决、保护和防御的使命，就像路易七世已经开始在整个王国所做的那样。国王将把这些理论当作他的政策工具。

国库和军队

在大举兼并展开之前，卡佩家族已经在巴黎、拉昂和奥尔良之间拥有了法国最肥沃的土地，这片土地上分布着大型村庄和繁荣的城市，求学者和生意人的脚步踏遍了这里的大道，而这些道路又是围绕西方世界最大的城市之一展开的。在这片早已实现和平的土地上，土地增产、流通增殖、人口增长的一切条件都已具备。地产收入——还应加上指挥权——国王作为君主征收的收入和他对教会的保护，这些权益

[1] Karolide 是菲利普·奥古斯都的传记作家 Guillaume le Breton 给这位国王取的外号，为的是同加洛林家族的查理曼攀上关系。

使这位君主成为王国最富有的封建主，跟他比起来，其他人无远弗届：1180 年，他支配的收入达 10 万巴黎利弗尔。

有了财富之后，国王也像西部和北部的大封建主一样，向其领地派遣带薪职员，即司法总管——其职能从 1190 年起明确下来——这一举措有双重目的：监督执法代理人、设立一些可将影响力扩展到领地之外的法庭。在一个仍很有限的宫廷的内部，国王可以把此前一直由权贵世家把持的重要官职（总管、掌玺官）交给受雇的服务者，后者将成为国王意志的驯服工具。还是由于金钱的力量，国王缔结了各种联盟，收买他的对手，维系各种中立局面，建立起他极为关切的战争专用基金。当形势必须之时，他能以不可动摇的"宫内骑士"团为中心，组建一支 2000—3000 人的小部队，这些人都是职业武士，如马上弓箭手、骑兵助手和骑士，此外还辅以无情而能干的雇佣步兵。这支富有经验的机动部队是一支尖刀力量，其后还有附庸构成的骑兵和各
271 教区提供的步兵部队。它可以在边境地带操练，训练内容如快速反应、撤退和整修，因为这支部队依托的是一个由国王的军事工程师建造的堡垒网络和城市的围墙；在所有战略要点、在维克辛边境和瓦卢瓦河岸边，一些公社得以建立、获得承认或确认，它们负有向国王提供钱财、车马和人员的责任。1188 年，拯救首都巴黎的正是英勇的芒特市民。

首都巴黎

巴黎之所以是首都，是因为国王此后长期在这里留居，如果他不在法兰西岛的各庄园打猎的话。菲利普·奥古斯都出生在巴黎，吟游诗人称呼他为"巴黎王"。他住在巴黎的宫殿里，宫殿离圣母院周围的宗教区域不远，但其客厅和马厩分散在花园和果园里。另有两个城市环绕着塞纳河。在河的右岸，在小城堡护卫的大石桥以远的地方，商业聚落以尚波和格雷武桥拱卫的市场为中心向外扩展。小桥以外的左岸地区是学校区。在塞纳河的两岸，在靠近坦普尔、圣马丁-代-尚、圣维克托、圣热纳维埃芙和圣日耳曼-代-普雷等宗教堡垒的地方，巴黎城的近郊在向外扩展：这座城市还是通往奥尔良、佛兰德尔

和香槟集市的大道、以及从诺曼底到勃艮第的航道的交汇之处，它位于王国人口最稠密地区的中心。

但城市的发展杂乱无章，国王决心加以规范。1190年，在出发前往圣地前，国王菲利普决定为商业区建一条围墙；1204年，卢浮宫的巨型圆塔保卫着塞纳河的通行；1209年，学校区也建起了围墙。不久前还散布在夏特莱周围的近郊区很快就构成一个城区，只有国王下令铺设的两条道路——圣德尼和圣马丁——可以通往这个城区；新的教区和教堂出现了，在左岸的圣雅克街两旁，葡萄园逐渐褪去。这个城市的人口和面积远远超过王国的其他城市。宫廷的存在，贵族、主教和官员的穿行，都刺激了奢侈品手工业的发展，活跃了商业贸易，势力已经很强大的市民也因之发财致富，而且国王和城市领主在行使权力时也直接与市民联合；1190年后，六个市民进入了摄政会议，在这个没有宪章的城市里，强大的“水上商人公会”还是取得了一系列经济和法律上的特权，这些权利让人看到了他们未来在市政管理中的角色。

因此巴黎是首都，在西方世界，从时间和重要性上说，它都是第一个首都。坦普尔的主塔下掩藏着国王的金银，卢浮宫的塔楼护卫着他的御库和监狱；他的宫殿则建在官吏和职员们的住宅中间，不久便会有最珍贵的圣骨盒为之增添光彩。这个权力中心为政府和行政事务提供了便利，它像磁铁一样吸引着大封建主和附庸，他们纷纷来巴黎建造公馆……巴黎是一种为国王利用的力量，他可以从这里安心保卫他的教会、扩充他的财富、聚集为他效劳的人员。

土地和人员的集中

领地和力量

像王国那些最不起眼儿的领主一样，国王为了保持自己的地位、为了向神捐献、为了儿子们能有个好的去处，他也一直在扩充自己的领地。国王扩大领地并无整体计划和宏大政策，而是一种从不间断的日常行为，当然这其中也少不了武力，就这样，国王从法兰西岛的领地、从马孔和奥弗涅的据点出发，兼并了嵌在自己领地内的一些小型领主封地，并利用自己获得的指挥权或以购买的方式获取那些无继承人土地，并将它们并入自己的领地。购买——有时能买到整个伯爵领——行为日益增多，它通常是取得共有领主权后的第二步行动，而享有共有领主权的土地名录一直是逐年增长。在他的直接领地之外，国王的政治权力也在扩张——对教会的保护权为他提供了干涉远方事
272 务的机会——受他庇护的“附庸”越来越多，一些重要人物逐步向他效忠，一些处境窘迫的领主被他收买，国王还广为分发“货币”采邑，并有条不紊地推行一种直接控制封臣的政策。由于有了实力，国王从此可以要求服役更为严格、明确和有效；他要求某一诸侯领地内的领主们充当这位诸侯的担保人，若此人不忠于国王，他们应与这个大封建主斗争，国王还迫使封地领主服从大局，有效地行使其监护权和对附庸婚姻的权利，从而逐步实现了一直残缺的“封建金字塔”。

国王菲利普的行动更像他手下的贵族：在与伊莎贝尔·德·埃诺结婚后，他开始干涉佛兰德尔事务，由于灵活地运用封建法，在几年的谈判和诉讼后，他终于以和平方式取得了阿图瓦、瓦卢瓦、韦芒杜瓦和亚米耶努瓦地区。

但这些封建交易和索取跟一些大封建主的勃勃雄心发生了冲突；政治权力的集中导致冲突激增，提交到国王封建法庭的仲裁案件也随之增加。国王在以武力方式介入之前，总会小心翼翼地运用自己的封建权利并听取其封臣的意见。不过，卡佩国王们在西部和南方进行的武装行动不仅便于其采取更为深入的措施，而且为王国的扩张和领土的归并提供了新的方向和维度。

安茹家族领地的解体

为了反对其最可怕的封臣，菲利普·奥古斯都曾利用亨利二世儿子们的贪婪来反对他们的父王，虽然菲利普与狮心理查（1184年任英国国王）之间的友谊一度使二人相互接近，但这种友谊没有经受住时间的考验。1190年，菲利普与理查一起出发去解救圣地，但菲利普转而反对理查，以便重新夺回对王国的控制权。这只“暴怒的狮子”随

即发动一场猛烈的战争，在诺曼底、贝里和都兰的边境地带打了几场遭遇战。理查觉得自己的光辉在战斗中黯淡了下去，不过他也表现出了自己的优点：虽然他有近乎病态的神经质，但很主动；虽然他不够谨慎，但知道如何酬答他的手下；虽然勇敢到近乎鲁莽，但他能找到机会躲避敌人。理查死后，他弟弟约翰成功地让菲利普授予他全部的安茹领地。几年的斗争和交易之后，法王只获得一点微不足道的利益。

但不久情况发生逆转。1200 年 8 月，为了抑制一个过于强大的封臣的野心，约翰与伊莎贝尔·德·昂古莱姆结婚，不过后者已与于格·德·吕西尼昂订婚。由于吕西尼昂家族并没有得到曾许诺过的补偿，于是他们造反了，当他们的财产被没收后，他们向自己的最高封君法国国王上诉。国王菲利普根据封建法程序召约翰前来出庭，但徒劳无功，于是在与封臣商议过后，菲利普宣布没收这个不忠的封臣的所有采邑。但这些采邑的前途并不明确。菲利普仅仅保留最受争议、最易于合并、最为富裕的省份——诺曼底。

最终决定命运的事件正是发生在诺曼底。1204 年 3 月，强盗头目卡多克的雇佣兵在加亚尔堡的城墙上竖起了法王的旗帜。这座城堡的陷落导致诺曼底的据点全部被攻陷，其中包括鲁昂。次年，安茹和都兰几乎兵不血刃地被占领。在连年的努力、连年的失败和对教皇彻底屈从后，约翰终于组织了一个坚定的同盟，参加这个同盟的有受王权损害的封臣——布洛涅伯爵雷蒙·德·达马尔坦和佛兰德尔伯爵费朗——还有皇帝、奥托·德·布伦瑞克及跟随他的一大帮帝国王公。但在僧侣岩战斗中，约翰和他的英格兰—阿基坦部队几乎未经战斗便溃逃（1214 年 7 月 2 日）。与此同时，在布汶，帝国和弗拉芒的部队在数小时激烈的战斗后也被击溃。卡佩王朝的歌颂者们热衷于描述王室领地居民的欣喜之情：“人们举行了数不清的舞会……教士们唱出 273
了甜美的歌曲……教堂内外、街道、房屋、大道、所有村庄和城市都披上了帷帐和丝绸，这些布料上还点缀着花草和绿叶……到巴黎去的整条道路上都是如此。巴黎市民（特别是众多的大学生）、教士和平头百姓都前去迎接国王，唱起赞美诗和圣歌……”

布汶战役之后，卡佩君主制国家看来不可撼动，它从金雀花家族手中夺得的成果看来最终稳定下来了。1224 年，路易八世试图臣服普瓦图和森通热，当他答应给予当地贵族和城市以自由时，一场军事征服变成了行军漫游，不过部队一直漫游到了向法国国王敞开城门的拉罗歇尔——大西洋的主要港口。年轻的英国国王亨利三世试图在丢失的省份再度站稳脚跟，但他所有的努力都归于失败。留给他的只剩下基耶内公爵领，但该领地不再对法王负有任何封建义务，因为自 1202 年没收封地的裁决之后，英国国王不再因其大陆的采邑而成为法王的封臣。

向朗格多克渗透

王权在介入被异端势力占据的图卢兹大领地时同样十分谨慎。图卢兹伯爵雷蒙六世由于政治上无能为力和对异端的同情而采取中立立场。教皇派出的西多会传教团越来越多，但一直没有什么效果。1207 年后，圣多明我像纯洁派的完人一样在该地区巡回布道，但他的说教只取得了十分有限的成果。1209 年 1 月 15 日，前去宣布对图卢兹伯爵实施绝罚的教皇特使皮埃尔·德·卡斯泰尔诺被谋杀，此举迫使英诺森三世发动一次十字军行动，并将雷蒙六世的土地"作为战利品"，同时他邀请法国国王担任这次惩罚性征服的首领。由于正忙于北方事务，菲利普·奥古斯都设法拖延，但他保留自己的权利："您且谴责他们为异端；只有您有权发布这一裁决，且只有您可邀请我——图卢兹伯爵的封君——合法地剥夺我的采邑封臣的领地"。不过国王同意在其土地上为这次十字军行动布道。来自法兰西岛和北方的骑士在里昂集合，然后向异端的中心据点进军，沿途纵火、劫掠和屠杀。这次十字军的军事首领、卡尔卡松纳子爵的战利品的传人、法兰西岛的男爵西蒙·德·孟福尔为在图卢兹战胜雷蒙六世伯爵也采取了同样的残暴措施。但是，当西蒙在缪雷击溃前来支援其封臣雷蒙的阿拉贡国王（1213 年）之后，他最终决定了朗格多克的命运，这个地区从此与王国紧密联系在一起，被征服的领地也被迫接受法兰西岛的习惯法。拉特兰宗教评议会把雷蒙六世的领地授予了西蒙，他因这些采邑而向菲利普·奥古斯都行效忠礼，并成为王国最大的采邑封臣之一，但同时他也为王权的干预准备了条件。

1215 年，国王路易仅以其在十字军骑士中的地位而显示出卡佩王朝对这一庞大事业的控制权。三年之后，西蒙的儿子阿莫里因奥克人的抵抗和图卢兹伯爵的胜利返回而走投无路，于是他向自己的封君求助，不久后就把自己的权益让渡给后者。在路易八世的授意下，教会进一步确认年轻的伯爵雷蒙七世的领地被剥夺。接着，国王在其主要封臣的支持下，指挥十字军行动（1226 年）并迅速征服了朗格多克的大部分城市。国王的病重及随后的死亡根本没有中断军事行动。根据莫城—巴黎条约（1229 年），图卢兹伯爵被迫批准解散其等级会议，赐予其唯一的女儿——已许配给法王的兄弟——大量嫁妆，而博凯尔和卡尔卡松的司法总管辖区则合并于王室领地。

不过，事态的发展并非一帆风顺。宗教裁判所的极端行为在农村引发了武装抵抗，城市的反应也很激烈。1242 年，图卢兹伯爵和英国国王及马尔什伯爵联合采取了最后一次行动。但这些密谋者的武装行动没有协调好，雷蒙七世只得再一次恳求宽恕，声称自己只是正统教 274
会热情的助手。1249 年，让娜·德·图卢兹与阿尔方斯·德·普瓦提埃结婚，她接受了莫城条约的条款，毫无异议地接受了父亲的遗产。

这样，在不到三十年的时间内，君主的势力已到达英吉利海峡、大西洋和地中海沿岸。但是，在对安茹领地实施的所有兼并中，只有诺曼底被置于王权的行政管理之下。其余的兼并土地都作为亲王封地被让与路易八世的儿子们。阿尔方斯·德·普瓦提埃在与让娜·德·图卢兹结婚后，控制了法国南方的最大一片土地，没有谁能预见这样辽阔的土地会重归王室所有。国王也不再关心吸收其他的边境大采邑。这些重大征服成果并没有改变权力观念。不过，早在 1250 年之前，领有大片采邑的封建主在管理自己的采邑时与国王的政策存在着内在的一致性，国王对佛兰德尔、香槟和勃艮第仍行使完全的封君权利。如果说这些采邑大封臣的行为还能严格遵守忠诚原则，那是因为他们的公爵领或伯爵领内部镶嵌着一些隶属于王权的飞地或小采邑。这是国王的威望产生的效应，但更主要的是其代理人努力的结果。

国王的官员们

在连续三代人的时间内，国王的财富不断增长，其领地不断扩大，从形式上说，王家管理机构、它的工作方式和指导精神都在向一个特别有效的工具的方向上转变；而且这些过程没有经历猝然的变动。

司法总管（巴依）制度逐步向北方、诺曼底及随后的安茹地区扩展。在阿尔方斯·德·普瓦提埃的采邑和朗格多克，司法总管塞内沙尔——这个术语源于从前大封建的组织机构——也获得了同样的权限。他们的职责不再是集体性的，各地都采取了个人负责制，负责人受王权的全权委托，从某个城市向其四周扩展势力，这个城市的名字就是其辖区的名字。在1240年之前，他们名副其实的辖区范围便已在亚米耶努瓦、韦芒杜瓦及随后的所有领地上出现了。经常被调动的巴依和塞内沙尔须定期向宫廷汇报其工作状况。不过宫廷已经发生转变，以适应它应了解的事务的数量和性质。宫廷因司法裁决而举行的会议日益增多，宫廷的工作也在增加并更具技术性。不久，各大封臣就仅限于在庄严的会议上宣读裁决了，这种会议一年四次，名曰“宫廷议事会议”（1250年以前，这个模糊的说法指的仅仅是司法会议）；而真正的工作则是由名副其实的职业法官——世俗的或教会的——完成的，他们还有文书为助手，文书则组成一个常设委员会。在财政方面，一个职业化的人事班子负责监管各地官员的账目，后者每年三次向御库缴纳款项。国王及其家族的家内服务部门曾长期与宫廷混为一谈，此后这些部门逐渐分离出来，组成所谓的“内廷”，并拥有自己的官员。最后，国王左右还出现一些从内廷和宫廷中分离出的骑士和文书，他们受雇于国王并向后者宣誓，但像贵族一样为国王提供建议，并且长期担任这样的职责，从而使得君主的政策行动有了此前一直没有过的连续性。

但更主要的是效率更高了。无论是在宫廷还是在外省，顾问、司法总管（巴依和塞内沙尔）都不再仅仅是佩剑武士担任了。他们通过宣讲及日常工作、通过自己主持的会议和手中的译本，逐渐培养了某种法律文化的雏形。某些司法总管接受过理论教育，但所有人周围都有出身王家教会学校和大学的文书（奥尔良的学校从一开始就拥有特别出色的教师，堪与博洛尼亚教师的水平媲美，因而这里成为一个为王国政府培养官员的苗圃）。所有人都把一件可怕的武器带给了国王：文字。从管理机构发出的文件从此数以千计：日益众多的指令，作为 275
效忠凭证的文件，有关服役和税收的封建统计记录，保存在高等法院的习惯法汇编和判例——设在西岱岛宫殿中的高等法院已经开始成立档案馆了。

国王的官员们致力于编纂那些从盘根错节的权益中爬梳出的习惯法，利用自己的学识和精密的分析技巧为国王服务：实际上，法学研究是一种由经院哲学的严格方法支配的、追求清晰和无矛盾的科学。因为对所有研究者而言，他们所服务的权力具有一种不可抗拒的诱惑力：对于出身索姆河和卢瓦尔河之间的小贵族的司法总管来说，他们是通过为国王服务而挽救其家业的；对于出身卑微的文书来说，他们是由于国王的恩典而成为某个主教区的头领或成为议事司铎的。司法总管（塞内沙尔）仍以佩剑自我炫耀，不过文书则以对查士丁尼甚至亚里士多德的学识而自豪。这些文书慢慢学习教会法学者的方法，创立了一种新的法学：他们把君主的封建权利诉求与关于各种法典和论著的回忆联系起来，澄清了仍很模糊的“国王的主权”、“王国的君主”等概念，并得出一切司法权均属国王的结论，他们还声称，任何封臣反对君主都会受到古老的君主法的惩处……这些长于论证、富有钱财和威望的官员已经将王权的保护扩展到王室领地之外，延伸到各地教会、各城市和个人头上。他们要求教会承担封建义务，坚定地反对教会司法权的僭越，并在圣路易和菲利普·奥古斯都的支持下扩展国王的监护权和国王对出缺主教职位的权益。

至于已经成为寡头制牺牲品的城市，它们的特权只是掩盖其社会矛盾和财政混乱的面具了。根据国王的顾问们的说法，国王是“城市公社的天然主人”，他应援助“年幼的”孩子、恢复市政自由。国王的各种干预措施充实了金库，各种捐税名目繁多，但财政上的代价换来的报偿更大，这就是国王的保护；因此我们可以看到，在国王的领地之外居住的很多商人自称是“国王的市民”。

贵族很早就习惯于把官司拿到国王的法庭去审理：国王的法庭也像诸侯的法庭一样，运用理性的审判方式，给出明确的、很少被违反的裁决，它对以司法手段取代家族复仇所作的贡献比诸侯法庭还要大。出于安全的需要，所有觉得受到威胁的人都可以置于国王的保护之下。正因为如此，在基耶内边界地带和帝国的一些边区，很多人都在吁请法王的司法干预，以保护自己免受地方诸侯过分危险的苛求的侵害。所以贵族并不正面反抗君主的这一做法。布朗什·德·卡斯蒂尔摄政期间一度扰乱局势的帮派缺乏统一纲领，因而很轻易地被驱散了。

各地诸侯也在各自的领地内执行类似的政策，当他们在法庭上对封建事务采取法律行为时，他们的“主权”与国王的主权便能协调起来；在圣路易时代，当诸侯们同意为“公共利益”而在其领地上实施国王和其顾问发布的法令时——虽然这些法令大多只具有道义上的效力，但无疑使人们习惯于服从国王的法律——他们的主权就已经臣服于国王的主权了。

因此，封建法只是国王官员手中的一个工具，这些人如今到处在渗透，他们使得王国有了一个更为坚实的本质。法语在推广，国王的司法权和货币也是如此。当然，语言、习惯、生活方式和思维方式仍然各个不同，现在并非只有法学家才认为法国人共同的国土是“国王的王国”。

这一切归功于圣路易，他将其官员的热忱变成了更好地保卫穷人
276 的动力，他将来自法学和神学讲坛的观念合成为一种为所有人的福利服务的基督教律令，他将新生的主权概念变成一种神秘观念：根据这种观念，“法国人在国王身上合而为一，正如基督徒统一于基督一样”。

圣路易和基督教的整合

年轻时的圣路易不是个折磨自己身体的苦行者，不是圣徒传记中那位神秘感人的国王；他生性活泼风趣，很好打交道，和贵族一样喜

欢娱乐和讲排场，“宫中事务中大兴礼仪之风，风气之盛自其先辈之宫廷许久未见”，他要求武士除了英勇之外还应注意仪表，无论在达米埃特还是在曼苏拉赫，他都让茹安维尔惊叹不已。他不仅“不可思议地彬彬有礼”，而且是个“贤哲”。因为他的虔诚不是伪善者的虔诚。这位国王努力充当新骑士制度的最佳代表，他的统治方式很质朴，在广泛征求意见的同时又始终听从自己信仰的指引，并将一切置于自己王权的责任之下。后来，虽然教友吕多维克斯[①]因热病和斋戒而虚弱并遭受失败，但他在其生命结束之时仍是坚定而有权威的；他充分意识到自己的主权，为了他所认为的王国的福利，他迫使所有人接受他关于正义、和平和基督教秩序的理想。

关于正义……

施行良好的司法：在万森讷[②]的橡树底下，国王带着亲信面对面地直接处理其臣民申诉，这个形象具有典范意义。首先是对于贵族有示范意义。无疑，国王很尊重领主司法权（1260 年，他禁止司法总管们向他们没有司法权的地方派遣执达吏）。但他不能容忍执掌这些司法权的人滥用权力，我们都知道他对昂格朗·德·库希的谴责[③]。因为国王试图让司法和习惯服从于理性，他希望将违法行为“摆在人民面前”进行审判，并使官员服从自己的原则。出于这种目的，他以禁令和道德规范来约束官员，此外，为了公共利益和自己灵魂的慰藉，在十字军出发的前夕（1247 年），国王下令对司法总管的行政和司法事务进行大清查，对于以不正当手段得来的利益，他毫不犹豫地予以归还。最后，他还将自己的公平理想推广到商业交易中，并作出了稳定货币的明智典范。他一面在司法中规定只能采取理性的取证方法——调查取证、听证，在不服从判决时可向高等法院上诉——同时又听从法学家的建议，认可那些广泛流行的习惯法。在这两方面的举

---

① 指路易九世因为他穿得像个教士，所以巴黎人送他这个称呼（frater Ludovicus）。

② 万森讷（Vincennes），一译万森。

③ 据记载，库希曾处死三个闯入他的森林中打猎的贵族青年，受害者家属向路易九世申诉，在经过详细调查后路易九世将库希投入监狱。

措中，他都以自己的威望来强化其实施，为它们披上自己的道德光环，使其在自己的领地之外也深入人心，从而有利于削弱仍横亘在王权前面的各种阻碍。

……关于和平……

正义的化身，和平的缔造者：路易告诫儿子说，开战之前“应该对敌催告再三”。作为宣扬和谐的修士和追求和平的王侯的首领，国王总是为反对一切暴力而斗争，他禁止家族复仇，复活“国王的四十天休战期”①，并尝试废除比武；1245 年，他要求进行私战者休战五年，1258 年，他禁止“在议事会议上……和王国全境……涉及战争、纵火和有碍农事的动乱”。当然，骚乱并没有消除，但国王的和平无疑强化了诸侯们倡导的和平。1259 年，正是为了保卫他的王国和“为和平计”，他与英王亨利三世举行谈判，并使后者因基耶内公爵领而向他效忠，从而结束了战争状态，王权从此可以在这个公爵领进行司法干预。一年前在科尔贝伊激励他的也是这样一种思想，当时他放弃了对阿拉贡国王领地的虚幻权利，但最终确立了对朗格多克的控制。

277 当时的欧洲四分五裂，英国已经沉沦，帝国严重失血，但圣路易拒绝任何冒险行动，注意在教廷和帝国之间保持同等距离，他也没有从阿拉贡和卡斯蒂尔耶的竞争中牟利，而是充当了最高斡旋者的角色。从佛兰德尔到多菲内，城市纷纷接受他的仲裁。他到处平息争端，聚集力量，但这些工作首先是在法国、为实现基督教的秩序而展开的。

关于基督教的秩序

为了实现基督教的秩序，他与教会对异端的严厉冷酷立场通力合作，教会为他提供人员，并担任监控和强制的责任。我们都知道国王向茹安维尔说的这番话：“当听到有人诽谤基督教信仰时，只有用剑才能捍卫信仰，应把剑插入这个诽谤者的腹中，只要还能插进去。”路易是朗格多克的宗教裁判所法官的保护人，正是在他的名义和他的

① quarantaine-le-roi 原为菲利普·奥古斯都所设，目的在于避免私战，以便能有必要的沉思时间。

士卒的保护下，罗贝尔·勒·布格尔把他的迫害行动扩展到法国北部地区。为了统治那些虔诚的基督徒，为了引导自己的臣民得救，他甚至禁止娱乐活动，抓捕妓女，严厉惩罚渎神行为。对于犹太人，他禁止他们放高利贷，下令烧毁《塔木德经》（Talmud），强迫他们戴上特别的标记。不过至少他还保障犹太人的人身安全，嫌恶之情中还有某种慈悲意识，并期盼着他们能皈依基督教。因为蒙塞居尔[①]的时代也是基督教的春天，多明我修士成为了传教士，小兄弟会效仿圣方济各的榜样模仿基督，身着粗布衣衫，靠施舍过活，但他们到处宣扬谦卑及世界的欢乐和美好。这个王国曾是异端的乐土，但在这位国王的庇护下，1275 年建立了 300 多个修道会会所。对于多明我的弟子们来说，巴黎就是首都，法兰西岛则和翁布里亚一起成为方济各会修行的特选地。路易九世被托钵僧包围着，他给这些人大笔捐赠；国王还是圣方济各的第三修道会会友，其姐姐伊莎贝尔在隆尚建立了圣克莱尔修女院。在新的精神武装的支持下（这些武装为王权服务的热情不亚于司法总管及其执达吏），圣路易的政府比以前更频繁地援引基督教道德的苛求、更强调纯洁世界的必要性；国王动用自己的财富支持慈善事业，大量兴建收容所和济贫院，表现出一种清晰而慷慨的基督教的新价值标准，他与多明我会修士作比照，并以圣方济各为榜样实践福音书的教诲。他摈弃所有服饰方面的奢华，彻底禁绝肉体上的愉悦，恳求主赐予他泪水；为了表达他对人民的热爱，为了效仿基督，他参加了十字军，“将躯体投入死亡冒险中”。1244 年，当耶路撒冷第二次陷落时，他发誓拿起十字架，并下令建造埃格-莫特港，1248 年 8 月，他在这个港口上船，准备打击穆斯林势力的中心埃及。失败被俘后，他在巴勒斯坦漫长的四年中徒劳地盼望着与蒙古人建立联盟。1254 年返回法国后，他就梦想着再次远征，虽然这违背所有人的意见。1270 年 7 月 1 日，这位“基督的士卒”和传教士虽然因患病和苦行而身体虚弱，但仍扬帆前往突尼斯，在迦太基古城前扎营，但 8 月

① 蒙塞居尔（Monségur）位于法国西南部，是纯洁派的最后一个根据地之一。

15 日，瘟疫夺去了他的生命。

当时的人们业已把他视为圣徒；他的“殉道”为君主制度增添了光彩，对这一君主制的崇拜从此一直渗透到乡村之中，它比其他君主制都更为强大，虽然它仍尊重传统，但已是至高无上的了；相比而言，繁荣对它的贡献要大于其官吏的贡献，巴黎辉煌的文明则使它更加伟大，而国王的威望也有利于将巴黎的光辉辐射到整个西方世界。

巴黎的集中

1250 年左右，从卢瓦尔河到阿图瓦，从诺曼底到香槟，法国北方展现出同样的城市繁荣景象，诗人、学校和大教堂以不同的方式表现出同样的富庶。因为无论在哪里，城市精英的语言就是蓬图瓦兹或圣德尼的语言，在不同的屋檐和大门下，都是法兰西岛的风格和巴黎的思想。巴黎的规范、聚合和一致化力量比以前任何时候都更强大。通
278 往香槟和佛兰德尔的大道在这里交汇，在吸引了来自整个西方的大学生之后，远方的商旅又在这里落脚。百合花家族的诸侯们在国王近旁落户，其他人也在巴黎建造宅第；来自特鲁瓦、康布雷和亚眠的建筑师在巴黎建起了教堂、修道院和抚慰国王的焦虑和慷慨之情的圣物盒。

在主教、神学家、大学生、骑士、法学家和宫廷文书的周围，还有箱子里装着金子、脑子里充满好奇、儿子在学校念书的商人们，巴黎城的居民有书商、装饰画师、金银匠、象牙雕刻工，他们是同一个大工作间里的成员，生活在相对接近的思想和精神状态中。阿拉斯和特鲁瓦出现了文艺社团，巴黎则有一个文化阶层，这在 13 世纪之前绝无仅有，在 13 世纪的西方世界也没有哪个城市能与之匹敌。大学的思想给了这个阶层以统一性，而这个城市的宗教、政治和商业力量则解释了它的影响力为何这样大。一种新的文化内容谨慎地、有时是无意识地通过人员、书籍、语言或雕刻品而传播开；自从昂热建起一座王家城堡、自从奥克地区的精英被北方骑士大批消灭后，这种新文化的传播就没有碰到什么阻碍。

西方世界的大学堂

从 12 世纪末起，巴黎在思想上无可比拟的优越地位已是一个广泛认可的事实。这个城市由于其主人的威望而成为新雅典，“来自世界各地的众多人员”涌向此地。虽然西岱岛因圣母院而仍然据有部分神学家和法学家，但七艺研究已在小桥、圣热纳维埃芙、圣日耳曼堡之间的左岸地带落脚，不过，这里的学校仍然分布在谷仓和陋室中。但教学活动到处可见：在教士租用的住所、在宗教机构、修道院和教堂，甚至在街道和广场上。当时还没有学校，只有一些教会和国王出于私人慷慨而创办的慈善机构，里面住着一些穷大学生。这些机构中最早的开办于 1180 年，最著名的是圣路易的礼拜堂神甫罗贝尔·德·索邦创办的机构，它接受了很多捐赠，专为神学专业的大学生所设。不过“享受奖学金”的学生为数很少，对大部分学生来说，如果其家庭不能为他们提供舒适的生活条件，他们就得挤在拼命讨价还价后租来的房间里，或者露宿街头，如果他们无法在某个教士那里、在医院或图书馆中找到一份差事以赚取购书费和付给教师的费用，那他们就要靠行乞为生了。

大学生的世界总是躁动不安，充满学术的热情和冒险的狂热；他们的社会出身各异（贵族的儿子与农民的儿子相往来），来自不同的地方（斯堪的纳维亚人、德国人、英国人、意大利人和西班牙人和来自法国各地的学生混杂在一起），年龄也有很大差异（从 13 岁到 35 岁的大学生都有之），但他们都喜欢找机会跟市民吵架，都喜欢顶撞夏特莱①的士卒，都渴望通过学位“获得荣誉”，都希望取得教会的俸禄、或在学校谋一个职位；在面对国王的法官、主教和督学时，他们也是团结一致，因为他们面对的这些人总是觊觎授予学位的事务，并试图对教学工作进行管理，就像阿贝拉尔时代的情况一样。因此，应通过一种公正的考试制度，将教学权利的颁授工作交给教育行业内部的代表；应向完全的教学自治转变；最后，还应获得某些司法特权，

---

① 夏特莱是巴黎初审法庭所在地，该词本意为小城堡。

以保护学生免遭国王士卒的拳脚；为达到这些目的，应效仿城市的其他行业自行组织起来，迫使官方承认所有人——教师和大学生——的特权和权益。

这些目标在一系列的偶发性冲突过后终于达到了，不过这些冲突会演变成骚乱、漫长的罢工和自愿流亡行动。1200 年后，教师和大学生取得司法方面的特权；1215 年，教皇特使皮埃尔·德·库尔松为
279 “大学”颁布了最初的身份条例，大学从此掌握学位的授予和教学组织工作；最后，1231 年，“教师学生联合会”的完全法人地位得到承认，并处于教皇的直接保护之下。

在这场反对主教和国王司法权的漫长斗争中，大学师生又令人困惑地取得了教皇和国王的支持。国王当然充分意识到，四面八方的众多来客对首都的财富和声誉来说意味着什么，他当然也知道应对他们进行保护。教皇从斗争一开始就给予大学师生以全部的关切。在一个受异端威胁的世界中，巴黎的学堂比其他任何地方都更能充当信仰的堡垒、成为天主教镇压的最佳工具、成为一个受监控的神学中心、并可将学说变成整个教会的信条。于是我们便能以恰当的分寸来考量英诺森三世及其后继者们对巴黎大学的溢美之词——“肥沃普世教会之土地的河流”，“尘世乐土上的生命之树”——以及教皇们给予巴黎大学的保护，保护的目的是为了监控，必要时还要让它屈服。早在 1231 年之前，某些教学内容就已受到谴责，一些可靠的人被安插进去：多明我会修士和方济各会修士占据了部分最著名的教席，即神学教席。

为反对这些“窃取教职的人”，罢课、斗殴和诽谤层出不穷，不过，这些窃取者虽然时刻想背叛大学的事业，但他们的学问无可比拟，作为教师的声望也未受损害，所受到的保护也是很明显的。世俗教师只能屈从，不过他们至少能利用上面提到的那些冲突，组织一些持久的职业组织。1260 年左右的巴黎大学包括四个学院。文理学院主要教授哲学，学生是 14—25 岁的新生，他们数量众多，以致需要按“国别”区分，每个国别的学生选出自己的代表，并有一个院长（recteur）负责管理。两年的学习后可取得大学资格证（bachelier），六年后可成

为博士（docteur）。成为博士后可转向三个高等学院中的一个，但学生一般进入医学院和法学院，因为在这两个学院，5—6 年的学习后一般就能获得结业文凭（licence）或博士学位（doctorat），而在高等神学院，要取得同样的成果需要 15 年左右的时间。很长时间内，这三个学院选出的院长之间并无多少联系。他们偶尔会一起与文理学院的院长一起商议。文理学院院长掌握的资源最大，当俗人和僧侣发生冲突时，他负责维护整个大学，并确保共同决策的实施。一种将延续多个世纪的有机联合体就此形成。

文化和经院哲学思想

巴黎大学虽然拥有了自治权，但并没有因其特权而固步自封，它洋溢着青春的活力，向整个世界开放，充满乐观精神，它将巴黎——虽然这里也有管制和禁令——变成了西方世界的大学堂，并孕育出一种新文化。

当 13 世纪的曙光出现在地平线上时，第一批详尽系统的经院神学大型“汇编”已开始制作。它们以权威著作——基督教的、希腊的和拉丁的——为依据，从严格的语言学、即语法的考虑出发，阐明并调和这些权威著作的思想，它们服从辩证法的严格法则，后者已成为一种醉心于逻辑、范畴和系统分类的论证科学。一切都要接受这种清楚明晰的思想的检验。首先是教学方式导致了文本评论的诞生，但更主要的是通过两个权威之间的对质、教师以辩证批判的方式引导学生得出自己的结论。辩论的运用是其中最为典型的产物：这种“知识分子的比武”在众多好奇者面前当众举行，甚至会有一些“滑稽”争论：教师以自己的名声为赌注，以保证解答任何人提出的任何问题，不过这种现象比较少见。辩论可能空洞无味，流于形式上的推理，这是辩论造成的结果；不过，大学师生的方法传播了这样一些思考习惯和思 280
维程式：它们可能有助于人们自觉不自觉地解决很多具体问题。学识与思考不仅是辩证法的专业人士所必须的，也是所有靠语言、文字和规尺来刺激城市生活的人所必须的。

首先受到影响的是缮写员。在一种离不开众多方便且能快速复制的书籍的教育体制中，缮写员是不可或缺的助手。为此，从13世纪初，一种被称为拆分制的合理方式开始规范书籍的传播，并一直维系到印刷术发展之时。一部手稿被分成一些带编号的小册子，这样几个缮写员便可同时抄写一部书籍。这样一来，在以前抄写一部书籍所需的时间内便可抄写出几十本。这种劳动组织方式便是辩证法之运用的绝佳例子：矛盾的调和、困难的分解和重新组合为整体。但博士们的思想尤其表现在书籍的篇章安排中，因为书籍这时也在分化和组合。此前无论是每页文字还是全书的篇章都没有反映出思维的步骤。段落分割任意而为，起承转合之间没有逻辑。缮写员像经院哲学家一样——也许是接受了后者的建议——成功地解决了节省空间的要求与合理而层次化的表述之间的矛盾。一部著作的论证步骤，从分解、研究到组合都清晰可辨，并以编号和章节起首字母标了出来；章节起首字母以其大小和色彩而使书籍具有了一种结构，这种结构清晰地表明了作者的思想，并标示出当时的思想和方法步骤。

至于建筑师，他们已不仅限于阅读神学汇编，而是和学者和神学家们亲密地生活在一起。他们经常前往夏尔特尔、拉昂和巴黎的学校，出席辩论会，并在接受博士们的思维之前吸收了数字科学。这些“石头科学博士”不是以辩证法学者的方式讨论过教堂圆形后堂的理想方案吗？他们的墓碑上难道不应该盖上大学的帷幕吗？在13世纪，哥特式的设计方案不断进步，就像某种博士论文的证明一样：它有了自己形式化的词汇，有了自己的权威——不久前在法兰西岛竖立的建筑物——它运用的是统一与调和矛盾的规则；而它的结论表现在正墙、门窗洞和大教堂的空间设计上。哥特式方案把同样的秩序和清晰感引入到雕刻和书籍章节起首的彩绘文字中，它不仅反映在尖顶拱的装饰中、反映在环绕着绘画和雕刻的正门三角楣上，而且还对三角楣和书页作几何形分割，并对所表现的范畴作层次化的安排。建筑难道不是一种将其规则和语言施于其他艺术的首要艺术吗？而经院哲学则是以神学为目的的首要艺术。

人与创造

巴黎学者的严格推理不再沉迷于虚幻事物中。无论在学校里还是在旅途上，他们都开始观察自然。自然变得更为可人、驯服、也更富秩序感了。他们从来自托莱多的手稿中、从商人和传教士的口中发现大自然令人震惊的多样性，商人和传教士的叙述与古代人的论著总是将异域的疆界推向远方。大学的所有教师和其他人都纷纷参加对现实问题的研究：圣维克托修道院的议事司铎们应邀思索天空和大地上神光闪耀的证据，文理学院的哲人在学习亚里士多德，评点支配感知世界的法则。主教和神学家们强调纯洁派异端所斥责的创造力的价值。当方济各会修士来到巴黎后，他们对鸟类、花草和星辰表现出友爱之情。世俗教师和多明我会修士提出，宇宙是清晰的、在智力上可以理 281
解的实在，他们表达出人类的新活力与对自然日益增长的控制力，也反应了以从容的信仰来理解和分析一切的渴望。这就是为什么圣路易的时代是天文学家、自然学者和几何学家的时代；当时出现了各种“汇编”、“参考”、百科全书和大全。它们的作者仍收录了一些诡异之物，但这些事看来都已被驯服，因而被置于人们熟悉的草类和动物之中。大阿尔伯特在盘点自己时代的全部知识时，系统地描述了莱茵地区的植物志，并纠正了亚里士多德的错误。庇卡底人皮埃尔·德·马里库尔发表了一部关于磁铁的论著；维亚尔·德·奥内库尔在笔记中绘制了一幅机器草图，并画了一头“活灵活现”的狮子。新的冒险传奇故事有了一个法国特色的背景；纪尧姆·德·洛里斯刻画的寓意形象现在是开满鲜花的果园和花园中展开，而不再是身处布列塔尼幽暗神秘的森林中了。在大教堂的门廊上，罗曼艺术中的怪兽已变得滑稽可笑并消失了，取代它的是尘世的叶簇装饰。在柱头和檐壁上，鸟儿在歌唱着人类的欢乐。位于宇宙的中央并与宇宙协调一致的是活生生的基督徒——就像道成肉身的神位居其创造物的中央一样——他是反异端宣传中的核心，而圣方济各的肉体之人也是其幸福的核心。从事创造活动和日常工作中的人——得到方济各会修士的颂扬——是在模仿神，他以书本来教化世界，以手中的工具来建设世界。

文学作品中的人更加关心具体事务，更具实感和社会真实性以及心理方面的多样性——因为分析工具更为犀利、语言也更为灵活。在教堂的正墙上，成群的人见证了基督的道成肉身。壁画上的人物现在立足于基座之上，同墙壁分开，比例也更为协调，神态更为真实，表情更为精确，当他们靠近圣母和圣徒、确信自己得救时，眼神也更为明亮。这些理想化的人物形象服从一种摈弃偶然性的理性原则，根据亚里士多德的学说，他们以种与类的形式反映了世界的秩序与和谐。

人，亚里士多德和神

亚里士多德的逻辑学是这种新文化的工具。1200 年左右，这位物理学家、形而上学家和道德学家的重要著作已基本为人知晓，到 13 世纪中叶则已完全为人所知。这位生于斯塔基拉的哲人的每一种思想都具有权威性，具有不可抗拒的诱惑力，并且无懈可击；但是，对《自然哲学》和《形而上学》的解读逐渐表现出某种源于宗教关切的思索，这种思索从根基上说不同于任何传统。教会更为关心的是以亚里士多德的名义流传的各种新柏拉图主义伪经，而且伪经的繁复多样更增添了博士们进行综合概括的难度。1230 年以后，人们对科尔多瓦的穆斯林阿维罗伊撰写的评注感到不安，此人根据自己的文化来解释《形而上学》，并以一些与基督教教义无法调和的论点来填补其中的空缺。13 世纪初，这位新亚里士多德及其评注者的世界逐步被揭开——世界的永恒性，人类的理解力的统一性，否认自由——这个世界看来与基督教的启示背道而驰。

1210 年以后，教会作出了反应。具体手段就是排斥。阿莫里·德·贝纳因在巴黎讲授根源于《自然哲学》的泛神论而受到谴责。一些不可救药的门徒被处以火刑；教士被禁止“公开或秘密”阅读《物理学》和《形而上学》。多么徒劳而危险的措施！遭禁的手稿在最优秀的读者之间流传；亚里士多德太让博士们着迷了。神学家起初只采用那些符合自己观点的章节，而另一些人则删除了文本中错误的注释。1230 年后，奥弗涅在巴黎开辟道路并树立了榜样。1255 年，教皇亚历山大四世命令多明我会修士阿尔伯特·德·科隆（即大阿尔伯特）驳斥阿维罗伊，而后者十年前曾讲授过《自然哲学》。于是他对亚里士多德的全集作了注解，以便“将一切知识引向神”。这样他就为他同样身为多明我会修士的学生托马斯·阿奎那开辟了道路。后者在圣雅克街的修道院中试图调和信仰和理性；在从事解释和修订工作的同时，他试图将亚里士多德体系作为全部神学的基础。他的《神学大全》是第一个基督教哲学体系，这个具有里程碑意义的体系的力度、自由和严格性令人惊叹。 282

不过，亚历山大四世还在巴黎的另一个神学教席上安排了方济各会修士圣波那文图拉。波那文图拉更多求助于圣奥古斯丁，而不是亚里士多德，他已经把有关神的认识引向神秘主义，他催促哲学回到它永远不可能突破的界限之内，并提请人们提防那些依仗理性的力量而不理智的人，这些人总以为他们能理解一切，甚至包括那些不可理解之物。除了圣波那文图拉，还有很多人认为，圣托马斯的尝试具有危险的革新性质。他的做法难道不是鼓励文理学院的哲人走上邪路吗？这些挑拨骚乱、散布异端言论的人不是声言他们的学术应逃脱神学家的监控、并要将其置于同神学一样高的地位吗？西热尔·德·布拉班就是他们中间的一个，此人借用阿维罗伊的学说，并容忍自己身边的异端言论。有人不是要否认个人灵魂的存在吗？

巴黎决定着人类的命运。那里的哲学辩论依然带有乐观主义的色彩，但 1270 年前不久，有人已模糊地意识到这种学术斗争的过分之处。神学家们曾一起为学术综合付出了巨大的努力，但在这段共同道路的终点上，他们开始分道扬镳。此前不久，兰斯的画家们无法在正墙上安排好数以千计的形象。这是许多严重质疑基督教世界之和谐的信号当中的又一例。

大教堂与世界和谐

对于哥特式建筑来说，1194 年开工的夏尔特尔工地是第二次新生。这座特别匀称的建筑——其主体部分的建造至少耗时25年——展现了大教堂的经典风格，在随后的30年中，这种风格同样表现在苏瓦松、兰斯、亚眠和博韦。此前几年已在巴黎圣母院使用的拱扶垛，使得夏尔特尔大教堂因较轻的穹顶而更好地平衡过的应力能传到小尖塔下面坚固的外扶壁上。随着这种建筑技术的不断完善，人们可以提升教堂的高度，可以剔除廊台以简化抬升工序，并能以统一化的垂直支柱来更好组合整个建筑，而这些支柱之间的墙壁已经不必要了。在教堂那直接可感的开阔厅堂中，建筑师可以在大拱廊上施展自己的才华，在被压缩的采光处上方，可以在靠近整个教堂高度的中点附近开出高窗。

夏尔特尔大教堂带给人们的丰富启示很快就运用到了现实中。该教堂的大殿已经给人深刻的垂直感，而兰斯、亚眠和博韦的建筑师则进一步强化了这一效果：他们建起了令人头晕目眩的高穹顶，支撑物是一组优雅的列柱，柱子之间没有墙壁，而是一些巨大的透光窗洞。在亚眠大教堂的祭坛大厅，建筑师把楼廊的采光处改造成排窗，这座哥特式建筑的拱扶垛因盲拱廊和壁龛的出现而更显轻盈，它那高耸入云的尖塔、那带有透光三角楣的门厅、那开满大型圆花窗的外墙，一切都使得它看上去就像个摆脱了所有拘束的非物质形态的建筑物、一个“美的构图”。

美来自精确，不久还来自优雅。瓦兹河河谷和马恩河河谷出现的新的配窗建造技术传到了兰斯，接着又传到亚眠，这种技术使得人们可以在门窗洞和圆花窗的构图中施展一切高超技艺。装饰美感优先于
283 持久性，直线性优先于造型上的平衡。此后，人们仅限于在不同的楼层上重复同样的线条艺术、在所有表面进行同样的装饰、并以细长的小柱束棒将各层装饰连接起来，从地面一直通到穹顶。这种艺术在高雅考究方面尚有收敛，但它博得了卡佩宫廷的垂青，正是在王室的眷顾下，它在法兰西岛数不清的建筑中得以运用。在热昂·德·谢尔和皮埃尔·德·蒙特勒伊的主持下，这种艺术在圣夏佩尔大教堂和巴黎圣母院的耳堂大行其道。但在13世纪中叶，巴黎的这种艺术也像巴黎

大学一样，只是因为几位最后的大师在世方能延续。1267年，当皮埃尔·德·蒙特勒伊长眠于圣日耳曼-代-普雷的圣母教堂时，13世纪的创造时代也随他而去了。哥特艺术之所以终结，不是因为它想攀登天国，而是因为它已经解决了自身的所有难题。它首先是逻辑学家、神学家和传道士的艺术，随后变成了工程师们的职业。

逻辑学家的艺术：无论是在夏尔特尔还是在亚眠，大教堂都具有炫目的统一性，它的所有细节都明白无误地表达出建筑物的功能，而整个建筑物就是作为一个整体被推算出来的。它是从清晰的分析、精确的论证和明白的一致性中得出的经院哲学的证明结果。因为这时的大教堂已完全是博士和神秘学者们构想出的精神福地。作为神意之表现和美之源泉的光线像纯正的教义一样射进教堂，使得整个建筑物的墙壁都熠熠闪光（仿佛天上的耶路撒冷），而彩绘玻璃反射的彩色光芒使圣殿具有一种超现实的一体感。

在夏尔特尔，玻璃工人在仅仅一代人的时间里就建造了160多个彩绘玻璃窗。以阴暗为底色的玻璃反射出明暗变化无限丰富的蓝色，从这种色彩变化中描绘出的生机盎然的崇高形象具有令人难以置信的表现力。在圣夏佩尔大教堂，15个玻璃窗将这种巴黎艺术的所有特点汇聚于数不清的色彩斑斓的细密画上——并在1230年后使得夏尔特尔大教堂的影响力相形见绌——画中的人物沉浸于明亮和谐的神奇魅力中。

大教堂给予信徒的教导，应到正墙表面那些巨大的“无声预言”中去寻找。在庄严的门厅和深邃的大门下，先知和族长、使徒、主教和博士、圣斗士和僧侣表现了世界的创造以及教会负有的使命。在门厅的中央，道成肉身的神在接纳他的信徒，并让教士们围绕着自己，其威严就像大教堂里的主教一样。在三角楣上，基督因赴死而获生；他为圣母戴上冠冕，后者是教会的尊主，也是救世主和胜利者，桑里斯、夏尔特尔、特别是兰斯，都能听到圣母玛丽亚的赞歌。在一个普遍崇尚古典、完全为石头笼罩的世界中，这种复调音乐把夏尔特尔音乐中的饱满、巴黎的静穆宏大、默兹画派的怀古传统、亚眠音乐中的超自然人性、以及微笑天使的大胆优雅融合在一起……

当然，大教堂艺术并没有一下子风靡整个王国。从佛兰德尔到勃艮第，建筑师们是在阐释夏尔特尔的风格，不过直到 1230 年左右，西部地区流行的是枝肋穹顶风格，建筑的结构依然是罗曼式的。但到 13 世纪中叶，巴黎的影响力在到处渗透。1248 年在克莱蒙、1258 年在巴约讷、1267 年在卡尔卡松，都出现了标志着巴黎影响力势不可挡的扩张的建筑。

贵族文学和新文化

13 世纪的智慧对文学来说是致命的。学院派的哲学窒息了文学。在学院之外，文学作品延续了 12 世纪的发展趋势，且用正在向各种文体渗透的法语作为表现语言；读者群的扩大、读者的兴趣和新文化的发展是刺激文学走向活跃的因素。

当然，在很多客厅里，人们还在为查理曼和冬·德·美因茨的武功歌激动不已，关于这些故事的循环史诗不断膨胀，以致变得单调乏
284 味，满篇重复、套话，而且文中还有伪作。有关武功歌的各种艳情诗集也无法阻止这类史诗的衰落。因为，在法国中部和北部各地，奥克语抒情诗繁盛一时：如在佛兰德尔、布卢瓦和香槟——香槟伯爵蒂波四世就是当时最著名的行吟诗人之一——的宫廷、各地小宫廷、特别是城市贵族阶层都是如此。在阿拉斯这个无可比拟的诗歌中心、在瓦朗谢纳、杜埃、图尔内、康布雷、在普罗万、巴尔和特鲁瓦，市民和贵族都在修炼爱情艺术。1200 年后不久，源于克雷蒂安·德·特鲁瓦的《帕西瓦尔》(Perceval) 的骑士文学的另一潮流，即神秘主义潮流，随着散文体《朗塞罗》(Lancelor) 的问世而大量涌现。这其中还穿插着纯洁者加拉德的故事，如他在中了魔的森林中、在基督教奇迹中、在《寻找圣杯》中：他终于在临死前见到了圣杯。随着他的出现，亚瑟王的传奇消失了。过去的作品淹没之后，奥尔良人纪尧姆·德·洛里斯树起了另一座有关骑士风范的丰碑——但这部作品确实与此前的作品很不一样。他的《玫瑰传奇》(1235 年左右) 是一部没有

完成的集子，不过它试图“囊括所有的爱情艺术”。这部清新优雅、梦幻般的迷人作品因其巧妙的讽喻和无与伦比的细腻而饶有风趣，达到了骑士文学可能企及的最高峰。它已经打上了偏好推理和抽象的学院派标记。因为现在贵族的典范在于其“贤明”，而贤明是理智和情感、信仰和智慧、敬畏和认知的融合。编年史家和圣徒传记作者总喜欢提到同罗贝尔·德·索邦和樊尚·德·博韦辩论的圣路易。

这种新的思想平衡不仅限于王室宫廷的狭窄圈子；它已经渗透到某些贵族阶层中。编年史家朗贝尔·达尔德尔为我们描述了一位吉内伯爵。此人虽然痴迷于狩猎和冒险，但1190年前后他的周围出现了一些文化人：“他耐心听他们讲解，但由于他什么都想知道，但又不能什么都能记住，所以他让人把……《雅歌》及自己神秘主义的解读从拉丁语翻成罗曼语，并经常命人念给他听………他还接受了大部分从拉丁语翻译成罗曼语的《物理学》……”

来自意大利、英国和帝国的神学家试图在巴黎寻找的秩序及和谐，看来已经由法兰西王国赐予了西方世界。法国国王是正义的典范，他的威望照耀着欧洲的所有宫廷。国王的兄弟、普罗旺斯伯爵、查理·德·安茹被一个法国教皇加冕为西西里国王，百合花家族的亲王和公主们以其圣路易的血统而提升了布拉班、纳瓦尔、卡斯蒂尔和阿拉贡各家族的地位。法国的语言——香槟集市的语言——对所有参与远途贸易的人来说都是必须的，也是塞浦路斯、摩里亚和英国王侯贵族的母语，无论是在意大利还是在莱茵河畔，整个贵族教育都打上了法国的烙印。因为法兰西王国是“战斗、荣誉、高贵、优雅和慷慨的表率”，对整个西方骑士阶层而言，法国就是生活方式和思想方式的源头活水。

在德意志，对法国作品的迷恋到了这样的程度，以致有的作者谎称其作品只是法国版本的译本。《恋歌》的创作来自对奥克语作品的模仿，而英国诗人则为了法国韵律抛弃了自己传统的韵律，在西班牙，法国的作品启发了新的学究派诗歌。

在包括匈牙利、波兰和塞浦路斯的整个基督教世界，巴黎大学培养的主教们召唤巴黎的艺术家来装饰他们的教堂，吸引庇卡底和香槟的建筑师来建造大教堂。在仍然忠实于帝国传统的德意志，班贝格的塔楼堪称拉昂塔楼的复制品，来自亚眠和兰斯的人们成为特里尔和科隆建筑工地上的领导。在西班牙，莱昂、布尔戈斯和托莱多的大教堂让人想起了勒芒、夏尔特尔和布尔日。在英国，威斯敏斯特的祭殿见
285 证了法兰西岛风格的短暂回归。甚至在意大利，由于西多会修道院的建立、艺术品贸易及法籍教皇的订货，哥特艺术也传了过去。当然，这种艺术需要与各地的地方传统妥协。但意大利各地出现的门窗洞构图和国王侧像向西方世界表明，这种智慧和欢快诞生于离巴黎小桥不远的圣母院塔楼和西岱岛宫殿之间的地方。

当然，并不是所有贵族都具有求知渴望；但他们中间大多数人曾外出远游，这些人能操法语，其思想观念比其祖先们更为清晰。他们学习法学，为的是保护自己的利益或为君主服务，他们已经把儿子送到学校里，自己身边也有了个文化人。他们抛弃《朗塞罗》中的神秘幻象，转向了更为现实的作品或刚开始以地方语言写作的历史书。1207年，香槟贵族维尔阿杜安开始撰写关于第四次十字军的编年史，而罗贝尔·德·克拉里骑士则记录了一个向君士坦丁堡进军的战士的痛苦和欢乐。从很多方面看，有文化的贵族的品位与一个更为广泛的精英阶层的品位是一致的：这就是市民和教士，他们以列那狐的足智多谋、以韵文故事中的喜剧因素为乐，对自己的怪癖也只是一笑而过——不久吕特贝夫就以其动人诗篇揭露这些怪癖，但作者在诗中真诚地表达了自己的悲哀和幻灭。

第十二章　伟大的王国 286

1270—1348 年：在接踵而至的灾祸到来之前，
法国焕发出繁荣昌盛的璀璨光辉。

始自在突尼斯发生的光荣的不幸，及至 14 世纪中叶的悲惨事件到来，圣路易的三代子嗣，即儿子、孙子、曾孙先后继承法国王位。首先是大胆菲利普——1275 年步入而立之年——的那一代人，他们依然生活在圣路易时期的宗教虔敬中，并竭力将这种心态延续到所有方面。第二代人，即美男子菲利普——1298 年 30 岁——那一代人，看来与上一代人有所不同，他们决心从现有局面中最大程度地获取好处，以全面弘扬法国及其国王的伟大：当他们这样做的时候，他们不是懂得，当过去曾导致繁荣的国内和国际环境发生变化时，他们也应转变关于伟大的观念吗？第三代人是美男子菲利普的儿子和侄子菲利普·德·瓦卢瓦——其分别在 1319 年和 1324 年年方三十——的一代，他们开始品尝梦想和现实的不协调所带来的苦果：在遭遇众多各式各样、表面看来并无联系的困难之后，他们在克雷西的战场上、在加莱的城墙底下、在黑死病造成的堆积如山的尸体前突然意识到事态的悲剧性演变势头。

虽然 1270—1348 年是个转折时期，但它已经给 14 世纪的人们提出了一个难题。克雷西和普瓦提埃战役后不久，那个时代最重要的见证者之一、编年史家、列日人美男子让就在追问，“法兰西王国，这个曾被所有人冠以荣誉、见识、信仰、骑士风度、商品和全部善意的国度”，为何“被敌人和自己蹂躏成如此模样……”

换言之，圣路易时代光耀四方的法国、美男子菲利普时代胜利的法国，如何变成屈辱的法国、进而在瓦卢瓦王朝初年迅速衰竭了呢？这个重大问题的答案不应在以某个以国王或朝代而划分的编年片段中去寻找，亦不能归结为代际冲突：答案应该在对不同演变节奏的研究中去寻找。在这个转折时期，有些方面的演变特别缓慢，而其他方面的变化则要快得多、范围也更大。由此便产生了一些看来与历史或编年演变之规则不合的失调和断裂现象。因此，这段时期的历史更主要是围绕主旋律、而不是围绕日期来组织的。在我们看来，1270—1348年间有两个鲜明的主旋律。第一个主旋律是伟大的王国：经过圣路易
287 和菲利普三世的经营，法兰西王国在美男子菲利普时代进入昂扬期并持续激励着菲利普的继承者们。第二个主旋律是改变了整个西欧物质生活条件和心态的长期变迁过程：这个过程很可能开始于菲利普三世时期，菲利普四世及其儿子在位期间已经清晰可辨，它最终导致了一场力量的筛选和再分配，但这种筛选和再分配并不总是有利于法国及其王权的。由此便产生了梦想和现实之间的对立，菲利普六世对此有痛苦的体验，这一对立给当时的法国社会打上了深刻的烙印，而这个社会的主要参照系拒绝任何演变、仍然处于“圣路易时代”。

一、伟大王国

英国编年史家马迪厄·帕里斯[①]曾称路易九世为“国王中的国王”，与此相呼应的是，14世纪初的一位意大利注疏学者写道：“在整个基督教世界，法国国王独占鳌头。”菲利普三世的传记史家纪尧姆·德·南日秉承的也是同一种精神：1271年8月15日，在这位国

① 一译马休·帕里斯。

王的加冕礼上，“幸运之剑”[①]，“法兰西的国王和罗马人的皇帝”的宝剑，送到了其主人的面前：“实际上，这把剑，连同王冠和国王的权杖，还有所有其他用于这一仪式的国王装饰，都存放在法国圣德尼的教堂里……”这里我们可以看到一些意在宠幸法国王权的新说法开始展露出来。卡佩王朝几位末代国王及其近臣并不满足于发展有利于国王的封建君主制度，他们以圣路易死后无与伦比的局面为基础，试图将这些制度引向一条越来越现代的道路，与此同时，他们还表现出十分新颖的外部野心：这是经验主义摸索的结果？是合乎逻辑的发展？抑或是有意识的自觉的政策呢？对我们而言这完全是个谜，而且卡佩王朝最后几位君主捉摸不透的个性也给这个问题的解答造成了麻烦。

我们应该指出，有关这个时期文献工作应来一个转变：在王家账目出现后，最早的大规模人口统计、户口调查、军役税登记簿、司法区名册等也随之问世，有了这些材料，我们可以设想草拟一份法国行政地图，也许还可以尝试对人口做一些总体性估算。王权已经走上了新的发展方向，不过这场运动的某些标志当时人是很难感知到的。

迈向统一：领地和王国

界限与疆域

14 世纪初的法国国王如何想象他的王国呢？最近提出的这个问题虽然有点出人意料，但它的提出是很有意义的。当时还没有地图，那些早期的数字材料记录了人口数字，但没有关于土地的数字，当时国王在巴黎、奥尔良和诺曼底地区以外的巡游只是骑马快速兜一圈，活动半径很小，边境线的概念才刚刚代替边境地带的概念；在这样一个时代，法国国王不可能对自己的领地和王国的面积和界限有准确的印象，而且领地和王国都是由土地和权益组成的纠缠不清的混合物。不过，国王扩张其领地和王国的努力从未懈怠过。

---

① 相传这是查理曼用的剑的名字。

领地的扩大

国王领地在菲利普·奥古斯都时期有了惊人的扩展，路易九世时期则大为巩固，而到了菲利普三世时期，王室领地再现大扩展的势头。菲利普三世是王朝政策完美的诠释者。1271年，当阿尔方斯·德·普瓦提埃和让娜·德·图卢兹死去后，对图卢兹伯爵领的继承就只是1229年巴黎条约顺理成章的结果了，在这种好运的保佑下，甚至卡佩
288 家族幼支的灭绝也有利于卡佩国王们。不过，王室自身也采取了联姻策略。1284年，国王的儿子、未来的美男子菲利普娶纳瓦尔王国、香槟和布里伯爵领的女继承人为妻，通过这一安排，大胆菲利普为兼并这个离巴黎很近的伯爵领作好了准备。这样一来，法国国王还在南方开辟了新的行动领域，他已是那里最大的领主，他在东方也展开了行动，并接触到了帝国的领地。由于王室领地的吸引力不断增长，越来越多的大片领地归并于它，但除此之外还有一些小的兼并，其中一些小块土地甚至超出了王国的传统疆界。菲利普三世获得了吉内伯爵领、阿弗勒尔港、蒙默里庸……菲利普四世购得夏尔特尔伯爵领、蒙彼利埃的附属地、博让西领地、马尔什伯爵领、苏雷和莫雷昂子爵领、比格尔伯爵领；在东部，他将国王的宗主权扩展到奥斯特旺、巴卢瓦领地、土尔和凡尔登、里昂和维维埃。在所有直接被王室领地兼并的地区，司法总管都渗透了进来，随之而来的还有卡佩王朝的制度和法兰西岛的艺术。反过来，这些地区的观念、原则和人员也逐渐给原来的王室领地带来新气象。在卡尔卡松和博凯尔司法区归并后，朗格多克的依附更具关键意义，以致大胆菲利普不得不尊重传统习惯，在朗格多克高等法院设一个成文法法庭，后来美男子菲利普又向越来越多的南方人敞开其议政会议的大门。

不过，这些成功没有阻止国王继续将他们的大片领地让渡出去，以作为其幼子们的封地，但对这些封地已有了一些新的限制。1284年，在菲利普三世的要求下，高等法院承认了如下原则：当亲王封地所有者死去而没有直接继承人时，其封地将由国王收回。1314年，美男子菲利普鉴于领有普瓦提埃伯爵领作为亲王封地的儿子菲利普可能

无嗣而终——“但愿这样的事不要发生，该伯爵领亦不可落入女人之手”——故在临终前规定该亲王封地应归男系继承：“也就是说，菲利普，或任何普瓦提埃伯爵的直接继承人，若死后无直系男性继承人，朕希望并下令，普瓦提埃伯爵领归于朕的继承人，即法兰西国王，该领地应并入王国的领地。”但是，由于当时国王宗族当中丧事频仍，此类预防措施还是归于徒劳。1328 年，瓦卢瓦家族登基后，大部分大型亲王封地都归于国王。那些仍然保留的亲王封地由国王的近亲统治，并深受卡佩时代行政制度的影响，所以当时对王国的统一还不构成大的障碍。

各大封建采邑

但有些势力强大的封建领地并不构成王室领地的一部分，它们总想逃脱后者的影响，由此造成的难题与亲王封地的问题完全不同。图卢兹和香槟伯爵领归并于王室领地后，我们这里所称的大型封建采邑缩减为四个，它们全都坐落在与王国整体相距较远的地区：勃艮第和布列塔尼、基耶内和佛兰德尔。勃艮第受卡佩王朝的影响最深，它长期在其领地上效仿卡佩王朝的制度，1328 年，勃艮第甚至让其官员与国王的官员一起对当地教区和户口进行调查统计；勃艮第公爵经常在巴黎逗留，菲利普六世在位期间，勃艮第的顾问在巴黎最具影响力。布列塔尼公爵领与此相反，它实际上追求一种独立政策，不过布列塔尼问题的提出要等到百年战争时期。在当时，真正的困难来自另外两个大型封建采邑，它们几乎一直处于反叛状态，不久便结成了反王室政策的同盟。从美男子菲利普后，王室政策的强硬化很能说明王权的 289
演进趋势。针对这些反叛的大采邑，国王屡次发动规模巨大的惩罚性军事行动：1294 年、1295 年、1296 年的美男子菲利普、1324 年的美男子查理对基耶内发动进攻，军事行动的便利招致其接二连三的重演；而 1302 年后，针对佛兰德尔的行动几乎每年都有。但是，王家军队在这里碰到的不是某个遥远政权花钱雇佣的雇佣兵，而是全体人民的反叛。佛兰德尔战役极端艰难——王家军队 1302 年在库尔特莱遭受溃败，1304 年蒙桑佩维尔的胜利极为勉强——并引起各方日益增长的怨恨之情；这也反映出弗拉芒采邑的利益与法国王权利益之间的深刻矛盾，因为前者在经济上受英国吸引，政治上则受帝国的吸引。佛兰德尔既反对法国的统一，也反对王权的集中化，于是它逐渐脱离了这个王国。

走向绝对主义：王权

在法国历史上，从没有哪个时期像圣路易死后 50 年那样全面地歌颂王权的：王权观念甚至很快就超越了国王个人。

理论家的观点

当时的一切都旨在将卡佩王朝置于独一无二的地位：菲利普三世在加冕礼上佩戴的“幸运之剑”象征着与查理曼的联系，1297 年教皇卜尼法斯八世为圣路易封圣，这些事件都为那位殉道者国王的后代披上了一层光环。当时已经出现这样的观念：这个家族特有的尊严和荣誉只能按男系传递，这和当时两种最崇高的权威——但它们是选举产生的：教皇和帝国是一样的。我们已经看到，美男子菲利普试图避免“（普瓦提埃）伯爵领落入女人之手”，就是说，普遍适用于采邑的法律并不适用于国王幼子专享的亲王封地。同样性质的思想潮流最终分三个阶段——1316 年、1322 年和 1328 年——排除了法国王位的女性继承权利。美男子让曾绘声绘色地描绘了事态的发展过程：“这位漂亮的（美男子）菲利普有三个儿子——还有一个女儿，女儿嫁给了英国国王，下文将述及这位国王——三个儿子都十分英俊，其中长子路易泽在先王在世之日就已成为纳瓦尔国王，人称“顽夫”；次子称长人菲利普五世；幼子号查理。根据先王死后无直系男性继承人时的继承法，他们在父王死后都先后当上了法国国王。同样，当国王查理死后，法国的十几个大贵族断然拒绝把王国交给他的姐姐、也即英国王后，他们坚决主张——并在实践中贯彻——法兰西王国是如此高贵，它既不能落入女人之手，亦不能为英王及其长子控制，因为，正如他们所说的，鉴于女人毫无相关权利，她的儿子不可能以母亲的名义享有权利或继承权。”

确实，法学成为头等重要的问题。当时是法学研究的繁荣期，有人甚至称之为“法学家的时代”。在这个时代，法国国王的加冕礼仪最终确定下来。同样是在这个时代，与任何宗教考量均无牵连的理性化封建法学和重新发掘出的罗马法学，都在颂扬宗主和君主的权威。阐述这一问题的有一整套文献。菲利普三世时期，出现了一些论述封建概念的论著，如《圣路易的创设》和伟大的司法总管菲利普·德·博马努瓦编纂的《博韦习惯法》。第一部著作中有一句著名的格言：“国王保有的东西不来自任何人，除了来自神和他自己”。菲利普四世时期，由于国王同教皇卜尼法斯八世发生冲突，一些源自罗马法的学说活跃起来。在美男子菲利普的父王在位期间，芒德的主教纪尧姆·杜朗曾提出法国国王是“自己王国的君主”的观念，而美男子菲利普时代的法学家则在 1302 年发表的一本出自无名氏之手的著作《两派对质书》（*Quaestio in utramque partem*）中提出了国王是“自己王国的皇 290
帝”的说法。高等法院的法官和教俗两界的政论家都在孜孜不倦论述这些主题，他们的论证日益抽象，这种抽象与国家观念的重现联系紧密。现在重要的不再是国王个人，而是他所代表的观念，而作为君主政体之主要因素的王权则是这一观念的象征。

实践

上述因素导致的一个奇特的悖论是，政治发展历程似乎与 1270—1328 年间国王的个性并无关系。当时人认为国王是个伟大的角色，他们关于国王的形象是否受这种观念的歪曲呢？还有什么比纪尧姆·德·南日笔下的大胆菲利普（1270—1285 年）形象更加合乎常规呢？这位国王为人虔诚和善，他似乎非常尊重父王的老顾问们的意见，不过这还是没有防止他受其宠臣皮埃尔·德·拉布罗斯及在他周围形成的两个“党派”的压力的短暂影响：这就是布拉班派和安茹派，前者在年轻的王后、玛丽·布拉班周围煊赫一时，人们认为这位王后是法国最早的宫廷女主人；后者则诱使国王对阿拉贡发动了一场灾难性的远征，1285 年，国王在回师的路途中于佩皮尼昂死去。他的儿子美男子菲利普四世（1285—1314 年）也许是这个王朝最捉摸不透的人物。虽然他在漫长的在位岁月中全面提升了王权的威望并创设了一系列持久的制度，虽然他在私生活方面的声誉无可挑剔，但在公共生活中则出现了一连串的轰动性事件、一系列的“纠葛”，它们留给我们的困惑就像当时的人一样多：与教皇卜尼法斯八世的冲突——我们稍后还要提到；1307 年开始的圣殿骑士团的惨剧，当时该骑士团的骑士被逮捕，接着在 1312 年的维埃纳教务会议上，这个宗教团体又被解散，1314 年，一些重要的圣殿骑士遭受酷刑，其中包括他们的团长雅克・德・莫莱；1306 年对犹太人的抢劫及 1311 年驱逐伦巴第人；操纵货币；还有其他一些动机更让人疑惑的丑闻，它们甚至牵涉到王室近臣的道德问题：特鲁瓦主教吉夏尔被指控毒死王后，还有国王的儿媳们、即未来的路易十世和查理四世的妻子们的纠纷。这两位妻子的小姑、英国王后伊莎贝尔指控她们通奸，于是两人被投入监狱，其中一人神秘地死于狱中。美男子菲利普乐意看到这些龌龊案件吗？他是其中的挑唆者，还是容忍那些过分热情的顾问们放手行事呢？不管作出何种假设，他的声誉都不会因此而上升，在他生前，这些案件已经严重败坏了他的名声。由于这种充满猜忌、专横暴戾的气氛，再加上对大封建采邑的敌视政策、佛兰德尔战事的失利和不断增长的税收压力，王国在美男子菲利普死去时陷入了动荡。面对种种困难，顽夫路易十世（1314—1316 年）看来是在全面退守，而且他在位的时间过短，我们很难对他的性格作出判断。他的弟弟、长人菲利普五世（1316—1322 年）先后取得摄政权和王位，他为人果断，政策成效也不错；在众多困难面前，他的政策既坚定又不失灵活，这本来是个伟大君主的好兆头，但 6 年的时间还不足以使他稳定局势，而他最小的弟弟、卡佩家族最后一位直系继承人美男子查理四世（1322—1328 年）同样无法稳定局势。

年迈的茹安维尔在提到圣路易封圣后补充道：“我想说的是，这对他那些想做坏事的后代来说将是个耻辱，因为人们会戳他们的脊梁骨，会说作为他们祖先的那位圣洁国王会十分反感这类恶行的。”实际上，当时的人很少质疑国王的个人品行——或是出于尊重，或是习惯使然。相反，他们总是对国王有一种先入为主的好感，认为一切有益的行动都是国王的功劳，而把所有不好的行动都归咎于“坏顾问”的恶劣影响。一方面，对王权的颂扬从未停止，而另一方面，国王又越来越受到其近臣随从的压力，这样的对比会让我们感到惊奇。但是我们不能忘记，中世纪的国王从未被构想成单独的个人。他的存在总是伴随着周围的亲信。国王随从的人数和组织化的不断发展是其权力的一个象征。我们的史料是面向贵族的读物，它们大部分都对国王的随从持名副其实的善恶二元论，即把一部分人看作“好”顾问：恪守封建观念、骑士理想和圣路易时代之传统的王室成员、贵族和骑士；另一部分则是所谓的“坏”顾问，这些人是教俗两界的暴发户，他们不顾国王本人的意愿，将他拖上“标新立异”的道路——如美男子菲利普时代著名的三恶人：皮埃尔·弗洛特、纪尧姆·德·诺加莱和昂格朗·德·马里尼。对于这类可鄙之徒，诗人和编年史家总是觉得措辞不够严厉： 291

每个人都认为……
您的骗子骑士背叛了您

1302年库尔特莱战役溃败后，若弗瓦·德·巴黎曾这样说。1314年，他又变本加厉地借叛乱贵族之口控诉道：

一帮小人得志之辈
俨然成了宫廷的主人，
结党营私，打击排挤。
所有的良好风尚都消失殆尽；
从此以后，
宫中不再有人主持正道。
奴仆、宵小、讼棍
一手遮天。

这种二元论几乎被美男子让确立为一种方法论。他认为，菲利普六世之所以失败，是因为他“总是听从低级教士和高级教士们的糟糕意见”，而不咨询“国家的领主和贵族”。

因为国王要听取建议：当然还是遵照十分经验主义的方式，不过这些方式也在走向明确化。当王宫的内廷服务部门开始独立时，国王近臣的政治权责也在分化，这个过程在路易九世时期就已开始。三个责任部门从宫廷分化出去。首先是一个责任不甚明确而影响力反而更大的政治部门：国王的议政会，在这种会议上，国王可以在任何时候召集任何人，无论是家族亲王还是小骑士，教士还是市民。议政会可以作出重大决策，并对最重要案件作出最终裁决。但是，这样一个如此有限、如此秘密的机构能在局势严峻时负担起王国生存的责任吗？很长时间以来，国王一直保持这样的习惯做法，即在特殊情况——特别是在大规模军事行动的前夕——召集封建大会，与会的高级教士和国王的大封臣将以赞同国王决定的方式来履行其建议的义务：当菲利普三世对阿拉贡发动十字军征服时，他依然忠实于这种传统。但美男子菲利普于 1302 年开始召集的大会看来是一种新型会议。当菲利普与卜尼法斯八世发生冲突时，他在巴黎圣母院召集了这次会议，“旨在讨论几个非同小可的问题，它们关系到朕的国家，朕的自由，关系到朕的王国、教会、教会人士、贵族和世俗人士及朕的王国的每个居民的自由”，参加这次大会的有贵族、教士和城市居民。“这是法兰西王国的第一次全民协商会议。它根本不是人们经常错误地描述的那样，是第一届三级会议；它比三级会议更为可取，是一次直接倾听法国民意的会议，没有中间环节，我们几乎可以说是一次普选”（洛特和弗迪埃）。王权远没有因此而削弱，而是因此而加强：是因为经过了全民公决吗？当圣殿骑士团案发生和几度反复时，类似的程序一再被采用。但在所有这些情形中，关键不在于对权力实行监控，而是通过一个尽可能广泛地代表王国居民的机构来认可国王的决策。这是人们第一次意识到正在兴起的公共舆论的政治价值吗？

292 与此同时，国王宫廷的司法和财政部门也走上了一条日益独立的道路。司法部门，即高等法院，已由1278年的大律令给出了规章制度，法院本身也分为几个专业法庭：主法庭或申诉庭，预审庭，诉状审理庭，成文法庭。实际上，这个法院的影响力之扩展十分迅速，一直达到王国的边境地带。它受理来自四面八方的诉状和上诉。财政部门在美男子菲利普时代完全凸显出其重要性，因为当时王家税制正在发展之中，而且国王的代理人从圣殿骑士们手中接管了御库的直接管理权。菲利普五世时期，维维埃-昂-布里律令确定了审计法院的职责和权限。正是由于这个法庭，我们才有了准确的财政统计和税收档案。像高等法院一样，审计法院也在西岱岛的宫殿中有了专门的办公场所，行政工作的完善是在不断强化的集权化过程中展开的，而这个过程为首都巴黎带来了利益。

集权化旅程：巴黎

西岱岛宫殿

王权的政治、司法和财政机构的成长不可避免地伴随着它们办公地点的固定化，而这些地点又是靠近国王习惯上最经常光顾的住所的，因为国王的习惯和爱好仍然带有强烈的中世纪游荡习性的痕迹。我们已经看到，卡佩国王们的选择为何越来越集中于巴黎、特别是集中于西岱岛的西端。圣路易已经对11世纪的老卡佩宫殿进行了重大改造，并开始建造圣夏佩尔宫。但是西岱岛宫殿的重组和重建开始于他的继任者们。1278年关于高等法院的律令表明，这个机构从此与特定的地理位置联系在一起。事实上，这不仅涉及为高等法院的各个部门分配会厅——该法院此后固定下来，并几乎一直是常设的——还需要为法院成员安排住处，为律师、申诉人、证人、各色缮写员、仆役以及随他们而来的好事者和商人安排接待场所。因此，美男子菲利普从1299年起着手改造和扩建西岱岛宫殿，同时建造新的城墙以保证其安全。菲利普在位期间，在与塞纳河平行的方向还建起了一个巨大的双殿大厅，长70米，宽29米，周围矗立着诸位国王的雕像，被视为法国最漂亮的大厅；它的用途是接待律师及其客户，同时也可直接通往申诉庭。申诉庭的底部是一排至今还保存的带穹顶的矮厅房。这个时代还建造了一些巨大的塔楼，后来它们成为刑事庭的所在地。1303—1304年，财政审计部门得到了新的处所，这个“法庭”将给整套机构冠名。从此以后，国王寓所在整个西岱岛宫殿中的地位相对下降，但当他在巴黎逗留时，还是住在这里，在几十年的时间内，这些建筑里面同时安顿着国王、宫廷和所有中央政府机构。

根据菲利普五世时期的一份文献，当时宫廷共有951人，人员分布如下：国王内务府共500人，王后内务府200人，国王的子女身边共42人，大议政会成员24人，高等法院155人，审计法院和御库30人。有人估计，这些权贵人物的家眷和仆人加在一起可能约有5000人，即相当于一个外省小城市的人口（勒皮在14世纪初只有4800居民）。当然，不是所有人都住在西岱宫中，不过他们来到巴黎确实大大活跃了首都的生活。

首都巴黎

于是巴黎作为这个西方世界伟大王国的首都的地位便牢固确立下
293 来。它的集权化功能是如此之强，以致不仅吸引了附近地区的贵族，还招徕了家族亲王、大封建主、王国各地所有认为有必要在巴黎定居的贵族和教士。这便是公馆繁荣的开端：在几个世纪的时间内，这一现象一直是巴黎市容的一大特征。这里有一些大封建主的公馆：勃艮第公爵的公馆在左岸，布列塔尼公爵和佛兰德尔伯爵的在右岸；有采邑亲王们的公馆：瓦卢瓦的“馆邑”、埃弗雷伯爵兼纳瓦尔国王路易·德·法兰西的公馆、阿图瓦公馆；还有阿尔马尼亚克、富雷、布洛涅公馆，巴尔伯爵及厄伯爵的公馆；与此同时，教会人士的宅第也日渐增多，如桑斯、兰斯、鲁昂、夏尔特尔、奥塞尔的大主教或主教们，维泽莱、彭蒂尼、费康、卢瓦约蒙、夏里斯的修道院院长们……巴黎市民很快也模仿这些豪宅，但它们没有或几乎没有留下任何痕迹。但是我们知道，巴黎陷入了建筑狂热——以致不久就须修建一座新围墙——成为众多土地征购（特别是为扩建西岱岛宫殿而进行的征购）和获利甚丰的地产投机行为的舞台。

巴黎已经是王国宗教建筑的首都，而现在它有了一个特别的民用建筑群。不过，它作为法国思想的首都和基督教的中心的地位并没有削弱。当然，一些危机动摇了巴黎大学的地位，较早的危机如1277年对圣托马斯的某些论点的谴责，如贯穿整个菲利普三世在位时期的在俗教士和托钵僧之间的争论；较近的危机如国王和教皇之间的冲突。但巴黎大学仍然很有活力，这表现在不断增设的学院上（如1280年的阿尔库尔学院，1302年的卡迪纳尔一勒穆瓦内学院，1304年的纳瓦尔学院，等等），表现在它对当时最伟大的思想家们的吸引力上：如最具革新精神的马略卡人雷蒙·吕勒，德国人艾克哈特，意大利人马西利乌斯·德·帕多瓦，都到过巴黎。另一方面，大量上流顾客的存在推动了我们所称的次要艺术的繁荣，但在当时，这些艺术是却是主要艺术，是真正的艺术研究和创作的源泉。首都作坊中的雕刻师、金银匠和细密画师拥有绝对的至上权，它的影响不仅超出了巴黎，而且超出法国国界。这一点稍后我们还会提到。但现在且让我们谈谈其中的一件杰作。

1317年，圣德尼的修道院院长吉尔·德·蓬图瓦兹献给国王菲利普五世一份题为《圣德尼大人传记》的手稿，该手稿由伊夫修士装饰，最初是打算献给美男子菲利普的。手稿的主题可以说是歌颂巴黎和卡佩王朝的，这个王朝传统上说与圣德尼有紧密关系。不过，除了与这位巴黎的首位主教直接相关的文字和插图外，手稿的底部还有一系列巴黎生活的风情画，它们是伊夫修士从现实生活中提取的。画中的巴黎总是表现出同样的风格，这一点特别能说明问题：塞纳河及其两岸已被一座桥梁连接起来，桥上建起一座哥特式的防御塔楼，供守卫栖身用。桥上设有店铺，行人旅客从塔楼中进进出出。塞纳河上可见各种船只，渔夫和沐浴者……日常生活的方方面面都有展现，其中的几个方面值得一提：从街头行商到贵族骑士等各色行人熙来攘往，他们借用当时的一切交通手段，或徒步，或骑马，或乘船，或坐着车夫驾驶的四轮马车；当时主要的工商行业都所有表现，但金银匠和货币兑换商占有突出位置，后者提醒人们，巴黎在14世纪初作为金融活动场所的地位。这些画面还为我们提供了巴黎生活的另外两个方面：桥上的江湖艺人和耍熊者、塞纳河驳船上的歌手在表演娱乐节目，还有这个城市的谷物、葡萄酒和食品供应，以及木材和建筑材料的供应问题——桥上络绎不绝的四轮马车和正在河边码头卸货的驳船都反映了这些问题。此外还有搬运夫、送水工确保货物的配送。这里我们便
294 看到了有关西方世界最大城市之一的补给问题的绝佳画卷。

巴黎的人口

但巴黎是西方世界最大的城市之一，还是最大的城市呢？14世纪初，最早的有数字记载的文献开始出现，这使我们可以尝试进行一些人口学的估算，而巴黎的人口问题则是最富挑战性的问题之一，因为这些文献实在凌乱。一方面，根据1292年到1313年的一系列军役税税册，首都的纳税人数目约在13000—14000人之间；如果每个纳税人的家庭为3.5人，则巴黎人口约为47000，但这个数字还应加上社会高层和底层的人口数字，包括很多非纳税人，如贵族、教士、大学师生、宫廷人员，此外还包括穷人，有人估计穷人大约有25000。因此，13世纪末的巴黎可能有72000居民，随后的20—30年中，人口增长到80000或85000。这就意味着，巴黎人口可能大大超过西北欧的所有城市，包括弗拉芒地区人口最多的城市，因为当地最大的根特城人口还没有达到60000；但是，巴黎的人口可能仍少于意大利的工商业大都市，如米兰和威尼斯的人口无疑已经超过10万，而佛罗伦萨的人口在1338年则几乎达到95000人。

不过另一方面，巴黎的人口难道不可以远远高出那些意大利大城市吗？之所以会有这样的看法，是因为从另一份税收文献中可以得出这样的推论，这就是1328年编订的“教区和户口登记簿”，根据这份文献的统计，“巴黎和圣马塞尔城共计35个教区，61098户”。如果根据这个非常可疑的数字推算，巴黎的人口超过20万，这意味着它是西方世界最大的城市：它已经成为王国中心的一个奇特赘疣。当然，巴黎的人口是个存在激烈争论的问题，有人甚至用“居民”这一术语来替代“户口”，以便1328年的数据能与此前的军役税数据协调起来。

不过，我们还是来听听最近一位巴黎城市史学者卡泽尔是怎么说的吧："很难设想巴黎的人口能达到 20 万。"所以争论仍然存在，无论如何，对历史学家而言，一个令人激动的问题是怎样利用 1328 年"户口登记簿"这一特别的文献。

1328 年的法国："教区和户口登记簿"

一份特别的文献……

从 14 世纪初开始，国王尝试定期征收补助金，以资助对佛兰德尔发动的战争：正因为如此，审计法院的官员认为，对纳税人总数进行调查成为日益紧迫的事务，正像有人于 1303 年后提出的，应该"登记国王的所有户口"。就在同一时期，国王开始在紧急情况下召集大型会议，以便贵族、教士和平民申述他们的意见：这些会议也提出，中央行政管理需拥有对各类居民的准确统计表。制订王国一览表的愿望便是行政机构日益明显的雄心壮志的一个表现。对于行政机关来说，较好地完成这一统计工作、乃至不甚完满的结果，都是行政工作的 大成就，不过同时这也是一个具有重大政治意义的举措。14 世纪初，在比较有限的区域内，"教区和户口登记簿"不断编制出来，同时还有其他类似的、但意义较为有限的文件作为补充；就在卡佩王朝的直系君主把王位让与其幼支瓦卢瓦家族时，"教区和户口登记簿"为起草一份 295
法国行政和人口图表提供了方便。

土地分类

当时从属于法国国王的土地分为三种：国王领地（domaine）、亲王封地（apanage）和封建采邑（fief）。1328 年法国面积为 42.4 万平方公里，其中第一类土地为 31.3 万，约占总面积的 3/4。根据 1328 年的登记簿，国王领地共有 24500 个教区，其中的 23700 个教区共计居民 2469987 户——平均每个教区 123.5 户。登记簿以教区为基础，教区作为一个活跃的实体与盘根错节的封建权益和领主裁判权并无牵连。直到旧制度末年，教区结构一直十分稳定，而后来的市镇与教区也保持着连续性，故我们能确认大部分教区并辨认出它们的地理位置。在行政管理方面，教区组成执法代理人辖区（prévôtés）、堡主辖区（châtellenies）、但更主要的是组成35个司法总管辖区（巴依和塞内沙尔），一个世纪前，司法总管辖区还只是一种不固定的、临时任命的机构，但现在它已成为一个与宫廷紧密相连、稳定而持久的管理机器上的主要齿轮。借助于其他一些可以用来核对的文献，我们可以尝试确定一张巴黎附近几个地理区划的行政图表，1328年的“登记簿”中曾详尽列举了有关这几个区划的数字。我们且来考察一下巴黎“子爵领”的行政状况，在F. 洛特出版的文献中对该地已有交待：

	教区数	户数
首先是巴黎子爵领：		
古尔贝尔堡主辖区	59	5876
戈内斯堡主辖区	23	2555
吕萨尔什堡主辖区	5	577
普瓦西堡主辖区	33	3296
东马坦堡主辖区	25	2452
夏斯乔福尔堡主辖区	21	999
蒙热堡主辖区	18	1427
蒙莫朗西堡主辖区	28	2556
巴黎法官辖区	203	21460
巴黎子爵领内的米约诸城	40	2286
巴黎和圣马塞尔城	35	61098
圣德尼城	13	2351
谢吕兹和莫尔帕堡主辖区	9	742
蒙莱里堡主辖区	51	5533
布雷堡主辖区	4	578
巴黎子爵领及其辖区合计：	567	119986

其他司法总管辖区的数字较为粗略，有的甚至没有接受王家官员的调查——或者说调查的结果很晚才送达，以致没有编入最终的图表

中，里尔和奥尔良司法总管辖区、某些被特别指名的边远辖区就是这种情况。王家领地中的24500个教区中有23671个接受了调查，差额部分就是这些上述情况造成的。

各大封建采邑（布列塔尼、勃艮第、英属加斯科涅、佛兰德尔以及布卢瓦和迪诺瓦伯爵领、内韦尔伯爵领、巴卢瓦伯爵的附属地）和亲王封地（阿图瓦、阿朗松、埃弗雷、夏尔特尔、波旁-马尔什和昂古穆瓦-莫尔坦）面积约11万平方公里。原则上说，国王的官员不能进入这些地区，它们的有关数据也不能出现在户口登记簿上。但实际上，一些嵌入国王领地的小飞地采邑都接受了调查，较为年轻的亲王封地也出现在调查表上，如马尔什封地与普瓦提埃司法总管辖区一起接受调查。与此同时，一些非常古老的封建采邑也被附近的司法总管列入统计表中：布尔日的司法总管对内韦尔伯爵领进行了调查，更为重要的是，马孔的司法总管还对勃艮第公爵领进行了统计。根据费迪南德·洛特的估算，1328年法国的面积为42.4万平方公里，有居民总计3363750户。对这些数字稍加修正过后，我们今天可以认为，法兰西王国的人口密度约为每平方公里7.7户。 296

人口非常稠密的国家

很多当代史学家倾向于按户进行估算，这一做法的一个优点是能接近过去的真实状况。法国的人口密度达每平方公里7.7户，是欧洲人口最稠密的国家之一，与富庶的那不勒斯王国和尼德兰不相上下。当然，必须注意到区域性和地方性差异。例如，有人已经指出，在1316年左右，英属基耶内占法国土地面积的1/4，但人口只占1/27。而另一方面，对巴黎地区人口密度的研究表明，该地农村地区的人口密度为每平方公里14.2户，为全国平均水平的两倍，但该地区内部也存在明显的地方性差异，原因很简单，因为地理条件不同，土地贫瘠处每平方公里为5.8户，而肥沃的地方能可达19户。

不过，我们现代人通常更喜欢那些与现行估算相似的估算，这就涉及中世纪每户的人口系数问题，而随着研究的深入，这个问题看来愈发困难了。很早以前人们就知道，农村的户口状况不同于城市。我们现在知道，每户人口多少还取决于社会环境和经济条件……。如果采用F. 洛特提出的系数，那么我们得出的1328年的法国人口数据为：国王直接控制的土地上有1200万居民，1328年王国疆界内的总人口为1600—1700万（在今日的疆界内则有2000万人）。这里提出的只是一个可能过于乐观的量值，不过，如果将1328年法国的1600—1700万人口与英国的300—350万人口、与意大利的800—1000万人口相比，还是很能说明问题的。除了帝国之外——对其人口的任何全面估算都是不可能和没有实际意义的——法国是西欧人口最多的国家。

法国的扩张

前面的数字很明显地揭示了这一点：法国无疑是自公元千年前后开始的欧洲人口增长大潮中的主要受益者。人口的迅猛增长，再加上王权的发展，无疑是支撑各种新抱负的主要支柱，而这些新抱负就表现在王朝的对外政策中。这种对外政策构成法国在其境外影响力的最坚实的基础，

对外政策

1285年，菲利普三世的军队入侵阿拉贡王国。这次远征是应教皇要求的发动的，目的是以十字军为幌子，废黜阿拉贡国王皮埃尔三世而以法王的幼子查理·德·瓦卢瓦取代之，皮埃尔三世的罪过是曾帮助驱赶西西里的法兰西-安茹家族。阿拉贡战争虽然以失败告终，但它是法国对外关系史上的一个标志，从此之后，法国开始直接插手地中海政治；菲利普三世强化埃格-莫特堡垒的举措则是另一个标志。在这个时代，法国国王还在纳瓦尔王国确立了卡佩王朝的权威，并干涉卡斯蒂尔王国的王位继承事务。在意大利，查理·德·安茹的幼支虽然被逐出西西里，但它仍然统治着那不勒斯，并是意大利半岛的一支主要政治势力，它甚至也把自己的幼支安插到了匈牙利的王位上。伊比利亚的冒险过后是意大利的冒险，不过
297 发起人成了王室的幼支：罗贝尔·德·阿图瓦、查理·德·瓦卢瓦和菲利普·德·瓦卢瓦。美男子菲利普更讲实际，他的目光主要集

中在北部和东部。在北方，入侵英国的古老计划再次复苏，法国与苏格兰人的结成的关系为一个前途远大的同盟奠定了基础。美男子菲利普在位期间，东部四河之境以内的最后一些帝国飞地被铲平，此后法国的属地开始扩展到这条边境的另一边。此外，美男子菲利普还有步骤地寻求帝国西部诸侯的支持，通过津贴等恩惠手腕，他成功地与这些大封建主缔结了同盟，有些人甚至成为他的封臣。例如，维埃纳的领主为了 500 利弗尔的津贴而向法王效忠；如卢森堡伯爵、未来的皇帝亨利七世则由法王提供武装和津贴。埃斯考河、默兹河和莱茵河之间地区的诸侯——首屈一指的是埃诺伯爵和布拉班公爵——与当时法兰西王国境内的法国人并无二致。但是，卡佩王朝对帝国的野心看来大大超越了日常性蚕食的范畴。

皇帝腓特烈二世的罢黜和死去使德国出现了为时较长的大空位期(Grand Interrègne，1250—1273)。帝国表现出的虚弱与法国君主国家的昌盛恰成对比，于是，法国的理论家和国王们开始对皇帝采取新的立场。理论家们利用当时的局势，同时或先后提出两个主要观念：人们开始比以前更积极地宣称，法兰西王国对帝国是完全独立的，这就完全否认了皇帝的任何优越地位，即便是理论上的；法国国王是“自己王国的皇帝”的说法首先表达的就是这个意思；1312 年，当美男子菲利普写信给皇帝亨利七世时，他所表达的正是这一思想潮流：“所有人、所有地方都认为，自基督时代以来，法兰西王国就只在同一耶稣基督下服从自己的国王，它不承认或容忍任何更高的世俗权威，即使是在位的皇帝。”随后，有的理论家——其中最喧嚣的是皮埃尔·杜布瓦——甚至走得更远，宣称法国对帝国拥有权利。我们不要忘记，当时有些人认为卡佩君主是查理曼真正的继承人。法国国王在实践中的态度也在改变。1240 年，圣路易曾替自己的兄弟、罗贝尔·德·阿图瓦拒绝了帝国皇位，但是在 1270—1328 年之间，法国为了给自己的国王或他的某位近亲赢得皇位而作了多次努力。1273 年，菲利普三世在查理·德·安茹的怂恿下秘密提名自己为皇帝候选人——但是此举仅仅是促使鲁道夫·德·哈布斯堡迅速当选和大空位期的结束。美男子菲利普没有亲自参加皇帝的竞选，但他于1308年提名自己的兄弟、查理·德·瓦卢瓦，1314年又提名自己的儿子、普瓦提埃伯爵菲利普为候选人，他的手腕虽然更为高明，但还是没有取得成功。1324年，查理四世再次提名自己，而1328年，菲利普六世在登基后不久可能也曾如法炮制。但是，面对法国越来越无遮掩的野心，选帝侯们起了戒心，尤其重要的是，教皇现在也不支持法王。

削弱帝国、牺牲它以增强自身力量，如有可能还要控制它：简言之，这就是卡佩王朝最后几位国王对待中世纪的首要世俗权威的政策。他们对待首要精神权威的立场也源自同样的思路，但取得的成果则要显著得多。法国君主制国家与教宗的冲突很早就在酝酿，前者日益意识到自己的力量，并日益执着于自己的权利，后者则因为对帝国的胜利和神权理论的系统化而提升了地位。但冲突直到1300年左右才爆发，对此我们实在不应感到奇怪，当时法国王权的信徒和理论家们与教宗的理论家之间产生了尖锐的对立。这场斗争很快就超出了问题本身的范围——这是再常见不过的事情了。当美男子菲利普未经教皇授权而向法国教士征收教士所得税、且不是用这笔税款来资助十字军、
298 而是用以发动1294—1296年的阿基坦战役时，难道真的有什么新奇之处吗？当美男子菲利普向被指控策划反法阴谋的帕米埃主教贝尔纳·塞赛——尽管他极具宗教良心——挑衅时，难道这是什么新鲜事吗？当卜尼法斯八世以绝罚和褫夺其对于王国之权利来威胁这位国王时，又有什么让人奇怪的呢？但是，除了个人对抗和最粗俗的争吵中的那些论据外，这次争吵中的问题涉及更高层次的重大原则。从教宗方面来说，一系列日益增长、有案可查的暴行促使教权派的理论走向极端，并宣称教皇不仅有权改革法国的教会，而且可以对国王和王国进行改组。在法国方面，纪尧姆·德·诺加莱成为一场大规模运动的核心人物：这场运动动用大量小册子、檄文和对公共舆论的呼吁——其中包括著名的1302年大会——宣称法国国王完全独立，他是“自己王国的皇帝”，并谴责教廷对世俗事务的干涉。但诺加莱走得更远：他为世俗人士、首先是世俗王侯要求干涉教会事务的权利；为此他援引主教

会议来反对教皇，并谴责教皇是异端，称法国王权“由真理指引”。事态既然发展到这一步，唯一的解决办法就只有暴力了。我们都知道这些事情：对教皇所在地阿纳尼谋杀案和卜尼法斯八世的死亡，教皇选举会议陷入僵局，最后选出了一系列法籍教皇，他们把教廷搬到阿维尼翁，这固然是座帝国城市，但坐落在法国的大门口，处在法国全力扩张的扇面上。此时王权取得了完全的胜利。当美男子菲利普从一个缄口不语的教皇和一个犹豫不决的主教会议那里取得对圣殿骑士们的谴责令时，他对教廷及教会管理机构的控制表现得极为明显。不过，在与法国王权有了这番接触过后，教廷也开始向绝对的、中央集权式的近代君主制转变。

法国影响力的扩展

在此我们便触及到13—14世纪之交法国文明强大的影响力。这种影响力在思想领域——涉及神学思辨和政治理论——表现得很明显，但在艺术和表现领域亦有反映。当时的国际社会是按法国时间生活的：教士在思想方式上追随法国，俗人、贵族和骑士则在生活方式上模仿法国，并使用法语。举几个例子便足以说明问题：编年史家、列日的市民和议事司铎美男子让（1290—1370年）的著作主题是帝国，但他以法语来编写，而且他所梦想的只是一个典型的法国式的骑士社会。从纯粹的贵族性特征来说，卢森堡家族——曾产生了好几个帝国皇帝，还曾在波希米亚王国建立过一个王朝——是在踵武法国的足迹。这个家族的王侯在法国宫廷中长大，法王担任他们的教父，将他们武装成骑士，给他们提供津贴，而这些人也能为法王慷慨赴死（让·德·波希米亚就战死在克雷西），并将法国的影响扩展到半个欧洲。

不过，法国的影响力显然在哥特风格的传播中得到完美的表现。哥特式建筑在法国北方留下自己的杰作后，开始在法国南方传播。北方人让·德尚在指导克莱蒙大教堂的工程过后，于1273年开始推动里摩日大教堂的建设，接着又是1277年的罗德兹大教堂以及1286年开工的纳尔榜大教堂：这些大教堂都是最正宗的“法国”风格。但在这个时代，南方有两种相互对立的潮流：或者完全接受新风格，或者将它与南方本地的条件和传统结合起来，因为南方更喜爱单一的厅堂和高度相同的长殿，但对光线要求不高，且须考虑防御的需要。这种经过改造的哥特式风格在南方酝酿出了一些最具创意的作品，如图卢兹
299 的雅各宾教堂（1289年开始修造）和阿尔比大教堂，后者的祭殿从1282年开始建造。

哥特艺术在法国境外的影响同样深远，其中可以发现两种趋势。当时最愿意接受法国风格的地方是西班牙和德意志诸国，在德国，梅斯和斯特拉斯堡的建筑产生了巨大影响：斯特拉斯堡大教堂的正墙和雕刻堪称这个时代的巨制之一。英国和意大利的态度较为保守，但也受到哥特艺术的影响。在英国，“装饰风格”的各种地方化潮流开始在哥特式的框架内发展起来。在意大利，哥特风格的渗透很缓慢，但问题还是提了出来：比如，13世纪末，翁布里亚的小城奥维托的居民决定建造一座宏伟的大教堂，一开始，大教堂是按传统风格建造，但几年后，忐忑不安的奥维托人摈弃原来的方案，更准确地说，他们建起了一面带有三个正门、三角楣、三角门楣和圆花窗的哥特式外墙，这件出色的作品完善了过去的方案……哥特风格的强大辐射力量一直波及到基督教世界的边缘，如斯堪的纳维亚的乌普萨拉大教堂，如遥远的塞浦路斯岛上的法马古斯塔教堂。

但是，这种艺术传播究竟是光荣的过去的成果、还是未来的确实保障呢？

二、百年的变迁

1282年，法国人被逐出西西里岛；1284年，博韦大教堂48米高的穹顶坍塌；1291年，欧洲人在圣地的最后一个堡垒，圣-让-阿克尔向异教徒投降。各种民族主义反应、哥特艺术的局限、欧洲的退却：在此我们不是看到了一场深刻变迁的一系列征兆和预示吗？在经历了三个世纪的持续扩张之后，这场变迁将改变欧洲——及法国——的

结构。

欧洲的变迁

物质困难

物质困难从1280年代起开始显现出来。我们还不能说这是一场危机，更不能说是衰退，而只能说是普遍繁荣之中开始出现的病态。

病态征象首先表现在农业领域。13世纪末，农业歉收和地方性缺粮——从来没有真正消失过——日渐频繁，这反映在农业产量和价格曲线的不规则波动中，这样的波动无论是在英国还是在意大利都可以明显看到。1315—1317年，各地的缺粮导致整个欧洲北部出现了一场全面饥荒的态势。很多历史学家和经济学家都把1315—1317年的危机看作经济形势转折的标志，即欧洲从11—13世纪的扩张阶段转向14世纪后半叶和15世纪的衰退阶段。不过，虽然人们对这些事件的意义看法大体一致，但对其起因的争论仍然非常激烈。有人认为，农业遭遇的困境可能源于气候条件的改变：当时的编年史家反复提到一些特别寒冷、特别多雨的季节；最近一些细致的科学研究——如年轮气候学、物候学和冰川学——也证实了编年史家们的说法，不过冰川学研究指出，气候变冷可能早在13世纪末之前就开始了……但更多的学者认为，原因可能主要在于人口方面。在所有可以开垦的荒地都被开垦、收益微薄的边缘土地被耕种之后，13世纪末的人们无法提高农业生产率了，他们面临着某种自然极限。13世纪末的农业欧洲是人口过剩的欧洲，南欧北欧都是如此。例如，在英国东南部的某些地方，1/3以上的农民占有的耕作面积不到3公顷，无法供养一个家庭。因此，14世纪初的人口高峰过后出现了一个突然的衰退，人们可对这一衰退进 300
行详尽的数量分析，分析对象既可选取上诺曼底和普罗旺斯，也可选取佩里格和兰斯，或者托斯卡纳的几个城市。

因为，如果衰退是个普遍现象，受影响的就不仅是农村。对于当时城市和工商业世界所碰到的困难，我们仅列举几个现象。在手工业方面，应注意到弗拉芒的骚乱，这既是呢绒业困境的起因，也是困境造成的后果，而呢绒业是中世纪唯一名副其实的工业。关于国际商业活动——此时已出现资本主义的早期形态——首先要指出的是香槟集市的衰落、托斯卡纳各大银行数代人之间的连续破产，最后还有货币方面的困难：这种困难看起来既是因为贵金属的缺乏、也是因为各自的市价变化而造成的。很难确定这些不同因素之间明确的因果关系，它们在一个繁荣的大背景下看起来是孤立的。但我们可以思考的是，在指导中世纪基督教世界的行为原则开始改变的时刻，这一繁荣的基础是否也被动摇了。

心态

实际上，三个重大观念指引中世纪进入扩张时代：对外是十字军，内部是教廷和帝国。但在 14 世纪初，不得不承认这三个梦想已经死亡，或者说，作为行动原则已经无法施行了。最后一次十字军以圣路易的死亡而告终。虽然教皇和君主们提出了数不清的计划，但没有一次重大军事行动能重新夺回圣地；面对小亚细亚迅速崛起的新兴穆斯林势力——奥斯曼土耳其人，欧洲没有提出任何防御计划、没有组成任何基督教同盟以遏制奥斯曼的扩张。而在前两个世纪，那些路途遥远的军事行动能将骑士阶级的战斗能量集中于同一目标——且不谈其中的任何政治和宗教因素。但是，当欧洲内部的各种重要统一因素开始削弱时，骑士阶层也退避了。在与教廷长期的斗争过后，帝国已经精疲力竭，为了自身的生存，它将以纯粹的德意志使命取代自己的普世使命。而教廷看来也无法遏止世俗权威的发展和民族教会的诉求。在这一点上，卜尼法斯八世和美男子菲利普之间的斗争仍然具有典型意义。在这场斗争中，我们可以看到两个具有近代特征的新力量开始显露：宗教方面的高卢主义和政治方面的民族主义。民族主义取代中世纪基督教世界古老的普世梦想，这可能是这个时代最引人瞩目的特征之一。这个转变恰好与整个西方重启战端是同步的。

这些中世纪重大观念的削弱伴随着某种心态变化，对这一变化，我们只能指出其主要脉络。第一个脉络就是多样化现象。如学术研究的多样化，其标志是与巴黎竞争的各大学——首先是牛津——在飞速发展，以及整个西方世界日渐增多的学校。还有语言的多样化，民族语言的发展就是其标志，我们且举两个颇有意义的例子：1274 年后，出现了《法国大编年史》的法文版，而在 14 世纪初，但丁以母语创作《神曲》，拉丁语不再是唯一的文化语言了。最后是理论和方法的多样化。在圣托马斯的调和尝试失败后，当时最伟大的思想家们——邓斯·司各特、奥卡姆的威廉、艾克哈特——开始探索通往知识的新路径，新路径的主要原则是经验主义和神秘主义，这两种思潮为各种哲学、道德、科学和政治学说的涌现敞开了大门，而这些学说又为近代个人主义的发展作了准备。所有这些学说都是在中世纪基督教世界的 301
共同基础上发展出来的。没有人否认或怀疑基督教真理的普遍性和唯一性特征。但是，摆脱教会监护的愿望慢慢表现出来：有人认为，某些领域——首先是政治领域：这是马西利乌斯·德·帕多瓦在《和平保卫者》中提出的重要思想——应脱离宗教的控制；还有人认为，即使在宗教领域，俗人也应享有同教士一样的发言权："我们的圣母教会不仅是由教士组成，也是由俗人组成的"，美男子菲利普的亲信中有人这样宣称。这种世俗化倾向虽然仍很微弱，但它将在社会、思想和艺术领域造成重大后果。

力量的再分配

在物质困难和心态演变——难以觉察的演变——之中，各种力量也发生了社会性和区域性的位移。

要想理解 1300 年左右欧洲的社会动荡，我们似乎应该参照中世纪的社会理想，如埃蒂安·德·富热雷在他的《风度论》中阐发的理想："教士应为所有人祈祷，骑士应不遗余力地履行保卫职责、争取荣誉，农民则应从事劳动。"但在 1300 年后，这样的社会图式已经很过时了。越来越多的农民已经耗光了自己的潜力，他们已经不能从漫长的垦荒运动和高昂的农产品价格中获益了；农民自己也处在饥荒的边缘，在农村领主制的制度下，他们越来越难以忍受另外两个社会等级的压迫，而这两个等级的收入也开始减少。就在这两个等级的物质状况开始下降时，它们的存在理由也受到质疑：由于行使保卫公共和平之职能的国家的发展、由于军事技术的变化和远征行动的减少，“骑士”的地位受到质疑；而教士之所以受到质疑，则是由于世俗精神的发展、由于教会内部的众多危机——这些危机使得教会的改革显得日益紧迫。但更为重要的是，在传统三“等级”之外，一个工匠和商人组成的城市世界已经壮大，这是个由团体构成的封闭世界，一个个人发迹和猝然破产的变动世界，它的主宰者是一个新的社会阶级——市民——和一个全新的成功标准——金钱。这个新世界虽然只占少数，但它开始在经济方面占据支配地位，并开始表达自己的政治诉求、发展一种新的文化。

这就不可避免地导致各种力量在地理上的再分配。未来不属于依然固守着传统力量的国家或地区，而属于走上新的经济和社会道路者，即便这些道路看起来充满危险。从这方面来说，如果能绘出欧洲各国城市化程度的图表，那将是很有意义的。这些图表将揭示尼德兰和意大利的先进性，在但丁和乔托、彼德拉克和薄伽丘的意大利，欧洲的新文化和新艺术正在酝酿之中。

在垦荒、十字军、经院哲学和大教堂时代的欧洲，法国是欧洲的主要支柱，虽然它在政治领域居于不容置辩的领先地位，但面对新的经济和社会条件，法国的调整也将是艰难的。

法国的变迁：最初的征兆

乡村生活

农业既是最重要的部门，也是变化最缓慢的领域。许多世纪以前，农业生活就已具有持久不变的特征，以致几乎不可能指出某一时期的独特性，即便这段时期长达80年。另外，由于农村生活处于极端隔绝
302 的状态，要分析某个时期的特征就更加困难了：对一个地区的判断并不必然适用于邻近地区，任何将地方性例证推而广之的做法都是十分冒失的。当时任何技术和社会革命都不足以撼动耕作方式和农村领主制的古老结构；当然，在农奴解放和货币经济渗透带来的双重压力的影响下，领主制度也在持续而缓慢地变革中。不过，除了这一长期性

运动外，某些征兆已经表明，法国农村正在与当时的困难斗争。对此我们不应感到惊奇，因为法国是欧洲人口最多的国家，它必定会率先触及我们上面提到的农业的自然极限：在法兰西岛的肥沃原野上，每平方公里有 19 户人家，这个农村人口密度是非常大的，相当于每平方公里 100 人……

生产的问题显然具有决定性意义。虽然某些地区开始根据某种用于出口的主导型产品来安排农业生产，我们都会特别想到波尔多地区，1300—1310 年，由于同英国市场建立起联系，这里的中世纪葡萄种职业达到顶峰；虽然在另一些地区，牧人和农夫之间的冲突开始向有利于前者的方向转变，如在上普罗旺斯；虽然在一些大城市——首先是巴黎，但梅斯和图卢兹同样如此——我们可以看到城市对农村的影响范围十分类似于意大利城市的农业郊区；不过总的来说，这个国家仍然受传统的谷物型经济支配。但是，谷物生产也呈现衰退迹象。从我们掌握的史料来看，这些迹象的表现是，一些不同的危机因素开始组合成几乎一成不变的循环：多雨、歉收、价格上涨、饥馑和人口大量死亡。以最近研究的弗雷斯地区为例，我们可以在 1277—1278 年、1285—1286 年、1298 年、1302—1307 年、1310—1318 年发现这种危机循环，而最严重的循环周期是在 1315—1317 年、1321—1323 年、1326 年、1329 年。总起来看，从 1277 年到 1343 年，共有 43 年属缺粮年，几乎两年一遇……这样的例子还可以轻易举出许多来。这些例子为这样的论点提供了坚实的论据：农业经营的实物产量走低，而此刻又发生了通货困难和货币贬值——我们后面还会论及这个问题——各种以货币数量确定下来、由地产主征收的收入，如年贡、地租和各种形式的捐税等，都在缩水。另外，由于死亡率上升，农业工资呈上涨趋势。这就对经营方式提出了挑战。

说实话，小贵族和骑士还没有等到 13 世纪末就开始变卖自己的产业，因为这些产业的收入不再能满足他们日益增长的货币需求了。1300 年左右的新情况是，大地产经营也出现了困难。此前一直在扩张的教会产业受到的打击尤其严重：例如，1308 年，西多会教务大会宣称，“本修会正深陷困乏之中”。1338年，普罗旺斯医院骑士团的一项调查揭示了实物收入下降、货币开支上升的窘境……为了应付这些世俗领主也遭遇到的困难，人们开始摸索经验主义的、相互矛盾的解救办法，但没有哪种办法能为人广泛接受。较老的办法如西多会修士在西南部地区同国王和其他领主签订的共有领主权契约，这种做法是为了建造城堡：对于国王，城堡的角色是军事性和行政性的，但对于西多会修士而言，城堡是为了在经济衰落时重新开发土地的价值。也可以发现较为现代的办法：我们可以看到，领主有时直接经营地产，对其代理人的工作实行严格监控，以便尽可能地实现“科学”经营；1315—1328年，阿图瓦地区的一个领主蒂埃里·德·伊尔松通过这些办法，将上个世纪农学家们期望的平均谷物产量提高了两倍。而另一
303 些时候，领主则放弃直接经营；1315年，附属于法兰西岛的夏里斯西多会修道院的沃尔伦自营农场就发生了这种情况；农场周边地块被分成小份年贡征收地转让出去，而农场的大头则采取了租赁形式，为期9年，条件是承租者缴纳沉重、但固定的货币和实物地租。南方开始流行分成制方式，即土地收成在领主和其佃户之间分割；1320年左右，在上普罗旺斯的某个村子，土地所有者纪尧姆将其地产让与“本地人雷蒙·贝罗，双方就未来六年或四个收割期提出并接受如下条件：不管土地产出如何，雷蒙答应并与其家人商定，将所有小麦的一半交给纪尧姆或其家人，麦草则留给雷蒙饲养耕牛，雷蒙并答应潜心耕种这些土地，适时播种……”

还有些零星分散的解决办法：这是某种病症的最初征兆，不过病症还远远没有发展到灾难性的规模。例如，在图尔内的圣马丁本笃会修道院，85%的地产被租出去后，几年良好的经营恢复了繁荣局面。但人们的努力仅限于此。农业的病症既与生产周期、人口曲线和经营方式的紊乱相关，也与城市和货币经济的困难有牵连。13世纪末的法国城市在财政上遇到特别困难的局面，以致人们指控市政机构管理不力。而支撑城市扩张的手工业生产，也开始在保守而烦琐的行会主义狭隘规章中裹足不前：就在这个时候，法国在当时国际贸易——虽然

这还是一种边缘行为，但已经具有决定性意义——中的地位已经动摇了。

商业和货币问题

我们已经看到，这个领域的标志是香槟集市。但是，在这个时期，香槟集市经历了决定性的变化，随后便迅速走向衰落。首先应该指出的是一个令中世纪史学家感到不安的征兆：13 世纪末，有关香槟集市的文献变得十分丰富，这或许跟集市制度的稳定和复杂化（抑或僵化?）有关，文献既有法国方面的，涉及集市守备人员司法权限的扩展，也有非法国的文献，如涉及南欧的外国人如何组成以“总管”——地位高于过去的领事——为领导的组织。其中的一个南欧人、佛罗伦萨的佩格罗蒂关于 1310—1320 年间香槟集市运作的描绘，是我们见到的最出色的材料之一：“拉尼集市在 1 月的头一天开市；1 月 17 日，人们运来呢绒；1 月 19 日夜间的集市人声鼎沸，但不再展览呢绒；次日，1 月 20 日，人们布置交易柜台，柜台可摆上 4 周，4 周后的 15 天内确定本次集市交易的付款日期……”因此，两宗主要业务——出售呢绒和金融交易——始终是香槟集市得以成功的保障，但是，第一宗业务、也是更为古老的业务，呈下降趋势，而第二宗业务则日渐发展。这种现象是由多种原因造成的，但最终可以归结为一点：意大利人在经济方面无与伦比的活力。他们现在不满足于亲自跑到尼德兰去选购呢绒，然后把这些产品——或对它们再加工后——贩运到地中海市场；他们开始在意大利建立呢绒工业，并亲自到英国寻找羊毛原料；这样一来，为了转运羊毛和呢绒，更为直接的商道——或是陆上的，或是更廉价的海上通道——开辟了出来，但它们已经不经过香槟了。在香槟市场露面的现在只有法国呢绒，而根据佩格罗蒂编制的目录，法国呢绒要比弗拉芒和布拉班的呢绒少得多。因此香槟集市的 304
主要功能转到了金融方面。人们继续在集市上购买弗拉芒的呢绒，继续兑换货币，并可以在集市上筹集资金，集市的节奏规范着货币市场的节奏。当然，香槟不是唯一的金融市场，因为，随着香槟与王室领地合并，各集市被置于国王的控制之下，与此同时，另一个金融市场发展起来，这就是巴黎，但它同样受意大利金融家的支配。美男子菲利普时代著名的“牝鹿和苍蝇”[①] 扮演的角色就是一个很好的例证，这位国王铸造的第一批金币忠实地模仿佛罗伦萨的弗洛林，上面还有托斯卡纳银行家佩鲁济家族的标志，当时这个家族是王家铸币厂的领导者。但是，金融货币市场也经历了严重的动荡，1295—1345年的意大利接二连三的破产事件就说明了这一点，这些破产也是导致1320年后香槟集市迅速衰落的原因之一。

由于交易量的增加，意大利人开创了两种新举措，它们是13世纪货币史的标志性事件：铸造大面额银币，铸造金币以回归自查理曼时代以来被抛弃的复本位制。圣路易死去时，法国除了含铜很高的老式“黑”钱外，主要货币是重4.219克的银币，在流通中等于12个记账图尔德尼埃，此外还有4.196克的金埃居，流通中等于10个记账图尔苏，所以金银之间的比价与其商业比率是一致的，即1∶9.63。在本章涉及的整个时期，圣路易确立的优良的货币体系一直是参照典范。但不久这种体系就在双重压力下败落下去，这两种压力是：贵金属价格的上涨——也许是因为，在经济扩张时代即将结束时，货币储备和流通都在放缓，也许还因为货币储藏的增加——以及金银价格的不平衡上涨，这就使得最初的比价需要不断调整。在这种局面下，政府（当然不仅是法国国王的政府）有两种选择：或者调整流通货币的名义价格，就是说，抬高流通货币与王国官方记账货币——利弗尔、苏、德尼埃——的比价，因而使得后者贬值；或者调整流通货币的内在价值、铸造新币以增加通货流量，就是说，降低货币金属成色而又不改变其市价，从而造成通货膨胀。1290年后，法国国王轮番采用这两种措施，而其间又夹杂着回归良好货币体系的尝试。因此美男子菲利普沾上了造假币者的恶劣名声。这个名声同样适用于他的继承者们，不过到后来，操纵货币的做法已成了习惯。货币紊乱造成的心理后果和经

① Biche et Mouche，这是意大利银行家圭迪（Guidi）兄弟的绰号，二人曾担任美男子菲利普的财政顾问。

济后果都十分巨大。1313年货币贬值时，若弗瓦·德·巴黎便指出了最直接的后果：

在我记述的这一年，
货币都一路猛跌……
有些人气得发了狂……
国王因此更受人痛恨
还有他宫中的所有老爷们……

政论家皮埃尔·杜布瓦则走得更远，他根据自己的经历预言食利者将会破产：“自从币值开始变动以来，我的收入每年减少500图尔利弗尔。”

社会动荡

缺粮、饥荒、因农业生产周期紊乱和货币震荡及国家税收加重而导致的价格上涨，是这个时期骚乱、特别是城市骚乱频发的原因。最为典型的是所谓的抗税骚乱，即城市居民与负责征税的国王官吏之间的对抗；例如，1308年的蒙布里松和1313—1314年的许多地方都出 305
现了这种情况。与此十分相似的是与操纵货币相关的骚乱，例如，当货币调整时，昨日劳动挣得的是劣币，而今日官方要求支付良币，于是就会引发骚乱。1306年，巴黎发生了一场大规模的货币骚乱，国王及其随从被包围在坦普尔。如果这种潜伏的不满情绪再加上缺粮或物价上涨，群众的怒火后在那些替罪羊身上发泄，而国王通常也支持这种转移怒火的做法……1321年法国很多城市里发生的屠杀麻风病患者和犹太人的事件就属于这种性质。

这些骚乱的根源主要是经济上的，除此之外，还应指出另一场大规模的抗议运动，它虽然也有经济性质，但更主要的是社会性和政治性的，这就是1314年以“封建反动”为名的运动，它几乎冲垮了法国王权的现代形态。这场运动的深层原因也许在于贵族地产收入的下降，在于他们无法适应新的经济秩序；但更主要的原因是，随着君主权威的不断发展，贵族失去了一些根本性的特权。他们的司法权和铸币权、私战权和比武权都受到了打击，而他们的政治角色已被“寒微小辈”和“蹩脚文人”取代，他们的军事角色也由于专业化的雇佣兵的使用、由于所有人均要负担且所有人均可赎买的兵役制的推广而弱化……在兵役问题上，贵族的不满与城市居民的不满可能汇合到了一起，后者由于佛兰德尔战役的反复进行而不堪重负。美男子菲利普在位末年，暴乱终于发生了，它采取的是贵族、高级教士和城市联盟的形式，联盟起初限于各省，不久波及到全国各地：

所有人都串联起来，
法兰西岛人和庇卡底人
与诺曼底人
与勃艮第和香槟、
与安茹、普瓦图、布列塔尼、
还有夏尔特尔、佩尔什、曼恩的人们
以及奥弗涅人和加斯科涅人
和整个法兰西王国的人们。

但是他们因为什么而串联起来呢？为了某些直接的要求，如停止征收1314年的捐税。从本质上说，这些串联者不具有任何革命特征：相反，他们的目标是回归圣路易时代的“优良风俗”。因此，路易十世颁发给贝里地区贵族的宪章的序言便很好地反映了这场运动的精神实质：“如朕之布尔日司法总管辖区及其属地的伯爵、男爵及其他贵族再度向朕进言并抱怨的，自圣路易陛下的时代以来，他们受朕的先王之司法总管及其他官吏的严重侵害和不公正对待；他们又言，如今情况一仍其旧，朕之官吏每日皆有冒犯其古老权益及习惯之行径，而此等权益和习惯乃是昔日对待及管理他们的依据……”路易十世和菲利普五世通过颁布一系列省宪章而平息了这场运动，这些宪章虽然重申了古老的习惯法原则，但并没有对王权及其官员的政策作很大的改变。不过，当时法国经历的唯一一场全国范围的运动竟是一场复旧运动，指出这一点是很有意义的：它是当时法国社会盛行的梦想与现实分离的突出表现。

梦想与现实

梦想世界和骑士社会

梦想和现实的分离在当时的传奇文学中表现得最为充分，那里面能发现前几个世纪的所有重大主题，如古典史诗、布列塔尼史诗、圆桌骑士、寻找圣杯、骑士爱情、个人功勋，这些题材将北方和南方的精神气质融合在同一件法语作品中。这些传奇作品中有我们最熟悉的《维尔吉堡主夫人》（La Châtelaine de Vergi）和《古希堡主》（Le 306
Châtelain de Coucy），当然也不能忘记著名吟游诗人阿德内的作品，但要列举所有作品的名字将是件枯燥的工作。我们暂且提一下其中最具特色的作品之一《佩西弗莱传奇》（Le Roman de Perceforest），这部宏大的作品共约2000行，可能是1315—1340年间在埃诺写成的。作品中的一切都很有启发意义。首先是其历史背景融合了古代史诗和布列塔尼史诗的因素，里面还包含从异教到基督教的转变和骑士制度的诞生；地理环境同样很有意义：森林仍然是表现骑士功绩的理想化的奇妙背景；甚至主要人物也是如此：其中四位国王中的第一位是以亚历山大为原型，其他三个则来自中世纪史诗：戈迪菲、佩西弗莱和加拉福尔。他们拥有卓越的美德：亚历山大以“学识、慷慨和英勇”见长；他的一位继承人“勇猛大胆而又明智谨慎”。所有国王都行使绝对权力，但都知道听取顾问的意见，如加拉福尔在接受王冠前曾询问周围的骑士：“每当我需要的时候，请为了我和王国的荣誉，帮助我，给我建议，增强我的力量。”因为归根结底，这些国王和他们的伙伴都是完美的骑士。这部传奇是王室的教本，我们甚至可以把它看作美男子菲利普的儿子们的教科书，有点像《特雷马克》①，但另一方

① 这里的《特雷马克》指的可能是后来路易十四长孙、勃艮第公爵的教师费内隆（François Fénelon，1651—1715）为他的学生写的《特雷马克》。

面，它也是骑士的教本，当然这里的骑士并非几个世纪以来不断衰落的骑士，而是14世纪初人们想象中的、处于最初纯洁状态的骑士。在当时人看来，最初的骑士向所有人开放，授甲礼既不受官方习俗、亦不受宗教习俗的制约，它只是森林里简朴的披挂仪式："历史告诉我们，当时所有通情达理、品行优良、内心坚定、强壮且为人称道的人，不管他来自何方，都可以被看作绅士，如果他们愿意的话，他们都可以成为骑士。"这种类型的骑士是游侠骑士，他服从四条法律：绝不拒绝比武，战争中支持更崇高的事业，比武中站在最弱者一边，援助任何有正当理由的人。不过，服从这些法律还只是另外一些远为深刻的美德的表现："如果取得骑士勋章的绅士不像美德和优雅女神那样行事，就不应被称为骑士，不管他如何勇敢。因为，如果一个人说'他大胆勇敢，是个好骑士'，而另一个人说'他自负高傲，蔑视比他穷苦和弱小的人，言语虚伪骗人，行为放荡、充满邪恶……'，那他是不配被称作骑士的。"这是作者和对自己时代的骑士们发出的名副其实的警告，后者注重的是骑士的外在生活，喜欢像佩西弗莱的骑士一样，在森林中、在比武场上、在狩猎和战争中寻找乐趣。

但现实中的骑士理想会导向一种十分人性化和世俗化的生活方式，无论是14世纪的贵族还是市民——市民只想着如何模仿贵族——都十分青睐于这种理想。这种理想中融合了生活的愉悦、战斗的乐趣、对盛大节日活动的喜爱和日常生活中的奢华：这种享乐既有物质方面的——几个世纪的经济发展为物质享受提供了便利——也是一种比领主宫廷和城堡中的生活更为优雅的享乐，如骑士爱情和不失风度的英勇。由此便产生了对法国国王的愤慨之情，因为自圣路易以来，国王都试图限制私战和比武，这类行为造成的伤亡太重了。由此也产生了对新生活环境的追求。在这个时代，民用建筑——我们已经在巴黎看到——在法国有了长足发展；城堡内部进行了改造，为了生活更为舒适、为了社交生活能更好地展开，人们对房屋进行了装饰；客厅的墙壁上涂上了壁画，不久还出现了挂毯，挂毯上绘制了骑士的标志、他们建功立业的环境和他们的娱乐活动：纹章、森林、战争和渔猎场景。

也正是在这个时代，许多世纪来，男装和女装第一次开始发展；特别要指出的是，各种次要艺术在这个时代崭露头角，目的是为了给社会精英提供个人用品——特别是以名贵材料制成的产品——以装点他们 307
的生活，如书籍、宗教用品以及更具物质色彩的制品，如牌、镜子和为巴黎的象牙雕工挣得荣誉的小匣子。这些物品上点缀着多借自传奇文学的恋爱、狩猎和战争等世俗场景，它们是新的生活艺术的完美象征。

在我们看来，这种新的生活环境有一种强调装饰的倾向，而对装饰的喜好毫无疑问是当时社会的另一个根本特征。这种喜好在三个十分不同的领域都有明显表现。第一个领域显然是戏剧，在吕特贝夫的《泰奥菲尔的神迹》(Miracle de Théophile) 之后，随着亚当·德·拉阿勒的作品《树丛游戏》(Jeu de la Feuillée)，《罗宾和马里翁》(Robin et Marion) 的问世，早期的"伦理剧"和"情感剧"飞速发展。第二个是建筑艺术领域。哥特建筑的开洞采光和精雕细镂已经超越了极限，石头建筑艺术上所不能完成的——博韦大教堂的悲剧就是例证——人们以彩绘玻璃窗和手稿的形式达到了。在特鲁瓦的圣于尔班教堂、埃弗雷大教堂、鲁昂的圣乌昂教堂那些石砌窄尖拱之间，矗立着一些奇特的建筑，其出色的外观因新色彩的使用而更为醒目，特别是那些衬托着金色和其他贵重色调的暗淡底色。同样的趋向也表现在手稿艺术中，手稿的许多页面上都有类似于建筑装饰的镶框，这种装饰拉得过长，有过多的镂空和雕刻；雕刻自身也开始变成一种不再服从于建筑、而是要遮蔽建筑的装饰艺术，从加朗德到鲁昂，书店的正门就是这样……第三个领域也可称为社会领域，因为它把骑士生活的品味和对戏剧的爱好结合到了一起：在 14 世纪前半叶，这场运动推动了世俗骑士团的创立，这类团体有自己的仪式和礼节，它们看来同时出现在卡斯蒂尔和多菲内，接着又出现在法国；在法国，第一个计划是由诺曼底公爵、未来的好人约翰于 1342 年提出的，而在当时的英国，国王爱德华三世则表达了重建圆桌骑士团的愿望。

现实主义

梦想和回归过去是支配性的趋向，不过，也许是对这种趋向的反动，另一种思潮也在萌生，这就是现实主义思潮，它以观察精神的发展和批判精神的复苏为基础，开始发现这个世界的本来面目。

要否认幻想派画家和伟大的哥特时期雕刻家们的观察精神，那可能是徒劳的。但他们都旨在描绘这样一个世界：创立这个世界的目的是外在于世界本身的，而且他们强调的是世界的训诫和象征意味，以便从中抽象出永恒价值。13世纪末，艺术家们感兴趣的是自为而生的世界，在寻找相似性、表现力和生动性的同时，他们努力给出一个现实而活跃的形象：这是市民的影响所致吗？是“经验主义者”和英国学派的科学工作者的哲学影响吗？还是一种新的、更加个人化的、十分贴近基督及圣母的尘世生活的宗教虔诚之表达形式带来的影响呢？所有这一切都使得一流的艺术家、雕刻家和细密画家尽可能忠实地描绘出世界——男男女女和动植物——的面貌。对于当时的宗教雕刻家来说，主要的题材是带着圣子的圣母：但已不再是端坐圣坛、头戴冠冕的威严的圣母，而是一位站着的母亲，她髋部突出，带着孩子，随后还为圣子哺乳，跟他一起玩耍。我们还可以看到，亚眠的上帝和兰斯的天使的那些永恒形象，已经被斯特拉斯堡大教堂中富有表现力和人性化的雕像取代。缺陷和美德、男女圣徒都变成了当时的男女形象，在我们看来，这种现实主义中经常还有其别致生动的一面；在对中世纪勃艮第牧人的刻画中，没有哪个能与鲁弗尔教堂中那出色的圣约翰形象媲美。丧葬艺术也表现出同样的关怀，因为有人认为，菲利普三世的葬礼塑像是根据他的遗容雕刻出来的。最后，细密画家同样也有
308 此类倾向，他们不仅把动植物和现实生活场景画到了作品的边缘，甚至把它们搬到了手稿文字中间。所有这些趋向都反映在某种可称为现实主义的文学中：例如，我们的中世纪文学史中一个老生常谈的论点是，纪尧姆·德·洛里斯的骑士理想与《玫瑰传奇》的第二位作者让·德·默恩的实证和博学气质是对立的，而后者是在菲利普三世时代的作者。不过在文学领域，艺术描写很快就转向了批评和讽刺。

批评针对的不是神创造的这个世界，而是因为人性的不完善而导致的各种制度。在这个时代，在那场随着公共意识觉醒而到来的精神道德观念的大动荡中，所有古老的价值观都受到了指控。

有些人像让·德·默恩一样，揭露王权起源的可疑性质。另外一些人则向创作《冒牌列那狐》(Renard le Contrefait) 的那位特鲁瓦的杂货商、向"轶事"和寓言的作者们学习，着力刻画权贵和平民、市民和农夫的各种缺点。市民和村夫都轮番被嘲弄。但最辛辣的是对妇女和教士的讥讽。讥讽妇女的题材在让·德·默恩的理论中、在粗俗的《巴黎三妇人轶事》(Dit des Trois Dames de Paris) 中均有反映，后者是一个名叫瓦特里盖·布拉塞内尔的北方人于 1320 年左右创作的。老年吕特贝夫和特鲁瓦的杂货商笔下的反教士风格都十分犀利；在《让市长的故事》(Livre de Jean le Maire) 中，反教士主题表现得比较含蓄，不过效果依然出色，它讲的是美男子菲利普时代一位主教的就职仪式……

这种对于人类社会的兴趣——通常是批判性的——同样也是当时人对历史的兴趣不断增长的原因，从《法国大编年史》翻成民族语言和茹安维尔《回忆录》的编订，再到美男子让的《编年史》，都见证了这种兴趣的增长。美男子让对历史有一种很崇高的见解："应该尽可能多、尽可能贴近真实地讲述历史。因为在我看来，历史是如此崇高、具有如此美好的功效，它应该被书写下来，以便能在记忆中最真实地保存之……"但在别的作者看来，这一点并不妨碍对政权和社会的严厉批判。我们可以在美男子菲利普及其儿子们的时代的作家、若夫瓦·德·巴黎的著作中看到这一点，菲利普六世时代的让·德·维内特同样如此，他的作品既有政论小册子的气质，也有当时传奇和寓言的风格。而美男子让则忠实于上流社会的骑士传奇的传统，从勇武和战功的角度来构思历史。正因为如此，他对当时的重大事变极为敏感：这就是法国在百年战争初期的溃败。

菲利普六世时代

1328—1348 年之间的二十年占菲利普六世在位时间（他死于 1350

年）的主要部分，这二十年间，政治方面表现出两大潮流之间的紧张关系，这两大潮流就是我们已经指出的，王权的发展和百年的演变造成的后果。如果说王权在菲利普六世初年光彩分外夺目，那么在其在位末年则跌进了灾难的深渊。

最初的成就

菲利普六世的登基没有碰到真正的阻碍，这本身就是王权稳固的一个表现。他是美男子查理四世的堂兄弟，出身瓦卢瓦家族，最初他被委任为摄政，任期一直到当时已怀孕的守寡王后让娜·德·埃弗雷生下孩子为止，这个做法完全是 1316 年事件的翻版。巴黎的修士让·德·维内特对当时人的讨论作了精彩记述："全部的问题是要知道，根据近亲权利原则，王国的监护权到底应该交给谁，这主要是因为法兰西王国有这样一条原则：妇女不得执掌王权。在英国人那一边，他们宣称他们年轻的国王爱德华是最近的亲戚，因为他是美男子菲利普的
309 女儿的儿子，是已故国王查理的外甥……但众多精通教会法和民事法的法学家都一致同意，应宣布伊莎贝尔……不能享有王国的监护权和领导权，这不是因为亲缘关系，而是因为她的性别……当王位继承问题提出时，论战肯定还要继续下去。法国人在接受臣服于英国的观念时不能不感到激动。但是，如果说伊莎贝尔的儿子能够提出某种权利要求，那他的权利是来自其母亲：但他母亲并没有任何权利，所以她的儿子同样如此……这个被视为最明智的判决为贵族们接受，王国的监护权交给瓦卢瓦伯爵菲利普……"

4 月 1 日，王后产下一个女儿，菲利普于是在 5 月 29 日加冕为国王，此举伤害了卡佩王朝最后三位国王的后代及年轻的英国国王爱德华三世。次年，爱德华三世在亚眠就其在法国的领地而行效忠礼，1331 年，效忠礼变成忠君礼，看来他完全放弃了对法国王位的继承权要求。贵族们的选择得到群众情绪的支持，但这种选择看来受相互矛盾的原则的指导：一方面是王朝和家族原则，另一方面则是民族原则。他们利用妇女不得继承王位的全新观念，选择了一位已故国王的近亲、并掌握着法国最大的亲王封地的法国封建主为国王；尤其重要的是，

他们排斥了一位可能将法国王位和英国王位合并于一个英国人之手的外国君主，因为我们要知道，“法国人在接受臣服于英国的观念时不能不感到激动。”这是这个时代典型的新兴民族主义的突出表现。

当法国贵族选择瓦卢瓦伯爵时，他们也就指定了他们中间的一位大领主、一位完美的骑士担任国王，此人身上体现着当时贵族的全部理想。菲利普的父亲、瓦卢瓦的查理一直是个汲汲于名位的人，他曾试图谋取阿拉贡的王位、耶路撒冷王国，并先后在君士坦丁堡和西方谋求皇帝头衔，而菲利普本人则痴迷于意大利的冒险活动。他把自己的宫廷变成欧洲最辉煌的会场和西方骑士的聚会之地。很久以后，弗洛瓦萨尔曾对此进行了令人炫目的描绘，那场面与骑士传奇无异：“三位国王留住他的公馆，此外还有不计其数的公爵、伯爵和男爵；在人们的记忆中，法国还没有哪位国王像这位菲利普国王一样讲排场。他命人举办庆典、比武和各种游乐活动，还亲自组织安排，作细致指导。这位国王十分讲究荣誉，对有关骑士风度的问题十分精通……”

若从骑士风度的角度看，菲利普六世登基之初确实有一个大手笔：在佛兰德尔伯爵的请求下，1328 年夏天，他让自己的骑兵大大地洗雪了 26 年前在库尔特莱对阵弗拉芒步兵时遭受的惨败之辱。卡塞尔战役是一场完全的胜利，但战斗伴随着可怕的屠杀，随后又是大量没收叛乱的弗拉芒人的财产。这次战役具有双重意义：首先，从心理上说，它结束了关于库尔特莱战役的议论，并证明了法国骑士和王家军队在军事上的优越性；另外，从政治上说，它稳定了法国对弗拉芒采邑的权威。历史学家可以轻易地指责这场双重胜利是某种后果严重的虚假表象。但在当时人看来，他们关于法国军队和王权的看法在短暂的动摇过后，又在这场战役中得到确认。新王朝开始时的兆头很好。

初次成功之后，菲利普六世重拾起卡佩末代君主的全部雄心，以扩充王室领地并扩大法国的属地，特别是在南方和东方。他在位期间完成或筹划了三次重大土地归并：美男子菲利普时代开始酝酿的兼并蒙彼利埃的计划终于在 1349 年实现；1343 年和 1344 年的协定为合并多菲内铺平了道路；最后是勃艮第产业的合并，当然这次合并事先并

没有预料到，但勃艮第末代公爵之子的死去使其成为可能，因为法王
310 长期同公爵保持紧密的同盟关系。对菲利普六世来说，这个同盟有双重好处：它可以平衡英国、加斯科涅、布列塔尼在西方造成的威胁；而另一方面，根据美男子菲利普确立的扩张步骤，它可以为向东方、向帝国领地的扩张提供便利。这种政治野心，再加上对西班牙和意大利的干涉——如购买卢卡采邑——和那些十分明确的十字军计划，无疑是爱德华三世组建庞大的反法同盟的起因。不过，菲利普六世在位末年的军事失利还是不能掩盖法国在领土方面的明显优势地位。

最初的困难

本来，评估国内局势是一件更为棘手的事情，不过最近关于菲利普六世的近臣及他在位期间危机的发展过程的详细研究使得这一工作变得轻松了。首先应该注意到，虽然王位继承表面看来很顺利，但这位国王在位的大部分时间里都因王朝变更而碰到麻烦。国王应该让人忘记他上台的背景，应该报答曾支持他的人，应该疏远那些要求过于苛刻者：他的堂兄和内兄、罗贝尔·德·阿图瓦就是这样一个人。其次，我们注意到，国王随从的势力在不断增长，这是一群名副其实的权势贵族。关键性职位依次归属于不同的省、不同的社会或家族集团，这些集团通过某个中央权力机构来显示自己的势力，如高等法院，特别是审计法院。某些居民或王国某个地区会掀起反对中央权力的抗议行动，这是危机期间的一个现象，而对于这些危机，有人曾分析过它的循环性特征及几乎一成不变的发展过程：骚乱和不满使得三级会议的召集或改革的许诺成为必须，而改革则要等国王议政会的改组之后再施行，接着便恢复了平静。危机的重复和严重程度的加剧构成了某种十足的“王权危机”，不过它要等到好人约翰在位期间才充分爆发。当然，这些危机并不纯粹是政治性的：它们也伴随着经济困难、缺粮、人口大量死亡和贯穿整个菲利普六世时期的货币危机。1337 年后，战争更是进一步刺激了危机的发展。

1337 年 5 月 24 日，菲利普六世继续菲利普四世和查理四世的做法，宣布没收基耶内，而他的军队也随即进入该地区。诸圣瞻礼节那

一天，爱德华三世向“自称法国国王的瓦卢瓦的菲利普”发出挑战。一场大战就此开始，我们知道，这场战争将延续一百多年。当时人当然不会想到这一点，但他们很快就意识到这场冲突的规模和关键性意义，并且和我们一样去分析战争的原因，他们也知道原因不仅仅是两位国王的恼怒之情：爱德华三世对法王的加斯科涅和弗拉芒臣民的支持让后者恼火，而菲利普六世与作为英王敌人的苏格兰人结盟也让英王感到愤怒。有些人认为，百年战争是一场王朝战争，是1328年法国王位继承带来的合乎逻辑的后果。另一些人则认为，这是基耶内公爵与其封君、即法国国王的一场封建冲突。现代历史学家则强调英法冲突的“民族”特征，并分析英国与加斯科涅和佛兰德尔之间十分紧密的联系，以突出战争的经济性质。这些不同的原因并不总是同时起作用，而推动战争延续的原因也未必就是引发战争的原因。不过更为重要的是，各种因素的纠缠混杂使得两位国王之间形成了一种“无法破解的局面”（Ph. 沃尔夫）。百年战争可以被视为陈旧的封建观念与新生的近代民族主义之间的冲突，因为封建观念将封建利益置于一切民族主义的考量之上：英国国王不仍然是法国国王的封臣么？但百年战争对封建观念提出了根本性的质疑，因而是对中世纪精神的一次清算，而战争也刚好发生在一个变动的时代。

在这场战争中，和平及休战的时间要大大超过作战时间；乍看起来，这是弱小的英国国王与强大的法国国王之间一场不成比例的战争；佛罗伦萨人维兰尼毫不犹豫地将他们比作大卫与歌利亚[①]。但从战争一开始，爱德华三世就知道如何使用自己的王牌：一是他组织的从挪威到西班牙的一个大同盟，同盟中最活跃的分子是雅克·范·阿特维尔德领导的弗拉芒人；第二，英国弓箭手在同威尔士人和苏格兰人的严酷斗争中取得了对欧洲其他地区无可置疑的军事优势；第三，他利用一个新问题大做文章，这就是布列塔尼的继承问题，1341年后，布列塔尼为爱德华提供了继佛兰德尔和加斯科涅之后的第三个战场；最 311

① 见《圣经、撒母耳记上：17》。

后，他采取进攻姿态，战争一开始就摧毁了法国舰队（埃克吕兹，1340年），并在著名的“突袭战”中毁坏了敌人的土地。英王本人、他的儿子或英国大封建主指挥的这些军事行动让美男子让这样喜爱勇武业绩的人大为赞叹。但这还只是些预备战，并不具有决定性意义，它们的主要作用是为摧毁法国的经济、而不是为从军事上击溃法国准备条件。

最初的灾难

面对英国最初的行动，菲利普六世的反击主要集中在外交方面；他成功地使许多帝国诸侯脱离了英国的同盟，这其中还包括皇帝路德维希·德·巴伐利亚。但是，他在军事上的努力受到各种制约：他缺乏自信，行动不力，这让当时很多人感到失望，尤其是贵族；此外，日益严重的财政困难也束缚了他的手脚。名目繁多的税收和币值变化的加剧引起人民的不满，为此还召集了联合各个“等级”的大会。正是在这种背景下，1346—1347年的早期灾难发生了，这些灾难引发了一场名副其实的政权危机，而这场危机又预示着1356年的危机。

1346年春，英军对法国西南部进行数月的扫荡，美男子让在谈到爱德华三世时说道：“他的士兵摧毁了加斯科涅、以至图卢兹附近的大部分地区，迫使那里的居民逃亡；此外，他们还破坏了整个普瓦图地区，迫使那里的人民流亡，他们占领了几个重要城市和城堡，如吕齐尼昂、圣-让-当热里和普瓦提埃城，其做法与在布列塔尼广大地区一样”。法军在国王的儿子、诺曼底公爵的领导下发动反攻，试图夺回艾吉永城，但他们在该城城下好几个月一筹莫展。这时爱德华三世在科唐坦登陆，随即开始了一次新突袭：“他亲自指挥毁坏从科唐坦、诺曼底和埃弗雷伯爵领一直到巴黎的地区，放逐那里的人民，接着又通过普瓦西桥上穿越宽阔的塞纳河，将整个亚眠和博韦地区摧毁、驱赶当地居民……”

直到爱德华离开巴黎地区后，菲利普六世才集结军队准备追击敌军。8月26日，他与敌军在克雷西平原发生遭遇战，结果英国弓箭手和下马作战的骑兵使法国骑兵遭受了一场未曾料想的耻辱性溃败。这场失利是如此出人意料，以致只能以神意来解释："既然神如此明显要帮助这位十分高贵的爱德华国王，我们就不必过分颂扬他、崇敬他了"，美男子让总结道。爱德华继续进行突袭战，并围困了加莱城。这个城市只能从海上取得补给，在经过 11 个月的英勇抵抗后，终于在 1347 年 8 月 3 日投降了，而菲利普六世并没有真正尝试从陆上解救加莱。

不过，与即将降临法国和欧洲的大悲剧相比，克雷西和加莱的伤亡、法国王权当时的声誉扫地实在算不了什么：1347 年下半年，意大利商船从东方带来了腺鼠疫——"黑死病"，它将通过马赛和阿维尼翁进入法国。

第二部分

王朝与革命：1348—1852 年

315

第十三章　苦难时代

从 14 世纪中叶到 15 世纪中叶，
苦难时世：瘟疫、内乱、战争和经济萧条

痛苦和邪念的岁月
泪水、煎熬和企盼的年代
颓废和堕落的岁月
临近末日审判的卑微年代

诗人厄斯塔什·德尚的这些话也许表达了 1348 到 1440 年间数代人的情绪——诗人自己则生于 1346 年左右。那个时代的人们目睹过黑死病中成堆的尸体、战争的蹂躏和破坏、厩肥堆上饿死的儿童；他们经历过战败的痛楚、乡村小民的暴动和城市下层人民的叛乱、内战及其造成的离散和屠杀，还有王权的危机和教廷的分裂。这众多的理由使得诗人们极尽其诗才，就“我们身处何境”（ubi sunt）这一主题抒发他们忧伤的思绪，反复喟叹“世界末日即将来临”，并营造出有关那个时代的悲惨意识。

浪漫主义的历史学曾落入诗情的陷阱中，受到其悲怆情怀的迷惑。这样它就忽略了历史运动的周期性，不能指出其中的顿挫，不能说明历史运动的不规则性和法国经历的多样性，也看不到悲剧和毁灭之外的希望和业绩。百年的敌对状态——但战争并非持续百年——破坏了这个国家，它是那个不幸时代的受害者，但那个时代并非只有不幸。在每个局势缓解的间隙，法国都曾显示出强烈的复兴和再生的意志。虽说只有某个地区性的研究才能证明这一点，而由于本章篇幅所限我们也无法这样做，但至少可以指出，1360—1400 年间是一个为时较长的重获和平的间歇期，对于巴黎则是宫廷和工场的黄金时代。

一、祸患与灾难，1348—1360 年

黑死病

瘟疫

1315 年再次发生了饥荒。1341 年的战事标志着敌对时代的开端。“基督诞生 1348 年，法国人民……受到了另一场灾难的打击。”这就是黑死病，它来自遥远的中亚大草原，通过黑海的热那亚人的商栈辗转西传，给欧洲带来了一场新的灾难：欧洲自 7 世纪以来还没有发生过这样的瘟疫。不过，在编年史家让·德·维内特的眼中，黑死病起初 316
被视为一种新的灾祸：“世界的许多地方已经发生了饥荒和战争，现在又来了瘟疫和病痛。”

维内特所描述的这种疾病具有毁灭性，它通过直接接触传染，不可遏止地迅速蔓延开来：“人们只是病了两三天就很快死去，尸体几乎没有什么病变；头天还健康良好的人，第二天就会暴死入土……一个健全的人若去探望病人就几乎难逃一死。”他所注意到的唯一的症状、“确定无疑的死亡符号”是腹股沟淋巴结炎，即腋下和腹股沟处突然滋生的肿块。布鲁日的司铎路易·埃林根在一封从黑死病肆虐的阿维尼翁发出的信中把这种病称作“脓肿”，不过他还指出了其他的病状：肠道传染和伴有咳血症状的肺部病患。实际上，1348 年的黑死病是两种形式的传染病的组合：腺鼠疫和肺鼠疫。只有后一种是可在人与人之间传染的，且它的潜伏期短，病变迅速，其患病者的存活机

会比腺鼠疫病人还要小。

死亡

当时人的一些记载也曾试图估计受难者的数目，但对这些材料应慎之又慎。他们的眼中满是运尸车的恐怖景象，这些车辆不停地把所载的令人悲伤的货物倾倒在堆积如山的尸体堆上，强烈的恐惧使得他们所提供的数字更多是具有象征意义而非统计学的价值。让·德·维内特对这场规模空前的灾难的感受是有依据的："死者的数量是人们从未听说或看到过的，在历史上也是前所未见的"；他据此提出的死亡率高达90%："二十个居民中仅有两人存活。"而即使是这个存活数字，"在某些地方"还是所记载的最高值。根据弗洛瓦萨尔的看法，"世界的三分之一"已经灭绝，而在另外的部分，人口减少了一半。遗憾的是，我们无法对这些整体性的统计数字进行核对。但当核对有可能时，就会揭示出此类数字中巨大的夸张成分：圣马丁的修道院长曾说图尔内的死亡数字为2.5万，但该城的人口在瘟疫发生之前肯定不超过2万。

若要克服统计学上的印象主义，就应借助于其他史料。日夫里的教区登记簿也许能为估量这场瘟疫提供一个更为精确的尺度。这个小村庄位于博内附近，其教区神甫登录的死亡数字如下：1345年为39人，1346年为25人，1347年为42人；根据他的记载，1348年1月初到来年11月中，该教区的649人中有615人在8月2日到11月19日仍然存活。很明显，瘟疫造成了过高的死亡率。但是，由于缺少1348年该地方的人口数字，我们还不能计算出死亡的比率。其他的材料为解决这个问题提供了路径。在普罗旺斯，审计法院的档案中保存有1349年7月对艾克斯附近的调查记录：在一个名叫利昂的集镇，瘟疫之前有300户，而此时普罗旺斯伯爵的税吏的记载则不超过213户。附近两个村庄的人口损失更大，人口分别从92户和40户降为40户和11户。在萨伏依，有关维护伊泽尔河上一座桥梁（位于蒙梅良附近）的税款征收记录显示，一个教区的人口从1347年的100户降到1349年的55户，其他7个村庄则从303户减少到142户。西南部几个城市的地籍簿也显示出类似的情况：1343年到1357年，阿尔比的人口下降了一半。

各地死亡率的差异自然是很大的，但总体上都在 1/8 到 1/3 之间。 317

冲击

突如其来的灾难中断或打乱了所有形式的社会活动。最近一份利用佩皮尼昂的公证人记录的研究表明，在黑死病开始肆虐时，日常生活中的各种契约——如买卖和出租承租契约等——消失了；从 1 月到 3 月，犹太人每月平均有 20 笔放款，而到 4 月只有 8 笔，5 到 7 月则没有。充斥各种记录的只有遗嘱：1348 年的 71 份遗嘱中，有 63 份是 4—7 月登记的。行政管理机关陷入瘫痪，各种公共机构也停止运转。1347 年 11 月 22 日到 1349 年 7 月 8 日，富雷伯爵领没有委任过任何官职，1348 年 8 月 17 日，负责巡查该地政府的官差的工作中断，直到 1349 年 3 月才恢复。大型商业活动也陷入停顿。1336 年是个丰收年，波尔多港输出的葡萄酒为 16557 桶，1348 年葡萄收获后的一年内，出口量甚至不到 6000 桶。这种崩溃是贸易活动停滞的反映，但同时也是农业生产衰落的表征，而农业又深受人口大量减少和恐慌情绪之害。

在灾难面前惊骇万分的人们开始寻找某种解释和灾难的责任者。面对疾病的传播，他们试图以逃亡来防备之，抑或采取一些基本的预防措施；但当时他们连传染这个概念都不知道。医生们试图通过分解空气来寻找瘟疫的秘密。百姓则猜想是有人在井水和泉水中投毒的缘故。旧有的仇恨决定了谁该是投毒犯，反犹主义高涨，特别是在阿尔萨斯。1349 年，2000 名犹太人在斯特拉斯堡的一次暴行中罹难。还有人把这场灾难看作是神的意志，是神愤怒的警告和对人们悔罪的召唤。为平息天怒和劝导人们忏悔，鞭笞派修士在法国东北部举行宗教仪式，他们和着圣歌的词句，一边行走一边猛烈地抽打自己的皮囊，以此来垂范世人。

常驻的瘟疫

疫情稍有缓解便会出现生机：“幸存的男女都迫不及待地结婚”，让·德·维内特写道。日夫里的登记簿证明了这一点。在黑死病前，教区神甫每年大约为 15 对夫妇举行婚礼，而 1349 年这个数字为 86 对。贸易也开始恢复，1349 年葡萄收获季节过后，波尔多港输出的葡萄酒为 13 427 桶，这个数字逼近 1330—1340 年间的水平。根据佩皮尼昂的公证记录，1348 年 12 月底再次出现大量的学徒契约。这些情况表明生产活动在复苏，但是它们出现的频率也表明黑死病造成劳动力的大量损失。劳力短缺导致工资猛涨，这种现象在各地都很明显。公共权力机关对此深感不安。各公社的理事会也像国王及其代理人一样，试图以一厢情愿的苛严法令为补救手段，但由于没有足够的实施能力，它们无法抑制工资上涨，使其回到 1347 年的水平。

14 世纪第一个 25 年中发生的变迁（见第十二章）终于完成。法国已没有人口过剩的威胁。在农业方面，最贫瘠的垦荒地又变为荒原。1348 年的灾难可能是在一个已然实现的最佳人口水平的基础上开启了一个新的平衡时期。不过黑死病只是“第一场瘟疫”。其他的灾难又接踵而至。1361 年，一场新的黑死病几乎席卷了整个法国，此后一个世纪中它还有不断的局部性爆发。瘟疫的反复出现是灾难的演变过程的体现，瘟疫逐渐变成了地方性痼疾。沃尔夫博士曾以图卢兹为例，对
318 此作过如下描述：“瘟疫的传播不再有鲜明的时间性，也不具有空间上的普遍性。它仿佛成了常驻客，随时随地都会发作。”14 世纪中叶出生率曾有回升，但不能因此而产生错觉。法国已经进入一个漫长而严重的人口萧条期。

战败

缓慢重启的战争

瘟疫及其造成的破坏使敌对行动暂时中断。1347 年 9 月 28 日缔结的停战协定为期一年，但后来不断延长，一直维持到 1351 年 4 月。停战期满后，战争重启，但冲突是零星的，规模也不大。有时候，这样战斗仍具有骑士战争的形式，即强调比武场上的武功精神；例如，1351 年 3 月 25 日，在布列塔尼的普罗埃梅尔地方的一场战斗中，对阵的是两队骑士，每队 30 人，弗洛瓦萨尔说，“人们不应忘记以他们

崇高的战斗业绩来鼓舞所有的年轻贵族，并给后者树立楷模”。

但这场战争更多的是由抢劫和掠夺构成的突袭战，如黑太子对朗格多克的入侵（1355 年 11 月）：“在穿过波尔多地区突进到图卢兹附近后，他又从图卢兹一直打到纳尔榜，周围的一切都被焚烧、蹂躏和洗劫一空，然后他带着全部战利品和大批俘虏折返波尔多。”《法国大编年史》中这段简练的文字鲜明地体现出这类军事行动的残酷性。但是这样走运的冒险行为只是昙花一现，别的入侵都在“没有为此次远征增光添彩”的情况下即告终止。这一阶段的冲突中，敌对各方都不愿完全投入，因而没有哪次战斗是决定性的。

1355 年 10 月底，爱德华三世在加莱登陆，但十天后又退回海上，因为他打仗的图谋归于徒劳，当好人让①想放弃战斗时，他自己也不想继续打仗了。任何一位君主都没有充足的财政来支撑持续的军事攻势。

50 年代的政治气候

1355 年的战役耗尽了法国国王所能支配的钱财，战争开支超过了他的承担水平。如果季节适宜，英国人很可能会再次出现在朗格多克的边境上和英吉利海峡的海岸边。于是好人让在巴黎召集了奥伊语地区的三级会议。让深知舆论对货币的变动十分关切，于是他将自己的财政要求与重建良好币制的许诺联系在一起：“他已得知，王国的臣民深受货币变动之苦，于是承诺铸造良好而持久之货币，但臣民须为战争提供足够的资助”（《法国大编年史》）。三级会议同意为战争规模的扩大而支付费用。新的税收可以为 3 万士兵提供一年的军饷。不过三级会议试图将战争资金控制在自己手中。税基的确定、税款的征收、税收分摊和征收中可能引发的冲突的仲裁、收入的划拨、乃至部队巡查和“检阅”中数目和装备的核对，全部由三级会议及其指派的人员单独控制。国王和他的代理人完全靠边站。此外，在会议辩论过程中，国王的行政管理也受到猛烈抨击。这里表现出的是一种监督王权的愿

① 一译好人约翰。

望，与此同时还表露出明显的不信任感。1356 年春，在图卢兹召集的朗格多克三级会议的辩论中也反映出这种态度。

然而，好人让同样关注如何避免军饷支付中的舞弊和浪费。有证据表明，他在位初年曾着手改组军队，并试图以新的战争技术来装备部队。1351 年，他设立星骑士团，这一新举措固然表达了他对骑士风
319 尚这一神秘想象物的认可，但他并没有忽视军事效率，因为它还牵涉为军事纪律提供宗教依据、将训练有素的战斗精英团结到国王周围和“通过将王国的骑士转变为某种王朝制度，从而强化王权”（Y. 雷努阿）等重大问题。

不过，三级会议的不信任远非毫无依据。这位国王热衷于宴会和排场，他的贪婪和挥霍足以成为这一不信任态度的正当理由。此外，三级会议的迟疑立场发生于一个困扰国王的混浊的政治环境中。他周围有太多觊觎权力、追求私利的人在大肆施展其伎俩；他的议政顾问们受到太多的指责，罪名是行为不端；他的亲信中间有太多结党串联、排斥异己的阴谋。税金的征收也有困难。诺曼底的抵制尤其强烈，这甚至受到国王的一位亲戚的怂恿，他就是人们所称的坏人查理①——美男子菲利普的孙子，好人让的女婿。对查理来说，跟国王的姻亲关系与其说意味着利益，还不如说是令人沮丧：1316—1328 年王朝危机时，菲利普四世剥夺了他母亲的王位继承人资格，但许诺对她进行补偿。后来好人让又没有兑现曾许给他女儿的嫁资。更糟糕的是，这位国王还将坏人查理要求得到的一块土地——昂古莱姆伯爵领——赐给了他的堂兄弟、宠臣和军事统领查理·德·西班牙。纳瓦尔王国和诺曼底的几块土地还不能为坏人查理提供足够的力量来洗刷他如此大的怨仇。不过他在玩弄阴谋方面却颇有天分，且毫无顾忌。刺杀查理·德·西班牙（1354 年 1 月 8 日）标志着他政治阴谋生涯的开端。从此他便在法国和英国之间耍起了狡猾的摇板把戏，并利用一切与法王和解的机会来谋取利益。瓦罗涅条约（1355 年 9 月）是其策略的又一次成功；然而后来诺曼底发生抗税骚动，

① 坏人查理（Charles le Mauvais，1332—1387）即当时的纳瓦尔国王查理二世。

谣传有人策划阴谋，人们还为坏人查理对诺曼底公爵、好人让的长子的巨大影响而感到不安，这种局面使得国王动用武力进行干预，在需要迅速恢复秩序时，他没有迟疑。1356 年 4 月 5 日，他下令进攻鲁昂城堡，当时诺曼底公爵和纳瓦尔国王正在那里举行宴会；纳瓦尔国王的四名亲信在他的眼前被斩首，国王本人则被投入监狱。纳瓦尔派转而通过与英国结盟来寻求复仇。因此这个事件是战端重启的一个促进因素。

普瓦提埃溃败

英国援军很快便登陆诺曼底。7 月起，黑太子发动了一次新的远征，深入北方："他们来到奥弗涅地区，他们以前从未到过的一个地方，发现那里是如此肥沃，盛产各种令人艳羡的物产"（弗洛瓦萨尔）。抢劫是理所当然的事，不过这次攻势是一个规模更大的计划的一部分，它与卢瓦尔河以北两支英军协同行动。黑太子并没有突破卢瓦尔河。桥梁已被占领或已设防。不久好人让率领的大军到来，迫使黑太子退却。法国人经过一个星期的追击，与后者在普瓦提埃高地遭遇。9 月 19 日的战役与克雷西并无不同。获胜的仍是英国人，尽管他们在力量对比上明显处于劣势。英军再次得益于他们战术上的优势，黑太子采取了适合于地形的战斗部署："英国人驻扎在被当地人称为莫佩尔蒂伊斯平原的地方。他们很聪明，利用浓密茂盛的荆棘树篱作为工事，将辎重车辆置于树篱之后，并在树篱前面挖了好几道壕沟，这样敌方便无法骑马迅速接近他们"。通往英军位置的唯一可能的道路是一条窄道，它也"以树篱和灌木设防"，两侧还埋伏有装备精良的弓箭手。像克雷西一样，这次战役再次见证了英国人军事技术上的霸权。这是英国弓箭部队的胜利。弗洛瓦萨尔也看到了这一点，他曾叙述如下："说实话，英国的弓箭手给他们的部队带来了巨大的优势，并使法国人大为震惊，因为他们的射击如此整齐和密集，以致法国人都不知道 320
箭是从哪个方向飞来的"。这样，为"粉碎弓箭战"而冲锋的法国骑兵队列就会陷入混乱："战马中箭后就逡巡不前，他们掉转马头，横冲直撞，踩踏自己的主人，而后者无法自救，甚至无法站起来"。人们为"法兰西骑士之花"在这场夜战中凋零而哀叹。克雷西战役中，爱德华三世曾认为应禁止任何追击行动，但普瓦提埃战役则以追击俘获、索取赎金成果斐然而告终。国王好人让也成为阶下囚。次日，当英国人从普瓦提埃城墙下经过时，甚至“没有靠近这个城市，因为他们载着如此多的金银、虏获了身价不菲的战俘，高兴都来不及，早已没有进攻某个城堡的兴致”。好人让成为俘虏后颇受礼遇，1357 年 4 月他离开波尔多前往伦敦，等待他的是镀金的囚徒生涯。而法国的政治大业则落到一个 18 岁的年轻人肩上。

政治危机和社会动乱

走向受监督的君主制？

普瓦提埃溃败的次日，“法兰西王国陷入了长期的动荡和暴虐中”（弗洛瓦萨尔）。人们对贵族心怀不满，质疑他们的战斗能力。一首民歌如此指责贵族：“大逆不道的叛国行为预谋已久，屡战皆北使其昭然若揭。”当人们把税收的重负与军事溃败、与征收的税金（在当时是“为了维持战争”）的糟糕使用作比照时，也是心怀忧虑。

太子立即在巴黎召集奥伊语地区三级会议。他期待三级会议“就怎样赎回国王、如何进行战争和相关费用等问题建言献策。”三级会议以动乱局势的解释者自居，它关心的是揭露和处置叛逆犯，“它声称，过去国王受到极其恶劣的势力的左右，一切都是因为国王的顾问们而造成的，国王是通过他们才做出他所做的一切的，以致国家满目疮痍，处在彻底毁灭或全境失守的边缘。因此它恳请太子罢免被指名的王家官员的所有职权，将这些人逮捕监禁，并没收所有财产”（《法国大编年史》）。除了几个被提及的官员外，这些批评针对的是整个行政体制，它们谴责的是一种政治方针，并引发了对现存制度的质疑。实际上，三级会议打算自行确定新国王的议政会的 28 名成员，这一会议“将有权采取任何行动，并可像国王一样在王国发布政令”。

此刻纳瓦尔派正在暗中策划阴谋，主谋是拉昂主教、坏人查理的亲信公鸡罗贝尔。在他的影响下，三级会议要求释放纳瓦尔国王，在它看来，这一对“罪行”的补救举措不会给王国招致不幸。与此同时，巴黎市民也在施加压力。1356—1357 年冬，巴黎市长、“忠顺城市”在三级会议的主要发言人艾田·马塞在货币改制的当天鼓动人民起义，反对太子。巴黎城内到处是罢工，笼罩在动荡气氛中：“三级会议下令所有手工业者和工匠停业，责令市长下令全城武装。”太子得不到支持和资金，只能让步。他收回“劣币”，屈从了巴黎市民的要求，随后又向三级会议作出让步。

在太子的默认下，三级会议的要求获得了法律形式，这就是 1357
年 3 月的大律令。三级会议任命的改革者将着手清洗王国的官员。王
室和亲王家族应在财政方面树立厉行节俭的典范；缩减审计法院的人
数，限制巴黎高等法院法官的数量，以利于整顿财政。议政会成员、 321
法官和一般官员应“日出而作”，“决不可游手好闲，无所事事”。这种
针对行政机构的吹毛求疵的苛严规定源自市民的“改革”精神，整个
1357 年的律令都受这一精神的驱动。三级会议试图自行监管经其同意
的税收之征收工作，它要同挥霍浪费作斗争。太子丧失了在三级会议
监控之外采取行动的能力，他只得许诺一年之内不再重铸货币。

巴黎的骚乱

1357 年 11 月 9 日，纳瓦尔国王出狱。11 月底，他来到巴黎城门前，向聚集在普雷-奥-克莱尔市场上的居民诉说他的不幸，以此来打动群众；在这篇冗长的演说中，他“以隐晦的言辞”将矛头对准了太子，他还向听众证明自己所提的要求名正言顺。此时三级会议正为征税困难而犯愁，而太子不愿长期受制于人的坚定态度则让艾田·马塞及其亲信十分担心，于是三级会议和这些人对纳瓦尔国王十分热情。太子已经无法摆脱强加给他的这些“监护人”。于是他转而“盛情款待”坏人查理，并同意双方和解。但对太子而言，这一和解是要付出代价的，更何况纳瓦尔国王还想方设法要让他成为一个赎罪者：被好人让杀害的纳瓦尔派的尸首不准从绞架上取下，这些遇害者应像“殉道者”一样被安葬。纳瓦尔国王试图进一步拓展自己的优势。当他大量开征税收并在巴黎附近集中部队时，他的目的并不仅在于巩固自己刚刚收复的领地。

巴黎周围的乡村已饱受兵匪之苦，1357年3月22日与英国为期两年的波尔多停战协定签订后，大批士兵变成了强盗。他们抢劫勒索，弄得塞纳河和卢瓦尔河之间的地区人心惶惶，“没人敢在巴黎和蒙塔日之间穿行”（弗洛瓦萨尔）。1357年冬，太子为此曾发布“对军人的严重警告”。由于巴黎近郊刀光剑影，再加上日益加剧的交通困难和大批难民蜂拥而至，首都的骚乱蔓延开来。

太子和艾田·马塞双方都试图利用这一混乱局面。1358年1月11—12日，巴黎成了公共集会的舞台，但唱的是对台戏。对立双方均极尽口舌之能事，相互揭短，这时已经没有什么“隐晦的言辞”了。1月24日，一名钱币兑换商的雇工谋杀了太子的一个亲信，太子随即进行了残酷的报复，这些事件触发了新一轮的集会游行：双方的送葬队伍穿行于巴黎街头，市长和“大批市民”尾随着刺客的棺椁，而遇害者的葬礼游行则由太子引领。2月22日，威胁恫吓的言行演变成流血事件，紧张气氛达到顶点。上午，约3000名手工业者聚集起来，手执武器，冲进了王宫。在太子的房间里，艾田·马塞当着太子的面下令处死香槟元帅让·德·贡夫朗和诺曼底元帅罗贝尔·德·克莱蒙，并声称是“根据人民的意志”惩罚“冒牌的恶棍和叛徒”。接着市长给体如筛糠、袍子沾满血污的太子戴上了一顶风帽，帽子上的颜色象征着巴黎，以此来显示太子一派的归顺。次日，太子答应对议政会进行清洗，以便能让三四名市民进入该机构。

但是不久太子启用王国摄政这一名号，这标志着短暂的临时过渡期的结束和一个新统治时代的开端；太子第一次离开巴黎，向省一级的三级会议寻求支持，以便为重整旗鼓准备条件。此刻艾田·马塞面临受围困的危险，他认为与暴动的“扎克们”① 结成联盟可以挽救命运。

322 农村的骚乱

我们对扎克雷起义仍知之甚少。曾记载过这一事件的编年史家们毫不掩饰他们的敌对看法。国王宽恕某些叛乱者的文书可以作为这些

① 扎克（Jacques）指当时扎克雷起义（Jacquerie）中的农民。

叙述的补充，但是十分有限，而且过于零散。对这场叛乱的某个侧面的描写有时较为清晰。如《法国大编年史》记载说："1358 年 5 月 28 日，在圣-塞朗……博韦的一些小民骚动闹事……邪念使他们聚集到一起。他们进攻博韦城的贵族……杀死了其中的 9 人。这种受邪恶想法驱使的事件在博韦地区蔓延，其数目与日俱增。这些人杀死了他们发现的贵族和贵族妇女，还有一些孩子。所遇贵族的房屋都被他们夷平或烧毁，无论是堡垒还是其他房屋。他们中间有个头目，人称纪尧姆·加勒。这伙人还曾到过贡比涅，但无法进城，然后他们又前往桑利斯。"因此，扎克雷一开始是一种地区性的自发性运动，它是群众愤怒情绪的一种剧烈反映：军事行动——无论是敌军还是友军——带来的苛重负担以及名目繁多的敲诈诱发了这种愤怒。但这种地方性的短暂骚动很快就演变成燎原之势：它从针对处境卑微的拦路打抢的士兵的惩罚性行动，最终发展成对贵族的有步骤的屠杀。扎克雷起义最初是无政府主义的，后来有了位领袖，从此它似乎有了组织，行动也似乎是有计划的。不过必须注意到，"扎克们并没有说明他们到底想要什么"（G. 富尔坎）。也许为一场野蛮的叛乱寻找纲领，这本身就是错误的。我们只需记住弗洛瓦萨尔曾记录下的呼喊声："真想不到，王国的贵族、大小骑士们竟背叛和羞辱国家，把他们消灭干净实在是件大好事。"除了占据官职外，贵族干过什么好事呢？对农民来说，最为重要的问题是，他们受到领主不断增加的捐税的重压，后者试图以此来缓解领主收益的危机，并清偿自己的赎金。但是最近的研究并不主张把扎克雷看作只是一场因苦难而爆发的起义。从地理上说也并非如此。富裕的小麦产区在其中扮演的角色让我们看到的是 1315 年以来小麦价格低迷在这些地方造成的不安因素。

艾田·马塞对叛乱的农民进行了整编，并与他们一起抢劫王室官员在巴黎附近的庄园。这一联盟使得纳瓦尔国王与其巴黎拥护者之间的关系一时出现了松动。纳瓦尔国王尤其感受到其诺曼底封臣的焦虑之情："陛下，您不能容许贵族化为乌有"。于是这位国王亲自带兵前往梅勒镇压叛乱者（6 月 10 日），而指挥官布齐——尽管弗洛瓦萨尔说他是英国人（即是英王采地的领主）——解救了被围困在莫城的摄政太子的军队。这种阶级联合预示着残酷的镇压即将到来。

摄政趁机加强了他的部队。被围困在巴黎的艾田·马塞恳求遥远的弗拉芒城镇前来增援，并和坏人查理串通，拥戴后者为“王国最高长官”，向英国人敞开了城门。但是这样他便自绝于巴黎“公众”，7月底，巴黎市民发动起义，驱逐了英国人并杀死了他们的市长。

兵火蹂躏下的法国

布雷蒂尼和约

英国和纳瓦尔人的堡垒网络一直控制着巴黎的各个通道。商业水道被封锁，酒的运输线被切断，小麦供应被堵塞。没有哪条道路是安全的。1359年，三级会议的代表历尽风险来到巴黎，他们将好人让刚刚在伦敦签订的条约的条款告知摄政，根据这个条约，法国一半的土
323 地将让与英国人。“他们对摄政说，这一条约既难以接受也难以执行。应下令同英国人决战。”（《法国大编年史》）

三级会议的合作使得纳瓦尔人得以被赶出默伦。坏人查理对伦敦条约很失望，他再一次与摄政达成谅解。但是与英国人决战又是另一回事。10月28日，爱德华三世在加莱登陆，当时的场面使人无法怀疑他的战斗决心和军事力量，按弗洛瓦萨尔的说法：“这是人们所见过的从英国开出的最庞大最精良的队伍”；他准备在这个穷困的国家长期作战。在他率领的队伍中有磨、炉、铸造器具和用于在池塘中捕捞的熟皮小船。然而此次远征为时并不长久。爱德华三世围攻兰斯一个月未果，他在兰斯大教堂加冕的梦想也破灭了；巴黎城墙脚下十余天的徘徊也使进行决战的希望化为泡影。一系列的失败过后，军队在行进入博斯地区时又遭雷暴袭击，死亡甚众，当天的雷雨“十分罕见，猛烈异常，令人恐惧，简直天塌地陷一般”，爱德华三世觉得这是一种凶兆。1360年5月1日，和平谈判在博斯附近的布雷蒂尼举行。

冒险家们的战争

5月9日签署的协定排除了入侵的危险；但是它并没有就此使法国摆脱军事人员造成的威胁，情况恰恰相反。两国君主的军队大部分是由雇佣兵组成的，战争是这些人的职业，而和平则使他们成了失业者，生计无着。一批批凶残的兵匪[①]、职业军人和战斗专家们开始了高效战争，而且他们无需顾忌骑士制度的规则。机动性使他们尤其适合于埋伏战和小型战斗，摄政的财政状况也使他被迫从事这样的战斗。在这些来自各个国家的队伍中，庄稼汉、甚至教士——如一个著名的团伙的头目，绰号"大神甫"的阿尔诺·德·塞尔沃勒——与名门望族的私生子和穷酸贵族相往来。由于战争所得的财富可以弥补领主收益的下降，按弗洛瓦萨尔的话来说，"有些人因而变得十分富有，特别是那些成为别的团伙的头目或主子的人。有的人据有的财富高达6万埃居。"雇佣兵也可凭他们的勇敢、战功和慷慨而成为头领和战争贩子。有雇佣兵克洛加尔者，"起初是个穷小伙儿，长期跟随荷兰贵族埃克尔。长大后他辞别主人，前往布列塔尼打仗，为一个军人效命。后来他的主人在一次战斗中被杀，由于他是后者的封臣，同伙选他为首领以代替死去的主人。不久他便战果丰硕，以索取赎金、攻占城市和城堡等方式劫掠钱财……他拥有的财产达6万埃居。法国国王向他许诺说，如果他愿意成为法国人，国王将封他为骑士，并有一桩体面和富裕的婚事"（弗洛瓦萨尔）；像克洛加尔这样的"穷小伙儿"可不止一个。

兵匪横行

战争中断后，士兵就被"辞退"。有些人在欧洲其他地方找到了新的主顾，可以继续打仗。当指挥官布齐率军驰援被困的莫城时，他刚从休战的普鲁士赶回来。普瓦提埃溃败后，那些无事可做的士兵找到了一个新的活动空间，那就是让娜王后领有的普罗旺斯，当时它是

① 法文作 brigands。这个词就产生于这个时代，它源自一种甲胄：锁子胸甲(brigandine)。——原文注

法国几块战火尚未波及、未遭洗劫和“糟蹋”的地区之一。雇佣兵首领是反路易·德·塔伦特的叛乱的领导者，他们此时正在西南部招募军队，并赢得了阿尔诺·德·塞沃尔的支持。为防止盗匪团伙涌入并将他们赶出据点，普罗旺斯的长官用高额代价争取到阿尔马尼亚克伯爵及其士兵的支持。于是普罗旺斯人既成了自己一方的雇佣兵的受害
324 者，又遭受敌方雇佣兵的侵扰；他们对所有抢劫者的称呼都是一样的，并把这场内战叫作“加斯科涅人的战争”。

有的部队在停战协议签字后便解散了。但是大部分士兵都不愿再去过没有刺激、没有战利品、没有荣光的平淡而贫困的生活。既然领不到军饷，他们就自己行动。他们无所不为：抢劫、凶杀、强奸、焚烧粮仓和房屋、蓄意毁坏耕地和葡萄园；这既是为了向村庄、集镇和修道院敲诈集体赎金的恫吓手段，也是为了劫取钱财、粮食和所需的战马饲料。恐怖的声望一旦建立起来，他们便可以简单的办法强制签订预防性赎买协定。一些城市同样也须为保障安全而定期交付贡金(pâtis)。士兵头目在战争期间攻占的堡垒和设防的城堡成为盗匪们可怕的据点。他们还公然敲诈据点附近道路上过往的商人。

他们在最后几次战斗中占领的地区成为头一个牺牲品：1358年后巴黎地区就是如此。但是，当某个地区的资源被敲诈告罄时，他们就会前往别处，特别是那些未遭战祸的地方。布雷蒂尼和约后不久，几伙兵匪聚集到勃艮第高原上，“他们的头目来自各个国家：英国人、加斯科涅人、西班牙人、纳瓦尔人、日耳曼人、苏格兰人，他们和同样来自各国的士兵会合到一起”。这一大群伙武装分子沿着罗讷河谷地涌向南方。法王和富雷伯爵的部队曾试图在里昂南边的布里涅挡住他们的去路。这些“迟到的不速之客”毫不费力地粉碎了阻拦者，不过他们并未去扩大战果（1362年4月6日）。一个名叫巴斯科·德·莫莱昂的兵匪头目对弗洛瓦萨尔说，“这场战役让弟兄们获利太多了，因为他们此前都是穷光蛋，是那些身价高昂的战俘、里昂大主教区内和罗讷河边被他们占领的城市和堡垒使他们所有人都发了财。”不久组成这支“大部队”的人马化作小团伙分散开来，一股继续朝阿维尼

翁方向前进，为数更多的另一股则散布到法国中部各地区。兵匪之祸也像瘟疫一样，成了挥之不去的痼疾。

二、重新获得的长期和平 1360—1400 年

60 年代的法国

战争的破坏

整个法国都目睹了战争带来的混乱和士兵的暴行，它们给法国打上了烙印。实际上，在王国的边缘地带，如布列塔尼、蒂埃拉什和图尔内等地，敌对冲突长期存在。1346 年，一伙军队首次入侵王国的核心地带——当时尚未蒙难的巴黎地区。此后十年内，只有法兰西岛、诺曼底、布列塔尼和波尔多等地受到战火摧残。1356 年，黑太子发动的大规模军事进犯席卷了此前幸免于战乱的西部各省。但在普瓦提埃大溃败之前，甚至在 1360 年之前，勃艮第、中央高原、罗讷河谷地和东南部地区既没有受到英国人、也没有受到兵匪的侵扰。因此涌入这些地区的兵匪是名副其实的“迟到的不速之客”。

不应该夸大此类冲突的破坏能力。我们已经看到，战争是时断时续的：和谈和休战会使战斗暂时中断。很少有大规模的、有计划的军事行动。在一系列的侵袭、小型冲突和围攻中，参战的兵力为数甚少。黑太子扫荡西南部的战役所动用的兵力也只有 4000。很少有超过 50 名武装人员的兵匪团伙；它们多是分散行动，组成“大部队”则是很例外的情况。自然条件决定了军事侵扰的路线，这类活动很少远离狭窄的交通走廊。兵匪更多是“穿越乡间”，而不是在那里滞留：“他们 325
抢夺所能找到的财物，然后带着它们赶路”（弗洛瓦萨尔）。受到战争深刻而持久的影响的地区很少：巴黎地区的战斗迁延很久，而普罗旺斯则长期受兵匪之苦。

军队或兵匪之患尽管为时不长，但它总会带来破坏。这种破坏不是战争造成的副作用，而是战术的一部分，正像 1360 年弗洛瓦萨尔评

论爱德华三世时所说的那样："他如此蹂躏和践踏法国的忠顺城市，以便让它们归顺于他"。另外，这种破坏战术还有利于延缓敌军的进展：1356年，在得知黑太子的军队即将到来时，好人让"在估计英国人会经过的边境地带设防，封锁通道，切断他们的粮草供应，以使他们的人马无处得以修整补充"；另一方面，英国人在离开他们"修理"过的城市时，也将粮仓洗劫一空，"砸烂满装的酒桶，将燕麦和小麦付之一炬，以使他们的敌人不得安生"。此外，抢劫还是军需工作之必须。法军的给养供应很大程度上是以"强制征调"为基础的，对这种调拨的补偿很少，如果还有补偿的话。英国人也没有其他资源，只有就地生存。1360年英军还有军需供应，但那是"因为英王在离开英国前曾听说法国发生了饥荒，十分贫困。但他到达那里后发现供应情况很好，每个贵族也能根据各自情况获得所需之物，只是马匹需要尽量节省饲料和燕麦。"（弗洛瓦萨尔）

总体来说，战争对城市的影响很小。诚然，有些城区完全消失了，如在艾克斯、图卢兹和其他一些城市。但是这些破坏是市民自发的防御性行为。在得知入侵的消息后，他们会赶紧拆除无法设防的集镇和城墙外的修道院，因为敌军会进占并利用这些据点向城内渗透。这时候城市居民都会集中到狭小的围墙内，但给养供应尚属有序。他们在城墙上粉碎入侵和袭击图谋。因为当时的防御体系比攻城技术更为有效。除非施展巧计或城内有人投敌叛变，否则城市是难以被攻破的，围城的军队也会撤走，但是附近的乡村一片荒芜，攻城部队为饿死或恫吓市民而采取的暴行会在乡间长期留下凄惨的印记。另外，维护城防的代价十分高昂，因为需要增加军役税，开征名目繁多的间接税并举借新债。对城市而言，战争尤其是导致税收重压的催化器。

而在农村，"破坏"活动所遇到的阻碍较少。但士兵们更喜欢攻击偏僻的建筑、谷仓、庭院、贵族庄园、小城堡，而很少进犯密集的乡民住所。袭击过后，贵族地主需要在废墟上重建农业设施；他们的役畜被抢走，生产工具被毁坏，这些都要重新购置。他们的仓储粮食被抢光，耕地荒芜，当年颗粒无收，特别是他们的烤炉、磨坊和榨酒器也被拆毁或焚烧，这些产业将很长时间内无法给他们带来一分钱的收入。农民倒是能从中获益不菲，他们粗笨的工具很快就取而代之。但是如果农民有几亩葡萄——一种很难修复的作物，如果他有一组耕作的役畜犁具——这是一笔沉甸甸的资金，那么战争的破坏将使他多年处于惨淡经营的境地。农村经历的战争是造成经济萧条的一个因素。

无人地带和荒芜的家园

此外，战争造成的不安全气氛无法促进重建事业。如果战事在切近的未来还会重开、盗匪还会出现，那么重建谷仓和偏僻的农场、修复被砍伐的葡萄还有什么意义呢？根据阿图瓦的一位法官的说法，在他的辖区图尔尼昂，所有乡村都“已经和正在变成荒原，那里将空空 326
如也，只要战争在继续，就没有人敢定居下来修补家业”。只要附近的堡垒中有几个大胆的兵匪，一部分人就不敢重新耕种此前因兵灾而被撂荒的土地，而另一些人也不愿承租这类产业。同样，城市所有的土地的边缘地带也是长期杳无人迹，因为那些小块土地离城墙太远，以致耕作者在突然的袭击来临时无法进城避难。因此战争经常是导致耕种面积缩小的一个因素。

人口压力的减轻也是造成这种局面的一个原因。1348 年后，死亡率猛升导致人口数量大幅度下降：瘟疫成了地方性痼疾，痢疾或“腹泻”、流感及各种“传染病”猖獗一时。例如，富雷地方在 1360—1361 年和 1370—1376 年间经历了两次死亡率的高峰期。农业歉收也会周期性地复发。我们在朗格多克可以确定有关歉收的准确的编年史：1345—1347 年、1351 年、1361 年、1368 年、1373—1375 年都曾出现歉收。每次饥荒都会引发死亡率的急剧攀升，尤为严重的是，这种反复的饥荒削弱了人的生理机能，使其更易感染各种传染性疾病。我们掌握的所有线索都表明，14 世纪 60 年代出现了严重的人口衰退。

在诺曼底的库唐塞法官辖区，1360 年的总户数只有该世纪 30 年代的 1/30—1/40。勃艮第的安定时期为时较长，但即使是在该地区的乌日村，1375 年也仅为 41 户，一个世纪以来它丧失了一半的人口。普罗旺斯伯爵领境内的上普罗旺斯的一部分地区受内战的波及很小，该地的小城纪尧姆，1364 年不超过 100 户人家，但 1343 年有 183 户，1313 年为 267 户。在朗格多克的卡斯特尔城，1340 年的户主数为 2339 户，到 1373 年降为 1006 户。

人口萎缩还伴随着居住空间内人口的重新分布。战争加速了人口流动。整个家庭背井离乡，因为他们的土地受到武装分子的威胁。他们带着能仓促收拾起来的物什，前往“带围墙的城市”寻求庇护。在那个朝不保夕的时代，还有一些人在经过慎重考虑后，离开了过于暴露的小村、防御不得力的村庄和那些难以守卫的地方。西南部城市的税册见证了当时的移民潮和城市人口的新面貌。对当地人口统计的详尽研究表明，1340—1370 年间出现了大量的新家庭。例如，我们可以证明，在阿尔比的一个城区，1357 年时一半的居民所带有的姓氏是 15 年前该城所未见过的。不过，这些难民（对该城区而言有 100 户左右）还远不能弥补人口损失（该地 15 年间有 500 户人家消失）。另外，移民纯粹是临时性现象，有些人只是改换了住所。例如，在诺曼底的法莱兹子爵领，1370 年有关布瓦维尔村的一份报告说，这个村“位于塞埃附近，该村居民战时退到塞埃，而眼下他们又回到布瓦维尔”。不过整体上说，农村出现了一个明显的人口外逃运动，因为一些村庄后来逐渐消失，而另一些村子中，废墟中只剩下孤零零的两三户人家。

寻找安全或更好的生存条件的农民遗弃了他们曾耕种过的土地。很多耕地长期抛荒，逐渐变为森林或灌木覆盖的莽原。这些“不知何人所有”的“荒凉产业”扩大了“无主”土地的面积，它们“荆棘丛生”，无人问津。这类土地有的是边缘性的次要耕地，它们是在人口过剩时期人们不断拓展种植面积的过程中开垦出来的贫瘠土地，作物
327 生长缓慢，属于脆弱的农业地带，一遇打击便会消失。有的抛荒地属于最偏僻、最零散的、处于人迹罕至的地带的耕地，耕种起来本来就很困难，何况现在路途不安全，因而更要冒风险。还有些抛荒地属于捐税负担最重的土地，不但要向领主上交租金，还需缴纳收获的部分谷物或葡萄。人口损失和战争破坏对领主经济及其收益造成的冲击尤

为明显。

迈向一种新的平衡？

上述现象造成的震荡是深刻的，60 年代是个萧条和萎靡的时期。不过它是与英国的漫长冲突中的停战期，是一个转折点。甚至在危机最深重的时刻，政治局面就开始发生某种转变，经济上的重建努力也在酝酿之中。

战争策源地一年年地消失了。与英国的战争于 1360 年告停，直到 1369 年才战火重燃。加莱条约逐渐落到实处。割让的省份逐步变成了英国的，当然其中总会有些不情愿。有关勃艮第王位继承的安排（1361 年）再次引起纳瓦尔的反对。坏人查理声称他是勃艮第的推定继承人——菲利普·德·卢福尔公爵是他的堂兄弟——但他再次失望了，于是又要诉诸武力。指挥官布齐前来投奔，他“聚集了一批士兵，并到处网罗同伙”；他切断了查理五世前往兰斯的道路，以图破坏后者的加冕礼；但迪盖克兰在戈什雷尔挫败了他的图谋（1364 年 5 月 16 日）；于是这个纳瓦尔人再次接受和解，但这一和解含混不清，因为在批准该和解时，他故意没有加盖大印。与此同时，1341 年开始的布列塔尼继承战争终于在 1364 年 9 月 29 日的奥莱战役后结束，精疲力竭的交战双方同意平息争端。现在真正的问题是停战后出现的失业和无饷的职业军人团伙。他们向那些较为富裕的省份移动，以进行劫掠活动。不过 1366 年，法国的近邻卡斯蒂尔境内发生动乱，为大批失业军队离开法国提供了一个好时机。但是喘息的时间甚为短暂，因为战争仍未结束：迪盖克兰吸收兵匪，组建军队，并很快就打败了对手。不过经过这些事变后，兵匪的势力被削弱，他们遇到了组织更严密的抵抗。

权力的巩固

缓和的气氛中逐渐出现了一些变化，首先是某种政治整顿。在经历多年的君主制危机后，权力开始稳固下来。让二世于 1364 年 4 月 8 日在伦敦死去。让本人精力充沛，为人勇武，但“轻率冲动，刚愎自用，一旦拿定主意便十分固执”（弗洛瓦萨尔）；但查理五世与他的这位父王没有什么相似之处。由于幼时病患的后遗症，查理体质羸弱，这使他远离比武场和战场：“他毕生都是苍白瘦弱的，体质令他极易患热病……由于长期患病，他的右手肿得厉害，无法使用重物。”但是这个外表孱弱的人对王权威严的意识之强烈并不亚于旁人。根据他的传记作家克里斯蒂娜·德·皮桑的记载，查理五世十分“持重和坚定，他努力为后来的继承者树立楷模：应以庄严的法令维持和运用法兰西国王的崇高威严”。另一方面，作为摄政时期的经历使他决心在舆论中恢复已经动摇的君主制度的声誉。他特意把自己插入圣路易的“神圣后代”的序列中；他努力以圣路易为典范来塑造自己的公共形象，并通过赞誉后者来提高王权的地位：“真福者路易，他是鲜花、是荣誉、是旗帜和明镜——不仅是我们王族的，也是全体法国人的”。
328 他周围的教士调动加冕仪式产生的所有反响，他们强调，加冕仪式赋予君主一种宗教的、几乎是僧侣般的特质，他们还收集和传播由这种仪式产生的圣迹故事。人们尤其强调源于涂油礼的神奇力量：“涂油后，德行与神恩遍布于法国国王全身，他的手只要轻轻一碰就能治愈瘰疬病”。王权的威严还表现在它的气派中，表现在奢华的品位、富丽的装点、以及对“各类珍奇美妙之物”的搜寻上。王权的尊严还激发查理按他的标准赋予君主制一个外在形象。按克里斯蒂娜·德·皮桑的说法，“他是位真正的建筑师”，他曾下令在巴黎东边建起一座“宏伟的宫殿和大型休闲场所”，这就是圣保罗宫；他修建了万森讷城堡和巴士底城堡的主塔，并对卢浮宫进行了规划和美化。这座宫殿的一个塔楼还是王家“图书馆”的所在地。国王奖掖文艺，爱好精美的小彩画，对各种知识满怀兴趣，图书馆就是他的收藏地；另外，图书馆还有罗马法的重要著作、亚里士多德的作品以及《上帝之城》的通俗语言的各种译本，因而图书馆是为贤明国王服务的工具。因为在查理五世看来，统治就意味着思考。在他身上，公共利益的意识与神授权利的观念达到了平衡。他阅读亚里士多德的作品，他的近臣中也有一些善思索的政治理论家（尼古拉·奥雷默，菲利浦·德·梅齐埃），君臣的共同努力明确了国王职责这一概念，即王权的施行应服从于公共群体的利益："国王应为人民的共同利益而行使统治权"。尊重这一箴言、听取明智之建议是"为政优良"的特征。查理五世为此而努力。但是他的统治还从另一个传统中汲取资源，这就是罗马法，"法学家们"的实践尤其有利于君主主权，他们善于利用法律与习惯相结合这一武器。国王本人也具有诡辩家的诡秘思维，克里斯蒂娜·德·皮桑说他"明智而奸诈"，让·德·根特把他形容为"王家讼师"。国王的帮手大多是训练有素的法学家，这些人竭力维护国王的正义性，反对任何僭越，但另一方面他们又利用一切机会削弱大领主的特权，为君主的利益服务。

查理五世完善了国家税收体制，尽管这有违他的思想和良心——他临终前说："这些事务让我难以忍受，令我心情沉重，虽然我曾支持这样做"。也许"为政优良"就意味着税收须定期征求臣民的同意。但是实际上，国王经常自行延长税收征收期限，并充分利用其顾问们认可的、由他考虑开设或延长税收的权限。当时的税收有三种：灶税（每季度根据户口数征收的直接税），商品税（酒类饮料的销售税）以及盐税；税收逐渐成为永久性的。这时税收的征收更加正规，改革后的税务管理机构的监管工作也更为有效；税金收入使得国家能正常支付改组后的军队的军饷。领薪的部队是一个更需严格控制的对象，这一政策针对的是一些军官，这些人或是"号称有若干人马，但实际上无力维持部队并截留军饷"，或是"并不按照所领取的收入给士兵发饷"。部队的纪律也更为严格。1374 年 1 月 13 日的条令确立如下原则："今后没有朕的文书和授权、或朕的代理长官及军事首脑的文书和授权，任何人都不得充任军官"，并规定，"任何军官手下的任何士兵若在服役期间从事任何抢劫、偷盗和破坏行径，军官应强制其修复和赔偿损失"。

战局的变化

英法战争中的力量对比从此发生了变化。弗洛瓦萨尔对以下的奇特现象印象颇深："国王查理……冷静睿智而又狡猾，这是他一生的

准确写照；无论在内廷还是娱乐中，他总是十分安静，然而就是这个人
329 收复了他那些头顶盔甲、手执利剑的先王们在战场上失去的一切。”

战争因为一点法律之争而重新开始。一个上诉程序给干涉阿基坦提供了机会。统治这个省的威尔士亲王已在此地开征灶税，但几个加斯科涅贵族质疑这一做法的合法性。其中的一个贵族——阿尔马尼亚克伯爵在申诉被爱德华三世驳回后，把案子交到了查理五世那里，其他贵族也纷起效仿之。但是这个上诉可以受理么？布雷蒂尼和约的预备条款中规定，两位君主放弃他们在已让出的土地上的主权和司法裁判权。但在加莱条约中，双方又同意将权力的放弃推迟至土地让与实际完成之日，当时的估计十分乐观，认为土地交割可在 1361 年 11 月完成。但是到 1368 年，土地交换还没有结束。尽管有加莱条约的规定，但当爱德华三世以封君的身份受理来自加斯科涅的上诉时，他已经行使了主权。但是法王的议政会和受咨询的法学家（甚至有博洛尼亚的学者）都认为法国宫廷有权受理上诉。这就在基耶内引发了一系列司空见惯的事件：督促当事者出庭、被告缺席、没收该公爵领的财产，最后诉诸武力。

战争于 1368 年冬重新开始，不过，这时的战争具有某种新的军事精神。查理五世并不想“为了一块微不足道的地方而冒丧失全体贵族和整个王国的危险”，他责令军官们采取一种他在摄政时期曾领教过其优点的战术：避免对阵战，只在有利的局势下投入战斗（若按弗洛瓦萨尔的说法，5 比 2 的情况下），以精心布防、巡逻严密的堡垒为依托，并在敌军前方构建空旷地带。这种战略看来是有效的。英国人的攻势屡屡受挫。1370 年，兰开斯特公爵在诺曼底海岸反动了一次短暂的攻势；1371 年，罗贝尔·诺里斯在经过长途奔袭后，从加莱向香槟地区推进；1373 年，约翰·德·兰开斯特借道当年黑太子的路线，从波尔多向利穆赞进发；所有这些行动都因进展不力而放弃，除了抢劫成果丰硕外一无所获。阿基坦的局势长期混乱，“事态一团糟……英国人控制的城市和城堡与法国人控制的城市和城堡呈交错混杂之势，追捕、抢劫、敲诈之事不绝于耳”（弗洛瓦萨尔）。但是形势逐渐对法

国人有利，尤其是当亨利·德·特拉斯塔马尔（他曾因为迪盖克兰及其部队的支持而成为卡斯蒂尔国王）的战船在拉罗歇尔港消灭了英国舰队。这一胜利为收复普瓦图、森通热和昂古姆瓦创造了有利条件。但是这样的战争对人民而言十分残酷——战争中强者蹂躏弱者——并引发部分贵族的不满。弗洛瓦萨尔曾记录下这些责难之声：1373 年，查理五世曾因此在议政会上检讨其战术的合理性。国王最优秀的将领们是这一战术坚定的支持者，迪盖克兰（“我不是说这样的战斗不应该打，而是说这对我们有利”）和奥利维耶·德·克里松（“通盘考虑后，窃以为，如果战斗不是处于不利的局面，不是因为必须进攻敌人的话，我是不主张这样打仗的”），这两位将军都以意味深长的措词表明了军人思想的转变。

恢复农业的努力

这场战争蓄意要牺牲农村，税收也加重了农民的负担，兵匪的破坏性影响随处可见，70 年代饥荒和瘟疫又再度肆虐——尽管有这些不利因素，法国农村还是呈现出某种复苏迹象。如果领主愿意向农民作出让步——这是农村重建的代价，那么农民也愿意重新耕种抛荒的土地，在破败的村庄定居下来，以便几年后能重建家园。三四年内他们会重新种植葡萄，甚至会开垦新的荒地。这样的农民通常是为寻找更好的土地而从附近地区迁移过来的，但更多的是来自遥远的贫困地区的农民，他们随巨大的移民潮远走他乡，这是当时的一个显著情形。 330

某些新来的农户——当然更多的是当地最富裕的农户——会发现一个新的土地市场。实际上，由于经营费用增加、工资上升、劳动力招募困难、农产品价格低迷以及领主捐税收益发生危机，越来越多的领主不再亲自经营自己的份地。自己经营需要进行有效的监控，这就要求领主本人常年在家，但是他们又经常要离家为国王服役，这样的矛盾越来越难以调和。另一方面，他们禁不住城市生活的诱惑，更何况在那里能获得安全保障。他们宁愿将土地出租或采取分成制，这样一来他们的收入减少了，不过它更为固定，风险也更小。

第一个战后期

“1380 年，国王查理五世去世时，法国的内部形势很好，而且完成了几次重要的征服。全国一派和平公正景象。国家没有什么难题，如果不计英国人的旧仇夙怨的话……他们因为失败而恼火，这些失败对他们而言看来无法补救，英国人总是期待和策划彻底毁灭这个国家，对任何开启和平的措施都嗤之以鼻。”（尤文纳尔·德·于尔森）

1375 年开始的和平谈判迁延甚久。外交解决方案遥遥无期，但是法国在实力对比上占优。英国人在大陆的占领区缩减为一条狭窄的海岸地带，它以一些港口为据点：加莱、瑟堡（1378 年新的英国—纳瓦尔同盟留下的唯一持久的成果）、布雷斯特（1373 年英国人利用布列塔尼公爵立场转变而占领），巴约讷和波尔多。英国人足以利用这些地区，再加上位于奥弗涅的几处堡垒而不时发动进攻。不过法国人此后也对不列颠海岸进行袭击，这在英国引起对入侵的恐慌情绪。他们的担心并非没有理由：查理五世在其在位的最后几年曾打算入侵英国，海军司令让·德·维埃纳还作过部署。另外英国人对战争已不再那么热心了。爱德华三世的衰老引发了一段时间的政治危机和权力斗争，这在思想上不利于军事进攻，也影响了对外政策的连续性。1377 年爱德华三世死去，把王国留给了一个受各派斗争势力摆布的孩子。1389 年前，理查二世的个人倾向还不是很明显。但他在开始其个人统治之后便寻求和平。实际上，他希望英国有一个能为更具独裁色彩的君主制奠基的自由空间。1396 年，他同查理六世的女儿成亲，这一王朝联姻巩固并延长了是年刚刚签订的停战协定，和平得以延续 1/4 多个世纪。90 年代呈现出一派战后时代的气氛，娱乐取代了战争。

331 亲王们的时代

法国的政治局势也顺应了这一气氛。新国王年幼（1380 年时 12 岁）病弱，缺乏经验，贪婪的亲王们有了可乘之机，他们以国王的名义进行统治，但是最大限度地为自己牟利。

据说，查理五世在觉得将不久于人世之时，召见了“他的三个最信赖的兄弟：贝里公爵、勃艮第公爵和波旁公爵，后者还是他的妹夫。他冷落了第二个兄弟安茹公爵，因为他觉得这个人太贪婪……但是，尽管国王临终前不让安茹公爵前来，不让他过问国家事务，但这位公爵并不是旁观者……因为他的眼线经常来往于巴黎和昂热，及时向他报告有关国王的确切消息。国王驾崩的那一天，公爵就在巴黎……离他的房间很近。得知国王闭眼后，他占有了他王兄的所有珍宝，并命人把这些不计其数的宝贝藏于安全之处”。弗洛瓦萨尔的这段文字与事实出入很大——老国王临终时，没有一个兄弟在他床边——他的编年史总是有这样的问题；但他的叙述很有感染力，并揭示了查理六世初年政治气候的特征：叔父之间的争执和猜忌、关于上座权的争吵，他们的奸诈和贪婪。他们很快就抛弃了查理五世拟定的规章，这些规章旨在“以正确之原则”“引导和管教”新国王，旨在保证统治的连续性。一番激烈的讨价还价后，几位叔父终于就如何分配利益和确定地位达成共识。安茹公爵在新王加冕（1380 年 11 月 4 日）前充任摄政，为期数月，但他足以利用这段时间设法盗用国库资金来为自己的军事行动买单。从 1382 年起，他先后征服了那不勒斯女王让娜[①]在普罗旺斯和意大利的产业。“法兰西的孩子”[②] 的实际监护工作归路易·德·波旁和勃艮第公爵大胆菲利普负责。路易是位崇尚古风的骑士，为人诚实公正，但他是个可有可无的角色。勃艮第公爵野心更大但顾忌更少。像他的兄弟们一样，这位亲王的权势的基础是他自行管理的采邑，它像个独立的国家，其管理机构是王国制度的复制品。他从国王那里领受这块封地，但是对他而言，这种依附关系就像血亲关系一样，与其说是一种臣服，还不如说是怂恿他利用王国政策来为自己牟利的一个依据。自从他与玛格丽特·德·佛兰德尔结婚后——当时是

① 一译让娜·德·那不勒斯。

② 法兰西的孩子（enfants de France）指国王的子女或孙子孙女等直系后裔，血缘上比“家族亲王”（princes du sang）更亲近于国王本人。

查理五世的一个外交胜利（1369 年）——他就一直希望在继承佛兰德尔伯爵领后把弗朗什-孔泰并入勃艮第。当弗拉芒人起来反抗他的岳父时，他帮助后者弄到了法国的援军（1382 年）。为了惩罚曾支持起义市镇的英国人，他还积极筹备登陆英国的行动。1384 年他成为佛兰德尔伯爵后便把注意力投向了尼德兰和神圣罗马帝国的领地，并由此卷入了新的错综复杂的阴谋中，他还把法国国王拖了进来，然而这对法国王权既无利益又无光彩：他唆使的远征在盖尔德尔一败涂地（1388 年）。我们不应忘记第四个叔父："贝里公爵看到安茹公爵当了摄政，勃艮第公爵和波旁公爵成了国王的监护人，而他自己却没有什么职位，这让他闷闷不乐，他想节制朗格多克和他兄弟安茹公爵领有的基耶内，而后者很乐于向国王谈及此事，并愿意帮他实现自己的意图"（尤文纳尔·德·于尔森）。贝里公爵没有大的政治抱负，但他需要大量的钱来维持奢华的生活。他爱好艺术和音乐，喜欢搞排场的狩猎和丰盛的夜宴；他是位"真正的建筑师"，较之其王兄有过之而无不及；特别重要的是，他还是个收藏家——举凡手稿、珍宝、挂毯、首饰、禽鸟、异域的奇兽、乃至侏儒，他都爱搜罗——他手头从没有宽裕过，为了钱袋子只能不顾廉耻，"他只需要钱"。他不希望重开战争，并在最后一刻命人在军队开拔的港口挫败了大胆菲利普策动的远征（1386 年）。

叔父们之间的争吵使法国的政策步调不协调。1388 年诸圣瞻礼节[①]那天，国王"看到他的叔父们以及依仗他们的人，其所作所为目的在于自己和个别人的私利，而不是公共利益"，于是他辞退了叔父，自己行使统治权。他选拔曾追随父王的法学家为顾问，开展立法工作（"国王来到巴黎，查阅先王们制定的法令并进行核对和适当的增补，然后公布之"），这一切预示着查理五世"为政优良"的回归。但是 1392 年，在勒芒的森林中，国王的"狂热病"第一次发作，策马飞奔，高举利剑冲向他的扈从。发狂过后他陷入毫无知觉的虚脱状态。

① 11 月 1 日。

“他连自己都不认识了；人们把他带到王后那里，但他好像从未见过王后似的。”此后他的病情时好时坏，“康复”只意味着他痛苦地意识到 332
自己的身体状况，“当他感觉病情要复发的时候，听他的懊悔之言真是件令人悲伤的事”。他的叔父们赶忙趁机辞退了“小毛孩”——国王的顾问们。法国又落入亲王们的控制之下。

节日时代

叔父们对理查二世的和平倡议欣然接受。缓和的局面得以巩固。“然而这是两位国王确认的休战……双方都可以取消，只要他愿意。当时人们大吃大喝，大肆玩乐，比武、宴饮，大肆挥霍金银。法国盛行排场阔气之风，盛装华服，金链银镯。尽管没有战争，人民缴纳的捐税却一仍其旧”（尤文纳尔·德·于尔森）。休战时期也是宴饮节庆的时期。税收负担远远没有减轻，以前它用于战争，现在用来寻欢作乐。每个君主都有自己的宫廷，在不断翻新的布景中挥霍消遣。正是因为君主的慷慨、威仪和一掷千金的气派，他才能把那些追逐名利的贵族笼络到自己周围。君主对宴会排场的爱好是为其权力意志服务的。查理六世的近臣们设法让这位国王摆脱忧郁，每当他的病情有所缓解，“人们就与他尽情玩乐”。国王的兄弟，路易·德·奥尔良——其政治抱负受到叔父们的压抑——是这些娱乐活动的组织者。他将一个年轻的宫廷带入了恣意寻乐的旋涡中：1390 年时国王只有 22 岁，王后 19 岁，路易·德·奥尔良只有 18 岁。当时乔装改扮的游戏最受欢迎。国王曾隐匿身份，尾随着王后进入巴黎的入城仪仗队伍来取乐；受到士兵的呵斥也令他开心；夜宴上，他“尽兴搞笑”，在女士们面前边跳边唱，一直闹到天明。1393 年圣保罗宫的一次化装舞会——曰“野人”舞会——差点儿要了查理六世的命，他那脆弱的头脑也严重受损。这些纵乐活动并不全然是天真的嬉闹，如果我们相信那些揭发奥尔良公爵的政治谣言的话。尤文纳尔·德·于尔森对此曾有如下记载：“他处理政务从不这样任性胡来，完全不像个青年人。”

这种高强度的宫廷生活使得巴黎在 14 世纪末年成为培育时尚的温

床，那里出现了各种社交礼仪，那里规定了生活风格，那里形成了欧洲所有试图过高贵生活的人所效法的品味。教皇已经离开阿维尼翁，神圣罗马帝国一时间烟消云散，艺术家和工匠（这两个词和这两类人当时并没有明确的区分）在那些地方已经没了市场。他们涌向巴黎——一个失血的王国的疯狂的头颅；他们在那里可以找到主顾，于是巴黎变成了欧洲一个艺术品和贵重制品的大市场。

金碧辉煌的背面

对多数人而言，金碧辉煌之外的现实是苦难的，或至少是困难和危机。城乡居民的税收负担十分沉重。早在查理五世末年，法国各地，尤其是西南部地区的收税官就成为群众怒火的牺牲品和替罪羊。80 年代的社会大动荡震动了整个欧洲，法国自然不能幸免。同英国和佛兰德尔一样，法国的暴动也是源于抵制税负增加的突发性事件。查理五世临终前曾嘱咐说，“尽早取消……穷苦人不堪忍受的税收”，他的话使人产生了税负会取消的奢望。稍后叔父们的统治表明，他们并不关心长期征收的税收的合法性。灶税被取消后，政府试图在商品税方面进行弥补。但是，1380 年 11 月巴黎发生骚乱，政府只得放弃这一计
333 划。1382 年，“安茹公爵和其他贵族以及廷臣们认为，自从商品税废止后，他们无法得到希望获得的收入，因而他们强烈要求重新开征商品税”（尤文纳尔·德·于尔森）。巴黎和鲁昂又出现了骚动，人民——小民（在巴黎是“一些下层人”，在鲁昂是“200 个干体力活的人”）鼓动起商人加入这一运动，后者也程度不同地愿意参加——自己组织武装，构筑工事。人民奋起反抗税收压迫，包税人、收税官连同高利贷者和犹太人一起成为群众怒火的主要牺牲品。人民还试图保卫和巩固公社自由：鲁昂人“因为听说圣乌昂修道院有几项对该城市不利的特权而怒火中烧，他们冲进修道院，砸烂存放契据文书的塔楼，抢夺这些文件并把它们撕得粉碎”。在这些叛乱被无情镇压后，南方又出现骚动，那里的城市抗税运动加剧了农村暴动者的抢劫活动，后者隐藏在树林中，分散于乡间。

三、灾难深重的1401—1440年

恐怖岁月

王权的消失

税收负担并没有减轻。为了按自己的意图使用税金，公爵们在这位虚弱的国王周围争吵不休。从1401年起，路易·德·奥尔良在这场竞争中取得主动，他利用王兄病情缓解之机大肆牟利，因为查理六世对他从不拒绝。让·德·贝里完全醉心于收集奇珍异宝，路易·德·波旁一心梦想着十字军征服，这两个人都是次要角色，除非是充当调停人。议政会完全成了奥尔良公爵和大胆菲利普两个人的战场，双方在如何解决当时的教会分裂和信仰混乱、在分裂的神圣罗马帝国中应该支持哪一方等问题上针锋相对。但争论的核心问题是控制税收和王家领地的收入。“两人之间怨恨很大，双方都有极端的言行；很清楚，他们的仇隙不共戴天。最重要的原因在于争夺掌管国家和财政的权力。”（尤文纳尔·德·于尔森）

公众也痛苦地意识到王权的衰落。1405年，尤文纳尔写道：“人们所说的政府已经十分衰弱。曾几度有建议提醒国王和贵族们注意这一危险，但是没有任何应对措施。”勃艮第公爵大胆菲利普（他于1404年死去，无畏者让承继爵位，更坚定地推行其父的政策）积极策划复兴“国家改革”这一市民理想，但实际上他们有自己的小算盘。无畏者让首次造访巴黎后，公布了一个取悦于商人、小市民和巴黎大学的纲领：“重建正义”，“王家领地管理废弛，收益几近于无，应恢复整顿之”，“召集三级会议，以料理国家事务和咨询治道”。1407年11月23日，无畏者让的手下在巴黎大街上刺杀了路易·德·奥尔良。他在讲演中又搬出上述论调来为谋杀正名，并论证说这是诛暴君的行为是有益的，在道义上是必须的。这个可恨的弄权者只是为了“一己私利而滥用权力”，难道这不是对查理五世及其顾问们所倡导的公益君主制的否定吗？

路易·德·奥尔良的寡妻和儿子们决心报复这个不得人心的亲王。查理·德·奥尔良和阿尔马尼亚克伯爵的女儿成亲后，奥尔良家族可以指望得到一支经验丰富的雇佣军的支持，这些人就是加斯科涅的兵匪。但是巴黎拥护勃艮第家族。兵匪们在农村的抢劫和破坏导致粮价
334 腾贵，这使得巴黎更加仇恨阿尔马尼亚克家族。巴黎的一个市民——很可能是圣母院的议事司铎——在他的日记中这样写道（1410 年）："人人都知道，灾难是阿尔马尼亚克伯爵造成的，他恶贯满盈；可以肯定，人们诛杀他的手下时肯定不比杀死一条狗更怀有怜悯之心，因为他会说：这是阿尔马尼亚克的人！"与此同时，勃艮第公爵在巴黎挟持了国王，左右后者的决策，议政会中也是公爵的心腹。

在勃艮第派控制的巴黎出现了一支凶猛残暴的力量，他们是"一群恶棍，如卖杂碎的、屠夫和剥皮工人、卖皮货的、小裁缝以及其他地位最卑微的穷光蛋，他们从事的是恶劣肮脏、令人厌恶的职业"（尤文纳尔·德·于尔森）。驱逐阿尔马尼亚克的斗争中暗藏着别的报复行为和因阶级仇恨而导致的内战。圣雅克大屠宰场的剥皮工卡博什经常充当这伙人的头目，因而这群人也被称为"卡博什分子"；1413 年，他们中间的一批人还混进了奥伊语地区三级会议的代表当中。尽管三级会议再次谴责暴行，并且起草了一份絮絮叨叨但了无新意的大律令，但卡博什分子逮捕和处死"叛徒"的暴行日甚一日。他们掌管了城市，甚至开始征税。恐怖气氛笼罩巴黎，这疏远了商人和巴黎大学同勃艮第派的关系。无畏者让只得放弃巴黎，成了卡博什分子——这些讨厌的同盟者——的受害者。首都现在投靠阿尔马尼亚克一派，而国王也随之转变阵营。

军事大溃败

勃艮第公爵求助于英国盟友。战争重新开始了。理查二世下台后（1399 年），他的和平政策很快被抛弃。他的后继者、兰开斯特家族的亨利四世和亨利五世，都决心夺回在法国的家业。如果说法王的叔父们利用威尔士的叛乱（1404—1407 年）来反对亨利四世的图谋失败了的话，

那么英王却知道如何从阿尔马尼亚克派和勃艮第派的矛盾中获益。双方都唆使英国发动进攻。1412 年，亨利四世第一次引兵攻法，达成和解的亲王们在付出高昂代价后才退敌。亨利五世（1413—1422 年）的计划更为庞大。他摆出一副“和平缔造者”的姿态，但和平应是正义的和平，因为“不存在没有和平的正义，同样也不存在没有正义的和平”。鉴于“正义的建立就是纠正所有的不公正”，他要求收回法国国王占有的所有遗产：征服者威廉和金雀花家族的全部领地。他接受无畏者让的建议，但又不放松与查理六世身边的阿尔马尼亚克分子的谈判。法方在谈判中许诺将国王的女儿卡特琳娜许配给英方，陪嫁丰厚，阿基坦完全让与英国，但在最后关头拒绝割让诺曼底，这就成了谈判破裂的口实。数月来一直在待命起航的英国舰队驶离朴茨茅斯港。1415 年 8 月 13 日，英国军队在诺曼底登陆，经过一个月的围攻后占领了阿尔弗勒尔，然后亨利五世沿着当年爱德华三世的足迹向索姆河地区挺进。10 月 25 日，他与法军在阿赞库尔附近遭遇。查理六世的将军们认为应从过去的失败中吸取教训，他们命令部分骑兵下马，就像普瓦提埃战役中那样。但是他们总是忽略并蔑视英国的弓箭手。由于不等步兵到达就投入战斗，因此当英军放箭时，骑兵想不到别的办法进行抵御，只能策马冲锋，“扑向弓箭手，以期粉碎他们的攻击”。法军也不注意布阵和地形。骑兵队形紧密，拥塞在一片狭窄的高地上。“法国人装备笨重”（铠甲的重量一直在增加，当时已超过 20 公斤）“如立于软土之上，泥土可及小腿肚，这对他们而言实在艰辛：要把小腿从泥中拔出十分费力”（尤文纳尔·德·于尔森）。战斗开始时，法国人面朝阳光。他们头顶上箭如飞蝗，这种阵势产生了其通常的效应：冲向弓箭手的战马掀翻了他们的主人，并转 335
头扑向这些倒霉的骑士。不过直到这一刻，法国人经历的更多的是恐惧而非伤亡。“但当法国人集合到一起时，他们早已上气不接下气了……最后，轻装的英国弓箭手射击砍杀挤在一起的法国兵，场面好像是在敲打铁砧一般……法国贵族叠压在一起，有的窒息而死，其他人或被杀或被俘”（同上）。就在英军搜寻俘虏的行动快要结束时，突然传来法国人发动新一轮进攻的消息。此时英军为俘虏所累（就像普瓦提埃的那个夜晚一样），为减轻部队的负担，亨利五世下令“人人皆可杀死其俘虏”。但那些已经抓获俘虏的士兵不愿意这样做，因为他们还指望能从中获得大笔赎金。“弓箭手们承担了这一工作，多么可悲的事。他们若无其事地杀死了所有被俘的法国贵族，身首异处，面目全非。”（让·勒费弗尔：《编年史》）

英国人控制下的法国

亨利五世认为，这场胜利是上天的裁决，“神都反对你们，此乃神迹”，他对奥尔良及其被俘的同伴这样解释道。随后，帝国皇帝西吉斯蒙被双方推为仲裁者，勃艮第公爵对此也予以承认（1416年）。次年，亨利五世开始“恢复”他的王国。他对诺曼底并没有发动进攻，英国占领军采取了高明的方针，利用其军事编制来恫吓诺曼底人，逐步征服了这一地区并驻扎下来。1419年的头几个月，继鲁昂陷落后，整个诺曼底被英国人控制，亨利五世于是向蓬图瓦兹前进。而在法国，国家权力的没落已成定局。奥尔良和波旁公爵在英国人手中。贝里公爵及国王的长子们于1417年死去。太子查理年方15岁。国家真正的主人是阿尔马尼亚克伯爵。他借口环境险恶、宫廷名流中的丑闻引起了公愤（尤文纳尔·德·于尔森写道：“尽管国家处于战争、动乱和苦难之中，宫廷女士们的生活依然异常奢侈”），排挤了王后——伊莎博·德·巴伐利亚，后者无所凭靠，转投勃艮第阵营。伯爵实行地道的警察统治，以恐怖手段控制巴黎。集会被禁止，“举行婚礼时，必须有警察和兵弁到场监视，以防有人议论时局，这些人的费用归新郎支付”（《一个巴黎市民的日记》）。流放迫害风潮此起彼伏。市民饥肠辘辘，敲诈勒索不堪忍受。在勃艮第公爵占领的城市中，他的手下废除捐税，争取民心。1418年底，不堪其命的巴黎市民为勃艮第公爵无畏者让敞开了城门。这引发了新一轮的屠杀暴行（1418年6月）。巴黎市长怀抱熟睡的太子逃离巴黎，这个城市已经遍地是阿尔马尼亚克派的尸体，“像烂泥中的一堆堆猪肉”。太子、未来的查理七世是阿尔马尼亚克派的首领，此前他的父王已指定他为王国总代理长官，1418年12月自称摄政。他得到巴黎高等法院和巴黎审计法院的拥护，一些地区也归顺于他。从此法国出现两个政府。无畏者让以国王的名义（国王在他手中）同时与亨利五世和太子进行两场充满矛盾、屡经反复的谈判。不久阿尔马尼亚克派和勃艮第派开始接近，7 月 19 日，双方在巴黎的感恩歌声中宣布和解。但是，9 月 10 日的蒙特罗会晤宣告了和解的结束。当天的谈话气氛恶劣，太子的一个仆人剑刺无畏者让。新的勃艮第公爵——好人菲利普为了替父报仇，与亨利五世签订特鲁瓦条约，该约将法国交给了英国人（1420 年 5 月 21 日）。

三个法国

特鲁瓦条约规定，查理六世继续维持他徒具其形的权力，直至其
死去。亨利五世迎娶卡特琳娜·德·法兰西为妻，以便成为国王的 336
“儿子”和法国的“法定继承人”。当法王不能视事时，亨利五世享有“管理王国公共事务之权力”。查理六世死后，亨利五世或他的继承人将继承法国王位，“法兰西和英格兰的王冠将永远合二为一，永远归于一个人……他同时是这两个国家的国王和最高领主……但应保留……两国各自的权利、自由或惯例、习俗以及法律，不得以任何方式使一国屈从于另一国”。至于“所谓的”太子，鉴于他犯有“不可胜数的罪行和过错”，将不具有任何继承权，英法两国国王以及勃艮第公爵都不应与其签订任何单独的和约。

1422 年 8 月 31 日，亨利五世在万森讷城堡死去。在他的骨灰被送往威斯敏斯特教堂之前，人们在圣德尼为他举行了追思弥撒。同年 10 月 21 日，查理六世死去，他的墓前响彻着这样的呼声：“法兰西和英格兰国王亨利万岁!”亨利六世，这个二元君主国家的第一位君主，当时只有十个月大。贝德福德公爵摄政。不久太子查理也在默恩-苏尔-耶弗尔自称法国国王。勃艮第公爵据有的富裕领地构成第三个法国，它的立场可能是决定性的。

兰开斯特家族的法国

“英国人的”法国是由各个起源上、统治方式上和经济状况方面都很不相同的部分拼凑起来的。有的地区已经根据 1380 年的条约而承

认英王的统治：如加莱——英国人最早的征服地区和殖民运动的桥头堡，基耶内、或者说自从法国占领该地区后英国人手中残存的十分狭窄的海岸地带（波尔多，巴扎戴和朗德）。诺曼底——再加上曼恩、维克辛和夏尔特兰的部分地区——是征服者威廉和金雀花家族留下的世袭产业，亨利五世已经“收复”之，特鲁瓦条约则确认它全部归英国国王。从法律上说，法国的其他地区归法王亨利六世所有，但是英军只占领了庇卡底和香槟的部分地区，他们对法兰西岛的控制也不严密，太子的部队仍占据着一些堡垒，或藏匿于于勒普瓦的森林中；而在索恩河和卢瓦尔河之间，双方的势力呈犬牙交错状。“英国人若上午占领阿尔马尼亚克派的堡垒，那么晚上他们会丢失两个。”（《一个巴黎市民的日记》）

基耶内长期拥有自己的管理机构：一位代表法王—基耶内公爵的司法总管，一个负责办理文书的大法官公署，一个负责行政管理的议政会，一个负责审判的法庭，以及宫廷总管辖制下的一个财政署和铸币厂。诺曼底的议政会、大法官公署和高等法院设于鲁昂，审计法院设于卡昂。贝德福德一面假装尊重地方惯例，另一方面，他又在卡昂设立一所为英国当局提供官员的大学，以此迎合诺曼底的地方主义。他避免在议政会和管理中枢中大量安插占领者，但将军事指挥和地方司法总管等职务留给了英国人，并没收那些拒绝效忠新主人的贵族头领的财产。巴黎的行政机构已按勃艮第占领者的意思进行了清洗，其中安插的是支持改革的诚实的行政官员——当年无畏者让曾为了自己的利益而鼓噪这一改革理想。勃艮第派在宣传中不断许诺减免税收，以蛊惑人心。但英国占领者根本不想兑现诺言。在英占法国，特别是在诺曼底，税收负担十分沉重；这些钱用于驻军的供给、支付战费以及维持摄政的宫廷。“他（贝德福德）总是拿法国的东西去给英国致富，但他从英国回来时两手空空，除了开征新税的计划”，1427 年巴
337 黎的那位市民这样写道，尽管他是勃艮第派的同情者。

所有地区都贫困凋敝。波尔多附近的农村又逐渐陷入 14 世纪末 15 世纪初曾经历过的荒芜状态。1415—1420 年间瘟疫的复发使重建的

努力猝然中断，并引起严重的劳动力危机。葡萄酒贸易的停滞反映了葡萄种植业的困境，并对经济形势起着决定性影响，“因为葡萄酒是我们的主业”，1416年波尔多的市政官们这样说。黑太子时期是波尔多的黄金时代，每年输出的葡萄酒平均为3万桶，而1400—1440年仅为1万桶左右。法国人的强大攻势使得农村人烟稀少，大量难民涌入城市。人口的急剧增加使城市的供应陷入险境，波尔多曾被迫高价从远方购买小麦。微薄的利润和资金的匮乏延缓了重建。对基耶内而言，英国占领时期并不是资助文艺的时代，兰开斯特家族控制的其他地方亦然。从最初的“叔父们之间的争吵”后，形形色色的部队往来于法兰西岛的农村地区，农民奋起自卫，这种自发性的行动又催生了一批强盗：苦难使这些农民很快变成职业性的拦路打抢分子。农村目睹了1418年的瘟疫——当时“死神的残酷凶猛”堪与1348年颉颃——和1420—1421年的严冬以及经年的饥馑。自英国占领后，“从卢瓦尔河到塞纳河再到索姆河，农民要么死于非命，要么离乡背井，在那个年代，几乎所有田园不但抛荒日久，而且无可耕种之人，只有几小片地方例外；有庄稼的少量土地远离城市，由于抢劫侵扰司空见惯，耕地和城堡无法拓展。”（托马斯·巴赞：《查理七世史》）

布尔日王国

英占法国与另一个法国之间的边境难以确定，因为它随混战而移动，这种战斗很少是决定性的。我们已经看到，法国太子在卢瓦尔河以北很远的地方还有支持者和据点。不过大体说来，他的王国与法国的南半部吻合，基耶内除外。王国的基础是太子的个人产业，如都兰采邑和多菲内。由于亲王们的忠诚，王国的核心地带因他们的领地而扩大，这些亲王包括：安茹、波旁和奥尔良的三位公爵，富瓦和阿尔马尼亚克的两位伯爵。查理·德·奥尔良成了英国人的俘虏，远离“虔诚的基督教法兰西王国”，他将为一曲出色的法国政治叙事诗谱写副歌。在伦敦时，查理写下了一些抒发爱情苦恼的优雅诗篇（“黑夜被我心”）。叙事诗和回旋诗是具有固定形式的文体，其形式上的要求十分严格，但查理处理起来举重若轻，他的讽喻体诗歌创作也是如此，这种文体自一个多世纪以来风靡法国（“福音殿中的希望女神带来慰藉”并警惕着丹吉尔的海盗），这位慵懒的诗人、“忧郁的新生代”，以他敏感而考究的清新笔调使这种古老的文体焕发青春。就在他为自己的诗作而精雕细刻时，他的异母兄弟迪诺瓦伯爵已将浑身的干劲献给了查理七世。波旁家的让是阿赞库尔的另一位战俘，他的儿子克莱蒙伯爵承继了波旁国家，但他把事务交给其母亲、玛丽·德·贝里处置。她的政治手腕极为高明：一面拥护太子阵营，一面又维持了与勃艮第这个强大邻居的“非战”状态。尽管她的立场有些暧昧，但她利用这一两面派策略成功地将奥弗涅并入了波旁公爵的采邑，她的儿子也与勃艮第公爵的妹妹成了亲。安茹的路易第三一直试图收回其家族在那不勒斯的祖业，并于 1420 年发兵意大利。贝德福德垂涎曼恩和安茹，因为他试图以这两块地方为核心组建一个归他自己统领的公国，
338 他的野心把安茹公爵的母亲、约朗德·德·阿拉贡赶到了太子阵营中。在西南部，一个世纪以来，富瓦家的伯爵和阿尔马尼亚克的伯爵们一直处于对立状态，内战再次引发了家族争吵。让·德·富瓦第二自然是勃艮第派的头目。他利用城市对繁复苛重的财政压力的不满情绪，自命为打击兵匪劫掠的城市保护者。当这些城市驱逐勃艮第派并宣布拥护查理七世时，富瓦家的让也顺应潮流，更何况这位布尔日的国王施展怀柔之术，任命他为朗格多克、奥弗涅和基耶内的总督和司法长官，因而他立场的转变就更为容易了。城市在西南地区归顺太子的过程中起着决定性的作用，北方的里昂更是如此。勃艮第公爵的代理人曾一度控制过这些城市，但是他们既没有取消也没有减轻税收，这样就败坏了他们的信誉。另外，这里的商业资产者与“百姓”之间的关系不像卢瓦尔河以北那样紧张，上层阶级毫无困难地迫使城市效忠太子。

查理七世最喜欢把行辕定在布尔日，还把他的审计法院设在那里，高等法院和税务法院则设在普瓦提埃。议政会和宫廷随战争所需而巡游。他到处搜罗那些被勃艮第派罢黜的称职能干的官员，行政工作少不了这些人。这其中包括尤文纳尔·德·于尔森，他成为了布尔日的

宫廷审查官，还是书写查理七世时代历史的正直史家；另外还有阿兰·夏蒂埃，国王的公证人和秘书。两人都在1418年的屠杀中被驱逐出巴黎。阿兰是位感伤诗人、“庄严的演说家”，《无情的冷美人》的作者。在《四人辩论》中，他以人文主义的表现方式、特别是以其真挚的情感——对法国经受的灾难的惶恐不安、对派系斗争的义愤和对人民苦难的同情——革新了寓意文学和“评论”体裁。厕身于查理七世阵营的亲王们都急于向他举荐自己的心腹，以便影响国王的政策并最大限度地从他们的归顺中获益。约朗德·德·阿拉贡在国王身边安插了让·鲁维，他是布尔日王国财政部门的首脑，此前他的职务是位于艾克斯的普罗旺斯审计法院的院长。

查理七世生性焦虑多疑，有时他甚至怀疑自己的合法性；不过，比国王的个性更重要的是，存在利益冲突的各团体的争斗支配了布尔日的宫廷。老阿尔马尼亚克分子的派系观念和国王仆人们对君主制度的忠诚与主张同勃艮第公爵接近的派别格格不入，约朗德·德·阿拉贡和克莱蒙伯爵就属于后一种人。这个宫廷时而铺张豪华，时而凄惨困窘，因为它的收入时断时续，财政管理一团糟，这使它成为滋生阴谋的温床。此外，议政会的政策也不具有决定性。

勃艮第国家

从起源上说，它是一片亲王的采邑、一块公爵领；1363年，它的主人从卡佩家族的公爵变成了瓦卢瓦家族的公爵。我们已经看到，大胆菲利普为这个位于法兰西王国和德意志帝国之间的名副其实的国家奠定了基础。除原有的勃艮第领地外，他还取得了佛兰德尔，并积极扩张其北方领土。勃艮第还通过联姻政策为合并布拉班、埃诺、尼德兰（荷兰和弗里西亚）、甚至东边的卢森堡作准备。此外，无畏者让死时已经是阿图瓦的领主。好人菲利普不但继承了有待洗雪的杀父冤仇，同时也继承了一个有待组建的国家和持续扩张的政策。由于土地分散，勃艮第国家面临着行政管理的协调和规整问题。设于第戎的机构，如参政院和审计法院，须在里尔（有时在根特）再复制一套。在佛兰德尔的扩张政策遇到公社自治传统和族群主义的抗击；在北方领 339

地的边缘地带，领土扩张还面临列日公国的独立精神的抵制，而在帝国方向的扩张则需考虑皇帝西吉斯蒙的态度。不过，像查理七世一样——甚至更明显——公爵也得到其官员们的鼎力相助，特别是大法官让·德·托瓦西以及后来的尼古拉·罗兰。

三个法国中，勃艮第最为富有。它远离军事冲突，亦不受兵匪侵扰。在当时的各种灾难，公爵的臣民受瘟疫的危害尤其深重，1399—1400 年的瘟疫特别严重：第戎的行政职员一年之内全部逃往鲁弗雷，第戎在这场浩劫中损失了约 1/4 的人口，捐税也随之告吹。但是农村经济仍相当繁荣。与法兰西岛和波尔多地区不同，这里的葡萄受害甚少。此外，历代公爵也保护葡萄种植业。法令禁止栽种粗劣的葡萄品种，因为这会酿出“劣质酒”。公爵们还在日夫里、博内、波里尼和布朗当等地亲自经营葡萄业，以此鼓励生产。他们的宴会馈赠也有利于抬高勃艮第葡萄酒的声誉，使其挤掉波旁的葡萄酒，成为长期供奉于阿维尼翁教廷的圣-普尔森[①]的圣桌上摆放的头等酒。与此同时，勃艮第立足佛兰德尔扩大了出口市场。汝拉地区、特别是萨兰的盐矿也增加了国库收入，其贡献堪与葡萄业相比拟。公爵实际上垄断了其领地内盐的销售，并以盐务官为中间人征收丰厚的“亲王捐”。作为交通通道,勃艮第长期以来相对安定，它的沙隆集市依然活跃，当然规模缩小了，但这是由于整个法国商业的萎缩造成的。当时布鲁日是英国、意大利和汉莎商人的聚集地，银行业务极为活跃——1420 年，美第奇家族在那里设立了第一所代办行——布鲁日是个金融交易兑换场所，西方世界的所有货币都在它的交易所中明码标价。与布鲁日比起来，沙隆的集市、查理七世在里昂设立的集市又算得了什么呢？与佛兰德尔、埃诺和阿图瓦的呢绒、哔叽和挂毯比起来，第戎、沙隆和贝桑松的纺织品又算什么呢？勃艮第公爵领地那生机勃勃的财富在于这些北方省份。

根据克里斯蒂娜·德·皮桑的看法——她是大胆菲利普的亲信和

---

① 圣-普尔森原是一古老的修道院的附属教堂。

仰慕者——勃艮第公爵的宫廷是世界上装点最豪华的，它保持着瓦卢瓦家族崇尚排场的传统，体现了其华美富丽的品位。大胆菲利普努力将第戎改造成君王的首都。他整修了旧的公爵宫殿，它是权力的象征，一座不可攻克的堡垒，同时也是举办华丽庆典的场所，现在它需要扩建和美化。他的妻子在热摩尔修建的夏宫是一座乡间城堡、一个模范农庄，那里有斯吕特为亲王夫妇制作的一尊雕刻，表现的是二人在照看榆树荫下的羊群。大胆菲利普还决定在尚普摩尔新建一座夏尔特尔修道院[①]，以便把夏尔特尔修会[②]的修士们集中起来，为自己的家族服务，在修院的中央，他还想建造一个公爵小教堂，作为私人的祈祷室和家族墓地。瓦卢瓦的公爵们爱好装潢和设置布景。他们命人在宫中张挂挂毯，这些东西不仅装饰了宽敞的大厅、不仅是取暖用具，挂毯上的骑士形象还会使其主人追忆过去的英雄。公爵们还征用尼德兰大型建筑中的多彩装饰屏，用来点缀尚普摩尔修道院的祭坛。彩绘玻璃窗使得他们的小教堂光线明亮，此外他们还让弗拉芒的作曲家们——如来自蒙斯的吉尔·班舒瓦——依照纪尧姆·德·马肖和“新技艺”的风格为教堂谱写点缀乐章。这里的宴会及其精美小吃、特别是比武活动为那些描绘军事表演场面的骑士文学提供了素材。公爵们的葬礼是十分隆重繁复的仪式。在大胆菲利普和无畏者让的墓前、在他们的卧像脚下是长长的葬礼队伍的仿制品，在这支队伍中，家族亲王、大领主和公爵宫廷的官员排成纵队，头戴风帽，身上的丧服一直拖到地上（为制作这些丧服而动用国库购买了 2000 尺[③]的黑呢……）。这些 340
陵墓很快就扬名于外，成为效法的楷模。在尚普摩尔工作的雕刻家们革新了其欧洲同行的技法和风格。但是，勃艮第的革新者——从克劳斯·斯吕特和他的侄子克劳斯·德·韦尔夫开始——都来自荷兰。勃艮第公爵成为名副其实的“西方世界的大公爵”，而且这个国家的重心是坐落于法兰西王国边境之外的。

---

① 一译查尔特勒修道院。

② 一译查尔特勒修会。

③ 古尺，约合 1.2 米。

天意

特鲁瓦条约签订后的几年间，两个王国之间的战争处于纠缠不清的状态，零星的混乱冲突和昙花一现的休战交替出现。圣女贞德的出现标志着布尔日国王阵营中决心和信心的回归。"战争首脑"贞德在军事行动中表现出了坚定的意志，当初正是这种意志促使这个东雷米的农家少女克服所有障碍，到希农觐见"高贵的太子"（1429 年 2 月 23 日），"我将用双膝走到那里"。在普瓦提埃时，多疑的国王曾派神学家审查她，她回答说，"战士们以神的名义作战，神赐予他们胜利"；无论是在奥尔良围城期间（4 月 29 日到 5 月 8 日）还是在进军兰斯时，贞德从未丧失过这种沉着的信念。在离开布卢瓦去解救奥尔良之前，贞德函告英王："奉神和天国之主的旨意，我来此是为了将你们驱逐出法国"，并警告说，如果他迟迟不撤兵，"本姑娘将立即给你们以重创"。这是神的意志。贝德福德曾不顾战争惯例和骑士准则而围攻奥尔良这座囚敌[①]的城市，但是他的进攻刚刚失败，现在又怎能怀疑贞德的话呢？永恒的正义法则首次显露之后，神的裁决接踵而至：6 月 17 日，查理七世在兰斯行涂油加冕礼，以此来表明和保证他的合法性，而此前贞德一直呼吁太子："勇敢的国王，我根据神的意志而解救了奥尔良，神也愿你前往兰斯接受加冕，以显示您是真正的国王，法兰西王国属于您；请您遂神所愿。"1430 年 5 月 23 日，贞德在贡比涅被俘，并于次年 3 月 30 日在鲁昂被处以火刑。贝德福德及其巴黎大学的参谋们借助宗教裁判所的程序和手段，竭力证明贞德是个女巫，她运用的是一种源自魔鬼的力量。敌人的这些行为证明了贞德使命的深刻影响：有谁不曾感受到她带给查理七世的"神迹"所产生的震撼呢？与此同时，英国摄政王贝德福德也匆忙在巴黎圣母院把亨利六世加冕为法国国王（1431 年 12 月 16 日）。

战争的结束

30 年代的多种迹象表明，英法双方的军事前途正在发生逆转。被

---

① 这里指的囚敌应是在阿赞库尔战役中被俘的奥尔良的查理。

占区频繁发生起义："实际上，英国人统治下的法国人已形成这样一种看法……英国人很少为这个法国谋福利，很少关心他们被统治者的安宁……毋宁说，出于对法国人根深蒂固甚至是本能的仇恨，他们企图摧垮法国，使其在深重灾难下走向灭亡"（托马斯·巴赞：《查理七世史》）。另一方面，好人菲利普也认为他的利益不在亨利六世一边，并与布尔日的国王签署了和约，这首先是一个消弭仇恨的举措、一个修复过错的姿态。"国王一开始便宣称，（无畏者让的死）是个不幸的个别事故，是那些制造这一事故的人听信邪恶的建议而干下的，而他自己对此一直感到不快；如果他当时处于现在这个年纪，有现在这般理解力，他将会全力阻止"。除了上述表态之外，查理七世还须承诺惩治肇事者。在恳请宽恕的同时，他还须作出一系列的赎罪姿态：为无
畏者让举行追思弥撒、在蒙特罗建立一所夏尔特尔修道院，在当初让 341
遇刺的桥上竖立一个十字架。此外，该和约还扩大了勃艮第权势的地域基础：奥塞尔和马孔两个伯爵领以及索姆地区的城市划归勃艮第。亲王采邑也正式成为主权国家，一直到好人菲利普死去时为止。但是，公爵不再否认查理七世的合法地位，以此作为对后者的回报。

诺曼底的抵抗日趋激烈。1432 年进攻鲁昂城堡的行动几乎成功。两年后，英国人的税收引发的大起义几乎席卷了整个诺曼底。1436 年，巴黎为法国人敞开了城门。贝德福德死后，亨利六世的议政会内部争吵不休。战争的结束指日可待。但是，苦难岁月并没有因此告终。农村再度兵匪肆虐，《一个巴黎市民的日记》曾这样记载 1440 年勃艮第"盗匪"的暴行："每个落到他们手上的人都会被问及：想活命么？如果他逆来顺受就只是丧失所有财物，如果想违抗，则遭抢劫或杀害。"新的瘟疫又夺去了大量的人口，前引那位巴黎市民在 1438 年时写道："若死神光临一户人家，家中的大部分人就会丧命，尤其是那些最强壮最年轻的。"同一年，"孩子、女人、男人都在日夜哭喊：我要死了，善良的神啊，我要冻死了！我要饿死了！"1440 年的法国既没有摆脱战争，也没有摆脱瘟疫和饥荒。

“一切都在瓦解”

当时的灾难造成了深远的影响。政治结构在动荡中瓦解。由于查理六世的疯癫以及随之而来的叔父之间的竞争、布尔日国王地位最初的不稳固，法国王权长期虚弱，一些新的独立公国都纷纷利用这一机会从中渔利。半个世纪以来，两个、甚至三个“圣座的竞争者”为争夺教皇权威吵得不可开交；当教皇的权威刚刚恢复时，它又面临着高卢主义的挑战，这种思潮就是在教皇权威衰微时出现的。巴黎大学是为法国国王的宗教政策出谋划策的机构，也是一个政治压力集团，但这时它已失去了在欧洲精神领域内的领先地位，同时，法国的君主们建立了一些新的学校，以便为自己培养所需的司法和行政官员。

底层的动荡也像权力最高层的动乱一样明显。教区内的团结在加强，但信徒与他们的神甫之间的诉讼通常是其中的决定性因素：除了分摊重建教堂的费用而引起的争吵外，还有什一税征收中经常发生的争端；另有一点特别重要。教区居民之间的磋商采取了一种新形势。他们在宗教上恭谨虔诚，这与常年不在的教产享有者的无所其谓难以调和，因而居民之间自行商讨教区内的问题。领主也与他的农民关系疏远。因为他是新来的，在农民中间没有根基，跟他们也没有多少联系，只是靠绑票发财的冒险家，靠战争发家的贵族，是某个征服者安插的外来户，要不就是作为贵族的债主的资产者。由于他们失去了与土地和村庄的所有实际联系，领主把地产的经营业务交给租佃者，领地和农民负担的捐税由商人去征收，条件是这些承租人须向他缴纳议定的收益，并将其送到自己在城里的宅第中。战争和经济变迁破坏了原有的依附关系。“一切都在瓦解，不知原因何在”，这是德尚在一首叙事诗中反复咏叹的。

忏悔时代

德尚在诗歌的末尾以善意虔诚的忠告来劝导人们：“往后我们须好自为之，潜心爱上帝，侍奉上帝。”这些话是那个时代值得注意的
342 一个信号，这类信号在这个苦难岁月中大量出现，它们与其说是灾难

的征兆，还不如说是在呼吁人们忏悔。忏悔是这个时代的精神上的主题词。布道者也劝导人们忏悔：巴黎大学的博士们（如热尔松）为国王和宫廷注解圣经；巡游布道修士们在劝诫激动的市民时，号召他们抛弃当时无用的装饰点缀。自 1380 年以来，表现耶稣受难成为巴黎的一项经常性活动，其表现题材每年都增加一项；人们还动用大量器材和道具表演神秘剧；所有这些活动都是旨在感化“寻求宽恕”的宗教罪人的教育仪式。越来越多的死者画像出现于祈祷书和公墓的墙壁上，出现在坟墓顶上，盘桓在人们的头脑中，以宣扬“道德端正的生活”。画像中的教皇、骑士和农奴都毫无例外地一派阴森恐怖形象，骷髅嶙峋，坟墓上蠕动的蛆虫形态鬼魅；干尸在斥责三位无所用心的活着的国王；垂死者在祈祷时从床上站起，天使和魔鬼就在眼前争夺他的灵魂。所有这些死者的形象都在宣扬同一个教义：“要知道万物皆有其终结，洗刷你的罪过吧。”这种被不断勾起的罪恶感在宁静的外在宗教中植下了更具个人色彩和更加令人不安的敬畏感的种子。反复宣扬的死亡之切近成为人所焦虑的中心内容，人生短促无常，但又有如此多的浮华趣味；人生既意味着生活之热望，同时也是学习体面的死亡艺术的开端。

但是，新的情感趣味正在显露，并将在重建时代的氛围中焕发光彩。

343

第十四章　重　建

1440—1515年，艰难的岁月已经过去，

1440年——新的开端，意大利之梦和文艺复兴的荣光

1436年圣马丁节[①]当天，巴黎解放；1515年1月1日，一位年仅20岁、并以祖国一词名之的国王登基；表面看来，这75年是一个稳定时期，但此间法国经历的变迁比一个跌宕起伏的世纪中的变迁还要大。然而，通过对各个时代的对比，比观察表面上曲折生动的事件史更能深刻表现一个社会的深层变化。

经历过百年战争的最后阶段的法国人，即使当时他只有十几岁，他也不会期望除安全之外的其他东西。比他年长的人经历的战争磨难更多。当然，那些在混乱中渔利的人除外，这样的人都曾密谋让灾难重现并改造这个国家。很多人试图回到过去，有些人则尝试革新，而所有人都希望过得更好。在他们的暮年——但当时的寿命仍不长——他们终于见识了“生活的甜美”，那是在15世纪末、路易十二时代。

以后时代的人当然不会鄙视这种甜美的生活，不过这种生活还不能令他们满足。在路易十一末年，一个55—60岁的人就被认为已经老迈了，这些人会以得自经验的智慧来诟病新的风潮。在年轻的骑士们

① 11月11日。

眼中，一场“疯狂的战争”比太平盛世更有意义，因为他们对过去的英雄主义目眩神迷——当然这种英雄主义中是没有战争带来的苦难的，就像后来的那不勒斯远征那样。另一些人则不太热心于打斗和头盔上的羽毛，作为前人成就的受益者，他们看来也表现出了某种对进步的渴望和创新的努力；他们向往新的生活方式和思想方式。

因此，对各代人的依次考察将有助于更好地揭示法国社会的个人和集体行为，更有效地说明在法国社会演变的这个重要阶段，制度及生存环境所发生的微妙变化。

一、革新的时代 344

三代重建者

百年战争的结束和法国的复兴历时三代。这个王国的统治者是一批十分有趣、各不相同的人物，但他们都以各自的方式反映了他们所处的时代。

当查理七世对自己的命运重拾信心时，他的性格和行为发生了改变，这恰恰是民族命运扭转的标志。他不再是那个怯懦懒散的太子。他的优良品性逐渐苏醒。他已经具有军事上的勇气，1437 年蒙特罗围城之时，他的随从甚至需要缓解他过度的战斗热情。他仍然易受外部的影响，但影响他的势力已经不同于前了。他的岳母、约朗德·德·阿拉贡已经死去，但是里奇蒙还在。安茹的贵族皮埃尔·德·布雷泽得宠，“他比任何人都善于操纵国王”，查斯特兰这样写道。令人奇怪的是，国王在情感上的风波并不总是妨碍他处理政务。不可否认，他的两个情妇——阿涅斯·索雷尔以及她的堂姐妹安托瓦内特·德·梅涅莱——不利于其性格的坚定，但是国王知道如何选择及维护他的顾问，他的亲信中固然有一些头面人物，如迪诺瓦、让·德·比埃伊，让·德·埃斯图特维尔，但更重要的是那些地位不高、却勤勉忠诚的官员，这些人是“小毛孩”们真正的后继者。像纪尧姆·库西诺、雅克·科尔、尤文纳尔·德·于尔森、比罗兄弟等人，他们大多被选为“财政大人”和高等法院的法官，这些人都是国王事业的忠诚而热情的支持者。正是因了他们的热忱，查理才赢得了一个“得到很好服务的人”的绰号。

路易十一和父王的冲突鲜明地体现了两代人之间的矛盾。查理曾是个懒散的太子，路易则工于阴谋，但行事鲁莽，迫不及待地要君临天下。1456 年，路易曾参与一起名为“布拉格派”的亲王阴谋——人们把这次阴谋类比于当时波希米亚的叛乱，故有此名。阴谋失败后，太子路易被迫流亡，但勃艮第公爵好人菲利普在热纳普收留了他。1461 年 6 月 22 日，查理死去，路易即位，但 38 岁的新国王对父王的怨恨依然没有减弱。他的行为极为粗暴，老国王的顾问班子被无情地驱逐。一登基便挑起不满情绪，这可是个不好的开端。另外，路易没有任何吸引人之处。他其貌不扬：眼窝深陷，矮小肥胖的身躯上顶着个大秃脑袋，而且举止粗俗，完全不能引起别人的好感。他被认为是个自私、贪婪、冷酷、阴险的人；对两个妻子他也漠不关心，据说前妻玛格丽特·德·苏格兰备受忧郁的折磨，后妻夏洛特·德·萨伏依的遭遇也好不到哪里去。他的手下都很平庸——如果不是靠不住的话：特里斯坦·莱米特，警察头目；奥利维·勒丹，有时是理发师，有时是刽子手；还有像巴吕埃这样的野心家和利欲熏心的阴谋高手；不过有的人倒不乏才华，比如历史学家科明[①]。

根本上说，路易十一是个讲求实际的人，对上帝和人都是如此。可能他也有确定的宗教信仰，但他的虔信——也许是迷信——意味着与圣母之间没完没了的讨价还价，他也敬拜圣母，并赐给圣母教堂财物；与大天使圣米迦勒的关系也是如此：他建立了一个以大天使的名字命名的骑士团，并亲自充任首领。天国被买通后，需要的是更多的谋划。作为意大利的僭主们（如他的朋友弗朗切斯科·斯福尔扎）的同代人，路易与他们相似的一点是善于以“无所不包的蛛网”编织阴谋，善于挽回有时因自己的诡诈和难以自制的饶舌而弄糟的局面。正如马基雅维里书中

① 一译科敏纳。

的君主那样，路易是个独裁者，他一面煞有介事地宣扬宽恕，但实际上认定防止罪恶更为可取。没有人喜欢路易十一，人们害怕他，但他也有受人尊重的地方，因为他严格履行了君主的义务，对此他也看得极重。他是个工作狂，也很有学识，文章写得也不错（其通信多达 11 卷）。他希望了解时局并决定一切。路易还是个不知疲倦的旅行者，总是就 345
地了解情况，尤其喜欢向地位卑微者咨询。他对王权利益的意识与他的统治欲望一样强烈。他属于法国民族意识觉醒的那一代人。勃艮第和英国都试图再次从法国的派系矛盾中渔利，但路易总是反驳他们说："我就是法兰西。"

由于个人经历，再加上生性多疑，路易在退隐普雷西－雷图尔时，只接见医生、占星家或魔法师（如圣弗朗索瓦·德·保罗）；他临死前决定他的幼子、生于 1470 年的查理将不应由摄政辅佐。路易十一真正的继承者是他的女儿安娜，后者以她弟弟的名义治理国家。这是个不错的决定。路易十一实际上是蔑视妇女的，但他认为自己的女儿是"世界上最不疯癫的人，因为世上没有理智贤明之士"。安娜头脑冷静，智虑周全，统揽全局，性格坚定；伊莎贝尔·德·卡斯蒂尔、玛格丽特·德·奥地利、安娜·德·布列塔尼是她同时代的人，她们所具有的品质她都有。她的丈夫、波旁家的幼子皮埃尔·德·博若曾是路易十一的心腹，现在与妻子一起主持国务。如果说查理八世曾在他姐姐面前感到惴惴不安的话，那是在他幼年时曾想确立自己的权威的时候。尽管现代人喜欢谈论尊贵夫人，但作者在当时的通信中看到的是，人们总是说"殿下与夫人"。路易十一的事业在他们手中得以稳步推进。

恢复政治秩序自然是当时的优先任务，也是政治家们考虑的中心问题。不过，正如我们后面将看到的，这是整个民族的事业，而它本身也不是孤立的进程。社会生活的各个领域都已受到破坏，到处都是动荡不安，甚至人们的思想也是如此。这就是为什么当时的绘画总是表现矛盾抵牾的场景。无论如何，王位的更迭并没有给王权的不断巩固造成任何影响。国王努力强化他的统治机构。近代法国正在孕育之中。

外国干涉的告终和百年战争的结束

为了不让外国人占领王国的一寸土地、为了远离连绵不断的战祸，法国开始重新振作。自从与勃艮第签订和约和解放巴黎以来，查理七世已经肃清了首都周围地区，1441 年又占领蓬图瓦兹，并开始袭扰诺曼底的边缘地带；另外他还筹划向基耶内进军。由于力量所限，也由于亲王们的阴谋，查理还不能走得更远。不过此时敌人也已经精疲力竭，他们厌倦了战争，而且内部分裂；另外，英王亨利六世的无能、他的两个叔父的不得人心（格罗斯特因投机冒险、索默塞特因战争失利而声名狼藉）也造成了消极影响。在勃艮第的调停下，英法双方同意放弃战争。1444 年 5 月，双方在图尔商定，维持领土现状；为显示和平的诚意，已于 1442 年成人的亨利六世娶玛格丽特・德・安茹为妻，后者是勒内国王①的女儿，查理七世的侄女。

五年的休战对法国有利无弊。英方的内部争吵已经动摇了亨利六世的王位，爱德华四世从中发迹。相反，查理七世在巴黎解放后展开的财政改革开始显露成效。根据 1438 年和 1443 年的法令，王家领地税的管理工作得到改进，而在该世纪初，这一工作曾受到猛烈抨击。单是非常规的额外财政收入就可以为军事行动提供足够的资金。在 1435 年和 1436 年的奥伊语地区三级会议和 1439 年的朗格多克三级会议上，代表们承认国王可以延长税收的征收期限。永久性的税收收入使得常备军的建立成为可能，尤其是在当时的情况下，因为停战就意味着要冒遣散雇佣兵的危险，而这又意味着兵匪为祸猖獗。从 1445 年和 1446 年开始，各“御令连队”由国王提供军饷，驻扎在当地居民家中，并强制接受“巡查员”的监控。每个这样的连队包括一百名枪
346 骑兵，每个枪骑兵又配备六名辅助人员（一名军械员、一名长枪步兵、一名青年侍从、两名弓箭手和一名战斗仆从）。1448 年，为了对付英国步兵，查理七世下令征召平民入伍，每五十户一人，每周日训

① 这里的国王指的应是那不勒斯的国王，当时安茹家族是那不勒斯的王室。

练射箭；这些士兵免纳军役税，被称作“免税弓箭手”。但是上述措施并未妨碍国王招募更多的雇佣兵，特别是苏格兰人。在重组军队的同时，查理还建立了常设炮兵。大型臼炮和小口径轻型长炮分布在 24 处“基地”中。大炮最初几乎完全用于攻击和防御堡垒据点，但在最后几次战役中开始出现在野战战场上。

这样，甚至在停战破裂前，法王就已经通过他的努力建立起了一支组织严密、符合新的军事技术要求的军队。诚然，这支部队并不大——大约 1.5 万骑兵——但它足以把入侵者赶回老家。

和平因一次偶然事变而告终。这就是 1449 年的福热雷事件（5 月 24 日）。有个名叫弗朗索瓦·德·苏里安的武装团伙头目，为亨利六世在诺曼底的副王索默塞特公爵效命，他攻占了布列塔尼公爵让六世治下的福热雷地区，而后者已经和查理七世结盟。法王立刻采取行动。议政会在一次重要会议上决定立即向下塞纳地区、诺曼底中部和科唐坦三个方向发起进攻。几个星期后，法军克复里齐耶、阿让唐、圣罗和库唐塞。鲁昂人民为查理七世敞开了城门，腹背受敌的索默塞特甚至连鲁昂城堡也保不住了。11 月 10 日，查理七世在这个热情的诺曼底首府举行激动人心的入城仪式：“是日，国王身着白色戎装，其坐骑披金色呢绒，其上又缀以百合花……国王命掌玺官大人着毛绒长袍，其身前是载有国玺的银色小马……亦覆以金呢……（随后是国王的议政顾问们）普瓦图司法总管、拉昂司法总管……鲁昂司法总管，名唤雅克·科尔、服饰华丽的财政总管……传令官、军号手、琴师及……杜努瓦大人。在国王身后……西西里王曼恩亲王、内维尔、克莱蒙、卡斯特尔、圣保尔、当普马丹诸位亲王和洛林的殿下御马而行……三四百名市民出城迎候国王，皆蓝衣红帽……稍后，各教区尽列队于原野中，向国王致敬。城内又复秩序井然……城门处有数奇物……一绵羊以其双角和鼻孔喷酒……圣母院前，两少女于斩首台上将一大白鹿……献与国王。国王从台上走下，四主教，皆具冠冕，与之相从。于是国王进入教堂……”

收复鲁昂后不久，法军再克翁弗勒尔，解放塞纳河河口地区。在下诺曼底，一支刚从英国开来的新军试图发起反击，但在里奇蒙的炮兵的准确射击下，英国人的努力在福尔米尼被粉碎（1450 年 4 月 15 日）。四个月后，法军收复瑟堡。诺曼底的英军已被肃清。

但基耶内的收复则困难得多。波尔多与英国有百年的联系，渊源颇深，因而它的立场并不明确。1451 年，波尔多向迪诺瓦投降（6 月 30 日），巴约讷于 8 月 20 日步其后尘。但是，波尔多人担心他们的葡萄酒销路，于是又在葡萄收获季节将塔尔伯的英军召了回来。查理七世的军队一年半之后才重新投入战斗，不过这次战役是决定性的。1453 年 7 月 17 日的卡斯蒂庸战役终于为阿赞库尔雪耻，塔尔伯战死，尽管他死前还想冒着法军的炮火发动无序的冲锋，但这种过时的战术终归徒劳。10 月 19 日，波尔多无条件投降。加莱和吉内伯爵领仍在英国人手中，因为勃艮第的好人菲利浦不希望行走于这一地区的商人受到侵扰，他的臣民就是从这些商人那里买到羊毛的，而羊毛又是他们的生计所依。不过，百年战争的陆地军事行动已经结束。为纪念诺
347 曼底的解放，人们铸造了一枚纪念章，其题铭曰："光荣与和平归于你，国王查理，永恒的歌颂也归于你。狂暴的敌人已被击败；蒙基督之箴言和法律之襄赞，你的功绩再造了这个经受深重危机的王国"；这番话表达了法国人理所当然的宽慰之情。

但是，没有任何东西，哪怕是停战协定，能保障法国不受英国的再次侵犯。两国沿海地区的居民数十年间一直生活在紧张之中，法国人曾进攻桑德韦奇和怀特岛，英国人则进攻了雷岛。海峡上的私掠船来往穿梭。英国人就算还能喝到波尔多的葡萄酒，那也是十分困难的。双方都试图从对方的困境中渔利。路易十一支持不幸的亨利六世反对爱德华四世；而后者的内兄是莽夫查理，这两位亲戚曾进行过两次谈判（1468 年，1474 年），密谋肢解法国。但时代已经变了，法国国王是路易十一而不是好人让；爱德华四世自己登基未久，却把莽夫查理当作盟友，这真比把他作为敌人好吗？然而，1475 年，爱德华四世再次像英国在百年战争中所做过的那样，率先发难并要求获得法国王位。他在加莱登陆，但几天后他的企图就失败了。谨慎告诫两位国王，出

师不利时应设法和解。在皮吉尼会晤期间，爱德华在饱餐法国的美食后，与法方签订了一份为期七年的停战协定。路易十一以 7.5 万埃居的代价和每年付 5 万年金的条件换取爱德华退兵。英国人说这笔钱是“贡赋”，而他们的国王则因为不用向议会要钱而大喜过望。而明智的法国民众也能看出其中的奥妙，他们以歌唱来表达自己的欣喜之情：

我看到英国国王
带着大军前来，
梦想征服法国
迅速而彻底。
国王眼见
美酒金钱
全不费工夫
心满意足
打道回府。

爱德华四世和他的继承人都没有放弃对法国王位的要求。在查理八世、路易十二和弗朗索瓦一世时代，人们仍担心英国人会入侵诺曼底和基耶内。但英国人的要求是虚妄的，而法国人的担心也没有依据。后来的历史表明，贞德是对的；不管本身是好是坏，百年战争最终都有助于两个敌对民族的事业：一个由此注定了岛国的天命，另一个在复兴的君主制中获得了国家统一意识。

内部混乱和亲王叛乱的平息

把兵匪招募进正规的“御令连队”是消除其祸害的一个手段。天晓得他们以前都干过些什么！那些组织严密的兵匪帮，如维朗德朗多、拉伊尔、克森特拉伊、佩里内·格雷萨尔等人麾下的团伙——且不说英国兵匪——早就习惯于以打家劫舍、敲诈赎金为生，有时他们甚至在大城市抢劫，如 1439 年在图卢兹。同一年，人们曾试图要求军官们对其部队的暴行承担责任，但终归徒劳。兵匪[①]这个名称对他们而言恰如其分。太子路易曾诱使某些兵匪前往洛林和瑞士送死。但是，兵匪之祸绝非旦夕之间可以消除，在路易十一时代的勃艮第战争期间，它再度为祸巴黎地区和庇卡底。在某些省份，直到 15 世纪末才重获安宁。强迫亲王们服从王国则是更为漫长的任务，而且实际上，这一任务也更为重要，因为这关系到国家的生死存亡。

派系阴谋

1435 年的阿拉斯条约正式确认了勃艮第的好人菲利普与查理七世的和解，人们有理由期待，这一和解将使双方告别旧日的仇怨。但是
348 在五年后的布拉格密谋中，亲王们的阴谋再度以新的面目出现。作为王位的继承人，太子路易竟反叛自己的父王，这在法国君主制的历史上是十分罕见的。轻率的路易冒着自毁前程的危险，卷入了一个阴谋当中，其中的一个密谋者阿朗松公爵已经与英国人暗中互通声气。查理七世只得与阴谋分子在普瓦图和奥弗涅开战。这次阴谋还具有另一个新特征，它十分有害且为时甚久，因为直到投石党运动中还能看到它的印迹，这就是：反抗国王的行为是以保卫公共利益（“公益”）的面目出现的——也许反叛者是真诚的。1440 年，亲王们指责国王不听从他们的建议；1442 年，在内韦尔举行的一次会议上，他们又呼吁召集三级会议。不过查理七世以其泼辣的手腕挫败了他们的企图。然而，在 15 世纪期间，法国国王曾两次面对声称以“公益”的名义行事的反叛者的挑战，这两次挑战前后相隔 23 年。1465 年，在以“公益”为借口发起的反叛中，查理七世时代的事件又重现了，路易十一差一点丢掉巴黎，并被亲王同盟困在蒙莱里，这个同盟的策划者是勃艮第的继承人夏罗莱伯爵和布列塔尼公爵弗朗索瓦二世。不过，这次扮演上次的反叛太子角色的是路易的兄弟查理。至于“公益”的口号，正如科明和诗人亨利·博德所说的，其实“每个人都是为了自己的个人

① écorcheurs，这个词的字面意思是屠宰场剥牲畜皮的人，转义为敲竹杠者、放高利贷者等。

利益”。路易即位之初举止失当，已然引起很多不满。他只得在圣莫尔和孔弗朗与反叛者们进行平等谈判（1465 年 10 月），并对他们作出重大让步：1435 年时，法王曾许诺将索姆地区的城市赠与勃艮第公爵，但是路易上台时，好人菲利普已老耄，他趁机废除了以前的承诺，但现在又被迫兑现之；将埃当普和蒙福尔拉莫里等领地交给布列塔尼公爵；基耶内转让给波旁公爵；将诺曼底划为他兄弟查理的采邑。和平的代价是苛刻的，但“公益”此后不再成为问题，也没人谈及。

但是，又一个 23 年过去后，当路易十一死后局势出现缓和时，人们再度谈论这一问题。亨利·博德当时写道，“新的公益同盟形成了”。1484 年的三级会议无果而终；会上的亲王们的自由主义，甚至未来的路易十二的自由主义都徒具其型——就像以前太子路易和查理·德·基耶内那样——因而难以形成气候。1488 年 7 月 28 日的圣奥班迪科尔米耶的交锋没有演变成类似于蒙莱里的冲突。这一次，亲王们的战争在人们的记忆中只是一次“疯狂的举动”，因为王权已经逐步排除了过去曾遇到过的陷阱，当然这一过程也是充满艰辛的。我们还须回顾一下封疆亲王势力的衰退过程，这一过程将在一次决定性的步骤中宣告完成。

后文中我们将会看到，百年战争怎样深刻改造了法国的贵族。经济变迁并不是唯一的原因。军队的结构性变化使得骑士成为服务于国王或少数大领主的普通战士，如果国王和大领主足够强大、能在战争中“约束”这些骑士的话。贵族发现有人在监视他们的城堡；他们的司法和捐税权利受到限制；甚至他们的封建封号都受到控制。只有某些雄踞一方的亲王曾在数十年间试图继续保持对王权的独立。

最后的亲王国家

从查理七世开始，我们就能发现王权与亲王关系演变的方向。几起轰动一时的诉讼制裁了两个最著名的反叛案件。阿朗松公爵让第二忘记了自己过去作为贞德的“勇敢”战友的光辉经历，公然于 1455 年促请英国人入侵科唐坦；这有他的通信为证；1458 年法国贵族法院举行会议，宣判公爵死刑，以惩罚他的叛国行为，只是因为国王的特

赦才减刑为监禁。四年后，巴黎高等法院颁布法令，流放阿尔马尼亚
349 克伯爵让第五并接管其财产，因为他自行其是的政策冒犯了王权；他无视绝罚令，坚持与其妹妹乱伦，从而也触犯了教皇的权威。在此期间，国王的代理人不断向勃艮第、波旁和布列塔尼的公爵们高声宣扬：公爵们认为其头衔“来自神的恩宠”的高傲立场是没有根据的。法国只有一个国王，这句格言重新被确立起来。

当然这并不是件轻松的事。亲王们的高傲立场并不限于他们的头衔、他们对权势的争夺，或是他们保卫公益的幌子。每个公国都在向独立的国家演变，在行政、财政、军事和外交等各个方面，它们都享有主权国家的全部权限。各亲王采邑的制度导致了最有害的后果，由于某些家族亲王的领地位于法兰西王国之外，他们在法律上摆脱了国王的影响，因而后果更形严重。例如，安茹家族不仅是普罗旺斯的领主，名义上还是那不勒斯的王室。勃艮第家族的情况尤为严重，它同法国事实上的——如果还不是法律上的——分裂的企图并不是神话。

好人菲利普仍“自认”是法国人，但他的儿子莽夫查理[①]则几乎完全不是这样。莽夫查理1467年继位，他更愿意提及他母系的葡萄牙和兰开斯特的血亲关系，以及他与约克家族的联姻。他整整一半的领地不属于法王，而属于帝国皇帝。他只为勃艮第公爵领、夏罗莱、索姆地区的城市、阿图瓦以及埃斯考河以南的佛兰德尔而向法王行效忠礼；但是从皇帝那里他取得了佛兰德尔的其他部分、埃诺、列日、卢森堡、布拉班、泽兰、荷兰、盖尔德尔和勃艮第伯爵领；他企图征服洛林并取得阿尔萨斯诸城市的监护权，以便将他所有的领地合并在一起，组成一个统一的实体，这个实体令人回想起古老的洛塔林国家。作为上述这些地区的领主，他只缺少一样东西：王权尊贵的荣光。莽夫查理期望从皇帝那里获得支持。

好人菲利普的这位儿子运气不错。首先，父亲已经合并了许多领地，建立了一套制度机构；像查理七世一样，他也有一套出色而忠诚

---

①　一译大胆查理。

的行政班子，而大法官罗兰是其中最突出的典型。其次，查理为人聪慧，外交手腕灵活，颇具宣传和雄辩之才，亦不乏军事上的勇气，总之是个超迈同侪的政治人物；他的错误在于过于急切地想实现他的计划。他向臣民索要过多，而且作风专断甚至是粗暴，老百姓可不像他那样渴望荣耀和权力，他们更关心现实的处境而不是遥远的未来。最后他得到了意大利金融家们的资助，后者总是善于及时把握有利可图的投资机会，这次是美第奇家族打头阵。另外，路易十一的手腕有时很不周密，这也帮助了查理公爵。总之查理的志向十分远大，也许太远大了，正因为如此，他得了个“莽夫”的诨名。

勃艮第国家的力量所在就是瓦卢瓦王国虚弱和混乱之所在。实际上，莽夫查理是公益同盟战争期间所有不满情绪的催化剂，是法国的外部敌人、尤其是爱德华四世的怂恿者。法王在蒙莱里已经先输一着，接着又在屈辱的佩罗内会晤中失利（1468 年 10 月 9—14 日）：路易十一冒失地前往其对手的地盘，遭到后者的软禁，或者说拘押，经受了肉体和精神的双重压力，最后只得接受莽夫查理的全部苛求，因为他不想重蹈天真汉查理的覆辙，后者也是在佩罗内成为韦芒杜瓦伯爵的阶下囚的。科明曾以令人难以忘怀的笔调描述了公爵的暴躁和国王的沉着。路易承诺兑现阿拉斯和孔弗朗两个条约，同意参与镇压列日城的起义，尽管列日是他忠实的盟友，并许诺将来放弃巴黎高等法院在弗兰德尔的司法权限，这等于完全撤销法国在这个伯爵领的王权。

身陷风暴之中的路易十一屈服了，他的臣民编歌谣讽刺他，他品尝了投降和蔑视带来的耻辱。不过他从佩罗内带回了两张王牌：查理的几个仆从、首先是他曾贿赂过的科明转而效忠于他；其次是“暴力 350
之下作出的承诺无效”的原则。随后路易施展手腕，在 1470 年的图尔大会上确认了这一原则，并据此迅速收复了索姆地区的城市。此间路易还资助英王亨利六世复位，并指望把英国同盟者从查理那边拉过来，他一直怀有这一希望。当时他写道:“我希望这将是勃艮第人的末日。”但是他的苦日子还没有到头呢!

1472 年是继 1468 年之后又一个艰难的年头。莽夫查理再次与最终复位的亨利六世结成同盟，与此同时，在两位天主教国王[1]结婚的前夕（这场婚姻最终于 1474 年告成），路易十一与卡斯蒂尔和阿拉贡王室发生争吵，这给了查理以渔利之机。这位莽夫编织的外国联合阵线把触角伸到了法国内部，国王的兄弟、法国的查理，以及布列塔尼和阿尔马尼亚克的公爵都与之有染。莽夫查理认为他已经达到目标了，于是准备加冕为国王。

但是，命运女神并不只对大胆的人微笑。路易十一的耐心得到了回报。尽管 1472 年与勃艮第的战争对庇卡底和考地区造成了严重破坏，但勃艮第人还是在博韦遭到失败，这场防御战以一位传奇式的英雄而闻名，她名叫让娜·莱斯内，即人们所称的让娜·阿歇特。这时法国的查理突然死去。一些不怀好意的谣言把他的死归因于路易十一。随后阿尔马尼亚克伯爵也战败，而布列塔尼公爵则与法王展开了单独谈判。皇帝腓特烈三世长期以来一直犹豫不决，最终他拒绝了莽夫查理渴望已极的称王要求（1473 年的特里尔会晤），后者大失所望。这颗大胆的明星黯淡了下去。

勃艮第的权势已是及其所极。1474 年围攻讷斯的失败标志着其军事力量的衰落，尽管它也配备了炮兵，也曾根据意大利雇佣军首领的意见，试图以完备的法令来使军队正规化，但为时已晚。与此同时，尼德兰的城市也在抵制公爵的财税征调。路易十一趁机要弄花招，扭转了外交局面。他还毫不费力地给查理招来了众多新的对手：1474 年，西吉斯蒙·德·奥地利、瑞士各州、莱茵地区的城市、勒内·德·洛林二世结成了康斯坦茨同盟。英国人背弃皮吉尼条约更是让他大为惊骇。为了减轻损失，这位勃艮第公爵被迫与路易十一在索勒弗尔签订了停战协定（1475 年 9 月 13 日）。

但查理深信能够重整旗鼓，如能征服洛林、迫使瑞士各州就范，就能巩固自己的地位。虽然他驱逐了洛林公爵领的勒内二世，但在格

---

① 这里指的应是卡斯蒂尔国王伊萨贝拉和阿拉贡国王费迪南德。但有的著作认为他们是于 1469 年举行的婚礼。

朗松和莫拉与瑞士长矛兵的对垒中，两战皆北，损失惨重。败给“乡巴佬”① 让查理的自尊心蒙受屈辱，更悲惨的是，他还要面对洛林农民的起义。这时那不勒斯的雇佣军头领康波巴索又背叛了他，真是祸不单行。大地在他脚下塌陷。1477 年 1 月 5 日，他在离南锡很近的地方与勒内和瑞士人遭遇，而他的部队只有大约 2000 人。瑞士乌里州和温特瓦尔登州的士兵吹响了著名的野牛号角，勃艮第军队中一片恐慌。两天后，人们发现了查理的尸体。路易十一在接到这个消息时欢喜异常。应该说，法国解除了一个致命的威胁。

在威胁法国的两只“硬角”中，勃艮第已被铲除，还剩下布列塔尼。这个公国幅员要小得多，尽管它临海，位置却不及勃艮第优越，特别是它没有后者富庶。1458—1488 年在位的弗朗索瓦二世不具有莽夫查理的强硬性格，他是个享乐主义者，性格多变，不过当时他的司库皮埃尔·朗代的亲英立场对他产生了影响。公爵的驻节地南特变成了亲王们之间、以及他们与外国人之间策划阴谋的温床。路易十一在世时无暇在此采取行动。他的女儿承担了这个任务。不久，战败的布列塔尼的老公爵同意将国王的敌人驱逐出布列塔尼的三级会议，并同意没有国王的许可他的女儿不得结婚（1488 年的韦尔热条约）。王权 351
同封疆亲王们的斗争最终以前者的胜利告终。现在法国只有一个君主，那就是国王，而不久也只有一个国家——法兰西王国。

王室领地的扩大

只有将亲王们的领地合并于王室领地，王权对他们的分立主义的胜利才能最终巩固下来。15 世纪后半叶，王室领地的扩展规模可观，采取的形式也是多样的，如没收、收复、继承、联姻获赠、购买。尽管对主权法的运用不断发展，但这与利用封建习惯法提供的机会并行不悖。正是得益于这些法律手段，亲王采邑制度也像传统的领地从属关系一样逐渐退化了。更幸运的是，在一种越来越清晰的法兰西区域的自然疆界意识的推动下，王室领地不断扩大，甚至越过了王国的古

① vachers，这是莽夫查理对瑞士兵的蔑称。

老边界。

当阿朗松、阿尔马尼亚克和圣保尔的伯爵因叛乱而获罪之后，他们的伯爵领也被国王没收了。由于法国的查理死后无嗣，路易十一得以收回贝里和基耶内。但王权最大的成功来源于三次继承，分别获得了勃艮第、安茹和布列塔尼。

按科明的说法，莽夫查理的女儿、玛丽·德·勃艮第是"基督教世界最大的继承人"。父亲死时，玛丽才 13 岁，根据习惯法，其监护权和保护权归法国国王。路易十一如果更有耐心、更少鲁莽的话，本可以将勃艮第的所有家业都置于自己的控制之下，而且这不必费太大的力气。他一度曾计划让勃艮第的继承人与太子结婚，尽管二人年龄相差悬殊。但是路易十一急于运用他的权力，迅速占领了勃艮第公爵领境外的庇卡底和阿图瓦，以及坐落于帝国境内的康布雷和勃艮第伯爵领。面对路易的压力和诡计，玛丽只有在尼德兰才能指望得到臣民的支持，她只能把她的另一个封君——皇帝当作保护人。正因为如此，她同意与腓特烈三世的儿子、哈布斯堡家的马克西米利安·德·奥地利成婚（1477 年 8 月 18 日）。为了反击皇帝，路易发起了一场延续五年、既无名分又无成果的战争；1479 年 8 月 7 日的基内加特战役是法国步兵弓箭手的第一次战斗，但这一仗使它永远地丧失了声誉。路易对阿拉斯进行了无情的报复，城内居民被驱逐，由新来者取代，城市也被改名。他的手段可谓严厉已极。一个偶然的机会再次帮了路易十一的忙。玛丽·德·勃艮第不慎从马上摔下而意外死去。马克西米利安于是与路易展开了谈判（1482 年 12 月 23 日，阿拉斯）。他最终将勃艮第公爵领和庇卡底让给法王，并指定孔泰、马孔内、奥塞尔和阿图瓦地区为他的女儿玛格丽特的陪嫁，这个女孩当时才 3 岁，是他跟玛丽所生的；由于玛格丽特已许配给法国太子查理，不久就被托付给路易十一，后来在法国宫廷中长大。马克西米利安保有整个尼德兰，包括佛兰德尔的法语区。勃艮第国家被肢解，法王的领地扩大了。尽管结局并不算十分完美，但这一成就是路易十一事业的顶峰，更何况没有人会预见到查理五世和马德里条约[①]。

继承安茹家族的产业也是路易十一死前不久才开始的。这个家族的国王勒内（1480年7月10日）及其侄子查理·德·曼恩（1481年12月11日）先后死去，身后没有直系继承人。在法国境外，只有勒内二世（他是国王勒内的妻子伊莎贝尔的侄子）可能提出某种继承要求。但是1484年，勒内得到了博若家族的巴卢瓦，作为交换，安茹亲王采邑并入王室领地；同时并入的还有普罗旺斯，这块地方位于法国的封建疆域之外；而普罗旺斯又带来了对那不勒斯的王位要求，而这一要求的代价将会十分沉重。

路易十一当时还没有时间提出对意大利的权利要求，即使他有这个鲁莽的意向。但他冒失地卷入了阿拉贡的继承纠纷中，因为安茹家族曾在这场冲突中遭受了一些挫折。1475年路易征服了鲁西永，这一做法不无愚蠢之处，因为这次征服有可能成为天主教国王和法国王室之间一个棘手的难题。20年后，当查理八世出征意大利时，法国放弃了这个省，难题才得以解决。 352

路易十一没能活到法王继承布列塔尼的弗朗索瓦二世的时刻。但他的女儿女婿——博若夫妇已经像他们的父亲那样解决了这一问题。通过联姻获得了尼德兰的马克西米利安·德·奥地利，相信自己能够在安娜·德·布列塔尼身上再次成功，后者已于1488年成为弗朗索瓦二世的继承人。这个只有11岁的女公爵表现出罕见的早熟和坚定。她对法国并没有敌意，但她不希望巴黎高等法院的裁判权和布列塔尼主教们对于图尔大会席位的表决权损害其公爵领的自治，她不承认臣从关系并不明确的依附状况。她的封君、即法国国王提出，这位未成年者的采邑应由他“保护”，并派出了军队，但安娜赢得了布列塔尼农

① 这里的查理五世（Charles Quint，1518—1556年在位）是皇帝查理五世，他既是德国的皇帝，又是西班牙国王和尼德兰的领主，势力空前庞大，其领地对法国形成包围之势。他的祖母就是勃艮第公爵莽夫查理的女儿玛丽，祖父即皇帝马克西米利安一世，其母为费迪南德·德·阿拉贡和伊莎贝尔·德·卡斯蒂尔（即西班牙的“天主教国王”）之女，故他成为了这些庞大产业的继承人。关于马德里条约，见后文。

民的支持，外国君主们也作出了有利的表态：亨利七世、天主教国王们、马克西米利安；但这些支持来得太晚，而且微不足道。1490 年，安娜与马克西米利安间接结婚，她从未见过这个挂名的丈夫，更没有看到他的部队和资金。当时查理八世已进入南特，布列塔尼面临被无条件吞并的危险，因为韦尔热条约已经被违反了。这时她的近臣建议，在维护布列塔尼利益的框架内同意法国的解决方案，安娜接受了。1491 年 12 月，法国国王和女公爵的婚礼在朗热埃举行。双方只是通过自愿的契约建立个人性的同盟，并不存在土地的兼并和联合。布列塔尼应保留它的制度机构，如婚姻无子嗣，安娜将与其丈夫的继承人结婚。后来安娜与路易十二再次结婚，他们的女儿克洛德则于 1514 年成了弗朗索瓦一世的妻子。上述的三次婚姻终于使布列塔尼公爵领合并到法国王室。那里的居民是“忠诚的布列塔尼人和忠诚的法国人”，尽管他们还固守着对“安娜公爵”的依恋，但王权的问题已经不再是不安的因素了。

路易十二即位后，决定将奥尔良家族的产业并入王室领地，从此王室领地几乎与王国幅员相吻合。除了东部的巴卢瓦、南部的阿尔布雷、富瓦和科芒热外，法国境内唯一的、孤立的大片亲王采邑位于中部地区，它属于波旁家族。封疆大公国的美好时代已经过去了；另一方面，有点不可思议的是，在疯狂战争期间，路易十二曾揭竿反抗，而稍后他又从当时的对手那里获益，因为后者恢复了秩序。我们知道，路易十二在成为国王后表示愿意“忘记奥尔良公爵的耻辱”①。法国的制度机构重新恢复，并形成了完美的平衡。

国家秩序的恢复

国家的复兴不能成为宗派的事业。卡博什派法令的失败就是明证，而布拉格密谋、公益同盟、疯狂战争中都不能产生任何重要的成果。

① 疯狂战争（guerre folle）指的是前述 1488 年 7 月亲王们的反叛。当时的奥尔良公爵（即未来的路易十二）参加了这次叛乱，“他的对手”指的是当时摄政的安娜夫妇。

这样重大的事业只能以王权为原动力，只有持续渐进的政策才能取得成功。这里的关键在于公共职权的恰当运用。制服亲王们只是创造了一个条件。而王位的变更对这一演变过程产生的影响是有限的，因为这种演变与历史的本质相连，并以“国王代理人”的活动为基础。

国家复兴中的第一个任务是恢复法国北方和南方的共同生活，在战争期间，卢瓦尔河曾是北方和南方之间的边界。1436 年前，南北的双重管理体制造成了制度和人员上的难题。在不久前仍由英国人占领的地区，经常会出现两个人同时出任同一职务的情况，对他们的甄别很费斟酌。1437 年后，大法官公署得以重建，分布在布尔日、图尔和普瓦提埃的各最高法庭与当时仍忠于查理七世的巴黎各最高法庭合并 353
为单一的最高法庭。在诺曼底，如何解决英国占领期间有利于英国人及其合作者的财产转移问题成为一个难题。更为严重的问题是各收复省份的地方主义传统，如在诺曼底和基耶内；朗格多克、奥弗涅、普瓦图、香槟等地区也有地方主义的倾向，甚至巴黎周围也是如此，因为战争期间，当地有自己的地方议会，负责表决税收和设立征税的“官署”等事宜。1439 年，蒙彼利埃设立一个税务法院，1443 年图卢兹设立一高等法院。君主国家的中央集权受到质疑。

国家税收的发展

我们已经看到，这项工作是以税收的恢复和固定化、以及常备军的设立为开端的。此后国王掌握了必须的权力工具。如果说军队是随军事技术的革新而不断变化的，那么就新的税收体制而言，它的基本特征已经存在好几个世纪了。按照旧的区分，财政区一级的财政分为常规收入和特别收入，但后来在财政区体制之外，又出现了一种虽分散但协调的、与形势发展相呼应的体制。在已经并入法王领地的封地内，仍有一些三级会议继续举行会议，于是便形成了“三级会议地区”，与此相对的是“税区地区”，而在税区地区，税收的分派工作由国王的代表“税务官”负责。税收制度亦随税种和地区而变化。如商品税在某些地区已被人承租，而另一些省份通过支付“等价物”而赎买该税。盐税收入则由政府盐仓的供应商纳入国王的金库；但产盐地区盐税负担更轻。最后还有军役税，它或是根据土地进行摊派（属物军役税），或是根据人头摊派（属人军役税）。但是税收中存在不平等，因为军役税——这是赎买军事义务的代价——并不涉及教士，因为他们被禁止抛洒鲜血，也不涉及贵族，因为从军打仗是他们的天职。税收体制一旦协调之后便能延续下去。政府收入不断上升，查理七世时代每年不超过180万利弗尔，但到1474年，仅军役税收入就达270万，1481年和1490年，这个数字分别是460万和390万。当时欧洲没有哪位君主能够自由支配如此多的资源。

司法体制

战争结束后，国王断然宣称，他是司法首脑和一切权力的源泉。半个世纪以来，要求王权改革管理体制的呼声不断，而这一改革最后由王权自己完成了。1454年的蒙蒂尔-莱-图尔司法大敕令显示了国王立法效率的恢复。法官的任命、其权力的实施、诉讼的程序等等，都被确定下来；根据这项大敕令，勃艮第的习惯法得以正式公布（1459年），这标志着习惯法编纂的开端，而此前它是口传的；另外，北方也因其习惯法而与南方相对，后者属成文法地区。这样，中央集权和尊重地方多样性之间建立起了良好的妥协关系。巴黎高等法院内设有多种法庭（如调查庭、申诉庭、合议庭等等），它地位很高，司法上拥有最高职权，根据其1474年的一项决议，巴黎高等法院的裁决在全国范围内都有执行效力。不过，从路易十一时代开始，巴黎高等法院开始就国家利益而向国王“谏诤”，国王于是留心监控法院新成员的招募，并限制它的职权。图卢兹（1443年）、格勒诺布尔（1453年）、波尔多（1462年）、佩皮尼昂（1463年）、第戎（1477年）等地新高等法院的设立，以及鲁昂高等法院和艾克斯-昂-普罗旺斯高等法院的保留也限制了巴黎高等法院的辖区范围。另外还可以通过“调案”把最重要的“事务”移交国王的特别法院，从而限制它的权力。不过，各高等法院以及下级法庭的官员们都是推行中央集权、打击古老的封建司法制度的热忱的工具。而
354 负责临时巡查工作的“特遣差”（commissaires extraordinaires）也同

样如此。4000—5000名拥有职位的官员、1—1.2万名下属、600个领主机构、88个司法区、10个外省总督、4个财政区、79个税区、172个盐仓、28个铸币厂、以及最高法庭（7个高等法院、4个审计法院、3个税务法院、1个货币法庭），这就是法国管理机构的主要构成，这个机构的权限是全面的，不存在特例，城市也不例外，它的管理工作也受到监控。所有这些机构都依赖于国王的议政会。尽管君主制国家内部存在多样性，但国王的代理人正逐步削弱这一特征，它在走向中央集权化；路易十一时代它是独裁君主制，而到他的后继者手中则成为绝对君主制。

受监护的教会

国王在加冕仪式上必须宣誓保护教会，作为回报，教会也应对国王保持忠诚。在当时，世俗社会和基督教共同体合而为一，因而教会和国家的分离是不可思议的。在查理七世时代，随着政府力量和威望的恢复，它从1432年起便开始恢复高卢主义的政策倾向，这一政策倾向曾因为处境艰难而放弃。阿拉斯和约后，教皇的调停已经不再是必要的了。巴塞尔公会议上通过了不利于教皇权威的改革通谕，这为1438年布尔日法国教士大会提供了模板。布尔日国是诏书并不质疑教皇的权威，但它将法国教会的监护权交给了王国政府，在1398年和1407年法国政府两次拒绝服从教皇期间，它曾拥有过这一监护权。国王可以推荐有俸职位的候选人；教皇通谕只有经他的许可方可发布；向罗马教廷的上诉受到限制；首岁捐、教职的预留权和期望权被取消；出缺主教的收入归国王所有。布尔日国是诏书是个单方面的法律文件，罗马教廷一直在为废除它而斗争。在枢机主教埃图特维尔出任教皇特使期间以及为贞德恢复名誉的诉讼中，教皇和法国政府之间曾表现出某种和解的努力，但巴黎高等法院和巴黎大学这两个高卢主义的堡垒坚持公会议至上的原则，拒绝为十字军而征收的教士所得税；它们的立场使得所有的谈判都归于失败。

路易十一在与其父王失和期间，没有在多菲内实施国是诏书[①]，登基之后又将其废除，不过随后他又通过一些重要法规变相恢复之。他是个十分精明的人，当然不会放过某种有利的和解机会。1472 年与教皇西克斯特四世的教务专约规定，国王仍然保留重要神职人员的推荐权。尽管国王作出了一些让步，但法国教会仍然感到了“沉重的奴役”，正如教皇庇护二世对国是诏书的感受那样。国王当然不希望教会自行管理其内部事务。既然他不想召开三级会议，为什么还要召集教士大会呢？1438 年后，法国没有召开全国性的公会议，1467 年后没有召开省一级的公会议。1485 年，国王召集桑斯教务会议，目的是为了改革教士纪律。耐人寻味的是，教会的改革居然是由国王来促成的——尽管教会内部也有个别人倡导改革，如克吕尼的让·德·波旁和谢扎尔-贝努瓦迪杜马这两位修院院长。大学的改革也是如此，这一改革与埃图特维尔的名字紧密相连。为迫使教士服从国王，现在欠缺的只是经教皇的许可、在教会内部安插一个国王的亲信，使其以教皇特使的身份充任教会的首脑：这位教皇的副手须由国王挑选，他将避免罗马教廷的干涉。1483 年，查理八世曾要求任命巴吕埃为教皇特使，1501 年，路易十二为乔治·德·昂布瓦兹弄到了这一职位。

扭转法国的财运

英国人在外时，
每个人都全力
营造和经商
其财富充盈有余

① 从起源上说，太子这个词（Dauphin）与多菲内（Dauphiné）密不可分，Dauphin 最初就是多菲内地方领主的称号。1349 年多菲内公国让与法国时，其条件是 Dauphin 这个名号永远归法王的长子或直系男性后裔中的最长者所有，因此太子至少名义上是多菲内的领主。故太子路易（即后来的路易十一）可以在多菲内发号施令。1456 年，由于路易反叛，其父查理七世将多菲内最终并入法国。

这是15世纪一位名叫拉法尔的公证人的诗句，它确切地表达了一种自信的热情，当然其中不无夸张，至少第四句如此。战争并不是造成经济崩溃的唯一原因，西方世界普遍的经济萧条使得战后1/4多个世纪中没有出现复苏的迹象。复兴的努力只有在一代人之后才会见到 355
成效。

农村的恢复

1444年休战以后，如同百年战争中多次出现的短暂和平时期一样，开始出现个别有利于恢复人口和重新耕种抛荒土地的努力。国王的法令也支持这些努力。时间会逐步弥补失去的一切，而和平的最终恢复使得过去动乱年代不可能的一切变得可能。我们对当时的人口运动了解很少，但是可以确认，波尔多迁来了北方人，尤其是布列塔尼人，这些人口语中不带重音，也不懂当地方言，被当地居民称作“加瓦什”[①]；布列塔尼人还前往考、卢瓦尔河和塞纳河之间的地方定居；利穆赞和贝里人则前往昂古莱姆；勒内国王招引意大利人定居普罗旺斯；庇卡底出现了新的村庄，但很多村庄并没有重建起来，比如在法兰西岛。人口似乎在增长；一个家庭有六七个孩子看来是很平常的事。

土地的重新耕种要求它的业主能重新获得其产业的所有权。为满足这要求，国家也颁布了有利于战争受害者的法令。根据一些文献，我们可以跟踪巴黎地区为确定地产界限而进行的艰难的调查活动。为了吸引和留住农民，领主同意与他们订立新型的自由契约，允许暂时或永久削减年贡和租金，徭役被转变成较低的定期租金，业主也会提供牲畜和农具，以便承租者能清理和改良土地。小块垦荒地被给与偏远地方的农民或移民；图兰的农民将低价承租的土地改造成了良田，以致30年后他们的领主竟希望修订契约。在公地上放牧、拾橡栗、拾柴禾的权利，以及收获后耕地上的公共放牧习俗都得到明确。普遍来说，土地价格并不高，租约可延续一两代。分成制较为常见。领主制

① gavaches，波尔多一带的居民对外地人的蔑称。

丧失了最初的特征。领主大部分的军事和司法权限都已被王权剥夺，只是一个“地产食利者”；封建捐税、尤其是什一税的征收，已经出租给某位代管人。

从某些例子来看，不可否认的是，农业总体上取得了进展；上述例子多与教会地产有关：克吕尼修道院、巴黎圣母院教务会产业、圣德尼或圣日耳曼-代-普雷修道院。当然进展是缓慢的，就像乡村世界的所有领域一样。路易十一时代，英国旅行家福特斯丘对法国农村的描述是令人悲悯的，但这非完全是出于民族偏见的歪曲。当时的农业技术落后，税收负担过重、增长过快，贸易也不发达，农产品价格偏低，这些因素都制约了农业产量的提高。

工业的复兴

工业生产与农业相似。战争结束后，可能某些久享盛名的产业迅速活跃起来，特别是呢绒业，如诺曼底（鲁昂、蒙蒂维利埃、鲁维埃），香槟（兰斯），庇卡底（亚眠），罗讷河地区（布尔格、罗阿讷），朗格多克（图卢兹、吕内尔、卡巴尔代）的呢绒业。人们试图通过强化行业条例来恢复这些产业昔日的繁荣：作业规章、为杜绝竞争而限制产量、行业监管员的巡视、对晋升师父的限制——实际上师父职位留给了他的儿子。单路易十一一朝颁布的行业规章就近70部。在他眼里，行会制度是一种统治工具，特别是有可能通过它把公共财富纳入国家的控制之下。在这个问题上，路易十一已经预示着柯尔伯政策的
356 出现，人们有时颇为冒失地把路易十一称作“先驱者”。

新的工业也有发展。让·戈伯兰在巴黎对挂毯进行了着色处理，这些挂毯也因他而名。印刷术也传入法国，1470年，索邦大学成为巴黎的第一个印刷术的受惠者，里昂也设有印刷所。工业领域也像商业领域一样，很多创新是与雅克·科尔的名字分不开的，尽管它们是在科尔之后才逐步发展起来。此人是查理七世的财政总管，他效仿哈茨山区的德国人和施蒂里亚的奥地利人，试图在里昂含银的铅矿矿脉中寻找法国及整个西方短缺的贵金属，结果令人失望，矿脉属贫矿，不过这一努力可收榜样之效。传统上说，矿山的所有权归国王。1471

年，路易十一就矿藏开采颁布法令，法令重新确定了雅克·科尔曾拟定的规章；路易还任命纪尧姆·库西诺为矿山总监，并命人在鲁西永进行勘探。雅克·科尔对丝绸业也很感兴趣，佛罗伦萨的丝绸技艺中留下了他的名字；他在那里与意大利人合伙开办了一所丝绸工场。后来科尔手下的重要官员纪尧姆·德·瓦里耶被路易十一委以重任，负责把丝绸引入里昂和图尔，以便每年节省40—50万金埃居的进口费用。

商业复兴和币制整顿

前述事实表明，15世纪的人们对货币和商业事务是如何敏感；他们就像17和18世纪的经济学家一样，把占有硬通货看作一国财富的外在标志，尽管国家唯一具有社会价值的财富形式仍然是土地。雅克·科尔的短暂发迹是百年战争中获得新型财富的一代人的生动写照。科尔本是个皮货商的儿子，家境不算太富裕，不过出入布尔日的宫廷给了他练习货币投机的机会。科尔曾被判刑，后遇特赦，并成为向宫廷提供利凡得产品的供应商，而他自己也曾到过利凡得的港口。这些经验弥补了这个冒险家的无知。1435年他担任布尔日的货币总监，接着又在巴黎出任此职，随后又担任司库以及财务总管（也即宫廷财务官和珍宝的管理人），并进入了国王的议政会。他曾作为外交使节被派往罗马和热那亚，与阿拉贡国王亦有往来。他是第一个进入王国政府的商人，但把他看作政治家则是错误的，他并不像人们所说的那样，是个锐意革新的人。多头经营者，这就是他对自己所担任的职务的看法。作为派驻朗格多克三级会议的国王特使和盐税总管，科尔控制了财税机构中一个获利丰厚的部门，他对政府盐仓的销售进行投机，并从南方各城市中收取外快。他的贸易方式仍然是传统的：他在蒙彼利埃置办了五六艘帆桨木船，它们在地中海东部与意大利的大型货船勉力竞争，向法国及其近邻供应东方的产品。也许他想通过拉罗歇尔、圣马洛和鲁昂来拓展同英国和苏格兰的贸易；但是，与他同时代的人一样，他还没有想到大西洋上的未来。在他看来，地中海仍是通往一切财富的钥匙，正是在与奥斯曼争夺地中海的战争中，科尔在齐奥死去，死时手里还握着武器（1456 年）。不过他也曾看出，马赛的地位比蒙彼利埃更为有利。

雅克·科尔还热衷于地产投资，这更加表明他仍是个传统人物，代表了他那个时代。他的财产清单显示了其地产的规模。他的领地为数众多，尤其是在贝里、波旁和博若莱等地；他通过购买或抵押债权而获得这些地产，这是赢利后的投资。在布尔日，他曾建造过豪华的宫殿，并为人所知；他在里昂也有公馆；在吃官司期间，他还在蒙彼利埃建立了一个厅房，这是某种类似于交易所和商业法庭的东西，其目的在于同巴塞罗那的厅房竞争。

在财政领域，雅克·科尔更具创新思想。商人的直觉告诉他，只
357 有健全的快速的货币流通才能保证商业的活力、企业的稳定及利润。我们已经看到，他在博若莱和里昂的采矿事业效果不佳。查理七世占领巴黎后曾颁布了货币条例，人们认为雅克·科尔是其中的策划人，而 1447 年名为“胖子雅克·科尔”的硬币的纹印上还留有他的名字。他那句著名的座右铭：“心坚无难事”，鲜明地体现了他无限的进取精神。他在法国各个城市以及国外都有代理商，其商业活动遍及那不勒斯、巴勒莫、佛罗伦萨、巴塞罗那、巴伦西亚、布鲁日和伦敦，举凡小麦、盐、羊毛、呢绒、皮毛、香料、金银制品等等，均有涉及。他还效仿意大利人，设立商业公司或定期与人合伙。他同样经营信贷业务，向查理七世预支诺曼底战役的资金，廷臣们也向他借钱。

雅克·科尔的成就受到同行的嫉妒，债务人的行径也让他苦恼；他的命运像很多政治上的暴发户一样。他被控犯有贪污等多项罪行——也许是真的，也许是捏造的，并于 1453 年被处以 40 万埃居的罚款，在罚款支付完毕前他须待在监狱中；不过他逃脱了，后来死在教皇的船上，而他的财产则被没收。对他的财产清查表明，他的事业之所以不能持久的重要原因之一是资金不足。在不利的经济形势下，货币短缺会摧毁开创性的事业，即便从事这一事业的是最稳重的人、最成熟最精明的企业。

雅克·科尔的经历在当时影响很大，路易十一身边就有科尔的手

下或效仿者，正是由于这些人，国王至少具有了某些“经济观点”，如果还不是实施某种“经济政策”的话。这些人当中有纪尧姆·德·瓦里耶——此人是雅克·科尔的全权亲信代理人，拉罗歇尔人皮埃尔·多里奥尔，都兰的布利索内家族，以及里昂人普拉特，还有一些鲁昂人和巴黎人，所有这些人都是商业上的专家。路易十一在他们的建议下推行保护商业的政策。按照他的习惯做法，他更多是鼓励而非资助道路和河流的整治工作；例如，“经常航行于卢瓦尔河的商人们”应自行维护堤坝。为了传送国王的命令而创建的著名的驿站系统，是建设良好的道路网的开端。对外贸易是个大事业，为了获得金银，只能卖不能买。在发展丝绸业和开采矿藏的同时，路易十一还下令禁止贵金属出口。为了拓展英国市场，国王还于 1470 年派博内和布利索内前往英国宫廷展示样品。他扶植里昂的集市、吸引佛罗伦萨的银行家前来，以同日内瓦的集市竞争；路易还在卡昂和鲁昂设立集市，目的是为了搞垮布鲁日和安特卫普的对手。不过他还须面对英国—勃艮第货币的竞争，他一面诋毁这些外国货币，一面发行成色上好的铸币——“太阳埃居”（1475 年 11 月）。而两个月前的皮吉尼条约重开了英法之间的贸易，此前法国与汉莎同盟也签订有类似协议。另一方面，“利凡得海域总公司”的计划看来要将雅克·科尔的梦想付诸实施了。大西洋时代即将到来，此刻诺曼底人和布列塔尼人正加强同马德拉群岛的联系，路易十一临死曾前派乔治·比希帕从翁弗勒尔前往佛得角，难道这仅仅是为了寻找他身体必须的龟血么？法国的贸易获得了新的动力。

民族的统一

如果没有民族意识的支持，法国的重建将是表面的和不可靠的。对共同生活潜在的但一致的认可是成功的基础和条件。与其他国家形成鲜明对比的是，征服和占领对于确认法国共同的感知、思维和行为方式起过积极作用。相反，“勃艮第的”一词首先指的是一个派别，最后指属于另一个逐步变得与法国迥然不同的国家的事物，这种迥然之

358 异使得乔治·查斯特兰对“法兰西和勃艮第这两个民族的特性”之分歧深为悲叹。从15世纪起，两个响彻近代历史的词语反映出了新的现实，这两个词就是：民族，祖国。

语言的一致逐渐成为法国统一的一个因素。在布列塔尼以及方言各异的奥克语地区，法语是官方语言，奥伊语地区也是如此。1450年前后，在大法官公署的文件中，法语取代了拉丁语；在王家官员、特别是高等法院的法官们的推动下，法语得到广泛而深入的传播；在公共法令中，法律条文是以法语—“母语”书写的。

1484年的三级会议（les états généraux）是法国统一的一次宣言。这次大会上，来自全国三个等级的250名代表确认，他们是民族的代表——只有布列塔尼派出的是观察员——并首次使用了généraux（全面的、普遍的）一词。各城市的代表占据会议的主导地位，且按人头表决；女摄政不正是把图尔这个商人的城市、这个路易十一“眷恋”的地方选为会址的么？起草全民族的陈情书时，六个地区性的专署把共同的陈情内容汇总为一份统一的陈情书，该文件下分六个大专栏：教会、贵族、平民（税收）、司法、商业和参议意见。大会同样表达了一种全民族的精神：人们要求对习惯法作必要的编订，要求实现国内贸易自由化。后来人们不是还坚持要将国王的议政会置于三级会议的监督之下么？我们所看到的关于会议辩论的报告得益于鲁昂的一位议事司铎让·马瑟兰，这个人要求两年后应就税收问题召集新的会议。勃艮第的司法总管菲利普·波特支持马瑟兰，并发表了一番堪比米拉波的箴言：“国家是人民的事务，主权不属于君主们，他们只因人民而存在……我将王国的全体居民称为人民。”当然，这样的观念只能为少数人接受。在市民代表那里，亲王们矫揉造作的自由主义已不再具有“公益同盟”时代的影响力了。政府暂时同意削减军役税，但回避了两年一届大会的问题，并按自己的意愿组成议政会，在大肆“许诺恩惠”的同时，它又取消了代表们的津贴。大会在两个月后结束。这次会议是奥尔良的路易发起的，但结果与其暗中期待的相反，王权得到强化，而民族代表的潜意识也在加强。

正是沿着这样的发展道路，具有独裁色彩的法国王权将在 15 世纪末带上家长制的特点，而且路易十二也因此而闻名[1]。当时，宫廷还不是很奢侈，官员为数还不是很多，国王和人民之间还没有隔阂。此时的法国已经摆脱了不久前的苦难，但还没有深陷外部的军事冒险之中，看来它可以休养生息，可以展望未来了。

二、初步的扩张

新时代的年轻人

中世纪从来就没有老人。不过，由于经历过战争和各种危机的数代人尽显疲态，相比之下，那些继承先辈历尽艰辛的成果的年轻一代，其青春和热情就显得格外生机勃勃。当查理八世和弗朗索瓦一世掌握法国的命运时，他们都刚好 20 岁；路易十二登基时已 36 岁，尽管因自己的阅历而变得沉稳，他并没有丧失当初那位奥尔良公爵的进取心；在年近 50 岁时，他还与一个英国人结婚，这是他的第三次婚姻，这证明——也考验了——他良好的体力。

这些年轻的国王对过去的苦难自然没有任何的记忆，他们的年纪越小，其热情也就与之倍增，觉得自己无所不能。虽然没有统计学上的精确信息，但仍有证据表明，王国的人口在增长。王权已经取得一 359
些人口众多的地区，如布列塔尼。百年战争以来的成就并不仅是弥补过去的损失。克洛德·德·塞赛尔注意到，“有些地方曾长期是无用的荒地或林地，但现在已被开垦，村舍散布其间。”农村家庭人口众多，分割继承导致土地碎化。很多教区需要扩建或重建教堂，因为老教堂现在太狭小了。城市人口也在增长，塞赛尔说，城市已没有可供建筑之地，城郊变得像主城区一样大。图尔甚至出现了住房危机。巴黎（在沃吉拉尔）和鲁昂（在达内塔尔）在围墙内的空地上大兴土

① 路易十二被称为“祖国之父”。

木，扩建自己的城郊区。亚眠城区 25 年内扩大了一倍。里昂的人口连年递增。巴黎人口可能为 25 万，里昂、南特、鲁昂在 3—4 万之间，图卢兹约 2.5 万。由于没收外侨遗产的法律被取消以及国籍归化文书的发放，外国移民数量从 1480 年起开始增长，1483 年到 1501 年为 220 户（其中 44 户为西班牙人）。卡斯蒂尔人在波尔多、南特和鲁昂为数众多。另外，在这些城市中，特别是在巴黎和里昂，还有意大利移民：银行家、艺术家、学者，他们同时带来了一种新型的迷人的生活方式。

冒险和光荣的诱惑：意大利战争

早期的意大利战争是 15 世纪末法国重新获得扩张机会的一个标志，这样的解释也许不会违背历史传统。一个国家无法从事这样奢侈的冒险——就像法国大革命的征服一样——除非它已然品尝到生活的甜美、具备了生活的热情。

对 1490 年的法国而言，要做的工作也许只是让重建的果实成熟起来。国内局势升平，科明在其《回忆录》的末尾以一篇颂辞讴歌路易十一给法国王权带来的全欧性荣誉，这种赞美并不算太过分。马基雅维里曾认为，法国是享有宪法制度之平衡的典范国家。任何激烈的竞争都没有导致法国与其邻国之间的激烈对抗，1492 年亨利七世在加莱登陆只是一次示威，一次敲诈，这次事件最后以埃塔普勒条约告终，没有任何迹象表明他想重开百年战争。1493 年的桑利斯条约解决了查理八世与马克西米利安的矛盾，前者只要求保留阿图瓦和弗朗什-孔泰，但没有成功；这两个省本来是玛格丽特·德·奥地利的陪嫁——这个女孩不久前刚刚许配给查理——但这份嫁妆随即在没有预先通知的情况下被她的父亲收回。至于费迪南德·德·阿拉贡，查理宁愿他收回鲁西永（1493 年的巴塞罗那条约），以免双方再起争端。如果这些让步目的在于巩固和平的话，那可能是有益的。但事实上，查理八世这样做是为了轻装上阵，以追求他那更为辉煌的事业；但到头来，他的让步政策换得的只是黄粱一梦。

意大利的魅力

要想让弟弟从海市蜃楼般的幻想中回头，对安娜·德·博若来说势比登天。他以及他那一代人都被意大利迷住了，而某些法律上的权力要求使得幻想似乎有了实现的可能。

没有哪位历史学家认为，法国在意大利的扩张符合这个王国的传统和利益的正确方向。任何决定论都不能给出完满的解释；它是各种因素汇集的产物，既有以前的也有当时的因素。在过去，法国的君主们在意大利曾有过一系列的个别追求，现在它们成为干涉的借口。路易十一在继承勒内国王的家业时，也继承了安茹家族对让娜·德·那不勒斯的让娜女王的遗产要求。瓦伦蒂娜·韦斯孔蒂[①]与奥尔良家族的联姻给后者带来了阿斯蒂伯爵领，另外它对米兰也有了权利要求， 360
不过要求这一权利将会牺牲米兰的篡位者斯福尔扎家族的利益。在查理六世时代，热那亚曾寻求并接受了法国的支配，不过为时仅数年。路易十一在做太子时曾推行亲萨伏依的政策，当了国王后又与吕多维克·斯福尔扎——他的“伙伴”——保持频繁联系，但并没有因此而承担多大的义务。在意大利，没有任何具体的目标直接影响法国的政策，为保证自己的宗教和经济利益，法国只须在意大利诸小国不断变化的“组合”中施展外交手腕。

不过，任何人都不会对意大利的任何事物无动于衷。奢华者洛伦佐[②]时代灿烂的文化，使得来自这个半岛的一切东西都风靡一时。威尼斯依然掌握着东方贸易的钥匙。佛罗伦萨的金融业地位举足轻重，莽夫查理的倒台、以及随之而来的美第奇家族在布鲁日的分行的清算，都显示了意大利银行的重要性。

洛迪条约[③]并没有改善意大利长期混乱的政治局面，而且意大利人自己也在援引外国的干涉。在一大堆大小不一的侏儒公国中，有五

① 韦斯孔蒂家族曾长期统治米兰，15世纪中叶政权被斯福尔扎家族夺去。

② 属美第奇家族，15世纪后期统治佛罗伦萨。

③ 1454年意大利一些国家之间签订的和约。

个国家鹤立鸡群，不过它们仍然太弱小，不能吞并其他国家，同时它们又太强大，不能被别的国家合并。那不勒斯的贵族为了反抗来自阿拉贡的私生子、乖张的僭主斐迪南一世，促请查理八世行使他的权利。在佛罗伦萨，先知萨沃纳罗拉预言法国国王将会到来，这位神派来的“新居鲁士”将惩罚美第奇家族的佛罗伦萨的邪恶风尚，将召集公会议，以罢黜教皇亚历山大六世博尔吉亚，这个人靠出卖圣职而当选教皇。米兰的吕多维克·斯福尔扎，这个“摩尔人”，正寻求与查理八世结盟，以保住从他的侄子、那不勒斯国王的女婿让-盖雷亚斯那里篡夺来的米兰公国。

面对意大利人的邀请，整个法国宫廷都做好了回应的准备。查理八世勇敢有余而智谋不足，他和他的贵族都追慕骑士传奇中浸染的英雄主义梦想，而且他接受的“忠实的仆人”所描述的严格的军事教育也使他怀有这种梦想。这还是一种十字军的梦想，为1453年的耻辱复仇、重建东方帝国的神圣使命[①]，难道不正是属于那不勒斯和耶路撒冷的双重王冠的所有者么？与此同时，奥斯曼的亲王杰姆遭他的兄弟、苏丹巴耶济德流放，他向西方寻求援助，这正是打乱异教徒行动的一张王牌。博若夫妇已不再掌权，国王找到了一些雄心勃勃的议政顾问，他们都愿意迎合国王的计划；这些顾问主要包括：博凯尔的司法总管埃蒂安·德·韦斯克，圣马洛的主教纪尧姆·布利索内，他急切地想弄到一个枢机主教的头衔。好几个顾问还收了摩尔人吕多维克的钱。于是查理八世成了后者的盟友（1492年5月）。只需一个机会便可采取行动了。

1494年1月，那不勒斯国王死去，查理八世趁机宣布，他决定收回在那不勒斯的权利，军事准备随之展开。

查理八世在那不勒斯

这次行动十分仓促。国库没有足够的钱，只能向里昂的银行家们

---

① 1453年的耻辱指的应是当年土耳其人攻占君士坦丁堡，灭亡拜占庭，即所谓的东方帝国。

求贷，其间少不了麻烦。大军准备就绪；1494 年 7 月，法国的年轻贵族们汇聚于里昂，他们都垂涎于对英战争中老兵们荣膺的桂冠；法国还首次招募了阿尔巴尼亚的轻骑兵，另有数千名瑞士步兵，后者刚刚凭借对莽夫查理的胜利而奠定了一个世纪的威名。这支军队仍完全是中世纪的，尽管它有为数可观的步兵和优良的炮兵。另有一支舰队集结于热那亚，在军事行动开始时，奥尔良公爵就占领了这个城市（1494 年 6 月）。

在五个月的胜利进军中，法国国王纵贯意大利，几乎没有碰到什么战斗。部队经热奈福尔山穿越阿尔卑斯山脉，1494 年 9 月初涌入皮埃蒙特。查理八世在帕维亚会晤了吕多维克，解放了比萨，这个城市自 1406 年后就受佛罗伦萨控制。随着法军的逼近，美第奇家族那不得 361
人心的皮埃尔二世以及害怕被废黜的教皇亚历山大六世都胆战心惊。皮埃尔想进行和谈，但暴动逼迫他出逃，查理八世在佛罗伦萨城内举行了盛大的入城仪式。接着，国王向教皇博尔吉亚的城市前进，部队以军旗开道，旗上印有“神的意志，神的派遣”的口号。其后发生的事出人意料，难以捉摸：查理八世占领佛罗伦萨后，为萨沃纳罗拉主张激进改革的“独裁”体制取得了合法地位，但在罗马，他却巩固了教皇的地位。法国国王宣布服从教皇，后者则以那不勒斯和耶路撒冷的名号相许（1495 年 1 月 18 日）；教皇还把杰姆亲王交给查理，承认查理是十字军的首领，一个月后，他为这次十字军行动发出了通谕，不过全不当真。

查理八世致力于实现追随他的骑士们的梦想。那不勒斯国王阿方索二世逊位后逃往西西里，查理并不准备征服西西里，为的是安抚阿拉贡；阿方索的儿子费迪南德为荣誉而战，但没有成功，几个星期内法军完成了占领。1495 年 2 月 22 日，查理八世进入那不勒斯，身披皇帝的风衣，头顶四重王冠：法国、那不勒斯、耶路撒冷和君士坦丁堡。荣誉之外还有利益；法国人争相抢夺领地、官署和金库。一切都让这些狂热而年轻的征服者心满意足：光荣、财富、乐趣，不过一个弊病也随之而来，那就是道德上的放纵，斗志松弛，由此而滋生了

“那不勒斯之恶”。

不过这支远征军还没有堕落到这样的程度，以致不敢在危险来临时挺身而出；危险正在悄悄酝酿之中。摩尔人吕多维克的口蜜腹剑、亚历山大六世的暗中协同、费迪南德·德·阿拉贡和马克西米利安的怂恿、最后还有威尼斯的外交智谋，所有这些因素都交织在一起，为的是蒙蔽科明——查理八世派往威尼斯的外交特使，为的是组成一个旨在驱逐法国人的同盟。面对他们自己招来的外国入侵者，此时的意大利人有了民族共同体的意识。它的成果就是“威尼斯同盟”（1495年3月）。

查理八世知道如何应付。他把那不勒斯王国留给自己的堂兄弟吉尔伯特·德·蒙庞西埃去照管，自己折返法国，前不久五个月的征途这次只用了两个月。他的部队战斗热情高涨，这种“法兰克人的狂热”使他一个小时便打垮了人数占优的同盟军，并在福尔努附近的彭特雷莫里隘口突破亚平宁山脉（1495年7月5日）。9月底，国王回到法国。得不到增援的吉尔伯特·德·蒙庞西埃受到费迪南德·德·阿拉贡率领的西班牙军队的攻击，尽管他恪尽职责，但那不勒斯还是丢了（1496年2月）。

明智之神也许会劝告，不要再进行这样不幸的远征了。但并没有这样的神。就在查理八世在昂布瓦兹突然死去时（1498年4月8日），他还准备再一次远征。他打算与费迪南德·德·阿拉贡瓜分意大利，这就为他的继承人描绘了一条大道，而后者很快就要为了新的目标开始新的冒险。

路易十二在米兰和那不勒斯

路易十二时代曾以和平的维持而著称，但他自己却发动了战争。在意大利问题上，他像其先王一样目光短浅。祖业和王朝观念影响甚大，国王及其近臣、贵族舆论都在拥护阿尔卑斯山另一边的事业。为了支配意大利，至少是其与法国紧邻的北部地区，路易十二准备作出巨大的牺牲和妥协。确实，他与几个厉害对手之间存在瓜葛，比如天主教国王费迪南德和教皇尤利乌斯二世，而且路易还受到后者的玩弄。

他主要的顾问、枢机主教、乔治·德·昂布瓦兹让他少犯了很多错误，这个人才具很高，但也像他的同代人一样，眼睛紧盯着意大利，梦想得到罗马的圣座，但 1503 年，教皇庇护三世和尤利乌斯二世两次挫败了他。

路易十二即位后，中断了他的前任与吕多维克·斯福尔扎的友好关系，自任米兰公爵，韦斯孔蒂家族是他的直系祖先，他有这个权力。从此法国国王在意大利的政策有双重目标。 362

像 1494 年的查理八世一样，路易也确保诸位君主的中立立场，尤其是皇帝的中立，因为他是米兰的君主摩尔人吕多维克的叔父。为了换取教皇亚历山大六世的合作，路易同他进行了一番交易：教皇宣布路易与让娜·德·法兰西的婚姻无效，而路易则将瓦朗斯公爵领赠与塞萨尔·博尔吉亚[①]。瑞士各州答应提供雇佣军。一直反米兰的威尼斯也与法王结盟，条件是参与征服战争。

第一次占领米兰费时三个月（1499 年 8—10 月），但不久吕多维克又带着德国和瑞士的援军重回米兰，不过为时短暂（1500 年 2—3 月），拉特雷穆瓦尔很快便恢复了局面。1500 年 4 月，吕多维克在诺瓦尔被俘，关在铁笼子里押解到罗齐城堡，并在那里度过了他的悲惨余生。乔治·德·昂布瓦兹是这次战争的组织者，他在米兰派驻了部分行政机构，此举十分明智：法国在米兰的统治维持了 12 年，且没有遇到严重的困难。

轻易征服米兰以及由此在意大利君主们中造成的威望迷惑了路易十二。他指望威尼斯的支持，一支法国舰队还与威尼斯合作，在地中海各岛屿作了最后一次的十字军努力（1499—1501 年）。路易唯一可以预料的是，亚历山大六世将不久于人世，这会使他失去塞萨尔·博尔吉亚的支持，因为后者有一个大胆的计划，准备将意大利中部地区归于自己名下。路易十二当时信任的是费迪南德·德·阿拉贡，双方

---

① 路易十二的第一个妻子是路易十一的女儿让娜，即让娜·德·法兰西，他离婚后与查理八世的遗孀安娜·德·布列塔尼再婚。塞萨尔·博尔吉亚是教皇亚历山大六世的儿子。

正在商谈瓜分那不勒斯王国的计划，这个计划类似于路易与威尼斯分割米兰的方案（格拉纳达条约，1500 年 11 月 11 日）。这是一场尔虞我诈的交易。费迪南德已经控制了西西里，但他并不掩饰他的野心，且他的外交手腕之高明人所共知。双方的合作自然延续不了多久。那不勒斯国王、弗雷德里克·德·阿拉贡-卡斯蒂尔曾同意将王位让与路易十二，而且路易也拿到了这份文书的原件，但是西班牙军队的首领、贡扎洛·德·科尔多瓦却努力为他的主人扩大分得的地盘①。尽管双方在里昂签订了新的协议，但零星的冲突终于发展为公开的战争。法国在鲁西永发动钳制攻势，从海陆两路增援那不勒斯，个别战斗也打得十分出色，如拜亚尔保卫加里尼亚诺桥的防御战，但所有这些都没能挽救溃败之势。代理长官内穆尔公爵丢掉了那不勒斯，加埃塔②也投降了。路易·德·阿尔带领最后一支法军完成了一次非凡的撤退行动。面子虽然保住了，却最终失去了那不勒斯（1504 年）。此间，由于教皇尤利乌斯二世的当选和塞萨尔·博尔吉亚被排挤，法国在罗马的影响力也大为削弱。

法国人的踌躇

路易十二丧失了政策上的主动。对手越来越强大，也越来越狡猾。1504—1505 年路易十二重病期间，打算就自己的一些重大事务作出安排，但周围的人对他施加了相互冲突的影响力。王后安娜一直希望给国王生个太子，但未能如愿，国王的推定继承人、弗朗索瓦·德·昂古莱姆年轻而出众，他的母亲路易丝·德·萨伏依为此趾高气扬，这让安娜不能忍受。两位母亲之间产生了可怕的嫉妒。她们之间斗争的关键是布列塔尼的女继承人克洛德·德·法兰西的婚事问题。安娜不愿把她的女儿、也不愿把她的故土送给敌人的儿子。这样，王权的利益，无论在法国还是在意大利，变成了次要问题，看来关于王国的封

---

① 弗雷德里克当时是那不勒斯的国王，他曾提议把他的王国作为法国的采邑，故有逊位于法王的说法；但路易十二已经和阿拉贡的费迪南德（即西班牙国王）密谋分割那不勒斯，科尔多瓦的贡扎洛就是为后者服务的。

② 当时法国在那不勒斯境内最后的据点，1504 年 1 月 1 日向西班牙人投降。

建主义和祖业观念依然根深蒂固。

起初，安娜的影响力占上风。根据1504年9月在布卢瓦与皇帝签订的三个条约，克洛德·德·法兰西许配给马克西米利安的孙子查理（未来的查理五世），并以布列塔尼、勃艮第、布卢瓦伯爵领、阿斯蒂伯爵领、米兰公爵领和热那亚为陪嫁，作为交换，国王与帝国结成联盟，以反对威尼斯并取得米兰的封地。

但一些出乎意料的事件挫败了上述极其有害于王国统一的计划，
并体面地解决了那不勒斯问题。费迪南德·德·阿拉贡，这位西班牙
国王、伊萨贝尔的鳏夫希望娶一位法国郡主为妻，路易十二趁机将日 363
耳曼尼·德·富瓦（他的侄女）嫁给费迪南德，并放弃对那不勒斯的
权利要求，条件是费迪南德须为此支付90万弗洛林的赔偿金（1505
年）。更为幸运的是，路易十二向昂古莱姆派作出让步，因此挫败了同
奥地利的联姻计划。克洛德·德·法兰西被许配给她的堂兄弗朗索瓦，
为使这一决定更具分量，这桩婚事还得到了三级会议的批准（图尔，
1506年）。国王向奥地利的君主们解释说，法国国王的宣誓①极为重
要，如果他的许诺有悖于王国的福祉和利益，那么这一许诺也是无
效的。

路易十二为尤利乌斯二世帮忙：康布雷同盟

1506年法国政府完成了内部整顿，1507年镇压热那亚的起义展现了它的能力，路易十二又有了支配意大利事务的机会。费迪南德向路易寻求友谊（1507年6月的萨沃纳会晤）；尤利乌斯二世虽然在教皇国的地位稳固，但他害怕法国—西班牙军队的联合，马克西米利安对威尼斯发动的不幸的攻势亦不能平衡这支强大力量。既然暂时还不能将“蛮族人”赶出意大利，于是教皇决定利用他们。当时威尼斯控制了他的一些领地，为了打击这个对手，教皇组成了一个康布雷同盟（1508年12月10日），法国、西班牙和皇帝都被拉入同盟。事实上法国军队是这场斗争中的主力，它刚刚补充了一些地方连队——地方连

① 这一宣誓的内容当指国王应维护法国的“福祉和利益”。

队是法国兵役制度的起源（1509 年 1 月 12 日法令）；阿尼亚德尔的胜利（1509 年 5 月 14 日）也完全是法军的功绩；但这一切都是给尤利乌斯二世服务的：威尼斯臣服于他，并得到了他的宽恕。尤利乌斯还没有考虑到如何酬谢别人的帮助。法王在强大时能被利用；但作为战胜者他又是危险的。教皇只为了控制意大利、甚至只为了把圣座从一个可能成为监护人的邻居手中解放出来吗？他曾说，“法国人想把我变成他们国王的小教堂中的神甫，而我要成为教皇，并以我的法令向他们证明我的身份”。

尤利乌斯二世与路易十二的斗争：神圣同盟

我们知道，在比萨公会议[①]时期，宗教问题和政治事务纠缠在一起，这是当时一种典型的封建特征。法国舆论特别倾向于罗马教廷，当整个法国及其国王受到教会法规的处置时，法国人的感触特别痛苦。尤利乌斯二世本人也厌恶路易十二。

对威尼斯的战争刚刚结束，教皇便联合费迪南德、英王亨利八世、威尼斯和瑞士各州，组成反法同盟。为法王打仗的瑞士雇佣军也被他争取过来。这就是神圣同盟（1511 年 10 月 5 日）。路易十二调侃道，“他想打击的土耳其人其实是我”。法军的指挥官是位年仅 22 岁的军事天才：国王的侄子加斯东・德・富瓦。他以消耗战术将瑞士人赶回他们的山区。是年冬天，加斯东发起强大攻势，打破了西班牙和教皇国军队对博洛尼亚的围困，10 天后又从威尼斯手中夺回布雷西亚。1512 年 4 月 11 日，加斯东战死于拉文纳战役，其辉煌的军事生涯猝然告终。当时他围困拉文纳，一支西班牙军队前往增援这个被困的城市。这场战斗表明中世纪式的战斗正在改变。两个小时的相互炮击后，加斯东开始施展他的战术。他将部队布置成半圆形阵势，让炮兵从右侧转移到左侧——这在当时是全新的战术——从侧面攻击对手。接着双方短兵相接，开始传统的肉搏战，拉帕里斯的预备部队的参战使法

---

① 一译宗教评议会，1409 年在比萨召开的天主教会议，由罗马和阿维尼翁两个教廷的枢机主教共同发起，旨在结束两个教廷分立的局面。

军最终获胜。弓箭手乘胜分割溃逃的敌军。但拉文纳的胜利给路易十二带来的只是一次喘息。他的其他行动都失败了。在瑞士人的压力下，拉帕里斯撤离了米兰地区，马克西米利安·斯福尔扎夺回了他祖先的宝座，并于 1513 年 6 月在诺瓦尔挫败了法国人最后的努力。马克西米 364
利安已于 1512 年 11 月 19 日加入神圣同盟；路易十二曾企图发动苏格兰人攻击英国的后方，但亨利八世却于 1513 年 7 月 1 日在加莱登陆。法国面临着全面入侵的危险：费迪南德进驻纳瓦尔，瑞士人兵临第戎，北方是皇帝的人马和英国人。该设法怯敌了。

和解

当战争的主要目标看来遥不可及时，所有人都厌倦了。1513 年 2 月 21 日，尤利乌斯二世死去，新当选的教皇列奥十世（1513 年 3 月 11 日）是个和平主义者，这些变动都有利于澄清局面。路易十二于 1514 年 1 月同新教皇和解。就在此时，安娜·德·布列塔尼死去（1514 年 1 月 9 日），克洛德·德·法兰西和弗朗索瓦·德·昂古莱姆的婚礼得以举行；国王议政会的政策明朗起来。人们甚至在考虑全面的和平。从 1513 年起，路易十二就开始与威尼斯谈判，与费迪南德的停战协定则已经签署；拉特雷穆瓦尔也通过谈判让瑞士人撤退了。亨利八世同意缔结和约并与法国结盟，甚至愿意把妹妹玛丽嫁给法国国王，百年战争已经成为遥远的记忆。唯一的问题来自皇帝，他女儿玛格丽特坚定的反法情绪也感染了他。

路易十二并没有太长的时间来享受和平以及比他年轻许多的新妻子的风情。他已经把威胁法国的危险因素置于极端有限的范围。经过这么多的战争、花了这么多钱，其成果等于零；但法国需要重振经济，以便既能负担战争开支又不致造成重大损失。

经济的加速发展

在《致国王路易十二的颂词》中，克洛德·德·塞赛尔以其溢美之辞，将经数代人的努力而恢复的经济繁荣完全归功于他的君主；不过，这篇颂词的事实基础是可靠的。到 1480 年左右，我们可以看到自百年战争结束以来的努力成果；另外，也正是在这个时候，总体经济形势开始转向，情况更为有利了。

塞赛尔注意到，法国是欧洲人口最多的国家，并十分正确地指出了其中的一个原因：和平以及随之而来的富裕。塞赛尔说这番话时，也就顺带批驳了马尔萨斯主义的反对意见，也许大家愿意知道这种反对意见在那个时代是怎么被想象出来的。塞赛尔写道："长期的和平使得人口成倍增加，如果发现穷人比平常多，我们不该感到奇怪，因为同样多的地产和金钱在更多的人口中分配的话，每个人得到的会相应减少。但也有相反的论据：所有人都在耕作和劳动；这样，地产、收入和财富也会随着人口的增加而增加……"

生产的发展

经济的地域化十分明显。每个省都从事农耕、畜牧、森林业、鞣革和纺织。根据塞赛尔的看法，全国有 1/3 的土地是自 1475—1480 年以来被垦殖的；在他写下这些文字的时候（1508 年左右），土地的年收入相当于其 30 年前的价格。在勃艮第、诺曼底和普罗旺斯，人们继续开垦林地和沼泽；由于有了卢瓦尔河谷和勃艮第的苗木，巴黎地区的葡萄园又焕发了生机；阿基坦的菘蓝种植业日益发展；小麦"大量"出现在博斯的原野上，整个西部地区都在种植大麻。人们努力进行有效的生产、获得更多的赢利。出于农产品商品化的考虑，人们有时还试图根据土壤性质种植合适的作物，如葡萄、菘蓝、大麻、亚麻、小麦。比如贝里的某个领地，1483 年时，小麦与黑麦的生产持平，但到 1503 年，小麦产量占 2/3。法兰西岛的一些富裕农户已开始使用双轮"全铁制"的新犁。各地的产量都在增加；在勃艮第的一个教区，1516 年的什一税收益为 18 桶，而 1499 年和 1469 年的数字分别为 13，5。
365 圣日耳曼-代-普雷修道院的收入增加了，但税率却下降了。土地价格不断上升；在巴黎地区的南部，从查理八世时代到弗朗索瓦一世时期，可耕地价格上涨七倍，草地和葡萄园上涨 1/3；在弗朗索瓦一世时代，这一地区的空地极少，出卖的都是小块地，而且价格很高。

这种局面对生产者有利。路易十二时期，农民业主的数目增加了；

他们女儿的嫁妆里出现了银器和织工精细的袍子，他们还向教堂馈赠遗产。不过，除了这些“富裕的自耕农”，还有众多“劳力”无产者。

整体而言，农民的生活条件是艰苦的，但比战争时代和税收苛重的路易十一时期要好。而随后的几代人由于法国同查理五世的斗争而背上了过于沉重的负担，对他们而言，从博若夫妇秉政到路易十二统治末年的1/4个世纪是段美好的过去。

手工业同样提高了产量。纺织业仍居首位，但它也在革新。鲁昂传统的呢绒业的陈规受到城郊新型呢绒业的震动，这一新行业急于满足中等收入客户迅速增长的需求，它采用卡斯蒂尔的羊毛，以纺车代替手工纺纱杆，用磨而不是脚进行缩绒处理，并购买西班牙的明矾，织物“染色鲜艳”；通过这些改进，5周的加工流程缩短为3周。当生产超过本地所需时便有了出口。诺曼底（法莱兹）、布列塔尼（维特雷、罗克洛南）、普瓦图（“沙洲地”）和香槟（特鲁瓦）的纺织业也在为出口而生产。巴黎的针织业和制帽业成为一大特色。当皮埃蒙特人埃蒂安·图尔盖恢复里昂的丝绸业时，图卢兹随即效法，但当时图尔已有8000名丝织工人了。这些主要供出口的工业以讲求质量为特点。金属产业同样在发展：如巴黎的金银制品，朗格勒的剪刀业，诺曼底的制钉业和制针业，巴黎的武器制造业；还有巴黎、鲁昂和图卢兹的皮革鞣制业。出版业的发展得益于以下两个因素：印刷术传播到巴黎和里昂，以及1514年路易十二豁免该行业的出口关税；随着出版业的发展，特鲁瓦和奥弗涅的造纸业也从中受益；另外，花纸行业生产的神像和纸牌行销于巴黎、鲁昂、里昂和图卢兹。“巴黎物什”在整个西方日益风行。

另外一些迹象也表明了工业的进步。炼铁炉的急剧增加使得森林面临毁灭的危险，因此国王下令控制森林砍伐；诺曼底从纽卡斯尔进口煤炭，当时冶金业刚刚使用这种燃料。为控制因购买原料而导致的金银外流，法国开始了地下勘探事业，以期降低明矾（从罗马一带购买）、西班牙铁矿和英国锡矿的进口量。

在自然物产带给法国的财富中，盐是主要来源之一。下朗格多克、尤其是大西洋沿岸的盐场（森通热、布尔涅夫湾、盖兰德）给“大交易所”中的合伙投机商带来了丰厚的利益。沿海地区也以渔业为生。“藏鲜”船队以鲜鱼供应巴黎。从塞纳河到佛兰德尔水域，活跃着捕捞鲱鱼的渔民；此外，巴斯克人、森通热人、布列塔尼人和诺曼底人还忙碌在纽芬兰的鳕鱼渔场；1500—1520年间，潘波尔和费康[①]开始为他们的事业奠定了基础。

商业的活跃

在法国经济生活的各个方面中，商业的发展肯定是我们了解最多的。这方面，塞赛尔的话仍有借鉴意义：“商品流通大有增长，水路陆路皆然……各色人等，贵族除外——但我不觉得他们属于例外——均
366 投身贸易，在先王路易十一朝，若某人在巴黎、里昂、鲁昂或王国别的城市抑或全境之内，遇大富商者一人，则现今此等大富商必有五十之余……”接着他又提到，这与交通的发展有关，“今日前往罗马、那不勒斯、伦敦或海外某地，比之昔日前往里昂或日内瓦更为容易，以至于有人可循海路找寻或已找到新土地”。

自路易十一以来，道路网络大为发展，已形成以首都为中心的交通网，1552年，查理·艾斯蒂安在他的《法国道路指南》中对此已作过描绘。朝圣者从鲁昂到里昂只需12天，骡车队往来于里昂和马赛用时一个月。四大河流[②]成为运输大动脉；1504年，巴黎的河运比1475年翻了一番。瓦兹河是巴黎与尼德兰的联系渠道，但通往安特卫普的大道更为重要。意大利战争期间，跨越阿尔卑斯山的交通分外活跃，这也得益于路易十二时代法国与米兰地区的联合；交通联系使得热内福尔山的大道沿线富裕起来。

当时西方各民族都争相向海洋、特别是大西洋进军，在这场热潮中，法国是个迟到者，但它努力弥补这个遗憾。意大利战争把国家和商人的注意力集中到了南方，法国人依旧固守着地中海的传统。马赛

---

① 班波尔（Painpol）和费康（Fécamp）是法国北部的两个渔港。

② 法国的四大河流一般指塞纳河、卢瓦尔河、罗讷河和加龙河。

仍然是东方的香料和织物的进口港；1490 年后，大量大西洋各港口的船只自西向东穿越直布罗陀海峡，前往希维塔维奇亚装运明矾的诺曼底人尤其多；另一些人则一直航行到地中海东岸各港口，1511 年，路易十二从马木路克①人获得了在那里通商的便利条件。但是，潮流正在转向相反的方向；1475—1480 年后，马德拉群岛和加纳利群岛的糖以及香料开始经由诺曼底各港口转运到巴黎和里昂。波尔多、南特、特别是鲁昂位置优越：它们坐落于西方的主要商路上，一边是塞维利亚和里斯本，另一边是安特卫普，它们因此而在国际贸易中占有一席之地。从 15 世纪最后 20 年开始，这些港口城市的贸易一日千里，战争也只是使其暂时中断。船只数量巨大，主要是诺曼底和布列塔尼的船；吨位也不断增加，甚至国王也对此感兴趣，命人建造了“大路易斯”号（800 吨）。和平有利于贸易发展，一些国际条约也明确了航行规章。波尔多与西班牙和英国贸易；南特同毕尔巴鄂结成了商业同盟；而作为巴黎的前卫港的鲁昂更是首屈一指。与英国、尼德兰、西班牙和葡萄牙之间的传统贸易加强了。1503 年，丹麦松德海峡的通行税簿册上首次出现了法国船只通行的记录。1483 年，希腊人乔治前往佛得角，重新踏上了 15 世纪初让·德·贝滕古尔②到加纳利群岛殖民的那条航路。1479 年和 1485 年，布列塔尼的水手从马德拉群岛归来。1506 年，翁弗勒尔人向纽芬兰远航。与此同时，法国人正在阿加迪尔港③装运糖。1509 年，鲁昂迎来了印第安人。1503 年，勒博尔米埃·德·贡纳维尔航行到了巴西，这次探险是韦拉扎尼兄弟远航事业的先声。在查理八世和路易十二时代，海外贸易是法国的主要收入来源之一。1480 年左右，严重的贸易逆差开始被扭转，农业的恢复和工业的发展使出口超过了进口。法国的经济复苏开始于 15 世纪末。

“新大人”

经济繁荣的受益者是市民家庭，在每个城市，这样的家庭总是学

---

① 即当时的埃及。

② 贝滕古尔（Béthencourt，1360—1425），生于诺曼底的航海家，后为卡斯蒂尔服务。

③ 位于今摩洛哥西南部的一个港口。

徒和工匠的提供者。经过三代人的努力后，财富逐渐集中到他们手中，每一代人都在增进上辈的财产。三代人中的祖辈是个商人或行会师傅，
367 在15世纪前半叶的货币贬值浪潮中，贵族和教士失去的恰是他们所得到的；那些最能干的人熬过了危机时代，他们是雅克·科尔的同代人。一些新家族冒了出来：如图尔的图斯坦、博内、布利索内，南特的皮卡尔、朗代和塞梅松，波尔多的埃康、卡马尔萨克、贝尔尼伊，图卢兹的阿瑟扎，马赛的福尔班、旺托、罗梅赞，里昂的维亚尔、佩拉，巴黎的埃内干、勒格拉和鲁亚尔。儿子继承父辈的事业，而且起点更高了。他利用抵押租金、盐税进行投机，什么生意都干；作为路易十一的同代人，国王也会听取他的意见的，有时他还借钱给国王；作为回报，国王会允许他以“封地捐”[①] 的形式获得贵族的土地。如我们前面已经提到的纪尧姆·德·瓦里耶，皮埃尔·多里奥尔，让·德·博内和让·布利索内，理查·勒佩勒提耶，以及纪尧姆·莱斯图。当然并不是所有人都按同一步调前进。就最常见的情况而言，第三代人，孙子们，也即查理八世和路易十二的同代人，其所经营的业务至为广泛：海陆贸易，承租公共或私人捐税的征收，放款以及地产经营。他们在城里有公馆，在乡下有城堡，因为拥有流动资本的人知道，应为他们的事业提供“比充满风险的商业更为牢靠的基础，草地和林地结合到了一起，林地和耕地也合而为一”（马克·布洛赫）。于是大批市民进入了土地所有者行列。他们并不满足于握有资本，还参与各种市政机构，充任参事和官员。除了市政官职，他们还为孩子弄到了国家官员和教会的职位。

文学中也出现了他们的大名。这些作为穿袍贵族前身的商业资产阶级，终于挤进了接近国王的小圈子。有几个名字仍然很响亮：罗贝尔特、加亚尔、迪普拉、博耶。博内和布利索内家族的历程很典型。另外，所有这些人都是亲戚或盟友。纪尧姆·布利索内是1450年左右

① franc-fief：这实际上是平民获取贵族地产时缴纳的一种捐税，以补偿封地（fief）所遭受的损失。

图尔的一个商人，他的儿子让是个总收税人，而后者的儿子中间出现了一位高等法院的法官，3 名总收税人，以及兰斯大主教、法国的大法官罗贝尔。让·德·博内也是图尔的商人，纪尧姆·布利索内的合伙人；他的儿子从事的是银行业；像雅克·科尔一样，他也在王家财务总管任上发了财，并成为总收税人，在图尔建造公馆，购买蒙特里夏尔领地；路易十二册封他为贵族；弗朗索瓦一世封他为桑布朗塞男爵，这个名字下的辉煌和不幸①现在已经广为人知了。

新的生活情趣

和平的重建和经济的复兴使得城市生活、社会风尚、文学艺术可以尽情表达生活的魅力，而过去动荡和战争岁月的人们只能仓促茫然地品味生活的辛酸。查理八世同代的年轻人对未来充满信心，意大利的光芒更是增强了他们的信念。不过，为使考察更为全面，我们经常要作一点追溯。

生活的情趣和装点正向更为宽裕、舒适、甚至是奢侈的方向转变，并带有某种炫耀的意味。最细微的举止风范也能反映这一转变。首先是服饰。粗厚呢绒让位于细薄呢绒、丝绸、柔和的棉麻织物（如大马士革和威尼斯款式的）、漂亮的皮毛制品——中产阶级的女儿的嫁妆里便有这类衣物，并引发贵族和教士的愤怒。人们喜欢蓬松的衬衫，宽大的织有金丝的丝绸或天鹅绒长袍，以及镶有银饰和珠宝的腰带。巴黎的时尚已经成为领航者，外国人也竞相模仿，特别是英国人。亲王们的宫廷也成为培养优雅品位的中心，如勃艮第公爵和安茹家的勒内国王的宫廷，那里的审美趣味形成了自己的模式，并将法国的风格和意大利风格结合到一起。食品也趋向奢侈：肉食丰盛，菜肴精美，葡萄酒是精酿的，还有异域的水果，以及甜食。家具是精心制作的：精雕细刻的箱柜，柏木打造的桌子，象牙、锡制花瓶，织有人像的立 368

① 桑布朗塞男爵（baron de Semblançay）于 1527 年 8 月被绞死，此时他已年过八旬。此时弗朗索瓦一世正面临财政困境，特别是欠了男爵的钱，因此后者实际上是国家财政的牺牲品。

经挂毯，所有这些都不再是亲王们的专有物，市民也用以装点居所。

从 15 世纪中叶起，城市的房屋开始美化。战后的建筑热潮也没有影响美化工作。图尔、图卢兹、鲁昂、巴黎、特鲁瓦、第戎、里昂有大量贵族和“像贵族一样生活”的市民的公馆。原有的山墙升高了；房间增加了，以便接待客人；石头起初只是用来打地基，随后用于地面建造以及整个建筑，但仍然只有富人才这么做。城市变美了，市容规划学也随之诞生。街道以石块铺砌，菜市场建立起来，屠宰场迁离市区，喷泉迅速增加。图尔、里昂、第戎拥有了新的市政厅；鲁昂在路易十二时期建起了令人叹为观止的司法宫。民用建筑发展迅猛，但宗教建筑仍最为重要。最小的村庄也重建了它们荒芜的教堂，商业城市的教堂规模则与其财富成正比。教堂那精心装点的拱门结合部，那繁盛的叶饰和皱叶甘蓝雕刻，那复杂的涡卷线状图案，无不表达出生活之欢欣和富足，以及不久前的动乱时代留下的心灵创伤。波尔多、南特、图尔的大教堂，阿朗松圣母院教堂，圣米歇尔山的修道院，巴黎的圣雅克塔楼，特鲁瓦的教堂，特别是鲁昂那多如繁花的宗教建筑都昭示了这一点。

与此同时，城堡也在演变。随着和平的恢复以及炮兵技术的发展，昔日那种高耸的石头防御工事，没有透气口，潮湿阴惨，已经不能适应生活的需要了。城堡主塔变成亭子和露台；巡查道被改造成开阔的厅廊，非常宜于散步；炮眼被用作中梃的门窗洞，其上还装有透光的三角楣；沿着屋面铺设了扶手；甚至烟囱上都作了装饰；砖块和石头的交替使用便于让光线发挥效应。露台、树林和喷泉、花圃、动物园等为居民提供了新的生活环境。那些已成为廷臣的领主、那些冒充贵族的富裕商人要这些堡垒做什么呢？“城堡”和“城堡主”这两个词词义的演变很能说明问题。卢瓦尔河地区这样新布局的城堡特别多：默恩-苏尔-耶弗尔、罗齐、普雷西-雷图尔，肖蒙，布卢瓦等等，它们是 15—16 世纪法国艺术发展的名副其实的缩影；阿泽-勒-里多和舍农索的所有者是大资产者吉尔·贝尔特洛和托马斯·博耶；甚至在昂布瓦兹和南特，查理八世和安娜·德·布列塔尼也带来了某种转变。

根据一种相当流行的简单化的看法，查理八世远征意大利是法国文艺复兴的开端。实际上，意大利对法国的影响在战争之前就已发生，战争正好说明了这一影响。那个时代的独特之处是，人们把从意大利带来的东西看作“意外之喜”，但并没有忽视民族传统，后者仍有自己的活力，而且资助文艺也不是来自意大利的舶来品。在这方面可以提到艾克斯的勒内国王，穆兰的波旁家族，法兰西的国王，布列塔尼的弗朗索瓦二世和安娜，勃艮第家族，出身富裕市民阶层的高级官员和主教，如吕泽、蓬歇、布利索内和昂布瓦兹，谈到这些人，同时也就指出了那些文化繁盛的主要中心：普罗旺斯、勃艮第和佛兰德尔、法兰西岛、诺曼底和卢瓦尔河地区。

意大利“感觉”的渗透很缓慢，尤其是在建筑艺术中。北方仍是火焰式风格，它在布列塔尼也是经久不衰，古典主义的东西起初只是点缀性的，例如南特城堡的凉廊，昂布瓦兹的圣于贝尔小教堂，布卢瓦的柱廊，盖永的壁柱、圆雕饰和大理石雕像。尽管查理八世、路易十二和乔治·德·昂布瓦兹招募了一些意大利艺术家，外部形式也在发生变化，但建筑的精神仍是中世纪的。

当时所谓的次等艺术已经与建筑分离，它们受到新的、表现美本 369
身的形式的影响和推动。各艺术中心都表现出其地域主义特色。卢瓦尔河一带，从波旁地区到都兰，其艺术流派风格更具古典色彩，更为整齐、更具节奏感；温和慵懒的地方气息体现在以让·福盖为主要代表的细密画艺术中，体现在迈特尔·德·穆兰那从容优雅的画像中。米歇尔·哥伦布的雕刻作品（位于南特的弗朗索瓦二世的陵墓）则在持重的现实主义中透露出更多的生气。不过意大利的影响已经传过来了。雕刻家和画家们从意大利带回了古代的审美理想，复调音乐在意大利“弗罗多拉”[①] 的影响下变得更为简明。查理八世招徕了铭章制作师乔瓦尼·坎蒂达，路易十二延请莱昂纳多·达·芬奇前往法国，安德里亚·索拉里奥则在为乔治·德·昂布瓦兹工作。人们还没有瞧不

① Frottola，15 至 16 世纪流行于意大利的一种合唱方式，类似牧歌而较简单。

起中世纪的艺术传统，但意大利的风格更受青睐。英雄崇拜萦绕着贵族的年轻一代，市民阶层的财富是对个人成就的礼赞，没有什么比意大利的艺术更让这两类人称心了。

人文主义的先声

在精神领域，中世纪传统与新形式的综合似乎来得较为缓慢。虽说维永[①]的粗犷带来了一股现实而真诚气息，但修辞家们铺张卖弄的风格一直持续到路易十二时代之后，由此培养出一种“贵族体”；诗歌赛会上、修辞班中、反诗竞赛中那些蹩脚的诗人对这种文风十分着迷，他们竞相追捧梅奇诺、克雷丹、布歇和比利时的让·勒迈尔。历史学也受到不良的感染；查斯特兰、拉马尔什、莫里内、奥通，甚至塞赛尔都胡乱编纂过一些颂词，而相比之下科明那直白的语言和心理显得卓尔不群。不过，就是在这种维持讽喻传统的文化环境中，我们找到了人文主义文化最初的信徒。然而，很难看出他们与 15 世纪初彼德拉克式的人文主义者之间存在什么连续性。对古典主义的兴趣传播开来。当皮克·德·拉·米兰多拉来到巴黎时，他的崇拜者不在少数，洛伦佐·瓦拉甚至在巴黎发现了他的读者。希腊文化也很快找到了它的崇拜者，甚至在外省的二等城市也有爱好者，如在迪埃普。印刷术便利了人们理解和模仿古人，并使得罗贝尔·加甘和纪尧姆·比代可以钻研真正的渊奥学问，借鉴大师们的风格原型。他们与伊拉斯谟、与其意大利的追随者建立了密切的联系。不过这些都是思想特别开放的个人的行为，因为尽管有枢机主教埃图特维尔的努力，经院哲学仍没有被充分改造，仍然与大学的陈规纠缠在一起。

宗教热情的复兴

宗教思想和宗教情感也在慢慢趋向净化和复苏。对教会改革的关注只是这一努力的外部表现。法国君主将教会改革掌握在自己手中，

---

① 维永（François Villon，1431—1465?），法国诗人，狂放无行，曾多次入狱，作品有《大遗言集》、《小遗言集》等。

其成就堪与天主教国王们相比。与枢机主教希斯内罗斯[①]相对应的是枢机主教昂布瓦兹，他既是首相又是教皇特使。改革工作并非毫无成果；这位教皇特使将1493年图尔大会的计划重新付诸实施，将某些本笃会修道院（谢扎尔-贝努瓦）和蒙塔古学校狂热严厉的校长让·斯坦东克所自觉树立的榜样推广到所有修道院。教皇特使以行政手段展开工作，因而其成果具有普遍性和条理性的优点，但也产生依赖公共权力的弊端。政治会破坏改革的成就，因为路易十二错误地把宗教事务与他同尤利乌斯二世的冲突掺合在一起，而这一冲突纯粹是军事性和政治性的。废除国王与路易十一的女儿、让娜的婚姻，以及国王同安娜·德·布列塔尼结婚等问题已经恶化了法国宫廷同圣座的关系。乔 370
治·德·昂布瓦兹死后，路易十二认为自己有权对教会实行全面改革，以期粉碎教皇的对他的敌视。他可以从两个方面获得支持：一是在图尔和里昂开会（1510—1511年）的法国高级教士们的高卢主义立场，二是皇帝马克西米利安赞同未经教皇许可而在比萨召集公会议（1511—1512年）。但是他失败了：出席比萨公会议的只有6名枢机主教以及24名主教和大主教（其中16名来自法国）；尽管法国官方宣传家们散布小册子来鼓动民众，但舆论担心教会会再次发生分裂；最后，教皇自己也施展手腕，在拉特兰宫召集了普世公会议。法国人撤离米兰地区后，比萨公会议也就告终了。

因此，改革自身的官方特征，其方式的某种粗暴性，以及纯粹的政治性意图的干扰，都损害了法国的教会改革事业，它还远未完成。圣职授予体制极为混乱，因为国是诏书导致的一些做法阻碍了1472年教务专约的实施。最后，纪律改革带有太强的政治色彩，不能令关心宗教纯洁性的信徒满意。如果说信仰仍然是普遍的，很多人的虔诚则流于形式。到15世纪末，对死亡的忧惧仍支配着人们的宗教意识。但是体面的死亡方式意味着体面的生存方式；要最严格的赎罪，就不可能满足于一味的宽容，而这在当时却蔚然成风。恩典的问题再次被提

① 希斯内罗斯（Jiménez de Cisneros），西班牙托莱多大主教，天主教改革家。

出来。让·斯坦东克领导的学校成为一个传播严厉的虔敬思潮的策源地，但这种虔敬带有强烈的个人色彩。勒费弗尔·德·埃塔普莱在莫城组织的团体要求人们诉诸于圣典、特别是求助于圣保罗的灵修而回归更为强烈的信仰启示。这种精神状况以及已经作出的努力，使法国教会作好了应对宗教改革中的信仰冲突的准备，它在这场冲突中没有表现出深刻的决裂，但已具有成熟变革的意志。

第十五章　文艺复兴和宗教纷争 371

1515 年到 1589 年间，主要的难题是宗教改革
带来的问题以及宗教改革引起的政治和宗教对抗。

一、从意大利战争到宗教战争

两幅历史画卷

1559 年，卡托一康布雷齐条约签字，亨利二世在一场惨剧中死去；这一年看来是 16 世纪法国历史中的一个转折，使其分为两个时期：前一个时期是国内和平、对外进行军事远征的时代，后一个时期是内战和瓦卢瓦王国在欧洲大角逐中逐渐消失的时代。更为全面地说，这一年在我们看来是一个过渡，从文艺复兴时期典型的生活之乐趣和欢欣——至少在社会的某个阶层如此——转变为宗教对抗酝酿出的恐怖和仇恨。随着文学风格的变化，这一年不也预示着艺术活动的普遍停滞么?

这样的概括必然会引起某些错觉，一部关注于人民深层生活的历史应排除这种错觉。不过这一概括颇为方便，而且相当程度上是合理的。1559 年后，法国人的日常生活确实受到宗教战争中不断加剧的暴力的侵扰，1587—1593 年，这种不幸状况达到最后的顶点。在国际方面——怎么能将法国和其所处的国际环境分开呢？——1558 年和 1563

年分别以伊丽莎白登基和特伦特公会议结束为标志，因此这一时期确实也构成两个时代的分水岭。16 世纪后半叶在举止和装饰上比前半叶明显更具专断色彩、更加沉重和威严，这一时期内，信仰斗争加剧，政治阵线强化，美洲的白银涌入欧洲，价格加速度上涨，贫富差距随之拉大，最后，审美情趣趋向巴洛克——一种比文艺复兴的美学更为庄严更为悲怆的格调。因此，16 世纪 60 年代，两幅历史画卷在同一条线上并排展开。

372 大胆的外交

1559 年前，生气勃发的法国在欧洲舞台、甚至在海外推行一种光彩夺目的介入政策，就像金毯营地会晤（弗朗索瓦一世与亨利八世，1520 年 6 月 7 日）、以及埃格－莫特会晤（1538 年 7 月 14 日，法王与皇帝的会晤）中那色彩富丽的挂毯所炫耀的那样。这些会晤更多的是为了摆阔气而没有什么实际成果，因为各方都不愿放弃自己的宏大抱负。1519 年，弗朗索瓦一世成为帝国皇位的候选人；为了打败这个可怕的对手，查理·德·西班牙只得让福格尔家族倾囊相助，花费了 85.2 万弗洛林（价值超过 1200 公斤纯金）。不过，这位瓦卢瓦国王的失败并不意味着法国在德国的影响力的消失。从 1531 年起，迪贝莱兄弟——朗热的领主纪尧姆和巴黎主教让——就通过德国的人文主义者与德意志各邦国谈判，为施马克尔登同盟提供支持和资金援助，后者正在反抗皇帝的统一政策。1552 年，亨利二世公开自称“德国自由的捍卫者”。尽管他信奉天主教，却与新教君主们结成有效的同盟，率军深入神圣帝国的领地。正是在这次“德国之行”中，他占领了土尔[①]、梅斯和凡尔登。

当然，16 世纪那个无所不在的君主是查理五世，他总是在旅途上奔波，他的领地遍及好几个大陆和大洋。但是法国是他特别棘手、特别强悍的对手。1516 年，他强迫瑞士各州接受“永久和平”，从此赫

---

① 土尔（Toul）位于法国东北部，原为神圣罗马帝国领地。另一个图尔（Tours）位于法国中部。

尔维蒂联邦①成了他的士兵储备库。直到 1559 年，法国军队不仅在意大利（那里的战斗几乎没有停过）作战，还于 1521 年在纳瓦尔，1522 年、1542—1560 年在苏格兰打仗。在东方，法王的外交如此活跃，以致在基督教——无论是新教还是天主教——的欧洲引起公愤，法国的“卑躬屈节”使其商人在亚历山大港的特权拓展到整个奥斯曼帝国，这些条约可能是于 1536 年在君士坦丁堡签订的。不管怎样，七年后包围尼斯的战斗和奥斯曼舰队冬季在土伦港停泊，都明确显示了法国和土耳其之间的军事合作。法国与异教徒之间的良好关系取得了成果：马赛展开了与地中海东岸各港口的贸易，后来成为为香料进口的一大中心，16 世纪末，它的发展更是突飞猛进。

亚当的遗嘱

更有甚者：法国至少是间歇性地显露出要与伊比利亚人在东西印度争夺霸权的意向。这方面特别意味深长的是 1540 年弗朗索瓦一世致查理五世的宣言，他在宣言中称，“太阳既照耀你也照耀他人，它特别想看看亚当的遗嘱，以便知道亚当是怎样分割这个世界的”。实际上，弗朗索瓦从他在位之初就不明言地拒绝 1493—1494 年西班牙人和葡萄牙人确定的瓜分世界的界线，并鼓励法国水手以及为法国船主服务的外国船员到“公海上航行”。于是，1523 年发生了抢劫科尔特斯从墨西哥运回的财宝的事件，接着，迪埃普人昂戈及其追随者秘密航行到巴西海岸（1526 年和 1531 年）、马达加斯加和苏门答腊（1528—1529 年），同时法国也与摩洛哥建立了商业联系（1533 年）。但是，法国航海界特别追求的是寻找一条不受伊比利亚人控制的北方航道，以前往中国，那里被认为是世界上所有财宝的源泉。正是出于这种目的，才有了 1524 年的维拉扎诺的美洲之行，它的组织者是昂戈，并得到佛罗伦萨和里昂的商人的赞助，雅克·卡蒂埃的三次远航（1534—1543 年）也是如此。这位负有“寻找某些据说有大量黄金和其他财宝的岛屿和土地”之使命的圣马洛航海家，把圣劳伦斯河当作前往中国的通 373

① 即瑞士。

道，并深信萨格奈河[①]流域的土地与鞑靼接壤。雅克・卡蒂埃寻找新航路的失败——这使得西班牙长出了一口气——并没有使法国人气馁。1550 年，在鲁昂，一群真假野蛮人在亨利二世的面前举行了一场巴西式的庆祝会，次年，亨利又命纪尧姆・勒特斯图前往勘察南美海岸。四年后，海军将领维尔加农在里约热内卢海湾建立了亨利维尔，他希望这里能成为“南极法兰西”的首都。

“意大利之旅”

在 16 世纪，与其说瓦卢瓦王朝国王们具有坚定的殖民意志，还不如说他们徒具愿望而已。因为弗朗索瓦一世和亨利二世的注意力一直集中于意大利，就像先前的查理八世和路易十二一样。他们最精锐的部队、最优秀的将领都被派到了亚平宁半岛——1515 年穿越阿尔卑斯山的法军达 3 万之众；将领当中，拜亚尔 1524 年在皮埃蒙特负伤阵亡，次年拉特雷穆瓦尔在帕维亚与拉帕里斯和博尼维一同战死，另一些优秀将领包括：1555 年保卫锡耶纳的蒙吕克和 1557 年指挥“最后的那不勒斯之旅”的弗朗索瓦・德・吉斯。1515—1559 年，法国人最辉煌的胜利和最惨痛的挫折都是在意大利。法军在马里尼昂曾取得过大捷，这场“巨人之战”的胜利特别得益于王家炮兵的 300 门大炮的威力；但 10 年后的帕维亚战役却是一场灾难：西班牙的火绳枪部队——当时的一种新型军队——摧毁了弗朗索瓦一世疯狂冲锋的骑兵。

对整个弗朗索瓦一世和亨利二世时代法军在意大利的侵略行动，我们还应给与一点描述。1512 年路易十二失守米兰，其继承者又于 1515 年收回，六年后又被迫放弃。随后为再度征服米兰连续发生了三次战役：1522 年（拉比科克战败），1523—1524 年（拜亚尔之死），1525 年（国王在帕维亚被俘）。弗朗索瓦一世从马德里的监狱回到法国后，一心想着再起战端。1527 年查理五世的军队洗劫罗马后，法国的洛特雷克重新占领伦巴第以及那不勒斯王国的部分地区。但热那亚舰队的变节颠倒了军事力量的对比，洛特雷克且战且退。在 1529 年的

---

① 萨格奈河（Saguenay）是今加拿大魁北克地区的一条河流。

康布雷和约中，弗朗索瓦一世看来要放弃他在意大利的野心，就像他三年前在马德里那样。但这只是个幌子。因为1535年弗朗切斯科·斯福尔扎公爵死后，弗朗索瓦一世为其子要求获得米兰。但查理五世拒绝了这一要求，于是法国占领了通往伦巴第的道路，即布雷斯、比杰伊、萨伏依和皮埃蒙特北部地区。1538年两位对手之间的休战并没有解决米兰问题。1540年，查理五世将米兰公爵的头衔授予他的弟弟——未来的菲利普二世。于是战争再次爆发，昂吉安伯爵在皮埃蒙特的塞里索尔获胜，但胜利为时甚短。亨利二世（1547—1559年在位）像他的父王一样热衷于意大利的事务——这与流传甚久的说法相反。1551年，他命法军进入帕尔玛，以反对教皇朱利亚三世。从1552年到1555年，他为锡耶纳那些帝国的反叛者提供军事支持，并派遣士兵前往科西嘉。

当时教廷驻法国的大使写道，“这位虔诚的基督教国王完全专注于意大利事务”。很可能在他看来，1552年占领的土尔、梅斯和凡尔登只是换回米兰或阿斯蒂的筹码。还在1555年，亨利二世就与加拉法家的保罗四世达成秘密协定，要将西班牙人从那不勒斯王国驱逐出去，教皇仇视这些人。确实，次年，当阿尔瓦公爵[①]侵入教皇国时，弗朗索瓦·德·吉斯就被派往意大利中部，其使命是进占那不勒斯王国。但圣康坦的惨败（1557年8月10日）迫使弗朗索瓦返回法国。如果不是宗教战争的爆发，卡托－康布雷奇条约能否成为法国在意大利的野心的终结还不一定。当然，法国放弃了科西嘉及其对米兰地区的权利要求。原则上，法国撤离皮埃蒙特和萨伏依，但暂时保留五个位于皮埃蒙特的据点，其中包括都灵和皮涅罗尔，以及萨吕塞侯爵领（一 374
直保留到1588年）。这不就是对亚平宁半岛进行新的干涉的基地吗？

意大利的优势

法国的国王们如此狂热地追寻“意大利的光荣和刺激”，仅仅是因为喜欢冒险，或为了体验一下骑士传奇的美妙么？是因为他们觉得

① 阿尔瓦（Albe）公爵是西班牙的将领，后在尼德兰等地作战。

亚平宁半岛是“人间天堂”，因为那不勒斯的花园中“满是各类美好新奇之物”——查理八世就是这样说的——因为可以从意大利城市搜罗到几乎取之不竭的“图书、绘画、大理石和斑岩”么？人们经常提及，查理八世追求阿尔卑斯山那边的海市蜃楼是以轻率地牺牲鲁西永、阿图瓦和弗朗什-孔泰为代价的。确实，从另一方面说，“意大利之旅”在好战贪婪的贵族中唤起的热情要比全体法国人的热情更大。1523年，当法军在里昂汇集、准备翻越阿尔卑斯山时，一个名叫尼古拉·韦尔索里的律师在他的日记中写道：“当法国的大军发往意大利以收复米兰之时，巴黎市民被置于毫无援助依靠之境地。此举削弱了王国。”横越阿尔卑斯山的远征至少有加重税收负担的后果。但他还应该说，路易十一本人曾推迟了在意大利方面的行动，且亚平宁从各方面看都是欧洲最富庶、城市化程度最高、技术上最先进和文明最发达的地区。它是士兵和军官、工程师和艺术家的麇集之地，是各主要经济洪流的聚合点，是金钱、信用和银行的汇集之地。最后，它的首都还是天主教的精神中心。追求欧洲霸权者必定要努力谋求在意大利的支配地位。

法国国王们的错误，与其说是滋生了对意大利的野心，还不如说是他们的努力太分散。他们不应该固执地向托斯卡纳和那不勒斯进军，而应该持之以恒地把军事行动和外交努力集中于皮埃蒙特和伦巴第。

处于守势的王国

1560 年左右，不介入意大利者就不能成为欧洲强国，因此法国“虔诚的基督教国王”必然要和查理五世在意大利遭遇，后者正憧憬着普世君主国，或至少是在推行一种普世政策。事实上，从西班牙的查理于 1519 年当选为皇帝的那一刻起，亚平宁的战局就改变了方向。从法国的角度看，战争已是防御性的了，攻势是以前的事。即使弗朗索瓦一世或亨利二世能采取主动，那主要也是为阻止皇帝对意大利全境的控制。这样，在 16 世纪，法国人的世代夙敌就已经不是英国人，而是哈布斯堡家族。诚然，英国人也曾数次与法国发生战争——1544年、1555—1559 年亨利八世曾两次派兵围攻布洛涅——但都是作为哈布斯堡国家的盟友和配角。另外，由于冲突规模有限，弗朗索瓦·德·吉斯1558年突击收复加莱，而且卡托－康布雷奇条约确认英国人撤离他们在大陆占有的这最后一个据点。

在意大利作战不是虔诚的基督教国王们让战线远离法国土地的一种方式么？因为查理五世，这位尼德兰、弗朗什-孔泰和西班牙的主人正试图包围法国，甚至可能让它分崩离析；哈布斯堡家族攫取米兰更增加了法国的压力。毕竟，母语为法语的皇帝一直梦想收复勃艮第，那是他祖先的故土。他不停地要求收复这个“被法国国王专横非法地据有和占领”的公爵领地。在他1522年于布鲁日拟定的遗嘱中有这样的文字：“如朕亡故之时，朕之勃艮第公爵领再膺朕之号令，朕愿尸骨葬于勃艮第公爵领第戎城边之查尔特勒修院（尚普摩尔），与朕之先人、当日勃艮第诸公爵大胆菲利普、其子让、好人菲利普之遗骨合于一处。”1526年，皇帝认为他的目标触手可及了，因为弗朗索瓦一世在马德里时，不仅答应放弃米兰、放弃他在佛兰德尔和阿图瓦的封君地位并恢复波旁公爵的地产和身份[①]，而且还答应放弃勃艮第。但是弗朗索瓦回到法国后，得到科尼亚克同盟[②]和勃艮第贵族的支持，他拒绝兑现诺言。查理五世只好接受康布雷条约（1529年）。 375

从1519年到1559年的四十年间，法国与查理五世以及随后的菲利普二世处于战争状态，战争至少持续18年（1521—1526年，1527—1529年，1536—1538年，1542—1544年，1552—1559年）。每次战争中，法国领土上的战斗总是与在意大利的战斗交织在一起。每次尽管都会有失败，但局面总能恢复。1521年，拜亚尔在梅奇埃尔防

---

① 这位波旁公爵曾任弗朗索瓦一世的军事统领（connétable，关于这个词，也有译作王室总管和陆军元帅的。这一职务源自法兰克，最初是掌管国王马厩的，13世纪获得国王的前卫部队的指挥权，14世纪起指挥全军，国王不在时是最高指挥官。1627年黎塞留废除该职），由于国王想控制公爵辽阔的领地而叛逃，投靠了皇帝查理五世，巴黎高等法院因此对他判刑，国王也趁机兼并了公爵的领地。他曾在意大利同法军作战。详见后文。

② 科尼亚克同盟（ligue de Cognac），1526年5月22日弗朗索瓦一世、教皇克莱芒七世、米兰、佛罗伦萨和威尼斯在法国科尼亚克缔结的反查理五世的同盟，它是导致1526—1529年战争的一个因素，1529年的康布雷条约签订后同盟解放。

御战中战胜了皇帝的军队。1524年，已当上查理五世的代理长官的波旁公爵入侵普罗旺斯，但他的军队兵临马赛，而不是北上里昂。1536年，皇帝的部队再次占领普罗旺斯，但未能在那里立足，因为蒙莫朗西采取坚壁清野的战术来应对入侵者。它们向意大利的撤退是场灾难，“沿途遍地是死者病号……人马拥挤成堆……气息奄奄者夹杂在气绝者中间”。与此同时，皇帝另一支已进入庇卡底的军队受阻于佩罗内。8年后，他们攻入香槟，占领圣蒂齐耶，推进到艾皮内和夏托-蒂埃里。但是法军的抵抗迫使查理五世不顾其盟友英国人，在克雷皮-昂-拉奥内进行谈判。据传，正是由于弗朗索瓦·德·吉斯辉煌的梅斯保卫战(1552—1553年)，皇帝深感失望，因而决定逊位。不过，1557年8月埃曼努埃尔-菲利贝尔在圣康坦附近取得的压倒性胜利看来报了这个仇：亨利二世的部队溃不成军，战死3000被俘6000，这在当时是很大的数字。虽说法国当时财政困难，但西班牙更为严重，16世纪中期“凹陷”的经济走势对这两个国家都产生了影响。就在圣康坦战役发生前两个月，菲利普二世被迫采取部分破产的政策。财政枯竭以及加尔文宗在西欧的发展使得这位西班牙国王不能扩大他的胜利成果。而法国的军人们，如蒙吕克和布兰托姆，对卡托-康布雷奇条约愤愤不平，他们觉得这标志着法国在意大利的抱负的终结：“在那一刻，随着笔尖轻轻一勾，所有一切都交出了，过去我们一切辉煌的胜利都因这三四滴墨水而被玷污，暗淡无光。”但是如果我们把1559年的法国与1515年的法国作比较，就会发现法国的领土扩大了，它获得了三主教区[①]，收复了加莱及其邻近地区(吉内和奥叶领地)。

相对平静的国家

在16世纪上半叶，法国的日常生活比很多欧洲国家都要平静。当然这并不是说完全的安定。1529年，里昂发生了一次大骚乱，城市统治权差一点落入自名为“穷人公社”和“穷苦人民”者之手。1539

① 三主教区(Trois-Evéchés)指东北部的土尔、梅斯和凡尔登三个主教区，原属德意志帝国。

年，里昂再度爆发名为“特里克”（tric）的印刷工人大罢工，这个词是德语罢工（Streik）一词的变体，这一点也表明，当时有很多来自德国的印刷工人。1543—1548 年间，法国西部发生大规模叛乱，尤其是在基耶内。潦倒的农民和贵族反抗税收的增加。这场运动被残酷镇 376
压了。不过，弗朗索瓦一世和亨利二世时代的法国没有经历任何堪与 1520—1521 年西班牙的“民众起义”、或 1524—1525 年席卷半个德国的农民大起义相比拟的大动乱。1546—1552 年因查理五世和施马克尔登同盟之间的冲突而发生的内战撕裂了整个德意志帝国，但法国并没有发生这样的内战。最后，尽管普罗旺斯、庇卡底和香槟地区受到过短暂入侵，但法国并没有像意大利那样长期受外国军队的蹂躏。相对来说，法国没有受到战争的破坏，在 16 世纪前半叶，正如龙萨[①]赞誉的那样，法国是“幸运丰饶的国度”，它“赐予其子民一应所需”。

国内局势的不断恶化

但是，亨利二世死后血染法国的惨剧，其苗头已经在此前的一段时期不断明朗起来。国家的宗教局势和世俗界的融洽不断恶化：从 1529 年处决贝尔干——贵族、伊拉斯谟的朋友——到 1559 年 12 月 23 日火烧安娜·迪·布尔，这个人当时已经因请求停止迫害新教徒而被绞死。几个重大事件标志着局势已不可挽回地恶化：1534 年，抨击弥撒的布告居然贴到了国王在昂布瓦兹的寓所的门上，迫害随之而来；1545 年，根据艾克斯高等法院的命令，吕贝龙的 3000 名伏多瓦派教徒遭屠杀，此举得到弗朗索瓦一世的许可；最后也最为重要的是，亨利二世制定了反新教的法律。1547 年创设于巴黎高等法院的“火刑法庭”，三年之内判处了 500 起针对异端的案件。最后的贡比涅敕令（1557 年）虽然在理论上没有剥夺教会法庭的权利，但将有关新教分子的判决权交给了世俗法庭。一旦异端分子扰乱公共安宁，均应判处死刑。根据 1559 年的埃库昂法令，可在未经审判之情形下斩杀任何叛乱或逃亡的新教徒。安娜·迪·布尔奋起反对的正是这些措施，它们

① 龙萨（Ronsard，1524—1585），诗人，“七星诗社”的代表人物。

表明，在亨利二世的头脑中，胡格诺分子的危险正与日俱增。随着时间逼近 1560 年，我们可以看到，相当一部分贵族正在加入宗教改革运动，他们追随的榜样是孔代，以及军事统领蒙莫朗西的三个侄子：枢机主教奥代·德·夏蒂永、步兵指挥昂德罗和海军司令科里尼。此外，因为卡托—康布雷奇条约而无所事事的贵族们现在可以在内战中大肆施暴。他们可以依据自己的性情、信仰特别是各自依附的贵族主从庇护关系，在孔代派和吉斯派之间作出选择，而吉斯派已经成为强硬的天主教阵线的首领。如果亨利二世不是在盛年之时意外死去，或许他能够抑制不断升级的危险么？他的权威尚未受到挑战，也许我们可以确信，他会继续推行其一贯强硬的反新教政策。他最终的遗言也许会是："愿我的人民能继续坚守我为之献身的信仰。"但他的继承者——包括卡特琳娜·德·美第奇——都游移不定，总是在好几条路线之间摇摆，这使得法国饱受宗派斗争之苦。

战争与和平之间

父王死时，弗朗索瓦二世只有 15 岁半。吉斯兄弟是王后玛丽·斯图亚特的叔叔，他们秉持大政。孔代策动的昂布瓦兹密谋（1560 年 3 月）——或说"骚动"——其目的正在于除掉吉斯兄弟。但这次阴谋失败了，被俘的密谋分子被吊死在昂布瓦兹城堡的露台上。阿格里帕·德·奥比涅目睹这次处决时才 9 岁，他发誓复仇。不过内战还没
377 有爆发。弗朗索瓦二世的死使卡特琳娜得以排斥吉斯兄弟，并尝试推行和解政策。在奥尔良三级会议上（1560 年 12 月—1561 年 1 月），新任大法官米歇尔·德·罗斯皮达尔发表了他著名的演讲："今后我们应备以善和美德，然后以仁慈、祈祷、信念、圣经来打动（新教徒），这才是这场斗争的恰当武器……刀子对思想无济于事……让我们抛弃那些邪恶的字眼吧：路德分子、胡格诺派、教皇派分子；我们不要更换基督徒这一名字。"卡特琳娜·德·美第奇曾对 1561 年 9 月在普瓦西开幕的会议寄予很大希望。当时，12 名新教牧师——其中包括特奥

多尔·德·贝扎[1]——在法国教士大会上阐述了他们的信条。双方的当面对质毫无结果。不过，1562 年 1 月，米歇尔·德·罗斯皮达尔起草了一份法令，旨在缓和局势。新教首次在法国得到许可，教徒可以于夜晚在城外举行宗教活动，并可以创建自己的教务会议和评议会；新教牧师被认可，但须向当地权威机构宣誓。这一调解措施引发了内战。2 月，巴黎高等法院拒绝登记该法令。接着便是 3 月 1 日的瓦西屠杀：1200 名参加布道的新教徒中，74 人被杀，上百人受伤。这一事件并非事先策划的，它只能更加表明人们思想的极度骚动。当时弗朗索瓦·德·吉斯正带着人马从洛林返回，发现新教仪式不是按 1 月法令规定的那样在城外举行，而是在瓦西城内。于是他们在号角声中冲向了新教徒。宗教战争爆发了，因为瓦西屠杀造成了"第一次圣巴托罗缪"。人们还在桑斯、图尔、曼恩和安茹等地屠杀胡格诺派。但孔代占领了奥尔良，新教徒还突袭占领了几个大城市。一方残忍，另一方则以暴虐回应之；蒙吕克[2]在西南部大开杀戒，阿德雷男爵则在多菲内和里昂予以报复。法国陷入了内战的深渊，对任何理智的呼唤都无动于衷。不过，一个流亡巴塞尔的独立新教徒塞巴斯蒂安·卡斯特里奥于 1562 年写了《对苦难的法国的忠告》一文，他在文中以这样焦虑的言辞向法国呼喊："向你大动干戈的不是从前的那些外国人，这不是外敌带来的苦难；你过去曾得到的爱、你那些头脑发热的孩子们之间往日的融洽，都快荡然无存了。蹂躏你折磨你的正是你自己的孩子……你的城市和村庄、甚至你的道路和田野，都布满尸体，你的河流已染成赤红，空气中腐臭弥漫。总之，无论白天黑夜，你都不得和平与安宁，每个角落里唯有呻吟和悲叹，在你那里，找不到一块没有恐怖和凶杀、没有忧虑和惊骇的安全之地。"

1562 年，龙萨写下了《论当代的不幸》，几个月后，又写了《不

① 贝扎（Théodore de Bèze，1519—1605），法国新教神学家，生于勃艮第，加尔文忠实的门徒，曾到欧洲各地传播新教思想；日内瓦学院首任院长，1564 年加尔文死后任日内瓦教会首席牧师。

② 蒙吕克（Balaise de Monluc）属天主教阵营，支持西班牙国王菲利普二世的政策。

幸之论续篇》：

在我眼里，法兰西的宠儿凄凉悲惨
……它像一个染上死症的可怜妇人。
她的权杖危悬欲坠，那百合星布的
长袍褴褛不堪，
她发色阴森，眼神黯然，
毫无尊严可让她扬起额头。

从 1562 年直到亨利四世宣誓弃绝新教，文学作品——无论是贵族的还是平民的——都一直为破碎的法国叹息。在雅克·伊维尔的《春天》（作于 1570 年左右）中，普瓦图一位年轻的贵妇曾和着诗琴吟唱“内战苦难的悲歌”。以下是 16 年后、天主教联盟公开反叛之时的“春又回之歌”：

不再有友谊和怜悯
不再有礼数风度
不再有倚靠
和安逸
一切都只是让人烦恼伤感……
我们看到色彩灿然的
美丽鲜花
变为蒿草一蓬；
我们看到美丽的花园
在清晨衰败凋零。

378　36 年的纷争

一般可以分别出八次宗教战争（1562—1563 年，1567—1568 年，1569—1570 年，1572—1573 年，1574—1576 年，1576—1577 年，1579—

1580 年，1585—1598 年），最后一次后来演变成同菲利普二世的对外战争，这位国王曾是天主教联盟的支持者。但这是一种将事实简单化的区分方法。实际上，1560 年法国的分裂和动荡局面已经十分严重，1562 年起它经历了 36 年的、几乎连续不断的动乱，其间只有两个相对平静的时期。第一次是在 1564—1566 年，这使得卡特琳娜·德·美第奇可以与刚刚宣布成年的查理九世一起为真正扭转法国的局势而努力，以便确认这位年轻人为法国的君主。第二个平静期是 1581—1584 年，随后法国便再次堕入比此前更为严重的混乱状态。内部斗争不仅以彼此间的仇恨而导致的屠杀为标志，大规模的军事行动也留下了深刻的印记。真正使新教徒转入劣势的战役发生于德勒（1562 年）、雅尔纳克和蒙孔图尔（1569 年），而使天主教分子处于劣势的战役则发生于库特拉（1587 年）、阿尔克（1589 年）和伊夫里（1590 年）。国王的军队于 1562 和 1592 年围攻鲁昂、1570 年和 1573 年围攻拉罗歇尔，1589—1590 年围攻巴黎。各派的主要首领都死于非命。有的在战斗中负伤而亡：安托万·德·波旁和圣安德烈元帅死于 1562 年，军事统领蒙莫朗西死于 1567 年；有的则被刺杀：1569 年的孔代，1563 年弗朗索瓦·德·吉斯，其子亨利以及洛林的枢机主教则在 1588 年遇刺，科里尼和亨利三世分别在 1572 年和 1589 年被刺杀。

法国内部的大混乱导致外国对其事务的干涉，这让那些头脑清醒的爱国者绝望至极。如雅克·伊维尔的“内战苦难的悲歌”对此就饱含痛苦之情：

欧洲所有的君主
你们从前结成联盟
为的是阻止法国人
扩展他们的边界。
但你们不能使其就范于
哪怕是与他们无关的和约；
但是现在他们遭受压迫

你们像凶残的乌鸦一样
扑向法国这具尸体
将它吞噬，不留丝毫……

1562 年，法国的新教徒曾与伊丽莎白结盟，并把勒阿弗尔献给她，但新教徒和天主教徒暂时和解后，旋即收复该地。1568 年，胡格诺派在隆朱莫赢得了一项体面的和约，这得益于巴拉丁选侯之子率领的德国雇佣兵的支持。4 年后，让・卡西米尔再次将一支德国军队引入法国。1587 年，亨利・德・吉斯在维莫里和奥诺再次击溃外国新教军队。亨利四世即位之初，曾向英国、荷兰和德国君主们寻求支持。西班牙的干涉迫使他采取这一不光彩的步骤，因为 1584 年，作为天主教派首领的吉斯家族曾与西班牙签订茹安维尔条约，双方商定，亨利三世的继承人将是波旁的枢机主教；菲利普二世每月提供 5 万埃居，以维持天主教联盟军队的开支。亨利三世死后，西班牙军队进驻布列塔尼，解巴黎和鲁昂之围，并一度接管首都的防务。在《梅尼佩的讽刺》中，巴黎被称作"猛兽的巢穴，西班牙人、瓦隆人、那不勒斯人的大本营，盗贼、杀人犯和刺客的庇护所和蛰居地"。

从 1562 年到亨利三世死去的这段时期内，如果王权的政策更具连续性的话，法国的混乱局面也许不会那么严重、外国干涉的图谋也不会那么强烈。但它的政策是不连贯的。卡特琳娜・德・美第奇在整个这段时期内的影响力都是决定性的，她至迟于 1567 年，即第二次宗教战争开始之时放弃了她的宽容政策。也就是在此时，米歇尔・德・罗斯皮达尔失势，这个人曾"完全按照政治家的路线行事，不偏袒任何
379 一方，以便为国王和祖国服务"。如果说随后卡特琳娜同意甚至是建议向新教徒让步，那很可能是一种策略上的考虑，是为了争取时间。无论如何，从时间上说，宽容法令和关于新教的禁令相隔十分短暂，很显然，政府自己的信仰和意图是很不坚定的。实际上，新教曾多次被许可——当然有各种不同的限制：1562 年 1 月，1563 年 3 月（昂布瓦兹和约），1568 年 3 月（隆朱莫和约），1570 年 8 月（圣日耳曼和

约)，1573 年 7 月（拉罗歇尔和约)，1576 年 5 月（博利厄和约)，1577 年 9 月（普瓦提埃法令之后的贝热拉克和约）1580 年 11 月（弗莱克斯和约）和 1589 年 4 月。但新教也多次被禁止：1562 年 4 月，1568 年 9 月（圣莫尔法令)，1572 年 8 月（圣巴托罗缪屠杀之后)，1585 年 7 月和 1588 年 7 月（最后这两次是迫于天主教联盟的压力)。

局势恶化的各阶段

1562—1589 年间，有三个重大事件加剧了法国国内局势的恶化：尼德兰的反叛，圣巴托罗缪屠杀和亨利三世的幼弟安茹公爵的死。1566 年，一股“圣像破坏狂潮”席卷了从瓦朗谢纳到安特卫普之间的地区，几年后它便演变成尼德兰对西班牙的全面反抗。从那时起，法国的新教徒就与“乞丐们[①]”一直相互支持。圣巴托罗缪屠杀——卡特琳娜·德·美第奇与吉斯兄弟都要承担责任——则是一桩徒劳的罪恶，因为亨利三世后来在博利厄和会上谴责了这一事件，更为严重的是，它加深了王权和新教徒之间的隔阂，引起了一场有关君主制度信仰的危机。这场屠杀还不仅限于巴黎，因为根据政府的命令，杀戮蔓延到全国：当时首都和外省共有数千名新教徒被杀。迪普莱西斯—莫尔内后来描述道：“从圣巴托罗缪之日以后，国家被撕裂被动摇了，因为君主对于臣民的信义以及臣民对于君主的信义都已经被严重扭曲，而这本是维持国家之统一的唯一纽带。”由于已经对国王失去信任，从那一刻起，新教一派的组织比以前更为紧密。它还任命了一位“总司令和新教教会的保护人”——这个人就是后来的亨利四世——它的军队几乎是一支常备军，它还在自己控制的地区征税，设立省三级会议和全国性的三级会议。这样在法国出现了某种新教共和国，它有两个首都：尼姆和蒙托榜，另外还有拉罗歇尔这个大港口。圣巴托罗缪屠杀还造成了另一个后果：那些把国家统一置于宗教分歧之上的人也强化了他们的组织。这些人就是所谓的“政和派”或“不平派”，他

① 即尼德兰反抗西班牙统治的新教起义者，有所谓森林乞丐和海上乞丐等。

们形成了第三个派别，这让查理九世和亨利三世大为苦恼，但使亨利四世最后的胜利成为可能。

尽管发生了圣巴托罗缪的惨剧，但当安茹公爵于1584年6月10日死去时，安宁似乎仍迟迟不愿降临法国。亨利三世没有孩子，法律上的继承人就成了新教首领亨利·德·纳瓦尔。这种前景让法国人惶恐万分。一些最狂热的天主教分子在吉斯家族和西班牙的推动下，重新组建了“神圣同盟”，这个同盟最初诞生于1576年博利厄和约之后，但后来沉寂下去。于是，王国陷入了大混乱之中。起初，亨利三世试图充当天主教同盟的首领，以控制这个激进势力。他与吉斯家族接近，并宣布那个贝阿尔内人[①]丧失其权利，同时教皇西克斯特五世则对“从前纳瓦尔国王亨利”施以绝罚，因为他再次堕入异端。亨利·德·纳瓦尔在库特拉战胜对手，不过“疤脸”亨利也挫败了前来支援法国新教徒的外国军队。为胜利陶醉的疤脸亨利鼓动巴黎人民为他欢呼，派头一如当年的宫相，以此羞辱亨利三世，后者则离开首都，并利用布卢瓦三级会议的时机指使他的卫兵刺杀了这位吉斯公爵和他的兄弟洛林的枢机主教（1588年12月23—24日）。“现在我是国王
380 了”，亨利三世在两起谋杀后这样叫道。布卢瓦的消息传来后，巴黎发生了起义，疤脸亨利的兄弟马延公爵成为天主教同盟的新首领，充当起义的领导者。亨利三世只得向亨利·德·纳瓦尔寻求支持并与之结盟。当国王在圣克鲁受到一名狂热僧侣的袭击而性命不保时（1589年8月1日），他指定这位新教亲王为继承人，但他恳求后者皈依天主教。在新一轮的血腥内战持续多年后，两个事关民族命运的重要事件最终拯救了法国：1593年天主教同盟的三级会议要求国王应是天主教徒，但拒绝让西班牙公主、菲利普二世的女儿伊莎贝尔继承王位；而在亨利四世一方，他深知，如果不放弃新教信仰就永远不能得到人民的认可。恢复国内和平的条件终于达成了。

① 指亨利·德·纳瓦尔。

二、王国的巩固

法国的颂歌

应该思考一下：为什么法国能经受查理五世和菲利普二世的反复攻击以及宗教战争的风暴？答案是：瓦卢瓦王国是西方最稳固的王国。马克西米利安羡慕法国，马基雅维里把法国视为意大利人的榜样，克洛德·德·塞赛尔把他最著名的作品命名为《伟大的法兰西君主国》，这些都不是偶然的。威尼斯的大使也赞誉法国的统一，说那里的人们比其他任何地方都更服从于国王。1546 年，马里诺·卡瓦利断言："有（比法国）更肥沃更富裕的国家；也有比它更广阔更强大的国家，如德国和西班牙；但没有一个像它那样统一，那样易于管理……法国人好像觉得生来就不是能够自治的，他们把自己的自由和意志完全交到国王的手中。国王只要说，'我想要多少多少钱，我命令，我同意'就够了，命令的执行也很迅速，仿佛是整个国家都已决心采取这一行动一样。"

卡瓦利的分析尽管十分清晰，但有两点需要补充：人口和民族情感。法国是当时欧洲人口最多的国家。在它当时的幅员之内，生活着 1500—1800 万人，而意大利的人口不超过 1200 万，德国（以其 1937 年的范围）不到 1500 万，西班牙的人口约为 800 万，英格兰和苏格兰的人口合计约 500 万。

当时的人们也意识到法国人口资源之丰富；1519 年，克洛德·德·塞赛尔就曾说过，"长期的和平使得人口成倍增加"；龙萨的夸张之辞亦可为证：

从未在鲜花盛开的原野上见过
如此众多的蜜蜂
亲吻百合花和红玫瑰；
夏天从未见过这么多

辛勤工作的劳力和牲畜，
他们担心老来不堪命运之苦；
只有我们法国能动员如此多的生灵：
或是当贝罗娜女神
激发他们崇高心灵的庄严感时；
或是当和平回归时
每个人都重新投入劳作。①

民族情感

法国在人口数量上的优势一直保持到拿破仑时代后期。但如果没有实在的民族情感为依托，这一人口实力又能有几多分量呢？在 16 世纪的欧洲，民族情感当然不是法国的专有品。民族情感在英国——莎士比亚在他的《理查二世》中歌颂了这一情感——在伊比利亚国家、在波希米亚、在古斯塔夫·瓦萨时代的瑞典、甚至在路德时代的德国以及尤利乌斯二世和保罗四世的意大利，它都有体现。但看来它在法
381 国最为强烈。百年战争中激发贞德并使战胜英国人成为可能的不正是民族情感吗？因此这里涉及一个具有重大影响的事实，心态史应关注这一问题。在龙萨创作的时代，对法国的歌颂早已成为民族文学中的一个传统主题。法国地理位置优越，气候温和，1450 年，一位无名作者在《英法军队传令官之间的争论》一文中就体现出这种优越感：法国刚好坐落于热带和寒带中间，是“美德的驻地，气候温和宜人，各类作物皆生长繁茂，产品质优味美，人民生活愉快”。一个世纪后，那位未来的《法兰夏德》的作者②正是以“法兰西的颂歌”开始其诗歌创作生涯的，这一处女作不无沙文主义的情感：

① 贝罗娜（Bellone），罗马的女战神。

② 指龙萨。他在《法兰夏德》（La Franciade）中试图把法国的起源与特洛伊联系到一起：特洛伊的著名英雄赫克托尔的儿子阿斯提亚纳克斯以法兰居（Francue）的名字征服高卢并在那里殖民，这就是法兰西的起源。当然这纯属作者的臆造。

希腊的牛皮匠吹嘘希腊，
西班牙人歌唱西班牙，
意大利则说意大利如何肥沃；
但我这个法国人却要说，法国有最美的城市，
我们呼喊着它的名字，这个神圣的名字
将使所有人哑口无言。

龙萨还称赞这个国家免受“恶风之暴戾”，“金色的克瑞斯[①]”在那里十分惬意。它的原野上“无数的羊群细毛似云卷”。它的山脊上“茂林葱郁”，“山脚下秀水蜿蜒”。“铁和铜……是它有力的肾脏的财富”。它的河流上舳舻相继，它美丽的城市里“工艺数以千计”。

“爱国主义”和歌曲

除了龙萨的诗歌外，当时的歌曲也让我们能重现他所体验的那种民族情感的特征，因为很多史诗是随那些标志王国历史进程的重大事件而产生的。在马里尼昂大捷后，这类歌曲中洋溢着狂喜之情(“全体高卢贵族，你们听，你们听/那高贵的国王弗朗索瓦的胜利”)；它们支持被围困在梅奇埃尔的拜亚尔（“南索伯爵/当你对我们发动攻击时/你已经上当了”)；它们嘲笑在马赛附近动弹不得的军事统领波旁(“当波旁看到马赛时/他对手下说/神啊/我们中间谁来担当/统帅?”)。它们因弗朗索瓦一世在帕维亚被俘而哀叹（“当国王离开法国/等待他的是不幸”)。1544年，查理五世的一名军官、勒内·德·拿骚在圣蒂齐耶战死，法国人在歌中唱道（这首歌是18世纪的《马尔波罗就要在战争中完蛋》的蓝本)：“那好人奥兰治亲王[②]啊/现在安息于地下/我看到四个方济各会士/把他抬进土中。”宗教战争导致了数不清的民间苦难以及对法国巨大灾难的伤感，这有助于把握“爱国主义”这一

① 克瑞斯（Cérès)，罗马的谷物和丰收女神，即希腊神话中的得墨忒耳（Déméter)。

② 奥兰治公国位于罗讷河谷地，当时是法国境内的一块飞地，16世纪转入拿骚家族之手。

现代词汇所唤起的深刻内容，有助于理解为什么统一的愿望最后战胜了离心力量。在那个时代，法国人的灵魂深处有一种狂热的尚武精神，没有这种精神，法国的统一可能难以实现：诗歌《马里尼昂战役》、克莱芒·雅内干为某种类似于国歌的诗篇伴唱的音乐，都是这一精神的产物。手执佩剑聆听这些诗篇和音乐的贵族们，"无不……踮起脚趾，以显得更加威武，更加身形庄重"。

奥伊语的推广

同样是因为民族情感的上升，16 世纪欧洲各地几乎都出现了民族语言的飞跃发展，如在路德的德国，费雷拉[1]的葡萄牙、阿斯克姆[2]以及随后伊丽莎白时代的作家们的英国。正如七星诗社时代的法国一样。杜贝莱在他的《保卫和发扬法兰西语言》（1549 年）中坚持认为，法国的天才即使在文学和艺术领域也堪与意大利人一较短长，"然而法国无论是在战争还是和平时期，都曾长期偏爱意大利，而意大利现在是仆役，为那些它不能支配的人充雇佣兵"。他对法国人耻于讲法语
382 深感遗憾："人们把法语留给那些浅薄的文学，如民谣、回旋诗和其他小品文学……而涉及重要思想之表达，人们则使用拉丁语。"因此，杜贝莱[3]、龙萨和当时一些最优秀的作家，都致力于把民族文学提高到与古典文学相比肩的水平。为此他们重新发掘了乡土古语，运用一些"艺人工匠们"熟悉的专门术语，根据"人民已经接受的式样锻造制作"新词汇，必要时还根据希腊语和拉丁语进行创造，"只要这些词悦耳动听"，特别是他们在本国文学中引入了模仿古人的"伟大风格"。不过，如果说他们方便地剽窃雅典和罗马，那也是为了"充实法国的神庙和祭坛"。实际上，这里涉及的努力不仅限于文人圈子：维莱尔－科特莱法令（1539 年）规定，所有司法文件今后"均须以母语法语宣读、登记和传发给当事各方，不得使用其他语言"。就在托

① 费雷拉（Ferreira de Vasconcelos，1515—1585），葡萄牙喜剧作家。

② 阿斯克姆（Roger Ascham，1515—1568），英国学者、作家，曾任伊丽莎白公主的希腊语和拉丁语教师。

③ 杜贝莱（Joachim du Bellay，1522—1560），七星诗社代表人物及发言人。

斯卡纳方言成为罗马的语言、在路德将圣经翻译成所有人都能看懂的德语时，法国也出现了同样的运动，并带来了同样的效果：巴黎和卢瓦尔地区的法语在法庭中取代了拉丁语，成为民族语言。

无所不在的王权

维莱尔—科特莱法令有利于中央集权，在法国，这一集权过程正通过各种渠道逐渐深入。其中的一个渠道就是基础建设层面的邮政组织。路易十一已经建立了王家驿马邮政体系，这一驿站系统可使政府通信的发送更为有效。1506 年，路易十二将这个邮政系统向公众开放。在随后的几代君主时期，王家邮政系统的发展逐步超越了巴黎大学和城市团体的邮政，与此同时，围绕行政首都巴黎和经济金融中心里昂的邮路网络也已成型。弗朗索瓦一世时期，巴黎—里昂之间的邮路得以改进，连接巴黎和海边的布洛涅的邮路（1530 年），里昂到马赛（1533 年）、到索勒尔（1533 年）、到都灵（1538 年）的邮路也开通了。1561 年，法国已有定期的信使前往威尼斯和罗马。23 年后，在“亨利二世的王国中为其服务的邮政系统的清单”中，法国境内的邮路上共计有由国库负责开支的驿站 252 处，另有 13 处河渡。

因此，各个领域都有国王的身影，他的影响与日俱增，他的权力让外国人感到惊诧。我们都知道马克西米利安的俏皮话：皇帝只是国王们的国王，西班牙国王是人的国王，但法国国王是牲畜们的国王，“因为他要是指挥某件事，人就像牲畜一样立即服从”。在法国，以具决定性的手段推进绝对主义的是弗朗索瓦一世。这位敦厚的“人民之父”[①] 的继承人被路易丝·德·萨伏依称为“凯旋的恺撒”，他是个轻浮放纵的君主，不过聪明而有学问。从他在位第七天起，他就说出了那富涵政治意味的话：“因为这是朕的意志”、“朕意如此”。此后意大利人就把这位国王称作“陛下”，当时这还只是皇帝的称号。这一话语在法国也是新鲜的，不过它奠基于推动罗马法复兴的法学家们的学说之上。在这些君主制度忠诚而狂热的仆人当中，巴黎高等法院首席

---

① 指路易十二。

庭长（1507 年）和法国大法官（1515 年起）杜普拉是特别典型的代表人物。他曾向他从前最高法庭的同事们说，他们没有任何“权力，除非是国王赐予他们的权力”，因为否则“就应该说这个王国将不成其为君主国家而是贵族制国家”。

弗朗索瓦一世的光环

从弗朗索瓦一世起，宫廷变成了统治工具。弗朗索瓦一世喜爱宴饮和娱乐，并且曾鼓励出版卡斯蒂廖内的《论侍臣》[1]，他的生活光彩
383 夺目。不过，此前一直依附于土地的贵族、文人艺术家、外国人——尤其是来自意大利的外国人、还有陪聊的贵妇人，所有这些人聚集到一起，在国王个人周围形成了一个荣耀的光环。当国王移驾时——这是常有的事——宫廷便成了一座流动城市。当宫廷在首都附近的城堡中驻扎下来时，它的人数可达 1.5 万。这样庞大的宫廷需要新的宽大宫殿作为居所。16 世纪新王宫的规模和装饰——如尚博尔、枫丹白露和 1546 年开始重建的卢浮宫——都是当时法国正在发展的君主崇拜的鲜明见证。

亨利二世并不是米什莱所说的“愁容的骑士”，不过他不如父亲那样讲究装饰，其宫廷也较为简朴。他取消了舞会和音乐会，并限制陪驾贵妇的数目。但这位君主的威望以另外的方式得以弘扬，特别是 1549 年在巴黎以及 1550 年在鲁昂隆重的入城仪式中。意大利人曾在亚平宁发扬光大的所有装饰技能，在法国都被再度用来为王权增添荣光。凯旋门、仿古雕塑、金字塔和方尖碑在这位君主周围组成的城市风景堪与古罗马将军和皇帝的凯旋仪式相比。这位国王成了“高卢的赫拉克勒斯[2]”，最出色的诗人都在为他欢呼。1549 年，龙萨以这样的诗句敦请首都人民给这位英雄的国王以崇高礼遇：

---

① 卡斯蒂廖内（Castiglione，1478—1529），意大利外交官，侍臣，著有《论侍臣》（Cortigiano），用对话体描述文艺复兴时期理想的贵族和侍臣的礼仪。

② 赫拉克勒斯（Hercule），古希腊神话中的英雄，以非凡的力量和勇武的功绩著称。

巴黎快看哪，你随后的幸福场景，
该是一番什么模样！
请崇拜你的主人，你的新神，
这个神将以他的不朽令你熠熠生辉。

未完成的任务

然而，爱国主义的骄傲之情和对君主制度的忠诚恰好成为王国的差异性和同质性之不足的必要平衡力量。法国境内仍存在外国的飞地：1558年之前的加莱；教皇统治的孔塔－维内森；1544年后归属拿骚家族的奥兰治公国；以及原属勃艮第家族、后归入哈布斯堡领地的夏罗莱。在国境线内，虽然王室领地占据国土的大部分，但某些领地直到1589年仍归某些拥有国王头衔的亲王所有。实际上，1548年让娜·德·阿尔布雷（玛格丽特·德·纳瓦尔的女儿）同波旁—旺多姆家族的继承人的联姻再次形成了一个强大的封建集团。它包括的土地有：阿尔布雷公爵领，贝阿尔内子爵领，富瓦、比格尔和阿尔马尼亚克三个伯爵领，鲁埃格、佩里戈尔和旺多姆地区，此外还加上纳瓦尔王国的法国部分。只是由于亨利四世继承了圣路易的王位，法国君主才得以直接统治这一大堆领地。

最后，即使在王室领地内部，统一仍远未完成。有的省份，尤其是边缘地带的省——如较早并入的诺曼底和朗格多克，或较晚并入的多菲内、勃艮第、普罗旺斯和布列塔尼——仍保留着各自的特权、习惯法和制度机构，并竭力维持它们的省三级会议、法庭、审计法院或税务法院。

土地归并

王国的统一在16世纪取得明显进展。1521年，军事统领波旁的妻子无嗣而终，弗朗索瓦一世在母亲的怂恿下，以封建法律为依据向波旁要求收回其亲王采邑的地产，结果引起一场后果严重的争吵。当时死者最亲近的亲属、路易丝·德·萨伏依也要求获得属于波旁家族男支的领地。争端交由巴黎高等法院裁决。但是，就在宣判的前夕，弗朗索瓦一世先行将几块土地交给了他母亲[①]，并暂时保管其余土地。384 军事统领于是决定“叛变”。对于当时很多人来说，查理·德·蒙庞西埃并不算叛徒。他只是根据自己的封臣权利向封君的封君——皇帝上诉。1523 年 9 月 12 日，律师维尔索里在日记中写道：“此刻普通法国人都预见到波旁大人离去造成的诸多不幸和灾难，大家都了解，他的睿智、勇敢和美德对他十分有利。”后来布兰托姆也说道，“如果波旁大人不这么做，那他又该如何呢？他到头来会锒铛入狱、会受人控告……他将永远蒙受耻辱，无论是其个人还是其家族；不过他为自己遭受的侮辱和伤害而复仇，死得十分光荣……”不过弗朗索瓦一世还试图借苏珊娜·德·波旁死去之机瓦解一个可怕的封建实体，因为这个统一的实体十分辽阔，它由马尔什、波旁、奥弗涅、富雷和博若莱等地区组成，首都是穆兰。这一瓦解工作完成后（1527 年），国王认为可以将蒙庞西埃和奥弗涅两个伯爵领交给波旁家族两支中的一支，而另一支旺多姆则保有旺多姆公爵领、昂吉安男爵领和孔代领地，但这一让步后来也险些造成极大的风险，幸而波旁—纳瓦尔的亨利成为了法兰西的亨利四世。

授予亲王采邑曾是 14 世纪时好人让犯下的严重错误之一，但这一做法在 16 世纪仍未停止：1576 年，亨利三世的幼弟阿朗松公爵获得了安茹、都兰和贝里。但是这位年轻公爵的早夭又给了法国一个统一的机会。1498 年路易十二即位、1515 年弗朗索瓦一世即位，至少分别使瓦卢瓦和奥尔良两公爵领、布卢瓦伯爵领，以及昂古莱姆伯爵领重新归入王室领地。最后，16 世纪瓦卢瓦君主们统一政策的一个显著成就是合并布列塔尼，查理八世和路易十二与布列塔尼女公爵安娜的婚姻为合并做好了准备。1532 年，在瓦内召开的布列塔尼三级会议确认，该公爵领最终并入王室领地。

---

① 弗朗索瓦的母亲即路易丝·德·萨伏依。

结构化

“弗朗索瓦一世和亨利二世时代的人可以感觉到统治方式的转变”（H. 拉佩尔）。1484—1560 年间没有召集全国性的三级会议，这一点很能说明问题。法国国王的新作风及其充满猜疑的独裁主义在当时一些轰动一时的案件中显露无遗。领教过王权雷霆之怒的不仅是军事统领波旁，还有桑布朗塞这位真正的财政总管，他被控犯贪污和叛国罪，1527 年被处决，此举引起马罗[①]的愤怒；另外，海军司令菲利普·夏博于 1540 年被捕，大法官纪尧姆·普瓦耶则于 1545 年下狱。

这些突然的失宠遭灾和判决定罪是集权化过程中的消极方面，集权化是文艺复兴时代所有欧洲国家都能感觉到的一种结构化的深层运动。在最高层是“国王的议政会”，由法国的头等贵族、家族亲王、国王的高级官员和其他重要人物组成，但在弗朗索瓦一世时期，从国王的议政会中分离出一个仅由议政顾问组成的机构，它有时叫作枢密议政会（Conseil secret），有时叫作小议政会（Conseil étroit）或国务议政会（Conseil des affaires）。1561 年，威尼斯人米歇尔·苏里亚诺曾这样解释说：“这个议政会是国王弗朗索瓦一世创立的新事物，他痛恨那种人数众多的议政会，并第一个在重要决策上亲自负责。”在前台上，国王的高级官员依然占据显赫地位，如作为军队首脑的军事统领；作为司法首脑的大法官；法国海军司令和大总管（负责管理国王的宫廷事务）。但是一些地位不高但效率很高的人物的重要性在增长，如负责向国王的议政会汇报事务的“检审官”，专门从事财政事务的“国王的公证人和秘书”。在亨利二世时期，他们中的一些人曾作为首批“特派差”——未来的督办——派驻到科西嘉和皮埃蒙特占领区。另一些人则于 1559 年获得“军事和财政国务秘书”的头衔，
这样的秘书共计四人，按地理区域分工，既负责内部事务又与外国打 385
交道。

---

① 马罗（Clément Marot，1496—1544），法国诗人，人文主义者。

财政和司法

由于瓦卢瓦国王们对意大利的野心，由于弗朗索瓦的挥霍浪费，更由于因火器发展而造成的战争费用的不断增加，法国国王不得不增加税收，并在军役税的基础数额上不断“涨水”。在 16 世纪的整个欧洲范围内，政府的财政需求是导致中央集权的主要原因。财政需求使得绝对主义政策几乎推行到所有领域。这方面弗朗索瓦一世的决策至关重要。他设立的“储金库”（1523 年）负责集中所有收入，包括来自王家领地捐的收入。他将原来的四个面积太大的财政区细分，以 16 个与地理格局更为契合的财政区代替之。他还全面推行关税和集市税。亨利二世于 1554 年设立总监一职，从而完善了上述措施。从政府层次来说，总监负责登记国库资金的调拨。

但是在此前的几个世纪中，君主主要是通过各级司法机构在全国确认其权威的，况且在旧制度时代的法国，司法和行政是紧密相连，难以分开的。在文艺复兴时代，这一发展趋势仍未停止。相反，在 16 世纪，王家司法体系越来越具有全面性。过去的 6 个高等法院之外，又增加了两个新高等法院——分别在诺曼底（1515 年）和布列塔尼（1554 年）。巴黎高等法院地位最显赫，其辖区占国土面积的一半，其自身规模也扩大了，成员编制数目从 1499 年的 80 名扩展到 1558 年的 150 人，另外弗朗索瓦一世还新设了两个调查庭。

在全国范围内，克雷米厄法令（1536 年）增加了司法区法庭的权限，并明确了它们对于其他地方性司法权的优先地位。而维莱尔-科特莱法令不仅规定了所有司法文书在语言使用上的统一性、确定了民事登记的规章，而且编订了诉讼程序，明确了民事司法与教会裁判权之间的界限。最后，尤其重要的是，亨利二世于 1552 年设立了 61 个初等法院，每个法庭配备 9 名法官，从而完成了王国的司法统一。初等法院是小案件的上诉法庭，是高等法院和低层司法机关的中间机构，这一情形一直持续到旧制度结束之日。

潜在的对手

当然，亨利二世之所以设立初等法院，主要是为了出卖司法职位

以获取资金。由于国库经常告罄，王权于是不断采取这种方便的做法，
广设官职来筹钱。王权固然可以从中得到一笔短期收益，但应支付的
薪俸却也在不断增长。这一开支从 1560 年的 120 万利弗尔增加到
1585 年的 500 万。官员们于是逐步变成了其职位的所有人。官职的买
卖和世袭性被制度化了。由于自己犯下的错误，国王不得不要放弃自
己的部分权力，而得益者是一个他无法撤换的官员阶层，除非他赎回
后者占有的职位。这是一项危险的政策，尤其是它涉及像高等法院以
及其他最高法庭（审计法院和税务法院）的法官职位。因为巴黎和外
省高等法院的法官们——这些人声称他们组成的是一个单独的团体
——还渴望扮演一个政治角色。在登记法家法令的时候，这些人有权
呈交“谏诤书”。另外，他们还以“王国和公共事务的监管人”自居。
最后，他们还声称，在三级会议停开时，他们是民族的代表。帕维亚 386
战役后、弗朗索瓦一世被俘期间就出现过这种情况。巴黎高等法院力
求与摄政、路易丝·德·萨伏依共同掌管法国，并试图限制后者的权
力。弗朗索瓦一世回到法国后大为震怒，他和大法官迪普拉已经因为
登记 1516 年的教务专约而与巴黎高等法院发生冲突。登记工作直到
1518 年 3 月才完成，而且还受到广泛抗议，巴黎大学就是这一抗议运
动的支持者。10 个月后，国王在昂布瓦兹接见高等法院的代表团时，
对法官们严词斥责，明确告诉他们“法国只有一个国王……要知道法
国没有威尼斯的元老院……你们明天就走，不得有误……明天一大早
就走”。弗朗索瓦一世从马德里回来后，试图将高等法院法官们的权限
限于司法领域。1527 年 7 月 14 日的法令说得很明确：“国王陛下禁止
你们以任何方式插手除司法事务之外的任何国家事务或其他事务……
同样禁止高等法院审判和受理有关大主教、主教和修道院之事务……
陛下以该法令宣布，废除所有强加于太后的权力限制，你们的一切侵
犯行为均属无效并被废除……同样，陛下禁止高等法院今后对陛下之
法律、规章和文件作任何限制、修改和保留……另，陛下谕示你们并
宣告，你们对法国大法官无任何裁决权或权力，此种裁决权只属于陛
下，而非任何他人……”

因此，弗朗索瓦一世和亨利二世还能让各高等法院有所顾忌。但很明显，它们已经形成一股潜在的反对力量，当危机或动荡来临时，这种力量就会重新显现出来。督军们也同样如此——1547 年他们共计 13 人——国王提防他们并不是没有理由的。这些人都来自豪门望族，都试图在各自的辖区建立起主从关系网。弗朗索瓦一世对他们广泛的权力甚为担忧，1542 年将他们全部撤销，但很快又恢复了，不过限制了其职权。然而，在宗教战争期间以及 17 世纪前半叶，王权不止一次面对督军独立倾向的挑战，并不止一次遭受失败。

绝对主义的强化

尽管有这些长期性的阻碍，君主集权的努力在 16 世纪还是取得了决定性的进展。在这方面，1516 年的教务专约是君主制的一个重大成就，因为除个别情况外，王国的主教和修院院长的选举制被废除，国王获得了出缺的重要圣职的提名权。此外，他还有权征对教士征收的神职税。于是，弗朗索瓦一世和他的继承者们成了全国 2/5 的地产的分配者。法国教会掌握在他们手中。另外，从此之后国王获得了一个让贵族安守本分的特别有效的工具，他可以将教会财产授予贵族、或引得他们垂涎。这些财产与官职不同，它不会变成世袭性的，因而对君主来说有双重好处。当时的人很快就意识到，教务专约给法国国王带来了一张新王牌。威尼斯大使奎斯蒂尼阿尼说，“他可以任命 10 位大主教、82 名主教、527 名修道院院长，以及无数的隐修会会长和议事司铎。这一任命权使他可以得到高级教士的广泛效忠和服从，俗界人士也是如此，因为他们想获得圣职……这样他不仅可以大力安抚自己的臣民，还可以借此与大量外国人修好。”

387 亨利二世死后 35 年的动乱确实给王权、甚至君主本人的威望造成了严重的损害。新教神学家（奥特曼，特奥多尔·德·贝扎）和天主教同盟的神学家（路易·多莱昂，布歇）都曾明确提出，当合法的君主为政暴虐时应诉诸武力反抗。1590 年，在被围困的巴黎，僧侣们为刺杀亨利三世的雅克·克莱芒的“英雄主义的神圣行为”辩护。还有，罗马教廷通过耶稣会士贝拉明的作品（《论基督教信仰之争论》，

1586年）声称，教皇可以出于重要宗教理由而干涉各国内部事务，甚至可以废黜不称职的君主。而全国性的三级会议也想成为不可或缺的机构。因此专制政体面临各方面的挑战。督军们试图将其职位世袭化。高等法院的法官们在舆论中处于有利地位。1596年，第戎高等法院的首席庭长公然向亨利四世宣称，各高级法庭的法官构成“君主和人民之间的一条栅栏，以防止后者承受税收和特别捐税的压力”。与此同时，城市也收回了部分长期以来王权一直在努力侵蚀的自治权。城市又开始自行管理并任命自己的市政官员，有时还与外国君主直接往来。

在这一时期，离心力量和分裂趋势似乎压倒了统一因素，不过即便如此，迈向路易十四式君主制的步伐并未停止。卡特琳娜·德·美第奇和她的儿子们都效仿意大利和西班牙，注重宫廷的仪式和礼节。像亨利三世这样受人诋毁、身处乱世、精神错乱的君主，仍然对自己的权威看得极重。他曾宣称，“若朕不开口，其他人均属徒劳。”他比人们通常认为的要勤快，曾有个“书记员国王”的绰号，因为他在位期间发布过一些行政改革计划。1579年5月的布卢瓦法令重申并澄清了以前的立法，这些立法涉及面十分广泛，如教会、司法和教育的组织，削减“数量过多”的官职，贵族特权，各省的政府机构，税收和商业等问题。1577年和1581年的另两份著名法令构成了一个“法国手工业者条例”。这两个法令将行会制度推广到所有手工业部门，当然这一政策主要出于税收方面的考虑。1587年，人们所称的“亨利三世法典”问世，它实际上是一部“以罗马法的形式为典范而缩写的法国法律摘要”的汇编。当时这一立法的实施并不充分，这是可以理解的。不过后来亨利四世、黎塞留和柯尔伯都曾在这一文献库中大量汲取资源。也许下述事实是16世纪绝对主义开始在法国扎根的征兆：即使是在宗教战争这一最严酷的考验中，“反专制主义者”——无论是新教的还是天主教同盟的——都没有使国王和人民之间根据契约而联系在一起的理论，以及当国王违反契约时国家有反抗权利的理论最终确立起来。为给上述理论和权利学说提供依据，反专制主义者们利用艾蒂安·德·拉博埃蒂自1548年后创作的《反独夫》（Contr'un）为理论武器。另一方面，让·博丹则支持捍卫王权，努力弘扬“政和派”的观点。1576 年，他在其《共和六书》中奠定了主权学说。博丹认为，主权对于国家是必须的，正如龙骨之于船只；主权“确切言之，非在君主制度中不能存在和维系”。确实应该召集三级会议征询意见：君主毕竟应遵守法国的基本制度。但是君主有权“制定和撤销法律”。因此，博丹的《共和六书》对绝对主义理论的强化具有决定性贡献。

388

三、经济形势和日常生活

气候转冷和价格上涨

16 世纪的法国在转向绝对主义时并不是独行者。相反，它所处的那种内部政治——以及文化——环境也同样把伊比利亚君主国家、意大利和德意志各国、斯堪的纳维亚各王国、甚至亨利八世和伊丽莎白时代的英国拉向了同一个演变方向。在社会经济方面，法国也经历了同样深刻的运动，这些狂涛巨浪般的运动影响了当时欧洲、甚至世界的日常生活的各个方面。

我们应考虑，文艺复兴时代的气候是否有变化。勒鲁瓦·拉杜里已经回答了这个问题。有关季节、葡萄收获日期和冰川大小的材料都很一致，由此可以确定，从 1540—1560 年到 1600 年后很长一段时间内的冬天比 1350—1540 年更为严酷，而夏天也较为凉爽。年平均气温下降约 1 摄氏度：热学上的变化相对来说很小，但后果却不容忽视。1600 年左右，阿尔卑斯山的冰川达到其最大规模；连续的阴冷夏季和严寒冬天对作物和粮食供应造成的破坏比往常更为频繁。1562—1563 年、1565—1566 年、1573—1577 年、1590—1592 年、1596—1597 年法国都曾发生生存危机，但这份年代表没有显示，法国在 16 世纪前半叶并未遭受饥荒之苦。

价格运动尤其能反映经济形势。文艺复兴时代出现过某种价格猛涨的情形。在我们看来，“迫于生计的时代”这句话是对弗朗索瓦一世和卡特琳娜·德·美第奇时期的时代特征的描述。我们都知道让·博丹1566年说的那段话："金银的大量充斥使得所有东西都比100年前贵了10倍"。最近的研究表明，这位《关于马勒斯特瓦先生之悖论的答复》的作者之言并不算夸张，至少当我们从名义价格看、而不考虑货币的成色时是如此。巴黎每塞蒂埃[①]小麦的年平均价格，折合图尔利弗尔分别如下：1460—1469年为0.67利弗尔，1500—1509年为1.57利弗尔，1560—1569年为6.45利弗尔，1590—1599年为18.59利弗尔。在让·博丹反驳马勒斯特瓦先生的那个时代，上等谷物的价格指数与1460—1469年的水平（100）相比较为962，而到该世纪的最后10年，这个指数上升为2774。当然，当时恰逢歉收和巴黎围城。1600—1609年的价格水平更为正常，为9.45利弗尔，与1460—1469年相比，价格指数为1410，若以1500—1509年十年间的价格为基准的话则为602。我们是否可以说有一场"价格革命"——就像人们经常谈论的那样呢？必须提醒的是，1875—1961年间，法国的名义价格上涨了35000％，而另一方面，在16世纪，谷物是所有产品中对经济形势波动最为敏感的，因为它是最基本的食物。其他产品　无论是食品还是其他——的价格上涨速度没有这么快。认为16世纪法国的生活费用上涨300—400％的看法是合理的：这个上涨幅度足以让当时的人感到震惊和惶恐，也是受到白银冲击的币制不稳定的原因之一。1561年、1573年和1577年，政府连续颁布法令，试图控制通货膨胀并稳定不断贬值的记账货币利弗尔。最重要的努力是1577年的法令，它规定，从1578年1月1日起，"一切涉及金额超过60苏的欠款、合同、销售……"均须以金埃居、按三利弗尔一埃居的标准结算。但这种金本位制的尝试失败了，实际兑换率很快就超过了法定标准。1602年起，亨利四世禁止以埃居记账，恢复利弗尔记账货币的地位，并将每埃居的市价定为65苏。 389

① 塞蒂埃（setier），古时的谷物容量单位，约合150—300升。

人口复苏

让·博丹认为，美洲贵金属涌入欧洲是导致价格上涨的主要原因。当然不能否认金银流入对食品价格上涨造成的影响，因为根据 E. 汉密尔顿的计算，1503—1600 年间，从新大陆运抵塞维利亚的白银为 7440 吨，黄金为 154 吨，这个数字还不包括无法统计的走私金银的数量。但是，即使我们仅限于定量的货币分析，让·博丹的论证仍不能完全令人满意，因为美洲白银大量涌入欧洲是 1560 年以后的事。美洲的白银逐渐取代了中欧矿山的白银，这些矿山曾在 15 世纪最后 25 年和 16 世纪前半叶经历了复苏和繁荣。大约在 1526—1535 年间，欧洲每年生产纯银约 85 吨。因此，欧洲 16 世纪中期的经济“低谷”可能刚好发生在波希米亚和德国的贵金属生产暴跌、而美洲的贵金属尚未到来之际。

但是，今天历史知识的进步使得我们不再把 16 世纪价格的上涨仅仅归因为贵金属——无论是德国的还是后来美洲的。另外的因素也在起作用：奢侈之风的兴起、货币流通的加速、信用的飞速发展、城市化导致的某些人口从物物交换经济向货币经济的过渡、气候因素（在某些歉收年份，它使得生活必需品价格走高），最后还有人口的膨胀，而这正是我们要强调的一点。14 世纪以及 15 世纪前半叶的饥荒、瘟疫和战争曾导致欧洲人口大量减少，尤其是在法国。相反，1450 年到 1560（甚至到 1580 年）是一个重建和人口复苏的时期。人口逐步恢复甚至超过了 1320 年的水平，我们完全有理由相信这一点。

人口飞跃之前总会有个明显的稳定时期，在此期间增长的条件逐步成熟，家庭也在恢复；法国的情况正是如此：人口的快速增长尤其发生在人们有时所称的“美好的 16 世纪”，即 1480—1560 年。到 1560 年，在法国乡村，废墟已被重建，荒地重新被垦殖，大部分从前被遗弃的村落又迎来了居民。

百年战争使得鲁埃格和基耶内一片荒芜，但移民又使这些地区重现生机。巴黎地区虽然受到战争的严重破坏，但它的恢复十分迅速，这不仅得益于葡萄种植业的飞速发展，也得益于靠近巴黎这一区位优势。各地的森林都在减退，边缘地带的垦区在扩大，耕地使得牧场不断萎缩，小麦战胜了羊毛和肉类。一位道学家曾提及，农民“白天总是在田野里唱歌，晚上在自己的小房子里鼾声如雷。”各种材料都表明人口在膨胀。巴拉迪埃曾说，在普罗旺斯，“15 世纪的最后 25 年中，各地人口呈现出大幅度的上升趋势，户口数目增长如此迅速，以致 1540 年的数字相当于 1470 年的三倍”。勒鲁瓦·拉杜里的下述研究个案很是典型，这就是埃罗河谷的吉尼亚克村。在 14 和 15 世纪“大规模战争和瘟疫的年代”，这个村子约有 300 个纳税的户主。“1519 年，他们的后继者为 350 人。1541 年 471 人，1544 年 510 人，1559 年 650 人，1569 年 620 人。这样，在 1462 年到 1569 年约一个世纪的时期内，这个村社每十年的增长率约为 10%左右。这样的增长速度相当普遍，在整个朗格多克地区，1490—1570 年户主数目至少翻了一番，本 390
人在查阅过去的登记簿时，满眼都是收税员或‘征集员’的人口普查数”。

城市化的进展

这一人口增长趋势甚至一直持续到宗教战争初期，它对于价格运动也并非没有影响。让·博丹当时曾说，“王国的人民无以计数”。实际上，保存下来的大部分 16 世纪的教区记录都能提供 1560—1580 年受洗者的数字记录。这种人口数量上的激增自然推动了城市化的飞速发展，尽管有关这方面的精确数字依据极为缺乏。巴黎是继君士坦丁堡之后的欧洲第二大城市，1530 年前后它大约有 500 条街道和 1 万所住宅，我们可以作一点大胆的估算：1500 年它的居民约 20 万，天主教同盟战争前夕约为 30 万。毕竟 16 世纪巴黎的建设极为迅速——当然也极为混乱。城市规划仍然是中世纪的，由此造成的地块分割使得大量新增人口麇集于如今的艾田·马塞街以及亨利四世和博马舍大道之间、圣马索区、圣梅达尔区、圣雅克区和圣日耳曼区，最后一个区域是十分贵族化的，因为它靠近王宫（罗亚尔宫）。里昂是印刷业和银行业中心，鲁昂是法国的首要港口，它们 1560 年左右的居民可能达 10 万人。1540 年里昂市政官们在辩论（也许带有几分夸张）中声称：

“(这座城市）不只是增长了一半，而是 4/5，增长的不仅是手工业者数量，还有房屋，每天都在盖房子。”下列城市也在发展：弗朗索瓦一世设立的勒阿弗尔，马赛（它在天主教同盟战争之前十分繁荣），南方新教徒与国外贸易的港口拉罗歇尔，圣马洛（1500 年受洗者只有 100 左右，一个世纪后为 430）。

停滞

但是，至少在法国农村——当时的法国首先是乡村的法国——人口增长速度在 16 世纪末减慢了。内战无疑是原因之一。但其中还有更为深层的因素。因为，在一个技术进步很少涉及农业部门的时代，人口的“富有弹性”与“生产严重缺乏弹性”造成了对立。人口再度增长后，土地碎化了，土地转让行为大量增加，就像 17 和 18 世纪那样。从那时候起,“美好的 16 世纪”持续的增长也就只能自我减速了。

于是一个停滞期来临了。土地再度负担了过多的人口。不过，根据最乐观的估计，人口恢复到 1320 年的水平甚至要到 1580 年左右。我们这里面临的是一个确切意义上的循环的农业史，它还无法摆脱这个因技术停滞而造成的限定性圈子。1600 年，奥利弗·德·塞雷写道：“经营者如果能在其领地上大体上取得 5 或 6 比 1 的收成——好坏平均后——那他就很满足了”。这位胡格诺派农学家还建议农民要谨慎从事：“不要更换犁刀，以免由此带来一系列变化而造成损失之风险。”稳定是重中之重！

农业中的少许新气象

不过，动植物养殖种植方面有一些新气象值得一提。查理八世从意大利带回了香瓜，菜蓟成为文艺复兴时代法国贵族喜爱的一种蔬菜——在整个西欧都是如此。人工栽培的草莓、覆盆子、醋栗也成为贵族的盘中餐，而在 14 世纪末这些东西都只是野生的。人们已能生产出比以前更少木质纤维的胡萝卜，花菜也于 16 世纪传入法国。来自小亚细亚的荞麦于 1460 年左右传入诺曼底，1500 年左右传入布列塔尼。
391 四季豆和玉米——还有 1556 年由迪维引进的烟草——则来自美洲。但是朗格多克发生“玉米革命”要到17世纪。同样，土豆种植也要到法国大革命前夕才有了飞速发展，尽管圣康坦战役中（1557年）的西班牙士兵已经吃到庇卡底农民种植的这种“白薯”。在16世纪，美洲似乎为欧洲提供了各种杨树，它们在潮湿地带的适应性很好。

一些具有工业价值的作物也有发展：来自中国的桑树经意大利传到法国，15世纪末，在普罗旺斯和朗格多克已能见到，亨利四世时期，它还成为政府瞩目的对象；此外还有亚麻和大麻，它们正日益为西部农民织工提供补充收入。图卢兹的菘蓝业特别值得一提。这种“月桂草”曾于1530—1560年间引起了一场短暂的地方资本主义运动，其产品出口到西班牙、鲁昂、伦敦和安特卫普等地。这就是“自大狂”阿瑟扎发迹的原因。但是由于生产过剩和随后的宗教战争、以及16世纪末美洲蓝靛的竞争，这一“神奇作物”的镀金传奇也就结束了。除了植物，动物领域也有新气象：法国出现了众多火鸡，珠鸡也从几内亚传入，但是这些都无法同欧洲与美洲之间的动物交流相比。不过总体而言，刚才提到的新气象以及农业工具方面的某些改进——如铁锹的广泛使用、耕犁装备水平的提高——都没有改变农村技术和心态方面的保守状态。

技术转向

在农村以外的领域，法国也像整个西方一样，取得了明显的技术进步。一个相对来说更具活力的文明——至少弗朗索瓦一世和卡特琳娜·德·美第奇时代的文明要比当时的阿拉伯和中国更有活力——使得富裕和有教养的阶层转向了物质领域的进步。生活水平和政府财力在提升，精英之间出现了真正的知识交流，这种交流有点从“本质的世界”转向“实验的世界”的味道；所有这些因素都在不同程度上解释了文明的技术“转向”以及当时巴黎出版的一些著作，如雅克·贝松的《工具大观》(1578年）和拉默里的《人工机械种种》(1588年)。一位16世纪末的技工可以毫不顾忌地声称机器是“工艺之最尊者”。

16世纪，法国出现了许多改变日常生活的技术创新。箱子改成了衣橱；在窗户上，窗格玻璃取代布料、半透明的纸或笨重昂贵的彩绘玻璃。眼镜日渐增多。富裕人家开始用叉子进餐，已经摆上了钟，甚至还有了表，用上了前半部可活动并带有悬架的马车。所有这些进步都与金属、特别是铁的使用的增加有关。从此铁成为军械之必须——与铜竞争——铁同样也是机器的金属部件和日用物品不可或缺的，这些物品的消费量正在增加，如针、钉子、钢制剃刀、剪子、叉子等。此外，随着富裕阶层财富的增长，对壁炉板、铁门、门闩、锁和钥匙的需求比以前增加了。正因为如此，16世纪法国的炼铁炉迅速增加，而随之而来的是森林的破坏，龙萨和贝尔纳·帕里西[①]对此深为叹息。1543年，弗朗索瓦一世下令削减炼铁炉数量，因为“王国已有460个
392 炼铁炉。有400个是近50年来建造的，每年新建25或30个。此等铁工为王国最富足之人。另，虽他们以体力行业为生，却不付任何捐税，他们自认有与法国贵族相似之特权，并实际上享有此等特权”。一些铁炉、尤其是16世纪后半叶的铁炉位于香槟、中央高原和布列塔尼的森林地带，高炉附设有水力鼓风装置，可年产生铁50吨。内夫估计，1525年左右欧洲铁的年产量为10万吨，其中法国的产量为1万吨（西班牙北部地区为1.5万吨，施蒂里亚和列日分别为8000—9000吨，德国为3万吨，英国为6000吨）。不过，瓦卢瓦王国缺乏贵金属矿藏，因而其冶金业在欧洲大陆并不居于首位，不过它的地位还是很高的。法国炮兵曾在意大利创造奇迹，而1516年圣艾蒂安的一个火枪制造厂也开始运转。

如果说文艺复兴时期的欧洲（包括法国）在技术领域有过一场革命的话，那肯定是夸张的。不过应该强调是，许多行业的发展速度非常快。纺织业——无论是毛织还是丝织——传播迅速，1505年特鲁瓦出现了一个纺织业行会。印刷业几乎是资本主义式的尖端产业，其前途不可限量；而造纸业、特别是昂古莱姆的纸厂生产的纸张要比羊皮纸便宜五倍。16世纪，巴黎的印刷所共计生产了2.5万版（平均每版印数约1000），在里昂，这个数字为1.3万（而德国总共为4.5万，

① 帕里西（B. Palissy，1510—1589），法国陶瓷艺术家、作家和学者。

英国为 1 万，尼德兰为 0.8 万）。此外，法国海军也吸收了外国的新技术，改进了船舰建造业。它采用了太阳偏图和北极星图，这些图表最初是 1483 年在威尼斯印刷的。16 世纪末又采用了测程仪。1560 年代的法国商船与国外的船只颇为相似。船只一般于中部和前部悬挂横帆，后桅悬挂三角帆。桅楼上方使用楼帆的技术推广开来，而 16 世纪前半叶起，人们又开始在艏斜桅下悬挂小横帆。从 1580 年起，一些船只的顶桅已能活动，这样遇到恶劣天气便可以搁浅下来。

商业技术

16 世纪的商业技术也有了发展。法国在这方面师从意大利，引进了海上保险——保险单在鲁昂和里昂签订——以及复式簿记技术。委托给积极参与者的代理制的方式风行于各港口，并且一直持续到 19 世纪。其操作程式如下：一船东向别人求贷，以装备船只和购买货物。资本被平分为几股。船东本人是该合伙团体（公司）的受雇者，但他也可以拥有股份。在 16 世纪，法国的经济和金融首都更像是里昂，而不是巴黎，由于里昂的地理位置，它成了意大利、德国和瑞士商人的汇聚之地。根据目前的数字，16 世纪法国共有 209 家商人—银行家公司，其中 169 家在里昂，而意大利人——特别是托斯卡纳人——在里昂的公司有 143 家，德国和瑞士人的公司为 15 家。从弗朗索瓦一世在位初期到 1589 年，里昂的集市发展成为欧洲头等集市之一，并使日内瓦相形见绌。意大利、瑞士、德国、弗拉芒、波罗的海等地以及法国和伊比利亚的商人每年在这里举行四次集市交易会。集市每届为期 15 天，人们可以洽谈买卖，但并不要求现金交割。交易会结束两三周后， 393
商人们开始清查他们的借贷对照表并着手“汇划”。汇划的账目或以现金即刻支付，或到里昂、梅迪纳·德尔·坎波[①]或法兰克福的下次集市上连带利息一起交付。1528 年，威尼斯大使纳瓦热罗写道，“在里昂的四次集市上，来自四面八方的人在这里进行无以数计的支付交

① 梅迪纳·德尔·坎波即今西班牙的巴拉杜利德城，当时是一个重要的羊毛贸易中心。

易，它构成意大利全部的、以及西班牙和尼德兰的部分货币交易的基础。”因此在里昂，正如在梅迪纳·德尔·坎波和意大利所称的“贝桑松”集市一样，流动性的证券交易占了上风，证券自身有价值并成为交易对象。这也是信用的胜利。1596年，圣加仑[①]的一些商人写道，“众所周知，这里大部分的交易，无论是银行还是商品交易，都是以在当地发出的借据和保单而进行的。人们在集市上可以交易上百万金埃居，但是对从事交易的人来说，真正涉及和使用的还不到1万埃居。”在这一经济生活的最高层次上，纸币取代了金属通货——尽管美洲的白银已经达到欧洲，但这种硬通货仍极为短缺。

意大利不仅将银行技术传给了文艺复兴时代的法国，它同样为后者提供了公共借款方法，此前佛罗伦萨、威尼斯和热那亚都曾采用过这类方法。由于向放款人借钱代价高昂（年息至少16%），因此国家须通过大量储户来筹集大笔资金，而不再只是向个别放款人借钱。正是基于这种考虑，法国于1522年设立了巴黎市政厅年金公债。当时国王以巴黎市政厅为中间人、以8%的利息取得了20万利弗尔的贷款，以首都的商品税和盐税为抵押。随着贷款需求的增长，一些新的收入资源也很快被让渡出去。1553年后开始抵押巴黎之外的资源。1561年起，市政厅年金公债的拖欠款项由教会负责支付。在16世纪，巴黎市政厅年金公债于1568年达到其顶峰。另外，里昂交易所也作为中介人向公众求贷，它或是自己直接承办，或是委托德国和意大利的银行家联合会代理。1542—1543年，当法国再次与查理五世开战时，里昂的总管、枢机主教图尔农与银行协商后，促成了一笔6万利弗尔的市政府借款。他试图将有可能流向西班牙的资本引向法国，“吸引……各方财源，为将来挫败敌人储备资金”。他的举措大获成功，并有利于随后举借新债。认购债券者从法国、德国和意大利纷至沓来。1547年弗朗索瓦一世死去时，他共欠里昂的银行200多万埃居。1555年，枢机主教图尔农准备采取更大规模的举措：此所谓“大借款团”（grand

① 瑞士一州名。

party)。为分期偿还公共债务，政府向里昂的银行家们贷款260万埃居，分41次集市交易偿还（即10年零3个月），年息超过20%。另外，里昂的收款人可以接受任何愿意向国王贷款的人的认购请求。对于这一借款基金，起初人们“趋之若鹜”，很是积极。但是，由于圣康坦的溃败、亨利二世的死去，政府暂停偿付，于是行市大跌。但它的失败并不能掩盖这一尝试的现代特征。

奢侈风气的发展

16世纪法国公共信用的发展——正如在当时意大利、西班牙和尼德兰一样——无可辩驳地说明储蓄能力的拓展。同样，当时的生活水平也有了明显的提高，至少在某些社会阶层是如此；货币经济领域扩大了，城市对乡村产生了深刻影响。1547年诺埃尔·迪·法伊出版的《乡村谈话》就是明证。这部作品刻画的是一群雷恩地区的老农坐在橡树底下伤感地追念过去的纯朴风俗。“哦，多么美好的岁月！多么幸运的年代！我们曾发誓让我们的先辈……高兴，说到那些奇装异服，无非是一件正式的袍子，为的是在节日时穿，也谈不上什么时髦；劳动时穿的袍子质地很好，上面再加一点老哔叽……每个人都对自己财产和活计心满意足，他们靠这些东西过得很体面……那时过节要是太过随便我们就感到不自在，谁都会邀请全村的人一起吃饭，分享他的鸡、鹅和火腿，这样的日子哪里还有呢？要是现在，人们还不等鸡、鹅长大，就拿去换钱，或者用来收买律师先生或医生大人（那时候几乎没人听说过这类人），让律师刁难他的邻居，剥夺后者的继承权，或是让他坐牢；而给医生送礼是为了给他治热病，给他放血治病……或是进行灌肠，而可敬的蒂菲内·拉布卢瓦的病痛并没有玩这些把戏就痊愈了，他几乎只作了一次祷告。”对于公证人安瑟姆的叹息，教师兼葡萄农于盖也附和道：“因为我们的前辈的宴会是自己提供食物的（此乃这次谈话的主题），从愿望上说他们不比那些有学问的人差，我简直不愿意考虑一场阔绰宴会的后果，那上面的食品是老实人根本不知道的，因为他们不认识胡椒、番红花、生姜、桂皮、科兰提阿斯的米拉果（东印度的一种甜果）、豆蔻、丁香以及其他类似的东西， 394

它们都是从城里运到乡下的，远不是滋养人的，只是败坏人的身体，完全废掉他；不过在这个时代，宴会要是没有这些东西就没有味道，就不体面，那些追逐时尚的人和傻瓜就是这么认为的。”

穷人的贫困化

让·博丹也怀念过去的简朴生活，并认为奢侈之风盛行、追求时尚和“挥霍”——也即浪费，是价格上涨的原因之一。他写道：“人们对懒汉和奴才穿着丝绸很是不满，于是就在裁减上下功夫，使其难以继续流行，而只能成为主子的衣料……呢绒也是如此，这主要是裤子的用料，缝制一条裤子，用料会是通常的三倍，繁复的裁减造成很大浪费，所以穷人只有在老爷们厌恶这类款式时才穿得起呢绒……对此曾有过一些很好的法令，但根本无济于事，因为这类被禁止的东西传入了宫廷，然后又被到处模仿……除了衣着上的浪费，还有家具、金线床单或带有精美刺绣的床单、金银物饰，而且既然有了这些东西，住的地方也得气派，家具也得配得上房子，生活方式也得与衣着相称，因此桌上也得有几盘美味。”

请不要被上述这些话迷惑住。诺埃尔·迪·法伊是个乡村贵族，有着一份不错的法官职业。他所描写的农民是些免于困乏之苦的富裕人，他们的生活远远谈不上悲惨。同样，如果说“大人物中流行者小人物必模仿之”的情况真的存在的话，那么必须明确“小人物”到底是指哪些人。

奢侈的服饰并不是谁都消费得起的。效颦宫廷的风度和时尚需要有财力，但只有很少一部分人有这个财力。最近的史学研究正是对诺埃尔·迪·法伊和让·博丹上述谈话的必要补充。这一研究使得一个重要社会事实大白于世：在16世纪的法国——以及欧洲——贫困化的趋势不断发展，少数富人和大量穷人之间的差距在扩大。这不仅是一场深刻的、某种意义上难以察觉的运动，而且还涉及对于体力劳动的根本蔑视、以及对普通大众的有意识的贬损——这是文艺复兴时代的典型心态。里昂人克洛德·德·吕比把屠夫、鞋匠、裁缝、甚至印刷
395 工人和金银匠都称作“卑劣无耻”之人。1569年，巴黎的一条法令禁

止面包工人穿戴"大衣、帽子和紧身长裤，除非是在星期天和其他节日，即使这些日子亦只能穿戴灰色或白色呢绒的帽子、裤子和大衣，不得用其他颜色"。另一个有意味的细节是：裙撑从来就不是普通大众衣着的一部分。"干体力活的和地位卑下的人"逐渐被排除出城市的选举大会和市政机构，这一趋向在16世纪的法国日益明显。这方面有很多证明材料，兹举其一：奥利弗·德·塞雷曾将他的农业工人比作垃圾和厩肥，并建议说，"雇工的工资，应尽可能地低。"

贫困化的原因

16世纪导致农民贫困化的原因现在已经弄清。1450—1520年人口"复苏"之后，对于以达极限的生产能力来说，人口再次过剩了，而同时价格又开始猛涨。工资远远跟不上价格上涨的幅度。根据勒鲁瓦·拉杜里对朗格多克的研究，相对来说，1480年左右的农业劳动者的处境特别好。他吃上了小麦，喝上了红葡萄酒。一个世纪后情况全变了。因为，1480—1580年间，工资水平停滞而通货膨胀严重。短工的购买力下降了2/3。食品从小麦变成了黑麦，饮料从好酒变为葡萄渣酿的劣酒。"更恰当地说，在这个扩张的世纪，劳动者的滑铁卢很早就被注定了——从1530—1540年起"（里舍）。但这一趋势之明朗和加速是在16世纪末。宗教战争的破坏、税收负担的加重、地租的重新修订、"土地兼并者日益增长的帝国主义"等等，都使农民陷入困境，尤其是在巴黎地区；所有这些因素都加剧了1560年后农村大众的贫困化。

城市的贫困化在程度上不亚于农村，农村的人口过剩导致大量穷人和流浪汉涌入城市。巴黎手工业者工资的下降就是例证。他们工资水平最高的时候是在1444—1476年间，因为战争、饥荒和瘟疫过后，劳动力十分短缺。但1520—1530年，情况发生逆转。"随后由于一系列的经济波动，工资陷入停顿、衰退，并维持在最低水平上。"让·富拉斯蒂埃领导的小组对斯特拉斯堡的研究也得出了相同的结论：在15世纪末，60小时的工资便足以购买一担小麦。但在1540—1550年间，100小时这一危险线已被突破，到1570年一担小麦则需200小时的工资：人们重新回到了艰难岁月，而这将要持续几个世纪。

在全国经济最发达的城市——里昂、在最早出现资本主义精神的极少数工业部门之一——印刷行业，都发生了骚动和罢工，这显示出普通大众的贫困化、以及工资水平再度陷入低谷。1529年，由于饥荒和新教教义的影响，里昂发生了大骚乱，城市差一点落入“工匠宗派”之手。10年后，里昂和巴黎的印刷工人发动了大罢工——即“特里克”。由于价格上涨，老板们企图降低书的成本。他们缩减帮工们的伙食，增加学徒数目，因为这些新手的工资比帮工低；他们试图通过这些方法获得更好的收益。但是帮工们停工以示抗议，他们在街道上游荡，“像流浪汉一样”，暴打“官员和警察，直到他们流血和残废”，还威胁那些不参加罢工的人，扬言要“把他们打成残废，并驱逐出同业公会”。局面时起时伏，危机一直持续到1571年，巴黎高等
396 法院不得不进行干预。不过，此前的维莱尔－科特莱法令已经加强了针对雇主、特别是工人联合会的立法。

经济形势的受害者和获益者

我们上面分析了多种因素：农村人口的膨胀和不断加剧的人口过剩，价格的上涨，城市化的相对发展，有能力的富裕阶层的奢侈之风，耗费巨大的意大利战争以及内战造成的破坏——不过各地程度不一；那么，在16世纪的法国，究竟这些因素使得哪些人贫困，又有哪些人因此而受惠呢？在一个农村人口占90％以上的国家，首先并首要的是农民大众的贫困化，尽管随着农奴制度的不断消失，农民的法律地位有了改善，但只有在北部和中部的某些地区，农民才能维持生计。业主过多使得土地碎化严重，这加剧了大部分农民在物质上和资源上的困乏。小所有者的小块土地难以养活家人；“帮工们”或是按年取酬的长工，或充当日工，他们只有在闲暇时候才能耕种自己的小份地；分成农的处境也恶化了——如在朗格多克和阿基坦——因为希望采取分成制者之间的竞争越来越激烈：以上所有这些无产者都想从乡村工业——尤其是西部的纺织业——中找一点收入，但是收成不好时，他们便有食不果腹之虞。另外，内战蔓延全国，他们也深受其苦。

价格的上涨、货币的贬值，再加上在意大利的花费和新兴的奢侈之风，都严重打击了乡村贵族，即使他们努力把持“一大堆想当然的、令人恼火的捐税”。从 13 世纪起，实物捐税就不断向固定不变的货币捐转变。但这种货币捐在 16 世纪不断贬值，以至几近于无了。贵族对此叫苦不迭。1587 年，一个叫弗朗索瓦·德·拉努埃的人惋惜地这样说道，贵族“失去了过去的财富，在我们的好国王路易十二和弗朗索瓦一世时期，这些财富曾为贵族家庭增光添彩。这是谁都知道的事实。”他还明确指出，在 10 个贵族家庭中，8 个有“转让部分产业、抵押和债务之苦恼”。

那么，在 16 世纪法国的财富大转移中，谁是受益者呢？金钱流向了那些有钱人。在农村，这样的有钱人主要来自三个社会阶层：富裕的业主—自耕农，公证文书称之为“体面人”，这样的人拥有役畜和人手，并有充足的承租资金，必要时还可接受新的分成制；第二种是自耕农—商人，即“小蟑螂”，他们在谷物、木材和饲料市场上呼风唤雨，既是商人又是农业经营者；最后是封建领主权的“承租人—征收人”，他们承租什一税、酒类和盐的捐税以及通行税的征收业务。这类农村资产阶级还向负债者放高利贷，当教会和旧贵族被迫出让土地时，他们也从中获益。

在城市，商业是手工业师傅们致富的因素——对巴黎那些“忠诚”行会的成员来说尤其如此——对于那些能够成为国内或国际大型商业流通中不可或缺的中间商的人来说更是这样，图卢兹的“菘蓝大亨”皮埃尔·阿瑟扎就是一个例子。对他们来说，“什么都不算过分：城里漂亮的房子、贵重的家具、精美的桌案和雕刻、延揽诗人或作家、乡间城堡、领主权利、体育活动、狩猎、宴会，以及昂贵的衣着”（莫罗）。

还有一些上升的阶层，如法律界人士，这个称呼可以同时包括律师、法官、诉讼代理人，以及所有被称为职位所有人（officiers）的王
家官员。从 1520 年起，由于君主制机构的发展以及王权财政上的需 397
要，司法团体和官员数量明显膨胀，这些官员越来越成为其职位的所

有人。在图卢兹和波尔多，1515 年时，高等法院的成员为 20 人左右，亨利二世死时为 80 人。马里诺·卡瓦利曾担保说，巴黎高等法院和审计法院养活了 4 万人。初等法院的设立只是加强了这种演变趋势。一方面，很多富裕商人渴望获得职位，另一方面，更富有的商人和职位所有人则向往贵族身份，他们购买采地和领主权利，归并他们的乡村土地，并与佩剑贵族联姻。这种社会上升当然拓宽了我们所称的资产阶级的出路。但是，资产者并不能将自己确定为一个阶级，因为最富有的资产者总是希图成为食利者、"像贵族一样"生活，并给自己弄一个纹章。在文艺复兴时期，贵族是不断更新的，因为它仍是开放的等级。穿袍贵族迎来了黄金时代。但是，旧贵族并不总是普遍地家境败落。在普瓦图贫困的沼泽地带，佩剑贵族仍然能按时向地产注入流动资金。有的贵族——其中包括孔代亲王——还能大量购买教会转让的财产。最后，我们怎么能忽视那些从战争和宫廷中得益的人呢？他们成了"受惠于国王和亲王者"，埃佩农和儒瓦耶兹就是这样的人。总之，在 16 世纪的法国，穷人和富人比以前都多，而且富人更富，穷人更穷。

四、文化和宗教意识

在 16 世纪，不仅社会差距在拉大，文化差距也是如此。诚然，王国的全体居民之间存在共同点，人们甚至可以说，文艺复兴时代的法国人构成一个类型。外国人认为，法国人轻浮、易激动、善变、高傲而自负。蒙田则认为，法国人在思想上不如意大利人活跃，也不及后者细腻，但与瑞士人和德国人比起来，法国人较少粗野和沉闷。另外，法国人，无论是贵族、资产者还是平民，都与当时所有的西方人有着某些共同的观念、反应和习惯。他们都处在同一片天地中。他们的心态和思想工具仍很不善于抽象，即使最有文化的人也是如此。他们厌恶精确性，拉伯雷笔下的高康大说，"我从不强迫自己服从时间的安排。"他们十分敏感，性情激动，顷刻之间会从怜悯转向残忍，从欢笑变为哭泣。他们既鲁莽又胆怯，因为他们经常生活在恐惧中：盗匪、狼、鬼怪、彗星、天食、各种陌生之物、特别是撒旦，所有这些都引起他们的恐惧；1560—1640 年间的巫术严重泛滥就是因为这个原因。由于还没有明确区分自然和超自然，他们相信——昂布鲁瓦兹·帕雷[1]和其他人都这样认为——空中和“水底深处”是“精灵鬼怪”的居所。化学和炼金术、天文学和星相学对他们而言并没有明确的分别。对地狱的恐惧和在外部强力面前极度的无奈之情支配了他们火一般的宗教情怀。他们对那些热烈场面——如狂欢节和王家入城仪式——十分热衷，尤其是那种性命攸关的场景，比武和极刑就属于这一类。有些节日是全国各地所有人都会纪念的，特别是悼婴节[2]和圣约翰节[3]。某些娱乐活动很普遍——当然不包括狩猎，这是贵族才有的运动，但跳舞是群众性的，投骰子和玩纸牌也日益受欢迎。一些“人间天堂”对文艺复兴时代的人们来说还无法接触到，他们还没有咖啡、茶和可可。不过，到 16 世纪末，“美妙的尼古丁草”已经相当受青睐，享受的方式有鼻烟、嚼烟或卷叶雪茄。但烟草是个特例，“用于消遣的生理辅药的使用有了相当明显的下降：实际上，户外已经看不到烂醉如泥 398
的酒鬼了，而且人们也不再沉溺于东方毒品了”(R. 芒德鲁)。16 世纪法国大众——以及西方人——的另一特点是存在强烈的社会攻击性，这是贵族荣誉感的一种表现形式，也是对当时必须的团结的否定。村庄之间、青年团体之间、手工业行会之间、各种协会之间、宗派之间以及阶级之间均存在深刻的仇恨情绪。

文化隔阂

尽管法国人有上述这些共同之处，但在 16 世纪，他们之间的文化差距却不断拉大。在这个城市化的时代，一条鸿沟将城市和落后的农村世界隔离开来，前者是光明的孤岛，而后者对于书面文明几乎完全

---

① 帕雷（A. Paré，1509—1590)，法国医生，被称为“近代外科之父”。

② 悼婴节（12 月 28 日）是纪念希律王授意杀害的伯利恒城内男婴的节日。

③ 圣约翰节（Saint-Jean)，在 6 月 3 日夜。

是陌生的。1574—1576 年间，前往蒙彼利埃的公证人纳瓦尔的办事处寻求贷款或签订租约的农民当中，72％不会签名，而这位公证人在城里的工匠客户中，63％会完整地签名，11％的会用姓名首字母签字。城市和农村之间的这一文化距离是可以用数字来衡量的，但另一种差距也在不断扩大，这就是历书和圣徒传记的读者与熟谙奥维德和普鲁塔克的精英们之间的差距。诚然，文艺复兴时期的欧洲经历了知识的增长和知识的世俗化。教士团体“不再具有最完善最美好的世界观”（芒德鲁），贵族也开始注重知识和教养；商人和官吏的儿子上大学已经是很平常的事，中学里充斥着出身这类家庭的学生和教师，但资产阶级的子弟与贵族子弟在学校里的接触并不表明文化上的民主化，其结果恰恰相反。人文主义拉大了有闲阶层和其他阶层的思想距离。在一个工匠和艺术家分离的年代，鲜明的等级化将所有与“人文知识”无缘的人再次投入卑微的蒙昧状态。在文化方面，所谓的人文知识是地道的贵族学问。

有几个事实很能说明问题：1548 年，耶稣受难会接到禁令，不准演出神秘剧，而法国的首部古典悲剧、若戴尔的《克莉奥帕特拉》却在兰斯行宫、在亨利二世面前演出，接着又在彭库尔中学上演，“数不清的体面人趴在窗子边上围观”。当然，在 16 世纪的文化中，有一些即使不是大众的，至少也在一定程度上反映了下层人、特别是城市小民的生活风貌，我们不能断然认为这种文化消失了。闹剧已发生转变，但并没有消失；当时的故事仍在延续现实主义的传统；拉伯雷有时具有“下层人的可爱之处”——这是 17 世纪时拉布吕耶尔的话——其风格诙谐粗俗兼而有之。但是，闹剧只有在与普劳图斯和特伦斯①的传统结合之后才成为喜剧的。故事通常也以贵族为主顾，即使是最猥琐最庸俗的《新十日谈》，这些故事是 1462 年献给勃艮第公爵的，在 16 世纪广为流传。讲述《七日谈》故事的是五个贵族和五

---

① 普劳图斯（Plaute，公元前 254—前 184 年），古罗马喜剧诗人；特伦斯（Térence，公元前 185—159），拉丁喜剧诗人，莫里哀奉其为楷模。

个贵妇，纳瓦尔王后作品[1]中的很多故事是以法国宫廷为背景的。《趣味新谈和笑话》同样源自于贵族和教养很高的阶层。其作者波那文图拉·德·佩里埃是位希腊和拉丁文学者，1532 年被任命为玛格丽特·德·昂古莱姆的宫廷侍从。至于拉伯雷的粗犷则是与对知识和学问的陶醉联系在一起的，这种陶醉之情是如此强烈，只有那些已经在学术上花费很多时间的人才能真正领会。

宫廷的文化角色 399

与中世纪不同的是，修道院和大学不再是文化传播的主要中心，现在的中心是各宫廷。布兰托姆曾将弗朗索瓦一世称为“文学艺术之父和真正的复兴者”，后者设立了王家图书馆、王家印刷所，以及后来成为法兰西学院的三语学校；他还命人在威尼斯抄录希腊文手稿。1527—1549 年间，纳瓦尔王后的宫廷聚集了当时最优秀的人文主义者，并成为法国新柏拉图主义的中心。16 世纪末，亨利三世科学院，即宫廷科学院，汇聚了国王本人、大贵族、宫廷贵妇、作家（龙萨、巴伊夫、德波特）和学者（亨利·艾斯蒂安．斯卡里热，等等）。在 16 世纪，独立的创作不见了，吕特贝夫[2]、德尚和维永等人那种让我们入迷的风格消失了。人文主义诗人通常就是宫廷诗人。马罗、龙萨、德波特乃至马莱尔伯[3]，莫不如此。引领风尚和艺术趣味的同样是君主及其朝臣。查理八世从意大利带回了工匠和艺术家，1515 年，弗朗索瓦一世邀请莱昂纳多·达·芬奇前来法国定居。16 年后，他又招来了罗索和普里马提斯[4]。这两个人美化了枫丹白露，他们形成的流派深刻影响了当时的法国绘画艺术。委托皮埃尔·莱斯科重建卢浮宫、从

---

① 《七日谈》的作者是纳瓦尔的王后玛格丽特（Maguerite de Navarre，1492—1549）。她是法王弗朗索瓦一世的姐姐，原名玛格丽特·德·昂古莱姆（Maguerite d'Angoulème），先后嫁给阿朗松公爵和纳瓦尔国王。

② 吕特贝夫（Rutebeuf），13 世纪后半叶法国诗人。

③ 马莱尔伯（François de Malherbe，1555—1628），法国诗人，有《致玛丽·德·美第奇的颂诗》、《路易十三启程赴拉罗歇尔》等应景之作。

④ 罗索（Rosso，1494—1544），佛罗伦萨画家；普里马提斯（Primatice，1504—1570），博洛尼亚雕刻家。

而开启古典主义风格的仍是一位君主——亨利二世。国王的宠幸、迪安娜·德·普瓦提埃则有菲利贝尔·德勒·奥尔姆、让·古荣和塞利尼在阿奈为她工作。君主的宫廷和城堡还催生了卫星宫廷和城堡。由于瓦卢瓦君主们喜欢卢瓦尔河谷，他们最忠实、最受赏识的仆人在布卢瓦、昂布瓦兹和尚博尔附近建造或美化了国王们的城堡。王国的贵族们也效仿国王，奖掖文艺：昂布瓦兹枢机主教在加永、洛林的枢机主教在默东，内穆尔公爵在在维尔纳耶，蒙莫朗西公爵在尚蒂伊和埃古昂，而像阿瑟扎这样的富商也在他的图卢兹公馆中赞助艺术事业。

这些城堡不仅在物质方面与下层人疏远，而且还享有装饰“隔离工具”的特权，这种工具就是纹章和象征图案。这一现象发生于人文主义文化与体力劳动者之间的大众文化的隔阂日益加深的大背景下。里昂诗人们偏爱的玄奥文风同样是在同一背景下发生的，它与新柏拉图主义一起流传开来；西塞罗式的拉丁文重新受到推崇，从而也造成了隔阂，这是一些正式文体中的新现象，它要求必须对古代作家有所了解，最后，人们还援引古典神话，后者渗透到诗歌、绘画、雕刻、甚至君主入城仪式的临时性装点中。

意大利的影响

意大利由于其文明所具有的吸引力而对阿尔卑斯山以北的贵族文化的进步产生了巨大影响。1483 年，《十日谈》首次在法国印刷，1485—1541 年间又再版八次。1545 年，玛格丽特·德·纳瓦尔又促成了安托万·勒马孔的新译本。彼德拉克享有的国际声誉推动了十四行诗的繁荣，大部分的法国诗人都或多或少地彼特拉克化了。阿里奥斯特的《愤怒的罗兰》（1516 年）是当时最成功的作品之一 ——16 世纪共计 180 版。它启发了路易十四时代凡尔赛的节日。而巴尔达萨尔·卡斯蒂廖内的《论侍臣》（1528 年）则成为人们的枕边读物和出身良好之人的行为准则。1537—1592 年，该书共有 6 个法文译本。莱昂纳多·达·芬奇来到法国后，意大利的风格成为时尚，1533 年卡特琳娜·德·美第奇的到来进一步推动了这一潮流，直至 1570 年左右达到顶峰。人们的衣着、发式、舞蹈、打招呼甚至说法语的方式都在模仿意大利。当枫丹白露派的矫饰主义美学风格开始传播时，人们又模仿意大利的这一风格：它利用精美的造型、强烈的色彩并结合怪诞的取景来表现不安的情欲、有时甚至是某种虐待狂的变态倾向。

意大利是人文科学的复兴者，重新研究希腊和希伯来的先行者； 400
它因为菲齐诺[①]而成为新柏拉图主义的信使，是当时最伟大的画家、雕刻家和建筑家的祖国，文艺复兴时代的意大利让西方世界重新回归古典语言和古代艺术的准则。在16世纪末，到罗马的废墟去朝圣已成为建筑师们不可或缺的预科学习。法国在这方面跟随意大利的步伐，不过在时间上有某种距离，它对希腊—罗马艺术先后表现出两种态度。最初，法国只是向它借用装饰艺术，有时人们只满足于以此来装点哥特式建筑。16世纪初，夏尔特尔教堂祭坛周围的过道上出现了一些奇异图案。1509年，在加永城堡的正面，装上了带有涡卷线状图案的壁柱，从而完成了垂直跨栏。很快这种跨栏便在卢瓦尔各城堡推广开来，如在阿泽-勒-里多、吕德、尚博尔和布卢瓦等等。1510—1540年是法国文艺复兴的装饰主义的高潮期：博让西市政厅的挑檐和小连拱廊、莫莱狩猎亭（现巴黎的阿尔贝尔一世宫）那装饰有枝形烛台式小圆柱的壁柱、以及尚博尔精美的彩色装饰就是证明。1520年，布尔日的彩绘玻璃上出现了罗马遗址的形象。不到20年后，在布列塔尼的蒙孔康图尔，圣伊夫的故事再现于9幅画上，这9幅画被带有凹槽的半身像柱隔开，绘画本身则是由涡卷线状图、贝壳、裸体小天使、各种动物以及嬉戏的海豚组成的欢快画面。

第二个时期的特征在建筑方面体现得尤其明显：这就是装饰热潮之后完全遵从古典艺术规范的愿望。塞尔里奥的影响——此人曾写过论一部论述建筑的著名论文，后死于枫丹白露，维特鲁威[②]的著作在法国的流传（其中一些因让·古荣而扬名）、众多艺术家对罗马古迹

① 菲齐诺（Marcilio Ficino，1433—1499），意大利人文主义者、神甫，翻译并评注了柏拉图及新柏拉图主义者的著作。

② 维特鲁威（Marcus Vitruvius Pollio），公元前一世纪罗马建筑家，所著《建筑十书》在文艺复兴时期、巴洛克和新古典主义时期成为古典建筑学的经典。

的系统研究，这些就是 1540 年后古典主义准则得以发扬的原因，这些准则如：平衡性、规则性、对称性和和谐性。在阿奈城堡，菲利贝尔·德勒·奥尔姆建起了由三种古典柱式叠合组成的柱廊，图卢兹的阿瑟扎公馆很快便采用了这一模式（1555—1560 年）。圣德尼的弗朗索瓦一世墓（1552 年）同样也是菲利贝尔·德勒·奥尔姆作品，它采用的是建筑师严格遵照古代模式设计的古代凯旋门的形制。在 16 世纪的法国，古典主义建筑中的翘楚当属新卢浮宫的外墙，它同时受到希腊—罗马的启发和阿尔贝蒂及布拉门特构思的影响；所有细节都是古典式的，在建筑精神方面尤其如此，其造型取舍明显具有对称取向，力戒冗繁，追求层次感和起伏效果，比例都经过严格的计算。

艺术融合

然而，文艺复兴时代的法国并不是从阿尔卑斯山那边进口过来的意大利—古典文化的奴隶。菲利贝·德勒·奥尔姆虽然对古典艺术十分狂热，但对维特鲁威也有异议，并毫不隐讳地赞美哥特建筑的“优美特征”。他希望能有一种符合法国氛围和气质的艺术。他曾写道，“如果美好的自然规则应与居住者的舒适、方便和实用相关的话，那么最好不要对圆柱和正墙进行装饰。”确实，民族的艺术传统仍具活力，无法一下子就被抹去，特别是在教堂中。建于 16 世纪初的夏尔特尔大教堂的北侧尖顶高 115 米，“像一簇冒着火苗的荆棘丛”。巴黎的圣-厄斯塔什教堂始建于 1532 年，仍保留着 5 殿制结构，有中世纪的拱廊，以及带有枝肋和局间肋的火焰式穹隆。在文艺复兴时期的法国宗教建筑中，我们经常能发现交叉穹隆、拱扶垛和正门上很深的展宽。很多雕刻作品仍然严格忠实于传统，仍然具有 15 世纪诚实的现实主义
401 色彩，如沙乌尔斯和索雷莫墓前的雕刻，利齐耶·里希埃制作的向神展开心脏的“蛀蚀雕像”，以及弗朗索瓦一世墓前刻画马里尼昂和塞利索尔战役的浮雕。1551—1552 年，菲利贝尔·德勒·奥尔姆在指示皮埃尔·彭当装饰陵墓底座时曾有一番颇有深意的规定：浮雕应“根据历史真实，完全点缀以骑兵、步兵、炮兵、旗手、军旗、号角、喇叭、鼓、短笛、军械、军营、营帐、辎重、城市、城堡和其他事物。”

而克莱蒙·雅内干那些著名的歌曲:“马里尼昂之战”、“巴黎的呼喊”,“狩猎”等,不也怀有同样对真实准确的追求吗?

正是因为传统技艺和审美观仍具有生命和活力,呈现于我们面前的法国文艺复兴时代的艺术带有某种复合的面目。从形制上说,尚博尔城堡是万森讷要塞的复制品。枫丹白露、亨利泉、埃库昂和昂西-勒弗朗的城堡仍保留着中世纪的高屋顶。15世纪末16世纪初法国建筑中那些别具特色的漂亮过道天窗既不是古典式的也不是意大利式的,它们完全是新的独创。第戎的圣米歇尔教堂将凯旋门与一个从平面到立体都是哥特式的建筑融合在一起。几乎所有地方都在继续建造细长的钟楼,不过其顶上加盖了顶塔或小圆顶。这一文化融合的成果在布列塔尼比其他任何地方都更为丰硕。例如在希赞,教堂围地门口是凯旋拱门(1588年),高大的圆柱分立两侧。而附近的墓地则是古典建筑的范例和动人心魄的想象物的结合,在这类想象中,凯尔特人的素材和可能与前哥伦布时代的形象并行。中世纪时,法国曾是彩绘玻璃领域中的佼佼者,文艺复兴时期这一艺术再次焕发青春。在博韦、穆兰、勃鲁,银黄色、赤铁土和衬里等技法被应用于古典主义的构图风格中。这些玻璃图画已经融合了古典的因素。在建筑领域,即使最倾心于意大利—古典艺术、最热衷于纯粹主义的人士也会采用某些大胆的混合手法。菲利贝尔·德勒·奥尔姆就在阿奈的小教堂将两座石砌尖塔与一座圆屋顶(这一建筑在法国尚属首创)并列在一起,而圆屋顶上还有一个小圆柱式的尖顶。更有甚者,像皮埃尔·莱斯科和菲利贝尔·德勒·奥尔姆这样的艺术家,他们充分吸收希腊—罗马艺术——当然经过了意大利文艺复兴的复核和修正——为的是能以自己的观念构想这一艺术,因而也就创造了新的古典主义风格;卢浮宫那带有附墙柱及曲线顶饰的正面突出部,菲利贝尔·德勒·奥尔姆为杜伊勒里宫设计的新颖别致的顶楼——高大的窗户与带有三角楣的护墙板错落有致——就是这一风格的特别鲜明的体现。

法国文学的创新

法国文化比其艺术领域更具个人化特征,它并没有拒绝《埃蒙的四个儿子》[1] 和《玫瑰传奇》，而 16 世纪更是在文学方面繁盛一时。根据 V.-L. 索尔尼埃的计算，1500—1600 年间，法国共有大约 700 名诗人在用拉丁文写作，而王家学校的教员图尔内波也直言不讳地指出："与拉丁语相比，我们的语言是贫乏而简陋的，从常理上说，抛弃古代语言来促进现代语言的做法是错误的。"比代[2]也持同样观点。确实，在人文主义的黄金时代，卖弄学问蔚然成风。后来布瓦洛谴责龙萨的诗歌灵感是"以法语来言说希腊语和拉丁语"。希腊罗马神话到处泛滥，人们的创作过分地品达[3]化和彼德拉克化。不过另一方面，拉伯雷在那个利穆赞学生的著名故事中（1533 年）中嘲笑了人们对拉丁语表达方式的狂热，而迪贝莱则要求人们不要不加分别地摹仿古人："我要劝告你，你该发展自己的语言，应精通于此，而不是不假思索
402 地模仿。"龙萨在《法兰夏德》的序言（1572 年）中"极为谦卑地恳求那些受缪斯启示者的好意，请不要再说拉丁语或希腊语，因为他们这样做更多地是一种炫耀而不是责任，作为诚实的孩子，请他们爱惜自己的母语：这样他们就比一味的拼缀组合更能为后人留下荣誉和声望——我都不知道这些拼凑物是从维吉尔或西塞罗的哪些诗文中抄来的"。几年后，亨利·艾斯蒂安第二在其《意大利化的新法语之谈话二篇》(1578 年)和《无比卓越的法语》（1579 年）中反对意大利语，为民族语言辩护。作家们的爱国主义使得 16 世纪的法语文学没有完全被湮没，尽管存在剽窃和各种弊病，法语文学还是完全承担起了自己的命运。

文艺复兴时代法国最优秀的文学作品中，一个引人注目的特征就是其笔调的真挚以及灵感，正因为如此，技巧和修辞上的过分考究、以及"学校中的阿波罗们"的学究气才被一扫而空。让我们回想一下

---

① 《埃蒙的四个儿子》（Quatre fils Aymon）是 12 世纪的武功歌《蒙托榜的雷诺》(Renaut de Montauban）的又一名称，也指取材于同一作品的骑士传奇。讲述的是埃蒙公爵的四个儿子反叛查理曼的故事。

② 比代（Guillaum Budé，1467—1540），法国人文主义者，复兴了希腊语研究。

③ 品达（Pindar，约公元前 518—前 438），古希腊诗人。

我们孩提时代的那些诗歌：马罗的田园诗《灿烂之春》，杜贝莱的《懊恼》，龙萨的《玛丽之爱》和《致海伦的十四行诗》。这种真诚同样是蒙田的《随笔集》最深刻的魅力所在，它是个人文学的一部杰作，而这一文体在古代是不为人所知的。与意大利文学相比，16 世纪的法国文学的另一个基本特征是，它并不回避一些重大问题，如妇女、死亡、罪孽和信仰。在整个 16 世纪，从桑福利安·尚皮埃的《贞节妇女之殿》（1503 年）到弗朗索瓦·迪里耶的《婚姻之友》（1578 年），法国的作家们一直在探讨婚姻问题，而婚姻也最终在《妇女论战》中得以正名。死亡也许是 16 世纪法国文学中的一个主要角色：在马罗、迪贝莱和龙萨的诗歌中、在蒙田的思索中，都萦绕着这一主题。而在宗教改革时代，关于原罪和因信称义的争论则是勒菲弗尔·德·埃塔普勒、玛格丽特·德·纳瓦尔和加尔文关注的中心。

有两个重要事实可以用来衡量文艺复兴时代法国在知识上取得的进步。16 世纪末，法国人维耶特将代数应用到几何中，他还通过系统地运用字母而对代数的简化和符号化作出了决定性的贡献。在他之前，另一位逃到日内瓦的法国人则开始了以母语来进行神学抽象的艰辛道路，此人就是加尔文，从 1541 年起他就致力于将他的《基督教原理》翻译成通俗语言。

宗教改革的起因问题

如果说加尔文感到有必要进行这一翻译工作（这个译本因其表达的明晰而成为法国语言历史上的一个重要里程碑），那是因为他试图使其面向大众，因为他深知他的时代赋予宗教问题的重要意义。确实，相当一部分法国精英信奉新教。在这些精英当中，哲学家拉缪、音乐家古迪梅尔、雕刻家利齐耶·里齐埃和让·古荣、陶瓷专家贝纳尔·帕里西、故事作家诺埃尔·迪·法伊、诗人迪巴尔塔和道比涅、印刷厂主艾斯蒂安以及建筑师安德鲁埃·德·塞尔索等人，都赞成宗教改革。但是，新教思想已越出知识分子的小圈子，影响到王国人口中相当大的一部分。1562 年，科里尼曾认为法国共有 2150 个新教团体，大约就在同时，普罗万的教区神甫也断定，1/4 个法国已经成为新教的了。

为什么新教的发展会如此之快？是过去的高卢主义传统的影响吗？这一传统在康斯坦茨和巴塞尔的公会议上已经表现出来，难道它只是等待一个扩大法国与罗马之间的鸿沟的机会吗？是不是像人们长期认为的那样，宗教改革是因为教会“众所周知的……严重弊端”引起的？教会是萨沃纳罗拉所说的“妓女”、是当时人们哀叹的那样、已“将它耻辱暴露于世人面前”、它“恶毒的气息已触犯天国”吗？是因为经济
403 形势对宗教局势发生了影响、工资滞后于价格，在穷人当中引起不满、而富裕的资产者中酝酿出某种倾向于自由批判的独立精神吗？所有这些因素可能都在共同或单独起作用，不过各自的影响力因时因地而异。但是，根据 L. 费弗尔的重要建议，研究宗教问题还需从宗教中寻找原因。1534 年张贴在昂布瓦兹国王寓所门口的布告证明了这一研究方法的合理性。因为那其中揭发的“可怕的、巨大的和重要的弊端”纯然是神学性质的：这就是天主教关于弥撒的观念。另外一点也值得深思：法国也同外国一样，其宗教改革的主要宣传者就是像路德、慈温利[①]和布塞尔[②]这样的教会中人。实际上，新教信条之关键在于肯定信徒可以通过信仰而得救。如果说这一神学学说在 16 世纪的欧洲如此受欢迎，那是因为它无可争辩地对一种需求、一种焦虑作出了回答。

对地狱的恐惧

14 世纪初开始，不幸的事件接二连三地降临欧洲：饥荒、黑死病、百年战争、玫瑰战争和胡斯战争、教会大分裂——丑闻中的丑闻——土耳其人的入侵等等。西方人觉得自己有罪。这种犯罪感毫无疑问还因为传教士的说教而更为强烈，在整个 15 世纪——至少在城市中——这些人就像旧约中的先知那样，不知疲倦地强调基督徒的罪孽、他们可能遭受的惩罚、世界末日的临近以及忏悔的紧迫性。通过诸多

① 慈温利（Ulrich Zwingli，1484—1531），瑞士宗教改革家。

② 布塞尔（Martin Bucer，1491—1551），生于法国，后移居斯特拉斯堡（当时属于德国），晚年受坎特伯雷大主教克兰默（Thomas Cranmer）之邀前往英国，并在那里去世。

证据，尤其是肖像学的证据——如骷髅舞、世界末日或末日审判的形象——我们可以断定，宗教改革前夕，西方人对死亡的前景和地狱的威胁充满了恐惧。而当时欧洲人并不熟悉轻罪情状（circonstances atténuantes）观念，因而这一恐惧更形可怕。如果教区组织尚属牢靠、圣礼施行还算经常的话，信徒在神的面前也许不会那么孤独。但是教区神甫出缺的情况十分严重——经常是由不称职的住持代行其职——而后者在宗教方面茫然无知，再加上告解和圣餐成为稀罕事、宗教教育严重不足等等，使得广大信众中产生了严重的精神失衡。自认有罪的人对复仇之神的怒火十分恐惧，他们开始询问，何种方式能逃离地狱之苦？这种焦虑很可能来自城市——因为传教士们主要在城市宣教——后来也逐渐蔓延到农村。15—16 世纪那种对于耶稣受难几乎病态的热情、对于“身披防范疾病和撒旦的大衣”的圣母的恳求、对于圣徒的过度崇拜、以及路德和加尔文时代可怕的赎罪算术，都只能解释为对于被判入地狱的巨大恐惧。这种罪恶感同样是文艺复兴时代反犹主义——意大利的犹太隔离区出现于 16 世纪——和猎巫现象再度猖獗的原因。人们在寻找自身之外的罪孽者——替罪羊。针对基督徒的恐慌，路德提出了一个激进的疗救方案：因信称义。他的主张大体是：神不是裁决者，而是父亲。我们是有罪的，但我们已经获救了。只要相信那救你的神就够了。对于真诚的教徒来说，将没有什么地狱，甚至也没有炼狱，因为那东西不存在。

普世祭司和回归圣经

新教的神学理论认为，普世信徒皆为祭司，唯圣经无谬误，这两个信条足以吸引一群最有文化的人。当时的趋势倾向于为平信徒在教会内部提供更大的空间。例如在法国，还在 1516 年之前，王家议政会 404
就已经介入教会的各种问题。另一方面，随着城市化的发展，各种兄弟会猛增，而在这种协会中，教士和平信徒几乎是在平等的基础上联合在一起的。最后而且特别重要的是，威克利夫和胡斯的著作和行动、共同生活兄弟会传播的“效法基督”的思潮和热尔松[①]的著作，都在精英阶层中培养了个人祷告的爱好和习惯，都发展了宗教个人主义，同时也不可避免地贬低僧侣祭司以及修道、教阶和礼拜等制度。革新的人文主义——如伊拉斯谟、勒菲弗尔·德·埃塔普勒、拉伯雷以及玛格的特·德·纳瓦尔的人文主义——吸收并发扬了新教思想。由此便产生了新教信条与人文主义精神之间的契合。伊拉斯谟的门徒拉伯雷就曾嘲笑那些“嘟哝着大量他们自己都一窍不通的圣徒传和圣诗”的懒惰无用的僧侣，他拒绝朝圣、圣徒崇拜和赦罪（“去赚取赦罪吧，无赖们，去赚吧，赦罪很便宜!”）；但他歌颂每天的祈祷是“基督徒中值得称赞的习俗”，他还以高康大和巴汝奇为例，他们每天都向“神造物主”祈祷，他们“崇拜神，端正对神的信仰，以神无限的仁慈来光耀神。”

人文主义者和宗教改革者都有回归圣经的共同愿望，鉴于对罗马的信心已经动摇，回归信仰的源泉就更形紧迫了。神的启示难道不就是海难中那救命的礁石吗？在路德尚未成名前，伊拉斯谟就于 1516 年写道：“我希望所有品行端正的妇女都读读福音书和保罗的书信。它们应该翻译成各种语言！愿农民在犁田时都能吟唱其中的段落，愿织工也能在干活时哼唱起来……”勒菲弗尔·德·埃塔普勒深受这一建议的启发，于 1523 年出版了其法语版的《新约》，1530 年又出版了圣经的完整版，这一版本深刻影响了第一部法语新教圣经（1535 年），加尔文的堂兄弟奥利维坦翻译出版的。

但是某种人文主义——带有乐观主义哲学色彩的人文主义——曾长期不能赞同那种对获罪的人类深感失望的新教思想。这也是一种思想潮流，其中我们可以指出瓦拉、菲齐诺、皮克·德·拉·米兰多拉、伊拉斯谟、莫尔、拉伯雷、龙萨等人的名字，他们都试图调和天国与尘世，认为人间欢乐具有合理性，他们信任人类，并相信他们拥有自

① 热尔松（Jean Charlier Gerson，1363—1429），法国神学家，宣扬传统神秘主义神学，曾当选巴黎大学校长。

由意志而又同时信仰神。1525 年路德和伊拉斯谟的决裂就是根源于此——确切地说就是因为这些问题；同样，拉伯雷在其《第四书》中对加尔文的抨击也是根源于此："恶魔附身的加尔文，日内瓦的骗子，反自然的败类"，龙萨对"日内瓦的宣教士和牧师"的攻击亦然。

福音主义

但是《第四书》直到 1548 年才开始出版，而龙萨反对新教徒的《论说集》已经是宗教战争之初的事了。但是此前——尤其是弗朗索瓦一世在位前期——法国经历了一段神学上极不稳定的时期，这大大有利于"福音主义"，并使得革新和调解成为可能和希望。1521—1524 年，莫城主教纪尧姆·布利索内组建了一个福音主义者的"小团体"——其成员有的成为新教徒，有的仍是天主教徒——但主教本人很正统，他谴责异端。但另一方面，他只保留基督的画像，将法语引入祷告仪式中，并向信徒分发法语版圣经。玛格丽特·德·昂古莱姆曾在其著作中支持宗教复兴，她和她的代理主教勒菲弗尔·德·埃塔普勒后来都不赞成宗教改革。但是二人都相信因信称义。马罗是另一个很有意思的例子，他曾为加尔文翻译过圣经的《诗篇》，但死的时候他是天主教徒。在宗教和解看来仍属可能的时代，也许我们能理解弗 405
朗索瓦一世的踌躇和其态度的游移。他有时厉行镇压：1529 年的贝尔干、1546 年的多莱、尤其是 1534 年昂布瓦兹布告事件中的嫌疑分子就是这一政策的牺牲品；有时他又接受他姐姐玛格丽特的建议——同时也是因为他支持德国的新教徒——对改革分子和赞成宗教和解的知识分子表现得很宽容。1532 年，他任命人文主义者的朋友和拉伯雷的保护者、枢机主教让·迪·贝莱为巴黎主教。1535 年他又下令停止追捕异端分子。但是，他在位末年适逢特伦特公会议开幕和对伏多瓦教徒的灭绝，王国政府的政策已经转向了镇压。宗教纯化的时代和强硬政策来临了。而就胡格诺教徒来说，他们的信众数目已足以令他们抛弃半秘密的身份，抛弃加尔文痛斥的"尼哥底母作风"[1]。

---

[1] 尼哥底母系圣经中人物，本为犹太教公会成员，后暗中作耶稣门徒。

新教的发展

路德的思想很早就开始在法国传播。1520 年起，有人就给慈温利写信说，“(在法国)，路德的书被疯狂抢购，任何其他的书都比不上。”新教的传播以重要交通线为轴心，“像瘟疫一样”从一个城市传到另一个城市；1523 年它进入波尔多（法莱尔的功劳），1524 年传入里昂（以印刷工人为媒介），1526 年传到蒙彼利埃。这一发展有“某种不可分离的适应过程”（勒鲁瓦·拉杜里），首先接触到新思潮的是书面文明阶层，也就是城里人：工匠、法律人士、医生、教师、公证人、商人、城市贵族和各色资产者。最初，新宗教观念很少进入古老的口传文化的世界——农村。

但是反过来，城市因素又是全国形势的反映，正如 1549 年和 1560 年逃亡到斯特拉斯堡和日内瓦的法国难民名单所显示的那样。

1555 年后又出现了新的局势：大量贵族脱离了天主教。1560 年，菲利普二世的一位官员写道，“在整个基耶内、都兰、普瓦图、里昂地区、阿让地区、多菲内和巴黎等地区，没有贵族不以信奉异端为荣的”。这可能是个夸张的说法，但很能说明问题。部分贵族转向新教可能会导致严重后果，因为他们可能将相当大一部分农民推向异端。天主教徒的恐慌正在于此。更有甚者，法国的新教徒已不仅满足于扩大信众，他们还在强化自己的组织，于是这种恐慌就更有根据了。起初，新教团体只是些组织并不严密的虔诚社团，它们彼此之间也没有紧密的联系。在这种自由的新教地方自治体制下，人们很少关心圣事，但研读圣经都很热情。法国早期的新教徒只能处于半秘密状态，有时他们还继续参与天主教的仪式。但在日内瓦密切注视法国局势发展的加尔文决心将法国的新教徒组织起来，要在法国“调教”教务会议和牧师的教会，圣餐礼[①]将在法国的教堂举行。法国最早的圣餐礼可能于 1541 年出现在圣富瓦，1542 年在奥比涅和莫城，1545 年出现于图尔和波城。尤其重要的是，从 1555 年起——这时加尔文巩固了其在日

① 这里的圣餐礼（cène）指的是新教的仪式，新教平信徒可同时领两种圣体。

内瓦的地位——新教牧师开始从日内瓦进入法国（1555—1562 年至少有 88 人，1555—1565 年间可能有 120 人），承担起一些最重要的新教社团的领导工作。1561 年，在如今的法国领土范围内，经“调教”的教堂超过 670 个。首届法国牧师大会于 1557（或 1558）年在普瓦提埃举行，全国性的教务会议于 1559 年在巴黎举行，会上还发表了一份“信仰申明”。新教现在在法国成为了一支带有佩剑——归顺新教的贵族——和教理学说的力量。

新教为什么会失败？ 406

新教的组织不断强化，尤其是 1572 年后；但是问题是，这样一支力量为什么以及如何在宗教战争进程中枯竭了呢？数字上的下降可以为证：1598 年，胡格诺派共计只有 27.4 万个家庭（约 100 万信徒），而当时巴黎的新教徒几乎只与尼姆持平（1.5 万）。在一个爱国主义与对君主的忠诚相混同的国家和时代，法国王室在宗教危机过程中的立场自然具有举足轻重的分量。即便君主颁布过宽容新教徒的法令，他们仍是旧教坚定的信仰者。因此，在法国，国王的立场是坚定的，正如英国的亨利八世和伊丽莎白对新教的态度一样。还有第二个不可忽视的因素。尽管众多官员和穿袍职业的资产者、众多小城市的法律人士卷入了宗教改革，但是各高等法院的法官们却敌视新教，尤其是在巴黎高等法院。后者的辖区占了全国的一半。宗教战争期间，此前几乎蔓延到全国的新教势力被排挤到边缘地带，这可能与法国这个最重要的司法机关所组织的镇压有部分关系。另外，巴黎作为首都和法国人口最多的城市，其作用也不容忽视。巴黎大部分居民选择了天主教，他们对新教徒怀有强烈的敌意，这在圣巴托罗缪惨案和天主教同盟时期表现得特别明显。

另一方面，1572 年的大屠杀对新教派别是个沉重的打击，此后它不仅在数量上、而且在质量上都下降了。以上所有的解释都有其价值和合理之处。但我们不能肯定它们已涉及问题的核心。因为在接近 1560 年时，接受新教的信众日益增多，它的发展势头似乎不可阻挡，但是为什么这个时候法国的王室、各高等法院、巴黎以及这个国家的大部分人都没有归顺新教呢？这一根本问题的答案可能在于结构方面。当然这只是作为假说提出来的，期待新的研究能予以证实。

如果说法国的天主教最终坚持下来了，那必然是因为它的弊病不像人们所说的那么严重，它的宗教组织至少在城市中是牢固的。同样很可能的是，天主教的复兴——或改革——运动比人们通常认为的要早，即在亨利四世之前就已开始了。对于托钵僧在法国天主教和新教的冲突中扮演的关键性角色，我们不应感到惊奇，尽管拉伯雷和玛格丽特·德·纳瓦尔曾对他们极尽嘲讽。特别重要的是，是他们让巴黎陷入狂热，是他们给了天主教同盟以英雄主义的狂热信仰。然而，当和平恢复之后，天主教复兴之势日益明显、某种虔诚派开始成型，这两种趋势源头在哪里？来源于当初天主教同盟分子的圈子。在法国，“灵魂的伟大时代”可能在贝吕尔之前就已经开始了。

第十六章　巴洛克时代的法国 407

巴洛克已经完全等同于古典主义了，但从时间上说是从 1589 年到 1661 年，此间亨利四世、黎塞留和马扎然在建造国家。

一、亨利四世（1589—1610 年）

有待征服的王国

作为王位的法定继承人，亨利四世在先王死去（1589 年 8 月 2 日）的次日便发现自己几乎是孤家寡人，没有臣民，没有高等法院，没有钱。8 月 4 日，他承诺“坚守并维持使徒的、罗马的天主教，并以一次合法和自由的公会议知照全国”，但这一承诺只为他赢得了部分贵族和家族亲王们满怀迟疑的支持。所有大城市和巴黎都宣布支持天主教同盟及其首领马延公爵。一些外国君主，如西班牙的菲利普二世、洛林和萨伏依公爵以母系关系亦可成为王位继承人，他们都窥伺法国，时刻准备介入。而这个贝阿尔内人只有一支 2 万人的小军队，以及他惊人的能量。

亨利四世既是国王又是统帅，他马不停蹄地征服这个王国。他把庇卡底委托给隆格维尔，把奥蒙元帅派往香槟，9 月，他亲自前往诺曼底，以靠近苏格兰和英国的支持。马延则率一支人数更多的部队追击至此。亨利在阿尔克打败对手（1589年9月21日），在胜利的鼓舞下，他试图夺取巴黎。但最后他不得不转向安茹和都兰地区，并将王家政府安顿在那里。这时，在巴黎和外省高等法院内部，众多法官已经宣布拥护国王，于是形成了王党高等法院和天主教同盟高等法院之间的对立。1590年的战役再次以国王的胜利为开端。1590年3月14日，马延在伊夫里遭受大溃败，获胜的王家军队于5月初开始围困巴黎。但是布道士和教士已经令巴黎这个重要对手陷入狂热。巴黎的十六区委员会已经对王党分子采取恐怖政策，为了自卫，巴黎动员近5万市民。内穆尔公爵、巴黎主教、教皇特使、西班牙大使和十六区委员会是抵抗运动的领导者，同时，布道、宗教游行和死刑处决使得巴黎人的情绪极度高涨。6月起，面包供应开始告急，如果不是菲利普二世急派帕尔马公爵率军驰援的话，巴黎就只能考虑投降了。法国的分裂以及菲利普野心勃勃的计划使得这次干涉在所难免；此后内战之外又加上了对外战争。西班牙军队的介入导致了军事力量间新的平衡。
408 对垒双方均不能取得决定性的胜利。亨利四世占领夏尔特尔和努瓦永，威胁巴黎，巴黎则因为丧失了部分粮食供应而处境堪忧；但是全国到处都是战场，军事形势胶着多变。萨伏依公爵入侵普罗旺斯，洛林公爵觊觎香槟，他的堂兄弟梅尔科尔则试图在布列塔尼组建一个独立的公国。教皇也宣布对忠于新教的平信徒和教士施绝罚，于是竟有一支军队起来反抗教皇（1591年9月）。

1592年的战局同样不明朗。国王的军队围攻鲁昂，但帕尔玛公爵率领的一支援军迫使他们撤围（4月底）。在布列塔尼、朗格多克和普罗旺斯，内战同样没有导致任何决定性的结局。

但是政治局势发生了变化。两个新发事件改变了天主教派的立场，这就是巴黎天主教同盟的分裂和哈布斯堡家族王朝野心的暴露。十六区委员会半平民性质的专政让大部分巴黎官员或商业资产者日益感到压抑。在巴黎，天主教同盟促进了工匠和作坊主阶层的崛起，很多外省城市也是如此。他们要求参与社区事务的管理工作，要求恢复过去的城市自由，以抗衡王权和国王的法官们的权威。他们已经组织了一个监察和革命暴动的网络，巴黎的16个区中，每个都设有忠于他们的委员会。反对派同盟由温和派分子、资产者卫队的军官、议事司铎、前任市长和高等法院的法官组成。他们希望维护君主权利，将新冒出来的“下等卑贱之人”从市政机构中清除出去。他们同样不能容忍极端派对菲利普二世的效忠。双方的冲突爆发于1591年11月中。十人起义委员会下令逮捕并立即处决高等法院首席庭长布里松和另外两位法官。巴黎的资产者极端不安，马延只得出面弹压。他逮捕这一事件的主要责任者，并否认十六区委员会在巴黎的所有权力。此后巴黎一直存在着不可调和的两派，而马延则为维持它们之间的平衡而大伤脑筋。

第二个新发事件是，菲利普二世企图将他的女儿伊莎贝尔扶上法国的王位。他以金钱和军队为筹码，换取马延召集三级会议，但是他的图谋引起不安和疑虑。然而他不能阻止法国内部的秘密谈判，以及随后在苏莱内举行的会议，会议的一方是天主教派，而具有决定意义的是另一方：此刻的亨利四世在经过慎重考虑后，通过布尔日大主教宣布自己即将皈依天主教（1593年5月17日）。天主教同盟的三级会议很快告终。它本来很想选举一位法国君主，而将伊莎贝尔公主作为王后，但是它不愿把选择君主的权力交给西班牙国王，它担心这样会违背撒利克法典，这时候，这一法典成了民族情感的象征物。巴黎高等法院为此发出了一份决议，“王国只依附于神，它不承认任何其他的主宰者，就其俗世裁判权来说，禁止以宗教为借口而使王国被外国人据有”。

大量巴黎市民利用休战之机，前往圣德尼参加亨利四世公开放弃新教的仪式。几个月后，涂油加冕礼在夏尔特尔举行，亨利四世正式成为法兰西的、“笃信”的国王（1594年2月27日）。在巴黎，高等法院公开宣布拥护国王，它对西班牙人表现出了明显的敌意，并勒令后者的驻军离开巴黎。3月22日，督军布里萨克和市长为国王的军队打开了城门。巴黎轻而易举、几乎未经战斗就被攻克了。亨利四世为此奋斗了5年，惊讶之余他也掩饰不住狂喜之情。没有迫害，没有起 409

诉，没有报复，只有 100 来人离开了巴黎；国王的宽容清楚地表明了他的心满意足以及和解的愿望。

几个月后，王国所有的城市都效法了首都。但是，由于还没有得到教皇的认可，有的天主教同盟分子仍拒绝归顺，在一些顽固僧侣的怂恿下，巴里埃尔和夏特尔因弑君而遭受酷刑。1595 年 9 月，教皇宣布赦免亨利四世，扫清了最后的顾虑，排除了最后的障碍，教皇同时还敦促马延和洛林家族与国王缔结和平。

从此外国的干涉失去了借口；西班牙人的霸权企图昭然若揭，亨利四世可以动员全国的力量与之对抗。但是对手依然可怕，因此当国王前往法兰西泉援救遭入侵的勃艮第时（1595 年 6 月 15 日），需要超凡的勇敢。在北方，庇卡底仍然受到威胁，因为富恩特斯占据了杜朗斯。1595 年，他攻占康布雷，并于 1597 年 3 月 11 日发动一次可怕的攻势，突袭占领了亚眠。法军被迫围城，在战壕里待了六个月，并击退一支援军。最后，当西班牙守军交出庇卡底的首府时，双方都已经精疲力竭了（1597 年 9 月 25 日）。西班牙的财政破产和国际金融危机使得双方都无力筹集军饷，仗打不下去了，于是被迫转入和谈。1598 年 5 月 2 日，和约在维尔万签字。法国重新回到了 1559 年卡托-康布雷齐和约确定的边界，也找回了当时在欧洲已然上升的权威。

信仰自由或临时共存：南特敕令

对外战争结束后，还需消除内战和宗教战争的危险，更何况这又是外来干涉的借口。还在缔结韦尔万和约之时，亨利四世就试图通过南特敕令来解决两种宗教和平共存这一重大问题。新教徒对他们这位从前的教友怀有疑虑和怨恨之情。他们的少数派地位、针对他们的敌意言行，都使他们长期处于焦虑和好斗的状态。1594 年 1 月，他们未经国王许可便在南特聚会，以“重新恢复他们的特别身份”。他们在 9 个大省拥有自己的议政会，可自行决定召开年度大会以商讨本教派事务；王国出现了分裂。在君主制的法国，还存在一个宗教少数派构成的共和制联邦。国家分裂和新内战的危险并非一句空话，亚眠城墙下的新教首领拉特雷穆瓦尔和布永就曾拒绝加入国王的军队。为避免局势进一步恶化，亨利四世与新教大会的四名代表进行了会谈。会谈的结果就是1598年4月13日在南特公布的新和解敕令：法国新教徒权利和特权宪章。

敕令规定，凡1597年8月底之前有过公开的新教宗教活动的地方均可继续这些活动，每个司法区的两个城市和拥有高级司法权的领主家中亦可举行新教仪式。新教徒应享有与国王其他臣民同等的权利，可以进入大学、慈善堂、职业团体，可担任官职、领受爵位，此外敕令还保证他们的司法公正：高等法院中设立等员法庭，其中两种教派的法官人数相等。新教徒继续保留其省一级和全国性的教务会议；根据秘密条款，他们得到了军事上的保证：其军事设施将来可以用来抵抗或反叛。实际上，除了一些普遍和特别条款外，南特敕令还包括国王授予的、无需各最高法庭登记的特许状。敕令许诺每年给与4.5万埃居，作为新教牧师的薪金；新教徒有150法里的庇护区，其中50里 410
的区域和一块“安全地带”可以设防，新教督军应由国王付薪。

这是个艰难的、通过平等商谈换得的妥协，它在君主制的天主教国家内部创建了一个新教国家；但这也是个脆弱的协定，因为新教徒的不信任感像天主教徒的敌意一样强烈。教皇、教会和各大学立刻谴责了这一敕令。教皇说，“这是能设想出来的最糟糕的法令”。各高等法院也不愿登记。布道士们再次以地狱之火来诅咒那些过于顺从的法官们。几乎所有法院都起草了陈情书和谏诤书。国王只得轮番运用祈求和威胁的手法，耗时两年才争取到各高等法院的同意。欧洲还没有确立起宽容的理念，只有个别知识分子赞成之：维茨尔[1]，卡斯特里奥[2]，还有博丹和库恩哈特[3]。它在法国取得局部胜利是局势和一位伟大的政治家造就的，但这并不表明信仰自由已被认可。即使对于政治家们来说，两种宗教的共存也只是临时性的恶劣情形；“一个王权，

---

① 维茨尔（Georg Witzel），宗教改革时代德国天主教人士，伊拉斯谟的信徒。

② 卡斯特里奥（Sébastien Castellion，1515—1563），法国神学家、人文主义者，曾将圣经翻译成拉丁文和法文。

③ 库恩哈特（Dirk V. Coornhert，1522—1590），荷兰诗人，人文主义者。

一种信仰”的观念依然盛行。一直到1685年，法国教士大会不断以加冕礼上的宣誓来告诫“虔诚的国王”，并催促他消灭异端。亨利四世的伟大就在于他以自己的雄辩来为宗教和世俗的和平事业辩护，在于他利用这短暂的时机为君主国家和民族的复兴作出了出色的业绩。

重建

最后一段时期的宗教战争沉重打击了法国的经济发展。我们可以从大业主和什一税征收者的账目中看出谷物生产的下降和抛荒土地的增加。在制造业城市，纺织品市场的标志性统计数据显示，粗布和呢绒产量下跌了近50%。由于瘟疫的威胁和道路不安全，国内贸易也受到影响。在很多省份，军事行动和饥荒给腺鼠疫的再度肆虐造成了有利条件。直至1596年，它还在蹂躏庇卡底和香槟地区的城市，并使它们与外界的联系陷入瘫痪。内部冲突尤其导致兵匪再次为祸甚烈，国家法令从来就没有将其彻底镇压下去。和平到来后，被遣散的士兵和解雇的军官到处抢劫行人和车辆。在布列塔尼和安茹之间的边境上，军官基莱里数年内自称边境总督，攻击治安人员，抢劫商人的钱财。强盗团伙同样在朗格多克、奥弗涅、多菲内横行霸道，有时候一些破落小贵族也参与其中。乡村团体为了自我保护组织了自卫武装，以驱赶入侵的王党和天主教同盟的军队以及盗匪。1592年，科芒热的农民组成“联盟”，或称“小铃铛”，追击兵匪、有时甚至攻击贵族。他们拒绝缴纳军役税或要求减少。1594—1595年，利穆赞和佩里戈尔的“乡巴佬”（或称“克罗勘”）反抗国家税收，有时也反什一税，并要求取消税区税收员。他们以旗手和鼓手开道，纵横乡间，公然挑战贵族和法官。

秩序的恢复也就意味着经济活动的复苏，另外，随着王权的重建，应采取应急措施挽救最不幸的局面，平息最危险的不满情绪。好在亨利四世足够明智和敏锐，懂得暂时性让步的必要性。他宽恕了中央高原的农民，并减免了他们拖欠的税收。1599—1602年间，苏利削减了
411 所有非特权者的军役税税额。国王同样也关心农村的命运。因为在战争期间，很多农村社区费用开支很大，只能出让公共产业；现在它们

有权通过财政手段收回自己的传统权利和土地。最后，1600 年 3 月关于军役税的普遍条例取消了糟糕的纳税人连带强制制度。

炖鸡的故事①长期以来将农民的生活渲染得极为美好，但是我们不能因此而被蒙蔽。这个说法是“好国王亨利”英雄主义的感人业绩的一个组成部分，它流传于整个旧制度时代，并一直延续到大革命之后，或是为证明无条件的忠诚的合理性，或是为了表达改革之愿望。但是，不幸的是，对法国农民而言，波旁王朝的第一位君主在位的时期并不是田园诗式的黄金时代。农民缴纳的军役税有所降低，但盐税增加了。对于领主贵族对农民村社利益的侵犯行为，可能有过某些弥补；但是众多的小业主因为高利贷和兵匪的破坏而破产，或是被迫低价出卖自己的小块土地，对于他们则毫无补救措施。所有的公证文书都证明了这一重大的财产转让风潮。这是政治和宗教危机带来的一个重要社会后果：在几乎所有的省份，农民业主占有的份额都远不及土地面积的一半。另外，随着国内秩序的恢复，各地什一税的征收更为严厉了，而什一税在动乱时代曾一度受到抵制。虽然技术和产量停滞不前，地租却不受此影响并再度攀升，因而留给农民的总产品就进一步减少了。

尽管人口因贫困、瘟疫和战争而遭受损失，但法国仍然是欧洲人口最稠密的国家之一。这一优势表明了法国物质上重建的速度之快，但是王权政策目标选择之明确性也起了积极作用。在这方面，亨利四世有幸得到一位出色的助手——巴特雷米·德·拉弗马的帮助。拉弗马在呈递给国王的众多文件中提出了一份广泛的、旨在发展商业和制造业的重商主义计划。在被任命为商业总监后，他又于 1601—1604 年组织了商业委员会的工作，参与了众多工场、玻璃厂、织布厂和丝绸厂的建设事务。在另一位新教农学家、《农业景观和田间管理》的作者奥利弗·德·塞雷的协助下，他还试图在巴黎、奥尔良、图尔和里昂等几个财政区推广植桑和养蚕业。这一努力在都兰和法兰西岛没有

① 相传这是亨利四世的说法，即让农民的锅里都能有炖鸡。

取得预期效果，但是在朗格多克和多菲内颇为成功，促进了里昂和图尔的丝绸业的发展。国王亲自出面支持这些事业，他自己出资传播奥利弗·德·塞雷的著作，还强迫一些大商人和财政家为设立特许工场提供必须的资金。这些工场享有垄断权以及补助和奖金上的支持，其生产受到监控，它们要与昂贵的外国进口货竞争，如丝绸、金缎或银缎呢绒等……国王还在戈伯兰的工场中安置弗拉芒的挂毯匠，把技工安顿在卢浮宫，以免巴黎工匠的骚扰。王家政府还尝试以税收和禁令政策来保护民族工业；数年间，它一直在商讨如何筹建商业公司，以便从事与东西两印度之间的贸易；政府还赞成并继续着尚普兰及其伙伴们在加拿大的事业。所有这些措施都是同一政策的构成部分，这一政策的目标就是要建立起有利的贸易差额关系。这里的关键是金银货币的输入，它们被视为经济繁荣和军事力量的源泉。当时，伊丽莎白和詹姆斯一世的英国也在关注同样的问题。黎塞留和柯尔伯遵循的是
412 同样的原则。因此在这方面，亨利四世的政府首次在法国提出了一项真正具有连贯性和协调性的经济政策。但是，这一政策的很多努力成果甚小。从事经济投机活动的法国人过于稀少。如果说国王在商业、工业和金融领域内有很多新教追随者，那么这个国家的大多数天主教精英不仍然是被别的职业或冒险活动所吸引么？

王权的发展

一个无力管理公共财政的政府不会拥有真正的权威。给政府政策提供财力保障的是财政总管苏利。庞大债务造成的利息开支已使国库不堪重负，对此苏利可谓不择手段：降低利率、削减拖欠债务、低价偿还大量年金公债、取消那些在他看来可疑的公债。国家税收和国王的部分财产权已经被让出，苏利以国家拥有收复权利为名予以回收。他对官职开征年贡，从而增加官职税的收入；他将商品税的出租业务归并到一个合同中，并提高了租金。此外，他还建立起清晰的国库运作登记表，实现了政府的预算平衡——它不是高超智慧的产物，而是严厉而坚定的政策的结果。他甚至为国王建立了一个预备金库，或称战争金库。

内战不仅破坏了经济和财政，此前弗朗索瓦一世和亨利二世为加强王权在外省的权威、保障政府更好地运转而作出的种种努力，大部分也付诸东流。亨利四世重新开始了这一被中断的事业。首先他对议政会的混乱局面进行整治，限制其成员数量，在枢密议政会、国务及财政议政会之上又设立了一个由5—6名成员组成的小议政会。他只与1—2名议政会成员讨论诏书文本，随后立即令大法官予以封印，这样，“大议政会”的政府体制被更具个人色彩的绝对主义体制取代了。

绝对主义同样意味着对中间团体的打压遏制，如各最高法庭、省三级会议、市政机构、法官团体、修会团体；无论在巴黎还是外省，这类机构从传统上说都是王权推行其意志的阻碍。对于各高等法院，亨利四世表现得像位敦厚的慈父，有时则使用威胁、鄙夷、嘲讽等手腕。他对巴黎高等法院较为迁就，但也知道如何让所有人都敬畏他。像先王们一样，他继续和省三级会议商讨，但是当后者拒绝他的要求时，他会自行征税。在战乱期间，各大城市曾成功地维持或扩大了自治权和特权。除个别特例外，亨利四世一般尊重城市的制度，但是这些制度的大部分内在意义却被他逐步掏空。市政选举被置于他的监督之下，他还经常亲自在选举中指派他中意的市长或市政官。由于城市是抵御外来威胁或内部骚乱的堡垒，因此每当他认为哪里的居民不可靠时，他就将城门和城防的守备工作交给自己任命的军官。

外省的安宁和“良好的行政管理”主要依靠督军以及司法和财政官员们的忠诚。官职年贡的设立恰好给王权提供了一个保证法官们的忠诚的手段。在17世纪初，官职的世袭性仍不完全，因为只有在官职所有者死前至少40天之前作出的让与才是有效的。设立年度贡税——相当于官职价格的1/60——后，作为交换，国王取消了40天条款。此后，在任何情形下，官职都是可继承的资产，官职所有人可以将其让渡给达到合适年龄的继承人，另一方面，继承人亦可自由出卖官职。 413
这一政策让国王获得了可观的收入：这一官职年贡起初租给波莱[①]，

① 因此，这种官职年贡又被称为“波莱特”(Paulette)。

后来由一批财政家（主要是新教徒）承租，其年收益超过 100 万利弗尔。不过，特别重要的一点是，官职年贡最终将官员团体与绝对君主制联系在一起。但这一妥协看来很脆弱，而且似乎可以被取消，在随后的半个世纪中，人们不时威胁要废除这一政策，佩剑贵族也一直要求废止它。然而，从此之后，官职资产者和穿袍贵族与绝对君主制存在利益一致关系，尽管这与他们的传统、有时甚至与他们的文化并不相符。他们可以抱怨，可以责难，但从未起来反抗，因为贵族反动势必会危及官职的买卖及其世袭性。由此产生的政治和社会后果是难以估量的。法国资产者的抱负、其很大一部分资源，都将奉献给官职和仕途。商业利润被转投到官职上，后者能带来荣誉、特权，有时甚至是贵族身份。这种立竿见影的剩余价值使得官职具有了社会声望并受人青睐。1596—1635 年，巴黎高等法院推事职位的平均价格从 1 万上升到 12 万利弗尔。官职的买卖和完全世袭化是社会秩序和稳定的一种保障，但对法国经济而言，它又是一个沉重的桎梏，因为在法国经济所涉足的发展轨道上，商业、航海和制造业已居于主导地位。

此外还需确保佩剑贵族的忠诚。他们在内战中往往是决定性的角色，要让他们完全臣服于王权可不是件容易的事。他们获得了很多物质上的优惠。很多贵族家庭在内战中负债累累，政府起初让他们缓期偿还，随后又削减欠款。1601 年，政府将法定年息从 1/12 降为 1/16，以便有利于负债最重者偿债："致使朕之臣民——尤其是一直为朕及朕的诸先王奉献出色功劳的贵族——陷入贫困、并使他们不能安享其产业的原因，朕已详查；朕以为，1/10 和 1/12 的法定利息……乃是导致诸忠诚而古老的家族堕入困顿境地的原因之一，它们不堪利息之重负，忍痛出卖所有产业。为疗救计……亦为协助朕之贵族重振家业、修复战乱给其造成的损失、破坏和混乱，朕宣布，所有利息高于 1/16 的债务合同均属无效。"1602 年的币制改革重新确立了图尔利弗尔的记账货币地位，降低该货币的金银比价，这同样减轻了债务负担。

但是，贵族仍然在家族亲王、大贵族和外省督军周围结成主从庇护集团。无论是效忠还是反叛君主时，贵族都追随那个"所依靠的人”，因为军官委任状、地方职务、薪俸、乃至一门好亲事或其他各种恩惠，都得益于这位庇护者。贵族将个人荣誉、自己家族的利益都委诸此人，盲目地在宫廷或战场上为他效劳，后者的纠纷和苦恼同样也是他的事。为了平衡这些个人庇护集团的影响力，亨利四世扩充了国王的庇护网。鉴于督军们经常擅夺政治、财政和司法权力，他将这些人的职权限定于纯粹的军事事务之内。他任命那些可靠的人负责重要据点的守备，这些人只依附于他个人。他收回军事统领的指挥权，步兵首领埃佩农选任和提拔部分军官的权力也转到国王手中。当然，国王的上述意图和政策在上层贵族中引起了阴谋活动。他从前的战友比隆元帅组织了一个反国王的阴谋集团，这个人联络了蒙莫朗西、蒙庞西埃公爵和布永公爵，并寻求西班牙国王和萨伏依公爵的支持。国王下令逮捕比隆，经审判后处决了他（1602 年 7 月 29 日）。1605 年贵族 414
叛乱再起时，国王先向利穆赞进军——布永的部下在那里组织秘密武装，接着又转向色当，并强迫色当的领主布永接纳国王的军队进驻该城（1606 年 4 月）。亨利四世以其毅力和政治上的灵活手腕挫败了这些阴谋，1606—1610 年，法国国内形势稳定，人民得享和平——此时这位国王则加紧卢浮宫、圣日耳曼和枫丹白露城堡的建设工作，还为首都规划了一个新的广场和街道网络，他要让这些建筑和广场铭记重新确立起来的主权。因此，他的统治在很多方面预示着其儿子和孙子的作为，并为他们开了先河。

对外政策

亨利四世最后的考量、最后的计划关乎欧洲事务，这些事务可能也是他遇刺的原因。法国与萨伏依公爵的冲突的解决方案对他有利，根据里昂条约，萨伏依被迫让出布雷斯、比杰伊、瓦尔罗默和热克斯地区（1601 年 2 月 17 日）。他的仲裁促成了其盟友联省共和国和西班牙之间 12 年的休战（1609 年 4 月）。但是，哈布斯堡和法兰西这两大王室之间的敌对状态并没有缓和。1609 年 3 月的克莱弗和尤利尔的遗产问题使双方再度陷入对抗。

20 多年来，德国天主教反改革运动所取得的进展——巴伐利亚公爵、皇帝鲁道夫二世、马蒂亚斯和斐迪南两位大公是这一运动的支持者——让新教徒惴惴不安，而且这也危及欧洲的平衡。维也纳、卡林西亚、卡尼奥拉和蒂罗尔等地已经禁止新教活动，而新教在整个德国南部都快消失了。面对这一危险局面，新教徒组成了新教同盟，而天主教徒则立即组成神圣同盟与之对抗。克莱弗和尤利尔的遗产问题出现后，两方阵营中的君主都提出了继承要求，这为它们的对抗提供了新的内容，双方都准备诉诸武力。在天主教方面，皇帝已经宣布代管这些遗产，亨利四世则担心哈布斯堡家族或它的朋友在莱茵地区立足，于是他宣布将保卫“德国的自由”。一场全面战争正在筹备，西班牙支持皇帝，而亨利四世则谴责布鲁塞尔的西班牙大公收留了孔代亲王——后者前往尼德兰为的是让他年轻的妻子免受国王的骚扰。

亨利设立了一个摄政委员会，同意让王后在圣德尼行加冕礼，并将法军开赴克莱弗的时间定在 5 月下半月。也许激情使得他的步骤有些操之过急，但是他的政策从战略和外交上说是必须的：这就是欧洲平衡政策，这一平衡已经被力量调配更好、更具侵略性的哈布斯堡家族破坏了。也许只有他能够遏制维也纳宫廷在德国的野心，只有他才能在不引发全面战争的情况下维持德国和波希米亚的自由。但是，法国的舆论对这场冲突的认识看来十分糟糕。部队的武装准备造成税收增长，政府还采取各种特别财政举措，如出售新的官职，“削减”年金公债的利息等。特别是，战争在许多天主教徒的心中引起不安。天主教同盟的精神还没有死去。为什么要与新教君主结盟来反对一位天主教君主呢？怎么能质疑教皇在这场德国冲突中的立场呢？在某些人看来，宗教已经岌岌可危了。他们认为，造成这一危险的祸首、那位可疑的天主教徒、专横放荡的君主，完全应以“暴君”这一可恨的字眼命名，并该得到应有的下场。30 年来，在法国，在罗马，人们一直
415 在为弑杀暴君的合法性辩护。1610 年 5 月 14 日，拉瓦亚克在巴黎一条拥挤的街道上刺了亨利四世两刀，国王死了。他的死打破了欧洲脆弱的和平。从 1610 年到 1634 年，法国对外政策的导向与亨利所曾设

想的背道而驰，马德里和维也纳的政策也因而获得了实施的空间。

二、君主权威的危机（1610—1624年）

摄政时期

国王死后，巴黎高等法院在经请求后立刻宣布王后为摄政，“在她的儿子年幼之时掌管王国事务”。路易十三刚刚9岁，一位年幼的国王将会让法国面临巨大的危险。玛丽·德·美第奇毫无政治才能，她给予几个近臣的权势——尤其是莱昂诺拉·加利盖伊及其丈夫孔奇尼的影响力——败坏了政府的声誉。至于大贵族们，如孔代、吉斯、内韦尔、布永之流，过去亨利四世曾遏制他们的野心，打击他们的阴谋，现在他们觉得复仇的大好时机来了。摄政给他们大笔赏赐，对他们大施恩惠、大办宴会，以图收买，但终归徒劳。吉斯和孔代结成两个对立的集团，在国王的议政会中争权夺势。1614年2月，亲王的反叛和孔代气势汹汹的宣言迫使政府进行谈判，并答应当年召开三级会议。

新教徒也骚动起来。亨利四世在保证他们享有信仰自由的同时也保证他们的个人及财产安全。但是亨利已经不在了，他们觉得在这个国家受到了天主教多数的威胁。玛丽·德·美第奇重申南特敕令亦是徒劳，苏利[①]的去职、教廷大使对王后的影响力、以及王室子女与西班牙的联姻计划，所有这些都让他们焦虑不安。1611年在索米尔召开的新教大会将各省改组为专区，各专区的领导者是由第三等级和新教贵族组成的常设会议，这些措施加强了新教的政治组织；年轻而精力充沛的罗昂公爵看来正准备领导一次武装叛乱。在这种局面下召集的三级会议难免造成危险局面。

1614年三级会议

三级会议于1614年10月27日在巴黎召开。教士代表140人，其

① 苏利公爵是新教徒，作为亨利四世的大臣时亦未改宗天主教。

中包括法国教会中高级教士的头面人物：儒瓦耶兹、迪佩隆、加缪和年轻的黎塞留；第二等级代表 132 人，但是亲王派分子不如孔代和他的朋友们期望的那样多；第三等级代表 192 人，其中大部分是司法官员、最高法庭的成员和几个大城市的官员。代表第三等级发言的代表中，大部分人以拥有“陛下的官员、您统治的各省中头等职位的所有者”的头衔而自豪，他们构成一个新的精英阶层。他们经常要求获得贵族身份，而他们的财富也足以引起贵族的嫉妒。老贵族和新兴职能贵族之间的竞争使三级会议陷入瘫痪，并在某种程度上拯救了绝对君主制。贵族代表对这些凭才能或财富而发达的新贵们大肆侮辱，毫不掩饰对后者的敌意；他们从会议一开始便要求废除官职年贡，取消军事职位的买卖制度，制止盗用贵族名号的行径。贵族等级的总陈情书写道，“陛下，我们万分谦卑地恳求您将财政主管、河泊森林管理处高级长官和特别长官的身份归入贵族行列……高等法院和审计法院的
416 首席庭长和分庭庭长以及诸推事的身份亦归入贵族……但其条件只能是有三代贵族家史和正从事军事职业。”第三等级同意取消“波莱特”税，但另一方面，它要求降低军役税和年金赏赐，这类赏赐“毫无节制，没有哪个强大的王国有如此多的收入来供您收买臣民的忠诚之用”。贵族发言人提出，“贵族和下等人之间本来就有分别，这些下等人还借口他们拥有某种荣誉和尊严，然而这只是扩大了本来的差别”；第三等级的主席、巴黎市长米隆则予以反击，他颂扬官员的体面和尊严，说他们从法理上说是职位的所有人，是公共权力的受托者：“我们以我们的职位代表陛下，侮辱我们就是违抗陛下的权威，某种情况下这甚至是危害君主的大罪。”第三等级与教士代表之间也存在对抗。第三等级希望在它的陈情书中明文谴责教皇绝对权力论。第三等级认为，教皇无权废黜法国国王，后者的王冠直接来自神。宫廷已经根据教士的呈辞下令删去该条文，但第三等级则反对接受和在法国公布特伦特公会议的通谕，以此作为回击。这些纠纷注定使得三级会议毫无结果。贵族本想继续开会，以等待宫廷的回应、推行一些初步改革，甚至希望在国王的议政会中安插自己的代言人，但第三等级并不合作。

等级之间的分裂拯救了绝对主义。政府只是就官职买卖和年金赏赐问题作了一些模糊的、不可能兑现的承诺，然后便终止了三级会议，把代表们打发回家了。由于法国的历史传统并没有为王权设置什么限制——除了君主本人的品德和神的戒律外，因此代表们没有能确立对君主政府的监控制度。而第三等级的代表——法官和官员们，他们自己就是免税特权制度和司法体制的受益者，他们没有力量、也没有充分的理由来要求进行财政和税收改革。此后三级会议一直未曾召集，直至旧制度告终之日。

孔奇尼

三级会议结束后，法国的局势再度陷入动荡之中。1615 年，巴黎高等法院在其调查庭的驱使下，起草了一份堪称名副其实的改革方案、一部全面的政策纲领的谏诤书。它批评王后的对外政策，要求维持已故国王缔结的盟约、驱逐外来的顾问①。它揭发某些与包税人沆瀣一气的国务顾问们的贪污行径，指责王室开支过度、给与廷臣的赏赐名目繁多。另一方面，孔代在 1615 年 8 月的一份宣言中指控宫廷将三级会议的陈情书束之高阁，他以捍卫公益为名，在朗格多克、基耶内和普瓦图挑起新一轮的贵族反叛。于是王室只得再次与起事者进行谈判，赦免叛乱，并给与孔代议政会首脑的头衔（1616 年 5 月）。君主制度和国王本人看来都受到了这位亲王的威胁，他是继亨利四世的两个儿子之后的首选王位继承人。面对这一威胁，孔奇尼在议政会中引入了新大臣：巴尔班被任命为财政监察，普罗旺斯高等法院的庭长芒戈担任大法官，吕松的主教黎塞留负责外交事务。孔奇尼的野心没有节制，但黎塞留在他的回忆录中认为，他有清晰的政治头脑，有压制大贵族、维护国家权威的意志。几个星期后，局面似乎完全改观：孔代被监禁；三支军队被派往香槟和尼维尔内，内维尔公爵刚刚在那里掀起叛乱；议政会被改组，与外省的所有的行政通信皆由政令议政会负责。此间，417
新任外交国务秘书重新推行积极的外交路线，并试图在以西班牙人和

① 孔奇尼夫妇来自意大利，跟随王后玛丽·德·美第奇来到法国。

萨伏依人为一方、以威尼斯和斐迪南大公为另一方的冲突中充当仲裁人。但这一宏大政策有一个薄弱点：国王对此漠不关心，对所有这些计划都茫然无知。国王也渴望权威，孔奇尼的傲慢让他蒙受屈辱，在他的朋友和心腹查理·达尔贝尔·德·吕伊内的怂恿下，他决心疏远王太后，并同意暗杀孔奇尼（1617 年 4 月 24 日）。

红人吕伊内

吕伊内四年内连连擢升，从公爵、法国首席贵族[①]到军事统领和庇卡底督军，成为国家事务的领导者。埃佩尔农和隆格维尔分别在基耶内和诺曼底策动新一轮的贵族反叛，他们还得到王太后的支持，但叛乱很快被吕伊内弹压（1620 年 8 月）。孔奇尼死后，他决心粉碎胡格诺派。1620 年，路易十三在吕伊内的建议和天主教会的要求下，亲率军队前往贝阿尔内，国王要在他的故土上恢复天主教，并宣布将这个省并入法国。南方的新教徒掀起全面叛乱，吕伊内领兵镇压，但他在蒙托榜失利，仗打得十分艰难，而他自己最后也在战场上送了命。他四年的对外政策同样迫于宗教方面的要求。正因为他劝阻新教同盟支援巴拉丁选侯弗雷德里克，皇帝才有可能暂时得胜，捷克人才会遭受失败。这种无能的政策导向还使得西班牙人得以进驻瓦尔特林纳，从而与其维也纳的同盟者靠得更近了。

黎塞留掌权

国王近臣的强烈的宗教情感、新老宗教团体和贝吕尔在这个国家的所作所为，这些都是宗教考虑之所以居于优先地位的重要因素。但是，哈布斯堡家族取得的进展使得从前的威胁再度显露出来。菲利普四世进攻联省共和国（1621 年）后不久，西班牙和皇帝的军队又占领

---

① 在旧制度最后三个世纪内，公爵（ducs）和首席贵族（pairs）往往是连用的（ducs et pairs），但有的公爵并非 pair，而且有的 pair 可以是伯爵。公爵是继亲王（princes）之后的最高爵位，首席贵族则是王室之后的最高荣誉。据说这个封号起源于封建时代，最初是 6 位教会 pairs 和 6 位世俗 pairs（当时他们当中既有公爵亦有伯爵），随后经历了很多变化。在旧制度时代，pairs 是个特别的贵族团体，他们在巴黎高等法院拥有席位，并享有表决权；可以参加国王的加冕礼，这些都是他们的特权。

了巴拉丁领地（1622 年），巴伐利亚公爵夺取了巴拉丁的选帝侯名号及其部分土地。现在该是协调教会利益和法国外交利益的时候了，该是控制国内的新教徒、遏止皇帝和菲利普四世在欧洲扩展势力的时候了。1624 年 4 月，王太后成功地让黎塞留进入议政会。几个月后，他确定了上述政策，同时又没有引起虔诚派的不安。他批准了与荷兰签订的新条约，赞成国王的妹妹亨利埃特·德·法兰西与威尔士亲王的婚约；但每次谈判中他都显示出对荷兰和英国的天主教事业的热情。有的人希望法国的天主教国王能根除胡格诺派，惩罚自由思想者；另一些人则指望这位前外交国务秘书与奥地利王室展开更坚决的斗争。黎塞留雇佣文人为自己大造舆论，在两方阵营中都赢得了人气；1624 年 8 月 13 日，他的对手拉维耶维尔被逮捕后，他成为议政会的首脑。

三、黎塞留当政和战争行动

最初的计划

与其周围的人相比，黎塞留在智力方面更胜一筹，富有想象力而又不乏理智，同时也更有抱负；他掌权时已经是个富有政治经验的人物，并带来了广泛的改革计划。在他的要求下，1626 年底，国王召集了一次显贵会议，其成员包括亲王、大贵族、大臣和各高级法庭的成员；他向代表们提出的计划是：改革议政会、继续致力于天主教复兴、 418
重组财政、注重发展商业和航海事业。

这次会议的成果体现在国王的宣言和敕令、尤其是 1629 年的大条例中。但是，赎回官职和取消官职买卖的计划已被迫于 1627 年放弃。国内的动乱和军事外交事务使黎塞留没有必要的精力和财力来推行这一庞大计划。

内乱

黎塞留上台之初就面临着大贵族和胡格诺派骚乱的威胁。1626 年夏，国王的兄弟、亨利四世的私生子们、旺多姆家族、隆格维尔公爵、夏莱伯爵和舍弗勒兹公爵夫人策划了一起阴谋，后者还使王后安娜·德·奥地利深陷其中。密谋者们准备刺杀黎塞留，但他们的阴谋败露，夏莱伯爵被他的亲王同谋们抛弃，并因为自己的草率而送了命（1626 年 8 月）。尽管有人求情游说，但这位枢机主教以及国王都不为所动，拒绝宽恕这个罪犯。

蒙莫朗西-布特维尔和德夏佩尔的遭遇再次证明了政策之严厉。这两个人因在巴黎公然违反禁止决斗的法令而于 1627 年 6 月 22 日被处死。如果认为这种严厉体现的是黎塞留对贵族等级的某种敌意，那就弄错了。恰恰相反，我们在他的《政治遗嘱》——如果这不是他的亲笔著作，至少也反映了他的思想——中看到，贵族是“国家的主要力量源泉之一”，“千万要注意维护贵族的祖先给他们留下的财产，要让他们能有获取新财富之能力”，文章接着就如何救济最贫苦的贵族向国王提出了各种方案。黎塞留当然了解贵族的勇敢品质，以及贵族在作为其存在依据的等级精神方面的一致性，他想做的是将一种新的国家观念强加于贵族，把贵族的好斗作风和封建式的鲁莽轻率转化为对国王的全心效忠。

罗昂和苏比兹领导的新教反叛也同样是鲁莽轻率的行径。当黎塞留在意大利、瑞士和德国筹划反对哈布斯堡家族的重大外交行动时，新教徒在拉罗歇尔和朗格多克掀起叛乱。1626 年 2 月的谈判使他们平息了下去；但是次年，英国人由于对黎塞留的商业和航海计划深感不安而组成了巨大的舰队，并在雷岛登陆，拉罗歇尔人又重新发起战斗。他们对虔诚派鼓噪的改宗运动十分恐惧，这个运动的代言人——枢机主教贝吕尔不断催促黎塞留扫平这个新教的首都①。黎塞留的海上计划、他所设立的大公司、以及这位作为商业和航海总监管的大臣在海岸地带夺取的权力等等，同样让新教徒不安。拉罗歇尔的围城持续了一年，1628 年 11 月 1 日国王进城时，这座受到饥荒和瘟疫打击的城市已是人烟稀少、破败不堪了。黎塞留梦想建立强大的海上力量，但

① 指拉罗歇尔。

法国的分裂导致了这样的悖论结局：它一流的海港、它主要的航海和装备基地却被这位大臣摧毁了。此后战争在南方还迁延数月，新教徒的抵抗堡垒普里瓦遭围攻后陷落，不过 1629 年 6 月 28 日，国王赦免了阿勒斯的叛乱分子。南特敕令被再次确认，但确认的只是敕令本身，而不是给与新教徒军事和政治特权的附属特许状。新教徒失败后，安全地带被取消，他们的堡垒被拆除，教徒的集会也须得到国王的许可。阿勒斯和约虽然保证了宗教和信仰自由，但在国王和黎塞留看来，这只是实现宗教的重新统一的重要一步。因为有关的法令条文强调说，国王希望新教徒不久后能重归天主教。另外，贵族中的改宗者为数众 419
多，雷迪吉耶尔和拉特雷穆瓦尔似乎为他们的教友树立了榜样。1629 年 8 月，黎塞留在给国王的信中明言："异端和叛乱源泉现在已经干涸了。"他准备随后以另外的温和手段来清除孤立的新教势力，这些势力在一个绝对主义和天主教的法国已经被解除武装并渐渐窒息而死。

决定性的选择，1630 年的政治危机

国内政策取得成功后，这位枢机主教认为可以更为从容地应对欧洲事务。他在 1629 年 1 月的一份备忘录中向国王透露了其对外政策的目标。"既然拉罗歇尔已被攻克，如果陛下想成为世界上最强大的君主的话……就应该时刻准备遏制西班牙势力的扩展，它的目标是增强霸权、拓展边界，但法国不同，法国只应考虑增强自身，打开通向所有邻国的大门并保证它们免受西班牙的压迫。"这一明确的反哈布斯堡政策是防御性的，而蒂利和华伦斯坦在德国为皇帝取得的胜利更加证明了这一点。黎塞留希望尽量推迟"与西班牙公开爆发战争"的时间，他认为一种"谨慎而隐蔽的方针"更加适合于法国的国内政治局面和财力状况。1624 年时，国王就已派遣一支小部队前往瓦尔特林纳，以帮助格劳宾根[①]人重新控制这个具有战略意义的山谷，阻止波河平原上的西班牙驻军与皇帝的军队利用这一通道建立联系。

1629 年，当内维尔公爵声称对曼图亚和蒙费拉拥有继承权时，路

① 格劳宾根是瑞士东南部一州。

易十三也出于同样的目的而给与支持，同时西班牙人和萨伏依公爵也觊觎这两块地方。路易甚至亲自带领军队解救卡萨尔。次年，黎塞留也带兵进入意大利北部，巩固了法国在皮涅罗尔和萨吕塞的地位（1630 年 3—6 月）。从此法国人威胁到米兰、以及西班牙与其在尼德兰的军队之间的联系通道。法国对皮涅罗尔的控制、它与联省之间的盟约的延续很可能会导致与西班牙再度开战，不过在是否介入战争这个问题上，法国曾一度犹豫过。

国王的近臣之间意见不一。枢机主教贝吕尔和掌玺官米歇尔·德·马里亚克不同意法国在意大利的政策。他们希望马不停蹄地打击新教势力，他们还担心群众叛乱，并提请注意“法国人民的困苦和不幸”，而 1629—1630 年的歉收使得这一局面更形严重。甚至在王室内部，他们也得到加斯东·德·奥尔良和太后的支持，太后这时极为仇视黎塞留。1630 年秋，黎塞留的外交取得双重胜利：他在雷根斯堡帝国议会上粉碎了哈布斯堡家族的遗产继承野心，同时还确保查理·德·内韦尔占有曼图亚和蒙费拉两公国，但是他在国内的对手看来要占据上风了。9 月，国王在里昂突患重病，两位王后趁机让国王疏远黎塞留。11 月 10 日，在玛丽·德·美第奇所在的卢森堡宫，太后催促他的儿子将黎塞留免职。此时黎塞留突然闯了进来，这让太后大为恼火，她大肆攻击黎塞留，而路易十三手足无措、一言不发，都不敢瞧这位大臣一眼，很可能是优柔寡断使得他在这一刻退缩了。宫廷中已有人宣布立刻逮捕黎塞留。廷臣们涌向卢森堡宫，围着太后欢呼庆祝。但是他们太大意了，因为国王已经恢复冷静和自信。11 日，他在凡尔赛召见黎塞留，后者跪倒在国王面前，他认为自己已经完了。路易十三扶起这位“国家的首席大臣”，并宣告他将继续留任。同一天，米歇尔·德·马里亚克被解职，不久太后也被迫流亡国外，从此再没
420 有回来过。“受骗者之日”[①] 是路易十三时代的关键性时刻，它保证了黎塞留的权威，并最终使法国介入了争夺欧洲霸权的斗争。黎塞留写

① la journée des Dupes，一译愚人日。

道，此后他就抛弃了“一切关于王国内部安宁、节俭和规章等方面的顾虑”。看来这个君主国家确实准备在必要时为了其欧洲政策和国家荣誉而牺牲改革计划和财政平衡了。

法国的经济力量及其问题

从物质和精神上说，法国能承担起它的领导者们向西班牙发起的这种大规模挑战么？法国在其1610年的疆界之内的人口，比当时西班牙、意大利和英国的人口总和还要多。教区记录的统计显示，人口的持续增长一直维持到1630年，而且经常会延续到投石党运动之初。在农村，内战的破坏已经被修复，荒地复耕，生产恢复，土地所有者、领主和教士的收入都在增长。1620—1640年间，法国北部各地的羊毛和麻制品产量看来都达到了更高的新水平。城市的发展带来建筑业的兴旺，并有助于“法式风格”的繁荣，在巴黎，马莱区的公馆和老王家广场就是最漂亮的代表作。法国已经足够富有，它可以因此而争取到并资助盟友。它人口众多，也有足够强大的力量进行四线作战、抗击三十年战争中最优良的军队。

但法国在物质方面的强大并非无懈可击。这种强大更多是来自领土和人口的规模，而不是技术和商业方面的创造性。农业生产方式仍是传统的，产量并不高。与列日和英国人的新技术比起来，法国的冶金业显得很陈旧。航海业中船只太少；银行和证券业务还未形成；商业公司稀少而且为时短暂，合伙人很少，资金薄弱。为使法国参与大规模商业和殖民活动，黎塞留曾酝酿过一个庞大计划。“他指出，西班牙只是因为它的海上力量才显得可怕、才从西方获得如此多的财富；小小的联省国家也只是通过海上力量来对抗强大的西班牙；英国也只是以同样的手段来弥补它的不足。法国没有任何的海上力量，它任由邻国攻击，这些国家每天都在发布打击我国商人的新法律和新条例……但是没有哪个国家像法国那样位置优越、像法国那样拥有如此丰富的、足以使其成为海洋主人的全部资源。为了实现这一点，应该看看邻国是怎么做的，应该成立大型公司并让商人们参与其中，应给予他们广泛的特权……”途经中东和地中海的香料商道是法国的一条生财之路，因此黎塞留与土耳其苏丹和柏柏尔海盗展开了谈判。作为航海总监，他还派船前往俄罗斯，因为他希望在这个国家建立起另一个远东商品的转运站。为了开发加拿大和发展跨大西洋贸易，他曾尝试组建殖民公司（莫尔比昂公司、纳赛尔·弗勒德利赛公司，以及新法兰西公司）。为了将部分法国贵族的好战脾性引向海外冒险，1629年大条例允许贵族从事海上贸易而不丧失身份，并许诺授予大船东以贵族身份。

但是，政府的这些努力遇到了心理上和制度上的巨大障碍。世俗的偏见和宗教上的顾虑使得许多年轻的资产者离开了商业和制造业，
421 1629年的大条例并没有减轻贵族对体力和商业性职业的蔑视之情。天主教改革时代的道德家和神学家们再次提出应禁止放贷取息，这为王国内部的商业票据和汇票的流通套上了枷锁。法官职位吸引了一部分知识精英的注意力。新设的职位导致众多商人子弟抛弃了原来的职业。资产者家庭致富之后便会投资土地、领主权利和官职，这样，资本就花在社会声望和高利贷投资上而被闲置起来。包税制度也吸收了法国的部分财富，包税人所得的利润率远远高于商业回报率。这种种因素导致法国经济缺乏活力、弹性和流动资金。它在战争期间将会经受严峻考验。战争将中断与西班牙的部分贸易，贵金属的供应源泉也会枯竭。而法国对塞维利亚、尼德兰和德国的纺织品出口也随之下降。

在庇卡底、香槟和勃艮第等边境省份，战争会破坏农业生产，税收和业主的苛严捐税也会导致农民的贫困化。1630年起，大西洋贸易以及整个欧洲经济都出现了衰退，法国当然不是唯一的受害者，但是，由于法国深陷战争之中，它所经历的困难将比其他国家更为严重。由于人口相对过剩，农业歉收极易给法国造成不幸的后果。农业生产能力的单薄使得连续性的气候反常会演变成灾难。这时价格会马上飙升，大量穷人饥饿而死。

1642—1652年，与霍乱、天花或伤寒相伴的是接二连三的饥馑之年。另外，由于技术能力和银行体系的欠缺，法国在面对全欧性的贵金属通货短缺时财力极端匮乏。种种不利局面使得法国在路易十三末

年暗淡无光，不满情绪和骚乱急剧增加。

与哈布斯堡家族的斗争

起初，法国试图向对手发动一场“隐蔽的战争”，试图通过中间人作战。1630 年 7 月，它的盟友、瑞典国王古斯塔夫·阿道夫在德国登陆；皇帝在德国北部海岸的行动让他十分忧虑，当恢复天主教的法令迫使许多德国新教徒起而反抗并向他求援时，他作出了回应（1629 年 3 月）。法国向阿道夫许诺，5 年之内每年提供 100 万利弗尔的资助。为了更有效地挫败皇帝斐迪南的计划而又不对天主教的利益造成过于严重的伤害，黎塞留企图巩固同天主教联盟的关系并在德意志帝国内部创立第三派力量，为此他于 1631 年 3 月 8 日同天主教的巴伐利亚缔结了为期 8 年的防御同盟。有了这两个盟友，他希望能成为德国事务的仲裁人。瑞典人起初进展神速，但是不久古斯塔夫·阿道夫在吕岑战死，于是皇帝的军队发起反攻，西班牙人则占领特里尔选帝侯领地，这一切打乱了法国的计划，它被迫直接介入战争。在法军占领洛林的几个要塞和阿尔萨斯最主要的城市、加强了同瑞典和联省的同盟后，法国国王于 1635 年 5 月 19 日向西班牙国王宣战；为占领米兰，他还同萨伏依和帕尔玛的公爵签订了里沃利条约；次年 9 月，皇帝对法国宣战。

军事行动经历前后两个阶段，第一阶段对法国而言十分艰难，第二阶段法军则进展顺利，全线推进。1635 年在低地国家的战斗不具决定性，然而 1636 年法国却不得不面临其对手的协同攻势。皇帝的军队围困圣让-德-洛斯纳，西班牙人占领南方的圣让-德-吕兹，并攻 422
打庇卡底。几周内，他们连克卡特莱和拉卡贝尔，几乎未遇抵抗。一周后，科尔比也未经抵抗便投降（1636 年 8 月 15 日）。就在巴黎受到威胁时，外省却发生暴乱。是年夏天，森通热、昂古莱姆、普瓦图和利穆赞爆发大规模的、但无组织的农民抗税运动。只有国王和黎塞留的坚定意志、以及巴黎人的激情——起初这一激情是无序的，但国王和黎塞留的榜样使其更为强大——才能遏制局面的恶化。首都的城墙下集结了一支 3 万人的新部队。北方盟友奥兰治亲王正在筹备一次大规模的攻势，西班牙军队的指挥官大王子（Cardinal-infant）担心落入两个对手的夹击之中，因此放弃进攻撤往北方。法国得救了，但这次战斗显示了其边防的脆弱和军事准备的不足。黎塞留在国务秘书苏布莱·德·努瓦耶的协助下着手补救这些缺陷。从 1638 年起，法国国王在佛兰德尔、庇卡底、阿尔萨斯、弗朗什-孔泰、基耶内和意大利共有六支军队，总兵力超过 15 万。每支军队都设有监军一名，有时担任此职的就是驻军当地的外省督办，随军督办负责军饷、供应、维持纪律、监督将领们的忠诚和热忱等事务。舰队也得以重建，部署在大西洋的帆桨战船有 41 艘，在地中海有 30 艘。正是由于这些努力，军事力量的对比逐渐向有利于法国及其盟友的方向转变。

由于同本土失去联系，西班牙的大王子在守卫尼德兰的战斗中备感艰难。荷兰人已经在多佛尔海面摧毁西班牙舰队（1639 年 10 月），法国和瑞典的军队在莱茵河和阿尔萨斯方面占领了西班牙军队的陆上通道。法军于 1639 年占领埃斯丹，1640 年占领阿拉斯，次年又占领巴波姆。此外，法国还支持加泰罗尼亚人和葡萄牙人的起义，他们成为新的同盟者。这一新同盟使得法国于 1642 年 9 月轻易收复鲁西永并进占佩皮尼昂。就在胜利看来已经到手、法国可以以有利的条件议和时，黎塞留却于 1642 年 12 月 4 日染病身亡，几个月后国王亦撒手人寰（1643 年 5 月 14 日）。

战争的结束，胜利的和约

上述事件很可能导致了战争的延长。1643 年，西班牙人试图利用国王和黎塞留的死在法国造成的混乱来发起反击。他们侵入香槟地区，但是攻势被昂吉安公爵粉碎，罗克鲁瓦的战斗打掉了西班牙强大的步兵部队的部分声望和信心（5 月 19 日）。次年，蒂雷纳和昂吉安合兵向莱茵河发动进攻，接着蒂雷纳在诺德林根击溃巴伐利亚和皇帝的军队（1645 年）。1648 年，他又在祖斯马斯豪森获胜，打开了通往多瑙河和维也纳的道路。皇帝只得承认败局，1648 年 10 月 24 日的威斯特伐利亚和约标志着他的计划和野心彻底失败。奥格斯堡和约的条款适用于加尔文宗的君主，三种宗教并存的局面正式得到承认。法国和瑞典国王成为“德意志的自由”的担保人，此后德国的诸侯们享有完全的主权，帝国现在只是一个有名无实的东西。战后的德国满目疮痍，人烟稀少，力量虚弱，它被分割为350多个公国和独立城市；这种局面下，德国只能同意瑞典人占据北方所有大河的出海口，并让法国人进驻阿尔萨斯。哈布斯堡家族建立普世统治的野心破灭了。

不过，与西班牙的斗争还在继续。由于马扎然在外交方面举止失当，西班牙得以同荷兰于1648年1月签署单独和约，从而摆脱了 423
这个对手。1648年8月20日，孔代在棱斯击溃西班牙人，但这时投石党开始叛乱的消息传来，西班牙人趁机扭转了战败的后果。两个君主国家的斗争还要持续11年。法国的内战和西班牙的财政灾难使得双方都不能发动决定性的大规模战役。法国只有借助英法同盟才赢得杜纳战役的胜利（1658年6月14日）并逼迫山穷水尽的西班牙进行和谈，但谈判漫长而艰难。马扎然和于格·德·里约内采取灵活方针，将领土要求限制在阿图瓦、鲁西永、以及佛兰德尔和洛林边界上的几处要塞上，以此为同西班牙联姻提供方便。菲利普四世只有一个儿子，而且看来不久于人世，公主玛丽-特蕾莎只有在得到50万金埃居的嫁妆后才放弃继承权。这个数目对于破产的西班牙来说实在太苛刻了，而且法国的谈判者还期望，他们年轻的国王很快就会对如何决定查理五世的遗产提出部分权利要求（比利牛斯和约，1659年11月7日）。在新国王即位之初，他们就给了他一份不祥的礼物，这是他们虚幻而不明确的企图的产物，但是对一位认为“征服者是所有名号中最高贵、最受尊崇的头衔”的年轻人来说，这些东西却很有吸引力。

二十三年漫长的战争需要法国付出巨大的努力。战争迫使路易十三、黎塞留以及随后的马扎然采取各种特别的政治手段，有时甚至建立起某种战时独裁体制；他们无暇顾及急需的改革，为不惜一切代价保证财政收入，他们回避了那些最紧迫的问题。战争引发了法国制度方面的重大变革，但同时也使得各种弊端更加突出，税收更加沉重，导致不满情绪和政治风险的因素在急剧增长。为了更好地理解法国绝对主义的演进，首先应回顾一下17世纪初法国的宪法组织状况。

四、制度演变：对抗、反叛和投石党运动

王国的基本法

在17世纪初，法国君主制的制度设施仍然是习惯性和灵活多变的。在大部分忠实于罗马传统及伟大的让·博丹的教诲的法学家们看来，国王享有绝对权力，因为他可以制定法律而无需征求臣民的同意。国王主权的实施不受任何监控，所有人均须服从。但是法国人并不觉得他们生活在专制主义政府的统治之下，他们总喜欢将他们的“自由”与土耳其苏丹和莫斯科沙皇的臣民的奴役状态作比较。尽管法国的王权不受监控，但国王的意志实际上须服从某些规则。王权是理性的、慈父般的，它须尊重臣民的财产权、生命和荣誉。甚至在某些理论家看来，整个社会的等级化，三个等级、中间团体、高等法院、省三级会议、地方和职业社团的存在，所有这些都是王国基本法的一部分，它们必须得到君主体制的关注和尊重。国王的意志应该是符合基督教的，它不能违背神的戒律。国王是由教会加冕的，他受神保护，是神的代理人，他每年都数次被授以治疗瘰疬病的神奇权力，因此从天职上说，法国国王应服从基督教法律。他所有的世俗管理权限，正如他对教会的维护一样，都只对神负责。

所以，法国王权因不受监控而是绝对的，它又因为服从法律上和宗教上的惯例而是有限的，在17世纪初，它具有双重性的特征，并有
424 可能像英国那样发展成立宪君主制；但是，具体情势和政治社会状况却有助于君主权威的加强和习惯性的宪法制度的逐步解体。

实际上，激烈的国际竞争以及随后波旁家族和哈布斯堡家族之间的残酷战争不可避免地导致中央权力的强化。法国需要军队、资金，战时各省必须团结在一起——而像普罗旺斯、勃艮第和布列塔尼才刚刚加入民族共同体不久；法国需要一个更有效、代表远方的宫廷的中

央集权式政府，需要更为顺从的地方行政机构。在一个被包围的、外部危机四伏的王国，封建贵族的野心和阴谋具有致命的危险性，因而恰当的办法就是以国家理性的无情力量排除之。至于那些抱怨税收重负和军队劣迹的人民，则可以强迫他们保持沉默，必要时还可予以惩戒，以儆效尤。

特别政府的手段

国王像过去一样，在他的议政会商讨和决定国是，但是议政会的构成和组织在逐步转变。瓦卢瓦诸国王的议政会特别喜欢接纳家族亲王和大贵族。亨利四世则将穿袍贵族、司法和财政官员召到自己身边。商务议政会中有了雅南、希勒里、维勒鲁瓦和贝列弗尔这样的人物。他们甚至进入了国务和财政议政会以及枢密议政会。在这个领域，摄政时期一度破坏了最初的成果，很多其他政治领域也是如此。当时议政会又成为封建式的家族议政会，成为亲王和大贵族们争斗的战场。但是路易十三及其后来的助手又重新开始了被中断的事业。1615 年到 1630 年的几个条例确定了议政顾问的选拔和晋升制度，结束了混乱局面，排除了扰乱议政会议的争吵以及廷臣宠幸或最高法庭法官们断断续续的干涉。高级议政会围绕国王组成，成员有首相、大法官和国务秘书，它是首要的政府机关，其他议政会则逐渐变成纯粹行政性质的职能机构。

在外省，国王命令的执行依赖于官员团体的合作态度。各高等法院和最高法庭经常抵制议政会的决议，1632 年，国王授权议政会可以撤销违背王国利益和国王权威的法院判决。1641 年，国王的另一份决议要求各高等法院应立即登记法令，相关的谏诤书数量减为两份。财政署的财政管理、各级法庭的司法工作都十分缓慢和程式化；自从 1604 年官员们成为其职位的完全所有者之后，他们的服从拖沓且往往带有保留条件。他们办事时顾虑重重或漫不经心，而战时政府往往需求孔急，二者步调很不协调。从 1635 年起，财政应急措施剧增，追究叛国和怯战分子的案件大量出现，王权只得依靠别的代理人执行命令，它开始以特派差（commissaires）和督办来部分代理职位所有人的职责。从 16 世纪中叶起，王权开始习惯性地向外省派遣检审官，其头衔是督办，负责监督和巡查地方事务，但通常是临时性的职务。介入三十年战争导致了这一制度的决定性演变："行政、司法和财政督办"成为王权在各财政区和各省的直接和常驻代表。督办是可以随时撤换的，他们能够积极勤勉地执行议政会的命令。他们出席或主持法庭和市政机构的会议，特别情况下，他们可以裁决危害王国安全的案件，他们还掌管或干预税收分摊工作，并开始负责军役税的征收。督办的委任状通常授予他们改革司法、调查司法官员职责之履行以及必要时惩办罪犯的权力。另外他们还
425 有监督军队、镇压阴谋叛乱的职权。从 1635 年起，他们已经成为国王在外省的代理人，并充当与之合作的督军的助手或监督者。他们对司法官员的监督、他们对后者权限的侵夺，都招致权贵们的忌恨；同时，由于与苛严的包税人存在事实上的连带关系，法国民间产生了对督办的不满情绪。从 1648 年 7 月起，各高级法庭不断要求取消督办体制，他们的这一努力一度取得成功。

17 世纪法国绝对主义在体制改革方面的第三个标志性成就是中间团体的消失。君主制度越来越难以容忍那些团体化的、惯于表达臣民意愿和不满的机构。三级会议从 1614—1615 年的会议之后就没有召集过。最后一次显贵会议还是在 1626—1627 年举行的。多菲内的三级会议也停开了。诺曼底的最后一次三级会议是在 1655 年召开的。1632 年后，朗格多克三级会议失去了税收商议权。教士大会也受到国王的监控，后者以密札排斥那些不驯服的高级教士。市政会议也受到控制，国王以城市负债为借口，取消它们全部的财政自主权，并将自己指定的候选人强行选为市长。警察和宣传机器成为君主制政府的重要工具。政府试图约束意见的自由表达，对之努力加以引导并设置各种条件。黎塞留建立了一个名副其实的新闻局，雇佣文人撰写小册子，对西班牙发动持续不断的舆论攻击战；1631 年 5 月起，泰奥弗拉斯特·勒诺多开始发行名曰《公报》(*Gazette*) 的周刊，该刊主旨在于消弭"某些通常为内部骚动和叛乱煽风点火的虚假消息"，它享有发布国王和黎

塞留传达的文章和消息的官方垄断权。

不绝如缕的阴谋

内外危机的交织使黎塞留当政时期充满了悲壮色彩。这位枢机主教倡导的国家理性使150年前的公益同盟死灰复燃。王太后原是黎塞留的保护人，但昂科尔元帅[①]遇刺后他被排除出政府，现在要重新赢得国王的宠信需要高明的手腕和极大的耐心。直到1630年，黎塞留在议政会内部还得依靠像掌玺官马里亚克和大法官阿利格尔这样的人，但他们并不赞成他的对外方针，因为这些虔诚派谴责他的反哈布斯堡政策。宫廷内部的阴谋也是不绝如缕。所有阴谋中都有加斯东·德·奥尔良的身影，国王的这位弟弟为人轻浮，立场摇摆不定。前面曾提到的1626年密谋最终以夏莱伯爵被处决而收场；1630年的政治危机以“受骗者之日”告终（11月10日）。1632年，朗格多克督军蒙莫朗西公爵发动叛乱。王家军队与叛军交战，公爵被逮捕，在图卢兹被判处死刑。1636年，谋杀计划再次败露，1641年发生了苏瓦松伯爵密谋事件，1642年，即黎塞留在世的最后一年，还出现了桑克-马尔的阴谋，这位年轻的冒失鬼和他的朋友图死后不久，黎塞留也归天了。尽管这些阴谋计划的策划者在政治上很是无能，但他们与西班牙的紧密联系以及与王室成员的串通使得这些图谋的危险性显得特别严重。从1624年到投石党运动期间，法国各地的民众暴乱接连不断，国内局势动荡，因而危急局面更形严重。当某位大贵族为其省区的权利辩护、充当人民苦难的代言人时，政府的风险可想而知。蒙莫朗西就曾企图利用人民的不满情绪，许诺采取新的税收分摊制度，从而在朗格多克发动叛乱。

人民起义 426

从1624年到1648年，法国没有哪一年不发生数次叛乱，没有哪个省不爆发起义——无论是在农村还是在城市。也许从来没有那个时

① 昂科尔元帅（maréchal d'Ancre），即意大利人孔奇尼。

代的编年史像17世纪第二个1/3时期那样，有这么多的群众暴动，他们已经预示着投石党运动时代的全面动荡和混乱局面。1624年，凯尔西城乡各地发生起义，因为国王取消了原省三级会议的军役税管理权。1630年，当政府下令取消勃艮第三级会议时，第戎也发生了叛乱。1631年，普罗旺斯的艾克斯的居民殴打督办，抢劫包税人的住所。1632年，里昂的丝织和绒制品工人奋起反抗出口税的上升。1633年和1635年，基耶内各城市也发生了骚乱。次年，即1636年，昂古莱姆、森通热和普瓦图爆发起义。起义持续一年多，并蔓延到佩里戈尔；它的直接诱因是军役税和葡萄酒流通税的增加。农民袭击各类税务人员，他们还组织民兵，要求贵族共同行动，否则将“烧毁他们的房屋并拒绝缴纳捐税”。在普瓦图，起义者提出更公平地分摊军役税的计划，要求“由有能力支付税收的人承担该税并减轻神的穷人的负担”。什一税收入应留在教区内，以维持住持神甫的体面生活并救济穷人。陷入困境的政府此时又面临西班牙入侵的危险，只得施展诡计，作出空头许诺，将谈判一直拖到拉瓦莱特元帅的军队受命恢复秩序为止。两年后，下诺曼底发生“赤脚党”暴动，鲁昂则成为流血骚乱的舞台。阿弗朗什和库唐塞地区的农民担心设立盐税；鲁昂的纺织工人害怕失业，担心对纺织品和染料征税会导致行情暴跌。农民的军队——苦难之哀兵——由赤脚者让领导，他们以军旗和基督画像开道，一些小贵族和教区神甫也参加暴动并充当领导者。“高贵而不可战胜的长官赤脚者让”在宣言中以蹩脚的诗文歌颂诺曼底的自由，而现在这些自由受到了来自巴黎的收税官和盐务官的威胁。入秋后，加西永的军队和大法官塞吉尔前往诺曼底恢复秩序，大量叛乱分子被处决，该省的主要官员、高等法院和税务法院的成员、总财务官等都因被指控渎职或办事不力而被免职。尽管有这个严厉的先例，但黎塞留和路易十三死后，叛乱仍在继续并不断增加。南方各省的贵族也起来造反，特别是参与抗税运动。1643年，奥弗涅和鲁埃格的许多乡村发生起义；朗格多克、多菲内和整个罗讷河谷地区都陷入动荡之中。1644年6月，因粮价腾贵而恐慌不安的马赛居民发动起义，攻击市政官员；8月，瓦朗斯的妇女袭击收税员。此类动乱不可胜数，它们日益频繁、日益严重，预示并酝酿了投石党运动。

这类民众骚乱看来都有共同的特点，但由于缺少材料，我们对其起源和意义的认识并不总是很清晰。所有骚乱起初都具有抗税的动机，战争使国税增加了一倍或两倍，人民拒绝负担，这就点燃了起义的怒火。从地理上说，它们很少能超越本省，因为起义多是因为财政措施和税务官员侵犯了各省的特权和传统而造成的。抗税运动中往往汇聚着各个社会阶层，它们都反对特派官差的权力和巴黎的财政家。路易十三时代的叛乱是人民的苦难和绝望的鲜明写照，但也反映了特权阶 427
层的惶恐和不满情绪。地方权力机关、市政官员、市民阶层、高等法院的法官以及各地贵族经常在镇压骚乱时行动迟缓，有时还支持骚乱，甚至甘冒风险，在国王面前为叛乱者辩解或赞扬这些“下等人”。另一方面，当时大部分的抗税分子仍然尊重传统的等级社会秩序。与他们16世纪的那些先辈不同，他们没有对什一税、领主捐税和地租提出质疑，他们唯一的攻击对象是收税员或包税人。他们袭击商品税税吏，但同时又高呼“国王万岁!”这些起义事先就显露出了投石党运动的含糊性和其力量的匮乏。

投石党运动

在旧君主制时代，摄政总是一个危险期。安娜·德·奥地利利用“钦断”（lit de justice）取消了她丈夫的遗嘱——遗嘱对摄政议政会的组成作了规定——从而加剧了政治风险，并使家族亲王和各最高法庭的要求也具有了某种合理性。无疑，她将枢机主教马扎然视为首相，但这个人在路易十三在世时就受到很多批评，现在新国王年幼，他要维系其地位就不能不面临危机。战争使得政治问题复杂化。仗打了快十年，国库都被掏空了。昂吉安公爵在罗克鲁瓦的胜利免除了西班牙入侵的威胁，但为迫使皇帝签署威斯特伐利亚和约，战斗又在尼德兰、莱茵地区和巴伐利亚持续了5年。但法国现在并不关心外部成就，它已经陷入了革命的旋涡中。

政府首先被财政危机弄得焦头烂额，于是只得向包税人预支比以前更多的款项——这是一种寅吃卯粮的做法——各种财政应急措施层出不穷，先后出台的政策有针对不动产业主的建房罚款令①和偿付令，随后是针对富有阶层的捐税：入市税提高，削减官员薪俸和年金公债，这些措施让资产者、食利阶层和法官们大为恼火。财政体系的混乱是危机的部分原因，但收支失衡的另一个原因是法国经济逐步陷入瘫痪，它同时受到国际贸易减缓和连续性的农业歉收的打击。1646 年初，巴黎每塞蒂埃上等小麦的价格为 10 利弗尔，1648 年 7 月为 17 利弗尔，次年秋天上涨到 36 利弗尔。同时，纺织业的停滞造成失业和赤贫者剧增。

1648 年 1 月 13 日，巴黎高等法院率先采取革命性举动，邀请其他最高法庭的代表共同商讨如何改革国家之弊端，法官们在圣路易宫的会谈之后提出了一份有关改革建议的名单，这些建议旨在建立受中间团体限制、受高等法院和贵族监控的君主制。

“未经高级法庭批准的司法督办和所有其他特派差均应被取消……任何税收只有根据各最高法庭正式认可的法令和宣言方可开征，而法令和宣言之审查应经各最高法庭之自由表决……此等法令宣言之执行权应归于上述法庭……国王之任何臣民，不论其身份地位如何，均不得遭拘禁 24 小时而不按规章接受闻讯、不被移交于其自然法官处。”② 除了这些普遍性原则外，法官们还不忘记加上一些涉及自身利益的条文，如薪俸、职位的世袭性和新职位的设立等。王后和马扎然最初假装赞同这些改革建议，但随后孔代在棱斯的胜利给他们壮了胆，于是他们决心动用武力；8 月 26 日，巴黎高等法院的头目被逮捕。就
428 像 1642 年在伦敦以及 1789 年在巴黎发生的事件一样，投石党运动也是起源于一次筹划和实施得都很糟糕的镇压行动。巴黎市中心筑起了街垒，马扎然只得投降并释放布卢瑟尔③。但是当年秋天他开始耍花

① 这个法令颁布于 1644 年，针对的是 1548 年来的非法建房者。

② 所谓“自然法官”，指的是各级法庭的法官。这一要求明显的是针对政府对各级法庭司法事务之干涉和绕过法庭而采取的各种特别措施，如密札逮捕等。

③ 布卢瑟尔（Broussel）是被逮捕的巴黎高等法院的法官之一。

招，令孔代和他的部队向巴黎移动；1649 年 1 月 5—6 日夜，宫廷逃往圣日耳曼，而王家军队则试图以武力和饥饿迫使巴黎投降。在被围困的巴黎城内，下层人民的介入立刻清除了忠于国王的市政官和法官；几个大贵族，如博福尔公爵、巴黎大主教那狡猾透顶的助手贡迪、孔蒂亲王和漂亮的隆格维尔夫人（他们是孔代的兄弟和妹妹）以他们的名字为人民运动增添了光彩，但也带来了一连串的新阴谋。他们组成了一场摇摆不定的革命的参谋部，但这个参谋部实在蹩脚：一些人一心考虑家族冲突、个人抱负或追逐爱情，另一些人则在为自己的鲁莽而战战兢兢。从精神感召和利益方面说，法官们与君主制度是一致的，但他们拒绝“大臣的暴政”，害怕官职年贡和职位的世袭性被取消。在法国，职位权利的产生具有很大的偶发性质，君主制度的变迁很可能对它造成致命的后果。巴黎高等法院从来就不认为自己是反叛者；它编造法律上的借口，以各种遁词辩称只是想打倒马扎然以便更好地为国王效劳。法官们为组建部队而集资，但暗地里又为他们在法兰西岛的那些美好庄园受到孔代军队的蹂躏而伤心。他们是“祖国之父”、“人民大众”的保护者，但在受困的巴黎，饥饿引发的各种骚动和可怕阴谋又让他们恐惧，3 月 6 日，巴黎每塞蒂埃小麦的价格涨到创纪录的 60 利弗尔。这时从英国传来查理一世被处死的消息，这可是革命的亵渎行为的征兆，于是最坚定的人也没了热情，转而倾向于屈从。3 月 11 日，他们的庭长莫莱签署了吕埃伊和约，高等法院的投石党运动宣告结束。

贡迪、马扎然和孔代之间的竞争——1650 年 1 月 18 日，孔代、孔蒂和隆格维尔被逮捕，结束了这场斗争——开启了投石党运动的第二个历史阶段。亲王们遭监禁，他们的拥护者在阿基坦和色当地区组织武装，但被王家军队击败。如果不是以两个特权等级的集体意愿为借口的话，亲王们在投石党运动中掀起的混乱局面也许没有那么严重。1650 年 5 月在巴黎召开的教士大会与宫廷对抗，并要求释放亲王们，会议还同意与在巴黎召开的贵族大会建立联系；1651 年 3 月，孔代被释放后，特权等级的代表们提出召集三级会议。除了这一要求，贵族还提出了一系列的陈情和建议，这让人想起 1614 年时贵族的言论：国家税收过重，盐税官员的苛责，取消职位买卖制度，建立一个代表三个等级的王家议政会。这确乎是对国家的根本性改革。但是，巴黎市民和巴黎高等法院的敌视、亲王们——贵族大会本来就是在他们的庇护下而草率召开的——的背叛使得这些计划全都失败，会议也散伙了。贵族中间的分裂、各庇护团体之间的相互竞争以及关于亲王们的仲裁等，都使得协调一致的政治努力难以形成。像巴黎高等法院一样，贵族也没有能力对君主制发起有效的进攻，在这一点上，投石党运动是一场彻底的失败。

投石党的最后一个阶段只是一连串的阴谋和无政府的混乱的历史。贡迪、马扎然和孔代继续在历史舞台上躁动，与此同时，法国则受到敌对各方的士兵的蹂躏。罗克鲁瓦的胜利者[①]疯狂地加入武装叛乱，他在自己的督军辖区基耶内掀起反叛，并与西班牙的菲利普四世结成
429 联盟。在被蒂雷纳打败后，他于 1652 年 4 月逃到了巴黎；他在巴黎的同党在群众中施展花招，数月内巴黎笼罩在恐怖之中。首都和波尔多一时间出现了几位大胆的小册子作者，他们公开攻击王权，并试图摆脱大贵族势力的完全支配。但这一“激进主义”思潮与城市人民的社会运动并没有形成合流。工匠和帮工们充当叛军，但看来他们自己并没有什么纲领。在波尔多，奥尔梅[②]一直将一场城市投石党运动延续到 1653 年，这场运动有某种小资产阶级革命的特征，但即便如此，波尔多的运动在政治上仍然是温和的。

“波尔多市奥尔梅同盟”的条款在宣誓服从国王和督军后，仅要求手工业师傅应参与市政管理。投石党运动走到了尽头，它现在连小资产阶级革命都不是了。年轻的国王受市民卫队中的商人和官员的召唤，于 1652 年 10 月 21 日进入巴黎，次年二月那位枢机主教[③]也回来

① 罗克鲁瓦的胜利者、当年的昂吉安公爵（duc d'Enghien）就是孔代，人称大孔代（le grand Condé，1621—1685），后来他在路易十四时代又为国王屡立战功。

② 奥尔梅（Ormée）是 1651—1653 年投石党运动期间波尔多政府的名称。

③ 指马扎然。

了，波尔多也于8月投降。

投石党运动的政治后果完全是消极的，它所造成的破坏令人悲痛。内战促使饥荒和地方性“鼠疫”复发。在法兰西岛、香槟和庇卡底，某些村庄仅在1652年一年之内就损失了1/4的人口。教区记录显示出人口波动的幅度：在凡尔登-东布的教区记录上，1648年新生86人，死亡73人，但在1652年，新生数为37人，而死亡则为224人。这一严重的人口失血所造成的效应还体现在20年后的出生率上。至于投石党分子所攻击的绝对主义王权，它在这五年的动荡经历中反倒找到了强有力的辩护依据。

路易十四将永远不会忘记童年时所经受的屈辱和危险：“我成年之前和之后的可怕骚乱，那是场奇特的战争，内部动乱使法国丧失了无数的优势，我的家族亲王和某位伟大贵族[①]竟然成为我敌人的首领”，这些记忆给他的整个统治时期投上了沉重的色彩，并将支配其内部政策的方方面面。

五、天主教的力量和斗争

黎塞留已让法国致力于欧洲霸权的争夺，但是法国并不能完全投入这一伟大计划。它的精英还关心另一完全不同的事业——精神上的事业；在特伦特公会议几十年之后，日益众多的天主教徒接受了特伦特改革的宗教和思想要求。这两桩事业之间现在已经没有巧合，有时也不可能有相容性，它们在某些方面甚至是对立的。其中的一个深陷于尘世的、地缘政治和国家利益的琐事中；另一个则超越所有边界，鼓励所有天主教君主们为普世的罗马教会的事业效劳。

天主教的复兴和教士们

天主教复兴运动首先受到小型世俗和教士团体的推动，并逐渐让各级教士和宫廷接受了它们的主张。在亨利四世时代的巴黎，审计法

① 这位家族亲王和“伟大贵族”指的应是孔代亲王。

院一位法官的妻子阿卡丽夫人聚集了一批神秘主义者和改革分子。她受到英国嘉布遣会修士、《完德的标准尽归于一点：神的意志》的作者贝努瓦·德·康菲尔德的强烈影响。她的家中有这样几位朋友：查尔特勒会修士唐·博古赞，年轻的修院院长皮埃尔·德·贝吕尔，未来的掌玺官马里亚克，特别法院的律师戈蒂埃，圣·让·德拉克鲁瓦[1]的翻译者、索邦博学的博士安德烈·迪·瓦尔。人们在阅读圣特
430 蕾莎[2]的著作，谈论祈祷和静修，但人们也准备将加尔默罗修会引入法国、对修道院和在教教士施行改革；同时人们也在观察并评判亨利四世的宗教政策。

在 17 世纪初，法国的天主教精神运动中有两位突出人物。住在阿内西的日内瓦主教圣·弗朗索瓦·德·萨勒在他的教区的圣事中忠实地模仿圣夏尔·博罗梅[3]，并以其《虔诚生活导论》（1608 年）为平信徒打开了祷告和圣洁之路。并不只是教士才能达致完德，它与国家责任之履行完全相容，因为完德首先在于对神和邻人的爱：“哦，主啊，如果我不能在来生爱您，那我至少会利用我短暂生命中的一切时机，在此世爱您。”他试图让基督徒热爱此世生活，但他的人文主义从来不低估神恩的作用。他在呼吁所有男女在向往最崇高的宗教使命的同时，并不让他们背弃家庭、职业和君主。他还教导以新的方式救助穷人，但他从不谴责财富和财富所导致的等级秩序：“我愿你们心中同时拥有财富和贫困，对于尘世事物，愿你们既怀有极大地关注又怀有极大的蔑视……因此我们应努力保存、甚至是增大我们在尘世的财产……但我们每天都应放弃部分财产并将它给与穷人……”他还创作《论对神的爱》（1616 年），以献给领导建立圣母往见会的让娜-弗朗索瓦兹·德·尚塔尔。

---

① 圣·让·德拉克鲁瓦（Saint Jean de la Croix，1542—1591），西班牙修士，神秘主义者，曾参与加尔默罗修会的改革。

② 圣特蕾莎（Sainte Thérèse，1515—1582），西班牙修女，加尔默罗修会改革者。

③ 圣夏尔·博罗梅（Saint Charles Borromée，1538—1584），意大利教士，曾任米兰大主教，厉行天主教改革，致力于推行特伦特公会议的精神。

法国天主教改革的第二位主要人物是皮埃尔·德·贝吕尔，他在耶稣基督的谦卑中发现了超脱自我和服从神的典范。“耶稣独特的降临有两种状态：一是他的出生和童年，另一个是他的受难和死亡。”他的《论耶稣的身份及其伟大》宣扬在宗教冥思中实现内心克制和忘我。但这位神秘主义者也是位行动者：他参与赤足加尔默罗修会的精神领导工作，并为这个修会在法国的立足作出了贡献；1611 年他还建立了法国的奥拉托利会。这是个在俗教士的团体，它受罗马奥拉托利会修士圣菲利普·内里的感召，致力于教士的培养和完善。在贝吕尔看来，同神学争论相比，教士的圣洁是反击异端的更有效的武器，他的门徒查理·德·孔德昂和让-雅克·奥里埃后来参与创建了法国最早的修业神学院。奥拉托利会的修士们还为年轻人设立了学校，组织传教团，并在教会日益活跃和庞大的修道队伍中占据重要地位，因为宗教狂热和家庭因素使得相当一部分年轻的贵族和资产者进入了修道院。一些新修会也进入了法国：1594 年，圣于尔絮勒女修会来到法国，它后来特别关注于女孩的教育；耶稣会曾因夏特尔谋杀亨利四世的事件而一度被禁止，但 1603 年它再次进入法国。五年后，耶稣会士科顿成为国王的告解神父，路易十三时他仍然担任这一神职，从此确立了这个修会攀龙附凤的恶劣传统。耶稣会的学校 1640 年时有 70 个，它们不仅接受贵族子弟，还接收城乡中产阶级合格的儿子。原有修会的分会也不断增加，每个中等城市内都会出现几个新的宗教团体，而在巴黎，半个世纪内建立了一百多个修院。托钵僧会、嘉布遣会、科德利埃会、最小兄弟会、以及奥斯定和方济各会的改革派善于引导郊区和贫民区群众，修士们的生活方式与群众打成一片，有时也能容忍后者的迷信。老修会通常纪律松弛，很多人转而隐修，专注于简朴的共餐和严格的夜课。改革后的本笃会组建了圣莫尔修会，教皇也应路易十三的请求，委任枢机主教拉罗什福科强制推广这一复兴的修会规程，但这是件难事，因为修道院正试图将修道使命和家庭礼仪结合起 431

来。枢机主教拉罗什福科死后，黎塞留也关注克吕尼和克莱沃[①]修会僧侣的生活和纪律，他的助手约瑟夫·迪·特朗布莱神甫发起并支持圣本笃女修会的改革，1609 年起由昂热丽克·阿尔诺领导的王港修道院为改革运动提供了榜样。

还剩下大批教区神甫无人关照，他们通常没有文化，无法教化信徒。在贝吕尔在呼吁下，出现了很多改进他们文化和宗教修养的举措。1618 年，亨利·德·贡迪尝试在圣雅克区的圣玛格鲁瓦修道院为巴黎主教区的神甫们建立一个修业神学院；他还任命圣尼古拉-迪-夏尔多内修会的领导人布尔杜瓦兹负责接纳未来的神甫们。对农村的道德悲惨状况有着深刻了解的圣樊尚·德·保罗也于 1625 年创立遣使会，他还在退省和宗教会议期间接纳加入遣使会的年轻神甫。让-雅克·奥里埃是圣樊尚和贝吕尔的弟子，他在《论神品》中大力颂扬圣职和受神职者、“圣基督的影像和司祭”，并在圣绪尔比斯[②]创建了一个真正为外省神学院培养教师和指导人员的基地（1642 年）。1643 年，原奥拉托利会修士让·厄德在西部创办了耶稣和圣母修会，其成员推动了到乡间传道和培养教士的运动。但这些面向未来的努力成果仍然是有限的，教会和高级教士在安排各类宗教机构的物质资源时过于吝啬，未来的神甫当中只有部分人进入过修业神学院。根据博洛尼亚教务专约的条款，高级教士由国王选拔，然而他们的宗教素养参差不齐。不过，路易十三在挑选主教时比其父王更为仔细和慎重，虽说我们总是能在宫廷和城市中看到一些热衷交际的名流主教，这些人对政治和阴谋的关注超过对传道事业的关心；但是也有另一些主教从不离开自己的主教区，潜心教化自己的信徒。1637 年，尼古拉·帕维永到一个不幸的主教区上任，长期以来，儒瓦耶兹和勒斯唐家族都把这里视为纯粹的世俗产业。每个月，巡视的代理主教都会在主教区的不同地区聚会，训导教区神甫们，而帕维永也会定期接收一些教区神甫前来神学

---

① 一译明谷。

② 圣-绪尔比斯（Saint-Sulpice）是巴黎著名的大教堂。

修习班退省学习。弗朗索瓦·德·拉罗什福科在克莱蒙和桑利斯则以严厉的夏尔·博罗梅为榜样。在卡奥尔，阿兰·德·索尔米尼亚克把他的教士们组织得像一支分散在各流动修会中的战斗队，他在任期间走遍了整个主教区，并不断对各教区进行巡查（1636—1659 年）。马赛的主教戈尔情愿住在济贫院的一间简陋房子中，以便靠近穷人，穷人、水手、贫苦的小女孩以及突尼斯的奴隶是他长期关心的对象。他为了给一些即将远行的苦役犯施坚振礼而在一个严冬的深夜去世。

平信徒，宗教生活，道德监督和救济工作

正是由于大量的、对其职责有所准备的神职人员的工作，平信徒的基督教化才所有进展，教会对他们的帮助和监督才能有所改进。嘉布遣会、遣使会、奥拉托利会和耶稣会在组织国内传教方面争相攀比其热情。传教会的内容总会包括布道、宣教、以及针对成人和孩子的教理问答。通常还有面对不同社会团体的特别讲道会。人们责问所谓的新教牧师，敦促新教徒进行自我辩解，然后人们一起祈祷歌唱，最后以共领圣体和盛大的游行结束传教活动。当圣让·厄德行走诺曼底、圣弗朗索瓦·雷吉斯奔波在维瓦莱地区时，朱利安·莫努瓦在下布列塔尼领导的传教会已超过 400 个。他通过使用当地方言、谱写民间圣歌、鼓励富有情感和家庭色彩的宗教活动等方式，使天主教在整个阿摩利卡西部地区扎下根来。 432

教士们的努力得到众多虔信团体的支持，如各慈善会、特别是圣母慈善会，中学生和大学生联合会，方济各第三会[①]，尤其是圣体会（1627—1665 年）。圣体会是个秘密社团，其成员包括平信徒和教士，他们的目标除了崇拜圣体和救助穷人外，还包括同新教徒斗争和改革风化。它监视并向当局揭发信仰自由者，对新教徒及其牧师发动长期的诉讼战和笔墨战。它还谴责并骚扰喜剧演员。该会中有一些大贵族，如旺塔杜尔公爵和孔蒂亲王，拥有教会人士，如樊尚·德·保罗和孔

① 方济各第三会是为平信徒而设立的，入会者不必出家，唯在修会指导下安贫乐道或解囊布施，在当时有较大影响。

德昂神甫，还有像首席庭长拉穆瓦尼翁这样的高等法院的法官，这些人的间接干预具有重大影响力。该会对仍属粗野的风俗在某种程度上的纯化作出过自己的贡献，它策动人们禁止公共舞蹈、制约职业团体的宴会和节庆活动。该会在全国各地协助君主政府禁止决斗、并恳请针对渎神者制定严厉之法律。这种道德审查有可能引发国内的监视侦探风潮，并导致虚伪的程式化，这甚至引起宫廷的不安，圣体会也因此而被禁止。

这些传教努力拉近了积极奋进的教会和穷苦大众之间的距离，并催生了众多的慈善活动。“若人民受饿而死，他会被罚入地狱”：对圣樊尚·德·保罗和他的朋友而言，救济是皈依和拯救的先决条件。他在教区慈善事业中团结了一批来自上流社会的妇女，她们筹集资金，探访和救助那些“不体面的穷人”，引导他们忏悔、领受圣体，这些宗教活动是继续救济所必须的条件。不过随后的事实很快表明，“给穷苦病人送食物、为他们整理床褥、给他们送药品、乃至给他们其他一些必须的微不足道的服务，对上层妇女而言都是很困难的事”。因此圣樊尚召集民间妇女组成爱德修女会，“以便从事照看病人所必须的下等事情”。这位修会创始人希望她们的生活严格简朴，但无需隐修和入修道院。该会修女穿着如村妇，潜心照料贫苦穷人；她们选择了为这些人或弃婴服务的事业，而不是像其他修女那样过惯常的祈祷生活。

投石党运动和对外战争加剧了悲惨局面，教堂周围到处是乞丐，那些拥挤不堪的破烂房子和地窖就是他们的栖身之所。私人的慈善救济、甚至教会和宗教社团组织的救济的力量都显得极为欠缺，流民和贫困化成为令人焦虑的问题，它们对社会造成的潜在危险是如此之大，以致宫廷和高级教士曾梦想将穷人监禁起来。在巴黎的总济贫院（1656 年）以及随后在各省建立的此类机构中，人们决定把有能力的穷人重新组织起来并强制他们工作。但这一工作的摊子很快就铺得太大，而且代价很高：在巴黎各济贫院中聚集起来的乞丐一度达 5000 人，圣樊尚·德·保罗本来想避免强迫性劳动，临死前（他于 1660 年

9 月 26 日去世）他对私人救济活动的低落深感不安。镇压逐渐取代了宗教慈善，社会也逐渐对人民的苦难习以为常了。主日礼拜、复活节圣体仪式的推广，教理传授的改进，城市中初等教育的发展，所有这些现象的宗教意义要大于社会意义。当然，宗教复兴还没有完成，还有很多工作没有做，但是方法步骤已经确定下来，队伍已经成型；上述努力将会继续下去，旧制度时代的法国将成为一个普遍奉行宗教教规的国家。不过，宗教教育在社会上层的发展，这一发展所导致的宗教从简单的形式主义向一种体验更为剧烈的基督教信仰的转变——这 433
种局面导致的一个直接后果就是宗教不安情绪的增强，以及天主教信仰深处的躁动。

詹森主义

就在天主教改革势头最盛之时，这一运动突然开始自我反省并产生了分歧。詹森主义既是一种力量的见证，对教会而言也是一种苛严的要求和导致其衰弱的源泉。詹森主义一说出自伊普尔主教詹森于 1640 年出版的《奥古斯丁论》（*Augustinus*）一书，这本书是他的神学宪章。但是这一运动很早便已开始，并有着来自法国的根源和启示。圣西朗神甫是早期詹森主义的主要人物和见证者，他在鲁汶结识了詹森；后来他们一起在巴约讷附近对教父著作和经院哲学进行了为期五年的广泛研究，1621 年起，詹森开始与他的朋友交流他的恩典理论，这种理论认为，堕落的人唯有通过基督那全能的、不容置疑的恩典才能得救。不过恩典问题还不是导致危机的根本因素。圣西朗神甫的命运既与他同詹森的关系有关，同样也受到枢机主教贝吕尔的重大影响。贝吕尔向他的弟子们传授的祷告方式和道德神学与耶稣会神父们的一套很不相同，另外，他因捍卫主教的权威和司法权而同耶稣会相对立，他还谴责黎塞留的对外政策，因此死的时候（1629 年 10 月 1 日）并不是很得势。在贝吕尔死后，他原来的同道者圣西朗神甫自然继而成为虔诚派的精神启示者。他从 1626 年起就谴责耶稣会士的人文主义、他们对于宗教获罪者的宽容以及他们在恩典问题上的莫利纳主义①观点；1632—1635 年间，他以佩特鲁·奥里略的名字、并在教士大会许可的情况下为捍卫主教的权威而战斗，反对修士的豁免权和其他要求。另外一些因素使他引起了舆论以及首相黎塞留的关注。首先是他的指导方法：他要求其受指引者与过去完全决裂，实现真正的“新生”，在忏悔中悔罪，以源自对神的爱而非仅由于对地狱的恐惧而悔过。在给与其信徒宽恕之前，他要他们长期处于忏悔之中，并要求他们在领圣体后退省一段时间。

他的教诲通过阿尔诺和勒梅特家族，通过国务秘书夏维尼，通过各高级法庭的法官让-雅克·德·巴里永、让·比农、马迪厄·莫莱而在公众中传播开来，并引发了论战。圣西朗还指导王港修道院的修女；他的巨大声望让枢机主教黎塞留恼火，后者对这个不驯服的人颇感担心。黎塞留知道他与詹森交情甚笃，而詹森刚刚出版了一本攻击首相政策的小册子——《高卢战神》；他还知道圣西朗曾谴责他出于政治目的而取消了国王弟弟的婚姻。最后，圣西朗的门徒安托瓦·勒梅特还向大法官递交了辞呈。勒梅特在信中说，他决定过隐修生活，但并不是要成为教士或修士：“同时我也完全放弃任何宗教和世俗职务，我的意思不是仅仅改变抱负，而是要彻底抛弃任何抱负。我不想取得任何品位的圣职或领受任何圣俸，这比我重归所离弃的状态更不可能。”对黎塞留来说，这封辞职信像是给他的挑战书。作为马基雅维里的推崇者和教会的主人，他每时每刻都应该将宗教义务和世俗的政治利益协调起来。他在《论基督徒的完德》中曾指出，上帝只是召唤极少一部分人专事冥思和祈祷，所有其他人都应该履行与其身份地位相应的职责和义务。另外，新兴的詹森主义的很多同情者来自于为
434 教会和国家提供干部的阶层，因而安托万·勒梅特的挑战更加令人不安。看来勒梅特忠实于他的精神导师。

---

① 莫利纳（Luis de Molina，1535—1600），西班牙天主教神学家，著有《自由意志与恩典》。莫利纳主义认为，上帝的恩典起作用的情况下，人的意志仍然是自由的，恩典可以通过蒙恩者的愿望而使人得救。这样便在神的恩典和人的意志之间求得调和。

实际上，在圣西朗那里有一种明显的先知般的坚定，一种威胁整个世俗社会平衡的极端主义。圣西朗对教会和俗世的看法十分悲观，有时他似乎是在谴责尘世的一切活动、否认所有家庭关系、职业活动和政治义务的合法性。如果按照他的意旨，天主教改革很可能会走入死胡同；在他那里，所有的宗教革新运动都导致一种极端的取向，即拒绝与这个世界调和、对它进行革命或拒斥之的意向。因此圣西朗被逮捕（1638 年 5 月 14 日）也就没有什么令人奇怪的了。但是这一事件造就了一位殉道者，它使得法国教会出现分裂，并使王国内部出现了一支新的反对力量。由于圣西朗反对大臣的专断，坚持个人信仰的权利，某种意义上说，他成了其他自由的捍卫者（尽管他自己并非如此)、所有因绝对主义的发展而在利益和威望上遭受损失的人们心目中的英雄。

圣西朗出狱几个月后便死去（1643 年 10 月），这时詹森主义作为教会中的教会已经成型了。《奥古斯丁论》(1640 年）和阿尔诺的《频繁的圣餐》的出版使詹森主义有了自己的神学理论和圣事教义。在摄政时期，两方阵营的小摩擦日益频繁，1649 年，巴黎大学神学院被召请审查被认为集《奥古斯丁论》学说之大成的五条论纲。法国教士大会的 85 名代表认定，五条论纲应交由圣座裁决，教皇于 1653 年 5 月 31 日宣布它们为异端学说。但是这场争论远未平息下去，它后来再次活跃起来，而且帕斯卡尔的 18 封《外省人书简》给投石党运动失败以来消沉的舆论界提供了引发骚动和好奇的新论题（1656—1657 年)。这些书简激发起平信徒对神学争论的兴致，并在几个月后让决疑论者圆滑的道德学说声誉扫地。但是在教会方面，这些书简的成功并不能阻止詹森主义遭受第二次打击。罗马教廷再次谴责五条论纲，并指出这些论纲归咎于詹森（1656 年 10 月）；同时，法国教士大会规定所有教士都应在一份教会法规汇编上签字，这一做法将使得一部分天主教精英分子遭受痛苦的内心冲突。历史的偶然将使得主张回归早期教会的严格教规的信徒、人文主义和一切世俗文化的反对者成为自由的良知受到迫害的英雄。

富于战斗色彩的不宽容

天主教的复兴同样体现在揭发批判、论战抨击中，体现在对思想自由者、新教徒、魔法师和巫师的迫害中。天主教徒给这些对手冠以各种头衔，如魔鬼的玩偶和代理人；尽管他们内部因为恩典问题而产生争论，但在这些敌人面前，天主教徒又团结在一起，他们在这场斗争中表现出的热情某种场合下完全配得上正统主义的名号。在17世纪，不宽容精神为各大基督教会的动力给定了限度。

受迫害最残酷的是亵渎神明、希图在虚幻中寻求慰藉的巫术派分子。从15世纪中叶以来，巫术这种灵魂疾病席卷了西欧普通民众阶层。教会的危机，各教会之间的争吵，下层人民的宗教生活长期无人过问，这些都有利于巫术的发展。这一不良现象到处都受到野蛮残酷的对待。一旦有嫌疑即遭处决，证据最不充分的人也在酷刑下招认，而收回前言需要超人的勇气。驱魔仪式、判决、公开处决等做法使得虚构的东西变得可信了。即使是最有教养、最温厚的人也在这种挥之不去的恐惧面前让步：人类当中一直并且到处是撒旦和他的创造物。
435 有人曾认为马尔特·布罗西埃有某种鬼怪附身的迹象，亨利四世的医生马雷斯科对这一说法有所怀疑，但贝吕尔立即在《论鬼魂附体者》一文中驳斥了他。蒙田曾主张用嚏根草对女巫施以治疗，而西哈诺·德·贝热拉克则拒绝完全相信一个人的所有言论，因为人可以言说或想象出任何东西：“不，我根本不相信巫师，尽管有某些大人物不同意我的看法；如果个人的权威不与理性相伴的话，我也不会相信它。”但是像他们这样神志清醒的人在当时少之又少。不过，三起轰动事件促进了部分开明人士观念的转变，尤其是巴黎的法官们，这三起事件分别于1609年发生于艾克斯，1633年发生于卢顿，1633—1643年发生于鲁维埃。在这些事件中，一些歇斯底里的修女控告教士和告解神甫。艾克斯的高福里蒂神甫、卢顿的于尔班·格朗蒂埃神甫因为祛巫狂热而遭受到可怕的折磨并付出了生命。但是这三起事件之间的传染性和模仿效应十分明显，人们开始深思并准备采取某些合理健康的决定，1672年和1682年，路易十四和柯尔伯终于作出了这样的决策。

天主教会从来就不承认新教徒造成的分裂，它认为南特敕令只是一个糟糕的临时性妥协。面对这个更强大的对手，法国新教教会看来怀疑自己的能力了。1621—1622 年、1625—1626 年、1627—1629 年的三次叛乱以及随后的阿莱斯恩典法令间接地削弱了新教势力。1598 年以来南特敕令所保证的宗教自由固然没有改变，但安全要塞已被摧毁或被移交给天主教的长官，政治集会也被禁止。这个打击是沉重的，因为在君主制的法国，新教的事业与地方主义和封建分立主义的维持、与中间团体的存在直接相关。这个少数派已然受到来自各方的压迫，但有关预定论的神学争论、索米尔和色当两个学院之间的对立又构成另一个衰弱的根源。牧师团体已出现动摇迹象，许多牧师对天主教君主的荣耀怀有一种暧昧的崇拜，另一些人准备接受黎塞留和部分法国主教发起的和解举措。大量上层胡格诺派信徒皈依天主教，孔代、雷迪吉耶尔和苏利的儿子背弃新教，这说明危机的严重性，也见证了特伦特公会议后天主教的信仰力量以及强制力量。

思想自由者、拒不服从天主教的思想和道德规范的人士同样也经受了严酷的考验。这些人当中有单纯的享乐主义者，追逐时尚的年轻人、大胆的渎神分子，以及沙龙和宫廷中的享乐者。特奥费尔·德·维奥堪称他们当中的诗人，而索雷尔以其《弗朗雄的滑稽故事》而成为他们的编年史家。但也存在学术和哲学方面的自由主义者：一些人是伊拉斯谟人文主义的继承人，他们保留了基督教的基本教义，但企图让它摆脱迷信，他们认为这些东西正逐渐困扰宗教；另一些人正像拉莫特和勒瓦耶一样，探讨宗教的多样性和矛盾性，与此同时，西哈诺·德·贝热拉克则把古代的原子唯物主义与帕多瓦的自然主义①结合在一起。无论对于思想自由者还是生活中的放荡者，特奥费尔·德·维奥的被捕和审判都标志着谨慎和秘密状态的开端（1625 年）。盖拉斯神甫在其《这个时代良好思想之信条》中对这些人大发雷

① 帕多瓦是意大利北部一城市，15 世纪末 16 世纪初，那里的人文主义者组成了一个学派，即帕多瓦学派。

霆……但是他们还有更负盛名的对手：梅尔塞纳[1]、笛卡尔和帕斯卡尔也竭力驳斥或说服他们。这些反驳者的身份足以说明自由思想和不信教所造成的恐惧，也说明在君主制度严格控制的阴影下缓慢发展的思想运动仍然具有的活力。自由主义者以他们的挑战推动了当时的哲学和科学运动；他们的学说维持了一股反思的力量，这种反思将在培尔、丰特内尔、孟德斯鸠以及伏尔泰那里再次被发扬光大。

笛卡尔主义的踌躇

在笛卡尔之前，梅尔塞纳在考察世界以及物质的数学组织方式时就试图与思想自由者进行战斗，1624 年和 1625 年，他发表了《自然
436 神论者的渎神……》以及《反对怀疑主义者或皮浪[2]主义者的科学真理》。在他看来，自然不受神秘力量驱动，它是有序的、确定的。宇宙的数学结构是造物主神的永恒理性的精确反映；唯一真正而伟大的奇迹是基督化为肉身和救世的奇迹。

笛卡尔最初的看法看来跟他的这位朋友并没有太大的不同。1619 年，他以某种启示的形式——他把这归功于罗莱特圣母堂[3]的启示——构想出他的研究方案：将数学理性应用于一切宇宙现象，并找出理性的功效的形而上学基础。这就是重建一个世界体系，并对当时的各种焦虑作出回应。实际上，文艺复兴已经动摇了经院哲学，但还没有以一个具有内在一致性的整体体系取代之；哥白尼、开普勒和伽利略的成就、对无限的宇宙的发现以及日心说，更为紧迫地揭示出亚里士多德和圣托马斯·阿奎那理论上的不足。

1637 年 6 月，笛卡尔在莱顿出版了《方法谈：论正确地运用理性和在科学中寻找真理；方法不只是屈光学、大气现象和几何学，这些只是方法之试用》。笛卡尔理论构建的出发点是有步骤的疑问，但他遵守某些公设：人类理性的有效性、数学是真之最高裁决者、清晰构

[1] 梅尔塞纳（Mersenne，1588—1648），法国哲人、学者。

[2] 皮浪（公元前 365—前 275），古希腊哲学家，怀疑论创始人。

[3] 相传笛卡尔曾作过一个奇怪的梦，梦中他答应为激发自己的思考而去罗莱特圣母堂朝圣。后来这个圣母堂就被看作对几何研究的启示和近代哲学的入门之处。

想出的天赋观念——如自我意识、运动的数学观念、广延和无限——具有真实性。这些观念的强制力量足以证明上帝的存在，因为有限、不完善的存在物的思想中的这种观念只能来自无限、万能的存在。完美的神不会骗人，这是笛卡尔主义宗教以及数学真理的基础："整个哲学就像一棵树，树根是形而上学，树干是物理学，树干上伸出的树枝则是所有其他学科……"神给与化约为广延的物质以最初的运动，运动的量是恒定的；整个宇宙只是一部巨大的机器，但其中只有人拥有灵魂并能运用他的自由判断力。笛卡尔主义以所有人都能明了和接受的语言表达出来，因而赢得了热情的拥护者；这既是公众性的又是学术性的成就，但也成为新论战的起点。

首先，在笛卡尔大胆的科学建构中有一些薄弱点和尚不成熟的论断。即使他的朋友中也有人认为，他的易渗透物质、涡流和动物思想等理论远没有达成一致。接着，耶稣会、大学和教会从神学上提出了反对意见，它们仍然固守着垂死的亚里士多德主义。教廷圣职部已于1633年谴责过伽利略，看来要实现期望中的科学和教义之调和并非易事。笛卡尔定居新教的、资产阶级的荷兰后，可以安全地从事他的研究和进行通信往来，但他可能仍希望得到教会的认同。不过他所得到的只是猜疑和警告，他死后，他的著作被列入教廷的禁书目录，他的学说被禁止传授。确实，笛卡尔主义具有一种超越其作者初衷的巨大动力；系统怀疑方法即便是临时性的，对政治和神学的沉默即便是充满敬意的，都足以构成危险的先例。在笛卡尔的体系中，根本没有罪恶、基督、救赎的位置，上帝只是位冷冰冰的几何学家，他很少言说内心之事。在某些人看来，笛卡尔主义直接导向了自然神论和宗教上的不可知论。帕斯卡尔对此进行严厉谴责："我不能原谅笛卡尔，他可能很想在其整个哲学中排除上帝，不过，为了让世界运动起来，他还是不得不让上帝动一下手指头"，帕斯卡尔对人类的理性并不那么有信心，于是他构想出另一种完全不同的护教论。不过，无论对笛卡尔主义是赞成、争论还是随后的谴责，它对欧洲思想的世俗化作出了贡献，对思想界从事新的研究、对征服自然、探索自然秘密仍然起了 437

推动作用。

六、美学运动：巴洛克的富丽和古典主义的杰作

1589—1661 年间，法国经历了特殊的考验；到路易十四个人统治的初期，法国在政治上已有很大改观。在政治动荡、投石党叛乱和连续的阴谋之后，法国迎来了一种新秩序，这就是威严的行政绝对主义体制。动荡的时期过后，法国成功地维护了它的独立和在欧洲的霸权。但这个动荡的时代不仅有政治和军事上的冒险，法国的文化和艺术生活的成果也极为丰硕，它是如此多姿多彩，以致对其进行专门的归类会让备感挫折和沮丧。从 1600 年到 1660 年，一切都是那么不安分，在这个国家统一的重要时期，法国文化的许多持久性特征开始显露并为人接受。巴洛克和古典主义之间的对立，这种判断具有很大的任意性，但在突出文学和艺术之审美趣味的快速演变时，这个说法仍有它的优点。

社会群体和文化层次

只有一小部分法国人可以接触到书面的和学术性的文化。至少有一半的男子和 3/4 的妇女不会读书写字。在农村，民间传统通过夜晚的叙谈而传承下来，在小镇则是从一个酒馆传到另一个酒馆；这些所谓的传统是各类迷信传说、道德箴言和技术诀窍的大杂烩。小商贩也沿村叫卖这类神话或荒诞故事以及有关仙境的传说。这些奇妙的故事似乎很让老百姓着迷，圣徒传记是接连不断的奇迹，罗兰、奥利维埃和奥吉尔[①]那不可思议的武功诉说的是英勇贵族的高贵品质。口头传说无疑更为丰富多彩、更为细腻、更少形式主义，但是我们已经很难接触到了，即使通过民间传说流传下来的某些故事来寻找这种传统亦是困难重重。

---

① 奥利维埃（Olivier）和奥吉尔（Ogier）都是武功歌中的人物，均与罗兰和查理曼有关。

能进入各类学校、贵族学院或大学，这可是一项特权，只有这些人能在文学和艺术趣味及风尚的形成中扮演某种角色。中学，无论是耶稣会的还是奥拉托利会的，都以练习拉丁语修辞、赞美古代英雄人物的方法来培养学生；这种拉丁文化经过了修订和审查，以符合基督教信仰，它被人为地附着在某些道德劝诫的文选中；学生了解这种文化被认为是学习永恒完德的规范，是在培养良好的趣味和责任感。

这种修辞方法以及修辞训练中的课题，都将年轻的学生置身于一个观念世界中，后者完全外在于日常生活和实际的经验感受。措词艺术、宗教教育和新斯多噶主义伦理学召唤学生超脱自我，遵循秩序和平衡的普遍价值，召唤他对于各类权威表现出应有的尊重。耶稣会在教育上的成功为新的美学和政治学的发展做好了准备。另外，文化和艺术生活的所有方面都要求国家和教会的干预，而绝对君主制也企图控制艺术家和作家，招募他们为自己增光添彩。一个伟大的朝代难道不应该被铭刻在宏伟建筑的巨石上、铭记在诗人的作品中么？

文学

亨利四世梦想对首都重新规划，他也是德波特和贝尔托的保护人，
这两位诗人被召到宫廷，为赞美王室和它的历史而谱写应景诗篇。他 438
接纳并优待马莱尔伯，正是此人开始确定古典主义文学的准则和用语规范，尽管马蒂兰·雷尼埃等七星诗社那些落伍的门徒们并不赞成。为亨利四世歌功颂德之后，马莱尔伯后来又长期为路易十三和首相黎塞留唱颂歌，他的几个忠实弟子还成为黎塞留的助手和法兰西学院的首批成员。

很少有哪位政治家像黎塞留那样意识到作家在舆论管制中的重要性。从 1631 年起，泰奥弗拉斯特·勒诺多的《公报》就开始在公众中散播首相和国王传达的言论。1634 年，布瓦罗贝尔告知黎塞留，瓦兰丁·康拉尔家中聚集了一批文人和思想者，首相便建议他们成立一个科学院，这个学院将得到官方的承认并被授以特权。他希望这个科学院能致力于完善法语，编纂字典和语法，研究诗学和修辞，并就这些方面制定出更好的规则；不过这些工作还够他等的。科学院受命歌

颂国王军队的胜利，并须雇人参与政府向尼德兰和马德里政府发动的宣传战。

官方组织和一位权臣介入评论领域是件很危险的事。科学院成员对《熙德》的严厉评判让高乃依十分痛苦和恼火，过分的猜疑使他认为斯居德利和奥比尼亚克的批判的背后是黎塞留的不满。

夏普兰和他的同僚总是以高尚的趣味为名，要求对诗歌也严加评判，这种学究气为弊甚大，以致拉康在科学院中公开予以谴责。尽管有过这些抗议，但17世纪初文学中的某些活泼潮流还是被窒息或失去了声誉。特奥费尔·德·维奥、拉康、圣阿芒都没有真正的门徒和后继者，他们作品中的自然感、那种生动形象的描述很长时间内都看不到了。

传奇是巴洛克美学中特别受青睐的表现形式，但它也受到宗教人士的抨击和学院派学究们的批判。对于后者，传奇是一种低劣文体，无法以优美的法则来规范之，因为它所描绘的只是些怪诞的场景；对于前者而言，阅读这样的作品在道德上是危险的。幸好传奇受到公众的欢迎，他们对于讽刺诙谐的传奇作品和骑士或才女传奇都同样喜爱。《弗朗雄的滑稽故事》反映出西班牙凶险小说对其作者索雷尔的影响（1622年）。索雷尔谴责马莱尔伯的语言纯洁主义，他的语言丰富而有趣味；作者为我们展现了一幅各色阶层的现实主义画卷：宫廷、沙龙、学校、放荡场所；但他向我们揭示的哲理却很不正统，它对既定的价值观颇不恭敬，以致在特奥费尔·德·维奥被捕后，索雷尔害怕了，他在1626年的版本中删除了传奇中一些最惹眼的话。西哈诺·德·贝热拉克的两部传奇《月亮的国家和帝国》、《太阳国家的滑稽故事》则更为大胆，但猥亵的成分要少些。作者在描写旅行准备工作和地球居民的风情时尽情挥洒新奇风趣的想象，但是星际冒险也是批判宗教正统以及灵魂不死之信仰的机会；西哈诺处于拉伯雷和伏尔泰的中间，他“为我们提供了哲理小说的巴洛克版本”；还需指出的是，他的传奇只是在他死后才出版，而且作过谨慎的删改。

巴洛克传奇的另一个潮流引起的问题和批评较少，奥诺雷·迪尔菲的《阿斯特雷》获得了巨大的成功（出版于1607—1624年）。这部田园诗般的多愁善感的传奇为整个17世纪的骑士爱情提供了典范。它模仿古代的传奇和西班牙或意大利的其他模式，将风流韵事和武侠故
439 事穿插在一起。拉卡尔普雷内德和斯居德利小姐的英雄（《伟大的居鲁士》[1649—1653]，《科莱丽》[1653—1661]）就像阿里奥斯特①和塔索②的英雄一样，都在虚构的历史背景中同风暴、海盗和无数的敌人对抗。但他们的作者试图描绘当时的贵族社会，传奇中的一些暗示可以让孔代和年轻的贵族们——这些人经常在战斗空隙时光临沙龙——发现自己的身影，并可以自我欣赏。贵族和巴洛克式的传奇因投石党运动的失败和宫廷的发展而受到严重打击，宫廷已经成为社交生活的中心。夸张和不足信的东西，依次由绑架、误解、感激组成的情节，这些都是文学趣味的演变趋势难以接受的。

古典主义形式、风格和精神的发展得益于天主教复兴运动和绝对主义君主制的支持，但同样也与自发的文化和美学运动相呼应。表现形式之有序、明晰和严谨等新的特征取代了巴洛克风格的代表性价值原则：流动多变、装潢和形象之富丽、变化之精妙。法国所经历的苦难、君主为弘扬民族自豪感而提出的宏大计划也不利于某些外来的文艺形式。因此，模仿自洛佩·德·维加③和塔索的牧歌剧和悲喜剧虽然在17世纪20年代获得了巨大成功，但随后就逐渐失去了在戏剧界的垄断地位。黎塞留和夏普兰支持的反动浪潮首先出现于1634年罗特鲁和麦莱的作品中。在这场自由的捍卫者与学院派规则的信徒之间的争论中，高乃依最初是站在现代派阵营一边，他创作于1636年的《熙德》仍属悲喜剧的代表作。不过，后来他参照西班牙人的模式，删减情节，增强人物心理上的逼真性。高乃依的这一做法是独立于任何教

---

① 阿里奥斯特（Arioste，1474—1533），意大利诗人，著有长篇传奇叙事诗《疯狂的奥兰多》。

② 塔索（Tasse，1544—1595），意大利文艺复兴后期诗人，主要作品有牧歌剧《阿明达》。

③ 维加（Lope de Vega，1562—1635），西班牙剧作家、诗人和小说家，《羊泉村》为其代表剧作。

条精神的自发运动，他通过戏剧情节的紧凑化而发展了戏剧效果。关于《熙德》的争论、取悦黎塞留的愿望以及他的天才灵感都加速了他创作的转变。1640年问世的《贺拉斯》是古典主义的完美典范，这并不是因为它遵守了创作规范，而是因为它的统一、紧凑和扣人心弦的节奏，剧情的内在发展一直把贺拉斯推到杀害他姐姐的境地。这部剧作也是时代的回声，他让我们看到了路易十三末年的政治角逐和争论：对家族的依恋和国家理性之利益之间的对抗就表现在贺拉斯身上。四年前，《熙德》和反对摩尔人的战斗震动了巴黎，而那一年正值西班牙的入侵。不久，在一个受贵族阴谋威胁的王国，《西拿》提出了公益问题，以及镇压的必要性和合理的宽恕等问题。这些历史剧绝非应景之作，其中的人物与当代人之间实际上并没有对照关系。高乃依通过历史而将人物分析推向新的高度，一直涉及激情世界中的个人及其命运的永恒性。这种认知欲和心理真实使17世纪中叶的法国文学有了自己的方向和统一性。可能强烈的道德和宗教关怀激发了这种对人类内在本质的探究。像高乃依的悲剧一样，阿斯特雷[①]的价值也在于这种探究，笛卡尔在他的《论灵魂的激情》中试图以新的论辩方式和新的研究方法来寻找人的本质（1649年）。

这种对人性和宗教真理的关怀促进了论证的明晰性，并决定了论证规则的演变。当同时代的人仍然认为艰深的修辞只会拖累言辞的表现力时，《外省人书简》（1656—1657年）的作者帕斯卡尔却只想到修饰文字以增强说服力。作为一个几何学家、一个学者，他追求论证和引述的客观性；作为基督徒，他又是不安和愤怒的。激情使他严格的构思避免成为枯燥的几何学。他的雄辩术不把传统辩术放在眼里。修
440 辞学是交流的障碍，它使内行人和特权者孤立于他人。帕斯卡尔的雄辩与老幼无关，它属于所有人。正是大量文学作品的涌现，正是对清晰、直白、能表达对人类状况之新问题的语言的追求，才使这一语言能更好地把握17世纪初的文化活力和众多累积下来的资源，这些资源

① 阿斯特雷（Astrée）是希腊神话中宙斯和忒弥斯的女儿。

即将引领路易十四时代的风尚，并构成辉煌的君主制度的华彩饰品。

17 世纪前期的法国建筑

如果认为这一时期法国存在两种流派或风格的竞争，那诚属荒谬之极。对当时的人来说，巴洛克—古典主义之间的对立并没有清晰而自觉的意义。在建筑艺术中，早期巴洛克风格在法国的保留有利于向民族创新的过渡，以及这一创新性的及早显露。确实，巴洛克风格只是表现在繁复的装饰点缀上。在让·迪·塞尔索建造的苏利公馆的墙壁上（1624—1629 年）点缀有众多寓意画像，窗户上的框缘和三角楣、天窗上的涡纹和怪面饰都不胜其繁。全面复兴的天主教热忱地大笔斥资建造新教堂，它们将罗马式的建筑外观引入了法国：成对的圆柱，圆形或三角形的三角楣，涡纹和门上的长方形面。萨洛蒙·德·布罗斯为巴黎的圣热尔万教堂设计了一个由三种柱式构成的三重格调的正面外观效果（1616 年）。德朗神甫在设计圣保罗-圣路易教堂时，既受圣热尔万教堂总体平衡性的启发，又受安特卫普圣查理教堂繁复装饰的影响：教堂外墙上雕刻有垂花饰、壁龛和栏杆，墙上方是高耸的三角楣，楣顶直指外墙最高点。但是在前两个参照建筑中，中间突出部并不显著，外墙上部的直交线结构十分稳固。这里丝毫不能让人联想起波罗米尼或皮埃尔·德·科尔多的罗马式建筑的起伏感。17 世纪法国的巴洛克风格保留着一种朴素的几何特征。萨洛蒙·德·布罗斯的作品，如卢森堡宫（1615 年）、布雷朗库尔城堡和雷恩的司法宫（1618 年）更多是以整体布局的平衡、而不是外墙的变化而著称。只是在临时性的建筑中，巴洛克风格才完全占据上风：殡仪设施、城市为迎接君主而建起的凯旋门、野外剧场、剧院的外景等，教堂的家具、祭坛和光轮也是如此。17 世纪的法国人并不愿意把这些临时性摆设用石头表现出来，某些罗马式广场上富有魅力的人造泉和梦幻般的繁盛装饰、亨利四世在巴黎举办的市政工程，都丝毫没有巴洛克的规则和排场，它们是受某种政治或商业思想启迪的。多菲内广场和王家广场只是与一些普通的市民住宅并列，没有高大华丽的建筑和教堂；根据设计，法兰西广场的半圆形周边上排列着公共建筑和市场，它们之间是以王国各省命名的大道，这些街道如从轮辐一般从中央辐射开，这是王国统一的象征。在广场正面，角拉条和石带饰与砖墙表面相间，构成唯一的装饰要素。路易十三没有继承父亲的城市规划计划，建筑师们主要为教堂、为黎塞留、为贵族和摆阔的暴发户——财政家们工作。其中三位最伟大的建筑师，雅克·勒梅尔西埃、弗朗索瓦·芒萨尔和路易·勒沃，发展了萨洛蒙·德·布罗斯的学说，并逐渐确立了一种新风格。勒梅尔西埃曾在吕埃伊为这位枢机主教黎塞留的计划而工作，后者梦想建造一个以王宫为中心的几何形城市，后来他在巴黎
441 建造了索邦神学院及其教堂（1626 年），未来的罗亚尔宫（1633 年）和荣军医院。他的同事和对手芒萨尔也像他一样，对帕拉迪奥[1]和文艺复兴的原则之敏感甚至要强过同时代的意大利建筑师。弗朗索瓦·芒萨尔是法国古典主义风格的真正创始人。他为奥尔良公爵建造的布卢瓦城堡整体匀称，其尖脊形态鲜明；在垂直布局上，方窗、圆柱和双壁柱错落有致，别具一格。荣军医院奠定了他的大师地位（1645 年）。这个教堂是带有中央穹顶的圆形建制，并附有三个半圆形后殿；他将入口设计成由 8 个圆柱支撑的向前突出的门廊，重力中心点位于教堂正面；引门与宽敞的三楼形成对照，取得了出乎意料的优雅效果。次年他为勒内·德·隆盖尔建造的梅松城堡（1642—1648 年），其造型之清朗与精巧成功地结合到了一起。勒沃在马莱区和圣路易岛建造的奥蒙、唐波诺、朗贝尔和埃瑟兰公馆也体现了上述优点；此后他着手为富凯建造子爵谷城堡，随后勒布朗对该城堡进行了修饰，勒诺特尔设计了城堡花园。当这位财政主管在城堡里大讲排场时，他的厄运也就来了，工程因此而结束，凡尔赛的豪华时代来临了。

法国画派的鼎盛时期

17 世纪法国的绘画史仍难以理出头绪，因为它的一些特征并不明确，许多作品已经消失，而且外省的画派我们了解仍然很少。亨利四世及摄政时代没有什么大画家的名字值得一提。在宫廷充任官方画师

[1] 帕拉迪奥（Palladio，1508—1580），意大利建筑师，研究并发展了古典建筑。

的是位弗拉芒人：弗朗索瓦·普尔布斯；第二个枫丹白露画派的艺术家，如昂布瓦兹·杜布瓦、杜桑·杜布勒伊和马丁·弗雷米内只是些小人物，他们无非是根据罗索和普里马提斯的精神来装点王家城堡。1630年后法国涌现出了一批伟大画家，从而使17世纪的第二个1/3时期成为法国绘画史上成果最丰硕、最富创造力的时代之一，相形之下，此前的一个时期就更显得平庸了。国王和黎塞留对这一事业的关注——建筑主管苏布莱·德·努瓦耶是他们的助手——促进了艺术家的创作。国王和首相委以他们业务并发放奖金。但更重要的是，巴黎形成了一个懂得鉴赏的公众群体。罗马、巴黎、安特卫普的商人和艺术品买主建立了一个国际联络网，这时一些伟大艺术家的声望和个人独立有了保证。最后，天主教会出于宗教热忱而成为这个世纪的建筑大户，它为画家们提供了点缀新祭坛和为大型宗教仪式而创作的机会。

西蒙·武埃自罗马回到巴黎后，给沉溺于毫无生气的矫饰主义中的法国绘画带来了新的生机。武埃被视为法国的首席画家，他将意大利辉煌的绘画艺术的原则引入了法国。不过在米开朗基罗、拉斐尔和提香的传统之间、在卡拉齐家族[①]的古典主义风格和卡拉瓦乔[②]更为矫饰的风格之间，他自己也感到踌躇，就像维尼翁[③]一样——这位出色的画家也许有些肤浅。

与这种折衷主义相对立的是，17世纪中叶法国的5个伟大画家努力并确实确立了与各自远大的艺术抱负相应的个人风格，这5个人是：拉图尔、菲利普·德·尚佩涅、勒南、普桑和克洛德·热雷。

当时仍独立于法国的洛林在17世纪产生了3位享有国际声誉的艺术家：雕刻家雅克·卡罗、画家克洛德·热雷和乔治·德·拉图尔。卡罗刻画的是与当时奢侈之风形成对照的贫困社会，他以电影般的手法来表现《战争之苦难》（1633年）。乔治·德·拉图尔肯定受到过

---

① 一译卡拉什家族，16世纪末意大利波伦亚派画家家族（Carrache），指Agostino和Annibale兄弟及其堂兄Ludovico，称卡拉齐画派，主张学习文艺复兴盛期的遗产。

② 卡拉瓦乔（Caravage，1573—1610），意大利早期巴洛克画家。

③ 维尼翁（Claude Vignon，1593—1670），法国油画家、版画家。

卡拉瓦乔的影响，但他后来逐渐摆脱了，他的杰作，如雷恩的《耶稣诞生图》和《圣塞巴斯提安的殉道》（1650年）与此前的绘画毫无相似之处。这位长期以来一直默默无闻的伟大画家将形象和轮廓简化为
442 几何本质，他的画作几乎具有令人叹为观止的立体主义风格。他舍弃所有细枝末节，只保留了动作，从而强化和集中了情感表现力，人物的沉默凝重营造出一种冥思的宗教氛围。

表现宁静和内心的沉思的画家——路易·勒南和菲利普·德·尚佩涅最出色的作品也表明他们具有这一身份。勒南三兄弟生于拉昂，除了北方的绘画和大型木偶艺术的传统外，他们肯定还受到卡拉瓦乔风格的熏陶。但是他们那些描绘农民生活的巨作——特别是路易·勒南的创作——如卢浮宫博物馆的《大家庭》和《农民用餐图》（1642—1644年），却没有遵循任何模式：安静而专注的农夫，真实而不失威严，面对葡萄酒和面包时，他正为劳动和施舍、宗教的和世俗的事务而沉思；这种表现手法在当时尚属首创，它表现了新基督教精神的真正力量。

菲利普·德·尚佩涅的众多画像是世俗性的；但1643年他见到王港修道院后，他决心将宗教作为创作的主题。宗教的严肃影响使得这位来自布鲁塞尔的艺术家更加远离了尼德兰和鲁本斯的巴洛克主义。在色彩和构图的取舍方面，他日益强调简约，这种表现手法的简约体现在其著名的《女儿痊愈还愿图》（1661年）中，作品传达出祷告的神秘而强烈的力量。尽管尚佩涅、勒南和拉图尔有各自的特点，但他们都具有一种共同旨趣——清晰而宁静的构图，都对人物的内心世界、对灵魂的认识感兴趣。在他们那里，一种完全不同于巴洛克风格的美学已经显露出来。但是真正把古典主义风格推向顶峰、使其臻于完善的是克洛德·热雷和普桑。17世纪的大多数画家都到罗马旅行过，或希望到那里去。普桑和克洛德·热雷曾希望在罗马生活和工作。克洛德·热雷曾描绘过拉丁乡村的静谧美景和港湾水面上的粼粼波光。同他的朋友普桑一样，热雷的构图条理清晰，他成功地运用简单的色彩层次表现出大自然的昂然诗意和空间的浩渺无际。克洛德·热雷是位诗人、直觉主义者，普桑（1594—1665年）则是理智主义者，其作品

风格多样，这反映出他对艺术的漫长的追求历程。普桑的作品十分严谨、匀称而平和，以致经常有人忘记把它们列入欧洲一流画作的行列。这位艺术家的通信和笔记中有某些艺术理论的要素，这可以让我们看清他美学观念的演变。为了取悦他的罗马主顾和保护人——枢机主教巴贝利尼，他起初是按照意大利人的趣味进行创作的，这种趣味或是体现在巴洛克式的构图中（《圣伊拉斯姆的殉道》、《虐杀圣婴图》），或是表现在借自塔索或异教神话的哀歌场景中，并以威尼斯式的艳丽光线来烘托。从 1633 年起，他的构图逐步简化，更加符合拉斐尔的标准（《花神王国》）。他喜欢从《旧约》中选择绘画题材（《金牛崇拜》，《收集吗哪的以色列人》）。他的绘画越来越具有大理石雕刻的韵味，但是作品仍致力于传达人物丰富的面部表情，它像一本打开的书，观众可以由此透视灵魂的秘密和激情。从罗马返回后，普桑在巴黎待了一段时间，但并不算成功，1643 年，他开始了其绘画历程的新时期。他说，“我的天性使我寻找并热爱秩序井然的事物，混乱让我反感，我要逃避这个敌人。”他还补充道，“应该选用重大的主题和素材，如战役、英雄业绩和神圣事物……为不违背历史背景计，画家应该舍弃那些细枝末节，以大胆的笔调再现那些伟大辉煌的章节，应忽略平凡和无足轻重的部分。”他的作品愈发凝滞，有时甚至简化到了极端，画面也更为安宁，人物也更加静止。哲学上的斯多噶主义色彩使普桑 443
的绘画具有一种静穆的伟大（《七宗圣事》、《阿卡迪亚的牧羊人》、《福基翁的骨灰》和《福基翁的葬礼》）。他的神话和圣经题材的绘画中渗入了自然的森林草木等因素，这是个生机勃发、不可控制并几乎是野蛮的自然，但它没有改变这位艺术家那泛神主义的安详风格（《四季》、《俄里翁的壮景》）。他晚期的作品中，时间、行动和任何运动似乎都凝固了（卢浮宫的《阿波罗和达佛涅》，列宁格勒的《神圣家族》），面部表现简约至极端，但这些都没有改变作品具有的安宁而悲伤的印象。这就是普桑对非形体美、对大自然内在和谐的漫长追求历程的终点，前一种美暗藏于万千造化中，而自然的和谐同样可以以几何形态或音乐作品表现出来。

444

第十七章　古典主义时代

1661—1715年“路易十四时代”，一切秩序皆以凡尔赛和太阳王为中心

1661年后的大约50年中，法国经历了军事上的辉煌，它在欧洲的优势地位比此前的西班牙、以及随后英国的优势地位都更为明显。文化上的繁荣给它带来了巨大声望，其持续时间远远超越了这个胜利的时代。此外，王国内部进行了广泛的行政改革和经济建设。尽管形势十分不利，路易十四仍要求他的臣民作出巨大的牺牲。这几十年中，国家的所有力量呈现出百川汇流的壮阔画面，而作为国家领导者的君主，他既是国家的化身又是它的领路人。鉴于当时法国人在面对逆境时表现出的勇敢和不可征服的意志，鉴于他们以真正的无畏精神、在不同领域内同悲惨局势相抗争，最后，鉴于他们取得某些辉煌成就，这一时期完全配得上“伟大时代”的称号。但是我们同样可以称之为“路易十四时代”，因为正如伏尔泰的名言所说的：“他不仅是其统治时代的伟大事物造就的，而且他就是这些事物的创造者”——这句话很大程度上道出了历史的真实。

一、国王的威望和战功（1661—1684年） 445

路易十四及其政治观念

对于伟大人物的地位和意义总会有大相径庭的评判，这是他们通常的遭遇。但是，如果我们仔细辨别一下路易十四生命中的各个阶段、在不同时段的内在背景中来考察这位君主的话，这些判断上的抵捂至少在很大程度上可以被弱化：1665年左右贝尔南[①]描绘的生气勃发的路易十四，米尼亚尔[②]绘制的战功辉煌的成年路易十四，以及安托万·贝努瓦[③]的著名蜡像向我们展示的垂暮之年的路易十四。他拥有威严而优雅的气质，即使是并不喜欢他的圣西蒙也认为，他有“一幅完美的面容，具有我们从未见过的高贵神色和气质”。1661年[④]，他22岁时，这种外在美又平添了有形的力量和生命之热忱。虽然智力平平，但他将极佳的辨别力和强大的克制力以及言辞方面极端的审慎结合到了一起。他认真谨慎的性格、他强健的体魄使他可以连续54年承担繁重的工作而从未有过疏怠——他总是一丝不苟地操持着“国王的职业”——因而他一生中的自我表现之勤令人惊叹。但是这些伟大品质和坚定的自制力掩藏了他天生的高傲，他根深蒂固的仇怨，他内心深处的、几乎是表现幼稚的自私自利，以及他强烈的淫欲。

路易十四所受的教育更多是实际的而非书面的，他那扎实的政治训练应归功于自己童年的经历以及马扎然的教诲。早在1661年之前，他的政治观念就已成型，这些观念导向了深思熟虑的绝对主义。他的《关于教育王储的备忘录》中有这样的话：“将国王赐予世人的神要求人们像敬畏神的代理人一样敬畏国王，审查国王作为的权利只属于神。神愿生来即是臣民者应不加分别地服从。”王权应是绝对的并不容分

---

① 贝尔南，即贝尔尼尼（Bernini，1598—1680），意大利建筑师、雕刻家和画家。

② 米尼亚尔（N. Mignard，1606—1678），法国画家。

③ 贝努瓦（A. Benoist，1632—1717），法国雕刻家。

④ 1661年，马扎然死去，路易十四亲政，开始了长达54年的个人统治。

享：路易不要首相，这与投石党运动后的舆论一拍即合。但是国王的巨大权威意味着沉重的对等责任：为公共利益操劳、不得因个人情绪牺牲国家的责任感以及辛勤的工作："以辛劳治国，临御座即为操劳。"最后，他还须尊重法律：绝对君主的主权不容许他违反特权，即臣民的权利。相反，主权是特权的保障。有一个君主权利的领域，还有一个臣民权利的领域，一方不得侵犯另一方；臣民最珍贵的权利是他们的"自由"，诸如等级、团体或个人的特权均被认为是自由。这种学说实际上重申了古代的论点，它在整个欧洲——无论是天主教的还是新教的欧洲——已得到广泛的认可。博絮埃于1670—1679年间将这一理论著作成书，该书在1709年出版，名曰《圣经箴言中的政治学》。他是君主权利坚定的维护者。他写道，"不管君主如何恶劣，其臣民的反叛总是罪孽无边"，这番话表达了当时的普遍一致的看法。民众应将他们的福祉希冀于那个手里集中了所有权力的人。对于百姓，国王就是神的影子。还在1661年之前就有人写道，"君主的神圣权力是全能的上帝的光芒。"把君主比作太阳即源于此。1662年6月，在一次骑兵竞技表演上，路易十四把太阳当作他的象征——并非有太多的不妥——不过只是在坚持已然存在的君主的象征形象。

君主的空间

也许巴黎让他想起的是投石党和被严重损害的王权，因此在他个人统治的前20年间，宫廷是不断移动的。宫廷驻扎在卢浮宫、杜伊勒里宫、枫丹白露，最频繁的是在圣日耳曼。但路易对于漂亮建筑的真实而深刻的鉴赏力得自万森讷——马扎然的这座府邸已融合了一些新建筑，它是凡尔赛的先驱者。他对财政主管富凯的豪宅——子爵谷城
446 堡印象深刻。与柯尔伯一样，他认为，"没有战争中的辉煌，建筑乃最能表现君主的伟大和才智的"。建筑向后代诉说君主的功业，因为它们"能吸引人们崇敬的目光"。他新开的工程几乎到处都是，在尚博尔、在巴黎、在圣日耳曼，巴黎出现了杜伊勒里花园，圣日耳曼则建造起漂亮的露台。但是与此同时，他开始改造一个湮没在树林和池塘中的小村庄：凡尔赛，以前他的父亲喜欢到那里打猎，并建造了一

个砖砌城堡。这个地点看来是天定的：两行丘陵，一眼望不到头，中间有一片水流汇聚的洼地。工程开始于1661年，并持续了半个多世纪，路易十四的想法是逐步透露出来的，为的是避免反对意见。他把从前为财政总管富凯效命的艺术家们召集到自己身边：建筑师勒沃，画家勒布朗，园林师勒诺特尔，水利工程师弗朗齐尼，以及其他曾在子爵谷从事过短暂的装饰和布景工作的才智之士。正是由于人才荟萃才诞生了近代史上最伟大的艺术成就。这个成就将在欧洲为法国的艺术和生活方式确立为期一个世纪的优势地位。这一成就还因特里亚农宫、运河和玛丽行宫而日臻完满，尤其是玛丽行宫，它是一个坐落在浓荫深处的绝妙的隐居之所，包括国王的寓所和12座为尊贵的客人准备的房子。

“若以低廉代价求得更美好之事物，则最合我意”：这是国王的原话。他并不是不加考量地花钱。王家建筑上的消耗增幅不小：到1683年为止，每年约为300—500万——年度总预算为1—1.2亿——随后又有增长。造成这一局面的原因不仅是由于凡尔赛是君主奖励文艺的高级场所，而且因为它是一种政治观念的外在表现。1682年，尚未竣工的凡尔赛就成为国王的主要住所，他已经成为在日常生活中展现某种君主崇拜的壮观空间。以国王为中心的宫廷生活受细琐的礼仪的支配，是对人的身心的极度考验，流光溢彩的庆典宴饮与城堡中的压抑感和激烈的朋党之争形成鲜明对比。职业性的朝臣已经出现。拉布吕耶尔写道，“一个阅历宫廷的人懂得如何运用举止、眼色和神情；他深邃而难以捉摸……他会向敌人微笑，会克制自己的脾气，掩饰激情，言不由衷……”在宫廷，人们可以感触到具有头等意义的、并带有社会后果的政治事实：王权已经非常强大；而贵族，如果他不想待在自己领地上的话，就只得来宫廷乞求俸禄、恩惠和权力，并逐渐沦落为镀金的仆役。大郡主曾这样描述她的堂兄弟路易十四：“他是神，应该恭顺地听候他的意旨，一切都寄望于他的公正和善意，要想获得更多的好处就需有耐心。”尖刻的圣西蒙幸而也有在凡尔赛顶层下享用一间狭窄阁楼的特权。不过，当国王经过时，人们会窃声恳求道，

“陛下，我能去玛丽行宫么？”

凡尔赛和它的排场年年改观。在路易十四个人统治的前半期，凡尔赛是轻松欢快的。王后是个虔诚善良的人，不喜欢抛头露脸，国王虽然对她极为尊重，但作为丈夫他却很不忠实。当时几大受宠的女人是：拉瓦里埃尔小姐，丰唐热夫人和蒙特斯庞小姐，不过她们在政治上没有任何影响。只是在 1683 年王后死后，宫廷的氛围才开始转变并变得虔诚起来。那时，45 岁的路易与诗人斯卡隆的遗孀、曼特农女侯爵弗朗索瓦兹·德·奥比涅秘密结婚。当时正处于“伟大路易”的时代，他在取得一系列的外交和军事胜利后达到了权威的顶峰。

447 对外政策：目标和手段

当时，法国的对外政策深深打上了路易十四的个人观念和性格的烙印。对荣誉的渴望支配了他的激情。另外，对他及其同时代的人而言，打仗和征服乃是君主天职的一部分。我们可以在他的政策中辨别出三大目标：确立其王权对于其他君主的优势地位；辅佐他的内兄、1665 年起统治西班牙的查理二世的继承大业，以便从中牟取最大利益；最后，确保法国在北部和东部拥有优越的战略边疆。与这一政策相应的手段在当时来说十分有力。国王有出色的外交官为辅佐：于格·德·里约内，此人是阿贝尔·塞尔维安的侄子、马扎然忠实的助手；彭波内侯爵西蒙·阿尔诺，他是处理同瑞典关系的专家，1671 年里约内死后，他接替了里约内的职位；最后是托尔希侯爵让-巴蒂斯特·柯尔伯，他是伟大的柯尔伯的侄子和彭波内侯爵的女婿，并得到后者的栽培。而军队的完善和发展得益于整整一个家族的热忱努力：米歇尔·勒泰利埃，他先后担任军事国务秘书和大法官，是一系列重大改革的发起者（1603—1685 年）；他的儿子弗朗索瓦·米歇尔，即卢瓦侯爵（1639—1691 年）；以及他的孙子巴尔伯齐厄侯爵路易·弗朗索瓦（1668—1701 年）。三个人中，前两个人工作的连续性很强，以致难以区分这一共同业绩中到底哪些是他们个人的成就。在一个几乎没有职业军队的时代，法国的兵力就已达到十分庞大的地步：1667 年为 7.2 万，1672 年为 12 万，1688 年为 29 万，1703 年增长到 40 万。

但是，军事革命的真正目标并不在于数量的增加。军队过去是贵族垄断的私人事业，勒泰利埃和卢瓦现在把它交给了国王。贵族没有被排斥，相反他们仍是军队的干部。但是像别的国家一样，权力的集中有利于国王的控制。由资产阶级参与的文官管理机构已经建立起来，佩剑贵族隶属于这个机构——这是项长期工作，不过最终完成得很好。当然军事改革仍然存在严重缺陷：上校和上尉军衔的买卖制度无法废除。不过卢瓦对军官缺勤的现象严加惩治，加强纪律，以“授勋推荐章程”规定军衔和资历级别（1675 年），为穷苦军官设立非买卖的军官衔：在上校和上尉之间设立少校和中校，并在上校之上设立准将衔。出于军纪方面的考虑，按团穿着军服的制度推广开来，类似的做法在宫廷卫队中已施行；为收容残疾老兵还建立了残老军人院。此外，由于一系列的革新举措，军事技术得以改进，这些新举措包括：新的军事建制，如龙骑兵，即某种马上步兵；采用新式武器，即沃邦发明的带套筒的刺刀；真正意义上的后勤工作的发展；营房和军械库、给养和草料仓库的建立等。最后，围攻战的组织以及军事边境地带要塞的部署规划也在深入发展。这里仍然要提到塞巴斯蒂安·勒普雷斯特·德·沃邦的名字（1633—1707 年），他是位战士、工程师、经济学家，既是大思想家又是实干家。而柯尔伯在海军方面跟他在海上贸易方面一样工作出色。1661 年法国有战船 18 艘，1683 年他将这一数字增加到 276。他还支持私掠船——穷人的武装——建立海军军籍登记体制，酝酿海上注册制度，并翻修了军港和军械库。

上述努力尽管仍有一些不足之处，但路易十四已经拥有了其整个庞大对外政策所不可或缺的手段。

光彩与威望的行动

确立其王权对其他君主权力之优越地位，这一企图仅通过外交渠道可以就达到。路易十四表现得像欧洲的首席君主。在法国驻伦敦大使和西班牙大使就上座权问题发生争执后，路易十四将这一事件扩大化，并迫使他仍在世的岳父、西班牙国王查理四世发表了一份公开声明，称他的代表今后将避免与法国的使节在席次问题上进行争执。这 448

位年轻的国王写道，“我不知道在这个君主国家开始以来，是否放弃过为君主制增添荣誉的机会”。“这是一种国王对国王、王冠对王冠的敬意，即便是朕的敌人，朕也不能容许他们怀疑朕的王冠在整个基督教世界中居于首位。”但他同教皇亚历山大七世之间的矛盾并没有这样快就取得满意的结局。法国大使克雷基与教皇的科西嘉卫队发生摩擦，经过两年交涉之后科西嘉卫队才被解散，教皇才派遣特使前来道歉，后来罗马还为此建立了一个纪念金字塔。另一个威望方面的成就是，国王获得了——甚至在英国人那里——其海上旗帜优先受敬礼的特权。他深知土耳其一直是中欧的恐惧之源，战胜土耳其就会为他在整个基督教世界赢得声望。

这就是为什么他要派一支军队保卫坎迪①、派另一支军队前往匈牙利为皇帝服务的原因。拉弗亚德和科里尼指挥的 6000 法军参与了圣戈达尔战役并取得胜利。同年，即 1664 年，博福尔公爵在北非的季杰里登陆，这是一次失败的行动，更悲惨的是，在返航途中，一艘船失事，1200 名士兵在普罗旺斯外海罹难。

遗产战争或佛兰德尔战争（1667—1668 年）

与这种威望政策平行的是，路易十四梦想利用比利牛斯条约中的一个条款，根据该条款，他的妻子玛丽-特蕾莎公主放弃西班牙王位的继承权，条件是获得——但从未获得过——一笔 50 万金埃居的嫁妆。这个“条件”构成了此后法国外交的基础，法国人已决心在恰当的时候要求获得“王后的权利”。在他的岳父菲利普四世时日无多时，路易和里约内就谋划如何孤立西班牙，并对帝国方面采取了若干防范措施。他加强了与其堂兄弟、英王查理二世的关系——他的弟弟奥尔良公爵菲利普娶英王的妹妹为妻——并从英国人手中购得敦刻尔克和马尔迪克。他与联省共和国以及北方邻居西属尼德兰缔结了防御同盟（1662 年）。在东部，他试图让洛林公爵出让他的领地，同时还占领马尔萨尔，恢复莱茵同盟，这个与莱茵地区诸侯的同盟旨在反对皇帝和

① 坎迪（Candie）即克里特岛的伊拉克利翁城（Hêraklion）。

西班牙（1663年）。

当菲利普四世死去、他的儿子查理二世于1665年登上西班牙王位后，路易就发动了一场法律战，并授意出版《论王后的权利》。他将布拉班有关“遗产”的私法生拉硬拽地拓展到国际领域，要求为他的妻子、菲利普四世的头婚女儿获得尼德兰的某些省份，但这损害了次婚生的查理二世的权利。凭借卢瓦、沃邦和蒂雷纳的才干，1667年5月开始的战争进展神速。法军攻克了夏勒罗瓦、图尔内、杜埃、康布雷、里尔和阿洛斯特，孔代两个星期内即占领了弗朗什-孔泰。但是这位亲率军队在尼德兰作战的国王看来引起了邻国的恐慌。阿姆斯特丹的船东和商人尽管很快就会成为安特卫普的主人，但他们当时担心路易十四会重开埃斯考河口的商道[①]，从而很快使他们陷入崩溃。这时荷兰人虽然与英国人因为殖民地问题而开战，但很快他们便在布雷达议和。让·德·维特和威廉·坦普尔为海牙三角同盟奠定了基础（1668年1月23—24日）。荷兰、英国和瑞典提议、或不如说要求充当法国和西班牙之间的调停人。但路易十四仍然获得了战场上的胜利成果。1668年1月19日，格雷蒙维尔在维也纳与皇帝签署了一项秘密条约，双方就年轻的查理二世死后的安排达成一致：这是第一个瓜分西班牙遗产的条约。根据1668年5月2日的亚琛条约，法国获得了12块地区，其中包括里尔、图尔内、杜埃及它们的附属地区——这也是今后进攻的前哨基地。 449

荷兰战争的准备

路易十四之所以决定发动新的战争并不仅仅是由于对荷兰的积怨，过去的经验表明，北部边界的改善只能在同荷兰斗争的情况下才能实现。此外，柯尔伯还希望能打倒或兼并这个欧洲最强大的经济势力，它的商船承载了世界贸易的4/5，并几乎垄断了法国的海上运输。

---

① 埃斯考河（又名斯海尔德河）是安特卫普的出海通道，尼德兰革命期间，安特卫普遭西班牙军队洗劫，埃斯考河口被封锁，这个欧洲商业和金融中心从此衰落下去，荷兰人从中获益。

1667 年起，这两个国家就开始了关税战。于格·德·里约内的外交准备工作十分出色。奥尔良公爵夫人亨利埃特通过多佛尔密约从他的哥哥查理二世那里得到英国的积极支持，法国还以金钱换得了查理支持天主教的秘密许诺（1670 年）。对于其他一些君主，里约内或争取他们为盟友，或确保了他们的中立，这些人包括：勃兰登堡选帝侯；闵斯特主教；科隆的大主教兼选帝侯，他同时也是列日的主教，其内阁中有个活跃的法国人的代理人：纪尧姆-埃根·德·福斯滕贝格；巴伐利亚选帝侯；巴拉丁选帝侯，奥尔良公爵夫人亨利埃特于 1670 年猝死后，选帝侯的女儿夏洛特·伊丽莎白便嫁给了这位公爵；最后还有瑞典——这是驻瑞大使彭波内的成就。但在德国存在一股敌视法国的潮流——弗朗什-孔泰人里左拉是其发起人，以及一股“促和”浪潮——我们今天称之为中立主义——其代表就是“德国的所罗门”、美因茨大主教让-菲利普·德·申伯恩。但是他们都无法拒绝路易十四慷慨赐予的名誉和金钱。

军事行动（1672—1678 年）

战争于 1672 年 4 月开始，但它比料想的更为漫长和艰苦。勒泰利埃和卢瓦派遣的军队准备利用默兹河和摩泽尔河的优良水道穿越列日主教区和科隆、特里尔两选帝侯的领地。6 月 12 日，路易十四和孔代在托鲁伊渡口跨过莱茵河，布瓦洛曾讴歌这一壮举。沿途的城市纷纷投降，荷兰提出了议和条件：让出默兹河左岸并赔款 100 万，但路易拒绝接受，从而铸成大错。不久法军便遇到困难：从穆伊登船闸放出的洪水阻挡了去路。海牙发生了革命，资产阶级共和国被推翻，而那里面本来是有法国的朋友的；执政权——事实上的独裁权力——交给了年轻的威廉·德·奥兰治，这位军人是民众派的首领，狂热的新教徒（1672 年 7 月 2—8 日）。路易十四这位顽强的对手成功地组织了一个反法同盟，而当时路易和沃邦正忙着围攻马斯特里赫特（1673 年 6 月 30 日）。英国与荷兰签订了单独和约。而在德国，里左拉也发起了一场猛烈的反法攻势。这场攻势本来并不代表德国公众的心理，但它对后者产生了强烈影响。有些人把这一年看作法德对抗的开始，虽说这一观点可能有些过分，但我们确实看到在德国兴起了一种真实的爱国主义。法国人在萨尔和莱茵地区的纵火行为引发的愤怒只会导致这种爱国情感的增长。皇帝的军队绑架福斯滕贝格、将其监禁于奥地利的行为得到了高度赞许：人们把他视为叛国贼。首先要求帝国议会和法国断绝关系的是莱茵地区的诸侯们，1674 年 5 月，他们的这一要求实现了。除了置身于这场战争之外的汉诺威和巴伐利亚外，全体德国人第一次联合在反对法国的战争中。西班牙因为从前的失败而对法国怀有夙怨，在英国，议会的意志压倒了国王，两国都加入了荷兰的阵营中。最后，与法国结盟的瑞典于 1675 年在菲尔贝林败于勃兰登堡的“大选侯”腓特烈-威廉三世，随后它也抛弃亲法立场，这看来是出于对荷兰的加尔文教友的命运的同情。 450

但是，法国在经济、财政以及军事方面的巨大努力使它能够克服危机并取得胜利。孔代在尼德兰的瑟内夫战胜奥兰治亲王，国王则征服了弗朗什-孔泰。蒂雷纳在阿尔萨斯打了一场漂亮仗，图尔凯姆战役告捷之后，他将入侵者赶出了法国并渡过莱茵河。7 月他在萨尔茨巴赫战死，孔代继任后指挥了他的最后一次战役。虽然克雷基在莱茵河、卢森堡公爵蒙莫朗西-布特维尔在尼德兰的军事行动迁延日久，但法国人在海上取得了一次辉煌胜利。维沃那和迪凯纳指挥的舰队在西西里的阿戈斯塔附近击败了鲁伊特的荷兰舰队，从而控制了地中海。路易十四可以体面地到尼姆维根议和了。

尼姆维根和会（1678—1679 年）

为战争买单的是西班牙。法国将此前兼并的几个地区交还给西班牙，这些地方都太突前了：根特、奥德纳尔德、夏勒罗瓦；但法国取得了康布雷—布柴恩—瓦朗谢纳—孔代—摩贝日地带，这一地带因圣奥梅尔、卡塞尔和伊普尔而连成一片，特别重要的是，它获得了整整一个省：弗朗什-孔泰。在东部，法国仍在莱茵河另一边保留一个据点，即布雷斯高的首府、黑森林地区的门户弗莱堡。法国将洛林交还洛林公爵，但南锡、隆威和四条通往阿尔萨斯的战略通道除外。由于公爵不接受强加给他的条件，法国的占领继续维持着。总之，虽说法国放弃了尼德兰，但它至少巩固了北部和东部的边防。沃邦立即着手在那里建设要塞。有趣的是，这场战争本来是想摧毁荷兰，但荷兰所受的待遇很宽大：它收复了所有土地，甚至成功地使得法国放弃了 1667 年的禁止性关税率。

路易十四似乎成了欧洲的仲裁人。克雷基在德国北方的战役结束后，他迫使瑞典的所有敌人——丹麦、泽林公爵等接受和约，圣日耳曼条约（1679）甚至让他们当中最可怕的大选侯成了法国的盟友。他的太子娶马克斯-艾玛纽埃尔·德·巴伐利亚的妹妹为妻，他的侄女玛丽-路易·德·奥尔良则嫁给了西班牙的查理二世。他还与英国恢复了关系。在德国，他甚至获得了这样的承诺：在选举皇帝时，他或者太子将能获得选票。他是“伟大的路易”。

四条款宣言（1682 年）

就法国而言，若总结六年欧洲战争的得失，积极方面的东西看来十分令人满意。但也存在一些消极因素，其中之一就是与教皇的严重冲突。在教皇与王权的关系方面，路易十四的看法与法国的主教们、特别是高等法院法官们的意见是一致的。他是高卢主义者。国王的权利是神授予的，他的权力只来自于神——而无需教皇为中介——他认为自己对教会财产拥有权利。1673 年，由于战时的紧迫需要，路易将其征收出缺主教收入的特权扩展到 59 个主教区，特别是此前豁免此特权的南方各主教区。根据这一财产优先权，他可以在主教缺任期间获取其教产收益，直至任命新的主教为止。高级教士中只有两位新教徒和两位确信的詹森派：帕维永、阿莱；戈莱和帕米埃。1675 年的教士大会——按惯例五年举行一次——对这件事不置一词。但是戈莱由于受到其大主教的指责、其教产被查封而向教廷上诉，作为一个詹森派，他的做法确实充满矛盾。然而，教皇英诺森十一世（1676—1689 年）是个严肃的教士，可能对詹森主义怀有某种同情。不管如何，当国王
451 的特权问题提交到他面前时，他坚定地维护他所认为的教会的这一不可让渡的权利。国王则寻求教士们的支持。1680 年，法国教士大会发表如下严正声明：“我们与陛下联系是如此紧密，任何东西都不能将

我们与他分离开”，这引起教廷的不安。1681年11月，法国教会召开特别大会。国王在与教廷的冲突中手腕高超，他得到法国高级教士的庇护。他们当中有很多人是大臣们的亲戚和朋友，因此对于国王表现得极为服帖。

博絮埃是这次大会上最引人注目的角色，但巴黎大主教、王权真正的仆从阿尔莱·德·尚瓦隆的操作更为隐蔽，也更为有效。1682年3月19日，大会表决通过“四条款宣言”，这份宣言是博絮埃起草的，其措词并非没有模糊之处——这可能是故意的，目的在于避免局面无法挽回。第一条款声称，圣座的权威只能是精神上的，“根据神的意旨，在世俗事务中，诸国王与君主不可臣服于任何教会权威，教会领袖不得直接或间接地废黜他们，亦不能免除臣民对国王或君主的忠诚和服从、解除他们的效忠宣誓”。第二条款宣称，公会议高于教皇，教皇的权力受公会议和习惯法之限制。第三条款直接为高卢教会的自由而辩护。第四条款否认教皇无谬论一说，即使在信仰方面，它也宣称教皇的决议应征得各教会的同意。这些信条应作为各大学和神学院的教学内容，国王应赋予它们法律效力。这样，路易十四建立起了某种独立的民族教会，它只是出于敬重而同教皇联系在一起。在法国以外，众多天主教人士认为他太大胆了，简直是个造反派和分裂分子。路易十四现在将古老的高卢主义理论付诸实施，此举的基础在于将基督区分为属于恺撒的和属于上帝的。

合并时代

过分的自信会导致人失去谨慎和本来的分寸。当时的欧洲国家看来都关注于自身的问题，以致想不到某种新计划有实现之可能：以强权方式——今天称之为单边主义方式——解决琐碎问题和法国及其邻国之间古老的领土纠纷。但是，在卢瓦的影响下，路易的欲望在膨胀，他试图以法律为借口，大大改善法国的边境战略地位。政府的改组意味深长：被认为过于慎重的阿尔诺·德·彭波内被柯尔伯·德·克瓦希取代，此人是阿尔萨斯的督办，对边境问题有深刻的见解。法国人开始利用条约中的不明确之处，因为过去的条约规定让出城市或领地时“连带其附属地”。三个法庭负责审查条约内容，研究“附属地”到底包括哪些地方。这三个法庭是：负责阿尔萨斯事务的布里萨赫的高等议事会，弗朗什-孔泰的贝桑松高等法院，以及法官拉沃领导的梅斯高等法院的一个特别法庭，负责洛林的周边事务。但是，法律研究显然是以军事需要为指导方向的。例如，法国在阿尔萨斯和萨尔要求获得的大部分地区都具有头等战略意义。当法令从梅斯或布里萨赫发出后，骑兵部队便立即前往合并地区采取执行行动，将国王的徽章贴在公共建筑的门楣上。阿尔萨斯的城市和领地被强迫进行效忠宣誓，以便断绝它们“同帝国的直接联系”，巴登边地伯爵和双桥公爵也须为他们在阿尔萨斯的领地向法王效忠。依附于符腾堡公爵领的蒙贝利亚尔公国则被逐步吞并。莱茵河和摩泽尔河之间的许多地区也是如此，
452 它们构成了“萨尔省”。法国还要求获得切尼和卢森堡两个伯爵领，借口是它们中世纪时属于梅斯主教区，而 30 年前的威斯特伐利亚和约已经承认该主教区的主权属于法国……法国人进占这些地方看来是要长期待下去：沃邦强化了萨尔路易的工事，并在特拉尔巴赫附近、摩泽尔河的一处河湾地带构筑“王山”要塞。

最初的惊愕过后，各方纷纷提出抗议和质疑。瑞典国王、双桥公爵和西班牙国王的抗议最为强烈。另外，路易十四驻雷根斯堡的大使也注意到帝国议会的“失望”和“愤怒”。国王开始考虑这些问题。他同意将受到责难的法令提交两国的专员审议。但是，1681 年 9 月，当这些外交官们在法兰克福举行会议时，另一次挑衅行为在整个帝国和欧洲引起轩然大波：法军占领斯特拉斯堡，而且没有以丝毫的法律依据为这次行动辩护。它纯粹是出于军事方面的考虑，法国必须控制这个莱茵河上的桥梁：在上次战争中，斯特拉斯堡就两次将它交给皇帝的军队。这次行动没有发生冲突，当地居民也很容易地接受了占领。它再次表明路易十四已决心滥用武力，同时也引发了德国人的愤怒。因为斯特拉斯堡这个帝国城市、自由城市对德国人特别珍贵。在占领斯特拉斯堡后不久，另一支法军进入蒙费拉首府卡萨尔，曼图亚公爵已将这个城市秘密出卖给路易十四。

雷根斯堡停战协定

但是，法国的外交采取引诱和威胁并用的策略，善于利用各种有利时机。当时皇帝正在自己首都的城墙下与卡拉·穆斯塔法的土耳其军队交战，于是法国解散正在酝酿的反法同盟就显得更加轻松了。只有西班牙向法国宣战（1683 年），因为它决心维持对尼德兰的安全必不可少的卢森堡要塞。于是，一支法军深入加泰罗尼亚，另一支法军入侵尼德兰，占领库尔特莱、迪斯穆德、卢森堡和奥德纳尔德。对法国人而言，战争进行得十分艰苦。卢瓦建议炮轰城市，尽可能地进行毁灭战，从经济上消耗对手。他对一位部下写道，“您应凶狠起来，应尽可能严厉地推进战事，您不应对此感到不快。”由于热那亚共和国向西班牙提供战船，于是柯尔伯的长子塞涅莱侯爵率领的法国舰队向这个城市发射了 1 万枚燃烧弹，半个城市被摧毁（1684 年 5 月 19 日）。而且热那亚的总督仍须到凡尔赛代表共和国道歉。

鉴于路易十四拥有决定性的力量，而结盟的机会看来总是很偶然，因此荷兰——它一直关心维持尼德兰的现状——提议进行外交斡旋。一场迅速的谈判过后，法国、西班牙和皇帝于 8 月 15 日在雷根斯堡签署了为期 20 年的停战协定。它包括两项条约。第一项条约规定法国与皇帝和帝国之间停战 20 年，在此期间，法国国王可保有 1681 年 8 月 1 日之前“合并”的土地，这一日期之后占领的斯特拉斯堡和凯尔港亦然。第二项条约承认卢森堡、博蒙、布里内（迪囊附近）、希梅以及它们的附属地归路易十四，作为交换，已成废墟的库尔特莱和迪斯穆德交还西班牙。这是一个虚假的停战。双方都不想将条约付诸实施，也就是说，都不想明确让与法国的土地的界限。路易试图为新的行动留有后手。利奥波德一世——他与威廉·德·奥兰治一样，都是路易十四最强硬的对手——只想着如何避免某种迫使帝国军队转入和平状态的全面安排，因为他自认为是西班牙遗产唯一的合法继承人。

从欧洲政策上说，1684 年是路易十四时代的顶峰期。他的王国比 453
此前任何时候都要大。法国梦想“合并”的某些前哨地区离科布伦茨和美因茨只有几法里……除了上述两个地方外，法国以一系列强大的军事要塞控制了整个上莱茵和中莱茵地区。

但未来暗藏着巨大的危机。积怨不断加深。对其他国家而言，事态很清楚：它们的生存安全不可能有保障，无法不担心法国的威胁。它们紧张地注意到，法国自尼姆维根和约以来获得的利益比路易十四的先王们在任何一次战争中的所得都要大。雷根斯堡停战协定没有开启稳定的和平时代，它只是延长了一种充满危险的临时状态。

二、大路易治下的法国

路易十四不只是让欧洲感到恐惧，他还受到法国人的赞赏，甚至崇敬。作为胜利的、英雄的君主，他回报了众多臣民的期待。但在 1661 年左右，光荣并不是法国人唯一的、可能也不是主要的向往。像整个欧洲一样，17 世纪的法国经历了一次影响人类所有活动领域的危机：经济的、政治的、宗教的、科学的、艺术的。各种对立的趋向在人的内心深处激荡冲突着。无论是教会、国家、社会团体，还是个人，都在为恢复自己的统一、秩序和稳定而斗争。在许多法国人身上，总体形势造成的困难以某种潜在的——有时是剧烈的——方式延续着一种焦虑情绪。投石党运动的记忆让他们恐惧。他们认可并希望王权的强化，而这种强化从一开始显露之时就与当时的危机展开斗争。

国王的议政会

政府组织是王权首要的行动工具。路易十四有议政会辅佐。他以 1670 和 1673 年的规章明确了议政会的组成。原则上的一致继续维持。事实上，议政会的分支机构增加了，每个分支在实际工作中也被称作“议政会”。我们应该区分国王出席的政府议政会和常规性的行政及司法议政会。

政府议政会有三个。“高级议政会”或“国务秘密议政会”每周举行 2—3 次，其成员是终身国务大臣，路易十四个人统治期间这样的大臣共 16 名，同时在任的有 3、4 或 5 名。“政令议政会”主要由四名国务秘书组成，专门负责国内事务。最后是“王家财政议政会”，或简称“王家议政会”，根据1661年9月15日的规章设立，这是个有限的技术性委员会，负责所有有关国王收入、国家预算和王国经济的事务。

司法和行政议政会总称为“财政和指导秘密国务议政会”。国王不出席这样的议政会，但他空着的座席俯临会议。这个议政会有不同的会议。有的以秘密议政会的形式召开，这就是人们所称的“部门议政会”；另一些会议则称作“国务和财政议政会”。但所有会议都有以下人员参加：大法官；国务大臣和国务秘书；特别是国务顾问——其数目在投石党运动之后有所膨胀，后来被限定为33人，而后又为30人——财政监管；宫廷常任检审官。筹备工作的也是同一些办事处。此外还有一个信仰议政会，它与前面的会议很不一样，某种意义上是宗教事务部，其成员包括巴黎大主教、国王的告解神甫——一位耶稣会士，以及一到两名高级教士。

行政君主制 454

路易不想设立首相。所有政府部门都围绕他个人运作：“我的信任和我的命令之执行应有人分担，但不得完全委诸于一人，让不同的人根据各自的才能负责不同的事务，这可能是君主首要的和最伟大的才干。”他不愿意大贵族、甚至是一般贵族出现于政府高级职能机构中。承担这些职责的“低贱的资产阶级”在形式上也能以爵位和封地名称自我炫耀，但他们仍保留着其原来阶层的思想状态。

最初操纵政府的是“三叉戟”，即三位马扎然留下的经验丰富的顾问：勒泰利埃、里约内和富凯。最后那位著名的财政主管于1661年被逮捕，并在一场轰动一时的诉讼过后以贪污和阴谋罪被判终身监禁。富凯的对头让-巴蒂斯特·柯尔伯接替了他在三叉戟中的位置，这个兰斯的市民为人粗鲁而严厉，但思路清晰，工作能力惊人。他成为财政总监后，财政主管的头衔被取消。此外他还兼任其他职务：建筑主管、宫廷和海军国务秘书。实际上，他的业务无所不包，除了外交和军事——这是勒泰利埃和他的儿子卢瓦的专有地盘。柯尔伯的家族很庞大，他将家人也带入政界：叔父普索尔，兄弟柯尔伯·德·克瓦希，儿子塞涅莱以及侄子托尔希。勒泰利埃和柯尔伯两个家族之间的暗中争斗十分激烈。这种斗争国王是乐意看到的，他从中可以赢得安全保障和双方的热忱。他一会儿宠幸这一方，一会儿又对另一方施以恩惠。但是随着对外政策日益强硬，卢瓦的影响力占了上风，1683 年柯尔伯死后的几年中，他几乎拥有全权。

但是从深层上看，从 1661 年起，法国的行政管理——不仅是政府层面上——在发生改变。刚刚走出投石党运动的这个国家已经疲惫不堪，它比以前任何时候都更加服从权威。在这方面，柯尔伯起了首要作用：他是行政君主制的创始人。作为特派差的督办是在议政会中的资产阶级分子中选拔的，黎塞留曾大量增设此类官员，但投石党运动期间被取消，随后又偷偷地恢复。这种官员的职能是巡查性的，是个监察员或调查人、而非行政官员的角色。1661—1666 年间，柯尔伯赋予他们两项职责。其中一项十分棘手：分摊军役税；第二项职责十分广泛：审查和清偿各团体的债务。他们的权力由此大大增强。这第二项繁重的职责使他们数年内被限定在自己的辖区中，这种辖区也是最高一级的税务管理区划：财政区。督办由国王任命，其薪水固定，其受托权力总是临时的和可以撤销的；作为中央权力驯服而忠诚的代理人，他们的重要性不断增长，而职位所有人团体则因此而受到损害——这些人更多是靠诉讼费而不是职位薪金获取酬劳。

外省督军——大贵族或法国元帅——逐步变成一个象征性角色；他们已经没有私人军队，其军事权限也慢慢转移到国王的代理长官手中。各高等法院和其他高级法庭——1665 年后它们不再以“最高”而是以“高级”名之，后一称呼要低微得多——在督军不在时不再有领导该省的权力：这个权力已经归督办了（1667 年）。根据 1673 年的一份诏书——该诏书重申了 1641 年的法令，但当时这个法令未曾公布——这些法庭的谏诤书只有在它们验证国王的法令之后才被考虑接受。这样，巴黎高等法院宁愿不呈交谏诤书而直接登记国王的决定。外省高等法院也是这样。

455 1661 年之前，国王很少关心行政工作。大量事务交由各团体、城市或乡村、各地方的职位所有人团体处理。路易十四个人统治期间，职位所有人变成了简单的执行者。他们不再是从前的建议者和合作者。因为很多问题或是由督办的办事处解决，甚或由巴黎直接处置。由于督办的工作十分繁重，他的办事处也在发展，并有了助手：督办助理。由于他一个人无法审阅一个财政区的所有文件，于是他将这一文案工作交给小办事员。通常，文件无需通报给督办，除非要他签字。

此时的君主国家不仅从事行政管理，其立法方式也更为明确。司法改革委员会——柯尔伯和其叔父普索尔对它的影响很大——编订了6部法典，其中包括民法典或路易法典、河泊森林法典、刑法典和商法典。但实际上，这些立法和行政工作的实际效力是千差万别的。

被征服省区的整合

我们可以把当时一个无可争辩的成就归功于法国的行政体制，这就是从精神上整合归并那些新近征服的省份（阿尔萨斯、阿图瓦、鲁西永、佛兰德尔的瓦隆地区和弗朗什-孔泰）。行政机关力戒将既存的制度习俗一笔勾销。对于这些新省份来说，仅仅是法国国王取代了以前的君主。接着督办着手将法国的法律和习惯引入该地，但举措十分谨慎、缓慢而有分寸，并且对当地习惯作出许多让步。尽管国王数次声称他的王国中只存在一种官方语言，但他并没有强制推行这一语言。阿尔萨斯的议政会不加分别地使用法语、拉丁语和德语。在这个省，使用法语的教育机构与使用德语的教育机构并存。为了不伤害不久前还臣服于西班牙的领地上的居民，南特敕令在这些地区不适用。原则上说，民法典适用于整个王国，但它很晚才被引入鲁西永，佛兰德尔仍然保留着它古老的习惯法。由于法国司法和行政机构的效率，由于阿尔萨斯督办柯尔伯·德·克瓦希和拉格朗日以及弗朗什-孔泰督办肖夫兰等人灵活有效的政策、同样也由于路易十四的威望和凡尔赛具有的吸引力，新省份的政治整合取得了完全的成功。法国的事业在当地人中亦有最出色的代理人，如图尔内三级会议的法官米歇尔-安齐·德·沃尔登，以及佩皮尼昂的督办、加泰罗尼亚人雷蒙·德·特罗巴。这些地区的人民很快就参与到王国生活的各个方面，他们的表现有时十分出色。鲁西永为法国贡献了画家里戈；私掠船长让·巴特出身佛兰德尔；弗朗什-孔泰和阿尔萨斯涌现了数百名富有才干而又坚定地忠诚于法国的官员。在西班牙王位继承战争的艰难时刻，“老”法国人和“新”法国人不仅认为他们都是同一位国王的臣民，而且是同一个国家的成员。

国家对国民的控制

法国政府和王家行政机构的另一个成功之处是完全顺应了人民的这样一个意愿：建立普遍的秩序。无论是贵族还是职位所有人团体，都已不可能违抗国王的意志，或鼓动他们的农民或被保护人起来反抗。无论是三级会议还是显贵会议，都已不能向国王呈交集体陈情书。同样，各大团体实际上都已受到监控，尤其是法国教士大会。对于新教社团来说，已经不可能反叛王权了。自从阿莱斯恩典敕令之后，他们已经没有了安全要塞。他们的大会和政治会议消失了。最后存在于朗
456 格多克、基耶内和多菲内的等员法庭——两种宗教的法官数量对等的法庭——于 1679 年 7 月被撤销。1659 年鲁顿会议之后，全国性的新教评议会就没有再举行过。早在南特敕令撤销之前，新教社团就已经不再构成一支反对力量了。在任何一个省份都已不存在违抗王权的问题。众多的省三级会议消失了，或更经常地处于可有可无的状态。它们并没有被正式取消，国王只是不再召集之。1655 年后多菲内和诺曼底的三级会议、1672 年后下奥弗涅的三级会议、1673 年后凯尔西和鲁埃格的三级会议、1683 年后阿尔萨斯的三级会议以及 1704 年后弗朗什-孔泰的三级会议，都没有再召集过。而 1639 年后，国王也没有召集过普罗旺斯的三级会议。国王只是召集“团体大会”，在这种会议中，高级教士和贵族的代表十分有限，因而会议也很驯服。

行政体制对城市的打击比对农村更加深入，这是个普遍现象。1667—1697 年间，巴黎实际上由治安总监拉雷尼控制，他是个十分能干的人物。各城市的市政选举到处为督办或治安总监左右。1658 年诏书之后，在巴黎，国王在夏特莱的代理人——该职务 1667 年后与治安总监合而为一——有权主持行会管事的选举。在外省，这一职权归治安法官或督办。此外，柯尔伯还努力将工匠们尽可能多地纳入行会和

职业团体中。但是很多人没有加入，他们更偏爱兄弟会——这只是一种宗教性质的互助社团——或帮工协会——一种非法组织，其成员只有帮工伙计而没有师傅。

在农村，行政机构的影响要薄弱得多。其中原因在于“行政区划建设”工作仍很松懈：1665 年，在 24 个财政区中，司法官员共计 8648 人，财政官员 4968 人（国家财务官、税区税务官等），税收人、主计员和监督员 4245 人，司法助理人员（执达吏、庭丁等）27327 人，王家领地官员 1059 人，国王的官员总计 46047 人。如果按照沃邦和索格兰的估计，当时法国人口为 1750 万，即每 380 人中有一名官员。但如果说行政机构的影响在农村比在城市小得多的话，还有一个简单的原因，那就是通信和道路交通的不完善。同各种饥荒的威胁作斗争是国家行政机构的职责。但是对督办来说，准确而迅速地获得信息是很困难的，对大臣而言更是如此；而要对一个遭遇不幸的省份进行有效的赈济工作就更形困难了。居民也不会轻易放出自己的余粮，如果他有的话。诚然，法国农民的物质和精神状况要比欧洲所有其他国家的农民优越。他会经常起诉自己的领主，而且会赢得官司。但是领主仍然是强大的。他可能非常严厉，尤其是当他是个穿袍贵族或是新近获得领主权的资产者。王权一般不会干涉，除非出现特别严重的压迫行为。奥弗涅的大审判日（一种特别司法行为）就曾严厉处置虐待农民的领主（1665—1666 年）。但是也有某些法官——有时是因为姻亲关系——听任被判死刑的贵族在他们的领地上逍遥法外。还有的法官只是在敷衍那些让他们感到棘手的国家法令。有时候，造假币者享受的宽大处理能引起公愤。在远离国家权力中心的偏远地区，贵族就是当地的小暴君，他们把持了农村公社的选举。他会指使傀儡压迫公社，同时免除这些人租佃时承担的军役税并增加其他居民的负担。督办们为税收的正当分摊、为国王能得到普遍的服从而进行着热忱的斗争。他们取得了可观的成就。但是他们只能够侵蚀领主的地方权威。457

国家和经济生活：柯尔伯主义

就像在社会生活中一样，国家对经济生活的控制只是局部的。当时，法国经济呈现出大部分西欧国家所共同具有的“结构性”缺陷：农业生产率低下，交通缓慢且缺乏保障，技术上存在种种欠缺。经济状况长期不稳定，当出现经济波动时，情况还会恶化，在当时，这种波动表现为价格持续走低，周期性的小幅或中等幅度的振荡，以及剧烈的季节性振荡。价格的长期低落导致生产放缓和企业精神的削弱。经济生活陷入停滞。此外，经济中的通货膨胀这一刺激因素又被王权剥夺：政府继续路易十三和黎塞留的通货稳定政策。1641 年确定的每图尔利弗尔的价值一直保持到 1689 年：8.33 克纯银。人们经常指责柯尔伯 22 年间推行的政策是以一个错误的原则为基础的：金银至上主义，即将财富和贵金属混为一谈。让·莫弗雷指出，在当时通行的商业状况下，柯尔伯自然应对保障金属货币良好的流通秩序有所关注。然而法国没有银矿，它只能从西班牙的失败以及尼德兰及英国的成功中寻找贵金属。美洲的金银只是在西班牙过境，这个国家开支太多但生产不足。相反，金银流向了那些出口多于进口的工业国家。因此这些国家的收支状况——被简化为贸易状况——就必定是出超。为取得这种积极效果，人们尝试对贸易进行直接干预：对外国商品课以沉重的入口税，同时鼓励本国产品的出口。1664 年、特别是 1667 年关税率的上升就是基于这一目的。但是，为了扩大市场，难道优质的产品不是个重要因素么？为了降低外国产品的进口，建立或加强本国的工业，以便生产与那些花费巨资从远方运来的商品一样有竞争力的产品，这难道不是必须的么？从这些简单的推论中还产生了另一个成熟的论点：生产性劳动本身就是一种财富。除了关注对外贸易，还应该更多更好地发展生产，应鼓励生产。柯尔伯还没有今天所谓的“充分就业”的深奥理论，但他的直觉意识到了这种必要性，这也符合他的性格。根据让·莫弗雷的看法，为所有人提供各种谋生甚至赚钱的方式，这可能是柯尔伯多方面的努力中最引人注目的特征。如果说他在观念上仍与亨利四世时代的人——蒙克雷蒂安、拉弗马——如出一辙的话，他在行动上则继承了黎塞留时代的开拓性政策：为避免购买热带产品而进行殖民活动；努力创建工业企业，争取外国技工的帮助，国家——如果可能的话，由私人储蓄中——提供资金支持。柯尔伯建立了两种工场：一种是“国王的”工场，如戈伯兰式的国家企业；另一种是“王国”工场，这是一种私人企业，但它们或受到国家津贴或免税的支持，或拥有某种生产和销售垄断权。由于产品要出口就必须有很高的质量，于是一套吹毛求疵的规章便确立起来，还组建了一个负责监察和制裁的配套机构。无论是“国王的”还是“王国”工场，其目标首先是生产奢侈品，如圣莫尔-雷夫塞的丝绸厂，博韦的挂毯厂，兰斯和阿朗松的花边厂，圣戈班的玻璃厂；生产奢侈品的目的在于扭转同意大利的贸易关系，并在声望上超越穆拉诺[①]的威尼斯工场。为 458
了改进其他企业的生产，柯尔伯发展并加强了被认为是国家权威之助手的行会制度。行会理事和监理人负责监督生产和行规之执行。1673年法令规定，所有工匠都应加入行会，但实际上它只施行于一些最重要的行业中。不过，柯尔伯以对制造商和工人严加管制为代价，成功地使法国摆脱了一些贵重产品的进口。

对贸易的关注

柯尔伯的努力首先集中在工业部门。他并非完全忽视农业。不过为支持农民生产，他只是在可能的时候降低一下军役税。在他的体系中，国内贸易居于次要地位，因为它不会给国家带来任何盈余的财富。不过在歉收之时，他曾努力改善各省之间的谷物流通；尤其重要的是，他将“五大包税区”范围之内的地区统一到一起，从而给法国带来了某种程度的关税统一，而五大包税区之外的地区仍是所谓的“外国”关税区。他特别关心——这是不言而喻的——具有经济影响的税收体制。富凯曾规定，外国船只，凡不是运载其所属国生产之商品者，每吨均应缴纳50苏的税收，柯尔伯维持了这一政策，其目的是为打击荷兰人的优势，并于英国人的航海条例形成呼应。但这只是一个庞大计划中的被动因素。从这一计划的实施来看，很容易辨别出成败得失。至少那些拥有特定地区之贸易垄断权的公司——如北方、利凡得、东

① 穆拉诺（Murano，一译米拉诺）是威尼斯北边的一个城区，当时以玻璃业著称。

印度、西印度、塞内加尔和几内亚的公司——是失败的。建立这些公司的部分原因是为了同英国和荷兰的公司对抗。有人认为英国和荷兰的公司是私人努力的产物，而法国的公司从起源上说是政府行为。但是英国和荷兰的公司同样是“拥有特许状”的，公共权力机构给了它们条件明确的特权。最大的差异在于，在英国和荷兰，资本家是满怀信心地参与这一事业的，而在法国，官方的宣传与其说帮助、还不说是损害了这些企业。人们对政府在经济领域内发起的任何举措都心怀疑虑：他们担心这是一种税收行为。此外我们还应看到，在 17 世纪上半叶，外国的公司并没有获得惊人的利益，因而在法国，创办此类公司的热情并不高。

殖民扩张

殖民扩张与上述努力有部分关系，但也是自发性行为，它或是为将来作了准备，或是取得了即时的成果。法国人在印度和马达加斯加已经立足。最可靠的成就是在加拿大和安的列斯群岛取得的。新法兰西——这是法国的农业领地，一个拥有督军、主教和督办的省——的殖民是柯尔伯个人的功劳。他鼓励往那里移民。另外，他深切赞同归化土著居民。他希望土著能与殖民者组成“单一民族”。安的列斯群岛的殖民地是自行发展起来的。但是柯尔伯有一套完整的糖政策，它受后来所称的“殖民条约”的启发。人们希望甘蔗种植园能为只有宗主国本土上才可设立的炼糖厂提供原料。这一体制相当成功，与之配合的人口贸易提供了大量非洲劳力。黑奴法典在今天看来可能十分残酷，但它也有保护奴隶免受可怕之虐待、确保其生存的作用。

459 海军建设

但是，柯尔伯最伟大的成就无疑当推重振和发展了法国的海上力量。前述 50 苏的吨税以及政府的津贴鼓励了商船建造业。皇家海军的建设受到的推动尤其大。国家的经济生活也受益于这一活动所产生的积极效应。造船业有了发展。人们开始保护森林，因为它是木材和柏油的产地；为了制造船帆和缆绳，人们开始鼓励种植大麻；冶金业更受重视了，因为即使是商船当时也须配备武器。最后，港口建设进展巨大：在布雷斯特和塞特主持工作的是沃邦的师父克莱维尔骑士；罗什福尔港的领导者是这位大臣的堂兄弟柯尔伯·迪·特隆；在敦刻尔克和马赛则是战舰总监阿努尔，他将马赛的面积扩大了一倍。海军和商船之间的相互促进比任何其他时代都更显著。可以肯定的是，在柯尔伯时代，法国的海上贸易获得了决定性的推动力，尽管当时的局势并不有利。像黎塞留等人一样，柯尔伯也被称作“重商主义者”，换言之，从字面上说，他信守的经济制度是大力鼓励商业行为和商业精神的。但是，正像黎塞留一样，他所追求的目标本身并不是法国的繁荣和人民的福利，而是国家的力量。政治优先于经济。

财政和税收

国王要有强大的权威就必须有良好的财政。柯尔伯管账的能力可谓不容置疑。他首先致力于建立真正的国家预算和尽可能地压缩开支。但他不能不兑现“支款单”，即国王要求立刻提供被视为不可或缺的款项的命令，这一做法打乱了整个预算计划。他追究贪污的财政官员，清除豁免军役税的冒牌贵族。当时最容易增收的进款是对消费品征收的间接税：盐税、关税（国内关税）、商品税（对饮料征收）。间接税由“包税人”征收，这些私人企业家根据与国家订立的合同上交规定的款额，并在大批雇员的协助下向纳税人课税，税款中包括一定的收益。科尔伯逐步提高每位包税人（traitant 或 partisan）的承包金额。但另一方面，他又为他们配备骑警，而且国王看来也与这些财政家们站在一起。“波旁王三王合像”让人想起了巴黎的三座雕像：位于新桥上的好国王亨利的雕像是在人民中间；王家广场上的路易十三雕像的周围是贵族；而胜利广场上的路易十四雕像是在包税人中间。柯尔伯设立了新的间接税，全部采取包税制：登记税、贵金属冲印税、纸牌商标税、特别是印花税，后者在布列塔尼和基耶内引发激烈反抗，某些地方还伴有农民起义（1675 年）。但是柯尔伯仍然不能平衡预算。根据他的估计，1683 年，即他死去的那一年，总支出（不计支款单的数额）为 10300 万，而收入仅为 9700 万。确切地说，在一个通货全面紧缩、经济形势极为不利的时代，路易十四和柯尔伯让这个国家承担了两个异乎寻常的艰难任务：几乎连续不断的对外战争，以及规模巨大的工业化努力。法国的经济发展像它的领土扩张一样不容置疑，货币价值仍保持不变。但是预算并没有达到平衡。

460 思想和艺术管制

路易十四登基之时的经济形势糟糕透顶，但当时的文学、艺术和科学运动却展现出无可比拟的远大前景。路易十四通过军事胜利为他的荣誉奠基，但他也从上述运动中获取新的荣耀，他要刺激并规范这一运动。他还喜欢那些富丽堂皇的盛典和装饰。在当时涌现的各色人才中，柯尔伯努力寻找能被用来为王国增添光彩的人，并从而使官方导向占据引导地位；当时受到明显优待的是人们后来所称的“古典主义”倾向：以理性来把握艺术，创造力的训练，对普遍性的关怀——这是对所谓的“巴洛克”美学的打击，后者是躁动的艺术，表现的是内心的骚动和焦虑，同时它又是逃避焦虑的手段。

身为建筑总管，柯尔伯的职责远不止是监督王家建筑工程和管理有关的财务，这个终生操劳于行政工作的人还成了艺术、文学和科学的掌门人。他自己文化粗浅，但他至少知道笼络一批顾问，在当时，这些人也许被认为是最可信的。让-巴蒂斯特·吕利曾于1661—1687年间担任国王的音乐主管，他是所有剧院、音乐学院和学校的指导人。查理·勒布朗1690年之前一直是国王的首席画家，他在艺术界的影响力简直是一种专政：雕塑家克瓦塞沃、吉拉尔东、卡菲耶里，雕刻家奥德朗和勒克莱克，都是按照他的思路进行创作；挂毯师根据他的图案加工；范·德·默伦的风景画尊奉的是他提出的概念；其他的人物画家亦然。他领导一切，监督一切，为每个人提供艺术观念或构思。柯尔伯选用夏普兰为他的文学顾问，当时大部分人都认为后者是位伟大的诗人。夏尔·佩罗是未来“仙女故事”的作者、卢浮宫的建筑师的兄弟，柯尔伯直接任命他从事其最初设想的两个计划：分发奖金和组织——或重组——科学院，柯尔伯试图以此来吸引才智之士，授予他们荣誉。奖金不只是在法国发放，外国人同样可以获得。因为柯尔伯努力从外国招揽学者或具有非凡才华的艺术家——正如他吸引外国技工一样；这样的人物如贝尔尼尼；物理学家惠更斯，他在法国待了20年，《屈光学》就是在法国完成的；意大利天文学家卡西尼还是巴黎天文台的领导者。科学院、专家协会或是在必要时提供有益的咨询，或是为国王的荣耀服务。现存的机构受到国家更为严格的监控。柯尔伯成了法兰西学院的“副保护人”。其成员选举受政府指导，此外还设立薪金以鼓励创作。它应“以更好的语言知识”使法国人“更好地为国王的光荣而劳动”。所以让·拉辛写道，“对我们来说，我们语言中所有的词汇，所有的音节都是珍贵的，因为我们把它们看作服务于我们伟大的保护者的光荣的工具。”绘画和雕刻学院获得了一个办公场所、一套章程，以及传授其技艺的垄断权。此外，柯尔伯还根据自己的意愿组织和完善一些由他设立的新学院：铭文和美文学院（1663年），科学学院（1666年）、建筑学院（1671年）、音乐学院（1672年）；最后还有一个性质上与前述学院不同的机构：罗马法兰西学院，青年学生在那里研究古代的杰作。

因此，君主的艺术获得了巨大的推动力，凡尔赛当然是其主要成就，但不是唯一的。巴黎某些最具特色的东西应归功于这个“伟大时代”。废弃的城墙就是在那时候被改造成装点有凯旋门的漫步场所的，如为庆祝国王的胜利而修建的圣德尼和圣马丁门。卢浮宫完工，并建起了柱廊。利贝拉尔·布吕昂在一座济贫院中间建造了萨尔佩特里埃尔教堂，而前者恰是巴黎真正的城中之城，他同时也是残老军人院的 461
建筑师，芒萨尔则给它加上了一个匀称轻快的圆顶。芒萨尔还设计了旺多姆广场和胜利广场，其目的是为了在其中安放路易十四的雕像。最后，外省艺术中心的创作者，尽管他们的作品主旨不同，尽管其中仍保留着“巴洛克”的特征，但他们都同样受到召唤，为国王的建造业务而工作，普罗旺斯人皮埃尔·比热就是如此。

人们有时把“路易十四的”艺术和古典主义文学对立起来，并认为作家不像艺术家们那样紧密地围绕着国王。这些看法并不完全准确。实际上，大作家们都在某种程度上受到国王的优待或支持。我们会想起——这是个最著名的事件——《伪君子》的作者在面对那些可怕的敌人时曾得到过国王的支持。当局对一切展现其伟大辉煌的事业都予以鼓励，作家也从中受益。此外，他们作品的某些方面与路易十四初年的风尚有紧密联系。长期以来，很少有人批评莫里哀的喜剧芭蕾：《梅里赛特》，《西西里人或爱神画家》——他在其他作品中插入的幕间音乐剧或舞剧也是如此。批评者只是认为作品过于迁就宫廷的要求。另外，安托万·亚当让我们注意到，莫里哀的这些尝试是与高额奖金相关的，他梦想着一种将音乐、舞蹈和诗歌结合到一起的综合艺术，并认为他的某部喜剧与宫廷庆典融为一体是很正常的事。我们还能发现，当时一些最伟大的作家都曾为国王写过光辉的颂辞。对某些人来说，这是义务，而另一些人则出于利益动机。不过这些颂辞大部分是真诚的，它们不仅表达了这个民族对于它的英雄、作为征服者的国王的热情，同样也表达出作者们对这位艺术和文学的保护人的感激。当时的法国人开始相信，他们所处的时代并不次于伯利克里、奥古斯都或美第奇家族的时代。当科学院的一位成员保罗·塔勒芒神甫庆幸自己出生的时代是“历史上最美好的时代之一”——这样的时代是由“各类艺术中群星璀璨的天才、由新的知识智慧造就的”——时，他表达的是一种相当普遍的看法。1660—1680 年间，正是在这种民族自豪感中诞生了拉辛和莫里哀的杰作、博絮埃数篇最出色的诔词、几乎全部的拉封丹的《寓言》、塞维涅夫人为数众多的《书简》、布瓦洛的《诗艺》、拉罗什富科的《箴言集》、以及拉法耶特夫人那出色的小说。这 20 年是法国文学史上最辉煌的一个时期。如果说存在一个“1660 年派”、特别是把布瓦洛看作是它的领军人物的话，那将是错误的。不过应该指出的是，当时四位最具声望的作家——拉辛、拉封丹、莫里哀和布瓦洛——他们都有共同的旨趣、共同的仰慕对象、共同的对手。他们都同样看重“真实”或“自然”，这被认为是与造作、夸张、繁琐的巴洛克元素相对立的。他们都同样仰慕古人。他们都同样敌视主流趣味，敌视科坦神甫那种卖弄雅致的诗风、拉卡尔普雷内德的英雄传奇、以及吉诺的轻佻悲剧。此外，当时一些最伟大的作品中还有第二个特征，这使它们区别于此前所有的法国文学作品：它们都包含着——这同样是安托万·亚当的评论——“同样的人物形象，这一形象是悲剧性的”。人，不再像皮埃尔·高乃依的时代那样，主要是理性的、清晰的、自由的存在，而是各种激情的大杂烩。拉罗什福科的《箴言集》中所表达的就是这个，它被称为“理解我国古典文学的一把钥匙”。箴言大胆宣称，我们的激情决定了我们的行为，它有一个共同的根基，那就是自爱，这种不可救药的自私使得我们所有的行动都以 462
我们的利益为归依。他说，爱就是占有和支配的激情，因此它与恨很难区分。这样的人物形象，同样出现在拉辛作品人物的内心世界中，那是一个各种残酷激情迸发的可怕世界；同样出现在《葡萄牙的宗教通信》（1668 年）中，它的作者是拉辛和布瓦洛的朋友吉拉格；最后我们还可以在拉法耶特夫人的《克莱弗郡主》（1678 年）中看到这样的形象。这些作者穿越了基督教时代，回溯到古希腊关于人的观念中。他们的作品都反映了“这种严酷的真实和悲怆中的高贵”，我们在当时所有的艺术和知识生活形式中都能看到这种真实和高贵。但它们不仅打击了那些才智之士或平庸之人的趣味，而且让所有赞美路易十四时代法国的成就的人感到不快。

古今之间

正是由于这种对立，在快到 1670 年时爆发了一场古代派和现代派的争论；当然，这种争论渊源甚久。现代派认为，真正的价值是由流行于上流社会的礼仪、高雅和豪华构成的，他们认为，随着近来优秀创作的繁荣和新语言的创造，已经不可能再坚持摹仿古人的传统了；更明确地说，他们更加青睐法国，他们欣赏法国近来的文学作品。他们的领军人物是查理·佩罗和德马雷茨·德·圣索林。这些人非常活跃，他们在社交界、特别是妇女当中占据上风，并赢得了大多数文人、绘画和雕刻学院以及法兰西学院的支持。一个艺术事件准确地反映了他们提出的理念。1673 年 4 月 27 日，当歌剧《卡德穆斯和赫尔缪内》——吉诺的剧本、吕利的音乐——在国王面前演出时，它在法国已取得决定性的成功。当时现代派觉得它是法国最高的艺术形式，堪与古希腊的悲剧比肩。从 1674 年起，夏尔·佩罗开始为这一论点辩护，但 1687 年 1 月 27 日，这场潜伏的争论终于尖锐化，那天他在法兰西学院宣读了阐明他观点的诗作《路易十四时代》。现代派这些“巴黎的才子们”不仅反对当时最伟大的作家——拉辛、布瓦洛、博絮埃——而且反对所有依恋过去、不像他们一样对于知识或风化的进步抱有信心的人。这场争论由于个人仇隙而更为激烈。论战堕落为鸡毛蒜皮的争吵。一方责难荷马趣味低下，另一方则坚定地为之辩护。一方声称史诗中可以插入天使和魔鬼，另一方则认为应仅限于奥林匹亚诸神。此后争论时断时续，间杂着一些滑稽的插曲和激动人心的片段，一直持续到路易十四末年。

“民间文化”

这场争论只限定在相当有限的圈子内：文人、教会作者、沙龙和亲王们的公馆内。但这种被经常探讨和夸奖的“体面人”相对来说为数甚少。如果说那些伟大的古典主义作家的阅听群体较为广泛，但毫无疑问，这一群体从数量上说要比拉卡尔普雷内德、玛德莱娜·德·斯居德利或托马斯·高乃依的读者少得多。正是这些名字——而不是他们的派别——最能代表当时的主流趣味。托马斯·高乃依的荒诞作品《提莫克拉特》一度极为风行，而他的“杰作”《阿里亚娜》获得的成功与拉辛的《巴耶济德》不相上下（1672 年）。但是这两个群体——“古典主义”群体和“巴洛克”群体——加起来也远不能构成法国人中的大多数。大多数法国人，特别是农民，既不知道传奇中的
463 幻想，也不了解古典主义的杰作；不过他们也有自己的文化。这种文化很不同于“体面人”的文化。它的主题超脱了当时的思想和艺术潮流。例如，农村的雕刻一直在延用早期基督教时代高卢的题材。民间雕刻家和画师的技艺自 15 世纪以来几乎没有变化——以梨木或樱桃木雕刻，通常是用手而不是用印刷机印花，以镂花模板着色——如果说这些题材能历经数个世纪的话，那是因为群众的内心深处变化很小。就像中世纪末期一样，这些木版画是由小商贩散布的。那些只有几页、供晚上看的小书也是这样传开的，正像热纳维埃芙·波莱姆在特鲁瓦

发现的那样，当时特鲁瓦是个巨大的小书集散中心。这个“蓝色图书馆[①]”可以让我们了解下层人民、特别是农民的阅读状况。图书馆包括日历、历书、旅行指南、算术和医学书籍；神话和异教传奇一类的故事，如仙女故事、狼的故事、高康大和提尔·莱斯别格尔的故事；表现情感故事的短篇小说，如《格利瑟里迪的耐心》，它肯定起源于薄伽丘；骑士传奇的改编本(《君士坦丁堡美丽的海伦娜》，《普罗旺斯的皮埃尔和美丽的马格罗娜》)，它们是爱情连载小说的鼻祖；饮酒歌和爱情歌曲，我们从中可以分别出两种题材取向：基督教婚姻和放纵的企图；教育用的小册子；历史传说，其中十字军、特别是查理曼是重大题材；最后还有数量巨大的宗教书籍，特别是种类繁多的圣徒传记。在这种“休闲”文学中，社会秩序没有受到质疑，而是被默然接受，也许是作者的谨慎吧。由于这种文学是面向“大众”的口味和需要的，因而它也揭示了其读者的心态：尤其是显示出基督教信仰和天主教会在群众生活中的突出地位。

天主教会和国民生活

诚如拉布吕耶尔所言，当时的法国人“生来就是基督徒”。民事登记由教士掌握。不论教士在公共生活中地位如何——各省有所不同——宗教仪式总具有义务性特征。星期日不做弥撒或从事工作、推迟孩子的洗礼或不能及时把神甫召到病人身边，这些过错都可能引起教会法庭的干涉，甚至会导致向世俗权威上诉。因此教区内“领圣体者”的人数大约就是教区内成人的数字。宗教游行、圣骨崇拜、朝圣是非常具有吸引力的。苦修会、慈善协会——这是发自内心的虔诚的更为明显的例证——同样如此，各种修会也是面向社会各阶层的，耶稣会士在这方面很有专长。另外，经常领圣体和每年退省一段时间的习俗受到更广泛的欢迎。诚然，宗教领域也像其他领域内一样，存在“伟大时代的背面”。信仰宗教是十分广泛的，但人的品行并不因此而

① 17—18世纪的特鲁瓦是廉价图书的生产中心，这种书以劣质纸张印刷，封皮是一张没有印标题的蓝纸，在民间流传甚广，故那里被称为“蓝色图书馆”。

高尚起来。耶稣会士布尔达鲁埃和修道者弗雷歇尔就曾不留情面地揭露和抨击信徒的恶习。

还有一些具有时代特点的缺陷。人们一直相信巫术，1672—1682 年间，官方停止了对巫术的追究。另一些迷信活动甚至发展到渎神的地步，甚至最高的社会阶层中亦存在这类活动：追思弥撒和凶杀纠缠在一起的毒药事件就曾牵涉路易十四周围的人（1676—1679 年）。

不过，尽管有这些阴暗方面，教会在法国仍然收获了此前贝吕尔、樊尚·德·保罗和奥里埃等人努力的成果。修业神学院的数目在增加，教士的素质提高了。修道生活同样具有高质量。虽说路易十四个人统治时期成立的修会和修道院不如前几十年多，但其间的改革措施却不
464 少，改革的方向是提高修行要求。自 1662 年起，拉特拉普和朗塞神甫就成为这方面最著名的代表人物。此前沉睡的基督教观念苏醒了，引人注目的“皈依”不断发生，如隆格维尔公爵夫妇，孔蒂亲王和塞涅莱等人都皈依了天主教，塞涅莱还以费内隆为导师。最后，城市的平信徒也比从前更加关注重大的神学争论。

教会的影响不仅限于确立宗教信仰、引导信徒的精神和道德生活等纯粹的宗教活动，它还承担着公共救济的重大职责，尽管 1662 年起政府在这一领域内的介入日益频繁——当年的法令规定所有大城市都应开设一家总济贫院。博絮埃曾为穷人“卓越尊严”写过一篇著名的布道辞，我们不仅在他的著作中可以看到对穷人的持久关怀，当时成千上万的文献也体现了这种关怀，如在秘密圣体会的会议记录中。另外，除了某些孤立的异端地区，整个法兰西民族都已受到天主教会教育的洗礼。教区招募学校教师时须征求教区神甫的意见或许可。有的教士懂得，为巩固教诲的成果以及传授简单的宗教礼仪、基督教义和宗教知识，信徒必须有最起码的文化知识。有三位教士直接投身于改造“小民”之无知面貌的事业，他们是：查理·德米亚，圣查理修女会的创始人；最小兄弟会的尼古拉·巴雷，圣莫尔修女会的始创者；让-巴蒂斯特·德·拉萨尔，他从兰斯来到巴黎后，于 1680 年左右建立基督教教育兄弟会。这三位大众教育的先行者致力于解决这样一个

重大问题：培养教师；他们着手对课程设置进行大胆改革，他们尤其谴责在让孩子们读写法语之前要他们学拉丁语。

中等和高等教育——人们很少将二者区分开——完全是教会的领域，法律上说它属于大学这一自治团体。但这种对于国家的独立地位和垄断权利都受到了侵害。柯尔伯曾计划尽量削减古典教育，增设技术学校，不过国王没有实施他的计划。但国王把巴黎大学看作世俗团体，借口其内部分歧扰乱它的会议，于 1667 年对它进行改革并指派了巴黎大学的要员。另一方面，国王对大学的竞争者——各大修会设立的中学予以支持。1682 年，他批准耶稣会将坐落于巴黎圣雅克街的克莱蒙中学取名为“大路易”中学，他的保护意向看来显而易见。尽管古老的大学仍把持着授予学位的垄断权，但它们几乎到处都在衰落，因而各大修会创办的学校就显得更为成功了。朱利中学为奥拉托利会赢得了声誉。朗格多克和普罗旺斯是教义普及会的领域。耶稣会在法国有 70 所中学，学生超过 3 万。由于有一套基金捐助制度，耶稣会的教育几乎是免费的，因此各个阶层的年轻人都能进入它的学校。正如丹维尔的研究所证明的那样，这种社会阶层的广泛和差异程度大大超出人们一般的看法。

一个学校到底在多大程度上构建或反映了某一特定社会的精神状况，这在任何时候都是一个难题。但如果不考虑各大修会的中学在教育方面的影响，我们便难以解释 1660—1715 年之间法国在道德和政治上的某种统一性和凝聚力。

国家和宗教生活

这种统一性是路易十四和他同时代的许多人所想往的。但也存在个别的不同意见者。首先是天主教内部的“宗派”：詹森主义者。1661 年争论达到高潮，1664 年，巴黎大主教对王港修道院发出禁令。 465
教皇克莱芒九世（1667—1669 年）发出的“教会和约”或“克莱芒和约”只是一个充满含糊言词的妥协方案。但尼姆维根和约后，迫害重新开始了。对于那些同天主教会分离的人来说，1679 年是悲剧的开始。由于国王征收出缺主教收入的特权问题，路易十四同教皇处于严重的对立状态，他想通过清除法国的异端来表明自己的天主教热忱。他的众多臣民也鼓励他走上这条道路。很多天主教人士并不承认南特敕令；信仰的多元化“损害国家”，这个原则被普遍认可，甚至“所谓的新教教会”的成员也是如此。

很长时间以来，很多国家官员就在限制南特敕令的执行，施展各种诡计、利用一切空子来拆毁新教教堂。教会人士相信辩论的力量，博絮埃就以这种方式使蒂雷纳改宗天主教。但1678年新教牧师克洛德参加的那次辩论会却毫无结果。人们还使用一些非宗教手段，如法兰西学院成员佩里松领导的改宗基金就把一些穷人拉入了天主教。当宫廷转向虔诚时，改宗现象加速了。两种宗教的等员法庭被取消。一系列法令禁止新教徒获得官职、从事自由职业及很多其他行业。

在某些地区，法律措施还与纯粹的军事暴力相结合。士兵驻扎在居民家中，这些“武装的传教士”的暴行很快就取得了成果：1680年后，普瓦图督办马里亚克那著名的“龙骑兵迫害”迫使3万人改宗。类似的人物还有：福科·德·贝阿尔内、普瓦图和朗格多克的拉穆瓦尼翁·德·巴斯维尔。当人们把一大堆改宗的名单呈递给路易十四时，他对其中的暴行又能了解几何呢？他真诚地相信异端将很快被消灭，这一事实有助于解释1685年那个灾难性的法令。

撤销南特敕令

这个决定首先具有重要的政治动机。皇帝利奥波德于1683年在维也纳战胜土耳其人后，俨然以基督教的捍卫者自居，尽管波兰国王在这一胜利中出力甚多。此外，当时方济各会士斯皮诺拉正在争取各国君主支持他的教会统一计划，皇帝对这一努力也给以支持。路易十四同样以基督教世界的保护人自居，他当然不满足于派迪凯纳炮击阿尔及尔（1682年、1683年、1684年），不满足于解救基督教奴隶和肃清海盗。他试图完成查理五世在德国未曾完成的事业——清除异端，以此显示只有他能够维护帝国的荣光，并为当选罗马人的国王作准备。新教徒向他提出了“最后的请求”，保证他们忠诚于国王，以期得到宽大处置，但终归徒劳。撤销南特敕令最热忱的拥护者是巴黎大主教阿尔莱·德·尚瓦隆、卢瓦和起草撤销法令的大法官勒泰利埃。根据这一1685年10月18日的枫丹白露法令——22日登记——南特敕令被撤销，新教牧师遭流放，原新教徒被禁止外逃，违者服苦役，新教徒的学校被责令关闭，“新改宗者”的孩子须受洗。总体上说，这一法令得到舆论的热烈赞同，博絮埃、塞维涅夫人、拉封丹和拉布吕耶尔首当其冲。但撤销南特敕令的后果是多方面的和悲剧性的。尽管政府严厉追捕逃亡者，但外逃现象仍很普遍。大约有30万新教徒成功地离开了法国。他们中间有所有社会阶层的代表，有家中的幼子、商人、 466
农民以及一批真正的技术精英和企业主，他们移居日内瓦、荷兰和柏林——向所有的“避难所”迁移，这些地方变成了敌视法国和它的国王的中心。

三、面临厄运的国王和民族（1685—1715年）

路易十四在位的最后30年中，法国大部分时间都处于同大部分邻国的战争状态，这导致税收需求猛增。此外，有几个事件成为人民前所未见的苦难的催化剂，它们是经济形势的标志。最后，新的困难导致了对某些信条的质疑，这些信条一直到那时都似乎是解决危机的灵丹妙药，如绝对权力，柯尔伯式的重商主义，古典主义美学，严格正统的天主教。战争、饥荒、精神和道德危机：如此多的悲剧在一个比法国更为广阔——甚至有时比欧洲还要广阔——的背景中展现出来。

反法同盟

枫丹白露敕令激发了从英国到瑞典的新教宗教意识，流亡者们那些愤激的描述更使愤怒达到了顶点。北方各国之间正呈现出真正的宗教团结，而西班牙和皇帝似乎更倾向于新教君主们。路易十四的威胁政策并没有因此而收敛。他公然支持其小姨继承巴拉丁选帝侯的权利，并将他的候选人纪尧姆-埃根·德·福斯滕贝格强行扶上了科隆大主教的宝座。这就推动了敌人的联合。1686年7月9日，皇帝、西班牙、瑞典、巴伐利亚和法兰克尼亚地区的诸侯们结成了针对路易十四的奥格斯堡同盟。但他并没有被吓倒。当他因为罗马的法国使馆区的特权问题而与教皇发生冲突时，他占领了阿维尼翁和孔塔－维内森。随后他又派兵占领科隆和巴拉丁地区。正是在这种十足的仇法氛围中，人们得知了一个深刻改变力量对比的戏剧性事件：1688年的英国革命废除了斯图亚特王朝那个亲法的天主教国王詹姆斯二世，取而代之的是后者的女儿玛丽以及他的女婿、路易十四的死敌威廉·德·奥兰治。这个死敌既是荷兰的执政又是英国国王威廉三世，他掌握了当时两个最强大的资本主义国家的资源。敌对行动于1688年9月开始，并立即发生骇人听闻的暴行：法军有步骤地摧毁巴拉丁——路易十四作出这样的决定是受到卢瓦怂恿的，目的是想保护阿尔萨斯。一个以威廉为中心的、比奥格斯堡同盟规模更大的联盟组成了。不过客观地说，联盟各国结盟的动机是彼此不同的，联盟对于它们的意义也很不一样。如果说德国人是为了反对法国在莱茵地区的扩张而作战、西班牙人是为了夺回卢森堡、萨伏依人是为了满足其公爵的领土欲望，那么英法之间的斗争则有另外的重大意义。1672年，路易·若利埃和马尔凯特神甫从新法兰西出发，沿密西西比河而下，到达该河与阿肯色河的汇流处。1682年，罗贝尔-卡维里埃·德·拉萨尔抵达墨西哥湾，宣布整个密西西比河流域属于法国，并取名为路易斯安那。而当时大西洋岸边的英国殖民地尽管还没有越过林木茂密的阿勒格尼山，但它们的扩张之路有可能被堵死。因此对伦敦来说，摧毁美洲的法兰西帝国是其参战的主要目的。

奥格斯堡同盟战争（1689—1697年）

当同盟还严重缺乏统一领导的时候，路易十四实际上主宰了战争。
467 塞涅莱和卢瓦分别于1690年和1691年死去，取代他们的是菲利波·德·蓬夏尔特兰和巴尔伯齐厄，前者主管财政和海军，后者出任军事大臣。但是这两个人比他们前任逊色，国王逐渐亲自审查并决定所有提交给他的事务。蒂雷纳和孔代都已经死了，但两位新统帅的才华有时几乎与前二人一样出色，这就是卢森堡元帅和加蒂纳。最后，舰队也被托付给一位一流的海军将领：图尔维尔。

法军在帝国方面采取守势，在其他三个阵线则发动攻势。在尼德兰，卢森堡元帅取得了富勒吕斯（1690年）、斯坦凯尔克（1692年）和尼尔文登（1693年）战役的胜利。在意大利方向，加蒂纳从斯塔法尔德强行突入萨伏依（1690年），并在拉马萨依击溃维克多-阿梅戴公爵（1693年）。海战方面，法国舰队在贝维齐埃使得英国人和荷兰人无法迫近。但是，1692年5月，法国海军被优势敌军重创，在武格又几乎被风暴完全摧毁。相反，在美洲水域，伊贝维尔以及阿卡迪的法国人给了英国人沉重打击。和平的到来是两个因素的结果。一方面，由于战争规模空前，加之经济局面十分困难，交战各方都已精疲力竭。从16世纪末到投石党运动期间，没有发生幅度剧烈的、中断农业价格走低这一大趋势的周期性价格变动。价格“峰值”从来没有比此前的最小值高出80%，而是在55%—72%之间摆动。1661—1665年的困难时期过后，价格水平保持了约20年的稳定。但是，1693年和1694年的几次歉收导致了极其剧烈的危机。1693—1694年的“峰值”与1687—1688年的价格最小值相比，农产品名义价格的上涨幅度为500%——以银价计算约为400%。如果我们考虑到，在平常的年份，面包消费至少要占一个“小民”家庭开支的60%，那么他们所遭遇的苦难可想而知。此外，由于部分心理因素的作用，危机全面蔓延开来。所有靠土地收入生活的人都压缩纺织品和生产工具的购买量。作坊主和工匠生意萧条。城市出现了失业。最后，不管是直接还是间接的原因，饥荒导致人口大量减少。在这种条件下，交战各方无法以原有的资源和精力进行战争。1697年，原财政总监勒佩勒蒂埃写道：“没有人像我一样深感和平的必要性，人们无力也不可能继续打仗了，除非发生奇迹，否则战争是支撑不下去的。无论是国内还是国外，都亟需得到休息。”第二个因素——这是决定性的——导致了和谈的开始，这就是路易十四的慎重。从1693年起，他开始与罗马和解，那里有了一位新教皇：英诺森十二世。国王征收出缺主教收入的特权被扩展到王国的所有主教区，作为交换，他放弃将四条款作为教学内容的规定。1696年，路易十四取得一项重大成就：他以让出皮涅罗尔为代价换取萨伏依脱离奥格斯堡同盟。这样皇帝和西班牙在意大利的地位便受到威胁，它们驻米兰地区的部队也撤走了。而路易十四最终也承认了 1688 年英国革命的结局。

里斯维克和约（1697 年）

当和谈还在为全面的和约作准备时，路易十四也表现出了同样的节制立场。他肯定想到了西班牙的王位继承问题，而且人们也认为这个问题很快就会出现。他将洛林交还洛林公爵，把卢森堡还给查理二世，把所有合并的德国土地还给帝国，但斯特拉斯堡和萨尔路易除外。法国还须对荷兰作出若干商业和战略让步：比利时的一个要塞防线由荷兰军队接管。这被称为“壁垒”，是防范法国的工具。特别重要的是，路易十四承认大不列颠的新教国王威廉三世为合乎宪法的国王，并承诺不再支
468 持斯图亚特王朝和天主教的拥护者——詹姆斯党人。这个条款是耻辱性的。法国人很难理解，战争获胜后为什么要作出这种低姿态。沃邦这样评论里斯维克和约：“我觉得它比卡托-康布雷奇和约还要可耻。”人民对此也是讽刺挖苦。他们不再像 1679 年那样赞美自己的国王了。

西班牙王位继承问题

路易十四只是以一种和解的精神来考虑西班牙王位继承问题的。他知道欧洲不会容许两个最有权势的王冠戴在同一个人的头上。因而他设想采取某种瓜分方案。但是，由于皇帝利奥波德不同意进行任何交易，自以为他的儿子查理大公享有完全的继承权，并试图与英王威廉三世达成谅解。不过“海上强国”——英国和荷兰——关心的首要问题是阻止法国染指尼德兰和西班牙的美洲领地，路易十四也答应了这一点，因而双方签订了秘密瓜分条约（1698 年）。条约将西班牙核心部分的继承权保留给巴伐利亚的选帝侯、查理大公的侄子约瑟夫-斐迪南。这个方案对于多数欧洲内阁来说都是圆满的，它们都不想出现哈布斯堡家族或波旁家族的霸权。法国将获得西班牙国王在意大利的某些领地，这些地区以后可以进行交换。但是由于巴伐利亚的小君主死去，因而必须缔结第二个瓜分条约（1700 年）。条约规定，查理

大公将获得西班牙的主要遗产，条件是放弃他在奥地利的继承权，作为交换，法国将获得洛林、尼斯和萨伏依。但是这个秘密泄露了，西班牙人拒绝任何肢解其帝国的方案。查理二世听从了西班牙贵族的意见，他在临终前一个月，即 1700 年 11 月 1 日立下遗嘱，排除任何瓜分方案并决定将他的所有头衔留给其继承人，继承人中排在第一位的是法国太子的次子——安茹公爵菲利普，而查理大公只排在第三位。在一次至今仍知名的议政会会议之后，路易十四接受了遗嘱，他这样向宫廷介绍他的孙子："先生们，这就是西班牙国王。"这位年轻的亲王成为菲利普五世后，得到了他新臣民的热烈欢迎。在作出这一决定时，路易受到王朝荣誉感的驱使。但正像托尔希估计的那样，皇帝无论如何都会为他儿子的权利而发动战争：他既不接受瓜分方案，也不容许一个波旁君主出现在马德里。对法国来说，消极观望迟早都意味着查理五世帝国的重现，也就是说法国会再次陷入包围中。菲利普五世得到很多国家的承认。但是，路易十四的自信心却随着他的衰老而膨胀起来，并因此导致一系列的冒失举措。今后两顶王冠戴在同一人头上的可能性并没有被排除：菲利普五世继承法国王位的权利依然保留着。法军以西班牙国王的名义占领作为"壁垒"的比利时诸要塞，荷兰守军被驱逐。欧洲感到，菲利普五世并不独立于他的祖父，按我们今天的说法，他的整个王国已经变成法兰西王国的卫星国。路易十四犯下的另一个错误是，他承认斯图亚特家族那位觊觎王位的詹姆斯三世为大不列颠国王。关键的一点是，他迫使西班牙把向新大陆贩运黑奴的垄断权（asiento）转让给法国的几内亚公司（1701 年 8 月 27 日）。这立即引起"海上强国"的敌视。1701 年 9 月，即在威廉三世死前几个月，这位得到伦敦和阿姆斯特丹的利益集团支持的国王组建了海牙大联盟，这些集团的利益现在受到了法国的威胁。皇帝则于 7 月入侵米兰地区，从而证实了托尔希和路易十四的担心。

西班牙王位继承战争（1702—1713 年）

同盟由三巨头领导：皇帝的将领欧仁·德·萨伏依亲王，马尔波罗公爵，以及荷兰首相海因齐乌斯。战争初期，路易十四企图采取猛烈攻

469 势，以占据主动。凭借着法国、西班牙和西印度的资源，凭借与巴伐利亚和萨伏依——它们是对奥地利采取军事行动的有利基地——的同盟关系，路易的机会看来至少与盟国一样多。维拉尔突破莱茵河，在多瑙河上游与巴伐利亚人会合。但从 1703 年起，力量对比的天平开始向不利于法国的方向倾斜。萨伏依突然改换了阵营。英国通过约翰·梅休恩条约而与葡萄牙结盟。马尔波罗采取了一次大胆的行动，离开尼德兰向欧仁亲王的奥地利军队靠拢，使后者得以在施瓦本的霍希施塔特-布伦海姆击溃巴伐利亚人和塔拉尔率领的法军（1704 年 8 月 13 日）。同年，英国人突袭占领直布罗陀并一直据有该地。加泰罗尼亚发生反叛，并欢呼"查理三世"。由于这次反叛，再加上同葡萄牙的战争，查理大公趁机占领马德里，不过只待了几天（1706 年）。

这样，法军在尼德兰和意大利北部遭到失败，战争向法国边境地带推进。另外，一次严重的国内叛乱迫使法军分散部分兵力。1702 年 7 月，芒德的总司铎查拉修道院院长被农民杀死，接着，加尔和洛泽尔之间的新教地区发生骚乱。一位名叫让·卡瓦利埃的羊倌组织起一支高度机动的部队，并挫败了国王的军队。于是被迫调维拉尔和大批部队前往镇压。这位元帅采取谈判和战斗两手策略，总算让卡瓦利埃停止了战斗（1704 年 7 月）。但"卡米扎尔"起义并没有完全平息下去。伴随着先知预言的零星暴动一直持续到 1710 年，而且新教徒也继续在"荒野"中举行他们的沉思大会。

经过 1707 年短暂的间歇后，敌军再次在法国边境上取胜。马尔波罗赢得了奥德纳尔德战役；尽管布福雷作出了英勇努力，里尔还是被欧仁亲王占领（1708 年）。随后出现的悲剧成为这场战争的关键点，就像 1693—1694 年的危机是上次战争的关键点一样。而这场悲剧的剧烈性和幅度之大都更为显著。1708 年初冬时节阴雨绵绵，1709 年 1 月 5 日，气温突然剧烈下降。四天后，塞纳河从巴黎到出海口处都已结冰。冰冻一直不化。两次温和期过后，寒潮又分别于 1 月底和 2 月底袭来。这是人们记忆当中最严寒的冬天之一，它造成的后果极其严重。所有播下的种子都被冻死在土中。在南方，橄榄树坏死。另外，河流结冰使交通陷入瘫痪。价格上涨幅度惊人。在罗泽瓦-昂-布里，1708年2月每塞蒂埃小麦的价格为5利弗尔10苏，7月为8利弗尔10苏，在大严冬的末期则达到58利弗尔……农民的苦难比城里人更加深重。就像每次歉收的危险显露之时的对策一样，城市当局都尽可能地在农村搜寻小麦，把它运到城里储存起来。城市的粮仓充盈，它有自己的储备。当危机出现时，粮食生产者的面包极度匮乏。拉布吕埃尔这样评述农民："他们免除了别人为生存而播种耕作的辛苦，他们不应该缺少他们自己播种的面包"；我们在当时的所有危机中都能发现他所描绘的这种不合理状况。1709年也像1693年和1694年一样，农村中那些最不幸的人普遍涌向城市，他们可以在那里工作或要饭，这样都有可能找到一丁点儿面包。当时出现的饥饿骚乱通常应与农村人口大量流向城市有关。

战败、饥荒、死亡率上升、为赈济灾民所需的大笔开支、征税困难、减免税收之必要、潜在的危险因素，最后还有一派人主张不惜一切代价实现和平，所有这些因素迫使路易十四尝试进行和谈。托尔希亲赴荷兰。1709年，维拉尔和布福雷在马尔普拉盖阻挡了入侵的敌军，但次年贝蒂纳、埃尔和杜埃陷落。在荷兰南部的热埃特吕伊登堡 470
举行的和谈中，人们计划让法国回到1648年的疆界（阿尔萨斯除外）并废除菲利普五世。海因齐乌斯受仇恨的盲目驱动，他甚至提出这样的要求：如果菲利普五世拒绝放弃王位，路易十四应派自己的军队将他赶下台（1710年6—7月）。路易向他的人民发表宣言，告知敌人妄图给他施加的耻辱："我宁愿与我的敌人而不是与我的孩子进行战争。"不久法国—西班牙开始挽回局势：旺多姆公爵在维亚维西奥萨取胜（1710年12月10日）。此外一个偶然事件也改善了路易十四的处境：西班牙王位的觊觎者约瑟夫一世在他的兄弟死后成为了皇帝查理六世（1711年）。这时英国人意识到，一旦皇帝成为西班牙国王，那对于"海上强国"来说将比一个受到削弱的、同已仅限于伊比利亚半岛及其殖民地的西班牙相分离的法国危险得多。因此安妮女王的政府无情地抛弃了它的奥地利朋友，同路易十四在伦敦签署了预备条约（1711

年10月8日）。当维拉尔在德南战役中大败欧仁亲王后，荷兰也赞成这个条约（1712年7月24日）。1713年的乌特勒支和会将预备条约明确化，稍后查理六世也被迫在拉斯塔特进行谈判（1714年）。

我们统称的“乌特勒支和拉斯塔特条约”包括14项协定，主要牵涉两大事实。首先，菲利普五世保住了他在马德里的王位，但应将尼德兰——荷兰人仍占据“壁垒”上的要塞——以及其先王在意大利的所有领地——米兰和那不勒斯——让给查理六世。菲利普对此极为不满。第二个事实是，英国人获得了可观的优势：在经济方面，西班牙把黑奴贸易的垄断权让给英国，其殖民地在商业上向英国人开放；在土地或战略方面，英国取得了米诺卡岛和直布罗陀，法国将纽芬兰、阿卡迪、哈得孙湾以及产糖的圣克里斯托夫岛让给英国。沃邦在敦刻尔克修筑的巨大工事须拆除。最后，在精神领域，路易十四承认英国的新教继承法。路易十四以政治上的蒙羞和放弃人烟稀少的遥远领地为代价，保住了他在位期间构筑起来的战略边疆。在北方，1678年的边界几乎没有变化。东部以莱茵河为界：他交出了位于莱茵河右岸的凯尔、菲利普斯堡和弗莱堡，但获得了兰道。东南部的边界是阿尔卑斯山脊：尽管他放弃了尼斯和萨伏依，但保留了巴塞罗奈特。法国在尝试同时在大陆和海外发展势力后，终于被迫在这两条行动路线之间作出选择。路易十四宁愿保住他在大陆上努力的成果。

表面上看，这场漫长的斗争是场王朝战争，但它也许是欧洲国家之间的第一次民族战争。它具有民族战争的规模和残酷性。帝国为阿尔萨斯而战斗，而两股力量拯救了处于悬崖边缘的波旁君主们：这就是极端仇视加泰罗尼亚人和葡萄牙人的卡斯蒂尔小民；以及由法国农民组成的民兵，这支为加强军队而征召的队伍约有20万人。这场超出欧洲大陆的战争同样具有——而奥格斯堡同盟战争已经表现出这一特征——经济方面的因素，首先是在海上和美洲。另外，这两场大战可以被看作同一场冲突的两个阶段，它们中间隔着一个相当短暂的停战期。不管怎样，第二场战争只是发展了第一场战争给法国经济和思想生活带来的变动的后果。

战争经济（1688—1714 年）

这两场战争是在困难的局面下进行的。众多证据特别能表明当时人们一种共同的感觉：深信当时流通中的货币数量不足。事实上，总体上说，路易十四时代的生产总量有一定程度的上升。但是通货条件跟不上。同其他国家一样，法国缺少与其需求相应的货币流通量。直 471
到 1689 年，当局关注的主要问题是维持图尔利弗尔的稳定。这一政策是成功的。政府只是在具备相应的优良金银铸币的情况下才着手扩大货币流通量。它拒绝以大量发行铜铸货币为整个货币政策的基础，以前西班牙和瑞典就曾这样做过。劣币被禁止流通，无论是来自国外还是法国境内的那些飞地小公国的劣币，法国政府还强制关闭了这些小公国——如奥兰治、特雷武、东布和阿维尼翁——的铸币厂。为驱逐这些劣币，它不断改进本国货币的成色。但是，由此造成的后果是加剧了因长期的价格低迷而导致的经济萧条。1689 年后，战争使得法国的货币实践中出现了某些新气象。首先，图尔利弗尔的币值已不再稳定。从这时候起，利弗尔经历了一系列的变动和贬值，这是其间的几次“坚挺”措施无法弥补的；它的单位币值从 8.33 克纯银降低到 1715 年的 5.53 克。这些贬值措施实际上是隐蔽的破产：这对国家和负债人有利，它们用已贬值的货币偿还债务。而货币升值政策的实施则能让国家从收税中获得更多的金属通货。

同样，1689 年起出现了灵活的尝试性纸币。国家各部门发出的指定付款票据的流通不断发展，人们立即用它进行交易。由于流通迅速，使用纸币就等于增加了支付手段。但纸币的使用仍然是局部的。一直要到 1701 年，全国范围内的尝试才随“货币票据”的设立而出现。但是这些票据有的附带利息而有的又没有，因此就在公众中造成混乱，这是其失败的原因之一。

在这个艰难的时代，税收体制也在发展。国家采取了许多临时性政策：举债、大量出卖官职和贵族册封文书，增加间接税，后者此后由一个财政家协会，即总包税人承租。但还有更为深远的思考和创举。布阿吉尔贝尔发表了《法国详情》和《关于法国的呈文》；沃邦则出版了《王家什一税》。尽管他们的看法远不都是能够实现的，但仍是富有成果的。除了平庸的夏米亚尔外，财政总监们——蓬夏尔特兰、特别是德马雷茨——都是些出色的人物，他们选用了一些出色的助手，如达格索和阿梅洛·德·古尔内。为了以一种比率税取代陈旧的摊派税，人们尝试进行一场税制革命。1695 年设立的人头税根据纳税人的社会阶层按人头课征。1710 年 1/10 税是一种对所有收入课征的比例税。但是，由于缺少足够的行政力量，也由贵族和教会的抵制，税负重担主要落到了军役税负担者的头上。预算赤字依旧巨大。

法国财政经济的负责人从思想上说都是柯尔伯的传人，他们并没有否认后者的原则。不过他们都认为变通这些原则也是绝对必要的。这一看法与大商人和船东们更为激进的主张不谋而合，后者以他们的商会为表达意见的中介。他们坚决反对管制政策，反对垄断和大型的特权公司，他们认为竞争和生产自由会增进经济活力。于是便出现了半自由主义、毋宁说是松弛的管制主义的政策。这一新政策表现在各种利用新经济机会的努力中，政治局势会释放、有时还会主动开启这样的机会。与西班牙帝国、北非、利凡得、安的列斯群岛和远东的贸
472 易在不断增长。新的公司建立起来，如非洲公司（1690 年）、中国公司（1698 年）、南海公司（1712 年），它们的特权比以前少，但私人投资更多了。工业政策同样发生了根本性转变。1685 年之前，创建性的努力主要集中于奢侈品工业，目的在于避免高昂的进口，但此后努力转向了较少人造色彩的企业以及日常产品，如呢绒、大麻纺织品、冶金业和针织业。这些尝试仍是迟疑的，但当经济形势根本改观时，它们将会赢得完全的正当性。

经济形势和等级社会

两次战争期间，法国社会演变的重要特征之一是“财政家”这一社会集团的成就。他们当中有的人出身十分卑微，但这些聪明能干的人逐渐成为大金融家，他们为国王的贷款和其官职的出售提供了保障，并承租间接税的征收业务。克罗扎、拉默特、贝尔特罗、莱让德尔可以同国家的代表进行平等的谈判。后皈依天主教的新教徒萨米埃尔·

贝尔纳是位进口商、军火商和贸易事务的大专家。布尔瓦莱这位布列塔尼农民的儿子在旺多姆广场拥有公馆，还有香堡。

另外，法国社会是以等级观念为基础的，罗兰·穆尼埃最近的研究强调了这一观念的重要性——这是一种法律、特别是心理上的观念。当时社会习俗的力量仍很强大，根据这些习俗，确定个人在社会等级中的地位的不是财富，而是其他的标准。人们十分看重特权或个人所从属的社会团体的地位。他们不会同比自己门第低的人结婚。但是日常生活却由于战争和经济萧条而变得艰难。财政困难已经出现在那些原则上应鄙视金钱的社会阶层之中，而且这种情况不再是个别现象。一种功利主义的行为开始取代传统行为方式。穷贵族与富裕平民的女儿的婚姻越来越多。“如果财政家运气不佳，那些趋炎附势的人就会这样说：他是个小市民，穷光蛋，没教养；如果他发迹了，这些人又会向他的女儿求婚”（拉布吕耶尔）。尽管有人在讽刺，这类联姻仍不断增多。也许这一社会事实反映了心态的某种演变。也许 1661—1715 年间的人们开始认为旧的社会等级已经不合适了。也许人们开始慢慢地从等级社会向一个以财政资源之差异为基础的社会过渡。

从永恒面目到现实中的方方面面

传统社会秩序的转变对当时的人造成强烈的冲击。拉布吕耶尔的《品行论》所取得的惊人成功就是最鲜明的标志。剧作家们在尝试与“金钱问题”有关的主题：当库尔创作了风俗喜剧《彩票》（1697 年）和《投机者》（1710 年）；雷尼亚尔则有《赌徒》（1696 年）和《全面继承人》（1708 年）；最后还有勒萨日创造的“图尔卡勒”这一典型形象：寡廉鲜耻的冒险家、奴才变成了总包税人。剧作的主要目的不再是展现情节，情节只是为精确地分析当代风俗提供一个依托。与路易十四个人统治的前期不同的是，作品关注的中心问题不再是人的永恒面目，而是现实生活的方方面面。造型艺术也带上了新环境的痕迹。对大多数才智之士来说，凡尔赛无疑是一个施展技艺的开放场所，直至路易十四末年仍是如此。但是某些项目由于缺钱而未能完工，如曼特农水渠。勒布朗死后（1690 年），那种强加给艺术的美学趣味也不再能牢固地维系下去了。装饰师和画家找到了新的赞助者，这就是财政家们，他们将创新精神再次引向巴黎。某种一直为官方学说掩盖
473 的艺术潮流又开始出现了。它的源头在弗拉芒的现实主义中，宣扬色彩之光鲜、活力和激情——而对于勒布朗，姿态之高贵和构图之精细才是根本要点。新潮流的代表人物是安托万·科瓦佩尔和茹文内。在肖像艺术中，两种潮流都有自己的代表：里戈绘制的路易十四和博絮埃的画像十分庄重；拉日列尔则毋宁说是资产阶级的画家。1715 年之前，瓦托已在财政家克罗扎的家中——后者拥有巨大的花园——完成其创作的主要部分，但这个作品已经与路易十四时代大异其趣了。

贵族反对派

两次战争期间出现的问题不仅表现在绝对主义体制的税收、经济或艺术方面。路易十四的对外政策也受到一个贵族小集团的猛烈抨击，除费内隆外，这个集团的成员还包括博维利埃、圣西蒙和舍弗勒兹三位公爵，这些人把希望寄托在太子的长子、年轻的勃艮第公爵身上。他们都希望不惜一切代价换得和平。当敌军占领里尔后，这位年轻的亲王、费内隆的学生[①]公然宣称："许多世纪以来，法国并没有这个城市、甚至没有阿拉斯和康布雷，它不也过来了么?"作为对外政策上的失败主义者，费内隆和他的朋友们在内政方面则表现出十足的空想主义精神。他们的观念体现在《特雷马克》（1699 年）和最著名的《肖尔尼的桌子》中，这些观念受到双重仇恨的驱使：对王权的仇恨和对"卑微的资产阶级"的仇恨。为反对这两个对手，他们设计的方案是削弱王权，将法国经济限于农业范围之内、重建贵族在国家和社会中的优先地位。他们拒绝绝对主义，谴责路易十四的成就。

自然神论的发展

当时的教会也受到攻击，但其严重性很不一样。不过教会看来体验到一种宗教虔诚，并经历了一次惊人的传教扩张：这是路易-玛

① 指勃艮第公爵。

丽·格里尼翁·德·蒙福尔传教的时代（1710—1716 年）。教皇和已经变成教皇支持者的路易十四都在同异端作斗争。路易在博絮埃的支持下，很轻易地让寂静主义受到谴责（1699 年），这是神秘主义者基永夫人的异端学说，它将基督教归结于对神的“纯洁的爱”，这个学说得到费内隆的默许。稍后，政府以外交手段请教皇颁布了两份明确谴责詹森主义的通谕：Vineam Domini（主之园地，主园通谕）（1705 年）和 Unigenitus（独生，一圣通谕）（1713 年）。王港修道院的教堂、甚至墓地都被夷平。但是在这个关键性时期，教会面临的最突出的危险既不是因为对金钱日益感兴趣，也不是来自其内部的宗派。这一危险并不在于科学自身的进步，而在于——这是个全欧性现象——笛卡尔主义哲学的传播，怀疑和自由批判的精神被带到各个领域，而且与笛卡尔最初的思想恰恰相反的是，这种思想传播引发了一股不信教的浪潮。更准确地说，这种危险在于一种流传更为广泛的宗教体系，不过这个体系只有在文人阶层才有其公开的信徒。在他们看来，神是存在的，但这与人的命运无关；因此没有任何理由去崇拜神，神的启示只是无稽之谈。这种被称为“自然神论”的体系在英国颇为流行。但是法国本土也有一种起源久远的自然神论，这就是“思想自由者”的自然神论，其代表者之一是于 1682 年死去的诗人让·德埃诺。随后的岁月中涌现出新一代的“思想自由”作家，他们更加信奉理性主义，对基督教义的批判也更为系统。这一代人的代表人物是圣埃弗尔蒙和《关于人类世界之多元性的谈话》的作者丰特内尔（1686 年）。两个人都出自耶稣会的中学，这并非巧合。作为从事教育事业的主要宗教团体，1700 年时的耶稣会已拥有 150 所学校和 6 万名学生，在接受中等或高等教育的法国青年中，大约一半是由耶稣会培养的。然而，17 和 18世纪那些知名的自然神论者几乎全部出自耶稣会的学校，1715 年后，人们发现社会精英阶层的新一代中不但有人数众多的自然神论者，还出现了众多的无神论者。这就对耶稣会哲学教育的内容提出了问题。因为，即使耶稣会的中学教育不能完全解释某个人，但它的影响在很多情况下仍是决定性的。 474

让·德·维格里的研究——尤其是他发掘了耶稣会神甫们的课本——为解释这个问题提供了有益的材料。在 17 世纪末，经院哲学已被耶稣会学校的教师们冷落。他们甚至不再谈论它。相反，他们受到当代哲学的感染，如笛卡尔和马勒伯朗士的哲学，后者的著作在 1674—1715 年相继问世；有时这些教师甚至受梅尔塞纳神甫于 1620—1650 年间创立的机械论物理学的浸染。然而，上述最后两位思想家都导向了同一个结论。他们排斥任何形而上学。他们把现象放在一边，把上帝放在另一边。这就促进了自然神论的发展。此外，这些耶稣会士既宽容又富有好奇心，他们喜欢把耶稣会感化的群众的某些信仰和做法吸收到基督教教义中来。

特别值得注意的是，他们把中国人描绘成并不自知的基督徒；然而他们自己并没有意识到，启示——如果确实有启示的话——正在失去它的价值，基督正在成为某种无用的东西。在他们的传教方式和他们为使用法语而作的辩护中，我们可以看到同样的步骤。他们一开始总是介绍上帝，然后再引向第二个步骤：基督。自然宗教为基督教提供依据，而不是相反。他们倾向于降低启示的重要性，并把基督放到次要位置上。这样他们就推动了自然神论的发展。1706 年，当年轻的阿鲁埃[①]还是大路易中学的学生时，一位耶稣会士就曾这样哀叹对年轻人的哲学和宗教教育的欠缺："他们来到这个世界，仿佛是来到了一个战场，宗教受到来自各方的攻击，而他们并没有武器；这些总是被人怂恿的年轻人怎能抵挡得住呢？"这些担心完全有根据。从 1689 年起，原奥拉托利会修士理查·西蒙就不断对圣经进行注解，其中的批判精神充满了对其力量的自觉。1697 年，培尔《历史与批判辞典》的第一版问世，作者以让读者摆脱"所有对于人类历史的疑问"为借口而宣扬怀疑论，特别是在宗教领域；这部辞典是个理论武器库，伏尔泰将不断从中汲取资源。

---

① 阿鲁埃（François-Marie Arouet）是伏尔泰的原名，他 1704—1711 年曾在大路易中学学习。

四、法兰西：艺术、军事和法律之母

路易十四的晚年丧事频仍，但圣西蒙所赞赏的“这种灵魂之坚定，这种外在的沉着，这种凭借勇气、睿智而不是盲目的面向一切希望的希望”使得国王的最后几年具有特别庄重的色彩。1711 年，他失去了儿子——大太子。接着，勃良第公爵夫人和公爵、国王的孙子们和他的一个曾孙相继死去。西班牙国王菲利普五世不能继承他的王位，他的直系亲属中没有继承人了，除了 1710 年出生的最后一个曾孙、一个体质羸弱的孩子。为了不让王位落入他的侄子菲利普·德·奥尔良——众所周知的“放荡者”——之手，国王于 1714 年 7 月发布法令，规定必要之时可以指定蒙特斯庞夫人为他生的两个儿子作为继承人，这就是曼恩公爵和图卢兹伯爵[1]。接着，他在次年 8 月 2 日的遗嘱中设立了一个摄政议政会，奥尔良公爵只能担任议政会的主席。他知道自己的遗愿可能不会比父亲和祖父的遗愿更受人尊重，不过至少他还有恪尽职责的意识。他履行国王职责的时间终于达到了其体力所能允许的极限，1715 年 9 月 1 日，路易十四辞世。他为臣民树立了一个 475
以基督徒的方式结束生命的典范：他的临终遗言是教会的祷告词。可能他已经意识到，在宗教领域他遭受了重大失败。他以自己的权力侵犯了臣民的权利领域，然而并没有由此而增进国家的精神团结。无论是新教还是詹森主义都没有被消灭。相反，迫害和争吵深刻地搅动了人们的灵魂，并为一场精神状态的革命作了准备。同样的失败景象还表现在最为物质化的层面上。从 1683 年到 1715 年，公共债务增加了 10 倍。新一轮的货币贬值无法避免。不过在 1715 年，不久前取得的成就也可以让人展望美好的未来。路易十四取得了里尔、贝桑松和斯特拉斯堡。王国的安全有了保障，直到 1792 年它都未遭受入侵。高效

① 曼恩公爵和图卢兹伯爵是路易十四的私生子，按照法国王位继承的传统，非婚生子嗣没有继承资格。

和集权化的行政体制已经建立起来，它的出色实践将会再现于拿破仑时代省长们的办公厅中。法国的经济状况要比王国政府的财政好：在战火炽烈的时期，企业主们普遍进行了必要的变革，以便从正在整个西欧呈现出来的新经济局势中获益。但是，法国人在这个悲剧迭生的统治时代所取得最伟大成就，既不是领土的征服，也不是法律和经济上的成果，而是当时法国所取得的知识和艺术上的至上地位，这是对整个 18 世纪欧洲历史的最重要的馈赠之一。并不存在什么历史宿命论和绝对的决定论。但勇气和意志力总是有益的。这两种由理性和情感指引的品格——它们互为支持又彼此保护——可以使各民族克服最险恶的局面。路易十四及其人民的荣耀就在于，在持续不断的厄运风暴中造就了一个“艺术、军事和法律之母”的法兰西。

国家出版基金项目
NATIONAL PUBLICATION FOUNDATION

世界历史文库
World History Library

中卷

法国史

〔法〕乔治·杜比 主编
吕一民 沈坚 黄艳红 沈衡 顾杭 杨庭芳 田军 译

Histoire de la France:
des origines · à · nos jours

中国出版集团
商務印書館

第十八章 启蒙运动 476

1715—1789 年
旧制度在游乐画式的场景、
哲学思想的激荡中缓慢地衰败。

时代精神

18 世纪是旧制度下最难从整体上加以理解与阐释的时期之一。它似乎确实缺乏实行专横统治的历史时期所具有的那种坚实的统一性，在那些历史时期里，生命似乎在行为的狂热中，或在屈从于某种强加的秩序之时，获得了一种意义。

除了摄政期间那段狂乱的插曲，或者路易十六统治最后几年日益衰败的时期之外，这个时代（大约 70 年的光景）表面上看是无忧无虑的。路易十四通过血腥的、耗资巨大的战争夺取了领土，扩大了版图，路易十五把这些领土作为成熟的果实采摘下来：洛林是有先见之明的老者、红衣主教弗勒里死后留下的礼物；科西嘉是从陷入绝境的热那亚共和国转移过来的。在这片扩大了的版图上，似乎是偶然地建立起了一种长久和平（奥地利王位继承战或七年战争期间的若干时刻除外）。外国入侵的威胁，如同国内的“投石党运动”，似乎只是遥远的记忆，造反的城市，以及巴黎与外省的反叛和骚动，统统都在“减少”。路易十五所谓的“卓越机构”好歹在运转。在某些“坏”年景——而且越来越局限于某些地方——这里或那里的“人民”仍偶尔出现骚动，但它们均没有到达扰乱凡尔赛宫之宁静的地步。法国的许多部门都更加有效地运转着；法国人口与其产品同步增长；由于物价上涨，1730年后商业活动顺利进行，地租也随之上扬，靠租金生活的人——贵族和资产者——从没有向他们的地产征收过如此之多的地租。尽管存在脾气执拗的人和落后于时代的人，社会流动在加剧，而且超越了那些昔日分隔各个“等级”的种种障碍。那些拥有钱财，拥有才能或智慧的人，可以踏上许多种向上流动的跳板，而且这样的跳板越来越多。这是一种令人炫目的文明（其中人民大众仍在很大程度上被排除在外），是拥有财富、影响和闲暇者的文明，如果说这一文明充分体现了富有阶层及其拥护者的活力与品味，那么它的声望与美丽却也遮盖住了那些逐渐使这座美丽的政治与社会大厦产生震动的裂缝。

事实上，表面完好无损的这一事物的秩序——其主宰是位于空前奢华的凡尔赛宫的绝对君主制——在其深处已受到一些变化的影响，这些变化逐渐改变了各种经济与社会力量之间的关系，并引发了种种
477 紧张与失衡，对此当局只是在为时已晚时才认识到其严重性，同时，这一政体的本质与风格使其只有通过背弃近乎两个世纪的古老传统才能产生补救方法。商业繁荣、食利者发财都解释了贵族文明的光辉，但国家并未获得相应的益处。国家时常拮据，随后终于被一直未整顿好的财政状况所撼动，又因所采取的不够成功的外交政策而丧失信誉，各种政治手段的软弱与前后不一致使国家不能裁决——除非是最后有利于控制它的贵族——各种对抗关系，这些对抗关系已随财富的快速增长与分配的不平等而加剧。政府也几乎不再听取农民的抱怨，价格上扬带给农民的好处微乎其微或者说是不稳定的，他们感觉受到令人憎恶的领主及其乡下同伙之贪欲的威胁。由此乡村与城市之间的对立加剧，在城市中那些食利者炫耀奢华并且享受着一种新式的舒适生活。城市是贵族或资产者文明的中心；城市也是一个熔炉，各种批判观点在其中凝聚，随后汇聚了毁灭传统秩序的人，以及各种思想潮流，而

那些相互对立的野心就是从中获取武器的：世袭贵族阶级的野心，怀念绝对主义之前的社会，当时他们是社会的栋梁；穿袍贵族及其同盟的野心，他们在扩大了政治胃口的同时，也巩固了其后天获得的地位，当然首先是穿袍贵族自身的地位；富有的资产者的野心，他们有教养、有抱负，然而无论在肉体上还是在精神上，他们都处于次要地位。从各个方面来看，绝对主义国家成为下列人士嘲弄的对象：利益已受到侵占或将受到侵占者；雄心壮志被忽视或不被赏识者；还有新式“哲人”，他们质疑国家为自身辩护时所用的超自然的基本原则，质疑其社会与经济机构运转的效率及公正性。在那些将他们无可挽回地分离开的裂痕显露之前，贵族野心和资产阶级野心是联合起来反对主宰这些运动的骄傲而又犹豫不决的政治体制的，而后者对于这些运动的意义和影响并不明白。贵族以传统和所有权的名义攻击这一体制；第三等级则以根本变革的名义攻击之，启蒙哲学为这一变革提供了方法，并确定了应用范围。在这一普遍不满的氛围中，启蒙精神在要求改革的同时，通过揭露社会、政治创伤而激起了愤怒情绪、暴露了不公正现象，使怨恨与愤怒得到了表达，并为其提供了武器。

政府并不敌视改革，摄政王曾指出其惟一希望的就是建立新的政治或财政管理形式；奥里和杜尔哥这样的行政官员则更为慎重，他们试图通过不断尝试来改善某些行政部门，使得某些税收的征收更为公正。所有这一切依然是不充分的和局部的，总体影响较弱。与依旧野心勃勃和耗资巨大的总体政策相比，国库收入已然越来越难以满足其要求。自 1750 年起，某些敏锐的领导人已看清这一事实：法国的国际地位，乃至政治体制的延续，取决于某些结构的彻底改变，首先就是国家收入的分配。然而，很少有人敢于筹划全面改革，它对王权的神圣性提出质疑，并在国家的运转中引入平等，促使国家成为人所共有之物，而不是某一社会等级的财产。某些大胆的人曾尝试去除政体所具有的矛盾和邪恶之处。马绍、贝尔坦、杜尔哥等开明的财政大臣已试图通过迫使享有特权者纳税来对政体作根本改变。1771 年至 1774 年间，通过取消高等法院——一切反对意见的策源地，一些政治人物甚至试图开辟一条君主制的新道路。结果依然是昙花一现：存在运气因素，而路易十五也可能去世得太早了一点。路易十六政府，比以往
478 任何时候都受困于贵族，尤其是穿袍贵族的利益，它由于对特权者联盟的妥协而最终投降。面对类似情形，其他时期的国王选择与“人民”结盟来反对“大领主”。路易十六的犹豫不决、多虑，尤其是失策，促使他选择支持“自己的”贵族。由于路易十六及其顾问们拒绝重塑特权者和各阶层相互分离的社会，这样已决定了政权的命运。

一、旧制度的困境

形形色色的经济问题

商业

结束了西班牙王位继承战争的《乌特勒支条约》与《拉斯塔特条约》，终止了法国对外扩张的勃勃野心，它们所造成的损失一直延续。不过，实际上，收支差额并非像显现的那样具有灾难性。对于皇家海军来说糟糕透顶的战争却鼓励了私人企业，以及在新的层面展开交易并获取新的收益的“竞争”。此后，法国商业扩展了活动领域、增加了船舶数量、采用现代化方法，并通过法英协约而免受英国竞争者的制裁，这一协约是由摄政王的精明能干的迪布瓦首相建立的，并为红衣主教弗勒里所延续，在 20 年间都左右了伦敦与凡尔赛之间的关系。

约翰·劳的制度——国家为解决财政危机而采取的权宜之计——在巴黎显现为法国与国际财政世界前所未有的飞速发展的开端，同时也是由于财政结构的陈旧和王国国库经常性危机而产生的一种必要干预。随着财政的飞速发展，一个新社会显现出来，心态也发生了变化。工业生产也处于转变之中，但是没有那么波澜壮阔，而是更为缓慢。关注国外销售市场的政府，布置保护措施和分配利益，但是也对讲究质量的生产作了严格规定，如“联盟行会”(同业公会)的生产、享有特权的工场或王家工场的生产。相反，在其产品由国内市场消化的

“自由”或是日常生产领域，宽容程度则随着法国市场的吸收能力的显露而不断提高。由此商业、财政和工业生活似乎已摆脱了在前任统治者治下所经历的兴衰。这是一个引人注目的部门，但也是脆弱的部门，它受到海上运输的风险、外国商业的竞争和国际局势的影响；但这也是一个为那些特殊商品（小商品、面粉和白兰地）确保了市场的主要部门，它不仅带回了奢侈品，而且还有工场的原材料（例如糖和废糖蜜），尤其是为王国提供了交易所必需的银币。由此商业和工业部门在国家的监视下发展，但还没有被征税，因此税收的全部负担必然再次落在了生产的主要部门，即农业部门身上。

农村

几乎全部土地都是由农民（路易十四去世时数量为1900万）耕作的，但他们只拥有其中的一部分，对于自己的劳动果实也只能获得微弱部分，不过这仍是领主权、什一税、租金和人头税所提取部分的一倍。在这部分中，农民还必须留出1/3作为未来收成的种子。除了最富裕的农民——阔绰的“耕作者”或农民财主，其耕作面积使其拥有可转让的剩余，绝大多数耕作者只保有仅供生存的最低收成。剩余的土地收入（总数的60%—70%）首先由国王收取，他因征税而成为“特权”地产主，随后是地租征收者，无论他们属于贵族、教士或第三 479
等级中的哪个等级，他们都是领主或地主，或集二者于一身。此后，领主们不再都属于贵族等级了。其中大量——比例不断在增加——是富裕平民，他们投资于领地，这使得他们已购买或准备购买的贵族身份得到确认。然而，在该等级的底部，还有一些相当贫穷的领主，拥有一小块领地或是地产，因同样贫困而与他们的承租者联系在一起，但更为贪婪和好吹毛求疵，而且小心翼翼地与那些奠定乡村绅士道德认同之基础的荣誉权力依附在一起。

与工商业部门相反，农业部门依然受那些整个世纪中未曾发生根本改变的生产和分配结构所统治。农业保守主义受到乡村资金匮乏的影响，出租土地获利者得到的资金实际上从未回归土地，农民手中的资金则更愿意购买土地，或是用于获得某一政府“职务”而转向官僚体制及其相关的一切好处。在这种背景下，进行农业深刻改良的前景是暗淡的。

税收状况所依赖的农业形势的这种持续不稳定，使其成为令政府忧虑的一个敏感部门。在歉收年份，价格的突然上涨对大地主和谷物商人有利，而农民则未曾受益，因为他们没有任何剩余可用于销售。相反，收成好的情况可能在乡村世界造成灾难性后果，受其影响，工业生产也因为工业品消费的下降而蒙受重创。由此，监督和指导始终是政府活动的特点：集市和面包店的“警察”；限制流通；建立储备；控制面包价格或对其征税，廉价面包是维持城市稳定的条件，因为面包是社会最低阶层和工人们的主要食物。然而，政治需要总是导致与农民利益相悖的财政举措，它似乎自然而然地注定是始终为对农业问题漠不关心的国家生活提供费用，而更不公平的是，富裕的和有影响的纳税人（尤其是乡村贵族）成功地只支付很少比例的钱。因此，农民始终怀疑和激烈反对“囤积居奇”或是“充裕粮仓”，认为它们是导致自己贫困恶化的投机行为。

近 18 世纪中叶之际，这一动荡加剧了，整体层面的两个现象加速了某些演变，加重了某些问题。首先是人口飞速发展，由于高“死亡率”的结束，其结果是：生产增长和平均寿命延长，尽管婴儿高死亡率依然存在。1789 年，农民的数量较之 1770 年增加了 200 万，而在 1770 年之前的十年里农民的数量也有相同增长。至 1750 年左右，农业经济和人口之间勉强实现了平衡：人们称之为生存经济。但是在 1720 年至 1740 年间，当生产率由于各种复杂的农业改变而趋于超过 5 ：1时（1770 年左右是 6：1 至 7：1），“变革”终于开始了。当时，尽管有捐税，但农民已不再是仅仅维持生计。各地情况有所不同，但总体进步毋庸置疑，至少对于农民来说它是生活中的这一体现的主要受益者。生活水平的提高只持续至 1770 年左右。自那时起，人口相对过剩对于农民地产主来说意味着小块土地在数量更多的继承者中愈加
480 碎化，它们不再足以确保生存了，而对于农业工人来说，则意味着难以维持生活的低工资、失业和最终成群的流浪汉的增加。

1730年以后最终凸现的价格上涨，结束了“悲惨的”17世纪的长期停滞，还在农村中导致了其他造成重大后果的改变。除了农民以外，它还有益于领主、征收什一税的教士、富裕的独立“农夫”或是承租者。由此，农民收入和食地租者或大生产者收入之间的差距增大，这加速了乡村富人的发展和野心的膨胀。

贪欲大涨的贵族和领主希望分文不花地增加自己“地产”的面积，保留自己的全部收成，其长期以来一直彰显无遗的对市镇土地的觊觎之心愈加突出，并声称要限制农村共同体已获得的“使用权”。但是他们并非惟一想从土地中获取更大收益的人。对农民征收人头税，并在南方对平民土地收入征收相当比例的税收的政府，也重视农产品的数量和价值增长带来的更多利益，因为它有益于王朝国库收入。受重农学派宣传的鼓舞，一个宏大的税收计划将带来“改善”和利益，这最终是以损害乡村中的大多数而实现的。在价格高涨的快乐和支持“新农业”的宣传下，农业问题的发展掩盖了农村世界已敏锐觉察到的严重威胁。由此，自50年代经济大“转折”起，这一农业——依然是王国绝大多数居民的生计和收入的首要供应者，而这些居民是国家税收和“警察”（即全面管理）领域的所有政府计算的基础——问题再次出现。

这就是为什么，在很大程度上，通过那些卑微的农业机构以及对其利益的巧妙、复杂的侵占，得以解释旧制度为何以明显不一致的形式在法国舞台上激起如此多的问题。

“‘等级’社会的含糊不清”

在将法国社会正式分裂的三个等级内部，各种结果并不相同的演变也日显明确。使社会分裂并纵向排列的这三大部分在数量上极不匀称：教士大约有15万人，贵族约为50万，而第三等级在大革命前夜是2450万。在每个等级内部，从此之后，财富将成为区分的主要标准。也正是财富将各等级中的人分为各种层次、各个“类别”。在因为贫穷或平庸而被剥夺一切获得升迁能力的基础之上，在各等级的顶端，层层排列着各个差异细微和渐进的类别，但他们有一点是共同的，即都是富人。尽管继续将这些上层类别予以区分的法律障碍仍然存在，但是，他们已超越这些障碍而携手同行。

贵族

在贵族内部，长期以来建立在土地财富、姓氏、职位或军衔之上的传统职责之行使，已因为其中“新”贵族，即官职贵族的出现而发生改变。“穿袍贵族”中的新贵，利用金钱的不可抗拒力量，在等级中获得了很好位置。作为地主和领主（对土地的细心和有效管理体现了他们的资产阶级起源），他们在很大程度上源自地租收入的影响之外，还加上了他们作为国家辅助人员或是代表的官方地位而获得的重要影响。由此，尽管“真正的”贵族最初有保留，但是贵族中的富裕阶层
481 间通过联姻而形成的同盟，在18世纪初已是一个既成事实，产生了重要的社会与政治结果。首先，它使得乡绅被禁锢在小领主和卑微职业者的次要前景中。由此，被遗弃的外省小贵族成为未被政权充分使用的人。

在等级的顶端，尽管老阶层和涌入的新阶层之间还存在“语调”差异，但是相互支持的利益间的融合几乎完成，它们的共同点就是金钱。由此，“奇异的圈子”形成，其中真正的贵族——老的和新的，世俗的和教士的，与被推定的或是被许可的贵族，以及富裕平民混合在一起。事实上，这一奇异的圈子通过种种与每个阶层相应的渠道，使阶层中身居高位的人吸收了大部分农业收入，此外还有财政、司法、行政或商业活动的收益，所有这些活动都是受这一统治阶级的利益推动，并为其服务的。由此，18世纪的这一上层社会（金钱在其中使各个“等级”和各种身份变得平等，并联合一致），它与旧的炫耀、仪式的和迷恋“区分”——就像圣西门这位落后于时代的代表——的贵族秩序是明显不同的。这一上层社会中的贵族——与平庸或贫穷的大多数贵族相分离，并有着明显区分——以一种奢华的混合形式，将出生所带来的举止、财富所赋予的自在、对优雅舒适的爱好和对文化的尊重融合在一起。

这一演变同样赋予18世纪的法国“文明”（我们所理解的上层社会的文化）以含糊不清的特点。一方面，是高雅、魅力、精细、崇高的理想和华丽的风格；另一方面，则是不断地一味追逐金钱。然而，正是属于这一“享有美誉”的等级所具有的威望，使得资产阶级着迷，以至于这些新来者否认自己的起源，并狂热地赞同“正宗的”贵族得意地在延续的一整套“历史”和神话观念，尤其是“门第”和“血统”优越的观念。除此之外还受到颂扬的是“荣誉”观念——贵族权利的宣传者与捍卫者孟德斯鸠将成为它的理论家，而不是启蒙哲学家将要界定的公共“服务”和对共同体的责任的观念。对于贵族来说，这一“荣誉”观念意味着整个一套举止、仪态、时尚和语言规则，它们注定将使他们与“平民”，也就是先天“下贱”的世界的人“区分”开来。

贵族的生活舞台不再是乡村（在一个破败不堪的庄园，乡绅抱着已经过时的关于忠诚和正直的观念不放，过着默默无闻的生活），而是变成了城市，后者的某些主要功能，往往是外貌，是由贵族的喜好标准决定的。正是在那时，美轮美奂的“府邸”，亦即为波尔多、艾克斯、第戎等地方首府增色不少的高等法院法官们富丽堂皇的住宅不断增加。巴黎比其他任何地方都更好地体现了这一变化。正是在那里，“时尚”，也即贵族的永恒创造，被设计出来。它将维系自己的地租收入投入于府邸、“豪华花园宅第”和美丽物品——由殖民公司和奢侈品工业（由其资本也来自于土地的股东和富人领导）为其提供。正是它的“环境”、喜好在城市规划中得到表达，尤其是在沙龙、喜剧和歌剧院这些贵族生活的实验室中，它看到自己的愿望、世界被移植入这些实验室中，而它又从中提取了自己的神话，往往还有姿态和语言。所有奢侈品都是为它服务的，甚至其堕落和思想上的兴趣爱好，既然它将把那些使其丑事公布于众的夸夸其谈或是理论看作饶有趣味的“创新”。

此种“惬意生活”有它的反面。首先，它需要花钱，除非极其富裕或是有来自金融的稳定收入，地租收入已不足以维系。而且，正是

这一苦恼将使得贵族屈尊进入经济舞台，在那里与资产阶级发生冲突，
482 并且以更为隐晦，但却同样坚决的方式与农民发生冲突，后者将成为首先对其进行身体攻击的人。长久以来它也准备回归政治舞台，而摄政时期是突然出现的一个救星。它的那些将路易十四统治看作陪衬的理论家们，想恢复贵族在国家中的重要地位。在这一演变中，贵族利用了自己与高等法院法官和金融家们的联盟，而它对后者来说也是有用的。制订法律的宫廷，不再是路易十四统治时期的那种国家机关了，而成为上层贵族和大批团体——各个“党派”和阴谋集团，每个都有自己的野心——的特殊利益的工具。它成为奢华的竞争场所，由于各种阴谋诡计而深深腐烂。各种小集团在路易十五时期已然活跃，但却受到国王情妇们或某些忠实拥护者的眼线监视之牵制而更为隐蔽，到路易十六时期则聚拢在普罗旺斯伯爵、阿图瓦伯爵和王后身边，变得蛮横和恬不知耻。1780 年后出现的一系列丑闻（罗昂－格莫内破产；阿图瓦伯爵垮台；项链事件）使得王权受到牵连，并揭示了贵族与权力之间的这种关系。通过大量占据政府的主要职位和运用高等法院中的策略来确保自己的职业，贵族就逐渐将国家据为己有。最高法院拒绝让那些新近成为贵族的人进入，进入宫廷的可能也日渐缩小。在军队，尤其是海军中，几部法令都是有利于贵族军官的，或是将某些官阶留给贵族。贵族政治试图留给外省小贵族的只是一些次要的“好处”或军人职业，除此之外别无任何有利可图的出路。确实，与旧制度下所有事情一样，这些限制措施包含许多例外，而且尽管更难实现，贵族并不总是构成一个封闭的世界。不过，这一印象凸现出来，即贵族试图在其领域排除一切竞争，此时也正是其侵占资产阶级领域的时刻。

他们在金融领域的盟友约翰·劳所建立的制度，将相当一部分贵族吸收进“商业”中，并使得他们在不降低身份的情况下变富。很多人投资于重大的殖民地贸易；各岛屿，尤其是圣多明各为大地主带来了数目可观的收入。旧制度末年的法国，一些贵族甚至获得了采矿特许权，经营煤炭公司，并对冶金、化工等新工业感兴趣。贵族也为

"工业革命"作了准备。至1770年，当农业价格回落威胁到地租收入时，由与政府结合在一起的贵族进行"封建反动"的想法在各地都显现出来。

资产阶级

贵族的这种更新在资产阶级中激起了深刻骚动，后者的地位上升依然在继续，而且还更为顽强，这与它在艰难的道路上行进时考虑得更远有关。勤劳、节俭和朴实，并以"詹森教派"道德为特点的资产阶级，自发指责贵族肆意挥霍、追求享受和腐化的生活方式。食利资产阶级在18世纪系统地重新形成了自己的文化，通过外省学院、思想社团、共济会中的资产阶级支部（区分于贵族支部）的讨论，将自己的时间花在这种文化上，并在书籍、研究和实验中投入了很多金钱。它展现了认知欲。由此，通过将在沙龙这一甚至是对立世界的核心中传播思想的任务留给自己最杰出的代表，资产阶级强力渗入了新思想的堡垒。

教士

教士面临的问题分为两个层面：物质的和精神的。首先，利益的分配是在一个越来越贵族化的框架中进行的；1760年以后，所有主教都是贵族。正是高级教士占有了什一税的主要收入，其中只有很少一 483
部分以"本堂神甫薪俸"的形式重新分给了本堂神甫和副本堂神甫。严格的修会已很少见，修会中的生活普遍懈怠，而修道院中最终亦已没有多少修道士。这些修道士绝大多数出身贵族，他们由此拥有了大量收入，在18世纪的进程中将之用于大兴土木，有时是奢华的修道院建筑和修道院宫殿。这一变化激起了各种各样的抗议。高级教士除了自己的主教责任以外，在18世纪下半叶对更为世俗而非宗教的"管理"形式颇感兴趣。乡村信徒尤其对他们神甫的状况深感痛惜，可能是由于其生活方式而与之接近，不过后者对精神救助的义务准备不足。下级教士屈辱地感到自己地位低下，这也加强了他们的"长老派"倾向。最后，对这一变化感到不知所措、并受新思想影响的公共舆论，有时会对“祭坛使者”的作用提出质疑，后者的功能似乎相当模糊和乏善可陈。其他人则要求移归教士的所有职能世俗化，而只把它看作蒙昧主义和恶习之堡垒的观点，则是坚定的反教权主义思想的体现。

18 世纪，詹森主义已成为反对政府绝对主义的宗教表述。社会中的一部分人坚定地反对《乌尼詹尼图斯通谕》，这首先意味着高等法院中法国天主教教会自主论思想的持续反抗、民众对罗马教廷干涉的反对，以及指出政府顺从罗马教廷（这就违背了王室的法国天主教教会自主论传统）是受了耶稣会士的有害影响。詹森主义的民众示威活动（巴黎和外省的中的虔信者、狂热詹森派教徒的极端主义）表现了对继承自反宗教改革运动之专制的宗教形式的内在反抗，或是相反，对耶稣会士及其帮凶的被认为过于“肤浅的”教理的内在反抗。但是它们也表达了对社会与政治信仰的不耐烦，而正是这一点被高等法院们抓住。通过试图介入有关拒绝圣事、告解证的可笑争论、贪婪地抓住“反教皇法支持者”（anti-constitutionnaires）的教士的“反对滥用的呼吁”，高等法院法官们——本身往往也是一种更隐秘和更严肃的宗教传统的信徒——试图反对王权绝对主义，利用这种迂回的办法，恢复自己的权力，并进而维护自己的特权。但是詹森派争论不仅质疑罗马教廷或君主制“传统”。它也为关于由教会垄断教育所强加的思想和文化框架的争论提供了借口。从这一视角看，在这场要求更多自由的争论中，很多支持奥拉托利会会员（多为詹森教派教徒）反对耶稣会士（尽管他们在教育上很大胆）的人是出于策略原因。1764 年，解散耶稣会以作为对高等法院和启蒙运动（此外还有《家族协约》）让步，这就必然造成詹森派的相应混乱，他们不无理由地成为一个从此以后总体上受到质疑的宗教的另一面。大的教理争论的消失并不意味着宗教生活的结束。某些人得意地指出源自 17 世纪的这种“一致实践”几乎在各地都持续存在。不过，许多征兆表明宗教危机是深刻的：在某些地区，詹森主义起到了加速非基督教化逐渐显现的作用；宗教思想慢慢让位于对教义漠不关心的本能的宗教感情。尤其是“启蒙哲学”不仅在已准备接受它的下级教士中取得显著进展，而且在高级教士中同样如此，后者的行列中有著名的反教权人士和确实的“启蒙思想家”。悖论在于法国教会继续——这是它的地位和官方“团体”组成的必然结果—— 484
主张镇压一切异端，首先是镇压新教徒，强烈反对某些高级教士在沙龙中支持的这种启蒙哲学思想。不过，尽管有下级教士的要求或此种主教们的偏离，以及社会混杂，但是极为忠诚的教士依然是旧制度的社会基础之一。

边缘团体

有一些社会力量由于这样或那样的原因而处于“体制边缘”，并提出一些问题，由于它们并没有立即让人感到可怕，因此有时候人们不太把它当一回事。属于这类社会力量的，首先是资产阶级出身的城市或乡村的“有才能的人”，从他们原本所处的环境向雇用或欢迎他们的富人阶层摇摆，而且他们似乎已以此为基础。不过并非都是如此；指出以下这一点是饶有趣味的，即正是在接近18世纪中叶之时，可以更为明确地观察到狄德罗所属的某种“放荡不羁的人”，对于这类“放荡不羁的人”，他的《拉摩的侄儿》曾描述了其轮廓：咖啡馆、公园和广场的常客，而这些地方正是各种新闻传播、各种观念争论不休、获取各种信息和滋生某些阴谋的场所。它首先发挥了思想作用，然后是艺术作用，而政治作用也不容忽视。在这个别致生动的世界里，还应把艺术家和演员群体与手段高明的廷臣联合起来。这种独特的社交性在某些省份甚为明显，在那里，在“等级”和身份的边缘，存在着依据自身动力推动的混合性极大的团体：青年团体、苦修者的“报刊”、或多或少常设的“寝室”；或是对民事和宗教权威抱有怀疑的“手工业行会”；上述被当权者不无道理地视为互助与联合组织的团体，以秘密的传授来掩盖自己，其中不少人在思考时显得有些过于自由；当然还有共济会的支部，虽然它们的目标长期以来一直甚为模糊，但在招募人员方面却一直保持持续性。欢迎背弃的结构随着时间的推移而逐渐明确，并通过“双重附属”手法而使旧结构内部得以重新安排。

更为边缘的是被宗教或社会排斥的人。长期以来新教徒一直受到迫害，“狂热”的不妥协像在王家议事会中一样，在社会中始终存在，而在这之外则是启蒙运动越来越具强制性的影响。但是，尽管法国新教徒的身份及由此而来的合法生活直至 1787 年才获得承认，外国新教徒——尤其是银行家——却相反，不仅没有由于他们的宗教而遭受任何歧视，反而还得到了社会和迫害他们法国教友的政府的支持与喜爱。在 18 世纪，犹太人也逐渐重新显现，这是与商业的加强和兼并（拥有大量犹太人的）洛林相伴的，由此，整个一类外国人在这一世纪的影响将不容忽视。在体制中，工人的地位是低微的，他们的数量在一个工业集中尚属例外的经济中相对有限。城市工场中的工人比“我的三分之一”（mes-tiers）这一共济会中的成员更加受到严格监视（1781 年的工人登记簿），但这并未阻止暴动和骚乱发生：1744 年里昂丝织工人举行罢工，1789 年圣诞前夜出现彩色糊墙纸工场的动乱，后者宣告了巴黎骚乱的开始。位于乡村的大企业、矿山、铸造厂等等中的工人，实际上是半个农民，他们未提出与物质状况有关的问题。不过，一些人已开始对工人处境产生兴趣，尤其是狄德罗，他认识到这一问题，并且以嘲讽的口吻将之与贵族辩证学家关于“幸福”的美好看法进行对比。最后，还有一些其罪行和邪恶尚不为人知，但确实非常现实的世界，这类世界组织完善，有自己的等级制、语言、习惯和领袖。例如，妓女的世界，它在巴黎、马赛这样的城市里是一个真正的什么
485 都干得出来的机构，其成员不仅有萨德的受害者，还有项链事件的同谋者；拦路抢劫的强盗的世界，他们引发民众的流言蜚语，其中的卡图什、芒德兰、加斯帕尔·德·贝斯等人，还成为民歌中的“主角”。这些团体中没有一个强大到足以对具体现状构成真正威胁。不过，当不满在乡村爆发或抗议响彻街头时，他们有时也为气氛作了铺垫，并提供了人员。

金钱问题

高等法院和“自由”

绝对主义已使“特权”继续存在，而维护特权事实上正是构成君主制本质的这些“根本法”的一个方面。因为尽管君主制曾试图实现中央集权，但它从未想平均化。不过，它的发展确实威胁到了不平等的这一根本原则。已丧失其历史与实践理由的“等级”，只是作为社会原则继续存在，其具有的权力日益缩小，而且他们的特权还被“超根本法的”权力和强制——监察官和税收——所削减。王权是享有完全独立性的最高立法者和管理者，三级会议已被搁置或取消，它只可能受一个根本和不可触犯的观念的限制。由此法官们利用了财产权概念，这是惟一能够对抗国王意愿的权利。仍然是反对派惟一可能的代言人的法庭，正是依据这一观念来阻止国王的专制权力及其所体现的直接威胁。自此以后，任何权力的“组织”行动、任何结构性改革尝试都会发现“自由”和“特权”的愤怒反抗横亘在“革新”道路上，高等法院法官们的政策将私有财产（终生职务和领主权）看作已获得所有物的一致“屏障”，而绝对主义政府的尝试因这一屏障而失败。18世纪法官们的基本角色就是充当已获得权利的警惕守卫者，此外就是“事件当中的首要当事人”。在这一借口是维护各等级的“特权”的政治中，使高等法院法官们尤其感兴趣的，首先是永远维护终身职务权；另外就是反对将减少他们收入份额的税收，严格维护地租的现有形式。法官们将引领那些受到威胁的利益和政治欲望反对绝对主义，这就解释了他们声称将在君主制中承认自己地位的新计划。

当高等法院表现为这些“中间团体”——坚持不懈地清除这些团体确实使得绝对主义得以建立——中的最后一个时，它是受欢迎的，而且它代替了——没有更好的——第三等级依然怀念的那些选举产生的议会。它同时得到了贵族和富人的支持，后者更有理由将其看作自己共同特权的壁垒。此外，当巴黎高等法院构思将全体高等法院统一起来的论点，并增强外省法院的反抗——其中某些法院，特别是雷恩的法院在 1763 年至 1770 年成为斗争先驱——之时，这一壁垒就得到巩固。1771 年司法大臣莫普摧毁高等法院，并以单一法庭取而代之的做法只是一个插曲，这一插曲随着路易十五的去世而告终。老的高等法院显得与君主制如此紧密相连，以至于路易十六在 1774 年将其恢复，而杜尔哥对它们也听之任之，目的是借此获取法官们对他的改革的支持，但正是这些法官迫使其在几个月后放弃。此后，高等法院一直不断地反对路易十六政府的财政政策，并且程度越来越激烈。1788 年，高等法院取得对王权的控制的时刻似乎已来临，它与显贵们一起
486 要求依照 1614 年形式召开三级会议，其中已有一整套策略和理论的特权者将占主导地位。第三等级也由此明白了作为贵族反动工具的穿袍贵族所具有的深层多变性，而分裂也在这一如此不同利益间的同盟中产生。因为法官们愈益烧毁启蒙哲学家的著作，判处拉巴尔、卡拉斯、拉利-托朗达尔死刑，以及反对取消酷刑的举措，他们所具有的保守、反动和蒙昧主义思想在不断地展现出来。这又揭示了另一个悖论，即贵族世界，尤其是法官们对启蒙思想的迷恋，他们通过自己的著作、沙龙而成为启蒙思想的最重要的宣传者。毫无疑问，他们对于作为等级制——建立在社会用途、才能，以及自由和平等的“自然权利”在社会中的确立之上——的新证据的赞同是发自内心的。然而，当 1788 年将这些观念付诸实践的时机来临时，穿袍贵族们又退缩了。事实上，诚如弗朗索瓦·孚雷所敏锐指出的那样：“哲学时尚与自由主义的模棱两可，已在观念天空中抹去了诸多团体的深层动机”。“精神贵族”，曾为自由，也就是自己的自由而斗争，但它是不可能承认平等的。

财政压力

18 世纪的一切王国政府都始终面临金钱的迫切需求。而增加税收在这一时期是不可忽视的事情。首先，战争需要组建军队，而军队人数越来越多和复杂，这就要求新的开支：兵营、要塞、扩编的兵员和大量军官、现代化的炮兵。事实上，战争和拥有一支引以为傲的军队构成了法国君主制的特点，法国始终是军事君主制，这与哲学家的愿望可谓是背道而驰。这一君主制不仅是军事的，而且还是海军的，因

为在莫勒帕治下，尤其是舒瓦瑟尔任首相期间（1758—1770年），法国海军进入了壮大时代。此后，它依然是王室开支的大头之一，因为只有拥有一支强大的海军才能使法国继续享有头等强国的地位，而这种地位是与法国君主制不可分离的。在政府和军队的某些阶层中起支配地位的骑士和贵族荣誉观，推动政府在一个能为贵族的天职提供最好舞台的领域花钱。华丽也是与王权绝对主义联系在一起的。那些在摄政王时期和弗勒里谨慎管理时期业已停止的有魅力的建筑工程，在蓬巴杜[①]夫人影响下又重新开始。此后，昂贵工程的不断增加，虽然有些是有用的（协和广场），但往往也是耗资巨大的华丽工程：军事学校、小特里亚农宫、圣热纳维埃芙教堂（先贤祠旁）、圣绪尔比斯教堂、凡尔赛的圣路易大教堂、凡尔赛歌剧院。宫廷，这一“民族的坟墓”，随着时间的流逝，日益增加其过分奢华的排场：加造的小套房，比大套房还要富丽堂皇；频繁而又奢华的宴会，在弗勒里去世后不断发展；维持众多人员，尤其是年金和“恩赐”的开支巨大。此外还有重要性小得多的其他花费，如官员、使团的薪水，以及给省、市的借款或赠品。

始自柯尔伯时代，法国政府就已充分意识到，战争和其他庞大开支得依赖于税收所获取的金钱，而这些税收又取决于其所课税的财富。“国家财富”有两个源泉，即农业和工业，柯尔伯及其继任者们仿效荷兰与英国，将关切点主要——并非像人们有时所说的那样，是完全地——集中在工业和商业上。从那时起，开启了这样一种趋势（它在大约从1660年至1760年的近一个世纪里占优势地位），即将农业的地位局限在提供生活必需品，以及为普通工业产品，尤其是低档纺织品 487
提供买主。由此必然造成国家取代或引导了私人积极性，承担起了负责服从于凡尔赛任命的监察官之命令和指示的殖民地（路易斯安那、加拿大、波旁岛、毛里求斯岛、安的列斯群岛）的发展与保护的任务。在这一国家框架中，私人利益如愿以偿。尽管有欧洲大陆的大规

① 一译蓬帕杜尔。

模战争和海军遭受的挫折，从未中断的殖民地贸易和欧洲奢侈品贸易在《乌特勒支和约》签订之后迅速复苏。毫不奇怪的是这一既富裕又脆弱的领域始终受益于政府的热心关怀，政府不大考虑对其课税和阻止这一能够为国王带来辉煌、为民众带来就业、将这些或多或少整体转移的财富吸引到法国的活动。税收也落到那些更明确、更容易界定和评估的财富身上，即源于土地的财富。间接税（针对日常消费品，如酒和盐的间接税和进出关税）的增加，从 1738 年以后包税协议租金的不断增长即可看出。通过为国王征收大量税收、组织公用事业（由此减轻了政府的责任）、发给其无数雇员的薪水以及其领导者的奢华，它就成为法国最为重要的财政力量。40 位总包税人——相互之间通过联姻建立联系——组成的超级寡头势力，在政府中具有相当大的影响，后者没有他们将一事无成（这也是相互的），由此这些人真正构成了一个特别的世界。

税收与经济发展

但是，王室从土地收入中提取的主要部分来自于直接税，即人头税，它几乎完全压在农民身上。享有特权者可能和其他臣民一样，被迫支付人口税。但是，他们在缴纳此税方面的表现甚为不佳，这样一来，该税所得甚微。在与收入成正比的土地税（二十分之一税，1749 年确立，尽管种种官方声明充斥“煽情的”华丽而空洞的词藻，它依然长期遭受质疑，而且，它在收益上进展不快）建立之前，人头税在继续压榨农民。

在传统土地框架内征收的人头税，促使收益微薄的农业的“惯例”长久流传，而这一农业的基础是：休耕地占了很大一部分的原始轮作，分散为小块并服从于集体的强制与束缚的土地上不太理想的开发利用，以及市镇土地的延续——后者是这一“旧体系”必不可少的补充。在这一背景下，增加农业产量或提高农业生产率的兴趣始终匮乏，因为直至 1730 年，农产品的价格一直都低得可怜，无利可图。由此，实际上没有任何一部分地产收入被用于再投资。事实上，直至 1750 年，法国未能像同时代的英国那样经历一场变化，这一变化正在使英国农业发生变革，而且它是以工具的改善、人工牧场的发展（因此导致饲养和肥料的发展），以及消除休耕为基础的。由此，法国农村、耕作者和土地租金受益者似乎囿于停滞之中，当然，最富有或是最大胆的人不在此例。

这一状况对某些经济和政府部门产生了深远影响。农民过于微弱的购买力使其无法像英国一样促进日用品工业的重大发展，由此也使得制成品的消费无法增加。法国的工业形式——其特点是集中程度低和工场在农村的分散状态——在农产品的增长中没有起任何作用。而且即使奢侈品工业提供了一个其收入大多来自土地收益的顾客群，它实际上对农村也没有任何回馈。商业——除了某些专用于面粉和烧酒 488
等旨在出口的食品生产的土地——对于农业发展的影响很有限。直到那时，人们根本不相信存在对农业进行合理变革的可能，而科学研究则往往被应用于“工业”技术。不过，在1750年左右，一个运用“乡村哲学”的农学家与思想家学派，在英国经验中找到了依据，他们将证明“加以改良的”农业在法国是可能的。由于军事失败造成政府更加脆弱，以及正如魁奈所反复强调的国家的财富，即国家力量，有赖于该国的农业，因此这一学派越发显得恰逢其时。

正是在此时，这一观念——以重农主义的计算和理论为基础——出现，即对农业的“纯产品”征收比率税，而这一农业在生产和交换自由的系统中得以促进、改善和再安置，并掌握在非封建化的“地产主”阶级手中。沦为雇佣劳动者的农民，受那些此后将成为“地产主”而不再是定期租金受益者的雇用。这一理论将英国农业的发展与整个封建形式已消失的“合法专制主义”政府联系在一起。依据这一有创造性的但却野心勃勃的计划，政府引发了谷物贸易的自由化和反对集体地役（共同放牧场、市镇土地）的斗争，但是并没有摧毁封建社会。因此，重农主义政策导致了乡村百姓的损失，而只是在价格高涨阶段（1760—1770年）增加了那些最大的经营者和土地租金收入者的收益。在领主体系反抗的阻碍下，重农主义只是引发了未能彻底解决问题的杜尔哥改革，以及在受到威胁的乡村小民中增加了对“改良”和被认为纯粹仅仅是帮凶的政权的怀疑。

绝对主义末期

路易十四确立的“古典”绝对主义——君主在拥有绝对权力的条件下，似乎作为一个协调者，以及依然如此对立的各种政治与社会力量之间的平衡角色来行事——在18世纪逐渐失去了这种仲裁者特点，而成为一个社会与道德事务越来越不平衡、不公正和最终难以忍受的秩序的后盾与帮凶。

绝对主义的矛盾

与行使君权相容的“自由”和特权已被保留，而且君主本人也服从“根本法”，就此而言，政府的权力尽管是绝对的，但却不是专断的。不过，在这些制衡——相当含糊和无关紧要——之外，正是国王成为了法律的化身，法官们则只是一些执行者，各种案件可能被避免交给他们，而是给了其他机构：特别法庭、最高法庭或监察官。这一绝对权力——仅仅受到团体特权的限制——不受限制地扩展到个人身上，而在这种政府形式下，这些个人被剥夺了面对君主的任何保障和外在参照，因为，君主就是法律，他将所有他“希望的”都确定为“合法的”（“国王想要的，就是法律想要的”，谚语如此说道；路易十六则说：“这就是合法的，因为我就这么想的”）。国王也可以仅仅依据其个人意志和以国家利益为托词，通过一封密札将那些他想将其囚禁的人投入监狱或拘禁起来，此外，由于它自然地属于整个“朕意”体系中，因此这也是完全“合法的”行为。事实上，这一体系在路易十四时已存在，当它出现之时，并未引发强烈争议，在当时情况下，
489 它被看作是最好的体系，满足了政治与社会需要，也是与静止的、等级制的和超自然的世界秩序观相一致的。而到了18世纪，随着形势的变化，它逐渐丧失了信仰的力量，以及人们对它的尊重：君主们毫无疑问缺乏风度；权力的行使受到诸多限制，即特权的扩散，社会与经济的转变，内部力量的作用，最后则是更有效、更灵活和更“合理的”其他方式的制定——这些方式尤其是依照英国体系来加以制订的。

特权

在有关特权的问题上，18 世纪的制度发展依然是既悬而未决，又在很大程度上自相矛盾的。一方面，“有益的”特权——尤其是那些与税收有关的——处于不断的削弱之中，而且不管怎样，都周期性地受到质疑。另一方面，贵族保留了足够的特权，这些与从未遭受争议的荣誉性特权联系在一起的好处，使得贵族继续，并且越来越吸引平民阶层中的有钱人士。事实上，乡绅是个例外，他们因太穷以至于只能渴望维持空洞的“荣誉”。跻身于贵族行列，比以往任何时候都多地提供了进入社会上层以及与此相连的大量好处的可能，如进入高等法院，获得市政高级官职、教会高级圣职尤其是主教职位、陆海军中的最高职位；在最为有限的例子中，甚至是跻身于宫廷的圈子里，这也就意味着能对“恩赐”和各种好处的缘起产生直接影响。

由此，18 世纪的绝对主义政府，远没有进行针对特权的旨在将其全盘废除的系统斗争，相反，在表面次要的领域里不断增加特权，以至于它们将通过违反、例外和豁免权的不断增多而使得政府权力的行使在实践中变得不可能。尽管政府官员不断抱怨——尤其是监察官，但仍必须重视高等法院的政治，后者打着所有权的旗号，将那些最滥用的特权看作是最“应受尊重的”，并维护它们的不可触犯性。始终面临财政短缺的当局，饱受以宗教争论为幌子进行的反对绝对主义的游击战的折磨，而且在 1740 年以后，其上层已完全丧失了权力和威望，而后者原本可以赋予它一种成功的对外政策，由此，在面对结成同盟以试图确保对国家的控制，并进而永远确保对“所有权”的掌握的高等法院愈益大胆的行为时，当局惟有不断退缩，这一状况一直延续至 1771 年。

政府构成本身的演变，也使其在面对享有特权者的欲望时，无法进行有效地反对。自摄政时期——在政府高级职位中重新引入贵族，而且尽管在各部会议制垮台以后，明显重新回归之前的由穿袍贵族技术专家管理的政府“形式”——以来，法国政府始终或多或少由贵族控制，他们的野心空前膨胀。首先是行政官僚家族（菲利波、拉穆瓦尼翁、富凯、达让松等等，他们出了如此多的大臣）此后完全属于最大贵族行列。这些最大贵族自身也进入了内阁：两位王族（前摄政王和波旁公爵）成为首相；最显赫的姓氏则占据了国务秘书的要职，如塞居尔、蒙巴雷、蒙莫兰，尤其是舒瓦瑟尔家族。由此看来，路易十五和路易十六的政府有如对路易十四的大臣们的“卑贱的资产阶级”出身的一种报复。丝毫不会令人惊讶的是，政府权力被一些人垄断，并专门用来服务于官员和财政贵族寡头统治的利益（后者通过他们的
490 女人们而在幕后效力，如蓬巴杜夫人）。尽管总监们对此持保留意见，但他们通常地位没有那么高，而且自那时起也很少能使自己的观点得到承认。当政府面临的困难使其衰弱时，高等法院对绝对主义的要挟在这一政府中也找到了盟友。达格索，法兰西的一位掌玺大臣，已为法官们提供了——虽然可能并非其本意，但却是饶有意义的方式——他们 1690 年以后使用的措辞；由此轻易地就减轻了自己的“哲学”意识的舒瓦瑟尔，在晚些时候通过“牺牲”耶稣会士来向其让步。

督办官

针对绝对主义的贵族抗议在外省也同样凸显。可能应该重提督办官“统治”的绝对权力，这一统治在 18 世纪中叶达到顶点。

所有这些“分派的特派员”，其目的是在司法、治安，尤其是财政领域执行国王的命令，他们作为一个整体已成为众多研究的对象，非常引人关注。正是由于督办官们的努力，外省才能在 18 世纪获得很多现代化的工具：道路、建筑、桥隧工程、港口等等。督办官们鲜有对社会问题漠不关心的，尤其是涉及通过废除共同使用权或是瓜分市镇土地而“改良”农业的计划时的关心程度，确实只在征税官中才能找到。他们同样反对某些地方利益堡垒中存在的腐败或是不公正，如市政会议、商会、农业协会或是排水团体等等。此外，仅仅把他们看作专制权力的盲目执行者是错误的。他们不仅知道如何使来自凡尔赛的指示与地方现实相适应，而且他们往往表现为所处财政区面对中央政府时的保护人。再则，他们的任期往往较长，这一点使人确信他们对传统权力，如高等法院、等级制会议产生了影响。毫无疑问，特殊

的环境与他们的性格有时也阻碍了——作为国王的特派员，原则上最终决定权属于国王——他们行使自己的权力。他们显然始终是这些总自以为遭受剥夺的团体的眼中钉。但是随着这一世纪的时间流逝，以及中央政府之原则的演变，督办官逐渐丧失了他们曾一度拥有的具有绝对权力的总督的特点。此外，他们往往必须重视那些出身于宫廷大贵族的省长们的意见，后者又部分重现了似乎已被路易十四最终剥夺的光荣与影响。

最后，甚至督办官一职也将在政府中受到质疑。作为行家里手的杜尔哥根本就不喜欢他们；内克削减了他们的特权，并考虑取消它们。1778 年至 1787 年间成立的各省议会最终夺去了它的很多光彩和权力。

中央政府

在这些情况下，往往与绝对主义联系在一起的中央集权化的概念本身也应该认真地重新考察。与政权中如此多的事情一样，它是一种趋势，一种事实上组织了其网络、宣布了其目标的原则，而不是运行中的现实。地方层面整个一套复杂的影响体系确实有如刹车或是缓冲器横亘于中央政府的意愿——它本身是犹豫不决的、交替的和矛盾的——和理论实施范围之间。由此，尽管有监察官及其代理人（他们自然筛选信息，再缓慢地传至其收信人），凡尔赛及其各个机构在王国的日常生活管理上仍很不完善。结果，他们的指令根本无法影响外省生活，各种利益集团依然在很大程度上是独立的、地方主义的，并且相互之间不完全地联系在一起。由于缺乏上层指令的有效传播，尤其是整个组织“结构”的缺失，法国——尽管存在中央集权化的绝对主义的幻想——在 1789 年依然只是相互分裂的民众的集合体。 491

此外，政府行动所必须依赖的数据资料的准确评估，由于社会与经济现实日益增长的复杂性而变得越来越困难。整个 18 世纪，法国政府都是在对王国的组成力量茫然无知——绝对的无知——的情况下行事的。然而，绝大多数财政总监将实施各种调查，其目的在于深入研究，并在不同程度上对那些真实问题有准确认识，至少是大致状况。他们的工作始终是不完全的和有依赖性的，因为那些靠不住的、片面反映情况的官员或权力机关提交的信息不准确。无论是1745年后变动频繁的财政总监，还是“负责”这些事务的各个机构，都未能制定“统计表”，即使是非常粗略的都没有，而这些统计表的意图比其使用更应得到称赞。有关人口的准确估计很晚才出现，是在特雷任财政总监时。而那些推动社会团体的深层运动至多只是被臆测。甚至涉及生产的也只是个大概，如不同类型、不同价值的产品及其重新分配；由此根本不可能对税收进行公平分配。一直要到1781年内克的《财政报告》（初步的、不完全的，为自己辩护而不是提供客观信息），预算草稿才被公布，不难想见，这引发了那些认为财政秘密是最小心翼翼保护的国家机密的人的惊愕与愤怒。除了远未能逃避指责的财政负责人外，那些“爱花钱的”大臣——陆军、海军和外交大臣——与国王始终傲慢地对一切财政事务漠不关心，而贵族出身的宫内侍从们也花钱“大手大脚”。在政府行为中体现出来的正是这种放纵贵族阶级的心态。

由此，绝对主义统治方法的矛盾与缺陷将在18世纪的历程中显现无遗。与所有官僚体制一样，法国行政体系比路易十四时期更为复杂且有很大不同，因此更加需要稳固的原则以及合法、持久的权力运转。然而，当旧制度下最后一位真正的首相弗勒里去世以后，无论路易十五还是路易十六，这两位都是极端珍惜自己权力的人，从未想过将其长久授予别人。没有哪位大臣能够自信不会突然失宠，或是确信自己的权威不会因为以下两种原因而受挫：一是来自同僚的竞争，它往往由君主暗中煽动；二是那些没有政治身份，但却对国王有很大影响者，如国王的情妇、王后或是亲信的阻挠。喜欢得知秘密以及秘密行事，同样也是绝对主义政府的特点。路易十五和路易十六就利用书信检查处对私人通信秘密的破坏来获悉——此外有时是以可笑的方式——其臣民的思想与道德状况。在外交领域，秘密外交使团（由摄政王创立，为路易十五所固执地恢复，并由路易十六延续至铁柜事件）阻挠了外交大臣的公开外交，未能在君主与其大臣或是交谈者之间的关系上引入真诚可信。在这一状况下，为了在国务会议之外处理与解决事务而数量增加的大臣委员会，虽然能带来一些引人注目的技术革新，但是却没有像英国那样标志着迈向内阁政府的政治结果。从政治角度看，它们的特性至多只是让其成为另一个宫廷小集团，暂时更有权势，但却从未有确定的未来。因此，在日渐高涨的怀旧、怨恨和急躁浪潮 492 中，绝对主义似乎越来越具有专制主义的特点——可能有所简化，但却非常相似。臣民们过于简单化或是外交上的忠诚并不想将这一进程归咎于君主，君主是民众的父亲，受根本法的束缚。相反，那些持最为坚决反对态度的利益集团自然聚集起来以揭露“大臣的专制统治”。

危机临近

事实上，在18世纪下半叶，政权已处于这样一种状况，即它的权力形式、源泉、实施方式，似乎都不再能在社会、经济、宗教乃至国家领域中遏制、阻碍那些与其作为基础的原则相违背的利益的扩散。启蒙哲学虽以辛辣的文笔揭露时弊，但是也知道提供榜样和构想补救措施，以及在政权的有关方面内寻找那些受到体制削弱所带来的直接好处诱惑的盟友，因为这一体制所具有的专制有一天也可能转而针对那些“所有者”。由此，那些最为敏锐、往往也是最为仁慈的大臣们将为了挽救政权而赞成启蒙哲学家的某些建议，然而，他们至多只能尝试部分改革或是试验，无论如何都不会去攻击缺陷的深层根源，甚至是绝对主义权力的根源，也就是说王权神授这一整体。

莫普与特雷推行的改革在司法领域是有效的，在社会层面则是公平的，它们恰好与“开明君主制的”改革相对立，后者将绝对主义推至“纯粹”权力的顶点，没有任何相抗衡的力量。王权神授的此种专制，惟有依赖国王与刚毅决绝的大臣、民众——能从这一政府形式中获得足够多的利益，并发现其优于之前的政体，从而毫无保留地加以支持——的紧密协调才能持久。路易十五的去世（1774年）以及实验的突然中止几乎使人无法想象原本最终留给它的是何种命运。对于一个不受限制、没有平衡力量的权力的超越个体的根本问题，很难想象能够找到持久的解决办法。

最后，这也是当时的最大矛盾：对于国王职责的深刻含义，君主们没有能力理解，即便是以过于简单化的术语来表述也是如此。被安置在凡尔赛宫这一与世隔绝的人造世界中心的国王，成为陈旧过时的生活和思维方式的囚徒。人们难以相信，把时间优先用于狩猎、仪式和外交——完全是“骑士的”活动——的君主，会在深入研究政府的技术问题上花费很多时间。无论是路易十五——尽管性格上存在严重缺陷，但头脑更敏锐、个性更复杂，还是路易十六——性情冷漠，政治上极其天真，都未曾接受过足够的智力教育，使自己得以承担在这一时代下变得复杂和沉重的责任。行使权力对于他们来说既没有吸引力，也提不起兴趣——除了以基本方式，然而他们明确意识到上帝授予他们的王冠所带给自己的至高无上的责任，因此他们固执地维护自己的权利不受损害。这一姿态并非不威严，但是，这再一次地属于一种道德风雅——颇具古风，而不是与之相似的政治训诫。仅靠高傲姿态已不能阻止日益高涨的批判浪潮，后者来自各个方面，对政权进行攻击。以武力手段行事也已不可能；1789 年，路易十六在饱受教训后才明白，甚至在国王可作为绝招来使用的军队中，也不存在盲目的忠诚了。

493

二、观念的统治

追求理性

启蒙运动

如果所谓的启蒙运动是指一种系统的、一致的和排他的哲学的话，那么准确地说，它并不是一种哲学。人们可以说有多少位“启蒙哲学家”，就有多少种哲学。丰特内尔是机械论者，伏尔泰是位心有不安的有神论者；爱尔维修是位“自私的”唯物论者，狄德罗则是过于讲究道德的唯物论者。布丰是博物学家，拉美特利是医生，达朗贝尔是几何学家，孟德斯鸠则是法学家。然而，所有这些人都共同具有一种由科学方法而激发产生的思想态度，并在对事物的实证研究中寻找直至当时仍被各种“偏见”遮蔽的事物间的相互关联，从而取得新的更为深入的解释。启蒙运动哲学是一种经过更新的“才智”，一种新的“视角”。这一视角的原动力不再是信仰，而是真正具有启示作用——启蒙一词即源于此——的理性。在 18 世纪，这一理性还是含糊不清的。一方面，是为固有观念、人性的公理原则提供了辩护的笛卡尔哲学的理性；另一方面，是同时缓慢发展的实验理性，两者相互之间得到启发。笛卡尔哲学的唯理主义为思想与文化界提供了精神氛围。另一方面，不论牛顿和洛克的实验主义已对它作了多少修正，启蒙运动的思想家们仍将遵循笛卡尔主义喜爱概括的理性形式。事实上，对具体事物充满激情的启蒙运动哲学并不敌视各种论断，而且往往假设有关大写的自然、进步、幸福、自由等新的一般概念的固有观念论，由此常常导致一种新的“正统观念”、新的因循守旧，而各种事实被认为是屈服于它们的。结果这种精神状态——由于擅长运用各种观念而表现为是一种富有吸引力的思想上的精湛技艺——显然属于世界哲学财富的一部分。但是，这种“笛卡尔主义”的结果更具深远意义。处处都以作为手段的理性和作为真理保证的事实为替代，并正在摧毁教条、传统和遭人厌恶的“形而上学”帝国的哲学论据，在物质世界中寻找真理，首先是在实践中。在它所偏好的这一人与事物的有形世界中，在最坏的情况下，真理与功利混淆在一起。由此这种“经验的”笛卡尔主义提出了一种其意愿与理由皆外在于教条的道德。因此，启蒙哲学家更多的是有理性的人，以及好推理的人，而不是真正的推理者(raisonnants，在这一词语的经院式词义上)，人们可以说启蒙运动时代并不是理性的时代，而是反抗唯理主义的时代。

哲学家们相信：知比无知要好；社会问题可以通过理性行动加以解决，这一行动是以研究和分析，而不是祷告、遁世、听任全能的先知先觉为基础的；争论比狂热崇拜要好，宗教或传统的所有论据、教条主义哲学的反对意见，事实上都是禁锢知识和支持蒙昧主义的。但如果说，事物的真实性或至少是合理性清楚显现了理性的公正论证，那么它也源自——而且还更为直接地，哲学家们将越来越如是说——那些自然状态、天性、觉醒的感觉和正直所迫切要求的内心认识。伏尔泰、狄德罗、卢梭都赋予了内心世界和感觉以一种比理性更大的价值，以此来领会、解释或是指引现实。另一方面，尽管哲学家们将直到那时应用于物质的规则运用到有关人和存在的事实中，尽管某些哲学家，如爱尔维修、狄德罗、霍尔巴赫认识到大量人类现象是由物
494 质——正在起作用的物质——决定的，但很多人并没有将他们的前提推演到底，而是将继续与一种或多或少显现的自然神论联系在一起。无神论是如拉美特利那样的“机械论者”或是诸如爱尔维修、狄德罗、霍尔巴赫这样的“实验主义者”的业绩，抑或是那些在其有关“整体的”人的研究中最为大胆者之业绩，狄德罗依旧位列其中。其他人，因为他们并未完全摆脱社会习俗，尤其他们的理性观是更为道德的、社会的或是实用的，而不是完全科学的，所以他们中的绝大多数将为上帝保留一个最低位置。

因为它涉及更新整个世界，至少是更新整个世界观：不再是围绕传统，尤其是基督教的神启——晦涩的、不可思议的、历史上不一致的、有害的，总之是站不住脚的，而是围绕着恢复自由的受理智控制的人来组织这一观念。它所涉及的人不再是其本质通过形而上学教条得以解释，或是为政治、社会传统决定和限制的神学“创造物”，或是传统制度与团体的“臣民”，而是它所产生于其中的物质的、有形的和可测的“自然”的一部分，并且分享了其不受时效约束的权利。这一自然，不仅是牛顿所揭示的事物不可抗拒的秩序，而且也是当人们考察那些被指责为“野蛮的”、“哥特式偏见”、“愚蠢的狂热崇拜”世纪——绝大多数政治、社会制度即源于此——时，重新发现的残余的起源基本上是好的。因此，运用理性和自然的人应该将它们应用到当下的物质、道德、政治、社会现实中去，总之就是运用到与其本人以及与社会相关的实际对象中去，从而使它们摆脱教会教条和国家所阐述的历史传统的权力影响。由此，启蒙运动的批评——基础的或是应用的——导致了摧毁各种“习俗”的权威，并很快摧毁了那些最为脆弱的制度的权力。被迫处于防御地位、以锈钝的兵器进行战斗的神学论据和历史论据，是理性的两个首要的不可调和的对手，它们必须

让位于基本论据的重新界定。这种从“狂热崇拜”或“偏见”中解放出来，也是具有某种略带悲观主义，甚至是斯多噶式的顺从的怀疑论的。这种顺从态度在启蒙运动中并非就不存在，正如伏尔泰的例子所显示的那样，过分的“睿智”，其结果即便不是痛苦，那也是忧愁。

进步

但是，当启蒙运动处于顶峰之时，即大约在1750年至1760年间，“哲学家的”态度是最为乐观的。这种态度就是相信——在某些人那里则是信仰——理性能够指明通往使事物与存在得到改善的道路；相信进步是可能的。这种乐观主义仅持续了一段时间，幻灭取代了自信。对于进步的最后颂歌由孔多塞所作，他本人很快成为新的狂热崇拜的受害者。随后，由于敏锐意识到可能是人所固有的弱点对理性胜利所造成的阻碍，这种乐观主义始终处于克制状态。启蒙运动的悲剧性的人文主义，盖伊如是写道。这一清晰的目光、不愿受骗的意愿，以及没有超自然回报的“服务”信心，它们是艰难的，而且往往是痛苦的，这使得哲学姿态首先可能是一种勇气。人们容易不怎么在乎哲学家或知识渊博者的日常生活，事实上，除了卢梭是个例外，这些哲学家或知识渊博者很少遭受痛苦折磨。他们人人都是贪图安逸与舒适的贵族或资产阶级，并诉诸于跨越他们拥有一席之地——往往是显要地位——的社会阶层的人性，而且他们是想在没有轻率地受牵连的情况下为之服务。然而，还是有很多人遭受了始终能进行恶意的突然袭击的当局的起诉和迫害。说到底，即使人们承认没有——尽管存在流亡、
投入巴士底狱、烧书和各种纠缠——被“诅咒”的哲学家（而且因为 495
他们自身之间也几乎不讲情面而更不可能），但是，拥有如下意愿，即参加思想领域的重大冒险，对如此多的已有知识和思想提出质疑，而不是像通常那样更为自在地加以保存，摆脱如此多的习俗等等，至少在某个特定的时代中是需要勇气的。

在一个如此广阔的运动中当然也存在不确定、不足和糟粕。这并不重要；正是由于这一运动，那个时代极力寻求促进对未来的认识。不论是乐观主义或悲观主义，理性或情感，在进步中寻求幸福或信仰，

这都只是一些力量形态，它们联合起来以摧毁那些自然、功利、公正都不许可的习俗、惯例和制度。正是由此，人数虽少，但却很有影响的知识分子，即哲学家和其信徒们制定了一系列动力线，这一时代的某些主要方面就是围绕着它们而逐渐排列的。

迈向启蒙

18世纪初发展起来的对教会所提供的古老解释，以及对传统社会与政治秩序所要求的顺从公开提出质疑的行为，有其深远根源。长久以来，很多人拒绝，或者只是适可而止地在智力上，甚至是在思想或政治上赞同某些思维或生存框架，对于这些思维或生存框架，迅速转变的世界的各种条件，似乎已不再能对它们加以解释和证实。

虽然所有这些趋势都正在加快，但也反映了英国思想带来的深刻转向，以观察和实验技术为起点的归纳推理在英国思想中表现得远比在法国思想中突出。从牛顿和洛克那里，18世纪这一法国的世纪接受了对于理性和自然权利的无法抑制的信仰，同时还有对于经验和感觉的绝对信任。

自然、幸福、法律、进步

洛克主张的实验经验主义对于重要的思想发展具有最大影响。它在各个最为分散的领域内改变了受困于传统的思想态度，并由此对真正科学精神的出现产生了首要影响，这就是将古老的博学研究传统与英国思想相结合。科学领域的巨大发现刺激了精神冲动，产生了通过应用相互关联的发现来改善人类状况的思想。没有科学发展，就没有进步。在这一世纪里，巴黎和外省的公共与私人实验中心、实验室、工作室、杂志、书信、研究考察团、研究室、学院、协会等不断增加，这一繁荣景象对于科学的促进作用，就如同哲学争论对精神与真理所作的促进一样。甚至相对独立的严密科学也为观察科学的发展所触及，后者对于那些在新实验环境中产生的发明的调校作用是显而易见的，而这一新环境已成为该世纪的突出特点。这依然是与洛克的思想直接相关的，后者以诸如孔狄亚克——在科学方法的形成中起了重要作用——这样的继承者为中介。而它对于那些依然有如此多的经院的或是神话般的公设（化学直至拉瓦锡时都受到燃素说的束缚）的实验与自然科学的影响是决定性的。同样地，重农主义，或是以自然力量为基础的统治——以科学的观点来看，是以农业的生物学研究为基础的——也属于这一姿态，而作为这一运动的领袖的魁奈是位医生。农业本身也成为“供实验的”。但是在观察和实验的所有对象中，人自然 496
是首要的。有关自然人的研究始终是“应用”哲学的关注焦点，而医学和生理学领域所取得的进步都应归功于它，例如其中非常突出的对注重分析性格的临床观察（如拉瓦特尔将使之系统化），以及对“病例”——将为文学提供一个新的领域——研究的偏爱；由此卢梭描述了自己的受虐狂，莱斯迪描写了自己的恋物癖，拉克洛剖析了道德败坏，萨德则草拟了一份人性中极端可怕行为的目录。这种对于性格的物质基础的强调导致了道德依赖于物理学的观念的出现，由此产生对于医学——对一个事物的作用是通过另一个事物实现的，以及教育以相似方式起作用——的兴趣。这些观念甚至将改变对艺术的理解，如狄德罗在《关于演员的与众不同之见》或《沙龙》中提出的观点将对绘画产生重要影响。对性格的分析很自然地加入了对习俗的分析，有如此之多的风俗剧和世态画涉及到了后者，其整体有如这一出现戏剧热的世纪的“人间喜剧”。同样构成勒萨日、普雷沃、杜克洛、卢梭等人众多小说的主题的习俗研究，也成为色情小说的借口，法律研究（从《论法的精神》中的气候理论直至卢梭为科西嘉和波兰构想的宪法）的基础，以及经济研究（有关奢侈品的研究提出了习俗与道德之间关系的问题）的基础。

在通过这种人性的现象学所显现的众多行为之下，哲学家们强调或是揭示了能够解释人的根本特性问题的某些深层结构。某些更感情用事或更乐观的人，在其中发现了自然的同情。数量更多的其他人则重新发现了霍布斯的观点，即作为自然创造的人，在其活动中是受自卫的本能驱动的（整个一套统治理论由此展开），而理性则确定了最佳使用。即使同情与本能构成了人性中不能减少的核心，自卫的本能也仅仅是更为广阔的人力——追求幸福——的一部分。

幸福

这一幸福至善的观念既表明了一种精神态度，同时也必然意味着否定传统观念，如基督教的通过不幸或痛苦来得到净化的观念，抑或贵族和军人的英雄气概优先的观念。幸福成为存在原则和生活习性的观念意味着以科学精神分析幸福的条件，同时从幸福的视角对存在状况——依据不同的个体和社会集团——作系统复查。除了它的情感或文学蕴涵，以及模棱两可之处，幸福的观念为哲学打开了一个从卫生学到心理学、社会学的巨大观察领域，并为其提供了一种清晰有力的“社会”意识。即使由于强调幸福的重要性和新的获取权利，使得他们只是将基督教态度看作社会统治的借口，哲学家们仍然以各种具体名词对平淡无奇的幸福提出了动人的和令人生畏的问题。

由此人类活动的主要道德动机在很大程度上是运用利己心（爱自我，或是人追求己利）来加以分析的。这一显而易见的事实，与人性或宇宙特性一样，能够包含价值判断，并且加速道德与宗教的分离。
497 由此，整个人类组织、法律、政府都从上帝创造中解脱出来，成为追求幸福的人类理性的结果。孟德斯鸠也能如此写道：法律是“人类理性，当后者支配地球上的各个民族之时”。

对于这一普遍观念的最为直接的异议之一，就是思考生活在社会中的数百万个人如何才能在相互没有冲突的情况下寻求每个人自己的幸福和利益。答案——无论以何种方式——由社会契约理论提供，根据这一理论，“自然状态”的人相互合作以组成公民团体或是社会，并且服从于一套对所有人来说都是相同的法律。无论其动机是如孟德斯鸠所说的对相互摧毁的担心，还是卢梭所说的通过集体行动来改善每个人生活状况的意愿，18世纪的理论家们一致认为原始契约已经形成，由此社会生活能够以有利于组成它的个人的形式发展。不过，当涉及人类合作的实践基础时，哲学家们之间产生了深刻分歧。孟德斯鸠，以及卢梭与其信徒们，在这一问题上与英国伦理学家观点一致，倾向于相信对于他人本能和固有的同情在每个人身上都存在，因而，愿意与其他人合作乃是他们的天性；而贝尔纳丹·德·圣皮埃尔甚至认为，这一同情是自然的目的。然而，大多数思想家，如伏尔泰、孔狄亚克、爱尔维修和其他人等，则确信事实上合作只是一系列复杂的相互利用，它们以个人私心为基础，但其普遍结果显现了社会关系上的用处，并最终是有益的。无论是谁，都接受这一观念，即法律和政府——其建立是为了实行积极的合作，或是为了控制并最终阻止个人间的竞争——应该以它们对人类幸福的贡献为标准来证实自己的特点与存在。

在有关世界的精神、心智、具体和有形的态度，以及有关其解释和行动者上发生的所有这些变化、动荡，都伴随着反抗和不安，它们的产生是由于意识到新时代的巨大活力、汲取其他力量以使之更新的可能性，甚至是依据其他标准重组旧的社会结构。对于改进是可能的、更好的尘世生活是能够实现的确信，将以经验为基础的理性确定为主要工具。然而，正是对新力量的反抗使得政治、社会气氛既能提高效率，同时又减少往往针对它们的刻毒批评，尤其是减少宽容。由此人们看到，在政府中间同时存在迫害异己（1724 年、1752 年、1762 年针对新教徒，以及直至 1770 年左右的不断针对哲学著述）和更为现实主义的思想潮流，后者是在思想与政治世俗化中获得的，意味着观点的多样性。在绝对权力必须保持与传统宗教秩序之联系的体制内，这种态度不容易获得承认。很多人继续认为世俗社会与政治秩序的统一是与信仰一致紧密相连的。相反，对于已赞同宽容的其他人来说，多少应对将神启看作解释整个世界的观点表示异议，并转而接受通过其他方式获得认识的可能性。

不过，还存在最后一个困难。如果社会世界是注定为人的问题提供解决办法——因此注定增加了人类幸福——的人类理性的创造，那么对于世界依然存在如此多的苦难与不幸又该作何解释？正是为了回答这一纠缠他们的问题，哲学家们着手批判法国社会。他们所有的著作都揭露愚昧无知在过去是如何通过欺骗而创造了那些无法实施，确

498 切地说是与所有人的幸福和谐生活直接相悖的制度与信仰的。几乎没有人否认，在历史长河中人类已在迈向幸福上取得进步：没有任何人声称进步只是在自己所处的时代开始的。但是，所有人都确信，在此之前的进步是缓慢的、游移不定的，而且往往纯粹是偶然的。所有的人，甚至包括伏尔泰，最终都承认，人类理性可能迷失，或是被错误地引导。孟德斯鸠、伏尔泰、卢梭等诸多人士并不否认，以自己的亲身经验和对历史的认识为基础的悲观主义，能够使迅速改善人类状况的乐观思想有所减弱。甚至连在《人类精神进步史表纲要》中对进步作了最为系统的思考的孔多塞，也只是得出相对进步的结论，而他有关自己所处时代之人性的看法流露出的是一种希望，而人们根本无法将之称为乐观主义。但是，所有哲学家都认为，人类状况的改善取决于哲学观念在社会中的传播。

由此，启示宗教，尤其是基督教（特指天主教会），在他们看来不仅是新学说传播的持久和根本障碍，而且在历史进程中还始终起了本质上是蒙昧主义的作用。由于其心智贫乏、过分和不恰当的虔诚狂热，或仅仅是出于贪婪，教士阶级总是利用人们的希望、畏惧、无知来阻碍人类精神的进步，并使自己的精神权威以及等级、社会、经济和政治利益永存。

反对法国天主教会

与法国天主教会似乎也不可能有任何妥协，该教会所具有的官方地位、审查和引导舆论的广泛权力、对如此多的社会阶层的决定性影响，都是对哲学观念传播的障碍。事实上，天主教会——不论其内部如何分裂、变节者数量多少，甚至是其宗教学说如何缓和——不忘利用自己所有的政治或社会优势条件来强烈反对此种传播。

没有哪个人像伏尔泰那样，始终坚持不懈地进行摧毁教会权威和粉碎“无耻行为”的斗争，在其漫长的一生中，他撰写的各类相关著述达 100 多种。正是他——依据时代口味及其文学特性对那些不信教者已有论述的各种主题加以改编——对辛辣讽刺的技巧加以调整，从而不仅嘲笑教士：过分虔诚、盲目狂热、社会缺陷，而且还嘲笑基督教信仰的荒谬：圣经文句的不可靠、宗教仪式的蒙昧主义。他的追随者和门徒们还将它们与世界各宗教相比较，试图证明它们能够简化为一些简单的道德原则，并进而推断出自然法则，而无需昂贵的宗教仪式、宗教礼仪书、教条和教士，所有这些添加物使得有组织的宗教成为人类的沉重负担。其他人，尤其是孟德斯鸠，还专门对天主教会的政治影响作了攻击，并通过同时运用自己的亲身经历和历史教训来揭露天主教会在社会生活中的潜在影响。

尽管方法和观点上存在不同，但所有这些人都一致要求宗教和精神宽容。由此，横亘在思想自由——如哲学家们所阐释的那样——道路上的天主教会，自始至终被看作头号死敌。然而，如果天主教会变得被驯服、开明和净化，那么，至少在很长一段时间里，除了几个激进的、长老会的思想家，或是卢梭那样的民主主义思想家，人们几乎 499
不可能会提出取消这一法国社会政治结构中的基本组成部分的主张。

反对哲人者

有关启蒙运动的研究，即使篇幅不长，也应给启蒙哲学家的对手留出位置。农诺特、帕利索、弗雷隆、莫罗等人，对于“哲学阴谋集团”有一种不由自主的反感，而后者对于他们也百倍厌恶。二者相互关系的历史的突出特点就是这些厌恶，它们贯穿了整个鲜活观念的运动。但是，除了个人问题以外，启蒙哲学家的对手们还担心启蒙哲学的道德与政治后果，以及过分的推理，尤其是他们对宗教的攻击。弗雷隆并没有因为依然信奉天主教，就成为一个没有价值的人。他的《文学年报》是当时的一份重要刊物，载满是值得注意的书评和敏锐的文章。事实上，启蒙哲学家的对手们并不反对启蒙运动。他们体现了启蒙运动的一个方面。莫罗在与启蒙哲学争论之时，在大臣贝尔坦的赞助下负责收集中世纪证书，并组织了对中世纪古文字学的研究。由此，他重新回到铭文学院所关注的问题，该学院在“哥特式”声名扫地的时刻，以拉居尔内·德·圣帕莱伊和布雷吉涅为中心，聚集了一批杰出的历史学家、本笃会研究人员的推动者，他们有关法国历史史料的工作，与同为贝尔坦组织的东方学研究一样，是这一世纪最大的知识冒险之一。在正式的启蒙运动之外，亦有许多知识渊博的人。

事实上，在沙龙和文人圈中占统治地位的理性主义并没有将一种17世纪末以来始终存在的思想潮流加以消除。虽然与幸福、自然纯洁等原始价值联系在一起的“哲学”、美德的观念已由众多作家详尽论述，但是在一定范围内，对于古代人的赞美和对基督教的依恋仍然显而易见。这一与启蒙哲学相对的潮流，显得像是启蒙哲学的较不引人注目的补充。它的很多主题将在卢梭那里重新出现，并进而在新古典主义和浪漫主义前期这些启蒙运动的反常产物中重现。

《百科全书》

启蒙运动思想的各个方面都在《百科全书》中得到集中体现，人们称它既是一部书，也是一种“行为”。始于1750年的这一庞大事业，试图为这一世纪中已获得的知识予以总结，并且比培尔的《辞典》或当时刚在英国出版的钱伯斯的《百科全书》更为完整。作为科学著作，《百科全书》是有缺点的，往往更新不够或是非常保守。这是由于数量众多的撰稿人缺乏一致造成的，其中最有名的人——卢梭、孟德斯鸠、伏尔泰、杜尔哥只提供了少量稿件——的数量仅为那些最低微的埋头苦干者的一半。但是，该书的总体目标令人激动。它展示了人对自己生活的世界的认识所可能达到的非凡程度。狄德罗和达朗贝尔在书中鼓励读者们展开自己的思考，在科学与历史而不是《圣经》或天主教会的教义中寻找真理。这一事业的创新之处在于指出了人的幸福掌握在人自己手中，他能够理解一切和实现一切，只要他从直至当时仍然阻碍其进步的事物中解放出来。尽管伏尔泰给该书的供稿甚少，但每一篇都体现了他的追根究底和批判精神。自其问世起，《百科全书》——尽管定价高昂，但其预订者仍达到可观的4300人——就遭到了天主教会的猛烈抨击，并在1759年一度被查禁。1765年，最后10卷同时出版，随后在1772年出版了10卷插图、有关当时
500 “艺术”和技术的无与伦比的文献。达朗贝尔于1758年退出。但狄德

罗得到了蓬巴杜夫人、尤其是时任书报总监的马尔泽尔布的支持。此外，迫害反而促进了该书的成功，使其成为一项巨大的生意。

百科全书的信条在达朗贝尔撰写的著名的《绪论》中淋漓尽致地得到阐述，成为新姿态的格言："应该毫无保留地、直截了当地研究一切、撼动一切"。道德视角是以普遍利益与个体利益之间、与个人责任联系在一起的公用事业和美德的必要性之间的必要协调这一论题为基础的。幸福是与个人的安全和自由结合在一起的，这些人在一个稳定而开明的政府统治之下，作为"公民"而努力实现普遍繁荣。这些《百科全书》所谓的"公民"——就像绝大多数启蒙哲学家一样——是些"知识渊博"和"聪明"的人，受过教育，总之是些资产者。尽管在伏尔泰晚年的思想中将看到相关发展——变得对民众的要求更为同情，尽管狄德罗对民众具有本能的同情，但是，过于粗鲁的民众必须从权力的直接实践中被排除出去。甚至卢梭也认为，最好的秩序是由"最聪明的人统治民众"。因此，以非常保守的方式思考社会结构的百科全书派，并没有对其进行直接攻击。对于与政府相关的那些观念亦是如此。传统的君主制形式被保留，因为它最适合法国。法律应该成为对于使整个政府堕落的"事态的力量"的抵消力量。总之，《百科全书》表达的是一种"英国式的"君主制观念，然而它有时也以比卢梭更有力的方式，界定了民族及其代表的权利的不得转让。总之，尽管启蒙哲学的思想纲领认为，无尽的发展是可能的（但很多哲学家本人将对革命者从他们的争论中得出的结果感到害怕和惊讶），他们的改革计划是非常有节制的，其导致的结果是，要求政府更大程度地开放、停止宗教迫害和宽容少数派，以及最终通过魁奈的文章要求农业生产的改革，后者是具有根本意义的改革。

启蒙的国度

启蒙哲学家们梦想有一个完美的国度。这一世纪已有众多乌托邦，它们的重要性各不相同，但都具有启发意义。除那些延续了《忒勒马科斯》[1] 和萨兰特王国[2]传统（其主题是关于社会组织、农业的神圣地位、商业和工业的重要性、在整个世纪引起反响的公正与和谐的建立）的乌托邦外，还应该提及《波斯人信札》中的穴居人故事，甚至是狄德罗对塔希提的回忆，在那里居民们只受自然法则的支配。事实上，《论人类不平等的起源和基础》更多的是表述了对失去纯洁的遗憾，而不是阐述一个具体的规划，或是简朴的田园牧歌式的生活。但是《社会契约论》不是以其十分严格的演绎推理而产生了一种难以实现，因此也是乌托邦的社会形式吗？尽管他们在人类学或地理学方面所作的调查了解非常肤浅，甚至在他们的推理中，仍延续了相当多从经院哲学继承而来的态度，但是，启蒙哲学家们已指出了方向，并确立了一种将一切都系统化的社会道德氛围。他们憎恨一切恶习：一部分人生活贫困，另一部分人则奢侈享受，压榨民众的毫无根据的种种特权，以及奴役人们精神的专制主义。某些人，如伏尔泰，鼓吹奢华，认为它给制造业提供了工作，是文明的完美结局；其他人，如狄德罗，则希望适度；很少有人提倡斯巴达式的朴素生活。他们同样参加宗教仪式，而他们的思想应当说也是一种宗教，它不是为了民众，而是为了
501 民族，是一种完全社会的和发泄心理的宗教，而且在任何情况下，都应避免使教士离开宗教领域，并永远不让他们与国家联系在一起。

批评

在这一理想国里——通过法律得以保障的自由使人成为“公民”；维持在公正范围内，并且绝对纯洁的财产权，除了在卢梭、马布利或摩莱里那里以外，都完全被保留下来——涉及奴隶问题时就变得畏畏缩缩，只有天主教士雷纳尔充满激情地讨论了这一问题。

在批评其他“偏见”的同时，哲学家们——除了作为贵族的孟德斯鸠——严厉批评继承自中世纪的军事和“封建”价值（而且还与基督教价值、勇敢、朴实无华、忠诚和牺牲精神紧密联系在一起），认

① Telemaque，费奈隆1699年出版的哲学小说。

② Salente，《忒勒马科斯》中的国家。

为它使军队和天主教会成为互为补充的、平行的和同样显要的“职业”。启蒙哲学的反军国主义自然成为它反对贵族的传统价值的一个组成部分。但它也往往是与对政府的真正优先领域毫无所知——尤其是伏尔泰——而产生的分析的结果。这种反军国主义不仅表现为缺乏爱国主义，而且还体现为政治抗议以及对和平、“开明”的法国的向往，而不再是好战的和传统的。

建议

所有这些批评和比较并没有构成一个“规划”，如果人们将后者看作是一系列基本改革的有机整体的话。至于哪些基本改革是最为人所希望的，哲学家们的立场同样有细微差别。绝大多数倾向于接受对现存政治模式作或多或少地调整。与绝大多数哲学家一样，伏尔泰也是位“主张立宪的绝对主义者”，他们认为不可能找到一个绝对君主制的现实的替代物。贵族阶级过于自私，而大众又太过愚昧。君主制应该是有用的；它拥有善治所需的各种手段，只要它包含了保护个人权利、尊重公共舆论和遵循“根本法”。这一保守立场维持了强大君主制的传统，只是通过遵循一些常识而对其有所改善。第二种立场，则经孟德斯鸠而得到严密论述，主张贵族君主制，其中国王权力将受制于贵族和贵族“团体”的具体控制。这里体现的是毫不改悔的封建主义、穿袍贵族的傲慢和反对专制主义的“爱国主义”的传统。

第三种立场，在当时最受争议，是由卢梭的《社会契约论》所代表，其中以“笛卡尔哲学式的”严谨阐述了这一根本问题：“找到一种联合形式，从而能够以所有共同力量捍卫和保护每个合作者的人身和财产，而且通过它联合起来的每个人，仍然只服从自己，并与此前一样是自由的。”通过寻找使个人自由与社会组织的要求完全一致的模式，卢梭就提出了人民主权和政治民主制理论，根据这一理论，政府只是人民公意的行政机关，并完全受其控制。关键在于这一主要观点：人民是唯一合法的统治者、代表主权的国家权利高于个人权利、宗教不能不受束缚。具有同样重要结果的是卢梭赋予感情和感觉的重要性，将它们看作是新事物秩序的完全不同的心理基础。

502　重农主义幻想

法国政府思考的唯一理论是重农主义，尤其是因为它就财政危机提供了解决办法。从财产——私人财产——的自然权利出发，重农主义者要求有权自由支配财产和通过在自由市场环境中买卖的权利来为所有者的利益服务。然而，只有农业（附带矿山和渔业）提供了增加财富的真正的或纯产品。工业仅仅转变了粗制品的形式，而商业只是将其重新分配。由这些前提引出所有土地和商业交换关系必须被赋予尽可能的自由，强调重点被意味深长地放在了谷物贸易，这导致了经过改良的农业生产重要性的增加，并且伴以中止政府对不同工业和商业部门的补助金，由此将实现一种更为平衡、自然和繁荣的经济体系。那些“所有者”，是新体系的主要受益者，同时也是主要纳税人，他们将因此而与国家联系在一起。在法国政治的重商主义和保护主义框架下，这些建议——不仅以农业投资为基础，而且还以交换自由为基础——意味着推翻原有的法国经济政策。但是在如何使自己所主张的改革真正付诸实施上还有待学习的重农主义者，并未考虑对已然存在的君主制政府作根本性的转变。相反，唯有君主的权力才能在错综复杂的情况下结束“团体”的特权、特殊利益，以及不合理的经济原则，而一旦重农主义获得确立，这些都是注定要消失的。由此，重农主义者也称自己为“合法专制主义”，也就是说摆脱了团体的自私自利压力的君主的绝对权力，但是在强制自己的法律原则——受到不可避免的自然的启示——的控制之下。总之，是开明君主制。

新观念的传播

即使他们的思想中包含了革命原则的萌芽，但启蒙哲学家们根本不能算是革命者。他们思想上的大胆，由于他们自身所属的以及他们著述或朗诵时所针对的社会阶层的规范而被削弱了。启蒙哲学家们既不是一个团体，也不是一个党派，更不是一个教派。如果人们只是以此来指那些重要思想家的话，那么他们的人数并不多。如果加上他们的弟子、注释者和模仿者，如果人们认为“哲学家”是指贵族和资产阶级世界——在整个18世纪的绝大部分时间里哲学都局限于此——中的“学识渊博”和“敏感”的人的话，那么，他们的人数就颇为可观了。

没有任何一位哲学家或是重要的文人不是通过沙龙成名的。确实，正是经由上流社会人士与文人发生交往的沙龙，哲学表达方式逐渐形成。对于迅速达到并且出色地表述有效和相对的真实，而不是就绝对真实撰写长篇论文的考虑，以及对现实问题而不是永恒问题的喜好，奠定了哲学的基调。它首先涉及使人感兴趣、“吸引注意”、讨人喜欢的问题。事实上，这种观念的统治，也即书籍的统治，是和宣传无法分离的。书籍——使出版商发家，并促进了作家们的物质独立，由此也就是思想独立——增强了某些人的“资产阶级特性”，而他们对安全的渴望引发了对政治与社会秩序的不满。

革命的临近

1760年左右，一切，或是几乎一切都已确定。孟德斯鸠的著作、伏尔泰和魁奈的主要作品要早于这一时间。《百科全书》的出版已经完成；卢梭的三部主要著作，即《新爱洛漪丝》《爱弥儿》《社会契约论》，已在1761年至1762年间相继出版。由此，在随后的25年中，503
这些伟大作家的哲学思想深入传播。它赢得了贵族、教士、政府中的有影响人士的支持，这些人意识到了巴黎条约之后声誉扫地的国家的危机。关注点越来越转向小庇特治下的英国，并在“思想家”所谓的民众身上发现了孟德斯鸠和伏尔泰已提到的政治与社会美德。法兰西学院[1]的常务秘书杜克洛，以及接替他的达朗贝尔，使这一学院成为启蒙哲学的堡垒。新思想渗入了各个社会阶层，从资产阶级直至地位低微的乡村神甫或是小学教师。鸿篇巨制（尤其是《百科全书》）出版的增加、它们在外省知识界的传播、雷纳尔和霍尔巴赫的大胆和猛烈批判的著作在私人图书室中所受到的欢迎、卢梭著作的深受喜爱，这些都是思想态度发生转变的征兆。报纸和杂志中科学文章——法学、农村经济

① L'Académie fuançaise，也译成法兰西学士院或法兰西科学院。

学、政治经济学——比例的不断增加充分显示了启蒙运动的进步。最后，在无数证词中反映出来的是一种新的世界观：年轻一代资产阶级或贵族要么对宗教颇为冷淡，要么崇尚自然神论；喜爱大胆的讨论，甚至在通常更为保守的外省科学院和知识圈中也是如此；“学识渊博”或“感性的”措辞；逐渐为社会各界所接受。路易十六时期时尚的特点是深受英国影响、回归更为“自然的”的打扮，甚至是大胆挑逗，这些都体现了对于宫廷和保守贵族之标准的日益强烈的反抗。在教育领域，教学方法发生了变化，有关“近代”和法语的学习取得了进展，而在修道士中，人们甚至谈论“人的平等和蔑视毫无意义的区分”。

社会秩序与个人自治

确实，抵抗是强有力的。其中包括来自传统、惰性和惯例的抵抗，出于风格的抵抗，某些社会阶层的抵抗，如主教、监察官和地方当局。在路易十六的政府中，“反动行为”昭然若揭。在反对杜尔哥、马尔泽尔布、内克（所有这些人都很快被免职）的过程中，出现了如此多的莫尔帕、米罗梅尼尔、布勒特伊、巴朗丹之类的人物。但是，这一切无关紧要。新思想通过无数渠道得以广泛传播，改变了人们的精神和道德。当年轻一代开始大革命时，他们所拥有的词汇、阅读经历和“哲学”精神状态，不仅导向情感上的自然神论，而且也通向共和主义。哲学并不是一种反抗，而是一种倾向。在政治领域，深刻转变的机会已经逐渐减弱。哲学家的朋友蓬巴杜夫人，已于 1764 年去世；舒瓦瑟尔（不过他的作用是表面的）死于 1770 年；莫普推行开明君主制的尝试于 1774 年流产；自由派大臣，即 1776 年的马尔泽尔布和杜尔哥，1781 年的内克，都未能实现任何改变，他们的失败具有重要意义。但是，1760 年以后总体情绪的变化，如果说它源自于外部的经济、政治、文化环境的话，那么它又加上了启蒙运动原则所缓慢造成的结果的影响，并达到更深程度。在很长时间里，哲学家们依然效忠君主制，相信一个唯一的神（与天主教的上帝不同，但也同样是神）的存在，并坚信社会区分是自然的和必要的。但事实上，启蒙运动哲学根本无法与作为旧制度根基的那些统治观念相一致。法国的各项体制只能继续建立在天主教会确保的权威和传统之上，而不可能服从于理性或功利主义的标准，否则，一场可以预见的革命就可能发生。总之，一个金字塔形的、有机的“等级”社 504 会的旧理想，是不可能与新的涉及自主的个人组成的社会的概念相协调的。因此，1760 年以后的哲学越来越意识到启蒙运动的蕴涵与旧制度的根本原则之间存在不可调和的差异。1788 年贵族的态度已清晰地揭示了这一点，当时，扔掉伪装的贵族们拒绝接受这一启蒙哲学所包含的平等，而他们在这一世纪中曾经是这一哲学的最为重要的推动者。

三、国家与政府问题

1788 年：处于尖锐危机中的政体

1788 年，一场对于君主政体来说极其严重的危机显然开始了。自 1778 年起，经济动荡、席卷社会与精神领域的骚动已然敲响了警钟。

卷入美洲战争的法国财力匮乏，内克必须通过举债来为战事提供资金，而这些沉重的债务压得国库难以喘息；农业灾害——葡萄酒过剩，以及随后 1785 年的旱灾——对 1770 年以来已出现的经济衰退的影响可谓是雪上加霜。农业动荡之外是工业动荡，后者源自于农业动荡，并且因为 1786 年法英商务条约造成的结果而进一步恶化，虽然这一条约似乎有利于英国商品，但是它更进一步揭示了税收对于法国产品价格的重要性。正是在完全萧条之中，1786 年价格的迅速上涨重新出现，导致破产和陷入困境，而且还造成两年的严重农业赤字和农村骚乱。

同时，在政治秩序领域出现了力量重新聚集的征兆。贵族开始报复绝对主义：显贵们拒绝支持卡隆；高等法院拒绝登记洛梅尼·德·布里埃纳的税收法令，并成为反对专制和名誉扫地的权力的核心。相信自己行动正确的高等法院，要求像 1614 年那样召开三级会议，也就是说第三等级代表人数没有倍增，维持各等级间分厅议事以及特权者的优势地位。突然显现为反动和特权者的支柱的高等法院，在舆论中永远丧失了信誉，而面对第三等级阵营力量的加强——在从未被贵族真正接受的大资产阶级的召集下，高等法院法官们将进一步巩固贵族同盟。正是由于经济、社会和财政问题三者的结合，才使得1789年的危机成为一场根本性的危机。曾经声称已控制了这些问题，并且只有自己才能解决它们的绝对君主制，现在显示出其根本无能为力。因此这不再是人们以“赤字”参与其中的普通变迁，而是一场政体危机。贵族和资产阶级皆对其如此理解，二者都狂热地准备着整套解释。

外交政策的遗产

1789年的破产并不是一场突发危机的结果。若撇开奥里政府（1730—1745年）时经历的十年财政稳定时期，王室国库始终在困境中挣扎。奥地利王位继承战争加剧了动荡，而随后的七年战争——引发了一系列破产（1762年和1770年），尽管是隐藏着的——则使之进一步恶化。1788年诸多事件的产生，很大程度上是由于法国政治的目标与其拥有的实施手段之间始终存在不一致。王国中最为重要的开支是外交和战争方面的花销，如果在维持一支庞大的陆海军之外还加上由此前的冲突产生的债务利息的话，那么其费用相当可观，远远超过了仅占“预算”微小部分的宫廷开支。由此，收入的巨大部分（1786
505 年全部支出的74%，这是在和平时代，而世纪中叶各次大规模战争期间比例可能更高）被用于军事开销。然而，在这一时代，冲突中重要的不是国内财富状况，而是迅速为军队和作战行动提供资金的可能性。最有效的手段依然是借贷。如果说英国政府能够轻易地借款，那么偿付能力难以使人放心的法国政府处于更困难的境地。如果再加上领导的平庸、枢密院决断的变化不定，那么就不难理解当面对小庞特和伦敦城的商人，或者腓特烈二世这样果断的对手时，法国外交所表现出来的软弱，甚至是无能，以及与之必然相连的君主政体威望的减弱和财政的逐渐崩溃。

殖民政策

然而，这些自身如此脆弱的政府，其对外政策却野心勃勃，这是路易十四对外政策的直接遗产和必然结果，即使这些政府是在和平意愿驱使下采取这些政策的，由此就再次凸现了这一时代的根本政治特点，即政府介于各种最为矛盾的倾向之间。摄政奥尔良公爵、弗勒里、路易十五、路易十六都将王国引入到各种似乎并非毫不相干的冲突中，而这也解释了法国和英国之间由于1688年荷兰国王威廉三世登上英国王位而开启的“第二次百年战争”。必须在两国的殖民政策中寻找这一无尽争执的根源。始自柯尔伯时代，法国经济的主要部门就依赖于商业和制造业，而后者的主要供应商与市场都在美洲、安的列斯群岛、印度这些英国人和法国人一起建立的海外领地。在很长一段时间里，殖民地的鼓动者似乎是法国人，毫无疑问，在18世纪揭示法国人危害的伦敦商人们的畏惧是真实的。自17世纪末以来，路易斯安那，也就是通过俄亥俄河谷伸向加拿大的整个密西西比河盆地，在1748年后布满了法国要塞，其目的在于阻止英国移殖民向内地延伸，从而为国王留有建立庞大的北美帝国的前景。在安的列斯群岛海域几乎均分领土和人口，导致将竞争转移到非洲以获取供应奴隶的“岛屿”，同时，西班牙帝国在18世纪上半叶的衰落使得马德里成为英法两国继续争夺影响范围的一个对抗场所。在东方，从约翰·劳的制度破产中幸免的法国印度公司，尽管不如英国印度公司那样强大，但也足以在1740年左右开始其扩张主义政策。此外还应加上法国商业在地中海东岸地区的非常明显的复苏，这是由于1740年与奥斯曼土耳其政府新订了“基督教徒权利协定”。所有这些潜在的冲突原因又由于移殖民或批发商的不和、政治与宗教激情、相互之间的残暴行为——程度之剧烈使得一方最终完全消灭另一方似乎成为惟一解决办法——而进一步恶化。美洲西部的法国发现者、新英格兰的移殖民，以及印度公司的代理人们——迪普莱克斯和克里弗——就是如此理解的。

不过，两个竞争对手的发展慢慢改变了竞争的结构。事实上，尽管在这一世纪里法国的人力资源和生产资源——价格上涨使其价值提高——不断增加，但是王国国库并未从这一增加中相应受益，税收收入依旧。另一方面，法国依然缺乏重要的信贷手段，它是首都所有银

506 行家——他们本身就是政权的寄生虫——都不能取代的，而这正是劳的制度所造成的最严重后果。相反，在英国，更为迅速的经济增长、英国银行的行动、英国政府充当贷款人的信贷，还应加上英国国土的安全，这些都使得更为迅速的资源动员成为可能，并且是以比法国政府更低的利率。这也使得英国政府能够以较低的收入超过法国的军事支持，并从 1740 年左右起始终保持一支数量相当于法国与西班牙之总和的海军舰队。

但是对于法国来说还有更严重的事。当其大陆边境只有一些通过外交或援款就能施加影响的弱小、分裂的对手时，法国就能在欧洲和海外事务上投入几乎相当的注意力，而与英国的长期和平对此是有促进作用的。相反，当法国和英国的商业与殖民地冲突再次采取武力形式时，在中欧发生了一些重要转变，此后法国必须对普鲁士和奥地利这样的新军事强国刮目相看了。1748 年以后，法国在欧洲称霸的可能性消失了，与此同时，法国的商业和殖民地扩张引起了英国的真正担忧，尤其是在印度。1748 年以后，迪普莱克斯试图征服印度南部，由此威胁到了英国贸易的存续。同时，在美洲，俄亥俄河谷发生的事端不断增加。伦敦方面对此表示担心，凡尔赛和法国商人同样忧虑。然而，当海上事务势必成为英国政府的主要关注点时，法国政府却由于法国所处的地理位置以及王国的传统，对大陆事务更为关心，并使商业和殖民地问题从属于大陆事务。

战争

1740 年，随着皇帝查理六世的去世和玛丽亚-特蕾莎的继位，法国似乎终于有可能实现一劳永逸地摧毁奥地利王朝的力量这一根深蒂固的梦想，其手段是在法国的赞助下，组建一个以巴伐利亚为中心的德意志王公联盟，该联盟由腓特烈二世出任首脑。然而，英国不可能接受欧洲均势遭到这样的破坏，因为这将使法国得以在控制欧洲之后，完全转向殖民地，并迅速与英国作一了断。对于英国人来说，欧洲的盟国是必不可少的，通过它可以达到阻止法国完全投入殖民地战争的目的。阻止英国在欧洲影响的此种发展，对于法国来说是符合自己利益的，为此，必须像路易十四在其最后的外交指令中所流露的，以及弗勒里曾经尝试的那样，放弃一切谋求欧洲霸权的企图。

但宫廷中的反奥地利派别并不理解这一点。受到贵族——将对17世纪辉煌的记忆和理解投射于完全不同的时代背景中——军事利益的操纵，这一廷臣利益同盟使法国卷入悲惨的战争之中。法国在欧洲处处受牵制和被动挨打，舰队也被数量更多、装备更好的英国海军以压倒优势胜出，由此法国于1760年丧失了加拿大，随后在1760年至1763年间，英国人又将法国和西班牙殖民统治的主要据点悉数夺走。甚至将中立国也置于自己控制之下的英国，在1763年巴黎条约签订之时，已是无可争议的海上主宰，并且在欧洲大陆也具有决定性影响。然而，它将除加拿大——付出了昂贵代价，并且难以管理——以外的所有征服地都还给了法国，对此，舒瓦瑟尔也表示屈服以便收回安的列斯群岛，因为它对于黑奴贩子和圣多明各的大地产主来说是弥足珍贵的。从商业的角度来说，这一条约并不是一场灾难；复兴将是迅速 507
的，而法国商业在大西洋和印度洋依旧繁荣。最为严重的是法国君主制遭受了一次灾难性的屈辱，并在其他国家中信誉扫地。

韦尔让内试图通过一有机会就发动针对英国的报复战争来恢复君主制的国际声望。当美洲的英国殖民地发生起义时，这一机会来临了。比其前任更为机敏的韦尔让内，懂得使欧洲的和平得到承认，这使法国能集中精力于海上和美洲战场，并在才干卓著的新军官的努力下，赢得了美洲战争。然而，这一胜利来临之时，正值法国无法再继续干预欧洲或世界事务。这一法英在旧君主制下长期争斗的最后插曲，导致王国财政的最终瓦解。在当时的经济、社会背景下，这一旧制度战争的典型后遗症造成了难以估量的后果。它还加剧了财政不稳定，而这是强烈不满的根源，因为它造成新的赋税的出现。而可能尤为重要的是，这一战争——绝对君主制介入是为了帮助起义者从其统治者那里获得解放，伴以那些主张自由的军官从美洲带回的支持自由和平等的宣传——在很大程度上增强了法国国内针对当局和特权者的攻击。

财政与政治

财政问题在国家面临的重大问题中居第二位。鉴于现存的政府体制，也即它的需要和野心，如何使税收与之相适应，如何——通过增加民众的能力——使其能始终回报更多，遂成为问题。路易十四治下支出的随意性、对财政方面的意外情况的倨傲无知，已将国家引至这一地步，即它已经根本无法继续旨在基本以“普通”资源来补足（税收）的累人把戏，而在此之前，它已耗尽了“特别”资源（出卖官职、货币转移税、部分或是隐瞒的破产），尤其是借债之举，已使傲慢的君主受到金融家和出身低贱的总包税人，如贝尔纳、克罗扎或帕里斯兄弟的控制。

摄政王运用各种不同手段来减缓路易十四去世引发的政治与经济危机。沉浸于“解脱”带来的喜悦——上层人士鼓励摄政王用它来排解更严重的问题——的摄政王接连采取了一系列重要措施。为换取撤销限制其权力的路易十四的遗嘱，摄政王将谏诤权还给高等法院。通过将贵族吸纳入各种会议（各部会议制的政府），他就使贵族与政府责任结合到一起；他迫使总包税人“退赃”；尤其是他实行了部分破产这样的拆东墙补西墙措施。同时，与英国和好（海牙同盟，1716 年）使其得以避开国内外的敌人。贵族的无能在各部会议中显现无遗，从而使得这一荒谬行为在 1718 年结束。正是在此时约翰·劳开始实施其自 1716 年起就已准备的重大实验。印度与密西西比公司的股票猛涨，将财富引入王国国库中。但是劳发行了过多的纸币。投机、阴谋甚至体制的脆弱促成了 1720 年的崩溃。确实，在输家和赢家之间有生活状况的变化，但是最终没有大的骚乱，而且对经济是一种刺激，并提供了结清部分债务的可能。从主要忧虑中解脱出来的摄政王恢复了路易十四形式的政体，推行《乌尼詹尼图斯谕旨》(1720 年)，并恢复了帕里斯兄弟的影响。

摄政时期被看作是潘多拉的盒子，从此之后，那些在路易十四统
508 治时期已开始在夜间活动的恶魔们流入了 18 世纪。首先是反对摄政王

所谓的“老古董”，即陈旧的宫廷准则。不受拘束的道德习俗迈向自由，“新颖”成为时尚、康普拉的音乐、洛可可式的装饰。丰特内尔、现代派、伏尔泰所提倡的各种观点在圣殿骑士团驻扎的寺院、罗亚尔宫、普洛可庇咖啡馆盛行。相对于凡尔赛宫，一度被遗弃的巴黎又重新恢复了其在政治、物质世界和文化领域的优势地位。贵族自以为已经战胜了令人厌恶的官僚专制制度。高等法院恢复了政治地位。詹森教徒重新振作，而耶稣会士则蒙受羞辱。如同人们一味贪图的就是消遣、奢侈享受、瞬间快乐，金钱，似乎前所未有地成为衡量一切的标准。四年中两次部分破产和约翰·劳的体制，已然无可挽回地摧毁了政府信誉以及建立大的信贷工具的任何前景。自此以后，国家前所未有地依附于金融家的诚意。

亲王波旁公爵接替了 1723 年去世的摄政王，而他负债甚多的金融集团也重获对权力的秘密控制。年迈的红衣主教弗勒里的温和绝对主义，在其漫长的政府任期（1726—1743 年）里体现为谨慎的行政措施，其目的在于在所有领域都维持国家所需要的安定局面。他的去世（1743 年 1 月 29 日）将实权重新交于路易十五之手，他的良好意愿是确定无疑的。尽管存在短暂的精力旺盛时期，但国王往往表现为懒散和持怀疑态度，耽于肉欲以至受其宠妃们的影响。在精力充沛的沙托鲁夫人深受宠幸之后，蓬巴杜夫人成为了正式情妇，她虽然可爱、机敏和有教养，但是却贪婪、自负，因此其政治作用是有害的。出身于金融家家庭的她，确保了这一集团的利益，虽然深受她所讨好的哲学家及其所保护的艺术家的欢迎，但是舆论指责她诱使国王大肆开支，尤其是干预国家事务。她在阴谋家小团体的支持下，促成了奥里政府的垮台（1745 年）、莫尔帕的被免职（1749 年）、达让松侯爵的被解职（1757 年）。正是在这一因各种纷争而动荡不安、并开始感觉到启蒙思想传播的影响的法国，发生了达米安行刺国王事件（1757 年），它将政治与财政混乱推至顶点。

在专注于战争和外交的舒瓦瑟尔内阁时期（1758—1770 年）政治权力的堕落仍在继续。布列塔尼发生的反对省长埃吉永公爵的贵族反抗，这一反抗所引发的暴力事件，以及与这些事件完全结合在一起的巴黎高等法院，这些在当时都将激起国王迟缓的僵硬反应。路易十五将舒瓦瑟尔免职，并设立一个好斗的内阁。莫普—特雷—埃吉永这一"三头政治"，在恼怒的国王的支持下，采取了一些措施，是绝对主义的孤注一掷。但是深受杜巴里夫人恶劣影响的国王，于 1774 年 5 月 10 日被天花夺去了生命。过于年轻就登上王位的路易十六，试图恢复之前的秩序。他解散了深受厌恶的内阁，将大权交给杜尔哥，一位正直的人和"哲学家"，他试图在没有放弃探寻更为公正的税收的前提下，实施一项总的改革计划。结为同盟的利益集团再一次地中止了这一尝试，而且由于它恰好在金融萧条的背景下发生，似乎已没有任何事物能阻止美洲战争的爆发。

在大约 1748 年以后导致君主制崩溃——在国家经济飞速发展、政府技术部门已改进了方法、态度和效率的不合常理的气氛下，以及在思想、艺术和社会生活领域绚丽多彩的文明充分发展至顶峰的时候——的众多原因中，一个明显的原因是由于无法找到解决财政危机
509 的持久办法，而且，这一原因应置于首要地位。在现存社会关系，尤其是对权力特性的现有认识的背景下，可能存在这种解决办法吗？为了改善财政状况，以及避免在君主制最后岁月所萦绕的整体破产的威胁，补救办法只能是对整个政治与社会制度进行全面改造，而这成为大革命的任务。

改革的尝试与最终的失败

不过，在政府中并不缺乏改革精神和洞察力。在致力于遏制特权的君主制的威权传统中，最为重大的改革所针对的是贵族特权，后者是可征税收入的唯一拥有者，而这是在无限制地增加人头税显然已不可能之时，这一税收即使当它成为"现实的"时候，往往最终还是落到农民头上。二十分之一税及其之后的比例税，是由严厉的马绍创立的，并由他的继任者西卢埃特、贝尔坦、特雷、杜尔哥等延续，因此除了"预订的"教士外，对"特权者"打击尤甚。尽管在开征二十分

之一税后一片指责声，尽管有策略上的退让以及政治动荡的恶化，但是政府从未放弃自己的意图，并坚决地实现了对贵族和地产主课税。然而，各个地区存在的征税的不公平、份额的明显不平等（准确评估财产是如此的困难）都在“受害者”中激起了类似于农民抗议的奇怪抗议，而且可以肯定的是如此多的中等财产拥有者所抱怨的“毁灭”，并不是他们的生活方式，尽管它往往妨碍了他们实现收支平衡。最富裕阶层的税额自然最高，但依然是有限的，首先是因为非常有钱的特权者的数量很少（仅为全部人口的1%—2%），其次是因为税收的特性——相对于中等财富的人来说其所占比重要比最富裕的人更大，以及征税形式——对待强者要比对待弱者更温和，这就造成一部分财富完全处于征税系统以外，尤其是工业或商业收入。最后则是因为最有钱的人（总包税人、金融家或廷臣）都与国家有密切联系，是体制的组成部分，实际上不可能触及他们。由此，实际的财政结果始终很难满足需要，与此同时又造成贵族内部压力的增加、增强了特权者对于这些侵犯所有权的行为的反抗，以及补偿自己损失的“封建反动”的企图。

解决办法不可能像各位财政大臣，尤其是杜尔哥所认为的那样，部分地存在于降低各项大的开支——远远超过其削减尤其具有象征意义的宫廷支出——以及军事领域的节省开支。而是如卡隆向显贵会议所明确阐释的那样，在于对特权社会进行根本改革，由此就能使每一个人、阶层和等级、省份都从束缚生产的阻碍中解脱出来，相应地促进国家收入的增加。财政管理自身的混乱——缺乏总体预算，每个部门的过度开销，辅助金融机构的增多使得国库只能管理最多一半的国债，不能确立“优先领域”，以及最终轻率、冒失的浪费——同样也是危机和政府无能的重要原因。

对体制结构的全面改造无法想象，鉴此，政府官员始终只能限于通过局部修改来展开落后于时代的斗争。启蒙运动已经指出当时社会的一个根本弊端是：“习惯帝国”，亦即“成见”。那些开明的大臣们并没有清楚认识到这些“习惯”同样是体制的本质，并试图攻击它 510

们。此外，正是在工业和商业领域，古尔内的“自由放任”理论得到了不完全应用：工场稽查员直至旧制度结束都一直存在，国内关卡、行会管事会和行会也是如此，尽管杜尔哥曾短暂地将它们取消，但是在他之后很快又恢复了。此外，针对工业中的这些与农业集体束缚相对应的事物的斗争是没有意义的，因为它涉及由贵族和大资产阶级垄断的“大工业”。不管怎样，这一法国财富的富有部门，即使它是有利于国家利益的，仍然在很大程度上避开了国家的控制。可完全课税并是一切收入的根本源泉的农业，再一次地成为重农学派反对“惯例”的试验领域。在农学家和由贝尔坦建立的农业协会所提倡的土地的“英国式”再生的前景中，反对“习俗”和“公共放牧权”的斗争是以结束和分割某些市镇的土地的法令形式进行的。事实上，这些改变只可能对最大的地产主或领主有利，将激起严重的农业骚乱，使忧虑和不满在广大农民中扩散，并和其他不满情绪一起在 1789 年 7 月表达出来。此外，意识到这一“改善”的严重结果的政府官员，尤其是贝尔坦，只不过是部分地介入到“农业革命”的道路中，而后者的失败导致政治革命。正是此时农民暴动出现了，而不管怎样，他们生活状况的充分改善使得 17 世纪类型的反抗从未出现，甚至同时代俄国或波希米亚所经历的起义也没有。

因此大革命是“特权者”，即贵族和资产阶级造成的，他们的政治意识通过与启蒙哲学的联系而变得敏锐，此后由于与政府足够接近而对它的弱点有了认识，并渴望参加政府。直至 1788 年贵族和资产阶级间相互竞争的野心产生重大分歧之前，反对绝对主义的斗争是“团体”的行动，它们在宫廷中得到那些阴谋集团的支持，而在舆论面前是由混合各个高等法院的大团体进行的，这些法院联合起来共同反对“内阁专制主义”，这一对手在理论上是全能的，但事实上则是孤立的。在反对绝对主义的斗争中，特权者们有了一个反常的盟友，这就是启蒙哲学，而它是“团体”的死敌。与宗教“传统”一样，哲学家们事实上是反对政治与社会“特权”“先例”“传统”“习俗”的，尤其是“特殊礼遇”和不公正的、过分的好处。但是他们同样反对专制权力；而他们夸张的文笔，除了促进反抗氛围的形成以外，还为每个集团都提供了维护自己特殊利益的武器。然而，正是由于特权者所拥有的力量及其人数，使得任何局部行动似乎都不再能减少它的数量或危害性。

必不可少的重组不可能来自于“团体”自身，对于它们来说每个团体的利益都是与其他团体的类似利益的存在联系在一起的，而不论它们彼此之间存在怎样的嫉妒和蔑视。甚至绝对主义权力的特性也阻碍了它摧毁这些团体；“开明的”方法也显现出不足之处。由于传统权力的无能和难以达成广泛的一致，政体无法通过合法、和平的手段改革自身这一点昭然若揭。通过在1789年7月9日宣布自己是制宪议会，国民议会剥夺了国王的统治权，而通过将它移交给代表们，则最终完成了这一根本“革命”，这一根本“革命”尽管长期以来一直被认为是不可避免的，但是受束缚的绝对主义不可能自己着手进行。

四、启蒙时代的文明 511

富裕

在路易十五统治的绝大多数时间里，尽管政权在政治上接连受挫，但是法国看上去显得颇为不错。在财富创造方面，满足感是毋庸置疑的。也许，并不是所有阶层都同样地从经济繁荣中获得好处。广大农民仍然受“惯例”的束缚、税收和佃租的重压，难以获得充分的或是可持续的收益。由于有节制并且得到控制的工业发展并不是一场“革命”，所以并没有像当时英国那样出现社会结构的动荡，由此传统的平衡依然延续，广大农民没有遭受大规模剥夺所有权和强制移民的影响。这一有着各种缺陷和不足的社会框架，在能使这一长期繁荣阶段持续的幻象中增强了一个好时代的印象。此外，尽管路易十六统治时期艰难经济形势——农业和工人世界中的苦难——重现，但是充满活力的印象依然持续。那些政权的仆人，即大臣、高级官吏、监察官、公务员、工程师等，他们每个人在自己的领域都确实受到王国、民族尊严和公益的观念的激励。取得了各种成就：领土、道路、运河设施，城市治理，以及大工程和大项目，这些确实都表明这一时代是勤勉的、好学的、积极的，懂得如何使用财富并具有宏伟计划，渴望创造与认知。

在这一引人入胜的物质背景下，在社会的顶端绽放出这样一种文明，其特点是富足、多样性、热情活泼以及具有无可比拟的魅力。在摄政时期启动之后出现的刺激和运动来自于：启蒙时期的巨大思想运动；始终质疑准则、传统、观念与爱好；形成不同的感觉氛围，制定新的标准，后者将点燃文学与艺术创造的热情，并使它在这一运动——其中创造的快乐略带一种转瞬即逝的、故而有些不安宁的魅力，并进一步使之充实，尤其是在这一阶段的两端的边缘中——里展现出自己的千姿百态。这种什么都想去涉及的强烈愿望，使表达、尝试、试验、草图等等所涉及的领域不断增加。一旦思想和艺术的专横统治不复存在，以及如此多的新社会阶层构成了一个渴望体验、认识和享乐的顾客群、公众，就会对那些有才能的人产生激励作用，让他们鼓起勇气，迫使他们崭露头角，自告奋勇。

交谈

在沙龙——妇女是其主宰，往往通过那些无聊的消遣打发时间，参加者的灵魂虽然空虚，但是外表举止无可指责，语言机智、尖刻——的雅致环境中，交谈技巧至关重要。交谈既有口头交谈，也有书面交谈；通过短笺、留言、草草写就或言语泼辣地口述的信件的不断交流，确实创造了这样一种表达风格，即灵活、清楚、直截了当、既不笨拙又没有无用的发挥。在这一时代具有如此鲜明特点的环境里，文人或是思想家、哲学家成为这些应当提及的集会的意义或荣耀所在。

曼恩公爵夫人（1676—1753 年）在其位于苏城的城堡中提供了这些世俗聚会——自女雅士时代以来已被遗忘——的例证，其中节日聚会、嬉游曲伴随着高雅的文学。虽然那些由地位稍低一些的夫人主持的沙龙更为简朴，但是她们的思想品味却更高雅。唐森夫人（1682—1749 年）的沙龙聚集了达让松、博林布鲁克这样的宫廷人士，以及丰

特内尔、爱尔维修、孟德斯鸠、马里沃、达让塔尔、马蒙泰尔这样的 512
知识分子。只有她的私生子达朗贝尔没有出现在其沙龙中。若弗兰夫人（1699—1777 年），一位女资产者，其丈夫是圣戈班的一位富有官员，每周举行两次晚宴。星期一，她接待艺术家（范卢、布歇、韦尔内、苏夫洛、勒穆瓦纳）；星期三，则是文人（达朗贝尔、马里沃、马蒙泰尔、莫雷莱、圣朗贝尔、霍尔巴赫）。虽然这些聚会的气氛是自由自在的，但是交谈不能逾越某些限制而变得放肆，而且，沙龙女主人明白该如何审慎地制止它们。德芳夫人（1697—1780 年）的沙龙是最为贵族化的。女主人曾是摄政时期的美女，她才华横溢、锐气逼人、大彻大悟，在有才华男子的陪伴下寻求消遣和减轻其难以抑制的烦恼。她接待舒瓦瑟尔、孟德斯鸠、达朗贝尔、伏尔泰（始终与其保持着联系），埃诺院长是其忠实信徒，霍拉斯·瓦波尔则让老迈的德芳夫人的芳心死灰复燃。莱斯皮纳斯小姐是德芳夫人的朗读者，于 1764 年弃她而去，并也开办了自己的沙龙，新开设的沙龙更为简朴，但对于那些最优秀的哲学家也更为热忱，他们在此讨论着很多新观点。其他的小团体则围绕艺术组成，如慷慨地资助音乐事业的总包税人拉波普利尼埃尔的沙龙，它对品味发展的影响是巨大的。爱尔维修、霍尔巴赫这样的已婚男子、"哲学总管"，以及稍后的拉瓦锡、孔多塞，同样都有自己的沙龙，在那里交谈更典雅、更严肃，是哲学精神的真正试验室。外省也有沙龙，虽然相对于巴黎的沙龙来说可能不是那么有钱，但是在净化道德、传播品味和时髦观点上发挥了自己的作用。阿瑟·扬格将在第戎和许多高等法院所在城市中发现，在一些寓所中，人们有着现代的思想，优雅的谈话。此外，每个沙龙均有自己的风格；这里是有着圣奥班雕刻作品的辉煌的会客室；那边则是更为私密的聚会，在这种聚会中，人们谈吐举止的自由度更大，卡蒙泰勒的水彩画再现了这一场景。但是，始终吸引人的是这样一种快乐，即有才智的人在没有强制礼节的情况下相见，并且能够致力于展开讨论、巧妙作答、尖刻批判，甚至是诽谤，构成了这一上流社会的风格，而且，即使可能未对观念产生决定性的影响，那么，亦已构成陈述观念和传播观念方式的突出特点。此外，还有些更严肃的聚会，在那里的谈话和讨论会更连贯、更深入。由此，修道院长阿拉里的阁楼俱乐部以自由学院的形式，汇集了20多位当时最有智慧的人，他们在那里尽情讨论各种问题，圣皮埃尔修道院院长就是在那里提出了自己的人道主义思想和关于改革的创造性方案。出于对其中散播的大胆思想的担心，弗勒里于1731年下令关闭了这一俱乐部。外省学院和思想社团中的言词与此类似，只是往往更加审慎、没有那么大胆，这些学院和协会在那些最小的城市中也不断增加，并且为启蒙哲学提供了听众和信徒。最后是咖啡馆，自摄政时期以来在巴黎和外省已不计其数，聚集了各个阶层的人，如政论作者和上流社会人物，在那里举止更为自由，而且尽管有警察局的“密探”，但是各种新闻、轶事、观点迅速、大胆地传播开来。

游戏嗜好

出色而又充满嘲讽的投石党人精神，巧妙回答、讽喻、暗示的艺术，都是这些数量众多的小册子、“剧本”“乐曲”的突出特点，正是通过它们，这一社会的观点和品味得以表达，而且正如文学一样，哲学利用了它们的形式和方法，揭示了某种事实上已成为这一世纪特点的游戏嗜好。在很多作家和艺术家中，精通某种表达手法就掩盖了谈话内容的浅薄。然而，这一时代对于简练的即兴作品，如梗概、诙
513 谐作品、草稿的嗜好不容置疑地促进了思想与心灵的精巧；它成为那些著名作品的特点，而后者往往是简短的。在思想和文学领域（艺术领域存在同样的优点），这一智力锻炼使创造工具和思想武器最终得以形成，这就是18世纪的语言，它朴实无华、刚劲有力、简洁，尤其是打上了这种雅致的烙印，而这是它永远也不会抛弃的，并以简练的形式体现于伏尔泰的俏皮话、布丰在庄重时期的作品或是卢梭的令人陶醉的和谐中。在这一内容并不丰富的艺术纲要中，或许亦不缺乏例外情形。在18世纪也有一些笨拙的或啰嗦的散文家、文笔生硬的诗人，他们的著作文字艰涩、令人厌倦，尤其是在情感流露的时候更是如此。这一18世纪上半叶的酸味糖果，到了18世纪下半叶，往往成

为了蛋白松糕。图书馆的目录中往往包含很多蹩脚得令人难受的作品，虽然相对于那些巨著来说，它们是微不足道的。尽管这些作品的作者的兴趣往往非常广泛（我们不妨想一想重农学派或詹森教派的大量作品），但人们难以将其看作是时代的样本。因此，应该清楚认识到上流社会及其效仿者的文化的特点，正是通过文学、艺术这样的世俗“技艺”的完善，以及不同作品和不同时代中存在的这种嗜好——在形式和外表上恰好体现为音调、礼仪和优美——的一致性体现出来。人们明白为什么已成为贵族文化、沙龙和贵妃小客厅之特点的这种嗜好的不可抗拒的统治，能使当时的人们感到厌倦。但是人们无法抵御这一“甜蜜生活”“令人如此愉快的”时代的有时略带刺激的诱惑，它体现为如此高雅的举止和精心算计的礼貌；这一世纪是那些脸色红润、特点模糊、带着诙谐和满足的微笑者的世纪，他们滑稽可笑、自命不凡、神气活现抑或没精打采；这一世纪也是那些绚丽多彩的服装、精美的装饰品的世纪，它们将洛可可式的花边，随后是玫瑰花、箭筒、珍珠以及鸽子等混杂在一起，而所有这些都是贵族神话的附属品。确实，这一宫廷和沙龙的辉煌社会尽管是肤浅的、轻佻的、自私的和怀疑论的，但是它懂得赋予生活艺术以一种如此完美的风格和如此高雅的格调，以至于它使整个欧洲着迷，并且在 200 年后依然具有诱惑力。18 世纪的这一创造是轻浮的、骑士风度的、喜爱享乐的，它不懂得任其无动于衷，而且对于妇女，特别是“漂亮女子”来说，它更不仅是一个首饰盒。

人们往往强调妇女在新精神产生中的作用。妇女们已然支持现代派反对古代派；支持启蒙哲学。正如范第根所敏锐指出的，妇女们感觉解放哲学为自己的行动提供了依据，而采纳先锋观点则是成年的慰藉。同时，她们决定了风格和阐述观点的形式，并且要求最严肃的臣民们提防诱惑和殷勤。此外，她们的影响越出了沙龙，在政治、艺术、有时甚至是经济领域（资产阶级妇女或是平民妇女在各种各样的企业中获得了成功，有时成为企业负责人）都显现出来。正如凡尔赛宫或是罗亚尔宫花园、沙龙、时尚店铺所反映出来的，妇女们并不只是这一世纪的装饰品，而且也对它起到了激励作用。

资产阶级文化

但是，启蒙运动时代并不能仅仅归结为沙龙。大众文化中长期被忽视的方面，时下已慢慢变得清晰起来。这不仅与民俗学者更熟悉的对物质装饰——家具、彩陶和服装——的研究有关，而且也与对叫卖、年历、故事、幻梦剧文献的研究有关，后者对于一些人来说，是致力于使民众“安于现状”的“令人恶心的逃避文学”，而对于另一些人
514 来说，则仅仅是“梦想”的一部分而已。农村和城市中的这一小部分人，即有歌舞表演的咖啡馆中的顾客、仆人、手工业者，并没有被时代所忽略。夏尔丹并不是绝无仅有的描绘卑贱者的人；普罗旺斯的弗朗索瓦兹·迪帕克留下了有关艺匠能够发现民众的灵魂之秘密的证词。为了认识民众，除了关注格勒兹画笔下的农民外，还应关注版画和技术书籍中的插图，它们往往在不经意间提供了有关民众世界的很好景象，它与贵族世界是如此的不同。同样，在文学领域里，人们在普雷沃、莱斯蒂夫·德·拉布莱托内、卢梭的著作中，也发现了这种对于老实人和小人物的深切同情，它使一个完全不包括贵族的文明层面变得完整起来。其重要性在这一世纪下半叶变得愈益明显的资产阶级文化，可能反映了贵族文化的某些特点，尤其是在最富裕的资产阶级中，不过是采用将它们有所缓和的方式；而且它越来越采取自己的规范，后者远胜于宫廷规范，并将形成这一世纪的文化结构。从事劳作、发明、创造，并领导了绝大多数近代大企业的资产阶级，拥有了很多可用于舒适和充满才智的生活的金钱。从此以后，文人、艺术家、手工业者将以它所代表的这一新的公众、新的人数众多的顾客为对象。房屋、家具更为简朴，但是有着令人赞叹的做工，氛围更具家庭气息，更有规律、更“高尚”的生活方式，但正是在那里消遣活动活跃展开，而阅读、戏剧或音乐会之快乐亦是如此，这些都是富裕自在的资产阶级之特点，就如马里沃或夏尔丹笔下的“詹森教徒的”单纯，抑或卢梭、布瓦伊、德比库尔笔下的豪华舒适和率真情感所体现的那样。狄德罗视作典范的正是这种有教养的资产阶级，也正是由于他们，喜

歌剧和情感喜剧此后将上演。正是他们热烈欢迎音乐、绘画和文学领域喜好的转变。最后，时代的精华也将是针对他们的。此外，与贵族一样，资产阶级也有冷酷和头脑不清的一面。他们对待自己的工人和“伙计”并不仁慈；在波尔多和南特，正是贩卖黑奴成就了他们的繁荣。他们的金融欺诈手段远非其良知那样纯洁，而他们也不像哲学偶像那样憎恶金钱。而他们如此，也正是因为其价值与道德标准不可能与贵族的一样。

理性主义的背面

纵览这一世纪，人们往往会注意到其理想或理性主义的背面同样有趣。即使它们是些非常有意思的发明，我们应该向它们表示敬意，如圣皮埃尔神甫的“摇摆”安乐椅、卡斯泰尔的光学羽管键琴以及埃博迪·德·弗伦的各项计划：将马归还给农业，使它们不再用于巴黎的四轮华丽马车和出租马车，打算像威尼斯一样以水道取代首都的街道。在礼仪的温室——社会必须保持其惯例，无视那些荒唐事——中，有些勇敢的人打碎了几片玻璃窗。小克雷比永或拉莫利埃尔的黄色书画并没有使任何人感到不快，尤其是当它们写得很好时，而且，书中雅致的色情并没有对它贯穿于其中的社会提出质疑。与之相反，狄德罗——其举止吓坏了若弗兰夫人——与爱尔维修一样，在性问题上表现出一种真正焕然一新的观点，不仅与社会批评（如《论宗教》所体现的）相协调，而且是幸福与人的生殖层面所决定的要求。这一问题，卢梭在《忏悔录》，尤其是《新爱洛漪丝》中也曾提及。其他作家拒绝像莱斯蒂夫·德·拉布莱托内，尤其是萨德那样“雄伟壮丽”，而不管怎样，萨德的首要特点就是欲火过旺。

在这个人们往往过于贪图漂亮或才智的时代里，也不缺乏力量。如 515
金银匠热尔曼的涡形装饰的生动作品，以及拉莫以闪闪发光的线条描绘的作品所显示的那样，在装饰和优雅的外表之下，也有强劲有力的双腿。大幅的作品，有时甚至是巨大的作品，在“蓬巴杜时代”并非不讨人喜欢。老克雷比永的“残酷”著作和血腥悲剧在此期亦一度受到欢迎。艺术并不就只是精致或可爱。在绘画中，“喜欢宏大”——相当引人注目——始终存在，科瓦佩尔、卡兹、雷斯图、德·特鲁瓦、纳图瓦尔（直至弗拉戈纳尔的《卡利罗厄》）就是其中的代表，他们画中的巨大戏剧构图——带着悲剧或歌剧的矫饰姿态和夸张的模仿，在褶裥的摆动下展开，而且往往生动活泼且颜色艳丽。正是由此——绘画和文学中都一样——体现出人们继续尊重表现崇高的样式，并使人顺从地赞美克雷比永、康皮斯特龙、让·巴蒂斯特·卢梭、勒弗朗·德·蓬皮尼昂的相应绘画作品。此外，这种"宏大"传统在大约 1770 年后的绘画中逐渐失去活力。但是它又换作了巨大建筑物：先贤祠和圣绪尔皮斯教堂正面的有如大续唱的巨大柱型。同时，皮拉内兹的影响激起了佩尔和布雷的狂妄自大的计划，前者体现在其 1765 年的《建筑作品集》中，后者则梦想一种"真诚的"建筑，其特点是巨大和富有魔力。在其现实的建筑中，勒杜更为实际。但是，他的设计也往往近乎梦想。理性的世纪同时也是幻想的世纪，后者在社会、文学和艺术中都被接受。正是在那时，共济会接纳入会的秘密仪式形成，其中如此之多的"考验"和"诅咒"，再次使人想到由卡里奥斯特罗增添了东方和埃及色彩的歌剧世界。那位名噪一时，并自称是法老同时代人的圣日耳曼伯爵曾不无成功地贩卖过拙劣的幻想。18 世纪下半叶所增添的这些喜好表明，通过梅斯梅尔治疗方法的风行、玫瑰十字会和圣马尔丁信徒的增加，可以看出神秘主义倾向，或至少是意识到传统宗教以及理性的不足依然延续，对此，狂热的詹森派教徒已显露无遗。在文学领域，虚构和幻想的作品揭示了对生活环境令人愉快的改变的喜好，以及不希望一切都成为丰特内尔笔下的机械世界的意愿。

但是，这只不过是幻想的一个确实的和基本的方面。艺术领域的洛可可风格，在各个方面都体现了这一深层趋势，它追求"奇异、独特和别致的效果，棱角分明和不同寻常的形式，往往任一部分与其他部分都不对称"。根据其症状，这种体现了对理性主义秩序的某种反抗的对于"别致样式"的喜好，在 18 世纪中叶趋于枯竭。科尚清楚地指出了为什么当他谈及"混乱"之时，其实也就是对国家、社会和文化的根基提出质疑。

第十九章　大革命 516

1789—1799 年，大革命，“我们历史上的传奇时代；
它比路易十四时代更伟大；比圣路易时代更清晰”。
安德烈·马尔罗

大革命不仅在法国历史上、而且在世界历史上也占据着独特的地位。今天的人们强调它所处的历史背景：确实，它处于“大西洋革命”的洪流之中——从美国到英国，从佛兰德尔到瑞士，这场洪流成为1770 年到 1800 年这个历史时期的标志；这种比较丝毫没有贬低大革命的意义，相反，它准确地指出了大革命的影响范围；它那无与伦比的影响力决定了这场作为创造近代世界的重大事件之一的风暴所具有的物质和思想上的重要意义。

大革命是场运动：应该追述它的进程，否则就找不到头绪。历史学家在着手这一任务时会考量一下乔治·勒费弗尔所确立的难以企及的典范，即永远不要忘记历史学也是一门叙述的艺术。把事件串起来后，还要对这场革命的短期的或长期的影响作出评价，也许这样才能估量它对法国人的命运所产生的影响。

517

一、大革命的历程

为什么会有大革命？

旧世界的危机

革命者要打倒的，是他们所谓的“封建制度”：从词义的纯洁性而言，这个术语特指中世纪的封君封臣制度，但目前人们已对这种含义提出质疑，至少是作了修正。但是革命派的法学家们很清楚自己的意图：在他们攻击的整个社会制度中，人们可以看出封建生产方式，或现代意义上的封建主义的基本特征；在这个问题上，1789 年的法国很能说明问题，不过，当时的法国也具有自身的特点，而这些特点很大程度上能够解释法国革命的特征。

封建主义，它首先意味着一个受农村世界支配的法国的旧经济制度：农民约占法国人口的 85%，支配经济生活的仍完全是糊口经济的沉重节奏。在这个经济世界中，危机是农业歉收造成的危机：工业还处于次要地位，它依赖于农业状况，尽管前几个世纪的饥荒在 18 世纪逐渐远去。陈旧的农业技术使得乡村世界的停顿局面愈发沉重；农村的社会关系仍然反映出领主制度的重大影响力，而这种制度正是前资本主义生产方式的完美体现。贵族作为一个团体占据了法国土地的很大一部分，可能接近 30%；教士，另一个特权等级，拥有 6%—10% 的土地；所以 1/3 以上的土地属于这些不能不称之为寄生者的阶层。特别重要的一点是，即使在特权者的领地之外，土地仍然附带着各种封建权益和领主权，这是人们所称的领主特有产权的主要残留：封建关系中包括普遍征收的捐税，如年贡，还有更为沉重的、形式各异的实物捐，即征收的部分收成。土地转移税、赠礼、效忠礼、专营税收、劳役等等，或是季节性的、或是不定期的，或是货币形式、或是实物形式的，或以劳务、或以债据支付，凡此种种，都以不同的方式让人注意到古老的依附关系。

以上的提法必定是粗略的，不过，它能使我们注意到欧洲封建主义危机时代法国的独特性。把法国的农业制度与已经解放的英国的农业制度作对照，这个做法业已成为一个传统，但它可能并非徒劳无益；在英国，资本主义农业已然确立，这与东欧和中欧的农业制度也形成对照，在后两个地区，贵族占有大部分土地，支配对他们存在人身依附关系的农民的劳役。法国看来处于这两种体制之间，这里的领主制因其行将就木而更形苛刻；这里的农民较为富裕、较为多元化，足以在即将到来的斗争中占据重要地位，并且在资产阶级反对贵族的斗争中给予前者有力的支持——与易北河以东的欧洲贵族比起来，法国贵族的经济和社会上的优越地位并非那么无可争议。虽然人们也想把“大西洋”各社会纳入旧制度的范畴，但与这些社会相比，“封建”制度的存在使得法国大革命具有更为明显的社会特征。

但经济状况远非历史的全部：不久前有人曾极力强调旧制度是个“等级”社会，并与19世纪才确立起来的阶级社会相对立。与土地贵族的优越性相对应的是贵族和教士的特权等级的地位，以及被正式认可的、根据荣誉高低而等级化的社会组织模式。1789年的法国就是被展开的三级会议：教士是第一等级，但它自身分裂为高级教士和低级教士；随后是贵族，最后是第三等级的无名而卑微的大众。这种等级制度远不是纯粹的表面现象：“特权者”一词很好地表达出了个中意 518
味。税收特权几乎完全豁免了贵族和教士的税收，这就是最明显的例证：但它还不是全部。被确认、被感知的各种区分、隔阂、禁忌见证了这种等级制度的力量，当我们回想巴纳夫的家人在格勒诺布尔的剧院中受到的侮辱，回想小马农·罗兰被那个得体的贵族教母打发到餐具室里吃饭时①，这绝不是强调资产阶级看待贵族的小气心态。这些事情绝非无足轻重，用来形容18世纪法国资产阶级的“被社会排斥者”一说，其内涵比边缘化心理之类的说法要多得多。当阶级结构从

① 1770年，小巴纳夫同母亲一块儿去戏院看戏，订了一个包厢，但一个贵族军官蛮横地要求把包厢让给他的朋友，于是双方发生争吵，那个贵族以武力迫使巴纳夫母子离开。小马农·罗兰即后来的罗兰夫人，她幼时在一次宴会上曾受到贵族的轻侮，文中即指此事。

这个社会的等级制度外衣下显露出来、从而使有关荣誉的社会心理等级变得缺乏根据时，这种社会心理等级就更加明显了。

绝对主义是这个旧世界的第三个基本事实。也许，封建体制和等级社会并非天然合一，而等级社会和绝对主义则更不可能存在一致性：我们很快就会看到这一点。1789年的法国仍有一个权力无限的国王，作为活的法律，路易十六毫无光辉色彩，但他居于社会结构的顶端，是为特权者服务的秩序的保护人。继西班牙之后，法国从17世纪起成了一种国家制度的典型，在这种制度下，议政会中的国王拥有一种并无任何实际制衡的权威：他强制推行中央集权的行政体制——其中各财政区的督办就是其代理人，压制那些欲效仿高等法院但又迟疑不决的"中间团体"。在旧君主制的观念体系中，君权神授某种程度上是关键所在：受神涂油、制造神迹的国王，他是个神圣的人物，是主的影像。同样，这个头衔也使得他成为国家的精神支柱，虽然有时代精神的影响以及随后出现的裂缝，这个国家仍然只承认一种宗教，所有臣民都应信奉之。

1789年的旧世界处于危机之中：除了我们应该重申的那些直接原因外，它还显露出一些突出的病症。最显而易见、但并非必然是最致命的病症，体现在绝对君主制的国家制度的不完善当中。我们儿时的课本曾告诉我们，行政、司法和财政区划叠床架屋：省和财政区，司法区和大小不一的盐税区纠缠在一起。我们还知道典型的绝对主义的弱点，即国家税收摊派的不公平及其悲哀的征收状况。从本质上说，税收这个具有古老历史的负担并非什么新鲜事物，但它的征收变得更为沉重了。为什么呢？正如有人指出的，因为"君主制失去了改革的意愿"，因为中央集权制的绝对主义逐步丧失了创造力。不管这些观点的说服力到底如何，我们认为，更为重要的是要考察社会危机。

贵族的衰落既可以从绝对数字、也可以从相对地位上来考察。在绝对数字方面，相当一部分贵族因收入不足而陷入窘境，无法维持过分的排场；某些外省的中等贵族的情况就是如此，甚至上层的宫廷贵族也处境艰难，这些人的寄生性几乎被制度化了。当然，我们可以认为，作为业主阶级的重要组成部分，贵族也从 18 世纪大部分时期内一直延续的地租上扬“浪潮”中获益；从这个意义上说，贵族属于当时经济繁荣的受益者。但是还应看到另一面：由于贵族习惯于依靠租金过日子的懒散生活，所以与积极而富有进取心的资产阶级相比，他们处于相对的衰落之中。

对于这种总体性的衰落，反应可能是不一样的：旧制度末年，贵族当中的个人受排斥现象激增，其表现形式是地位的降低；每个人都有其行为方式，萨德和米拉波就是例证。不过，就整体而言，贵族的反应是强硬的，在乡村层次上，领主设法翻新“地籍”登记册，以图 519
更为严格地征收那些古老的捐税。与这种领主反动相呼应的是国家和社会结构层次上的“贵族反动”。王权在强调其绝对主义特质的同时，并不屑于求助于圣西蒙公爵所称的“无耻的资产阶级”……在 18 世纪，随着时间的推移，贵族的垄断地位反而更为强化了：内克这个资产阶级大臣是个著名的例外。所有社会层次上都存在这种情况，这似乎已是官方性质的了。一些法令封闭了平民获得某些军衔的道路，强化了贵族对陆海军的垄断。著名家谱学家谢兰是宫廷最害怕的人物，因为宫廷看重的就是贵族家世。投资产业的自由派贵族要想成为新“精英阶层”的核心，那简直是幻想。

领主反动和贵族反动是同一立场的两个方面，无论对资产阶级还是对农民而言，这都是他们深受伤害的根源。另一方面，绝对君主制与贵族体制的勾结鲜明地体现在旧制度末年的军事法令中。当然这只是旧世界危机的一个方面，危机还表现在绝对君主和贵族——即“他的贵族”——之间以政治对抗形式出现的内部紧张之上，后来国王还认为贵族有坚定的革命愿望。贵族革命的提法有些冒失，但我们至少可以说贵族的反叛：1787 年，当大臣卡隆召集显贵会议以解决财政难题时，他遭到了特权者的拒绝；与会者控诉绝对主义，抨击国王的权力和大臣的权威，还企图审判卡隆。当他的继任者洛梅尼·德·布里埃纳因财政问题而求助于高等法院时，他同样遭到另一些特权者的反对，这场运动颇得民心——即便它的目标含糊不清——并启动了一种具有爆炸性的思想力量：召集三级会议。在贵族自由主义外表的背后是与国家税收机器的对抗，这说明了贵族捍卫特权的目标所在，但也揭示了旧世界内部的紧张。

攻击力量

法国大革命是一场繁荣催生的革命，还是一场因苦难而引发的革命呢？米什莱和饶勒斯曾就这个问题而展现了各自的文采，但就问题本身来说，它像对这场革命的全面解释一样的棘手。

米什莱曾述及法国农民的困难（可怜的短工睡在厩肥堆上……），让人们注意到大部分法国农民命运之脆弱，他这样做无可指责：从无地的日工到拥有小块地的短工和小分成农，所有这些人都可归入所谓的“消费”农民的行列。对他们而言，18 世纪毫无光辉，价格上涨只对那些有剩余产品出售的农民有利，但对“消费农民”造成沉重负担。他们在这个世纪一无所获吗？有人认为，他们至少能够生存下来，因为从前威胁生存的严重危机已经远去，或危机间隔的时间逐渐拉长。但是，由于农业生产结构并未改变，这种新的平衡仍然是脆弱的；如果要借用经典史学著作中的一个比喻，我们会想到泰纳的描绘，他把农民比作一位艰难地涉水渡河的人：河底的一个坑（就是说，一次歉收）就意味着溺水和失足。因此大革命是源于苦难吗？对于那些即将被社会苦难动员起来的城乡小民来说，我们仍然要作一些区分；自宗教战争以来，各种反抗浪潮震撼了法国的城市和乡村，大革命的人民运动也可以被归入这一浪潮之中，不过，不管这种看法多么合理，人
520 民、特别是农民的参与，远比任何原始反叛中偶然的联合行动都更有助于资产阶级革命的建设事业，而资产阶级革命是繁荣造就的革命。繁荣决定了这是一个经济进步的年代。长期的价格上扬运动开始于 1730 年左右，一直延续到 18 世纪结束之后；当然，这期间并非没有顿挫，如剧烈的危机和为时较长的衰退，但总体走势无可争辩。18 世纪后半叶的人口爆炸造成人口激增，也巩固了这个 2600 万人口的国家的地位，它已是欧洲人口最多的国家之一。

这场经济运动的受益者，我们称之为“资产阶级”，但今天大西

洋彼岸的一些历史学家告诉我们说，并不存在这样的阶级，至少1789年还不存在。这看来主要是一场言语之争，其积极的后果是迫使我们进一步明确这个社会范畴的轮廓。这个资产阶级，我们既不认为它占据压倒优势，也不认为它就是铁板一块。他们主要（但并非完全）聚居于城市，而城市只占法国人口的1/6；地产资本仍然对流动资本占据很大的优势；购买土地或能够受封为贵族的官职能为资产阶级带来荣誉，这是融入旧结构的另一种方式。若从资产阶级一词的现代意义上说，这个资产阶级是多元的，他们当中只有很少一部分人符合当时所称的“资产阶级”的标准：靠定期收益生活，或所谓的“像贵族一样”地生活。这个资产阶级基本是生产性的，但其中包括大量的零售商兼工匠，他们是独立生产的小资产阶级，社会界限不清；层次更高的是大商人，他们活跃于各商业港口——如南特、马赛和波尔多——靠大宗海外贸易发财；最后是巴黎和里昂的银行家们。工业资产阶级也已出现，但在一个生产技术发展缓慢、商业资本主义与各种城乡作坊调和在一起的时代，它仍处于次要地位。

但是，资产阶级中也有很多律师、公证人、诉讼代理人和医生，总之有很多自由职业者，他们将成为大革命的明星。这些从事服务业的资产阶级是第三等级关键性的代言人，但他们的立场有时让人诧异：法律界人士当中不是有传统和旧秩序的看门狗吗？但是经济上的依附并不意味着思想上的依附。

纲领的一致性也表明资产阶级的实在性，他们也和其他受旧制度压制的团体一样，期待实现自己的纲领。资产阶级在人数上居于少数地位，法律地位也多种多样，他们大部分仍来自“店铺和作坊”，雇佣劳动制还没有成为独立的力量。不管经济和文化上的隔阂使得资产阶级内部如何等级化，资产阶级仍然是为大革命指引方向、提供纲领的力量。启蒙哲学是为资产阶级锻造的思想武器，它为后者提供了方案；舆论已经展示其力量，它体现在文学潮流中，也产生于一些交际结构中，而共济会就是其中最著名的例证。圣鞠斯特[①]说，“幸福是欧洲的一种新观念”，但有多少其他观念，如自由、平等，又何尝不是如此呢？它们将在 1789 年的危机中找到自我实现的条件。

爆发

经济危机是由来已久的不满情绪的催化剂，并且是引发大革命的一个很重要的直接因素。在 80 年代，农业已经显露出危机的迹象：小
521 麦价格不振，另一方面，葡萄生产过剩带来的严重危机造成行情急剧下跌，这些都对农业产生了明显影响；与此同时，1786 年的英法商约使法国工业受到竞争的威胁。1788 年，农业出现灾难性的歉收，多年的价格停滞之后突然爆发了饥荒，城市和农村都出现了骚动。1789 年 4 月，巴黎的圣安托万区爆发了一场反对工场主雷维荣的剧烈骚乱；外省也发生了动乱。从这一刻起，社会战争进一步放大了政治危机，而政治危机最关键的因素是赤字。

财政赤字就像君主制一样古老：绝对主义总是靠权宜之计度日。不过此时的财政困难已经发展成为制度性危机的指示器。确实，自美国独立战争以来，赤字不断增长；不过君主本人的威望不足、措施不力，这些也应是导致革命的直接原因。关于路易十六的性格，人们谈得够多了，这个平庸的国王能力有限，他远不能应付当时的局势；关于玛丽一安托瓦内特，我们知道的也够多了，很大程度上说，宫廷压力集团正是通过她来施加影响力的；但是，我们应该加以说明的重大因素实在太多了，它们的影响十分重大，以致个人的作为或失误难以改变历史的重大脉络。1787 年和 1788 年，两位大臣，卡隆和洛梅尼·德·布里埃纳的税收改革计划相继失败，前者遭到显贵会议上的特权者的反对，后者碰到了各高等法院的联合抵制。

这场“预备革命”（prérévolution）充满贵族的怀旧色彩，但由此造成的局势发展远远超出了预备革命最初的要求：在贝阿尔内、布列塔尼、多菲内的维齐尔，对三级会议的要求具有革命的特征。1788 年

① 一译圣茹斯特。

8 月，国王终于向这一普遍要求让步，并把内克召进内阁。

资产阶级革命的成就

1789 年

人们曾提到“1789 年的三个革命”：高等法院革命、城市革命、乡村革命。如果我们谨记它们只是同一革命运动的三个方面的话，这种说法在解释 1789 年革命的丰富性时还是有益的。

1789 年 5 月 5 日，国王在凡尔赛庄严宣布三级会议开幕；两个多月后，7 月 9 日，三级会议自称“制宪”国民会议，随后的日子里，巴黎人民 7 月 14 日的胜利使其成了一个不可逆转的事实。这期间发生了什么事情？开幕式上的古老仪式并不能掩盖爆炸性局势的形成。法国人第一次有了广泛的发言机会：他们利用这个机会来起草陈情书，这些文献或精致或朴素，它们仍是一卷宏大的见证书。在提出“按人头”还是“按等级”表决的问题之后，第三等级在最初的会议上就试图让多数持犹疑态度的贵族和分裂的教士阶层承认其在民族当中所占的分量：1789 年 6 月 20 日的网球场宣誓上，各选区的代表们起誓“决不解散……直至宪法制订为止”，但在 6 月 23 日的御前会议上，国王试图采取主动，这次会议对第三等级的团结构成了考验，对此巴伊的回答是：“国民会议不需要接受什么命令”。6 月期间，由于三个等级联合组成的议会逐步形成，国民会议已经成为一个新的机构，但它在面对王权的反动举措时却感到自身的脆弱：军队向巴黎集结就显示出这种反动企图，而内克也于 7 月 11 日被解职。不过此时的主动权在大街上，在自行组织起来的巴黎群众手中：7 月初，日益增长的紧张气氛导致了 7 月 12 日和 13 日暴动局面，到 14 日，巴士底狱被攻占。 522

不过，无论是在巴黎还是在外省，群众动员都不是从这一象征性的胜利开始的。从 6 月底开始，巴黎的资产阶级便利用三级会议的选举集会来建立事实上的新权力机构：在攻占巴士底狱的前几天，巴黎人民已经拿到了武器，并且一直保留到共和三年；7 月期间，群众的活跃还表现在谋杀巴黎督办贝蒂埃·德·索维尼一事上，10 月初巴黎市民向凡尔赛的进军、把王室带回巴黎的举动也是如此，当时他们称呼王室为“面包店店主、老板娘和小伙计”。这些插曲有助于明确议会革命、资产阶级革命的高层表现以及群众革命之间的关系：从某些方面看，资产阶级显然很不情愿置身于群众暴力之中，对于群众的社会要求（对生存的忧惧在这些要求中起着重要作用）的某些要点，他们也同样不情愿。但同样明显的是，从一个革命到另一个革命，其中远非仅仅是一种不安的共存关系；正是群众的介入确保了议会革命的成就：7 月 14 日的暴动迫使王权作出让步，召回内克，接受三色徽，从而使其象征性地认可了这场革命；10 月的日子在回应宫廷挑衅的同时，也使国民会议避免了反革命威胁，这种威胁并非子虚乌有。此时群众的影响力已不仅限于巴黎了：在这几个月中，外省城市也效仿巴黎，开展了市政革命，有的是趁旧权威衰落之机和平地进行，有的则经过了激烈的对抗，如在波尔多和斯特拉斯堡。

农民革命也在进行，即使不是脱离城市革命的话，它至少也显然是有自己的节奏和特殊诉求的。农民反抗运动从 1789 年春天就已开始，波及埃诺、诺曼底林区和布列塔尼、上阿尔萨斯和弗朗什-孔泰以及马孔等地区：城堡被焚毁，但烧得更多的是领主契据，人们把这些东西当作起篝火的材料。这场暴动十分激烈（但杀人的情况很少见），到 7 月下半月，它演变成一场更为广泛（波及法国半数以上的地区）、但已有所变化、乍看起来十分混乱的运动，这就是“大恐慌”。从乔治·勒费弗尔那里，我们已经得知这种集体性恐慌的形式和传播路径——它是城市革命在农村的回响，虽然这种回响有些走样。恐慌的具体表现虽然很多，但模式都很简单：一旦得知那种假想中的危险（如皮埃蒙特人入侵阿尔卑斯山区，英国人在海岸登陆，还有无处不在的“盗匪”，等等），乡民便自行武装起来，但随后人们很快就得知了真相。不过在恐慌期间，消息传播得很快，以致几天之内恐怖气氛就传遍全国。有时候，恐慌还再次引发农村暴乱——多菲内就是如此——和洗劫城堡的行为，而在所有地方，它都激发和动员了农民。农村的这种恐慌，按米什莱的说法，“源自岁月的深处”，但它可能会让我们感到困惑，正如它让 1789 年的资产阶级革命者不知所措一样。当国民会议于 8 月 3 日商议这个问题时，是第三等级的发言人塔尔热和杜邦·德·内穆尔鼓吹恢复秩序；资产阶级革命和农民革命之间这种明显的裂痕还会进一步扩大，但这并不能掩盖革命运动的统一性，因为我们看到，这场革命呈现出从城市向农村传播的壮阔画面：不管农民运动如何无序、如何突然、如何难以应付，但在某种层次上，它仍然是受组织这场革命的资产阶级控制和引导的。

稳定、宪法、联盟……

把 1789 年末到 1791 年初的革命分离出来的做法是不妥的，有人认为这是一个“立宪”革命，是和平的、建设性的、没有眼泪的资产阶级革命，一句话，真正的大革命。但是，首先，这个阶段一些最重 523
要的成就触及最深层的社会制度，但这些成就是通过激烈手段取得的，1789 年 8 月摧毁封建制度就属于这种情况；其次，新政治制度的创制远非是在善意妥协的基础上进行的，相反，它揭开并激化了越来越具有爆炸性的紧张局势；最后，良好的收成缓解了社会经济困难，因而造成了一些有利局面。

摧毁旧世界采取的是猛烈的方式，至少理论上是如此：8 月 4 日晚上，面对大恐慌的局势，一些自由派贵族——诺阿耶子爵和埃吉永公爵——带头谴责封建制度，引发了一场集体放弃封建权益和特权的运动，从而一夜之间摧毁了最广泛意义上的封建制度。我们可以从集体心理的角度来探讨这个问题，正像考察大恐慌一样，而 8 月 4 日之夜就是对大恐慌的回应：但当时的放弃只是暂时的，最终的决议在宣称“国民会议完全废除封建制”的同时，在已取消的个人权益和宣布需要赎买的实物捐税之间作了仔细的区分。虽然国民会议的解释具有局限性，8 月 4 日之夜仍催生了一种新的资产阶级民法。在随后的几个月里，农民在没有得到后续条文的情况下自行执行有关的决议，事实上无偿地废除了古老的领主权益。

接下来要在新的基础上从事建设工作：国民会议的主要议题是新宪法问题，虽然 1789 年 8 月 26 日提出了《公民权利和人权宣言》，但关于宪法的辩论经历了一些意想不到和具有决定意义的阶段：最初的几周就已出现了新式的政治生活，这种政治生活将成为整个大革命的鲜明特点，而且它也肯定不是这一“制宪”阶段最不起眼的创造。三级会议的代表当中产生了一个新的政治阶层，它分化为不同的派别，至少是分化为不同的集团：贵族，“君主派”，“爱国党”，各派都由名流支配，如右派的卡扎莱和莫里神甫，君主派的穆尼埃和马卢埃，而爱国党人则在米拉波可疑的雄辩和拉法耶特极力主张的无为路线之间摇摆，他们试图向左翼寻找一个更为可靠的方向，为此他们一度接近“三巨头”：巴纳夫、迪波尔、拉美特。未来的左翼领袖，如格雷古瓦和罗伯斯庇尔，也逐步确立起自己的声望。

宪法制订应是政治活动的最高形式，所以国民议会及其各委员会的大部分会议都是为此而召开的，会上关于战争及和平权以及否决权的辩论造成了具有决定意义的对立。但是，甚至在宪法文本敲定之前，财政困难就把革命拖入了指券货币政策，这一政策以教会财产的国有化为基础，为此制宪会议制定了教士公民组织法，对教士实行公务员化，从而确立了他们的新地位；但这一揽子举措带来的连锁反应十分巨大。若从动机上看，1789 年 11 月 2 日将教会财产收归国有的决定似乎不像人们所说的那样革命，事实上，它植根于一种高卢主义导向的传统之中。但从结果上看，这个决定是革命性的：从 1790 年春天开始，以国有财产为抵押的指券变成了名副其实的纸币，这为注定要对整个革命时期都造成负担的通货膨胀拉开了序幕。另一方面，在这个阶段，革命正在设法巩固自己，而销售业已成为国有财产的教会产业构成这一阶段的关键性因素之一：这次大规模的财产剥夺涉及全国土地的近 1/10，正是由于这个举措，资产阶级革命与获益集团十分紧密地联系
524 在了一起，这些集团在 1790 年和 1791 年的拍卖风潮中获得了意外之财。

一方面是巩固，另一方面是断裂：教会产业的国有化与教士公民组织法采取的公务员化政策不可分离，该法案于 1790 年 7 月 12 日表决通过。在新的行政区划框架内，主教和教区神甫成为选举出来的公务员，他们必须进行公民宣誓。教皇庇护十一的敌视、他于 1791 年 4

月正式发布的对“宣誓教士”的谴责，使得这个致力于维护民族一致神话的革命国家产生了不可弥合的裂痕。宣誓教士和抗拒派教士之间立即出现了决然的分裂：高级教士当中宣誓的很少（130 个主教中只有 7 个），堂区教士的情况则要均匀得多：在有关教士宣誓的地图上，某些地区的宣誓教士众多（东南地区，巴黎盆地和阿基坦的部分地区），而另一些地区则属于抗拒地带（西部、东北部和中央高原东部）。在随后的岁月中，这种分裂将成为民众意识中的重要因素，因为在民众意识中，宗教是一个激化因素。不过，在制宪会议以 1791 年宪法来奠定新制度之根本法的那几个月中，人们甚至一度认为革命已大功告成，无论从主题还是从频率上看，当时的画像都向我们证实了这一点：这些绘画都极为注重联盟节的意义。

联盟节的创意来自巴黎的一些社区，他们打算在攻占巴士底狱一周年之际在马尔斯广场举行庆祝活动，但这个想法不胫而走，法国各地都在举行联盟节，庆祝旧省区的终结和历经考验的民族统一。在巴黎，虽然天下着雨，也没有进行筹备（只有几千个公民志愿工作），而且路易十六的宣誓也缺乏热情，但联盟节（1790 年 7 月 14 日）仍是这场深信其完美的一致性的革命的最高表现形式。

出轨

一年之后，局面改变了，革命绘画在追忆联盟节的同时，也向我们展示了 1791 年 7 月 17 日马尔斯校场上的枪声。在科德利埃俱乐部的推动下，巴黎的请愿者要求国王逊位。巴黎市长巴伊和国民卫队司令拉法耶特发布戒严令，并命令向示威者开枪：群众革命与某种资产阶级革命最终分裂了。为什么会出现这种情况呢？

简单的解释实不足取；有人认为，革命在 1791 年开始出现转折，随后导致了 1792 年夏天君主制的垮台：这究竟是不可避免的、符合事物规律的趋势，还是越出了正常轨道的偶然事故、而事态本来应停留在 1791 年呢？一个出色的论证已为第二种解释提供了十分明晰的表述，它的作者（弗朗索瓦·孚雷）在提出论点的同时还创造了“侧滑”一词，但这位作者后来好像摆脱了此观点。群众的大规模介入阻挡了几乎快完成的资产阶级革命的"正确道路"，因而与历史的必然要求并不相符：体现在贵族阴谋论中的古老的恐惧感、立宪君主及其内外支持者的踌躇和失策，这些可能性再次推动革命的激进化，从而可能致使业已实现的妥协流产，并使得有产者精英内部发生分裂。

这种历史解释的重构引人入胜，但在我们看来，它没有充分考虑到反革命的因素，而反革命根本不是一个神话。仅仅关注巴黎就难以看到整个法国的真实状况，而当时，革命在法国远非一个已经成功的事业。1789 年夏天，国王的两个弟弟普罗旺斯伯爵和阿图瓦伯爵外逃，随后贵族和教士掀起了第一次外逃浪潮，这时流亡势力的说法不再是个玩笑：流亡者聚集在孔代亲王周围，组成了如都灵委员会之类
525 的机构，并试图让国王逃出法国，但没有成功（法弗拉阴谋），不过他们在外省找到了一些与他们阴谋串通的机构。南方部分地区的情况就是如此，在那里，社会的、政治的、宗教的对抗局面与蒙托榜和尼姆之间的隔阂相呼应。阿尔代什、加尔和洛泽尔之间的雅莱兵营自 1790 年后就成为典型的反革命军营：1791—1792 年法国南方的城市骚乱表明，从没有哪个年轻的革命如此脆弱，旧势力的进攻如此猖獗——它还没有寿终正寝，远远没有。只是南方的局面吗？但愿如此！在南锡，1790 年 8 月，布耶侯爵严厉谴责士兵的"叛乱"，而他们的主要错误只是因为成了革命派，与此同时，侯爵还以一种很多人希望效仿的方式从事反革命活动。在这种背景下，王室和国王本人的立场并非如人们所说的那样笨拙和不坚定：国王从来没有真心接受革命动荡，并同外国宫廷保持着秘密的书信联系，他在各个派别和议政会内部彼此竞争的参谋们——如早已卖身投靠的米拉波，拉法耶特和巴纳夫——之间周旋，但实际上他是在自行其是；6 月 20 日晚，国王一家化装逃出杜伊勒里宫，但路上被人认出，被拦在瓦莱纳[①]，22 日被带回巴黎，全城惊愕而愤怒。

及至此时，我们可以说，城市中所有最政治化的、头脑清醒的群

① 旧译"瓦伦"、"瓦楞"。

众都已经投入斗争：人们所称的“无套裤汉”就是在1791年到1792年间形成的。像1789年一样，经济压力在群众的不满情绪中扮演了重要作用：1791年部分地区农业歉收，再加上囤积居奇，各地的粮价都在攀升，这与纸券的贬值也有关系。除了这些直接因素外，更为深层的要求进一步加剧了农村的社会紧张。在农民革命的社会史中，1791年冬天到1792年秋天这个时期的特点是农民起义的爆发，其规模并不逊色于大恐慌：农民或在各个市场进行巡回定价（在塞纳河和卢瓦尔河之间的地区），或洗劫和焚毁大片邻近地区内的城堡（如整个东南地中海沿岸地区）。在1791年和1792年，重新活跃起来的群众运动处于这样一种背景之下：俱乐部在蓬勃发展，各种兄弟会在当时的法国建立起了人民团体网络，其密度有时让人吃惊。在巴黎，马拉和丹东所在的科德利埃俱乐部吸纳的会员更平民化，而当时的雅各宾俱乐部则较为封闭。

反革命还是人民革命、至少是人民参与的革命？正是在这个问题上，资产阶级革命的领导者们进退两难，可以说，正是因为他们在这个问题上的反应，政治力量才出现了重组，而重组就发生在瓦莱纳逃亡、马尔斯校场屠杀和国王（议员们还想维持他是被人拐走的谎言）最终颁布宪法法案之后，新的立法会议召开（1790年10月1日）之时。在杜邦·德·内穆尔等试图“粉碎暴乱机器”的人看来，革命应该停止了：这就是斐扬派，它的代表（745名议员中有263人）公开分裂为一些小团体，其中的一方是拉法耶特，另一方则是三巨头（巴纳夫、迪波尔、拉美特）。另一些人被称为“布里索派”，这个名称来自其领袖布里索，他们中间同样也少不了派系争吵：一方是以维尼奥、加戴、让索内和孔多塞为头面人物的集团，另一方则是以几个激进民主派为首，如夏博、默兰和卡尔诺。不过，在分歧暴露之前，巴黎市长杰罗姆·佩蒂翁的一番话看来事先就反驳了“侧滑”论：“资产阶级曾和人民联合创造了革命，现在也只有这种联合才能够保卫革命。”在很多左派人士（马拉和雅各宾派中的罗伯斯庇尔除外）看来，这种联合是合情合理的，但他们以布里索派谴责人民运动的方式来看待这 526

种联合，而不了解其中的经济社会诉求。

很快，战争就在内部的紧张之上平添了外部威胁，从而进一步明确和强化了各派的立场。人们已经预感到战争的来临：由于保守派的不安和王朝连带关系，1791年8月，皇帝和普鲁士国王在皮尔尼茨呼吁组织君主联盟，以恢复路易十六的权力。在法国，各种压力集团都希望采取敌对行动，不过我们不能说它们形成了一个联盟：国王和宫廷处心积虑地推行浑水摸鱼的政策，希望君主们获胜；拉法耶特则试图使自己成为一个对于胜利必不可少的人物；最后是自1792年春天以来进入内阁的吉伦特派，他们梦想在战争中揭露国王的真面目。只有——或几乎只有——雅各宾派的罗伯斯庇尔提出了异议，指出外部冒险的危险性。

4月20日向“波希米亚和匈牙利国王”① 的宣战一开始似乎证实了布里索派预测的合理性，战争至少迫使王室揭下了伪装，它拒绝批准议会的决议（特别是在巴黎设立“联盟”军营的决议），并解除了吉伦特派大臣的职务。战争也没有超乎国王及其朋友的期望，法军因军官流亡而陷于瓦解，最初的战斗对这支大变样的军队来说简直是场灾难。在这种局面下，反革命的狂热催生了著名的布伦瑞克声明，在这份7月15日发布的文件中，君主们威胁要把“巴黎交付给军事当局，并对其进行彻底的颠覆”，这有什么奇怪的呢？但比较出人意料的是群众对新局势的反应，至少这种反应的形式、规模和老练有点出人意料：这仍是一场半自发的运动，6月20日，巴黎的示威者企图冲入杜伊勒里宫，但没有成功，但这预示着一场更严重的骚乱。外省来的请愿书纷纷要求国王逊位，“联盟派”——如著名的马赛的联盟派——前来保卫首都和祖国，7月11日，议会宣布祖国“在危急中”。

在这个麻烦无处不在的关键时刻，资产阶级的革命阵线因为群众运动的影响而产生了分裂，群众运动已经从次要力量上升为革命的首要动力；作为6月20日事件之同谋的吉伦特派，这时大部分已经投入

---

① 指奥地利帝国的皇帝。

秩序派的阵营。但是那天他们的举动掩盖了这一点，使他们得以转而支持巴黎人民的起义，站到社区民兵、科德利埃俱乐部一边，而吉伦特派一些公认的领袖则投靠几位人气飙升的人物：罗伯斯庇尔、马拉、丹东……8 月 10 日，巴黎社区民兵和联盟者进攻被王室遗弃的杜伊勒里宫，并与守卫那里的瑞士兵发生了流血冲突。议会决定暂停国王职务，新召集的立宪会议称为“国民公会”，将以普选方式产生：这是民主革命的象征性开端。

我们根本没有必要把这一革命阶段的两幅画面割裂开，这就是瓦尔密和 9 月的屠杀。1792 年 9 月 20 日的瓦尔密战役粉碎了普鲁士军队在香槟地区的攻势，这是最初的失利之后的一个转折，当然，如果考虑到伤亡数字的话，人们可以说这是场平庸的战役；不过，这支未经炮火洗礼、仓促组建起来的年轻军队毕竟迫使可怕的普鲁士军队撤退了；从思想方面说，这是大革命对旧制度的欧洲的一次打击。而要理解 9 月的屠杀，还是应该回到法国国内的局势上来。无论巴黎还是外省，当时都生活在入侵的威胁之下，生活在贵族阴谋的恐惧中，而这种恐惧通常根本不是捏造出来的。旧的权威已经逝去——国王被囚禁在坦普尔监狱——丹东领导的执行委员会暂行代理，这种局面为骇人之举提供了方便：9 月 2 日到 5 日，一群人涌入巴黎各监狱中，决 527
心自己进行审判：教士、贵族、甚至一些普通的囚犯都成为这次“极端派”革命插曲中的牺牲品。

人民革命

1793 年

1792 年，我们曾听到佩蒂翁说，只有“人民和资产阶级的联合”才能挽救革命。但到 1793 年春天，同一个佩蒂翁却说，“你们的财产受到了威胁！”这个游离在吉伦特派和山岳派之间的人物，他的态度转变正记录着法国资产阶级在 8 月 10 日被证实的分裂状态。

有两个资产阶级：一个认为社会危险已成为头等重要的事，应该回归基本的秩序；另一个资产阶级则主张保卫革命，反对内外贵族势力，故应联合人民运动，甚至需要满足这一运动的部分社会纲领，并在政治方面求助于一些绝非资产阶级民主的手段。在这两个资产阶级之间，只有选择之不同，即只有“吉伦特派”和“山岳派”两个标签之间的对立吗？在我们看来，很容易观察到资产阶级内部相互变换的团体，即使有关议会团体的社会学不能描绘出整体性的分类：应该考虑到各种随处可见的团体，有关的研究可以更为深入；目前来看，单是一个选举地理学的研究就可能通过“受托人”的来源地来确认吉伦特派和山岳派：那个商业资本主义发达、拥有外贸港口的省份选出的代表是吉伦特派，如维尼奥、加戴和让索内，吉伦特派也可能是朗格多克人和普罗旺斯人：拉博、巴尔巴鲁和伊斯纳尔，伊斯纳尔的行动尤其能代表格拉斯地区的商人。山岳派深深植根于巴黎的激进主义氛围中，它有一系列杰出的人物，其著名的领袖有罗伯斯庇尔、丹东和马拉等人，此外还有一些新崛起的年轻人，如圣鞠斯特。

这两个资产阶级是在与第三种力量的关系中得以自我确认的，但是根据机械的分类而把双方对立起来，就像将各个不稳定的派系统一化的企图一样徒劳。这第三种力量就是群众，而各种社区和人民团体为群众提供了活动框架、组织形式和结构。一些首领和普通代言人从团体中脱颖而出：如瓦尔莱和“红色教士”扎克·卢等“愤激派”，他们代表下层人民的日常经济要求；以及由埃贝尔、肖美特和其他不太知名的人发起、以巴黎公社[①]为中心的不够“纯洁”的团体——但愿现在的历史学能揭示不知名者的面目。1792 年秋，在国民公会的选举之际，头年春天开始的反贵族运动在外省掀起新的高潮；1793 年春，城市发生食物骚乱；“小民”在这些运动中走上了街头，他们的政治化达到了前所未有的高度，这种局面在大革命此后的岁月中也很少见。

审判国王、对外战争从胜利到失败、旺代内战，这些就是生死攸关的一年中的重大篇章，它们也标志着山岳派和吉伦特派对抗的各个

① 法语作 Commune Parisienne，故译成巴黎公社，注意与十九世纪七十年代成立的 Commune de Paris（巴黎公社）相区别。

阶段。国王的审判从1792年12月11日开始，两派在这个问题上立场对立。吉伦特派主张从宽处理，并在审判过程中采用各种手段，以避免判处死刑（为什么不延期判决、不判处流放或请人民来决断呢？……），山岳派中有不同的言论，但最具影响力的通常是罗伯斯庇尔、圣鞠斯特和马拉，他们认为必须判处死刑以拯救革命。表决结果是死刑被通过（占718票中的387票），延期判决被否决，1793年1月21日，路易十六被处决。在完成这个“民族的天命”之后，国民公会的议员们深知，他们已使得革命的进程不可逆转了，正如冈蓬所 528
说，革命的进程不是浪漫的抒情诗，它已经抵达一个新境界，随行的船只也已经被烧毁。

处决国王之后，战争又开始了，不过从瓦尔密战役之后，战局朝有利于法军的方向发展。列强关注这场战争当然有所企图，它们当时正忙着肢解波兰。但战争的推动力也来自吉伦特派的国民公会：11月，法军在热马普打开了通往奥属尼德兰的道路，接着又进逼尼斯和萨伏依以及莱茵河左岸，并占领法兰克福和美因茨。这也是一场宣传战，其口号是“对城堡开战，对茅屋和平”……但战争很快就演变成兼并行动：丹东还以自然疆界论来为这种政策提供理论依据。处决国王给了各国君主（那不勒斯、西班牙、德意志诸王公）参加反法联盟的理由或口实，也给这个联盟提供了长达20余年的组织者：这就是威廉·庇特的英国，它一直担心法国的势力扩张到佛兰德尔。1793年冬天的征服代价是沉重的：尼尔文登战役失败后，杜穆里埃被赶出了比利时；叛国行为接踵而来，这位态度暧昧的将军投敌，与此同时，莱茵河左岸的地区也已丢失，残存的法国部队被围困在美因茨。

就在这几个星期，旺代发生了叛乱——准确的日期是3月10日。叛乱波及圣弗洛朗和舒莱地区，以及布列塔尼的马莱地区：开始起事的是乡村妇女，在平民出身的首领（如斯托弗莱和卡特里诺）的推动下，她们很快壮大起来，并有了贵族头领（如戴尔贝、夏雷特、拉罗舍雅克兰）；抵抗一开始只是零星现象，但到春天，整个西部矮林地带都已陷入叛乱中。关于旺代的战争，好像都说完了，但难题依然存在……很早人们就知道，国民公会征召 30 万军队的决定是叛乱的原因之一，这一点无疑比实际存在的君主主义的或宗教的情感更为重要，这类情感并非首要的因素。但为什么有旺代叛乱呢？目前关于西部社会结构的研究，正帮助我们逐步理解反革命运动中产生的反资产阶级和反城市情绪的缘由。

国民公会召集之时，吉伦特派处于强势地位，它是人数最多的一派，罗兰、克拉维埃尔和勒布伦等人还掌握着政府领导权，但是，此时的吉伦特派已经受不起连续的失败，如国王的审判、对外战争的溃败，以及随后的边境威胁和内战。吉伦特派的垮台不仅标志着一种政策上的失败：这个资产阶级派别既梦想结束革命，同时又冒失地进行外部扩张，因此它不可能承担起这些自相矛盾的事业，不可能为真正的革命政府奠基。立法会议初期，吉伦特派对自己的力量信心十足，它猛烈抨击三巨头——丹东、马拉和罗伯斯庇尔——指控他们向往独裁制；而到 1793 年 4 月，受到控诉的马拉却被革命法庭开释，胜利而归，反差何其大！

鉴于事态的发展，新的措施、乃至新的法制也建立了起来，其主要机构是特别刑事法庭（3 月 10 日）、各公社的监察委员会，4 月 6 日后又设立了第一届公安委员会，由丹东控制。吉伦特派被排除出革命之后，试图在退隐中进行战斗，设立 12 人委员会——针对巴黎公社的战争机器——和起诉马拉只是两个战斗插曲；伊斯纳尔还发表了一个著名的无耻演讲，人们称之为“吉伦特派的布伦瑞克宣言”，他威胁说，“巴黎将被毁灭。不久以后，如果巴黎仍然存在的话，人们也只能到塞纳河的驳船上去寻找……”；面对这种威胁，巴黎人民以自己的方
529 式作出了回答：5 月 31 日的第一次起义失败后，6 月 2 日，被巴黎国民卫队包围的国民公会同意投票逮捕 22 名代表，他们是吉伦特派的头目。山岳派取得了胜利。

革命政府

但这是一次苦涩的胜利：正如巴雷尔向国民公会报告的那样，共和国只是一座被围困的大城市。瓦朗谢纳在奥地利手中，普鲁士人占

领了美因茨，英国人围攻敦刻尔克，西班牙人和皮埃蒙特人也向边境地带推进。在法国国内，朱安党人已经组成了“天主教和王党军队”，并在昂热和昂塞尼斯取得胜利，但后来在离南特不远的地方失败。

吉伦特派的倒台在外省引发了反对巴黎的叛乱：里昂发生了起义，并处死了山岳派分子夏利埃；在南方，分离主义者的叛乱波及朗格多克的部分地区、以马赛和土伦为中心的普罗旺斯西部、以及西南部的波尔多地区；西部的南特也受到冲击；最后，在诺曼底，一支军队从卡昂出发，声讨巴黎的“独裁政府”，但在维尔农附近被轻易驱散，而另一个单独行动的反革命者夏洛蒂·科黛也是从卡昂出发前往巴黎的，她在一次自杀性行动中刺死了马拉。

面对这危如累卵的局面，雅各宾分子代表的山岳派资产阶级、国民公会以及随后的公安委员会强化了与人民大众、特别是团结在无套裤汉运动中的巴黎人民之间的联盟。还能有别的选择么？这里的问题，无论是过去还是现在，都至少要涉及人民运动。自1793年春天以来，愤激派为群众运动提供了原动力，随后埃贝尔派逐步取代了愤激派；在这些运动中，人们认为已经看到了另一种革命的苗头，它不再是民主的资产阶级的革命，而是确切意义上的人民革命，由于自身特有的持久的革命动力，它包含了超越资产阶级范畴的潜在因素。从这个角度看，我们谈论的联盟就成了一场骗局，只是罗伯斯庇尔派资产阶级的一种控制方式，他们利用群众运动来为自己的目标服务……有人反对这一论点，认为这是削足适履的看法，是把阶级意识赋予一个并不存在的阶级。索布尔的研究指出，在一个资本主义企业和由此产生的雇佣制度尚相当稀少的社会，无套裤汉仍是一个混合体，其中占支配地位的是“货摊和店铺”中的独立小生产者，他们的平等主义还没有发展成独立的纲领。但这并不是说，1793年底的群众运动就不是关键性事件、不是政治斗争的推进器：这场运动以其持续而有效的压力而暂时确立起秩序，并有效地执行了一些维持秩序的措施：最高限价令（9月11日和29日），恐怖（9月5日）以及惩治嫌疑犯条例。但是，1793年秋天的高潮——上述措施就是其结果——也许是群众运动的最后一次重大胜利。

在这几周之内，山岳派奠定了革命政府的一些基本要素，这个政府根本不符合群众运动的积极分子所梦想的、以群众自发性为基础的直接民主制的理想。1793 年 6 月，即吉伦特派倒台后不久，新的宪法条文被拟定出来，经 1793 年 8 月 10 日的预备议会表决之后公布；但这部宪法从未实施过，因为 1793 年 10 月的一份决议宣布暂停实施该宪法，并称，“直到和平到来之前，法国临时政府是革命政府。”革命政府诞生于 1793 年夏，但正式组建于 12 月（共和 2 年霜月 14 日），它所面对的是极端危急的局势：“大革命就是自由反对其敌人的战争。”这一体制的关键机构是救国委员会，它出自国民公会，1793 年夏开始召集，其成员一年之内没有变化、或几乎没有变化。我们不可能忽视这一群人，而且，鉴于这些革命英雄的历史地位，关注他们也是合理的。“可腐蚀者”罗伯斯庇尔，年仅 26 岁、少年老成的圣鞠斯特，库
530 东：这主要的三人组合有淹没其他绝非二流的人物之嫌，而且以这种方便的标签来进行分类稍显武断。这当中有技术人员么？当然有。但卡尔诺（胜利的组织者）、让·邦·圣安德烈和两个普里厄尔也远非仅仅是技术人员。同样，巴雷尔，以及委员会的两个埃贝尔派：科洛·德·埃尔布瓦和俾约-瓦楞，都绝非次要人物。救国委员会以其不懈的工作、以直到最后几个月才出现裂痕的团结精神，协调和推动着革命运动。它的重要地位让其他中央机构相形见绌——部长成了普通的执行官员——甚至负责惩治嫌疑犯的公安委员会也是如此。

传递革命动力的轮系逐步运转起来：国家代理人派到区一级，各城市和乡镇设立了监察委员会。在救国委员会和各执行机构之间，特派员所扮演的角色与历史赋予他们的声望颇为切合。今天的历史学对他们的评价，激烈的褒贬都有之。哪种今天已过时的历史学不对那些以其顽固或残忍而著称的“罗马总督”大加发挥呢？如卡里埃在南特，勒本在北方省，富歇在涅弗尔和里昂，弗雷隆和巴拉斯在南方……当相关的记载在转向塔里安在波尔多的严酷行径时竟以颇为温和的方式加以叙述，倒是有些出乎意料。当前的历史学探讨的是革命

恐怖的代理人行动的环境和手段，以及带来的切实影响。根据最近的研究，革命军队是以巴黎的部队或其在外省的模仿者的形式出现的，它是“恐怖在外省的工具”之一，在其创建阶段，它是个半自发的组织，革命政府只能暂时持容忍态度，后来开始逐步缩减之，时机成熟后，这些部队被取消。

维持秩序的一个措施是恐怖，它的执行远远超出了简单的镇压。恐怖是有效的，共和 2 年牧月 22 日，在公诉人富吉埃－坦维尔的推动下，革命法庭通过了一项法律，强化了其活动，从而拉开了穑月“大恐怖”的序幕。但恐怖也体现在经济方面，以便将城市人民的自发要求付诸实践：食品定价须根据最高限价令（9 月 29 日），最高限定措施也扩展到工资领域。此外还有搜查囤积、强制限定指券市价等措施，在革命的动荡岁月中，这些措施造就了一个相对有利于城市平民的时期。

一系列重大胜利见证了这种紧张的协同努力的成果。在国内，分离主义分子在头几个月内就被击溃；1793 年 10 月收复里昂，9 月收复马赛，12 月 19 日，土伦在围攻之后终于被攻克，年轻的上尉波拿巴在这次战役中扬名；在勒芒和萨弗内战役胜利之后，旺代的叛乱即使没有被平息，至少也在当年的 12 月份被压制到游击战的层次上。在边境地带，士兵“混编”措施给新军队带来了新的团结，也给带来了革命热情，在行伍出身的年轻将军们的率领下，部队采取了大胆进攻的胜利战略：佛兰德尔战区的洪庶特和瓦蒂尼埃战役、东部战区的魏森堡和兰道战役拉开了春季攻势的序幕，这场大攻势导致了富勒吕斯大捷（1794 年 6 月 26 日），这次胜利更多是来自勇敢，而非战术，此后比利时再度变成法国的了。

富勒吕斯大捷离热月 9 日只有一个月，也许人们尝试把热月政变和令人目眩的胜利联系起来——正如巴雷尔所说的，胜利使“罗伯斯庇尔冲昏头脑”——或至少可以认为，恐怖体制既然在特殊环境中诞生，它就不可能比这种环境存在得更为长久。但矛盾其实更为深刻：因为革命从此前的一段时间开始就已经冷却。

531 “革命冷却了”

圣鞠斯特的这句名言首先道出了群众动力与救国委员会政府的分离。1793 年 9 月，无套裤可以推行他们的部分纲领：正是在无套裤汉运动的环境中，诞生了随后几个月中的非基督教化运动，它于雾月兴起于某些地区（涅弗尔），随后传到巴黎并扩展到整个法国。很早人们就知道，这场非基督教化的浪潮远非过去一些作者认为的那样，是革命政府的最高创造，相反，丹东和罗伯斯庇尔很早就对此进行了谴责，而且怀疑这恰恰是让人民远离革命的反革命阴谋。但它既不是最高创造，也不是反革命阴谋，不过其群众性确实让人吃惊。巴黎主教格贝尔堪称去教士化运动的楷模，其他很多地方也有这种运动；此外，反宗教的假面舞会经常具有广泛的群众性，类似的表演还有在改造过的教堂中上演的理性崇拜仪式。正如有人指出的，非基督教化是群众激情的派生物，更是一种须在政治和经济方面寻求满足的不安因素，这场被谴责的运动是使群众动力重新焕发的一个要素。自治社区（section）的永久性于 9 月被撤消，群众社团受到猛烈抨击，革命军被解散，巴黎公社被驯服……所有这些措施最终导致了对埃贝尔和埃贝尔派的审判，接着他们于共和 2 年芽月 4 日被处决，虽然此间爆发的群众骚动一度于风月达到高潮。愤激派则更为脆弱，他们在冬天就已经被清洗。此后，“职业化”的无套裤汉运动再也没有发起过真正有效的抵制或支持。

现在的抵制或支持力量只有依靠以丹东和卡米耶·德穆兰（《老科德利埃报》的创办者）为核心的宽容派了，这一派人组织了一个有时颇为暧昧的联盟，像法布尔·德格朗丁这样的唯利是图者也能占有一席之地。所以，此后罗伯斯庇尔派转而反对这个联盟了：1794 年4 月，丹东派分子及其或远或近的朋友被罗伯斯庇尔集团一网打尽。

在这个不幸的时期，掌权的雅各宾派收紧了自己的圈子，不过对于这些梦想以美德为基础建造一个新世界、以重新把握正在失控的局面的人来说，这也是一个进行最令人惊叹的尝试的时期。为了平衡清洗埃贝尔派造成的影响，风月法令决定没收嫌疑犯的财产，将它分配给赤贫的革命者，这一法令既标志着雅各宾派社会政策的顶点，也标志着这一政策的限度。这是一次重要的再分配，国民福利大典是其实施的依据，但是，这个具有平等主义色彩的措施仍然尊重不可触犯的财产权。为平衡非基督教化的影响，人们提出了最高主宰崇拜，以罗伯斯庇尔的自然神论来对抗理性崇拜，由此便产生了共和 2 年芽月 20 日那次规模宏大的集体庆祝活动，某些人从中看到了对罗伯斯庇尔的神化。

于是形成了反对罗伯斯庇尔及其朋友的集团，反对派的厌倦感——实际上，恐怖的势头正猛，它在牧月法令中进一步强化——只是其中的一个因素。在国民公会内部，后来被称为“热月党人”的集团联合了“宽容派”和悔改或暧昧的“恐怖分子”，如富歇、塔里安、巴拉斯；甚至在救国委员会内部，领导集团也出现分裂，并发生了激烈的冲突。

热月 8 日，罗伯斯庇尔发表演说，控告“无赖们”，但他远没有震慑这些密谋分子，反而动员了他们。热月 9 日那天，国民公会已作好逮捕罗伯斯庇尔派的准备。巴黎公社支持罗伯斯庇尔的起义并不成功，而罗伯斯庇尔及其朋友的迟疑更增加了起义的困难。国民公会的部队重新占领市政厅，热月 10 日，罗伯斯庇尔、库东、圣鞠斯特和他们的 19 个支持者被送上了断头台。

回归秩序 532

热月党人

热月——如果我们置身于事实当中的话——包含着好几种发展趋势。有些人曾认为，它可以回到一个有利于人民大众的革命，不过应实行集体领导，因此这只需摆脱罗伯斯庇尔的控制。这可能是巴雷尔、科洛·德·埃尔布瓦和俾约-瓦楞等人的梦想，但它一开始就破灭了。这三位救国委员会成员遭到起诉和流放，富吉埃-坦维尔、卡里埃等恐怖体制的替罪羊经审讯后被处决，这些情况很快就宣告了上述梦想的破灭，与此同时，革命的政府结构被解散，监狱被打开。国民公会卸掉了各委员会那些恼人的枷锁；雅各宾派及其各级革命机构遭到压制，随后被遣散。

但是，这丝毫不表明缺少令群众运动再度勃兴的潜在条件：共和 3 年和共和 5 年，城乡群众遭受的饥荒使局势再度激化，一直波及苦难的最深处。农业歉收当然是其中的重要原因，但价格自由以及纸币造成的通货膨胀进一步加剧了危机的灾难性。不知廉耻、毫无节制地炫耀财富，更平添了穷人的怨恨之情。不过这种刺激还远不充分，群众运动蓄势待发，但它已经失去了领导和组织结构，而它的参谋部现在只是一群组织分散的山岳党人，因而它们之间的联合只能是两个弱者的联合。共和 3 年芽月 12 日和牧月 1 日的场面就不幸证实了这种新局面，当时，无套裤汉冲入国民公会，要求“面包和 1793 年宪法”，他们把经济要求和政治诉求结合到了一起。但失败的代价是沉重的：圣安托万区被解除武装，这标志着群众运动的死亡；忠诚的山岳派——“克里特人”——的最后一个方阵被清除了，这为政治反动提供了方便。

芽月和牧月的战斗是在反革命得胜时的退却战，外省（如在土伦）的此类篇章可能比巴黎更多。正是在这一点上，我们应该思考的是，热月为什么没有发展成大多数热月党人期望的那种局面：把这场一度偏离了正轨的革命拉回资产阶级革命的轨道上来。但这一时期的人民运动和反革命的胜利使得和平稳定的希望化为泡影。巴黎笼罩在反革命的氛围中，悔改的恐怖分子弗雷隆在那里组织“金色青年”团伙，其成员来自“纨绔子弟”；外省同样出现反革命行动，在南方，从里昂到马赛，“耶玉兄弟”团和“太阳兄弟”团猛烈攻击雅各宾分子、宣誓派教士和国有财产的获得者。新特派专员的串通行径经常加剧了这种反动。当然，要全面地评价这场反动，必须考虑到恐怖的紧张气氛过后的集体心态，那些先前惶惶不可终日的贵族和新富们，现在都咄咄逼人地展现他们骇人的生存热情。但这种反动并非都是自发的宣泄，远不是。表面上一度被绥靖的旺代又苏醒了，它为流亡者在基贝隆湾的登陆提供支持（1795 年夏）：虽然是一次流血大溃败，但这个事件本身提醒人们王党的战争目标，而王位的新觊觎者路易十八在维罗纳宣言中重申了王党的全部主张。

诚如人们所言，处于两种危险之中的狭隘的资产阶级革命道路显得十分艰难。悔悟的山岳派、回归的吉伦特派，以终见天日的平原派或沼泽派的国民公会议员为中心聚集在一起，当然这其中不无矛盾和纠葛。西耶斯、布瓦西·当格拉、多努是典型的热月党人的化身，也许比焦虑不安、焦头烂额的巴拉斯还要典型。

从一次镇压到另一次镇压，从人为指引的暴力行为到受到宽容或 533
鼓励的暴力行为，作为一种政策之特征的现实主义措施当然有一席之地：如 1795 年 2 月颁布的宗教自由法，这个大胆超前的法律确立了政教分离的原则。与国内和平政策相呼应的是欧洲和平理念。这个理念利用了革命军队借共和 2 年之动力而刚刚取得的胜利局面：皮什格吕占领荷兰，茹尔当重新占据莱茵河左岸地带，此外法军还进入了西班牙。1795 年 4—7 月间与普鲁士、巴达维亚共和国和西班牙签订的巴塞尔条约和海牙条约承认法国占有比利时和莱茵河左岸。这无疑是个矛盾的选择，因为这种有限的兼并堵塞了进一步军事冒险的道路，但它已埋下了与奥地利和英国冲突的种子。

从这艰难但并非全是机会主义的摸索中，还是能看出一种明显的政策取向。无疑，在我们的学校教育中，由于把整个司法、行政和教育方面的改革都归功于热月党的国民公会，因而热月党人的功绩被夸大了，实际上，上述改革措施的制定及其成就，很多时候要追溯到共和 2 年的山岳党国民公会。如果热月党人真的有一项属于自己的成就的话，那就是共和 3 年的资产阶级共和宪法，他们试图以这部宪法来结束革命。

这种向资产阶级正统观念的回归，体现在“义务宣言”中，人们认为这是与权利宣言并行的，正如某些人在表明自己的意图时所说的那样：“一个由有产者统治的国家才有社会秩序”——布瓦西·当格拉断言。实际上，只有大约 20 万纳税选民有权指定两院制立法机构的成员，即元老院和五百人院的议员。在执行权方面，五名督政官权力相等，以杜绝个人专权的危险。在这个表面看来一切都在追求平衡的体制下，一切都似乎是为了确立和平的、胜利的（资产阶级）自由制度，但偏偏革命既没有胜利，也没有被平息。热月党人十分清楚这一点，他们颁布“三分之二”法令，试图在新议会中持续、永久地保持多数地位。王党分子由于没有实现期望中的目标而深感挫折，转而在巴黎采取暴力行动，煽动首都的 13 个保守社区起事：葡月 13 日，叛乱者在国民公会部队的射击下溃散。根据巴拉斯的命令，拿破仑·波拿巴被任命为部队的指挥官：我们以后还会谈到他。暂时来看，资产阶级革命已经摆脱了人民运动这一讨厌的支持者；另一方面，通过共和 3 年的纳税人宪法，它把下层人民排除出政治舞台，现在它只能指望军事武力来维持其新的合法性了。这是督政府留下的一笔沉重的遗产。

督政府的反复

督政府留给人们的回忆是：一个声望扫地、没有荣光的时代，一段动荡而腐败的岁月，它最终的失败看来是咎由自取的判决。关于“督政府时代的政变”，有人曾写了整整一本书：政变已经被制度化，可以说每年都有，这种形象不就是这个时代留给法国人的最清晰的记忆吗？但这种历史判断是不公正的，在这一通常过于粗浅的事后评判中，执政府和帝国的传说被赋予了一个方便的陪衬品，我们应该考虑的是，督政府那尽人皆知的失败是否是必然的。

当时的人就已经看出这个政权内在的厄运，以及共和 3 年宪法的固有缺陷所造成的后果。立法者完全是从平衡的角度来构想宪法的，他们害怕从行政或立法机关中产生独裁；但他们根本没有设想到，一旦各权力机构发生冲突时，该以何种法律程序来解决。因此，政变已经潜藏在宪法中了。这种解释并非没有价值；但它仍然是形式上的。
534 其他的政权会通过实践来减缓这种制度设计上的不足之处。只有从社会矛盾和社会基础的角度才能描述和解释督政府的矛盾。掌权者不只是一个压力集团，虽然从表面、甚至实质上看，政治生活处于一个封闭的阶层之中。热月党人自己便是 1789 年和 1791 年的政治人物，作为督政府时代的当权者，他们表达的是革命资产阶级的纲领和需求："巩固"。从巴拉斯个人行为的层次上看，这个字眼看来很龌龊；但从一个志在捍卫其社会和政治革命的阶级的集体立场上来说，它是有正当理由的。反革命远没有解除武装，纳税人体制又特别有利于反革命势力，面对这种局面，作为少数派的革命资产阶级必须寻求支持者：既然人民的影响力令人恐惧并被拒绝（且自牧月以来已处于衰落之中），现在就只能越来越依靠军队及其首领了。

经济局势无疑对事态发展产生了影响。督政府前期，指券走向了没落和死亡，尽管它一度以"地产凭证"的形式复活过。纸币在其最后几个月处于高通胀状态，但回归硬通货之后，由于农业连年丰稔，所以在这一时期的大部分时间内，又面临价格不振甚至下跌的局势。国家就是经济萧条的第一个受害者。督政府的国库空空如也，它必须利用征服战争来获取钱财。在逐步升级的战争中，热月党人的"自然疆界"理论已经被抛在了一边，政府日益依赖于军事当局的行动，因为从财政上说，它"控制"着民事权力机构。

根据各种力量因素构成的局面之不同，历史中通常有"前期"督政府和"后期"督政府之分，前者维系到共和 5 年果月 18 日，后者则直到雾月政变发生之日。前期督政府的统治集团试图在民主反对派和王党反对派之间维持脆弱的平衡，但这个集团又跟卡尔诺、勒贝尔、勒图尔纳尔和拉雷韦里埃尔-莱波等与新格局呈鲜明对照的人物有联系。原雅各宾山岳派，如兰代，先贤祠俱乐部的共和派和巴贝夫主义者，团结到了格拉古·巴贝夫的周围，他们构成了第一个威胁，也成为了第一个打击目标。这场运动无疑是共和 4 年的危机带来的。但是，它远非仅仅是对经济形势的简单反应。巴贝夫从前是个封建法学家，他和邦纳罗蒂等几个伙伴一起，给了 1796 年的平等派密谋以特别鲜明的色彩。共产主义制度的新颖性第一次被表达出来，它在寻求以暴力方式实现这一理想的同时，也确认了自己的历史意义。但是，从愤激派到巴贝夫，虽说从思想史来看，历史意识的把握有了一个质的飞跃，但就具体局势而言，人民运动衰落了。巴贝夫主义者是没有部队的首领，他们宣告的革命运动将长期处于密谋状态。格勒内尔兵营起义的失败，巴贝夫主义者的审判以及巴贝夫被处决，使得这一人民运动的最后领导人也烟消云散了。

在共和 5 年选举中得胜的部分贵族的支持下，王党分子也给督政府带来了威胁，虽然它准备了很多妥协方案，但还是不得不采取镇压措施。在克利希俱乐部和博爱学社等正式团体的背后，掩藏着反革命的密谋网络，不过“白色雅各宾分子”，即彻底的反革命派，与立宪派王党分子也是对立的。不管王党分子的活动如何含糊不清，导致它失败的恰恰是它的成功：王党在议会占多数，并与皮什格吕一起密谋复辟君主制，督政府被迫于共和 5 年果月 18 日发动政变，撤消选举，并把王党分子和拒绝宣誓的教士送往被称作“不流血的断头台”的圭
535 亚那。政变的具体操作由波拿巴委派的奥热罗将军负责：果月之后，军事政变终于成立一种习惯。由于果月中雅各宾派得以复兴，选举推出了大量左派人物，于是督政府只得采取平衡或两线作战的政策，于共和 6 年花月放逐了部分左派议员；但到共和 7 年，这一政策又导致议会反抗督政府的压制措施。鉴于雅各宾派崛起的趋势已很明显，督政府重新推行与新雅各宾分子和好的政策：迪科、戈耶和默默无闻的穆兰将军就是左翼多数派的代表，左派这时已在全国掀起了重返革命政策——如果不是恐怖政策的话——的运动。但是，这已经是一场迟到而徒劳的运动，因为，此时此刻，督政府政权已经无药可救了。

从内部来看，由于政府无能、局势动荡，政府的权威已走向衰落。当然，历史可以让我们回想起拉梅尔整顿财政的措施、弗朗索瓦·德·内弗夏托的经济政策，从而纠正关于混乱的督政府时代的传说。但总体而言，督政府的那几年是法国历史上赤足“暴徒”横行的年代：他们攻击车辆和偏僻农庄以获取钱财，他们是些没有多少想法的“原始造反派”，或是反革命军队的残留；然而他们的存在突出地反映了革命政权的虚弱。虽说督政府在国内受到了多方面的打击，但说来奇怪，外部一连串的胜利也对它造成了伤害，军事独裁就在胜利中诞生了。

通往军事独裁之路

在大革命的历史中，战争开始在督政府时期优先于内部事务。个人野心和才干在战争中起着重要作用，而且，在一段很大程度上与波拿巴的崛起密不可分的传奇中，低估个人或事件的作用是不恰当的。但大事年表不能说明一切。战争不仅仅是督政府政策偶然的载体，它已经成为一个营养源，必须满足这个政权的急需，但反过来它也败坏了政府的机能。共和 2 年的军队受到严格监控，但此时的军队已经成为一个高级军事阶层，士兵开始依附于给他们生计的首领。因此，共和 2 年的军队经历了一次变革，这个变革使得它能够利用其特有的手段来对一个虚弱和分裂的政府施加影响。

卡尔诺已经拟定了 1796 年的作战计划，目标是要削弱奥地利的抵抗力。他准备从德意志方向发动进攻，威胁维也纳，在意大利的部队担任钳制角色。我们都知道，情况向另一个方向发展：对德国的攻势遭受失败，但负责指挥意大利驻军的波拿巴将军的胜利弥补了这个损失。这位皮埃蒙特的征服者（米勒西莫和蒙多维战役）把奥地利人驱逐出米兰地区，接着又在曼图亚附近打了胜仗（阿尔科尔和里沃利战役），1797 年春天，他占领了威尼斯，从而打开了通往维也纳的道路。莱奥邦草约、特别是康波福米奥条约（1797 年 10 月 17 日），既显示了这位将军的自行其是和勃勃野心，也标志着他迫使革命扩张走上的新航向：意大利各共和国（利古里亚、山南和波河河南共和国）的建立、威尼斯被让与奥地利，这些举动使得那些充满矛盾的神话（自然疆界、解放各国人民）烟消云散了，但到那时为止，革命战争一直靠这些神话支撑着。随后的几个月中，这种势头加快了：罗马共和国、帕尔特诺佩和赫尔维蒂共和国①最终缔造了一个“姐妹共和国”网。

埃及战役的正式意图是要反对法国的对手英国人，但有人认为，这是波拿巴实现其东方之梦的第一次尝试，或是督政府排除这个野心家的手段，从这个角度看，这次战役有点像毫无理由的异域猎奇。金

---

① 帕尔特诺佩共和国和赫尔维蒂共和国的前身分别是那不勒斯王国和瑞士。

字塔战役的胜利确保了对这个国家的控制；但在阿布基尔海战之后，法国人被困在了埃及，纳尔逊在那次战役中摧毁了法国人开到埃及的舰队。叙利亚战役中，法军在圣-让-阿克尔遭遇挫折，伤亡惨重，这
536 也决定了拿破仑的失败，他自己也认定了这一点。在这期间，英国、奥地利、俄国、那不勒斯和土耳其结成了第二次反法同盟，欧洲再次陷入战火之中。意大利丢失，姐妹共和国遭到入侵；奥俄联军在荷兰登陆后，法军在德国和瑞士连遭失败：所有这些失利使得法国在 1799 年夏天一度陷入灾难性的境地。不过，当波拿巴从埃及返回法国的时候，局面已经因为马塞纳对苏沃洛夫的胜利（1799 年 9 月的苏黎世战役）而有所好转。促使这个天定人物降临的，更多是因为国内的混乱局面亟需整顿，而非要挽救军事危局。共和 7 年雅各宾运动的兴起在督政府集团的资产阶级内部引发了一场反动，取代勒贝尔成为督政的西耶斯是反动运动的代言人和积极组织者。他梦想修改宪法，使其具有独裁色彩，但这需要借助于武装力量的支持。于是波拿巴被挑选为工具。策划得很细致、但实施得很糟糕的阴谋，这就是雾月 18 日政变。在督政府内部，除了戈耶和穆兰之外，其他人都已被争取过来或串通好了；议会已被迁往圣克鲁，借口是发现了“无政府主义”密谋；在这两个机构以及内阁和某些商界人士当中，政变都已找到了支持者。政变在雾月 18 日取得了一半的成功，但次日险些在议会遭受失败。吕西安·波拿巴的机敏、军队的介入确保了当天行动的成功。波拿巴一边蒙蔽那些自认为是其代理人的人，一边为自己的个人专权奠定基础。

于是另一个冒险开始了。这是革命时代的延续还是偏离呢？我们不可草率下结论：在此只想以总括的方式回顾一下法国大革命的文明史。

二、革命的文明史

对于某些人来说，大革命可能只是一段糟糕的记忆，持这一看法

的不仅仅是那些从中“既没有学到任何东西，也没有忘记任何东西”[①]的人。从一个十分不起眼的层次上、即一个规模很小的市镇的相关辩论上来看，我们有时可以估量出这个震撼世界的事件带来的冲击。我们可以感受到1789年大恐慌的痕迹，但随后一般来说就秩序井然了，只有几个短暂的插曲除外，如国民自卫军的出征和共和2年的征调。法国大革命难道不就是一次大恐慌或一次悲怆而又短暂的宏大节日么？

这当然是大革命的一个方面。这场危机自身带有太多波澜壮阔的画面——即便是稍纵即逝的——以致人们目览这些画面时无法保持沉默。但更重要的是，法国大革命以其地位之重要性和蕴含之丰富性给世界提供了资产阶级民主的准则和框架。这些信念在那个风雷激荡的法国找到了其实验的空间，1789年给了那个法国以现代性的面目。法国大革命结束之时，除了那些已然取得的确定性之外，还有那么多尚待实现的期盼和希望——还有失落，因此大革命自身便包含着超越自己的种子。

瞬时性变迁

大灾变：大革命和人口状况

一场大灾变，这就是大革命留给人们的第一印象，这个印象虽然让人觉得很天真，但并不能因此说它肤浅。人们已经着手研究革命危机对城乡人口状况的影响。这一影响看来是重大的。当时一些人——通常带有敌意——认为大革命造成了人口停滞、甚至是减少；但在更为切近的观察过后，这个看法应稍作修正。大革命是个高结婚率的时代，无论在城市还是在农村，婚姻都呈激增趋势。不难看出个中动因：旧的社会结构的崩溃、对单身汉的征兵带来的影响——这一点可能更为重要。 537
虽说这些原因是事件造成的，但其后果相当明显；出生率随结婚率走高，但死亡率则因为共和3年的生存危机、瘟疫和战争的冲击而陡增。总体情况来看，人口并非下降了，而是增速放缓。出生率

① 这句话是塔列朗关于流亡贵族的评论。

的走势显然不是完全遵循结婚率。从地方性人口资料看，当时肯定加强了生育控制。

这种一般性的结论必然是概括性的，但其中有多少相互龃龉的调整和演变呢！最近有些研究仍在强调城市人口向农村的“外逃”，但与这种景象相对的是，有些城市因为大批离乡背井的农村人口涌入而出现人口膨胀的现象——这是对“旧模式”的反动。位于通往边境的大道附近和动乱地区的中心城市，其人口出现了暂时性的恶性膨胀；相反，南方的一些城市则经历了明显的人口下降。城市在人口方面的反应虽然各有不同，但总的来说，它在经济上受到了保护，而农村的人口演变则见证了它对经济形势的敏感性，而经济形势尤其受生存问题的支配：1788 年严重的危机就已预示着革命的到来，共和 3 年的危机也不相上下；在督政府那个盗匪横行的年代，很多流浪者漂泊在茫茫田野上，他们的审讯记录诉说着他们在那年“可怕的冬天”里离乡背井的情景。

当然，有人会理直气壮地责怪我们没有在研究中考虑到恐怖的影响：如果人们愿意的话，恐怖的影响从数量上说应缩小或降低到其应有的水平。大革命从肉体上消灭的敌人约 3.5—4 万人：这个数字既很高也无足轻重（不到法国人口的千分之二十一）。从社会分布来看，既定的说法也要作一点修正。死亡者中工人和手工劳动者占 31%，农民占 28%：特权者只占遇难者的少数：但从这个阶层的人口总数来看，这个比例要高得多。统计数字中主要的反差无疑是受恐怖影响严重的地区和实际上没有受恐怖波及的地区的差别：16%的判决发生在巴黎，71%出现在西部旺代（52%）和叛乱的东南部（19%）。这些枯燥的总数还应以被监禁者的数字来补充完善之（大革命时期监禁者最多时有 300—500000 人）。但是，为了公平起见，我们应该加上反革命造成的死亡人数的估计值；在南方的普罗旺斯，共和 3 年的第一次白色恐怖造成的杀戮与雅各宾恐怖一样严重。“大灾变”可以看作对大革命进行人口学评估的一个起点，在这一灾变中，流亡也是一个不容低估的因素。到 1794 年的头几个月，流亡人数达到其最高值，约 6

万人。考虑到总体外流状况，即返回和新的外逃，流亡者总数当低于10万。正如恐怖牵涉的问题一样，流亡造成的影响及随之而来的效应不能仅从相关数据来考察：这种冲击属于另一个层次，具有另一种性质。

指券时代：经济危机和通胀危机

法国大革命以一次经济危机为发端。此后经济困难一再出现，对于被很多人认为一个仍属“稀缺时代”的时期来说，这是一个重要特征。持续的灾难性的经济萧条景象着实让一些人震惊，他们认为伟大的18世纪的经济发展，足以补偿从1730年至1817年持续近百年的物价上涨，因此大革命从经济意义上来看，实在是一个意外的变故；而 538
那些长期生活在苦难中的人，因为已习惯性地把那个动荡的时代看作一片漆黑，反而不会为这种景象感到吃惊。但这次变故是重大的，人们也知道，就法国来说，这种变故的主要构成因素是什么。首先，在这个为生存而操劳、因饥荒而恐惧的世界里，反复出现的农业歉收再次构成了威胁：尤其是在1791年和1794年，收成不足导致了饥荒，像1792年一样，共和3年的危机是人民生存危机最深重的时刻。

除了这些传统因素外，指券的发行也产生了令人瞠目结舌的通货膨胀危机：1791年年底，流通中的指券价值15亿利弗尔，1793年为30亿利弗尔，热月9日前夕达到60亿利弗尔，而1796年年初则已超过340亿。通货膨胀引发的指券贬值成为革命运动各阶段的标志。指券政策直到1791年底都还是很明智的，但其价格曲线在1791—1792年之交首次呈现剧烈下跌，接着是在1793年的上半年；在革命政府对通胀采取的短暂遏制措施过后，指券又从1794年到1795年年底无可挽回地急剧贬值。与上述情况相应的是价格上涨和购买力的衰退；另一方面，在革命的头几年——直到1791年——价格曾因为收成良好而下跌；因此通货膨胀的洪流使得生存危机和城市贫困雪上加霜，并加剧了局势的恶化。

正是在这种总体性的经济背景下，城市的经济危机才能得到充分理解。无疑，城市有时似乎受到温和派或雅各宾政府的保护，因为它们深知街头骚乱的危险。但城市也经历了那些缺粮和物价昂贵的灾难性阶段，如1792年和共和3年。作为消费者，城市平民受缺粮和通胀之苦，但作为生产者他们亦是受害者：一方面是流亡的影响，另一方面是国内的城市资产阶级和贵族把生活排场缩减到“生存、替换、但不要增添”的水平，这两个因素波及到相当一部分手工行业，而且它们不全是“奢侈品”工业。建筑业和纺织业这两个考察18世纪城市经济活力的指标出现衰退；失业加剧，恐怖时期为军事需要而展开的指令性生产只是一种短暂和不足以应付局面的权宜之计。国内消费市场萎缩导致的危机在巴黎、里昂、鲁昂和许多其他城市表现得十分明显，而1793年春天以后大型外贸活动的中断则是导致萧条的另一个因素。对于大西洋和地中海沿岸的各大港口而言，18世纪咄咄逼人的对外贸易曾繁盛一时，但这时它们为经济转型或适应危机形势而被迫在近海进行转运远途货物的行当（如马赛）。对于这些商业资本主义的排头兵来说，这种隔绝状态在帝国时代的延续使得革命年代的困难演变成了一场严重的危机：曾持续百年的繁荣结束了，这种繁荣直到19世纪中叶才重现。

社会危机表明了经济危机带来的后果。在农村，这段时期对于作为消费者的小农最为艰难。流民数量增加，他们当中产生了盗匪等不安定因素，这就是那些最脆弱的农民离乡背井带来的具体后果。在城市，货币波动反映了——虽说并不全面——工资暂时性的社会调整：来自农村的流动无产者激增，从而损害了专业化的生产阶层。

凡此种种都只是短暂现象吗？这种看法既对也错。它们至少在城市居民的集体心态中留下了一段痛苦的回忆。如果人们努力从当时人的感受和经历来理解大革命的话，那么在这种革命的画面中，经济和
539 人口局势将支持和强化很多人所持的那种重大惨剧的观点，对无名群众和直接经历者而言，这场惨剧关涉他们的生存。

群众和英雄：大革命是场戏剧

关于大革命的集体参与，历史学长期以来记载的只是复数的群众。历史对他们不仅仅是不恭维。19世纪那些头脑中萦绕着巴黎公社的保

守派历史学家、涂尔干派的社会学家留给我们的，就是这种以拟人化的手法重建出来的群众形象，一种非理性的、幼稚的、甚至堪与泰纳在一篇著名文章中谈到的狂人相比拟的集体存在。自从勒费弗尔奠定对群众的科学研究原则之后，我们了解到，根本不用为那些并不需要作出评判的集体行为恢复名誉，而是要更好地理解他们。首先是分层研究：从饥荒时期聚集在面包店门口而形成的自发联合，直到以明确的口号动员起来的战斗群众。群众类型不同，街道上的局面也就不同；群众当中首先有大量妇女，其次，他们中间的领导者主要是活跃的无套裤汉中的工匠和小资产者。传统史学家认为群众是由作恶者和惯犯构成，但实际上这种人很少，甚至不存在。当然，群众由于其行为动机和行为方式而置身于人民暴动的传统中——从天主教同盟到投石党运动以及整个旧制度期间，巴黎曾一次次地目睹了这一传统的再现。但我们必须注意到：大革命成熟的领导者队伍使群众成为了一个重要因素，群众对自己参与的这场宏大戏剧绝非处于半无知状态。

群众和英雄：这个浪漫主义留下的论证方式过于简单，而且以此来称呼行动参与者是不恰当的。大革命是第一场现代类型的群众运动，现在人们关心的是它造就的有组织行动结构，而随后其领导者便走出了最初的无名状态，其形象也更为清晰了。我们知道，巴黎的无套裤汉团结在货摊和店铺经营者这一庞大的领导核心周围，他们属于中小资产阶级，也有一些最先进的工资劳动者。在作为“在外省的恐怖工具”的革命军中，我们还发现外省的无套裤汉、甚至“愤激派”，地方人民团体也是这样。过去关于大革命的图景完全是巴黎的，这与外省的麻木恰成对比；但实际上，外省的政治化通常十分深入，这就抹去了传统画面。当然，对此我们不能夸大。从其积极参加者的数目来看，大革命仍然只是少数活跃分子的现象：在马赛各城区，规模最大的群众运动也从未把超过1/4的成年男子动员到城区大会上来，无论是在1792年夏天还是在1793年那个分离主义的春天。如果要考察真正的“积极分子”的数量，那么相关的数字会进一步缩小。但在这一革命精英中，至少开始显露出一些面目特征，一种革命心态逐步清晰起来：这将弥合革命群众和革命英雄之间的鸿沟。

确实，现在已经不是靠某种传记的形式把革命冲突简化为各个集团之对抗的时代了。奥拉尔的“丹东派”、马迪厄的“罗伯斯庇尔派”，现在都已不是研究大革命的方法了，但我们如果嘲笑这类方法，那肯定是错误的。不过，今天某些人提出革命领导人或头领“集团”的看法，真的总是更为令人满意吗？不管方法路数如何，大革命期间法国气质之多样化也像其特殊人物之丰富多彩一样，总是让人吃惊。我们还应提防那种已经过时的浪漫情怀，即关于大革命的奇特想像，如说
540 它是吞噬自己孩子的萨图恩神[①]……总是以为可以安定下来，但总是会出现新的威胁。然而，当我们来到一条安静而土气的街道上，站在据说布里索、佩蒂翁和西耶斯曾于革命前在那里聚会讨论王国改革的房子前面时，当我们来到某个为大革命奉献了马尔索将军的小城市时，给我们留下深刻印象的是那个非同寻常的人类历史时期的绚丽多彩。因为大革命以一个开放的社会（人们甚至不曾感受到它的限制）取代了封闭的社会，因为在它时而血腥、时而具有英雄主义色彩的活力中，充满大量不同寻常的人生经历；大革命是法国资产阶级的春天，是我们民族历史上集体生活最活跃的时期之一。对于一个我们一直以“危机”来称呼的时代来说，上述首要的真相可能并非是它最无足轻重的方面。

革命节日

对于那些只把大革命看作一场死亡节日的人们来说，这个说法听起来很是刺耳。我们远不是要提出一个抽象、单一的看法，从而忽略集体宣泄中的嗜血场面，尽管这种宣泄很少是没有理由和根据的。从死亡和残害行为一下子过渡到自发的法兰多拉舞（1790 年马赛发生的谋杀博塞少校的事件）[②]，我们看到的这种集体心理问题远没有得到澄

---

① 这个说法出自德国剧作家格奥尔格·毕希纳（Georg Büchner，1813—1837）：大革命就像萨图恩，吞噬着自己的孩子。

② 博塞原是马赛一城堡的守备军官，1790 年 5 月 2 日被革命群众杀死，头颅被割下示众，法兰多拉舞就是在这次杀戮后的群众聚会上出现的，大革命中的卡马尼奥拉舞是它的一种变体。

清。为什么这样呢？人们长期以来十分关注断头台，热衷于以绞刑架下的革命妇女之类的手法来描绘革命场景，以致我们没有必要为如此众多遵照传统的作家曾得体地论述过的节日恢复名誉；但最近的研究已经着手这一工作。

普里厄尔美妙的雕刻以及他同代人的作品，为我们提供了一种非学术化肖像史料。翻阅这些作品时，我们可以发现革命节日的组织模式：从 1790 年举国一致的大规模游行——其中联盟节就是典范——到大革命宣告其新创举（如 1791 年 9 月 14 日的宪法宣告）或纪念其先驱者（如伏尔泰和卢梭的遗骨搬迁）的仪式。举国一致的神话到 1792 年夏天已经很难维持，当时的庆祝活动接二连三，如纪念夏托维厄的瑞士革命者的自由节，法律节纪念的是埃当普的市长、维持社会秩序的英雄西摩诺；随着局势的紧张化，还出现了一种新型的更具战斗色彩的节日，如 1792 年 7 月"祖国在危急中"的号召和 8 月 10 日纪念死者的节日就表达了这种紧张局面。共和 2 年出现了某种断裂：非基督教化阶段是半自发性的节庆（如自由节和共和 2 年雾月在巴黎大教堂举行的理性节），与此相对的是官方形式的节日，共和 2 年牧月 20 日的最高主宰节也许就是一个最典型的范例。看来应该在一本详细画卷中增加很多有关群众的材料，以见证上述节日活动。节庆活动的高涨一直持续到热月，但在热月和督政府时期，这类活动也很可观。此外，既墨守成规又追求革新的外省也出现了与巴黎类似的情况。这里只要知道大革命已经使节日成为各地的日常活动就够了。

稍纵即逝的激情：感受的革命？

节日从其本质上说是昙花一现的，但它也许能留下持久的记忆。革命节日在何种程度上与集体感受的转变相一致呢？或者说，在这场辩证法运动中，集体感受是被不断升温（可以说热烈）的意识推入革命熔炉的吗？

乍看起来，文学史或艺术史对这个问题的回答是否定的。人们认为，大革命根本没有什么创造，很多人觉得那是一个艺术蛮荒的时代，它把安德烈·谢尼埃[1]这样的诗人、拉瓦锡这样的学者变成了牺牲品。
541 如果人们愿意走出以“共和国不需要学者”[2] 为主旋律的那种简单的成见，那么很多人将注意到，这个时代的短暂和其高度紧张的局势可以解释大革命留下的成就何以如此之少：革命不是从雕塑中创造出来的。但在这个简短的辩白之外，很明显的一点是，大革命在打乱过去的文学艺术创作模式的同时，它无法一下子创造出一种新的模式来。不过，指出民间文学的勃兴是很有意义的，尽管这种文学绝非新鲜事，但报纸、小册子、传单以及日常生活中无孔不入的肖像作品——从雕刻到彩釉——该如何大大扩充了这一文学啊！从这个层次上说，我们正应该在这些边缘化的创作领域——但它们因此就不崇高么？——中寻找革命文化产品的原创性。

让我们转向演讲术，在这个新领域内，大革命有光彩夺目的表现。从米拉波的言论到维尼奥和丹东激情澎湃的语言，我们最后看到了圣鞠斯特和罗伯斯庇尔的演说和报告中那惊人的严谨。正是由于这些演说家，法国大革命所传达的信念有了自己的语言形式。被视为文学载体的报纸，也刊载了德穆兰和马拉数以千计的文章和众多以其格调而超越其时代的作品。仍为当代很多历史学所青睐的上个世纪的风格，为什么是来自马拉呢？他那至为狂放的激情一直是一个文笔恣肆的报人所看重、乃至炫耀的。也许应该归因于埃贝尔的那份大杂烩般的《杜歇老爹报》，它那深受百姓喜爱的热情奔放的风格也值得重视。在一个没有悲歌的位置的时代（但还知道抑扬格），谢尼埃显得太遥远了，至少安德烈太遥远了；根据浪漫主义的传统看法，他兄弟玛丽-约瑟夫不是很讨人喜欢，但对他应作新的考察；也许他那学究气的诗作中最有价值的探索是与音乐的结合。

---

① 安德烈·谢尼埃（André Chénier，1762—1794），一般被认为是18世纪法国最伟大的诗人，后被送上断头台；其弟玛丽-约瑟夫·谢尼埃（Marie-Joseph Chénier，1764—1811）也是诗人和剧作家，并长期担任议员，包括国民公会的议员。

② 这句话是1794年审判拉瓦锡时一个革命者说的。拉瓦锡因担任过旧制度时代的包税人而被指控为叛徒，当时他要求暂缓行刑，以便完成自己的实验，革命法庭的主席回答说：“共和国不需要学者，也不需要化学家，正义的法庭不可能延期。”

通过梅于尔谱曲的《出征歌》、特别是戈塞克的作品（《忧伤之旅》《最高主宰颂歌》以及令人赞赏的《觉醒吧，人民》），我们可以考察一种追求并最终找到了革命的表现形式的艺术的新面貌。在这些露天表演的作品中，木制乐器让位于铜管乐器，其突出的特点是大胆使用了宏大的群众合唱，正如戈塞克说的，音乐“有了自己的须髯”。如果脱离革命节日的整个壮阔背景，我们就不能对这种音乐作出全面的评价。大革命短暂的创作留给我们的只是宏大演出的画面——有时是这样。

另一方面，大革命期间装饰艺术的相对衰落使得人们寻求适应新时代需要的绘画表现手法。它的出现很突然。大卫不就是因为积极参加革命而成为介入派画家、并通过他的作品而成为18—19世纪之交法国绘画界的一位大师的吗？由于他的努力，法国绘画艺术过早出现了新古典主义革命，这对他、对这一时期的法国艺术来说，也许不是件好事：《贺拉斯兄弟的誓言》在1785年取得重大成功；受古典人文主义滋养的法国资产阶级在这种“英雄主义的幻象”中发现了可以用来对抗贵族轻佻的表达方式。革命节日正是在罗马人“华丽的旧服饰下”举行的；新的普鲁塔克式英雄正是在拟古的大会讲坛上发表演说的……大革命也正是通过学术想像寻求自己的艺术的。幸亏不总是这样。大卫和他同时代的革命者留给我们的肖像作品无疑使法国肖像画的传统传诸久远。就官方绘画来说，大卫描绘那位在浴缸里被刺杀的英雄的作品带有学院派色彩，如果说这种风格有时受到命运之神的眷顾，那么大卫留下的那幅关于少年巴拉的素描则表明了真正的革命绘 542
画的失败：这个美丽的少年把仅有的一件衣服——三色旗——紧紧抓在胸前。但席里柯很快以他的《轻骑兵军官的冲锋》让人们领略了真正的革命艺术。正是因为这种清晰可辨的新古典主义的英雄主义色彩，大革命看来在艺术方面并不构成一个集体感受方式的转折。但怎能在10年之内就改变生活环境呢？

十年之内可以改造人吗？

这些视觉诉求和叠加的危机因素所留下的，难道只有挥之不去但又苍白贫乏的集体记忆么？作为一次把人们拖入一种全新运动的集体精神震荡，大革命改变人了吗？在探讨那些为危机表象所不能掩盖的深层变化之前，我们不能认为这个问题是关于大革命的心理表征的总结而将其弃置不顾。

就上述问题来说，革命崇拜的经历及其失败所给出的答案看来是否定的。理性崇拜是巴黎人在共和 2 年雾月创造出来的，随后的几个月中，这种崇拜在外省也开展起来——或者是自发的，或者是在特派员的鼓动下兴起的；在宽容派被镇压、罗伯斯庇尔派掌权后，这种半自发的群众活动被为时甚短、程式化的最高主宰崇拜取代；此后的热月和督政府时期也许是每旬公民崇拜最隆重的时期，虽然这只是表面现象。所有这些新创举延续的时间都只有新历法那样长——这部历法是一次改造延续了许多世纪的时间节奏的大胆而令人震惊的尝试，它的命名来自法布尔·德格朗丁——它们到底留下了些什么呢？应该避免过于草率的结论。问题至少在于——且问题已经被提出——要了解，革命危机在何种程度上没有以一连串令人震惊的事件来激发“狂热”的非基督教化运动；对此人们会想到那些成为自由殉道者崇拜之对象的革命和民众偶像：“哦！号角耶稣，哦！号角马拉”，这样的声音响彻 1793 年……认为外省在这方面落后的看法是错误的：外省很早就出现了革命崇拜仪式，甚至那个带三色翅膀的圣女芭朵德也是旺代革命者的珍爱。大革命的这个方面不应被遗忘。

同样，我们也不能忽视大革命在人生态度方面带来的普遍性转折，它打断了千百年的陈习，今天的人们无疑仍受惠于大革命的创造。但在这里，革命危机远非只有一个。其中可以分辨出两种趋向，它们先后提出了两种不同的新人观念。在雅各宾革命中，新人也许就是阿尔贝·索布尔为我们描绘的无套裤汉形象。这种新人并不年轻，他已经 35 岁了，已婚，有孩子。他梦想着一个平等主义但绝非集体主义的世界，在那里，每个小生产者都拥有最低限度的物质幸福，这就是他的理想。

高人应该缩短

矮人应该更高，
所有人都一样
这就是真正的幸福……

他们摆脱自身的偏见了吗？要认为他们的斗争是一场真正平等的运动，那确乎是很困难的事，至少在政治领域是这样，虽然有时他们的个人世界观中也有某种自由联合的、带有卢梭特色的观念。已经有某些研究指出，他们开始摆脱那种一直制约着其生活和家庭平衡的自然生产的影响，但这种趋势要到帝国时期才最终明确下来。

在大革命的另一个侧面上，热月的花花公子与无套裤汉恰成对比。他们以另一些方式表达了纯粹个人性质的解放诉求。他们还没有驱散父辈们把国王送上断头台的情景，但各人的行为各人自己负责。他们 543
享乐和发财的欲望表现在对奇装异服的追求中，其中妇女那不顾廉耻的卖弄风情具有挑衅色彩；他们的自由完全只是为了自己，是挣钱的自由，是因时局而变得特别有利的社会流动的自由。只是他们要以自己古怪的语言与无套裤汉和平等主义的自由风尚保持距离。两张画像，两种表象。大革命究竟赞成哪一个呢？或许可以排除资产阶级金色青年的反叛行为，因为这属于危机结束过后的一种发泄。但是，无套裤汉形象既来自梦想也来自现实，“新人”既面对过去也面向未来。

革命危机中的这些形象，无论是悲怆还是辉煌，都只是历史进程中的泡沫，现在该超越它们，去认识革命的历史影响和历史成就了。

确定的价值

革命主张

大革命首先试图以普世主义理想来改造现实，所以它要以言论来宣扬新的真理。从大革命的头几个月起，主要文献均在成形。国民议会通过公民权利和人权宣言是在 1789 年 8 月 26 日。1791 年宪法赋予这份具有普遍效力的文献以具体实施的纲领，并对其进行了补充。一切都确定下来了吗？当然没有，1793 年的山岳派宪法带给上述文献的不只是润色：它表达的是新的信念和精神，我们稍后再谈这一问题。不过，作为 1791 年体制的捍卫者，共和 3 年的宪法对制宪会议的主要成就所做的只是肯定和小修改而已。这并不是说大革命的创造力就此枯竭了。革命的理念不断得到丰富和明确：制宪会议期间，在有关黑人和黑白混血人的权利的热烈争论中，一些人表达了大革命的解放使命；从孔多塞到圣鞠斯特再到拉卡纳尔，一种理想教育模式出现了；格雷古瓦则通过派往滨海阿尔卑斯地区的代表团阐明了自己的民族语言理论。虽然各种想法不尽一致，而且存在各种现实的隔阂，我们还是应该强调当时表现出的某种共同信念的重要意义。在这个发生过多次革命的时代，还有其他的宣言和主张。但从未有哪种信念具有如此坚定的力量和如此广阔的普世意义。

平等

“在权利方面，人生来并始终是自由和平等的；社会差别只应以公益为基础。”旧制度也有自己的自由，但它断然没有大革命宣称的自由之根本特点；旧制度建立于等级社会的结构之上，从本质上说它是不平等的。在从封建主义向现代自由资本主义社会过渡的过程中，资产阶级大革命宣称的这一原则的重要意义也在于此。

从消极方面说，这一原则的重要意义体现在它的破坏性中：它标志着等级制社会的终结，摧毁了古老的贵族特权，不仅从社会方面、而且从经济方面沉重打击了教士，在农村，它解除了领主制的奴役网，在城市，它结束了一切形式的垄断，从行会体制到特许商业公司。这种焕然一新的局面首先表明大革命是一场社会革命，而新确立的平等原则被资产阶级到处传播。

公民平等并没有造成什么大问题。无论是事实还是假设，起点机会的平等是正在成型的新世界所必须的：任何人都可以从事任何职业。当然，各种限制和意味深长的保留很快就出现了。从立宪会议开始，安的列斯群岛的奴隶制问题就已表明，部分革命领导人试图给公民平
544 等设置限制条件；直到山岳派国民公会才断然采取解放政策，但为时甚短。此外，思想自由原则的确立的必然推论是，所有平等的公民最

终都要接纳那些因宗教而被旧制度所排斥的人：新教徒和犹太人。

不过我们知道，资产阶级革命对于自己宣称的平等是有限制的。这在政治领域表现得很明显。制宪会议采取的、以经济标准来划分的积极公民和消极公民之区别，将 1/3 到一半的人民排除出政治领域；这种为成为选民而必须交纳的“公益捐”遭到一些人的反对，他们评论说，这种限制使得让-雅克·卢梭也不能进入立法会议。政治限制是由社会限制而来的。当然，我们可以注意到，大革命时代的各种纳税选举体制，若从其动员的那部分人民的情况来看，仍比 19 世纪的纳税选举体制要自由得多，而且这些体制是处在一个普选制尚未成为集体诉求的时代（请看革命选举中大量的弃权现象）。同样，制宪会议和热月期间的资产阶级也想对他们建立的民主制加以限制。自由、平等、博爱①，这三个后来成为经典的革命口号中，第三个是随后出现的。对革命资产阶级而言，安全稳定和财产权是首要的。

自由

在大革命奉献给世界的所有观念中，已经争取到的自由最得人心。长期以来，人们总是对攻占巴士底狱的物质背景喋喋不休，但这一集体行动的历史象征意义是确定无疑的。旧制度所有的专横都随这座堡垒一起崩溃：自由的共和元年开始了。

个人自由是大革命取得的首要的、最无可争议的成就。恐怖及随后帝国的权威都只是改变了其具体的实施，而非它的原则。制宪会议没有走到颁布英国式的人身保护法的那一步，但它的一系列保护措施至少禁止了非法逮捕和拘禁。公民在受到司法追究时不再受无端的虐待。启蒙运动宣扬的人道主义主张废除酷刑，大革命遵循这一道路，设法取消一切无益的处置罪犯的严酷方式：断头台在成为镇压工具之前，曾是对旧制度的野蛮酷刑的一种反应。在 19 世纪保守派的史学传

① 法文写作：Liberté，L'Egalité，Fraternité.

统中，嘲笑吉约坦医生的人道关怀[①]和制宪会议议员罗伯斯庇尔废除死刑的建议成了老生常谈的话题。当前的历史学较为平和，能够考虑到问题的各个方面，并可调和人道的革命与流血革命之间的矛盾。

观念自由看来是个人人身自由的自然发展；旧制度在其最后的几年中曾因恢复新教徒的民事权利（1787 年）而对此有所犹豫。不过新局面的出现为时尚早，大卫在《网球场宣誓》中把格雷古瓦神甫、唐·热尔勒和拉博·圣艾蒂安牧师放在一起[②]，既象征着新的平等，也意味着古老的信仰对抗的终结。但是，立法、特别是实践再一次与理想产生龃龉。虽然革命一开始就宣布了新教徒完全的平等，犹太人的平等权利则来得较晚，且有某种保留，这就表明了革命特有的原则特征。既然已经宣布信仰自由，那么其中暗含的结论就是要结束天主教会在信仰方面的指导地位，这注定要成为造成革命和教会之间重要的分裂因素之一。随着分裂的加剧，热月革命终于采取了政教分离政策，今天看
545 来，这一政策是国家世俗化的自然延续，是信仰自由的结果。但它是个昙花一现的举措。我们应为此感到奇怪吗？“任何人都不应因为其观点——即使是宗教观点——而感到不安”，这一大胆宣言中其实包含着某种克制，如果对这个时代具有历史意识，我们就不会奇怪了。

观念自由的一个必然推论是言论的自由，对革命者而言，这是他们最“珍贵”的，也是最令人担心的成就之一。“任何公民都可以……自由发言、写作和出版，除非是对这种自由的滥用”，言论自由以带有缓和语气的措词写入法律中，这就表明了一种矛盾态度，此种态度后来一直延续到纳税选举君主制时代，并有所强化。但大革命至少见证了言论自由的发展历程；充满活力而富论战性的革命出版物的激增，充分反映了一种新的力量正在成型——如果不是已经诞生

① 断头台一词（guillotine）来自吉约坦（Guillotin，1738—1814）医生的名字，他在担任国民议会议员期间曾建议采用一种更为简便迅速的处决死刑犯的机器，这一建议最初是出于人道和有效性的考虑。这种装置建造于 1791 年，次年开始使用。

② 这三个人分别是天主教在俗教士、在教教士（多明我会修士）和新教牧师；在大卫的那幅绘画中，三个人聚集在一起，格雷古瓦在中间，热尔勒在左，拉博在右。

的话。

除个人自由之外，这个新社会在宣称政治自由的同时，还提出了结社自由的基本原则，虽然此事不那么引人注目，但它像从业自由一样有效。人民主权原则、一切领域内的选举原则、基于分权之上的代表制，这些就是人权宣言的主题，也是1791年和1793年宪法所采纳的基本原则，而共和3年的宪法很大程度上重申了——有时还有所夸张（如关于分权）——这些原则。其中的某些原则在革命期间没有被遵守；执政府以后，中央集权制开始回归，这使得人们以某种可笑的高傲态度看待那种梦想着选举法官、甚至教士的制度。但是，人民主权的原则，以及继承自孟德斯鸠的、基于权力平衡之上的政治自由，在经历了各种限制和变迁之后，依然是政治自由主义的主要思想观念，在法国和其他地方都是如此。

若把经济自由列入大革命赢得的自由当中，可能较为麻烦。随后一个世纪的经历将会表明，经济自由当中存在诸多矛盾，企业自由的原则与给予所有人以均等机会的社会思想之间是多么难以调和。根据勒夏普利埃法，制宪会议禁止任何形式的联合，正如其禁止垄断一样；该法律已经把企业自由列为最基本的原则之一；但从那时候起，资产阶级世界的这些基本要素引起了强烈的抵制。这其中不仅仅是雇佣劳动者——当时他们的人数仍然太少——还有城乡消费者，他们都从千百年来的本能反应出发，对基本生活品的自由流通感到恐惧。但是，对于革命对抗中真正的胜利者来说，经济自由和财产权太宝贵了，以致经受不起对它们片刻的打击。

现代法国的诞生

革命的法国划分为省，而旧制度的法国存在各种管理机构：如财政或司法机构；如果把新地图和旧地图叠放在一起或作一下对照，是件很容易但并非多余的事：我们面前的新法国区划框架焕然一新，而且被简化了。83个省取代了过去的区划，随后还有一些省加入。它们的形式和结构表明，确立这一规划的制宪会议区划委员会的成员们是根据某种方法行事的，这甚至是一种有意识的选择。人们希望抹去过去区划中那些不协调的东西，正如抹去集体记忆中恼人的负担一样；这就是为什么人们要处置那么多的地方恋旧势力、裁决城市中那么多的社区争吵的原因所在。但另一方面，大革命并不是把一切都推倒了重来。它并非不想这么做，因为确实有人提出，按“美国的方式”划分为一些大小相等的四边形。但最后的方案有所保留，它既考虑到了
546 距离的平衡这个实际问题，某种程度上也尊重现实的历史和地理条件。这一政策的实施是和谐的，但这并不能掩盖各地方压力集团之间的尖锐斗争，区和乡镇的轮廓有时就能说明这一点；但在全国层面上，统计上的补偿原则保证了基本的和谐。

新的框架之下是新的制度。执政府和帝国时代中央集权大棒的回归最终确定了大革命的遗产，但实际上，大革命并没有遵循它的地方分权理想，亦没有实行行政、司法和宗教职位的选举原则。不过大革命仍然有一些重要的创新之处。在统一化合理化的结构中，司法机构的组织就是一个明证。新的税收体制是 19 世纪继承的主要制度改革成果之一，这件事看来不值一提。大革命确认的税收平等是从社会方面摧毁旧制度的最鲜明的例证之一。当前法国仍然存在的税收“四老”：地产税、动产税、营业税和门窗税，其设立也在大革命期间，并经历了革命危机困难时期征收中的种种变迁而流传下来。

在对法国大革命的制度建设的成败进行总结时，我们要避免那种绝对的褒奖。革命历法失败了，但米制作为共同使用的度量单位却取得了成功；新行政区划延续的时间惊人地长久，但司法和教育方面的新举措则不完善，我们研究的这一短暂时期便证明了它们的局限性，尽管当时来说是有重大意义的，如传播了免费义务初等教育的理念。但在这些国家生活的新框架之外，也许更为重要的是要考察一下法国内部在哪些方面有了深刻变化。

新社会

当人们从各种宣言的普世主义转向大革命创造的新法国的真实面目时，也许会感到失望：大革命并没有改变一切，但无疑我们也要防止 19 世纪的人经常陷入的那种双重诱惑，即一方面认为大革命是场全

面的大灾变，另一方面又认为它只是确认此前旧制度的社会演变趋势的一场简单的变故。

在当时占支配地位的地产资本的层面上，大革命远没有实行彻底的再分配。只需指出如下一点就足够了：在这个国家的社会史上，大革命期间法国相当一部分土地——约15％左右——的转移是最重要最迅猛的财产转移之一。我们可以对出售国有土地产生的大规模财产剥夺作一下估算。这些出售的土地首要的来源是对教会的经济清算，这一工作很全面：全国6％—10％的土地因此而转手。对另一个特权社会集团，即对贵族的打击，其成果要逊色得多。并非所有贵族都流亡了，也并非所有流亡贵族都丧失了财产。因此对他们的剥夺远非全面的。不过反过来说，我们也不能过于低估这个数字，为此就应该比较革命前和革命后贵族的产业状况，估计出自愿出售的土地数量，这个数量通常很大，它见证了大革命对整个贵族集团造成的集体危机感所带来的压力。这种压力造成的冲击通常远不是从这些“次要来源”的土地出售所能估量出来的。因此特别要考察废除封建制和领主捐税造成的影响。这是一项艰苦的工作，如果考虑到其技术上的困难的话；但在革命时代的重大变迁中，我们至少不能忽略贵族这部分重要收入的丧失，即对农民征收的捐税的消失。目前这个领域仍有待研究。

这是失财者的情况。如果认为这些人仅限于教士和贵族，那毫无 547
疑问会犯错误。旧制度社会的崩溃带走了各种古老的征收，如地租，一些资产阶级拥有十来种这类收入。虽说这些征收按规定需要赎买，但当共和3年的指券一文不值时，它们都在几个星期之内灰飞烟灭了。国债食利者和地租所有者，整个这一社会阶层都因为大革命而消失了，至少财产上受到了打击。但这远非是最终的局面：这种社会集团又以某种相同或不同的形式重新出现，并马上在19世纪的法国占据重要地位。就食利者阶层而言，大革命更多的是体现在不断加剧的人员流动上，而不是结构转变上。

在这次洗牌过后，谁是受益者呢？问题主要牵涉国有财产。我们远不能作出全面的回答。受益者主要是两类人：资产阶级和农民；根据一些卓越的开创性研究，如乔治·勒费弗尔的《北方省的农民》，在这两类人当中，农民又是胜利者。后来断断续续但为数众多的专门研究有时则对这种农民相对解放的图景提出了重大修正。由于贪婪的资产阶级对土地的渴求，地方中心城市和普通集市上的交易使得当地农民陷入勉强糊口的境地。有学者曾对萨尔特矮林地带的这种不平等竞争作过研究，结果表明，城市革命资产阶级在获取土地方面的胜利，是导致当地失望的农民转向朱安党人的重要因素之一。能否有个总体性评价呢？巴黎和外省资产阶级占有了一半（有时更多）的教会地产和部分贵族的产业。对法国农民来说，不管怎样，这场变动最终的结果是盈余的。若从城乡关系来看，不同地区的农村均有不同程度的解放。是哪些农民的解放呢？我们首先想到的是大农业平原地区的大种植农——“乡村翘楚”，他们不久前还是贵族或教会的大承租者，在国有地产的竞卖会上碰到他们不会令人奇怪。在局部地区，地位较为低微的农民也会在山岳派时期的土地转移中获益。在某些地方，农民的投机行为——特别是资产阶级买主和投机商将土地碎化之后的再出售——也使得某些土地经过再分配而转入农民手里。这种情况可以解释，在旧制度到 19 世纪农民社区的发展历程中，何以大革命期间业主数量大量增加，对此有大量个案可以为证。大革命是个决定性的转折还只是一段插曲呢？回答因地而异，小业主在革命最初的震荡之后对国有地产碎化的巨大恐慌——巴尔扎克的《农民》中可以找到这种恐慌的回音——并不都是一致的。在平原大农业区，小农的激增没有抵挡住 19 世纪的土地集中运动，而在另一些地区（我们指的是法国南方的平原地带），这则预示着土地的进一步碎化。大革命时期农民的得失，完全是这一时期初显眉目的法国社会在调整中带来的问题。出售国有土地当然是其中最引人注目的因素，但还不是全部，其他一些重要转变也应考虑进去。

最重要的无疑是“业主”团体的形成，官方法令和税收文件中的这一社会术语见证了它的诞生。当然它并非从虚无中产生，我们可以轻易看出其组成要素。随着流亡者的返回，资产阶级化的贵族重新回到地产所有者的行列，而且其地位往往是首屈一指的；但贵族之外还有其他因素。资产阶级是些过着平民化闲散生活的准贵族，他们毫无 548
困难地加入了这个团体，而且其数量因为新增的资产者而膨胀。对于众多商人、公证人和一些自由职业者来说，大革命把他们从生产性劳动者变成了悠闲的业主；购买国有土地使他们的地位上升比此前一个时期要快得多。在被称为“业主”的社会集团中，旧制度王家官员的流亡数字过大，以致现在成为了一个不太重要的阶层；很多情况下，他们中断了自己的职业而靠固定收入生活。因此他们的位置让给了完全不同的公务员团体。这个新团体直到帝国时代才具有最终的结构和面貌，但大革命已经提供了基本要素。无论是巴黎的官僚还是外省公务员，都与被他们取代的旧制度的公职人员颇为不同，从社会地位上说，前者普遍来说低于后者，其社会和地理流动性也高于后者。不过，大革命的新人当中，有一部分就是进入公务员团体而成功地找到一个社会位置的。新集团当中最具代表性的是革命军队，这可能是因为它是唯一在资产阶级革命的框架内按完全开放的民主形式运作的。由于其大量的招募、快速发展的新局面以及出路的广阔，革命军队为社会突破提供了最为醒目的契机；无疑，那些 20 多岁的将军们——如奥什、马尔索和克莱贝尔等人——将一直活跃到革命结束之后，这些人为帝国军队配备了领导框架。这并非转瞬即逝的现象：军队的中下层军官是自由主义的温床——这样的军队直到 1848 年转折之年还能碰到，但这一年已经预示着 19 世纪末军队的保守主义取向——因而这也是革命的遗产。

这些调整和变迁造就了新社会的面目，但我们也能看到它们的局限性：而在法国农村，我们看到的局限性比城市更加明显。城市在革命结束时又恢复了它从前的面貌，生产结构及居民之间的社会关系并没有明显变化。行会制度的终结和生产自由还只是另一场即将到来的革命——工业革命的潜在因素。“业主”集团的形成更多是一种调整，而非一场革命，它只是英国式“乡绅”的不全面的对应者，地产资本在新的法国资产阶级当中占据压倒性优势，这比英国更为明显。这里再次出现了两个革命的错位：作为资产阶级的社会革命，法国大革命建立了新型社会关系的客观基础，而1830年代的工业革命则利用了它创造的潜在性。在这两次革命之间，业主阶层有过一段美好的日子，他们是帝国时代的名流，是复辟王朝的纳税选举人；这种过渡型资产阶级的统治至少无可争辩地维持了半个世纪，外省甚至更长。当然，法国大革命的全部后果远不仅限于造就这样一个新的资产阶级；无论是"侧滑"还是大革命的一个有机构成要素，那段构成革命之核心的充满暴力的经历在法国社会中留下了深刻的裂痕，它甚至导致了名流内部的长期分裂；除了塑造法国社会的新面貌之外，大革命也成为了集体立场选择的指示器，这种情况将长期存在，甚至延续到今天。

从社会到集体态度：法国的统一和对立

在旧制度时代的法国，官方行为的一致性可能掩盖了这个国家社会—地理方面的多样性。这里仅举一例。在这个以天主教为官方信仰
549 的国家，宗教实践的相对一致使得确立一张有关宗教行为和虔诚度的地图十分困难，人们已经怀疑这一工作是否有可能。如果我们从宗教态度转到更不明确的政治态度时，情况更是这样。但另一方面，甚至在陈情书的言辞中，这个旧法国依然到处充斥着地方意识，依然充满各种或真实或虚幻且易蒙蔽人的古老差异。

除了一场短暂危机的各种特征之外，大革命还标志着法国人感知方面的一个转折。它以语言和与现代对比的方式揭示了过去的多样性。在这一辩证运动中，经受考验的民族统一是第一阶段；民族统一的揭示分为好几个阶段：从1789年的联盟节运动到1790年7月14日运动的顶点，再到外敌入侵的流血考验、大规模的征兵以及胜利的抵抗——虽然瓦尔密从军事学上说只是一次平庸的战役，但它在历史上是个伟大的日子——这些都是民族统一的象征。法兰西民族的统一在1792年夏天的狂暴氛围中进一步巩固下来。但这种表现当中并不是没有断裂；主要矛盾有三个：流亡者的贵族国际的普世主义；邦联主义，即地方资产阶级反对国家资产阶级；最后是旺代——原始的反叛和民

众的反革命。大革命反对这些离心势力的胜利斗争证明了民族统一的成熟，而且斗争也加强了统一。

但一个新法国的面貌立刻便显露出来，法国选择的多样性完全是现代性的。需要一个证明吗？如果当时的选举磋商只为绘制政治态度地图提供了一些非常不完善的材料的话，一些间接但具有启发意义的方法有时却可以做到这一点。因此，一张共和时期的革命地名比重图看来要比非基督教化的成败图有意义得多，这种比重在各地当然是不一样的。在各地区态度的一致性中，也有行为方式上的差异：在阿摩里卡丘陵西部，大量居民抗拒新政策，这与东北部和北部的部分地区情况一致。另一方面，在非基督教化的法国，也就是雅各宾主义深入农村的时候，这场运动是在相对一致性的基础上组织起来的：它以巴黎为中心向远方扩展，一直到卢瓦尔河以南的平原大农业区；但它在中央高原周围形成了一条下降曲线，这条曲线从莫尔旺延伸到凯尔西和佩里格尔，囊括了贝里、尼维尔内和利穆赞等地。非基督教化的浪潮在阿基坦再次出现高潮，波及加龙河中游地区，并一直延伸到比利牛斯山脚下；最后，东南部的普罗旺斯和朗格多克虽然情况比较复杂，但雅各宾主义倾向要高于抗拒的倾向。无疑，最引人注目的例外地区（战争中的旺代和洛泽尔）都让人回想起重要革命事件、当地局势和个别举措对共和 2 年群众态度"曝光"图的影响。不过，如果我们将这样一份材料与 20 世纪的宗教社会学或选举社会学素材做一点比照的话，我们肯定会对其中表现出来的众多连续性印象深刻。诚然，一些偏爱农村而忽视城市的地图总是强调这些连续性，但我们肯定也应该注意到历史中产生的断裂：1815—1848 年东南部处于白色时期，而同期东北部则是左倾的。不过，从这些材料中，人们可以辨别出法国已然成型的各种政治气质。人们已经不能回避大革命在现代法国人的立场选择中的恰当地位的问题：它只是那些已经成熟的立场的简单指示器，还是——更为确切地说——一次产生出各种分裂的集体精神创伤呢？答案不是唯一的。人们也许会想起这样一些地方：大革命只是强化了那里从前的裂痕，历史的伤痕大大延续了集体心态结构；例如，

550 朗格多克和塞文山区就是这种情况，那里交织的社会、政治和信仰冲突有着根深蒂固的基础。相反，在另一些地方，革命危机成为具有决定意义的历史转折，各种长期性的立场观点就从那时候形成；最近关于萨尔特矮林地带保守态度的起源的研究就表明了这一点，在那个地区，大革命的经历看来是决定性的。

无论是简单指示器还是重大转折，从集体无意识的层次上来看，大革命都是一个重要时刻。也许我们更有理由说，一味强调断裂的重要性是无益的——虽然长期作为法国政治生活中心的一些重大观念（国有土地、封建制、君主制）中回响并凝练着这种断裂。在巴尔扎克笔下的外省，从《一桩神秘的案件》到《农民》，都见证了一个人人皆可以从革命时代的标签加以辨认的世界，这个标签曾长期支配着他们的角色。

尝试和憧憬

长期以来，历史学有这样一种传统，即总是喜欢强调大革命的先驱意义，但今天看来，这个说法愈益显得不合适了；由于担心提及那些毫无意义的事情，人们总是喜欢把自己置身于革命“进程”的中心，而对随后而来的事物视而不见（或假装不去看）。这种反应可以理解，某种意义上说也是正确的。然而，人民革命在其高潮阶段进行了一系列尝试，提出了新的理论，这些理论的新颖性将注入“大西洋”革命的洪流中。革命政府的实践、人民民主的观念、甚至社会民主的观念，所有这些创新虽说并非立刻便有远大前程，但并不能因此就说它们是方向上、甚至想像力方面的错误。人们喜欢使用“前瞻”一说，这个词已经是这些创新的称号了。

革命实践：群众和救国委员会政府的自发性

事态的发展，或更确切地说，斗争的急需使得大革命超越了代议制的自由主义，即“和平胜利的自由”体制的框架。1792—1794 年间产生了政治史上的两大基本创造：自发组织的群众运动和革命化的政府体制。这两个事实有时是冲突的。雅各宾派的革命被“冷却”了，但基本观念和实践仍是活生生的。

在革命的整个上升期，人民运动一直在不断组织当中。俱乐部和协会从 1792 年起特别向普通人民开放；国民卫队是群众动员的有效工具；1792 年年初开始成为常设机关的城市社区大会是一个重要的组织机构，其革命军队成为在外省进行宣传的工具。正是在这种灵活的、通常是半官方的、甚至纯属自发的框架之中，成员多样化的无套裤汉们才在革命实践中处于一种共同的思想基础之上，这些思想体现在群众口号当中。理论家们的工作有助于这些运动的酝酿和发生。愤激派之前的马拉和随后的埃贝尔派就充当了这个角色；不过除了马拉外，其他人也许更像领袖们的传声筒。

在他们那非常简单的纲领中，首要一条是基于对人民主权某种理解之上的直接民主制的理想。当人民聚集在社区或大会上时，他们便认为有了主权，可以以请愿的方式和平地表达自己的意愿，也可以采取直接行动，如果他们认为有必要的话。“民意即神意”，这种自下而上表达出来的主权观念，是对代议制体制下的各种机构的一种强烈的不信任，马拉派提出的“委托者监督当选者”的主张就来自于这一首要原则，这个主张要求监督并可撤换当选者。同样，我们在 1793 年山 551
岳派宪法的导言中看到，法律条文必须以全民公决的方式得到人民的批准，这是该宪法以具体形式来体现雅各宾革命的直接民主理想的方式之一。人民的主动性还带来了另一个结果，也可以说是另一个发现，这就是发现了革命的作用。这个说法看来有些矛盾：资产阶级是大革命的主要受益者，他们觉得，大革命是唯一的，并且已经完成了。相反，马拉再次表达了一种人民思想，他说，“自由是从叛乱之火中诞生的”。他不是已经在 1774 年出版的《奴隶制的枷锁》中、在尚未得到经验证实之前就已经提出革命进程理论了吗？只要群众的动力依然存在，革命就会不断重启，总之，就会是“持续”的革命（恩格斯）。在这个问题上，思想开辟了道路。

但在当时，这种思想遇到了对手，这就是革命政府结构的成型。1793 年建立的革命政府是对资产阶级民主制的一种超越，至少是一种否定。当然，它来自于国民公会这个代议机构，理论上受后者监督。

但救国委员会政府远不只是一个执行委员会。如果我们注意到其法令和报告中的普遍问题——如共和 2 年霜月 14 日的报告，1793 年 10 月 10 日圣鞠斯特的报告，以及 1793 年 12 月 25 日罗伯斯庇尔“关于革命政府之原则”的报告——考察这些制度机构的总体特征，那么就会发现，革命政府是一台斗争机器，承担着进行“自由反对其敌人的战争”的职责。正因为如此，它是高度中央集权化的。救国委员会和公安委员会实际上掌握了全部行政权力；外派代表在其辖区内的权力几乎是无限的。在马拉再次作为先驱者的那种政治思想中，革命政府被看作一种为保卫革命而组织起来的集体独裁制：它要求以恐怖的方式行使“强制力”。但救国委员会的独裁不是完全没有根基的，更不乏全体革命者的参与；这就是为什么“美德”对这个体制来说是如此重要的原因所在。从技术上讲，为了保障人民革命的持久胜利，这一独裁体制应将作为其支持者的阶层组织起来。但它并没有做到这一点。当然，人民团体网络和雅各宾分子的支持者本可以召集一个支持山岳派革命的派别。但是，这些团体日益循规蹈矩和“冷却化”，这表明，随着群众热情的上涨，隔阂反而拉大了。

群众热情与革命政府之间的隔阂是导致山岳派革命终结的原因，它符合事物的本质，这并非从某种永恒的宿命上说的，而是说它处于具体的历史情境中是如此。从人民革命的道路和方式上说，这是两大前瞻性创举的失败。但下一个世纪肯定不会忘记这两个创举。

社会革命的希望

在这场资产阶级革命中，我们看到了重大的社会成果：摧毁了等级制社会，进一步确认了公民平等和财产权，但财产权的范围由于社会的需要而受到了明显的限制，虽说企业自由将成为这个社会中自由成果的主要形式之一。就这些基本信条而言，官方的看法没有什么变化，雾月 18 日前夕那种著名的说法称：“我需要一位国王，因为我是个有产者”，它揭示了新的资产阶级名流在确立某种社会体制——对
552 他们而言这甚至比政治成就还要重要——时所需的代价，但看来没有给全面社会动荡的希望留下太多的想望。

但是，这不是说人民革命没有以壮阔的社会运动的形式深入到底层。在农村，大恐慌、也许更重要的是1792年之前一系列的农民暴动最终摧毁了封建制度，但这场运动并没有挑战新的财产制度，而半数情况下，资产阶级通过购买国有土地而成为从前地主的继承人。同样，在城市，大革命期间的社会运动也有鲜明的限度。有人已经指出，当时的社会骚乱更多是雇佣劳动者和作为“消费者”的工匠反对过高的面包价格的斗争，而不是工人为增加工资而采取的联合行动。在百姓的预算中，工资几乎总是个常量，但食品价格有可能剧烈波动，这种情况可以解释消费者的上述做法。现代类型的劳资冲突在当时巴黎出现的城市革命中还是陌生的，那里的革命只是以洗劫带有制造商雷维荣名字的纸张工场为发端的。在各种非常直接的文献中，如圣热纳维埃芙教堂的泥瓦工给他们的朋友马拉的请愿书中，我们能找到十分真切的回声。同样，在一个很大程度上仍处于前资本主义阶段的社会，现代类型的阶级斗争条件尚未成熟。马迪厄曾研究过弗朗什-孔泰的铁匠师傅卢沃，在国民公会选举的时候，这位雅各宾派工场主曾带着他的工人们和着单簧管投票，人们不难发现很多类似的情况。我们还可以提到蒙米拉伊（蒙米雷尔）的玻璃匠杜瓦尔兄弟，他们骑马带着工人到各地市场上征收粮食。在这种条件下，我们就不会对那种不成熟、相对贫乏的自发要求感到太惊奇：核定粮食价格是这一要求的首要内容；这也是1792年愤激派要求的主题之一，这个派别曾是群众理想最好的表达者。随着1794年之前革命运动的不断高涨，对于富人的攻击性也逐渐发展，无论在城市还是在农村，富人都被认为是自私的。从其理论表达上说，这种攻击性很少超越巴黎无套裤汉的平等主义，而对于这种平等主义来说，普通小独立生产者模式的推广与人类理想是一致的。

在这种条件下，如果对已经很超前的雅各宾立法的局限性、对最伟大的革命者在理论上的踌躇感到奇怪的话，那就大可不必了。共和2年的风月法令是山岳派资产阶级社会政策的顶点，它规定没收嫌疑犯的土地，因而是法国大革命所推出的最大规模的财产剥夺计划；按它确定的分配原则，土地将分成小块分给最贫困的农民，为此应制订民族福利大典，但这些做法顶多只是对农村地产的一次有限而次要的重新分割，只是把巴黎无套裤汉平等独立的生产者的理想移植到农村。这种“农业法”的观念注定要给这一时期形成的整个保守传统涂上“财产均分”的印记，但这并不是任何一位重要山岳派领袖的想法——从圣鞠斯特，虽然他的观点十分明确（分割经营权而非所有权），到马拉，虽说他如此接近“下层人民”，但他在著作中只提到过一次这类想法。

不过，正是在法国大革命期间，在平等派密谋的背景下，具有共产主义色彩的社会革命理想被首次表达出来。作为启蒙时代的 18 世纪曾出现过空想共产主义，从摩莱里到马布利再到唯物主义者德尚修士。
553 大革命刚开始时，西尔万·马雷夏尔和其他人的著作使得这一思潮得以进入革命思想中。今天人们正认真研究从朗日到多里维埃（莫尚的那位集体主义的本堂神甫）的著作，它们看来是所谓的愤激派社会思想——但这个说法过于简化——的最充分的表达。面对启蒙时代的乌托邦和思想方面通常十分贫乏的群众运动的实践，是巴贝夫和平等派展现出了新的学说，并准备以革命的方式实现这一学说。通过这种“分配的共产主义”（G. 勒费弗尔），这位从前的封建法学家超越了农业法中的平均社会主义，转而宣扬以财产和劳动共同体为基础的土地劳动的集体化组织形式。“享受的平等”是达到这种共同幸福的手段。人们不再禁锢在那种被时代的历史性奴役所束缚的体制中的局限性中了。相反，在提出新理论的同时，1795—1796 年的平等派密谋从其方式上说是第一次革命密谋，19 世纪还会看到这类密谋。在较为广泛的支持者的组织基础上，组建一个可期望得到群众支持的密谋核心：这种战斗的少数派的观念从邦纳罗蒂传到布朗基，并一直影响到当代的革命理论家。除了对巴贝夫、对格勒内尔兵营的起事者和旺多姆审判中的被告给予同情外，历史也从他们那里收获了一笔重要遗产。

曲折的未来之路

在流亡者当中，在反革命思想意识中，出现了另一些情感和观念上的变化，把这些变化纳入大革命本身造成的辩证运动看来并无不妥。在那些既没有学到任何东西、也没有忘记任何东西的人以及巴吕埃尔神甫[①]这样的人士当中，人们以“共济会密谋”之类的说法编造出一些令人安心的神话，也有一些流亡者，他们受到从柏克到约瑟夫·德·迈斯特的欧洲集体反思的影响，从有关大革命的研究中提炼出一些因素，用以指责启蒙哲学，这种指责已经远远超出了简单的论战的范畴。针对 1791 年宪法的普世特征，博纳尔（《政治和宗教权力论》，1796 年）提出了现实社会中个人主义的多样性、长期存在的社会集团的影响力、以及历史的重要影响。夏多布里昂在他的《论革命》中提出了一个真正的研究集体社会事实的方法论纲要，这也是时代使然。因此反革命的思想成果具有矛盾性。今天，这种思想已经无可挽回地成了顽固不化的谴责性理论（如博纳尔），不过，当历史学和由这一思想开辟出的社会学在 19 世纪迷恋上反革命思想时，它竟令人困惑地推动了历史哲学的新路径的探索。

浪漫主义情感与法国大革命关系甚大，我们为什么不可以冒被指责为滥用名词的风险，把大革命对浪漫主义的影响也归入走弯了的未来之路的行列呢？当然，我们不能忽视的是，浪漫主义成为全欧现象，实际上要早于大革命的冲击。而且我们知道，欧洲大部分浪漫主义式的回避，实际上长期是反革命的：法国前浪漫主义与夏多布里昂时代根本不同吗？但是大革命之后，出现了大革命包含的解放价值与崭露头角的浪漫主义价值之间的重大碰撞，这在受革命冲击之后的欧洲比仍处于新古典主义时代的法国更为明显：贝多芬第三交响曲就以宏大的气魄反映了这种碰撞。但在这个领域，欧洲浪漫主义重新发现并完全接受法国大革命还需要走一段很长的路。但是，对于这场大震荡影响 19 世纪、乃至我们现在的直接或间接方式的探索，将不会停止。

---

① 巴吕埃尔（Augustin de Barruel，1741—1820），法国教士，大革命期间曾流亡英国，著有《大革命期间的教会史》和《关于雅各宾主义历史的报告》等著作，主张大革命起源于“共济会阴谋”。

554

第二十章　帝　国

1799—1815 年

十五年中，拿破仑从大革命的遗产中提取了现代法国坚实的骨架。

一、拿破仑时代的法国：政治及思想外貌

英雄及其时代

意大利军团的将领，督政们那脆弱的共和国不择手段的征服者，恢复加冕仪式和宫廷排场的皇帝，奥斯特里茨的胜利者，俄罗斯冬天里的失败者：拿破仑·波拿巴以他的魅力迷住了他的同代人，而且他也意识到了这一点。在以自己胜利的脚步、乃至自己的厄运不断构建神话时，他也就正如他希望的那样，带着荣光进入了后代人的记忆中。无论是无名小册子作者们拙劣的文笔，还是1814 年写下《论波拿巴和波旁家族》的夏多布里昂的天才手笔——但不合时宜——都不能压倒圣赫勒拿岛的那些文字，都不能克服一个半世纪以来拿破仑史学及集体记忆中发展出的那些引人入胜的动人形象。我们首先关注的是这个特别的个体、关注那些使他可以产生如此持久之魅力的客观原因，但这并不是要抹煞拿破仑之后的法国，也不是被历史中伟大人物的领导作用迷惑。

拿破仑·波拿巴并不漂亮，小个子，生硬粗暴，体态臃肿，衰老得厉害，面容也不精致。但是，他的表情、轮廓、目光却让艺术家们激动不已；雅克·路易·大卫，这位拿破仑时代最伟大的画家、从前的革命者中最坚定的波拿巴主义者，曾赞赏过这个好像来自古代像章上的人物。这个人并不讨人喜欢，没有什么朋友，没有多少亲近的人，成年累月地、越来越孤单地生活在成群的公务员、军官和廷臣中间；跟他很难打交道，对谈话者他很少放在眼里，对所有为他服务的人他都很严厉，而且他还有可怕的心理洞察力——所有这些都让他的伙伴发抖，或更确切地说，感到无所适从。但拿破仑·波拿巴也以其众多不同寻常的品质而受人钦佩，这些品质之所以不同寻常，或是因为它特别突出，或是因为各种品质结合到了一起。首先是智力上的品质：这不是渊博的文化知识或考究的个人品位中产生的品质，而是解决最繁杂的难题所需的一大堆基本能力。出色的记忆力、高度的领悟力、对力量对比关系的卓越的分析能力——它们体现在军事、政治和思想问题上——再加上从大量信息中提取供个人决断之用的基本要素的特殊能力，这一切使得拿破仑远远超出了他那些最勤奋的合作者，使他 555
像某种政治思想唯一的传送中心那样运转，仿佛他是政府推动力的唯一源泉。办公厅是他所有寓所中最重要的房间，他的效率因他的工作强度、因他迅速而准确执行其命令的意志而增大 10 倍，他努力亲赴战场或亲自出巡，当不能亲临现场时，他也要设法了解事态进展。这一切特别清晰地体现在高层行政和军事领导部门，下层人民当然不会有同等层次的感受，他们主要是感觉到这个人的威力。1840 年他的遗骨运回法国时，拉马丁曾说道："我不能拜倒在这种记忆之下；我不信仰拿破仑的宗教，有人企图用这种对武力的崇拜取代严肃的自由信仰在民族精神中的地位。"他在军事和外交上的成功，他以有利于自己的方式结束了革命时代接二连三的政治动荡，赢得了对国家的裁决权，凡此种种，无疑把最后一位波旁君主可能从臣民那里得到的威望——如果他能够把崇高的国际声望与实施内部改革的能力结合起来的话——转移到了"革命的国王"拿破仑身上。拿破仑既迎合了这个民族的虚荣心，也满足了弥漫在资产阶级和群众当中的对秩序的渴求。

如果人们保持一段距离，重新评价这个人物的魅力，也许可将其分为两类。一种是带有传奇般野心的征服者的个人命运的魅力，这个战争人物一步步将自己神秘而矛盾的个人冒险与国家对外政策之必须结合在一起。但在这段浪漫主义的英雄历史中，人们可能更偏爱他作为一个理性化的政治人物的魅力，并更愿意强调其统治的成功之处：他的政治和社会成就正巧符合当时的需要；更确切地说，人们更偏爱拿破仑的天才。

法国等待着拿破仑

在雾月 18 日的拿破仑眼里，这么多年的革命无非是平等主义和恐怖主义的极端行为，眼下的督政府无力巩固温和的共和国，所以资产阶级革命仍急于找到实现和平及国内稳定的道路。如何维持公民平等以及自然状态的不平等、代议制政府、私有财产及其一切所得，使其既不受旧制度的党羽（无论是在国内还是在国外，他们都没有解除武装）、亦不受再次萌生的 1793 年精神的威胁呢？与 1789 年相比，1799 年资产阶级的态度中最引人注目的一点是乐观主义立场的深刻转变。1789 年的开明人士处于进攻态势，他们准备与等级社会决裂。从革命之前开始，他们就不信任下层人民破坏秩序的行动，认为这些人无力恰当地提出和表达自己的要求；他们竭力维护国家改革和开明阶级（即唯一掌握政治科学的人们）领导社会的理念；当时他们有这样一种幻想:作为不久的将来的资产阶级的粗糙前身，大众阶层将会协助建立一个由名流领导的国家，名流们将指引这个国家思想和社会方面的进步，并通过教育把大众阶层逐步融入进来：这在法国历史中是一个非常持久的观念，从孔多塞一直到儒勒·费里。但事实上，群众革命的自行发展注定要使革命资产阶级退回到防守态势，并主张一种只有自己的阶级才会有的政治哲学。从 1789 年曾以全民族的名义提出解决方案的第三等级的热情，到 1799 年期待强有力的政权来一劳永逸地制止革命运动的有害结果的雾月党人那恐惧之余的冷酷，其间的变化
556 是何等无情！1789 年的人们现在只是些明智的革命者，但是，由于在

与温和君主派寻求妥协时遭到失败，他们在政治行为的选择上受到了削弱和限制。1791—1792年的瓦莱纳逃亡和废黜国王使得这种妥协归于破灭，它无法在督政府时期重新修复起来。已经不再革命的资产阶级，正等待着那个可以稳定改革成果并冻结革命的人。需要指出这些政治思想的微妙之处并没有超越“理论家”们有限的圈子吗？——今天我们称这些人为“哲学家们”、或斯塔尔夫人和邦雅曼·贡斯当等作家的追随者。资产阶级大众只是希望安享获得的财富和地位。正如拉纳对波拿巴说的：“那些衷心热爱您的人，那些只要您建立起和平就会奉您为神明的人，他们是安定分子，是有产者，是这个国家的群众。”不过，虽说这时不可避免地要诉诸刀剑的力量，但对不知情的人来说仍是一个突变。从其个人见解和政治方向上说，波拿巴肯定可以成为心满意足的资产阶级的独裁者。但他的冒险很大程度上是非常手段，资产阶级的听之任之必定使得他们选择的这个“开明专制者”为所欲为。

议会政治的衰落，个人权力的顶点

大革命是政治势力的公开对抗，甚至是暴力形式的对抗。执政府和帝国要否定这种对抗。革命观念已经过时，反革命的思想也很可憎。圣-尼凯斯街谋杀（1800年12月24日）过后，雅各宾派和共和派被大量镇压；但卡杜达尔和昂吉安公爵[①]也上了王党分子的烈士名录。要想熄灭政治激情，只有取缔它们的表达工具。因此，议会辩论也不能为人所知。共和8年的保民院是共和派思想的藏身之地，但它在1802年受到清洗，并于1807年被取消。立法团在整个帝国时期都存在，但其影响微弱至极，且极不稳定。真正的议会只存在于名称中，这就是参议院，其带有头衔、享受薪俸的成员只限于对当局的提议作出驯服的答复，而作为重要立法机关的国务会议——前身是从前的国王议政会——则仅仅被削减了司法权限。波拿巴把50名最出色的法学、行政和财政技术人员召入国务会议，他

① 一译“当甘公爵”。

可以在那里听到较为自由地发表出来的意见，并主持制订所有重要文件。这样一种体制自然容易使他产生反议会政治、崇尚专家治国的倾向。他大大延拓了代议制度的发展和政治权利的实施。作为最重要的政治权利，选举权的内容被逐步掏空，随之建立起来的是一种分级选举体制，在该体制中，人们所做的只是从备选的名流中指定哑巴议席上的议员们。言论自由也被严重压制，1800 年，巴黎的 73 份报纸中，60 份被取缔，而剩下来的报纸不得刊登“有悖于社会和睦、人民主权和军队荣誉”的文章；不过，有几份报纸（如《导报》《辩论报》）还是“颇有想法”的读物。

针对各种“派系”，波拿巴则用以其个人为核心的民族团结理念来对抗之，这是自雾月政变以来的一种新合法性，它体现在个人效忠和全民公决时的大量支持票中。这样，波拿巴主义创造了一种个人权力，它把君主制的传统和民主制的幌子融合到了一起。第一执政的统治像个开明君主，他承认大革命造成的既成事实，但又以各种共和主义的形式作为装扮。但这也形成了一种十分矛盾的局面。从执政府时期开
557 始，他的权力逐步君主化，宫廷生活恢复起来，后来他又宣布成立世袭帝国并举行加冕仪式，这些当然是他所梦想的绝对权力的具体表现，以致最后他还要批上普世统治者的外衣，并复活了古代仪式——拿破仑自认为是新查理曼。但与此同时，宣布成立帝国并不断加强个人权力，也是巩固法国大革命的成果、反对欧洲反革命势力的手段：从这个角度来看，加冕仪式不能过多地理解为一个暴发户的闹剧，或一个把拿破仑崇拜与法国诸王联系起来的否定大革命的方式，而应更多地理解为一次特别大胆的政治行动，正是通过这一行动，大革命重新获得了反对其敌人的武器。

民族团结：威望还是强制？

民族和解，即便它是化身于波拿巴将军身上，也需要几个月，甚至几年的时间。在第一次全民公决中，虽说反对的意见只是极少数，但冷淡和赞成的态度一样很明显。已经变得迟钝的权威机构应给政治激情提供足够充分的转移渠道。战争就是首要的转移方式，勒内·雷

蒙写道："军事上的英雄主义、荣誉已经成为大革命时代政治斗争的后续方式。二者在性质和目标上虽有不同，但造成的紧张可能是同样强烈的：无论如何，战争使政治激情成了过时的东西。相比之下，议会辩论消停了下去……"

胜利接踵而至，而且必要的时候，拿破仑和他的帮手们会把失败打扮成辉煌的胜利，这些在沙文主义的发展中起了重要作用，而沙文主义的根基在于新近形成的革命传统之中。战争久而久之难以承受、令人生厌，但在当时它被认为是与强大的法国和1789年胜利的思想不可分离的；它至少证明了权力的集中和日益绝对的服从的正当性。

还有另一个转移方式：虚荣。中央和地方行政机构的职务，军队的威望、帝国贵族为拿破仑政权提供了大量职位、薪水、头衔以及晋升的机会。一切都似乎表明，名流们暂时放弃了他们的政治权利，只要这个强大的政权——也许过于强大了——便于他们安享行政职务、保证他们在社会等级中的地位。斯塔尔夫人曾毫不客气但又不无幽默地指出，"在法国，国家首脑们的巨大力量，就在于人们对于拥有官职的奇妙爱好……法国人特别热衷于一切能使某人区别于他人的东西；没有哪个民族这样不适应平等，法国人之所以宣布平等原则，是为了取得先前优等者的地位；因此他们想改变一下不平等状态……"

有个关于服饰狂热症的笑话："从执达员到执政官"，"当时法国连最卑微的官员都佩戴有小金丝带或银丝带，以区别于一般公民。"

众所周知，拿破仑为了引诱、娱乐、消遣并威慑别人而极尽奢侈。1800年，第一执政入住杜伊勒里宫，此后两年里，他个人出资100多万法郎，以重新装点这座宫殿，特别是聘请巴黎头等的细木工雅各布父子从事这一工作。巴黎之外，波拿巴还按他的意愿布置或重新装修了圣克鲁、枫丹白露、贡比涅等宫殿，并命人对法国境外大城市中的十几个其他宫殿进行装修。也许计划比现实的成就更为宏大，如里昂佩拉什岛上修建帝国宫殿的计划；夏约丘陵上兴建罗马王王宫的计划等。这种炫耀还以很多其他方式体现出来，艺术受到了完全的控制，

558 它现在负有动员民意、歌颂国家首脑的任务。而在建筑方面，拿破仑没有见识到克洛德·尼古拉·勒杜的天才，后者一直活到1806年，也许他愿意把最后的创造力奉献给拿破仑；但拿破仑至少得到了佩尔西埃和封丹两位才子的忠诚服务，为他效劳的还有巴黎的工程指挥者们，他们大大推动了首都的现代化建设。雕刻在卡诺文学院派的鼓舞下变得庄重而富有英雄气概。但是官方的艺术导向政策真正取得成功的是在绘画领域。雅克·路易·大卫在国民公会时期就已经是官方艺术的大师，但他认为法国人“在德行上还不足以成为共和主义者”；1805年他被任命为皇帝的首席画师，当时所有重要画家都出自他的工作室。他出色地满足了这位君主的心愿，后者认为“有理由期待法兰西的天才创造出杰作”。正是在庆祝帝国诞生之际，他接到了四项重要的创作任务，并由此达到了他艺术创作的顶峰，与此同时，他巧妙地避免了其他作者可能陷入的平淡和俗套。他从前的保护者维旺·德农是古埃及艺术最早的倡导者，他在官方也享有崇高声望，1803年，他在给法兰西研究院的一份报告中向拿破仑推荐了这种辉煌的艺术风格：“我们生活在伟大的环境中，应该有宏大的建筑作为纪念。”

1802年德农被任命为博物馆总监后，把拿破仑博物馆——或曰国立卢浮宫博物馆——建为囊括欧洲各流派艺术品的宏大收藏馆，它的展厅吸引着各国的参观者，其榜样作用促进了其他博物馆的建立，如普拉多博物馆、阿姆斯特丹国立博物馆和伦敦国立陈列馆。维旺·德农的卢浮宫曾因督政府时期在尼德兰、荷兰、特别是意大利的抢劫行为而丰富了其馆藏，1802年11月9日，在雾月政变三周年之际，博物馆举行了隆重的落成仪式，当时抢劫来的黑森-卡塞尔选帝侯和布伦瑞克公爵的收藏进一步扩充了馆藏。

第一帝国的省长们

但是，这种关于文化和政治之关系的权威主义观念在其他方面确实是压抑性的，毫无建树可言。在保民院被清洗过后，接着轮到了法兰西研究院。报刊被监控之后，书籍也受到审查。官方机构窒息了文学创作。安德烈·蒙格隆指出，拿破仑在整个在位期间，“试图把赞赏引向路易十四时代……他让帝国教育团传播最具古典色彩的文化……他企图把亚里士多德和布瓦洛的法则强加给文学”。

1810 年，法兰西研究院颁发了一项十年一度的奖金——为纪念雾月 18 日而设立——获奖者是已经辞世的拉·阿尔普，而故意忽略了斯塔尔夫人和夏多布里昂。玛丽-约瑟夫·谢尼埃在给国务会议的“关于文学之进步”的报告中，附带对夏多布里昂的新诗歌挖苦了一番，当然也忘不了歌颂皇帝的武功。在帝国豪华的排场之下，对国家反对者的严格监控是个司空见惯的事实。

毋庸置疑，这个国家正踩着先人的脚步前进。以省长制为代表的新政治—行政体制与旧制度时代的督办制度很是接近，它见证了中央权力行动工具之完善，同样也表明了官方宣传和警察控制的强化。在地方上，省长摆脱了所有权力机构的竞争，直接听命于第一执政和皇帝，完全是拿破仑用来稳定思想、控制人民的工具。吕西安·波拿巴曾对省长们说道：“你们的职责，包括一切有关公共利益、国家繁荣和居民安宁之事务。”还说，“为确保你们各省份之安宁，请把大革命运动残留下来的骚动转移到政治经济学观念上来。”因此，省长首先 559
应是一位创造良好的“公共精神”的工匠，为此他应该监控从前的雅各宾分子、恐怖分子、具有独立思想者、从前的流亡者以及抗拒派教士；预防、必要时镇压可能严重破坏城乡生活安宁的骚乱；此外省长还须负责征收间接税，这在葡萄产区是件棘手的工作；负责征兵，有时还须处理开小差和抗拒兵役的事件；处置饥荒产生的危机，因为饥荒会造成可怕的政治后果，如 1811—1812 年正在筹备远征俄国之时爆发的饥荒，等等。从更为积极的方式上说，省长们还可以造就这种“公共精神”，其办法如：监督和解政策——如教务专约——之良好实施，把热情最高的候选人推举到行政岗位上；组织政治生活中少见的游行活动，引导人民或资产阶级的热情，这类举措如组织选举团，筹备执政或帝国领导人的视察，招募荣誉卫队等等。所有这些都成为文牍主义的借口：拿破仑的省长们都是忙于文件和报告的官员，他们也必须成为这样的人，必须根据巴黎各个机构的指令，汇报经济生活各个方面的统计数字。对于这些职责，拿破仑·波拿巴几乎总是喜欢选用“大革命的孩子”，大革命“沐浴过的人”——用他自己的话来说——如果这些称职而温和的人能够让他们的主子满意，后者会带给他们好运的。

永久的印记和不满情绪

在当时的法国，这位首脑不仅继承了绝对君主制的各种传统，也接受了大革命在行政体制上的各种创举和内战时期的教训，国家的公民也面临前所未有的新境况，他们需要和税吏、秘密警察、可怕的乡村巡警以及别动队打交道，但即便在这样一个国家，仍然有可供潜在的反对派思潮和力量发展的空间，而它们所反对的拿破仑国家的某些方面无非是拼凑起来的东西。这个国家维系的时间既取决于其内部反对力量从无能为力转向积极行动的期限，也在于连续的军事胜利在舆论中造成的对该政权前景的错觉。

令人困惑的是，反对派中最无能为力的是其思想阵营，虽然反对派的思想颇为明晰。执政和皇帝权威的最主要的思想对手是邦雅曼·贡斯当。虽然亨利·吉耶曼对贡斯当的私生活和公共生涯颇有微词，但这丝毫无损于以下的事实：在 19 世纪的头 30 年中，贡斯当的著作为资产阶级自由思想提供了思想基础，他的那些最出色的篇章为捍卫个人自由作出了贡献，并总是为人引用。但是，在拿破仑时代，贡斯当的见解只为少数被其观点中的矛盾所吸引的资产阶级少数派理解：在很多问题上、在利益之维护上，自由派根本就不是一致的，他们不是对雾月的胜利者寄予很大的希望么？实际上，百日政变之时贡斯当投奔拿破仑，这就说明某种思想上的深刻一致：他把现实主义和原则的坚定性结合到一起，并向人们显示，一旦帝国是自由和宪政的，那么拥护它不仅是可能的，而且是合适的。另外，这种反对派与天主教反对派没有任何联系，后者是在拿破仑与教廷的冲突重启之后脱离拿破仑的；它与不时爆发的民间不满情绪更加没有关系，后者的动机是根本不同的。法国并不存在反拿破仑“阵线”的客观基础。对于皇帝来说，真正的威胁毋宁说是来自冷漠和厌倦情绪，这种情绪与政权的专制趋向和没完没了的战争密不可分。

二、法国的新社会：断裂和延续 560

人

大革命结束时，法国在人口学上呈现出新的面貌。1789年大大加剧了旧制度末年的潜在趋势，以致我们可以认为，18世纪末在法国人口史上是个相当重要的断裂。

诚如马塞尔·莱纳尔所言，当时最重要的现象是结婚率的上升和出生率的下降同时出现。1770—1784年，1万居民中有85桩婚姻；1806—1810年为157桩；1811—1815年为171桩。而另一方面，旧制度末年，1万居民中新生儿为390，但在帝国时代这个数字只有320。这种矛盾显然表明，控制生育的措施在广泛传播开来，不仅是富裕的资产阶级采取节育措施，城乡普通阶层的很多夫妇同样如此。如果考虑到结婚年龄的下降导致生育期也相应延长的话，出生率的滞后就更加明显了。整个社会的、政治的、思想的局面都在这里体现出来：民事立法提供的便利，离婚的合法化，关于将临期和四旬斋禁令的取消；教士对于良心的道德控制的松弛；征兵（很大程度上可以解释1809年和1813年结婚率的攀升）；农村产业的激增。由此造成的结果是人口的缓慢增长，其总额从1801年的2735万增加到1821年的3046.2万，即年均增长率0.5%左右；而到19世纪结束时，人口总数还没有突破4000万。

但是，这种增长只有在死亡率下降的前提下才有可能，这个因素同样重要。旧制度末年的死亡率很不稳定，波动在每1万人320—390之间，但到拿破仑时代，这个数字下降并稳定在260—270之间。无疑，这首先是因为这一时期没有发生过十分严重的生存危机。这些数字还表明，战争造成的非正常死亡并没有在法国人口发展中造成重大影响，这与1914—1918年间的情况不同。15年的战争造成的人口损失估计为100万左右，但从本质上说，它没有改变因生活水平提高、特别是食物的改善以及医疗进步——总体上比细节上更容易觉察到——而造成的死亡率下降的趋势。

另一方面，在地理结构和社会结构方面，法国的人口状况与旧制度末年完全类似。季节性和暂时性的迁徙十分频繁，马赛、里昂和巴黎等城市对很多外省而言是巨大的引力中心。但农村人口的大量外逃还没有开始。人口继续淤积在平原和山区，当时一些人口过剩的农村地区的贫困比城市工人的贫困还要严重——因为工业革命才刚刚启动。1789 年，城市人口约占总人口的 20%，但到 1846 年，这个比例才达到 25%；更有甚者，由于大革命期间的政治和经济局势，一些大城市的人口曾有过明显下降，它们在 1800—1815 年只是在恢复当中，尔后才开始重新增长：巴黎的情况是这样，鲁昂、波尔多、里昂等城市同样如此，这些城市的人口一度下降了 20%左右。在革命和后革命年代，法国的一个显著特征是心态超前于经济，它的人口整体面貌与这个特征十分契合。

561 *城乡居民*

执政府和帝国最忠实的支持者无疑要到农民大众之中去寻找：这个政权使他们不用为购买国有土地、为封建和领主反动的可能性而担忧。基本来说，农村心满意足，尽管农村社会因为其各阶级分享的大革命成果十分不同而空前分化，尽管仍然存在一些不安定因素。

农民曾想获得土地，但这远非根据某种平等原则来分割，而是依据各自的能力。大革命在一定程度上实现了这个愿望。农民购买的国有土地的比例在各省有所不同，可能在 15%—60%之间波动。地产所有者的数量大大增加，一些短工也获得了产业，拥有 1—2 公顷土地的业主的地产此后增加为 5—10 公顷，农业资产阶级的所有权牢固确立了起来。但毫无疑问，农业经营单位的碎化更加严重，小型产业数量激增。19 世纪初葡萄种植单位的扩张就是例证，而且从技术和经济上说，葡萄业比小麦种植业更能忍受这种碎化。在勃艮第，粗劣的红葡萄甚至一直渗透到种植谷物的平原和一些低洼地带；“备受资金匮乏之苦的农民看重的是数量而不是质量”，共和 9 年约讷省省长这样写道。确实，小业主们无法从其地产上挣得全部的生计，不管他的土地是“祖传的”还是“国有的”；不过他总能从家庭手工业中取得一笔补充收入，因为当时法国的工业生产结构仍与17和18世纪十分相似。

农民仍然热烈地、有时还满怀愤怒地期盼着摆脱封建和领主剥削，从什一税、实物地租等捐税的压迫下解放出来。在这一点上，他们的部分要求仅仅得到了纯粹口头上的满足。从字面上说，这些捐税已经消失，但对于所有被迫承租土地的分成农和佃农来说，它们并未从经济现实中消失。实际上，革命时代的立法，从制宪会议到国民公会再到督政府时期，都在实际中允许出租者加入一些提高租金的合同条款，把从前的捐税转化成自己的收入。因此，从废除旧捐税中得益的只是土地所有者，而非经营者；而且，由于这种局面与地租的持续上涨——这又与谷物价格的上扬有关——结合到一起，我们可以赞同阿尔贝·索布尔的看法，即无论是城市还是乡村的资产阶级土地所有者，都为了自己的利益而以某种经济方式强化了封建制度：第三等级中的富裕成员确实可以认为——不管他们有没有意识到这一点——大革命是一场特权的转移或扩大的运动。除此之外，在执政府和帝国时期，一些流亡者重建了其土地上残存的权利，教士在农村的威望也恢复了，特别是在西部和西南部地区，于是出现了一种反动气氛，一种再封建化的严重威胁，以及领主和教士的精神压迫。在只要求生活在保守体制下的农村，这些成为诱发革命骚动的不安因素，这些因素仅靠拿破仑权威的外表是平息不了的。政权本身引发的另一些不满因素进一步激化了小业主的情绪：税收调查是地方动乱的根源，具体到葡萄种植区则是新开征的饮料税；各地征税官员在征收地产税时作风普遍苛严：若不能按时缴纳税款，通行的做法是以服役或实物的形式支付拖欠款项的利息，或派遣催款税吏住到纳税人家中，这让人想起旧制度那些
最恶劣的做法。农村短工深受习惯法限制之苦，后者限制他们到公共 562
或国有矮林中放牛，而垦荒运动又进一步缩小了牧场面积。不过，大革命之后农业工资走高的趋势十分强劲，这在评估农村命运时当然是个积极的因素。蒂伊·迪伊利埃指出，根据法官克拉默西的记载，

1814 年，一个有饮食供应的耕地佣人每年工价为 260—300 法郎，1789 年为 80—100 法郎。而手工业者的工资则上涨了两倍，因此处境相对较为宽裕，这位评论者在“他们令人惊奇的衣着和伙食”中看到了证据，并认为这“超出了他们的身份”。

大革命结束时，城市平民处于弱势状态，无论从军事角度还是从政治和思想角度看，他们都被解除了武装。一系列的法律条文和严格的警察监管使得工资劳动者处境恶化，因为这些法律和措施让他们无法为捍卫自己的利益采取联合行动。不过另一方面，拿破仑时代的环境与此前的“无套裤汉”时期相比，还是相当宽松的。大革命引发的名义工资上涨趋势表现在很多部门中，而且上涨幅度足以让我们得出这样的结论：实际工资也上涨了，因而人民的饮食状况有了改善，特别是肉的消费量有了增加。城市没有经历类似于革命前夕和革命期间那样的生存危机和物价腾贵现象；1801 年和 1812 年的紧急状况被中央和省地方当局强有力地遏制住了，为此，他们采用了旧政府的办法，而且为了维持秩序毫不犹豫地诉诸武力。

名流的诞生

在实践中，拿破仑社会政策的新颖性在于确定和组织了一个新型的社会精英。共和 10 年设立的选举团就是这一精英阶层的早期形态。这些常设团体由终身成员组成，分设于乡镇、区和省三个层次上，根据纳税标准从旧贵族和资产阶级中遴选出一个名流精英。省级选举团的成员地位最重要，因为只有他们——当被征询意见时——可以对空缺的参议院、立法团和各委员会席位候选人之选任施加直接影响，但省选举团成员是从本省纳税最多的 600 个公民中挑选出来的。实际上，在拟定 600 位最高纳税人名单时，首先考虑的是地产税，这也是最重要的税收。终身执政决定给法国留一个代议制的幌子，它更多的是具有社会意义，而非政治效力；从这个体制中得益的是一个由有产者组成的新贵族，他们当中大部分是从前的贵族和依靠地租生活、以地产为主要产业的资产阶级，另外还有一些商人、自由职业者和官员——他们之所以获得这种资格，更多是由于他们拥有房产和土地，而不是因为大量的薪金和利润收入。拿破仑说，“真正的法国人民，是乡镇社长和选举团主席们，是军队”，而不是“两三万粗野渣滓……和大城市中无知而堕落的群氓”。在他看来，财产权原则“是一项并不违反平等的根本原则”。不过，地产财富并非是遴选选举团成员时考虑的唯一因素。很明确的一点是，他们应出身于“最体面的家族，这或是因为他们从前和现在的地位身份，或是因为在该省广泛的家族亲缘联系，抑或是因为他们的优良品格和公共及私人美德”。因此，拿破仑时代的名流是具有道德威望的人，国家也希望利用他们的人际关系网。此外我们还可以注意到，名流这个提法有个方便之处，它把从前特权阶层中的幸存者和前平民中最显赫的成员集结在“名门家族”的旗帜下。 563

贵族制的恢复

但拿破仑很快就走得过远。他坚持应确立一个社会和政治精英阶层，但其标准既非封建贵族的（“不以血缘高贵为基础，那是假想的高贵，因为只存在一个人类”），亦非以财富为标准，“不能把财富变成头衔”：“我觉得这是所有贵族制中最糟糕的一种”，皇帝后来在圣赫勒拿岛说，他一直认为，或假装认为，所有形式的财富，无论是动产还是不动产，从其源头上说都与盗窃和抢劫有关。拿破仑深知应适时利用前流亡者，正如应利用自己在国有土地购买者中的声望一样，因而他希望在当时的法国建立一种既不完全符合前一类人、也不完全符合后一类人利益的等级制度。他的计划是一个开明君主的计划；他的步骤让人想起了约瑟夫主义，即把国家提升为超越等级和阶级的仲裁力量。在拿破仑看来，国家和社会都需要贵族制；从大革命中诞生的社会将在其中找到它的支撑点以及个人野心的调控器；国家将在其中发现自己的威望和高级服务者，并把贵族制作为向民族传达国家权威的中介：“我需要行动、工作、前进，所以我需要眼睛、臂膀和双足。”另一方面，这个贵族阶层还应调和旧法国和新法国。革命者也应在贵族中占有一席之地：拿破仑在帝国即将告终时曾对伯尼奥说：贵族应让革命者“接受洗练”，这样他们“会产生一种不可复制的活力”。但是，这位缔造者的天才在于“知道如何利用手中的材料”，旧的贵族世家也要吸纳进来，因为它们“现成的财富”和影响力应该为政府效劳，而政府“没有足够的资源来应付所有人”。换言之，帝国贵族的基础有两个：个人成就和为国家提供的服务。“我们的时代是注重成就的时代，应该让农民的儿子通过自己的才能和贡献上升到顶层……我在哪里看到他的才能和勇敢，我就在哪里提升他、给他安排位置。我的原则是给有才能者敞开前途。”因此便产生了一个“历史的”和“国民的”贵族，后者以“出色的成就”取代了羊皮卷证明，“以祖国利益取代了个人利益”。

因此，在拿破仑看来，新型贵族制的创建就像帝国世袭制的确立一样，并不是对大革命的反动或背叛，相反，它是在巩固新制度。“国民贵族的设立并不违反平等”；它“完全是自由的”，“既有利于稳定社会秩序，也有助于消除贵族虚妄的高傲”。它还是最终使共和制在法国土地上立足的“花岗石”之一。就在宣告原则时的坚定和执行原则时的不择手段之间——这是他的一贯作风——拿破仑在法国人的气质中找到了论证其新头衔等级制的理由：“必须存在荣誉上的差别”，“这是牵引人们的小玩具”。

564 荣勋团

1802 年，波拿巴看来回到了君主制的传统中：他在军事和民事领域创建了一种制度，其具体内容是设立一个拥有自己的装饰、制服、级别、特别津贴并须经过忠诚宣誓的荣勋团。波拿巴认为，这个制度意味着所有为国家增添光彩的人都享有“荣誉上的平等”。宣誓中的话语也许能证实这个制度的共和特征：荣勋团成员宣誓“为共和国、为保卫其领土之完整、为捍卫政府、法律和法律认可之财产权而鞠躬尽瘁；反对……任何复辟封建制度、恢复具有封建特征的头衔和身份的企图；最后，竭尽全力维护自由和平等”。

但实际上，荣勋团在其发展过程中明显改变了它的特征：如宣誓是针对皇帝本人及其家族的，来自军队的成员占了 96%，这些都使得它更像旧制度时代的军事团体了，如圣路易团，同时也进一步强化了这个以个人忠诚组织起来的机构的政治意义。

帝国宫廷和贵族

从 1804 年到 1808 年，也就是从宣布成立帝国到发布组建帝国贵族的敕令之间，拿破仑社会政策的规模日益庞大，荣勋团也属于一个等级森严的体制的一部分。顶端是波拿巴家族。在它周围，是“一个与皇位的尊严及民族光荣相称的帝国宫廷”，1804 年 5 月 18 日的元老院组织法令这样说；从法令的措词来看，拿破仑希望它带头实现精英阶层的融合，从而为法国社会定下基调，但这个职责履行得很糟糕。最高一级的军官是 18 位元帅：他们的晋升既意味着皇帝对于战场上荣膺的封号的奖赏，也说明他很看重军队作为提升社会地位之工具的价值。当他于 1807 年为第一批贵族授衔时，他把勒费弗尔元帅封为但泽公爵：他还特意提到，“这位元帅以前只是普通一兵，所有巴黎人都认识这个法兰西卫队中的士官”。进入荣勋团最简单的方式是获得骑士头衔，这是其中最低的级别。不过，文官也同样可以获得荣誉，8 年之内共有约 1500 人获得各种头衔（骑士除外）：塔列朗当上了贝内封亲王，贝尔蒂埃称纳沙泰尔亲王；在众多元帅—公爵当中，有奥特朗特公爵富歇、加埃塔公爵高丹；在伯爵和男爵当中有省长、市长、国务参事、高级文官，此外还有将军。

正是在组建帝国贵族的层面上，拿破仑的社会立法表现出最模棱两可之处。实际上，皇帝十分在意让“他的”贵族在外表上堪与旧贵族相颉颃、并最终实现各种因素的混合，但这样一来，他不容置疑地违反了公民平等的原则，并将某些封建主义的东西再次引入法国。这尤其体现在如下事实中：贵族头衔的世袭性，带有可由长子代理和转让的世袭封地，以年金的形式分发的俸禄，根据政府决定或应个人要求而设立的长子世袭财产，换言之，设立一种保障贵族头衔所有者拥有足以荣耀其头衔的不可转让的家族产业；等等。但必须指出的是，颁发得最多的头衔，即男爵，并不是世袭的；而骑士的头衔只须证明年收入为 3000 法郎即可获得；封地和俸禄通常是在附庸国，即外国的土地上设立的。这个制度有一定的灵活性，以及猝然中断的工作中带有的不完善性。

565　拿破仑时代法国的社会价值观

另外，拿破仑在社会制度方面的创举，其重要性要小于他关于社会整体性组织的构想，这种构想的痕迹在今天的法国依然清晰可见。

看看民法典，我们就能清楚地发现，资产阶级和拿破仑的共同意志是在财产和权威的基础上稳定革命后的社会。在财产方面，关于它的定义、它的转移、它的各种契约和债务问题，都有详尽的法律规定。商法典进一步完善了对财产权的保护。对于不动产有地籍作保障，乔治·勒费弗尔认为这种地籍是第一帝国最值得称道的创举之一。成为有产者首先就是成为地产所有者。饶勒斯曾在工业和流动资产的发展中寻找大革命的起因，他的做法当然有些简单和夸张，但与此同时，他也清楚地认识到，大革命最终的成功得益于如下事实：它“深深植根于地产、即它自己对手的传统势力之中”。财产，土地，这就是一个由名流们支配的社会的关键词——这些人的相当一部分力量来源于1789年开始的财产、同时也是声望的转让。

权威首先在家庭内部得到巩固：父权和夫权得到确认。因此特别令人难以置信的一点是，就妇女地位来说，拿破仑时代的法国与莫里哀时代或18世纪的女性化时代相比是一种怎样的倒退。“我们西方民族因为过于宠爱妇女而败坏了自己……她们不应该被视为与男子平等的人，实质上，她们无非是生孩子的机器……她们最好做些针线活儿，而不要来饶舌”，等等。为埃库昂学校起草的教育计划把女孩视为智力上的弱者；她们能学点什么呢？首先是“最为严格的宗教”，然后是初等教育的内容，但是特别重要的是，她们“一天3/4的时间都要从事体力劳动”。确切地说，波拿巴主要把宗教看作权威原则最好的助手，看作“凝聚社会的重要因素”之一。“没有哪个国家可以缺少宗教、信仰和教士”：但这个强有力的工具也得掌握在政府手中，以便“作为取缔无政府图谋的社会工具”。这就是为什么教务专约在它的缔造者眼里是一个重要政治文件的原因所在。

不过，与旧制度的一个根本区别的是，教会现在只被敦请来确定信仰，以及用对永恒正义的期望来为尘世的不公正寻找依据。对于思想问题，教会不应插手，现在它们转归国家控制。因此教育也成了权威当局的事务。拿破仑对于“任何人都可以像开个被单店一样开办教育机构的时代”十分不满，后来他把公共教育事务完全委托给法国教师团（设立于1806年），这个中间机构同样也负责“引导政治观和道德观……新成长起来的一代人的道德及政治见解不应依赖于特定时刻的状况和信息。一切都应该统一化，一代人应该完全在同一模子中铸就……如果没有一个原则坚定的教育团体，也就没有稳定的国家政治。如果不从小就教育孩子们应成为共和主义者还是君主主义者、天主教徒还是不信教者，国家就根本无法培养一个民族；国家的根基将不牢固……长期受到混乱和动荡的威胁。”

但事实上，地方行政当局并没有组织初等教育，深合名流们心愿的是，这一事务很大程度上仍由修士们掌握，后来这些人加入了教师团。在中等教育方面，这些原则得以具体实施，如设立了由获得教师资格者主持的高中。那里接收“宽裕阶级”的孩子，他们在严格的寄 566
宿管制下接受基本的文化教育。

三、战时国家的财政和经济状况

规训和稳定社会是为完成重大军事和民事计划而进行的能量动员的一个必不可少的条件。另外一个同样重要的条件是，要避免以前各政权——王朝政权和革命政权——因缺乏充足的财力而导致的悲惨命运。“财政一直是我考虑的问题。一个大帝国的财政应该为应对特殊局面提供财力，即便国家身处最激烈的战争之中。”财政措施围绕三个主题展开：创设新的税收体制；为国库而建立除借款和私人信贷之外的新的便利条件；为战争提供资金。

拿破仑的税收体制

“要统治一个大国，需要很多法官、很多警察、很多士兵……很多钱。单靠土地税你们就可以征收到国家开支所需的全部收入吗？不能，这是你们那些经济学家的痴心妄想。为了降低税收总额，应该以各种形式重设之。”拿破仑的这段话是1804年说的，就是设立新间接税的那一年，该税的征收对象是烟草、纸牌、金银器具的商标牌、特别是酒类（如在制造酒精饮料的农民家中征收的盘点税，税吏在作物收割六周后巡查农民的酒窖）。拿破仑的税制虽然降低了土地税，但对当时人来说，它建立的间接税体制让人想起了过去的酒税和总包税所，当时的记忆依旧清晰，在革命前的危机中，它们曾是群众要求中特别关心的对象，1810年重建烟草局的法令称：“朕曾以为，在正常时期，应有为数甚多但对朕的人民负担甚轻的税收，因为这样一来税率会很低，而在特殊时期，税率些微的上升便可提供国库的所有需要。”这就是1806年设立盐税、提高酒类税收和酒类转运费后的情况，1813年又再次出现了这种情况。由于对督政府的税收体制进行了完善和系统化，新的管理结构建立了起来，税收收入、征收速度和其集中化大为提高，当代法国的财政仍然依靠这个管理结构：税务监察员负责制订税册；征收员负责催缴，财政官接管税款。所有这些人都须交纳保证金。

“国库捐”

与所有其他行政部门相比，财政管理领域的进展更加令人震惊：其中的抵制和迟缓也特别明显。甚至波拿巴本人也得面临——更何况他在雾月政变之后接管的国库实际上已经空了——预期收入跟不上财政亟需这一由来已久的难题。不过在这个问题上，私人银行的介入方式与过去不太一样，它的意愿是良好的，政府一般也接受其利息率。
567 一开始，第一执政不得不求助于资本家大财团，如“联合商团”，“公共财政银行家协会”，当时金融界的头面人物全都集中于这些财团中。但他所有的努力都集中于为国家提供短期预支的金融领域，其中的新举措名为“国库捐”，由此筹来的收入转移到各公共机构，后者终于以不太光彩、十分麻烦的方式结束了对放贷者的依赖，正是由于这种依赖，拿破仑曾不得不在逮捕并以贪污罪起诉乌弗拉尔之后，又将这个人释放、恢复其名誉，以便利用之。各省的财务总长首先要签发与待征税款数额相符、政府可以贴现的付款通知。在法兰西银行之前设立的公债偿还基金负责在财务总长没有必要的财力偿付这些票据时以硬通货来兑现之；不过，这个机构的资金也是财务总长们以硬通货保障金形式提供的。此外，公债偿还基金从1806年起开始发行债券，国家可以利用它来筹集资金，就像付款通知一样，债券的偿还以国家向基金注入的出售国有土地的收入为担保（1801年，国有土地的价值仍有4亿左右，此后它不再出售给个人）；与这个措施相配套的是1813年村社共有产业的国有化，这些财产由公债偿还基金负责出售，由此带来的收入作为1.8亿公债的担保。还是在1806年，预先使用待征税款的做法得到了完善，这得益于国库捐基金的设立，1815年该机构发展成我们现在的基金调拨局。财务总长们须按期向该基金支付发往巴黎市场的汇票，以保证他们所有短期及长期债务的支付。有了这个保障后，国库捐基金可以发行债券，这种债券非常接近于现代的国库券。

然而，如果拿破仑的税制仅仅依靠国内资源的话，预算平衡可能很早就被打破了——后来确实失衡了，尤其是1811年之后。实际上，虽说由于间接税、关税和盐税的增长，常规收入从共和13年的6.84亿增长到1813年的9.87亿，但支出却从1801年的5.5亿上升为1813年的12.64亿：这就是这位法国首脑两项主要荣誉来源的代价，一是他的军事胜利，二是他那些宏伟的公共建筑和纪念性工程。尤其是军费，占了整个收入的近3/4。当然帝国境外征收的捐税提供了支持，但我们不知道准确的数字：这些被称为“特别收益”的收入同样由公债偿还基金管理。这样，拿破仑财政体制的两个基本特点便显露出来。拿破仑没有求助于借贷这个“既不道德且具灾难性”的做法，它是“对后代人的预支”；同样，他也不过多求助于名义通货的膨胀，而且他严格禁止法兰西银行这样做。法兰西银行从来没有为国库提供过支持，除了为国家债券贴现——就是说，为国家提供获取“在合适的时间和地点取得廉价收入的便利”，其方式是发行比最好的银行纸币都要可靠的债券。因此就波拿巴的财政政策来说，我们没有必要研究这个机构的作用，尽管它有一些吸引人的表象。因此，拿破仑看来是我们所称的严格的财政正统派的代表，而且坚持流通中采用纯金属货币。只有战争在境外进行、他对欧洲的控制行之有效时，他的财政体制才
568 能维持。另一方面，为了使贮存的金属货币不对整体经济活动产生过多的损害、并使得流通中有充足的货币满足征税和商业需要，这一体制还要求国内信心的稳定，但实际情况远非总是如此。

拿破仑一世的经济思想

拿破仑·波拿巴是紧缩型公共财政的信徒，他的经济思想没有质疑自由主义的基本原则，但坚持国家干预的必要性。

在他的心目中，各种经济活动是“逐级分层”的，其中农业享有崇高地位，它是“帝国的灵魂和首要的基础”，但这种看法更多的是出于政治和社会方面的理由，而非对重农主义的某种偏爱。拿破仑特别认为，土地收益是衡量利息率的尺度。他十分关心粮食价格，认为适中的粮价是确保公共秩序的一项基本法则。

拿破仑从来没有想到恢复行会师傅、行会管事会和商业特许公司。但正是在工商业领域，他觉得最有必要限制自由主义原则的实施，这种限制既符合政治、战略和公共道德的需要，也与经济利益本身相符。因此，工业发展便首先被认为是同英国的优势地位作斗争的一个方面，也是受传统金属货币政策影响的关税政策的一部分。“要想繁荣本国制造业，应该以禁止性关税法来保护之：需要很多法律，需要更多的条规，这就是统治的手段。”不过，这种主张虽然类似于旧君主制国家的经济管理实践，但拿破仑的另一些做法也许就是后来国家扮演的推动者、而不是单纯的经济生活中的宪兵角色，如加强基本装备建设，刺激信贷，为生产者和商人提供优良的劳动和交换工具。这里仅举数例：有效地推行大革命创设的度量衡体制，尤其是稳定了货币体系和铸币流通秩序；采取各种方式鼓励技术革新；发展水路交通网络；设立法兰西银行，该银行以低廉的价格为商业和私人银行提供贴现，拿破仑曾对这家银行寄予厚望，但其有效业务范围并没有超出首都。

夏普塔尔可以指责皇帝从来“没有考虑过商业交往的性质及其重要性”。如果这种评判意思是说，拿破仑优先注重的是生产，他对经

济活动的认识更多是一种大陆性和国家性概念的话，那么这种严厉的说法无疑是完全站得住脚的。从气质和政策上说，他从来没有想到，法国应像它的那个不共戴天的敌人一样，通过恢复和发展世界性海上贸易网络来致富，说到底，他对这个贸易网的全部运作机制并不是很了解，对于英国消除大陆封锁的某些后果的能力，他在判断上也犯下了错误，其中的原因也是如此；而且，与此相关的思辨问题看来让他头疼。与英国人正在形成中的帝国观点相比，拿破仑的帝国观念更加接近于加洛林或罗马的观念，他认为法国人口众多、仍然很强大，它应位居欧洲影响范围的中心，而在这个范围之内，经济中的等级必须与王冠的级别体系相吻合。但这要求法国经济有一定的可塑性，以及当时并不具有的活力。

农业中的缓慢变革 569

大革命后的法国像革命之前的法国一样，仍然是个农业大国，但新近的社会和财产变化有利于维持极端缓慢的技术和经济变革局面。

欧内斯特·拉布鲁斯写道："在所有经济活动的秘密中，农业经营的秘密是最难以琢磨的。"而且，我们还不能将拿破仑时代法国农业的生产和收益数字化，这种不确定性的部分原因也许在于没有充分利用这方面丰富的统计资料。可以肯定的是，如果从总体走势和定性印象方面来看，农业产量提高了（这是上个世纪增长趋势的延续），但这个国家并不因此就实现了"农业革命"（其基本含义是通过现代化的轮作而迅速提高单位面积的谷物产量）。

谷物产量有所提高，但其成果很快就被两个因素抵消：一是持续的人口增长，这对消费构成了压力；二是播种土地的增长，即耕地面积的增加。另外，小产业数量的激增更加强化了上述趋势。这类现象发生于粗放型农业的背景之下，而粗放型农业的产出不仅是停滞的，而且会走向衰退。我们还是请出拉罗什富科-利昂库尔公爵，一位大地主、农业经营者兼制造商、开明的农学家，听听他是怎么谈论他在博韦西的一块小产业的吧："自大革命以来，垦荒仿佛受到了某种发狂般的推动……人们砍伐、拔去国家出售的土地上的树木……如果农民明智的话，他们会认为有的土地是不适宜于耕种的，但这些土地都被翻耕出来，而付出的艰辛很少能得到回报，因为没有任何实际的收益……每个人都想成为业主，大部分人为了追求独立和幸福，不惜放弃在农场主那里的工作和稳定的收入而跑来忍受贫困。"

然而，"农业革命"并没有启动。当然，政治和社会革命明确地肯定了财产自由，至少在法律上确立了农业经营的权利，从而创造了一些有利条件。农产品价格的持续走高、生气蓬勃的农学普及运动可能构成了另一些有利因素。但农业发展意味着投入和风险，以及相关的决心和条件，因为需要种子、农具和牲畜。因此，导致农业停滞的因素中必然有心态的保守和资本的匮乏。所有层次上都存在这些问题：富裕的地产主唯一关心的是从土地上取得最高的租金，办法就是频繁更新租约，以便及时提高租金，防止自己的地产收入固定化，因此他们禁止"变更轮作次序"。佃户通常以承租方式取得土地，但他们自己没有充足的资金；让他们苦恼的是，租金的上涨幅度要高于谷物价格的上涨。小业主们努力巩固他们的家产，但这点家业总是受到平分继承这一"土地分割器"的威胁。因此，蒙昧、贫困和食利者心态都阻碍了革新的进程。

但这一切并不能阻挡个别地方的发展。一般来说，农村零星的技术进步总得有个辐射中心，即一个明智而开放的业主—经营者，他或多或少起到了榜样作用；很多情况下，这样的先进人物是从前的贵族，无论是流亡还是非流亡贵族，其很多成员现在都致力于经营地产。休耕的做法已经过时了。不过，要让所有农民都放弃休耕，还得等到
570 1817年前后形势出现逆转、农业收益受到严重威胁时。这场难以觉察的变革的后果很严重。农业生产缺乏弹性，有过于严重的家庭自我消费导向，它既不能为农村居民提供充足食品、充分保障其生活，亦不能避免因收成不稳定而导致的饥荒。对于其他经济部门来说，农村人口吸收制造品的潜力太狭小了。1789年的革命结束之后，法国农村带上的一些最落后的特征在19世纪中叶依旧能看到。

工业化的困境

乍看起来，拿破仑时代法国工业的作为要“有生气”得多。在督政府稳定通货后的几年中，创办了数量可观的工业企业：难道不可以把 1800 年前后称为法国“工业革命”的第一幕吗？

毋庸置疑，就法国的纺织工业来说，情况确实如此，这尤其体现在棉纺业中——至少在印花和纺纱层次上——更确切地说，体现在工业革命启动阶段的典型产业中。1790 年左右，法国约有 100 家企业拥有印花棉布制造或印染车间，到帝国末期，车间数目增加了 3 倍；在当时，与亚麻布比起来，中产阶级消费者更偏爱棉织品，同时他们还逐步用这种相对廉价的“印度印花棉布”取代传统贵族化的、带装饰的丝绸制品，在这种消费趋向的推动下，茹伊的奥博康夫工厂把图案和色泽的印染技术推向了高峰，铜滚筒的应用也是一种尖端技术，它是由奥博康夫从英国引进并使其在法国生根的。不过很重要的一点是，这种后序加工业应以“上游”产业来支撑，后者在活力上甚至要更胜一筹：这就是纺纱业，它在 1780 年代的法国还是个新鲜事物，但 1814 年时已牢牢扎下根来。从执政府时期开始，巴黎的纱厂迅速增加，因为这里是消费中心和熟练劳动力市场；从共和 7 年到 1805 年年底，新设立的纱厂有 30 来家。不过在法国的其他地区，飞速发展的局面来得较晚，因为 1802—1803 年前后，英国纱的输入造成了激烈的竞争，因为它的价格持续下降，而且产品质地之精细无法超越。1806 年，法国禁止棉纱进口，接着又禁止从英国及其殖民地（印度）进口织物（尚在大陆封锁令正式发布之前）从此一些省份出现了令人瞩目的工业化，特别是在下塞纳省、北方省、上莱茵省（这里说的只是 1792 年法国疆界内的情况，不包括被兼并的省区，但有些被兼并的省区，如比利时各省，其工业化的势头甚至更为猛烈）。巴黎的印花棉布工和制造商也积极参与了这场运动，同时他们希望巴黎盆地各省能够从事来料加工，纺纱织布，以保障他们的原料供应，或从首都之外更为低廉的工资水平中获益；奥博康夫、里夏尔-勒努瓦以及其他很不知名的人就是从事这类业务的。后来，奥博康夫决定组建一个联合企业：1806—1810 年，他斥资 150 万法郎，在埃索纳建设并装备了一个纺纱厂和一个织布厂，那里面的车间颇有一番自动化的风貌。在里尔—鲁贝—图尔宽工业区，纺锭数量从 1806 年的 3.2 万枚增长到 1810 年的 17.7 万枚。一些更现代的设备投入了使用，或者是从海峡对岸进口来的，或者是随便仿造出来的。1813 年，在圣-康坦，人们实现了 180 度纺纱，而织出的平纹布此后便开始取代印染的印度普通棉布。到帝国末期，法国拥有欧洲大陆 2/3 机械纺纱生产能力，但 1814—1815
571 年的条约使它丧失了一部分，而且这整个 2/3 也只占英国生产能力的 1/5。

这就是说，法国的工业化图景是有阴暗面的。无论从数量上看还是从技术质量上看，法国与英国的差距都非常大。大陆封锁政策为现代纺织工业的建立提供了方便，拿破仑以经济战迫使英国屈服的意愿和法国棉纺织工业的利益交织在这一政策之中，而对于这个产业来说，拿破仑提供的保护乃必不可少，否则英国的竞争就会迫使法国纺织业折本出售，从而早早地将它从法国的经济地图上抹去。但是，大陆封锁也使得法国制造商在一种很特殊的价格条件下从事生产，而这种条件只有在受到高度保护的体制下才能维持下去：作为对封锁政策的报复，英国于 1807 年 11 月禁止中立国——特别是美国——的船只向法国港口运送原料，这就是 1808 年的美洲禁运；法国只得经陆路从利凡得进口棉花，并规定了输入帝国的原棉价格。上述情况造成这样一种局面：法国的工业家只得以比其英国同行高 2—4 倍的价格获得原料，而同时欧洲最高的工资水平已经对他们构成了束缚。这种昂贵的代价当然也反映到织布业和后序工业中。这种局面造成了双重的不安：首先，从短期来说，制造商由于沉重的库存负担而走向破产；从长期来看，一旦和平恢复、禁令取消，这种竞争便不可能维持下去：因此复辟王朝不得不赶紧恢复那种被称为“和平时代的封锁”的关税体系。其次，正是由于这一点，法国的新工业与其 18 世纪的先行者有一个根本的不同，即新工业是为国内市场而生产的。这个市场至少曾一度徒劳地扩大到 130 个省的大帝国的巨大规模，并以意大利王国为补充，如果这个消费市场因为价格、甚至因为供应而变得萎靡不振的话，还怎么能合理地利用它呢？

无可挽回的损失

糟糕的局面还不只这些。在法国的整个工业体系中，棉纺织业只是一个次要部门。毛纺织工业只在诺曼底、北方省和阿登地区的大制造业中心开始了其现代化；如果说它的生产活动尚能令人满意，那是因为帝国告终之前大量的军用呢绒订货的缘故，但它同样也受到来自比利时的激烈竞争，而罗讷河和朗格多克地区的农村毛纺业则受海外市场隔绝之苦。里昂的丝绸业以向中欧、东欧和美国的出口为导向，它的局势时好时坏，但最好也就是恢复到 1789 年之前的水平。最后，诺曼底、曼恩和布列塔尼的麻纺业则完全崩溃了。如果说毛纺业和丝绸业遭遇的困境，某种程度上可以看作是旧制度末年业已很明显的危机的延续、而拿破仑时代的局势又加剧了这场危机的话，麻纺业的衰落则与法国海外和殖民地贸易的致命危机存在更为直接的联系。

从经济的角度看，有个事件的重要性甚至超过了工业革命的发端，这就是大规模海外贸易——主要是大西洋贸易——逐步而又彻底的断绝，在上个世纪，海外贸易曾是法国西部和地中海沿岸繁荣的基础，这种繁荣不仅是南特、波尔多和马赛的，而且是它们后方地区的繁荣：这些地区是整个省份，也许要占整个王国的一半。因此这不是边缘性的贸易，不是点缀在摇摇欲坠、生气全无的以土地为根本的经济之上的光彩夺目的修饰物：正如弗朗索瓦·克鲁泽指出的，整个经济都与海外贸易有关，无论是港口工业还是“内地”的农业和农村手工业； 572
港口 200 公里的范围内都出现了人口减少的情况，码头上冷冷清清，铺路石中间野草蔓生，农村和城镇都陷入了经济萧条。城市发展停滞，并出现了去工业化和乡村化现象：从西部到阿基坦再到南方，沿途都是一番长期的欠发展景象，这是因为现代工业经济没有成功地取代过去的那种混合物而造成的，这种混合物把西印度、西—葡美洲、北欧、当然还有利凡得和印度洋糅杂在一起。当法兰西帝国大型经济活动的轴心移到塞纳河和莱茵河之间的地区时，法国西部和南部的所有地理的和人为的不利因素都清楚地显露出来：位置偏远，背靠贫困衰落的伊比利亚半岛，人口密度低，土地条件差，矿产资源匮乏，缺少企业精英。

波尔多提供了一个跟踪这一萧条过程的例证，虽然它的衰落并不剧烈。除了 1798—1799 年外——当时督政府强化了对英政策——革命战争并没有完全截断港口运输，因为中立国（主要是美国）的船只使法国殖民地与其宗主国之间建立起了间接联系，但条件是中途要停靠一个英国港口。1800—1807 年，这里呈现出危机间隔期间的轻度繁荣；1802 年，即与英国保持和平的那一年，波尔多大约有 200 艘船只驶往殖民地，这个数字堪比旧制度末年和平时期的数字；同年有 220 只运载殖民地货物的船只进港，其中 90 艘是法国船只；圣多明各出现了生产和出口复苏的趋势，与此同时，在法国所有的海港、甚至在巴黎，人们都在忙于重建殖民地贸易公司。1803 年与英国和平的破裂、重新征服那个法属西印度大岛屿①的失败粉碎了很多人的希望，有些人转而同波旁岛②和法兰西岛③开展贸易。不过像从前一样，中立国（美国和丹麦）使得间接贸易再次恢复。但到 1807 年，局势不可挽回地恶化了，法国的大陆封锁、英国“枢密院法令”确定的报复政策、还有美国的禁运，实际上使得中立国船只无法进入法国港口：1807 年进入波尔多的美国船只有 127 艘，1808 年只有 8 艘。随后的贸易许可证制度只允许同英国的间接贸易（1809—1810 年，1812 年）。但不管怎样，所有替代办法的经济意义都可谓十分微弱：航运不再由法国船只承担，这就意味着造船业的死亡（除了装备海上巡航和探险船只外）；当时的贸易特别有利于进口殖民地的粮食和原料，但出口条件要差得多，一般仅限于农产品（小麦、葡萄酒、烧酒，主要买主是英国），而前美洲殖民地和美国此后购买的是来自英国的制成品。因此，海外市场丢失，地方工业濒临消失。波尔多的制糖厂从 1789 年的 40 家减少到 1809 年的 8 家。1780 年，托南的缆绳制造业雇用了 700 名工人，到 1811

① 指圣多明各，即海地。

② 今留尼汪岛。

③ 今毛里求斯。

年，这个产业完全消失。一度面向海外市场的南特的印花棉布业，现在的命运也是如此；马赛萧条到了极点，因为英国掌握着对地中海的绝对控制权，它的出路完全被封锁。这就是为什么港口的资产阶级何以如此反感战争的迁延，何以成为反拿破仑势力最坚定的支柱。

欧洲市场的幻影 573

1781—1790年间，制造品的年均出口值达到4.5亿法郎，而到1803—1812年间，这个数字降为3.55亿。这就是说，大陆市场并没有填补殖民地市场丢失后造成的真空。虽说各附庸国被迫同意优先进口、有时甚至只能进口法国产品，但德意志各国则出于财政理由而强化了关税壁垒，1810年底，俄国停止了从法国的进口：拿破仑治下的欧洲仍然盛行保护主义，法国产品所遇到的，不仅有1789年之前就已阻碍其销售的合法竞争，还有走私商品形成的非法竞争——这些商品可能是进入意大利王国的瑞士布料和印花棉布，也可能是继续在帝国境内以及欧洲其他地区行销的英国产品，由于这些产品起程时的价格具有明显优势，所以它们能够承受迂回转运及走私风险的代价。此外，帝国与欧洲其他地区缺少拓展贸易所需的技术基础。在拿破仑的体制中，唯一可为国际贸易提供便利的水路联系的是塞纳河水系和埃斯考河水系的连接，它把巴黎和安特卫普联系了起来；但是，由于英国的封锁，安特卫普无所作为，此外必须指出的是，皇帝本人从来没有重视过这个港口，除了把它当作一个战争据点外。贯通塞纳河水系和桑布尔河及默兹河水系的工程只停留在计划中而没有实现。道路工程大多投入不足，很快就需要返工，因而只具有战略意义。1813年提出的巴黎—汉堡公路（经列日和韦瑟尔）整治计划选择的是拉昂—伊尔松—希梅路线，即最短的路线，这主要是出于行军的考虑，从而放弃了经兰斯、列特尔和梅奇埃尔连接阿登的呢绒和炼铁工业区的计划。在意大利半岛地带，法国纺织品的出口十分艰难，通往罗马和那不勒斯的行程缓慢而危险。在法兰克福和莱比锡的交易会上，大型的法国商团——主要是巴黎的——很少出席。1811—1813年，拿破仑曾鼓励通过车队和商队建立萨洛尼卡和伊利里亚诸省之间的经常性联系，这既是为了从利凡得进口棉花，也是为了进驻奥斯曼帝国的市场，但是，面对围绕古老交通线展开的激烈竞争，皇帝失败了，这些线路连接萨洛尼卡和贝尔格莱德、佩斯特、维也纳，它们对奥地利帝国有利：例如，在大帝国时期，这条十分稳定的商品流通线位于遥远的东方，呈南北走向，坐落在法国的关税线之外，而且运送英国的走私货物。

因此，在拿破仑时代，法国工业的发展基本是依靠国内市场。当然，我们可以辨别出其中的一些有利因素：市场范围的扩大——也许可以认为，这段历史及其树立的榜样启发了后来的德意志关税同盟；国家开支的增大；也许还有农民购买力的提高。但是，这些积极因素不足以抵消出口萎缩造成的消极后果。优势最终倒向了英国一边，它必须以持之以恒地稳步扩大对所有大陆的出口为目标，虽然有大陆封锁造成的壁垒，但由于该体系的不完善，英国可以有效地与之对抗，而且其工业生产在 1789—1815 年之间增长了一倍。

四、战争

毫无疑问，要理解法国地缘政治的那次重大转折，我们必须回过
574 头来看战争；在那次转折中，法国放弃了长达百年的同英国争夺海上和殖民地霸权的政策，转而进行一次短暂的尝试，即对欧洲大陆实行直接或间接统治，这一尝试既不符合它的对外政策传统，也与其力量不相称，并引起国民的激烈反应。

从雾月政变到亚眠和约

在军事和外交政策方面，拿破仑的早期举措的特色主要在于它们的急就章和快刀乱麻的色彩：主要是以胜利来稳定国内政局，恢复和确认督政府取得的成果，督政府在结束战争及重建和平方面的无能成为这次政变的踏脚石。

1800 年初，法国仍面临奥地利两面入侵的威胁。奥地利军队集结于热那亚和施瓦本，在英国资金的收买下，巴伐利亚部队还前来增援，这样一来，德国皇帝的军队可以进逼普罗旺斯和阿尔萨斯。拿破仑命

马塞纳姑且在利古里亚防御，并给莱茵河方向的莫罗配备发动一次牵制攻势所需的资源，自己则冒着巨大风险，带领 4 万军队、6000 匹马和 40 门大炮及军需品，经瑞士和大圣贝尔纳山口进入意大利（5 月 18—20 日）。热尔韦上尉写道："他对人类没有太多的尊重，命令我们立即充当驮畜牲口，而这个命令竟魔法般地执行了……当地居民曾预言我们将无法通过，但他们完全错了。"这样，驻意大利的奥军的背面受到攻击，而在德国的奥军无法提供任何支援。3—4 周之后，波拿巴在马伦哥险胜对手（6 月 14 日），不过他对此很满意：虽说这次战役还不足以迫使奥地利求和，但已经成功地排除了法国南方遭受入侵的威胁，而且它在国内引起的反响正好满足了第一执政的期待，因为他必须在短期内、依靠运气的眷顾谋求一次首先具有政治意义的胜利。当年秋天开幕的吕内维尔和会一直拖到莫罗在巴伐利亚的霍恩林登获胜之时（12 月 3 日），这次战役为法国人打开了通往维也纳的道路：奥地利人试图避免英国人单独缔约的局面，也十分担心在意大利的损失过大，因而只得于 1801 年 2 月 9 日同意签署和约。

吕内维尔和约重申并扩大了康波福米奥条约（1797 年）中有利于法国的条款。其中的主要条款牵涉欧洲的两个地区：

1）在法国的北部和东部，执政正式确认了大革命取得的成果：兼并了比利时和莱茵地区各省。合并比利时、以莱茵河——从巴塞尔到巴达维亚共和国——为自然疆界，在这两点上，波拿巴决不退让；

2）在意大利，法国的影响力继续扩大，除了确认山南共和国和利古里亚共和国的存在，还明确了皮埃蒙特对法国的紧密依附关系。奥地利还不得不放弃托斯卡纳，根据一项有利于西班牙的许诺，后将其转让给一位波旁—帕尔马亲王。

但是，这样一个和约并不能自我满足。显然，它把法国的政策引向了新的冒险之路：控制意大利半岛其他地区，重组莱茵河以东的版图，补偿被兼并的莱茵河西岸地区。这种情况我们将在亚眠和约之后的一段时期内将看得很清楚。但这就构成了对奥地利的新威胁。从历史上说，这个国家是波拿巴试图任意分割的"帝国"的首领；对英国同样也构成威胁，因为它认为将无法进入地中海的大港里窝那，这个地方是转运和发送部分利凡得商品的据点，而且英国将只能不安地注
575 视着法国在中欧方向上的行动。拿破仑冒险的逻辑、或至少是其步骤，在执政府签署的第一个和约中就已表露出来：波拿巴需要辉煌的胜利来迫使法国人服从和仰慕，并确保大革命各方面的成果；但是他的对手们并不能长期屈就于他所强加的过于苛刻的条件。为了防止对手的报复，这位将军执政的战争范围将越来越大，强度将越来越猛烈。

不过，1801—1802年的情况并不是这样。实际上，英国人也接受了拿破仑自己正在寻求的休战。拿破仑的优势十分明显：全面的和平给他带来了光环，而且，此刻他已经准备把光环转变成皇冠。但为什么英国接受了和平呢？从表面看，没有任何东西迫使它非这样做不可。英国甚至克服了第一执政给它带来的许多麻烦：英军炮击哥本哈根，以恫吓波罗的海各国，这些国家受英国从前的盟友沙皇保罗一世的支持，准备联合抵制英国搜查商船的要求，但英国的行动挫败了这个计划；英国还秘密策划了刺杀保罗一世的行动，在这一点上，它与法国达成了谅解；在埃及，英国人的运气很好，被波拿巴委以指挥法国远征军重任的克莱贝尔遭暗杀，这对他们很有利，因为克莱贝尔的继任者梅努十分无能，而且断绝了所有来自法国的援助，只能被动挨打，最后终于向一支英国登陆部队投降。因此，在19世纪的第一年，法国的势力被排除出埃及：在我们看来，这真是一个具有象征意义的起点，它预示着此后的漫长竞争。确切地说，正是军事方面、特别是海军方面的优势地位，使得伦敦可以体面地缔约，并抵消因国内虚弱造成的并发症的影响。英国除了丧失大陆上的盟友外，还得面对国内的对手。1800年粮食歉收，再加上来自波罗的海地区的粮食进口减少，城乡各地都爆发了骚乱，与此同时，爱尔兰也发生了动乱。此刻，小庇特的运气往下走，而波拿巴则鸿运高照。

亚眠和约反映了10年战争之后法国力量重心的深刻变化。法国的海上和海外势力已经覆灭：虽然英国把马提尼克岛、瓜德卢普岛和印度的商栈交还给法国，但圣多明各彻底失去了，法军已撤出埃及，这

个地方还给了奥斯曼帝国。但是另一方面，法国迫使英国继奥地利之后承认了它在欧洲的支配地位。但这是一个令人满意的外交胜利吗？法国已不可能恢复过去的殖民地位，而英国也不会听任波拿巴巩固对日益广大的欧洲地区的控制权。

对英战争的重启与通往全面战争之路（1803—1805 年）

从预备和约签订到 1801 年底，远途商业航行几乎恢复到正常状态，从半昏睡中苏醒过来的法国港口一度梦想着重组开往美洲和印度洋的船队。与此同时，波拿巴已经发动对圣多明各的远征，这次行动的指挥者是他妹夫勒克莱尔将军，他的使命是要迫使黑人领袖杜桑·卢维杜尔屈服，后者已宣布这个岛屿独立。这次远征只是恢复法国的大西洋贸易的庞大计划的一部分；另一方面，波拿巴违背对托斯卡纳的承诺而迎合西班牙波旁家族的一个亲王，由此换得的报酬是，西班牙于 1800 年把路易斯安那转让给法国，当时这块地方是密西西比—密苏里盆地的一部分。在北美大陆创建一块辽阔的法国殖民地，这个计划当然是美国人不能同意的，法国商业势力在这个地区的衰落给他们带来的好处，至少与带给英国人的好处一样多。无论如何，这个计划 576
的进展都不会顺利，相反，由于重新占领圣多明各的行动失败，一切都化为泡影：1802 年底，勒克莱尔随着他的 2.8 万士兵葬身圣多明各（全部兵力总计 3.5 万，其中 2.1 万人死于疾病，7000 人死于战斗）。编年史家诺尔万评论说，这次行动“以赤道的炎炎烈日残忍地照耀着拿破仑的登基大典，正如俄罗斯的冰天雪地昭示着他的覆灭一样”。在外交官詹姆斯·门罗主持的谈判结束之后，杰弗逊总统以 6000 万法郎购买了路易斯安那（1803 年 5 月）。在印度洋，德刚将军派往法兰西岛的部队已难以为继。1803 年对英战争重启时，法国并没有一支数量充足、训练有素、指挥得当的舰队，这最终宣判了第一执政的计划的命运，以及海港资产阶级的希望的终结。

上述计划当然让英国感到不安，不过，英国对波拿巴从和约中得到的好处更感惶恐，因为这个和约似乎可以让他在欧洲自由行动。首先，和约并没有恢复英国人希望的同大陆贸易联系的正常化，从英国的角度来看，这就是要重新商定一个类似于 1786 年英法商约的新条约：但是，自 1791 年，自由贸易被否决了，当时的制宪会议率先采取了回归保护主义的政策。当然，在政府高层，仍有一些人主张回归自由主义：如夏普塔尔，他的职权囊括了全部经济事务；科克贝尔·德·蒙布莱，法国驻伦敦的商务代表；甚至还有康巴塞雷斯。如果附加一定的保护措施，这样的政策或许会对法国工业产生令人振奋的影响，而同时又有利于维持同英国的和平。这个想法正是后来一些计划的灵感之源，这些计划具有十分大胆的现代特征，但都毫无结果，如有人曾提出，利用大陆封锁来组建法兰西帝国和其附庸国之间的关税同盟。最终是相反的政策占了上风：有太多的官员记着工业危机在引发 1789 年革命时所起的作用，有太多的纺织业工厂主、特别是棉纺织业主，极力要求保护，以致第一执政很轻易就被说服了，1803—1806 年，他重新祭起抬高关税的政策，这一政策对不是直接来自法属殖民地的产品——先是纱线，随后是棉布——的打击特别大而且力度越来越强。英国立即对这种传统的重商主义政策作出反应——但就法国来说，这一政策并不完全意味着要进行无情的商业战争，1806—1807 年才发展到这一步——它重新采取海上封锁，首先封锁易北河和威悉河河口（作为对占领汉诺威的报复），接着又封锁位于北海和英吉利海峡的法国港口。

其次，波拿巴那种令人不安的德国政策对和平造成了损害，他的做法当然不仅会引起英国的反对——出于显而易见的政治—经济理由——也遭到奥地利的反对，因为它觉得自己将被排挤出德意志，帝国体制将受到致命打击；俄国也同样反对拿破仑，因为几十年来，它一直自认为对德意志事务拥有监督权。波拿巴借口要对因莱茵河左岸地区并入法国而遭受损失和剥夺的诸侯和国家进行补偿，通过 1803 年的帝国决议进行了一次广泛而深刻的版图重组：由于人为的集中，这次重组创建了一个“德意志”第三势力，位列战败的奥地利和损失严
577 重的普鲁士之间，这个势力由一些中小国家构成，实际上它们是法国潜在的保护国。小庇特于 1805 年成功组织的第三次反法同盟，其基础

肯定在于大陆列强迫使皇帝放弃组建“法属德意志”计划的共同愿望；而奥地利还希望废除1797年和1801年把它逐出尼德兰和意大利的条约。

拿破仑·波拿巴的意思似乎是要一劳永逸地结束这些纷争：派遣一支军队登陆英国，驱逐那里的政府，让这个岛国的人民享有类似于法国的制度，从而最终在两国人民之间建立起某种和解：“这个世界足以供我们两国生存。”但是，登陆需要法国和西班牙海军的联合保护，并清除海峡中的英国舰队。因此1805年夏天起就展开了一系列的军事运动，后来的结果是特拉法加的毁灭性失败。皇帝一直对海上行动的推迟焦虑不安，但他的军舰还是冒险驶向了战场；不过甚至在得知这个坏消息之前，他就已经决定放弃登陆计划，把大军主力转向中欧。在法国海岸边集结军队，除了威慑英国、迫使它重开谈判之外，是否还有其他切实的目标呢？不管怎样，这时法军必须调整部署，以应付再度进入巴伐利亚的奥地利军队的威胁。1805年10月全面战争重新开始时，局面是符合法国的对手的期望的。

从奥斯特里茨到提尔西特（1805—1807年）

但当时拿破仑拥有更为出色的战争工具；他的军队人员配备充足。第三次反法同盟瓦解后，第四次同盟也分崩离析，期间法军取得了多次胜利，虽然获胜的条件日益困难，但它们仍然构成帝国军事史上最辉煌的篇章。

在奥地利的历史上，1805—1806年的冬天肯定是最悲惨的。它在乌尔姆和奥斯特里茨连遭失败，乌尔姆的军队被迫投降；而在拿破仑挑选的奥斯特里茨，奥地利投入了最后的兵力，结果连同其俄国盟军一起输掉了这场战役。普雷斯堡和约确认了它的惨败，并为法国人的皇帝在德意志大肆扩张的政策打开了道路。后者再次拾起延续两百年的法国外交传统，在南德中部建立一个较为强大的国家：这就是拥有王国称号的巴伐利亚，这个王国还吞并了蒂罗尔、奥格斯堡和纽伦堡；法国军队可以自诩“确保这个德意志主体的独立”，以保证它免受奥地利的入侵、甚至兼并。符腾堡也应成为一个王国；巴登大公国应享有选帝侯资格，以上三个邦国均与波拿巴建立家族联系。莱茵河右岸的鲁尔地区成立了贝尔格大公国。莱茵地区及德国中部的其他国家被邀请（驻扎在德国的大军是这一邀请的后盾）组成莱茵联盟，其中的各位诸侯脱离德意志帝国，转受拿破仑保护。不久，拿破仑就把他们仅仅看作部队的供应者（提供了约 6.3 万人）。正是在这个同盟之内，大革命和帝国时代法国的社会和行政制度最显著地推广开来，但并不因此而带有过多的强制色彩。

随着时间的推移，1806 年下半年看来是关键性的。与英国和俄国的谈判正在进行，此时小庇特已经死去。但谈判失败了。小庇特的继
578 任者们——特别是坎宁——很快就显示出不惜一切代价取得胜利的坚定决心，他们不向拿破仑作任何妥协。此后对欧洲海岸的封锁从布雷斯特延伸到易北河。而另一方面，普鲁士国王拒绝担任北德同盟的首脑，并最终决定站在俄国一边投入战争。

莱茵同盟的建立迫使弗兰茨二世放弃德国皇帝的称号，改称奥地利皇帝。法军在耶拿—奥尔施泰特的两次胜利使得腓特烈-威廉三世剥去了腓特烈二世带来的荣光。所有的神话——无论是最古老的还是最切近的——都在拿破仑军队前进的步伐中烟消云散。军事胜利让拿破仑占领了波罗的海沿岸地区，这是英国商人光顾最频繁的地方。因此，当法军占领柏林之后，接踵而来的就是宣布大陆海岸对英国处于封锁状态的法令，以作为对英国的海上封锁的报复。这宣告了一场尚未成为现实的新型战争：一场空前的经济战，拿破仑试图以此来迫使他最顽强的对手屈服。

普鲁士的崩溃使得法国在莱茵河另一边的影响力发展到了顶点。正如曾依靠夺自奥地利的战利品扶植巴伐利亚一样，拿破仑扩大了萨克森，不久又给它增加了一个“华沙大公国”，后者是通过剥夺普鲁士而复苏过去的波兰的一个成果，但成果十分有限。普鲁士还丧失了易北河以西的土地，那里将组建一个威斯特伐利亚王国。莱茵同盟一直扩展到奥德河和维斯瓦河。普鲁士国王为战争付出了沉重代价。

还有俄罗斯尚未被击败。1806—1807 年冬天的东普鲁士战役很像

是 1812 年灾难性的俄国战役的预演：拿破仑应当考虑到路途遥远造成的难题，考虑在被征服土地上维持人员和马匹生计的困难，以及追击对手、对其进行毁灭性打击的必要性。皇帝似乎第一次对荣誉的生命代价感到震惊；艾劳战役之后，他在给约瑟芬的信中写道（1807 年 2 月 14 日）：“这地方遍地都是死尸和伤兵。这不是战争的美好之处；看到这么多的伤亡让人难受，心里很沉重。”弗里德兰（1807 年 6 月 14 日：马伦哥战役的纪念日）更富传奇色彩，俄军这一次战败溃逃。三个星期后，两位皇帝，拿破仑和亚历山大在提尔西特缔结一项和约，在这个条约中，最现实的安排和最宏大的设想、最出人意料的友好声明融合在一起。所谓现实，就是由已经被残酷肢解的普鲁士支付所有费用，与俄国的一纸和约就让它同意法国的势力扩展到东欧。所谓幻想，就是相信——或是假装相信？——以英国为首要贸易伙伴的俄国真的会帮助实现全面的大陆封锁，以及假想中的对奥斯曼帝国的分割：俄国刚刚答应大大撤退其在欧洲的势力，这个空想计划就是要对俄国作切实的补偿。这样一个协议开启了一个短暂时期（为时勉强一年），在这个时期内，法国的势力达到了名副其实的顶峰。

战争大师拿破仑

1807 年之前辉煌的军事荣誉，历次胜利得来的轻松，这些都容易掩盖作为战争天才的波拿巴将军和皇帝的本来特征。军事领域内的拿破仑像民事领域中的拿破仑一样，首先是他那个时代的人物，他像现代战争的先驱者，但更接近于那些十分古老的传统。当然，他在自如地运用这些传统工具时表现出了罕见的高超才能。

拿破仑忠实于刚刚过去的时代，他之所以成为战争大师，得自他从 18 世纪理论家那里汲取的全部营养，这些人如吉贝尔（《战术通论》），布尔塞（《山地战原理》），泰尔（《新炮兵战法》），以及其他很多人，1791 年的军事条例就是对前人经验的一次综合。同样，拿破 579
仑也忠实于古老的军事指挥传统，在 19 世纪初，指挥战争首先是一门艺术，在表现这门艺术时，将领的个人才具要比复杂的技术手段之运用更为重要，从这个意义上说，拿破仑同样是位战争大师。“战争艺术是一门不折不扣的行动的艺术；其中没有任何含混的东西；一切都是明确的，这里没有任何空洞的学说……指挥官受自己的经验或天才的指引……征服高卢的不是罗马军队，而是恺撒。”我们可以引用很多拿破仑的话来证明他那经验主义的、个人特色的军事艺术观念。这样就可以解释，作为军事大师的拿破仑·波拿巴何以是孤独的：所有的决策都是在他一个人的脑子里成型的；参谋们无须履行今天派给他们的任何职责：他们的角色就是传达者，即便是在采取军事行动时也是如此；贝尔蒂埃就是当时参谋人员的典型化身，他只是其首长的意志的被动的体现者，没有任何自主行动。

从这种经验主义的方式出发，拿破仑·波拿巴总是认为，每次战役都是由一堆独特的条件构成的。不过，他总是根据一定数量的原则采取行动，当然，这些原则的运用总是服从于他拥有的行动自由度之大小。在他看来，一场战斗应该迅速而坚决：拿破仑是个打几星期战争的人，这样的战争很适合于携带少量辎重的机动部队，也适应于财政资源有限、远程补给或就地获取给养存在困难的情况。在旨在分散敌军力量的行动完成后，便可以决定在一块精心选定的战场上对敌人发起战斗，这时应投入尽可能多的兵力：“战争的艺术就在于，在想要进行战斗的地点拥有数量上的优势。”行动突然、打击有力：当然还应该取胜——为此应储备人员和火炮，以备发起决定性进攻——接着要乘胜追击：“取胜毫无价值，应该赢得胜利的果实。”拿破仑的战争是运动战和速决战：一切都得看士兵的脚力和道路状况。拿破仑的战役是依靠判断力、预测能力的智力操练。

拿破仑·波拿巴麾下的军队在15年中有了显著变化，这种变化无疑比战争理念的变化更大。事实上，督政府时期就已采用了职业军队的形式，但是，1808—1814年，当征兵达到最大规模时，军队又接近于大革命时代的国民军队，不过，当皇帝为了准备俄国战役而大量征召外国部队时，这一特点又部分地丧失了。兵力的不断扩充、战争规模的扩大催生了一些全新的技术难题，它们在当时都没有得到圆满解决：今天，这些难题已交由后勤部门来处理。不过达吕伯爵已经承担起了类似的后勤工作，他担任过国务顾问、军需总监等职，后来擢升为大臣，是个严厉而心直口快的官员，但皇帝完全信任他；他在执政府时期就曾参与炮兵辎重队的组建，1805 年底，当军队回国时，他被委以安排行程和提供给养的工作；后来，他创建了辎重车队，负责战争基金的管理，并在各被占领国大力开展工作，以补给和装备那里的人马。军队规模的变化和战争本身的变化必然导致其他的革新，特别是军队的组织和独立自主的军事团体的组建：拿破仑曾于 1802 年授予军事专科学校（1808 年在圣西尔落足）以长期性的法律地位，但是在这个问题上，他必将与自己那一套僵化的体制发生冲突——在这个体制中，一切都依赖于他个人。

大陆封锁：理论、实践和反响 580

提尔西特和约之后，拿破仑觉得可以转过头来对付英国。正是在这时候，大陆封锁真正开始实施了。拿破仑的大军进驻北欧海岸的阵地；一支法军穿越西班牙北部，前去攻占里斯本；米兰敕令（1807 年 11—12 月）强化了柏林敕令的措施，明确禁止以中立国为中介同英国进行贸易。1808 年初，英国对其出口的下降深感担忧：如果有一天它被压缩到自己的国内市场，它的工业如何能适应这种局促形势呢？但是，拿破仑并没有成功地彻底关闭欧洲。在北方，瑞典拒绝实施大陆封锁。丹麦支持封锁政策，但英国发动了一次大胆的突袭，成功地俘获了丹麦的舰队。意大利半岛防范森严，因为那不勒斯王国从 1806 年之后就成了法国人的，教皇国于 1809 年被兼并，但西班牙海岸仍是个漏洞。确切地说，正是西班牙成为了矛盾的焦点。1808 年 3 月 27 日，拿破仑写道：“毫无疑问，除非我在大陆采取一次大的行动，否则我跟英国不可能有稳固的和平，我已经决定，把一位法国王公扶上西班牙王位。”但是，这次行动意味着拿破仑的大军必须再一次作出重大调整，这次是前往伊比利亚半岛，同时撤离北欧海岸，这些地方很快就出现了繁盛的禁运商品的走私贸易，这些货物从黑尔戈兰岛和哥德堡等基地出发，一些政府十分乐意与之串通。一方面，西班牙战争是在皇帝未曾亲临、缺少其有效指挥的情况下进行的：1808 年夏天遭受两次失利——贝伦和辛特拉——虽然其军事影响相对较小，但心理震荡却要大得多，尤其是在德意志各邦国和奥地利。另一方面，法国入侵西班牙以驱逐那里的合法王朝为开端，这在人民当中激起了强烈的民族主义反应。在这里，拿破仑不能指望法国的原则给他带来的同情：阶级矛盾暂时被搁置了起来。民族问题超越了阶级矛盾。类似的局面也将在俄国出现，而且在较弱的程度上出现于德意志和奥地利各地。这是一种新出现的重要事实，但皇帝肯定认识不清。

1809 年，英法斗争的局面出现了新的转折。一方面，奥地利试图采取第二次复仇行动——它一直得到英国的资金支持，法俄关系的冷却、西班牙的人民起义也鼓舞了这一计划；哈布斯堡王朝的首领们还想激发一场类似于西班牙的运动，他们以复兴“帝国”的观念为中心，展开了广泛的官方宣传运动，而那个帝国就是尚未诞生的、大德意志民族的神秘的历史中的祖国。另一方面，从 1809 年春天开始，法国的经济困难迫使皇帝颁发与英国贸易的许可证——我们在别处已经看到，他是出于税收方面的考虑才这样做。此后，大陆封锁便摇摆在两个想法之间。当然，奥地利在瓦格拉姆再一次遭受失败之后，强加给它的新和约中依然体现了最大限度地直接控制海岸线的愿望：这一次，奥地利丧失的是亚得里亚海沿岸地带。次年，拿破仑占领荷兰王国，接着吞并直到汉堡的德意志海岸地区。但是另一方面，1810 年的三个敕令——圣克鲁、特里亚农、枫丹白露——在严厉打击走私的同时，又扩展了许可证制度，并回到了对某些产品课征重税的老办法上，从而实际上鼓励了进口。

581 从膨胀到失败（1812—1814）

但是，最初的大陆封锁观念一直萦绕在皇帝的脑海中，当他决定强迫俄国在它自己的土地上遵守对英国商品的禁运原则时，便明显体现了这一点。莫莱曾说拿破仑是一个看不到可能性的界限的天才。对此拿破仑在他的《圣赫勒拿岛回忆录》中回答说：“如果我成功了，我将是历史上最伟大的人物。”事实上，俄国战役动员的军队规模太大，以致当时的技术条件只能让拿破仑失望。但是我们也可以设想，如果他在莫斯科战役中取得决定性的成功，进行一场他所追求的摧毁性的战役，英国肯定会经历远比大陆封锁期间的两次危机（1808 年和 1811 年）更加暗淡的日子。

自从 1808 年拿破仑和亚历山大在埃尔富特会晤上重申他们的联盟关系之后，法俄关系开始缓慢地恶化。1809 年与奥地利的战争期间，俄国的支持明显是微弱的。1810 年，拿破仑选择与一位奥地利公主迅速缔结婚约，而不愿跟圣彼得堡宫廷进行一场前途不明的谈判。是年年底，俄国决定对法国商品的进口实施禁令。俄国对它的西侧有可能重组一个大波兰感到不安，拿破仑则难以容忍他那显赫的盟友利用与土耳其再次开战的机会向君士坦丁堡推进。1811 年，拿破仑已经决定发动战争，并着手有步骤地组建一支新的“大军”——这是继 1805 年和1809 年“大军”之后的第三支——并在德国和波兰筹备补给基地。对俄战争失利的首要原因很可能在于糟糕的日程。从季节上说，战役开始得过晚，而且迁延的时间过长，因为拿破仑不得不追击一支回避战斗的军队；后来，他在莫斯科再次浪费了时间，从战略的角度看，他在莫斯科的逗留是一段真正致命的时光。冬天提早来临，但气候本身可能只起了辅助作用。第二个危险毋宁说在于无法在军队撤退途中补充给养、而非敌军的骚扰——因为它穿越的俄国几个月前就实行了“焦土”战术；马匹饿死，部队行动放缓，或干脆瘫痪。第三点，拿破仑在俄国碰到了同西班牙类似的情况，不得不面临一种部队难以适应的战争形式：大量伤亡是由哥萨克骑兵和农民辅助部队造成的。

1813 年是拿破仑体系真正遭遇危机的一年。由于波罗的海海岸实际上已经对英国商品重新开放，大陆封锁迅速失去了效力。甚至还在法军撤到莱茵河西岸之前，法国在德意志的政治势力就已经崩溃了，奥地利皇帝在长期的踌躇和谈判的尝试过去之后，终于决定站到他女婿的对手一边，而普鲁士国王甚至呼吁“民族”起义：对他而言，这场战争实际上只是为了收复失地、重建王朝，但他试图把它扩大为德意志的解放战争。中欧的局势一下子变得十分复杂：奥地利皇帝弗兰茨二世和他的首相梅特涅之所以重新站到强者一边参加角逐，很大程度上是因为，他们很担心重建一个强大的普鲁士，担心因 1812 年胜利而上升为欧洲仲裁者的俄国的介入；奥地利需要获得发言权，另外，它必须尽可能地维护拿破仑建立的中间国体制，这个体制实际上符合
582 奥地利的利益。最后，在军事方面，虽然拿破仑通过对年轻人进行规模空前的动员而重新组建了一支人数众多（但没有经验）的军队，他还是没有夺回胜利。在他亲临战场的历次战役中，如在吕岑、鲍岑和德累斯顿，他还能打出漂亮的胜仗；但是在 10 月的莱比锡大会战中，他被数量上占优势的对手击败，这一次，他成了自己惯常使用的集中兵力围攻敌军之战术的牺牲品。这场空前的惨败迫使法军退回国境之内，反法盟军坚定的推进步伐威胁到了法国，这是 14 年来未曾有过的事。与此同时，法军完全撤离西班牙，最终成就了威灵顿的英军在维多利亚的胜利。

1814 年头几个月，随着普鲁士、俄国和奥地利军队越过莱茵河，法国开始了一场民族危机，也许，只有持续的胜利和权力的不断强化才会使得危机成为不可能。绝对主义列强军队的逼近是欧洲封建主义反扑的代名词，这给拿破仑提供了可资利用的群众力量，但他只是从军事上利用这一力量——逃兵和投敌行为并没有伤及部队的士气，即便是在最后溃败的日子里——但根本没有在政治方面加以利用，尽管他从自己的权威中得出的观念完全没有了革命政府的色彩，但在当时危机迫近的局面下，组建这样的政府应该成为考虑对象。另一方面，皇帝时运的恶化鼓励了那些潜在的、或很早之前已经缴械的反对势力。此刻，皇帝和名流们分裂了，他曾把这些人安置在自己的体制下，但又堵上他们的嘴；在这个时刻，甚至帝国家族及军事贵族内部的团结也出现了松动。约瑟夫在失去西班牙后，更关心的是早日实现和平，而不是去保卫首都。元帅们已经厌倦了战争。拿破仑，这个在俄国战场上已显露出疲态、表现得优柔寡断的人，这时再次焕发出了军事天才。1814 年三个月的法兰西战役，给人们留下的是一段目眩的回忆：十来万人的部队与从四面八方进逼这块充满敌意的土地的敌人周旋。

法军在香槟和布里等地一系列的胜利最大限度地延缓了敌军的推进，但通往皇帝身后的首都的道路还是缩短了。这一次，胜利者要打击的已经不是法国在欧洲的势力，而是法国在大革命中兼并的领土和它本身的体制。

拿破仑之后的拿破仑

在第一次逊位将近一年之后，这位已经成为厄尔巴岛王公的从前欧洲最强大的君主，试图恢复他的个人地位及法国的地位——他认为二者不可分割——这就是百日传奇。而此前法国经历了第一次王朝复辟，这使得他可以以不同于失败之前的形象出现在这个国家。

他以革命士兵的身份登陆儒昂湾。他向法国人民宣布："我在流亡中听到你们的呻吟和誓愿：你们祈求你们自己选择的唯一的合法政府。"并向军队宣告说："拔去那被民族摈弃的旗帜吧，25 年来它一直召唤着法国所有的敌人！扬起三色旗吧！在我们那些伟大的日子里，你们曾高举着它……再次戴上你们在乌尔姆、在奥斯特里茨、在耶拿佩戴的鹰徽吧……"他自己在解释"雄鹰翱翔"时强调人民和军队的支持："如果当初皇帝认可并支持人民运动，他本可带着百万农民到
巴黎……皇帝将在一大群军官和农民的簇拥下到达杜伊勒里宫……" 583
但是拿破仑真的在一年之内发生转变了吗？1816 年，他在圣赫勒拿岛写道："我完全可以成为宪政与和平之下的君主，正如我曾经是独裁的、喜爱大事业的君主一样。"事实上，他更情愿委托邦雅曼·贡斯当起草一份"帝国宪法补充法案"，以扩大民族代议机构的职责，而不是去复活共和 2 年的幽灵：这是一个失算的计划，资产阶级没有任何要去试验一个失败政体之变体的愿望。至于和平，就算如他自己所说的那样，真的会放弃"大帝国的想法"，但和平并不取决于他，而在于盟国，而对后者而言，拿破仑的复辟是绝对不能容忍的。因此，当皇帝进入巴黎时，情形与 15 年前一样：他必须获得一场胜利，但结果是滑铁卢。"不可理解的日子！各种闻所未闻的厄运接踵而至！……真是一场古怪的战役，一个星期内，法国曾三次有把握取胜并掌握自

己的命运，但结果胜利都从我手里溜走了!”我们只能说，这个独裁者、战争征服者，其经历就是这个特殊体制的根本但又脆弱的生命力所在。

作为现代恺撒，或现代的亚历山大大帝，拿破仑一世并没有建立一个王朝，也没有确立一套持久的政治形式。但我们不能据此认为，他只是一颗没有在天空中留下任何痕迹的彗星。他的重要性在于，他筑起了一道抵御旧的社会制度回潮的堤坝，即便是 1814—1815 年的失败也没有撼动这道堤坝，而这里我们还没有触及另一个重大问题，这就是：他把大革命的震荡波几乎传遍了全欧洲。帝国是一个过渡体制，大革命通过它在法国扎根。从更为实际的角度看，皇帝留下的政治和思想遗产将成为整个法国现代史的组成部分，这份遗产将在 1815 年之后展现出来，它以拿破仑传说的形式不断得到丰富：法国人对战争价值、对权威的个人化、对以等级趣味为调剂的平等主义的持久眷恋，无疑深得帝国荣光的浸润。

第二十一章　浪漫主义和资产阶级的法国 584

1815—1848 年面对失败、波旁王朝和流亡
贵族的回归、显贵政府，怀念自由和辉煌。

1815 年至 1848 年法国所经历的立宪君主制，为法国带来的首先是和平。

当经济上的旧制度依旧存在——面对以机械纱厂、铁路和银行为代表的新经济时也已缓慢衰退——的时候，作为活跃的少数派、革命成果的继承者和革命要求的捍卫者，资产阶级逐渐获得了权力，而这在复辟王朝时期还曾为贵族所禁止。正是在资产阶级身上，自由主义得以体现，新的政治惯习开始出现，新的观念产生。

针对资产阶级这种上升趋势的反抗，更多的是来自于拒绝与现实妥协的思想和艺术愿望，而不是其他社会团体——尽管无产阶级的最初反抗正在缓慢形成，但它的组织依然像以前一样。资产阶级和浪漫主义的法国是同一社会的正反两面，这一社会试图在秩序和自由之间、乡村占主导地位的社会和逐渐为工业动力所渗透的社会之间、人际关系的等级社会和功能关系社会之间寻求平衡。

虽然资产阶级的发展——通过运用自由和充分发挥个体积极性——促进了经济增长，但这一增长在使得农业人口仍然占主导地位的民众的社会与心理结构产生动摇的同时，也加剧了社会对立。经济

发展的缓慢——即使到 1840 年前后，仍难以称法国进入了“工业革命”时代——与思想和政治运动的沸腾形成了鲜明对比。革命传统、拿破仑式的中央集权、源自宪章的代议制政体都使巴黎的地位得到增
585 强，虽然等级制推翻了、在 1830 年和 1848 年改变了政体，通过巴黎的报刊、作家和议员们对各届政府提出质疑，但它也认可了新领导阶层的权力，并与国家日益增长的权力融为一体。由此，巴黎成为一个为稳定而担心的法国的革命首都。

一、复辟王朝

对战争和塔列朗之流帝国政府高官的阴谋所激发的反法同盟国家的外交手腕的厌倦，成为 1814 年波旁王朝复辟的主要原因。第二次复辟之后，即 1815 年，路易十八的任务变得更为艰难；法国经历了更加彻底的失败，签订和约的条件更为苛刻：法国领土的一部分将被占领。第一次复辟的失败激怒了保皇派，而百日王朝这一插曲则唤醒了蛰伏于有关革命时代之记忆中的思想分裂。

立宪制的建立

1815 年 7 月 8 日路易十八回到了巴黎，随行的是以塔列朗为首的政府。对塔列朗来说，当务之急是在各地确立其政府大臣及下属官员的权威；派往各省的特别委员会被取缔，行政法院被重组，帝国教育团得以保留，贵族院则进行了清洗。借自最富有者的一亿法郎的特别税用以满足最紧迫的财政需要。

在第一次复辟之初匆忙拟订的《宪章》，虽然断言君权可追溯至最古老时代，但是也承认制宪议会时期立法的主要成果：世俗平等、公共自由（虽然有所限制）、国有财产获得者的所有权得到确认。通过继续实施《民法典》和使新政权从帝国中央集权化的工具中获益，它也认可了执政府对社会的重组。《宪章》建立了一个没有任何议会制特点的立宪君主制；国王拥有非常大的权力，而且借助《宪章》第

14 条，他甚至可以越过议会两院，在特殊情况下通过发布敕令来立法。

与由国王任命的或是继承席位的人组成的贵族院相比，众议院的代表性也不很强。众议员们的权力来自《宪章》，因此也就是来自国王；他们通过一种限制性很强的纳税选举制来选出：约 10 万选民（交纳至少 300 法郎的直接税）选举众议员，后者必须年满 40 岁，交纳 1000 法郎的直接税。在这些含糊和不确定的前提条件下，代议制政府仍然得以发展起来，而运用第 14 条则最终导致政权的崩溃。这一立宪演进更多的来自于社会发展和对《宪章》的解释，而不是来自于《宪章》本身的规定。1815 年时没有任何可以预见到这一演进的东西。

1815 年的反革命

在百日王朝期间拿破仑试图恢复革命传统，而他的第二次退位则导致了反革命的胜利。反革命活动在全国各地出现：为拿破仑从厄尔巴岛回归所激怒的保皇派集团，利用旧有仇恨在法国南部，如马赛、阿维尼翁等地煽动民众反对波拿巴派，在阿维尼翁，布律纳元帅被群众杀害，在尼姆，则是天主教徒残害新教徒。当保皇派当局进行干预时，他们也受到恐吓，拉梅尔将军就是因为在图卢兹试图保护波拿巴 586
派而被暗杀的。

在政府中，确保了路易十八回归的塔列朗—富歇内阁，以同盟国强加的苛刻议和条件为借口退出了政府。事实上，这一过渡政府的领导人自身就是如此可疑，以至于既不能制止白色恐怖，也无法得到极端保皇派的支持。极端保皇派们认为《宪章》是对新思想，也就是说革命的让步，并指责它限制了国王的权力。他们依靠的是路易十八的弟弟阿图瓦伯爵，即未来的查理十世。极端保皇派赢得了 1815 年 8 月的选举，在路易十八不无讥讽地称之为“难能可贵的议会”[①] 中，他们占据了 398 席中的 350 席。在他们的首领中，有来自图卢兹的维莱尔伯爵；拉布尔多纳耶伯爵，科布伦茨流亡者军队的前军官；夏多布

---

① 一译“无双议会”。

里昂子爵，他于 1816 年写成最为敌视立宪政体的著作《论依据〈宪章〉治理的君主制》。这些人汲取了博纳尔子爵的社会是由从家庭至国家的各个等级集团组成的传统主义哲学思想。教士和乡村贵族使得极端保皇派具有了毋庸争辩的影响。在南部各个城市中，地位低下的手工业者和工场主们追随保皇派首领们，后者在帝国末期已建立整个秘密社团网络，其中最重要的是以宗教协会“圣会”名义成立的“信仰骑士团”（Chevaliers de la foi）。

极端保皇派对政府施压以达到撤换大批高级官员和将领的目的；曾主张处死路易十六的国民公会议员们被流放，军事法庭判处那些在“百日”期间归顺拿破仑的将军们死刑；内伊元帅就是因此被贵族院判处死刑，并于 1815 年 12 月 7 日被枪决的。从 10 月 31 日起，紧急安全法令取消了个人自由；特别法庭——重罪法庭建立，有近 7 万名嫌疑犯被逮捕，大清洗涉及到四分之一的官员。他们往往被曾是流亡者的贵族所取代。

反革命在作为最早加入神圣同盟的国家之一的法国的国际地位层面上也取得了胜利。1815 年 9 月 24 日选择黎世留公爵接替塔列朗—富歇是俄罗斯影响的新证据，因为这位大领主就是从俄罗斯返回法国的。

然而，众议院发现该内阁并不非常支持极端保皇派；对自己的影响深信不疑的众议院，鼓吹的代议制政府，要求控制政府，并将地方行政交还给大地产主和教士。它想要的选举法将扩大选民群体，其目的是借助更为广大的农村选票数来遏制被怀疑是同情革命思想的资产阶级的选票。极端保皇派报纸，是当时惟一能出版的报纸，对各部大臣横加指责。针对源自 1789 年的新法国的反动行为，阻碍了内阁的活动，并引起了同盟国的担忧，他们害怕波旁王朝再次被推翻。

1816 年 9 月 5 日路易十八解散了“难能可贵的议会”，这一行动更多地是出于现实考虑，而不是个人意愿。复归旧制度的一切希望因此化为乌有。然而，完全敌视自由主义观念的极端保皇多数派，已使得《宪章》中有关代议制政府的规定的实施发生了不可逆转的改变。

复辟势力

1815 年的全欧各地，反革命、针对拿破仑的胜利都是依靠关注于为自己保留生活必需品的国家市场的土地贵族，以及对以王权和教权联合为基础的传统的维护。

教会

天主教传统为君主制传统和家庭传统提供了基础。因此，拿破仑时代即已开始的宗教反动突出了反革命特点。1815 年的天主教会不仅仅是一支宗教势力，其教士们渴望恢复组织和 25 年来被剥夺的社会影响。 587

个人回归宗教信仰——夏多布里昂是 18 世纪末最著名的例子——为整个天主教国家的官方虚构所取代。由此，教会的精神影响不仅为政权服务，也成为政治趋势；在法国政治生活中，教权主义和反教权主义同时出现互为补充。

教士的物质状况得到改善；教堂和教会建筑被修复，神甫的待遇获得提高；在神学院里，享受奖学金的学生数目倍增更有利于教士的招募；复辟王朝时期数目众多的新一代年轻神甫在法国教会中出现；他们的智力教育无甚新奇，但是，在往往是贵族出身的主教、“信仰之父”（Père de la foi，耶稣会以此名字重新出现，未经许可，但却被容忍）和罗藏修道院长的“法国传教会”（Missions de France）的推动下，他们为宗教生活的复兴付出了巨大努力。传教士们依靠的是民众的感觉，往往唤起妇女的热情，宣讲上帝是严厉的，运用人们对地狱的恐惧。最终他们禁止了舞会和戏剧，而在此之前，他们还增加了对革命时代反对宗教的侮辱行为的赎罪仪式，以及纪念路易十六和恐怖时期受害者的仪式。他们的演出往往重新激起有关革命时代的刚刚平息的争论，或是引发更多的是导致政治骚动而不是道德皈依的热情。虔诚的协会必须保持这种热情；慈善团体、虔诚集会将教士的活动与那些通常来自社会上层阶级的年轻人或是成年人联合起来。

至于社会下层，虽然正是学校使得教会得以更好地施加其影响，但是公教要理会修士数量不足，而且在农村地区入学率依然较低。对构成人口绝大多数的农民来说，星期天的弥撒和讲道依然是主要的社交活动，这一点在西部省份尤为明显。

贵族

在农村，贵族并没有完全丧失威望，村庄的本堂神甫往往还默默地依赖领主。失去了司法特性的贵族，无论其是真实的或虚假的，依旧是一种社会存在，但是，由于它能将运用土地财富与姓氏和家族传统结合起来，因而更具影响力。对帝国时期贵族的认可、复辟时期为奖励在帝国时代效忠波旁王朝而大批授爵、真正贵族家庭中年幼者篡取称号的情况增多、“德”这一前置词的滥用和唬人，这些都重新构成了贵族阶层，后者中的最新成员们在贵族要求问题上并非是最妥协的人。

在贵族中家族传统依然非常强；这导致一种将过去（而且是最遥远的过去）理想化的现实观；它继续保持对革命的恐惧，因为革命时期的逮捕、流放甚至处决一个或几个贵族的行为，使其成为贵族的家族史中最阴暗的遭遇。

拿破仑时代已剥夺了贵族最为传统的声誉来源，即军事威望。但是从1815年起，贵族，尤其是前流亡贵族，渗入到国家、议会和政府
588 之中。贵族院似乎已由他们构成：他们在“难能可贵的议会”中占54%；有9个省的众议员完全由贵族组成。

因为整个复辟时期行政中央集权化继续发展，将贵族安置进省政府或是财政部门、法官体系（在那里它重续旧制度传统，并使之与新法律相适应）就更加具有强制性。

贵族在社会和文艺生活中也扮演了重要角色；它引领时尚，且自浪漫主义运动伊始就对其予以推动，阿兰库尔子爵（贵族和僭越能力的绝佳例证）尤其热衷于此道。但是，他的影响，就像其绝大多数收入一样，是来自于其拥有的大量地产所继续赋予他的对乡村世界的统治能力，而就像司汤达所指出的，当时已不再是一个大地产繁荣兴盛的时代了。

农业经济

农村世界——某些地区，如诺尔省、阿尔萨斯，从出售国有财产中获益——出现了非常大的差异性，这是一个缺乏现代交通、仍有待统一的国度的特点。不过，在几乎整个法国，城堡依旧是政治和社会中心；在大地产主中居主要地位的贵族，不仅重建了自己的领地，而且表现得更加同质。在议会中拥有影响力的贵族，促使投票通过一项有利于农业的法律；1819 年 7 月 16 日法令确立了有关谷物价格的浮动标准，目的是保护法国产品，而阻碍敖德萨的小麦进入。重商主义的怀旧心理占据了生产小麦的大地产主和加工厂主的头脑；在法国还占主导地位的用木材作为燃料来进行铸造，导致为了生产而将大片森林的所有者——在其中人们依然发现大量贵族——和锻造师傅联合在一起。

进步力量

在如此多年的思想压抑和因循守旧后，复辟时代经历了一场文化沸腾，虽然由于知识教育的范围狭窄而限制在有限的社会环境中，但是它受到了“难能可贵的议会”解体之后法国逐渐学会使用的思想自由的激励。

科学思想

科学思想的发展依然持续，并没有受到政治动荡的过多影响。拥有综合工科学校的法国，直至 1840 年一直是数学研究的主要中心。数学方法首先被引用到力学和天文学，然后是整个物理学中。它也延伸至自然科学，后者通过拉马克和居维叶的研究，已超越编写术语表阶段，而进入到对活的物质和确保生命机能的那些法则的系统分析。甚至社会和道德现象也通过数字来加以理解，起初是拉普拉斯的概率论，随后是夏尔·杜班对这一理论的应用。

越来越和技术发展联系在一起的科学研究，不再是业余爱好者从事的活动，或是哲学思辨的副产品。它已成为物质进步的基本要素；

尽管自大革命时期开始的对各大机构的援助在1815年以后有所减少，但是通过诸如科学院、法兰西学院[①]、自然史博物馆等重要机构，科学成果主要是在巴黎产生；它得到了工商业资产阶级中最具活力的成员的支持，如佩里埃家族、德莱塞尔家族，也得到了受《水星报》、《密涅瓦报》等自由派报刊之启发的公共舆论的支持。与形而上学决裂的科学，力求使经验占主导地位；与传统决裂——新生的自由主义
589 和名称各异的浪漫主义与传统相互竞争——就开启了通往个体主动性的道路。

自由主义

自由主义使得遵从个体主动性的优先权获得了理论上的证实；事实上，它更多的是一种精神状态，而不是一种意识形态。它依赖于根据个体自治而提出的对自由的解释。它既反对革命或拿破仑的专制，也反对1815年之后的极端保皇派理论。它吸取了国外和新教徒的影响，对此人们可以在基佐和邦雅曼·贡斯当那里找到，后者于1819年写道："现代人的目的是在私人快乐中拥有安全，他们将制度赋予这些快乐的保障称为自由"；自由主义思想认为这种保障可以实现，条件是复辟时期的政治制度必须更加注重保护个人行为，而不是权力的组织，因为这个时期的经济和社会状况已经深受个人性作用的影响，技术商业、工业领域都先后发生了重大革新。

维护促进自身解放的个人自由是资产阶级的职责。依旧是邦雅曼·贡斯当最好地阐释了这一"中庸"特点，他写道："通过自由，我理解了个体对试图进行专制统治的权力机关，以及宣称有权以多数的名义奴役少数的民众的胜利。"

巴黎

虽然反革命以外省为基础，但正是巴黎为其确定了基调，并赋予其力量。巴黎地位的独特不仅来自于它的大量人口：复辟王朝之初有

---

① Collège de France，一译法兰西公学。

70万居民，这是刚刚超过11万人的马赛或里昂所无法比拟的。财富以各种形式在巴黎积聚；这座文化都市，它的学校、学院、作家和报刊——它所拥有的杂志比我们今天的日报数量还多——使它成为思想和文化中心，其影响甚至已传播到法国之外。正是在巴黎，文学和艺术创作、科学发现以及围绕着《宪章》的施行而形成的各种政治理论不断出现。但是，巴黎还有旧制度残余，尤其是在中部和东部居住区，那里聚集了大量移民，他们绝大多数来自邻近省份、诺尔省、东部或是奥弗涅地区。他们在这些居住区继续他们原来的生活，没有哪个地方反差会比之更为明显，人们在那里看到了社会的各个等级，有时他们甚至就住在同一幢楼的不同楼层中。巴黎汇集了复辟势力和进步力量等各种力量，确保了政府的运转，为变革作了铺垫，影响了未来发展。

战后

随着和平的恢复，大多数法国人重新继续传统生活，不再担心受到征兵的威胁。人口数量显著增长；1815年后不久法国人口达到3000万。城市人口刚刚超过1/10。拥有将近一半可耕土地的农民，其数量超过了劳动力人口的2/3；建立在农业经济（更确切地说是粮食生产）占优势地位、廉价运输方式不足基础上的旧经济制度，依然为大多数的法国人提供了衣食和收入。收入可谓微薄，而且食品占了居民家庭开支的2/3还要多。

战争的沉重遗产和巴黎条约的财政条款都重重地压在地产主身上。然而，当财政捐税最为沉重的时候，土地收入减少了；这甚至是极端保皇派失败的深层原因之一，因为他们的政策中有关土地均分的设想 590
是与经济的趋势相违背的。

盟国强加的战争赔款和拿破仑留下的预算赤字使得财政问题成为首要事务，并赋予银行家们以重要地位，这从他们的政治角色中得以体现。1816—1817年，一场源自英国的经济危机席卷欧洲大陆和法国，造成经济形势的恶化；随后出现的农产品价格的降低同时影响到农民和地主。关税保护主义已不足以在恢复和平之后所开始的经济竞争中保护本国产品了。在庇卡底和安茹地区，垦荒扩大了耕地面积；在最富裕的地区，如法国北部平原，由种植甜菜所产生的新农业技术增加了农业收益。

法国工业获益于充足的且价格不高的劳动力，这使它无须非得（像英国那样）进行迅速的机械化。手工业者依然在建筑和纺织业这两个主要工业部门中占据主导地位。然而，与米卢兹的情况一样，在充满活力的、往往是新教徒出身的雇主的推动下，一些现代工业中心在上阿尔萨斯（棉纺和织物印花）和色当地区（呢绒制造）出现。银行或商业、制造业工厂依然是家族企业，它们从商业或工业活动中获得远甚于土地收入的利润。拥有这些企业的活跃的大资产阶级，意识到了自己的力量和活力，难以忍受极端保皇派贵族统治社会的企图。将国家看作是维护个人自由创造性的渴望，使他们赞同《宪章》的自由主义运用。

《宪章》的宪政解释

从1818年起是使盟国占领军撤出所占领土的黎世留公爵内阁执政时期，1789年原则的拥护者和那些承认拿破仑时代国家重构成果的人，所依赖的是国王的权力；其中最活跃者组成一个名为“空论派”的小团体，虽然他们在议会中无所依靠，而且尽管名为“空论派”，实际并无明确的理论，但是他们始终关心如何将政治制度与法国的环境和社会状况相适应。包括罗瓦耶-科拉尔、卡米耶·若尔当、基佐在内的空论派对多位大臣产生了重要影响，这几位大臣分别是：黎塞留公爵内阁的内政大臣莱内，掌玺大臣塞尔伯爵和警务大臣德卡兹，德卡兹后来还担任过内政大臣，虽然只是在1819—1820年间的几个月中被指定为首相，但却长期在政府中占据支配地位。随着1817年2月8日莱内法的颁布，他们的主张也取得胜利；与极端保皇派通过维莱尔所要求的两级投票法和降低获取选举权所需的纳税额不同，空论派主张一省一个选民团的直接选举，选举时所有年满30岁并交纳至少300法郎直接税（包括营业税）的选民们齐聚省首府。此种选举形式对资产阶级有利，因为乡村选民们为了投票必须走出家门。

众议院议员任期 5 年，每年改选 1/5。从 1817 年起，这一法律的首次实施就对极端保皇派不利，相反却使得当时人称“独立派”的一个包括 25 位自由派人士的小团体构成左派，这引起了那些最为温和的大臣们的担心。1818 年 3 月 12 日通过的古维永-圣西尔军事法，规定了征召新兵的条件是志愿和抽签，并且可以雇人代替应征，这一法律一直沿用至 1872 年，它满足了资产阶级的要求；另外，它还规定了军官的晋升标准，这使极端保皇派们感到不满，因为从此以后贵族不再能直接成为军官了。

1818 年 12 月，由于德卡兹拒绝同意修改选举法而产生了一场内阁危机，并导致黎世留公爵意外地被撤职。在德索尔将军名义上的领导下，因其才智和灵活性而深受国王宠信的德卡兹，推行了一种机会 591
主义政策；由于国王的恩宠而掌权的他，试图依靠左派的支持来继续执政。取消警务大臣一职是新内阁自由主义导向的象征；免除极端保皇派省长的职务，用前帝国官员取而代之，任命 60 位贵族院新成员，从而改变了贵族院的多数，使之有利于立宪政体，并且终结了修改选举法的要求，以及对发展物质利益的要求和路易男爵对财政的有效管理，凡此种种，都使得资产阶级转而支持政府。但是，使内阁的自由主义导向最终得到认可的却是 1819 年 5—6 月通过的塞尔新闻法。从此以后，新闻犯罪（其数量已减少）将提交由更为独立的业主组成的陪审团而不是轻罪法庭的法官们审理；创办一份报刊只需声明即可，不过仍还是有资金方面的限制：缴纳一笔依据城市不同而数目不等的高额保证金，以及依印数而定的印花税。通过布罗伊公爵、巴朗特和基佐制定的这些措施，政治报刊出版得以发展，这种政治报刊把法国政治生活建立在了皆为公共舆论体现的新闻出版和选举之间的密切关系的基础之上。就这样，甚至在其功能得到制度保障之前，议会生活的基石就得以形成。在巴黎，在外省也，各种报刊不断增加，它们更多的是对极端保皇派右派和自由主义左派有利，而不是对政府有利。

德卡兹和空论派们也想将代议制扩大到地方机构，为此，他们打算在招募市参议员和省参议员时引入选举制。但是，1819 年的选举使得德卡兹停止了这一政策。9 月的部分改选结果表明，不仅极端保皇派的数量有明显的减少，而且身为内阁成员的候选人也是如此，而左派则从中受益，赢得了近 2/3 的席位；格雷古瓦在格勒诺布尔的当选引起了轩然大波，他是前国民公会议员是曾经拥护《教士的公民组织法》的前主教，这表明对所谓恐怖时期的恐惧依然强烈。从那以后，争取到塞尔伯爵支持的德卡兹，转而赞成修订选举法，这使得自由派的大臣们和空论派彼此疏远，并使他在 1819 年 11 月担任了首相一职。德卡兹在提出能使极端保皇派感到满意的修改选举法上所做的无效努力，只能激怒自由派资产阶级。正是在舆论的这种不安状态下，1820 年 2 月 13 至 14 日之交的夜晚，突然发生了刺杀贝里公爵事件，而后者是能够确保王朝连续性的惟一的国王侄子。

这一孤立的犯罪行为，是与几个月来欧洲革命运动的发展相关联的，它引发政界的恐惧情绪，并破坏了五年来为建立温和立宪政体而作的努力。国王在其弟阿图瓦伯爵和极端保皇派的压力下，被迫牺牲德卡兹，尽管后者已经和自由派决裂。当黎塞留公爵于 2 月 20 日组成新内阁时，在法国政治生活中，获胜的反革命与在消失或复兴之前已成为革命者的自由派左派之间不再有暂时的缓冲空间。

革命运动的失败（1820—1822）

刺杀贝里公爵所引发的反动浪潮使得大量反对派人士面对有关个人或公共自由的要求毫无成效时，重新转向非法和暴力的解决办法。在巴黎，青年示威者们——高等专科学校或法学院、医学院的学生，年轻律师和商业人士——聚集在波旁宫前，热烈欢迎自由派众议员，或是对右派演说者喝倒彩。一个名为拉勒芒的大学生于 6 月 3 日被一王室卫兵杀死，这一事件发展成为骚乱，并为军队所镇压。在雷恩、
592 格勒诺布尔、卡昂和图卢兹，都发生了大规模的示威游行。新闻审查使得最敌对的报刊一一消失；但是，诸如保尔-路易·库里埃所写的小册子、埃米尔·德布罗和贝朗热所写的歌曲，尽管有警方阻挠，依然在迅速传播。1821 年 5 月拿破仑去世，一部分自由派转而鼓吹拿破

仑神话；波拿巴主义者、前共和派和青年自由派以拿破仑崇拜来反对黎塞留或维莱尔政府以及神圣同盟。从此以后，拿破仑被他们塑造成民族的保卫者，在他身上体现了大众的民族情感。

暴力反抗行为是由那些秘密社团组织的。在年轻的入市税征收员巴扎尔的推动下，青年共和派们与拉法耶特将军和瓦耶·达让松、马尼埃尔这样的著名极端自由主义者建立了联系。通过他们这些青年共和派与拥护波拿巴王朝的军官们的关系逐渐密切，后者是加的斯军官或卡波利烧炭党起义式的军事密谋的信徒。原定 1820 年 8 月 19 日起事的阴谋的失败——只有一些次要人物被捕，虽然使得右派得以通过夸大革命危险来在随后的选举中增强力量，但是，它也使革命运动的参与者们认识到组织的必要性，由此，他们组建了法国烧炭党。烧炭党首先是由青年共和派（大学生或商业人士）组成，同时也包括一些律师（如巴尔特、梅里路）、医生、迪布瓦和茹弗鲁瓦这样的教师，以及米卢兹的克什兰这样的企业家。它由被称为“支部”的小团体组成；这些团体主要在巴黎、东部和西部地区。1822 年它已在 60 个省中出现；在它们之上，有一个领导委员会，由人数更受限制的委员会领导，拉法耶特虽然是领袖，但是巴扎尔、特雷拉这样的年轻人是其中最活跃者，他们推动其采取暴动行为。

在该组织的国家首领和急于行动的地方支部之间存在着分歧。只有那些最激进的人自愿领导起义，这些发生在索米尔、拉罗歇尔、科尔马、贝尔福尔的起义都以失败告终。接踵而至的是大规模逮捕，有 12 人被处决，其中包括贝尔顿将军、卡隆上校和拉罗歇尔的四位军士，这四位军士于 9 月 21 日在巴黎被判处死刑，并予以执行。镇压并未涉及极左派众议员，他们在运动中所持的是妥协立场。

革命活动的失败使得烧炭党解体，而在阴谋活动中曾起核心作用的波拿巴分子的影响也随之消失。军事政变对法国政治发展已经不会再起什么作用。议会或是合法的反对派的缓慢重组，将以新一代资产阶级和自由派为依托。

《宪章》的保守派解释

刺杀贝里公爵、多个大城市中的大学生骚动、失败的密谋，这一切，都使得内阁和极端保皇派得以轻易地宣称，存在广泛的革命阴谋活动，并由此从不安的舆论中获取对采取确保保守势力胜利之措施的支持。1820 年3 月 28 日法令剥夺了阴谋嫌疑犯的个人自由；3 月 30 日，新闻出版被重新要求获得事先许可，并进行审查；最后，6 月 30 日的新选举法令建立了对各省中纳税最多的人（往往是贵族的大地产主）有利的双重投票制。这些措施，加之军队、政府和大学中进行的大肆清洗，以及利用贝里公爵的遗腹子——所谓“奇迹之子”的波尔多公爵的出生来宣扬支持君主制情感，都使得极端君主派和最保守人士在1820 年 11 月的选举中获胜。路易十八和黎塞留公爵不得不将内阁领导权交给维莱尔和科比耶尔这两位极端保皇派首领，他们使得政
593 府向右派倾斜，但后者依然不满足。1821 年 12 月 13 日，黎世留辞职，因为日渐衰老、看破一切，并越来越听任身边亲信摆布的路易十八不再支持他，阿图瓦伯爵公开批评他，甚至众议院的请愿书也指责他。

新政府在阿图瓦伯爵的影响下组成，维莱尔任财政大臣，科比耶尔任内政大臣，蒙莫朗西公爵任外交大臣，这事实上意味着查理十世的统治业已开始（尽管路易十八直到 1824 年 9 月 16 日才去世）。维莱尔伯爵在长达六年多的时间里一直是政府首相，然而这并未使他所属的党派心满意足，因为后者觉得他过于温和。不过，正是在该王朝这一持续时间最长的内阁期间，法国国际地位的恢复和国家力量的增强得以实现。

外交地位的恢复

极端保皇派想恢复（西班牙国王）斐迪南七世的统治，这是由于他们关注于将使法国成为反革命领袖的威望政策，并决心对自由的西班牙进行直接干预，而不是听任神圣同盟在西班牙行动，因为相关行动必然要穿越法国边境。在维罗纳会议上，尽管赞成维莱尔所反对的干预政策的蒙莫朗西已去职，但得到议会多数支持的新任外交大臣夏

多布里昂，却公开表示了法国的责任，并促使政府于1823年1月底和自由的西班牙断绝关系。由国王侄子昂古莱姆公爵指挥的法国军队的干涉行动，被说成是一项民族事业，而并非是神圣同盟的行动。法军很快攻进马德里（5月23日），在8月31日攻占特罗卡代罗要塞后，又夺取了加的斯，并释放了斐迪南七世，后者随即进行了血腥镇压。尽管有自由派众议员们的激烈反对（马尼埃尔正是因此而被驱逐出众议院的），占多数地位并控制政府的极端保皇派依然在1824年的大选中利用了法国军队的这一毫不费力的胜利；于是就有了“重获的议会”，其中自由派不到20席，而有一半以上的众议员都是听从政府指令的官员。来自左派的威胁解除之后，维莱尔只担心极端保皇派中最激进分子的不满，而夏多布里昂的被免职为他们提供了一位能面对国民的代言人。

国家力量的增强

尽管维莱尔在复辟王朝初期曾要求非中央集权化的政府，但是，在他自己担任首相期间却仍然推行行政上的中央集权化，以政府官员作为其政策的工具，甚至还将国家控制扩展至地方政权。依靠其财政方面的才干，维莱尔使法国具有了一个现代和议会制的国家所应有的财政制度，但其他方面并未做相应的改进。他确立了预算规则，进而使预算专门化，在1822年至1826年间的预算中有了盈余。

受益于其前任的良好管理，维莱尔继续发行公债，并使其保持稳定；物质繁荣促进了间接税的增值，从而能够实施数次减税，这尤其减轻了地产主的负担。同时，它也满足了远征西班牙和补偿流亡贵族10亿法郎所产生的具有政治特点的开支。

贵族的反动

此前同时在议会层面（皮埃会议）和以隐秘形式（“信仰骑士团”）组织起来的右派，提出了自己的社会、宗教纲领，并试图利用流产的革命活动在公众舆论中所引发的恐惧而将之强加给维莱尔政府。事先，它就得以采取了巩固自己政治胜利的措施。1824年6月9日颁 594

布的七年任期法，确保了“重获的议会”能有一个较长时期。在要求官员们严格服从政治指令的同时，维莱尔政府将越来越多的法官和行政官员职位交给外省的贵族，这样就增强了极端保皇主义中的外省因素。大革命时期的流亡经历成为当时获取公职的一个能力标准。

维莱尔内阁认为舆论自由能够颠覆社会和政治秩序的，因而对其甚为畏惧，对新闻出版采取了更为严格的管理。自 1822 年起，有关报刊的诉讼被提交给轻罪法庭，后者比陪审团更为严厉；针对新闻出版的诉讼因为所谓的意向诉讼而变得便利，这就是并非控诉某一确定的文章，而是针对发表这一文章的报纸所体现的精神；这最终威胁到了那些并不完全听从政府的报刊的生存。

就这样，政府获得了为实施具纲领而消灭一切反对派所必须的手段；首先是巩固贵族的优势地位。这些贵族并不甘心丧失在大革命期间被没收的财产，而国有财产的拥有者们也担心索回要求。维莱尔提出一项对其财产被没收和变卖的逃亡者加以补偿的计划；经过一年的讨论，达成了 1825 年 4 月 28 日法令，它给与这些逃亡者 3000 万公债（这意味着大约 6.3 亿的资金，而不是传说的 10 亿）；这一法令高估了属于那些前国有财产获得者的地产价值；但是，那些贵族很少用公债购买土地，而这曾是维莱尔所希望的，因为其关心的就是增强作为社会等级制基础的大地主的力量。出于同样目的，他于 1826 年提出一项恢复长子继承权的计划，但被贵族院议员们否决。这一政策似乎对源自大革命的新社会制度产生了威胁。

宗教反动

上述的贵族反动依靠了天主教会所具有的优势地位。1825 年 5 月查理十世的即位和兰斯加冕，恢复了旧制度下的宗教和君主制的盛大仪式，并唤醒了民众热情。由大贵族组成的主教团控制了法国教会，并恢复了法国天主教传统，即将对民众意识的培育和控制交给教士。弗雷西努主教，起先是帝国教育团总监，后于 1824 年任宗教大臣，利用拿破仑时代遗留下来的教育垄断而试图将教育重新置于宗教影响之下；教士被任命为初中校长；主教依据 1824 年 4 月 8 日法令，可授予任教许可证，并有权对初等教育进行监督。那些小神学院得到特别关照，其中有一些系由耶稣会士领导，尽管耶稣会在法国还在被禁止之列。

宗教事务危害了政治稳定，并导致了多数派的分裂。蒙洛西耶伯爵，一位拥护法国天主教会自主的老人，1826 年间在多部回忆录中揭露圣会和耶稣会士。这位老贵族担心“教士帮”凌驾于君主意愿之上。

维莱尔希望通过良好的财政管理和物质繁荣，赢回因其所属的多数派推行的反革命政策所丧失的舆论支持。但是，1827 年的农业和商业危机使得民众心生忧虑，并威胁到了资产阶级的利益，使其更容易地就接受了对政府“挥霍”的指责，认为政府应对财政困难负直接责任。以尽可能地减少大革命的遗产为目的的六年政治活动，其结局是政府在 1827 年的选举中遭遇失败，维莱尔也被迫下台，当然，后者也与极右派的“背弃”、宫廷阴谋和自由派的反对有关。通过牺牲维莱尔 595
这个替罪羊，就使得国王威望未受前者不得人心之影响，此后，查理十世将对与新法国愿望相悖的政策负直接责任，期间曾经历短暂而无效果的马蒂尼亚克内阁。

二、新愿望

维莱尔的最终失败并不只是经济和财政困境的结果，或是在党派压力下妥协的当局权力衰退的结果，而是表明完全回到旧制度，或是完全与主流舆论相逆的政府统治都是不可能的。

从 1824 年选举至 1827 年选举期间，在选民和形成公共舆论的仍很狭隘的社会阶层中发生了一场深刻转变；新一代的思想、情感及其表述语言都已焕然一新。

新一代

在 1827 年出版的一部著作中，已在政治经济学中引入统计学的综合工科学校毕业生和自由派众议员夏尔·杜班，指出法国 2/3 的人口出生于 1789 年之后，甚至自 1824 年以来，选民（只包括年满 30 岁的男子）中的多数是大革命开始时还不到 20 岁的人，而且其数量还在不断增长。依据这一人口统计学事实，他得出更为一般的结论："新一代人观念的特点是尊重法律并且对我们生产与商业力量的需要表示同情。"同时代的自由派已感觉到法国社会中的深刻变化。新一代——在老左派和空论派试图调停王朝并对《宪章》进行进步主义应用时的失败或是无效努力中，还没有到承担政治责任的法定年龄，但是已经参与或至少是目击了相关活动——已经成人。当各代人将他们过去的对抗又在现实重演时，这一代新人渴望没有恐怖的自由、没有不宽容的秩序。这一代人并不是单一的，而是多样的，他们将使意识形态、文学和政治焕然一新。诚然，如果将之与缺乏生气的大众相比，或是与当时统治阶层或有文化的阶层相比，他们是微不足道的少数，但是，如果仔细考察他们的愿望，就会发现他们是占支配地位的少数派，他们将推动社会的发展，尽管当时乡村的和僵化的法国步履沉重。

思想的激荡

多为法学院或医学院学生、商行职员的新一代摒弃旧习，产生了他们自己的导师，或是在官方认可的名人之外选择。

圣西门伯爵（1760—1825 年）是现代社会主义的先驱，他使自由主义得到进一步发展，这一自由主义并非往往是新教徒的法国经济学家和自由派的自由主义——其灵感来源是个人主义者和说教者——而是 18 世纪的自由主义，即亚当·斯密恢复了劳动价值的作用的自由主义。他构思了一个以"工业主义"为基础的社会组织体系，预感到了法国尚未经历的工业社会。在《工业家问答》（1823 年）一书中，圣西门竭力提倡削弱国家，并主张以"生产者"的统治取代传统政府。此后，他在最后一部著作《新基督教》（1825 年）中，关注于通过引进一种以追求幸福为基础的新道德来改革宗教；他反对神圣同盟，主张民族之间的联合，由此预见到了欧洲议会。他的思想影响了一批青
596 年精英，由综合工科学校毕业生、金融家和学者组成的这批人于 1825 年创立了《生产者》杂志，并强调劳动组织的作用。

热尔贝和萨利尼这两位年轻教士于1824年出版的另一著作《天主教回忆录》，标志着在拉默内修道院院长影响下传统主义思想的革新。面对革命遗产，拉默内批判了个人主义；在《论对宗教的冷淡》中，拉默内的浪漫主义将信仰与理性相对立，以使其获得普遍赞同；这就是他所称的一种新的反宗教改革，并说为此可对教皇和人民寄予信任。

最后，这一新兴时期的第三种潮流是自由派机关报《环球报》所体现的思想，该报在1824年刚由皮埃尔·勒鲁和迪布瓦创办，其撰稿人中包括司汤达和梅里美；它的撰稿者共有50多位，他们在10年或15年之后将进入议会（如夏尔·德·雷缪萨、迪沙特尔）、担任高级公职或是进入法兰西科学院（如圣伯夫）。在追求自由和进步的共同意愿的激励下，他们深受维克多·库赞的折衷主义唯灵论和基佐的历史哲学影响；尽管他们是对《宪章》进行自由主义应用的坚定支持者，但他们宣称“并不依赖任何导师的话语进行思考”（雷缪萨）。只采用合法手段对自由派运动进行重组的思想即源自于他们。

新的感觉：浪漫主义

在文学和艺术领域，主导1815年之后法国的反动行为的并非复辟。在之前的19世纪头25年中，在思想层面，18世纪的理性主义得以延续，在形式层面，古典主义确立的规则继续存在，这一切使得人面对社会的态度发生了如此大的震动，以至于反革命只可能是革新者。针对既是革命的又是古典的理性主义的反动，使得一种新的形式和语言出现。在法国，它的形成更晚，不过却比英国或德意志更适宜称之为“浪漫主义革命”，因为古典的希腊—拉丁传统曾经在诗歌、戏剧和艺术中占据绝对统治地位。

浪漫主义首先是一种精神状态：这是动荡世界中的一种新的不因循守旧。突然从传统框架中解放出来的人的这种不安，产生了一种表达怀旧情绪、“世纪病”的个体激情的文学。在夏多布里昂和斯塔尔夫人的预告下，浪漫主义斗争在嘈杂声中强行传播新的口味：首先是在绘画中，1819年展览中席里柯的《美杜莎之筏》；随后在文学中，1820年拉马丁《沉思集》的出版；再往后，1830年，在戏剧舞台上，维克多·雨果深受欢迎的《埃尔那尼》，而在音乐领域则是柏辽兹的《幻想交响曲》。通过与古典规则相决裂和将各种形式融合到一起，浪漫主义文艺团体形成自己的理论和宣言；浪漫派不再在人身上寻求自己的理想，而是在表述和解释社会的那些原则中寻找；由此，维克多·雨果1827年在《克伦威尔》序言中提出一个与过去决裂的青年法国的宣言。

对绝对的渴求和浪漫主义想象，首先是通过对改变了最不为人所知的过去的世界的解释而得到满足。在德意志浪漫主义的影响下，"野蛮的"中世纪被发现是一个信仰、幻想和激情狂热的时代。浪漫主义是反理智主义和反理性的，重新发现了情感的力量，而此时正是拉默内的宗教信仰也显露出反理智主义的时代。来自《欧洲检查者》、《密涅瓦》，尤其是《立宪报》的自由派的敌对，促使法国浪漫主义初期的天主教和极端保皇派特点显现无疑。但是拒绝现实，以及连带地寻求有关美、真、正义的新观点，使得浪漫派对生命中各个领域的自由都
597 大加颂扬。《克伦威尔》剧本的序言就标志了从浪漫主义向自由主义的这一转变，同时并没有中断传统主义和浪漫主义之间的密切联系："艺术中的自由，社会中的自由，这是所有彻底的和有逻辑的人应该追求的双重目的。我们已走出陈旧的社会模式。我们怎么会走不出陈旧的诗歌模式。"此后，浪漫主义对现实的拒绝转向了未来，诗人应该成为民众愿望的指引者；青年思想家或是艺术家似乎接受了司汤达的思考："这一代人没有任何要延续的，他们一切都是创造"。但是，浪漫主义并没有停留在自由主义；它的不因循守旧使其在1830年以后成为革命者、民主主义者、爱国者和社会主义者。它渗透进小说、历史、宗教和社会问题中；它传播了这一观点，甚至可以说是信念，即进步并不停止，它通过跳跃、危机和革命而前进。当它从自己的神秘主义和空想特点中获得了使大众的或是民粹的浪漫主义——数年后由欧仁·苏或乔治·桑所代表的——产生的灵感时，它将这一特点赋予乌托邦社会主义，即圣西门主义与傅立叶的社会主义。

浪漫主义使其所处时代的所有意识形态都得以发展，由于拒绝相

互妥协，因而它加剧了这些意识形态之间的对立。它提出一种关于现实的悲剧观，夸大荒诞，丑化资产阶级。它将1832年霍乱引发的恐怖夸大为镇压骚乱的严酷；杜米埃的《特朗斯诺南街》即是例证。它促使人们认识到工人的苦难。

浪漫主义也形成了一种史诗观。夏多布里昂和维克多·雨果对亲希腊运动有贡献，画家德拉克洛瓦也是如此。浪漫主义氛围形成了对于1830年以后的波兰人以及那些渴望解放的民族的同情。它尤其促进了拿破仑神话的充分发展；诗人、小说家、作曲家和画家们所颂扬的皇帝崇拜，事实上是民族情感的大众表达。

在德拉克洛瓦以及后来为维克多·雨果辩护的巴尔贝斯看来，1830年起义者是值得钦佩的人物，他们是浪漫主义英雄。但是，1830年以后对外省感到厌倦、忠于贝里公爵夫人——其1832年的鲁莽行动有如一场情节剧——的青年正统派，在文学表达中找到了对现实的拒斥；与资产阶级的“中庸”政策不同，这些青年人中的一部分只热衷于谈论“现实的恐怖”。但是在1830年前夜，青年一代还没有耗尽热情。他们不再想要传统。

不可能的传统与波旁王朝的垮台

青年自由派，作为“自助者，天助之”社的推动者，已对1827年选举中反对派的胜利起了重要作用。这次选举产生的多数派，足以迫使维莱尔辞职，但却不能支撑一个实施更为自由政策的内部一致的政府。新任内政大臣马蒂尼亚克调解资产阶级和查理十世政府之间的关系的企图以失败告终，国王随即将其免职。

1829年8月8日组成了新内阁，其中包括波利尼亚克亲王——其名字使人想起即将逝去的旧制度所犯的错误，曾在战场上抛弃拿破仑的布尔蒙伯爵，以及拉布尔多纳耶——一位最狂热的极端保皇派，这仿佛是在挑衅。1830年3月2日，当国王宣布议会开始开会时，他在国王演说中公然威胁众议员们道：“如果应受谴责的行为对我的政府产生了我所不想预见的障碍，那么我将动用武力克服它……”众议院依惯例在会议伊始所作的回应致词是一强有力的反击：“毫无理由地

598 猜疑法国的情感与理性，是今日政府的基本思想，这使得你的人民深受其苦。”这一致词得到221位众议员的多数支持而获通过。震怒之下，查理十世解散了众议院，并求助于选民，因为正是后者决定了内阁的候选人。他希望因针对阿尔及尔的惩罚性远征而得到满足的民族自尊，能使其与选民的意见相一致。5月底进行的这一干预行动，还与这样一种军事胜利的愿望，即以国际道义的名义制服柏柏尔人海盗行径的愿望相吻合。

选举于6月底展开，而在巴黎和大城市中甚至延迟至7月。已展开支持在致词上签名的221名众议员（几乎全部重新当选）的反对派力量再次得到增强：成为拥有274名众议员的多数派，而属于政府派的只有143人。由此遭到否定的是政府而不是国王的权力。然而，查理十世将这一结果看作是对自己权力的反叛。有关路易十六的让步的记忆、确信革命力量和复辟力量间意料之中的冲突具有全欧意义——这是巴黎众多使节之共识，以及宣布夺取阿尔及尔（7月5日突然攻占），凡此种种，加速了国王的决定。发给内阁的各项报告使人相信存在一个巨大的阴谋；《论坛报》、《国民报》之类的反对王朝统治的报刊的出现，加深了这种不安。

七月敕令和光荣三日

7月25日，也就是在一份强调革命威胁以及被指责为“混乱和暴动之工具”的新闻出版的危害作用的报告出来之前，四项敕令中止了立宪政体，取消了最近选举的结果，调整了选举制度，并对新闻出版进行严格审查。运用（《宪章》）第14条有如一场政变；但是，因为选举而尚处于分散状态的议会反对派，首先是觉得惊愕。巴黎的一些自由派众议员在其中的一位银行家卡西米尔·佩里埃家聚会，但也没有立即做出决断；26日，正是一些记者与梯也尔在《国民报》的办公室召开会议，提出了第一份抗议书；在同一地点，一些巴黎选民集会，并考虑拒绝纳税。

对敕令的有力反击来自于民众的反抗：在动乱的三天，也即1830年7月27、28、29这“光荣三日”里，巴黎骚乱变成一场革命，迫使查理十世退位，其王朝也被驱逐。青年学生和印刷工人领导了群众集会，那些工厂在骚乱伊始就已关闭。工人们的参与使这些集会的规模得以壮大；甚至有时，如果他们去游行示威，其老板们还会愿意支付他们的日薪。巴黎街区筑起了街垒，如圣马尔索区、圣安托万区、圣德尼门和圣马丁门。任命不得人心的马尔蒙元帅为军队首领则进一步加剧了不满情绪；应该撤走军队，让起义者成为巴黎的主人。前往镇压的军队受到了青年共和派所主张的国家意识形态和打出的三色旗的影响，他们事实上已与闹事者友善相处，而在后者中也有一些拿破仑军队的老兵。

一场革命始终是以当权的政体崩溃为第一阶段的；在巴黎起义的攻击以及第一次革命之记忆的困扰下，查理十世很快被事件的发展抛在身后，他所采取的各种让步措施——撤换波利尼亚克、收回敕令、任命奥尔良公爵为摄政官，最后就是他本人于 8 月 2 日让位给其孙波尔多公爵——都已为时过晚于事无补了。8000 至 10000 名起义者已然推翻了王权。但是，革命的胜利果实并非总是由革命者来获得。权力的真空并没有由青年共和派或波拿巴派予以填补，后者希望以国民卫队临时指挥拉法耶特将军为首领。在一段时间的犹豫之后，一些自由派众议员决心组建一个有拉菲特和卡西米尔·佩里埃参加的市政委员会。7 月 30 日张贴出一份支持奥尔良公爵的匿名布告（事实上是由梯 599
也尔起草的），它所提供的解决方案，在自由派众议员看来是避免恐怖代名词的共和国的最后希望。构成一个真正的临时政府的市政委员会，于 7 月 31 日任命奥尔良公爵为王国摄政；同日，拉法耶特在市政厅阳台上将奥尔良公爵介绍给民众。通过这一重续 1789 年传统的象征行为，拉法耶特维持了国家的君主制统治，并使得共和派的目标落空，后者曾经只寄希望于他本人。在获悉民众进军在即时，查理十世先是退到朗布依埃，然后前往瑟堡，在那里他登船逃往英国。

不可能的革命与路易-菲利普的即位

奇怪的革命：对解散敕令自然是置之不理的议会两院，于 8 月 3 日召开会议，而这是原先由查理十世确定的开会日期。会议伊始即宣布王位空缺；随后，在最激进的自由派的压力，同时也是在街头持续动荡的压力下，众议员们决定修改宪章，并交由布罗伊公爵和基佐负责。一切都进展得非常迅速：8 月 7 日，修改完的宪章和指定奥尔良公爵为法国人的国王在议会进行表决，结果是众议院 219 票赞同，33 票反对（众议院共有 430 位众议员），贵族院 89 票赞同，10 票反对。8 月 9 日，路易-菲利普一世来到波旁宫宣誓效忠《宪章》，以此作为加冕礼。

由此，革命就将一位 57 岁男子扶上已不再属于波旁王朝的王位，而当时的歌曲作者和漫画家热衷于将此人描绘为一个和善、精打细算的资产者。他的自由主义名声源于其出身。他的父亲是赞同处死路易十六的国民公会议员，与吉伦特派一起被送上断头台；他本人曾加入革命军队参加战斗，他参加热马普战役一事屡被提及，以至很快变为陈词滥调。随后，他流亡于瑞士、美国和那不勒斯宫廷，正是在那不勒斯他娶了玛丽-阿梅丽公主为妻。他与复辟王朝的反革命政策保持一定距离，并且自 1815 年其名字在某些掌玺大臣那里被提及以来，就被怀疑具有篡位野心，他的晋升满足了资产阶级的要求，后者相信这位“国王公民”代表了自己。他的家庭生活、其就读于王家中学的诸子的青春活力，以及其长子（在七月革命后获得奥尔良公爵头衔）因与其形成鲜明对比的风流韵事和喜爱炫耀而深受欢迎，这些都使得路易-菲利普为巴黎资产阶级所接受。国王能够听取公众意见，这使他在统治初期能够采取人们所期待的行动。他首先注意将那些在 1830 年底仍占据街头的革命者中保有影响力的人拢聚在身边：拉菲特，拉法耶特，奥迪隆·巴罗；随后，他又通过将拿破仑崇拜官方化来满足民族自尊心的需要。但是，我们此后将看到，这种与公众舆论相妥协的能力，在未来将成为他的弱点，因为这使得他口是心非，并且扭曲了议会制。

事实上，七月王朝的模棱两可在其伊始就已显露无遗。支持查理十世的正统派的无能（其对于自己君主如此迅速的垮台惊愕不已），以及共和派或波拿巴派的无能（其未能推行自己的决定，掌握唾手可得的政权），并没有隐藏 1830 年 8 月起在新王朝的支持者中出现的深刻分歧。七月革命的两种趋势、两种解释在 8 月 11 日路易—菲利普组建的第一任内阁中就已体现出来。“抗拒”派——并不是 1849 年秩序党的鼻祖，因为它缺乏教会和大地产主力量的支持，后者绝大多数都是正统派和持敌对态度的——还依然满怀政治自由主义思想；对于它 600
来说，1830 年 7 月并没有发生什么革命，而只是对查理十世之敕令所体现的政变的有力反击。它以布罗伊公爵和基佐为理论家，卡西米尔·佩里埃为领袖，《辩论报》为喉舌，大资产阶级为拥趸，后者关注于理性进步、经济扩张，以及依据财富多少来限定政治责任；这一派别“因为波旁王朝”而接受路易-菲利普，它的纲领是与以前众议院中占多数的 221 人的自由主义反对派相一致的。

对于运动派——改革主义运动——来说，确实存在一场 1830 年革命，1830 年的改革或是已经承诺的那些改革只是迈向公共生活更大程度的民主化的起点。它想保持与民众运动的联系以避免任何反革命威胁，而它的拥护者们对向法国发出帮助请求的外国民族抱有同情心。作为年轻一代的成员，如奥迪隆·巴罗，或是像拉菲特、拉法耶特那样受民众激情感动和受他们的名望驱使的自由派领导人，他们都依靠民主和爱国情感，而这些正是在巴黎、各大城市和法国东部地区激励小资产阶级和国民自卫队的情感。《国民报》和阿尔芒·卡雷尔依然是他们的主要喉舌，而且受益于查理十世下台之后所出现的政治报刊出版的飞速发展，他们得到了巴黎乃至外省绝大多数报刊的支持。但是，在众议院里他们还是少数派，为此，他们想予以替换；不过，当维系一个分歧重重的内阁已无可能时，正是拉菲特于 11 月 2 日成为政府首脑。曾经确保了政府地方官员更新的基佐，以及恢复了与他国的外交关系的莫雷，虽然都促进了新政权在各省的确立，但是，由于他们在巴黎甚是不得人心，从而只能自愿隐退。

革命力量与民主愿望

对于未能从胜利中获益的青年共和派来说，革命并没有结束。他们尽力试图重演第一次革命：这体现在先后于 1830 年 10 月和 1830 年底对查理十世的大臣们进行的诉讼过程中；1831 年 2 月洗劫总主教府；再晚些时候，因霍乱而引发的不正常的骚动，使得拉马尔克将军的葬礼演变为 1832 年 6 月 5 日至 6 日的骚乱；最后，1834 年 4 月，里昂和巴黎的共和派发动起义，反对旨在限制各种协会和严格维护秩序的新法令。

这一革命骚动，直至审讯 4 月起义的参加者和 1835 年 9 月禁止一切共和宣传才终结，其推动力来自于一部分资产阶级青年、大学生和青年雇员，他们对与墨守陈规和强调稳定的思想决裂的各种新观念都持接受态度。他们惯于不承认法律，首先是 1830 年的法律，随后是拉菲特内阁时期的法律，认为它们含糊不清且会迅速过时。虽然共和派协会很快衰退，但是，它们通过在巴黎、里昂和法国东部地区动员起数量越来越多的参加者而面貌一新：成立于 1830 年之前的“自助者，天助之”社，借此变得激进，其影响涉及到 35 个省；“人民之友”社，更为巴黎化和充满社会关怀，尤其是“人权”社自 1833 年起，倚仗雅各宾传统，将自己的小组命名为“罗伯斯庇尔”组、“巴贝夫”组、“1 月 21 日”组，但同时也满怀社会主义愿望，而这种社会主义愿望系由圣西门主义者不无纷乱地体现出来，并由傅立叶主义者加以普及。由此，劳动组织、限制私有财产、累进所得税等思想渗透到共和派小组中，这些小组自阿尔萨斯至罗讷省聚集了约 1 万名成员（其他省份有同样数量的成员），他们都是爱国者和民主主义者，期待着
601 从巴黎传来口令，但未如愿。因为共和派只是通过共同拒绝（自 1832 年起的）七月王朝及其内阁政策而团结在一起的；其领导人在原则、方法、组织上的分歧使得青年成员的热情逐渐衰竭或是消耗殆尽。1830 年的青年共和派，被享有政治权利的资产阶级孤立在外，后者被他们报刊的极端言论所吓坏，遂转而投向保守派。与此同时，他们也孤立于大众阶层之外，因为他们理论的不明确甚至矛盾使其根本无法吸引后者，因此，尽管这些共和派具有浪漫主义的英雄气概，但依然是狂热的个人主义者，对于他们来说，革命往往是一场游戏，即使他们为革命牺牲了亦是如此。1835 年以后，最坚定的共和派将在更易受

并没有现实牢固基础的乌托邦影响的秘密社团中，继续保持革命热情，甚至更加激进化，而这一热情到1848年时重新显现出具有民主主义的和社会主义的色彩。

议会制的建立

修改后的宪章已将立法提案权赋予众议院，此后，它将和国王共享这一权力，而拉菲特内阁时期制定的多部法令使代议制得以发展：1831年4月19日法令将选民获得选举权所需的纳税额降至200法郎，众议员由各选区选举产生；1831年3月21日市政法将选举制扩大到市镇议会成员的选拔中，由此就将这一层面的投票权给予了两百多万公民，这些人都是每个市镇中纳税最多的人；1831年3月21日法将国民自卫队向所有纳税人开放，此后他们能选举自己的军官。1833年6月25日的另一部法令将选举制（始终是纳税选举制）扩大到省议会的选拔中。废除贵族院中的世袭制，减少它对内阁所具有的独立性，这一切都增强了众议院的重要性。新领导人希望在正统派反对者——1832年贝里公爵夫人（正统派的王位觊觎者的母亲）的未遂尝试同时显示了他们的影响和弱点——和共和派骚动之间建立一个“中庸政府”。正统派反对者有一个他们无法执行的计划；而共和派骚动虽然体现了一种力量，但是也看来它无法带来任何积极的建设作用。

拉菲特内阁不得不在各种困难中挣扎。它无意间促进了部分革命力量的意志消沉，并通过展示实施更为自由主义政策的不可能性，而使得1831年3月13日卡西米尔·佩里埃上台成为可能。通过这一新内阁，在卡西米尔·佩里埃病逝之后则是1832年10月11日组成的汇集布罗伊公爵、基佐和梯也尔的内阁，自由派资产阶级掌握了权力，并寻求在秩序和自由之间保持平衡。新一代——当他们还没有投票权时，他们在复辟王朝时期的自由派小团体中得到锻炼——占据了正统派退出或是被清洗所留下的空位；他们获得国家和议会职位时一般更为年轻，占据的时间也更长，而且随着年纪的增长，他们的自由主义思想也逐渐具有保守特点。掌权的法国自由派保留了中央集权的本能，并且继续给予政府以主导作用；面对当时的各种困难，他们提供的是政治解决办法，但是，他们将法国的利益与那些政治团体的利益相等同，而后者从其依据纳税额角度的界定来说，本质上是社会的。

社会问题

混乱局面的持续，报刊、文学和思想——包括在拉默内焦虑性格下的宗教思想中——所反映出的不安，对最为自由化的制度、国民自卫队和市镇选举很快感到不满，凡此种种，都表明 1830 年提出的政治
602 解决措施并没有解决七月起义所提出的问题。确实，其他困难也显现出来：针对资产阶级与贵族冲突而制定的解决办法使得资产阶级分裂；资产阶级是由不同利益、情感和心态的人组成这一点已昭然若揭。当大中资产阶级保有政治控制权，并争夺国家职位时，小资产阶级和青年大学生（尽管也出身资产阶级）在大城市的群众中唤起了对显贵权力的抗议。

经济困难

失业将没有工作的劳动力抛至巴黎街头，这些人在骚乱中没有什么可失去的；在七月起义之后，他们的数量仍在增加。从外省各处都发来有关商业萧条、工场或建筑工地关门、乞讨与贫困现象增多的报告。由于害怕战争和银行倒闭——从拉菲特的银行开始——而出现的对外贸易的混乱从巴黎传播到了外省，使已不稳固的信贷和整个商业陷入瘫痪，危机大大恶化了，尽管这一危机是发生在革命之前，但它显得好像是革命的结果。政府与市镇当局不得不进行干预：发放救济品、开设慈善工场、支付商业贷款。间接税继续存在；由于收入下降，负担变得更为沉重。

社会动乱

自 1830 年 8 月起，罢工、砸碎门窗或是捣毁机器（在鲁贝、南特以及稍后的圣艾蒂安）、里昂和格勒诺布尔发生的针对外国工人的运动，都体现了对受到机器和外国劳动力竞争威胁的工作的艰难维护。拥护新政权的新闻界指责正统派或是“教士党”的秘密行为。1830 年 9 月 6 日，为了维持自己的薪水和将日工作时间固定为 12 小时——当

时是 14 至 15 小时，达内塔尔的纺织工人甚至逼退了国民自卫队。

但正是 1831 年 11 月里昂丝织工人的起义，最为悲剧性地揭示了工人的苦难和无产阶级的力量，后者将“以劳动求生存，抑或战斗而死”作为口号。这一运动起初没有任何政治动机，而是因为丝织业中的手工业者有关报酬税率的要求，这些人虽然是依赖于批发商获得原材料和销售他们的产品，但是仍然是自己劳动的主人。已组成互助社的克洛瓦-卢斯区的这些劳动者，在守卫街垒时曾经从省长那里获得对税率的承认，但省长很快被免职；在 5 天的时间里，他们控制了政府当局和军队已撤离的里昂市，他们没有实施任何抢劫，也没有纲领，没有组织，没有对军队的回归造成任何障碍。“威胁社会的野蛮人并不在高加索或是鞑靼大草原上；他们就在我们工业城市的郊区里”，《辩论报》如此总结道，并且指出在那里存在“有产阶级和无产阶级之间的斗争”。然而，这些最早打出黑旗的人，他们起而反抗更多的是出于抗议自己地位低下而进行的维护自尊的行为，并不是由于饥寒交迫。

1832 年霍乱

霍乱在因经济危机发展而营养不良的人群中肆虐，由于它影响的是过度集中在拥挤的城市中的人群，而且它在那些已然通过起义展示自己的力量，但却没有改善生活状况的人中持续了很久，所以显得尤为动荡不安和猛烈；正如《悲惨世界》中的巴黎的景象，在此书中，维克多·雨果描述了各种人间苦难。法国的其他地方也未能幸免：波尔多、里尔、马赛都遭受了瘟疫，随即出现灾难和骚乱；但正是在巴 603
黎（在那里，霍乱不仅席卷了圣阿瓦耶街区和骚乱者的街道，而且首相卡西米尔·佩里埃也染病身亡），瘟疫最为充分地揭示了使资产阶级与人民群众相对立的生物学和社会层面的敌对。对于资产阶级来说，霍乱是该归咎于工人们的一个额外灾难，工人们被指责应对由持续骚乱所引发的商业萧条负责：面对瘟疫，资产阶级最后的解救办法就是逃离巴黎。虽然 1832 年 4 月初因此离开首都的资产阶级只有几百人，但是这足以加剧了人民群众的想像，后者正在寻找责任者，指责当局人士投毒，而教士或正统派报刊则急忙宣称，这是上帝的愤怒和对革命的惩罚。由此，不理解和仇恨不断加深，骚乱也在6月转变为起义。1832年的霍乱和骚乱进一步增强了资产阶级对劳动群众的不信任，觉得后者有朝一日将可能成为危险阶级。

贫困

法国此时尚未走上由铁路建设推动的迅速工业化道路但其负面效应之一却已显现。流浪的失业者，霍乱患者或是贫民，不再是慈善事业中的“善良的穷人”；贫穷不再是基督教社会中一个不可避免但又值得尊敬的组成部分了；相反，贫困成为一个社会缺陷，它使资产阶级社会感到不安，并且威胁到城市预算，因为它是一个集体现象。在统治阶级中最早注意到工业进步与工业劳动者的迅速贫困之间存在的这种脱节的，往往是天主教徒正统派，他们将物质和精神层面的穷困的发展归咎于自由派意识形态、七月王朝政府和商业资产阶级；维尔纳夫-巴杰蒙子爵，复辟王朝时期曾任诺尔省省长，于1834年出版了《基督教政治经济学，或是有关法国与欧洲贫困问题的性质与原因的研究》一书；他阐明了马克思将称之为“封建社会主义”的思想，提出了“针对资产阶级的起诉状”。

对于自由派资产阶级来说，贫困的扩展是由精神原因引起的，为此，它鼓吹精神解决办法——发展宗教教育，这属于不会动摇社会体系的解决措施。但是，这一措施仍然非常依赖企业主个体的自由创始精神，而且，它是与严格运用立法和司法工具以确保资产阶级对工人的统治结合在一起的。不过，工业无产阶级在1830年的法国尚为数甚少，米卢兹、里尔、鲁昂等地无产阶级的处境在维耶尔梅博士调查之前仍然鲜为人知。旧经济体制中的一些古老职业，尤其是建筑工人，依旧构成了群众骚乱的主力军。

艰难的和平

复辟王朝政府垮台之时，正值其刚刚通过促进新希腊王国建立、征服阿尔及尔以迎合关注军事威望的舆论而增强了自己的外交声誉。

它的倒台还是一场民族的和自由主义的革命的结果。1830 年初创办的一份自由主义反对派的新报纸《国民报》如此自称，梯也尔是其最初的编者之一。在革命发生后不久，“爱国者”一词重获其在第一共和国时代的流行地位：法国的例证已然撕碎了 1815 年的欧洲法令，并且推进了维也纳会议曾经感到不满的活动。自其伊始，比利时起义就得到了七月革命者的大力支持。

爱国者的失望 604

1830 年 11 月底的波兰起义和意大利骚乱在法国激起了广泛同情，这使得新政权面临采取何种政策的棘手问题。其王权源自于那场不甚符合众多欧洲君主，尤其是沙皇尼古拉一世意愿的革命的路易-菲利普，已经由于巴黎街头持续的革命骚动而得到各个宫廷的支持，后者之所以这样做，不是出于同情，而是因为担心共和国的来临。“奥尔良始终不过是个无耻的篡位者”，沙皇在致其兄弟的信中如此写道。路易-菲利普——从一开始就在外交事务中发挥重要作用——和他的外交大臣，先是莫莱，然后是塞巴斯蒂阿尼将军，致力于使欧洲各国政府相信法国的和平意愿。但是，群众游行示威和绝大多数巴黎报刊所具有的民族主义思想，仍然使得法国被认为应对欧洲骚乱负责。因为法国政府并不想冒与共和派骚乱所引起的好战激情过度抵触的风险；它对其他国家内乱的不干涉政策只能是在所有大国也奉行这一政策时才得以实施，例如波兰起义就是如此。尽管舆论压力很大，但法国并没有进行干预，而是满足于为大量流亡的起义者提供避难所；这些波兰移民促进了沙皇俄国在法国的进一步不得人心，并且通过钢琴家肖邦和诗人密茨凯维奇而使浪漫主义焕然一新。

然而，当 1832 年 1 月奥地利重新占领罗马涅以镇压烧炭党人暴动时，卡西米尔·佩里埃（尽管是保守派）不顾路易-菲利普的担心，坚决派遣远征军前往安孔；这一举动并非支持革命运动，而是抵消梅特涅的干预。虽然 1831 年 8 月法国军队已经干涉过比利时，但那是在国际法规的框架内进行的。1830 年底后不久，年轻的帕麦斯顿和年老的塔列朗就在伦敦召开外交会议，决定了比利时的命运。使合并谣言破灭的路易-菲利普，拒绝了比利时国民大会提供给其次子的王位，转而接受英国心仪的候选人利奥波德·德·萨克森-科布尔，后者成为法国人国王的女婿。当法军进入比利时以迫使荷兰人撤出安特卫普时，这既是法国自由派舆论所喜好的民族理由的成功，也是一个意味着欧洲和平的成功，因为比利时问题的解决是通过并未在其中引发冲突的各大国实现的。

与英国结盟

比利时国家的建立已成为急于摆脱外交孤立局面的七月王朝所希冀的法英接近的契机，对于这种孤立局面只有青年共和派表示赞同，他们仍然怀念帝国、受浪漫主义梦想激励，希望通过战争和欧洲革命使他们的反抗延续并永存。

但是，七月王朝时期的法英和解——人们有时甚至称之为第一次法英协约——是一个不考虑两国公共舆论的政策设想。因此，同盟依然是不确定的；政治与经济对抗继续使得法国与英国在西班牙、希腊和东方等地产生利益冲突。拿破仑神话的充分发展使得民众对“背信弃义的英格兰”的敌意继续，而对奥康内尔和爱尔兰的浪漫主义迷恋进一步激起了敌视英国的情绪。在公共舆论和保守派领导人所影响的舆论之间存在着罕见的更大分歧，这些领导人确立了 1688 年英国革命与七月革命之间的相似性，并希望在政治体制（相对）相似的基础上
605 建立两国同盟。以国家利益为托词的理由——尤其是空论派的理由——确立了一种既非革命也不好战的理性和自由的对外政策；但与此同时，法国政府在阿尔及利亚也面临与此种政策相背离的危险。

阿尔及利亚或受限制的史诗

在并不很清楚该如何处置的情况下，新政权接手了阿尔及尔问题：“我们继续待在那里，是鉴于民族意愿而做出的一种牺牲”，莱昂·布隆代尔稍后几年如是写道，他在征服的头五年里曾任财政总监。但这究竟是征服还是占领？七月王朝并不担心惹恼对这一事业很不赞成的英国。而且，支持占有阿尔及尔的首要理由就是担心放弃它会被认为

是对英国的让步。赢得多数法国舆论对扩大征服的支持并不费力。占领奥兰（1831 年）、波尼，以及布吉、穆斯塔加奈姆（1833 年）已提供了一条沿海地带。尽管如此，“北非法国属地政府”的建立要等到 1834 年 7 月，含糊的表述反映了历任大臣和军事总督在仅占领海岸地区和深入统治内陆地区的选择上的犹豫不决。

另有一些难以使人感动的理由促进了继续占有阿尔及尔：法国的地中海沿岸城市，主要是马赛，希望恢复商业活动；从一开始即插手新征服的军人们，将战争看作是获取和平时代必须很久才能得到满足的升迁机会；此后路易-菲利普的儿子们的介入，表明它可以使新王朝从这场当时法国军队进行的惟一战争中获取军事声誉，而这在那个时代普通民众眼中是惟一真实的。这不仅是排泄好战激情的一个方法（路易-菲利普的大臣们往往被迫批准将军们在阿尔及利亚自行做出的各项决定）；首批警察局长之一博德，就曾在七月革命的参加者中招募了数千名新战士：“他们将原本可能在国内纷争中陷入歧途的勇气和胆量转而对付阿拉伯人”。就这样，通过避免采取明确立场，七月王朝政府几乎是在无意间将法国引上了现代殖民主义道路。

三、奥尔良王朝统治下的法国的种种矛盾

1834 年后革命震荡逐渐平息，仅剩下针对路易-菲利普的孤立的个人暗杀行为和 1839 年 5 月秘密组织“四季社”发动的失败起义。此后，七月王朝的主要困难来自于其自身。源于革命的这一政权，希望通过确保和平与繁荣来实现自身的稳定；但是，繁荣只可能产生于经济增长，而这是与当时虽进展缓慢，但却已动摇惯例和祖先习俗的工业化运动相联系的。由此，保守的政治演进与商业资产阶级——虽只代表具有政治权利的人中的少数，但却是其中最具活力的——的进步的经济发展出现了矛盾。

政治矛盾

消除正统派和共和派威胁已使得曾支持反对革命运动政策的议会

多数派精疲力竭；1834年6月的立法选举——共和派在选民中的支持率暴跌——虽然产生了一个由各色人等组成的支持路易-菲利普的议会，但仍在采取何种政策上犹豫不决，导致不断批准相互矛盾的政策。选民团的狭小使得选票个体化，而且往往使当选众议员感谢几个富裕
606 家族或是省政府。众议员中公务员所占人数越来越多，扭曲了议会机制。奥尔良王朝的政治是尤为机会主义的政治，这体现在它的不同方法，以及虽不断变化但往往由同样一些人组成的内阁上。内阁的不稳定（除了1836年底至1839年莫莱伯爵任首相期间）和议会不稳定（1837年和1839年议会在任期满之前被解散），使得国王得以发挥对于议会制国家元首来说过于政治化的作用。正是他拥有的在莫莱首相看来是过度的个人权力，产生了反对莫莱的这一奇怪同盟，即在政府反对者这一边将奥尔良党的各派代表人物基佐、梯也尔和奥迪隆·巴罗联合起来；在1839年选举中这一同盟取得了胜利，但并未就此形成一个内部一致的多数派。

国王的伎俩是否能够得逞，完全得视卡西米尔·佩里埃去世之后使主要大臣们相互对立的个人矛盾情况而定。由于对奥尔良派领导人和代议制不存在重大争议，这就导致在国家和地方层面促进了个人冲突的产生，这些冲突更多的是利益之争，而非原则对立。当它涉及到基佐和梯也尔这样的在发生对立之前曾经长时间合作的人时，议会雄辩中的经典名篇遂应运而生。

在个人敏感性——比因为缺乏有组织的党派而得以延续的政治个人主义更为持久——之外，还有地区对立。领导阶层在以所有权的完全自由、意识形态分歧的减弱为基础的社会体系的价值问题上的基本一致，使得他们的经济和地区分歧变得更为重要。不过，在选民团中居主导地位的资产阶级，仍然受那些相互矛盾的愿望所推动；它既关心自由——使其与天主教会相对立的思想自由，以及使它与国家可能表现出来的相当有节制的朦胧愿望（例如在1841年有关童工劳动的法律的缓慢制定过程中）相对立的创办企业自由——同时也关心保护，也就是面对农民或工人骚乱以及外国竞争时的保护措施，甚至在经济

危机时期通过申请国家订单来保护他们免受经济困境的影响。

中庸政府的机会主义

奥尔良派资产阶级的主要代表是这样一位知识分子，他并非出身于路易-菲利普统治时期居主导地位的显贵阶层。此人就是梯也尔，他是典型的“七月王朝人物”，作为来自马赛的记者，一位寡廉鲜耻的外省人，他因为《法国革命史》而大获成功，该书不仅给他带来财富，亦使他效仿起了革命者；1830 年以后，他曾同时支持拉菲特和卡西米尔·佩里埃的政策；任内政大臣期间，他下令逮捕了贝里公爵夫人，这件事使得正统派永远不会宽恕他；同时，也正是他促使摧毁共和派报刊的 1835 年 9 月法令获得通过。然而，1836 年和 1840 年他领导的两届内阁，表现出自由和议会制政府的样子。尽管梯也尔爱慕虚荣、能说会道，但是并未深陷于其所说的蠢话中不能自拔。他加速推行面向未来的政策；他明显关注舆论，控制《立宪报》，并且在掌权时竭力博取新闻界的好感。他懂得迎合民族情感，其领导的两任内阁——每次都以依赖更替的多数派的迂回曲折政策为特点——都没有被众议院推翻，因为两次他都通过表现为民族荣誉的捍卫者、不惜任何代价迁就主和派而成功地使自己被国王解职。最后，梯也尔——尽管起初针对铁路发表过令人不快的讲话——具有很好的商业头脑，预感到了工业和金融资本主义的发展。1836 年的第一次内阁，体现了通过公共工程和交通工具政策促进经济活动的国家意愿；迫使市镇当局承担养护地方道路的 1836 年 5 月 21 日法令即致力于此。1840 年，对 607
缓慢产生的大资本主义加以支持的政策的显著表现是：法兰西银行的特权获得提前延长以促使它增设外省分行；通过不同法令为巴黎—奥尔良和巴黎—鲁昂铁路建设公司的股份提供最初担保；法国和美洲之间的轮船航线也已建立。始终坚持关税保护主义既反映了梯也尔赋予商业界的重要性，也表明了他从后者所获得的支持度。“梯也尔先生”，作为法国人中最不罗曼蒂克的人，利用了民众激情；七月王朝时期，虽然他反对任何选举改革，但是通过筹划将拿破仑遗骸运回国内，点燃了民族热情。他铤而走险并遭到失败——但这只是暂时性的失败，这是在

1840年，而他内阁的垮台使得王朝左派名誉扫地，因为他的计划未能付诸实施已然连累了他们。老实说，他直至1848年还是一个暴发户，能够立即被他吸引住的资产阶级，已然不能认清自己；资产阶级还是过于接近地产，而梯也尔则无视农民。

乡村法国

1840年的法国依然是一个乡村占主导的国度；3/4的法国人生活在居住人口不足3000人的市镇中，而且在大多数省份（86个省中的57个）里，此后十年中也鲜有变化。虽然法国农民往往是地产主，但是，他们的土地经常是被分成一小块（1842年有1150万份土地），总是不足以养活自己，因而他们得作为佃农——分益佃农或是日工——利用属于资产阶级或是贵族的土地。后者虽然1830年后已被排除出政治权力，仍继续在外省社会起重要作用，尤其是在拥有相当数量大地产主的西部或是巴黎盆地省份更是如此。有时甚至与1789年之前相比，地位反而获得增强，例如马延省就是这样，而它在整个奥尔良王朝政府体系中的缺席，导致相当一部分正统派贵族退回到自己的土地上，将新的作物和耕作方法引入其中。在1840年法国纳税最多的512人（当时地产税是统计获得选举权所需纳税额中最为重要的税收）中，有300多人是贵族或是姓氏中有贵族标志的人。与特别重视购买新土地的小地产主不同，非农民的地产主拥有更多资金，并将它们投入于购买工具或肥料。农业工具的改进——马迪厄·德·东巴斯勒有详尽阐述，对硅质土地施用石灰、对过于湿润的土地进行排水，这些往往是在农学会和农业促进会推动下采取的活动，使土地取得了更好的收成。糖甜菜的种植在佛兰德尔、诺曼底和利马涅等地起到了刺激作用。最富裕的地产主，尤其是诺曼底和中西部地区的地产主，他们在养牛业上的利益增强了保护主义；未来的布若元帅，一位来自多尔多涅省的大地主和众议员，在众议院中成为牲畜进口关税的坚定的且有切身利害关系的维护者。但是，在众多像利穆赞一样的地区，打破仿古和忠于传统的农业实践，几乎只是通过推动农村手工业者涌入大城市的临时移民来实现的。

没有革命的工业化

然而，工业活动获得了最为迅速的增长，在1835年至1845年间，其增长速度是农业活动的两倍。但是，工业生产的增长与技术革命的关联不如英国那样密切；来自农村的充足劳动力，使得对新制造方法 608
的研究动力不足；水力机阻碍了蒸汽机的使用，并且在冶金工业中依然占据主导地位。虽然1840年以后现代化开始加速，但只直接涉及工业活动的几个部门。在米卢兹企业主的推动下，棉纺厂迸发出最大活力：克什兰家族和多尔弗斯家族进行了最早的大规模纵向积聚，使印花棉布的制造现代化，建造了他们的新机器，并且很早就对建造铁路感兴趣。诺尔省地区也开始将其原有的以家庭作坊为单位的纺织业进行机械化。在下塞纳省，现代化更多的是通过摧毁乡村和家庭制造业来进行的。不过，相当局部化的棉纺织工业，其带来的变化则使毛纺工业无法与之相比。后者在地理上更为分散，工场也更不集中。尽管机械纺纱在埃尔伯弗或色当取得了胜利，但是，分散于整个法国的毛纺中心依然延续手工制造传统，并从对外贸易的发展中获益；毛织品的出口价格在七月王朝期间翻了一番。工业现代化对于它所涉及的劳动者来说是没有什么益处的；1839年危机时，人们第一次看到纺织工业的罢工在法国比手工业和建筑业的罢工更为严重，尽管后两个部门仍是使用工人最多的部门。

交通工具上的怀旧和运输费用的高昂，促使旧工业形式在法国广大地区持续存在；地下埋藏的资源不够充足；土法炼铁炉在中央高原地区继续存在。不过，铁矿石的开采量在七月王朝时期成倍增长，蒸汽机的数量也从1839年的2450台增加至1847年的4853台；焦炭生铁在1836年时只占法国生铁产量的36%，而到1847年这一比例则上升至44%。冶金业的这一发展自然是与农业需要（尤其是对新犁的需求）和纺织工具的进步息息有关，而铁路建设的需要则尤为重要。

铁路在法国的发展缓慢：1837年建造了175公里铁路线，1841年是499公里，七月王朝末则是1900公里。这一落后情况，一方面是由于银行和国家——主要以矿山、桥梁和道路工程师为代表间长期存在的对立。如果说铁路建设在法国的工业现代化进程中发挥了特殊作用——其影响在第二帝国时期尤为明显，那么，这也是因为国家在法国经济活动中发挥了特殊作用，尽管官方认同自由主义。法国资产阶级在三个方面依赖国家。首先，通过一种因为萧条的威胁而变得更为现实的古老传统，货币紧缺的结果对经济和利润产生影响，从而使得国家宣布进行税保护，这是一种经典的补救办法且并非毫无作用；因此，1842年至1843年间锻造厂主和纺织工厂主通过组织冶金业利益委员会、机器制造商委员会、亚麻委员会，以及福尔西洪会议重新聚集众议员，从而使得与比利时建立关税同盟的计划搁浅。相反，它从执政府以来所有政权都设置的严格的立法和司法机构——为了避免对企业主在其企业中的自由进行任何法律上的束缚——中获益。这一自由使得压缩薪酬成为可能，由此，即使是在相对萧条的时期里，也能获得足以满足工业设备现代化、积累新财富所需要的利润；严格执行针对法国工人集会的禁令，相当于对工业资产阶级有利的国家内部保
609 护主义。但是，中央集权化的国家并非只是统治阶级的简单反映，况且后者由于地区和产品的敌对而在经济方面存有差异。政府机关——已成为国家力量中心，并由于行政法院或中央政府中有众多人在两院占据席位也得以参与到政治指导之中——在经济活动中发挥了指导作用。通过增加针对省长和商会的调查表、出版有关各种经济活动的统计、在高等教育中引入政治经济学研究、将塔拉博这样的最具活力的工业家召入制造业总会，国家就推动了经济生活的运转，在交通线这一领域表现尤为明显。1836年乡村道路法促使乡镇走出了孤立局面，而借助1837年起越来越多的拨款，道路网也得到修缮。主要的着力点是航道：七月王朝时期修建了1440公里水道。至于铁路，出于政治原因，它们似乎是过于重要以至于其建造不能委托给国家；众议院于1837年表示反对，1842年6月11日法令则找到了一个将国家与金融资本主义结合到一起并且地方当局更为积极参与的迟到的解决办法。

铁路建设的落后主要有两个原因：其一是舆论，尤其是议会舆论的干预，它们过于受到反对者和墨守成规者的利益的影响；其二是流

动资金的缺乏和银行组织的不足。1840年以后，英国与瑞士资金起了决定性作用，并成立了一些大公司，如巴黎—奥尔良、巴黎—鲁昂、诺尔……它们在七月王朝的最后几年中吸收了一部分曾受投机诱惑的法国储蓄。这一迟到和过分的迷恋促使最早的（也是昙花一现的）大商业银行产生，如拉菲特银行，并将资本的活动与大资本家的活动相分离。铁路建设改变了经济权力状况，加剧了有利于最富裕省份的地区不平衡，而且大致从长远来看，解除了显贵们对地方经济的控制。

显贵们的政权

不过，七月王朝，尤其是1840年10月29日苏尔特—基佐内阁成立以后的长期稳定期，表现为是显贵们的统治得到最充分发展的时代。这些显贵们——大资产阶级或是贵族——首先从他们的财富，特别是土地财富中获得权力；正是土地决定了是否可成为显贵人物，因为它将入选议会的资格给了支付500法郎直接税的人。在商业、制造业和自由职业活动中发财的人遂购买地产。但是，七月王朝时期的显贵并不只是一个富裕的人（确切地说应该是逐渐变富，由此使他可与暴发户区分开来），而且也是一个家族的成员，这一家族的定居往往超越了地方框架。家族传统的生命力促进了社会、职业和政治的稳定。婚姻联盟也参与其中；基于利害关系的婚姻是一个家族事务，其中男女爱情很少能起主导作用；这可能是以爱情梦想来慰藉全然不同的现实的浪漫主义成功的原因之一。虽然当时统治法国的显贵们只是在年纪很大之后才获得高级职位（很少有早于40岁或45岁之前者），但是，由于他们寿命长——这是与当时人口总体预期寿命还较短所不同的——从而巩固了其社会权力的稳固性。此外，他们的家庭出身使得他们能在比中小资产阶级出身的人更年轻的时候获得高级职位；由于在职位 610
上待得更久，因而显贵们的领导活动所具有的长期性就影响增大，并解释了为何他们能一直掌权。

因此，第三个组成部分在于显贵对社会的影响，这种影响或是由于他们领导经济、行政活动，或是由于他们的选举而产生的。区选民团的狭隘、个人或家族影响的优势地位、政治派别的缺乏组织，这些都使得选举个人化。缴纳选举税的选民投票给代表自己利益的人，而不是给自己观念的代言人。显贵的特点也因地而异：一方面是来自蒙福尔的（正统派）众议员安迪涅伯爵，另一方面是米卢兹的大工厂主尼古拉·克什兰或埃尔伯弗的厂商和（自由派）众议员维克多·格朗丹，在这两方面之间不仅存在政治观念上的不同，而且他们分别是两种不同社会的代表。

如果我们细究这一在地区和国家层面同时表现出来的权力，我们首先会发现，它反映了这样一种转变，即从建立在司法基础（已不复存在）和农业主导地位（在众多省份依然延续）之上的旧制度社会的贵族，向 1840 年左右已在一些孤立的中心出现的工业化社会的资本主义企业负责人集团转变。不过，在这两种人，即安迪涅伯爵或是克什兰之间，并非只有不同；他们的权力——主要体现在农民或是工人身上——的特点就是经济、社会与政治权力在那些相互间认识的人手中混同在一起。18 世纪领主对农民的权力、19 世纪末大工业或商业公司的董事长的权力并非是被接受的，而是在行使权力者和承受权力者之间没有经常联系的情况下强加于人的。相反，显贵们的世界是一个人际关系占主导地位的社会，其中权力被那些承受者所接受和赞同。赋予社会关系以活力的家长式统治概念，也为这些承受家长式统治的人所认同；确实，这一状况取决于经济力量关系——它们通过纳税选举制而得以确认和享受优先权，但也依赖这样一种社会心理学，它的特点是阶级意识不如从属于以显贵为代表的同一地方或地区共同体的意识发达。

显贵的第二个特点是它的中间作用。首先是国家与居民之间的中间作用，这就是当选者——众议员、省议员、商会成员——以及法官和高级官员，他们将与其姓氏或财富相连的个人影响添加到与其职能相连的匿名权力当中的原因：例如，加亚尔·德·凯伯丹，不只是雷恩的王家法院的首席院长，还是一位大地主、支持七月王朝的众议员，并曾是复辟王朝时期——当时他是共济会完美联盟（Parfaite Union）的分会会首——雷恩自由派的首领。加亚克的专区区长贝尔蒙，也是一位前元老院成员、七月王朝之初的自由派众议员的儿子，以及省议员的兄弟，而其家族的财富在选区中是位列第二的。通过自己的关系、职位，显贵就可以使自己同胞的请求或意见得到表达，并为他们获得某些利益。他也是构成人口绝大多数的乡村世界与城市——人口虽为少数，但却是社会的动力——之间的中间人。显贵不仅是“有产者”，即拥有财产、家庭、关系，而且也是“有知识者”：在某些偏远省份，他是能够用法语和方言同时表达的人。

他也是生活在长时段中、拥有过去和未来的人。显贵是其所处时 611
代的主人，他的收入（尤其是地租）的起伏要比其他社会阶层的收入起伏平缓得多。由此，我们从不同方面发现了存在于经济—社会状况和心态之间的这种密切关系。但是，政治、经济和社会权力在同一些人中的混同反过来又造成地区影响的扩散。显贵的国家领导权并未受到其他社会集团的直接威胁，但其自身却由于不同的过去、未来观或利益而分裂。意识形态、地理或个人对立揭示了那些使他们分裂的因素，与此同时，他们并没有感觉到自身所共有的因素。因为显贵统治的社会对应的是一个中央权力薄弱的时代；这一薄弱状态的产生是由于自由主义的蓬勃发展所致，后者拒绝国家在社会关系中扮演主宰角色，使得统治阶级和他们的内部分歧联系在一起；另外也是由于同一些群体拥有的地方权力和国家权力的混同，从而使得地方影响同时依赖于中央政府和议会多数，这更多地体现为利益联合而不是对符合实际的计划的赞同。由此，显贵政体在一个变迁社会，也就是处于运动中的社会里形成了一个保守体制。

基佐和保守体制

当1840年10月29日新内阁在年迈的苏尔特元帅领导下组成时，毋庸置疑的是，内阁的真正领导权属于外交大臣基佐，其被任命该职是为了以不过于伤害民族激情的方式防止战争。害怕战争和由社会混乱、若干“宴会”——已发表了一些革命言论——引起的恐惧，使得基佐成为尚缺乏组织的保守派的领导人。这位清教徒大学教授、主张立宪的保皇派、复辟王朝时期的自由派、资产阶级的“空论家”，在政治联盟中则是机会主义者，他是兼具以下罕见才能于一身者：赢取听众理解和兴趣的出色演说家，能够制定严密计划并使之成功实施的政治家。他作为高级公务员和政治家的长期经历，使其获得了政府内阁和议会策略的双重经验。含糊不清的民族主义——其中有极端反对派，如正统派和激进派——对不惜一切代价获取和平的公开指责，其结果就是使得保守显贵确信基佐正是自己最好的领导。完全出乎意料的是，他知道如何获得路易-菲利普的宠幸，后者将外交和军事事务中的重要部分交给了他。由此，这位人们认为将任期短暂的大臣，一直任职到王朝结束，而这一王朝的崩溃也正是他引起的，不过，基佐正式担任首相一职则迟至 1847 年。

基佐带来了和平、秩序和金融稳定，而这是与其计划相一致的经济发展所需要的三个政治条件。对物质利益的这种满足——概括在“通过劳动和节俭而发财致富”这句话中——确实只适合资产阶级。不过，它也起到了麻痹选民的政治情感的作用。有关对外政策——也就是关于议会行动最少影响到的领域——的大争论，以及影响选民决定的经济与技术问题，这些都使得议会争论非政治化，相反却使得中央政府的决定政治化。由此，对于这位大臣来说，1842 年铁路法的实施成为交易的合适手段；不过，就反对派认为他不可避免地会将投票支持自己的众议员所在地区的铁路置于优先地位的指责，则可谓有些过
612 分了。更为严重的则是政府在推进那些总是会触犯与既得职位相关联的多数人利益的改革时面临的困难；在不改变政体构成（基佐始终拒绝选举改革）的情况下不可能实行更具活力的政策的不可能，内阁因此而延长了，并逐渐由起初受欢迎的内阁稳定转变为固步自封。基佐懂得利用政权所面临的威胁来巩固自己的多数地位。例如，1842 年 7 月 13 日，年轻的奥尔良公爵因马车事故身亡，这一事件激起了同情国王的大规模游行，而当时立法选举中内阁刚刚获得非常微弱的多数；统治者与丧事中表达出的舆论的一致促进了内阁政策的延续。不过，就此认为王朝舆论已与七月王朝君主政体相一致则是错误的。由于无视巴黎新闻界——其中绝大多数是持反对立场的——越来越敌对的批

评，基佐就过分倾向于将针对政体的越来越大不满的征兆，与加剧了他的不得人心但其本人却漠不关心的争论混淆在一起；而在广大反对派中出现的这种不满源自于奥尔良公爵之死，他具有比其父和基佐更为自由的声誉。当这些反对派因指定以非常保守而著称的涅穆尔公爵为可能的摄政一事，而对政权依照自己意愿发展定位失去希望之后，他们与立宪君主制的关系就越来越疏远。

基佐也想从正统派的骚乱中获益。他利用其觊觎王位者——年轻、谦逊的波尔多公爵——1843 年底到达伦敦的机会，组织了一场欢迎游行。上千名正统派贵族前往伦敦这一事实使得七月王朝的悖论突出显现：最猛烈反对当政君主的是那些信服君主制原则的人。基佐政府希望通过给予当时由国家控制的教育以自由来取得天主教会的支持；作为教育自由问题上的最强硬派，正统派通过公开重新集结而阻止了教士归附新王朝。

基佐低估了议会外舆论的力量。确实，议会反对派的无能在历次会议中都显现无遗，但是，社会中最具活力的成员、大城市中的居民已与政权关系疏远。这在巴黎尤为明显。作为权力之都，巴黎吸引了显贵们，同时又无视他们；巴黎的大多数报刊和众议员都敌视保守政治。思想活动的发展是脱离政权的，而且根本不顾各学院慷慨给予政客们的官方许可。在一部分青年大学生和民众中，社会主义意识形态开始表现出对自由和资产阶级社会的全面不满，这在巴尔扎克和欧仁·苏的小说中也有体现。巴黎在社会活动的各个领域都引发了变动，而且包含了最强烈的激情，它在暗中威胁到了社会稳定。

七月王朝只重视那些拥有政治权利者的意见；然而，它所主张的代议制由于以下原因而被扭曲了：同一些人过长时间掌权所出现的权力衰退；内阁的注意力越来越集中于选民和议员的结合问题；在相对立的利益集团的压力下其立法提案中立化。

1846 年 8 月的立法选举使内阁又因为所获得的过度信任而麻痹大意。七月王朝时期没有哪一届议会曾取得如此压倒性的多数：支持内阁的众议员有 291 位，各种反对派代表一共只有 168 人，而后者还曾经依靠大多数报刊进行了一场活跃的有组织的选举运动。

613 1846—1847 年危机和政权崩溃

由于 1846 年选举结果而得到增强的内阁稳定，是与经济增长及持续和平联系在一起的。然而，法英协约的破裂使得基佐在 1846 年与梅特涅逐渐靠拢，并采取了反对民族运动的政策，这在瑞士尤为明显。七月王朝的法国与那些专制君主国逐渐靠拢之时，正值这些国家在欧洲的影响越来越难以维系。至于经济繁荣局面，也由于严重的经济危机自 1846 年秋起被中止了。这场经济危机首先表现为由歉收而引起的传统困难；1845 年时马铃薯的收成（一般来说它在重要性上要超过小麦的收成）已然不好；1846 年谷物和饲料的收成也严重受损，先是由于酷热和过分干旱，随后又由于秋季水灾对耕作者的命运产生了严重影响，例外的只有地中海地区与西南部地区，前者未受水灾影响，而在后者玉米可以替代小麦。即使在那些未遭受直接影响的地区，小麦危机的公布也唤醒了旧有的对缺粮的恐慌。害怕缺少种子，或是希望由于匮乏而卖得更贵，使得大量地主停止出售。在西部，尤其是伊勒-维莱讷、马延、曼恩-卢瓦尔，农民阻碍谷物流通，因为他们不想看到谷物运往城市；相反，在安德尔这样的地方，他们则想强迫拥有谷物者出售，而且大力在住宅搜查，在比藏塞甚至转变为骚乱。危机接踵而至，并在乡村地区产生了没有政治目的的革命局势。

民众收入只用于购买生活必需品，这使得面包价格飞涨，以至于几乎各地都拒绝再给面包定价。结果造成人们不再购买服装和其他物品，工人，尤其是纺织工人面临失业威胁，而这又正值面包涨价使获取工资变得更为紧迫之时。歉收扰乱了商业；外国小麦，尤其是俄国小麦的进口，打破了贸易平衡。新一年的丰收不足以带来繁荣，因为其他一些原因刚刚使得 1847 年持续的危机恶化。对于铁路公司股票的迷恋，尽管有些迟，但也扩展到资产阶级中的不同阶层，使得直至当时在商业或制造业中非常合理使用的资金转向投机。对资本化技术的拙劣运用，以及铁路公司——已经发行其认股权只能在以后分期实行的股票——要求增资，造成交易所行情暴跌，尤其是诺尔铁路公司股票，它在罗斯柴尔德家族的支持下，已成为具有指导意义的股票。铁路建设工地的停工使得失业人数增加，冶金工业的订单也因此中止。就这样，灾难进一步积累：失业、破产、倒闭带来一系列苦难。

面对危机，舆论开始寻找责任人。反对派轻而易举地就揭露出首相，他在几周的时间里一直犹豫不决。在接到省长们将要歉收的报告，他先试图将形势的严重性降至最低程度，随后又在 1847 年 1 月同意特别降低国外小麦的关税和提高贴现率，从而使得舆论一片恐慌。媒体对投机者的揭发进一步突出了小资产阶级和大资产阶级之间的鸿沟。

危机暴露出对信贷机制不适应的心态。流通现象（涉及谷物、货币、国际运输）的特殊重要性使得 1847 年的工业与金融危机表现为经 614
济转型和法国经济——部分地——进入资本主义发展新阶段的结果。《新闻报》于 1847 年 7 月 25 日写道："我们的金融体系是符合经济科学的，就像家庭纺车属于纺纱机一样。"但是，危机也表明国家必然要进行干预。各市政当局为了救济失业工人而在国家资助下开办的工场逐渐增多，意味着国家提供工作的责任，而这恰逢一部分资产阶级舆论认为社会主义学说应对散布在全国各地的民众暴动负责之时。

道德与意识形态危机

如果说围绕着维护个人所有权在正统派和保守或自由的奥尔良派之间出现了重新聚集，那么相反，人们也看到对统治阶级的真正控诉。1846 年选举期间，各报刊大量揭露的腐败现象和选民们所施加的道德压力，已然使得政治阶级的名誉大受影响。对经济危机期间投机或囤积行为的指责，造成相当一部分商业资产阶级的信誉扫地，并使得"资本家"一词进入争论的术语中。1847 年发生的几桩丑闻使元老院成员丧失威信：如针对曾任大臣的泰斯特与居比耶尔的贪污指控，以及舒瓦瑟尔-普拉斯兰这样的杀死自己妻子的杀人犯。虽然道德下滑涉及所有阶级，但是，统治阶级伤风败俗的印象促使显贵们开始怀疑自己权力的合法性，这是辞职的最初迹象，是与他们在得知这些事件的那些城市群众中的名望衰退密不可分的。作为受害者和目击者，资产阶级已经在各个层面和以不同形式感受到了经济动荡的影响。经济转型弄乱了价值层次，并使不同的政治纲领混杂在了一起：自由反对派为保守原则辩护，指责内阁使这些原则失去影响；正统派陷入分裂，一部分人加入支持教育自由的运动，这使他们与大部分保守派接近，同时，另一部分人则加入激进派，与热努德修道院长一起赞同普选制。在二月革命爆发前几周，托克维尔在众议院表示："不稳定的感觉是革命的先兆，它在这个国家已达到非常可怕的程度。"

宴会运动

1846 年选举之后王朝反对派已丧失了通过正常议会选举而掌权的任何希望；1847 年，它曾徒劳地试图以选举改革（降低获取选举权的纳税额）和议会改革（要求众议员和带薪职位之间不能兼任）来控制议会。夏天的时候，请愿在整个国家重新出现：各种宴会将国民卫队和激进资产阶级在请愿中联系在一起，不过，这些请愿还不是革命的。但是，逐渐地，激进派，甚至像路易·勃朗这样的社会主义者，在使自由资产阶级害怕并缓和其反对者的情绪中起了主要作用。首相基佐拒绝任何让步和改革，并禁止原本应于 1848 年 2 月 21 日在巴黎结束的改革派宴会，他认为已在法律规划问题上使反对派屈服。王朝反对派的领导人似乎已经甘心顺从，但是，几乎可以宽慰的他们被自己的追随者抛弃了，这些人此后将听从更为激进者的号令。拒绝议会对话将反对派推上街头进行示威活动。2 月 23 日，基佐被迫辞职，因此造
615 成的权力真空使路易-菲利普愈发犹豫不决。已是老者的路易-菲利普从起初的过度自信到完全气馁，2 月 24 日宣布退位。在 1847 年 11 月 7 日致奥马尔的信中，茹安维尔一针见血地指出："国王到了这个岁数，已不再能接受批评（……），但是又缺乏采取果敢决断的能力。"短短几个小时，在采取自卫措施上犹豫不决的七月王朝政权就因为缺乏保卫者而灰飞烟灭了。

第二十二章　第二共和国 616

1848—1852 年首次推行普选，

这是社会共和的一次过早尝试，它在四年后导致专制政治。

一、革命与和解共和国

1848 年 2—5 月

革命的原因

在法国的历史里，第二共和国始终与普选的最终采用和多次实施紧密相连。

大革命在 1789 年时就已放弃了普遍选举。当时，人们相信，公正和自由将首先通过中间阶级的努力而逐渐推进，对于这些崇高的价值来说，大众的干预往往意味着威胁，而不是益处。当时，小民百姓不仅体现了无政府、无法控制的暴力、希望经济倒退的危险；而且在两次发怒之间，他们也显然易受传统权力、反革命者、贵族或是教士的诱惑与操纵。这一分析证实了左派有关纳税人寡头政治的解释，并在共和 3 年、共和 8 年、1814 年，以及严格意义上在 1830 年时重复出现。但是，及至1848年，这一分析却明显失效。至少一代人以来，由于没有出现严重的国内问题、交通工具的明显进步、有关初等教育的基佐法的初见成效，以及新闻舆论的有限但确实增长的传播，凡此种种，都改善了大众的教育程度。寡头政治本身也提供了负面证据。垄断政治生活的那20万选民明显过于利用这一权力仅为他们自己的阶级利益服务。此外，他们分裂产生的城市、区或议会选举区的各个选民团体——每个都包括几百人，很容易就滋长了阴谋和小团体思想，而牺牲了舆论交锋。简而言之，政治道德与社会公正的相互结合促进了选举改革。

社会问题，更确切地说各种社会问题，显得极为紧迫，亟待解决。在装备了蒸汽机和瓦斯灯的工厂里，此前一直尚不为人所知的劳动节奏与时限被引入，而工人对此却没有任何办法，因为企业主的自由、
617 国家的不干涉与禁止工人联合被奉为信条。剥削男、女劳动力乃至儿童，压缩工资、工作的不安全，以及这种不幸带来的各种后果：又脏又乱的房间、疾病，犯罪，在40年代所达到的程度可谓史无前例，至少在法国是一直如此。但是，“社会问题”并不只涉及工人。在人口数量前所未有之多的农村，尽管经历了大革命，仍然存在着很多不平等与和过去相像的现象。补充收入（家庭手工业）受到了大工业的威胁；其他进项（各种使用权：例如在以前领主的私人森林上放牧、采摘、免费获取木材等等）则被那些越来越迷恋于自由和农业现代化的大地产主们所否认；而国家依据森林法，将致力于保护市镇和国有的森林。简而言之，在1848年时还存在农民问题。

已为人熟知的这些承受苦难的普通民众，并未引起恐惧或是怜悯。那些有教养的旅行者们出于对自然、原始力量、回归起源的浪漫爱好，带着同情目光发现了乡村独特性和民间传说。通过一种在欧洲其他地方唤起某些理论家有关国民特性的类似情感，很多法国年轻资产阶级的人在这一“普通民众”中看到了蕴藏着的各种价值和再生的机会。

以上就是革命意愿混合扩散中的某些成分，而1846—1847年的危机将使得它们迅速凝聚。首先是经济危机，更确切地说是两场危机的

结合：一种是典型的资本主义危机，亦即生产过剩和投机引发的危机；另一种则是古已有之的危机，即歉收和食品匮乏引发的危机。这场危机还是席卷欧洲的危机，如果说当时从波兰经瑞士到意大利的整个欧洲都经历了骚乱浪潮，那么，它或许并非纯属偶然。但是当危机使得政治改革与社会改良的要求变得逐渐增强时，因六年稳定而变得自负的基佐政府所采取的补救措施，却只是在外交上与那些反对革命的列强套近乎，以及在自己的多数席位中掺入一部分右翼反对派（1846 年选举）。面对难以动摇、“僵化不变”的基佐，一场大规模的反对运动已在 1847 年形成，它以“改革”为目标，以那种著名的政治宴会为手段。在这中间，革命将找到了它的偶然动因。

巴黎的二月事件

1848 年 2 月中旬，政府有关一切此类宴会的禁令，在巴黎激起了一场抗议活动，其组织者是些自称“王朝派”（奥迪隆・巴罗语）的温和反对派，但他们很快被最为激进的分子所超越。2 月 22 日，一场民众游行示威取代了被禁止的宴会，其中汇集了大学生、手工业者、工人……共和派秘密团体。决定性事件发生在 2 月 23 日：身穿国民自卫军服装的巴黎小资产阶级作为巴黎公共秩序的控制者，因为最终厌倦了基佐以及重要的纳税选举人毫不妥协的寡头政治的排外主义，转而要求改革。国民自卫军的倒戈令老国王幡然醒悟，首次同意牺牲基佐，将权力交给梯也尔和奥迪隆・巴罗。但是，这一让步为时已晚：示威仍在继续，并且有一次与部署在卡皮森林荫大道的军队发生了虽属偶然但却流血的冲突。于是，在 2 月 23 日至 24 日之交的夜晚，人们竖起了街垒；布若指挥的军队已无力招架；新老大臣们亦完全动摇；国王宣布退位，并离开了杜伊勒里宫，进而“像查理十世一样”，离开了巴黎乃至法国……年轻的继承者巴黎伯爵，还是一个 9 岁的孩子，立刻被他的母亲奥尔良公爵夫人带往众议院。但是，示威游行群众已先涌入波旁宫，他们要求彻底改变政体。反对派的众议员们——只有他们的意见能被这些群众所听取——顺应了这一要求，宣布成立共和 618
国，由一个具有自由派声望的公爵夫人摄政的可能被排除了。但是，这并不意味着共和国已由巴黎的郊区与平民居住区所控制……拉马丁、赖德律-罗兰及其同伴因此匆忙离开波旁宫，赶往巴黎人民的传统政治中心市政厅，在那里的众多示威群众中，所有堪称运动的共和派骨干分子都已自发地会集起来。正是在此地，临时政府宣告成立，它是在融合了两份相互竞争的名单（不过，其比例并不均匀）的基础上成立的。其中一份名单出自自由主义和温和的共和派报纸《国民报》的办公室，其中包括极左派的议员；另一份则源自《改革报》，这是一份倾向于社会主义的共和派报纸，而且与非议员的骨干分子联系更为密切。绝大多数成员是资产阶级的第一份名单占据了主导地位，其中有 7 名成员（不包括另一份名单中也有的两个人）入选；而第二份显然处于次要地位，只有 4 人（包括前一份名单中亦榜上有名的弗洛孔和赖德律-罗兰）入选；此外还有社会主义者与作家路易·勃朗，机械修配工阿尔贝。让一位无产者进入政府这一绝对是非同寻常的提升行为——依照当时舆论的看法，此举属于象征性的或是丑恶的——并不能使人长久忘记，在这个政府中占主导地位的依然是资产阶级。因为，虽然这 11 位成员一起充当了国家元首，共同商议如何行使行政权，但是他们当中的有些人——并非全部，尤其不是社会主义者——承担一个政府部门的领导任务，而另外的部则交给多数派的其他同道。我们随后将回过头来看这些人和派别，考察他们的行为。此时，在 2 月 24 日夜和 25 日白天，市政厅里人群拥挤、骚动不安，总是被热情而又警惕的群众团团围住的临时政府，通过最初一系列决定的匆忙和大胆的举措，补偿了其内部的失衡。未及向整个民族征询意见，人们就宣布共和国为法国的新政体。即将成立的国民议会由普选产生。奴隶制在殖民地被废除。政治犯的死刑被废除。由此，在某些法令中，人们通过抛弃曾使相关记忆蒙上阴影的恐怖行为，又重新回到了第一共和国时曾更为慷慨地做过的事。

外省的欢迎态度

通过灯火通信器，共和国成立的消息迅速传遍外省。它甚至还赶在了新政权的很多省长到任之前，他们即使迅速动身，也需几天才能到达省会所在地。远离巴黎的地方由此处于空位时期，省长和专区区长们犹豫不决，有的则是故意躲避，权力实际上在市镇长官手中，他们尽其所能地去应对各种事件。不过，并没有多少事件发生，因为在所有那些通常能够激起民众示威游行的人中，共和派已得到满足……而那些反革命者也同样感到满意：因为对于很多正统主义者和教士来说，路易-菲利普和基佐虽然百般努力，但仍远远没有能够把所有的人聚集在一起。1848 年是对 1830 年的一次出乎意料的报复。共和国因此赢得了大量的归附者和很大程度上的善意中立。奥尔良派的真正支柱——性情温和的年金收入者、公务员、企业主和商人，是人数众多但懦弱的中产阶级，即使他们支持路易-菲利普，他们也不会上街去构筑街垒。因而，往往是倒台的君主制的市长或是专区区长本人宣布了共和国成立，同时伴以他们恳切要求维护公共秩序的公告。

在距离巴黎不远的纳伊和苏莱内，国王路易-菲利普和银行家罗斯柴尔德的豪宅被人侵入，且在被洗劫一空后付之一炬。对于不臣服于任何君主的人来说，这或许是适合在那里大肆劫掠的天赐良机。但是，这可能并不是唯一的原因，因为在郊区，还有其他富人的宅第遭 619
抢。这些房主的身份也使人想到，在这些远征活动中至少具有某种程度的象征性的处决——因主人并不在场，所以这一处决针对的是他们的财产；与郊区发生的这类事件可相提并论的是在革命过程中在巴黎市中心发生的对杜伊勒里宫的洗劫，但是除此之外，巴黎几乎没有其他抢劫。

在外省的某些市里，就像 1830 年时的遭遇一样（似乎更为经常），有人焚烧了入市税登记簿或是酒税登记簿。但是，这还并不是外省最有意思的事情。

在一些偏僻的村庄中也发生了骚动，当地那些曾经共同参加了我们前面提到过的森林冲突的头脑简单的农民们，首先在共和国中看到了对其有利的解决办法的希望：此地的人赶走了森林看守，彼处的人占领了有争议的土地，有时还洗劫了所谓被侵占的种植园，凡此种种，都充满着欢乐和伴随着鼓乐声在进行。人们想从权力真空时期镇压力量的削弱中获取好处吗？人们是否还保持了对允许农民在有争议的森林自由行事的第一共和国的模糊记忆？或者他们已经接受了（但又是通过何种渠道?）这一观念，即共和国本质上是人民的政权，满足卑贱者的要求是它存在的原因？在这一无人怀疑其正确性的精神状况下，人们提前采取直接而无需任何手续的行动，让自己的希望得到满足。发生这些事件的地区分布广泛，而且事件本身并不严重；在新政权发布首次警告之后，秩序轻而易举地就得到了恢复。当局毫不犹豫地作出种种许诺，而未来将证明，它们的这种做法实在有失谨慎。这属于应当克制的症状。一如在城市的郊区，在外省的某些农村地区，人们只认为，共和国必须与先进的社会纲领相一致。这里存在一种根本性的误解，对此，我们接下来还会予以考察。

临时政府：各位成员

此外，甚至在临时政府内部也存在类似的含混不清。激进共和派的赖德律-罗兰与弗洛孔，与社会主义者路易·勃朗和阿尔贝属于一个阵营，而拉马丁这边则包括六位自由共和派，律师杜邦·德·厄尔、马利、克雷米厄，天文学家阿拉戈，批发商加尼埃-帕热斯和记者阿尔芒·马拉斯特。纯粹荣誉性的领导地位当属已届耄耋之年的杜邦·德·厄尔，此人在第一次革命时期就已经是众议员，但是，他日益衰弱的精力使其无法再发挥实际的政治作用。工人阿尔贝，沉默寡言，而且没有受过什么教育，是路易·勃朗的附庸和应声虫，而弗洛孔则是赖德律-罗兰的应声虫。马利、克雷米厄，阿拉戈、加尼埃-帕热斯和阿尔芒·马拉斯特组成了一个几乎是清一色的自由共和派的团体，也就是说完全反对社会主义的团体。马利负责公共工程部，加尼埃-帕热斯（几天以后）负责财政部，由此，他们很快获得了实施经济方面的正统观念的手段。与他们的观点最为不同的路易·勃朗尽其所能地代表和维护了包含深刻社会变革的共和国的理想；他的处于少数派的立场比其显现的更为坚定，以至于他被视为紧紧盯着临时政府的工人和失业群众的代言人。起关键作用的是两位处于核心地位的人物：赖德律-罗兰和拉马丁。赖德律-罗兰曾经是路易-菲利普的众议院中为数不多的共和派少数派的主要发言人。作为一位成功的律师，其个人财富往往用于资助共和派报刊的富人，赖德律-罗兰是共和派中既最引人注目又最不专横者；尽管根本不赞同社会主义原则，但他接受合法的博爱行为，这使他与纯粹的自由派区分开来，并且有时与《改革报》志同道合。若要指出此公的特征，那么，我们不妨说在他身上明显体现出了20世纪上半叶的激进社会主义党（简称激进党）的特征。当时，他接受了内政部长一职，这使赖德律-罗兰本人、其周围 620 最亲近的人（其中最著名者当推乔治·桑）以及他的行政人员，与新政权的一切使命和苦难都紧密联系在了一起，一些人认为他已过于革命，而另一些人则觉得他还不够革命。

拉马丁的地位与赖德律-罗兰相仿，不过——如果人们可以这么说的话，前者是在最高层。没有人怀疑诗人是临时政府中的主要人物。他之于年迈的杜邦·德·厄尔，有点像1840年后的基佐之于苏尔特元帅，亦即名义元首身边真正的负责人。与基佐一样，拉马丁也具有外交部长这一最负盛名的部长职位。在他以及同事中，只有他与学者阿拉戈一起，其部分声望的取得与政治毫不相关。在这一团队中，他是绝无仅有的贵族、职业外交官、院士、上流社会人物。简而言之，他也是凭借自己的才能脱颖而出的。对于他来说，其声望或许还可归因于他曾远离共和主义，直至1830年，他都还是一个纯粹的保皇派。另外，也因为他最终认定旧制度不符合时代潮流以及路易-菲利普的中庸政策令人蔑视。最后，是否还应该加上正是由于拉马丁的文学成就和亨利·吉耶曼，他才比他的那些临时政府同事更好地为我们所认识？总之，结论来自于我们刚刚提到的工作：应该摒弃所谓“迷失于政治的诗人”之类的陈词滥调，当时，在这一冒险政权的实践中，没有人能比这位诗人（或是前诗人）更为自在、熟练，并在需要时巧施手段。当然，他对社会主义持反对态度，因为他认为那是不可能的，历史理所当然地记住了他关于坚持将三色旗（只是在旗杆上饰以红色的玫瑰花结）作为法国的旗帜的著名演说。但是，他也反对思想狭隘，不久之后，他又反对保守派，首先是马利集团中他的同事们的反动念头和报复思想。凡此种种，既与中产阶级无关，亦与其严格的理性主义精神世界——那时往往导致最严格的经济方面的正统观念——无关，作为前基督徒、前浪漫派作家的拉马丁，一度迷恋圣西门主义，情感丰富、充满好奇、开放的拉马丁或许比赖德律-罗兰更适宜于认识到当时人道主义的社会主义代表了一种价值，至少值得进行和解尝试。

临时政府：社会与政治使命

在此，我们不可能对1848年3—4月间成为法国政治之特点的几乎每天发生的各种变故的细节加以描述。包括街头示威和政府决策之间的复杂互动在内，一切都发生在巴黎。不过，就本质而言，一切都围绕着两个问题：其一是经济与社会危机问题，其二是制度的政治前景问题。

革命之前就存在的工业与银行危机依然在延续，甚至因各种事件而有所恶化。对于混乱状态、社会主义的担心，破坏了企业主的信心。当时就有人说富人们“紧缩了他们的资本”，复兴所需要的各种要素由此难免大受影响。严重的商业萧条对国家提出了严峻问题，它威胁到了国库收入，并对失业人数不断增长的社会构成了威胁。针对第一种危险，确切说就是经济危机，政府采取了及时措施（货币强制流通、发行小额纸币、鼓励在信贷机构远远落后于需要的外省地区设立贴现银行）。针对第二种危险，也就是国库收入困难，政府选择了技术上较为容易的解决办法，即增加45%的直接税（著名的“45生丁税”），但以后将证明，此举在政治上极为危险。最后，针对第三种危险，即使得成千上万人在巴黎流离失所的失业问题，政府也想有所作为，在此可供选择的是两种彼此对立的解决办法：要么是传统的解决办法，在等待危机过去的同时，让接受救济的失业者们从事次要的公
621 共工程，例如整修道路，这就是旧制度下设立的“慈善工场”的做法；要么依据路易·勃朗的愿望，采取社会主义解决办法，即利用私人工业的这种衰退而鼓励工人们（他们并不都是挖土工人！）通过合作去从事他们自己的职业：这就是设立“社会工场”的做法。事实上，第一种解决办法以“国家工场”的名义得到了采纳；其具体的实

施交由公共工程部长马利负责，而且刚一开始大量招募巴黎的失业者，就给他们配以中央高等工艺制造学校的青年学子。马利在如此构建的国家工场中看到的，不仅是它不会损害私人企业主权利的好处，而且它还可以使大量巴黎失业者免受上街游行、政治俱乐部和社会主义者示威的诱惑。在社会主义者这一边，人们很快就看穿了这一企图和政府的保守取向。群众通过示威游行要求建立劳动部，也就是说他们明确地将社会改革作为政府的责任。政府以同意采取远低于这一要求的措施，成功地摆脱了这一职责，这一措施就是：建立一个由工人代表组成的委员会，委员会成员将庄严地坐在卢森堡宫原法国贵族院的议员席位上研究社会问题，领导该委员会的自然是路易·勃朗和阿尔贝。正如卡尔·马克思两年后语气严厉地描述的那样："在卢森堡宫里人们寻找点金石，而在市政厅里人们打造流通的货币……"的确，路易·勃朗始终是这一拥有最高行政权的临时政府的成员，但除了他毕竟是少数派，还由于他始终没有负责管理过政府部门，因而根本无法起任何实际作用。在卢森堡宫，人们确实研究了各种问题，并针对较小的社会冲突作出了一些行之有效的仲裁。此外，人们还在这里详尽、公开地陈述了当时的各种社会主义理论，这使资产阶级非常害怕。

使资产阶级感到害怕的还有诸多纯属于政治方面的其他事情。首先是新闻和集会的完全自由以及由此带来的报刊和俱乐部的大量出现，这些报刊和俱乐部宣扬的观点五花八门，不一而足，但其中尤其引人注意的是那些最激进的观点，提出这类观点的有最激进的社会批评家（卡贝，拉斯帕伊，蒲鲁东），刚出狱的永远的造反者（巴尔贝斯，布朗基），女社会主义者和女权主义者等等。另一令资产阶级感到恐惧的问题是公共秩序；当时它并没有受到威胁，巴黎仍还显得平静，但是，他们不安地看到一位"粗野的"共和派科西迪埃占据了警察局长一职，而且工人们被招募进国民自卫军。事实上，现实的"危险"并没有如此之大：工人们只是在国民自卫军很少的几个团里占据了主导地位，而科西迪埃所更为过从甚密者是赖德律-罗兰，而不是路易·勃朗。特别值得一提的是，内政部当时设想建立一支常设的和拿军饷的“机动国民自卫军”，以便通过让年轻失业者们获得较高的报酬，摆脱上街游行与加入俱乐部的念头，并充当一支真正的警察力量。

上述一切冲突都以被一个囊括这一切的新政治问题盖过而终结：这就是选举日期问题。总之，在自由派和社会主义派这两个使巴黎和临时政府分裂并时刻处于互相对立状态的阵营之间，将由外省通过其选票来做出裁决。然而，人们很早就感受到了这一困惑，即这些选票所支持的将不是革命，裁决将由缺少文化，或是受显贵们操纵的农村大众做出，其注定是反对社会主义的。

因此，革命的口号就变成了：推迟选举，从而让乡村人民有时间觉醒。我们知道在很多其他复杂的曲折变化中，3月17日示威游行是如何仅仅使政府将选举日期做了微不足道的延期，而4月16日的游行又是如何被击退的。选举定在4月23日，复活节后的星期天。

622 临时政府统治下的外省

在3、4两个月里，外省已由共和国的特派员们控制。这些人本应替代君主制时期的省长，但是由于环境的原因，他们享有了比大革命时期的特派代表更广泛的权力。作为内政部长的赖德律-罗兰在这些人的选派上起了主要作用，由于他只想挑选那些确定无疑的共和派，这就迫使他任用了很多能力和经历与其信心并不相称的人。派往马赛的埃米尔·奥利维耶竟然刚满23岁！这一选择本身无可非议。在这位未来的自由帝国的大臣工作的同时，在法国的另一端，未来的巴黎公社领导人夏尔·德勒克吕兹在里尔担任特派员。这些人都得面对我们前面已提到的地方事件；他们为了解决经济困境采取了一些紧急措施（由此很多人仿照巴黎模式开设了国家工场）；尤其是他们在行政领域确立了共和制，这是通过更换专区区长，或至少在主要市镇用临时市镇委员会替代市镇议会和招募更多的平民而完成的。在公共职能的其他方面，他们并没有进行类似的清洗，而且所有人都已宣称是共和派了。正是那时在政治语言中出现了“革命前的共和派”（那些在二月革命前就已表明是共和派，并参与斗争的人）与“革命后的共和派”的区分。天主教士处于这些归附者的前列。在那些几乎都是庆祝共和国成立的节庆活动中，人们清楚地看到了这些教士。在这些仪式中，种植自由树通常都占有重要地位；伴随着游行队伍、歌曲和演说，当地的教士为自由树祝圣。可以将此与 1830 年七月革命后的情况进行比较，七月革命后人们也种植自由树，但是没有教士，而且更确切的说是作为一种世俗象征，以此来有意识地反对 1830 年前竖立十字架的行为。相反，1848 年时，自由树不再是反十字架的，更确切地说它将成为一种雏形、一种方法——如果人们敢于这样说的话。此外，变化是可以理解的。教会在 1848 年时已从七月王朝时曾经历的某些烦扰中获益；其中的某些人已致力于揭露工人苦难令人震惊的增加；而且在经历了浪漫主义影响的共和派年轻人中，自然神论的唯灵论思潮往往重新盖过了前一代所接受的打上伏尔泰标记的文化。不止一个人将通过一种真正的意识形态来延长二月时期的政治博爱。一个转瞬即逝的时刻……

然而，并不是所有特派员都有相同的反应，他们的经历最终表明他们是很不同的人。第一个检验是在他们不同的任命中他们认为应该给予（或是拒绝）"革命后的共和派"的地位。第二个检验则来自于社会主义：在那些存在工人群体和某些重要的社会主义者俱乐部的城市里，他们能得到特派员的保护，他们被看作是新社会共和国的激进派或是受偏爱的孩子们；特派员也可能会以秩序的名义——已然常常被宣布的首要词语——和他们斗争（仍然还是谨慎行事，以免把他们推到对手一边）。由此产生了众多相当不同的地区状况，有时是冲突，甚至是免职。

但是很快地像巴黎一样，选举的临近也使外省的政治生活深受影响。

赖德律-罗兰延长了他的特派员们——他们确立共和制的任务总体上业已很好地完成——的使命，他同时通过一份著名的通报，要求他们阐明观点，并且（事实上）支持革命前共和派的选举。由此，人们很清楚地知道了政府的希望所在：反对郊区工人，不要社会主义，同时也反对乡村外省，不要君主派的反动活动。事实上，选举宣传活动是完全自由的，在这种每家报纸、每个俱乐部、每个集团都想提出和传播候选人 623

名单的真正纷繁热闹的时期，不同名单往往提出了相同的名字。

首次选举：4月23日

为了与个人利益和小集团政治决裂，新的选举法放弃了在区的层面实施的单名投票。而在省一级投票，因此要有一份候选人名单（但是名单并不是“封闭的”：选票的统计将依然是按照个人），这些候选人数量众多，因为与大革命时期一样，议会将有900人。另一个革命精神的标志是：当选者将不再被叫做众议员，而是“人民的代表”，事实上是所有年龄在21岁以上的男人中的当选者。人们还不敢将民主制的逻辑推进到让选民在市镇投票：必须前往区政府所在地（或至少是在一个被选作相当于区政府所在地的市镇）；不过，此时的男人们都是善于步行者，即使有人发出一些抱怨，那也不是因为走了两小时的路，而是因为有些地方的激流上没有桥梁。人们一同赶路；4月23日正是复活节后的星期天，这一天的大弥撒使人一致行动。此外，本堂神甫有时与市长一起走在那些为首次行使自由权而前往市镇的村民行列之首。有时也有一些城堡的主人参与其间，他们的出现提醒我们得想到对这一自由的具体限制……但是，在这个几乎到处都洋溢着和解的春天，人们并没有怎么感觉到这些限制。选举结果很难予以解释，因为根本还不存在任何界限分明的政党，至少在整个法国范围内是如此。一些少数派将进入所谓“民族的和制宪的”新议会：在右派这边，一些保守派，事实上往往还是君主主义者，而且常常是纳税选举制议会的前议员；在左派这边，是社会主义者。但是也有一些引人注目的落选：右派这边是梯也尔的落选，左派这边则是拉斯帕伊、布朗基和巴尔贝斯的落选。整个法国是根据临时政府中的多数派的路线来投票的，这一路线就是自由共和，也就是说既不要社会革命，也不要君主制的反动。在塞纳省，临时政府的成员们统统当选，拉马丁获得的选票最多，随后是他的温和派同伴，这些人排在了赖德律-罗兰和社会主义者前面。这一路线也是《国民报》的路线，这一报刊名字有时也用于指获得选举胜利，并将在以后几个月中统治法国的那个政治集团。在外省的当选者中，我们看到有很多是共和国的特派员，这一点很自然，因为他们——或至少他们中的绝大多数——同时代表了当地的行政机构和使人放心的共和理想。人们原以为特派员们制定的官方名单中会给工人留出席位，以象征获得胜利的博爱；然而，这一象征物在这方面却只显示了甚为有限的象征意义，名单上几乎没有什么无产者，而且，在工人中选择的是为数不多的这一阶级的出类拔萃者，例如一个改革后的手工业行会的理论家，自学成才的机械修配工，搬运夫诗人，这些人的名声都来自于社会地位的晋升，而不是阶级斗争。在 1848 年春，工人代表也属于（像我们所说的）“中左派”，而这是无数律师、医生或记者也想选择的派别。在极左派这边主要是一些知识分子，以及拉科尔代尔。

第一次流血：鲁昂

选举之后不久就发生了最初的流血事件。它自然而然地发生在饱受危机折磨的大工业城市：鲁昂，那里的失业问题既普遍又严重。共和国的特派员德尚，曾经组织了国家工场以救济工人，他在工人中很受欢迎，也是少数几个倾向社会主义的人；资产阶级，其首领是总检察长塞纳尔，一位观点与《国民报》略有差别的共和派，他被征收旨在用于支付国家工场开支——事实上很少是生产性的，基本是慈善性的——的新税所激怒。争论在选举中获得了断：塞纳尔及其同伙当选，624
而德尚及其朋友落选，整个省的选票轻而易举地淹没了省会城市的选票。26 日，选举结果揭晓，工人在市政厅前举行了示威游行。那么，劳动者们是如同有人所说的那样想质疑选举的结果，甚至要求任命德尚呢？还是更为可能的，使人注意他们的要求，预防性地抗议取消国家工场（他们惟一的收入来源），而取消国家工场是维护秩序的人获胜后可以预料会采取的措施。示威游行者被仍由资产阶级组成的国民自卫军粗暴地驱散。针对拥挤的人群响起了混杂的枪声，随后是骑兵队的冲锋，这一切被工人们看作是一种挑衅，他们在结束了自己的总游行后，涌回自己的社区，在那里修筑了街垒。当晚和翌日，塞纳尔动用了军队，甚至还有大炮，街垒被拆除，当局的武装力量无人伤亡，而工人却有 10 多人死亡。

我们之所以关注这一事件，并不是由于它所体现的双方在伤亡方面的不成比例：这一事件本身就至关重要，这当然不是因为它是共和派之间的第一次冲突（4 月 16 日发生在巴黎的事件也是共和派之间的冲突），而是因为它是第一次流血冲突，它以阶级斗争中止了新博爱的温馨局面。它的重要性也在于——我们不妨预先这样说——这一围绕着国家工场而产生的冲突，预示了将在巴黎发生的事件，后者并以几乎完全相同的方式结束。选举结束后不久，也就是 4 月末，共和国幸福、和谐的时期即宣告结束。

革命时代的结束

从其他角度看，这也是临时政体的结束。因为通过普遍和自由的选举，共和国的合法性已然确立。由此，当 4 月 23 日选举的当选者们于 5 月 4 日齐聚巴黎，举行第一次会议时，他们相信有责任重新宣布共和。他们在会议厅里一致这样做了，甚至随后又在波旁宫的阶梯上再次“公开地”加以宣布。人们相信“共和国万岁”的欢呼声有 17 次之多。这一轶事可谓人所共知。而不为人所知的，是此后赋予这一日子的重要性。在 1849 年、1850 年和 1851 年这三年里，共和国的官方节日是 5 月 4 日，而不是 2 月 24 日。在这一更替中包含了这样一种政治哲学：政体想在合法选出的议会中诞生，而不是在街垒中诞生。在此出现了令人好奇的重复：路易-菲利普也曾降低光荣三日周年纪念日的重要性，宁愿庆祝圣菲利普日（而且它恰好是 5 月 1 日，吉利的民间日子）。七月或是二月的街垒，虽已被历史赋予了真正的地位，但那些受益者们有时感到羞愧。

二、保守共和国的形成与经历

1848 年 5 月至 1851 年 11 月

执行委员会与 5 月的政治转变

与始终是参照物的大革命时代一样，制宪议会也负有两项使命：

首先是制定一部宪法，其次是在此期间确立总的政策——因为宪法是这一政策惟一可能的源泉。与此同时，如同国民公会这一没有国王的制宪议会，它要在其内部确立一种集体行政机构，后者将选择和领导被看作是技术专家的各部部长。这一执行委员会只有5位成员，从而排除了临时政府11位成员全部连任的可能性。此外，在他们中进行有利于保守派的挑选的时机业已成熟。《国民报》派成员的怨恨（更别说 625
右派了）一直延伸至赖德律-罗兰，他被认为已过于激进；毕竟难道不是他该为在鲁昂任命德尚之类的人而承担责任吗？但是拉马丁，尽管他承认应该牺牲那些纯粹的社会主义者，却为赖德律-罗兰进行辩护，认为把他排除在外将会有过于意味深长的反映。大多数人不敢反对这位著名作家的意见，因为4月23日的结果已是一次有关他个人的真正的全民投票（在巴黎他是得票最多的当选者，此外他还同时在其他10个省当选），最后，执行委员会由阿拉戈、马利、加尼埃-帕热斯、拉马丁和赖德律-罗兰（每人获得的选票数量以这一饶有意味的顺序排列）组成。政府（各部部长们）也已相应地组成。路易·勃朗已只不过是业已大大削弱的左派反对派的首领。

此外，如果应该相信——没有任何人曾真正否认它——亨利·吉耶曼就5月15日事件所作的解释的话，那么，反对社会主义的活动很快将走上奇特的道路。民众的巴黎在这一天应举行支持波兰的示威游行。事实上，这是革命左派针对新政权在面对席卷整个欧洲的各民族反对帝国的斗争时所持的消极态度的一种抱怨。2月24日至5月4日期间负责外交的拉马丁本人在指导外交时，或是基本遵循和平主义，或是奉行现实主义，或是出于对内政的关心……他几乎只关注——而且还是谨慎地——意大利事务，后者是法国最近的邻国。更何况他对波兰事务没有任何积极性；拉马丁尚且如此，遑论继承他任外交部长的巴斯蒂德。由于巴黎人心中认为自己是与处于斗争中的各民族团结一致的情感很强烈，支持波兰的游行示威可能是激起革命群众反对正回归保守主义的议会的好时机。那么，是否应认为革命群众更普遍的想法是为他们领导人的落选复仇、要求解散议会、重新开始革命呢？

这很可能，因为波旁宫被他们占领了，在政府军队赶来恢复秩序、驱赶和逮捕闹事者之前，巴尔贝斯有时间在那里宣布成立一个新的临时政府。但是，社会主义者们根本没有事先考虑过类似情况，其最初采取的创举就是使俱乐部成员对警察的服从态度得以证明。人们确实可以认为，由于议会所在地恰好处于毫无防备的地步，遂让巴尔贝斯、布朗基、阿尔贝以及其他人陷入了声势浩大的怂恿之中。行动不力的错误在路易·勃朗身上也同样发生，煽动闹事者们已对他欢呼，并在他无可奈何的状况下将他抬起欢庆胜利。他勉强能够证实自己是善良的。在此期间，所有社会主义派的活动家、秘密组织的老战士、巴黎激进俱乐部的领导们再次被送入监狱。至于拉科尔代尔，他于 17 日自愿放弃了自己的代表席位。

一个月来政治气候突然发生的彻底转变在 6 月 4 日举行的补充选举——4 月 23 日出现的大量多重选举令其变得必不可少——中也体现出来。这些选举已不再呈中间化趋势，而是向两极化发展：无论是右派还是左派，那些 4 月 23 日的落选者重新获得了席位：梯也尔和尚加尼埃将军，科西迪埃和蒲鲁东，在此只限于列举这些最能说明问题的人。在这些新当选者中，还有一位奇怪的重新冒出来的人，此人就是路易·拿破仑·波拿巴……

六月起义

在这一日子里，清理国家工场成为多数派关心的主要问题。这首先是因为他们想结束已步入歧途的社会实验，而且它们还花销巨大。其次是因为这些工场的政治中立的次要功能已越来越不重要：工场工
626 人和社会主义俱乐部的工人之间的关系不是在日渐紧密吗？在他们的某些集会中，人们不是听到了“拿破仑万岁”之类的叫喊吗？第三，也是最后一个担心的理由则是，在拉马丁的亲信中，有些人提出了将国家工场问题与铁路问题绑在一起的大胆想法：人们将在因危机而中断的铁路修建工程中使用这些工人，但是由国家承担费用。人们感受到诗人在这一解决办法中发现的优点，主要有二：人道主义（不会使清理工场变得过于悲惨）和经济进步主义思想（铁路的点金术，对于

他们来说，拉马丁可以说具有圣西门主义者的情感)。但是，议会中的大多数不想要国有化，因为后者多少过于带有社会主义色彩；不过，也有可能他们本来就不想避免悲剧。

通过阅读当时的一些宣言和回忆录，我们不难产生这样的印象，即如同卡尔·马克思或亨利·吉耶曼所说的那样，悲剧不只是被接受，而且是被煽动起来的：解散工场，肯定会引发起义，而镇压势必也接踵而至，这就使得最终摆脱街头运动和社会主义的威胁成为可能。不管怎么说，即将展开的就是这样一幅场景。国家工场问题是由一个以法卢伯爵为报告人的特别委员会负责的，该委员会拥有议会多数派的名义，而在这一多数派中，占据主要地位的是右翼君主派。在政府这一边，人们更依靠各部部长，尤其是新任战争部长卡芬雅克将军，而不是执行委员会。卡芬雅克当时成了知名人物。他是一位十足的军人，气势汹汹地反对社会主义，坚定不移地维护现有秩序，与其他将军相比，他还有另外一个优势，那就是他的父亲是国民公会成员，其兄长是 30 年代一位著名的共和派积极分子。然而，考虑到议会的组成，共和国是秩序的保证，这使得它还不可能被放弃。

所发生的事件可谓众人皆知：6 月 21 日，工场宣布解散（工人们只被允许加入军队，或是去满是沼泽的索洛涅地区开荒)，失望的工人们先是通过集会来表达自己的感情，接着就走上街头游行，6 月 22 日和 23 日，人们筑起了街垒。于是，一场持续三天之久的可怕战斗开始了，以市政厅为界的一条南北向的界线将西部的资产阶级巴黎与东部的工人阶级巴黎区分开来。别动队，资产阶级社区的国民自卫军，尤其是军队行动了起来，但却是以一种可能预先考虑好的缓慢行动（根据维克多·雨果在其《见闻录》中所讲述的私人谈话，拉马丁曾明确地指责卡芬雅克放纵骚乱发展，目的是进行更大规模的镇压)。6 月 26 日中午，战斗宣告结束。这一战斗造成了重大人员伤亡，但是跟往常一样，两方的伤亡并不成比例，因为有很多起义者是在战斗结束之后被杀害的。在维护秩序者这一边，他们将起义看作抢劫和野蛮行为的爆发，因而，他们对镇压丝毫不感到内疚。更有甚者，他们不仅把两位将军的死归罪于起义的工人们，还把巴黎大主教阿夫尔之死归咎于工人们。阿夫尔是在试图进行调解时被一位离群索居的无名氏从郊区的一座房屋内射出的子弹击中的。

政治后果立刻就显现出来：从 6 月 24 日起，议会要求解散执行委员会，并以卡芬雅克将军取而代之。二月事件的束缚由此得到了摆脱。

当这出悲剧在巴黎上演之际，外省处于等待之中。然而，在有些城市，国民自卫军被动员起来开往首都，以挽救合法秩序和消除巴黎的并且是革命的无政府状态。应该指出巴黎与外省之间存在的这种差距，因为它不久将发生重大改变。与之相反，6 月 22 日和 23 日在马赛也发生的“六月事件”，并没有被看作是一场声援巴黎工人的起义，也不为人所熟知。同样源于国家工场的这一事件，有着自己的发动方
627 式，而且更确切地说，它与我们已看到的两个月前在鲁昂发生的事件更为类似。虽然已经被镇压，但是它给了当局制裁年轻的地方行政长官埃米尔·奥利维耶的机会，后者被指责对无产者过于纵容。由此，奥利维耶将离开政治舞台，与此同时，他的导师拉马丁也因为同样的原因而离去。

卡芬雅克政府：反动和巩固相结合

因此，从 6 月到 12 月，国家又经历了一个新形式的临时或立宪前的政体：在使命没有变化的制宪议会这一边，卡芬雅克将军是惟一掌握行政权者，同时行使着国家元首和部长会议主席的职权。

众所周知，这是一个反动的时代。虽然从部长到地方行政长官的政治人物们，总体上仍属于《国民报》派的共和派，但是，为了阻碍革命者的宣传，已开始削减自由。有关俱乐部管理的首批限制性法令和有关新闻出版的首批法令纷纷出台，后者大大增加了一份报纸的运营成本（对此拉默内曾做过如此简洁的表述：“让穷人闭嘴！”）。一个专门调查六月骚乱起源的调查委员会宣布成立，该委员会以极为过分的方式，将道德甚至是刑事责任归之于社会主义的领导人。为避免坐牢，路易·勃朗去了伦敦；已有了自己的监狱犯人的共和国，现在又有了第一批流亡者。

但是，我们不应将 1848 年夏天的情景简化为这种反动行为；这种过于巴黎化的看问题的视角，最近已被一种“外省”史学编纂学（其中有菲利普·维吉耶的研究）所重新平衡，缺少后者，就将难以理解事件之后的情况。事实上，在表达自由减退之时，民主教育却通过新机构的努力而得以继续推进。8 月也是要求以普选来更新省议会、专区议会和市镇议会的月份。它涉及同时替换 1848 年以前通过与时代不符的纳税选举制而当选的人和 2、3 月间临时任命的市镇委员会。因此，整个法国在以保密的选民会的形式重新投票。如果说富裕的显贵往往依靠对民众的影响而轻易地重新当选，那么，也有一些地区民众的选票已经转而反对他们，以马蹄铁匠替代公证人进入市政厅，或者更简单地，“红色”公证人替代了“白色”公证人。因为在这时已经有了一些红色公证人。不管怎么说，普选已深入人心。

当时的第三个，而且并非最不受关注的关注点，是制宪议会的立宪工作。宣布此项工作的结果的日期是 11 月 4 日。权利宣言被置于法律条文之前。该宪法中包括教育自由在内的各种自由，但是缺少“劳动权”，因为后者所具有的明显的社会主义色彩有悖于当时现实的新潮流。政治体制由三种区分明确的权力组成：其一是设有一个特别最高法庭的司法权；其二是通过普选选出的任期三年的一院制议会体现的立法权；其三则是由总统掌控的行政权，作为国家和政府首脑的总统由普选产生，任期四年，不得连任。在最后这一明显具有决定性的权力的选举上，飘荡着某些幽灵：其中当然有乔治·华盛顿的幽灵（整个美国模式的幽灵，其涉及到民主、自由、公民责任感），但是，也有更为熟悉的幽灵，亦即那些可能当选者的幽灵。

总统选举

对于绝大多数制宪议会议员来说，法国的华盛顿非卡芬雅克莫属。但是，卡芬雅克是共和派，而统治阶级中的绝大多数还没有决定拥护共和国。这一次，议会中的右派遂与《国民报》派分道扬镳，组成了一个所谓的“普瓦提埃街”（他们开会的地点）委员会，并开始垄断秩序党的表述。对于这些正统派和奥尔良派——他们更容易结盟，但 628

两个王朝中没有一个能提供令人满意的王位觊觎者，或是能够在普选中试试运气的人——来说，君主制依然是一个严肃的保守政体的必不可少的基础。我们知道，秩序党是如何在梯也尔的建议下决定以路易·拿破仑·波拿巴为共和国总统候选人的。他的冒险家经历、所欠的债务，甚至他的外表，使其相当不讨人喜欢，没有什么会在一开始就能显露出他的才智或意愿，凡此种种，都使人相信可以一直对他进行操纵。而他的名字在大众中的广受欢迎，尽管本身有点令人担心，但是在当时的情况下，明显成为有利的因素。除了某些对第一帝国的记忆仍是令人厌恶的地区（尤其是普罗旺斯地区）外，都作了这一选择，而卡芬雅克只得到了少数富裕和有影响的显贵的支持。尽管他代表了现有政权、行政机构、连续性和著名人士。共和派“知识分子”中的最温和派支持他，特别是报界，大部分都支持他。

但是，由于他的反动行为过多，以至于无法再成为所有共和派的候选人。而正是由于他所开始的反动行为，使得赖德律-罗兰着手进行一项新的事业：在春天时，内政部长在抑制社会主义方面没采取什么行动，到了秋天，他成立了一个名为“共和派团结一致”运动，参与该运动者将成为卡芬雅克政府中的左翼反对派。此外，他也通过参与总统竞选来与卡芬雅克唱对台戏。路易·勃朗的某些社会主义者友人也刚刚参加了“共和派团结一致”运动。共和派团结一致由此将成为法国民主的一种悠久的政治传统的起点，这就是自由共和派中的最激进人士和拥护社会主义者中的最温和派之间的结盟。当然（这也将是一个传统），社会主义中的强硬派，人们有时称之为“共产主义者”，拒绝这一重新集结；他们让拉斯帕伊出面参加竞选。众所周知，拉马丁自认为是二月革命伟大时刻的最好象征，也坚持要试试运气，真是个高傲的孤独者。1848年12月10日，选民们以5434000票选择了波拿巴；随后依次是卡芬雅克（1448000票），赖德律-罗兰（371000票），拉斯帕伊（37000票）和拉马丁（8000票）。

12月20日，卡芬雅克交出权力，共和国总统执掌大权。制宪议会把前者当作新的辛辛纳图斯（传说中的早期罗马共和国的英雄。据历史传说，他在公元前 458 年被推举为独裁官，率军援救被埃魁人围困的罗马军队，打败敌军后即解甲归田）加以欢呼，并肃穆专注地接受了后者的正式宣誓。路易·拿破仑·波拿巴郑重宣布将忠于宪法，该宪法以正式的形式迫使他在四年后重新成为和其他人一样的公民。在参加这一仪式的众多人中，有一位塞纳省的代表，当时他坐在右侧，而且他还在 12 月 10 日投票支持拿破仑，此人就是维克多·雨果……

新总统很快就组织起了内阁。他自然而然地任命那些秩序党人加入政府。其中最著名的是奥迪隆·巴罗和法卢伯爵。在各级行政官员中都发生了真正的人员变动，其变化程度比夏天时更为彻底。以下是两个互为补充的例证：年轻的地方行政长官埃米尔·奥利维耶，卡芬雅克还仅是将其从马赛调到肖蒙（上马恩省），却在 1849 年 1 月被免职；同时，年轻的奥斯曼男爵，曾是路易-菲利普时期的专区区长，自 1848 年2 月后一直赋闲，此时却被任命为省长。所谓的反动行为，此时已不再是反社会主义的行为，而是明显地变为反对共和派的行为。

立法议会选举和 1849 年 6 月危机

为了完成立宪政体各机关的布置，就不能缺少立法议会。老实说，其共和多数派对局势发展感到担心的制宪议会，还想延长一段时间以继续发挥作用。但是，毕竟它的制宪任务已经完成，延长期限的想法 629
依据不足，于是，它只能以接受解散而告终。因此，立法议会选举确定在 1849 年 5 月 13 日举行。

人们往往将 1849 年 5 月 13 日的这些选举与 1848 年 4 月 23 日的选举进行比较，要么众口一词，要么众口难调；事实上，第一次两个有组织的大“党”（虽然它们的组织还与我们所说的 20 世纪的“政党”没有任何共同之处：当代的政党是法律意义上的社团；但是结社自由在 19 世纪还没有被定为法律，整个自由派舆论甚至对它持否定态度，这一舆论总是立刻怀疑任何有牢固联系的集团是在搞阴谋，这是当时的一个主要问题，我们不久还将看到）在互相对立。一边是“秩序党”，另一边是“山岳党”，双方都是既无章程，也没有明确纪律的团体，但是却在全国范围内有意识地围绕一些领导人、报刊和原则聚集在一起。山岳派（名字借用自 1793 年的国民公会）是共和团结一致派的延续，后者在明确地作为社团存在几个星期后就被禁止了。他们的理想是“民主和社会的”共和国，公众称他们为“社会民主派”，而他们的对手则谴责他们为“赤党”。温和共和派处于这两个阵营中间，他们在 1848 年几乎占据了整个政治舞台，现在则根据他们的倾向重新组合，或是倾向保守派一边，或是民主政治一边，抑或像拉马丁一样，躲避争论。很少有人能够在他们的省份中因持中间派立场而当选。

鉴此，5 月 13 日选举是一次两极化的选举。正是在这次选举中，产生了首张法国政治舆论的稳定的地理分布图，对于这一观点，人们已司空见惯，但它却依然非常重要，直至今日，有关它的评论者们仍乐于在全民投票后重新发现这张地理分布图的某些轮廓：“激进”（广义上的该词）的外省依然还是“激进”，投票给极左派的那些省份，即使它们都是乡村省份，仍会继续投票给极左派，例如，瓦尔和下阿尔卑斯、洛特-加龙、多尔多涅、谢尔和阿利埃省等等……总之，这只是少数：在总共 750 名代表中，大约有 200 名山岳派当选者，而保守派却有将近 500 人，至于中间派，则不到 100 人。当时，人们只可能知道这一红色外省的地理分布将在几十年内都是大致稳定的（因此亦是居少数地位的）。人们相信——不管是为此哀叹或是感到高兴——它只是一个开端。总之，人们感觉到——毕竟这值得指出——社会主义亦能吸引城市无产者郊区以外的选民们。乡村版的社会民主制是可能的，这确实是 1849 年 5 月选举的最重要启示；这一点将影响（正如菲利普·维吉耶已有力而正确地强调的那样）整个第二共和国的历史。而在当时，这一点使得保守派们感到恐惧，就像它在反对派中所燃起的希望一样，这使得新选出的议会异常紧张。

不过，第一次爆发是由于外交政策而起。在这一领域反动行为也有体现；在意大利，共和派（马志尼、加里波第）已在罗马取得胜利，教皇庇护九世落荒而逃，一支法国军队首先开往那里，其主要是为了防止奥地利借机牟利。但是，新政府扩展和加重了法国远征军的使命：要求他们夺回共和派手中的罗马，并与教皇一起恢复与时代格格不入的红衣主教们的统治。在议会里，赖德律-罗兰代表左翼的山岳派发言进行质询，但因为他们是少数派，未能取得任何结果；6 月 13 日，山岳派匆忙决定上街游行，但以惨败告终。当军队出现时，赖德律-罗兰及其同伴们几乎是大街上仅有的人。侥幸逃脱逮捕的赖德律-罗兰来到了伦敦，这里的流亡者小团体由此得到了壮大；其他代
表则被投入了监狱。人数有所减少的山岳派将由居于次要地位的人领 630
导，如律师米歇尔·德·布尔日或是泥水匠马丁·纳多。但是，已与 1848 年 6 月大相径庭的是，这一与巴黎人的起义有相像之处的事件在外省产生了一些反响。6 月 15 日在里昂，山岳派的游行示威发展成一场持续数小时的街头战斗，冲突造成双方各有几十人死亡。其他一些城市，甚至是村庄（在阿利埃省）也发生了骚动。

1849—1850 年在中心，反对社会主义的运动

在一些省份，戒严是对这些骚动的回应。从 1849 年夏天到 1850 年夏天，政治越来越处于镇压的影响之下。尽管在总统、内阁——先是巴罗，然后是多特普尔——和议会多数派之间也存在一些小分歧，但是，整个这一年度的情景是各种权力之间相互协调，以共同压制民主舆论：始终全面清洗行政与教师队伍；投票通过有关俱乐部的新法案；针对反对派报刊的诉讼，凡此种种，导致有人厚颜无耻地将其称作“国内远征罗马”时代。正是在这种协调一致和总体氛围中出台了著名的法卢法：它不仅不打算兑现教育自由这一自由主义承诺，而且还将所有世俗教育机构置于行政和“道德”当局（事实上就是教会）的控制之下。不过，这一反动行为并非未曾遭到反击：有关法卢法的争论表明，随着维克多·雨果加入到山岳派阵营，山岳派有了新的雄辩家，一位享有盛誉者，即使此人不是十分胜任。

为了填补这些由于 1849 年 6 月 13 日实施的镇压而空缺的席位，1850 年 3 月 10 日和 4 月 28 日举行了补充选举。由于相当一些尚在监狱中的山岳派被选上，秩序党遂对普选横加指责。1850 年 5 月 31 日法令对选民资格的认定增加了一些仔细计算过的条件（交纳直接税，

在当地居住 3 年），从而排除了那些最贫穷的公民。正如我们下面将看到的，这是一个决定性的时刻。

如果不再现当时推动保守派法国的道德运动的真正精神，那么人们将难以理解这些过分的措施、这种王位——如果能这样说的话——与祭坛之结盟的回归、这种回归限制性选举。“宗教、家庭和财产”构成了整个文明生活必不可少的神圣的三位一体。社会主义，当它批评资产阶级婚姻中女性地位的极端低下时，就被怀疑是在鼓吹没有限制的自由、一夫多妻制或是男女混杂；当它批评富人的恶习时，它又被认为是为偷窃作辩护；至于它对整个现实世界的批判，则使它回归野蛮。确实，“社会民主派”的社会主义是混乱的，而且是并不同质的；例如，关于生产资料所有者和消费资料所有者之间的阶级区分可能已有所认识，但相关阐述却颇为糟糕，这一缺陷明显使得所有者们更为担心……无论如何这些所有者们并没有努力去理解，而那些“社会民主派”以自己的品德、节制甚至福音主义——因为其中的绝大多数人依然放弃唯物主义，并倚仗真正的基督教精神——所作的各种保证被看作是虚假的谎言，这更使他们的处境趋于恶化。

法国政治中右派和左派之间的对话可能更似聋子间的对话。此外，福楼拜在其令人拍案叫绝的《情感教育》中完全复活了这一时代的精神。

1849—1850 年外省，巨大希望

631 但是，外省，乡村外省再一次地成为关键所在。

农业已成为最不幸的经济部门。这并不是因为大危机在其他地方已完全得到克服。例如，强有力和现代的信贷机构的缺乏、政治局势的尚不稳定，使得大的公共工程和铁路建设依旧停滞，而这又影响到了冶金工业的生产。但是，1849—1850 年间在很多其他工业制造领域，恢复已经开始，商业活动也重趋活跃。与之相反，在农业领域，萧条依然在持续：谷物、酒的价格——仅举这些最主要的产品为例，仍然处于最低水平。无论原因是什么（这一领域的发展通常滞后、特别容易受政治气候的影响、丰收带来的产量增加），事实始终是：农

业收入是最低的。在这个农业必须以本质上已陈旧过时的技术养活前所未有密集的人口的时代，乡村社会——人们记得的——尤其显得脆弱。结果就是农民的负债加剧。在某些地区，人们已开始把它看作是当时最尖锐的社会问题。

不管怎样，民主派已清楚地看到这一问题，从1849年起，他们已着手在农村进行广泛的宣传活动，而揭露“封建”农村的高利贷者则在这一宣传中占了重要地位。因此，在某些地区（并不是全部——历史有一天会告诉我们其中的深层原因——但是在过去，人们并没有预见到这些征服的界限），即在法国南部、中部或东部的某些地区，农民开始将对优惠的信贷或是减少间接税的期望寄托于“民主和社会的共和国”。我们前面指出的选举成果在很大程度上就是来自于这些信念。这也解释了山岳党的乐观思想。从1848年12月到1849年5月，有时则是从1849年5月到1850年3月，赖德律-罗兰的朋友们已取得的进展是如此之大，以至于他们相信，自己能在预计于1852年5月举行的选举中获胜。这是一个具有决定性意义的日期：事实上，及至这一时刻，1849年选出的任期三年的议会和1848年选出的任期四年的总统将同时到期。仅仅通过1852年的一纸选举公报就使一个社会主义法国和平出现，这使得这一年份成为一个名副其实的象征，对于一部分人来说是希望，对于其他人则是恐惧。

让山岳党人形成乐观思想的这一希望也使得他们在面对公共权力实施的不计其数的挑衅时，几乎总是保持一种值得称赞的冷静：我们已提到的针对报刊的各种诉讼只是一场不间断的讽刺战中最突出的事例（因为戴红领带而收到违警通知书，因为唱皮埃尔·杜邦的社会歌曲而收到违警通知书，因为在互助会所在地高声朗读政治报刊而收到违警通知书，等等）。于是，宪兵队在农村变得非常不得人心，而那些偷猎者在1851年并不是惟一受打击的人。这一乡村游击队比当时那些挤满人的村庄更易激动，也比村庄中的那些单纯、幼稚、热情的人更易激动，后者已带着新信徒的兴奋投身于“红色”政治，而同时他们依然与自己的一切习俗、节日和传统保持联系。由此，在民主政治与民间文化之间出现了一种奇异的自发混合。此外，有时山岳党的领导人们引导了这些联合与这种扎根现象。正是依照《乡村报》——茹瓦纽的报纸，他是约讷省的代表，山岳党的农村专家——的号召，人们可以看到在很多村庄，星期天上午所有男子都集合起来去为一位受伤或是生病的同志耕地。把民众团结一致的自发活动重新恢复并系统化，山岳党人想以此表明，他们的集体主义首先是符合道德的、成果丰富的和博爱的。唉！当受这一情感而激励的同志们唱着他们保留曲
632 目的叠句，有时还打着一面红旗，结伴前往田地时，警察对这些骚乱的迹象做了笔录。你们禁止我们从事符合道德的行为，一些人说。另一些人则说：你们以道德为借口进行煽动——相互间的不理解已到了登峰造极的地步。尽管我们已经提到过这一点，但是，这并不仅仅是巴黎报界的实情，而且还是各地普遍存在的真实经历。

1850—1851 年在外省，组织的时代

人们可以预见 1850 年 5 月 31 日法令在“山岳派的征服”这种令人惬意的情景中所产生的骚动：这一承载如此多希望的普选在事实上被废除，不可避免地又将革命提上议事日程，要么在 1852 年重新获得选举权，要么甚至在这一日期之前起来反抗其他的反动行为。由此，一些被称作“新山岳派”的民主派人士开始着手将最坚定的积极分子更紧密地集结起来，并且通过秘密会社网络来改善村与村之间，甚至省与省之间的联系。事实上，在 1848 年前已有一些民众的和外省的政治社团存在，它们的组成所依照的是传统的社团模式（共济会或是烧炭党）。但是，在共和国建立以后，政治合作主义通常是以公开、合法的组织形式表现出来，如俱乐部、选举委员会、联谊会、互助会等等。随着反动统治的来临，俱乐部被取缔，联谊会和互助会被严禁超出它们特定的职责，并且稍有一点违规就会被解散。及至 1850 年，公民聚集在一起讨论公共事务事实上已经变得不再可能，要谈论这一类的事情，除非是在私人住宅中，或者是在咖啡馆中，但是，仍要相当警惕！当然，人们还是在举行聚会，尤其是在法国南部地区，那里喜爱社交已深深地扎根于习俗之中。但是也要谨慎行事。当镇压当局知

道以后就会指责它为“秘密会社”，即使只存在一个因为缺乏资产或有悖于法律而被迫处于地下状态的根本无害的联谊会，亦是如此。公共当局由此认为，秘密协会无所不在——此论以夸大的证据为凭，而自由主义传统的共和派历史学家则陷入了另一种极端，即否认或是降低真正的秘密协会的重要性，从而为其伟大的先辈洗刷搞阴谋的罪行。今天，人们已更好地看到了真实情况，它实际上是介乎于两者之间。

从 1850 年秋天开始，在里昂对一位重要的阿维尼翁积极分子阿尔方斯·让特——法国南方的协会和日内瓦或伦敦的流亡者之间的联系人——的逮捕行为，使得在整个法国东南部发现了相当数量的相互串联的关系。这就是所谓的“里昂阴谋”事件。直至 1850 年末，加尔、德龙、下阿尔卑斯、瓦尔、罗讷河口省的大量有影响的积极分子都被逮捕。即使只能证明存在某些联系，而根本没有任何实际的起义准备工作，但是，在 1851 年 8 月所宣布的惩罚还是严厉之极：三位领导人被流放至马尔吉兹诸岛（在努库希瓦岛），其他十多位领导人被流放至美丽岛的城堡中。当然，协会和组织又被重新建立，但它们是由那些可能相对缺乏考验的积极分子所建立的。

然而，不能把民主派和社会主义者看作是同一路人，并一致投身于防御性的政治活动之中。相当一些人似乎从不能利用选举这一现实中产生了以下愿望，即在政治斗争之外，转而寻求实际的社会改良：事实上，在整个 1851 年，社团的餐厅或面包店、生产过程中工人们的合作有了很大程度的复兴。但是，当局根本不去考察政治上的活动主义与工人的经济主义之间的差别。它在后者中即便不怀疑它是阴谋的伪装的话，也只愿意看到其对私人老板的损害。当局的纠缠不清导致民主和民众运动的统一得以维持。 633

1850—1851 年在首都，混乱的时代

自从 1850 年夏天以及那些旨在摆脱红色危险的措施被采用以来，保守派阵营得以从自身利益的角度来考虑未来了。但是，从那以后，它也不再是铁板一块：对于路易·波拿巴来说，1852 年避免危机的最佳方式是永远大权在握；通过视察兵营，在外省到处巡视，努力在议

会多数派中形成一个真正的“爱丽舍宫派”，他开始培育自己的个人声望。他的省长们更是唆使各省议会发愿、公民们签署请愿书，表示支持修改宪法，尤其是废除有关总统不得连任的规定。他所取得的成果并不大。但是很明显，总统在进行通往专制和帝国的个人冒险。某些保守派对此感到担忧，这或是由于他们珍视自由主义制度，或是由于他们依然希望复辟波旁王朝中的一支，或是由于和那些寄希望于波拿巴主义的小集团、工商业集团之间存在的个人利益或经济冲突。秩序党因而分裂成两派，至少在上层政治领域是这样。自 1850 年末起，直至 1851 年全年，整个国家政治就是总统与议会保守派多数中的反波拿巴派（尤其是在梯也尔的推动下）的斗争。在一系列曲折变化中，首先发生的是 1851 年初的尚加尼埃事件：总统免除了这位将军的职务，而他是保守反对派的希望之一，曾禁止士兵们呼喊“皇帝万岁！”的口号。反过来，在 7 月份时，波拿巴在修改宪法方面遭受了挫折。议会只有在达到 3/4 多数票的情况下才能决定修改宪法；然而，山岳派和反波拿巴的保守派加在一起要远远超过反对所需的 1/4 票数。

看不见的哨兵

于是，在 10—11 月间，总统突然采取了一项狡猾的措施，它预示了政变的诸多要素之一，这就是建议废除 1850 年 5 月 31 日法令。这自然遭到了保守派中大多数人的反对，后者之所以这样做，乃是为了维持对普选权的损害。至关重要的是保守派反对者和民主派反对者之间的分裂重新出现，这在当时情况下是不可避免的。人们由此就明白了议会总务官们所提建议的决定性意义。修宪被拒绝后，总统只有违背宪法才能在 1852 年继续掌权；因此，政变极为可能发生，而它的准备工作亦非常明显。属于反波拿巴派的保守派的议会总务官们，建议通过一项法令来允许议会组织起自己的军事防卫力量。但是，由于这些保守派曾是如此的反动和反人民，以至于山岳派们难以相信这是自由主义在这些人身上的重现。由于担心梯也尔之流搞政变，绝大多数的山岳派在投票时站在了爱丽舍宫派一边，拒绝了总务官们的建议。米歇尔·德·布尔日，这一导致议会策略出现致命性错误的主要领导人，曾发表了一次著名的演说来证明这一行为的正确，他指出“看不见的哨兵”，也就是人民，为议会和自由提供了充足的护卫。这种一本正经的蠢话导致了街垒的出现，激起了民众的呼吁，它具有一种不可思议的效力，但实践将证明，这种效力所起的完全是一种反作用。

三、反对“好”共和的保守派秩序

1851年12月至1852年12月

政变的筹备

总统路易·拿破仑·波拿巴是……一位波拿巴主义者：在媒体和议会的辩论中，他看到的只是毫无用处的长篇大论和混乱；至于人民的愿望，他能感觉到其中的原因，并且为它们辩护，但是，他需要强 634
大的权力来安排（并且限制）这些满足措施。对于他来说，波拿巴主义并不只是一种学说或是精神状态，它还是有待恢复的遗产，一种家庭和个人使命，对此他似乎始终坚信不疑。选择12月2日——1804年皇帝加冕和1805年奥斯特里茨大捷的周年纪念日——为政变日，足以证明这种神秘主义和迷信。不过，意识形态和迷信并不等于就排除了肮脏的动机，对此当时就有很多议论：确实，总统以个人名义欠了很多债，回到普通公民的身份对他来说相当困难。

同样的动机也不同程度地在家族亲信中体现出来——某些人已提升至要职，其他人还只是心腹，这些人甚至瞒着某些部长，几个星期以来一直帮助总统进行准备工作，他们当中主要有他的同母异父兄弟莫尔尼，军事部长圣阿尔诺将军，警察局长莫帕。莫帕和圣阿尔诺被逐渐提升至指挥军队的关键岗位，加之我们已经提到的议会中的阴谋、在军官中进行拉拢和清洗的极端秘密的行为，这些都构成了政变准备的主要部分。莫尔尼是这一切的主要统帅，就像他是那一天或更确切地说那一夜来临时，发动政变的真正领导人一样。

政变

事实上，在 12 月 1 日至 2 日之交的夜晚，主要的行动已经进行：在首都的各战略要地部署军队；在严加看守之下于国家印刷厂印制即将张贴的公告；在那些有影响的议员家中逮捕他们，其中有梯也尔和尚加尼埃。这些逮捕旨在消除议会反对派的领导，公告的目的则是使反对派民众保持中立。这些公告中所包含的声明针对的是军队和民众。后者明显是主要的对象。它宣布了一些重大决定：解散立法议会，实行公民投票，制定新宪法；为了证明这些措施有其必要，在波拿巴派有关执政府的丰功伟绩和评议会的无能之类的传统主题之外，它还通过宣布废除 1850 年 5 月 31 日法令来重新实施普选。由此，这些政变者们一开始更倾向于煽动群众而不是暴力，他们巧妙地使自己处于左派位置，而不是被解散的议会一边。

巴黎保持中立——至少人们如此希望，外省随即亦复如是。我们知道有多少政治骨干已被流放或是监禁；其他的当选者则聚集在巴黎以参加议会会议。当局信任那些地方官员：将军们依照军事部长的命令控制军事区域和各省。至于省长，他们将听从莫尔尼的命令，后者自 12 月 2 日黎明起就任内政部长。新的行政领导只做了为数有限的变动：1849 年以来安置的全体省长往往已受爱丽舍宫的直接影响（奥斯曼的《回忆录》证明了这一点），而效忠波拿巴主义在他们中也已非常普遍。此外，在反对“红色”宣传的三年激烈斗争中，绝大多数省长已习惯于采取毫不顾忌法律的猛烈措施，而这又为政变做了铺垫，并已预示了它的出现。对于所有这些公务员来说（我们将看到，对于一部分舆论来说也是如此），从共和国到专制这一步很容易迈过，因为这一明显缺乏有关集会、结社和新闻出版的有效法律的共和国，已然甚少自由。

巴黎的反抗

635 1851 年 12 月 2 日上午，绝大多数没有被逮捕的议员穿过巴黎的街道，前往波旁宫，此时的巴黎只有寥寥无几的行人在阅读公告，他们更多的是好奇，而不是愤怒。而这些议员的愤怒则是毋庸置疑的：他们的权责被中断了，他们的同事在家中被闯入的军警逮捕，除此之外，在资产阶级的法律文化和教育还是高贵的和稳固的时代，这反映了国家元首的叛逆和违背誓言。但是，当讨论在不堪这一责任重负的杜班的有气无力地主持下进行时，一团士兵出现了，他们的任务是清空会议厅。由此，12 月 2 日遂越来越像雾月十八日（或十九日），但是，这一给议员们的愤怒更添理由的新插曲，也使得言论表达变得更不容易。

被驱逐的议员有约 200 人在邻近的一个公共场所，即第十区（现在的第六和第七区）政府重新聚集。他们在那里商议了很久，试图找到最佳的法律对策，但是却根本没有想过，理所当然地要征集一支只可能是由群众组成，从而是革命的力量。当中午军队抵达第十区政府时，议员们虽然高声抗议，但却束手就擒，带着某种程度的慰藉（从那时起就已有详细记录）：逮捕表明他们并不是政变的同谋，而且剥夺了他们重新加入骚乱阵营的可能，即使他们曾经这样想过的话。由此，他们作为自由主义者的信仰和保守派的谨慎同时得到了满足。在马扎斯待的时间并不长；在法国以外至多流亡了很短一段时间以后，法国政治精英中的右翼庄严地准备在阿梵丹山度过二十年。

不止一个巴黎人，即使只是小民百姓，都面带嘲笑地看着将这些外省的重要人物送往监狱的马车驶过。为什么要为这些人而战？他们在 1848 年 6 月曾以令人难以置信的冷酷对待无产阶级，并且在 1850 年 5 月又剥夺了后者的选举权。巴黎街头随即出现的消极状态对于政变来说是一种成功，就像它一开始被认为是煽动群众的和反议会的一样。一小群逃脱逮捕和蔑视其同僚们的空泛议论的山岳派议员正是试图扭转这一状况：米歇尔·德·布尔日、维克多·雨果、维克多·舍尔歇（主张解放安的列斯群岛的奴隶）和其他名气较小的人组成了一个秘密委员会，决定号召东部革命的老郊区的劳动者们拿起武器。事实上，在 12 月 3 日那天，圣马丁街、波布尔街区、圣安托万郊区建起的街垒，证明头脑清醒的先锋队拒绝将人民幸福的愿望与传统政治自由主义的愿望相分离。工人与共和派名人之间的对话存在的艰难程度，从一则轶事中可见一斑，即使它并非完全真实，但却能说明问题，这就是有关议员博丹死于圣安托万郊区一个街垒的轶事。当时议会津贴是每天 25 法郎（而一个工人每天能挣 5 法郎就是很高的薪水了），于是，民众中的一位男子对那些号召他们去战斗的议员们说道：“我们不想为了维护你们的每日 25 法郎而去送死！”博丹回答道：“你将看到人们是怎样为了 25 法郎而死去的。”博丹遂跳上街垒，随即被前进的士兵射中身亡，这实际上就是自杀。博丹之死或是迪苏布（另一位议员的兄弟）之死，增加了这一议会左翼抵抗行动的影响。在此种形势下的这一死亡，自 1868 年起被甘必大的朋友们树为象征，体现了一个自由的、人民的共和国已经诞生的理想。而在当时，巴黎东部街道上的战斗依然进行得并不激烈，这首先是因为起义者未能赢得广大民众的
636 支持，另外也是因为莫尔尼依据传统方案，直至 12 月 4 日中午都听任运动扩大，以此来实现更广泛的镇压。政变计划只能说是进行得过于成功。事实上，一到 12 月 4 日下午，尽管群众的街垒依然存在，但是大林荫道上惯常的散步人群又恢复了行走，他们对于一场相对缓慢的斗争可能造成不确定的局面感到好奇，对经过的军队抱有敌意。不知在哪突然发生的事件导致骑兵部队发起冲锋，并还开枪射击。于是，12 月 4 日晚上，巴黎被制服了，但是在由群众居住区提供的惯常伤亡之外，“大林荫道上的齐射”增加了一份资产阶级人士更多的伤亡名单，对于他们的回忆将一直持续。

外省的反抗

当这一艰难甚至是含混不清的斗争在巴黎结束时，我们知道某些地区不再像世纪初以来似乎成为外省注定之命运一样处于消极状态，而是拿起武器反抗政变。

但是，并非所有地区如此，而且即便在起义的地区里，也不是所有的市镇如此。在国家领土的四角，从里尔到里昂、马赛，从波尔多到南锡、斯特拉斯堡，各大城市都以简化的形式经历了巴黎的命运：因为它们都驻扎有大量军队，因此 12 月 3 日走上街头的共和派游行示

威并没有发展成为骚乱。相反，警察几乎马上就以在家中或是报刊所在地逮捕著名的积极分子作为反击。一些人逃到附近的市镇，在那里他们——如果这是可能的话——发动反抗斗争。因此，它将成为那些地区的特点，在此民主派远不是仅限于大城市的工人群众，而是已经知道在小城市、乡镇和村庄为其事业赢得相当数量的信徒。因而这种反抗重新体现和证实了法国政治舆论的地理差别，后者在1849年5月13日的立法议会选举中已得到最初描绘。在巴黎北部的平原地区没有出现反抗，在西部阿尔摩里克丘陵地区同样如此（除了萨尔特省的共和派边缘地区，拉苏斯镇举行了起义），在中央高原中心没有反抗，在东北各省除了汝拉省的两个小城市（波利尼，阿尔布瓦），基本没有反抗。反抗是三个地区群的事。第一个横穿法国中部，在中央高原北部，从安省和索恩-卢瓦尔省到上维埃纳省，穿过约讷省、拉涅弗尔省、卢瓦雷省、阿利埃省和谢尔省。此外，它远没有覆盖这些省份的全部地方；只有一个，即克拉姆西的专区政府被起义者占领，并出现了流血事件；此外有一些零星的乡村聚集，但是，在攻击省会之前就被驱散了。第二个起义的区域是阿基坦盆地：塔恩-加龙省、洛特省、洛特-加龙省、热尔省，尤其是多尔多涅省和阿韦龙省。这个区域也是不连贯的；不过，有多个专区政府被占领，如内拉克，马尔芒德，米朗德等等，阿让和欧什的省政府也差点被占领。最后一个，也是最重要的区域，是东南部的地中海与阿尔卑斯地区：东比利牛斯省、埃罗省和加尔省、瓦尔省和沃克吕兹省、下阿尔卑斯省、德龙省和阿尔代什省。正是在那里，起义往往规模甚大，尤其是在埃罗省的中部、瓦尔省的西半部分、下阿尔卑斯省的西部和南部、德龙省的南部；正是在那里，暴力有时给人留下深刻印象（尤其在埃罗省的贝达里厄）；正是在那里，人们看到不仅有大量专区政府（贝济耶，布里涅奥勒，锡斯特龙等等），而且迪涅的省政府被占领了几个小时甚至几天，这在法国实属绝无仅有。最后，正是在那里，通过各大城市的军队恢复秩序导致12月9日和10日在奥普斯（瓦尔省）、梅城（下阿尔卑斯省）、克莱斯特（德龙省）出现了一些类似对阵战的战斗。

这些事件的相似性和同时性令人惊讶。但是，这是因为政变是可预见的和预料之中的，所有共和派积极分子都有时间认识到这一点和
637 相应的法律对策：宪法第 68 条已对总统违反法律的情况做了明确规定，规定在这一情况下总统将丧失权力，而第 111 条则以更笼统的语言将“保卫宪法托付给所有法国人的爱国主义。”由此，人们很自然地就可推断在 12 月 2 日之后继续服从波拿巴总统的行政当局是波拿巴总统叛逆的同谋犯，同样应被处以免职的惩罚，由那些坚定遵从宪法与共和国的公民取而代之。机缘巧合，通过宣布恢复普选，波拿巴本人似乎无意地增强了这一思潮。“人民恢复自己的权利”，在 12 月 3 日、4 日和 5 日的地方反抗中人们听到有这样的说法，而要鉴别民众有关事件的这一解释是否与对第 68 条和 111 条的解释或废除 5 月 31 日法令有关，则往往有点困难。不管怎样，根本上是合法的人民权利应该被恢复和重新行使，这一概念在各地都已出现。运动在各处也都首先是市镇范围的。人们前往市镇政府，如果市镇议会拒绝担任运动的领导，人们就组织临时市镇委员会来取代它。当市镇当局已经存在争吵时，运动就变得前所未有的激烈；例如，像中央高原经常出现的情况那样，当一个市镇由保守派的市镇参议员——他已被省长任命为市镇长官以取代被撤职的民主派市镇长官——管理的时候就是如此。于是，起义就是恢复人民选出的真正代表的地位。仔细考察运动的起源，尤其是它在各地的经历，人们会发现，它在以下情况时尤为强烈：当存在地方争执——政治的或是社会的，我们将回过来看社会的——需要解决时，当巴黎的政变为对几个月来省长和某些显贵实施的无数地方政变进行报复提供了机会时。就任市镇长官后，共和派们首先想的是武装自己，以金钱武装或是以国民自卫军的枪支武装——如果他们能夺取的话（假如人们没有意识到当时国民自卫军这一根本制度的存在的话，就无法理解 1851 年 12 月夺取武器行为的广泛，以及完成这些行为时所具有的法律上问心无愧意识）；他们也想解除自己对手的武装：宪兵队的营房，如果当地有的话，被包围和占领，夺取其中的武器；秩序党的资产阶级成员的住宅往往也因为相同原因而被搜查。

人们还将那些被认为是最好斗的宪兵和显贵监禁起来，当然这是很少见的情况。在市镇政府之后有待夺取以用来阻碍政变的权力机构是专区政府和省政府。这是艰难的征服：这些政府所在地往往有一小支驻军，而且围绕着公务员、资产阶级和业主，秩序党在那里通常是最强有力的力量。正是为了向这些政府所在地进军，民主派经过仓促协商，组织了由数个村庄的人员构成的纵队。阿利埃省的村民向拉帕里斯进军、下阿尔卑斯省村民向迪涅进军，以及左拉在《卢贡家族的命运》中使之永远被人记住的——以毫无秘密可言的化名——纵队穿越瓦尔省的行军，这些都是最轰动一时的进军。人们也知道它们的不同命运。

这一总体场景——有必要被提及，因为它揭示了运动的本质——因各种非常不同的地方情景相互补充而变得完整。远没有达到血流遍地的程度；流血事件的发生，往往是在宪兵试图反抗缴械的时候。平民间的叫骂打架和“资产阶级”的凶杀还是非常少见的（克拉默西，贝济耶），这些事件的具体情况如何往往还不清楚，而且人们不能排除误解或是私人报复的假定。至于运动的结局，我们知道，有的地方是对阵战，最为常见的则是自发地散去。在起义的几个小时或是几天的 638
进程中，还存在另一差异，这就是有时——但并不是到处——有针对一些制度（例如，在中央高原，反对酒税的某些声明，以及销毁“间接税”征收簿）立即行动的企图；有时也有带社会请愿色彩的行动（洗劫某个业主，强取罚金），此外，更多的是针对村庄中的高利贷者，而不是商业或工业老板。

的确，这些出于原始暴力或是经济怨恨的事件是惊人的，但是它们是零星的，而且即使在起义中，某些领导人也曾试图加以阻止。由此，它们与确切地说是政治—法律行动所具有的普遍和一致特点形成了对比。

重新解释

但是，地方发生的暴力和社会反叛事件并不是由于它们的相同特点而最为引人注目，对于反对共和的宣传来说，它们是最适合的，它们正是由此马上占据了重要位置。这一起义，并不是发生在大城市，而是发生在外省的乡村和偏远地带（都是些怎样的省份啊！阿尔卑斯或莫尔旺的“野蛮”山区，普罗旺斯和朗格多克的古老“迷信”地区），它不可能是一个进步的运动，而是迟钝的征兆；它是“扎克雷起义”。“扎克雷起义”也迅速成为 1851 年至 1852 年之交的冬天法国报刊的常用词语。它佯称在其中看到了颠覆和怨恨的爆发，赤党被认为在担心 1852 年的选举胜利成疑之后就以“民主和社会的共和国”的名义筹划了这一起义。我们已经说过秩序党关于社会主义的夸张讽刺形象。保守派想在 12 月的外省事件中得到证实的正是这一形象。为此，他们必须——经过一个世纪的史学考证，今天人们已对此很清楚——对事件加以严重歪曲：省略整个政治过程、将某些具有流血或是破坏公物特点的事件大规模普及，有时纯粹是发明施虐狂式或下流细节，尤其是各种系统的重新解释，其中最简单的就是将那些相当广泛但事实上具有军事特点的活动归为“抢劫”（因此是偷窃，因此是……社会主义），如夺取武器、在经过的村庄中征用（仔细结账）面包和酒或是控制邮局中的电报。在 12 月泛滥的这种扎克雷起义的传说中，被迫处于缄默的左翼报刊没有进行反驳（原因自不待言!），自由派的保守者和波拿巴派保守者则热烈竞争……并言归于好。事实上，重建秩序党的统一正是共和运动的结果，尽管是完全无意识的。红色威胁使得听任政变发动的人和发动政变的人的行为都得到证实。因为扎克雷起义的神话使得路易·波拿巴及其亲信很巧妙地转变了他们的宣传：正是为了从革命威胁中解救社会，所以他们必须强化国家机器。由此，波拿巴主义者的政变在 12 月 2 日的巴黎发动时还具有模糊的左派成分，到了 12 月 10 日则变成完全是保守派的事业。一直要到将近十年以后，波拿巴主义才恢复它独有的双重性。

作为骚动的四年的结果与综合，1851 年 12 月的共和派起义必然是复杂的。所谓的“扎克雷起义”传说将经不起共和派政论家从 1860 年代起所从事——为大学历史编纂所延续，几乎一直到今天——的批
639 判考察。阐明了根本的法律动机，恢复了那些争论事件的真相，并且明确地指出这些事件是很罕见的，强调那些领导人的严守法规、迟疑

与稳重，这些是此种必不可少的历史编纂反应的最终结果。但是这些反应往往又走得过远了，“粉红色传说”并不就比“黑色传说”更好地体现历史智慧。试举一例：当不公正是体现为某位行为过分、令人厌恶的乡绅、公证人或是警察分局局长这样的熟悉形象时，那么人们根本就不是如此强烈地为宪法第 68 条、权利与共和国而战。但是因为保守派为了支撑“扎克雷起义”的论点，已经以地方轶事和阶级斗争而作了过度解释，所以共和派在很长时间内必须降低此类动机的重要性，甚至是予以否定。同样地，因为保守派夸大了密谋社团的作用，所以共和派就降低它的重要性。有关 12 月运动的一种平衡看法形成的时间并不很长；此外，它并非像初看起来那样，是相对立的两种传统中的有用部分折中总和；它是想对维系经济—社会愿望与纯粹政治理想的那些关系作深入思索。

不过，目前记者和作家们有另一章历史等待撰写，这就是镇压的历史，共和派提出的主要辩护论点是将他们暴力行为（合法或不合法）的稀少，与当局实施的暴力的惊人规模作比较。在战斗中有死亡者；在群众溃散后进行的神秘的“追捕赤色分子”中有死亡者（无疑是数量众多的），在充满仇恨的诉讼之后的断头台下有死亡者。但是主要的极不公正之处在于暗含其后的论点，即 12 月的“扎克雷起义”是“红色”宣传的自然结果，所有宣传者都是暴动匪徒的道德上的同谋者。由此，当局逮捕和起诉了大量甚至没有参与起义的共和派，而起义后进行的镇压则为在一些年里抑制共和派提供了机会（这只是通过警察监视或软禁这样的温和形式）。最后，由于一个旨在将这一巨大猎物分类的超越常规的法庭——著名的“混合委员会”，其中司法、省长和军事三种权力相互合作——的建立，当时的司法精神遭到粗暴践踏。移送军事法庭、重罪法庭和轻罪法庭，终身放逐圭亚那、阿尔及利亚（软禁或是不软禁），流放国外，在法国国内不同程度的监视，这些就是各种可能的结局。由此，英国、比利时、瑞士、皮埃蒙特涌入了大量积极分子，他们或是被流放者，或是逃亡者，其中最有名者将以其著述而使放逐永远被纪念。1848 年的共和国至少在这一点上是浪漫的，即它有一个拉马丁来为其春天欢呼，又有一个维克多·雨果来为其漫长的冬季提供抚慰。

走向帝国

12 月 21 日，结果是几乎一致同意的全民投票——在某些省份是在恐怖气氛中进行的，而且在各地都完全没有争论——认可了既定事实。它使得路易·拿破仑·波拿巴实现了在宪法方面的愿望：一个总统居优势地位的共和国，其元首（此后叫做亲王一总统）只是有了一个可以转为皇帝的称号。1852 年 1、2 月，各种法令最终限制了尚存的出版、集会和解释自由。

不过，在一个基本点上，人们并没有回到第一帝国：政体保留了普选权，这使得它依旧是现代的和大众的；为了预防可能出现的有利于民主派的结果，它寄希望于两种预防措施：首先是取消所有自由的保障，重新将全体选民分割。与基佐时代一样，人数已然减少的议员是通过在划分适当的选区中以单名投票的形式选出的。这一选举体系
640 延续了几乎整整十年（只有 5 位反对派当选）。这是一个值得注意的经历：因此普选并不一定是反对显贵的武器，甚至也不一定是反对君主的武器；它可能被专制的保守主义所吸收，从而赋予其现代性的保证。在 1848 年 2 月实行普选后，1852 年 1 月继续实行普选这一点再次证明法国政治已进入了大众时代，但它并不必然就是自由时代。

在另一领域，当局于同年初打出的另一张牌，表明它与传统保守主义有一些不同，并在一段时间里使传统保守主义的支持者们感到担忧。这就是当局将奥尔良家族的财产收归国有，并打算将它们捐给慈善机构。这是"社会主义"，基佐如是评论道，而杜班则以尖刻的文字游戏称之为"雄鹰的第一次飞行[①]……"正如人们看到的，奥尔良主义者仍然没有放弃把社会主义与偷窃相等同，只不过他们把这一行为看作社会主义是搞错了，况且这一行为依旧是独特的，它将报复和煽动混合在了一起。始自 1852 年春天，经济生活的新发展高潮——部

① 法文中飞行与偷窃是同一个词，而"雄鹰（王）"曾是拿破仑的绰号之一。

分由于世界局势，部分由于“1852年”赤党掌权可能的消失，部分由于统治者及其周围亲信的鼓励——反过来证明新制度对于自由资本主义来说将是一个幸运时代。此外，这种迅速感觉到的幸福感确实有助于第二种波拿巴主义转变为第二帝国。路易·波拿巴始终想着建立第二帝国。巡视外省时摆出的巧妙姿态（为马赛新的大教堂奠基就是一个例子）和引起轰动的讲话（在波尔多宣称：“帝国就是和平”）都为这一复辟做了铺垫；一次新的公民投票接受了它（11月21日）；最后，一个新的12月2日，亦即1852年12月2日，将它加入到有关拿破仑周年纪念的迷信链中。但1851年12月2日在法国的历史中将始终仅仅是“12月2日”。

共和国小结

但是，这一12月2日本身是一个新的雾月18日吗？卡尔·马克思是最早强调这一相似性的人之一，他在《法兰西阶级斗争》中提出这一点后，又写作了《路易·波拿巴的雾月十八》。不过，这一比较可能走得太远了。他不是没有重新考察“山岳派”吗？对于卡尔·马克思来说，正是第二共和国这一整体——不仅是它的最终插曲——造成了滑稽可笑的重复；赖德律-罗兰步罗伯斯庇尔之后尘，而巴丹盖（路易·波拿巴的绰号）则步拿破仑之后尘，悲剧之后就是闹剧。今天人们已不再如此严厉，而是更好地评价了第二共和国相较于第一共和国所带来的新东西：人们可以说是共和国的深入人心。共和观念已越出知识分子精英——以后雅各宾或新雅各宾社团形式组织起来的资产阶级和小资产阶级精英——的范围，旨在赢取——至少在某些地区——任何白色恐怖都不可能消除的广大群众的同情。而这也使得问题变得愈益复杂，因为要赢得群众，共和观念就必须与人民的其他愿望，如社会愿望、改善生活水平的愿望，结合到一起。在伴随12月起义的自发表达的爆发中，有一用语往往反复出现：“好的”“好的共和国”“我们将恢复好的共和国”……除了说1848年5月至1851年12月统治法国的共和国，因为使人民继续处于日常生活的艰难之中而不是“好的”、真正的共和国之外，这还能意味什么呢？换句话说，真正的共和国只可能是一个对小人物有利的共和国？

然而在同一时期，旧党派的显贵们已开始发现，共和制度并非始终不可能维持现有秩序，它甚至提供了避免这个或那个王朝的昂贵要
641 求的益处。众所周知，在新帝国遭受色当惨败之后，支持梯也尔的保守派们是怎样重新经历了1849—1850年的情景，也就是保守共和国的经历，并且最终绝大多数都归附了共和国。

由此，在我们刚刚回顾的四年中，同时诞生了有关共和国的两种相对立的概念和定义。一种是完全否定式的：一切政体如果不是君主制、不是过分专制，那么就是共和制的；另一种，尽管非常有分量，但却更为模糊，内容上也更为丰富：只有民主和社会主义的愿望被确认是主要目的，真正的共和国才算建立。

然而，围绕1850年而凸现的有关事物，首先是有关词语本身存在的这种隔阂，在我们20世纪的第三个25年里不依然还是区分法国舆论中的右派和左派的首要标准吗？

在这一点上，19世纪中叶就已拉开了当代的帷幕。

第三部分

新的时代：从 1852 年到当今

645 # 第二十三章　一种新文明的演进

1852—1914 年机器：金钱的力量和工人阶级的诞生

一、问题和概念

一种工业文明？

19 世纪行将结束之际，一位名叫儒勒·于雷、同情社会主义的记者曾就“社会问题”对各界人士进行了采访。在与勒克勒佐集团的老板亨利·施奈德的谈话中，这位记者对这位著名的冶金业大王提出了如下的问题：“您认为资本和生产工具的集中已经达到极限、还是仍可继续发展吗?”回答迅速而坚决：“没有什么极限!”施奈德先生大叫道。他用双手绕了一个很大的手势，“永远都在前进，没有限度，就这样![1]”这番由衷的话正道出了当时的经济局面及其无限的发展趋势；它揭示出了大工商业领导者们的心态，这些人不认为在经济形势的波动之外，还有什么东西能“限制”他们事业的扩张、他们的进取意志、他们行动之抱负。

说明：本章原注为章后注，用 1.2.3……表示；译者注仍为脚注，用①.②.③……表示。

一旦1848—1851年的动荡岁月过去后，法国社会真正走上了一条新的文明之路。说实话，此种文明就是我们今日的文明。就经济发展的基本机制和社会关系而言，今天的法国与第二帝国时的法国实际上没有什么区别。如果有人想以长时段的方式去判断我国的历史、如果他认为政治体制过去和现在都不足以造就法国的话，那么这就是一个明显的例证。机器和工厂、铁路和银行系统、资方和工人阶级——当时人们称工人阶级时用的是复数，后来出于概念上的需要而转变为单数——城市及其引起的变迁：城市像抽水泵一样汲取资源、积蓄、以及期望改善其社会地位的农村劳动力……这些新现象、这其中的一些使左拉时代的法国不同于巴尔扎克时代的法国的特征，在125年前就已表明某种局势已经显露出来，它一经开始便不会止步，这种局势与我们今天的所处并无不同，我们只是生活在它不断的延伸过程中。

因此，这是一种新文明，它是与经济社会上的旧制度的法国相比 646
较而言的，这种旧制度中十分缓慢的恶化趋势从18世纪末延续到下世纪中叶。这里的文明指的是行为和生存的方式、生产和思维的方式、社会群体的生活方式，包括群体中的个人之间及不同群体之间的生活方式。

这是工业文明么？问题的提出本身就是一个问题。第一次世界大战前的法国经历过19世纪50年代以来的快速变迁，与此前几个世纪的变化节奏相比。为什么要对给第一次世界大战前的法国作这样的定性而心存犹疑呢？就这个称呼的传统使用范围而言，相关的思索和观察涉及的是经济和社会变迁中的“尖端”因素，对这些因素本身的思考也有时日了。1860或1900年代，在勒克勒佐丘陵的山顶上、在巴黎的新银行的办公大楼中、在万国博览会（1855年、1889年和1900年的博览会最为著名）的展厅中陈列着与科学发展紧密相连的最新的技术产品，还有，在大型铁路网的编组中心、在机车的轰隆及其缓冲时的撞击声中：所有这些场景中表现出来的新法国，我们怎能否认它的工业特征呢？我们从外部感知的工业文明，我们在日常生活中体验到的工业文明，这一个多世纪以来所切身体验和感知的工业文明，如果它不是意味着加速的运动、嘈杂的机器声和人与物之间愈发紧密和复杂的关系，它还会是怎样的呢？

显然，法国社会无处不显示出这种新文明。它被这种文明征服，甚至其自身结构也是如此，它被引向同经济运动同样的方向。从此，生产的发展及其成果——产量，已经没有什么“极限”或“限度”了。我们的国家远离了物质匮乏的时代，抵达生产过剩、消费和富足的境界——如果人们愿意以百年为时间单位来评论、并给这三个词语冠以“相对”一词为修饰的话。

让·饶勒斯深刻感受到这个新文明的变动性，还是请他来让我们领会一下，工人是如何被工业发展吸引、推动、并卷入其中的。他于 1911 年出版的著作《新军队》中有论述资本主义发展的精彩篇章，这些篇章至今仍未失色，我们不妨摘录如下片段：“确实，由于资本主义强烈而急剧的变动性，由于它对利润的革命般的狂热，资本主义已将现代大生产的法则、将日新月异的壮阔而快速的劳动节拍一直渗入到工人阶级的肌理血肉之中。工人不再是乡村或小镇中的工人，不再是随意放任的手工业从业者。在广阔的市场上，他是与巨大而具有强制性的机器力量相联系的劳动力，他无法想象未来的世界，甚至无法想象那个他将会成为其主人的世界，除了知道他是一种无限的生产力外——这一力量并非阵发性的，亦不会堕入往日的散漫中。”[2] 我们为什么要闪烁其词呢？工业和工业化——我们将对这两个词做一点反思——就是首要的推进器。20 世纪初的法国是个大工业国，它的文明的特征在于工业。

这种说法是对是错？真实情况看来更为含糊：既是对的也是错的。1852—1914 年的法国，其整个历史——无论是经济社会史还是其他方面——的关键问题是，要知道剧烈的表面旋涡在何种范围内、在何种比例和何种深度上影响到社会整体；要了解经济、社会和个人与搅动既定因素和人们的习俗的新力量之间有哪些对抗；要通过与别的工业国家，如英国和德国之间的比较——仅以可进行计量比较的国家为单位——来考察法国整体经济、特别是工业增长速度的相对缓慢，一种
647 根源于我国自身原因的缓慢，如果果真存在这种缓慢的话（因为一个

世纪以来人们总是这么说)。对于这些重大问题，虽说我们在 20 世纪应给出明确的答案，但历史只给出了部分和不确定的因素。历史学家们——无论是法国的还是外国的学者——仍然处在困惑之中；他们的分析具有强烈的直觉和主观色彩；他们的看法经常相互抵牾。为什么呢？头脑中的含糊不清是必然的，因为首先事实就是这样。

根据不同层次的视角、甚至根据对一次大战前法国现实的不同的考察范围，一切都可以是变化和矛盾的，这一点十分明显。在社会的最上层，在经济发展的顶端，借用马尔舍夫斯基的话来说，在那些增长率最快的"明星"产业中，我们在 1860 或 1900 年代就已经达到了最具效率、最名副其实的朝气蓬勃的层次，可以毫无愧色地同国外竞争者相颉颃。这里仅举一例——还会经常被援引——从 1860 年代起，施奈德公司生产的机车已能同英国的机器争夺国外市场，1900 年代，在最先进武器的国外销售市场上，它与克虏伯公司不相上下。从机车到装甲板，从钢轨到钢铸大炮，这就是当时冶金业发展的脉络。

但是，在较低的社会阶层，在法国共同体结构的更深处，在远离大城市和大工厂周边的地方，却是另一个世界，另一个时代，它远远落在后面。对此人们不是描述过千百次么？"美好时代"① 的法国仍然是具有强烈和浓重的农民和乡村色彩、以及手工业和小业主特征的国家，它在资本主义扩张的严酷逻辑面前逡巡徘徊，依恋那些稳妥的价值标准，当然稳妥一词包括双重含义，一是教义问答和世俗学校——它们在很多方面是一致的——中教导的旧的道德观念，二是交易所中出现的新的投资现象：公债和债券优先于股票，安全性优先于风险性，确定性优先于投机性，这就是当时法国大部分投资人的心理。

1944 年仲夏时被德国人枪杀的历史学家马克·布洛赫，在遇难前四年曾思索法国在 1940 年春天的溃败的深层原因，当时他写下了一段感人而又令人心碎的文字："我们应有勇气承认，在我国，刚刚被击败的恰恰是我们所珍视的小城市。它的生活节奏太过缓慢，公共汽车

---

① 美好时代（Belle époque），多指 1900 年前后法国的繁荣安定时期。

的迟缓，行政机构的慵懒，每个散漫的行动所累积的时间损失，咖啡馆里的游手好闲，短视的政治伎俩，收入微薄的工匠，架子上空空如也的图书馆，对陈旧事物的嗜好，对所有可能扰动绵软乏力的习俗的新奇之事的猜疑：这一切，都被繁忙的德国以它著名的'动力'所推动的高速车轮粉碎。"[3]

甚至在今天，仍然有许多良师——如商业界人士、经济学家、政治领袖、甚至工会负责人——注意到以下情形并为此而悲叹：虽然经过了约25年极其快速的经济增长，法国的工业仍是落后的，我们的生产结构是不完善的，分配机构太沉重，为数众多的冒牌企业家胆小怯懦，各种制约因素限制了发展，它们发端于布热德式①或新布热德式的、维护所有小型的、也即微薄贫乏的事物的运动：仿佛工业文明已
648 经造成、并将继续会给我们带来极端的害处，仿佛这个社会整体上总是拒绝超越极限、突破限制。

对于史学家来说，这个问题成了一个衡量的尺度问题。为明确生气勃勃的法国与拖后腿的法国之间的关系及双方的比重，怎样来衡量——或者说衡量什么——19世纪后半叶呢？比重就是各自的分量，关系则是影响力的问题：卷入工业浪潮的行业、阶层和地区对落后因素的积极影响；相对停滞的地区和群体对整个经济和社会发展所起的制约性的消极影响。

并不是一切都可以衡量的，因而在进行衡量时就显得很棘手。钢产量的百万吨数、铁路运量、产品价格、公司利润、企业结构、人口和劳动力的分布……所有这些当然都可以估算、可以数字化，而且数字具有合理的可靠性。但对于决定是否进行投资的变动性因素又该如何分析呢？世代因袭的对于创新行为的抵制心态，其影响如何计算？社会滞后于经济、心态滞后于社会，这些如何衡量？那些以前各世纪传承下来的陈旧意识，例如与保守脆弱的乡村主义共生的意识，它们

① 布热德（Pierre Boujade，1920—2003），法国政治家，1953年创立保障小商人和手工业者联盟（UDCA）。布热德运动即指要求保障小商人及手工业者利益的运动。

构成发展的障碍，但它如何发生作用？对冒险和投机——资本主义的灵魂——深刻的拒斥心理，与对金钱利益、对高利贷、甚至对借贷观念的古老的宗教诅咒相连，这种拒斥心理的影响如何？教育制度及其传导的价值观念、在该制度下受益的社会阶层、以及受其控制的个人等等，该如何评价这些因素呢？

上述这些问题是不能测量的。这就是说，历史学家将长期面临更多的无法得出确切结论的问题。下文将试图更好地认识 19 世纪后半叶——不过其下限是 1914 年——工业文明中的积极因素与消极因素，在证明我们论述的合理性之前，有必要对“工业”一词加以解释。

工业和各产业；工业化和合理化

我们知道，对“工业革命”一词有太多滥用。“革命”一词，不管其意义如何，有牵强的意味，对 19 世纪的法国来说尤其如此。如果革命的概念是转变和转变之强烈等意思的混合，那我们应该谈论的是工业的“演进”，也就是说，这是一个缓慢的、渐进的、不和谐的，因时间、地点、部门和产业之不同而呈现不平衡状态的进程；这是几十年间的工业变迁与扩张，是其推进期——第一次、第二次、甚至还有目前的第三次“工业革命”——但还有减速期。另外，应以宽泛的方式来理解工业革命，它不只是技术和机械化，尽管它首先是这个；它甚至也不只是经济事实。它伴随着人口在空间范围内的新分布——广为人知而又含义模糊的“农村人口外流”——以及因各“产业”（即“第一”“第二”和“第三”产业）之间的关系变动而形成的各社会—职业阶层的新平衡关系。同时，工业革命给社会结构带来了新的面目，改变了各社会阶级、以及各阶级内部的群体和阶层之间的力量对比和相互关系。最后，工业革命还使生活方式和生活水平发生转变，从而给人类带来新的问题，或多或少地震撼了人们的思想、心态，以及关于生活的观念。

这一工业演进过程以其新颖而富革命性的成果长久地支配了上个世纪和我们这个世纪，但它本身究竟是什么呢？对此，经济学家马尔科维奇在他的宏大研究《1789—1964 年的法国工业》的结论中有过精彩论述：“一场社会生产力的变革，向制造业劳动的一次决定性过

渡——从家庭到手工工场，从手工工场到现代工厂[4]”。但是，在 19 世
649 纪后半叶的法国，各地区构成的图景惊人地复杂，其社会面貌具有极端的差异性，工业生产的各种历史形式同时并存：依靠手工加工的农村家庭生产依然提供了其部分的——当然其份额在下降——生活和生产的必需用品（服装、鞋子、小型工具），农民就是其产品的消费者，而不是把产品全部投放到市场上，这就是农民工业的自我消费。层次稍高的是融入了工业交换的家内劳作制：一种是农民——尤其是农村妇女——的生产，在这里是锁匠，在那里是纺纱工和织布工，而别的地方则是钟表装配工或制桶工，所有这些生产都依赖于原料供应商；另一种是城市“室内工”的生产，它直接源于中世纪的城市生产形式，是“血汗制度”的牺牲品，在成衣和缝纫业中尤其如此，儒勒·西蒙的《女工》便描绘了他们的劳苦和辛酸（1861 年）。在这种极度个体化的工业生产形式之外，还有第三个层次，它也是分散的，在某些行业（家具、珠宝、服装、五金业等）占据主导地位，这就是工场手工业：老板及其“帮工”。最后的高级层次是真正意义上的工业生产，这是大中型工厂的世界，生产工具、原料、劳动力、干部、管理机构都被集中到大型厂房中，这些建筑就像是阴暗嘈杂的兵营。生产者就在那里缓慢地、艰难地熟悉集体劳动所必须的纪律：如当时马克思对新时代的现实所分析的那样，这是生产的社会化形式，是生产工具和产品的私人占有制。

我们看到了整个工业内部的复杂情形，这特别是因为，工厂工业在其最初起飞的时代是非常个别的现象，当时的局面虽然生气勃勃，但工业企业的规模、其产品类型却大相径庭。因此，尽管大量工业活动“从农村转向了城市，从计件生产转向了批量生产”（马尔科维奇），工业领域仍是一个新旧并存的博物馆。

由此，我们便再次回到了衡量的标准问题。工业并不是像人们通常认为的、或出于习惯和惯性思维而想当然地描绘的那样，只是大工厂的生产方式。工业产品（或收益）包括四个层次，而不仅仅是最高层次的和最现代的产品。因此应该衡量工业总产量及其结构，即各层

次在总产量中的地位。马尔科维奇所致力的正是这一重要工作，它是在由弗朗索瓦·佩鲁和让·马尔舍夫斯基 I. S. E. A. 小组的研究框架内展开的。这项研究十分深入，耗时甚长，至今仍未结束。这项研究应成为工业化研究中的核心问题，因为，在很大程度上，工业生产四个层次（家庭制、室内制、手工工场制、工厂制）各自的格局和规模决定了新与旧、推动性和滞后性等因素的地位，以及法国新文明萌生过程中高级生产阶段和低级生产阶段各自的位置；另外还因为，我们这里论及的是不同的社会阶层和个人——而不是各“生产单位”——他们在不同的方向上影响了整个国家的进程。

我们还应该继续考察有关工业进程的一般特征，因为，仓促从事具体研究、探讨经济和社会事实和“引人注目的事件”将会是徒劳的，如果不了解它们的关联性及其意义的话。如何从工业这一概念过渡到工业化概念？如何从后一概念转入另一通常与之相伴的概念：理性化？

在这些问题上，马尔科维奇可再次成为难得的指导者。言工业化者均会论及生产活动的新的社会形式的发展过程，以及其扩张与推进。不过，对工业化可以有三种理解方式，在我们现在所讨论的法国就是如此：首先，在整个工业生产的内部，工业化表现为“真正意义上的工业取得对手工业和家庭生产的优势地位”。在国民经济层次上，工业 650
化意味着“制造业（或许可以包括采掘业）相对于其他经济部门（商业、交通业等）更为发展”。最后，工业化的标志是“工业方法渗入其他部门，如农业中”。

这样说来，工业化伴随着一个“理性化的普及的复杂过程”：社会性的理性化，其标志是生产的个人特征越来越弱，社会性越来越强；为降低成本而导致的经济理性化，公司企业的理性化进程越是向前发展，成本便会进一步降低；技术理性化——这最为人熟知——不仅涉及生产工具的现代化和劳动生产率的提高，而且涉及原材料的节约和对废料的处理，后两个方面在某些行业（如纺织和化工）具有重要意义；最后是地理分工的理性化，就法国而言，其工业已逐渐融入到

“国际劳动分工”和世界交换体系中。

这样我们便能更好地理解，怎样才能对我国进入——不管是否愿意——工业化演进和新文明的时代进行全面的研究。如果认为我们的知识（无论是关于可进行度量还是无法进行度量、抑或是度量得很不准确的因素的知识）已经足够深入，以致可以确定法国从第二帝国到 1914 年间演变的可靠图景，那将是很不慎重的。描述一个印象式的、定性的、感性的画面可能是轻松的工作；不过，为深入了解定性因素，我们首先必须尽可能精确细致地进行定量、测量和估算。

任何论证步骤都是可以被质疑的。我们的步骤从人口因素开始，这种因素只被认为是新时代的指示器，但它们与经济变迁是相关的。随后我们将论及工业发展的基本特点；接着对交往和交换生活将作简短论述。最后，对某些行为和心态进行考察也不无益处，通过一个不同于观察人口问题的方式，我们将在这些领域中看到，法国人在面对新时代的文明时的勇敢和踌躇。

二、人口统计的启示

人口与经济

最近，英国历史学家里格利写道，“工业革命在人口史中的重要意义，几乎怎么说都不为过。随着工业革命的展开，我们看到，人口机制、人口分布、职业结构、城乡人口比重等出现了重大变化。”[5] 这里强调的是工业变迁在人口运动与人口结构中造成的影响：地区性迁徙、农村人口向城市的流动、“第三”产业中就业人口的增长、死亡率的降低、出生率的降低……但还应考虑到人口状况对工业发展——更宽泛地说，对经济发展的影响[6]。阿尔弗雷德·索维坚持认为，就法国来说，人口增长的极度缓慢与 19 和 20 世纪（至少直到第二次世界大战为止）经济发展的相对缓慢有紧密的因果关系。正如安德烈·阿尔芒戈所指出的，这一说法可能更多地是以“推理而非历史分析”[7] 为基础。这位著名的法国经济学家和人口学家看法中包含的这一假说，还需要通过具体精确的分析来加以检验。

不管人口与经济之间的相互作用看起来如何明显，这些作用并 651
不是简单自明的。里格利也认识到这一点："在工业革命进程中，人口与经济和社会变迁之间的关系极为错综复杂，在这些关系中，尽管有些东西是很明显的……但这仍不可能支持任何关于这些关系的简单化观念。"[8] 当然如此。不过，如果我们采取谨慎的考察方式的话，还有什么比一个长期的经济变动中的人口事实更能说明问题呢？

人口学的事实

过多地重复业已取得的成果看来是多余的。我们都知道，与所有欧洲其他国家相比，法国的人口在19世纪—— 一直到1939年——增长缓慢，它在欧洲总人口中所占的比重不断下降；普通民众阶层（而不只是社会上层）过早地——从18世纪末，甚至更早——控制生育，年度人口净增额（出生减去死亡的剩余量），每个十年都在减少；法国人口的老龄化，老人所占的比例不断攀升，而儿童和青年的比例在下降[9]。百年间的出生率和死亡率曲线很能说明问题，19世纪后半叶的总体数据亦然：1850年到1900年，德国的人口从3500万增长到5600万，而法国的人口仅从3600万增长到4100万。

我们不用再重复出生率下降的问题了，因为这一点众所周知：它与生活水平的提高、与人们改善社会地位的渴望、因而也与工业化时代的社会运动相联系。杜蒙曾写道，"每个社会成员都在为向上攀升而不懈地努力。"菲利普·阿里埃斯极为中肯地说明了，为什么在19世纪末，"阶级的分野不再能区分出不同的生活态度。生活方式之安排在所有社会层次都是一样的。"[10] 因此，在19世纪后半叶的法国，经济进步、社会进步与出生率的减缓是并行的，无论是在整个国家的层次上还是组成国家的个别单位的层次上，都是如此。

因此这是明显的事实。另一显而易见的事实体现在人口的职业变迁方面，正如让·富拉斯蒂埃主编的有关职业性迁徙的著作中再现的那样[11]。人们记录了从第二帝国到1914年之间就业人口的增长（从1856年1420万增至1906年的2070万），人口就业率（就业人口在总人口中的比例）的增长，妇女在就业人口中所占比例的增长（工业化是妇女劳动力的吸收器），就业人口从“第一”产业向“第三”产业的转移（“第二”产业基本维持稳定），就业人口结构的变化（各部门和行业中从业人数的变迁）等等。

此外还有城乡人口分布方面的明显事例。可以把“城市”看作人口在 2000 或 5000 以上的居民点——不过后一标准看来在任何情形下都更有根据。以下是城市人口比例的演变情况表：

城市人口在总人口中的比重[12]

年份	人口 2000 以上的城市	人口 5000 以上的城市
1851	25.5％	17.9％
1866	30.5％	24.4％
1891	37.4％	
1911	44.2％	38.4％

652 在第一次世界大战前夕，农村人口比例仍大大高于城市人口。法国仍是乡村、集镇和小城市的国度……这里我们又想到了马克·布洛赫。当然，城市人口有增长，“城市吸收了……某些乡村。”[13]巴黎的情况就是如此，但这是个特别的例子：1851 年它的人口为 100 万，几乎占法国人口的 3％；但到 1911 年，在经过大规模的人口聚合后，巴黎市的人口为 288 万，而塞纳省的人口达 415.4 万：超过法国人口的 10％！但法国的城市化还不像德国或英国那样过度。1914 年，只有 13％的法国人生活在人口超过 10 万的居民点中。法国有 16 个人口超过 10 万的城市，而德国为 45 个，英国有 47 个。除了巴黎和里昂外，没有哪个其他城市人口超过 30 万。是工业的推动吗？对于那些工厂集中的城市来说是这样，如里尔、鲁贝、图尔宽、勒克勒佐、圣艾蒂安等等，但对众多中小型城市来说，其发展建设尤其要归因于商业和行政功能的发展。

三大产业中就业人口的比例[14]　（单位：百万）				
	1856	*1876*	*1896*	*1906*
第一产业[15]	51.4	49.3	45.3	43.2
第二产业（工业）	31.1	27.6	29.2	29
第三产业（服务业）	17.5	23.1	25.5	26.1
无法归类者	1.7			
合计	100.00	100.00	100.00	100.00

三大产业中就业人口总数　（单位：百万）				
	1856	*1876*	*1896*	*1906*
第一产业	7.305	7.995	8.463	8.845
第二产业	4.418	4.469	5.452	5.936
第三产业	2.493	3.754	4.749	5.701
失业者				0.239
就业人口总计	14.216	16.218	18.934	20.721

到此为止尚无争论。我们处于人所共知的确定的领域。城市发展的相对缓慢、大量的农村人口明显意味着，法国工业化的动力逊色于它的两大邻国。

这里便出现了一个问题：农村人口外流的确切意义如何。让我们来看看下面两幅画面。

关于各大就业部门的比例，情况很清楚。三大产业之间的关系及其变动与已揭示出的情况很相符。但是，如果我们不是考察相对“比重”，而是各自的绝对数字的话，这些观点便要作明显的修改，并需作进一步思索，因为三大产业的从业人口都有增加——当然增幅并不平衡。但是应该指出这一事实，而且据我所知，它还没有引起史学家们足够的重视：1856 年到 1906 年间，农业中从业人口的绝对数字增加了。农业人口净增了 150 万……

人们是否可以说（也许不无道理），若把妇女考虑进去（我们无法估量出她们在农业生产中的比例)，农业从业者的数字就是可疑的呢？不过，有关第一产业中男子从业者的数据并没有显示出不同的趋
653 向[16]……正如卡昂夫人在她对一个世纪以来的就业人口的著名研究中所指出的，“从绝对值来说，农业中的从业人数实际上到 1914—1918 年的战争之后都仍然是稳定的。”当这些作者在其研究中以相对数据来代替绝对数据时，由此产生的困惑和犹豫显而易见。人们会说，农业人口呈下降趋势，因为其在总就业人口中的比例在降低……

因此，应该重新审视农村人口外流这一观念，以及由此而不断产生的新看法，尽管这些看法通常并不是作者们的本意。就全国范围而言（我们将会看到，在区域和“地区”层次上，情况可能会完全不一样)，在第一次世界大战之前，并不存在“抛荒地带”。在经历了半个多世纪的工业发展后，法国的土地上仍然承载着大量的农业从业者……当然，如果根据户主的从业情况来考察人口的整体分布状况，依靠农业为生的人口比例降低了：1856 年为 1851.4 万，1896 年为 1743.6 万[17]。这就意味着，确实有一部分农民离开了农村前往城市，他们是超越农村负载能力的过剩人口。但这并不是说土地到处被遗弃抛荒。远非如此。

在首先对宏观人口状况进行考察后，还应进行一些补充。人们总是不自觉地倾向于把农村人口和农业人口混为一谈。事实上，问题在于，要知道在 1914 年之前，农民、农业劳动者在所谓的农村人口外流中所占的比例。后面我们将会了解到这一情况。

农村人口包括小市镇的居民，他们基本上属于第二和第三产业的从业者，此外还包括村庄和孤立的农舍，它们属于第一产业。有谁会把城市（人口在 2000 或 5000 以上）人口的增长仅归因于农民的流入呢？事实上，小市镇（而不仅是村庄和农庄）曾哺育过城市，但具体比例我们仍不知道。因此农村人口外流自然含有多种组成部分。它既包括过剩的农业人口向城市的流动，也包括非农业的农村人口、首先是工匠的流动。此外，农村外流的人口中不全然是劳动力，这其中无疑还包括比例很高的年幼者。在考察 19 世纪后半叶农业人口的稳定性

的总体经济意义之前，我们先以一些具体材料——定性的或是计量的——来说明上述评论。

区域与地方个案

在 1914 年之前，法国某些乡村地区确实出现过“抛荒”现象，尤其是在山区：阿尔卑斯山、比利牛斯山[18]、中央高原的某些地区。但是，即使是在土地优良的地方，我们不是也能看到，农民的生活长期以来是多么艰辛、生产条件低劣之极且全无合理性可言么？我个人对上卢瓦尔的东北部地区较为熟悉，这地方为花岗石土质，气候恶劣，离产煤区及工业区菲尔米尼—圣艾蒂安洼地只有十来公里。今天，当人们在松树林和草场间漫步时，偶尔能看到的只是些废弃的、通常是破败不堪的农舍，以及空荡荡的小村子。但它们是什么时候被废弃的呢？这一现象开始于 1930 年代的转折期，第二次世界大战后速度加快。在 1920 年代，农庄被废弃是很个别的现象，1914 年之前更是如此。

最近，乔治·杜波在研究 1870—1914 年间波尔多的人口增长时，也强调某些论据的重要性[19]。在 19 世纪末，大约一半的居民并非波尔多当地人；这些“移民”来自围绕波尔多的各省构成的半圆形地区，而这个加龙河的大港口就像是“阿基坦盆地人口的唧水泵”[20]。不过， 654
对吉伦特一省的移民来源的分析表明，他们中间的 2/5 并非来自农村，而是来自城市（人口 2000 以上的居民点）。杜波写道，“移民现象并非像人们有时认为的那样简单：它不仅是农村人口向大城市的迁移，还有小城市向地区性大都市移民的运动。”

一些地方性研究应能进一步表明局面的多样性和事态的复杂性。从这一观点看，菲利普·潘什梅尔对 1836—1936 年间庇卡底的“农村人口减少”所作的研究堪称一个典范[21]。1872—1911 年是“农村人口外流的重要时期”[22]。但是，“农村人口减少”这一概念意味着什么呢?一种“相对于起初状态的人口过剩，或至少相对于特定时期内农业、工业、商业所提供的就业机会的人口过剩”[23]。不过，除了农民（耕作业者、农业工人、短工[24]）外，手工行业（针织业者、锁匠）也是人口减少的“重要因素”[25]。在所研究的庇卡底三个地区，农业就业人口从1836年的5469人增长到1911年的6139人，而手工业者和工厂工人从6427人减少到2569人……乡村古老的社会结构的“农业化”和简单化，农业经济和工业经济无可挽回的分离（工业正逐步集中到城市）……离开的不是单身汉，“而是整户、整个家庭”[26]。

鉴此，本人也依据路易·谢瓦利埃的看法，对农村人口减少的两种类型进行区分，但这只对庇卡底是有效的。一种类型是人口学上的、或曰非就业性的、正态的人口减少，它涉及非成年人、妇女、失业者和老人；这种减少波及过剩的农村人口，其作用相当于人口过剩的农村地区的减压阀。另一类型是职业性的、或曰就业性的、非正态的人口减少，它涉及农村的劳动人口，是工匠和农民自愿离去造成的人口减少，因为他们生计日艰，因为他们受到听闻中的“城市”的吸引。另外，人们还能猜想铁路、兵役的影响，它们开辟了新的空间，打破了孤立和愚昧无知的状态。潘什梅尔写道，“我们的庇卡底乡村并没有经历真正的农村人口外流，因为大多数情况下，离去是一种常态现象。”土地实际上根本没有被荒废：“富饶”的庇卡底不同于热尔斯或洛泽尔。荒地没有扩大。乡村依旧“为人掌握”。三个地区的农业从业者在1836—1911年增加了……“由于农村环境的类型不同”，农村人口减少也有许多区域或地方性类型：山区、丘陵地区和平原农业区型的人口减少。各地人口减少类型各不相同，这要看是否存在手工业、土地的肥沃程度、所有制的结构……

我们来看微观世界。位于尼奥尔和帕特奈之间的马齐埃尔-昂-加蒂纳是德塞夫勒地区的一个村社，罗热·塔博曾出色而真实地讲述了该村社在1848—1914年间的历史，这是一个偏僻、封闭的集体的历史，与新式生活的联系——先是公路，很晚才有铁路（1881年）——使其缓慢地、点滴地但稳步地卷入新的物质和精神时代之中。我们关注的只是这位作者关于人口的评述。这个农村村社的人口在1840年到第一次世界大战期间没有减少，1841年它有居民约900人，1911年上升为 1162 人。耕种面积从 287 公顷（1849 年）增加到 1118 公顷（1903 年）：这是农业革命的一个重要方面。但还有哪些东西是这个小村社世界中的新现象呢？从人口增长中获益的不是村庄，而是小市镇。后者的居民从 1851 年的 210 人，增长到 1911 年的 378 人。不过，专 655
事农业的人口并没有减少。因此不存在真正的农村人口外流：在这个微观世界中，正像在庇卡底一样，我们再次看到了农业人口并未减少这一全国性的重要事实。在我们所研究的时期，被称作“农村的”工匠确实离开了该社区的村庄和农舍。但他们（鞋匠、泥瓦工、木匠）在小市镇中的人数增加了。小市镇的社会结构更为充实和多样化了：增加了公务员、商人（五金商、旅店主、粮贩）和自由职业者（公证人，执达员）。离开的（1880 年前这种情况很少，随后 20 年中更多了）大部分是农民么？不是的。离开的首先是邮递员、警察和马掌匠的儿子，他们前往帕特奈的师范学校学习；还有市镇商人、工匠和公务员的女儿们。另外，大部分服过兵役的市镇青年后来也离开了。他们去了工厂吗？非常少见。他们多出现在铁路部门、宪兵队、共和国卫队和常备军中……有两个农场帮工由于婚姻颇为划算（可能如此）而交了好运，一个在旅馆业中发了财，另一个经商致富。在离开的手工业者当中，只有少数人本来就是技工。

个人和地方性的事实远非画面的全部。农村人口外流与农业荒废不能混为一谈。虽然不同区域和地方存在各种差异，但下述统计学上的可靠性无可置疑：就全国范围而言，与 19 世纪中叶相比，20 世纪初的农业就业人口并没有减少。这是个重大事实，过去人们曾忽视了其意义和重要性。

农业人口的稳定和经济增长

就业人口的水平（或总量），很大程度能解释“实际物质生产”、即农业和工业生产所达到的水平。让·马尔舍夫斯基着力指出，19 世纪法国人口增长的逐步放缓是其物质生产量被英国超越的“主要原因之一”[27]，尽管后者在 18 世纪的起点较低。这一普遍性事实在农业中更加如此，因为农业劳动生产率比工业缺少弹性。“人口增长缓慢是法国农业产量增长微弱的主要原因之一。”[28] 但看来更为严重的是这一事实对工业发展、以至整个经济增长的影响。

农业和工业在物质生产中的比重，及各自在物质生产部门中的总就业人口的比例[29]

年代	农业		工业和手工业	
	人口比重	物质生产中的比重	人口比重	物质生产中的比重[30]
1855—1864	66%	46.8%	34%	53.2%
1865—1974	65%	46.9%	35%	53.1%
1875—1884	64%	43.8%	36%	56.2%
1885—1894	61%	41.1%	39%	58.9%
1895—1904	58%	39.2%	42%	60.8%
1905—1913	58%	39.8%	42%	60.2%

656 上表一方面显示了农业和工业—手工业的比例和相对结构、另一方面也表明了两大部门的就业人口和各自物质生产量的对比。这里具有重要意义的不是演变过程，尽管它揭示了农业部门的相对下降、及其在就业人口和物质生产中地位的下降。若考虑农业部门本身，更为吸引人的是，农业在就业人口中的比重（较高）与其在物质产量中的比重（较低）之间的不平衡。在 1855—1864 年间，农业占据了总就业人口的 66%[31]，但其在物质产量中的比重只有 47%。1905—1913 年间，情况仍没有改变：58%的总就业人口只提供了 40%的总产量。

“为什么这种局面没有变化呢”？让·马尔舍夫斯基问道[32]。实际上农业表现出两种长期不变的状态：所使用的劳动人口总量居高不下；农业产量在物质产量中的地位维持原状。第二点在某种视野下可能更易于理解，如果不是能得出确切的解释的话。农业整体生产率的低下（如与英国相比较）能说明一系列的效应：农业从业者人数的稳定不变；农业人口在总就业人口中比例的下降；农业产量在物质生产总量中的比例长期维持较低水平。正是生产率的停滞导致农业水平下降，并妨碍农业产量的增长。要解释这种劣势地位，还需要对农业生产率进行“透视”。但本文并无对法国经济发展作全面阐述的抱负。[33]

关于第一种静止状态——即长期存在大量农业从业人口——是某种提问方式的中心点，但这一方式中的论证法却无法找出问题的关键，尽管它有许多出色之处。让·马尔舍夫斯基提出如下说法：或是“某些障碍阻止农民离开土地”，尽管存在来自工业的吸引力——在这个假设中，工业似应蒙受了劳力短缺和价格昂贵之苦——或是工业无法“吸收更多的农村劳动力”。在这个假设中，工业发展“遭遇了销售市场不足”的困境。事实“为这两个观点”提供了“众多的论据”[34]，因而它们都应是成立的……

让·马尔舍夫斯基确实有些卓越的见解。他写道，“法国的农业人口从来没有被驱逐出他们的土地，土地结构和社会体制也不鼓励他们离开乡村，法国农民对他们的家产土地总是表现出极度的眷恋，而且强化这种情感的愿望总是影响到法国的官方政策。所有这些都是实际情况。”[35]大革命和帝国时期关于各继承人之间均分财产的立法、以及有利于维持较高的农产品价格的保护主义政策的延续，都指向了同一个方向[36]。

最后，在这位经济学家看来，“总体上说，法国农业中的经济、社会和法律结构大大延滞了为工业提供劳动力的进度”[37]。而工业（除了短期内的某些部门外）实际上也不缺乏人手。但是工业发展步履沉重，与国外相比缺乏竞争力，因为它的价格和工资结构缺少弹性（比英国更少弹性），而这种情况又是由于“现有的劳动力供应状况”（来自农村的劳力）“不足以改变这一结构”。

另一方面，根据图坦的计算，在1850年代到第一次世界大战期间，靠农业为生的人口的购买力（消费能力）只有靠工业为生的人口的45%[38]。尽管农业人口比工业人口的比例更高——1905—1913年间总数分别为1507万和1240万[39]——而就整个农业世界的总体购买力来说，虽然它在这一时期内有了无可置疑的增长，但“只为工业增长提 657
供了十分微弱的推动力[40]”。

最后，农业在人口结构及实际生产结构中的地位和影响之所以会产生抑制效应，还有一个原因：所有波及农业的危机都将严重影响法国的整体经济。这在 1873—1896 年间的欧洲农业大萧条中表现得尤为明显，而在法国，萧条又与外部因素（外来竞争）和内生因素（葡萄根瘤蚜病害，某些作物种植业的减退，如茜草……）纠缠在一起。这些对实际生产总量的增长以及工业产量的增长都产生了重大影响：当时法国的这两项人均增长额都低于英国[41]。

在对我国 1914 年之前的工业化程度所进行的艰苦研究中，在对工业发展状况进行衡量时，在对这种文明的基本特征的分析中，有必要给与人口和职业因素以重要地位。它们是具有重大启示意义的现象和原因在于它们既是一种强有力的抑制因素，也是强大的发展因素。它们向我们表明，1914 年的法国更接近于 1850 年的法国，而不是 1970 年的法国。但这种说法只具有部分的正确性，有时人们可能会忘记这一点。

三、工业革新

强烈的反差

让我们回到 1897 年，跟随儒勒·于雷一起来到距海滨布洛涅 10 公里的马南让，这个村庄坐落在并未抛荒的地区：“但这里一片死寂，崎岖的坡道上见不到车辆和行人。每天都在重复着同样的生活日程，没有任何东西表明外部世界的存在——除了偶尔送来的免费的《十字架报》，以及女农场主周六偶尔从市场上带回来的几页当地的报纸。在这个被人遗忘的、极度原始的角落，政治斗争和社会变迁完全感受不到，它就像睡着了一样。这块地方相当肥沃，但农民的收成好一年歹一年，沿用几百年的生产方法没有或几乎没有任何改变。”[42]但是，同一年、同一个目击者在勒克勒佐看到的完全是另一个世界，这位记者记录了那里最强烈的特征：外形、色彩、声响，以及与机器联系在一起的大量人口：

“在我脚下是个巨大的深坑，其最深处环绕着一圈幽暗的火光；在坑的中央，一簇熊熊的火焰照亮了那些巨大门厅的玻璃外窗、铁炉那奇特鬼魅的身影、吊车僵硬的手臂以及成堆的金属；在被滚滚浓烟污染的深蓝的天空下，所有一切都显得不同凡响；这是各种出人意表的、生硬的、粗糙的、不协调的形态的闻所未闻的大混合，人的身影映射到这些形态之上，他们在冶炉的炉喉前七手八脚地忙碌着，穿行于蜿蜒在黑土地上的火流间；火炉的下部不时张开小窗，每次会伸出20来根炽热的火舌，火红的大铁块就从这些地狱之门中次第坠落，然后滚板把它们送到喷水龙头下面。在这但丁式的场景之外，难以分辨的嘈杂声、远处的喧闹声构成的声响非笔墨所能形容，它在飘荡、在呻吟、在咆哮，并有着一种骇人的和谐感。”

“我用一整天的时间走遍了勒克勒佐几公里长的车间。我对这令人惊叹的生产组织、对巨大而驯服的机械的赞叹……很快就消失了，因为我立刻完全关注于我周围的人、被他们的忙碌攒动所吸引。我自言自语道，‘工人，原来就是这样！’工人不只是我们在街上看到的那样，是身穿罩衣、头戴鸭舌帽、其糟糕的教养令人担惊受怕的人，不只是靠自己的双手劳动、虽不富裕但欲望很大的人；也不只是没有文化、 658
思想粗鄙，总之只靠肌肉劳动来完成其使命和社会角色的人。不！不是的！工人还是成千上万顶着七月的骄阳、在炉火前跳动的生灵；他们瘦削的面颊上沾满尘土，他们用灼热的目光恭敬地注视着我这位造访者，他们汗湿的前额、通红的眼睑、烧焦的睫毛、汗珠滴落的胸膛令我感到好奇；他们坐在离火炉两步远的金属堆上用餐，毫无食欲，双手弄黑了面包，胡椒粉在可怕的烟尘中散发着臭味；他们每天早上6点起床，天天如此，从柔弱的童年时代起就这样，6点起就把自己关到这些唯见黑与红的庞大工厂中……明天、明年他们都将继续这种生活，直到风烛残年，没有半个月或个把星期的休息。”[43]

实际上，从1840年代起，大工业中的技术、经济和人的革新就已逐步侵入生产和交换领域。当时的人记录下了这一深刻而又不可逆转的变迁，以及乡村与工厂之间的强烈反差。在他们眼里，工厂和银行、铁路和保险公司、证券交易所和“大型商场”都融为一体，而社会主义理论家们则称之为资本主义。

饶勒斯，资本主义的审判官

让我们跟着让·饶勒斯一起来看看 19 世纪资本主义的历程。无可争辩的是，这位抗议者如实地说明了资本主义制度的动力以及它取胜的过程，这确乎是件有意思的事情。从长期来看，这就是我国经济和社会的变迁。1912 年的饶勒斯深知这一点，他说道：

"资本主义和资产阶级在所有国家的统治是经济发展的自然的、必然的结果。资本主义不是永恒的，但它造成了一个日益广大和团结的无产阶级，从而造就了一个将会取代它的力量。随着新的社会因素的发展和组织化，它将成为一个阻碍、一种抵制力量、一种反动；但在其整个形成时期，它都是一种巨大的进步力量。今天仍然如此，尽管上升的无产阶级已强烈感受到它的压迫和剥削，但它仍然是一种强大的推动力。资本主义产生和组织了生产力，从而增加了人类的财富，这财富将通过集体占有制而成为劳动者自己的财富；随着无产阶级大众的增长，新的思想将会在其中传播，从而使得解放人类的所有制的革命成为可能。任何时刻资本主义都不是纯粹的抵制力量、一种毫无杂质的反动。它既提高又降低、既奴役又解放、既剥削又丰富，是一种不可分割的现象，总是如此。它不是通过外在的强制、有形的残暴而建立起来并得以维持的……无产阶级十分清楚，他们行动的环境不是因某个人或某个集团的专断意志而形成的。在这种意志的背后、在资本主义长官的命令背后，他们认识到或预感到广阔的非个人性的法则，这些法则主宰着整个这一段历史，而且通常比其领导人更为强大。"[44]

技术进步的历程

当时的工业家、经济学家和主要政论家们所理解的技术进步无非是机器的进步。从 1850 年代到第一次世界大战期间的技术创新连绵不断，它们总是相互渗透，这里若对这一技术创新的编年史分门别类地进行复述，恐怕并非善事。如果我们忘了的话，各个层次的、有日期和名称为证的各种手册将会告诉我们，其中有几幅画面仍具重大意义：
659 1855 年出现的体态肥胖的贝瑟麦转炉开始生产价格低廉的钢材；1869

年 11 月，在工程师阿里斯蒂德·贝尔热斯热切目光的注视下，朗塞地方的一个造纸厂中，一批口径 40 厘米、长 450 米的水管将每秒 500 升的强大水流注入磨浆机中；1871 年，比利时工人格拉姆向巴黎科学院提交了他的小型电动装置，如果向其中注入原动力，这种奇特的机器便会产生电流，如果提供电流它就会做功；1889 年的万国博览会上，勒努瓦和奥托展示了汽油发动机……这四件发明都是在一系列漫长的摸索和研究之后才取得的，每件发明都标志着冶金、电能的多种用途、运输和传播行业中一连串其他发明的开端。

我们无意为发明做编年。实际上，这种历史虽然光彩夺目，但失之浅薄。1888 年，贝尔法斯特的兽医邓洛普发明了充气轮胎，阿尔芒·珀若（蒙贝利亚尔）出售 29 辆汽车是在 1892 年，克莱蒙·阿代尔首次飞行 50 米是在 1890 年 10 月——这些日期的意义都不大；比利时人索尔维发明苏打制造工艺（1862 年）；英国人托马斯和吉尔克里斯特发现的熔铸脱磷法（1877 年），连同布里耶对矿石的发现，将一起把洛林的冶金业推向高峰——这些也都没有多大意义，尽管这样说颇有大不敬的味道……对法国而言，一种具有重要意义的历史尚未被研究过，这就是技术革新扩张的历史、它们在不同行业中的实际应用和推广普及的历史（从哪里开始？什么时候？），以及它们在经济和空间意义上扩张的历史——总之，一种有关“发明”的历史学和地理学。此外，我们知道，19 世纪后半叶是个技术革新爆炸的年代，从蒸汽动力向电力和石油动力的革命性过渡已然开始，此间工程师和学者们所起的作用要比工匠和业余人员更为重要——虽然汽车工业的最初发展很大程度上归功于业余技术爱好者们。我们也知道，技术革命从此变得越来越国际化：不妨想想，没有美国人贝尔，哪来的电话（1876 年）？没有美国人爱迪生，哪来的留声机（1877 年）和电灯泡（1879 年）？没有美国人伊斯特曼，哪有柯达相机（1888 年）？同样，没有赫兹（德国人）、布兰利（法国人）、波波夫（俄国人）和马可尼（意大利人），又哪来的无线电报呢？

历史学家芒图写道，机械就是“一种装置，在某种简单原动力的推动下，它可以执行过去需要一个或几个人完成的技术操作中的复合运动……要在某个或几个工业部门中实现机械化，光以机器来促进生产是不够的，机器应该成为关键性因素，应该决定产品的数量、质量及其成本”。机器意味着：劳动生产率的提高、产量的提高，并且由于这两项不可逆转的进步而导致生产成本的降低。

机械化的发展很快便引起了痴迷与恐惧的双重反应。1855年的巴黎工业博览会上，路易·雷博便对那些奇妙的产品、特别是施奈德公司展出的蒸汽锤赞叹不已：“推动这个巨大的榔头的力量是由最简单的机器提供的，当它上升到固定的高度时，便会全速下落——或是在真空中，或是在组合气体中下落。这样，人们便能借助这个器具来锻造铁块或号牌。可以设想，这对制造战争机器将会具有多么大的用处，而后者又将预示着一场进攻和防御的技术革命的来临。”[45]

但是这位评论者也对一个问题感到担心，而这个问题看来是机器建造者们忽视的。后者想到的是力量、速度和利润。而他则考虑到了
660 工厂劳动的安全：“这些可怕的蒸汽机，不管它们是好是坏，都应引起重视。当它们被遗忘时，一种阴森的声音会突然提醒人们注意它们的力量：这是被轧死的或被烧坏的受害者的叫声，这是肢体粉碎、头颅爆裂的声音。谁不感到颤栗呢？谁能不小心提防呢……连杆、制动器、轴、锅炉，这些词本身没有特别的，很难引起人的注意；但是，我们想想，当人的生命完全托付给了断裂的制动器、出现偏差的轴、爆炸的锅炉时，这些词立刻便有了一种词汇本身之外的含义。”[46]

在这次博览会上，机器的高速旋转运动看来极具发展的可能性，因而安全便更成问题：“对于固定的蒸汽机而言，特别让人印象深刻的是，旋转运动取代往复运动几乎成了一个普遍适用的原则。这确实是一场革命，是最明显的特征之一。摆动和摇晃的机器到处都在引退；水平的机器取而代之；摆动的机器只能提供不规则的功效，而且，蒸汽泄漏、频繁的维修、传动机构持续的损耗，都破坏其功效；而水平机器能提供更为连续、更为稳定、更为廉价的功效。”[47]

但是，路易·雷博在比较英国和法国的产品和工具时，对法国在

工业上的落后——无论是在经济上还是在技术方面——的性质作了中肯的评价，这种落后是由于法国的工业不能有效地满足大生产的要求（从1855年起）而造成的：

“国外工业的特征是，在日用消费品的生产中，人们关注的只是为使产品使用方便而必须的要素，产品根据统一的模式来加工，生产的规模很大，这必然导致价格的降低；另一特征是，他们始终关注销售市场的拓展，并通过降低价格和业务上卓越的可靠性而达到这一目的。英国的一流企业的成功之处在就于此，而我国的企业正努力沿着它们的足迹前进……必须承认，在主要消费品（如棉毛织物）、金属器具、机器和航海设备的制造、家用物品、煤炭、陶瓷、搪瓷和普通器皿等方面，它们明显领先于我们，我们远未达到它们的水平……相反，对于法国居于领先地位的产品，更多地是要求工艺技巧而非工业化生产。”[48]

机械化……这就需要继续建造机器。机械制造业——它为工厂而生产，同时也为铁路和航海而生产——是技术发明扩张的首要受益者。1862年，政论家图尔冈在《法国的大工厂》头几卷中有一篇颇有意义的文章，它是关于卡伊公司（生产制糖设备、机车、各种车床和工具）在巴黎的工厂的：

“卡伊公司的生产设备是最新的，问世最多50年，都是19世纪初期未曾见过的。德罗内和卡伊的工厂既不是单纯的铸造厂，也不是钳工车间、锅炉厂或建筑工地，所有这些它们都有，而且还有其他业务；就它们生产的产品来说，几乎无所不包，它们为60年来因为科学之应用而出现的工厂而生产工具——不只是复制已经出现的、使用了几个世纪的机器，而且根据学者头脑中的思想、发明者的意图，以铁、铜、木材、玻璃来实现最不可思议的效能，并最终创造了当前的工业所依赖的新的机器世界……正是在制造各行业所必须的工具的车间里，工具系统才得以顺理成章地改进。”[49]

三十多年过后，机器数量猛增。1889年，沃居埃在为《两个世界评
论》的读者们描绘博览会展馆的机器展厅时欢呼道，“工业和科学革 661
命……是这个世纪的首要职能……它超越了国家生活、欧洲生活中的所

有事件”[50]，他进一步指出：“只有处在我们现在所处的高度，才能把握成批的自动装置的复杂运动；每个连杆和活塞都在这巨大的嘈杂和忙碌中遵循各自的运动目的……人隐藏在机械奴隶的后面，他只需一个小小的动作来掌控它。他通过这些铁制器具和铜线来获取强大的自然力；他操纵这被驯服的力量，按自己的意志来变换和分配之……正午时分，这些笨重的机器还处在昏睡状态，一切都是那么安静。随着一声汽笛响，机器产生的动力发出巨大的轰鸣声；几秒钟之内，动力从展厅的这头传到那头，所有轮系都摆动起来！……这种运动很有节奏，柔和悦耳，但柔和之中又有某种不可抗拒的东西……这是现代化的工作场景，它靠自然来实现，但自然力量是为人服务的。这也是由现代化的工作造就的一种社会景象，是机械化的无情规则构成的‘铁律’的表现”。

作为献给机器文明的永恒的纪念物，埃菲尔铁塔俯瞰着整个展馆。这个由铁制工字梁拼接起来的建筑就是技术力量的象征。但埃菲尔铁塔只是一座丰碑，而更加吸引沃居埃的无疑是“伟大的、无可置疑的创新——电力”，他写道：

“尽管这种新动力的主要用途还是照明，但这并不是唯一的；它将在所有其他工作部门取代旧的动力……你看这机器，它的外形让人想起船上的舵轮，不久，当这种舵成为所有工厂的动力来源时，这种比拟将更为激动人心。这就是发电机，电磁机中最常见的类型。一台发电机能提供250马力的电能，而另一台可以提供500马力。我们到处都能在看到柏油导线电枢下或大或小的耦合线圈；它们开始和笨重的蒸汽机结合，渗入飞轮中，与传动皮带组合在一起，仿佛一支意志坚定的军队，要去侵占、去征服这些庞然大物。这就是电能当前的趋势，征服蒸汽机，直到人们不再需要后者——我们要注意这一重大事实；电能将剥夺蒸汽机的生命力，把它限制在狭窄的使用范围内，并将它转变为更为灵活、更易于操纵、更全面地接近于人的精神力量的动力……由于具有多种工业用途，发电机已经取得介于蒸汽发动机和专门化工具之间的地位。它驱动绞车、绞盘、锻锤、铆钉机和打孔机。电能焊接金属，推动我们头上的桥式起重车；此处它驱动翻斗车，别处它又驱动船只的螺旋桨。我只需提醒注意电在听觉设备，如电话和留声机中的应用，以及在爱迪生先生的陈列室中开始运转、但现在已为人熟知的设备上的应用。自从马塞尔·德普雷先生的试验以来，电工专家们的实际研究的主要目标是实现机械能的远程传送。今天，发电机已能从蒸汽机那里获得能量，但这种电能是短暂的……理想的电能是能直接从巨大的自然动力资源、首先是水流及其落差中汲取能量……这一理想已在瑞士和我国多菲内的几个地方实现。”[51]

进入汽车时代

铁路发端于1840年代，当时的编年史家把当时的新局面称为铁路“狂热病”。从1890年代开始，富裕阶层开始迷恋汽车，汽车生产厂家大量涌现，以致形成了企业间的真正的竞争态势。1900年，法国共有私人汽车3000辆；1905年为2.2万辆，1914年为10.8万辆[52]。很快 662
一些评论者就大胆预言，汽车工业将会带动整个工业的发展。这里我们应该引述埃内于1905年在著名的《1899—1905年法国汽车业发展的报告》中那段富有前瞻性的话：

“一种投入了大量资本、汇聚了众多优良设备的工业，一种以令人难以置信的速度发展、已取得令人眩目的成就的工业，一种养活了如此众多的工人的工业，它不可能是昙花一现、瞬间衰败的。它有一流的工程师和出色的商人来捍卫它的利益，前者为降低成本而不断改进生产工艺，后者高超的经营最终会战胜对汽车的发展持犹疑或抗拒态度的人，并使汽车用户持续增长……另外，汽车业不再只是一个我们研究的课题；作为个人使用的交通工具，人们可以从中获得乐趣、便利，或以开车为业，但它还有其他的意义。它能囊括路上和水上运输，既能运送货物也能运送旅客，因而从这个观点看，它的使用领域是无限的，甚至可以说还未得到利用。法国城市的公共交通，迟早都会由公共汽车来完成，而这在伦敦已部分实现；机械牵引的车辆迟早都会取代马车……在很多地区，尤其是在法国中部，稍微快捷一点的运输工具，要么完全没有，要么十分稀缺或不足，我们难道不可以预计，在不久的将来，众多的汽车将能提供有效的服务么？当然，我们可以设想，在很多情况下，对于铁路运输来说，汽车取代目前的车辆并不是必须的……但当汽车工业的发展推动了用于货物运输的工业车辆的制造时，我们不也可以说它就也打开了巨大的销售市场么？

汽车的到来是文明的正常现象……电话、电报和轮船取消或缩小了距离……这是现代生活最具特色的方面之一，这种生活的强度已增加了十倍。追求更高的速度已是十分普遍的、明显的现象：在交通运输中、在各类产品的生产制造中、在货物的装卸和交付过程中、在各类交易中，都是如此。时间从来没有具有如此重要的价值、显得如此珍贵……汽车业只是这一重大转变、这一不可遏止的机械化的扩张的表现……因此我们所作的一切评论都支持汽车数量在长时期内的增长，如果这一上升趋势是不可抗拒的话。"[53]

典型的大工厂：勒克勒佐

位于经济力量和技术进步的顶端的是大工厂。让我们回到勒克勒佐。1897 年，儒勒·于雷对在那里遇到的机器和人员，感触尤为深刻。对于这个实现了生产原料、机器和劳动力的集中的工业企业，于雷之前的其他访问者对其经济和技术方面的描述则更为精确。1866 年，图尔冈曾这样表述道："勒克勒佐之所以能取得今天所享有的广泛声誉，特别得益于它的制造车间……车间的巨大厂房耸立在工厂其他部分中间；这使它可以从各方面源源不断地接收到所需的各种原料。尽管它在人员和设备上受中央部门的高层领导，但其本身构成了勒克勒佐内部的一个真正的专业化工厂，拥有自己的管理机构和会计机关……它本身又可根据
663 产品性质而分成两个组成部分：铁路设备部和海运设备部；这并不是说，一个分部只生产机车，而另一个只生产汽轮机，而是说每个分部的设备只用来专门生产一类机器、以及那些从用途和形制上说接近于该分部通常业务的产品……车间中央是中心设计室，由总工程师领导；任何设计中的机器首先都要在这里进行生产可行性研究，在机器的形式上，还必须探讨如何解决下述问题：如何以最小的体积、最低的价格提供最大的功效，产品的外形如何才能简单而优雅，尽管这样可能会使其可靠性受到各种考验……降低单位马力的重量、从而降低体积和价格，这一

直是勒克勒佐坚持不懈的研究课题。”[54]

勒克勒佐工厂组成状况

1867—1868 年度	
工人数量	
铁路和其他部门	850
矿石	650
采煤	1450
高炉	750
锻造	3250
制造车间	2500
夏龙工地	500
总计	9950
工厂面积	
总面积	125 公顷
建筑面积	20 公顷
铁路	
道路长度	70 公里
机车数量	16
年输出量	72 万吨
年输入量	69 万吨
中央车站运量	141 万吨
每天抵达中央车站列车数	152
矿石开采	
两片相邻的特许矿场	15 平方公里
共计 6 台蒸汽机	90 马力
年产量	30 万吨
采煤	
一块已开采的煤田	64 平方公里
总计 6 台采掘机	350 马力

	2 台水泵	400 马力
	7 台其他机器	50 马力
	年产量	25 万吨
	高炉	
	水平焦炭炉	150
	阿波特焦炭炉	10
	总计 7 台鼓风机	1350 马力
	10 台其他机器	150 马力
	年产量	13 万吨
	锻造	
	总计 85 台蒸汽机	6500 马力
	锻锤	30
	成套搅炼轧制设备	15
	铁器和板材轧制设备	26
	搅炼炉	130
	再加热炉	85
	年产量	11 万吨
	制造车间	
	总计蒸汽机 32 台	700 马力
664	锻锤	26
	工作母机	650
	产品	
	航海设备	
	固定机器	
	机车	
	桥梁结构	
	其它各种机器设备	
	锅炉、模塑品、铸件	
	年产值	1400 万法郎

其他生产	
15台蒸汽机	160马力

我们可以注意到，1866年的勒克勒佐仍主要从事民用品生产，但并非完全只生产民用品。而到19世纪末，它将大量从事军工生产，正如亨利·施奈德对儒勒·于雷证实的那样。这一点我们随后将会看到。

雷博是位出色的工业事务评论家；在1860年代后期冶金工业的进步中，经验主义的东西一直占据很重要的地位，雷博对此感到十分吃惊。科学和技术的结合在书本中比在车间中更容易实现。他写道："最奇特的事情是，在一个有如此多的学者涉足的工业部门，人们在细节问题上仍靠经验主义的摸索。比如在高炉的填充工艺中，更多的是经验性操作而非遵循有序的条理；铁的搅炼同样如此。一种固体物对另一种固体物的作用并不比铁对整个混合物的作用更具有确定性。意外情况接二连三。若以同样的用量比例装填同样的原料，有的高炉会产出很好的熔流量，但有的高炉产量却很微薄。同样的熔炼法在有的搅炼炉中能生产出质地优良的铁，但有的高炉的铁质量却很差。工人的一个眼神、一个动作都可能是造成这种差别的原因，设备状况同样也有影响。"

不过在机械制造车间，细节化、也即劳动分工和专业化占据主导地位。我们知道，这是此后工业进步的可靠证据。路易·雷博评论说，"厂房仿佛是在魔术师的魔棒的指挥下一样振动起来，在这种有规则的振动中，金属会以各种可能的形式出现在生产线旁边。没有哪件工具不具有精确性。这件工具可切削机车车轮，那件可以为汽缸内表面抛光，另外一件则为连杆和曲柄作精加工。每个部件都有其加工装置，任何零件只有经过五六个工具的加工后才算完工。打孔、拉丝、车槽、刨削，都有专门的工具；当看到工具打磨铁器就像加工木材那样时，眼睛是不会感到厌倦的。这时工人只有一个任务，这就是在工具运行 665
时控制它，当它变钝时磨快它。其他的事都由机器完成，它的工作的完美程度，是再灵巧的人手也无法超越的。"

工业化：军事化和劳动组织

最近的研究[55]正确地强调了大型企业中劳动的军事组织形式：等级制意义上的自上而下的秩序，严格的服从和纪律，精确的时间表，层次化的惩罚制裁体制，劳动者与上层领导机构的日益分离，中层干部作用的上升。工人阶级变成了一支“军队”。铁路工程师一直乐于使铁路组织向军事组织靠拢，在调动方案上，双方的确很有一致性。矿山工程师的看法并无不同。而在冶金业中也有同样的发展趋势。

实际上，人们很容易忽视这一点：数百万劳动者逐步进入工厂，这意味着学习劳动纪律、新的行为方式和生活方式的艰难过程。他们当中的大多数人离开了田野或作坊、村庄或集镇，离开了旧日的劳动环境和家庭空间；他们须抛弃所有其他的工作，特别是长期结合在一起的田间劳动与手工业劳动；他们须投入一种规则化的体制中，作为计量单位的时间在这一体制中具有头等价值；他们须适应单调的、千篇一律的细微工作；他们须遵守新的时间表，须适应新的进餐方式……

对这些新事物，法国工人曾进行了长期抵制。这些农民、村夫、工匠以他们相对自由和独立的地位为荣，当他们在大工厂中受到监工和小头目的看管时，他们总是觉得很不舒服。在20世纪，必须以泰罗制和“流水线”来强迫他们服从、使他们屈从于“科学化”生产率的要求，即使这样，他们仍然反抗这种“片段”性和“重复”式的劳动，1914年之前的雷诺公司便已出现这种情况。

1860年后，一位机械制造业的大工业家向英法关税条约调查委员会透露了以下实情：“我在工人中间生活了40年，我所指挥的工人成千上万。我曾详尽考察过英国相当一部分地区的工厂车间。我发现英国工人和法国工人之间存在巨大差异。一般说来，英国工人从15岁时进入车间当学徒，直到他因为年老而离开工厂，会一直甘于从事同样的工作、生产同一种部件、在同一工种中劳作；某种意义上说，他成为了活的、有思想的机器，因为他总是从事单一的、同样的工作。而在法国，情况完全两样。工人曾不下百次地对我说：‘先生，三个月来您一直让我浇注这个直径的齿轮，我快成机器了，我可不想再当模塑工了。'英国工人则能接受这种状况：这就是为什么他比法国工人技艺更高超的原因所在；同样这也是为什么英国的劳动力价格远低于法国的原因所在。曾有一些白发苍苍的老人对我说，他们从学徒时候起就一直从事同样的工作。我同样注意到英国工人对劳动的热爱，以及他们为所在企业的成功所作的贡献而感到的自尊。英国没有我们在法国看到的工人与雇主之间的敌对情绪。”

七年之后，路易·雷博使用“规训”一词来形容勃艮第的农村劳动力是如何适应施奈德公司的生产劳动的：“由于没有真正意义上的隶农，勒克勒佐是靠借贷和向所有自由劳力敞开大门而生存的。劳力来自勃艮第和弗朗什-孔泰，但来自崎岖的莫尔旺地区的尤其多，这地 666
方离勒克勒佐最近，它为矿山提供了第一批雇工……来自莫尔旺的工人体格既不够健壮，思想也不够开窍。必须让他们接受某种训练才能唤起和发展他们的才能和体力。为开发他们的才能而办起了学校；为改进他们的体力而制定了食谱。这样，目前从业的第二代人已经与上一代人完全不一样了……在这件事情上，像其他事情上一样，工厂采取的是专断的做法。通过施加这世界上最惯常的影响力，即不断增加工资，工厂制服了家庭的统治力，也战胜了公社的统治力。这是它运用的唯一的强迫性措施。良好的工资待遇可以使工人改善自己的餐桌，可以为他的孩子支付学习费用。所有这些都是源自事物本性的本能现象，工资的运动方向与勒克勒佐的发展紧密相连。”

不过我们还是来听听勒克勒佐的领导者德塞利尼本人的说法吧！他写有一部关于工业化导致的社会问题的有趣著作，该书于1868年由阿歇特出版社出版。关于饮食问题，他如是说道：“我们知道，在法国刚开始修筑铁路的时候，人们就注意到来自英国的工人在工作上更为出色，而且他们在法国时仍保持他们吃肉的习惯。法国人的伙食要差得多，干的活儿也少；但是他们慢慢地学习英国人的饮食方式，从而在干活的力气方面与后者相差无几了。工地上发生的小变化在整个法国衍生出的影响是巨大的，各地工人的效率都有了提高。不过这种转变并非易事，尤其是在农村，因为那里因循守旧的观念十分顽固。

那些习惯靠微薄食物为生、习惯于轻微劳作的人，要让他们适应繁重的工业劳动有很多困难，我个人就有这方面的例证。给他们更高的日工资也是徒劳，只要他们想稍微增加一点劳动量，他们那糟糕的饮食就无法给他们提供体力，只有等待机会来让他们改善伙食。很多工业中心已经开始有了转变，并改善了工人家庭的生活状况，但这一工作仍不完善。”[56]

这三份文献都来自资方，其中后两份看来只注重物质方面——饮食——的因素，当然这一问题确实很重要。但在自由感和与劳动的关系方面，大工厂的工人越来越感到他们正在变成“机器”。在几十年的“规训”之后，对新的劳动形式的适应确实带来了巨大的进步，罗兰德·特兰佩雄辩地证明，卡尔摩的矿工在 1900 年代终于成为了名副其实的矿工。而在 1860 年代，从工作职业、饮食和心态上来说，他们仍是半个农民。

20 世纪初是法国工业组织的军事化在各部门的工人中、在劳动大众中全面确立的时期，正是在这一时期，领导、管理、干部配备成为企业领导者面临的首要问题。1913 年，泰勒的《车间管理》被翻译成法文，该书强调了某些部门中招募中层干部的困难：“生产各类机器的大型机械制造企业是最难以组织的工业部门之一……在实践中，所有这类车间都按照所谓的军事等级化原则进行组织。将军的命令通过上校、少校、上尉、中尉及下层军官传达到个人。同样，在工业企业中，总经理的命令由部门经理（主管）、车间主任及其助理、工段长而传达至工人。在这类企业中，车间
667 主任、班组长的职责十分繁杂，他们须具备全面而丰富的专业知识和才干，因此，能够令人满意地履行这些职责的，就只能是具有非同一般的才智、经过多年的专业训练的人。我们在招募车间主任和工段长时会遇到很大困难，几乎不可能碰到称职的人，正是由于这一原因，再加上其他的因素，新型的大型通用机械制造车间在其早期发展中很少能取得成功。”

这里至少从一个方面提出了职业培训的问题。我们在更高的技术层面、即工程师的层面也发现了这一问题。亨利·法约尔本人就是工程师，1888 年后他担任了科蒙特利-福尔尚博-德卡泽维尔（一个冶

金企业）的总经理；他在其1917年出版的《工业及管理概论》一书中总结了他的看法。他考虑的首要问题无疑是企业管理。他认为，在工业企业中，职位越高，其所需的管理素质就越高。他建议说，应设立某种金字塔式的企业管理层次，它应像军事中的金字塔体制一般严格。法约尔的构想反映了工业企业和公司规模的增长——在某些部门是如此。但法约尔并没有忽视工程师所面临的问题的复杂性，这些问题完全不是管理方面的，毋宁说它们是由于过分狭隘的理论训练而造成的。即使在今天，他的“对于未来工程师的建议”仍然值得一读：

“你们将要付诸实践的才干，并不完全是让你们在学校里名列前茅的那些东西……你们的教育目标不是为了领导一个企业、哪怕是个小企业。学校没有教给你们管理思想、也没有商务观念、甚至没有对于一个企业领导者来说所必须的会计观念。你们在学校所学的知识中缺少人们所称的实践知识、经验，这只有在与人员和事务的接触中才能获得。同样，你们还不足以立即去领导一个大型技术部门。任何一个企业的领导人都不会冒失地马上就把挖掘一口矿井、指挥一座高炉或操作一台轧钢机的职责交给你们。你们应首先学习你们尚不了解的业务。

“无论在何种工作中，你们具有的理论知识会使你们很快领会具体细节。你们的未来很大程度上要看你们的技术能力，但更要看你们的管理才能。即使对一个新手来说，知道如何进行指挥、预测、组织和监控，都是其技术知识不可或缺的补充。人们不是根据你们所知道的东西、而是根据你们的工作业绩来判断你。不涉足众多其他事务，一个工程师的成就将极其有限，甚至一开始他就必须广泛接触各种事务。通晓人事管理业务具有直接的必要性……你们不要忘记，一个工段长也具有当工人的经历，以及你们所缺少的车间经验……请记住，与他们的接触会让你们获得宝贵的、不可或缺的实践知识，这是学校教育的必要补充。”[57]

因此，在理想的工业企业中，还有某种不能完全与“军队的主要力量”混为一谈的纪律。就在法约尔勾勒理想管理学的纲要时，工人夏尔·贝多（1888—1944年）则提出了一种劳动计量的高明体制——以分钟为单位——在两次世界大战期间，这种体制将把劳动者与机器更为紧密地联系在一起。“熟练工人”（简称 O. S.）的命运在 20 世纪初便日益清晰，这远在查理·卓别林在《摩登时代》（1936 年）中把此类工人当作他可悲的主人公之前。通过以分钟来精确计时，工业中的时间越来越成为金钱。

668 工业化：节奏、结构和差异

工业（各工业部门）的进程并不是完全规则化的；工业运动也根本不存在一致性。首先，有两种长期性运动的方向是明显的。作为工业增长的全面的、最终的后果，它们无疑最具决定性：这就是产量的上升和价格的下降，而价格的降低本身又与产量和生产率的发展相联系。根据马尔科维奇关于工业生产（包括手工业和农村工业）的研究，可以提出以下指数。若以 1938 年的工业产量指数为 100，则 1815—1824 年为 9.4，1845—1854 年为 19.5，1913 年为 67.9：因此在 19 世纪后半叶，工业产量足足增加了

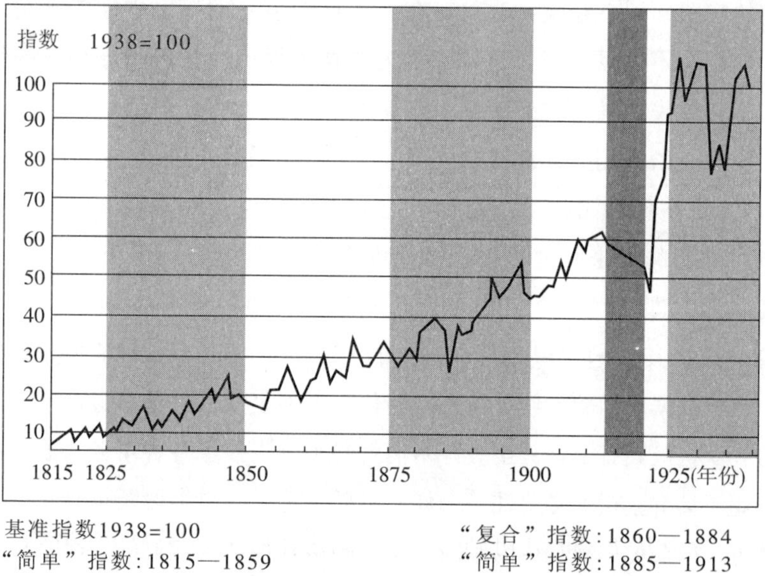

工业产量指数。（T. J. 马尔科维奇：“法国的工业周期”）

两倍。在工业品价格总体指数方面（以 1905—1913 年为 100），前述各时代分别为 117.1、119 和 100：从 19 世纪中叶到第一次世界大战期间降低了 1/5[58]。工业文明正在于供给的大量增长和价格的降低。

除了这些大范围的波动外，还有其它的节奏：最著名的节奏就是十年循环期，即十年之内会相继出现繁荣、危机、萧条和复苏。1857、1866、1873、1882、1890、1900、1907 和 1913 年都出现过危机，不过最后一次危机因为战争而幸运地没有酿成。人们经常能在价格史中发现这些剧烈的波动，繁荣时价格一路走高，萧条时陷于低迷；人们还以此来窥视工业利润水平，甚至把价格走势当作工业产量水平的表征。马尔科维奇绘制的年产量曲线就证实了这一点。 669

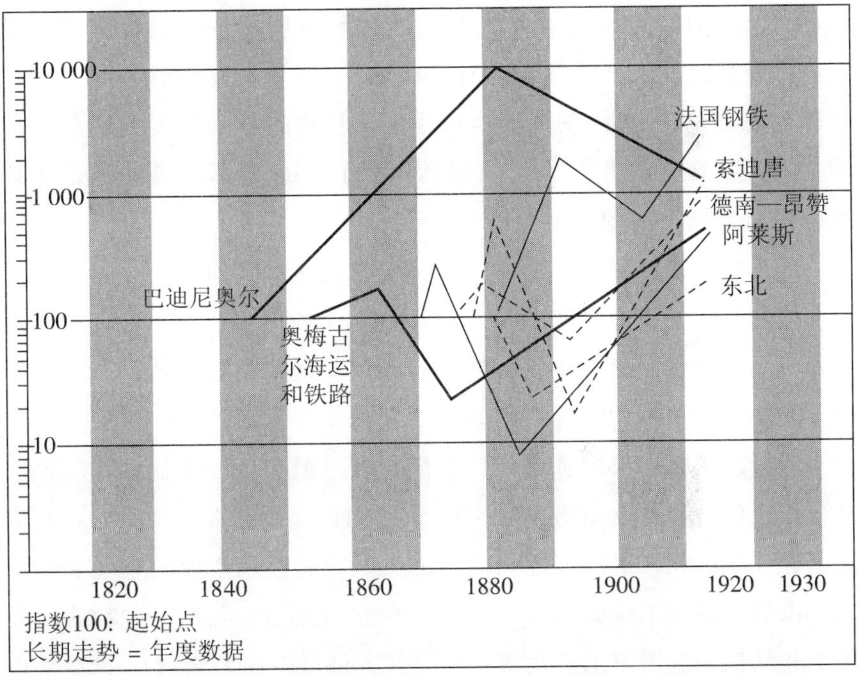

冶金公司：利润指数。七家公司中，六家公司的利润在 1913 年达到最高值（J. 布维叶，F. 孚雷，M. 吉莱：《19 世纪法国的利润走势》）。

不过，从 20 世纪初到今天，弗朗索瓦·西米昂、康德拉季耶夫、马若兰和安贝尔等人一直在以计量方法描述一种新型的节奏，他们强调的是跨度为 20—30 年的经济周期：周期 A 是 1851—1873 年和 1896—1913 年；周期 B 是 1874—1895 年；位于这种长期趋势和短期波动之间的是中间周期，对中间周期的价格研究尤其受重视，但这并不排斥对收入运动（工资和利润）的探讨，亦不排斥生产运动的研究。在 A 周期内，尽管有各种起伏情况，价格和收入的总体趋势是走高的，工业增长速度很快；在 B 周期，收入和价格徘徊不前、甚至倒退，工业增长速度不振——当然还是有增长的。因此，从 1850 年代到第一次世界大战，法国经历了三大阶段：第一个阶段是 1850 年代到 1870 年代初的快速增长期；第二个阶段是随后 20 年的困难时期，经济和社会都处于紧张状态；第三个阶段是战前 20 年的“美好时代”，经济活动、利润、其他收入以及技术都面目一新。最近的研究确实让我们看到，无论是在整体国民经济层次上，还是就地区或部门而言，都存在这种“长波”。对于长波的解释则是另一回事。在 A—B—A 的周期转换过程中，货币和技术因素到底起了什么作用？对这类学者们争论的问题，我们在这里不准备涉足，但请允许我们遵循上述的大致路线。

还是让我们回到更广泛的、因而也是最重要的事实上来，这就是长期性趋势。当我们研究 1850 年到 1913 年的冶金业时，若比较四种主要产品（钢铁制品、生铁、铁矿石和钢）的价格和产值，就会发现产量的上升和价格的下降：产值由于这两个因素而增加，尽管其幅度小于产量的增幅。虽然价格导致产值走低，但产量的增加弥补了这一点。但产值是和营业额吻合的（基本上如此），而营业额才是工业利润的来源。这一收入是资本主义经济的关键，它就是企业和企业家的收入，虽然二者并不总能混为一谈，但在方向上是一致的；这种收入是法国和其他先进国家工业化的一大收获。最近一项名为《19 世纪法国的利润走势》的研究揭示了如下事实：在所有被研究的大企业（包括工业企业和银行）中，1850 年到 1914 年间的最高利润水平出现在大
670 战前夕：最常见的是在 1913 年，有时是在 1912 年。通过简单抽样，我们可以给出几个冶金企业的长期性利润走向的实例。

可以设想，冶金业并非特例，而是所有部门、至少是作为工业化的主要受益者的那些部门的通例。有朝一日，对于化学工业、机械制造业、电力工业的研究将会证实这一通例。但煤炭工业特别值得一提：由于生产率发展缓慢，煤炭价格在 20 世纪初要高于第二帝国时代。不

过煤炭业的产量和利润还是符合上述通例的。

但是，工业发展只能是千差万别的。就工业增长率而言，各部门的幅度该有多大差异，而工业收益的结构又有多少变动！关于第二点，我们可以借用马尔科维奇确定的“工业结构”图式中的某些部门的材料为例，提出某种不尽完善的看法。

工业结构（产值增加值中的百分比）

1845—1854 年到 1905—1913 年间某些工业部门在总产值中的地位演变[59]

部门[60]	1845—1854	1905—1913
电力		0.7
固体矿物燃料	0.5	2.7
金属制造	0.9	2.4
金属加工	3.9	12.7
纺织工业	19.8	16.5
食品工业	16	14
服装和纺织品加工	20.1	14.9
建筑和公共工程	23.2	13.2

671

	总产值增加额（百万法郎）	年增长率（%）
驱动性工业		
1855—1864 年到 1865—1874 年		
食品	1357	1
纺织	463	2
服装和纺织品加工	453	2.5
皮革	441	
总计	2714	
在总产值增加额中的比例	71.6%	
1895—1904 年到 1905—1913 年		
纺织	2752	1.9
食品	2027	0.04

服装和纺织品加工	1398	2.7
金属加工	1250	3.2
总计	7427	
在总产值增加额中的比例	65.3%	
明星工业		
1855—1864 年到 1865—1874 年		
煤气	35	6.7
煤炭	80	4.8
印刷出版	55	4.5
造纸	82	4.2
总计	252	
在总产值增加额中的比例	6.7%	
1895—1904 年到 1905—1913 年		
电力	884	14.5
金属制造	537	11.2
金属矿石开采	43	9.6
化学工业	101	4.7
总计	1565	
在总产值增加额中的比例	13.8%	

资料来源：让·马尔舍夫斯基，《计量史导论》。

相对而言，某些工业在发展，另一些则在衰退。我们不应感到太多的意外。马尔科维奇正确地强调这一经常被遗忘的事实的重要性：在第一次世界大战前夕，就工业结构中的地位而言，传统工业仍对新工业部门占据明显优势。后者无疑有了相当可观的增长，但在产值增加值方面，它并没有取得对普通消费品工业（纺织、服装、食品）的优势。冶金业的净产值（按当时的法郎价格计算）从 1847 年的 8900 万增长到 1908—1910 年的 34700 万——几乎增长了三倍。纺织工业同期从 146900 万增长到 256700 万——增加不到一倍。但我们可以看到这两个部门在 20 世纪初的“分量”上的差异。

在这种情况下，让·马尔舍夫斯基对“驱动性工业”和“明星工业”的区分应具有特别重要的意义。前者指的是“总产值（该时期内的营业额）按绝对价值计算增长最大的部门[61]”，后者指的是“同期内增长率最高的部门”。[62]不过，这位经济学家呼吁对过去的观点作一点修正。他说：

“一个工业部门的总产值比其年增长率更能反映它对整体经济的影响。这种影响不仅通过构成增加值的各要素收入、而且经常首先是通过向其他部门的购买行为而扩散开……总产值是规模效应和增长率效应的综合……应用这一新标准自然会动摇关于各工业部门的滞后性影响的传统看法。总体来说，决定经济增长节奏的不是日新月异的新产业，而是缓慢发展的旧产业，仅头四个旧产业就占据了全国营业总增 672
长额的75％。不过，驱动性工业一概念虽‘失去了诗意’，但这并不意味着几乎可以忽视具有较高增长率的新工业的作用。他们的出现预示着未来的经济发展。”[63]从让·马尔舍夫斯基的研究中，我们可以提取下述材料来说明从1850—1870年到20世纪初之间“驱动性”工业和“明星”工业之间的差异。在赞同这位经济学家的观点的同时，也应该指出，明星工业（新工业）对驱动性工业（旧工业）的增长作出了直接的贡献。在20世纪初，电力、金属制造、化工等“明星工业”为纺织业、食品业、以及属于“驱动性工业”的金属加工业提供了能源、染料或原料，从而成为旧工业发展的重要因素。因此从某种意义上说，明星工业也具有驱动作用。经济增长伴随着工业的各种不平衡状况，如部门、产业、区域、地方之间的不平衡。

另外，应该指出，手工业、小生产行业和小规模生产单位具有巨大的抵制力和生存力，这种“民间生产的抵制力”[64]（拉布鲁斯）通常以其节俭、较长的工作时间、对顾客和传统需求的适应性为基础。在这方面，各地乡村冶铁业的历史便是一个很好的例证：很久之前这些小作坊就好像要销声匿迹，但直至今日它们依然没有完全消失[65]。

工业差异在技术集中的层次上更易于考察，技术集中的指标之一就是工资劳动者在各种“规模”（即雇佣的工人人数）的工厂之间的分布状况。无疑，在重工业中，这种集中对当时的人来说印象极为深刻：这就是“大工厂”的剧增。1867 年，路易·雷博在其关于勒克勒佐的著作中以论述这一问题作为结尾：“在制铁行业中盛行大规模集中之风。面临最严峻的生存条件的小作坊无力支撑，而大企业则努力增强它们的力量。我们刚刚在索恩-卢瓦尔看到的景象正以不同的强度在摩泽尔、卢瓦尔和阿尔代什地区重演。到处都在建立集中体制。依然屹立的高炉瓜分了那些倒闭的冶铁炉的残骸，在上马恩和阿维龙就是如此……当这一问题明朗后，所剩的难题便只有一个，这就是：当这些幸存的企业之间发生冲突或瓜分时，它们会如何施展其霸权，这种过度的集中体制对依靠制铁业为生的人的命运意味着什么。”

但是，这些大企业仍被中小型、甚至微型规模的工业企业包围着。与第二帝国相比，这一情形在 1914 年之前变化甚小。确实，我们缺乏细致的研究。1954 年 9 月在《研究与动态》上发表的出色研究所涉及的只是 1896—1936 年[66]。但其中的某些指标仍相当清晰地说明，法国技术集中的程度十分微弱，“大多数情况下，法国是个微型生产单位的国家”。1906 年，若以企业（包括农业在内）规模而论，工人和受雇者的分布状况如下：57.9％在雇佣 1—10 名工资劳动者的企业中工作（49.2％在雇佣 1—5 名工资劳动者的企业中……）；11—50 人的企业：14.3％；51—100 人的企业：5.2％；101—500 人的企业：11.8％；500 人以上的企业：10.8％。[67]同期雇佣 1—5 人的工业企业共计 532646 家（运输和装卸业除外），6—50 人的企业 67889 家，51—500 人的企业 8497 家，雇佣 500 人以上的企业 611 家[68]。最后补充一点：在 1906 年，28.7％的工业劳动力属“非聚合者”，就是说，他们要么是单独工作，要么是两人合伙而不雇佣工人……

673 当然，在 20 世纪初的这一原子化的工业世界中，除了技术集中外，还有另一些集中、控制和支配形式。这些形式如金融方面的集中、企业对企业的控制、大工厂向小企业的分包制、各行业的“巨头”之间的卡特尔协议——这种协议在 19 世纪行将结束之时日渐增多。这些现象对于未来的“经济权力”具有决定性意义，但对它们的研究目前尚付阙如。在20世纪初，法国工业的技术结构仍相当滞后，企业规模参差不齐，难以适应现代化的要求，生产能力也缺乏弹性。某种程度上说，法国的工业是陈旧的生产形式的博览馆。

国民生产中的工业

最后，我们还需要借助于一些数据，以便更好地从整体上考察工业在全部物质性生产、以及国民生产中的地位的演变。

从19世纪中叶到1914年大战期间，农业和工业—手工业在以价值计算的物质性生产中的比例有了很明显的变化（如下面第一个表格所示[69]）；1847—1910年之间，国民生产净产值的结构总体而言可以分为如下阶段（表格2所示）。

遗憾的是，以目前的研究进展状况，我们还不能对工业—手工业生产结构的主要层次（工业、手工业和农民面向市场的生产）作精确的透视。但我们至少可以看到，1847到1910年间，农业产值和工业—手工业产值之间的差距拉大了，第二产业地位提高了——不过第三产业是文明的整体性演变的主要受益者。我们将会看到，1872到1892年间，物质性生产处于怎样明显的停滞状态，而农业生产甚至经历了显著的衰退。这再次证实了十年期的运动状况。

在增长率方面，农村世界与工厂和作坊之间也存在速度上的差异：

物质性生产

十年期	农业	工业和手工业
1845—1854	44.9%	55.1%
1905—1913	39.8%	60.2%

国民生产净值[70]（百万金法郎）

	1847	*1872*	*1892*	*1908—1910*
农业净产值	5153	8267	7132	10088
工业和手工业净产值	8194	10059	10555	15548
第三产业[71]	3636	5583	7920	10560
总产值	16983	24209	25607	36196

674

农业及工业和手工业总产值[72]年平均增长率[73]

	农业总产值	工业和手工业总产值
1845—1854 到 1855—1864 年	1%	2.3%
1855—1864 到 1865—1874 年	0.6%	1.6%
1865—1874 到 1875—1884 年	0.3%	1.6%
1875—1884 到 1885—1894 年	0%	1.5%
1885—1894 到 1895—1904 年	0.8%	2%
1895—1904 到 1905—1913 年	1%	2%

四、新的方式，新的节奏及经济关系

我们知道，国民生产中“第三产业”的显著增长——并与该产业就业人口的增长相对应[74]——是现代文明的一个重要特征和事实。它反映了由国家、企业和个人提供的各种“服务”的扩展。服务业尤其反映了经济交换（产品交换、资本交换）层次上的重大变迁，这些变迁与工业的发展联系紧密，于是有了铁路网、银行网的说法。

铁路网和银行网

这两个网络在它们的发展和相互作用过程中存在紧密关系。它们以惊人的规模和速度传送人员、商品和资本。1828 年到 1913 年的铁路网长度曲线、1878 年到 1913 年间里昂信贷银行的两张网络图能够清晰地说明它们流动量的增长和空间上的扩展。这给两个部门带来的结果是一致的：流通要素大量增长，流通成本降低。我们了解铁路方面的情况。不妨从弗朗索瓦·卡隆的论文《北方铁路公司》中提取例证：1849 年，每吨 1 公里的运费为 10.15 生丁，1873 年为 5.48 生丁；而在 1860 年代，马车的运输费用根据速度不同而在 25 到 45 生丁之间，而且运输能力要小得多。1873—1877 年，铁路运量（五年平均值）为 82 亿吨/公里，1908—1913 年为 230 亿吨/公里。

还是让我们来看看银行。从第二帝国到第一次世界大战期间，银行的整体发展十分可观。北方信贷银行的存款曲线和里昂信贷银行的资产增长都说明，两类银行的发展趋势是相同的：一类是与当地工业界联系密切的地方性存款银行，另一类是具有全国和国际规模的大型信用机构。因此，经济生活中的“银行货币”——作为支付手段和信贷——的供应越来越充足。四大银行的供应水平从 1869 年的 4.26 亿增长到 1913 年的 56.61 亿。而法兰西银行的贴现率曲线也表明，货币价格、短期借贷成本（货币的租金）在降低。银行业中的这种走低趋势与铁路运费的降低是一致的，二者都归因于资本和商品流动中规模和速度的不断增长。

1865—1869 年间，银行网络——常设分行、临时性代办处——开始发展，这方面兴业银行堪称楷模，里昂信贷银行很快就予以效仿。它们以铁路为依托，某种意义上就是一步步随铁路扩展的足迹而发展，并逐渐在各地建立起法兰西银行的分支机构。除了这些分支机构外，
各银行还通过对商业票据的再贴现而几乎确保能获得支持和援助。新 675
的铁路和银行网络所起的作用是巨大的。在这几十年中，铁路就是那些装备优良的工业的重要推进器：冶金、采煤、机械制造和公共工程。在铁路曲线和冶金业曲线中，我们能发现钢产量与钢轨的生产动力之间的某种关系，以及铁和铁轨产量的峰值与衰落（1860 年到 1880 年）之间的关系。我们也能在这一近似曲线中发现轨道价格的急剧下降，这与轨道消费的增长有关。

铁路对电力输送问题的解决起了直接的促进作用：1886 年，在克莱伊—拉莎贝尔 56 公里的铁路线上，首次实现了电力的输送：两台机车（无轮）在克莱伊控制一台发电机的运动，输往拉莎贝尔车站的电流可以驱动绞盘、锻锤、轿车和指针。另外，由于改变了流通条件，铁路也深刻改造了过去的生产条件：它打破了孤立隔绝状态、统一了市场、拉近了各区域和地方之间的联系、加速了价格的下降、使得新的工业企业的建立成为可能，某些行业、某些地带、某些地点因它而处于有利地位，而别的地点则因而处境不利……皮埃尔·莱昂在其有关多菲内的著作中已经十分出色地阐述了这些不平衡局面。铁路为农

业带来了肥料、机器和报刊；它运走了农村的收成和储备，促进了农业的地方性选择和区域性的专业化。我们不能忘记公路和乡村道路，它们也对流通和格局的变化起了作用——比运河和航道的作用更大，因为水运网在 19 世纪中叶之后鲜有改进。

确实，铁路使用者对于铁路运输的某些不便之处的感受，要比对铁路在经济中的决定性角色的感受更深。当时的一位见证者图尔冈在 1879 年的一篇文章中提醒我们，铁路的英雄时代已经持续了很长时间："在今年的博览会上，甚至法国展区都展现了一些重要进步，一些展品很有前途，但现行的车辆一仍其旧，除了极个别的例外，车辆发展停滞不前或仅是改装而已，这实在令人遗憾。前几天我曾乘坐奥尔良公司的头等客车——第 91 号车旅行，这真是最令人厌恶的交通工具，坐在里面人们会觉得旅行是一种痛苦。一路颠簸的 91 号让人想起马路上小跑的两轮车，甚至比后者犹有过之。玻璃抖动得都要碎了，整个木壁板在晃动中呻吟，至于座垫，我想它们从未被修理过。要是人们只利用这种旧货色作短途旅行就好了，但是像图尔这样的小车站要做改进简直是不可想象和不可能的，那里的转车盘太短，这家公司的新型大车无法转开，因此当人们被迫用型号完全一样的旧车辆编成快速列车时，它的缓冲系统甚至无法与转车盘的直径相吻合。"[75]

银行与发展

关于银行的发展与工业进程之间的相互关系，情况仍不很明朗。自 1900 年代以来，法国的银行系统到底在何种程度上以不同的机制对经济增长和工业发展起到推动或抑制作用，这一直是个激烈争论的问题，这一问题至今仍完全没有定论。早期私人家族式的银行（罗斯柴尔德型）、新的商业银行（巴黎与荷兰银行，1872 年；巴黎联合银行，
676 1903 年），拥有全国网点的大型信贷机构（典型的如里昂信贷银行，1863 年；兴业银行，1864 年），1860 年代之后蓬勃兴起的地方性银行（如里昂储蓄银行、马赛信贷银行、北方信贷银行等等）：这些不同类型的机构，它们的业务如何运转？它们在各类经营中是如何"运用"其"资源"的？简言之，这就是银行战略问题。关于这个问题，即使

对有关的争论作一点总结都是困难的。笼统而言，这再次涉及如下问题：对外投资和转移——法国从1850年代起就成为资本输出国，并在1930年代之前一直保持这一地位——是否损害了国内工农业的发展？迄今为止，人们给出的肯定和否定的简单答案都没有考虑到这个问题的复杂性，不过人们又不得不作出这样的回答。但我们应再次提出程度的问题：在多大范围内是肯定的或否定的？标准何在？

无论如何，我们应着力强调一个事实：19世纪法国工业的发展，不管是何种规模的企业，都主要是依靠持续而艰辛的自筹资金来支持的（即把尽可能多的利润直接用于再投资），无论是家庭纺织业还是像化工和冶金这样的"垄断性行业"，情况都是这样。为了不依赖银行，或为了不受其程度不一的控制，法国的工业家一直在进行着最顽强的努力。当然他们有时也在金融市场（债券）和银行（中期贷款）借钱。但这总是万不得已时才会采用的下策。为了阐明这个有趣的现象，我们在下面的表格中给出了1896—1915年里昂信贷银行从证券销售中赢利的分布情况。可以看出，与国外——首先是俄国——的业务占据很大份额，而对法国企业的证券投资比重偏小。不过，如果据此认为法国工业资本不充足的话，那将有失偏颇，因为企业自筹资金起了重要作用。

里昂信贷银行在"特别业务"和"证券认购"方面的赢利结构表，1896—1914年

（单位：百万法郎）

年份	年度总赢利额	法属殖民地业务	国外业务	（俄国业务）	法国政府和集体借款	法国公司的业务
1896	6.766	2.249	1.222	(0.184)	0.166	3.129
1897	6.309	0.217	4.491	(1.282)	0.107	1.494
1898	6.236	0	4.734	(1.955)	0.060	1.442
1899	9.959	0.242	6.109	(4.078)	2.426	1.182
1900	5.802	0.066	3.666	(1.762)	1.008	1.062

1901	5.024	0.420	3.385	(1.831)	0.113	1.106
1902	7.210	0.587	4.308	(0.972)	0.661	1.654
1903	9.372	0.455	7.009	(2.992)	1.332	0.576
1904	10.779	0.037	8.943	(7.961)	0.506	1.293
1905	4.914	0.613	3.623	0	0.136	0.542
1906	19.076	0.382	17.111	(12.623)	1.252	0.331
1907	7.772	0.560	5.206	(0.473)	0.524	1.428
1908	9.375	0.514	7.208	(3.876)	0.235	1.598
1909	19.953	0.493	16.414	(12.082)	1.414	1.632
1910	13.451	0.800	11.308	(0.041)	0.249	1.094
1911	9.081	0.245	7.298	(0.013)	0	1.538
1912	15.800	0	10.636	(5.493)	2.062	3.102
1913	15.136	0.398	8.452	(4.613)	3.191	3.095
1914	12.865	0.248	9.122	(7.350)	1.342	2.153
1915	14.087	0.002	0.281	0	13.723	0.081
1898—1914 年*						
合计	194.880	80526	140.199	(69.581)	16.784	29.451

＊ 不含 1915 年。

1896—1914 年里昂信贷银行“特别业务”和证券认购赢利结构。俄国的贷款确实在法国找到了其特选的市场。（见 J. Bouvier、F. Furet 和 M. Gillet，《19 世纪法国的利润运动》，穆东出版社，1965 年）。

人员、商品、资本……但交往活动及其新鲜局面并不完全局限于这个三部曲之中。下表给出了邮政和电报业发展的简单轮廓。

677

邮政和电报[76]（五年平均数）

	1873—1877	*1908—1913*
平信和保价信（百万）	366	1576
邮政业总收入（百万金法郎）	116	274
电报发送量（百万）	8.3	49.2

邮政的发展也反映了交往生活的一个方面和新的习惯：个人之间及家庭之间的交往（教育的发展），国家与公民之间的交往及商业联系。商业也进入了大变革的时代。商品化的产品数量在增长；交易变得日益迅速和繁忙，而交易的方式也日渐增多。商品涌向四面八方，又从四面八方纷至沓来。因此商业的结构和习惯不可避免地在发生转变，但速度很慢。报刊上的广告越来越多了。1900 年之后，广告的阵地日益牢固：《彩绘集》和《插图世界报》就是明证，携带样品的商业旅行成倍增长；旧式的集市（如博凯尔）走向没落，古老的商栈濒临破产。当铁路和电报使"根据需求"来及时配送产品成为可能时，何必将商品和商人汇聚到一起呢？销售方式也必须服务于日益广泛的顾客的需要。商家也变得更为活跃，他们给商品明码标价，并越来越关注顾客的需求，甚至设法制造这种需求，如通过橱窗来吸引顾客，以打折和广告攻势来招揽生意：这就是第二帝国各大城市中的"大商场"革命，对于这场革命，左拉的小说《妇女乐园》大概是篇无与伦比的报道。当然这并不在于小说那有类于《草庐夜话》[1] 的可笑结局：那位普通女店员竟然嫁给了雄心勃勃的老板。作品的真正价值在于它两方面的描述：招揽顾客的技巧和追求效率的老板强加给女职员的军事化纪律——这里同样有军事化——这些描述仍具有社会学价值。

当然，"小店铺"也表现出惊人的适应、抵制和生存能力，它甚至 678
还有所发展。正是在这一点上，左拉对社会现实确有点睛之笔。可能也是在这方面，古老的氛围和家庭气息维系得最为持久（比手工业更甚），至少众多小城镇是这样。今天我们仍能看到旧式的乡村"日杂店"，它们给人一幅恒久不变的印象，还有工人郊区的"小酒馆"，那里的"吧台"不知用了多少年。小商人是小农的表亲、小手艺人的兄弟，他们在小城镇中读着小报，易于感染反对"大商人"的激进情绪。他们既没有消失，也没有多大的变化，因而是某些"第三产业"进展缓慢的见证。

无论是关于人口问题，还是关于工业和国内贸易问题，我们都没

---

① 19—20 世纪之交法国的一份通俗读物。

有对以前的发展作全面的论述。我们的目的只是更为清晰地揭示新文明诞生过程中的一些主要的新特征。但到这里为止，我们一直偏重于数字和曲线，而且我们有时还过于看重具体指标。但还有一个有待研究的广阔领域，这就是行为方式和心态。在这些只能作定性分析的问题层次上，人们对工业及其法则的开放程度如何？他们对新文明的适应能力如何？在多大范围内对后者持拒斥或融和态度呢？

五、对工业文明的拒斥

乡村主义与对工业的适应

一些法国人曾亲身体验过从让·季奥诺[①]的早期小说到维希政权的青年园地[②]中乡村主义的复活，这种复活时而动人心弦，时而滑稽可笑；这种复活就是回归土地，赞美农民的价值标准——“土地，它是不会说谎的”，贝当元帅曾说过这样含混的话——以及对工厂、城市和托拉斯的全面谴责和拒斥。尽管这些论调有些人为的色彩，尤其是与催生和引导它们的政治背景有关——有时这是某些自然的歌颂者和青年组织的倡导者所不知的——但意味深长的一点是，这些论调时常颇为流行，甚至在 20 世纪仍能赢得一些听众。此外它们具有明显的持久性：1905 年，物质利益的抗议者梅利纳议员不是写过一本名为《回归土地与工业生产的过剩》的奇怪论著吗？因此，适应工业文明这一难题与法国的现实不可分离。

行为方式和心态：个人的、职业群体的、社会阶层的、地方和区域集体性的——谁会否认它们在面对工业文明的新特征时，对态度和选择导向所起的决定性影响呢？大众的热情和排斥可以有助于或阻碍他们的适应过程，以及发展的加速。心态能够解释行为方式。但心态本身也不是从天而降的。它并非自成一体，也非永恒不变。它自身就是历史、结

① 1875—1970 年，作品多歌颂乡村生活与和平主义。

② Chantiers de la Jeunesse，一译“新兵作业所”。

构、环境和制度的产物。它可能是凝固的，但并不是不能变化的。应该破除心态的神秘性，就是说，应该意识到它的相对性。把心态当作历史的*天外救星*、而不注意考察其根由和制约条件的倾向——当前的时尚——与那种只考虑事物的经济方面的倾向一样，都是危险和缺乏说服力的。

一般而言，按欧内斯特·拉布鲁斯的话来说，“心态滞后于社会”，“社会滞后于经济”。让这位评论者印象深刻的一点是，心态似乎为1914年之前（及以后）最先进的工业生活方式在法国的推进设置了障碍。诚然，结构的影响（人口结构、所有制结构）是巨大的，农业和 679
工业中都是如此。但心态的这种特殊的、在某种程度上属自为性的效应是在同一方向上运作的。

我们知道——谁会不了解呢？——工人对工厂劳动纪律和提高生产率的努力一直是抵制的。近来关于1914年之前劳工史的所有研究业已对这种抵制作出了解释：出于对失业的恐惧而对机械化持保留态度；反对强化劳动程度的斗争；对非人性化的生产行为的理性化的敌意。由于农村人口缓慢流入城市，因而对相当一部分工资劳动者来说，适应工业劳动的难题始终存在——因为农村人口外流一直在继续，这样一来，工人的抵制就更为激烈了。

资方的反应和反动

但问题牵涉的不仅是工业演进中的劳动大军。干部和资方——老板们的作为如何呢？很难描述资方在面对经济增长时的态度。我们的了解仍是不充分的。另外，法国的老板们隐瞒自己，隐藏档案材料，因而很难对他们进行分析。有什么要保留的，甚或有什么可怕的呢？这恰恰是我们该思索的。人们看到的是怎样的心态特征？对这些人而言，追求“差额”、即利润的诱惑力，要比经济学上的论证和计算的诱惑力更强大；总体而言，他们经济学的修养十分薄弱；他们对安全十分担心，对外部竞争感到恐惧；他们缺乏想象力，缺少开拓和占领市场的“冲劲儿”；当国家试图进行某种控制、或自行对企业进行规划时，他们会谴责国家；但他们又向国家要求（一直这样做）保护、补贴、免税以及丰厚的合同，并希望从与政治领导层的亲密关系中获得各种好处：情报、与后者勾结以施加压力和影响等；他们善于利用工业结构和规模的多样性所带来的“局势收益”：某个部门的工业成本会向最薄弱的企业的最高成本看齐，这样那些最现代化的、生产率最高的企业就能获得超额利润。

法国“中小”老板数量庞大，他们对安全比对展望未来更为关心，他们只关注国内市场，宁愿以控制工资、而不是通过投资和现代化改造来降低生产成本；不过与此同时，还是存在一些头脑清晰、锐意进取、具有现代精神的企业家，但即使在大型工商业中，并非所有人都是如此。在 19 世纪的第三个 25 年中，马扎梅这个默默无闻的小镇上的几个工业家曾一度使该地成为一个国际规模的羊皮去毛业中心。目前正在进行的研究无疑将具有特别的价值：格扎维埃·罗热和卡米耶·卡维利埃在大战之前曾先后是蓬塔穆松的领导者，这家公司著名的铸铁管在国外市场上取得了出色的销售业绩。很难说米其林或雷诺、埃菲尔或施奈德是缺乏进取心的企业家……

但是，该如何衡量推动效应和抑制效应各自的分量呢？在所有情况下，不同的企业主在面对“社会问题”时的立场通常都表现出同样的特征：对于工人的抗议都感到恼火；都没有认识到工人问题的复杂性；都希望将工人大众置于自己的控制之下，从最残酷的镇压到最专横的家长制，各种方式均可采用；都一直把慈善和正义混为一谈；都反对任何形式的工人联合，哪怕是基督教色彩的工会。当时的资本家看来还没有认识到，社会问题上的胆小怕事和防御策略与经济发展方面的积极进取的
680 姿态是矛盾的。资方的社会心态——即非社会性的心态——应被看作发展的一个阻碍因素。它延缓了工人阶级融入工业制度、认可该制度的标准和价值观、并有效地参与该制度的进步的进程。这种局面自然促进了——是促进而不是创造，因为其中有更为深刻的原因——工人阶级的理论家和工人运动的活跃分子对资本主义经济的抗议和谴责。

关于资方在社会问题上的拒斥态度，以及他们思想方面过于频繁的狭隘性表现，此类例证不胜枚举。这里只举两例。说真的，让人们

去阅读某些过去的文献从心理上说是件残酷的事……我们来听听1896年亨利·施奈德对儒勒·于雷所说的那段极为直率的话吧："你觉得要使这样一个企业运转起来不需要钱吗？究竟是谁向工厂投钱呢？除了经理和头头之外，还有资本家，是他带来了大笔资金……没有资本什么都不行，就是资本养活了工人！难道它不是一种应分享利益的要素、一种应参与分红的不可或缺的合作者么？……如果你们取消资本的利润，那么当你们需要资本时，你们就无法获得它！拥有资本的人将会维持资本，显而易见！

"但怎么能阻止私人资本的形成呢？或者说，这种（私人资本与社会资本之间的）差别究竟是什么意思呢？难道资本不是已经社会化了么？所有流通的钱不是都回到工人那里了吗？

"……在这个问题上，该说的教皇都已经说了；我觉得他的上一份通谕很了不起，很有道理，很明智。他在通谕中说，老板对工人应尽自己的职责，确实这样……我向您重复一遍，在这里，我们做了我们能做的一切……

"危机是一种必要的恶，对此人们根本无能为力！生产依行情而定，或者取决于某种潮流，但这种潮流我们无法预计，也不知道它持续的时间和发展走向……几年前，当弗雷西内先生当公共工程部长的时候，曾希望把铁路铺设到各地，于是一大批冶金业主开始生产铁轨和各种牵引器材，但生产过剩了。弗雷西内先生走了，但之前所有已完成的生产都归生产者来处理！今天，一切都是为军事服务，人们只生产钢铸大炮和装甲板；明天，这一趋势或许会因为这个或那个原因而终止……所以，市场产品过剩时，生产就会停滞，工人就会失业，必然要失业，这不可避免！"

我说，"是这样，不过在抓住有利时机的同时，您是否从您的产业的角度考虑过，万一裁军会如何呢？"

施奈德先生回答说：

"哦，那将是一场大灾难……我不知道那时该怎么办。"

短暂的思索之后，他接着说：

“毕竟还可能会有平衡。我们现在养活了 50 万人，包括您和我，到时候都会无事可做，朝夕之间都会失业；他们会排着队来到工厂门口，降低要求来寻求工作；这样工资就会下降，我们就可以不必像现在一样，每人每天付 20 个苏……

——那国家的干预呢？

——十分糟糕！十分糟糕！我完全不赞成在工人罢工时派一个长官来；妇女和儿童劳动的规章也是这样，人们设置了无用的、过分狭隘的桎梏，它尤其损害人们试图保护的当事人的利益；这样就会阻碍老板雇用他们，并几乎总是达不到目的。

——那八小时工作制呢？

——“哦，我很想这样。”施奈德先生说，并装出一副很无私的样子。“如果所有人都赞成，我将是第一个受惠者，因为我自己经常每天工作超过 10 小时……只是工资将会降低，或产品价格将会提高，这是一回事！您看，八小时工作制其实是个可爱的想法，一种布朗热主义。五六年之后，人们不会再想它，人们会想出其他的东西。对我而言，

681 实际情况是，一个体质良好的工人每天完全可以工作 10 小时，而且人们应允许他干得更多，如果他乐意的话。”

——简要地说，在目前状况下，您认为可以做点什么？

——“那份教皇通谕！请看那份通谕！这就是该做的一切！自称是天主教徒的德·孟先生，当事情牵涉到是否成为共和主义者时，他是服从教皇的，可是他竟把教皇的指示置之度外，成了社会主义者，真好笑[77]！”

此前 30 年，即第二帝国末年，勒克勒佐的经理德塞利尼就极为担心工人阶级低下的道德水平，为此他找到了补救之方，这就是根据良好的原则施行教育：“工厂经常被集中到大工业中心；当它们孤立分散时，它们自己便形成一个真正的小城市……工业有它自己的风险。大量人员集中于车间里，其间总是会汇聚一些具有恶劣影响的糟糕人物；这是一种专业化的、规范化的、范围狭窄的生活；人们经常议论工资，言谈之中产生对上司的不信任——所有这些都对工人阶级的道

德造成不利影响。某些工厂中，男工与女工或年轻姑娘混合在一起，这种情形更加危险……大工业，当其推动者对它作自由主义的理解时，它就会带来道德方面的补救措施，这些措施来源于救济机构的设立、大工业本身发展出的保障基金、以及它在推动教育事业方面的努力。当学校运转良好、甚至学徒们在从业之初就经常学习、如此年轻工人便受到思想教育时，当宗教教育踏实可靠、并深入人们的灵魂之时，当人们为培养未来的贤妻良母而对年轻的女孩进行教育时，工业便不再是产生道德危险的源泉，而是一个文明开化的因素。”[78]

我们先别为这番话感到好笑，在同一个人的下述言谈中，我们在保持恰当的批判性的阅读距离的同时，仍能发现某些看来与当今思考方式并无太大不同的思想——不要忘记我们面对的是一个大企业的领导人，他已能够采取一种灵活的工资政策，可以说是一种无限制的工资政策：“如果家庭曾传授孩子以权威原则、如果他知道正义和荣誉是不可分离的，如果他在学徒时期能在称职的师傅手下继续这种生活，那么人们对于未来的恐惧将会少得多。我们将能防止那种向往特立独行的不良倾向，这一倾向败坏对一切既定的组织的尊重，并不断引起革命的恐惧，从而阻碍自由的发展。……确实，更有教养的工人也经常会对他们的工资表提出质疑，但这种对自由原则的合法运用并不存在危险。更令人担心的是那些在没有见识的工人中毫无目的地传播的骚动不安，是那种并非来自工人本身、而是来自某个以自己的影响力而把工人置于无知境地的头目的不满情绪，是被人操纵的、通过灌输而被歪曲成正义的各种偏见，是那些良好的工人所谴责的可怕暴力——无知的人们所进行的所有罢工都具有这一可悲的特点……随着教育的进步，工人将会以合法的、自由的工资协商方式取代无益的、破坏性的怠工做法。”[79]

资产阶级的投资

工资劳动者，企业主。但储蓄者呢？

19 世纪法国的储蓄者被指控犯有一个重大罪过：损害了经济增长。一般的投资者更青睐于国家公债、土地和房地产，这种做法可能是非常欠考虑的。他在盘算投资流动资产时显得极为小气，因而最终放弃这种投资。当他受广告和许诺的推动，下定决心购买这类证券时，有人曾告诉我们说，他十分偏爱的是带有固定收益（利息）的债券，
682 而不是具有变动收益（股息）的股票。股票、债券或公债的认购者以交易代理人为中介、通过银行代理处或“证券推销员”等渠道进入证券交易市场，此外，他们更加热衷于外国、而不是法国的证券，他们更愿意去填补俄国的财政赤字，而不愿帮助法国的企业去扩建工厂。

这种印象式的描述是相当真实的。另外，更具普遍意义的是，在我国，信用货币和支票的使用只是十分缓慢地在社会上推广开的。甚至在今天，在日常采购中以支票支付仍很难让商家满意。“纸”，无论是纸币还是交易所的票据，总是显得很不牢靠。当时的人们认为，不应该相信美好时代的某些政论家所说的一切，如内马尔克就是这样一个文人，他曾写了上百篇文章来歌颂“资本的民主化”。在20世纪初，银行和交易所的业务还没有深入普通百姓阶层。只有中上层资产阶级熟悉这些事务，而小资产阶级并不总是如此，他们在纸币、票据和投机面前往往显得畏首畏尾。农民对钞票和债券也并不是趋之若骛，把积蓄存入银行也并非农民通常的做法：土地和金币是他们的最爱。很遗憾，我们无法精确地估量银行货币、票据和债券在社会上的传播。目前关于法国财富的分配和演变的历史研究还不够深入，我们还不能准确地谈论这些问题。但这里可以作一点猜想：法国社会中，只有一小部分人信赖工业发展和经济流通中出现的新的银行和货币形式。历史研究将很可能会证明，在储蓄存款的层次上，为资本主义提供资金支持的是资产阶级，而不是像有人暗示的那样，是城市和农村的普通群众：毋宁说，在1914年之前，消费倾向才是群众日常生活的本质所在。

可能存在一种有害的储蓄导向。当然，在1914年之前的40—50年中，我们可以看到人们态度上的转变：对于法国工业债券的投资明显活跃起来，这是经济增长导致的客观上的转变的确切表征，也是储蓄者主观转变的信号。但是，由于缺乏有关储蓄者的准确的社会学认

识，人们可能对他们的行为产生相当不可靠的判断。在所有情形下，这些投资导向根本不是他们自己的业绩：他们只购买国家、工业企业和银行集团向他们提供的债券。这里不妨举俄国的公债为例，它是送上门的东西。由于缔结了这样一个美妙而有益的同盟，俄国的公债怎能不牵动人们的钱包、乃至人们的心灵呢？

不过，谴责"剪毛工式的票息食利者"是徒劳的，因为，他们的选择说到底是理性的——或至少他们力图、他们希望使其成为理性的。最近有一篇十分有趣的经济学论文，研究的是"从1815年到今天的法国储蓄者的投资"。[80]它提出了一种有关放款人的三维类型学。并不只是存在两种对立的储蓄者类型——投机者和食利者——而是有三种，因为还存在"中间投资者"，而且看来这是一种主要类型。这种类型的投资者既不像投机者那样不停地套购，也不是像食利者那样坐享其投资。他们在投资时，既注意收益也看重安全，信奉流动性优先的原则，即主张投资的灵活性和可转换性。食利者"投资时以保险为原则，排斥风险"，[81]投机者"愿意以投资下赌注"，[82]但中间投资者的投资是多样化的，在不同的时期，他会把资产从一种形式转变为另一种形式。"他的策略是调换而不是套购……这是处于守势的赌徒的策略。"[83]

19世纪后半叶与前半叶相比，储蓄形式确实发生了显著的变化。地 683
产、不动产、抵押债权向证券和"金融资产"（储金会和银行的存款，国库券）让步。1890年到1895年间，国民财产结构中的流动资产超过了不动资产。在流动资产内部，流动证券在活力和地位上居于优势地位。1851—1855年，它在国民财富总额中的比例为7%，1911—1915年上升为39%。在1915年，外国证券占法国证券总额的34%。这就意味着，2/3的证券是法国证券。而在法国证券中，从1892年到1913年间，年金公债的比重下降，债券的地位没有变化，而股票的比重有了明显上升，它在法国证券总额中的比例从21%上升为32%。因此，在美好时代，储蓄者的态度并不像人们此前认为的那样令人失望。

这里可能又回到了上面提到的问题。由于国内的压力，一部分存款投向了国外。但这究竟是因为法国国内资本需求不足——与工业扩张受阻有关——还是因为法国金融集团的深思熟虑所致呢？——这些集团认为向外投资可以方便地筹集到大笔资金，而且出售国外证券会轻易获得利润。“究竟是向外投资导致法国经济不振，还是经济不振引起资本外流”?[84] 米夏莱对于这一问题的回答是“两个因素之间存在相互联系，它们的相互作用导致了一种自发的资本外流—经济萧条机制”[85]。也许是这样吧……但有一件事可以确定：法国的资产阶级是唯一大量储蓄的阶层，他们并非不知道也非不愿意为经济增长提供资金——即使他们在这方面做得还不够。应该避免那些习惯性的简单化认识，不应将所有罪责都归咎于“食利者”，因为他们并不是投资市场上唯一的顾客类型。相反，在为普通储蓄者恢复了一点名誉后，对于学校在经济增长中所起的作用应持严厉态度。

教学和教育：为了谁？为了什么？

安托万·普罗斯特的出色著作《法国教育史（1800—1967 年）》，引起了人们对学校体制与经济与社会事实之间的关系问题——这些问题一直存在——的关注。有两个事实被着力强调：一方面，“法国的教育体制”无力“承担起培养生产者的任务”[86]。无论是中学还是高等小学“都不认为培养适应职业需要的劳动大军是它们职责的一部分”。[87]

各类学校好歹为经济生活培养了高层和中层干部，但并没有培养出适应某种职业的工人大军。在 20 世纪初，私立和公共的职业学校每年送出的学生只有 9000 人，这就好比“就业海洋中的一滴水”。“大批劳动者在开始工作时没有经过职业培训。”[88]

1911 年 1 月 7 日的《工业评论》刊载了一篇题为“学徒培训的危机”的文章，其中对这一棘手的问题作过精彩论述——当然，人们能注意到，积极而富有建设性的篇幅相当薄弱：“学徒培训学校（公共的和私立的）目前已经有很多了，但设立这些学校真的是解决这一危机、提高职业教育水平的合适的办法吗？这些学校可能营造出一种人为的环境，但那里的生活与工厂生活是有差异的，那里无法让人适应

劳动纪律、乃至职业劳动的危险性……机器和工具早已过时，设备也 684
不齐全。教师与工业实践已然失去联系，他们不了解生产工艺的发展……一方面，贫苦家庭的孩子无法进入学校，另一方面，教育成本确实太高。在巴黎市的学徒学校，一个学徒每年的培养费用需要 800 法郎，还不包括场所折旧费。因此可以看到，这样的学校不可能推广开来，应该限制其数量，使其只须培养我们的精英工匠。实际上，如果学徒不能在外面获得所需的技术教育的话，就应该在车间内进行培训。各种协会、雇主或工人联盟在劳工联合会组织的众多夜校职业课程，目的正在于此。但它们不是解决问题的唯一方式……这就是为什么有人倡议在工作期间开办学徒课程的原因。目前在巴黎举办的两个课程（1908 年归市政府管理）就是这种情况：其中一个面向机械学徒工，另一个面向白铁工和钣金工。企业主舍弃一个工作小时，学徒 5 点离开工厂，7 点回家……希望这样的榜样能有人效仿，希望各工业中心能有充足的资助来开办类似的课程。老板们的合作对这一事业的成功是必须的；不过，他们总有一天会从中获益。因此，工业家们无疑将支持这些施惠于学徒的重大努力，何况这些努力不是由他们、而是由各种协会或市政组织来实施的。”

于是，为了解决学徒培训的危机，《工业评论》宣扬的竟是取消学徒学校！此外，它所设想的只是对精英工匠的培训。它把希望寄托在零散的培训课上，这样的课程安插在劳动时间与工人从工厂下班回家时间的间隙中，它还请求企业主——对这些人来说，并不存在从整体经济发展来考量学徒培训的问题——认清他们的利益所在……因此，当 1969 年的人们得知技术教育仍是我国学校体制中的“穷亲戚”时，也就不足为奇了！

不过，1868 年，德塞利尼曾有过这样令人欣慰的说法：“机械的改进只有依靠有学识的工人才有切实的可能性。”但是，依据这种看法，教育培训应严格服从于某个工厂的要求，它完全由工厂掌握，完全服从工厂领导的思想意识。

而思想意识中也存在各种层次的教育（或不教育）的问题。可以十分确定地说，思想意识是与社会等级、领导阶级的利益和资产阶级的价值观相对应的，这种价值观是由现实利益维持并产生的。但是此类思想意识与经济增长的要求和适应工业生活形式的要求极不相称。维持权势、地位和身份与促进经济现代化、提高经济效率——在这两种选择之间，作为领导阶级的资产阶级，看起来是毫不迟疑地认为安全优先于变动，传统优先于创新想象。这种思想意识通过各级教育机构传播开，这在社会意义上说是有效率的，但在经济意义上说则是贫乏的。为什么呢？一方面是因为，学校在试图使存在依附性和自卑感的社会关系固定化的同时，也就不断再生出这些社会关系。另一方面是因为，学校传播的不是一种人与人之间的灵活的可变的关系模式，或社会机体中的一种积极进取的工业化形象，而是一种提倡服从和墨守陈规的社会道德。所有学校都是如此，不管它是世俗的还是宗教的，“初等”的还是“中等”的。

“名流学校”和“大众学校”——安托万·普罗斯特已经说明，“社会分层”是如何“反映到教育体制中”的；“教育中的不平等与社
685 会阶级的不平等相对应”。由于名目繁多、或明或暗的壁垒，由于中学招生中的马尔萨斯效应——其人数从 1880 年到 1930 年间竟没有增长！——由于拉丁语在教学中的地位，所有这些使得资产阶级特别想“同普通大众区别开”。“教育体制是优越感和特权的积极维护者。”[89]在名流学校，资产阶级毫无顾忌地继承了旧贵族的古老价值观念。安托万·普罗斯特曾指出，比松将“造就人的智力才能”与“造就工人的实际能力”对立起来：这是一种十分古老的论调——奴役性劳动和“体力劳动者”地位卑下，17 世纪初的法学家卢瓦索就曾这样说过。没有什么比国家未来的干部所受的普通教育更具“反技术”色彩的了。人文知识是确认社会地位的标志。精英们学习拉丁语，而所有人都学习其他课程。安托万·普罗斯特不无道理地指出，“这种风气不利于经济增长。”[90]学校在培养作为资产阶级社会本质的个人主义的同时，“它并没有教给人们如何融入必不可少的团体生活的习惯”，因而这种不利的影响就更加确定了。

但我们还想指出更糟糕的事情，这就是初等学校体系向民众阶层的孩子们灌输的道德观。从这一观点来看，1880年后的世俗化、义务性和免费原则是领导阶级的思想意识支配城乡工人阶级或中等阶级的决定性进展。

安德烈和于连：孩子们的榜样，模范劳动者

我们应该重读一下两部极有启发意义的著作，但这只是因为它们在1870年代到第一次世界大战之间曾长时间地广泛流传，它们的作者是布律诺，她是知名的大学学者的女儿和妻子[91]，这两部著作名为《弗兰西内》(Francinet，第一版问世于1870年)，《两个孩子的环法旅行记》(简称《环法旅行记》，1877年首次出版)，第一部是第二部的提纲。1904年，《环法旅行记》出了第411版[92]。尽管人们称它“重新审视了一切”，但其文字从1877年后并没有修改，仿佛法国经济不曾有一丁点儿的演变、完全处于昏睡状态。书中完全没有增长和发展的观念。附加的一篇后记中说，巴斯德的发现、殖民地上与蛇的斗争，潜艇，“法国的移民地”，电气设备（电话、无线电报、留声机等等）——所有这些确实呈现出光怪陆离的景象。但在书的结尾，1904年圣诞节的家庭团聚发生在一个农庄中，而于连的儿子“小让”最后回想起的法国是“我们的村庄，它是法国的一个小角落”。[93]

此外，这部著作通篇都是对古老的职业和手艺人的赞美：木鞋匠、锁匠、制干酪者、钟表匠、锅匠、花边女工、鞣革工人……整个半农半工的、古老的乡村式的法国，都以一种虔诚之心被展现出来。充塞法国乡间的农庄是这个国家的象征。“安德烈，我们会设法使你成为邻村的锁匠的，在这之前你帮我们种地吧。”[94]因此，当1872年这两个孩子结束其行程时，他们的命运就已经注定了：他们只能在马厩和小作坊之间生活。真是一幅完美的田园画卷：“如果安德烈在小镇的锁匠那里失去工作，他可以到农庄干活。”[95]这就是有关法国农业与小手艺之间那虚假的平衡的脆弱理想，半个世纪甚至更长的时间里，人们就向工人、农民和小店主的孩子们灌输这一理想。

确切说来，大工业并没有被遗忘，但是它完全被弱化了。对于勃良第的描述以葡萄农为开端，以参观勒克勒佐为煞尾，开篇便是苏利论述农业的一句话：农业是“真正的秘鲁矿山和宝藏”。煤矿只能占据很短的篇幅[96]，勒克勒佐的工厂亦然。有关北方省和佛兰德尔的章节
686 很乐于描绘罂粟苗圃，但提到勒克勒佐的只有一行文字……

不过，这部有关道德风化的著作所宣扬的伦理道德更值得一评。说真的，书中大段的伦理说教有时太过分，以致让人反感。书中的两位主人公安德烈和于连不只是道德楷模。他们是尽善尽美的活化身，甚至可以说他们因此而成了傻瓜。但是按照当时道德上的金科玉律，应该接受资产阶级社会的社会道德，纪律、服从、驯良的道德，这些道德品质首先是面向雇主的等级和权威的。人不应该撒谎、出言不逊、饮酒、狂暴、怠惰。谁对此不会鼓掌称庆呢？但是应该首先服从老板和监工的命令，应满足于诚实劳动挣来的几枚钱币，应恪尽并固守自己的职责，应尽量少消费、多节俭、以备时运不济，应像逃避瘟疫一样避免借钱，而且不应嫉妒富人。“勇敢热忱的人依靠的是自己的劳动所得，而不是指望向别人借钱。”[97]这就是为什么数以百万计的小资产者、工人和农民，几十年间一直对投资收益的预期和贷款消费再三踌躇的原因所在。一般的法国人是不借债的。他的生活圈子是封闭的。他不会觉得悲伤不幸，因为当他看待在他之上的人时，他会这样想：“财富的美好之处就是，它可以减轻其他人的痛苦。”[98]

我们顺便提一下，凯恩斯爵士后来在对 19 世纪的经济和社会平衡进行颇不恭敬的反思时，也证实了《环法旅行记》向我们揭示的东西。他写道：“这种非凡的体制导致的增长是同时建立在谎言和欺诈之上的。一方面，对于劳动者阶层、自然要素和资本家共同创造的那块蛋糕，劳动者只能分享到极小的一部分，他们只能接受这样的境遇。他们这样做或是因为自己的无知，或是因为没有力量，或是因为习惯、成规、权威和既定的社会秩序强迫他们、欺骗他们、使他们相信只能如此。而另一方面，资本家阶级有权要求分享大部分蛋糕，而且理论上说他们可以自由消费之。但实际上，一种潜在的约定使得他们只是消费很少一部分。‘储蓄’的责任构成了美德的 90%，而扩大蛋糕才

是完美宗教的目标……于是蛋糕在变大……人们常说，应该为你们的晚年和孩子而储蓄。但这只是一种理论，蛋糕的恩泽在于它永远不会被吃掉，无论是你们还是你们身后的孩子都不会这样做。”[99]

自然，我们的两位小主人公还没有意识到这种剥削劳动和劳动者的观念。当他们来到克勒佐的工厂时，于连说：

“这工厂真像一座城市。它发出的噪声真大！上千盏灯在眼前闪过时，真让人头晕目眩，可能还有一点害怕。

——安德烈说：于连，我们进去时，不要放开我的手，以免你受伤。

——那另一个小孩说：哦！绝对不会的。我们周围有太多的机器在转动。我觉得我们会被卷进去碾碎的。

——不会的，小于连。你看，有很多孩子正在努力干活，他们比你大不了多少[100]；但他们必须全神贯注。

——于连一边挺直身子、竭力恢复镇静，一边说道：是啊，他们真勇敢！”[101]

因此于连可以成为一个好工人。只要他激发自己的个人勇气，只要他自己能“全神贯注”。这样工厂就只会变得更好。

从法律上说，工人是特殊类型的公民，这一事实并没有让布律诺及其作品中的主人公们感到不安。对于他们，对于所有读者而言，“小册子”——工人的特别身份证，是一种很自然的制度，那册子上记录着各种老板（和市长们）的评语。“安德烈和于连都知道，工人应该有 687
正式的证明。”[102]只要这是份“良好”[103]的证明就够了。为了避免含混不清的情况，该书第 62 页还复制了安德烈的小册子，艾皮纳尔市长在上面写道：“他的品行无可指责”。工人阶级天然就被认为是危险的。这两个孩子顺从地接受了别人的监视。

在这种道德中，作为个人“良好举止”的基本规范，与旨在培养普遍驯服精神的严厉的工厂规章和社会禁令被巧妙地混淆在一起。我们还是放下这种道德，来读一首诗歌吧！我不想进行评论，我担心这样我会收不住笔。这首诗是善良的布律诺夫人的另一部著作的结束语

（它的所有版本都是这样），该诗名为“穷人之歌”，可以为它加上一个副标题：“受了委屈，但很满足”：

从摇篮到坟墓
我的辛劳之旅何其漫长！
但劳作铸就高尚的灵魂，
游手好闲致使心灵卑劣。
主啊！请你给我明示：
我是劳动者的儿子！

那山坡上古老的肥沃土地
是劳动使其丰产；
那珊瑚，那珍珠，那宝石
是劳动让它们从水底展现于世人面前。
这世界归于劳动，
归于劳动者，归于他们的孩子！

我那无所事事的富家兄弟，
我和你一样是神的儿子！
筵席为所有人而开设
但你我是不平等的宾客，
但爱会激发起力量；
如你愿意，我的兄弟，让我们相亲相爱！

既然我们都有同样的起源，
为何还要彼此仇恨？
不幸源自你的傲慢，
我为怨恨而在梦中泣血。
愿两颗灵魂合而为一；
神都把我们称作他的孩子！

如你愿意，让我们一起向前，永不歇足，
手挽手，心连心，
忘掉那让我们互感不快的一切
以手足之情而共同努力；
我愿有一个名字：力量，而你：慈爱！
兄弟，爱是天国之子！

结论

推动因素和制约因素

我们的论述一开始就提出了一个中心问题：在19世纪后半叶的法国，新的文明——工业文明渗入到了何种程度；对于这一问题，我们只是有针对性地给出了一些零碎的解答。关于推动因素和制约因素的整个问题体系仍是不完善的。为什么呢？因为我们的知识本身仍是有限的，这是由于历史研究的滞后造成的，当然，我们正在弥补这种滞后，但它还没有被消除，远没有。我们仍有广阔的无知领域，我们的方法仍是经验主义的，因为既要度量可以度量的问题——这种工作没有尽头——然后还要估量没有“有形”影响的因素，然而，定性分析仍期待着它的研究队伍。

就目前的研究状况而言，无论是法国的还是国外的——如大卫·兰德斯，卡梅隆，金德尔伯格等人的研究——占有支配地位的一点是，它们都强烈意识到20世纪初的法国在物质、人口、社会、心理等方面的落后，当把法国与英国、德国的文明和经济增长作比较时，便能感受到这种相对的落后——与美国相比就更是如此。弗朗索瓦·佩鲁、让·马尔舍夫斯基和他们的小组已经强调了制约性因素的影响，而我们则在某种程度上发挥了这些看法，就像帕尔马德曾所做的那样[104]，但我们的工作要细致得多。

要避免布律诺的描述为我们设下的陷阱，就应该来一个转向。1914年前也存在一个领先的、充满活力的、现代的、高效的、拥有经济和技术成就以及个人成就和社会成就的法国。这个法国还没有经历科学分析的手术刀的剖析，它仍处在某种阴暗之中，因而就被忽视了，或至少被低估、被弱化了。无论是19世纪末新的工业部门的发展（汽
688 车、航空、电力和电器制造、化工、炼铝，等等），还是自1890年代中期之后的经济波动，都还没有被深入研究过。不过，各大学中孤立而缺乏组织性的研究已有一些零散的成果，看来它们都在逐步揭示出一个新法国的面目特征，这个新法国摆脱了结构上和心态上的传统主义的制约。至于我们而言，在有一项有关大企业利润的集体研究中，我们业已看到了这些新特征。马尔科维奇和弗朗索瓦·克鲁泽对于工业生产指数变化的最新研究也得出了一致的结论：1914年的前十年中，法国经历了一个同第二帝国初年一样快速而重要的工业演变期——如果不是更胜一筹的话。马尔科维奇、弗朗索瓦·瓦尔特、佩热等经济学家都已注意到，若把人口数字联系起来看，工业生产的绝对值和国民产值——换句话说就是人均产量和产值，这是衡量增长的更为准确的尺度——和其年增长率，都经得起与德国和英国的同类数字的比较，至少20世纪初是如此。马尔科维奇在有关1789—1964年的法国工业的宏大研究的结论中写道："如果考虑到人口增长的差异，法国的工业增长在好几个时期相对来说（比英国的增长）更为显著，因为它是在人口增长明显受抑制的不利局面下实现的……如果以年人均国民产值的平均增长率计，我们可以确定，19世纪中叶以后法国的增长要高于英国、低地国家和意大利，与德国和斯堪的纳维亚各国持平。"[105]

因而应该修正阿尔弗雷德·索维（但愿他能原谅我们）的那种悲观主义，他对人口和工业的缓慢增长的解读过于狭隘、过于机械。这并不是说人口造成的抑制效应不起作用。但这些效应不总是阻碍真正的全面增长：我们对美好时代开始获得的认识相当清晰地说明了这一点。

实际上，研究者们被某种视角错误困扰。因为就"分量"而言——领土面积、人口数量、可支配的地下资源等——法国的经济是

中等规模的，就“素质”而言——人口分布状况、微型一单元式的经济结构、不利于适应新经济生活的心态和行为方式——法国的经济存在明显的制约因素，它们都是导致法国经济发展缓慢和滞后的原因，但只强调这一点是过分的做法。不过对我们而言，指出1850年到第一次世界大战之间法国文明中的矛盾性、以及对此进行分析的各种困难，这就够了。争论会继续，我们应提防它停滞不前。

【原注】

1. J. Huret，*Enquête sur la question sociale en Europe*，p. 32（Perrin et Cie，1896）.

2. Edition de 1932 p. 336.

3. L'Etrange Défaite，p. 167（Ed. Franc-tireur，1946).

4. 总结论，*Cahier de l'I. S. E. A.*（novembre 1966，n. 179；série AF，7，p. 312）.

5. *Société et population*，p. 146（Hachette，1969）.

6. 见 A. Armengaud，*Histoire économique et histoire de la population*（Clio，1968，Bruxelles）.

7. *Id.*，p. 36.

8. 同上前揭，p. 152.

9. 见 M. Reinhard，A. Armengaud et J. Dupaquier，*Histoire générale de la population mondiale*（Monchrestien，1968）.

10. *Histoire des populations françaises et de leurs attitudes devant la vie depuis le XVIIIe siècle*，p. 562（Société d'éditions littéraires françaises，1948）.

11. *Migrations professionnelles*（P. U. F.，1958）.

12. Georges Dupeux，*la société française*，*1789—1960*，p. 20（A. Colin，1959）.

13. A. Demangeon，La France économique et humaine. Cité par Georges Dupeux，dans *la société française*，p. 20.

14. 见 Jean Fourastié 的著作和 Cahen 夫人的论文：《Evolution de la population active en France》(*Etudes et conjoncture*，juin 1953）.

15. 农业、林业、渔业。

16. 第一产业中男子从业者数字：514.6 万（1856 年），577.7 万（1876 年），571.4 万（1896 年），551.6 万（1906 年）。

17. 卡昂夫人的研究。这些数字不包括 1892 年到 1945 年这一时期。1954 年这一数字为 953.1 万。J. C. Toutain（*Cahiers I. S. E. A.*，1963）以十年为单位，重组了整个 19 世纪的数字序列。

18. 在这方面，Georges Dupeux、Pierre Léon、Pierre Barral 和 André Armengaud 的研究提供了鲜明的论证。

19. 见 *L'Histoire de Bordeaux. Bordeaux au XIXe siècle* 第四卷，集体论著（Fédération historique du Sud-Ouest，Bordeaux，1969）。

20. *Id.*，p. 418.

21. P. Pinchemel，*Structures sociales et dépopulation rurale dans les campagnes picardes de 1836 à 1936*（A. Colin，1957）. 对 Rue、Hornoy、Rosières 三个地区的研究。

22. *Id.*，p. 63.

23. *Id.*，p. 65.

24. 短工只有小块土地，并受雇于他人。

25. *Id.*，p. 99.

26. R. Thabault：*l'Ascension d'un peuple*，*1848—1914. Mon village. Ses hommes. Ses Route. Son école*（Delagrave，1944）.

27.《Le produit physique de l'économie française de 1789 à 1913；comparaison avec la Grande-Bretagne》，见 *Introduction à l'histoire quantitative*（Genève，Droz，1965，p. 110）.

28.*Id.*，174 页注。

29. 根据 T. J. Markovitch 和 J. C. Toutain 的研究（*Cahiers de l'I. S. E. A.*）.

30. 农民自行消费的产量不计在内。

31. 不应该忘记，这些比例只是在就业人口内部、只在物质性生产（实际生产）总量中计算出来的。"第三产业"被排除在外。

32. *Id.*，p. 113.

33. Jean Marczewsiki 强调"城市为农业产品、为来自农村的劳动力提供的市场不足"（*id.*，p. 113.）。因此导致农民收入不振，缺乏投资和现代化的动力——“除了相对短暂的个别时期外……（1850—1870 年，1905—1913 年）”。但我们看到，例外情况很为可观。在所有情况下，“非农业性因素”将对长期农业发展的缓慢产生影响。只是在短期之内，“法国农业的自身因素才会发生抑制作用，这是因为农业无法对暂时扩大的需求迅速提供相应的供应”。

34. 前引研究，113 页。

35. *Id.*, p. 115.

36. 在法国，自由贸易为时甚短，仅从 1860—1881 年间实施。

37. *Id.*, p. 118.

38. *Id.*, p. 136.

39. *Id.*, p. 136.

40. *Id.*, p. 125.

41. *Id.*, p. 183.

42. *Enquête sur la question sociale en Europe*（pp. 142—143）.

43. *Id.*, pp. 14—15 et pp. 22—23.

44. *L'Armée nouvelle*, pp. 303—304.

45. *Revue des Deux Mondes* 上的文章（décembre 1855，p. 1291）.

46. *Id.*, p. 1295.

47. *Id.*, pp. 1300—1301.

48. *Id.*, pp. 1318—1319.

49. Turgan，*Les Grandes Usines de la France*（Tome II，Lévy Frère，1862，pp. 1—4）.

50. *Revue des Deux Mondes*（1. juillet，1889，p. 190）.

51. *Id.*, 1. août 1889（pp. 696—698）.

52. *Annuaire statistique de la France*. Partie rétrospective（p. 72）[1929].

53. *Rapport*..., pp. 97—103.

54. Turgan，*Les Grandes Usines*，Le Creusot，pp. 1—53（Lévy Frère，1866）.

55. 这些研究有：Rolande Trempé：*les Mineurs de Carmaux*（1848—1914）（Ed. Ouvrières，1970），et François Caron：*Histoire de l'exploitation d'un grand*

réseau français，*la compagnie du chemin de fer du Nord de* 1846 *à* 1936（Ecole des hautes études en sciences sociales，1973）.

56. *De l'influence de l'éducation sur la moralité et le bien-être des classes laborieuses*，pp. 244—245（Hachette，1868）.

57. *Administration industriele et générale*，pp. 127—129（Dunod et Pinat，1917）.

58. Les Secteurs dominants de l'industrie française，*Analyse et Prévision*（mars 1966）.

59. 同上。

60. T. J. Markovitch 区分了 23 个工业部门，这里我们只保留了 8 个。

61. *Le Produit physique de l'économie française de* 1789 *à* 1913. 前引书：*Introduction à l'histoire quantitative*（pp. 146—148）.

62. *Le produit physique de l'économie française de* 1789 *à* 1913. 前引书：*Introduction à l'histoire quantitative*（pp. 146—148）.

63. *Id.*，p. 148.

64. Préface *à* l'ouvrage de Pierre Léon（p. x.）.

65. 见 Marthe Chollot-Varagnac，la morte de la forge de village（*Annales*，mars－avril 1969）.

66. La concentration des établissements en France de 1896 *à* 1936.

67. *Id.*，p. 851.

68. *Id.*，p. 859.

69. 根据 T. J. Markovitch 和 J. C. Toutain 的研究，农民自我消费的产量包括在内。

70. 即扣除了折旧投资之后的产值。

71. 商业、自由职业、建筑地产等。这里依据的是 T. J. Markovitch 和 J. C. Toutain 的研究（*Cahiers de l'I. S. E. A*）。

72. 即设备折旧前的数值。

73. 根据 T. J. Markovitch 和 J. C. Toutain 的研究。

74. 我们可以看到，从 1856 年到 1906 年，第三产业的就业人数从 249.3 万增长到 470 万，其增长速度明显高于另两个部门。

75. J. Turgan，*l'Exposition universelle de* 1878. *Wagons et Moteurs*，p. 99（Paris，

1879）.

76. *Annuaire statistique de la France*. Partie rétrospective（Berger Levrault，1929）.

77. 儒勒·于雷，*Enquête sur la question sociale en Europe*，pp. 24—35.

78. *In* A. P. Deseilligny，*De l'influence de l'éducation*…，pp. 175—176（1868）.

79. *Id.*，pp. 223—224.

80. Charles-Albert Michalet（P. U. F.，1968）.

81. *Id.*，p. 335.

82. *Id.*，p. 338.

83. *Id.*，p. 345.

84. *Id.*，p. 223.

85. A. Colin，collection，U2（1968）.

86. *Id.*，p. 293.

87. *Id.*，p. 310.

88. Article d'Albert Marnier.

89. ouvrage cité，p. 326.

90. *Id.*，p. 342.

91. 哲学家居遥（Guyau）和福耶（Fouillée）。

92. 1968年，柏林又出了新版。

93. *Id.*，p. 318.

94. *Id.*，p. 296.

95. *Id.*，p. 299.

96. *Id.*，p. 115.

97. *Id.*，p. 193.

98. *Id.*，p. 128.

99. 99 Cité par Bedarida，*Histoire du peuple français*，t. V，p. 296（Nouvelle Librairie de France，1965）.

100. 于连当时7岁。

101. *Id.*，pp. 110—111.

102. *Id.*，p. 13.

103. *Id.*，p. 37.

104. *Capitalisme et capitalistes français*（A. Colin，1961）.

105. *Capitalisme et capitalistes français*（A. Colin，1961）. *Cahiers de l'I. S. E. A.*（AF 7，n°. 179，novembre，1966，p. 316）.

第二十四章　第二帝国 691

1852—1871 年，从 12 月 2 日到巴黎公社墙

1840 年，托克维尔以一个身处地狱般的恶梦者的口吻预言道，我看到，不可胜数的彼此相似和平等的小民，他们总是翻来覆去地折腾，为的是获得那些充斥着他们灵魂的卑微的快乐。他们中的每一个对他人来说就像是一个陌生人，漠视他人的命运……他只为自己而存在，一切都为了自己……有一种巨大的保护力量凌驾于个人之上，以确保他们的快乐，保护他们的命运。这种力量是绝对的，实实在在的，合法的，深谋远虑的，惬意的。它就像一种来自于父亲的力量，为孩子的成长作好了准备；但与之相反的是，它只希望他们停留在孩童阶段。它乐意让公民们感到高兴，但前提是他们乐在其中。它主动为他们的幸福而努力，但它只愿意成为唯一的参与者；它为他们提供安全，在他们处理事务的原则方面进行指导，帮助他们管理企业……平等已经使得他们能够忍受这些，很多时候他们甚至把这些看作是一种恩惠。

就这样，在 1851 年 12 月的公民投票中，法国人民，法兰西的“民众”“宽恕”了（此乃这位君主的原话）拿破仑三世的政变。当时有 750 万张票赞成，而反对票则仅有可怜的 65 万张票。一年后，差不多有 800 万“相同而平等”的法国人，再次投了他们皇帝的票。托克维尔的恶梦是否马上就要变成现实了呢？

692 反自由的平等？

政变，或者说是 1851 年 12 月 2 日的“事件”，就短期来看，是解决过于年轻的共和政体所经历的危机的一种应急措施，一种应对具有乌托邦色彩的 1848 年宪法所造成的行政机构与立法机构之间显然可以预见的必然冲突的解决办法。人们对暴行漠不关心，因为这个民族已经厌倦了和自己无关的争吵。行政机构取得了胜利，亲王不久变成了皇帝。这是权宜之计吗？不，在当时那些真正的政治家看来，它属于长久之计。对于基佐这位认为资产阶级的地位上升乃不可抗拒的历史学家，对于他的那些“有教养阶层”中的自由派朋友来说：“我们用士兵清除了一场骚乱，我们让农民们参加了一场选举。但是，无论是士兵还是农民都无法成为统治者。这应该是一场上层阶级之间的竞争，他们才是当之无愧的统治者。”马克思，这位法国事务的积极观察者，其看法与所有人的看法均大相径庭——他从自己的老师黑格尔那里得到的教诲是，历史只是一场不断重复的闹剧。继伯父之后，是所谓的侄子的荒诞插曲。马克思甚至在《路易·波拿巴的雾月 18 日》的最后篇章中斗胆断言道：“当皇袍最终披在路易·波拿巴的双肩之际，拿破仑的铜像也将从旺多姆柱上倒塌下来。”深谋远虑的托克维尔也不禁感到怀疑，他在 1852 年向好友博蒙坦诚相告：“我总是担心这场漫长的法国革命会导致平等和专制之间的妥协。我们会看到这些预言的实现，与其说这是一个被建立的政府，还不如说这是一种冒险。”

然而，这场冒险将持续 20 年之久，直到 1871 年 5 月，旺多姆柱上的铜像才在巴黎公社的起义中倒塌。从长远来看，12 月 2 日事件不正是迈向必然的平等主义的终点吗？它是漫长的法国历史进程的终点——托克维尔对此洞若观火；而平等那无法逃避的伙伴不正是专制主义吗？获得普选权之后，法国的新公民们就迫不及待地投入了皇帝的怀抱。从更广泛的意义上来说，大革命后法国社会缓慢的民主化的历史或是体现在其实在性上，或是体现在危急时刻从某位最高监护者那里寻求庇护的渴望上，这里仿佛有一种规律。当然，我们不能进行牵强附会的比喻或不切实际的类比。历史学家们透过迷雾探索的这一冒险事件，拿破仑三世成功的原因和可能性以及他的失败和各种波折，总是包含着权力的运用。但为了更好地解释，更深刻地理解这一事件，就不应该相信这样一种规律，它脱离了托克维尔的政治理想：因而平等和自由对法兰西的辩证法来说是必需的。

一、从一个“一二·二”到另一个“一二·二”

波拿巴体制在迅速地得到确立。波拿巴首先花了好几个月的时间来确立其统治的基本内容。确实，他要黄袍加身还需等上五年。这位侄子可谓亦步亦趋、原封不动地“模仿”了其伯父的冒险行动。为了能在 1852 年 12 月 2 日这一注定和其伯父的传奇业绩联系在一起的日子里戴上皇冠，他甚至加快了政变的进程。当然，他首先得在长达两年的行事不便的总统期耐心等待。

各种制度的确立

四个月的“独裁”足以建立起政体的主要部门。如果我们以它在罗马时期的含义来理解“独裁”一词的话，那么，此种独裁之举在当 693
时可谓绝无仅有。该词在罗马时期的含义是：在为期不长的非常时期里，在民众的赞同之下，暂时取消所有合法性的东西，以便某位有如救星一样的人物得以拯救国家。1852 年 3 月 27 日，亦即议会举行首次会议的前两天，当主要权力机构建立之后，独裁统治停止实行。

一如共和八年的宪法，新宪法的制订是在几天内匆忙完成的。除了让自己任命的咨询委员会缓慢起草之外，总统还把宪法的起草工作托付给了其亲信鲁埃，而他一个人，或几乎是一个人在 24 小时之内就完成了这项任务。1852 年 1 月 14 日，相关工作准备就绪。为了使宪法具备足够的灵活性，便于在适当的时候进行修改，宪法的条款极为简短，得到全民支持的 12 月 2 日的《告人民书》构成了宪法的基本提纲，并精确地对宪法进行了概括：1）负责任的首脑之任期为 10 年；2）各部部长仅对行政权负责；3）由最知名人士组成的参政院负责法律的起草，并在立法团讨论时进行解释；4）立法团成员由普选产生，而不是通过会歪曲选举的名单投票产生，由立法团负责讨论和投票通过法律；5）由全国的杰出人士组成第二院（元老院），他们对权力起到了制衡的作用，是基本的法律条款和公众自由的维护者。新宪法的很多条款显然是共和八年宪法的翻版。鉴于它亟待投入使用，以至于无需民众的赞同。不过，它在未定型时已经得到了民众的赞同。

救世主

亲王有言："民主的特性体现在一个人的身上。"实际上，作为救世主的这位任期10年的新执政，已经几乎成了独裁者——在此是根据其现代含义来理解此词，他掌控了几乎所有的权力。他借助各位部长、国务会议、元老院和立法团，用十分粗暴的手段来进行统治。他单独掌控着行政大权，随意任命和罢免官员，那些部长只不过是工具和高级技术人员而已，因而他往往根本不在乎他们的感受。他积极参与立法："共和国总统、元老院和立法团共同行使立法权。"尽管立法团是唯一通过普选产生的机构，具有重要意义，但它也只是一个影子而已。人们说立法团已不再是国民大会，他的代表也不再是人民的代表，因为只有700万法国人选出的路易·拿破仑才能自称"代表"国民的意愿。各部长再也没有出现在日益式微的立法会议中，因为他们只是对总统负责的工具而已，只有他才能"站在法国人民面前"。立法团的主席和办公机构均由总统任命；立法团一年只有三个月的会议期，总统可以随意召集、延迟或解散会议。它只能对国务会议提出的法律进行投票，国务会议由那些声名显赫的高级公务员组成，但他们一律由总统任命以确保绝对的服从；法律的修正案首先得获得国务会议的同意才能进入下一阶段的讨论。立法团唯一可用的反抗武器就是对预算的审查和投票；然而，这种权力也减弱到了几乎不值一提的地步。

与之相反，从表面上看，元老院拥有更广泛的权力，这些权力几乎让人感到畏惧。它在审查过法律是否符合宪法之后对其进行批准；因为它是宪法的解释者，并能通过元老院通过的决议来修改宪法。不过，鉴于这些参议员是由拿破仑三世挑选出来的，虽然他们拥有巨大的权力，但他们既不敢也从未用过这些权力。

这是一个强大的个人政权，也是一个有秩序的政权。众所周知，在这样一个政体下，应当是“好人安心，坏人害怕。”这个政体是建立在不朽的1789年的原则上的（至少本人这么认为）。我们无法忘却宪法开头的一段大胆的断言：“宪法承认，确认并保证了1789年宣告的 694
那些伟大原则，它们是法国人民权利的基础。”未来的皇帝很喜欢说这么一句话：“我属于大革命。”这难道只是一个简单的托辞吗？

使公众舆论就范

四个月的独裁建立了一些政治机构，与此同时，它也通过一系列的嫌疑法案，进行了大规模的镇压。政变之后，32个省进入了戒严，戒严一直持续到1852年3月27日。1851年12月8日的法令规定：任何人被发现或只要有参加某一“秘密”社团的嫌疑，那么就可以通过简单的行政手段把他流放到卡延。在这之后，所有的集会和社团都属于“秘密”之列。1852年2月3日的一则通报宣布，在各省建立“混合”委员会，该委员会由省长、将军和检察长组成，他们有立即处理的最终决定权。据官方记载，有26884人遭到当局的追捕，其中15033人被判刑，9530人被流放到阿尔及利亚，239人被流放到卡延。在我们看来，这个官方数据大大低估了真实的情况。

在四个月中，实施这场大规模镇压的是一个集合了救国委员会和白色大恐怖时期特点的奇怪混合体。经过政变之后官方对这段历史的“重新解释”，今天要再来进行解释不是一件容易的事情。当然，恐怖镇压的主要对象是革命力量。但是，到底什么是真正的革命力量呢？12月的阴谋者的真正意图是什么呢？我们不太清楚他们的真实意愿，尽管我们看到了一场规模庞大的镇压，他们通过镇压轻而易举地消灭了革命力量的威胁。事实上，舆论曾普遍认为，1852年时共和派已然看到了曙光。然而，他们却成了最早的受害者。

消除第一个也是最重要的障碍——议会——并非难事，议会右派由一些顽固的城堡伯爵组成，左派则由一些真正的共和派组成。他们中有一些遭到逮捕，有一些突然被流放，但这种现象持续的时间并不长久。除了几个街区之外，巴黎并没有太多的抵抗。外省则有一些突发的起义，尽管规模不大（主要在南方），但也让人感到恐惧。这些麻烦都是可以预料的，但它们的规模皆出乎人们的意料。政变的始作俑者有充分理由相信，他们完全可以依靠大众的麻木，从城市和农村的反议会情绪中得到好处。他们相信，自从 1848 年 12 月的选举以来，这场“乡下人的二月革命”即便没有得到外省农村的完全同情，得到的至少也不是冷漠，而是欢迎。这场“乡下人的二月革命”影响之巨大，我们可以从共和派的积极宣传中窥斑知豹。小农对大地产主的斗争难道不是从拿破仑一世的传奇以及人们对他的回忆中获得了原动力吗？这位皇帝巩固、扩大并使他们获得了永久的土地所有权。如果说，正如同一时期粉碎贵族的政治架构必不可少一样，粉碎共和派的政治架构同样必不可少。那么，人们是否能在反对政治自由主义和社会利己主义时，指望这种波拿巴派和共和派之间的长期友好呢？

白色恐怖

695 人们完全低估了共和派和社会主义民主派的影响力，没想到后者能够调动如此之多的人马，展开如此激烈的抵抗。诚然，这些反叛的规模必定是有限的，而且在各地很快就被镇压了下去。但是，从这一事实中可以看到，这种镇压显然首先是针对左派的；它的白色恐怖的一面压倒了有人希望赋予它的另一面，即类似于救国委员会采取的惩戒行动的一面。以下数据说明了这一点：在 26884 名被逮捕的人中，5423 人是耕作者，当然都属于耕作小户，1850 人是记者，剩下的都是或者几乎都是劳动人民：1107 人是鞋匠，888 人是细木工匠，733 人是泥瓦工，688 人是裁缝，457 人是铁匠……或许在不同地区会有细微的差别。并非所有的混合委员会都会表现出这样的残酷性，他们针对的目标也不尽相同。不是有人说在埃罗省掌权的正统派把几位地地道道的波拿巴主义者流放到了阿尔及利亚吗？人们也夸大了政变对工人组织所产生的影响，此前共和派的立法业已基本摧毁了工人组织，当局只是在里昂有组织地追捕工人组织的积极分子。但总的来说，在惩戒行动中受到残酷迫害的主要是共和派左翼、城市或农村的下层人民。“有教养阶层”中的显贵们虽然也遭到了迫害，但是其数量不知要少多少，其程度不知要轻多少！被一下子剥夺了政治特权的他们，在由政变转向社会大清洗之后，不由得大大地松了一口气。基佐公开承认说："我们没能照管好自由政府，但可以支持必不可少的政权；这一政权当今负有进行鞭笞和赎罪的使命，以及只有它能够完成的制止无政府状态的使命。"真正的正统派们欣喜若狂，例如，极端维护天主教的弗约宣称："那些掌权的人是充满善意的。他们虽然不是基督徒，但都是些好人。"

反动的天性

在所有人看来，从此之后，新政体已染上了一种如吉拉尔精辟地指出的"反动的天性"。新政体也许并不想让自己显得反动色彩过于浓重，但是，这种反动的天性却并不容易摆脱。无论是在当时的人们眼里还是从历史的眼光来看，它甚至从来没有能够完全地摆脱这种反动的天性。

但是，一切障碍最终得到了清除。"旧的派别的顽固分子"及其毫无结果的游戏，几乎均已不复存在。所有微弱的反对愿望，都在襁褓中遭到扼杀，至少从长远来看受到了遏制。为了让已经获得的优势不致出现任何丧失，它只采取了老套的措施，此前所有过的许多做法，均足以完善其统治手段。大学遭到清洗，尽管受到了损害，但也变得更为驯服。1852 年 3 月 25 日颁布的法令加强并增加了省长的权力。市长和镇长由行政权力机构选定，而且如果有必要的话，还可在市镇议会成员之外选人担任市长和镇长。同一天颁布的一项法令，在丝毫未改变其实质的前提下，强化了在集会和结社权方面的现行法律，集会和结社活动在一定时期内将不复存在。2 月 17 日颁布的关于新闻出版的法令并没有什么创新之处：它只是综合了此前的相关法律中种种限制性的条款。所有"涉及政治事务或社会经济事务"的报纸，必须先获得批准才能发行。而且，事先得支付一定的保证金：保证金的金额在人口超过 5 万人的城市为 2.5 万法郎，在巴黎地区的三个省以及罗讷河流域地区则为 5 万法郎。报刊一旦有违法行为就会受到当局的谴责，两年内若因为轻罪或违法行为受到两次谴责，将被完全取缔。

696 此外，如果刊物有三次严重的“过失”，将受到“警告”，凡受到两次警告就要停业整顿，而停业整顿超过三次则将被取缔。处于这样的监管之下，还会有何种配得上“反对派”之名的反对力量能找到表达自己意愿的机会呢？

“行政选举”

然而，根据 1 月 25 日的法令，任命了 50 位国务会议成员，第二天又任命了 84 位元老院成员——其中 12 名为当然的成员（分别是红衣大主教、元帅、海军上将），其余 72 名则由亲王圈定。剩下来的就是选出立法团，相关选举是在 1852 年 2 月 29 日和 3 月 1 日在高压下进行的。

第二个执政府的创新之处是保留了普选制。2 月 2 日，它甚至完完全全地恢复了普选制。凡年满 21 岁并拥有 6 个月以上的住处，均可以成为选民。由此，在 1852 年，法国的选民达到近 1000 万。议员的权责与其他一切公共职权不得兼任；因此，人们将不再能看到由那些集议会议员与行政官员于一身者组成的多数，在七月王朝时期，这类人日子过得极为惬意。像在 1793 年宪法所规定的“每个选区直接选举议员一人”那样，人们用单名投票制取代了名单投票制。

这确实是普遍选举。但我们切莫忘记这一点，即我们所面对的是一个实行全民表决的民主政体，但这种政体首先是某个人的化身。真正重要的只是全民投票，立法选举处于次要地位，它选出的是国家首脑的普通辅助者，后者的权力是受到限制的。而且，议员只是国民选出来的在国家元首身边的人，并不就是国民的代表。但从另一方面来看，我们应当说，这些选举表明了一点，即至少它们肯定了在全民公决中获得成功者所取得的胜利成果。这些选举类似于小范围内的公民表决，人们在那里通过单名投票制选出一名议员。七月王朝时期，人们不止一次地看到当局利用官方候选人的程序——对此政府几乎从未进行过任何改革。对于官方候选人来说，他可以得到各种各样的便利与当局的支持，后者包括上至有权有势的省长，下至小小的乡村警察，中间还包括小学教师与本堂神甫。当局还利用各种手段，为其候选人大作宣传。在1852年，候选人的名单只是简单地登在《通报》上。对于反对派来说，这样做自然不会有任何问题。而对当局来说，他们在推出官方候选人时往往如此地不加掩饰、直截了当，丝毫不顾及颜面的问题：官方候选人是一种同其他制度一样的制度。内政部在1851年2月发给各个相关行政部门的急件中宣称，"人们应该有能力辨别哪些人是刚刚建立的政府的朋友，哪些人是它的敌人。"在1857年的选举中，人们更旗帜鲜明地提出了这样的信条："如同政府向议员们提出法案一样，它将给选民提供候选人的名单。"在这一问题上，多尔多涅省省长的下述言辞堪称提供了最好的注解："政府希望其候选人获胜，就如同上帝希望善获胜，让每个人从恶中摆脱出来一样。"不久，反对派就不再出现于这种"行政"选举的名单之上。

1852年选举

由于实行了压制和推出了官方候选人，当局自然而然地在选举中取得了如此辉煌的战绩：在261个议席中，反对派人士只占据了8席，他们分别是：2名独立派人士，3名不折不扣的正统派分子（系在西部省份当选），3名共和派人士（卡芬雅克和卡尔诺是巴黎选区选出的议员，而埃农则来自里昂选区）。这三名共和派议员没有就职，因为他们拒绝宣誓"服从"新宪法。这样一来，就只剩下5名反对派议员，他们所能做的只能是谈论自己。不过，此次选举仍然没有此前的公民表决那么成功。反对派获得了近60万张的选票，完全少于公民表决时否决票的票数，但是，官方候选人却只获得了560万票，而在此前的公民表决中，赞成票高达750万票。投弃权票者增加了一倍多，其比例从17%提高到了37%。人们知道，公民表决的得票率同普通选举的得票率之间往往存在着很大的差别；此外，法国的选民尚处于其初步摸索的阶段：他们显然更喜欢那些简单而"个性化"的问题。我们不能不指出的是，在共和派影响较大的大城市，投弃权票者特别多：在巴黎，弃权票的比例竟然超过50%，在图卢兹…… 697

然而，我们不应该只看到这些"行政"选举滑稽可笑的一面。实际上，我们有时候会在此类选举中发现一个极为严重的政治问题。这就是早就存在一个波拿巴主义的团体，或曰波拿巴派（如果愿意的话也不妨称之为波拿巴派的阴谋）。公民表决是一回事，而且，仅凭波拿巴这个姓氏就足以赢得那些盲从的民众。但是，这只是最初的阶段；如果他们想要让这种状况长久持续下去，那么就有必要在舆论中，乃至在国民中间培植一个“党派”。也正是在这一问题上，人们在很大程度上有意识地忽视了推出官方候选人的行动的意义。内政部的佩尔西尼对那些官方候选人予以大力支持，而且他并不缺乏政治嗅觉，但从方式上来说似乎过于粗暴。此前一度占据内政部长职位的更为狡猾的莫尔尼，所说的也是同样的事情。比佩尔西尼更有手腕的他，建议政府应该有系统地去寻找那些新人，认为不仅可以依靠这些新人完成赋予他们的不那么重要的立法任务，而且还可以依靠他们来巩固政体。他认为，当局应当尽可能地在传统的政治“阶级”之外来选择人才：“当一个人能通过劳动、工业或农业来致富，能改善工人们的境遇，正确地使用自己的财富，那么这个人就适合被称作政治家。”这一行动取得成功了吗？我们不太了解帝国的立法人员以及他们想要招收的新显贵在其中所起到的作用。面对那群老练而难以取代的老显贵，这种方法很可能是没有多大作用的，在没有更好的人选的条件下，它只能拉拢他们并加以控制。举例来说，我们可以相信让佩尔西尼醒悟的一句话：“在下层人民中并没有我们的朋友，我们应该把立法团交给上层阶级。”然而，重要的是，人们还是充满了幻想，妄想结束传统精英的统治。

帝国

10 年的执政期对于波拿巴家族的人来说是微不足道的。当然，对于舆论和亲信来说，他们开始建造的大厦只可能随着帝国皇冠的加冕而大功告成。然而，路易·拿破仑在人们只叫他亲王—总统时显得有些踌躇。这是出于一种谨慎，还是出于一种技巧？一贯作风果断的佩尔西尼开始抱怨路易·拿破仑过于畏畏缩缩。既然人们说他衰老了，那么路易·拿破仑自然得依靠他那些忙里忙外的亲信，而且首先就是依靠佩尔西尼本人。亲王打算在 1852 年 9 月赴外省进行一次“巡游”。

他想要借此广泛接触群众，为此，他还特意把地点选在了曾在1851年12月时最为敌视他的南部地区，这种做法不无威风。绝对忠心耿耿的佩尔西尼（也正因为过于绝对忠诚，以至于经常显得有些笨拙）为此斥责了下属。到处都是军队和捧场队的叫喊声，以显示他们的热情，他们的口号是一种有技巧的递进，先是“总统万岁！”然后是“皇帝万岁！”最后是“拿破仑三世万岁！”这种做法显得如此的寡廉鲜耻，甚至连亲王本人都感到局促不安，于是粗暴地赶走了过于热情的部长。但从一开始就有组织的这种热情似乎具有感染力。带头的是圣艾蒂安的工人们，他们中的大多数人都在公民表决中投了反对票，并刚刚选举共和党人儒勒·法弗尔为市镇议会的议员；但在这里，他们却给皇帝候选人献上了最为热烈的掌声。巡游在各地都受到了称赞。如果说路易·拿破仑在布尔日尚未作出决定，在里昂时仍犹豫不决，那么，所谓的红色南部的热烈欢迎却让他获得了信心。10月9日，他终于在奥斯曼省长引人瞩目地调动起了民众的热情的波尔多作出了决定：他接受这一“法兰西似乎希望恢复的”帝国。为了让民众放心，他允诺说：“帝国就是和平。”他还允诺为人们带来秩序并宣称：“我将以宗教、道德和富裕来征服这个国度，在这个国度里，其具有信仰的国民中尚有为数不少的人才刚刚了解到基督的信条。”他还为人们展示努力 698
的方向、描绘繁荣的蓝图道：“我们要大规模地开垦荒地，建造港口，铺设铁路……”

元老院1852年11月7日通过的第一个决议就是恢复帝制。其在12月12日通过的第二项决议则对国家元首的种种权力作了补充：“只有国家元首有权批准同外国缔结商业条约，并通过简单的法令决定建造各类公共工程。”法国人立刻在11月21日的公民表决中接受了这一结果：“赞成票”为782.4万张，即比1851年12月差不多增加了40万张；“反对票”为25.3万张，即比1851年12月差不多少了40万张。再次只有17%的人弃权，弃权者主要还是在城市，以及革命势力较为顽强的南部地区，不过，尤其值得一提的是，它还包括了西部的几个正统派占上风的省份。但是，这绝不是全民赞同，而只是权利的放弃。

皇帝

让我们稍后再来仔细观察法国刚刚将其奉为主宰的这位反复无常，仍然难以捉摸的人。他或许和他的许多亲信一样，是个腐败堕落之徒。但是，我们对广为流传的一些说法，诸如他遭受了金钱方面的损失或在私生活方面声名狼藉等等，须加以提防。并非一切都像是马克思在《路易·波拿巴的雾月 18 日》中所嘲笑的“克拉普林斯基式的英雄”那样……这是此人的一个方面，但并非唯一的方面。总统曾经显得难以理解，局促不安，目光呆滞，但这一切自 12 月 2 日事件以来均已成为过去。他的所作所为足以证明，他绝不是人们所想像的那种笨蛋。他能够建立一种真正的威望，并让人们乐于接受。人们可以寄希望于他——这多亏了其伯父的威名以及独一无二的功绩。他在其富于幻想的青年时代，利用被囚禁时的闲暇时光写了不少东西，这些东西虽大多平淡无奇，但并非统统都不值得关注。他具有“拿破仑式的想法”，并以此作为 1839 年问世的一本小册子的题目。显然，这些想法实际上是对其伯父的种种想法的回顾，有时候也稍有自己的发挥。第一位皇帝巩固并延续了大革命，若没有他，这场大革命就“只能是一场给人们留下了诸多深刻记忆的大悲剧。”“他充当了两个彼此敌对的世纪的调解者，通过恢复旧制度的一切好的东西来消除旧制度，通过保留大革命的好处来扼杀革命精神。”“人们是多么怀念‘我属于大革命’的说法啊！”如同托克维尔再次发现的那样，拿破仑一世作为一种最后的同时也是最好的工具，将整个法国历史引向一种更为强大的政权，而且惟有这种政权才能让自由只能处在次要的地位。1853 年，拿破仑三世在立法团前有力地重申了这一点：“自由从未帮助建立持久的政治大厦，它只是在时间巩固了政治大厦时给后者加冕。”尽管确信程度有所降低，他还是从伯父那里接受了欧洲应当和平安宁的想法。在这一和平安宁的欧洲当中，彼此不和的民族将会重新聚集，大规模的自由贸易将会盛行。这也是他在建立伟大帝国时要追逐的目标，但是这个帝国却过早地崩溃了。

强烈主张在未来得让人们享有自由的他认为，国家还必须高度重视社会问题，他在1844年问世的30来页的小册子《消灭贫穷》中表达了这一观点：“今天，特权等级的统治结束了，国家只能由大众来统治。”因此，应该采取以下措施来达到这一目的：通过开垦新的土地来解决就业不足问题，对900万公顷的土地的开发利用应该交付给集体的农业移民。通过合理的干预来终止工业发展的无政府状态；支持工人阶级的组织，让他们通过选出来的劳资委员会的代表有条不紊地代表其利益。凡此种种，让人感到困惑不解，除了表面现象之外，它与拿破仑的想法已有所不同。尤其要指出的是，革命，民族，经济干预，“通过大众来统治的”政府等观点，与建立“秩序”的纲领几乎格格不入。那么，究竟后来为何会使得这些观点被建立“秩序”的纲领所压倒，从此以后，新皇帝不得不首先依靠秩序党，甚至伙同秩序党一起来摧毁这些他曾力图运用的观点呢？看来只有将此归因于他在年轻时 699
的一些想法过于天真了。

得力助手

在路易·波拿巴身边有一个团队——也许使用“团队”这个字眼并不十分恰当，因为起到凝聚作用的只是他们对路易·波拿巴本人罕有的忠诚。其中有些是始终如一的波拿巴主义者，比如前已提及的佩尔西尼，大多数人则属于新的波拿巴主义者，而且他们或多或少是从奥尔良派转变过来的，这一因素的存在导致了变革中仍能有一定的延续性。比诺和马涅先后在财政部任职；以下三位著名的律师被证明是出色的技术专家：比奥在1854年接替佩尔西尼执掌内政部，巴罗什担任国务会议主席，鲁埃曾担任国务会议副主席，并从1855年起担任商务及公共工程部部长。阿希尔·福尔德则确保了政府和高级银行之间的关系。此外，还存在着一些我们不妨大胆地称其为“政体的技术专家”的圣西门主义学说的信奉者，他们虽上了年纪，但仍有力地为新的经济政策进行辩护。这些人分别是米歇尔·谢瓦利埃、伊萨克兄弟和爱弥尔·佩雷尔……最后，还有一些人属于路易·波拿巴家族的成员——其中有些是嫡亲，但多数系私生子：威斯特伐利亚国王的儿子热罗姆·拿破仑，以具有共和派特征的冒失言行著称，当时是元老院成员，也是王位的推定继承人；瓦勒夫斯基是教士的代言人；在各方面都出类拔萃的莫尔尼是拿破仑三世同父异母的兄弟，不仅是一个靠不住的唯利是图者，还是一个喜欢寻欢作乐的人，一个“举止优雅的有钱人”，不过，他也是一个极其高明的政变策划者，接着又成了立法团非同寻常的主席，他既能令人赞叹地预测政治局势，又能不时地提出高明的建议，尽管他的建议不一定都能得到采纳。这是一个奇怪的多元化的团队，而这一点也正是拿破仑所希望看到的。他只需对这一团队加以掌控足矣，在这一过程中，他无须拥有多数，只需要让每个大臣都有替换人选即可，因为这样就能够让他们互相倾轧，以避免某个人过于位高权重。

二、强硬的波拿巴主义的时代

人们通常把帝国的历史分成两个时期：从拿破仑三世即位到 1860 年为“专制的帝国”时期，之后则为“自由的帝国”时期。这种历史分期只是一种从政治角度出发进行的划分，而且即便从这一点来说，它也不具备说服力。普塔斯曾着重指出：尽管从 1860 年开始确实出现了几次改革，但若就此断言自由的帝国已经出现则仍有失偏颇；只是在 1867 年之后它才向这一目标靠近，并在 1869 年的宪法改革之后才真正实现这一目标。从另一方面来说，“专制”时期也远非铁板一块。在波拿巴主义的各种多变而模糊的形象中，至少固定住其中的两种形象以及区分出“专制的”时期的两个环节，对我们来说是颇有助益的。首先是“强硬的”波拿巴主义的时期，借助政变的力量往前推进的这一时期使已经具有的“反动的天性”的特点更加明显，这一以维持“秩序”为上的时期一直持续到 1857 年。在此之后，则是更具有创新意味的“拿破仑式的思想”时期，这一时期注定会遭到失败。

在路易·波拿巴还只是总统之际对皇帝所作的简要概括，足以用来界定“强硬的”波拿巴主义时期：“拿破仑这个名字，对他来说只是一项纲领。对内，它代表着权威、宗教和人民的幸福；对外，则代表着民族的尊严。”这其实是波拿巴主义的第一副面孔，在秩序的两大传统支柱——政治镇压和宗教争论之间寻求平衡，此外，它还得到了繁荣和民族荣誉这两种麻醉剂的补充，后者同样不是一种新方法。

权威

权威首先并且完全属于个人。皇帝独自对国家进行统治和管理，在运用皇权的时候，没有受到任何的侵害和阻挠。无论这些大臣如何能干，他们也只是皇帝的“工具”而已。皇帝亲自确定会议议程，每 700
周召开两次会议。对于大臣们来说，这是一次相互碰面、相互打探消息并向他们的主子报告的时刻。大家在一起讨论发言，但是，却没人能做决定，决定权归皇帝独有。拿破仑三世往往同一个能干的大臣讨论并决定某个重要的问题，等皇帝作出决定之后，其他的大臣才和民众一起得到消息。有时，皇帝甚至会粗暴地绕过相关的大臣。这种做法也特别适用于对外事务领域；无论是重大事件的决定还是重要的外交转折点，外交大臣有时竟然会是最后得到消息的人。各部大臣之间显然不存在任何连带责任，因为他们的主人对他们可谓是召之即来，挥之即去。至少在帝国的前期，掌权的团队还是引人瞩目的“清一色”，但也有一些官员被秘密辞退或调任。一般说来，重大的人事任命都是由皇帝本人决定的，其中的一些情况，对于当事者本人、公众有时甚至是历史学家来说都不得而知。

皇帝在外省

一直不过是皇帝的普通工具的法官们不得不宣誓效忠，那些外省的高级官员，尤其是在他们当中职位最高的省长们，就好像是当地的皇帝一样。对于帝国时期，尤其是帝国建立之初这一在国家权力机器运行中作用重大的团体，人们还知之甚少。我们只知道它的权力在帝国建立后不久得到了加强，效率也得到了极大的提高。帝国保留了大多数在奥尔良王朝立过战功，经受过考验的执行者吗？在总统制共和国的体制下同样发生了巨大的改变，在这一时期当中，那些既能干又可靠的人被安插在各个岗位上或受到拉拢。这些高效的公仆拥有全权，但是，他们也知道如何在运用权力时把握分寸。省长们的首要任务是充当皇帝和下层民众之间的沟通桥梁，好好领会皇帝的意思，不要有其他想法，同时省长也是一道阻挡前朝权贵的屏障。1854 年，上加仑省的一名省长恰如其分地描述了他的行政职责：排除一切可能给党派或集团首领带来威望的可能，紧紧依靠不容许任何中间人的人民。除了行政等级制度外，任何寡头制、庇护制的企图都是邪恶的，眼前看来是强有力的东西很可能不久就会成为一种危险。尽管皇帝临时还会用到他们，他还是消除了旧势力的影响，使他们无法在他和“他的”人民之间插上一杠。之后，他运用各种手段赢得了民众的归附，并对此加以巩固，从而获得了他们对“皇帝”的归顺和尊重。很少有一个政体得到过如此之好的服务，这些杰出的执行者们懂得灵巧地运用一系列的方法。首先是在各地采用简单的强制性措施——不过这种做法并没有延续多久，继而是通过巧妙地对政体进行正面的宣传来获得不那么粗暴的征服，稳定最终得到了恢复，并因此带来了繁荣和荣耀。在教权主义盛行的地区，省长变成了教权主义者。在旧的显贵曾经统治，后来受到共和派强烈冲击的地区，省长会帮助后者来粉碎旧的显贵的势力。而在共和派势力过于强大的地区，省长会表现出更愿意与保皇势力联手。最突出的成就无疑是一些南方省份，如伊泽尔省和热尔省等省份的省长们，在 1851 年通过红色宣传所取得的成就，这种宣传号召小民百姓去反对那些强烈地仇视政变的权贵们；这些省长们能够巧妙地宣扬波拿巴主义中深得民心的方面，从而使得小民百姓对“人民的拿破仑”产生了持久的爱戴之情。

701 党派的终结

因此，昔日的显贵应当被削弱，党派活动不可能继续存在。共和派已经被除去首脑人物和打压下去；然而，它在很长一段时期里依旧是镇压的主要对象。它成了省长们和法官们的主要关注目标，他们在报告里不断提到它，一开始这些是真实的，但很快就演变成了一种通行的做法，“秘密社团”和“民主和社会的根源”从来就没有消失过。这是事实吗？曾经发生过几起针对皇帝的刺杀事件，但并非每一起都和共和派有关。有一些阴谋，如 1855 年的“玛丽安娜”事件，据说当时在整个卢瓦尔河流域，直至巴黎都有刺杀者的分支机构，不过，很可能是镇压机构自身夸大了事实。因为镇压本身就是一个事实。不分青红皂白的镇压自动地从针对共和派真正的成员或干部，扩展到了针对包括那些不太顺从的工人的整个城市人口，以及扩展到了针对力图在工人组织中存活下来的共和派残余势力身上。各个联盟在 1853 年时的数量还足够多，但到 1855 年时已经受到了严厉的惩罚。帝国只能容忍那些互助性的工人社团，前提是它们不能支持停工，因为这样很容易演化成对罢工的支持。1854 年 6 月 22 的法律强化了身份证制度，并将其推广至全体工人，因而使得劳动者变成了次等公民，他们只有在出具某种由雇主和警察签发的许可证时才能迁徙。共和派和工人运动一样，已只剩下一堆灰烬。

政治舞台的前台上还活跃着几个演员，但这似乎只是为了更好地揭示共和国的致命弱点。这几个演员被彼此分开，各行其是。当一些流亡者的抨击言论见于舆论时，并非对舆论没有影响，不过，对于那些留下来的人来说，这些言论显得遥远而徒劳。存在着一些人们开始称其为“老家伙”的参加过 1848 年革命的人，这些人如同在 1852 年当选的共和派人士那样，拒绝同他们痛恨的政体妥协。但是，在他们的身边，年轻的一代已经开始考虑部分地进入体制内部，以便更好地进行斗争。这是一场表面的游戏吗？历史很快就会作出评判。然而，这些灰烬盖住了炭火，因而人们无法很好地看清里面的火焰。共和派受迫害的想法被密藏在了他们的心里，这种观念一直存在着，直到帝国的末年，它那可怕的力量才重新得到了恢复。

权贵的终结

那些“社会的高层”、“足智多谋的阶级”又是怎么样呢？经历了最初的精神紧张之后，他们的反应可谓多种多样，真正的正统派毫不掩饰他们对厌恶的共和国倒台的喜悦之情，后者曾赶走了篡位者奥尔良公爵。为什么不等待保护者的再次复辟呢？创建了帝国的全民公决已经让他们深感苦恼；在保王党势力强大的地区，弃权者也不在少数。

亨利五世已经要求人们以轻蔑的态度不去理会这一第三次出现的篡权行为。此后，很多人没有太多的怨言便走上了这条内心流亡之路，亦即身在国内，但心已在国外。七月王朝时期，他们已经长期处于这种流亡状态。但并非所有人都会保持盲目忠诚，因为这必须付出沉重的代价。正统派的一些具有见识者，如法卢、贝里埃之类的人物，对此还是采取了保留态度。此外，教会因受到了波拿巴派的一时许诺的诱惑，没法给正统派提供传统的支持。然而，总的来说，正统派坚持了自己的原则；除了极其罕见的归顺之外，正统派以缺席或奉行一种“撒手不管”的政策来表明自己。但是，它没有因此就显现出公开的敌意，它所采取的毋宁说只是一种不怀好意的中立。

自由派和奥尔良派的坚定性显得要弱一些。他们的首领自从社会
702 平静重新得到恢复以来一直心境平静，但现在又开始关注起政治来了，更确切地说，他们再次痛苦地觉察到，他们已不可能推行任何政策。于是，他们通过某种傲慢无礼的抨击来逃避现实。他们对当局展开猛烈抨击的地点既有各种各样的沙龙，也有法兰西研究院和法兰西学院。法兰西学院堪称是属于他们的“领地”，基佐、梯也尔、米涅和托克维尔之类的人物们一有时间就来到这一防卫得很好的“领地”碰头。他们傲慢地发表着种种议论，其中不乏入木三分的高谈阔论。难道人们用农民来进行统治吗？基佐很有学问地断言道：“路易·拿破仑的权力基础从本质上说是革命的，民主的，激进的。”这仿佛是知识界举行的一次罢工，这个阶层深信，任何政权都不可能长期不需要这一“天然的统治者”阶级的合作。显而易见，这个政权还没有意识到这一点。用漂亮的政治话语来说，到底有多少衷心的或口头上的归顺者？多少满腹牢骚或志得意满的将就者？多少是受到诱惑者？

自由派曾以为立法团这个唯一通过选举产生的统治机构能够成为某种自由精神的庇护所。托克维尔写道：“这个由有产者组成的团体，要么在相当短的时期内解散，要么摆脱宪法给与它的屈辱地位。”它什么也没做；顺从已经成为了官员们遵循的规则。不过，它并非是消极被动，完全没有意义的。结果就是政府提出的一些法案相继遭到了

否决，有一位历史学家所进行的细致统计表明，首届立法团提出了1924个修正案，其中842个被接受。并非所有的人都服服帖帖；那些制订预算的官员们低声地埋怨过多地给政府拨款购买各种设备。就真正的高端政策来说，唯一能够偶尔进行自我表达的伟大发言者是蒙塔朗贝尔，他也确实发表了自己的看法，虽然他是官方的候选人。“取消一切控制，削弱法国政府中唯一现存的选举团，我认为这是一个严重的错误。”1857年，当他因为自己无意之中所说的唐突之辞而丢掉了议席之后，他痛苦地下结论道：“一群卖身投靠的肮脏牲畜。没有人知道六年来我在这个暗无天日的地窖中同这帮卑躬屈膝者作斗争时遭受的痛苦”。

宗教

1848年的事件已经表明，自从实行普选制以来，教会经受了多大的政治压力。这位通过全民公决产生的皇帝绝对不会忘记这一点，而人们也想起那令人吃惊的波尔多诺言：以“宗教和道德来征服”这一“刚刚知道基督的告诫”的人民；这样的承诺对皇帝来说确实让人吃惊，因为虽然他自称是天主教徒，但用拉戈尔斯的话来说，他至少是一个“在德行方面有许多瑕疵”的天主教徒。不过，这位“好的魔鬼”深知，强大的教会的支持还应以广大的人民为依托，而且他知道如何在这方面付出代价。它比之前的共和国付出了更多的费用。在这种情况下，1852年在宗教信仰方面的预算达到了4000万，1861年则接近5000万。实物形式的支出尤其可观。教会组织受益匪浅：1851年法国有4000名修会会士，到1861年已经增加到了近18000名修会会士。天主教的报刊享有某种特别的宽容，甚至当它也卷入政治时，例如像轰动一时的弗约的《宇宙报》案那样，亦同样如此。法国与罗马教廷建立了更为诚挚的关系，后者显然对政变的成功感到欢欣鼓舞。对教会神职进行了任命，在新选主教当中，至少有一半是教皇绝对权力主义者。拥护法国教会自主者勉强保留了一些位置，政府不准人们谈论拿破仑和教皇签订的教务协定。

这是一个为教会祝福的时代，于是，教会果断地把影响力扩展到了教育部门。人们发现了《法卢法》的可怕后果，这项法律是根据一种妥协精神而非自由精神来制订的，但却“注定是以弗约的精神来实施”。教会同时脚踏两只船。它利用所获得的自由积极创建自己的学校来与公立学校竞争，在教育的各个层面，尤其是在女子教育方面，教
703 会所办的学校的数量越来越多。但是，与此同时，它也深深地渗透到了国立教育之中。已经被清除共和派人士和自由派思想家的教师队伍，直接受到了“穿黑袍者”，亦即教会人士的监控。主教们在学术委员会中占据了主导地位，许多大学校长和公立男子高中校长都是神职人员。教育大厦的根基——小学教师必须经过宗教当局的同意才能由省长任命，在其任教期间，小学教师时刻受到本堂神甫们的监督，后者显得好像是前者直接的助理人员：他首要的职责不正是“给孩子们提供宗教方面的教育，并在他们的灵魂深处刻下对上帝的崇敬之情”吗？这还不够，教会学校并未满足于同公立学校进行竞争，它还希望能够取而代之，得到人们的认可，并取得如同公立学校那样的优先权。政府曾一度让教会为所欲为，并深信这样做符合自己的利益。

代价如此之大的这种行动会有利可图吗？回答是肯定的，或许形势因地区不同会有所差异。例如，在阿基坦地区，教士多次对教会的归附，以及断绝同正统主义的传统联系表示不满。有好几个主教未能被说服，如应该在 1856 年“解职”的吕松主教大人，还有在 1857 年因滥用职权在国务委员会受到审讯的穆兰斯主教大人（此人系德勒-布雷泽人，并过于严格地信奉正统主义）。实际上，当某时某地出现困难时，教士所表现出来的更多是保留态度而非敌意，选择的是弃权而不是战斗。当主教们态度犹疑时，帝国就到下层教士那里去寻求支持，而后者真正的主教——几乎可以说是教皇——则是弗约，此人已经完全皈依反对赤色革命的波拿巴主义。于是，对于教士和帝国的支持者来说，他们之间的联盟对双方来说均富有成果；在诺曼底、佛兰德尔和庇卡底，强大的教会成为行政当局的支持者；在罗讷河谷、普罗旺斯、朗格多克，行政当局则支持根基不甚稳固的教会，同时它也得到后者的支持。帝国最大的胜利或许就是获得布列塔尼的归顺，那里的教士完全了控制了农

村的大众，他们害怕受到共和派控制的城市的影响，于是抛弃了正统派的阵营，投奔到帝国的麾下。为了嘉奖这一胜利，皇帝于1858年在奥雷圣母像脚下举行了一次奢华的朝圣仪式。

人民的福祉

“拿破仑式的理念将让农业得以复苏。法国会制造出很多新产品；它从国外引进了很多可为自己所用的革新技术。她削平高山，翻越大川，使各地的联系更为便捷，让人们变得更为友好。”这就是年轻的路易·波拿巴想让人们接受的重大纲领！人们将可以说，他已显示出能够让这一切成为现实。那么，这一切的实现是因为政体的推动使然，抑或仅仅是一种幸运局势提供的巨大恩惠所致，还是为了营造一种反映帝国创建初期繁荣昌盛的气象。法国的经济快速增长，物价也随之飙升，这种产品和利润的同步增长让广大法国民众都享受到了实惠。

首先，经过了19世纪中期的长期萧条之后，工业重新开始快速增长。几项数据足以表明这一切：从1851年到1856年，铸铁的年产量从44.6万吨增加到了92.3万吨，钢铁产量则从25.4万吨增加到了73.1万吨；1851年法国的铁路总长为3546公里，到1858年增加到了8675公里；在奥斯曼的努力下，巴黎和其他许多大城市开始了大规模的城市建设工程，大量的建筑得以修建，于是正如人们所说的那样：“土木兴，万物兴。”经济史学家们今天希望能够更精确地了解当时已经取得的经济发展的情况，于是他们创立了工业生产指数。这些工业生产指数表明，从19世纪50年代初开始一直到初显危机的1857年，经济增长率非常之高，年增长率达到4%，如果我们把建筑考虑在内的话，甚至高达5%或6%。这一切表明，承包商获得了更多的利润 704
（往往也是他们最主要的利润），而劳动者则获得了更多的就业机会。

确实，与之相对应的整个农业生产指数并没有显示出类似的乐观局面，至多也只是停滞不前罢了。这是1853年和1855年两度出现的谷物歉收造成的结果。它同时也是葡萄种植业因为孢子粉而受灾严重的结果：从1851年以来（该年度的葡萄酒产量为45亿升），葡萄酒这一特别受欢迎的产品产量急剧减少，至1854年和1855年降低到灾难性的低点（11 亿升和 15 亿升）。法国是一个农民占多数的国家，必须得承认，这个为当时的人们和历史学家们所称颂的帝国的繁荣，并不是属于所有人的繁荣，甚至不是属于大多数人的繁荣，这难道只是一种虚假的、表面性的幻象吗？

为了更为清晰地进行对比，我们应当不仅考虑生产总量，同时还要考虑价格水平。我们都知道——这也是一种常识——农业歉收会带来多么可怕的后果。以与这一时期间隔时间不长的 1847 年的灾难为例：物价飞涨，市场萎缩，贫富差距悬殊，民怨沸腾。诚然，1853 年和 1855 年的农业歉收在规模上可以同 1847 年的灾难相提并论，而且无论是产量的下降幅度还是所由产生的物价飞涨程度均是如此。然而，如我们试图指出的那样，情况正好相反，经济事件竟然并没有产生同样可怕的结果。我们进入了一个新的时期（因此 1851 年的革命意义不可低估），在这个时期，经济机制已不再完全像过去那样运作。在对阿基坦、阿尔卑斯和卢瓦-歇尔等地进行极为细致的实地调查之后，人们便能确信这一点，因为这些调查使得人们可以深入考察一些重大变迁。首先，1853 年和 1855 年这两个歉收年份发生在总体情况良好的 5 年期之中，从这段时期整体上来看，收成和价格都很令人满意，农民在收成好的年份已积累起了抵御灾荒的能力。不过尤为重要的是，对于普通农民、也许还有一些小农（这其中自然不包括小葡萄农）来说，产量下降导致的价格升高有时能够大大补偿因这种产量下降导致的销售额的损失，这种现象的出现可谓是破天荒的第一次。在以前，利益似乎像特权那样，为“大经营者”和土地食利者所独有，但在现在，利益似乎民主化了。与此同时，帝国也表现出民主化的迹象。从今往后，让生产者感到恐惧的与其说是收成欠佳，还不如说是价格的疲软。此外，今天我们已知道，整个农业世界在 1847—1851 年处于灾难之中，这与其说是农业歉收，还不如说是随之产生的农产品价格的长期疲软造成的。对于农民来说，高价就是“好”价钱，极为巧合的是，帝国带来了这一切！这也正是帝国得以巩固的主要原因。

其次，农业危机不再自动地与商业及工业危机同时发生，这一点也许能够说明一切。人们注意到，从1853年下半年到1854年初，工业活动有所减速，但为期甚短，而且这样的情况在1855年和1856年再也没有发生。1857年到来的危机纯属另一种情况。这是一种新的机制，它让人预感到某种深层的结构变革，旧的危机模式已经作古了。

不管怎样，我们还应考虑到巨大的工薪阶层的命运。物价水平在1851—1856年间飞涨，这使许多人获利，但却对消费者产生了可怕的后果。事实表明也证明了这一点。人们观察到物价水平最高的1853年和1855年，也是罢工次数最为频繁的年份。然而，这里还产生了一个新现象，人们的工资水平也得到了提高：从1853年开始，城市工资增长了近10%，农村的工资水平或许增长得更多一些。工资的增长速度确实跟不上物价的上涨！但是，它毕竟还是使人们的痛苦有 705
所减轻。经济的繁荣——皇帝许诺的幸福——终于在帝国初年得以实现。它甚至让所有人都享受到了。然而，这种分享并不是均等的。工薪阶层和无产阶级始终感到自己受到了损害。

商业政府?

帝国在其初期受益于一次非同寻常的经济发展良机。那么，它只是满足于接受这样的时机吗？绝对不是！随着新班子的建立，新的经济思想也开始占据主导地位。这一新班子宣称，政府将“成为整个社会机制有益的主使者”。我们很清楚，它并不会按照现代意义上的干预主义行事。不过，波拿巴主义国家试图成为有益于经济发展的辅助者，而且，拜时机所赐，国家起初在这方面还是成功的。人们知道，宪法赋予皇帝的经济权力作用重大。在此我们只提一下成就的主要方面：在新精神的指导下，资助投向了经济发展的两大推进器：交通和信贷。

国家倾尽全力支持铁路事业的发展，因为19世纪50年代的经济危机，铁路建设曾一度停顿，铁路部门成为新工业发展的龙头部门。政府增加了铁路部门的津贴，为铁路公司提供高额的利息担保，并推动铁路公司的合并，而原先国家为了避免铁路公司相互妨害、彼此相争而允许众多公司的存在。及至1857年，法国只剩下6家铁路公司。

在很大程度上，加速完成的 9000 公里的铁路干线应该归功于国家，这些线路在 1858 年组成了不久被人们称为老铁路网的第一个铁路网。国家的支持在 1859 年 6 月达到了顶点，是时，国家与铁路公司之间签订了《弗朗克维尔协议》。公司负责建设一个新的铁路网，扩展旧的铁路网并在沿线增设车站；作为交换，国家则斥巨资提供各种便利和担保。

新经济的精神还体现在信贷方面。原有的信贷框架显然已无法满足经济发展的需要，并因此在很大程度上触发和延长了 1847 年的经济危机。1852 年 2 月 28 日颁布的一项法令批准在巴黎设立一家不动产银行，接着很快又在马赛和内韦尔增设了另外两家类似的银行。这三家银行最后合并成一家信贷银行，提供长期贷款和抵押业务。这样的新业务对于农村的负债人来说很有帮助，或许这就是银行创立的首要目的。银行特别为城市的有产者服务，在复兴经济的支柱产业——房地产方面起到了不容忽视的作用。在“皇帝统治时期的伟大创举”中，应该包括在 1852 年 11 月 18 日设立动产银行。该银行的创立者是佩雷尔兄弟，我们知道他们同当权者之间的关系。与新政权毫不迟疑地加以反对的畏首畏尾的旧式银行不同，这类银行开始了一桩冒险事业。这项事业规模惊人，新银行不仅提供一般性服务，它还打算成为拥有广泛业务的两合公司，其规模远远大于属于上一代人的拉菲特能够设想的程度，达到了从前约翰·劳曾设定的规模，后者被佩雷尔兄弟视为自己的先驱。这家新银行将通过发行债券来吸收人们手中不能增值的积蓄，债券发行总额将达到 6 亿。它将汲取大众最菲薄的家底，通过“资本的普选权”将信用和利润民主化。这些原本呆滞的资金将哺育不断萌生的新企业。为什么发行的债券不能当货币使用呢？何况货币需求量一直在增长。在此，我们可以发现给这个“皇帝统治时期的伟大创举”设定的界限。尽管人们慷慨地给了佩雷尔兄弟种种好
706 处，但他们的抱负很快就显得有失过分。有一些旧式的银行，亦即旧的垄断势力需要照顾，法兰西银行掌握并垄断着纸币的发行权。佩雷尔兄弟没有大规模地发行短期债券的权利，而这一点对于他们的银行

体系来说是至关重要的。在帝国初年时他们依然要求进行分红。1855年，每500法郎一份的债券竟然得到了17850法郎的分红。他们的名字出现在很多大铁路公司中，既包括法国公司也包括外国公司，他们对各类私人和公共项目进行投标，参与了巴黎和其他地区的许多大工程。凡此种种，他们凭借的都是自己的资本，这对其未来的发展造成很大的制约。他们的冒险事业同样也是一种新精神的表征，是第二帝国想要赋予商业活动的新型推动力的表现。

外交领域，民族的尊严

帝国已在波尔多庄严地宣称："帝国就是和平。"但是，如果波拿巴主义不能给它的臣民提供一点外部的荣耀的话，那就太过平庸了。"从他的身世来看，拿破仑三世就应该让法国重放光芒。"一切对内实行专制统治的政体难道不都在寻求某种独具一格的对外政策吗？

这并不仅仅是对其伯父的行为的模仿。我们知道，正为欧洲的和平而忙碌的皇帝，实际上是在为民族问题而担忧。欧洲的一切革新之路都必然要经历废除1815年耻辱的不平等条约这一关。那么，该如何来废除呢？首先要同信奉自由主义的英国结成联盟。在众多的对手中，第一个要对付的就是俄国，在他看来，俄国是在维也纳会议上一劳永逸地建成的欧洲秩序的基石。一直难于解决的"东方问题"，恰好为突破起先小心翼翼地掩盖，继而公开化的敌对状态提供了契机。对于沙皇尼古拉来说，土耳其是"一个病入膏肓的病夫。"俄国主动地加入到了早有图谋的对土耳其的丰富战利品的掠夺之中。这并没有让伦敦方面感觉不安，英国关注的是地中海的安全问题。法国对此也同样关注。法国难道不已是"圣地"的天主教保护者吗？处于奥斯曼帝国统治地盘之中的"圣地"，难道不是存在于信奉东正教者与罗马天主教之间，以及受俄国保护者和受法国保护者之间的一个老的争论主题吗？1850年，这一昔日的争端再度被挑起，1853年年初，双方勉强达成妥协。俄国要求对波尔特的天主教臣民享有完全的保护权。为了让事态更加明朗化，它在7月间经由多瑙河大公国侵入奥斯曼帝国，并在11月在锡诺普击沉了奥斯曼帝国古老的木船舰队。法国没费多大周折就让英国进行了干预。1854 年 3 月 27 日，一场对拿破仑三世来说非常及时的战争爆发了。1815 年的联盟已被打破：英国站到了俄国的对立面，而此时奥地利犹豫不决，普鲁士则宣布中立。就国内而言，法国政府轻易地就获得了国人的支持，由真正的基督教民族对鼓吹教会分立的基督教民族进行一场十字军征讨，这让天主教的右派深感满意，不过，自由派，甚至是共和派，却并不接受这次远征，而是主张以大革命的原则来反对斯拉夫的野蛮行径。对军队而言，这如同是一次复仇；沙皇本人也把这一问题提到了这个层面："俄国将在 1854 年重演 1812 年的那一幕。"

确实，从军事上讲，这次军事行动并不理想。英国军队已经老化；法国军队尽管经过了很好的休整，但如果不把内战或殖民地的战斗考虑在内的话，也已经很久没有参加真正的战斗了，因而指挥不当，缺乏战略，补给不足。根据皇帝的提议，法军选择了在黑海与俄军开战，9 月 14 日，英法联军在克里米亚半岛登陆，直指塞巴斯托波尔的军火库。在为期一年的时间里，人们在塞巴斯托波尔要塞前毫无进展。尽管也出现过英军和法军的英勇行为——前者表现为英国轻骑兵一度冲
707 击要塞，后者体现在阿尔玛之战以及麦克马洪率军夺取和守住马拉霍夫高地，但是，法军因为感染了伤寒和霍乱而大批死亡。塞巴斯托波尔最终还是未能攻克。1855 年 9 月 8 日，俄军从要塞撤离并把它付之一炬。不管如何，如当时人们所说的那样，这场战争只"打瞎了俄罗斯熊的一只眼睛。"舆论的厌战情绪，军队所经受的严峻考验，奥地利的积极调停，最终导致了和平。

这场战争对于帝国来说是一场最好的胜利。法国不仅从中获得了巨大的物质利益（当然，英国也同样如此），而且，1856 年 2 月 25 日，正是在法国人瓦勒夫斯基主持下，在巴黎召开了由欧洲的一流强国参加的和会，此次和会不仅讨论了 3 月 30 日签署的一项条约的条款，还讨论了与欧洲秩序相关的一些重大问题。皇帝或许并不能一直让自己的目的得逞：例如，他提出的合并多瑙河诸公国的建议就遭到了拒绝。但是，在维也纳会议后 50 年召开的巴黎和会是一种莫大的复

仇之举！“法国在没有损害任何人利益的前提下，重新在全世界的面前恢复了自己的地位。”而拿破仑三世的明确干预，使得在众多被提出的问题中冒出了个皮埃蒙特提出的问题。这个很小的国家曾派遣部队与英法一起参战，此时，它在大会上小心翼翼地提出了意大利必须统一这一可怕的难题。于是，便出现了意大利问题。波拿巴主义的强烈影响还远没有过去。

三、拿破仑式观念的时代

19 世纪 50 年代末，帝国出人意料地突然改变了它的风格，其结果表现为一系列的战绩，以及没什么人再低声埋怨政变。1859 年，它帮助意大利民族主义者反对奥地利；1860 年，它与英国开始自由贸易；不久，它又开始向工人阶级伸出了援助之手。最后，则是开始为政治自由化作准备。蒲鲁东为此指出，“帝国开始向左倾斜。”这是第二种波拿巴主义的第二张面孔，人们差不多可以从中了解到“拿破仑式的想法”的本质。我们并不认为这种波拿巴主义就比第一种波拿巴主义更为“真实”。它对波拿巴主义作了补充，揭示了这一政体，这一首先是专制的制度的其他维度，让人知道不能完全将它归结于专制；至少它希望人们不要把它仅仅归结于专制。

重大的转折点

帝国为什么会向左转呢？根据大多数历史学家的看法，即便并非完全是，那也主要是因为皇帝个人想这么做。这位主宰突然决定采取新的方针（事实上，这几乎违背他所有近臣的意愿）。在个人专权的体制下，这种解释是说得过去的。此外，一切都表明，对于“拿破仑式的”思想，拿破仑三世是真诚地信守的，这些思想绝非仅仅是一个实行高压政策的政体用来装饰自己的蛊惑性的工具；当皇帝认为时机成熟时，他会把这些思想付诸实践。不过，人们感觉到，这一说法还不足以解释这位皇帝主动改变做法的理由，还应当去寻找其他的理由，至少是要对他采取这一做法的时机与方式作出说明。

是否是帝国内部的困难迫使帝国去寻找新的办法来恢复它的活力呢？人们几乎看不出这一点。1857 年的选举见证了帝国的稳定，550 万选民将选票投给了官方候选人，66.5 万人投了反对票；在 267 名当选议员中，只有 12 名属于反对派，这同 1852 年的选举结果相近。确实，提案可能会被推翻，这次选举的情况并不比 1852 年好。在历经 5 年的执政之后，帝国并没有赢得新的选民，弃权者的数量依旧保持在 300 万，共和派也压根没有减少。在中部和东部，共和派依旧是不容忽视的少数，他们在那些难管束的大城市中的力量也很强大：在巴黎的 10 个议席中，共和派占有 5 席，在里昂和波尔多则各占有 1 席。但
708 总的说来，他们并不具有危险性，更何况反对派力量比 1852 年时更为分散了。在这些人中，拒绝在宪法前宣誓者有之，但更多的人则愿意在宪法前宣誓。在一些议员辞职以及重新选举之后，在立法团中只剩下 5 名真正的共和派，他们分别是：达里蒙，法弗尔，埃农，奥利维埃，皮卡尔。他们有时会发出某种不同的声音，但既然他们已对宪法宣过誓，那么他们多少会有所妥协。让人感到恼火的仅仅是这一“老派别”的这种畏畏缩缩的坚持。

奥尔西尼炸弹事件

人们传统上将奥尔西尼炸弹事件作为拿破仑三世对意大利统一事业态度转变的原因，这一事业当时刚刚步入新的道路。1858 年 1 月 14 日，几位意大利的密谋分子在原先的马志尼派人士菲利切·奥尔西尼的领导下，在皇帝一行前往歌剧院的路上投放了三枚炸弹，皇帝本人安然无恙，却造成了 8 人死亡，150 人受伤。行刺者对拿破仑三世进行了谴责，说他还是路易·波拿巴的时候，曾经参与捍卫意大利民族的利益，而在其成为法国人的皇帝之后，却抛弃了他曾属于的那个派别。故事于是变得令人感动。被判处死刑的奥尔西尼给拿破仑三世写了一封绝笔信（此信由警察局局长皮埃特里得到或强行获得），他在信中恳求皇帝能够为实现意大利的独立而努力。这一遗言被刊载在《通报》上，有人说道，为此而感动的皇帝听从了这位死囚的遗愿，最终决定对意大利进行干涉。

不言而喻，事情并没有那么简单。长久以来，皇帝一直想为意大利做些什么。意大利是他用来打破 1815 年形成的欧洲格局的计划中的一颗重要棋子。奥尔西尼事件至多只是给公众留下了戏剧性的印象，并为皇帝宣布经过深思熟虑的决定作好了铺垫。

当时帝国刚开始向左转变，但是，奥尔西尼炸弹事件立即就让帝国变得更为强硬。帝国的高层人士，也许包括皇帝本人，似乎对这种弑杀暴君的行为感到了恐慌。皇帝会突然离世吗？他的儿子还不满两岁，帝国没有为摄政作好任何准备。人们并没有预料到会有一个“后波拿巴体制”，帝国的稳固完全建立在皇帝和他的姓氏之上，而这一切很可能会灰飞烟灭。于是，他们遂通过镇压来逃避这一现实，他们假装相信存在一个针对国家的巨大阴谋，而这个阴谋自然是由革命分子所策划。“社会机体已经被害虫所侵蚀，应该不惜一切代价来加以清除。”这是新任内政大臣埃斯皮纳斯将军的纲领，此人在 1851 年曾经受了种种考验，并通过下达和执行 2000 项左右的逮捕令来再次经受新的种种考验。1858 年 2 月 27 日，国家颁布了一项新的普遍安全法，允许新建立的混合委员会在各省追捕嫌疑犯和一切政治犯，尤其是 1848—1852 年间的政治犯，400 人被放逐到阿尔及利亚。帝国又重新退回到了 6 年之前。

在保皇派和革命派之间的共和派

不合常情的是，也许应当在此寻求皇帝态度发生巨大转变的确切原因。不断的惩罚和镇压既不是一种解决问题的办法，也不能称之为一种政策。公众并不喜欢普遍安全法，也根本不相信高层所揭露的这种巨大的阴谋。镇压活动在几个月后戛然而止，埃斯皮纳斯将军于 1858 年 6 月 11 日被解职。不管怎样，共和派已经没有太多的令人害怕之处。但是，从更广泛的意义上说，帝国进入了真正的困难期，现实的困难让帝国政体深受其害。帝国似乎建立在稳固的基础之上，但其实却并不那么稳固。它一直保持着“反革命的天性”。皇帝喜欢处 709
在党派之外或凌驾于党派之上；但他仍然是被他从政权中清除的右派的俘虏。帝国成功地施行了秩序党所希望但却没能实现的社会镇压。

帝国自称是大革命及其原则（忠实或慷慨）的继承人，自称无论如何是一个进步和在“变动”的政体，但它却不断地在帝国内部让“抵抗派”占了便宜。它依仗教士，获得显贵的赞同；它看上去只是一种代表既得利益和现存秩序，但稍微有点特殊的政体。在 6 年的时间里，波拿巴主义仅仅显示出负面的特征。对拿破仑三世来说，是到了通过摆脱这些讨厌的右派来恢复其正面的特性的时候了。奥尔西尼刺杀事件或许是某个新进程的开始。我们看到，这只是一个迂回曲折的过程。

意大利计划

正是通过意大利问题引出了新的进程。拿破仑三世装作是欧洲各民族的捍卫者，我们必须充分看到这种姿态背后的含义。在 19 世纪，民族问题，在对人们的情感以及政治的影响力上几乎可与 20 世纪的非殖民化等量齐观。欧洲所有的左派都热情地捍卫这一事业，右派则对之横加阻挠。意大利计划是法国皇帝的断然行动。且不论这一冒险行动存在的巨大危险，单单提出意大利问题，就必然会导致与奥地利这一亚平宁半岛北部霸主的战争。法国的这一举动将既不会有任何盟友又得不到任何支持。俄国禁止任何人染指它的保护国那不勒斯王国；普鲁士也尚未同奥地利完全脱离关系。英国即便不反对意大利的民族主义事业，也会担心此举将打破欧洲的平衡，遂对法国在意大利民族主义解放运动中的监护人的位置冷眼旁观。而且，此举又引起了可怕的罗马教会问题，不可避免地让法国的天主教舆论反对皇帝，而此前，它们一直是帝国最忠诚的支持者，但是一旦触及圣父的权利，它们就会变得桀骜不驯。

皇帝首先还是在暗中行事，这是他一贯的做法。1858 年 7 月 21 日，他在普隆比埃尔秘密地接见了皮埃蒙特的首相加富尔。没有一位大臣知道此事，尤其是不能让亲天主教的外交大臣瓦勒夫斯基知道。两位对话者在一起重新勾划了新意大利的版图。皮埃蒙特通过牺牲奥地利和教皇的领地来扩展自己的版图，形成了一个上意大利王国，其几乎等同于法兰西第一帝国时期的意大利王国。托斯卡纳获得了教皇国的部分地盘，将形成一个中意大利王国，至于这一王国的王位，拿破仑三世则看好他的侄子热罗姆，此人是拿破仑三世身边的人当中屈指可数的支持意大利事业的人之一，而且在法国遭到人们的唾弃。那不勒斯王国会继续维持下去，依然由波旁家族占据其王位，除非缪拉的某个后人有机会——怎会没有机会呢？——当上国王。侄子继续坚定不移地模仿伯父。领地大大缩小的教皇只统治罗马城及罗马平原，并获得由三个王国组成的邦联总统的称号。为了实现这一美好的梦想，皇帝许诺出兵 20 万来对抗奥地利；作为对此举的回报，他将获得萨伏依和尼斯。

不幸的遭遇

这只是设想，尚需要做很多工作才能实现。大臣们在 1858 年底才得到通知，他们并不掩饰自己的反对态度：这是一场仓促的冒险行动。因而，在普隆比埃尔预先作出的部署得到确认的法皮条约，直到 1859 年 1 月才得以签订，而且一直处于保密状态。为了对舆论加以试探，皇帝通过他授意的政论家来散布有必要对意大利进行改革的观点。无论是天主教徒还是实业界人士，都对此颇有微辞：商业利润下降。一次，罗斯柴希尔德男爵以人所尽知的强调语气对此作了一个漂亮的总 710
结：“帝国就是和平，没有和平就没有帝国。”列强都感到不安，俄国建议召开新的欧洲会议。此时，我们又在拿破仑三世那里看到了在他身上多次出现的致命弱点——在作决定时优柔寡断。面对各种困难，他开始犹豫，甚至几乎都要放弃了。被激怒的奥地利理所当然地决定断绝同发起挑衅的小国皮埃蒙特的关系，因而在 1859 年 4 月 29 日引发了意大利战争。

意大利战争并不比克里米亚战争打得精彩。既然这场战争事关皇帝理想的实现，他当然要亲自指挥了。当他从里昂火车站[①]登上开往意大利的火车时，至少得到了圣安托万郊区支持共和派的民众真诚的欢呼。他最终还是获得了“底层朋友们”的热爱和信任吗？有时人们谈起皇帝的时候，并不认为他是一个那么糟糕的军事领袖。但这次军

① 此为设在巴黎市区的一个大站。

队的备战还是不够充分，因而也未能免除克里米亚半岛的厄运。幸运的是，对手也没有好到哪里去。然而，胜利的代价是巨大的。6 月 4 日的马让塔战役几乎是一场灾难，6 月 24 日的索尔费里诺战役则是一场屠杀。战争的不幸是否让拿破仑三世变得更为谨慎了呢？不管怎样，能够意识到自己的冒险行动已经走得太远还不算太晚。在法国，天主教徒们公开表示不满。意大利则刮起了一股令人不安的革命之风，这股风让事态的发展超出了在普隆比埃尔商定的范围。列强让拿破仑三世意识到他们希望他到此为止。皇帝没有同皮埃蒙特的盟友商量，就在 7 月 12 日同奥地利签订了停战协定，11 月 11 日签订的《苏黎世和约》也几乎没有包括在普隆比埃尔作出的诸多承诺，皮埃蒙特仅仅获得了奥地利的伦巴第地区。

这是一桩亏本的买卖，它给各方带来的只是失望。法国的对手们可以为法国的削弱而感到高兴。拿破仑三世过早地妥协了。意大利人不愿原谅他的背信弃义，独自取得了自己的统一。一个意大利王国（不再是三个）在从那不勒斯到都灵的地盘上建立了起来，该王国还缺少威尼斯，因为它仍旧还属于奥地利。教皇依旧拥有罗马，只是被革命者剥夺了对意大利王国其他地区的统治权。这一切都没有皇帝的参与，对他来说，得到的只是失望和沮丧。天主教派、奥尔良派和正统派再一次达成了和解，他们毫无保留地对皇帝糟糕的政策予以指责，指责皇帝导致了教皇对意大利统治权的丧失，那些最大胆的人甚至把拿破仑三世称作彼拉多[①]。这一切都在意料之中，但也并非毫无补偿。左派的形势变得更为有利了，但它抱怨说，当人们在法国剥夺了他们的自由之际，却前去为意大利的自由战斗，这岂非咄咄怪事。简而言之，损失是惨重的。然而，并非完全都是损失，因为在 1860 年，意大利不情愿地根据约定把尼斯和萨伏依割让给了法国。

商业政变

对于享有等级特权者以及既得利益者来说，皇帝还试图给他们另

---

① 彼拉多（Pilate，？—36?），罗马犹太巡抚（公元 26—36 年），主持对耶稣的审判并下令把耶稣钉死在十字架上。

外一个不好的意外：放开对外贸易。这是另一个拿破仑式的想法：但它并非受到了其或许是重商主义者的伯父的影响。路易·波拿巴是在英国流放期间了解到“自由贸易”的好处的，这个词只有在近期才传到法国。新近才接受圣西门主义的公共工程和商务部大臣鲁埃积极地推进圣西门主义在法国的实现。法国经济过早地依赖于胆怯的保护主义带来的优越但脆弱的环境。谷物种植业主在闸门价的保护下过得很惬意，因为这种价格机制保障他们的产品不会降价，但一旦边境上筑起关税壁垒，抵制进口并保证他们独占国内市场，谷物生产业就可能不思进取。通过一整套进口禁令或几乎是排外性的税收政策，工业家们也免受竞争者的威胁，主要是英国人的威胁。当法国的周边国家都 711
在大踏步前进的时候，这难道不是要让法国陷入一种危险的麻木状态吗？

要改变一些有利的习惯不是一件容易的事情。从 1853 年以来，每次提出类似的尝试，都会遭到立法团的抵制，如果说立法团在政治方面无所作为的话，它却百般阻挠对公众利益予以保护，只有采取自上而下的办法了。人们知道，皇帝依照宪法拥有签署商业条款的权力。这一事件又是在暗中进行的。谈判是在高度保密的情况下，在国务委员会成员、圣西门主义者米歇尔·谢瓦利埃和英国特使科布登之间进行的，鲁埃在乔装改扮之后前来与他们会合。抗拒者在 1860 年 1 月 23 日才获知法国和英国之间将签署一个为期 10 年的商业协定：法国取消一切针对英国的商业禁令，把原材料和工业产品的从价税减少到 30％（实际的税率更低）。而英国方面则免征法国的奢侈品、丝织品，尤其是葡萄酒的关税。这一条约是接下来若干年中法国同欧洲诸经济强国签署的一系列条约中的第一个。此外，1861 年 6 月 15 日颁布的法律废除了谷物的最低价。

这是一场政变，一场革命！反对派如是叫喊。这有些夸大其词。鲁埃有理由反对他们：“这里牵涉的不是贸易自由的问题，而是采取何种明智举措、在不损害发展的前提下推动工业进步的问题。现在不是有了最高保护关税为 30％的自由贸易体制吗？”不过，这确乎是一次迸发，猛然动摇了法国经济中的某些陈年积习。要理解这一点，只要了解它所引发的抗议的激烈程度就行了。

一场合理的革命

要解释为何皇帝要在政治和经济方面采取如此的冒险并不是一件容易的事情。人们援引一个经济学家的话来说，“拿破仑三世走在了其时代的前面”，他（或支持他的人）比那些经济贵族更了解他们的真正利益。我们无法否认这些创新措施及其创始人的大胆，似乎这一切只归功于某几个真的具有非同一般的才能者。面对一种饱受指责的保护主义，这样做也赋予了自由贸易以各种进步主义的美德。正如当今的计量经济史研究所揭示的那样，在此前的保护体制下，法国经济发展很协调，其速度也比后来自由贸易体制下的速度更快。

实际上，1860 年的这一决定揭示了法国经济当时达到的水平以及所面临的困难和矛盾。首先应该强调的是，皇帝或他的“技术精英”，即那些圣西门主义者在为“自由贸易”而战的时候并非孤军作战。很长时间以来，港口的外贸商，葡萄种植主，某些工业产品的出口商，里昂的丝绸厂主以及米卡兹的棉布商，一直要求自由贸易。撇开表象不说，自由贸易的反对者的人数或许并没有那么多，力量也没有那么强大。1851 年开始了一个价格上扬期，农业不像从前那样严重依赖于闸门价，1853—1859 年间，当农业歉收、必须进口粮食时，闸门价曾数次被取消。实际上，自由贸易来得正是时候。法国的工业已经突飞猛进地发展了 40 年。它既有落后的部门——以木材作燃料的冶炼厂和诺曼底的纺织厂，这些部门强烈地需要保护主义以便能够生存下去。但它也拥有一些先进的部门——用焦炭作燃料的冶炼厂和东部的纺织业，它们很快就实现了设备的现代化，从 19 世纪 50 年代开始，就能
712 够经受国内市场乃至国外市场甚至是英国的竞争。它们在此时依旧是贸易保护主义者，因为这个系统所维持的高价能够产生超额利润。但是，价格保护既不是经济保障也非经济发展的重要条件，他们得去适应自由市场的新环境。勒克勒佐的冶炼业巨头施奈德的反应就是这一观点的典型例证。1862 年，他宣称：“我不喜欢这个条约，因为我不

喜欢任何形式的革命。”及至1864年，他则承认道，皇帝“有理由把公共舆论提前几年实现。在它们的努力和牺牲下，我们的工业经得起外国的竞争。”无论如何，法国经济如此轻易地转向自由贸易体制，这本身就表明它对此并非准备不足。悲剧只是对最弱小者而言的，他们被前进中的强者无情地抛弃了。

从另一方面来讲，全面的经济增长会伴随着对外贸易的发展，后者日益成为了不可或缺的增长动力。1830年，法国的出口占国民经济的13%，到1860年则达到了29%。至少我们的出口从1840年以来就得到了迅速增长，自1850年以来的增长更为迅猛。我们出口农产品，但主要还是制造业产品，工业品的出口也在不断增加：1830年占国民经济的近7%，到1860年至少是翻番了。1860年的条约正是在法国外贸产品不断增加的大趋势下签订的。他并没有强迫生产商接受这个条约，只是为了让他们更好地适应市场。因为从长期来看，倚仗人为的保护，法国商品的价格对国际市场来说过高了，这抑制了产品竞争的可能性。如果我们还想继续让商业朝着有利的方向发展的话——1855年至1857年提出了严重的警告，进口额超过了出口额——那么让企业主直面现实应该是刻不容缓了。“真正的价格”，即突然取消关税壁垒后的价格才是要达到的手段。

其他原因和影响也对此起到了作用，我们在这里只提两个，它们是“短期的经济形式”所迫。1857—1859年爆发的严重的经济危机打断了帝国初年的繁荣景象，所以有人说它对于巩固帝国政体起到了作用。对外部世界的经济开发或许还可以被看作是一种“经济复兴”。从另一方面来看，借用一个现代词汇，我们说1851—1856年的法国处于“通货膨胀”之中。商品的涨价对于我们的出口来说只起到了损害的作用。涨价还给大多数人造成了损失，如果说涨价让有些人获利的话，那只是对农民而言。涨价主要体现在城市物价水平的上涨，然而，工资的上涨速度之慢却让人无法生存。竞争所导致的物价的下降让人们的生活变得更实惠，这是自由贸易论者的典型论点。担心引发不满的皇帝发现工人阶级对此并非无动于衷。

最初的遮遮掩掩的政治自由

1860 年的条约招来了众多的不满，对自由派——其主要是政治上的自由派，而不是经济方面的自由派——来说也一样，他们对帝国的专制早已心存芥蒂；天主教的反对派则是对皇帝的意大利政策表示不满。尽管皇帝多次说过要建立一个“保护贸易的天主教政党”，但官方代表们却显得不那么顺从，有些官员甚至敢在某些场合上公然进行抨击。不过，这还不至于形成公开的背叛，最好还是通过一些让步来平息他们的怒火。1860 年 11 月 24 日的决议规定，立法团和元老院可以针对国王在每届会议开幕式上的讲话表决一份请愿书，它们可以在政府代表在场的情况下进行辩论，后者将全面阐释政府的政策和意图。
713 不管大臣和国务参事将为提交给立法团的法律提案而辩护。三位举足轻重的人物担任了这些职位，他们是巴罗什、比奥和马涅，这表明他们还是认真地对待布置给他们的任务。1861 年 2 月 1 日颁布的元老院法令明确规定了两院辩论的程序，还规定了需要对议程进行完整的速记，并在第二天的《通报》上刊出。1861 年 12 月 31 日的第二次元老院法令大大增加了立法团在财政方面的权力。今后政府禁止在休会期间划拨临时经费，预算决议不能仅通过大臣，而应该通过各部门来批准。这一措施满足了商界人士和预算代表们的要求，他们长期以来一直对行政部门的过度预算心存不满。

某些人认为这只是一种纯粹表面的微小让步。但事实上，法国离议会制的正轨已经不远了。我们也不应忽略即将重建的请愿权的重要性。它曾是立宪君主制下代表们强加于议会制规则的最有效工具。不久，在 1861 年 3 月举行的对第一次请愿展开的讨论，为意大利政策的反对者提供了表达不满的机会。他们提出的修正案在立法团以 158 票对 91 票，在元老院以 79 票对 61 票被驳回。我们从未看到过如此大规模的反抗。

在作出这些让步的同时，少许的强硬也并无不可。天主教“党派”将为其反对立场付出代价；要想见证人们一直有除去这些权利的坚强意愿，这真是一个绝佳的机会。弗约的《宇宙报》先是被停业整顿，继而又被取缔。极端拥护天主教派的宗教部大臣鲁朗对教皇绝对权力主义的难以忍受的入侵表示谴责，因为后者把真正的宗教事业和意大利高级神职人员的世俗利益混为一谈。自 1860 年起，法国教会的主教就不再接受教皇的任命，从政治的角度来说，他们对此感到自豪，有关集会的法律又被严格地制定出来了：任何宗教集会，尤其是带有教育性质的集会都必须经过当局的批准。为这些集会出力的自然首先是耶稣会士，那些无害的圣文森特保罗会议也出了部分力气，但后者因为拒绝向当局获取批准而自行解散了。

1863 年选举

新的进程开始了！这一进程不愿意产生令人痛苦的困境。在外交领域，帝国希望不再陷入罗马的困境，这一困境是它违心地帮助了其意大利盟友，后者宣称以罗马为首都，但是，1849 年的条约又迫使法国军队继续驻扎在罗马周围以保护教皇的利益。对于国内事务来说，风平浪静的政治生活和波澜不惊的行政选举已经一去不复返了。1863 年 5 月至 6 月的立法团选举是一个验证拿破仑式的思想是否成功的机会，但结果并不让人感到欢欣鼓舞。

各党派形成了鲜明的对抗。之所以说是对抗，那时因为在这一时期，各党派之间产生了严重的分歧，甚至是同一个党派内部也产生了分化。首先是共和派这一最早的反对派，在共和派的激进派和温和派之间有一道无法逾越的鸿沟。关于宣誓效忠的争论到现在已变得毫无疑义，因为从 1858 年开始，不仅要求当选者，也要求候选人宣誓；只要参加选举就必须得宣誓。“五人组”已经证明，他们能够有效地提高调门，而且跃跃欲试的年轻一代已经压倒“六七十岁的老人们”。分歧看来更多是在以下两类人之间存在：一些人主张坚定地保持距离——虽然可以对新的进程有所想法，而另一些人则认为，必要的时候可以考虑在某些方面对当局予以积极支持，甚至可以通过投票来支持，如《世纪报》的奥利维埃、阿万，《民意报》的格鲁就属于后一类，虽然他们没有十分公开地表明过。新的反对派天主教派已经准备投入战斗。七位主教发表了一份宣言——执笔撰写该宣言的是具有自 714

由主义思想的奥尔良主教迪庞卢，该宣言宣称：他们只投票给那些“天主教派”的候选人，也就是那些首先对教皇的权力表示尊重，其次赞同完全的宗教自由，最后赞同广义上的“自由”的候选人。以梯也尔为首的自由派和奥尔良派提出建立一个“自由同盟”，这是包括共和派在内的各个反对派的统一阵线和联盟，但梯也尔没能说服他的所有朋友。许多地方出现了这样一些正统主义者，他们为了天主教会和他们自己的利益，可以置王位觊觎者的指令于不顾。

每一种特定的策略差不多均以失败告终。但“对抗”还是取得了一定的成果。自由派联盟在巴黎和马赛取得了成功，梯也尔和8名共和派人士在巴黎获得了7个议席，共和派的马利和正统派的贝里埃在马赛获得了两个议席。7位大主教并未获得身份相同者们的追随。赞同弗约的下层教士或许愿意投天主教派候选人的票，但是，与此同时，他们也担心革命力量的发展，于是，他们宁可把选票投向官方的候选人，只要后者公开承认信奉天主教。不管是否有其他反对派的支持，共和派依旧在主要的大城市独自发展，但他们在城市获得的胜利在很大程度上被农民们对帝国的长期忠诚给抵消了。

在这次选举中，当官方候选人的选票同以前一样达到接近极限的500万票时，反对派却得到了近200万票；弃权票下降到了选举人数的26%，这表明国民对政治的兴趣越来越浓了。32名反对派人士当选，其中17名属于共和派，另外15名“独立派”则分属自由派、保皇派、天主教派和主张保护贸易主义者的阵营。人们不甚清楚他们是如何得到任命的。他们占据的议席超过了1/10：根据当时的情况，这已是一个巨大的成功了。人们不妨问道，有多少通过不正当手段当选、或后台可疑的官员，将禁不住开始变得有利可图的反对派的诱惑啊。皇帝并不掩饰他的不满。他首次对内阁进行了大规模的调整，这是一次模棱两可的调整。在选举中失利的佩尔西尼在接受了公爵头衔之际被免去原职；不过，他是唯一一个认真考虑过建立波拿巴主义的“派别”的人。信奉自由主义和教权主义的瓦勒夫斯基从1862年起就被免除了外交大臣一职，改任职责不是很明确的国务大臣一职，他最终还是受到了排斥；但是，拥护法国天主教会自主的鲁朗也和他同时走人。对于意大利政策和天主教政策的后果，究竟该作何结论呢？尤其是因为一名极端主张法国教会自主的历史学家维克多·杜律伊受命执掌教育部，更让人对此感到困惑。事实上，拿破仑三世换上的都是一些无条件地支持他的人，巴罗什被任命为司法和宗教事务大臣，比奥被任命为国务大臣，负责处理同议会之间的关系，以替代那三位被解职的不管大臣。1863 年 10 月比奥的过早离世使鲁埃得以继任。鲁埃稳重而有责任心，虽然他没有演讲方面的天赋，也没有宏伟的气度，但他勤奋能干，这使得他渐渐成为政府的首脑和多数派的领袖。这正好为那些嘲笑这位奥弗涅人的恶作剧者提供了良机，他们说："我们虽然没有政府，但我们至少有鲁埃"。他是否成功地在局势恶化之际重建了秩序呢？

此时此刻，已经从立法团那里传来了梯也尔那刺耳而又具有超强煽动力的声音，在巴黎当选的他于 1864 年 1 月 11 日要求"必要的自由"。这些自由共有 5 项内容，它们互为补充，"五个条件构成了我所谓的必要的自由'，前四个分别是个人自由、出版自由、选举自由、国民代表的自由，而最后一项也是'国民代表的自由'的目的，这就是 715
让在此以多数得到确认的公共舆论，成为政府运行的准绳。"

工人们的皇帝

既然丧失了"上层人士"的支持，帝国不就应该求助于被遗忘多时的"底层的朋友"吗？吸引工人阶级的是 1848 年的波拿巴的威名，而并非 1851 年的那个漠不关心的人，工人阶级在社会上遭到镇压，实际工资水平不断下降，它们是强大的波拿巴主义时代的牺牲品。毫无疑问，这些经历增强了他们对共和主义的信念。从 1860 年开始，局势产生了变化。帝国开始"向左转"，这难道纯粹是一种策略吗？不！拿破仑三世相信某种权威与"社会的"民主的效力。他已经把农民阶级召集起来并为他们带来了秩序和繁荣；当年，他也倾向于通过把工人阶级组织起来以"消灭贫困"，他一直想要实现这个目标。

收买工人阶级的任务专门由一个叫"罗亚尔宫"的组织来负责，

它是一个由圣西门主义者阿尔勒－迪夫尔、米歇尔·谢瓦利埃等人推动成立的俱乐部，这些人会让人想起他们过去曾经也是一些社会主义者。人们时常可以看到那些真正的工人光顾那里。这个团体在信奉共和主义的波拿巴主义者，喜欢喧闹的热罗姆亲王那里得到了安身之处，并服从他的领导。

1861 年出现了一个由五位工人署名的题为《皇帝、人民和旧党派》的小册子，这些小册子直接出自"罗亚尔宫"，也是这一系列的小册子中的第一本。它流露出某种新的宣传论调，它提醒人们，同其他的统治者不一样，皇帝并非是统治者，而是一个国民和大众的君主，我们都可能通过选举成为皇帝。人民应该给予他信任，而不应该受老式资产阶级党派那些自私无聊的政治伎俩的引诱。有人已经暗中许诺（只要存在这种信任并公开表明），不久将取消使工人处于衰弱状态的法律。接着，"罗亚尔宫"建议，并部分地出资派工人代表团前往伦敦参加工业博览会。这一姿态表明了帝国开始承认有组织的工人运动的事实。实际上，在大城市已经开始了各主要行业代表的选举，此前因镇压而分崩离析的稳固联系重新得以建立。巴黎派出了 183 名代表，里昂则有 60 名代表，他们回来后发表了报告，尽管还带有明显的帝国保护的色彩，但这是法国无产阶级表露苦衷的最早的陈情表。所有的报告都通过以英国工人为参照强调了法国工人的悲惨处境：微薄的工资，过长的劳动时间，许多行业还要求得到在芒什海峡对岸已实行的工人的基本自由权利——结社权。

《60 人宣言》

微笑攻势是否奏效？一小群工人精英可能一度受到了诱惑，即使不是真的被吸引住的话。更何况复苏的工人运动和共和派之间显得关系冷淡。前者指责——颇为正当——后者在纲领和实际斗争中很少关心其无产阶级选民的状况和利益。共和派以工人们在拿破仑三世政变时的消极无为作为反驳，认为他们是同谋，而这种指责是不公正的。在巴黎，这一争论相继在 1863 年的大选和 1864 年 3 月的补充选举中变得更为激烈。工人阶级的积极分子已经决定，要在某些工人区选出他们自己的议员。此举具有象征作用；认为他们所取得的成果多么的微不足道，这种看法毫无意义。不过，及至 1864 年 2 月 17 日，塞纳省的 60 名工人发表了一份宣言为他们的行为进行辩护："普选使我们在政治上具有重要性，但是，我们还需要在社会方面解放我们自己……先于我们解放自己的资产阶级在 1789 年摧毁了不正义的特 716
权……我们也应行动起来获得同样的自由……如果不否认事实的话，我们就应该承认，还存在某个需有直接代表的特殊公民阶层……我们并不憎恨他人，但我们想要改变某些东西。"共和派粗暴地断言，这些代表和他们的宣言是为了维护拿破仑三世的事业和利益，是在皇帝的指使下进行的。事实上，如果 60 人中的某些人有时和当局接近的话，那么，他们很早就懂得划清他们之间的界线了。正如铜匠托兰在 1861 年明确指出的那样："来自上层的动议在工人中间只能引起不多的信任……只有一种办法，那就是：你们是自由的，组织起来，完成自己的事业。"《60 人宣言》是法国工人运动走向独立和成熟的第一个阶级宪章。

罢工权

当然，工人中的积极分子最大限度地利用了当局给他们的宽容。与传统的互助性社团相比（应该指出的是他们并非无可指责），从 1859 年开始，行业协会就出现了一种以"互信和节俭"为核心的新模式。它们旨在建立一种行业的共同资本以达到互助的目的，尤其是通过建立消费型和生产型的合作社来同老板的企业和车间竞争。此外，一些行业协会已经朝更不具有攻击性的工会的"抵抗"发展，那时，节省下来的钱就可以用作资助罢工者的资金。

罢工活动确实在 1861 年和 1863 年间增加了。最为引人注目的罢工运动当推 1862 年巴黎印刷工人的罢工。它们的"印刷协会"是政府批准的完全合法的组织，此次罢工差不多召集了印刷业的所有工人。罢工者要求增加近 20 年都没有变动的工资，企业主丝毫不愿妥协，并号召女工停止罢工。1862 年 3 月，罢工爆发，差不多所有的工人都参加了大罢工，但罢工最终还是失败了。罢工的"主使者"被判重刑，但皇帝出面干涉，赦免了犯人，以表明这是一个新时代。在经过了一番实力的较量之后，皇帝的这种态度等于是为结社的自由提供了保证。

虽然主动性来自上层，但这不能纯粹归结为皇帝的善意，因为工人阶级难以抑制的咄咄逼人的力量迫使他作出决定。1864 年 5 月 25 日的法律大幅度地修改了《刑法》第 414 至 416 条：结社本身并不犯法，除非超越了一定的界限，尤其是——不太清楚为何要用这个词，但法官对此颇为欣赏——各种“损害工业和生产自由运作的举动……凭借暴力或各种不正当的手段”。令人感到诧异的是，这项法律的报告人、官方的律师竟然是共和派的奥利维埃，此人是莫尔尼劝他“表明姿态”的。右派人士、实业界的代表显然不愿接受：共和派的左派觉得这一法律“既无用又具有危险性”；而工人们似乎很满意，他们毫不迟疑地着手体验他们的新武器。

帝国派的自由主义

人们不愿此前的事件造成这样一种印象，即帝国刻意地“向左”开放或倾斜，即便这只是为了更好地逃避右派。问题牵涉的完全是另一回事，前面所引的蒲鲁东的话并不符合实际。帝国既不能也不愿被说成是左的或是右的，它自称“别有不同”。同样，追问——正如很多历史研究中所做的那样——1860 年后的帝国是否（或在多大程度上）成为“自由”帝国，则是一个假问题。对这些说法的意义应该有
717 一定的共识。一方面，确实存在“自由派”的自由。他们的自由主义是一个确定的体系，它在君主立宪制政体下经历了自己最美好的时光，它的基础是对“个人”自由的尊重，但实际上是以精英的政治优先为基础的，它伴随着议会制政体的建立达到其顶峰。另一方面，还存在着与之完全不同的“自由”：拿破仑式的自由，贸易自由，罢工自由（甚至还有变了味的普选制）。这些自由同样重要，同样“必不可少”，但它们却是自由派所坚决摒弃的。自由派不承认这些自由，这些自由不在他们的“自由”范畴之内。从这个词的首要意义——也是它在当时的意义——上说，帝国没有变得自由，它甚至没有开始向自由的方向转变，即便赐予了请愿权也是如此。但是，确实有一种独特的波拿

巴主义的自由主义，如果要更好地称呼它，最好说帝国派的自由主义，而不要说自由的帝国。

……它的界限

由于在其他方面和在根本上几乎没有什么改变，帝国的体系还是建立在它的两大最重要的基础之上：内部的权威和外部的荣耀。说到权威，在负责宗教事务的主张法国教会自主者巴罗什，以及主管公共教育的在俗教徒杜律伊的监督下，天主教徒们对此深有体会。教皇绝对权力主义者和教会组织是他们担心的对象。在杜律伊的不断打击下，教会开始丧失其在教育领域所获得的巨大利益；既然国家已经没有理由再照顾它，那么就需要慢慢收复失地。同过去相比，立法团是唯一一个抱怨有所增加的机构，鲁埃则控制着大多数的官员。尽管莫尔尼不断努力，但直到 1861 年后才出现新的政治让步。向来颇有远见的莫尔尼是唯一能够用权威来解决问题的人，但他在 1865 年过早辞世。

外部的荣耀在不断出现，它成了安慰民众或缓和矛盾的托词。今后，帝国确实应该征服那些遥远的土地。这是殖民活动的荣耀。在已被平定的阿尔及利亚，拿破仑三世称自己“也是阿拉伯人的皇帝”，并且声称，让土著免遭外来民的过度入侵。这是他的自由主义不可忽视的一个方面，但他在这一点并未取得太大的成功。法国人还开始在埃及开凿苏伊士运河，这可谓是圣西门的宿愿。法国人还开始插足远东，参与了让中国开放通商口岸的行动。1859—1867 年间又在交趾支那建立殖民地，1863 年迫使附近的柬埔寨王国接受法国为它的保护国，最后一直推进到老挝。凡此种种，使人们几乎将忘记费德尔布在塞内加尔进行的需要坚忍不拔的精神才能完成的任务，费德尔布是位因失宠而被发配到那里的上校，也是共济会会员。

但是，此时此刻，堪称“拿破仑三世统治时期最伟大的创想”的毫无疑问是 1862 年进行的墨西哥远征。这是拿破仑式的创想，也是最后一个创想。掌权的自由派和保守的天主教派之间的纷争让墨西哥处于分裂状态，并时常面临爆发内战的危险。墨西哥外债累累，濒临破产。这是一块用来表现帝国主义不择手段的行径的绝佳场所！拿破仑三世一直在考虑平衡美国在美洲不断增加的力量，趁当时美国正处于内战的困境中，法国就有可能在中美洲建立自己的势力范围。为了恢复秩序（和教士的利益）而对墨西哥进行干涉，也是一个安慰近期倍感失望的法国天主教徒的良机。最后，与西班牙和法国一样，英国也是墨西哥的债权人，因而这也是一个加强同英国的联系的好机会。确实，整件事情涉及的都是一些谈不上有冠冕堂皇的理由的利益，其中牵涉到可疑的瑞士银行家杰克，此人很早就使莫尔尼对远征墨西哥产生了兴趣。法国、英国和西班牙决定通过共同干涉来迫使墨西哥清偿债务。实际上，由于它的两个盟国难以承担相关的沉重负担，法国很早就已单独行事。但是，远征墨西哥对于巴赞将军率领的远征军来说，并不只是一次练兵。1864 年 4 月，拿破仑三世为奥皇的兄弟马克西米
718 利安提供了墨西哥王国的王冠，这对于缓解同奥地利的紧张关系来说不失为一个好招。

外部的失算

但是，这种遥远的光荣较之那些真正的问题，亦即欧洲问题实在算不了什么。皇帝梦寐以求的是彻底撕毁“可憎”的 1815 年条约。正是在这个战场上，他的运气开始不佳，而这一点将产生决定性的影响。

1863 年，孤立的法国无力援助起来反抗俄国的波兰，各列强拒绝了法国提出的召开大会来重新划分欧洲版图的建议。但是，此时此刻，德意志的民族问题却提到了议事日程上。普鲁士准备对奥地利开战。拿破仑三世决定要进行干预，这既是出于对民族原则的忠诚，也是因为在莱茵河彼岸组成一个新的国家令人感到担忧，新生的德国不应该变得过于强大。于是，他又玩起了巧妙的游戏，并且一如既往地让这一游戏充满神秘色彩，不管怎么说，这又让法国的舆论迷失了方向。1865 年 10 月，他向俾斯麦保证法国会保持中立，他甚至还赞同意大利和普鲁士签订结盟的条约。但是，他打算以其所称的这种“热忱的中立”来获取丰厚的回报。法国遂向普鲁士提出补偿要求，比如说要德国在成立时重新调整 1815 年以来同法国的边界。与此同时，它又同

奥地利进行谈判，而奥地利为了能利用这一中立，承诺把威尼斯割让给意大利。实际上，法国的版图得到了扩大。所有人都认为，奥地利和普鲁士之间的战争必然漫长而艰苦，当双方都精疲力竭之际，拿破仑三世就可以乘机担当调停者。

一切都出乎意料。普鲁士在几天之内就击败了对手。1866 年 7 月 3 日，普鲁士在萨多瓦战役中击溃奥军，这对法国的外交来说也是最为惨重的失败。或许拿破仑三世急于出面进行调停，但当时的条件差到了极点，俾斯麦几乎实现了他所有的意愿，意大利获得了自 1859 年起就应归于它的威尼斯，但对法国却毫无感激之情。而对于补偿——拿破仑三世知道永远不会得到承诺——以及如他无耻地所称的“小费”，俾斯麦根本不愿提及。

祸不单行。1867 年，罗马的局势再度恶化。11 月 3 日，法国军队不得不在门塔纳阻挡向罗马进军的加里波第的志愿军；“夏斯勃步枪的效果不错”，但不幸的是，这一天它指向了意大利的友人。在世界的另一端，墨西哥事件变成了一场灾难。马克西米利安无法让他的新臣民接受他的统治。只有那里的法国远征军才能让他保住宝座。可是，在美国的巨大压力下，法国远征军被迫撤回法国，这也意味着墨西哥帝国崩溃的日子的到来，1867 年 6 月 19 日，马克西米利安在克雷塔罗被当地的游击队员枪杀。

国内的不满

这就好像是一场溃败的开始。1863 年后，皇帝依然优柔寡断，反对派则得寸进尺。在立法团，鲁埃坚持不懈地工作，为抵挡正在为法国外交政策大发雷霆的梯也尔的进攻而操心，奥利维埃则痛苦难忍地拿自己“没有责任的副皇帝”这一角色开玩笑。以梯也尔为首的派别已在议会形成，人们戏称其为第三派。梯也尔既不赞成共和派采取宗派主义的反对态度，也不同意无条件的服从，他是一个现实主义者，鉴此，他选择的是合乎情理的反对。他并不反对帝国，他只是希望帝国能赋予那些“国民代表”更多的权利，能够让“1860 年的伟大法案进一步发展”（其中包括请愿权）。简言之，就是让帝国成为真正的自由帝国，而此处“自由”的含义乃是自由派所理解的“自由”。人们也不再为天主教和教皇而费心劳神，而是想到国外去寻求一种具有危险
719 性的荣耀。第三派的人数尚不多，但其自由主义的观念在不断发展，要不是受到鲁埃的严格控制或者因为担心下一次的选举，不知有多少官员会投入到这个阵营中来？

外部的挫折并非是引起诸多困难的唯一原因。经济的繁荣曾令人略感欣慰，也“麻醉”了诸多的不满者，但此时，经济正走向衰退。由美国南北战争所引起的棉花荒导致了纺织业的衰退。尽管法国在1860 年实行了经济复兴政策，并对出口产生了有利的影响，但总的来说，扩张的速度减缓了。1866—1867 年法国出现了一次大的危机，金融业方面，佩雷尔兄弟宣布破产；就工业来说，因棉花短缺，生产能力出现过剩。此外，1867 年的农业歉收又造成了生活成本的上升。有什么比把这一切困难都归咎于自由贸易的罪行来得更为方便呢？这也是第三派确信要加强贸易保护主义的原因所在。

劳动者自己解放自己

通过家长制的统治来增强工人的好感的企图再次失败。劳动者很好地接受了给予他们的自由，但并没有表示过多的感激。相反，他们马上表达了行动的意愿，诚如托兰所说的那样，通过他们自己来达到他们自己的目的。他们在 1862 年派出的代表们已经同伦敦的工会代表们建立了深厚的友谊和联系，这些联系变得越来越密切。1864 年 9 月，国际工人协会①成立，它的口号清晰而自豪：“解放劳动者的应该是他们自己。”国际工人协会也在法国设立了支部，及至 1867 年，它在法国的主要城市设立了 32 个支部，这还仅仅是在“一个瘦小的躯体里植入了伟大的灵魂”。第一国际只有几千人的规模，但重要的是它囊括了如此热情而有影响力的精英分子，他们总是渗透到工人中，并进一步地推动工人组织的发展。这些最早的积极分子受到蒲鲁东主义的影响，因其导师向他们反复灌输不要把政治辩论，甚至是共和派的

---

① 1889 年第二国际成立后，国际工人协会开始被称为第一国际。

政治辩论当真，使得他们有时候被指责为帝国主义的同情者。这种指责显然有失偏颇，所有的工人都是充满热情的共和派，但是发自他们内心呼唤的“真正的”社会共和国并不是以前那种资产阶级共和国，他们要像给帝国去除标记一样给共和国去除标记。对他们来说，首先要进行的是一场经济战；他们的社会主义理想带有一点乌托邦的意味，其立足点是不断地发展工人组织和开展互助，增加生产和交换合作社。

与此同时，劳动者兴高采烈地来体验他们新获得的结社权。在1864年和1865年，接着是在1867年，罢工活动不断增加。尤其是巴黎的铜匠协会，它一直处于战斗的前沿。1865年，它成功地获得了争取“10小时工作日”的胜利。1867年，它举行的第二次罢工提出了更为可怕的问题：如果没有建立工会的权利，那么罢工权毫无意义。铜匠们建立了互助信用社，虽然它是非法的，但却获得了当局的容忍。该组织成为了工人抵抗运动的推动者，雇主们决定把这个社团的所有成员统统清除干净。但是，所有同行业的工人以总罢工予以反击，并取得了又一次胜利。

工人们注定不会就此满足，于是，工会的自由问题遂提到了议事日程上。1867年，在巴黎举行世界博览会期间，工人们选举了新的代表团。同1862年一样，代表们起草了报告，只是这一次的言辞更为激烈。他们揭露工资菲薄乃至不断下降，揭露法律在结社问题上设下的各种“陷阱”，要求言论和集会的自由；大多数代表还要求结社权。在博览会结束后，政府并没有追究这些代表，于是，他们继续聚集在一起建立了一个工人委员会，该委员会一直存在到1869年。这是一个真正的工人议会，人们可以畅所欲言地讨论工人运动中的各种棘手问题。720
在它的保护下，各个工会建立了起来。第一个公开宣布其名称的是1867年巴黎的鞋匠工会；此后，其他的工会亦如雨后春笋般地涌现出来。

尽管如此，第一国际还是积极地发挥着它的作用。它一如既往地支持罢工运动，它最优秀的活动分子都来自那些新工会的主要组织者。此外，一种更为强硬、更为革命的态度开始取代运动初期的那种更为谨慎小心的蒲鲁东主义。它也不再掩饰自己在政治上的同情对象。1867 年 11 月，为了对当局在门塔纳采取的行动表示抗议，巴黎支部的成员参加了共和派组织的在意大利爱国人士马南墓前举行的示威运动。政府以未经允许自行结社的罪名对巴黎支部的领导人进行了起诉，并勒令解散巴黎支部。

自由的帝国

总而言之，那些想使帝国的面貌变得积极而独特的拿破仑式的创想都破灭了。此时此刻，皇帝自己也年老多病，并且受到那些自相矛盾的念头和影响力的折磨。他时而赐予帝国能够赋予的东西，时而又强行收回重要的让步，这些重要的让步不可避免地通向"自由派"的帝国，而这一"自由派"的帝国与帝国的自由主义是背道而驰的，并且只可能在帝国的废墟之上建立。1867 年 1 月 19 日皇帝刊发在《通报》上的一封信宣布开始采取第二轮的自由主义措施。请愿权被取消，取而代之的是质询权；相关的大臣需参加辩论。根据 3 月 14 日的元老院法令，元老院的权力得到了增强：它可以在某一项法令颁布之前，把该法令重新交由立法团再进行审核。法国开始逐渐走向两院制的政体。1 月份发表的这封信件还许诺将放松新闻管制，并宣布了某种有限的集会权。这两项措施属于踌躇和抵制的混合物，它们一直要到 1868 年才出台。5 月 9 日颁布的一项同新闻出版有关的法案，取消了预先审查制度和警告制度。6 月 6 日颁布的一项法案规定，只要不是政治性集会，均可以自由集会（大选期除外）。1868 年 3 月 31 日，内政大臣在《通报》上发表了一封信，最终宣布给予工会性质的结社以极大的自由，另外，8 月 2 日颁布的一项法律废除了《民法典》中的第 1781 条，亦即关于在法律面前企业主和工人不平等的条款。

帝国已经不像帝国了。反对派们会感到满意吗？对于"自由派"来说，这还不够，因为法国尚未实现真正的议会制政体，而且，关于自由贸易的问题尚未得到解决。共和派的反对者利用新的自由来宣泄不满，他们把老一辈首领们的温和的智慧抛在一边，取而代之的是激烈的、毫不妥协的反抗。"法国有 3500 万臣民，这还不包括那些对政体不满的臣民”，罗什福尔-吕塞侯爵的杂志《明灯报》创刊号如是开头，罗什福尔-吕塞侯爵虽拥有贵族的头衔，却思想激进，他所创办的这一刊物的发行量达到12万份。人们敢于公开地谈论政变。泰诺的两本小册子《1851年的外省》和《巴黎在1851年12月》，讲述了共和派对政变的抵抗。

1868年11月2日，共和派前往蒙马特尔墓地，在1851年12月3日死于街垒的博丹议员墓前举行示威，并为给烈士竖立纪念碑而发动了一次募捐活动。他们的行为受到法庭的指控，为他们辩护的律师莱昂·甘必大控诉说："这个国家的所有政权都以其诞生的日子而自豪。唯有两个纪念日从未进入这些庄严节日的行列，这就是雾月18日和12月2日，因为你们知道，如果要把它们列在其中，会引起公众良知 721
的反感。"

四、终结还是重新开始

帝国在各种攻击之下——为数尚少的共和派的喧嚣较少，压力更大的是“自由派”那些颇为阴险的威胁——缓慢但又无法逃避地被推向自我否定。这个融合了强硬及现在应被称作“拿破仑式的幻影”的“专制帝国”，现在已经不存在了。帝国已经遭受了太多痛苦的失败，也作出了过多的让步。波拿巴主义还能继续存在下去吗？它已经存在了20年，是不是已经走到了尽头？它能否改头换面获得重生呢？

1869年选举

1869年5月至6月间的选举，确认了我们即将描述的那场缓慢的失败。尽管帝国施加了各种压力，采取了种种努力——力量的对比还是发生了变化，帝国前所未有地受到革命力量的威胁，选举对帝国来说是一场失败。政府只得到了443.8万票，反对派则获得了335.5万票：两者几乎只差100万票。当然，从席位来看差异要显得更大。根据《通报》的统计，有292人获选，在支持政府的216名议员中，118人属于“官方人士”，98人属于“支持政府的自由派”；在与之相对的74名反对派议员中：49人属于自由派，19人属于民主派，6人属于激进派。

同以往一样，数字、特别是党派的类别并不能确切地反映现实。让我们更好地来观察一下局势。反对派的选票和席位都翻番了，尤其是共和派，他们在高唱胜利的凯歌，他们在各大城市都击败了政府的候选人。尽管如此，他们只在立法团中取得了25个议席，如果我们加上几个所谓的温和的自由派，如在瓦尔省当选的奥利维埃的话，那么也只有30席左右。共和派只是在农村和少数地区——总是在南部和东部——失利。他们虽然激进，但也并非铁板一块，年轻的野心家试图推翻那些老家伙的统治，共和派之间也相互争斗，以巴黎为例：罗什福尔差点儿就让法弗尔栽跟头，奥利维埃被邦塞尔无情地击败，卡尔诺则被甘必大击败。甘必大在首都革命势力较大的东北部一带，尤其是在贝尔维尔一带取得了胜利。他发表了著名的《贝尔维尔纲领》，要求各种自由、真正的普选、世俗和义务的教育，政教分离，各级公务员由选举产生，永久地废除常备军，取消经济垄断——这些要求同1871年巴黎公社提出的方案很相似。他特别提出，绝不对帝国表示妥协。他的这番红色信仰的表白令他最开明的同事也感到不安，并把某些平庸之辈推到了自由化帝国的倡导者怀中。25名共和派议员表现得同样与帝国“势不两立”，虽然他们的声音不如甘必大那么高亢。他们同其他同样也遭到削弱的反对派保持距离。确实，甘必大就在这个时候在马赛参选，并得到梯也尔的支持。甘必大表现得像是民主制度的捍卫者，这种民主制度“正因为其激进性而更加忠实于作为社会之基本原则的秩序”。甘必大凭借其威望选择了马赛的贤哲委派的职务，而不是贝尔维尔给他的那个灼热的席位，这一席位后来由罗什福尔占据。

人们注意到，在支持政府的这一边，将近一半的当选者并没有带着政府的印记参加选战，这些人被称作“支持政府的自由派”。事实上，他们表现得像是拥护皇朝的候选人，但同时又属于自由派，某些人甚至还自称“独立派”。他们是些讨人喜欢的半官方的候选人，虽然没有得到官方的正式承认。确实，这些困难的选举是件操作起来十分麻烦的事情。当无条件支持政府的候选人——这类人已变得越来越少了——看上去不可能当选时，政府会明智地作出妥协，它会支持一个往往并非完全靠得住的较友好的人士与公开的反对派候选人唱对台戏。但是，在一位支持政府、拥护皇朝的自由派人士，与一位属于反对派——这个反对派至少在大部分时间里没有公开质疑过皇朝——的自由派人士之间究竟又存在什么差别呢？这种差别往往是微不足道的，两位当选者获得的票数会近乎相等。而且，既然人们已经感受到了威胁，那么当涉及与一位绝对不会妥协的革命分子竞选时，省长若不让一位属于反对派的自由派人士过关那又有什么样的选择呢？相反，为了对付同样的革命分子，天主教自由派的反对派人士、主张贸易保护主义者难道不情愿把票投给一位支持政府的自由派人士，甚至是一位官员吗？在许多情况下，在许多地方，旧的秩序党会时而为了帝国的利益，时而为了反对派的利益而重组，或者说，在大部分时间里，它会为了一个极难确定的介乎于帝国和反对派之间的利益而重组。 722

这些党派和数字最终并没起到多大作用，应考虑到立法机构内部各派别重组的方式。组成极左派的是 25 名（暂时）不可制服的共和派人士，与之相对的是粗野地与专制制度绑在一起的 80 名货真价实的波拿巴派分子，我们称之为“马穆鲁克”。在这两者之间，则存在一个“沼泽派”或曰“中间派”，其中较难被辨认出来的是那些受到自由引诱的官员、受到“参政”前景诱惑的属于反对派的自由派人士，以及得到承认和讨人喜欢的独立派人士。在沼泽派中还产生了一个中间派：从 7 月 6 日议会的第一次会议开始，共有 116 人“要求就满足国民情绪之必要性质询政府，并以一种最有效的方式把这个问题与施政方针联系在一起”。透过此前的各种阴影和伪装，人们已经看到第三派的崛起，这个突然变得强大的派别的言论以议会纲领为中心，它排在两个可能的首脑之后，其一是宣扬基本自由的老律师梯也尔，其二是苍白的共和派人士奥利维埃。

退位？

除非再发动一次政变，否则对帝国和老皇帝来说只有一条出路：那就是最终的妥协——放弃。对于这 116 人来说，必须“组建一个向皇帝和议会负责的政府，立法机构应有权协调自身的工作组织以及与政府的关系”。7 月 12 日，鲁埃在立法团实行质询权之前宣布解散内阁，副皇帝（指鲁埃）退位，他以其主人的名义许诺将进行被要求的改革。1869 年 9 月 6 日，元老院通过决议从根本上修订了 1852 年 1 月的宪法。从今往后，立法团将和皇帝共同分享法律创议权，它将成为制度的主人，获得选举自己领导机构的权利。它将对预算进行逐项表决。两院将享有不受限制的质询权。只有根据法律来收取关税。大臣们终于被认为是“负责人”，并且是集体地充当这一负责人。他们既可以是参议院的成员，也可以是众议院的成员，但要明确的是，他们只“对皇帝负责”。

历史学家们对此存在不同的看法。帝国真地实现了议会制了吗？是“准议会制”还是“主张自由的议会制”？毫无疑问，大臣负责制尚未明确确立。但在这一点上，我们应该记得，以前的宪章也不见得更为明确。“自由派”所谓的议会制政体依旧在运行之中。事实上，拿破仑三世已准备向议会提出退位。12 月 28 日，他在写给奥利维埃的一封信中的一些语句可以作为佐证：“我请求您能够让我帮你任命一些人，可以和你一起组成一个能够忠实地代表立法团多数人的内阁。”

这也满足了已经去世的自由派莫尔尼的心愿。奥利维埃曾经是他竭力想要收买的对象，但这位共和派人士的声望不断减退，现在已经沦落成为一个波拿巴派中的左翼分子。1870 年 1 月 2 日，他组建了一个多数派的内阁。要费力地把中右派（在政治上更拥护波拿巴主义而
723 非议会制）和中左派（在政治上更拥护议会制而非波拿巴主义）捏合在一起不无困难，但这恰恰正是议会制体系的一个特点。这是一个有着“良好意愿的内阁”，之所以这样说是因为它没有时间去实现任何愿望。但在这些愿望中，我们可以清楚地看到一点：1870 年的自由帝

国和1860年的帝国自由主义恰恰相反。1860年的自由主义是同天主教妥协的产物，而1870年的帝国则恰恰相反，是向日益激进和迫切的工人运动公开宣战的产物。这很可能会回到贸易保护主义。显然，在同英国签订的为期10年的协定到期之后，法国并不打算续约。这是法国追求过度而代价巨大的国际威望政策的终结——至少对于自由派们的美好愿望而言是如此。奥利维埃具有这样一种倒霉的才能，即在不合适的时候说出一些不该说的话，而且这些话还流传了下来：他说道，“我们至少可以让皇帝安度晚年。”这难道不是对皇帝想要退位的一种说明吗？

回归本源

1870年4月20日颁布的最后一项元老院法令完成了议会制帝国的建设工作。这一次人们不再对法律进行修正而是对1852年的宪法进行了决定性的大修改。改革得到了确认并走上了正轨，此外还增加了两项重要的新措施。根据第19条款，“皇帝任命和撤换大臣，大臣们是负责人。”这也正是1814年宪章的原话。元老院成了第二个立法院，亦即贵族院，但因此也就失去了制宪权。“宪法只能根据皇帝的提议，由人民进行修改。”人们认为，普选制并没有回到七月王朝的美好时光。

确实，皇帝的特权依旧存在，而且恰恰是因为普选这一因素，这种特权变得比以往的君王所具有的特权更大更危险。皇帝，以及那些悲伤地看到波拿巴主义的一切均被人嘲笑的主张实行专制的帝国派们，他们要以自己的方式对高奏凯歌的议会制要弄最后的花招。既然对宪法的任何修改都必须得到民众的认可，4月的元老院法令也必须经受1870年5月8日的全民表决。这里提出的问题显然是似是而非的：“人民赞同皇帝根据1860年的宪法框架提出的自由改革。”谁会不同意那些他们已经赞同的自由呢？如果表示赞同的话，那么就会增加皇帝的特权和权威。对此，共和派表示反对，极左派劝人们投弃权票。自由派则感到不安；梯也尔倾向于投反对票，而基佐则倾向于投赞成票，内阁本身也产生了分化，几个中左派的大臣退出了内阁。但法国人民则予以积极响应：735 万人投了赞成票，153.8 万人投了反对票。皇帝欣喜若狂："我又重新获得了这个票数。"实际上，这次投票的结果同 1852 年一样，超过 700 万人投了赞成票，反对派失去了一半的票数。左派目瞪口呆，"帝国比以往更为强大了。"

矛盾之处正是在这里——这并非内阁责任制问题，说到底这只是次要问题。议会制的帝国已不再是帝国，波拿巴主义者的政体已经不复存在；但皇帝还在那里，法国人民没有背弃其对波拿巴这一姓氏的忠诚之情。关于皇帝的特权和议会特权之间的争论该如何了结？这是结束还是重新开始？当时尚未对此作出回答。

1869 年和 1870 年："社会年"

然而，一种危险，亦即革命的危险出现了，大选期间，人们曾不无道理地挥舞过这一吓唬人用的"稻草人"。

经过了 1868 年的短暂平静之后，罢工运动在 1869 年和 1870 年卷土重来。它几乎席卷了所有的行业和主要的工业城市。1864 年有关罢
724 工的法律颁布后不久出现的第一波罢工浪潮主要出现于巴黎；但现在这一波罢工浪潮则主要发生在外省。起先是 1868 年底到 1869 年初诺曼底纺织工人的罢工，继而是 1870 年阿尔萨斯纺织工人的罢工。1869 年 6 月，中央高原的矿工举行的罢工招来了军队的干预，并造成人员伤亡：1869 年 6 月在里加马里死了 13 人，同年 10 月在奥班死了 14 人。1870 年 1 月和 3 月，在议长施奈德的"封地"勒克勒佐相继爆发了两场罢工。所有的罢工均以失败告终，因为无论是鲁埃还是奥利维埃主持的政府都决定镇压罢工。但是，这些罢工是工人运动的活力不断加大的佐证。工会组织的不断增加同样说明了这一点：从 1867 年到 1870 年，巴黎成立了 70 个工会，里昂和马赛分别成立了 40 个工会。各工会协助建立了地方性的劳工联合会，这亦是 30 年后的劳工联合会的雏形；1869 年初鲁昂出现了第一个劳工联合会，12 月巴黎劳工联合会成立；接着，里昂劳工联合会和马赛劳工联合会分别于 1870 年 3 月和 4 月成立。

经过了 1868 年的诉讼之后，第一国际在法国的影响力曾不断减

弱，但它在此时卷土重来，而且这次的势头更猛。1869 年，它在各主要城市均重新建立了支部；它们的领导者来自于新的团队，其成员是坚定的集体主义者、共和派与革命分子——在巴黎有装订工瓦尔兰和染布工马隆，在鲁昂有石印工奥布里，在里昂有里夏尔，在马赛有巴斯特里加，后两人均为商行的雇员。较之在 1866 年或 1867 年，这些第一国际的成员进一步充当了正在发展中的工会运动的真正推动者的角色。他们到处组建劳工联合会，他们是几乎所有罢工运动的幕后组织者。国际工人协会的会员很快增加到了不只是某位深感不安的警察所说的数以百计，而是增加到了成千上万人。

不断加强的工人运动在法国政治中的地位让人前所未有地感到困惑。那些第一国际的成员，工人社团的积极分子重新加入到了激进的反对帝国的共和派运动之中。“有人说劳动是受制于政治的，所以我们必须参与政治。”那是蒲鲁东所宣称的“工人阶级的政治能力”的年代，但是，此时的工人运动的发展远远超越了温和的改革派的预期。人们看到的是法国的首个革命性的工团主义。工人们想要消灭帝国。他们从心底召唤共和国，它能带来并保证一切政治自由，也可以巩固并实现他们即将获得的自由，共和国将让生产者自己来实现生产资料的公有化。因为每个行业的新工会不仅仅被赋予了维护本行业直接利益的任务，它们还想逐步控制工厂和车间，他们相信取代那些剥削人的工厂主是为了让工厂更好地运作。

共和派的接班？

自从 1869 年大选以来，在得到了工人阶级的增援之后，激进的共和派的反对派决定乘胜追击。它在议会的演说家，以及越来越多地施加的压力让帝国难以忍受。它还不断在巴黎举行一些复仇性的集会和游行。1870 年 1 月 12 日，当 10 万人在罗什福尔和纳伊的带领下，参加因同皮埃尔·波拿巴亲王发生争执而被打死的共和派人士维克多·诺瓦尔的葬礼时，巴黎几乎处在了暴乱的边缘。奥利维埃应当“将革命拦腰抱住”，他在 1870 年 6 月下令逮捕了全国各地的第一国际的领导人，并重新解散这个组织。与此同时，他还发现（或是捏造）了一个威胁到皇帝性命的阴谋，并以此作为囚禁革命领导人的借口。

这是否说明了共和派已经做好了接班的准备，革命已经近在咫尺
725 了呢？不，革命还很遥远！有人已经强调指出，共和派其实是城市中，尤其是各大城市中的旁观者。此外，还需要补充的是，他们只是在巴黎这一富有造反传统的城市里才真正拥有人数众多的革命分子。崇尚武力的极左派和激进的革命分子，即那些人们还以雅各宾派或布朗基派相称的人，他们纪律严明，意志坚定，但是从数量来说却是微不足道的。第一国际的成员无论是在共和派内部还是相对于共和派的舆论而言，都只是占了微不足道的少数。温和的资产阶级共和派占了大多数，甚至在有可能采取激进行动之际也是如此。这些人对于这种可能带来可怕后果的过度动荡以及这种依靠工人积极分子进行的危险的社会计划不无担忧。即便是在战斗的阶段，也无法统一所有人的意见。在此存在着人员或组织之间的对立，例如，布朗基派和第一国际派就长期处于敌对的状态：布朗基派指责第一国际派为伪装的帝国分子。从更深的层面来看，恪守旧的传统者和年轻的第一国际的社会主义者之间存在一道鸿沟，前者生活在对 1793 年和 1848 年的回忆之中，后者则怀有民主和社会主义共和国的新思想。后者的计划对于前者来说过于“现代”，以至于无法被过于“古典”的前者理解和接受——我们还将在巴黎公社时期看到这一点。

带着“轻松的心情”走向战争？

让帝国走向死亡的并不是共和派或社会主义者发动的革命，它是在拿破仑式的最后幻想和冒失中灭亡的。自从萨多瓦战役以来，法德两国之间的冲突不断。就法国而言，皇帝为了平衡德国日益增长的力量而要求俾斯麦进行补偿，以此作为对法国在 1866 年的不确定的中立地位的“小费”，但俾斯麦的拒绝让皇帝感觉受到了侮辱。法国每次都不断降低自己提出的要求，先是提出恢复 1814 年的边界，而后提出归还比利时，最后只要求得到小小的卢森堡。但这一切均属徒劳！于是，法国人开始同奥地利人和意大利人进行认真的谈判，以防止德国有进一步的举动。在莱茵河的彼岸，为对付“世仇宿敌”而把德国人

重新聚集起来，为增强他们统一的决心提供了契机。俾斯麦用尽了一切办法。难道不正是法国阻止了德国的完全统一吗？1866 年和约只允许建立以美茵河为界的北德意志联邦。

当霍亨索伦王室的利奥波德亲王在俾斯麦的提议下成为西班牙王位的候选人时，法德之间的关系走到了破裂的边缘。1870 年 7 月 3 日，消息传到了法国，仅仅 4 天前，奥利维埃还宣告——这是他那些不合时宜的言论的又一例证："和平的维持比任何时候都更加稳固"。法国无法容忍一个德国人坐在"查理五世的皇位上"，它要求德国撤回这一提名，并于 7 月 12 日得到了普鲁士国王的同意。奥利维埃又说，"我们保住了和平。"他确实想要和平，但是，他忽视了主战派的存在，他没有看到那些身处局外的主张专制的波拿巴派正很自然地团结在皇后的身边。他们重新看到了巩固已受到动摇的帝国权威的机会，并力求恢复帝国的真正含义。同以往一样，一场外部的胜利就足够了。身体衰弱的皇帝也认为这不无益处。他们要求普鲁士保证将来也永远不支持霍亨索伦王室成员作为候选人。普鲁士国王威廉满足了这一由法国大使伯纳德蒂提出的过分要求，但是，俾斯麦对埃姆斯电报作了带有侮辱性的解释："陛下拒绝接见大使，并命副官通知后者，他没有任何可与大使交流的。"全巴黎人，甚至是巴黎的共和派，尤其是巴黎的民众和爱国人士都感觉受到了侮辱。立法团不顾梯也尔的反对，投票赞成进行战争。7 月 19 日，法国向普鲁士宣战。奥利维埃道出了他最后的不合时宜之语："对我和我的同事来说，从这一天开始，我们将以轻松的心情接受一项重大责任。我想说的是，即使是将来的悔恨也不
会破坏我们的这种心情，因为战争既然是我们选择的，我们也应承受 726
之。"历史会牢记这个爱好和平者将带着轻松的心情来迎接一场灾难性的战争。

法国军队在这最后的关头还是没做好准备。立法团在 1868 年大幅修改了旨在为职业军队建立庞大的后备人员的军事改革方案。普鲁士灵活而现代的战争机器远胜过法国方面。8 月初，三个军的普鲁士军队突破法军在阿尔萨斯和洛林的前线。8 月 18 日，巴赞率领的法军主

力在梅斯被普军包围。在经历了第一波的连续失败之后，奥利维埃内阁被解散，取而代之的是一个以为可以复仇的实行专制统治的内阁。但人们无法忍受这一内阁，因为法国还剩下的由皇帝亲自指挥的军队，竟然笨拙地被普鲁士军队围困在色当盆地并于 9 月 1 日投降。当军队溃败和皇帝被俘的消息传到巴黎时，帝国就崩溃了。9 月 4 日，巴黎的民众在一小群机敏的布朗基派革命者的带领下冲入立法院。由巴黎的共和派议员组成的临时政府在市政厅宣布成立。如同在 1830 年和 1848 年一样，外省忠实地进行了响应；里昂甚至早于巴黎几个小时就宣布了共和国的成立。在几个月之前还貌似强大的帝国，已不再有任何捍卫者。

五、1871 年事件

共和国就这样草草地宣布成立了，专门用来写第二帝国的本章，也许应该在此画上句号。不过，1871 年的巴黎公社，也就是说已经属于共和时期的巴黎公社依旧得由我们来记述。帝国的债务并没有完全偿清。如此糟糕地进行的这场战争还在延续，而因为指挥不当，法国已经几乎不可能再取得胜利。只是在原则上起来建立起来的共和国，其保障仅仅是巴黎人民的一致欢呼。在 1871 年 2 月 8 日进行规定的国民议会选举之前，掌权的不过是个临时政府。只有国民议会才能以法国的名义，亦即不仅是巴黎的名义，同时也是外省和农村的名义，在 3 月 1 日宣布帝国的真正灭亡。同样在这一天，它还将接受令人屈辱的和约条款，巴黎公社成员的起义是受到侮辱的爱国主义的一场大爆发。从更深层的意义上来说，这是在遭受帝国压迫的年代成长起来的巴黎工人阶级的最后一次斗争。让我们在此暂时信奉马克思说过的这句话："巴黎公社与帝国形成了鲜明的对比。"

国防政府

刚掌权的这个班子缺乏团结。首先，它的年龄层趋于老化：11 个成员里有 7 人，即便没有超过 60 岁那也是年近花甲。另外，它也不够协调：里面有许多1848年或更早的“老家伙”，如加尼埃-帕热斯、格莱-比祖安或阿拉戈，还有两名在1869年是绝不妥协分子的年轻人罗什福尔与甘必大。特罗胥将军被选为政府首脑，因为他是巴黎卫戍部队的司令。这个来自布列塔尼的军人，如果说他曾经是一个有所保留的波拿巴派分子的话，那么他现在同样不能算是一个共和派人士。这个班子承受着巨大压力，巴黎人在把他们推向权力顶峰之后不久便指责政府卖国，直至当时的某个历史学家曾严词斥责这个“儒勒们的共和国”[①]；不过，这些人当中只有三个人的姓名中带有这个不幸的名字，而且，这一政府内部还包括三名未来的“第三共和国”的政府总理，他们均非等闲之辈。当然，这只是艰难局势下的一种不正常的情形。

这个班子很快就产生了分化。首先出现的问题是它自身的合法性。其中的一些人，如法弗尔、费里等希望立即进行选举，这样就可以建立一个稳固而强大的政权。甘必大和西蒙则表示反对，他们认为在如此危急的情形下诉诸选民是不合适的，而且这样的选举对共和派来说也不会成功。几个月之前，法国的农民不是刚刚在全民表决中把票投给了重新获得活力的波拿巴主义了吗？他们准备推迟选举，但这个政府却对于自身的合法性感到担心。它既不是正常的政权，也不敢成为革命的“救国委员会”。“这个政府并不是一个政治意义上的政府，而只是一个负责国防的政权。” 727

国防？总的来说，政府的成员根本无法确认胜利的可能性。只有甘必大一人相信这一点。10月初，他乘坐热气球离开被围困的巴黎到达图尔，试图在那里发起一场靠不住的外省的抵抗运动。但与之相反的是，临时政府并不愿放弃首都。这是严重的失误吗？或许如此。但令巴黎人无法容忍的是，这个他们刚刚为之欢呼的政府竟可耻地寻找借口。让我们来看看巴黎：尽管巴黎人民的革命热情高涨，但形势却

---

① 此处的儒勒们系指费里、格列维和法弗尔，因为他们三个人的名字皆为“儒勒”(Jules)。

近乎令人绝望。9月19日，普军越过塞纳河，到达卢瓦尔河，巴黎被团团包围。法国的整支军队成为俘虏。10月27日，巴赞在梅斯背信弃义地不战而降，交出了最后一支法国军队。他们没有等来任何的援助；梯也尔以新生共和国的名义（他能感受到这个共和国的倾向性）向欧洲各国求助，但都遭到了拒绝。政府方面只能停止战斗，但是他们又不敢这么做。普鲁士人的要求过于粗暴，但是，还得考虑到巴黎人民的极端情绪，他们在9月4日宣布共和国成立的同时也宣布要进行“殊死战斗”。政府消极抵抗，只等巴黎人民弹尽粮绝，放弃抵抗。

应该指出的是，甘必大的这种知其不可为而为之的尝试是一种年轻人的热情的表现。他的同僚们带着轻蔑和不安的态度称其为“图尔的专制者”（事实上，他被看作是1792年的丹东）。甘必大建立了一些军队，共计60万人。军队是在仓促中建立的，因此，这些人也不那么服从指挥。人们不可能强迫他们去夺取胜利。从11月到翌年1月，相继来自卢瓦尔省的两支大军徒劳地想来给巴黎解围。他们虽然付出了巨大的努力，但是却一无所获！他们还能继续坚持下去吗？看起来这个年轻的保民官并无法得到他所追求的那种民族精神的大爆发。不管怎么说，临时政府没有同甘必大商量，就于1871年1月28日在巴黎向普鲁士投降。

俾斯麦要求由一个正常组成的政府来签署和约。人们将在2月8日进行国民议会的选举。国民立刻作出了回应，其结果超出了共和派的最坏估计。占人口多数的农民想要和平，由他们选出的代表充斥设在波尔多的国民议会，在650名当选者中，绝大多数，具体地说是超过2/3的人是主和的保守派和保皇派分子。甘必大的政策被正式否决。有理由等待自己在26个省份同时当选的这一天的梯也尔，被任命为“法兰西共和国行政权力首脑”。这个在1870年最后捍卫和平的人，却参加了就这项灾难性和约的条款进行的谈判，并于5月10日在法兰克福最终签署了这一和约。法国失去了阿尔萨斯和洛林的部分地区。而且只有在法国偿清了50亿金法郎的战争赔款后，普鲁士军队才会从法国撤军。

城市

但巴黎对此并不表示认同。巴黎是法国的首都，是她的“头脑和心脏”，正如一首古老的诗歌所说的那样，“巴黎是独一无二的”，很久以来她都一直决定着法国的命运。她发起革命，然后由外省跟着响应。这座在人们看来过分骄傲的城市，即将接受其悲剧性的惩罚。

巴黎在19世纪成了名副其实的“怪物”，它是生长在法国上面的一颗巨大的寄生毒瘤。历史学家谢瓦利埃向我们展示了这座城市在19世纪前半叶如何疯狂地生长，以至于问题丛生，积重难返。巴黎在 728
1801年的居民人数为55万，到1850年左右竟然超过了100万，人口的过度增长与狭小的城市空间显得极为不相适应。总是大量地涌入这座城市的“劳动阶级”的可怜之人，趋向于同“危险阶级”的犯罪分子们混在一起，后者不仅存在于资产阶级见证人惊慌的头脑之中，也存在于确实是病态的现实之中。这种现象在1830年或1848年的革命动乱中并不罕见。即便这一说法有几分夸大，但这个城市绝对是病态的。尽管奥斯曼省长为此采用了“猛药”，但这种疾病在帝国时期还是在不断恶化。从1851年到1856年，巴黎及其近郊增加了25万人。有如中风病人的这座城市的病情继续在恶化：1860年，巴黎将其近郊并入市区，及至1870年，新巴黎的人口已接近200万。

在此又增添了一个新的事实。奥斯曼已经对老巴黎的中心城区进行了治理，尽管他采取了一些外科手术般的措施，但新移民还是不断涌入巴黎，在这一过程中，此前初露端倪的不同群体之间的隔离，时下已经成为了一个显而易见的事实。富人们依旧住在中心城区，而占人口多数的劳动人民则总是被赶到郊区。从此以后，中心城区将被革命力量所包围。有句老话说得好，“把胖的和瘦的分开是不好的。”而一位同时代人则写道：“人们在巴黎内部建立了两座截然不同、彼此敌对的城市，一座是奢侈之城，另一座是悲惨之城，前者被后者包围……在这里，我们让各种诱惑和贪欲相互争斗。”居住在蒙马特尔和贝尔维尔的平民，确实对居住在中心城区的富人构成了威胁。“从贝尔维尔路过”，这是让资产阶级感到恐惧的事情。“巴黎公社”在一定程度上意味着那些被赶到郊区的人重新夺回了巴黎的中心，亦即真正的巴黎。

这都是些什么样的平民，什么样的民众呢？在 1866 年统计出的 180 万居民中，有超过 100 万人靠赚取工资为生，其中有 73 万是工人。在 37 万名雇主中，有一些是小企业主，我们很难把他们和他们的雇员区分开来。在 12 万靠房租生活的人中，又有多少人也因为贫穷而被归入穷人之列呢？这些人不属于无产者。大工厂、大制造车间并不多见，普遍存在的乃是中小型作坊。而且，从事传统行业的人占了大多数：从事服装业的人员有 30 万，建筑业有 16 万，卖艺为生者有 16 万，而从事金属冶炼业者则差不多有 10 万。不过，手工艺人已不复存在，他们都已成了工人阶级中的一员。人们已经看到了巴黎工人组织的力量和活力。

被包围的城市

病入膏肓的巴黎发觉自己即将陷入一种特别的境地。当时担任巴黎市长的费里在“沦陷的疯狂”中看到了一丝起义的理由。这种解释不无理由：在五个多月的时间里，巴黎无论是在物质和心理方面均与外界隔绝，巴黎物资匮乏，许多人遭到饥饿的威胁，死亡率是平时的三倍。但一切并没有那么简单。

最早向巴黎袭来的热情是爱国主义的热情。人民拿起了武器，并加入到政府原先不允许有大量平头百姓加入的国民自卫军中。人们组建起了 250 个营，但政府在尽可能地避免调用他们，因为对于力图维持秩序的政府来说，武装起来的城市始终是一件可怕的事情。不过，在国民自卫军中所弥漫的只是一种战胜敌人的狂热气氛，人们试图冲破普军的封锁“突围”。这又再度让人想起了大革命，想起了 1792 年的那些名词：群众起义、救国委员会、胜利的组织、如果有必要就采取恐怖措施。不久，“公社”一词也冒了出来。

借助 9 月 4 日的事件，革命力量再次得到了组织。每一个区都有革命分子的俱乐部，这是一次言论自由的大释放。从 9 月 5 日至 10
729 日，在第一国际的积极分子、激进的革命派和雅各宾派的推动下，巴黎的各个区都建立了“警惕”委员会。随后，这些委员会又建立了“20 区中央委员会”。9 月 15 日，该委员会提出了一项纲领：与普军战斗到底，直至取得胜利；建立一个真正的共和、民主和社会的政府；眼前，该委员会则通过定量配给和征用的办法来平均分配基本的生活用品。

人们并未从一开始就如此怀疑政府，它的种种举动都是为了帮助政府，即便是布朗基本人也号召各党派捐弃前嫌，以便取得最终的胜利。但是，激进的爱国人士注定更为“警惕”。政府很早就显示出其在国防方面的热情不够。它尤其反对选举产生一个巴黎的市政当局，因为后者很可能会摆出另外一个政府的架势，会变成 1792 年和 1793 年时的“公社”，以革命的方式对常规的议会施加种种压力。谣言四起：有可能是中央委员会先采取行动，各俱乐部随之响应。市政当局，或者说是公社已不再是一个“临时政权”，它是一个直接来自于人民的政权，并将取得胜利。它的力量同时既明确又模糊，而且它还承载着下层人民的各种含糊不清的社会期望。

但是，人们应该清楚地看到，围城期间革命者的听众是何等稀少。9 月是他们的幸运月，在此之后，除了几个革命力量比较集中的地区，他们的力量在不断减弱。鉴于对临时政府中的“投降派”越来越公开的意图感到担心，这些爱国人士试图在 1870 年 10 月 31 日将它推翻。贝尔维尔动手了，但巴黎并未随之跟上。与之截然相反，政府在 3 天后成功地进行了全民表决：反对者刚刚达到 6 万人，而支持者却多达 30 万人。于是，政府可以同意在 11 月初进行市政当局的选举。选举并没有产生公社，革命力量只在 4 个区获得了胜利。之后，革命力量进入了枯水期，俱乐部的活动进展不顺。翌年 1 月初，中央委员会徒劳地通过第二次发布的红色布告，充当企图夺取政权的“代表团”。该份公报宣称：“席位归于人民！归于公社！”但遗憾的是，他们在第二个“不同寻常的日子”，亦即 1871 年 1 月 22 日遭到失败。上述的一切证明，在巴黎确实存在着一个革命“派”，但是，它只是一个没有多少人马的指挥部。“公社”一词应运而生，并在巴黎被围期间缓慢地传播开来。但是，公社并非诞生于巴黎被困期间。

反叛的城市

战争的失败将引发起义，这直接对共和国构成了公开的威胁。此时的费里是一个头脑清晰的见证人：“每个人脑子里想的都是战争，而这场五个月之久的斗争却通向一种巨大的欺骗，全体法国人都陷入了其根本不会想到的最大的幻觉之中。”1 月 28 日的投降把巴黎搅得天翻地覆。所有的国民自卫军战士，无论是资产阶级还是人民大众都感到义愤填膺，接着又传来了另一个令人震惊的事实：投降派和君主派入选国民议会。整个巴黎都把选票给了共和派——最先当选的那些人是路易·勃朗、雨果和甘必大。有人传说奥尔良亲王刚刚返回法国，尚博尔伯爵正在准备即位。先是战败，继而是复辟，这同 1815 年别无二致。于是，巴黎准备发动起义。

领导这次起义的并不是巴黎被围期间的革命组织，而是一股在 2
月选举的动荡时期崛起的新生力量——国民自卫军各营联合会。这股
新生力量自发地从人民中产生，后者包括工人、工匠、窘困的小资产
阶级，因而都属于爱国的共和派。始自 2 月中旬，每个营都选出了各
自的代表，以便更好地适应联合会组织的章程，该组织的纲领简单而
坚决：法国只能是共和国，共和国至高无上，甚至高于普遍选举。3
730 月，开始选举国民自卫军中央委员会，该委员会将成为联合会的领导
机构。

巴黎沸腾了。国民自卫军的各个营每天都相继来到巴士底广场，既为了表现共和派的愤怒，也为了纪念 1848 年二月革命中牺牲的革命分子。第一国际，另一个中央委员会，也就是巴黎 20 区中央委员会，对于这一竞争者首先表现出来的是轻蔑之情，但最终亦同意加入到他们之中。国民议会拒绝留在首都，而是迁到了凡尔赛。这一为了“国王们的城市”[①] 的利益而取消巴黎首都地位的做法，对巴黎人来说是一个新的冒犯。此后，任何一个轻微的事件都会引发一场剧烈的冲突。

① 此指凡尔赛。

由此，发生了 1871 年 3 月 18 日的事件。

3 月 18 日

事实上，梯也尔的政府试图结束这样的局面。对他来说，威胁首先来自依旧处于武装状态的巴黎，后者以受到威胁的共和国的名义顽固地拒绝解除武装。国民自卫军的装备很差，只有 227 门大炮，分别存放在蒙马特尔、贝尔维尔和卢森堡公园一带，他们小心翼翼地看守着这些大炮。3 月 18 日凌晨，梯也尔发动了一场大规模的军事行动。此次行动准备不足，部队在执行任务时缺乏积极性。人们，尤其是妇女，在蒙马特尔高地公园对军人们进行劝说，士兵们遂拒绝作战。蒙马特尔人抓获了两名将军：勒孔特和克莱蒙·托马斯，并立即对他们执行了枪决。人们永远也无法知道这次快速执行的任务的负责人是谁：只知道他们的名字叫民众。

这本来只是一桩严重的突发事件，但到了白天，它已演变成为一场规模空前的事件。战鼓声响彻在各个工人区，预示着即将发生的暴动。政府迅速撤出巴黎，逃到凡尔赛。在这一政权突然撤出巴黎后，巴黎只剩下一个机构能够恢复一些秩序，控制某些局面，这就是国民自卫军中央委员会，它在不情愿的情况下在 3 月 18 日成为了巴黎的主人。

人们谈论着这样那样的阴谋。国民自卫军中央委员会的组成一直受到阻碍，它甚至还没有最终得到建立；它的成员中只有少数人参加了 3 月 18 日的事件。同 9 月 4 日一样，只有布朗基主义者在起义中按照既定的方针采取了行动。他们知道要通过参加起义来控制政府刚刚丢弃的重要中心。那么，梯也尔是否真的老谋深算，其离开巴黎只是为了更好地夺回并征服巴黎呢？这位小个子男人成了一个传奇，他以自己的军事艺术自夸，并在随后的日子里让人们相信了这一点。更为可能的一种情况是，他一度出于恐慌，不顾其多位同僚的强烈反对而仓皇出逃。他没有预料到首都会产生如此剧烈的变动，尤其没料到军队竟然会倒戈。

3 月 18 日的事件并非一场革命，充其量只是一次起义，中央委员会在其出乎意料的胜利后不久所处的困境，也只能说明这一点。接着开始了奇特而不确定的一周。巴黎赖以生存的中央委员会勉强占据并管理着被丢弃的行政和内阁机构。但是，它强调自己“并非一个政府”，似乎只是在不停地为当前的困境寻求一种合法的解决办法。人们通过巴黎的一些区长和议员同凡尔赛方面进行谈判。巴黎只希望共和国获得正式的保障。它只要求进行市政当局的选举（也可以说是“公社的”选举，两者的区别似乎不大），但要求拥有“可靠的市镇特权”。经过长期而混乱的讨论之后，选举定于 1871 年 3 月 26 日举行。这些选举最终确立了“公社”。

巴黎公社

731 在 47 万名选民中，只有 23 万人参加了投票。2 月，投票人数曾接近 30 万：这大大超过了 1870 年 11 月 3 日全民公决时的人数。即便我们把巴黎解除包围以来那些富人区选民撤离巴黎的因素考虑在内，较之 2 月的选举，此次选举中未参加投票者仍颇为可观。此外，这 23 万票并非全部投向公社的成员，有 18 名“资产阶级人士”当选，但他们拒绝就任。巴黎公社的当选者只代表了巴黎人口的一半左右。

其他所有当选者几乎都属于在围城期间无法达到自己目的的各革命组织，并且主要属于 20 区中央委员会。这些人包括雅各宾派、布朗基派以及热情的革命者，在革命完成之后，他们并没有想要停下来。布朗基不在他们之列，在 3 月 18 日的前几天，这个永恒的“坐牢者”再次被关入监狱。除了他们之外，还有几名第一国际成员，这些人的存在可能使这次冒险具有更明显的社会主义色彩。

由此，人们正走向冒险。刚刚选举出来的公社的性质究竟如何呢？仅仅是一个具有先进思想的巴黎市议会吗？还是一个与凡尔赛政府对抗的“唱对台戏的政府”呢？从一开始，公社委员会就摆出一副政府的姿态，并任命了类似于小型内阁的各个委员会：财政委员会、司法委员会、教育委员会，甚至还有外交委员会，而且，同 1793 年一样，还建立了救国委员会。但是，公社委员会难道不仅仅只是处理一些日常事务吗？事实上，公社不得不，而且也希望同时承担起各种职责。

它担负起了首都的市政管理职能。与此同时，它自认为是一个“临时”政府，根据既定的事实，以“真正的”共和国以及等待“真正的”选举的名义，否认了叛逃到凡尔赛的议会及其伪政府的权威。在2月份受到愚弄的法国要当机立断；巴黎，这个总是把法国引上正确道路的城市，很清楚自己的权利。

自由的城市

但是，在此期间，一个只统治着一个城市的政府究竟算什么呢？即使这个城市是巴黎。在这样一种混乱的局势下，某些人——蒲鲁东派的社会主义者——可以为他们提供一种理论上的支持。不久前，蒲鲁东派的导师还宣扬过联邦制，废除中央集权，把法国分成很多个同样大小的自治市镇[①]，然后让这些市镇自由结成联邦。“自由的巴黎”——这是当时的一句口号——是否是“公社”的首创，从而为这个国家的其他地区作出榜样呢？这一蒲鲁东式的辩解首先体现在公社的宣言，尤其是4月19日发表的“告法国人民书”中。“巴黎需要的是什么？公社的完全自治，并扩展至法国的所有地区……巴黎的公社同依附于契约的其他公社一样，只有有限的自治权，公社的联盟将确保法国的统一性。”最大的悖论是马克思从他的死对头那里借用了巴黎公社，并通过巴黎公社确立了他认为有必要废除国家的理论，这一理论在马克思对各类事件的评述中不断得到发展。

法兰西内战

这些理论架构显然不对大多数雅各宾派成员的口味，对后者来说，革命首先是回归1792年和1793年的传统，建立国民大会，在“救国委员会”无情的决心的鞭策下——必要时实行专政——把巴黎和法国引向革命的胜利复兴。这样，巴黎人就会发现，共和79年的共和国的公社成员同共和二年的无套裤汉同样充满热情。种种矛盾就来自这里——所有宣言中最富有“联邦主义”色彩的宣言最后都一成不变地

① communes，一译“公社”。

732 以高呼“统一而不可分割的共和国万岁！”——这有多么地不和谐啊！

这个奇异的公社，说到底也不知道自己到底是什么，那么它究竟能够做些什么呢？当然，它“首先想到的是自我防御”。4 月 2 日，凡尔赛方面已经发起了反攻，巴黎面临着再次被包围的危险。不过，它还是再次受到了围困。巴黎公社首先要确保共和国的巩固。巴黎公社此时采取的一些措施，后来在第三共和国时期都得到了实现：政教分离，世俗的免费的义务教育。接着，公社迅速解决了压在巴黎人民头上的一些问题，这些问题的解决与否决定着他们是否会成为无产者。对小商人来说，他们长时间没生意可做，他们希望到期的票据可以延期支付。对于大量的贫穷的租户来说，他们希望取消自 1870 年 9 月以来的所有欠租。对于赤贫的人来说，他们希望能够免费归还抵押在当铺里的物品。公社成员是社会主义者吗？马克思给了我们否定的答案：“除了他们在特定的环境下在某个城市发动了起义之外，大多数的公社成员根本不是也不可能成为社会主义者。”但公社曾有过这方面的想法。且不论公社禁止面包店在夜间工作——这是一种不得人心的举措——或取消车间的罚款制度，教育委员瓦扬提出的关于职业技术教育的计划，尤其是劳动委员会的紧张活动，受到了第一国际成员的推动，并与正在迅速恢复的工会存有联系。根据劳动委员会的要求，公社在 4 月 16 日发布了一项法令，将逃离巴黎的工厂主所丢弃的工厂“置于公社的管理之下”，并交由工人联合协会组建的合作委员会管理。不过，人们只来得及让十来家工厂如此运行。第二帝国垮台以来工人社团提出的“工会化”，以及自行管理生产资料的纲领，开始得到实施。

血染的城市

显然，冒险只是导致了最为悲壮的失败。首先，公社成员内部就不团结。随着凡尔赛军队的迫近，“自由法国的自由巴黎”这一乌托邦式的理想在人们心头变得模糊起来，它只是几个空谈家的幻想罢了。雅各宾派的声音总是在公社大会内部占据优势，它以为，凭借昔日的响亮口号，可以奇迹般地祛除危险。但在 1871 年，这类建立能够“决定胜利”的救国委员会之类的口号，已不再具有当年的号召力。公社大会此后分裂成“雅各宾”多数派和社会主义少数派，前者徒劳地匍匐在昔日的偶像前，后者虽然意识到这另一幕滑稽剧中可笑的虚荣，但它的表现也不见得好，而且巴黎人民也没有追随它。

但是，特别要指出的是，当公社方面所能支配的只有国民自卫军的队伍，而公社负责军事的所有代表，甚至连参加过起义的爱国志士罗塞尔也无法让这些军队服从纪律的时候，又怎么能够有效地抵抗耐心地聚集在巴黎城门之外的梯也尔的大军呢？巴黎公社之所以注定失败，尤其得归因于它仅仅是“巴黎的”公社。外省的农民对公社感到恐惧和憎恨，因为公社的成员很容易被看作“平分财产的人”。几个城市发动了起义，里昂、马赛、纳尔榜、图卢兹、勒克勒佐等地建立了公社，但都是昙花一现：别处的运动与其说是社会主义运动，还不如说是激进的共和派运动。过于特立独行的巴黎孤军作战，由于它走得太远了，所以无法再引导法国。这座城市刚刚丧失了自 1792 年以来一直行使的至高无上的革命“领导权”。这是一个巨大的转折点，从这个意义上来说，1871 年的巴黎公社是 19 世纪法国的最后一次革命。

镇压是残酷的。5 月 21 日，凡尔赛方面的人进入了巴黎，战斗一直延续到 5 月 28 日。在流血周的那八天当中，我们很难说这一周如此漫长究竟是因为公社成员抵抗程度之激烈，还是因为凡尔赛的军队故意拖长了镇压的时间。死亡的确切人数将永远不得而知，我们只知道 733
不会超过 3 万人。有 4 万人被捕，其中有 1 万人被判刑，绝大多数获刑者被流放到了新喀里多尼亚，其中很多人在那里一待就是 10 年。

军事法庭为被逮捕者所建立的一些统计数据，可以让我们对 1871 年的起义者有一个大致的了解。起义者主要是工人，但也有其他职业的人：被逮捕者中有 8％为雇员，8％为小企业主、小地主以及自由职业者，5％为佣人，但短工（15％），粗俗的建筑工人（16％）和有文化的冶炼工（12％）构成了巴黎公社战士的主体。无论是从职业来看还是从他们的劳动方式来看，他们并不完全是现代意义上的无产阶级。但从数量来说，他们远远超过了巴黎的家具匠（8％），裁缝（8％）

和各种手工艺人（10%），反过来，在起义时，公社从这些人当中招募到了数量最多的干部、军官和士官。这已经很清楚地说明了巴黎的工人阶级的构成：巴黎公社运动正是一场工人阶级的起义。

这一血淋淋的创伤对法国的工人运动产生了深远的影响。从短期来看，对于一代工人运动的积极分子而言，他们的内心蒙上了某种残酷的空虚感，终身忍受记忆的残酷煎熬。从长期来看，某种强烈的憎恨把受害者和刽子手断然分开，即将诞生的社会主义也不可能不是革命的，否则将是对1871年的牺牲者的背弃。社会主义者恰如其分地编造了公社的神话，把它说成是社会主义者的第一次革命。此言有失偏颇。巴黎公社起义，它只是骄傲但又是孤独地起来对抗共和国所有敌人的一座城市中的激进共和派的起义，公社成员几乎没有时间成为社会主义者。

六、20年帝国之后

大政治家经常会搞错，他们所犯的错误也不在少数。巴黎公社让马克思看到了国家这一不可思议的社会的早产儿的灭亡，他相信他所憎恨的帝国就是国家最坏与最后的体现，但国家还是取得了胜利并存活了下来。1871年的起义同样为公社的信奉者提供了光彩夺目（和神话般的）榜样。托克维尔的辩证法在此再次被颠倒过来；这一次战胜既民主又专制的平等的竟然是具有保守色彩的自由！人们觉得似乎是回到了20年前：帝国推翻了一个它所接替的秩序共和国。同样，路易·波拿巴也让那些重返政治舞台的政治力量相形见绌，后者包括那些梯也尔们，奥尔良派，正统派和信奉自由主义的保守派，“普瓦提埃大街的老人们”。帝国难道只是一个漫长的“空位期”么？但是，辩证法表明它绝不仅限于此。在这20年中，无论人们是感受到了还是没有感受到，很多事情都已发生了变化。

经济和社会的变迁

人们不久以前将法国的“工业革命”，或按照现代的说法就是

"法国的经济起飞"置于第二帝国时期。这几乎不再是我们今天所知的经济模式：法国经济在整个19世纪是渐进地发生演变的。近期的一些经济计量学数据表明：和人们想当然地作出的评判相反，第二帝国并不是19世纪中法国经济发展的黄金时代，它的经济增长率远低于之前的数十年——它的年增长率大约在1.5%，而前几十年的年增长率则有2.5%。

我们并不怀疑这些数字的准确性，但是，这些数字并没有让我们看到事情的全貌。经济就总体而言，或许其增长的速度要慢一些。但是，法国最现代的一些部门取得了快速的发展，它们发生了翻天覆地 734
的变化。它们所取得的进步可谓极为惊人！1847年的煤产量超过了515万吨，而1869年则达到了1351万吨；1847年的生铁产量为59.1万吨，1969年达到了138.1万吨；与此同时，尽管出现了棉荒，棉花消费量从1847年的不到6万吨，增加到1969年的近12万吨。这绝对是巨变！1845年法国使用焦炭和木柴的高炉分别为79座和353座，到1869年这个数字变为199座和91座，此后90%的生铁是通过焦炭高炉产出的。据统计，1847年法国工业界有4835台蒸汽机，共计61360马力。1870年则有27088台蒸汽机，达到了33.6万马力。在冶金业和纺织业，机械化和行业集中度的发展依旧十分迅猛。在1847年，400多台高炉共产出59.1万吨的生铁，及至1869年，不到300座高炉就产出了138.1万吨生铁。1862年，鲁贝-图尔宽的29家纱厂平均每家拥有9000个纺锤，到了1869年，这个数字已成为1.8万。同样是在鲁贝，据统计，1863年有3900家纺织厂，到1869年则达到了1.2万家。这只是我们在帝国时期所看到的普遍现象中的个案，在今天，我们称这种现象为"工业的工业化"。当然，手工业和小工业企业远未消失，巴黎就是最好的见证。在各地（自由交换已经成为一个普遍现象），大型的现代化企业超过了小型的传统企业，城市的劳动力（尤其是在纺织业）比农村劳动力更赚钱，工厂（尤其是在冶金业）比作坊更赚钱。并不唯独工业如此。在商业领域出现并增加了许多大商店：在巴黎，1853年出现了"便宜"（Bonmarché，或"廉价"），1856年出现了“美丽的女园艺师”(La Belle Jardinière)，1865 年则产生了春天百货。法国的现代银行网络不仅遍布巴黎，而且扩展到外省，这些网络曾经是各地极度缺乏的。佩雷尔兄弟的出色冒险或许在 1867 年就不完美地结束了，但是一种年轻的，充满活力的银行又出现了。虽然它比原来的银行更为谨慎，却比后者更有魄力。这类银行分别是 1863 年亨利·日耳曼兄弟成立的里昂信贷银行，1864 年成立的兴业银行。此外，这些银行还建立了全国和地区性的网络，加速了资本和货币的流通。1851 年时，法国仅有 3552 公里的铁路，现在则达到了 1.75 万公里，它把全国的市场连接了起来。即便是农业部门也发生了缓慢的变化：单产得到了提高，收成的地区性差异减少，各地区的农产品开始朝专门化方向发展。某个计量经济学家曾否认了法国经济的“起飞”，强调了法国经济从 19 世纪 60 年代以来的减缓，不过，他仍然为帝国时期的经济复苏恢复了声誉：“这个时代的工业化进程规模空前……信贷、交换、生产及消费组织等现代生活的各个方面都得到了发展。正是在那个时期，大工业开始走在了小企业的前面。”那么，为什么不简单地把它归于经济革命呢？

哪些人在这些转变中获利呢？考虑到各阶层、各部门以及各地区之间存在的巨大差异，我们应该再次强调这一帝国时期的繁荣的民主特性。首先，帝国或许是那些巨大利益的一次盛宴，在第一次世界大战之前没有任何年份可以超越它：它是煤炭、钢铁冶炼、银行业利润的一场盛宴，近期的一些调查可以让我们推测这或许是各行业的一次盛宴。马克思写道，“摆脱了政治顾虑的资产阶级社会达到了一个它未曾料想的发展阶段。它的工商业达到惊人的规模，金融欺诈因世界性的豪宴而欢呼雀跃。”如果说大资本在无节制地膨胀，小业主也从中“受益”，而不仅仅只得到些残羹剩汤。人们曾长期争辩，且在今天仍在争辩工人物质条件的演变状况。人人都在谈论贫困化，但是往往很夸张，且证据不充分。从最坏的情况来看，生活成本的增加抵消了工资水平的增长，这是显而易见，也是非常重要的，这在 19 世纪
735 70 年代中期是一个具有革命意义的新事物。此外，人们往往忘记了这

样一些事实：就业变得更为充分和确定。在人口众多的巴黎，三分之二的巴黎人领取工资，人们的生活状况得到了改善。在七月王朝的末期，巴黎人在经历了长期而缓慢的食物短缺之后，巴黎每年人均消费60公斤肉，120个鸡蛋，7公斤黄油，不到100升的葡萄酒；在帝国末期，巴黎年人均消费量为75公斤肉，156个鸡蛋，8—9公斤的黄油，差不多200升的葡萄酒；相反——但这也是其生活水平改善的另一个特征——面包的消费量从190公斤减少到150公斤。我们在外省看到了同样的消费水平的变化，只不过幅度更小一些。的确，并非一切都十分完美：仍有人惨死在里尔地窖的“石头顶板”下；库波最后到了医院里，而热尔韦丝则得到街上出卖色相。但是，尽管工人们还有许多怨言，但他们却恰恰生活得更好了，他们无论是在法律上、物质上还是身体方面均变得更有保障或强壮了，很难说还存在着“贫困化”的局面。

那么对于人数众多的农民来说又如何呢？大量的事实表明，农民的生活也得到了改善，至少物质方面的痛苦减少了很多。农民们在吃、穿、住等方面都得到了改善；皮鞋出现在了木屐边上，石板房和瓦房取代了茅草屋。文盲的人数不断减少。农民们的购买力增强了，农村人口的出生率也下降了。零工的工资有所提高，以至于大地主对此表现出强烈的不满，这或许是因为城市吸收了农村的剩余劳动力的缘故吧。只有劳动力的人买上了一块园地，一小块葡萄园或其他土地——地产民主化了，或者说，农村短工“去无产化”了——虽然范围有限，但仍不可忽视。在并不那么重要的卢瓦-谢尔，一个同其他省份类似的省，杜波估计在帝国前后，那里任何一个种植谷物的农民的收入差不多都翻番了，葡萄种植者的收入甚至还要多一些。佃农的收益也超过了100%，不过，靠地租过日子者、自己不耕作的地主这些昔日高高在上的享受特权的人，其收益却只提高了40%。这都是一些地方性的数据！它们不仅更加可靠，而且肯定可以更好地（通过细节）反映出农村发展的总趋势。农产品的价格上涨，农民们找到更好的工作，获得了更多的收益，地位也得到了巩固。帝国兑现了——或者说是当时的经济状况帮它兑现了——其曾许下的造福人民的诺言。

一场无声的政治革命

我们将和托克维尔一起预测专制民主对自由的毁灭。1851年，马克思在《路易·波拿巴的雾月18日》一文中进一步确认了他的分析，并明确指出了这一点。那些相同而平等的人，彼此互不相识，委身于一种巨大的、能提供保护的政权，这些人就是农民。他说："拥有一小块土地的农民组成了一个巨大的群体，他们境遇相同，但是彼此之间却如同一盘散沙。一小块土地上住着一户农民和他的家庭，另一块土地上则住着另一个农民和他的家庭。法国的民众由有着共同的伟大名称的普通人组成，就好像一个装满土豆的袋子构成了一袋土豆一样。数百万的法国农民生活在这样的经济环境之下：他们共同的生活方式、兴趣和文化使之成为一个阶级，并与法国社会的其他阶级形成了鲜明的对比。但是拥有一块土地的农民之间所建立的只是一种地方性的联系，他们在兴趣方面的相似性并没有使他们建立任何的团体、国民联系或政治组织，这就是为何他们不能以他们自己的名义来捍卫他们的阶级利益。他们不能代表自己，却需要找其他人来代表。与此同时，
736 他们的代表似乎成为了他们的主人，他们的上级，成为了某种绝对的政府力量，这些人保护他们使之免受其他阶级的侵害，但同时也对他们作威作福。"两个政治伟人[1]之间的那种一致委实令人钦佩，正是有鉴于此，应该好好研究一下波拿巴主义的真正基础以及它得以成功的真正原因。

但是，以往的历史一再告诉我们，历史并不会就此停顿。帝国的专制主义既不是国家的最终形式也不是自由的最后化身。帝国也是人们可以称之为"农民们的无声革命"的时代。城市很久以前就最终信奉了民主与共和制，但我们却很难察觉到农村，这一帝国的支持力量，已经在步城市的后尘，而帝国，无论其违心与否，亦并非不在乎这一点。尤其在中部，我们更是可以在1847年的选举中看到这一现象，那

① 此指拿破仑一世和拿破仑三世。

里与其说是“红色的”乡村，毋宁说是“共和派的”乡村。结果就是蛊惑人心的波拿巴式的民主得以并非在表面上争取到了这些人的支持。不过，这种支持只是暂时性的，除了个别例外（例如在热尔省），这些乡村很快又回过头去支持共和派。但在别处，在卢瓦尔省北部和阿基坦，农民们还没有那么快成熟。帝国意味着小产业者的兴旺，文盲人数的下降尤其是普选制的正常实施，这一切都在缓慢而明显地发展着。当然，普选制已有一点走样和贬值，以至到最后时刻，还是全民表决的诡计起了作用。不过，我们注意到民众的参政热情提高了，这标志着法国民众尤其是农民参政意识的成熟，法国人已承担起通过选举来表达意愿的职责，弃权人数的不断减少为我们揭示了这一点：如果我们不把全民表决的人数考虑在内的话，1852 年的弃权率为 36.7％，1857 年为 35.5％，1863 年为 27.1％，1869 年则为 21.9％。此后，弃权率就几乎没有超过最后的那个数字。选民们慢慢地在政治生活中得到训练。不合常情的是，波拿巴式的官方候选人制度本身竟然起到了某些教育作用和积极的作用。人们应当还记得莫尔尼和佩尔西尼所操心的事情，为了使波拿巴主义更好地扎根于农村，省长们以把传统的地方显贵和旧派别的小官员们拉下马来为己任，使后者都像其主子一样被剥夺了所有的政治特权。波拿巴主义——它的存在有其合理性和群众基础——在得到巩固的大革命的传统之上确认了“人民”这个概念。尽管农民没有明确的政治倾向，对政治漠不关心，但是，他们还记得大革命给他带来小块土地的好处，这就使他能够感受到这种大众式宣传所带来的兴奋感。雷蒙对这一现象作了精彩的描述：“波拿巴派在农村的胜利，是农村的微不足道的民主对外省的权贵寡头政治的一次反叛。把选票投给官方候选人，或许就意味着投票反对贵族和神甫；听从省长的建议并不是农民的一种依赖性的行为，相反，它表明了农民摆脱了数个世纪以来对他们的政治控制。”农村的波拿巴主义有时候有些左倾的味道，比如在中部，但有时候的政治倾向则更为模糊，如在卢瓦尔省北部就是如此。各种地方性和地区性的调查表明，帝国时期是“显贵的终结”的时代，我们可以在 1871 年后，从农村这一政治建筑的最底层来确认这一现象达到了顶峰。“大众的选举发生了关键性的变化；你所见到的不再是一群目瞪口呆的人，他们一会儿把选票投给帝国，一会儿投给共和国，一会儿又投给教会……他们发生了彻底的改变”（达尼埃尔·阿莱维）。是的，事实上，他们发生了彻底的改变。在帝国时期，这一群被称为农民的人，缓慢地或难以觉察地，完全地或不尽完善地把自己从政治奴役中解放了出来。这一演变是悄悄地，隐隐约约地进行的。在 1870 年 5 月，他们仍满怀激情地把选票投给了波拿巴派；1871 年 2 月，他们又严重偏离正轨到这样的程度，以至于人们以为他们将像过去那样，重新回到旧的显贵的庇护之下。但是，在经过了 20 年之后，他们毕竟已经长大。对于刚刚诞生的共和国，他们确实尚未始终、处处和完全地做好准备，但是，他们是可资利用的力量，只是其前提是共和国给他们保留了权利、秩序、繁荣和发言权，也就是帝国曾向他们许诺并赋予了他们，而且他们还希望能继续保留的一切，共和国不久将做到这一切。

帝国已经垮台，但是，它留给接替它的共和政体的并不仅仅是该予以否定的东西。从 1870 年 3 月以来，自由派们拥有了他们所期望的议会制政体，梯也尔也重返政治舞台的前台。自由派从未承认也不理解普选制，但是，人民的意愿今后将迫使他们接受普选制并向它低头。在接下来的数十年中，平等和自由将“言归于好”。

第二十五章　第三共和国 738

1871—1914 年资产阶级民主的孩子

在确保帝国得到了绝大多数人拥护的 1870 年 5 月 8 日的全民投票过后不久，所有的法国人，包括最狂热的共和派都确信，帝国已经固若金汤。然而，四个月后，帝国却让位于共和国。这一作为权宜之计的推出，且在初期饱受严重威胁的共和国，实际上却持久地存在，且几乎持续了四分之三个世纪。

新生的共和国在其初期困难重重，举步维艰。有点自相矛盾的是，她是由一个君主派占多数的国民议会建立的，这个多数派因其内部过于分裂而无法建立复辟王朝。在经受了战败的屈辱和阿尔萨斯、洛林的割让之后，共和国还得面对内战，即面对巴黎公社起义及其对它的镇压。为了确保秩序和重建国家的权力，梯也尔确立了一种专制政体。共和国的真正价值要从 1879 年开始才真正显现出来。在重建了公众自由和世俗教育之后，儒勒·费里的政府致力于殖民地的扩张，以此显示蒙受了战败的法国依然能够在世界舞台上扮演一个重要的角色。第三共和国逃过了布朗热主义的威胁，特别是巴拿马丑闻事件的影响，在经历了德雷福斯事件所引起的分裂之后，她度过了 20 世纪初最美好的时期，这一时期直到 1914 年才结束。

739 一、新政体的出现和建立

认为第二帝国是被推翻的说法并不确切，帝国是在色当之败引发的风潮中灰飞烟灭的。

诞生于战败的政体

人们习惯上所称的“9 月 4 日革命”几乎难以看成是一场革命。皇帝沦为战俘，皇后遭到众人唾弃，王子年幼无知，议会摇摇欲坠，帝国自身难保。虽然共和国已按照传统的要求在巴黎市政厅宣告成立，虽然一个临时政府已经组成（其成员为在塞纳省获选的共和派人士），但这一政府仅仅拥有国防政府之名，因为，当时的当务之急并非赋予国家一种新的政体，而是保护她免受普鲁士的入侵。诚如某个历史学家所言，九·四事件“与其说是一次出生，还不如说是一次死亡的见证”。事实上，巴黎，或者更确切地说，某一部分的巴黎人，再次在没有与法国的其他民众商量的情况下，把自己的意愿强加给了他们。

如果说共和国的宣布成立是一种自发的政治意愿，还不如说其是一系列出乎意料的事件导致的后果；与其说是某种有意识的行动，毋宁说是某种偶发性的事件。新的领导团队中最优秀的“政治首领”甘必大已经清楚地意识到有必要大力巩固新政体。他在国防政府中获得了内政部长的要职。在他看来，这一职位能够让他控制行政和警察系统，从而巩固共和派的这一脆弱的胜利果实。正因为如此，他迅速物色了一些忠实的共和派成员出任省长，并要求把原先确定的选举推迟到新省长任命之后，以便有足够的时间为选举作准备。

军事形势的恶化让甘必大得以展现他的能力和精力。从 1870 年 9 月底他担任战争部长开始到停战协定签订（1871 年 1 月 28 日），甘必大竭尽全力说服人们为国家的利益效劳。对于他来说，只有一次军事上的胜利，一次新的瓦尔密大捷，才能不仅让法国摆脱普鲁士的侵犯，而且还能够让共和国最终深入人心。但是，临时采取的防御措施的失败，让这一希望终成泡影。

一个让人恐惧和有争议的政体

在1870年底，共和制实际上远非大多数法国人所希望建立的政体。首先，当时在欧洲没有一个大国实行共和制。欧洲大陆仅有的共和国是安道尔共和国、圣马丁共和国和瑞士联邦。在时为19世纪末的当时，谨慎者会认为，共和国只适合于蕞尔小国。那些最博学的人则使人们回想起希腊的城邦，或者是中世纪时期意大利的那些共和国，而这些记忆总是不那么令人安心。

而且，尤其是对大众而言，共和国的形象还是停留在第二共和国的形象上——这个共和国因无法走出导致它产生的危机而声名不佳，除此之外，第一共和国的形象亦不是很好。人们担心恢复共和国是否会出现另一个“1793年”，是否会招致新的罗伯斯庇尔式的专政和新的大恐怖？对很多人来说，共和派几乎等同于“嗜血者”。

此外，这一让人感到害怕的政体从一开始就受到革命团体的威胁，他们不断抗议，并于10月5日、10月31日和1871年1月22日多次试图用武力来夺取政权，在10月31日的事变中，政府成员甚至还一度成了阶下囚。战争的延长为这种动荡的局势提供了合适的土壤——
740 而自从甘必大在招募军队方面受挫以来，战争的结束似乎遥遥无期，令人绝望。国防政府清楚地了解这一点，故此，它从1月22日开始就同对手进行谈判。1月24日，俾斯麦接受了巴黎方面的乞降，并同意签署一项停战协定，该协定将允许法国进行国民议会的选举，以便产生能代表法国签订相关和约的新的国民议会。停战协定于1月28日签订，国民议会的选举则定于2月8日举行。

1871年2月8日的选举表明，选民中的绝大多数人对共和制不以为然。事实上，在几乎所有的省份当中，共和派和保守派（亦即君主派）的候选人均在分庭抗礼，但后者取得了重大的胜利，尤其是在农村。的确，由于属于君主派的候选人公开地宣称赞同缔结和约，他们获得的选票或许更多地可归因于他们希望尽快结束战争的意愿，而不是恢复君主政体的意愿。尽管如此，共和派的候选人虽然一般避免在缔结和约还是继续战争的问题上公开表态，但他们却高调宣布其支持新的政体。他们在新议会中只获得了三分之一的席位。共和制看起来只是少数法国人所希望的政体。

恐惧的蔓延：巴黎公社

2 月 12 日在波尔多召开的国民议会须完成其所由产生的任务，这就是缔造和约。在简短的辩论之后，3 月 1 日批准了和约的预备性条款：向德国割让除贝尔福之外的整个阿尔萨斯和洛林的很大一部分，支付 50 亿金法郎的战争赔款，让德军入驻巴黎。这些苛刻的条款，尤其是阿尔萨斯—洛林的割让，将在接下来的数十年中对法国公众的思想产生巨大的影响。

但是，与此同时，国民议会不得不准备最终抉择将要采纳的政体。在其组成之际，它就接到并同意了国防政府的辞呈。2 月 17 日，它任命阿道夫·梯也尔为“法兰西共和国行政权力首脑”，并明确指出，这种政府体制只是临时性的，“最终采取何种政体尚有待裁决”。梯也尔并未试图利用自己的权威把某种解决办法强加于人。这一临时性的制度安排可以说是两种权力，即行政权与立法权之间达成的所谓“波尔多协定”的结果。

一个月后，3 月 18 日的革命爆发。公社表明了巴黎拒绝接受普选的最终结果，拒绝承认其视为“乡巴佬的议会”的新议会，它同时也是对共和制度的质疑。但是，巴黎公社的首领既无法把巴黎人民武装起来，也没能凭借自己的权威把他们组织起来，因此，它自然无法抵挡住梯也尔迟缓发动的反攻。内战以及镇压的恐怖，长时间地留在了法国人的集体记忆之中。

共和国的敌人曾在惶恐不安中如是断言，这次起义——它是巴黎或局限于屈指可数的几个大城市的起义——会摧毁共和国。但是，其产生的结果却恰恰相反。在所有人看来，“法兰西共和国的行政权力”似乎能够维持秩序，粉碎革命。人们可以说，巴黎公社是自 1789 年以来政权首次敢于抵抗的巴黎群众起义。同时，政权经受住了考验，并获得了所有感到受威胁者的信任。共和国成为了人们可以给予某种“信任”的政体，人们甚至开始自忖，至少在维持秩序方面，共和国是否同君主制同样好。因为法国民众实在是太渴望有稳定的秩序了。

确保秩序的政体（1871—1875 年）

对巴黎公社的镇压为梯也尔赢得了巨大的声誉。1871 年 6 月，他的举足轻重的位置显得更为突出——他已将法兰西共和国总统和政府总理集于一身。他知道，从理论上说可以终止其权力的议会暂时无法剥夺他的权力，因为君主派的多数派内部，两位王位觊觎者，即尚博尔和奥尔良以及各自的支持者之间存在着分歧。由于对此心知肚明，以至于他会向他们发问道："你们向我提议恢复君主制了吗?"当这一多数派对此迟疑不决时，他就会以辞职相要挟。在经历了漫长的自由主义君主派的生涯之后，其自由主义难以抵挡其专制个性的梯也尔发现，共和制将是他可以进行统治的一种政体，他呈现在法国人民面前的这个现在他所希望的共和国是一个安定（一个使我们内部的分裂降低到最低程度的政体）和有秩序（要么是保守的共和国，否则就不实行共和制）的政体。 741

于是，从 1871 年到 1873 年，法国将要经历一个特殊的政体，一个实际上具备强大的行政权和有效的"领导权"的共和国。行政权力的首脑通过很好地领导一个蒙受战败和士气大受挫伤的国家的重建工作，向公众展示了共和制政体能够很好地迎合法国人的心愿。几个月后，在提前偿清了《法兰克福条约》强加给法国的战争赔款之后，梯也尔使得德军撤离了被占领省份。他通过成功地发行大规模的债券恢复了国家的信用体系；他重建了法国军队并恢复了它们的士气。但他不知道如何在法国建立现代财政制度，而且，出于其保守主义立场，他也排斥了开征收入税的计划。同样，他还结束了拿破仑三世的自由贸易政策，使法国的关税体系朝着僵化的保护主义方向发展。

梯也尔既强悍有力又小心谨慎的行为，使他在国民中名副其实地深孚众望，而这也对共和政体产生了积极的作用。在补缺选举中，共和派的候选人基本上都战胜了君主派的候选人。确实，这些共和派的候选人都效仿梯也尔，表现出十分的稳重。为了反对君主派，他们抛出了曾在 1871 年 2 月产生过作用的论点，即控告对手试图发动战争，不过，此次的战争是为了支持教皇而干涉意大利。共和派在选举上的成功，甚至最终影响到了君主派在议会的统治地位。

于是，君主派决定在最短的时间内摆脱梯也尔，恢复君主制。为此，他们依然需解决两个问题：其一是重新协调君主派中的那两派在由谁出任国王问题上的立场，其二是尽可能在协调期间找到一个可替代梯也尔的人。第二个问题有利于第一个问题的解决：他们成功地说服了军队的首领麦克马洪元帅为了国家的利益而担任总统。1873 年 5 月，在议会只获得少数人支持的梯也尔提出辞去法兰西共和国总统的职务，并以为没有人能够取而代之；然而，结果却是他不得不把这一职位交给麦克马洪。君主制的复辟则是另一回事。首先应当在确定将要出任国王的唯一候选人的问题上达成共识，解决办法就是把君主派的这两支合二为一。波旁家族的王位觊觎者尚博尔伯爵年事已高，且没有后嗣；奥尔良家族的王位觊觎者巴黎伯爵则还比较年轻，并有子女。1873 年 8 月，巴黎伯爵承认尚博尔伯爵为君主制政体的代表；作为交换，尚博尔伯爵承认巴黎伯爵为王位的继任者。

现在的问题集中到了如何确定复辟的具体条件上。大多数的君主派希望能够建立英国式的君主政体：君主只是作为一种秩序和权威的象征，但还是要服从于议会的权力。他们特别不愿意有人从外部把复辟的具体条件强加给自己。

尚博尔伯爵并不愿意接受这样的建议。他希望恢复的是“旧制度”时期的那种君主政体，并于 1873 年 10 月要求以波旁王朝的白旗来取代现有的国旗。“旗帜之争”是一个具有象征意义的事件。那些
742 君主派的首领深信，大多数的法国民众都不会接受白旗（麦克马洪本人也说过军队也不会接受），他们尤其确信，以议会的权利取代神授权利实属必然，于是，他们临时放弃了复辟计划。他们把唯一的希望寄托在等待波旁王族的王位觊觎者的去世上，为了获得更大的安全系数，他们遂投票将麦克马洪的任期延长至七年（七年任期制）。尚博尔伯爵的固执似乎可归因于他长期在奥地利流亡，对自己的国家缺乏了解。在长达 30 年的时间里，他生活在一个古堡之中，身边围着一群

不断给他灌输诸种幻想的流亡贵族，他的愚蠢行为令其不自觉地成为了共和国的缔造者。

麦克马洪元帅在成为共和国总统之后，召请布罗伊公爵出任政府副总理，意欲依靠议会中君主主义多数派支持的布罗伊，难以在作出过于明确的保证时不致重新激起正统派与奥尔良派之间的对立。于是，他也把“重建道德秩序”作为其行动纲领，这方面的行动往往表现为加强天主教会的力量以及教会机构对教徒的影响力。实际上，这一等待观望与保守主义的政体在外省遭到共和派和波拿巴派的猛烈抨击，共和派通过向农民们展示贵族特权和什一税会被恢复的模糊图景来对其进行恐吓，而往往反对教权主义的波拿巴派则在经历了数月的慌乱之后，重新恢复了对自身力量的信心。

共和国走向议会制……

任由国民生活在临时性的制度之中实属危险。1873 年 11 月，议会任命了一个由 30 人组成的委员会，该委员会的任务是准备宪法草案。起先，委员会的工作进展十分缓慢，但温和的君主派开始对共和派在补缺选举中不断取得的胜利感到不安，尤其是对波拿巴派在某些场合表现出来的重新获得欢迎感到不安。相关思路在逐渐得到明确，为了避免冒险，谨慎的做法是为法国制定一部宪法，无论这部宪法是具有共和主义还是君主主义的色彩，这一政体的首要任务就是维护秩序。鉴此，他们开始为那些“宪法性法律”所由产生的 1875 年的妥协作准备。这一妥协使国民议会中的派别分布得以发生变化。

右派由两个团体组成：其一是人们称之为“近卫骑兵队”的极右派，它由主张复辟正统王朝者组成；中右派则没有那么刻板，其奉行的是奥尔良派的传统。左派则由以下部分组成：由旧奥尔良派成员如梯也尔、卡西米尔·佩里埃等组成的中左派，他们在最近时期已经赞同建立共和国，但前提是该共和国必须是保守的；由温和的资产阶级如格列维和费里等组成的共和派的左派；由甘必大领导的共和联盟；最后，是由一些激进分子组成的极左派。自此之后，对议会中的派别已不能简单地以君主派或共和派来划分。这种划分将更倾向于在极端的两派之间加上中间派人士，后者的目标是建立一种能把政权交给“正直的人”，也就是社会保守派的政体。

在缺乏一部宪法的条件下，这些派别在立场上的相互靠拢导致了 1875 年的下述宪法性法律的出台：《关于参议院组织的法律》（2 月 24 日），《关于政权组织的法律》（2 月 25 日），《关于政权机关间组织的法律》（7 月 16 日）。这些法律显然极为模棱两可。立法权由两院行使，其中参议院是在中右势力强烈要求下设置的，其目的在于遏制普选带来的冲动和制约众议院。行政权属于共和国总统和各部部长，前

743 者任期七年，由两院组成国民议会选举产生，后者由总统任命和撤换，无需通知总理或部长会议主席，其职责依据惯例设定。共和国总统的权力很大。实际上，它具有一个立宪君主的权力（包括在征得参议院同意后解散议会，宣布重新选举，以及有权要求议会重新审议他不赞同的法律）。但是，1875 年的这几项法律建立了一个议会制政体，因为共和国总统在政治上无须承担责任，他需要和某个部长共同签署文件，而部长们则需对议会负责。

作为诸多妥协的产物，这一不切实际的宪法颇不牢靠。它并没有明确共和国的总统和部长们之间的权限分配；它对于部长地位的界定仍显得模糊不清，部长对立法权负责，但却可以任由总统任免。宪法开头没有任何权利宣言，也没有宣布任何原则。不过，它也有一个很大的优点，这就是简短，并在运用时需要注意解决一些不确定性的问题。

这一宪法尤其具有这样一个值得存在的重大价值，即它至少暂时解决了政体的问题。但人们可能会问，为什么一个君主派控制的议会却确立了共和制呢？这一反常现象的出现乃多种原因所致。首先，从负面因素来说，1871 年时所存在的君主主义的多数派因其内部出现了几乎难以调和的纷争而自相残杀。从正面因素来看，则是共和主义呈现出了新的面貌。在过去，每逢共和派上台执政，他们的一些较为温和的做法立即就会遭到一小部分咄咄逼人、吵吵闹闹，具有平均主义或雅各宾主义倾向者的质疑，这种质疑会导致各派之间发生流血冲突。

与之相反，从 1871 年开始，共和主义的发展趋于平和。温和的、主张自由的派别获得了对它的控制。若是激进派夺取了政权，那么就会产生类似于 1793 年的局面以及大革命时期大权独揽的国民公会，而这样的结果会让保守派，特别是中间阶级不寒而栗。对于保守派或中间阶级来说，那些严肃、庄重、举重若轻的人更让他们感到放心，在他们看来议会里的共和派领袖正是这样的人。共和主义的两大领袖的智慧尤其让他们感到宽慰，他们分别是梯也尔和甘必大。梯也尔是一个七十来岁的家长式人物，他为一个经受了战败和内战，创伤累累的国家提供了一个能干、冷静和坚忍不拔的人物形象。他曾赢得了巨大的声誉，这在现在看来几乎是无法想像的，他对共和国的归附更是至关重要。甘必大则让极左派成为了妥协计划中不可或缺的力量，并实现了左派的共和国。甘必大的态度让同时代的很多人都感到意外，他们以为他只是一个巧舌如簧的煽动家，有时看来他也确实如此。在甘必大的这些直率的思想体系背后是一种彻头彻尾的折衷主义，但这也表明了他对现实有清醒的认识。“政治是一种有关可能性的艺术。”甘必大的这一格言为其真正的门徒开辟了道路，后者被人们称之为“机会主义者”。

最后一个原因是局势：我们都知道，波拿巴主义在 1874—1875 年重新得到人们的追捧。曾经在第二帝国时期担任要职的候选人在选举中获得了成功，他们毫不掩饰自己的“帝国”情结，这让君主派感到恐惧万分，他们不得不心悦诚服地承认，在法国唯一受欢迎的王朝是拿破仑王朝；但共和派对农村选民的表现不是很放心，这些选民曾长期充当帝国的忠实支持者，而且在 1871 年 2 月如此地让人难以信任，如此地难以召唤，竟然把选票投给了君主派的候选人，因此，共和派同样对农村选民深感不安。此时，他们突然发现，一个幽灵浮现了出 744
来：这就是那些痴迷于那位亲切而迷人的年轻的皇太子的选民。为了祛除这个幽灵，他们准备作出任何让步。就议会中的君主派与共和派来说，恐惧已经使其开始趋于理智。

是否有必要诉诸某些历史学家提出的另外一种解释呢？根据这种

解释，1875 年所达成的妥协乃是“资产阶级王朝”运筹帷幄的结果。那些“高高在上的家族”在 1789 年的大革命中获得了财富和权力，在此之后，他们排除千难万险，逐渐控制了国家的要害部门。正是这些家族有意无意地把他们家族的最佳代表安插在君主派和共和派之内，以便在必要的时候控制新的政权。可以肯定的是，家族之间的紧密联系连接着作为中右派的奥尔良派和作为中左派的共和派的主要领导人：“我们曾一度看到奥迪弗雷-帕斯基埃公爵在领导中右派，卡西米尔·佩里埃在领导中左派，而他们却是连襟，都是昂赞矿产公司董事会的成员，都住在他们的岳父为他们在香榭丽舍大街修建的毗邻的府邸之中。”（博·德·洛梅尼）

我们是否需要借助于“奥尔良派”的阴谋说来解释 1875 年的妥协呢？我们看到，尽管中右派和中左派在根据不同的原则来选择政体——君主制或共和制，但是，他们最终均显示出了奥尔良派的本质：依恋议会制和自由主义。这一点难道不足以说明问题吗？我们为什么不承认，较之君权神授的君主制，“奥尔良派”更愿意接受议会制或自由主义的政体。对他们来说，后者即便暂时是共和制亦无关紧要，因为在任何时候，只要由某位奥尔良家族的成员替代总统，共和制即可成为君主制。

……走向共和制的法国

在完成了它的使命，清除了 1870 年战争带来的后果，以及采纳了 1875 年的宪法性法律之后，国民议会在 1875 年底宣布解散。鉴于总统任期为 7 年，所以麦克马洪要到 1880 年才卸任。为了确立新的机构，需要选出新的议会。

根据 1875 年 2 月 24 日的法令所规定的选举制度（两级选举制，选民由市政议会代表组成，也就是说首先是由农村的市镇议会代表组成），正如人们所预料的那样，1876 年 1 月 30 日选出的参议院主要是由君主派所组成，但是，又乎人们意料的是，君主派只是以微弱的多数胜出。1875 年的宪法制定者们所期望的安全机制起到了作用。

共和派期望获得众议院选举的胜利。然而，1875 年所采纳的投票制——在选区内进行两轮的单名投票制——对传统的贵族，往往也就是君主派的当选更为有利。为了降低风险，甘必大要求共和派从第一轮开始就推出单一候选人，但其他的共和派领导人拒绝接受这一意见，因为他们对当选并不感到担心。不管怎么样，选民确保了共和派代表大获全胜，他们占据了500席位中的340席。

共和派占多数的众议院和可望依赖右派占多数的参议院的君主派总统麦克马洪之间存在着矛盾，要不是麦克马洪明智地先是选择中间派人士儒勒·阿尔芒·杜福尔，继而又选了温顺的儒勒·西蒙为部长会议主席[①]的话，这场矛盾早就已经爆发。不过，在此之后，冲突的出现却变得越来越频繁。众议院往往会把麦克马洪难以接受的政策强 745
加给儒勒·西蒙，而麦克马洪则根据某种对几个宪法性法律文本的解释——这种解释或许与其制订者们的初衷颇为接近——认为，即便他不在议会面前负有一种责任，那至少亦对“法国负有某种责任”。于是，他在1877年5月16日决定解除西蒙的政府总理职务，让布罗伊公爵取而代之。这一被人们不恰当地称之为“5·16政变”的决定，引起了众议院的愤怒。7月19日，众议院以363票的多数对布罗伊内阁投了不信任票，而麦克马洪则在征得了参议院的同意后，以解散众议院作为反击。

由此，这场对制度演进来说至关重要的争论，将得由普遍选举来作出了断。一方面，在麦克马洪看来，共和国总统拥有和议会相等的权力，可以有他自己的政策，并有权撤换他不再信任的内阁部长。在同议会发生矛盾的时候，则由全体选民来作出决断。另一方面，在共和派看来，总统只是一个象征性的人物，其在任命部长时应与众议院保持高度一致。由于众议院是通过普选产生的，故拥有至高无上的权力，而总统则不然。

对宪法性法律的这两种针锋相对的解释，由于法律本身有失确切，均可在一定程度上加以接受。预定在1877年10月14日举行的选举，

---

① 第一次设立这样的职位，亦译政府总理。

将在就此作出裁决方面发挥作用。实际上，这场争论因显得过于微妙而让选民们一时摸不着头脑。同以往一样，以麦克马洪为首的君主派和以甘必大为首的共和派之间展开了一场猛烈的选举战。前者借助行政机构来施加压力，而后者则借助梯也尔那依旧在日益扩大的个人威望。梯也尔在选举运动期间去世，巴黎为他举行了隆重的葬礼。

较之 1876 年的选举，1877 年的选举结果稍微有失明显。共和派议员离开众议院时是 363 人，现在则有 321 人当选（甘必大曾轻率地宣称："回来时，我们将是 400 人。"），有 208 名代表的君主派尽管也获得了 40 个席位，但共和派获得了绝对多数。通过他们取得的胜利，共和派感到共和国再次得到了建立。

要想最后取得这一胜利，接下来只需要获得所有的立法权，摆脱麦克马洪即可。1879 年 1 月 5 日，在参议院首次举行部分改选之际，共和派达到了这第一个目标。众多市镇议会的代表选举共和派人士为参议员。由此，共和派最终亦在参议院中成了多数派。1 月 30 日，麦克马洪辞职，提前一年结束了他的总统任期，这样一来，第二个目标也很快得以实现。

因而，1879 年标志着共和派的大获全胜。但是，1879 年只是 1877 年的结果，也就是当时选民对"5·16 危机"所作出的明确反应的结果。对于第三共和国来说，1877 年的那次危机的结果至关重要。首先，国民从根本上确认了共和制。但这一转变只是自 1871 年以来选民本身缓慢转变的结果。共和派知道如何小心翼翼、逐步地取得群众的信任，并采用灵活的手段让选民们把他们看作是既定秩序的维护者、内政外交方面的谨慎政策的支持者。他们做得如此成功，以至于历史学家达尼埃尔·阿莱维描述说，他们在农村市镇的层面上以新的权威取代了旧贵族的权威："于是便产生了一场革命，但这一革命分散到了三万个十分微小的中心，它们如此微不足道，以至单个而言难以一目了然；对于这次革命，历史学家只发现它稀疏的反响，我们后来则称之为市政革命。"

随后，1877 年危机的结果无可挽回地对共和制度的某种观念，即共和国总统拥有可制衡议会的权力的观念作出了判决。麦克马洪一派的选举失败意味着权力平衡的结束。麦克马洪的继任者，刻板的共和 746
派人士儒勒·格列维的行为导致了总统权力的进一步缩减，例如，他从未使用过宪法给他的权利来要求议会再次审议那些令他感到不满的法律。始自1877年，第三共和国开始成为一个以某个议会，即众议院拥有无限权力为特征的政体。

最后，由于1877年的危机使得解散议会变为一种不光彩的事情，因而它使得这种议会体制更加难以忍受，风险也更大。实际上，获胜的共和派认为，那位君主派的总统悍然使用解散议会的权力，恰恰使其政治声誉大受损伤。在接下来的差不多一个世纪里，没有一位政府总理再敢于要求共和国总统行使这一有害的武器。

对于"5·16危机"的这一很有争议的解释，势必会产生最令人遗憾的结果。议员们对解散议会的顾虑消除了，他们确信可以在正常的立法任期（四年）内保有自己的席位，不过，当他们拒斥一切纪律，甚至拒绝严格规范自己的行为时，他们实际上就是在以最恶劣的方式来运用这种豁免权。这种散漫显然是堪称第三共和国的基本特征的内阁不稳定的根本原因，它是如此的致命，以至于最后影响到了共和国的声誉。它无疑亦是法国在20世纪初之前未存在政党的原因之一，因为没有哪位议员愿意像英国的同僚那样，牺牲自己的自由，去服从一位自己选出来的党魁。但是，若没有纪律严明、组织良好的政党存在，议会制度能和谐地运转起来吗？

二、共和国的治理

在麦克马洪辞职之后的20年间，政权在温和共和派的不同派别之间传递，这些派别包括老的中左派联盟、儒勒·费里领导的共和派左派以及甘必大领导的共和联盟。后两派宁愿选择"能够产生结果的政策"而不是"不妥协的政策"，鉴此，人们称他们为"机会主义者"。

左右两派都有"不妥协者"。就右派而言，君主派在议会中已只是少数派，至于波拿巴派，尽管前一阶段已经恢复了元气，但随着皇太子在 1879 年撒手人寰，该派从此一蹶不振。不过，右派对行政机构、司法部门、军队和教会都有着很强的社会影响力。就左派而言，克雷孟梭、卡米耶·佩勒唐、布里松、纳盖领导的激进派人数还不够多，尚无法夺取机会主义者的权力，他们至多在形势有利的时候——如 1885 年的大选时期，相对于保守派的 200 个议席和机会主义者的 200 个议席，他们增加了几个议席——试图同他们分享一些权力而已。事实上，从那时开始，他们的要求和躁动助长了政府的不稳定的趋势，推动了群众性的反议会主义的发展。

尽管有这些困难存在，机会主义者看起来还是有能力去实施重大的政策。但如果稍有一点想象力，如果稍有一点发展的眼光，他们本来可以通过配备强有力的行政权力和组织良好的政党体制，设法为共和制度提供它所急需的增强效率的手段，他们还能够延长从第二帝国时期开始的经济现代化的发展。确实，在经济领域，共和派运气不佳：
747 他们上台执政的时候恰逢 1881 年法国经济危机初露端倪，他们经受了长时期的价格疲软（尤其是农产品的价格）的考验，这种局面将一直持续到 20 世纪末。这就是为什么他们的经济政策——他们只是在十分有限的范围内实施之——不能成功的原因所在。修建铁路和运河的“弗雷西内”计划——它本来可以反映在一个富有成效的投资政策中——降格为修建耗费惊人而又徒劳无益的“选举大道”。他们所实行的关税政治并没有阻止价格的下跌，反而给法国戴上了保护主义的枷锁，产生了令人恼火的后果。在政治领域，加强共和政体的尝试也只能停留在重建基本的自由上。很快，机会主义者的精力都耗费在了政教分离的政治斗争之中，后者很快就呈现出了旧式的宗教战争的模式。

机会主义者的目光短浅很快就得到了解释，这在很大程度上是因为他们把目光转向了过去而不是未来。非常能说明问题的一个例子就是共和派和第二帝国之间的斗争，共和派对第二帝国所怀有的仇恨以及后者留给他们的记忆让共和派盲目行事，他们的第一反应就是同第二帝国背道而驰。因为帝国曾经想——并非从一开始，而是从19世纪70年代的那个艰难时期开始——借助于天主教的力量，而相当一部分的教会人士则试图籍此机会扩大教会的利益，所以就有了甘必大的那句广为流传的受到共和派拥护的口号，“教权主义就是敌人。”因为拿破仑三世曾经提出过由国家出面来改善穷人的生活，缓和不平等的现象，改进经济结构，所以共和派，包括最先进的共和派在内，重新提出了经济自由主义的理论，这让中左派和同自由主义紧密相连的大企业主欣喜若狂。没有什么比激进共和派对于社会改革的漠视更能够揭示共和派思想的贫乏了。当然，他们也自愿地谈到了国有化（铁路收归国有）和劳动保护法，但那也只停留在抽象的口头表述之上。机会主义者和激进派人士对于下层人民的需要并没有一个明确的想法，他们甚至对经济现象都没有一个最基本的认识。

共和国的巩固

巩固共和国是儒勒·费里的杰作，他在1879年2月到1881年11月间先后担任部长与内阁总理，而后从1882年1月到7月，1883年2月到1885年3月期间又重新担任内阁总理。在此期间，他力图“将共和派的纲领付诸实施”。

他首先通过1881年的法律重建并组织了公众的自由。集会自由最大程度上限制了政府对公共集会——即便是政治性质的集会——施行的监控。通过取消第二帝国强加的各种束缚措施（预先授权制，保证金制度，印花税），取消了针对新闻出版的轻罪法庭以及重罪法庭的裁决，对于相关的案件尽量宽大处理，新闻出版自由得以重建。在结社权方面碰到了一个问题：如果给所有团体以结社的自由，那么也就意味着给共和派憎恨的教会团体以结社自由。因此，有关宗教集会的条款被内政部长瓦尔德克-卢梭单独列入了1884年的法律条款。1884年的这个法律促进了工团主义的飞速发展，不过，工团运动从来没有接受这个法律条文，也从来不向立法者规定的限制条款屈服。

作为一个共和派，费里还改进了1875年的宪法。修改宪法的程序是在1879年7月进行的；这一修改使得以下法律得以通过：把议会的开会地点转移到巴黎，把 7 月 14 日即 1790 年联盟节的纪念日定为法国国庆节。1884 年 8 月重新修订的法律规定，“政府的共和制形式”是不可更改的，曾经统治过法国的那些家族的成员没有资格参加总统选举，并对参议院的组织形式作了宪法的规定。几周之后，一条法律
748 使得参议院选举团再度活跃起来，因为该法律授予人口最多的社区——城市——以更多的代表权。

最后，费里还让地方的行政管理变得更为民主。1882 年的法律规定，除巴黎以外的任何市镇议会都有权选举他们自己的市长和副市长（此前他们一直是由中央任命的）。1884 年的法律让市镇议会变得公开化，但是重要决议的实施还得交由省长授权，而且巴黎依旧保留着自己的特殊体制（塞纳省的省长行使市长的权力，警察局长统管巴黎的警力）。

教育的世俗化

教育问题，尤其是针对儿童的初等教育问题让共和派感到不安。这并不是因为法国教育的状况很糟糕。正如我们经常说过的那样，法国远不是一个识字率低下的国家。如果我们以夫妻双方在结婚证书上签字作为初等教育水平的大致标准的话——这一标准之所以有用，是因为它可以量化，我们从现有的文件中发现，在 1871 年至 1875 年期间，这一比率为 72％；成年男人，也就是选民的这一比率为 78％，女人的这一比率只有 66％。当然，在法国也存在一些落后地区（布列塔尼、中央高地、朗德），而法国北部的一些地区男人的识字率超过了 80％，在东部的某些地区甚至达到了 90％。

因此，对于共和派，尤其是儒勒·费里——他的名字是和法国初等教育的发展联系在一起的——来说，问题并不在于降低法国的文盲率，在共和国之前的那些政体已经承担起了这一职责。共和派希望的是从教会手中夺回那些接受初等教育的人，也就是未来的公民（至少他们是这么认为的）。为了达到这个目的，就应该发展世俗教育，这就回到了基佐和法卢制订的法律上来了，他们的法令允许宗教团体和基督教会的教士确保几乎一半的小学能够得到宗教方面的教育，这就

迫使小学教师（即便不信教）为孩子们教授基督教的教理问答并引导他们投身宗教事业。但是，要确保教育的世俗化，就必须保证教育是义务的，尤其要确保教育的免费，以免将穷人的孩子排除在外。这就解释了儒勒·费里的名言：义务的、免费的、世俗的初等教育，1881年和1882年的教育法将它变成了现实。

当涉及到更高层次的教育时，直接针对宗教团体的内容被补充到了这些教育法之中。获得参议院投票通过的法律条款规定：未经授权，禁止宗教团体在各类学校甚至是私立的中学和大学教授学生。针对耶稣会士，儒勒·费里于1880年3月29日让政府发布了两项政令：要求所有的耶稣会士在三个月内离开他们所在的学校，并同样要求所有其他未经授权的宗教团体在同样的期限内办妥手续。这两项政令严格地得到了执行，5000名宗教人士遭到驱逐，这还不包括那些被反教权主义的市镇当局从医院赶走的宗教人士。

新的宗教战争

共和派已经采取的、以及后来在有利条件下再度采取的反教权主义措施是一场漫长冲突的导火索，这场冲突之激烈以及时而出现的困顿情形，至今仍让我们感到吃惊。这种冲突的根源存在于19世纪世界性的世俗化运动之中，只要是此前天主教会拥有更多的特权，行使更多的权力的地方，这一运动就表现得尤为强烈。但这一运动仍不足以解释法国在第三共和国初期的这类冲突的激烈程度。我们应该把另外一个因素考虑在内：如果存在宗教战争，那么我们就可以用它来给这 749
场冲突定性，其必然是一种信仰和另一种信仰，或一种教义和另一种教义之间的冲突。而同天主教相对的，则是理性主义。

这种理性主义倾向自19世纪中叶以来即可感觉得到，但是，它直到19世纪70年代才开始大行其道。其信奉者不仅有法国人，还包括欧洲其他国家的人。但是，它在法国表现出了一种最为激烈的形式，之所以如此，或许是因为共和派正在狂热地寻求某种学说，某种意识形态，某种信仰。他们从奥古斯特·孔德那里找到了他们要找寻的体系。在1852年至1854年间出版的《实证政治体系》一书中，孔德提出了他的“三阶段法则”：人类知识的每个分支都要经过前后连续的三个阶段：神学阶段或叫假想阶段，形而上学阶段或叫抽象阶段，最后是科学阶段或者叫实证阶段。因此，要把现代社会组织起来，就必须把它建立在实证政治的基础之上。激进的莱昂·布尔日藉此表达了应该“根据理性的法则从政治和社会方面组织社会”。持实证主义观点的孔德的弟子复兴了18世纪的一些理念，他们在启蒙主义的基础之上又加入了一点进化论和达尔文主义。这一哲学适时地为共和派提供了他们所需要的理论基础，甘必大、费里以及形形色色的激进派都借用了这一理论。在某些人那里，这一理论变得冷酷无情，如1902年至1905年间担任内阁总理的爱弥尔·孔勃，他曾是一个“外省的小资产阶级，坚定的保守派，在某些信念的驱动下，开始朝选区的富人倾斜。”实证主义几乎成了法国思想界（或思想社团）和共济会的正式理论，共济会这个地道的“反教会”组织已经抛弃了早年的宽容精神，而为共和派政治家提供了强大的行动工具，必要的时候它还是一种控诉工具，正如思想自由演变成一股反宗教的冲击力量一样。

与这种反宗教的狂潮相对应的是某种天主教环境下的狂热。基督教民主的温顺倾向在19世纪中叶还是受到人们喜爱的，但到19世纪70年代，这种温顺在梵蒂冈的支持下被一种不宽容的浪潮一扫而光。作为最传统的天主教主义的支柱，路易·弗约（1883年去世）的思想在当时占据了主导地位。圣母升天修道会的发展壮大增强了弗约的影响力，它知道如何运用现代的手段来控制群众。他们的报纸《十字架报》很便宜，老百姓和下层教士都能够接触到。他们通过有组织的，与众不同的，大规模的朝圣运动营造出某种特别的宗教气氛。这种制造不安的手段让掌权的理性主义者感到害怕，他们怀疑圣母升天修道会士有什么不可告人的秘密。天主教派和实证主义者之间相互不能理解，这种误会不断加深，最后转变成某种相互的仇恨，使得双方都采取了极端的措施；双方都想把对方置于死地。

共和派与欧洲

执政的共和派以一种极为谨慎的态度来处理法国外交领域的事务：

战败的法国要面对的是新兴的德意志帝国，后者在欧洲大陆拥有霸权。法国人当然不会忘记阿尔萨斯-洛林的被割，他们永远也不会忘记；但是，政府方面对此表现出态度非常保守。即便是领导过抵抗运动，被人们看作是复仇者的甘必大，也不倡导法国实行好战的外交政策。他知道，法国之所以处于孤立的地位，是因为俾斯麦在搞鬼。而俾斯麦也深信，法国人不会甘心失去这两个省份，很快就想复仇，但他也明白，没有盟国的法国绝不敢这么做。故此，他的外交政策就是在孤立法国的同时对它进行威胁。这就是为何俾斯麦总是期望着一场可能发生的战争，他对法国气势汹汹，利用一切可能的机会来挑起让公众 750
感到不安的外交危机（如 1871 年 6 月和 12 月，1873 年的 11 月，尤其是 1875 年 4 月）。

因此，为了避免出现意外情况，共和派奉行的是“韬光养晦的政策”，人们有时候也称其为“政治上无所作为的政策，它局限于外交谈判和把军事力量维持在维护和平的水平上。”（瑟诺博斯）

然而，被打败的法国在经济上，甚至在军事上亦未受到削弱。从 1875 年开始，法国的常备军的人数差不多可同德国等量齐观。爱国主义情感得到了明显的复苏，即便在最激进的共和派那里也是如此。出于谨慎，这种爱国热情不便在阿尔萨斯-洛林问题上公开表露出来，于是，它就在殖民地的扩张上找到了替代品。

殖民扩张

在战败后不久，梯也尔就断言，殖民扩张是危险的。1873 年，当弗朗西斯·加尼埃在河内被杀之际，法国政府并没有作出反应，而是撤出了东京三角洲。在此之后，法国人在埃及的势力难以抵制英国人的排挤。19 世纪 80 年代，一种新的政策初露端倪，这在很大程度上是因为国内的一些政客、企业家和当地的商人、探险家尤其是军官等之类的人意欲如此。殖民扩张表明，尽管遭受了战败，法国仍能够在世界事务中占有一席之地。俾斯麦的纵容让殖民扩张变得更为容易，他认为这是一个让法国人把视线从“蓝色的孚日山脉”转移开去的好办法。在几年的时间里，法国人占据了突尼斯、东京、安南、刚果、尼日尔，并暂时占据了马达加斯加。殖民征服往往是在不经意之中完成的，尤其是在非洲。法国的扩张经常是探险家或已对自己的职位感到厌倦的军官在当地自发进行的行动的结果，但是，我们不应该夸大这类当地的自发行动的重要性。显然，如果相关管理机构或他们的顶头上司接到命令的话，就会立刻制止这样的行为。情况恰恰与之相反，这些行动往往得到了庇护。而对突尼斯和东京的征服行动尤其向我们揭示了一种规模庞大的政策，即儒勒·费里的外交政策。儒勒·费里无疑并没有一下子就形成一种殖民扩张理论，他只是在下台之后，才迟迟提出了一套殖民扩张的理论，根据他的理论，无论是出于军事原因（能够在全世界的范围内获得补给站和海军基地）、经济原因（能够提供巨大的海外市场）和政治原因（对于维护一个国家的声誉来说是必要的，能把某国的“语言、风俗、旗帜、武器和精神”带到世界各地），殖民扩张对于法国这样的大国来说必不可少。在他掌权的时候，费里在采取相关行动时甚为谨慎，并且很重视依赖自己的经验，其具体做法就是：可以扩张的时候就前进，遇到抵抗就撤退。

这样的殖民扩张政策备受指责。右派指责探险和军人的伤亡耗费了国家的财力，而以克雷孟蒙为代表的民族主义情绪强烈的左派亦对这一政策强烈不满。在克雷孟梭看来，殖民扩张是一种背叛，因为它使得复仇的政策变得难以贯彻，法国还没有强大到能够在两边作战，舍弃阿尔萨斯-洛林去追逐远方的土地是一种亵渎行为。

儒勒·费里的殖民理论的不确定性，他所受到的猛烈抨击，以及他先后因突尼斯事件和东京事件两度下台，表明了法国的第一轮殖民扩张（1880—1885 年）的混乱特性。从 1890 年开始，法国的殖民扩张发生了巨大的变化。伴随着与俄国结盟，法国在面对德意志帝国时已感觉自己在欧洲大陆上没那么孤立了。在后方得到保障后，她把目光投向了海外。政客和企业家为殖民扩张发动了宣传。1889 年殖民学
751 校的创办、1893 年（由职业军人和志愿者组成的）殖民军的建立以及 1894 年殖民部的建立，为殖民事业提供了技术支持。法国大规模的殖民扩张时期由此展开；在十几年的时间里，法国征服并平定了印度支

那，征服了马达加斯加以及黑非洲的大部分地区。在第一次世界大战前夕，它还为世界上第二大殖民帝国的版图增加了摩洛哥。

这一殖民事业最终在绝大多数公众的漠不关心之中得以实现，它既没有引起民众的巨大热情，也没有引起他们的强烈反对，只有极左派的社会主义者和工团主义者对其进行了谴责。他们认为，殖民扩张是一种由“资本家的”利益驱动的强盗政策。事实上，经济因素似乎并没有在殖民扩张中起到多大的推动作用（及至 1914 年，从殖民地进口的原材料还不到从其他国家进口的十分之一），起决定作用的是政治和意识形态因素。法国自认为对殖民地的征服可以给当地的和平、安全和进步带来巨大的好处，法国人并没有意识到“殖民帝国主义”会引发良心上的危机，只是认为找到了一种为落后地区人民提供世界上最先进的文明（法国人以为的）的办法。

三、困境中的共和国

机会主义者在法国政坛的统治地位使得共和制得以巩固，但是，这种统治地位在 1885 年选举之后不复存在，在这次选举中，无论是右派还是左派均使自己的力量得到了加强，对于前者，有 200 名“保守派”代表当选；对于后者，则是激进派获得了一百个左右的席位。这一出人意料的结果在一定程度上可归因于几个因素的共同作用：由保尔·戴鲁莱德领导的围绕着“复仇”主题展开的民族主义者的骚动运动；君主派和天主教人士对共和国推行的世俗化运动的强烈对抗，在他们看来，这一“障碍”的存在使得任何与共和国的妥协都变得无法想像，农民们因为农产品价格的下降而对国家不满，而工人们开始认为，他们已经被共和国遗忘。

因为无法依靠足够数量的多数来组阁，机会主义者开始寻求结盟。出于“保护共和国”的本能反应，他们首先转向了与之较为接近的激进共和派。激进派在议会席位的增加让他们变得态度强硬，他们提出了自己的要求：参政的条件是开征收入税，对德国实行更严厉的外交政策。尽管这样的要求让机会主义者感到害怕，但是，由于他们已经同激进派有了过多的牵连，想要退出为时已晚。机会主义者试图同激进派建立联合政府，但后者只是昙花一现。在此之后，机会主义者又转向了中右派，试图与其建立另一个联盟，但中右派要求机会主义者作出承诺，尤其要求它减少宗教方面的冲突。机会主义者发现自己得被迫建立一个既没有权威又没有纲领的政府，而且在左右两派的夹击下，很容易被推翻。

因这种联合组阁所造成的政局不稳开始让公众感到强烈不满，一场反议会的运动应运而生。一些丑闻，尤其是共和国总统格列维的女婿牵连其间的“荣誉军团勋章丑闻”让公众的愤怒达到了顶点。布朗热主义的危机就是在这样的情况下产生的，这场危机已经威胁到了共和政体本身。

深孚众望的将军：布朗热将军

752 布朗热将军的政治生涯是在像克雷孟梭这样的激进派人士的支持下开始的，激进派把他看作是屈指可数的忠于共和政体的高级军官之一。在中派与左派于 1885 年选举后不久结成联盟之际，激进派就坚持让布朗热出任战争部长（1886 年 1 月 7 日）。他在这个职位上获得了巨大的声誉。

事实上，布朗热知道，较之以此为职业的老兵，在当时的法国军队中数量极为可观的刚刚入伍的士兵更需要的是关怀而不是严厉的纪律。他通过改善士兵的伙食和部队的生活条件受到了士兵们的拥戴。1886 年，在隆尚举行的阅兵仪式上，长着金黄色胡子的“勇敢将军”显得仪表堂堂，轻而易举地让共和国总统那些毫无生气的随行人员相形见绌，由此，他的名声达到了高点。在成了法国军队的象征之后，因为布朗热曾指责共和派政府弃阿尔萨斯-洛林于不顾，那些爱国人士遂给他取了“复仇将军”的绰号。爱国者同盟的首领戴鲁莱德说服了布朗热，让他相信自己有责任和义务去领导一场伟大的民族主义运动。在法德关系出现危机的时候，布朗热的这种态度让公众以为，他是一个能够击退俾斯麦的能人。但是，机会主义者看出了他的轻率和不负责任，决心摆脱此人。在弗雷西内内阁倒台之后（1886 年 12 月 3 日），布朗热在戈布莱内阁中仍旧担任战争部长，但在卢维埃上台组阁之际，他就被解除了这一职务。为使布朗热离开巴黎，他被任命为驻克莱蒙费朗的十三军团司令。7 月 8 日，大批群众试图阻止他们的偶像离开，但是没有成功。此时，布朗热运动还只是一场带有公众情感的运动。

布朗热主义，政治运动

1887 年 10 月在爱丽舍宫爆发的丑闻让布朗热主义变成了一场政治运动。对在台上掌权的机会主义者持敌视态度的各个政治派别，以布朗热的大名为核心，结成了联盟：长期以来，像纳盖那样的激进派一直要求修改宪法；戴鲁莱德推动的爱国者同盟把现行的体制视为复仇战争的阻碍；曾经已经放弃了希望的保皇派和波拿巴主义者则想要再次通过合法的途径来夺取政权。1888 年 3 月底，作为对他参与政治阴谋的制裁，布朗热被强制退役。他的野心因受到各派别的大胆妄为之徒的鼓动而大大膨胀，于是，他接受了反共和派联盟首领的位置（他甚至接受了女保皇党人于泽公爵夫人提供的津贴）。他组织了一个全国性的共和党，并领导了一场反对议会制，并向人民发出呼唤（后者属于波拿巴主义者的惯用伎俩），建议解散众议院和修改 1875 年宪法（并没有实质性的内容）的政治运动——他的口号是“解散（议会），召开（制宪会议），修改（宪法）。

为了对执政当局施压，布朗热派采用了一种别具一格的策略：让布朗热作为候选人参加补缺选举，一旦当选后马上辞职，通过如此重复，让多个地区的选民投他的票。布朗热先是连续于 4 月 8 日、4 月 15 日在多尔多涅省、诺尔省当选，尔后又在 8 月 19 日再次以绝对多数在索姆和下夏朗德省当选。他在阿尔代什省的选举中落选，但在 1889 年 1 月 27 日，竟然以领先共和派候选人 8 万票的巨大优势在巴黎当选。在这次选举中，他以自己的名字赢得了右派、激进派以及社会主义者的选票。在选举获胜的当晚，他的一些朋友鼓动他发动政变夺取政权。但是，布朗热出于对合法性的尊重，并深信在几个月后，法国人民会授权于他，遂拒绝了他们的请求。

753 布朗热的失败

共和派领导人很清楚布朗热刚刚错失了天赐良机，于是发起了反击。共和国曾因布朗热派别出心裁地运用议会的游戏规则而处于危急之中，为了击败布朗热派，共和派修改了选举制度，取消多重候选人资格。为了清除布朗热本人，他们准备在参议院设立高等法庭，并以危害国家安全的罪名对布朗热提出起诉。布朗热预先料定自己会被共和派占多数的议会定罪，遂逃往国外。由此，他的声望一落千丈。

在 1889 年 9 月和 10 月举行的立法选举中，除了巴黎之外，布朗热派的候选人被选民们所抛弃。布朗热运动最终只不过让 40 名左右的主张修改宪法的候选人当选，而共和派则有近 400 人当选。结局在临近，并因布朗热以前的一位代理人出版的轰动一时的《布朗热主义的内幕》一书揭露了布朗热和君主派代表之间的交易，加速了布朗热运动的灭亡。1891 年 9 月 30 日，布朗热自杀。

布朗热主义运动是一场极其复杂的运动。在其鼎盛时期，它聚集了各派的极端代表：一边是君主派和波拿巴派，另一边是主张全民投票的激进派和具有布朗基主义倾向的社会主义者。从根本上来说，它集结了左右两翼政治倾向完全相反，但却均具有专制倾向的选民。这场运动以其复杂的外表掩盖了左右两翼在农村的分歧，在那里，它尤其吸引了保守和支持波拿巴主义的农民；而在大城市，它则将支持激进派和支持社会主义者的工人汇集在了一起，并使这场运动带有革命的色彩。

温和的机会主义者

从政治上说，激进派因为布朗热主义的失败而遭受了沉重的打击，他们因为曾贸然信任布朗热而使自己难以让人信服，而其派别内部存在的深刻分歧——这种强烈的分歧在他们追随布朗热主义的前后始终存在——则更是使其元气大伤。对于机会主义者来说，同他们结盟已经不再是个问题，至少在一段时期看来是如此。

布朗热主义的失败对于极右派，也就是那些好战的，喜欢冒险的，联盟派的右派分子来说也是一场失败。布朗热的过分举动让某些君主派议会代表深感震惊，他们决定归顺共和国，成为了共和派中的保守派。这种归顺在 19 世纪 90 年代初期得到了梵蒂冈方面的赞同与鼓励，是时，教皇列奥十三世先是通过枢机主教拉维热里之口，继而又通过以法文发表的教皇通谕《在关怀之中》，要求法国的天主教徒“归顺”。列奥十三世建议法国的天主教徒“接受宪法”，亦即接受共和国，以便“修改法律”，也就是说使敌视教会的法律得以废除。

右翼政治家对于这种归顺确实多持保留态度：大多数的君主派依然坚持他们自己的立场。乍一看，选民们对于这种归顺也不买账：归顺运动的两大最出名的领袖阿尔贝·德·孟和雅克·皮乌在 1893 年的选举中双双落败，在新一届议会中，归顺派代表不超过 30 人。但是“天主教徒的选票对于执政的共和派贡献很大”，根据官方的数据显示，共和派获得的 311 个席位与此相关，“……归顺运动对于选举起到了至关重要的影响”（弗朗索瓦·戈盖尔语）。从此之后，对于属于中间派的共和派来说，已经不需要依靠左翼的激进派或右翼的君主派的支持来统治了。

一个新的丑闻，即巴拿马丑闻事件（1891—1893 年）间接地加强了温和派的统治地位。事件本身并没有什么新意，费迪南·德·勒塞普斯因为取得了巴拿马运河的开采权而变得闻名天下（甘必大曾称之为“伟大的法国人”）。1881 年，他成立了巴拿马运河公司。判断的 754
失误（勒塞普斯一心想在山峦起伏的地形里开挖出一条可以通船的运河）、法兰西银行对他施加的苛刻条件（我们可以称之为“第二个巴拿马丑闻”）马上就让公司陷入了难以应付的困难之中。为了获得新的资金，公司希望发行按期抽签还本的债券。因为发行债券必须得到议会立法的批准，所以公司就买通了一些议员——人数我们忽略不计——以便投票时能顺利过关。当公众知道了这起舞弊事件之后，群情激愤，在媒体的推波助澜下，一场声势浩大的社会运动应运而生。一家专门刊登爆炸性新闻的报纸谴责了“受贿者”和那些“和巴拿马丑闻事件相关的企业家、金融家和政治家”，这一事件为反议会主义提供了新的养分。

从政治上来说，巴拿马丑闻的影响力并不大。当然，像鲁维埃和克雷孟梭这样被直接怀疑参与丑闻的政客来说，只好离开政坛几年了。但是，大多数受到牵连的议员却于 1893 年再次当选；如果说他们当中的某些人落选的话，那是因为其他原因所致。然而，某些影响也是不容忽视的。即便再次当选的话，许多政客在今后的政治生涯中也是心存戒备，而且他们的政治地位也远不如以前了。取代他们的是新一代的共和派，他们抛弃了机会主义者的头衔，转而称为温和派（不过准确说来，他们并非“温和克制”的共和派），尤为重要的是，他们在行动上的自由度远比其前辈大。这些年轻人中最杰出的代表是普恩加莱、巴尔都、莱格、德尔卡塞，他们同过去并没有太多的瓜葛，并不了解共和国诞生初期的政治斗争，对他们来说，“5·16 危机”已经失去了它的影响力。同之前的机会主义者一样，他们并不考虑与极左派紧密联合。但是，他们愿意接受各种归顺力量，其中包括右派。他们甚至宁愿靠近右派而不是左派，因为他们对一股新的倾向，即社会主义倾向即便不是感到害怕，那也至少是感到担心。确实，在他们看来，较之君主制的复辟，社会主义的组织对于现行秩序的威胁似乎更大。

一度因为当局对巴黎公社的镇压而停顿的社会主义运动，在 1879 年政府赦免因参与巴黎公社被判刑的人之后又重新开始发展。然而，在十几年中，派别的分散和领导人的相互对立（儒勒·盖德、布鲁斯、阿勒曼、瓦扬），使其无法在选举中获得巨大的成功。但 1893 年的选举标志着议会制社会主义的突飞猛进：40 多名社会主义代表入选议会。这些人往往都是情绪激昂、争强好斗的粗俗之人，温和派对他们恨之入骨。然而，他们依然是各自为政，他们中有一半人分属五个不同的组织，而包括饶勒斯和米勒兰在内的另一半人则属于独立的社会主义派议员。他们的任务是实现统一，要完成这一任务还需要 10 年。

除了属于激进派的布尔热瓦曾短暂组阁（1895 年 11 月到 1896 年 4 月）之外，温和派一直控制着法国政坛。从 1892 年到 1898 年，温和派先后由杜毕伊、里博、卡西米尔·佩里埃和梅利纳组阁。梅利纳在对待保守派方面显得比他的前任更有技巧，他对于天主教派采取了和解的态度，“不接受反教权主义这一激进派用来蒙骗选民的策略”，因而，他的内阁维持了两年之久。

这一令人赞叹的稳定局面既没有在政治改革领域也没有在社会问题方面产生特别的成果，在这些方面温和派显得缺乏创意。虽然他们在经济领域信奉自由经济，但为了争取深受农业危机之苦的农民的选票，他们在法国严格地实行了保护主义的关税制度。而在19世纪末，法国面对的是物价上涨，经济繁荣的经济局势，在当时的情况下，法国实际上应该做的是向全世界开放市场。法国的公共财政政策也存在 755
自相矛盾之处，它虽在努力寻求预算的平衡，但同时却一方面依旧保留19世纪初即出现的陈旧的捐税体系，一方面却拒绝征收当时其他列强均已开征的收入税。在工人问题上，他们不懂得如何以立法的形式来处理劳工冲突，建立协商体制，以便有效地制止在19世纪末经常出现的关闭工厂或罢工的事件。

然而，在外交领域，温和派成功地摆脱了让他们的前任、即机会主义者深感不安的外交孤立状态。在执著地寻求与某个欧洲强国结盟的过程中，他们从俾斯麦离任之后德国在外交方面的拙劣做法中受益匪浅。在相当长的时间里，法俄关系的靠近因为沙皇对共和国的敌视和蔑视而受到了耽搁。如果说法国的金融市场向俄国债券开放促进了这种接近，并增加了法国政府在谈判时的砝码的话，那么，布朗热事件则增加了沙皇对共和国的怀疑。只是因为威廉时代的外交断然采取了亲英疏俄的政策，遂使沙皇亚历山大三世不得不以邀请法国舰队访问喀琅斯塔得港（1891年1月）来表示一种姿态。1891年8月，法俄签订了一项政治协定，尤其是一项秘密军事协定——军事协定在1893年12月得到批准，并成了改变欧洲军事力量对比的至关重要的工具。该协定规定：如果法国受到德国的攻击，或受到德国支持的意大利的进攻，那么俄国就会调动它所有的军队进攻德国；如果俄国受到德国的进攻，或受到德国支持的奥匈帝国的进攻，那么法国就要调动其所有的军队来进攻德国。这一同盟关系并不允许法国轻率地发动对德国的复仇战争，因为沙皇拒绝支持主动进攻的战争；同样，法国也不支持俄国在巴尔干地区的冒险行动。这一法俄联盟是防御性的，它足以让法国舆论安心。

在这一由温和派政府保障的政治暂缓期中，尽管法国存在着一些困难和危险，政局却相对稳定。不过，这一局面未能维持多久。从 1896 年到 19 世纪结束，法国经历了一场前所未有的危机——德雷福斯事件的危机，这一危机如此严重，以至于我们通常称其为“事件”。它以一场司法判决的错误为开端，但是这一丑闻很快演变成一场意识形态的冲突，并使法国的政治精英产生了分裂。

一个司法错误，德雷福斯被判刑

1894 年末，法国情报部门有人把有关秘密军事武器的清单寄给驻扎在巴黎的德国使馆武官。经过对清单的调查和笔迹鉴定之后，参谋部认定这是德雷福斯上尉——一个在总参谋部实习的犹太军官所为。10 月 15 日，德雷福斯遭到逮捕，在设在巴黎的军事法庭进行陈述之后，他被判处监禁。在诉讼期间，夏尔·杜毕伊内阁的战争部长梅西埃将军告诉军事法庭的法官，情报部门准备了一份不为被告所知的“秘密文件”。这份文件给法官留下了深刻的印象，遂判处德雷福斯无期徒刑，并革除军职（1894 年 12 月 22 日）。1895 年 2 月 21 日，德雷福斯上尉在被革除军职之后，被流放到法属圭亚那的魔鬼岛服刑。起先，这一平常的叛国事件并没有引起公众的任何反应，但到了 1896 年 3 月，它却又重新进入了人们的视线。当时，法国的情报部门截获了德国大使馆给艾斯特拉齐上校的一封电报。情报处新负责人皮卡尔中校对艾斯特拉齐进行了调查，发现他与德国的武官保持着可疑的关系。
756 他重新打开了“秘密军事档案”，并深信艾斯特拉齐就是那份清单的始作俑者。皮卡尔把这一发现报告给了上级，但是总参谋部拒绝重新审理德雷福斯案件，并于 1896 年 12 月把皮卡尔派往了突尼斯。为了彻底让这一事件尘埃落定，皮卡尔的副手亨利少校交给副参谋长贡斯将军一份对德雷福斯来说堪称致命的文件。实际上，这份文件是伪造的，史称“亨利伪造的文件”。

在这期间，参议院副议长舍雷尔·凯斯特内从皮卡尔的朋友处了解到了实情，他深信德雷福斯是无辜的，要求政府对案件进行重审。内阁没有同意这一要求，担心会引起动乱。舍雷尔·凯斯特内遂决定在参议院就拒绝重审提出质询。战争部长比约将军宣称德雷福斯已经得到了“公正合法的惩处”，政府总理梅利纳则说出了他的那句名言：“不存在德雷福斯事件”（1897 年 12 月 7 日）。之后，德雷福斯的兄弟指控艾斯特拉齐为密件的始作俑者，后者被传唤到巴黎的军事法庭，但结果却是无罪释放。

主张重审德雷福斯冤案的派别试图通过他们的呼吁来激起舆论的反响。1898 年 1 月 13 日，克雷孟梭在《震旦报》上以“我控诉”为通栏标题刊出了埃米尔·左拉致共和国总统的公开信。左拉控告了两任战争部长、参谋部的一些主要官员以及重审艾斯特拉齐案时的笔迹专家，指控他们“为把舆论引入歧途而在新闻界发动了一场可憎的战役”。左拉还控告军事法庭“没有给德雷福斯出示秘密文件就给他定罪，这侵犯了他的知情权”。陆军部长以“诽谤罪”为名对左拉提起诉讼。对左拉的诉讼在 1898 年 2 月 7 日至 21 日进行，对于证人和律师们来说，它是一次对德雷福斯案和艾斯特拉齐案展开唇枪舌剑的好机会，对左拉的诉讼使德雷福斯事件为全世界所知。

7 月 7 日，为了让德雷福斯派哑口无言，新成立的布里松内阁的陆军部长卡芬雅克在议会的讲坛上宣读了“亨利伪造的文件”。但是，皮卡尔上校提供的证据让内阁的某个成员发现了“伪证”的破绽。8 月 30 日，卡芬雅克让亨利少校承认了他的罪行；第二天，亨利畏罪自杀。

一场意识形态的冲突

德雷福斯事件之所以会成为一场悲剧，乃是因为这样一个事实，即在司法错误被发现之后，军方仍试图掩盖真相。于是，就存在这样一个问题：是掩盖事实，以便不损害作为祖国之支柱的军队的声誉，还是揭露丑闻，以便纠正司法错误。这可能会对“当局”产生何种后果呢？从更广泛的意义来说，一方面我们发现“修改判决派”或“德雷福斯派”不仅仅要为无辜的受害者昭雪，还要抗议军方的领导人为了维护自身的权威、拒绝听取任何批评而表现出来的狂妄自大，更要维护正义和人权。另一方面，反德雷福斯派则认为国家和民族的利益是至高无上的。

对左拉的审判让一些提法被确定了下来。修改判决派想要“为正义和真理”而战，他们中的某些人对“军队和圣水刷的联盟”进行了谴责；反德雷福斯派则以“军队的荣誉”为由，对“犹太财团”和“叛国罪”进行了谴责。反犹主义通过德律蒙发表的《犹太人的法国》（1860 年）和天主教新闻工具的煽动得到了传播，并成为了反德雷福斯派的意识形态的一个基本要素。从另一方面来说，对军方领导人的错误和手段的谴责，让修改判决派产生了强烈的反军国主义倾向。德雷福斯事件对于法国的政治思想的发展产生了持久的影响。它改变了左派的方向，此前，左派还延续着雅各宾派的爱国主义传统和民族主
757 义价值观。民族主义将成为右派的固有特性，在民族主义的思想领域还将产生两位思想大师，这就是巴雷斯和莫拉斯。

德雷福斯事件让法国的政治舞台、公众舆论和新闻界带上了某种感情。它使法国产生了新的政治组织形式——联盟，与维护人权和公民权联盟相对的是法兰西国家联盟。这些联盟激发了民众的巨大的热情，让他们赞成或反对修改判决。在经过了诸多波折之后，德雷福斯派最终达到了自己的目标：1906 年，法兰西共和国总统赦免了德雷福斯的罪行，并让他恢复了军职。

在政治领域，德雷福斯事件也产生了重大的后果。当儒勒·盖德因为把这一危机视为一场“资产阶级的内战”而拒绝介入德雷福斯事件时，饶勒斯却加入了德雷福斯派。温和派内部则产生了重大的分裂，他们中的很多人有感于共和政体存在的危机，想要依靠左派。正是出于这一想法，瓦尔德克-卢梭于 1899 年 6 月建立了依靠“左派集团”的“保卫共和”内阁。德雷福斯派取得了胜利，这正好为激进派创造了有利时机，他们不失时机地说服温和派，他们能够把共和国从教士

和君主派的阴谋当中拯救出来。德雷福斯事件标志着温和派或“共和派政府”的结束。中间派的位置已难以为继。左派和右派之间的鸿沟泾渭分明。

四、集团和激进派的共和国

瓦尔德克-卢梭内阁的产生为法兰西第三共和国的历史开辟了一个新时代。激进派进入了这一届的内阁，并将长久地执掌政权。及至1940年，他们要么直接控制政权，要么通过与其他的政治团体结盟来掌权。

但是“掌权的激进派”是否同他们在世纪之交时接替的“执政的共和派”存在巨大的差异呢？时代不同了，作为从城市，尤其是郊区选举上来的代表，他们摆出了一副雅各宾式的平均主义者的姿态。而作为现代社会的牺牲者的代表，他们的位置却已被社会主义者所替代。随着时间的流逝，支持他们的选民已发生了变化，他们成了农村或受城市化进程影响较少的地区的居民的代言人，成了商人、手工业者、小公务员和雇员利益的维护者，总而言之，他们是甘必大称之为“新阶层”的中产阶级利益的维护者。这些属于“新阶层”的人与其说是平均主义者还不如说是个人主义者，他们极端仇视当局和各种社会权威，并且已经深受一种小资产阶级无政府主义的、既狭隘又无情的哲学的激励，这种哲学在两次世界大战之间最好的表达者与教导者当推阿兰。

激进派的上台吸引了一些新成员的加入，这些人多为仕途不顺的年轻政治家，他们毫不犹豫地接受各种结盟的机会，即便此举有时会有损于他们的权利。按照激进派的传统，他们只不过是不太重要的附庸而已。不过，议会中的大多数派别仍然遵循了原有的习惯做法，尤其是确认了共和派“并非处于左翼的敌人”这一原则。因此，激进派开始表现出它的两面性。这种特性一直延续到20世纪，这使它能够毫无困难地参与各种各样联合组成的内阁，如从1899年形成的“左派集团”到 1910 年之后形成的中间派政府。

无情的胜利

为了“有力地维护共和政体，确保公共秩序”而组成的瓦尔德克-卢梭内阁很快就开始追击那些在德雷福斯事件的幌子下，对共和
758 国造成威胁的人。当局对反犹主义联盟和圣母升天修道会的一些头目进行了指控和判刑，并勒令解散这个修道会。几周后，动乱局势在全国消散。虽然巴黎因成为民族主义者的汇聚之地而成了外省躲避迫害的“右派的避难所”，但没有任何迹象表明，国家存在着被颠覆的危险。

但是，以胜利者的身份走出这场危机的共和派并不愿停留在原地，弗朗索瓦·戈盖尔曾指出：“在修改判决派确认了他们的胜利之后，德雷福斯事件的战果越来越多地被用来为与事件之初的动机毫不相干的政治目的服务……德雷福斯派的神话逐渐退化为德雷福斯派的政治。”在胜利者看来，作为失败者的军队和教会当时曾让共和派品尝了恐惧的滋味，而今该由它们来品尝这种滋味了。

瓦尔德克-卢梭曾经选择显然属于右派的加利费将军出任战争部长，以免右派有过多的抵触情绪。但是，在几个月过后，加利费即被安德烈将军取代。安德烈对共和国忠心耿耿，尽管他曾受到上司的种种刁难，但他还是艰难地获得了升迁。为了保护同他一样的军官，安德烈对升迁制度进行了修改，将相关权力由总参谋部转移到战争部。为了更好地了解军官们的思想和行动，他设想组建一个监视系统，他的办公室主任将此交付给了共济会。结果，其收集到的情报出现在了共济会所属的“法兰西大东方”编的一些小卡片中。此事表明这一奇特的情报机构的秘密没有很好地得到保守，由此爆发的“卡片丑闻”让安德烈丢掉了部长职位（他在孔勃内阁中重新担任此职）。尽管他没有完成自己的任务，但是他却让军队实现了“共和化”，因此，不少对德雷福斯事件结束后不久呈现的气氛感到沮丧的军官宁可选择了辞职。

至于对教会的惩罚，瓦尔德克-卢梭选择的是对教会组织密切进行监视，而不是加以取消。很有可能他并没有授意反对教会组织，尽

管他在德雷福斯事件时期因为教会组织的狂热而签署过类似法令。但这种情况很快就发生了变化。首先，议会修改了他的计划，并在1901年7月2日颁布了一项法令。根据这项法令，任何宗教团体只有经过某项法律的批准后才能建立，现有的宗教团体要建立任何新机构也得经过法令的批准。此后，爱弥尔·孔勃组阁，这一丧失了宗教信仰的前修道士并没有继承任何瓦尔德克-卢梭的温和精神，他采取了极端的措施，由于认为到处都存在着“教士的”阴谋诡计，孔勃从1901年开始严厉实施相关的法律。根据法令，他首先取缔了那些未经他授权的宗教机构，并关闭了数千所“私立”学校；然后，除了五个宗教团体之外，他拒绝批准任何建立宗教团体的请求，并驱散了18000多名宗教人士。最后，他甚至超越了1901年的法令，对已经获得批准的宗教团体横加指责，禁止其成员从事教学活动。

这一达到极盛的反教权主义浪潮在宗教势力占优势的地区引起了强烈的反响。就外部来说，强硬的庇护十世接替了温顺的利奥十三世(1903年8月)，它导致了共和国同教皇之间的一系列冲突。孔勃似乎还想废除《教务专约》，但是，由于内政方面的原因，他不得不在自己的计划得以实现之前挂冠而去。

政教分离

孔勃在推行反教权主义政策方面走得如此之远，以至于即便废除《教务专约》亦不足以平息人们的狂热情绪。左派集团现在希望的是完全的政教分离。由报告人阿里斯蒂德·白里安所准备的《政教分离法》(1905年12月9日)，以一种平衡的方式解决了这个问题，并作为 759
“平息法案”获得了投票通过。但是，它的实施却遇到了两方面的问题：其一是教皇庇护十世的难以理解，其二是反教权主义者的暴力行为。

同德雷福斯事件一样，教会财产的分割问题再次让法国人产生了分裂。“清点财产”的苛刻程序引发了新一轮的暴力冲突：正如克雷孟梭所说，被派去“清点蜡烛”的官员在很多地区遭到了天主教徒有组织的抵抗。公开的运用武力激化了矛盾。为了把内战扼杀在萌芽状态，共和国需要克雷孟梭的高压和白里安的温顺。

政教分离法深深地触怒了法国的天主教徒。他们首先把它看作是一种对梵蒂冈的侮辱，他们尤其把它看作是教会的敌人为了消除教会的影响力和阻止人们入教的一种方法。就短期而言，形势确实发生了如此的变化：从 1905 年到 1914 年，每年参加神职首任礼的人数从 1563 人减少到了 704 人，去天主教小学和中学就读的学生分别减少了三分之一和四分之一。在某些农村地区，基督教的信仰已经被淡化，只是因为当地的某些社会风俗才使其勉强得以维持，世俗的婚礼数量激增，而洗礼仪式则逐渐被人们所抛弃。

从长远来看，政教分离措施产生了各种截然不同的影响。教会在任命主教和本堂神甫方面获得了更大的行动自由，教会招收的人员不仅在质量上，甚至在数量方面都有了提高。事实上，从 20 世纪 20 年代开始，任职的神职人员的数量曲线就呈现出强劲的上升趋势。在政治领域，反教权主义失去了它主要的论战根据，这个根据就是，“黑衣人”（指教士）的权力会使国家蒙受各种危险。政教分离运动本应该把宗教问题和政治问题区分开来，但是，为了让这种分离真正为人们所接受，太多的政客却想把这两个问题混淆在一起。

克雷孟梭：破坏罢工者

左派集团得以提供的政治稳定——从 1899 年 6 月 22 日到 1905 年 1 月 18 日，一共只有两届政府掌权，即瓦尔德克-卢梭和埃米尔·孔勃政府——随着社会党退出多数派而告终，虽然饶勒斯不愿意这样做，但 1904 年的阿姆斯特丹第二国际代表大会强迫法国社会党退出。与集团分裂相对应的是法国社会冲突的加剧，这绝不是一种巧合。我们可以说，从 1905 年开始，20 世纪的问题，也就是工业社会的问题被提到了首位。人们可能会思忖，法国的统治阶层是否成熟到了足以应对这些问题。

在这方面，克雷孟梭的例子颇能说明问题。此人在 19 世纪 80 年代是一位毫不妥协的激进派，并在很长一段时间里是极左派在议会的领袖和温和派内阁的绊脚石，1906 年，他进入萨利昂的内阁担任内政部长，后于同年 10 月 25 日组建了自己的内阁。克雷孟梭内阁维持了三年左右；他个性鲜明，在任期内向法国人许诺会实现多项改革（在他的任职宣言中列举了 17 项改革计划）并“明确提出在政府建立民主制度”。

但形势的发展让克雷孟梭无法信守自己的诺言。1906 年 3 月，库里埃雷的矿难造成 1100 多名矿工死亡，从而引发了一场酝酿已久的大罢工。尽管社会主义议员对此大声疾呼，但罢工还是遭到了残酷镇压。从 1906 年 5 月 1 日开始，倡导九小时工作制的法国总工会发起的罢工运动越来越具有革命性。1907 年，法国中部的葡萄种植农因为饱受虫害侵袭和酒价下跌之苦而发动了暴动，被派去镇压的第 17 步兵团也发动了叛乱。1908 年，政府同工会组织之间发生了公开对抗。当年爆发 760
的德拉维-维尔内夫-圣乔治事件是一起罢工事件，起因至今不甚明了。因为局势失控，镇压造成了几起死亡，这让克雷孟梭背上了“法国第一警察”的称号。德拉维事件揭示了克雷孟梭的悲剧：他提出了改革计划，但是社会斗争的发展不允许他这么做，不管怎么样，还没有开始改革，他就发现事态的发展已经超出了他的控制范围。

法国总工会谴责克雷孟梭为“杀人犯”和“法兰西的野兽”，这一口号的无效性也表明了法国总工会的失败。后者陷入了革命工团主义的幻想之中，因为过分夸张的口号、暴力和轻率使自己陷入了孤立的局面之中。“革命的总罢工和为发动全面的社会革命而行动”的口号使之遭到了全法国人的反对。同政府和由激进派组成的多数派一样，法国总工会也无法在那个时代提出一个解决社会矛盾的办法。

民族主义的复兴

革命工团主义的过激行动，以及社会主义运动——这一运动已日益频繁地带有颇具煽动性的反军国主义色彩——的过火行为，与外交领域的冲突不断加剧一起，使一股强大的民族主义倾向在全国获得复兴。

外部形势的恶化，首先得归咎于德国的外交政策，这一政策是德皇威廉二世在泛日耳曼主义者、殖民主义者和工业家支持下要求实行的。但德国的这一政策一定程度上也是对法国外长德尔卡塞所奉行的轻率的外交政策的一种回击，后者通过同英国缔结《诚意协约》而巩固了同英国的外交关系，并试图侵占摩洛哥。先后在丹吉尔港（1905年）、阿加迪尔港（1911年）发生的两次摩洛哥危机，堪称是法德之间非常危险的紧张关系的写照。

与此同时，一场新的思想运动正在法国展开。在德雷福斯事件时期，统领法国思想潮流的是左拉、阿纳托尔·法朗士、唯智主义和理性主义的哲学家们，而在20世纪最初的十几年里，左拉等人已被一些新人，如巴雷斯、莫拉斯、佩居伊、克洛岱尔等人取而代之，他们当时发动了一场恢复民族主义和传统价值的运动。"1905年，这个国家的民意特征和政治走向是冷淡而和平的，但在1913—1914年，我们发现它们已经变得积极、坚定，而且，如果不是好战的话，至少也是积极认识到了战争的危险——甚至是认识到了战争极有可能发生"（尤金·韦伯）。在尤金·韦伯看来，1905—1914年的民族主义运动"是巴黎的产物，它由以产生的那些情感和偏见，就好比这场运动的前身在巴黎街头上唤起的危险的群众支持一样……即使在这里或那里缔结各种默契程度不一的联盟，民族主义从未在农村和小城镇的广大居民中取得选举的成功，牢牢掌握这些群众的，首先是激进派，其次是其他政治团体。但是民族主义这种偏见知道如何渗透到巴黎人的生活、思想以及社会之中，并控制和影响那些对此甚少接触的外省代表。"

民族主义的复兴首先会根据民众的需要制定计划，提出一些数年前已经过时的爱国口号，以博取民众的欢心。它唤醒了民众的民族自豪感，让他们尊重军队和既定的秩序，提防德国的威胁。从政治和纯粹是议会的角度来看，它在"三年兵役制"之争中得到了最好的表达。

自从1905年以来，法国的兵役期为两年。但到了1912年，柏林政府提出了一项新的计划：追加10亿马克的特别经费以增加德国的常
761 备军数量以及德军的装备。1913年3月4日，在得知这一消息之后，巴黎的最高战争委员会宣布有必要增加常备军的数量。3月6日，白

里安政府向议会提交了一个法案，要求把兵役期扩展至三年，7月，众参两院在社会党和激进派的反对声中通过了新的兵役法。

对三年兵役期法案的反对，使左派集团在1914年的立法选举中得以重建。事实上，激进党在卡约的影响下，在1913年10月在波城召开的大会中已经决定采纳一项新的选举纲领，其内容包括：普遍征收所得税制，废除三年兵役期法；1914年1月，社会党也对这一法案提出了反对。在1914年4月、5月举行的选举中，三年兵役期法的反对者们协调一致地采取了行动，主要做法就是竞相退出竞选，以便确保别的同道能顺利当选。选举结果表明，他们的这一做法颇有成效，有300多名激进派和社会党人士当选，而中派和右派只有260人当选。

实际情况发生了一点变化。许多激进派人士不顾波城会议的决定，在选举期间阻止其他人对三年兵役期法进行攻击。这是因为，“他们深知，他们不能反对其选区大多数选民所赞成的法律，否则投票时就会蒙受巨大危险”（尤金·韦伯）。另一方面，巴黎及巴黎盆地的部分地区在追随这场民族主义复兴运动。至于法国的东部，在第三共和国的头25年，这里一直是共和派的大本营，而今却完全开始向右转，之所以如此，很大程度上是因为反军国主义让他们感到惊恐——在这些被笼罩在德军控制的阴影之下的地区，反军国主义是无法让人认同的。结果，尽管三年兵役期法的反对者们一再努力，但还是未能让新议会废除此项法律。

在讨论军事问题时明显感受得到的民族主义的复兴，也在其他插曲中得到显示。1912年5月，普恩加莱决定把圣女贞德节作为法定节日，1913年1月，普恩加莱在右派选民的支持下当选为共和国总统，他发现了一个新的联盟，其参加者有传统的右派、政府的共和派和相当一部分的激进派，这些人对于“团结、纪律和祖国”的口号很能够响应。

民族主义的复兴并不仅限于议会人士和知识分子当中，它很快就扩展到了人民大众。这一点在战争爆发时显露无遗：1914年8月的宣战激起了所有人的爱国热情。8月10日，社会党的《人道报》写道：

“同大小资产阶级和成千上万的年轻人的内心一样，人民的内心也充满了热情，他们离开家庭，义无反顾地投入各自的军营，投身于处于危急之中的祖国。”

8 月 26 日，总理维维安尼改组内阁。为了建立一个“国民联合”内阁，他邀请了社会党代表入阁，马塞尔·桑巴和儒勒·盖德响应了他的召唤。正如列宁所认为的那样，这一入阁行为并不是一次错误；相反，通过这一举动，社会党获得了一次融入法兰西民族的机会（长期以来它一直没有这样的机会），并得以在 22 年之后轮到它执掌政权。

结论

从危机到“各类事件”，从各类事件又到各类丑闻，法兰西第三共和国在不到半个世纪的时间里经历了各种困难和危险。她克服了这种种困难，也经受住了对她来说并非是致命性的第一次世界大战的考验。很难说她已经真正作好了接受胜利的准备，但是，这一胜利至少给她带来了暂时性的荣耀。我们不妨得出这样的结论：自从大革命以
762 来，法国人经历了种种政体，最终发现共和制最适合他们，或者借用梯也尔的一句话来概括，共和制是“分歧最小的政体”？

如果我们来看看第三共和国的制度建设，就会发现，1875 年的那些宪法性法律尽管缺乏充分准备和精心制订，却体现出简洁明了的巨大优点，从而为整个体制提供了一种灵活性。其更大的好处在于，修改的程序相对比较简单。但不幸的是，这个优点却很少被人使用（只有儒勒·费里在 1884 年使用过），而且它体现的精神有失偏狭。与之相反，宪法的实施往往会因为领导人，尤其是像格列维这样的总统的个人行为的影响而受到歪曲。我们无法说这种改动是好事，恰恰相反，它们往往会削弱行政权，增强本不值得加强的议会的权力。议会制度变成了一个糟糕的制度，因为滥用质询权和出其不意的决议导致了议会制度的变质，更不用说议会讨论期间的高谈阔论以及“哗众取宠”了，头脑清醒的领导人能够清醒地感受到这些问题。他们，甚至是公众都能对内阁的不稳定引起的祸患而感到痛心。

但是，共和国最大的缺陷在于在政治上缺乏一个多数派，没有这样一个多数派的存在，议会制政体就必然会动荡不安。在相当长的时间内，这个国家只有显贵们组成的集团，它们关心的几乎纯粹是选举事务，人们称之为“委员会”。在议会内部，“集团”只是立场大体一致的上下院（参众两院）议员之间十分松散的联盟，而且他们可能是属于某些团体，也可能不属于任何团体。如果说党派的概念已经为人们所了解的话（从第三共和国创建之后，人们先后用到“共和派”和“布朗热派”等名词），那么，他们指的是不具备任何组织联系的有某种共同倾向的模糊的团体。法国很晚才出现真正的政党，第一个政党是 1901 年建立的社会激进与激进党。但是，它的组织结构并不严密，所以在很长一段时期内，无法把它在议会里的党派代表聚集起来，形成一个独立的团体。直到 1911 年，它才要求党派内部的议会代表属于同一个团体。

右派则在 1901 年组织了民主联盟，1905 年组织了共和联盟。但这些团体也都无法建立委员会或联盟的网络，更不用说招募到数量众多的党派成员了，更多的党派代表的是各工会选民的利益。

只有左派在更迟一些的时候才建立起了真正的党派，也就是说在地方和全国范围内都拥有有组织的团体，且拥有人数众多的党员和实在的机构，盖德派和饶勒斯派联合起来在 1905 年 4 月建立了统一社会党，也就是工人国际法国支部。在一战前夕，它拥有 8 万名党员，在 1914 年 5 月的选举中它有 104 名代表当选，获得了近 150 万票。尽管发展迅猛，但它只是代表了少部分的法国人。

如果我们来看看在 1870 年到 1914 年间的法国政治史中举足轻重的人物的话，我们得承认，一旦等甘必大给人们留下深刻印象的侧影消失，我们所能看到的人均显得极度平庸。更不要说共和国的总统，他们的当选是因为他们的去留对于议会独揽大权毫无影响。总理的出名往往是因为他们无足轻重，他们当中最出名的一个是瓦尔德克-卢梭，人们在他下台之后誉之为“共和国的伯利克里”，但最近的一项研究却让我们不无遗憾，某个评论家曾说过他是“一个平庸之辈，碌

碌无为”。不过，1900 年之后出山的那一代政治家就要出色得多；人
763 们可以提及的有“白里安、克雷孟梭、卡约，当然还有饶勒斯（显然还应该加上普恩加莱），他们都是举足轻重的人物。”但人们无法肯定，这些人在 1914 年是否还能够得到人们真正的赞誉。

在今天看来，我们认为最重要的问题或许就是共和派的“风格”，也就是他们在面对时代的重大问题时的应对方法和精神状态。我们会对相关人员进行严厉的评判，这首先是因为他们往往过度地受到过时的争论和斗争的束缚。在 19 世纪 70 年代和 80 年代，他们为复辟的幽灵，国王回归的可能性以及带有特权的不平等的“旧制度”而争吵不休，然而“旧制度”早在一个世纪以前就寿终正寝了。接着，他们又为政教分离问题而争斗，也就是削弱教士的权力以巩固他们的政治基础，然而回到从前的危险几乎是不存在的。当法国人正面临如何去适应一个 19 世纪类型的现代社会和经济体制的时候，他们却还在为 18 世纪、大革命之前，或稍好一点的话是督政府的问题而争论不休。

作为同过去斗争的胜利者，对他们来说最严重的问题或许是如何来看待胜利。他们对斗争的失败者，如 1879 年的君主派，1889 年的布朗热派，1899 年的民族主义者以及 1905 年的天主教派的态度都是极其严厉而狭隘的。他们随心所欲地想要保持一种复仇的气氛，拒绝接受和解，也不接纳联盟。因为他们的失误，法国人在政治上至今还处于分裂状态，法国的共和政体不为相当一部分的法国人所接受。在战争前夕，如果说真的存在过一种法国式的（共和制）生存和运转方式——也许还是一种不错的生存方式，那么，当时对法国政治制度还没有达成“共识”，因为共和派并不希望如此。

第二十六章　知识传播和文化变革 764

1871—1914 年，小学教师和受人诅咒的画家的时代

技术和工业革命、城市化、普选制和共和国的建立，两三代人的时间里有多少天翻地覆的变革！这些变革对于文化（这里所说的文化不仅是传统意义上的文化　学术性文化及文学艺术方面的伟大作品，也是人类学家所指的文化）、对法国社会（或更确切地说，对构成法国社会的不同群众）自身的行为和思维方式造成了何种反响呢？要对此作出评价是颇为棘手的事。

当然，最初我们对“高尚”文化的代表者了解很多，我们依然在读、在看、在听他们的作品：如普鲁斯特、塞尚、德彪西。但对于二流作者、对于通俗小说家、对于学院派画家、对于所有在发行量上和在德鲁奥拍卖行里取得成功的作者、对于诸如奥内、德古塞尔、布格罗之类的人，我们又有多少了解？是什么标准将传统准则的赞美者和先锋派的大胆支持者区分开的呢？仅仅是趣味和直觉、社会环境之差异或思想对立的事情吗？最近教育史方面的研究使我们眼前的景象越来越清晰，但我们仍然很难评估学校在农村世界的传统观念弱化过程中所起的确切作用。而城市平民阶层的文化轮廓也很不明朗。因此，本章不拟盘点业已取得的研究成果，亦不打算为已经澄清的问题提供答案；我们至多只能提出某些假设并尝试提出一些可供思考的论题。

某些框架看来已清楚地浮现出来：首先是占主导地位的文化表面上的稳定，这种文化表达的是名流们的思维方式，也可以称之为资产阶级文化，不过这其中包含着大量的贵族残留物，而且还应注意到资产阶级的多样性，每种资产阶级都带有自己独特的格调。这种文化通
765 过学校和媒体广泛渗入大众阶层，同时也瓦解了与旧式的乡村社会紧密相连的传统心态结构。最早的抗议来自工人世界，更准确地说，来自工团主义者，这些人试图推动一种真正的、完全独立于上层阶级的大众文化。

但这次尝试戛然而止。更为深刻、更为激进的是"先锋派"的挑战，不过这场运动恰恰兴起于同一些支持"官方"标准的"资产阶级"阶层。文学的抗议是暧昧的，它既表达出怀旧之情，又反映了对新形式的探索。但由印象派开启、并不断走向激进化的造型艺术革命，与1900年代的科学发现一起预示着我们20世纪的新世界，对于这场革命所酝酿出的文化变革，我们今天仍能感受到其中的效应。

一、主导文化

社会等级和学校组织

名流们之所以能维持其优越地位，不仅是因为财富，也得益于在学校被永久化的文化特权：我们在这个领域的主要导师安托万·普罗斯特对此进行了充分论证。

确实，初等教育和中等教育之间的差别并不是个年龄问题：通过1889年开始组建的高等小学，有天分的大众阶层的孩子在取得修业证书后，会走上普通的人生旅途，而名流们的孩子可以进入公立中学的预备班，从此断绝与农民和工人的孩子们的联系，因为公立中学预备班是收费的，尽管初等教育免费。每种教育层次都与特定社会阶层的生源相对应，它们在声望上的差异反映了社会阶层的等级次序。就读于公立中学是资产阶级的一个象征。中等教育不是免费的，公立中学

的奖学金数量有限（每个年级2%左右），而且优先授予公务员的孩子（小学教师在这一过程中作用颇大）。

障碍不仅仅限于物质方面。由于家庭环境难以提供支持，平民阶层出身的孩子要想取得成功就更加困难了。他是个“文化失根者”，必须放弃自己群体的话语方式和思维模式；相反，出身优越的男孩接受中等教育则是轻车熟路，因为其家庭很早就在培养他作为一个优秀的中学生应具备的素质——抽象的癖好和精湛的“论说”技艺。

贵族文化？

实际上，法国的教育比别的国家都更自觉地与日常实际和青少年的具体经历割裂开。这方面最明显的标志是希腊-拉丁“人文学科”所占的重要地位，此外还要加上古典文学，因为这被视为“古代人”的继承者。

当然，确实存在一种试图调和“学校和生活”、使年轻人适应“经济生活和实际工作”的“现代主义”思潮。正是由于这一思潮，1880年，人们降低了古代语言的地位，增强了法语和现代语言、科学及历史-地理的教学。在这种思潮的影响下，为将来从事农业、商业和工业的孩子开办的“专门教育”——更具体地说，就是没有拉丁语的教育——成功地建立起来。1902年，专门教育成为各高中的一个现代分支，并摆脱了法律上的低下地位。但是这种趋势仍然十分微弱。任何削弱拉丁语和希腊语地位的做法似乎都是对“法国文化”的质疑，对1902年改革的各种反应就证明了这一点。高中的那个现代分支深受鄙 766
视：招进来的学生是最平庸的，课间休息时，古典班的学生嘲笑“不学拉丁语者”为“牲畜”。对大多数法国资产阶级而言，接触文化的唯一方式是通过某种古典学的训练，因而质疑古代语言的优越地位是大逆不道的。如何解释这种热烈而毫无通融的痴恋呢？

毫无疑问，有些人从中看到了某种社会屏障。迪庞鲁主教曾这样反驳他的政治对手：“领导阶级将永远是领导阶级，因为它们懂拉丁语。”将修习拉丁语看作“上层社会”成员的标志，这就为“新社会阶层”的上升设置了一个附加的障碍。

但是在西欧其他国家，中等教育同样也是名流们的天下，虽然古典人文学科所占的比重相对较低。在法国，领导阶级并非是唯一注重人文学科的，专门教育的一位反对者十分准确地指出，“我们最卑微的市民也眷恋拉丁语和希腊语”，这就道出了前述解释的不足之处。实际上，高中一直在延续一种传统，这种传统可以追溯到大革命之前。旧制度时代的年轻贵族和年轻资产阶级，如果不是通过完全一样的方式，至少也是以同样的原则教育出来的：拒绝功利性，蔑视“现代性”，崇尚古人（拉丁文的论战已然存在了！）。确切地说，人们的观念与希腊人和拉丁人的文化观念十分接近：鄙视交易（这是贵族式的闲散的对立面）和体力劳动（卑贱的职业）；有教养的人应该运用自己的理性，但这样做并不是为了改善自己周围的世界。

在工业革命如火如荼的时候，大部分名流竟依恋于如此“贵族化”的看法，这看起来让人费解。不过，这种悖论只是个表面现象：难道它反映的不是法国资产阶级一个持久而根本的心态特征——面对经济变迁时的矛盾立场吗？他们中间的相当一部分人对技术变革充满疑虑并拒绝这种变革，反过来说，他们更喜欢那种稳定人心但僵化停滞的保护主义政策，而不愿去迎接必然会加速变革的竞争风险。这难道不就是让-马丽·梅耶指出的对“法学家的文明、而非对生产者的文明”的眷恋之情吗？因此在这个领域，第三共和国确保了某种传统的延续。不过另一方面，它创办了女子中等教育，并对高等教育进行了深入的改革。

培养认同共和主义的女生

在19世纪的资产阶级社会，“年轻女孩是为了私生活中的私生活而接受教育”（迪庞鲁主教），妇女的“天然”使命是在家中；她只要学会做一个出色的家庭主妇就足够了。从这一意图出发，女孩应在宗教寄宿学校度过5—6年的时光，她们须在那里培养自己的虔诚之心，学会读写、算账和待人接物。她们还学习刺绣、针线活儿，甚至可以画画、弹钢琴。这种教育与男孩很不相同，它使得两性分裂为两个文化世界，彼此之间没有真正的交往。有些人对此感到惋惜，儒勒·费里就曾说："如今，男人和女人之间存在隔阂，这就使得很多表面看来很和谐的婚姻掩藏着最深刻的观念、趣味和情感上的分歧……"此外，像实证主义者和共和派一样，他也对教会在家庭教育中保持的控制力感到不安，因为"掌握妇女者即掌握一切……妇女要么属于科学，要么属于教会"。对所有自由主义者来说，国家介入妇女教育已显得十分紧迫。

第二帝国时，维克多·杜律伊就在公共场所为女孩开设了由公立中学教师传授的付费课程班，但此举成效甚微：课程班总共只有100来个，学生几乎不超过4000。在此期间，寄宿学校的教学水平有了改 767
善，女学生可以取得较高的文凭，有些人甚至勇敢地参加了中学毕业会考。但儒勒·费里的担心得到了证实，妇女并不接受共和国。因此，刚刚掌权的共和派甚至在创办初等教育之前，就于1880年设立了女子高中和初中。一个教师团也随着色佛尔高师的设立（1881年）而建立起来，并举行了女子教师资格会考（1884年和1894年）。

这些机会主义者也像保守派一样，深信妇女天然就是低劣的，他们只想"把共和主义的乡村交给共和派男子"，而没有想到要对女孩进行与男孩同样的教育。女孩的学习期限只有五年，然后获得中等文凭。这些女子中学不教授最负盛名的学科，即古代语言，而仅仅教授法语、另一门现代语言，以及少量的科学和史地课。不过，在1914年大战的前夕，一些女子学校引入了拉丁语和希腊语课程，这是实现男女教育统一化的先声，这种统一最终在1924年完成。

但长期以来，所取得的成就与这一事业的规模并不相称。大多数资产阶级仍情愿为他们的女儿选择宗教寄宿学校，而把男孩送进公立中学。学校的分工亦预示着未来的家庭分工，这一点我们随后还会看到。不过，"1900年开始出现的全新制度，到1902年时变得十分清晰"（梅耶）。这既是反对宗教团体斗争的结果，也是思想演变的象征。人们既认识到女子高中的知识价值，也意识到女孩接受更坚实的教育的必要性。

高等教育结构的确定

第三共和国之前，只有法学和医学这两个有明确职业培养目标的学科组织良好并拥有学生。文学和科学学科的唯一目标就是颁发学位，特别是为中学结业考试评委会提供成员。文学学士学位只是个“高级的高中结业文凭”，一年之内就可以取得，无须特别的准备；真正的科学训练是在各高中的预科班，以及随后的综合工科学校、国立博物馆和法兰西学院中才能见到，专攻文学或科学的大学生还不存在。学士学位申请人总是可以免除勤学之苦，只须在考试之前注册登记。由于缺少学生，大学教师只得面向大众，他们露脸的舞台更像社交大会，而不是我们现在熟悉的大学课堂。在当时，大学人士之所以受人赏识，主要在于他的口才和通俗化的技巧，而不是他的研究能力和教学业绩。与德国的大学相比，法国的大学确实很凄惨，法国的知识分子亦越来越把德国在萨多瓦取得的胜利以及 1870 年后在色当取得的胜利归因于它的大学。

巴斯德、贝特洛、克洛德·贝尔纳很早就对手中资源的匮乏感到愤怒。在维克多·杜律伊时期的一项调查证实，他们的抱怨有其道理。为了推动研究，杜律伊于 1868 年设立了高等研究实践学院。不过，这些改革的根本性措施恰好与共和派的掌权不期而遇。这些改革是在一批大学人士的影响下进行的，他们来自各个学科，聚集在高等教育问题研究会中，并以《国际教育评论》为改革作宣传。在这个研究会中，有历史学家（拉维斯和摩诺）、法学家和经济学家（里昂-冈、埃米尔·布特米——自由政治学院的奠基人）、巴斯德和马塞兰·贝特
768 洛，他们与政府和政界保持着持久的联系，媒体对改革也极为关注。

1877 年，学士奖学金设立（不久又设立了教师奖学金），文学和科学学科终于可以招到学生了。这一公共资助要求接受者必须修习大学讲师开设的学士和教师资格课程，为此，特意设立了讲师的职位。随后，学士学位教育变得更有条理，也更为专业化了（1880 年和 1907 年改革）。同样，在科学教育领域，文凭制度建立了起来（1896 年）。学士之后的高等研究文凭势必要进入研究领域。最后，教师资格会考

也于 1885 年采取了现代形式（包括长时间的笔试和大量教学口试）。至于已经定型的医科和法科来说，人们只需对这一体制进行调整。为此人们加强了科学在医学研究中的地位，设立了物理学、化学和自然科学的文凭，大学生可以去科学系科学习（1893 年），而法学博士则区分为法律研究和政治经济学两个分支（1895 年）。到处都在建立新的院系，例如在巴黎，当时一些著名的艺术家——如比维·德·夏凡纳——进入了现在的索邦，里昂、里尔和波尔多也是如此。

取得的成就相当可观，大学生数量的增加和大学声望的上升就是明证。此后，大部分中学教师都出自大学院系，科学研究事业开始出现在大学实验室里，专家取代了汲汲于名利的演讲者；但这些都根本不能阻止大学学者的影响力大大超越其校园的围墙。这些学者对整个教育事业行使着名副其实的道德裁判权。除此之外，在某些政治领域，“知识分子党”“教授共和国”在 1900 年前几年经历了一段美好时光，这表明名流们对大学是充满信任的。不过，在资产阶级的法国，文化模式的代际传承并不仅仅依赖于学校。

文化和家庭环境

我们已经提到家庭在高中教育中所扮演的角色。家境优越的孩子很早就得学习“正确的表达法”，避免外地土话和地方口音，他要养成阅读和讨论的习惯。这样的孩子已经与其他社会群体判然有别了。不过有个现象可以平衡这种影响：与仆人的长期接触，这种接触是一种与大众社会文化环境的对照，即便仆人这一社会群体因为与名流的联系而有所变化。普鲁斯特给我们提供了最鲜明的例证：通过巴尔贝克大饭店的差役瑟雷斯特·阿尔巴莱，他发现了中央高原民间语言的风味；我们尤其应该注意弗朗索瓦丝在《追忆逝水年华》中的特殊地位，此人是他祖母的女佣，后来他把她当作自己作品中的见证人；正是通过她，作者懂得了圣安德烈-德尚的中世纪雕刻家想要述说的东西，因为她让他深入到“一个既古老又直接的传统中，这个在口头传承中有所变形但未曾中断的传统，它虽然难以辨认，但又活生生地存在着”。事实上，很多孩子在倾听他们的奶妈或家仆给他们讲述的故事和传说时，也就接触到了民间文学和 19 世纪末依然活跃于乡间的叫卖文学的深处。普鲁斯特超前于历史学者，他第一个感觉到了相距十分遥远的社会—文化环境之间的交互作用。皮埃尔・吉拉尔和居伊・蒂伊利埃也提供了一些很有启发意义的证据。这些资产阶级世界里的局外人，他们在孩子的意识中有何种价值？他们的形象如何？要回答这个问题，需有其他的研究。

儿童文学：社会融合的媒介？

儿童文学是另一种传递文化模式的工具，有关的研究难度较小，虽然整体性研究仍付阙如。那个时代是这种文学形式快速发展的时期。
769 最早的儿童图书出现在第二帝国，当时出版了塞居尔伯爵夫人和儒勒・凡尔纳的小说，并推出了大型丛书，如“蓝色文库”和“玫瑰文库”。没有插图、严厉而富训诫味道的教育刊物（如《青年人报》）让位给儿童喜闻乐见的带插图的期刊。这种风格首先是由夏尔顿在他的《田园杂志》中开创的，该杂志更广泛地面向家庭读者。赫茨尔也采用了这种风格，并在 1864 年对它进行了改造，以便满足儿童读者，当年他创办了著名的《寓教于乐杂志》，这是一部“名副其实的儿童百科全书”，正如其标题揭示的那样，它既注重教育性也照顾到了娱乐性。赫茨尔组织了一个出色的班子，其中有儒勒・凡尔纳、让・马塞、埃克托尔・马洛和维奥莱-勒-杜克。每期杂志都有一章儒勒・凡尔纳的小说，还有诗歌、一篇儿童生活小说、幽默故事和一篇科普文章。后来阿歇特出版社推出了面向小女孩的杂志《模范乖乖》和针对青少年的《青春杂志》，天主教人士也开办了专门的出版物。

儿童文学的萌生显然与一个多世纪以来的一场运动存在联系，这场运动强调童年的重要意义，认为童年是一个应受成人世界保护的自主天地。而在此前，儿童更多被看成尚不完善的成年人，对他们无须特殊的关照。这些书籍的内容值得关注，它并非无关紧要：面向女孩的文学，其世界观与面向男孩的文学中的世界观是不一样的。

传统世界

面向女孩的文学首先沉浸在一片宗教的、甚至是天主教的氛围中。社会像个等级森严的世界，每个人都得安守自己的本分（虽然塞居尔伯爵夫人以神和法律面前的平等对这种观念进行了调适）。穷人最重要的品德之一就是不要嫉妒富人，虽然确实存在、作者们也承认有些富人很邪恶。吉拉尔丹在他的一篇小说中为一个手工业者家庭唱出了颂歌："这些穷人品行端正。在漫长的人生中，他们不止一次地摈弃对富人的嫉妒，从来都只要求他们应得的东西。"小说中的主人公大部分来自上层资产阶级，甚至来自贵族；作品中描述的环境是上流社会，以致天主教徒的阅读导师贝特莱昂神甫担心，这种氛围会给来自贫苦阶层的读者带来困扰，他说："就拿泽娜德·福勒里奥来说吧，她某些著作中有一些社交场面的描写，其中的奢侈阔绰可能让缺少教养者和乡村居民感到不安。"这种文学中还有一种对传统世界的留恋之情：人们抱怨因"文明的进步"带来的社会堕落，在《凯基农的继承人》中，卡多克这样说道："我们可怜的布列塔尼，它曾长期幸运地甘居人后，但现在竟大踏步地迈向到处蔓延的平庸趣味，看到这一切我很痛心"。人们赞赏的是农村和外省小城镇中简单而自然的生活。小说家们偏爱的人物是法官、土地所有者、特别是官员，这些人都与现代经济毫无联系，他们的旧式财富根本不是来自工业和大型商业，相反，商业活动所吸引的通常是些不正经的人，无论如何，他们是些不择手段的家伙。最后，这些小说还有排外情绪，其中的德国人和英国人很少招人喜欢。

进步主义的世界

面向男孩的书籍则完全是另一种气氛。宗教中立是其中的一个普遍法则，不过贝特莱昂神甫对此感到伤心，他在谈到儒勒·凡尔纳的时候如此说道："唯一令人遗憾的是，他几乎从来没有以自己巨大的时尚影响力来为宗教服务。实际上，他的书总是中立和世俗的。"在面向男孩的作品中，人类的科技成就也受到称颂：例如，当时最受欢 770

迎的题材之一是鲁宾逊漂流记之类的故事（从 1840 年到 1875 年，法国版的鲁宾逊共有 43 个）。这个题材的意义显而易见：论证人类的创造力。特别是以科学知识为支持的创造力。从这个观点来看，在“神秘岛”登陆的那位遇难者的冒险具有榜样性意义：白手起家的人可以逐步重建现代文明。作为开山者的儒勒·凡尔纳为自己时代的工业和技术成就作了一个总结。因此对这个全速演进中的世界并无半点歧视：作家们偏爱的主人公是全身心地致力于改造这个星球的人，是工程师、学者和探险家。这种视野也更为广阔，虽然作品中相当普遍地存在民族主义和仇视德国的情绪，但欧洲人在征服世界方面的团结感也是存在的。不管怎样，年轻的法国人还是习惯于碰到讨人喜欢且富有进取心的英国人和美国人，儒勒·凡尔纳的作品中就充满这类内容。很多英语作家的译作也是如此，特别是在梅恩·里德以及该时代末期的杰克·伦敦的作品中。要从这些作著作中提炼出关于法国社会的观念是很困难的；比如，穷人被忽视了，或不如说他们是受怜悯和批判的对象。

因此，女孩接触到的基本上是传统主义的、保守的文学，它的循规蹈矩使其成为社会融合的一个媒介，而男孩面前敞开的是一个“进步主义”的自由世界。当然，我们应对这种对立稍作修正，确实有一些真正中立的作品。姐妹可以“偷看”兄弟的书，反过来也行。有些作品男孩女孩都爱看，例如《马露西亚》。该作品曾有幸在 1875 年的《时代》上连载，它讲述的是一个十岁的小姑娘马露西亚的事迹，她曾领着一个乌克兰独立运动的英雄穿越俄国敌人的防线，所以这本书像斯塔尔为女孩写的其他小说一样，也与自由思潮有关。相反，在布雷略出版社最多产的作家——他们经常在《草庐夜话》丛书中发表作品——中，拉默特仍在《殉道者之子》《死亡收割机》《卡米扎尔》中捍卫传统主义立场，虽然他也为男孩写了一些冒险小说。不过毫无疑问，“两个流派”之间的斗争将在儿童文学中以另外的形式继续下去，而我们曾提到的对立也与学校的分布状况巧合：为女孩开设的是寄宿学校，而高中是为男孩设立的。

此种文学的持久影响

笃信宗教的家庭对这种“与学校平行的教育”的重视完全合乎情理，因为在一个尚不具备当代视听设备的时代，童年读物留下的影响是非常深刻的。我们且以儒勒·凡尔纳为例，他激起了多少人的科学志向啊！贝兰曾说，要不是儒勒·凡尔纳，他也许永远不会从事电讯研究。探险家夏尔科说自己也对这位《80 天环游地球》的作者怀有十足的崇拜之情。夏尔·里舍则把他们这一代人对于航空的热情归因于看过《气球上的五星期》；利奥泰、科克托和阿波利奈尔，无一不是这种影响的见证人。我们知道，这个国家在面对现代世界时是何等踌躇，而儒勒·凡尔纳对未来持一种热情的乐观主义，他很大程度平衡了对昨日世界的留恋。

归根结底，关于这些作品对儿童精神状态的影响，我们仍只有一个十分片面的看法。年轻的法国资产阶级从这些阅读中获得了些什么呢？这种“教育”与公立中学或寄宿学校、以及更为古老但同样很有效的幼年教育（这种教育来自家仆、母亲——如果她有时间的话——且不说祖父母了）之间是如何综合起来的呢？成年人的例证、通常在年迈之时写下的回忆，一般都是根据当下的生活而对过去进行的重构：对我们而言，儿童文化世界的大部分面目已经无可挽回地逝去了。这 771
是多么严重的损失啊！今天我们已经知道，成年人的心理世界中，幼年时光和人生最初的经历起着多么重要的作用。我们最多可以推想，童年文化和成年文化之间应该不会存在深刻的断裂；如果我们根据代际关系来判断的话，在年轻时代，社会融合因素似乎要强于“分裂”因素：冲突是有限的，文化遗产在传承之时没有受到质疑。中学教育中没有什么“争执”，80—90 年代成立的大学生联合会，其核心主旨在于获取官方文化世界中的头面人物的庇护，这些人物如拉维斯、摩诺和沃居埃子爵。惟一的骚动形式是学生们的起哄，这是所有人都认可的“安全阀”。文化变迁与年龄段的到来完全不是一致的。在此，我们需要考察一下成年人的世界。

巴黎在文化上的主导地位

文化生活丝毫没有逃脱法国的中央集权主义。如果说领导阶级的文化传播到了全国的话，那么这种文化首先是在巴黎形成的。由于我们上面提到的各种机构的存在，如国立博物馆、法兰西学院和各高等学校，巴黎在很大程度上在高等教育和科学研究上居于支配地位；优越的待遇吸引了大学和高中的优秀教师（1913 年，一个取得大、中学教师资格证的巴黎人比其外省的同行要多挣 50%左右）。但在其他文化表现形式上，巴黎的地位甚至更为重要。自《幻灭》问世以来，一切都没有改变，一个要想在文学、艺术和新闻界取得成功的外省有志人士必须在巴黎“崛起”。首都拥有很多这类保障其优越地位的机构。

巴黎提供了很多供作家们崭露头角、成就或消解名望的聚会场所。首先是沙龙：“文学青年每天要到时髦的妇女内室中待上五六个钟头，这就是眼下发迹的步骤”，一位评论者这样说道。例如，格勒菲勒伯爵夫人的沙龙支持的是音乐家，卢瓦内夫人的沙龙则为法兰西学院的选举举行预演，而入选法兰西学院通常被视为一个流行作家创作生涯中的加冕礼，至少对那些文风典雅、“思想正统”的作家来说是这样。有些人批评沙龙是“陈词滥调和愚蠢风尚的学堂”，在言辞激烈的莱昂·都德看来，沙龙只会炮制出“罗贝尔·德·蒙特斯丘，以及不可胜数的无聊而滑稽的诗歌”。与沙龙比起来，批评者们更喜欢咖啡馆这种“自由坦率而又风趣幽默的学堂”。但在文学界，咖啡馆的地位较为模糊。大林荫道上的咖啡馆是成功的作家们经常光顾的聚会场所，如那不勒斯咖啡馆和第三共和国初年的托尔托尼咖啡馆，这里讨论的问题和表达的观点与沙龙并无二致。拉丁区的咖啡馆以及 1900 年以后蒙马特尔的咖啡馆吸引的顾客较为复杂；时髦的作家、梦想成为作家的人以及“受诅咒者”“反成规者”相互往来；这里也是波希米亚分子们喜爱的地方；人们经常可以在这里争论新艺术和先锋派文学；我们现在已置身于名流们认可的官方文化领域之外了。

另一方面，名流们习惯于去那些有资助的剧院，如国立歌剧院、喜剧院和法兰西剧院，这些剧院每年收入超过200万，其表演既是艺术演出也是社交盛会，因此，除了1900年之后的国立歌剧院偶尔为之外，它们往往缺乏任何大胆的举措。演员谨守传统，其艺术标准已经在科学院的选举中、在备受操纵的媒体宣传中、或因某个有影响力的沙龙的支持而得到认可。街头剧场专门上演娱乐节目，那些受人欢迎的演员在“法国人”剧场常年打拼之后，更偏爱私人剧场中更为自由的剧目，这些演员如文艺复兴剧院中的莎拉·伯恩哈特，圣马丁门剧场的科克兰，以及沃德维尔剧场的蕾雅娜。某些作品在成为法兰西剧 772
院的演出剧目之前曾在这些街头剧院做过尝试，如1897年12月28日圣马丁门剧场上演的《西哈诺·德·贝尔热拉克》曾轰动一时。除了这些剧场外，还存在第三类舞台，但这类舞台与占主导地位的文化已经没有联系了，它们的不成功首先就说明了这一点。活跃在这里的是一批探索新戏剧艺术的先锋派，先是安托万和他的自由剧院，这个剧院试图把自然主义原则运用到舞台上，接着是象征主义戏剧的捍卫者吕涅-波埃，大战前夕则有雅克·科波和老鸽舍剧院。

最后，巴黎还集中了大部分的出版社，特别是主要的新闻机构。巴黎报界不仅仅是个传播当时文化观念的工具，它还积极参与对文化观念的创造和改造。不过，正是从这个时代起，两种报纸开始清楚地区分开来，一种是发行量很大、仅限于发布消息、面向大众读者的报纸（我们稍后还要谈到它们）；另一种是观点和评论性的报纸，它们面向的是所有自认为“有文化”的读者。这种观点性报纸还是很活跃的：巴黎出版的日报有15种左右，它们代表着各种立场，从社会主义到反犹主义乃至波拿巴主义均有之，有几家报纸的发行量甚至接近10万份。

这些报纸的外在形式几乎一成不变，现代插图技术亦未能使报纸气氛活跃起来，读者关心的不是这个。如果以报纸的内容来评判的话，读者更关心的是文学，而不是经济。在各家报纸中，文学内容占据着重要地位，更不要说那些以文学为主要取向的报纸了——如《吉尔·布拉斯》和最初的《巴黎回声报》。在所有人看来，文学和戏剧评论跟政治流言一样重要；人们在《辩论报》上阅读魏斯的连载剧，接着是儒勒·勒梅特尔的作品；在《时代报》上，弗朗西斯科·萨尔塞[①]是个令人敬畏的强力人物，而儒勒·于雷就文学演变问题对64位名人的问询则开创了采访调查这一形式。各家报纸在争夺作家，《高卢人报》吹嘘自己拥有16名院士。专门为某个文学事件而撰写的社论也不在少数：《辩论报》的领导就曾为保尔·布尔热的《门徒》撰写文章。在受古典人文学科培养起来的名流们看来，文学就是这个国家演变的写照。《两个世界评论》《新评论》和《蓝色评论》等大的杂志、甚至还有编年史作者，都呈现出同样的面目，都把文学问题和政治问题纠缠在一起。

这些报纸虽然在意识形态上存在分歧，但它们都捍卫某种古典风格和定义明确的文学体裁，谁要想取得成功就必须接受这些，不过在造型艺术领域，对正统性的捍卫甚至组织得更好。

法兰西研究院：艺术正统性的保护人

较之其他领域，法兰西研究院（Institut）在造型艺术方面更致力于控制创作者并防止任何创新。实际上，画家若想取得成功，就必须跨越某些特定的阶段。首先，他得进入艺术学校；在那里，他须争取进入一位研究院导师的画室，学到该画室的技法，由此，他才会有机会获得供其完成学业的罗马竞赛奖。得奖者会在美第奇庄园小住，之后他会赢得官方订货；同时，他还会在艺术品展览会上呈献作品，这是每年一度的艺术盛事。在得到评审团认可之后，他可以举办画展，接受奖章；媒体开始谈论他；《插图报》刊登他的一幅作品的复制品；上流社会的人士邀请他绘制画像；他的画作卖得很贵；于是，他在私人公馆里过上了优渥的资产阶级生活；他可以去研究院露脸；被选入研究院之后，他也可以招收临摹自己风格的学生。对于雕刻家和其他艺术家而言，成功的道路与此类似。在艺术生涯的所有阶段，艺术家都得依靠艺术科学院。监督艺术学校教育的正是艺术科学院，因而它

---

① 萨尔塞（Francisque Sarcey，1827—1899）是位专栏作家和戏剧评论家。

也对罗马竞赛奖的初试和最后的结果拥有控制权。艺术科学院的成员 773
也是各艺术委员会和评审会的组成人员，这些委员会就官方订货问题向国家提出建议，而评审会则负责在各艺术展厅中颁发奖章。

但糟糕的是，艺术科学院只捍卫一种美学，那就是古典主义，担任法兰西研究院成员达40年之久的安格尔把这种原则推向了辉煌。学院派画家格莱尔曾向莫奈建议这种风格：“因此您要记得，年轻人，每当创作一幅画像时都应该想起古代风格。我的朋友，作为研究素材，大自然是非常好，但它不会提供有意味的东西。”画室中的绘画作品和官方艺术中的题材是有等级的：高贵的题材是关于历史和神话的画作以及肖像画，风景画是个次要门类，而表现民间或家庭场景则被视为趣味低下。更为重要的是，作为对“过于革命”的德拉克洛瓦的反动，画师们总是担心“此类可恶的色调”会进入他们学生的头脑中。

在艺术品展览会和这里描述的路径之外，很少听到称赞之声，至少在我们谈论的这个时代的初期，还不存在出售和评价艺术品的平行机制。对此，雷诺阿的解释颇为精到：“我想努力向你们解释我为什么去艺术品展览会。在巴黎，一个没有参加过展览的画家也就有十几个艺术爱好者会喜欢他。对这样的画家，巴黎有8万人对他不屑一顾……我参加展览纯粹是商业性行为。”实际上，公众也完全赞同研究院的看法。1863年就有参观者为官方评审会说理，并嘲笑被排斥者的展览会上的作品。学院派的绘画就是那个时代艺术品味的完美典范。

鄙视现代世界

在建筑界，所有的风格，从希腊神庙到拜占庭教堂，都有人在模仿。在建筑中，技术进步和创作之间的分离现象特别明显。钢铁和钢筋混凝土等新的工业材料有可能提供新的建筑形式，但建筑师们长期拒绝利用这些可能性。只有古代人创造杰作时使用的“高贵”材料——方石和大理石——才值得建筑师们考虑；他们把其他材料留给了工程师们，比如埃菲尔，这些人“不能妄称可以创造美，因为他们创造的是实用性，使用的材料是工业品”。所有思想纯正的人都对1889年万国博览会之际出现的那座铁塔感到愤慨。对于著名的自由女神雕像，人们记住的只是学院气十足的巴托尔蒂的贡献，而真正的杰作其实在于埃菲尔给雕像设计的内部构架。这种审美性与“实用性”之间由来已久的对立，难道不就是拒斥工业文明的一个新特征么？

私人生活中的装饰也逃脱不了这种模仿趣味。直到第二帝国时，领导阶级中的每一代人都创造出了一种室内装修风格。但到第三共和国，人们不再创造，而是在复制了。人们以亨利二世的餐柜、帝国时代的独脚小圆桌、日本的小摆设和竹制扶手椅来布置房间。唯一的创新尝试是“现代风格”。若从合乎情理的认识出发，应该存在一种与当代各种骚动相关的艺术，但这种努力失败了，因为没有实现必要的决裂。现代艺术将蜗纹和阿拉伯线纹推广到各处，并为我们留下了吉马尔地铁站入口的创作、加雷和拉里克的玻璃制品——以及对于这种艺术的戏谑称号“面条风格”！

逃向过去与一味抬高古代文化和古典文学的高中教育并非没有关系。但这种逃避也反映了名流们的这样一种自我意识：作为“文明”的合法继承者，他们当然有权复制古代人的作品。这还是一种防备历史感的手段，创造与过去决裂的新形式就是承认运动，承认演变。资产阶级的法国是逃避时间的，它追随的是一种已然发现的永恒之美的理念，现在只需仿造这种美就足够了。这种美生活在一个凝固的艺术世界中，它没有历史，因为它自身就是“历史的终结”。这到底是高傲
774 的象征还是一种潜在的焦虑的表现呢？说到底，这种审美理念是法国理性主义的表现之一，而这种理性主义又是领导阶级的文化中占支配地位的特征之一。

理性主义文化和科学发展

理性主义（且不说理智主义）的传播工具既有中学教育，也有哲学思想，甚至还有流行文学。人的尊严完全在于他的理性，因此应该努力开发理性的力量——分析能力、批判精神是首要的品质，感性、直觉、自发性都是被鄙视的，外在于“民族天性”的（仿佛是北欧和日耳曼的懵懂）。浪漫主义从来没有被完全接受过，1848 年后，对浪漫主义的反动浪潮十分强烈。天主教领导阶层曾在民众当中展开为神

迹和超自然现象辩护的运动，但他们也明显带有某种弥散的理性主义的痕迹。男子宗教学校的教育与高中并无差别，神学院里竟然有人为信仰主义而深感担忧，因此人们教授的总是古典时代的理性化神学。

不过，在法国资产阶级当中，这种理性主义随着实证主义的发展而带上了科学和意识形态的色彩。1830 年，奥古斯特·孔德便宣称人类进入了第三个时代，即实证时代，在这个时代，人类已不再需要宗教和形而上学，因为科学已经取代了它们，科学在解释并改造着现实。科学成就似乎证实了他的预言。科学的发展不是纯粹的民族性现象，但法国学者在其中占有重要地位。嘉当、阿达马尔、普恩加莱推动了数学的发展；卡耶泰和克洛德成功地将任何一种气体液态化，从而为创建冷冻工业作出了贡献；布兰利参与了无线电报的研制。不过，法国科学研究中最出色的成就无疑是在放射性领域：1896 年，贝克雷尔发现了放射性物质的辐射；两年后，皮埃尔·居里和玛丽·居里发现了镭；而莫里斯·德·布罗伊则对 X 射线进行了光谱学研究。生物学和医学的发展则以巴斯德“革命”为标志——灭菌、防菌和各种疫苗接种：几年之内，医学的面貌发生了根本性的转变，而且巴斯德的工作被巴斯德学院的弟子们继续推向前进（1894 年，卢发现了白喉血清）。

但实证主义赋予了科学更伟大的雄心：不仅要解释自然，而且要解释人。在实证主义的推动下，人文科学试图根据决定论的原则进行自我建构。1863 年，泰纳就曾以外在环境、种族和具体局势来解释作家的行为。涂尔干受孔德思想的启发，奠定了最早的关于人类集体的科学准则，即社会学。历史也不能避免这种创新潮流，更何况德国历史学的进步（兰克、蒙森）已经成为一个必须应付的挑战：高级研究机构建立了起来（1874 年的罗马法国学院；1876 年创办了《历史评论》）。崇尚科学的历史学家希望借助于正确的方法——如朗格洛瓦和瑟诺博斯在《历史研究导论》（1897 年）中阐明的那样——来达到“客观事实”，并写出一部摆脱一切成见的“客观”历史来。关于这一尝试的整个思想可能都在朗博的认识论抱负中作出了总结，这种抱负大概是《实证哲学教程》的作者不会否认的："如果人们以真正科学的精神去处理政治，政治也……肯定会出现同物理学、化学和生理学法则一样确定无疑的法则。"

由于左拉及其试验小说的影响，实证主义神话学也影响到文学。整个现实主义美学都与这种实证主义理想联系在一起，虽然其方式较为弥散。此外，理性主义也强有力地支持了对基督教义的批判，从勒
775 南的《耶稣的一生》（1863 年）直到儒勒·苏里的那些极端论点，这些批判把基督变成了一个患"脑膜炎"的精神病人！

但反过来，这种理念并不必然意味着"进步主义"的政治立场。当然，儒勒·费里等人所代表的乐观主义认为，科学是进步和幸福之源，如果科学能以越来越民主的方式传播的话。但是，在泰纳那里，实证主义变成了悲观主义：作为群体的人类难道不是非理性的吗？泰纳这种受进化论启发的思潮深信人类永远有堕落的危险，因而重要的不是进步，而是要避免堕落。当莫拉斯构想自己的实证政治体系时，这种情怀一直萦绕着他。实际上，法国所有的思想流派，从君主主义一直到盖德派，都在不同程度上打上了科学主义的烙印，而就盖德派而言，它的 18 世纪机械论特色比其马克思主义的辩证法特色更为浓厚。

文化的内部矛盾

不过，这些理性的资产阶级也不是全然与非逻辑性无关。"理性"首先是"男子的特权"。很多伏尔泰式的丈夫倒是很能容忍观点上的差异，与儒勒·费里不同的是，他们会打发妻子去教堂。忙于世俗事务的"积极"男子可以只在复活节那一天做弥撒；"富于想象和浪漫气质"的妇女负责天国的事务。此外，妇女的虔诚还是其忠诚的一种保障，泽娜德·福勒里奥就主张应找一个笃信宗教的姑娘为妻，她笔下的一个男主人公提醒我们说："我要我妻子忠实于她的一切义务，但我不认为她仅仅因为对我的感情而这样，我不会自鸣得意到如此荒谬的地步。"妇女不能看懂一切，对她们来说，现实主义是毒药，所有人都主张她们继续阅读年轻时候看到的理想主义文学。奥克塔夫·

弗耶、特别是乔治·奥内就是此类文学的时髦作家。奥内的《铁匠师傅》一共出了250版，这就给我们提供了最受欢迎的主题当中的一个：一个年轻的资产阶级以自己的才华成功地征服了贵妇的心，儒勒·勒梅特尔在评论奥内时说道："这是第三等级对贵族的胜利，美德对于邪恶的胜利……这是资产阶级英雄的楷模，是手执文凭、具备数学和化学知识的古代浪漫英雄。"这部小说所包含的正是理性主义所要求的，即妻子应知道，不能给丈夫的前程制造障碍。

但是，这种文化的矛盾性在二元趣味中体现得甚至更为明显。人们经常光顾"法国人"剧场，但杂耍剧场更受青睐；人们崇敬古典作品，但滑稽剧场的节目更受欢迎。在那些"高贵"准则之外，保尔·布尔热等人发展了一种纯粹的私情文学，此外还有一系列的放荡表演：从疯狂的牧羊女到自然主义的四对舞，所有这些都在文化方面表现了某些名流们的家庭行为，这些名流让妻子反复观看朱莉亚·巴尔泰的《安德罗马克》[①]，而自己则在红磨坊与情妇"鬼混"。

1900年虽然是个见证了这种双元行为方式的时代，但当时次等文化活动的声誉从来没有超越过官方认可的活动。在法国人的一般意识里，次等文化活动留下的只是一个回忆。今天谁还知道卡图尔·孟戴斯、莫里斯·多内、阿尔弗雷德·卡皮斯和亨利·拉弗当这些"全巴黎"书店十分成功的作家的名字呢？连保尔·布尔热也只剩下了一个名字。没有被人遗忘的作家也是处于边缘，并"已经闻到了硫磺味"：如长期被视为持怀疑论的半吊子作家巴雷斯，如"十足庸俗的作家"左拉！但是费多德·弗莱尔、卡亚维的滑稽剧和库特林的喜剧一直在上演，阿里斯蒂德·布律昂的歌曲也一直有人唱。

这种主导文化的命运很是奇特。它试图在对古代文化的模仿中、或在心理小说中达到永恒的人，但它没有在下一代人当中继续存在下去，除非是在那些被弃绝者和最缺少学院气的艺术表达中。这与上一

① 这里的《安德罗马克》(Andromaque) 指的可能是拉辛的剧作，故事取自古希腊神话，主人公安德罗马克是个保全了孩子和自己的贞洁的贤妇。

个世纪形成了鲜明的对比，当时的大商业资产阶级曾积极参与启蒙运
776 动。用罗贝尔·芒德鲁的话来说，资产阶级法国的巅峰，恰好就是一个“文化萧条期”。

资产阶级文化的统一性和多样性

我们的分析仍然不是很完善，但如果我们抵挡不住简单化的诱惑，那么我们的分析会更加不足。只有一种主导文化整齐均匀地传播到所有领域、所有的名流都浸染在这种文化之中吗？

第一个问题涉及到巴黎和外省的关系：文化上的中央集权也像政治中央集权一样深入了吗？演变的方向不可否认，我们已经指出，资产阶级文化试图成为国家统一的工具。对于地方语言的态度就是一个证据：没有任何保护这些语言的努力，甚至大学也是如此。总体上说，法国的教育否认地方文化多样性的可能。1913年，共和国总统可以探望米斯特拉尔[①]了，但这只是对已然成为一种国际性价值的承认。

然而，所有奥克语地区的文学复兴造成了一个难题，菲列布里什派[②]并不只是普罗旺斯才有的（罗讷河东岸、图卢兹、尼姆和蒙彼利埃也是奥克语文学的中心）。这场运动以人民大众为基础，但其发起人是学者和外省名流们，部分地方资产阶级也支持他们。这是个政治现象么？还是王党主义反对当局的一种方式？普罗旺斯的菲列布里什运动中鲁马尼耶和奥巴内尔等人的主导倾向、莫拉斯的去中央集权主张使人们可以相信这样的看法。不过也存在一种“红色菲列布里什运动”，甚至在普罗旺斯也有皮埃尔·德沃吕这样的代表，朗格多克更是如此（德·理卡尔、弗雷斯）。事实上，这些潮流的一个共同点在于某种好古癖，在于对手工业时代和传统农耕生活的留恋之情。无论是左派还是右派，这都是拒绝经济演变的另一种方式。

---

① 米斯特拉尔（Mistral，1830—1914），用奥克语写作的法国作家，1904年获诺贝尔文学奖。

② 菲列布里什派（félibrige）是1854年在普罗旺斯成立的文学派别，主张用法国南方的奥克语写作。

某些省区的文化原创性不仅仅限于其语言上的多样性。在整个南方，对公共事务的热情并不只是表现在政治立场上，也反映在文化方面：各种社团层出不穷，人们热衷于讨论，喜欢抒情艺术，这些就是南方文化的特征。在布列塔尼，对天主教和王党思想的忠诚既表现为一种区别于他人的意愿，也表明了某种体制选择。外省媒体在各地兴起，戏剧活动甚至更为活跃，这些都为地方名流提供了保护其文化个性的可能。但除了上述提到的地区，其他地方从这类现象中受益很少。

即使在巴黎，社交界人士的趣味也并非与一般资产阶级的趣味一致。长期的贵族身份、作为世袭的领导阶级成员的意识，这些都会赋予人们面对这种文化的自由，但对另一些人来说，这种文化带来的是资产阶级的权利。追赶时髦的风尚鼓励着那些在资产阶级大众中找不到支持的新文化形式。

保皇派的法国和共和派的法国

另外一个可能产生分歧的根源是意识形态上的对立。我们已经数次提及右派和左派、保皇派和共和派之间的冲突，对立超越了单纯的政治领域——这是两种世界观、两种思想体系的碰撞。一方的灰暗经历就是另一方的镀金传奇，各方都以自己的方式书写法国历史。每个阵营都有自己的语汇、自己的表达工具和自己的作家。有的时候，比如德雷福斯案件期间，当时的观察者就能感受到两种截然不同的文化。随着时空距离的拉大，我们努力揭示的统一性看起来更为合理：“反德雷福斯派和我们——德雷福斯派，使用的同样的语言”，贝居伊已经感觉到了这一点。

但是，正是在这个时代，被所有有组织的团体拒绝的贝居伊无法让他的《半月丛刊》继续办下去，塞尚在他艾克斯老乡的蔑视当中走完了人生旅程，而罗丹也无法让作家协会接受他的《巴尔扎克》雕 777
像。当时每年都会出现一批备受嘲讽和诅咒的、但今天又为人所知的文学艺术作品。

如果不是缘于从这种文化内部产生的、而转过来又对该文化提出质疑的文化变迁，我们又该如何解释这些持久而不可理解的现象呢？表面看来，这一危机产生的时刻，正是名流文化取得空前胜利的时候，因为它征服了“新领地”——平民阶层。

二、对平民阶层的文化征服及传统文化的衰落

大众文化从来不是独立于领导阶级的文化的，例如在 18 世纪，街头叫卖文学传播的是一种古老的贵族文化的主题和形象，不过至少人们有种相对独立的意识。但一个新情况是，名流文化现在拥有更官方的影响手段，最引人注目的工具是小学，它的命运与共和国联系在一起。

小学：“一个重要的历史角色？”（费弗尔）

不过创办初等教育的并不是第三共和国。由于基佐和各修会的措施，大部分年轻的法国人已经进入了学校。一个稠密的男子师范学校网负责培养教师。但是，共和派在这个基础上建立了一个紧密而稳定的体制，今天人们才刚刚开始对它提出批评。

为了解释这一政策，曾有三类因素被提及。在共和派的意识形态中，政治和道德进步牵涉到教育的发展，维克多·雨果说：“人民的头脑，应培养之……开化之……而没有必要砍掉。”教育是解决社会问题的工具，因为它消除了“因出身而导致的最后也是最可怕的不平等，即教育的不平等”，并可实现“因学校凳子上的贫富混杂而产生的最初的融合”。（费里）

但是这种意识也是民间舆论广泛赞同的，而民间舆论在一两代人之间好像发生了迅速的演变。例如在马齐埃尔-昂-蒂纳，在第二帝国初年，农民依然对学识怀有朦胧的敬畏感，但他们并不会因此就把孩子送到学校去。30 年后，农村的态度发生了很大的变化，所有上过学的人都会利用自己的知识来改善自己的命运。他们取得了小公务员的职务，而且，当他们前去服兵役时，他也不需要第三者来给自己说

情。因此结论是：必须让孩子接受教育。善良的塞居尔侯爵夫人也见证了这种心态变化，在《加斯帕尔的命运》的开头，父亲想把儿子们从学校里拉回来从事田间劳动，但他估量了一下无知带来的种种麻烦，于是要渴望到农庄里给他帮忙的卢卡斯继续按时上课。共和派政策的力量就在于意识到了这一新潮流，而固执于农民的过时看法的人以及大多数保守派没有认识到这种新潮流的深广。最后，一个正在进行城市化和工业化的社会呼唤普遍推广教育。

体制的建立

共和派掌权后，学校立法就已在儒勒·费里和一个自由派新教徒团体的影响下确立起来的。教师的培养工作得到强化，每个省都必须建立一个小学教师师范学校，巴黎地区建立了冯特奈-奥罗斯和圣克鲁学 778
校，专门培养师范学校的教师（1879—1881 年）。随后出台了一些主要法律：初等教育免费（1881 年），这使得 7—13 岁的孩子接受教育成为一种义务（1882 年）。初等教育宣布世俗化，教义问答的官方教育被取消，学校应保持中立，教员不能从属于任何修会。后来，在德雷福斯案件的风波之后，左派集团禁止修会自行举办教育（1904 年）。

此后，初等学校的组织牢固确立下来：所有教师都出自师范学校，由国家支付工资，他们在公共建筑中工作和居住，受省级机构（学术监察和省初等教育委员会）的控制和管理。课程和教学步骤是确定的。为了在当时的法国占据一席之地，学生应学习“不能不知道的东西”，不仅包括读、写、计算，还有历史、地理、少量自然科学和简单的农学。教师每年都要复习一下上一年的知识并加以深化（集中强化教学法）。根据 1887 年的指令，当局强调“促使学生参与知识发现”的必要性，就是说要利用直观的积极的教学法。学业完成的标志是“证书”。

初等教育还以幼儿园和高小教育为补充。幼儿园的前身是 1830 年前后设立的收容所，目的是当母亲在工厂里工作时接收她们的孩子。由于各个年级的学生数量庞大（从 150 人到 400 人），因此这只是个简陋的托儿所，人们试图以十分专横的纪律来强迫孩子们稍微安静些。

1881 年，一项法令将收容所定名为“幼儿园”，并把它们改造成像其他学校一样的机构，人们应在这里教给孩子基础读写和算术，但这没有考虑到孩子的心智年龄。幸运的是，幼儿园的教学内容和教学方法后来有了演变，这得益于总学监波利娜·凯尔戈马尔的推动及儿童心理学的发展。游戏教学方式最终在 1887 年的方案中以“儿童修习”的形式被确定下来，表达训练取代了课文。这个演变过程直到我们论述的这个时代过后才完成，那时，幼儿园和小学在教学方式已迥然不同。

高等小学与幼儿园同时代产生，其目的是为了“满足合情合理的抱负而又不激发盲目的奢望，这种奢望对个人具有诱骗性，对社会则会造成可怕的后果”（格雷亚尔）。换言之，就是为优秀的小学生提供一个出路，但不让他们与中等教育中的保王路线合流。高小培养的是办事人员和公务员。这类学校有为期四年的“集中强化”式普通教育，除了普通课程外，还有一些传授技术知识的专业课程，但这类课程取得的成就很有限（1906 年，七个学生中还不到一个在这方面取得成功）。事实上，对于生产者的教育培养工作完全被忽视了。

政策评估

若从数字上来判断，第三共和国的教育政策更多是完成、而不是开创了一场运动。在教育法颁布之初，入学学生数量与适龄儿童数量几乎相等。30 年后，总数量提高了 12%，不过孩子们现在可以在 6 岁之前上学，并可在高小中继续其学业。此外，应征入伍者的文盲率从 18%降为 5%。这当然是个进步，但是个有限的进步，因为它不能掩饰不足之处，农民当中经常有未完成修业年限的情况。

在教学方法上，与过去的决裂并不像某些指令让人推想的那样大。我们可以再次引用 A. 普罗斯特的分析，怀疑教学法（即认为学生忘得
779 太快）战胜了卢梭的乐观主义（认为只要唤醒自然赋予的才智就足够了）。学校的目标不是开发孩子的能力，而是要把他引向成年，为此不必总是顾及他的心理年龄。因此学校教育通常是一种矫正：这就要诉诸权威，要排斥运用自发性，要优先运用记忆，“功课”要优先于

实验性练习。这种鲜有新意的教育“从本质上说延续了教会的传统”（勒格朗）。通过这种教学实践，学校把一种权威式的社会模式传承了下来，这违背了学校培养自由公民的政治目标。不过，正是在心态层次上，儒勒·费里的工作才具有最富决定意义的影响。

爱国主义是世俗学校特别有意地培养的首要价值观，这可以调和穷人和富人之间的矛盾，并有望削弱意识形态方面的冲突。其他与世俗学校存在竞争关系的学校也心照不宣地赞同这种做法，它们同样具有爱国色彩。共和主义学校的奠基者们无一不与这一思潮紧密相连。比勒松还是爱国者联盟指导委员会的成员，让·马塞曾为小学的射击课本作序。小学教师成了军队的助手，至少在80年代是这样，他们组织名副其实的“军事训练”，编制学生营，在庭院里以木枪操练，并在村子里列队游行。

所有课程都在为弘扬民族情感而努力。首先是历史：在一个信奉“客观性”的时代，对过去的叙述并不“中立”。小《拉维斯历史读本》是当时使用的主要课本，它提供了一个民族历史解释的典范，而米什莱就是这种典范的开创者。大学里的历史学家通过王朝变迁和政权更迭、通过各个省的逐渐联合并最终达到“天然疆界”来讲述法兰西漫长的形成史，维尔琴热托里克斯、苏瓦松圣瓶、查理曼、布汶、加莱市民[①]、“伟大费雷”[②]、迪·盖克兰、在鲁昂被烧死的贞德、拜亚尔、亨利四世的白翎饰[③]、巴拉[④]、阿克尔之桥[⑤]、莱希斯霍芬冲锋[⑥]，如此众多标志着法国崛起的历史形象也成为了“所有法国人熟悉的画

① 指的是百年战争期间为解救加莱而献身的六位市民，1885年，加莱市政府请雕刻家罗丹创作了名为“加莱市民”的塑像。

② 百年战争期间的法国民间英雄。

③ 相传亨利四世在伊夫里战役（1590年）期间曾喊出“你们跟随我的白翎毛饰吧！”的战斗口号，此话后来被赋予某种象征国家统一的意味。

④ 约瑟夫·巴拉（Joseph Bara）是法国大革命中为共和国献身的少年战士，著名画家大卫为他创作了《巴拉之死》。

⑤ 阿克尔之桥（le pont d'Arcole）：阿克尔是意大利阿尔卑斯地区的一个小村庄，1796年11月17日，拿破仑突击阿克尔村边的桥梁，击败奥地利军队。

⑥ 指1870年8月普法战争期间法军在莱希斯霍芬的一次进攻。

册”。由于正义战争概念的提出，对军事美德的赞美与世纪初的和平主义竟协调了起来。如果说人有义务击退黩武主义的话，那么他就必须保卫受到攻击的祖国。阿尔萨斯和洛林的丢失证明了法国人对德国人仇恨的合理性。

地理课也以自己的方式来歌颂法国这个比例匀称、“气候温和”的“有规则的六边形”。这个国家物产丰富，分布协调，景色多姿。在这个地方，一切都散放着温馨平和的气息，这也就是法国的主要特质。在学习自然科学时，法国的年轻人可以在他们的同胞中发现创造性的天才：贝尔纳·帕利西①、丹尼·帕潘②、拉瓦锡、特别是象征着当代进步的巴斯德。另外，阅读和背诵中也满是爱国主义的篇章，它们延续并阐释着历史课本中的内容；例如维克多·雨果的《俄国大撤退》、阿尔方斯·都德的《最后一课》和《当间谍的小孩》、尤其是流行读物《两个小孩的环法旅行》——该书的学校版取得了巨大成功。

按照雅各宾主义的传统，民族统一意味着废除各省的独特性。学校与地方语言展开斗争、驱逐外省的表达方式，从而成为统一化的强大工具。地方历史地理根本不被考虑，即使它可能有助于共和派的意识形态。因此在塞文山区，虽然当地残留着地方特征，但教师们从来不谈君主制时代对新教徒的迫害，虽然从民族层面上来说，这段历史为反教权主义和反君主主义的论证提供了材料。更何况，人们颂扬的是巴黎这个“法兰西的缩影”，它的历史“与我们国家的历史融合在一起”。

课本中反映的法国形象还是很多法国人熟知的世界，但它体现的是一个小业主和手工业者的国家的理想。我们再次以《两个小孩的环法旅行》为例，书中所描述的职业几乎全是从前那个法国的行业：木
780 鞋匠、铁匠、小商贩；主人公安德烈是个锁匠，全书以全面回归土地为结尾：人们可以参观大城市，但生活在农村或埃皮纳尔这样的小城

---

① 帕利西（Palissy，1510—1589），法国陶瓷艺术家、作家和学者。

② 帕潘（Papin，1647—1712），法国物理学家，曾发明蒸汽锅炉，为蒸汽机的出现奠定了基础。

镇里。除了劳动和诚实外，书中宣扬的美德是节俭和储蓄，而信贷总是受到批评的，“借钱就是在铸造苦难和奴役的锁链……”。这种训诫与拉维斯在公民教育课本中的教导是一致的，当时他讲述了拉尔缪索的欺诈性破产。这个小商人的错误在于，他扩大事业的心情过于急切，因而过于依赖信贷，向银行借了太多的钱，而银行家“贷款利率很高”，以致他无法建立一个业绩良好的商店，无法体现一个有活力的经济所应具有的所有特征。历史教育也为警惕货币波动提供论证：在邪恶国王的长廊里有那些操纵货币的人，其中的一个就是美男子菲利普。相反，苏利和柯尔伯这些节俭的大臣受到的是怎样的赞美啊！这既是对挥霍浪费的贵族习气的反动，也是对现代经济现象的茫然。追求“安全投资”的小食利者就是这样成长起来的，他们安睡在法国的金色坐垫上，依靠严密的关税壁垒为庇护伞。

不过，在这些忠实于其创始者的学校中，推行“进步宗教”也就成了一个不小的矛盾，在这一点上，“世俗”文化与修会的教育主旨发生了分离。但是，进步的主要推进器就是学校本身，它是“新时代信仰的庙宇”（斯皮莱尔），学生要成为“现代思想的小传教士”。

1880 年时，这种“世俗信仰”并没有排斥神的观念，但后者应脱离教会机构和教义的外衣。在随后的一代中，世俗的唯灵论被某种事实上的唯物主义取代。在这个时代，关于神的暗示和祈祷从《两个小孩的环法旅行》中消失了。因此，如果说盘点学校文化是件相当容易的工作的话，那么估量它对大众的影响则较为棘手。

学校文化和大众文化

当然，当时法国人在思想意识中深信学校在心智培养方面的决定性作用：“击败法国的不是撞针步枪，而是普鲁士的小学教师”，这已是当时流行的说法，后来人们把 1914 年爱国激情的迸发归因于初等教育，由此便产生了争夺这一工具的激烈斗争。

可否论证这种直觉认识的合理性？在目前的情况下，对这个问题的回答应该仔细斟酌一番。小学教师并不到处都被人接受：在君主主义传统浓厚的地区，他们受到排斥，那里的修会学校接纳了大部分学生。此外，还需克服农民对教师的偏见，这些人工作稳定，拿着固定薪金，享受着长期休假，而且还就农事横加指点。但是，小学教师通常就是乡村世界的核心人物。例如莫娜·奥祖夫在《不间断的课堂》中介绍了一位叫约瑟夫·桑德尔的小学教师，此人已是市政府的秘书和土地丈量员，但还是不断有其他不带薪的工作："随处都可以看到这个统管学校事务的人……他在各处组织各种群众讲座，内容涉及地理、史前史，还有关于茶、咖啡、葡萄和葡萄病害的讲座……他还给成人上课，开讲素描课程，并给天赋好的孩子开了很多小灶。约瑟夫不知疲倦地传授他的学识，告诉人们如何过得更好，他以自己的文化影响力……充当了核心人物。他完全意识到了这一点。由于他的教育，大量学生成为了电报员和铁路职员，对此他非常骄傲。他以父亲般的温情注视着学生们的前程。而学生则给他寄来了满怀感激的信：他们之所以没有像自己命中注定的那样成为农夫，那是因为约瑟夫让他们
781 '摆脱了愚昧'。"不过，如果说教师的行为可以如此轻易地渗入人们头脑的话，那是因为其他因素也在同一方向上发挥作用，因此，我们不能确认为学校是个个别化的角色。

其他传播方式

首先是报纸。随着1887年轮转印刷机的问世，我们进入了大发行量报业的时代，因为这种机器每小时可印2万份。1914年，巴黎的四份日报——《每日新闻》、《每日小报》、《早报》和《巴黎人小报》——的发行量超过了100万份。最后一份报纸（1914年的发行量达160万份）从1893年起便在股票交易所挂牌上市，该报拥有自己的造纸厂，并发行其他期刊，它还为提高发行量而举办过竞赛。《每日小报》在外省有2万多个代销点。1898年，阿歇特书店开办了一个托运处，以便将巴黎的日报送达全国各地。外省报业虽然面临残酷的竞争，但也有了发展。到大战前夕，外省有8份报纸的发行量超过20万份。在马齐埃尔的小村子里，咖啡馆里出售的日报有5种。八个农民中就有一个经常看报，这还不包括固定订户。在奥德地区，人们在热

烈地评论佩勒唐[①]在《南方快报》上的社论。大战前夕，在夜间的塞文山区，人们高声宣读议会辩论的报告。报纸成为了现代法国人名副其实的“每日祈祷课”。

大型体育报纸也出现于1900年代。1903年，《汽车报》曾为了打垮竞争对手《自行车报》而举办了第一届环法自行车赛。1914年，该报的发行量能已达32万份。其他的廉价周刊和半月刊也在争夺读者，如《大众休闲》、《乡间生活》、《万有文库》、《时尚小报》和《草庐夜话》等等。在圣母升天修道会神甫的推动下，天主教人士完全懂得这种行动方式的重要性，例如，他们创办了《朝圣者》。最后，1910年，第一份插图日报《莱克斯塞席尔》问世，它系统地利用了摄影术。大众报纸的形式和内容日益有别于观点性报纸的传统。新闻报道的重要性要小于报纸的发行量，一切都得服从于报纸的销售，因此报纸的文风是简朴的、标准化的，标题也“吸引眼球”，纸张变得更薄，插图也更多；花边新闻和专栏连载是吸引顾客的两件主要武器。

连载作品会再度收入廉价的流行小说集中，无论从读者群还是从内容上说，这些小说都是叫卖文学的后继者；像叫卖文学一样，这也是一种消遣文学。它描绘的是领导阶级的生活（而且偏爱16—17世纪的贵族生活），或附和某些成见，或提出一些问题，如其中最受欢迎的题材之一就是门第不对等的婚姻。我们可以在这种文学中看到对城市的蔑视，对质朴而自然的乡村生活的赞美：夏尔·梅鲁韦尔、皮埃尔·德库尔塞尔、格扎维埃·德·蒙特潘以及以历史风格写作的米歇尔·泽瓦科和保尔·费瓦尔是最受称道的作家。大战前夕，一种新体裁兴起了，这就是侦探小说，如莫里斯·勒布朗的《阿塞纳·吕班》和加斯东·勒鲁的《鲁尔塔比埃》。随着《鬼影》取得巨大成功，侦探小说获得了民众的认可：这部小说复活了一个蔑视社会的亡命之徒的神话，此人名叫芒德兰或“子弹”，但故事的背景是在现代城市中。

---

① 指的是Charles Camille Pelletan，即Eugène Pelletan之子，前者是位著名的报界人士和政治家，其父是位作家，第二帝国的反对者。

在我们在此论述的整个时期，沉睡的乡村和市镇由于铁路而打开了眼界（铁路直到第三共和国时期才延伸到这些地方）。征兵进一步推动了与外部文化世界的接触。“那些前往普瓦提埃、图尔和巴黎服役的人目眩神迷。很多回来的人试着不再讲土话”（塔博）。另一些人出门后成了工人或小公务员。外乡人在当地定居更容易了；人口融合威胁到地方特性，这几乎是个普遍现象。实际上，这是个与技术革命和工
782 业革命相关联的整体现象，这场革命逐步摧毁了传统文化；在受这场革命影响最深的地区，如城市、工业中心和大型交通路线附近，学校进一步加速了这场业已隆隆启动的进程。

传统大众文化的衰落

实际上，昔日文化世界的消失是个很不平衡的现象。由于研究不够，我们还不能进行地理学上的描述，我们姑且满足于几个印象式的评述。“土话”的退却是最明显的标志，这是一个持续了三个世纪的现象，但在 19 世纪前半叶，大部分农民和很多城市居民讲的仍是土话：所有证据都说明了这一点。

第三共和国加速了这场运动。各地教师都在围剿“法语土话大杂烩”；在加尔和埃罗等地的课间休息中，讲朗格多克语的小学生会受到惩罚。父母也支持教师，有多少祖母像塞文的作家安德烈·尚松的祖母一样，责备孙子不说法语啊！——“你不可能成功的”！因为抛弃地方语言与社会上升之间的关系已经牢固确立起来，一个穷人家的儿子能当上邮政职员是因为他能准确无误地书写法语，这种“成就”每天都在提醒人们。

随着语言的统一，一些“古代”习惯也消失了，服饰也统一化了。学者们开始对民间传统和“法国的各种方言”发生兴趣（1885 年 12 月民间传统协会建立），但这并不能掩盖上述事实。这是一个正在瓦解的世界产生的情感，人们需要保留对它的记忆。

有的省区进行了较为有效的抵制，或是因为那里的独特性很强固，如布列塔尼，或是由于地理上的封闭，如中央高原的高地地带；这些地区还在等待两个世界的冲突的震荡。一般来讲，城市比农村更快受

到冲击；而在农村，集镇又比邻近的乡村易受影响；商人和手工业者比农民对新事物更为敏感，年轻的男子也比年迈的妇女更为敏感。即使是在新的文化形式内部，也有些微妙之处需要指出来！至少有一个地方值得我们注意，这就是城市世界和农村世界之间的差异。

乡村文化世界

有人已经说过，第三共和国的基础在于农村，共和国的鼎盛时期恰好也是农村的鼎盛时期。农村的这种局面不完全表现为政治现状上，它也体现在一个完善而和谐的文化世界中。农村已经走出自然灾害的梦魇，它还没有被现代化变迁摧毁，相反它收到了这些变迁带来的积极效应。正像博纳尔曾高兴地指出的，“农村已经克服哮吼病，已经能听到自己的钟声，它已能选举老实巴交的市长，铁路也通到了这里，因而公路只是一条梧桐树下的漫步之路”。每个人都可以相信进步，因为他们已经看到了进步，罗热·塔博的话可以为证，“不妨想像一下：1830 年左右，在一个没有公路、没有商业的地方，在一个人口过剩的悲惨乡村中，此时此地出生的人，当他们在 1885 年或 1890 年看到众多坚实的公路、看到近在咫尺的火车站、看到明亮的房屋，总之目睹这个生活舒适的国度时，他的心里会是一种什么状态呢？……触手可及、沉重压抑的天空升高了。人们开始做自己的梦，特别是为孩子筹划前程，梦想孩子会有更好的明天，会永远前进。”在这个层次上，进步不是一个形而上学概念，也不是现代经济学家向我们灌输的加速运动。进步被认为是日常生活中的逐步改进，它与维持乡村法国的意愿十分切合，并伴随着大量的传统残留物；所以，人们继续向土法接骨郎中和疗烫伤的巫师求医。

农民已经找到自己的读物——报纸和书籍。某些人还从学校图书 783
馆中借书，不管怎样，他们把自己心爱的书珍藏下来，奠定了小藏书室的基础，有些藏书室甚至保留到今天。他们也许读过杜律伊的《法国史》，看过夏尔顿和亨利·马尔丹（大众版），而且肯定读过维克多·雨果，当然还有埃克曼·夏特里安——这个人的作品 40 年内一直受到欢迎。我们可以理解其中的原因：作者自觉地采用质朴的文风；

将词汇限定在200之内，以避免任何令人费解的情况；像雨果一样，他们更喜欢表现强大的力量、观念和情感、正义、革命、旧制度，而不是刻画心理复杂的人物。

最后，他们还有一个与《惩罚集》的作者（即雨果）相似的地方，那就是，他们表达的思想就是小学所传播的思想，不过这种思想之所以深入人心，是因为它反映的是乡村小民的经验和向往：转化到贵族身上的对旧制度的仇恨，对教会的不信任，对共和国的热爱，对战争的恐惧，但这种恐惧又不排斥爱国主义、有时还有民族主义情绪。实际上，在新的心态背景下，进步信念与对共和国的热爱不可分割，共和国是弱者的守护神，人们把已经取得的改进和法兰西的声望归因于共和制度，而这个“自由祖国”受到了绝对主义的、贵族制的德国的威胁。

因此，这种文化具有深刻的政治色彩，若要理解它，就不能脱离其意识形态基础。文化和政治之间的联系反映了这样一种意识：正是政治演变为接触学识和“真正的文化”提供了可能。因此，像选举和7月14日的庆祝活动之类的事件，从表面来看完全是政治性的，但它们具有切实的文化意义。咖啡馆里的政治辩论在当时是个典型现象，今天我们只看到这些辩论的修辞和其肤浅的方面，但在当时的环境下，这是最受青睐的表达方式之一。正是在政治辩论中，全体人民获得了自我意识，并认识到了自身的变化。讥笑小吃店里的演说者、自修者和那些正在重构世界的“浅薄之人”是件容易事，但这些人的生活达到了某种均衡，他们的思想也不是可鄙的。

正是在这种气候下，邮递员谢瓦尔创造了不可思议的业绩。这个德龙省的普通乡村邮递员，用一把泥刀、一辆手推车和几个水泥搅拌容器建造起了他的“理想宫殿”。这是个民间建筑的杰作，但它不是传统民间艺术的作品，学校教育改造了民间艺术，这座建筑表达的是已经从书本中发现新的现实维度的农村人民头脑中的梦想和意象。

无疑，这种文化仍然依附于领导阶级的文化，它能够为社会秩序服务，因为它给人们这样一种假象——由于义务教育和普选提供的机会，不平等正在消失；但把共和制度变成“劳动者的政府”也许是个相当天真的想法。当然，我们要提防犯时代错误。在农村，旧式贵族的统治仍然是个威胁，1789 年的古老冲突并不总是已经彻底解决；对农民而言，支持共和国，捍卫世俗学校，这就是实实在在的进步和解放，他们的孩子将是第一个从中得益的人。

我们刚刚描述的心态状况并非仅限于农村，大的集镇和小城市同样如此，在一些大城市聚落中的小商人和手工业者阶层中间，我们也能发现这种心态。但是在城市，断裂显得更为剧烈。传统文化的衰退根本不能从新形态和别的平衡中得到补偿，我们看到的是一场真正的贫困化，内容低俗的民间小说、花边新闻出版物就是明证。不过，当时文化中的一些颇为重要的新型娱乐就产生在上述环境中。最后，城市还是异议思想的阵地，有人正在努力创建与领导阶级毫无关系的思想模式。

城市的大众娱乐活动 784

最著名的大众娱乐是咖啡馆里的歌舞表演，因为资产阶级也参加这类活动。这种“歌唱咖啡馆”诞生于第二帝国，从一开始它就扮演着“社会二元”角色。埃尔多拉多歌舞咖啡馆的明星特雷莎进入了沙龙，从而开创了“上流”与“准上流”之间融合的传统。

演出大厅的布置体现了观众的多元性：底层包厢是为“上流人士”准备的，二楼阳台是给资产阶级的，三楼是街区小店主，四楼被称为“鸡窝”，留给工人、女店员和小职员。但主宰演出大厅的正是鸡窝,呼喊、口哨、起哄、掌声都是从那里传出的，因此它决定了演出的成败。刻意粗俗甚至下流的语言、“淫秽”的暗示——此类表演自然让“体面社会”的批评家们义愤填膺，如路易·弗约[①]和阿纳托尔·法朗士：“歌舞咖啡馆就是丑恶、猥亵和怪诞的乐园”。但这些批评不能阻止这场运动，越来越多的资产阶级正在优雅地“自甘堕落”。1900 年前后，所有大城市都有歌舞咖啡馆，巴黎超过了 150 家；最著

① 弗约（Louis Veuillot，1813—1883），法国作家，曾倡导教皇至上论。

名的首先集中在林荫大道区，如埃尔多拉多、斯卡拉、“巴黎乐团”、阿尔卡扎尔。保吕斯（《胜利老爹》）、博兰（《啊！玫瑰小姐》）、德拉南（《哥尼亚夫》）和马约尔（《女人的手》）就是在这些地方扬名的[①]。当然不是所有歌曲都是轻佻的，1870 年后，某些作品还成了爱国歌曲，如《阿尔萨斯的老师》，《愿你记得》和《破碎的小提琴》。最著名的是《伙计和职员的马赛曲》《布朗热主义之歌》和 1886 年 7 月 14 日保吕斯创作的《巡视归来》；歌曲成为一种行动的手段。从 90 年代后，巴黎外围的林荫道和蒙马特尔成为了时尚之地，不过这种地理上的位移伴随着一场风格上的变革。

作家和艺术家也利用歌舞咖啡馆的潮流来创建歌手“小酒馆”，这是一种“介乎歌舞咖啡馆和小剧场之间的东西”。这里可以唱歌、朗诵诗歌或表演短剧，这些节目自认为比歌舞咖啡馆要高一个层次。这种小酒馆体现的是一种结合高雅文化和民间表现形式的努力，在世纪末的非正统文学艺术运动中，它们扮演着重要角色。在追赶时髦的风气的推动下，公众很快也变得热衷于交际生活了。“黑猫”、阿里斯蒂德·布律昂的“芦笛”和“狡兔”等酒馆就是最好的例子。

整个文学都产生于作家和普通人的聚会之中，热昂·里克蒂斯和他的《穷人的独白》就是一个象征。在以这种聚会为题材而创作的绘画中，最著名的是斯坦朗、维耶特、特别是图卢兹-劳特雷克的作品。劳特雷克还永久保留了对红磨坊的记忆，这个地方是民间表演的另一个化身。红磨坊的所有者齐德勒和奥雷十分了解这种上流资产阶级社会对底层人民的“危险诱惑”。他们的主旨是要将“全景巴黎”剧场的表演和“自然主义四对舞”进行对照，后者是爱丽舍-蒙马特尔深受欢迎的群众表演。直到那时为止，各个社会阶级虽然都可以出现在同一个演出大厅里，但它们都有心照不宣的固定位置；但此后，各个阶级开始相互往来和融合，这种混杂现象为娱乐活动平添了别样的趣味。雅纳·阿弗里尔、古律、格里耶·戴古瞬息之间便成了明星。这

---

① 这里提到的是歌手和他们的作品。

是巴黎这个“现代巴比伦”的神话，它象征着这个城市的种种丑恶，对于很多代外省和外国的资产阶级来说，这个神话的出现既让他们惊骇，又令他们着迷。

其他的表演更贴近公众，如马戏表演，远比今天流行，还有皮影戏。最后，1900 年前后，爱凑热闹的人发现了电影院。

电影：面向大众的娱乐

对一个当代电影爱好者来说，在一个讲述城市大众娱乐的章节中谈论电影可能令人气愤。不过，在 1914 年之前，这种“第七艺术”很少超越这个阶段，如帕戴公司的一篇广告声称：“电影难道不首先是卑 785
贱之人和工人的消遣么?”

人们对电影在法国的早期史已经了解得很清楚了。卢米埃尔兄弟购买了爱迪生的电影摄影机并对其进行了改进。1895 年 12 月 28 日，他们在巴黎的“大咖啡馆”里组织了一次公开放映。1896 年 1 月，他们发行了短剧《被喷水的喷水器》。卢米埃尔兄弟为题材多样化而进行了各种努力：他们拍摄了沙皇尼古拉二世加冕的时事片，还有历史片，如《吉斯公爵》、《马拉》、《最后的子弹》[①]。但是，尽管如此，公众的好奇心还是减弱了。电影胶片持续时间太短，只有 50—60 秒，而且不能重放。不久，大城市就对电影失去了兴趣。但流动艺人掌握了放映技术，并到农村去上映，这可是个科技奇珍，就像留声机、无线电报、长胡子的女人和双头牛犊一样神奇！

1897—1902 年，梅列斯创立了剧本和导演两种艺术形式，从而拯救了电影。电影的长度从 1 分钟延长到 15 分钟。在这个时期，梅列斯毫不迟疑地触及那些最棘手的问题，如重演了德雷福斯案件以唤醒公众对这个无辜者的同情心。梅列斯原来是个魔术师，他开创了电影特技，并在他的杰作《月亮之旅》（1902 年）中大量使用了这些特技。但是他的作品仍停留在“舞台艺术片”阶段。一般来说，这样的作品

① 《最后的子弹》讲述发生在 1870 年普法战争期间，一支法军英勇抗击普军，最后弹尽的故事。

只是一系列从同一角度拍摄的画面，因为摄影机是固定的。不过，随着拍摄技术的不断进步和该行业经济状况的改进，电影逐渐突破了梅列斯的阶段。

梅列斯的时代之后迎来了 1903—1909 年的帕戴时代，这时电影因其多变的拍摄角度而区别于戏剧。在夏尔·帕戴的推动下，电影也从手工制作走向了工业化，这方面他得到导演泽卡的协助。泽卡拍摄并监制了一些受左拉启发的“现实主义”作品，如《酗酒的牺牲品》和《罢工》。泽卡还拍摄了最早的情感片《爱的故事》，并发掘了喜剧演员马克斯·兰代尔。流动艺人仍是唯一能放映付费电影的人，而电影院当时只是一个广告工具。于是帕戴考虑把剧院改造成放映厅，以便经营；放映时间也延长了，甚至整晚放映。到 1908 年，帕戴公司已经成为一个名副其实的国际托拉斯，营业额达 3500 万法郎。

但 1907—1908 年，新的危机又来了。电影在讲故事，但故事讲得很糟糕，因为蹩脚的剧本作者们是在相互抄袭。“文化人”对这种面向赶集群众的娱乐不屑一顾。为了征服这些文化人，记者拉菲特试图制作“艺术电影”。他向科学院的作家征求剧本，运用法兰西喜剧院的演员，并以勒巴尔吉为艺术指导，此人是法国剧坛的“头等角色”之一。1908 年 11 月 17 日，《刺杀吉斯公爵》吸引了“全景巴黎”剧场的注意力。电影首次有幸在《时代》上进行剧情连载，但这只是昙花一现的成功。

为了更新电影题材，帕戴系统地使用了古典作品和 19 世纪的著名小说，如《小酒店》、《巴黎的秘密》、《悲惨世界》和《九三年》等等；他也拍摄圣经题材的影片。但到大战前夕，帕戴面临莱昂·高蒙公司强有力的竞争。高蒙勇气十足，他开办了欧洲最大的电影院“高蒙宫”（有 5000 多个座位），他的艺术指导路易·弗亚德执导了当时最成功的作品五部系列片《鬼影》。从此以后，观众便能在电影院看到准确意义上的电影了。

弗亚德的成就意义重大：正是通过改编一篇著名的流行小说，电影才被人接受；它由此展现了其面向大众表演的深刻本质，这也就说明了何以上流社会对电影大加挞伐。不过，电影的文化效应还没有完全觉察到。要等到30年之后，电影才最终战胜其他大众表演形式。总的来说，知识分子谴责这些娱乐是在让人民堕落，而不是教化人民。786
难道不应该设法平衡一下这些有害的影响吗?

民众大学

在德雷福斯案件的氛围下，大学人士觉得工人对这次拒绝审判的行为漠不关心，为了“让人民具有使命感”，他们想把人民在学校里不曾得到的文化传给人民。这一观念中汇聚着两种思潮：实证主义和蒲鲁东主义。在教授（如里昂的赫里欧）和律师们的推动下，几乎到处都成立了民众大学，这些大学组织座谈、音乐会、戏剧演出和艺术参观。但这场运动没有真正深入工人群众中，它吸引的更多是小公务员、雇员和手工业者，而不是现代工业中的工人。这类工人下班之后已经精疲力竭。作报告的人也不是总能适应其听众的需要，报告的内容过于广泛，它们并不是基于对大众文化之本质的思考之上而选择的。人们把法国古典文化类型的大学当作不言自明的公设，而没有考虑它是否符合工业劳动者的需要。最后，部分社会主义者和工会运动分子持强烈的反对态度。在他们看来，这是一件“用来娱乐人民的慈善工作”，对此他们还提出了独立的工人文化的特性问题，这种文化应与领导阶级不存在任何关系。

一种独特的工人文化?

法国工人运动很早就在思考文化问题。先驱者们具有双重意识：一是自卑感，这会削弱他们在雇主面前的地位，故应以教育来克服这种自卑，如果不能获得教育，那就进行自修；二是一种直觉，即他们代表的是一种不同的世界观。

在80年代，在工会运动成型的时候，对教育的必要性的意识日益强烈了，但是，对于“无聊而不实用的文化”这样的奢侈品，工人阶级无力买单。接受的教育应是有用的，就是说，不仅是技术性和职业性，也应该涉及经济和社会，以便使工人阶级“对自己的苦难有个认识”（佩鲁迪埃），并让工人运动的积极分子“以关于经济事实的准确知识取代激情澎湃的演说中那些含混不清的东西”。这应该主要是劳工联合会的工作，也是它的图书馆的存在理由之一，劳工联合会通常还把教育列为其大会的日程。于是，文化被隐约地等同于教育，并成为行动的工具。但与此同时，当时的两大思潮——马克思主义和无政府主义，都提出这样一种看法：战斗性的革命行动是劳动者主要的教育工具，也是他们的大学校。我们离这样一种论点已经不远了：工人斗争具有价值上的创造性，在斗争发展过程中，它将成为一种新的人道主义和新文化的载体。那么在这种背景下，当时为资产阶级垄断的传统的古典人道主义又处于何种地位呢？

对于某些人来说，从资产阶级社会产生的一切都是绝对腐朽的，最紧迫的任务是“把无产阶级儿童的大脑从资产阶级国家的毒化中解救出来”（1908年法国总工会大会报告），于是人们提出了创办工会学校的建议，这种学校将负责对从属于资产阶级国家的各种学校的孩子进行“匡正教育”。而另一些人（吕西安·埃尔、贝居伊、饶勒斯）则认为，应该在超越传统人道主义的同时融合它，正如社会主义运动应吸收1789年的遗产那样。事实上，关于文化的争论是一场政治哲学辩论，它对社会主义的定义和达到社会主义的手段提出了质疑。

不过，由于拒绝——不管是有意识还是无意识的——全面接受既
787 定的文化价值，工人运动在挑战“普遍文化”的理念，此种理念与永恒的人类相对应，人的永恒性正是名流文化的基础；而工人运动则揭示了这种文化理念的片面性和其历史地位。工人运动的内在意图与另一场运动相契合（虽然对此它并不知晓），而后者以马奈和塞尚等一系列人为中介，到1914年在毕加索那里得出了相同的结论。

三、受社会排斥者

文学和绘画是挑战既定文化秩序的两支主力军。雕刻曾掀起轩然大波（罗丹的《巴尔扎克》遭拒斥），但它仍然在画家的斗争之后开

辟出一条道路；音乐领域也发生了战斗，不过论战没有那么激烈，断裂感也没有那么强烈。文学处于一场更为广泛的危机之中，这场危机不仅涉及表现形式，也牵涉思想内容，这是理性主义的危机。

理性的危机

“世纪末精神官能症”

从夏多布里昂到波德莱尔，烦躁、消沉、对生活的厌倦、对无可救药的堕落的意识，这些都是浪漫主义的常见因素，不过，实证主义和现实主义看来已经驱散了这些“陈腐气味”。《恶之花》的作者看来是个幸存者，他是一个幸而被超越的时代的见证人。共和制度的胜利和科学的进步——理性主义的双子不是证明这种陈旧意识已经过时了么？1878 年，《蓝色评论》的批评家欣喜地宣告，“维特不再引领风骚了”。“阴沉的悲观主义……把它的毒药渗人衰老的阶层，但新兴阶层不会受到感染。”

八年后，左拉的代言人、作家桑多兹在《创作》的末尾悲哀地评论说：“这个世纪的破产，悲观主义扭曲了人的心肠，神秘主义迷惑人的头脑。”通过报刊出版物，我们很容易追踪这种突然出现的现象。1885 年之前，这只是几个追逐声望的作家的高雅症状；1885 年以后，“新一代”似乎都染上了这个病症。弗朗西斯科·萨尔塞追问道：“我们的年轻人为何如此忧郁？我完全不理解这成长中的一代的绝望。”布律纳蒂埃尔也在一次公开演讲中探讨当时“悲观主义”的原因。1886 年，道德和政治科学院举办了一次征文，主题是对各种悲观主义的现代理论进行研究。在克莱蒙费朗、里昂、贝桑松和奥尔良，各地的颁奖演说和社交讨论几乎都在探讨现代青年的危机问题。最高权威机构也对危机深感不安。戈布莱部长在新索邦的工程落成典礼上的演说，有一部分就是专门谈论这个问题的。神经官能症、神经病气质、世纪末、颓废主义、虚无主义，诸如此类的词语突然风行一时。看破一切的业余文艺青年成了很多小说偏爱的人物。

1890 年，关注青年问题的分析家发现，除了悲观主义外，年轻人当中还有某种“新气息”，用拉维斯的话来说，这是“对神圣事物的怀恋”。阿纳托尔·法朗士认为，“年轻人已经不再是伏尔泰主义者了，他们不会从实证主义的条理中期待任何东西”。儒勒·勒梅特尔的评价更高：“我们已经看到宗教精神开始觉醒”；而《时代》的社论作者得出这样的结论：“一种模糊的福音主义飘荡在空中，各高等学校正呼吸着这样的气息。”在这个“新基督教”时代，人们虽然拒绝在教义中固步自封，但人们也感到内心需要一种博爱的“感性”宗教，它将把所有善良的人团结在一起。保罗·德雅尔丹在创建道德行动联盟的同时
788 也充当了这一理想的解说人。他的联盟中有新教徒、不可知论者，甚至还有一些愿意超越教义纷争的天主教徒，所有这些人都团结在人类苦难的宗教中。整个巴黎都在为弗拉热洛尔的《星之旅》[①] 和达拉库尔的《耶稣受难》欢呼。与此同时，年纪较大的一代人则把这场运动反映到思想领域，或是批判 18 世纪（法盖），或是揭示唯科学主义社会的危险（如保尔·布尔热的《门徒》），或是宣告科学的破产（布律纳蒂埃尔）。最后，声势浩大的宗教皈依运动也波及到思想界——首先是 1886 年的克洛岱尔，而 1900 年的一代则更为醒目，其中有贝居伊、普西夏里、马利坦等人。这些皈依还经常伴随着行动精神的恢复、伴随着对过分的分析思想和唯理智主义的不信任，而且还把“爱国主义信仰”和基督教信仰联系在一起。因此价值完全被颠倒了，资产阶级法国的整个文化气候都受到了影响。这场危机的表现是多方面的，它们既是对理性主义的反动的表征，也是这种反动的原因。

文学中的世界主义和非理性趣味

理性的捍卫者指控外来的影响“窒息了法国的突出优点——思想之明晰，欢欣和轻快”。人们很快就怀疑德国试图以此来削弱我们。确实，悲观主义者所仰仗的是哈特曼（其作品《无意识哲学》于 1877 年被译成法文）、特别是叔本华，后者在法国的传播为时更早，声名

① 《星之旅》是一出宗教剧，讲的是信徒前往伯利恒朝见新生的基督的故事，弗拉热洛尔是该剧的诗歌和音乐作者；《耶稣受难》是一部神秘剧。

日盛。“颓废派”在叔本华那里发现了行动无意义和虚无情趣的论据，因为“生的意志带来不幸和痛苦”。此外，这位《作为意志和表象的世界》的作者还是通往佛教的路径之一。

确实，释迦牟尼的学说具有巨大的吸引力。法朗士证实说，东方学家罗斯尼的课程“听课者十分认真，他们当中既有文人，也有社会名流”，在法朗士看来，“巴黎的佛教徒有3万多”。对佛教的迷恋反映了对“不可见世界”的向往，而许雷的《得道大师》（1889年）一书体现的就是这种向往，他说：“人的灵魂从来没有对不足、苦难和现世生活的虚幻有过如此深刻的意识；也从来没有对彼岸不可见世界有过如此强烈的向往，尽管还没有达到信仰彼世的程度。”与这一思潮相关联的还有对神秘学的兴趣、复兴玫瑰十字会的努力以及“萨尔”佩拉当的名望①。

1886年，沃居埃的《俄罗斯小说》肯定了俄国文学的成就，他的研究是“当年的文坛盛事”，是“我们时代的精神和道德史上的重要日子”（布尔热）。1884—1888年，托尔斯泰和陀思妥耶夫斯基的大部分著作都已翻译过来（1888年，译著竟达25部）。这一潮流的原因很多，从与俄国结盟的期望到对异国情调的好奇心均有之。但新的一代在俄国文学中主要发现了“虚无主义和悲观主义……永无穷尽的阴暗……一种对无可企及之物……的拷问，虚无之中对宿命的一声遥远的叹息”（沃居埃）。

1890年时，人们的注意力从俄罗斯大草原转向了斯堪的纳维亚的轻雾：戏剧是北方影响力的主要承载体。安托万和他的自由剧院于1891年4月上演易卜生的《野鸭》，从而成为介绍北欧文学的先驱；1893年，安托万又演出了斯特林堡的《朱莉小姐》；吕涅-波埃继承了安托万的事业，上演易卜生的其他剧作。“易卜生热和托尔斯泰热在追求新震撼的浪潮中不期而遇。”在世纪末，另一些外国作家也成

---

① 玫瑰十字会（la Rose-Croix）是共济会的一支，起源于苏格兰；佩拉当（1858—1918）于1892—1898年举办玫瑰十字沙龙，并自称“萨尔”是一位巴比伦王留给他家族的称号。

为新思想的启示者，如人们记住了尼采的超人崇拜和反民主评论，并从邓南遮那里接受了对意志的崇尚。

象征主义的成功

在此之前，象征主义只局限于几个过分追求高雅的唯美主义圈子中和拉丁区的咖啡馆里，但这时已成为一种潮流；它可以被视为对“现实主义和自然主义的陈词滥调”的一种“理想主义”的反动，因为
789 “象征主义一词让一些人想到的是晦涩和怪诞……而另一些人则会由此发现难以言明的美学唯灵论，发现可见世界与不可见世界之间的某种对应关系”（瓦莱里）。但无论是马拉美的《牧神午后》（1876 年）还是魏尔伦的《智慧集》（1881 年），都没有引起批评家的注意。不过，在于斯曼 1884 年出版的小说《逆流》中，主人公德·埃森特绅士十分喜爱《智慧集》，还在羊皮卷上抄写马拉美的九首诗歌；这个人物无疑是个“颓废派”，一个“十足的神经质”：儒勒·勒梅特尔从他的文学趣味中找到了证据；不过这些遭人诅咒的诗人这时已经不再默默无闻了，即便他们还是受到嘲笑。在这个时代，克洛岱尔痴迷于兰波，巴雷斯则在《墨迹》中宣称自己对“颓废派”诗人感兴趣。1885—1886 年的报刊中满是关于这种新诗潮的文章，其中有一篇是让·莫雷阿关于象征主义的宣言。1888 年，权威批评家勒梅特尔、法朗士和布律纳蒂埃尔等人仍在谴责现代诗歌；不过到 1893 年，这位布律纳蒂埃尔在索邦为现代诗歌开设了一门选修课，同一年，吕涅-波埃在巴黎滑稽剧院上演了《佩丽亚斯和美丽桑德》，其作者就是“赶时髦者”开始谈论的比利时诗人梅特林克。1896 年，当魏尔伦去世时，他被誉为“一位伟大的法国诗人”（《高卢人》）。

事实上，今天仍在阅读和演出的一切作品都与这场反实证主义潮流有关，这一潮流涉及的人物有克洛岱尔，他所领导的富有勇气的创作事业可以追溯到 1912 年的《给玛丽的告示》；有贝居伊，这位社会主义者和天主教徒、德雷福斯派和爱国者不属于任何思想流派；有马拉美的星期二社团；有纪德和瓦莱里，这两位作家的早期作品正是追溯象征主义的足迹；而普鲁斯特的《追忆逝水年华》则是在贝热隆哲

学的协助下酝酿出来的。

确实，象征主义运动找到了自己的哲学家。柏格森在高师的时候曾是位机械论者，1883—1887年在准备博士论文的时候，他将数学度量时间与直觉体验的时间绵延区分开来：于是他把科学的、分析的理性主义和直觉对立起来，前者在揭示实在性的同时也分解了实在性，而后者是唯一能完整地达到实在的方式。自从1889年发表《论意识的直接材料》以来，柏格森的成就日益为人所知，1900年他进入法兰西学院。1914年，阿诺托写道，柏格森的哲学以“对生命的礼赞”和“对生命力的积极辩护”回答了“我们时代的呼唤”。

于是，在报刊媒体上、在书店的展柜里、在沙龙的谈话中，我们到处都能感受到对非理性的全面回归和对实证主义的普遍拒斥。但我们不应仅仅局限于文献史料。

反理性思潮的深刻性及局限性

与这场运动的第一印象可能造成的判断相比，实际上它既更为广阔也更为有限。它大大超出了法国，成了一个欧洲现象，不过在笛卡尔的国度，它更令人惊讶，因为这里有“启蒙”的传统力量。但无论是非理性主义的支持者还是反对者，他们都主张限制这种思潮对领导阶级的影响，当然这一点上双方仍有细微差异。在阿纳托尔·法朗士看来，非理性主义仅限于文学类的高师学生，我们不必追随他的看法，但需注意的是，确实有很多名流把这种神秘思潮看作“法国思想品格的病态和及其摧毁者。”

很多自称拥护这一思潮的人也是追随时尚者，但他们未必因此就接受最纯正的非理性作家大胆的新主张。柏格森成功的部分原因在于其表述之明晰；而于斯曼和莱昂·布卢瓦一直是“边缘”作家，而且最终被排斥了。1912年之前，克洛岱尔甚至不敢梦想他的作品能够上演。沙龙和官方对文学创新的支持时断时续，而且很吝啬；这类支持 790
更倾向于推动流行作家题材的多样化，而不是帮助先锋派站稳脚跟。除了一些“追捧者”和“赶时髦者”之外，新美学风格的作品只能在一些狭小的圈子里得到支持，这些支持者出没于波希米亚式的咖啡馆中，聚集在《羽笔》、《白色评论》以及稍后的《新法国评论》等杂志的周围。因此领导阶级在文学上的墨守成规根本没有受到文化气候变化的冲击。

我们已经列举了大众阶层非理性主义的几个例证，不过这些例子不能与某些资产阶级阶层的反理性主义意愿混为一谈：获得知识之前的非理性主义体现的是面对一个不能控制的世界的恐惧；随着教育的发展和知识的传播，这种非理性主义会逐渐退去；因此每个学校都是理性主义的摇篮；当高中生开始藐视理性的时候，小学生懂得了理性的力量：一方需要理性来提升自己的社会地位，另一方则长期受理性主义的家庭传统的熏陶，有资本享受一下摆脱理性的奢侈。无论从所取得的成就还是从对当时意识的影响来说，世纪末危机都是有限的，但即便如此，我们仍然应该探讨一下它的起源。

一场政治和社会反动？

一种最常见的解释认为，这种反实证主义是我们文化史上持续不断的变换交错的一个自然表现：反理性的理想主义是实证性的现实主义的继承者，正如现实主义曾是对浪漫主义的反动、而浪漫主义又曾取代“启蒙”一样。我们不想否认这种解释的匀称性，但需要注意的是，这个解说没有说明潮流逆转何以发生在这个时期；而且，这个解说还可能让我们忽视世纪末危机的独特性、它持续的时段长短（我们的文学依然处于这一氛围中）以及它出人意料的特点——科学看来不再能越来越证实人们对它的期望了。

将政治局势联系起来考虑更有意义；1884—1889 年是非理性主义思潮的爆发期，而这是一个共和制度的危机时期。仅仅是巧合么？我们认为不是这样。掌权的共和派没有弄错，他们在悲观主义之中看到的是对现政权的直接批判。这就是为什么戈布莱、狄奥尼斯·奥尔迪内尔和机会主义议员迪·杜觉得在这个问题上应捍卫现政权。对于青年人的抱怨，迪·杜说，“他们有自由，出版自由、集会自由……而我们的民主制是年轻的”。实际上，大部分“世纪末派”属于反对派，领头的是巴雷斯和保尔·亚当等布朗热主义者，随后有无政府主义者马拉美，这位诗人曾对三十人审判中的被告表示好感。共和派把自己的命运与实证主义的意识形态混淆在一起，不过它的主要领袖确实深受这种思想的影响；它的相对失败波及到哲学领域。

其他与通史的关联现在可以确定下来。如，在哲学家卢卡契看来，神秘主义和非理性思潮的兴起与整个欧洲的资产阶级的防御心态呈对应关系；18 世纪和 19 世纪前半叶是资产阶级的上升期，他们很自信，并利用理性作为他们的进攻武器。当感到无产阶级上升带来的威胁时，他们便逃避到非理性主义和宗教中去。这种理论确实有一些事实依据。巴黎公社吓坏了很多作家，他们当时失去了对进步的信念。布尔热和布律内蒂埃尔首先皈依教会，此举乃是出于社会保守主义的动机，很多资产阶级也纷纷效仿，对他们而言，天主教义仍是现存秩序的主要堡垒，因此他们让民主的传教士和《犁沟》杂志感到愤怒[①]。

不过，如果要确定思想运动与社会变迁之间的联系（若不否认这一最后的关联的话），我们在悲观主义之中所发现的，更多是对于经济变革和现代化的恐惧，而不是对工人阶级上升的恐惧。当时的一个象征性意象是失去机械师的火车头的形象：这正是左拉的《人兽》的 791
主题，它是这个变革速度过快、且不知道走向何方的现代世界的象征。对于众多关于“不堪重负”的现代生活的论述，人们当然深有感触，现代生活“制造了神经质”以及对手工的、田园的中世纪传统的怀念。另外，这场反理性主义运动早于 90 年代的社会大恐慌；而另一个巧合也令人费解：这就是与 1882 年危机的蔓延之间的对应关系，而危机的蔓延也是布朗热主义成功的因素之一；在经济萧条的气候下，人们对科技带来的弊端，难道不比对科技进步带来的福利更为敏感么？科技进步难道不应对当前的苦难负责么？于是距离否认进步观念只有一步之遥了，当人们不能完全适应工业社会时，这短短的一步很快就被跨过。

① 《犁沟》（Le Sillon）是 1894 年由一批学生创办的杂志，宣扬民主是其宗旨之一。

过时的理性主义

但是这样一场运动的起源是很复杂的：除了外部因素，还应注意内在因果联系，如意识到传统理性主义无力解释科学的发展。1874年，布特鲁指出了自然法则的偶然性，尤其重要的是，20世纪初的新科学理论——爱因斯坦的相对论和量子论——似乎证实了柏格森批判的合理性。普恩加莱的著作《科学与假设》（1902年）和《科学与方法》（1909年）也进一步肯定了对传统科学法则的质疑，而维达尔·德·拉布拉舍在奠定法国地理学派的同时，同样指责物理学界的决定论。

心理学研究的革命使人们发现了无意识。1885年左右，催眠术风行一时；在克莱蒙、里尔和南锡，各地的催眠师都吸引了大量群众。1889年召开的国际催眠术大会被迫要求禁止公开集会。报刊和书籍中充斥着巴黎学派和南锡学派之间的挣论。在萨尔佩特里埃尔，夏尔科——1885年，一个年轻的维也纳医生弗洛伊德曾拜访过他——宣称，只有癔病患者才能被催眠；他还认为这是一种治疗手段。南锡的伯恩海姆认为催眠是个所有人都能感受到的富有启示意义的现象。最后，雅内于1889年证明了导致失忆的行为。所有这些医生都希望自己的工作具有科学性，因为他们试图以合乎自然规律的方式来解释特别的事实，但舆论看到的只是其中的神秘性，而这种神秘性正好破除了人由理性引导这一形象。于是难以描述、无以言表找到了它们的基础：人不仅仅是意识清晰的。因此心理分析看来也是粗浅和不准确的。

更宽泛地说，实证主义思潮难道不是与一个已经过去的时代紧密相连，而并且超越了科学领域么？难道它不正像罗曼·罗兰指出的，是第一次工业革命即煤炭和蒸汽机的意识形态么？随着电力能源的出现，试图超越理性主义的柏格森主义更适合这个正在成型的新世界。

因此我们应强调这场抗辩运动的含糊性，没有比这能更好地结束这段分析的了。一方面是一种厚古的观念，即对古老岁月的怀念，在有些人那里甚至是某种明确的社会保守主义。另一方面是适应新世界的意愿，这个新世界既因为技术发展、也因为自然和人文科学进步而变得更加美好。这场抗辩运动的每种表现中都体现了含糊性：例如，对很多人而言，回归基督教就是逃避变革和“混乱”；在其他人看来，正是这种情感使得基督教理想超越了历史变迁，因而也不再与任何政治和社会制度相连——前一类人的代表是布尔热和布律内蒂埃尔，而贝居伊和马克·桑尼埃代表后一类人，尽管这两个人互相敌视。

也许，这就是为什么这一思潮催生的很多作品会老去、为什么继 792
续流传的作品在它们问世之时并不总是被认可的原因所在。绘画运动的情况要清晰得多，但它为确立自己的地位付出了艰辛的努力。

绘画在法国的至上地位

在 19 世纪末，每个国家都似乎在一个特定的艺术领域为先锋派保留着一定的特权。如德国进行了瓦格纳革命，不久俄国成为后继者，最后，维也纳音乐家勋伯格、贝尔格和韦伯恩创立了十二音体系。新的建筑首先在美国崭露头角。法国是绘画艺术的特选园地；半个世纪之内，各种流派起伏相继，而每次新浪潮都不止是对西方传统造型艺术观的挑战。之所以能取得突破性进展，不仅仅是因为画家们的勇气，也得益于某些艺术品买主思想之开明。

传播和销售的平行网络

我们已经看到官方绘画的僵化局面；幸运的是，另外的传播和销售网络逐步形成了；虽然它们还远不足以养活艺术家们，但这毕竟让他们免于彻底的困窘和默默无闻。

这种新机制的中心是画商，这些人当中有些原来是颜料商，如塞尚的朋友老唐居伊。那些与画家共同战斗的商人已经为人熟知，如印象派的支持者迪朗-吕埃尔，对他而言，“一个真正的画商应准备在必要时为其艺术信仰而牺牲自己表面上的日常利益”；还有安布瓦斯·沃拉尔，他是塞尚和高更作品的经销人；有达尼埃尔·卡恩维勒，这位立体主义者的朋友第一个创立专卖合同，即收购某位画家的全部作品并保障其最低收入。与画商合作的收藏家也参与了这场充满风险的事业：收藏家来自资产阶级的各个阶层，其职业至为广泛，有银行家如埃弗吕西，有医生如加歇大夫，此人曾照料过梵高，还有普通公务员，如海关职员舒克凯。画商或画家本人可在沙龙之外组织集体或个人画展；当然人们也利用咖啡厅：例如 1889 年，纳比派就在沃尔皮尼咖啡馆举行展览。很快就出现了一个独立艺术家的沙龙，自 1884 年后，它每年定期举行展览，这里没有任何入场条件，也没有监督作品正统性的评审委员会。秋季沙龙（1903 年）后来补充了这一文化机构；非正统艺术家现在也可以广为人知，即使他们的画作卖不出去。

印象派的历程

1863 年，马奈的《草地上的午餐》与 4000 多幅作品一起被评审委员会否决；面对艺术界的骚动，皇帝授权为被否决的作品举办一次展览，这是现代艺术的第一次亮相。但是直到十年之后新流派才获得自我意识。在这段成果丰硕的岁月中，人们曾赞叹北斋的日本木版画——这些作品展现了一种不必为透视操心的空间；人们还在瑞士科学院进行训练；人们也曾在诺曼底的海滩上、在特鲁维尔和翁弗勒尔、在法兰西岛、在塞纳河畔、在枫丹白露的森林中支起画架；在盖尔布瓦咖啡馆里，人们围坐在马奈和左拉身旁，探讨艺术经验，还想方设法让几幅画作进入艺术品展览会。直到 1873 年，莫奈、雷诺阿、毕萨罗才放弃使用灰色，马奈、德加和塞尚等人开始采用亮色。次年，除马奈外，上述所有人都出现在摄影师纳达尔举办的展览上，尽管受到恶意的批评，不过他们在嘲笑声中收获了正式称号。实际上，舆论并没有由此平息下来，1875 年，沃尔夫在《费加罗报》上写道：“这是一只在钢琴键旁游走的猫、或一只想要抢夺颜料盒的猴子的作品”。
793 在 1878年的一次拍卖上，马奈的作品卖到了 583 法郎，莫奈的只有 184 法郎，西斯莱的为 114 法郎（而当时的学院派作品通常可以卖到 1—2 万法郎）。穷困潦倒是那些不能取得个人成功的艺术家们的普遍命运；例如莫奈为了到肉店和面包店付账而向马奈乞求 20 法郎，毕萨罗 1878 年这样抱怨：“过去我受的罪闻所未闻，现在我仍遭受可怕的折磨……不过我觉得，如果需要重新开始的话，我会毫不犹豫地走上同一条路的。”1874—1886 年的八次集体展览中始终存在斗争，而这个新流派的特征也凸显了出来。

现代派艺术家之所以反对学院派绘画，首先一点是他们希望在户外进行创作，以便更好地把握现实。“以自然为参照的三笔画作胜过画架上两天的工作”，他们的先驱者布丹曾这样说。于是他们发现，“自然之中没有黑暗”，因此他们决心采用明亮的色调。在他们看来，学院派形式纯粹是墨守成规，而且跟一种认识上的简单化和一种视觉程式化联系在一起。实际中存在的只有光线，光线在白天的不同时刻、以不同的角度变换着轮廓和色彩；画家通过研究水中的倒影来表现这一点，也可以通过处理不同时刻的同一对象来达到这一效果，如莫奈和他的《大教堂》。因此他们要求观众摆脱自己的视角框架，观察这个世界最初的清新，并自行梳理色彩斑斓的混沌状态。印象派画家一开始还有某种现实主义的考虑，但随后他们远离了现实主义，因为他们证明了现实主义理念的矛盾性，实在物归根结底只是光线的作用带给我们的“印象”。“客体”、即绘画内容的至上地位因此一起消失了；一切都处于自我表现的方式之中；他们已经可以认可稍后莫里斯·德尼给出的定义了：“在成为一匹战马、一个裸女或某段故事之前，一幅画主要是一个涂有按某种次序组合起来的颜色的平面。”因此主题之间也就没有层次；另一方面，历史绘画已引不起任何兴趣，风景画的地位恢复了，家庭和民众场景的绘画也是如此。虽然马奈在 1885 年前后开始被部分批评家接受，但他那些更为“革命”的战友则一直受到鄙视。1889 年，拉维斯把他们与“颓废派、不和谐分子和布朗热将军”列在一起，称他们是令“我们的敌人”称意的“法国的花哨货色”。在 1894 年老唐居伊的绘画拍卖会上，塞尚的作品总价没有超过 215 法郎。到 1900 年前后，情况逐渐好转，但官方团体仍持敌视态度。1894 年，画家兼印象派的朋友卡耶博特临终之时把 67 幅印象派作品赠给国家时，有 25 幅作品被拒绝，虽然已经为此进行了三年的协商。“要让国家接受这样的垃圾，那真得忍受一次道义上的大屈辱”，学院派画家热罗姆叫喊道；几年之后万国博览会之际，这位热罗姆在印象派展厅入口前挡住卢贝总统说：“别去，总统先生，这里是法兰西的耻辱。”不过很早以来，有些艺术家已经在批判“印象派的畏畏缩缩”了。

当代绘画艺术的缘起

确实，有些人曾批评莫奈和他的朋友们“过于罗曼蒂克”，没有最终完成他们的发现。1886 年，修拉在毕萨罗的协助下为创办科学的“新印象派”而努力，这个新流派将全面运用舍弗厄尔关于色调的分解和重组理论。更为深刻的批评来自长期在印象派中成长的塞尚：“光线吞没了造型”，他曾这样说。他反对完全消解客体，并试图“以圆柱、球体、立方体来处理自然，将一切都置于透视之下”，以便创立一种新的古典主义。当然这并不意味着回到传统观念中，相反是要超越这个莫奈的老朋友们珍爱的“流动斑点”的世界，并严谨地创作每一幅画作。

794 高更指责印象派仍然固守着“逼真性的窠臼”；他想“确立尝试一切的权利”。他倡导说，“不要过于切近地模仿自然，艺术是一种抽象：在梦想自然时抽象出自然的艺术，应更多为创造、而不是为结果着想。”他第一个极力主张“原始”艺术应在绘画观念的更新中发挥作用：“年轻人在啜饮遥远而原始的源泉时会得到拯救。”这就是他远渡塔希提岛的原因。他的绘画“表现的根本不是庸俗意义上的绝对真实”，但通过“线条和色彩的组合”，画家收获的是“和谐和交响乐”，这种效果“必定会像音乐一样引人思考”。梵高一度是高更的战友，他也在实践同样的主张：“我追求的不是准确地再现眼前看到的一切，而是更自由地运用色彩来强烈地表现自我。”塞尚、高更、梵高是我们当代艺术的三位直接先驱，他们实现了绘画主体的解放。此后，艺术家以或多或少的现实性来创造形象，但现实性成为了手段，它本身并不是目的。

20 世纪初的三场运动使先驱者的预感成为了现实，这就是野兽派（1905 年）、立体主义（1907 年）和抽象艺术（1910 年），它们与黑人雕刻的发现、与对原始艺术和大众艺术更公正的评价有关。新的艺术繁荣最终确立了巴黎世界绘画之都的地位；所有外国画家都在这里长期居住，即便他们在国内已经有了活跃的艺术环境，如在慕尼黑和莫斯科。一些外国流派宁愿首先在法国传播它们的观念，如意大利未来主义就是在《费加罗报》上发表自己的宣言的。

野兽派

野兽派是在反对体系精神和修拉及其朋友们的“理性”绘画中形成。作为表现主义的法国形态，“笼中困兽”——批评家的一句玩笑成为了光辉的称号——当中有弗拉芒克、德兰、杜菲和马蒂斯，我们也可以加上鲁奥和夏加尔。这些艺术家追随梵高的足迹，推崇“创造性”的直觉，任由自己的想象力驰骋。作为现代浪漫主义者，他们首先试图表达的是自己强烈的情感。因此他们处于宏大的“非理性主义”潮流之中，虽然文学和哲学是这一潮流的主要表现形式。野兽派运动持续时间甚短，很多人后来到别处去追寻他们的理想了，如马蒂斯。不过对所有人而言，这场运动仍是某种让色彩发抖的方式，“被扔到公众脸上的画盆”，当时的这一评论用意不良，而且那个时代对野兽派的认识也一直很盲目。

立体主义的传奇

对我们当代世界来说，立体主义的历程为时更长、更为深刻也更具决定意义。这场运动超越了绘画领域，涉及雕刻和文学——这得益于阿波利奈尔和马克斯·雅各布的全力斗争——以及戏剧、音乐和日常生活装饰等方面。

立体主义与塞尚有着直接的关系，秋季沙龙于1907年为他举办了一次立体主义回顾展；毕加索和布拉克率先决定遵循这位艾克斯的大师的建议，以几何形状来描绘自然。与野兽派不同，他们希望控制自己的感官激情；他们也希望摆脱细枝末节和“描述性”；他们喜爱黑人雕刻，因为“黑人艺术家表达的并不是他们所看到的，而是他们所想到的”。因此，作为一种深刻的理性化的艺术，立体主义的抱负在于勾勒出自然的真实。从传统上说，画家表现的其实只是“视觉幻影”，只是事物的一个方面，或只是透视法，从透视法来看，远处的人就显得要小一些，但这是不真实的。通过在画面上并列出一个物体

795 的不同侧面，艺术家便可指望给出它的全貌。在取消透视时，他便摧毁了文艺复兴时代的画家们创立起来的造型空间，并提出了一个新空间的基础。

1908 年再次发生轰动性事件；布拉克在被秋季沙龙拒绝后，到卡恩维勒家中展出他的作品，其中的风景画《埃斯塔克》是由一些小立方体构成的。同一年，第一个立体主义团体在“涤服舟”公寓成立，核心人物是毕加索和布拉克，另外还有朱安·格里、阿波利奈尔、玛丽·洛朗森、马克斯·雅各布和费尔南·莱热。此后又有别人加入，如格莱泽、库波卡、德劳奈夫妇和杜尚兄弟。由于成员日渐增多，这个团体也分成好几个派别。一派是维永·杜尚和他的兄弟等人，他们试图表现现代世界的运动和动力，因而与意大利未来主义的主张有契合之处。相反，蒙德里安等另一派拒绝表现运动，他们的作品偏爱直线条的简约。而德劳奈属于第三个派别，他对色彩的对比很感兴趣，此前的立体主义一直忽视这一点；而毕加索和布拉克则在 1912 年创作了最早的“拼贴画”，把最不相同的各种材料组合到画面中。到 1913 年，阿波利奈尔可以做一个总结了（《立体主义画家》），然而，官方评论仍不为所动，因为他们不相信“这一昙花一现的几何形危机会产生世界性反响”。

抛开上述差异，我们今天很容易判断七年的立体主义运动的巨大成就。它继续了印象主义的努力，最终摈弃了高贵的主题的理念：一个酒瓶、一张餐桌都像其他主题那样值得画家给予同等的关注。因而也不再存在所有“高贵的材料”：撕碎的挂毯、一只旧袜子都可以创作出漂亮的作品，这个结论也有助于建筑艺术摆脱工业材料“没有美学价值”的偏见。此外，与官方绘画艺术相反，立体主义艺术家对现代性怀有兴致：工厂、体育表演、航空盛典就是他们喜爱的几个素材。他们使人们的眼睛习惯于简约而风格化的线条，为现代装饰适应于技术变革作了准备。最后，立体主义还是通往抽象艺术的主要阶段之一。

抽象艺术

这最后一场运动并不完全起源于法国。慕尼黑的康定斯基和克里、莫斯科的马列维奇也是最初的发起人。但所有人都到过巴黎，或熟知法国流派的创作。事实上，要理解非造型艺术之形成的整个逻辑过程，只要追述一下自马奈以来的绘画艺术的演变就可以了。康定斯基正是通过克洛德·莫奈的“麦垛”发现抽象原则的。而我们已经看到，高更认为一切艺术都是抽象的，一幅画作应该被比作一支协奏曲或一部交响乐。所有人——甚至那些接近现实主义的人——都认为，真实不在于每个人都能窥见的传统意象中，而在于艺术家的重构中。

在法国，三位来自立体主义的画家阐明了这场变革的全部结论，他们是库波卡、蒙德里安和德劳奈，他们起初代表抽象艺术中的几何派，而受野兽派影响的康定斯基则在慕尼黑创作了第一幅非几何形抽象水彩画。这是法国理性主义的文化氛围与斯拉夫和日耳曼非理性主义之对抗的一种新表现吗？这样的论断未免简单化，不过至少我们可以看到立体主义以及塞尚对整个巴黎流派的影响力。无论如何，在这一点上，绘画与文学变革的分离显而易见：合理性一直是法国绘画艺术发展的一个标志。形形色色的现代绘画就是如此，而它的影响涉及到其他艺术表现形式。

雕刻，绘画艺术革命之女

很长时间内，雕刻尤其是个“因循守旧”的避难所。只有屡犯众 796
怒的罗丹带来了新的气息：他自认为是个印象派，情况很可能就是这样，因为与学院派雕刻家不同的是，他试图抓住某一刻的印象，而不是声称要刻画“永恒”的理想化形象。他也拒绝“摄影术”式的精确，因为“应该取得的相似性是灵魂的相似性”。但是，准确来说，作为现代雕刻的先驱者的罗丹并没有弟子。布尔代勒和马约尔仍然忠实于传统，不过他们对传统进行了更新，并认为自己更接近于古朴时期而不是古典时期的希腊艺术。

新观念的出现也来自立体主义，立体主义因此回报了雕刻艺术带给它的一切。毕加索在最初的立体主义绘画中就曾雕刻过人物的脸型（如在《阿维农少女》中），在这一时期的创作生涯中，他在雕刻方面的成就几乎和绘画一样丰富。毕加索最初受到非洲雕塑的启发，在“苦艾酒杯”中，他把粘贴的原则移植到雕刻中，这件作品使用了一些最出人意料的材料。不久，一些雕刻家——大都来自斯拉夫国家——聚集到布拉克和毕加索周围，雷蒙·杜尚，洛朗、扎德金、利普希茨等人使得雕刻有了立体主义风格。在此期间，处于这场运动的边缘但受其影响的一位罗马尼亚“农民”布朗库西——他还深受其祖国的民间艺术的滋养——创作了一些造型越来越简单的雕刻。布朗库西是个标志性人物，他象征着自布尔代勒以来所有独特性之联合带来的效应：像在绘画领域一样，远古的、原始的、民间的东西恢复了声誉，这样便能更好更有力地表达情感。

建筑艺术的滞后

在建筑领域，“学院作派”的胜利来得更为轻松，何况建筑师对公众的依赖更为直接：要想让方案付诸实践就得找到顾客。在建筑方面，世纪末的法国十分滞后，如果不算埃菲尔铁塔的创作的话。现代风格还没有带来真正的造型革新。在我们考察的这一时期的最后一年，随着托尼·加尼埃和他的工业城方案的出现、特别是佩雷兄弟的到来，一场变革正初现雏形。装饰艺术还没有发生深刻变化；只有海报这一“受人鄙视的体裁”加入了造型革命，此举得到图卢兹-劳特雷克和博纳尔的推动；这两个人还让人们习惯了鲜活的色彩和简约的轮廓。他们创立的风格很容易吸收那些来自于立体主义的形式，战争结束之后仍然如此。

迟到的音乐革命

第二帝国以来，在音乐领域，代表先锋派和作为矛盾之象征的是瓦格纳。法国的流派很少谈到他。一些重要的作曲家，如拉罗、圣桑、塞扎尔·弗朗克、加布里埃尔·弗雷和樊尚·丹第继续着过去的传统，他们没有想到去颠覆音乐语言。努力的方向是为推广音乐，并在全国音乐协会的推动下教育公众。组织定期音乐会的音乐协会日益增多：

如 1861 年的帕德卢普音乐会，1873 年的科洛纳音乐会，1881 年的拉穆勒音乐会；1896 年创立的“声乐学校”目的在于培养和弘扬宗教音乐。当然，音乐家们不可能对文学、特别是绘画领域的变革保持无限的无动于衷；我们在加布里尔·弗雷那里已经能觉察到“印象主义和象征主义”风格，这是德彪西革命的先声。

德彪西在发现深受民间音乐影响的俄罗斯音乐、并在 1889 年万国博览会之际发现远东音乐之后，将要对法国的音乐语言进行革新；对于当时的文化氛围，他比其他任何人都更敏感：孤立音符的使用和旋律线的断裂使人想起色调分割的印象派技法，而对表现手法的斟酌则让人想起象征主义。1902 年，以梅特林克的剧作《佩丽亚斯和美丽桑德》为基础而创作的歌剧引起了第一场轰动，并最终确立了德彪西的胜利。这位大师曾以音乐的方式再现了马拉美的“农神午后”，并将他 797
的一部作品命名为“印象”，准备以此来调和诗歌、绘画和音乐。从《法兰西的克劳德》开始，法国的音乐流派开始繁荣起来，1918 年以后尤其如此，不过莫里斯·拉威尔和艾里克·萨蒂已经展露了他们的才华。

在战争爆发之前，法国公众在发现俄罗斯文学之后，还有时间来直接发现俄罗斯音乐；1908 年，夏里亚宾在国立歌剧院演唱穆索尔斯基的《鲍里斯·哥都诺夫》，随后几年中，俄国的芭蕾舞让巴黎认识了鲍罗金和里姆斯基-柯萨科夫，1913 年，年轻的斯特拉文斯基以其《春之祭》再次引起轰动。音乐从“印象主义”变成了“立体主义”。

“美好时代”的最后十年成果十分丰硕，仿佛每个艺术家都意识到了不安的前景，都想尽快推出他们的成果。俄国的芭蕾舞可以被视为这种蓬勃生气的象征。这方面的首要人物是塞尔日·德·佳吉列夫，他在 1899 年让俄国人认识了法国的现代绘画艺术，接着又在 1907 年组织音乐会，从而让法国人认识了俄罗斯的音乐。伊莎多拉·邓肯的舞蹈曾给佳吉列夫以强烈印象，此后他决心使芭蕾舞摆脱学院气派。他实现了德彪西、毕加索和阿波利奈尔预想的整体性表演艺术，在这种艺术中，所有美学形式融合交汇，互为阐释。在俄国芭蕾舞剧中，音乐和布景实际上不仅仅是舞蹈动作的简单辅助。画家所起的作用尤其重要，他们参与编舞设计，而编舞就凸显出服装的价值，因为服装可以强化舞蹈演员的动作效果；任何要素都不能自行处理，一切都服务于这一造型表现艺术。因此俄国芭蕾舞是半个世纪艺术的发展总结。它向我们表明，绘画艺术的革命给整个文化生活带来了多么大的冲击。这种具有决定意义的变革意义何在呢？为什么它会不为名流们理解呢？

新社会的一种有代表性的艺术？

第二帝国的美术总监纽维柯尔克曾宣称，印象派绘画是“民主派的绘画，是不换内衣者的绘画”。曾有《法兰西共和国》的一位记者，在拒绝雷诺瓦的一篇关于 1877 年博览会的论文时对后者这样说：“但你们忘了你们是革命者。”造型艺术革命难道不就是与社会变革——比方说，与甘必大所说的“新社会阶层”的出现——同时发生的么？

如果研究一下画家们的社会来源，我们无法得出准确的结论：一些人出身小资产阶级，并无特别资源，如毕萨罗和莫奈；另一些人来自“上层资产阶级”，生活优越，无需出卖他们的画作，如银行家的儿子塞尚和德加。

在政治和社会观念上也没有明显的统一性。像很多象征主义者一样，有些印象派表达了对社会主义和无政府主义运动的同情，如毕萨罗；另一些印象派则拒绝介入这些问题，如雷诺阿，或者是保守派，如德加和塞尚。所有人都远离库尔贝关于艺术的社会内容的理论。对他们的欣赏者作一个初步的社会学分析也不会更有启发意义：甘必大是雷诺阿的好朋友，克雷孟梭是莫奈的朋友，但这个左派议员在 1914 年曾怒斥“我们的殿堂竟用来展出如此反艺术、如此令人反感的东西”。相反，上流社会的某些追赶时髦者却很青睐先锋派艺术家，特别是1900 年之后。实际上，对新艺术的理解与社会地位没有关系；我们至多只能提示一下，一些人数很小的社群，比如犹太资产阶级和上层社会，在新艺术的欣赏者中所占的比例较大。这样看来，确实存在一种纯粹的误解么？民主或革命的绘画之类的说法只是忽视审美而造成的结果么？不完全是这样。

心态世界的考察

但实际上，如果我们考察一下非学院派艺术所传播的潜在价值观，我们便能理解反对派的立场了：法国名流们的一切原则都受到嘲弄。在殖民帝国主义的鼎盛期，在一切人文科学都以欧洲为中心的时代，艺术家们欣然向日本人、波利尼西亚人和非洲人学习，他们因而也打破了文明的等级秩序。更有甚者，在列维-布律尔确认“原始人的前逻辑思想”的时代，毕加索竟声称黑人雕塑绝对合乎理性。画家们率先指出了我们分类方式的相对性，他们远远走在人类学家和历史学家前面。在我们文明的内部，他们挑战那种根据所受教育和社会层次来确定趣味等级的“社会—文化秩序”，因为他们为民间艺术恢复名誉，歌颂海关职员卢梭①，甚至自觉地在大众娱乐和表演中寻找题材。

但是我们已经看到，法国资产阶级生活在对于稳定的世界的平静而明确的信念中，而在这个稳定的世界中，传统这个避难所可以使他们忘却世界的演变。当艺术家们与停滞的过去决裂并进行革新的时候，他们也提醒19世纪的人们注意自己是处于历史进程之中的；他们让这些人了解到观念视角的相对性：文艺复兴时代的空间只是多种观察现实的方式当中的一种。确定无疑的永恒性消失了。

与此同时，画家们还为我们的工业和技术世界而欢呼：他们赞美埃菲尔铁塔，这与名流们的鄙视恰成对照；他们拒绝将艺术和日常生活以及实用性对立起来，这不同于一切传统的高中和学院教育。他们最早意识到寻找新语言的必要性，以便与学者和工程师、爱因斯坦和埃菲尔创造的新世界协调起来。他们预见到了我们这个世界即将发生的前所未有的变革。当然他们的艺术充满矛盾，它既是乐观的也是悲怆的，这种矛盾性也预示着当代人的焦虑和骄傲，这类情绪通常是因为“科技进步”的矛盾性后果引起的。可能这就是为什么会出现如下

① 指法国后印象派画家亨利·卢梭（Henri Rousseau，1844—1910），作品以风格纯真著称。

情况的原因：更为开放的、已完全转向现代性的美国社会更早（自1886 年迪朗-吕埃尔的美国之行以后）接受这种新语言，而处于前工业社会心态的法国领导阶级则强烈抵制摧毁他们那个停滞的世界的潮流。

法国文化气候的反差

简要的总结看来会揭示某些矛盾之处：与知识的开放、文化传播手段的变革相伴随的是文化模式的延续性，而且很多文化模式的根源可上溯到旧制度时代。即使是在日渐衰落的民间文化领域，过去的特征依然保留着，如节日历和嘈杂乐。

从“高级文化”到学校文化，法国的形象都是统一的，这是个“温和平衡”的国家，因为它“坚定的农民美德”，因为仍与土地和小城市保持紧密联系的资产阶级的节俭品格。因为蒲鲁东主义的长期影响，社会主义运动也打上了上述品德的烙印。在高级文化中，这种对城市和工业世界的不信任既深刻地体现在法国理性主义的狭隘性中，也同样深刻地体现在对这一理性主义的抗辩中。《崩溃》的作者左拉与《大地在死亡》的作者勒内·巴赞十分接近。

当然我们不能低估教会与共和国的冲突，这不仅是两种政治之间的斗争，也是两种文化的斗争，斗争涉及双方的学校、报纸、出版机构和文学，每一个方面都有一张资产阶级的面孔和一张群众的面孔；这还是两种理念的交锋：在一方看来，一个可能陷入混乱和无政府状态的世界只有靠强有力的等级制度和合法的权威才能维持下去，而在
799 另一方看来，一个因为科学进步和知识传播而处于无限进步的世界是可以期望达到平等与和平的。我们也不要忽视地区差异和工人阶级为创建独立的文化群体而进行的运动。不过归根结蒂，所有人都承认一些共同的价值观，爱国主义便是其中不可小觑的一项；全民动员总是带有某种庄严、有时甚至是欢乐的节日气氛，它也不仅仅是个政治仪式，而且是一次文化表演，其中掺杂着世俗小学的教育、左派和右派的插图出版物、反理性主义运动和实证主义意识形态。

人们马上要去保卫“伟大民族”、“方形草场”、“现代希腊、理性

的祖国、人道主义的传人”，保卫“人类”……文化共识是个相当普遍的现象，神圣的团结只是其诸多标志当中的一个。

在法国，唯一真正的挑战来自借用了绘画语言的先锋派。半个世纪期间，一些小团体先后以印象主义和立体主义观念对官方的整个世界观提出持续不断的质疑，并酝酿着我们当代的精神世界。这场文化变革虽然是少数人的事业，但它是唯一真正的文化变革，远比另一个重大事件，即小学教育更具根本意义；实际上，第三共和国只是加速了一场已然广泛兴起的运动，而且学校倾向于让大众阶层接受名流们的文化模式，而不是设法创立新颖的思维和表达模式。学校这一事实对理解第三共和国的政治演变和法国农村史具有重要意义；但学校带来的文化变迁很大程度上与技术革命行为牵连在一起。通过海报、建筑和家庭装饰的变革，画家的影响力很快就越出了美学家和附庸风雅者的狭小圈子。当他们改变我们观念的时候，难道不就是改变我们的心态结构么？因此，断言那个时代伟大的革命者是马奈、塞尚和毕加索，难道真有那么不堪忍受么？

800 # 第二十七章　第一次世界大战

1914—1918 年，世界末日

大战的爆发

想以寥寥数页的篇幅来概述大战期间的法国人民史会有失轻率。此外，从事这项工作的时机可能尚未成熟，因为在进行类似的综述之前，必须先进行详尽、乃至细致入微的研究，但这类研究才刚刚开始。诚然，当时整个国民生活都深受军事局势的影响。不过，谁要是一味专注于军事局势，其研究势必难以取得真正的成功。还有比 1914—1918 年的各大战役史更老掉牙的主题么？何况，关于各国军事首领在战略上的得失的争论也为这类历史提供了素材并使其得到深化。

不过，如果说震惊和费解是历史学家带给人们的首要印象的话，那么他们也能为我们提供——这里更是如此——新的表述，并使我们觉察到那些只是表面上被解决了的难题。

但我们不把战争的起源问题列入这类难题之中。事实上，对这个问题曾有过激烈的争论，以至于成为当时内外政治冲突的一个因素，但是现在，即使在不同的国家，研究对象也只存在细微的差异。不过就战争起源问题来说，我们还可以作一个并不总是很恰当的评论：这就是军事理论和战略计划对冲突的爆发所起的影响。

有多种军事理论么？难道法国和德国的军事理论不是一回事吗？1870年德国对法国的胜利是运动战和持续不断的攻击对于静止的、过分偏重防御的军队的胜利，这样的军队只能相继被困于要塞中，注定走投无路。教训没有被遗忘。对敌对双方来说，现在占优势的是运动战理论：关键不是征服或防守土地和要塞，而是以军事行动、首先是以进攻来摧毁敌军，这才是唯一能决定根本的。当然，并非所有军事首脑——特别是在法国——都是这种理论的拥趸；在火力和防御工事的作用问题上的争论尤其激烈。在战术理念上，虽然尚须辨明一些细微的差别，但基本特征没有变化。

相反，在战略计划方面，法国的情况与德国大相径庭。在德国，1905年之后占支配地位的是施里芬计划：这个计划的前提假设是德国同时与法国和俄国作战，其主旨是赶在动员缓慢的俄国全力投入战争之前结束同法国的战斗。为此，应以一次动作十分迅速、规模十分巨大的攻势来围歼法军。根据这一战略思想，德国总参谋部于1914年强迫文职政府采取了一系列政策，当有关战争责任的争论开始之后，这些政策将显得格外重要：对最后的调解努力不予理睬，因为不能给俄国人备战的时间；为取得主动而破坏比利时的中立，因为施里芬的攻 801
势必须穿越比利时；此举也迫使英国参战，而英国一开始对这场战争是持保留态度的。但这又有何要紧呢？如果战争如人们期望的那样，只持续几个星期，英国的作用将微不足道。

而在法国，就整体政策而言，军事当局对于共和国的文职政府机构处于严格的服从地位，而文职政府的方针是谨慎的，或是因为其民主制，或是因为它所承担的失败的记忆，或是因为它知道法国需要盟友。因此法军不可能率先进入比利时。法国的总参谋部虽然也喜欢进攻战略，但它认为只有在十分不利的局面下才能发动进攻，因为法德边境——俾斯麦曾精心关照过的边境线——十分有利于德军的防御。但所有德国人都认为借道比利时是可能的，根据这一假设条件，法军参谋部肯定预见到了某种行动，但它没有准确估算出这次行动的规模。

这就是说，法军指挥部处于痛苦的困惑中，这种困惑体现在对

1914 年法军总司令霞飞之意图的各种相互矛盾的解释中，如人们对“第十七计划”的猜测就是如此。根据这一计划，法军主力在战争开始后将集结于洛林地区，从而大大削弱整个默兹河西岸地区的驻军。这个计划从一开始就准备让法军在一个几乎到处充满艰难险阻的地方发动全面进攻。另外，由于霞飞生性十分矜持，几乎从来不解释他的深刻用意，因此可以提出好几种推测。根据第一种推测，霞飞受极端的进攻理论的毒害，认为一下子就能占据上风，并迫使对手放弃原定计划（这个计划的要点几乎不是什么秘密了）。根据第二种、也是流传最广的推测，霞飞可能料想到了对手将在比利时采取攻势，但攻势不会越过默兹河一线，一是因为对方没有足够的兵力采取规模更大的行动，二是因为这样的大规模行动只有在穿越荷属林堡地区后方能展开（但这就意味着德国同时破坏多个国家的中立）。若情况果真如此，法军在阿登地区的行动路线将不会很多，这是第十七计划中预测到的一个变数。第三种推测也需要提一下：霞飞估计敌军可能横穿整个比利时采取包围行动，但当它的部署变得过于薄弱时，便可以从中间突破，而突破地点正是洛林和阿登。忽略侧翼包围的威胁、实行中间突击，这就是“奥斯特里茨行动”，这个光辉的名字肯定对法军将领具有不可抗拒的吸引力。但不管怎样，所有推测都认为，霞飞和他的参谋部在判断上犯了一个错误：他们没有考虑到，德军从一开始就安排了后备军团。正是由于后备军团，德军在展开行动时才无破绽可寻。

德军的攻势最初取得的成功——虽然其政治代价将十分沉重——足以确保施里芬计划的成功么？德军即使动用其全部资源，也不能保证自己拥有数量上的优势，它怎能期望在四周之内战胜法军呢？实际上，法国为了弥补人数上的劣势而付出了更大的努力，终于聚集起与即将进攻的德军数目相同的师。因此德国应依靠其质量上的优势：它的部队生来就更讲纪律，训练也更为系统。德军装备也更好——当然
802 这一点上已经应该有些保留意见了；法军部队兵员不足，制服过于显眼，缺乏重炮部队，等等，这些都是人所共知的；不过法军的步枪和野战炮至少可以与对手持平：对于一场运动战来说，这难道不重要么？

但是——这里且不提很久以来某些人所作的种族比较——在德国，人们怀疑法国是否有足够的精神力量来应付这场巨大的战争。原因在于它的政治体制。俾斯麦曾预言说，民主共和制注定要使法国处于软弱状态。在那些对法国少有同情心的观察家们看来，随后出现的情形更增强了俾斯麦的这种论见。这里涉及的不仅是法国工会运动的革命暴力与有纪律且相当易于操纵的德国社会民主运动的强大力量之间的对比。整体来看，法国还没有为一场大战作好精神准备。大战前一年，规定服役年限为三年的法律勉强通过，因为总参谋部很有理由担心德军发动突然进攻，并认为这项法律必不可少。但是，反对三年兵役法的多数派在 1914 年 4 月 26 日和 5 月 10 日的选举中获胜。对这项法律的敌视使得里博无法在新的立法任期内维持最初的内阁；他暗示可能的外部危险的做法已经让议会颇感不悦。这难道不是法国准备放弃的一个象征么?

这样的推想虽然很自然，但它同时却忽视了法国议会制度非常特殊的运作方式。以更为崇高的原则的名义推翻一个以具体局势之必要来制造麻烦的内阁，这是向这些原则致以它们应得的敬意。随后，这些原则的坚定支持者掌握了权力，这些人占据了更有利的位置，可以更好地让民众——首先是他们的追随者——理解，应顺应必要的形势。就这样，里博被维维亚尼取而代之，而后者虽继续奉行前政府的政策，但却得到无可置疑的左翼多数派的支持；这个更加符合法国的情绪的政府将毫不气馁地迎接战争。这个国家将全民一致、甚至满怀热情地投入战争，而这一点在前不久还几乎无人相信。即便是象征反战潮流的饶勒斯遇刺，亦未对法国士气之振奋造成严重影响。

最初的军事行动

1914 年 8 月 6 日，执行施里芬计划的德军部队进入比利时并进攻列日。德军的行动应在默兹河对岸的纵深方向展开，以形成西翼包抄的态势，对法军施加切实的压力。而在此间，因为进攻地带的地形过于困难，法军在阿尔萨斯和洛林的进攻皆以失败告终。但还有更严重的情况：德军进入比利时后，法军预先已经计划好的反攻遭受惨败，特别是在蒙斯和夏尔勒洛瓦更是如此。这些失利原因何在？当然首先是法军统帅的战略错误，他低估了德军西部攻势的规模。但也许还有法军部队战术上的欠缺，因为它们的战斗准备并不充分。

但不管怎样，为扭转局面，8月25日以后，法军总司令霞飞必须指挥他的部队进行两次行动：其一是法军的左翼和中线要进行收缩，其二是要将相当大一部分部队调往西线，以防止对方西线包抄的威胁。这些行动的成功毕竟为他赢得了更光彩的头衔；特别是在十天的退却之后，部队的组织依然完好无损并保存了大部分装备，这在很多人、特别是他的对手们看来简直是个奇迹。霞飞一直想再次发动进攻，但
803 这种可能性随着撤退行动的延续而渐行渐远了。法军参谋部已经规划了一条向上塞纳省撤退的路线，但该路线使法军同设防的巴黎的联系成为难题。

看来这就是被推向极端的占主导地位的军事学说的逻辑。基于同样的逻辑，德军从西方折向南方，把安特卫普留在身后，使这个城市成为比利时人抵抗的堡垒；位于战线最西端的德国第一集团军司令冯·克吕克是包围战略中的主要行动者，这时他绕开巴黎——起初巴黎是其主要目标——深入首都以东地区，以追击撤退中的法军：重要的总是要歼灭法军，而不是占领某个堡垒。

但在这时，文官机构首次出面抵制这种军事战略。法国政府同意撤往波尔多，但坚持必须坚守法国的首都；为此还组建了一支特别军队，这支军队甚至对敌人的侧翼构成了威胁。法军统帅很早就从中看到了重新夺回主动权、并在最佳状态下进行一场大战役的机会。很久以来，人们一直在争论这样的问题：胜利应归功于巴黎军事总督加利埃尼还是其他人，抑或是霞飞本人；各方无疑都进行了出色的论证。但是我们也许不应该忘记那些政治家的作用，他们也许比某些过于教条化的军人更准确地意识到了这样一个问题：巴黎是一个高度中央集权化国家的畸形发展的首都，它的失守几乎是一场决定性的失败。

不管怎样，9月6日，在霞飞的号召下，全体法军振作力量，掉

转头来重新发起进攻。冯·克吕克很快就发现他的侧翼正面临威胁；当他命令部队迂回行动时，他也失去了与邻近部队的联系。德军的部署一步步走向瓦解，只有来一次预备性撤退才能恢复联系。9月9日，在四五天激烈的战斗过后，德军整体上的进攻陷于停顿，部分战线被迫后撤。马恩河战役后，施里芬计划便不可能在预定期限内实现了；最初的意外过去之后，法军证明了它有同可怕的对手抗衡的实力。

但是，这场胜利并不具有决定性的意义。在德国人看来，这是个意外事故：最高军事长官毛奇对战争的领导不够到位，随即便被法金汉取而代之。法金汉已下定决心重新发动进攻，尤其是要在新的基础上继续西翼包抄的攻势。但是此刻已经发生了一个决定性的变化，虽然这个变化一开始没有被意识到。马恩河战役凸显出了在辽阔的空间内指挥大军进行运动战的诸多困难：军队时刻有被分割的危险。为避免这种危险，此后德军——实际上法军也在学习它的策略——只在西线部署一支很有限的部队，并以连续的堑壕和掩体网络将中线和东线联系起来。在双方的包围战术失败之后，战线逐渐稳定下来，向北一支延伸到海边。

冬天到来后，军事行动受到限制，德国的战略计划失败了。但它的军队占领了法国大片土地——而这些地区前不久在战略上还很不受重视。对于法国来说，一部分人口最稠密、经济上最富饶的省份落入敌军之手，这给它的军事政策乃至全盘政策造成严重困难。法国人将被迫重新夺回它的领土，而德国人将可以更轻松地转入防御；法国政府将永远不能指望进行和谈、指望妥协的和平，因为以现状为基础的和约必然要以新的重大领土让步为条件。 804

寻找行动空间

从1914年底开始，一些人——特别是政界人物，如白里安、劳合·乔治和丘吉尔——认为，由于防御工事连绵不断，今后要想在西线取得决定性的胜利将十分困难。至于某些英国人特别钟情的登陆德国海岸的计划，则明显太不切实际了。因此，寻找新的盟友和新的行动空间的努力——这两方面很大程度上是相互联系的——首先就转向了地中海沿岸。但是，其结果却让人大失所望。

不过，1915 年 5 月意大利同奥匈开战算得上是一场表面看来颇为辉煌的胜利。但是，意奥战线位于阿尔卑斯山区和卡尔索高原，这种地形十分不利于展开大规模军事行动。而且，意大利的参战造成了一种很快就大大变味的局面：此后大部分参战的协约国对战争其实没有生死攸关的利益，它们也没有倾尽全力、以全部的热情投入战争。

但更大的梦想是重组反对中欧各帝国的巴尔干大联盟，这个联盟曾在 1912 年反对土耳其人的斗争中出现过。1914 年 11 月，巴尔干各民族的大敌土耳其站在德国一边参战，随后这种梦想便更为强烈了。其实，英国的考虑有点不同：它不太在意俄国人在巴尔干占便宜，相反它一心要把土耳其人排除出苏伊士运河、红海、波斯湾、特别是帝国大道。但是，巴尔干各国更加关心它们的地方性争吵，而不是全面战争，同时，它们也十分注意避免走入一条危险路线，除非能得到西方大国军队的支持。但是，派兵前往巴尔干，会分散西线的宝贵兵力，并使远征军及其补给线暴露在海上风险及奥地利舰队的攻击之下。有个办法看来可以排除困难：以一次纯粹的海军行动进攻土耳其帝国的心脏君士坦丁堡：此举还有一个附带的好处，即同俄国盟友建立远为方便的联系。但这需要突破达达尼尔海峡，这条海峡十分狭长，两岸是陡峭的山崖，因此地形十分有利于防御。海上进攻失败了；当时还以地面部队登陆作为支持，但登陆部队毫无进展，损失惨重。最后，为了援救绝望中的塞尔维亚人，得到增援的达达尼尔远征军转移到了在希腊萨洛尼卡的基地。但在那里，失望接踵而至：希腊最终拒绝参加战争，驻扎在萨洛尼卡的协约国军队陷在一个几乎没有交通路线的山区，无法支持塞尔维亚人，后者走投无路，只得从另一个方向作一次悲惨的撤退。人们曾对罗马尼亚的支持寄予厚望，但这个国家 1915 年还没有加入协约国一边参战，而保加利亚却宣布支持德国，虽然为了取得它的支持，协约国曾付出了很多努力。唯一的安慰是——但全然是消极性的——萨洛尼卡的驻军还没有被赶下大海：地形的不便、特别是缺少足够的运输工具对德奥军队造成的麻烦不亚于它们的对手，而保加利亚人在摆脱了他们的邻居和敌人塞尔维亚人之后，也没有多大热情去进攻那些遥远的大国。

德国人和奥地利人可以利用内陆线路运送部队，这是他们对于敌军的优势；此外，它们此前就发现了一个运动战的开阔战场，这就是
在辽阔的波兰平原上进攻俄国人，它们在 1915 年取得了即使不是决定 805
性的、至少也是重大的胜利。

堑壕战

因此，协约国所能采取的一切钳制行动实际上都遇到了几乎无法克服的障碍。霞飞的看法是对的：只有在西线才能取得军事上的决定权。但西线出现了全新的难题，这些难题不仅是军事理论始料未及的，人们在思想上和物质上也都没有做好准备。堑壕战及其战术方法并非全新的东西：且不提日俄战争的先例，甚至不必提美国南北战争，实际上，利用堑壕、交通壕、迫击炮和地雷进行攻守，在几个世纪前的堡垒攻击战中就已是人们所常用的战术了。但新的情况是，这种堑壕战被运用到绵延几百公里的战线上。困难主要不在于防线坚固、难以突破，而在于它的弹性：一条堑壕被占领后，几百米之外就会建起（或重建起）另一条堑壕。

突破行动总是反复进行，但从来没有恢复开阔地带的运动战。造成这些不可解决之难题的不是战术，而是陷入混乱的战略。

那么，当时法国军事前途的负责人——首先是霞飞——如何计划取得最后的胜利呢？他们并不怀疑会取得胜利，因为他们深信，协约国——法国、英国和俄国——的资源要胜过德国和奥匈。但是还须动员这些资源，就是说，要给数不清的俄国士兵提供像样的装备，并促使英国下决心组建一支与其实力相称的地面部队；英国军队的作用确实在增强，但进展缓慢，直到 1916 年英国才确立义务兵役制。另一项长期性工作是要为部队提供新装备和必要的弹药，以便粉碎防御组织，而防御自身也在不断改进之中。

这些因素难道不就是引出一个等待战略么？福熙和贝当这两位禀性大相径庭的将领都是这么想的。但霞飞的看法不同，而他最愿意倾听的军事顾问——“青年土耳其人”则更加不这么想。霞飞起先倾向于低估新的防御战术的力量和敌军的抵抗能力；在这一点上，他与普遍的看法是一致的，这种普遍看法长期认为这将是一场短期战争。在霞飞及其亲信看来，进攻具有不可取代的精神价值，而且重新开始运动战和军事调动极为容易，这样的战争才是最自然的。需要补充的是，1915 年，法国有责任援助受到德奥进攻威胁的俄国：1914 年，俄国人未等到军队准备就绪便发动进攻，它的努力使法国人得以取得马恩河战役的胜利，也就是说拯救了法国。

1915 年的攻势

但是，要想重开地面运动战，怎样才能突破战线并随后展开战斗呢？在这个问题上，霞飞的观念看来基本是经验式的：通过连续不断、持续扩大的攻击，可以指望解决这个难题。在此，我们可以再次发现这位法军统帅 1914 年时的思想状态的延续，当时，他热衷于进攻，但同时又因为必须尊重比利时的中立而首先受累于敌军的战略计划：此后，他决心将战术性进攻转变为战略行动。此外，战线基本是敌军于 1914 年秋选定的，法军通常处于不利的位置，这就使得有限的“矫
806 正”行动总是会有很多理由。在实战层次上，人们逐渐认识到，要攻占支离破碎的堑壕和“观察所”已经是不可能的了，因为航空、伪装和部队掩藏技术的不断发展使得这样的行动越来越不切实际。最后发展出了对敌军的“啃咬”战术，它对法军造成的损失尤其大。在 1915 年的战斗中，法军战死 34.9 万人，即每月死亡 2.9 万，而 1916 年和 1918 年每月战死人数为 2.1 万，但一些可怕的战役发生在这两年。

因此，法国方面在 1915 年尝试过很多次进攻。其中在阿图瓦的一次攻势看起来大有前途，因为它靠近下加莱的产煤带，对于一场消耗战来说，此地可谓意义重大。但在霞飞看来，这次战役始终是辅助性的。这位法军将领主要着眼于——与其运动战观念一致——交通线，

首先是梅斯-伊尔松-梅奇埃尔的“战略大道”。为了夺取梅奇埃尔，他于2月、9月和10月为突破香槟地区的防线而发动猛烈进攻，但是，该地区的地形十分有利于防御。数十万伤亡换来的是微不足道的领土和毫无战略意义的胜利：德军对俄国的压力并没有因此而明显削弱。

1916年：疲惫之后的平衡

霞飞从这些经历中吸取了一些教训：必须联合——或至少在时间上要协调——协约国军队在不同的战线上发起进攻；为此，他得到了意大利人和俄国人的许诺，但随后的成效却不一样：当意大利人还在伊崇左河畔原地踏步的时候，勃鲁西洛夫在加利西亚的攻势则成为俄军在这场大战中最辉煌的一页。

霞飞得出的第二个教训是：不事先消耗敌军就无法实现突破；为完成这一预备性任务，霞飞起初指望英军，因为它的力量开始增强，最后可以与法军一起发动联合进攻；双方的第一次联合行动是索姆河战役。第三个教训是：霞飞同意检验一下福熙的新战略思想：进攻不必是不顾一切的、多少带有一点突然性的大规模冲锋，也可以是进展缓慢、逐渐推进、每次行动皆以密集而长时间的炮火支援为先导的方式；换言之，消耗战的理念开始不知不觉地占据上风。而7月发动的索姆河战役是法英部队自马恩河战役以来取得的首次大捷。

但是，自2月以来，德军已经对凡尔登发动了一场战役，在德军统帅法金汉看来，这场战役应该是对消耗战理论的完美运用，直至达成最后的结局。但实际上，法金汉认为，占领凡尔登并不那么重要，并不是非得迫使法军宁愿葬身炮火之下也不肯撤退、以保全这个无论从士气和策略上说都必须牢牢守住的地方。但德军的战地指挥官科诺贝尔斯道夫可能误解了其上司的意图，试图攻占凡尔登，以至于德军也遭受十分惨重的损失。而法军的抵抗成了一个英雄主义和坚韧意志的楷模，它震惊了当时的整个世界，并使凡尔登的名字长期具有象征意义。不过，如果时光倒流，我们可以反思一下，法金汉的计划是否像人们长期认为的那样颇为糟糕？而法国政治当局虽然在 1914 年如此正确地作出保卫巴黎的决定，但 1916 年它比某些军事理论家还更看重凡尔登的做法是否正确？因为如果从人口状况来考虑，法国远比德国更无法承受如此严峻的消耗战。凡尔登战役之后，法国的自信及对其
807 首脑的信心——即便不包括它胜利的意志——开始出现明显的动摇征兆：物质和精神上的消耗实在太大了。

后方

不过在 1914 年夏，观察家、特别是熟悉最近的历史的人们感到惊奇的是，法国是带着举国一致的巨大热情投入战争的。人们所称的"神圣团结"，其意义不仅是、而且不主要是政府基础的扩大，虽然政府于 1914 年 8 月 26 日进行了完全偏向于左派的改组，两个社会党人由此入阁。毋宁说，这个事实清楚地表明，所有持不同政治立场的法国人都万众一心，投入了为祖国服务的事业中。无论是被共和制度打败的人、受政教分离法伤害的天主教徒，还是试图与民族主义合而为一的君主派、甚至是奥尔良和波拿巴家族的贵胄们，都毫不迟疑地要求为国效劳。战争开始时，国际主义与和平主义的极左派几乎没有什么发展。这种思想团结也反映在内阁的稳定上：维维亚尼内阁几经改组后一直维持到 1915 年 10 月 29 日被白里安内阁取代。但这无关紧要。因为民族的信心和国家命运的主要责任系于霞飞将军身上。在战争的头几个月，当运动战开始时，这个事实实际上难以避免。当战线稳定下来、公共权力机构的运转几乎恢复正常之后，这一事实也没有多少变化；尤其是当议会于 1915 年 1 月不间断工作之后，情况更是如此。这并非是合理而必要的权责分配的结果："领导战争"是政府的职责，而"指挥战争行动"是最高军事长官——但他并不总是具有总司令的头衔——的专门职责，但这种区分基本是字面意义上的。如果说霞飞从来不能容忍文官机构干涉军事计划的话，他在尚蒂伊组建的参谋部则在不断膨胀，并毫不犹豫地干预经济战和封锁战及战时工业，甚至干涉外交（名曰"对外行动的舞台"）。如果说曾出现过一些政治

集团——当然主要以某些将军为核心，如加利埃尼及随后的萨拉伊，但它们并未真正动摇霞飞的权威，可以说，他个人支配了整个前半段的战争。

信心产生的原因

要解释这种坚定而持久的信心，首先应追溯到战争爆发之初：法国以自己的热情显示了它的自信及其信念的理由所在。在内心深处，也许法国对自己的力量不太自信，不过在一个月的考验过后，它也许还远没有陷入绝望和恐慌；正因为如此，马恩河战役的胜利——一次相当明显的军事成就，但完全不具备决定性——被欢呼为一个“奇迹”。而霞飞则赢得了长期稳定的声望，这是他应得的，不管怎样，他是战役的指挥者。随着战争一周又一周地迁延下去，霞飞崇拜也进入了民众的想象空间。由于霞飞的外在表现、他的风度、他过去的经历都不会引起任何政治上的麻烦，因而他赢得崇高地位就更容易了；人们知道，他不是“教士反动”的代理人，而且谁也不会想象这样一个举止平和的老好人会是个军事独裁者。

但对这种信任的性质不要有错误的认识；它并非1940年英国给予丘吉尔的那种信任，丘吉尔在表达战斗到底的决心时，也告知英国人将会有漫长的考验。而1914年的法国仍相信战争将为时短暂，虽然战线已陷于胶着。很多军事领导人——某种程度上包括霞飞本人——经常不断鼓起热情，指望下一次进攻取得突破、甚至是最后的胜利。文官领导人——虽然他们有时私下里表现出一些疑虑——同样从这种短 808
期战争的观点着手工作。经济动员的缓慢和财政措施的临时性都表明了这一点。直到1915年10月16日才颁布法律授权征调某些物资，而且征调仅限于小麦和煤炭，1916年4月20日才扩展到其他产品。战争的财政支持工作尤其受到批评；没有采取任何新的税收政策来应付新的需求；人们首先是求助于短期国库券的应急措施，接着又于1915年发行年限不超过10年的公债，而这些公债将在1925年以后带来大麻烦。直到1915年11月，政府才以永久公债的形式举借第一笔战争贷款。1916年5月18提出了第一个关于新税收的方案，但这些新税实在微不足道，而且方案直到 1917 年 7 月 31 日才生效，而在法国人看来，这时战争已经进入了一个新阶段，我们也会看到这一点。

混淆视听和出版审查

每当一个社会处于神经紧张状态时，真相就会经人们的口耳相传而变形，于是，传说也就应运而生。换言之，我们应知道，“混淆视听”起初是并且首先是个自发性现象。它在两种方向上发挥作用：在战争初期，最微不足道的胜利也会被放大，敌人的力量被低估，轻松而辉煌的胜利唾手可得——这种想法本身的矛盾无关紧要。但随着战争的拖延和困难的增多，灰心泄气的情绪可能会像战争热情那样迅速蔓延。此外，这里牵涉的不仅仅是暂时性现象，因为人类并不是绝对自然天成地具有客观态度。既有战争带来的“混淆视听”，也有针对战争本身的“混淆视听”。对于关乎这场战争的浩瀚文献，让·诺尔顿·克吕算得上是苛刻而明察秋毫的批评家，他曾指责多热莱斯和巴比塞强烈地渲染了他们的见闻——这与他们那些著名的先驱者如出一辙。因此，如果说“混淆视听”是 1914—1918 年大战中的一个典型现象，那是由于战争持续的时间使然，漫长的战争把最初的自发现象变成了司空见惯的、几乎是制度化的现象；而“后方”和“前方”逐步增大的心理错位也是原因之一；主要为满足后方需求而创作出来的文献最后在前方战士看来难以容忍，他们认为，那些文字中描述的战争与他们从事的战争不再有任何联系了。

要理解法国的出版审查行为，就必须看到始终存在于人们头脑中的这类现象。对军事消息实行监控的必要性并不是没有任何疑虑：在美国南北战争和 1870 年的战争中，一些战役的失败仅仅是因为敌方能看到报纸，这样的例子不胜枚举。但在法国，出版审查的权限要宽泛得多：“出版审查机关应取缔一切可能令民意骚动或削弱军队及公众士气之物。”“士气”成为优先考虑的问题：法国人民被认为很容易气馁，就像它很容易热情高涨一样，因此人们系统地向它掩盖了那些不好的消息。但这还不是全部：当情况转坏时，民意会马上责怪现存制度，而后者在法国从来就不是无可置疑的；然而，一场重大的政治危机可能意味着战争的失利。但是另一方面，政治家又经常无节制地运用手中的便利扼杀那些恼人的批评。另外，心理战——今天我们已经完全认识到了它的重大意义——需要深奥而高超的技巧，不过此刻的心理战尚处于童年。出版审查由于那些很容易避免的笨拙措施而显得荒唐可笑，而当一个长期被完全隐瞒的真相突然曝光时，恐慌的风险会更为加剧。对于当时显得有点天真的做法进行事后批评固然是很容 809
易的事情，但我们不应该忘记，信心始终是胜利的首要因素。

信心的动摇

老实说，战争初年霞飞背负的如此广泛的信赖从来不意味着民意及其天然代表者是被动的。1914 年底，主题为“大炮！弹药!”的舆论攻势反映了这个民族试图积极配合战争、不愿把自己的命运完全交给军队的意志。但这场运动所支持的只是霞飞的要求，它暗含的批评完全针对民事当局，后者被怀疑没有很好地履行部队补给者的角色。

另一方面，不断有人提出要求说，议会应确立某种对军队的监督权，这些要求看来是直接针对那位军事统帅的。霞飞对这种压力进行了有力的抵制：若允许议会调查士兵，则士兵有可能形成自己的看法，他们的抱怨也就不再按级别层层传递，在他看来这是毁坏军纪。当然也不可夸大议会的要求的实际意义，不要被那个试图唤起 1793 年的“特派代表”之记忆的词汇所迷惑：崇尚大革命的语言是第三共和国的一个传统，尽管有时这种语言崇拜采取的是最明智的形式。议会只是想与民事机构一道履行自己作为选民（包括穿军服的选民）代表的使命。虽然这样的做法会产生很多摩擦，但还不至于动摇对统帅的全面信任，因为另一些深刻的原因并不会损害和摧毁对他的信任。

第一个原因就是战争的延续。它带来的不仅是幻灭、与日俱增的阵亡所带来的悲伤痛苦和逐渐开始的节衣缩食的岁月，还有更为棘手的麻烦。随着战事年深日久，“前线”和后方形成了两种不同的生活方式，也出现了两种不同的心态。“后方”好歹恢复了接近于正常状态的生活，这让休假的军人十分震惊。在前线，人们也习惯了特殊的处境，士兵们都将有一种不可交流的共同经历，这其中甚至包括那些

“从前的军人”；所有关于战争的小说和叙事作品都将对这些隔阂给出具体的说明，而这种隔阂还在不断扩大。无论是前方还是后方，越是习惯于战争，就越看不到战争的尽头、特别是看不到最后的胜利。

当1915年10月29日维维亚尼内阁下野时，米勒兰也失去了战争部长的职位，可以认为这是对法军统帅的第一次警告：米勒兰之所以受到批评，主要原因据说是因为他一味袒护霞飞，而不是监督后者。不过，在米勒兰的后继者加利埃尼及罗克当政期间，霞飞的地位并没有受到严重损害。我们可以说，各种潜在的焦虑和疑惑是围绕凡尔登而激化起来的。

还在德国人对凡尔登发动进攻之前，很多传言即让人预感到这次攻击的到来。但法军统帅认为，这只是诸多可能性当中的一种，他也认为这些情报是有依据的，但是它们也提醒他在其他方面保持警惕。但是，德国人对于自己的意图不像以往那样的谨慎，也许是故意这样做，政治界的注意力也被吸引到凡尔登。有传言说，凡尔登疏于防范，虽然各方面都传来了警报。怎样解释这一疏漏呢？在这个问题上，我们不能回避霞飞自己的解释，否则就不会得出正确的看法。他认为，到1915年，重炮部队在堑壕战中起着显而易见的决定性作用。但在这
810 方面装备不足的法军不能等着制造新装备：应该利用现有条件，特别是利用像凡尔登这样的工事坚固的阵地；同样，堡垒和堡垒的防御战术也得重新审视，因为战争现在是在连续的战线上展开的。当凡尔登正在按照这种新思维重新组织防御时，德军的攻势开始了。但是，霞飞大概不会认为，这样的解释可以安抚当时的文官们。于是，时至今日，他一直背负着缺乏远见、疏忽大意之类的指责。此外，霞飞没有理解法金汉的想法，后者之所以以一个标志性地点为核心发动消耗战，目标是粉碎法国人民的抵抗力量，而不仅仅是法国军队的抵抗。

但是，如果说从军事意义上看，凡尔登战役以法国无可置疑的胜利告终的话，那么从政治上说，法金汉的估算并非那么失败。因为，为了保卫凡尔登，法国人几乎竭尽全力，在这场战役中，法国人开始丧失自信及对其领袖们的信心。报道中首次提到军队士气下降。但还

有更明显的表征。在凡尔登战役之前，议会只以公开会议的形式议事，因而不可辩论军事指挥问题。1916 年 6 月 16 日，众议院第一次组成秘密委员会，以明确讨论凡尔登战役。此后这类秘密委员会不断增加（到 1917 年 10 月 16 日已达 8 个，不久参议院也开始效仿），而且很快就让“秘密”一词徒有虚名；于是知情圈子中的疑虑和不安传播到民众当中。1916 年底，甚至连白里安也决心采取一个尚无先例的行动来牺牲霞飞，虽然后者仍有很高的人气。但是，这个强有力的决策还是没有使白里安免于被推翻的命运，1917 年 3 月 19 日，他终于下野，从此，大战期间的内阁开始步入一个痛苦的不稳定时期。

当然，在此期间，单是对战争的厌倦就足以唤醒和平主义思潮，而物质生活的困难、物价的攀升则诱发了罢工运动的复兴。各交战国的一些工人代表在瑞士开会，1915 年 9 月，他们在齐美尔瓦尔德的人数还不多，但 1916 年 4 月后的昆塔尔会议的规模要大得多。1914 年没有发生罢工，但 1915 年有 98 起，1916 年有 314 起。对某些阶层来说，罢工只是表达某种远为广泛的不满情绪的一种方式。焦虑不仅限于极左派，在当局最为激烈的批判者当中还有克雷孟梭和塔迪厄。虽然有些焦虑者梦想着和平，但另一些人则呼吁更有力的战争领导。后一类人将占据上风。

尼维尔

霞飞的继任者是尼维尔，这位将军不久前还默默无闻，但他的晋升出奇的快，这显然与政治上的考量不无关系：政治因素也是排除其最明显的竞争对手福熙和贝当的重要原因。不过，尼维尔本人很是能满足当时人们心中越来越缺少耐心的期待。像霞飞一样，尼维尔也属于“进攻”学派，不过霞飞隐秘而谨慎，尽可能不让别人、特别是文官知道他的意图，但尼维尔却以宏大的见解来刺激人们的想象力，并且激起了快速结束战争的希望。但是，尼维尔还没有军事业绩来证明某种不容置辩的信心，所以，他必须不停地向别人论证、也就是与别人争论自己的计划：不仅与英国人——其作用日益重要——争论，也与法国政府和他自己的部下争论。这种困难局面实际上就是导致他上台的气氛所造成的，而不久之后这位新总司令的冒险性想法又加剧了
811 困难，一系列的突发事件也发生了同样的效果，在当时，这些事件完全改变了战争的基本态势。

尼维尔试图解决此前众多优秀军事人才都未成功的突破战线问题，可以毫不夸张地说，他的主要注意力都集中在如何利用和拓展最初的胜利成果上，而此前人们总是忽略了这个问题。当然，这并不是说拓展战果的难题已经在理论上得到解决：尤其是，重开运动战所必须的大规模军事调动实际上还没有完成。特别重要的是，尼维尔过于相信自己在夺回凡尔登的交通壕时的那种便当，但当时已是一场漫长的消耗战的尾声，那场战役已经打乱了地形，并彻底摧毁了整个防御组织。霞飞在规划 1917 年在索姆河地区的重大攻势时曾考虑到这种战术上的便当，那场攻势本是作为 1916 年诸次战役的后续的；但是尼维尔反对这次行动，因为敌军已经把预备部队、尤其是重炮兵集中在该地区；因此只能在那里进行一系列连续性的、分梯队的攻击，但无法取得决定性胜利。因此，尼维尔几乎没有对阿图瓦地区的英军的任务作任何修改，同时把主攻目标转移到“贵妇之路”[1] 那些可怕的防御阵地上（人们以为这个地区相对平静），目的在于从这里攻击索姆河一线德军主力的侧翼。为了切断贵妇之路的战线，尼维尔并没有设想出任何新颖的战术：他明显寄希望于进攻的突然性。但是，由于对这个即将到来的大攻势之创意的吹捧和宣传，保密的原则愈加难以遵守，因而也就更难以取得突然性的效果。

德国人也首次采取了令人瞩目的预防措施：他们的战线立即在努瓦永附近来了一个九十度转折，而这条战线自 1914 年秋之后一直是巴黎最直接的威胁。德军这样做首先是为了节省一线部队，为此德军统帅已经决定作出这样的牺牲，这也很好地表明，德军的消耗已经到了很严重的程度。另外，在 1917 年初，德国已不再准备发动地面攻势，

① “贵妇之路”是埃纳省一条东西向公路，一译“夫人之路”。

它把最后的希望寄托在无限制潜艇战上。在协约国，那些期望战争迅速结束的人已不完全是在镜花水月了。但与此同时，德国人的收缩打乱了尼维尔的计划：预计在索姆河发动的决战前消耗敌军的攻势落空了；而从一个被撤退中的德军系统地摧毁的地带进攻新的阵地则可能十分困难。

还有一个远为重要的新情况——它与西线的军事问题毫无关系——也证明了政府的担忧和对军事行动日益紧迫的干涉的正当性。3月份的俄国革命很快就导致俄国战线的崩溃，一度有过的幻想也归于破灭。但是，1917 年的攻势是在一个联合行动——如果还不能说是协调行动——的框架下拟定的，至少法、英、俄三国之间存在长期的合作。但现在怎么办？这个进攻计划象征着一个已经厌倦于等待的国家的希望，全盘抛弃它、连试都不试一下么？政府和尼维尔一样拿不定主意。

贵妇之路的攻势虽然因恶劣的天气而推迟，但还是于 4 月 16 日开始了。即使从最乐观的角度去看，我们也可以说，这次攻势只取得了一些代价十分沉重的局部成功，它与 1915 年香槟地区的攻势颇为相似。不过 1917 年的心理状态已经大为不同，很多人很快就认为这是一场严重的失败，更何况此前的期望还更为远大。5 月 15 日后，尼维尔失去了最高指挥权。

贝当与长期战争 812

尼维尔被与其意见相反的人取代。实际上，贝当是当时最坚定的军事防御理论的拥护者，他之所以被任命，不仅是因为他的见解与新任战争部长潘勒韦①一致，也反映了领导集团的茫然，所以它才会在几天之内从一个极端走向另一个极端。

但实际地说，贝当并不认为单纯的防御可以赢得战争。他的一个重大的新颖见解是，炮火的威力胜过运动战的力量，只有火力上占优

① 一译班乐卫。

才能确保有效的运动战："炮兵征服土地，步兵占领土地。"但是这种战术理念实际上排除了连续进攻的战略，而后者此前一直是主流，但它给法军造成的损失却是这支军队所不能无限承受下去的。贝当认为，要想进攻，就得等待在资源上——特别是火力上——占据对敌军无可争辩的优势之时。

不久，这种观望战略还因一场震动军队的重大危机而成为必要，这就是1917年5—6月的"兵变"，它发生在尼维尔大攻势地带的后方：贵妇之路和香槟地区。最近的研究使我们可以看清兵变的性质：它不是一次有组织的行动，和平主义的宣传也只起了次要的作用；兵变首先是身心疲惫的士兵的自发表现——他们在三年的努力和折磨之后还看不到明确的结果，兵变采取的形式不像是一场"堑壕罢工"，更像是"进攻罢工"，像一场对准备糟糕、损伤元气、血腥而又徒劳的攻势的抗议。贝当没有采取极端的严厉措施便恢复了军纪，他首先要求各级军官关照士兵的物质状况。部队平息下来后，他又以几次有限的攻势重建了部队的信心，而在这些进攻行动中，正如他主张的，进攻方拥有压倒性的火力优势：拉马尔梅松战役（10月23—26日）最终确保法军占领了贵妇之路的全部阵地。

不过，此后的战略整体而言是观望战略，如果不是某些重大局势使其可以实施下去的话，那么这种战略可能是不可想象的。1917年初，德国人发动了无限制潜艇战，其目标是要让英国在六个月内屈服；不过一段危险期过去之后，这种战争从5月份开始减弱，它的最后失败看来大有可能。更为重要的是，潜艇战最终导致了美国的参战，而且美国决心全力投入战争，这与起初很多人的看法相反。但是美国需要一点一滴地创建整支军队，所以直到1918年夏它才能组建起规模可观的部队；不过另一方面，人们估计美国将会在1919年确保协约国在军队数量上占据无可争辩的决定性优势。在那么多令人失望的攻势之后，"等着美国人"的想法当然很在理了。但这个想法中也有某种下赌注的风险意味：因为在此期间，俄国战线受到国内革命的动摇，越来越表现出瓦解的迹象。因此贝当只能这样推想：任何来自西线的努力都不能拯救摇摇欲坠的俄国战线；当然，与此同时，德国人可以从东线抽调部队来增强西线，但是德军在美国人到来之前将不能取得决定性的胜利。现在回过头来看，这些判断都是有道理的，但当时的人们觉得这些都远非显而易见。

由于战争迁延日久，经济动员措施也显得更为系统化，而此前的措施还没有总体计划，总是在紧迫的局势下尽量拖延。当然，很早以前就 813
应该临时创建整套的战时工业体系，以便制造新式武器，甚或满足突发性的军用需求；为此人们广泛使用了妇女劳动力，让她们完全在通常的生产领域之外劳动；妇女不仅在田间取代了男子，而且很早就成为了纺织工人，现在又充任冶金工人。但是，向非生产部门发放工资以及消费品的稀缺导致物价上涨，对此当局几乎束手无策。1917 年 8 月 3 日的法律扩大了政府的征调权和征税权。但是，如果没有配套政策的话，这样的措施注定毫无效果，而配套政策就是对需求进行系统有序的限制，换言之就是实行配给制，但法国人会习惯性地反抗这一制度。于是在几经踌躇和拖延之后，人们采取了一些权宜之计：比如对饭馆的菜单进行限制。接着又设立了糖卡、面包卡（1917 年 11 月在大城市实行，次年 1 月推行到全国）。直到 1918 年 4 月，配给制度才推广到其他食品上。

另一个领域的另一个事实也反映了同样的思想倾向：1917 年 12 月 23 日，众议院和参议院任期延长；这就意味着，直到这时为止，人们还不敢正式承认战争不会在正常的选举日期到来之时结束。

克雷孟梭与胜利意志

在军队出现士气危机几个月后，政治危机也进入了最剧烈的阶段。原因都是一样的：厌倦战争，丧失了胜利的信心。但政治危机既远为深刻，同时也更为复杂，因为俄国革命造成的难题、对手之间的秘密交易以及战争的目标问题都纠缠在一起，几乎理不清头绪。当然，我们这里不能论述这些问题的外交和国际方面，因为这需要作过于宽泛的展开，我们将一如既往地局限于纯粹的法国视角。

危机最明显的表现是社会党的立场。1914 年后，社会党不仅参加了国防工作，而且加入了政府。然而，在俄国人的鼓动下，1917年5月，社会党国际在斯德哥尔摩召开了一次大会；各敌对国家的代表可以与会，会议当然是谈论和平问题。像其他交战国一样，法国政府也拒绝给社会党代表发放去斯德哥尔摩的护照。这件事，再加上因工资和价格形势而引发的真正意义上的社会骚动，逐渐使社会党转入了反对派。9月，社会党首次拒绝加入潘勒韦的新内阁，虽然后者有明显的左派色彩。

但战时政府遭遇的最严重的困难还不是这个：因为社会党尽管地位重要，但它已经明显脱离了这个国家的其他民众。相反，灰心气馁的“失败主义”（这个术语指的不是盼望失败，而是认为很有可能失败）、对妥协后的和平的渴望之情在民众当中广泛蔓延。这类新出现的情绪有可能成为主流，因为它们体现在一个显赫人物的身上，此人有可能掌权，这就是前总理约瑟夫·卡约。

无论是从出身、气质还是从其内心和大部分思想观念来说，卡约都不是左派。但是，战争爆发前不久，他开始成为潜在的左派领袖人物，之所以如此，可归因于他在两个特殊问题上的立场：作为收入税的专家，他被视为“进步主义”的财务官；作为对德和解的支持者，他又与饶勒斯及其门徒不谋而合。不过他对德和解的愿望之中还有尖刻的反英情绪，这可以说是维希体制的先声。因此，战争爆发后，这
814 样一个人物受到德国特工的特别注意并不令人奇怪，再加上他爱冒险的个性、言辞甚至行动上的轻浮，所以注定有很多痕迹可使他受到通敌的控告。但实际上，这件事与其说是个人事件，还不如说是个重大的政治问题。众议院当然很清楚，这件事提供了一个作出抉择的机会，它可以通过公开投票来推翻潘勒韦内阁；这次投票像往常一样行事谨慎，它是为一个纯属次要的事件而进行的。

共和国总统召乔治·克雷孟梭组阁，众议院以压倒多数批准了总统的决定（1917年11月20日），此举决定了法国政治的走向，并使胜利成为可能。克雷孟梭本人就是雅各宾共和国的化身。他毫无保留地赞成人民主权理念，并把这种学说推向了合乎逻辑的结论：坚定不移的爱国主义。但这并不意味着他主张民事权力应屈服于军事将领的

权力：当初他在德雷福斯案件中的坚定斗争已经证明他并不想这样；担任总理之后，他便能更好地确立其对于军队的权威，因为军队也知道，克雷孟梭无法接受失败主义，他十分清楚自己的责任，完全能庇护自己穿军服的部下免受来自议会的批评和攻击：各秘密委员会的撤销已明确显示，危机和政治动荡的时代结束了。另一方面，克雷孟梭并不是糟糕的传言里的那种人，他的头脑要灵活得多，性格也更为温和；对于将领，甚至对那些他抱有成见的将领，他都能作出公正的评价，同时他还力图同堑壕里的“小毛兵”进行直接交流。

克雷孟梭政府的第一个举措自然是争取众议院批准对卡约的起诉，而这就要求剥夺后者作为议员的豁免权。几乎与此同时，另一个政治事件也走向了司法解决的道路，这就是马尔维案件。不过马尔维案件很不一样：与卡约不同，马尔维不是某种鲜明的政策和纲领的象征，而是法国议会通常受人指责的轻浮放任作风的典型代表。此人自战争爆发到 1917 年 8 月 31 日一直担任内政部长，他一度是尼维尔的支持者，但与贝当这位谨慎而偶尔带有悲观主义色彩的将军的关系却很紧张：这清楚地表明，“失败主义”是一种很含糊的说法，它包含很多不同的思想状态。马尔维之所以受指责——克雷孟梭成了这场抨击运动中的明星——主要是因为他在镇压众多叛国案件及和平主义阴谋方面行动迟缓，玩忽职守。

为反对上述阴谋，特别是反对 1917 年迅速蔓延的灰心气馁情绪，克雷孟梭以其全部的信念和意志的力量表现出了将战争进行到底的决心。如果他的对手、特别是卡约占据上风的话，处在那一刻的法国可能发生一场士气和政治上的大崩溃，届时德军统帅部可能会强加一个保留德军战果的和约。不过，内部崩溃的风险虽然被排除了，军事难题依然毫无进展。

福熙和指挥权问题

意大利战线崩溃于卡波雷托战役，甚至在此之前人们就几乎可以确定，德国将利用俄国崩溃的有利时机，赶在对手因美军的到来而形

815 成压倒优势之前在西线夺取决定性胜利。为准备最后的战斗，首要的问题之一就是实现各协约国军队指挥权的联合：包括法军、英军、比军和随后到来的美军。在我们看来，这个问题是如此显而易见，以致我们难以理解：为何这个问题争论了好几个月，而且争论几乎徒劳无功，为何它直到 1918 年 3 月才在迫在眉睫的危险的逼迫下得到解决。

这是因为，这个问题实际上牵涉极端的复杂性和严重性。联合指挥权不仅与几个实力几乎相等但想法肯定不同的大国有关，而且会挑战各国民事权威至上的原则。在法国，1915 年以来的全部政治努力都倾向于结束霞飞将军事实上的独裁，克雷孟梭既过于专断又过于民主，以致难以由衷地接受重建类似的军事权威的计划。更何况，一个同时隶属于各国政府的总司令，可能仅仅以效率的理由就可以摆脱所有政府的监督。因此，人们也可指责克雷孟梭丝毫没有急于解决统一指挥权问题。

不过，劳合·乔治很不信任英军将领，这就减弱了他让将军们服从某个法国人时的反感情绪。至于英国的将军们，他们很是赞赏福熙的人格，他们知道，在极端危险的时刻，福熙曾赶来支援他们，而且行动远比贝当等人坚决得多。于是，这就可以解释下述现象：当英法军队在德军攻势的压力下面临被切断的时刻，英国人建议由福熙协调协约国军队的行动；面对严峻的局势，克雷孟梭也表示赞同。

因此，联合指挥权的出现与其说是某种逻辑发展的结果，还不如说是局势的产物。不过，它从未有过人们曾试图赋予它的影响力。福熙虽然怀着急不可耐的热情，但他能做的只是劝说各协约国将领，而不是对他们行使真正意义上的军事指挥。而且，他只能在不过分远离广泛认可的观念的条件下才能劝说成功，这就意味着，他事实上不可能在战略和战术上有天才的创新。

德军的最后努力

与之相反，德军统帅部不得不尝试新的作战方式：因为德军必须在美军大部队到来之前的几个月、也就是在可能拥有一定优势的几个月内取得决定性的胜利；这不仅要求突破敌军防线，而且必须充分利用突破的战果，以便重新在开阔地带展开运动战。然而，这场新战争的物质资源上的优势当时已在协约国手中：协约国实际上掌握着空中优势，并几乎垄断了所有坦克。而另一方面，由于从东线调来了部队，德军又组成了一支习惯于运动战和大开大合的调动的步兵和军官队伍。有了这张王牌，德军统帅部认真发展了当初尼维尔只能梦想而已的战术。这种战术首先是实行纵深突破，一直推进到前面没有有组织的防御体系的地方；为此，应集中攻击有限的阵地，并寻求真正的突袭效果：这就要求把炮兵准备缩短为几个小时，因而，炮兵也就不可能摧毁对方的防御工事，而仅仅是以毒气弹暂时压制守军。当这样的狭窄走廊形成之后，精于野战行动的精锐部队将快速通过，部队达到开阔地带后向各个方向铺开：这就是曾在里加和卡波雷托实践过的“扇形”展开。如果对方重建起防御堡垒，则不必费力去削平之：可以选择其他通道。这样的攻势没有事先严格限定的战略目标；毋宁说，关键在 816
于充分利用随时出现的战机。

1918 年 3 月 21 日，按这种思路设计的攻势首次在索姆河地区展开：这里是法军和英军的结合部：显然，在这个地方最容易打开缺口，因为不同的指挥部下面的部队难以维持联系。最初的战果确实证明这种战术的卓越之处：缺口在法军和英军之间被打开，亚眠暴露在德军面前，英军第五集团军迅速溃散；我们就在这里看到了 1940 年战争中的情形，它不意味着有形的消灭战，而是由于对手过于迅猛的行动而导致部队措手不及进而完全瓦解，遭受攻击的部队一下子失去了参谋部、部队之间的联络以及给养，于是只能仓皇溃逃。

不过，最初几天的辉煌过后，德军的攻势放缓并最终停顿下来。“最后一刻”实现的联合指挥权消除了导致缺口出现的某种指挥管理上的原因。仓促赶来的法军预备部队几乎本能地重建起一条直线阵地。但另一方面，德军并没有将他们的新战术理念执行到底；他们过于依赖补给线，但补给线越来越长、越来越艰难；因此，推进最深的部队有遭受侧翼攻击和与基地隔离开的危险。实际上，德军尚不具备执行其战术理念的手段：他们的精英部队，即步兵和炮兵，其移动速度都不够快，不能充分利用仅仅敞开几个小时的突破口，尤其重要的是，这些部队的行动不够独立，它们无法向纵深推进而不担心其他方面——特别是后勤——能否跟得上。“扇形”突破最后的结果是形成了一个十分脆弱的巨型“口袋”。

德军于 4 月在佛兰德尔发动第二次攻势，这次行动主要利用协约国军队的困难，即后者不能迅速将预备部队调往战线的顶端，因为它们的铁路干线已经无法使用了。但是这个计划最终被挫败，战役很快仅限于对佛兰德尔“山丘”的进攻。

德军的第三次进攻发生在被视为天然强固、因而防御力量虚弱的地带：贵妇之路一带。攻势发起于 5 月 27 日，其成功超乎所有人的期望：德军第一天就推进了 20 公里；埃纳河和马恩河先后被突破。六天之内，德军开辟了一个宽 70 公里、深 50 公里的“口袋”。但德军需要再次依赖铁路枢纽苏瓦松；为使该地免受攻击，应该向西扩大口袋，而不是向南展开大规模的战略行动。法军已遭受严重损失，福熙也一度地位不保，只是因为克雷孟梭的努力及其在议会的巨大影响力，他才得以渡过难关。不过，这位法军统帅还是成功地重建起防线，尤其是加强了苏瓦松以西的防御堡垒，该堡垒也可以用作一个出色的反攻发起点。

此刻，德军已经取得十分辉煌的胜利，但没有赢得决定性成功，而且时间的流逝对它不利：部队不断消耗但看不到补充的希望，后方的士气日益受英国封锁的打击。一些德国领导人认为进行谈判更为明智；但是最高统帅还想作最后的一搏。

“通往胜利的计划”

及至 1918 年 7 月，力量对比关系就像人们预计的那样，已经不利于德国人了：德军共有 200 个师，而协约国达到或超过 210 个师。协约国物资上的优势更为明显：炮兵方面略占优势，空中优势明显，坦克则占压倒优势：不过，虽然坦克已经可以扭转严峻的局势，但还没

有产生一种充分运用坦克的理论，坦克根本没有革新协约国军队的 817
战术。

不过协约国此时已准备发起反攻；根据某些传言，攻势将在具有象征意义的7月14日发动；作战地点已经选好：苏瓦松附近的多米埃高地。但是，鲁登道夫于7月15日发起攻击，进攻地点在贵妇之路攻势中创建的口袋地区。鲁登道夫无疑希望在继续把握主动的同时迫使对手最终接受他的意志。如果他的对手仅仅是贝当的话，他有可能取得成功，贝当在德军最初的胜利面前曾准备取消计划中的反攻。但福熙的性格跟他不同：7月18日，反攻在德军口袋的西线全力展开，当晚局势就被扭转过来。

人们有时过分夸大了这次反攻的战果。德军侧翼遭受攻击，但没有被歼灭，德国人成功地撤退逃脱；配备坦克的协约国军队追击速度要比没有坦克的德军慢得多。

这是因为，整个协约国统帅部，包括福熙在内，都仍然固守着阵地战和消耗战的理念——这一点怎么强调都不为过，因为它事先就注定了1940年的灾难。从1918年8月到11月，福熙开始利用资源上的优势，他将动用这一优势来发动一系列攻势；但他从来没有设想过突破和展开，而总是限定于有限的目标之上：肃清交通线，削平对方战线的突出部。这种军事思想也反映到地图上：协约国战线的推进从来没有呈现过口袋形状。只是随着优势的扩大而进攻更为宽大的阵地：这正是1915年霞飞的想法。

那么胜利的到来为什么比人们期望的还要早呢？这并不是因为大量美军的到来造成的兵力上无可匹敌的压倒优势。这是因为，在经过长期的消耗战和1918年春的最后努力之后，德军在物质和精神方面实际上均已枯竭。8月8日的攻势发起后，德军统帅部开始担心部队会突然“爆裂”，这也是为什么德方突然催促提出停战的要求。但崩溃并没有发生；德军在步步后撤，当11月11日停战到来时，德军根本没有溃散。

鉴于德军没有战败并“从背后被捅了一刀”的传言造成的不良后

果，某些人事后曾抱怨停战来得太早，他们认为，停战协定至少应在法美军队对洛林的攻势发动之后再签订，这次攻势预定于几天后开始，人们以为它将切断德军的退路并包围歼灭之。但是，有什么理由让人相信这次攻势不同于此前的行动、并远比后者更具决定性呢？

但胜利还是奋力争取来的，它与德国的"革命阴谋"没有多大关系。当然，这是一次联合的胜利，虽然这里我们只是很间接地谈到了他们，但英国人和美国人为胜利所作的贡献不能低估。不过，如果考虑到法国的潜力，他所付出的努力远远超过其他任何一方。1918年的胜利理所当然首先是法国的胜利。

这首先是法国议会共和制度的胜利，这一制度的外表曾是那样虚弱，但在极端的危险中，它因其灵活性而显得惊人的强大；它在未经深刻改组的情况下应付了非同寻常的挑战。

从更为非理性的角度看，这也是一种相对落后的半手工业经济对当时名列前茅的工业经济的胜利。而且，法国在战争之初就失去了北
818 部和东部的主要基地，但它不仅为自己的军队、而且为其盟国的军队提供了最终优越于敌军的武器装备，这样一个国家何以能做到这一点？最终的巨大成果远比起初的滞后更让人吃惊。当时宏大的战争经济是如何创立起来的？在我们这个致力于经济史研究的时代，对这些问题的研究目前还远远不够。

最后，这也是一个在生活艺术上的声望要远高于在男子气概和斗争意识上的声望的民族的胜利。对运动感到恐惧、害怕穿堂风、披着法兰绒的法国人，他们怎能展现出忍受四年堑壕战而不倒下所必须的动物般的忍耐力呢？这曾让一个杰出的科学院院士感到惊奇。但我们不应忘记，对法国来说，1914—1918年的大战主要是农民的战争；首先是因为法国还是一个乡村占优势的国家，其次是因为很多城市居民被迁往后方以维持长期拖延的战争。"法兰西的狂暴"很久前就只是一个传说了，不过，一直到1940年时，堑壕战在法国人的头脑中仍是唯一可以想见的战争，它完全符合一个农民民族的状况和心态——农

民几个世纪以来就附着于土地，他们习惯于没完没了地为几阿尔庞[1]的土地争论不休，为地界问题弄得面红耳赤。从这个观点看，“大战”确实是一个为保卫其土地的民族所作出的终极努力。这样的努力将越来越困难，不是因为它不可匹敌，而是因为，对于一个经济和社会方面发生转变的法国来说，它越来越难以理解，随后的几章将会描述这个转变后的法国的面貌。

① arpent，法旧时土地面积单位，相当于20—50公亩。

819 # 第二十八章　两次世界大战之间

1919—1939 年，从胜利的幻觉到“奇怪的战争”

法国胜利了，它也深切地意识到自己是胜利者。1871 年的屈辱被一扫而空，阿尔萨斯和洛林得以收复。由于法国为战争作出了主要贡献，因此，所有人都觉得它是欧洲的头号军事强国；由于法国为公正和道义而战斗——它的盟友和它自己就是这样认为的——它觉得自己头上戴着所有古典崇高美德的光环。各种纪念和游行活动接连不断，演讲和致词不绝于耳；1919 年 7 月 14 日，当协约国军队的首脑们及各参战部队的代表走上香榭丽舍大街时，群众的兴奋达到了顶点。莫里斯·巴雷斯呼喊道：“福熙指挥着世间的所有军队。”在这“最后的一幕”中，法国的身份是胜利者。

实际上，这个可怜的国家高兴得过了头。那场规模罕见的动荡已经动摇了它的根基。在进行总结回顾时，难道不应该说这是一场皮洛士式的胜利[①]吗？

820 **战争的代价**

140 万人死亡或失踪，占法国劳动人口的 10%：除了塞尔维亚，

① 皮洛士（Pyrrhus）是古希腊伊庇鲁斯的国王，曾率军在意大利同罗马交战，付出惨重代价后取得胜利。皮洛士式的胜利即指代价惨重、得不偿失的胜利。

这个比例在各交战国中是最高的。但是，这还不是全部的损失：300万人受伤，其中75万成了残疾人，12.5万人被截肢。作为青壮劳力和潜在人口增殖者的年轻人损失尤其惨重。20到45岁（以1914年的年龄计算）的男子当中，10人当中有“两个阵亡，一个成了赡养的对象，三个需要一定时期的恢复”（乔治·杜波）①。还应该说说那些死亡者的身份。社会的各阶层都受到了打击，但是农民和自由职业者所受的损失比其他阶层受创更重。知识分子的损失尤为严重：入伍的小学教师有一半在战争中阵亡，巴黎高师和综合工科学校的毕业生死亡率也很高，且不说其中还包括了贝居伊、阿兰-福尔尼埃和阿波利奈尔。

实际情况或许更为严重：从1915年4月起，法国的人口出生率开始下降；在一战期间，法国少出生了170万人。1920—1921年间的人口复苏远不能弥补这一严重损失。

所有这些因素叠加在一起之后，将会在一段时期内产生连锁反应：因为140万阵亡的士兵中大多数是年轻人，所以1920年代法国的人口出生率将会下降；因为一战期间少出生了170万男女，所以到1934—1939年，当一战中的“低谷一代”处于生育年龄时，法国的出生率也会走低。

法国的经济也因为战争而遭受重创。土地荒芜，工厂被毁，矿井被淹，城市萧条：位于交战区和被占区的10个省的损失无疑是巨大的。法国的生产能力几乎削减了1/5，重建迫在眉睫。生产军需品的工厂也需要转产。不过，法国农业和工业的恢复相当迅速。

但财政状况并非如此，因为这场战争耗费惊人。为应付开支，国家可以采取增税、贷款以及增加通货流量等手段。政府选择了方便的做法：法国的公共债务从1913年的330亿法郎增加到1919年的2040亿法郎，流通货币从1913年的60亿法郎增加到1920年的380亿法郎。国家曾要求法国人奉献热血，但没有苛求他们的钱包，这无疑是

① 一译乔治·杜珀。

出于担忧：对于法国资产阶级来说，还有比财产更神圣的东西吗？

但是，国家不仅仅举借内债，还向外国（主要是美国）借了300亿法郎；法国同昔日盟友之间的关系也因为债务的偿还问题而恶化，这种局面一直持续到1932年。最后，法国在1914年前曾大量输出国内的资本、获取高额利润来平衡收支；但战争减少了国外债券投资的收益，因为战时的法国必须支付向国外的采购，而俄国和土耳其等债务国的新政权又不愿意承认前政府的债务。预算赤字，外贸逆差，通货增加：这是不可避免的后果，这种后果的名称是上个世纪的人们曾一度让人遗忘的——通货膨胀。

精神上的动荡

战争本身几乎没有动摇社会阶级结构，但它影响了社会的精神根基。数百万人成年累月地背井离乡，在堑壕的烂泥中等候战斗的到来：堑壕中出现了一个粗犷但充满友爱的世界、一个没有女人的男子世界。适应这里的生活不是一朝一夕的事——如果确能适应的话。保尔·瓦扬-古久里曾在他的一本书中提到过一位性情平和的公务员，此人总
821 是忙不迭地重复说："要勒死一个老好人并不是什么难事，你只要套住他的脖子就行了"：因为一天夜里他竟这样不费气力地勒死了睡梦中的妻子！这是个极端的例子，但颇具象征意义。

老兵们的协会中一直延续着对死亡的回忆和堑壕中的战友情谊。但这些协会的命运很奇特：它们大部分人滑向了右派，反对现政权。战争既是友爱的学校，也是纪律的学校。协会中的活跃分子是"那些找不到、或根本不去寻找别的行动领域的人。根本不去寻找——这一事实已经表明他们对公共生活的某种态度，我们可以看出，他们都是些很难适应社会的人"（勒内·雷蒙）。"像在前线一样团结起来"，这是他们经常挂在口头的一句口号，然而，议会制度不仅容忍各种异议，而且还鼓励人们提出不同意见，在该制度下，公民被吁请发挥他们的批判精神。但"老兵精神"中酝酿出的却是反议会主义。

妇女在所有领域都已承担了新的角色：她们接替了士兵留下的空缺岗位。战后，即使她们放弃工作，其行为方式也不可能回复到以前

了；很多妇女成为战争寡妇，很多人还承担起了一家之主的重任。在大量男子伤亡的情况下，那些不得不单身生活的妇女境况会如何呢？人口补偿的现象当然是有的：国外的移民是个积极因素，战争幸存者之间也会结婚，但单身妇女主要是与更年轻的男子结合：夫妇之间的年龄差距下降了，而他们的行为方式也因此发生改变。

进入大学学习的妇女为数众多，他们还进入自由职业者行列，并开始承担高级职务。当然，对这一潮流的抵制仍是强烈的，但都归于徒劳：妇女在走向解放，资产阶级道德观在演变之中，风尚也有了变化；这是个平头、短裙、无拘无束的“假小子”的时代。男人们忙于战争，女人无人照料：夫妇关系可以轻易地重组，还有很多婚姻解体了。弗洛里奥夫人回忆说，当时每天有10—12宗离婚案：“人们在为战争的迁延埋单”。

这不只是个埋单的问题。1911年离婚案为15000例，而1921—1931年每年为23000例：战后结婚率的回升就像出生率的回升一样昙花一现，而离婚则成为一种风尚。

《肉欲之魔》和《奥哲尔伯爵的舞会》[①] 之类的故事到处都在上演。每个街头都出现了舞厅，人们在里面疯狂地跳着新近从阿根廷传来的探戈。爵士乐也开始出现。电影院层出不穷。酒吧间如雨后春笋，1919—1930年，酒精消费量增长了三倍。“有某种无度滥行，某种消费、娱乐和发泄的狂热，人们对一切约束都感到不耐烦，追求标新立异到了乖张反常的地步，从放任自流滑向了丧德败行之境地”（莱昂·勃鲁姆：《在人类的范围内》）。这是和平到来的喜悦、还是希图忘却过去的意愿呢？但不管怎样，当时休闲娱乐之风的蔓延持久而深入。但很少有人对风气的转变感到不安。

① 这是两部小说，作者均为雷蒙·拉迪盖（Raymond Radiguet）。《肉欲之魔》讲的是一个高中生与一个有夫之妇之间的恋情，后者的丈夫因战争去了前线；《奥哲尔伯爵的舞会》讲述的是一个年轻人与伯爵夫人的爱情。

一、繁荣与幻灭：20年代

胜利总会带来乐观情绪：再也不需要某某大员指手画脚了！1919年的法国人也概莫能外：有些人可以重操战前的事业，回到那个很快以“美好”名之的时代；对另一些人来说——他们有时与前者是同一些人——深入的改革方案即将推出，这甚至会实现一场革命。但所有人等来的都是失望。

难以遏制的通胀

822 战时通胀延续到战后，它的走高主要受信用货币的影响：为了支付重建费用、偿付公债利息及到期票息，国家大量印制钞票而避免采取总是不得人心的增税政策。只是在1924年这个十分不利的时刻——因为选举即将到来——面临通胀危机的普恩加莱政府才表决通过“双十一计划”：将所有税收提高20%；但这一努力仍不足以应付形势，而且社会主义者倡导的资本税也被断然拒绝；1926年，为了“恢复信心”（当然指的是资本所有者的信心），普恩加莱新政府降低了收入税税率，不过设立了一种初次财产转移税。在这种情况下，流通货币增加，需求也随之增加并超过了供给，生产能力跟不上需求增长的步伐：于是价格上涨的机制就此形成，1928年的价格水平比1914年高6.5倍。

通胀带来的必然后果——更确切地说也是通胀的动因——是法郎的疲软。之所以说这是通胀的动因，是因为法郎的下跌通常发生在价格上涨之前。在货币机制之外，心理和政治因素发生了决定性影响。国债规模是如此之大，以致任何不安的经济氛围都可能造成灾难性后果：资本外逃；投机成风；消费者亦不信任通货，采购比平时更多的物品；生产商“高价位运行”并囤积产品：通胀程序一旦启动便可自行获得内在动力。如何制止这种循环呢？

1919—1929年间，法国经历了两个高通胀时期。1919—1920年的通胀危机由于1921年的世界经济萧条而缓解。1924年初，新一轮的通胀开始加速，但幅度不如此前。为了强迫德国支付战争赔款，普恩加莱于 1923 年下令占领鲁尔区，此举让英美深感不满；国际金融界部分巨头开始打压法郎，不过普恩加莱向美国摩根银行谋得一笔贷款，加之双十一计划通过及外交上的让步，局面得以稳定下来。在 1924 年春的选举中，左翼联盟获胜，法郎贬值、价格上涨的势头再度显露出来：资本所有者对社会主义者支持的政府心存疑虑，因为后者倡导资本税和结构改革。

乔治·博内是当时众多在财政问题上受挫的政府财长之一，这位颇具激进色彩的部长曾回忆起法兰西银行董事会的一次会议，他曾向该理事会提交过一份财政复兴计划；会上有几位银行界和工业界最有名头的人物："潘勒韦（当时的董事会主席）前来参加这次具有纪念意义的会议，并以其率直、迷人的方式作了开场白：'财政局面很困难，部长已经提出了一个计划，他将就此向你们作扼要阐述。我们将很高兴听到你们的评论或建议，因为我们知道你们是有经验和威望的……'我于是陈述自己的计划。接下来是长时间难耐的沉默。还是潘勒韦打破沉默：'你们都听到了，先生们。难道你们没有什么建议要提提吗？这又不要你们作出任何承诺。当然，这次会上的所有发言就应当保密。'在这番动人的邀请过后，会堂深处响起一个颤抖的嗓音，'主席先生，应该恢复信心'。我不知道这个平庸的真理是哪个董事说出来的，但我记得他的话引发了董事会主席的愤怒抗议，他对他的同事咆哮道：'这话你已经说得太多了。我们只能断定一件事，那就是，我们都要为法郎而战斗，我们将为法郎而战死在堑壕里。'此后，没有哪位董事敢开口了。潘勒韦和我都试图让这些可敬的专家们发言，但均归徒劳。鉴于大家都不想说话，我们便开始询问：'你们说要恢复信心， 823
可你们认为怎样才能做到这一点呢？'但每次主席都会重复一遍'为法郎而战斗'的口号，看来这个口号让他着了魔。不可能再听到其他东西了……董事们显然不愿大声说出内心深处的想法：'赶跑你们这些多数派的社会党人。'"

因此心理因素及政治因素起了决定性的作用：价格随法郎贬值而

上扬，而法郎贬值是因为资本逃离这个国家。受困于巨额债务的国家在金融市场上找不到借款者，而短期债券持有人也不愿延长债券期限，政府只得求助于法兰西银行的预支手段，即印行钞票。这是一个恶性循环。1924 年 12 月，1 英镑折合 90 法郎，1925 年折合 130 法郎，1926 年 5 月，这个数字达到了 165；惊慌失措的舆论界开始追究责任人：当然是政府，但也有外国人的责任（旅游者受到抨击）。1926 年 7 月 16 日，英镑与法郎的比值达到 1 比 202，21 日达 1 比 240，众议院前面发生了抗议示威。左翼联盟领导人赫里欧随即辞去总理职务，普恩加莱组成“国民联合”政府——但社会党人被排除在外——并宣布了一揽子财政措施。但这些措施已经不必要了，7 月 23 日，英镑对法郎的比价回落到 1∶200。对此爱德华·赫里欧进行了一番清醒的总结：“应该认为，财政困难部分是人为的政治因素造成的。普恩加莱政府一成立（赫里欧也是其成员之一），一切危险都立即魔术般地消失了……我觉得，政治自由再一次受到可怕的打压。债券持有人、法国和国外的银行家超越了政治人物，他们成为掌控局势的人，虽然他们总是让人看不到，但在法国，他们确实存在。”

1926 年底，普恩加莱将法郎的价值稳定在战前的 1/5 的水平上：这次确实稳定了下来，1928 年，当法郎重新与黄金挂钩后，稳定成为法定事实。普恩加莱本人不是通货稳定——这只是通货贬值的委婉语——的支持者，而是主张恢复 1914 年的金本位。如果这个做法可行，那将对法国的出口造成太大的打击。

1926—1929 年是法国此后从未经历过的通货稳定期：当时人们认为，一场噩梦终于结束了。但这场噩梦造成了持久的影响。通胀这一 20 世纪的弊病，它对资本主义社会之根基造成的冲击比战争还要剧烈。在受害者之中，我们首先碰到的是工人、职员和公务员：工资和薪水的增长跟不上价格上涨的幅度。但它们毕竟涨了！典型地反映了战前法国社会的那些食利者、国债持有人该怎么说呢？那些退休老工人又当如何呢？1928 年，他们的收入只有 1913 年的 1/6。对于前两类人来说，工作成为必须，不得不“挣工资”；对于后一类人则是窘迫、甚至是破产；对所有人来说，这都是一场苦涩的经历。不过，通胀对生产者有利，其中小生产者获利不如大生产者，因为他们也要采购很多东西。债务人尤其是通胀的获利者，而国家又首当其冲：如果不是因为国家大力推动价格上涨，它怎么能清除那么多债务呢？同样，大型工业公司可以贷款来更新生产设备，然后毫无困难地以名义货币偿还之；这样，通胀推动了国民经济某些部门的发展。

通胀造成的精神和心理反响没有人们想象的那么强烈。诚然，通胀有利于消费而不利于储蓄，但长期来看，这种效应不如阵发性危机和价格猛涨期间明显。毋宁说，通胀让人们不知所措，它搅动了舆论，让束手无策的政府和经济学家们不得安宁，因为很少有人了解通胀的机理和其深刻起因。对于大多数法国人，对于最有影响力的专家—— 824
即便不是最称职的——有两个主导观念、也是两种治愈通胀的妙方：恢复金本位，实现预算平衡。右派认为国家支出太多，公务员也太多：1926 年，普恩加莱许诺裁减公务员。更令人吃惊的是一直关心财富再分配的左派的态度：社会党人那几年也主张预算平衡。这是因为没有人能想到别的出路。面对新的事实、面对不同寻常的现象，所有人的想象力都枯竭了。甚至到 1969 年，1925 年时的财政部长乔治·博内在出版他的《回忆录》时还断言，预算平衡才是唯一的万灵膏：不过，这就像西西弗那样，爬得高就会跌得惨。

经济的迅速恢复

1921 年，法国的生产水平甚至低于 30 年前的 1891 年的水平。不过财政危机和经济危机并不必然是孪生兄弟：20 年代价格的上扬刺激了利润率的上升，削减了企业的债务；而货币贬值虽然造成了国内通货膨胀，但有利于出口。1926 年后，由于法郎恢复稳定、外国资本进入巴黎，于是，流动资本充裕的法国各银行可以推行宽松的信贷政策了：法兰西银行的贴现额从 1927 年的 450 亿增加到 1929 年的 1050 亿。另一方面，从 1921 年到 1929 年，世界经济形势一直走高，再加上阿尔萨斯-洛林为法国工业提供了远为坚实的资源基础、以及法国在欧洲——特别是东欧——的政治影响：这些都有利于经济扩张。

首先，重建的步伐相当快。政府的财政援助——人们总是吁请这种援助——起了很大的推动作用。战争中抛荒的200万公顷土地，到1925年已经有95%恢复生产。工业则借助重建之机进行了现代化改造，例如，北方省的煤矿设备全部得到更新。繁荣的局面由此奠定。所有证据都表明了这一点：生产率、产量和国民收入的增长速度等等；外贸甚至史无前例地出现了顺差，尽管为时短暂（1924—1927年）。

引领经济增长的是两种全新的动力，二者都与所谓的第二次工业革命紧密相关：石油和电力。1913—1929年，发电量增长了10倍，电力工业还带动了金属拉丝、电气设备以及电影业和无线电工业的发展。战争结束时，法国保有伊拉克石油产量的23.75%，并在保护关税率的庇护下兴建了炼油厂。其他数字：1913年的煤炭产量为4000万吨，1929年为5500万吨。1913—1929年间，铸铁和钢产量增长了一倍，法国成为继美国和德国之后的世界第三大钢铁生产国。1929年，法国的汽车产量为25万辆，在欧洲首屈一指。当然，阴暗点还是有的：纺织工业停滞不前，如果还没有衰退的话。但总的局面相当积极：1929年法国的工业生产水平直到1950年代才被赶超。

与此同时，集中化的趋势也在发展，更确切地说，是在强化。在集中化方面，法国的确有很大的欠缺需要弥补：1906年，只有10%的工人和职员在雇员超过500的企业中工作，1931年，这个数字上升到18%。但与技术性集中相比，金融方面的集中更为显著，尤其是在电力、石油、化学等新星工业部门；三家公司垄断了化学工业：库尔曼、圣戈班和佩西内；两家公司支配了炼铝工业：优吉和佩西内。控股公
825 司、托拉斯、卡特尔、大型银行和公司组成了一张错综复杂的大网，其中可以看到一些身兼多重身份的人。欧内斯特·梅西埃就是这类人中的一员：此人是位毕业于综合工科学校的工程师，战后他创办了电力工业联盟；15年后，他成为49家企业的董事长、经理或主管，这些企业在电力、石油、化工和银行等部门都举足轻重（里昂水业公司，阿尔斯通、法国石油公司等等）；他不再是承包商，而是管理人了。像很多同类人一样，他与商界和政界的联系都很紧密：他受到一

种强大的热情的鼓舞——将法国变成工业强国——致力于劳动分工的合理化和生产的集中化事业，他相信社会纪律和政治秩序的必要性，并为此创办了法兰西复兴运动（Redressement français），旨在为建立威权体制而战斗。

集中也波及商业销售部门。诚然，小型商业一直占主导地位，但它日益受到两种新型商业企业的竞争：一是连锁店发展迅速，如兰斯的“码头”（Dock）连锁店和巴黎地区的法米里斯泰尔连锁店；二是1927年后出现的“一口价”（Monoprix）、“平价”（Uniprix）和“普利苏尼”（Prisunic）连锁超市，这类商店货物繁多，其价格因为存货周转速度快而相对较低，因而成为“穷人的商店”。

这种统一化思想当然也渗透到工业生产中。从美国引进的自动化和标准化等新技术首先应用于新兴工业中，这样生产率便得以提高。安德烈·雪铁龙是将这些新技术引入法国汽车工业的先驱，他以夸张的方式展现了20年代的勃勃生机。此人同样毕业于综合工科学校，大战期间曾在亚威尔开办了一家炮弹制造厂，1919年这家工厂转产；随后他便投身于民用汽车的流水线生产，建造生产线、对零部件进行标准化、加速产品的周转以保证低价位出售；利润和产品质量是他优先考虑的问题。另外，雪铁龙还大力利用广告作为营销手段——甚至做得有些过分了：他的名字在埃菲尔铁塔上熠熠闪光，并且印在了非洲和亚洲的越野车上（“黑色巡航者”和“黄色巡航者”）……1926年后，这家企业受拉萨尔银行控制：工业家掌舵的时代就此结束。

因此，这是一场具有相当规模的经济扩张。不过，信贷的便利、对股票的投机炒作总会滋生各种丑闻：1928年是《法郎报》女经理、股市小道消息的来源之一玛尔特·阿诺被逮捕；1930年是乌斯特里克事件：这个很不谨慎的银行家在政客们的帮助下从法兰西银行获得了大笔贷款。在那个年代，到处都充满“惟利是图”的气息，对此马塞尔·帕尼奥尔在他的《托帕兹》中作了精彩的阐释，虽然这部剧作反映的范围较小。某些酝酿中的丑闻直到1932年左派重新上台后才暴露出来，它们成为激发反议会浪潮的极佳素材。

但这场扩张运动有它的限度。它既不涉及农业，也不涉及商业，甚至也不包括整个工业："小业主"仍在作英勇抵抗，由于他们人数众多，在选举当中力量强大，故通常能确保政府对他们实行保护政策。因为法国人对国家的期待太多了："所有自认为受到不公正对待的阶级、特别是那些认为在经济生活的发展中受到威胁的阶级，都要求国家的支持。甚至经济生活中的领袖人物也在其活动中寻求国家的宝贵支持"（夏尔·莫拉泽）。关税保护从未终止过，很多生产部门一直人为维持着这种政策；即便当基础投资数额很高时，一些大公司也要求国家干预——尽管在别国会遭到拒绝：如石油和水电部门形成的联盟就是由私人和政府权力共同发起的。不过，法国人虽然对国家有很多
826 期待，他们给予国家的也很多：尽管有通货膨胀、尽管有过去的教训，法国的投资者还是固执地——这可以谅解——优先选择国债，而不是私人企业，这种情况甚至还有所加剧。于是法国人在投资方面越来越缺少进取精神了。国家愈来愈扮演财富再分派者的角色，但主要渠道是公债红利、退休金、薪金和贷款利息。

"繁荣政策"

这个说法是安德烈·塔迪厄于1929年提出的，此人在普恩加莱退休后接任总理职务。实际上，自1926年后，预算出现了盈余并一直维持到1930年。法兰西银行的储备不断增长。议会、舆论都相信法国拥有一座"宝库"，各方都在施加压力，要求分享财富。颇为注重民意形象的财政部长谢隆也曾透露有个"加斯帕尔老爹[①]的金库"，他还徒劳地叫喊道："是的，对这个金库我必须提高警惕，不让它受到任何损失"，1929年到1932年的塔迪厄和赖伐尔右翼政府都以能满足其国民的要求而自鸣得意。

然而，没有比这个所谓的"金库"更虚幻的东西的了：不能将作为财富象征物的货币与财富本身混为一谈。另外，将这些货币投放到市场上有可能再次引发通货膨胀，若生产跟不上的话；如果要想获得

① "加斯帕尔老爹"是谢隆的绰号。

与通货相匹配的生产能力，那就应该鼓励投资，而不是鼓励消费：但国家对自己的这一角色准备不足，而“那个时代的司法—审计思维”（索维）几乎没有这方面的意识。

1928年，社会保险制度获议会表决通过，并于1930年开始实行；保险资金有双重来源：5%的工资税，雇主认缴的同等金额的税款——但这一政策让所有人都不满，工薪阶层的收入至少暂时缩水，而雇主甚至对这一法律的原则进行了长期而猛烈的抨击。1929年以后，各种措施连续推出：逐步推广免费中等教育，提高公务员薪水，对老兵发放退休金，减税，对农业灾害的受害者进行补贴，一个仅仅拟定了目标的国家装备计划（道路建设、农村电气化等），以及1932年的家庭补助金。这样，国家对经济和社会事务的干预不断强化：当然这是一场持续百年的运动，但有悖常理的是，右翼政府竟然加速了这一运动。

但这一政策并没有为塔迪厄赢得民意：太多的人觉得受到了损害，或者认为自己比别人得益少，或者因为需要先缴纳税款。另外，塔迪厄在政治上还碰到了十分强烈的抵制：这是因为左派对“偷窃”其部分计划的人的怨恨之情吗？还是对这个颐指气使的傲慢的大资产阶级的敌意呢？抑或是右派因为大笔花钱而产生的深切不安呢？

但社会保险政策失败的原因很简单，那就是经济繁荣时期的告终；人们几乎立刻回到了过去正统的预算疗法，而社会保险政策并不是一种应付危机的手段——无论是反对者和倡导者都持这一看法。不过，塔迪厄的“繁荣政策”和罗斯福的“购买力政策”、甚至还有勃鲁姆的政策之间的相似性并非徒有其表。

“赢得和平：其难度将会更大”（克雷孟梭）

对于遭受重创的法国而言，德国这个战败的巨人仍是个挥之不去的潜在威胁。德国的国土和工业都没有受到战争的破坏，在6500万德国人面前，4100万法国人还是显得少了一些。如何进行持久的防卫？如何才能确保代价如此昂贵的和平呢？ 827

在这方面，有两种针锋相对的政策，普恩加莱和白里安是它们的象征者。普恩加莱的政策只信任强硬手段，他认为，不应被德国人蒙蔽，一个民族不会在短短几年内有所改变。如果德国谋求谈判，那只是为了行骗；如果它寻求和解，那只是出于食言的企图，因此凡尔赛和约必须无条件执行。白里安的政策表现出乐观色彩，它信任仲裁的优越之处，相信法德和解的可能性以及裁军的必要性。它继承了威尔逊的向往，主张建立某种国际联盟，该机构将制订并实施国际法。这是两种看待世界和人类的方式，某些人认为从中可以抓住右派哲学和左派哲学的细微区别。

在国民联合阵线于1919年的选举中获胜之后，法国执行的是传统的安全政策；而且，当时主张其他安全政策的人很少——社会党人除外。我们不妨对这一政策作这样的总结：为了过去，德国应该赔款；为了将来，德国不应重蹈覆辙，所以它必须被包围，在力量增强的法国面前，它必须被削弱。

“德国佬将会赔钱”：这个格言曾是国民联合阵线大笔花钱的根据。1921年，当赔款数额确定下来的时候，德国表示无力偿付。普恩加莱政府在仅仅得到比利时支持的情况下，派兵占领了鲁尔区（1923年1月）。从技术层面上说，这次行动取得了一定的成功，但从政治上说，它引起了英美的敌意、触怒了德国的民族主义情绪，并引起渴望和平的法国舆论的不安。这位总理赢得了很不客气的外号：“战争普恩加莱”，“墓前冷笑者”。他接受了鲁尔问题的国际化，他希望这样可以把赔款和协约国之间的债务问题联系起来。1924年的道威斯计划和1930年的扬格计划大大削减了赔款数额，偿还年限很长，但德国也开始付款。1926年的英法协议和法美协议确定了法国的债务总额，法国也在偿还债务。1930年时，一切问题都似乎解决了，但怨恨仍然存在；想想偿付要在1988年结束，这真表现出某种乐观情绪！

1920年，除了比利时，法国已经没有盟国了。美国回到了孤立主义状态——虽然威尔逊曾一度艰难地使美国摆脱了这一状态；而英国则希望德国的地位能有所提升，这既是处于商业上的考虑，也是出于大陆政治平衡的考虑。不过，1919—1920年间签订的诸项条约最终缔造了一些新国家：波兰和捷克斯洛伐克以及领土得以扩张的塞尔维亚和罗马尼亚。它们是法国潜在的盟友，因为它们比法国还更担心现状受到威胁。法国与波兰（1921年）、捷克斯洛伐克（1924年）、罗马尼亚（1926年）和南斯拉夫（1927年）缔结了盟约，但这些国家工业化程度低（除了波希米亚），根基尚不牢靠，因此无法真正取代俄国、美国和英国的地位。

所以必须增强法国的力量。1920年以后，两个人物提出了两个论点：福熙坚称，必须建立一支强大的、具有进攻能力的军队；贝当则强调本土防御，他建议设立连续的堡垒工事防线，至少应在东北边境有一条这样的防线。由于预算方面的原因，必须在两种方案之间作出选择。确保法国不受任何侵犯的理念逐渐赢得了军方以及舆论和议会的支持。1930年，堡垒工事防线的计划获得通过（当时的国防部长叫马其诺）；1934年，“马其诺防线”，这堵从隆威一直延伸到巴塞尔的“法兰西之墙”终于竣工了。这条防线的弱点并不像人们过分强调的那样，在于可以绕过它，而是在于它与法国东方盟友之间的深刻矛盾：如果德国将它1914年的战略倒转过来，首先消灭其东方的对手，那么法国该怎样发动攻势呢？当它的盟友在进行战斗的时候，它难道应该 828
徒劳地袖手旁观吗？

所以，还应削弱德国。凡尔赛和约将德国军队的规模限制在10万人，并禁止它拥有重武器和舰队、废除义务兵役制；一个盟国联合委员会负责监督这些条款的实施；莱茵地区实行非军事化并被暂时占领。法国还能获得更多的好处吗？它能让莱茵地区脱离德国吗？福熙在身后出版的一系列谈话中对此作出了肯定的回答（1929年），而克雷孟梭则在其《胜利的光辉与悲剧》中反驳了福熙：“帕提亚人在大步逃跑的时候还要回过头来放一箭。在没入黑夜的那一刻，福熙元帅看来已经在身后留下了一长串射失的箭，他就像个生疏的射手，手里的弓都拿不稳”，克雷孟梭还说道：“看那，福熙！福熙！我亲爱的福熙！您好像什么都忘了”；他还提醒人们，法国仅靠自己不能赢得战争，而它的盟国反对永久占领莱茵地区，更不用说组建一个莱茵国家了。他自己曾同英美缔结了一项保障法国边界的条约，以作为前一方案的替代品，但该条约被美国参议院否决。不过，直到1925年之前，凡尔赛和约的各项条款仍在照章执行。但1927年，监督委员会被撤销；1930年，随着扬格计划的实施，法国提前结束了对莱茵最后一块地区的占领。

由于1924年的单边强硬政策受挫以及左翼联盟的胜利，政府开始对国际联盟——这也是凡尔赛和约的产儿——对仲裁、和解及公开外交的理念更感兴趣。这些理念在欧洲是新鲜事物。它们在公共舆论中引发如此狂热的情绪，以致从1925年4月到1932年1月，作为这些观念之化身的阿里斯蒂德·白里安成了外交部长的不二人选。从那时起，各种倡议层出不穷，谈判不绝如缕，条约接二连三。在莱芒湖畔，在一群相处融洽的外交官之间、在那些通常既有才能又有教养的政治人物之间、在1924—1929年的乐观主义氛围之中、在各个精疲力竭的民族对和平的热切盼望之下，终于编织出一个极端繁复的谅解体系，这些谅解将那些主要的分歧暂时搁置了起来。

1924年各方缔结了日内瓦协议，但是，由于英国保守党于当年11月重新掌权，该协议未获批准，故只能作废；该协议宣扬必须以仲裁来解决国际争端，如果仲裁被拒绝，则可采取经济制裁、甚至军事制裁。1925年诞生了洛迦诺公约，德国与法国和比利时的边界以及非军事区得到三方的保证，意大利和英国对此作了担保。法国也放弃对莱茵河东岸实行惩罚性军事行动的做法；作为交换——这一交换意义重大——德国承认法国重新拥有阿尔萨斯和洛林，英国亦担保法德之间的边界。但德国始终拒绝承认东部边界的不可变更性，而英国也不愿在这个问题上承担义务；因此在洛迦诺公约签字的那一天，法国确认了它与波兰和捷克斯洛伐克的同盟关系，但这个象征性行动完全没有解决实质性分歧。1926年，德国加入国际联盟；“9月10日是马恩河战役12周年，那一天，古斯塔夫·斯特莱斯曼挤开涌入街道、走廊和宗教改革大厅的人群，穿过会堂，走上讲坛，代表们全都起立鼓掌，那种狂热超越了当初人们欢呼日内瓦协议和洛迦诺公约时的激情……阿里斯蒂德·白里安发表了一个演说以示回应……他的演说让那些惯

于玩世不恭的人也会泪流满面：‘诚然，我们的分歧还没有消除，但从 829
今日起，主持正义的将是法官……把步枪、机枪、大炮都抛在身后吧！让我们代之以和解、仲裁及和平！’”（路易丝·韦斯，《一个欧洲女性的回忆录》）。1928 年，《白里安—凯洛格》条约问世，白里安一直设法重建与美国的联系，并曾向美国人民发出一个倡议：两国人民为什么不庄严宣告放弃战争呢？为了回应这一倡议，美国国务卿凯洛格则提议全世界所有国家都“放弃以战争作为国家政策之工具”；该条约共有 57 个国家签字，其中包括德国和意大利。1929 年，从不缺少创意的白里安又提出了一个欧洲联盟计划。

但危机的苗头已经显露在地平线上。1932 年 2 月，有 62 个国家参加的裁军大会在日内瓦开幕，德国率先在会上提出权利平等的要求，如果短期内不能对其他国家的裁军作出决议，德国将重新武装！会议于是陷入空洞的辩论，随着希特勒的上台，会议走到了破产的边缘。这是白里安时代的终结。1932 年 1 月，这位“和平的朝圣者”被迫隐退，两个月后辞世。

这就是我们开头提到的两种政策。不过，它们之间的对立并不像看上去的那样强烈，随着岁月的流逝，这种对立逐渐模糊了：白里安不是当了三年（1926—1929 年）的普恩加莱政府的外长吗？虽然两种政策之间有潜在的矛盾，虽说它们分属于两种不同的思想流派，但在 1925—1932 年之间，它们并未产生对立。白里安没有试图对凡尔赛和约作任何修改，马其诺防线也建成了，而提出最彻底的裁军计划的人恰恰是塔迪厄。人们可能会指责，白里安的政策使得法国在面对德国的威胁时毫无防备——不过我们能质疑的顶多只是这种政策的精神。

工人运动的挫折

1918 年到 1920 年，法国总工会和工人国际法国支部迎来了大量新成员：战争看来已经过去，革命再度成为现实问题。

1919 年 11 月的选举中，社会党进行了最为精心的准备。该党不是长期致力于公民教育、以便为掌握政权和实现社会革命作准备吗？它不是把议会选举胜利看作整个社会的激进变革的序曲吗？期望有多大，失望就会有多大：虽然选票比1914年多了30万张，但议席少了35个（由于选举制度的影响）。1920年，“社会主义运动陷入困境，既然它的革命前景须以选举胜利为前提”。（安妮·克里埃热尔）

1920年的法国总工会同样面临困难。它与工人国际法国支部的目标是一致的：社会革命，不过它期望以完全不同的手段实现这个目标，这就是在日常斗争中进行教育，这样的斗争或是无产阶级的或非无产阶级的。罢工是革命工团主义的卓越武器。1920年，法国总工会曾采用过这种手段，但失败了。这场运动的开端很好：1919年5月1日，虽然确定八小时工作日的法律在4月获得通过，但总罢工的命令还是得到了广泛的执行；1919年6月，冶金工人的大罢工取得了胜利。罢工于1920年5月达到高潮：从5月1—10日，法国总工会发起了一轮轮的攻势，就像大战中的某次战役一样：今天是矿工、水手和码头工人投入罢工，明日是冶金工人罢工；5月2日斗争达到顶点：当天，铁路工人提出了一个重大要求——国有化。但斗争还是失败了：因为资方早有防备，部分工人持观望态度，政府采取了司法手段。这是一次苦涩的失败：1.8万名铁路工人被解职。法国总工会的会员也开始下降。马塞尔·加香评论说：“正如资产阶级政党于11月6日在政治
830 领域战胜社会主义一样，不久之后它们又战胜了工团主义”（1920年6月19日）。

那么现在该怎么办呢？既然没有其他解决办法，越来越多的工人积极分子转向了布尔什维克主义，这是“法国工人运动中并不认为革命期限还会延长的那一部分人唯一的出路”（安妮·克里埃热尔）：法国大革命不是要酝酿一场作为俄国革命之延续的世界革命吗？“工人大众把目光转向莫斯科，就像凝视着社会主义的圣城一样……各国社会主义者曾期盼、渴望、筹划或徒劳地等待的东西，终于被意志坚定的俄国社会主义者变成了现实”，弗洛萨尔这样说。此人将成为法国共产党的第一任总书记，但后来又重回社会民主派的阵营，并做了贝当政府的部长。但布尔什维克对前来投靠的机会主义者并不信任，他们确定了21条加入共产国际的条件，这些条件显然很苛刻。在具有决

定意义的图尔大会（1920 年 12 月）的前夕，工人国际法国支部内部出现了三种不同的倾向：选择无条件加入共产国际的人占了明显多数，不过这个多数派的内部十分混杂；另一派是马克思的外孙龙格领导的中间派，亦即“重建”派，此派倾向于加入共产国际，但又试图继续维持社会党的统一；最后是莱昂·勃鲁姆代表的右派，它声明反对“鞑靼味道的布朗基主义”。图尔大会期间，布尔什维克甚至一度介入，他们要求排除龙格和他的朋友，并指责这些人沾染了“改良主义思想和狭隘的吹毛求疵的伎俩”。此后，问题得到了解决：70%的代表支持加香和弗洛萨尔提出的动议，支持加入第三国际并成立共产党；龙格的中间派获得 20%的支持票，而右派得票仅有 10%。弗洛萨尔高呼：“我们就要分离……明天我不会发表伤害你们的谈话。我会把你们看作社会主义者，我也会这样说。这里有我相识十几年的人，有像勃鲁姆这样为社会党贡献了才智、渊博的学识并做了大量工作的人，他们为社会党赢得了极大的荣誉……在此，我想说的最后一句话是，我应在这里向那些曾先于我参加社会主义革命战斗的人致以敬意。”但他又很清楚地指出，“我们的抱负受到了更多的限制，我们的力量分散了，我们的精力消耗在兄弟相煎的斗争中。这就是留给我们明天的遗产。”

这实际上意味着社会党的统一的终结，即使它的成员并不是总能意识到这一点：在社会主义运动中，联合之后不总是会出现其他的分裂吗？第二年，法国总工会也解体了，但大部分人仍留在“改良”阵营中，虽然共产主义者试图建立统一总工会（C. G. T. U.）。

图尔大会后不久，革命的前景日益黯淡，共产党的势力逐步削弱：1921 年有党员 11 万，10 年后只剩下 3 万左右。统一总工会的发展情况也是如此。1924 年后，共产党为了在法国组建某种新型组织而“布尔什维克化”，其规模也因此进一步萎缩。很多人只是口头上接受了 21 项条件，实际中则全是用的过去社会主义者或革命工团主义者的方式。在共产国际的影响下，法共采取了接近于俄国模式的组织形式：扎根于工厂（阶级斗争的场所）而不仅仅是传统领域（竞选场所），它注重在党内保持工人的多数地位，建立起严格的纪律，每一级都由下级选举产生，每一级都服从于上级，从而确立起所谓的“民主集中制”；最后，法共作为共产国际法国支部的角色越来越成为现实了。该党的右翼于 1922—1923 年分离出去，左翼则于 1925—1927 年分离
831 出去。它推行“阶级反对阶级”的选举战术，并在第二轮同建立左翼联盟的共和派传统决裂。莫里斯·多列士说：“我们应该对社会党及其领袖发动更为积极、更有步骤、特别是更为彻底的攻势，但同时又要扩展我们的统一战线策略，以争取受社会党影响的工人。在攻击社会党领导人与争取他们的工人群众之间没有矛盾。”看来情况并不那么可靠;不管怎样，这种策略使得共产党在议会的议席降低到微不足道的地步，它把社会党看作自己的主要对手，并愿意被称为“社会法西斯分子”和“社会警察”。虽然法共日益虚弱，但它并未逃脱派系斗争和内部分裂的困扰，其领导层曾数次被清洗。在巴尔贝-塞洛尔“集团”被清洗之后，法共完成了布尔什维克化，但党员人数也在持续下降，不过就在这个时候，新一代的积极分子——对他们而言，大战就是“伟大的助产婆”——走上了前台，莫里斯·多列士成为总书记。俄国布尔什维克主义与法国社会主义的嫁接是在痛苦中完成的。

左翼改良派的失败

莱昂·勃鲁姆曾在图尔说道：“当你们前去冒险时，需要留人照看旧房子。”话虽说得贴近人意，但谁会留下来呢？大约 3 万人——人数太少了；不过，虽然社会党的大部分普通党员选择了共产主义，大部分重要人物则并非如此。社会党以旧有的结构为依托，固守着原来的信条，并逐步恢复起来，它接受了从法共退出或受排挤的人，1923 年后，其党员数目已经超过了法共。社会党采取双管齐下的路线：它并不排斥革命理想，但比以前更加重视公民教育和改良：在它看来，前者是革命的预备阶段，而改良则是必经的阶段。莱昂·勃鲁姆则在权力的实施和权力的获得之间作了仔细的区分。事实上，援引伟大先驱者的做法掩饰不住理论上的僵化。面对拒不进入垂死阶段的资本主义，某些社会党人开始在自己的周围、在美国资本主义中、甚至在意

大利的法团主义中寻找新的模式：例如，变成“民族社会主义”信徒的马塞尔·戴阿便滑向了法西斯主义。

1924 年，越来越注重议会行动的工人国际法国支部与激进党结盟，不过它们之间并没有共同纲领，而仅仅是为了选举。但左翼联盟获胜后，社会党拒绝加入政府，而仅仅是予以支持。爱德华·赫里欧领导的激进党政府没有实行任何社会经济改革，而仅仅热衷于象征性的表态和复苏那些已经陈旧的争论（赫里欧试图重新执行世俗化法律，将它们推行到阿尔萨斯-洛林，并撤销驻梵蒂冈的使团）。社会党人仍在捍卫自己的理想，并提出了自己的建议：开征资本税、实行外汇管制。但这些言论吓坏了他们的对手，而缺乏行动也强化了后者的力量；天主教的猛烈攻势最终导致反教权措施的废弃，资本外逃和投资者的疑虑引发了财政危机，于是左翼联盟解体了。赫里欧在谴责“金钱壁垒”时不乏激烈言辞，不过随后他还是参加了普恩加莱政府，而社会党人则被排斥在政府之外。

老右派和新右派

1919 年，多数派的阵营发生了逆转。国民联合阵线在选举中获胜，除了 1924—1926 年的短暂间隔期外，右派对政府的控制一直维持到 1932 年。不过这种多数派的逆转也带有某种人为推动的色彩：激进党人加入了国民联合阵线以及 1926—1928 年的“国民联合”政府，而且战后的右派也接受这种体制。这是右派演变的标志，也是某些左派集团向右转的标志。过去的共和主义纲领一旦确立下来，其倡导者就只剩下这些“保守派”了。虽然右派在宗教问题和国家职能问题上仍存在分歧，但 832
他们有几个明确的共同主张，因而在政见上具有相当大的一致性：无条件地执行各项条约，信心只能建立在实力之上，反对任何形式的公共开支的增长及一切增税措施，而本能的反社会主义则是整个右翼的共同立场。这些纲领中没有多少新东西：战争并不构成断裂。雷蒙·普恩加莱担任总统一直到 1920 年，1922—1929 年，他出任总理的时间超过 5 年：这个颇具连续性的人物是资产阶级法国的化身，这个法国既具有保守色彩又信赖议会制度，普恩加莱注重捍卫军事安全（1923 年出兵占领鲁尔）和预算平衡（终于在 1926 年实现了这一目标）。

法兰西行动曾与共和国保持过短期的和谐关系。作为民族主义的吹鼓手，这个组织在大战胜利后不久达到了巅峰，其成员之多、其宣传声势之强大独步当时的法国：仅作家中就有莫里亚克、纪德、马丹·杜伽尔、马尔罗等人受到它的影响。不过，这个信奉十足的君主主义的派别还不能与信赖共和制的民族交锋。本来，法兰西行动是天主教的捍卫者，但 1926 年，它受到梵蒂冈的谴责：是因为很晚才发现的莫拉斯的不可知论吗？还是因为教廷想加速天主教徒归顺共和国的进程呢？不管怎样，从那以后，法兰西行动走向了衰落，更有甚者，这场保守派的运动还有另一个令人费解之处：它的几个最积极的活动分子竟脱离了该组织，参加了革命行动：1925 年，与莫拉斯及其同伴断绝关系的乔治·瓦卢瓦建立了战士和生产者战斗同盟。[①]

当左派在 1924 年的选举中获胜后，作为从前的反共和主义的替代品的反议会主义、以及右翼民族主义的陈旧论调又出现了强有力的反弹，一些新的组织应运而生。皮埃尔·泰坦热创建了法兰西青年运动，该组织将拥有 30 万成员，其论调并不新鲜——民族主义，强大的行政权力，不过该组织的具体措施很多——军事化的组织，别具一格的装束（防水蓝色工作服，巴斯克贝雷帽），街头行动。该运动与法西斯主义的相似性立即显露出来，而这种相似性在以乔治·瓦卢瓦的名字为象征的运动中更为明显。那么，这到底是老右派（布朗热式的）还是新右派（法西斯式的）呢？由于 20 年代的这些运动为时太短，所以难以得出结论。不过，这种趋势还是反映了很多老兵的幻灭感、受通胀损害的中小资产阶级对社会地位下降的担忧、以及资产阶级中蔓延的对社会主义深刻的恐惧感。

资本家寡头对公共生活的介入比以前任何时候都更深入：参议员比利耶的经济利益同盟、欧内斯特·梅尔西埃的法国复兴运动为右派提供资助；化妆品商、百万富翁弗朗索瓦·科蒂则支持各种极右社团，

---

① 一译“束棒”(Faisceau des combattants et des producteurs)。

并创办了一份发行量很大的报纸《人民之友》。高层行政官员、政界和商界组成了一个盘根错节的利益关系网。

1930 年，右翼议会完全支持现政权；而天主教和君主主义的法兰西行动则同时受到教皇和觊觎王位者的谴责；在普恩加莱重新上台后，这些极右社团都沉寂下去，局面也随之稳定下来。但变动正在酝酿中：没有经历过为共和国而斗争（如塔迪厄和赖伐尔那样）的新一代开始崭露头角，1924—1926 年的危机就已经表现出反议会主义的潜在力量。

天主教的开放

由于神圣同盟的建立和大战的影响，有关世俗化的争论平息了下来。1922 年当选的庇护十一比他的前任表现出更为和解的姿态；1924—1925 年反教权运动的复兴很快就衰竭了；1926 年对法兰西行动的谴责更增强了教会非政治化的潮流。天主教徒放弃了抵御姿态，面 833
向外部世界并实践自己的宗教使命。

这样的时机到了。20 世纪初以来，修士团体的数目不断下降，世俗学校促进了乡村和工人聚居的郊区的非基督教化。“法国还是使徒的国度吗?”不久，人们就发出了这样的疑问。因为天主教舆论已经意识到这种情况：这是加布里埃尔·勒布拉为宗教社会学奠基的时代。一些为了引领青年一代的世俗人士的组织建立了起来，这是教会关切的重大问题之一，这类组织如：基督教工人青年（1927 年）、基督教教育界青年和基督教农民青年（1929 年）。1919 年后，童子军运动开始兴起，它也与两次大战期间相当典型的回归自然的运动颇为一致。1919 年，法国天主教工人联合会将各天主教工会团结到了一起。战前的思想活跃势头仍在延续：艾玛纽埃尔·穆尼埃和雅克·马利坦新创办的《精神》杂志都以各自的方式复兴了天主教思想。

依然活跃的创造力

在一场对精英阶层造成巨大损失的冲突过后，20 年代的思想成就难免让人感到惊奇。科学研究接连取得辉煌成果：伊雷娜和弗雷德里克·若里奥·居里、让·佩兰、保尔·朗之万、路易·德·布罗意等人的名字见证了那些具有世界意义的重大发现。音乐和绘画方面也是生气蓬勃：奥涅格和拉威尔、毕加索和布拉克——要详细列举下去恐怕太令人厌烦了。电影和戏剧也在复兴，对此科波和杜兰功不可没，但加斯东·巴蒂、皮托耶夫和茹维同样贡献卓著。城市规划艺术也重新焕发生机，这里表现出了某种建筑合理化和居住人性化的努力（如勒·科尔比歇）。

但这些艺术创作依然是精英们的专利，而且巴黎的繁荣也掩盖不了外省艺术创作的衰落。只有——且仍然只有！——通过电影和小说，艺术和人民才能走到一起。两个新的文学年代出现了。先是幻灭的一代，战前的宁静已经消失，作品中已经看不到诚实和单纯。“克洛岱尔笔下的女性很虔诚，而莫里亚克描绘的妇女则备受折磨。虽然同是表现带有君主主义怀旧感的天主教观念，莫拉斯的语言激烈振奋，而贝尔纳诺的笔调则更为低沉……即便蒙泰朗也不像安德烈·纪德那样轻快”（夏尔·莫拉泽）。在 20 世纪的头 20 年里，那些 20 来岁的人目睹了杜阿梅尔、马丹·杜伽尔、于勒·罗曼等人描绘的家庭风情画，他们被贝尔纳诺和莫里亚克吸引到天主教世界的冲突以及基督教意识的撕裂之中，并与吉罗杜一起思考法国人灵魂的原动力。所有这些作家都关心自己的时代，都是那个时代的见证人，而且很少有人蔑视自己所处的时代。但是，他们描绘的那个社会是个资产阶级社会，那里面实际上没有工人阶级。1925 年，埃玛纽埃尔·贝尔就看出了文学中“资产阶级思想垂死”的征兆；他谴责这种“被认可的流派”。

1925—1929 年产生了法国文学最近一代的伟大作家：作为战争的见证者或参加者，他们的青少年时代是在战争的影响下渡过的（1916 年的 20 岁的年轻人活得容易吗?）。很多人即将逃离这个破产的社会，去迎接冒险的诱惑——或是文字上冒险，或是去远足冒险——去寻找新的天地、新的刺激和新的表现形式。1922 年，达达的虚无主义热潮退却了，超现实主义兴起。在弗洛伊德的影响力开始广泛传播的时代，这一新潮流的追随者——如布勒东、艾吕雅、阿拉贡以及其他很多人——声称要探索无意识、梦幻、疯狂等领域。他们认为，应该任由想象力驰骋，应解放语言。“务必言之有物……尽量让自己处于最消极或最开放的状态。不要去表现你以及任何人的天分和才华。要知道，文学是一条会通向一切的最悲惨的道路。写作无须预先设计好题材，无须为了记录什么，也无须让自己反复阅读之……请相信低声自语中 834
那永不枯竭的泉源吧。”（安德烈·布勒东：《超现实主义宣言》）。作为一场彻底反叛资产阶级社会的运动，“超现实主义革命”的一些信徒，包括一些最有名的人，最后走向了共产主义。

从高棉的寺庙到航空邮政、从西伯利亚到阿拉伯，所有这些都展现了作家们追求新真实性的历程。在这些探索者看来，文学创作通常只是冒险的一个替代品；而在某些人看来，文学还是通往政治介入的一条道路。见证者和“冒险者”的时代过后是战斗者的时代。

生活方式的演变

体育已经成为一个大众现象，虽然吉罗杜和蒙泰朗等人还不屑于去歌颂它。这是城市化不断发展的结果吗（根据1931年的人口普查，城镇人口第一次超过了农村人口）？不过，体育事业主要是表演而不是实践。在发行量空前的媒体的炒作下，明星崇拜日益盛行，于是体育成绩引起了大众的痴迷。1921年，一位漫画家笔下的两个看热闹的人这样说道：“这对法国来说真让人失望……——是说把整个西里西亚都给了德国吗？——不，是卡蓬迪埃被邓普西击败了！”[①] 体育场至少让教堂的盛大仪式——如果还有的话——失去了意义，人们对共和国的重大节日也丧失了兴趣。

自行车、汽车和飞机也是体育项目，但它们已经成了交通工具，并赋予距离以新的意义。速度成了现代世界的一个构成因素；追求高速的热情到处传播。汽车的发展尤其可观：1913年的产量为10万辆，1930年达到110万辆；汽车为旅游业的发展提供了便利。这个时代确

---

① 卡蓬迪埃是法国拳击手，邓普西是美国拳击手，两人曾于1921年6月进行过一场比赛，号称“世纪之战”。

实是娱乐再发现的时代，不过，只有少数人才能享受这些娱乐。

20 年代留给人们的记忆是疯狂年代："疯狂"的潮流和"疯狂"的艺术与战前的表现形式决裂了，"疯狂"的货币孕育了各种各样的投机，但也鼓励了工业家的勇气，推动了交流工具的大量传播，而这甚至改变了日常生活的节奏。对趾高气扬的资产阶级来说，20 年代是个平静的时期，社会冲突受到抑制，从 1926 年起，无论是在对内政策还是在对外政策方面，掌握局面的都是温和派。然而，大厦的支柱在倾斜，人口在萎缩，领导阶级仍然固守着陈旧观念而没有表现出革新能力，农民的状况停滞不前，工人的疏离感并未缓解。不管这个社会表面看来多么活泼——或者说不管当时的人们是多么的盲目——20 年代的法国社会是一个停滞和衰颓的时期。

二、社会的僵化

"法国人生得太少了"（让·吉罗杜）

人口出生率从 1921—1925 年的 2.02％降低到 1936—1939 年的 1.47％，总出生数从 77 万降低到 62 万。这种下降趋势也波及死亡率，但其程度较小：1925 年的死亡率为 1.74％，1936—1939 年为 1.52％。出生数高于死亡数的差额在战前已经很微弱，战后一度还能维持，但越来越小，到后来完全消失了。从 1935 年开始，法国人口开始下降，这在工业化国家和平时期的历史中是绝无仅有的。1931 年法国人口为 4180 万，1936 年为 4150 万。如果考虑到人口减少仅仅波及劳动人口，这种情况就更形严重了：劳动人口从 2160 万降为 2020 万。而衡量一代人自我更新能力（即一代母亲拥有的女儿的数量）的净再生率 1914 年之前就已经降到标准水平之下，但战后能保持稳定（1901—1910 年
835 为 0.96％，1936—1939 为 0.89％）。人口不仅在减少，而且也不能维持自我再生。如何解释这种衰退呢？

首先是战争造成了人口学上的两个低谷；随后 30 年代的危机也不利于产生乐观的婚育观：由于失业的加剧，生育率也随之降低；我们

还能指出其他原因：建筑业的逐渐放缓、由此带来的战后持续的高房租的制约，这种滞缓的局面不利于青年夫妇安居乐业；还有妇女解放、现代世界的新追求……但这些都是关乎时局的因素。如果法国人口在1914年之前并未陷入停滞的话，这些解释可能是充分的：但此前的资产阶级和资产阶级化的阶级关心如何提高社会地位和保持稳定，因此他们想保障孩子的安逸富足[①]。人口下降之所以会造成民族灾难，那是因为战争和经济危机以及它们的后果与长期的马尔萨斯趋势叠加在了一起。

一个无法逃避的后果是人口的老龄化：1901年，60岁以上的老人占总人口的12.4%，1936年为14.7%。老人数量的增加是进步的象征：人的寿命在延长；但是，人口中老人比例的上升也象征着衰弱。法国的动力只能因此受到削弱。

这种趋势影响到整个国家，不过各社会阶层和地区存在程度上的差异。各项调查，特别是1926年的调查，表明孩子的数量通常与家庭资源成反比例。不管怎样，在农民和工人阶层中，人口众多的家庭比例更高，但部分大资产阶级也是如此；而“中产阶级”——其数量上和社会意义上的重要性不断增长——却不能维持自身的再生产。还需要注意地区和宗教方面的差异。西部、东部（洛林和汝拉地区）、中央高原的东南边缘、北方省、萨伏依、巴斯克地区是人口增长最强劲的地区。这些地区的宗教习俗也是一个因素：基督教信仰较强的地区出生率和繁殖力能维持较高水平。而中部地区、地中海沿岸的南部地区、阿基坦以及大城市的人口则呈下降趋势。

而对于这些情况，当时的法国人几乎没有意识到。1920年的一项法律取缔了鼓动堕胎和宣传避孕的行径；1932年的另一项法律责成雇主缴纳家庭补助金，不过说实话，这笔钱少得可怜：上述措施都很有限，对局面的改善鲜有效果。“当《马提尼翁协定》大幅度提高工资后，有人曾问莱昂·勃鲁姆，家庭补助金的增长为何不至少与工资增

① 故不愿多生孩子。

长同步。他的回答是：‘没有人想到此事，也没有人提出建议”（阿尔弗雷德·索维）。直到第二次世界大战前夕（1939 年 7 月），一个整体性规划才在家庭法的框架内拟定出来，该法律计划提高补助的金额并扩大其范围，并计划向青年家庭提供贷款等等。

而就当时的情况来说，法国比此前任何时候都更像个移民国家。1911 年外来人口的数量为 110 万，1921 年为 150 万，但 1926 年激增到 250 万，1931 年达到 290 万，不过随后由于危机和失业的影响，外来人口数量开始下降。因此，在战后和 1921 年经济萧条过后不久、在重建和经济增长的那几年，出现了一股名副其实的移民潮：当时的外来移民弥补了法国劳动力的不足。这些外来人口来自何方呢？首先是意大利（根据 1931 年的人口普查，意大利人占外来人口总数的 30%）和波兰（占 20%），随后是西班牙、比利时、瑞士、阿尔及利亚，等等。他们移居到哪些地方呢？在边境各省和工业区。他们从事什么工作呢？其中的粗工多于技术工，工业工人多于分成农和租佃农，他们
836 主要从事的是法国人不愿干的那些不好的工作。他们也造成了难题，融合的问题。很多人加入了法国国籍，入籍归化者 1936 年达到了 170 万，不过融合的过程受到阻碍。或是因为外来人口在某些地区密度大，或是因为他们与政府的某些协议，如保障他们的权益、通常还允许他们拥有自己的学校、报纸、并可继续使用民族语言。移民在法国工人阶级当中并非没有引起不满（他们担心在工资方面会受到竞争），也并非没有造成部分国民的排外情绪。无论如何，移民的增长——如果还有需要的话——显示了人口危机的幅度：外来人口是在填补空缺。

阿里斯蒂德·白里安，这个致力于法德和解、要把“战争置于法律之外”的人，曾经这样说：“我的（对外）政策是根据我们的出生率来制订的。”1939 年初，让·吉罗杜也把人口和民族命运联系起来：“任何战争，不管是在欧洲还是在非洲，宣战就会给我们带来几乎像葬礼一样的感受，这主要不是为法国后代人而感到的焦虑，而是对不愿生孩子的那几代人的不自觉的控诉”（《全权》）。

法国农村的停滞

在安德烈·莫洛瓦的小说《贝尔纳·魁奈》(Bernard Quesnay)中，1920 年前后，一群工人要求加工资，“不能活了！贝尔纳先生，是农民，是农民在吞噬我们。您还是到厄尔桥市场去看看吧。”在世界大战刚结束的日子里，农民看来应对价格的上涨负有很大责任；至少他们看起来像是其中的受益者。

通货膨胀的确有利于生产者和负债人，而农民通常就是这样的人，因而他们的生活水平也有了改善。但他们的精神状态变化尤其明显。这种变化烙上了小农身上强烈的保守和个人主义色彩：合作社大量成立，工会变得更为活跃。城市的影响力在扩展，报刊、广播、电影等新的交往手段大大促进了农村的开放。收益更高的畜牧业在发展，而种植业则随之萎缩（法国人开始消费更多的肉，面包的消费在减少），肥料和机械化在推广（1919 年有拖拉机 2500 台，1927 年达 2.7 万台，1939 年为 3.3 万台），产出率也在提高。

但这些变化是何等缓慢啊！到第二次世界大战前夕，耕作方式和生活方式依然笼罩在古老的氛围中。机械化？当然很好，如果能盈利的话——就是说，耕种面积须达到最小的规模要求。然而，耕地合并仍然十分有限，盈利还需要单产量达到一定的水准：以小麦为例，1910—1913 年每公顷的产量须达到 13 公担，1932—1936 年则须达到 16 公担，而同期英国的每公顷小麦的产量已达 23 公担。农村在向现代世界开放吗？这个事实几乎不容置辩，但它更多是促进了农村人口的外流，而不是促进乡村生活的转变。农产品价格的上涨依然微弱，远低于工业品价格的上涨。价格的上涨并不稳定，纯粹受收成的支配，而且涨价只是个暂时现象。1930 年后，价格开始下跌，而且经济大萧条给农业造成的打击比国民经济的其他任何部门都更严重。

从此，农村的这种尽人皆知的停滞，这种在整个保守派意识形态中被吹捧为国家活力和稳重之根源的停滞，终于造成了沉重的负担：名副其实的落后农业、墨守成规的心态、还有众多小业主卑微甚至悲惨的生存状态。“所谓的传统力量、我国农民阶层对陈旧原则的忠诚，

无非是法国农业经济整合失败的一种的虚伪表述。”（夏尔·莫拉泽）

837

巴黎工人家庭食物消费量（公斤）

	1908年	1936/37年
面包	900	600
牛肉	128	262
猪肉	12.4	49.5
鱼	8.5	40
黄油	52.8	23.5
鸡蛋（只）	440	629
糖	75	59.5
调味品	—	90.5
大米	8	5.7
面条	4	36.6
奶酪	20	43.6
牛奶（升）	280	490
土豆	190	297
干菜豆	30	25.2
水果	—	211
咖啡	9.3	14.6
巧克力	4.75	12.9
葡萄酒（升）	910	730

资料来源：阿尔瓦齐，“生活方式”，载于《政治经济学评论》，1939年。

工人阶级状况

当我们面对工人世界时，我们看到的是另一种没有被整合的类型。整体而言，工人阶级的社会疏离更为严重。由于日益深入的机械化和标准化的影响，某些工作逐渐被分解成一系列的简单操作，而这样的操作无须很长的学徒期，于是，一种新型的无产者——熟练工人诞生了。关于流水线生产、关于“碎化的劳动”——这是乔治·弗里德曼的说法——社会学家和心理学家们已经作过大量分析，所有这些分析的结论都是工人状况的恶化。劳动者与其所生产的产品完全失去了联系，人们也不要求他预先具有某种技能。生产节奏是唯一要考虑的因素，现在剩下的只有单调和疲惫。在冶金和机械制造工业中，单一工人几乎占了总职工人数的一半。

在其他方面，工人阶级的生存状况几乎没有改变，至少 1936 年前还是这样。诚然，1930 年的实际工资要高于 1913 年。但工作的不稳定性仍然没有缓解：单一化工人很容易被人取代；随着经济危机的到来，这种不稳定性甚至还在加剧，这是很大一部分无产者之所以对公共职务十分痴迷的原因所在。

对于工人来说，接触文化仍很困难。奖学金的数量少得可怜，而且更多是给公务员的孩子而不是工人的孩子。从 1880 年到 1930 年，中学生的数量竟然原地踏步！正如埃德蒙·戈布洛在提及中学结业考试时所说的："这是一道严厉的壁垒，一道由国家作后盾的官方壁垒，它抵挡着外来的入侵。人们可以成为资产阶级，但为此首先要通过中学结业考试"（《壁垒和水准》，1925 年）。这是文化上的隔阂吗？这话说得并不过头。工人街区的少数剧院上演的仅仅是些情节剧，广播里成天放的是谢瓦利埃和提诺·罗西[①]等人的怪诞歌曲，图书馆的开放仍是极其稀罕的现象，即使巴黎也是如此。不过，虽然无产阶级的文化饥渴让所有观察家感到吃惊，但只有少数无产者能得到满足，而且 838
还要付出沉重的代价。公务员的名位，对知识的热情，对很多工人的孩子来说，成为小学教师是提升社会地位的途径。而雅克·杜克洛在其《回忆录》中说，这个职业曾是他的梦想。

工人的世界是位于丑陋郊区的悲惨世界，这些地方好像是被城市割除的一样。这个被隔绝的世界所激发的是逃离它的欲望（路易·博丹和让·图沙尔都曾提到"车站和码头的主题在大众文学和电影中的重要地位"）。逃离到神话中，但也有人通过斗争而逃离到斗争中。而

① 谢瓦利埃（Maurice Chevalier，1888—1972），生于比利时的法国演员、歌手；提诺·罗西（Tino Rossi，1907—1983），生于意大利的法国电影演员、歌手。

且，工人阶级的斗争有时会让资产阶级颤抖。

资产阶级状况

两次世界大战之间的资产阶级感觉受到了威胁。从财政方面来说，如果我们撇开局面的多样性而仅考虑整体状况，资产阶级毫无疑问受到了威胁。“从前，很多家庭的财富几乎是单一的，这样的财富也是很多其他家庭的终极期望，它是通往成功的首要阶梯：这就是现已在人们颤抖的手中不断融化的定期投资收益。工资劳动者的抵制构成一个反对挤压工人薪水的压力集团，每到危机时刻，这种抵制力量就会削弱资方利润以及红利”（马克·布洛赫）。在资产阶级的收入中，固定利息收入和分红收入的比例减少了，而工资收入的比重则不断上升。收入税也在逐步上涨。

虽然生活水平受到影响，资产阶级对新观念的态度却前所未有的保守。马克·布洛赫发现了一种“对求知的懒惰”，他认为其中的部分原因在于教育，特别是中学教育。“我们的中学教育太不注意开发智力了……学生疲于考试……有些优秀的高中毕业生走出校门后就再也没有看过一部严肃的书，这样的学生我见过不止一个；相反，在今天，有些又懒又笨的学生，或较为懒惰和愚笨的学生，他们反倒表现出浓厚的文化追求，这样的学生我见到的也不止一个。如果情况属于偶然，那么出现这样的怪现象也未尝不可；不过，如果还要重复这样的现象，那就很让人担忧了。”中学教育没有、或很少与时代现状对接起来。它轻视技术和专业教育，它培养的是笼统的思想观念，甚至最终还培养了某种古老的心态。这种心态一方面与对体力劳动的贵族式轻蔑相关，另一方面还与 19 世纪推崇的人文主义传统相关。中等教育尤其如此，由于在 30 年代之前它不是义务和免费的，因而特别具有资产阶级教育的色彩，并充当了某种壁垒的角色。从各方面看，有关拉丁语的争论均具有典型意义，部分放弃这种死语言的建议遇到了激烈的抵制。埃德蒙·戈布洛曾分析过这种现象：“如果中学教育中没有拉丁语会怎样呢？如果一个聪明而勤奋的学生通过高小教育、或良好的技术教育而完成初等教育的学业，他可能要比中学的平庸学生更有知识、甚至更有文化。这样一来，区分社会阶级的文化不平等就不复存在了，一切都会混淆不清。资产阶级需要一种普通人所不能接触、并应排斥大众的教育”。而中学结业考试就是对这种教育方式的认可。

虽然总结性的提法总会有弊端，但两次大战之间的资产阶级确实给人这样一种印象：缺乏进取精神和创造活力。如果过分关注那些为工业注入新动力的新型资本家——他们大多是因为战争而发迹的——我们就可能忽视问题的主要方面。资产阶级对待生活的马尔萨斯式态度颇具象征意味。他们在经济事务上的行为方式同样如此，如那种日益受到指责的倾向性：储蓄优先于投资，而在投资中，被认为安全可靠的国家债券又优先于工业债券。1936 年之前社会立法明显滞后，只要与 20 世纪初作一个比较就很能说明问题了。人民阵线仅仅剥夺了资产阶级权势的外表。但他们已经感到不安，已经采取防御，其敏感超过了危机的影响，恐惧在他们中间蔓延。两次大战之间的资产阶级 839
“不再是幸福的了”（马克·布洛赫）。

墨守成规的政治

1914 年之前，国家很少干预经济和金融事务，冲突是围绕共和制和学校世俗化问题展开的，社会主义者也更愿意谈论社会政策而非经济政策。当然，随着有关收入税的大规模斗争的展开，一场变革已经开始。不过，国家职能是在大战期间才得以真正扩展的。1919 年，重建、通胀和恢复等难题是所有政府关切的问题，国家日益关注国民生活的各个方面。在大战期间及战后诞生的深刻变革又在 30 年代的危机中得以巩固，经济进入了政治。

但是，政治几乎没有对经济问题的闯入作任何调整。在制度领域，萧规曹随的作风依然盛行。这是一种变相延续的君主制，一种折中的临时体制，它在战后存活了下来；战争甚至强化了这种体制，而且一小撮人仍在宣扬王党主义。社会主义者桑巴曾如是表述这种困境：“或者实现和平，或者制造一个国王出来”，但是，现在看来这种困境是一种假象。

不过，在 1924—1926 年的货币危机和财政危机期间、在随后经济衰退日益发展的情形下，面对政府的瘫痪和议会的拖沓，改革的必要性又提上了日程。人人都赞成改革，然而，极右翼要求改革的极端喧嚣让左派感到疑虑。社会党急于限制参议院的权限，共产党则和激进党一起“捍卫现存体制”。此外，激进党真的希望改革吗？当哲学家阿兰把激进主义定义为“选举人对当选者、当选者对政府的永久监控”，当他为捍卫个人利益而辩护、并把这种利益赞誉为“公民反对权威”的行动时，他便相当准确地表达了激进主义的本质。无论如何，从在 1936 年以后，安德烈·塔迪厄不再谈论改革，而是谈论“再来一次革命”。一些政治人物和知识分子也像他一样转向了右翼的极端主义，开始同情威权体制。

政治上的墨守成规同样表现在殖民问题上。但是，马格里布和印度支那已经出现了民族主义运动。有些人主张独立，另一些人则宣扬回归传统，还有人建议与法国融合。不过，无论是阿拉尔·艾尔-法西、梅萨利·哈吉还是法赫拉特·阿巴斯、布尔吉巴、胡志明，他们的要求都没有得到任何回应。更有甚者，这些要求完全不为宗主国的人民所知。因为这是一个殖民观念全面胜利的年代，1931 年的巴黎博览会标志着这种观念达到了顶峰。人们对殖民帝国的兴趣从来没有这样强烈过，这既表现在文学中，也体现在教育中。另外，欧洲殖民者对任何改革的苗头都极力反对，在他们的压力下，勃鲁姆—维奥莱特计划流产了，这个计划本来准备给予大约 2 万阿尔及利亚人以法国公民权，而且这些人大部分是老兵。当寄托于人民阵线的希望破灭之后，马格里布的骚动更加剧烈了。镇压行动同样很严厉，骚动首领被逮捕之后，那里的运动也就平息了。1939 年，帝国实现了内部和平，不过为时甚短。

与这种普遍的政治守成主义相对应的是选举团的稳定，当然这并不排斥多数派的变更。两次大战之间共进行了 5 次大选：1919 年 11 月、1924 年 5 月、1928 年 4 月、1932 年 5 月、1936 年 4—5 月。不过，在弗朗索瓦·戈盖尔之后成为习惯性称呼的秩序派党派和运动派党派之间，选票还是有一些转移的情况。1928 年从前者向后者转移的选票为 40 万张，1932 年为 15 万张，而 1936 年，在一场激烈的竞选过后，运动派夺走了秩序派 18 万张选票，但不到选举团总票数的 5%。因此不存在、或很少出现选举不明朗的情况，这里我们可以发现传统的强大力量，不过还是应稍作区分。两大阵营内部有一些变化：1936 年，激进党失去了大约 40 万张选票，而共产党的选票增加了 80 万张。不过，这种变化是在政见相近的党派之间发生的，而不是 1945 年之后 840
的那种“跳山羊”式的急剧转变。在 1936 年，过去给激进党投票的选民这时会投社会党的票，而过去投票给社会党的这时会选共产党。

政治上的墨守成规也会造成不稳定——多数派的不稳定、政府的不稳定。在这方面，激进党的暧昧立场负有重大责任。这个党主宰了议会：两次大战期间的 42 届政府中，激进党 13 次组阁，而且激进党人从未被排除出政府，有时这甚至违背他们自己的意愿。在 1924 年大选前夕及 1928 年大选后不久，正是激进党的首领决定采取“下野疗法”的；而且，在 1919—1939 年的历次政府危机中，激进党人都曾被吁请主持或加入内阁，没有一次例外。这是因为，这个党在政坛棋局中占有关键位置。作为一个中间党派，它的政见轮廓比较模糊，因而适应相当大一部分选民的标准，在历次选举中，它总能获得 15%—30%的选票，没有它政府就几乎不可能运转。当激进党于 20 世纪初诞生的时候，它是个左翼政党，坚定地捍卫议会制共和国和世俗化，反对权威主义和教权主义的右翼势力。在上述主张上，它是社会党的“天然”盟友，但是在财政、经济、甚至社会问题上，它与社会党又有分歧。它并不主张国有化，也不赞同征收资本税。不过，在两次大战期间，虽然最后两个问题已成为头等重要的问题，激进党在选举上依然遵循过去的纲领。1924 年它反对的是教权主义，1936 年则反对权威主义体制的危险，并与左翼结盟。但一旦掌权之后，在面对极为严峻的货币、财政和经济危机时，激进党人又在施政方针上与社会党人产生龃龉，于是他们便通过一连串的倒阁行动同社会党划清界限。左翼联盟或人民阵线曾三度形成并在大选中获胜，1924 年、1932 年和 1936 年。而就在大选胜利两年之后，多数派又三次瓦解，激进党人转而与右翼一起组成新的多数派，这样又不必解散议会并举行新的选举，议会可以在封闭的罐子内自行运转。因此，政治方面激进但社会问题上保守的激进党处于一种微妙境地。它是那个畏首畏尾的年迈法国的绝妙化身，既不满足于现状又担心未来，身上还带着各种古老斗争的深刻印记。

不过，政府的不稳定对当时的人们震动尤其大，它最突出地表明现存体制越来越失灵。21 年内出现了 42 届政府，平均每届为时 6 个月。这些数字让人吃惊，虽然它们并未完全揭示真相。因为，当总理成为共和国总统（如 1920 年的米勒兰）、或总理因健康原因隐退（如 1929 年的普恩加莱）、或总理连任之时并未真正改组政府的时候，我们能说政府不稳定么？如果考虑到某些政府寿命相对较长（普恩加莱政府 1922—1924 年，26 个月；1926—1928 年，28 个月）、并因此压缩了其他政府的寿命，那么不稳定就更加不能视为一个重要事实了。这种不稳定有各种原因，不过其中一项最为根本——行政机构完全依赖于立法机构。不过，这种不稳定因为政治人物的长期在任（从 1920 年到 1939 年，克耶曾 21 次出任部长，A. 萨罗 19 次，达拉第 17 次，肖当 16 次——当然，这四个人都是激进党人）、因为行政机构的连续性而得以缓解。

最高立法当局与虚弱的行政当局之间的不平衡关系会导致一些非常步骤的采用，这种做法可以让参众两院议员理论上的权威不致受到质疑。在大战期间的白里安和克雷孟梭内阁任期内，议会曾经同意政府以颁布期限明确的法令的形式取得一定的立法权。战后的财政经济危机使得这种非常步骤得以延续到和平时期。1924—1926 年，普恩加莱曾两次要求获得全权，卡约也曾提出这样的要求，但遭到拒绝。
841 1934—1938 年，五位总理曾要求授予全权，其中 3 位获得成功，而且每次的期限都更长（达拉第竟有 4 年！）。

不稳定、非常步骤，这个体制在所有人看来都是有缺陷、不符合时代要求的，但它自身的改革并没有成功。“在 1871 年之前，46 年中出现了 13 种政体，而此后的 65 年只有一种政体……从前的政体未曾衰老就已垮台，而目前的政体虽已衰老却仍未垮台。”（安德烈·塔迪厄，《被囚的君主》，1936 年）。

三、危机中的真相：30 年代

1929 年 10 月的一个星期四，华尔街股市崩溃，这是资本主义世界有史以来最严重的危机的开端。当时的人们几乎没有料到危机的来临，他们认为这只是一次周期性衰退的发端。这样的衰退很早就影响到经济生活的节奏，一年后、至多两年后，衰退就会被克服。1929、1930、1931、1932 年，这些年人们一直在等待经济复苏，但复苏迟迟没有到来，人们开始习惯于危机了，人们也从来没有见过这么多的失业者。从那以后，自由放任的信条已经不可行了。各个政府，即使是最不主张指令性的政府，也开始进行干预了。这次危机是世界性的，没有哪个资本主义国家能逃脱。

经济危机和社会危机

法国并没有陷入剧烈的动荡之中。相反，很多人还在危机中看到了自鸣得意的理由，它不是撼动了傲慢的美国吗？而法国则是资本的避风港，在 1928 年 5 月到 1931 年 5 月的二年中，法兰西银行的黄金储备几乎翻了一番。而且，生产好歹还在维持，虽然其速率比其他工业大国低。为什么会有这样的暂缓期呢？当然我们可以看到关税保护政策的效果，不过也许更为重要的是普恩加莱“稳定化”政策的持久效应，法国的工业品因而在较长的时期内仍具有竞争力。

因此，1931 年 9 月英镑的贬值是个灾难性的打击；事实上，这等于让法郎升值。我们来看一组数字：1931 年 1 月，工业生产指数（以 1928 年为 100）仍达 102，但 1932 年 1 月就降为 80；1931 年第一季度受救济的失业者的平均数字为 4 万人，而 1932 年达到 25 万。

于是，法国也深陷危机的泥潭之中。尖端生产部门受打击最为严重：从 1930 年到 1935 年，钢产量下降了 40%，铝产量下降 50%，出口减少 1/3。破产的数量便反映了局面之萧条，而国家——现在即使那些诅咒国家干预的人也在请求干预——先后帮阿尔萨斯-洛林银行、国民信贷银行摆脱了困境，后一家银行后来成为了国家工商银行；国家还拯救了跨大西洋总公司和航空邮政公司。不过在法国，生产过剩危机的打击比别国轻，其原因无疑在于法国经济的落后，企业投资有限，生产设备本来就不够充裕——法国有很多这种类型的小型企业——因而更能承受价格降低带来的打击。但是，虽然危机的强度较小，持续的时间却是一样长。

因为，在面对衰退的时候，政府和舆论最初都把财政问题和经济问题混为一谈，预算平衡仍被视为一剂万灵膏。为了弥补因经济萧条造成的财税方面的亏欠，人们拟定了一个又一个增收节支的方案。但是，法国的价格和那些货币贬值的国家的价格之间的落差很快就变得过大。1933 年，在美元贬值过后，只有荷兰、比利时、瑞士、奥地利
842 和南非还继续和法国一起坚持金本位。在 1934 年之前，历届政府每日都在进行着政策摸索——提高关税率、规定进口限额、限制生产、制订生产商联盟协议。这完全是传统的马尔萨斯式的经济手段。但在这条路上不能走得太远，因为这可能会招致外国的报复行动。因此必须作出抉择。

货币贬值？舆论、政界和专家们都反对这样做。1934 年后，几乎只有保尔·雷诺支持这一政策。但法国仍然坚持金本位，把这视为经济状况良好的证据、看作其力量的来源和优势地位的象征。因此，现在只有通货紧缩一种选择。1935 年 7 月，赖伐尔政府果断采取这一政策，强制降低价格和工资，国家率先垂范——公务员的工资、退休金和公债利息被强行削减。在社会政策方面，失败是显而易见的，接受救济的失业者人数一直维持在 40 万以上。在心理方面，危机的打击是灾难性的。像往常一样，人们对价格下降的幅度全然不知，但每个人都在激烈抗议削减工资。政治家们即将从中获得教训，他们将会推动通货膨胀而不是冒紧缩通货的风险。

危机波及所有社会阶层，但首先受打击的是农民。农村爆发了骚乱，各种极端主义运动与法西斯主义并行发展，如多热莱斯的绿衫军。

相反，罢工遭遇到很大困难，经济萧条时期从来不利于工人诉求的成功。另外，工薪者的境况可能要好些，因为工资总是能抵消价格方面的影响。但这里没有提到失业的因素。虽然法国人受失业的打击较小——这导致大量外籍劳工的涌入——但仍有几百万人受到影响，或是完全失业或是部分失业。失业对无产阶级的意识造成严重创伤，成为他们挥之不去的梦魇。中产阶级同样感到不满，商人的营业额下降，公务员成了通货紧缩法令的主要受害者，而此前他们是价格下跌的主要受益者。中产阶级的不满具有关键意义，这使得资产阶级处于孤立地位。能说资产阶级逃脱了危机的打击吗？当然不能，不过，他们是唯一拥有能更好地应付危机的资源的阶层。不过到 1935 年，经济开始复苏。这一点无人预料到。

外交危机

在欧洲，没有哪个国家受危机打击的程度有德国那样严重。举一个数字就足够了，1932 年的完全失业者人数高达 600 万。面对这种灾难，美国总统胡佛于 1931 年宣布，国与国之间的所有债务之偿还延长一年。一年后，德国宣布无力支付赔款。法国议会将赔款和协约国之间的债务问题联系在一起，它不顾当时的总理赫里欧的意见，拒绝继续偿还协约国的债务。美国的舆论感到恼怒。这样，1932 年后，凡尔赛和约等条约中的财政条款以及有关债务问题的协议都不复存在了——如果不算各方的怨恨情绪的话。

危机的另一个重要后果是希特勒于 1933 年上台。在德国议会的最近一次选举中（1932 年 11 月），希特勒的党派获得了 37%的选票。他的举措将不断打乱外交格局，并让欧洲各国政府措手不及。1933 年，德国退出国际联盟；1934 年，纳粹的代理人刺杀奥地利总理，但是意大利的迅速反应使得德国吞并的企图流产了。德国还违背凡尔赛和约开始重新武装，并以此为荣。

面对希特勒的威胁，法国必须找到强有力的盟友。普恩加莱的朋友、老派的现实主义者路易·巴尔都与苏联进行了互助条约的谈判，1935 年 5 月，赖伐尔虽然在条约上签了字，但条约却失去了原来的锋

芒。与此同时，法国也在与法西斯意大利接近，赖伐尔和英国首相张
843 伯伦还与墨索里尼在斯特莱萨结成了一个“阵线”。看来法国已经不顾及意识形态的因素，开始恢复一战前的外交传统了。但这种情况昙花一现，因为上层阶级对共产主义的极端仇恨损害了上述努力，有些反共阶层还对意大利政权抱有同情。

1935 年 10 月，墨索里尼入侵国联成员国、独立国家埃塞俄比亚，而此时赖伐尔的态度十分暧昧。他想安抚这个新盟友，但又不能明目张胆地违反国联盟约；于是他与英国外交大臣拟定了一个瓜分埃塞俄比亚的计划，这个计划的后果是可悲的，因为它表明，民主国家甚至对它们自己捍卫的原则也不尊重。英国舆论感到愤怒，而墨索里尼也拒绝了这个计划。接下来就是对意大利的经济制裁了。但制裁措施并未见效（1936 年 5 月，埃塞俄比亚皇帝踏上了流亡之路），人们对国联的信任也烟消云散。墨索里尼废除法意协定，并开始与德国接近。

法国的右翼掀起轩然大波。一批知识精英——马塞尔·埃梅、皮埃尔·加格索特、蒂埃里·莫尔尼埃以及其他很多人——与 16 位科学院院士一起抨击“平等化的狂热”，但人们竟以这种狂热为名，“制定出了制裁措施，而这些措施是要阻碍对世界上最落后的一个国家的文明征服……这毫无疑问会引起全面战争，会让所有无法无天的国家联合到一起，反对一个 15 年使高尚人类的某些重要美德得以表现、升华、组织和强化的国家”。而围绕法苏条约也展开了激烈的争论。1936 年 2 月，右翼多数派议员投票否决了该条约。

希特勒则以这个条约为理由否定洛迦诺公约，他重新占领了莱茵非军事区。这次行动直接针对法国。法国应作出反应吗？当总理阿尔贝·萨罗在广播里庄严地宣布：“我们不能将斯特拉斯堡置于德国人的炮火下”时，看来一切都表明法国会采取行动。然而，政府是在闪烁其词，英国人也退缩了。总参谋部认为，要采取军事行动就必须进行动员，至少是部分动员，而两个月后就要举行选举，因此，这样的举措是不可想象的，何况总参谋部并非没有认识到这一点。最后，法国竟向国联求助！今天我们知道希特勒只是在虚张声势，德军当时还

无法抵挡法国的进攻，即便法国只进行一次局部动员的话。但两年后，力量对比发生了逆转。当时驻柏林使馆的武官保罗·斯特兰认为，“对纳粹体制进行决定性一击并拯救和平的最后一次良机，就这样从我们手里溜走了”（《历史的见证》）。

民主国家的虚弱增强了独裁者的力量。不可否认总参谋部和政府的责任，而对于后者，没有将军们的担保和英国的支持它是不敢行动的。但是，舆论中根深蒂固的和平主义情绪同样负有责任，这在法国是个新现象，至少从其规模而言是这样。当然，和平主义源于大战及其造成的可怕伤亡。和平不仅是人们的渴望，它还成为了最高价值。在《贝拉》(Bella) 一书问世 9 年之后，《特洛伊之战不会再来》中的吉罗杜已经失去了原来美好的乐观精神，他嘲笑国联说：“消灭一个国家根本不会改变它优越的国际道德地位”。为了维护和平，安德罗马克和赫克托尔，这些我们喜爱的英雄，曾建议将海伦交给希腊人，但战争还是不能避免。

因此法国已经受到打击，来自外部的打击——美国的危机、德国的危机搅动了它的相对安宁。当时人理解力之欠缺确实让人迷惑，从当时的媒体文章和政治人物的谈话中，我们可以编纂出一套十分漂亮的蠢话集。政府反应的不得力、随之而来的麻烦使得国内局势再度紧张。

“2 月 6 日的不成功的革命”（罗贝尔·布拉齐拉克） 844

1932 年的选举中，激进党和社会党的“卡特尔式”联盟获得胜利。在危机面前，这个联盟表现得同样的无助，内阁的轮换依旧在继续。反议会主义重新抬头，既有右翼的也有左翼的，但主要是来自右翼的。从前的各种极右组织再度活跃起来，新的极右团体也在建立。这样的团体有爱国青年运动和法兰西行动，有马塞尔·比卡尔的法西斯运动和让·勒诺的法兰西团结。这些团体毫不掩饰它们对法西斯主义的同情，而拉罗克上校的火十字运动的声势更是日益浩大，到底这个运动有多少成员呢？1934 年 2 月 6 日之前肯定不超过 15 万人。

不满情绪在蔓延，老兵们的失望（“到底为什么打仗呢?”）、失业和中产阶级的焦虑给这种情绪火上浇油，有些大资本家成了被逐猎的巫师的角色。斯塔维斯基事件就很能说明问题，花边新闻竟演变成这样大的事件！几个政治人物——无时无处不见他们的身影——之间的协议背后开始显露出威权主义体制的要求。就在这个时刻，由于同斯塔维斯基丑闻有牵连，激进党人萨罗辞职了。继任者为达拉第，他的表现看来足以保证他的坚定可靠，他打算调离警察总监希亚普，后者有宽容极右社团之嫌疑。1934 年 2 月 6 日，达拉第政府接到议会的授权。与此同时，3 万名示威者（其中足有一半是全国老兵联盟的成员）高呼“打倒盗贼”的古老口号向波旁宫汇合，协和广场上的警察向示威者开枪，造成 10 人死亡，许多人受伤。在残老军人院前面的广场上，爱德华·赫里欧受到指名道姓的攻击，赫里欧还能听到“滚到塞纳河里去”的叫声，“想到一位里昂市长可能在不是罗讷河的水流中丧生”[①]，赫里欧觉得是件丢脸的事。不过很少有人玩弄这种反讽艺术。对左派来说，这是对共和制度的威胁。确实存在这种威胁吗？但这个问题本身有什么要紧的呢！只要左派相信威胁是存在的就行了，而这种信念是人民阵线得以产生的部分原因。而对痴迷于法西斯主义的青年知识分子罗贝尔·布拉齐拉克来说，“虽然 2 月 6 日是个糟糕的阴谋，但这是一次本能的、光辉的反叛运动，是一个勇于献身的夜晚，它将与那晚的气息、冷风、川流不息的苍白面孔、人行道边一簇簇的人群、还有不可抑制的民族革命的期望，一起留在我们的记忆中”。（《我们的战前岁月》）

这是一场隐形革命吗？确实，在第三共和国的历史上，议会第一次向街头的压力让步，达拉第也辞职了，但取而代之的是 71 岁的共和国前总统杜梅格，在他的右翼是塔迪厄，左翼是赫里欧，而此前贝当已经担任了国防部长。“法西斯主义是青年人情绪的爆发：而右派舆论则殷切地欢迎一位老人的到来”（勒内·雷蒙），就像此前欢迎克雷孟梭、此后又欢迎贝当一样。皮埃尔·诺拉认为，法兰西行动的成员

① 赫里欧曾担任里昂市长，罗讷河流经里昂。

“更关心的是法国的堕落而不是自己的经济利益受到威胁，他们敌视20世纪的社会，而作为工业化的受害者的意识并不那么强烈”。难道不可以这样评论其他极右社团吗、并据此与德国的——就算不能与意大利的——法西斯运动画一条分界线吗？法国社会明显更为稳定；它的僵化也许能使它更好地防御法西斯主义。

为了回击2月6日的骚乱，12日开始了大罢工，接着全法国都举行了示威游行。这些行动的成功让其组织者都感到吃惊。不过共产党的转变是最近的事，6日，共产党人举行反对法西斯主义的示威，不过他们也反对现政权；但法共已经意识到这两个主张之间的矛盾，这也许是受到来自莫斯科的压力，但德国社会民主党和共产党之间斗争的灾难性后果无疑让他们心有余悸。12日，共产党和社会党的工会提出了不同的口号。但在基层，相互敌对的工会兄弟几乎都自发地共同举行游行，一致的反应所产生的力量、近半个世纪的世俗教育培养出 845
来的共和神话，这时终于发挥了重大影响力。2月12日行动是人民阵线在大众中间的先声，如果领导阶层还没有这种前兆的话。

左派的领导层联盟逐步建立起来。1934年7月，社会党和共产党决定采取联合行动；1934年10月，共产党与激进党和解；1935年7月，激进党加入社会党和共产党的联盟，1936年1月，联盟颁布共同纲领，纲领宣布放弃工人国际法国支部和法国总工会倡导的结构改革，因为激进党出于原则性理由、共产党出于策略性理由而反对这种改革。1936年1月，法国总工会和统一总工会合并。大规模的群众游行由此开始。1935年7月14日，在复兴1790年联盟节的庄严誓词中，游行的参加者们走到了一起。1936年5月24日，人们在公社社员墙前面举行了向巴黎公社死难者致敬的仪式。每次活动的参加者都达数十万。

1936年4—5月大选期间，由于人民阵线各党派在第二轮竞选中采取了相互避让的做法，故它们在大选中取得了完全的胜利，不过各党派的选票有轻微的相互转移现象。激进党的席位减少了，而社会党、特别是共产党席位增加。不过，如果没有激进党，人民阵线永远不可能构成多数派。

“人民阵线：不成功的革命”（达尼埃尔·盖兰）

在左派胜利刚刚取得大选胜利后，法国爆发了一场规模空前的工潮。这场运动具有相当大的自发性，5 月份，它先是在冶金业中蔓延（5 月 11 日，勒阿弗尔的布雷盖工厂），6 月初波及化工、纺织、建筑和大型商店等行业，最终涉及 200 万工人，不过罢工还没有影响公共部门。这是一场新型的运动，即就地罢工，这让资方大为惊恐：明天它会演变成革命吗？不过，除了个别例外，工人的要求仍局限于企业范围之内，老板们也不必担心，不必费心去了解损失、去恢复工厂的生产。因为这次罢工首先是一次气氛缓和的怠工行动。工厂这个劳动和异化的地方开始人性化了，人们在里面吃饭、跳舞、睡觉。法国总工会的一位领导人说：“你们要明白，他们此前一直就像生活在坟墓里。而今天，他们掀开了坟墓上的石板，终于见到了阳光。”这是一次愉快的罢工，其重要意义更多在于罢工本身而非罢工的结果。关于这一点，没有谁的表述有西蒙娜·薇依那样出色：“人们高兴地在一个笑眯眯的工人的许可下走进工厂，高兴地看到有那么多微笑的脸孔，那么亲如手足的招呼声……在各个车间里溜达一圈也是件高兴的事儿，车间里还有人攀附在机器上……在这些沉默的机器中间按照人性化的节奏生活也是件高兴的事儿。当然，那种严酷的生活几天后就会重新开始。但人们不去想，人们就像战争期间告假的士兵那样。不管随后会发生什么，今日的生活将会永远值得回味。”这是解放的快乐，表演的快乐，“除了这样或那样的要求外——不管这些要求多么重要——还有别的东西……在经历了长期的屈从、在一切都要忍耐、一切都要默默地忍受的岁月后……终于有了敢于扬眉吐气、挺直腰杆的日子，终于轮到了自己说话的时候，在这几天里，自我感觉终于像个人了。”因为春天的好日子只会来一次。

6 月 4 日，勃鲁姆的社会党—激进党联合内阁成立，这届政府的新气象是出现了三位女部长、设立了休闲体育部、并在马提尼翁宫设立了独立的总理府。6 月 7 日，应资方的要求，法国总工会和法国雇主联合会举行会议，勃鲁姆担任会议的仲裁者。马提尼翁协议承认工会有权实施自己的权利，规定可以设定集体劳动合同并可选举工人代表，协议还建议将工资提高7%—15%，但每个企业工资总额的上涨水平不得超过12%。“胜利已经到来”，《人道报》打出了这样的标题； 846
《民众报》则欢呼“工人阶级的胜利”。在6月11日多列士发出呼吁后（“应该知道如何结束罢工”），工人运动开始十分缓慢地退潮。无论是社会党还是共产党，双方都不准备将运动推向革命，他们都只想执行人民阵线的方针，仅此而已。而托洛茨基派人数太少，也太孤立，工人国际法国支部的革命派左翼（马尔索·皮韦尔，达尼埃尔·盖兰）则担心与托派走得太近。

随后是接二连三的法律，参众两院大都以压倒优势迅速通过之：集体谈判协议、两周的带薪休假、每周工作40小时。工人的状况有了巨大变化。法兰西银行被改组，战争工业实行了国有化，并设立小麦局以稳定价格。义务教育年限延长到14岁。根据政府法令，各种极右团体被解散。在议会休假期间，一系列范围至为广泛的改革措施得以通过。

但人民阵线不仅仅是一串法律名录或一个议会党团联盟。它首先是群众对政治生活的大规模介入、是群众无限期望的开端：“希望以及对工作和生活的热情又回来了”（莱昂·勃鲁姆，1936年12月31日）。对1936年有某种颂扬，它来自对人的信心、对进步的信念、对自然和博爱的回归，这种颂扬还可以在雷诺阿的电影里、在马尔罗的小说里看得到，他叙述了自己在西班牙的冒险，并恰如其分地把自己的作品称之为《希望》。

进入10月后，问题又开始堆积，反对派重新恢复活动，人民阵线内部的纷争日益明显。

对勃鲁姆和他那些受美国新政启发的顾问们而言，生产过剩只是消费不足的后果，因此必须采取“购买力政策”。增加工资、设立小麦最低价格等措施便是出于这方面的考虑，但这种政策受到各种因素的抵制。由于缺乏改进生产率的特别措施，每周40小时工作制只能对生产造成限制，这个政策甚至也不能遏止失业。1936年9月，政府终于采取货币贬值政策，但是贬值幅度太小，比 1931 年英镑的贬值和 1933 年美元的贬值幅度都要小，而且当时的心理条件也不利。我们不妨看得远一点，购买力政策实际上变成了幻影，因为悲观、犹疑、焦虑的资方不愿冒险投资以迎合需求的增长。不过，这样的政策好歹还是出台了。短期来看，唯一能刺激经济的就是货币贬值，因为数字就摆在那里：1937 年 5 月，工业生产指数为 89（以 1928 年为基数 100），而 1936 年 4 月为 88，接受救济的失业者仍有 35 万。

资本的外逃——这是资产阶级的总罢工——使得政府的任务复杂化。政府像往常一样，徘徊在强制和安抚之间。1937 年 2 月宣布的"暂停"产生的结果令人失望。1935 年 5 月，勃鲁姆曾高喊："我们一个星期、三天、甚至一个小时都不能再等了，我们要庄严地重申：我们不能再容忍国际投机的法则了"，但现在是说这话的时候吗？不过这届政府至少还知道不能指望资产阶级，它受到的诽谤比任何政府都更厉害，有人还试图再次营造曾围绕这届短命政府的诽谤氛围（内政部长萨朗格罗因受攻击而自杀）。

人民阵线也受到其内部争吵的损害。一度参加政治运动的农民和中产阶级很快就对社会运动、对动荡局面和罢工的持续感到不安。他们最初的同情还是抵挡不住对革命和无政府状态的恐惧，他们在选举中选择了激进党。针对资本外逃的局面，勃鲁姆决定采取强制措施并
847 建议对汇兑实行监控（1937 年 6 月），但参议院的激进党就要把政府搞下台了。

共产党人出于对内阁斗争固有的不信任态度，曾决定不参加勃鲁姆政府，虽然多列士有不同意见。但法共仍在打人民阵线这张牌。这是出于他们战略上的考虑，在他们看来，希特勒主义是当下的首要敌人。这就是西班牙战争何以能造成分歧的原因所在。1936 年 7 月，佛朗哥将军领导的军事政变试图推翻合法政府，而这个政府也是自由选举产生的人民阵线政府。勃鲁姆担心发生欧洲战争、甚至引发内战，因此设法与英国保持联系，并无奈地坚持不干涉政策。但佛朗哥不断接到希特勒运来的武器以及墨索里尼派来的人员。因此在共产党人看

来，西班牙是一个反对纳粹主义的战场。他们不能容忍勃鲁姆政府的消极立场。如果民主制不能抵抗法西斯专制，那么同它结盟有什么益处呢？

甚至工人都没有丧失战斗性。已经取得的利益——首先是加薪——一点点地蒸发了。1938 年，达拉第政府甚至抨击每周 40 小时工作制，法国总工会于是在 11 月 30 日发出总罢工的号令，但这次行动失败了。这时对外部局势的关注已经影响到所有问题，慕尼黑会议甚至导致了法国总工会本身的分裂。

人民阵线会成为一次革命吗？群众希望发动深刻的变革吗？对此我们大可怀疑。但不管怎样，无论是 1934 年的右派还是 1936 年的左派，各派重要的政治组织都不准备带领群众走上革命的道路。

民族危机

因此，革命没有发生，政治和社会结构也几乎没有什么变革；但人们的精神发生了怎样的骚动呢！各派的对立情绪更加剧烈。只要看一下政治组织的例子就足够了。1933 年，法共党员为 3 万名，但 1937 年增长到 30 万人，并成为左派第一大党。右派的变化更为明显。在一个向来不喜欢干部制度的阶层，出现了一个名副其实的群众性党派——法兰西社会党。这只是改头换面的火十字运动，该组织于 1936 年被解散，但拉罗克上校的这个法兰西社会党的成员超过了 200 万人，这在当时是个惊人的数字。而且，尽管这个党接受选举游戏，但它仍然敌视现政权，并且完全忠诚于某个领袖。1936 年还出现了一个“社会主义的和民族的”党派——法国人民党，该党受多里奥的严格控制，此人是个悔悟的共产党人。法国人民党可以被看作法西斯组织，成员可能超过 20 万。1930 年代的右派老首领、温和派政治家塔迪厄和赖伐尔等人也对威权主义体制表现出日益明显的同情。什么东西能更好地象征资产阶级的演变呢？马克·布洛赫写道：“富裕阶层、甚至表面看来思想最自由的人们中间的这场骚动，导致了 1936 年人民阵线的上台，这个说法看来并不夸张……资产阶级越来越远离人民，他们不再深入人民中间以赢得人民的同情，这是真正的思想运动，他们拒绝尊重人民，但随后又会在人民面前颤抖，这样，资产阶级就一下子与法国疏远了，虽然他们并不想这样做。在给现政权施压的同时，他们又会谴责委身于这个政权的民族，这是再自然不过的事情了……”

由于对重现眼前的共产主义威胁怀有深刻的恐惧，曾经欢呼占领鲁尔区、曾经支持白里安的右派现在谋求与希特勒和解。提出论据并非什么难事，如缺少英国的支持、军事准备不足等等。“工会运动中的工人取代了德国鬼子的位置”，从西班牙归来的天主教派贝尔纳诺断言道。另一个阵营也发生了重大转变，过去 15 年一直坚持和平主义的左派，现在有部分人转向了民族防御政策，态度甚至十分坚定。早在
848 1936 年，人民阵线就提出过一个总额 140 亿法郎的再武装计划，这个数字十分可观。不过，一部分左派仍然固守陈旧的理念，即不惜一切代价维持和平——这样的人在工人国际法国支部、法国总工会和教师工会中特别多。

慕尼黑会议就是在这种背景下召开的。当希特勒要求获得捷克斯洛伐克的苏台德地区——该地区有 300 万德意志居民——时，法国，这个曾担保其盟国的疆界的国家，竟同意了德国的要求。不仅是因为希特勒搬出了人民自决权、不仅是因为凡尔赛和约有那么多的缺陷，只有对战争挥之不去的恐惧才能解释如此恶劣的违背承诺的行径。莱昂·勃鲁姆称之为“怯懦的慰藉”。

不过，在 1938—1939 年，一种迟到的民族应对政策初露端倪。由于世界经济形势好转，财政部长雷诺终于使法国走出了危机；1938 年 11 月 30 日工会运动的失败让资产阶级稍许放心。但就在这个时候，意大利要求获得突尼斯和科西嘉，而希特勒则首次派兵占领非德意志人居住区——波希米亚和摩拉维亚（1939 年 3 月）。民族自决权的幌子被抛弃了。从这一刻起，英国舆论开始转向。但法国表现得较为犹豫。

某种失落和萧瑟的气氛笼罩着这个国家。工人阶级之所以失落，是因为他们 1936 年的希望很快就烟消云散。资产阶级之所以失落，是因为十分真切地看到了革命的幽灵，以致不能不感到长久的恐惧。这

个民族之所以失落，是因为战争再度成为可能。一种在劫难逃的气氛弥漫在人们的脑海里：《雾中码头》里的逃兵，《游戏规则》里的资产阶级，《天亮了》中的工人，《驳船》里的水手，所有这些人都无法掌握自己的命运。

1919年是凯旋的法国，1929年是繁荣的法国，1940年是惨败的法国：最后一个形象只是表面上有些令人费解。法国难道不是已经为了胜利而耗尽精力吗？诚然，胜利的代价太沉重了。但是，人口、经济和社会方面的结构性缺陷表现得尤其明显：这是1914年之前的遗产，但胜利的喜悦掩盖了这些缺陷。当环环相扣的危机接踵而至时，经济繁荣、艰难恢复的财政局面、煞费苦心制定出来的条约，所有这些都破灭了。人民阵线开始重新武装，达拉第—雷诺政府开始重振经济。但部分左派仍沉溺在过时的和平主义思潮中。大部分资产阶级受到“36年”的创伤，他们有时甚至接受法西斯主义的诱惑，不想看到冲突的到来。前面我们看到了马克·布洛赫的控诉，此处是莱昂·勃鲁姆的陈辞，这位政治领袖在1941年曾这样写道：资产阶级“任何情况下都不希望战争，他们并不害怕希特勒，因为他们恐惧的全部容量都被人民阵线、特别是共产主义占据了”。而那位伟大的历史学家则在1940年如是说：“在为我们提供工业领袖、高级行政官员和大部分军官的统治阶级中，很多人……是在保卫一个他们预先就认为没有抵抗能力的国家。结局当然就是‘奇异的溃败’。”

849 # 第二十九章　第二次世界大战中的法国

1939—1945年：失败、占领、抵抗运动

从1939年至1945年，法国经历了其历史上最为严重的危机之一。它经历了战争与失败，而与战争和失败相伴而来的，则是贫困、悲剧、耻辱、领土被占、资源遭劫。更糟糕的是，在一种前所未有的恶劣处境中，其民族统一因内部分裂与自相残杀而受到损害。但是，人们很快地将其冠名为“抵抗运动”的英勇的努力，使法国得以重新积极投入盟国与纳粹德国之间的战争，并为获得最后的胜利发挥了自己的作用。这一历史是一段出现崩溃、并经受长时期的痛苦的历史，但它也为更美好的时日以及一种光彩夺目的复兴作了准备。不过，这种光彩夺目的复兴不可能完全抹去这样一场悲剧留下的深刻痕迹。

一、被打败的法国

850 ### 1939年的法国

1939年9月1日，德国入侵波兰。9月3日，为保卫曾正式允诺会提供援助的盟国，法国步英国的后尘向德国宣战。对1914—1918年的大战记忆犹新的法国人不约而同地想到，此次战争会持续很长时间，

那么他们是如何准备面对和进行这场战争的呢？

在所有战略家的眼里，法国的军队堪称是世界上最好的军队，魏刚将军刚刚宣布了这一点，而德国总参谋部也作如是观——后者同样对 1918 年耿耿于怀。从数量上看，若加上波兰军队的人数（人们无法指望英国的军队，其在 1939 年能向欧洲大陆派出的只有两个师），法国军队强于希特勒手下的年轻的军队——国防军。法军的组织与装备自 1918 年几乎未被调整。它无疑已经走上了摩托化的道路——虽然还不甚果断。如同人们已过多地说到和重复的那样，它亦不缺乏坦克：人们将发现，在 1940 年 5 月，德方的装甲车无论是在数量上还是质量上，均没有明显优于法方。然而，在其他领域，不足之处昭然若揭。首先是在航空力量方面。1938 年，空军总参谋部的负责人维耶曼将军宣称，他手下的飞机“处在无法应对一场战争的状态”；而自那以后，状况几乎没有得到改善。在 1939 年 9 月，空军所拥有的机况良好的飞机大约为 700 架歼击机、175 架轰炸机，它们均非最现代的机型。即便算上英国空军的飞机，法国空军与德国空军的力量对比仍为 1 比 5，德方明显占据优势。用于对空防御的高射炮、用来对付坦克的大炮以及地雷，一律严重短缺。

虽然自 1936 年以来已进行了某种实实在在的努力，但法国在重整军备方面仍因各种障碍而举步维艰：工业的适应性不够、过于分散、方法与工具方面的落后；军方领导人对军队的实际需求缺乏总体看法；设计样品时未能务实；原材料和劳动力问题……在这几年里，国家的所有军事努力皆围绕着马其诺防线展开。然而，这条防线并不完整，因为它无法覆盖比利时的边界，后来的事实表明，这一缺陷最终危害严重。马其诺防线使得国民产生了一种虚幻的安全感，它亦使得法国军队越来越固守一种以防御为中心的理念，后者使军队丧失了所有的冲劲与行动。这是一种在 1914—1918 的战争给法国带来重创后产生并侵袭国民的僵化症的迹象，人们可在法国所有领导人的身上看到它，而且，它还将很快带来悲剧性的后果。一种与之相同的精神状态使得人们对军事领域中最引人入胜的革新嗤之以鼻：法国没有伞兵部队，虽然苏联人在几年前就已提供了这方面的榜样；虽说法国并不缺少坦克，但坦克的用途仍与1918年时一样，被定位为步兵部队的附属物，而且，总参谋部顽固地反对戴高乐上校与保尔·雷诺提出的组建坦克部队的要求。装备充足的惟有海军：它拥有总吨位为50万吨的现代舰艇，而且这些舰艇的品种颇为丰富，从像“敦刻尔克号”那样的主力舰到轻型舰艇和潜水艇，应有尽有。法国的海军可在英国海军执行其盟国所期待的行动时行之有效地提供援助，担负起保卫与殖民地和中立国的联系、以及对德国实行封锁的职责。它唯一缺少的是航空母舰，当时，人们尚想象不到它们后来会在这场战争中起到的至关重要的作用。

人们至少可以说，法国的战争机器尚未调整到最佳状态。然而，国民对此难道就全无责任了吗？他们的精神状态该如何来解释？也许，希特勒的意识形态、他鼓吹的极权主义，以及纳粹德国领导人为反对由1919年的《凡尔赛和约》与其他针对德国的国际协定确立的现存秩序而采取的强硬措施，会在很大程度上使一些人产生反对法西斯主义
851 的斗争精神，使另一些人对军国主义和黩武的“永恒的德国”起了戒心，但是，对议会民主制提出批评，将其孱弱无能与注重秩序和权威的体制的高效率对立起来者大有人在，后者难道不是对付社会颠覆的最佳壁垒吗？确实，从这一观点来看，苏联与德国在8月23日签订的协定或许大大动摇了人们的信念，但是，最为明显且后果最为严重的事实是，法国在参战时缺乏热情，人们只是为服从纪律，或更多地是出于顺从而参战。人们已远远没有1914年的动员时曾有过的那种劲头，之所以如此，与这场战争缺乏振奋人心的战争目标密切相关。推翻纳粹制度？但这种制度毕竟是德国人自己选定的。终结希特勒的侵略行径？人们难道不能通过和平协定来达到这一目的吗？“慕尼黑精神”并未消亡。其人口潜力与经济潜力一样被大大削弱的法国，尤其惧怕一场新的考验。

显然，在这种状态下参战甚为不利。与此同时，为弥补准备不足的缺陷和利用各自的殖民帝国的资源，法国人与英国人皆采用了一种

等待观望的战略，这也是最符合时任盟军总司令的甘默林将军性格的战略，此人更像是一位知识分子，而不是一位军事领袖，为逃避责任，他喜欢采取拐弯抹角的手段，或者是按兵不动。人们自以为通过封锁削弱了德国，与中立国结成了一个巨大的同盟（真是天晓得!），并引导着德国人自行抛弃他们不幸的制度。盟国的宣传机构宣称："我们将获胜，因为我们最为坚强。"还应当相信法国的力量以及为之服务的意愿。

奇怪的战争

这一战略让希特勒占据了主动权，他通过为期三周的闪电战，将波兰从地图上抹去，并与其盟友斯大林一起瓜分了波兰原有的领土。波兰政府曾多次吁请盟国施以援手，结果纯属徒劳。法国只采取了一种没有任何实际意义的姿态——其军队在萨尔小心翼翼地向前推进，直至齐格菲防线的边缘。而当德国的援军赶到此地，法国的军队即退回了原地（10 月 16 日）。导致这种无异于承认自己懦弱无能的无所作为的确切原因究竟何在？还有待探讨。不过，自那以后，以及在漫长的冬季里，与敌军有过接触的军队惟有驻守在巴拉丁边境与莱茵河沿线的部队。这些部队在此实际上也没有遇到什么大的事情，双方只有过一些零星的交火。至于法国主力部队的士兵，则在马其诺防线的掩蔽所或后方的驻地，通过投身枯燥乏味的操练来排遣他们的无聊之情。兵营里的这种生活烦闷之极。人们寻思着如何结束这种"奇怪的战争"，隐隐约约地设想着有朝一日它会在真正的战斗打响前就宣告结束。在平民百姓那里，情况亦同样不容乐观。在最初的惊慌过后，他们为没有看到任何曾预计到的事情发生，为既没有看到地面的交火，又没有看到空中的轰炸出现而惊诧不已。逐渐地，他们恢复了平常的生活习惯，其感到不便的只是已经颁布的战时条例的某些限制。被征招入伍者的家庭得忍受分离之苦，但是，在大多数行业中，皆可看到一些"被特别派遣者"的归来，这些人将在他们的工作中，而不是在其曾驻守的什么也没发生的前线派上更大的用场。

希特勒以一种人们所熟悉的艺术维持和强化着这种危险的氛围。

在于 10 月 8 日在国会发表的一次演说中，他发起了和平攻势：既然波兰问题现已完全得到解决，为何还要继续进行战争？在欧洲，任何争端的策源地已不复存在，德国亦不会再提出要求。为了确保所有人的财产，民主国家最好与德国和平相处。无疑，此番言论只能诱惑那些
852 还想听任希特勒愚弄的人，政府总理达拉第立即以断然拒绝作为回应，几天后，英国首相张伯伦也作出了同样的举动。尽管如此，通过对前线士兵发出的呼吁、在工厂里散发的反对军国主义的传单，以及全国各地的广播电台，敌方的宣传还是隐隐约约地起了一些作用。

政府与总参谋部并非没有感受到这一种惟有依靠军事行动才能予以消除的危险。但是，该在哪里采取行动，以及该如何采取行动呢？甘默林不认为在东北战线采取行动是可行的，这条战线较为狭窄，若在此采取行动，敌我双方会如同在 1914—1918 年的大战中曾出现过的那样，会在伤亡巨大却毫无结果的阵地战中元气大伤。他想在别处寻求采取行动的地点，但却立即遇到了许多障碍。这一事实亦令人痛心地表明，法国军方在许多方面均未做好战争准备。为最终在地中海东岸以及巴尔干展开军事行动，一支由魏刚指挥的军队被派往叙利亚。不过，此举纯属枉费心机。因为，为了能行之有效地行动，就应当依靠由受到希特勒威胁的几个强国组成的一条巴尔干战线。然而，这些强国的力量以及全力以赴地投入战争的决心，均无法让人产生足够的信任。政治上和外交上的准备不足与军事上的准备不足汇合在了一起。

11 月 30 日，力图控制东波罗的海的苏联向芬兰发起了进攻，但让所有人深感意外的是，苏军遇到了顽强而有效的抵抗。盟国在此看到了开辟具有多种良好前景的第二战场的机会。对芬兰提供援助的好处有：符合舆论中对这一爱好和平的小国的同情倾向；可以满足那些因苏德互不侵犯条约的签订和法共的态度（该党虽已被取缔，但仍在秘密进行反战活动）而敌视苏联者的意愿；间接地破坏德国的战时经济（当时德国从苏联大量地获得原材料与石油供应）。最后，也许是最重要的一点就是，可以对瑞典和挪威施加一定的压力，以便它们让盟国的军队与物资过境，并由此抓住机会，使德国无法再通过挪威的

港口纳尔威克获得瑞典的钢铁。然而，盟国再次表现出效率不够，在这次干涉涉及的所有问题得到解决之前，芬兰已被迫屈服，并接受了苏联方面的条件（1940 年 3 月 12 日）。

这一失败导致了达拉第政府的垮台，人们指控他在进行战争时优柔寡断。于是，保尔·雷诺登台掌权。头脑灵光、富有远见的他引人瞩目地说出了这样激动人心的名言："赢得胜利，可拯救一切，而屈服，则将丧失一切。"雷诺表现出是个能驾驭局势的高人，在更好地应对战争方面起了具有决定性的推动作用。他的第一项行动就是为签订法英协定前往伦敦，根据双方所签订的这一协定，两国不得单独签订和约或停战协定。与此同时，他在丘吉尔的支持下，决定通过向挪威派遣一支盟国远征军来切断"钢铁之路"，不让德国再从瑞典获得钢铁。但是，法国人与英国人再次失算。希特勒获悉了他们的计划，并为远征挪威做了好几个月的准备。在同一时间里，希特勒在没有遭到抵抗的情况下占领了丹麦，派兵在挪威的大部分港口，其中包括奥斯陆与纳尔威克登陆（4 月 9 日）。盟国没有拒绝战斗。但是，战局显得对它们甚为不利。就同盟国方面而言，战斗主要由英国的海军和空军进行。法国投入战斗的是由贝图阿尔将军指挥的阿尔卑斯山猎步兵。他们在 5 月底将德国人赶出了纳尔威克。可是，就在此时，在法国，种种悲剧性的事件正在发生，远征军得应召回国：挪威战役遂以完全失败告终。

溃败

事实上，5 月 10 日，希特勒以入侵比利时与荷兰终结了西线漫长的"等待观望"的时期。这一最初定于 1939 年秋天进行、却因天气恶劣而多次被推迟的决定性的进攻，得到了精心准备。根据借鉴 1914 年 853
的经验制订而成的最初方案，德军将从北面展开大规模的包围行动，但希特勒没有采用这一方案，而是强令抱怀疑态度的总参谋部采纳一项可归因于曼斯坦因将军的想象力与希特勒本人的直觉的别出心裁的方案。这一别出心裁的方案计划把法英联军的大部分人马引诱到比利时平原，从中部突破，穿越防守薄弱的阿登山区，一直向海边推进，由此切断法英联军彼此之间的联系，并逐一挫败他们。它的成功乃基于两点：出人意料以及因飞机和装甲部队的联合行动得以可能的快速追击。此项方案堪称闪电战的完美模式，并取得了巨大的成功。

法英联军的统帅部不可能会为德军从比利时发起进攻感到惊讶。在冬季期间，多次警报已向它提供了足够多的迹象。但是，要在比利时进行防守，则提出了一个甘默林将军所无法解决的问题。自 1936 年以来，法国的这一邻国畏缩在一种谨小慎微的中立状态之中。它希望通过向反对同法国的关系过于密切的人证明其不会这样做来加强国内的团结，也许，它同时还希望由此使自己免遭正在列强之间发生的冲突的牵连。因此，比利时拒绝接受总参谋部提出的与这一态度不相吻合的预防措施。虽然甘默林一直以为，若要及时向比利时提供援助，此类预防措施不可或缺，但他亦觉得，由于政治方面，同时还有战略方面的原因，必须预先签订一项协定。他没有能够做到让比利时人签订这一协定。因而，法国军队是在甘默林始终认为是极为困难的条件下投入与德军的交战的。后果立刻就显现了出来：比利时军队因布防失当而惊慌失措，没有能力保卫作为第一道防线的阿尔贝运河；荷兰军队在抵抗了 5 天后宣布投降；身处没有防御工事的地区，且乱成一团的法国军队及英国军队，根本对付不了德军的坦克与飞机，无法将德军挡在边境线之外……

但这还不是最糟的后果。就在这段时间里，德军最精锐的坦克部队穿越了被认为是机械化大部队难以通过的阿登山区。5 月 13 日，它们又在色当成功地强渡默兹河，并由此在一个防御特别薄弱的地区打开了一道突破口。深感意外的法军统帅部对此作出的反应只能是手忙脚乱，毫无成效。因为他手中既无预备部队可调，又无法利用在上个冬季刚组建起来的坦克部队。5 月 15 日，在伊尔松和列特尔之间开了一道更深的突破口。沿着埃纳河与瓦兹河而下，德军打开了传统的入侵法国的通道，其坦克部队得以直逼巴黎。事实上，德军还有许多别的机会或途径使自己可更彻底全面地利用这一最初的成功。通过沿着圣康坦和亚眠向西挺进，他们经阿布维尔到达了海边，并由此把法国北方军团与盟军的其他部队隔离开来。德方这一孤军深入的作法风险很大，因为在这狭窄的通道中，他们自己也很容易被人切断与后续部队的联系，并因为受到南北夹击而全军覆没，而这正是被急急忙忙地从叙利亚召来取代5月19日被免职的甘默林的魏刚将军所试图做的。但是，魏刚缺乏手段，难以行之有效地掌控一支开始解体的联军。已在制订初步方案的反攻始终没有展开。四处遭受攻击的北方的军队一边在向海边撤退，一边在变得越来越狭窄的地盘上极力抵抗。但是，比利时军队在5月28日的投降，导致无法再组织有效的抵抗。于是，目标只能是尽可能多地救出龟缩在敦刻尔克的官兵。从5月28日到6月4日，由于海运和航空部门的人员、尤其是英国人的英勇行为，有33万人（其中包括英军的几乎全部人马和13万法军官兵）被运到了英国。但是，法国军队已失去了其最精锐的部队，尤其是丧失了它的那几个坦克师，以及它所拥有的一切现代的武器装备。从这一时刻起， 854
法国已经输掉了法兰西战役。

也许，魏刚力图依靠索姆河与埃纳河重建一条可与马其诺防线相连的防线。但是，他只能以人数缩减、装备陈旧的部队去迎战因为连连取胜而士气正旺的德军。他的防线在6月5日受到攻击，在6月7日即被无法挽回地突破。让命运变得更为残酷无情的是，墨索里尼在10日宣布参战。如果说他自开战以来小心翼翼地保持一种中立的姿态，那么在此时，他以为胜负已定，并希望“坐在征服者的座位上”。此举对法国打击甚大。因为意大利人的进攻迫使法方得对付一条新的战线，由此势必大大削弱其对真正的对手的抵抗。崩溃自此开始。10日，政府撤离已被宣布为“不设防城市”的巴黎；14日，德军进入巴黎。从5月份起在比利时、法国北部和东北部省份开始的逃难的浪潮，蔓延至法国绝大部分地区。数以百万计年龄不一、身份各异的难民，为了躲避战火与入侵，壅塞在公路上。然而，战火无处不在，入侵接踵而来。逃难的人流使得最后的抵抗陷于瘫痪，因为它造成了交通阻塞，并让恐慌情绪四处传播。在几天的时间里，德国摩托化部队的踪迹遍布全法。其间，他们只遇到了一些“阻碍”，即有人进行勇敢的抵抗。对此，德国人往往是不放在眼里或绕道而行。就这样，德国摩托化部队到达了布列塔尼，越过了卢瓦尔河，向波尔多，即法国政府避难的所在地猛扑；往东，他们经由朗格勒高原，直至瑞士的边境线，对已经撤空的马其诺防线形成包围之势；在罗讷河流域，他们从后面对驻守在阿尔卑斯的法军发起了进攻。实际上，法军已不复存在。这场战役有 10 万人死亡，它至少在某种程度上证实了战斗的激烈。但是，也有 200 万人成为战俘。

停战

因这一巨大的灾难而惊呆的法国人已失去了对事件的判断能力，但是，他们的领导人还得对这一切的后果加以判定。从 5 月 25 日起被提出的一个问题，自 6 月 10 日后已无法回避，这一问题是：如果像所能预料的那样，法军被彻底打败，领土被完全占领，那么，政府该如何行事？于是，立刻就出现了两个阵营的对峙。魏刚将军指出，已无法继续进行战斗，并请求政府承担起要求停火的责任。他得到了保尔·雷诺总理为提升国人的信心而召入内阁的贝当元帅的支持。但是，雷诺总理否决了想要投降的想法；他希望继续忠诚于法国的盟国，并在无法再在法国本土进行战斗的情况下在北非继续进行战斗。许多部长在这两派之间摇摆不定，犹豫不决，他们忍受着外部的压力，尤其是来自支持停火的赖伐尔与达尔朗的压力。最后，已心灰意冷的雷诺在 6 月 16 日提出辞职。共和国总统勒布伦一丝不苟地遵照政治体制的惯例行事，把权力授予了贝当元帅。自 17 日起，贝当向法军各部宣告："是停止战斗的时候了"，并派人向希特勒转达了停火的要求和签订和约的条件。由于深信在法国崩溃后，英国不会再继续进行一种徒劳无益的斗争，他对马上签订和约抱有希望。但是，希特勒却不想这样，他所要的是确保法国的屈从，以及最终进攻英国的手段。这就是 6 月 21 日向被召至停在雷通德林中空地的福煦元帅专列的车厢中的法国代表团提出的停火条件的含义。德国占领了法国一半多的领土，即整个东部、北部，直至卢瓦尔河的中部，以及从敦刻尔克到巴约讷的沿海地带；法国得负担占领军所需的费用；法国军队宣布遣散，交出其所有的装备；法国只能拥有一支10万人的负责治安的部队，即“停火军”；战俘须待和约签订后才予以释放。这些条件苛刻之极，且不容 855
任何讨价还价：这是一种强迫订立的条约。不过，希特勒后在两点上作出了让步：不向（法兰西）帝国提出任何要求；不要求交出舰队，解除武装的舰队仍留在其停泊的港口。希特勒之所以如此，是因为他担心会有这样的危险存在，即若提出过高的要求，法国的舰队会与英国海军联手，从而给英国海军带来一种难以估量的支持。

于6月22日签订的停火协议在与意大利签订一项类似的协议后才算完善，它们的生效日期均从6月25日开始。这一协议自签订以来就成了以下两派争论的对象，一派认为签订停战协议实际上是不可避免的事情，另一派则认为，在法国本土之外继续进行战争是可能的。历史研究无法提供可对这样一场很大程度上建立在假设基础上的争论作出裁决的论据。但是，不管它究竟如何，停火标志着一个具有决定意义的日期，而且，在其后的日子里，它还带来了严重的后果。

最初的后果

在外交领域，停火使局势出现了一种让英国极为不安的大转变。当保尔·雷诺还在台上时，在5月10日出任首相的丘吉尔已经发表了许多对被打败的法军表示同情的言辞，并毫不掩饰其不管发生什么事情都将继续战斗的决心。不过，贝当与其以“敌视英国派”著称的出谋划策者，即赖伐尔和达尔朗，却并未因此而对丘吉尔产生任何信赖之情。虽然希特勒曾庄重地宣布，其“无意于在战争期间为德国的目的而利用停泊在处于德方控制的港口中的法国舰队”，但丘吉尔怎么会相信希特勒所说的话呢？在物资匮乏的状态中，以及面对德国入侵英伦的威胁，英国将法国舰队会被德国所利用的危险视为心腹之患。丘吉尔决心极力避免这种危险的出现，甚至不惜为此动用武力：7月3日，丘吉尔责令停泊在奥兰锚地中的麦尔斯-埃尔-克比尔的法国舰队在6小时后要么开往英国，要么驶往一个安的列斯的港口，要么自行凿沉；因法国舰队拒绝服从此令，英国舰队遂向其开火。在短短的时间里，法国舰队失去了其主要力量，有1300名水手在战斗中丧生。

丘吉尔如释重负，而法国民众却因此甚为激愤。人们谈到了复仇。此事至少导致了与英国的决裂，并打开了与德国合作的道路。

在法国国内，大量的平民在逃难，他们没有地方可住，没有食物可吃，还遭受着敌机的扫射；而那些已经不再接到命令、不再有长官管束、与部队失去联系、且已因法军的无能斗志全无的散兵游勇，则怀着解脱之情来迎接停火。但是，并非所有的人都没有抵抗。对于曾经历过 1918 年光荣岁月的老战士，尽管有贝当元帅作出的保证，他们仍极度痛苦。而在雷诺政府最后一次改组时担任国防部副部长的戴高乐将军却拒绝屈服。他来到了伦敦，在那里，他在 6 月 18 日通过广播发出了注定会载入史册的呼吁：

“……无论是在地面还是天空，我们过去与现在都被敌人的机械化部队压倒。……但是，这是最终的结局吗？我们是否必须放弃一切希望呢？我们的失败是否已成定数而无法挽救了呢？我对这些问题的回答是：不！……使我们失败的那些因素，终有一天会使我们转败为胜。……因为，法国并不是孤单的。……在它的后面，是一个广大的帝国，并且它还可以和大英帝国结成同盟；大英帝国控制着海洋，正在继续斗争。和英国一样，法国还能够充分地利用美国的取之不尽的资源。……今天我们因机械化部队力量不济被打败了，但我们还能够瞩望未来，更加强大的机械化部队将给我们带来胜利。世界的命运正处在危急关头。”

“我是戴高乐将军，我现在在伦敦，我向目前在英国土地上和将来
856 可能来到英国土地上的持有武器或没有武器的法国官兵发出号召，我向目前在英国土地上和将来可能来到英国土地上的军火工厂的一切工程师和技术工人发出号召，请你们和我取得联系。”

“无论发生什么事，法国抵抗的火焰不能熄灭，也绝不会熄灭。”

听到这些有预见的提法的法国人并不多，而响应这一号召的人则更少。在最初的时候，没有任何重要的军事首领、知名的政治家投奔戴高乐。在经过一番犹豫之后，除了赤道非洲，（法兰西）帝国仍效忠其宗主国。在这段时间里，政府迁到了处在“自由区”中的维希。

在那里，贝当元帅愈来愈多地受到皮埃尔·赖伐尔的影响，后者已把其他所有老资格的议员与权力隔开。7 月 10 日，国民议会在维希的一家俱乐部中举行会议，并以 569 票赞成、80 票反对、18 票弃权的结果，投票通过修改宪法并授予贝当全权，以便制订新的宪法。如同在 1815 年和 1871 年，战败导致了改朝换代。从各种观点来看，法国的生活开始了一个新的阶段。

二、被压榨和划分的法国

英国没有屈服，战争在继续。它甚至伴随着德国进攻苏联（1941 年 6 月 22 日）和日本与美英交战（1941 年 12 月 7 日）而成为世界大战。在接下来的时间里，法国又怎么可能停留在远离这一已涉及各个大陆，并扩展到地球的各片海域的悲剧性事件呢？不过，至少直至 1942 年底，法国对于种种事件的影响甚微，它在经受这些事件时，既无法引导它们，也无法使其改变发展方向。

德方的要求

停战协议的条款颇为苛刻，它们实际上置法国本土任由德国摆布，而它们的实施，则随着德国在战争中的需要，变得愈来愈严厉。

胜利者最初的姿态清楚地表明了其意图：眼前，先让法国继续处在虚弱无力的状态；未来，再使其成为一个二流的国家。在被占领区，德国军事管理机构在各个领域里均要人们服从自己并进行干预；它操纵着法国的官员，这些官员因实施德国人规定的措施而声名狼藉。对于维希政府，它广泛地运用其拥有的手段来施加压力。“自由区”与“占领区”之间的分界线，变成了一条名副其实的边境线，这条边境线的管制是如此之严，以至于有时候就连维希政府的官员都无法从维希到巴黎。但还有更为严重的情况。原来的阿尔萨斯一洛林的三个省立即被并入了德国，并由德国官员治理。在这里，法语被禁止使用，“不受欢迎者”被粗暴地驱逐出境。德方还无视停战协议条款的限定与贝当等人的抗议，进行了一些不甚明目张胆的兼并活动。北方省与加莱海峡省在行政上被并入了由德国人占领的比利时。在东北，从庇卡底到洛林，被划出了一个“禁区”，在该禁区范围内，那些在逃难时曾出逃的居民不得重返家园，他们留下的土地，则由德国的耕作者来耕种。这难道不是此地将在未来成为德国领土的迹象吗？

随着战争进程的延长与范围的扩大，德国急需更多的物资。因此，它从财政、经济、人力等各个方面来充分地利用法国的资源。此外，与此同时，它还得确保在法国的秩序、驻扎在法国的德军的安全等等。
857 于是，德国奉行了一种首先以利益为重的现实主义的政策，法国由此经受了不折不扣的洗劫。它不得不支付每天高达4亿法郎的占领费用——这一数目供养1000万人绰绰有余，以及签订一项清算协定，该协定导致巨额的钱财从法国转到了德国。德国人用这笔钱购买了种种它无法征用的物品。戈林所收藏的那些著名的艺术品，就是靠这些钱来购置的；而一些德国的企业，则靠这些钱使自己成为法国企业占大头的出资方。后者是经济殖民的一种间接而阴险的形式。

但是，随着战争努力的加强，德国力图利用整个欧洲的各种资源。在这一过程中，法国同样没有逃脱被强行征调的厄运。法国农民的小麦、土豆或牲畜，被用来供养德国的民众与军队，而各种各样的车间与工厂，则得为德国国防军提供装备与武器。当旨在使“欧洲的堡垒”免遭盟军入侵的著名的“大西洋屏障”在构筑时，法国的企业须在德方的高度监管下提供原材料、设备与劳动力。由此，一种统制经济在逐渐地形成，但它仅仅服务于德国的战争机器。凯特尔将军在1940年9月曾宣称：“对法国人的经济生活中出现的动荡，我们不在乎。”

起初，由于有大量的法国战俘，加之有大量处境悲惨的人——他们当中既有平民百姓，又有军人，既有男人，又有女人——从东欧来到德国寻找工作，德国似乎尚不缺劳动力。但是，随着在东线的战争中损失惨重，为了及时补充健康的人以及提供总体战争所必不可少的物资，需要再到国外征招人员。法国不管其是否愿意，亦不得不在这方面有所贡献。首先到德国去干活的法国人是一些自愿前往的人，他们之所以如此，有的是因为失业，有的是因为所在的企业因缺煤少电、没有原料而停工，有的则是为诱人的工作合同所吸引。但他们的人数无法满足需要。1942 年，赖伐尔希望以一种别出心裁的方式来避免全面的征招：以 3 位自愿者来“顶替”一名将获得自由的战俘。但在德国人看来，这样做势必无法满足需要。于是，赖伐尔最后被迫在德方的要求面前退让，并通过这样一个臭名昭著的机构，即强制劳动管理局充当起向德国输送劳力者的角色，该机构当时准备征招在 1920 年至 1922 年间出生的所有能去德国工作的年轻人。

德国人担心的另一件事是安全与秩序。当然，在被占领区中，军事当局拥有一切维持治安的权力。为此，它既可利用德国的宪兵，同时也可动用法国的警察；它还建立了一个专门执行特殊任务，即从事收集情报与反间谍工作的庞大的网络。除此之外，盖世太保等也经常插手这方面的事务。这些不同的警察很快就着手进行下列活动：搜查、逮捕、监禁，以及扣押人质（一些最早被扣押的人质在 1941 年 8 月被枪杀）。1942 年 3 月，随着警察头目卡尔·奥伯格受命总管这些不同的警察，这一体制得到了加强，德国的警察开始在自由区展开行动。

就这样，为了进行战争，希特勒力图从这个被榨取、监管、且已变得虚弱无力的法国获取其希望得到的一切。因此，他为何要听取有人提出的建议，在军事上与法国结盟，并为此冒险地去重新武装一个只可能极度仇恨他本人的国家呢？

法国人遭受的苦难 858

法国人在 1940 年 6 月抱有许多幻想。他们中的大多数人深信，用不了多久，一切均会步入正轨：和约将会签订，战俘会遣返，昔日的生活会重现。那些人们曾以为是粗野不堪的德国士兵，似乎给人留下了不错的印象：他们举止得体，遵守纪律，乐于帮助逃难者与受灾者。这是微笑攻势……但人们很快就泄气了。

最初的忧虑与烦恼是亲人分离，家庭解体。无疑，逃难的浪潮刚一过去，人们即想方设法重返家园。但是，从此以后，在大部分家庭里，不管是儿子、兄弟还是丈夫，总有人已经因成为战俘而不在家中；人们连续数月无法得到失踪亲人的消息。接着，人们借助其数量被严格限定的明信片来进行通信联络。“占领区”与“自由区”之间的联系，几乎不再是易于进行的事情。人们若要在这两个区域之间通行，必须拥有通行证，而这种通行证只有提出明确的理由才可申领，那些既没有耐心又没有手段的人往往无法得到它们；至于两地之间的通信，其使用的是“区间明信片”，上面只允许写一些简短而刻板的文字。各个家庭不仅仅是在感情生活方面受到打击。没有了已成为战俘者的工资，靠什么来维持生计？而卖主与顾客之间、雇主与雇员之间无法联系，又如何进行工作？

法国的经济逐渐地陷于瘫痪。除了德国的巧取豪夺，英国人实行的封锁也加剧了这一状况，后者导致种种原料和一些必不可少的产品无法运到法国。英国人之所以这样做，是因为担心法国生产出来的东西立即会被德国用来进行战争。也许，法国的煤炭生产直至 1942 年仍维持在战前的水平，直至 1943 年，其电力生产甚至还有所增加，但法国缺少汽油、肥料以及工业原料，如生产纺织品、油性物资和橡胶制品的原料，甚至连生铁与钢材，也因被大量用于德国的战争机器而匮乏。无论是农业还是工业领域的生产，统统都在大幅下滑。若以 1939 年为 100，那么在 1944 年，农产品只为 70，工业品只为 43。在生产下降的同时，法国还得忍受德国的大肆榨取，这种榨取最厉害时竟高达总产值的 40%。除此之外，还需考虑到交通运输能力的不足。小汽车与卡车因汽油短缺在逐渐消失。已被迫将 1/4 的机车与 1/2 的货车车厢交给德方的法国全国铁路公司还不得不优先运输德国的货物；此种运输在 1944 年占去了该公司 50%以上的运输能力；年复一年，民用的交通运输变得越来越少，越来越不稳定。

于是，法国人得开始学着在供应受到种种限制的状态下生活，而且，这种状况一年一年地在加剧。于是，在某些情况下，出现了若干代用品——不过，若要满意于这些代用品，则需非常乐观才行。在使用煤气发生器的发动机中，木炭代替了汽油；各种各样的纤维，代替了棉花或制衣用的羊毛；人们可在市场上看到不含任何脂肪成分的奶酪；人们还以“民族的合成品”之名分发用烤过的大麦原料制作的咖啡，以及会让人产生吃糖的感觉的糖精制品……但这一切丝毫无法真正地满足在吃穿和取暖等方面的基本需求。物资匮乏导致了配给制的出台。1940 年夏天，一个负责食物供应的机构应运而生。该机构负责配给面包、食糖、咖啡、脂肪性的食品、肉类、土豆、牛奶、葡萄酒……很快地，可以“自由购买”的食品不复存在。人人都发有供应卡，每领一次食物需撕去其中的一张票。当时还算很幸运的是，只要有票，在排长队之后总能领到食物。不久，冬天取暖用的煤炭，乃至人们穿的鞋子，也实行了配给。配给自然不会是平等的。在富裕的农业地区，以及总体来说是在农村，供应状况要好一些，其原因是当地的农产品由于缺乏运输能力而无法外运。但在城市，以及农业生产遭 859
到严重打击的地区，人们得忍受巨大的痛苦。平均而言，他们能得到的食物勉强达到正常要求的一半的水平。在巴黎，1943 年至 1944 年的冬天，肉类的供应量降至每月 300 克，而脂肪性的食品则为每月 200 克，而且，供应状况还颇不稳定。孩子缺少牛奶，鲜奶的供应经常会突然暂时中断，炼乳则需要医生的处方才能领取。大部分药品无处可寻。因营养不良而变瘦的人们受到了疾病的折磨；结核病患者增加了 30%。死亡率在罗讷河口省增加了 50%，在巴黎增加了 25%。西部农业省份的死亡率或许有所下降，这大概与强制性的限制使酗酒者减少有关。但是，这并足以抵消更大范围内的死亡人数。

物资匮乏，加上通货膨胀，导致物价上涨。人们承认官方的价格涨了 3 倍，但这些价格只能让人部分地了解当时的生活条件。因为，配给引来了走私、地下交易、“黑市”。这类非法买卖让那些从事这种活动的人大发横财；此类非法买卖是堕落的祸根，同时，对于大多数贫困的人来说，它亦是让他们悲惨和痛苦的新的原因。

法国并不是中立国。不管其愿意与否，它得与占领者一起共同面对同盟国。在其考虑发动进攻之前，它首先得设法削弱德国人进行的战争带来的威胁，如盟军对工业中心、造船厂、潜艇基地的轰炸。港口尤其成了被对方盯住的目标：敦刻尔克、勒阿弗尔、布雷斯特、里昂、南特以及圣纳泽尔，遭到了日益猛烈的攻击，但是，内地的城市亦未能幸免，巴黎即在1943年遭到攻击。据有人估计，在被占领期间，法国分别有6万人和7.5万人在盟军飞机的轰炸中死亡与受伤。那些往往也是处境悲惨的幸免于难的人，则被迫匆匆逃离他们已被炸得面目全非的城市。

其内心生活、爱情与理想未受到战争影响的法国人很少，但最惨的还是犹太人的命运。自1940年起，德国当局与维希政府对他们实施了歧视性的措施，这些措施力图把他们清除出法国人的共同体，并最终将其灭绝。犹太人被清除出了行政机关，他们的财产被剥夺；禁止他们参与绝大多数的活动；他们得用特殊的标记，即黄颜色的星形来标明自己的身份，从1942年6月起，他们必须佩戴这种标识，他们还会受到德国与法国警察的跟踪。在城市，人们进行了系统的大搜捕。在巴黎，就有13000名犹太人——他们当中有男人与女人，大人与小孩——在1942年7月16日至17日的夜间被逮捕，并被关入临时监狱。许多监禁营在向犹太人开放：在巴黎郊区，他们被关入设在德朗西的监禁营，随后，其中的大部分人被从这里押到贡比涅，又从贡比涅押往设在德国的死亡集中营。在这种种族迫害中受害的人数大约为8.5万人。

合作分子

某些法国人接受服从于胜利者及其要求的作法。他们与占领者进行“合作”，但是，这种合作无论是在形式上还是程度上都存在差别。对于某些从事不正当交易者来说，“合作”就是通过帮助德国人劫掠法国做些赚钱的买卖。他们在黑市交易中，以及掠夺犹太人和被逮捕或逃走的爱国者的活动中充当中间人；他们暴露了自己的庸俗，显得不择手段，但又缺乏度量。而对于许多其他的人来说，合作是一种政治投资。那么，它是忍受胜利者的耀武扬威并屈服于武力的懦弱者的投资，还是把宝押在纳粹德国会最终获胜上，并且认为他们的利益——或许也是国家的利益——与此息息相关的善于算计者的投资，抑或是那些坚定地谴责无能的自由主义与具有破坏性的社会主义，反对犹太人，反感英国人，并被秩序、纪律与元首的神话所引诱的人的投资呢？也许，上述的各个方面都汇集在了一起。人们当时可以看到， 860
纳粹主义的宣传在战前法国的潜在影响已经到了何种地步，因为从极左到极右的所有派别，都在五花八门的合作形式中有所表现。这些派别虽然始终规模不大，而且彼此敌对，但由于有来自德国的支持，却并不缺乏钱财。他们代表着形形色色的不同流派。源自战前的一些"集团"的法国法西斯主义传统，尤其同样存在于这样一些团体和人物身上：《我无所不在报》的编辑人员（其中包括从"法兰西行动"出来的罗贝尔·布拉齐拉克），多里奥为首的法兰西人民党，以及像德里厄·拉罗歇尔和塞利纳这样的知识分子。在与之相对的带有左翼色彩的传统中，则可以列出某些像杜穆兰那样的工团主义者，以及以马塞尔·戴阿最为著名的一些政治家。后者在战前就发起了专制型的新社会主义运动；他建立了一个名副其实的政党——人民民族联盟；在其创办的报纸《事业》中，他不仅强烈地攻击了所有"新秩序"的敌人，而且还在个别情况下攻击维希政府及其统治。这些被德国人牢牢控制的在巴黎的合作分子，自然可以很好地用来对贝当元帅及其政府施加压力。

与德国的关系实际上是维希政府的大事。这种关系曾经是，而且还将是激烈的争论的对象。仔细地审视这些争论提出的各个方面的问题，很有必要。

维希政府

在国内，贝当元帅及其亲信希望采取与第三共和国不同的做法。他们以"劳动、家庭、祖国"取代了共和国的座右铭。他们在大张旗鼓进行的宣传中严厉地谴责已经堕落的制度，以及所有人们认为该对战败承担责任的人：议会制度、各个政党、犹太人、共济会成员……随之而来的是在设于里奥姆的特别法庭中起诉勃鲁姆、达拉第、雷诺、甘默林等人，其罪名是导致了战争或输掉了战争；不过，因为得把对上述人士的指控改为反对希特勒的政策，这一诉讼不得不匆匆地中断，取而代之的是对他们实行监禁的行政决定，这一决定显示了作为国家元首的贝当的绝对权力。

贝当元帅实际上僭取了所有权力。他任命和撤换政府的部长，无须征求众议院或参议院的意见就可作出决定。他企图同时充当其职责分别是保护与引导法国人的"家长"与"首脑"。

他所建立的制度是一种带有家长制色彩的独裁制度，让他在这方面得到启发的当推葡萄牙的萨拉查。他的抱负是依据最为传统的过去的样式来重建法国，也就是建立一个由乡村贵族领导、处在合作主义和实行等级制度的结构中的农民的与基督教的法国。这场在改变制度的同时亦改变道德风尚的"民族革命"，仅仅产生了诸如《劳动宪章》之类的昙花一现的产物。尽管存在领袖崇拜、青年人在"青年工地"的聚会，以及老战士在"军团"中的汇合，对这场运动影响更大的与其说是法西斯的意识形态，毋宁说是"法兰西行动"。逐渐地，从 1942 年开始，尤其因局势所迫，这一体制日益向纳粹的模式靠拢，其突出的表现有加强治安措施，实施"非常法"。不过，它从来没有与后者完全相像过。从意识形态的角度来看，维希法国并未完全与希特勒的德国保持一致。

861 与德国的关系

在涉及维希政府的对外关系时，情况显然有所不同。人们难以知晓贝当在这一领域的真实意图，因为他从未和盘托出内心的想法。但是，这里有一个重要的事实，即当希特勒因无法直接打败英国而希冀建立一个针对英国的地中海联盟，并把贝当元帅的赞同视为该联盟得以建立的必不可少的条件时，贝当没有拒绝主动接近德国，由此，就有了在蒙图瓦尔举行的法兰西国家的首脑与德意志第三帝国的元首之间的历史性会晤（1940 年 10 月 24 日）。那么，当贝当向国人宣布："我在今天迈入了（与德国）合作的道路"时，他是否已经决定该在这条道路上走多远？这种有限的合作是否只是限定在行政与经济方面（停战协定实际上已经规定了这方面的内容），还是走得更远，也就是还进行政治和外交方面的合作，甚至最终进行以英国为敌的军事合作？

这种确实模糊难辨、且注定依然如此的约定，难道仅仅是一个走投无路的弱者为寻求生机被迫签订的城下之盟？一种通过哄骗获胜者来争取时间的缓兵之计？抑或一种同时既诡诈又天真的观望主义的形式？贝当当时的所作所为可能只是权宜之计，但可以肯定的是，他的姿态具有非同寻常的意义。当他呼吁国人团结在其周围时，他因为自己的言行让积极主张与德国合作的人得到鼓舞，同时却让反对此举者感到愤慨，引起了法国人内部的分裂。他曾宣称：“这一政策是我定的，……历史将审判的只是我本人”。此言表明，他愿意对其举动引发的种种悲剧承担责任。

在这一根本问题上，贝当周围的那些人远未达到意见一致。一方面，魏刚将军虽坚决反对与德国合作，但同时又出于对贝当的忠诚，拒绝听从与德国为敌者的种种建议。曾把魏刚置于自己的政府之中的贝当在 1940 年 9 月将他派往北非担任总代表。然而，德国人却要贝当在 1941 年 11 月将魏刚召回。他们随后逮捕了魏刚，并在 1942 年 11 月将其流放。另一方面，两位相继担任政府首脑的人却明确地决定，要在与德国合作的道路上尽量走得更远。前者是曾在维希飞扬跋扈的赖伐尔。他在 1940 年 12 月 13 日曾在原因不明的情况下突遭解职，却又在 1942 年 4 月重掌权柄。也许是出于机会主义的考虑，他在重新上台几个星期后，毫不犹豫地公开宣布：“我希望德国获胜”。后者是在弗朗丹短暂地掌权后上台并执政至 1942 年 4 月的达尔朗，他使维希法国日益地站在德国一边重新参战。1941 年 5 月，他同意帮助德国人去支持刚刚起来反抗英国的伊拉克，并为此签订了允许德国人利用在叙利亚的飞机场以及在比塞达和达喀尔的基地的巴黎议定书。这一协定实际上没有产生什么结果，因为希特勒无法充分地信任法国并同意它重整军备，与此同时，它也在法国遭到强烈的反对。不过，达尔朗的举动导致了一场自相残杀的战争：为了阻止德国人在叙利亚和黎巴嫩落脚，自由法国的部队在英军的支持下，把听从维希政府命令的驻军从这些地方赶走。这种悲剧性的对抗是贝当政权赖以生存的暧昧态度导致的直接后果。

这样一种政策不可避免地让法国人深为心神不安。但在 1940 年，绝大多数法国人站在了这位对他们说“我愿为减轻法国的不幸而献身”的老者一边。他们感到幸亏有了他，法国才没有完全地任由胜利者摆布。他在未被占领的南方地区，仍然长期深孚众望。其强调秩序与道德的纲领，让资产阶级与教会心满意足。那些有可能反对该纲领者，皆为迷失方向、无所依傍与没有能力之辈。除了官方建立的组织或团
862 体，所有的政党、工会与协会不复存在。不过，即便当他们是“贝当主义者”时，几乎所有的法国人仍持反对德国的立场。他们将显示出这一点：起初还有点畏畏缩缩，后来则变得越来越直截了当。

抵抗者

注定会受到欢迎的“抵抗”一词，由戴高乐在 1940 年 6 月 18 日第一个使用，这种对德国的反抗首先在国外得到显示。在伦敦，戴高乐把那些拒绝投降的人聚集在自己周围，并将他们冠名为“自由的法国人”。起初，他们的人数并不多，但随着一些志愿者的到来，其队伍逐渐扩大。这些志愿者均为戴高乐从伦敦的电台发出的呼吁所打动，他们在逃离法国时往往要冒很大的风险。人员不足、缺乏各种资源的戴高乐表现出一种难以制服的力量，宣称自己代表一个与不合法的、失败主义者的政府相对的法国，而这一政府则匆忙地让人判处戴高乐死刑。戴高乐曾试图通过在达喀尔登陆在帝国扎稳脚跟，但未能如愿。这一失败突出地暴露了他的弱点。但是，丘吉尔政府始终对他施予援手。逐渐地，归附于他的人越来越多。不久，他得以组建一支军队，这支军队从 1940 底开始投入战斗。1941 年初，勒克莱尔上校率领一支装备严重不足的部队从富尔-拉米出发，穿越了长达 1600 公里的沙漠地带，打败了盘踞在库福拉堡垒的意大利守军，并发出了“库福拉誓言”：“我们只会在法国的旗帜也在梅斯和斯特拉斯堡上空飘扬时，才停下步伐。”1942 年 5 月，柯尼格将军率领一个旅，在 16 天的时间里，在比尔哈凯姆顶住了隆美尔指挥的德军的猛攻，并由此使在利比亚陷于混乱状态的英国人得以重新组织起来。这些更多地是在精神上而不是战略上具有重要意义的功绩，证实了法国军事力量的恢复。

1942 年 6 月，自由法国的军队已达到 7 万人之多，且斗志昂扬；他们构成了未来的法国军队的核心。

但是，与此同时，在国内也出现了自发产生、没有经验、缺乏组织的抵抗。因为始终得面对敌人，这种抵抗尤其在被占领区变得较明显。抵抗的形式可谓五花八门，形形色色。它们开始时是被动的，后来变得越来越主动。起初，它几乎仅仅是一种不满：人们装作不理解占领者颁布的规定中的条款，或执拗地不把它们当一回事，并对它们加以嘲笑。人们学得不再惧怕高压手段。例如，尽管有德国检查部门的干扰存在，人们仍养成了收听英国广播公司（B. B. C.）的电台的习惯，而且这种收听并非始终只是为了想知道“对法国人说话者”究竟是英国人还是法国人。不久，人们对那些从设在法国的临时营地逃出来的战俘，或是通过秘密的逃跑渠道从德国逃回来的战俘提供帮助。这已经是一种明显的介入和有组织的活动的开始。在这之后，人们以同样的方式去帮助所有被当局当成嫌疑分子的人，尤其是犹太人。渐渐地，抵抗形成了更为主动、更加有效，同时也更为危险的形式，如编印和散发传单、报纸。这些传单、报纸力图揭穿柏林的宣传机构、有时也包括巴黎的宣传机构制造的谎言，并通过显示自己在高压统治下的存在以及进行的不可忽视的斗争等等，向人们提供抱有希望的理由。人们还组成了情报网，耐心地，但却是投入地去刺探、收集一切与敌人有关的情报，并通过各种途径将这些情报转到伦敦。最后，则更有了直接的行动：进行破坏、暗杀活动，或在山区、丛林展开游击活动，等等。这些活动扰乱了占领者的部署，打击了他们的士气，并使其战争机器运转失灵。这是一种新型的战争，即颠覆性的战争。抵抗者们在缓慢地，而且往往是不是很灵光地学习如何进行此种战争的过程中，付出了沉重的代价。

早在 1940 年就有了最早发生的反抗德国人的示威游行，11 月 11 日，一些大学生高呼“戴高乐万岁”的口号走遍香榭丽舍大道。深感意外的德国人对此反应乏力。但是，很快地，抵抗者们或是因为看法 863
相同，或是因为工作中的相互联系而聚集在了一起。各种组织应运而生。这些组织有的才初步形成，力量薄弱，有时还因受到镇压迅速地损兵折将，有的则更为巩固，但它们都不甚稳定。这类组织在北方地区成立得要多一些，因为在那里，日常生活中的一些事端不断地为此提供新的契机或动力。如在对 1914—1918 年间的占领的记忆依然根深蒂固的里尔市，就存在着“北方之声”、“抵抗者”、“保卫法国”、“解放北方”以及其他许多组织。在南方地区，抵抗运动不像在北方那样更多地向直接行动的方向发展，而是向着眼于未来的组织与问题的方向发展，其抵抗运动更具有一定的结构。它们当中较为突出的组织有“自由射手”、达斯蒂埃·德·拉维热里参与的“解放南方”，尤其是亨利·弗雷内发起的“战斗”。随着苏德战争的爆发，这些抵抗运动都获得了新的推动力。首先是因为德国获胜的前景变得更为遥远，同时也是因为法共从此以后有力地而且是义无反顾地投入了抵抗运动。对于抵抗运动，法共不仅带来了大量的人员，其积极分子的信仰，而且还带来了它自 1939 年遭禁以来形成的从事秘密活动的经验。

“在夜间活动者”

抵抗运动成员从事的是地下活动，他们亦被称为“在夜间活动者”。这些人得学会在危险的处境下生活，因为他们的活动往往属于“违法”行为，如伪造假身份证、制作假的食品供应卡，等等。他们一般不得不保留一种循规蹈矩的外表，但实际上却往往为了完成任务或逃避警方的缉捕而过着漂泊不定的生活。他们会因偶发事件、自己的轻率或被人告发而遭殃，等待他们的是监禁、拷问、受刑队，或送到在德国的集中营并在那里被慢慢地折磨至死。根据抵抗运动牺牲者名册的记载，计有 3 万人被枪杀，10 万余人被送进集中营，其中的大多数人死在集中营或在从集中营出来后不久一命呜呼。这是整个民族在进行的抵抗。各个社会阶级、各种意见、各个地区，均交织在一种令人动容的同仇敌忾的场景之中。

在这些互为补充的抵抗运动的形式中，人们所期待的统一迟迟没有完成，必不可少的协调亦一度难以实现。国内的抵抗运动很快具有了政治色彩。这种政治色彩的出现会对抵抗运动的统一产生不利的影响。因为，抵抗运动在抵抗德国的同时，亦与维希的行政机构、警察部门和司法部门产生冲突，于是，它很快就得考虑在战后该以何种制度来取代贝当的法国，正是在这一点上，不同的抵抗组织之间存在着根本分歧。这些组织中的每一个组织都倾向于保持独立，以便在进行具有决定意义的行动和享受成功的果实时有完全的行动自由。但是，这一切绝非戴高乐将军所愿。在他看来，自由法国不可能仅仅是其难以避免需要外国支持并受其利用之风险的纯军事的运动。对于已遭受战败、其种种利益有待捍卫的法国来说，它应当在胜利到来时显得像一个拥有一切政治、军事、外交特权的国家。为了能让盟国承认其代表法国，戴高乐得把所有的法国人均聚集在自己周围。就此而言，其需操心的主要问题之一是统一抵抗运动，并让人们承认他是统一的抵抗运动的领袖。在历经艰难的讨论，以及种种困难和波折之后，戴高乐达到了这一目的。而这一成果的取得，很大程度上得归因于让·穆兰的努力，因为后者成功地在其领导的全国抵抗运动委员会中汇集了各主要抵抗运动以及地下政治组织的代表（1943 年 5 月 27 日）。在此之后不久让·穆兰被捕，并被折磨至死。但在他牺牲时，法国的抵抗运动已经具有足够的分量，使盟军在解放法国时不可能把它撇在一边，并足以担负起重建法国的重任。

三、得到恢复与解放的法国 864

盟军在北非登陆及其后果

1942 年 11 月 8 日，一支由 800 艘海船组成的英美舰队所载的 75000 人在北非海岸登陆，法国与德国当局对此大感吃惊。该船队所进行的是代号为“火炬”的行动。这一行动虽然不是根据法国的利益来决定的，但却标志着法国进入重新积极参战的具有决定意义的阶段。

此项行动的准备工作非常不充分，这导致了种种严重后果。盟军当时担心的问题之一是会遭到法国人的武装抵抗，而这种担心绝非没有根据，因为在北非的法军、行政部门以及移殖民都忠于贝当，并极为仇视英国人和戴高乐。鉴于这种情感因素，英国人遂为美国人让路，同时让戴高乐对此项计划一无所知。为缓解敌意和设法获得支持，盟军的指挥部作了许多努力，但它在为此与多位重要人物接触的过程中，因为担心会传到完全忠于维希政权的军事首领和高级官员的耳中，始终拒绝透露其确切的方案。这一保密工作做得如此之好，以至于当采取行动的时刻到来时，当地一小批忠于盟国的事业的人们觉得很难对他们的朋友提供有效的帮助。美国人觉得应当确保得到吉罗将军的配合。在某种意义上，这一选择没错。吉罗在军队中享有很高的威望，而且，这一威望因其前不久从德国逃出来——他从 1940 年 5 月起一直被关押在德国——又有所提升。同时，他还以极端仇视德国人著称。但是，吉罗完全缺乏经验，甚至完全没有政治意识。效忠贝当的他一方面公开地赞同民族革命，另一方面却激烈地反对合作政策，这两者之间的矛盾没有让他感到难堪。他瞧不起不具备经典的军事结构的地下活动，并天真地幻想能获得盟军的统帅大权，以便从地中海沿岸出发去收复整个法国。他对等待着他的角色缺乏准备，他与美国人签订的协议既含糊不清又不够具体，这又将增加种种困难。

当登陆行动进行时，法国人与盟军之间的冲突无法避免。但这种冲突至少是得到了限制。在第一天就为了阿尔及尔而签订的停火协议，其适用范围随即扩大到了其他双方产生接触的地方。英美军队控制了从摩洛哥到阿尔及尔的沿海地带与内地，但他们不敢把自己的行动扩大至比塞达，这使他们少了一个具有决定意义的战略基地。尤其是在政治层面上，这次行动显得令人失望，并采取了出乎意料的策略。与原定计划相反，吉罗在登陆行动开始时未在阿尔及尔，而是被留在了直布罗陀。在那里，他与担任此项行动总指挥的艾森豪威尔讨论着该以何种组织形态来指挥各个盟国的军队。但是，始终作为贝当被指定的继任者的达尔朗海军上将却因某些偶然的、纯粹与家事相关的原因，出现在了阿尔及尔。于是，美国人临时把他拉来展开停火谈判。达尔朗机灵地利用这一处境来了个惊人的大转变。他在没遇到多大困难的情况下，即排斥了一心只想充当军事统帅的吉罗。达尔朗利用了其与贝当私下达成的协议，这一协议至今仍争议颇多，因为人们无法肯定地知道，作为国家元首的贝当与他达成这一协议，究竟是为了抵抗入侵者还是为了停止这种抵抗。不管它究竟如何，在美国人眼里，达尔朗显得像是一位不可或缺的人物，于是，他们急急忙忙地承认他是“事实上的掌权者”。

这一富有戏剧性的“继位”立即引发了重大后果。起初对此颇为惊讶的希特勒在反应略慢后即作出了强烈的反应。他下令实施了为对付类似的局面而预先制订的“阿提拉计划”。11 月 11 日，德国国防军开进了南方地区并占领了法国全境，毫无战斗力的“停火军”先是被 865
解除武装，继而又遭遣散。法军剩下的唯一兵力是集结在土伦港口的舰队。这支舰队难道不会冒险响应达尔朗的召唤并站在阿尔及尔的那些人一边吗？对此，希特勒疑心重重。尽管他曾允诺不会采取任何有损于该舰队的行动，仍在 11 月 27 日下达了进攻的命令。因不愿投降，整支舰队上演了沉船的悲剧。此举使舰队避免了落入敌人之手，但对法国来说却没有任何好处，而维希政府更是失去了它还保留的最后一张王牌。与此同时，希特勒匆匆忙忙地派兵占领了突尼斯——盟军此前因为有所顾忌以及缺乏合适的手段不敢将突尼斯纳入自己的计划。由优柔寡断的指挥官指挥的手足无措的法国军队依然消极被动。突尼斯与比塞达由此落入了德军的手中，德军还在那里建立了一个坚固的桥头堡。在失去了对北非的控制的同时，维希政权也失去了对整个非洲的控制，因为西非站在了达尔朗一边。既无军队又无舰队，失去了帝国，全部领土被人占领，其首都亦处在敌人的控制之下，那么，维希政府还剩下了什么？它的主权只是一种站不住脚的虚构。贝当元帅拒绝采取许多法国人希望他采取的姿态：赢得非洲，并站在盟国一边，或至少是放弃一种此后不复存在的权力。为了继续保护法国人，他仍坚持其在 1940 年时采取的态度。事实上，已丧失所有权威的他不得不任由赖伐尔掌管事务，而后者不管怎么说，已纯粹是占领者的意志的执行者。贝当政府将处于一种屈辱和悲惨的境地，这种状况一直要持续到 1944 年 8 月。是时，面对盟军取得象征着法国获得解放的进展，贝当本人亦不得不到德国流亡。

复兴

在二战具有决定意义的时刻发生的盟军在北非登陆，对与法国相关的事务而言，也是个主要的转折点：法国开始复兴。但是，这种复兴的产生并非毫无困难。美国人对在阿尔及尔的达尔朗政权的承认，对于自由法国来说，是一个非常沉重的打击。或许，罗斯福只是将此作为“权宜之计”，但此举亦证实了他的总体态度，即只与地方政权打交道，拒绝任何人，尤其是戴高乐以法国的名义说话。这种态度也许有利于进行他所设想的战争行动，但对法国的利益来说却危险之极，因为它有可能使法国的利益在任何地方都得不到维护。那些在1940年支持盟国的事业的人，在看到他们最凶恶的敌人之一竟然借助不知羞耻的背弃大权在握，只会感到愤慨。在维希政权的拥护者人数颇多的阿尔及尔，局势动荡不安，有人怒火中烧。12月24日，一位年轻的戴高乐的支持者刺杀了达尔朗，但形势并未就此变得简单明朗。刚刚设立的殖民地总督会议选择吉罗充当达尔朗的继任者，而这一选择只会让美国人心满意足。吉罗的纲领把所有政治问题皆撇在了一边，“以胜利为唯一的目标”，这让美国人可以自由行事。与之相反，在戴高乐看来，形势岌岌可危。在阿尔及尔设立一个与在伦敦的自由法国权力机构分庭抗礼的独立的法国权力机构，让他难以接受。而且，他也无法与拒绝反对维希政权的吉罗和衷共济。迫于丘吉尔的压力（而丘吉尔本人又是迫于罗斯福的要求），戴高乐不得不在卡萨布兰卡当着英美两国这两位领导人的面与吉罗会晤。不过，这两位将军的握手言和纯属表面现象，实际上任何问题都没有得到解决。戴高乐始终觉得，由于自己具有的人格力量、其位置所决定的思考方式，以及抵抗人士的支持，他注定在最后压倒吉罗。在这一过程中，两人之间时有令人难受的争吵，而在英美等盟国看来，此类争吵并无助于提升法国的威望。

866 经过漫长的、旨在强调其共同之处的预备谈判，戴高乐来到了阿尔及尔，与吉罗组成了由他们两人担任双主席的法兰西民族解放委员会。实际上，同时还保留总司令头衔的吉罗逐渐地在停止发挥政治作用，并最终在1943年11月被完全排除在外。戴高乐于是成了作为名副其实的政府行事的法兰西民族解放委员会无可争议的领导人。为了通过依靠尽可能多的法国人参与来加强自己的权威，他设立了一个有已经解放的地区以及各抵抗运动的代表参加的议会。他不仅在自己权力所及之处废除了一切由维希政权采取的措施，而且还为未来作准备，亦即随着全国得到解放，在全国范围内重建秩序与独立。于是，他清除与惩罚了所有与敌人合作者，设立了新的行政管理机构，并确保内地与海外的抵抗运动之间的合作。他认为，法国应当显示自己有能力立即进行有效的治理，以此避免盟国曾考虑要强加于法国身上的军事管制，后者最明显，也许亦是最令人不快的迹象之一是，美国的有关部门已经准备好了占领时使用的货币。他的卓有成效的行动使法兰西民族解放委员会享有足够的权威，以至于它在1944年5月觉得能够通过宣布自己为法兰西共和国临时政府来开启一个新的阶段。

自由法国的军队

这一复兴最明显的迹象就是法国军队的重生及其参与解放法国的战斗。重新组建一支法国军队并非易事。至少从心理与人员的角度来看，它首先涉及到让来源各异的士兵与军官相互接近，乃至尽可能地融为一体。这些官兵有的是戴高乐最早的支持者，有的是勒克莱尔的追随者，有的是跟随吉罗的维希分子。他们当中的某些人曾在叙利亚打过照面，但要他们协调一致却不容易。这一问题此后又因大量来自国内抵抗运动的人员加入这支战斗队伍而变得越发复杂，要想解决这一难题，尚需假以时日。眼前，创建一支能重新投入战斗的军队成了吉罗的当务之急。这支军队的人员主要来自北非与黑非洲，但要以令人满意的方式去统率他们，始终困难重重。至于各种各样的物资与装备，人们只能指望美国的供应，这又势必会引发是否合适的问题。此外，美国人得优先保证自己的需要，同时他们还想把这样一种奇怪的想法强加于法国人，即让一小部分人员装备精良，并享受到非常到家的服务。最后，还得加上这一点，这就是在同盟之间展开的战争中，必然会出现的协调、指挥方面的困难。凡此种种表明，这一任务特别的棘手。不过，事情进展得还算顺利。因为，人们最终在法国本土之外组建和装备了一支超过 50 万人的军队，其中有一半人在后来组成了远征军，加入了在意大利和法国进行的战役。但是，法国军队不可能等到被恢复到足以参战的程度。德军入侵突尼斯迫使他们得立即采取行动。在 1942—1943 年冬天初次参加战斗的那支法军是一支临时组成的队伍。他们是在格外困难的条件下进行战斗的：地形多变，天气恶劣，武器装备匮乏，队伍缺少训练。除此之外，在开始的时候，因为被政治形势的变化以及法军与盟军之间在指挥方面协调不够搞得手足无措，其指挥官们一度犹豫不决。法军在冬季进行的防卫战在突尼斯
867 山脊顶住了德军的进攻。在这之后，由朱安将军指挥、此时已加入盟军的非洲军，在春季的战役中亦表现出色。这一战役最终导致了轴心国在突尼斯的部队全军覆没。

地中海重新变得可让盟军进入。在西西里岛的登陆，攻入意大利，以及巴多里奥政府的投降，凡此种种，开启了新的前景。吉罗遂希望借此在无须盟军合作的情况下，纯粹依靠法国自身的力量来解放科西嘉岛。为此，他甚至故意不与盟军通气。为解放科西嘉岛，人们积极地进行着准备。其中，受共产党的影响很大的内地的抵抗力量起了相当大的作用。不过，有一支“突击队”参加了战斗。科西嘉岛很快就从意大利和德国占领者的手中获得了解放（1943 年 9 月）。就军事层面而言，这一事件的重要性并不大，但在精神层面上，科西嘉岛的解放——它是第一个获得解放的宗主国中的省份——产生的影响却非同小可。

从 1943 年 11 月开始，一支法国的远征部队进入了意大利。盟军在中央地区的行动可谓步履维艰。此地地势起伏不平，而且，德军还在此建立了一条坚固的防线——“古斯塔夫防线”。所有的正面进攻都以失败告终，尤其是在卡辛山周围发起的进攻更是如此。盟军在整个冬季因这种毫无结果的阵地战被搞得精疲力竭。正是摩洛哥人在被人认为是难以进入的山区实施了朱安将军的计策，才使得僵局终于得

以打破。从侧面发起进攻的德国人不得不撤退（1944 年 5 月 17 日），通往罗马的道路被打开，法国人在 6 月 4 日跟着美国的先头部队进入了这座城市。他们继续往北追击着敌人，并在为准备在法国南方登陆而从意大利撤出前，进入了锡耶纳。解放的时刻实际上已经临近。

解放

对于其联合司令部自 1942 年起就准备攻打欧洲的英美联军来说，解放法国只是其最终将导致德国投降的战役的一个方面。在他们所设想的这一有计划进行的战争中，美国人几乎没指望抵抗运动的帮助。而且，抵抗人士在政治上，亦难以让美国人信任。至于戴高乐将军，他们丝毫无意于去做任何会使他显得了不起的事情，只是到了最后时刻，他们才告诉戴高乐将要开始诺曼底登陆行动。

事实上，1944 年 6 月 6 日英美联军在诺曼底海岸的登陆行动所采用的海、陆、空兵力是如此之大，可能使法国人的武装力量显得不值一提。因为英国人在进攻卡昂时进展不大，登陆行动的开局并不顺利。在此之后，美国人突破了德国人在科唐坦半岛匆匆忙忙建立起来的防线。盟军没有理睬在他们后面混乱地进行抵抗或在一些港口筑垒固守——某些港口的德军一直坚持到德军全体投降为止——的德军，而是以莱茵河地区为目标，用快于其司令部所预计的速度，继续向前快速推进：英国人是通过法国北方与比利时向荷兰和鲁尔推进；美国人则通过卢瓦尔河与塞纳河流域向洛林与萨尔推进。8 月 15 日，盟军在普罗旺斯的莫尔海岸进行第二次登陆，这一回，法国的军队，即德拉特尔将军率领的从意大利过来的第一军参与了行动。此外，这次登陆迅速取得了完全的成功。德国人不得不通过罗讷河流域撤退。9 月 12 日，分别来自大西洋与地中海的解放者们在奥顿地区会师。当在 11 月份盟军因天气恶劣和供应遇到困难而被迫停下来时，除了阿尔萨斯以及洛林的部分地区，法国已经得到解放。

6 月 6 日，戴高乐将军在诺曼底登陆行动开始时，通过英国广播公司的电台向法国人宣布：“这是法兰西的战役，这是法兰西的战役。”实际上，无论是对戴高乐本人，对来自世界各地的自由法国的战士，

868 还是对已经以数月乃至数年的时间冒着生命危险为此进行准备的内地的抵抗战士来说，法国都不可能不参加这一标志着法国获得新生的战役。

内地的抵抗活动随着解放的希望日益明显而增强。它从盟军那里获得了越来越多的帮助。在继续保留其地下活动的特性所要求的个人主义和分头活动的特点的同时，抵抗活动在组织程度上有所提高。无疑，人事或政治上的分歧依然存在，而且，这种分歧在为了解放法国而进行斗争时会显得更加公开。但是，自全国抵抗运动委员会成立以来，共同的组织机构已经得到建立。属于内地军的抵抗运动战士须得接受一个军事行动委员会的领导。1944 年 4 月，戴高乐要内地军接受柯尼格将军的指挥，后者则在伦敦对他们发号施令。人们准备了多种行动计划："绿色计划"以摧毁敌人的铁路交通为目标；"蓝色计划"的行动目标是破坏电网；而"紫色计划"的行动目标则是切断电话通讯。人们甚至计划在山区设立集合的场所，并让它们充当动员活动的中心。年轻的游击战士自强制劳动营设立以来人数大增，他们将与所有的志愿者联手，共同参与种种至关重要的行动。要抵抗战士立即行动起来的呼吁实际上在 6 月 6 日发出。这一号召很快显得不合时宜，因为盟军提供的物质手段根本无法满足这种名副其实的"集体征召"的需要。这些力量依然没有得到好好利用，他们的英雄气概被白白地消耗。但不容置疑的是，抵抗运动在使解放者在行动时更为顺利方面所起的作用，超过了后者的预期。解放者们到处有人向他们提供情报，而敌人则吃尽了各种各样的假情报的苦头。破坏活动与伏击，让德国人步履维艰，倍受骚扰，并使他们因没有安全感而士气大跌。德军准确地掂量出了这种形式的颠覆战在心理和军事上带来的危害程度。他们遂在维希政府建立的"保安队"的配合下，对被希特勒的宣传机器称为"恐怖分子"者的活动进行报复。他们在大量地杀害游击战士，如在维尔科尔山地活动的游击战士在被德方误认为其获得过大量的外部援助后惨遭镇压。德军甚至还滥杀无辜，例如，他们在没有任何站得住脚的理由的情况下，对奥拉杜尔-苏尔-格拉纳的居民实行了大屠杀。这是一场在全法国范围内展开的残酷无情的斗争，人们很难对它予以总结。巴黎的解放堪称这一斗争中最为壮观的插曲，它将在整个世界引起反响。

迅速解放巴黎并非盟军计划中的内容，后者觉得，巴黎的解放在政治和行政方面带来的麻烦要多于好处。但在诺曼底战役获得成功后，由共产党占主导地位的巴黎解放委员会发出了起义的号召：它涉及到向盟国和全世界表明，巴黎人民没有坐等外国人来拯救自己，他们能够解放自己。但在巴黎，和在别的地方一样，内地军缺少各种手段。而且，如果德军司令部真想这么做的话，它可以摧毁这座城市并镇压反抗者。临时政府的代表意识到了这些问题，同时，他们也害怕会出现一个与戴高乐政府分庭抗礼的起义政府。于是，他们不无痛苦地与正深受失败主义论调影响的德军司令部签订了“休战”协定。但是，国内的抵抗人士并不想尊重这一协定。最后，戴高乐让盟国同意改变其原定部署，以便使巴黎摆脱有可能酿成悲剧的处境。8 月 1 日，勒克莱尔率领的从英国带来的一个师获准向巴黎进发，并在 24 日进入巴黎。首都由此同时在分别来自内地和海外的法国人手中获得解放，而这两类人的会合则更是具有象征意义。在 6 月 14 日即来到首个被解放的城市——贝叶的戴高乐，表明了自己政府首脑的身份，并在巴黎安顿了下来。在此，没有人对他的权威提出质疑。

在具有决定意义的这几周中，法国已摆脱了恶劣的处境，并显示出明显的复兴迹象。维希政府及其属下的行政管理机构土崩瓦解。已被德国人带至齐格玛林根的贝当与赖伐尔，此时已被当作没有任何权 869
威的囚徒。在各地，原先处于地下状态的新机构，开始行使起行政管理的职能。为能包括内地抵抗运动的代表，临时政府进行了改组。改组后的临时政府暂时恢复了第三共和国的法制体系，同时等待着与国人商议今后该采取何种制度的机会。在外国人眼里，临时政府不容置疑地是法国的合法政府，盟国于是亦同意承认它。

战争的结束

然而，从许多方面来看，形势依然极为困难。尽管出现了令国人振奋的巨大希望，但在法国人的记忆中，二战的最后一个冬季可谓过得最为艰难的冬季之一。战俘，强制劳动营的劳工，尤其是被关押在集中营者，其处境随着战火逼近德国边境日趋恶化。他们能够坚持到获释吗？这是其家人不能不感到担心的问题。物质生活处于困难的状态，定量配给制度的实行，即便不比德国人统治时更为严格，那也是同样的严格。盟军为登陆和解放战斗作准备而进行的轰炸，摧毁了整个交通系统。由于盟军需要操心的事情过多，以至于无法把保证法国人的食品供应放在一个重要位置。经济生活业已瘫痪。法国的解放也并非没有引发混乱，民众对合作分子采取的报复，有时导致了可憎的暴力行为，而临时组成的地方当局，亦可能试图利用施政方式的不稳定滥用其权力。不过，就总体而言，由于乐观情绪与普遍的热情，以及各抵抗组织表现出来的纪律严明，局势在迅速地走向正常。让某些人担忧的社会动乱并没有发生，而共产党更是率先呼吁法国人去工作。

在军事方面，德国人在诺曼底受挫后仓促地向东撤离。但在此时，如同其在敦刻尔克、洛里昂、罗瓦扬等沿海要地拼命抵抗一样，他们在洛林和孚日山脉亦死死地防守。毫无疑问，法国军队因众多来自内地军的志愿者的加入得到加强，在这些人的身上，热情高涨弥补了缺乏训练的不足，而且，他们亦能轻松地与自由法国最早的官兵打成一片。但是，因缺乏合适的手段，这样一支军队得完全依靠盟军。从罗讷河流域与汝拉山脉过来的德拉特尔率领的部队，在11月份解放了上阿尔萨斯；在其侧翼，勒克莱尔率领的人马在11月23日突破了德军在孚日山脉的防线，解放了斯特拉斯堡。但是，德国人仍在科尔玛一带坚守。在12月，他们在阿登地区发起了令盟军措手不及的反攻。为了收缩自己的战线，美国人打算撤离斯特拉斯堡。为了阻止美国人这样做，戴高乐粗暴地进行了干预。不过，这只是一次持续时间不长的危机。及至第二年的春天，他在盟军的居高临下面前不得不让步。在为穿越最后的障碍莱茵河并将德国置于盟国的控制之下而发起的总攻中，法国人漂亮地显示了自己的作用。德拉特尔的部队在斯皮尔渡过了莱茵河，这是技术难度很大的了不起的壮举。盟军在德国南部四处出击，占领了斯图加特，解放了蒂罗尔。在巴伐利亚迅速推进的由勒克莱尔率领的师，在5月4日攻克了希特勒在伯希特斯加登的“鹰巢”。德拉特尔将军还受戴高乐之命，代表法国出席了在柏林举行的接受德国投降的仪式。

在外交方面，戴高乐为了让人们重新承认法国的大国地位进行了坚韧不拔的斗争。在12月，为了抗衡美国的态度暧昧，他与斯大林签订了一项互助条约。但是，他没有被邀请参加雅尔塔会议，在这次会议上，“三巨头”安排了欧洲与世界未来的命运。不过，由于丘吉尔的 870
坚持，“三巨头”同意让法国参与对德国的占领，并如同中国那样，成为与美国、苏联、英国一样的联合国安理会的常任理事国。

当盟国力图再次在没有法国参与的情况下，在波茨坦会议上解决种种欧洲问题时，战争在太平洋地区亦宣告结束。法国与此有着直接的关系，因为印度支那的命运即有赖于此。日本人在1940年打着“共同防务”的幌子在印度支那落脚，并在当地怂恿反对法国的活动。1945年3月，他们通过粗暴地采用武力完全夺取了政权。法国没有出席8月16日举行的日本的投降仪式，因为美国竭力地以反对殖民主义的名义把法国排除在外。中国的军队与英国的军队分别在越南的北方与南方负责解除日军的武装和维持秩序。

当战争结束时，许多问题的前景依然显得扑朔迷离。战争使法国付出了沉重的代价，它直接导致了大约60万人丧生（20万为士兵，40万为平民），其中有一半人死于流放的过程当中。也许，与德国或苏联的伤亡数字相比，这一数字不显得很大，但对于法国这样一个在20世纪前半期人口不足的国家来说，这种人口损失的后果非常严重。此外还应考虑到新生人口的严重不足以及成年人口的急剧减少引发的各种问题。经济方面的设施受到严重的影响：港口、铁路、桥梁、工厂被摧毁，物资四处流失或被运到德国。耕地由于缺乏劳动力与肥料而荒在那里；甚至因为飞机轰炸或到处成为布雷区而满目疮痍。在所有的领域中，产量均急剧下滑。因为完全没有贮备，法国没有任何东西可卖到国外，同时却什么都得向外购买。物价与工资在上涨，预算出现赤字，货币存在危机，凡此种种，均要求人们立即采取措施。

维希政府的失败也是曾经常显得自命不凡的右派的失败。在政治生活中占主导地位的三大组织重新出现，它们分别是共产党、社会党与人民共和党，后者受到天主教的影响，并直接产生于抵抗运动。上述三党赞同戴高乐将军进行某些社会经济改革，如对大企业实行国有化，建立社会保障制度。抵抗运动由此显得即将实现其在地下状态时萌生的梦想，即建立一个更加公正、更为博爱的法国。但是，抵抗运动无法阻止国家的不幸损害它的各种活力，并动摇法国在世界上的威望。就（法兰西）帝国而言，它也受到了稍不明显但却不可避免的影响：法国失去了印度支那——至少是暂时如此，民族主义运动在北非得到发展，以及法国不得不承认叙利亚和黎巴嫩的独立。

最后，战争，以它所带来的贫困、废墟、痛苦与暴力，纳粹的毒素及其大量的丑行，以及道德败坏，留下了深深的印记。虽然这些印记的危害性人们颇难估计，但它们却在战后世界产生了不易去除的影响。虽然工业文明的飞跃发展很快消除了战争在物质方面留下的痕迹，但战争在心理和道德方面产生的影响却肯定不会同样迅速地消除。

国家出版基金项目
NATIONAL PUBLICATION FOUNDATION

世界历史文库
World History Library

下卷

法国史

〔法〕乔治·杜比 主编
吕一民 沈坚 黄艳红 沈衡 顾杭 杨庭芳 田军 译

Histoire de la France: des origines · à · nos jours

中国出版集团
商务印书馆

纲领中，只有很小一部分在解放后变成了事实。不过，这成为了思想变革和经济社会变革的开端。虽然 1948—1950 年之后出现过反动，但人们还不敢公开对一些社会成就提出挑战，国有化和指导性计划等经济改革措施也是如此。

872 精神上的振奋看来走在了人口复苏的前面，不过，法国的人口很快也开始重新增长。事实上，人口增长的效应表现得颇为缓慢；当人口浪潮波及政府、生产商等诸方面时，法国经济复兴的基础很大程度上已经准备就绪了。应该承认，政治当局、行政机关、公私企业中的一些人士头脑清醒，并具备分析、预见和实现关键点的必要能力。比如，经济结构改革使得国家具备了有效地介入国民经济运作的手段。再如，现代化和装备计划的实施——公共资金的参与具有关键意义——逐步消除了能源、交通和基础工业对经济发展的瓶颈效应。还有，生产率政策也曾努力降低生产成本和改善企业的经营业绩。

各社会集团的压力、政治局面的不稳定、以预算赤字或货币政策来为国家的重建和装备提供资金，凡此种种，导致了通货膨胀的加剧，以致国家终于决定尝试自由市场政策。于是，“通胀螺旋”的时代过后迎来了稳定性计划的时期，这一转变开始于 1963 年。但是“彻底抑制通胀”不啻于猝然切断一个过热的锅炉的通风管。实际上，通胀中的增长过后是一个衰退期，其间间或有些刺激举措。1968 年五月风暴之后出台的“宽松放任”货币政策抑制了——但为期甚短——最初的衰退迹象。1973 年年底的石油危机很快就席卷了西方，它终结了强劲增长的时代，标志着危机阶段的开端。在向欧洲共同市场开放之前，法国并不是独立于世界其他地区的。战后的国际环境严重制约了法国政策选择的范围。不过在这方面，也有一些人士很早就表现出远见卓识，他们发起欧洲建设运动，努力降低对外依附的程度。如果说今日欧洲建设的局面并不符合其“发起人”的构想，那可能要归因于顽固的民族利己主义和自由经济的复兴。不过在今天，我国经济社会的演变与欧洲的演变紧密相关。如果最初的欧洲六国不能超越共同市场——即关税同盟、不能进入真正的经济政治共同体阶段，那么，我们难以料想，法国如何能应对某些科学、文化和政治挑战，如何能长期抵制经济霸权国家的引力。如果法国的历史紧密依附于其他发达国家，即便它们是自己的近邻，似乎仍让我们难以接受。

一、法国经济扩张的背景 873

国际环境

与美国"挂钩"的法国（1945—1951 年）

美国很早就致力于重建被 30 年代的保护主义浪潮和大战破坏的世界市场。但美国人的一个很大的先见之明是，他们懂得，如果不事先巩固某些地区性的、首先是欧洲的国家集团，构建世界市场是不可能的，当然他们的这种考虑并非完全没有政治方面的盘算。根据 1947 年 6 月 5 日马歇尔将军提出的想法，美国将向欧洲提供大规模援助，这些援助将在几年内分期实行。这一"欧洲复兴计划"在欧洲更以"马歇尔计划"著称，它主要就包括这些援助。

但这一计划的根本新颖之处在于，各受援国应采取协同行动来接受援助。这样，美国人在不放弃重建国际自由贸易体制的希望的同时，也鼓励欧洲国家采取集体行动，以协调各自的重建和装备计划、恢复财政稳定和货币的可兑换性。

总体而言，马歇尔计划有效地支持了欧洲在经济复兴和重建方面的自我努力。及至 1951 年 6 月，法国共获得 20％的美国援助，约合 20 亿美元，因而它一方面得以支付必须的进口，另一方面又可利用相关款项来支持它的第一个现代化和装备计划。不过，马歇尔计划的根本性成果也许是，它最终引导欧洲国家走上了寻求逐步联合的道路，它们的努力不无成就。

1950 年 7 月到 1952 年 1 月间，国际主要初级产品价格上扬，此间的冷战对法国的打击比朝鲜战争结束后的经济衰退的影响还要严重。但尤其重要的是，法国无法也不愿避免的殖民战争使得其政治、经济和社会困难与日俱增。

非殖民化

几年之中，人们一直认为印度支那的冲突只是一系列维持秩序的军事行动，但当法国在高平（1950 年 10 月 3 日）和龙山（1950 年 10 月 22 日）遭受重挫之后，这场冲突发展成一场真正的战争。

当时的历届法国政府都试图向美国人表明，这场冲突是西方反对共产主义的宏大的十字军行动的重要环节。事实上，法国获得的美元军事援助起初是附属于马歇尔计划的，但这一援助后来一直延续到 1955 年末。从 1952 年到 1955 年末，法国获得的经济援助或纯粹的军事援助总计约 30 亿美元。但是，大笔的美元并不总能平衡对外支出，这或是因为贸易收支和无形交易的形势不利，或是由于殖民地冲突的加剧。

印度支那战争、接踵而来的 1955—1956 年阿尔及利亚“事态”的恶化以及苏伊士远征，是造成这一时期法国内外交困的基本原因。无疑，殖民战争、特别是阿尔及利亚战争能够刺激某些部门的增长，而且能维持某些行业的企业家们那危险的乐观主义，因为通货膨胀使国内需求出现了病态的扩张局面。但是不应忽视殖民战争对经济
874 造成的一长串消极影响：非生产性的军事开支膨胀；由于军队动员和服役期延长造成的可支配性劳动力的稀缺；因为向国外、特别是向美国采购军事物资的膨胀，对外支出的赤字增加了；法国的部分工业被动员从事军工生产，这就妨碍了它们开拓国外市场——这种市场虽然更难以开拓，但它为时更为长久；因为“苏伊士远征”而带来的外贸体系的混乱，等等。最后，因为对前殖民地的眷恋而在体制上导致的政治局势的动荡，同样是此间一直困扰法国的货币和财政危机的一个因素。

重建中的欧洲

不过，这些困难并不妨碍法国有效地参与欧洲的建设。可以这样说，正是由于罗贝尔·舒曼和让·莫内的倡议，人们才得以在最初的

成果之上更进一步，这些成果有：欧洲经济合作组织（O. E. C. E.），欧洲支付同盟（U. E. P.），以及像荷比卢同盟、法意关税同盟这样的地区性的联合。旨在创建“欧洲煤钢共同体”的“舒曼计划”诞生于1951年，它具有经济和政治的双重意愿。一方面，它通过建立各国基础工业的联合体、创建一个相互依存、此后难以分离的网络，试图让昨日的对手、主要是法国和德国相互接近；另一方面，它试图避免煤钢业中私营卡特尔的重建。但这个联盟还只是一个更为广泛的联盟机构的雏形，后者就是1957年3月25日罗马条约中诞生的“共同市场”和“欧洲原子能机构”（Euratom）。事实上，如果说欧洲经济合作组织在钢产业领域获得了全面成功的话，那它在煤炭的生产和商品化方面的成就要逊色得多。看来如果不关注其他能源，如石油、天然气和电力的话，要推进煤炭方面的共同政策是不可能的。地区性和过于专门化的联合方式也显示出其局限性。此后，欧洲经济共同体的观念就开始浮现在人们的脑海中——尽管有政治方面的不利因素。

戴高乐将军的上台曾一度让法国的伙伴们深感不安。不过，共同市场还是于1959年1月1日生效。此后，“关税同盟”（即逐步取消配额制和共同市场的内部关税）的进展开始加速，其最终的完成比1968年7月1日的最后期限提前了很多。与此同时，共同体六国也率先对第三世界国家采取共同贸易政策。

在构建关税同盟、即真正意义上的共同市场的同时，各成员国、特别是布鲁塞尔委员会各国也谋求联手解决一系列的棘手问题，这须以更全面、更有效的联合为前提，它们在这方面取得了一些成就。这些问题如：打击卡特尔和企业之间的恶意协定，男女同工同酬，社会保险开支的协调，税制的协调等。但尤其重要的是农产品共同市场的实施和共同农业政策的制订，这些成果是欧洲经济共同体（C. E. E.）、更确切地说是欧洲委员会最引人注目的作品。

然而，这些局部性的成就并非总是毫无争议。共同市场的实施大大超前于各成员国之间经济政策方面的协调步伐。一个国家遵循自由主义的逻辑——如人们愿意的话，可以称之为“任其所为，自由往

来”的政策；而另一个国家的经济政策则服从于共同的政治意愿，同时
875 也会放弃某些国家权限。然而，如果说迄今为止德国一直表示它反对任何徒有虚名的联合计划的话，那么就法国而言，至少从戴高乐时代开始一直不愿放弃任何国家主权，这就几乎不可能“推进六国经济的协同发展”。由于戴高乐将军的后继者们的立场更为灵活，欧洲经济共同体在制度上跨入了新阶段：随着 1972 年英国、爱尔兰和丹麦的加入，共同体经历了第一次扩大；1975 年设立了拥有专门拨款的各共同体的联合预算；1979 年 3 月建立了欧洲货币体系（S. M. E.）；1979 年 5 月签署了接纳希腊的条约，这预示着共同体将扩大到西班牙和葡萄牙；最后，1979 年 6 月举行了欧洲议会的直接普选。

在欧洲经济共同体不断扩大的同时，各成员国之间在经济、社会和政治上的联合却没有取得明显进展，于是，共同体便面临着这样一个风险：它在一个由美国占据无可比拟的领导地位的自由贸易区中的地位将会被弱化。我们下面将看到，这种风险已经在具体问题上显现出来，如在工业政策方面、在能源领域……尤其是在货币方面。另外，英国的特别附加条件，间歇性的“货币紊乱”，希腊、西班牙、葡萄牙和某些英联邦国家的竞争，这些都损害了共同农业政策的基础，从而也动摇了整个共同体大厦。

在这样一种新自由主义的背景下，与非洲国家和马达加斯加之间那些谨小慎微的合作政策（1964 年和 1969 年的雅温得协定）、以及与发展中国家之间更为广泛的合作（1975 年的洛美协定）面临无法执行的危险。我们离让·莫内企盼的“欧洲合众国”还很远。

国内背景

经济复苏的力量

战后经济复苏的首要因素是人自身，是他们的创新能力、他们在人口学上的行为取向，以及他们适时推进的结构性改革。

人口的增长

1946 年到 1978 年间，法国的人口从 4000 万上升到 5300 万，也就

是说30来年中增加了1300万，这几乎等于1800年到1946年一个半世纪的增长额……这种增长既来自于“自然盈余”（出生数与死亡数之间的差额），这个盈余反映了迄至1974年的人口学行为取向上的变化，同时也来自于“迁徙余额”（移入数字与移出数字之间的差额）——及至1974年，这个差额具有十分积极的意义。因此从各方面来看，1974年标志着法国人口演变史上一个明显的断裂。

1946—1974年人口的复苏

从1946年到1960年，法国平均每年新生的人口为81.1万，1960—1974年接近85万。

如果考虑到此前法国人口出生率曾在十分漫长的时期内呈剧烈下降趋势的话，战后法国出生率的复苏就显得更加显著了。事实上，在19世纪最后一段时期内，欧洲大部分国家的人口出生率都在下降，但在法国，它开始的时间要早整整半个世纪。除了第一次世界大战之后稍有中断外，这一下降趋势一直在持续，再加上新生儿的损失和战争的损失，法国陷于灾难性的境地，它的人口甚至无法维持原有水平。1935年到1945年，人口总出生率下降为1.5%。由于人口死亡率达到了1.6%，因而人口自然增长率变成了负数：—0.1%。

876

20世纪初以来平均寿命的演变

	1898—1903	*1928—1933*	*1946—1949*	*1966*	*1976*
男子（岁）	45.3	54.3	61.9	68.2	69.2
妇女（岁）	48.7	59	67.4	75.4	77.2

表中数字来源于全国统计及经济研究所（I. N. S. E. E.）的《法国经济》中的图表。

战后，平均出生率在1946—1954年上升为2%，1954—1964年为1.8%，1965—1974年稍低于1.7%。

而在死亡率方面，20世纪初以后已有明显下降，从2%降为两次大战期间的1.7%—1.6%，1960年代则为不足1.1%，这个数字看来将是个持久的界标，其原因在于居民普遍享有良好的健康、医疗和饮食水平，特别是因为婴儿死亡率的大幅度下降：从1950年代初的4%降为1975年的1.4%。由此产生的一个结果就是人均寿命的延长：每人平均要比20世纪初多活了24年。而女性更是多活了28.5岁。

移民运动

最后，法国人口发展的普遍趋向的一个原因还在于移民运动。由于大危机和大战的影响，“净移入”（移入数减去移出数）在1936年到1946年间实际上停止了，战后它有所恢复，但到1954年之前速度仍相当缓慢：每年略微超过4万人；但从1955年起开始加速。从1955年到1960年，平均每年为15.5万，其中最高的1957年为22万；1961年到1964年的总数为148.5万，其中的两个高峰出现在1962年和1963年，分别为86万和25万，这是从阿尔及利亚的大量遣返所造成的；从1965年起，移民余额数字明显下降，到1974年为止，平均每年略微超过10万人——1970—1972年是个短暂的高峰期，每年约15万。从1974—1975年起，这一正数值迅速下降，从1977年起降为零；最后，由于法律管制措施（博内法和斯托勒吕法）的影响，移民余额从1980年起变成负数。

在法国生活的外国人，1979年略微超过400万，但此后每年减少20万。

要理解这种大规模的移民运动的基本原因，不仅应注意人口的总体变化，而且应关注处于工作年龄、即20—60岁的人口群体的演变（见下页表）。

实际上，我们在表中可以发现，“处于工作年龄的人口”的百分比自1946年到最后三年之间不断下降，尽管移入民主要由工作年龄段的人口组成，但其带来的净增加数只能填补可就业人口（包括已从事或期待从事工作的人口）的缺失。从1936年到1962年，可就业人口数字几乎没有变化，一直保持在1900万左右。根据1968年的人口普查，这个数字估计为2040万，1975年达到2180万，其中810万为妇女，在1968—1974年间可就业人口的增长中，她们占到了3/4。一直到 1965 年，法国还只能大量依靠移民来弥补其自身的工作年龄段人口的不足。1962—1965 年以后，由于大量青少年成为成年劳动力以及妇女就业率的增长，法国对移民的依赖已不再那么紧迫，而移民的数字 877
也开始明显下降。从 1974 年起，经济危机限制了工作机会，但可就业人口却猛增。于是，外国人被视为失业率增高的一个因素，这就导致了对移民的冻结。

各大年龄段人口分布状况的演变

	比例（在总人口中的百分比，%）		
年份	20 岁以下	20—64 岁	65 岁以上
1901	34.2	57.3	8.5
1946	29.5	59.4	11.1
1954	30.7	57.8	11.5
1965	33.9	54.1	12.0
1978	30.7	55.4	13.9

资料来源：1966 年法国统计年鉴（大事记）和全国人口研究所(I. N. E. D.)。

如果法国不是在 1946—1965 年间接受了大量的外来劳动力的话，其青少年和老年人口对于劳动年龄段的人口构成的负担将更为沉重。

根据 1975 年的人口普查，外籍劳工估计为 160 万人。但有人认为这一数字偏低，真实数字接近 190 万，即占可就业人口的 8%。但外国人占工人总数的 17%。在建筑业和公共工程部门，这个数字高达 32.2%，金属制造业为 23%，采矿业为 18.5%。从 1975 到 1977，外籍劳工的数字估计下降了 16%。根据全国统计及经济研究所的估算，1977 年外籍劳工总数略低于 150 万（与 1975 年的 190 万相比下降了 20%）。

下表为 1979 年 1 月 1 日法国人年龄金字塔：

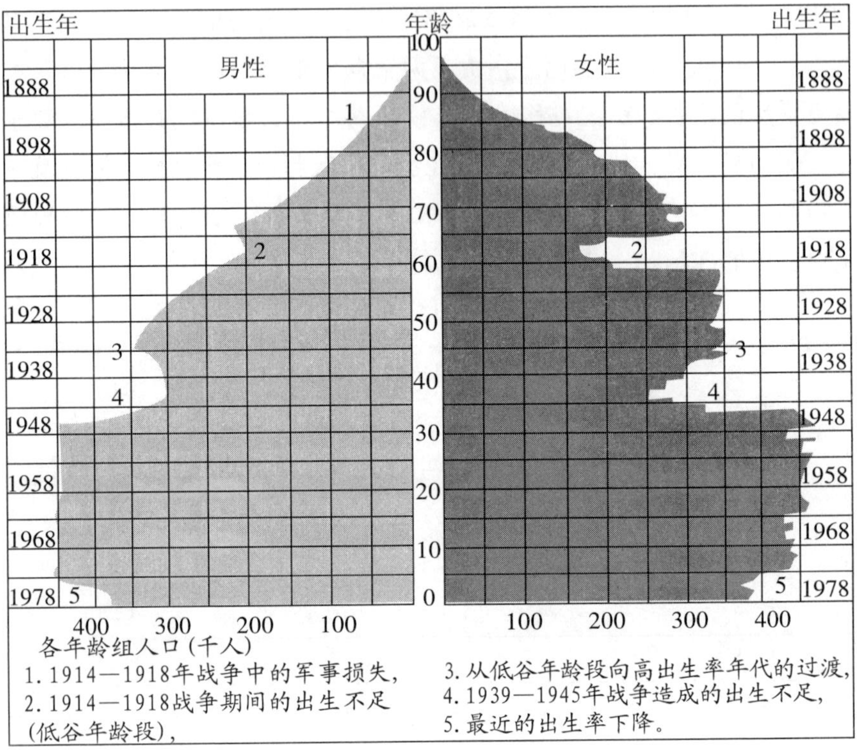

878 下表突出地显示出1946年后“可就业人口”与实际就业人口之间的差距，这一差额被称作“就业需求未被满足”，即失业。不过，由于人数日益众多的青年阶层（1946年以后的几代人）的可就业率看来并没有变动（它在1968—1972年间呈下降趋势，这是由于义务教育期延长至16岁而导致的效应），由于25—54岁妇女可就业率的增长（这与一些必然性的新局面紧密相关联，如第三产业中就业机会的增加、城市化的持续发展、妇女学习期限的延长和职业教育的发展等），政府和雇佣者唯一可以使用的劳工政策手段就是限制外籍劳工的移入、削减劳动时间和降低退休年龄。尽管可以采取这些措施，但在1985年之前，可就业人口的增长甚至更为迅速（当年的数字为2400万，而1978年为2000万），1986年9月，等待工作机会的人估计达250万。欧洲所有国家都出现了这一令人不安的发展趋势。

总人口，可就业人口和实际就业人口

年份	实际就业人口（百万）	可就业人口（百万）	申请就业者（百万）
1946	19.4	19.4	0
1954	19.0	19.2	－0.2
1962	19.5	19.7	0.2
1968	20.2	20.6	0.4
1975	21.2	21.8	0.7
1978	21.2	22.6	1.4

资料来源：人口统计及劳工部。

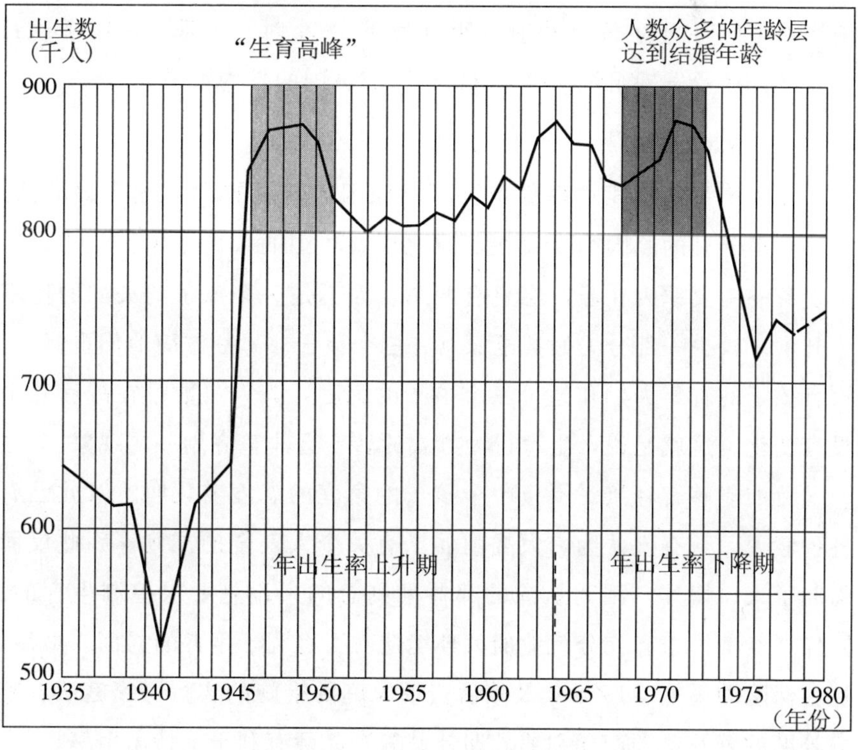

879　**劳动时间**

每周工作时间的变化是总劳动供给的一个重要变量，因而也是劳动供给和需求关系的重要变量。

在大战末期，法国已经无法维持1936年通过的每周40小时工作制。尽管劳动时间随经济扩张和萧条而有所变化，但从1945年起每周工作时间超过了44小时，而1966年时非农业部门则上升到46小时。但这一增长只是弥补了每年带薪休假时间的延长，后者由1954—1956年的每年2—3周延长至1962—1964年的3—4周。因此，总体而言，年度劳动时间在这一时期内显然维持稳定。

一直到1968年，法国的每周工作时间仍显著高于主要发达资本主义国家的平均水平（41—42小时）。根据格勒内尔协定，每周工作时间每年以1%的速度下降，而制造业中的下降速度要高于建筑和公共工程部门、商业、服务业和交通运输业。到1978年1月1日，工人每周平均工作时间为41.5小时，职员为40.7小时。于是法国终于达到了经济合作及发展组织（O. C. D. E.）成员国的平均水平。

人口复苏的原因

如果说我们对死亡率稳定下降的原因已有比较深入的了解的话，对出生率上升的原因则一直在探讨之中。法国的人口学家们认为，这一现象的主要原因在于，愿意有两个、而不是一个孩子的夫妇的比率上升了，较少一部分夫妇甚至愿意有三个孩子。另一方面他们也指出，没有孩子的青年夫妇和超过三个孩子的家庭，其人口数量在战后几乎没有变化。这就是说，生育行为方式的转变远非整齐划一的现象。

目前能够解释接受不止一个孩子的家庭的态度变化吗？对此已有各种假说。如有人认为，大战削弱了有关个人安全的准则，因此反而引起了人口爆炸，因为从前的那些准则总的来说是要求控制生育的。同样，经济扩张和充分就业的大环境造就了有利于生育的局面。最后，社会保险的设立、1938年及战后资助家庭的措施的实行（家庭法、家庭补贴的普及、预产期和哺乳期补贴等）无疑有利于维持出生率。

1974年后出生率的下降

1974年后，每年的新生儿数量降到75万以下，比1960—1974年间少了10万。但是人口自然超额仍维持正数。这种下降是由于从1964年起出现的“生育能力”的下降造成的，1973—1974 年的下降速度更快，从 1976 年起，生育能力降到代际更新所必须的出生率之下。

人口学行为方式的这一新变化，其原因看来是多方面的：如生活水平和教育水平的提高，快速的城市化进程，妇女希望从事职业生活和在其低龄期养育孩子的愿望；甚至还与年轻人的行为方式有关（结婚率的下降、婚姻初期生育数字的下降），与家庭立法的不健全、与技术的发展和节育的合法化有关，也与社会配套设施（托儿所等）和可供年轻人使用的住房的不足有关。我们可以指出这样一个事实：生育数字的下降是所有发达国家的一个普遍现象（见下表），尽管它们采取了一些积极的社会或家庭政策。如人口学家们仍不能肯定，1973 年匈牙利的举措和 1976 年联邦德国的政策是否对出生数字的深远走向产生过持久的抵制效应。 880

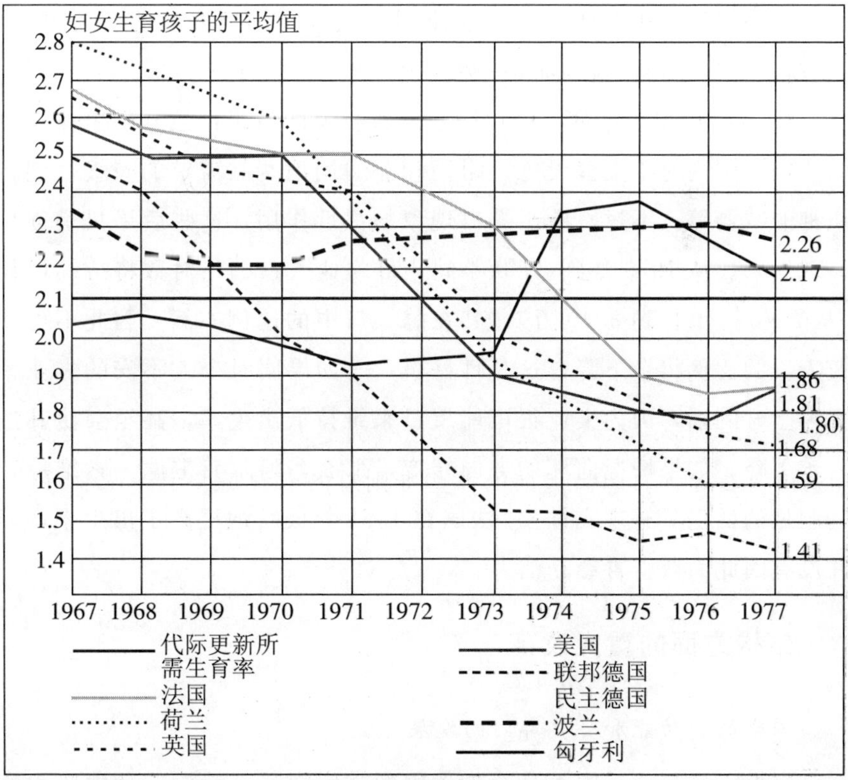

人口演变和经济发展

战后“年轻人的增加”对经济增长产生了多方面的积极影响。

这种联系表现在大量低龄人口对基本需求品供应所产生的压力上，这些需求包括耐用品（住房、各种配套设施）、日用消费品（食品、服装和药品）和服务需求（教育、医疗、交通和休闲等）。为了满足新增的需求和逐步提高的平均生活水平，可劳动人口，特别是那些承担家庭的人，就必须更多和更好地工作。

但还有其他因素：人口不仅增长了，它的地理分布也有了深刻的变化。从 1946 年至今，城市的人口集中一直在加速。人口超过两千的居民点、特别是大城市吸收人口的效应导致了消费和生活习惯的重大转变。这些新习惯直接得益于工业品的增长和为数众多的第三产业部门；它们“提高了消费倾向”，即收入中用于消费的平均比例比以前更高的倾向。

这种持续的压力改变了企业家们在投资和创新方面的行为方式：“创新不再是一种风险，而是一种必须”（阿兰·科塔）。

1974 年后出生率的下降可能会导致相反的后果：教育中集体投资的削弱，国内对于配套设施、耐用和非耐用消费品需求的减缓，创新精神的减弱等。不过，由于人口现象的惯性作用，这些后果只是逐步
881 显现出来。从 1975 年到 2000 年间，可就业人口的绝对数将持续增长（从 2870 万增长到 3340 万），其在总人口中的比例亦然。因此不可就业人口的比例将会下降，这是件好事——如果同时令人不安的失业率不再上升的话，因为失业很可能反过来维持低出生率，甚至会使其进一步下降。如果情况向坏的方向转变，那么，阿尔弗雷德·索维那独具洞见的话仍具有现实性：“法国在 1951 年成功地提高了出生率，但并没有因此而获得青春和活力。”

结构方面的重大改革

国家的新功能和公共部门的发展

根据抵抗运动全国委员会纲领中的重大抉择，解放运动中建立的

政治权力机构走上了一条对资本主义进行深刻改造的道路，这一改造有时具有某种小型革命的色彩。改革的发动者们在结构改造中追求的目标并不是一致的，甚至是不相容的。左派势力希望建立某种社会主义类型的体制。其他赞同改革的政治力量，如戴高乐派和人民共和党则试图纠正这一体制，以捍卫自由主义的体制。

根据1945年2月22日法令设立的各种企业委员会很能说明各种目标之间的冲突。工会认为，各企业委员会是迈向工人控制的第一步。相反，其他政治派别的代表（尤其是戴高乐派）认为这是资本与劳动联合的开端。同样，对于某些人来说，社会保险和家庭补贴的普及主要是一种实现社会正义的措施、人口政策方面的一项重大举措，而另一些人则把它们看作可以在经济社会体制中确立某种强大的稳定因素的社会津贴。对于一部分人来说，战后公共财政的地位、特别是公共部门在财政上更为广泛的权力，应成为推动不可逆转的资本主义改造的因素，而另一些人则认为这是解决现存体制中某些暂时或长期性困 882
难的有效手段。

公共部门与物质生产和服务业

在物质生产和服务业领域，最重要的结构性改造来自于1945—1946年的国有化浪潮。两年之内，生产领域内部设立了一些大型公共企业，它们至今仍存在：法国煤矿公司，法国电力公司、法国煤气公司，原子能署和雷诺工厂。

巴黎独立运输公司同样如此。还应该提及众多公共资本占主导地位的混合型经济公司，如1938年曾实行国有化的法国国营铁路公司，国营宇航工业公司，法国航空公司，国际航空公司，法国石油公司，哈瓦斯通讯社，各大国土整治公司（下罗讷-朗格多克运河公司等），各远洋航海公司（大西洋轮船总公司等）。还有一些著名的公司，如勃朗峰隧道公司和埃斯特雷尔高速公路公司等。最后，我们不能忽视的是，虽然1959年后公共企业的数量和相对地位有所下降，但它们的子公司数量有明显的上升，这反映了法国大型公共企业介入工商业活动、特别是介入国际交往的战略。

总的来说，以法律形式或其他形式出现的法国公共企业雇用了近12%的可就业人口，控制了全部的铁路运输、几乎全部的能源产业、大部分的航空和航海业、大部分的信息和出版公司、1/3的汽车工业、1/3的住宅建筑业，等等。在总固定资本的构成中，公共企业占了1/4强，特别是1974年经济危机之后。但尤其是在战后的财政金融领域，公共权力的影响最具决定意义。

公共部门，信用调控和战后对经济发展的全面资助

根据1945年12月2日的法律，法国设立了全国信贷委员会，重组信用体系，对法兰西银行、四家大型储蓄机构和各大保险公司实行国有化，这些措施使国家掌握了控制财政金融机构的强大工具。但这还不是全部。国家同样严密控制了大部分专业信贷机构，如农业信贷银行、国民信贷银行和旅馆业信贷银行等等。储蓄银行网、邮政支票、储金会定期向国库提供后者所缺的现金，以平衡国家的日常收支。

国家或是通过直接的资助、或间接地以经济社会发展基金（以前的现代化和装备基金）提供的贷款、或通过由它控制的专业信贷机构为中介进行投资，上述这些方式的投资占到战后国民投资的近一半。50年代后，这一功能被削弱。另外，有一些国家控制的专业化财政金融机构（储金会、地产信贷银行、国民信贷银行、农业信贷银行、旅馆业信贷银行等）取代了“严格意义上的”公共基金（各种形式的资助和贷款，特别是来自经济社会发展基金的部分），这一现象被称作非预算化。不过，在1973年，国家控制的投资占固定资产资产投资总额的31%，而1962年这个数字为28%。但1974年经济危机后，这个比例随着私人投资的不振而明显上升。储金会尤其值得一提，由于它从各私人储蓄基金、国民储蓄银行、各个社会互助基金以及其它储蓄机构中汇聚了大量资金，从而成为一个由各地方金融机构组成的大型银行，它是社会住房贷款的主要提供者，也是国家和公共部门在各个信贷方面的重要助手（如向各种公共基金进行长期、中期和短期投资）。

当然，国有化没有波及“商业性银行”的广大领域，因而后者没

有受到国家的控制。这个空白无疑削弱了国家用以控制金融流通的武器的力量。然而，在经济增长中，公共部门的发展无疑是比采取指导性计划更具决定性意义的因素。

法国的计划化

总计划署设立于 1946 年。它的倡导者让·莫内曾于 1947 年提出第一个现代化和装备计划，这一计划是对三个紧迫要求的回应：确定重建的方针、协调各公共部门的运作、分配马歇尔计划中的援助物资；该计划优先考虑基础生产设备和基础设施的重建，如电力、煤炭、钢、水泥、铁路运输、港口、农业装备等。总体上说，第一个计划完成了：从 1947 年到 1953 年，煤产量从 4700 万吨提高到 5800 万吨，发电量从 2100 万千瓦时增长到 4000 万千瓦时，钢产量从 600 万吨提高到 1000 万吨，拖拉机从 3 万台增长到 20 万台，交通设施得到恢复或改善。只有农业发展远低于预期水平。

第二个计划（1954—1957 年）启动的时机很好。此外，国民核算的进步使得此后能较好地进行预期和协调整个计划的实施。这个计划 883
比第一个计划更侧重于加工工业。它同样也关注科学研究的发展和生产率的改进。最后，起初还有一些重大措施旨在促进制造业和区域发展。这一成就很大程度上归功于两位在经济方面颇为出色的政治人物：孟戴斯·弗朗斯和埃德加·富尔。

第三个计划（1958—1961 年）在实施过程中出现了一个 1960—1961 年的临时计划，这是由于经济衰退、货币贬值及 1959 年 1 月通货的稳定而必须作出调整；第三个计划致力于加强经济迅速扩张过程中的某些薄弱环节：对外收支的失衡，通货膨胀和某些农产品、特别是牲畜产量的不足。

第四个计划（1962—1965 年）名曰“经济和社会发展计划”。它着重考虑的是法国经济发展中的三大因素：为数众多的年轻一代开始大量步入就业年龄；随着共同市场的实施而不可避免地逐步开放边境；全面的非殖民化运动后法国与非洲国家关系的转变。它第一次强调应优先发展公共设施。

第五个计划标志着法国计划化历史的一个转折，这时应对公共部门和私营部门之间的关系之演变作更为全面的审视。

1963 年后公共经济和私营经济之间的关系之演变

法国经济的自由化——即国家和公共部门在经济和金融运作中切实而明显的退出——究竟始于何时，这很难确定。当财政部长吉斯卡尔·德斯坦于 1963 年提出的稳定计划开始于 1964—1965 年间取得成效时，转折就已经开始了。这个计划旨在稳定经济增长，在稳定中求发展。它强调价格的稳定，为此甚至可以暂时牺牲经济增长。它的第二个目标是恢复预算平衡。为了实现这一目标，1964、1965 和 1966 三个年度中，法国“调整”了用于国内生产的公共支出的增长，裁减了某些投资，人们本来打算通过公共部门自身的资金、金融市场和专业信贷机构的资金来为这些投资融资。德斯坦的计划还试图遏制国库及其私营连带机构（如储金会）在银行系统中和金融市场上进行的“不诚实竞争”。所有这些技术性措施所追求的一个根本目标十分明显：重新激活金融市场，按熊彼特的话来说，后者是“资本主义体制的参谋部”，并为此而把巴黎建成一个欧洲规模的金融市场。最终来说，这就是恢复私人储蓄和生产性投资的调节作用，即恢复自由经济的基础。

第五个计划（1966—1970 年）中体现了上述政策的主要方面。在欧洲经济共同体内部、甚至更大范围内的贸易自由化的背景下，该计划大力强调增强生产性投资的必要性，同时加速集体性公共设施的建设，这类设施由于青少年人口的增长和近来十分迅速的城市化进程而显得必不可少。因此投资的方针在很大程度上是致力于提高法国经济的竞争力，即转向了外贸，因为外贸此后在经济增长中扮演着必不可少的推进器的角色。为此，应遏制国内的个人消费，故必须转向一种价值的计划化，或者说某种收入政策，而在近期内这无非就是工资政策。这同样还需在公共部门实行一种“诚实付出”政策，以便削减公共开支、重建“公共部门和私营部门之间健康竞争”的环境。

884 第六个计划（1971—1975 年）是在 1968 年 5 月的社会风暴、是年秋天的货币调整和1969年的贬值后实行的。这个计划的目标明显在于调整生产结构以适应国际竞争的需要。它把工业律令置于绝对的优先地位。它的逻辑是适应“受威胁产业”之紧迫需求，即适应工业部门的战略，工业正面临着国际竞争的威胁。为此它牺牲了住宅业和公共设施的建设，只有那些直接服务于工业和贸易的设施除外（如电信和交通等）。但该计划的实施受到了国际经济危机（1974—1975年）的猛烈冲击。

第七个计划（1976—1980年）拟定的战略计划以调整优先行动纲领（P. A. P.）为核心，旨在全力应对经济危机，这一战略致力于解决经济和社会生活中的重大失衡问题：贸易失衡、失业、生活环境的恶化、通货膨胀、社会不平等，等等。因此它试图将经济问题和社会问题紧密联系起来。事实上，该计划既没有背离第六个计划的工业政策中的优先目标，而且更为根本的是，它也没有背离第五个计划的自由主义逻辑。它首要的目标是工业调整和使法国经济加入新的国际劳动分工体系中。为此首先应提高资本的回报率（所实现的利润与投入的资本之间的比例）、企业自我筹资的能力，并由此刺激新的生产性投资。

第八个计划（1981—1985年）的方针确定于1979年，其主旨与此前一脉相承：通过“出口工业的专业化”推行“积极的出口政策”，新增产值的分配应有利于利润，因而也应有利于储蓄，而储蓄可“促进生产性投资的增长，并因此而刺激生产、并创造新的就业机会”。因此今天的失业者（当时为150万）可以对政府当时表达的减少失业的诚意表示怀疑。该计划注重能源问题（节能、核能、能源供应的多样化等），这是它的一个新特征，另一个新颖之处是它拒绝对经济增长作数字上的预测。

因此这一计划基本上是一项工业战略，这个战略提出了国家和公共部门与私营部门的新关系。令人困惑的是，尽管60年代初开始的自由化努力在此后20年间未曾中断，但它并没有导致公共开支在国民产值中的比例的下降，恰恰相反，这一比例有了明显上升。公共开支

（国家、地方单位、社会保险及其他行政机构）在国内生产总值中的比例从 1950 年的 36%上升为 1960 年的 40%，1970 年为 45%，80 年代初达到 50%（但严格意义上的国家开支明显下降，而社会保险和其他行政开支则上升了）。

如果我们把上述情况与有关公共企业的评论结合起来看，也许可以说，真正的风险不在于大量公共经济部门的虚弱，而是国家及其整个行动和干涉机器服从于私营部门的经济理性，而这种理性是外在于公共经济的性质和自身使命的。

增长，波动，通货膨胀，危机

增长的节奏

要评价法国经济增长的重大意义，应该在与过去比较的同时，也应与其他发达资本主义国家所取得的成就进行比较。这样我们就能看出法国经济增长的特点。这一增长的速度相对较快，而且延续的时间特别长。此外，这一增长是相对稳定的，就是说，它在 1973 年之前没有特别剧烈的波动。

P. 杜布瓦把 1945 年到 1969 年的增长分为四个阶段。从 1945 年
885 到 1951 年：经济的重建和重振时期。这是基础设施和基础工业得以修复、工业的瓶颈制约因素逐步被消除的时期。这一时期的头几年中，国内生产总值的增长速度很快，但这很大程度上得益于基础性生产活动的大规模恢复。1949 年后增长率的减缓只表明向正常的生产及消费状况的逐步回归。

从 1951 年到 1957 年：进入战后的第一个循环。此前的增长在这一时期的初期开始加速，并由此引发严重的通货膨胀（1951 年和 1952 年初）。为稳定价格，政府通过通货紧缩政策来抑制经济增长（比内的第一个稳定政策），这一措施取得了成效，经济在一年多的时间内（1952 年一段时期和 1953 年）增速放缓。随后的年增长速度维持在 5%—6%的水平上。

1957—1963 年是一个新的历程，这第三个时期被称作第二个战

后循环。实际上，1956 年和 1957 年的快速增长造成了严重的通货膨胀。政府再次于 1958 年采取稳定政策（比内的第二次实践），1958 年末和 1959 年的增长速度明显放慢。1959 年 3 月起，由于剧烈的通货贬值，经济又呈现出快速增长的局面，这一局面在 1963 年达到顶峰。

1963—1969 年的发展更为复杂。1963 年，吉斯卡尔·德斯坦采取稳定政策，以图抑制以通胀为代价的增长，他的政策于 1965 年取得成效。但这一政策导向也有其自身的弊病。由于此后法国国民经济更多受到外部因素的影响，1966 年的萧条局面又因为 1967—1968 年的国际性衰退而加剧。为重振经济而采取的一些小步骤（从 1967 年末到 1968 年初的德布雷计划）不足以平衡这些不利影响。1968 年 5—6 月的动乱过后的通胀刺激了 1968 年末到 1969 年初的经济复苏，但这多少带有人为性质，不过随后很快便出现了世界性的经济复苏。1968 年，戴高乐将军拒绝通货贬值，这似乎表明法国将导向通货紧缩政策。

法国和其他几个国家的年平均增长率（国民生产总值）

	1870—1913	*1913—1950*	*1950—1960*	*1960—1970*
法国	1.6	0.7	5.0	5.8
英国	2.2	1.7	2.8	2.7
美国	4.3	2.9	3.2	4.0
意大利			5.5	
德国	2.9	1.3	7.7	4.8
日本			9.5	10.0

资料来源：J.-M. 阿尔贝蒂尼，《国家报告》。

上表说明了法国和几个发达资本主义国家在经济史的不同阶段的总产值的增长速度。在较早的两个阶段，法国的增长速度远远逊色于其他国家；1913—1950 年这一时期的增速特别缓慢，这是因为此间的两次世界大战和大经济危机的影响。

可以说，法国在后两个时期的“扩张竞赛”中占据中等位置，其经济增长速度高于英国和美国，但明显低于意大利、德国和日本这些发生“经济奇迹”的国家。

886 但 1969 年的政治事变改变了这一政策。事实上，戴高乐将军的去职以及随后于 1969 年 8 月宣布的通货贬值意味着，过于刻板的通货紧缩政策已经被抛弃，政府准备通过以新的货币政策为基础的对外贸易来促进经济的持久增长。

1951、1957 和 1963 年是三个经济十分景气的年份，但它们随后的经济增长率明显减缓，此外，1949 年，工业经历了轻微的衰退，1967—1968 年也发生了衰退；不过，总体而言，我们不能认为法国经济经历了二战之前处在工业化进程中的国家所曾经受的剧烈波动。这并非法国独有的现象。第二次世界大战之后，甚至“危机”一词都从经济学词汇中抹去了。

70 年代的危机

70 年代初，某些国家，如英国、德国和意大利已经显露出一种新型经济危机的症状，这就是人们所说的“滞胀”（经济发展的相对停滞和通货膨胀并存），但这种危机尤其表现在国际货币体系中——如当 1971 年 8 月 15 日美元终于暂停可兑换性之时、以及随后导致的货币紊乱中。但是，只是在 1973 年末的石油危机发生后，国际经济危机才在 1974—1975 年间全面爆发。

法国年经济增长率的演变（百分比%）

1970—1973	*1973*	*1974*	*1975*	*1976*	*1977*	*1978*	*1979*	*1980*
5.8	5.4	2.8	−0.3	4.6	3.0	3.3	3.2	2.5

资料来源：全国经济及统计研究所，法国经济年表。

在法国，人们在战后第一次看到了生产总值的下降，工业生产下跌了 10%左右，这与 1970—1973 年间的优异表现形成强烈的对比。

整体来说，其他发达资本主义国家的运气也好不到哪里去，如下表所示。

若干国家国民总产值的变化——年平均增长百分率

	1970—1973（平均）	1973—1977（平均）	1978	1979	1980
法国*	5.8	2.6	3.3	3.2	2.5
美国	4.7	2.0	4.0	2.5	1.7
德国	3.9	1.7	3.1	3.5	2.6
英国	4.2	0.3	3.0	1.4	0.5
意大利	3.9	2.0	2.6	4.0	1.8
日本	8.1	3.1	5.6	4.8	3.7

* 国内生产总值（P. I. B.）

资料来源：经济部。

面对这一局面，政府把抑制通货膨胀当作优先任务，在当代开放 887
的经济体系中，通胀被认为是危机最危险的表现形式；由此便产生了一系列的稳定计划（1975年的福卡德计划，1976年9月的巴尔计划及其随后的各种变革）。看来已经有必要对法国通货膨胀的演变作一点更为详细的考察。

法国的通货膨胀，从战后到1968年

大战结束后即出现的剧烈通胀，其性质过于特殊，此处不做探讨；如以1938年为基准（100），那么1944年巴黎的零售价格水平为285，1949年达到1817。

1950年以后，持续的通货膨胀成为一个全球性现象。较之其他发达资本主义国家，法国的通胀的不同之处在于，它的强度特别剧烈。1950—1966年，法国国民生产总值的价格指数增长了143%，而英国为80%，德国为69%，美国为68%。

各部门的增幅存在巨大差异（见1375页表格）。155%的平均价格增幅是各种因素“合成”的：仅房租一项的巨额增幅就占了价格总增幅的10%。

另一方面，几个典型的通胀时期中间间隔着价格上涨较为缓和的时段，对于后一种时段，我们可以称之为稳定期。

1. 1950—1952 年：通胀剧烈期。

2. 1953—1955 年：稳定期。

3. 1956—1959 年：通胀期。

4. 1960—1961 年：缓慢的上涨期。

5. 1962—1963 年：通胀期。

6. 1964—1967 年：缓慢的上涨期。

通货膨胀的原因有时是本国政府不能左右的，如战争的破坏造成的抑制性效应，朝鲜战争（1950 年）引发的国际原料价格的上扬，农业歉收（1957 年）以及阿尔及利亚战争带来的紧张局面（1956—1957 年），等等。但多数情况下，它是由各社会集团为分配实际国民收入而发生的争夺所引起的。在激烈对抗的社会和政治气候下，公共权力机构所努力选择的发展道路，在各对抗的社会集团中引起的直接反抗应是最小的。此类灵活措施就表现在大规模地利用通胀政策上，这是一种有利于国家和私人生产者的财政手段。作为这一政策的主要受害者，消费者的购买力会受到价格上涨的慢慢侵蚀，但不像官方强制性的税收那样直接损害购买力，就此而言，这是一项刺激性较小的政策。1946 年，戴高乐将军选择普列文的方案而放弃孟戴斯·弗朗斯倡导的严厉主张时，情况就是如此，1951、1956 和 1968 年亦然。政府可以采取其他步骤么？理论上的回答是肯定的，但前提是，各社会阶层有可能就严厉的政策达成一致，换言之，这说到底需要更为广泛的政治团结。既然实际情况并非如此，50—60 年代的经济增长就只能以通货膨胀为代价来实现了。

当然，随着人们逐渐远离重建时代，通胀的程度也在降低。就五年期的平均价格上涨水平而言，1949—1954 年为 42%，1954—1959 年为 32%，而 1959—1967 年则降为 18%。不过在最后一个时期，法国进入了自由贸易、特别是与欧洲经济共同体国家之间的自由贸易时代。这就意味着，法国的经济发展——尤其是以价格稳定的角度来看——

就不应再通过与过去的法国作比较、而应通过与它的伙伴的比较来进行考察。然而，无可置疑的一点是，在这一时期内，欧共体其他国家和大部分发达资本主义国家的通胀率总体而言都要低于法国。法国与其他国家之间在价格变动上的差异，其产生的后果将拉动对外贸易，这种局势当时已然显露出来。

1949—1968 年各经济部门的价格上涨 888

经济部门	上涨百分率
住房服务业	+1043
其他服务业	+247
木材、纸张，其他产业	+212
建筑和公共工程	+209
交通和电信业	+176
建筑材料和玻璃业	+141
石油和天然气	+138
矿石和非铁金属	+132
铁矿石和冶金业	+118
机械和电气工业	+113
农产品和食品加工业	+112
煤炭和煤气	+106
农业	+93
电力工业	+89
服装纺织，皮革	+77
化工	+69
平均价格水平（国内生产总值）	+155

资料来源：收入和成本研究中心。

从经济学观点来看，法国价格的较快上涨，其第一个后果就是导致外国在法国的采购代价更高，从而对法国的出口造成困难。反过来，很多外国产品会变得相对便宜，从而刺激法国的进口。因此，在通胀相对较快时，法国的贸易平衡将会出现严重的赤字。在这种局面下该如何应对呢？可以选择的最简单的可行措施是，让外国用于购买法国产品的法郎变得更便宜，这显然是使法国产品降价的间接手段。这种办法被称为货币贬值。为了恢复外部竞争力、也为了挫败抽取法国黄金和外汇储备的投机行为，第四和第五共和国政府曾如同第三共和国政府在第一次世界大战后所做的那样，多次采用货币贬值政策。法郎在41年内13次贬值：普恩加莱法郎合纯金65.5毫克，但1969年8月1日贬值过后，每个旧法郎（生丁）的价值定为1.6毫克。变化何其剧烈，由此可见！

货币贬值旨在使贸易市场上的法郎减价，但它也导致不同社会群体的利益得失。实际上，如果说通货膨胀被当作维持经济快速增长的财政手段，那是因为它可以在各社会群体之间实现大范围的收入转移。如果从这种转移中得益的集团用这一以隐蔽方式抽取的收入来进行生产活动的话，即如果用它来对生产设备进行现代化改造的话，那么通货膨胀是有利于经济增长的。但这种转移也可能有利于那些寄生性的社会群体。

889 法国同时存在这两种情况。实际上，价格上升的一个自动后果就是现有债权和债务的贬值。因此当企业家们从国家债务的贬值中获益后（这主要发生在战后初期和50年代），60年代当他们债台高筑时，他们再次受益。但是，通货膨胀会产生对价格上涨的预期——更为通常的说法是“连锁涨价”——以及财政上的宽裕局面，这样就会使得大量边缘企业得以维持下去，甚至会出现一些并没有经济学上的合理性的行为。显然，当价格上涨放缓或停滞时，这些企业和行为就会陷入困境。这就是为什么布热德运动只有在真正的价格稳定期才呈现猛烈的发展势头的原因所在，第四共和国时的1953、1954和1955年正是这样的稳定期。换言之，对大量在战后的通胀中滋生的小商人和手工业者而言，价格的稳定是一场名副其实的灾难。尽管通货膨胀存在这样的“反常效应”，我们仍然可以说，这种削弱债权和债务的机制，首先是导致1945—1954年间公共财政直接和大量进入投资领域（约占总投资的 30%）的重要原因，其次它还是 1956—1964 年、1969—1973 年间投资旺盛的重要根源。

但某些社会集团明显因这一政策而受损。这包括所有拥有固定或相对固定收入的群体，即公共债券（主要是长期债券）和私人债券的持有人，以及受固定租金或农业租约规章限制的小业主。但主要的受害者是工资劳动者，这或是因为当价格上涨速度比工资涨幅更快时他们的购买力明显受损——1944—1950 年、甚至 1956—1958 年间，众多工资劳动者阶层的状况就是如此——或是因为他们的实际收入停滞而造成。像退休者、“最低工资者”、农业中的工资劳动者、外籍劳工这样的社会群体，他们受价格上涨的打击尤为严重，因为最低工资或退休金的调整是滞后于价格上涨的。

总之，我们可以这样说，在 1972 年之前，如果没有通货膨胀，法国的经济增长肯定不会这么快。但是，这种通胀中的增长造成了众多的不公正现象，它无疑加剧了法国的社会紧张局势，并使得选择某种可以为各社会群体广泛接受的、在稳定中求增长的政策成为难题。1968 年 5—6 月的学生造反之所以在工人中赢得出人意料的反响，其原因就在于此。

1968 1973 年间通货膨胀的加剧

这种通胀的加速度尤其体现在下面的数字中：

	1965—1968	*1968—1972*
法国	3.3	5.5
英国	3.7	7.8
德国	2.3	6.7
意大利	2.3	6.4
美国	3.3	4.6
日本	4.8	

资料来源：J.-M. 阿尔贝蒂尼，《国家报告》。

1973 年后，国内生产总值的价格增长每年约为 3%，但年通胀率 890

在1969—1972年间就已经超过了6%。根据全国经济及统计研究所的研究，这3%的超额增幅是由多种因素造成的：农产品价格加速上扬，工业生产能力长期处于紧张状态，直接影响成本和价格的投资增长不断加速，单位产品的工资成本增高——尽管生产率有了提高，进口原材料的价格上涨过快。上述大部分因素同样也在其他发达资本主义国家发生效应，总体而言，这些国家在1968—1972年间的通货膨胀率比法国还要高。这就是为什么法国政府放松对通胀的控制的原因，当时流行的格言是，“蠢事不该干得比别人多”。

1973年后的通胀危机

1973年标志着一个转折，甚至在该年年末石油价格上涨造成的冲击显露之前就是如此。几乎所有国家都已达到或贴近“两位数的通货膨胀”。1974年和1975年的情况尤其恶劣，随后几年中，尽管各国采取了抑制通胀的政策，但局面没有什么好转——只有德国、美国和日本例外（见下表）。1979年再次出现通胀加速的局面。

	1973	*1974*	*1975*	*1976*	*1977*	*1978*	*1979*
法国	8.1	15.2	11.7	9.6	9.6	11.8	
英国	9.8	17.1	24.2	16.5	15.9	11.2	17.2
德国	6.6	6.9	6.0	4.5	4.0	2.4	5.4
意大利	11.4	19.3	17.0	16.5	17.0	13.3	18.8
美国	7.8	11.8	9.1	5.8	6.5	9.0	13.3
日本	11.3	25.0	11.8	9.3	8.1	3.5	5.8

资料来源：经济合作及发展组织（O. C. D. E.）。

1974年后，通胀率居高不下，而经济又呈现出持续的停滞趋势，该如何解释这一现象呢？在这个问题上，各种以十分不同的理论为依据的观点彼此交锋，但它们通常更多地是互为补充而不是互相矛盾的。确实，原油价格的不断上涨从三个方面（价格机制、心理影响和政治后果）对价格结构造成了不可忽视的持久性紧张效应。但这个原因不能解释，为什么法国和意大利的通货膨胀要比德国和日本厉害得多。

同样正确的是，国际货币体系的恶化，以前以完全可兑换性（金本位）或部分兑换性（金汇兑本位）准则为基础的“货币秩序”被抛弃，于是就造成国内和国际层次上（第二个层次对第一个层次有强烈的感染效应）货币发行的过量，而这又引起价格的上涨——不过并不是唯一的原因。但是更具根本性意义的是，学者们发现了与自由主义经济之运作紧密联系的其他因素，这些因素在各国都以不同的程度发生作用，于是这就能解释，除了上述普遍性的通货膨胀的起因外，为什么各国通胀率存在巨大差异。

因此，对削减就业机会的抵制导致了单位产量的工资成本上涨，这种抵制在法国和意大利以及日本要比德国和美国强烈，在德国，危机开始后，有70万移民劳工离去。同样，由于购买力难以降低——其原因在于确定名义工资和间接工资（社会保险）规章制度——像法国 891
这样的国家，工资成本方面的负担要大大高于其他国家。但还存在其他因素：由于利息上涨而造成的货币发行量和银行利润的过度增长；对于某些在激烈的国际竞争中本难以生存的企业，价格的上涨恰好弥补了其利润率的下降；1978年后的价格自由化促使消费品的预期价格上涨；地产和不动产投机行为极大地推动了住宅价格走高；公共开支的过快增长——尤其是因为军费开支的增长，但难以避免的公共设施开支的增长也是一个因素——等等。

二、国民经济的各大部门

法国生产体系的总体演变

在对每个生产部门或产业进行深入考察之前，我们必须对法国生产体系演变的一般性动力稍作说明。在这方面，我们有全国经济及统计研究所的巨幅“历史画卷”可资利用，这一画卷从1952年一直描绘到1972年（从重建结束到增长趋势出现逆转的前夕）。

1968年后的几年中，法国经济在结构和目标方面发生了根本性的转折。一直到 1968 年，经济政策尚能实现资本积累、增值与提高国内劳动者购买力、保障就业之间的某种妥协，但此后，经济政策的优先、实际上唯一的目标是争取和维持法国在国际劳动分工中所能取得的较好的地位。因此就必须降低成本（以提高竞争力），推进专业化（“调整”）、使整个经济（包括公营经济）服从于理性化和合理化的共同标准。经济动力已经完全不是为了促进充分就业，“对于法国资本主义的硬核来说”，凯恩斯主义的经济政策已经过时了。

11 个经济部门的价格演变（1952—1972 年）

	年平均增长率（%）
1. 农业	3.7
2. 农产品和食品加工	3.6
3. 能源	3.1
4. 中间产品加工业	2.4
5. 装备工业	2.8
6. 消费品工业	4.1
7. 住房服务业	10.2
8. 交通和电信业	4.3
9. 建筑和公共工程	5.2
10. 服务业	6.65
11. 商业	3.6
整体经济	4.2

892

法国 11 个部门的经济增长（1952—1972 年）

（以 1959 年价格计算）	年平均增长率（%）
1. 农业	2.5
2. 农产品和食品加工	4.25
3. 能源	7.2
4. 中间产品加工业	6.9

续表

5. 装备工业	7.4
6. 消费品工业	4.7
7. 住房服务业	4.85
8. 交通和电信业	5.2
9. 建筑和公共工程	6.55
10. 服务业	5.3
11. 商业	5.35
整体经济	5.55

资料来源：历史画卷——全国经济及统计研究所。

我们首先可以看到，尽管这一时期内年均增长率为5.55%，但11个部门各自的增长率却大不相同，增速最低的是农业（2.5%）、农产品和食品加工业（4.25%）以及消费品工业（4.7%），而增长最快的是装备工业（7.4%）、能源（7.2%）、中间产品加工业（6.9%）和建筑及公共工程部门（6.55%）；接近平均水平的有住房服务业（4.85%）、交通及电信业（5.2%）、服务业（5.3%）和商业（5.35%）。随后我们可以看出，由于上述原因，各部门对这一时期内总生产的贡献也有很大的不同。

如果考虑到劳动生产率，我们对经济动力的考察便有了一个新维度。可以看到，1952—1972年间，下列部门中生产率的年增长速度高于平均增幅（5.6%）：能源、中间产品加工业、农业、消费品工业和装备工业；相反，其他五个部门（农产品和食品加工业、交通和电信业、建筑及公共工程业、商业和服务业）的增长率则低于平均水平。

法国经济中11个部门以现行价格计的增长率（1952—1972年）

以实际价格为准的增加值	结构比例（%）		年增长率（%）
	1952	*1972*	*1952—1972*
1. 农业	13.6	6.9	6.3
2. 农产品和食品加工	8.5	5.9	8.0
3. 能源	5.9	6.5	10.5

续表

以实际价格为准的增加值	结构比例（%）		年增长率（%）
4. 中间产品加工业	7.7	6.7	9.5
5. 装备工业	12.5	13.8	10.4
6. 消费品工业	10.7	8.8	8.9
7. 住房服务业	1.9	5.2	15.5
8. 交通和电信业	5.9	5.7	9.7
9. 建筑和公共工程	7.7	11.3	12.1
10. 服务业	11.1	16.8	12.3
11. 商业	14.5	12.4	9.1
整体经济	100	100	10.0

893 **各部门劳动生产率的增长**

	1952—1972年期间的年均增长率（%）
能源	8.8
中间产品加工业	6.7
农业	6.3
消费品工业	6.2
装备工业	5.7
平均	5.6
农产品和食品加工业	4.4
交通、电信	4.3
建筑和公共工程	3.8
商业	3.3
服务业	2.7

由于各部门劳动生产率的演变、比较价格、国内外需求等多方面因素的作用，1952—1972年间各部门之间发生了显著的劳动力转移。正如下表所显示，农业中的就业人数（及其在总就业人口中的相对位置）明显下降（减少了270万人），消费品工业和能源业中也有较小

程度的下降，就业人数分别减少了 41.5 万和 74.5 万；而在其他部门，绝对数字和相对数字都有了增加，尤其是在服务业（增加 114.3 万）、商业（增加 76.8 万）、建筑及公共工程（增加 81.5 万）、装备工业（增加 81.2 万）中；随后是交通和电信业（增加 17 万）及中间产品加工业（增加 13.1 万）等等。

11 个部门中就业状况的演变（1952—1972 年）	千人			百分比（%）	
	1952	1972	1952—1972	1952	1972
1. 农业	5201.0	2505.0	−2696.0	31.4	14.5
2. 农产品和食品加工业	646.1	648.3	2.2	3.9	3.8
3. 能源	411.9	337.4	−74.5	2.5	2.0
4. 中间产品加工业	811.7	942.6	130.9	4.9	5.5
5. 装备工业	1553.2	2364.9	811.7	9.4	13.7
6. 消费品工业	2271.2	1855.8	−415.4	13.7	10.8
7. 住房服务业	62.1	82.5	20.4	0.4	0.5
8. 交通和电信业	935.5	1106.0	170.5	5.7	6.4
9. 建筑和公共工程	1220.4	2035.5	815.1	7.4	11.8
10. 服务业	1771.0	2914.5	1143.5	10.7	16.9
11. 商业	1657.3	2424.9	767.6	10.0	14.1
各部门合计	16541.4	17217.4	+676.0	100	100

按现行价格计 11 个部门新增产值的分布（1952—1972 年） 894

	1952	*1972*
	（%）	
1. 农业	12.0	6.7
2. 农产品和食品加工	7.6	5.9
3. 能源	6.6	9.0
4. 中间产品加工业	6.4	8.3
5. 装备工业	11.4	16.1

续表

6. 消费品工业	10.5	8.8
7. 住房服务业	3.3	2.8
8. 交通和电信业	6.0	5.7
9. 建筑和公共工程	8.2	9.9
10. 服务业	13.1	12.5
11. 商业	14.9	14.3
整体经济	100	100

农业

农业虽然取得了出色的技术成就，但其地位相对衰落。

在 1968 年，农业的从业人口为 312.5 万，从这一角度看，它仍然是法国的“首要产业”，但到 1977 年，上述数字降为 200 万。不过，农业总产量在 1959—1977 年平均每年增长略微超过 3%；因此可以说，在不到 30 年的时间内，农业产量翻了一番。如果考虑到农业用地面积下降（与 1928 年的农用地面积相比，减少了 10%，1977 年农用地面积为 3200 万公顷）、农业劳动者人数迅速减少等情况，这一成就更加引人瞩目了。因此这一发展反映了单位产量的显著提高和劳动生产率的重大进步。

在这 30 年中，每头奶牛的年产奶量从 1000 升提高到 1977 年的 3300 升，等等。

单位产量的提高主要是 1950 年之后的成就。从这时起，农业部门的中间产品消费及农业设备的购买量迅速增加，尤其是向化工部门的采购（化肥、杀虫剂、除草剂等）、向机械工业的采购（拖拉机、农业机械等），但向农产品和食品加工业的采购（主要是牲畜的饲料等）、国外采购（油饼饲料的进口）也是如此，最后还有农业部门内部的贸易（饲料和畜用谷物的购买等）。不应该忘记农业从业者自身在生产方法和管理方面所取得的进步，这得益于职业培训的改进和各种技术机构（专业性的或工会创办的）的支持。最后，每个全职农业劳动者的劳动面积的增长也有利于生产率和单位产量的提高。

单位产量（公担/公顷）	小麦	玉米	马铃薯	甜菜
1930—1938 年平均水平	15.3	15.4	110.3	269.3
1961—1966 年平均水平	28.9	32.3	178.3	386
1977 年	40			

农业地位衰落的基本原因 895

对于农业地位的相对衰落——农业产量的增长要比总产量的平均增幅慢两倍——应通过经济的总体演变来解释。我们可以找出三个方面的基本原因：家庭消费模式的变化，某些工业产品在用途上取代了农产品（如纺织品和染料），一些工业生产代替了农业生产（如农产品和食品加工业的发展）。

上述原因中，第一个最为重要。1949 年，食品占家庭消费的42%，而在 1966 年这个数字降为 32.3%，1977 年更降为 22.6%。不过，在整个这一时期内，家庭的食品消费量一直在增长；只是它的增幅要慢于总消费的增长，而且食品消费呈现多样化。因此国内市场无法消化强劲增长的农产品，其中包括非畜用的谷物。这就使得法国1/4以上的农产品用于出口。种植业变化的原因也在于此：1959—1966年，种植业产量明显下降，畜牧业产量则有了上升，但随后种植业又重新发展，占到了农业总产值的 45%左右。

这样，到 1976 年，法国共生产了 4 亿公担谷物，而 1948 年产量仅为 1.4 亿公担。同期内的牛肉产量从 80 万吨提高到 160 万吨。猪肉产量翻了一番以上，达到 170 万吨。牛奶产量从 1 亿百升提高到 2.5 亿百升。

但这些显著的进步并没有阻止农业在国内生产总值中的比重的下降，这个数字从 1952 年的 14%降到 1977 年的 5%左右。这一现象的原因部分在于农产品价格的相对较低，与此同时，劳动生产率迅速提高（每个劳动者产量的增加），其增幅在 1952—1972 年间为 6%左右（而各部门总体水平为 5.4%）。上述情况导致 1954 年后农村人口加速外流。

农民的迁徙

农业人口首先受到收入和生活水平相对下降的不利影响。但是促使农民离开的决定性因素看来是非农就业机会的存在。当这种非农就业机会离农村不远时，这一因素的作用尤其明显。这表现在如下的事实中：总体上说，农业劳力减少最多的地方就是法国经济发展最为强劲的地区；同样，迫使或吸引农民离开的动力对农业中的工资劳动者和年轻的家庭帮工的影响，要远大于农业经营者、特别是40岁以上的经营者。

但"农业经营者"离开的速度相对较慢，这带来了有害的后果；农业经营单位的数量之下降要比其劳动者数量的下降来的缓慢。因此法国仍存在大量的农业经营单位，而这又意味着平均经营面积过小、农业设施的利润不足。

不过，由于农业经营单位缩减的现象更多是波及小业主而非大农场，因而可以看到地产资本集中的现象，但这一集中相对缓慢，因为
896 69%的农业经营单位面积在20公顷以下，而20公顷被认为是欧洲"可生存的"农业经营单位的最小面积。

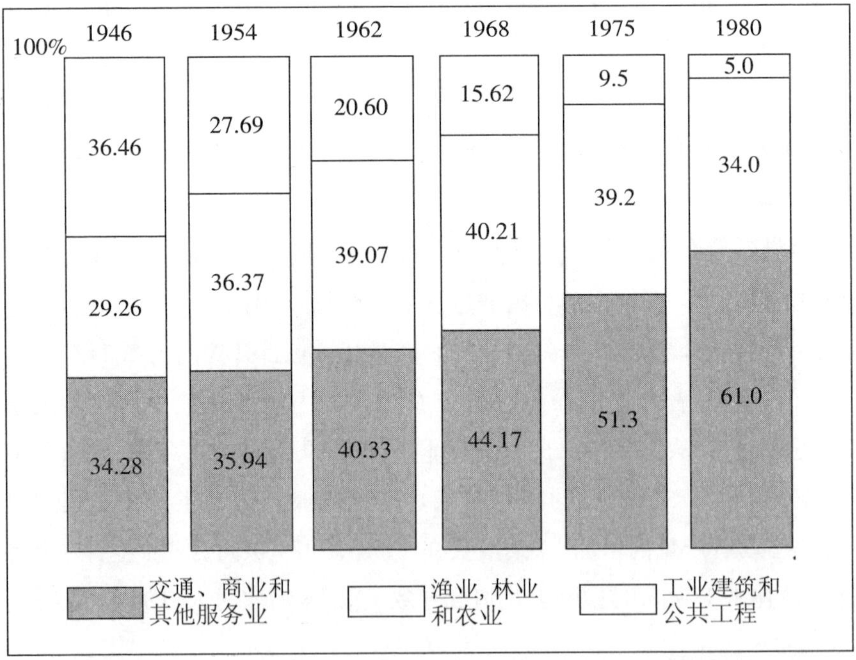

三大产业雇工结构演变图

农业收入的演变

由于农村人口外流和食品消费的明显增长，人们也许会认为农业劳动者的平均收入自 1950 年后应有大幅度增长。

但应该看到，家庭食品开支的增长只是部分有利于农业生产者；农产品和食品加工业、为农业提供中间产品的产业、商业和运输业也从中受益。

农民向其他部门的日常采购（中间消费品）在相对价值上一直在增长。它的比例在 1949 年占农业总产值的 20%，1972 年提高到 34%。

此外，由于购买设备和土地而缔结的分期偿还的贷款也削弱了农业的纯收入，到 1976 年，这类分期偿还的到期贷款占农业总收入的 21.4%，比 1960 年高出一倍；农业中的负债在 1960 年占其总经营收入的 44.6%，到 1976 年这个数字增加到 168%！这一现象显然是农业现代化和经营面积增长带来的副作用，尽管两种情况是劳动生产率得以提高的重要原因。

不过，虽说农业劳动者的实际收入的增幅没有其他社会-职业阶层的整体增幅高，但它在 1959—1972 年间仍翻了一番。但此后开始下降，随后又陷入停滞状态。但这些一般性趋向仍可能掩盖了法国农业中存在的严重的收入上的差异。农业劳动者平均收入的停滞和衰退及其在政治上的重要影响，是导致农业政策措施繁多的重要原因，这些政策措施首先是在国内领域，随后也发生在欧洲经济共同体内。

价格政策和农业市场 897

价格政策的目标是，通过对价格行为、因而也就是通过对市场的组织来维持农业收入。这一政策可以追溯至 1936 年人民阵线政府设立的小麦署，这个机构在 1940 年发展为全国跨行业谷物管理局（O. N. I. C.）。但只有等到 1953 年，当战后首次爆发大规模的农民抗议后，范围更为广泛的农业市场组织才得以奠定基础。首先采取的组织和援助措施针对的是乳制品和肉类产品。1957 年，第一个有关农产品价格的全面体制终于在第三个计划的框架内建立起来。

为此，1957 年 9 月的条例和当年 12 月的法律在维持此前设立的各种机制的同时，明确了调控的方式，调控依据的是一整套的复杂的价格体制，这一体制旨在保护生产者（最低价格和指数价格）、消费者（最高限价）以及确保公共权力机构的普遍目标的实施（目标性价格，竞争性价格）。理论上说，这一体制在共同市场条例实施之前一直有效。在 1960 年 8 月 5 日的农业指导法的框架内，政府致力于完善过去的农业互助保障和生产引导基金，后来这一基金成为农业指导和市场协调基金，而随着共同农业政策的实施，新基金又成为向欧洲农业指导和保障基金（F. E. O. G. A.）过渡的形式。

1960 年的农业指导法以及 1962 年的补充法（或称皮萨尼法），其主旨在于缓解供给与需求之间的矛盾。设立生产者联盟和农业经济委员会的目的也在于此。

这一组织分为两个层次，第一个层次是小型农业区，第二个层次是农业区域；组织工作的目标是为生产者组织调控生产、实现其产品的商品化提供方便。尤其重要的是，它旨在增强这些组织在商业流通中的契约性力量。1964 年 7 月 6 日的法律同样是为了规范契约经济的发展（种植业和畜牧业合同），特别是通过确立模范协议来为农业生产者提供保护。最后，这项法律还通过设立现代化的屠宰场网络和对肉产品实施更为严格的监控，试图改善肉类的商品化流通，并通过设立国民信得过市场来改进水果和蔬菜的流通。

对这些措施的列举只能是印象式的，但它们的效果很快便在公共财政方面显现出来。

整体而言，对价格采取维持政策，其消极后果要比市场机制小。另外，在很多情况下，这一政策避免了剧烈的价格波动，对鲜肉业来说尤其如此。但这项政策最大的受益者是谁呢？几乎可以肯定的是，它主要有利于大种植业地带的大规模的经营者，对谷物种植者比对畜牧业者更为有利，而且它加剧了不同种类的生产之间、各类型的经营单位之间的不平衡，因而也加剧了地区间的差异。

结构政策

1960 年的法律和 1962 年的皮萨尼法的新颖之处特别表现在某种“结构政策”的要素上。它们的全面目标是：对农业收入进行补缺、并使其提高速度与其他部门的收入增长速度相仿，以此来实现农业与其他经济部门的“地位平等”。为达到这一目标，人们不仅试图改善维持价格的机制，而且试图“推动和促进某种家庭经营的结构，使其最大限度地利用现代生产技术和方法、实现劳动力和经营资本的充分利用”。因此这个目标与 50 年代国家青年农民中心的要求不谋而合。这种农业经营模式由两个劳动力来维持，其经营面积由“自然区域和作 898
物或经营类型的性质来决定”。因此首先应促进经营土地的集中化。为此，根据农业指导法而设立了农村建设和地产规整协会(S. A. F. E. R.)，这类协会通过对土地市场的干预来促进归并和扩大农业经营单位。此外，1962 年的法律还鼓励年迈的农业经营者引退，将他们的产业转卖给更为年轻的经营者。设立改进农业结构社会行动基金（F. A. S. A. S. A.）的目的就在于此，该基金向超过 65 岁的农业经营者提供一笔终身引退补偿金（I. V. D.）——如果他愿意将其产业转让给农村建设和地产规整协会或其他经营者的话。

最后，该法律还通过共同经营组织（G. A. E. C.）来促进农民的重新组合。尽管这一政策的倡导者有这么良好的意愿，但按照罗西埃的看法，农业结构只是有了“缓慢然而难以避免的地产集中运动，其得益者是那些已经居于优势地位的经营单位”。由于缺乏资金和政策上的连续性，农村建设和地产规整协会对土地市场的影响力十分微弱，它根本无法遏制土地投机行为，70 年代以后，投机行为使得“中等”经营单位的发展显得十分艰难。因此 70％的农业经营单位面积仍在 20 公顷之下，土地集中主要发生在 20—100 公顷的层次上。另一方面，关于土地兼并的禁令取得的成效十分有限。

共同农业政策及其后果

1962 年 1 月 14 日的布鲁塞尔协定使得共同农业政策成为现实。

这一政策几乎完全是有关市场组织的。它的目标是创建共同农业市场、促进成员国之间的相互采购（集体优先的原则）；它同样旨在将农产品价格维持在保障农民的“公正收入”的水平上、并使价格与期望中的生产导向一致。因此这一政策的措施中有两个关键性要素：一是价格维持机制，二是针对第三国“不公正”竞争的“外部保护”机制。

这一欧洲价格维持体系涉及大部分的农产品（占农业总收入的72％）：谷物、牛奶和乳制品、牛肉、某些蔬菜和水果。它的基础是每年确定的指令性价格或指导性价格（牛肉）。在必要的时候，欧洲农业指导及担保基金（F. E. O. G. A.）的干预性价格将成为一种保障性价格，特别是对谷物、乳制品和牛肉。对众多不受这一价格体制保障的农产品来说，可以通过针对第三国的保护体系受益，以免受外部竞争的威胁。最后，像葡萄酒和糖这样的产品可以享有某种保护机制或特别资助。

上述政策的实施大大推动了共同体内部贸易的发展，某种程度上稳定了农业收入，但正如法国的国内农业政策一样，它也加剧了产品之间、不同类型的经营单位之间和地区之间的不平衡。可以说它尤其有利于大型农业经营单位。从 70 年代初，国际货币体系的紊乱局面进一步恶化，英国、意大利和法国等货币疲软的国家纷纷实行通货贬值或连续性的货币下跌政策，而德国和荷兰等货币坚挺的国家则实行货币升值政策，这对共同农业政策的运作造成严重的冲击。货币补偿金（“绿色基金”）的设立是为了避免因货币兑换率的
899 变动而对共同体内部的农民收入造成的不利影响，但事实上它严重扭曲了欧洲农业经济的成本和价格，它对德国农业极其有利，但损害了德国消费者及其他欧洲国家的生产者、尤其是法国和英国农民的利益。

最后，共同农业政策的实施在今天受到多方面的严峻挑战：牛奶、牛肉和葡萄酒长期性的生产过剩，英国提出的新要求——它希望在维持其内部农业的保护体制的同时，也能以更有利的价格从

世界市场获得农产品——欧共体向希腊、西班牙和葡萄牙的开放等等。

工业部门

能源，经济发展的基础

能源资源的扩充直接关系到一个国家或地区的工业发展。不过除此之外，能源也对物质福利水平有重大影响，因为它有众多的家庭用途，甚至能为交通、通信以及休闲活动的发展提供极为广泛的可能性。因此1973—1974年的"能源危机"不仅标志着法国经济增长节奏的一个断裂，而且标志着我们对未来的预期方式的断裂。

1960—1978年，法国的初级能源消费，若以石油当量吨数计算，从每年8560吨增长到18230万吨，即翻了一番多，但同期原油进口量从2600万吨上升到10600万吨，即在数量上翻了两番。从更为全面的角度来看，1960年法国只进口了其初级能源消费量的41%，但1975年这个比例为75%，此后也一直维持在这个数字上。因此在1978年，法国3/4的能源消耗量依赖进口。

这种对外部依赖的局面是如何形成的呢？从战后到1950年代，法国的能源政策是煤炭政策，1959年，戴高乐将军还声称："我们决不要放弃煤炭"。为此甚至采取人为的措施将其他形式的能源的价格维持在可使国产煤炭能继续销售的水平上。

但是从60年代起，随着法国经济的开放，人们开始转向那些最为低廉的能源，以增强法国的竞争力。到1965年，法国开始实施代价低廉的石油政策。1958年到1970年间，在工业用途中，依靠燃油获取的每兆卡热量的价格，与同等热量所需的煤炭的价格之比从1.05降为0.58。自从法国煤气公司（G. D. F.）改用天然气后，法国的采煤业已经失去了在该公司的大部分市场，随后它又很快失去了在法国电力公司（E. D. F.）的各热电厂的市场。

900

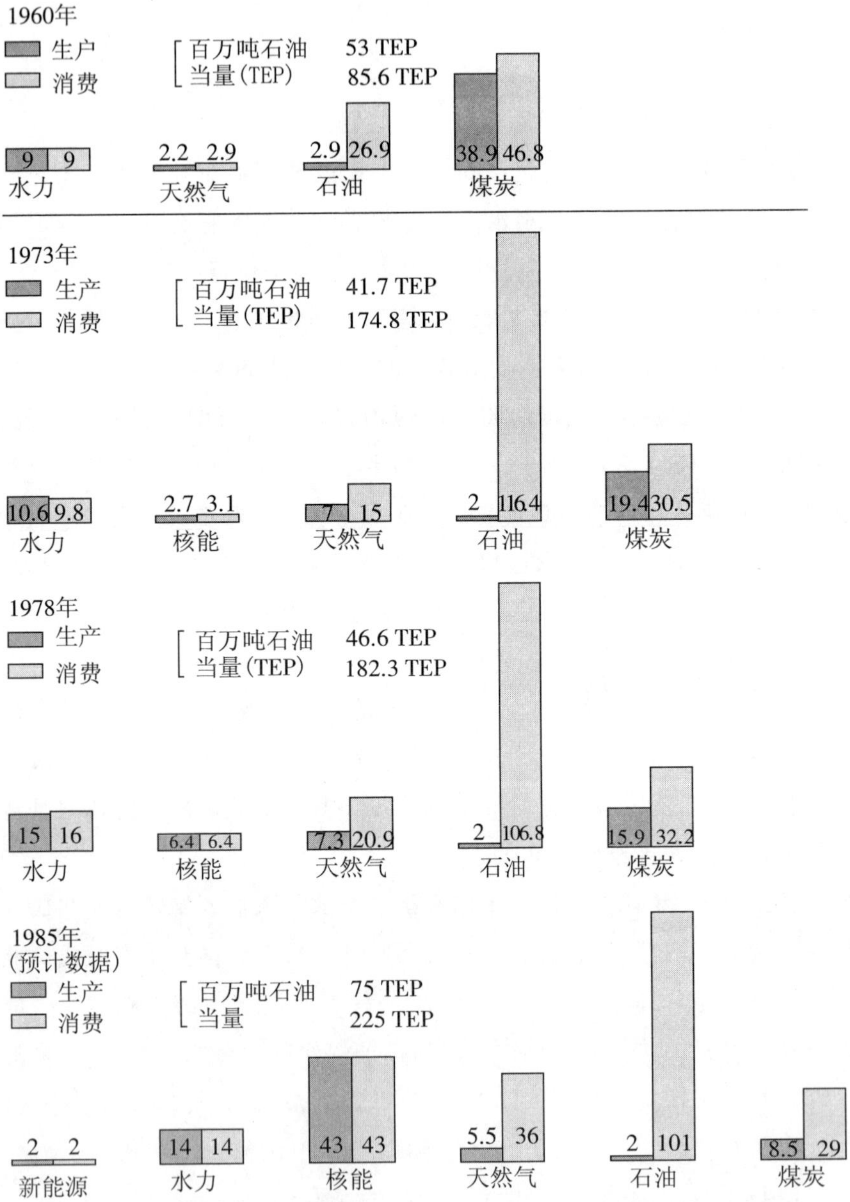

法国初级能源生产及消费(1960—1985年)，单位：百万吨石油当量

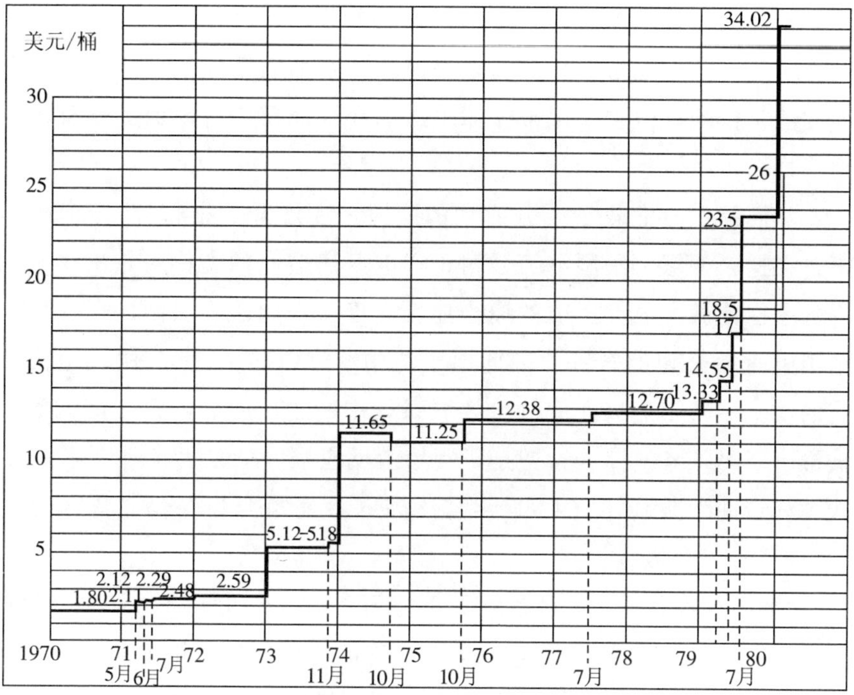

原油价格上涨示意图（1970—1980年）

因此，煤炭产量在1958年达到6000万吨的高峰后，1978年已降到2240万吨——尽管1973年后曾采取过抑制生产下降的人为措施。在这期间，北方—加莱海峡、洛林和中南煤田纷纷转产，矿工人数大为减少，从1945年的35.8万降为1978年的6.9万。因此到1973年末，石油和天然气已经取得胜利，法国能够从国际市场以十分低廉的价格获得这些资源，很久以来它便从国际能源市场上获益。实际上，从20年代起，国家已采取政策，创建有公共资本参与的石油公司，如C.F.P.，该公司曾从中东获取利益；1940年代设立了石油专营局，阿基坦国营石油公司，以及石油勘探局；1960年又设立U.G.P.（为了开发撒哈拉的石油）；这些机构在1966年和1967年合并为国营石油勘察和生产集团（ERAP-ELF）。最终，到1960年代末，不仅国家直接控制的法国公司在各产油国获得了坚实的利益，而且这些公司连同安塔尔集团控制了法国市场的50%，与设在法国的外国石油“巨头”（如埃索石油公司、英国石油公司、壳牌石油公司、莫比尔石油公司、菲纳公司等）的市场份额相等。如果说这种石油政策导致了原油供应方面的严重依赖，但它反过来保障了法国在炼油及销售方面的某种独立地位。

然而就在石油政策十分成功的同时，法国开始推行原子能政策。不过在这个领域，法国电力公司曾在电厂建造商的支持下，出于利润率的考虑而敦促放弃法国的原子能反应堆，人们认为法国的反应堆不如美国西屋公司的合算。因此原子能中心（C. E. A.）与法国电力公司的实验室及工业界之间的主要联系就中断了。此后，原子能试验就被推上了另一条道路，这就是研制增殖反应堆：1967 年在卡达拉什建造“狂想曲”反应堆，1961 年与法国电力公司合作在马尔库尔建造“凤凰鸟”反应堆。

“能源危机”鲜明地体现在如下方面：1972—1974 年，原油产量翻了两番；1972 年到 1979 年，以美元计算的每桶原油价格增长 9 倍（从 2.598 美元增至 23.68 美元），到 1980 年则涨了 13 倍。能源危机迫使法国的能源政策作出深刻的调整，这一政策调整以如下原则为轴心：

• 节能政策（1985 年节能总量相当于 3500 万吨石油当量）。它主要针对三类耗能大户：冶金等工业部门（总耗能量的 2/5）、住宅和第三产业（2/5）和交通部门（1/5），而农业只占最终能源消耗量的 2%。迄今为止，工业和交通部门主要的节能措施仍基本上是减少经济活动。但真正有效的节能方式应是工业技术的深入改造、新的建筑标准的实施、以及新的交通和城市化模式。事实上这就意味着法国发展模式的根本性转变；

• 国内能源资源的利用最佳化。1978 年，法国 1/4 的初级能源来自国内，人们期望到 1985 年把这一比例提高到 1/3。国内资源包括：

——煤炭。尽管各煤田恢复生产，但 1985 年它们提供的能源只占法国总能源消耗量的 13%，而 1978 年这个数字为 17%，原因是法国“技术上可开采的煤炭储量”已经枯竭；

902

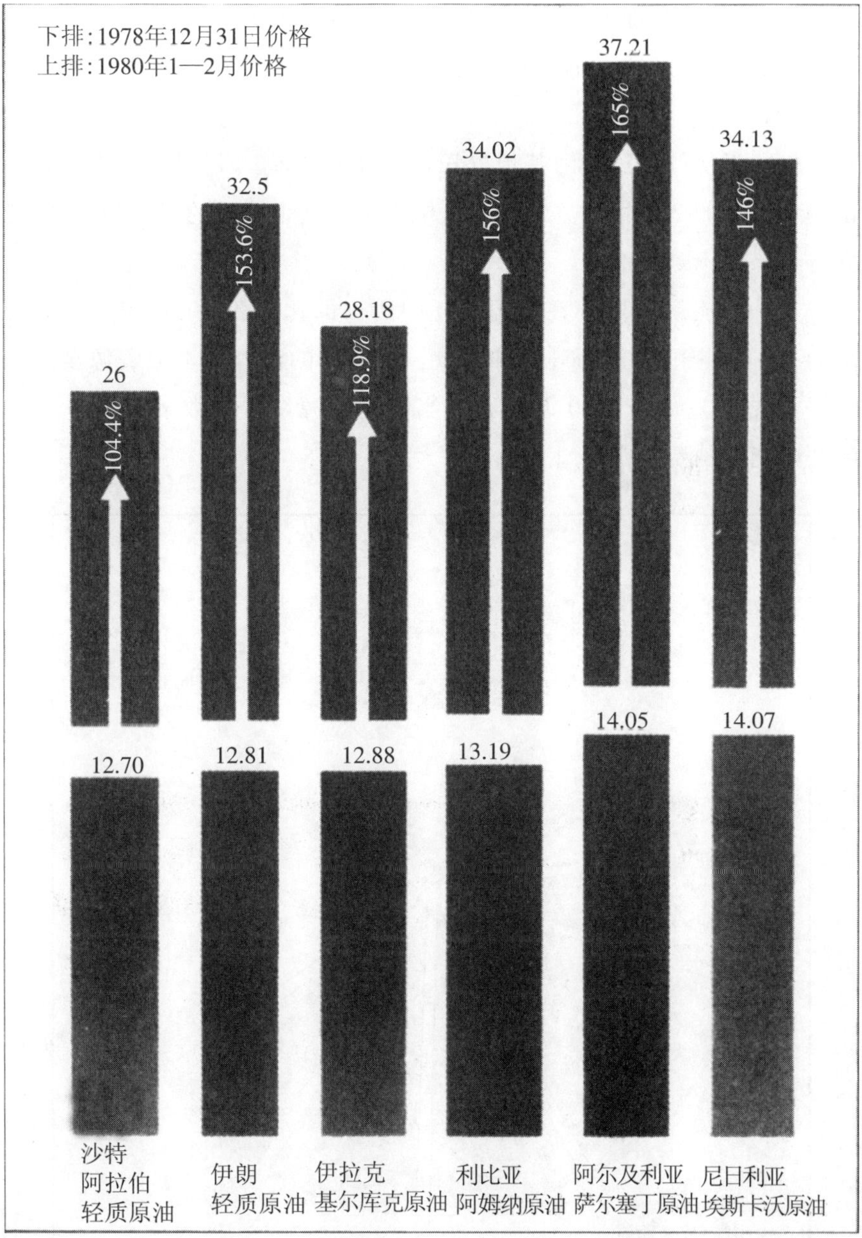

1978 年末后石油价格的上涨（美元/每桶）

——石油。虽然在勘探方面作出了新的努力，但这方面的产量仅为 200 万吨石油当量，而进口的原油则为 11500 万吨石油当量（1978 年）。法国的石油估算储量（位于巴黎盆地和阿基坦盆地）为数甚少；

——天然气。虽然阿基坦气田的开采情况尚可，但十年以来，法国每年消费的 250 亿立方米天然气中，来自这个气田的只有 40—80 亿立方米，即不到 1/3；

——水能。1960 年在能源消耗中所占的比例为 10%，到 1978 年降为 8%，等于 1500 万吨石油当量。按最近的清查，水力资源至多能为法国提供 2000—2200 万吨石油当量的能源，这个数字相当于 1985 年法国能源消费的 10%；

903

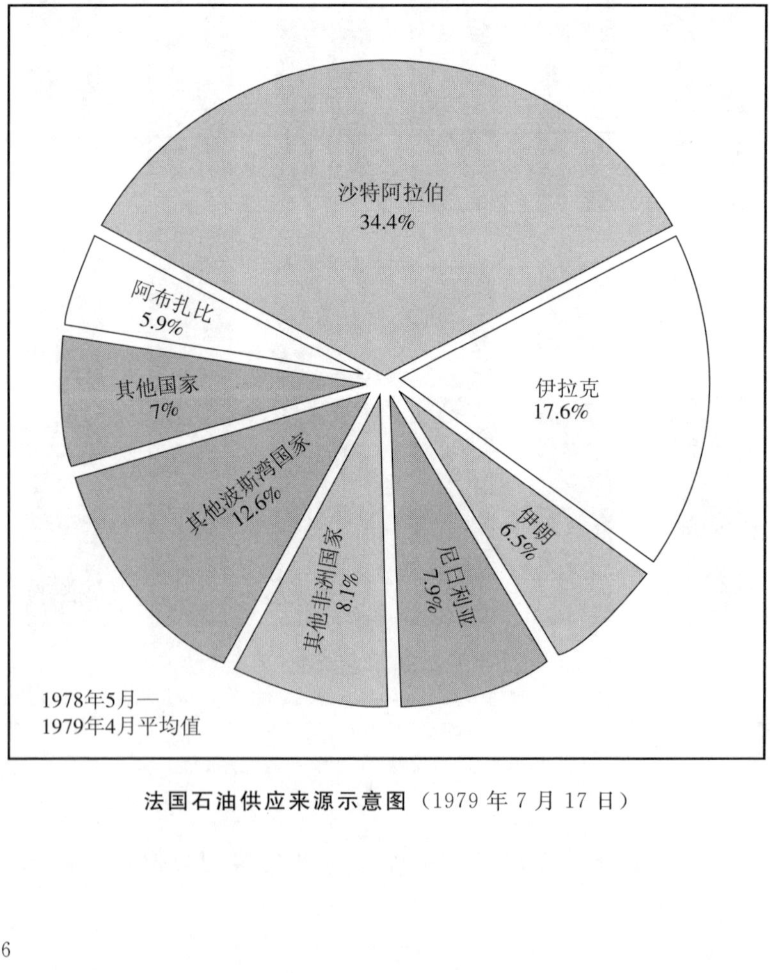

法国石油供应来源示意图（1979 年 7 月 17 日）

——各种新能源。但其前途各不一样。据估计，到2000年，它们总共能满足3%—4%的能源需求；

这样看来，至少在将来30年的过渡时期中，核能是法国获得较大的能源独立的主要解决手段。

核能发电量在电力生产总量中的比例，1963年为0.5%，1968年为3.6%，1978年为13.4%（相当于法国能源需求总量的3.6%或640万吨石油）。在80年代，核能提供了1950亿千瓦时的电力，占当时法国能源消费的近20%。

• 能源来源和供应来源的多样化（国内资源开发之外的）。这就要降低法国对某些能源和世界上某些能源产区的依赖程度。为此，1975年，法国决定增加天然气在初级能源供应中的比例（1973年为8.4%，1975年为11.5%，1985年为16%）。1978年，法国的进口天然气主要来自荷兰（103亿立方米，进口总量为174.5亿立方米），余为苏联（27亿立方米），阿尔及利亚（27亿立方米）以及北海地区（18亿立方米）。

另外，法国还扩大了煤炭进口，主要来源国是联邦德国（占1985年2500万吨进口总量中的870万吨），波兰（470万吨）和南非（670万吨）。而石油的情况则相反。尽管提出了供应来源多样化的政策，但法国的原油采购严重依赖于于沙特阿拉伯和伊拉克，从这两个国家的进口量占原油进口总量的52%（1978—1979年），而五年前仅为40%。

铀的供应也是一个问题，因为法国本土的铀储备不足，只能从中非共和国、尼日尔和加蓬大量进口。2000年实现铀的自给还只是期望。

904

法国发电站和核电站示意图(1978年12月4日)

法国电力规划图

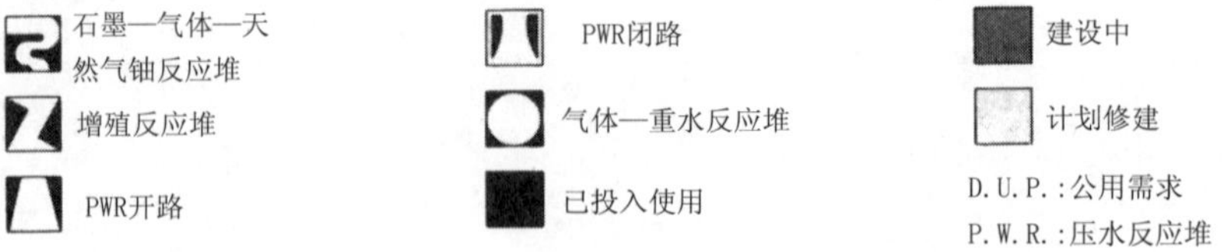

工业实力

1957 年签订的罗马条约对法国工业来说意味着极大的风险，因为几十年的保护主义政策和与尚未完全瓦解的殖民帝国之间的特惠关系使法国工业陷于麻木迟钝的状态。尽管经历了战后重建，尽管国家通过计划性手段、通过生产效率和公营企业公署来采取各种干预措施，但法国工业很少出口，基本上是为国内市场生产，而且这个市场因为受到保护而缺少刺激。因此 60 年代初欧洲经济共同体条约的加速实施为法国打开了一扇巨大的窗户，强劲的竞争之风终于吹了进来。从此，工业部门的重建就在双重动力的影响下快速前进：一个是国内和资本主义本身的动力，另一个是来自国家工业政策的动力。根据全国统计及经济研究所的说法，“边境的开放使得法国工业投身于世界经济的运动战中”。确实，在石油危机前夕结束的第一次“战役”过后，法国工业已经在海外市场赢得了部分地盘。另外，在 1972 年，经济合作与发展组织的专家们为经济发展、特别是法国工业的发展举行了盛大的庆祝仪式。但这种乐观主义到 80 年代已经不合时宜了，因为经济危机不时显露出法国工业结构的失衡及其在世界市场和新的国际劳动分工中业绩的不稳定。在推行适应国际竞争的战略 20 年之后，为什么还有这种相对失败的表现呢？我们是否可以从近来的历史教训出发，预测一下法国工业的未来呢？

法国已成为工业强国了吗？

上面已经借助于几个总体指标对法国工业生产的体制演变的一般特点作了考察，这些指标如：工业就业人口在总就业人口中所占的比例，各大工业部门（农产品和食品加工、中间产品加工业、装备工业、消费品工业、建筑及公共工程等部门）在国内生产总值的新增产值中所占的比重，它们劳动生产率的提高以及各自的年均增长率等等；我们已经指出，装备工业和中间产品加工业表现优异，而消费品工业稍逊一筹。因此最近 30 年来，法国工业的转型特别明显。但这里还存在工业的内在业绩问题。要知道法国是否成为了工业强国，就应该与主要的外国竞争对手作比较。我们既可以根据法国工业品在出口方面取得的或多或少的进步，从外部、在国际市场上与对手作对比，也可以根据外国产品在法国市场上渗透的程度，从内部进行这种比较。法国在国外的投资的分量以及外国在法国投资的分量同样是比较的一方面，因为一个公司或集团既可以选择出口，也可以选择在国外建立经营机构。稍后我们将对法国的外贸发展进行综合性的研究。这里我们考察的目的只限于更好地明确法国工业在国际劳动分工中的相对地位。

工业与国际交换

根据全国统计及经济研究所的研究，我们首先来考察从罗马条约到石油危机前夕这一时期。在 60 年代初，法国与工业化国家的贸易结构看起来就像是个发展中国家的结构：农业方面的贸易虽然实现了专业化，但出口的工业品是初级产品（电力、玻璃、铁矿石和冶金产品，如粗加工的金属等）和传统的消费品（纺织品、服装、皮革等）。第
906 五个和第六个计划中的工业政策，主要目标在于发展装备工业和中间产品加工业。不过在这一时期，这些政策的成效并不明显。

“从 1959 年到 1972 年，法国在世界竞争中稍显落后。当然，逐步融入欧共体后，它在出口方面的业绩不错，这符合第六个计划的预期，但进口的增长更为显著，尤其是制成品的进口。

“在这一时期，法国制成品的进口对于贸易自由体制的敏感度要远高于出口。如果对产品项目进行仔细分析，我们会发现，半制成品的进口有增长，但这并没有改善制成品贸易的格局。机械、电气、电子和化工等先进性技术工业只出口了其产品的很小一部分（1972 年为 1/4，化学工业为 1/3），出口量最多的工业与 13 年之前没有变化。

“因此法国的生产机制没有对其内在特点作充分的改造，以致当边境开放时，对外贸易也不能在地理和结构上作充分的调整，换言之，法国工业不能提高其竞争力。”

从经济危机开始到 70 年代末，上述情况是否有所改进呢？在这个问题上，斯托法埃斯的分析强调了危机对法国外贸的结构性缺陷的指示性效应，也就是法国工业的相对薄弱，它在其主要竞争对手之间

"备受折磨"，这些对手如：德国、日本、美国和新兴工业国或地区（台湾、韩国、香港、新加坡、墨西哥、巴西，等等）。危机之后，法国工业与国外之间的贸易关系呈现如下特点：

—成套设备和耐用消费品（尤其是汽车）呈现强劲的出超趋势，但这是建立在对第三世界和东欧的出口快速增长的基础上的，而且过于依赖靠运气签订的"长期合同"（如核电站和武器出口合同等）；

——消费品的贸易状况加速恶化，1975 年这一贸易仍是盈余的，但此后就出现了赤字；糟糕的局面还表现如下：外国产品大量涌入法国市场（在耐用电气和电子消费品领域，如家用电器、收音机和电视机，照相机等，德国、意大利、日本的产品占垄断地位，在纺织品和皮革制品方面甚至更为严重）、法国产品丧失了在国际市场、特别是欧洲市场的部分份额。不过，直到最近一个时期，法国在纺织业、服装、皮革、制鞋、农产品和食品工业方面相对来说更为专业化，但如今这些产业也已受到结构性的威胁。

相反，法国在农产品和食品加工业方面的地位与法国在农业方面的优势地位却没有什么联系。就是说，法国出口了过多的初级农产品。

——对中间产品而言，外贸呈现逆差趋势。尽管法国的企业高度集中，生产技术非常现代化，但除了玻璃业外，它们与德国的企业相比并没有什么分量，尤其是在冶金和化工方面，非铁金属产品的情况稍好。

——在装备工业（包括汽车和军工）方面，法国明显已赶上德国。不过，这一行业内部呈现出反差的局面。汽车工业的成就很显著。

——在专业化的成套设备领域，专业电气和电子设备已经达到在全球进行竞争的水平。相反，同德国在工业车辆和机床方面的贸易赤字却有增长。

——危机之后，机械工业在出口方面取得了卓越成就，但这些成 907
就过于依赖某些重要工厂向发展中国家的出口。造船业受到国际经济危机的严重冲击。

——此外还有高技术复杂装备，如武器、民用和军用电子设备、民用和军用航空器、核燃料循环设备（核燃料浓缩和再处理设备等），以及电信、航天设备和信息技术（但这后三项要稍逊一筹）等；法国在这些领域占有牢固地位，但得益于国家持续性的、大规模的支持。

斯托法埃斯最后评论道，“总起来说，法国工业没有充分利用一个发达经济体系的天然优势，没有最大限度地开发其高素质的劳动力，没有很好地利用其整齐的工业组织”。

怎样解释如此不尽如人意的成就呢？经常提到的几个原因是：工业集中化程度不高，劳动力价格过于昂贵，生产性投资不足，研究和开发事业过于薄弱，税收压力过重，国家支持不力等。

但事实上，对法国与欧共体、甚至经济合作与发展组织各竞争国之间的比较研究表明，上述大部分论证并不十分可靠。

发达国家的劳动力成本普遍高于法国。这一现象还因下面的事实而更加可信：20 年来，法国工业的一个特点是大量使用廉价劳动力（移民和妇女）。经济合作和发展组织大部分成员国（美国和日本除外）的总体税收负担也高于法国。虽然法国在研发力度（相关的人均支出）上远远落后于美国，但这方面它在西方国家中仍是最领先的之一，不过，法国的研发工作以尖端技术为导向，而尖端技术的应用并不总是可靠的，因而这一政策导向存在问题。另一方面，战后各种形式的国家资助（公共市场、补贴、优惠贷款等）实际上一直很可观，它是工业政策的支柱之一。

最后，在生产性投资方面，所有研究都证明，法国的表现十分强劲，特别是从 60 年代到经济危机之前资本加速集中的时期；总的说来，法国生产投资的增长同所有主要工业国一样快，或者更快，而且增长一直是最稳定的。因此还剩下一个关键问题：法国企业的集中程度真的不足吗？

法国工业的结构重组

根据贝隆的说法，我们可以注意到，这种结构重组发端于七月王朝时期，当时随着以银行为源头的金融资本的初步形成，大资产阶级与国家之间结成了特权同盟。在以后的岁月里，特别是从 1958 年至今，这种与银行机构和国家机器的双重联盟一直是工业的结构重组的特征。

直到最近一个时期，银行业之外的集中主要涉及冶金业以及化学工业，后者受第一次世界大战的推动，组成了四大集团：圣戈班、佩西内、罗讷-普朗克和库尔曼集团。另一个特例是石油工业集团，它们或是来自外国的集团，或是在两次世界大战之间发展起来的法国公营企业集团。第二次世界大战并没有改变这一局面，但到1945年，其它工业中仍主要是中小型企业。不过，从1958年到1978年的20年间，由于国家工业政策以及国际竞争和外国资本涌入的多方面影响，工业机构有了深刻变化，当然，如果从金融（集团化）、经济（企业经营）和技术（设备）三个角度看，各部门的情况存在差异。从1950年 908
到1958年，工业的集中化行为为数甚少，而且主要牵涉小企业；但1958年，随着边境的开放和非殖民化进程的结束，工业集中局势出现了转折。随后我们可以看到两个加速期，一个是1964—1965年，而1967—1973年更为突出。最后，经济危机和“经济战”的加剧再次触发了大范围的集中，这主要涉及国际企业集团或有跨国抱负的集团。

如果从技术集中的层次来考察，即考察生产单位、工厂或设备的集中，我们就会发现，这一集中在60年代资本积累加速的时期有了重大发展，比经济危机的那些年要快。技术集中的表现是：小型企业（10—20名工人）迅速减少，生产普遍集中于中型企业（200—500名工人），大型企业（1000名工人以上）有了少量增长。

若与其他各大工业国相比，法国用工人数超过50人的生产单位的增长速度不如德国快，但法国的增速可以与其他工业化国家相比拟，即便不是更快的话；同样，在所有先进国家、主要是在装备工业和中间产品加工业部门（非铁金属、电气制造、汽车、造船、飞机制造玻璃、化工和冶金等部门），大工厂的规模都呈现统一化的趋势。看来企业规模是服从技术需要的。

与此同时，我们可以看到，在经济集中的层次上，即企业或法律上的经济单位的层次上，手工业的消失、各部门中地方企业的集中是个很明显的趋势。因此在60年代，雇佣工人超过1000人的大企业在企业总数中的比例明显上升。除此之外，个体小企业的数量下降，尤其是在纺织、服装和木材加工业中，但建筑和公共工程部门并非如此。看来下述情况有扩大的倾向——甚至在经济危机过后仍在继续：最为集中的部门更加集中（如汽车、造船、飞机、炼铝、军工），但过去集中程度很低的部门的集中化进展很小（如服装和木材加工）。在60年代那些已经实现集中化的部门，我们可以看到寡头垄断的强化，因此像美国一样，在70年代，法国某些行业中四大公司的营业额占该行业总营业额的90%以上（汽车、炼铝、平板玻璃、汽轮机等）。

但法国工业的结构重组在金融集中上表现得更为明显，这一集中在最近20年中（1960—1980年）体现在集团化的层次上。这种集中形式是当代资本主义结构演变的典型，它不仅与体现在第五、六、七个计划中的政策意愿相一致，而且特别与国际和国内金融及工业集团的战略相一致，这些集团因为争夺世界市场而彼此竞争。这种结构重组前后经历了几次浪潮：第一次是在1958—1965年期间，主要体现在法国前500家集团的经营活动的重新组合上。第二次浪潮是在1966年到1971年之间，这一时期的金融集中加速发展，大部分部门都出现了大型的工业集团。第三个时期——1971—1977年——是个新的“阵线调整”期，各集团进行了内部重组（如合并子公司等）。第四个阶段开
909 始于1978年。这一时期的结构重组与生产性投资迅速减缓所导致的流动资本集中联系紧密。换言之，这些集团不是优先采取以投资实现内部增长的方式，而是再次采取通过兼并或价格控制达到外部增长的模式。

可以举几个最近的例子：标致-雪铁龙收购克莱斯勒欧洲公司（1978年），阿加什-维罗集团兼并布萨克集团（1979年）；在农产品加工业领域，威廉·索兰集团受勒希尔集团控制（1979年）；在钟表行业，雅兹公司控制了耶马（1979年）；在纺织行业，坝迪控制了拉博纳尔；在造纸业领域，贝尼奥尔-法尔戎集团与布拉齐·孔泰·吉尔贝公司合并……

法国工业的金融集中有一系列引人注目的特征：它具有社会性后果（关闭和拆迁工厂、裁减人员等），各集团在经济和金融方面的规模（市场占有额，集团规模等），有时引起轰动效应的运作模式（公共采购）；尽管有上述特征，但与其他主要发达资本主义国家生产结构中的同类集中化进程相比，法国的金融集中化力度显得相对薄弱。可以通过两组数据来证实这一点：一组数据是法国最大的集团与其国际竞争者之间在实力上的对比，另一组是有关法国的工业集团的国际化程度。

根据《财富》杂志的统计，全球 50 家最大公司中（以 1977 年的营业额为准）——全部是“跨国公司”——法国公司只有 5 家：雷诺（第 22 位）、法国石油公司（第 24 位）、标致-雪铁龙（第 33 位）、埃尔夫-阿基坦（第 46 位）和圣戈班-蓬塔穆松（第 50 位）。在世界前 20 家大集团中没有一家法国集团，而 1400 万人口的荷兰却有 3 家，德国则有 4 家。

在法国的 20 家最大公司的名单中，可以指出几家与国际竞争对手相比“真正有分量”的企业：在汽车工业领域有雷诺集团和标致-雪铁龙集团，尤其是在后者收购了克莱斯勒欧洲公司后（但这家被收购的公司不包括在名单中）；在石油领域有法国石油公司和埃尔弗公司，在玻璃和建筑材料行业有圣戈班-蓬塔穆松公司和 B. S. N. -热尔韦-达能（它同样是专业化的食品公司）和拉法基公司（水泥）；在炼铝业中有贝西奈-犹齐纳-库尔曼基公司；在飞机制造业领域则有航空航天工业公司（国营）。

相反，这里列举的法国公司中没有一家在化工（德国企业占支配地位，如霍希斯特公司、巴登苯胺苏打公司- BASF、拜耳公司）、冶金（德国和日本公司居于垄断地位）、电子和电气制品［美国、荷兰（飞利浦公司）、德国（西门子公司、AEG-Telefunk-通用电气公司）］、机械（日本公司占主导，如三菱）、信息技术（美国企业占垄断地位，如国际商用机器公司 IBM）等领域“具有影响力”；在造船（日本占支配地位）和纺织（英国占主导，如库托尔德公司）领域甚至没有法国公司上榜。

很显然，这些公司“没有什么影响”（这里只是以营业额的规模来衡量的）不意味着它们在经营上的业绩（增长率、盈利率、特别是海外销售的发展）就不出色，而是说这在国际市场的无情斗争中是一个不利因素。

现在让我们来考察一下法国工业集团在国外的拓展。若以销售业绩来衡量，各集团的对外发展可以采取两种形式：从本土向外出口以及直接在国外设立分公司。很多时候这两种形式是联合采用的。

雅尼娜·高昂曾对 14 家企业集团进行过研究：罗讷-普朗克、P. U. K. 、米其林、S. G. P. M. 、鲁塞尔-武克拉夫、电力总公司、汤姆逊-布朗特、Air Liquide、克勒索-卢瓦尔、欧莱雅、标致-雪铁龙、雷诺、拉法基、B. S. N. -热尔韦-达能；各石油及冶金业集团被排除在外，因为它们受到经济危机的猛烈冲击；研究的结果是：1977 年，9 家集团一半以上的营业额是在境外实现的，而 1973 年这样的集团只有 4 家。在同一时期内，14 家集团中，有 11 家在境外的营业额
910 的比重增加了。只有雷诺、B. S. N. -热尔韦-达能、拉法基三家在海外的销售额有下降。

如果我们观察各家集团分别在国内和国外营业指数的增长（以 1973 年为 100），我们可以看到，除了上面提到的三家集团外，其他 11 家在海外的销售额增长要明显快于它们在法国销售额的增长。正是由于在海外的业绩，这些集团仍能在危机中维持其总体销售指数。而且，对大部分被研究的集团而言，海外分公司的销售额增长比向外出口的增长更快。因此这一现象突出地反映了法国大工业集团的跨国化和组织上的调整。

但是在这一时期内，外国的集团也并非无动于衷，它们也打入了法国市场，或是通过出口——正如我们上面提到的——或是通过在法国设立分公司（收购或新投资金创办的）。虽然美国公司一直存在（如 IBM、通用电气、国际电话电报公司、埃索、福特公司、通用汽车公司等），但进入法国的外国公司主要是欧洲的：荷兰（壳牌公司、

联合利华、飞利浦公司等)、瑞士(雀巢公司、汽巴嘉基等)、联邦德国(霍希斯特、拜耳、西门子等)、比利时、英国(BP、ICI等)。

外国企业渗透最深的行业依次为:办公设备和信息处理设备制造业,石油天然气生产,农业机械制造业,综合化工,铁矿开采和加工,多种金属生产,制药工业,淀粉制品加工业,精密工具仪器制造,基础化工,家用和专业电子设备制造,等等。

虽然近几年来法国工业的结构重组在加速,虽然海外发展的成就有时也颇为可观,但总的来说我们只得到一个虚弱的印象;法国工业的强势和它的缺陷通常互相抵消掉了——这种局面过于普遍,严重的不利条件依然存在:企业和企业集团的力量不足,海外发展过分局限于某些领域,外国产品对国内市场的冲击过于剧烈。谁该为这些难尽人意的局面负责呢?是决定工业政策的国家,还是实施工业和金融战略的集团?

计划措施和工业政策

从第五个计划开始,国家在致力于重组公营工业部门的同时(对石油勘探和生产集团以及法国化工公司所属煤矿的集中、对雷诺及航空工业公司的重组等),对法国工业的关键部门也给与了必要的推动力;这方面我们可以举出如下事例:国家和冶金业之间的协议(1966年到1970年),第一个计算机国产化计划(1967—1971年),造船业的专业合同(1968年),大规模的航空工业计划以及空间计划(1969—1970年)。这些重要的结构重组计划以重大的直接或间接财政措施为辅助,但除此之外,国家还通过有利于投资、企业联合、开拓国际市场及有价证券流通的税制来促进工业发展。

因此20年来,国家在工业结构重组中扮演着公开和举足轻重的角色。那么还有什么可责备它的呢?斯托法埃斯提出了三点批评:

——"除了极个别的例外,国家的经济政策有明显的提供方便的色彩:持续不断的推动措施、货币发行的宽松、无节制的通货膨胀、"竞争性"的通货贬值——如果说这种贬值举措短期内能改善法国企业在欧洲市场的地位,但它同时也使得各企业没有必要采取"本应采取”的持续调整的努力；

911 ——“对变革的某种阻碍态度……对于农业、煤炭和铁路等受发展形势所迫而进行调整的部门进行普遍的支持，这就分散了资源，对工业不利”。在斯托法埃斯看来，这样做的代价“也许就是导致失业人口维持在150万以上，国土规划整治政策屡遭质疑，那些本应以十年而不是三年为支持期限的众多促进政策同样如此”；

——“工业结构的集中化努力尽管产生了一些财政上十分强大的集团，但这并不必然导致工业企业会推行部门协调的战略（化工、冶金）”。相反，法国存在“某种与世界市场缺乏联系的中小企业网络，这些企业不具有德国或日本的国际商业公司的组合形式（它们1500家企业的出口额相当于法国5万家企业的出口）……”

而科塔则认为，“法国为那些竞争力十分可疑的高档产品而牺牲了其工业体系”；于是这就再次对戴高乐的大型计划（如核武器、航空和航天计划）提出了质疑，它们占有了太多的资源。

但米斯特拉尔的意见相反，“法国工业的薄弱远非是由出口发展不振造成的，原因毋宁说在于外国生产者对法国市场的占有份额不断增长。因此应重新占领国内市场，首先是在投资领域，而且理论上说这不排除采取有选择的保护主义政策”。因此这是宣扬某种“专断”的供给政策，国家在这一政策的各个层次都应发挥影响。

金融力量和工业

贝隆认为，“一些集团可以说是金融性的，因为它们集中了对工业、商业和金融进行干预的重要实力（如罗斯柴尔德、昂潘-施奈德、苏伊士、巴黎巴、拉萨尔等）”。因此，工业集中只是范围更为广泛和多样的金融资本集中化的一个可见的方面。在圣戈班-蓬塔穆松、罗讷-普朗克、施伦贝格或贝西奈-犹齐纳-库尔曼这样的集团背后，都存在某种有组织的关系网，后者在重大战略决策（如合并、收购、控制和结构重组等）方面起着关键性作用。关系网的核心越来越多地出现“大财团”之类的合作者，尤其是苏伊士和巴黎巴集团，这些财团都有错综复杂的联系网络。

为什么这种联系有日益增多的趋向、从而使金融集团对法国的工业产生重大影响力呢？因为证券市场成效不高、工业集团自筹资本的能力降低（与资本利润率下降和新增产值的分配比例不利有关）使得银行的长期信贷越来越必要。从这时起，银行不再是单纯的资金投放者，它在确定金融发展战略方面成为积极的合作者。当然，某些工业集团曾吸收或自己创办了银行机构。这样的集团如马里内·文德尔（德马齐银行）、米其林（私营动产和工业银行）、达索（凡尔纳银行）、P. U. K. 和法国石油公司（化工信贷银行）、电力总公司（电力银行）、标致（金融银行）、汤普森（电力金融银行）、D. N. E. L.（电力金融银行）和雷诺（不动产及金融银行）。

但另一方面，又有多少工业集团，由于其债务、为了参与防御或进攻性的国际化重组而陷入金融依附网呢？

第三产业的迅猛发展 912

服务业的功能有时被分为两大类：可以直接实现“人员的增值”的功能，“为组织或企业增值”的功能。

与第一类功能相应的服务业的目标是，“通过满足个人的教育、健康、信息、安全、流动（交通、旅馆业）、通信、信贷、卫生、休闲娱乐等需求来改善他的福利水平”……这些需求还包括“家庭消费的食品和工业品的运输、储存和分配（销售或租赁）及其消费过后的清理”。我们这样的社会是靠税收来维持的，并且完全或部分地依靠公共管理才得以运转，这种情况下，某些服务具有重要意义。不过反过来，这些服务是人的基本需求，但后者可以毫不迟疑地从市场上获得之，如食品和工业制品。于是大部分的服务可以分为两个领域：“商品性服务”和“向个人提供的非商品性服务”（但也有可同时涉及这两个领域的服务：医疗健康，教育，社会救助和社会行动，娱乐、文化、体育服务等等）。

使企业或组织增值的服务，其目的在于“通过专业化和劳动分工的优势来协助组织或企业更好地经营，或取代组织或企业的某些职能”。这样的服务我们可以列举如下：交通运输、仓储、商业、信贷、保险、职业培训、物品租赁、大众饮食业等……此外还有广告、安保、国际过境的组织安排、工程设计、信息情报、研究咨询、临时性劳务的提供，等等。

这些服务中，有很多以前是工业企业的业务范围。不过到今天，越来越多的工业企业把这些业务托付给了第三产业，这也能部分地解释第三产业的扩张、以及工业部门在就业人口方面与其它部门相比处于停滞状态的原因。同样，这也能解释为什么瑞士和德国这样的国家，第三产业的比重较低，因为它们与法国不同，很多第三产业的功能仍被纳入第二产业的企业中。

因此，功能范围的扩大是战后“服务业”迅猛发展的原因。

1946 年，第三产业的从业者实际上只占总就业人口的 46%。到 1977 年，这个比例为 53%，即从业者约为 1100 万，而 1980 年的比例更上升到 61%左右。另外，从 1962 年到 1975 年，在 370 万个新增的就业机会中，有 280 万个是由第三产业创造的，占总数的 3/4。如果以工薪劳动岗位来推算，从 1974 年 1 月 1 日到 1978 年 1 月 1 日（即经济危机期间），农业中的工薪劳动岗位减少 8.2 万个，工业减少达 51.4 万个（!），而服务行业则增加了 45.44 万个，新增就业岗位最多的部门为“多样性服务业”、国家民事部门、商业和银行业。虽然这种发展经常被视为不健康的，但它完全可以与经济合作与发展组织主要成员国的同类业绩相比拟。

第三产业对国民生产总值的贡献也以同样的幅度在增长。1976 年，新增产值总额的 55%来自第三产业，这个比重堪与其从业者人数在就业人口中所占的份额相比。

如果对各服务行业作更为准确的考察，我们会注意到，若以从业人数为标准，从 1954 年到 1975 年，增长最强劲的行业是银行、金融保险业（+158%），“其他服务业”、电信和公共管理部门（+68%）；随后是商业（+36%），交通运输（+15%）。但家政服务业出现了负增长（−40%）。

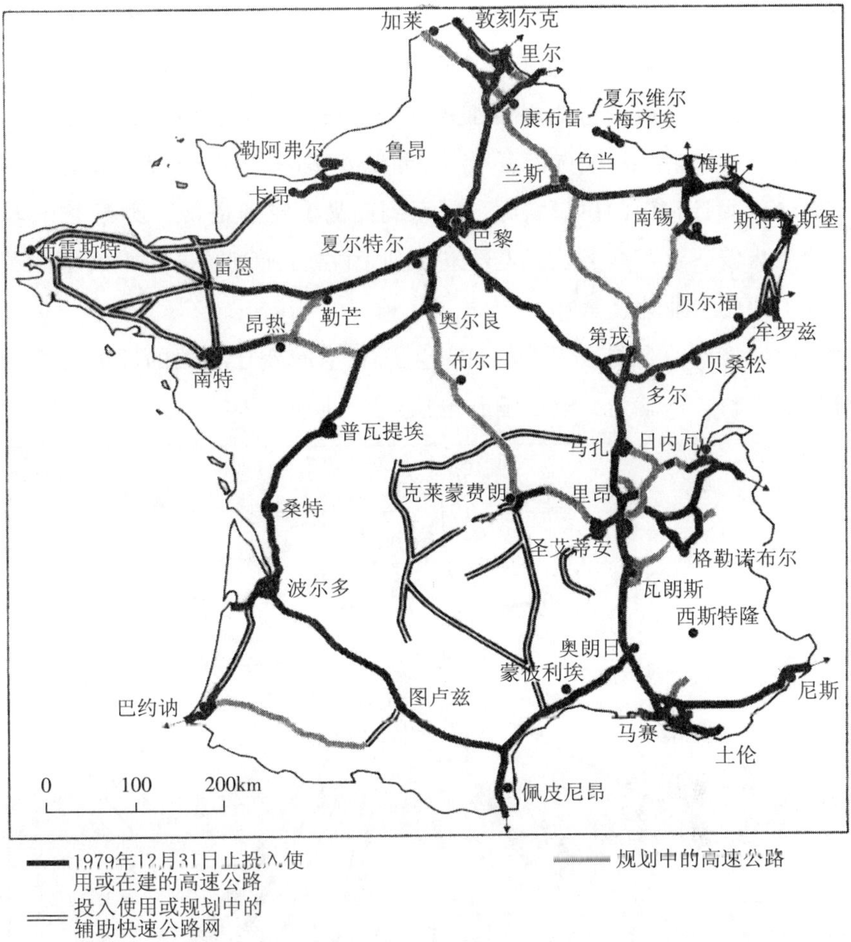

我们还应强调两点变化。第一是第三产业的女性化。总体来看，妇女占总就业人口的36.64%，但在第三产业，这个比例为47.35%。66%以上的妇女在第三产业工作。

以下行业中妇女从业者所占的比例更高：医疗服务（79%）、办公文秘（65%）、商业职员（60%）、教师及脑力劳动行业（超过50%）；不过在工程技术人员、高层管理干部等领域，虽然妇女比例增长更快，但她们所占的比例较低。

最后，还应注意到第三产业在对外收支平衡中的贡献。它的作用很重要，不过常被忽视。1976年，服务业出口达420亿法郎，若包括旅游业则为 580 亿，为商品出口价值的 21%。主要的出超行业基本上是为企业提供商业服务的部门，而不是旅游业，后者的收支状况刚好维持平衡。这些服务行业根本上说代表了先进工业国的“技术能力”，它们的发展非常快（与商品出口同步发展，1970—1976 年增长了 168%），而且它们的出口实际上关系到商品、特别是成套设备的出口。这就意味着，这些服务业是与先进工业国在目前正在进行中的国际劳动分工中的专业化优势相对应的。

914 我们将对一个与法国人的日常生活和空间变迁有关的服务行业进行特别考察，这就是交通运输和电信业。

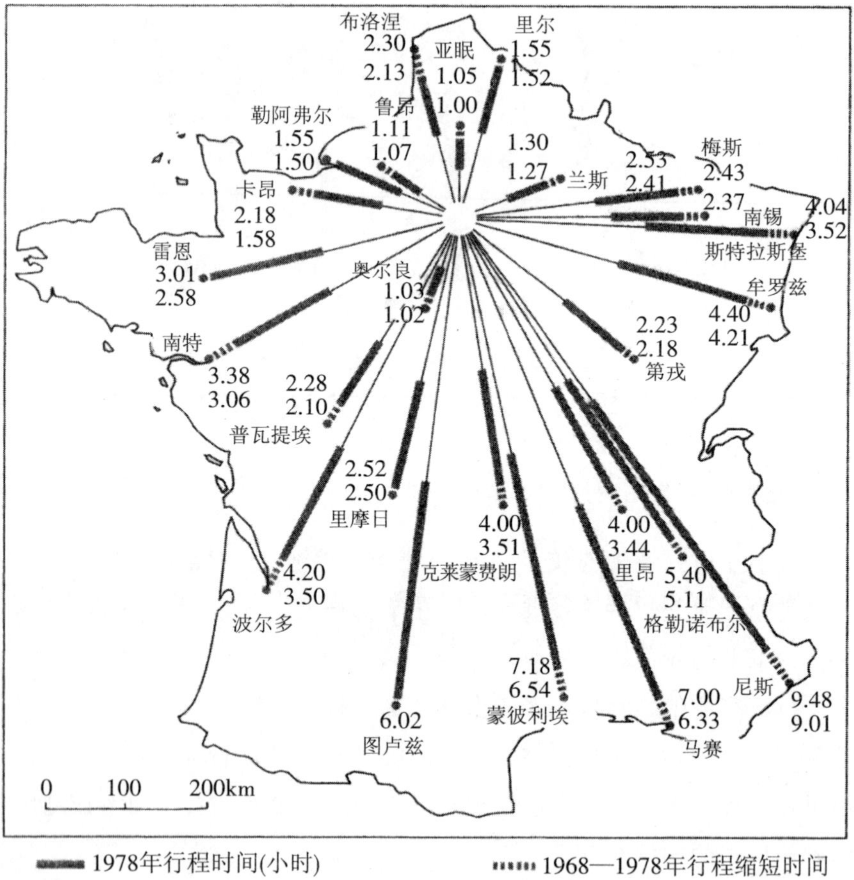

1978 **年法国国营铁路公司旅客运量图**

交通运输和通信手段的重大变革

像能源一样，交通和通信手段的发展也是经济增长的一个基本要素。正因为如此，这一行业才在纷纭庞杂的第三产业中占据优先地位。

客运

客运的演变，特别是近十来年的演变的一个特点是个人交通的迅猛发展，而公共交通则有所下降。若以 1959 年的基数为 100，那么到 1966 年，每个法国家庭用于个人交通的开支指数为 220，公共交通开支指数为 123。虽然经历了能源危机，法国人对于个人交通的偏爱——实际上就是对于汽车的偏爱——到今天仍很明显；由于这一现象涉及市内交通、国内和国际交通，因而其后果也就各不相同。

运送同等数量的人员，私人汽车所需道路面积是公共交通的 4—5 倍。从大城市、甚至较小城市市中心的每平方米的道路价格来看，很显然，私人汽车应该无法长期与公共交通竞争。在今天的大城市，路政开支已经是引起公共债务的主要原因，这不利于其他设施的支出。915
但是，公共权力机构或地方官员，或是出于选举方面的考虑，或是为了不开罪于汽车制造商及其众多的同盟者，因此不能利用恰当的时机推行严厉的管制措施或课征税收，以此来限制市内汽车交通。于是私人汽车的平均速度比 20 世纪初的马车还要低，空气污染有时竟达到警戒线，合法的和违章的停车导致公共空间几乎全被侵占。

在跨城市和跨地区交通方面，汽车交通最近 20 年来有了惊人的发展，而且，鉴于法国人一般的收入增长速度、鉴于像住房这样的家庭优先性投资的滞后，可以十分肯定地说，这样的发展是过度的。正因为如此，法国的汽车保有量从 1962 年的 700 万辆增加到 1977 年 1900 万辆，100 个居民有汽车 35 辆。

1960 年的交通流量为每天 8800 万车次/公里，1977 年流量增加到 55 亿车次/公里，即单是轻型机动交通工具的运量就达到 4370 亿人次/公里。道路交通的增长是与道路网、特别是高速公路网的发展相关的。1971 年，法国有高速公路 1600 公里，1979 年末为 5000 公里，另有 1100 公里在建。

在这种局面下，铁路要想维持自己的地位就有很多困难了。不过它也有自己的优势。在假期的时候，铁路是唯一能在两三天内保障数百万法国人出行的运输方式，而且这种情况每年有好几次。只有铁路能在每天的交通高峰期保证 130 万巴黎郊区居民的往返（仅法国国营铁路公司的运量）。从里昂到巴黎的行程，高速列车只需 2 个小时，因而这条线上的航空运输就被排挤了。1978 年，市内交通每年的客运量为 4.31 亿，总计 74.6 亿人次/公里，另外还需加上巴黎独立运输公司（R. A. T. P.）的 20 亿旅客（94 亿人次/公里）。

法国国营铁路公司（S. N. C. F.）的非市内交通的旅客运量为 25300 万旅客，合计 460 亿人次/公里。不过，1978 年，市内和非市内公共铁路交通总计才占私人汽车运输量的 14.5%。

法国国内航空公司最初是银行家、运输业主、法国航空公司和国营铁路公司发起创办的，并且得到政府和地方团体的支持，这家公司有三个目标：为国土规划整治服务、连接落后地区及其他交通工具运量不足的地区，以及普及大众航空运输。1960 年以后，国内航空运输不断增长，客运量从 1960 的 1.6 万增长到 1968 年的 200 万，1978 年达到 800 万，合计 54 亿人次/公里。不过，作为大众型的交通工具，飞机还不像美国或苏联那样普遍，在后两国，飞机运费并不比法国的二等铁路客运价格更高。其中的原因显然在于，较之这些幅员辽阔的国家，法国的航空网要小得多，旅客平均旅程也短得多。到 80 年代，选用航空为交通方式的法国旅客不足 4%。

最近 20 年来，飞机真正显示出其优势的是在国际交通领域。从 1963 年到 1978 年，在法国的飞机场登机作国际旅行的旅客数量从 300 万上升到 1700 万。1977 年，法国航空公司和联合航空运输公司（U. T. A.）的国际运量为 245 亿人次/公里（旅客总数超过 1000 万）。另一方面，海运在 1958 年的旅客为 250 万，1977 年达到 600 万，但若扣除与科西嘉岛的交通（1967—1977 年间年均增长 7.4%）则只有

320 万。主要的海运通道是加莱、布洛涅、马赛、勒阿弗尔、迪埃普和巴斯蒂亚。

916

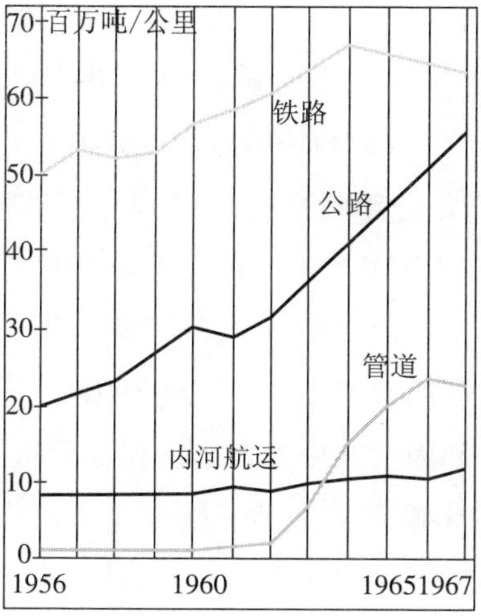

货物运输中各种运输方式所占份额

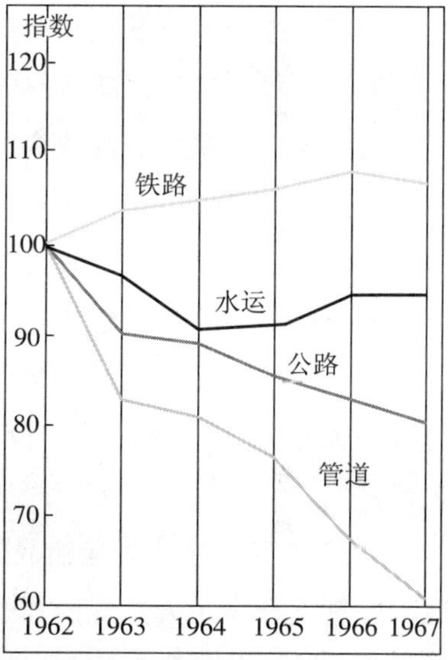

各种货物运输价格的成本

货运

货物运输的分布状况要比客运远为多样，它不仅与不同运输手段的速度和灵活性（能否直接送货上门）有关，而且尤其与各自的运输价格有关。

从产值上说，铁路货运在货运总量中的比重从 60%以下降到 1978
年的 34%。铁路运输地位下降的第一个原因是，直到第二次世界大战 917
结束之时它几乎垄断了货运，但现在这一垄断已经消失了。水运曾是其传统的竞争对手，不过 20 年来水运很少有增长；但除此之外，铁路不得不面临着公路越来越激烈的竞争，而且 1962 年之后，它还受到输油管的挑战。1960 年，输油管和其他管道运输的货运量只占 1%，但 1978 年提高到 15%左右（过境运输包括在内）。

公路运输 1956 年时只占 20%，1978 年达 45%（如果排除输油管的过境运输和国内水运，这个比例将会更高，约为 50%）。另外，在前些年经济危机时期，我们可以注意到，公路长途运输（400 公里及以上）有了极大的发展，这也对国营铁路公司及水运的专业化运输造成了一定的损害。

应该仔细分析一下公路在竞争中胜利的确切原因。这些原因在于，铁路负担着双重重负：高昂的固定运费和因公共服务带来的扭曲效应；而在汽车运输商和车辆制造商的压力的影响下，公路运输业主实际上没有负担任何基础设施方面的开支以及社会成本；这种情况对整个运输业产生了不利影响。1961 年，铁路和公路的协调措施被取消，于是引发了一种危险的发展趋势：形势完全有利于公路运输业主和车辆制造商，而不利于整个运输业集体。正像我们的各个邻国、特别是德国的情况所充分显示的那样，没有哪个工业大国能抛弃运输业的协调政策。

1962 年后，输油管运输成为成本最低的运输方式。在国际运输领域，碳氢化合物和天然气同样也复苏了整个海运行业，并由此复苏了造船业。由于碳氢化合物和天然气运输的刺激，港口运输量从 1959 年的 8200 万吨上升到 1968 年 17500 万吨，1977 年则达 3 亿吨（国际运输、国内海运、过境运输和转运）。马赛及其附属港居于首位，达 1 亿吨，随后是勒阿弗尔（8000 万吨）、敦刻尔克（3350 万吨）、鲁昂、南特-圣纳泽尔及其附属港（后二者均为 1700 万吨）。

石油产品一项就占了海运总量的 70%左右。某些港口，如马赛-福斯和勒阿弗尔，这个比例高达 85%。

航空货运业务尽管一直在发展，但它在运输总量中的分量仍可忽略不计：1975 年的运量为 2.8 亿吨（为 1969 的 9 倍），但只相当于国营铁路公司国内运量的 1.4%。不过若以吨公里运量计算则已达到数亿吨公里（最近几年）。从国际联络的角度看，航空货运的地位很重要，因为今天大部分的邮政运输是由飞机来完成的（1975 年为 4.2 万吨，是 1948 年的 20 倍）。最后，就法国的外贸发送量来说，虽然飞机的运输吨位无足轻重（低于 0.2%），但它在价值上却很可观（占进口的 10%和出口的 12%）。

能源危机打乱了各种运输方式在价格上的相互关系。可以看到，始自 1974 年，个人交通的价格指数及公路货运价格指数明显大为提高。从逻辑上说，这应能促进公共客运的发展、抑制个人交通——如果不是使其缩减的话。但是，从 1974 年到 1980 年，这种演变趋势并不明显，碳氢燃料的消耗与其价格相比明显缺乏弹性，这似乎表明，汽车也已经像食品一样，成为一项不可缩减的个人开支…… 918

在货运方面，碳氢燃料价格的持续走高再次给了铁路和水运一个机会，但后二者在 1974—1977 年间的负增长（－6%）完全让人不能理解。不过，这种后果的一个原因必定存在于交通政策中：这一政策有明显的倾向性，尤其是在用于装备设施的信贷再分配上有利于低耗能的、与国土规划整治政策更为协调的运输方式。不过，运输产值的增长（尤其体现在国际贸易方面）特别有益于两类运输方式：公路和航空。

邮政运输和电信业

在经历了一个适应大众通讯新需求的艰难的调整期之后，邮电部门（P. T. T.）在第七个计划期间看来旧貌换新颜，无论质量还是数量上都是如此，这得益于对该部门装备和运作的信贷投资的巨大增长。到 1980 年，邮电预算再次成为各民事部门的首要项目。财政方面的强化使得邮政分拣和电信业实现了前所未有的现代化，这与第七个计划中的两个优先目标是相适应的。

尽管从 1968 年到 1978 年间的信件发送量有所下降（从每年 46 亿件减少到 43 亿件），但其他邮政发送量明显增长，各种函件发送量达到惊人的 64 亿件，期刊发送量为 22 亿件，其他物品 36800 万件，等等。四大信件自动分拣中心（第戎、勒芒、奥尔良和普瓦提埃）和三大信函和包裹分拣中心（阿拉斯、里摩日和里尔）的建立进一步提高了服务质量。

1972年，法国电话密度为每100居民9.5个用户，是欧共体各国中最低的，远远落后于美国或瑞典（每100居民中有48个用户）。而且，从以各种国际标准来计算的服务质量来看，法国也明显落后……不过在第七个计划期间，法国大大弥补了这一欠缺，实现了四大优先目标中的一个："改善国家的电话通信设施"——1979年电话用户达1370万，而1968年仅为350万；服务质量指数接近80%；平均安装期低于8个月（1974年在巴黎是15个月以上）。从此，"阿斯尼埃尔22号"[①] 的时代一去不复返了……这一显著成就的取得受益于经费的大规模增长，正是有了投资，程控电话网和电子切换的快速发展才有可能。由于财政方面的优惠和可望与电话交换局之间缔结"美妙合同"的前景，过去的同行对手之间达成了牢靠的默契。汤姆逊-布朗特（法国）、电力总公司（法国）、国际电话电报公司（美国）、飞利浦（荷兰）和爱立信（瑞典）分享了切换、传送、电缆、用户电话、电传电报、卫星通信等市场。不过根据1976年5月的政府决策，法国的汤姆逊和电力总公司成为市场占有额最大的集团。在这一政策的推动下，汤姆逊集团获得了L. M. T. 和爱立信法国电话公司的控制权，前者是从美国国际电话电报公司收购的子公司，后者是瑞典爱立信集团的子公司。于是汤姆逊集团成了"空间转换业"的霸主（梅达孔塔和阿克斯电话交换局）。而电力总公司则巩固了其在"时间性转换装置"中的领导地位（E-10和E-12）。1976年后，电信业着重于空间交换设施的建设，这些项目的许可证被国际电话电报公司和瑞典爱立信集团拿到，虽然法国的工程师大量参与其中。作为法国技术成就的"时间性"电信体系由此居于二等地位，这大大损害了法国电话设备的出口。

919 今天，法国电信业十分关注计算机通信技术的发展，另外，它还

---

① Le 22 à Asnières，是法国喜剧演员费尔南·海诺（Fernand Raynaud）的一部幕间短剧，剧中讽刺了电话通信业务的低效和缓慢。阿斯尼埃尔是地名，位于巴黎近郊。

与工业集团联合，将发展方向定位在电话传真、文献的远程处理、电视文字传送和专业化的业务服务（如旅游业电传信息处理、银行电文切换服务等）上。法国人的通讯方式正在逐步发生改变。信件的传送量已经明显下降，而与此相关的是，电话用户的通信量有了增长。

法国经济增长的不平衡

被觊觎的宝地与被遗忘的角落

《巴黎与法国的荒漠》——30 年前格拉维埃的这本书是不是太早了一点呢？确实，在 1947 年，农村的人口减少才刚刚开始，产业大调整还没有动摇某些地区的工业和人文景观。不过，对于某些敏锐的观察者来说，发展上的空间不平衡已经很明显了。但是，政治家、经济学家、拟定经济计划的技术至上论者以及部长们忽视了地区因素；他们推算的只是国民经济的平均水平和增长率。第二个计划（1954—1957 年）对于地区发展的关注颇为微弱，国土整治和地区行动评议会（D. A. T. A. R.）的成立还是 1963 年的事。它的目标呢？从形式上说，目标自始至终没有什么大变化："一种有意识的发展地理学……其目标指向勒阿弗尔—马赛一线以西的地区（西部、西南部、中央高原），以及经济转型的地区（北方、加莱海峡和洛林）。一个紧迫的任务是：抑制大城市——特别是巴黎——的膨胀，抑制农村地区的衰落趋势。"它的措施？基本上是来自政府各部之间的协调和鼓励行动，以及一系列财政、税收制度和一些政策性手段。它的成果？我们可以看看近 20 年来的情况：一方面，农村被遗弃的现象更为广泛，"有意识的发展地理学"成效微弱，各地区间的平衡发展仍是一个神话。

没有规划的城市化和农村青壮年人口的流失

城市人口（生活在人口为 2000 或 2000 以上的居民点的人口）在第二帝国时期只占总人口的 1/4，到 1980 年这个比例提高到 3/4。1954 年到 1975 年间，大城市的人口增长尤其显著，这里应该指出的是，旨在强化"地方性平衡都市"、削弱巴黎的政策（1965—1970 年的第五个计划期间实行）取得了积极成果。同样，随后第六个计划的中等城市（人口 2 万到 20 万的城市）政策、小城市政策（1974 年）、有关“乡村契约”的缔结人政策等等，都有助于人口重新分布的自发性趋向，而人口流向的地区是大城市或中等城市周围的农村地区。不过这一运动很大程度上也是以下局面造成的：公路交通的发展、市中心的地皮和住房价格昂贵以及大城市的拥堵。

从统计学上说，向“城市周边农村地带”持续的移民运动掩盖了 1954—1975 年间农村地区的人口外流现象。如果农村人口外流指的是农村地区移出人口数量与移入数量之间的净差，那么就平均水平来说，整个法国的农村人口外流速度实际上下降了。相反，如果我们把大中城市周边的农村地带不算入农村地区，并且，如果我们按照让·罗沙
920 的意见，把农村人口外流定义为“农村地区青少年和壮劳力的净流出运动”的话，那我们就可以看到，这种外流的势头仍很强，特别是最近 15 年来。农村青少年人口加速外流所带来的显著后果之一是，农村的人口出生率急剧下降，这就进一步加剧了因青少年人口离去和退休人员经常返回农村所造成的人口老龄化。

另外，地区平均水平掩盖了各省之间、甚至一个省的各个区之间人口状况的极大不平衡。1968—1975 年间，43 个省出现人口出生率低于死亡率的记录；而且一般来说，这些省也就是人口净流出的省份。这就意味着，在不久的将来，农村人口将会迅速衰退，特别是，在众多“乡村地区”，处于劳动年龄的人口会急剧减少。如果我们把城市周围的农村地带排除在外，法国其余的农村地区的人口都在减少，或是由于人口外流，或是由于出生率呈现负增长，而且这些情况导致人口迅速老龄化。

人口这种空间上的重新分布，尤其与 1954—1975 年间大部分地区农业就业岗位的迅速减少有关。这种减少在以下地区特别迅速：阿尔萨斯（下降了 4 倍），洛林，弗朗什-孔泰，普罗旺斯-阿尔卑斯-蓝色海岸，罗讷-阿尔卑斯，庇卡底，中央地区，上诺曼底和勃艮第(减少 3 倍)。

下降幅度较小（2.5 倍）的地区有：卢瓦尔，布列塔尼、普瓦图-夏朗特，阿基坦、朗格多克-鲁西永，奥弗涅，利穆赞，南方-比利牛斯，北方-加莱海峡以及法兰西岛；香槟-阿登和下诺曼底下降较小（不到 2 倍）。

不过，尽管 20 年来的人口演变速度很快，但农业从业人口仍维持较高的比例（全国平均水平为 9.1%）：

利穆赞、下诺曼底和布列塔尼（21%，1954 年为 50%）；

卢瓦尔地区、南方-比利牛斯、奥弗涅和阿基坦（16%—18%，1954 年为42%—45%）；

另一方面，在一些工业化地区，农业从业者比例明显低于全国平均水平，如法兰西岛（0.9%）、北方-加莱海峡（5.1%）、洛林（4.9%）、阿尔萨斯（4.7%）、罗讷-阿尔萨斯（7.2%）；甚至在一个以农业为主的地区也是如此，如普罗旺斯-阿尔卑斯-蓝色海岸（6.4%）……而且，各大区的平均数也掩盖了各省之间及省下属的各区之间在人口变化和状况上的巨大差异。

国土规划整治和地区发展的不平衡

如果从改善城乡人口的空间分布的角度看，可以说“有意识的发展地理学”的业绩乏善可陈，不过从平衡地区间发展的角度看，情况要好一些。

从 1963 年到 60 年代末，国土整治和地区行动评议会中盛行圣西门主义思潮，这激发了奥利维埃·吉夏尔及其后继人杰罗姆·莫诺自称的法国的新专家治国主义者的热情，因为“现在应该重新分配经济增长”（D. A. T. A. R.，维希研讨会，1978 年 12 月）。因此，应该协助因为经济过于单一化而有衰退之虞的地区实现经济转型。

洛林的铁矿和采煤业、冶金、纺织和建筑业最近 20 年中陷入困境，外籍劳工大量涌入，占据了 60%的工业就业岗位。现在，洛林的某些地方已经面临极大的困难，如摩泽尔河地区。在阿尔萨斯，传统的纺织工业因为缺乏灵活性而造成难题。在北方省，“三老”工业（煤炭、纺织和冶金）迅速衰落：到第六个计划末期，北方省和加莱

海峡省的煤田产量减少一半；由于面临激烈的国际竞争，里尔-鲁
921 贝-图尔宽纺织工业三角区迅速进行了产业重组；桑布尔盆地陷于停滞。在勃艮第，三角工业区——勒克勒佐、蒙索雷明、索恩河畔夏龙——的生产活动明显下降，失业率很高。在阿基坦，冶金、造船、飞机制造、造纸、制鞋业（位于比利牛斯-大西洋省）受到严重威胁。在普罗旺斯-阿尔卑斯-蓝色海岸大区，在马赛港这个过去“法兰西殖民帝国的门户”，那些步履沉重的工业也进行了产业调整，一些船只修造厂被关闭，由此造成的难题十分棘手，因为大量移民涌入马赛，其数量仅次于巴黎。我们还应提到索杜-塔恩炼钢厂的危机，南部-比利牛斯大区的德卡泽维尔和卡尔摩谷地的产业重组，还有朗格多克的塞文山区那些被关闭的矿山。

简言之，行动的空间很广阔，问题是要知道“有意识的地理学”行动能否平衡这些不利之处，或这类行动有时是否能伴有有效的地理和经济上的决定性成效。

交通方式、通信和远程信息处理等领域的技术进步，可以大为克服因远离首都和经济发展中心而造成的困难。同样，新的能源资源及其运输方式也能减少以前的“地理决定因素”的约束。但这样的进步具有矛盾性，因为它可能威胁到过去的有利因素和当地的固有优势。正在进行产业调整的地区、尤其是各大矿区所面临的正是这种局面。

虽然说地理上的限制不像以前那样明显，但它并未消失。因此，对于像上诺曼底、中央高原、庇卡底、香槟、勃艮第、弗朗什-孔泰、阿尔萨斯、洛林和北方等地区来说，靠近巴黎或大型边境工业区便是一张王牌。不过周边地带也可能因为靠近过于强大的中心地带而变成后者的附庸。阿尔萨斯与德国的巴登-符腾堡之间的关系就是如此，巴黎地区的周边地带亦然。另外，天然交通要道仍然构成一种重要的优势，至少是一种希望。实际上，重要的工程规划通常就是以天然交通要道为起点的，而这就给了一些地区以新的机会。政府选择福斯港和敦刻尔克港为冶金业基地、以勒阿弗尔为石油工业基地，就说明天然的区位优势在战略决策中仍具有重要意义，即使不是唯一的决定因素的话。同样，在不

久的将来，通过连接罗讷河-莱茵河而实现北海-地中海的海洋轴心规划可能会给法国东部和东南部地区带来新的机遇。

新开创的经济活动可以替换衰落的产业，或能创造新的就业机会，但这依赖于几个因素。例如，德国在阿尔萨斯的投资便有如下几个原因：该地区的中心位置、有可资利用的能源（阿尔萨斯大运河的水坝，马赛到卡尔斯鲁厄的输油管等），土地价格相对便宜，劳动力充足……雷诺公司把一些工厂分散到北方、上诺曼底和卢瓦尔地区，雪铁龙的工厂下放到布列塔尼，米其林的工厂则放到图尔，所有这些分散行动无疑都受到公共权力机构的支持；不过这样做也是因为可以利用更好的生产条件：充足的劳动力、土地，等等。可以说，在布列塔尼、东南部和中央地区建立电子工厂也是出于这种考虑。之所以在上诺曼底的勒阿弗尔、卢瓦尔地区的东齐、波尔多、贝尔洼地、里昂和斯特拉
斯堡设立石化联合企业，主要是考虑到原油进口或供应方面的便利条 922
件，以及石油炼制品及加工品的出口和输送的便利。

因此，国土规划和地区行动评议会的防御性战略在北部和东部是面向德国和比利时，在西南部面向西班牙或“大西洋沿海”，这一战略无疑对某些工业部门在空间上的重新分布起过重大帮助作用（不管怎样它们在尽力而为——福斯港在这方面具有完全的说服力），但它没有真正改变事物的发展进程。1954—1975 年间工业就业状况（建筑和公共工程除外）的演变能衡量工业非集中化政策的成效。与国土规划和地区行动评议会的目标相一致的是，法兰西岛的工业从业人口有所下降，而西部（普瓦图-夏朗特、卢瓦尔地区、布列塔尼）的工业人口数字的增长要高于全国平均水平。但最大的受益者仍然是巴黎盆地地区。朗格多克-鲁西永没有从平衡计划中获益（工业人口仅增长 2.2%）。经济转型地区的变化是灾难性的。洛林的增长幅度仅为 4.83%，北方地区的工业就业岗位减少了 71800 个（—12.63%）。1975 年，布列塔尼的工业从业者只占就业人口（建筑和公共工程除外）的 19%（全国平均水平为 30%），但建筑和公共工程业的从业人口占 10.4%，全国水平为 9%；在朗格多克-鲁西永，上述比例分别为 17%和 12%，普罗旺斯-阿尔卑斯-蓝色

海岸大区为 19％和 12.4％。

1974—1977 年的经济危机影响到整个工业，但对于那些发展速度低于全国总体水平的地区（北方-加莱海峡、法兰西岛和洛林）来说，危机的打击尤为严重。南方-比利牛斯大区在飞机制造、建筑材料、食品工业等部门经历了明显的衰退。船只修造、机械工业和食品加工业的衰退对普罗旺斯-阿尔卑斯-蓝色海岸地区造成严重影响，但危机同样波及石化和冶金业。甚至罗讷-阿尔卑斯地区的基础化工、纺织、服装和造纸-纸板业也受到严重打击。

总起来说，“经济危机抑制了经济的灵活性，从而阻碍了工业平衡计划，各地区停顿在原有状态下。以国土规划为名义进行干预的可能性因此也就越来越小了”。现在还不能肯定，1978 年 11 月经济和社会理事会报告的这一结论是否让规划政策的新负责人感到为难。事实上，从 60 年代末起，特别是在 1974—1975 年的危机期间，人们开始懂得，“规划和竞争力并不必然能协调到一起”。换言之，有意识的规划政策与基本目标在于恢复自由市场机制的工业政策（因而也就是大公司的自主决策政策）之间是无法调和的。在 1978 年 12 月有关国土规划的维希会议上，看来共和国总统已经得出了这一逻辑上的结论，这次会议还敦促大企业在国土规划方面承担责任。从此，地区性政策就以企业为轴心，实际上只是工业政策的延伸。按照斯托法埃斯的看法，这一政策选择应导向“以几个大型平衡性都市的发展为中心（法国可以有 5—6 个），并应放弃全面铺开、无所不为的做法”。因此，1978 年设立的工业调整基金被认为是“一台强有力的作战机器”，但它不是为了支撑衰落中的经济部门，而是为了以“健康而持久的就业岗位”取代之。

因此可以预想的是，那些处境最不利的地区将会经历新的工业衰退，因为今后是人员流向资本而不是资本流向人员。现在远不是要求
923 “在老家生活、工作与作出决定”的时候了。

第三产业就业状况的演变是削弱还是加强了上述的工业就业状况呢？国土整治和地区行动评议会曾努力分散某些第三产业，尤其是高

层培训和科学技术研究活动。

国家法律研究中心设在波尔多，公共健康学校设在雷恩，税务学校设在克莱蒙费朗，高等航空航天学校设在图卢兹。矿业学校的实验室分散到昂蒂布附近的瓦尔伯内，等等；某些社会机构也进行了分散化：军队退休金管理局设在拉罗歇尔，储金会的补充养老金管理处设在昂热，干部退休机构设在布卢瓦，等等；根据达里翁报告的建议，另外一些社会机构也进行了分散化。

但是，这种分散化的意愿也遇到了严重的阻碍，首先是君主主义、柯尔伯主义和雅各宾主义的传统，即强烈的经济和财政集权的传统。因此分散化的成效十分有限，尽管从数字上看情况可能相反。确实，在1968—1975年间，法兰西岛的第三产业的就业人口增长比其他地区要慢。增长最快的是罗讷-阿尔卑斯、普罗旺斯-阿尔卑斯-蓝色海岸、朗格多克-鲁西永、南方-地中海等地区。相反，增长率低于全国平均水平的地区是：下诺曼底、上诺曼底、普瓦图-夏朗特、奥弗涅、勃艮第，而利穆赞的情况尤其严重。

不过，仅从数量上来看待第三产业的问题是不够的，还应该有质的维度。然而，非常明显的一点是，高层次的第三产业过分集中于法兰西岛。一些重要公司的机构所在地也多密集于此。1958年，法国的前500家企业中，375家的公司总部设在法兰西岛，1976年这个数字为388家。罗讷-阿尔卑斯地区是另一个第三产业的中心，但设在那里的前500家公司从20家减少到15家。

1971年，一项对55%的第二产业工资劳动者的调查表明，在70年代，设在法兰西岛的企业控制了其他地区所有工业就业岗位的40%。

几乎一事无成的地区改革

根据1972年7月的法律实施的地区改革是否能以地区政策的意愿，去代替已然抛弃了地区平衡发展目标的全国性政策呢？

从事实和法律上说，当局采取了各种措施以严格限制地方权力、维持中央政府的权力：1972年的法律给与各大区的法律地位只是简单的地方公共机关，而不是某种地方行政单位——这样的行政单位本可以享有远为广泛的权力。大区理事会（协商会议）的成员不再由直接普选产生，因而也不再具有与此相连的道义权威。被视为代表“大区的活跃力量”的经济和社会委员会实际上只具有咨询权，其角色可有可无。22个大区的税收和财政资源是有限额的，它们低得可笑（占国家预算的0.5%）。大区公共机构甚至无权安排自己的部门人员。大区的行政官是省长。最后，省长的权限也受到法律和内政部通报的极为严格的限制。

弗朗索瓦·格罗斯里夏尔对大区的权力作过一番形象的描述：“某个社区要想救助濒临倒闭的企业？规章法令会禁止这样做。某个冶金工业区要想推行一个拯救钢铁业的计划？巴黎的专家们会把它的报告束之高阁。文化运动的发起者要求赋予地方语言以更高的地位？巴黎的人会说，这会损害国家的统一，但他们不知道，非中央集权化
924 不仅是政治和经济方面的事物，它同样意味着传统的恢复。地方当选者要求能决定当地工业补贴的分配比例？国土与地区行动评议会会感到不快，认为它的权力受到了威胁。山区社区要求暂时打破条例规章以建立医疗救助机构？不可能：因为规章对所有人都应该一样。甚至在这些积极主动的意愿表达出来之前，整齐划一的中央集权就已经使之饱受挫折。国家好像害怕在放弃管理权限时会失去自己的政治权威”。

实际上，类似的情况还远不止这些，法国的国家机构拒绝各大区直接向欧洲地区经济发展基金（F. E. D. E. R.）求助、拒绝让它们从欧共体获得本可以稍微改善一下地区不平衡状况的资源，而这种地区不平衡不仅在法国、就是在整个欧洲都在不断出现。

法国的国际经济关系的演进

1978年，法国在世界贸易中居于第四位，次于美国、联邦德国、日本，同英国的地位很接近。实际上，这一地位从1954年后就没有变过，不过此间世界贸易的发展十分迅速。

对法国经济的各部门的分析已能让我们通过产品和服务的门类来了解法国外贸的发展。我们现在的任务是，对法国与国外商业联系的各大发展阶段作一下总结，这既可以通过产品、也可以通过各大地理区域来进行考察。

1944—1962 年。*国际贸易体系的恢复和结构性政策的选择*

在这一时期，有两个重大事实可以解释法国为什么敢于采取一些出色的外贸政策：法国通过马歇尔计划和欧洲支付同盟获得了重要的外援。这一援助使得法国得以弥补长期的贸易赤字。另一方面，法国采取的保护主义政策或多或少具有隐蔽性。这两个因素可能有利于推行某种短暂的灵活政策。相反，它们所能允许的结构性政策要到 1962 年后才能取得成效。

灵活的贸易政策主要侧重于某些工业的发展及生产效率的提高，首先是侧重于成套设备、机器和运输工具的生产，如后面的图表所示。从 1950 年到 1958 年，成套设备的出口在法国出口结构中的比例提高了 6.5 个百分点；而 1958 年到 1966 年只增长了 3 个百分点。

但是这种以未来为赌注的政策严重依赖于外援，不可能一直推行下去。不过，它使得 1950 年到 1958 年间的结构性进步成为可能，而这一进步又与 1957 年和 1958 年货币的成功贬值、以及 1960 年到 1963 年间的贸易出超有密切联系。

1962—1972 年。*法国向世界开放及贸易的地理格局的调整*

可以注意到，与前一时期相比，这一时期的商业交换明显加强。此间进口额的增长速度几乎比国民生产总值的增长高两倍，而 1952—1962 年的十年间只高 1.5 倍。出口的增长稍慢（比国民生产总值的增长高 1.8 倍；出口值在国民生产总值中的比重由 1962 年的 10%上升到 1972 年的 13%；进口在国民生产总值中的比重从 10%上升为 15.2%）。1972 年，出口和进口与国民生产总值的比例在意大利分别为 16.7%和 17.4%，英国是 17.8%和 17%，联邦德国是 19.45%和 16.7%。

925 **从产品类别看 1950—1966 年间法国出口结构的演变**

	1950	*1958*	*1966*
食品、饮料、烟草	10.8	13	15.8
能源、润滑剂	6.1	6.2	3.4
初级产品	16.1	7.3	7.1
制成品	66.9	73.4	73.6
其中：半制成品	26.5	27.6	27.3
工业设备	11.6	17.1	20.2
农业设备	0.8	0.6	0.9
消费品	28	28.1	25.2
贵重工业品	6.1	0.1	0.1
总计	100	100	100

我们可以以产品门类为依据，指出这一时期法国贸易结构演变的特点，这就是某种持续性的不稳定：农产品和食品的业绩很好（1962年还是赤字，1972 年呈现巨额出超：58 亿法郎）；能源的依赖性不断增长；制成品贸易状况恶化，进口（特别是家用耐用消费品的进口）的增长远远快于出口；成套设备、机器和交通工具的贸易状况良好。

从地理格局上来说，这一时期最显著的特点是法国同其欧共体伙伴的贸易关系的强化。1972 年后，欧共体占法国销售和供应市场的一半（1959 年为 27%左右）。联邦德国是法国首要的顾客和供应国。不过法国与意大利、荷兰和比利时—卢森堡经济联盟的贸易增长最快。另一个特点是与美国的贸易逆差不断加大，与经济合作与发展组织其他国家的贸易也是如此，包括日本。法国与发展中国家（法郎区之外的国家）的贸易仍有出超，与东欧也是如此，但增长很小。不过，从60 年代末开始，从中东的进口增长非常快，这是法国石油政策的一个反应。最后，与法郎区各国的贸易持续衰退。

1973—1978 年。*贸易关系的扭曲导致法国长期存在外贸难题*

在这个危机的时期，法国的贸易结构发生了某些转变。可以指出如下几点：

——能源进口造成的赤字迅速增长，1978 年这个赤字占法国出口的 20%，而 1972 年只有 12%；

——工业品出超的增长刚好弥补能源价格的上涨（覆盖率，即出口价值与进口价值——包括战略物资的进口——之间的比例达到 123%）；

——服务业的出口增长很快，特别是“重要劳务服务和技术合作业务”，很大程度上说，服务业的优异表现与发展中国家（尤其是石油输出国组织各国）和东欧国家缔结的“重大装备设施合同”有直接联系。

——相反，消费品的贸易状况急剧恶化，这主要是因为法国与发 926
达国家的贸易赤字造成的（1973 年还有 20 亿的盈余，1978 年的赤字则达到 60 亿）。不过整体而言，1978 年出现了贸易盈余：25 亿法郎，而 1977 年的赤字为 139 亿。此外，“无形贸易”的平衡情况有所改善，盈余达百亿法郎（服务业的盈余高达 240 亿）。

从贸易的地理分布来看，也可以看到明显的转变：法国与欧共体国家之间继续维持重大的逆差，同这些国家的贸易仍占贸易总额的 50%（1973 年的覆盖率为 97.5%，1978 年降为 95.8%）。其中的一个原因是，法国与德国的贸易逆差（法国的农产品出超无法弥补因采购设备、原料、金属和化工制品造成的赤字）以及同荷兰的逆差（大量进口天然气和水果、蔬菜和牛肉）都很大。相反，同英国的贸易顺差有增长，同意大利和比利时一卢森堡经济联盟的贸易能维持平衡；

——法国同经合组织其他成员国（欧共体之外）的逆差也在增大（从 1973 年到 1978 年，贸易覆盖率从 95.5%降到 87.7%）。造成这种局面的原因在于，法国同美国的贸易一直存在逆差——法国在农产加工品、谷物、大豆等贸易上呈现入超，半制成品（化工）、特别是专业和家用设备方面亦然——同瑞典的贸易也存在逆差，同日本和西班牙（农产品和工业消费品）的逆差则急剧增长。相反，同瑞士的贸易一直维持顺差；

——同石油输出国组织各国的贸易不平衡在 1974 年创下纪录（330

亿法郎）。此后，法国设法削减进口——这在危机时期相对容易——增加民用和军用设备的销售。由于这双重的努力，1978 年的逆差降为 240 亿法郎；

——由于同计划经济国家和发展中国家的贸易顺差，法国同经合组织及石油输出国组织各国的逆差有了部分减少。但同东欧各国的顺差有所下降。法国同发展中国家的顺差几乎可以弥补同经合组织各成员国（包括欧共体各国）的逆差。因此，法国的外贸有点类似于“中间国家”的外贸状况，因为它的特点也是，同高工业化国家的贸易是逆差，而同较不发达国家的贸易是顺差。

这种状况远非让人满意，而且很不稳定。因此我们应指出几个让人担心或引人思考的问题：

——法国同发展中国家（石油输出国组织各国除外）的贸易顺差相对来说代价很高，因为它必须以大笔的优惠贷款为附加条件（1977 年接近 180 亿，1978 年为 165 亿，这几乎等于两年内法国从外部获得的 380 亿的借款）。情况就像是，法国以苛刻的条件从国外获得贷款，然后再以优惠条件贷给东欧和发展中国家，让它们向法国采购，但这些国家并不都是完全有偿付能力的。此外，东欧国家的“平衡”政策越来越成为法国的负担，这种平衡就是以并非法国经济必须的产品来抵消从法国的进口；很显然，这样的政策不可能无限期地持续下去；

——目前看来，法国还不能削减同石油输出国组织各国的贸易逆差，原因至少有三：1978 年后原油价格持续上涨，美元在 1979 年停止贬值，石油输出组织各国的设备采购不可能无限期地增长，何况这一“世纪市场”上的国际竞争十分激烈；

——最近法国在农产品－食品贸易方面的良好局面受到了两方面
927 的威胁：在欧共体内部受到意大利、荷兰、德国等国家的农产品的竞争，由于近年来农产品价格走高，它们的这一行业也有发展，而且法国还受到第三国或各联系国（希腊、西班牙、葡萄牙等）的威胁；另一方面，美国在谷物、大豆市场的支配地位也威胁到法国，众多外国集团对法国农产品和食品加工业的控制也是如此；

——只有武器（特别是技术含量高的武器）出口前景仍然看好，因为“需求”是无限的，而且75%的交易是在国与国之间完成的。若以法郎不变价计算，1969以来的武器出口翻了两番（以法郎时价计算则增长7.5倍）。因此，武器出口比整个法国贸易的发展速度快2倍，1978年，它占法国总出口额的5%。

最后我们又回到了前面提出的问题：法国工业以后真的没有能力重新占领国内的专业化设备、耐用消费品等市场、真的无法扩大它在经合组织各成员国的市场份额吗？

三、社会阶级和经济增长成果的分配

法国社会的结构

法国社会结构的演变受到经济发展和由此造成的劳动力转移的影响。这种大规模的转移和迁徙可以在我们前面区分的三大产业之间进行；但也可在每个产业内部、在该产业的不同行业之间、甚至在行业内部的不同社会－职业类别之间进行。社会研究的一个巨大困难在于，有关就业的统计范畴恰恰不包括阶级和社会阶层概念。不过，对于我们来说，对主要社会－职业类别的演变进行分析、借助于最近四次法国人口普查的资料绘制一个图表，这是我们必不可少的出发点。

可以看到，工人在法国就业人口中所占的比例最大（37.7%），实际上，1962年以后基本维持在这个水平上。1954年后，职员、中层干部和技术人员、高层干部和自由职业者的相对比例不断增加。这只能解释为农业经营者数量及工商业主的增加，无论是从绝对值还是相对值来说都是如此，不过后一类别的增长幅度较小。

我们将依次讨论工人阶级和与之接近的“社会阶层”，随后是“中产阶级”，接着是由工商业主及公共或私营部门的“经纪人”组成的资产阶级，最后是农民。

工人阶级和工人运动，工薪阶层和工人

今天，我们已经明显不可能像19世纪的马克思那样，把工薪阶层和工人混为一谈。最近的人口普查表明，人口整体的工薪化（工薪者同总就业人口的百分比）水平已经超过82%。因此从这个角度看，法国几乎与大部分的发达资本主义国家不相上下。但各工薪者阶层的变化很不一样，我们可以在后表中看到这一点。

工人的增长明显比其他工薪阶层慢。这就是为什么工人在总就业人口的比重刚刚能维持原有水平的原因。

这些演变上的差异不应该使我们忽视这一点：增长的速度导致从业人数的绝对值的重大差异。

1962—1975年各类工薪者的增长

928

	1962—1968	*1968—1975*
农业工资劳动者	－30%	－36%
高层干部	＋33%	＋50%
中层干部	＋34%	＋58%
技术人员	＋54%	＋43%
职员	＋26%	＋28%
工人	＋7%	＋6%
服务部门人员	＋11%	＋7%

因此，如果采用马克思主义关于工人阶级的严格定义："直接的生产性劳动集体和剩余价值的创造者"阶级——这个定义相当接近于全国统计及经济研究所关于"工人"的社会－职业阶层的定义——那么我们会看到，这种严格意义上的工人阶级在数量上远不是占压倒优势。在工人阶级内部，工段长和技术工人的增长速度明显快于普通熟练工人、特别是非技术工人；但后两类工人目前仍占工人总数的56%，前两类工人的相对比重从1962年的37%上升到1975年的42%。在所有类别的工人中，学徒和矿工下降的速度最快，在绝对值

和相对值上都是如此。

另一方面，工人阶级在社会行为方式方面有了明显的变化。工人已经在工作之外寻求满足，寻求其社会特征的本质。不过，生活水平的普遍提高、19世纪城市规划中体系化的阶级隔离的结束，大众传媒的巨大影响，所有这些都从某种方式上促进了工人融入社会整体中。因此，在社会整体中的多样化和整合性应成为人们所称的“新工人阶级”的两大特征。

如果按照塞尔日·马莱的看法，各个类别的工薪劳动者在介入同一劳动程序时并没有发生分离，无论他是工人、职员、技术人员、抑或是在他同一生产单位中工作的工程师。相反，尼科斯·普兰查斯认为，与工人共同工作的工程师和技术人员与前者存在阶级隔阂，因为从功能上说，工程师和技术员是领导者和监督者，他们在物质生产的过程中也实现了意识形态的再生产。事实上，工程师和技术员的生活方式、社会声望和他们所享有的权力、甚至他们的政治行为，都足以使他们与工人区分开来，因此人们能够接受普兰查斯的见解。是否还应该对工人阶级进行更为深入的分类呢？是否应把37.6万农业工资劳动者、125万服务人员、特别是384.1万职员彼此区分开呢？对此雅克·朱利亚尔的看法如下：

	1962	*1968*	*1975*
		（千人）	
工人	7061	7706	8207
职员	2396	2996	3841
中层干部	1501	2006	2770
高层干部	641	854	1243
服务部门人员	1047	1266	1243
技术人员	344	531	760
农业工资劳动者	826	584	375

929

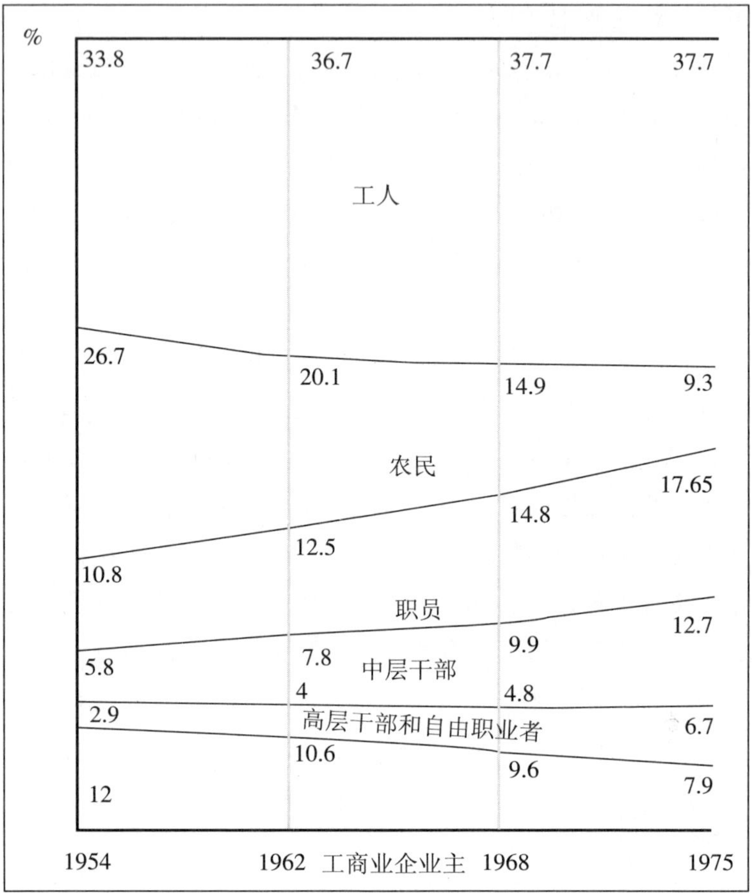

法国就业人口的社会－职业构成，1954—1968 年。百分比数值说明各社会－职业阶层同总就业人口的比例（指数为 100），但服务部门人员（分别为 5.3、5.4、5.7、5.7%）、技术人员（分别为 1、1.8、2.6、2.5%）和“其他人员”除外。

“从更为普遍的意义上说，在直接的生产性劳动和其他的工资劳动形式之间进行区分的做法基本上已经过时了，这只有一点学究意味。确实，在任何情况下，劳动者自己对这种分别并没有体验：一个冶炼厂的铸工、一个大商场的女售货员、一个邮局的职员，他们之间确实有区别；体力劳动和脑力劳动之间、或更确切地说，肌肉劳动与文案劳动之间的差别仍然是不同劳动者的外在的和文化上的标志。但是人们大概不会想到要去确认谁是被剥削者，谁又不是。这就意味着，在日常的经验中，收入数额及收入所允许的生活方式要优先于收入的性质”。

不过，我们虽然不否认这些深刻的转变，但也应该强调，一些构成某个命运共同体之基础的特征一直存在。如相对贫困，依附性，一直困扰大多数工人的不稳定。这三大特征看来可以解释为什么传统的工人阶级意识长期维持着。法国工人的工会运动虽然有过分裂和危机， 930
但仍具有活力，这就是工人阶级意识长期存在的最明显的表现。

工会

根据勒弗朗的意见，我们可以把解放以后法国工会运动的发展分为以下几个阶段。

1944—1947 年：与当局的合作及工会的团结。在大战及抵抗运动的“漫长黑夜”期间，由于共产党人和非共产党人的谅解（1943 年 4 月 17 日的佩勒协定），法国总工会（C. G. T.）恢复了统一；另外，总工会还与法国天主教工人联合会（C. F. T. C.）合作，这两个组织都赞成抵抗运动全国委员会的纲领。因此在法国解放的时候，工会重新活跃起来，1944 年 7 月 27 日，两大组织也得以重建。有一段时期，不仅工会的思想、甚至工会人员也进入了权力机构，如昂布瓦兹·科瓦扎、马塞尔·保尔、罗贝尔·拉科斯特、克里斯蒂安·皮诺和阿尔贝·加齐埃等。总工会和天主教工人联合会支持掌权的左派多数派的行动纲领，后者也推行了抵抗运动全国委员会纲领之内一些重大改革：国有化、设立企业委员、创办社会保险等等。正是在这个时候，法国总工会提出了“先生产，再提出要求”的口号。在天主教工人联合会方面，虽然它拒绝实行组织上的联合，但完全赞成与法国总工会采取共同行动，为此甚至设立一个协调委员会。不过，分裂的种子已然萌芽。由于共产党在法国总工会内部的影响力上升，少数派组建了自己的组织，创建工人力量派（1945 年 12 月）。此外，全国劳动联盟的无政府主义者或邮电局工会联盟开始组建独立工会。不过，使工会团结发生动摇的是最初的政治困难、特别是价格的上涨。尽管 1946 年 7 月的罗亚尔宫会议后，工资提高了 20%—35%，但购买力仍不断下降，这就成为触发强烈的不满情绪的原因，并导致法国总工会和天主教工人联盟之间早期协定的废除。1947 年 4 月，法国爆发了罢工，接着共产党部长们被排除（1947 年 5 月 4 日）。1947 年 11 月和 12 月，罢工运动进一步扩大，在冷战开始和马歇尔计划被提出的背景下，罢工有时几乎带有暴乱的特征，特别是在马赛和巴黎的冶金工厂中。这时，工人力量派与法国总工会分离（1947 年 12 月 19 日），不久便建立新的联盟，名为工人力量总工会（C. G. T. -F. O. ）。法国天主教工人联合会明确拒绝跟随法国总工会可能导致总罢工的路线。最后，全国教育联合会出于维持自身团结的考虑，也成为独立于法国总工会的组织。

1948—1953 年：工会多元化和工会运动的衰落。工人力量总工会的分裂、因各派别政治上的对立而造成不信任，这些都削弱了工人运动，它失去了大战刚结束时的一些追随者。另外，与当局之间的关系也在恶化，政局已经明显向右转，而且工会运动受到外部事务的强烈冲击。事实上，法国总工会在一些国际政治问题上有自己明确的立场，尤其是它宣称反对舒曼计划。在这些重大问题上，其他工会组织的立场很不一样。1953 年大会后，法国天主教工人联盟因受到极少数派的影响而发生转变，从此它比以前更为明确地反对资本主义制度、更加信奉计划制度；另外，它还再次表达了同法国总工会共同行动的意愿。

931 1954—1958 年：幻灭。孟戴斯·弗朗斯、埃德加·富尔和居伊·摩莱的先后执政为工人组织创造了相对有利的条件。1954—1955 年，经济在价格稳定中实现了增长，这使得孟戴斯·弗朗斯的“亲和”政策和劳动者购买力的提高成为可能。但 1955 年夏，局势开始恶化。圣-纳泽尔发生了暴力事件。作为巴黎冶金业集体协议的补充，1955 年 9 月的雷诺协定无疑充当了资方的灭火器。确实，这个协定产生了重大影响，它重新开启了集体谈判运动，并实现了劳资双方代表数的对等。三周的带薪休假很快扩展到大部分工薪劳动者，而以法律形式推广这一做法还是稍后的事。苏伊士远征和匈牙利的事变、阿尔及利亚战争的升级，再次扰动了当局与工会的关系，以及各工会之间的关系。1958 年 5—6 月的事件以及第四共和国的告终（群众对共和国的垮台几乎无动于衷）再度突出了工人运动的幻灭和失落。

1959—1962年：防御时期。三大工会对第五共和国的建立普遍持保留态度。戴高乐主义者关于劳动与资本联合的信条，在工会那里只引起了猜疑，而提高社会地位的举措也遭遇到普遍的怀疑。简言之，可以说三大工会对于新政权采取的是防御策略。比内的新自由主义政策的出笼起初也不利于解决这些事务。这时很多工会分子倾向于同资方进行单独谈判。于是，1958年12月底缔结的一项重要协定设立了补充失业保险。

随着1961年12月补充退休金的推广，劳资双方代表对等的形式有了新的发展。但1960—1963年通胀中的经济增长激化了不满情绪。不过，由于阿尔及利亚局势的演变而引发的颠覆危险使得三大工会在提出要求时颇为低调，而且它们也支持戴高乐将军的阿尔及利亚政策。

1963—1968年：重新采取攻势。颠覆的危险渐渐远去之后，工会又与政府拉开了距离。1963年春天的矿工大罢工赢得大批群众的支持，政府处于十分尴尬的境地，因为它征调军队的命令现在已经受到公开的嘲讽。最后，在经历了贤哲委员会这一异乎寻常的插曲过后，政府只得作出重大让步，这对它是个严重的失败。不久，关于收入政策的马塞报告和关于国有化企业的工资增长的图泰报告又于1964年初引起工会组织的反对，它们谴责这一“工资管制”计划，并声称它们拥护集体谈判的基本原则。不过，在劳工部长吉尔贝-格朗瓦尔的支持下，一些计划仍在推行，这其中包括企业委员会的改革计划，该计划于1966年6月18日实施。与此同时，在天主教工人联合会成员马特维的倡议下，一份试图为企业的工会部门提供法律基础的文件被交付经济和社会委员审议，根据格勒内尔协定，这份文件终于在1968年12月27日成为法律。1964年具有特别意义的一件事是，法国天主教工人联合会的世俗化计划终告完成。是年11月的特别大会创立了法国民主劳工联合会（C. F. D. T.），少数派在经过20年的努力后，终于赢得了多数派的支持。但矿工和职员中以及在阿尔萨斯-洛林地区，有很多人反对世俗化，他们重新组合，并决定沿用法国天主教工人联合会的名称。12 月，政府承认“继续维持的天主教工人联合会”具有代表资格。1966 年 1 月 10 日，法国总工会和民主劳工联合会缔结联合行动条约。在工会运动的历史上，这两大工会组织第一次确定了共同
932 行动的纲领。从此，双方开始联合行动，斗争的矛头尤其指向调整社会保险的法令（1967 年 9 月）。但是双方还是出现了策略上的分歧，这些分歧由于政治基础的不同而不断扩大。一方面是法国总工会与共产党之间的联系，另一方面是民主劳工联合会的某些工会分子与左派联盟及统一社会党的联系，这两大派之间长期不和，1968 年 5 月的事件终于导致双方的分离。

1968 年 5—6 月的社会风暴。学生的反抗直到 5 月 11 日才引发工会组织的联合行动，当天，法国总工会、法国民主劳工联合会、全国教育联合会决定发起总罢工，以抗议警察的暴行，罢工定在 5 月 13 日星期一，当天是阿尔及尔反叛事件（1958 年）10 周年。5 月 13 日的游行打出了“工人、教育者和学生团结在一起”的旗帜，声势十分浩大，这很可能是工人阶层中迅猛发展的宣传运动的发端。14 日星期二那天，南特的南方飞机工厂被工人占领。不久工人运动便蔓延到雷诺集团设在克莱翁、弗兰、比扬古尔和勒芒的工厂。到 18 日星期六那天，罢工已经发展成总罢工，虽然没有哪个大型工会组织曾公开作出这样的决定。由于向国民议会提交的不信任提案没有获得法定的多数，由于总统的迟疑不决，24—25 日夜间发生了暴乱，气氛一时十分紧张，而食品和汽油的匮乏更加剧了紧张局势。

在这种情形下，总理邀请全体雇主联合会和劳工组织在格勒内尔街召开了一次大型会议。会谈的结果是 5 月 27 日达成的一份“总协议”（工会称之为一份“报告”）。政府和资方一夜之间作出的让步比“通常情况下”十年中作出的让步还要大。但是，各工会组织试图从底层来检验这个报告。于是，比阳古尔的雷诺会议过后，罢工运动又有反弹。5 月 27 日后，法国进入了一个复杂时期，政治问题和社会难题纠缠在一起。从此，各工会组织在策略上的对立反映的是更为深刻的社会斗争，而在这个关键时刻，共产党和统一社会党（P. S. U.）也

在涉足这些斗争。

6月间，法国总工会和法国民主劳工联合会的对立不断升级。民主劳工联合会在“质的胜利”方面（如企业中的工会权力等）总是能得偿所愿，它谴责法国总工会过于侧重物质利益上的要求。法国总工会一直担心其主张过于激进，它竭力谴责那些“冒险主义者”。尽管如此，工业、商业和行政部门的谈判还是按部门展开了，总协定已经在公共部门实行，后者在6月初复工。相反，在几乎整个6月份，冶金和汽车工业中的局面一直十分紧张。6月10日，弗兰发生严重事端，蒙贝利亚尔的标致工厂也是如此。

当雷诺在比扬古尔的工厂、布尔利埃和雪铁龙的工厂、以及弗兰的雷诺工厂依次复工后，罢工运动从6月20日起迅速平息下去。不久的选举投票给了那些“沉默者”以发言权，所谓沉默者就是农民大众、经营小商业的中产阶级、全体资产阶级，甚至还有被迫无奈地参加了罢工运动的部分工薪劳动者。立法选举的结果无疑表明了5—6月的风暴给法国社会带来的严重分裂。

无论是对劳工整体的社会关系，还是对各大工会组织的发展而言，1968年5—6月的“风暴”都具有十分重大的影响。我们随后将谈一下几个大工会发展的特点。

1968—1980年：工会多元化趋势的加强或“分裂的工人阶级”。某种意义上说，工会多元化趋势的维持甚至强化，正反映了工人运动 933
不断的分裂，或工人阶级自身的分化。这一现象并不新鲜，早在19世纪，某些“工人贵族”与非技术工人或粗工之间，男工、女工、童工等之间的隔阂就已十分明显。后来又出现了新的分化，如本国工人和移民劳工之间的隔阂。这些隔阂至今没有消失，而且1968年后，其他形式的隔阂还在不断发展，尤其是当经济危机促使资本主义开始进行调整后。于是，现在人们通常把“稳定工人”与“不稳定工人”（临时工、非全职工人、国家的辅助或合同雇员）对立起来，甚至“有保障”的工人与无保障的工人之间也存在隔阂，后一类工人的身份、职业或所属的企业不受契约性或法规性社会保障的涵盖，而且这通常是因为他们没有参加工会。

这些新隔阂经常与旧的隔阂交叉在一起（比如我们在“不稳定”或“无保障”工人当中发现有很多妇女、移民、和单一工种工人等）；不过，由于经济危机和工业结构的调整，分包制、生产委托制（就是把部分生产活动或“中心企业”维持的工作交给“边缘企业”，准确地说，就是把这些生产和工作推向不受保障的部门）等行为层出不穷，因而新旧社会隔阂并不必然是重合的。

事实上，各大工会组织面临着新的挑战：如何通过某种要求权利的行动使分裂的工人世界重新统一起来，这一行动应使阶级利益观念反映到事实中。正如皮埃尔·罗桑瓦龙指出的，“选票主义可以以社会的分化和团体化为基础，但工会的活动意味着工人阶级须对自己的未来提出某种看法”。正是在这个层次上，工会之间的分裂表露无遗。

首先是具有革命理想的工会所带来的阶级性分裂，这些工会的战略是按照阶级斗争的模式同资本主义决裂。法国总工会从一开始，特别是从亚眠宪章①以来就信奉这种革命的传统。举例来说，革命传统使得该工会明确拒绝公营和国有化部门的契约化政策，因为“对这一政策的倡导者来说，这事实上就是匿名形式的合作，甚至是消融工会”。对法国总工会来说，“社会合作伙伴”事实上是“阶级对手”。

法国民主劳工联合会在其1970年的大会上采纳了即将卸任的主席让松的决策，从而在形式上也拥护工人运动的革命传统。正如雷诺指出的，“把阶级斗争置于优先地位，确认自己属于社会主义家庭，这样它重拾起过去的传统，并给了革命的工会运动以新的形式”（特别是工会自治的主张）。因此，民主劳工联合会原则上也反对契约政策和官方的协商政策。

相反，工人力量总工会和法国天主教工人联合会并不认为其改良主义的选择是个神话，尽管它们也拒绝阶级合作政策——尤其是工人

---

①　这个宪章于1906年10月通过，1912年后被称为亚眠宪章，是法国工会运动、特别是革命工团主义的纲领。它有两项重要原则：1. 捍卫直接的日常的权利要求；2. 在完全独立于政党和国家的前提下，为实现社会的彻底改造而斗争。

力量总工会更是如此，它的核心成员中仍有托洛茨基主义的工人和无政府工团主义者。而天主教工人联合会的一个主要目标是按德国的模式实现共同管理。这一政策导向使得工人力量总工会尤其赞成跨行业的大型协定的磋商，特别是1969—1974年公营部门的“进步协议”的商订。

但另一个同样重要的分裂也使各工会组织发生分化。这是由工会与政党之间的关系造成的，或更为根本上说，是由直接民主还是间接民主的模式选择引起的。这种分裂主要表现在法国总工会和民主劳工 934
联合会之间的对立上，不过其他工会对这些问题也很敏感。

在第一个层次上，民主劳工联合会和其他工会组织谴责法国总工会说，如果后者不是共产党的“传送带”的话，至少它与这个自称为“工人阶级政党”的党派及其主要领导人之间有众多而且密切的联系。事实上，虽说法国总工会的成员中只有一小部分人属于共产党（235万会员中有25万属于共产党），但其联合办公署的成员中，一半是共产党的负责人或已加入共产党者。该工会的许多分会或省工会的书记也是如此。至于民主劳工联合会和工人力量总工会的支持者、某种程度上还有天主教工人联合会的支持者，虽然他们也参与政治争论，也具有社会主义或倾向社会主义的传统，尽管它们众多的活跃分子也信奉有左派的政治原则，但可以肯定的是，这些工会组织一直强烈主张工会独立于政党的原则。另外，在事实上，虽然它们的许多领导人参加了某个党派，但他们在其中不承担任何责任。

但是，在更为深刻的层次上说，民主劳工联合会拒绝代议制或间接民主，而这是共产党和法国总工会的基本原则，在实践中也是如此。实际上，如果按雅克·朱利亚尔的话来说，这个模式导致如下后果：法国共产党在“宣称‘工人阶级的领导作用’、同时也是宣称‘工人阶级政党’的这一作用时，它就是在为有效地领导自己缔结的政治联盟寻找依据，也是以工人阶级的名义、以至高无上的口气在发言”。在这种条件下，法国总工会不可能有多大的活动空间。

这些问题不纯粹是理论性的，它们反映在不同的行为方式中、体现在工会行动的策略上。

法国总工会试图在严格意义上的工人阶级内部保持“坚强核心”的控制权，它看重所有形式的全国性行动，这类行动应以“一致要求”的纲领为中心，应使法国总工会表现为工人运动的伟大的团结者。换言之，这类总体性的、受领导的行动方式可以使其在群众组织中的特殊地位合理化（这是列宁的传统），在这一点上，它明显有别于“工人阶级的政党”——法国共产党的先锋队角色。

相反，1968 年 5 月以后，民主劳工联合会更倾向于直接行动，这类行动以接近于直接或半直接的民主模式为基础。与法国总工会不同，它对“极左分子”要宽容得多，并且更倾向于支持下层群众的大胆的、有时甚至是暴力的举动。简言之，按照埃德蒙·迈尔的说法，就是“使工会行动更加贴近每个劳动者”。

法国民主劳工联合会的这一立场有时走得太远，特别是它支持自发性或“粗野”的冲突，70 年代初，社会底层的这类冲突日渐增多，它们是“边缘性”工人（移民、妇女、年轻的非技术工人、来自农村的工人等等）的行为，而不是男性“工人精英”的作为：如布尔热的基罗斯蒂尔移民罢工，里昂的佩纳罗亚移民工人罢工等，摩泽尔的新艺廊职员罢工，圣布里厄的法国联轴公司的单一工种工人罢工（1973 年）。最后一次罢工充分表明了民主劳工联合会奉行的“深渊边缘”的立场和策略：不仅它自己完全支持这次无限期的罢工，而且它还接纳共产主义者同盟进入支援委员会、鼓动布列塔尼及其他地区的声援斗争，因此罢工有明显蔓延的趋势。不过，更为普遍的情况是，法国民主劳工联合会经常直接或通过其地方活跃分子为中介卷入众多的冲突，这些冲突大大超越了传统工会行为的框架，它们更多涉及全面的社会选择问题，就是说，它们涉及的是政党通常追求的目标：环境斗争，反对核能的斗争，城市斗争，妇女斗争，等等。尽管民主劳工联合会在 1978 年提出，要以改善工作和生活条件的谈判为中心，“重新制定”工会政策，但它似乎并没有放弃为解决危机而承担“新的社会运动”的抱负。

935

各工会组织的成员数量

	1968年之前[1]	1977年[2]	在1979年在劳资调解委员会选举中所占的百分比[3]
法国总工会	150—200万	235万	42.4
法国民主劳工联合会	50—70万	82万	23.1
工人力量总工会	50—60万	80万	17.4
法国天主教工人联合会	8—10万	22.5万	6.9
全国教育联合会	40万	55万	
企业干部总会	16—20万	25万	5.2

1. 估计数字
2. 各组织宣布的数字
3. 投票率为63.3%

工人力量总工会的总书记贝热隆曾说，"目前通行的实践方式只能导致混乱，导致对工会组织的否定，并最终导致它的瓦解"。他认为，"工会不能是工会之外的其他东西，它只是男女工人聚会的场所，这些人都意识到必须保卫他们的职业利益"。因此工人力量总工会信奉集体契约和协商的原则，它对工会的政治化持怀疑态度。这些情况能为工人力量总工会提供合理性吗？更为宽泛地说，能为像天主教工人联合会和企业干部总会这样的改良工会提供合理性的论据吗？

经济危机开始后，法国总工会和民主劳工联合会成员的人数都有明显下降。这是个引人注目的现象。从1974年起，长期被视为工人斗争的象征的企业，如贝尔福的阿尔斯通和卡昂的萨维扬，其工会成员的数量都开始下降。工人遭遇的经济困难是导致这种局面的原因，在最糟糕的情况下，工会甚至走向了瓦解，如隆威和洛林的冶金业就是如此。1978年和1979年，当左派在大选中失败后，工会活跃分子的数量也在下降；工会甚至在选举中持观望态度，这就使得左派的失败更形严重。不过，工人力量总工会的成员看来并没有下降。这是因为它一直坚持社会谈判的政策路线吗？换言之，是因为它的政策针对的是企业和职业的层次、是因为它的实用主义和改良主义的立场吗？

各大工会组织，或更广泛地说，各大工薪劳动者组织，它们的成员数量及各自的影响力有何变化？

工会的追随者依地区和部门的不同而呈现明显的差异性：1979年，法国总工会在工业部门的劳资调解委员会的选举中赢得了50%以上的选票，它在商业领域也一马当先，但在农业中则被民主劳工联合会超越。

众所周知，民主劳工联合会在西部地区根底很深，天主教工人联合会在北方的矿工中影响很深，而工人力量总工会则在科西嘉岛、在公共机构和某些公营企业中（国营航空航天工业公司、银行及保险业）根基牢固。

936 如果我们认可各工会组织（包括各“独立工会”）自己宣布的成员数目，那么全体工薪人口中参加工会的比例为30%。事实上，这个比例更可能是在25%左右，而且各部门之间有很大差别，每个部门内部又因企业规模而有不同：如在农业工资劳动者当中，参加工会的只有10%，出版业中的比例则超过50%，小学教师中的比例达80%。另外，可以看到，大企业中的比例要高于小企业。正如我们已经指出的，1974年后，这些比例开始下降。

尽管大部分部门和行业中参加工会的比例不高，尽管法国的工会在组织上是分裂的——有时在工会组织内部也存在各种难以调和的派别，我们却不能据此推论说，工会并不是法国工人的代表。第二次世界大战结束以后、甚至此前的社会斗争的历史清楚地表明，工会组织发动的大规模行动总是有众多的工人群众追随，这一方面是因为，行动的动机有时并不因为政治环境的不明朗而含糊不清，另一方面是因为各大工会组织有时能达成最小限度的谅解。另外，如果说在意识形态的取舍方面各方存在深刻的分歧，但它们在一些重大问题上也存在十分广泛的一致性，如拒绝作为一种制度的资本主义（这与北美和德国等地的工会运动有深刻的差别），其次，拒绝纯粹同业公会形式的工会运动。最后，在重大的行动目标和要求的层次上也存在广泛的一致：如保卫工会的权利，工资的自由磋商，提高工人、特别是处境最不利的工人阶层的购买力，保障就业，削减劳动时间。这就是为什么一旦其中的某种主要目标受到政治权力机构或资方的严重威胁时，各大工会组织都会采取行动（即使不是共同行动）的原因所在。这样，尽管工会的分裂在加深，工会仍吸引了大量劳动者，最近我们仍能看到这种情况，如贝尔福地区的阿尔斯通—大西洋企业的冲突和1979年的劳资调解委员会的选举。

中产阶级

根据全国统计及经济研究所确定的社会—职业范畴，我们可以对下述次级范畴作出十分粗略的区分：这就是人们有时所称的中产阶级和小资产阶级。但是许多特殊情况也说明，在“社会阶级”之间引入这样的社会—职业分类方式是武断的。

我们可以看到，这个分类表中的特殊情况何其之多。

首先是“资产阶级”和“中产阶级”之间的社会—职业的次级范畴分类法。根据这个分类方法，在工程师这一类中，我们既可以发现从高等专科学校毕业、通常在公营或私营部门担当“经理”或领导职务的人，也能看到“普通出身”、或曰二流学校毕业的人员。非常明显的一点是，这两类人一般来说在收入和资产水平上很不平等，他们一般出身于不同的社会阶层，而且他们担任的也不是同样的干部职务。同样，在“教师、文化和科学职业”和高级行政干部中也有次级分类：但大学教师的收入明显高于中学教师；而一个代理人或助手与大律师或部门主管竟处于同一类别中。

其次，“中产阶级”和“大众阶级”之间也有问题。大部分技术员的教育水平只相当于或低于专业技能合格证书的水平。很多中层管理干部不能归入中产阶级，单是他们的收入低于技术工人就构成一个 937
理由；很多小学助理教师也是如此。另外，小学教师普遍信奉世俗化、互助制和共和主义的传统，他们构成一个十分特别的阶层，他们参加全国小学教师联合会（S. N. I.）的比例非常高，这就是一个表现。相反，某些服务业的职员，如空姐和咖啡馆的服务生，他们在中间阶级中“占据一席之地”肯定更为合适。

最后，很大一部分的“小资产阶级”——像某些“小商人”、某些手工业者、当然还有稍后我们将看到的部分农民，难道他们不正在被无产阶级化么？

博德罗、埃斯塔布莱和马勒摩尔按照马克思主义的概念，努力确定“法国的小资产阶级”并将它与其他社会阶级区分开，后者如资本家资产阶级、无产阶级、农民等。为此他们试图明确今天的“小资产阶级”在资本主义生产关系中所占的位置。

根据他们的看法，这个中产阶级包括三个组成部分：

——小产业和服务业小资产阶级；

——国家机器中的干部小资产阶级；

——资本主义经济机器中的干部小资产阶级（尼科斯·普兰查斯称之为“新兴小资产阶级”）。

正是最后一个类型的小资产阶级承担了“资本家阶级”原本承担的生产关系的某些次要方面：监管，生产性的脑力劳动，管理工作，生产组织。

“这个阶级不应与资本家阶级混为一谈，因为它只分享后者权力的很小一部分；它自身并不榨取工人的剩余价值，对于资本积累的政策，它没有发言权。”“但它也不能混同于无产阶级。从历史上说，它的出现及存在的根据只在于群众的无产化和无产阶级向资本的逐步屈服之中。”

例如，教师大体上可以被归入小资产阶级，这不仅是因为他们从部分剩余价值的转让中获益（严格来说，他们的工资高于对其劳动能力的估算和其再生产的价值），而且因为自觉或不自觉地参与了社会关系的再生产。

不过，尽管从收入水平和生产关系中的地位来说，人们可以说小资产阶级存在某种一致性，但它的各个组成部分并不总是具有同样的行为方式，更不用说“同样的阶级意识”了。他们非常不同的政治选择就体现了这一点，他们参加工会的情况也是如此——这正是我们关心的。

以公务员、特别是教师来说，我们已经看到，一般来说，他们组成的是十分独立的联合会，如全国教育联合会，不过这些联合会的政治选择相当接近于各大工人工会组织，尽管彼此之间存在着上述的种种分歧。

小商人处于资本主义的各种矛盾之中，他们受到因大规模的集中而被无产阶级化的威胁，十几年来，这种集中波及到商业销售业，因此小商人们以团体为基础进行自我组织，但往往具有十分反动的色彩（如布热德运动和尼库运动①等等）。

此外还有公营或私营企业的干部，我们将把他们与领导干部仔细地区分开。1944 年成立的企业干部总会（C. G. C.，1975 年后夏庞蒂埃继马尔泰尔成为总书记）起初没有能从各大工人联合会的干部中吸收大量成员，不过 1968 年对它而言是个转折点，虽然一些技术人员表示不满，并导致了 1969 年的分裂，后者创建了干部和技术员联盟（U. C. T.）。事实上，近 10 年来，在企业委员会的选举、补充退休金管理协会的选举及劳资协调委员会的选举中，企业干部总会的影响力在稳步发展。今天，该协会已经拥有近 30 万成员，它尤其是企业中层干部的思想意识的代表者，这类成员约占协会总人数的 40%（工程师和高层干部占总数的 45%左右）。

① 尼库（Gérard Nicoud）于 1969 年发起成立“独立劳动者全国自卫联盟”（CID-UNATI），这是一个抗税运动，从其思想观念而言堪称布热德运动的延续。

938 社会阶级中的社会－职业类别分类

	大资产阶级	小资产阶级或中产阶级	工人阶级或相邻社会阶层	农民
农业经营者	“大农产主”			中小经营者
工业工资劳动者			375000	
工商业主	工业家→ 60000－20000 大商人→ 187000－23000	手工业者： 534000－86000 小商人或 渔业经营者： 930000－115000		
自由职业者和高层干部	自由职业者→ 172000＋32000 工程师 256000＋70000 高级管理干部（包括法官） 654000＋200000	←教师，文化和科学工作者 377000＋164000		
939 中层干部和技术员		小学教师↔ 737000＋175000 医疗和社会服务业↔ 298000＋125000 技术员↔ 759000＋228000 中层管理干部 97000＋230000		
职员			3841000	
服务人员		其他服务人员 855000＋197000	仆人 234000－46000 女佣 154000－73000	
其他		艺术家 59000＋9000 教士 197000－20000 军队，警察 348000＋10000		

我们有意把某些社会一职业的次级类别放在两个阶级之间，以显示它们在不同阶级之间的流动性——当然这一流动性并不强，同时也是为了说明这样的分类法中的不确定性。箭头正是为了表明这种不确定性，说明某个次级类别可以根据标准之不同而归入这一类或那一类。数字是 1975 年人口普查中各次级类别的人数。正负号说明 1968 年和 1975 年两次人口普查之间的变化。

从策略上讲，如果说法国总工会下设的工程师、干部和技术员总会与工人力量总工会下设的全国工程师和干部联合会在方针上有时会相互接近的话，那么法国民主劳工联合会的立场相对来说较少等级化色彩，这让法国总工会中的干部感到不快，因为后者十分注重维持等级制。在某些行动方式，如占领工厂和拘押企业领导人等问题上，双方的对立更加明显，这样的行动有时会引发“白领们”的激烈反对，如他们就曾反对圣布里厄法国联轴厂和南特的巴黎工厂的工人罢工（1973 年）。 940

大资产阶级或领导阶级

从 19 世纪以来，有关法国资产阶级历史的著述向来丰富，直到最近还是如此。这里只对这个“领导阶级”作一点简要的述评，并简要回顾一下最近 30 年来其权力战略的演变。马克思主义者根据马克思的理论，把这个领导阶级称为“资本家资产阶级”或“垄断资产阶级”，他们是否依然保持着这一地位，还是被比尔南所称的“经理们”或加尔布雷斯的“技术阶层”从昔日的宝座上赶了下来呢？

如果说，60 年代初以来法国所经历的工业和金融的高度集中化深刻改造了法国的资本主义的结构及作为其基础的社会结构，那么它并没有导致生产资料所有制的消失。不过，这种所有制的性质和结构也在发生演变。如今天我们可以看到，经济上的所有制和法律上的所有制之间是相对分离的。这个现象与股份制公司的发展有关，它并不是什么新东西，不过它是最近 20 年来资本主义发展的一大特点。在有关经济权力的社会学意义上，它带来了明显的变化。

集中化运动使得许多“资产阶级的世家大族”失去了昨日的地位——如我们可以想到“布萨克帝国”[①] 的衰败——但别的家族由此得益，它们在 70 年代充分显示了“家族资本主义”的活力，如勒诺·吉耶（罗讷-普朗克），弗朗索瓦·米其林，标致，文德尔（冶金），贝甘和萨伊（制糖），阿加什-维罗（纺织）。莫兰指出，法国的前 200 家工业公司中，100 家仍处在家族的控制下。但是，今天的家族资本主义，与其说是声势逼人，还不如说备受威胁，很多情况下，它们只是由于同银行集团（尤其是苏伊士集团）的联盟关系才得以继续生存。

不过，随着法国资本主义中金融结构的演变、特别是金融资本的发展，70 年代出现了新的企业控制形式，并使一批作为受雇者的管理者——新的“经理”阶层掌握了权力，比如圣戈班-蓬塔穆松的董事长兼总经理罗歇·马丹，电力总公司的总经理昂布鲁瓦兹·鲁，贝西奈-犹齐内-库尔曼的董事长兼总经理菲利普·托马斯，弗朗索瓦·塞拉克所代表的技术管理阶层被称为“老板们的老板”，但这些人甚至不占有或只占有很少的生产资本。不过我们应该注意到，“技术专家控制下”（F. 莫兰的说法）的大型工业企业，无一例外地都与苏伊士和巴黎巴这样的银行集团捆绑在一起，而后者也处在技术专家们的控制之下。

941 既然这些大经理们并不占有重要的资本，那么是不是可以说这些工薪者有类于中产阶级呢？我们不能这样认为，因为领导的职责不能混同于日常的管理或干部行为。经理们可以进行战略决策，但大部分的干部（工程师和高层干部）则无法干涉经营管理的决策。双方之间存在一个实在的社会界限。

事实上，“经理们”知道，他们应把自己当作权威的受托人和企业利益的捍卫者。只有在严格遵守游戏规则的条件下，他们才能获得

---

① 布萨克（Boussac）是 20 世纪法国的一个工业家族，业务以纺织品著称。1978 年，这个家族企业倒闭。

和保持最高权力。这就是为什么领导者们，不论他们是不是所有者、是不是受雇者，都具有同样的立场的原因所在。虽说他们并不是从小就接受资本主义制度的价值观，但这些观念现已内化于他们身上，因为为了达到权力的顶峰，他们需要始终按照这些价值观行事。所以，这些高级管理干部类似于工商业主阶层。

国家的“重要官员”和政治人物，与公营企业的干部和绝大部分的公务员之间，同样也存在这种区别。

归根结底，这一领导阶级、即占统治地位的资产阶级的成员，其数目是非常少的。有多少？这里我们只能作一点估计。

在法国的160万家企业中，如果我们排除150万家具有手工业特征的企业（不雇用工人或受雇者少于10人），那么工商业主大概为10万左右。根据1975年的调查，工业企业总数为6万家，由于近五年来的集中，这个数字肯定有所下降。1977年，在这余下的数字中，雇用200人或200人以上的企业为数甚少（3346家）；500或500人以上的为1243家，1000人以上的仅为541家。同一调查还显示，“大商人”计18.7万人，但调查使用的标准（雇佣3人或3人以上的商家）完全不能用作“大资产阶级”的标准。不过我们可以利用1977年超级市场和大型超市的数字来估算大商业资产阶级的数量（这两类商场的数量分别为3297和368，前者平均雇佣30人左右，后者超过200人）。因此，可以归入上层阶级的工商业主很可能不超过1万。不过这个数字还应加上金融企业（银行和保险公司等）的领导人的数量，他们可能是总经理、管理委员会的成员或是大股东；此外还应加上大部分保障工商和金融业产权的自由职业者的数字，这些人如交易人，公证人，律师，顾问，研究所人员，专业地产代理人等。上层阶级中还应包括负有保卫生产制度的特殊职责的人，如维持内外秩序的人员（军队和警察的高层干部等），或更为普遍地说，就是国家机器的负责人（权威机构中的高级官员）。甚至还可以加上一小部分致力于捍卫和宣传占统治地位的思想意识、价值体系的知识分子（作家、艺术家、教育工作者）；最后，当然也可以加上政治领导阶层和大地产主……因此可以看成大资产阶级的领导阶级的总数可以有几万人。这个阶级在数量上很少，但它集中的经济、政治和社会权力却很大。

代表这一社会阶级的是哪些工会或职业性组织呢（严格意义上的政治组织应被排除在外）？这些组织十分多样，从俱乐部和简单的协会（如高等专科学校同学会及其他各种联谊会），到雇主联合会（如
942 法国天主教雇主总会，青年领导干部总会——1968 年之前名为青年雇主总会，工业领导干部协会，以及大企业联合会），直到名副其实的仲裁组织（如工商议事会等）或同业协会；我们这里关注的是最后一类机构。

由于近十年来经济的迅猛演变，如今，“小业主”大众与大企业主们的命运已经判然有别了，前者组织在 1944 年让冈布尔建立的中小企业总会中，后者的组织是法国全国雇主理事会（C. N. P. F.）。应该指出的是，莱昂·让冈布尔虽然一直是中小企业总会（C. G. P. M. E.）的首脑，但他那不可分享的权威不时受到冲击，这就是布热德（50 年代）和尼库发起的更为激烈的行动。1954 年以后，小商人和手工业者的数量迅速减少，因而直接的暴力行动方式比这位中小企业总会总干事所代表的更为古典的方式更能获得成功。

法国全国雇主理事会的成立宪章于 1946 年 5 月 12 日签订。事实上，大战结束时，资方的声誉很坏，因为其成员过多地与占领者合作，而且同维希政权设立的行业委员会也存在制度上的合作。不过，在戴高乐将军的特别推动下，1945 年初开始的谈判终于决定设立一个联席委员会，后者负责起草法国全国雇主理事会的计划。

战后的法国全国雇主理事会是法国雇主总会的继承者，雇主总会是于 1936 年从法国中小企业生产联合会中产生的。不过此后，法国全国雇主理事会是作为各协会和联合会的联系组织出现的。所有企业都应在职业性组织和地区性组织中拥有代表者。不过它与工人的工会组织有所不同，因为后者试图对地理或水平的结构（同盟）和垂直的结构（总会）一视同仁，但法国全国雇主理事会

则明显优先于各个行业协会。不过应该指出的是，某些行业协会，如冶金和矿业工业同盟，长期以来在资方的政策导向上起着决定性的作用。

尽管战后的法国全国雇主理事会在组织上有了发展，但直到1969年10月的改革之前，它基本上是个联系各个性质不同的企业的组织机构。由此便产生了许多矛盾，首先是以外贸为导向的大企业和众多受到边境开放之威胁的中小企业之间的对立；另一方面，冶金、机械和化工等协会是会费的主要缴纳者，它们与那些穷协会之间也存在矛盾。此外，法国全国雇主理事会在面对其他“对话者”（即国家和工薪者的工会）时，内部的不统一也使得它缺乏组织性，显得力量不足。

这种状况造成的困难在1968年6月的格勒内尔谈判中清楚地显现出来。尽管参加法国全国雇主理事会的企业占全国净增产值的3/4，雇员近千万，但实际上它无法约束自己的受托代表。这就是为什么一些人严厉批评他们的主席保尔·于弗兰实际上是冒用他们的名义而承担某些责任。于是，弗朗索瓦·米其林及全国橡胶工业协会脱离了法国全国雇主理事会。1969[1]年5—6月的事件过后，资方的代表们不得不于1969年10月28日进行改革。

改革后的法国全国雇主理事会旨在确认和推行一种“工商企业 943
的发展政策”。就是说，它的章程将不再像1965年1月19日浸染着“原生自由主义”精神的宪章那样，强调“资方的功能”，而是侧重于“工业政策”——令人奇怪的是，一直到当时，公共权力机构几乎是工业政策唯一的代言人。其次，法国全国雇主理事会“将承担起在公共权力部门、社会对话伙伴和舆论面前代表全体企业的责任”。以前，这种作为资方组织的代表的性质只是例外的情况，现在则成为通例。

1968年后，有两个事件明显地使法国全国雇主理事会发生了

① 原文如此，似应为1968年。

转变。

首先，无论是从成员的数量还是从对他们的控制的有效性上来看，法国全国雇主理事会显然已经成为法国全体雇主的代表，只有中小企业是个例外。1972 年，弗朗索瓦·塞拉克接替了保尔·于弗兰的职位，从而也继承了 1969 年改革的成果，他个人并不反对同中小企业总会的联合，但由于经济、社会和政治上的紧迫形势，特别是在 1978 年 3 月之前左派势力上升导致的恐惧和国际竞争的压力之下，法国全国雇主理事会的代表性同样也得到了加强。

其次，法国全国雇主理事会自身拥有了某种经济、特别是社会方针。在经济方面，从第六个计划起草过后，法国全国雇主理事会成为高速增长和开放经济的拥护者，即使在经济危机中亦鲜有动摇。此外，它还毫不掩饰地主张回归市场经济的原则，主张提高企业家的作用，并捍卫作为增长的引擎的利润。

但资方在社会方针上的演变最引人注目。塞拉克甚至称之为“雇主的革命”。按他的说法，“集体谈判的普遍化已经使得社会问题真正被下放到各个协会去化解。人际社会关系之处理中的指导性和等级化做法正逐渐被排除。大批的协会占据了这个领域……”

因此，雇主革命旨在重新占据社会领域。怎样占据呢？就是取消工会的抗衡势力的基础，当时，这个基础在于工会通过员工代表、企业委员会的代表或工会本身的代表而营造的“不满情绪的资本”。而 1968 年 12 月 27 日关于企业中工会权利实施方式的法律又大大加强了工会的权力。为理解“雇主革命”的要害所在，我们应考察 1968 年以后集体谈判的演变。

1968 年之后的集体谈判和契约政策

人们会很自然地认为，在法国，法律的地位十分重要，它通常可以确定有关各方的关系状况，从而取代它们之间的谈判。确实，法律的作用十分重要，即便它只是确定集体谈判的制度框架和条件。如，1950 年 2 月恢复工资的自由谈判制的法律，1968 年关于企业中工会部门的法律，1971 年 7 月 13 日关于集体谈判和在全国推广行业性和跨行业协定的可能性的法律。不过，我们不应忘记的是，大部分这些法律都是在有关各方长期谈判后制订的，这样的谈判有时是采取非官方的形式（如根据“贤哲”们起草的报告），有时则是在官方（如经济和社会委员会）的斡旋下举行的。另外，行业协定经常是作为法律规定或其补充条款实施的。例如，1967 年洛林的冶金业社会协定和 1969 年关于就业的跨行业协定，与 1963 年有关全国就业基金会的法律不可分割。有的情况下，这样的协定是法律的先行者和雏形。如 1970 年 7 月 9 日的协定，该协定初步制定了职业教育 944
改革和资助继续培训的计划，因而成为 1971 年 7 月 16 日关于上述问题的法律的前身。而 1976 年 7 月 9 日的协定最终补充和明确了该法律的责任。同样，1978 年 1 月 19 日的法律扩充了 1977 年 10 月 10 日按月领薪的协定。

因此，在法国，法律和协定并不相互排斥，相反它们有紧密结合的趋向。同样，在有关劳资冲突的处置中，公共权力机构在介入时经常撇开了有关仲裁或斡旋的法律程序，这些程序实际上很少运用。为了解决棘手的冲突，劳资双方经常接受这样的调解，有时甚至请求公共权力机构慎重地介入……因此，政府会根据冲突的程度，委派劳工监察员、省长或某个高级官员充当程序之外的调停人。因此正如雷诺提出的，“当必须作出让步时，接受行政机关的建议是一种能保全颜面的方式（有时可能是迫使政府的受托人接受这些让步）。”

不过另一方面，集体谈判中产生的规章不能取代劳动市场上各行为方的决定。因此在法国，工资的实际水平很多情况下不在谈判之列，谈判一般只涉及最低工资表、工资级差和相关的指数条款。

最后，集体谈判可能给与资方的单方决定以重要地位。经常会有这样的情况：当行业协议没有达成时，资方的决定会生效，但在这种情形下，资方的决策不能不考虑谈判决裂前双方达成的结果。此外，工会的多元化局面只会使单方决定日益增多，这实际上在真正的集体谈判和纯粹的单方决定之间造成了“中间状况”。

但是，单方决定可能也是资方的某种策略意愿的结果，他们希望绕过集体谈判这个“社会变迁的主要工具”，因而也就回避了工会本身的抗衡势力。

那么从这个角度出发，最近 15 年来的发展有什么特点呢？

1968 年的风暴之前，集体谈判曾长期被冻结。这种冻结的原因可能在于资方和官方十分愿意相信的一种说法：生活水平的不断提高必然导致对立各方的缓和，因而使得罢工在某种程度上成为无益的事……

1968 年的风暴和总罢工在各派势力之间造成的可怕关系将这些美妙的幻觉一扫而空，随着格勒内尔“报告”的出台，一股巨大的集体谈判浪潮席卷了公营和私营企业及公共机构。1969—1974 年间进行的谈判比整个 1950—1968 年间还要多。1969 年后，由于诺拉报告的实施，“契约政策”首先在公营部门的“重点”企业中推行，这些企业中先有法国电力公司和法国煤气公司，接着是国营铁路公司（1970 年）。公营企业中签订的协定共计约 150 个。其他协定涉及的是公共职能机构，牵涉 200 万民事部门的工薪职员以及 40 多万军人，这其中还不包括退休人员和地方机构的职员。它们涉及薪金、级别的调整、劳动时间及社会问题等等。应特别指出的是，这些协定与“年度碰头会”使得上述人员的待遇明显赶上了准公营部门的水平。但是，总体上说，从 1977 年起，公营部门内部的谈判十分艰难，因此与经济危机之间存在脱节。

对于私营部门，经济危机在 1968 年后重新开始的集体谈判的历
945 史上标志着一个明显的断裂，此前的集体谈判中产生了某些引人注目的“最佳”跨行业协定：局部性失业补贴（1969 年），继续培训（1970 年），对解雇的经济补偿（1974 年），1969 年签订、1974 年修订的关于保障就业的协定，以及关于改善工作条件、调整工作时间的协定，等等。与此同时，集体谈判的层次日益侧重于企业。1968—1972 年的四年间签订的协定，比 1954—1968 年 14 年间还要多。

不过，尽管以工会组织为中介的“冲突的制度化”和“工人阶级的合法化”的进程在发展（埃德尔曼的说法），但按图雷纳的意见，边缘化的工人或自认为被边缘化的工人中的“决裂行为”也在增长，这包括私营企业（见前述勒芒的雷诺工厂和法国联轴厂单一工种工人的罢工）和公营部门的工人。因此，每年因罢工损失的工作日持续在400万左右徘徊（这个数字远低于当时的意大利和英国，但大大高于联邦德国和荷兰）。

不过，经济危机也使得公共权力机构和资方的政策发生了重大转变。首先，随着第一个巴尔计划的施行（1976年秋），公营企业和公共职能部门的“契约”政策被搁置，因为这些部门实际上已经不再举行集体谈判了。但资方态度的转变尤其显著。此后，工会运动在社会领域内没有了行动，后者被视为自由竞争的场所。事实上，企业管理层通过信息通讯、以管理干部为中间，可以与员工建立直接的联系，而无需以员工代表、工会代表或企业委员会的成员为媒介。这种策略在1978年以后变得十分明显；而这只能导致集体谈判的减少。此外，正如我们已经看到的，随着生产单位的迁移战略（有时迁往国外）、分包式生产方式的增多、临时性工作的增加等等，过去商定的协定的适用领域大为缩小。这种双重的趋向——协定的扩展受到阻碍、协定的适用领域缩小——对工薪者的工会组织来说构成巨大的威胁，并对1968年之后出现的“工人阶级的合法化”进程造成障碍。

农民

全国统计及经济研究所不承认存在整体性的农民群体。人口普查把农民分为农业经营者和农业工资劳动者。四十年来，这两个社会－职业阶层的人数急剧下降，今天他们在可就业人口中只占200万，而第二次世界大战前夕为700万。怎样解释马里沃纳·博迪盖尔提出的悖论：“农民的消失使得农民的意识形态充分发展起来”呢？这只是因为“农民成了一个象征：被忽视的文化遗产的贮存者、受威胁的地方特性的化身、危难中的大自然的园丁”么？或是因为“农村世界”

仍然是——要持续多长时间呢？——我们政治制度的脊柱么？确实，伊夫·塔维尔尼埃曾指出，“一个多世纪以来，保守派政治力量使得农民的观念持久化，使后者成为社会秩序的守护人，并总是试图让主张变革的人遭受失败”。从实际情况来看，尽管法国农民内部的政治派系千差万别，但应该承认的是，从第五共和国以后，农民经常是支持现存体制的：“1969 年 4 月 27 日的全民公决投票中，农民是唯一以压倒多数投赞成票的社会群体，1974 年 5 月 19 日的第二轮总统选举中，
946 他们的选票占吉斯卡尔·德斯坦总得票数的 69%。1978 年 3 月 12 日和 19 日的立法选举再次证实了上述情况。

但从农民那里受益的不仅是政治势力。“大农业经营者”——通常也是大地产主——不只是种植谷物和甜菜。他们也培育了统一的农村世界的神话。所谓的农民利益的一致性，即便不符合实际的话，也仍是以农民中间强烈的阶级意识为基础的，这种一致性实际上使得农民中最大的经营者能从固定化的农产品价格机制中获取切实的利益，以前这种机制只限于国内，现在则扩展到欧共体。因此我们必须分析农民一致性的外表后的多样性。

农业工资劳动者

首先应该考察农业工资劳动者的社会地位，即便他们的生活方式有时类似于“贫困农民”，但他们在身份上不应与经营者及其家庭助手混为一谈。实际上，虽然 60%的农业工人仍能享受某些天然的优惠，特别是住房和食品上的优惠条件，但今天看来，“农场帮工”的时代几乎已经结束了。在组织行为和政治行为上，农业工人与工人群体的差别已经越来越小。

在战后，民主劳工联合会、法国总工会和工人力量总工会等工人工会组织已经大大削弱了农业总会几近于垄断的地位。这些工会组织的所有行动都试图使农业工资劳动者成为完全的工薪者。在 1968 年 5 月到格勒内尔谈判期间举行的瓦莱纳辩论部分满足了这一重大要求，特别是它赞成确定跨行业最低保证工资（S. M. I. G.）。但是，只有等到 1973 年，农业工人才和别的工人一样，享有同一社会保障体系中的

权利，而且很多时候，按省签订的集体协议在基层得不到遵守。

今天，农业工人的某些要求已得到满足，但令人奇怪的是，他们的数量却在迅速下降：1954 年为 120 万，1975 年不到 40 万，不足原来的 1/3。而且，根据 1975 年农业部的数字，在农业经营单位中长期工作的工资劳动者只有 25 万。数量下降的主要原因是资本主义类型的大农场的快速机械化，这些农场或是面积庞大，或是采取集约化经营（畜牧、苗圃、园艺、蔬菜和水果业等）。农业工人数量下降的原因还在于：今天的年轻人几乎都不愿从事如此艰辛（每周工作时间仍是最长的：49 小时）、如此危险（死亡事故率与建筑和公共工程部门相当）、薪水如此低（他们税后和再分配之后的收入只有全体法国劳动者税后平均收入的 50%）的工作。由于这些原因，长期性的农业工人中已有越来越多的移民——季节性的农业工人更是如此；1975 年前后，长期性农业工人中的移民估计有 7.5 万，季节性工人中达 13.5 万，北非人和葡萄牙人逐渐取代意大利人和西班牙人。

不过，虽说严格意义上的农业工资劳动者数量迅速下降，但农业工会、职业和互助性组织却有发展，农业教育机构中的就业机会有了增长，而农产品－食品加工业的发展更为显著——1974 年，该行业中的雇员达 67.4 万。这里我们再次回到了前述的职业－社会分类（职员、工人、中高层干部、工程师等等）。

农业经营者 947

农民首先是农业经营者及其家庭助手，因为今天 85%的农业劳动是由他们完成的。农业经营者在 1954 年仍有 190 万，1975 年只有 110 万左右；家庭助手的数量下降得更为厉害：从 210 万减少到 50 万。如果我们要区分这些笼统数字背后的社会阶级，那就应该根据某些简单的标准，如农用地面积和雇佣劳力数量，来考察农业经营单位的分布状况。

根据克拉茨曼的数字，1976 年法国一公顷或一公顷以上的农场共有 120 万个，总面积约 3000 万公顷；其中 70 万个面积在 20 公顷以下的农场只占总面积的 1/5，即 600 万公顷；35 万个 20—50 公顷的农场和15万个50公顷以上的农场占了总面积的80%。

其他指数：160万个农业经营单位中，110万个没有雇用长期或季节性工人。只有面积至少在30公顷以上的农场中（或温室型的集约化经营单位中），雇佣劳动才占有较为重要的地位，100公顷以上当农场中，雇佣劳动远比家庭劳作更为重要（占64%以上）。

“大”农业经营者

因此，如果把这两个标准结合在一起，我们便能确定大农场、或称雇主式农业经营单位的大致数目：100公顷以上的3万个，接近于经营单位总数量的2%；较小的单位（50—100公顷）约为10万个。罗西埃把这些农场称为资本主义式的农业，它在巴黎盆地和北方尤其具有代表性，不过我们在卡马格或某些面积较小的单位中也能看到这种生产方式，如优质葡萄园，集约化的蔬菜和花卉栽培业（特别是温室栽培），工业化的畜牧业，等等。能进入这个接近于大资产阶级的社会阶层的农业经营者总共不足10万。

经营者和农民

但其他农民呢？毋庸置疑，他们属于范围更为广泛的家庭式农场，不久前德巴蒂斯曾如此定义道：“家庭农场，就是以家庭为单位的经营方式。”有些专家则试图确定这些农场的类型学。

例如，路易·马拉西斯在韦戴尔报告中对传统手工式的农业经营和新型手工式经营进行了区分，大部分穷困的农业就是由第一种方式构成的，它的经营面积不足，多种作物和畜牧业并举，几乎没有技术手段；后者虽已越过了生存底线，但代价是技术进步成本高昂和负债。1963年，第一类型的经营单位有100万，第二类型为60万个。

罗西埃首先区分了挣扎在生存边缘的农业，“它的面积不足，通常是由年迈的农民经营，主要坐落在难以应用现代技术、特别是难以实行机械化的困难地带（山区或半山区：阿尔卑斯山区、中央高原和
948 比利牛斯中部地区）”。随后他又区分了现代农业，大部分的家庭经营单位属于现代农业。

罗西埃认为，尽管这两类农民存在经济地位上的差异，但他们构成同一社会阶级。“现代”农民受“农民病”的困扰可能尤为严重，因为他们虽然进入了现代化进程、被经济增长的大潮席卷进去，但这是以家庭劳动的强化、负债的增长和对“吸收器”式的农产品—食品企业的日益依赖为代价的。

农民世界的多样性鲜明地体现在农民的收入不平等上。克拉茨曼认为，没有哪个社会集团像农民那样，存在如此大的收入差别。在这里，平均收入几乎没有意义。1975 年的相关数字比较准确。“就全国平均水平来说，10—20 公顷、以‘养牛和种植’为导向的农场，收入维持在 1.7 万法郎左右，100 公顷的农场为 8.3 万法郎，更大的‘通用型’农场收入更高。差距为 1∶5。但全国平均水平掩盖了地区差异。阿基坦—南方—比利牛斯地区的小型养牛场的收入明显低于同类型农场的全国平均水平，而北方—庇卡底地区的通用型大农场的收入则大大高于平均数；上述这两种类型农场的收入比为 1∶10 左右。西南部最贫困的养牛场与北部最富庶的大农场之间的收入差距，比非技术工人与大国营企业的总经理的收入差距肯定要大得多。”另外，“法国的地区差异既表现在生产的自然特征上，也表现在经营规模上。因此可以料想，农业收入的地区不平等相当严重。实际上，以省为单位的平均数（1975 年家庭农场的总收入）就显示出了这些重大差距。”

说实话，很多农民家庭只是靠农业经营之外的零星收入（工资、退休金、津贴等等）才得以摆脱困境。对非全职农民来说更是如此，而这些人占了法国农业经营者总数的 1/3 强。

农民的工会和行业组织

经济地位的不一致、收入上的差距、对前景展望的不同，凡此种种，已经足以解释农民在工会和行业组织方面的多样性。不过，对“农民世界”还不能简单地采取经济类型的一维分析方法，远不能这样。其他因素，如历史、宗教和人口，同样也在起作用。

第二次世界大战后，农业中的职业组织和工会运动尤其受到代际冲突的支配。代际冲突动摇了古老的左与右、教权主义与激进主义、君主主义和共和主义之间的对立关系。如，除了传统的农业信贷和互助组织，保守的农业同业公会，全国农业经营者总协会和专业化的行业协会（如葡萄酒协会），一个与它们相对的年轻农民的工会组织逐步建立起来，这就是全国青年农民总会（C. N. J. A.），它深刻影响了工会和行业运动。

起初扮演启蒙者角色的是天主教农业青年会（J. A. C.），它帮助年轻人认清农业的处境，批评农业的结构，并寻找新的出路。米歇尔·德巴蒂斯在全国青年农民总会成立前曾是这个协会的总书记，后来他还担任改革后的全国农业经营者总协会的总书记。但他独特的立场、全新的话语使得协会的地位从特许性的自治迅速转变为彻底的独立。全国青年农民总会也很快放弃了传统农民组织的要求，
949 这些要求涉及保护家庭小农场（但这一要求有些虚伪，因为所有这些组织的领导人大部分都是大地产主），要求必须维持农产品价格。全国青年农民总会遵循天主教农业青年会最初的思想路线，强调改变农业经营结构的紧迫性，强调应通过农业的集团化来解决问题。它的很多成员在农业经营和技术推广组织（如农业管理中心和核算中心）中扮演着积极角色，这些做法受到皮萨尼政府和埃德加·富尔政府的十分积极的响应。因此，1960 年以后，全国青年农民总会与公共权力机构和行政机关确立起一种对话政策，而这样的政策对于全国农业经营者总协会和行业性组织来说是陌生的，因为它们总是倾向于向议会施加压力，并乐于涉足选举计划。全国青年农民总会的行动导致了 1960 年的农业指导法、特别是 1962 年的补充法（或称皮萨尼法）的出台。

但是，当初的年轻农民渐渐老化，他们控制了大量全国农业经营者总协会的省级协会及全国管理委员会的席位。因此，他们提出要求的方式和组织策略都在发生转变。德巴蒂斯现在是农产品－食品加工业的国务秘书，而此前他还担任着全国农业经营者总协会的主席，全国青年农民总会看来也很好地融入到全国农业经营者总协会中。当然，所有前天主教农业青年会和青年天主教农村运动（M. R. J. C.，1961

年成为天主教农业青年会的后继者）的成员并没有因此而“被归化”；例如，他们中有些人与贝尔纳·朗贝尔一起创建了农民一劳工运动，该运动与民主劳工联合会和统一社会党相接近，虽然它只团结到几万名活跃分子，但在西部和罗讷河谷地各省十分活跃。它的特点是通过突击性行动来支持自己的要求和斗争。

全国农业经营者总协会是个庞大的农民工会组织，由于1959年4月协调和保卫家庭农场运动（M. O. D. E. F.）的建立，它再次经历大规模的膨胀，协调和保卫家庭农场运动受到卢瓦尔河以南中小农民的地区性联盟的推动，首先是“普莱委员会”（1954年）成员的推动。这个运动在1975年改组成工会，并声称拥有20万成员；在最近几次农业同业公会的选举中，协调和保卫家庭农场运动获得的得票率接近于20%。共产党对它有一定影响。

中部和大西洋沿岸的农业名流有自己的组织：法国农业联合会（F. F. A.），但它只获得农民选票的5%。该联合会为提高农产品价格和保卫财产权而斗争，这就是说，它强烈反对任何农业结构性调整的政策。

全国农业经营者总协会在农业同业公会选举中获得的选票略微超过60%，它还与40来个专业性协会（小麦、甜菜、养牛、牛奶协会等等）结成同盟，但它已经丧失了作为全体农民代表的准官方垄断地位。它与政府商讨农业政策的垄断地位也已失去。各种互助组织（协作会、信贷机构、互助会）也致力于经营经济和社会事务。最后，农业同业公会的常设会议（A. P. C. A.）是个行业性的公共机构，除了咨询职责外，它还可以干预各省的经济和社会事务（如发展计划）。

农业社会互助基金会分为两大部分：一个是农业互助保险金，从事个人、财产和责任保险，共有地方储金会26000个，省储金会66个，中央储金会一个，合同总数超过700万；另一个是农业社会互助金，它经营着三大基金：家庭补贴（工资劳动者和经营者）、养老保险和农业互助救济金。

农业协作会长期以来存在政治上的分裂：左派的“圣日耳曼街”
950 协作会和右派的“雅典街”协作会。1966年以后，农业协作运动融入到法国农业合作协会（C. F. C. A.）中。

在经济方面，法国农业合作协会内部的两大集团至今仍相互对立，不过阵线逐渐模糊：一方是拉法耶特集团（其名称来自总部所在地街道的名称）和合作总同盟；另一方是左派的麦克马洪集团，从起源上说它主要是谷物和食品行业的专业化组织。今天，近1/4的农产品—食品加工业的营业额是由农业合作组织完成的。它的雇员约有6万人，占该行业受雇者总数的15％。

在接近于农业生产的实际运作中，合作化行为特别活跃，但它随着产品深加工程度的提高而下降。这就是说，合作行为主要集中在利润最薄弱的生产中，而利润最丰厚的生产则由私营大型农产品—食品公司投资经营（泛西公司、B. S. N. -热尔韦-达能、勒希尔、雀巢等）。不过，几个合作集团成功地跻身于法国前20大农产品—食品加工企业的行列（索迪马-约普莱、布列塔尼合作总会、雷吉莱、联合科帕、加拿等等）。

农业信贷银行的基础是3000个地方性储金会和由地区储金会控制的、分布在全法国的8500个办事处。这些储金会受一个公立机构管理，这就是全国农业信贷基金会；各储金会为维护自己的行业利益，组成了全国农业信用联合会。农业信贷银行几乎垄断了农业部门的信贷业务，近15年来，它的客户范围大大超出了农业部门，在城市也扎稳了脚跟，而且城市客户更为稳定。出色的宣传工作、稳固的组织以及在税收和规章方面的特权，这一切使得农业信贷银行成为世界一流的银行企业……今天很难想象哪家银行主要是农民的银行。

1968年和1969年的动荡主要是由令人不安的韦戴尔报告造成的，该报告计划在1970—1985年间“冻结”农用地800万或1100万公顷，也就是说要将耕地面积缩减1/3（此前受到猛烈抨击的基索尔计划中缩减的数字仅为500万公顷），此后农民一直感到，作为一个群体，他们受到了威胁。现在我们能理解，他们受威胁的程度是不一样的：资本主义类型的农场从总体局面中获益甚大，我们可以从土地的快速集中运动中看到这一点。贫困但不负债的农民数量进一步减少，这或是因为他们中最年迈的人不可避免地消失，或是由于这些农民经济状况的恶化，何况经济状况在这一时期内一直不太好。经济状况最不稳定的是"现代农民"。几年来他们的状况由于第三国和欧共体其他国家的竞争、特别是英国的保护主义立场而恶化。不过，依克洛德·塞尔沃兰所见，尽管存在这些困难和威胁，仍将有相当一大部分的家庭农场可以提供农业体系运作中不可或缺的小型商品生产，因为家庭农业经营者所承受的负担肯定要低于完全按收益最大化模式运营的资本主义农业。此外，还有一些因素（虽说不是全新的，至少是农民的集体意识中日益感受到的）可能为法国的家庭式农业经营提供新的契机：第三世界和第四世界国家令人不安的食品短缺，自然保护事业中日益被看重的农民的作用，更为平衡的区域发展措施，最后是对法国来说至关重要的更大程度上的能源独立——这尤其包含食品生产、森林和生物性生产等等。

1975 年家庭可支配收入分布状况 951

年收入	家庭数量（%）
1 万法郎以下	9.6
1 万—2 万法郎	15.9
2 万—3 万法郎	17.3
3 万—4 万法郎	17.2
4 万—5 万法郎	13.4
5 万—6 万法郎	9.2
6 万—10 万法郎	13.3
10 万法郎以上	4.4
	100

经济增长成果的分配

前面我们对战后到1974年间法国经济增长的幅度进行了评估，接着又对经济危机后增长的明显放缓作了考察。但生产出来的财富如何在其创造者之间进行分配呢？或者说，如何在各社会－职业阶层分配呢？各社会阶级之间、劳动者和“非劳动者”之间、男子和妇女之间的社会不平等是否有缩小的趋势呢？……

1949年以来人均收入的演变

从1949年到1954年，人均税前的实际收入增长了24%；1954—1959年间的五年期增长率较低：18%。1960—1978年间的增速翻了一番。若以1978年的法郎价格计算，1960年的人均收入为18060法郎，1978年达到35690法郎。以每个家庭的可支配收入计算，1960年为43000法郎，1978年增加到83000法郎。

很多户主可能会认为这个数字偏高……原因何在？首先，应该明确的一点是，这个数字指的是家庭取得一切货币资源，包括津贴和虚拟房租，而且一个家庭平均获得的不只是一份收入（据估计，每个家庭的劳动力平均为1.3个）。不过另一方面，平均收入掩盖了极大的不平等。上表已经对1975年每个家庭的可支配收入的分布状况作了一个说明。

各社会－职业阶层的收入差距

根据下面的表格，我们可以看出各大社会－职业阶层内部每个家庭可支配收入的差距的大致状况。

从国民核算的数字以及收入和价格研究中心（C. E. R. C.）的计算来看，自由职业者和高层干部家庭的平均可支配收入只是农业工资劳动者家庭的2.5倍，这再次与那些根据各方生活方式而作出的简单化评论相左。这里我们也可以清楚地看出，统计学的组合方式具有很大的局限性。实际上，在某些阶层、特别是社会高层和农业经营者阶层，其内部的收入不平等比不同阶层的平均水平之间的差异明显要大得多。如我们前面曾提到，一个博斯的谷物种植者与西南部一个小养牛户的收入差距可以达到 10∶1。

1978 年各社会—职业阶层的平均可支配收入 952

非农自由职业者	15.31 万（法郎）
高层干部	15.55 万
中层干部	9.76 万
农业经营者	8.23 万
职员	7.90 万
工人	7.51 万
工业工资劳动者	6.20 万
非就业者	6.14 万
总计平均	8.40 万

资料来源：全国统计和经济研究所的调查，国民核算及收入和价格研究中心的计算。

同样，小商人和大企业的总经理之间的收入差距也可以达 1∶7，如果以各“中等”阶层为参照，极端情况下差距可达 1∶25、50、100、150……

“原始”收入的分配

正确评估法国收入不平等状况的困难在于，全国性核算虽然可以确定各大社会—职业阶层的群体收入（接近于真实状况），但如果我们想了解个人收入的话，却不能采取同样的方法。个人收入只有通过税收申报或调查才能了解。而在这两种情形下，某些种类的收入被大大低估了。

不过我们可以从中提出大致的数量级，以此来估计特别富裕和特别贫困的人所申报的“原始收入”的差距。

真正的富人

根据全国统计及经济研究所的一项研究，1970 年，1.1%的法国家庭向税务部门申报的收入超过 10 万法郎，收入和价格研究中心认为，这在 1977 年相当于 23 万法郎。根据纳税统计，在这些家庭中，我们可以发现 8000 个纳税户，即 0.4%的家庭，其 1973 年的收入申报超过 40 万法郎，根据收入和价格研究中心的估计，这笔收入相当于 1977 年的 68 万法郎。收入和价格研究中心在对各种低估的收入进行修正后认为，这 8000 户的年收入高于 105 万或 135 万法郎，这其中还不包括他们的遗产收益，当然也不包括遗产买卖和炒作而得的资本收益（证券、地产或不动产、商业基金等）。因此几乎可以肯定这些人是真正的富人。

相反，要从质和量的维度来描述贫困现象则更为困难。

今天的穷人

贫困现象并非法国独有，但一般来说我们的了解很不充分。人们顶多只是偶尔从报刊或电视上知道一些“贫困的悲剧”。我们更加不了解这一现象的范围、特别是“贫困的恶性循环”的运动进程。富裕国家、特别是在法国，不仅存在“绝对贫困的孤岛”，而且还存在代代相传的贫困阶层。更有甚者，在多数情况下，贫困的演变进程是退化性的，就是说，物质上的长期贫困最后会破坏家庭稳定，引起各种阶级性失调症状：犯罪，身体和精神疾病，文化适应问题，等等。

953 这些穷人和不幸者到底有多少呢？有关的统计数字异乎寻常地遮遮掩掩。要获得确切的信息还应追溯到 1962 年的一项研究。这一研究披露，当时 27%的家庭的可支配收入低于 4000 法郎，就是说，即使再加上家庭津贴，这些家庭也很难维持基本的食品、住房和衣着开支。这众多真正的贫困家庭主要包括以下一些特殊阶层：非就业者（年迈者、病人、长期失业者，这样的人在衰落的老工业中心尤其多）和外籍劳工家庭，小农业经营者，农业工资劳动者，失去父亲的家庭，小商人等等。今天他们有多少呢？对此可以作出各种估计，它们可以因贫困的标准不同而相差甚大。

根据健康和社会行动局（D. A. S. S.）的一项统计，1977 年，6.7%的工商业工薪者（约 80 万人）的实际收入低于跨行业最低增长工资额（S. M. I. C.），即每月低于 1530 法郎，每年低于 18360 法郎。有人还估计，独立职业中（农民、小商人、手工业者等）约有80万从业者每年“赖以为生”的收入低于2万法郎。领取最低养老金（1977年7月后每年1万法郎）的人数估计为200万，享受残疾人津贴（每年约为1万法郎）的为25万。最后，如果加上60万接近于跨行业最低增长工资水平的劳动者、没有津贴或领受最低公共补助的失业者（申请工作的人数约为60万），“基本”贫困者，即低于或刚好达到最低生活标准的人，其数量大约为500万。但是，如果把“贫困面”扩大到1977年的工资水平高于S. M. I. C.、但每月低于2000法郎（仅比S. M. I. C. 高30%）的工薪者，那么我们还应该加上约400万这样的劳动者。不过，由于有些人是单身，有些人的家庭只有一份收入、或只有几份很低的收入，而有人的家庭则有其他更高的收入，考虑到这些因素，贫困者的个人状况可能是很不一样的。

此外，“援助一切苦难—1/4的人”行动和全国统计及经济研究所对5万—50万人口的城市居民进行的调查显示，1975年，7%的有孩子的家庭的原始收入低于S. M. I. C. 的标准（在兰斯，他们的收入每月为717法郎，而S. M. I. C. 的月工资标准为1260法郎）。

1950年至今工资的不平等

各种收入中我们了解最多的是工资。今天工资的分配状况如何？它的分布状况如何演变？以技术资格（等级标准）、性别、行业和地区为标准而区分的各大工薪阶层之间的工资差别又有何发展？更为普遍地说，工资收入的不平等是趋向于缩小还是扩大？

下页图表根据工薪者的各大社会—职业阶层的工资额对工资的分布状况作了说明。

1954—1972年工资差距的扩大

收入和价格研究中心曾对1954—1972年间工资不平等的演变状况作过研究，它把这一时期分为1954—1963年、1963—1967年、1968年和1969—1972年四个分段。就全体工薪者来说，如将所有阶层混合起来计算，1972 年的工资差额幅度明显高于 1954 年。差额在 1954—1963 年间有扩张；1963—1967 年维持原有差额幅度；1968 年差额曾急剧缩小；1969—1972 年又重新开始扩大。我们将对各个分段时期的不同趋向作大致的回顾，以了解各大工薪阶层（干部、职员、工人、男子、妇女等等）工资差别的演变状况，1968 年是具有转折意义的一年。

各社会—职业阶层工资总额分布状况

954

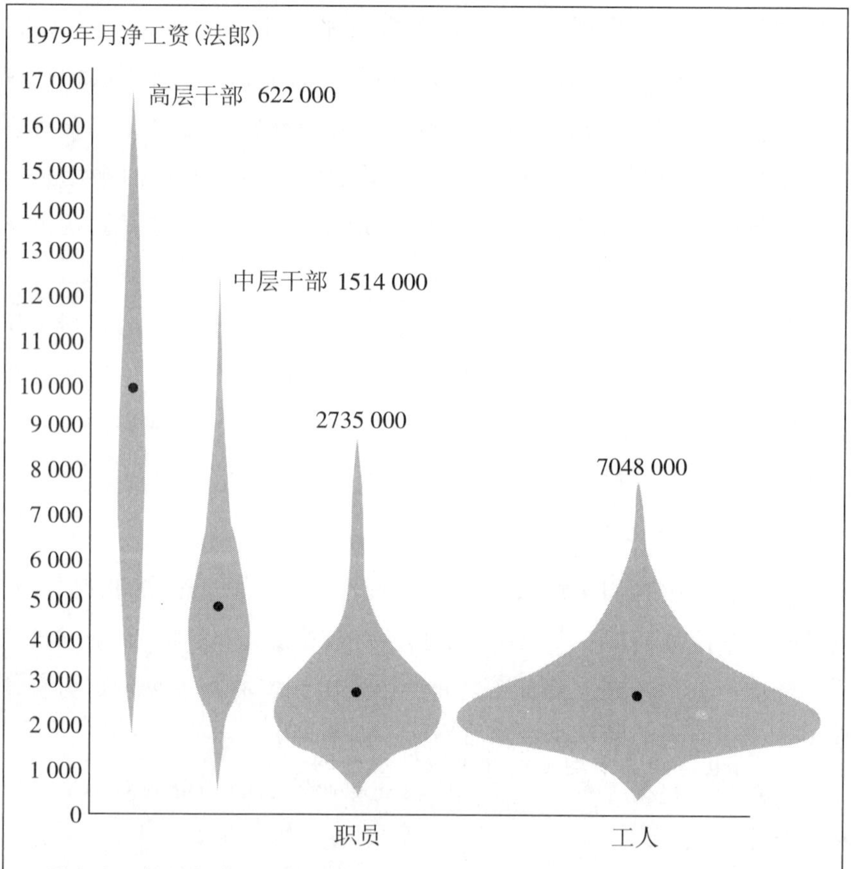

黑点表示的是各阶层平均工资。

资料来源：收入和价格研究中心，1979。

让我们仔细考察一下这一时期工资的主要差距。我们首先可以从社会一职业阶层的工资级差概况开始，1972 年时这种级差具有如下特点：

——干部的平均工资是工人的四倍；

——男子的工资是妇女的 1.5 倍（当然，这个差别主要反映了男子和妇女各自从事的职业在技能级别上的平均差别）；

——“石油和液态碳氢燃料”行业的平均工资是“卫生和家庭服务”行业的三倍，大约是服装、皮革、木材加工和家具、纺织等行业的 2.5 倍；

——最后，巴黎地区的平均工资是外省平均工资的 1.5 倍。

那么，1972 年的工资差距与 1954 年相比是呈现增大还是缩小的趋势呢?

——1972 年干部和工人之间的差距与 1954 年大致持平，有关数据如下：

比　例	*1954*	*1972*
“高层干部”平均工资/“工人”平均工资	4：1	4：2
“中层干部”平均工资/“工人”平均工资	2：0	2：0

955

不过，整体而言（将所有位于高层干部和工人之间的中间阶层囊括进去），1972 年的工资等级差异要明显高于 1954 年。

——相反，职员和工人之间的差异缩小了，其比例从 1.13 降为 1.06。但应看到，这种结果部分是由各行业中职员工作的女性化造成的，因而也是妇女平均工资处于较低水平的一个反应。

——1972 年男子与妇女之间的工资差异大致与 1954 年相同。

——尽管工资地带制度被废除，但巴黎地区与外省的工资差异仍有轻微上升。

——各行业之间的工资差别有十分轻微的下降。

总起来说，在整个 1954—1972 年期间，增长最快（远比其他类型的差异快）的工资差别是等级工资差别。随后是巴黎与外省的工资差，但性别工资差维持原有水平，部门之间的工资差有所下降。

如果对工人阶层内部的工资差距作更为细致的考察，我们会发现，1972 年熟练工人与非技术工平均工资的等级差实际上与 1954 年持平，但这个差别在 1954—1968 年间曾有扩大，不过随后大幅度缩小。相反，巴黎-外省和行业之间的差异减小了。

干部阶层内部的演变十分特殊：1954—1967 年间，工资差缩减，而当时普遍的趋势是工资差在扩大；这个独特的现象在 1968 年没有受到什么冲击，而“风暴”过后工资差普遍急剧下降，1969 年后又有扩大的趋势，但在干部阶层内部的演变趋势大体与之相反。

在所有可以解释工资结构演变的因素中，我们可以指出其中的两个：跨行业最低保障工资（S. M. I. G.）和跨行业最低增长工资（S. M. I. C.），以及劳动市场的状况。

从 1955 年到 1967 年，S. M. I. G. 只是勉强且“很不情愿地”跟上了生活费用的上涨。它并不被视为确定低工资的优先标准。因此，劳动市场的紧张关系在工资差的总体演变趋势中扮演着重要角色：某些技术工种的短缺造成工资级别差距的拉大；相反，由于农村人口外流导致的“普通”劳动力供应充沛、由于更多的妇女和外来移民进入劳动市场，普通工资水平的增长受到抑制。事实上，每次提高 S. M. I. G. 都是从底部缩小工资差的扇面，但几个月后又会发生相反方向上的“拉手风琴运动”，即拉大工资差的扇面，如此确立的工资等级有利于那些薪水更高的工人和工薪者。在这种条件下，S. M. I. C. 逐渐严重滞后于平均工资的增长。

1968 年及随后几年中，S. M. I. G. 变成 S. M. I. C.，它被看作为提高低工资而优先运用的一项工资政策工具。

不过这一次，S. M. I. C. 的连续提高并没有导致工资结构中其他部分的补偿性手风琴运动。这一现象的原因应到 1968 年后劳动市场的新趋势中去寻找：由于就业培训水平和参加人数的提高，劳动市场不再那么紧张；失业率有增加的趋势，甚至经济危机前就已很明显，这其中包括技术工和干部；所有这些因素都导致工资差的缩小，特别是S. M. I. C. 与平均工资水平的差距有缩小的趋势。

从 1972 年至今

最近几年的大体趋势已很明显，特别是经济危机以后。

1970 年以来工资指数的演变 956

	1970	*1975*	*1978*
S. M. I. C. （年平均水平）	100	213	311
工人每小时工资水平	100	196	282
工人每周所得	100	187	267
每月所得：			
——职员	100	186	259
——技术员和师傅	100	181	247
——干部	100	170	230
公务员的待遇：			
——C 类和 D 类（最低级）	100	182	246
——B 类	100	174	235
——A 类	100	165	227

资料来源：收入和价格研究中心，n. 51.

最低工资的增长幅度在工资等级的整体结构中更为迅速，无论是在私营部门还是在公共职能机构都是这样，对此上表已作出了很好的说明。S. M. I. C. 的增长尤其突出。

再分配和不平等状况的演变

法国也像大部分西方国家（日本是个例外）一样，转移支付的收入在家庭总收入中的比例不断上升，因此，各种经济因素从经济活动中直接汲取的资源的份额也就不断下降。

1960 年，原始收入，即经济行为中的各种“因子”以工资、利润、利息等形式获得的收入，其在国民收入中所占的份额为 66％。

1978 年，这个比例只有 61%。但原始收入又因为收入税而再次打了折扣。因此税后可支配的收入在 1960 年占 61%，而 1978 年略低于 55%。在此期间，再分配系统的总征收额从 37%提高 44%。各种社会津贴在 1960 年占国民收入的 15.5%，1978 年达 26%。1960 年，家庭收入的 1/5 来源于社会津贴，今天则占到 1/3。另一部分“社会收入”，或称再分配的收入，是由免费提供的社会服务构成的，这部分收入并没有太大的变化，一直占国民收入的 20%左右。

因此无可争辩的一点是，20 年来，各种形式的家庭收入之间的关系发生了变化：社会收入，或曰按社会标准进行再分配的收入，其比例大为增长，而劳动者直接从经济生活中获取的经济收入的比例则降低了。

这种再分配的机制如后表所示。

但这一普遍趋势并不自动意味着它是一种垂直型的再分配，即从最富的人向最穷的人的转移支付，再分配也可以是水平的：健康者向病人、单身者向家庭负担者、青年人向老人的再分配，等等。

1960 年至今法国的状况如何呢？大规模的再分配明显缩小了前面提到的原始收入的不平等吗？

税收和附加税征收的不平等

消费调查研究资料中心和收入和价格研究中心的研究可以使我们确定 1976 年的税收和附加税征收在各社会－职业阶层的原始收入中所
957 占的比例（基数为 100）。（见 1476 页表）

直接税一栏涉及的主要是个人收入税（I. R. P. P.），很明显，这种税有累进的特点：整体而言，收入更高的社会上层比较低的社会阶层负担更重。

间接税一栏涉及各种消费税，特别是增值税（T. V. A.），与直接税不同的是，这一栏的情况显示，该税是极不公正的，它的征收额占家庭原始收入的 12.1%，而直接税只占 7.6%。实际上，收入越高，免于此税的收入的比例也越高。因此，富裕阶层的原始收入中只有一

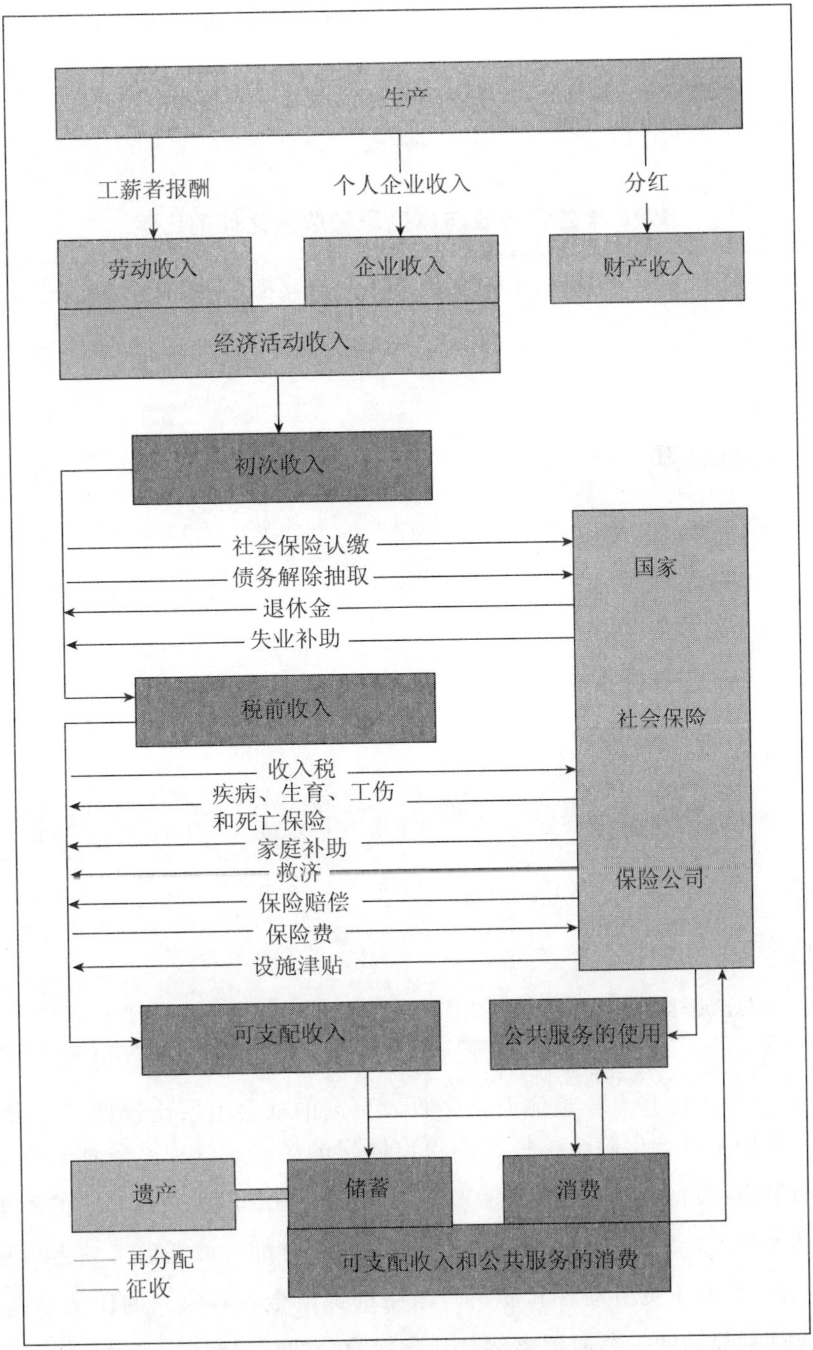

收入分配示意图（收入和价格研究中心，1977年）

小部分缴纳了这种税收。相反，收入低微者几乎在消费中花费了所有的收入。因此他们几乎全部的收入都缴纳了增值税。所以增值税的差别比率不足以弥补它极端的不平等。

958 **1976 年各种税收与家庭原始收入之间的比例**

	原始收入	直接税	间接税	社会保险金	合计
0. 农业经营者	100	4.4	8.4	10.0	22.8
1. 农业工资劳动者	100	2.2	13.2	30.8	46.2
2. 独立职业者	100	11.7	6.3	8.6	26.6
3. 高层干部	100	12.6	9.6	19.6	41.8
4. 中层干部	100	7.5	12.5	24.5	44.5
5. 职员	100	4.7	13.2	27.3	45.2
6. 工人	100	3.2	13.2	32.8	49.2
7. 非就业者 {（1）	100	5.4	11.2	7.1	23.6
{（2）	100	1.0	23.0	14.5	48.5
总计	100	7.6	12.1	21.7	41.4

（1）包括退休金；

（2）不包括退休金。

资料来源：收入和价格研究中心，1977 年。

我们从社会保险金一栏也能得出同样的结论。这项义务性税收的份额最高：占家庭原始收入的 21.7%。从公平的角度来看，它的不平等尤为严重，因为实际上这是一种逆向的再分配：最低的工薪者阶层（工人、农业工资劳动者和职员）缴纳的保险金占其收入的比例最高。造成这种局面的一个原因显然是社会保险金的封顶制度，虽然 1967 年后不断取消最高限额，但并没有从根本上改变这一制度。

总体而言，法国的税收和附加税制度仍然存在深刻的不公正，从上表的最后一栏可以看出这一点。

被抽取资源的再分配较为平等

对生产和法国人的原始收入征收的税款数量庞大，谁在这些税款的再分配中得益呢？受益者可能是家庭、退休者、老人、病人、失业者，等等。但也可以更为广泛地说，最贫困的人也是受益者。

下表表明，如果我们承认各大社会一职业阶层之间可以进行贫富区分的话，那么确实存在从最富有者向最贫困者的垂直型再分配：实际上，非就业者、农业工资劳动者、工人和职员所获得的再分配收入与其原始收入的比例最高。这个表格对义务性征收和税款再分配的效果进行了综合。

由于再分配过程的平等化效应，最后一栏“可支配收入”的数字有了修正。首先，非就业者看起来是再分配最大的、唯一的纯粹的受益者（他们的可支配收入是他们除退休金外的原始收入的两倍）。不过，农业工资劳动者和工人在再分配中的净收益也不比中高层干部更少，这再次表明确实有某种垂直型的再分配。相反，农业经营者和独立职业者的处境相对来说较好，这可能反映了垂直型再分配的不足之处，也反映了这些阶层内部存着巨大的差异，后一点我们前面已经指出过。

各社会一职业阶层再分配的结果 959

	原始收入	税款征收	再分配	可支配收入
0. 农业经营者	100	22.8	19.3	96.5
1. 农业工资劳动者	100	46.2	34.1	87.9
2. 独立职业者	100	26.6	7.9	81.3
3. 高层干部	100	41.8	11.3 (2)	69.5
4. 中层干部	100	44.5	20.0 (2)	75.5

续表

5. 职员	100	45.2	23.1（2）	77.9
6. 工人	100	49.2	29.3（2）	80.1
7. 非就业者｛（1）	100	23.6	21.6（2）	98.0
｛（2）	100	48.5	149.0（2）	200.5
总计	100	41.4	31.7（2）	90.3

（1）包括退休金；

（2）不包括退休金。

不过，下面的表格显示，如果从原始收入转向每个家庭的平均可支配收入，我们可以清楚地看到，各大社会一职业阶层之间的收入差距扇面缩小了。

最后，如果考察一下 1962 年到 1978 年间可支配收入差距的演变，我们能再次看到差距扇面有普遍缩小的趋势。毫无疑问，这是再分配的收入总量不断增长的结果。

再分配之间和之后的收入差距

	原始收入	可支配收入	
	（在此指工资）	两个孩子	四个孩子
家庭 I	1.0	1.0	1.0
家庭 II	1.4	1.3	1.3
家庭 III	4.4	3.5	3.2

资料来源：收入和价格研究中心，n. 37—38.

不同规模的家庭的再分配

上表说明的是 1976 年的情况，它清楚地表明，有利于家庭的再分配机制显著缩小了家庭之间的收入差距。在表格中，再分配之前的原始收入差距是 1：4.4（家庭 I 和家庭 III 之间的比例），再分配之后，这个比例分别降为 1：3.5（两个小孩的家庭）和 1：3.2（四个孩子的家庭）。

这个表格说明，上述现象是由直接税制度及家庭津贴的联合作用造成的，但双方某种意义上又具有矛盾性。

但随后的表格显示，从 1970 年到 1975 年，各种规模的家庭之间的收入差距增大了。1970 年，单身者的人均收入是六口或六口以上家庭的人均收入的 2.7 倍；1975 年这个比例为 2.9。这很可能是两种因素的联合作用：一方面，单身者通常是老人，他们中间很大一部分人是领取最低养老金的，但养老金的数额提高了；另一方面，人口众多的家庭的收入增长要比其他家庭慢，因为家庭津贴的增长慢于其他收入的增长。

1970 年和 1975 年各种规模的家庭之间的收入差距

	1970	*1975*	960
1 人	141	144	
2 人	137	138	
3 人	124	116	
4 人	96	94	
5 人	75	74	
6 人和 6 人以上	53	49	
总计	100	100	

资料来源：收入和价格研究中心，n. 51（1979）。

因此自解放以来，法国的再分配制度发生了某种变化。二战刚结束时，几乎全部的家庭援助都与收入水平无关，因而民族团结是完全支持家庭政策的一个因素，10 年以后，在垂直型的再分配体制之外又扩大了援助的范围，不过新的援助是根据收入状况而渐次递减的（1978 年确定了住房补贴和家庭补助金的最高限额，1980 年又提高了限额，等等）。这种以经济条件为根据的援助金当时只占家庭补贴总额的 7%，但现在达到 42.5%。

进入再分配的资金既来自社会保险预算，也来自国家预算，还有的来自地方机构的预算（所有这些措施都被统称为国家的社会预算），如果考虑到这些资金的总额之庞大，那么我们会觉得，垂直型再分配（从最富的人向最穷的人的分配）是十分有限的。因此在今天，如人们想切实改进再分配的平等化效应的话，那就不应该注重社会收入的总体性增长——这会对生产活动产生不利的影响——也就是说，不应在如何扩大用于社会分配的蛋糕上做文章，而更多地应在税收和附加税征收体制上下功夫。这个体制存在深刻的不公正现象，如：对工薪大众征收的消费税和社会保险金相对来说过高（这些征收尤其具有逆向的累进特征）；“家庭收支商数”（quotient familial）尤其有利于高收入的家庭；针对资本收益（红利、利息、地租等）的税制特别轻微；资本税在法国几乎不存在（尽管有一些对剩余价值的税收特许……）；而且，由于不同的工薪者在逃税和税收舞弊方面的可能性并不一样，因而所有这些不公正现象又进一步加剧；等等……但历史已经充分表明，在法国，提出新的社会措施比质疑税收体制更为容易。是否可以得出这样的结论：那些赞成社会改革的人是希望借此把主要代价转移给别人呢？

生活水平的不平等

各社会阶层的人均总体消费水平存在差距，1972 年，一个工人与一个高级干部之间的差距大约是 1∶2，与中层干部的比例为 1∶1.4，这些比例比平均收入的差距要小。这就意味着储蓄水平大不相同。因而个人的资本积累（可以有地产、流动债券等各种形式）也就不平
961 等，这种不平等比最富有阶层和最贫困阶层之间的收入不平等更为明显。

根据收入和价格研究中心的研究，我们可以对不同社会－职业阶层在遗产总额方面的差异做一个有效的估算，当然这样做可能会低估最富有者的遗产，而且对于像自由职业者和农业经营者这样存在巨大内部差异的阶层，谈论他们的平均值很大程度上是没有意义的。在各社会－职业阶层的家庭遗产对比表中，我们可以发现，遗产差距要比各社会－职业阶层的平均收入的差距大得多。例如，工人家庭和高层

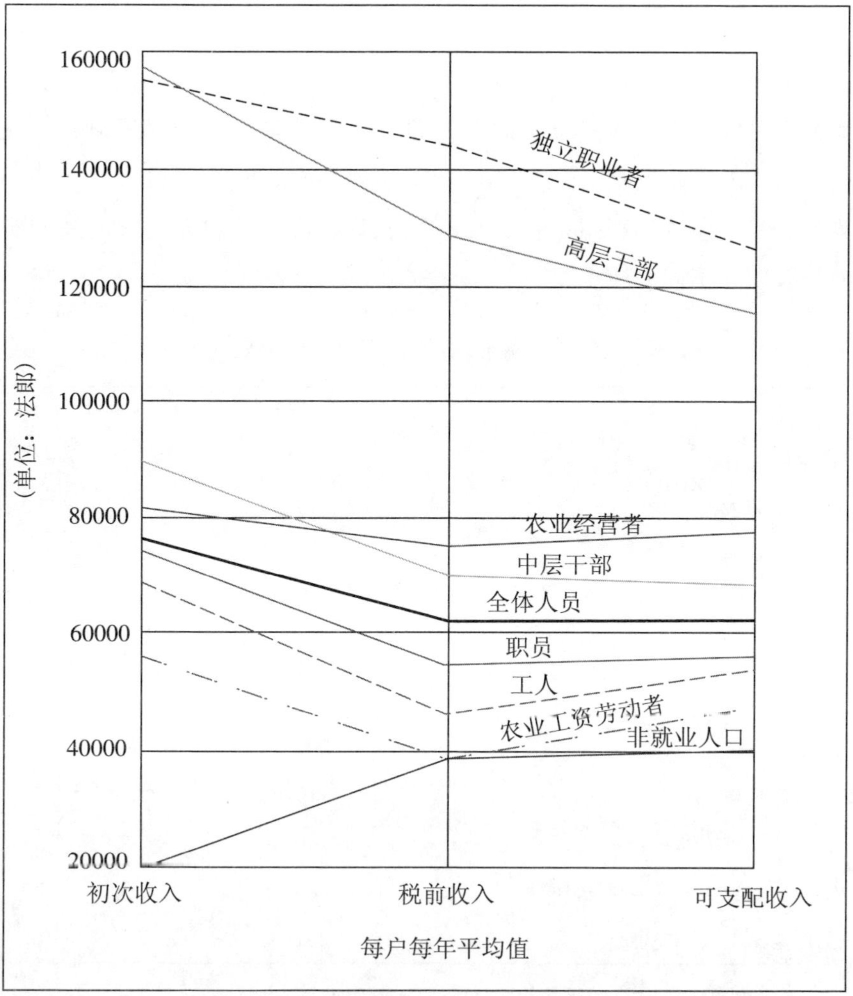

可支配收入的差距演变图（1962—1978年）

干部家庭在平均遗产总额上的比例为1∶5.9，但他们的收入比仅为1∶3.3左右。

资本使用方式的不同显然是由于生活水平的不平等，但也是由于收入和收入税方面的不平等，因为1965年以来，有利于储蓄的税收措施一直在强化。

个人消费变化的不平等

下面的表格显示的是 1950—1974 年个人和各大种类的消费的演变情况。可以看出，增长最快的开支项目是医疗卫生、交通通讯、文化娱乐和衣着，相反食品开支明显低于平均水平。除了这些平均演变趋势外，我们还可以料想，各社会－职业阶层或不同收入层次的消费类型应有明显不同的演变趋势。

962 **1975 年家庭遗产总额的平均值**

	每户平均遗产	家庭的总体指数
自由职业者	1 330 000	620
工业家和大商人	1 270 000	590
农业经营者	620 000	290
手工业者和小商人	500 000	230
高层干部	480 000	225
中层干部	200 000	93
非就业者	200 000	93
其他就业者	110 000	51
职员	100 000	47
工人、农业工资劳动者和仆役	80 000	37
总体水平	251 000	100

资料来源：法国人的遗产－收入和价格研究中心文献，n. 49.

这些数字包括遗产所有人的四种用途的遗产：家庭用途（主要和次要的住宅，家具等），职业用途（生产经营性建筑、农用地、生产经营性材料、牲畜等），为获得收入而出借的物品（证券投资、出租的不动产等）以及出于其他理由而出借的物品（储存、投机等）。若从使用功能上看，各个社会－职业阶层的遗产结构有很大的不同。例如，农业经营者的遗产 66％用于自己的职业。在工业家和大商人、手工业者和小商人那里，这个比例分别为 33％和 37％。非就业者、自由职业者、高层干部和大商人中，有收益的遗产比例特别高（40％以上）。工人、职员、农业工资劳动者等阶层中，60％的遗产属于家庭用途的财产（住房等）。

如果考察 1952 年到 1972 年消费品类型的演变，我们就会看到，在食品开支方面，低收入者的开支与高收入者的开支差别相对较小：最多 1∶1.3。相反，其他消费的差异更为显著，特别是交通通讯以及整个“文化、娱乐和休闲”开支；这方面的差距可以达 1∶4。1953 年至今，这些差别有轻微下降，但下降更为猛烈的是“住房”和“交通”等耐用消费品购买方面的差距。例如，1953 年，只有 8%的工人拥有汽车，到 1976 年，75%的工人至少拥有一辆汽车；在高层干部和自由职业者阶层，这个比例高达 93%；今天，无论是哪个社会一职业阶层，电视机、冰箱、洗衣机等成套家用设备的装备率都大体相当，
普遍高于 80%。但是众多的工人为拥有一辆汽车而付出的代价该有多 963
大呢？低收入家庭经常为了购买汽车、电视机和冰箱而削减住房、食品、特别是文化和娱乐方面的某些开支：例如，我们知道，1976 年，只有 52%的工人夏天出去度假，而高层干部和自由职业者的比例则为 84%。多数情况下，工人不得不负担沉重的短期债务，这是他们违反工会一贯的主张而额外加班的重要原因。

获取免费公共服务能力上的不平等

如果说拥有“消费文明”的一些典型代表性商品显示了某种平等的话，那么应该再次指出的是，为“机会平等”创造条件的个人或集
体消费类型中依然存在不平等。在这个领域，有关消费开支的研究对 964
我们用处不大，因为，同个人的社会成功关系密切的教育、培训和文化服务事业大部分是集体性和免费的。因此应该知道那些社会群体从这些服务中受益，因为“集体设施和学识的社会利用是与利用它们的能力相称的”。

我们仍能发现，在学识的分配、特别是在获得最高层次的教育方面，差距很大，这表明，不同的社会阶层在享受免费集体教育的能力上是不平等的。若从父亲的职业来看进入大学的机会，100 个农业工资劳动者的儿子中只有一人有这个机会，而 100 个工业家的儿子中则有近 70 人可以进入大学，自由职业者的儿子则超过 80 人。这种不平等首先是由于文化遗产的差异。“各种不平等的社会因素的效率在于，经济能力上的平等可以实现，但大学体制仍然在把社会特权转变成个

人的天资或优势，从而使得这些不平等神圣化。更明白地说，学校在实现形式上的机会平等后，就可以为特权的合法化服务，并给这一行径披上一切合理性的外衣。”（P. 布尔迪厄和 J.-C. 帕塞隆）因此，社会和政治权力很大程度上仍是文化上占优势地位的社会阶层的专有领地。

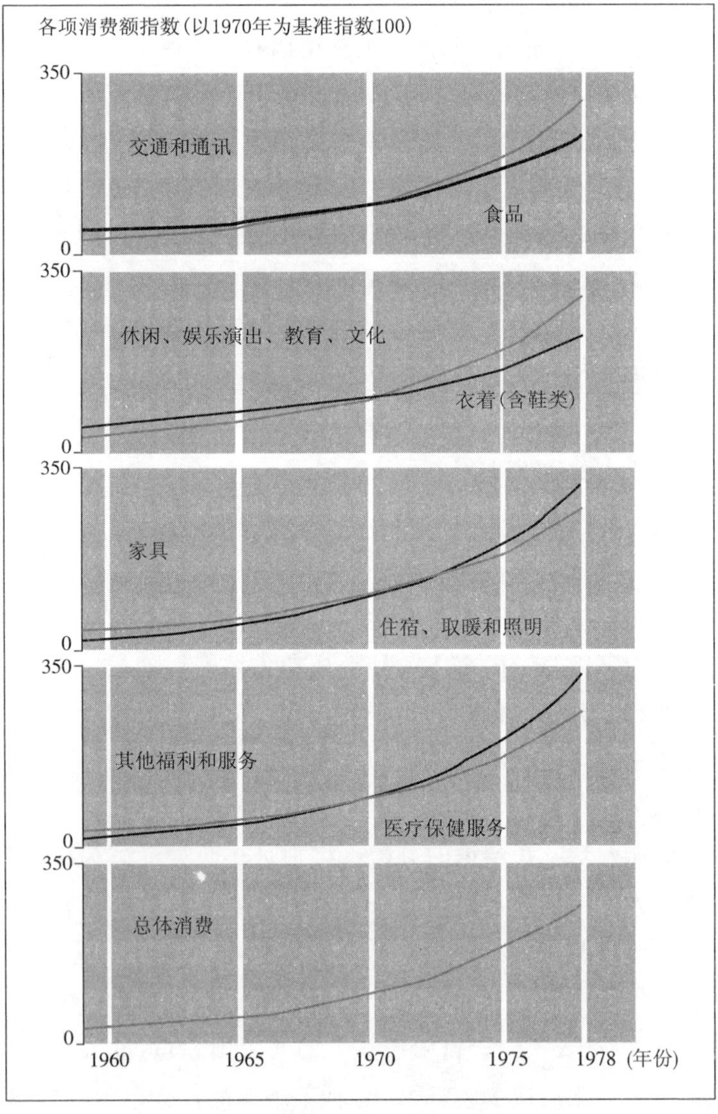

每年人均主要消费项目的消费演变

问题

第二次世界大战后，法国的经济和社会结构经历了巨大的变革，无论从幅度还是从速度上来说，这一变革在法国历史上都是空前的。与经济和社会的加速演变形成对照的是，法国的政治权力和社会权力的组织形式实际上已经僵化了。

这种逐渐加剧的紧张关系已经引发了1968年的五月风暴，而且那些从集体无意识中诞生的青年先知们已经在索邦的墙壁上表达出了这种紧张："别再迷恋经济增长率了"，甚至别再沉湎于"当权者的空想"。但是，右派和左派"正统思想家们强烈的恐惧"很快就把"美妙的五月"中灼热的炭火掩埋在他们的特权和代议制民主的死灰下。但是，就在社会行动到处寻找自己的领地时，不安的火焰仍不时被点燃，点火者是青年、妇女、移民、单一工种工人……总之，是那些"边缘人"。其他的病灶也在发展，或是由于新的问题，或是在十分古老的领域：生态、社区生活、地方主义。墙壁上再次贴出了标语："生活、工作，国家决策归于我们"，"对原子能说不"，等等……政治机构和工会组织有时也会利用某些要求。

1974年爆发的世界经济危机看来曾短暂地揭露了问题，唤醒了人们的意识，就像35年前那场"奇异的大溃败"一样。能源危机、或更宽泛地说，国际经济危机，是否能让我们迈上一条不那么浪费自然资源的发展道路、一条伊萨西·萨克斯提倡的"生态一发展"道路呢？人们还会冲向"新社会运动"的竞技场么？不过，一时的踌躇期间，法国人的言谈之中似乎有了一些新的思索，踌躇过后他们猛然走向了世界经济战的局势"迫使我们采取的"总动员。现在，决定性的逻辑就是坚定地进行结构调整，从此，经济和社会的广阔领域都要经受无情的国际竞争的风暴的洗礼。对"竞争中的落后者"的扫荡确实是一场大屠杀，从失业、农村人口的加速外流、乡村的荒芜和中小企业组织的消失等现象中，我们可以衡量出这场屠杀的影响力。这种调整究竟要发展到何种地步？广阔的经济空间被冻结，这难道不是作为

965 硬核的那些“健康而具有竞争力”的企业得以继续生存所必须的吗？

实际上，我们对近来法国经济和社会演变趋势的分析，主要是以可计量的现象为基础的，就是说，这是官方的经济和社会，是统计机构所能跟踪、测量和监控的经济和社会。然而，由于经济危机的作用，两次世界大战期间曾发生过的现象似乎很大程度上又重现了，这就是“地下经济”的发展，之所以是地下经济，是因为经济和社会核算体系对此无法了解：家内生产活动，直接用于自我消费的小生产，家庭互助，邻里服务，物物交换，各种形式的黑工，等等。这就印证了皮埃尔·罗桑瓦龙曾支持的那种看法：“一切都好似社会支配着各种看不见的、可更新的资源，社会在其自身结构中拥有内部储备，这是不同于事先积累起来的储蓄的另一种的资源。这个领域因为完全避开了国民核算的视界而被称为地下经济，但它并不是随危机一起诞生的。它只是利用这个机会而再次活跃，蔓延扩张。从这个角度看，经济危机不能被视为经济和社会空间的分裂和重组过程。官方监控的公营和私营经济领域的萎缩，并不表现为与整个社会生产的变动幅度一致的降低或减缓现象。”

在工业化社会，特别是在法国，经济危机中的“资金存储能力”与官方的经济指数会有一些差别，个中原因正在于此。

简而言之，这种局面是“社会机体”具有生命力的一种反映，但是它也突出了两个法国的分裂，一个是官方的、受保护的、受控制的、核算过的、规范化的法国，另一个是更为隐蔽的、不受保护的、没有监控的，一句话，边缘化的法国。法国会朝意大利式的社会和权力模式发展吗？

第三十一章　政治制度与政治生活 966

从1945年到1980年

“法国的统治形式是、并且仍然是共和国。在法律上，共和国没有停止过存在。”像纪念章一样令人印象深刻的这一提法，来自1944年8月9日法令的第一款。它恢复了共和国的合法性，把维希插曲视为意外之事，并在不经审判的情况下，即借助1940年7月10日的宪法性法律，让这一意外之事在共和国的延续中画上句号。但是，提法的美妙与根源的纯正是一回事，而现实则是另一回事。实际上，若想消除维希制度的痕迹，以及有效地重建共和国的合法性，至少还需要30个月的时间。

一、寻求一种新的政体 967

临时政府

当1944年8月法兰西共和国临时政府在已经获得解放的巴黎设立之时，除了解决宪法方面的问题，它还有其他需要操心的事情：它应当站在同盟国这一边继续进行战争，光复全国的所有领土；确保食品与物品的供给，开始取代维希政府的行政管理，以及避免某些将解放与革命等量齐观的抵抗组织的行动所包含的危险。此外，在这一时期，无论是戴高乐将军本人，还是他的合作者，对究竟该让第三共和国东山再起，还是为法国提供一种新的政体，似乎还没有形成定见。就全国抵抗运动委员会——包含着形形色色的与德国占领进行斗争的团体或派别——而言，它对于有待完成的社会、经济改革已提出了相当明确的观点，但对于政治纲领，抑或是制度安排方面的方案，确切地说，仍然暂付阙如。至于征求全体国民的意见，只要军事行动还没有结束，以及战俘和被征调到国外做劳工的人还没有返回自己的家园，就不可能如是行事。得到解放的法国因此处于一种临时状态之中，而要结束这种状态，还需再过两年。

为了使自己的权威具有更好的基础，临时政府为内地抵抗运动的代表们提供了位置；本着同样的精神，临时政府决定扩大咨询国民议会的成员，在临时性的制度安排中，这一咨询国民议会扮演了国民议会的角色。上述不同的做法，先于所有的选举活动，反映了各种政治力量之间新的关系。在很大程度上与维希制度妥协的传统右派，仅仅由某些孤家寡人所代表。左派在来自抵抗运动的所有坚决要求中，占据着多数派的地位。在这一左派内部，共产党举足轻重，之所以如此，要归因于自纳粹德国向苏联发动战争以来，法共大规模地参与了地下斗争。不过，一种难以估计其支持者并预见其前景的新的政治力量出现在了政治角逐的舞台上，这就是受基督教民主思想影响的人民共和党[①]。该党意欲忠于其领导人在其中作用甚大的抵抗运动的精神，并打算支持戴高乐将军的行动。戴高乐无论是出于其个性还是策略考虑，均不太打算处于某个政党——即便是自己的友人的政党——的影响之下。他打算与所有的政治组织保持距离，继续充当民族团结的象征。

然而，当时的局势表明，要做到这一点谈何容易：自1945年4月底以来进行的市镇选举验证了左翼力量的推进：临时政府与咨询国民议会之间的关系充满了诸多事端，这些事端表明了政治领导人的急不

① 一译人民共和运动。

可耐，以及他们意欲摆脱一个以法令来制定法律，实际上摆脱了一切控制的政府的监管。对双方来说，这一形势令他们都觉得颇不舒服。

全民公决

要隐约看见出路何在，还得等到1945年7月。是时，政府决定通过全民公决方式，让人民来选择新的政治体制。此举在程序方面的创新性值得一提：在法国，除了曾在波拿巴主义体制下有所采用外，这是首次诉诸一种直接民主的技术手段。即便人们无法排除采用公民投票方式的或然性——如同后来发生的一系列事件所证明的那样，对此不可能予以排除，由此在代议制传统中打开的缺口足以明显地改变民主原则的游戏：人们此后可能将当选者的代表性与来自全民赞同的最高合法性对立起来。一如人们在第五共和国时期将观察到的那样，这方面的教训将不会失去意义。

选民们面临的问题有二。第一个问题意在解决第三共和国的支持 968
者与反对者之间的冲突，它所问的是：应当回到战前的制度，还是另起炉灶重新起草一份新的共和国宪法？赞成回到战前制度的惟有激进党人，戴高乐将军以及所有其他的政治力量均表示赞成改变政治体制。1945年10月21日的全民裁决以压倒多数的得票率（赞成者占96.4%），让他们觉得自己有理。就这样，第三共和国寿终正寝，而维希政府的统治将只是一桩属于例外的事件。1875年的体制既没有幸免于1940年的战败，也没有幸免于1945年的胜利。但是，全民裁决也证明了对法兰西民主根深蒂固、与生俱来的信仰，根据这种信仰，在制度的调整中寻求解决政治问题、乃至社会经济困难的方法是切实可行的。通过重新打开与宪法相关的卷宗，法国不知不觉地恢复了与一种政治不稳定的悠久传统的联系，这种传统仅因第三共和国异乎寻常的长命被中断。

光是废除一种体制是不够的，所以还应当为建立起一种新的体制达成共识。在这一点上，舆论分歧明显，人们在全民投票时对于第二个问题所作的回答，亦将显示出这种分歧。若回到第三共和国的做法被否决，政府将要人们在下述两种解决方法中作出选择：其一是选举产生一个拥有唯一最高权力的国民议会；其二是建立一种过渡性的体制，在这一体制中，议会的制宪权限将受到限制（期限为 6 个月，其制订的宪法是否可行须交付公民投票裁决），并以议会制的方式，为政府与议会在过渡时期的关系制订规章制度。力图建立一种“新的、合理的体制”的戴高乐支持后一种解决方法，但共产党和激进党却竭力支持建立一个拥有唯一最高权力的国民大会。因占 66.3％的选民反对，共产党、激进党所支持的解决方法未被接受。在制宪问题上的分歧，从一开始就暴露在光天化日之下。

制宪议会

这种分歧不可能不在制宪议会内部重新凸现。此届制宪议会是通过将选举权扩大至妇女和军人（1945 年 4 月市镇选举时被采用的新做法）的方式选出的，但它同时也首次引入比例代表制（伴随着以省为单位的名单投票）。左翼政党以民主的名义要求的妇女投票权的到来，就长远来看，似乎起到一种缓和作用，甚至是保守作用。至于比例代表制，则是大多数政党所主张的，不过，它们的动机可谓复杂，而且经常相互矛盾。某些人辩护说它体现了选举公正，而另一些人，如共产党，则将其视为尽可能地弥补其选民在地理上分布过散之不足的手段。最后，还有一些人吹嘘它具有多元化的诸多优点，并认为可以借助比例代表制去抵御议会多数派可能出现的专制。人们可以把选举游戏规则在任何时候均可修改，以及甚至没有从宪政的相对稳定中受益，视为法国政治制度的一种奇特现象。在这一点上，第三共和国已经提供了一种令人遗憾的榜样。虽然第四共和国是在比例代表制的标记下诞生的，但其领导人不会始终忠于这种选举制度，而他们的继任者们则将重新回到采用单记名两轮投票制上来。

目前，引入比例代表制的结果只在选举层面显示出来。这种制度有利于在全国范围内组织有方的大党：共产党、社会党和人民共和党控制了 80％的议席，更有甚者，仅前两个政党就拥有了制宪议会的绝
969 对多数。其他政治组织几近化为乌有。由此一来，三大政党的领导班子就能够对政治生活加以控制，而且，他们完全打算立即显示他们的

权力。正是这一原因，他们与戴高乐将军个人发生了冲突。

戴高乐政府

戴高乐用他自己的话来说，乃是一个“被历史赋予使命者”。如果人们相信他在其回忆录中的记载，他或许从这一时刻起就对其合法性具有一种富有个性的想法。自 1940 年 6 月 18 日发出呼吁以来，他的命运实际上已同国家的命运重合在了一起。没有人会打算去与这位自由法国的领导人争夺执掌临时政府的大权。但是，从民主程序恢复生机的那一刻开始，历史性的人物回到了普通大众之中，而且，如果他还想继续执掌权柄的话，就不得不屈从于新的合法性的规则。由于缺少一种来自人民的授权——他不愿为请求这种授权而使自己受制于政党，他只有接受议会的授权，而议会已经准备根据公民投票通过的关于过渡时期公共权力组织的相关法律中的条款授权于他。就这样，作为临时政府首脑的他，经过几乎是一致通过的投票，成了过渡政府的首脑。但是，这种授命充满了误解。这种误解一旦涉及到组成新政府时即表现了出来。因为拒绝向各政党的坚决要求让步（尤其是共产党，它在选举中赢得了巨大胜利，遂要求得到关键性的部长职位），政府首脑请求议会对其委任作出处置。只有艰难的妥协，才会使决裂得以避免，才有可能至少是暂时地使对立的观点趋于一致。

始自这一时刻，造成戴高乐将军与各政党相互对立的并非别的什么，就是对政权的看法本身。自由法国的首脑指责政党道，不管它们是什么样的政党，其维护的均是该党的纲领和特殊利益，而不是国家的最高利益。争论在同年年底就军事拨款投票时再次爆发。只是凭借扬言自己将不惜辞职——此举仍完全符合议会制度的精神，戴高乐才得到了满意的结果。不管怎样，这场初步的小争论不足以解释戴高乐将军 1946 年 1 月 20 日作出的出人意料的辞职决定：他的辞职，通过制度恢复正常运转正式地说明了其理由。但是，相关论据没有让任何人上当，每个人都试图看透这一只可能是策略的“隐退”的含义。此后发生的形势演变将证明，戴高乐将军并非是向一场议会议员对他发动的“消耗战”让步，而是他尤其希望通过让其他人来掌管国家，来保持自己与这些人的距离，并对宪法草案保持审判的自由——该宪法草案已表明其体现的是一种与他自己的政权观格格不入的政权观念。

三党制

戴高乐将军的挂冠而去留下了一个空白，在制宪议会中占据支配地位的三大党，力图通过将他们的力量团结在新的政府首脑周围来填补这一空白，这位新的政府首脑名叫菲利克斯·古安，是位来自社会党的议员，此前担任议会议长。由此开始了将在 18 个月的时间里支配法国政治的三党制的统治。然而，将这三个政党联系在一起的协议只涉及政府与议会的行动；这一结盟因宪法问题而破裂；最后，由社会党与共产党组成的微弱多数在 1946 年 4 月 19 日提出了一份新宪法的草案，该草案的主要特点是削弱行政权，将权力托付给一个一院制的、享有全权的议会。人民共和党对于这一草案不予认同，认为它多有使国家向人民民主制方向转变的征兆。选民们将让人民共和党获得双重的胜利：其一是否决了宪法草案（虽然这一否决有点勉强，反对者只
970 占 53%）；其二是因为该宪法草案遭到否决，就得在 6 月 2 日选出新的制宪议会，而人民共和党通过这次选举，成了议会中的第一大党。人民共和党的议席已超过了社会党与共产党，后两个党的绝对多数亦已不复存在。在联手组成左翼，并且直到此时仍为共同的事业而努力的社会党与共产党之间存在的紧张关系，已经开始显现出来。简而言之，1946 年春天的全民表决标志着对极左的明确抵制，并且显得将会把国家重新引到议会制和资产阶级民主的中间道路上去。

但是，一个新的过渡时期开始了，能够被各政党所接受，以及得到选民赞同的一种宪法问题上的妥协，仍然机会渺茫。人民共和党凭借选举胜利使本党的乔治·皮杜尔成为政府首脑，但它希望纳入对 4 月 19 日的宪法草案的修改，如加强国家元首的权力，重新组建一个第二议院，为与海外属地的关系创建一种新结构等等，仍有可能不被极左派所接受之虞。至于寻求一种可供替代的多数，则由于制宪议会中右翼党团的势单力薄与左翼在国民中的强大影响，显然难遂人愿。

虽然第四共和国宪法仍然在 9 月 30 日的制宪议会获得通过，并且通过 10 月 13 日的全民投票为国民所接受，但这一切，似乎可归因于两种不同的、但其影响却聚积在了一起的因素：其一是舆论的厌倦之

情唆使人们希冀最终摆脱临时状态——以多种形式表现出来的这种临时状态持续的时间已接近两年；其二是戴高乐将军重返政治舞台，他在 6 月 14 日在贝叶表达了自己对与宪法相关问题的看法，并在此后不停地公开抨击第二届制宪议会的努力方向，这可能使三大政党的领导人担心，若宪法草案再遭否决的话，可能会为戴高乐所主张的体制开辟道路。但是，因被迫屈从于妥协性的解决方法引发的痛苦，以及戴高乐将军引导的强烈的反对，使得第四共和国宪法只能以“少数人的好感”获得通过：在超过 2600 万登记选民中，赞成者为 926.3 万，有 800 万人弃权，也就是说弃权者比 5 月份多了 300 万。从其诞生伊始，这一体制的合法性就遭到怀疑，而且，这一状况从来没有停止过。

新的制度还应当再等待数周才能够正式生效。公共权力的设置要求有新的选举和长久的期限。在这些选举中，共产党大获全胜，而社会党和人民共和党则极为明显地受挫。在舆论面前人民共和党的成员们，因为在围绕宪法展开的争论问题上与戴高乐将军决裂而受到损害。大多数保守力量投靠的“忠诚派”，尚没有从这次意外事件中重新振作起来。

在共和国总统得以选出之前（政府的组成有待于此），人们别无他法，只能召请莱昂·勃鲁姆领衔组成新的、同时也是最后一届临时政府，该政府的成员均为社会党人。只是到了 1947 年 1 月 21 日，被新当选的共和国总统樊尚·奥里奥尔指定的总理候选人保尔·拉马迪埃才得到国民议会的授权，并因此成为第四共和国的首位部长会议主席，亦即政府总理。这种没完没了的“分娩”的痛苦，注定给新体制带来了极为沉重的负担。

过渡体制的成就

这些曲折不应该致使人们遗忘自解放以来一直到 1946 年，相继上台执政的政府所取得的成就。尽管局势艰难，公共秩序已得到了维护或重建，公共自由得到了恢复，符合全国抵抗运动委员会纲领的诸多改革先是通过法令，继而是通过立法的方式予以实施，对经济活动中的广泛部门（电力、信贷和工业部门）实行了国有化，建立了社会保障体系，设立了计划署，确立了企业委员会制度，改革高级公职人员 971
的录用方式，凡此种种，构成了一整套广受好评的措施，而且，这些措施应广受好评亦从来没有受到过质疑。“解放的征服”由此被纳入了这些基本权利的遗产之中——法国历史的每个阶段皆为这种遗产作出了自己的贡献，同时，这方面的延续性与法国的政治制度的脆弱无常形成了反差。不幸的是，这些改革缺乏一种与之匹配的考虑周全的财政政策；为此，第四共和国不得不经常为临时政府或过渡政府在解放的热情驱使下投入的开支付出代价。

在外交方面，戴高乐将军的毫不让步使法国很快在列强内部获得了一席之地——这些列强中的一些国家原来并不怎么打算赋予法国此种地位，法国被赋予联合国安理会常任理事国的地位即是明证。的确，在已经在德国、日本战败后的世界出现的重大争执中，法国的特定影响仍旧微弱，但是，一种更广泛的行动前景依然在敞开。法国领导人以为，为了支持其在国际事务领域里的行动，可以指望殖民帝国助以一臂之力——曾因战争而变得松弛的殖民帝国内部的联系正在耐心地被恢复。不过，自布拉柴维尔会议以来在这一帝国吹拂、并导致法兰西联邦①应运而生的变革精神畏畏缩缩。没有一位法国领导人能正确地解读已经表现出来的对这种政策的抵抗（尤其是在印度支那和阿尔及利亚）的征兆。

对“伟大”的梦想以及“同化”的神话，把法国拖入了一条最终使第四共和国覆灭的道路。

二、第四共和国

宪法决定新的政治游戏的规则。正因为如此，应当由宪法入手来理解新体制的运转。不过，制度仅仅为政治生活提供了一个框架，政治生活是由一系列的政治力量赋予生命的，这些政治力量之间的对抗或结合所产生的影响，归根结底堪与法律文本等量齐观。如果法国实行过一种英国式的政党制度，由两大结构紧密的政治组织轮流执政，那么，第四共和国会变成什么样子呢？提出这一问题，就足以意识到

① 一译法兰西联盟。

在制度内部发挥作用的诸多力量的重要性。

宪法

1946年宪法是一种艰难妥协的产物。不过，它呈现出一种令人印象深刻的制度的外表。共和国总统的确不再拥有1875年宪法性法律曾赋予其前任的权力，但是，他始终介入到政府首脑，亦即部长会议主席，以及最高司法委员会、最高国防委员会的任命之中。他拥有规章制订权，并决定最高级别的文职和军事官员的任命。最后，他是当然的法兰西联邦的总统，组成该联邦的是法兰西共和国（其包括本土、海外省份和领地），以及宪法邀请其与法国结合的国家与领地。他以这一名义主持联邦的最高会议，后者是希望能充当整个联邦的政府的执行机构。所有这
些职权并非仅仅是名义上的，即使会签的规定将使政府参与到国家元首 972
的行动之中，并把总统的行为的责任转移到了政府身上，根据议会制的原则，共和国总统保有某种主动性的余地，且拥有仲裁权——经验表明，这种仲裁权绝非可以忽略。在樊尚·奥里奥尔七年任期结束时，勒内·科蒂竟然得经过13轮投票才得以当选，这足以说明，议会对总统这一职务的任职者的选择，不该被视为一种形式而已。

但是，在第四共和国时期，行政权真正的负责人是部长会议主席（即总理），后者觉得自己拥有宪法文本最终认可的权威。宪法同时让部长会议主席充当政府的首脑，最高行政权威的执掌者，以及可优先与议会对话者。法国由此被正式赋予这样的政府，即只要它享有议会的信任，就有资格领导国家的事务。

面对行政权，宪法增设了诸多会议，其达到这样的程度，以至于人们不由得回想起“各部会议”[1] 国民议会与共和院[2]构成了共和国的议会，而法兰西联邦议会则有权代表组成这一跨国组织的各国人民。经济委员会在议会之外召集主要利益群体的代表共同商议社会经济措施。不管怎么样，这种外表只能是装门面的玩意儿。法兰西联邦议会与经济委员会只具有咨询功能。在议会内部，共和院只不过是参议院

① 18世纪初摄政时期一度实行此种制度，以会议代替各部大臣。

② 一译共和国参议院，但为与下文的相关内容呼应，故译为共和院。

的影子，宪法不仅取消了它“参议院”的名称，而且也取消了它的部分权限，尤其是对内阁的责任予以讨论的权利。它还继续参与立法工作，但不能试图与国民议会分庭抗礼。根据宪法第三条，国民议会才是主权真正的拥有者。因而，宪法尤其约定了国民议会与政府之间的关系的处置方式。

从这一点来看，1946年宪法确认了议会制的原则，即政府得对人民的代表负责。但是，它也力图修改这一原则，以便避免重新陷入第三共和国的实践已经暴露无遗的恶习。虽然这一切在今天会显得如此奇怪，但对内阁不稳定的担忧，确确实实缠绕着1946年宪法的制订者们。为了避免重蹈覆辙，人们力图以规章制度严格地限定行政权与立法权之间的关系。

为了使政府在建立之际就稳固地获得信任，人们取消了国家元首自由地挑选内阁总理的权力。此后，共和国总统只能够指定一位内阁总理候选人，而这位候选人是否能获得授权，则得由国民议会决定。由于这种授权必须在议员投票时获得绝对多数的赞同，人们希望在一种真正的契约的基础之上取得新政府与议会多数的一致。除了这一最初的保障，人们又围绕内阁责任的追究，增加了若干预防措施：对内阁的信任问题只能由内阁总理在部长会议商议后提出，就信任问题或不信任案进行的投票，只能在提出采用这一手段后再经过一整天的考虑，方可进行；最后，而且尤其重要的是，拒绝予以信任以及通过不信任案，必须在国民议会中获得绝对多数的同意。因而，在理论上，内阁危机不再会因为辩论时出现的偶然情况、一时的冲动，以及统计票数时的失误等原因而出现。制宪议会的议员们认为，只有异常严重的局势，才有理由推翻赞同授权的多数派作出的相关决定。有关国民议会解散的规定，进一步从外部加强了这种机制。解散国民议会必须
973 具备的条件有：每届议会任期最初的18个月（此间被视为该届议会的试验与摸索期）已过，在18个月内，并在宪法所预先考虑到的条件下，两次出现内阁危机。这样一来，解散国民议会就显得像是一种威慑的武器。宪法草案的报告人可以乐观地下结论说，这一制度“构成了一种和谐的总体，并真正地筹划了内阁稳定”。

这种巧妙的建构在不到6个月的时间里就未能通过事实的考验，之所以如此，是因为人们忽视了对各种政治力量的状况予以考虑：在实行两党制的情况下，这类机制已显得毫无用处；在实行多党制（而且其还得到比例代表制的推波助澜）的情况下，这类机制注定立即毫无效果。

政治力量

事实上，首先构成第四共和国时期政治力量状况之特征的乃是多党制。但是，与此相关的并非仅为政党的数目，还应当考虑到各党派的拥护者令人惊讶的不稳定——这种不稳定与公共舆论的摇摆不定有关，而且，公共舆论的摇摆不定还导致了犹豫不决的选民的比例高得离谱。总之，这些特征导致了一种政党制度的脆弱，使其难以抵挡利益群体蔓延开来的诸种压力。

第四共和国时期的立法选举

	制宪议会		国民议会		
派别名称	1945年	1946年	1946年	1951年	1956年
共产党 进步主义者	5 005 336	5 119 111	5 489 288	4 910 547 146 058	5514 403
各种左派				38 393	393 219
社会党	4 561 411	4 187 818	3 431 954	2 744 842	3 247 431
激进党 共和党左派 联盟	2 131 763	2 295 119	2 831 834	1 887 583	2 240 538 593 727
人民共和党	4 780 338	5 589 059	5 058 307	2 369 778	2 366 321
戴高乐派			312 635	4 125 492	842 351
温和派	2 545 835	2 539 845	2 565 526	2 656 995	3 257 782
布热德运动分子					2 483 813
极右派					260 749
其他党派	165 116	69 789	63 976	87 346	98 600
弃权	4 965 259	4 481 749	5 486 536	4 859 868	4 634 209
登记选民	24 622 862	24 696 949	25 052 233	24 530 523	26 772 255

表中凸显了许多颇有意思的数字变化：如果说共产党基本保持稳定的话，那么，社会党与激进党出现了明显的衰退，这一衰退通过1956年的共和阵线联盟勉强被遮

掩。人民共和党自 1956 年起开始出现无法避免的衰落，它的拥护者 1951 年起一分为二，分别流向戴高乐派与温和派。戴高乐派在 1951 年的崛起与普热德运动分子在 1956 年的崛起，则说明了存在流动选票现象，这一现象通过选举对议会里的派别组合产生了影响。

第四共和国是在三党制的标记下诞生的，因为其以保尔·拉马迪埃为首的第一届政府由社会党、共产党和人民共和党的成员联合组成。但是，这种联盟没有能够持续多久：1947 年 5 月，总理以政府内部无
974 法意见统一为借口，解除了共产党人部长的职务，并因此使一个自解放以来始终参与行使政权的政党处于反对派的位置。此项决定无论是在社会层面还是议会层面，均引发了严重的后果。就社会层面而言，它使得各种困难积聚在了一起，而就议会层面来说，则是需要寻求建立一种居于中间地位的新的多数派。由于因前几次选举受挫而士气低落的右翼力量重新得到了组织，并且发起不仅反对政府的社会经济政策，还反对第四共和国政体本身的运动，遂使寻求建立中间派的多数派的行动，变得更加必不可少。自 1947 年 4 月以来，戴高乐将军通过建立法兰西人民联盟重返政治舞台。这一组织在同年 10 月市镇选举中获得的成功，促使戴高乐将军通过指出议会缺乏代表性，质疑这种体制的合法性。不过，法兰西人民联盟的影响力亦渗透到了议会，并凭借建立跨党派集团以及双重归属的策略，成功地争取到了一些议员。除了法兰西人民联盟这一威胁，从 1948 年起又出现了因温和派的复兴而引发的一种新威胁，这些温和派人士力图在全国独立人士中心的旗号下，重新聚集原本有如散沙的相关力量，协调一致地采取行动。面对来自共产主义和戴高乐主义的这两种威胁，居于两者之间的党派力图寻求一条中间道路，由此，“第三力量”应运而生。“第三力量”包括社会党、人民共和党人以及站在他们一边的激进党人和温和派人士。但是，这种联合乃筑基于种种不牢靠的平衡，尽管其受到了两种来自外部的威胁，“第三力量”亦只能极为困难地去克服他们自身的种种内部矛盾（尤其是在涉及教育计划和经济计划时存在的矛盾）。“第三

力量”联盟不久日益缩小，它之所以能够在本届议会任期结束以前继续存在，乃选举方面的需要所致，即因为选举联盟制度的规定，相关党派力图将其保留到选举期限之后。

虽然有选举联盟制度（一种旨在通过把议席的分配限定于在某个选区“结成选举联盟”，并在该选区共同获得绝对多数的选票的一些政党，使比例代表制变形的制度）的作用存在，1951 年 6 月的选举仍以法兰西人民联盟的势力进入国民议会为特征。左翼在这次选举中大为受挫，共产党失去了 50 万张选票，其议席由原先的 177 席减少为 103 席，社会党从 340 万票减少到 270 万票，至于人民共和党这一戴高乐派崛起的主要受害者，竟然失去了一半的选票与议席。戴高乐派成员获得了 400 万张选票和 118 个议席。

在这种状况下，第三力量的继续存在已不可想象。在两届过渡政府（普列文政府与埃德加·富尔政府）之后，国民议会自议会中的戴高乐派势力开始在里面发挥作用之际，倒向右派中间派（比内政府与拉尼埃尔政府）。惟有孟戴斯·弗朗斯的执政经历（1954 年 6 月—1955 年 2 月）打断了这一演变进程。此公的上台靠的是激进党人、戴派分子以及温和派人士的联合，同时亦受益于共产党的中立和社会党的支持，对其持敌视态度的仅有人民共和党。在这一插曲过后，第二届埃德加·富尔政府回到了右翼中间派联合执政的老路，而右翼中间派执政可谓充分反映了此届国民议会的主要导向的特征。

埃德加·富尔宣布的解散国民议会的决定，使国民议会的选举提前至 1956 年 1 月 2 日举行。这次选举的特点是左翼的推进和右翼力量的重新洗牌。共产党收复了 1951 年失去的部分失地。团结在共和阵线旗帜之下的社会党与激进党，明显地取得了更好的选举成绩，并有可能问鼎组阁大权。就中派来说，人民共和党显得变化不大；但对右派而言，戴高乐遭到了惨败，并且已无望在议会中起任何作用：他们在选举中所丧失的成果主要为全国独立派人士中心所获得，后者获得的选票创下了新高；与此同时，亦有一个新的组织，即保卫商人与手工业者同盟（布热德运动）从戴高乐派的失利中受益，该同盟在法国中

975 部与南部的省级选举中取得巨大胜利。在由居伊·摩勒担任总理、且其执政时间之长在第四共和国创下记录的“共和阵线政府”过后，财政困难与阿尔及利亚政策遇到挫折，导致了由激进党人为首的左翼中间派政府的上台（担任总理的相继是布尔热-莫努里、加亚尔），在这些政府身上，人们可以看到某种第三力量的翻版，亦即既反对共产党，又反对议会外的反对派（戴高乐派以及法属阿尔及利亚的支持者）。

公共舆论对政治组织的不规则行为负有部分责任。但是，这些党派的领导班子同样难辞其咎。这些政党，多有打上某种意识形态烙印的宗派团体存在，彼此不愿作出妥协，因个人冲突导致的内讧时常出现，它们明显地表现出更注重捍卫自己的地位而不是公共利益。不过，已被赋予第四共和国的“政党共和国”的称谓，同样显得有名无实，虽然它符合大部分政治阶级的心理状态，却仍然与现实相去甚远。由于其数目过多，这些政党极为弱小，在第四共和国从开始到结束的整个过程中，这些政党党员的总人数在迅速减少：及至第四共和国结束，拥有党员证的选民或许不会超过50万。除了共产党，大多数政治组织简化为一个领导委员会和几个选举委员会。基层与最高领导层之间的联系不再通畅，因为它们既没有在全国范围真正做好了布局的工作，也没有真正的选民团的框架。因为过于弱小，这些政党亦没有能力去控制政治活动。每当舆情出现变动，就会催生一种新的组织，而这些组织与其意欲取代的组织一样，往往是昙花一现。面对这样一些政党，有组织的利益群体便会翻云覆雨。它们一会儿得以侵占某个政党，让该党成为自由派、小公务员或耕作者的政党；一会儿通过竞出高价和与政党做交易，向这些政党，并通过它们向议会、政府和行政部门进行“投资”。政治力量的虚弱最终导致公共权力受制于利益群体的压力。惟有这些利益群体彼此之间的矛盾可以减弱这种现象的危害性。公共舆论并非上述所有现象的上当受骗者：大致可以第四共和国体制等同的政党，在第四共和国不得不面对在阿尔及尔发生的武力考验时，亦同样大大失去了信任。

内阁的不稳定

在这种状况下，很容易理解政治力量的角逐对政体的运行产生了极大的并且是非常不合时宜的影响。制宪议会议员曾打算在行政权与立法权之间建立一种平衡，但这种平衡很快就难觅踪影：内阁的不稳定成了司空见惯的事情，并呈现出这样一种特征，即其该蒙受指责的程度与第三共和国相比有过之而无不及。老实说，这种现象尚一直没有得到正确的分析：的确，内阁更迭以越来越快的频率出现，权力空缺期——有时需要4至5周的时间来摆脱内阁危机——时常使国家领导层的整个决策能力完全陷于瘫痪。但是，这种危机是联合组阁制度必然会带来的现象，这种制度本身即有赖于政党的数目繁多与不甚强大。对于实际情况所作的审视表明，内阁不稳定并非始终会产生政治的不稳定：方向的变动（从三党制转变为第三力量，从第三力量转变为右翼中间派等等）仍然是非同寻常的现象，并非必然与政府的更迭同时发生。大部分内阁危机发生于一种相对的延续性之中。人们不妨把这些危机视为执政的手段，因为，确实每个内阁班子的组建，均是围绕着某个为解决特定问题而形成的多数派来进行的。一旦新的障碍 976
出现，这一联盟即分崩离析，而危机则用来寻找一种适于克服新障碍的新的联合。因而，与其表面现象相反，内阁的不稳定与其说是一种政治不稳定的标志，毋宁说是一种墨守成规的表现。

不过，这种实践具有不幸的后果。除了对公共舆论产生的心理影响，它还在政府与议会的关系中引发了严重的紊乱。议会在整个第四共和国时期，以某种角色的颠倒为特征。由于因内部分歧所造成的瘫痪，以及被它的控制功能所缠身，议会无法承担全部的立法功能；因而它被引向周期性地同意赋予新政府权力委托法，此举导致了即便不是在法律上，至少是在事实上，将相当一部分立法活动转移到了政府手中。这一程序最初被用来解决经济与财政问题，随后扩大到来解决因阿尔及利亚危机而引发的绝大多数问题。权力委托的惯例，最终被列入解决内阁危机的仪式之中。但是，由于诸多事情发生奇怪的突然变化，议会控制的滥用导致剥夺行政权的立法创议权和决策权。若事先未经议会商议，没有一项重要的措施可被采用。此种习惯做法甚至扩展到了根据传统该归属行政权的对外政策领域。人们有时甚至看到，议会着手进行长时间的辩论以及数目繁多的投票后，仍无法为执政联盟规定行动路线。这样一来，在议会把一大部分立法重任转移到政府身上的同时，却又插手该归政府来管的诸多事务。如果要不惜代价地为显示第四共和国的实际体制的特征寻求一个修辞语的话，那只有“国民议会制”较为合适。但是，假如这一说法会让人想起一种至高无上、享有全权的议会的话，那么，这种说法本身有骗人之嫌。诚然，议会把政府当作负责执行其政策的受委托人，但是，由于议会的内部分歧较之政府要严重，加之两种权力在共同的无能为力中需要更为团结，所以，它们彼此之间的关系并非上下级关系。同样不应该感到奇怪的是，这种政体没有能力去应对 1958 年 5 月阿尔及利亚事件引发的全国性危机；但是，决策中心的瘫痪，也解释了行政部门在第四共和国时期进行的改革中所扮演的角色。

关于这一政体的总结

尽管这一政体的运行存在着诸多困难，但它实际上并非毫无值得肯定之处。首先应当承认，第四共和国在经济方面实现了值得称颂的复兴。重建的任务，尤其是现代化的任务极为繁重。在以马歇尔计划之名从 1948 年起向欧洲提供的经济援助的帮助下，以及在从 1952 年开始出现的有利的国际局势的促进下，第四共和国的领导人们不仅成功地改进了生产设备，而且还成功地提升了大多数法国人的生活水平。在这方面的努力中，个人的积极性一直得到公共机构的激励，与之相关的有计划化或信贷政策。毋庸置疑，在这一领域中，政治权力的相对中立，通过高级官员和技术人员团队的坚忍不拔，得到了最佳的补偿。但是，议会与历届政府的软弱无力会产生这样的后果，即以牺牲国家的财富来确保法国人的繁荣。当 1958 年 5 月危机突然发生之际，国库空虚，公共权力的经费已经用完。

在国内事务方面，第四共和国没有留下任何因改造结构而造成动荡的痕迹。无论是涉及高级行政部门的管理还是地方机构的管理，它均满足于幅度较小的整治。这种谨慎可能可以用多种方式来加以解释：在跨过维希的鸿沟之后，民主机制与共和传统的重建，构成了某种人 977
们试图寄予信心的胜利。另一方面，为了巩固解放后不久积聚的种种改革，以及减缓公共事业管理方面发生的变革产生的影响，仍旧任重而道远。不管怎么说，这些解释没能说明大量缺乏远见行为的理由：农村人口外流的后果没有及时被人觉察；应当更早地预见到这种现象对地方管理计划、城市化计划以及住房政策所带来的影响。同样，1945—1950年间人口的大量增加，将注定会促使公共权力更多地去关注对教育结构进行深刻改革，而不是延续在学校问题上的激烈争论。但是，议会与政府之间几乎每天发生的争论、各政党之间持久不断的对立，使得宏伟计划的制订变得不太可能。不过，并不是这种缺陷导致了第四共和国的垮台，导致其垮台的原因，毋宁说是它的外交政策，或更正确地说，是它无力解决海外问题。

外交问题

在对外政策方面，第四共和国可以提及的是，在两个互为补充的方面表现出一种值得注意的延续性。首先，自1949年以来，其大多数领导人明确表示，支持力图确保西欧免遭苏联侵略威胁的大西洋同盟。这种选择与在两个阵营之间搞平衡的政策形成了对照，后者的象征是1944年12月的莫斯科条约，而前者则可由冷战引发的紧张状态加以解释。但是，该体制对“大西洋同盟”的忠诚可谓持之以恒。不过，在另一方面，第四共和国的领导人们选择赞同的一种解决方法是欧洲一体化，这种解决方法倾向于在反苏联盟内部平衡美国的过度影响。1956年5月，舒曼抛出了“煤钢联营”的想法，这一想法在翌年促成了欧洲煤钢共同体的诞生。虽然欧洲防务共同体在1945年8月被法国议会否决，并因此导致与之相关的政治共同体计划被放弃，但人们在1957年通过罗马条约重新采取了主动行动。该条约建立了共同市场与欧洲原子能联营集团。1958年，法国与另五个西欧伙伴国投身到了一体化的宏伟事业之中，其在为此而努力时表现出来的坚定不移是显而易见的。

人们在试图解决海外问题时同样表现出坚韧不拔，但可惜的是方向不对。领导人们似乎从来没有正确地解读殖民地的叛乱的预兆。对“同化”与“最伟大的法兰西”的神话忠贞不渝的他们无法理解，自由主义改革只有在处于独立的视野之中时，才有望得到好评。这亦是法兰西联邦注定仍然是一个空架子的原因。处在联合国托管之下的海外领地（多哥、喀麦隆），无法自由地掌握自身的命运，而掌握其行政大权的法国，亦不能主宰它们的命运。联系国的类别是法兰西联盟为接纳保护国而预备的：漫长的印度支那战争以奠边府惨败和日内瓦协定告终，与印度支那半岛上新独立的国家进行制度化的合作的一切希望由此破灭。至于北非的保护国，它们的统治者对联系国的资格予以拒绝。他们选择要求，并且在历经艰难后终于在 1957 年获得了纯粹的独立。这些事件已经明显地影响了一种业已富有民族主义色彩的舆论。但是，这场危机系由“法兰西共和国”解体达到了顶点。这种解体已在 1956 年通过修改海外领地（黑非洲与马达加斯加）地位的框架法正式开始。不过，人们以一种相对冷漠的态度接受了这一措施。因
978 1954 年以来发生的叛乱产生问题的阿尔及利亚的命运则难以同样对待。大量欧洲出身者的存在、与法国保持的密切联系，导致在相当多的人看来，不可能实行“放弃”的解决办法。从此以后，法国不得不投入一场漫长的反对颠覆的战争，这场战争逐渐地预示着会演变为内战。在 1958 年 5 月 13 日叛乱发生后不久，当发动叛乱的将军们与法属阿尔及利亚的支持者们串通一气时，第四共和国政体已经精疲力竭。然而，它的垮台仍然与其所作的妥协的特性相一致。它没有向军事首领让步或去冒一场内战的风险，而是选择采取迂回策略，并把权力交给了戴高乐将军（他的支持者们已经经常与阿尔及尔的煽动闹事者们保持联系），后者注定立即让求助者为他的帮助付出改变体制的代价。由此，再次证实了这样一种法则，即制度的命运与为控制权力而展开对抗的阵营的命运休戚相关。

三、第五共和国

第五共和国的名字曾经一直，并且或许还将长时期地与戴高乐将军的名字联系在一起。事实上，不仅新体制的诞生要归功于戴高乐，而且它的地位，尤其是其最初的风格，同样如此。但是，第五共和国在其创建者引退后继续存在，因而，这一政体注定得发生演变，如果人们考虑到它曾强烈地倾向于权力的个人化，则尤其可以理解这一点。假如人们想为这一政体作个总结，尤其是不惜冒某种预测的风险去这样做的话，那么就应当通过依次体现这一政体的夏尔·戴高乐、乔治·蓬皮杜和瓦莱里·吉斯卡尔·德斯坦，追踪它的演变历程。

戴高乐的共和国

从 1958 年 6 月的起点开始，一直到 1969 年 4 月的终点为止，这一最初阶段被戴高乐将军非同寻常的个性打上了烙印。这位为向国家贡献自己的服务而重新出山者，绝非像加斯东·杜梅格之类的人那样，只是前来促成内阁的组建，他甚至也不是为帮助国家穿越一段艰难的航道而前来效力。自 1940 年 6 月 18 日以来，他就以“被历史赋予使命者”自居，自认负有一种使命，不过，他在 1946 年 1 月辞去政府首脑一职，一度令其履行这一使命的历程中断。第四共和国的失败，使他此后得以放手地履行自己的使命：让法国复兴，使法国得以实现他赋予法国的种种抱负。为此，当务之急是改变在 1946 年无视他的反对意见而建立的可憎的政体。正因为如此，他以为解决阿尔及利亚问题赋予他的全权作交换，要求并且为其政府获得了委托制宪权，凭借这一点，他可以在需要提交全民投票表决的前提下，选择新的政治制度。新宪法在权力分配方面作了令人瞩目的变动。但是，让新体制的面貌不断发生改变的，更多地还是相关实践。

制度框架

由政府制订，并在 1958 年 8 月的全民投票中高票通过（赞成票高达 80%）的宪法文本，总的说来，是戴高乐将军在著名的贝叶演说（1941 年 6 月）中提出来的想法与第四共和国最清醒的领导人们的改良设想相互妥协的结果。国家元首的权威得到了加强；其选民团扩大到了议会之外；不管是在正常时期，还是在危机时期，总统的权限均有所扩大，前者表现在其具有解散国民议会的决定权（每届议会的第一年任期除外），以及使用公民投票的权力；后者则表现在著名的第十
979 六条上；总统最终还具有一种“仲裁”职能，这一职能可以被解释为一种确保公共权力之间的平衡的手段。对公共权力的整治包含明显的变动：在议会内部，第二院恢复了“参议院”的名称——但没有恢复第三共和国时期参议院的所有特权。经济委员会变成了社会经济委员会，它在此后具有更令人满意的代表性，但其权力仍严格地限于咨询性质。就政府而言，出现了名称的变动，“部长会议主席”从此改称“总理”，此举似乎预示着行政权的加强，因为第二十条宣称：“政府决定并引导国家的政策”，还有第二十一条宣称：“总理领导政府的行动”。

公共权力之间的关系，尤其受到了宪法条文的影响。这些条文正式地维持着议会制的原则，即政府须对国民议会负责；但是，这些条文亦力图将这一原则与“分权”规则结合起来。实际上，这种分权似乎是以这样一种方式来构想的，亦即确保行政权优先于立法权。一言以蔽之，国民议会失去了它在第四共和国拥有的绝对权力。它只能在宪法规定的例会期限内举行会议；它制订的法律条文得提交宪法委员会评判，后者有权去除相关法律中有悖于宪法的条款；它的立法权本身，亦严格地被宪法第二十四条限定了范围，该项条款准许政府在明确归“立法者”行事的范围之外的所有领域颁布条例。而且，仍然是由宪法委员会在与之相关的棘手问题上，就政府与议会之间的争议作出最终裁决。最后，一系列“程序性”的条款支配着议会的工作（议事日程的确定、各议会委员会的工作），使其有利于发挥政府的主动性，并对议会的控制（如信任问题和不信任案）予以制约。这类做法甚至到了这样的程度，以至于只要国民议会没有以绝对多数表示不再

予以信任，行政权就处于一种临时组成的反对派的庇护之下，并且能够继续得到议会的合作。

以上即是用来最终建立一种“真正的议会制”（此说出自新宪法的起草者之一米歇尔·德布雷）的主要措施。人们实际上可以想象，本着这样一种精神，即通向一种得到改善的制度的精神来制订的宪法，它所采用的风格与其说是法国式的，不如说是英国式的。但是，它与议会制的特性是相吻合的。事实上，这些预防措施是在内阁不稳定的烦扰影响下积聚的，并且自相矛盾地通过在国民议会先后设置一个占支配地位的党和多数派，使其变得一无是用。但是，它们尤其因为戴高乐将军的行动被改变了自己最初的方向，通过巧妙地利用时机，戴高乐将军让这一政体向着某种总统制的方向转变。

总统权力的确认

除了人的意愿，时机在政体的转变过程中亦起了作用。在第一阶段（1958—1962 年）期间，统领整个政治游戏的是阿尔及利亚问题的解决方法。的确，在 1958 年 12 月被选为总统的戴高乐将军，丝毫没有掩饰其把国家的命运掌握在自己个人手中的意愿。但是，绝大多数法国人——其中包括其为数可观的反对者——为找到阿尔及利亚悲剧的出路，对他寄予信任。与米歇尔·德布雷——此人虽对戴高乐极为顺从，但也怀疑戴高乐先前采取的支持法属阿尔及利亚的立场的理由——为首的政府相反，在这一问题上得到一股强大的舆论支持的各个政党与议会，把赌注押在了国家元首身上。而这位国家元首毫不耽 980
搁地显得像是行政权名副其实的首脑，而那些部长们，包括他们当中的总理，亦只不过是忠实的助手。伴随着标示政体演变的第二个阶段开始的 1962 年危机突然出现之际大多数国人存有的默契，政体的转变轻松地开始进行。

因为阿尔及利亚事件被认为已通过埃维昂协定和这片领土走向独立获得了解决，各党希望能够恢复自己的行动自由。但是，戴高乐将军利用 1962 年 9 月在珀蒂-克拉玛尔发生的针对他的谋杀案，决定通过全民投票的途径，由国民对关于修改宪法以及通过普选来选举总统的方案进行裁决。这一方案立即遭到了政治阶级的抵制，被第二帝国的幽灵所纠缠的他们，在戴高乐的创举中看到了适于建立一种合法的独裁的诡计。被选择的程序越是寻常，就越容易把反对者动员起来。由于公民投票未被列入宪法所预先考虑的修宪方式之中，反对者遂以此大做文章。正是在这些条件下，在1962年10月5日以绝对多数获得通过的一项不信任案，迫使乔治·蓬皮杜政府辞职。由此，通过政府，国家元首与议会之间发生了冲突。然而，戴高乐将军在两场决定性的战役中战胜了议会：其一是他成功地使其方案获得了绝大多数人的赞同（赞成票达61.7%）；其二是他的支持者在几周后，赢得了与不信任案通过后即被批准的解散议会相关的选举。

从此，政体向着加强总统权力的方向演变。总统权力实际上绝对地被运用于国家事务的顶端——较小的问题则由负责日常事务的政府处理。所有重要的决定，实际上均是在爱丽舍宫拍板决定的，其援引的条款和采用的方式，有时会令观察家感到困惑。国民议会被当作一个普通的登记室，"负责制订好的法律"，也就是说投票通过由政府提供给它的法案。就连司法部门也感到其独立性受到了国家元首的某些意图的威胁，后者甚至在1962年宪法改革实施前就认为，其作为最重要的领路人的使命，是建立在全民委托的基础之上的。

不该被遗忘的是，总统权力也是一种来源于人民的权力：在巡访各省，参加会见，举行记者招待会，发表广播电视讲话，以及在其有可能被迫辞职时采用全民公决的过程中与民众的接触，同样是越过所有中间人直接召唤人民的手段。因为法国人只在第五共和国时才有如此之多的投票机会，起来反对权力过度个人化的民主人士们遂处于一个极为尴尬的地位。

的确，1965年的总统选举标志着戴高乐将军的影响力明显减弱——他未能在第一轮选举中即胜出，且在第二轮选举中亦只获得了55%的选票。不过，这一不大的胜利却开启了一个新的七年任期，在这一新的任期中，自然而然会进一步加强先前的行动。甚至在议会多数派因1967年3月的选举略有削弱之后，第五共和国政体仍显得稳操胜券。作为行政权名副其实的首脑，共和国总统因其不用承担责任，可以免遭议会的批评，而承受这种批评的只会是政府。但是，他同样受益于1958年宪法确定的权力等级制度，并因此拥有比面对本国国会时的美国总统更为广泛的权力。议会制与总统制别出心裁的结合，使行政权得以享有人们在一个民主国家所能梦想的最大的独立性与权力。
然而，这种关于权力的设想是建立在不断得到人民支持的假设上的，981
一旦失去人民的支持，以此为基础的一切就会不复存在：由于制度内部没有设置出口，人们会被迫面临政体的危机或共和君主的退位，对于这两种情况，戴高乐将军也注定会亲身经受。如果说能吸引人们效忠的权力在危机时期轻松地得到承认，那么，当一种政体走上正常发展的道路时，这种权力应当懂得与其他政治力量妥协。

政治力量的角逐

虽然政党与政治力量通过1958年宪法首次得到承认，但它们对于戴高乐的共和国的方向，仍只能起一种次要的作用。这首先得归因于戴高乐将军的个人威望，但同时也源于这样一种事实，亦即将围绕着支持总统的行动形成一个议会多数派，而面对这一多数派，反对派从未成功地向公共舆论提供一种可信的唯一可替代的方法。不过，一次民众力量的大爆发将在1968年让这一政体发生动摇，而由一些党派组成的联盟，则将迫使国家元首在1969年挂冠而去。

1958年的立法选举并未产生什么令人震惊的结果。在第一轮选举中，社会党与人民共和党获得的票数及其所占的比例维持不变；激进党获得的选票较之1956年的选举少了50万票。但是，共产党少了170万票，而且其选票所占的比例自1945年以来首次低于19%。普热德运动分子实际上已从选举舞台上消失，而保卫新共和联盟这一新成立的戴派政党，则以360万票（法兰西人民党在1951年获得的票数是412.5万票）获得了17.6%的得票率。独立派人士增加了100万票，其得票率接近20%，就选举而言已成为最重要的组织。除了共产党的票数令人印象深刻地大幅减少之外，选民似乎显示出一种相对的稳定。但是，以单记名多数两轮投票制取代比例代表制，势必会加大差距，并且使国民议会充斥以各种名义支持戴高乐将军的阿尔及利亚政策的议员。

鉴于各政党在 1962 年危机爆发过程中所持的立场，11 月份举行的立法选举确认了戴高乐派人士的推进。他们在第一轮选举中所获选票就超过了 580 万张。就公民投票时持反对立场的派别而言，共产党收复了一小部分失地（其获得的票数从 380 万票增加到 400 万票）。但是，这些选举最为突出的特征乃是立场较为居中的组织的衰落：在靠左翼这边，社会党与激进党所失选票竟多达 180 万票，其得票率从 26％降为 13％。人民共和党亦同样如此，它丢掉了 80 万张选票，得票率从 11.6％降为 5.1％。至于右翼中间派，则分化为两大块，其一是支持戴高乐将军的独立派人士，其二是对法属阿尔及利亚念念不忘的人士。极右派则已退缩至微不足道的地步。

在这种状况下，可供这一政体的反对者使用的策略有二：第一种策略与竞选总统未遂的加斯东·德菲尔（社会党人）所作出的相关努力相吻合，它力图在共产党之外，把从社会党到人民共和党的所有反对戴高乐派的力量汇集在一起。在此，人们似乎可看到一种重建“第三力量”的企图。这一企图因为社会党与人民共和党之间的谈判破裂而注定失败。第二种策略是弗朗索瓦·密特朗所采取的策略。他在 1965 年总统选举时独自充当了总统候选人，并显示出是包括共产党在内的整个左派的候选人。尽管在某些中间派选民那里积聚着对戴高乐派的怨恨（故此他们在第二轮投票时毫不犹豫地把选票投给了密特朗），这一联合仍因为大多数选民对共产党心存疑惧的原因而注定无法成功。

982 但是，左翼联合的策略在 1967 年 3 月却大获成功。密特朗创建了社会民主左翼联盟（由社会党、激进党以及一些俱乐部成员组成），他甚至以英国式的但却完全是非正式的方式，组建了一个“影子政府”。社会民主左翼联盟与共产党在 1966 年 12 月签订的选举协议在 1967 年立法选举中严格地得到了遵守，执政党（由保卫新共和联盟与站在它一边的独立派人士组成）勉强保住了多数派地位，其获得的虽然仍是绝对多数，但并不牢靠。

与总统选举一脉相承的是，政治力量似乎正在围绕着一个多数派和一个反对派重新组合。但是，相对立的两种联盟既非旗鼓相当，亦非可相互替换。如果人们目击了多数派中戴派分子与独立派人士之间初步的小争论，那么就会发现，他们在议会支持国家元首行动时所需要的凝聚力并不成问题，至少是在 1969 年前是如此。而在反对派这一边，共产党与社会党之间的谅解却要逊色得多，这种谅解的最大成果只是 1968 年 2 月达成的共同声明，而在这一共同声明中，关于彼此之间的分歧或共识的陈述紧紧相连。双方与将在 4 年后达成的《共同执政纲领》还相距甚远。在对外政策方面的分歧，尤其导致了左派的分裂。共产党人赞同戴高乐的部分外交战略（在东西方之间搞平衡、退出北大西洋公约组织），而社会党人则仍然极为赞同大西洋同盟和欧洲一体化。但是，反对派也包括一些“中间派人士”（基督教民主党人、激进党人和温和派人士），他们的特点是既反对左派，同时也反对戴高乐将军的内外政策。如果反对派赢得了 1967 年的选举或是在 1968 年议会解散后举行的选举，他们在上台执政时将会极为费劲。

此外，这些组织对 1968 年“5 月事件”的爆发完全觉得不可思议。对于这一事件，所有的政党和工会的领导层皆与统治者一样深感意外。左翼寻求立刻恢复造反行动，这场从大学而起的造反行动有如一根导火索，蔓延到了大多数社会阶层。但是，在这场短跑比赛中，左派因为戴高乐将军迟缓的“发力”，在终点败下阵来。被排除在政权之外已有 10 年的政治阶级，反过来在 1969 年利用公民投票，对国家元首进行了报复，使其因此受挫。反对派的政治力量最后终于战胜了其对手，但之所以如此，得部分地归因于其对手的同谋串通，以及因为内讧没有能够从他们的胜利中获得好处。

内外政策

戴高乐的共和国持续了 10 年，但它给国家的生活打上了深深的烙印。这一方面可归结为在从财政、中小学教育和高等教育，直至行政管理等各个领域实现的复兴时所作的努力。不过，如果人们因认为这些领域应当脱离导致其在 1968 年失控的老套路而将上述的一切一笔勾销的话，那么，就谈不上采取过任何引人注目的改革。所出现的变化在于各种事务在被处理时不再缺乏效率与权威，延续性在国家领导的层面得到了保证。尤其是在外交领域，新的举措接二连三地推出，并因此完全改变了法国在国际舞台上的地位。

983 **第五共和国头十年期间的立法选举（第一轮投票结果）**

派别名称	1958 年 11 月 23 日	1962 年 11 月 18 日	1967 年 3 月 5 日	1968 年 6 月 23 日
共产党	3 907 763	4 003 553	5 029 808	4 435 357
非共产党极左派	261 738	427467	506 592	814 212
社会党	4 193 786	2 298 729		
左翼联盟			4 207 166	3 654 003
激进党	1 503 787	1 429 649		
人民共和党	2 273 281	1 665 695		
民主中心			2 864 272	2 290 165
独立派人士全国中心		1 404 177		
独立共和派		1 089 348		917 539
戴高乐派	4 010 787	5 855 744	8 453 512	9 663 605
极右派	533 651	159 429	194 776	28 871
弃权	6 241 694	8 608 199	5 404 687	5 631 892
登记选民	27 236 591	27 526 358	28 291 838	28 171 635

1958 年采取的投票方式的变化，即从比例代表制改为单记名多数两轮投票制，使得第四共和国和第五共和国时期的投票结果难以比较。鉴此，我们在此只保留了第一轮投票的结果。在这一图表中，人们尤其可注意以下几点内容：1. 共产党的相对稳定；2. 共产党除外的左派的分裂（尽管在社会民主左翼联盟的旗号下进行了重组）；3. 自 1962 年以来作为政治组织的人民共和党的消失；4. 中间派的犹豫不决，该派最后一分为二，其一与基督教民主党联手，其二则倾向戴高乐派；5. 戴高乐派的持续壮大，这一现象显然是中间派与右派力量大幅削弱的结果。

不过，戴高乐将军的“宏伟计划”是逐渐地展现出来的。他首先不得不解决耗尽了全国精力的阿尔及利亚问题。通过与对手进行艰难的谈判，并与支持“法国的阿尔及利亚”的人——部分军队曾两度对这些人施予援手——进行艰苦的斗争，这一问题在1962年得到解决。虽然阿尔及利亚问题通过协商得到了解决，但对戴高乐来说，它的独立丝毫谈不上有何荣耀，而年轻的非洲国家迅速地取得独立则更是如此——自1960年起，这些非洲国家摆脱了“共同体”过于僵硬的框架的束缚，而这一共同体当初是通过1958年宪法并根据它们的愿望建立的。不过，对于这些挫折，始自1962年，戴高乐肯定会以“非殖民化的捍卫者”和“第三世界的优先对话者”来为自己辩护。就欧洲事务而言，他接受了罗马条约的遗产，并在最初规定的日期，即1959年1月1日，开放了共同市场。但是，在此之后，他显然像是一位国家利益毫不妥协的捍卫者，甚至到了这样的地步，在1965年抵制布鲁塞尔为防止出现无意推进共同体一体化行动的可能而设立的制度达6个月之久。作为与德意志联邦共和国漂亮地达成的和解的主使者，他却反对英国申请加入共同市场，以避免美国的影响力通过英国这个中间人渗入到欧洲事务之中。与此同时，他与美国保持了距离，拒绝签署1963年关于禁止核试验的条约，让法国退出北大西洋公约组织（1966年），公开批评美国的越南政策（1966年），鼓吹为取代美元的霸主地位而恢复金本位，成功地对拉丁美洲进行了巡访（1964年），支持魁北克独立（1967年），推进与苏联的关系（1967年）以及与人民民主国家的关系（在1967年访问波兰、罗马尼亚），此外还有打开与中国 984
的联系，并在1964年与中国建交。最后，1967年爆发的“六天战争”使他有机会采取支持阿拉伯国家的立场。法国这一第四共和国时期的“欧洲病夫”，在1960年代末成了国际政治领域的“喜欢惹是生非者”，到处表现自己，并且似乎准备充当第三种世界性的力量的领头羊，与两大阵营的霸主抗衡。

这种战略绝非没有矛盾之处，并且难以肯定它在没有引起强烈抵制的情况下，能够长时间地展开。但是，它尤其因为内部的阻止而减慢速度，继而甚至是完全停顿。“经济问题从属于政治决策”：即便此言有值得怀疑之处，但它充分强调了这一点，即在戴高乐将军眼里，对内政策注定得为对外政策服务。然而，尽管出现了国民得以受益的繁荣浪潮，一些部门的不满和社会的紧张状态在积聚，并且没有希望在政治体制的运行中找到一种出路。就在戴高乐将军在布加勒斯特受到隆重之极的欢迎之际（1968年5月13日），法国的首都落到了从大学里出来的闹事者的手里，而更为危险的是，这些人在行动时并没有什么纲领，其唯一的目的就是想证明政权的无能与制度的脆弱。暴力事件的逐渐升级，很快唤醒了所有不为人知的不满，而这种不满的充分流露则以掩盖和压制大学生运动告终。一场史无前例、举世无双的社会悲剧持续了数周之久，只是通过社会让步（乔治·蓬皮杜与各工会签订了格勒内尔协议）的沉重代价，以及向人民重新发出请其选出一个新的国民议会的呼吁，秩序才得以恢复。

从此，魅力已被去除，法国政治的弱点暴露无遗。也许是为了恢复他那已受到损害的威望，戴高乐将军不顾其顾问们的劝阻，决定通过公民投票，让全体人民对关于把权力下放到各省以及彻底改革参议院的法案进行裁决。形势的演变表明，法国舆论对于这些法案并没多大的兴趣——这些法案最终在1972年通过立法途径，并且以低调得多的形式获得通过。但是，戴高乐此举的主要弊端是把参议院的存在与否重新提出来讨论，因为参议院是年代久远的共和制度机构，对它采取动作会让许多地方利益的保护受到威胁。这一步骤有失谨慎，而且，虽然没有任何法律文本要求他这样做，但当戴高乐将军根据自己的习惯，决定把公民投票的结果与自己的个人命运联系在一起时，这一步骤更是带有自杀色彩。在投票者中，反对者占了53%。甚至在这一结果被正式公布之前，戴高乐将军便通过一则简单的公报宣布，他将停止履行共和国总统的职权。他后来甚至没有重返过爱丽舍宫，而且从此以后不再介入任何公共生活。戴高乐退隐后置身于科隆贝的静谧中重新思索着“事物的微不足道”，但其救世主的影子仍将长时间地笼罩着法国的政治舞台。不过，他离去时的局势表明，甚至对于伟人来说，要让法国的伟大与法国人的幸福协调一致，仍非易事。

蓬皮杜的法国

“我不是戴高乐将军……”，乔治·蓬皮杜在总统竞选活动开始之际首次发表演说时曾如是说。18个月后，蓬皮杜总统在向国人宣布夏尔·戴高乐逝世的噩耗时选择了这样一种奇特的用语：“法国失去了亲人……”① 从这位主要当事人的言词中可以看到，两位国家元首之间在身高上的差别大得令人难以忍受，前者的遗产要让后者来承受的话显得太过沉重。

不过，乔治·蓬皮杜并不缺乏政治家必备的素质。文学专业培养出来，而且还毕业于巴黎高师的他，曾是戴高乐将军在解放后不久时 985 的私人幕僚，而先后在行政法院和银行任职，则使他又获得了行政管理和做生意的经验。1958年，他再次为新的国家元首效力，并成为埃维昂协定主要的谈判者之一。1962年4月，他接替米歇尔·德布雷担任总理，并在这一位置上一直待到1968年7月。是时，他与其前任一样，“等候共和国差遣”。虽然他因有失轻率，亦即过早地表露出想当总统的念头而让戴高乐很不高兴地对他另眼相看，但在戴高乐派的所有领导人中，他仍是最被看好的继承人。但是，这种继承，即便无法改变政治方向，也必须改变风格才行。

他的权威已不再是历史上曾起过重要作用者的权威，毋宁说是可在记者招待会上干练、清晰地阐述其案卷内容的能人的权威。对伟大的梦想，逐渐地让位于一种带有其地方特色的谨慎。对妥善管理的关心，压倒了外交领域的抱负。他活像一个了解自己企业、明白它经不起再折腾的董事长，凭经验就知道在经过1968年5月伤痕累累的危机之后，法国需要某种短暂的休息期。这位总统更喜欢利用而不是动摇国际力量的均衡，因此，他喜欢的是温和的方式，而不是生硬的方式。人们可以说，戴高乐主义被蓬皮杜给庸俗化了，但它毕竟始终还是戴高乐主义，因为乔治·蓬皮杜在涉及国家权威、

① 原文为 La France est veuve...，若直译的话，有“法兰西成了寡妇”之意。

国家利益或民族独立的问题上，始终不会打算妥协。人们后来可以看到，尤其是从1973年秋天开始，当中东危机突然改变了国际局势的原有状况时，蓬皮杜充分显示了这一特点。如果他没有受到病魔的折磨并在1974年春天溘然去世，他的前途会怎么样呢？从来没有人知道这一点，但可以肯定的是，乔治·蓬皮杜不会将自己的使命归结为简单地向后戴高乐主义过渡。不过，政治气候的变化与外部紧张局势的加剧，迫使这位新的国家元首在困难的条件下在各条战线进行拼搏。

政治力量的觉醒

虽然反对派始终存在，但在戴高乐将军担任总统期间，党派之间的竞争在很大程度上仍然徒有虚名，这既是因为国家元首的个性，同时也得归因于这样的事实，即戴高乐的对手没有能够组成反对他的统一阵线。乔治·蓬皮杜的当选仍然证明了这种状况，因为社会党与共产党分别提出了自己的总统候选人。在第二轮选举时，人们看到与戴高乐派候选人对垒的是阿兰·波埃，此人是右翼中间派的代表人物，深受基督教民主主义思想影响，并倾向于支持欧洲一体化，因而，新的共和国总统完全可以放手组建一个由清一色的忠于戴高乐主义政治路线者组成的政府。

在忠于戴高乐主义政治路线者当中，据载有某些怀疑蓬皮杜是否会不折不扣地奉行戴高乐主义政治路线的人缺席。但是，保卫新共和联盟的绝大多数人对新任总理雅克·沙邦-戴尔马予以支持，后者已经表现为是戴高乐主义的“头面人物”之一，同时亦是戴高乐主义在第四共和国时期的支柱之一。保卫新共和联盟同时同意以一种开放的姿态让某些民主进步中心的人士入阁，而该中心此前曾与戴高乐将军唱过对台戏。力图刷新政府形象的沙邦-戴尔马抛出了一项新的计划，这就是在协调各社会群体之间的关系和实行“参与制”的基础上建立一个“新的社会”。

这种创新之举没有能够吸引反对派中的中间派，同时却使左派发
986 起了一场猛烈的反攻。反对派中的中间派继续谴责“保卫共和联盟国

家”在政府与行政管理部门的独裁，同时，尽管戴高乐派在欧洲问题上的政策让他们感到满意，但他们仍批评戴高乐派的外交政策民族主义色彩过浓；而左派则进行了重组：乔治·马歇及其班子掌握了共产党的领导权，而弗朗索瓦·密特朗成功地在 1971 年 6 月进行过革新的社会党中居于领导地位。这两大党与左翼激进运动展开了谈判，希望能签订一项若左翼在下次立法选举中获胜可充当施政纲领的协定。

为了能够通过让左翼的两大党之间的分歧公开化来挫败这种企图，蓬皮杜宣布，他打算恢复就是否批准让英国加入欧洲经济共同体的条约举行公民投票的程序。这一策略果然不错。因为共产党发出指示，在 4 月份举行的公民投票中投反对票，以此表明其对一体化的敌视；而社会党人虽然赞同共同市场向英国开放，却因为不愿落入国家元首的圈套而发布了投弃权票的指示。但是，这一中途发生的小事故没有阻止相关的三大党在 1972 年 6 月 27 日签署了一项《共同施政纲领》。这一事件使法国政治的前景可能发生巨大改变，因为人们完全可以想到，终于取得和解的左翼（自 1947 年以来这还是第一次）将对选民产生的吸引力，远大于围绕着某个普通的选举协定而形成的政党联盟。不过，这样一种选举协定在 1967 年就足以威胁到戴高乐主义的多数派。从共和国总统和政府成员开始，每个人都心里明白，在 1968 年事件的直接影响下选出的国民议会，在 1973 年正常结束任期时不可能“重新获得”。法国从此将进入一场多数派与左翼联盟分庭抗礼、成果各异、持久不衰的选举战之中。

1972 年 7 月初，蓬皮杜总统通过让沙邦-戴尔马辞职摆脱了这位总理，他在这一过程中所采取的做法此后在第五共和国成了一种惯例，即辞职相当于“得到本人同意的解职”。沙邦-戴尔马的个人威信部分地因为《鸭鸣报》披露了他的税单而受损，他有点过于无拘无束的风格，以及在电视屏幕上明显显得不够灵巧，尤其是他力保的合同政策陷入困境，凡此种种，皆令共和国总统觉得，此公不是一位最适于领导多数派投入选举战的政府首脑。为了赋予这种责任，乔治·蓬皮杜召来了皮埃尔·梅斯梅尔，此人是一位绝对的戴高乐主义者，但其个性不是那么突出，而且或许会比其前任更加顺从地听从爱丽舍宫的指挥。在政府内部，“曾在历史上起过重要作用的”戴派分子的份额得到了加强。如果说，在这种状况下，新的政府班子没多少机会来扩大现有的多数，那么它至少可以指望挽救多数派的团结，并以这一堡垒为中心，遏制反对派的推进。

1973年3月的立法选举证实了这种预兆，因为原来的多数派尽管明显受到削弱，仍在议会中掌握支配地位，占据了473个议席中的275席。虽然失去了90个议席，保卫共和联盟仍是多数派中的第一大党。左派的进展，尤其是社会党这边能明显感到的进展，仍然受到限制（其获得了176席，而在1967年和1968年分别是91席和193席）。改良主义中间派组成的反对派则毫无进展。在这种状况下，延续性显得注定可以让人接受，而皮埃尔·梅斯梅尔亦可继续执掌总理大权。除了将一个部长职位，亦即外交部长一职赋予米歇尔·若贝尔——此人原为爱丽舍宫的秘书长，堪称国家元首的亲信，他的政府班子只是
987 略微作了调整。国际形势的演变很快就让这一任命显得更加突出，并赋予蓬皮杜总统的最后一年任期一种强烈的戴高乐派色彩。

外交政策的影响

较之戴高乐将军的外交政策所顺延的脊线，蓬皮杜按理应为7年的任期的最初几年实际上处于退缩状态。通过撤销戴高乐对英国申请加入共同市场的否决，主动地重新推动欧洲建设，蓬皮杜似乎希望同时向反对派中的中间派人士交出某些抵押品，并对法国的亲密伙伴作出一些安抚，后者10年来因戴高乐外交政策的捉摸不定、大起大落而经常心生不满。就东西关系这一条轴线来说，防务政策的独立得到了维持（还有与法国已退出的北大西洋公约组织的关系似乎得到了改善），并在美国与东方国家各自作出的诱惑之间小心翼翼地保持平衡。蓬皮杜总统甚至还是首位造访中华人民共和国的法国总统，在先后于1970年2月和1970年10月对美国和苏联进行礼节性访问之后，他在1973年9月访问了中华人民共和国。就南北关系这条轴线来讲，法国的领导人们显得像是希望优先考虑一种“地中海政策”，这一政策从

来没有被清晰地加以界定，但其动力显得是来自这种考虑，即确保石油供应的需要，以及力图恢复与阿拉伯国家的特殊关系。

这种由三部分组成的战略始终遇到了多种障碍。虽然允许英国加入欧洲共同体使法国人得以获得可用来平衡联邦德国的影响的砝码，但它却不利于实施邦联计划——此事将处于错综复杂的谈判之中，不过，法国人既无能为力，同时又有点不安地看到了联邦德国的东方政策的进展，而这种东方政策带来了联邦德国与苏联关系的正常化，并使联邦德国由此摆脱一种曾严重地妨碍其外交行动自由的障碍。就东西方关系的轴线来说，美国毫不迟疑地扭转了自己的外交战略，其具体举措包括与中国建交，寻求与苏联缓和关系——这种缓和通过在1972年签订的限制战略武器条约，以及尼克松与勃列日涅夫在1973年6月签订的协定得到了体现。人们从中可以看到，两个超级大国意欲共同主宰国际事务。欧洲与法国被排除在了这场游戏之外，但让法国聊以自慰的是，它充当了谋求解决印度支那问题的国际会议的东道国。欧洲和法国同样因美国在1971年8月15日采取的货币与商业方面的措施而饱受打击，这些措施将逐渐地引发二战结束后不久建立的国际货币制度的清算，并威胁到贸易的稳定。至于“地中海政策”，它几乎立即就因与阿尔及利亚在石油问题上发生的冲突而受挫，后者在1971年通过国有化清偿了法国根据埃维昂协定在这一部门保留的股权。如果说戴高乐的外交政策始终得到肯定的延续性确实得到了维持的话，那么，它只是通过一种次要的方式，并伴随着不如说是乏善可陈的结果来维持的：因为迅速地暴露出法国外交似乎正向一种不太好的唯利是图的方向逐渐演变，所以某些既纯粹又顽固的戴高乐主义者焦急难耐。

这方面的觉醒来自1973年10月爆发的“赎罪日”战争。面对新的阿以冲突，米歇尔·若贝尔也强烈地采取了戴高乐将军在1967年曾有过的支持阿拉伯事业的立场。诚然，法国的外交在解决相关冲突方面所起的作用不是很大，起决定作用的仍还是美苏之间的交易。但是，一旦冲突结束，这位法国外交部长即增强了主动性。1973年11月，

他在西欧联盟代表大会上提出了一种关于欧洲防务的想法，翌月，他
又在哥本哈根签署了关于欧洲特性的宣言，在这一宣言中，9 个成员
988 国保证，“在国际事务中以同一种声音说话”。不过，只是在石油危机
的解决过程中，法国的地位才尤其显得突出。米歇尔·若贝尔不仅在西方国家的所有代表中单枪匹马地反对美国提出的关于建立国际能源机构的建议，而且他还在阿尔及尔会见了布迈丁总统，并与他一起为 1974 年联合国大会关于原材料问题的特别会议奠定了基础。一个起来反抗美国统治并准备充当第三世界的优先对话者的法国，这就是能让人回想起戴高乐外交的辉煌岁月的行为。即便它不再如同 1960 年代那样涉及到一场巨人之间的斗争，但是，大卫对巨人展开的英勇斗争似乎表明，戴高乐主义的影响并未消失，第五共和国政体可以在一种大胆的外交政策中，找到补偿它在国内事务中遭受的困难的方式。不管怎么说，这正是乔治·蓬皮杜的溘然去世使这些企图得以实现的过程突然中止时，留在许多人脑海中的图像。

吉斯卡尔的共和国

1974 年 4 月 3 日起展开的“继承战”，标志着第五共和国历史开始了一个新的时期。如同在 1965 年一样，左翼团结在弗朗索瓦·密特朗的标记下并肩战斗，并且还首次打出了 1972 年通过的《共同施政纲领》的旗号。左翼此役可谓功亏一篑，因为在第二轮投票时，在总共 2600 万张选票中，两位对垒的候选人各自获得的选票最多相差 42.5 万票。新的因素尤其来自这样一种事实，即在竞选中胜出的人并非一位戴高乐派人士（雅克·沙邦-戴尔马因在第一轮只获得 15%的选票而被淘汰出局），而是一位独立派人士的领头人瓦莱里·吉斯卡尔·德斯坦。

那么，人们是否可以说共和国改换门庭了呢？首先，一些表面现象显得延续性一仍其旧。雅克·希拉克，这位戴高乐派领导人中少有的积极支持原担任财政部长的吉斯卡尔·德斯坦出马竞选总统者，被赋予了总理一职。保卫新共和联盟仍在国民议会中占据多数。但是，

戴高乐派分子已不再在政府中占据多数。人们在这届政府当中看到，除了有新国家元首的亲信，还有改革中心的一些代表，后者此前一直既拒绝支持戴高乐将军，也拒绝支持蓬皮杜总统。更有甚者，政府班子的重心亦有移动（说到底，这纯粹反映了在总统选举中对吉斯卡尔·德斯坦表示支持的选民的逐渐变化），新的重心已转到新任国家元首这里。

受过科学训练（毕业于巴黎综合工科学校），并曾就读于办学历史不长的国立行政学院，瓦莱里·吉斯卡尔·德斯坦很早就步入政界，起初是作为国民议会议员（1954 年），接着是作为国务秘书和财政部长——他曾两度出任财政部长，其一是 1959 年到 1966 年，其二是 1969 年到 1974 年。因而，他的经历紧紧地和第五共和国体制联系在了一起。但是，这位既年轻又出类拔萃的部长——他在议会讲坛上侃侃而谈时的风采早已为媒体和公众所熟知——可能担心的却惟有不折不扣地忠诚于戴高乐主义的戴派分子。之所以如此，原因有三：首先，因为他不是那些人的同道；其次，是因为人们可能会指责他曾建议大家在 1969 年 4 月的公民投票中投反对票，而正是这次公民投票加速了戴高乐的退出政坛；最后，则是因为他公开而直截了当地宣称，法国渴望以不左不右的中间立场来加以治理。除了上述客观事实，还出现了仅凭揣测意图来进行的指控，这些指控可能会为多数派的内部以及多数派与反对派之间的争论火上加油。

在此，出现了历史上屡见不鲜的反常现象中的一种：正是通过依靠第五共和国体制带有戴高乐主义色彩的各种制度，共和国总统才得以保持对政治局势的控制；而且，正是通过拿外交领域中的困难来大 989
做文章，他才得以遏制国内各种反对派的推进。

政治力量的角逐

瓦莱里·吉斯卡尔·德斯坦不得不面对的威胁有二：一个是反对派在选举中取得的成就，另一个则是多数派的分裂。两种威胁哪种让他更觉得可怕，却很难说。

在其总统任期的头两年，政治力量的角逐呈现的是一种两极化的态势。在多数派这一边，总统力图通过一种比其前任更为直接和放松的方式来博取舆论的好感。他在这一方面因其年轻和在电视上的表现令人赞叹而受益良多。与此同时，他力图让一种自由主义在立法和习俗中占据上风，对于这种自由主义，坊间可谓毁誉不一，尤其是一些人担心它是对一种“宽容的社会”的正式确认。至于总理，他负责日常事务的管理，在议会与议员们交锋，并在与因石油产品涨价而造成的社会经济状况更为困难的条件下，同各种社会力量进行谈判。众所周知，恼恨与低声埋怨在戴高乐主义的阵营当中颇为盛行，但如同宁愿维持不和而不愿离婚的资产阶级家庭一样，面子总算是保住了。

然而，分道扬镳还是在1976年夏天到来，对此，人们很难说该由谁来承担责任。雅克·希拉克的辞职信有如一份针对共和国总统的“过于宽容”的起诉书，但共和国总统随即亦不失时机地宣称，通货膨胀率与失业率的上升得归咎于其总理的软弱无能与缺乏预见。至此，戴高乐派分子与总统的支持者之间的决裂已成定局。希拉克毫不迟疑地通过建立一个新的组织——保卫共和联盟（1976年12月）并担任该组织的激情洋溢的主席，重新把戴高乐派控制在了自己手里，而在共和国总统的支持者这一边，也出现了重新组合，并最终在1978年立法选举前夕组成了一个选举同盟——保卫法兰西民主同盟，它虽然是有点拼凑而成，但对多数派选民中希望与戴高乐派划清界限者的吸引人却颇大。这一策略显得富有成效，因为保卫共和联盟失去了30个议席（它只获得了153席，而在1973年时为183席），而保卫法兰西民主同盟则以137人当选或与之联合，较之1973年大致增加了30个议席。翌年，保卫法兰西民主同盟更是在欧洲选举中明显地超过了保卫共和同盟（前者获得了28%的选票，后者只获得了17%的选票）。虽然戴高乐主义派仍是一支不容忽视的力量，但它已显得只能成为与其他政治派别一样的政治派别，惟有一场戏剧性的社会危机才有可能重新赋予它机会，并使它得以重新入主爱丽舍宫。

在多数派内部的各种力量发生重组的同时，多数派与左翼反对派之间发生的另一场战斗也在展开。面对总统这一派的力量，左翼同盟的力量显得注定要在一种潜在的，以通货膨胀、失业和货币方面的困难为特征的经济危机的氛围中获取自己的成果。在1976年春天的区级选举中，左翼明显地超过了多数派。尽管出现了雷蒙·巴尔——此人系政治经济学教授、前布鲁塞尔委员会成员，自1976年年初以来，在希拉克政府中担任外贸部长——带来的复兴，但舆论继续对多数派表示不满，后者在1977年的市镇选举中又遭受了新的失败。不管是属于哪个派别的观察家当时都认为，现在的多数派没有多大可能在定于1978年3月举行的立法选举中获胜。左翼的胜利看来会开始一场政体的危机，因为人们不怎么认为，吉斯卡尔·德斯坦总统的自由主义信念可与左翼纲领中列出的结构改革的实施协调一致。国家元首与政府之间发生一场冲突的前景，解散国民议会或共和国总统辞职的可能性，990
无疑对选举天平产生了重大影响。但是，肯定是因为共同纲领的签订者们公开了他们的分歧而确认了自身的失败。通过主动提出就1972年的共同纲领"重新谈判"，共产党在1977年初夏着手采取一种竞相许诺的做法，而此举势必迫使其伙伴，即社会党人与激进党人要么屈从于他们，要么在右翼那边遭到抵制。毋庸置疑，鉴于该联盟的活力尤其有利于社会党人，共产党希望以此在左翼联盟内部重新获得主动权，因为若获得这种主动权，它就有望在未来的左翼政府当中取得一种支配地位。但是，很可能是因为共产党的领导人们对这种手段的结果并不抱有幻想，所以他们宁愿暂时寄希望于多数派的获胜，并最终寄希望于社会党的分裂。这样一来，他们就不必为在困难局势下不得不采取的不受欢迎的措施去承担责任，并在资本主义危机达到骑虎难下的地步时，以有利的地位进入到政府。对于一个自认为肯定是沿着历史发展的方向前进的政党来说，时间因素关系不大，最终夺取政权的战略，比与一个过于强大的盟友联手行使政权的战略更为重要。

1977年9月23日，左派关于实施共同纲领的谈判破裂——对于这一消息，法国人始终深感意外。左翼政党将在没有政治纲领的情况下，分别投入选战，并满足于在第一轮投票后不久，草率地达成一项不足以扭转趋势的退出竞选的协议。左翼获得了大致为49%的选票，但因为受到多数两轮投票制的不利影响，只获得了 201 个议席。共产党获得了高达 20.6％的得票率，但只赢得了 12 个议席，而社会党以 22.6％的得票率居于左翼政党之首，却仅仅得到了 9 个议席。

多数派勉强保住了政权；但是，法国这个向来被人们认为是分成彼此对立的两大部分的国家，从此被划分出四个政治家族，这四个政治家族注定得在两条战线持续作战，也就是说既要为了保护自己的特性与其竞争者相斗，同时又要与自己的对手战斗。这种力量分布在某种程度上便于国家元首发挥仲裁作用，不过，它迫使各政党为迎战 1981 年的选举而施展巧妙的手段。正是在这种全新的“政治风景”之中，吉斯卡尔·德斯坦的 7 年任期走向结束。

外交政策

如果说多数派需把自己的获救归因于反对派的分裂，那么，虽然有点不合常理，它亦同样受益于国际舞台上的风云变幻。然而，吉斯卡尔·德斯坦总统的外交政策颇为让人琢磨不透。在有些方面，他毫不犹豫地接受了戴高乐主义的遗产：首先是通过他直接并且亲自处理事务的方式，把该由外交部负责的事情托付给一些高级职员；其次是通过他关心亲自并且积极参与处理重要的与时事相关的案卷。但是，他在这样做的时候有他自己的风格，亦即与其说像一位战略家或外交家，不如说更像是一名对问题的复杂性了如指掌的技术人员。以下诸多创举似可归功于一种新型的“世界主义”：其一，创建欧洲理事会，此举提供了一种可与罗马条约规定的制度相匹配的机制，使国家元首与政府首脑得以定期召开商讨欧洲问题的峰会；其二，举行南北国家会议，这一会议于 1976 年在巴黎举行，会议之前，吉斯卡尔·德斯坦
991 曾对阿尔及尔作了一次历史性的访问；其三，维持在美苏两国之间的平衡以及防务政策的平衡——对此，人们众说纷纭，尤其是在戴高乐派分子那里引起了较大的争议。不过，如果考虑到凭揣测意图来指控以及局势的因素，那么，军事、外交方面的大方向还是得到了维持。

折衷主义和姑息手段往往会引来争论。中间派人士期待着新国家元首推出重大的欧洲政策。他们被告知，欧洲在“行进”，欧洲唯一

具有的一体化前景是组成一种不明确的邦联，或者还有在 1979 年通过直接的普选选出的斯特拉斯堡议会，这一议会将满足于根据罗马条约赋予它的种种权力。在南北国家会议失败之后，法国在支持第三世界方面并未推出非同寻常的举措，而且，与阿尔及利亚的关系，在撒哈拉危机最为激烈的时候亦历经艰难。法国的打击力量得到了维持与加强，但这只是一场辩论的结果，在这一辩论中，陆军总参谋部力主的“交战”战略未能压倒“威慑”战略。华盛顿与莫斯科之间所保持的表面上的平衡，只能掩盖这样的事实，即大西洋这边的国家更希望维持这种平衡，尤其是在涉及解决财政与经济问题时更是如此。

不过，1980 年 5 月的华沙之行——吉斯卡尔·德斯坦在此行中会晤了勃列日涅夫，但却空手而归——留下了令人遗憾的印象，让人觉得法国在向一个刚刚对阿富汗进行侵略与军事占领的国家施行一种绥靖政策。

法国采取过冒险行动的唯一领域是非洲事务。自 1960 年代中期以来有所松弛的与黑非洲的特殊关系得到了恢复，它甚至超越了原有的法国领地的界限。更有甚者，为了保护当地的现有政权，法国还毫不犹豫地对乍得与扎伊尔进行了成果各异的军事干涉，而在中非进行的军事干涉，则是为了结束博卡萨皇帝的血腥独裁统治。

经过深思熟虑的这种政策显得相当不错，尽管（或者是因为）其在某些方面带有只有愿望没有行动的特征，以至于它在法国国内赢得了大多数选民的支持。1978 年选举战役的主题，显示出大多数人如同支持维持法国独立的打击力量一样，赞同继续推进欧洲建设。这种在 1960 年代曾引起激烈争论的相关问题上表现出来的一致性，并没有明显地免除不可告人的想法，后者或许就是通过冒险地尝试重新评价法国在外交领域里的义务，来争取那些曾在这一问题上支持左翼政党的选民。外交政策方面的延续性由此充当了国内政策的调节器。但是，尤其是国际舞台上的混乱与动荡——对于这一景象，国家元首始终在小心翼翼地加以利用——让政府的政策受益匪浅。在这一舞台上，产油国充当了替罪羊，意大利或英国的国内动乱充当了陪衬物，联邦德国的繁荣充当了楷模，世界性的平衡方面正在发生的变化，为法国的作为有失平庸作了辩解，而法国的日常生活面对暴力事件到处蔓延时仍能相对平静，则无疑是一种安慰。从理智的角度来看无可非议的这些论证，却显得不便于让舆论倒向选择顺从。主张采取强硬措施者不乏抵制之举，但他们未能，或至少是暂时没有提出足以替代这种世界主义——在这种世界主义中，法国试图退回到采取守势——的做法。惟有未来可以决定吉斯卡尔·德斯坦总统是否为法国选择了明智的道路或放弃的道路。不管怎么说，外部的困难将为遏制国内的请愿浪潮提供帮助。

无论对其 7 年任期如何总结，瓦莱里·吉斯卡尔·德斯坦呈现出了这样一个特征，这就是他是 1962 年宪法改革以来首位干满正常任期
992 的总统。准备赢得 1981 年总统选举的竞争热情表明，这种改革已经为大家普遍接受。如同这一选举的参与程度极高所显示的那样，它在舆论中颇受欢迎，而且，它亦被大多数政治阶级作为游戏规则予以接受，这些政治阶级的主要领导人们，为赢得相关机构最为关键的位置——这一位置从此以后处在了爱丽舍宫——而投入竞选活动。

虽然这一改革值得肯定，但它绝非始终具有决定性的作用。人们有待知道，这一体制是否能够经受改换门庭和左右共治的双重考验。对于这一问题的答案，将在 1990 年代给出。

第三十二章　文化表述与传播 993

1945—1980年，未来走向?

本章的内容、地位和目的，就其自身而言，具有深刻的意义，甚至显得有些不同寻常。过去，艺术和文学只是历史学家的仓促之作，穿插在众多重大历史事件比如王朝更迭、革命动乱、战争、和约、政治危难、社会和经济危机之间；如今，它们以广泛模糊的“文化”之名，在历史书籍里，引发人们的共鸣，形成了震撼和冲击，庄严而又短暂地实现了和谐统一。

时代的象征，易于描绘，却难以研读。怀着勾勒一定时期文化历史的意图，我们所能做的，至少可以自问什么是文化，并且试着找到答案。而这个答案无疑是冒险而大胆的，因为我们考虑的对象是刚刚经历的时代，或者说，是正在经历和介入的时代；尤其这段时期相对而言并非是停滞的、定性的，或者说完全是不可定性的，它所承载的文化影响和分量，纷繁复杂，导向不可未知、充满想象的将来。

正因如此，我们必须想象。否则现在，稍瞬即逝的现时，即我们探讨的对象，不仅变得难以解释，而且毫不现实。总之，哪怕充满多样性和矛盾性，甚至各执一词，或者存在误解，我们关于文化——我们常常挂在嘴边，可是不愿直呼其名；因此，蒙泰朗认为：“人们害怕说‘文化’，因为要对文化做出定义是不可能的。”——的概念，以及这一概念在未来的投射，才是我们历史的核心，其重要性远远超过过去四十年间的文化行为和成就——亦有人称：已故文化。抑或，如果人们愿意的话，文化行为，特别是1968年以后的文化行为，就是对文化和现有文化整体的质疑和诘问：我们不去探询、扭曲或者摧毁存在的一切。抛开所有关于文化的定义，科学的，任意扩充或是缩略的；我们发现：现代西方两大思想倾向平分天下：一为“简化型”，二为
994 “广延型”，也就是人们所说的“结构的”和“存在的”。20世纪整整75年间最具代表性的两大“思潮”最终确立，它们是“存在主义”和“结构主义”。

学者渐渐退出人们的视线：他们已经属于过去。然而风靡西方一个世纪，历史更为久远的两大“思潮”，在目睹其他思想流派从兴起到衰落之后：马克思主义、弗洛伊德理论至今仍然对峙着。尼采之后，“上帝死了”。一切，只要是上帝的，神灵的，就会丧失生命力和作用力。

我们因此就能对孕育虚无主义文化（生物意义）的古老基督教义妄加议论吗？不要忘记，有人不厌其烦地提醒我们：人类也已走向灭亡。尽管这句话似乎越来越不确信；而且倾听的人也越来越少，显得更加漫不经心。

因此，我们讨论的正是人类自身，也是文化自身存亡的问题。不过，首先什么是文化？狭义的文化：就是金字塔顶；高雅的文化。必要的，也是点缀的——对于人类历史和社会，文化位于宗教和民族之后（因此，历史书籍里，文化遭遇边缘化），甚至有的时候几乎成为纯粹的摆设。于是，文化出现局限性：超越文化的文化。根据哲学解释和自身含义：阶层文化，即特权文化，属于贵族阶层的特权；或者，世世代代的传承：简而言之，人文主义。这恰恰就是我们赖以生存的文化。无可取代。科学就其本质而言，无法建立人类的人文主义，取代人文主义的人类。这种文化受到质疑、威胁和憎恶；尽管同时，不可避免地掺杂着一丝喜爱。人类天性是矛盾的，文化也是矛盾的，所以，文化总是徘徊于死亡和重生之间，如同人们在两种荒唐可笑的态度之间摇摆不定：要

么完全否定、摒弃，全面革新；要么，为了大众，从特权者手中夺回文化，使之神圣化：至高无上，不可触犯。

第二种态度将我们引向第二类文化：与特权文化并存的大众文化。很快人们发现大众文化与特权文化的唯一区别在于文化传播的受众。工业文化，文化工业，通过大众传媒、旅行社（旅行、饮食、休闲，只是令人称奇的移动场景）、《周报》、连环画、娱乐杂志、暴力刊物（公正的社会学家认为所有图书以及读物都归功于文化；任何事物都会诱发“反面”，并且趋向“反面”，反文化，对于文化而言，必然具有一定价值），文化被生产，被复制，被传播、被商业化；受众数量可观，但是也被同化，被贬低。如同大型连锁商店，按照高级时装的模式，永无休止地进行复制，向所有顾客输出同一商品。

当然也有观点认为：所有人都应拥有真正的迪奥。贵族文化应该得到普及，吸收新的成员，实现由上而下的民主。换句话说，少数人的太阳能够成为普照万民的光辉。尽管有人认为纯属空想，但是，马尔罗满怀雄心壮志：文化的目的在于引领每个人瞻仰想象的殿堂，倾 995
听寂静的声音，走向精神和感观的“王家大道”；人文主义成为人类共有的财富。

法国文化广播电台，“文化之家”，可以说是这种文化的雏形。然而与此同时，也会出现一些反对的声音。一是，相信理想的真诚以及认为有可能达到目标的人们；二是，认为“这种文化的天堂就是地狱”的人们。他们认为与其利用文化塑造人类，不如摧毁文化，让人们得到重生。这就是文化革命的宗旨和原则。任何有理性的人，都有充分的理由去怀疑。文化尽管有着这样或那样的优点，仍然倾向于在另一种文化中拯救灵魂，祈求永福。

另一种文化，等待人类的建构。它源于前面两种文化，可是与之抗衡，形成辩证的存在。这是一种自我更新、自我创造的文化，既非特权或者少数团体对于知识的占有，也非文化产品的消费，而主要植根于“创造性”。最终这种文化成为——意识和幻觉的呈现——生命的创造，充满愉悦和满足。唯一的担忧是即使最为真诚的创造者，也会提倡,甚至强加入自己的幸福观念。万事万物皆倾向如此，人们应当时刻警惕全民文化衍变成为极权文化。

无论如何，反对无生机的文化，向往活力充沛的文化（由爱神厄洛斯赋予、灌溉及延续的生命）——性爱，就是象征和宣言，通过破坏获得绝对快乐的绝对解放：萨德——这是 1968 年春天自发兴起的“五月风暴”的诉求；虽然，我们并不知道，作为导火索的马尔库塞，有意或者无意间，到底起了多大作用？当然“没人看过马尔库塞的作品”，如果我们相信革命领袖的说辞——顺便提一句，这就无法证明他们，无论教师还是学生，是因为过度阅读而犯下过失；其实根本不需要去读，马尔库塞的思想早已弥漫在空气中，潜移默化。

各种思想的共同影响，最终掀起“五月风暴”；其中不乏两股力量的推动，并在随后数年逐渐扩大和发展，产生不可估量的影响。十年前人们还对“生态学”一无所知。但随着人们不断赋予新的含义和情感内涵，如今成为时代的热门词汇。另一方面，女性主义几乎仍旧代表边缘人物的社会政治诉求。“女性解放”运动（特殊话语，“女性写作”），渴望颠覆传统的社会秩序。五月暴动的中心思想，就是女性获得对身体完全的、自由的支配：针对男性（性解放，至少是原则上的；消除性别歧视和等级划分）；针对社会与宗教（摒弃“自然”功能观念；建立合乎情理的法律：避孕以及流产的立法）。这些抗议和要求理应引起强烈的反响，甚至激烈的争论，然而事与愿违，迎接她们的却是冷漠和无动于衷。

正好相反，生态运动几乎成为人人接受、认可、支持和参与的“文化理念”，甚至许多政治机构也被迫投以关注的目光。生态运动就是重新思索本质问题：工业技术文明，经济持续增长的神话，“进步”
996 的概念、手段和目的。这种思索（受到科学的启示），不仅源于人们对“能源”破坏的意识和担忧，对文化以及人类社会堕落的担忧，也是源于地球最终走向灭亡的担忧，曾经被认为取之不尽的资源及“财富”逐渐枯竭，首当其冲的就是水和空气。

由于女性与自然之间的某种共通，女性自然而然地关注生态问题，发展生态意识，两种不满现实的思潮在濒临死亡的社会——而这正是人类自食苦果，他们创造社会，并且只为人类服务（当然这里的人类指代男性）——越走越近。女性解放运动和生态主义运动，具有双重意义的彻底革新，完全超越大同小异、互为利用的“主流”意识形态。我们应该记住，女性群体对于“解放”做出的种种阐释恰恰说明——实践亦是如此——一个时常被忽略的现实：自由的本质在于任何自由都不是必然的。

现代意义的文化，要求我们——至少暂时——突破以往狭义文化和“贵族”文化——我们称为“精英文化”——的局限，还原人类在历史演变过程中，或者更为确切地说，在社会历史的演变过程中思想的变迁，任何形式的创造以及知识的获得。在此我们有必要重申：文化投向社会、表现社会以及象征社会。文化无处不在：暴力，恐怖主义，规模主义（建筑，技术），汽车狂热（也是全球普遍现象，但是在法国极具破坏性，甚至连总统也不能免受其影响），毒品，“嬉皮士”，道德危机，对宗教信仰的漠视，与此同时，新的宗教信仰产生（不同宗教派别的极端化，印度教派，等等）。关于性解放，至少理论上，人们怀疑是否成为另一形式的修正、约束和消费刺激（以“性解放”为噱头的广告就是证明）。总之，文化走向了自由的反面。

无论如何，根据文化的定义，我们始终在两种态度之间左右摇摆：平民大众的文化普及，即普适文化，普通人也能够与苏格拉底在柱廊旁高谈阔论；或者，文化就是一切，是生命，是福祉。然而，我们大可不必拘泥于此，两种态度尤其后者，作为一种复杂和重要的社会想象——文化层面的，也许也是历史层面的，毫无疑问已经成为世纪后期的标志和主导，我们称之为未来的第一道曙光。

一、政治舞台的想象 997

如果要对近期文化资产（既然不得不用这个经济词汇）或者文化遗产做出总结，可供选择的作品不计其数，按照传统方式，依据作品

“价值”以及类型，可以分为哲学、科学、文学和艺术。这些作品构成文化的内涵，如今——人们开始感受过去——充其量被视为美丽的偶然，时间的风化和历史的沉淀。但是在此之前，还是有必要探讨一下知识分子，尤其是文学创作者在法国社会和政治领域的地位和功能。

知识分子是优越的，尽管也要忍受各种地位、各个阶层的权贵和名人都会遭遇的非议。但是无论如何，作家曾经享有的，以及仍在享有的尊重——对于中产阶级来说，艺术家更加不值得信任——仍然令人心生向往，并让众多国外作家羡慕不已。第三共和国期间，作家的地位高高在上，不过仅限于精神层面。由于“文化政策”的缺失，所有政体里面，第三共和国的文化功能回归到最为简单的用途——文学艺术的资助者。即便如此，在设立博物馆的巨额开销面前，政府也感到捉襟见肘，对于作家来说，只要不参与国家政治事务（当然包括革命），他们的地位就能得到官方的认可和支持。巴雷斯、阿纳托尔·法朗士之流充当旗帜、军号、陪衬和宣传工具，走在良知的边缘。他们审时度势，装聋作哑，从来没有权力，更谈不上什么影响。那么在共和国后期，是否有所改变？儒勒·罗曼摆出一副秘密顾问的姿态，提醒国家警惕纳粹白色政权的倾向。吉罗杜响应国家号召唤醒民族热情和血性之前，早在政坛有所作为。当战争阴云笼罩，人们失去欢笑冲动的时候，国家认为应该推出一位官方喜剧文人，于是萨沙·吉特里这位御用“莫里哀”登场了。同时，御用凡尔赛也登场了。1937年博览会，转眼间即将化为废墟的建筑和花园里，人们正在欢庆，40个国家的部长、大使和代表聚集在此参加大型闭幕晚宴，其中不乏德国代表——塞纳河畔，早已飘起纳粹卐字旗帜，我们看到，于是萨沙·吉特里在议长之后起身发言，赞颂法国精神，法国文学的辉煌传统以及文化，更加确切地说是法国文化。仿佛一幕悲喜剧中发人深省的场景，天才皮埃罗面容苍白，穿着一袭黑衣，在阴云密布的欧洲夜幕上空投射信号弹。

战争一旦拉开帷幕，形势大为改观。知识分子的政治参与日益重要。那些反动力量，或者缺乏思想的人，甚至具有毁灭性的影响。即使蒙泰朗远离政治的高傲姿态，也有一定意义。终于，在阿尔及利亚战争期间，左拉式的人物大批涌现，《我控诉!》式的文字变得平常。与此同时，政坛对文人的态度也发生了变化。1944 年后，一股新生力量登上“艺术”宝座，以往才华出众可是碌碌无为的官方文人和“二等政客”黯然退出历史舞台。我们重新回到过去的“恶”习，继夏多布里昂、拉马丁后，伟大的作家再次参与政治。

当然，我指的是安德烈·马尔罗；而且，我说“参与”而不是“获得”，也不是“占有”，更不是“成为”政权。因为，对于能够代表国家、政权和法律的作家而言，政治光环似乎已经遮蔽和掩盖艺术的 998
想象，而其真正的力量恰恰源于后者。现在，我们再也无法，或者几乎无法见证如此完美的结合。拿破仑·波拿巴的身上有着夏多布里昂的影子；或者，夏多布里昂的政治抱负与文学才能密不可分。夏多布里昂、博絮埃、圣西门和莎士比亚式的人物掌握了权力。登上政治舞台的他们强烈呼吁想象和创造的空间，并且如愿以偿。

这与我们之前谈论的内容有所不同，但同样是我们关注的问题且无伤大雅。也许，这是第一次也是最后一次，我们看到世纪中叶的 30 年间，文学创作以及作者才赋紧跟时代，表现时代——不管愿意与否，他的一生，无论曲折的情节还是终场的落幕，都是独一无二的——人物、演员以及作者合而为一，以现时为依据进行创作，并且加以演绎。然而这并非全部：在幕间或是散场的时候，作家仍在撰写他的《墓外回忆录》。

如果说，在人类历史上，曾经有哲学家参与政权的话，马可·奥里略（公元 121—180 年）就是典型例子，但是，无需证明他的半途而废,因为很快他就否认曾经学习哲学的经历。在此之前，柏拉图早就认识到：“哲学王”一旦朝王位迈进一步，其哲学之路也就从此结束；国王之间的相互影响远远不止学问方面。尤其当这位君主只是学识平庸或者冒充有识之士的碌碌之辈，哲学对于他们而言，只是一时的权宜之策，不得已而求其次：伏尔泰的学生弗雷德里希身为王储时，曾经写过《反马基雅维里》。可是不久以后当他接过权杖，立即成为高高在上的君主。

那么，现在饱受世人非议的“知识权力”到底是何物？第四种权力（或者新闻媒体与之结合而生的第五种权力？），还是化为乌有的权力？以莱奥纳多·西阿西阿为首的少数人士认为：在不久的将来，三分之一的群体将“超越现有规则”，首先就是作家、艺术家和学者。他们或是迫于无奈，或是基于天性不为政权服务。这种极端的假设就其本质而言，还不必纳入知识权力的考虑范围。

可以肯定的是，知识权力必须毫不妥协地遵循与其他权力分立的原则。换句话说，就是拒绝所谓的“权力”，仅此而已。否则人们将在权力的迷雾里丧失灵魂、智慧、深远的目光、深邃的思想以及想象力。知识权力只有在思索和想象的过程中才能发挥作用：继而控制和约束另外一种权力（内部实施民主的前提，在于外部有着强大的舆论监督）。在曾对全世界的政治家的失败进行总结的《精神》杂志上，某个人指出许多知识分子一旦进入政府部门，不管怎样的政治机构，就会立即变得平庸，因此文章提出尖锐的问题：“政治难道会让人变傻吗？”总而言之，似乎——无论何时何地——想象需要超越政权。

二、民众戏剧与阿维尼翁的剧作艺术

1944 年夏，法国掀起一场轰轰烈烈的文化革命（如果还称不上革命，至少也是文化热潮）；戏剧，无论从持续时间还是重要性，都占据了首要的地位。这是一种必然。无论从其起源、本质、天性，还是功能来说，戏剧的艺术就是大众的艺术、参与的艺术、交流的艺术。戏剧是即将来临的文化活动的核心内容，最初源于青年文化之家。

999 如果我们认为，1945 年戏剧“去中央化”仅仅只是地区行为的话，那就大大低估了它的意义。“去中央化”是对空间和观众的征服。此前，真正的戏剧大众还在沉睡，毫无自知，科波称之为“虔诚的信徒”。然而，他们大多停留在“教堂门口”，但自始至终，毫不怀疑它的存在。无论如何，这是一次重大历史事件。国家推动民族戏剧的发展，并且认为——至少在理论上——戏剧的宗旨在于服务大众。当然，为了实现这一目标，必须通过适当的方式，经历长期的准备和试验。人们不得不等待数年才看到戏剧舞台升起一轮新生的太阳。对于这股新兴力量，后来的人们将分析其发展历程，以及对后世的影响。

戏剧作为大众性、群体性、表演性及庆祝性的艺术，不是自发的创造，也不是个人或天才的创作，而是各种因素共同作用的结晶。要而言之，戏剧是遭遇人生变故和命运波折之时，在强烈的冲动驱使下，灵感、境遇、意愿和力量相互之间的碰撞。也许法国戏剧，必然兼具悲剧色彩和民族解放的特性。如果说，让·维拉尔最终实现了科波的梦想——后者只能通过预言希冀未来，但他之所以能够成就民族和人民戏剧的事业，也并非因为他是维拉尔，而是因为他生逢其时，“时势造就英雄”。

客观地说，时代创造了维拉尔。社会和政治环境固然重要，同时也必须有人能够抓住时机承此重任。有一男一女先后担负起了这一重任，前者是一位名叫皮埃尔·布尔当的部长，后者名叫让娜·洛朗，她是位意志坚定、热情激进的政府官员。如果没有洛朗非凡的勇气和始终不渝的坚持，很快淡出人们视野的布尔当，也只能在书本上谈论“去中央化”、戏剧节日和国家人民剧院的理想。戏剧改革，由此奠定了原型。

法国戏剧史上，维拉尔设计和创办的阿维尼翁——无论思想观念，还是演出场地——是戏剧节的先驱和原型；它的历史有待我们去书写，意义有待我们去挖掘。事实上，阿维尼翁绝对不是先存戏剧的扩展和兴起，而是真正的蜕变；或者说是本质的回归，重新的征服。请相信，我们一定是最早谈论阿维尼翁戏剧艺术的人。三十年前，还是一种理想，三十年后，成为艺术现实。这一文化“成就”如今再也无人心存质疑，即使那些曾经对此嗤之以鼻的人。阿维尼翁的衰落，意味着维拉尔艺术生命的终结。为什么呢？阿维尼翁不仅是维拉尔作为戏剧家取得的非凡成就，也象征着一种理念和艺术活力——遵循戏剧大师的原则，同时在实践中摒弃过去的空洞理论。无论从哪方面看，维拉尔都是组织者，他选择场地，为戏剧带来新的活力、启示和灵魂。人们发现，回归的戏剧艺术——接受时代的更新和洗涤——在经历长期的没落之后猛然觉醒，挣脱死亡的威胁，最终走向自由。阿维尼翁的高墙内，戏剧终于回归自我。对于“虔诚的信徒”来说，如果不是祭礼，至少也是一种盛大的庆祝仪式。

培养新人新作（唯一没有实现的愿望），重新演绎各地戏剧和名家作品，只是新生戏剧的目标之一。最重要的是，戏剧被呈献给真正的观众，实现观众和戏剧的完美结合。城市的每个角落，都是热情洋溢
1000 的戏剧舞台。只要有表演的地方，就是戏剧和观众的集体狂欢。教皇宫内的中央庭院，木板架起露天剧场，维拉尔怀着一丝崇敬而又谦卑的心情尽情演绎，舞台一直延伸到伊丽莎白一世的诞生地。因此，尽管高乃依、毕希纳、克莱斯特和缪塞都曾在此获得新生，阿维尼翁辉煌的时刻——以及最初的时刻——永远属于莎士比亚。唯一的遗憾（也许，我们可以探讨原因）是现代作家的缺席，除了个别作家，没有新生成员的加入——克洛岱尔、蒙泰朗和絮佩维埃尔——而且，他们的存在只是陪衬。

阿维尼翁戏剧节，成为舞台艺术的圣地和典范。刚开始时，它只是一次令人侧目的大胆创新。随着其影响和规模的日益壮大（事实也已证明），阿维尼翁戏剧节充满生机和活力，满足了人们长久以来的期待和需求。此后，以阿维尼翁为典型，法国迎来了戏剧的全面繁盛，地方戏剧终于得到苏醒。雷蒙·埃尔芒谢尼姆旧城导演了《尤利乌斯·恺撒》，对舞台空间的运用具有划时代意义。除此以外，值得称道的是，埃尔芒谢对新兴作家以及戏剧的关注：莫里斯·克拉维尔的《阿尔比人》和《康杜埃拉》，儒勒·鲁瓦的《美血》，让·莫然的《各取所需》，伊夫·弗洛雷纳的《金铠骑士》。这位充满激情的创作者，回溯戏剧的原生状态，并从非洲带来令人着迷的《麦克白》。虽然只是浓墨淡彩的一笔，却是人类文化少有的成就。

组织者、戏剧节以及地方剧院层出不穷。戏剧盛会在征服法国各地城镇之后，重回文化之都巴黎。值得注意的是，此时戏剧题材极为

丰富，表演充满无限的想象力。即使舞台再小，也能给予人们期望和需要的表演。甚至可以激发人们的期望和需要。戏剧节吸引数以万计的观众重新走进剧院，不仅如此，他们还可以成为表演者和参与者。因为它的存在，经典剧目走出了少数享受政府财政资助的剧院，或者所谓的“先锋”剧院。莎士比亚最终赢得无数民众的喜爱，成为法国上演率最高、家喻户晓的戏剧名家。虽然，传统经典剧目并不适合面向众多观众，也不适合露天演出，但它却在短短二十年内吸引了——无论数量还是阶层——过去三个世纪都无法召集的观众。大型音乐演奏代替室内音乐，更好地烘托出舞台气氛。一方面，受到经典作品的感召，观众——新型的、庞大的以及多元的观众——数量与日俱增；另一方面，由于经典作品和观众的共同演绎，现代戏剧表演和观众之间形成互相推动的良性循环。

如果说最初对演出空间和露天舞台的探索主要围绕古典建筑、市区和古老剧院的话，那么，让·德尚戏剧节的导演和建筑师克洛德·佩尔塞则开创了一种全新的剧院设计。最具代表性的也许就是塞特的海上剧院，它如同贝壳一般，嵌入海浪汹涌的沃邦堡垒中心，坐落在“海浪的坟墓”和灯塔脚下。

我们必须认识到，戏剧节既不是一时潮流，一种偶然，也不是可有可无的插曲，而是戏剧发展的关键阶段。毫无疑问，它也是这段时期戏剧历史的重要事件。

戏剧从沉寂走向复兴，最初的发起人和主力军还是战前的重要创 1001
作者和组织者，他们继续此前的事业直至生命的最后时刻（皮托耶夫，1939 年）。科波潜心思索与写作，并在 1949 年去世前夕，完成最后一部作品《金色面包的奇迹》。同年，他那一代所有作家中最富有和最慷慨的杜兰逝世；接着，巴蒂、茹维（和杜兰一样来自科波的老鸽舍剧院），后者将吉罗杜死后出版的三部作品当中的两部搬上舞台（《夏约的疯女》，1945 年；《贝拉克的阿波罗》，1947 年）。其第三部作品《为了吕克莱斯》，则由巴罗于 1953 年改编执导。

战后，勒诺-巴罗剧团成为重要的历史事件。虽然几经变迁和沉浮，剧团为了法国和世界戏剧的发展，始终坚持“延伸”创作，即经典剧目的全新演绎和心怀好奇的现代研究二者结合。在尤内斯库和贝克特之前，让-路易·巴罗首推克洛岱尔的作品《缎鞋》以及禁演剧目《正午的分割》，由埃德维热·弗耶尔倾情演绎。至此，克洛岱尔的所有作品都被搬上各种各样的戏剧舞台，包括《黄金头》。与此同时，巴罗不断追求新的表现手段，《缎鞋》（直到1980年，长达6小时的完整版）及《克里斯朵夫·哥伦布》（1975年，由达斯泰担任舞台时装设计）是这一时期的主要成果。半个世纪以来，对于大多数人来说，克洛岱尔的剧本几乎无人问津，如同定格乐谱的音乐无人演奏和聆听。戏剧只有找到真正的舞台，才能获得生命。如今几乎没有一部作品能够与之媲美。克洛岱尔主宰了我们的时代。但是，他的作品属于我们的时代吗？还是属于“我们的未来”？显然，谁也不知道上帝的安排。一方面，存在很大风险；另一方面，还有流传和永存的希望。

尽管如此，战前从事戏剧创作的人们仍然坚持着，发展着，戏剧作品不断涌现：阿尔芒·萨拉克鲁、马塞尔·阿沙尔、克洛德-安德烈·普杰、乔治·内沃、安德烈·奥贝、科克托、儒勒·罗曼、莫里亚克。他们中间的阿努伊更加接近我们的时代，他惯用娴熟的手法表现古代英雄和神话故事（《安提戈涅》《尤丽狄丝》《罗密欧与让内特》，《阿卢埃特》）。除此之外，三位作家也开始投身戏剧领域，其中一位年龄稍长，早已成名（主要在小说和诗歌方面），他就是亨利·德·蒙泰朗；另外两位则迫不及待地想要成为他的接班人。随着《死去的王后》、《圣地亚哥的团长》《马拉泰斯特》《罗亚尔港》《西班牙主教》等作品的相继问世，蒙泰朗成为戏剧舞台的王者。作家运用优美的语言，悲剧的情感，借助舞台营造超越现实的世界。与之相反，阿尔贝·加缪特别是让-保罗·萨特，更强调戏剧对社会的介入。在《苍蝇》《禁闭》（1944年）、《死无葬身之地》《毕恭毕敬的妓女》（1946年）中——时代的羞耻之心似乎荡然无存，萨特在《肮脏的手》《魔鬼与上帝》（1951年）《阿尔托纳的死囚》（1959年）中，运用最传统最理性的语言和方式（除了最后一部作品），推动现时哲学（当然首先是他本人的）

和社会改革的影响。相对形而上学的意识形态，阿尔贝·加缪更加关注人类的命运，描写荒诞、绝望和反抗，讲述人与人之间的冷漠，但作者的内心仍然怀着一丝温暖，一分激情（萨特经常描写的爱情，在加缪笔下同样炽热），尽管语言时而冷酷，时而温情，却始终自然流畅、一气 1002
呵成，不会让人有任何的突兀之感。他的作品包括《误会》（1944 年）、《卡里古拉》（1945 年）、《戒严》（1948 年，被我们视为他的代表作）、《正直的人》(1949 年)；最后，去世前夕（1960 年），他发表了《修女安魂曲》(根据美国小说家福克纳的作品改编)，以及《附魔者》(陀思妥耶夫斯基)。

另外一位介入作家——尽管方式不同——是蒂埃里·莫尔尼埃，战前其学术影响与加缪不相上下，他凭借《国王的追逐》、《渎神者》、《让娜与法官》开始戏剧创作生涯，并且改编了《人类的命运》（1954 年）。令人惊讶的是，马尔罗这位悲情华丽、出类拔萃的语言大师却一直游离在戏剧之外。同期，出现了一位与克洛岱尔命运相似的作家米歇尔·德·格莱德洛德，其作品长期受到人们的冷落，在其家乡比利时甚至也无人知晓。后来安德烈·雷巴把他领进法国，从此声名大噪。格莱德洛德的作品富有表现力和爆发力，悲情，粗犷，风格鲜明（充满弗拉芒色彩)，抽象晦涩（《地狱的盛宴》,《阿尔维先生》,《巴拉巴》等等)。这种改变，标志新生时代的来临。诗歌的时代。也是思索、质疑和颠覆的时代。

几乎同一时间，让·热内走进人们的视野《女仆》（1947 年)，还有，奥迪贝尔迪《果阿-果阿》（1946 年)、《急转直下》（1947 年)、《黑色节日》(1949 年)、《身体的蚂蚁》（法兰西喜剧院)、《效应》以及《最后的骑士》(1963 年，巴洛克式的梦幻空间，介于悲壮与滑稽之间，语言的不断突破和创造)。的确，诗人的时代已经来临。亨利·皮谢特（《卢克雷阿》在国家人民剧院上演之前，奥迪贝尔迪已将皮谢特的另一作品《第十二夜》搬上舞台)，让·沃捷（《巴达上尉》，1953 年；《鲜血》，1970 年)，乔治·舍尔德（《波布勒先生》，1951 年；《瓦斯科的历史》1957 年)；独行者朱利安·格拉克写下唯一的剧本《渔夫国王》，毋庸置疑，作品的艺术魅力挑战世俗的评判标准。与此同时，在德克鲁、让-路易·巴罗和马尔索的推动下，法国哑剧也得到复兴和发展。

1950 年，正值这个世纪的分水岭，一位初出茅庐的年轻导演尤内斯库推出独幕剧《秃头歌女》——“反戏剧”——从而掀开戏剧新的一页，宣告标新立异的创作理念。尤内斯库的作品采用超现实主义的语言和视角，其表现内容荒诞抽象，主题多为夫妇，尤其是生活幽居的老年夫妇彼此的欲望和仇恨：《椅子》（1952 年）、《责任的牺牲者》（1953 年）。在尤内斯库的笔下，神秘、封闭的舞台不断延伸，为越来越多的观众所理解和认同，短幕剧因而获得不断发展：《不为钱的杀人者》，《犀牛》（1960 年），《国王正在死去》（1962 年），《渴与饥》（法兰西喜剧院，1966 年）。尤内斯库成为当之无愧的“荒诞派经典作家”。因此，蒙泰朗（《死去的王后》）和尤内斯库（《阿麦迪，脱身术》），先后当选为法兰西学士院院士也就不足为奇了。

另一位经典作家就是亚瑟·阿达莫夫，1950 年凭借《大小演习》和《进犯》两部作品脱颖而出。不知是否有人认同让·维拉尔稍具挑衅意味的评价：“我喜欢阿达莫夫甚过克洛岱尔”？但阿达莫夫，毫无疑问，属于这一时代。其作品结构松散，没有情节和心理刻画，“晦涩难懂”（显然，作者也不担心是否拥有读者），目的在于揭露资本主义工业社会造成的人性扭曲和异化（《弹子球机器》，1955 年；《保罗-保利》，1957 年）。最后，贝克特创作的《等待戈多》（1953 年），《最后的一局》（1957年），《啊，美好的日子!》（1963 年）疯疯癫癫、充满梦幻、思维混乱、语言支离破碎，表现了在冷漠的世界里，人性逐渐走向死亡，一切都是让人感到绝望的虚无。美国剧作家阿尔比认为：“戏剧创作分为前贝克特时期与后贝克特时期”。

1003 问题在于，当传统的条条框框已被打破，戏剧是否仍然存在？按照里瓦罗尔的说法，荒诞戏剧盛行时期（先锋人物贝克特、阿达莫夫或是尤内斯库，至少有一位可以称为“经典”），法国语言和文化仍然得到持续普及。1960 年，运用法语创作的西班牙剧作家阿拉巴尔加入荒诞戏剧流派，成为新兴团队的后起之秀，其他人物还有克里斯蒂安·利吉耶、弗朗索瓦·比耶杜、罗兰·迪比亚尔、阿尔芒·加蒂，以及维尔科尔《动物园》（1963年）、《俄狄浦斯》（1970年）。同时，我们不能忘记那个时代最为杰出的通俗喜剧作家安德烈·鲁森、奇幻荒诞的幻想大师马塞尔·埃梅，以及幽默逗趣的默剧演员马尔索。

此时，戏剧摈弃了所有高谈阔论，主张行为超越语言——至少超越文本语言，导演渐渐成为戏剧的中心。除了上述人物之外，还有十几位作家不得不提：从"去中央化"的先驱让·达斯泰到新型"去中央化"（即巴黎和郊区的文化发展）的领袖伊·雷托雷。但是在此我们主要提及两位最突出的革新人物安托万·布尔塞耶和罗歇·普朗松。

1968年后，法国戏剧迎来两大重要事件。首先，巴黎市立剧院十二年的辉煌成就。作为古老的市镇建筑，巴黎市立剧院并不适合现代戏剧的演出，因此人们开始对它进行改造（夏约宫的前车之鉴，无疑成为有益的启示）。拿破仑三世时期富丽堂皇的剧院最终成为一栋现代风格的建筑。在19世纪的旧址之上，坐落着由千颗太阳照耀的希腊式剧院。在曾经影响剧院的灵魂人物中，有莎拉伯恩哈特（已经成为过去）、杜兰（影响仍在），还有奈瓦尔（昔日诗人自缢的地方，成为后来的舞台）。

如果没有让·梅屈尔，巴黎市立剧院的命运将会如何？"文化活动"——陈旧的字眼在此重新找到深刻的含义，这里充满着生命和激情。每天两场演出或集会，吸引着络绎不绝的艺术家。歌曲、音乐（从卡拉扬到布莱）、舞蹈（大型国际芭蕾舞剧，当然，少不了贝雅尔），这些都是戏剧表演的陪衬或序曲。十二年间，共有37部作品被搬上舞台，其中不乏新剧首演。从经典作家莎士比亚、高乃依、马里沃，席勒到现代作家萨特、加缪、维尔科尔、阿瑟·米勒、尤内斯库、比耶杜、柯本；还有更早期的拉比什、契诃夫、皮兰德娄、布莱希特、萧伯纳、克洛岱尔（代表作品之一《交流》），等等。梅屈尔不顾社会评论的一致贬低，用事实证明吉罗杜的作品能够赢得观众的认可。剧院除了上演经典的保留剧目之外（世界巡演，从莫斯科到纽约），还有其他包罗万象的戏剧作品。在巴黎——然而不仅在巴黎——巴黎市立剧院填补了夏约宫的空白（顺便提一下，没人能够预测普朗松加入国家人民剧院），完成了国家剧院的使命，尽管只是市立剧院，影响却是全民的。在短时间内，维拉尔原先的或潜在的年轻观众，纷纷走进巴黎市立剧院。总之，当前景令人堪忧的时候，我们必须强调乐观的一面，相信法国戏剧的命运。

另一方面，由于与观众的疏离，位于夏约宫的国家人民剧院逐渐走向衰落。（在此，我想提及两位革新家：朗格，偏向理论，策划的埃皮纳勒戏剧节一度成为欧洲戏剧胜地；帕特里斯·舍罗，极具魅力的
1004 全能导演，如同维拉尔，最后转向歌剧领域）。幸运的是，夏约宫的衰落推动了国家人民剧院的“去中央化”①，在罗歇·普朗松的管理下，国家人民剧院获得新生。普朗松是先锋导演，同时也是作家，1979年，他出色地导演了品特的《无人地带》，此人是内心充满虔诚和胆识的“莎士比亚”式人物，自始至终坚持事业的初衷，以独特新颖的手法，赋予经典剧目全新的、现代的和永恒的生命，拒绝任何形式的曲解。正因为此，他的表演才能大大拉近了我们和作品之间的距离。《贝雷尼斯》，《达尔丢夫》（两种版本）就是最佳例证。总而言之，普朗松集导演、作家、演员和管理者于一身，不遗余力地推动了法国戏剧的发展。他最早认识到“创造性”对于戏剧想象的重要性，也是最早的实践者。

因为1968年后，最初的激情和怀旧的情绪，驱使着人们升华本能的冲动，希望创造性代替创造的作品。这是时代的特征。所有人——重新回归文化的童贞时代——都释放其表达的欲望，乃至纯粹的欲望，无法释怀的烦恼或者虚无边际的幻想，毫无疑问，这是人类的财富。但是，继承作品并且进行一定创造的理论甚至信仰，是否走得太远，以致扼杀已故作家，或者已故“职业”作家的创作想象？我们发现，不同分工彼此混淆。但是无论如何，大家只需各司其职，一切就会向最好的方向发展。戏剧也会从中获益。毕竟，它始终需要一位真正的

① 1972年，里昂维约巴尼市剧院改名为里昂国家人民剧院。

创造者。

阿里亚娜·姆努什金，就是一位倡导“集体创作”的导演，主张用出于本能的即兴表演（仍然还是“被引导的”）来感动观众，引发共鸣。由她创建的“太阳剧社”，目前仍是法国享有盛名的剧团（《1789年》和《莫里哀》，此后，不再通过戏剧表现的手段而是现实生动的手法还原1979年布拉格的审判）；与之齐名的还有洛朗·特泽夫剧团，特泽夫本人不仅是一位杰出的戏剧演员，也是一名真正的舞台诗人。

纵观戏剧发展的历史，从世纪之初开始——1913年，科波改建“老鸽舍剧院”，1926年，成立“卡特尔”联盟——活跃戏剧舞台的新人不断涌现，并且很快成为不可一世的绝对权威。导演不仅控制舞台、演员，还控制了作家（尤其已经去世的作家），总之，成为作品的主宰。他丰富的创造力，有时过于强大，甚至有意进行破坏。尤其当他成为或者想要成为作者的时候，过度创造或者过分幻想的倾向无疑更加明显——或许因为，他们经常演绎莫里哀和莎士比亚的作品，每个人都想独树一帜，长此以往，已经形成一种思维定势。这种对于作品（甚至自己的作品也不例外）的破坏，含有一丝施虐的意味。

近期的作品，几乎与戏剧节日格格不入，因其不能在大型露天舞台生存。更加困难的是，它们无法吸引成千上万、来自不同阶层的观众，并且引起他们的共鸣（作为观众的学生群体，往往导致错误的判断）。跟随这些戏剧作家，我们不知不觉地走入现代戏剧艺术，那就是交流的渴望伴随着交流的丧失。艺术家和他的话语或者话语探索，都被囚禁在小圈子里。他，痛并快乐着。

既然我们无法一一介绍导演，那就谈谈作家吧。我们看到，在如此重要的章节（至少我们认为），作家的人数并不多见。与其假装相
信，并且不断重复“作家是不存在的”，还不如索性承认——主要由于 1005
资金问题，以及导演的独断专行——对于他们而言，戏剧舞台可望而不可即。

然而，抱着不计一切代价“走出困境”的心态，作家尝试自编—自导—自演的小型剧场，最初观众不过几十人。咖啡剧场由此诞生，

主要分布在郊区及外省（最早在波尔多）。这既是一场戏剧实验，也是大众参与的演出。从出现到消失，再到重生，临时剧场的新兴团体成为法国戏剧的前沿力量。这里充满个人或者集体的创造，反抗，斗志，甚至挑衅，象征一股朝气蓬勃的生机和活力——他们想要“特立独行”。

最后，必须特别提到这座地位显赫、几近神圣的戏剧殿堂——法兰西喜剧院。战后，法国戏剧走向自由、革新和净化，戏剧哲学大师皮埃尔-艾梅·图沙尔被任命为法兰西喜剧院的院长。在任期间，他始终坚持自己的理念。在经历争议和令人不快的插曲之后，一种新的传统似乎逐渐确立，剧院管理者必须一方面得到演员的信任，另一方面成为国家和社会的代表。莫里斯·艾斯冈，成功周旋于两种角色之间。接替他的皮埃尔·迪克斯，带领剧院走过最艰难的时期，他在传承古老传统的同时，亦奉行开放政策。总之，只有非常之人才能成为这座古典主义殿堂，同时也是当代艺术长廊——世界上独一无二的国家戏剧博物馆——的现代管理者。

三、大众传媒：图像和话语

大众传媒最为重要的事件，就是（从 1950 年开始的）电视的普及。电视，无疑也是大众传媒（按照美国人的说法叫 mass media）最强大最关键的形式。虽然，就法语而言，“大众传媒”（communications de masse）这种表达方式相当模糊，改为“面向大众进行的信息交流”（communications en masse aux masses）似乎更能体现现实。如今，不论是好是坏，“信息的交流”已经变成一种“行为的影响”。

卫星的使用，为信息传播带来翻天覆地的变化。法国和欧洲之间的信息分享，由于阿里亚娜火箭和欧洲卫星的发射而得以付诸实现。

电视

电视，很快就成为统治和说教的手段，或者威慑的力量。它要么通过传播，要么通过直接对话——当然，对话的一方永远是缄默的——权力和人民的对话而成为政权的工具。权力通过话筒和屏幕得到确立和维持。每当遭遇重大危机，电视的作用总是至关重要。60年代就曾有过几次这样的经历。战争前夕，政府已经尝试（尽管还有一点怀疑和保留）通过电波向全国公众发布信息。但是，6月18日抵抗德国入侵的广播号召与戴高乐将军谴责阿尔及利亚军事叛乱的电视讲话，仍能显示广播和电视之间的差距。消失在遥远而伤感的未知——过去，永远只有声音——通过电视画面，变得直接了然和充满魅力，成为“现实的存在”。

从广播到电视与从无声电影到有声电影——尽管正好相反[①]——两种转变具有可比性。但是，第二次转变的意义完全不同。首先，电视—图像—话语，传播和渗透的能力几乎不受任何限制。然后，随着各种因素的转换，过去三十年间，图像变得与话语同等重要。总之， 1006
通过电视，外面的世界可以随时随刻进入每家每户的生活。即使足不出户，根据帕斯卡尔的说法，所有的不幸和灾难也会呈现在眼前。这不再是一扇面向街道或者乡间的窗户，而是面向世界的平台。借助电视，所有的人都能直接、快速地接收各种信息，至少那些人们想要公布的信息。在力所能及的范围内，人们期待建立一种超越信息交流的关系。它不仅是信息的交流，也是人性的觉悟和情感的互通。电视画面弥补想象的空缺，展现人类的灾难、不公和恐惧。不幸的是，我们似乎正走向反面。心理学家和社会学家指出，电视观众由于通过虚拟手段了解真实世界，往往倾向于认为“电视就是世界，世界就是虚拟”。战争、屠杀、灾难、犯罪，如同电视剧的情节，缺乏真实感，甚至不如戏剧舞台的悲剧演出，能够激发内心的情感和共鸣。

人类几乎从出生起，就会沦为“电视网络”的俘虏。有人预言，操纵权将在有遥控的一方与被遥控的一方发生置换。政权成为高高在上的法官，检视国民的一举一动；电视成为舞台，引人关注；而观众，待在镜头和“画面”里，成为被观察和被操控的对象。至此，我们已

① 前者增加图像，后者增加话语。

经充分认识电视特有的影响，包括最令人担忧或者最为“邪恶”的一面。然而，另一方面，电视带来的诸多好处也是显而易见的。它可以交流信息，娱乐休闲，演绎或再现作品，传播音乐、艺术、科学和技术。确切地说，电视与后来的电影和唱片，共同成为蓬勃发展的视听传播和教育的手段。

视听传媒

视听是一种“渗透式”或“浇灌式”的文化手段——与“深入式”和“启发式”相对，如同伊索的语言——缺乏专注、思考、严谨、深度和反省。这种观点，部分反映了事实，部分缘于人们的习惯，因为我们深受文字和印刷文明的影响。虽然，文明早在古登堡——甚至“大众文化”——之前就已存在。更不用说纯粹的口语文明，譬如，凯尔特语（无视它的存在是错误的）。无论远古时期还是中世纪，最辉煌的文明，多数都是话语和绘画的文明。问题在于绘画终有一天褪去色彩，话语也只不过是声音，稍瞬即逝。

“这些”是否终将摧毁“那些”？毫无疑问，视听文明早已存在，随着视听传媒现代形式的出现和更新，人们开始预言印刷的消亡。对于这种毫无来由的推测，我们嗤之以鼻。正如曾经有人猜测“火星存在生命”——总是骇人听闻，如今四分之三的人已经归于沉寂。“世界大战”也没有如期发生。有的只是人类彼此的争斗和地球的灭亡。这些就够了。

出版物

无论如何，印刷始终都是文明和文化的基础。随着袖珍书籍的问世，书本也开始进入大众传媒领域（出版印刷总是作为支柱之一）。
1007 现在，这根支柱开始摇摇欲坠了吗？的确，报刊经营的经济状况令人担忧。此外，集团垄断的趋势也越来越明显（1914 年，巴黎有 80 家日报，如今仅剩 11 家）。但是，人们对报刊的需求仍然存在。相对战前，报纸的全球发行量有所下降。面对视听传媒的强烈冲击，报纸根本无法与其抗衡，但是并非全面崩溃。报纸的种类不断增加。比较两者，数据更具说服力：视听传媒拥有约 3000 万受众，而报纸只有 1000 万（仅指日报），但是，这种抵制和维持的意义不容小觑。报纸的机遇在于，它能够不断反思，面对政权保持独立，甚至与之分庭抗礼，打破政权垄断视听媒介甚至信息的格局。

目前，报业出版的变化体现在：一、印刷总量达到 200 万的“报业巨头”逐渐消失（《巴黎晚报》,《小巴黎人报》）；二、巴黎地区庞大的日报体系日益衰落，外省报纸不断扩张（前者低于 200 万，后者超过 300 万）。如此一来，报纸的读者总数基本持平，与人口增长保持一致。但是读者到底期待什么？的确，不管他们是否愿意，相对所得，读者的期待并不那么重要。信息来源？文化来源？毫无疑问，两者皆有。但是与此同时，报纸的内容良莠不齐，有时甚至存在歪曲。

我们总是说：透过报纸和杂志，印刷制品传播色情与暴力，培养了低级趣味甚至病态的怪癖，偷窥私人生活的欲望。但是，不管出于怎样的动机，商业利益或是其他，针对电影和印刷读物败坏社会和人性的指责真的客观吗？难道根源不是淡薄的道德意识吗？要知道，对刺激或发泄加以区分是很难的，就如同要在文化和反文化之间划清界限一样。

关于出版印刷，最意味深长、表面看来也最有悖常理（但也很有可能属于自卫反应，体现真正的需求）的现象莫过于，于贝尔·伯夫-梅里创办和管理的《世界报》的成功与飞速发展。这是唯一一份做出大胆挑战，拒绝采用照片（很长一段时间，完全没有照片，但是最近有所妥协）的报纸，希冀它能够不受视觉直观效应的限制，充分利用文字传播信息。人们一致认为《世界报》更加严谨，更具权威。也许这是文字和印刷最有力也最出其不意的回击。同时我们看到，伴随传统文学期刊的没落——《新法兰西评论》的勉强维持，《法国信使》的亏本出售——评论期刊，学术期刊和专业期刊的数量在不断增加。尽管影响深远，读者众多，《如实》仍然无意跻身大众传媒之列。从过去到现在，阅读量最广的都是关注社会、针砭时政的刊物，如《现代》，《精神》等。作为其中资历最老的（如果可以这么说的话）

《欧洲》，在不断求新的同时保持本色，成为公认的百科全书，反映全球文化和文学动向。相隔150年，经历时代变迁之后，《新两世界杂志》致力于追溯1830年的创刊精神，让我们欢迎传统的回归吧。除此之外还有：《诗意》，理论期刊；《文学》，创刊于1968年，发源地为巴黎八大；《改变》，从《如实》中分离的产物。最令人惊讶的，就是诗
1008 歌刊物的异军突起（调查表明，共有250种诗歌期刊）。相对而言，人文科学、政治（或多或少关注文化问题）、以及文化期刊（或多或少具有意识形态的倾向甚至受其支配）的兴起，属于意料之中的事。最后，女性期刊——与利用女性的杂志和报纸截然不同——出现，并且不断发展。

所有报纸期刊，如果不是集团经营的话，印刷数量非常有限。因此，发行量达100万的日本杂志《文学》在我们看来，如同天方夜谭。书籍亦是如此，少数特例并不能掩盖普遍现象。有句风趣的玩笑，一语道出真谛：在法国，所有人都在写作，却没有人阅读。

广告与时尚

报纸已经部分地或者完全地成为移动广告，巨型印刷字体和图案引导读者的视线以及消费行为。它与电视、墙体以及户外广告一起，成为广告的载体。然而，广告并非简单的经济行为，除了消费本身的"文化"因素以外，也是图案的消费，"观念"的消费以及刺激的消费。广告弥补想象的缺失，象征心理信息，甚至审美情趣。广告日益突出的特点就是色情倾向，哪怕看来毫无关联的也能和色情扯上关系：家庭主妇环抱梦寐以求的冰箱，如痴如醉。广告利用色情达到宣传的目的；同时，色情通过广告大肆流传。戴上面具的萨德无处不在，他以最邪恶的方式，偷偷潜入我们的生活，继而成为时尚（时尚，尤其女性时尚，毫无疑问已成为一种文化现象），不知所以的女性褪去罗衫，取而代之的是质量低劣的经纱。

没人能够否认，大众传媒即使无法等同，至少本质也是信息的传递。大众被激励、被感化，或是处于被动，或是消极接受。"创造性"作为新型文化的要素，依然显得遥不可及。在此期间，以广告为起点，

大众传媒尝试进行创作，并且不断推出一些“经典”作品；电视和广播也在寻求适合各自的表达方式。然而，在此之前，电影早已成为一门独立的艺术。

电影

电影——无论电影美学，还是市场收益——将在我们的时代迎来飞速发展。早在 1945 年，即电影诞生半个世纪后，有声电影就已得到普及。然而直到战争时代，人们才开始从事各种技术研究，试图开辟新的发展领域。1955—1958 年是电影行业，以及其他行业的重要转折期。让-吕克·戈达尔受到观众的推崇，同时，贝雅尔和布莱成为各自领域的代表人物。新的纪元来临。电影经历市场和美学的冲击。从 1957 年到 1967 年，电影的观众入座率下跌近五成：一方面可能是由于市场的饱和，另一方面因为新的消费群体——电视观众的出现。

耐人寻味的是，在战争时期，电影不仅得以幸存，而且偶有佳作，似乎在物质贫乏和生死危机中找到了一种刺激和振奋。法国沦陷期间，卡尔内拍摄了《夜间来客》；接着，1945 年《天堂的孩子》（电影史上独一无二的绝对经典）问世；1946 年《夜之门》上映。1947 年，克洛德·欧唐-拉腊执导《魔鬼附身》（从此以后，无论在屏幕还是在舞台，热拉尔·菲利普成为与碧姬·巴铎媲美的男性神话）。销声匿迹
15 年后，勒内·克莱尔带着作品《沉默是金》、《夜美人》重返巴黎。1009
科克托和帕尼奥尔再次回归银幕创作。元老级人物，阿贝尔·冈斯与马塞尔·莱尔比耶依然活跃影坛。同时，新锐导演崭露头角：勒内·克雷芒，雅克·贝克，亨利-乔治·克鲁佐。

这一时期的代表人物，包括马克斯·奥菲尔斯，尤其让·雷诺阿。奥菲尔斯死于 1957 年，其导演手法深受德国表现主义影响。雷诺阿秉承他的风格，拍摄了《黄金马车》（1953 年）、《法国康康舞》（1955 年）、《埃莱娜和她的男人们》（1956 年）以及《科尔德利耶医生的遗嘱》（1959 年）。至于喜剧电影，具有一定风险，因为人们经常会将喜剧演员和某一人物相互重叠（卓别林的形象深入人心），然而，通过雅克·塔蒂，传统喜剧电影获得新生。

自 1956 年起，一批年轻的电影工作者致力于创造一种新电影——新的电影观念，新的拍摄手法。虽然罗杰·瓦迪姆最早成名，但算不上"新浪潮"的代表人物。如果说上帝创造了女人，那么《上帝创造女人》最终成就了一个女性神话——碧姬·巴铎。《电影手册》集团，在法国电影史上占据了非同一般的地位，这里聚集了多位电影艺术家：弗朗索瓦·特吕弗、克洛德·夏布罗尔、让-吕克·戈达尔。特吕弗先是发表了电影评论，随后导演了《四百击》（1959 年），影片颇有《操行零分》（维戈）的遗风，呈现个人传记色彩。这种关于个人经历的艺术创作不断延续：《射杀钢琴师》（1960 年），《黑衣新娘》（1967 年）；而《朱尔与吉姆》（1961 年）无疑就是特吕弗迄今为止的巅峰之作。阿兰·雷奈从拍摄短片开始导演生涯，凭借首部成名作品《广岛之恋》跻身一流导演行列。他所执导的另外一部影片《去年在马里昂巴德》（1961 年）则由罗伯·格里耶担任编剧，运用巴洛克式的空间和时间转换，别具风情。我们不会忘记乔治·弗朗瑞的暴力影像，也不会忘记路易·马勒的欲望描写——《孽恋》（以现代手法，完美演绎维旺·德农的小说《没有明天》）、《好奇心》和《拉孔布·吕西安》。最后，经历长期的冷落之后，卡尔内推出了电影作品《弄虚作假的人》。

让-吕克·戈达尔，是新浪潮运动的代表人物，他拍摄题材广泛，技巧大胆，代表作品有：《筋疲力尽》（1959 年），《我知道的关于她的两三件事》（1966 年）。特别是《疯狂的比埃罗》（1965 年），可谓其对电影语言的全新探索和与永恒诗意情怀的结合。对于影片故事的发展，观众可能一头雾水，经过导演有意的处理，叙事方式显得灵活随意，缺乏连贯。罗贝尔·布雷松的电影风格简约自然，故事往往超越时间的界限：《乡村牧师日记》《死囚越狱》《巴尔塔扎尔的遭遇》《穆谢特》《圣女贞德的审判》——结构主义的二元对立在影片中表现得淋漓尽致，后来又《武士朗塞罗》（1973 年），《很可能是魔鬼》（1977 年）。让-皮埃尔·梅尔维尔，作为独立电影人，不仅独立经营而且拒绝归属任何流派，作品如《海之沉默》《武士》。埃里克·罗梅尔和他的"道德故事系列"：《收集男人的女人》《在莫德家的一夜》《克莱尔的膝盖》

等等；科斯塔·加夫拉斯的《焦点新闻》《证词》，伊夫·罗贝尔的《纽扣战争》（1962年）和《相会在天堂》（1977 年）。

电影？电影流派？对于后者，有些不合习惯，但是更能说明丰富多彩，而又不失分歧的创作现实。如今，各种类型的电影大获成功，包括短片（拉莫里斯《红气球》）、纪实电影（《如此冷酷的心》）、动画（将美国远远甩在身后，格里莫的《牧羊女和扫烟囱工》，1952 年，普雷维尔担任编剧，相同的创作班底《国王与小鸟》制作的），当然还有纪录影片（伊沙克，库斯托）。作为一门足以胜任各项功能的艺术——从简单的信息传递或教育到美学——电影仍然存在无限的可能。它是大众的艺术，影迷的艺术（1936 年，电影资料馆建立）、视觉的艺术，同时也是全面的艺术，因为电影剧本也是至关重要的（从普雷 1010
维尔到玛格丽特·杜拉斯，一边写作，一边从事电影编剧寻求新的突破；吉罗杜是最早的实践者），音乐也为电影起到不小的作用（由职业电影配乐师和众多“纯”作曲家共同谱写）。

四、文学

在文学方面，应该说多样性是其主要特点。如果说在法国文学中还维持着一种美妙而庄严的和谐，那么这种和谐不是作家们勉强营造的，就是他们刻意维持和安排的。这种和谐很容易就被众多不同或者相悖的宗派所打碎。杜阿梅尔所称的法国文学殿堂似乎被各种反传统的势力威胁着，撕裂着，成为了历史的尘埃。但是，不管是这些破坏势力还是那些企图重建传统的势力，他们都不是文学的一个主流，而他们造成的后果也并不符合他们的预期。在他们之中，很多人，甚至可以说很大一部分人，虽然他们对文学殿堂的膜拜是令人怀疑的，却也不乏一些革新者和怀着赤子之心的改革者——尤内斯库就要求在文学界筑一个传统的巢穴以缅怀莫里哀这样的文学巨人。

跨世纪的文学巨匠

虽然此时的文学出现了断裂，老一辈的文学巨匠们不懈的努力与非凡的创造力使它仍然保持着一定的统一。由克洛岱尔带头，他和拉塞尔等老一辈的作家开始表达自己对这个时代的愤怒。克洛岱尔的日记于 1969 年开始出版发行。而他的通信稿也被陆续出版，尤其是他与苏亚雷斯和雅姆的往来信件。这个时代另外一个伟大的诗人圣-琼·佩斯，在沉寂了二十年后，创作了那个时代最受欢迎的多部作品：《流放》(1942—1945 年)、《风》(1946 年)、《大海》(1957 年)、《岸标》(1960 年)。1960 年他被授予了诺贝尔文学奖。同样出生于 1887 年的儒弗，在他的诗歌创作中产生了那个时代最出色却也最简单的作品《在镜中》。实际上，这既是一部自传作品，也是一部给濒临威胁的人性的警世之作。

安德烈·纪德于 1951 年去世。在他的生命行将结束时，他出版了自己的日记。应该说日记这种文学形式是适合纪德的。在这种文学形式中，他可以自如地把记忆的回流与事情发展的连贯很好地融合在一起。这样，日记就成为了片刻的感受和纪德式的不连贯交融的文学表现形式。纪德曾把他的《梵蒂冈地窖》搬上舞台，还让人出版了他与克洛岱尔、瓦莱里、苏亚雷斯、罗歇·马丁·杜加尔和多罗蒂·比希往来的信件。在这些通信稿中，我们可以看到纪德刻意营造的却并不过分的亲切感和他在《忒修斯》中所要传达的信息。直到生命的尽头，高烈特才出版了他的文学创作。他的作品多描写强烈的肉欲。直到 80 岁，莱奥托的文学创作才能才被公众承认，也正是从这个时候开始，他出版了一些作品。但是，应该说他的绝大多数作品都是在他死后才得以发行的。他的《文学日记》对真与假进行了探讨，他认为人性是真的，而历史与传记却免不了掺假。在他的作品中，真真假假、人性、历史和传记这几个概念错综复杂地交织在了一起。科克托-普特以其在各个领域的创作同样吸引了一大批的读者，他的创作主要涉及戏剧、诗歌、绘画、电影等等类型。

第二代作家

一些年轻的作家这时也开始了他们的文学探索：马塞尔·阿尔朗使短篇小说这种长久以来被忽视的文学体裁重新大放异彩，并在其小说《我们活过吗?》(1977年)、《就是这样》(1979年)中寻找逝去的时光；安德烈·尚松著有《雪与花》、《我们的日子》(1954年)。吉奥诺在《屋顶上的轻骑兵》中实现了艺术上的创新，塞利纳凭借他的《长夜漫漫的旅程》达到了其艺术创作上的巅峰。儒昂多坚持不懈地给文学的殿堂添加了许多北欧传说并创作了《农村短工》。朱利安·格林出版他的力著《莫伊拉》，尝试了戏剧创作并发行了他日记中的前几卷。如果让娜·加尔兹不是一位女作家，或许我们今天也不会仍把她视为文学史上的一棵常青树。在她80岁时，出版了一部小说续篇，即 1011
六大卷的《活着的喜悦》。这个大部头的作品简直可以与传统小说《一个家族的历史》媲美。

超现实主义并没有消亡。布勒东于1966年逝世，几个月之后，“超现实主义”这个名词的创造者比罗也离开了人世。《超现实主义第三宣言序言》出版于1946年，《奥秘17》也于1945年出版发行。里伯蒙-德塞涅于1958年出版了《达达主义已经过去或者从达达主义到抽象空间?》。菲利普·苏波尔在这场超现实主义的运动中总是活跃的。超现实主义似乎在文学中得到了蓬勃的发展，尤其是在皮耶尔·德·芒迪亚格、格林和格拉克那儿。如今大众对各种各样的展览抱有的兴趣和对超现实主义作品的关注无不显示着这场运动的现代性。虽然盛行在20世纪初，但在如今的社会中，它仍不失为一盏指路明灯。1968年提出的“想象力至上”的口号，促使人们不断地革新，这难道不正是超现实主义的本质所在吗?

阿拉贡、达达主义和超现实主义的先锋者，属于19世纪末期出生，成年时正赶上二战的这一代作家。二战对他们的人生观造成了不可忽视的影响。对有些人来说这种影响是巨大的，战后余生犹如给了他们第二次生命。阿拉贡的作品以多产、严肃与和谐为主要特点。《生气的弗朗索瓦》使他这个最初不得不秘密出版作品的诗人又产生了《在他乡如若在我的祖国》这样的作品。他还著有“艾尔莎系列”，这个系列以《艾尔莎的眼睛》开始，《艾尔莎》为过渡，以《艾尔莎的疯狂》结束。一位伟大的作家就由此诞生了。但是，我们还是可以在阿拉贡早期的作品中看到某些还不是很完善的地方。《奥雷昂》——我们这个世纪最伟大的作品之一——标志着阿拉贡文学创作中的一个重要转折点。时间和回忆在这本著作中占据了重要的位置，在一定意义上，这是他的《爱的教育》。他的多产和卓越的创作才能还体现在以下三部代表作中：《受难周》（1958年）、《处死》（1965年）、《白朗茹与遗忘》（1967年）。

相反，对于某些作家而言，他们在创作上的巨大改变却以放弃（至少是暂时的）小说这种形式为主要特点。他们或者转向戏剧的创作，或者开始思考美学问题并进一步把研究的领域扩展到人性这个层面。战后不久，莫里亚克就着手研究当代世界和政治，其研究成果主要体现为《便条本》；同时，他还著有回忆录（《内心回忆录》）。然而，在他80岁时，他的文学创作开始回归到小说并通过《告别青春》显示了他经久不衰的小说创作才能。他的这种活力往往是他这一代人所不具有的：他比圣-琼·佩斯和儒弗要稍微年长一些。1945年到1963年，莫洛瓦在他的人物传记长廊上又增添了对以下这三位重要人物的研究著作：雨果、乔治·桑和巴尔扎克。

贝尔纳诺如果不是英年早逝，或许到现在我们仍不会认识他的作品。在《乌义那先生》（1946年）这部悲剧小说之后，他又创作出版了《给英国人的信》（1946年）、《法国反对机器人》（1947年）和《灵魂之路》（1948年）。他的不少遗作对50年代那些信奉基督教的知识分子影响颇大。蒙泰朗（贝尔纳诺曾把他奉为时代最杰出的作家）潜心写作他的戏剧，而在1947年到1966年间，他在杂志上陆续发表了他的《笔记》。《沙漠中的玫瑰》，这部三十年前就已经完成的著作也已出版。从某种意义上说，正如莫里亚克的《告别青春》一样，《那些男孩》标志着蒙泰朗的创作回归到小说。虽然他的这种改变很晚发生，但还是卓有成绩的。在众多的作家中，若论创作类型改变最大且几乎彻底地放弃了小说这种形式的，当属安德烈·马尔罗。而他也恰恰是我们所谈论过的作家中年纪最小的一个。1945年，他开始创作美学研究著作《艺术心理学梗概》，之后他继续进行这一主题的研究并创作了《艺术心理学》和《沉默的声音》。此后，他的另一个三部曲《想象中的世界雕刻博物馆》也问世了。马尔罗熟悉文体和艺术形式的处理方式，他文章的风格也因自成一家而备受推崇。他总是恣意 1012
地驰骋自己想象力，并且坚信艺术首先是一种风格，而不是一个观点。他也相信，古往今来艺术都不失为缓解“忧虑”（他的作品处处向人们透出）的一种好方法。马尔罗经常对过去进行反省，在回忆的过程中使时间清晰，使过往的片断相互交织相互缠绕。这位回忆录作者拒绝陷入到自私主义中，他说“如果一个事物只对我有用那它究竟于我还有什么意义呢”，这也正是他的回忆录《反回忆录》的名字由来。到了晚年的时候，他对疾病与死亡的叩问越来越强烈，这种思考主要表现在《拉扎尔》这部作品中。不久前，还出版了他与戴高乐将军的对话与思想录《砍倒的橡树》。

第三代作家

1945 年，新文学在美学、经济及意识形态方面基本成型。书面的材料开始在各大出版商那儿堆积着，甚至在经过筛选、摆上书店的架子后仍让人觉得泛滥。从文学中催生的类文学开始展现蓬勃的生机，在市场上也被大为看好。而纯粹意义上的文学，它的类别也在不断增加，它的语言在不断地被肢解破碎，而且像所有别的艺术一样，文学创造者和它的接受者之间的鸿沟在一步步地扩大。人们越来越倾向于把文学等同于小说，而事实却是：小说这种形式在法国传统文学中只占有微不足道的地位，甚至在 19 世纪时，它在文学中的重要性也是排在诗歌和戏剧之后的。诗歌和戏剧（主要指它的文本形式）地位的下降主要源自小说地位的上升。另外，小说这一名称指的是一段既无规则又无形态的言语，它可以包含散文、诗歌、思索、忏悔录、语言的实验等等。总之，在现代小说中，我们可以找到任何文学种类的踪影，除了——正像有些意在调侃的人所说的——小说本身。不管小说究竟是什么，不论作者是出于传统的、常规的还是商业的目的来写作，小说的创作都在一定程度上湮灭了整个文学创作。

因此，我们可以说小说家这一代从 1945 年在法国文坛上占据了重要的一席之地。虽然在这一代人掌握了时代发言权后，他们历经了多年的战争与痛苦，但反抗使他们的文学深深地打上了“介入”的标志，苦难使他们拒绝相信任何浪漫和不切实际的想法。不过，这并不意味着他们就没有诗意。加缪就是一位对自然充满热爱并对它加以讴歌的作家。

存在主义和萨特在 1945 年到 1955 年的法国文学界和思想界占据了一个非常重要的地位。他的演讲总能引起社会各界人士的兴趣。而他的文学创作也正如他的听众一样无所不包，除了诗歌——这种文学形式对他来说是难以渗透的。我们暂且不说他的戏剧，也不说他的哲学散文、文学评论与政治文章，也不说他是《现代》杂志的领军人物和整个时代伟大的思想家，在此，我们只讨论他的哲学和小说作品。在《存在与虚无》中，我们已能见到萨特文学理论的完整表述了。而在娜塔莉·萨洛特《一个陌生人的画像》的前言中，萨特更是多次提及了现代小说应该讨论的问题和小说创作的原理。应该说，萨特本人的小说创作是存在争议的，他本身似乎有时也脱离“自由之路”。虽然他在创作中总以中立的面貌出现，但他的笔总向人展示一幅幅巴尔扎克式的现代人的精神画卷，这足以使他的作品显得充盈。让人遗憾的是，这种充盈并没有在他的自传作品《文字生涯》中得到再现，于是，这部作品也就显得干涸而毫无生机了。对于波德莱尔的研究，他的文章也显得晦涩难懂。而与此相反的是，他的研究著作《福楼拜》倒是一本不可多得的文学评论。

西蒙娜·德·波伏瓦和萨特一样很善于将存在主义和马克思主义的观点与其小说创作紧密结合起来。她的著作《一代名流》向我们描摹了一幅解放时期的社会画卷，尤其是当时一群知识分子的生活和精神面貌。但她的创作中真正称得上小说并且是凄切感人的小说的是她的《女房客》。波伏瓦曾发表过多部哲学散文，她也懂得如何不落俗套而又有力地对女性的地位进行分析（在这方面她被认为是先驱），《第二性》就是她这方面的力作。最后几年，她似乎发现了另外一条成功的途径——自传，并且小试牛刀就轻松地取得了巨大的成功。她

的自传作品以《少女时代》开始，以《归根到底》而告终。此外，还 1013
有一篇散文《老年》。

加缪也能在哲学和故事之间掌握一个很好的平衡点，只是在他的作品中诗的成分更多，而哲学的成分更少了，毕竟他不是一个专业的哲学家。他的小说创作《局外人》《鼠疫》《堕落》总是与他的哲学散文《西绪福斯神话》《反抗者》《现状》一一呼应，简洁却经典的语言总能透出这位受着地中海的阳光影响的艺术家的犀利与敏感。他的思想是现代的，他为新小说的出现刻画了最初的轮廓。他的文学世界中，小说的主人公无一例外地抱着这样一种想法，即面对人生的虚无，一切皆徒劳无益。有时这种虚无的情绪甚至衍生出厌恶来。应该说，这是加缪的成功之处，广大的读者，尤其是青年读者在他的作品中找到了共识。而与此相反的是，在雷蒙·格诺看来，荒诞意识的觉醒首先是以对语言危机的认识开始的（其作品有《文笔练习》《扎齐在地铁里》）。我们通常也把以下这些有才华的小说家归入存在主义的行列：维奥莱特·勒迪克（《斜圆字体》）、阿尔贝蒂娜·萨拉赞（《半圆环饰》），尤其是弗朗索瓦丝·萨冈（《你好，忧愁》）。她的卓越才华及作品中潺潺而出的音乐感足以让她的作品一下子在读者心中激起片刻的温柔。

解放之后涌现的还有其他一些文学趋势，这些趋势与存在主义相去甚远甚至背道而驰。让·杜图尔代表了战时进入 20 岁而战后开始文学创作的一代。他是一位小说家（作品有《香浓的奶酪》《杜桑》《爱的恐惧》）、散文家、伦理学家和回忆录作家（《马恩河上的出租车》《半价出售》　《底部与形状》）。这是一位充满活力的作家，他总用一种坚定的、强健的或者有时只是用简练而凝重的语言来描摹他的时代和那个时代的风尚和人的品格。维尔科尔在成为作家之前是画家让·布鲁勒，在法国被占领期间和抵抗运动期间开始崭露头角，并出版了一些作品。《海的沉默》是他的成名之作，紧接着他出版了《走向星空》。当然，这些书都是秘密出版的。他同时也是午夜出版社的创立者。但是他的历史作家的特殊身份使他的作品受到了不公正的看待。而事实上，他是多产的，其作品也是多样化的（在关于戏剧的一章中我们已经提及）、宽容的，对人性及人类的命运给予了极大的关注。他的散文和小说主要有：《西尔维娅》《变形了的动物》《在海岸》《愤怒》。同时，他也是一位敢于探索未知的理性主义者，他的《似马般奔驰的时间》因其梦幻的笔调成为此类作品中的佼佼者。

罗歇·瓦扬也出生于抵抗运动期间，他出版的第一部作品是《可笑的游戏》。在这本书中，作者很快就透露出他作为种族主义作家的习性和写作风格。除了评论文章以外（诚然，它们同样颇为出色，但同时亦存在可加以质疑的地方，例如其论文《关于危险关系的论文》就是如此），他还创作了一系列的小说：《恶意的打击》《法律》《节日》《鳟鱼》。在他英年早逝后，人们出版了他的日记。从日记中，我们可以看到一个既沉迷于声色世界又极渴望明晰的罗歇·瓦扬。

法国解放战争期间的文学成果还有：艾尔莎·特里奥莱的《阿维尼翁情人》（她是一位极为擅长小说这种体裁的作家），罗曼·盖瑞的《欧式教育》，儒勒·鲁瓦的《令人愉悦的山谷与从地狱的回归》，大卫·鲁塞描写集中营世界的绘画。战时硝烟弥漫的世界和纳粹的暴行在杜勃罗夫斯基的《扩散》中形象地得到了再现。1945年的这一代作家总不断地向人呈现着多样性。以下这些名字生动地展现了这个时代的面貌：亨利·特鲁瓦亚、罗歇·贝尔菲特、居尔蒂斯、巴赞、雅克·贝雷、罗歇·尼米埃、弗朗索瓦·努里西埃、贝克、布尔尼盖尔、卡巴尼斯、克洛德·鲁瓦、巴斯蒂德、普瓦罗-戴尔佩施。而接下来的一种诗意的现实主义（克拉维尔、卡马拉）。雅克·德·波旁·布塞在当时算得上是一位思想新颖的作家，他的代表作有抒情小说《婚礼中的爱情》。

1014 另外，我们还得单独讨论加埃唐·皮贡所谓的“变形小说”。“变形小说”这个词既带神秘主义的色彩，又带着浓重的传奇色彩。因此，我们可以猜想这类小说产生于某种古怪荒诞的宗教感情。由于有了P. H. 西蒙，吕克·埃斯坦，吉尔贝·赛布隆，皮耶尔·埃玛纽埃尔等人，天主教小说经历了复兴。让·凯罗尔的基督抒情诗在创作技法上颇似新小说派，因此，人们通常把他归入新小说家一列。神秘主义在米歇尔·施奈德那儿有了一个回归，并被打上了一个鲜明的个人的烙印。而马塞尔·布里翁的小说带有浓浓的德国浪漫主义的色彩。在勒伯维尔的《恶魔般的爱》中，恶魔般的神力使感情渐渐发生了蜕变。在尼科尔·韦德雷的作品中变化经常诗意般地发生，而亨利·博斯科的作品总是洋溢着一种普罗旺斯行吟诗人的灵性。多戴尔在一位阿登省女孩的触发下产生了诗一样传奇的作品，并且在这方面成为了先驱者。玛格丽特·尤瑟纳尔的变形总是通过一种历史的视觉来完成，就如女巫操纵黑色的水晶球一般。

现在，我们将谈及的是朱利安·格拉克的超自然主义。他的超自然主义通常用浪漫的传奇故事来表现，有时甚至还有一个特殊的背景：故事被设置在一个没有时间的世界中。《流沙海岸》（1951 年）用它优美的语言给我们构筑了一个令人无限向往的世界。此外，朱利安·格拉克还是一个十分独立的作家。他的一系列小说创作（《林中阳台》，1958年；《半岛》，1973 年）都不是为了取悦大众而做的。这些作品也没有使之具有盛名。他的突然走俏应该归功于他的抨击册子《肚里的文学》的出版。另外，皮耶尔·德·芒迪亚格通过他非凡的超现实的情色想象力和近乎完美的写作风格向世人证明他的才能，他的作品主要有：《黑色博物馆》《摩托车》《边缘》。让·热内和萨德一样是一位经常做非法的勾当，意识到荒诞并反抗荒诞的诗人。他的作品最初都是秘密出版的，直到 1951 年和 1953 年间才开始公开出版。他的作品主要有《鲜花圣母》《盛大的葬礼》《严加监视》《小偷日记》。但他与萨德不同的是，他的情感从罪恶感中解脱了出来，衍生的单纯和轻松转化为他的诗歌。克罗索夫斯基的色情小说《今晚的罗伯特和南特赦令的废除》总透着一股傲慢的冷淡和异端的神学色彩。乔治·巴塔耶在他的《我的母亲》《眼睛》和《爱德华夫人》中经常使用模糊、依稀不可辨的措辞，也经常把天堂、地狱、色情、神圣和死亡这些截然不同的概念放在一起讨论。他也是一位沿袭了萨德风格的作家。

我们应该用同样的眼光来看待这批 1945 年后涌起的最好的色情小说——波琳·瑞芝的《O 的故事》，这部作品的成功至今仍无人可以匹敌；《依雷娜》（出版时作者尚未署名）也是一部非常出色的作品；艾田蒲的《身体的徽章》；安娜·洛依的《岛屿》——这也是最后一部好作品了。由于商业化的发展，社会风尚也发生了巨大的变化，而涉及文学创作时，我们只能说现在的作品出炉越来越快，却也越来越平庸了。

这些作家中大多数同时也是诗人，他们的作品同其他诗人的作品（儒弗，博纳弗尔）一样，更多地隶属于塔铁尔所定义的诗化的叙事，而非只是单纯的小说。

新小说和新小说派

20 世纪 50 年代，法国文学中的小说写作风格和写作技法发生了翻天覆地的变化。这种创作技法的变革首先以对传统小说结构的质疑开始。新小说派的作家们对传统小说中的情节、人物及心理分析的传统写法进行了反思并提出了一些相左的看法。对此，萨特在《一个陌生人的画像》的前言中曾用反小说派来定义这个流派。在娜塔莉·萨洛特（代表作有《天象仪》《黄金果》）的笔下，对话成了重要的表达方式。但是她所注重的是通过对话来展现人的“内心动作”和下意识活动。罗伯-格里耶（作品有《橡皮》《窥视者》《在迷宫中》《美貌的女俘虏》）等作家在创作时着重写物，倾向于由物及人、从物见人，但是我们可以说，正是他们的这种写作视角使得他们笔下的世界不是一个纯粹的物的世界。罗伯-格里耶的著作《自然、人道主义与悲剧》为新小说派奠定了理论基础。但新小说派的最好阐释者当属米歇尔·比托尔。在其作品《变化》中，故事的叙述者用第二人称“你”
1015 的口吻来讲述自己的故事，很好地协调了物（火车和他的旅程）、内容与内心情感的关系。极少数人能在故事的拆分与重组之间找到一个很好的平衡点，但是比托尔在他的作品《米兰巷》和《日程表》中做到了。在其创作中，体裁的分类变得模糊，有人将这些难以分辨其类型的文字称之为“文本”，于是，他的创作变成了多样性纷呈的文本。

新小说对物与视角的重视，总让人对它与电影艺术的联系产生联想。应该承认的是罗伯-格里耶在其创作中也运用了电影艺术常见的表现方式，玛格丽特·杜拉斯也同样喜好这种表现手法。无疑，杜拉斯是对新小说娓娓道来的叙述方式的发展作出了巨大的贡献的（作品有《慢板如歌》《直布罗陀的水手》《广场》《劳儿·维·斯坦茵的迷醉》）。而英国小说（乔伊斯）和美国小说（多斯-帕索斯）对法国新小说的产生也施展了深远的影响。其他不容忽视的人还有：在前人中有福楼拜，而在我们这代中有塞利纳，《局外人》的作者加缪（而他又与克洛德·西蒙的《背德者》相似），《游戏规则》的作者米歇尔·莱里斯，《黑暗中的托马斯》的作者布朗肖等。

这种新的文学（即科学的文学）在杂志《如实》中呈现着活跃的生命力，小说作品、理论作品及关于创作技法的作品在此时层出不穷，但很快就遭到萨特及《现代》杂志的批评。在意识形态方面，这个团体倾向于根据语言学的发展做出相应的创作语言的更新。这个团体的领袖人物菲利普·索莱尔斯，创作了《公园》《戏剧》等作品。法耶也宣布与《如实》决裂并创办了一个文学工作室“改变”，他同时还创作了《裂痕》《闸口》《类似》和《尤尼克传说》等作品。

除了新小说以外，我们还可以看到在文坛中各种流派各领风骚。正如瞬息万变的时尚界一样。在文学界中，一切皆有可能，有时甚至会出现一些极端的现象。有些作家（鉴于不胜枚举，恕不一一举例）喜欢用传统的写作技法来体现新颖的想法，这类作家有伊夫·贝尔热，博雷尔，高昂，多米尼克·费尔南德兹，拉乌格和图尔尼埃等。而另外一些作家喜欢在叙述中穿插几条联系密切的线索同时展开情节，此类作家有杜勃罗夫斯基和埃莱娜·西克苏。西克苏还在其教学中渗透了她的理论批评，在小说创作中时时处处显示出女性写作的特点和要求。让-马丽·古斯塔夫·勒克莱齐奥是把抒情诗与新小说创作技法相结合的典型人物，其作品有《诉讼笔录》和《滂沱大雨》。

诗歌

从解放时期以来，现代诗歌被赋予了新的意义。在众多的甚至相悖的诗歌运动中，这种长达二十五年和谐相处的状态越来越明显。或许是因为与现实的联系更紧密了，诗歌的表达方式也越发地显得自由。但这种自由只是加重了诗歌的一些问题。在一个交流如此重要的时代，诗歌自然也会寻求与读者的沟通，但是正是在这种情况下，它遇到了前所未有的困难。首先，表现在大众对诗歌的冷漠，其次，是源于诗歌本身。现代的诗歌越来越倾向于表现不可言传的东西，它拒绝用带感情色彩的，甚至带政治或人道主义色彩的笔调来创作，因为诗人们越来越多地把他们的注意力放在了诗歌本身上。超现实主义仍然在诗歌中发挥着影响，但是诗人们并不像之前那么热衷于信笔由缰。现代诗歌的最新趋势是放弃神秘主义，在诗人中甚至产生一种破除神秘的偏好而把写作的重点放在语言上。因此，我们可以说现代诗歌的变革是紧随语言研究的发展的。

从 1945 年起，那个世纪最重要的几位诗人相继去世：瓦莱里（1945 年），阿尔托（1948 年），艾吕雅（1952 年），克洛岱尔（1955 年），勒韦迪（1960 年），继他们之后的有奥迪贝蒂（1965 年），布勒
1016 东（1966 年），儒弗和圣-琼·佩斯（1975 年）。但是也应该看到的是，另外一些上世纪的诗人们仍在向世人呈现他们的伟大作品，如亨利·米修，他一直坚持抗争并创作了《经过》《旋涡教会的知识》《风与尘》等作品。

有些诗人如阿尔托，直到逝世后，他们的作品才被人们所重视。他们的诗受到了年轻一代的追捧。儒弗的诗对皮耶尔·埃玛纽埃尔和伊夫·博纳弗尔的创作产生了深远的影响。阿拉贡的诗总是借助于现实。保尔·艾吕雅，这位以战争和抵抗运动为题材写作的诗人同样对超现实主义有着浓厚的兴趣，因为超现实主义和抵抗运动是相互交映的，夏尔的作品同样显示着这种交映。抵抗运动使老一辈和年轻一辈的诗人，如埃玛纽埃尔、皮谢特（《三王来朝》，1947 年）、富歇认识到诗歌应与历史紧密结合在一起。超现实主义继续在诗人们的身上发出光芒，如埃梅·塞泽尔，让·马尔厄，吕克·德科内，皮耶尔·德·芒迪亚格。勒内·夏尔主张诗歌的写作应重视瞬间语言的灵感。

皮耶尔·埃玛纽埃尔构筑了一个充满唯灵论神话的诗的世界，帕特里斯·德·拉图尔-迪潘尝试着向我们的世界展现她的《神圣的戏剧》，玛丽-让娜·杜里是一位关注人类命运，以人类之忧而忧并总带着某种温情的诗人，作品有《伊甸园》《俄耳甫斯》等。让·格罗让从《圣经》激情的赞歌和抒情诗中汲取了灵感（正如梅肖尼克在他的翻译中得到灵感一样）。在很长一段时间内，波德莱尔对很多的诗人产生了很大的影响，从儒弗到伊夫·博纳弗尔——他受波德莱尔艺术批评的影响颇深，他的作品《动态和静态的护城河》（1955 年）和《昨天沙漠统治一切》（1958 年）是诗歌现代史中重要的篇章。蓬热的诗总是把写作的视角放在物上，而其他的诗人诸如吉耶维克、福兰、弗雷诺、塔迪厄也总呈现这种趋势。在现代诗歌的交响乐中，克朗西耶通过他植根于现实的写作与宽广的视界奏出了自己的乐章。

在去除诗歌神秘化的运动中，安德烈·迪·布歇（《在空虚的热情中》）发挥了重要的作用。在这个潮流中，雅克·杜班，马塞尔·普莱内和《如实》中的诗人们也不甘示弱。

罗贝尔·马莱是一位对人类和文学创作同样感兴趣的批评家，但他首先是一位诗人（诗作有《当镜子也讶异时》）。同样地，米歇尔·德吉（《岛的诗》《沟渠》《形象》）的诗歌作品也甚为重要。对于他来说，诗歌是“语言的语言”。这个定义很好地体现了现代诗歌的发展趋势。诗歌是对一种诗意语言的探寻。因此，对于那些最伟大的诗人们来说，这种探寻不仅不会导向一种枯燥的思考，反而导致了“圣言”的辉煌。

散文、哲学与文学批评

哲学面临着和诗歌一样的难题：由于自身存在一些专业性较强的领域而很难被大众接受。毕竟，哲学的作用和影响不应仅仅限于少数专家和内行人。在哲学界同样存在一些发展变化，这些变化主要体现在以下两点：一方面像其他领域一样，哲学变得越来越专业化；另一方面，哲学在广义的文学中渗透得越来越多。

艾田蒲公开反对存在主义、马克思主义和基督教对人和艺术的束缚。而事实上，这正是战后盛行的三种思想潮流。存在主义主要在《现代》杂志内盛行，而小组的核心成员有萨特、波伏瓦和梅洛·庞蒂。梅洛·庞蒂最终从这个小组中脱离出来，在他逝世 10 年后的今天，我们可以说，他的思想其实要比萨特的更为深刻也更为重要。亨利·勒费弗尔著有一本抨击存在主义的小册子，他是马克思主义的卓越代表。加罗迪的立场则要缓和一些，穆尼埃以及新托马斯学派坚决拥护人格主义和唯灵论。世纪之初，马利坦、加布里埃尔·马塞尔、西蒙娜·韦伊等作家给宗教思想增添了绚丽的一笔。德日进[①]的进化
1017 论和他的诗歌创作都体现了他的宗教思想。此外，埃蒂安·苏里奥、让·瓦尔、雷蒙·吕耶尔、雷蒙·阿隆、勒内·吉拉尔（作品有《暴力与神圣》）、梅洛·庞蒂及冉克雷维（他在很长一段时间内都不被人们承认）都或多或少地深化和发展了哲学的不同领域，尤其是美学。

如果再来一次变革，那些“新哲学家们”又是怎样的呢？虽然他们没有带来一种全新的哲学，但他们做出的努力却足以动摇前人根深蒂固的受人膜拜的地位。对于利奥塔的“欲望哲学”，我们也不知道它是否应与德勒兹和伽塔里的“分裂的机器”理论联系起来。弗洛伊德的精神分析极大地丰富了文学和文学批评：莫隆的精神讨论法使拉辛、马拉美等作家本人成为了文学研究的对象，而德里达等人关注的则是文本本身。

另外，我们这个时代还出现了另一种更为久远却富传奇性色彩的思想的回潮，即对物质本身做深刻的、多面的以及文学性的精神分析。这种想法由加斯东·巴什拉尔提出，它大大推进了文学批评的发展。

如果这种种的变化和发展没有出现异常的势头，那么我们应为之感到庆幸，但事实并非如此。很快，文学批评发展壮大并吞噬了文学创作。它宣称文学批评本身应被视为一种创作，这样文学批评成为时下最时兴、最优越也最排他的一种艺术创造。语言学的发展（主要由一些年

---

① 本名泰亚尔·德·夏尔丹（Teilhard de Chardin，1881—1955），法国哲学家、神学家、古生物学家、地质学家。德日进系其中文名字。从 1923 年至 1946 年，先后 8 次来中国，在中国地层、古生物、区域地质研究中作出过重要贡献。

轻的语言学家促成，像朱丽娅·克里斯蒂娃）也对文学创作产生了不可磨灭的影响。文本产生文本，而文本本身的痕迹却慢慢消失，批评却在这个无休无止的“照镜”游戏中占据越来越重要的位置。而正是这种使革新者都为之害怕的恐惧促使千千万万的文学创造者们不断地进行探索。

这种恐怖也遭遇了“热月政变”，只是它没有引起任何的骚动和断头台下的牺牲者。只有文人们感到了一阵喘息和一种想到别处呼吸新鲜空气的愿望。大众是没有这种感觉的，因为他们并没有加入到这种潮流中。文学批评越来越转向其本身，也越来越封闭，于是它只能自己寻找出路：它只能顺应文学史的发展或传记的要求来确保自己的存在。或者，简单地说，在它阅历了那么多的文本后，突然欣喜而又天真地发现了阅读的乐趣。

文学原理、诗歌以及文学本身都既不依赖于我们而存在，也不依赖于语言学和结构主义而存在。如果说瓦莱里被认为是现代文学批评的奠基人（关于这一点应该是毫无异议的），那么跟埃德加·坡同路的波德莱尔早已走在了他的前头。虽然这种文学批评有自己的侧重点和深刻的直观感受，它有时也会倾向于做一些感受上甚至脾性上的批评。为了能够运行自如，批评者有时需要无意识，有时需要抱一种天真的想法，而有时则需要对各家之言保持冷漠的态度。如果太投入就会迷失，对于一个充满激情的人来说，如果不加以压制，这种强烈的情感必然会影响他的人生和作品。

在这里，至少应该指出的是，我们并不想卷入到学院派文学批评和反学院派文学批评的旋涡中去。这是一个棘手的问题，因为反学院派也完全是由一批大学教员发起和维系的。有一点必须注意的是，文学作品极少是大学教员们创造出来的。与其说这是一个文化现象不如说这与经济因素相关，而这无疑对文学作品的创作产生了极其深远的影响。这种新批评不同于常规的和教条化了的批评，它通常采用两位作家对话的形式，以提问和表达感受的方式进行。他们中的一个只想 1018
成为一个思考的读者，而并不想表现为一个善于阅读的人。他的任务是使不可读成为可读。

诚然，文学批评在瓦莱里、迪博和苏亚雷斯等作家看来，它本身就是一种文学创作。时间（任何时候，对于各个不同的或对立的宗派都一样），不仅仅在文学上通行，它也必须勾起我们对伟大先人马拉美的回忆："我所知的关于艺术的观点没有一个比另外一个更为不重要，因此我在处处享受文学的乐趣……"应该承认，拿艺术开玩笑是很可耻的，冉克雷维在这一点上对布莱抱以强烈的批评。

通常，"文学"批评是或者说它尝试成为一门科学和一种哲学。它试图使作品和作者分离，至少对于那些为批评而批评的人来说，批评家甚至不是笔和墨的创造物，于是只留下一些不是为了批评而批评的人。而恰巧，文学领域中的科学家是作家。在年长的一辈中（他们通常是自由主义者）有贝甘、布朗肖和布里翁，而在第二代的作家中，他们的领军人物乔治·布兰研究司汤达的创作技巧，也为波德莱尔式的艺术创造带来了新的光亮。同时，布兰对从洛特雷阿蒙到夏尔的现代诗歌产生了非常关键的影响。《小麦筛选工》奠定了他艺术批评的风格，而他在法兰西学院开讲的第一堂课上为自己的文学批评勾勒了基本的轮廓。普莱研究的是人类的时间观念。斯达罗宾斯基对卢梭表达法的透明性和隐晦性尤为感兴趣。马克·索里亚诺运用跨学科的方法对一系列向来不受重视的领域，如口头文学、民间传统（佩罗认为它是素材和源泉）和青年文学加以研究并取得了一些成果。让·穆东潜心钻研普鲁斯特（贝尔萨尼和塔铁尔同样对普鲁斯特的研究很有心得），迪·布贝勒曼-诺埃尔则研究"对文本的无意识"。马塞尔·雷蒙研究从超现实主义到今天的诗歌世界。让·皮埃尔·理查德开创了主题学研究，而且在想象力的探索方面走得极远，他尤其长于对马拉美创作中想象力的发散研究，同时他也更新和丰富了自己的方法论（《微观阅读》，1979年）。

《如实》小组集中了一批具有新颖思想的文学批评家，像热内特和茨维坦·托多洛夫。这个小组成员中的一部分对结构主义很感兴趣。既被视为一种理论也被视为一种分析方法，结构主义被运用到所有的领域：社会学、哲学（对此，它是抱质疑的态度的）、语言学和文学批评。

如果说结构主义对当代思想的渗透有如之前的存在主义，那么我们说结构主义的大师主要有：列维-施特劳斯，米歇尔·福柯、德里达、路易·阿尔都塞、吕西安·戈德曼和罗兰·巴特（著有《零度阅读》和《神话学》）。

在那些散文家中，着眼于思考哲学、美学和历史问题的大家主要有：罗歇·卡洛瓦，布里斯·帕兰（《从线到针》《关于话语的玄想》），让·格雷尼埃，德尼·德·鲁热蒙，西奥朗，乔治·巴塔耶（《文学与恶》；《色情史》，1957 年）。而莫里斯·克拉维尔在尝试了戏剧、预言和抨击文章后重新回到哲学上来，他不也正是一位大师吗？

最后，我们还应提到不比我们之前提及的作家和思想家影响小的让·波朗。他对当代文学的影响极大，而且极为关键。在此，我们还应提到一些艺术史学家、美学家和批评家，他们通常沿袭富西蒙，在科学方法的指导下无不显示了作家的非凡才能，如勒内·于依格，让·卡苏，弗朗卡斯特尔，夏斯泰尔和莱马利。

近三十年来在文学（实际上不仅仅局限于文学）上形成的特征似乎是：一方面，越来越多的人抱着一切都过去了，一切都得重新开始的想法；越来越多的实验室被建立，越来越多的研究在进行。总之，一股智力的明胶在发酵。而另一方面，我们称之为伟大的作家和伟大的作品一起也在逐渐地消逝。而剩下的（关于这一点我们也不是很确 1019
定）能与我们历史上的伟大作家相媲美的，我们得称之为幸存者了。

在即将离开文学之际，我们应该说这种讨论是无穷无尽的。为了方便起见，我们在讨论时对文学进行了分类。但是，往往一个事物既在我们给它的这个范围之中，也在这个范围之外。通过分类，我们将它分解了但并不能总是完全地掌握它。例如，我们只是在谈及别的作品时才触及了日记、回忆录等体裁。在此，让我们记住这两位已故的女作家的名字吧，她们的创作不论是在文学意义上还是在历史意义上都是十分卓著的：西蒙娜女士，她是我们文学的佼佼者；路易丝·韦斯，她给我们讲述了一个女人的故事和这个世纪的编年史。我们又该如何归类卡萨梅约尔那些观点犀利、新颖而又针砭时弊的文章呢？

在此，我们把戏剧作为一门独立的艺术来讨论，然而既然戏剧是由文本构成的，很长一段时间以来它被认为是文学的不可分割的一个部分。有人对我们的分类有所质疑，那么我们就必须对其进行分解以明晰我们的观点，而这个人就是雅克·科波。他是一位理论家和戏剧家，同时也是老鸽舍剧团的创立者和著名的杂志《新法兰西杂志》的创立者之一。他给我们留下了非常丰富的戏剧、文学和精神遗产。他的主要成就主要有他的戏剧，他与马丹·杜加尔的往来信件（最近才发表）和他的日记。在他的日记中，他关于戏剧和文学的观点、他的内心世界和他的私生活展露无遗并相互交织。这无疑与纪德的日记一样对我们的研究极为重要，因为在他的日记中，他经常开展与自我的对话。

文学是所有笔墨留下的痕迹，但它首先表现为书的形式。书和文学是密切相连的。然而，在对戏剧的考察中，我们发现了一个令人担忧的现象：越来越多的作家反对对他们的戏剧创作进行舞台阐释。于是，书在那儿只保留了它一部分的功能并像别的物品一样成为了一种商品。同样，在这种逻辑下，作家成为了一种商品的供应商，而他们的文学评论实际上发挥着广告的作用。这也意味着，用更贴切的话说，文学正濒临着灭绝。只有在那些没有完全屈服于市场，而只是与市场小心翼翼地保持着某种渗透关系的领域中，文学才侥幸得以存活。这也是文化在市场的作用下正在付出的代价。

五、时空艺术

历史学家们对于艺术的变革总是寄予一种厚望：他们希望在当今这个时代我们的这个领域能发生翻天覆地的变化。我们也经常用激进的、闻所未闻或前所未见的一类词汇来形容这种变化。然而，我们今天呈现的艺术并不是今天凭空产生的。艺术的变革也不是一天就能完成的，它是一个从昨天到今天的缓慢的发展过程。绘画艺术的发展，也不仅仅是近三四十年来的一个变化，而是将近一个世纪的变迁。这种变化以其非凡的创造力和颇为卓著的艺术成果给我们带来了艺术史上的一场伟大变革——印象主义。1874 年，人们对绘画艺术的目的论发生了深刻的改变。在此之前，人们普遍认为绘画在于反映外部世界，但从此，绘画为其本身而存在。在这场变革中，人们提出印象和感觉要比智力的安排更为重要。莫奈主张追求光线效果的变革难道不是德拉克洛瓦的理论和实践产生的影响？还有什么能比从远处看是一幅猎狮图，但实际上画里既没有狮子，没有马匹，也没有猎人，而只有一条闪闪发光的螺线的绘画作品更美的呢？

1020 **绘画**

我们的时代不仅与过去的时代紧密联系在一起，同时也照亮后世，产生这个现象的一个令人欣喜的背景因素就是一些“伟大的前辈”的长寿，而且这点在绘画领域比在文学领域表现得更加突出。尤其是毕加索，他像提香一样，活过了他的那个世纪，很好地确保了绘画的延续性。凭借他惊人的“变化多端”，他在自己的创作中表达、纳入并接受绘画的特征，向往，想象，矛盾（甚至是欺骗）：形象和反形象，毁坏实物又钟情于实物，“纯”绘画和深切关注人性的绘画，甚至还有强烈“介入”的绘画。控制了去外形和去形象时代的那些绘画作品是最有力、最令人欣喜、最热烈、最为形象创造者（疯狂追求形象的人）所陶醉的，这点有着深远意义。那些形象创造者的创造则是死亡、改观和总是出人意外的变形的延续。毕加索在其绘画历程的最后时期同样颇为多产，这个时期堪称是绘画以来没有经历过的最令人惊奇的时期。这期间的作品，在那些令人激动的新的形式和女性人体中，创作和生命相互交织，结合，带着明显的敏感，热烈和情欲。相隔六十年，毕加索最初的令人惊叹的蓝色和粉色时期的《智慧》在这个时期的作品中再次展示，除了形式和风格不同。

《曾经是法国荣誉一部分的这个人逝去了》——马尔罗以此言向撒手人寰的布拉克致敬，后者凭借着他从 1945 年的《台球桌》系列在 20 世纪五六十年代达到了自己的艺术顶峰。他在作品中融入了死亡，在那里我们确实可以感受到物体的死亡，感受到自己灵魂的出现；那些以鸟为主题的绘画在卢浮宫的天花板上尽情飞翔（1952—1953 年）。布拉克（他也像德拉克洛瓦一样是艺术的“思考者”）的两句话这样描述绘画道：“我不是个革命画家”——这个看似温和的人将弄乱一切，燃烧一切，不顾一切。他的风格超出那个时期艺术的特征，形式与非形式，画家做出绝妙的断言：“我从非形式出发，我形成形式。”

就在布拉克逝世的同一年，年近 84 岁的雅克・维隆同意进行第一次大型展览，展出他自己的全部作品。展览并没有随着作者一起逝去，过去由他创立的黄金分割派反映的那些需要和追求，在世纪的第四分之三个时期仍然没有变：追求富有旋律性的严格比例，理想的数学赋予美的格式，追求匀称和造型的诗意。雅克・维隆是在 60 岁之后才开始着手这种空间追求，并在这个空间内实现自己的艺术。然而对于马蒂斯来说，他是在 75 岁之后才开始的。提到马蒂斯，我们自然就会想到他的《旺斯教堂》（1951 年）或者《年轻的英国女人》（1947 年），《红色画室》（1948 年）；但是 1970 年在卢浮宫举行的展览带来了他的其他作品：《穿黄色裙子的卡迪亚》，还有和《旺斯》同时代的作品《大洋回忆》（1953 年），或许马蒂斯内心的音乐从来没有找到比在《画家一家》（1947 年）和《蓝色的裸女》（1952 年）中更完善的表达方式。鲁奥——他只比马蒂斯小两岁并为马蒂斯服务了四年——在 87 岁逝世时，得以修复了自己的 800 幅画，并焚烧了其中的 315 件。尤其在他生命的最后十年，他拓展了视野，更换了色彩，艺术风格完全改变。他用剪影的方法将镶嵌画转变成一幅画：《圣经景象》（1949 年前后）和《萨尔》（1956 年）。“圣经启示”在夏加尔的绘画作品中达到了顶点，有 1969 年有关圣经的 103 幅插图特别展和 1967 年在卢浮宫内举行的 17 幅大型油画展可以为证，其中描绘了飞翔的婚姻场面的《雅歌》最为著名。

在那些不断追求艺术，有时对当今的绘画，如迪诺瓦耶・德・塞贡扎克之类的画家所表现出来的“懈怠”极度厌恶的画家当中，还应该列出德兰，弗拉芒克，莱热，洛特等人的名字。此外，还有在 1964
1021 年展出其宏伟代表作《世界之歌》的路沙，此人将一生都贡献在壁毯艺术的复兴上。

发生在罗歇·比西埃尔身上的一件自相矛盾的事情是，从年龄上来说，他属于他那个时代，然而从他作品的实质来看，他却属于我们的时代。在毫不知情的情况下，通过一个几乎是标志性的转变，他成为当代艺术的一位伟大的“祖师爷”：从为期五年的“盲目”走出来，他在 1945 年步入一种新的信仰，这种信仰在第一次世界大战时就出现，在第二次世界大战之后开始征服艺术界，这就是抽象。另外，这个词引起了一些人理智的令人恼火的反响。其实，更准确地来讲，这个词所涉及的东西恰恰相反，它指和精神，社会习俗以及形象艺术的断裂，最终，这幅画仅仅是画，就像音乐仅仅是声音一样。著名的《抽象画家》属于完全另外一个时代而不是比西埃尔的时代，甚至身为美国人的预言家波拉克也因为自己是个抽象派作家而大喜。我们则列举出几个法国人（或者已经法国化的）的例子：哈当、尼古拉·德斯塔埃尔（他在自杀前又重新回到形象艺术）、福特里埃、马迪厄、波利亚柯夫、苏拉日。

抽象倾向于多样性和波动起伏，不仅征服了艺术，还逐渐征服了艺术市场，直至成为官方艺术。在它似乎已是未来的唯一出路时，抽象却受到质疑并被打败，尤其是被那些通俗艺术的支持者，达达主义的新形式和那些反对一切的人打败。一些最重要最有创意的抽象派画家——森吉埃，马纳西埃，巴泽纳——此时就像站在法国传统绘画、立体主义、抽象主义的十字路口。有时候某个艺术家精神上的灵感会让作品发生根本性的改变：常常是在这些画家这里并通过他们，神圣的艺术发生变化。其中就有 1944 年举办第一次展览的让·杜布菲，他被奉为粗犷艺术的创造者，非形式之父，他的影响曾经是并将继续是巨大的？还有米罗，在他的最后时期创作了诸如拉斯科岩洞里的画作那样的作品？除此之外，还有丰富改变形象的和创造梦想的画家：安德烈·马松（他在一场化妆运动中追寻黄金年龄），神秘的伊夫·唐居伊，德基里科的哥哥马格利特，还有大量超现实主义的支持者和继承者——拉比斯、库托、巴尔蒂斯、德尔沃、博尔吉、雅纳·格拉弗罗尔（色情一直是她艺术的中心）和勒普里。但是最漂亮的同时又是最孤独的超现实主义的女儿，在这个时候重新兴起文艺复兴运动产生的现代绘画，她也是波德莱尔的合法独生女，这里所指的人毫无疑问就是菲妮。在她虚构的魔幻的、超现实主义的、同时也是“超自然主义”的艺术中，人类的命运通过死亡和空想的色情被解读。现在和将来的传统艺术，是通过梦幻和象征来进行形象表达，比如《担忧的黑夜》中的天体运动（1977 年）。《无用的梳妆》则是纯油画，然而它同时也是抽象的：漂浮的脸和手被拿掉，剩下炽热的旋涡，正好与德拉克洛瓦的《狮子》相吻合。至此，绘画正好转了一个圈。

列奥诺尔·菲妮——她也是素描和插图的高手——很少为演出布景，却通过她唯一的布景来创造演出。她提醒我们，我们的时代是盛产戏剧布景师的独一无二的繁荣时期（除了已经提到过的画家德兰、库托、马松、拉比斯，等等，还有布拉克本人）：克里斯蒂安·贝拉尔（他曾经为《唐璜》和《夏乐宫疯女》的布景花了很多工夫）、吉施阿、卡桑德尔、沃克维奇、马尔克莱、加诺、杜邦、波内尔、勒马里利埃、戴德。

最后，在一种搅动、毁坏、再创造形式的艺术中，如何忽视已经出现的艺术的新的可能性：机械的，光学的，活动的，动力的……以及韦伊的《元形式》——埃德加·坡的观点，麦司卡林幻觉，化妆谎言——在投射彩色的活动图片时获得的。绘画？电影？雕塑？

1022 不管如何，活动的物体被它的创造者卡尔德在大战前夕引入雕塑，一下子就有了抽象雕塑。当艺术家在树根、矿物上署上名字，抽象的最后一步——创造者使他的作品抽象化——就完成了？然而：抽象雕塑还是具体雕塑（就像具体音乐一样?）两者之间的含糊不清很明显。不过雕塑界确实从来没有关于抽象与形象的讨论，讨论完全针对雕塑本身：空间、体积、材料的问题以及相互之间的关系。就雕塑而言，著名的创新者——在他们自己的绘画上前进——有毕加索、马蒂斯、布拉克。雕塑家们产生于立体派，反常的是，如同洛朗斯那样，他们在创作中更重视的是曲线。利普契兹从立体派中完全脱离，抛弃涡卷线状图案的立体，创立他的《透明雕塑》理论。我们可以在那些查德金从1940年开始的探究中发现类似的东西，这位雕塑家力图让自己的作品显得更加简洁、轻盈。他的代表作——也是当代宏伟雕塑的代表作——是“鹿特丹的被毁”（1948—1951年）的纪念性作品。就像我们看到的那样，其中没有一点不是抽象的：不仅人类的外形，人类的悲剧也一直是这件雕塑的本质。在这件雕塑里，对有时显得有点矫揉的表达，甚至是表现主义的追求始终占据着主导地位。更准确地说，这件雕塑通过多样性，亦即与贾科梅蒂蒂或热尔梅娜·里希埃，甚至是塞萨尔之类的艺术家同样多的多样性得到表达，其中包括用一下焊枪或机动锻锤，就展现了带有原始天真的巴洛克表现主义。在艺术活动中对“抽象”、“科学”、“集体”的关注和推崇，作为结构主义意识形态的延续，似乎不再前进，而是被1950年拿起凿子雕刻的一代超越并赶走。这一代标志着形象艺术在新的表现主义超现实主义艺术家的灵感中回归。换句话说，形象艺术与继罗丹之后，将留下众多世纪杰作的那一代人联系了起来，也就是说与马约尔和德斯皮奥等人联系起来。马约尔所传授的经验仍然被雕塑家使用，对于这些雕塑家而言，人体，尤其是女人的裸体仍然是他们在黏土石头里的所有创作的对象；扬塞斯对它们有着非常敏感的虔诚和偏爱。在更年轻一代的人类形式的再创造者中，作品所表现的东西最私人、最本能、最原始、最肉欲的当推吕西尔·帕萨万，但是因为仍然受到雕塑起源的纠缠，他在苏美尔前后的作品有了巨大的转变，转向一种虚构的、梦幻的，同时也是伟大的表达。

最后，应该相信这个时代，它清除城市的各个方面，恢复历史文物的价值（然而我们注意到这是件越来越稀罕的事情。巴黎，与很多首都相反，是座“石头”的城市），重新建起我们的图书馆并使其现代化，同时增加展览和他们的参观者，这在以前是难以想象的。这些人群在卢浮宫门前排着比在电影院门前还长的队伍，他们像喜欢电影一样喜欢绘画吗？然而文化为大家追捧总是因为赶时髦和附庸风雅而不是希望学习并发现它，另外，附庸风雅本身也是文化的一部分。对于很多法国人来说（更多的法国女人，好像总是小说的读者一样，她们曾经一直是展览的观众），不久以前逝去的时光变为再次追寻的时光确实是件非常好的事情。

我们会在国家艺术文化中心的成功中发现这种“文化”的一个变种。国家艺术文化中心是一个巨大的文化之家，它同沿河公路一样，平等地有意义地分享着蓬皮杜总统的题词。公众似乎能从那里的演出和经常参观那里得到快乐，就像去文化的《月亮公园》一样。老实说，那里的建筑采用人体的机能逻辑和美学，将人体消化的、呼吸的、血液循环的管道系统和内脏，还有一大部分骨骼放在建筑的外面、不管怎么说，内容还是丰富多样，而且是有用的：开放的图书馆、博物馆、
1023 展览、出版物、持续多样的“文化活动”。但一切都没有任何意义和吸引力，除了非常短的活动：游手好闲者的比赛（确实，我们使巴黎应该有最多行人的地方，变成行人其实是那么少，汽车反而是最多的地方，除了这一点，我们还使这些汽车在人头上行驶）、音乐家、耍把戏的人、表演吞火的人的聚集和其他走钢丝或走绳索的杂技演员，就好像旧的巴黎中央菜市场，新桥和中世纪的教堂广场的民间思想突然在这地方重新出现。

建筑

直到1945年二战结束前，除了美国和欧洲一些地区，“新建筑”主义还没有自己的建筑理念。但是随着战争的结束，战后重建迫在眉睫，这种建筑艺术，也就是我们所称的“国际式”建筑风格开始在全球流行。在当时，也只有纽约和芝加哥的建筑能够以这种风格相称。那时候，也有一些建筑思想者认为，这种风格应属于过去。建筑的静态平衡是与古代比例体系相联系的。而“国际式”建筑风格则是建立在动态平衡上。总的来说，它越过了罗马式和哥特式建筑风格，在一切审美之外或者说超越了之前的审美观念。这种建筑理念最具意义的结果以及技术上的进步之一就是用工程师代替建筑师，工程师成为了不可缺少的助手。举一个法国建筑上的例子：鲁瓦扬圣母院就是由工程师拉法耶和建筑师吉耶联手共建的。对于一些国家来说，这种工程-建筑师成为未来建筑中的一种独特形式。

我们这个时代的建筑并不仅仅局限于建筑师的建筑。要么，它是源于“国际式”风格的建筑。此风格有两种截然相反的倾向：总体上看，是以钢铁为表现形式，而从分析的角度来讲的话，则以混凝土为主打。还有一类建筑分支“有机建筑”艺术介于二者之间。这个建筑分支是在1947年由怀特先生创建的建筑艺术风格。要么，它介于两种互斥的建筑套路中。这种建筑风格也反映了那个时期的时代矛盾。一方面，诸如让·普洛夫和罗兹的建筑研究主要在工业建造方向。这种工业建造也仅在建筑理念上要求遵循包豪斯[①]提出的观点。另一方面，这是审美观的一个很强烈的回归。勒科比[②]后期的作品在这一点上表现得最为突出：在龙尚，以及在圣玛丽－德－拉图修道院，如同在哈佛[③]和在昌迪加尔[④]一样我们都可以看到雕塑建筑。不过，我们在对建筑进行总结评判时应忽略那些屈指可数的思想新颖的建筑者的所有作品。他们在一些人文性的建筑观点上加入一些新方法，绝不是为了功能而牺牲美感，而是在功能中体现建筑的美感。拉普拉德代表的是秉承古老建筑风格的一代，而普莱则属于成熟的一代，他们有着很强的创造能力，是这一建筑风格的典型。然而，不久出现了一些建筑思潮，如野性主义，表现主义等等，这些思潮是建筑运动的不同表现形式。其最为“极端”的就是“流行建筑”。在这里，建筑师重新发现了雕塑和绘画在建筑中很好的协调。1967年，一位伟大的画家杜布菲开始造房子，并且是那种可以住人的房子，他成了这一行业的指南针。1970年后，社会和建筑都在脱离常规，向常规宣战。一些打破常规的

---

① 包豪斯（Bauhaus，1919—1933），是德国魏玛市的“公立包豪斯学校”（Staatliches Bauhaus）的简称，后改称“设计学院”（Hochschule für Gestaltung），习惯上仍沿称“包豪斯”。在两德统一后位于魏玛的设计学院更名为“魏玛包豪斯大学”。她的成立标志着现代设计的诞生，对世界现代设计的发展产生了深远的影响，包豪斯也是世界上第一所完全为发展现代设计教育而建立的学院。

“包豪斯”一词是格罗披乌斯生造出来的，是德语 Bauhaus 的译音，由德语 Hausbau（房屋建筑）一词倒置而成。

② 一译勒·科布西耶。

③ 此指勒科比西埃在美国设计的唯一建筑——哈佛大学视觉艺术中心。

④ 此指勒科比西埃设计的旁遮普邦的新首府。

房屋建筑和塔楼应运而生，建筑重新回复到艺术。一些人认为这种回归就如同在我们这个时代的一个致命的罪恶，但是也有一些人认为建筑回归于艺术，也带来了更富人性的东西。

音乐

音乐就是时代的建筑，并且像数字那样精确严密吗？过度严格的道德准则，反而会把音乐推向一种纯享乐主义，使之有如情感和精神的宣泄。但是这种感情的流露亦很容易被推向反面，让人不开心，这
1024 也是艺术和文学共有的准则。由此，某些人认为，一些音乐作品（包括其中含有的乐趣）乏味之极。

在战前开创的研究，已经将其领域从激烈的半音性音乐扩展到电子音乐，进而发展到具体音乐（将自然音响记录下来剪辑而成的音乐）。大众也爆发出了同样的激情，当在节日里举办的音乐会时，他们会蜂拥而至，电台和唱片承载着信息传播，文化以及接近音乐作品的任务。但是这两项运动是同时平行进行的。吸引听众的并不就是那些新音乐，因为创作本身会随之陷入混乱和矛盾中。在急切想体验音乐和逃离发音含糊，找到稳固的音乐结构的强烈愿望下，有时我们会很痛苦地感受到这两层愿望的折磨。既然半音性已不再像 1950 年那样吸引听者，长期以来摇摇欲坠的音乐调性体系或可得到重生吗？音乐进入了十二音体系的后期阶段，开始找寻语言和要求极为严格的音乐建筑来保证其连续性。

战后音乐蓬勃发展，百花争妍，音乐流派很难加以区分。极具个性的音乐家依然占据统治地位，但是他们都属于战前音乐。在 1945 年时年方 20 岁的一代进入音乐领域，标志着 50 年代音乐的一个转折点。随着国家获得解放，雅克·伊贝尔、克洛德·德尔万古、马塞尔·德拉努瓦成为这一代的主要领军人物，用伊贝尔自己的话说是“使之颤动”。后来的 J. 里维埃、罗兰·马尼埃尔、CL. 阿里厄、J. 弗朗塞克斯也属于这一代。

“六人团”在战后继续存在，在 1955 年英年早逝的奥涅格，与达律斯·米约一起，仍然是那个时期重要的代表人物。奥涅格创作

了一些伟大的作品：《第三交响曲》《圣歌》，以及《第四，第五交响曲》。乔治·奥立克尽管身居行政管理职位，也丝毫不影响其作品的多样性。弗朗西斯·普朗克的作品所拥有的精神，智慧和魅力继续影响着后世音乐的创作。在阿尔古尔一行人中，亨利·索盖写出了几部完美的作品，尤其是《流浪艺人芭蕾和戏剧》《孤注一掷》《任性的玛莉亚娜》。达律斯·米约为现代音乐话剧的形成作出了重要贡献。他不拘泥于形式系统，将多调性音乐发扬光大。1962 年，他创作了《大卫》《柳条小摇篮》《第十一交响曲》。安德烈·若里韦对音色音质和音乐形式进行了大胆的研究。在所有这些音乐创作臻于成熟的音乐家中，作品最为新颖别致，同时灵感未被研究扑灭的人是亨利·迪蒂耶。他所创作的《交响曲》似乎可被视为“经典”。属于 1936 年的“青年法国”派的达尼埃尔·勒絮尔依然关注如何“更加具有人文色彩”，谈他本身似乎比研究他的言论显得更为迫切。他的管弦乐作品《雅歌》《小夜曲》以及吉他片段在其优雅和音乐表现力上都堪称完美，其歌剧作品《安德拉·戴勒·萨尔都》则是现代浪漫主义的完美体现。

奥利维埃·梅西昂是绝对现代的音乐家，而且是现代音乐之路上的先行者。二战后，他开始在他之前策划的音乐道路上前行。他具有的极强的创造力，使他免于陷入传统音乐的窠臼。他对传统音乐加以变形。在他既丰富深刻而又风格多样的音乐作品中，让我们记住一些颇为雄壮、具有创新性的音乐作品：《图伦加利亚交响曲》《圣灵降临弥撒曲》和《鸟鸣集》。

皮埃尔·布列兹[1]在 1952 年在萨尔茨堡上演了他根据勒内·夏尔的作品改编的《水太阳》的片段。以两架钢琴来演奏的“结构”，显示出了其在十二音体系音乐方面的更新。从 1955 年起，这位年轻的作曲家进一步显示出自己的独创性，这在其创作的《无主之槌》
中表现尤甚。从 1960 年开始，音乐家的创作趋于成熟和平衡，听众 1025

① Pierre Boulez（1925—　），一译皮埃尔·布莱，法国作曲家、指挥家。

范围也在扩大。他成了当代音乐的核心代表，其执掌法兰西学院的教席即为明证，他创立的音乐与声学协调与研究学会（I. R. C. A. M）也被认为是科学家和音乐家交流的平台。

虽然布列兹的作品在音乐演奏上占据着重要的地位，但是，他却被排除于“具体音乐”之外，或者更确切地说，音乐演奏的概念在这个范围内没有意义。演奏者如同乐谱评估一样不合时宜。作曲不仅要通过持续的声音和收到的音乐变体来创作音响材料，还要通过剪辑磁带的片段进行筛选。在法国，对于“具体音乐”的研究始于战后，它尤其是在皮埃尔·施爱菲的指导下在电台广播的录音间中开始的。皮埃尔·施爱菲曾经创作了四首《练习曲》等作品。他的合作者皮埃尔·亨利从1958年就开始对其进行研究总结，撰写了总结报告，该报告包括了从具体音乐到电子音乐的相关内容。

在此，我们无法一一列举那些以其音乐作品留下痕迹的音乐家。但在趋于成熟或者已达到成熟的这一代音乐家中，需要着重指出一些代表不同音乐趋向的音乐家，他们分别是：勒卢、普瑟尔、德勒律、夏庞蒂埃、朗多斯基、奥阿纳、艾格那科斯。马里于斯·康斯坦为罗兰·珀蒂和贝雅里谱写了芭蕾音乐。皮埃尔·亨利和皮埃尔·施爱菲联手创作了《一个人的交响曲》，这一点预示着音乐研究与正在发生巨变的舞蹈之间的紧密联系。

芭蕾

也许，由于法国在歌剧方面缺乏《沃采克》[①] 的后继者，人们遂试图从芭蕾舞中寻找类似的。但是，在季亚吉利夫之后还没出现过这样的佳作。塞尔日·利法尔填补了这个空白并带来了他自己的创作，但是这一切都是在我们这个时代之前。真正的芭蕾存在于别处：罗兰·珀蒂以其即便不具革命性那也是独具一格的作品获得了巨大的成功。特别是和亨利·索盖合作推出的《流浪者》。雅尼·夏拉懂得如何运用个人的想象力对传统的音乐进行革新。莫里斯·贝雅尔起初在

① 《沃采克》系奥地利作曲家贝尔格编剧并谱曲的三幕歌剧。

马西娜的影响下创作了《一个人的交响曲》（1955 年），这是他得以展现全新艺术的系列作品中的第一部。他还为《浮士德的天谴》《当代弥撒曲》《马拉美》《波德莱尔》等编舞。很大程度上是因为有了贝雅尔，舞蹈这一被称为只限于少数舞蹈天才的艺术，在那时成为了一种近乎是大众化的艺术。贝雅尔艺术是一种更为具有男子阳刚之气的艺术。身体不再是上流社会娱乐的工具，它得通过对礼仪的热忱，在舞蹈中和现代人身上表达一种信仰。和阿尔托一样，贝雅尔回归到了一种作为源泉的东方舞蹈上。这种东方舞蹈重新为西方所有，使人们无法忘记舞蹈不仅是一种宗教活动，而且也是一种人们可以重建空间和时间的广大无边的游戏。

六、科学和技术

科学在决定人类生活和人类命运方面所起的作用越来越大，但与此同时，它也在建立一种新的人道主义。科学通过它神秘的，其作用正反皆有的力量开始影响大众文化（甚至很大程度上是精英文化）。尽管知识分子对科学所带来的负面作用深感焦虑，但科学本身其实是无所谓好或坏的。不过，无论科学以什么样的面貌出现，人们对它的了解实际上是少之又少的，人们可能读得懂但丁，甚至是达达，但对于爱因斯坦或是略带专业性的科学知识却往往是望而却步，很多人，甚至包括其他专业的科学家对略微深入一点的数学运算都感到相当棘手。1026
但是，数学和音乐之间的关系却很神奇，通过音乐来认识数学或许不失为一种好方法。

科学具有的这种难以传递性不仅存在于外部，而且也存在于其内部，它的这种内外“不通透性”使得科学家们不得不在其对外开放性和对内综合性方面努力，同时着力于研究科学的超越性，即其宗教性。当然，这些尝试和努力可能是徒劳的，但也有可能具有某种启发性和预示性，就好比是突变体中的炼丹术，总之，科学的这种转变过程就好比是一场魔术：“魔术师们要开始登场了”。但是，值得注意的是，人们对于科学这一概念的理解，甚至包括科学家们自己，却有些混乱，常常过于肤浅。在大众看来，科学的最前沿就是发射火箭或是动心房手术。

这种认识的混乱情况当然要避免，因为纯科学创造极其贫乏，相对而言，科学的应用和技术创造却非常广泛和丰富，这种情况在美国和其他国家更是如此。我们将重点阐述和知识、研究及发明有关的几个代表性事件。在解放时期，科学不断创新发展，各种科学组织也不断地在完善，但是政府并没有对科学方面实施相应的鼓励措施，工业也没有在这个时期和科学很好地结合起来，科学研究的物质条件相当恶劣，布朗利就是在简陋的实验室里发明无线电的。并且获得了诺贝尔奖。法国在四分之三个世纪多一点的时间里获得了 14 次科技诺贝尔奖（英国 39 次，德国 43 次，美国 75 次），而在 1945 年以后只获了 3 个奖（文学倒获了 5 次诺贝尔奖）。正因为研究环境的恶劣，库尔南加入了美国国籍。直到 1948 年，法国的国家科学研究中心才正式成立，随后又成立了原子能委员会。该机构成立之后，法国的原子核物理学因此得到了极大的发展，并在世界上排名第四。

在数学方面，自 1938 年以来，一群数学家就用共同的笔名“布尔巴基”开始出版著作，1950 年施瓦兹发明了分配理论。在天文学方面，多尔弗斯在 1966 年发现了土卫十，命名伊阿努斯。物理学方面，奈耳发明的磁学在 1970 年获得了诺贝尔奖；卡斯特勒提出了光泵激方法，并因此获得了 1966 年的诺贝尔奖。生物学方面，莫诺、雅各布和勒沃夫从 1950 年起就开始研究胚胎在 DNA 作用下的合成机制，此项研究获得了 1965 年的诺贝尔奖。1979 年，他们向总统提交了一份报告，这份报告主要阐述了他们对细菌生理学和细菌新陈代谢的研究情况，以及他们的新发现，这项新的科学发现得益于库里利斯基与巴斯德研究所工作人员的协助。他们的研究使人们对细胞生命有了新的认识，更重要的是治疗学因此而发生了变革：因为此时人们已经完全知道该如何制服各种各样的细菌。由此，细菌可望用于许多地方，其中包括转化成为取之不尽的能源！基因学因此而打开了新的局面，它把科幻片里经常出现的空想变成了现实，但这种局面才刚刚开始。

在医学方面，雷宾 1954 年发明了小儿麻痹症疫苗接种；马瑟在 1027
1957 年成功完成了骨髓移植。杜宾和勒热纳出版了有关染色体变异的著作。节育虽然最初属于司法范畴，但正是这项节育立法刺激了医学事业的发展。

医学就像一门复杂的“艺术”，它并不是独立存在的，而是融合了许多学科，甚至是人文科学。科学几乎包含了所有学科，甚至是以文学为起点或终点：从数学到诗歌，从宇宙学到透视法，科学无不将其囊括其中。但是，人文科学相对于其他学科更容易理解一些。从理论上来说，一般人都能读懂苏斯戴尔甚至是列维-施特劳斯。这位伟大的人类学家常常赋予其作品诗意化的标题：《忧郁的热带》《从蜂蜜到烟灰》《野性思维》，从一定程度上说这些作品属于诗歌，并且丰富了诗歌的题材。

结构主义原本是研究语言的方法，并且促进了语言学在当代的发展，列维-施特劳斯在其著作中却“跨界”地运用了它，后人对结构主义的借鉴也由此开始变得频繁。心理学也取得了长足的发展，以至于有些心理学家称其为严密科学。社会学也在大步发展，1957 年起发展尤为迅速，但此时的社会学已经开始细化：文化社会学、休闲社会学、劳动社会学、道德社会学、宗教（勒布拉）社会学。埃德加·莫兰创立复杂思维范式（《奥尔良的谣言》）。由伊夫林·絮勒罗特创立的女性社会学和当时的性学一样，也取得了很大的进步。阿尔贝特·梅米创立的（反）种族（歧视）社会学也取得了一定的发展。

社会科学和政治科学往往和个人经历有着密切联系，卡斯多里亚迪斯在这一点上颇具代表性。让·迪维尼奥的社会人类学研究为后人的相关研究奠定了基础。乔治·弗里德曼经过三十年的调查和研究之后出版了《粉碎了的劳动》以及被后人视为经典的《智能的力量》，行文至此，我们似乎又回到了文学范畴。我们在谈论科学研究、科学创新甚至是科学变革时一直都没有远离文学。因为跟大众文化一样，历史的传播，甚至是科学史的普及也是以文字为媒介的，也是“书写”的历史。勒华拉杜里和乔治·杜比的著作或者是《历史》杂志的广受欢迎都说明了这一点。

文学拉近了历史和艺术的距离。人类常常有着丰富的想象力和综合能力，宗教史、信仰史和神话史为此而取得了其重要地位，杜梅齐尔[1]和埃利亚德也因此把科学、艺术和文学表达方式结合起来，进而丰富了作品范围。其实，我们对宗教，社会及文明的认识主要是通过考古学获得的，后者已经成为了传播文化的载体之一，并且受到越来越多的关注。法国也因此对本国历史有了进一步的认识和了解。例如，拉科斯特-梅瑟里埃尔和他的团队，以及他们的继任者相继发掘了特尔斐遗址。帕罗二战前在美索不达米亚工作时发现的古城马瑞遗址的发掘工作，在 1965 年得到了进一步的发展。在法国本土的发现有，1956 年考古学家发现了鲁菲尼亚克岩画，这是法国继拉斯科山洞 16
1028 年后发掘的又一重大史前遗址；1953 年维克斯的发掘进一步丰富了人们对凯尔特文明的认识；1962 年起，贝尔蒂埃就将精力投入到确认阿莱西亚遗址的真实身份上，随后开始挖掘，但和之前结论并无根本出入，即阿莱西亚和热尔戈维的考古价值相差无几。

无论是在法国还是在其他国家，我们都是从两个层次对当代史进行研究的：精神分析法——拉康作为这一派的代表人物既受到了很多人的追捧，也招致了不少争议——和马克思主义，尽管这两方面在一定程度上还有冲突，但已经开始相融了。人们对马克思主义和精神分析法的诠释越来越多，甚至是同一派别内部也会存在着巨大的反差；当然了，思想正是通过争议、重新审视以及质疑而不断向前发展的。

七、历史的终结

20 世纪的一半并不是由 1950 年，而是由 1945 年来标示的，更确切地说，是由 1944 年夏到 1945 年夏这段时期标示的。这前半个世纪

[1] 一译迪梅齐。

并不怎么辉煌，有时甚至显得有些黑暗与无知，但它对未来的日子还是产生了极为重要的作用的。两个大事件标示了从 1945 年到 1970 年的这二十五年：广岛原子弹爆炸及向月球跨出的第一步。第三个大事件发生在本世纪的最后二十年，即人类的空间探索达到了它的极限，也就是说到了太阳系的最边缘。那些电子探测器，在工作的时候能够收集各种人类所需的信息和资料，它们的运行已经超乎我们能够理解和想象的范围了。瓦莱里早就意识到：对人类来说，世界变成有限的了。我们来到了这样一个时代，在这个时代里，时间和世界本身都是有限的。但是，这并不意味着我们可以预知到世界和时间的尽头是什么模样了。

从严格意义上来说，这三个历史事件是同一种科学技术产生的关键性结果。这种科学技术经常被用于服务于某种思想或某种政治目的，如战争，但令人振奋的是，它也很快成为了一种对人类有利的力量，这种力量并不是为战争服务的，相反，它致力于维护世界的和平和安定。这种力量也衍生为一种关于和平的知识——虽然，它的发展也不免会有延续，不免会发生偏差，甚至是某种背离与败坏。

但是，它们还是具有象征意义：人类自此在虚无和在这个虚无的世界上留下自己的轨迹的愿望之间寻找到了一个平衡点。在人类的历史上，这还是其第一次在几年内一下子积聚那么多的能量，对他本身及他所栖居的地球做出如此大的改变。同时，他也意识到这可能产生另外一种毁灭，即人对其自身的毁灭。不断投入生产的科学技术、人们所热衷的各种生物实验及资本的不断膨胀，使人在感官的刺激下不断萌生各种欲望、需要和想法。它们也生产出了形形色色符合各种规范与计划的产品。这是改变了人类，还是毁灭了人类？是科技给了人类不断向前的能力，还是人类赋予自身这种能力呢？我们能说这种促使人类发生变化的力量便是文化吗？或者说，除了全球性的自杀，我们还剩下两条路：要么是人类的自由遭到禁锢，要么是在人类的地球上仍留有那么一方自由思想的净土。

1029 第三十三章　最近四分之一世纪

从 1975 年至今

描述最近的历史是一件非常困难的事情。因为这段历史经常只能是各种混杂的事实简单的首尾相接，让人丝毫看不出其中的轴线；有时又完全是一些主观臆断，很快就会被后来发生的事情推翻。那些历史研究的常用工具，比如详尽无遗的原始材料、考证，以及两者的对照，对于总结最近历史的历史学家来说却是最缺乏的。而且历史学家缺少必要的“置身事外”的距离感，因为他们每个人都是要研究这段历史的一部分，有时是见证者、旁观者，有时甚至是参与者。本书涵盖了自史前以来的所有历史时段，而且每一段都是一个较长的时期，因此要准确描述最近的历史就更加棘手了。另外还存在着一个危险，即无意识地夸大最近发生的变革的重要性，并人为地扩大其影响力；或者相反，为了不超越社会发展几百年来缓慢的演变节奏，而刻意低估最近发生的变革的重要性。

想要研究最近的四分之一世纪，理解这段政治、社会、文化和国际事件异常丰富的历史，可以从经济增长曲线的拐转中找到其统一性。这一时期的核心问题并不是不再增长，而是增长明显减缓，它标志着战后时期和法国“光荣的三十年”的结束，此时共产主义在东欧的崩溃还没有发生，它还意味着 1945 年 5 月 8 日揭开的以大规模重建为主旋律的历史篇章画上了句号。

经济、社会、政治、法国在世界上的角色、价值观和文化，都由此发生了深刻的变化。尽管经济并不曾左右每个人，也不能主导一切社会生活，但在法国这样一个曾饱尝两次世界大战之苦，以及由此而来的长期萧条的国家，经济增长不仅医治了很多创伤，还为社会进步的实证主义文化赋予了新的生命力（这种文化曾将十九世纪的法国带入了二十世纪最初数年的“美好时期”）。“光荣的三十年”恢复了每个人的信心，渐渐使每个人坚信即使不用平息当时大量存在的冲突，明天也一定会比昨天好。信心还使每个人对历史的前行产生了一个共同的感受，即每个人的物质条件都将得到持续的改善，而且这种改善还会一代一代延续下去。

然而随着经济增长出现减缓，失业问题重新凸现，意识形态受到侵蚀，缺乏信心的时代又回来了。法国人必须学会在新的时代生活，并根据新时代的要求将每个事物各归其位，另外还必须重新为法国定位：法国是一个追求“正常”民主生活的中等强国，在由“大陆国家” 1030
控制的这个星球上，不仅要在全球化的经济中面临竞争，还必须适应法国在国内外遭遇的新局限，并在没有“思想导师”的情况下寻找构成法国基石的价值观。为了综合描述最近这四分之一世纪，我们没有按照年代依次记录一个个历史片断，而是决定采取围绕主题来叙述历史的方法。这种方法建立在一种延续性之上，从1974年5月吉斯卡尔·德斯坦当选为法国总统，一直到1997年6月“多元左派”在立法选举中获胜后，形成的雅克·希拉克和利昂内尔·若斯潘的“左右共治”，这种延续性始终贯穿其中。这段时间里，法兰西共和国经历了三位总统：吉斯卡尔·德斯坦（1974—1981年）、弗朗索瓦·密特朗（1981—1995年）和雅克·希拉克（从1995年开始）。先后与他们一起领导法国的共有11任总理：雅克·希拉克（1974年5月—1976年8月）、雷蒙·巴尔（1976年8月—1981年5月）、皮埃尔·莫罗瓦（1981年5月—1984年7月）、洛朗·法比尤斯（1984年7月—1986年3月）、雅克·希拉克（1986年3月—1988年5月，第一次“左右共治”）、米歇尔·罗卡尔（1988 年 5 月—1991 年 5 月）、埃迪特·克勒松（1991 年 5 月—1992 年 4 月）、皮埃尔·贝雷戈瓦（1992 年 4 月—1993 年 5 月）、爱德华·巴拉迪尔（1993 年 5 月—1995 年 5 月，第二次“左右共治”）、阿兰·朱佩（1995 年 5 月—1997 年 5 月）、利昂内尔·若斯潘（1997—2002 年，第三次“左右共治”）、让-皮埃尔·拉法兰（从 2002 年 5 月开始）。行政权由立法选举中的多数派掌握，右派（1974—1981 年；1986—1988 年；1993—1997 年；2002 年至今）和左派（1981—1986 年；1988—1993 年；1997—2002 年）的轮流执政是 1978 年 3 月、1981 年 6 月、1986 年 3 月、1988 年 6 月、1993 年 3 月、1997 年 6 月和 2002 年 6 月的七次立法选举的结果，这些选举是决定总统（国家元首）和总理（政府首脑）搭档的重要时刻，有时候总统不得不任命与自己意见相左的人担任总理。

1031 一、经济与社会生活

“光荣的三十年”之后是“可悲的”二十五年，对整个欧洲如此，对法国尤其如此。失业无情地持续增多是这一时期最显著的特征，伴随高失业率的是经济的停滞，很多从十九世纪继承而来的“工业大教堂”（大型厂房）被关闭，不少从前被视为“成功的橱窗”的地区，如今成了萧条的象征。与此同时，不平等现象、大规模社会排斥、不断出台的社会改革计划造成的提前退休、年轻人在国家就业局门前排长队、全民的灰心丧气，以及经济衰退造成的自答、诽谤和烦扰，都在不断增多。显然，最近几百年的世纪末都是艰难的：美丽的十八世纪由于等级社会的僵化而导致了大革命；十九世纪的长期增长也避免不了陷入 1873—1895 年的大萧条；“光荣的三十年”带来的壮观的民族复兴在迅猛的前进中，因受到 1973 年和 1979 年两次石油危机的打击而戛然而止。

不过，就像对最近几个世纪末的研究那样，我们经过更加深入地观察，发现最近的 25 年并不能简单概括为一幅经济危机和社会断裂笼罩的灰暗画面。经济危机和社会断裂毫无疑问确实存在着，但它们掩盖了其他很多事实，即在这二十五年里，法国仍然按照此前三十年的节奏发生着转变，只是由于这种转变发生在新的国际环境中，其模式相对从前大为不同，所以让大多数法国人感到吃惊甚至震惊。因此，我们不仅应该继续强调那些传统的评价（即失业率上升、不平等现象的增加和福利国家的危机），同时还应该用一幅更精确的画面描绘这个阶段，充分展示各个视角的景象：经济增长速度确实变得更低，但由于生产率的进步创造出了更多的财富；法国资本主义的突变，成功地适应了开放的全球化经济；工作条件发生了改变，使传统劳动力的地位降低，但妇女得以大规模地融入到生产程序中去。

所以总体来说，最近的二十五年完全不是悲惨的倒退。实际上，尽管各阶层的法国人都遭遇到了各种困难，但法国在过去的遗产的基础上，通过打造新的“工具”，成功地构建了经济和社会的新结构，以比过去更快的速度适应了持续转变的游戏规则，即扎根于欧洲但又积极应对全球化带来的机遇和冲击的开放式经济的规则。

大规模失业

社会的悲观情绪和最近二十五年的不好印象完全可以只用大规模失业来概括。1967 年末，时任法国总理的乔治·蓬皮杜曾在一次电视采访中，做出这样一个预断：法国政府将可能遭遇就业问题的长期考验。在“光荣的三十年”时期，这样的预测显得非常不合时宜，然而它却有着充分的论据：欧洲经济共同体内部的经济开放、生产力的急剧膨胀、各行各业的演变、战后生育高峰期出生的年轻人大量涌入就业市场等。当失业问题在 1970 年代初期重新出现在人们的视野之中时，它仅仅被视为就业供求关系的临时性失衡，而且被认为可以保持在可接受的限度之内。然而从 1975 年开始，情况就完全不同了。失业率的不断升高顿时显得不可避免，由此产生的社会影响是巨大而惊人的，它成为“萧条”的主要症候。失业人数在劳动力人口中所占比例，从1975 年的 5%，在世纪末攀升到 12%，最高峰是 1997 年的

12.4%，如果用具体失业人数来说，1975 年有 87.7 万人，1981 年有
179 万，1982 年有 200 万，1995 年有 300 万，1997 年有 320 万，1998
1032 年则略少于 300 万。除了少数几年，失业率几乎每年都在升高，与国
内生产总值的增长基本上没有关系，只有 1987—1990 年是例外，当时第一次“左右共治”刚刚结束，米歇尔·罗卡尔担任总理，在那段时间里，法国经济增长强劲，1988 年和 1989 年都实现了 3.8%的增长率，创造了 80 万个新的就业机会（同时期取消的工作岗位数量为 64 万），因此全社会总体上增加了 16 万个工作岗位，失业率因此从 1986 年的 11%回落到 1990 年的 9%。然而此后经济增长又陷入低迷，过了很长时间才得以恢复，1998 年经济增长又达到了 3%。出现结构性大规模失业问题的同时，失业持续期也不断变长。比如在 1980 年，170 万失业者中有 46 万人的失业不低于一年，1994 年时 300 万失业者中有 120 万人寻找工作的时间超过了一年，这个数字到 1998 年仍有 100 万。

法国人不仅在失业持续时间上不平等，在就业上也不平等。实际上，如果不考虑不会失业的公务员，失业问题对不同类别的劳动力和年龄段的影响大不相同。干部的失业率 1974 年为 1%，如今达到了 4.5%，而工人的同期失业率分别是 2%和 16%，那些技能水平低的工人尤其容易失业。随着一些曾大量使用劳动力的传统工业行业（采矿、冶金、造船、汽车制造、纺织等）的经济出现全面萎缩或实现了现代化，法国丧失了大量的就业岗位。1986 年至 1995 年，法国平均每年裁员 40 万人，其中有两次裁员高峰：1984 年至 1988 年，年均 50 万人被解雇，1992 年至 1993 年，每年有 60 万人失去了工作。这些裁员主要发生在上述传统工业行业，比如 1983 年标致—塔尔博汽车制造厂裁员大约 8000 人，冶金业宣布裁员累计 2.5 万人；1984 年，煤炭业宣布 5 年内每年裁员 6000 人。裁员成了时代的基调。从 1974 年至 1998 年，工业在劳动力就业比例中，从 38%降到了 25%，这意味着数以十万计的劳动力失业。同时，失业问题对不同年龄段的影响也有所不同，年轻人受到的打击最大，15 岁至 24 岁年龄段的失业率是 25 岁

至 49 岁年龄段的 2.5 倍，是 49 岁以上年龄段的 4 倍，而且还应该考虑到提前退休的 55 岁以上劳动者的大规模离职。在失业的作用下，传统意义上的“活跃的人生”（就业期）集中在 25 岁至 55 岁之间。进入就业期的平均年龄，从 1975 年的 18.5 岁增大到 1998 年的 22 岁；走出就业期的平均年龄，则从 1975 年的 62 岁减小到今天的 58.5 岁。1998 年，四分之三的劳动力人口年龄处于 25 岁和 50 岁之间，而 1970 年代的该比例仅为二分之一。

考虑到大规模失业对社会产生的巨大影响，以及由此导致的个人悲剧，引起的社会融入问题，和造成的家庭恐慌（尤其是那些父母即将年满 50 岁，父母本身就担心失去工作，而他们的子女也开始寻找工作）以及精神（集体悲观）和政治（不信任政府官员）问题等，法国政府的历任负责人，从 1974 年起，都在极力寻求走出这一地狱般的困局。为了创造出更多的就业机会，法国政府首先采取各种振兴经济的措施，刺激经济增长。为此，法国政府先后实施了多项振兴计划。雅克·希拉克于 1975 年、雷蒙·巴尔于 1977 年、皮埃尔·莫罗瓦于 1981 年至 1982 年，以各自不同的方式试图振兴经济，希拉克的方案中政府主导和意志主义很明显，雷蒙·巴尔的方案更加自由主义、皮埃尔·莫罗瓦的计划则突出国家干涉主义，这些方案都希望能够收获奇迹般的效果，但都未能成功。尽管经济形势也曾出现过几次好转，但都是昙花一现，最后都以通货膨胀率上升、公共财政的破坏和外贸的萎缩告终。1981 年至 1982 年的情况尤其如此，当时缓解失业问题
的方案是法国政府最后一次总体性尝试，借鉴了法国战后实行的凯恩 1033
斯主义的政府主导经济的传统方法：通过提高平均小时工资、跨行业增长平均工资、社会补助金（家庭补助、住房津贴、最低养老金）刺激消费；改变工作时间的分配（每周 39 小时工作制、带薪休假增至 5 周、鼓励兼职、禁止退休后继续工作、推行将年轻人的工作保障时间从半年延长到一年的“青年未来”计划）；配合重工业的大规模萎缩施行各种提前退休措施。可惜，这一方案很快也以失败告终。法国奉行的是一种开放式经济模式，但在增长乏力的背景下，法国的企业普

遍缺乏竞争力，而且欧洲其他国家普遍受美国（当时的总统是罗纳德·里根）和英国（当时的首相是玛格丽特·撒切尔夫人）流行的经济模式的鼓舞，选择了另一条道路，即自由主义整顿，所以法国的自主振兴计划，由于仍然将法国视为一个经济和社会绝缘体（其实早已不是），耗费了大量政府预算，给企业造成了沉重的负担，导致了外贸逆差加剧。法国被迫在1981年至1983年三次使法国法郎贬值，其中1981年10月4日贬3%，1982年6月12日贬5.75%，1983年3月12日贬2.25%；而德国马克在同期分别增值了5%、4.25%和5.5%。另外，法国的通货膨胀率在1981年和1982年保持在14%的高位，而失业率同期仍在不断地增高。于是，在1982年6月13日的《德洛尔计划》和1983年3月更为精细的计划中，自主性振兴的主张寿终正寝，而且再也没有出现法国减少失业的总体政策之中。

从1975年至1983年，法国政府根据对国家干涉主义和柯尔伯主义的思索采取了一些宏观经济措施，这些措施与更加精细的战略相结合，目标是处理一些特殊的问题和范畴。最为显著的是从1970年代末，总理雷蒙·巴尔通过采取降低企业社会保险支出的措施，降低企业的劳动成本，以鼓励企业增加雇员；1977年，巴尔还推行了有利于年轻人就业的劳务协定，企业享有相应的税务优惠。这些措施最初只是振兴计划或自由主义整顿的宏观战略的辅助手段，但从1983年开始，它们升格为替代性政策：通过降低企业社会保险支出，来扩大企业盈利空间，并推行对企业有利的增加值在工资和赢利之间的分配制度，来鼓励企业增加雇员；从各方面降低工作的“僵硬度”，增加其灵活性，推行多种雇佣合同模式，以促进就业和增加雇员。从1983年至1997年，工资报酬在增加值中所占的比例从57%降到了53.3%，其中1989年的水平最低，只有52%。而企业的营业毛盈余，1981年为38.5%，到1997年增至40.6%，其中1989年曾达到最高点42.5%。可以看出，从1982年至1989年，工资的压力达到了最大值，营业盈余也出现了显著的好转，但失业问题并没有得到同等明显的减轻，从1970年代末开始的大规模降低企业社会保险支出的政策，并没有在增加就业机会上体现出来。

对于解决大规模失业的问题，法国政府自从1983年转而奉行自由主义以来，主要秉承如何促使企业增加雇员的思想，重要途径是向企业提供不受1950年代以来各种用工合同限制的劳动力。比如1987年，雅克·希拉克政府决定取消解雇（工会代表）的行政批准制度，自由主义者和社会事务部长菲利普·塞甘认为这一政策会造成企业普遍停止招聘新的雇员，而另外一些人则视之为对抗失业狂潮的威慑性保护。1034
事实上，这一政策既没有创造出数以十万计的工作岗位，也没有造成令人忧虑的大规模失业。

在1970年代末有关政策的基础上，法国政府不断推陈出新，推出多项社会改革计划。左派在设立提供公共援助的“国家就业基金”（主要惠及那些接受提前退休制度、带薪休假转换和职业培训等政策的条件的企业）的基础上，重新激活了1970年代的多项政策，一直实行至1992年。到1998年，劳动部部长马蒂娜·奥布丽再次重拾这些政策的原则，她并没有推出很多的社会改革计划，但着重改善了现有社会计划的内涵，比如惩罚那些滥用提前退休制度和过快解雇员工的雇主。至于针对“非确定性”工作的组织措施，改革计划的更新不断加快。1984年，总理洛朗·法比尤斯推出了《“集体利益工作”方案》，有些人批评该方案只能提供一些报酬低廉的“小活儿”，而另一些人则认为这是一个帮助年轻人融入社会的好方法。该计划最终取得了成功（1985年有20万人因此得以就业），在政府的公共系统、地方集体和企业造就了多种实习方式和享受政府补贴的合同。1984年后的历任政府都采用了该方法，不过名称有所不同。1984年由此解决的就业岗位为10万个，1997年则达到了45万个。同时，在1984年数量还不到30万个的固定期限合同，到1998年增加到了80万个。另外，临时工作和兼职工作的数量也有了明显增长：临时工合同在1984年大约有10万个，到1998年增至几乎30万个；兼职工作在所有雇佣合同中从1982年的8%到1998年增加至17.5%，其中男人从2%增至5%，女人则从18%增至31.5%。在缩短劳动时间（最初称为劳动时间分配）的总体政策方面，融入了更多的灵活性，目的是方便企业采用新制度，鼓励企业增加雇员。1993 年 12 月 20 日颁布的五年期就业计划，允许企业每年通过谈判使全年或几个月的周工作时间长度具有差异性，但总体上必须缩短劳动总时间。1996 年的《罗比安计划》将招募员工或维持雇员总数与缩短劳动时间结合起来，该计划旨在缩减 10％的劳动时间，增加 10％的就业岗位，作为补偿，企业将享受 7 年的社会保险支出优惠。

尽管这项自由主义的计划看起来似乎是唯一可行的办法，但仍然未能阻止失业率的上升。1997 年“多元左派”掌权后再次改变了社会政策改革的方向。于是，法国政府自 1981 年以来，首次优先采用了一个总体方案，目标是在较高经济增长（1998 年为 3％）的背景下，使经济增长能够将法国从大规模失业的困局中解救出来。如果年经济增长率为 3％可以确保减少 7 万名失业者的话，到 2002 年将可以使 11％的劳动人口重回就业岗位。1998 年春季，政府推出的一项法案在议会获得通过，新法案规定每周工作时间从 2002 年 1 月 1 日开始固定为 35 小时。由此增加的 11％的劳动成本，企业可以通过政府的优惠政策（降低社会保险支出）得到弥补，而且企业还可以因此获得更高的生产率和更有效的劳动组织。该法案的制定者希望能够促使企业增加雇员，或至少促使企业不减少雇员。不久之前的 1997 年末，“青年就业”计划由劳动部长马蒂娜·奥布丽付诸实施，该计划的目标是通过私法向劳动法倾斜的合同，在文化、体育、教育、安全和救助等领域创造出 35 万个公共就业岗位，这些岗位最初 5 年可以获得公共财政的支持，但随后将完全成为财务上自主的私有岗位。1998 年，80 亿法郎
1035 的政府预算被投入到该计划之中。这个计划严重依赖于经济增长的支撑和消费的重振，它意味着解决就业问题的意志主义的总体政策的回归，与 1983 年以来的自由主义原则截然不同，是否能比从前的战略更有成效，历史将做出回答。不过，要正确评估最近二十五年来的大规模失业问题，以及政府为此展开斗争却始终未取得令人满意的结果的事实，必须看到法国在这个问题上并不是欧洲的一个例外。在每个欧

洲国家，两次石油危机的打击都造成了失业者猛增。1975 年，欧洲平均失业率只有 3%，1998 则达到了 10.2%。当然，法国的失业问题尤为严重（不过应该知道法国的人口增长趋缓来得比邻国都要晚，法国因此拥有更大比例的年轻人），而有些欧洲国家在解决就业问题上取得了令人瞩目的成绩，1997 年英国的失业率只有 5.2%，荷兰只有 7.4%。不过德国和意大利的有关数据与法国的相差无几，这说明尽管法国具有一些特殊性（年轻人失业、长时间失业），但“法国的痛”实际上是 25 年来欧洲共同的“心病”。

劳动的新面貌

20 世纪末法国的特点，首先是劳动力在三大传统产业分配比例的深刻变革。1975 年时农业就业人口还占 11%，如今只有 5%。在这个经济领域，欧洲几十年来不懈的追赶仍在继续。法国的农业就业人口总数从 1975 年的 200 万减少至 1998 年的不到 100 万，农业经营单位的数量则从 130 万降至不到 80 万，农场平均面积则从 26 公顷增加至 36 公顷。农场的集中化提高了劳动生产率，这一时期的生产率大约提高了整整一倍。不过，如果该领域完全按照市场经济的原则运转的话，这些改变的幅度还会增大。事实上，农业生产成本的下降是稳定的。从 1980 年至 1993 年，各种农产品的生产成本平均下降了 35%，其中鸡蛋 47%、猪肉 48%、小麦 51%、玉米 56%。农业还得到了数以十亿计的国家和欧共体补贴。在此期间，补贴总金额从 65 亿法郎增加到 375 亿法郎，到 1998 年，农业补贴相当于平均农业国民收入的 30%强，而该比例在 1970 年代末只有不到 10%。农业正逐渐实现公共事业化，所以得以免遭自由主义经济的冲击，尽管农业从业者在生产过程中不得不接受一些束缚（奶制品配额、休耕、共同农业政策改革），但是他们波澜不惊地度过了漫长的危机和适应期，而没有遭到严重的打击，他们的平均收入在这 25 年内尽管出现过波动，但总的来说增加了 30%。如今，人们担心土地的荒漠化和集中化的危险（按照现在的趋势，到 2010 年将只剩下 20 万个农业经营单位，而且如果不抑制生产率的提高，将来只需要 1998 年一半的农业土地面积就足以保持总产量水平），是时候对 1962 年共同农业政策建立起来的农业系统进行改革了。改革的目的实质上是赋予农民一个新的使命：降低产量，但提高质量，保护环境，保证法国全境的土地都有人维护，这就是 1998 年 10 月议会通过的《勒庞塞克法案》的精神。农庄主变成了企业家，除了自己的经营收入，还能得到来自巴黎和布鲁塞尔（欧盟）的财政补贴。农民们除了保持生产粮食的功能，以后必须以不同的方式进行生产。

至于工业，从 1975 年开始，也经历了深刻的变革：1975 年使用了 38%的劳动力，到 1998 年降至 25%。1975 年，法国现代工业的巨
1036 型厂房之一——佛旭迈尔钢铁厂建成投产。当时人们预计 2002 年世界钢铁总需求将达到 20 亿吨，所以认为法国北部的和东部的钢铁厂由于不能适应新的生产力的要求，并无法在水上生产以降低成本，将无法满足市场的需要。如今，世界的钢铁总需求只有 8 亿吨，法国钢铁业的劳动力人口从 15 万降到了 5.2 万，钢铁产量也从 2700 万吨减少到了 1600 万吨，产量下降，但同时生产率大幅提升，钢铁厂也实现了高度集中化。法国北方钢铁联合公司一家的产量就占到了全法国产量的 95%，该集团 1986 年与萨西洛尔钢铁公司合并后，成为世界产量第六、营业额第二的巨型企业。1978 年，政府拥有了该集团的股份，1981 年后，政府对该集团实现了控股，政府先后注入了 1000 亿法郎以吸收社会计划造成的成本，和保证设备的现代化，使法国钢铁业的生产率成为世界第一，如今生产每吨钢只需要 2.6 小时，而 1975 年则需要 9.8 小时。1995 年，该集团实现了私有化。其他传统大型工业领域的情况也大致如此。比如煤炭业，尽管 20 世纪初出现了人为的回升，但该行业最终丧失了所有的劳动力，几乎所有矿井都被关闭。1975 年，雇员总数达到 4 万人的造船业，如今只剩下 4000 人，法国在世界造船业所占比例只有 1.2%，而 25 年前曾经是 6%。唯有位于大西洋沿岸的船厂幸存下来，它们通过分包和降低成本得以维持，目前基本上只制造高附加值的船只（天然气运输船、高速船只、豪华游轮）。1975 年至今，纺织业的就业人口减少了 50 万，汽车制造业也减

少了同样数量的雇员。在全国每个地区，不断有法国大型工业企业消失，这些企业通常经历了长期的挣扎，而且被媒体广为报道，比如力普、布萨克、克勒索卢瓦尔和马努弗朗斯等，还有一些北部和东部的工业基地，比如1992年3月31日雷诺汽车公司关闭的位于比扬古尔的工厂，这些地方曾长时间是法国“光荣的三十年”以及消费社会和工人世界的象征。

这真是一场革命。尤其从1984年开始，矿工、炼钢工人、船工、汽车工人不断被企业重组、社会改革计划、现代化、自动化的浪潮卷走，这些变革敲响了“工人阶级”的丧钟。如今，法国工人的数量只有不到650万，比1931年还要少。汽车制造业的情况是这种演变最为典型的例子。雷诺和标致—雪铁龙两家汽车制造公司在1979年至1986年间，累计亏损达到400亿法郎，被迫从1983年至1990年裁员7万人。除了数量的剧减，工人阶层还发生了其他改变。大工厂远没有从前那么有代表性：1975年，35.6%的工人在人数超过500人的企业工作，而1998年只有22%；1975年，22.9%的工人在人数少于50人的工厂工作，1998年则达到了35%。由此可以看出变革的广度。工业领域中小型企业的不断增长也对工人阶层的分化产生了影响，社会职业的重新分配则使其加剧。在100名工人中，只有44人在工业领域工作（其中24人为熟练工人，20人为非熟练工人），有36人在手工业（其中24人为熟练工人，12人为非熟练工人），还有5人在农业，6人在搬运、仓储、运输等行业。工人阶层是大规模失业中最大的受害者，1980年只占所有失业者的6.7%，1998年达到了16%，而且其工资从1976年至1995年年均增长只有0.4%，而所有法国劳动者的工资年均增长率为1%。如果看到工业在1975年国内生产总值内所占比例为30%，而现在只有不到25%的事实的话，人们就不难想象第二产业发生的变革有多大了。从19世纪工业革命到1980年代中期，劳动领域最有象征性的场景，始终都是工人阶级排成长队上街示威，抗议企业 1037
重组和裁员。工人的数量已经越来越少，而且分工越来越细，他们失去了作为一个阶级的标志和身份，是20世纪最后25年法国经济快速转型的最大输家。

工人数量锐减的同时，最显著的变化是劳动力向第三产业转移：1975 年第三产业的就业人数只占总劳动人口的 51%，1998 年则增至 70%。其中，传统雇员的人数（比工人数量多）继续增长，但比例不大，因为很多行政职位都因为信息化而被取消。不过，某些行业的扩张却是史无前例的。工业从 1975 年至今失去了 200 万个岗位，而商业的就业人口总量达到了 120 万，其增加值是钢铁行业的 6 倍。在这一时期，仅旅游一个行业就创造了 20 万个就业岗位，酒店、咖啡馆和餐馆的增加值超过了化学和钢铁行业，而游客带来的收入在 1997 年达到 662 亿法郎（1998 年，法国共接待了 7000 万游客，全世界排名第二，仅次于美国），其销售额达到了汽车行业的两倍。新科技（信息和通讯）的发展，由于竞争和边界的开放，企业必须想方设法销售更多更好的产品，这导致企业中的销售人员或技术销售人员倍增；国家、集体和个人在研究、健康和教育领域的投资的剧增，造就了更多的干部、技师、工程师、教授和医生，进一步促进了法国经济的第三产业化。因此，1998 年拉动经济增长的不再是 1975 年的那些大企业和行业。电信、大型销售、连锁酒店、信息行业，比如法国电信、通用水公司（1997 年成为威望迪），里昂水务、家乐福、雅高、凯捷、阿尔卡特等公司是劳动力新格局中的翘楚。

就业人口在三大产业中的快速转移，不仅改变了经济本身的性质，也改变了每个产业自身内部的生产模式，转移还在各行各业体现为结构的转变。前文已经提到兼职工作数量的剧增（尤其是在 1970 年代的法国）和就业年龄在 25 岁至 50 岁之间的集中化，以及劳动时间的缩减，但劳动领域变革的最显著的特征是妇女化。二十五年前，只有三分之一的劳动者是妇女，而 1998 年则几乎占到了一半。80%介于 25 岁和 50 岁之间的妇女都是劳动者。同时，妇女解放运动使就业成为她们获得社会认同的关键所在，这场妇女就业革命不仅源自培训水平的提高、和创造更多就业机会的经济第三产业化（比如各种兼职工作和人员服务：托儿所、家庭保姆、餐厅），还源自妇女们内心的一个强烈的愿望（她们希望自己的家庭能够拥有两份工资，从而提高购买力）。在欧洲，法国是妇女就业率最高的国家之一，远远高于意大利、希腊和西班牙等南欧国家，与北欧国家相差无几。

此外，劳动的新面孔还使职位和工资的联系变得松弛，特别是终止了从事独立工作和临时工作的劳动力工资的持续上涨的趋势，同时，各行业社会诉求的累计时间持续下降（1976 年因为罢工损失了 5000 个工作日，而 1997 年只有 352 个，期间最高峰是 2005 年的 2092 个，主要是由于当年 12 月份空前绝后的大规模社会运动），工会也持续萎 1038
缩和分散。1975 年，参加工会的劳动者有 23%，1998 年时仅有 9%；1997 年，65.4%的工人放弃了参加劳资调停委员会选举的权利，创下了历史纪录。传统工会组织如劳工民主联合会（CFDT）、劳动联合总会（CGT）和工人力量总工会（FO）举步维艰，一些新的工会则应运而生，如统一工会联盟（FSU，是 1992 年国家教育联盟分裂后产生的工会联盟）和“团结，统一，民主”工会（SUD，1993 年劳工民主联合会分裂后产生），另外还有一些存在时间极短的针对公共系统局部冲突的超工会协作组织。

增长和自由主义

大规模失业和“危机”这个词的滥用，尤其在经济领域的过度使用，使人觉得 1975 年至 1998 年的法国经历了萧条，在法国经济的黄金时期即“光荣的三十年”之后立即出现了衰退。实际上，法国国内生产总值从 1950 年至 1974 年平均每年增长 5%，在 20 世纪最后 25 年也没有停滞下来，平均每年仍然约有 2%，这与 1820 年至 1913 年漫长的经济发展过程的增速基本相同，而且高于 1913 年至 1950 年的增速。所以，最近这一时期并不是没有增长（国内生产总值只在 1980 年、1981 年和 1993 年 3 个年头出现了下降），只是经济发展放缓，增长率出现了回落，但同时期生产出来的财富的增长速度却是惊人的。以 1995 年的法郎币值为基准，1975 年至 1997 年之间法国国内生产总值增长了 3 万亿法郎，从 4.8 万亿法郎增加到了 7.95 万亿。随着生产力的提高，低增长率的规模增长可以创造出与过去高增长率条件下一样多的财富。1995 年，法国的经济增幅只有 1.6%，但国内生产总值增加了 1250 亿；相比之下，1955 年的增长率达到 7.2%，但国内生产总值只增加了 1260 亿法郎。在使用同样多劳动力的情况下，法国的经济机器比 20 年前多生产出 50%的财富，这超过了包括美国在内的所有其他工业化国家。1998 年，一个法国劳动者创造的财富大约为 27.5 万法郎，而 1975 年只有 17.2 万。以 1973 年的工业生产为参照基数 100 的话，1997 年的工业生产超过了 133，主要是出口和家庭消费拉动了经济增长。法国经济又变成了 1914 年以前那样的开放经济，当时法国国内生产总值的 15%供出口，1978 年第一次超过了该比例，1998 年达到了 25%。尽管来自低工资的南部国家的竞争使法国被迫取消 30 万个就业机会，但贸易保护主义的终结、欧洲内部贸易和贸易的全球化仍然使法国的国民财富得到了增长。在经历了从 1979 年至 1991 年的贸易逆差后（1980 年的逆差为 600 亿法郎，1982 年为 900 亿，1988 年为 530 亿，1991 年为 630 亿），1997 年的外贸状况转变为明显的顺差（1997 年的顺差为 1500 亿法郎）。法国从此成为世界上第四大出口国，如果计算人口与出口的比率，法国是世界第一出口大国。

但最近二十五年的增长背景与空前绝后的“光荣的三十年”相比截然不同。从 1930 年代、“解放”和戴高乐—蓬皮杜主义等时期继承而来的管制经济和覆盖面广大的公共领域，在 1974 年至 1983 年仍占上风。但从 1983 年开始，法国开始向自由主义转变，经济和社会秩序因此完全改变。事实上，这看起来让人非常困惑，因为从 1958 年至 1981 年，法国一直是右派政党执政，但政府大力发展的是社会—民主党主张的经济系统，其基础是强大的公共体系、政府对经济和社会生
1039 活无处不在的干预、净收入的再分配向工薪族和最贫困人口积极倾斜的福利国家。在基督教民主党人和社会民主党人交替执政的邻国，实行的更加纯粹意义上的“市场社会经济”，注重人民团结和经济体系的性能，这种经济政策为欧洲各国在战后普遍采用，而法国则以自己的方式实行这种欧洲模式的经济制度，与德国和英国的社会民主党人

相比，法国更强调政府主导、人民团结和国家干预。

1974 年至 1981 年间，自由主义派的总统吉斯卡尔·德斯坦延续了前任们确定的前进方向，即实现国家财富的社会化。各种强制性税费（税和社会保险金）的总额从 1974 年的 37％增加到了 1981 年的 43％。面对经济增长趋缓、失业率猛增和石油危机的打击，吉斯卡尔·德斯坦总统选择了工资，而不是利润；选择了团结，而不是“各扫门前雪”。尽管他的选择由于政治上的缺陷而被很多人诟病，戴高乐主义右派对其心存疑虑，联合左派在选举过程中对其猛烈抨击，工会和劳动者则频繁抗议，但其成果有目共睹。在两次石油危机的打击下，法国经济进行了重新“发牌”，老板、自由职业者、商人、手工业者和高层干部损失了部分利益。福利国家得到了加强：根据 1974 年和 1975 年的法案，没有工资收入的人也普及了社会保险；最低养老金和家庭补助金都有所提高；通过了有益于残疾人的法案；1975 年 1 月通过了有关解雇（工会代表）的行政批准制度；1974 年 10 月新设了等待就业辅助补贴，因公司资金紧张而遭解雇的人可以在 1 年的时间内领取 90％的工资；对价差利益征税，1976 年 7 月的法案被很大程度地缓和；税务压力增大；为了改善雇员的利益，工资在利润中的分配比例得到提高，1973 年工资和公司利润基本平衡，但 1974 年至 1981 年该平衡被打破，工资所占比例从 30％增至 32％，公司利润则从 30％降至 24％。这一变化与强制性税费的增加同时发生，这表明公司及其利润首先被牺牲，两次石油危机的打击因此得以缓解。工资的增长在“光荣的三十年”之后得以延续，而公司的毛利则开始严重下滑。

毫无疑问，是总理雷蒙·巴尔和他的经济部长勒内·莫诺里在 1978 年立法选举后，开始了法国经济向自由主义方向的转变。雷蒙·巴尔于 1978 年 4 月 19 日颁布政府通告放开物价，最具象征意义的是 1978 年 8 月 12 日面包价格的放开，终结了自 1791 年 7 月 19 日制宪会议首创的价格管理制度（该制度在 1945 年通过有关法令成为了一个完整的体系）。雷蒙·巴尔政府还宣布公共企业必须实施“真实价格”（提高使用者的购买价格，必然导致来自纳税人的公共补贴的减少），该政府还致力于改变家庭储蓄用途的结构，促使家庭储蓄流向企业，从而推动投资而不是消费。雷蒙·巴尔政府的总体目标是在计划和行政干预型的经济体系中，重新导入一些市场经济的实践，不过当时采取的这些改革措施对于治疗 1980 年代将要面临的问题显然药性过于温和。由于随后而来的 1979 年石油危机的打击、1980 年代的一系列挫折（失业率的急速上升、通货膨胀率的猛增、收支赤字和外贸形势的急剧恶化）和 1981 年到期的选举，雷蒙·巴尔政府这些饱受劳方、左派、工会和正统派戴高乐主义者抨击的政策所取得的成效，一直都没有机会得到衡量（短期来看，这些政策至少实现了一些平衡，因此不应该对这些政策妄加否定）。在这一短暂的偏离之后，1981 年至 1983 年这一时期，法国经济再次回到了过去几十年的老路上。整体来看，
1040 1981 年的振兴计划实际上延续了 1960 年代和 1970 年代的“停止、前进”传统经济调控模式，并效法了这方面的一些传统办法：增加强制性税费、通过提高购买力促进消费、创造公共工作岗位、财政赤字、提高工资标准、增加劳动成本和企业社会保险支出（再一次对企业增加值进行重新分配，受益的是工资，受损的是企业的赢利）。政策的新意主要体现为大规模的国有化，但形式大于实质，因为法国的资本主义从戴高乐—蓬皮杜时期以来，已经成为由政府主导的工具：由于政府掌握着国有化的银行、一些专业化的金融机构和国库，法国 95%的信贷都依赖于政府，无论从事实还是道理上说都是如此。是政府推动了工业和金融业的大规模集中化；当 1973 年经济出现困难时，还是政府在吉斯卡尔·德斯坦总统领导下，通过多种财政援助使得法国的大企业能够顺利渡过难关（政府总共提供了 300 亿财政援助，其中 66%是直接援助）；在冶金业出现危机时，政府甚至出台特殊的计划（1978—1979 年），对该行业倍加呵护。1982 年 1 月 28 日通过的有关国有化的法案，从法律角度上看引人入胜，实际上该法案不过是对既成事实从法理上进行承认。法国的国有化从时间上来看，可以上溯到 1945 年，从政治上来看，当西方世界普遍实行美国里根政府和英国撒切尔政府推崇的自由主义经济，大规模推行私有化之时，法国政府俨

然是政府主导经济的“乐队总指挥”；从实践上来看，政府拥有银行系统75%的股权，而且公共领域占据了29%的工业生产总值和23%的劳动力人口。总的来说，国有化的成本是高达430亿法郎的补偿和870亿的无偿资本援助，这使社会民主的柯尔伯主义经济理论以法国的方式达到了顶点。在米歇尔·罗卡尔决心通过重新采用计划经济（1982年至1983年的临时计划），以确保有效的结构调整、必要的投资、竞争力、生产率和各子公司的持续生产，并将经济与就业联系起来时，当时的政府手中一共掌握了5家巨型工业集团，包括通用电力公司、贝西奈-犹齐纳-库尔曼集团公司、罗讷-普朗克-圣戈班集团公司、蓬塔穆松和汤姆逊-布朗特，还拥有36家商业银行和2家金融公司，即巴黎巴和苏伊士。政府是法国国民经济的总设计师，以绝对的权威统治着整个法国。

但这种局面并没有持续多久。随后面临的前面提到过的一系列困难，以及欧洲国家在1983年3月作出的共同决定，直接导致了法国的经济政策发生了急转弯。经过15年时间，尤其在皮埃尔·贝雷戈瓦的大力推动下（他曾在1983年至1986年和1986年至1992年担任财政部长，在1992年至1993年担任总理），法国逐渐走上了自由主义经济的轨道，采用了欧洲邻国和伙伴国早已实施的经济政策。从1983年春季开始，一切都不一样了。社会党人大规模推动了自由主义经济运动。终结汇率控制；放宽物价和银行控制的限制；使金融系统现代化（证券交易所的复兴，从1985年开始经历了一轮令人叹为观止的股市牛市；吸纳业绩良好的中小型企业的股票和债券的“第二市场”的创建，使这些企业能够为继续增长进行融资，而不用再依赖公共财政的援助或借贷；通过投资基金使金融产品多样化等）；限制政府对公共企业的干预，以便市场机制发挥作用；颁布被称为“公共领域的呼吸”的新法案，为部分私有化打开道路；1984年政府拒绝拯救拥有3万员工的破产企业克勒索卢瓦尔工业公司（当时的工业部长洛朗·法比尤斯宣称：“政府不是为企业管理不善买单的冤大头”）；还有各种以现代化和效率的名义，呼呼提高企业的主动性、赢利性、生产率和 1041

盈利率的言论，所有这些都发生在 1983 年 3 月至 1986 年 3 月之间，这反映了法国不得不进行的变革的广度。尽管当时失业问题不断增加，而且还有很多要求保留既得权利的诉求和反对社会计划的呼声，但改革势在必行。与这次向自由主义的急转相伴的，是维护强势法郎和进行（盯住德国的）“竞争性抑制通货膨胀”：通货膨胀从 1981 年的 14%，降至 1985 年的 4.7%，与德国的通货膨胀率只差 2%。在通货膨胀率下降的同时，工资和物价不再按指数计算，这也与 1945 年以来的习惯做法截然不同，直接导致了私有和公共领域的工薪阶层的购买力下降。从 1984 年开始，企业增加值的比例分配转而向企业利润转移，而不利于工薪阶层。到 1986 年，两者自 1975 年以来第一次达到了等同，即都是 29%，与 1983 年相比，工资部分的比例减少了 4%，利润部分的比例增加了 5%。这一转变自开始后一直得到延续，直到 1991 年其趋势才发生了微弱的扭转。

从 1983 年开始，共和国总统府弗朗索瓦·密特朗特别强调了随后一年政府预算的紧缩（继 1982 年和 1983 年两项《德洛尔计划》之后，作为新政策的第三部分），9 月 15 日，他在法国电视一台的《关键》节目中宣布：“当明年我们制定预算的时候，应该将强制性税费的比例至少降低一个百分点。我们应该开始慢慢地降低强制性税费，彻底改变现在的政策”。从 1975 年开始，强制性税费的比例实际上每年都增加了 1 到 1.5 个百分点，当时已经达到了国民财富的 44.5%。密特朗不仅确定了强制性税费的比例极限，还为降低该比例反复进行宣传（期望该比例在 1990 年代达到稳定，但最近两年该比例开始重新上升：1996 年达到了 45%，1997 年达到了 45.3%），他在为自己向自由主义方向转变进行辩解时明确表示：市场从此应该以它特有的方式，从政府手中接过为经济行为设限的职责。从 1983 年开始，政府有步骤地放弃以前的一些职能，社会自由主义经济道路逐渐替代了社会民主的柯尔伯主义道路。欧洲国家在 1983 年做出的选择，因 1985 年的《单一欧洲法令》、后来的《马斯特里赫特条约》和《阿姆斯特丹条约》、以及 1999 年开始走上单一货币道路的决定得到了巩固，这不仅意味着法国深深地融入到了欧洲和世界竞争之中，还使法国在经济上向自由主义转变在政治上也明确下来，新的发展道路将能够持续下来，而不会为政治更迭所左右。从此，不论左派还是右派，都以自己的方式与之相适应：放松管制、放宽限制和私有化将成为经济和政治政策的关键词汇，新政策与 1945 年确定的政策原则相去甚远。

1986 年右派政党获得了立法选举的胜利，开始了第一次私有化浪潮。1986 年 7 月通过的法律（密特朗总统拒绝采用政府法令的形式），旨在用 5 年时间将 65 个工业和金融企业（这些企业在 1945 年和 1982 年先后实现了国有化）私有化，该计划在初期取得了巨大的成就。政府干预主义色彩的退却还表现在物价的放开、税费的降低（包括巨富税的取消）、1987 年公共开支预算的减少、购买黄金不具名制度的恢复和对资本逃逸的赦免等方面。有关私有化的政改因为 1987 年的股市暴跌被中断，不过经济的自由主义发展在几届左派政府（1988—1993 年）的领导下得以继续，并在 1993 年右派政府回归后得到放大，至今仍未停止。皮埃尔·贝雷戈瓦从财政部到总理府一直持续到 1993 年 5 月的长期“统治”、1993 年至 1995 年的爱德华·巴拉迪尔政府（巴拉迪尔在第一次“左右共治”时担任经济和财政部长）、随后的阿兰·朱佩政府、以及 1997 年开始的利昂内尔·若斯潘总理政府（财政部长为多米尼克·斯特劳斯-卡恩），都保持了强势法郎、（盯住德国的） 1042
“竞争性抑制通货膨胀”、放松管制和放宽限制的自由主义政策，体现了近现代史中前所未有的延续性。由于预算政策归于正统，汇率得到保护，开放的欧共体内部市场中的各种平衡得到了维持，这一现代的活跃的市场使法国企业能够在其中找到发展所必需的各种资源。法国政府逐渐放弃了主导经济的职责，同时市场接手这一职能，这种交接实际上在 1990 年代得到了延续。1982 年实行国有化时，尚且富裕的法国政府还能够将自有资产大规模强制注入大企业，以提高这些企业的活力；到 1990 年代，迫切需要借贷以实现集中化和国际化的大企业，却再也不可能从不再富裕的政府获得资金支持。大企业可以在从 1984 年开始激活的金融市场上获取这些资金，而政府则可以通过私有化的收入使收支趋向平衡，减少赤字。这就是为什么 1988 年时尽管密特朗总统既不支持私有化，也不赞成国有化，社会党人仍然能够在 1991 年至 1993 年进行了部分私有化，开放了雷诺、法国电信和工商信贷银行等公司的资本，使它们重新变成私有企业；右派也在 1993 年进行了私有化，主要企业包括巴黎国民银行、罗讷-普朗克、埃尔夫-阿基坦和巴黎联合保险公司等。

这一自由主义经济的演变，显著淡化了政府作为“银行家”、“企业家”和“调控者”的角色，同时发生深刻变化的还有法国的金融系统。从 1983 年至今，法国证券交易所的总市值增长了 10 倍，从 1 万亿法郎变成了 10 万亿，其中 40%是股票。另外，1980 年代初几乎不为人知的大众投资（股票投资基金、债券投资基金、货币投资基金和人寿保险等）也取得了突飞猛进的发展，显示了储户们对更具活力且回报率更高的为经济发展融资的金融产品有着浓厚的兴趣。有价证券持有者的总数量在 1980 年代初只有 250 万人，但 1987 年就增至 1000 万人，今天更是已经达到了 1600 万人。与当时成为舆论焦点的“金色男孩”（虚拟炒股游戏）相比，1986 年至 1990 年间最重大的事件莫过于“人民资本主义”的兴起，它揭示了法国社会的深刻演变，使法国的私有化改革取得成功，而且是巴黎证券交易所和 CAC40 股指腾飞的起源。与此同时，来自英国的浮动资本——“养老基金”开始大规模进入巴黎证券交易所。1997 年，大约 29%的交易所资本、50%的 CAC40 股票（法国获得了 232 亿美元的外国投资，在全世界排在第三位，仅次于美国和英国）由非法国居民掌握，高达 13.5%的公债也有外国债权人持有。另外，法国企业资本的国际化也是这一金融革命的重要特征。1982 年，为保护资本密集型资产免遭外国觊觎者兼并，法国对一些企业实行了国有化；1986 年，在意大利人贝内德蒂对法国法雷奥设备制造公司发出公开收购要约后，法国政府为了保证对法国企业资本构成的控制，避免被外国企业兼并，对一些企业按照“硬核”技术进行了私有化。还有 1993 年至 1994 年在新的私有化浪潮中进行的交叉换股，也是为了堵住法国企业股本定额不足的漏洞，防止外国投资者抓住这个真空，乘虚而入。但是，1997 年法国保险公司被德国安联保险公司收购，表明尽管有各种阻挠，法国企业集团资本的国际化发展仍然迈出了一大步，而且还会有其他法国企业步其后尘。由于外国投资者更加注重管理方式、盈利标准和财务报表的真实性，使法国逐渐接受并吸纳了英美的“公司治理”规则，按照该规则，股东在企业经营中的重要性得到了加强（有可能进行快速惩罚，比如 1998 年 1043
9 月，阿尔卡特公司的财务数据低于股东的预期时，其股票大跌）。

从 1975 年开始，欧洲各国都在尽力向自由主义转变，但其他国家都比法国的转变要缓和得多，因为其他政府在其中发挥的作用都比法国小。这也显示出法国向自由主义转变的速度之快，仅仅 15 年时间，法国就抹去了本国与其他欧洲国家之间一个最重要的区别，而且还是在左派在当时大多数时间内掌握政府权力的情况下。

社会分裂和碎片化

1983 年开始的自由主义变革对很多法国人的社会生活产生了影响。吉斯卡尔·德斯坦总统任期内和密特朗总统任期早期，尽管经济发展趋缓，两位总统仍然决心保护社会团结和维持“光荣的三十年”建设起来的“福利国家”系统。“福利国家”在经济困难时期承受的高成本，和缺乏深刻改革以调和社会公正和税收两者关系的税务制度，无法阻止法国社会陷入碎片化，这使在过去几十年习惯看到不平等现象逐渐消失的法国人受到了沉重打击。除了国家财富在资本和劳动之间以不利于劳动者的方式重新分配，工资待遇的差异在不同劳动熟练程度的劳动者之间，在不同行业之间，在同行业的不同企业之间也在不断扩大，由此产生了贫富分化。同样还是劳资分化问题，从 1980 年代中期开始，劳动收入比资本收入承担更高的税负。1981 年，一个总值为 421470 法郎的有价证券组合可以产生 23602 法郎的毛收益，其所得税为 4126 法郎，其缴税比例为 17.8%。1992 年，考虑到物价上涨因素，该有价证券组合的总值达到了 80 万法郎，可以产生 44800 法郎的毛收益，其所得税仅为 275 法郎，缴税比例只有 0.6%。1981 年时，总值 520 万法郎的有价证券组合能够产生 19.5 万法郎的毛收益，须缴税 46405 法郎（15.7%）；但到了 1992 年，这个有价证券组合的价值达到了 1000 万法郎，产生 56 万法郎的毛收益，须缴所得税 12131 法郎，另外需缴巨富税 32860 法郎，合计 44991 法郎（8%）。由于股息收入的税务抵免、较低的投资收益税率和资本投资基金收益免税等优惠政策，使资本持有者获益匪浅。扣除通货膨胀的因素，投资有价证券的人平均每年可以获得 4%的收益，而投资不动产只能收益 2%，A 种储蓄账户则损失 0.5%。至于工薪阶层所需缴纳的税款，从 1982 年至 1992 年，不考虑物价上涨因素，1981 年一份总计 50577 法郎的工资，和 1992 年一份总计 96000 法郎的工资，缴税比例分别为 12.8%和 17.4%。普通工人的工资缴税比例增长比干部的还要快，在同一时期，1981 年一份总计 153310 法郎的工资和 1992 年一份总计 291000 法郎的工资，分别缴税 16.6%和 20.6%；而对于高层干部，1981 年一份总值 290290 法郎的工资和 1992 年一份总值 551000 法郎的工资，缴税比例分别为 23.4%和 27.4%。这些关于 1981 年至 1992 年时期的观察结果从来都没有被披露，只是后来政府对各比例进行过几次微调：1991 年米歇尔·罗卡尔（综合社会捐）、1994 年爱德华·巴拉迪尔、1996 年阿兰·朱佩先后降低了中高收入者的税率，而 1998 年利昂内尔·若斯潘则提高了巨富税率。这符合此前对 1983 年至 1998 年其他领域的分析结果，这一时期的显著特点是工资、财富和税率的差距拉大，高级别劳动者、遗产继承人和资本拥有者收益最大。

不平等在这样的法国是显而易见的，失业问题更使从前获得的良好社会局面迅速恶化，“光荣的三十年”形成的大规模社会上升趋势
1044 因此戛然而止，每个人都开始担心自己的生存状况会走下坡路，似乎下一代能够享受比父辈更好的生活的可能性极小。农业领域出口的集中化和共同农业政策的削弱使很多农业生产者的前景扑朔迷离。超市和大型超市的兴起使城市和农村的小商业领域动荡不安。破产和申请破产的数量激增使很多中小企业的老板失去了原有的社会地位，很多干部因为遭到受过更好教育的年轻毕业生的竞争，不得不接受更低的

劳动报酬和更恶劣的工作条件。失业沉重打击了公务员以外的工薪阶层，尤其是小于25岁或大于50岁的劳动者，以及缺乏劳动技能或在传统产业领域工作的人。尽管有使政府预算和国家社会账户承受巨大成本压力的“社会保护网”，但处于长期失业状态的人为数众多（占失业人口的三分之一，其中有一半在国家就业局登记失业的时间超过了两年），他们中的很多人已经过了“权利享受期”，也就是说不能再获得任何失业救济金。另外还有那些低收入家庭，此前拥有两份工资，曾经贷款用于消费或购买房产，他们突然失去了总工资收入的一大部分，陷入了沉重的债务之中。这样的家庭的数量在1990年代每天都在增加，自1991年《奈伊埃尔兹法》以来法国政府实施了多项政策，以减轻他们的负债和保护他们的财产，但都没有成功。

1977年，法国统计局开始使用“新穷人”这个词汇。1981年，这些1974年被勒内·勒努瓦称为“被排斥者”的人终于盼到了左派上台，他们期望左派能够“改变他们的人生”。但1984年的统计结果显示，贫困问题更加根深蒂固，当时大约有100万失业者没有失业救济金，有120万个家庭平均每人每天的收入低于37法郎。因此，1984年10月，政府必须采取紧急措施，通过与公共机构和社会伙伴的合作，暂停断水断电，发放富余的农业产品，增加发放给50岁以上失业者的国家工商业就业联盟连带救济金。1984年至1985年的冬季勉强熬过，1985年至1986年的冬季的形势却更加严峻。政府不得不开放很多地铁站台，为无家可归者提供避寒之所。政府和地方行政机关不堪重负，根本无法堵住社会保障这条破船四处漏水的缺口。

这时一种新的私人慈善和社会慈善模式应运而生，关键人物是修道院长皮埃尔和创办了“爱心食堂”的人道主义者柯吕什，他们为无家可归者提供住处，为饥饿者提供饭食，正如让-雅克·戈德曼在歌中唱到的那样：“我无法给你美味佳肴，但至少让你能够吃饱”。由于柯吕什修正案规定的社会捐赠附加减税，众多慈善协会使这种新的慈善模式得到了突飞猛进的发展，新模式以传统志愿服务为基础，融入了宣传和营销，一下子进入了市场逻辑之中。在此次济困行动中成立的新慈善协会和那些老协会（比如“世界医生”，这些面向全球的组织重新将重点放在了法国国内）联手获得了总额惊人的善款，1991 年达到了 90 亿法郎，而 1984 年的时候只有 25 亿法郎。“爱心食堂”在 1985 年的冬季一共为 800 万人次提供了伙食，这个数字在 1997 年至 1998 年的冬季达到了 6200 万，当时法国处于贫困线（每月 2300 法郎）以下的人口数量超过了 500 万人，有 70 万法国人被归入“无固定居所者”。从 1985 年开始，贫困指数及大规模求助于私人慈善的人的
1045 数量不断增加。1987 年 7 月 23 日通过的有关“基金会”的法规，为募集更多的善款创造了更大的可能性。各种慈善活动的方法实现了大融合，人道主义资助也应运而生。1990 年 7 月 4 日的新法规使慈善活动获得了更多的便利。媒体与慈善协会结合起来，通过宣传与倡导，使“排斥”一词深入民心，这个词简单易懂，适用于所有无法享受医疗或健康权利的人，以及那些遭遇经济排斥（食品、住所）、劳动排斥（失业）、居住排斥和歧视性排斥（移民、非法移民、艾滋病患者等）。面对四处蔓延并使几百万法国人边缘化的社会碎片化，慈善协会运动适时地从人道和财力上弥补了日显虚弱的公共权力机构；但是这些协会组织各种被排斥者的斗争，从而导致了新的社会问题。排斥作为 1990 年代的主题，与援助和求援、筹款和示威、个人行动和媒体报道紧密联系了起来。1990 年 10 月“居住权”组织成立，这个协会组织致力于在住房危机的背景下，与恶劣的居住条件和不动产投机作斗争（不动产投机的根源是 1983 年的自由化选择、1986 年开始的房租自由化和公共住房援助的锐减）。经过多年的斗争，“居住权”组织转而采取媒体宣传行动，于 1994 年 12 月 18 日占领了位于巴黎“龙”街七号的建筑物，每个法国人都在当日晚八点的电视新闻中看到了这一事件。其他协会如“权利优先”和“采取一切行动减少失业”也步“居住权”的后尘，采取了各自的行动，他们组织占领行动和游行（比如1994 年春季开始的，5 月 28 日在巴黎结束的反失业和反排斥“远足”），这些行动涉及了所有的“排斥”领域（住房、失业、知识、残疾、种族歧视、艾滋病等），法国社会一时陷入较长时间的政治、

媒体动荡之中。

1997 年至 1998 年冬季的失业者运动中，传统工会组织也参与其中，尤其是劳动联合总会。在 1995 年 12 月的失业者运动期间，工会组织还对这些“受排斥者”的命运漠不关心，它们当时只专注于保护既得权利。1997 年末开始的失业者运动正值圣诞，节日的氛围更加凸显出穷人和富人之间的巨大反差。左派多数派掌握的政府对这场突如其来的运动感到措手不及，只能小心谨慎地采取了几个紧急措施。当示威者占据了越来越多的公共设施如工商业就业局、国家就业局或成人职业培训局之后，总理利昂内尔·若斯潘接见了领导斗争的几个协会组织的领导人。1998 年 1 月 9 日，若斯潘委托茹安朗贝尔夫人就失业与相应的社会紧急最低对策作出研究报告，这份 2 月 25 日提交的报告是 1998 年 7 月 9 日在国民议会通过的有关“排斥”的法律的基础。

从 1970 年代开始，尤其是在 1980 年代中期，两个不同的进程即社会碎片化（“未被排斥者”之间的不平等的增加）和社会分裂化（“被排斥者”数量激增和大规模贫困）同时发展，严重侵蚀了社会团结，导致了暴力事件在城市里、公共交通工具上、中学校园内剧增，并造成违法行为（尤其在青少年群体内）泛滥，这又导致了新的不平等，因为普通老百姓是不安全环境的最直接受害者。不安全感加剧了国民的悲观情绪，使人不得不担心法国会就此陷入持续的危机之中，《共和国社会公约》的基础也因此被动摇（极右派政党“民主阵线”的迅速壮大证明了这一点）。1995 年总统选举时，“排斥”问题成为选战的核心所在，1997 年的失业者运动表明这一问题将长时间成为政治争论的焦点。但是，如果因为私人慈善和协会组织对政府的质疑的迅速发展，使人联想到“福利国家”在走下坡路，而且已经无法履行作为“社会保护网”的职责，并断言必须大规模去除公共权力机构在这个领域的职责的话，那将是大错特错的事情。

实际上，社会团结在反排斥斗争中相当重要，公共财力提供的援 1046
助尽管不够用，但其发挥的作用是不言而喻的。从 1981 年至 1993 年，全国工商就业联合会为失业者提供的救济金增长了 3 倍，从 350 亿法郎增加到了1130亿法郎，劳资双方缴纳的社会保险公摊金比例因此提高，该机构1993年的赤字累计达到了330亿法郎。从那时起，全国工商就业联合会意识到由此产生的巨大的财政负担，为了减少政府预算的压力，降低公共赤字，联合会严格提高了获得救济金的条件。全国工商就业联合会的收支因此恢复了平衡，1994年结余77亿法郎，1995年结余127亿法郎，其后果是那些已经无权获得全国工商就业联合会救济金的人不得不领取“最低融入收入”（最低生活补助金）。“最低融入收入”从1988年12月开始施行，其资金来自同时恢复的巨富税，它旨在为每个25岁以上的成年人或抚养至少1个孩子的人提供保障，使他们最终能够通过工作重新融入社会。领取最低融入收入的人数，从1989年的42.6万，1992年的67.1万，增加到了1994年的96.8万，1998年该人数甚至达到了110万。单身者所得为2429法郎，一对伴侣则为3644法郎，所有最低融入收入总计270亿法郎。不过，“最低融入收入”只是并存的8种最低社会补助中的一种，这8种补助在1998年总计支出了500亿法郎，大约350万人获益。另外两种主要的最低社会补助是特殊连带补贴和单亲父母补贴：特殊连带补贴每人只有2400法郎，发给在国家就业局注册，已经用完自己的失业保险金的人，以及50岁以上领取递减失业救济金，而且救济金金额已经低于特殊连带补贴的人，其总人数在1998年为48万；单亲父母补贴则发给那些抚养一个或多个孩子的单身父母，以及怀孕的人，1998年时，抚养一个孩子的单身父母可领取4217法郎，每增加一个孩子可多领取1054法郎，当年一共有16万人领取了单亲父母补贴。1998年7月9日通过的法律，主要借鉴了茹安朗贝尔夫人有关报告的结论，规定对每种最低社会补助征税，主要针对那些既领取最低融入收入，同时又有其他劳动收入的人，该法律使不同紧急援助之间的协作变得紧密。然而，大规模贫困造成的一系列严重问题远远没有得到解决，在领取最低融入收入的人中间，很少或几乎没有人能够真正实现“融入”，最低融入收入只能使他们从永久受助的幻想中走出来；是否将不同的最低社会补助合并为“统一补助”引起了广泛的争议；“最低融入收人”不够维持起码的生活水平，但是提高该补助并使它与最低工资保持较大的差距又非常困难，否则等于给无业者发放“奖励”；最后也是最重要的是，政府在不对支出和政策进行真正改革的情况下，社会是否能够长时间承担大规模贫困，以及失业、社会保险和退休造成的成本，尤其是这些成本已经超过了有关资产总额所能融资的上限。还有，社会保险公摊金比例和社会公共预算的提高，必然直接或间接地阻碍就业，也就是说，解药反而比病痛更糟糕。直到今天，虽然我们看到了太多不幸，但公共团结协会和私人慈善的联合无论如何还是挽救了社会保障体系的主体，使该体系能够安然渡过 1975 年以来经济增长最缓慢的大规模失业时期。期间经历的剧烈的财政动荡，使人们不由得对福利国家的未来产生了深深的疑虑。

为社会团结融资

一个贯穿自由主义变革年代（1983 年至 1998 年）的问题是为社会保险和退休融资。从 1971 年开始，社会支出就超过了政府预算。早在 1987 年，总理雷蒙·巴尔就决定实施一项财政振兴计划，该计划对 1047
社会保险公摊金不设上限，而增加社会保险公摊金比例，以应对失业和经济增速减缓为社会保障造成的最初的压力。1979 年 7 月，政府为弥补社会保险赤字，对医疗公摊金额外增收 1 个百分点。1981 年 2 月，当总统大选临近的时候，该政策被废除。在左派获得大选胜利后，在皮埃尔·莫罗瓦政府中负责社会团结的国务部长尼科尔·盖斯提沃宣称自己不希望成为“审计部长”，她决定改善和重新提高社会补助以促进经济复兴。但社保赤字再次出现，所以 1981 年 11 月又开始额外征收 1 个百分点的医疗公摊金，这意味着工薪阶层被额外征收了总共 100 亿法郎，企业则被额外征收了 10 亿法郎。这个政策本来就造成了工会和企业家的不满，政府还计划削弱他们在社会保险机构管理中的地位（1982 年 7 月法令终结了 1967 年法规确定的劳资对等原则）。然而，赤字的扩大并未得到遏制，1981 年和 1983 年分别达到了 68 亿和 77 亿法郎，而且前景令人无法乐观（还需要为实行 60 岁退休制找到175亿法郎的资金）。1982年6月29日，尼科尔·盖斯提沃被皮埃尔·贝雷戈瓦取代，她为后者留下了一个“烂摊子”：1981年至1982年，仅医疗支出就激增了18.4%。在1983年的社保计划中，政府决定在1982年应税收入的基础上，额外征收1%（110亿法郎），以补充社会保险资金。这一政策使社保资金的收支重新出现了盈余（1983年、1984年和1985年分别实现了112亿、167亿和134亿法郎的盈余），但1986年再次出现了200亿法郎的赤字，1986年至1990年的社保赤字累计达到了387亿法郎。

由此产生了有关社会保险的双重难题：如何增加社会保险收入，如果扩大社会保险公摊金的征收基础，当时的基础只包含工资和企业。1983年实施的，以及1988年恢复的倾向于提高社会保险公摊金的计划，都以解决这两个问题为目标，“综合社会捐”再次出台。“综合社会捐”是一项奇特的税收，它从源头进行征税，对象涵盖所有应税收入，包括退休金和资本收入，从社会角度来说它是最公平的税收，实际上中高收入者受到的打击要大于低收入者。可惜希望它能够解决社会保险赤字的问题，有些勉为其难，因为当时正值医疗支出激增，所以还必须同时想办法控制医疗费用。经过总理米歇尔·罗卡尔与国务部长兼财经部长皮埃尔·贝雷戈瓦——他们反对触及退休人员收入的税收，因为那对他们来说无异于在选举中“自杀”——为一方，与劳工民主联合会和工人力量总工会——该工会不同意对社会支出征税，以及削弱那些他们实际控制的社会保险机构——为另一方的激烈斗争，最终在总理承诺以自己为首的政府负全责的情况下，综合社会捐获得了通过（1990年11月19日议会对政府的不信任案投票中，共有284票不信任，只差5票未能推翻罗卡尔政府）。社会保险问题进一步成为社会运动的焦点。实际上，由于综合社会捐增加的社会保险收入（1991年增加了1.1%，1994年巴拉迪尔政府时增加了2.4%）不足以堵上从1993年开始越变越大的赤字窟窿（1993年至1996年间，每年都有500亿法郎）。

因为医疗支出在持续剧增。1992年，法国国内生产总值中有

9.4%用于医疗，总计6000亿法郎（1985年才3740亿法郎），平均每个人大约消费11000法郎。法国是全世界人均消费药品最多的国家，年消费总量的增长率在1992年至1993年达到了4.8%，而欧盟的平均水平只有2.2%，德国只有1.2%。所有的医疗机构都人满为患：求诊和出诊在1991年达到4亿人次，而1975年只有1.7亿；1991年X光 1048
透视总共有9亿人次，1975年只有2.5亿；1991年化验总共有70亿例，1975年则只有20亿。尽管后来增速有些放缓，但1990年代医疗支出在不断增加，综合社会捐尽管也在增加，但始终不足以补偿医疗支出。因此，为了结束这种令人无法忍受的螺旋式下降，总理阿兰·朱佩1995年尝试实行一种真正的医疗支出控制体系。

早在1993年9月29日，国家医疗险管理局就曾与一些医疗工会达成协议，为医生制定"医疗参考"，用来评估医生对某种疾病作出的治疗方案，即其治疗和检查是否在质和量上都符合参考中的标准（当时每年凭处方购药达到了1090亿法郎），这一方法在"朱佩计划"中得到了系统化。1995年11月15日，总理宣布：从今往后，议会将对医疗支出的变化比例进行投票，只有在议会获得通过的计划（像预算一样）政府才有权实施，由此形成对总计2.3万亿法郎的社会支出的民主控制的机制，填补了存在于医疗支出中的法律真空，并使其透明化。议会通过医疗支出总额后，首先在全国范围的大规模医疗系统进行分配，然后在地区性医疗部门进行分摊。"朱佩计划"还决定对"医疗参考"实行系统化："医疗参考"是得到医疗方法较好的合作伙伴认可的医疗方案指南；设置病历，迫使人们先看全科大夫，再看专科大夫，以减少了他们看病所走的冤枉路；另外，严惩医疗领域内任何超过年度授权额度的机构和部门。这个雄心勃勃的计划还需要进行是否符合宪法的复审（1996年2月），它遭到很多医生组织（除了劳动民主联合会）和工会（因为该计划强化了政府在社会保护管理中的地位，并相应降低了社会合作伙伴，尤其是工人力量总工会的地位）的反对。该计划在1997年发挥的作用，并不足以阻止综合社会捐的增高，1997年1月份为3.4%，7月份则为可抵扣5.1%，不可抵扣

2.4%。1990 年以来，每届政府都使用了综合社会捐这个新机制，这证明它的作用很大：每增加 1%的社会综合捐，可以带来 380 亿法郎的收入，而每增加 1%的医疗保险，只能带来 250 亿法郎。社会综合捐在一定程度上校正了劳动税和资本税之间的不平衡，减轻了劳方在社会保险支出中的比重（从 1983 年开始，为了使企业的负担不会太重，只有劳方的社会保险公摊比例在提高，而且在 1990 年突破了上限），而且由于 1997 年 7 月社会综合捐的提高，医疗保险公摊开始补偿性降低。然而，与其他收入一样，劳方还必须承担为“偿还社会债务”征收的特别税，相当于收入的 0.5%，总计每年 200 亿，这是由 1996 年 1 月为弥补过去的赤字而颁布的法令决定的。

可惜的是，所有这些办法还是无法解决社会保护成本过高这个挥之不去的难题。1998 年，赤字再次出现，尽管采取了一系列经济振兴计划，开发了新的收入，并从社会保障体系债券服务基金获得了资金，当年的赤字仍然达到了 133 亿法郎。另外，在若斯潘政府中负责社会保障的部长马蒂娜·奥布丽，于 1998 年 9 月宣布了一个在 1999 年恢复平衡的计划，这是十五年来的第 19 个计划。该计划首先确定了医疗支出年度渐进的目标（1998 年为 2.2%，1999 年为 2.6%），然后在医院、私人诊所和特殊医疗系统之间进行分摊，超过自己限额的医生将受到惩罚。政府设立了一个 5 亿法郎的基金，专门为在私人医疗系统
1049 有关医疗分配、治疗研究的创新行动提供资金，药店则被赋予了将处方中的专利药尽量改成“非专利”药品的权力，因为“非专利”药品的价格比其他药品便宜得多，这意味着制药业在医疗支出失去控制的时候也作出了牺牲。还有最高限额为 30 万法郎的补贴，发给在岗时间超过 5 年的自愿离职者。政府希望通过这些措施，在 1999 年使社会保险账户的收支恢复平衡，并且从此能够长期保持下去，因为无论对于劳方、资方，还是其他需缴纳“社会综合捐”的人，社会保险分摊几乎都已经没有增加的空间了；而社会保险支出也不可能进一步减少了，除非增加 1980 年代开始的、在 1990 年代确定的偿还抵扣额，这个抵扣额通过增加医疗互助保险（医疗保险的私人化）得到补偿，但这种

补偿给没有能力支付医疗互助保险的人又造成了新的深刻的不平等。

但是，社会保障的资金供应还不是唯一让政府和社会保障领域内的人忧虑的事情。从1990年代初开始，退休问题也成为了一个新的焦点。1981年，法国政府确定了60岁退休制度。当时的情况与现在相比有着明显的不同，因此除了极少几个发出预警的专家，几乎所有法国人都没有预见到1970年代出现的人口老龄化和大规模失业造成的长期后果，人们只是希望通过适当的家庭政策促进出生率的上升，而低估了妇女职业化对出生率的影响，并期待新政府出台目标更加远大的经济和社会计划，控制住就业不足的灾难。1980年代末，情况就大不相同了。1989年政府之所以制定第十个社会计划，就是因为只有进行改革，才能确保退休制度的未来。当时的总理罗卡尔针对这个问题着手进行了最初的研究。1991年颁布的白皮书建议延长缴纳社会保险公摊的年限，在收入最高的二十五年基础上计算退休金；该白皮书还预计2010年特殊退休体制内的退休人员（公务员和公共服务人员）需要700亿法郎的资金。根据退休金净现值计算结果，1995年时平民公务员需要560亿，地方行政机关人员需要500亿。巴拉迪尔任总理时，推动议会投票通过了致力于防止现收现付退休制度（国家分配制）分崩离析的最早的法案。1993年7月，政府决定将缴纳社会保险公摊的年限从37.5岁逐渐延长至40岁（这实际上使60岁退休制度难以为继），并逐渐用25个收入最高的年份取代10个收入最高的年份为基础计算退休金（这造成每个人的全额退休金的降低）。但是这个改革仅限于私人领域的劳动者，在公共领域工作人员享有的特殊体制并没有受到影响，换句话说，同一个退休系统内，才能在私人领域和公共领域有巨大区别。

这就是为什么朱佩在1995年11月15日的计划中，宣布设立一个专门委员会，负责修改1993年《爱德华·巴拉迪尔法案》确立的一些特殊退休体制，使它们与普遍的退休体制达成一致。这导致了大量在公共领域工作的劳动者的不满，大规模的罢工迫使这项改革半途而废。改革还引起了激烈的政治辩论，右派宣称如果不设置积累制（资本化机制），现收现付退休制度的分崩离析将不可避免。积累制在很多英语国家已经很流行，它是一种退休金的个人预期，每个人缴纳的养老保险金都将进入养老基金，养老基金通过投资产生的红利来支付每个人未来的退休金。这种体制不仅得到自由主义者的拥护，还让另外一些人非常向往，因为他们看出银行和保险公司的资本将因此而增加，法国资本主义也将因此增添新的活力。对于支持者们来说，积累制不仅是解决退休金财政危机的良方，还是法国企业发展的兴奋剂
1050（尤其是德国模式的积累制，企业将被赋予管理养老基金的权力）。左派坚决反对这些危言耸听的计划，他们认为社会团结必然要求实行现收现付制，积累制将导致不平等的加剧（最贫困的人群将无法享有补充制度，因为他们在分摊中贡献最小），并坚信社会综合捐可以使社会保险账户充盈，希望经济强劲增长能够得到恢复。考虑到即将开始的选举将会异常激烈，贝雷戈瓦建议设立一个总额为 1000 亿法郎的退休特别基金（“国家分配准备金”），该基金的资金主要来源于银行和保险行业的私有化收入。这样做可以更加直接地从总理主张的“不偏不倚”的困局中走出来，一方面重新开始财政部长和财政部内的自由主义者们期待的私有化，另一方面可以把这些不再是国有企业的、但属于全体法国人的财产用来为退休保险融资，而不是降低赤字。尽管在社会党（支持设立基金，但坚决反对开始新一轮私有化）的反对下，政府无法将该计划进行到底，但这个草案显示出分摊和退休基金是可以用一种新颖的模式达成一致的，即介于左派的正统观念和右派的自由主义观念之间的第三条道路。辩论由此展开：1996 年朱佩政府解体后，有关辩论再次开始。既然那些特殊退休体制无法改变，至少可以向退休金基金方向努力。尽管缩手缩脚的《托马斯法案》在 1997 年 2 月得到议会投票通过，但 4 个月后议会多数派的改变，旋即为这个法案敲响了丧钟。1995 年，布里耶完成了有关退休储蓄的报告，预计退休账户的融资需求从 2005 年开始将会增加，另外从 2015 年开始，私有系统的退休金状况将会恶化，社会保险共摊将被迫增加（根据各种“情景”推测，增加幅度在 1.8％至 6％—7％之间），而那些特殊

的退休体制所需增加的社会公摊将是令人无法接受的。这就是为什么左派在掌权伊始，马上就恢复了设立专门基金的主张，马蒂娜·奥布丽在她的立法提案中，建议对1999年社会保险提供资金，她计划延长1993年巴拉迪尔政府确定的根据物价指数计算退休金的5年（1994年至1998年）计划，设立一个保障基金，帮助现收现付退休制度安然度过2005年至2015年这一退休高峰期，那些战后生育高峰期出生的法国人将陆续在这一时期退休。这个基金的资金来源是储蓄产品、私有化收入和（偶然性很大的）社会保险账户盈余，根据国家统计局长让-米歇尔·查尔潘就退休问题所作的调查报告，总理若斯潘制定了相应的政策，社会保险账户将很可能因此出现盈余。尽管《托马斯法案》被冻结，总理若斯潘激起政府团队仍然希望保留现收现付退休制度，和设立保障基金，并对在1999年开始创立一个积累制退休系统持开放态度，这个积累制退休系统应该是普通退休制度和保障基金的补充，就像是一枚火箭的第三节助推器。现在还需要解决始终众多特殊退休体制并存的棘手问题，1998年时一共有约400种，而且特殊退休体制内包含240万公务员150万地方行政人员。当时，特殊退休体制的成本对纳税人意味着1500亿法郎，因为这笔钱因社会保险公摊账户的不足而被列入了国家财政预算。特殊退休体制之间也很不一致，比如剧院的舞蹈演员40岁退休，法国国家铁路公司的一线工作人员50岁退休，军官从戎25年后可退休，拥有三个孩子的母亲在工作15年后也可以退休等。社会保险公摊的比例也大不相同，退休金的计算模式更是纷乱复杂。总的来说，特殊退休体制比传统的养老保险更有吸引力，这些不同的体制也分四档，所以它们的重新融合非常必要，但是在政治上非常困难。

不论采取怎样的解决措施，当人们看到养老支出占国内生产总值的比例从1967年的6.5%增加至1998年的12.2%，而且期间退休收入增加了2.5倍，增长速度超过了就业人口时，就不难想到占总人口五分之一的退休人员获得的养老金融资来源的重新界定是无法长期避免的。

1967 年至 1998 年，养老支出占国内生产总值的比例从 6.5%增至
1051 12.2%，退休人员的收入比就业人口的收入多增长了 1.5 倍，这些数据让人不难想到（占总人口 20%的）退休人员将无可避免地遭遇养老资金短缺的问题，为养老找到的新的资金来源成为一件迫在眉睫的事情。因此在 21 世纪初面临大规模失业、社会分裂和碎片化、劳动的深刻变化的法国，必须想方设法整平保障社会团结的融资机制，使其对最贫困者更加公平；使其更能被劳资双方所接受，而不会对收入和就业产生反作用；使其更加简单化，以便更有力地控制成本和效率。由于 1975 年至 1998 年经济发展增速放缓，“光荣的三十年”形成的“福利国家”产生了一系列问题，这些问题凝聚在一起亟待解决。

二、政治生活

蓬皮杜总统在他的回忆录《戈尔迪的绳结》中这样写道：“我们身处的时代，不像被王宫贵族簇拥着整天待在凡尔赛宫里的路易十四的时代……而更像“圣路易”（路易九世）国王的时代，他坐在橡树下，身边围绕着向他倾诉生活疾苦的人民。”从 1970 年至二十世纪末，法国以自己独有的方式，恢复了欧洲的民主标准。在法国四周，不论是君主立宪制还是共和制，欧洲各民族有些或早或晚（比如西班牙、葡萄牙和希腊）都实行了传统的民主政治体制：君主或总统，并不直接执政，而是行使着象征性和代表性的权力；政府则必须对议会负责，其主导者总理拥有常规的行政权力；议会拥有广泛的监督政府的立法权和对法案投票表决的权力；通常独立的司法机构则构成了不容忽视的第三种权力。当然，这种三权分立和平衡的结构，因每个国家实践的差异而会表现出一些不同。另外，尽管行政首脑（英国的撒切尔夫人、德国的赫尔穆特·科尔、西班牙的费利佩·冈萨雷斯）由于任期较长，其个人威望和影响力日益增强，会在一定程度上对这种制度的结构平衡造成影响，但还不至于破坏三权分立。众所周知，法国在 1958 年之后，尤其从 1962 年开始，实行的是另一种制度模式。不过，

“戴高乐时刻”尽管在其继承者蓬皮杜任总统时得到延伸，但其最初的纯粹性实际上只延续了12年，即从1962年至1974年。从那时开始，尽管没有按照习惯修改宪法，但法国还是以自己的方式重新找到了更通常意义上的民主道路，这种方式被称为“选举换频”，目的是为了减少国家元首的绝对优势，在行政系统内，在立法和行政之间，在国家和地方之间恢复权力的平衡，这种方式还包括对一些（司法的、媒体的）新政治角色的意外的甚至生硬的确认，目的是实现权力之间更好的平衡和更有效的分立，即民主的规则。从1960年代专制主义下的稳定到今天有组织的不稳定，从将大量权力集中到一人之手到多极并立，法国的政治生活放弃了在欧洲独一无二的史诗般和激情的那一面，重新获得了民主的生命力。有些观察家认为这是“代表的危机”，但其他人认为这是法国在经历了三十年的政治动乱后（第三共和国的倒台、维希政权、第四共和国和戴高乐与蓬皮杜任总统时的第五共和国），终于回归正常的民主政治生活。

一元时代的结束

吉斯卡尔·德斯坦任总统的那几年，不论是政治领域，还是其他很多领域，法国都处在一个变革的试验期，经过1958年至1974年的一元时代，法国开始走向多元时代。首先新总统吉斯卡尔·德斯坦不属于戴高乐派，其次吉斯卡尔·德斯坦在总统选举中获胜，得益于戴 1052
高乐派内部的分裂，以及希拉克这个戴高乐派“叛逆”人物的崛起，还有多数派内部突然出现的裂痕，这些分裂导致了“总统党”（法兰西民主联盟）和“不，但是党”（保卫共和联盟）在多数派中的并存。此后，尽管吉斯卡尔·德斯坦与其总理雷蒙·巴尔将爱丽舍宫—马提尼翁府（总统府和总理府）两头行政体制，恢复到由爱丽舍宫唯一主导行政的体制，但吉斯卡尔·德斯坦总统必须与议会、多数派各政党、以及这些政党的选民长期妥协，以确定前进的道路。他不得不面对来自多数派内部的反对，主要来自保卫共和联盟与其领袖希拉克。他无法落实自己的每一个选择，比如欧洲政治计划和自由主义经济计划。

他还不得不率领法兰西民主联盟进行各项政治斗争，有些斗争取得了胜利（比如 1978 年的立法选举和 1979 年的欧洲议会选举），不过并没有能够拉开与保卫共和联盟之间的差距，使自己的政党赢得足够的自治空间；另一些更具象征意义的斗争则遭到失败，比如希拉克在 1997 年巴黎市政选举中击败了米歇尔·道尔纳诺，市政选举批准将巴黎市长制度恢复正常，希拉克于是成为"巴黎公社"之后的第一位巴黎市长。1981 年总统大选时，吉斯卡尔·德斯坦总统还遭到来自希拉克所谓"高善的呼吁"[1] 的攻击，这个文件质疑吉斯卡尔·德斯坦多数派的合法性，而如果没有这个合法性，爱丽舍宫的主人是无法成为戴高乐希望的共和国君主的。

多元化不仅在总统联盟广泛存在，而且在巴黎、在行政决策中心、在法兰西民主联盟和保卫共和联盟组成的奇怪的政党联盟控制的立法决策中心得到了深度的发展。在法国这样一个并没有从理论上完全摒弃雅各宾派中央集权思想的国家，尽管越来越多真正的地方权力兴起，而且政府也向它们下放了一些职权，但还不至于走出地方分权制度化这一步。地方、地区和市政选举不仅是国家政治的试金石，也是权力的关键所在。尽管在选举中占据很重分量的法国农村有着保守主义的传统，但右派在 1976 年地区选举中还是遭遇了不小的挫折（反对派收获颇丰），尤其在 1977 年市政选举中，左派在第二轮选举中成为多数派，赢得了 57 个人口超过 3 万的城市，这样左派一共掌握了 221 个城市中的 156 个，其中社会党 81 个，共产党 72 个。于是，从民主的角度来说，选民将中央政府托付给了右派的同时，将地区行政机关在很大程度上交给了左派，这种选择再次实现了权力的平衡。可不可以进一步说，这意味着在中央权力本身，在行政和立法之间已经实现了政治的二元性？这种局面如果在几年前出现会显得非常可笑，却在 1977 年 3 月市政选举至 1978 年春季的立法选举之间成为辩论的焦点。看起

---

① 即 Appel de Cochin，刚刚遭遇一次车祸的希拉克当时正在巴黎的高善（Cochin）医院接受治疗。

来左派很有可能一举成为议会的多数派，那就导致怎样的政治局面？这正是吉斯卡尔·德斯坦总统在政治上的革新所在。1978 年 1 月 21 日，吉斯卡尔·德斯坦在杜河河畔凡尔登发表了著名的讲话，他并没有说“要么支持我，要么陷入混乱”，也没有要挟说“要么支持我，否则我就辞职”。与其夸大选举结果的得失，拒绝左右交替的主张，固执地坚持左派的立法多数与右派的总统无法共存，他发展了另外一种划分，一种新的对制度的阅读，一种使国民平心静气地接受而不是暴跳如雷地反对的逻辑。吉斯卡尔·德斯坦是法国人选举出的总统，任期 7 年，他宣称自己把这个使命看得比任何选举都重要，希望能够履行好自己的职责直到任期结束，而且宣布在任期内不想也不会阻止左派联盟政府的计划的实施。这个讲话本身就是一次制度的革命。吉斯卡尔·德斯坦发表讲话的时候，左派获胜还只是可能性较大的一种假设，但 1978 年 3 月，这种假设变成了现实。尽管吉斯卡尔·德斯坦总统请人民做出“明智的选择”，支持自己的右派联盟，但法国人还是选择了左派，于是在第五共和国历史上，第一次出现了无严重冲突的多数派转变，总统多数派和议会多数派之间可能存在的矛盾开始被看作是 1053
“正常的”（这并不意味着总统乐于接受这个现实，也不意味着所有法国人愿意看到这个局面），行政权力开始从爱丽舍宫向马提尼翁府部分转移。从此左右交替的观念被法国人广泛接受，而不会引起一些未经思考的恐慌，行政权力上的左右共治也变成一种可以预期的组成模式。正因为这一点，吉斯卡尔·德斯坦的 7 年总统任期，成为对产生于 1958 年的政治制度的阅读的决定性转折。

从左右交替到左右共治

从 1981 年至 1986 年，尽管经历多次严重的政治动荡，但法国传统的狂热并没有因此复活，现行制度也没有因此受到严重质疑。政治家们主要就现有制度的文字弹性进行争论，而不会想要去彻底推翻重来，法国人发现在平静的气氛中，也可以使政治格局发生深刻的改变。首先表现在 1981 年弗朗索瓦·密特朗当选为法国总统，因为密特朗是戴高乐主义坚定的反对者和顽强的敌人，是戴高乐制定的制度的猛烈抨击者。这个结果肯定不能完全归功于左派取得的决定性进展（在总统普选的第一轮，左派 5 名候选人共获得 47％的选票，其中密特朗 26％，乔治·马歇 15.4％；右派 5 名候选人共获得 48.7％的支持，其中吉斯卡尔·德斯坦 27.8％，希拉克 18％；而从众多混杂的“小候选人”中脱颖而出的生态学家布里斯·拉隆德获得了 3.9％的选票）。不过，社会党候选人和共产党候选人之间巨大的选票差距，显然对前者有利，社会党因此免受政治勒索，而共产党则不得不接受一个社会党人做总统。但是，如果右派能够动员起来，团结一心支持吉斯卡尔·德斯坦，社会党尽管凭借对共产党的巨大优势能够获得左派选民的广泛支持，也仍然难以保证能够获得总统选举的胜利。确实，吉斯卡尔·德斯坦已经丧失了 1974 年那个充满活力的变革者和年轻有为的管理者的光辉，除了 7 年在位的消磨，一系列深陷其中难以自拔的事端（包括朋友路易·德·布罗格里、前部长约瑟夫·丰塔内和现任部长罗贝尔·布兰的被谋杀和自杀，还有接受中非帝国皇帝博卡萨的钻石馈赠一事等）和严重的经济困难、大规模失业，以及 1979 年第二次石油危机加重的通货膨胀等问题，使吉斯卡尔·德斯坦不再拥有稳定的民意支持和较大的连任可能性。吉斯卡尔·德斯坦最终在总统选举第二轮以 47.8％比 52.2％输给了密特朗，很多人认为他失败的最主要原因是保卫共和联盟从第一轮就开始的捣乱，以及奉行自由主义的、主张欧洲建设的法兰西民主联盟与坚守戴高乐主义的信条——即更加推崇国家干预主义和意志主义、更注重政府的主导地位、更强调民族——的希拉克党之间产生了根本的分歧。很多右派选民因此失去了投票的积极性，相当数量的希拉克和米歇尔·德布雷的支持者没有参加第二轮投票，其中有些人甚至把票投给了密特朗。所有这些因素，以及前总统吉斯卡尔·德斯坦偶尔表现的傲慢，和经常显现的专横（尽管他在任期的最初几年努力尝试着做一个最不像“皇帝”的总统，也取得了赢得人心的效果），使法国人民下定决心，在戴高乐将军重新掌权二十三年之后选择了左右交替。反常的是，尽管被很多人预言这次左右交替将会导致第五共和国的制度遭到破坏，但结果并非如此，第五共和国的制度不但得到了加强，而且因此焕发出新的光芒。尽管很多社会党的要员迟疑不决，他们担心刚从一场噩梦中醒来的法国人，会在第一时间变卦，不愿意和右派占据多数的议会妥协和并存的新总统密特朗还是决定解散国民议会，他使用了自己曾猛烈抨击的共和国宪法所赋予总统的几个重要武器中的一个。这个决定获得了巨大成功，1981 年 6 月 14 日和 21 日的投票，由于多数投票制——要知道，密特 1054
朗在选举时承诺的 110 条纲领中包括恢复比例投票制——的放大作用，密特朗在国民议会获得了优势极大的多数地位：社会党和左派激进党赢得 285 个席位，共产党 44 个，其他左派获得 5 个；而右派中保卫共和联盟有 88 人当选，法兰西民主联盟有 62 人，其他右派只有 7 人；密特朗的社会党单独就占据了国民议会的绝对多数（285/491）。密特朗从此有五年时间按照最纯粹的戴高乐主义的传统管理政府，即总统拥有完全的行政权力，他可以实行比前任们都更彻底的爱丽舍宫（总统府）干预主义政策，全面介入各种国内事务；对马提尼翁府实施监管，总理皮埃尔·莫罗瓦死心塌地地扮演“总管”的角色，忠实地贯彻爱丽舍宫的意图；这种“尾巴主义”可以媲美 1960 年代新共和联盟中议员的“无条件跟从”，波旁宫①因此被禁锢在专门负责登记总统决策的角色上，这正是第五共和国宪法白纸黑字的精髓所在。于是，行政权力在法国政治中取得了绝对优势，其核心是共和国总统密特朗，他最初几年的统治给人一种似曾相识的感觉，与戴高乐将军真正当政的最初几年非常相似，当时蓬皮杜在 1962 年 10 月 28 日的全民公投和 1962 年 11 月 18 日和 25 日的立法选举后，被委命主管马提尼翁府。记者招待会仪式、电视讲话、到外省巡视、参加国际峰会（比如 1982 年 6 月在凡尔赛宫举行的峰会），总统职位的光辉在所有人眼中得到了充分的展示，与蓬皮杜在 1974 年的反思中所说的正好相反，更像“太阳王”路易十四，而不像坐在橡树下的“圣路易”国王。

---

① 法国国民议会所在地。

但是这种对总统的尊崇并不是旧制度纯粹而简单的回归，首先总统本人也不愿意这样。实际上，密特朗忠实于自己的计划，决心进行根本的改革，从深层次改变权力在中央政府和地方行政机关之间的分配，即实行地方分权。城镇、省、大区各级行政机关第一次获得了完整的法人地位，它们被赋予了一些新的权力、一些扩大的职能和一些额外的财政收入。经过多个世纪以来的君主和共和权力集中化，法国在 1982 年 3 月 3 日通过了《德菲尔[1]法案》，从此终于进入了地方享有自由行政权力的时代，该法案明确了“城镇、省、大区的权力和自由”。实际上，该法案的实施仅仅是一连串改革进程的开端，权力在中央政府和地方当局之间的平衡将经历深刻的改变，中央政府将放弃一些权力，而地方政治的得失成败将成为全国政治生活的关键所在。当然，法国的地方分权与几个邻国实行的联邦制还有着相当的距离，联邦制意味着中央政府只有有限的权力，而地区和城市的权限则宽得多，德国的联邦制由宪法确定，西班牙是事实上的联邦制，而意大利则是程度相对较低的联邦制。但是，法律有着放大事实的作用，地方的国民议会、地方行政机关、尤其是代表这些机构的个人——省级和大区行政委员会主席、大城市市长等——通过法律，通过他们的人格、实行的政策、与选民的密切关系，在政治生活中获得了很重的分量，彻底改变了法国的政治格局。众所周知，法国在十九世纪经历了“显贵当权”的时代。那些由地方分权产生的地方政治家，通过普选成为地方议员或行政长官，他们由于职权的累积，很多都进入了国民议会或参议院，他们有着强大的政治、司法、财政和媒体力量，即便强大的中央政府，也不得不与他们妥协，这些人实际上构成了一个非正式的
1055 议会，尽管这个议会在制度上并不存在，但确实是权力的重要一极，更不用说他们中的很多人还是在位多数派的反对者，这实际上降低了爱丽舍宫及其附属机构（马提尼翁府、议会多数派）的无所不能的地位。而且，在 1981 年让总统赢得了议会多数派地位的法国人，自然不

[1] 时任内政部长。

会放弃像他们在吉斯卡尔·德斯坦总统时期所做的那样，通过投票实行必要的再平衡，尤其是在这个已经实行地方分权的新环境中。1982年3月14日和21日，右派在省级选举中取得了胜利，凭借49.92％对49.59％的优势，右派掌握了59个省，而左派只有36个。1983年3月6日和13日的市政选举的结果与此相似，尽管左派在第二轮投票中迎头赶上，但右派还是取得胜利，掌握了很多大型城市。1986年3月21日的大区普选中，右派又取得了绝对优势的胜利，一共赢得了22个大区的行政委员会主席职位，左派则只有可怜的两个。于是，只用了几年时间，拥有了强大权力的地方行政部门变成了右派的森严壁垒，以及中央政府和地方行政首脑影响力较量的微妙的关键所在。

另外，总统对权力进行重新分配和再平衡的愿望，还具体表现在第五共和国一个特别敏感的领域，即已经成为其他民主国家支柱的第四种权力——视听机构，也就是新闻媒体。传统上，新闻媒体一直处于政府的监管之下，第五共和国时的政府广播和电台一直都是政府首脑的喉舌，即“法兰西的声音”。这种在1968年饱受抗议者抨击(“来自家中的流毒”）的无限的依附关系，使新闻媒体成为官方进行宣传的顺从的工具。尽管并非完全如此，但1958年至1982年之间基本上就是这样。1982年，密特朗为了履行总统选举时的承诺，推动了有关新闻媒体的法案的投票，该法案在1982年7月29日通过，终结了政府对新闻媒体的垄断，创立了新闻总署。新闻总署8月31日正式成立，第一任长官是女记者米歇尔·戈塔，这个独立的行政机构与宪法委员会有着相同的委任模式，其任务就是保障广播和电视的自由权利，总署拥有任命广播台和电视台主管的权力（从前由部长会议任命)，负责监督新闻规范的执行，以及审批广播节目的播放申请。1982年7月的新闻媒体法案的立法工作开始于1981年9月的“自由广播”行动，后来该法案在1984年春季加入了有关广告的内容，这个法案的通过对公共媒体恢复政治自由有着决定性的意义。从1984年和1985年开始，公共广播和电台还要面临来自私人频道的竞争，比如限定收视的付费频道“Canal＋”和其他免费的电视频道，如五台和六台。新闻媒体的多样化和独立还开辟了另一个进程，尽管其影响最终经过很长时间才显现出来：社会党当局想方设法左右新闻媒体主管的提名，甚至试图瓦解罗贝尔·埃尔桑建立的媒体帝国，这表明政府监管新闻媒体的企图并没有完全消失；右派在 1980 年代也有类似的举动。不管怎样，民主的新空间就此打开，法国人从此能够享有多元化的信息来源，公共新闻媒体与私人媒体展开激烈的竞争，有关政府部门从当局逐渐获得更大的自治权力。媒体权力的突然兴起，就像我们在 1990 年代将要看到的那样，在对很多“事件”的处理上，和地方分权一起做出了很大的贡献，减少了政治生活中因总统的权威和多数派的优势地位造成的“一边倒”的倾向的出现。

从前的一元化如今已经让位于多元化，这并不取决于总统的个人
1056 意愿，而是制度的、社会的和政治的反应交汇的结果。另外，1981 年发生的左右交替，让曾将尽量放大行政权力作为政治信条的右派重新发现了议会的优点和作用。右派重新意识到，议会肩负着以民主为目的监督政府，制定法律，成为向公民澄清重大公共争论问题，并帮助他们形成自己的观点的“音箱”。面对那些很快就沦为议会的消极力量的“无条件跟从”的左派议员，右派想方设法表达自己的意见。1981 年 10 月 13 日至 26 日，在讨论有关国有化问题时，右派发动了一场“消耗战”，以至于总理莫罗瓦 19 日在电视上发表讲话，呼吁“法国人的多数派不能容忍成为少数派的那部分人阻碍正在发生的改变，不论是在议会，还是企业或其他地方”。在这个奇怪的宣言发布后不久，社会党人 10 月 20 日至 22 日在瓦朗斯举行大会，会上再次揭露了右派“遏制改变”的企图，这对当时尚对年初的左右交替感到满意的社会舆论产生了负面的影响。反对派受到鼓舞，更加积极地展开议会斗争，右派在国民议会是少数派，但在参议院仍然占据着多数派的地位。不仅有关地方分权的《德菲尔法案》，还有有关劳动者新权利的《奥鲁法案》，以及有关媒体的《菲利乌法案》，右派都向左派展开了激烈的进攻。正是在这些火花四溅的辩论中，一批四十多岁的右派政治家成长了起来，他们代表着戴高乐主义的卷土重来，他们依靠地方分权形成的地方堡垒，成功获得了政治显贵的地位，包括米歇尔·努

瓦尔、夏尔·米庸、吉拉尔·隆盖、阿兰·马德兰、菲利普·塞甘、雅克·杜崩和弗朗索瓦·雷奥塔尔等，还有更多的人从议会半圆梯形会场走上了政治舞台的前台，而一些代表着过去时代的政治家，如吉沙尔、德布雷、佩雷菲特、福瓦耶和波尼亚图斯基等人则逐渐退出了政治斗争。右派并没有能够阻止这些法案获得通过，但他们展示了自己的论据的价值，培育了公众讨论，满足了自己的选民，在公共舆论中播下了种子，这些种子在未来左派遭遇困境的时候自然会开花结果。右派还不忘记诉诸宪法委员会，前总统吉斯卡尔·德斯坦于 1974 年 10 月 29 日促成的一项宪法修正案，规定超过 60 名国民议会议员或者 60 名参议员有权将法案提交宪法委员会审查，其目的是为少数派提供的最后的反驳机会，从法律上稍微削弱实际多数派的无所不能，右派充分利用了这个修正案带来的便利。于是，有关国有化的法案被提交给了宪法委员会的 9 名委员审议，1982 年 2 月 16 日，宪法委员会宣布该法案除了有关给股东的补贴以外，符合法国宪法。于是政府在征求了最高行政法院的意见后，提交了新的法案文本，并按照宪法第 49 条第 3 款利用快简程序（无不信任意见时无需投票即通过）使该法案在议会获得通过，左派这一次运用了 1958 年宪法条款中抑制议会权力的最重要的一条。左右两派还在其他法案的文本上锱铢必较，包括 1984 年有关媒体的法案（这个法案最终也是得益于宪法第 49.3 条款才获得通过），宪法委员会在分析其政治内涵后，宣布该法案中致力于瓦解罗贝尔·埃尔桑媒体帝国的措施因追溯力的原因不符合宪法的精神。

最终，制度的再平衡因公民社会的抗议得以实现。法国人民选择了左派，选举了一个社会党人作总统，但是法国人民还没有做好接受密特朗竞选时提出的全部 110 条纲领包含的改革，也不能完全接受政府为了满足多数派、多数派各政党及其选民的意愿而进行的变革。在密特朗上台伊始的“蜜月期”过后，构成社会主体的很多团体通过斗争，反对或逼迫当局做出一些妥协或放弃。来自工业或商业的大大小小的老板们组织了起来，他们反对政府推行新法规以及增加企业社会
保险支出。企业的干部们则担心《奥鲁法案》使他们在企业的权威受 1057

到挑战，他们还为增加的税务压力气愤不已。农民们对他们的女部长埃迪特·克勒松颇为反感，因为他们感觉没有得到新政府的爱护，害怕她积极主动的举措会破坏法国农业经营者“工会联合会”的稳定和对法国农业“几乎垄断”的地位。医生则上街游行，反对医疗研究改革和公立医院“私人病床”的取消。私立学校也第一次动员了起来，他们非常担心倾向于公立学校的教育部长阿兰·萨瓦里、社会党议员和执政党，会按照总统竞选时的承诺，取消教育的二元性。从此，占据街头、首都和各大城市的主要是右派的民众。工薪阶层和自由职业的中产阶级、农业人群，以及也发现了大规模动员、上街示威和新闻自由的益处的资方，都因利益受到损害而对政府产生了不满，右派议员则将这些不满传递到了议会。当局尽管拥有无所不能的行政权力，占据着多数派的地位，但也不得不正视公民社会在政治生活中最来越重的分量。另外，当局不久就必须在两条阵线上作战，曾支持左派的商业选民面对不断上升的失业率和触及汽车业和冶金业的解雇潮，也开始发出抗议的声音。由于社会改革和工资水平的提高，1983 年的局势变得严峻起来，当局的社会支持率明显下降；工会自然也会把工人阶层的不满表达出来。面对权力已经被削弱的行政当局，一些新的力量也进行了上街游行的动员。1984 年上半年，抗议主要集中在私立学校的问题上。经过一系列不间断的、规模越来越大的游行示威，6 月 24 日运动达到了顶点，大约有 100 万人走上巴黎街头，最终政府只好屈服，于是《萨瓦里法案》被取消，教育部长被迫辞职，总理莫罗瓦也主动离开了马提尼翁府，1984 年 7 月，法比尤斯接任总理。

此时，法国的政治生活和制度状况与 10 年前的设想几乎完全不同：行政权力被削弱、议会的重要性再次凸显、宪法委员会也有机会发挥作用、地方行政机关得到加强、新闻媒体重获自由、全社会都被动员了起来。吉斯卡尔·德斯坦主义和左右交替就这样促成了民主的重生，第五共和国建立起来的政治构架也趋向开放、平衡，与欧洲其他国家的民主规则更加接近。出现在 1986 年至 1988 年之间的左右共治，将进一步推动法国充满矛盾地实现“恢复正常”。

左右共治，“使用说明”

左派在 1986 年 3 月立法选举中的失败是不可避免的，早在 1984 年夏季，不论是右派，还是占多数的左派，对此都有强烈的预感，1985 年 3 月 10 日和 17 日的省级选举以及民意调查都证实了这一点。左右共治的局面不可避免，但也取决于一些因素。左右共治成为现实，必须有几个重要的条件同时得到满足，而其中任何一个条件的实现都不是轻而易举的，包括左派的改变、右派新的施政方针和社会舆论的转变。

对于左派来说，民选总统密特朗要想履行完自己的 7 年任期，必须成功地将自己的职位、政治观点和人格，与他的政府在立法选举中遭遇的失败区分开来。总统从 1984 年伊始就着手努力这么去做，而法比尤斯出任总理不久，就在法国电视二台的《真相时刻》中谈到与总统的关系时，宣称“他是他，我是我”，“这一点将有目共睹”。爱丽舍宫和马提尼翁府之间分离的、但又复杂的协作关系即将确立，这是行政权力内部第一次出现左右共治的局面。此前，马提尼翁府根据宪 1058
法第 20 条的精神已经扩大了职权，而爱丽舍宫根据宪法第 5 条的精神主要发挥主导作用。爱丽舍宫对马提尼翁府的控制在减少，总统经常在顾问们提交的文件上批示“请总理定夺”或“这由政府处理”，这也反映出总统与法比尤斯协作的意愿，希望后者能够掌管国内事务，尤其是社会和经济事务，而自己则将精力更多地放在国际、国防以及“专属于元首”的问题上。总统希望自己“高高在上”，而总理则具体负责管理工作。他成功地实现了“升天”，从此凌驾于普通的政治斗争和日常的成败得失之上，主要起到代表政府的持续性、制度的延续性、军事的安全性和维护国家的重大国际利益的作用。他用法国的方式为自己铸造了一个“制度化的君主”的形象。通过主持 1984 年 6 月 24 日至 25 日在枫丹白露召开的欧洲委员会会议，到 1984 年 9 月 22 日与德国总理科尔在凡尔登举行的仪式，通过接受西班牙和葡萄牙加入“欧共体”和欧洲单一市场，到各种国际峰会上的双边访问，密特朗总统到处都表现得像一个法国在其中充当最重要角色的欧洲的坚持不懈的朝圣者。利用自己“核武器支配者”的身份（他在1983年这样说过：“核威慑战略的关键所在，就是我”），他在“欧洲导弹”和人权等问题上与苏联进行了独立自主的交涉。密特朗还作为“法国的伟大”的化身，积极奔走于华盛顿和莫斯科两地，周旋于美苏两个超级大国之间，他与一方不卑不亢地结盟，与另一方建立了稳固的对话机制，他处处高举法国的旗帜，让自己的总统角色得到每个法国人（不论政见如何）的承认。作为军队的最高指挥者，密特朗经常视察部队，表明他始终关注法国在这个由于两个超级大国之间的对抗、地区危机和恐怖主义而混乱不堪的世界上的自身安全问题。总统这个角色按照一种恰如其分的公关策略巧妙地出现在公众视野之中，媒体特别是电视使这一形象更加深入人心，他要么和这个世界上其他的大决策者们一起出现，要么被军人们“众星拱月”着出现在战车、飞机、火箭、潜艇之前，伫立在三色旗下，并越来越经常地现身在欧洲的旗帜之下。威严的密特朗仿佛就是慷慨激昂的朱庇特[①]，他与世界各国深入交流，但每时每刻都显现出维护法兰西的利益和伟大的力量和决心。总统不仅以一种精妙的方式超脱于政治阶层之上，同时还努力与公民重新建立亲近的关系。想要成为“走出宫廷的路易十四”或“回到宫廷的圣路易国王”，总统必须在另外一个战场，即通过公关重新赢得失去的民心。1984年11月的民意调查结果显示，密特朗已经成为第五共和国以来支持率最低的总统。于是，1985年4月28日，密特朗总统出现在了法国电视一台由伊夫·穆鲁吉主持的《总统先生，我们对这个感兴趣》节目中，他当时身穿浅灰色法兰绒西服，扎着一条杂色的领带。那个非常繁忙的演播室充斥着电视台常用的颜色如蓝色和深红色，在这里人们认识了一位“时髦的总统”或“有线电视总统”，他保持着必须的严肃，但需要时又显得很风趣。当天的收视率达到了47.7%，几乎有一半的电视观众看到了密特朗的新形象，以至于第二

---

① 罗马神话中的主神。

天的《世界报》上刊登了素描画家普朗图创作的速写画，密特朗总统在画中身穿有着朋克风格的线条的经典骑士夹克装，胸前还佩戴着徽章。密特朗总统的这次电视露面毫无疑问是一次巨大的成功，他的打扮看起来不经意，但实际上是经过精心设计的。通过与社会的调子保持一致，密特朗重获了与社会舆论尤其是年轻人的默契，并获得了“大叔”的爱称。经过不断地努力，总统的亲民形象终于扭转了民意支持率曲线的走向，使该曲线在选举来临之际重新攀升到了50％以上。民众喜爱他的为人，尊重他的工作，赞同他的外交和国防政策。密特 1059
朗成功地实现了“升天”。

但这还不足以保证他稳坐爱丽舍宫，他还必须避免立法选举成为一场左派的崩溃，或有利于右派的海啸。对选举进行的各种操纵和政府展开的一系列行动，将证明密特朗对此有着切实的担忧。密特朗在竞选总统时提出的110条纲领中的第47条，提出了“比例代表制”选举制，这是左派政治财富中不可或缺的一个部分。当左派处于反对派地位，“比例代表制”是对左派非常有利的主题之一，他们抨击右派坚持的“两轮投票多数制”在极化的背景下会造成议会的代表性偏离现实，而让以总统为核心的多数派联盟获得排他的和过多的利益，从而加大权力的不平衡。但是，在1981年密特朗当选总统，并且解散国民议会进行了重新选举之后，不论右派还是左派都忘记了密特朗的这个承诺。在这次立法选举前夕，右派的优势如此巨大，以至于他们一心只想着争取压倒性的胜利；而尚为议会多数派的左派已经明显看到自己的“滑铁卢”就在眼前了。为了“尽量挽救颓势”，左派有必要把第47条纲领提出来，并促成它的实行。尽管遭到反对派的激烈批评，该法案1985年3月3日还是在议会获得通过，农业部长米歇尔·罗卡尔认为左派这样做有悖政治道德，愤而辞职。这种新的选举模式，不仅能够起到减少左派的损失，还有分化右派和最近形成的极右派的作用，避免极右派的选票在第二轮多数投票中转移给右派。左派揭露了一部分右派议员与被指责奉行种族主义的极右派政党“国民阵线”的同谋关系，这是一着妙棋，但是左派忽略了抨击形成这种同谋关系的几个原因，尤其是在失业和治安状况恶劣的背景下发生的严重的城市危机，已经吞噬了很多大规模居民区的郊区。

为了让这种减轻 1986 年选举可能造成的冲击的战略取得成功，社会党还必须把在 1984 年欧洲议会选举时的 20％的支持率提高到 30％以上。这个具有象征意义的比例，意味着从 1984 年开始单独执政的社会党，在 1981 年总统大选取得权力后，经过在艰难形势下的 5 年工作，还远没有到被完全否定的地步（在第一轮投票与左派激进党联合的情况下，社会党 1978 年获得了 25％的选票，1981 年为 37％）。因此法比尤斯和他的政府的任务是至少保持这个水平，凭借年轻、富有活力和现代型的团队，法比尤斯做到了这一点。他成功地安抚了民心，向自由职业者和老板们保证将继续进行工业结构的改造，而又不让“左派的人民”感到失望，“左派的人民”一点也没有觉得他支持“新自由主义”，而是将他视为抵抗右派的“撒切尔—里根主义”的堡垒，右派此时至少在言语上已经接受了流行于大西洋对岸的美国和芒什海峡对岸的英国的极端自由主义。1986 年 3 月的选举结果证明，密特朗总统、法比尤斯、几位社会党党魁和一些公关专家在 1984 年确定的战略是完全正确的。重新联合的社会党和左派激进党一共获得 32.65％的选票，在一定程度上取得了胜利，共产党得票（9.78％）的减少放大了这个胜利，左派一共获得了 215 个国民议会席位（其中共产党 35 席）；而右派获得了 41％的选票，在国民议会赢得了优势不大的多数地位，占据了 274 个席位，其他右派取得了 14 席（3.5％的选票），而国民阵线仅次于共产党，获得了 9.65％的选票支持，在国民议会占据了 35 个席位。

尽管左派并没有失去信誉，但右派将这次选举的结果视为对 1981 年总统选举的否定，他们要求密特朗总统像戴高乐当年那样主动离开爱丽舍宫。不过社会党仍然较高的支持率、保守党（保卫共和联盟和法兰西民主联盟）继续遭到削弱的地位（1978 年 46.3％，1981 年 43％，1986 年 41％），以及国民阵线支持率的猛增，都淡化了右派在
1060 议会选举中取得的成功，而且与 1984 年和 1985 年时的预期相去甚远。

右派的吃亏在于轻视了总统和总理这对行政搭档的智慧，过高估计了自己的支持率，另外还忽视了来自国民阵线的竞争，国民阵线的领导人让-玛丽·勒庞有效地开发了右派在1970年代末和1980年代初提出的一些主题。右派最严重的失误是在1986年立法选举很早之前就接受了左右共治，而且关键的问题在于发出这个声音的居然不是接受了吉斯卡尔·德斯坦在1978年的立场的法兰西民主联盟，而是一个当时尚不为大众熟知的希拉克—蓬皮杜党人爱德华·巴拉迪尔。巴拉迪尔在1983年9月16日刊登在《世界报》上的一篇文章中，赞扬了宪法的灵活性，认为可以用一种更好的方式在爱丽舍宫和马提尼翁府进行权力的重新分配，呼吁法国政治风俗的和平化，拒绝有可能在取得议会多数派地位后，通过否定所有总理人选来排挤总统，或使总统的工作陷入瘫痪的右派，和有可能拒绝按照议会的多数派局面任命新总理组建政府，而倾向于组织全民公投的总统之间的冲突。他宣扬“左右共治，就是双方都接受自己在行动或作决定时必须接受一定程度的限制，并且不能立即实行自己的计划”，断言这既是行政权力在爱丽舍宫和马提尼翁府之间的新的平衡，也是行政权力和立法权力之间的新的平衡。这一立场被保卫共和联盟的领袖希拉克所接受，尽管他认为这种设想有损于共和国制度的精神和戴高乐将军的实践；这一立场还得到了雷奥塔尔在法兰西民主联盟的朋友们的支持，但遭到雷蒙·巴尔和他一些中间派的朋友们的激烈抨击，这些人坚决反对这种与宪法精神“有着不容置疑的矛盾”的局面的出现，认为这种局面，“即便不能说无法存活，但肯定不可能持久”，除非将共和国总统极度边缘化，但这样就会摧毁1958年宪法的精髓，即总统职务作为“拱顶石”的关键地位。这种分歧与两个人之间的竞争密切相关，一个是希望领导政府并在1988年赢得民心当选总统的希拉克，另一个是希望提前举行总统大选，并利用自己在民意调查中的领先地位成为总统的雷蒙·巴尔。然而希拉克棋高一着，右派接受了左右共治，中间派则不与政府作太多纠缠。

左派和右派都对左右共治做好了准备，公众舆论也持赞同的态度，民意调查的结果反映出了这一点。法国人，尤其是属于中产阶级的中间派，不希望看到戴高乐—蓬皮杜时代的一元化政治重现，也不愿意看到政权的急剧交替，他们认为过去的“社会主义”太多了，又反对未来出现太多的“自由主义”。他们希望在制度内部重新实现平衡，以及实现温和的和有节制的转变。根据这个设想，他们赋予自己更大的监督政治生活的职责，敏锐地调控普选的结果，避免权力向某一派过于完整、过于绝对和过于长时间地集中。因为一旦出现这种情况，取得胜利的派别的身处爱丽舍宫、马提尼翁府和波旁宫的代表们就会长时间掌权，并沉醉于胜利的喜悦之中，这样很可能会导致向君主作风偏移，肆意地进行改革，与民主格格不入地滥用统治性地位。对法国人来说，与其改变制度来进行改变，毋宁推动政治阶层在制度内寻找进行改变的其他途径。公民们的心声被切实传递给了政治家们，尽管他们通常与社会舆论有着不小的距离，但这一次他们明白，时代已经不同了，必须在 1958 年宪法的落实上进行创新。因此，1986 年开辟了一个新的纪元，即持续的左右共治或“选举换台”，公民和政治家们在其中实现了和平化民主的重新平衡。

持续的左右共治

从 1986 年开始，尽管形式各不相同，但法国的政治生活实际上只是一次长时间的左右共治，表面上形势各异，但都始终遵循着相同的
1061 权力平衡和分立的原则。从 1986 年至 1988 年，左右共治日臻成熟，并没有产生重大的困难。总统作为宪法的守护者，拥有宪法第 5 条赋予的全部权力，同时他还是军队的最高指挥官和外交负责人，另外还肩负着保证“公共权力的正常运转和国家的延续性”的仲裁权。政府则充分利用宪法第 20 条赋予的职权（此前一直都未能真正享受过），即“确定和主导民族的政治”。当两者之间出现职权的冲突时，比如涉及到既属于外交又事关内政的欧洲事务，或者在私有化的方式（政令抑或法律）选择上，双方总是努力寻求折衷的方案来解决（这是宪法的拥护者和习惯预言危机的记者们喜闻乐见的事情），而不会让社

会舆论陷入混乱。公众期待着左右共治的双方都能履行自己的职能，并用协商而不是对抗的方式解决分歧，尽管公众也能微妙地感觉到总统和总理有时也会“用练习剑（包着皮头的花剑）互相击打”。因为法国人民希望，一方面右派的计划能够得到实施，另一方面总统能够通过他的存在，甚至是他的反对，去除右派的计划中或许存在的过分的内容（1981 年的时候没有能够做到这一点），从而保证法国在国防、欧洲政策和国际关系等方面的大方向上保持延续性，而左右共治看起来是实现这个希望的最巧妙的形式。但这个形式不能解决所有问题，社会舆论的不满情绪还是以不同的形式表达了出来：1986 年 11 月中学生和大学生奋起反抗大学入学遴选机制；1986 年底，教师、巴黎公交总公司和法国国家铁路公司的职工都举行了大罢工；公众还对监狱私有化改革和对《国籍法》的修改持保留意见；民意调查清楚地显示公众对新多数派和总理的不信任，等等。在这样的背景下，爱丽舍宫和马提尼翁府之间，行政和立法之间、现实国家和法律国家之间，中央政府和地方当局之间，进行了重新平衡，这强化了 1974 年以来形成的左右共治的趋势，按照一些法国政治生活的观察家的说法，左右共治从此再也不是制度的例外，而变成了制度的规则。由于政府在经济（1987 年经济增长乏力和股市暴跌）和社会（失业率持续上升）方面遇到的困难，以及多数派内部希拉克和雷蒙·巴尔之间、保卫共和联盟和法兰西民主联盟之间的竞争、有关民族阵线的争执（一部分右派人士反对和民族阵线有任何交往，包括米歇尔·巴尔扎什、米歇尔·努瓦尔和克洛德·马吕莱等人；另一部分右派人士认为应该有所妥协，可以借用国民阵线的某些主张，或将其某些思想温和化，来阻止该党的上升势头，以便该党的选票在第二轮投票时能够转移到自己这一边）。经过两年的左右共治，总理希拉克还是在与总统密特朗的对决中败下阵来。1988 年 4 月 24 日总统大选第一轮投票结果显示，密特朗以 34％遥遥领先于希拉克（19.9％）和雷蒙·巴尔（18.54％），而勒庞的支持率上升到了 14.4％。经过 5 月 8 日第二轮投票，密特朗以 54％的较大优势战胜了希拉克，连选连任。1981 年，密特朗推出了

110条纲领，打出“平静的力量”的竞选口号，7年之后，他以“团结的法兰西”的竞选口号再次吸引了很多法国人，他在《致全体法国人书》中表达的意愿，与法国人的期待非常吻合，即和平化的政治生活，远离1980年代初狂暴的政治情绪和急剧的政策转向。著名的贯彻到私有化和国有化过程中的“不偏不倚”的态度，就是这种对平衡的向往、对过度行为的反感的反映，它凝聚了很多法国人的心，甚至超越了政治派系的界限。

但是，再次当选总统的密特朗一天也不愿意与1986年的议会共存，他上任后马上解散了国民议会，于是一元化有可能再次回归。1988年6月5日和12日立法选举的结果，尽管与此前形成的趋势，即
1062 对平衡的注重相吻合，但还是让政治学家们惊讶不已。尽管此时密特朗的威望已经与1981年相去甚远，而且他的措辞和抱负已变得温和得多，他发现自己的社会党居然仍旧很强大，获得了与1981年相差无几的支持率，在第一轮赢得了37.5％的选票，而共产党获得了11.32％，两党合计48.8％（比1981年的54％下降不少，主要是因为法国共产党出现了明显退步）。团结在前总统吉斯卡尔·德斯坦主导（和1981年一样）的“中间联盟”周围的右派，此次总共获得40.52％的选票，而国民阵线赢得了9.65％的支持。密特朗总统曾经在5月22日登上了著名的古迹“梭鲁特大岩石”，他当时发表讲话说，自己当然希望社会党赢得多数派的地位，但他也认为“一党单独执政是不合时宜的”，应该“让其他派别的精神也融入政府之中”，结果普选使他得偿所愿。由于密特朗再次当选后于5月10日成立的第一届（米歇尔·罗卡尔）政府没有对任何其他党派打开大门，由清一色的社会党人组成，与1984年的法比尤斯的政府很相近，6月12日第二轮投票时，法国人民用投票进行了一次独特的判决：右派在选票总数上是多数，但社会党在国民议会的席位上占据多数，社会党议员有276名，右派一共有271名，国民阵线只有1名，共产党则有27名。这造成第二届罗卡尔政府只拥有相对多数地位，不得不吸纳中间派或共产党进入政府，否则，按照宪法第49.3条的规定，右派和共产党随时可以联合起来提交

不信任政府动议（这种联合存在或然性，但完全没有可能性），政府将沦为“人质”。因此，新政府必须寻求共识，开辟中间路线，这正好符合时代的精神。从那时起，尽管政府并没有向中间派完全开放（只有几个中间派的附属人物以个人名义进入了政府，这些人在科学、体育或公益等领域卓有成就，受到媒体的高度评价，但他们与公民社会实际上不太调和），但米歇尔·罗卡尔将主要按照中间路线执政或与中间派合作执政，以使其温和的经济和社会管理政策得以实施。他独特的工作方式，即努力避免意识形态的大辩论、左右两派的冲突和传统的泾渭分明，进行改革，但是寻求被大多数社会舆论、或大多数利益攸关的职业行会和团体所能接受的折衷方案，比如在教育、社会保险、退休、政府改革、新喀里多尼亚、新闻媒体或电信等领域。然而，他难免需要面对一些冲突，尤其是在公共服务职能领域：护士、社会保险部门的职员、感化院职工、警察、税务系统职工、教师和公共服务的用户先后组织了罢工、示威游行和占领活动。罗卡尔不希望增加预算的压力，只在经济增长有所恢复（即使失业状况没有出现好转）的情况才可能做出让步，因为经济增长会产生“红利”可供分配。但是罢工者们并不理解总理的苦衷。当右派逐渐消化了失败的苦果并重整旗鼓的时候，罗卡尔却在左派内部遭遇了最坚决的反对和最尖刻的抨击。因为，左右共治反常地仍然以不同的面貌存在于总统和总理之间、总理和社会党的“大象”们（中年男性政治家）之间、以及立法与行政之间，各派都在竭力拉票以避免宪法第 49.3 条被过度地使用。总统密特朗和总理罗卡尔之间此时的关系被人称作“平静的厌恶”，这种关系与第一次左右共治时总统密特朗和总理希拉克之间的“白婚”（假结婚）关系相比，已经取得了不小的进步，实际上已经对行政两头政治的运行机制进行了深刻的改善，即一方面，尝试将职权分开，使马提尼翁府获得更大的自由；另一方面，由不论在表面上还是在实质上，不同意见都要多于相同意见的两个人（不论他们是否来
自同一个多数派）搭档出任总统和总理。总统密特朗和总理罗卡尔互 1063
不喜欢，他们文化不同，风格迥异，而且在行动和战略的选择上经常

是矛盾的。1988年至1991年，政府搭档之间存在着深刻的机能障碍，对政治生活和政府行动产生了严重的影响。密特朗早在1990春季就想罢免罗卡尔，但由于波斯湾骤然紧张的局势而未能如愿，于是他积极支持自己强加入政府的“大象”们：皮埃尔·贝雷戈瓦、杰克·朗、让—皮埃尔·舍韦内芒、皮埃尔·若克斯、让·波普朗或利昂内尔·若斯潘，以及他曾想提携成为社会党党魁的前总理法比尤斯。这些人尽管相互间也经常有矛盾，但都盯上了总理的位置，因为他们在1981年之前和之后都与密特朗有着一个共识，即防止罗卡尔走上当选总统的道路。另外，总统还希望挽回1988年6月的失败，当时他眼睁睁看着皮埃尔·莫罗瓦控制了社会党；现在他看到洛朗·法比尤斯当选国民议会主席，成为大有希望的总统宝座的继承者，所以他希望在下一次社会党大会上，使法比尤斯能够当选为社会党的党魁，从而成为1995年总统大选的社会党候选人。然而此时大多数密特朗的支持者都已经团结到了若斯潘身边，他们反对这个计划，而且若斯潘自视甚高，他认为自己和莫罗瓦才是更得民心的社会党文化的集大成者，而且自己更加本真，更加植根于历史，也更加有能力革新法国的社会主义民主。1990年3月15日至18日社会党大会在雷恩召开，当着云集的记者和摄影机，大会始终笼罩着一种不祥的气氛，社会党的巨头们毫无顾忌地互相诋毁，针锋相对。法比尤斯不敌“除了法比尤斯以外的所有人”，败下阵来，莫罗瓦得以继续坐镇社会党位于索尔费里诺大街的总部大楼，但密特朗雷霆大怒，他严厉抨击莫罗瓦和若斯潘，并把自己推举的候选人法比尤斯的失败主要归咎于罗卡尔。从此，或从1988年就已经开始，几乎什么都不能干的总理必须和爱丽舍宫以及总统身边的人共处，这种沉闷的“共治”很难在行动上有所作为，这对社会舆论来说是一个不幸的消息；社会党的斗士和选民为此尴尬不已；法国人民则被激怒，他们憎恨这些过度的斗争；而右派利用当权派因内部斗争产生的权力削弱重新振作了起来。

罗卡尔的离职已经只是时间早晚的问题了。自从他当总理以来，由于社会党没有在议会占到绝对多数派的地位，他不得不奔走于共产党、中间派和议会其他人士之间，说服他们赞成政府的提案或弃权。这种无休止的讨价还价的结果是，中间联盟一般会对三分之一的政府计划投票赞成，对三分之一的计划投票反对，而对三分之一的计划弃权；而共产党则投票反对差不多二分之一的计划，而对另外二分之一中的大部分计划弃权，最终仅赞成了 9 个计划。为了在议会通过自己的计划，总理必须不断组成临时的多数派，这使国民议会多少有了一些第四共和国时候的味道，只有他有时候付诸实施的宪法第 49.3 条，才完全属于第五共和国。总理权力的削弱在不断加剧，罗卡尔离职的日子已为时不远了。但是尽管爱丽舍宫、社会党、“大象”们对这个结果向往已久，社会舆论却似乎很满意当时的“共治”局面，根据 1991 年初的民意调查，74%的法国人希望罗卡尔留在马提尼翁府。罗卡尔开展了一些改革行动，但是经济形势的突然恶化、政治金融案件的迸发和“医院血液感染”的惨剧使政治气候骤然变得沉重。地方选举的结果显示：社会党已经大为削弱，而反对派则重整旗鼓，再次联合了起来，保卫共和联盟和法兰西民主联盟在 1991 年 4 月 21 日达成协议，推举共同的候选人参加 1992 年的大区选举和 1993 年的立法选举。立法选举的严峻形势和罗卡尔明显下降的民意支持率（跌至 49%，对政府行动的认可度也暴跌 17 个点，变成负数），使总统的民意支持率也 1064
有所下降（降低了 10%，在 1991 年 4 月跌至 55%），愤怒的密特朗决定采取断然的行动。5 月 15 日，埃迪特·克勒松被任命为新总理，她是法国历史上第一位女总理。因为完全无法避免左派计划的落空，克勒松很快就失去了民心：在 1992 年 3 月 22 日的大区选举中，社会党仅获得 18.3%的选票，在同日举行的省级选举中，社会党也只赢得 18.94%的支持率。1992 年 4 月 2 日，皮埃尔·贝雷戈瓦取代克勒松，入主马提尼翁府，但他也无法更好地避免社会党在选举中的失败：1993 年 3 月 28 日举行的立法选举，使左派再次失去了 1988 年夺回的权力，社会党仅仅获得可怜的 67 个席位（社会党和左派激进党在 1988 年曾联手获得 276 个席位），共产党得到 24 个，而右派则赢得了国民议会全部 577 个席位中的 485 个。这次社会党的崩溃，再一次显示了法国人进行“选举换台”的态度，不过法国人一刻也没有产生让密特朗离开爱丽舍宫的念头，即便密特朗的民意调查支持率达到了新低，而且健康状况正在不断恶化。“左右共治”在 1978 年是个意外，在 1986 年得到法国人接受，在 1993 年则成了很自然的事情，它使 10 年前第一个极力宣扬“左右共治”的爱德华·巴拉迪尔走进了马提尼翁府。由于对彼此的人品和能力都相当尊重，巴拉迪尔和密特朗建立起一种和平化的左右共治，没有互相拆台，只是在恢复贝雷戈瓦政府 1992 年 4 月 8 日冻结的核试验一事上出现了严重分歧（新的议会多数派希望恢复核试验，而总统密特朗坚决反对）。在政治方面，政治系统按照传统的议会规则运转：内政归马提尼翁府，由于有“无双议会”的支持，政府得以轻易地实施自己的计划，这是与仍然有效的第五共和国宪法的精神相去最远的一次；随着任期逐渐接近终点，病情日益加重的密特朗以越来越低调的态度继续行使着总统的权力。由于 1995 年总统大选日益临近和不断来自职业行会和街头的抗议，雄心勃勃的巴拉迪尔一心想要当上共和国总统，他明显放缓了改革创新的步伐。确切地说，巴拉迪尔主要面对的是 1993 年 10 月 18 日至 29 日罢工的法国航空公司的员工，他们对造成大量解雇的公司重组计划痛恨不已，在此期间组织罢工的还有斯奈克玛（航空航天工业集团）、法国电信、巴黎公交总公司，法国国家铁路公司等公司的员工。另外，1994 年 1 月 16 日在巴黎，世俗学校（公立学校）的教师和学生家长组织了大规模的游行示威，使巴拉迪尔政府不得不撤销了在修改《法鲁法案》的基础上、对私立学校有利的教育改革计划。而巴拉迪尔政府 1994 年 2 月 23 日有关“职业融入合同”（根据这个合同，雇主可以向寻找第一份工作的年轻人支付低于最低跨行业增长工资的报酬）的政令，也因为年轻人的大规模的动员而夭折。巴拉迪尔的民意支持率曾在 1993 年 12 月达到了顶点（70％的法国人支持政府的行动），他当时可以毫不费力地得到议会多数派的支持，来落实他的施政计划中的一些要点（修改国籍法、改革社会保险制度、改变法兰西银行的章程、私有化、就业五年计划、军事计划、国土资源发展法等）。但到了1994年春季，他发现自己的“幸运星”迅速变得暗淡无光，民意调查的结果显示民众对政府的不满超过了满意度。丝毫没有得到缓解的失业问题，以及各种有损政府部长和右派议员的“事件”的发生，明显改变了民意天平的倾斜方向。巴拉迪尔对示威游行的一再退让，让他原来的支持者感到愤怒；而他与希拉克的总统竞选对手关系造成的右派阵营的分野，是他的政治前途迅速幻灭的另一个原因。

此时的左派仍然深陷人事矛盾和冲突中不能自拔。罗卡尔从1993年4月3日开始一直担任社会党第一书记，当时他通过与若斯潘结盟，成功排挤了法比尤斯，然而他在1994年6月12日举行的欧洲议会选举中遭到了失败：作为社会党推举的候选人名单中的头一名，他仅仅获得14.48%的支持率；而密特朗总统授意加入名单的贝尔纳·塔皮竟然赢得了12.05%的选票。1994年6月，亨利·埃马努埃利取代罗 1065
卡尔出任社会党第一书记，此时社会党的希望全部集中到了欧盟委员会主席雅克·德洛尔的身上。可惜，德洛尔在1994年12月宣布不参加总统选举，从此，任何人都不再怀疑1995年总统选举非右派莫属。最有希望的两个人，一个当然是总理巴拉迪尔，他首先是一个欧洲自由主义者和戴高乐—蓬皮杜主义者，得到吉斯卡尔主义者和中间派——自1965年以来，第一次不从自己的阵营中推举候选人——的高度评价，受到中左派权势集团，甚至与德洛尔亲近的社会党人的推崇；另一个是保卫共和联盟的领袖雅克·希拉克，希拉克夹在代表社会民主左派的若斯潘（若斯潘在1995年总统选举中异军突起，成为左派的领袖，他具有根深蒂固的社会党传统思想，他谦逊，品行端正，语言简单但充满真知灼见）和争取到多层次选票（从爱开玩笑的民族主义者夏尔·帕斯夸到为德洛尔退选失望的左派，还有蓬皮杜派的戴高乐主义者、吉斯卡尔主义者和中间派）的巴拉迪尔之间腹背受敌，但他巧妙地、富有职业水平地开展了积极的竞选宣传。作为已经成为公共和私人精英们的共识的欧洲自由主义的猛烈抨击者，希拉克通过保卫共和联盟，动员了一部分戴高乐主义者反对巴拉迪尔，勾引了那些对密特朗主义感到失望的左派人物，通过一篇鼓励创业和反对“大学校”的专家官僚的演讲，吸引了自由职业者和小老板们，他还唤醒了人们对他在蓬皮杜总统时期担任农业部长时的良好政绩的记忆，另外他还通过揭露“社会裂痕”赢得了一部分年轻人和劳动者的信任。尽管民意调查的结果始终对希拉克不利，直到投票前夜他仍落后于巴拉迪尔，而且他一直遭到 Canal＋电视台的《木偶新闻》节目的编导们的粗暴对待，始终受到一些媒体（如深受巴拉迪尔诱惑的《世界报》和法国电视 2 台等）的抨击，此外还有很多政治观察家都认为他会以较大的劣势被淘汰。然而，锲而不舍而且精明的希拉克，迸发出所有人始料未及的活力。在总统选举第一轮投票中，尽管落后于若斯潘，但是希拉克超越了自己“三十多年的老朋友”巴拉迪尔；而若斯潘令人大跌眼镜地占据了领先的位置，因为投票前民意调查和观察家都认为他肯定会在第一轮就被淘汰。1995 年 4 月 23 日第一轮的投票结果如下：若斯潘赢得 23.3％的选票，希拉克得 20.84％，巴拉迪尔得 18.58％，勒庞得 15％，罗贝尔·于得 8.64％，多米尼克·瓦内得 3.3％。5 月 7 日第二轮投票，希拉克以 52.6％比 47.4％击败若斯潘，当选为法国总统。尽管与总统宝座失之交臂，但若斯潘使社会党从密特朗长达 14 年的统治下走了出来，在距离 1993 年的崩溃仅仅两年之后就避免了颜面尽失的结局，社会党从此可以乐观地畅想未来，这曾一度是社会党内最坚定的斗士们都不敢想象的结果。

如愿进驻爱丽舍宫，又坐拥优势极大的议会多数地位（希拉克拒绝解散国民议会，标志着总统选举和立法选举从此脱离关联），希拉克邀请自己的挚友阿兰·朱佩入主马提尼翁府，再次实现了行政权力顶峰的“同谋”两头政治，而不是按照戴高乐的传统将全力集中到爱丽舍宫。但是，由于新总理口才欠佳的技术官僚的风格（专横而不善于协商）；由于总统本人更喜欢处理敏感的问题，比如社会保险却又不多考虑职业行会的态度；由于实际政策与总统竞选时的口号的不一致；由于总统坚持对一些“事件”（有些还与他有关）进行调查；还由于经济形势的持续恶化，以及由此必然而来的失业率上升，多数派和新总统的口碑很快就被毁掉，1995 年 12 月的大罢工和支持率的显著下降充分显示了这一点。另外，总统大选还造成了右派的分化，比如右派内部在对国民阵线的态度上出现了重大的分歧。意识到政治局面只会越来越糟糕（不仅那些沸沸扬扬的“事件”，尤其是涉及到了巴黎市政府的传闻令人忧虑；经济形势及其对预算产生的后果也不容乐 1066
观），总统希拉克和总理朱佩这对行政权力的搭档决定将立法选举的时间提前，遂解散了国民议会。鉴于 1995 年总统选举时的明显优势，似乎右派在这次立法选举中稳操胜券。但这种预测显然过于乐观，一些重要的因素被忽略了。首先是左派的社会党、绿党和共产党出人意料地团结了起来，在若斯潘的领导下组成了“多元左派”联盟，若斯潘就此确立了自己作为国家领导人的地位，尽管一些社会党人、一部分媒体和权势集团，由于深受 Canal＋电视台《木偶新闻》栏目的《是的，是的，给国家出主意》节目——该节目已成为政治分析和国家领导人民意支持率的重要参考——的影响，对若斯潘还持有很深的怀疑。其次是一心想要给总统希拉克和议会多数派一些颜色看看的国民阵线，因为希拉克不屑与国民阵线的领袖勒庞有任何合作和交流，议会多数派则断然拒绝了国民阵线提出的有条件结盟或放弃部分权利的好意，国民阵线怀恨在心。由于法国人民一旦发现有可能一元政治的威胁就会进行“选举换台”的规律，“多元左派”在 1997 年 6 月 1 日的选举第一轮中以 42.25％的支持率战胜了右派，右派获得 35.78％的选票，国民阵线赢得 15.24％。在第二轮投票中，左派凭借 48.28％的选票获得了 310 个席位，右派以 46.02％的支持率赢得 237 个席位，而获得 3.82％选票的国民阵线也得到 1 个席位。

若斯潘理所当然地成为了马提尼翁府的主人，左右共治再次上演。这次左右共治距离总统选举时间最近，只有 2 年，而不是以前的 5 年。尽管若斯潘和左派取得了立法选举的胜利。但是任何人也不会去梦想或请求总统希拉克因此辞职，希拉克本人也觉得在这种情况下继续留在爱丽舍宫是很自然的事情。法国的共和国已经发生了潜移默化的改变。左右共治、“选举换台”、权力的平衡和分立从此成为法国政治的规则，这些规则是法国人经过一次次选举，通过手中的一张张选票做出的选择。在这次政治洗牌一年之后，超过 70％的法国人仍然赞同左右共治，而且代表着这次左右共治的希拉克和若斯潘的民众支持率都在不断攀升。这不仅取决于选民们的意愿，而且也得益于行政权力内部职能的明确分工和鲜有冲突，以及政府与总理若斯潘严谨的工作作风，另外还有经济形势出人意料的好转，1998 年法国经济实现了 3％的增长，失业率也相应地出现了下降。

除了利用税收的增加和谨慎管理预算和赤字（不过并没有对公共开支进行必要的减少来改善行政生产率，将富余的政府人员向一些敏感部门转移），遵守马斯特里赫特条约走上欧洲统一货币（欧元）的道路，政府还通过多种政策让选民们感到满意，包括 35 小时工作制、“年轻人就业计划”，对国籍法的复审、移民法、反排斥法和对法国航空公司私有化案的否决等。市场和工商业对政府的政策也没有太多不满，他们主要关注的是政府，尤其是多米尼克·斯特劳斯－卡恩领导的财政部，是否履行有关欧洲建设的承诺和妥善地管理经济。总的来说，社会舆论比较认可政府进行温和改革的计划，和首先通过对话和协商来处理从上层突如其来的决定的工作方式。

尽管“多元左派”内部始终有着这样那样的纷争，但右派则完全陷入了混乱之中。由于不能在对国民阵线的态度上达成一致，无法解决内部的人事纠纷，也一直未能形成一个共同的计划，并找到一个各方都能接受的领导人，右派在思想、党派、运动和小团体的无序状态之中无法自拔，严重侵蚀了法兰西民主联盟，保卫共和联盟也呈现四分五裂的态势：有对总统希拉克无条件服从者，有怀念巴拉迪尔的人，有新主席塞甘的信徒，还有帕斯夸的朋友。除非能够解决极右派问题，并重新团结到希拉克周围组成一个包括多种思想的统一政党，否则至少在短时间内，看不出右派能够重新找到“左右交替”的道路的可能
1067 性。另外，极右派对传统右派造成了很大的影响和深刻的干扰，这一点在 1998 年 3 月的大区选举中清楚地表现了出来。在这次大区选举中，左派的支持率略有升高，赢得了几个大区，包括巴黎和普罗旺斯－阿尔卑斯－天蓝海岸地区。同时进行的省级选举也反映出法国的

政治版图正在向对左派有利的方向重新平衡，实际上，左派从 1982 年地方分权以来，在地方选举中一直在节节败退，先后失去了很多重要的地方。大区选举中最让社会舆论错愕的是，右派在与国民阵线联盟的情况下，才得以保留庇卡底、勃艮第、罗讷-阿尔卑斯、朗格多克-鲁西永等4 个大区的议会主席职位，这进一步导致了右派，尤其是法兰西民主联盟的分裂——自由民主党即从前的共和党分裂；夏尔·米庸创立新的党派“右派党”，总统希拉克则明确地表达了反对与国民阵线联盟的立场。

不过，政治时有不测风云，左派的成功和右派的削弱因为形势的突然恶化而出现了逆转。首先在经济方面，1998 年开始的大好形势在 2001 年春季就可能迎来了危机的回归。在还有一年就要大选的时候，失业率停止下降，随后政府出台的一系列“社会计划”也未能阻止失业率的重新上升。社会保险账户和政府预算严重依赖的经济增长也开始走弱，巨额赤字再次出现。1974 年以来，总是随着失业率和公共赤字反向浮动的政府的民意支持率，此时出现了猛烈的下行，使若斯潘政府自 1997 年以来第一次面临困境。此外还有政治方面的扭转。在左派选民看来，很多政府推动的改革（如公民结合契约、男女均等、医疗统保等）其实只有很少一部分人能够从中受益，而他们赞成的 35 小时工作制，并没有按照公平的原则得到执行，因为与工人和服务业劳动者相比，干部和公务员从中获益更多，而且 35 小时工作制并不总是能体现效率，很多公共服务部门例如医院的工作节奏被打乱，家庭管理也变得复杂起来。另外，若斯潘似乎忽视了那些最贫困人口的需要，他在处理有关达能公司和米其林公司的案例时辩解说，全球化的自由主义使他在失业率上升的情况下无力保护最贫困人口。在城市郊区的违法犯罪行为激增的情况下，若斯潘推行的“无罪推定”原则使政府无法采取严厉的措施加以整肃，不仅激怒了普通民众，也让中产阶级深感不安。另外“多元左派”的内部团结也出现了问题（这是第三次翻转），并且内部的分歧因为总统大选临近越来越大，让-皮埃尔·舍韦内芒因为科西嘉问题与若斯潘闹翻；绿党出现了内讧，同在政府任职的对立的绿党成员居然对外竞相许愿，寻求支持；左派激进党则遭到漠视，并因这种孤立而倍感受伤；处在衰退道路上的共产党，则通过向其他左派慷慨许愿，希望能够实现自我的救赎。

尽管如此，右派的严重分化、希拉克面临的窘境（他因对巴黎市政府的管理问题饱受法官、媒体和一部分左派人士如阿尔诺·蒙特布尔的纠缠），以及极右派的顽固不化，似乎都预示着若斯潘能够在 2002 年 4 月至 5 月举行的总统大选中获胜。为了确保获胜，若斯潘还改变了选举的顺序，将总统大选放在了立法选举之前，因为他确信这样对左派有利。

前文中提到的一些障碍和若斯潘笨拙的竞选策略（希拉克则始终是这方面的高手），尤其是左派候选人的严重分化（共有 16 人），共
1068 同引发了 2002 年 4 月 21 日的政治地震。在第一轮投票当天夜里，统计显示有 28.46％的选民选择了弃权（1995 年和 1988 年分别为 21.6％和 18.62％），还有 2.6％的空白票和废票，排在首位的是希拉克，紧随其后的居然是勒庞，他获得了有效投票中的 17.19％，以 20 万票的优势将排在第三位的若斯潘淘汰，与希拉克一起获得了参加第二轮投票的资格。从 1969 年蓬皮杜和阿兰·波埃在第二轮对决以来，第一次出现非左右两派竞争的第二轮投票。更严重的是：若斯潘和希拉克两个人的支持率加起来，才占到全部有效选票的 36.7％，而极右派和极左派共占到 30.12％，其中和布鲁诺·梅格雷代表的极右派赢得 19.57％，奥利维耶·贝桑舍诺和阿尔莱特·拉吉埃代表的极左派获得 10.62％；弃权的人大约占到了全体选民的三分之一；若斯潘在总统大选失败当晚宣布放弃政治生涯；此前多次宣布引退的勒庞的支持率却创了新高。在第二轮投票中，大量左派选民和很多在第一轮投弃权票的人被动员了起来，他们把票投给了希拉克，使他以压倒性优势的 82.15％的支持率大败勒庞。希拉克一下子实现了自戴高乐以来所有右派领导人的共同梦想，把整个右派都团结到了“总统多数联盟”（即后来的“人民运动联盟”）之中，只有支持弗朗索瓦·贝鲁的法兰西民主联盟残余除外。在 6 月 9 日和 16 日举行的立法选举中，人民运动

联盟赢得了国民议会400个席位，然后高姿态地接受来自法兰西民主联盟的雅克·巴罗担任人民运动联盟主席，和一个归附人民运动联盟的中间派人士拉法兰担任国家总理。至于左派，由于法国共产党的衰退、绿党的分裂、舍韦内芒的脱离，以及若斯潘引退造成的权力真空，此时没有任何空间可以和拥有了空前的所有的权力的右派相抗衡。

民主的演变

经过四分之一世纪的时间，法国的政治生活远离了1958年至1962年之间戴高乐将军在特殊形势下确立的特殊政体的海岸线，接近了其他欧洲国家的民主标准，即权力的平衡与分立，以及在中央政府和地方当局之间的权力交替和重新发牌。为了在民主标准的道路上走得更远，法国不管是否情愿还是接受了一些分立的和独立的权力，即媒体和司法。这在1970年代还没有存在。1980年代是主要的大众传媒电视进入多元化、竞争和信息自由的时代，尽管这种发展难免会出现冲突和滥用的情况。1982年有关视听（新闻传媒）的法案的颁布和新闻总署的设立是新闻自由的开端（这个自由在1984年因对电视二台总经理皮埃尔·德格劳普的解职和对让-克洛德·艾拜尔雷的继任委命而遭到严重破坏）。1986年，右派通过有关通讯的《雷奥塔尔法案》，设立了取代新闻总署的“通讯与自由全国委员会”，该委员会的显著特点就是对当局过于顺从：它任命的公共广播和电视台的负责人都与当局有着紧密的联系，这反映了政治“分赃制”的特点，即每次多数派的更替都会造成各个系统包括新闻媒体的国有公司的领导人出现走马灯似的变动。1988年，当左派再次成为多数派后，立即如法炮制，用“新闻媒体最高委员会”取代了“通讯与自由全国委员会”，这个新的委员会被赋予了调节新闻媒体行业、任命各公共新闻媒体主管的职能，而且左派还希望总统密特朗的亲信雅克·布代能够当选为该委员会主席。但“新闻媒体最高委员会”表现出较强的独立性，在1989年8月举行的该委员会主席选举中，与反对派走得很近的菲利普·纪尧姆作为“黑马”当选，这是左派不愿意看到的结果，但实际上这个结果应

该归咎于左派自身，因为左派未能推选出一位共同的候选人，这造成
1069 了该委员会内左派委员选票的过度分散。这件事情反映出控制新闻媒体的做法是法国根深蒂固的政治习俗，不论左派还是右派都是如此。左派当局不停地给“新闻媒体最高委员会”的当选主席菲利普·纪尧姆制造麻烦，拒绝给他提供经费，最终迫使他主动辞职。取而代之担任委员会主席的是密特朗的亲信埃尔维·布尔日，他上任伊始即获得了大笔额外的公共资金。在第二次左右共治出现后，总统密特朗和总理巴拉迪尔经过妥协，共同提名了与左右两派都有着良好关系的、声誉良好的专业人士让-皮埃尔·艾勒卡巴什担任该委员会主席。不过，由于在1996年与媒体主持人和制片人达成了超过权限的协议激起了强烈的社会风波，艾勒卡巴什也不得不离职。他的继任者克萨威尔·古尤-博尚从前是吉斯卡尔·德斯坦的亲信，现在则成为左右两派都能接受的人选。总的来说，不论是电视还是广播，“新闻媒体最高委员会”都未能完全切断行政当局和作为公共服务部门的媒体之间的“脐带”。尽管这种政治亲近关系使当局感到踏实，而且可以给当权者的朋友们提供工作岗位，但政府对新闻本身的实际控制却已经不复存在了。这并不是因为当局主动放弃对新闻的控制，而且当政者始终都认为对媒体进行必要的控制有利于他们的政策和选举（尽管事实一再证明效果完全相反），主要还是因为记者和公共新闻媒体已经拥有了自主权和对自由的强烈意识，他们因此能够面对权力以及直接的和间接的政治压力，在事实上始终保持较高的独立性。此时哪怕是与当局者非常亲近的媒体主管都不可能干涉或影响新闻的编辑，可以说公共新闻媒体的信息是自由的，这在1980年代之前完全是不可能的。同时在私有媒体方面，尽管依赖公共订货的企业集团始终有着利用所属关系，通过旗下媒体的影响力影响当权者决策的欲望，但记者们的独立意愿和竞争的需要，使这种控制几乎可以忽略不计。于是再也没有了“来自家中的流毒”、“主人的声音”和“法兰西的声音”，除了极为罕见的情况，从此视听信息被彻底解放，不再从属于政治权力，文字媒体也一样。在新闻媒体在1980年代末获得解放的同时，法官们也表达了

完全独立于政治权力的愿望。第三种权力在法国前几届共和国从来都没有真正地独立存在过，第五共和国最初也不例外——第五共和国的宪法中的第八条也只是提到了“司法当局”，最明显的体现是司法部长与法官的职位之间的等级监管关系，以及司法部对私人案件行使干预权以加快或减缓审案进程的习惯。实际上，法官们从1970年代就开始向上级主管们表达自己的不满，但是只有等到1980年代末各种“丑闻事件”——从司法部长克里斯蒂安·努西被牵涉其中的“发展路口”[①]资金挪用事件，到1989年1月很多当局的亲信都被指控犯有“知情罪”的贝西奈公司案件的大规模爆发，法官们才真正得以放手行动，结束了政党接受秘密献金、议员和享有公共市场的公司之间进行影响力交易、以及政治家进行违法的个人致富活动——地方分权造就了财政宽松、道德削弱和具有更大行动自由的新环境，很多议员乘机浑水摸鱼。另外，为政党提供经费的企业的假发票事件、公共市场交易中的回扣行为，以及一些弄虚作假的报告和虚构的职位，在整个1990年代都是街头巷尾的热门话题。这些丑闻事件先后涉及到了各个政党，社会党、共产党、保卫共和联盟和法兰西民主联盟都未能幸免，有些事件是自行败露，有些则是由于本党议员的揭发，拥有媒体支持的法官们利用手中的自由权力，及时核实并迅速将真相公布于众，这 1070
不仅使政府陷入窘境，而且避免了政府的阻挠，因为此前政府习惯于干预案件的审理，经常破坏预审的秘密，泄露了案情的进展。于是一次大规模“净手”行动在法国展开，尽管远没有意大利的行动那么“野蛮”，但是取得了相近的结果，整个政治阶层都受到了深刻的震动。按照新术语，首先被指控，然后接受审查，从时任国民议会主席的亨利·埃马努埃利（1992年9月14日），到1995年到1997年担任总理的来自保卫共和联盟的阿兰·朱佩（1998年8月21日），从共产党的罗贝尔·于到中间派的皮埃尔·梅埃尼耶里，很多政治家都接受

① 即 Carrefour du développement，成立于1983年，是执行密特朗总统“第三世界主义”的专门机构，专职经营法国对第三世界，主要是非洲国家的财政援助，也经管一些特需款项的处理。

了这种考验；甚至还有些人在诉讼后遭到了监禁，包括米歇尔·努瓦尔、阿兰·卡里尼庸和贝尔纳·塔皮，另外还有些人被迫辞去了部长职务，包括吉拉尔·隆盖和米歇尔·鲁辛（不过有些人保住了职位，比如宪法委员会主席罗朗·迪马）；还有一些名气稍小的议员，其中很多都是政治负责人或企业老板，他们也被迫接受媒体和司法机关构成的新权力的“过堂”审查。至于政府的财政审判机构（最高审计法院和地方审计局），它们也不遗余力地清查腐败行为：对蒂埃里·让-皮埃尔、勒诺·范·吕安贝克、艾里克·阿尔方、帕特里克·德穆尔、爱娃·朱丽、米莱伊·菲利皮尼、洛朗斯·威什尼耶夫斯基，以及其他一些人的长期审查贯穿了法国的政治生活。在法兰西共和国的历史上，与法官的对抗从来都没有达到此时的高度；慢慢地，政治领袖们逐渐意识到明确法官独立地位的必要性，不过他们也努力预防出现“法官政府”的风险。社会舆论和媒体则对反腐败和权力再平衡的重要性更加关注。1998 年，总理若斯潘和司法部长伊丽莎白·吉古亲口承诺，政府再也不会介入个人的案件，政府还向议会递交了一个提案，确定任何对司法的僭越行为都是违法的，该提案还赋予了法官独立的地位和相关的责任，并对法官的任命模式进行了修改——新法官的任命必须得到最高司法委员会的同意，则该委员会将得到扩大，其中非司法体系人士必须超过半数。这样，法官的独立地位得到了确立，但与政府的联系并没有切断，政府始终是刑法政策的主导者，这样就保留了扩大针对法官们的纪律惩罚的可能性，起到了限制法官权力的作用。1998 年秋季，政府向议会提交了一个新的法律提案，该法案的目标主要是确保无罪推定的原则，加强对预审的保密，限制临时羁押。所有这些有关司法的提案在 1999 年获得议会投票通过。

与此同时，整个立法系统的“武器库的火力”都发挥了出来，政党接受秘密献金从此变得非常困难，竞选支出因此得以减少，对违法者的惩罚措施得到了加强。第一个法案在 1988 年 3 月 11 日经投票通过，很快就有第二个法案需要得到认可，1990 年 1 月 15 日，有关政党和选举经费的法案经投票通过。按照该法案的规定，1989 年 6 月 15

日以前政党领导人在这个方面的违规行为可以得到赦免（通过违规中饱私囊的人和主动或被动贪污的公务员除外）。该法案确定政治献金（给同一个法人的献金必须低于50万法郎）和竞选经费的上限，违规行为将视情节严重被处于最高为剥夺选举资格的惩罚。但是，这个颇具创新精神的法案，由于有关赦免的第18条的存在，未能让社会舆论感到信服，国民议会因此不得不重新进行立法，1992年1月24日通过的新法案规定违规议员必须缴纳不超过4.3万法郎的赔偿金，并补交税款；1993年1月29日的法案则就预防腐败、增加经济生活和公 1071
共程序的透明度做出了新的规定，进一步改革了政党和竞选经费管理制度，并强迫各政党公开提供了献金的企业的名单。根据1990年1月15日法案，“竞选账户和政治筹款全国委员会”成立，负责对每个候选人的材料进行严格审查，监督其账户是否符合法规、所得献金是否符合有关上限的规定，以及从1993年立法选举开始执行宪法委员会做出的“选举资格作废”的裁决，最著名的例子是前文化部长杰克·朗。另外，根据1990年1月15日法案，政府在1993年第一次向各政党进行了公共资金分配（共计5.8亿法郎）。1995年1月19日还通过了一个新的法案，禁止法人向政党和候选人提供献金、实物或服务。

于是，在最近这十来个年头里，法国都经历了真正的媒体和司法的改革风暴，产生了两种新的独立的权力，行政和立法权力从此必须正视它们的存在。制定法律和实施法律的人从此不能凌驾于法律之上，政党从此只能节俭和透明地获得和使用经费，而议员和公务员们不再能利用他们的身份通过损害纳税人利益的方式发财，这些都是极好的民主规则。法国赋予了自己一个民主的参照标准（尽管这个标准的建立方式非常生硬，而且还出现了很多法官和媒体滥用权力的情况），这个标准是法国拥有了更健康的民主的标志，也使法国远离了“表面民主，实际被权势集团控制”的共和国模式，真正成为一个法制的国家。现在只剩下政治阶层（在法国这样一个反议会制的国家，政治家传统上是经常遭到讥讽的一群人），必须重新赢得公民们的信任和尊重，而公民们的政治行为和对现行政治制度的期待，在这四分之一世纪的时间也发生了深刻的变化。

政治的重新发牌

不论对左派，还是对右派而言，第五共和国的政治局面经过过去的两个十年都发生了天翻地覆的改变。第五共和国最初的特点是：共产党控制左派，右派集中在至高无上的戴高乐主义者周围，极右派则无足轻重，它因为种族主义的流毒、1930 年代的排外行为，以及在维希政府扮演的不光彩的角色而遭到社会各界的唾弃。然而，从 1975 年至 1998 年，法国的政治版图在剧烈的震荡中完全改观。在左派方面，解放时民意支持率曾高达 30%的共产党，在 1978 年的立法选举中下降到 20.6%，在 1990 年代末停滞在 8%至 10%之间。在 1981 年总统选举（法国共产党的候选人乔治·马歇只获得 15.4%的支持率）和随后举行的立法选举（法国共产党赢得 16.12%的选票）中被严重动摇的法国共产党，在 1986 年 3 月举行的立法选举中进一步下滑到了 9.78%，虽然在 1988 年 6 月的立法选举中有所回升（11.31%），但在 1993 年的立法选举中继续跌至 9.35%，1997 年的选举结果也与此相仿。由于一直在对抗的战略和团结社会党的战术之间犹豫不决，法国共产党始终无法对自身的结构和人员——坚持民主中间派路线，乔治·马歇长期领导——进行更新，在 1979 年苏联入侵阿富汗和 1981 年波兰雅鲁泽尔斯基将军政变时又缺乏断然与苏联保持距离的魄力，指导思想更是在通过工会运动的形式改造社会和在与资本主义决裂的基础上改变社会之间左右摇摆，因此在 1989 年柏林墙倒塌和 1991 年苏联解体之前，法国共产党就已经基本丧失了 1945 年以来建立起来的威信。尽管参加了从 1997 年开始执政的“多元左派”，在该政府拥有多名部长，而且现在的领袖罗贝尔·于的领导风格与乔治·马歇截然相反，法国共产党还是没有能够恢复从前的声誉，因为它错误地选择
1072 了一个明确界定敌友的战略，和定位于“总是更多”和“尾巴主义”之间的战术。共产党的衰退将左派的主导角色拱手让给了社会党。1970 年代时，共产党仍然坚定地奉行着“拔掉社会党这帮鸡鸭的毛”

（1950年代的习惯用语）的政策，不断抨击社会党，使密特朗的政党无法扩张和取得左派领导权，甚至千方百计阻碍密特朗赢得总统大选，然而密特朗不仅成功地在第一时间就逆转了强弱关系（在1978年3月的立法选举中，社会党联合左翼激进党赢得了24.9％的选票；在1981年的总统选举中，密特朗的得票率达到26％；而在1981年的立法选举中，社会党的支持率更是攀升到了37.77％），还牢固确立了社会党作为左派唯一大党的地位（1986年的得票率为32.65％，1988年为37.54％），左派的联合政府都围绕着社会党组成。尽管在1990年代出现了低谷（1993年3月在立法选举中仅获得19.2％的选票），但若斯潘使社会党重新振作了起来（若斯潘在1995年总统选举中赢得23.3％的选票，社会党在1997年立法选举中的得票率为25.7％），而且还成功地以自己为中心组成了“多元左派”的联盟，社会党得以在因生态流派（绿党）的崛起而焕然一新的左派中继承担当中枢的角色。

绿党首次出现在政治版图上是在1978年，它在当年的立法选举中赢得了2.2％的选票。绿党通过奉行自主的战略（非左非右）一点一点赢得了自己的政治地位，在1993年立法选举中的支持率高达7.6％，但其内部的分化在逐渐加剧，原因是一部分人追求运动的自由，而另一部分人则倾向于明确绿党的政治根基。1993年的立法选举结果其实令绿党深感失望，因为选举之前的民意调查显示绿党支持率高达15％，于是一心想要进入政府的绿党被迫将一部分人的想法转化为行动，加入了左派联盟。这个锚定左派的选择是以多米尼克·瓦内为中心的绿党多数派做出的决定，这个决定不仅使绿党能够进入政府（实际上，布里斯·拉隆德在罗卡尔政府就出任过部长），而且可以真正地参与政治游戏，不仅对所有国家的、欧洲的和国际的文件产生影响，还可以使本党有限的选举成绩（1997年5月仅获得3.68％的选票）具有更大的价值。1968年5月学生运动的领导人达尼埃尔·科恩—邦迪出现在绿党参加1999年欧洲议会选举的候选人名单的首位，明确地将绿党置于了与共产党对抗的位置之上。

左派从此团结到了社会党主导的“多元”联盟之中，一些社会党的异端分子如创立“公民运动”的内政部长让-皮埃尔·舍韦内芒也加入了其中。另外左派联盟还包括了从 1980 年起就长期由致力于工人斗争的阿尔莱特·拉吉埃领导的极左派，不过该党派正致力于革新自己的主旨和人员，希望能够重新团结各个分裂出去的支派，并在政府的辩论和计划中，尤其是有关移民、社会排斥和道德风俗问题上，体现自己的分量。

左派的深刻变化可以概括为，社会党的领导权和组织的多元化取代了共产党的优势地位和社会党与共产党的对决。与左派相比，右派的巨变甚至更加令人眼花缭乱。首先极右派在 1970 年代初开始以一种令人难以置信的速度强势上升，它在选举中的重要性和对传统右派的组成产生的意识形态的影响在整个欧洲都是绝无仅有的。其领袖勒庞在 1956 年曾是一名布热德分子，在戴高乐时期则坚定地维护“法国的阿尔及利亚”，他在 1983 年市政选举中开始崭露头角，并从此不断攫取到更多的选举资源，使议会的右派联盟失去了稳定性。从 1986 年立法选举中 9.65%的得票率到 1997 年立法选举中的 15.24%，从勒庞在 1988 年总统大选中 14.4%的支持率到 1995 年总统大选的 15%，极右派的国民阵线已经牢固确立自己作为社会不满情绪代言人的地位，它争取到了一部分法国共产党的选民，从而在议会夺得了一些从前属于法国共产党的话语权。民族阵线实际上凝结了那些受到移民、城市危机、失业、不安全、欧洲建设、全球化、传统道德沦丧、腐败和金钱
1073 至上社会风气影响的法国人心中的挫败感、恐慌和痛苦，这些人要么投票支持国民阵线，要么非常赞成它的一些主张。左派从一开始就很清楚国民阵线的与众不同，不仅积极揭露了国民阵线种族主义和排外主义的本质，还猛烈抨击了国民阵线的建议中存在的布热德主义的幻想。但是左派未能正视社会新问题的不同表现形式，在打击国民阵线方面始终是言语多于行动。至于右派，在 1970 年末面对安全问题时也不得不对国民阵线做出让步（比如 1979 年司法部长阿兰·佩雷菲特提交的“安全与自由”法案），而且还在讲话与行动中，大量借用国民

阵线传播的意识形态的内容，而且右派即使在掌握了权力的时候（从1986年至1988年，从1993年至1997年），在反对勒庞的社会和经济主张方面，做的一点也不比左派更多。左派和右派就像是两个学习巫术的新手，自以为可以将国民阵线玩弄于股掌之间，并达到损害对手的目的，但总的来说两派的企图都告失败，而且还完全失去了对“游戏”的控制。比如1990年代末的选举中，由于在国民阵线内部，其创立者勒庞与其总代表布鲁诺·梅格雷之间的对立越来越大，保卫共和联盟和法兰西民主联盟认为可以“渔翁得利”，但结果国民阵线高达15％的支持率给右派造成了相对更大的麻烦。

对右派来说，这一时期的第二个重要事件是：分化、竞争和分裂。自1958年戴高乐党取得了法国政坛的霸权后，右派在1981年因内部分化失去了权力。这次失败并没有带来右派的重组，尽管法兰西民主联盟和保卫共和联盟这两个主要的右派政党在随后的选举中再次联合了起来，但两党在选举后始终不能解决之间的政治分歧（一个更加强调国家干预主义和民族主义；另一个则更加注重自由主义，更加支持欧盟计划）和人事纠纷（一方是希拉克，另一方是雷蒙·巴尔，或吉斯卡尔·德斯坦）。这导致了两党在1988年总统选举和立法选举中接连遭到失败，因为两党在选举中都未能表现出更大的活力，每次都只获得了大约20％的支持率。1993年和1995年的选举结果稍好，但这些昙花一现的胜利，为右派带来了与1981年和1988年的失败同样难以愈合的伤口。1997年的失败终于导致右派发生了第五共和国成立以来前所未有的分裂。保卫共和联盟从此由菲利普·塞甘领导，该党尽管保持了统一，但内部派系林立，巴拉迪尔、希拉克、塞甘和雷奥塔尔都有各自坚定的支持者。法兰西民主联盟则分崩离析。1997年选举失败后，塞甘和雷奥塔尔为了拉近保卫共和联盟和法兰西民主联盟，设计了将各个右派政党和运动团结起来组成议会右派的“右派联盟”的形式，但是未能如愿，因为右派政党因不同的战略选择严重分化，因对法国人民的不同导向互相攻击，因人事纠纷激烈争吵，已经成为一盘散沙，既找不到统一的组织原则，也形成不了公共的行动纲领，甚至迟迟无法确定一位共同的不容置疑的领袖，于是右派无法正常地扮演议会首要反对派的角色，只能眼睁睁地看着占少数的多元左派管理国家，听任国民阵线继续不断地挖墙脚而又无可奈何。

与左派在 1958 年至 1971 年之间的经历很相似，这一次右派出现的严重的结构破坏，导致了一场严重的民主危机，很多事情都可以证明这个结论。由于各种丑闻事件的发生，以及从 1976 年以来的历任政府都未能解决失业和社会排斥等问题，加上媒体将政治家如同“阿特柔斯兄弟”一样血腥的斗争完全展现了出来，政治阶层的声誉一落千丈，这就是弃权率在各种选举中不断攀升——1988 年省级选举为 50.9%；1988 年有关新喀里多尼亚问题的全民公决为 62%；1989 年市政选举为 27.6%；1989 年 6 月的欧洲议会选举为 51.9%；1993 年立法选举为 28%；1994 年欧洲议会选举为 47%；1997 年立法选举第
1074 一轮为 32%，第二轮为 28.87%；1998 年 3 月的大区选举为 41.96%，和非传统主流政党的各党派在各种选举中支持率激增的原因，这些党派不仅包括国民阵线，还有生态主义的绿党和左派激进党，以及从左派和右派分裂出去的团体，比如原右派人物菲利普·德·维利耶领导的“保卫法兰西运动”。由此造成了非常严重的选票分流现象，比如在 1995 年的总统选举第一轮投票中，多达 38% 的选民将票投给了希拉克、若斯潘、巴拉迪尔和罗贝尔·于之外的候选人。这种现象被很多法国政治生活的观察家称为“找不到的人民”“民主的幻灭”“病态的民主”或“意大利式的危机”，这些分析尽管不乏中肯之处，但基本上属于片面之言。

法国人对政治的狂热结束之后，选举的得失也变得不太重要了。现在参加投票，再也不是为了支持或反对社会制度的转变、混乱局面的改变，以及肯定或否定社会主义或自由主义的一切，与现在相比，从前选举的动员效果真是令人叹为观止。在左右交替反复出现和政府实行温和政策的时期，仍然期望民众踊跃地参加投票已变得不太现实了。另外，法国现在倾向于选举的多层次化（国家、大区、省级、市政）和任期年限的多样化（5 年制、6 年制、7 年制、每 3 年更换一部

分的9年制），这使得选举活动过于频繁，即便是最具参与意识的“好”公民也会望而止步。另外法国的政治家们始终没有能力赋予欧洲选举——我们将在以后有关法国的国际政策的部分讨论这个问题——相应的意义和框架，使欧洲选举不能对公众产生足够的吸引力。另外，在我们去除了“史诗般”的激情的民主当中，人民拥有很多投票以外的方法，都可以达到表达自己思想，并让别人听明白的目的，这些方法除了无法造成改变多数派的地位，对领导人的行为和决策的影响力一点也不小。社会舆论可以在第一时间反映出来，即便不能总是让领导人完全领会人民的心声，但至少可以让领导人听到人民的呼声，法国的政治生活因此变成了一个长久的政治集会。持续的民意调查、反复的征求意见、各司其职的委员会、反复修改的研究报告和各种广播电视互动节目（比如《电话铃响，听众有话要讲》节目等），使公民们拥有了一个巨大的“武器库”，另外还有互联网已经成为新的对抗论坛，为民众提供了一个表达自己意见的平台。将选举视为表达自己信念和影响决策的唯一方式的时代早已远去了。如今，投票只能是多种方式之一，仅此而已。那些政治表达的新模式不仅仅是民主的现代形式，而且是分析法国的政治体系是否健康时必须的工具。对民主新载体的热爱证实了法国人的民主表达具有多样性和活力的传统，法国的国家行政结构也证明了这一点：法国有36690个市镇和相同数量的行政机关，这是欧盟国家中独一无二的；法国的地方议员的总数量同样惊人，共有55万个，即每106个居民就有1个议员，这个比例是意大利的4倍，英国的25倍。

我们看到的不是一场民主危机，而是政治表达方式的演变，而妇女突然大量涌入政坛仅仅是改变了这场演变的进程。妇女从1944年开始拥有选举权，从1970年代中期开始，参加投票的妇女数量和男人一样多，从1986年开始，投票给左派的女人数量比男人更多，支持极右派和绿党的女人数量则比男人更少。因此，妇女们是在1970年代中期完全变成公民的，她们从那时起开始了自主的政治选择。但妇女的被选举权的发展则有所不同，尽管被选举权是和选举权同时通过1944年

4 月 21 的政令获得的。事实上，在妇女的被选举权方面，法国在全欧
1075 洲排名几乎垫底，仅仅强于希腊。在 1997 年的立法选举中，有 11％的女议员，这个比例与 1993 年（6％）相比可以视为一个小小的进步，而1993 年的比例甚至比 1946 年（7％）的时候还要低。在省级行政委员会中，女议员占 5％；在 1995 年的市政选举中，7.6％的当选市长为女性，女市政议员的比例则为 21％；1994 年，当选欧洲议会议员的法国人有 30％为女性。至于目前的政府，拥有 30％的女性，这是法国的最高记录；上一个记录是 1995 年 5 月的朱佩政府（28％），但那个政府只是昙花一现，经过 1995 年 11 月的改组，该政府中妇女的比例锐减到了 3％。可以看出，尽管妇女从政在最近几年取得了明显的进步，但政治生活始终是男人们的世袭领地。但我们也应该看到，1990 年代初开始的妇女参政运动，如今仍在持续，而且正通过有关“男女均等”大讨论而越来越受到关注，这次大讨论起源于一场开始于 1970 年代的演变。1975 年，当时的女国务秘书弗朗索瓦兹・吉鲁建议，建立女议员定额制，这个吉斯卡尔政府的发明规定妇女在市政议会中的定额为 15％；1980 年，主管家庭和妇女条件的总理助理莫尼克・佩勒提耶决定将该定额提高至 20％；这个政策在 1981 年得到继承和放大，时任妇女权利部长的伊维特・鲁迪和国民议会女议员吉塞尔・阿利米将定额提高到了 25％。但是这个在议会获得通过的法案，被宪法委员会否决，理由是这个法案曲解了平等的原则。妇女参政的问题在 1980 年代没有取得任何具体的进展，只有当定额的问题逐渐转化为对“男女均等”的诉求后，才出现了转机。“男女均等”最初只是一些小型团体或讨论会的秘密话题，该主题直到 1992 年由于弗朗索瓦兹・加斯帕尔、克洛德・塞尔旺-施莱贝尔、安娜・勒加尔合著的《自由、平等、均等》一书的出版才开始为公众所知；同年 11 月 2 日至 3 日，埃迪特・克勒松和西蒙娜・维尔在希腊雅典签署了一份欧洲文件，该文件宣布：“民主要求每个民族的代表和行政中都必须实现男女均等”。“男女均等”运动就此开始，各种社团和宣言不断出现，媒体也做出了响应。1994 年 6 月，在参加欧洲议会选举时，“工人斗

争”、共产党、“公民运动”、社会党和绿党5个政党提交的候选人名单体现了“男女均等”。在1995年总统选举的选战过程中，“男女均等”问题成了候选人们倡导的主题之一，每个候选人都做出了有关的建议和承诺。当选总统后，希拉克立即敦促总理朱佩增加妇女在政府中的比例，并于1995年10月18日成立了“男女均等”观察委员会，负责向公共决策者就该领域的法令法规改革做出解释。同12月，吉塞尔·阿利米将政治生活中男女均等委员会的报告上交给了总理朱佩，建议通过修改宪法来确定定额或均等原则。1996年，有关男女均等这个政治生活崭新话题的辩论，不仅在政治家、宪法学家、新闻编辑中间，也在妇女自身当中引发了激烈的论战。1996年6月6日，新闻周刊《快报》刊登了一篇有关“男女均等”的宣言，10个联名签署人的声望使该宣言的轰动效果得到了保障，她们是米歇尔·巴尔扎什、弗雷德里克·布勒丹、埃迪特·克勒松、埃莱娜·吉瑟罗、卡特琳娜·拉吕米埃尔、维罗尼克·奈伊埃尔兹、莫尼克·佩勒提耶、伊维特·鲁迪、卡特琳娜·塔斯卡和西蒙娜·维尔。不久之后的9月21日，社会党宣布该党参加下一届立法选举的候选人名单中妇女将占到三分之一。1997年6月19日，获得立法选举胜利的若斯潘在国民议会宣读总体施政纲领时，强调“将对宪法进行修改，把实现男女均等的目标列入其中”。1998年春季，遵循这个设想的立法计划得到了部长会议的批准，共和国总统希拉克此前已经答应接受这个有关修改宪法的主张，尽管他明确表示自己其实并不太情愿这样做。在这个“男女均等”不断取得进展的时期，有关“任期累积”的制度也发生了很大的变化，
1985年12月30日的法案对缩减任期累积做出了规定，1999年开始实 1076
行的新法案进一步对任期积累做出了缩减（缩减任期积累会导致政界人员的更新和多样化，有利于妇女承担更多的责任），由此导致的变化的广度是可以想象的。

总之，法国的政治生活在这四分之一世纪的时间里发生了深刻的变革，戴高乐和蓬皮杜开启的时代已经结束。在第五共和国这个与第三和第四共和国有着很大差异的政治背景下，法国重新找回了与欧洲

邻国相似的更加传统的议会民主道路，但同时又体现出由自身历史和第五共和国宪法共同决定的特性。在法国这样一个有着更多“恺撒”传统而不是“自由”传统的国家，出现这种“正常化”最重要的原因并不是政治家的意愿，而是公民们的选择，这一“正常化”是 1975 年的法国和二十世纪末的法国之间的显著区别。比较而言，法国同一时期在国际领域发生的深刻变化，也毫不逊色。

三、法国与世界

夏尔·戴高乐在《战争回忆录》第一卷开篇这样写道：“法国迄今屹立于强国之列，其实不是靠自身的实力。法国不应该以这种方式成为‘强国’，而必须坚定地追求更高的目标，哪怕为此付出生命的代价。简而言之，我的意思是：法国如果不伟大，就不成其为法国。”1970 年代中期，法国的远大抱负丝毫没有改变。戴高乐将军在 1958 年开始的愿望，就是在国际上重建法国的伟大，而在国内法国总统应该成为这种伟大的“拱顶石”。根据第五共和国宪法，国家元首总统应该是民族独立和国土完整的保证。总统是军队的最高统帅，他的最高责任是在必要的时候甚至可以使用战略力量，来决定祖国及其人民的命运。这种“核武器君主制”，除了可以保证法国的安全，还应该能够确保法国的独立地位（不是中立地位，因为法国是北大西洋公约组织成员），正如密特朗所说：“在尊重维系我们与盟国关系的承诺的同时，还必须并且永远必须确保法国对当前各种国际事件拥有独自做出评价的能力，即做出决定的自由。而且，法国应该靠自己取得所有必不可少的条件”。

既然进行了这样的定位，“高卢雄鸡”的国际战略就只能是全球性的，其原则是在这个由东西方对抗主导的世界上，独立自主地作出决定。这个原则至今未变，尽管吉斯卡尔·德斯坦和密特朗都稍微进行了调整，但他们都以自己的方式保持了戴高乐确定的战略的延续性。毫无疑问，在法国雄心勃勃的对外战略蓝图中，相对于法国在国际事务中说话的真实分量，有相当一部分“幻想”的成分，但战略的意义正在于此。一直到 1989 年，尽管任务极为艰巨，甚至有些虚幻，但法国始终在尽自己最大的努力来达到目标。自从柏林墙倒塌和苏联解体后，针对新的世界局势，法国不得不对国际战略进行了取舍，调整了自己的抱负和目标。从战略在 1980 年代的艰难持续到 1990 年代的必要调整，法国与世界关系也经历了深刻的变革。

1980 年代的持续

石油危机、经济困难、冷战的回归和美国人恢复冷静是 1975 年至 1989 年之间国际形势的主要特征，它们破坏了法国在国际舞台上坚持独立自主地位的能力，削弱了法国的影响力的远度和辐射区域的广度。由于有北大西洋公约组织——不管怎样，北约确实保护着法国的安全——的保护撑腰，由于拥有自主的军事打击能力，法国可以在国际
事务中自由地、理直气壮地讲话。戴高乐和蓬皮杜时期，由于法国与 1077
美国的立场有着明确的不同，甚至产生了阴暗的民族主义，这激怒了华盛顿，惹火了欧洲邻国，但赢得了东欧国家和第三世界的好感。法国追求的是始终能够与华盛顿和莫斯科平等对话，而且让双方都能清楚地听到法国自主发出的声音，于是法国根据外交局势的变化，通过不断与一方或另一方接近或疏远，主动在两个阵营之间承担调停者或中间人的角色。

在华盛顿与莫斯科之间的国际

在 1973 年至 1974 年初两个阵营激烈较量期间，法国尽管因石油危机而被削弱，但仍然抵御了美国“拉拢控制”整个西方世界的企图。随后，刚开始自己为期 7 年的总统任期的吉斯卡尔·德斯坦就与华盛顿迅速接近。1974 年 12 月，吉斯卡尔·德斯坦在法国海外省马提尼克会见了美国总统杰拉尔德·福特，签署了法国与北大西洋公约组织进行合作的共同宣言；1976 年 1 月，法美两国在牙买加达成协议，法国将在国际货币政策上与美国保持一致。这些举动宣告了两国关系正常化的开始，但法国仍然拒绝回归北约，或成为北约的一个温

顺的伙伴国，因为团结在总理希拉克周围的戴高乐党人，一直密切关注着事态的发展，以防止法国的独立地位受到威胁（与欧洲伙伴国不同，法国在1974年11月拒绝加入“国际能源署”）。由于水门事件、福特短暂的总统任期、美军在越南的惨败而归和吉米·卡特总统的挫折（尤其是在伊朗）等一系列事件的发生，美国一度徘徊不前；与此同时，苏联在非洲积极“拱卒”，并通过部署SS20导弹增强了在欧洲的军备，目的是恐吓欧洲人，使他们远离美国人。在这种局势下，法国自然再次玩起了“跷跷板”游戏，与莫斯科及其盟友重新建立了特别的关系，毫不顾忌当时在两个阵营之间越来越浓的冷战气氛。总统吉斯卡尔·德斯坦与苏联领导人列昂尼德·勃列日涅夫保持着特殊的友好关系。1974年12月，勃列日涅夫访问巴黎；1975年10月和1979年4月，吉斯卡尔·德斯坦两次访问莫斯科；1980年5月，两人还在华沙会晤，法国和苏联及其“卫星国”之间的部长级互访和合作则更加频繁。吉斯卡尔·德斯坦一点也不担心苏联在非洲、远东和近东的攻势（尽管这种攻势让华盛顿颇为担忧，而且使缓和的局势重新严峻起来），因为吉斯卡尔·德斯坦认为自从1975年8月《赫尔辛基协定》——规定二战后形成的欧洲边界现状不可破坏——签订后，苏联已经不再是一个威胁，而且苏联在欧洲大陆上的安全忧虑是正当合理的。另外，由于吉斯卡尔·德斯坦相信意识形态的斗争必将终结，以及资本主义和社会主义最终将趋同，他认为法国的角色在于与东方阵营的国家进行对话，促进它们追求经济发展，逐渐向和平理念转变。因此，尽管苏联在第三世界表现出咄咄逼人的进攻性，而且在欧洲边境大量部署SS20导弹，以及在1979年12月25日入侵阿富汗，吉斯卡尔·德斯坦仍然坚持与苏联交朋友，因为他坚信对话、贸易、合作、缓和的作用，而所有欧洲伙伴国都有着与法国极不相同的分析结论，它们都因为华盛顿对莫斯科表现出来的弱势深感不安。正是由于这种不安，北约于1979年做出决定（在德国总理赫尔穆特·施密特说服了美国总统卡特之后）：如果苏联不拆除SS20导弹，北约将从1983年开始部署新的欧洲导弹（潘兴2导弹、巡航导弹），法国拒绝公开支持北约的这个计划。于是冷战的气氛骤然紧张起来，苏联习惯性地采取“胡萝卜加大棒”政策来动摇北约内部的团结，从而扭转了国际社会的舆论倾向，并从欧洲获得了急需的金融、技术和商业援助，用来供给 1078
本国的军事工业系统，并为人民提供食物。根据《赫尔辛基协定》，大批东欧异见者以追求自由的名义越过西欧国家开放的边界，但吉斯卡尔·德斯坦拒绝为他们提供便利；而卡特和一些欧洲国家则以人权的名义为他们提供支持。吉斯卡尔·德斯坦以外交和军事力量独立的名义，不惜一切代价坚持与东方阵营保持对话，甚至在苏联入侵阿富汗之后，还和勃列日涅夫在华沙会谈，争取到了苏联承诺从阿富汗部分撤军的令人乐观的结果（事实证明部分撤军的承诺纯属谎言）；吉斯卡尔·德斯坦还拒绝和美国联合起来进行报复的号召，尤其是没有跟随美国抵制1980年7月的莫斯科奥运会。

正如从前戴高乐将军仅仅将苏联入侵捷克斯洛伐克视为“航程”中的一个小事故，认为它并不会改变最终与东方阵营同奏“缓和—妥协—合作”的三部曲一样，吉斯卡尔·德斯坦在苏联试图将欧洲“芬兰化”（在维持议会民主资本主义经济体制的同时，又处于苏联势力控制之下），在第三世界孤立美国的时候，反而进一步加强了与莫斯科的友谊。这显然超越了两个阵营之间的均衡，因此密特朗1981年上任伊始，就致力于恢复平衡，强调北约内部必须在SS20导弹等主要问题上保持亲密无间的团结，同时不加掩饰地开始与苏联保持距离。密特朗之所以作出这个重大转变的决定，是一系列国内的——正值冷战时期，因为政府中有共产党的存在，法国不得不作出姿态，以使欧洲邻国和美国放心——和国外的——受苏联入侵阿富汗刺激，卡特下定决心对苏联采取强硬立场，推出了一系列军事计划；1980年继任美国总统的罗纳德·里根明显是一个坚决反对苏联的人，他决定使美国强势回归国际舞台，对苏联采取针锋相对的态度——因素共同作用的结果，也是法国经过外交分析得出的结论。根据分析，保障和平的最好方法是力量的平衡，而这个平衡正因为苏联在第三世界采取的攻势，和莫斯科自认为在核武器方面对美国占据的优势而受到了严重威胁。

从此，密特朗对北约部署欧洲导弹的计划公开表示支持，在 1981 年至 1983 年间，密特朗与里根一共会晤了六次，并于 1984 年 4 月对美国进行了国事访问；他还中止了每年与苏维埃国家进行一次高峰会谈的传统；甚至在 1983 年 1 月 20 日法德两国签署《爱丽舍条约》二十周年之际，在德国联邦议会发表演讲，呼吁德国议员们投票支持在德国境内部署北约导弹，为了安抚大规模示威反对北约部署导弹的欧洲和平主义者，密特朗在演讲中强调："欧洲导弹是用来对付东方的，而和平主义者则是属于西方的"。这次"战斗"取得胜利后（科尔 1983 年 3 月 6 日以 49%的支持率再次当选德国总理；北约内的欧洲国家统一执行北约 1979 年做出的决定），由于坚信东西方之间的平衡必将就此重新恢复，密特朗马上就在华盛顿和莫斯科之间再次玩起了"跷跷板"游戏。1984 年 6 月，密特朗访问了苏联，会见了勃列日涅夫体弱多病的继任者康斯坦丁·契尔年科和尤里·安德罗波夫，重新建立了法国与莫斯科之间的特殊联系。毫无疑问，尽管密特朗与前任总统吉斯卡尔·德斯坦有着很大的不同，比如他毫不迟疑地强调了人权问题，明白无误地表达了对于苏联异见者（尤其是安德烈·萨哈罗夫）的支持，并直言不讳地反对苏联占领阿富汗，以及 1981 年的波兰政变，但他丝毫没有放弃戴高乐以来对克里姆林宫及其附庸国友好的传统，他甚至于 1985 年在巴黎以国家元首的规格接见了波兰的雅鲁泽尔斯基将军。另外，密特朗于 1985 年 3 月 13 日参加了康斯坦丁·契尔年科的葬礼，期间他在克里姆林宫与米哈伊·戈尔巴乔夫进行了三刻钟的会谈，从此就开始竭尽所能地支持戈尔巴乔夫。密特朗在 1985 年 10 月
1079 对戈尔巴乔夫说："我自幼学习历史，我深知从十六世纪开始，法兰西和俄罗斯两个国家几乎一直是盟国和朋友。历史和地理使我们必须永远保持这种关系。"因此，将成为一个国家、一个体系、一个苟延残喘的帝国的最后一个共产党领导人的戈尔巴乔夫，选择了法国作为自己访问的第一个西方国家，法国再次承担起了苏联的优先对话者的角色。由于担心历史的洪流最终会导致苏联陷入混乱，或导致苏联出现军人掌权的局面，从而导致苏联对内完全抹杀业已取得的自由化改

革成果，对外则为了防止苏联的崩溃和两德的统一而采取强硬的态度，法国竭尽全力帮助和拯救戈尔巴乔夫，直到 1990 年戈尔巴乔夫下台。密特朗关心的是能够为东欧的演变进程设置一个框架，使其始终能够和平地发展，同时在从 1945 年形成的欧洲秩序行将终结的局势下，尊重外交平衡，维持法国作为一个强国的角色和地位。

法国之所以为苏联提供支持，还在于法国对美国的一种担心。密特朗坚信欧洲及其人民共同期盼的和平和缓和的唯一保障，就是维持两个阵营之间的平衡，他从 1985 年开始意识到，在经历了一段苏联占优势的不平衡时期后，世界正在进入美国占据强势地位的新时代，而这种美国的强势和从前苏联的优势是同样有害的。凭借在欧洲导弹这件事情上取得的成功、在美国国内和整个西方世界赢得的高民意支持率、以及美国国内经济增长和国外军事实力的回归，强硬的罗纳德·里根总统希望进一步扼制苏联，他使自己的自由主义思想在国际交流中占据上风，并积极动员欧洲配合自己的行动。本着这一强烈对抗的精神，1983 年 3 月 23 日，里根总统推出了《战略防御计划》，目标是将世界从核战争的威胁中解放出来。设计《战略防御计划》的初衷，本来只是作为一件意识形态的武器，目的是促进欧洲舆论接受欧洲导弹的部署，但是从 1984 年至 1985 年开始，法国清楚地意识到该计划其实只是一个鼓舞人心的空想的秘密。本着人道主义道德观（即提供一种保护，足以使战略核武器成为幻影，使原子弹大屠杀的幽灵消失），《战略防御计划》主要致力于动员科学和技术力量参与到公共计划里来，通过实现显著的科技进步，并在私人公司转化成具体的成果，确保美国在未来新科技领域取得优势地位。但是该计划更大的目标在于政治军事方面，即让美国重新变得坚不可摧（在苏联拥有原子弹和洲际导弹之前，美国就拥有这样的地位），使苏联在新的一轮超越了其经济和技术极限的军备竞赛中最终“窒息”。从 1985 年开始，法国就与该计划保持着距离，拒绝卷入美国的这场所谓“反原子弹盾牌”的行动之中，因为该计划如果有朝一日真的实现，法国的核威慑和外交地位都将立即灰飞烟灭。密特朗和戈尔巴乔夫一起反对这场新一轮的军备竞赛，并向欧洲伙伴国提交了一个规模庞大的研究计划——欧瑞卡计划，该计划的目标是使“旧大陆”在科技竞争中不被甩得太远。一直到苏联解体，密特朗都在坚决地反对战略防御计划，1993 年 5 月 18 日，美国总统比尔·克林顿在国际环境已经发生了深刻变化的背景下，正式宣布放弃《战略防御计划》。

不过，法国和美国之间的争吵并不仅限于这个问题上。比如在国际贸易领域，由于美国想要对金融、技术和商业向东欧的转移拥有完
1080 全的支配权；在关贸总协定框架内的协商上，华盛顿总是希望获得更大的自由，以便利用其比较优势在全世界市场上赢得更大的利益。法国始终坚持独立自主的立场，与其他欧洲国家相比，法国在上述第一个问题上对东欧更灵活一些，在上述第二个问题上则对美国更强硬一些。

南北之间

尽管法国在华盛顿和莫斯科之间奉行特殊划分的政策，除了在言语上独立自主地发表意见，并没有在东西方对抗中产生真正显著的影响力，不过在南北关系中，法国充分体现了自身的特殊性。戴高乐将军曾希望法国成为第三世界的“辩护律师”，充当第三世界国家与工业化国家之间的有效的调停者。吉斯卡尔·德斯坦和密特朗两位总统先后接过了这个火炬。

1973 年和 1979 年两次石油危机和南方国家对国际经济新秩序的要求，使巴黎决心在这个领域有所作为。由此吉斯卡尔·德斯坦总统提出了南北对话的主张，旨在通过协商的方式，实现南方国家经济的去殖民地化，在南北之间开展互利的合作。1975 年 12 月，首届南北对话会议在巴黎召开，与会的是来自石油输出国组织的成员国、非石油生产国的第三世界国家和发达国家的代表。这一轮对话到 1978 年底以失败告终；取而代之的“三方对话”，即欧洲、非洲和阿拉伯国家三方的谈判最终也没有形成任何决议，主要是因为组织者拒绝让巴勒斯坦人参加谈判。事实上，法国一直未能说服欧洲伙伴国，在近东问题以及与阿拉伯国家关系等问题上与自己采取相同的立场，也是对话

失败的重要原因。

在1967年的“六日战争”后，巴黎与阿拉伯国家而不是与以色列走得更近。吉斯卡尔·德斯坦延续并加强了这个指导方针。为了保持在中东地区的影响力（法国自认为与苏联和美国一样，是在中东有着较强势力的国家之一，每个国家在那里都有各自忠实的支持者），以确保获得石油资源，并通过与当地国家签订巨额民事（包括核能）和军事合同来收回部分能源支出，法国增强了与阿拉伯国家的友谊，并在巴勒斯坦问题上充当了“箭头”的角色（1974年法国外交部长会见了亚西尔·阿拉法特）；1975年，巴勒斯坦解放组织在巴黎设立办公室，相当于巴勒斯坦非正式的大使馆；法国在监督以色列军队从黎巴嫩撤军的联合国驻黎巴嫩维和部队中占据了重要的比重；法国对《戴维营协议》和《以埃和平协定》（1979年3月，在美国总统卡特的主持下，以色列总理梅纳赫姆·贝京和埃及总统安瓦尔·艾尔-萨达特共同签署）持保留意见；1980年6月在欧洲峰会上，法国还争取到其他几个欧洲国家的支持，发布了《威尼斯宣言》，正式承认巴勒斯坦人民的自决权。这些表现使法国不仅打开了伊拉克市场的大门，与海湾的酋长们达成了一些富有成果的协议，进一步深入伊朗（直到1979年2月伊朗巴列维国王被推翻），还确保了作为阿拉伯世界优先对话者的地位，这个地位还因为1980年伊拉克开始进攻霍梅尼领导的伊朗后，法国不遗余力地支持萨达姆·侯赛因而得到加强。尽管法国自己获得了利益（外交高度、贸易成果和能源安全），但引领的开创世界经济新秩序和“三方对话”等计划均未取得成功。1981年密特朗出任总统后，法国以一种不同的方式继续这些计划，因为密特朗认为必须让第三世界听到来自法国的独立自主的和积极的声音。受到雷吉·德布莱——切·格瓦拉的朋友，1960年代在玻利维亚被捕——的鼓舞，新总统密特朗在经济手段之外，又提高了政治声调，支持各种革命运动，尤其是拉丁美洲的革命。1981年10月21日，在墨西哥坎 1081
昆举行南北对话峰会开始之前，密特朗对墨西哥进行了国事访问，他宣布自己与那些“拿起武器捍卫自由的人”站在一起，他还向那些饱受侮辱的人、流亡者、被放逐者、被剥夺言论自由的人、被虐待的人，勇敢战斗的人、教士、工会主义者、失业者和劳动者致敬，并强调政治民主和社会公正一定会实现。密特朗鼓励他们，“勇敢些，自由必将取得胜利”。就像当年戴高乐将军在魁北克和墨西哥城所做的那样，密特朗以自己的方式向美国的“后花园扔石头”，不过这些举动并没有产生具体的成果，而且在南美解放运动在政治上与苏联靠齐后，密特朗不得不赶紧脱身而出。于是，密特朗唯一能做的就是像前任吉斯卡尔·德斯坦一样承担起第三世界的辩护律师的责任，但是第三世界在 1980 年代因为失去了石油武器，并且内部出现了严重分化（一些东南亚国家开始工业化进程，另一些非洲国家则深陷不发达状态无法自拔），已经没有了 1970 年代那样大的影响力和凝聚力。密特朗试图说服“北方”伙伴国认识到“南北对话”的政治紧迫性和其中包含的经济利益，1981 年 9 月 1 日，在巴黎联合国教科文组织总部举行的有关“最落后的国家”的报告会上，密特朗呼吁：“帮助第三世界，就是帮助自己走出危机”，他还承诺到 1988 年，将法国的公共发展援助提高到国民生产总值的 0.7%的水平（1987 年达到了 0.56%）。在巴黎俱乐部的范围内，法国也始终是最坚定地主张减免贫穷国家债务的国家。巴黎先后与墨西哥城（1981 年 10 月）、阿尔及尔（1981 年 12 月）和新德里（1982 年 11 月）签订了双边协定，试图建立一种“三足鼎立”的构架，在此基础上推行帮助第三世界的政策，但这个构架作为吉斯卡尔·德斯坦推动的“三方对话”的代用品，并没有取得比“三方对话”更多的具体的成果，因为墨西哥城在华盛顿面前基本上没有独立自主的地位，阿尔及尔则对法国向拉巴特（摩洛哥首都）献殷勤感到恼火，而新德里则为了国防与外交以及对抗来自中国的威胁，与莫斯科保持着紧密的联系。与前几任总统任期内一样，第三世界政策很快就受到了局限，但密特朗成功地对政策方向进行了调整，转为近东地区，而且并没有引起阿拉伯国家的敌意。自从上任以来，密特朗先后取消了多个由前任总统吉斯卡尔·德斯坦制定的针对以色列的限制条款，他宣布《威尼斯宣言》无效，并在 1982 年 3 月作为第一个法国国家元首访问了以色列。密特朗在以色列国会进行了一次著名的演讲，阐述了法国外交政策的一些新原则：巴勒斯坦有权拥有自己的“国度”，即在时机成熟时，有权拥有自己的“国家”；而以色列有权得到巴勒斯坦人的承认，而且从巴勒斯坦人那里获得安全和边境不可侵犯的保障；为了达到这个目标，必须通过相互承认和协商。这种在国际争端双方之间实现平衡的主张，是法国在近东外交政策上的重大转变。尽管否定了以前的立场，但是法国的新政策对巴以冲突问题的解决作用不大。前后两任以色列总理梅纳赫姆·贝京和伊扎克·沙米尔由于有美国撑腰，始终对法国提出的与巴勒斯坦解放组织对话的建议置之不理；以色列工党领袖希蒙·佩雷斯曾经在 1986 年至 1988 年担任总理，但他未能使以色列有所改变；1988 年伊扎克·沙米尔由于利库德集团在议会的绝对优势，再次担任总理，但他仍然坚持从前的立场，丝毫不想因巴勒斯坦解放组织发生的变化而有所松动。不过，当巴勒斯坦解放组织和阿拉法特两次在黎巴嫩遭到以色列军队和叙利亚军队的左右夹击时，都被联合国驻黎巴嫩维和部队中的法国军人解救了出来（1982 年 9 月和 1984 年 12 月），以色列和巴勒斯坦之间达成和平协议的可能性因此得以保存，并在 1990 年代由于国际政治新局势和美国的意愿而得以实现，不过《奥斯陆协议》的签定无法避免和平进程中的重重困难。法国在进行有利于以色列的平衡的同时，也在积极支持巴勒斯坦解放组织和与伊朗作战的萨达姆·侯赛因，因此法国仍然拥有与阿拉伯国家——埃及、波斯湾的几个酋长国，特别是沙特阿拉伯——之间的优先关系，并从中获得可观的利益，出售军火的利润尤 1082
其巨大。但是法国也为自己的近东政策付出了惨重的代价，包括：1982 年马尔伯夫街、1982 年玫瑰街和 1986 年香榭丽舍大街先后发生三次炸弹爆炸；1986 年 9 月发生恐怖主义攻击浪潮，其中雷恩街的炸弹爆炸造成 5 死 53 伤；1983 年 10 月在贝鲁特发生的自杀式卡车爆炸造成 58 名法国伞兵丧生；1985 年和 1986 年都有法国人在黎巴嫩被劫持为人质。

总的来说，在 1975 年至 1989 年的国际背景下，尽管面临着冷战加剧、经济危机、能源依赖和美国恢复强势等不利因素，吉斯卡尔·德斯坦和密特朗两任总统仍然竭尽全力在华盛顿和莫斯科之间、在南北之间，维护戴高乐和蓬皮杜开创的“伟大”的传统。吉斯卡尔·德斯坦和密特朗并不比两位前任拥有更多可以改变世界秩序的手段，而且法国奉行的“夹缝型”外交政策具有很大的局限性，只能唱一些“高调”，但无法取得具体的结果。这个局限性是由法国中等的国家实力决定的，尽管法国算是强国之一，而且拥有可观的核武库，但是几乎不可能独立地对这个由两个阵营的对抗主宰的国际秩序起到决定性的影响。于是，法国的领导人们试图将法国的特殊地位和欧洲联合起来，希望通过欧洲传递自己的影响力。

选择欧洲

由于备受两个阵营的僵持和石油危机的打击的折磨，法国很难开展独立自主的行动，吉斯卡尔·德斯坦和密特朗两位总统为了让法国拥有更大的国际操作空间，选择了欧洲的道路。从 1974 年开始，吉斯卡尔·德斯坦总统推动了欧洲理事会的建立，作为欧洲国家的元首和政府首脑之间的定期会议，欧洲理事会旨在深化 1970 年代初由欧洲各国外交部长共同开创的合作政策，从上往下地推动欧洲的建设，解决那些紧急的重要问题，以及在国际重大问题上公开采取一致的立场。另外，法国在规划欧洲货币系统的工作中扮演着重要的角色。在 1969 年 12 月在海牙举行的欧共体领导人峰会上，作为同意英国加入欧共体的条件，蓬皮杜提出了建立欧洲货币系统的计划，欧洲经济和货币联盟将应该能够对抗已经破烂不堪的国际货币体系和美元的霸权地位（美国取消了美元和黄金的固定兑换率，开始实行浮动汇率政策）。但是该计划受困难重重的国际经济和外交形势的拖累，未能及时得到执行。不过，货币的稳定对欧共体“九国”之间的贸易往来是非常必要的。吉斯卡尔·德斯坦与德国总理施密特有着极其紧密的联系，他们共同恢复了戴高乐与阿登纳时期的法德友好关系，两个国家的领导人都深信欧洲团结的必要性，于是共同推出了建立欧洲统一货币的主张。

于是，1978 年 4 月 8 日，欧洲货币系统及其货币埃居[1]诞生，从 1979 年 3 月 13 日开始生效，埃居是根据每个国家的经济比重确立的各国货币的聚合体。欧共体各国的货币与埃居之间建立起一种基准汇率，同时允许在基准汇率上下 2.25％之间浮动，由此产生了一个相对于美元的稳定的货币地区，有利于欧共体各成员国的经济完整性。在 1974 年召开的欧共体委员会上，法国同意增大总部设在斯特拉斯堡的欧洲议会的权力，以及按照《罗马条约》的精神通过普选选举欧洲议会的议员。尽管法国共产党和戴高乐派反对，吉斯卡尔·德斯坦总统还是做
出了同意的决定。1979 年 6 月 10 日，欧洲议会第一次由普选产生，1083
吉斯卡尔·德斯坦的亲信西蒙娜·维尔当选为欧洲议会主席，象征着法国接受了在本着超民族主义思想建立的欧洲组织中的新角色（这遭到了严格的戴高乐主义正统派的严厉批评，他们认为这样有损法国的国家主权）。然而，由于“反欧洲”的保卫共和联盟在多数派中的比重、法国共产党仍然强大的影响力、“亲欧洲”派内部法兰西民主联盟、与共产党共同组成议会反对派的社会党、经济危机的严重后果和英国在布鲁塞尔的消极态度，施密特和吉斯卡尔·德斯坦这对德法搭档的欧洲理想并未能立即实现。

所以当密特朗上任之时，面对的是一个搁浅的欧洲建设工程。他将努力使欧洲建设的火焰重燃，因为他意识到：“法国是我们的祖国，但欧洲是我们的未来”。密特朗在这个领域非常活跃，在 1983 年即担任总统仅两年之后，他就开始采取措施限制法国的独自行动。在法国国内，由于经济振兴计划因经济形势萎靡而遭到失败，另外欧洲伙伴国由于选择自由主义，拒绝实施法国提出的明显意志至上的改革计划（1981 年，法国提出建立“欧洲社会空间”、共商工业计划、共同缩减法定劳动时间），法国的财政赤字和法郎贬值不断加剧，所以总统密特朗1983 年 3 月毅然决定走欧洲道路，因为只有依靠欧洲才能使法国的经济走出困局。在法国国外，由于冷战的约束，法国不得不与美国

---

① 即欧洲货币单位 Ecu。

拉近距离，与德国保持紧密的联系；另外法国有关第三世界的单独行动基本上都以失败告终，不论是在非洲和近东，还是在联合国和关贸总协定框架内，法国总是因为自身实力不够，无法使事情按照自己希望的方向发展。在国内和国外，法国使尽了浑身解数来实现“国家的独立”和“单独的伟大”，但都未能取得显著的效果，于是总统密特朗决定选择欧洲，认为欧洲是唯一能够替代已经走进死胡同的“独白”的可靠途径。法国总统密特朗和德国总理科尔这对政治搭档依靠法德友谊的基础，成了欧洲新建设的发动机，为了加强法国在欧洲以及加强欧洲在世界的重要性，从以下三个方向进行努力：地理扩大、经济深化和政治超国家化。

法国曾经在很长时间里反对英国加入欧共体，是蓬皮杜总统下决心接受了英国，没想到10年后英国居然阻止欧共体的进一步发展，可以想见蓬皮杜为此多么生气。吉斯卡尔·德斯坦总统为希腊加入欧共体提供了大力支持，但不断“敲门”想要进入欧共体大门的西班牙和葡萄牙的问题与希腊有所不同，因此尽管吉斯卡尔·德斯坦总统与马德里当权的中间派以及西班牙王室家族有着密切的联系，他还是拒绝了这两个位于伊比利亚半岛的国家。因为历史遗留下来的敌意、“埃塔”① 造成的两国间的紧张关系，和法国农民为反对进口西班牙水果和蔬菜而对政府进行的频繁攻击，同时还因为英国提出的财政要求和英国首相撒切尔夫人废除对法国非常有利的欧共体共同农业政策的主张，法国无法接受西班牙和葡萄牙这两个国家。如果加入欧共体，两国的经济升级将需要欧共体提供大量的资金，而且两国较低的工资水平会造成商品倾销、工厂迁移、劳动力涌入（法国的失业率尚在不断升高）等风险，另外法国的渔民和盛产葡萄酒、水果和蔬菜的南方的农民的忧虑，诸多原因导致法国决定对西班牙和葡萄牙关上欧共体的大门。不过从长期来看，法国的利益在于促进欧共体向南欧扩张，使法国在地理上变成新的欧洲联盟的心脏，但为了达到这个目标必须越

---

① 西班牙巴斯克民族分裂组织，后方基地设在法国南部巴斯克地区。

过一些障碍。第一个障碍因 1982 年 10 月社会党人费利佩·冈萨雷斯担任西班牙首相而被解除，他和密特朗是 1970 年代社会党国际的亲密战友，两人迅速接近，尤其在解决有关巴斯克问题的争议，缓解两国 1084
之间政治和媒体的紧张关系方面，取得了重大进展。1984 年底，两国间开始就西班牙加入欧共体的技术问题进行磋商，巴黎要求在葡萄酒、水果、蔬菜和渔业方面得到保障，而且是总体的保障。1985 年 6 月，西班牙终于签署了加入欧共体的协定，1986 年 7 月 1 日该协定正式生效。还有第二个障碍需要解除，即解除欧洲建设的总体阻碍。

1984 年 6 月在法国枫丹白露举行的欧共体峰会解决了这个问题。自从总统弗朗索瓦·密特朗 1983 年 3 月选择了欧洲道路——留在“欧洲货币体系”内——之后，他采取了很多措施平衡政府财政收支，消除通货膨胀，巩固法郎的地位，他不能任由欧洲继续已经持续了十年的陷落。他的政策并不仅限于欧洲建设的重新启动。由于与德国总理科尔有着紧密的关系，在 SS20 导弹问题上也得到了科尔的大力支持，密特朗解决了前任总统未能解决的问题。法德的共同立场减弱了英国的抵抗，“支票”问题得以解决，另外法国从欧共体获得了更多资金(来自欧共体成员国缴纳的 1%至 1.4%的增值税)，作为与西班牙和葡萄牙达成协议的交换条件；同时，根据巴黎的意愿，欧共体开始起草一个新的欧洲联盟条约，该条约将在教育、青年和研究等领域实现突破。此外，密特朗和科尔决定推举雅克·德洛尔自 1985 年 6 月 1 日起担任欧共体委员会主席。欧洲建设由此走上了深化的道路。首先是欧共体成员国于 1986 年 2 月在卢森堡举行的欧盟理事会上签署的《单一欧洲法令》，该法令规定：在 1994 年之前，建成欧洲“内部大市场”，人员、商品、服务和资本将在其中自由流通；将欧洲理事会制度化，并增加欧共体的职权范围；扩大有效多数投票的范围并加大设在斯特拉斯堡的欧洲议会的职权，这意味着欧共体各国对欧洲进程中超国家化增强的认同。

事实上，欧洲建设的深化意味着超国家化和联邦化原则的增强，而这不仅是戴高乐时期的法国坚决反对的事情，也是吉斯卡尔·德斯坦难以说服多数派中的保卫共和联盟接受的事情。根据《单一欧洲法令》的要求，德洛尔和欧共体委员会推动了各国法律的协调化工作，所有有关经济、技术（标准）、商业和金融的法国法律都有必要进行修改，德洛尔在 1985 年就断言，在 10 年的时间里，将有 80％的法国法律根据欧共体的法规进行修改。另过《单一欧洲法令》通过有效多数投票比例的增加——这是巴黎传统的“眼中钉”，因为这是超国家化的“特洛伊木马”——和欧洲议会与欧共体决策之间更纯粹的联系（欧洲议会这个机构从性质上来说，本来就是超国家的），将法国纳入了一个从“欧洲国家同盟”——法国在其中坚持主权完整的前提，强调各国政府间行动的一致性原则——转变为“欧洲合众国”的进程之中，而“欧洲合众国”主要按照联邦性质的机制运转。当然，这个进程将很漫长，它在第三个千年的最初几年仍未能完成：现在主要由欧洲理事会这个特别的政府间机构来决定这个进程的前进步伐。在转让国家主权方面，密特朗领导的法国没有科尔领导的德国那么勇敢，但是法国的选择已经是对过去政策的断然否定（很多其他欧洲国家的民众并不了解这一点）。从 1985 年开始，尽管法国仍然寻求保存作为独立自主的大国的特性，并努力使本国的看法和利益在布鲁塞尔[①]的决策中占据上风，但在事实上，法国已经同意放弃那些在实践中越来越虚幻的国家主权，目的是为了通过欧洲建设，弥补自身业已削弱的国
1085 家实力，法国希望就此走上经济、贸易和货币发展的“阳光大道”（1983 年 3 月的选择和一系列政策均源于此）。在 1988 年总统大选期间，密特朗在《致全体法国人民书》中部分地揭示了自己的计划：欧洲大市场仅仅是欧洲这座“冰山”上最显而易见的“一角”，最终目标是使欧洲成为一个强大的整体，而且法国能够在其中扮演重要的角色。他说：“欧洲已经在国际贸易中排名世界第一，只要欧洲愿意，它也可以在科学、技术和农业上成为世界第一，还可以在工业实力上与美国和日本一争高下。欧洲人刚刚确定的欧洲货币——埃居，将和

① 欧共体即后来的欧盟总部所在地。

美元与日元一样成为国际货币新体系的三极之一。”密特朗在《致全体法国人民书》的末尾展望了未来的欧洲政治，还以一句颇似君主口吻的话作为结语：“由于我的努力，欧洲建设的主张已经步入了正轨”。欧洲将成为法国的“国界”，欧洲建设的发动机是法德两国，其远景是成为一股强大的力量。

对帝国的怀念

这个在1989年时看来必然的远景，在1975年时却远非如此。当时，法国还相信能够依靠广大的法语地区巩固自己的实力，并继续凭借自身的能力掌控在1960年代被正式赋予独立地位的广大殖民地地区，因为当时有广大的“法国南方”——非洲。1975年2月，欧洲和46个非洲—加勒比海—太平洋国家签订了《洛美协定》，这些国家的产品得以免关税和无配额地进入欧洲市场，并通过“稳定出口收入制度”获得原材料出口的稳定收入的保障。1979年10月，第二个《洛美协定》续签。法国尽管在欧洲共同体内部扮演着“自己的南方”的有效代言人角色，但却并不打算放弃自己的非洲特性。法国不仅通过多领域（金融、贸易、经济）合作给非洲提供双边援助；每年还在巴黎和非洲组织法非峰会（在峰会上，整个“大家庭”都会聚集在法国“宗主”身边）；并与非洲国家缔结特别协定以确保政局稳定；在总统府设置主管非洲事务的特别顾问，在非洲大陆派出总统的特别“巡查使”；法国总统还为了双边接触频繁访问非洲国家。吉斯卡尔·德斯坦和密特朗两任总统都追随着戴高乐缔造的“巴黎主导的法语共同体”的梦想。这些对帝国的怀念，经常使法国主动地去趟一些“浑水”，为了维护宗主国的地位，法国有时候甚至不顾人权、民主和非洲大陆的安全，而这些问题居然是法国进行军事干预时经常援引的理由。法国在1976年至1977年出兵吉布提，帮助该国抵抗来自索马里的压力；1977年4月和1978年5月两次向扎伊尔派出伞兵部队，解救饱受沙巴地区和以科卢韦齐市为中心的产矿省的起义困扰的蒙博托元帅；1977年9月，法国出兵西撒哈拉，帮助毛里塔尼亚抵御来自寻求地区独立的“波列萨里奥阵线”[1] 的威胁；在乍得，法国出兵的目的是为了防止利比亚将乍得“黎巴嫩化”，并把该国并入自己势力范围的企图。但是，这些军事援助行动都被法国与中非共和国及其不可捉摸的暴君让-贝代尔·博卡萨之间可疑的关系所遮盖，博卡萨作为中非共和国总统却自封皇帝，并于 1976 年 12 月 4 日加冕，由于坐视这件丑剧的发生，法国的国际形象遭到了玷污。中非迅速陷入困苦之中，社会制度因腐败和镇压而彻底沦丧，暴君博卡萨甚至屠杀儿童。虽然法国不久即推翻了博卡萨政权（1979 年 9 月，被认为可靠的大卫·达科被法国扶植当上了中非共和国总统），但与博卡萨曾经的亲密关系（尽管当时还没有人将这种关系归因于博卡萨赠送的贵重礼物）使法国
1086 领导人的形象受损：“博卡萨钻石”事件对吉斯卡尔·德斯坦在 1981 年谋求再次当选总统造成了极为恶劣的影响。

密特朗上台后也面临同样的矛盾。吉斯卡尔·德斯坦提出了建设“国际经济新秩序”的主张，却不小心因一个低劣的帝国的暴君而名誉受损；密特朗在墨西哥发表了鼓励当地人为自由战斗的讲话，却在扎伊尔长期支持破坏自由的蒙博托。好在到了 1981 年 5 月，一个新的非洲政策逐渐成型。早在 1970 年代，社会党人在密特朗和加斯东·德菲尔的领导下，提出了“对非洲和法国的关系去殖民地化”的主张。到了 1981 年，法国外交部长克洛德·谢松进一步提出了制定“全球新协定”的主张，以消除法国外交政策的非洲特性；合作与发展部长让-皮埃尔·科则希望将法国与非洲国家的联系“道德化”，结束秘密部门（间谍）或多或少的暧昧行动，减少军事干预，提倡对人权的尊重和以发展为目的行动，而且不再仅仅关注法语国家，而是将非洲视为一个整体，对英语国家和法语国家一视同仁。但让-皮埃尔·科很快就不得不在政策上开倒车，甚至于 1982 年辞职。继任的克里斯蒂安·努西是一个对总统府言听计从的人，他丝毫都不想触及蒙博托、

① 即“西撒人阵”。

邦戈[①]和塞古·杜尔[②]等非洲领导人敏感的神经。实际上，密特朗在1981年当选法国总统后，保留了总统府中设置“非洲事务小组”的传统，由总统的亲信居伊·派讷担任组长，其前任先后为雅克·佛卡尔、勒内·儒尔尼亚克和马丹·伊尔什。一方面由于密特朗对非洲及其领导人的好感，另一方面非洲领导人也很愿意撇开马提尼翁府和法国合作开发署，走捷径直接和爱丽舍宫进行磋商，因此法国对非洲的外交政策传统得到了延续。不过大多数社会党人和其他很多党派的政治家都希望法国能够摈弃这个传统，转而致力于发展非洲的民主，提高非洲国家的管理水平，尊重人权，将法国政府的援助真正用于非洲的发展，而不是听任非洲腐败的精英们中饱私囊，或者被法国的政党据为己有。于是，法国重拾“非洲宪兵”的角色，为了防止利比亚进攻乍得，密特朗派遣3000名法国士兵前往乍得（蒙博托派出了2000名扎伊尔士兵，负责法军的侧翼掩护），迫使利比亚在1984年底签订了《巴黎—的黎波里协定》。由于利比亚并没有遵守该协定从乍得完全撤军，密特朗不得不于两年后在克里特岛[③]与利比亚总统卡扎菲进行会晤。不论是在法非峰会上（第一届法非峰会于1981年11月3日至4日在巴黎举行），还是在双边会谈中，密特朗总统经常强调增加法国对非洲国家的公共援助，支援最贫困的国家和稳定原材料的价格，但却没有要求非洲领导人改善政治习性，促进民主发展，消除贫困。继“博卡萨钻石”丑闻后，法国又爆发了“发展路口”资金挪用事件：“发展路口”有一笔资金本应用于1984年12月在布隆迪首都布琼布拉召开的法非峰会，但是其中有一笔钱被挪用，用来支付选举费用和一些特殊关系的人的奢侈的支出。在非洲生活着大约17万法国人，还有2000家法国企业（其中约有1000家中小企业），尽管非洲每年从法国获得200亿法郎的公共援助，而且非洲与法国的年进出口总额达到500亿法郎，但非洲始终在贫困和无政府状态中无法自拔。一方面，

---

① 全名哈吉·奥马尔·邦戈（el Hadj Omar Bongo），从1973年起长期担任加蓬总统。

② 全名艾哈迈德·塞古·杜尔（Ahmed Sékou Toure），几内亚前总统。

③ 希腊岛屿。

法国无力回天。原材料价格的暴跌造成资源紧缺，人口的膨胀需要更多的粮食供应，非洲领导人对城市化和工业化的向往动摇了农村的传统和平衡，工业化国家和国际机构的漠不关心，使非洲无法获得走出困局所必需的人力和物力资源。另一方面，法国增加了对非洲的援助，促进了《洛美协定》的多次续签（根据 1984 年的第三个《洛美协定》，非洲每年获得 88.54 亿埃居的资金援助；根据 1989 年的第四个《洛美协定》，非洲每年获得的援助增加到了 120 亿埃居），推动了国际货币
1087 基金组织和世界银行对非洲的援助计划，法国不仅减轻了非洲国家的债务，甚至在 1989 年取消了最贫穷非洲国家的债务（约合 270 亿法郎）。尽管这样还不够，但法国和其他国家如美国一样只能做到这些了，因为当时的国际背景主要是遏制苏联，另外从国际援助中获益的主要是企业和政治阶层，而很多非洲国家的政府腐败问题严重，不尊重人权，无视人民的疾苦。由于深陷于非洲国家内部和国家间的、既无法避免也无法控制的争斗之间难以自拔，又没有能力独自承担这个经济重负（别的西方国家不愿意与法国分担这个重负，法国也不愿意以自己的影响力受损来换取别的西方国家的分担），法国始终无法走出这个矛盾，直到苏联解体（在对抗的时代背景下，东西方两个阵营都对非洲的一些事实视而不见，任由法国在那里充当宪兵的角色）。1989 年之后，法国必须放弃自己对帝国时代的怀念，在骤然变得不同的国际形势下重新制定有关非洲的政策。

1990 年代的调整

1989 年至 1991 年之间，二战以后形成的国际形势骤然发生了变化。法国从 1958 年开始一直尝试着在旧的国际政治格局中扮演一种特殊的角色，但随着柏林墙的倒塌，东方阵营的终结和苏联的解体，旧的国际政治格局不复存在，欧洲不再一分为二，美国成了冷战的最大胜利者，德国则重新统一。法国从这场巨变中得失参半：它仍然是世界第三军事强国，世界第四贸易大国，拥有核武库和联合国安理会常任理事国地位，在约 50 个法语国家有着较强的影响力；但法国必须在

世界新秩序中找到属于自己的新的王牌，因为继续在东西方之间和南北之间保持独立的地位和“玩跷跷板”已经不合时宜了。

伟大，有什么用？

由于这些重大事件在很短的时间内接踵而至，法国在做出反应时面临艰难的抉择。不论是从政治上还是外交上，法国都不能反对德国的重新统一和苏联的解体。法国此前一直表示希望看到德国的统一，至于与莫斯科保持缓和的关系，绝不是因为苏联的军事威胁和法国所不赞同的意识形态而被迫采取的中立态度。巨变发生的速度之快实在出人意料，法国根本无法及时调整自己的政策。密特朗总统最关心的事情是在演变过程中发挥重要作用，保证巴黎能够在危机中扮演主要的角色，因此他竭尽所能使两德的统一进程既有国际社会的监控，又有法国的积极参与。在 1989 年 11 月柏林墙倒塌和 1990 年 10 月 3 日两德正式统一之间，密特朗努力劝说德国承认“奥德河—尼斯河线”[①]（1945 年 7 月波茨坦会议确定的德国和波兰之间的边界，德意志民主共和国 1950 年承认了该边界线，德意志联邦共和国 1970 年根据“东方政策”[②] 也承认了该边界线）。关于统一的德国是否接受该边界线，德国总理科尔最初希望由两德统一后的联邦议会通过投票来决定，但密特朗希望德波两国在两德统一之前就通过条约的形式从法律上确定下来，因此他从 1989 年 10 月开始不断劝说科尔，直到 1990 年 4 月科尔接受了这个方案，期间密特朗甚至在巴黎会见了波兰总统沃依切赫·雅鲁泽尔斯基，以表示他对波兰的支持，给科尔施加压力。在这件事情上，密特朗取得的成功是重大而颇具象征意义的：边境问题将不会被要求重审，国家或少数民族提出追还领土的要求的“潘多拉的盒子”将不会被打开，否则又会造成欧洲的不稳定，孕育无穷无尽的争斗，甚至武力对抗。尤其是在欧洲共产主义终结这个特殊的时刻，

① 即 Oder-Neisse。

② 即 Ost-Politik，前德意志联邦德国总理勃兰特推行的“东方政策”，旨在改善与苏联等东欧社会主义国家的关系以最终实现东西德关系的缓和与改善。

那些在 1920 年代未能解决的、后来又被斯大林的“冰冻”政策搁置的少数民族问题有可能在东欧和中欧各地全面复发。科尔迟迟不愿意承认“奥德河—尼斯河线”，主要是因为他受到了来自原住地在波美
1088 拉尼亚、西里西亚和前东普鲁士等地区的德国人的巨大压力。这些德国人组织了激烈的示威活动，德国的新闻媒体也非常同情这些日耳曼“黑脚[①]”，这些人都是在 1945 年德国东部边境进行有利于苏联和波兰的重新划分时，根据斯大林的命令，被强制离开原住地迁到德国的。德国的伤口很深，因此接受“奥德河—尼斯河线”很困难，但是如果重审边界线或者犹豫不决对欧洲旧秩序向新秩序的和平转变是很危险的。密特朗说服科尔接受了这个边界方案，这是法国在这一时期的主要外交成就之一，也是法国对和平做出的样板式的贡献。既然德国人都这么做了，此后其他民主国家怎么可能不按照同样的方式处理民族纠纷呢？这就是为什么暂时停止两德统一的快速进程的原因，为此密特朗总统还不顾争议访问了行将就木的德意志民主德国，在巴黎接见了波兰总统雅鲁泽尔斯基，在德国议会选举的时候支持德国社会民主党，在基辅会见了米哈伊·戈尔巴乔夫，尽管这些活动让法国和德国的舆论陷入混乱，而且显然并未阻碍统一进程的最终结局（密特朗丝毫不反对两德统一的合法性和不可避免性），但其作用是非常重要的：在尊重国际法和现有边境线的前提下，通过协商和 1990 年 9 月 14 日的《德波协定》实现了两德统一，而不是“吞并”德意志民主德国（很多德国人都希望这样）。另外，密特朗还注重保留从 1945 年以来四国占领德国以保障德国秩序的形式（法国也是四国之一），通过“四加二”（美国、法国、英国、苏联、西德、东德）的形式解决了两德统一的程序问题。尽管 1990 年初发生在东德的示威行动以及东德货币体系的崩溃，促使科尔加快了两德统一的进程，但至少德国的版图得到了维持，法国在国际上的地位得到了巩固，根据 1990 年底的最终协议，苏联将从德国撤军，而德国承诺永不拥有核武器和化学武器。

---

① 阿尔及利亚独立后，从阿尔及利亚迁回法国的法国人，被习惯称为“黑脚”。

由于同样的原因，密特朗在这个敏感的时期，仍然在1989年至1991年间为戈尔巴乔夫提供支持。他认为戈尔巴乔夫至少是结束时代的紊乱的最不坏的选择：可以保持对德国的压力；可以避免苏联帝国因民族主义和领土收复的爆发而陷入混乱；还可以帮助苏联度过危机，避免反对改革者当权，从而造成1985年至1990年之间发生的积极变化全部付之东流。

密特朗1989年12月6日出访基辅，并于1990年5月25日与戈尔巴乔夫在克里姆林宫会晤，他希望帮助苏联度过这个艰难的航程，保持统一，并融入根据限制损害和平的风险的原则建立起来的国际新秩序，尤其是欧洲新秩序。关于欧洲的安全问题，由于与苏联保持友好的缓和关系，密特朗认为问题不大。经过密特朗的反复劝说，苏联最终接受了法国的所有建议，包括同意统一后的德国加入北大西洋公约组织。密特朗还动员其他西方伙伴国为苏联提供援助，使其财政体系避免出现崩盘的厄运。1990年9月，密特朗在法国再次会见戈尔巴乔夫，因为当时鲍里斯·叶利钦在苏联的声望与日俱增，而且在莫斯科发生军事政变的传闻愈演愈烈，密特朗郑重宣布对后者作为苏联唯一合法代表的身份的支持。

与此同时，密特朗还在1990年初开辟了另外一条道路，即将“欧洲安全与合作会议”变成了协商解决分歧的堡垒。1990年11月19日，“欧洲安全与合作会议”在巴黎召开，会上通过了《巴黎宪章》，不仅规定欧洲各国解决冲突时不应该付诸武力，而且倡导在整个欧洲境内推行共同的民主价值观。1991年5月6日在莫斯科，1991年9月30日至31日在法国朗德省的拉什[①]，密特朗和戈尔巴乔夫又再次会面，实际上，密特朗一直支持这位苏共中央总书记，直到12月8日苏联解体和12月25日戈尔巴乔夫彻底退出政治舞台。事实上，密特朗将戈尔巴乔夫誉为“本世纪为在本国实现民主，结束冷战和裁军作出重大贡献的伟人之一”，他希望苏联能够成为一个以俄罗斯为核心的 1089

① 即Latche，曾经是弗朗索瓦·密特朗的主要居住地之一。

国家联邦，对内实行民主，对外进行合作，而戈尔巴乔夫是保证这个构想能够实现的最佳人选。密特朗之所以与戈尔巴乔夫保持紧密的联系，而且竭尽全力地帮助他，还因为密特朗希望戈尔巴乔夫将巴黎视为优先对话者，这表明密特朗始终关心是否能在新的欧洲政治格局中保持法国的伟大和地位，是否能在欧洲对统一的德国，在世界上对独大的美国实现平衡。

法国对南斯拉夫问题作出的反应也是基于同样的原则：在混乱的局势中不立即承认自行宣布的独立，即便宣布独立的民族行使的是人民自决的权利；将时间主要放在与当事各方寻求法律上可行的、政治上能够达成共识的解决方案上，避免留下隐患，造成民族主义和种族主义泛滥，并最终导致关系紧张或战争。密特朗对南斯拉夫的期望是：要么保持统一的状态，但是重新界定联邦内部的关系；要么通过谈判，在国际社会的安全保障下实现分裂。所以当 1991 年 6 月 25 日斯洛文尼亚和克罗地亚先后单方面宣布独立，并要求得到欧洲各国承认的时候，法国保持了沉默。密特朗反对这种行为，但德国对两国的做法持肯定态度。在 6 月 29 日举行的欧共体十二国首脑峰会上，密特朗努力说服了他的同行们，德国总理科尔暂时打消了承认两国的念头。法国只愿意承认经过南斯拉夫内部协商产生的新国家，而不是单方面宣布独立的国家，既然南斯拉夫的分裂已显然无法避免，法国希望能够减缓分裂的进程，并为其设立框架。但是南斯拉夫内部已经爆发了战争，德国也向法国加大了压力，要求承认两国独立。1991 年 11 月 15 日在波恩的欧共体峰会上，科尔再次要求法国承认两国独立，尽管承受着来自社会党、自由派人士、媒体、教会和德国的克罗地亚人（约 50 万）的巨大压力，密特朗总统仍然坚持不可改变边界和尊重少数民族等条件必须得到遵守。然而密特朗的努力以彻底失败告终，德国率先承认斯洛文尼亚和克罗地亚独立，欧共体内其他国家也争相效仿。由于波斯尼亚战争骤然爆发，对斯洛文尼亚和克罗地亚两国独立的承认遂变得不可避免。波斯尼亚战争持续了三年多时间，因为塞尔维亚是法国长达一个多世纪以来的传统盟友，还是分崩离析的巴尔干半岛实现稳定的关键所在，所以尽管塞尔维亚对穆斯林实行“种族清洗”的政策，严重侵犯了人权，法国仍然在期间一直努力支持塞尔维亚。由于无法保持中立，法国于是积极推动欧洲进行干预，并派遣大量的士兵参加联合国维和部队；当美国于 1995 年强迫塞尔维亚、克罗地亚和波斯尼亚领导人签署了《岱顿协定》后，法国有派兵参加了执行该协定的多国部队。于是法国在南斯拉夫的悲剧中，一步一步地陷入了矛盾之中。怎样才能让德国接受谨慎和协商的解决方案，而又不损害德法两国在欧洲事务中的搭档关系？怎样才能让《人权宣言》的精神在前南斯拉夫地区得到普遍接受（尤其是在塞尔维亚），而又不破坏贝尔格莱德与巴黎之间传统的朋友和盟友关系？怎样说服欧洲各国接受一个对塞尔维亚宽松的解决方案，以避免美国最终成为实现表面上看来无法实现的和平的决定性力量？之所以产生这些矛盾，一方面是因为法国想要公正地、一劳永逸地解决南斯拉夫问题，即有组织地、通过国际社会的监控实现南斯拉夫的分裂；另一方面则是因为法国传统的外交考量决定的自私的动机。无论如何，法国在南斯拉夫问题上遭遇 1090
了深刻的矛盾，揭示了法国在 1989 年以来发生巨变的世界环境中所面临的新困难。

在其他事情上也一样，比如海湾战争。作为伊拉克的传统盟友，法国未能在国际社会采取行动之前，劝服伊拉克总统萨达姆·侯赛因从 1990 年 8 月入侵的科威特撤军。不过，法国也尽了最大的努力，而且由于法国长期以来对这个石油国家提供的政治、外交和军事帮助，以及法国在两伊战争中竭尽所能提供的支持，法国具有其他任何国家都没有的说服力。但是，所有努力都因为萨达姆·侯赛因的固执己见而白费了。既然不能再充当有效的调停人角色，法国于是加入了美国的行列，接受美国的领导，承认美国保障国际秩序的角色（在联合国的框架内），并将自己的军队交给美国支配（1991 年 1 月，法国的达盖师[①]参加了解放科威特的战斗）。这一政策在国内遭到了一些人的反对：法国共产党和国民阵线对此激烈抨击，国防部长让-皮埃尔·舍韦内芒愤而辞职，一些戴高乐主义者持保留意见；而且这一政策有损法国的形象，尽管法国参战巩固了法国的大国地位，但实际上，不论最终取得战斗胜利（绝大多数多国部队士兵都是美国人），还是解决冲突（由于没有符合自身利益的解决方案，同时为了在该地区制衡伊朗，美国决定结束战争，但并不推翻萨达姆·侯赛因政权），法国都无法起到决定性的作用。海湾战争还证明在国际新秩序中，只有一个超级大国，即乔治·布什和比尔·克林顿先后领导的美国，因此法国已经不可能在已经不存在的两个对抗阵营（东西）之间，在内部都很不团结的两个国家集团（南北）之间继续扮演独立自主的中间人角色了。正因为如此，法国在很多国际问题的解决上，都被美国撇在了一边，比如近东问题。1993年9月巴以双方签署了《奥斯陆协议》，这个巴以和平进程中的重要成就是美国逐渐促成的，法国就未能做到这一点，和往常一样，法国对该协议的评价与美国又有所不同。尽管法国总能找到机会挑战美国的权威，或者抨击美国的霸权，比如在1993年有关关贸总协定的谈判中，法国坚持“文化例外”，反对美国将文化产业纳入总协定之中；1998年在世界贸易组织对多边投资协议进行辩论时，法国又反对美国将通讯和视听媒体纳入其中。不过，为了巩固其国际地位，法国又不得不积极辅助美国领导的外交和军事行动，如在伊拉克、索马里和前南斯拉夫等地区，换一句话说，就是甘愿追随美国，比如美国主导的对伊拉克的制裁。

新的国际政治格局还迫使法国修改国防政策。法国原来的国防政策完全建立在核武器的基础上（有三个支点：陆基洲际导弹、空基核武器、潜射导弹），宗旨是确保法国在海陆空三方面同时具备核威慑力，并以应对欧洲冲突或在非洲进行零星的军事行动为主要战争假设，

---

① 法国将法军在海湾战争中进行的军事行动称为“达盖行动”（Opération Daguet），参与海湾战争的法国部队统称“达盖师”（Division Daguet）。

这种传统的观念和法国的军事实力显然已经与最新的国际形势脱节。尽管密特朗总统在1990年至1995年间对国防政策进行了调整（比如放弃了阿尔比翁高原的陆基弹道导弹基地和陆基洲际导弹，以及1993年停止在穆鲁罗阿[1]环礁的核试验），但法国的军事部署基本上没有发生大的变化，没有缩减预算和计划（其他大国因冷战结束都减少了军事开支），没有修改国防战略，没有改善军事投射能力（这种能力是新 1091
出现的地区冲突所必需的，比如在伊拉克和前南斯拉夫），也没有重新确定参与北大西洋公约组织的程度（波斯尼亚战争和伊拉克战争证明：后勤、通讯和兵力调遣都要求各军事力量具备高度的协调性，并且只有依靠北约才能实现军事投射）。希拉克上台后，才进行了必要的军事改革。

为了显示自己与前任总统密特朗的不同，也为了巩固法国的军事现代化能力，希拉克不顾社会舆论和多国政府——尤其是亚洲和太平洋地区的一些国家——的反对，在1995年短暂地恢复了核试验。随后，希拉克宣布关闭位于穆鲁罗阿环礁的核试验场，法国不再进行核试验，未来的所有核试验都将采取模拟的方法。由此，法国核武器的现代化得到了保障，核威慑力量得到了维持，希拉克在经过这次非常戴高乐主义的“展示”后，终于能够对法国的军事部署进行必要的改革了。1995年，军费预算开始加速缩减；继皮埃尔·若克斯和弗朗索瓦·雷奥塔尔两任国防部长进行了军队重组之后，在1997年6月社会党在立法选举获胜后上任的国防部长阿兰·理夏尔进一步加强了这方面的工作。另外，希拉克总统还根据欧洲各国普遍出现的趋势，宣布终止义务征兵制，并计划在2002年完全实现军队职业化，这可以缩减军队的费用和人数，并使军队获得更高的可操作性。希拉克总统还推动法国兵器工业的改革，导致很多公共军火公司（尤其是地面武器工业集团公司）破产，他还根据欧洲军事合作的前景推行了一些更加符合军队需要的新计划。根据1996年2月希拉克宣布的决定，法国国防

---

① 即 Mururoa，位于太平洋中南部的法属波利尼西亚群岛。

部针对新时期面临的新威胁，制定了 1997 年至 2002 年的军事计划法案，1996 年 6 月在议会获得通过，该法案规定每年的军费将为 1850 亿法郎（按照 1995 年法郎币值计算），其中 990 亿法郎用于保证军事系统运转，860 亿法郎用于装备。该法案在保留由空基和海基核武器组成的核威慑力量的中心地位的同时，将情报工作（尤其是卫星情报工作）和为预防冲突进行的军队预置放到了优先考虑的位置。除了承担防御任务，法国军队以后必须发展“军力投射”能力，即为保护国家利益或参与国际社会框架内的集体行动，远距离实施传统军事行动的能力，以弥补伊拉克战争和波斯尼亚战争中暴露的不足。该法案还充分考虑到了“战略性的非军事威胁”，比如恐怖主义、有组织犯罪和走私等，这要求大量增加法国国防的第四个兵种——宪兵部队的人数。到 2002 年的时候，实现了职业化的法国军队，将从 1997 年的 50 万人，减少至 35.7 万人（其中宪兵 9.6 万人），仍然多于德国（33.8 万人）和英国（22.6 万人）。为了替代或减少人员的使用，该法案强调了武器装备的现代化和军事科技的提高，比如勒克莱尔主战坦克、“虎”式直升机、由卫星网络控制的火炮系统、导弹制导系统和对欲摧毁目标的卫星定位等。由于公共舆论普遍反对派兵参加与本国并无重要利害关系的境外冲突，以及出现人员损失，法国和其他欧洲国家与美国一样尽量减少人员的使用，避免人员伤亡，但还是在近东和前南斯拉夫付出了惨重的代价。

另外，密特朗总统从伊拉克战争和波斯尼亚战争，以及国际政治新格局中吸取了教训，开始着手推动法国重返北大西洋公约军事一体
1092 化机构（30 年前，戴高乐将军为了显示法国决策的独立性，宣布退出了该机构）。重返的准备工作在 1992 年至 1993 年间只能秘密地进行，直到 1994 年 9 月在塞维利亚[1]举行的一次非正式会议上，法国国防部长弗朗索瓦·雷奥塔尔向北约成员国的 15 位同行确认了这个决定；1995 年 12 月 5 日，法国又郑重宣布从此将重新参加北约军事委员会

---

① 即 Séville，西班牙城市。

会议和北约国防部长会议。1994 年 1 月，法国还表示拥护成立欧洲联合部队的主张，在必要的情况下，这支部队将在“西欧联盟”的指挥下，借助北约的军事资产，处理美国不愿意介入的危机。另外，在 1996 年 6 月 3 日至 4 日召开的北约国防部长会议上，法国促成了《柏林协定》的签署，从此法国的军队可以通过“多国多兵种联合特遣部队”① 参加欧洲境外的北约军事行动。从此，法国的军事机构就在事实上与北约一体化军事结构连接了起来，不过在法国最终正式地、完全地回归北约之前，还需要对北约进行改造，让欧洲人在其中占据更多的位置，并使北约成员国的国防计划实现同一化。法国之所以积极靠近北约，还有部分原因是希望倡导欧洲防御的主张，目的是消除法国在 1966 年的特立独行在欧洲伙伴国眼中造成的不良印象。这再次证明了法国在欧洲的抱负对法国的国际政策有着决定性的影响力。

欧洲的义务

甚至在 1988 年 5 月 7 日重新当选为法国总统之前，密特朗就已经根据 1987 年 7 月 1 日议会批准的《单一欧洲法令》（该法令由总理希拉克领导的右派推动，左派的社会党对该法案持反对态度），开始着手欧洲建设的一个新阶段，即货币统一阶段。密特朗希望统一的欧洲货币能够开启欧洲政治统一的进程，并最终实现欧洲国家外交和安全政策的统一。柏林墙倒塌后，这个选择显然是必须的，从此法国致力于为两德的统一设置框架，并将统一后的德国与欧洲发展牢固地捆绑在了一起。欧洲计划如果出现任何闪失，对法国来说都将是灾难性的，因为欧洲计划从 1983 年开始就是法国外交政策的基石，而且国际新形势使欧洲计划变得更为急迫。根据 1989 年 4 月 17 日有关经济和货币联盟的《德洛尔报告》，密特朗在柏林墙倒塌后不久的 11 月底，要求立刻组织一次政府间会议，为加强和深化欧洲建设达成一项新的协议。他的愿望得到了实现，1989 年 12 月 8 日至 9 日在斯特拉斯堡举行了欧洲峰会，在法国总统的主持下，以后来的《马斯特里赫特条约》为目

① 即 Groupes de forces interarmées multinationales (GFIM)。

标的欧洲建设进程就此启动。经过紧张而激烈的协商，各国最终于 1991 年 12 月 9 日至 10 日，在当年达尔达尼昂去世的荷兰城市马斯特里赫特签订了条约，“欧洲联盟”应运而生。该条约的前言中明确了欧盟的性质和目标，该条约还赋予了欧盟成员国的每个公民欧盟公民权，享有参加市政和欧洲选举的选举权和被选举权。《马斯特里赫特条约》还建立了经济和货币联盟，以及欧洲统一货币，欧元计划于 1999 年 1 月 1 日正式开始流通。管理欧元的欧洲中央银行，独立于政治权力，主要肩负着监督各成员国财政预算政策是否合乎规定，以及各成员国物价是否稳定的职责。该条约确定的目标需要欧盟各国在经济和货币政策上表现出更大的趋同性。另外，《马斯特里赫特条约》不仅在很多领域——如教育、文化、公共健康、警察、司法和消费
1093 等——赋予了欧盟更多的和新的职权，还明确了欧盟在外交和安全方面的目标，即欧盟各国未来将“形成共同的安全政策”，甚至将以“西欧联盟”为模板进行“共同的防御”。最后，一个有关社会问题的议定书也被纳入了《马斯特里赫特条约》，主要涉及工作条件、反排斥和欧洲集体协定等。

一回到巴黎，密特朗总统就在法国电视二台宣称：“《马斯特里赫特条约》是《罗马条约》以来最重要的文件”。从欧洲建设来说，《马斯特里赫特条约》实际上是欧共体道路上的具有重大意义的一次跃进，欧盟从此不再仅仅是按照自由贸易原则建立起来的简单的经济组织了。《马斯特里赫特条约》使欧盟作为一个具有大陆规模的超级国家，崛起为国际关系中的一个新的重要角色，它逐渐具备了更多的主权的特征，比如统一的货币和国防。对于法国来说，这当然是一次无可争议的外交胜利。在柏林墙倒塌仅仅两年之后，法国将统一的德国融入加强的欧洲的设想，就变成了现实。如果把这一成就全部归功于巴黎，肯定会有失公允，因为赫尔穆特·科尔一直支持欧洲建设，他在担任德国总理前后一直都竭力推动欧洲建设，他希望重新统一的德国能够开放地、可持续地、决定性地成为欧盟的一员。这符合他作为康拉德·阿登纳的“德国基督教民主联盟”的继承人的信念，以史为

鉴，希望永远驱除曾使德国沦为野蛮，并使德国变成一片废墟的恶魔。科尔首先把马克放上了欧洲的祭台，这是一个具有象征意义的重大政治举动。他非常理解其他欧洲国家（不仅是法国，还有英国和意大利）的担心，同时他希望能够通过牢固地扎根欧洲，使其他欧洲国家得以放心地接受统一的德国，从而彻底抹去第二次世界大战的后遗症，并使德国在一种完全不同的国际局势下，恢复从前的强国地位。如果没有赫尔穆特·科尔，没有他不遗余力地拥护法德轴心，《马斯特里赫特条约》的签订将是不可能实现的；西班牙首相费利佩·冈萨雷斯的持续支持也为欧盟取得成功作出了巨大贡献，尽管欧洲很多预言家曾断定欧洲将被埋葬在旧世界的废墟之下。

对于法国及其总统密特朗来说，《马斯特里赫特条约》是法国1983年确定的战略中的一个重要阶段：现实一再证明单独实现“伟大”的局限性，且强国地位日益遭到侵蚀的法国，通过欧盟能够实现实力的延伸。略显矛盾的是，法国作为加强了欧盟的“联邦”职能的《马斯特里赫特条约》的主要拟定者，却强迫德国接受了另外一种略有不同的构想。实际上，在荷兰和德国希望将新政策（货币、司法、警察、外交、安全）纳入现存的遵循联邦制的超国家原则的欧盟制度框架——有拥有创制权的欧盟委员会、做决策的欧盟理事会、拥有监督和共同决策权力的欧洲议会，以及负责审查的欧洲法院——之中时，法国成功地使其他国家（实际上是强迫他们）接受了所谓“三个支柱”的欧盟新框架。第一个支柱——即纯粹意义上的共同体，融合了欧洲经济共同体、欧洲煤钢共同体和欧洲原子能共同体，并增加了一些扩大的职能，尤其是条约中一些有关经济和货币联盟的条款——遵循联邦制的精神；第二个支柱（处理欧盟外交政策和共同安全事务）协调政府间的工作；第三个支柱（警察和司法）则仅仅是政府部门之间的合作。根据这种分类，有关国家主权的事务按照法国的意愿不受欧盟共同法的约束，而只能作为政府间按照全体一致的原则进行处理的问题，而欧洲议会、欧盟委员会、欧洲法院都不能过问。德国总理科尔希望建立更加联邦化的欧洲，而密特朗则继承了当年戴高乐推崇

1094 的“政府间的”欧洲模式，也就是说建立“合众国的欧洲”，而不是“欧洲的合众国”。尽管法国人对德国人的设想的不同意见，体现在了《马斯特里赫特条约》的条款之中，但是还不足以让对国家主权完整仍然非常敏感的法国舆论感到安心。这种不安在密特朗启动全民公决程序来批准该条约的时候暴露无遗，公众辩论的焦点主要集中在超国家性、法国独立自主作决定的自由、法国的国家主权等基本观念之上。和戴高乐将军时期一样，激烈斗争的一方坚持必须保证国家的绝对主权，使法国始终能够独自掌握自己的命运；另一方则赞成将部分主权与其他欧盟成员国分享，他们认为绝对主权有着很大的局限性，坚信主权分享是现在和未来的法国的必然选择。维护绝对主权的一方包括国民阵线、大多数保卫共和联盟成员、很小一部分法兰西民主联盟成员、法国共产党和少数社会党人。而赞成分享主权的一方包括大多数法兰西民主联盟和社会党成员。左派和总统密特朗在 1992 年夏天民意支持率已经明显下降，使同意《马斯特里赫特条约》的人的任务变得更加困难；和所有第五共和国期间的全民公决程序一样，选民在投票时还揉入了很多与公决的问题毫不相干的因素。1992 年 9 月 20 日，“同意”《马斯特里赫特条约》的人仅以微弱的优势（51%）取得了胜利，为这次投票通过《马斯特里赫特条约》作出巨大贡献的除了以自己的政治生命作担保的希拉克，还有那些有着深厚基督教民主文化的、拥护欧盟建设的地区，比如布列塔尼，以及那些传统上一直支持欧盟建设的地区，比如阿尔萨斯。总的来说，是城市的、现代的和有着良好教育背景的法国人投票通过了《马斯特里赫特条约》，而不是那些更直接地遭遇失业、郊区和农村的结构破坏、以及工业领域突变的法国人。

法国好不容易通过了《马斯特里赫特条约》，让欧洲伙伴国，尤其是德国松了一口气。此前德国人无法相信政治上和身体上都行将衰竭的密特朗，居然仍能对欧洲的未来发挥决定性的作用，法国国家元首重新确认了自己在欧洲政治生活中的重要地位。通过《马斯特里赫特条约》，法国从德国获得了短期内对欧盟建设实现更多突破的承诺后，同意欧盟对斯堪的纳维亚国家和奥地利开放，这让波恩感到满意，法德轴心之间的互信得到了巩固。1993 年 3 月社会党在立法选举中遭到失败后，法国新总理巴拉迪尔前往波恩，他和密特朗总统达成一致，共同要求欧盟支持将视听产品从关税和贸易总协定的框架内排除出去，以捍卫法国支持和保护创造力的机制。在会议上，法国还按照德国总理科尔的要求，宣布奥地利、瑞典和芬兰三个传统的民主国家加入欧盟是不可抗拒的事情，接受当时身为欧盟观察员国的三国在 1994 年 12 月的（德国）埃森会议上加入欧盟。根据密特朗从《马斯特里赫特条约》获得的保证，在希拉克当选为法国总统后不久的 1996 年 3 月 29 日，新一轮欧盟会议在意大利都灵召开，此次会议的目标是在欧盟向东欧国家开放（奥地利、瑞典和芬兰已经于 1995 年 1 月 1 日正式加入了欧盟）之前，复审条约并采用新的组织制度。1997 年 6 月 18 日，欧盟各国在荷兰阿姆斯特丹签订了《阿姆斯特丹条约》，该条约在三个方面取得了突破（但是一些关键的问题仍未得到解决）：在没有一致同意的情况下，欧盟成员国仍可以实施一些共同政策；提高“共同决策”，即将欧洲议会与欧盟的政治生活紧密联系的机制；将第三个支柱的部分事务（警察、司法）“共同体化”，主要集中在政治避难、移民和签证等问题上。当然，这个新的条约并没有解决那些根本性的制度问题（比如减少欧盟委员会的委员数量；扩大欧盟部长委员会以有效多数制决策的范围；对有效多数投票中的选票进行加权计算），延迟了欧盟向东欧国家开放的时间表。好在《阿姆斯特丹条约》取得了其他一些突破，而且这些突破都将欧盟导向更大的“超国家性”，
要知道参加此次谈判的两个法国人（希拉克和朱佩）都是戴高乐主义 1095
者。1997 年 6 月，左派不仅在立法选举中获胜，社会党人还成功地推动了在《阿姆斯特丹条约》之中增加有关社会问题的补充内容，即欧洲各国在就业和消除失业等问题上协调一致，这证明每个巴黎的政治家都已经深刻地意识到：任何独立自主的政策，如果不能得到欧盟其他国家的支持甚至参与，都很可能走向失败。随着一个个条约的签署，欧盟体现出越来越强的“超国家性”，因此很多法国政治家（包括右

派的夏尔·帕斯夸和左派的共产党）深感忧虑，他们要求就批准《阿姆斯特丹条约》进行全民公决，因为他们认为《阿姆斯特丹条约》比《马斯特里赫特条约》在“超国家性”的原则上走得更远。1998 年秋季，总统希拉克和总理若斯潘共同决定将该条约的批准仅仅付诸议会投票表决，这反映出左派的社会党和温和的右派从此对欧洲建设达成了以下共识：欧洲是法国外交的关键所在；欧盟将向联邦政体发展，统一的欧洲货币加重了这个趋势；欧盟建设的目标是最终形成一个具有强国特征（货币、安全、外交、经济调节）的欧洲大陆。当然，每个政治家都谨慎地赞同希拉克总统 1998 年 9 月对所有的法国终身大使发表讲话时采用的提法——“欧洲的国家联盟”，以免引起那些无条件拥护“民族”和“祖国”的人的激烈反对。但实际上，法国已经以一种隐含的方式把赌注押在了“整体欧洲”之上，希望在欧洲成为一个与其他世界强国平起平坐的“大陆国家”的条件下，法国能够借助自己在欧盟内部具有的影响力，实现靠自己的力量已经想都不敢想的地缘政治的远大抱负。通过欧洲实现法国的伟大，这就是欧元开始流通的前夕和距离 1999 年 6 月的欧洲选举只有几个月时间的时候，民主社会党人和自由主义者（其选举基础已经遭到动摇）的共同信条。有趣的是，由于政治家们对 1999 年的欧洲选举感到忧虑（因为这是对欧盟建设表达不满的大好时机），他们对欧盟建设的逻辑采取秘而不宣的策略，但没想到反而是那些远非政策制定者的人群使法国开始进入了欧元时代，他们是超级市场收银员、餐馆的服务员、商店的售货员、银行的窗口营业员和广播游戏的主持人，从此以后，他们会用欧元和法郎衡量所有有关欧盟的政策。这再次显示出，政治家们也许没有必要在欧盟建设方面采取这样遮遮掩掩的方式。尤其欧盟是围绕着法德轴心建立的，并且这对共识和默契不断增长的搭档，从一开始就没有掩饰最终实现联邦制欧洲的愿望。此外，不正是法德轴心最早启动了最终将终结各国军队的进程吗？密特朗和科尔在 1992 年共同决定成立所谓“法德旅”；1994 年 7 月 14 日，密特朗邀请科尔参加了法国国庆阅兵仪式，一起检阅了正在组建的“欧洲军团”的先头部队——“法德旅”。1995 年 5 月 8 日纪念第三帝国投降之日，密特朗早上还在巴黎和希拉克在一起，晚上就来到柏林参加了纪念活动，和 1984 年“凡尔登的握手”一样，密特朗的访问不仅象征着两个国家之间的敌意已经完全消除，而且两国还决心携手开创共同的未来，甚至在军事领域毫无保留地开展合作。和其他欧洲国家一样（尽管法国人到今天仍然和英国人、德国人和意大利人一样，拥有独立开展军事行动的能力），法国也派遣自己的部队参加各种国际军事行动。法国之所以这样做，是因为法国确信自己已经不再拥有独自行动的能力了。

在涉及欧洲未来的问题上，法国非常审慎，竭尽所能捍卫自己对欧盟的构想，即强大的欧盟不仅在成员国之间发展共同的政策，而且 1096
不断深化和扩大，使欧盟不局限于简单的实行自由贸易的地区，同时也不会形成典型的联邦制结构。由于有这个基础，“左右共治”的法国领导人希拉克和若斯潘，才能在欧元时代的欧盟的众多重大问题上，在欧洲领导人峰会上用同一个声音说话。

首先是 2000 年初召开的新一轮政府首脑会议，旨在对欧盟进行必要的制度调整，为将来成员国增加到 27 个做准备（尽管罗马尼亚和保加利亚不属于首批加入欧盟的东欧国家，但两国也被包括在其中）。此轮会议的任务非常艰巨，因为涉及到欧盟部长委员会的票数、各国欧洲议员的数量、欧盟委员会委员的数量的调整，以及进行有效多数投票的领域的扩大。由于每个国家都坚持自己的立场，很多文件的拟定都很棘手，作为 2000 年下半年欧盟轮值国的法国需要避免会议陷入僵局，并找到各国都能接受的折衷方案。法国勉强履行了自己的使命，在 2000 年 12 月 20 日召开的欧盟峰会上，欧盟各国签订了《尼斯条约》，该条约经各国批准将于 2003 年春季生效。越过这道障碍后，每个人都明白进行了这些制度调整后，下一步就应该为扩大的欧盟制定一部宪法了。在欧洲宪法的拟定问题上，法国建议不采取政府间会议的传统途径，因为法国发现在协商《尼斯条约》的过程中，各国暴露出严重的民族自私主义，这将使宪法的制定陷入困境，尤其是当时各国民众对欧盟的好感度普遍不高，因此欧盟宪法需要体现更大的合理性、有效性和透明性。根据法国的提议，欧盟理事会 2001 年 12 月在比利时拉肯做出决定，成立“有关欧洲未来的制宪会议”，由欧盟成员国和欧盟候选成员国的代表，以及欧洲和各国议会的议员组成。为了在制定欧盟宪法过程中发挥重要作用，法国成功地推举前总统吉斯卡尔·德斯坦担任了欧盟制宪会议的主席。从此，吉斯卡尔·德斯坦主持和推动有关欧盟宪法的讨论，而法国当局则致力于捍卫自己对未来欧洲的构想。这种构想，因为是《罗马条约》签订 40 年之后有关欧洲未来的重要抉择，使法德关系的发展趋向复杂化。对德国总理格哈德·施罗德和德国外交部长约施卡·菲舍尔提出的建立联邦制欧盟的建议，法国总统希拉克和法国总理若斯潘立即加以驳斥，努力维护所谓“国家的欧洲”的原则，即政府间的欧盟，而非联邦制的欧盟，这是法国自戴高乐将军以来的一贯立场，随后的每一任法国领导人都没有偏离这个立场。不过希拉克在 2002 年再次当选法国总统之后，推动了法德轴心的重新运转，因为如果没有法德轴心，欧盟的建设就不可能实现任何进展。这体现在两国在伊拉克问题上的一致立场、《爱丽舍条约》（1963 年 1 月 20 日）签订 40 周年的规模宏大的庆祝活动和对欧盟未来实行“双主席制”的共同宣言上。“双主席制”的意义在于：一方面选举一位任期 5 年（或 2 年半）的欧盟理事会主席，从政治上代表欧盟（目前的欧盟理事会采取轮值制，每 6 个月更换一次），这个提议是德国在西班牙首相何塞·玛丽亚·阿斯纳尔、英国首相托尼·布莱尔和法国总统希拉克的建议的基础上经过修改形成的；另一方面，接受通过欧洲议会选举，经过欧洲理事会批准，产生欧盟委员会主席，这个提议由德国提出，它完全推翻了现行的欧盟委员会主席的任命机制。法国还促使德国作出在 2006 年重新进行磋商之前，对欧盟共同农业政策不予质疑的承诺，因为此前德国为了尽快实现欧盟东扩，一直响应英国提出的建议，要求将共同农业政策中的农业补贴权“重新国有化”，以便为正在进行的欧盟东扩的谈判扫清障碍。
1097 法德轴心重新开始运转，使 2002 年 12 月在丹麦哥本哈根举行的欧盟理事会能够达成协议，确定欧盟将很快扩大为 25 国。尽管法德两国与一些欧盟的新成员国之间产生了分歧，那些国家在伊拉克战争问题上，与阿斯纳尔—布莱尔—贝鲁斯科尼“三重奏”一起站在了美国一边，法国总统为此要求这些国家遵守欧盟的纪律，但法德轴心如果能够持续下去，将能使欧盟跨过这次危机，并根据法国的要求思索伊拉克的出路问题。尽管理论上存在着欧盟的“共同外交和安全政策”，但由于欧盟在外交上缺乏合法性和团结，欧洲各国之间自然会出现各种不同的声音。于是这种合法性和团结有待建设，而且有必要突出欧洲不同于美国的自身利益，这些法德两国在伊拉克战争期间强调的利益，如果欧盟各成员国希望能够在国际事务中具有一定分量的话，应该在将来成为整个欧盟的共同利益。

多国机制下的影响力延伸

除了在欧洲方面，法国在非洲和其他一些国际重大问题上，也被迫或主动作出了政策调整，目的是在多国机制下体现法国的影响力，而不再奢望能够独自实现法国的“伟大”。在非洲，法国几乎没有选择。冷战的结束，使法国对那些从前被视为防止共产主义扩张的壁垒的非洲独裁者们的支持变得毫无意义。时代的发展似乎已经到了应该重新考虑民主和人权的时候了。1990 年 6 月 19 日至 21 日在法国拉博勒举行的欧盟峰会上，密特朗宣称：“法国将竭尽所能，帮助那些为获得更多自由而进行的斗争”。另外，他还呼吁重建非洲人民对本国领导人的信任，以及援助国和私人投资者对非洲领导人的信心，他们都希望非洲国家能够拥有“运转良好、管理审慎的政府部门”，之所以这么说是因为很多非洲国家正处于无组织、腐败严重的混乱局面，尤其是在那些最专制的国家。但是这些良好的意愿几乎都未能收获积极的效果。法国在卢旺达内战中支持胡图族对抗图西族，但未能防止 1994 年的种族大屠杀；法国不顾国际社会的反对，帮助蒙博托恢复权力，但却无法避免蒙博托 1997 年的覆灭；法国还承认 1993 年加蓬和 1996 年乍得的可疑的选举结果；继续于 1996 年派遣部队前往（中非共和国）班吉，支持已经丧失民心的政府。由于已经无法在与非洲国家的合作中体现长期的意图和优先的利益，法国发觉自己在非洲的地位遭到了更大的损害。法国对非洲一些国家的动乱无能为力，尤其是在非洲大湖地区[①]。法国对非洲法语国家的财政状况的恶化束手无策，因此总理巴拉迪尔在 1994 年对西非法郎实行贬值，同时采取一系列措施帮助非洲经济融入到世界经济之中；法国做出对西非法郎实行贬值的决定是非常必要的，但也标志着法国不再有对昔日帝国的怀念，和法国已经不可能将非洲作为自己的“保留地”了。法国无法抵挡美国在非洲的强势回归，不仅美国人希望在法国人有着独特感情的非洲大地取代法国人，非洲自身也崛起了一些非法语的强国（乌干达、安哥拉、尤其是南非），它们希望在非洲的危机中能够扮演重要的角色，法国在非洲的处境因此更加艰难。当然，希拉克当选法国总统，得到了法语非洲的欢迎；希拉克总统在强调民主的同时，不仅重新加强法国与非洲传统友国的关系，还与其他几个新兴非洲国家建立了紧密联系，于 1997 年春季访问了纳米比亚和南非。但是他面对的非洲政治局势与其前任们截然不同。非洲大湖地区的危机——使法国政界动荡不
1098 安，法国议会组织了针对卢旺达种族大屠杀的调查委员会，非洲一些当权领导人有可能对大屠杀负有责任——将法国在非洲的衰落暴露无遗，法国无力承担非洲国家的经济和财政重负，自然也无力保障非洲国家的秩序。因此，在非洲和在世界其他地方，多边行动前所未有地成为了时代的要求，在法国的推动或影响下，各种国际组织积极参与多种国际行动。尽管戴高乐当年曾把联合国称为“那玩意儿”，今天的法国却凭借联合国安理会常任理事国的地位，和来自非洲法语国家和其他非洲传统友国如埃及的支持，积极赋予联合国更为重要的地位。为此，法国积极展开活动，成功地突破美国人的阻挠，将布特罗斯·布特罗斯-加利[②]扶上了联合国秘书长的位置。可惜的是，法国在 1996 年谋求加利在 1997 年连任的努力遭到了失败，美国人支持的科

① 位于非洲东部，包括世界第三大湖维多利亚湖等多个湖泊，位于该地区的国家有乌干达、肯尼亚、刚果、卢旺达、布隆迪、坦桑尼亚、赞比亚、马拉维和莫桑比克等。

② 即 Boutros Boutros-Ghali，埃及人，1922 年 11 月 14 日生于埃及开罗，为联合国第六任秘书长。

菲·安南[1]取得了胜利，这再一次证明了法国影响力的局限性。不过，不论在伊拉克还是前南斯拉夫，法国坚持在联合国的框架内行动，并从政治上和军事上的积极参与，还是显示出法国是可以通过多国机制，在国际重大事件中延伸自己的影响力的。另外，法国还通过法国人在多个大型国际机构出任首脑职务（雅克·德洛尔在布鲁塞尔的欧盟委员会、米歇尔·康德绪在国际货币基金组织、让-克洛德·佩耶在经济合作和发展组织、雅克·德·拉罗齐埃尔在欧洲重建和发展银行），确保了法国在国际事务中的重要地位，这些人在出色地领导各自机构的同时，在一定程度上保证了这些机构对法国的愿望不至于充耳不闻。

于是一种调解战略在法国应运而生，一方面法国积极参与国际社会（联合国、欧洲安全与合作会议、非洲统一组织、G7 等）的集体调节行动，另一方面法国参与各种地区安全系统，但继续维护在联合国的地位，因为联合国是进行调节、阐述权利、梳理地区性计划、并为大国干预提供政治屏障的全球性机构，法国在联合国承担着组织集体安全和维护和平的重要角色。在放弃单边主义之后，法国在欧盟建设和向北约靠拢的过程中，发现了多国组织的众多优势及其有效的调解能力。法国清楚地意识到尽管自身实力有限，但通过多国组织拥有的力量，是可以表达自己的意愿并表现自己的影响力的。按照这个原理，法国还积极参与其他领域的国际活动。自从贝尔纳·库什内[2]创造出了有关人道主义的“干预的义务”的概念后，法国积极参与人道军事干预行动；为了防止核扩散，法国于 1996 年 9 月签署了联合国《全面禁止核试验条约》，从此在防止核扩散方面扮演一个新的角色；在环境保护方面，法国先后参与和组织了 1993 年在里约热内卢和巴黎召开的“地球峰会”；此外，法国还积极参与有关人口和发展的国际行动。在所有这些领域，法国都

① 即 Kofi Annan，加纳人，1938 年 4 月 8 日生于加纳的库马西市，为联合国第七任秘书长。

② 即 Bernard Kouchner，法国政治家、医生，1939 年 11 月 1 日生于阿维尼翁，曾担任法国卫生部部长、外交部部长，是无国界医生和世界医生组织的创始人之一。

试着通过多边外交的实践参与其中，尽管这些实践通常非常棘手，而且有时候令人沮丧，但法国还是坚定地参与“国家新社会”的艰难的孕育过程。1997 年和 1998 年，希拉克在两次对法国终身大使们的讲话中，都将很大一部分法国的双边行动，归功于得到加强的多边机制。法国的政治习惯和外交工具，尽管从这些实践中获得了不少经验，但是仍然要走很长的路，才能最终实现外交部长于贝尔·韦德里讷极力推动的外交政策的调整。而且美国的霸权和华盛顿通过多国机制实现其全球影响力的相同愿望，使法国的想法更加难以实现，1996 年有关联合国秘书长的职位之争就是一个明证。不过无论如何，法国的政策已经转弯，而且现实表明这种转变显然是不可逆转的。

如果需要一个确信的证明，从希拉克在 2002 年再次当选法国总统后采取的姿态就可以明显找到。多边主义从未像现在这样成为时代的
1099 主旋律，首先表现在法国的非洲“保留地”——法语国家。当科特迪瓦在 2002 年底发生动乱后，法国及其外交部长多米尼克·德维尔潘并没有按照传统的方式做出反应，比如与当局签订防卫协定，派兵救助当权总统，并严厉打击叛军，而是选择了一种“联合国式”的立场，首先派兵分隔双方的军队，然后进行外交调解。这样的对策最终使交战双方能够在巴黎地区的马库锡，围坐在一张桌子周围，展开谈判。法国希望双方签订协议的时候，联合国秘书长和西非几个主要国家的政府首脑能够出席，这表明法国不愿意在前殖民地地区继续充当宪兵的角色，而更愿意在联合国的担保下，将其外交和军事力量为非洲的多边主义提供服务。2002 年夏季，当美国想要通过单边主义的途径，使用武力解除伊拉克的武装，并推翻萨达姆·侯赛因政权的时候，法国做出了相同的反应。法国外交人员首先利用法国的影响力，劝说美国回到联合国的框架内，并在联合国安理会第 1441 号决议的前提下同意以汉斯·布里克斯为首的联合国武器核查小组返回伊拉克。由此开始了巴黎和华盛顿之间的角力，法国主动担当联合国内赞成多边主义的国家的领头羊角色，积极反对华盛顿奉行的单边主义政策。为此，

法国不仅动员德国和苏联持相同的立场，还与每个联合国安理会成员国展开对话，并积极拉拢非洲国家，希望武器核查进程能够顺利进行到底，而不受美国强加的时间表的限制，美国当然也希望联合国能就对伊动武开绿灯，但也下定决心，不管有没有联合国的支持，都要在 2003 年春季之前彻底瓦解伊拉克。2003 年初，法国俨然是捍卫联合国宪章中有关付诸武力的原则的国家中最坚定的代表，它甚至推动与美国有着亲密关系的联合国秘书长安南主动采取措施束缚美国的步伐，另外法国还通过外长德维尔潘的声音，在安理会明确表达了坚决反对短时间内对伊拉克动武的新决议时，赢得了与会的各国代表的热烈掌声。法国一直担心失去联合国常任理事国的地位，但它利用此次伊拉克危机，向南方国家占多数的国际社会显示了，如果联合国安理会里没有法国这样一个审慎而又坚决反对美国的单边主义的国家，将是多么危险的事情。法国与美国单边主义作斗争的目的，还在于法国希望巩固自己在国际社会的新地位，即法国是国际舞台上不可或缺的重要角色，为了共同管理全球的战争与和平问题，法国贡献自己的力量和独立性，为 1945 年成立的联合国服务。

戴高乐将军在 1960 年代中期说过："伟大是不可分割的"。但从那时起，尤其是 1989 年之后，世界发生了显著的变化。从吉斯卡尔·德斯坦到密特朗和希拉克，历任总统都以各自的方式，努力维持法国在国际事务中完整的影响和干预能力。"核武器君主制"、国内政治共识、经济实力、文化辐射、法语国家共同体的影响力、现实政治和普遍主义的混合，都是法国总统们可以利用的"王牌"。经过几任总统的努力，仅仅拥有中等实力的法国，却能在世界大国组成的"乐队"中，奏出了超出自己实际能力的"强音"。不过，面对"大陆国家"和全球化带来的挑战，法国的总统们必须努力防止本国的实力遭到削弱。经过艰难而且时常痛苦的改革，法国明确了自己的选择，在国际行动时采取辅从性的原则。对本国而言，法国充分考虑到国际环境的 1100
巨大变化，希望尽可能地扩大自身的影响力。对于欧洲（法国已经逐渐放弃了成为欧洲唯一霸主的野心，尤其是在德国重新统一之后），法国希望在必要的时候都能以欧盟的名义采取行动，期望欧洲有朝一日能够作为一个整体，在国际舞台上扮演主要的角色。对于多边机构，法国希望它们能够在管理危机和全球性问题上发挥积极作用，在预防冲突、集体安全和解决具有普遍性的重大国际问题上占有重要的一席之地，因此法国主动参与其中，并扮演着重要的角色。简而言之，法国在不放弃“世界使命”的同时，充分认识到了自身实力的不足，从 1974 年走到 2003 年，法国终于“回到了自己的位置上”，尽管那些怀念戴高乐的豪言壮语的人和过于敏感的民族主义者们难免会因此感到失望和悲伤。不过，法国的选择，尤其是对欧盟的选择，无疑是唯一能够让法国最能保持“言行一致”的选择了，这一点在过去却是经常无法做到的事情。

四、价值观与文化

在 20 世纪最后二十五年，法国的价值观和文化都发生了明显的变化。这些变化一方面是因为法国战后长达几十年的发展已经进入成熟的阶段，另一方面是因为期间发生了一系列具有重大影响力的历史事件，它们不仅加快了这个变化的进程，而且在二十五年这样一段较短的时间里，导致了其他的一些变化。

经济增长放缓造成了经济与社会发展的停滞，我们不应该忽视其巨大的影响力。这种停滞不仅使民众对现在的生活感到忧虑，还对未来的生活产生了恐慌，它还使“成功”的概念在法国社会中增加了一层含义。当社会的“升降机”出现故障，且丧失社会地位成为司空见惯的事情时，人们千方百计地保障或提高自己的社会地位。学校、金钱和身体都成为取得成功的“王牌”，必须加以利用，实现它们的价值，人们在这些方面进行投资，为的是能够从中获得更大的收益。石油危机的打击、欧盟建设、切尔诺贝利核泄漏和金融危机，使法国人得出教训，绝不能自我封闭，而应该有全球视野，对来自四方的经济、生态、文化、政治影响敞开大门，法国人在重新发现世界的同时，也在对法国的身份，以及法国的价值观和文化在“地球村”之中的地位进行反思。

经济形势的影响固然重大，那些长期的演变（尤其是众人皆知的那些领域的缓慢演变）的作用力也不容小觑。比如从十八世纪末出现在法国的自愿节育发展到 1960 年代的“性革命”，跨越了将近两个世纪的时间，但“性革命”的影响力却集中体现在了最近这二十五年。由于“性革命”，法国传统的家庭结构分崩离析，人们开始更加关注自我和自由，这成了现代法国社会的新特征，而妇女更是这种新特征的主要载体。同样，在西方各国进行的非宗教化是一个可以回溯久远的社会现象，法国不仅未能避免这场宗教衰退的运动，而且比其他国家更有甚者的是，此前就已经见识了多种强大的替代性宗教，比如共和国世俗主义和有着自己的教士、信徒、祭祀和纪念场所的革命救世主降临说。宗教在过去几十年出现了明显衰退，在宗教和意识形态的超越性变得模糊起来的时候，取而代之的是人们对生命意义的深刻思索、对伦理的重新发现和对福利、幸福以及道德的忧虑。

成功之路 1101

当丧失社会地位的威胁笼罩着自己以及后代的生活的时候，当为自己争取到“一小块阳光照耀得到的地方”都很困难的时候，学校、教育和知识无可避免地成为个人和社会最基础的价值。学校和共和国一直都在“携手前进”，社会“对学校的需求”从来就没有停止过。但是，随着经济增长放缓、失业率上升以及对未来的不确定性增加，法国人在 1970 年代中期就已经意识到接受教育对每个人来说都是绝对必要的事情。学校不仅仅应该让尽可能多的人接受教育，还应该保证每个人都能拥有平等的受教育机会，以及教学内容的职业有效性。

1975 年至 1998 年是中等和高等教育学生数量暴涨的时期。在受教育年龄段法国人口的总量相对稳定（约 1600 万人）的情况下，入学率持续显著增长，从 1975 年的 75%增至了 1998 年的 92%。公立和私立的大学、中学和小学学生的总人数在 1970 年代超过了 1380 万人

（当时 2 岁至 22 岁的人口总量为 1760 万人），到今天增至了 1500 万人（2 岁至 22 岁的人口总量为 1600 万人）。但是，在这些总体数据背后，隐藏着一场真正的革命，即大规模就读高中，以及业士[①]和大学生的人数暴涨。小学生的人数从 720 万降到了 640 万；中学生的数量从 440 万增加到了 570 万，其中 230 万是高中生，而 1970 年代初高中生人数只有 150 万；接受高等教育的学生人数（包括各种专业教育）从 85 万增加到了 1998 年的 210 万。业士的人数在 1970 年代中期只有 19 万，到 1998 年达到了 48.5 万，大约相当于该年龄组总人数的 62%，而 1975 年和 1985 年的时候，该比例分别只有 21.3% 和 29.4%。为了容纳大量涌入的学生，大规模提高教育财政支出是全国的共识。政府对教育的投资成为最大的财政支出，比如 1998 年，法国教育预算为 3340 亿法郎，占政府总预算的 21%，而全国在教育领域的总投资接近 6000 亿法郎（除了教育部的支出，还包括其他政府部门、地方集体、企业、家庭的教育支出），相当于当年国内生产总值的 7.3%，每个居民平均 9500 法郎。所以说，教育领域从 1970 年代以来的变化是巨大的。按照 1975 年的法郎价值计算，教育部的预算在 1975 年时只有 500 亿法郎。但 1981 年至 1993 年，教育部的预算从 1170 亿增至了 2810 亿，净增长幅度高达 140.7%；同时教育部预算在政府总预算中的比例在此阶段从 18.9% 增加到了 20.5%。从 1991 年开始，教育部预算在政府总预算中排到了第一的位置；随着 1982 年开始的“地方分权”，教育在地方政府预算中也明显增加，从 1980 年的 15% 增至如今的 22%；企业的教育支出也略微上升，从 4.9% 增加到 5.6%；只有家庭的教育支出出现了轻微下降，从 12.2% 减至 10.3%。

伴随着教育支出暴涨的是不断进行的教育改革，目的是尽可能在中学和大学阶段提供平等的受教育机会，以便学生在毕业后能够顺利就业。1975 年 7 月颁布的《阿比法案》，创立了“统一的初中”（所

---

① 就是法国中学毕业会考及格者，即高中毕业者。

有学生升至六年级[①]时，都会就读于同样类型的学校），直到三年级毕业[②]后，进入传统高中或取代技术中学的职业高中时，才开始分科。该法案保留了教育框架内的两个组成部分，即公立教育和天主教会主导的私立教育。通过1959年的《德布雷法案》和1977年的《盖尔默尔法案》，法国的私立教育获得了合法的地位。左派希望结束教育的 1102
二元制，提出建立一个"世俗的和统一的国家公共教育系统"（这是密特朗的《110条纲领》中的第90条）。当选总统后，密特朗和他的教育部长阿兰·萨瓦里在经过深思熟虑和讨论之后，才开始实行预期的教育改革。然而，该改革计划没有转变为一项新的"政教协定"[③]，反而引发了天主教倾向和世俗倾向之间的激烈斗争，就像法国历史上多次经历的那样。千辛万苦于1984年春季达成的妥协方案，使私立学校的教师不再必须具备公务员身份，私立学校因此保留了自行挑选老师的权利，这看起来是私立学校得以维继的关键条件。然而，社会党议员们在持世俗化倾向的选民们的推动下，对这一被持天主教倾向的人视为关键的部分进行了修改。于是，对1984年5月24日通过的法案的抗议愈演愈烈，最终导致了6月24日的游行示威，大约有100万法国人以"选择自由"的名义走上了巴黎街头，最终该法案被废弃，教育部长被迫辞职，法国学校的二元制得以幸存。这个插曲，除了再现了"世俗者"和"教权主义者"之间的传统斗争，更重要的是揭示了法国人对学校的新态度。他们关心的首先是子女的前途问题，因为在学校学习是融入社会必须的经历，但同时也是难以顺利完成的事情，因为学业持续的时间很长，而且学习计划和考试的要求非常严格。从那时起，大多数法国人，包括持世俗化倾向的人和左派选民，都认为最好还是保留这种二元制的教育系统，因为它可以为学生在学习过程中有可能出现的不测提供保障。这是因为法国人将自己视为学校的消费者，而这是统一的公立学校系统无法满足的。实用主义和功利主义

① 即初中一年级。
② 即初中毕业，法国初中为四年，从六年级至三年级。
③ 即罗马教皇与一国政府间的政教协定。

的要求从此超越了意识形态的争吵。因此，新教育部长让-皮埃尔·舍韦内芒制定了一项新的法案，在 1985 年 1 月获得议会投票通过，该法案将公共教育体系的教学质量问题提到了议事日程，并平息了与私立学校之间的冲突（回归 1959 年的德布雷法案）。作为一名小学老师的儿子，部长舍韦内芒推崇儒勒·费里提出的“共和国精英教育”的主张，他坚决主张对小学和中学进行革新，并表达了使尽可能多的学生（每个年龄组至少 80%）获得业士文凭的雄心，他确信教育水平今后将成为法国的集体财富和个人发展所必不可少的条件。将业士文凭设为基点后，每个人都可以将进入大学学习视为一个合理的志向，以及在社会找到属于自己的位置所必需的条件。

1975 年时，人们都在关注学生大规模进入高中阶段。10 年以后，同样的情况出现在大学阶段。在此期间，失业者的人数超过了 200 万。大学是避免 18 岁至 25 岁年轻人成为失业者的有效手段，至少是一个延迟手段，而且大学的学习能够增加找到工作的机会，因为事实证明有文凭的人在求职的较量中，在任何社会群体和年龄段中，都是最具优势的。所以不难理解为什么传统上严格的大学入学选拔，从 1980 年代开始也出现了激烈竞争的局面。在 1986 年 3 月右派赢得了议会选举后，总理希拉克和高等教育部长阿兰·德瓦凯认为有必要重新讨论 1984 年 1 月 26 日的《萨瓦里法案》，该法案在大学院系管理和负责人选定等问题上，给非教授教师队伍、大学生、行政人员和左派控制的工会赋予了较大的权力，而“官员”和保守派工会的利益则受到了损害。新总理的高等教育改革法案（1986 年 7 月 11 日），不仅决定将权力归还给教授们，还加强了大学的自主权，即大学可以征收 400 至 800 法郎的学费，在学生的文凭上印上本校的名字，以及自行规定入
1103 学条件。可能因经济实力的差异造成入学不平等、文凭的国家特征受到威胁、入学考试将变得极为“恐怖”，这就是大学生和中学生对该法案的理解，他们在学生领袖的率领下，发动了让全国人民惊讶的抗议行动，这表明他们已经将教育视为必须首先得到保护和捍卫的价值，尤其是在这个被大规模失业和每个年龄段都存在的失业危险严重损害

的不确定的世界里。从 11 月 17 日第一次示威游行到 12 月 8 日法案被迫撤销之间，学生运动席卷了整个法国，让政府备受煎熬，最终学生们付出了死伤的代价（马里克·乌塞吉讷于 12 月 6 日丧命），教育部长阿兰·德瓦凯名誉扫地，大学学费被明确规定必须保持一致（尽管实际上学费的差异性仍然存在）。总统弗朗索瓦·密特朗对学生运动持支持态度，作为需求连任的总统，他将社会的大规模教育需求融入了计划之中，教育在其《致全体法国人民书》中被列为优先考虑的问题。他将教育改革的具体实施工作托付给了若斯潘和总统顾问克洛德·阿莱格勒，这两个人拥有充足的手段满足学校的消费者，实现业已公布的宏大目标，即到 2000 年时，每个年龄组中 80％的人都能够获得业士文凭，每个希望进入大学学习的业士都能如愿，每个学生在离开校园的时候都能够达到“认可的教育水平”。实现这些目标，需要有更多的教师，提高教师的待遇，并建设新的校园。《教育定向法》1989 年 6 月 9 日获得投票通过：在五年的时间里，总共 500 亿法郎的额外资金将注入国家教育预算之中；新设立 6 万个教师岗位；调整小学的学习阶段设置；考虑到父母被越来越多地牵涉到子女的学习过程之中，增加他们在学生的学习定向中的决策作用，帮助孩子制定“立业计划”；革新教学内容；在全国各学区创立法国教师培训学院①，培养小学教师（变成学校教师）和教授。1991 年 5 月，政府出台了名为《大学 2000 年》的大学整治和发展五年计划，为了应对由于业士数量的增加和每个业士都有进入高等教育的权利而激增的大学新生数量，国家将投资 170 亿法郎，地方将投资 60 亿法郎，用于建设 7 所新的大学。

中学和大学的“前线”刚刚平静下来，第二次“左右共治”时总理爱德华·巴拉迪尔和中间派的教育部长弗朗索瓦·贝鲁，由于有在 1993 年 3 月议会选举中获得压倒性多数地位的右派的支持，决定重新审议私立学校的融资问题，废除了 1850 年《法卢法案》中禁止地方

① 即 I. U. F. M. (Instituts universitaires de formation des maitres)。

政府在私立学校的投资份额超过 10%的有关条款。由于看到公立学校可以从政府获得用于硬件设施更新的大笔资金，一部分学生家长、教士领导和普通教士希望教会学校的教育也能获得更大的资金投入，以免在招生时与公立学校相比出现更大的劣势，他们认为若斯潘推动的数以百亿法郎计的资金投入，比 1984 年的《萨瓦里法案》更加危险，因为随着校园的翻新，以及高水平的教师和教育家的招募，公立学校将拥有更大的吸引力。从 1993 年 6 月 25 日展开对 1850 年法案进行改革的谈论开始，到 12 月 14 日新法案获得投票通过，左派和持世俗倾向的人的抗议不断升级。12 月 17 日，参加示威游行的人数开始猛增。12 月 22 日，总理巴拉迪尔宣布 5 年内共拨款 25 亿法郎用于改善公立学校的安全状况，消除 12 月发布的《韦戴尔报告》（认为需要投入 38 亿至 53 亿法郎，对私立学校的校舍进行翻新）引起的不良反应。但这不足以平息持世俗倾向的人的怒火。1994 年 1 月 18 日，尽管宪法委员会已经于 13 日判定该法案无效，仍有至少 60 万人走上了巴黎街头，参加示威活动。这场为教育经费的分配展开的斗争，再次证明了法国
1104 人对学校的消费主义已经超越了有关意识形态的争吵，公立学校的支持者认为公共资金就应该优先用于教育。这次斗争刚平息，火药桶在仅仅一个月后又被点燃，火种是 1994 年 2 月 24 日以政令的形式推出了“职业融入合同”。该政策的目标是让更多年轻人获得就业机会，主要适用于那些拥有职业或技术证书、业士或大学普通教育文凭、而且在国家就业局注册了超过 6 个月的年轻人。该政策以 20%的工作时间将用于培训为理由，规定雇主可以向签订这种合同的年轻人支付占“跨行业最低增长工资”80%的工资，但在中学生和大学生们看来，“职业融入合同”意味着他们在高中和大学接受的教育遭到贬值。该政策对教育的价值造成了严重冲击，因为这一代年轻人将教育视为在法国这个拥有约 300 万失业者的国家安身立命的根本，却因为该政策遭到严重贬值。还有，1995 年 1 月 20 日高等教育部长弗朗索瓦·菲永发布了一份通报，限制了大学职业教育学院的学生进入大学第二阶段的学习，因此遭到了这部分学生的抗议；菲永不得不在 2 月 20 日发

布一份新通报，拓宽了这部分学生进入第二阶段学习的途径，这实际上进一步巩固了更多学生达到“四年大学”① 学习程度的趋势。

与此同时，教育部长弗朗索瓦·贝鲁提出了包括 158 个决定的“学校的新合同”，对 5 年内资金和教师职位进行了规划，该法案 1 年后（1995 年 7 月 13 日）在议会得到通过。为了简化教育计划让每个人都能接受教育，为了赋予基础知识优先的地位，为了尽可能让每个人都成功地接受教育，该法案计划提高技术和职业类业士文凭的地位，加强中等教育和高等教育之间的关联性，在贫困城区和农村与“学校受挫”作斗争，重视职业融入水平，对学校人员和管理实现现代化，以及增加教师的数量。该法案希望在每个教育层次都确保机会平等，通过各种手段，使学生们能够学到尽可能多的知识，并具备尽可能多的融入社会的资质，考虑到社会的就业机会紧缺，接受教育是必要的，教育内容适应社会的需求则是必须的。从 1997 年 6 月开始，新教育部长克洛德·阿莱格勒对前部长弗朗索瓦·贝鲁的计划进行了调整，把重点放在了提高教育部行政系统的“性价比”（“为猛犸象抽脂”，即精减人员）和有关人员、决策和教师分配的权力下放上。他还力求将资源分配向面临困难的学生倾斜（招募 3.5 万名年轻学生作教学助手，以减少校园里日益增长的暴力，改善学校条件和帮助学生的能力），改革小学和中学的教学内容和方法，至于大学方面，他希望能够优化大学容纳和接待学生的条件，改善学生们的物质条件（大学生社会计划）和生活环境，减少普通大学和重点高等学校的差距，推动学生接受更高层次的教育，扩大大学的自主权。就这样，法国的中小学和大学在四分之一世纪的时间里，由于始终面临大规模失业的社会形势，经历了一场真正的革命。它回应了年轻人及其家庭的不安，对于他们来说，学校教育是在生活中获得成功的关键因素。教育的改革还是对知识和技术快速变化的适应。

但是，在这个新的世界里，还可以通过教育以外的渠道获得成功。

---

① BAC+4，即接受了 4 年大学教育的受教育程度。

古人说过，“健康的心智寓于健康的身体”[①]。对身体的狂热，在20 世纪最后二十五年的时间里也被树立为一个基本的价值，当我们的
1105 文化开始同样重视人的内在和外表时，好的身体也成为通往成功的一个有效途径。当然，对身体的狂热源自现代的享乐主义和个人自由主义。不过，当人们发现必须始终面临激烈的竞争，而且只有赢得竞争才有可能融入这个就业机会紧缺的社会，或者在这个不断变化的时代保留自己的社会地位，甚至改善自己的社会地位，拥有一份更好的工作并挣更多的钱，于是越来越多的人不惜一切代价提高自己的身体状态，并根据不同时期的要求让自己每天看起来都很好。每个人都被触及，这是时代的标志之一，不过是女人们在 1970 年代末确定了标准。男人们通常更喜欢集体体育和娱乐性体育，他们最初觉得女人们对健身运动、伸展体操、有氧健身操和肌肉锻炼的迷恋不可思议。这些运动频繁出现在了电视屏幕上，引领浪潮的是两个“媒体女传教士”——维罗尼克和达维娜，她们在每个周日的上午，都会现身法国电视二台的节目中。1979 年，第一家这种类型的训练房即健身俱乐部，出现在了巴黎的马耳他街上。此后，这一运动开始迅速发展，男人们也参与了进来。在每一个社会阶层，都有很多人拥有健身俱乐部的会员卡，并在其中花费大量的金钱（当然消费金额与收入水平成正比），法国家庭的娱乐预算也随之猛涨。以前只需要几百法郎就可以加入足球或篮球俱乐部，现在想要成为健身俱乐部的会员则动辄几千，因为体育活动实现了私有化，而且健身器材和产品都很昂贵。一个新兴市场蓬勃发展了起来，很多公司生意兴隆，除了提供健身场所的场馆或出售健身器材的商店或连锁店，还有销售健康和美容产品（护肤、“镀古铜色”、减肥）的“准药店”，各种从事放松治疗、海水治疗、水疗的康复中心也与日俱增，那些专业化媒体也从中获益，首先是女性媒体，随后是男性媒体。从前男女在健身房里分开参加运动，女人们参加集体有氧健身操，男人们在一旁进行肌肉锻炼，如今男女

① 原文为拉丁文，Mens sana in corpore sano。

在混合房间里一同参加一些集体的练习，比如有氧舞蹈[①]（缓慢的有音乐伴奏的集体肌肉锻炼体操）。健身运动曾经在1980年代末经历了一段萎缩时期，随后在1990年代重新开始发展。健身运动的兴起显示了个人主义对集体主义的胜利：自行车、山地自行车、慢跑、游泳、体操、健美（在家里，在森林，在健身房）取代了足球（从此只能算是第三运动，已经被山地自行车和游泳超过）、橄榄球和手球。人们希望通过这些运动使自己保持状态，拥有健康，感到舒服，如今的人们更希望能够健康地生活，得到放松，消除身心的紧张，而不是阿波罗和维纳斯那样健壮的身躯。水中体操、太极、瑜伽等节奏缓慢的运动，可以缓解压力、恢复活力，如今非常受欢迎。在14岁至65岁之间的法国人中，三分之二的人定期从事一项体育运动，表明他们希望拥有良好的体形和身心的舒适。同时得到巨大发展的还有营养饮食的市场，人们定期地，而且越来越多地消费矿泉水和生态食品（豆腐和其他黄豆制品、硬粒小麦、无糖和无糖浆或无脂肪食品、按照"克里特岛食谱"做的蔬菜食品、鱼、橄榄油等）。为了拥有足够的活力，人们没有忘记那些天然的和药物合成的辅食，以及食品或药物形式的维生素混合产品，它们在1980年代成为每个家庭必要的补充食品。在如今充斥着竞争、而且只有赢得竞争的人才能获得成功的世界上，每个人都想方设法顺利完成学业，通过各种考试和会考，承受城市生活和工作造成的紧张，"拼命往上爬"。对于那些未能获得成功，对生活感到抑郁的人来说，各种缓解抑郁的药物非常重要，因为如果不能恢 1106
复身心的平衡，想要获得成功是徒然的。这些神奇的药丸如今每年让法国人支出50亿法郎。在高水平运动领域屡次爆发兴奋剂丑闻后，非常严肃的法国电视五台不禁自问："我们每个人都服了兴奋剂吗？"在20世纪末的法国，人们在追求成功的过程中越来越重视身体的舒适，因为这是个人幸福的源泉，而且也是或者说尤其是竞争激烈的新世界的产物，就像1980年代一个极受欢迎的歌手弗朗西斯·卡布莱尔在歌

① 即 Pump。

中唱到的那样，“每个人都希望在飞速前行的列车中找到自己的位置”，这个位置非常昂贵，而且工作机会紧缺，社会局势也非常脆弱。

另外，这一时代的生活充满了不确定性，赚钱甚至通过“工作和储蓄”（这是七月王朝时基佐的名言）来保持生活水平都非常困难，因此赌博成了一项法国人喜爱的活动，他们希望在这个无法预知未来的不确定的社会，能够发一笔横财，使自己未来的生活一劳永逸地得到保障。

1970年中期，大多数人主要把时间花在玩一些安静的游戏上，比如纸牌、“大富翁”、国际象棋和“跳鹅游戏”①。但是最终拼字游戏成了这类游戏中的佼佼者，另外非常流行的还有“数字和字母”游戏（即1965年发明的名为“最长的词”的游戏），这些游戏表明“大脑体操”类型的游戏非常受老年人的欢迎。20世纪最后二十五年一个重要的现象就是赌博业的激增。人们最初只是每周买一张彩票或周末的时候投注赛马，后来发展成了参与各种形式的赌博活动，目的就是为了发财。著名的“乐透”产生于1976年，二十年之后，“乐透”变成了“法国国家彩票公司”，政府在这个公共企业中拥有72%的股份，“老战士协会”占20%，其员工和经纪人则占8%，“法国国家彩票公司”的年营业额高达330亿法郎。1998年，法国博彩游戏的数量已经和奶酪一样多，从早到晚各家博彩公司提供的博彩游戏让人目不暇接，法国人每年在博彩业的花费超过800亿法郎，相当于家庭总收入的1.5%。法国国家彩票公司是行业老大，不仅销售乐透，还在1980年代和1990年代创造了很多新的游戏，包括宾果、二十一点、百家乐、百万富翁、纸牌接龙、即开式彩票、三子棋等。而法国赛马公司在这种竞争压力下，也不断更新产品，改善市场营销，力图吸引更多的顾客，1992年，法国赛马公司首次突破100万份投注单。法国人对赌博的狂热与经济形势有着明显的因果关系。1992年，当最大幅度的增长期（1986年至1990年）结束的时候，法国人意识到这一时期只不过

① 即Jeu de l'oie，是一种法语学习游戏。

是昙花一现的辉煌，于是对赌博的热情一下子高涨了起来，当年法国人在赌博上一共投入了 650 亿法郎，比 1991 年增长 16％，比 1990 年增长了 26％，而同年法国人用在购买书籍和报刊的总支出也不过 630 亿法郎。与此同时，法国人对赌场又恢复了兴趣，1991—1992 年度，法国 156 个赌场的毛收入增长了 26.15％，达到了 30 亿法郎，其中 18 亿来自著名的“独臂强盗”（老虎机），这些摆放在赌场大厅里的机器向所有人开放，在 34 个有权经营“老虎机”的赌场，老虎机的数量在 1990年至 1992 年之间一共增加了 45％。赌博就这样实现了大众化。法国人对赌博的热衷程度与失业率曲线的波动保持一致，与经济增长的曲线则正好相反。传统通过媒体得到了保留。最早的媒体游戏出现在广播上，比如法国国际广播电台推出的《1000 法郎游戏》节目，和 RTL 电台的《行李箱》节目，在这四分之一世纪的时间里，一直保持着很高的受欢迎度。但是电视游戏的影响力更大，1970 年代末法国电视一台推出了著名的《财富之轮》节目，另外电视游戏节目还有法国电视一台的《公平价格》和《黄金家庭》，以及法国电视二台的《胜者为王》等，这些节目反映出新时期法国人对赌博的热情。总体来 1107
说，法国在 1970 年代中期大约有 400 万人参与“金钱游戏”，但到了 1990 年代初达到了 1200 万人，1998 年 1600 万人，其中 70 万人可以被视为对赌博上瘾的“赌徒”。赌博上瘾的严重程度与酒精和毒品上瘾并无二致，因此“法国生活条件观察和研究中心”在 1993 年专门针对赌徒进行了一次调查研究，结论是“这些人为了过瘾不惜牺牲自己的一切：工资、家庭社会补助、公寓”。赌博已经成为一个大规模的社会问题，触及到了大约四分之一的法国人。从典型的法国赛马会投注者（35 岁至 60 岁的工人）到不能归属于任何特定社会类型的乐透购买者和赌场投注者，除了极少数寻求刺激的人，大多数人都是为了能够赚点钱补贴每月的支出，或发点财让未来的生活变得更好一些。为了摆脱时代的困境，他们希望从自己的社会保险号码或生日中找到能够带来财富的数字组合，金钱在 1980 年代，成为成功的绝好标志。

在这个时期，成功还意味着通过储蓄或投资，能够预防各种不时之需。从 1985 年开始，法国家庭的资产比收入多增长了 1 倍，到如今达到了 37 万亿法郎，其中 6 万亿为债券，3.2 万亿为证券投资基金，还有 3.54 万亿为外国证券。法国人在银行的储蓄总额为 12.7 万亿法郎，而且还在继续收藏黄金和面额为 200 法郎和 500 法郎的纸币（总额约为 1000 亿法郎）。

综上所述，法国人为了预防生活中的不测风云，找到成功的道路，接受了一些新的价值，并投身于一些新的活动之中。他们之所以这样做，不仅因为经济和社会环境发生了巨变，而且因为法国在法国人眼中也改变了形象。法国向世界敞开了大门，扩大了法国人的视角和前景，但是也增加了他们的不安，使他们以各种形式对民族归属感进行反思。

在世界大同和民族特性之间

20 世纪最后二十五年最显著的特征是经济的开放，以及整个法国社会对全世界的开放。这首先表现在旅游业上，法国人已经习惯于每年接待数以千万计的外国游客（1998 年访问法国的外国人总数达到 7900 万），和不断与其他民族和文化进行接触和交流。原本喜欢待在家里的“高卢人”，如今也大规模地走出国门去旅行，所以才有 1950 年成立的“地中海俱乐部”和“新国界”（1967 年成立，是法国第一家“廉价”旅行社）的辉煌，包机这种旅行方式让法国人能够更便宜地前往国外。在这个每年至少有 5 亿人“用不到 80 天的时间”环游世界的时代，超过 10％的法国人每年都会出国旅行，在国外居留的人数从 1994 年到 1997 年增长了 23％。这尤其有利于年轻人纯粹为了游玩前往欧洲和世界各国，而且法国大学生们越来越多地为了学习进行国际旅行，因为在 1976 年还只拥有 9.6 万名外国学生的法国，如今每年接待外国学生约 12.5 万人，其中 3.6 万欧洲人（在这中间有 2.7 万人来自欧盟国家）。另外，大量退休者因为既有钱又有时间，踊跃前往旅行社报名，充分利用包机价格的降低前往海外，或利用欧洲四通八达的高速公路网，乘坐旅行大客车游历欧洲。在法国人自发地去发现

"地球村"的同时，电视也让法国人能够随时看到世界各地的景象。从1970年中期开始，法国电视频道中有关国际的部分的比例在不断增加，这种现象还因为频道的多样化（比如有线的和卫星传输的新主题频道）而加剧。多种有关旅游的电视专栏或电视杂志（如《塔拉萨》、《别做梦》等），以及各种专业旅游频道（如地球、奥德赛和旅行等）， 1108
为电视观众提供了了解世界的稳定的渠道，而纪录片是这个领域"航标"式的产品。这让法国人高度重视"奇异的天窗"（电视）这个大规模的文化新载体，因为他们可以每天在其中领略到这个世界的不同面目，从悲惨的到壮丽的，从可怕的到神奇的。对世界的开放还深深影响了法国人的日常生活，为每个法国家庭打开了眼界，即便是最贫困的家庭，而且涵盖了所有年龄段。这种开放还因为电影、文学和音乐得到了放大，法国人看的电影中很大一部分是外国电影，尤其是美国电影；法国人找回了撰写游记的传统，他们还根据在异国他乡的经历和对自我的认知创作了很多小说；至于音乐方面，法国人传统上就对流行音乐、摇滚乐和爵士乐持开放态度（至今爱好这些音乐的仍大有人在，其中包括那些出生于1960年代生育高峰期的人的子女），如今他们不仅听全世界流行的音乐，还对某些地区和国家的音乐表现出浓厚的兴趣（比如西印度群岛的瑞格舞曲、阿尔及利亚通俗音乐、说唱乐），并且深受"非洲音乐"、"拉丁音乐"和"东方音乐"的影响，不仅欣赏外国音乐家，还欣赏改编外国音乐的法国音乐家。

在这25年的时间里，由于经常需要将自己与其他的民族进行对比，因此法国人开始思考本民族的独特性。首先需要体现这种独特性的价值。实际上，不管是公共权力部门还是私营企业家，或者是手工业者和商业劳动者，所有人都很清楚，在这个开放的、交流无处不在的世界上，对于吸引成群结队的游客、艺术和文化爱好者、商人以及企业家来法国消费和投资，从而优化法国的外贸收支和增加就业机会，发掘本民族的"王牌"是最重要的事情。"法国的品质"建立在对法国的独特性进行评估的基础上，它被视为法国在世界竞争中赢得胜利的关键所在。所以，尽管很多其他因素都可以用来解释大型文化工程、基础设施建设工程和国土整治等领域的公共政策的广度，但是法国的决策者们在做出抉择的时候，一定把“法国的品质”这个国际性、欧洲性和世界性的变数融入了其中。由于地处欧洲地理的十字路口，不仅有利于吸引来自整个欧洲大陆的企业，还吸引着那些希望征服欧洲市场的美国或日本的公司。自然和文化的特质也让法国成为很多外国游客的首选目的地。但是，尽管现在法国各方面已经相当不错了，但还需要修建更多必要的基础设施以应对日益激烈的国际竞争。在 1970 年代几乎还不存在的全球竞争的新价值观，以及一种真正的国际性文化，为法国人决心打造纵横交错的现代化道路设施和提供优质的服务做出了注解。为此，法国大量增加了电话线路，1970 年代中期法国还只有 1500 万部电话，在 1983 年、1993 年和 1998 年先后猛增到了 2000 万、3100 万和 3400 万部。所有的电话现在都是数字的，1985 年升位到 8 位数的电话号码，从 1997 年开始升位到了 10 位数。在固定电话方面，由于欧盟有关开放电信市场的规定，法国电信现在必须面临来自国内外的电信运营商的激烈竞争。戏剧家费尔南德·莱诺那出著名的有关电话的幕间短剧《阿斯尼埃尔 22 号》展现的场景如今早已成为历史，至于移动电话，它从 1990 年代诞生伊始就面临着激烈的竞争，最近实现了飞跃式的发展，从而使在 1975 年还是法国的缺陷的电话系统变成了法国的王牌。此外，法国政府在 1970 年代作出了一个主要由主观愿望驱动的决定，允许私有企业开发高速公路，从而弥补了法国在道路交通上的不足，当时法国的高速公路总长度只有 4000 公
1109 里，如今已经达到了将近 1 万公里，此外还增加了很多“四道公路”。在覆盖整个法国国土的高速公路网之外，法国还拥有国家公路和省级公路网，这些同样高质量的公路网更加稠密。在法国国土上，还纵横交错着高速火车线路，1975 年至 1998 年之间是高速火车取得长足发展的时期。高速铁路网的修建始于吉斯卡尔·德斯坦任期内，他开启了巴黎和里昂之间高速铁路路段的修建工程，1981 年 9 月其继任者密特朗宣布工程竣工。如今，法国拥有总长度为 6000 公里的高速铁路路线，400 列高速火车，每年运送的乘客数量超过 4500 万，而且这个网

络已经延伸到了很多欧洲国家，可以通往布鲁塞尔、阿姆斯特丹、科隆、都灵/米兰和巴塞罗那，当然还有伦敦，1994 年落成的芒什海峡海底隧道和欧洲之星列车，使乘坐火车往返于法国和英国之间成为可能。如今，法国大力发展“信息高速公路”的建设，将法国与世界互联网络紧密联结在了一起，再次表明了法国政府将法国融入到一体化的欧洲和开放的世界的愿望，因此只有这样，才能充分体现法国的“王牌”的价值。

但是如果没有一些标志性产品，是不可能吸引到其他国家的人的。法国独特的文化领域，就是这样一个最好的标志性产品。在法国，权力和大型建筑之间有着悠久的文化和政治传统，明显体现了封建制度下，包括共和制度下，法国人对声誉的追求。但是如果不对其进行深刻分析，将是不足的和不完整的。法国在 1980 年代和 1990 年代兴起的大规模修建文化工程的浪潮，还源自全球化竞争的压力，通过这些建筑来体现法国文化独特性的价值，是非常有必要的。蓬皮杜时期在巴黎的波布尔街建成了“蓬皮杜艺术中心”，吉斯卡尔·德斯坦任总统时落成了奥赛博物馆和科学城，他们都很清楚这个道理。密特朗的两次七年总统任期正好与法国向世界敞开大门的过程相吻合，所以他有很多项目可供选择。1995 年，总共大约有二十项大型工程在巴黎和外省全部竣工，包括大卢浮宫、法国国家图书馆、巴士底歌剧院、拉德芳斯大拱门、阿拉伯世界学院、财政部新大楼、自然历史博物馆的大展厅，以及阿尔勒的古代普罗旺斯博物馆。法国在这项工程中投入了约 350 亿法郎，这些钱不仅使建筑成为“密特朗时期”的首要“科目”，还提高了这些文化场所对游客的吸引力（1983 年有 250 万人参观了卢浮宫，1993 年就翻了一番），而且在全世界人民的眼中，象征着整个法国尤其是巴黎相对于纽约的国际文化首都的地位。希拉克也不例外，他在 1998 年决定，在距离埃菲尔铁塔不远的布朗利河岸修建一座展示人类早期文明的艺术博物馆。总统们对“丰碑式”建筑的喜好，在实现了地方分权的法国引来了众多的追随者，那些地区大城市也增加了在文化领域的投资，比如蒙彼利埃的会议中心、尼姆的方形艺术博物馆和里昂的歌剧院。这些在市区内完成的大型建筑，得益于1960 年代的《马尔罗法案》，该法案允许在城市老城区进行改造和新建，提高城市的吸引力。有很多国际著名的建筑设计师参与了法国这些大型城市建设项目，比如诺曼·福斯特、嘉艾·奥兰第、保尔加·胡伊德洛布罗、贝聿铭、奥托·冯·斯普里格森、卡洛斯·欧特、马里奥·博塔、伦佐·皮亚诺，在法国建筑设计师方面主要有让·努维尔、多米尼克·佩罗、保尔·舍梅托夫、阿德里安·凡西贝尔和克里斯蒂安·德·波特赞姆巴克等人，来自不同国家和不同文化的人都能在法国大展身手，充分发挥自己的创造力，法国由此铸造了自己的民族特殊性。

这些现代名胜不仅为法国的民族特性增加了新的吸引力，而且为法国从过去继承得来的文化遗产增添了新的亮色。对国家遗产的热爱
1110 不仅反映了法国人对民族特性的追求，也体现出法国人利用这种无可估量的巨大财富对外国人“推销”自己的愿望。翻修、改造、重建，以及对新发现的古迹的发掘和研究，是这个时代的显著特点。按照安德烈·马尔罗制定的法案的精神，一个旨在保护国家遗产的新法案在1988 年获得通过，大量城堡、修道院和教堂，甚至古时候最简陋的人类生存遗迹都因此得以修复。在这种对文化遗产进行投资的原则指引下，法国的地方政府也主动投入到国家遗产的保护工作之中（从前地方政府在这个方面的投入简直可以忽略不计），与其同时，地区的媒体也为此展开了积极的宣传，另外各种民间组织也积极开展对国家遗产的修复、维护、发现和保护工作。在这场声势浩大的运动中，国家、各大区、各省和各地方政府都投入了大量人力物力。对过去、乡土、城市和地区的挚爱，一方面体现了法国人对寻根的需要，另一方面也反映了法国人吸引外国游客的愿望。从远古（亨利·科斯盖尔 1991 年在卡西附近一个深达 37 米的山洞里发现的岩画，以及让－马丽·朔维在阿尔代什的山洞里发现的岩画）到近代（工业考古潮兴起，旨在保护 19 世纪的矿井、高炉、工厂和制造场，并将它们改造成博物馆），从史前到现代，从古代到中世纪（发掘马赛的古港口以及位于巴黎的

菲利普·奥古斯都国王时期的城堡指挥塔)，法国到处都在复原历史，通过创造或修复“保存记忆的地方”，吸引越来越多的参观者。一些特别的文化活动引导并扩大了这一运动，比如1990年的“考古年”活动，在一百多个法国城市展示了最新的考古发现，并在巴黎的大宫集中展览了来自284个地方的3000余件考古展品；还有创立于1993年的“国家遗产日”，吸引了数以百万计的参观者，那些国家博物馆最受欢迎。很多相关书籍也大获成功，比如皮埃尔·诺拉的巨著《保存记忆的地方》①（一套7卷的“带插图的历史丛书”，1984年至1992年由伽里玛出版社出版发行，1997年再版了压缩成3卷的简装本）和费尔南·布罗代尔1986年创作完成的《法兰西的独特身份，空间与历史》，以及在此期间出版的其他图书，它们的成功证明了这种旨在提高法国的“文化特殊性”的追求法国民族独特性的运动的广度。中央政府得到了地方当局的积极配合（1990年，各省在文化上共投入了40亿法郎，相当于省级预算的2.5％，而人口超过10万人的城市从1980年代末开始，就已经将超过13.7％的预算投入到了文化事业中），在所有文化领域都积极行动起来。为了保护法国的电影业不被“好莱坞制造”冲垮，法国通过资助机制为该行业提供支持，这个特设的基金由国家电影艺术中心进行管理；法国政府还要求公共和私有电视台必须播放超过一定比例的法国电影，由此避免法国的“第七种艺术”遭遇其他欧洲国家的电影业面临的“崩溃”局面。20世纪最后二十五年的时间里，法国电影保持了每年100至150部的生产量，而且法国的电影院与其他欧洲国家相比，最大程度地抵抗住了美国电影的竞争。尽管到电影院看电影的人数减少了（1979年为1.75亿人次，1982—1983年为2亿，1989年为1.19亿，1992年为1.15亿，不过此后又出现了明显回升，1996年为1.36亿，1998年为1.5亿），法国电影所占的市场份额，尽管也有所萎缩（1981年为44％，1989年为37％，1995年为40％，1998年为38％），但总的来说仍然比较高，并远远超

① 一译《记忆的亮点》。

过其他欧洲国家，而且法国的影视剧在欧洲的电视上取得非常大的成功，比如 1998 年的电视连续剧《基督山伯爵》，每一集平均都有 1200
1111 万名电视观众。由于拥有更多的预算支持（1993 年，颇具象征意义地达到了财政总支出的 1%，1981 年至 1991 年十年间的预算比前一个十年增长了一倍），文化部成了法国文化的特殊性的重要捍卫者。这一由社会党人杰克·朗（先后于 1981 年至 1986 年，1988 年至 1993 年两次担任法国文化部长）首创的政策，得到了继任者们（1986 年至 1988 年为弗朗索瓦·雷奥塔尔，1993 年至 1995 年为雅克·杜崩，1995 年至 1997 年为菲利普·杜斯特布拉吉，1997 年起为卡特琳娜·特罗特马恩）的坚持，因为经过了 1980 年代初期的大辩论和 1990 年代初的争议（马克·福马洛利 1991 年出版了《文化政府》，抨击了杰克·朗的政策，倡导简朴的文化政府），法国人形成了一个共识，即文化是法国屹立于当今世界的基石所在。因此，政府和支持政府政策的地方当局在所有艺术创作和“活剧”领域几乎无处不在，通过有关公共部门的支持，直接和间接地为各种私人的艺术创新活动提供资金补贴，音乐、舞蹈、戏剧和各种造型艺术都在这个范围之内，它们由于政府的资金支持和公共需求的激增而倍受鼓舞。另外，1987 年和 1995 年有关对文艺、科学、体育等事业提供资助的法律，让私人企业、富人或基金会能够参与到繁荣文化的事业之中。

在拥有 1100 万居民的首都“大巴黎”（作为法国的“王牌”，巴黎吸引了大批旅游者、艺术爱好者和商人，很多企业把总部设在这里，而且巴黎拥有大量的历史遗产，以及为数众多的近现代建筑，比如出类拔萃的商业中心位于上塞纳省[①]的拉德芳斯）、其他大城市和各地区的省会城市连接而成的网络拥有了巨大吸引力之后，就进入了第二阶段，即充分实现其价值，一方面需要适应经济的全球化，另一方面需要维持法国各地区的传统和专有技能。法国领土整治暨发展局在 1970 至 1980 年期间，对规划法国土地的大规模整治发挥了关键性的作用，

① 即 92 省 Hauts-de-Seine，位于巴黎以西，属于“大巴黎”。

该局还把很大一部分工作放在了突出各地的地区独特性上，充分利用运输和能源成本的降低，以及消除了自然资源依赖等地理限制的新交通方式，将各地区融入到了全球竞争之中。法国通过利用工业遗产，经过网络化，以及将中小企业或中小工业纳入整体战略之中，成功地根据各地区的特点，以及国际市场的需求，发展了面向国际的地方特色经济（代价是北部和东部的家庭传统工业遭到了破坏）。比如位于宝讷维尔和克吕兹之间的阿尔维河谷，变成了欧洲最大的车丝加工基地，与那些人为形成的工业城市相反，当地依靠的是从前的“工业土壤”，深深地植根于当地的传统，但是同时向全世界开放。与阿尔维河谷类似的还有生产皮鞋的肖勒泰，从事塑料加工的瓦亚纳克斯地区，以刀剪业著称的提埃尔，以及擅长木材加工的纪龙德省。

各地发展面向全球化经济的特色产业，还表现在食品领域。法国拥有 5000 多种葡萄酒和 400 多种奶酪，当然还有很多“王牌”可以用来抵御国际饮食的口味单一化，其始作俑者是美国或日本等国的饮食时尚。尽管拥有花样繁多的美食和技艺高超的厨师，法国还是遭到了来自外来饮食的入侵，1980 年代有麦当劳、汉堡王和“快餐”[1] 的快餐食品和汉堡包，以及日本的寿司和墨西哥的辣味牛肉等；1990 年代有各式三明治。不过，三明治的时兴，意味着法国人对 1980 年代流行的外国的和工业化的食物的兴趣在减退，而重新开始钟情于手工的和
独特口味的美食。即便在超级市场里，绿色食品、有专属标签或冠以 1112
原产地质量证明的产品，以及按照传统方法生产的食品，也都大受欢迎，以至于学校和企业的食堂都开始在“大锅饭”菜肴中增加传统菜式，用新鲜的食材取代速冻食品，从而对顾客进行美味的教育或再教育，并让他们领略到极为丰富的法国烹调的口味的多样性。

20 世纪最后二十五年里，法国就是以这种方式航行于世界大同和民族特性之间。法国从没有像这一时期那样对来自外面的（经济的、金融的、旅游的还是文化的）冲动如此开放而敏感，完全进入了一个交流的

① 汉堡王为 Burger King，“快餐”为 Quick。

时代，以远远超过从前的数量输出和输入各种产品和图像、人员和音乐、传统和时尚。法国人通过与其他国家的人民（首先是欧盟范围内的欧洲人，然后是非洲人、阿拉伯人、亚洲人、拉美人和北美人）的持续接触，形成了一种混合的“世界大同”的文化，这种多文化融合引起了法国人对民族特性的深刻反思，他们希望通过突出“法国的特殊性”，来达到保持自我，在“地球村”保留本民族的标记，同时使其“王牌”在国际竞争中体现出价值，不仅促进商品和文化的输出，还能吸引投资者和游客的进入。“对民族特性的反思”与其说是一种寻求自我，还不如说是是有组织地向世界开放，比如1998年在法国举行的世界杯。尽管难免会导致一些矛盾，引起了社会辩论，但经过这四分之一世纪，法国下定了决心，在保持本国独特性（尽管有人预言将不可避免地导致同一化）的同时，积极投身至欧洲建设和全球化之中。

世界大同和民族特性两个方向的力量集中作用到了敏感的移民问题上，明显反映出这一时期社会问题的复杂性。1974年吉斯卡尔·德斯坦入主爱丽舍宫伊始，即发布政令，实行“零移民”政策，为此他先后采取了“胡萝卜”（利昂内尔·斯托勒吕提出的《“帮助返回”法案》，旨在鼓励移民返回故国）和“大棒”（1980年的《波内—斯托勒吕法案》，扩大了驱逐和遣返外国人的可能性）两种不同的措施，目的是防止遭遇外国劳动力激烈竞争的那部分法国人出现大规模失业。尽管1981年总统大选时，移民问题还不是一个重要的问题，只有让-玛丽·勒庞（未能成为总统候选人，因为他没有收集到必要的500个签名）认为这是一个必须立即“制止”的“严重问题”。但是，在左派获得胜利以后，移民问题立刻得到了重视，因为人们发现尽管1974年法国就对移民“封闭了边境”，但相当数量的偷渡客，即“非法移民”在法国安了家。将他们合法化还是驱逐出境，这个问题成为公众辩论的焦点。最后的解决方案是将他们实行大规模合法化（并不是全部合法化，因为非法移民的总数量大约为30万人，但是只有大多数为马格里布人的13万人，从1982年8月11日的通报中受益），不过这再次导致大量非法移民从马格里布地区或黑非洲涌入，他们被以后有

可能再次实行的合法化所吸引。另外，《“帮助返回”法案》被取消，
《波内-斯托勒吕法案》也被废止，“家庭团聚”则得到许可（这方便
了更多外国人来法国定居）。于是，在法国失业人口数量高达 180 万的
情况下，政府尽管否决了密特朗在总统选举时提出的给与移民市政选
举权的主张，但实施了一种更加自由主义的政策，另外从 1982 年开 1113
始，政府加强了对非法移民的打击，尽管所有人都知道，完全杜绝非
法移民进入法国境内是极端困难的事情。

移民问题在左派内部造成了很多的分歧，越来越多的左派人士投票赞成实施一种更加有力的政策；右派也开始出现激烈的辩论，有人恶毒地攻击有关移民的政策，尤其是支持者日益增加的国民阵线，这个极右派政党与移民问题有着双重的联系：一方面是失业，另一方面是治安恶化。法国开始重新审视移民问题，它已经是法国政治生活中一个结构性的组成部分。1983 年 6 月 10 日的法案重新赋予了法院通过紧急程序将非法移民驱逐出境的权力；1984 年 4 月 27 日颁布的政令恢复了《“帮助返回”法案》，将其更名为《“帮助重新融入”法案》；1984 年 12 月 4 日的政令则增大了“家庭团聚”的难度。在议会，左派在 1985 年 6 月 6 日明确表示：法国不能再接纳更多的移民，法国政府将竭尽所能帮助那些想要离开的人达成心愿，帮助那些希望留下的人融入社会。由于国民阵线的推波助澜、右派的模棱两可、左派的犹豫不决和反种族主义抗议行动的日益加剧（“紧急反种族歧视运动”1984 年开始启动，著名的胸牌“别碰我的兄弟”产生了巨大的影响力），而且 1986 年 3 月的立法选举即将到来，局势顿时紧张起来。1985 年 11 月，密特朗宣布：“法国就是移民们自己的家”。他再次提到赋予移民们参加市政选举的权利，而此时国民阵线强调的是“民族优先”，右派则以“保护民族特性”的名义反对非法移民。在 1986 年 3 月获得立法选举胜利后，法兰西民主联盟和保卫共和联盟组成的同盟在 9 月 9 日投票通过了《帕斯夸法案》，明确规定外国人申请进入法国境内时，必须提交居留所需的足够财产的证明；而且如果威胁到公共安全，外国人将不能将居留证延期；另外，省政府也具有了驱逐非

法移民的权力，而不再仅仅是法院。为了显示决心，内政部长 1986 年 10 月 18 日将 101 名来自马里的非法移民，送上了前往（马里首都）巴马科的飞机。同时，内政部还对《国籍法》进行了改革：父母均为外国人，但是在法国出生的孩子，将不能在年满 18 岁的时候自动获得法国国籍，而必须根据 1986 年 11 月 12 日的法案提出申请，这意味着法国在传统的“出生地国籍权”方面出现了倒退。由于总统、左派、“人权联盟”的反对和天主教会的担心，1987 年 6 月 22 日为此成立了一个专门委员会。这个由马尔索·龙主导的委员会在 1988 年 1 月 7 日提交了最终的报告，可是由于总统大选临近，报告中的任何结论（比如使申请法国国籍的程序变得更加快捷和清晰，这与政府的意愿正好相反）都没有得到采用，于是《国籍法》保持不变。

在密特朗再次当选法国总统，而让-玛丽·勒庞在总统大选中获得了前所未有的支持率后，移民问题再次成为法国社会讨论的主要议题。1989 年 10 月 3 日爆发的“穆斯林头巾”事件，成为公众舆论的焦点，被极度政治化，而且得到媒体的深度报道。由于克莱伊中学的校长禁止三名佩戴“穆斯林头巾”的女高中生进入校园，而且在很多学校都发生了类似的事情，左派和右派都开始围绕着社会融入、共和国，以及共和国的法律和价值观等问题展开了激烈的争论。可以接受世俗化走得如此远吗？那些拒绝融入的人怎么办？法国会变成不同社会团体的组合吗？政治家、知识分子和记者在这些问题上众说纷纭，各执己见。支持教育部长若斯潘的内阁会议做出的一个复杂晦涩的决定（佩戴宗教装饰物与世俗化并不矛盾，但有关机构还是可以根据尚
1114 需明确的准则加以禁止），让局势更加混乱。从 1989 年至 1994 年 9 月教育部长弗朗索瓦·贝鲁颁布有关通告（该通告确定了什么是可以接受的，什么是不可以接受的。“学校里不能容许如此明显的宗教装饰物，作为宗教热忱的标志，这些装饰物会清晰地将一部分学生从学校共同的生活准则中分隔出来，”不过学校允许佩戴一些隐秘的代表宗教信仰的饰物）为止，这一具有象征意义的事件，使舆论的焦点集中到了信仰的表达方式上，所引起的社会大辩论超越了传统政治的派系

的界限。同一时期，国民阵线在一些地方的“不完全选举中”获得的胜利，表明在一些特定的地方（德勒、萨隆德普罗旺斯、马赛），反对移民的选票来自左右两派的选民。1989 年 12 月 3 日，总理米歇尔·罗卡尔在法国电视一台宣称：“法国不可能收容全世界的贫困者”。移民聚居的城市郊区出现了不断升级的骚乱，甚至爆发了暴乱。在海湾战争期间（1991 年 1 月至 3 月），很多人害怕会爆发移民特别是阿拉伯裔移民的骚乱。尽管骚乱事实上并没有发生，但还是无法让人们平息对移民问题的不安情绪。于是，当法兰西民主联盟和保卫共和联盟组成的同盟在 1993 年的立法选举中再次获得胜利后，立即着手修改《国籍法》。1993 年 5 月 13 日，新制定的《帕斯夸法案》获得投票通过，法案规定：父母是外国人但在法国出生的孩子将可以在 18 岁至 21 岁之间通过申请成为法国人；与法国人结婚获得法国国籍的时限从一年延长到了两年；父母在阿尔及利亚独立之前出生在阿尔及利亚，而自己出生在法国的孩子，将不再在出生之时被视为法国人。另外，政府着手恢复“对非法移民零容忍”的政策。为了控制非法移民问题，法国政府决定只有在合法居留两年以上，且拥有居住和经济条件的前提下，才可以申请“家庭团聚”（奉行“一夫多妻制”的人被排除在外）；另外政府还决定所有的社会补贴都适用于处于正常居留状态下的移民（但没有追溯力）。在 8 个条款（包括有关避难权的条款）被宪法委员会否定，和采纳了一些政治家（西蒙娜·维尔和皮埃尔·梅埃尼耶里）有关身份核查的方式的意见后，《帕斯夸法案》的实施仍然未能平息局势并削弱国民阵线的上升势头，这个极右派政党在 1995 年至 1998 年间，在各级选举中（总统大选、市政选举和地区选举）的支持率不断攀升。1996 年，“非法移民”问题由于栖身于圣贝尔纳教堂的移民被警察驱逐的事件，再次成为舆论的焦点。1997 年夏季由若斯潘政府的内政部长让-皮埃尔·舍韦内芒推行的合法化新程序，遭到了来自左右两派的批评，右派认为其立场过于宽松，一部分左派则认为它不够宽松。1997 年 6 月 19 日，若斯潘决定委托社会学家帕特里克·韦伊就移民问题写一份研究报告，以帮助自己“在不背弃法国的价值观以及不破坏社会平衡的前提下，制定坚定的和行之有效的移民政策”。韦伊的报告明确指出：像法国这样一个高度开放的国家不应该对移民封闭大门；移民的权利不应该总被各种暗含的限制条件所剥夺。报告主张不再接收不合格的劳动者，而应该欢迎法国在向外辐射和国际合作中所需的大学生或艺术家。报告还强调了避难权和家庭生活权，认为必须恢复出生地国籍权。这些建议的主要内容在1998年被纳入了《舍韦内芒法案》和《吉古法案》。尽管有很多质
1115 疑，但这两个1981年以来最宽松的法案获得了投票通过。从此，父母是外国人，出生在法国的孩子和1993年以前（《吉古法案》）一样，在成年后即成为法国人；外国的退休者、科学家、病人和与法国有着家庭联系的外国人可以较容易地得到法国居留证；住宿证明被取消；家庭团聚变得宽松；避难权得到扩大；遣返和驱逐出境的滞留期得到了延长。

此外，尽管可能存在数据的偏差，但统计结果明确地显示：在这25年间，法国的移民人口构成发生了深刻的变化。首先是数量上，移民累计总数从1975年至1998年实现了显著的增长，从360万增至700万，与传统的只考虑外国人数量的统计方法相比，这里采用的是更加切合实际的方法，即统计对象为外国人或从前是外国人的法国人所在家庭的成员总数。其次是质量上，移民的人口来源地发生了很大的变化，欧洲人（1975年占总数的60%）减少，而非洲和亚洲人增多（如今已经达到总数的60%）。这些数据反驳了那些诸如“移民潮得到控制”和“法国境内外国人和外裔法国人的数量增长已经停滞”的传统言论。1974年以来，历届政府都号称能够同时做到“零移民”和“最大限度的促进社会融入”，但却从来没有成功过，因为第一个目标根本不可能实现，第二个目标的实现需要有一个意志至上的政策，因此历届政府实际上并没有针对这两个目标实施切实有效的政策。法国民众则以与政府不同的方式作出回应，即移民继续大规模增加，外裔法国人的数量通过不断增长，他们通过各种合法的途径取得了法国国籍。一方面，国民阵线的支持者迅速增加，促使法国民众在对民族特

性的反思中增加了一个排外的部分（即便如此，也无法打消人们支持国民阵线的念头），而且一部分左派民众和极少一部分右派选民也赞成国民阵线的排外主张。另一方面，尽管发生了很多事件，违法犯罪活动数量增多，人们普遍感到不安全，但是法国社会并没有对有色人种做出大规模的暴力的反应，即便也存在着敌视或隔离的行为，而且这些行为还有加剧的可能性，但法国人普遍还是希望这些移民（不论是外国人，还是已经获得法国国籍的人）能够成为好邻居，能够彻底融入法国社会。在 1996 年夏季发生的事件中可以看出，尽管所谓“外族入侵”的威胁阴魂不散（其象征是偷渡），公众舆论对“非法移民”的态度还是以同情为主，他们几乎没有表达出任何动用公共暴力的愿望，而且在对非法移民合法化的问题上，他们也没有表现出 1981 年那样的反对。对于移民的融入问题，乐观的人认为可以顺利地实现，他们的看法总是被各种事件所否定；悲观的人则看到社会紧张关系已经接近了无法承受的地步，具体表现为各种种族主义和排外的行为，以及融入因为有可能对“法国的民族特性”造成威胁而面临困境。

相比 1975 年，法国人更加熟悉外面的世界（原因在此前已经有了详细的描述），对非洲和亚洲的痛苦和贫困有了更清楚的认识，他们相信开发、接触和混合是新时代的必然存在，最终接受了从前不能想象的现实，即各种不同价值观和文化，以及不同肤色的人的“大规模侵入”，尽管政府始终未能找到有效的实现融入的政策。出现这样的局面，应该说是法国人自己的选择，是他们自己融合了这些价值观和文化，并赋予这些外来的东西不断提升的地位。今天的法国，不得不面对针对移民和外来法国人的种族主义和排外行为的风险在不断增多的问题，与此同时，法国社会还面临很多带有民族色彩的社会问题（郊区的危机、移民后代的失业问题、违法犯罪和社会治安问题等），
这些社会问题和新问题交织在一起，放大了社会舆论对新问题的判断，1116
以及新问题对社会舆论的影响力。

“我”与“我们”，个体和集体

人们习惯于将个人自由、个人至上和“我”对“我们”取得的胜

利，作为这一时期的显著特征。有人将其归功于文艺复兴、宗教改革和 1789 年的大革命，也有人将其归功于 1968 年的“五月风暴”，因为“五月风暴”导致了“干什么都行”的绝对自由主义和“我优先”的自私主义的文化的兴起。两种解释都有一些道理，但是还需要充分考量妇女解放的进程所产生的影响，这一进程的根源尽管可以追溯到很久以前，但其在事实上和法律上最终实现就是在 20 世纪最后四分之一时间里。1967 年有关避孕的《讷维尔特法案》、1974 年有关流产的《维尔法案》和 1975 年有关离婚的法案（确定双方同意即可离婚，在事实分居或“过错”等条件下即可分手的原则，简化了离婚手续），突出了自由和平等的思想，淡化了服从和权威的观念，从法律上具体体现了一个既成事实。结婚数量的降低、自由结合和非婚生子女的增多、离婚数量的上升，都是这一时代的特征，而此前的 1950 年至 1960 年却正好相反，那时候的特点是早婚数量越来越多，而离婚和非婚生子女的数量非常有限。因此，结婚率从 1975 年的 8％逐渐降低，1980 年为 6％，1993 年为 5％，如今更是降至了 4.7％，每年法国的结婚数量只有 25 万例，远远低于 1970 年代中期的 35 万例。另外，结婚年龄越来越大，妇女从 22 岁增至 26 岁，男人从 24 岁增至 28 岁；离婚数量从 1970 年至 1990 年增加了两倍；而非婚生子女的比例居然从 9％增至了 36％。如今，150 万低于 25 岁的年轻人的父母再婚，66％的离异家庭的孩子有同父异母，或同母异父的兄弟姐妹，还有 10％的孩子由单亲家庭抚养。这种新的局面经常被看作是社会关系的基础单位的分崩离析，这确实是事实，但它反映出社会关系的新的一面。传统的、不平等的、等级制的婚约被自我优先意识所取代，人们自行选择结婚或不结婚，选择解除婚约或同居，自由和平等从此充分体现在两性关系之中，但还不至于使人们丧失将“我”与“我们”结合起来的意愿，只不过这种意愿的表达方式有所不同，而且父母与子女的联系反而因为这些不同的方式而得到了加强。尽管家庭的建立和重组在实践中出现了危机，但是这种危机并不会造成“家庭的解体”，“家庭”一词更是被赋予了很多新的含义。

性解放和社会的宽容并不仅限于妇女在夫妻关系中的地位。同性恋逐渐被社会接受，不再被视为一种“毛病”或异常的行为，这是最近二十五年一个较为显著的标志。1997 年，左派着手实施一种新的结合契约，那些“不能够或不愿意结婚，但决心在一起共同生活”的伴侣（性别不限）将能够根据这个契约结合起来。这个名为《公民结合契约》的法案，在 1998 年秋季提交讨论，在左右两派都引发了激烈的辩论，该法案居然使同性恋等结合方式合法化，可见“习俗的民主”在法国取得了长足的进步，跟上了社会和民众心态以及政治民主的演进的步伐。另外，社会对这样一种“契约”的需求，反映出法国社会 1117
正在建立的实际上是一种“我”和“我们”之间的新的辩证关系。“我”肯定的是选择的自由，并将这种自由视为私人生活中不应该受到任何约束的部分，不过这种自由可以促使“我”产生与其他人建立某种共同关系，并将这种关系“契约化”的愿望；“我们”则可以表现为不同的形式，而婚姻仅仅是这些形式中的一种而已。个体向社会要求的，是意识到个体的不同，并在个体希望的情况下，用法律的形式承认这种不同。这构成了法国社会组织形式的显著变化，当然无法避免地在一定程度上造成了社会意识的混乱。

这种“我”和“我们”之间、个人主义和结合（以双方同意的自由方式，在平等的基础上）之间的辩证关系，从多个方面体现在了大多数社会行为之中。比如民众对个人自主的要求具体表现在了一系列消费品及其使用方式上，成为了这个时代的特点。电视此前已经走进了千家万户，但从 1980 年代尤其是从 1990 年代开始，法国家庭开始拥有第二台甚至第三台电视机；人们开始对付费电视频道、有线电视、卫星电视、以及这些频道提供的丰富多彩的节目着迷，并因此出现了分化：在同一个家里，人们在不同的房间里寻求个人兴趣的满足，在节目单上选择适合自己的节目。1970 年末进入市场的录像机掀起的浪潮也证明了这一点。1980 年时已经有 1/2 的家庭拥有了录像机，1990 年代更是达到了 3/4。录像机使人们可以自由的、个性化的使用电视机，购买或在音像俱乐部租借录像带也体现了同一种精神，但主要是相对于电影院而言。在这一时代的另一个标志性的产品上，也反映出了相同的社会演变，2/3 的家庭都拥有高保真音响，甚至在有些家庭，父母和孩子各自拥有自己的音响设备，这样每个人都能在家里欣赏自己喜爱的音乐，随着微型化的发展，随身听被发明了出来，人们从此不仅能够在家里听音乐，也能在上班的路上、在慢跑的过程中、在公共交通工具上听音乐，甚至还可以同时看电视节目。另外，家用电脑和电子游戏大大丰富了家庭娱乐。微波炉主要用于解冻或重新加热那些已经烧熟的饭菜，这些饭菜越来越多地由超市送到家中。所有这些消费品的使用方式都体现出了个体和社会的基本单元的自主权力，是个体在社会环境中自主做出的选择。

不过，这种自主选择的态度始终与人们希望与其他人经常联系的愿望共存着。比如本来在法国起步缓慢的手机，从 1996 年开始取得了长足的进步，1997 年时手机用户达到了 300 万，1998 年的时候更多。而各种各样的寻呼机，比如 BP 机或 BB 机则满足了那些没有条件拥有手机的年轻人。手机不仅不会有损于人们的自主性，而且可以使人们可以在任何时候任何地方与其他人联系，永远都不会与其他人失去联系并维持与其他人的关系。人们不仅有这种“联系”他人的需要，还有与人分享感情、感受和快乐的需要，因此才有了合唱团（法国大约有 30 万个合唱团，吸引了将近 1000 万人参与其中）和文化活动的巨大成功，比如 1980 年代由杰克·朗发起的成就不容置疑的“音乐节”，另外还有获得了大量国家补贴的“布尔日之春”音乐节，和在拉罗歇尔举行的“法语音乐节”，这些活动都是青年们或少年们旅行和交往的好机会，各个阶层、各个民族和各种肤色的法国人都积极投身其中，欣赏各种各样的音乐，不仅是法国的传统歌曲，黑人音乐、马格里布音乐和西印度群岛音乐都非常受欢迎。在巴黎和外省，一些
1118 大型音乐厅（都被称为“天顶”① ）相继落成，供人们举行各种音乐集

① 因为巴黎“天顶”音乐厅非常有名，因此人们习惯把其他城市的音乐厅也称为“天顶”，它们当然也有属于自己的名字。

会，而一些规模更大的场所（如巴黎的贝尔西多功能体育馆、王子公园体育场和法兰西体育场）也成为法国和世界著名流行歌手们举行演唱会的舞台，人们毫不迟疑地走上街头，与其他人并肩而立，一起宣泄感情与情绪，比如在歌星营造的气氛中，一起挥舞手中点燃的打火机。很多人曾害怕寻求自我会凌驾于政治集会之上，个人主义或自我封闭会凌驾于集体主义或交流之上，其实两者是可以共存的。当然，法国社会的结构性场合与四分之一世纪之前发生了显著变化（家庭、学校、阶级、政党、工会、教会的地位下降是显而易见的，尽管它们仍然在道德规范和社会关系的形成中起着重要的作用），占统治地位的价值观和文化，在民众的行为方式发生改变的同时，也发生了深刻的变化（权威和等级观念的下降，对应着自由和平等的上升）。

但是能够说今天享乐主义的法国已经完全迷失方向了吗？法国在前进的道路上确实放弃了一些象征着集体愿望的路标，这主要体现在知识分子们在社会及政治问题上的思想和态度的深刻变化上。革命的“乌托邦”和世俗的“救世主”（马克思、黑格尔、弗洛伊德）曾经在1960年代是备受瞩目的“明星”，但它们从1980年代开始迅速变得晦暗起来。1974年，亚历山大·索尔仁尼琴出版了《古拉格群岛》，取得了巨大的成功（销量达到70万册），他在书中向读者展现了苏联社会主义和那些人民民主的无人性的一面，这本书引发了一些“新哲学家”（如安德烈·格鲁克斯曼和贝尔纳-亨利·莱维）对马克思主义的谴责。《古拉格群岛》不仅揭露了斯大林在导向上的错误，还揭示了马克思主义固有的必须摒弃的弊病。这是一个意识形态混乱的时代。现代法国生活的前景已经不再是未知的明天，这就是《世界的幻灭》的中心思想，马塞尔·戈谢在这本书中告诉人们，民主已经成为历史发展无法逾越的界限。由于没有先验的参照（宗教的或世俗的），人们不得自行组织起来，但是这种新的自由令人深为恐慌，因为有些人有可能主动投入所谓“导师”或“教主”的掌控之中，这种风险使民主成为一种脆弱的体制，必须加以保护，保护它免遭来自自身的损害。对于价值观和文化的演变，阿兰·芬克尔克劳在1987年写就的《思想的失败》中，表达了自己对传统人道主义面临毁灭的担心；皮埃尔·罗桑瓦龙则在1981年完成了《福利国家的危机》，1998年他还针对“代表危机”撰写了《找不到的人民》（之前的1992年创作了《公民的加冕》），分析了政治的困窘就像是未完成的或背离的民主的综合症，使民主陷入最初的矛盾，导致动荡和混乱。

由于共产主义在东欧的崩溃发生在1989年，正好是法国大革命二百周年之际，上述分析因此更显深刻。根据弗朗索瓦·孚雷在《法国大革命评判词典》（和莫娜·奥祖夫共同主编）中的阐述，大革命已经结束了，并已经实现了，法国社会必须学会“没有目标”的生活，谨慎地从容地对待民主。1995年（几乎是贝尔纳-亨利·莱维1977年出版《人面兽行》之后二十年），孚雷出版了《幻象往事》，通过揭露斯大林利用纳粹主义来强制推行或保护共产主义的事实，激烈抨击了斯大林的伪善。斯特法尼·库尔图瓦在1997年出版的《共产主义的黑皮书》中，再一次揭示了斯大林主义的恐怖。就像美国人法兰西斯·福山写道的那样，由于“乌托邦”不复存在，人们除了对自由主义和资本主义进行管理，没有任何其他的可能，所以“历史已经结束了”。然而，资本主义并不能赢得人民的信心。从1993年皮埃尔·布尔迪厄的《世界的苦难》，到1996年维维安娜·弗莱斯特的《经济恐怖》，再到1998年夏季赞成布尔迪厄和反对布尔迪厄的人之间的大辩
1119 论，让人们深感不安的主要是自由主义和资本主义造成的经济的、政治的、道德的和文化的危机。

这是一个恐慌和信心丧失的时代。很多事情证明了这一点，尤其是1990年代令人震惊的“血液感染事件”，以及疯牛病、生长激素和石棉等丑闻。这些人为的悲剧，除了给受害者造成痛苦以外，只会进一步削弱公民们对社会制度的信心，让他们的信心深受打击的还有“金钱崇拜”、政治和金融腐败造成的危害，以及科学本身从各个方面遭到的质疑（正如马克·费罗1998年在《举步维艰的社会》中描述的那样）。在这个时代，人民已经不再沉湎于过去的“乌托邦”，他们不相信现在的社会精英，也不相信那些本应该代表他们利益的人，他

们备受各种内部威胁和外来危害的煎熬：从不受边境束缚的切尔诺贝利核泄漏造成的烟云到恐怖主义，从文明的碰撞到原教旨主义，从教派、少数派到浓烈的（种族的、宗教的和文化的）民族特征，看起来，法兰西民族和法兰西共和国已经做好了准备，听凭对社会各种传统标志的普遍质疑的时代洪流将自己卷走。由于社会生活充斥着不确定因素，很多法国人转而重新强调那些传统的价值观：家庭、宗教、学校，以及政府或戴高乐主义，他们认为这些价值观能够有效地重新确立社会关系，在权利和义务之间建立起码的平衡，凸现民族特征，重建超越民主、资本主义、多文化融合主义和个人主义的“共同的生活”，因此应该使这些价值观复苏。在左右两派，从菲利普·塞甘到雷吉·德布莱，从马克斯·加罗到夏尔·帕斯夸，很多人都试图给这个似乎已经毫无意义的世界赋予新的意义。但是，并不是所有人都这么想，另外那些人认为，在上帝、马克思和阿隆[①]死后，人们仍然可以在个人命运中找到生存下去的好理由。图书出版业的巨大成功（哲学方面有安德烈·孔特-斯蓬维尔、米歇尔·翁福莱，文学方面有菲利普·德莱尔姆、克里斯蒂安·博班，社会学方面则有米歇尔·马费佐利），揭示了人们对一种带有享乐主义的新智慧的向往：那就是像伏尔泰笔下的“老实人”一样，耕种我们的园园，把自己的小日子过好，远离那些让我们的前辈心潮澎湃地去追求个人的命运和集体的革命的动荡和激情。对是否可以把握自己的命运这个问题，回答是“可以”。

看起来，“我”、“个人的时代”、自私，甚至作为一个体系建立起来的寻求自我已经取得了胜利，个人的理性彻底战胜了集体的激情。但也许事实并非如此。早在1970年代末，人们就意识到意识形态斗争的结束并不会同时导致“我们”的终结，即共同的激情和集体的情绪的丧失殆尽。传统的集体斗争的不复存在并不能意味着集体斗争的寿终正寝，只不过其形式发生了变化。“世界医生”组织诞生后不久，

① 即雷蒙·阿隆（Raymond Aron）。

贝尔纳·库什内就成立了“医生无国界”组织，两个组织取得的成就有目共睹（1977 年，雷蒙·阿隆和让-保罗·萨特举行了具有象征意义的会面，发起了“向越南献上一艘船”的人道主义行动，旨在帮助那些在绝望的“大海”上漂浮的越南难民），人们意识到，需要大家一起奋斗的事业始终存在着。正如安德烈·格鲁克斯曼在 1981 年出版的《犬儒与激情》一书中写到的那样，这个事业就是与“恶”作斗争。这是一个庞大的计划，因为“恶”有各种各样的表现形式。人道主义斗争取代了对政治的激情，其引发的民众热情显示出人们不能只顾着“种植自己的花园或管理好本国的自由主义民主生活”。由于媒体的大量报道，这些“我们”的表现形式和对“我”的确认一样，对 1980 年代和 1990 年代的社会生活产生了深刻的影响。各种人道主义动员行动纷至沓来，尽管它们经常像流行时尚一样来得快，去得更快，似乎证明了吉尔·利波维茨基创作的《昙花一现的帝国》的观点，但是这些行动实实在在存在着，而且永远都不会枯竭。从“紧急反种族歧视运动”到“爱心食堂”，从“马拉松式电视募捐”到“预防艾滋病行动”，从在全世界对抗饥饿到支持萨拉热窝的行动，从援助“非
1120 法移民”的运动到“帮助一切穷人——第四世界”运动，从全球性行动到地区性行动，人们以各种不同的形式（如音乐会、集会、互助活动、募款、电视节目等），积极投身于抗击“苦难”的一时的或持续的斗争之中，“民众热情的团结”永远不会向“恶”的传统的、新的形式低头，这些形式包括自私主义、传统的束缚和统治者的压制。民众的热情在法国并没有消散，他们对司法、权利、道德也仍然怀有较高的期望，尽管其表现方式与 1970 年代尤其与 1960 年代相比发生了明显的变化。

历史与记忆

在这一时期，法国人尤其年轻法国人还表现出另外一种渴望，那就是更多地了解最近的历史。在 1980 年代和 1990 年，民众对历史的需要与日俱增。几乎所有历史人物传记的出版都非常成功；1978 年，

《历史》杂志问世，该杂志和其他历史类杂志非常受欢迎，《历史》、《历史月刊》和《我们的历史》的每期发行总数高达 20 万份；公共电视频道播放了大量的历史纪录片，还设置了很多有关历史的专栏节目，比如法国电视五台的《历史的意义》、艺术频道的《平行的历史》和法国电视三台的《历史星期三》等；在有线电视和卫星电视上出现的历史主题频道，比如 TPS 电视台的《历史频道》等。这些都显露出，1970 年代末人们曾担心年轻人和以后几代人将对历史知之甚少，甚至“不知道希特勒何许人也”，事实证明这种担心并没有成为现实。人们需要了解历史，不仅仅是为了知道自己在历史长河中的位置，还是为了理解行将结束的 20 世纪，了解《大屠杀》和《古拉格》、斯大林主义和纳粹主义、原子弹和两次世界大战，与此同时，一些尘封的往事的回忆也开始苏醒，比如维希政权、“通敌”和“抵抗运动”等。

早在蓬皮杜总统在位时，安德烈·阿里斯和阿兰·德·塞杜伊的电影《法国人，你们是否知道?》和围绕着“图维耶案件”展开的社会大辩论，就已经使法国人对那个特殊时期的信念产生了动摇。不过这个有关“法国人互不相爱的时代”的案卷被蓬皮杜总统亲自合上了，他赦免了保尔·图维耶这个二战时期法奸保安队头目。另外，密特朗在二战时期曾被维希傀儡政府的首脑贝当颁发“法兰克战斧”的经历，在 1970 年代被旧事重提，激起了很多人对密特朗与社会党的抗议，包括当年抵抗组织内的战友和一些戴高乐主义者。不过这件事情仅仅是一个小小的插曲，很快就过去了。1987 年对德国前盖世太保头目克劳斯·巴尔比的诉讼案，再一次激起了法国人对那段历史的质疑，因为那个时期的经历者以及随后的几代人，此前都在尽力掩饰或美化那个时期，似乎想要把它变成一段值得庆贺的时光。人称“里昂屠夫”的克劳斯·巴尔比的出庭，引起了民众的极大关注，并激起了对让·穆兰的人格和角色，以及造成他被捕的真实原因的大辩论，还就此开启了持续十来年的历史与记忆的对质。有关著作因此大量问世，媒体也表现出极大的热情。在最著名的著作之中，有 1993 年出版的让-皮埃尔·阿泽马与弗朗索瓦·贝达里达合著的《黑暗年代的法兰西》，书中揭露了勒内·布斯凯在维希政府中担任的角色，以及他后来如何得以逃脱处罚，并在战后的政治体系中谋取自己的位置的经过。考虑到勒内·布斯凯和密特朗之间的亲密关系，人们不禁再次开始怀疑密特朗总统在维希政府时期的经历，皮埃尔·佩昂在 1994 年出版的《一个法国人的青年时代》中对此进行了澄清。

从此，似乎没有任何理由再掩盖这个德国统治下的时期了（《德国统治下的法国》，是菲利普·布兰 1995 年出版的著作），针对莫里斯·帕蓬的司法程序和随后的诉讼将维希政府时期的法国展现在了法官们面前，并通过媒体报道展现在了全体法国人的眼前。对莫里斯·帕蓬这位前雷蒙·巴尔政府的预算部长的诉讼在 1997 年 10 月至 1998 年 3 月之间再次进行，最终莫里斯·帕蓬成为第一位被判处“反人类罪”的维希政府高级官员。在这次案件中反映出来的法国人民对这段
1121 历史明显的无法释怀（按照历史学家亨利·鲁索的说法，“这段过去并没有真正过去”），引发了大量有关著作的相继出版：奥利维耶·巴鲁什的《为法国政府效力》，将莫里斯·帕蓬的情况重新放回到了历史背景之中，他指出当时法国政府大多数成员都屈服于德国人并与他们合作；德尼·佩尚斯基的《维希，1940—1944 年，控制与排斥》，重现了当时的局势，分析了当时法国人的精神状态；让-皮埃尔·阿泽马与奥利维耶·维耶维奥尔卡合著的《维希，1940—1944 年》，展现了一幅维希政府时代的整体画卷；美国人罗贝尔·帕克斯顿的《维希的法国》再版——该书的第一版发行于 1973 年，打破了法国历史学家和政治家对这段历史的缄默，因为他们深受戴高乐主义的影响，认为那个时期的“法国政府”只是一段不光彩的插曲，对法国的历史无关重要。于是，任何发生在这段时期的事情都不再是禁忌，不仅包括维希政权的真正性质、维希当局的角色——1997 年 12 月 5 日，希拉克总统应邀参加了纪念无名犹太牺牲者的仪式，他在讲话中肯定了“被占领的法国确实存在”，“对犹太人的有组织押送、逮捕和突然搜捕是在法国当局的参与下进行的”，他还重申了他在 1995 年的一些言论，承认法国对法国犹太人被押往集中营负有不可推卸的责任，甚至还有

法国抵抗运动的内部斗争。1997 年，随着克洛德·贝里导演的电影《露西·奥布拉克》上映和吉拉尔·朔维创作的《奥布拉克，里昂，1943 年》的出版，奥布拉克夫妇这对法国抵抗运动中的传奇伉俪一下子成为民众论战的焦点，很多批评是对他们形象的严重歪曲，以至于雷蒙·奥布拉克要求《自由报》组织了一次历史学家圆桌会议（参加者有亨利·鲁索、弗朗索瓦·贝达里达、让-皮埃尔·阿泽马和曾担任让·穆兰秘书的达尼埃尔·科尔蒂耶），讨论奥布拉克夫妇是否应该为让·穆兰的被捕承担责任（关于让·穆兰的生平，还有两部著作在 1998 年末得到了媒体的极大关注，它们是雅克·贝纳克的《让·穆兰事件的秘密》和皮埃尔·佩昂的《让·穆兰》）。这个由历史学家组成的"法庭"谴责了对历史的胡乱猜疑，这次子虚乌有的"奥布拉克事件"再一次证明了公众舆论对这个"黑色的年代"的兴趣，以及更深入了解法国历史包括光辉的"抵抗运动"的历史的愿望，另外还显示出历史学家在国家生活中突然凸现出的作用。历史学家不仅是专家，而且还是"见证者"，在国家与其过去之间的这个新对话中，从此历史学家还必须用自己的学识和尚存的历史亲历者、记者甚至法官作较量。从这个意义上说，很多历史学家在奥布拉克事件和对莫里斯·帕蓬的诉讼案中，有机会让民众听到自己的观点，这显然是具有划时代意义的事情。1997 年 9 月，索福瑞公司进行的调查结果显示，73%的 18 岁至 24 岁的年轻人赞成"无休止"的莫里斯·帕蓬案件的预审以诉讼告终，而 65 岁以上的法国人中间只有 53%的人同意。尽管每个人都知道，了解所有的事实是一种苛求，或者是一种难以实现的理想，但历史学家、法官和记者们还是以各自的方式，在自己的岗位上，在长达几个月的时间里，将自己的调查结果向舆论公开，接受公众的审查，即便他们内部累积的固有的差异和分歧，有时候使问题变得更加复杂。

满足民众对历史的需求，是记忆的责任所在（1998 年末出版的热纳维埃芙·戴高乐-安托尼奥兹的回忆录《穿越黑夜》再次证明了这一点），还需要对知识分子对历史问题的态度进行反思——米歇尔·

维诺克因此凭借《知识分子的世纪》获得了美第奇散文奖，这部大师级的著作让人联想起始终处于时代论战中心的巴雷斯和萨特——并反思民众对那些意识形态引导大众投入政治激情和重大混乱的旋涡之中的时代的态度。1975 年至 1999 年这一时期，尽管参与国家生活的方式减少了，人们的信心也下降了，但还不至于使个体的“我”融入集
1122 体的“我们”的源泉出现枯竭。与从前相比，人们现在参与国家生活更多地是因为热情而不是意识形态，这种参与可能更加明智——我们不奢望改变世界，我们也不否定历史，我们也不去改变生活，但我们至少能够抑制“恶”——更加节制，毫无疑问也更加注重事实的真相。这种对透明的需要，及其可能带来的失望，似乎构成了这个时代的特点。

五、民族国家的蜕变

这就是新世纪和新千年来临之际法国的现状。历史学家将在以后，或很久以后，评价 1975 年至 1999 年这一时期在民族的漫长历程中的地位和意义。对于当代人来说，谁也不会否认其对这一时期的感受始终与危机感（经济危机、社会危机、意识形态危机）交织在一起，同时还伴随着对某些国家基础，甚至民族特性、特点和独特之处的质疑。不过，谁会相信几千年铸造的这个民族国家，将会像一根稻草一样，就此被全球化、欧洲建设、经济增长乏力和大规模失业的疾风一下子卷走呢？

历史学家们如今知道作为民族国家的法国的建设是漫长而艰难的，它因 19 世纪末的第三共和国及其学校里宣扬共和国的教材得到了升华，通过 1940年 6 月至 1969 年 4 月戴高乐的功勋达到了白炽化，但它从来都不曾像一些人说的那样是完美的、整体的和完善的。不论是雅各宾派的集权，还是漫长的柯尔伯主义的传统，都不足以使米拉波眼中的这个“并不是由分裂的群体拼成的集体”的法国的内部变得整齐划一。高卢时期就存在的小国家、大块土地或小块土地的多样性，

从来就没有消失过，法国人对民族和故土的归属感是多方面的。另外，这个理想的国家并不是这个世界的封闭一隅，那样的话它将和世界的其他部分断绝联系。不论对法国还是其他国家来说，赖以生存的法则始终是交流，与欧洲的近邻以及世界上的每个国家进行人员、商品、金钱和思想的交流。幸运的是，在这些交流过程中，法国经常是赢家。

所以国家层面（按照法国特有的规则进行调解）和跨国层面（遵守其他的规范）的共存，并不是从今天才开始的。因此，有关法国的民族国家及其长久性的疑问是合理的，但是不能用二元论的方法提出疑问，比如“过去无所不能，现在则一无所能”。今天备受质疑的是国家与地方、与欧洲、与世界的关系。在这个权力交错的世界上，法国再也没有了往日的光辉，而且必须向其他国家让步，谁能否定这一点呢？但是也不应该忘记法国的真实实力，法国有能力体现其地区、城市和土地的价值，通过欧盟这个集体延伸自己的抱负，使自己的特殊吸引力和包容性在全世界范围内受到瞩目。

在这个方面，法国已经说了很多，但显然还没有说完。

1123

大 事 年 表

公元前

600 年	福赛人创立马赛城。
390 年	高卢人占领罗马。
* 350 年	高卢人占领布洛涅。
* 327—325 年	毕代亚斯从马赛出发在北海航行。
300 年（之后）	凯尔特人征服海滨高卢。
* 250 年	比利时人在高卢出现；凯尔特人再次侵入内高卢。
231 年	马赛向西班牙派出了一个罗马使团。
123 年	建立阿卡·塞克斯提亚（埃克斯-昂-普罗旺斯）。
121 年	阿维尔尼人的国王比蒂伊特败北。外高卢设置罗马行省。
61 年	日耳曼人入侵高卢。
59 年	赫尔维蒂人入侵高卢；恺撒率军来到罗讷河畔。
53 年	高卢举行总起义，其领导人为维尔琴热托里

	克斯。
52 年	阿瓦里库姆与热尔戈维被包围；阿莱西亚。
50 年	恺撒占领于科斯罗杜努姆；高卢战争结束。
43 年	建立吕格杜纳姆（今里昂）。
12 年	在吕格杜纳姆召开首次高卢议会。

公元

21 年	弗洛卢斯与萨克洛维尔在高卢造反。
68 年	3 月，文戴克斯在吕格杜纳姆造反。
70 年	兰斯议会：试图建立高卢帝国。
121 年	哈德良巡游高卢。
162 年	日耳曼人侵入高卢东部。
186 年	马泰尔努斯的盗匪在高卢叛乱。
196 年	阿尔比努斯叛乱。
197 年	2 月 19 日，吕格杜纳姆之役；阿尔比努斯去世。
233—234 年	阿拉曼人首次入侵。
约 250 年	建造高卢大部分的教堂。
256 年	伽利埃努斯皇帝取得对法兰克人的胜利。
260—275 年	高卢帝国。
260—268 年	高卢皇帝波斯杜穆斯击退法兰克人的入侵。
306 年	君士坦丁征讨法兰克人。
313 年	宣布罗马帝国境内有信仰基督教之自由的《米兰敕令》。
355 年	法兰克人、阿拉曼人与撒克逊人入侵高卢。
约 361 年	圣马丁创办利居日修道院。
364 年	阿拉曼人入侵高卢。
372 年	圣马丁创办马尔姆蒂埃修道院。
373—397 年	圣马丁担任图尔主教。

413 年	西哥特人进入高卢南部。
*418 年	圣卡西安创办马赛的圣维克托修道院。
435—437 年	巴高达大起义。
443 年	勃艮第人在萨伏依定居。
450 年（之前）	公共学校在高卢消失。
451 年	匈奴人入侵高卢。
[455—470 年]	阿拉曼人在阿尔萨斯定居。
469—476 年	厄里克征服高卢。
476 年	西罗马帝国灭亡。
481 年	克洛维继承希尔代里克。
484 年	阿拉里克二世继承厄里克。
486 年	希亚格利乌斯在苏瓦松被克洛维打败并杀害。
*490—525 年	圣阿维担任维埃纳主教。
*493 年	克洛维与克洛蒂尔德成婚。
*494 年	克洛维进入卢瓦尔河南岸。
496 年（之前）	托尔比阿克战役。
496 年?	克洛维皈依基督教。
500 年	克洛维首次对勃艮第人开战。
501 年	贡德博将勃艮第人团结在一起，并拟订了勃艮第部族法——《贡伯特法》。
503 年	圣塞泽尔担任阿尔勒主教。
507 年	克洛维在福耶打败西哥特人。
[507—511 年]	撒利克法典公布。
509 年	提奥多利克与勃艮第人交战。
*509 年	里普埃尔法兰克人承认克洛维为国王。
511 年	奥尔良宗教会议[1]；克洛维去世，王国由其子瓜分。
515 年	西吉斯蒙建立阿戈纳修道院。

① 亦译宗教评议会、主教会议、公会议。

516 年	西吉斯蒙继承贡德博。
*520 年	《圣热纳维埃芙传》。
524 年	勃艮第人被法兰克人与提奥多利克制服。 1124
529 年	奥朗日宗教会议；阿尔勒的圣塞泽尔要求谴责半皮拉基亚斯主义的论点。
531 年	希尔德贝尔在西班牙击退西哥特人。
532—534 年	法兰克人征服勃艮第王国。
536—537 年	法兰克人征服普罗旺斯。
*538 年	11 月 20 日，格雷戈里·德·图尔出生。
543 年	阿尔勒的圣塞泽尔去世。
[543—556 年]	建造圣日耳曼-代-普雷教堂。
*550 年	圣拉德贡德建造普瓦提埃圣十字教堂。
558 年	克洛泰尔成为法兰克人唯一的国王。
561 年	克洛泰尔去世，王国由其子瓜分。
565 年	诗人福尔蒂纳在高卢。
567 年	夏里贝尔去世：出现新的瓜分；希尔佩里克杀害加尔斯文特，并与弗蕾德贡德成婚。
*568 年	阿瓦尔人进攻法兰克人。
569—575 年	伦巴第人 5 次入侵高卢。
573—593 年	格雷戈里·德·图尔担任主教。
573 年	希尔佩里克与西吉贝尔特之间的首次战争开始。
575 年	西吉贝尔特取得胜利，但被谋杀；希尔佩里克二世成为奥斯特拉西亚国王。
578 年	布列塔尼人占领瓦讷。
579 年	布列塔尼人入侵雷恩与南特地区。
585—589 年	贡特朗在塞普提曼尼亚遭受失败。
587 年	圣拉德贡德去世；加斯科涅人在阿基坦定居。
592 年	格雷戈里·德·图尔的《法兰克人史》完稿。

594 年?	圣科隆伯创办吕克瑟伊修道院。
597 年	弗蕾德贡德去世。
*597 年	福尔蒂纳担任普瓦提埃主教。
600 年（之后）	福尔蒂纳去世。
602 年	希尔德贝尔特制服加斯科涅人。
613 年	布吕纳奥遭受酷刑；克洛泰尔二世成为唯一的国王。
614 年	巴黎宗教会议：主教对其教区教士拥有专属的司法权。
629 年	克洛泰尔二世去世，达戈贝尔特即位。
630—631 年	达戈贝尔特在奥斯特拉西亚和勃艮第巡视，并推行改革。
630 年?	在高卢出现本笃会教规。
634 年	西吉贝尔特从其父亲手里得到奥斯特拉西亚。
635 年	达戈贝尔特建立圣德尼集市。
639 年	达戈贝尔特去世。
640 年	奥斯特拉西亚宫相兰登的丕平去世。
640—660 年	圣艾鲁瓦担任努瓦永主教。
643 年	丕平之子格里莫担任奥斯特拉西亚宫相。
*650 年	建造圣旺德里耶修道院。
654 年	建造朱米埃热修道院。
656 年	格里莫为其儿子希尔德贝尔特三世篡夺奥斯特拉西亚王位。
*660 年	编撰所谓《弗蕾德贡德的编年史》。
662 年	格里莫与希尔德贝尔特三世遇刺。
663—679 年	圣莱热担任奥顿主教。
约 670 年	墨洛温王朝最后一批写在纸莎草纸上的王家法令。
673 年	显贵造反；希尔代里克二世成为唯一的国王。

675 年	希尔代里克二世遇刺。
*675 年	阿基坦人宣布独立。
*680 年	赫斯塔尔的丕平担任奥斯特拉西亚宫相；赫斯塔尔的丕平被纽斯特里亚的艾勃卢万击败；弗里松人拉德博德开始与信仰基督教的法兰克人进行斗争。
683 年?	艾勃卢万遇刺。
*686 年	纽斯特里亚宫相去世；丕平二世介入由此引发的与继承问题相关的争执并占领宫相府；墨洛温王朝最终衰落。
*695 年	丕平将弗里松人挡在莱茵河对岸。
696—742 年	宗教会议在高卢的教会中消失。
700 年	阿拉曼公爵戈特弗里埃德要求独立。
709—712 年	丕平征讨阿拉曼人。
714 年	丕平二世去世，其遗孀普莱克特鲁德试图维持宫相府的团结。
715 年	教皇格利高里二世即位；普莱克特鲁德在居伊斯败于纽斯特里亚宫相兰弗鲁瓦。
716 年	希尔佩里克二世赋予科尔比修道院在福斯、普罗旺斯的商业特权。
716—719 年	查理·马特制服纽斯特里亚人。 1125
717—725 年	穆斯林征服塞普提曼尼亚。
719—738 年	查理·马特对撒克逊人开战。
720 年	查理·马特打败阿基坦人。
723 年	圣卜尼法斯在查理·马特身边担任主教。
724 年	创办雷舍诺隐修院的圣皮尔曼对阿拉曼人进行福音传教。
727 年（之后）	撰写《法兰克国王大事记》。
728 年	查理·马特降服巴伐利亚。

730 年	查理·马特降服最后一位阿拉曼公爵。
731 年	教皇格利高里三世即位。
732 年	阿拉伯人在普瓦提埃败北。
733—734 年	查理·马特征服弗里西亚。
734—739 年	勃艮第人造反；萨拉森人入侵普罗旺斯；在与伦巴第人联手之后，查理·马特已平定全国。
735 年	查理·马特试图征服阿基坦。
737 年	纽斯特里亚、勃艮第和奥斯特拉西亚国王蒂埃里四世去世；墨洛温王朝王位空缺。
737—739 年	查理·马特战胜普罗旺斯公爵。
739 年	格利高里三世吁请查理·马特反对伦巴第人；法兰克人与伦巴第人之间的同盟继续维持。
741 年	教皇扎夏里埃即位。
742—743 年	查理·马特去世；发生反对其儿子的总叛乱。
742 年	丕平与卡洛曼制服阿基坦人与阿拉曼人；卡洛曼为改造教士请来卜尼法斯；查理曼出生。
743 年	希尔代里克三世成为墨洛温王朝的末代国王；在艾斯蒂安召开奥斯特拉西亚主教会议；法兰克人的教会开始改革。
743—744 年	对萨克森人进行惩罚性的征讨。
744 年	巴伐利亚人臣服；阿拉曼人重新反叛；在苏瓦松召开纽斯特里亚主教会议；斯蒂尔米乌斯在福尔达建立隐修院。
746 年	阿拉曼人在康斯塔特被制服；卜尼法斯担任美因茨主教。
747 年	卡洛曼放弃权力；丕平成为唯一的宫相。
748—749 年	巴伐利亚反叛。
751 年	丕平在苏瓦松贵族大会上被选为国王；希尔

	代里克三世被废黜。
752—757 年	教皇斯特凡二世在位。
753 年	斯特凡二世在高卢。
754 年	斯特凡二世与丕平在蓬蒂翁会晤；丕平由教皇加冕；圣卜尼法斯殉教。
756 年（之前）	丕平令教会的什一税成为必须缴纳的税。
756 年	伦巴第人进攻罗马；丕平远征。
756 年（之后）	丕平和其儿子成为法兰克人的国王和罗马的贵族。
757—767 年	教皇保罗一世在位。
758 年	征讨萨克森人。
759 年	阿拉伯人被赶出下朗格多克；丕平完成了对塞普提曼尼亚的征服。
760—768 年	丕平制服阿基坦。
763 年	巴伐利亚公爵塔西隆三世宣布独立；塔西隆三世占领卡林西亚。
768 年	教皇斯特凡三世即位；阿拉伯人向高卢派驻使团；丕平去世，王国由其儿子查理与卡洛曼平分。
768 年（之后）	伊尔德布朗和尼韦隆的《编年史》。
769 年	查理与卡洛曼不和。
770—840 年？	艾因哈德在世。
800 年	关于王家领地管理的德维利斯敕令。
771 年	查理成为唯一的国王。
772 年	阿德里安继承斯特凡三世。
772—776 年	查理在萨克森进行惩罚性的征讨。
772 年	查理与伊尔德加尔德成婚。
773 年	查理在意大利：帕维亚之围。
774 年	查理在罗马：他更新了丕平对教皇国的赠与；

	帕维亚投降：查理成为伦巴第的国王。
775 年	查理占领下萨克森地区。
约 776 年	建造洛尔施修道院。
778 年	虔诚者路易出生。查理曼在西班牙：龙斯沃。
779 年（之前）	查理曼进行货币改革。
781 年	路易成为阿基坦国王；忒奥杜尔夫在高卢。
782 年	查理曼兼并反叛的萨克森；查理曼召请阿尔昆。
[782—786 年]	保罗·狄阿克雷在高卢。
1126 783—785 年	征服萨克森；亚琛成为查理曼的主要住地。
*784 年	保罗·狄阿克雷：《梅斯主教大事记》。
785 年	查理曼要求教皇国的居民宣誓效忠。
785 年？	《萨克森地区敕令》。
788 年	忒奥杜尔夫担任奥尔良主教。征服伊斯特里埃；查理兼并巴伐利亚。
789 年	查理曼下令开办修道士的学校；通过《全民谕敕令》，查理曼首次为有息贷款制订了规章。
790 年	查理曼与梅西埃的奥法国王签订协议。
791 年	开始对阿瓦尔人征战。
793—798 年	北萨克森反叛。
794 年	查理曼确定了食品的最高价格。
795 年	教皇列奥三世即位。
796 年	阿瓦尔人承认是法兰克人的附庸。
796—805 年	厄德·德·梅斯建造帕拉丁教堂。
797 年	亚琛议事大会：《萨克森敕令》。
799 年	亚琛主教会议召开；出现针对列奥三世的阴谋。
800 年	12 月 25 日，查理曼在罗马由列奥三世加冕为

	皇帝。
802 年	巡按使制度正规化。
802—803 年？	针对阿瓦尔人的战争结束。
803 年	发布弗里松法典。
804 年	查理曼与撒克逊人签订萨尔茨和约；查理曼与尼塞弗尔决裂。
805 年	阿尔昆去世。威尼西亚贵族承认服从查理曼。
*805—862 年	鲁普·德·费里耶尔在世。
806 年	帝国首次瓜分；尼姆维根敕令禁止高利贷。
807 年	哈鲁恩·阿尔-阿希德使团，该使团承认法兰克人对圣地的权利。
*807 年	建造热尔米尼-戴-普雷教堂；建造热洛纳修道院。
809—810 年	丕平征服威尼西亚。
809 年	查理曼干预“共发圣神”问题。
810 年	丕平去世。
811 年	查理去世。
812—813 年？	圣基朗在热洛纳去世。
813 年	虔诚者路易制服阿基坦并占领纳瓦尔；路易成为帝位的继承人并且被加冕。
814 年	查理曼去世；虔诚者路易成为皇帝；诗人安吉尔贝尔去世。
815 年	重新与西班牙的萨拉森人交战。
816 年	教皇斯特凡四世即位；虔诚者路易在兰斯由斯特凡四世加冕。
816—817 年	亚琛宗教会议：达尼阿纳的圣贝努瓦的影响。
816—840 年	阿戈巴尔担任里昂主教。
817 年	罗泰尔成为皇帝；丕平成为阿基坦、塞普提曼尼亚与勃艮第的国王；路易成为巴伐利亚、

	卡林西亚、波西米亚和克罗地亚的国王；虔诚者路易承认教皇选举自由；帕斯卡尔教皇一世即位。
819 年	虔诚者路易与朱蒂特·德·巴伐利亚成婚；福尔达教堂的祝圣仪式。
821 年（之前）	艾因哈德：《查理大帝传》。
821 年	达尼阿纳的圣贝努瓦与忒奥杜尔夫·德·奥尔良去世。
822 年	路易在阿蒂尼公开忏悔。
823 年	6 月，秃头查理出生；教皇给罗泰尔加冕。
824 年	欧仁二世继承教皇帕斯卡尔一世；罗泰尔的《罗马法》。
824—825 年	结巴米歇尔与虔诚者路易就圣像崇拜通信。
828 年	法兰克人侵袭非洲；艾克斯教士大会：教士们与虔诚者路易对立。
829 年	8 月，沃尔姆斯法令；秃头查理的赠与；罗泰尔造反。
829—882 年	《圣贝尔坦年鉴》。
830 年	取消沃尔姆斯法令；虔诚者路易的儿子们夺取权力。
830 年?	圣雅克团在康波斯泰尔创建。
831 年	艾克斯议会；虔诚者路易重新掌权；若纳斯·德·奥尔良：《王室制度》；帕夏斯·拉德贝尔：《论主的体恤》。
832 年	虔诚者路易的儿子们再次造反；罗泰尔与查理成为唯一的继承人。
1127 833 年	6 月，虔诚者路易被废黜。
	10 月 1 日，虔诚者路易在苏瓦松的圣梅达尔教堂悔罪。

834 年	路易复辟。
836 年	诺瓦穆蒂埃的僧侣流亡圣菲尔贝-德-格朗-里厄。
838 年	秃头查理被加冕为国王；阿基坦的丕平去世。
840 年	6 月 20 日，虔诚者路易去世；罗泰尔与日耳曼人路易和秃头查理争权。
841 年	罗泰尔与丕平二世在丰特诺瓦-昂-皮伊塞耶败北。
[841—843 年]	尼塔尔：《历史》。
842 年	2 月 14 日，路易与查理发表斯特拉斯堡誓约；向亚琛进军；三兄弟之间停止交战；清除丕平二世；“黑人”艾尔莫尔用诗体撰写的编年史。
843 年	凡尔登条约；“志同道合”体制。
844 年	蒂翁维尔会议；贝尔纳·德·塞普提曼尼亚被处决。
844—845 年	秃头查理在阿基坦征讨丕平二世失利。
845 年	让·斯科特在秃头查理的宫廷；丕平获得阿基坦；诺曼人洗劫巴黎；辛克马尔担任兰斯主教。
846 年（之前）	泰冈：《论虔诚者路易的一生与行为》。
847 年	教皇列奥四世即位；麦尔森会议。
848 年	6 月，查理在奥尔良由加纳隆加冕。
849 年	秃头查理夺回图卢兹；丕平二世被废黜；萨拉森人侵袭普罗旺斯；罗泰尔与查理在佩罗内和解。
849—854 年	查理二世在阿基坦连遭失败。
*850 年	让·斯科特：《宿命论》。
852 年	大力士罗贝尔担任马尔姆蒂埃修道院在俗的

	院长。
853年	罗贝尔在安茹、都兰与曼恩传教。
855年	罗泰尔一世去世，其属地被瓜分：路易二世为皇帝与意大利国王，罗泰尔二世为中（部）法兰克王国国王，查理为普罗旺斯国王，年幼者路易为阿基坦国王。
855—862年	诺曼人蹂躏法兰西岛。
858年	教皇尼古拉一世即位。
858—859年	日耳曼人路易入侵法兰西，因遭到教士反对而失利。
859年	查理向路易发起进攻。
860年	6月6日，《科布伦茨条约》；《“维持现状”和约》。
861年	大力士罗贝尔成为塞纳河与卢瓦尔河之间地区的公爵。
862年	罗泰尔二世与特特贝热离婚，并与瓦尔德拉德成婚。
[862—869年]	让·斯科特：《论自然划分》。
863年	诺曼人在奥弗涅；教皇尼古拉一世下令对罗泰尔二世离婚之事进行调查；梅斯与拉特兰主教会议；查理·德·普罗旺斯去世；秃头查理制服阿基坦；路易二世·德·意大利占据普罗旺斯；罗泰尔二世获得里昂公爵领；诺曼人侵袭阿基坦。
864年	皮特雷贵族大会：商谈对付诺曼人的措施；秃头查理试图重新减少铸币作坊的数量；在皮特雷贵族大会遭到谴责的丕平二世进修道院。
865年	蒂塞会晤：秃头查理与日耳曼人路易联手对

付罗泰尔二世；罗泰尔二世屈服；特特贝热返回洛林的宫廷。

866 年　大力士罗贝尔在布里萨尔特战胜诺曼人；罗贝尔去世；修道院长于格成为罗贝尔的继承人。

869 年　8 月，罗泰尔二世去世；开始围绕洛林的继承问题展开争斗。

870 年　8 月，麦尔森条约；秃头查理与日耳曼人路易在洛林的领土有所扩大。

872 年　约翰八世教皇即位。

875 年　8 月，路易二世·德·普罗旺斯去世；开始就帝位的继承问题展开争斗。

12 月 25 日，秃头查理在罗马由教皇加冕为皇帝。

876 年　1 月 31 日，查理成为意大利国王。

877 年　5 月，查理通过缴纳重金使诺曼人撤离。

6 月，基耶尔齐贵族大会：国王向西法兰克王国的显贵们让步。

10 月，查理去世；结巴路易在贡比涅加冕为国王。

878 年　约翰八世为寻求对付萨拉森人的救兵来到法国。贝尔纳·德·戈蒂埃在阿基坦的阴谋。

879 年　结巴路易去世。

路易三世与卡洛曼。

10 月 15 日，博松在芒塔耶主教会议上被选为普罗旺斯国王。

10 月，法兰西加洛林王朝与德意志加洛林王 1128
朝的人关系趋近。

880 年　结巴路易的遗腹子天真汉查理出生。

881 年	博松与贝尔纳·普朗特韦吕埃交战；路易三世在索库尔战胜诺曼人。
882 年	辛克马尔在兰斯去世。
	8 月，路易三世去世。
	修道院长于格成为“法兰西公爵领”管理者。
884 年	卡洛曼去世；胖子查理击败天真汉查理当选为国王。
885 年	巴黎为诺曼人围困，大力士罗贝尔之子厄德击退诺曼人；罗贝尔的公爵领扩大。
887 年	博松去世；埃尔芒加尔德在普罗旺斯摄政。
888 年	鲁道夫一世成为勃艮第国王。
	2 月，厄德宣布成为法兰西国王。
890 年	博松之子瞎子路易成为普罗旺斯国王。
893 年	1 月，天真汉查理由福尔克·德·兰斯加冕为国王；内战爆发。
897 年	查理与厄德媾和。
898 年	1 月，厄德去世；厄德的兄弟成为安茹、图尔、布洛瓦、巴黎伯爵。
901 年	路易·德·普罗旺斯成为皇帝。
905 年	路易被贝朗热打败，并被弄瞎眼睛。于格·德·阿尔勒在瞎子路易的法国领地进行管理。
910 年	纪尧姆·德·阿基坦建立克吕尼修道院。
911 年	圣克莱尔-苏尔-埃普特条约。斯堪的纳维亚人在诺曼底定居。
914 年	天真汉查理从日耳曼尼亚国王手中夺取洛林。
[915—917 年]	建造克吕尼首座修道院附属教堂。
917 年	在戴奥尔建立首座克吕尼隐修院。
920 年	罗贝尔的支持者造反。
921 年	勃艮第公爵、伸张正义者理查去世；拉乌尔

	继承理查。
922 年	罗贝尔公爵称王。
923 年	6 月，罗贝尔去世；勃艮第公爵拉乌尔继承罗贝尔；查理被埃尔贝尔·德·韦芒杜瓦囚禁。
926 年	于格·德·阿尔勒成为意大利国王。
926—942 年	圣奥东担任第二任克吕尼修道院院长。
928 年	瞎子路易去世；在意大利和普罗旺斯的加洛林王朝终结。
929 年	天真汉查理在囚禁期间去世。
931 年	教皇约翰十一赞同克吕尼修会拥有特权。
*934 年	勃艮第国王鲁道夫二世成为普罗旺斯国王；阿尔勒王国建立。
936 年	1 月，拉乌尔去世。
	6 月，天真汉查理之子路易四世加冕。
940 年	奥通一世夺回洛林，并接受于格的臣从宣誓。
945 年	路易四世主宰诺曼底。
*946 年	建造克莱蒙费朗大教堂。
948—994 年	圣马伊厄尔担任克吕尼修道院院长。
954 年	9 月，路易四世去世。
	11 月，罗泰尔当选并加冕；大个子于格成为勃艮第与阿基坦公爵。
975—1000 年	建造第二座克吕尼附属教堂。
978 年	罗泰尔企图获得洛林。
980 年	兰斯大主教阿达尔贝隆在教堂安装彩绘玻璃窗。
986 年	3 月，罗泰尔去世，路易五世即位。
987 年	路易五世去世。
	7 月 1—3 日，于格·卡佩在兰斯当选为国王并举行加冕礼。

989 年	在阿基坦开始实行“上帝的和平”。
	罗贝尔太子亦成为国王。
990—1014 年	在巴黎建造圣日耳曼-代-普雷教堂的门廊与钟楼。
991—995 年	里歇:《历史》。
991—998 年	教皇与卡佩王朝在兰斯主教驻地问题上发生冲突。
996 年 3 月	布洛瓦伯爵臣服并去世。
	10 月 24 日，于格·卡佩去世，虔诚者罗贝尔成为唯一的国王；罗贝尔第二次结婚，王后为贝尔特·德·安茹。
* 1000 年	在塞纳河畔夏蒂永建造圣沃尔莱教堂。
* 1000—1008 年	贝朗热·德·图尔在世。
1002 年	于格·卡佩的兄弟亨利去世；虔诚者罗贝尔开始征服勃艮第。
1003 年	虔诚者罗贝尔第三次结婚，这次娶的是康斯坦斯·德·普罗旺斯。
1006—1019 年	建造圣菲利贝尔·德·图尔努斯教堂。
1009 年	建造圣马丁-迪-加尼古教堂。
1020—1021 年	圣热尼-戴-丰泰纳教堂过梁上的雕塑，此系最早注明日期的罗曼风格雕塑作品。
1129 1022 年	一些异端分子（摩尼教信奉者）在奥尔良被烧死。
1023 年	布洛瓦-香槟伯爵领形成；虔诚者罗贝尔与皇帝亨利二世在伊伏瓦举行会晤。
* 1023 年	修道士埃尔高为虔诚者罗贝尔立传。
1023—1024 年	建造圣米歇尔山修道院附属教堂。
1031 年	7 月 1 日，虔诚者罗贝尔去世，亨利一世即位。

1032 年	亨利一世将勃艮第作为封地授予其兄弟。法王将维克辛让与诺曼人。
* 1033 年	西方发生饥荒。
1035 年	亨利一世支持诺曼底公爵私生子威廉。
[1035—1065 年]	建造圣福瓦·德·孔克教堂。
1041 年	最终组织"上帝的休战"。
1046 年	拉乌尔·格拉贝尔:《历史》。
1046—1117 年	罗贝尔·德·阿尔布里塞尔在世。
1046—1130 年	伯德里·德·布尔格伊在世。
1049 年	教皇列奥九世即位。
	建造普瓦提埃的圣希莱尔-勒-格朗教堂。
* 1049—1077 年	建造贝尔奈大教堂。
1049—1109 年	圣于格担任克吕尼修道院院长。
1050 ?—1120 年	罗塞兰·德·贡比涅在世。
1051 年	亨利一世与安娜·德·基辅成婚。
1052 年	菲利普一世出生。
1055 年	教皇维克托二世即位。
	桑斯伯爵领并入王家领地。
1056—1133 年	伊尔德贝·德·拉瓦丹在世。
1057 年	教皇斯特凡九世即位。
1059 年	5 月 23 日,菲利普一世加冕。
1060 年	9 月 4 日,亨利一世去世。
* 1060—1150 年	建造图卢兹圣塞尔南教堂。
1061 年	教皇亚历山大二世即位。
1062—1066 年	建造卡昂的女修道院。
1063 年	莫瓦萨克教堂的祝圣仪式。
1064 ? —1079 年	建造卡昂的男修道院。
1066 年	诺曼底的威廉成为英国国王。
1067—1107 年	建造圣贝努瓦旭卢瓦尔修道院附属教堂。

1068 年	加迪内并入王家领地。
1070 年	佛兰德尔继承问题事件。
1071 年	菲利普一世在卡塞尔被弗里松人罗贝尔打败。
1073—1085 年	教皇格利高里七世在位。
1074 年	科尔比并入王家领地。
1076 年	教皇要求法国国王偿还意大利商人在法兰西岛被勒索的钱财。
1077 年	贝叶大教堂的祝圣仪式。
1078 年	圣昂塞尔姆担任勒贝克修道院院长。
1079 年	阿贝拉尔出生。
约 1080 年	路易六世出生。
1081 ?—1151 年	苏热在世。
1082—1095 年	建造费康修道院附属教堂。
1084 年	圣布鲁诺建造大夏尔特尔修道院。
1087 年	赤发威廉继承征服者威廉。
1088—1130 年	建造第三座克吕尼修道院附属教堂。
1090—1113 年	伊夫担任夏尔特尔主教。
1091 年	伊尔德贝·德·拉瓦丹担任勒芒主教；建造库唐塞大教堂。
1092 年	菲利普一世与安茹女公爵贝尔特拉德·德·孟福尔成婚。
1094 年	菲利普一世被开除教籍。
1095 年	乌尔班二世法国之行。克莱蒙宗教会议。宣讲第一次十字军东征。
约 1096 年	圣昂塞尔姆的《上帝何以化身为人》。
1096 年	鲁昂主教会议。
1096—1141 年	于格·德·圣维克托在世。
1097 年	内韦尔圣艾蒂安教堂的祝圣仪式。
1097—1098 年	赤发威廉与昂塞尔姆之间发生冲突。

1097—1110 年	太子路易在维克辛进行战争。
1098 年	罗贝尔·德·默尔梅建立西多会。
1099 年	教皇帕斯卡尔二世即位；普瓦提埃圣拉德贡德教堂的祝圣仪式。
约 1100 年	克洛瓦特尔·德·莫瓦萨克：雕刻作品。
1100 年	布尔日与登并入王家领地。
*1100 年	路易被立为国王。
1100(或 1101)年	罗贝尔·德·阿尔布里塞尔建立冯特维罗教堂。
[1100—1150 年]	威廉·德·奥兰治的功绩。
1102—1136 年	阿贝拉尔从事教育活动。 1130
1103 年	纪尧姆·德·尚波负责巴黎主教学校。
1104 年	菲利普一世获得宽恕。
1108 年	7 月 19 日，菲利普一世去世，胖子路易继位。
1108—1137 年	罗里斯证书。
1109 年	圣昂塞尔姆去世。
1109—1122 年	蓬斯·德·梅尔盖尔担任克吕尼修道院院长。
1112 年	拉昂主教戈德里在一次骚乱中被处死；圣贝尔纳进入西多会。
1113 年	纪尧姆·德·尚波拟定巴黎圣维克托议事司铎戒律。
*1113 年	爱洛依斯与阿贝拉尔的奇遇。
1114 年	吉索尔条约：博克莱尔成为曼恩与布列塔尼的封建君主；西多会第二个女子修道院彭蒂尼修道院建立。
1115 年	圣贝尔纳建立克莱沃隐修院。
1116 年	伊夫·德·夏尔特尔去世。
1118 年	圣殿骑士团建立。
*1118 年	蒙莱里并入王家领地。

1119 年	路易六世在布雷米勒失利；教皇卡里克斯特二世即位；兰斯宗教会议；卡奥尔大教堂的祝圣仪式。
1120 年	圣诺尔贝创办普雷蒙特雷会。
约 1120 年	阿贝拉尔：《是与否》。
1120 年（之后）	建造佩里格圣弗隆教堂。
1121 年	阿贝拉尔在苏瓦松被定罪。
1122 年	苏热担任圣德尼修道院院长。
1122—1126 年	路易六世为保护教堂征战奥弗涅。
1122—1156 年	可敬的皮埃尔担任克吕尼修道院院长。
1124 年	香槟遭到皇帝亨利五世入侵。
	教皇霍诺里乌斯二世即位；基贝尔·德·诺让去世。
*1125 年	里摩日的《圣体形式论》。
[1125—1150 年]	朝圣查理曼。
1127 年	阿基坦公爵纪尧姆九世去世；佛兰德尔伯爵好人查理遇刺；路易六世插手选择佛兰德尔伯爵的继承人事宜未能如愿，纪尧姆·克里通成为佛兰德尔伯爵。
1127 年（之后）	富歇·德·夏尔特尔：《耶路撒冷史》。
1128 年	纪尧姆·克里通在围攻阿洛斯特时阵亡。
1129 年	玛蒂尔德·德·英格兰与安茹伯爵热奥弗瓦·普朗塔热内结婚。
1130 年	选出两位相互对立的教皇：英诺森二世与阿那克莱二世；埃当普宗教会议。
*1130 年	《戈尔蒙与伊桑巴尔》。
[1130—1155 年]	行吟诗人塞尔卡蒙在世。
1131 年	路易七世由英诺森二世加冕。
1132 ?—1144 年	建造圣德尼修道院附属教堂。

约 1132 年	维泽莱修道院附属教堂与奥顿大教堂竣工。
1135 年	第二座克莱沃隐修院建成。
[1135—1145 年]	普罗旺斯的抒情诗处于兴盛时期。
*1135—1168 年	建造桑斯大教堂。
1137 年	阿基坦公爵与普瓦提埃伯爵纪尧姆十世去世；阿利埃诺尔成为女继承人。
	7 月 22 日，路易七世与阿利埃诺尔·德·阿基坦成婚。
	8 月 1 日，路易六世去世，路易七世即位。
1137—1147 年	建造蒙马特尔的圣皮埃尔教堂。
1138 年	两个教皇对峙的局面结束。
1139—1147 年	建造冯特奈修道院附属教堂。
*1140 年	《身体虚弱者之歌》；发布格拉蒂安通谕；《亚历山大传奇》；诗人若弗雷·吕德尔处于巅峰状态。
1140 年	桑斯宗教会议：阿贝拉尔被判决。
1141 年	路易七世被开除教籍；玛蒂尔德的支持者打败英国国王埃蒂安·德·布洛瓦。
1142 年	路易七世与香槟的蒂波交战；圣贝尔纳对此予以干预。
1144 年	路易七世与香槟的蒂波签订维特里条约。
	圣德尼教堂祭坛祝圣仪式。
*1145 年	苏热：《路易六世国王传》；建造努瓦永大教堂；夏尔特尔王家建筑正门的雕塑。
1146 年	路易七世动身参与十字军东征；苏热成为王国的摄政。
1148 年	西多会修道院附属教堂祝圣仪式；吉尔贝·德·拉波雷在兰斯宗教会议上被判决。
*1150 年	建造克莱蒙费朗的勒波尔圣母院，以及圣-

	勒-戴塞朗教堂；《拉乌尔·德·康布雷之歌》。
1131 1150—1220 年	建造朗格勒大教堂。
[1150—1155 年]	开始建造布尔日大教堂。
[1150—1165 年]	《底比斯传奇》；《埃涅阿斯传奇》；《特洛伊传奇》。
1150—1195 年	诗人贝尔纳·德·旺塔杜尔在世。
*1150—1210 年	让·博代尔在世。
1151 年	热奥弗瓦·普朗塔热内去世；亨利成为其继承者；苏热去世。
1152 年	博让西宗教会议；路易七世休掉阿利埃诺尔·德·阿基坦，后者与亨利·普朗塔热内结婚。
1153 年	圣贝尔纳去世。
1154 年	教皇阿德里安四世即位；亨利二世·普朗塔热内成为英国国王。
	8 月，路易七世与亨利二世签订条约。
	路易七世与康斯坦斯·德·卡斯蒂尔第二次结婚；法国与诺曼底处于交战状态。
*1155 年	建造桑利斯大教堂。
1158 年	路易七世与亨利二世第二次签订条约。
1159 年	路易七世在图卢兹挫败亨利二世。
	皮埃尔·伦巴第担任巴黎主教；教皇亚历山大三世即位。
1160 年	路易七世与阿莉克丝·德·香槟第三次结婚；贝鲁尔：《特里斯坦与伊瑟尔特》；马蒂厄·德·旺多姆达到顶峰时期。
1160—1196 年	莫里斯·德·苏利在巴黎担任主教。
1162 年	勃艮第公爵于格三世即位；亨利二世占领维克辛。

[1162—1182 年]	克雷蒂安·德·特鲁瓦的文学活动。
1163 年	巴黎圣母院开始建造；图尔宗教会议；亨利二世与托马斯·贝克特开始发生冲突。
1164—1213 年	编年史作家维尔阿杜安在世。
1165 年	路易七世之子菲利普出生。
1166—1173 年	路易七世在于格三世的帮助下征讨封建主。
1167 年	圣菲利克斯-德-卡拉曼卡塔尔教派主教会议。
1173 年	瓦尔戴斯在里昂建立伏多瓦教派。
1174 年	亨利二世与其儿子签订蒙路易条约；金雀花（普朗塔热内）王朝的领地被瓜分；一位看管者首次提及香槟集市。
*1175 年	玛丽·德·法兰西的《冲积地》。
1175？—1212 年	建造苏瓦松大教堂。
1177(或 1192)年	亚当·德·圣维克托去世。
1177 年（之后）	《列那狐传奇》开始编撰。
1179 年	菲利普二世·奥古斯都加冕。
1180 年	巴黎首个大学生社团建立；菲利普·奥古斯都与伊莎贝尔·德·埃诺（后者以阿图瓦作为陪嫁）结婚；布洛瓦-香槟与金雀花王朝结成对付菲利普的同盟。
	6 月 28 日，吉索尔条约。
1181 年	佛兰德尔与香槟组成反对菲利普·奥古斯都的同盟；亨利二世进行干预。
1182？—1226 年	圣弗朗索瓦·德·阿西兹在世。
1185 年	与佛兰德尔伯爵签订亚眠条约；菲利普·奥古斯都获得亚眠与韦芒杜瓦。
1186 年	勃艮第的于格三世失利。
1187 年	获得图尔内；菲利普·奥古斯都与亨利二世

决裂。

1187—1188 年　菲利普·奥古斯都占领贝里，并进入图尔内。

1189 年　鲁昂禁止工匠组成行会；阿泽-勒-里多条约；狮心理查继承亨利二世。

1190 年　菲利普·奥古斯都与狮心理查参加十字军东征。

* 1190 年　开始建造布尔日大教堂。

1191 年　佛兰德尔伯爵菲利普·德·阿尔萨斯去世；路易太子在弗拉芒韦芒杜瓦征战。

1193 年　菲利普·奥古斯都与丹麦的安热比尔热结婚，随后将其抛弃。

1194 年　弗雷特瓦尔战役；巴黎小学教师最初的特权；夏尔特尔大教堂发生火灾并开始重建。

1196 年　菲利普·奥古斯都与阿涅斯·德·梅朗结婚。

1197 年　狮心理查组成反对菲利普·奥古斯都的同盟。

1198 年　教皇英诺森三世即位；吉索尔溃败。

1199 年　维尔农休战。

无地让继承狮心理查：其法国领地内发生叛乱。

1200 年　与无地让签订古莱和约；英诺森三世在菲利
1132 普·奥古斯都与阿涅斯·德·梅朗之后禁止法兰西王国开展宗教活动；与佛兰德尔的博杜安十世签订佩罗内条约；菲利普·奥古斯都赞成巴黎的教师与大学生拥有特权。

[1200—1250 年]　撰写《奥加森与尼科莱特》。

1201—1214 年　重建鲁昂大教堂的祭坛。

1201—1253 年　香槟的蒂波四世成为行吟诗作者。

1202 年　菲利普·奥古斯都的法庭判决没收无地让的采邑。

1203—1204 年	皮埃尔·德·卡斯泰尔诺与阿尔诺·阿马尔里克奉命对付阿尔比教徒。
1204 年	阿利埃诺尔去世。
	菲利普·奥古斯都完成对诺曼底与普瓦图的征服。
	十字军攻占君士坦丁堡。
1204—1209 年	英诺森三世鼓动菲利普二世对付阿尔比教派教徒未遂。
1205 年	菲利普二世征服都兰与安茹。
1205—1235 年	重建夏尔特尔教堂的正门。
1206 年	圣多米尼克在阿尔比教派的教徒中布道。
1206 年(之后)	罗贝尔·德·克拉里:《征服君士坦丁堡》。
1207 年	图卢兹的雷蒙六世被开除教籍。
1208(或 1209)年	巴黎教师与大学生协会建立。
1208 年	教皇特使皮埃尔·德·卡斯泰尔诺遇刺;英诺森三世鼓吹对阿尔比教派教徒发动十字军东征。
1209 年	贝济耶遭到洗劫;西蒙·德·孟福尔占有了图卢兹伯爵的土地。
1210—1240 年	创作巴黎圣母院正门的雕塑。
1210 年(之后)	开始建造兰斯大教堂。
1211—1213 年	封建主组成反对国王的同盟。
1212 年	“童子军”进行十字军东征;第二次对阿尔比教派教徒发动十字军东征。
	英诺森三世对起来反抗主教的巴黎教师予以保护,并承认他们组成的协会。
*1212 年	维尔阿杜安的《征服君士坦丁堡》。
1213 年	9 月,缪雷战役;菲利普二世与伊桑布尔重归于好;菲利普二世准备远征英国。
1214 年	圣路易出生;无地让在皇帝奥托·德·布伦

	瑞克的援助下登陆。
	7月，法国方面取得罗什-奥-莫瓦内胜利与布汶大捷。
	里戈尔：《菲利普·奥古斯都的功绩》。
*1214年	布列塔尼人纪尧姆：《菲利皮德》；在第四次拉特兰宗教会议上，巴黎大学的地位得到确定。
1215年	西蒙·德·孟福尔成为图卢兹伯爵；英国人向太子路易赠献王位。
1215—1217年	太子路易在英国失利；无地让去世；英国方面的反抗：亨利三世即位。
1216年	教皇霍诺里乌斯三世鼓吹第五次十字军东征。
1217年	未来的雷蒙七世夺回图卢兹。
1218年	西蒙·德·孟福尔去世。
1219年	布列塔尼人纪尧姆去世。方济各会开始在法国活动。
1220年	开始建造亚眠大教堂。
1222年	图卢兹的雷蒙六世去世，雷蒙七世继位。
1223年	7月14日，菲利普·奥古斯都去世，路易八世继位。菲利普·于尔佩尔的采地。路易八世与英国的亨利三世决裂。
1224年	路易八世征服普瓦图与森通热；阿莫里·德·孟福尔将其在朗格多克的权利让与路易八世。
1225年（之前）	散文体《朗塞罗》成文。
1225—1240年	建造古希城堡。
1226年	路易八世在朗格多克；占领拉罗歇尔与阿维尼翁。
	征服图卢森；设立博凯尔与卡尔卡松两个司

	法总管辖区；分封亲王们的采地：罗贝尔在阿图瓦，查理在安茹和曼恩，阿尔丰斯在普瓦图。
	11月8日，路易八世去世，路易九世即位；布朗什·德·卡斯蒂尔摄政；封建主组成同盟。
1227年	教皇格利高里九世即位。
1228年	纪尧姆·德·奥弗涅担任巴黎主教。
1229年	建立图卢兹大学；在朗格多克设立宗教裁判所。
	4月，与雷蒙七世签订巴黎条约。
1230年（之前）	翻译亚里士多德的《形而上学》。
1230—1252年	建造第戎圣母院。 1133
1231年	教皇发布有利于巴黎大学的谕旨。
[1231—1236年]	纪尧姆·德·奥弗涅：《论宇宙》。
1234年	路易九世与玛格丽特·德·普罗旺斯成婚；蒂博·德·香槟成为纳瓦尔国王。
1235年	蒂博四世、布列塔尼公爵、拉马尔什伯爵结成同盟。
	创作亚眠大教堂正面的雕塑。
*1236年	纪尧姆·德·洛里斯撰写《玫瑰传奇》的第一部分。
1242年	亨利三世在鲁瓦扬登陆；法国国王在塔耶布尔和桑特获胜。
1243年	《市民法院裁判书》。
1245年	里昂宗教会议。
1245—1248年	大阿尔伯特在巴黎执教。
	建造巴黎圣教堂。
1246年	查理·德·安茹与贝阿特里斯·德·普罗旺

	斯成婚；巴黎大学取得盖章权。
1248 年	圣路易参加十字军东征；布朗什·德·卡斯蒂尔摄政。
1248—1256 年	圣波那文图拉在巴黎执教。
1249 年	圣路易占领达米埃特。
1250—1254 年	圣路易在巴勒斯坦。
1250?—1310 年	阿尔诺·德·维尔纳夫在世。
1252 年	布朗什·德·卡斯蒂尔去世；巴黎大学在俗的教师开始与托钵修会进行斗争。
1252—1259 年	圣托马斯·阿奎那在巴黎执教。
1254 年	圣路易参加十字军东征后回国。
1255 年	亚历山大四世取消巴黎大学所有针对托钵修会的措施。
1256 年	佩罗内的“格言”；亚历山大四世在巴黎强迫教师作出选择并清除反对者。
1257 年	巴黎大学屈服于教皇。
1258 年	与雅克·德·阿拉贡签订科尔贝伊条约。
1258—1274 年	罗贝尔·德·索邦组织他在巴黎建立的社团。
1259 年	《习惯法》。
	与已向法国国王作过臣从宣誓的亨利三世签订巴黎条约；路易九世将森通热、阿热内，以及利穆赞、凯尔西与佩里戈尔的部分领土归还给亨利三世。
1259—1260 年	圣托马斯：《反异教大全》。
*1260 年	创作巴黎圣母院圣母像正门上的雕塑。
[1260—1270 年]	吕特贝夫：《泰奥菲尔的奇迹》。
1261 年	圣托马斯开始对亚里士多德进行评论。
1262 年	路易九世的货币改革：金“埃居”与银“格罗”。

1262—1266 年	建造特鲁瓦圣于尔班教堂。
约 1266 年	邓斯·司各特出生。
1267 年	布吕纳托·拉蒂尼和弗洛朗坦用法语撰写《宝典》。
	建筑师皮埃尔·德·蒙特勒伊去世；圣托马斯开始撰写《神学大全》。
1268 年	埃蒂安·布瓦洛：《巴黎职业手册》；克莱芒四世去世；教皇皇位空位期。
1269—1272 年	圣托马斯·阿奎那第二次在巴黎执教。
1270 年	8 月 25 日，路易九世在突尼斯去世，大胆菲利普三世继位；蒂波五世·德·香槟去世。
[1270—1280 年]	《韦尔吉的城堡主夫人》。
1270 年（之后）	创作布尔日大教堂的“最后的审判”。
1271 年	大胆菲利普三世继承图卢兹伯爵领。
1271—1284 年	卡佩王朝在维瓦莱进行兼并。
1272 年	《圣路易的部署》；开始建造纳尔榜大教堂与图卢兹圣埃蒂安大教堂的祭坛。
1273 年	菲利普三世成为帝位继承人的候选人；开始建造里摩日大教堂。
1274 年	首次用法语编撰《圣德尼大编年史》；罗贝尔·德·索邦与圣托马斯·阿奎那去世；里昂宗教会议：结束教会东西对立状态；教皇获得维内森伯爵领地；卡佩王朝在里昂内进行兼并；香槟的亨利三世去世。
1275 年	纪尧姆·迪朗：《司法之鉴》。
*1276 年	让·德·默恩撰写《玫瑰传奇》第二部；亚当·德·拉阿勒：《树丛中的游戏》。
1277 年	巴黎主教埃蒂安·唐普利埃谴责托马斯主义和阿威罗伊主义的论点。

1278 年	多明我会将托马斯主义奉为正统学说。
1134 1279 年	亚眠条约：阿热内重新并入王家领地；森通热划为英国的亨利三世的领地。
* 1280 年	雅克·德·勒维尼在图卢兹执教；纪尧姆·德·奥克汉姆出生。
1282 年	开始建造阿尔比的圣塞西尔教堂；亚当·德·拉阿勒：《罗邦与马里翁的游戏》。
1283 年	菲利普·德·博马诺瓦：《博韦西的习俗》；教皇马丁四世将阿拉贡的王位献给菲利普三世；查理太子获得瓦卢瓦伯爵领；巴黎宗教会议。
1284 年	博韦大教堂的祭坛倒塌；菲利普四世与让娜·德·纳瓦尔成婚。
1285 年	吕特贝夫：《桑克特教堂悲歌》；讨伐阿拉贡失利；菲利普三世在佩皮尼昂去世，美男子菲利普四世继位。
1287 年（之前）	《库西的城堡主》。
1289 年	蒙彼利埃大学的章程。
1291 年	纪尧姆·德·诺加雷在蒙彼利埃教授法学。
* 1291 年	创作亚眠的涂金圣母像。
1294 年	菲利普四世获得基耶内；教皇卜尼法斯八世即位。
1294—1295 年	美男子菲利普四世首次对货币价值予以变动。
1294—1297 年	对英国国王三次发动征讨；部分征服基耶内。
1295 年	《列那狐加冕》；皮埃尔·弗洛特与诺加雷担任国王法律顾问。
1297 年	佛兰德尔商人在法国被捕。
1301 年	帕米埃主教贝尔纳·塞赛被宣判。
1302 年	召开三级会议商议教皇的要求；法国人在布

	鲁日被屠杀；库尔特莱遭到失败。
1303 年	基耶内被归还给爱德华一世；菲利普四世派诺加雷在阿纳尼城逮捕教皇。
1303 年	纪尧姆·德·南日去世。
*1303 年	《巴黎贵妇的回旋》。
1304 年	蒙桑佩维尔战役；兼并里尔、杜埃与贝蒂纳。
1304—1308 年	邓斯·司各特在巴黎从教。
1305 年	教皇克莱芒五世当选并定居阿维尼翁；与佛兰德尔签订条约；皮埃尔·杜布瓦：《论圣地的收复》。让·德·默恩去世。
1307 年	圣殿骑士团成员在法国遭到逮捕，美男子菲利普要求克莱芒五世判处卜尼法斯八世。
1308 年	图尔议事大会；爱德华二世与伊莎贝尔·德·法兰西结婚；邓斯·司各特去世。
1308—1332 年	建造内韦尔大教堂的祭坛。
1309 年	茹安维尔：《圣路易传》。
1310 年	5 月 12 日，对 54 名圣殿骑士团成员施以酷刑。
1312 年	取缔圣殿骑士团的谕旨。
1313 年	诺加雷去世；出现金融危机与货币价值的变化；马西利乌斯·德·帕多瓦担任巴黎大学校长。
1314 年	11 月 29 日，在巴黎的宫廷中发生丑闻；美男子菲利普去世，顽夫路易十世继位。
1316 年	6 月 5 日，路易十世去世；让一世（遗腹子）与菲利普五世（长人）先后即位；约翰二十二世教皇即位。
1316—1391 年	在阿维尼翁建造教皇的皇宫。
1317 年	让·皮塞勒：《贝尔维尔的日课经》。3 月，

	茹安维尔去世；分别在巴黎与布尔日召开三级会议。
1318 年	开始建设鲁昂的圣乌昂教堂。
1320—1322 年	卡尔卡松的纯洁派归降。
1322 年	1 月 3 日，菲利普五世去世，其兄弟继位，是为查理四世。
1323 年	让·德·让登：《论巴黎的功绩》。
1325 年	巴黎大学撤除了其对托马斯主义的谴责。
1327 年	让·比里当就任巴黎大学校长。
1328 年	2 月 1 日，路易·德·巴伐利亚废黜了约翰二十二世教皇，另立尼古拉五世为教皇；查理四世去世，卡佩家族绝嗣；英王爱德华三世因其母亲为已故法王的妹妹，遂要求继承法国王位。
1330 年	《假列那狐》。
1331 年	英王爱德华八世表示终身效忠其在法国的领地。
1135 1332 年	约翰二十二世与巴黎大学之间就神学问题展开争论。
1333 年	菲利普六世不赞同约翰二十二世的神学。
	让亲王封为诺曼底公爵；法国支持拥护戴维·布鲁斯的苏格兰人。
1333—1336 年	菲利普六世准备十字军东征。
1334 年	教皇本笃十二世继约翰二十二世即位。
1337 年	巴黎大学谴责奥卡姆学说。
	彼得拉克在沃克吕兹。
	5 月 24 日，菲利普六世宣布查封基耶内；昂热大学建立。
1337—1410 年	让·弗洛瓦萨尔在世。

1338 年	佛兰德尔反叛；雅克·范·阿特维尔德与爱德华三世联合。
1339 年	格勒诺布尔大学建立；诺曼底人在英国的入侵计划。
	9 月，康布雷被爱德华三世围困；爱德华三世与路易·德·巴伐利亚结盟；菲利普六世与卡斯蒂尔联手。
1340 年	6 月 24 日，英国与弗拉芒结盟；埃克吕兹战役。
1341 年	路易·德·巴伐利亚转而与法国国王联合；菲利普六世在布列塔尼支持夏尔·德·布洛瓦反对孟福尔。
1342 年	马迪厄·德·阿拉斯着手建造布拉格大教堂；教皇克莱芒六世即位。
1343 年	热奥弗瓦·德·阿尔库尔在爱德华三世的宫廷中。
1343—1347 年	阿维尼翁，“鹿宫”城堡内大量的巨幅壁画。
1345 年	德比进行从巴约讷到昂古莱姆的袭击；阿特维尔德去世。
1346 年	8 月 26 日，克雷西战役；国王让·德·波希米亚去世；加莱城被围；德比在法国西部作战。戴维·布鲁斯在英国战败并被俘。
1347 年	8 月 3 日，夏尔·德·布洛瓦在拉罗什-德里安战败；加莱投降。
1347—1351 年	法英之间休战。
1348 年	让娜·德·那不勒斯将阿维尼翁卖给克莱芒六世。黑死病流行。
1348—1349 年	菲利普六世购买蒙彼利埃与多菲内。
1349—1387 年	坏人查理成为纳瓦尔国王。

1351 年	3 月 25 日，法英两国骑士在布列塔尼的普罗埃梅尔交手。
	4 月，法英两国在 1347 年 9 月 28 日签订的休战协定到期。
1352—1363 年	纪尧姆·德·博尔德在多菲内的沃多派教徒中讲道。
1354 年	1 月 8 日，查理·德·西班牙遇刺。
1355 年	9 月，法英两国签订瓦罗涅条约。
	11 月，黑太子侵袭朗格多克。
1356 年	春天，在图卢兹召开朗格多克三级会议。
	4 月 5 日，好人让在鲁昂监禁了坏人查理。
	7 月，黑太子入侵普瓦图。
	9 月 19 日，普瓦提埃战役，好人让被俘。
1356—1357 年	冬天，巴黎商会会长艾田·马塞号召民众起来反对“劣币”。
1357 年	普罗旺斯的沃多派教徒杀死了两名宗教裁判所的法官；太子查理统治法国。
	3 月，《三月大敕令》。
	3 月 22 日，法英波尔多休战协定。
1358 年	1 月，艾田·马塞号召民众起来反对太子，并与参加“扎克雷起义”的农民联手。
	6 月 10 日，坏人查理击溃农民军。
	艾田·马塞向英国人打开城门。
	7 月，巴黎人民赶走了英国人，并且推翻了艾田·马塞的统治。
1359 年	太子与坏人查理签订和约；太子拒绝接受伦敦预备性条约。
1360 年	英诺森六世改革多明我会；爱德华三世在法国的侵袭受挫。

	5 月 1—9 日，布雷蒂尼谈判与布雷蒂尼条约。
	10 月 24 日，加莱和约。
1361 年	好人让成为勃艮第公爵领的继承人。
1362 年	4 月 6 日，“迟到者”们在里昂南部击溃了国王与弗雷兹伯爵的部队。
1363 年	加莱的羊毛“市场”设立；大胆菲利普成为勃艮第公爵。
1363—1365 年	宗教裁判所法官弗朗索瓦·博雷尔追捕阿尔卑斯山区的沃多派教徒。 1136
1363—1431 年?	克里斯蒂娜·德·皮桑在世。
1364 年	4 月 8 日，好人让死于伦敦，查理五世即位。
	5 月 16 日，迪盖克兰在戈什雷尔打败坏人查理。
	9 月 22 日，布列塔尼继承战结束：奥雷战役。
1367 年	乌尔班五世离开阿维尼翁前往罗马。
	弗洛瓦萨尔：《多情的斯频耐琴》。
1368 年	冬天，法英两国重新开战。
1369 年	佛兰德尔的女继承人与勃艮第公爵大胆菲利普成婚。
1370 年	迪盖克兰成为法军统帅。
	重新征服利穆赞。
	乌尔班五世重返阿维尼翁。
1371 年	迪盖克兰在香槟击败罗伯特·诺里斯。
1371—1372 年	查理五世收复普瓦图、奥尼斯与森通热。
1372 年	英军占领布列塔尼。
1373 年	弗洛瓦萨尔：《编年史》第一卷问世；火焰哥特式的建筑风格在建造亚眠大教堂时首次采用。
1374 年	在图卢兹对纯洁派进行最后的迫害。

1375 年	教皇设法安排了法英之间的布鲁日休战。
1377 年	英王爱德华三世驾崩，理查二世继位。
1378 年	查理五世夺取了坏人查理在诺曼底的领地。
	乌尔班六世与克莱芒七世分别被选为教皇，西方开始大分裂。
1379 年	在罗马遭受失败的克莱芒七世定居阿维尼翁。
1380 年	迪盖克兰去世；查理五世驾崩。
	11 月 4 日，查理六世的加冕礼。
1381 年	巴黎大学要求为解决西方的分裂召集一次公会议。
1382 年	安茹公爵试图依次接收让娜·德·那不勒斯在普罗旺斯和意大利的遗产。
	法国出现多起骚乱：巴黎有“铅锤党”人制造的骚乱，鲁昂有埃雷尔骚乱，朗格多克则有穷苦人的暴动。
1384 年	大胆菲利普成为佛兰德尔伯爵。
1385 年	查理六世与伊莎博·德·巴伐利亚成婚。
1387—1392 年?	弗洛瓦萨尔：《编年史》第二卷与第三卷问世。
1388 年	大胆菲利普对盖尔德尔公爵开战。
1389 年	皮埃尔·德·阿伊担任巴黎大学校长。
1391 年	热尔松要求查理六世终止大分裂。
1392 年	查理六世疯癫，其叔叔重新掌权。
1394 年	巴黎大学再次要求终止大分裂。
1396 年	热尔松担任巴黎大学校长。
	勃艮第公爵与奥尔良公爵之间开始发生冲突。
1404 年	大胆菲利普去世，无畏者让继位。
1407 年	11 月 23 日，无畏者让派人刺杀路易·德·奥尔良。

1408—1416 年	林堡兄弟：《贝里公爵极为富裕的时光》。
1412 年	圣女贞德出生；阿尔马尼亚克人与英国人谈判。
1413 年	在巴黎召开三级会议；卡博什分子骚乱。
1414 年	英国新国王亨利五世要求继承金雀花朝在法国的遗产。
1415 年	阿尔马尼亚克人与勃艮第派签订阿拉斯和约。
	10 月 25 日，阿赞库尔战役。
1418 年	巴黎人向无畏者让打开城门。
	12 月，太子查理，即查理六世之子宣称自己为摄政者。
1419 年	亨利五世控制诺曼底；无畏者让遭暗杀。
	好人菲利普成为勃艮第公爵。
1420 年	5 月 21 日，好人菲利普与亨利五世签订特鲁瓦和约。
1422 年	8 月 31 日，亨利五世死于万森讷城堡。
	10 月 21 日，查理六世驾崩。
1428 年	英军着手围困奥尔良。
1429 年	2 月 23 日，圣女贞德在希农遇到太子查理。
	4 月 29 日—5 月 8 日，圣女贞德解奥尔良之围。
	7 月 17 日，查理七世在兰斯加冕。
1430 年	5 月 23 日，圣女贞德在贡比涅被俘。
1430—1470 年？	弗朗索瓦·维永在世。
1431 年	5 月 30 日，圣女贞德在鲁昂惨遭火刑处死。
1431 年	12 月 16 日，英国的摄政给亨利五世之子亨利 1137 六世加冕为法国国王。
1435 年	查理七世与好人菲利普签订阿拉斯和约。
1436 年	查理七世占领巴黎。

1437 年	蒙特罗之围。
1437—1451 年	开始在鲁昂建造圣马克卢大教堂。
1438 年	布尔日国事诏书。
1439—1440 年	法英之间的和谈破裂。
1440 年	雅克·科尔："国王的总管家"。
1442 年	夏尔·奥尔良在勃艮第公爵菲利普的帮助下反叛；雅克·科尔成为枢密院成员。
1443 年	图卢兹法院建立。
1444 年	查理七世与英国人之间休战。 亨利六世与玛格丽特·德·安茹成婚。
1445 年	查理七世建立国王敕令会。
1447 年	太子路易隐居多菲内。
1447 年？—1511 年	菲利普·德·科明在世。
1449 年	3 月 24 日，法英在福热雷重新开战。
1450 年	4 月 15 日，福尔米尼战役；查理七世夺回诺曼底。
1450—1454 年	建造圣米歇尔山祭坛。
1451 年	逮捕雅克·科尔。
1452 年（以前）	阿尔努·格雷邦：《激情》。
1452 年	埃图特维尔枢机主教对巴黎大学进行改革。
1453 年	7 月 17 日，卡斯蒂庸战役。
1454 年	蒙蒂尔-莱-图尔大司法敕令。
1456 年	太子路易在勃艮第避难。
1461 年	查理七世驾崩，路易十一继位。
1462 年	路易十一从让二世·德·阿拉贡手中得到鲁西永与塞尔达纳，并与玛格丽特·德·安茹联手。
1463—1472 年	普雷西-雷图尔城堡扩建。
1465 年	7 月 16 日，路易十一与公益同盟军队之间在

	蒙莱里发生未分胜负的战事；孔弗朗条约与圣莫尔条约。
1467—1540 年	纪尧姆·比代在世。
1468 年	10 月 9—14 日，路易十一与莽夫查理在佩罗内举行会晤。
1470 年	11 月，图尔大会；路易十一重新占据索姆河流域的城市；索邦大学拥有了一家印刷厂。
1472 年	路易十一占据庇卡底；博韦被莽夫查理围困：让娜·阿歇特。
	路易十一与西克科特四世达成和解协议，后者保留向国王推荐重要的有俸圣职人选的权利。
1473 年	皇帝腓特烈三世与莽夫查理在特里尔举行会晤。
1474 年	围困讷斯失败；勃艮第派的力量有所削弱。
1475 年	9 月 13 日，勃艮第公爵与路易十一之间休战；收复鲁西永。
1477 年	1 月 5 日，莽夫查理在南锡战役中阵亡。
	8 月 18 日，勃艮第公爵之女玛丽嫁给马克西米利安·德·哈布斯堡。
1479 年	8 月 7 日，基纳加特战役。
1480 年	国王勒内·德·安茹去世。
1481 年	路易十一制服了弗朗什-孔泰，获得了普罗旺斯与曼恩。
1482 年	12 月 23 日，阿拉斯谈判：马克西米利安·德·哈布斯堡放弃勃艮第与庇卡底。
1483 年	8 月 30 日，路易十一去世。
	《十日谈》首次在法国印刷。
1484 年	博若将巴卢瓦出让给勒内·德·洛林。

	安茹并入王家领地。
	图尔三级会议。
1488 年	圣奥班迪科尔米耶战役:“疯狂的战争”结束。
1489—1490 年	科明撰写其《回忆录》的前六卷。
1490 年	安娜·德·布列塔尼与马克西米利安·德·奥地利成婚。
1491 年	法国人占领布列塔尼;安娜·德·布列塔尼与马克西米利安·德·奥地利的婚姻废除。
1492 年	5 月,查理八世与“摩尔人”吕多维克·斯福尔扎结盟。
1138 1493 年	查理八世与马克西米利安签订桑利斯条约;巴塞罗那条约:查理八世将鲁西永归还给费迪南德·德·阿拉贡;图尔特别法庭;法国入修会的教士恢复旧教规。
1494 年?—1553 年	弗朗索瓦·拉伯雷在世。
1494 年 9 月	查理八世自 1406 年解放以来隶属于佛罗伦萨的比萨。
1495 年	2 月 22 日,查理八世身披饰有帝国标志以及法国、那不勒斯、耶路撒冷和君士坦丁堡四重王冠图案的披风,进入那不勒斯。
	3 月,“威尼斯同盟”组成。
	7 月 5 日,福尔努战役。
1496 年	2 月,法国人在那不勒斯被打败。
1496—1544 年	克莱芒·马罗在世。
1498 年	4 月 8 日,查理八世驾崩,路易十二即位。
1499 年	路易十二与威尼斯、佛罗伦萨结盟;路易十二与安娜·德·布列塔尼成婚。
	3 月 16 日,与瑞士人签订卢塞恩条约。

1500 年	11 月 11 日，法国与阿拉贡签订格拉纳达条约。
1503 年	法国与阿拉贡决裂。
1504 年	法国人失去那不勒斯。
	9 月，路易十二与皇帝签订布卢瓦条约。
1506 年	图尔三级会议：克洛德·德·法兰西与弗朗索瓦·德·昂古莱姆订婚。
1507 ?—1573 年	米歇尔·德·罗斯皮达尔在世。
1508 年	12 月 10 日，康布雷同盟组成。
1509 年	勒费弗尔·德·埃塔普莱：《五十圣诗……》
1511 年	10 月 5 日，教皇朱利亚二世组织了一个反对路易十二的神圣同盟。
1512 年	4 月 11 日，拉文纳战役；加斯东·德·富瓦阵亡。
	马克西米利安抛弃路易十二。
	法国人失去意大利。
	勒费弗尔·德·埃塔普莱编辑《圣保罗书简集》。
1513 年	路易十二与威尼斯谈判，并与斐迪南签订休战协议。
1513—1593 年	雅克·阿米奥在世。
1514 年	纪尧姆·比代：《古代货币考》。
	路易十二同意出口免除关税。
1515 年	路易十二去世。
	设立诺曼底法院。
	9 月 13 日，马里尼昂战役。
	弗朗索瓦一世邀请达·芬奇。
	12 月 14 日，列奥十世与弗朗索瓦一世媾和。
1515—1524 年	弗朗索瓦一世修建其在布卢瓦的宫堡。

1515?—1568 年以前	让·古荣在世。
1516 年	法国与瑞士诸州签订“永久性和约”。
	8 月 13 日，努瓦永条约；教务专约。
1517 年	在巴黎重建圣-艾蒂安-迪蒙。
	3 月 11 日，康布雷条约。
1519 年	弗朗索瓦一世成为继承帝位者的候选人。
1520 年	6 月 7 日，“金毯营地”会晤。
1521 年	拜亚尔在梅齐埃尔成功地抵挡住了帝国军队的进攻。
1522 年	在拉比科克被打败的法军遭米兰人驱赶。
1522—1560 年	若阿香·杜贝莱在世。
1523 年	弗朗索瓦一世设立中央财务局。
1524 年	拜亚尔在皮埃蒙特去世；已成为查理五世的代理长官的波旁公爵入侵普罗旺斯。
1524—1585 年	皮埃尔·德·龙萨在世。
1525 年	2 月 24 日，帕维亚战役：弗朗索瓦一世被俘。
1527 年	波旁家族的领地被拆分。
1529 年	里昂大骚乱。
	8 月 5 日康布雷和约；伊拉斯谟的友人贝尔干被处决。
1530 年	开辟巴黎至勃艮第的邮路。
	弗朗索瓦一世创办法兰西学院。
[1530—1540 年]	重建圣日耳曼-昂-莱城堡。
1531 年	玛格丽特·德·纳瓦尔：《罪孽灵魂的镜子》。
1532 年	拉伯雷：《巨人传》第一部。
1533 年	弗朗索瓦一世流放索邦大学的学者；法兰西国王与教皇在马赛会晤。
1533—1592 年	米歇尔·德·蒙田在世。

1534—1543 年	雅克·卡蒂埃出征。
1534 年	索邦大学在法院对王家读者提起诉讼。
	拉伯雷：《巨人传》第二部。
	揭帖事件。
1535 年	弗朗索瓦一世为其儿子要求得到米兰内。 1139
1536 年	普罗旺斯被皇帝的军队占领。
1538 年	开辟里昂至都灵的邮路。
	7 月 14 日，弗朗索瓦一世与查理五世在埃格-莫特举行会晤。
	重新对法国的宗教改革活动进行迫害；蒙莫朗西成为法军统帅。
1539 年	8 月，维耶-科特莱敕令。
1541 年	蒙莫朗西失宠；马罗翻译圣诗。
	加尔文的《基督教原理》被译成法文。
1541—1544 年	古荣与莱斯科：建造巴黎圣日耳曼-奥塞尔教堂祭廊。
1542—1560 年	法军远征苏格兰。
1544 年	弗朗索瓦一世解放其勃艮第领地中的农奴(1545 年撤销此敕令)。
	4 月 13 日，塞利索尔战役。
	9 月 16 日，与查理五世签订克雷皮条约。
1545 年	在阿维尼翁发生屠杀沃多派教徒事件。
1546 年	开始重建卢浮宫；拉伯雷《巨人传》第三部出版。
1547 年	弗朗索瓦一世去世；玛格丽特·德·纳瓦尔：《公主菊园中的菊花》。
1548—1549 年	莱斯科与古荣："无辜者"喷泉。
1549 年	杜贝莱：《捍卫和弘扬法兰西语言》。
1550 年	法英和约：勃艮第归属法国；龙萨：《颂歌

	集》。
1551年	亨利二世在意大利重新对教皇开战，并正式拒绝承认特伦托教务会议。
1552年	弗朗索瓦一世落葬于圣德尼。
1552—1553年	龙萨：《给卡桑德拉的情歌》。
1555年	亨利二世与教皇结盟。
1557年	8月10日，圣康坦战役。
1558年	玛丽·斯图亚特与法王太子成婚。
1559年	4月3日，卡托-康布雷齐条约。
	7月10日，亨利二世去世。
	12月23日，安娜·德·布尔被处决；埃库昂敕令。
1560年	3月，昂布瓦兹密谋。
	5月，罗莫朗坦敕令。
	7月2日，米歇尔·德·罗斯皮达尔担任掌玺大臣。
	8月21日，枫丹白露大会。
	12月5日，弗朗索瓦二世去世，查理九世即位。
1561年	奥尔良三级会议；在普瓦提埃召开关于宗教改革的主教会议。
	普瓦西教士大会；蓬图瓦兹三级会议。
	9月，普瓦西讨论会。
1562年	龙萨：《论这个时代的悲惨》。
	1月，圣日耳曼敕令。
	2月，巴黎最高法院拒绝登记圣日耳曼敕令。
	3月1日，瓦西屠杀；新教徒反叛。
	12月19日，鲁昂之围；德勒战役。
1563年	2月24日，弗朗索瓦·德·吉斯遇刺。

	3 月 19 日，昂布瓦兹和约。
1564 年	拉伯雷的第五本书出版。
1564—1566 年	查理九世巡游全法。
1566 年	穆兰斯敕令。
1567 年	新教徒重新拿起武器。
1568 年	3 月 23 日，隆朱莫和约；米歇尔·德·罗斯皮达尔失宠。
1569 年	3 月 13 日，雅尔纳克战斗。
	10 月 3 日，蒙孔图尔战斗。
	路易·德·孔代遇刺；第三次“宗教战争”。
1570 年	8 月 8 日，圣日耳曼和约。
1571 年	巴黎和里昂的印刷工人举行罢工。
1572 年	龙萨：《法兰西亚德》。
	8 月 24 日，圣巴托罗缪节屠杀；亨利·德·纳瓦尔发誓弃绝；第四次“宗教战争”。
1573 年	卡特琳娜·德·美第奇与新教徒媾和。
1573—1613 年	马蒂兰·雷尼埃在世。
1574 年	查理九世去世。
	5 月 30 日，亨利三世即位；宗教战争重新爆发。
	龙萨：《给埃莱娜的十四行诗》。
1576—81? —1660 年	圣樊尚·德·保罗在世。
1576 年	让·博丹：《共和六书》；神圣同盟组成；第六次和第七次宗教战争。
1580 年	蒙田：《随笔集》（第一版）。
1584 年	6 月 10 日，安茹公爵去世。
1585 年	3 月 30 日，佩罗内宣言。 1140
	9 月 9 日，亨利·德·纳瓦尔由西克斯特五世加冕所拥有的权利被废除；最后一次宗教

	战争。
1588 年	5 月 12 日，“街垒日”；布卢瓦三级会议。
	12 月 23—24 日，吉斯公爵与洛林红衣主教遇刺。
1589 年	1 月，卡特琳娜·德·美第奇去世；亨利·德·纳瓦尔与亨利三世和解；马延成为同盟的首领。
	西斯科特五世给亨利三世的罪行检举命令书。
	8 月 2 日，亨利三世去世，亨利四世即位；同盟推举波旁红衣主教为国王：查理十世；亨利四世占领迪埃普。
	9 月 20—21 日，阿尔克战役。
1590 年	3 月 14 日，伊夫里战役。
1591 年	9 月，教皇征集了一支对付亨利四世的军队；同盟让恐怖情绪在巴黎盛行：处决布里松。
1593 年	5 月 17 日，亨利四世在夏尔特尔加冕。
	3 月 22 日，布里萨克总督为亨利四世打开巴黎城门；巴黎最高法院驱逐耶稣会士出境。
1594—1665 年	尼古拉·普桑在世。
1595 年	6 月，亨利四世在法兰西泉解救了遭受西班牙人入侵的勃艮第。
	9 月，教皇与亨利四世媾和；富恩特斯占领康布雷。
1596—1650 年	勒内·笛卡尔在世。
1597 年	9 月 25 日，亨利四世重新夺取亚眠。
1598 年	4 月 13 日，发布南特敕令。
	5 月 2 日，与西班牙人签订维尔万和约。
1598—1666 年	弗朗索瓦·芒萨尔在世。
1600 年	亨利四世与玛丽·德·美第奇成婚；奥利

	弗·德·塞雷：《农业舞台》。
	9月18日，巴黎大学进行改革。
1600—1682年	“洛林人”克洛德·热雷在世。
1601年	里昂条约。
1602年	7月29日，处决比隆元帅。
1602—1674年	菲利普·德·尚佩涅在世。
1603年	亨利四世让耶稣会士重新进入法国。
1605—1606年	布永公爵叛乱。
1606—1684年	皮埃尔·高乃依在世。
1607年	开始在巴黎建造多菲内广场。
1608年	圣弗朗索瓦·德·萨勒：《笃信宗教的生活导论》。
1609年	4月，联（合）省与西班牙之间休战：亨利四世担任其仲裁人。
1610年	5月14日，亨利四世被拉瓦亚克刺杀。
	路易十三继位。
1610—1660年	斯卡隆在世。
1611年	主张改革的教会在索米尔召开大会。
1613—1680年	拉罗什富科在世。
1613—1700年	勒诺特尔在世。
1614年	5月15日，孔代叛乱：圣默纳乌尔德条约。
	10月27日，三级会议在巴黎举行。
1615年	孔代再次叛乱；建造卢森堡宫。
1616年	5月，孔代被任命为王政会议负责人。
1617年	4月24日，孔齐尼遇刺；黎塞留被免职。
	吕伊内得宠。
1619—1655年	西哈诺·德·贝热拉克在世。
	勒布朗在世。
1620年	8月，再次发生贵族造反；贝阿尔内归属

	法国。
1622—1673 年	莫里哀在世。
1623—1662 年	帕斯卡尔在世。
1623 年	法国、萨伏依和威尼斯结盟。
	2 月 7 日，巴黎条约。
1624 年	4 月，王太后让黎塞留进入国王议政会。
	8 月 13 日，逮捕黎塞留的对手拉维耶维尔：黎塞留执掌国王议政会。
1624—1629 年	建造苏利公馆。
1625 年	处决特奥费尔·德·维奥的模拟像。
1625—1712 年	让·卡西尼在世。
1626 年	2 月 5 日，拉罗歇尔和约。
	8 月，夏莱侯爵策划阴谋并因此被处决。
1626—1696 年	塞维涅侯爵在世。
1627 年	6 月 22 日，蒙莫朗西-布特维尔与德夏佩尔被处决。
	10 月，黎塞留围困拉罗歇尔。
1627—1704 年	博絮埃在世。
1141 1628 年	11 月 1 日，国王进入拉罗歇尔。
1629 年	6 月 28 日，阿勒斯“恩典”敕令。
1630 年	3 月 31 日，黎塞留占领皮涅罗尔。
	7 月 20 日，路易十三征服萨伏依；占领萨吕塞。
	11 月 10 日，米歇尔·德·马里亚克被革职。
1631 年	泰奥弗拉斯特·勒诺多创办报纸。
	3 月 8 日，黎塞留与巴伐利亚签订防卫性盟约。
1632 年	9 月，贝济耶敕令。
	10 月 20 日，加斯东·德·奥尔良失败；蒙莫

	朗西谋反并被处决。
1632—1687 年	吕利在世。
1633 年	基耶内发生骚乱；卡罗：《战争的苦难》
1634 年	圣文森特保罗与路易丝·德·马里亚克创办爱德修女会。
1635 年	2 月 10 日，法兰西学士院成立。
	勒梅尔西埃建造索邦教堂。
	5 月 19 日，法兰西国王向西班牙国王宣战。
1636 年	高乃依：《熙德》。
	8 月 15 日，科尔比投降；"乡巴佬"在昂古姆瓦、森通热、利穆赞和普瓦图起义。
1636—1711 年	布瓦洛在世。
1637 年	笛卡尔：《方法论》。
	围绕《熙德》展开的争论；乡间王港修道院隐遁者会开始活动。
1638 年	圣文森特保罗创办收养弃婴的慈善机构。
1639 年	路易十三的军队占领埃斯丹。
1639—1699 年	让·拉辛在世。
1640 年	8 月 9 日，攻占阿拉斯；在法国普遍重铸钱币。
	耶稣会禁止在其中学教授笛卡尔思想。
	王家印刷厂在巴黎建立。
	高乃依：《贺拉斯》。
1641 年	笛卡尔：《第一哲学沉思集》；高乃依：《波利厄克特》。
1642 年	奥里埃建立了圣绪尔比斯修会。
	12 月 4 日，黎塞留去世。
1642—1648 年	弗朗索瓦·芒萨尔：梅松城堡。
1643 年	路易十三去世；安娜·德·奥地利摄政；马

	扎然掌权；法院的首次谏诤；首次抗税骚乱。
	5 月 19 日，罗克鲁瓦战役；莫里哀创办著名的剧院。
1644 年	设立“宽裕者”税的图瓦塞敕令。
	笛卡尔：《哲学原理》。
1645 年	弗朗索瓦·芒萨尔开始建造荣军医院；高乃依：《罗多古娜》。
1645—1648 年	勒苏厄尔：《圣布鲁诺传》。
1645—1696 年	拉布吕耶尔在世。
1646 年	罗特鲁：《圣热内》。
1646—1708 年	茹勒·阿尔杜安-芒萨尔在世。
1647 年	巴黎的价目表敕令。
	帕斯卡尔：《关于真空的新试验》；沃热拉：《论法兰西的语言》。
1647—1706 年	皮埃尔·培尔在世。
1647—1714 年	丹尼·帕潘在世。
1648 年	1 月 30 日，海牙条约。5 月 13 日，停止联合。
	5 月 17 日，祖斯马斯豪森战役。
	8 月 20 日，朗斯战役。
	10 月 24 日，威斯特伐利亚条约。
	6 月 15 日，圣路易公会宣言。
	7 月 13 日，废除督办官。
	8 月 26 日，逮捕布卢瑟尔：巴黎发生反叛。
	摄政王太后逃跑。
	王家绘画与雕塑学院在巴黎建立。
1649 年	1 月 5 日，宫廷人员逃避至圣日耳曼；巴黎被国王包围。
	3 月 11 日，吕埃和约；蒂雷纳反叛。
	笛卡尔在瑞典。

1650 年	1 月 18 日，逮捕孔代、孔蒂与隆格维尔。
	拉图尔：《圣塞巴斯蒂安的殉教者》。
1651—1657 年	斯卡隆：《滑稽小说》。
1651 年	3 月，特权等级的代表要求召开三级会议。
1651—1715 年	费内隆在世。
1652 年	4 月，被蒂雷纳打败的孔代避难于巴黎。
	10 月 21 日，国王重返巴黎。
1659 年	11 月 7 日，比利牛斯和约。
1661 年	路易十四开始亲政。
	9 月 15 日，设立王家议事会。
1662 年	蒙马特尔条约：洛林归属法国。 1142
	2 月 6 日，柯尔伯偿清了以“五大包税”作担保的公债。
	在整个王国设立综合医院。
	高乃依：《塞尔多里乌斯》；莫里哀：《太太学堂》。
	勒布朗：首次为国王画像；菲利普·德·尚佩涅：《阿涅斯嬷嬷与卡特琳修女》。
1663 年	3 月，国王与莱茵河沿岸国家的君主续订了莱茵同盟盟约。
	7 月，艾克斯法院宣布维内森伯爵领归属国王。
	8 月，占领洛林。
	12 月 19 日，督办官接受管理直接税的任务。
	柯尔伯建立铭文与美文学院。
	莫里哀：《〈太太学堂〉批评》、《凡尔赛宫即兴》。
1665—1686 年	拉封丹：《寓言》。
1665 年	柯尔伯担任财政总监。
	拉罗什富科：《箴言集》。

	莫里哀：《唐璜》。
1666 年	1 月，路易十四在巴黎法院禁止谏诤。
	莫里哀：《愤世嫉俗者》；柯尔伯建立科学院。
1667 年	3 月 31 日，法葡（萄牙）同盟。
	5 月，成立荷兰公司。
1668 年	1 月 19 日，路易十四与利奥波德一世签订秘密条约。
	1 月 22—23 日，海牙三国同盟。
	5 月 2 日，亚琛条约。
	吉拉格：《葡萄牙书简》；拉辛：《讼棍》；莫里哀：《晚宴东道主》、《悭吝人》。
1669 年	2 月 1 日，限制南特敕令之影响的声明。
	3 月 7 日，柯尔伯担任负责海军事务的国务秘书。
	博絮埃：《昂里埃特·德·弗朗斯的悼词》。
1671 年	建筑学院成立。
	讲授笛卡尔主义在巴黎遭禁。
1672 年	6 月 12 日，路易十四与孔代在托鲁伊越过莱茵河。
	卢瓦进入王家议事会。
	路易十四在凡尔赛定居。
	莫里哀：《女学究》。
	音乐学院建立。
1673 年	6 月 30 日，路易十四与沃邦攻占马斯特里赫特。
1674 年	帝国议会与法国决裂。
	布瓦洛：《诗艺》。
1675 年	卢瓦以表格的顺序来确定级别与资历的等级。
	1 月，蒂雷纳在图尔凯姆获胜。

1675—1755 年	圣西门在世。
1677 年	拉辛：《费得尔》。
1678 年	4 月 10 日，法国与尼德兰之间签订尼姆维根条约。
	9 月 17 日，法国与西班牙之间签订尼姆维根条约。
	拉法耶特夫人：《克莱芙公主》。
1679 年	圣日耳曼条约；巴黎大学设立法国法教席。
1680 年	法兰西剧院建立。
1682 年	3 月 19 日，四点声明发表。
1683 年	西班牙向法国宣战。
	柯尔伯去世。
1683—1764 年	让-菲利普·拉莫在世。
1684 年	8 月 15 日，雷根斯堡休战协定。
1684—1721 年	瓦托在世。
1685 年	10 月 18 日，撤销南特敕令。
1686 年	丰特内尔：《论宇宙之多元性》。
1688 年	拉布吕耶尔：《品格论》。
1689—1755 年	孟德斯鸠在世。
1690 年	7 月 1 日，富勒吕斯获胜；非洲公司设立。
	丹尼·帕潘：《关于使用水蒸气的回忆》。
1691 年	拉辛：《阿达莉》。
1692 年	5 月，在武格遭受失败。 1143
	6 月，占领那慕尔。
1694 年	布瓦洛：讽刺诗《反对女人》
	6 月，让·巴尔打败荷兰人。
1694—1778 年	伏尔泰在世。
1695 年	路易十四与荷兰进行和谈。
	1 月 18 日，设立人头税。

1697 年	9 月 20 日与 10 月 30 日，里斯维克条约。
	马勒伯朗士：《论上帝的爱》。
1698 年	法英就西班牙王位继承问题进行谈判；成立中国公司。
1699 年	1 月，对付新教徒的措施趋于温和。
1699—1779 年	夏尔丹在世。
1700 年	11 月 1 日，查理二世在遗嘱中表示希望由安茹公爵继位。
	12 月 4 日，路易十四恢复西属荷兰统治的原状。
1701 年	8 月 27 日，法国在新大陆垄断了黑奴贩卖活动。
1702—1704 年	卡米扎尔起义。
1703—1770 年	布歇在世。
1704 年	法国占领萨伏依。
1705 年	法国征服尼斯与皮埃蒙特。
1707 年	沃邦失宠；丹尼·帕潘建造了一艘蒸汽船。
1707—1788 年	布丰在世。
1708 年	勒尼亚尔：《概括遗赠财产承受人》。
1709 年	10 月 23 日，路易十四驱赶乡间王港修道院的教徒。
	勒萨日：《蒂尔卡雷》。
	9 月 11 日，维亚尔与布福雷制止了在马尔普拉盖的入侵。
1710 年	4 月 28 日，将乡间王港修道院夷为平地。
	10 月 14 日，路易十四征收什一税。
	12 月 10 日，旺多姆公爵征服维亚维西奥萨。
	费内隆：《关于法国可悲状况的回忆》。
1711 年	4 月 16 日，路易十四之子去世。

	10月8日，伦敦预备性和约。
1712年	1月19日，乌特勒支会议召开。
	2月18日，勃艮第公爵去世。
	3月8日，布列塔尼公爵去世。
	7月17日，法英停战协定。
	7月24日，德南之役。
	11月7日，法葡停战协定。
	南海公司建立。
1712—1778年	让-雅克·卢梭在世。
1713年	4月11日，乌特勒支条约。
	9月8日，乌尼詹尼图斯（唯一天主子）通谕。
1713—1784年	狄德罗在世。
1714年	2月15日，路易十四强令法院登记乌尼詹尼图斯（唯一天主子）通谕。
	3月6日，拉斯塔特条约。
1715年	9月1日，路易十四去世，路易十五继位。
	9月12日，法院废除了路易十四的遗嘱。
	勒萨日：《吉尔·布拉斯》。
1715—1747年	沃弗纳盖在世。
1716年	5月2日，约翰·劳创办“总银行”。
	10月，银行与国家联营。
	设置桥梁与道路机构。
	费内隆：《关于科学院的信》。
1717年	瓦托：《舟发西苔岛》。
1717—1783年	达朗贝尔在世。
1718年	5月，重铸货币。
	9月4日，约翰·劳购买了烟草专卖权。
	12月4日，约翰·劳所办的银行成为王家银

行，并取代了塞内加尔公司。

1719 年　1 月 9 日，法国与西班牙交战。

5 月 26 日，约翰·劳的公司取代了印度公司与中国公司。

7 月，约翰·劳的公司取代了非洲公司。

8 月 19 日，占领圣-塞巴斯蒂安。

1720 年　1 月 5 日，对约翰·劳的经营活动展开调查。

3 月 27 日，法国与西班牙和好。

首批共济会的支部在法国建立。

孟德斯鸠：《波斯人信札》。

1722 年　伏尔泰：《致于尼娜的书简》。

1723 年　路易十五成年；波旁公爵担任首相。

1724 年　5 月 14 日，反对新教徒宣言。

1144 7 月 18 日，关于行乞的敕令。

巴黎证券交易所建立。

1725 年　6 月 5 日，征收五十分之一税。

8 月 15 日，路易十五与玛丽·列琴斯卡结婚。

1726 年　6 月 12 日，波旁公爵失宠；弗勒里担任首相。

8 月 19 日，建立总包税制。

1726—1729 年　伏尔泰在英国留居。

1726—1730 年　勒佩勒蒂埃·德·富尔担任财政总监。

1727 年　圣-梅达尔狂热的詹森派教徒事件开始爆发。

1727—1781 年　杜尔哥在世。

1730 年　德芳夫人的沙龙开始声名远扬。

马里沃：《爱情偶遇游戏》。

1730—1745 年　奥里担任财政总监。

1731 年　解散“阁楼”俱乐部。

迪普莱克斯担任尚德尔纳戈尔总督。

伏尔泰：《查理十二世》，修道院院长普雷沃：

	《马农·勒斯科》。
1732 年	1 月 29 日，弗勒里下令关闭圣-梅达尔墓地。
	伏尔泰：《扎伊尔》；马里沃：《不慎重的誓言》。
1732—1799 年	博马舍在世。
1732—1806 年	弗拉戈纳尔在世。
1733 年	11 月 17 日，征收什一税。
1734 年	4 月 1 日，皇帝向法国宣战；法国占领菲利普斯堡。
	孟德斯鸠：《罗马盛衰原因论》；伏尔泰：《英国通信》（或译《哲学通信》）。
1735 年	10 月 5 日，法国奥地利秘密签订预备性和约。
	马里沃：《暴发的农民》。
1735—1736 年	拉孔达米纳与莫佩尔蒂伊斯测定子午线。
1735—1740 年	勒穆瓦纳：装饰苏比兹饭店。
	拉布尔多纳担任法兰西岛总督。
1735—1741 年	迪马担任法国在印度设立的殖民地商行总管。
1736 年	4 月 13 日，法国与奥地利签订条约。
	8 月 28 日，解决洛林问题。
1737 年	2 月 20 日，肖弗兰失宠。
	设立举办美术“沙龙”的制度。
	马里沃：《虚假的知心话》；拉莫：《卡斯托尔与波吕克斯》。
1737—1814 年	贝尔纳丹·德·圣皮埃尔在世。
1738 年	颁布使王家劳役合法化的敕令。
	9 月 8 日，法国瑞典条约。
	伏尔泰：《牛顿哲学原理》《论人》。
	创办万森讷瓷器制作坊（1756 年迁至色佛尔）。

1739 年	布夏尔东：巴黎格勒内尔街的喷泉。
1740 年	7 月 8 日，法国向英国发出最后通牒。
	12 月，法国与英国断交。
	法国、普鲁士、巴伐利亚举行谈判。
	夏尔丹：《餐前的祈祷》。
1741 年	拉图尔：《里欧的审判长立像》。
1741—1803 年	肖戴尔洛·德·拉克洛在世。
1741—1828 年	乌东在世。
1742 年	3 月 15 日，法国丹麦结盟。
	伏尔泰：《穆罕默德》；加布里埃尔任国王的首席建筑师；迪普莱克斯任法属印度总督。
1743 年	1 月 29 日，弗勒里去世。
	6 月 23 日，戴丁根之役。
	9 月，法军撤退至阿尔萨斯。
	9 月 31 日，法国与撒丁王国之间爆发战争。
	达朗贝尔：《论动力学》。
1743—1757 年	达尔尚松担任负责军事的国务秘书。
1743—1794 年	拉瓦锡与孔多塞在世。
1744 年	3 月 15 日，路易十五向英国与奥地利宣战；路易十五下令进军皮埃蒙特和荷兰；法军占领弗莱堡。
1744—1747 年	达让松侯爵担任负责外交事务的国务秘书。
1745 年	马肖·达尔努维尔担任财政总监；蓬巴杜夫人开始得宠。
	5 月 11 日丰特诺瓦之役。
	路易十五与西班牙、热那亚签订阿朗朱埃条约。
	拉莫：《光荣的圣殿》。
1746 年	2 月 21 日，法军占领布鲁塞尔。

	3 月 21 日，法国-萨克森条约。
	9 月 21 日，拉布尔多纳占领马德拉，交给英国人。
	孔狄亚克：《人类知识起源论》；沃弗纳盖：《箴言》；狄德罗：《哲学思想》。
1746—1818 年	蒙日在世。 1145
1747 年	达让侯爵失宠；特吕丹创办巴黎路桥学校。
	4 月 17 日，法国与荷兰交战。
	7 月 2 日，劳菲尔德之役。
	9 月 16 日，法军占领贝尔根-奥普-祖姆。
	伏尔泰：《扎迪格》；拉图尔：《萨克森大人肖像》。
1748 年	10 月 28 日，亚琛条约。
	拉图尔：《路易十五肖像》。
1748—1822 年	贝特洛在世。
1748—1825 年	路易·大卫在世。
1748—1836 年	朱斯厄在世。
1749 年	4 月 30 日，莫尔帕失宠。
	5 月，颁布向全体国民征收二十分之一税的敕令；确立由王家控制教士财产的制度。
	9 月，迪普莱克斯从印度王公手里取得其出让的领土。
	布丰：《地球的理论》；狄德罗：《论盲人书简》。
1749—1791 年	米拉波在世。
1750 年	马肖与特权阶层进行斗争：解散了朗格多克的等级会议与教士大会。
	巴黎出现骚乱；有人试图向凡尔赛行进。
	马肖担任掌玺大臣。

	卢梭：《论科学与艺术》。
1750—1753 年	伏尔泰在柏林。
1751 年	1 月，法国与英国就阿卡迪签订临时协定。
	12 月 23 日，颁布免除教士缴纳二十分之一税的敕令。
	《百科全书》第一卷出版。
	伏尔泰：《路易十四时代》。
1752 年	2 月 7 日，《百科全书》首次被禁止发行。
	“告解证”事件。
	加布里埃尔开始建造巴黎军事学校。
1753 年	4 月，“大谏书”。
	5 月，最高法院成员因“告解证”事件被流放，并于同年 10 月被召回。
	布丰：《论风格》；拉图尔：《达朗贝尔与卢梭肖像》。
	加布里埃尔开始建造凡尔赛的歌剧院。
1753—1821 年	约瑟夫·德·迈斯特在世。
1754 年	马肖由财政总监改任海军大臣。
	孔狄亚克：《感觉论》。
	卢梭：《论人类不平等的起源和基础》。
	狄德罗：《对自然的解释》。
	加布里埃尔开始建造巴黎的路易十五广场。
	8 月，迪普莱克斯离开印度。
1755 年	格勒兹：《一个家长向儿童们读〈圣经〉》；拉图尔：《蓬巴杜夫人肖像》。
1756 年	5 月 15 日，法英战争。
	6 月 28 日，法军占领米诺卡。
	7 月 12 日，法国瑞典签订条约。
	8 月 21 日，关于设立一种新的二十分之一税

	的敕令。
	10 月，终止围绕“告解证”而发生的争论的通谕。
	伏尔泰：《风俗论》；米拉波：《人类之友》。
	拉瓦莱特在安的列斯群岛破产。
1757 年	1 月 5 日，达米安行刺。
	2 月，达让松伯爵与马肖·达尔努维尔失宠。
	3 月 21 日，法国瑞典结盟。
	8 月 11 日，法军占领汉诺威。
	8 月 23 日，法军占领费尔登。
	狄德罗：《私生子》。
	拉莫：《爱情的惊奇》。
	12 月，舒瓦瑟尔担任负责外交事务的国务秘书。
	狄德罗：《家长》；卢梭：《给达朗贝尔的信》；魁奈：《经济表》。
1759 年	3 月 8 日，《百科全书》第二次被禁止发行。
	伏尔泰：《天真汉》。
1760 年	法军占领黑森-卡塞尔。
1760—1825 年	圣西门伯爵在世。
1761 年	1 月 27 日，舒瓦瑟尔改任负责军事的国务秘书。
	3 月 31 日，法国向英国求和。
	5 月 8 日，对拉瓦莱特进行审讯。
	6—9 月，在凡尔赛进行谈判。
	10 月 15 日，舒瓦瑟尔改任负责海军事务的国务秘书。
	卢梭：《新爱洛漪丝》。
1762 年	卡拉斯被审讯和处决。

	3 月，法国与英国展开新的谈判。
	10 月 10 日，最高法院下令取消耶稣会。
	卢梭：《爱弥尔》、《社会契约论》。
1762—1768 年	加布里埃尔建造小特里亚农宫。
1762—1794 年	安德烈·谢尼埃在世。
1763 年	2 月 10 日，巴黎条约。
	伏尔泰：《论宽容》。
1146 1764 年	4 月 15 日，蓬巴杜夫人去世。
	6 月 5 日，布列塔尼事件开始爆发：拉夏洛泰与埃吉永分庭抗礼。
	11 月，解散耶稣会。
1764—1780 年	苏夫洛在巴黎建造先贤祠。
1765 年	3 月 9 日，为卡拉斯冤案平反。
1766 年	2 月 23 日，斯塔尼斯拉斯·列钦斯基去世；洛林归属法国。
	3 月 3 日，因布列塔尼事件与巴黎法院发生冲突：施行鞭笞；对拉巴尔骑士进行审讯并判刑。
	杜尔哥：《关于财富的形成与分配的考察》。
1766—1817 年	斯塔尔夫人在世。
1766—1824 年	曼恩·德·比朗在世。
1767 年	5 月，耶稣会士被驱逐出法国。
1768 年	5 月 15 日，凡尔赛条约：法国获得科西嘉。
1769 年	8 月 15 日，拿破仑·波拿巴出生。
	12 月 22 日，特雷担任财政总监。
1770 年	5 月 16 日，王储与玛丽-安托瓦内特结婚。
	5—10 月，杜穆里埃在波兰执行任务。
	12 月 24 日，舒瓦瑟尔失宠。
1771 年	1 月 20 日，解散巴黎高等法院。

1772—1837 年	傅立叶在世。
1773 年	法国共济会总会成立。
	7 月 21 日，克莱芒十四世解散耶稣会。
1774 年	5 月 10 日，路易十五去世，路易十六继位。
	5 月 12 日，莫尔帕成为国王贴心的顾问。
	7 月 20 日，杜尔哥担任海军大臣。
	8 月 24 日，杜尔哥改为负责财政事务。
	11 月 12 日，国王恢复了巴黎法院。
1775 年	巴黎出现粮食短缺。
	博马舍：《塞尔维亚的理发师》。
1776 年	1 月 5 日，取消劳役和行会。
	5 月 12 日，杜尔哥下台。
	8 月 11 日，恢复劳役和行会。
1777 年	拉法耶特在美洲。
	内克掌管财政。
	5 月 28 日，法国与瑞士诸州签订盟约。
	6 月，设立军事学校。
1779 年	在王家领地取消奴役。
	4 月 12 日，法国与阿朗朱埃的西班牙人建立同盟。
1780 年	8 月 24 日，废除预备问题。
	乌东：《戴安娜》。
1780—1867 年	安格尔在世。
1781 年	5 月 19 日，内克辞职。
	5 月，颁布在贵族中保留军事等级的敕令。
1782 年	拉克洛：《危险的关系》。
	卢梭的《忏悔录》出版。
1782—1854 年	拉默内在世。
1783 年	11 月 10 日，卡隆担任财政总监。

	拉瓦锡实现了对水的分析；蒙戈尔菲埃与皮拉特尔·德·洛齐埃乘气球升高。
	博马舍：《费加罗的婚礼》。
1783—1842年	司汤达在世。
1784年	内克：《论法国财政的管理》；卡隆重新设立法国印度群岛公司。
1784—1855年	吕德在世。
1785年	大卫：《贺拉斯兄弟誓言》。
1785—1786年	王后项链事件。
1786年	8月20日，卡隆财政改革方案。
	9月26日，法英商务条约。
	首次登上勃朗峰。
1786—1853年	阿拉戈在世。
1787年	1月11日，法俄商务条约。
	4月8日，卡隆下台。
	5月25日，显贵会议延期。
	7月27日，巴黎高等法院被解散；巴黎出现骚乱；巴黎高等法院被重新召回。
	贝尔纳丹·德·圣皮埃尔：《保尔和薇吉妮》。
	大卫：《苏格拉底之死》。
1788年	5月1日，废除先决问题。
	8月2日，国王同意召开三级会议。
	8月25日，召回内克。
	12月27日，第三等级在三级会议中的代表名额增加一倍。
1789年	4月27日，圣安托万区出现骚乱。
1147	5月，布列塔尼爆发内战。
	5月5日，三级会议召开。
	6月20日，网球场宣誓。

	6 月 27 日，国王在第三等级面前屈服。
	7 月 9 日，宣布成立“制宪议会”。
	7 月 11 日，内克被解除职务。
	7 月 14 日，攻克巴士底狱。
	7 月 16 日，召回内克。
	8 月 4 日，“大恐慌”与“8 月 4 日之夜”。
	8 月 20 日—10 月 1 日，就宪法事宜进行首次讨论。
	8 月 26 日，发表《人权宣言》。
	11 月 2 日，教会财产归国家所有。
	12 月 14 日，发行“指券”。
	12 月 14、22 日，关于改组地方政府的法律。
	朱西厄：《植物属志》；拉瓦锡：《化学概要》；大卫：《网球场宣誓》。
1790 年	1 月，市镇机构选举。
	3 月 15 日，关于组织购买领主权的法令。
	5 月 10 日，设立度量衡委员会。
	5 月 14 日，出售教会财产。
	7 月 12 日，投票通过《教士公民组织法》。
	7 月 14 日，联盟节。
	8 月 27 日，将“指券”转换为纸币；朱西厄在巴黎组建植物园。
1790—1869 年	拉马丁在世。
1791 年	3 月 2—17 日，废除行会。
	4 月 2 日，米拉波去世。
	6 月 14 日，投票通过勒夏普利埃法。
	6 月 22 日，路易十六在瓦莱纳被截留。
	7 月 17 日，马尔斯校场上的枪杀。
	9 月 14 日，路易十六宣誓忠于宪法。

	9 月 14 日，阿维尼翁归属法国。
	9 月 29 日，向特里尔选侯发出最后通牒。
	10 月 1 日，立法议会召开。
	12 月 16 日，罗伯斯庇尔发表反战演说。
1792 年	4 月 25 日，鲁热·德·里斯勒谱写《马赛曲》。
	6 月 13 日，吉伦特派大臣被解职。
	6 月 16 日，杜穆里埃辞职。
	7 月 11 日，宣布祖国在危急中。
	7 月 22 日，为发布相关法令举行军事游行。
	8 月 10 日，国王被“停职”；成立革命法庭。
	8 月 25 日，最终废除封建特权。
	9 月 2—5 日，9 月屠杀。
	9 月 21 日，废黜君主制。
	9 月 22 日，开始实行革命历。
	11 月 29 日，取缔革命法庭。
	12 月 11 日，开始审判国王。
	1 月 25 日，法国向奥地利发出最后通牒。
	4 月 20 日，宣战。
	9 月 20 日，瓦尔密战役。
	9 月 24 日，法军占领尚贝里。
	9 月 29 日，法军占领尼斯。
	11 月 6 日，热马普之役。杜穆里埃征服比利时。
1792—1867 年	维克多·库赞在世。
1793 年	1 月 21 日，路易十六被处决。
	3 月 10 日，旺代起义。
	4 月 6 日，成立救国委员会。
	7 月 13 日，马拉遇刺。

7 月 27 日，罗伯斯庇尔进入救国委员会。

9 月 11 日，建立革命军队。

10 月 16 日，审判与处决玛丽-安托瓦内特。

10 月 31 日，处决吉伦特党人。

11 月 24 日，关闭教堂。

12 月 8 日，罗伯斯庇尔使宣布信仰自由的法令得以颁布。

12 月 19 日，宣布初等教育为免费与义务教育。

1 月 31 日，法国兼并尼斯。

3—9 月，第一次反法同盟形成。

10 月 16 日，茹尔当与卡尔诺在瓦蒂尼埃取得胜利。

12 月 19 日，从英军手中夺回土伦。

1794 年　1 月 27 日，规定所有公共文件须以法语撰写。

3 月 10 日，逮捕丹东派。

3 月 24 日（芽月 4 日），处决埃贝尔派。

4 月 5 日，处决丹东派。

7 月 27 日（热月 9 日），罗伯斯庇尔倒台。

9 月 18 日，完全实行政教分离。

10 月 30 日，创办高等师范学院。 1148

11 月 19 日，封闭雅各宾俱乐部。

12 月 24 日，取消最高限价。

5 月，法军侵入西班牙加泰罗尼亚地区。

5 月 18 日，茹尔当在图尔宽获得胜利。

6 月 25 日，茹尔当在富勒吕斯获得胜利。

7 月 27 日，皮什格吕攻占安特卫普。

11 月 22 日，法国与普鲁士开始和平谈判。

12 月 27 日，法军进入荷兰。

	孔多塞：《人类精神进步史表纲要》。
1795年	2月12—17日，与朱安党人进行谈判。
	2月21日，国家放弃制度化的教会。
	3月8日，召回吉伦特党人。
	4—7月，巴塞尔条约与海牙条约。
	5月31日，取缔革命法庭；白色恐怖；重新开放教堂。
	6月16日，清洗国民自卫军。
	8月22日，投票通过共和三年宪法。
	10月5日，“葡月13日事件”：波拿巴平定保皇党人的行动；拉卡纳尔教育法。
	10月26日，国民公会分成五百人院与元老院；成立督政府。
	12月，法国与奥地利签订停战协定。
1796年	2月—3月，镇压朱安党人。
	5月10日，巴贝夫被捕。
	12月4日，关于向某些反革命分子归还其公民权利的法律。
	3月2日，波拿巴统帅意大利方面军。
	5月14日，波拿巴率军攻陷米兰。
	8月5日，卡斯蒂里奥尼战役。
	11月15—17日，阿尔科尔战役。
	12月19日，法英谈判破裂。
1796—1875年	柯罗在世。
1797年	2—5月，对巴贝夫进行审判。
	6月27日，废除最后的针对流亡分子制订的措施。
	7月16日，废除最后的针对拒绝宣誓的教士制订的措施。

	7 月 26 日，封闭俱乐部。
	9 月 5 日，果月 18 日政变。
	9 月 30 日，三分之二的人破产。
	1 月 12—16 日，里沃利战役。
	3 月 21 日，波拿巴率军攻陷戈里吉亚。
	8 月 10 日，法国、葡萄牙和约。
	10 月 17 日，康波福米奥条约。
	拉马克：《关于物理学的回忆录》。
1797—1799 年	巴吕埃尔：《致力于雅各宾派史的回忆录》。
1798 年	1 月 28 日，米卢兹会议。
	3 月 26 日，日内瓦会议。
	4 月 9—18 日，共和 6 年雅各宾党选举。
	5 月 11 日，花月 22 日政变。
	9 月 5 日，茹尔当征兵法。
	11 月 12 日，设立管理直接税的专门委员会。
	法国与美国断绝外交关系。
	1 月 22 日，法国迫使荷兰接受宪法。
	2 月 8 日，法国迫使瑞士的诸州接受宪法；法军占领罗马。
	5 月 19 日，出征埃及。
	6 月 10—12 日，攻占马耳他。
	7 月 1 日，攻占亚历山大。
	7 月 21 日，金字塔战役。
	7 月 23 日，攻占开罗。
	8 月 1 日，阿布基尔海战。
	7—12 月，第二次反法同盟组成。
	9 月 15 日，法军占领都灵。
	12 月 9 日，完全占领皮埃蒙特。
	8 月 22 日，波拿巴建立开罗研究院。

格罗：《阿尔科尔桥》。

1798—1857 年　奥古斯特·孔德在世。

1798—1863 年　欧仁·德拉克洛瓦在世。

1798—1874 年　儒勒·米什莱在世。

1799 年　5 月 16 日，西耶斯入选执政府。

6 月 18 日，牧月 30 日政变；富歇执掌警务大权。

7 月 6 日—8 月 23 日，雅各宾俱乐部重建。

8 月 1 日，废除对出版自由的限制。

10 月 9 日，波拿巴返回法国。

11 月 9 日，雾月 18 日政变。

1 月 23 日，尚比奥内占领那不勒斯。

2 月，波拿巴入侵叙利亚。

4 月 16 日，蒙塔博尔战役。

5 月 20 日，波拿巴在圣-让-达克尔遭到失败。

1149 8 月 22 日，波拿巴放弃埃及。

9 月 25—26 日，马塞纳在苏黎世获得胜利。

蒙日：《画法几何》。

1799—1850 年　巴尔扎克在世。

1800 年　2 月 13 日，开办法兰西银行。

2 月 28 日，公民投票表决共和八年宪法。

3 月 3 日，停止公布新的逃亡者名单。

6 月 14 日，马伦哥战役。

9 月 31 日，法美莫特丰丹纳条约。

10 月 1 日，法国与奥地利重新开战。

11 月 22 日，路易斯安那被归还给法国。

12 月 24 日，圣尼凯斯街发生意欲谋害波拿巴的爆炸事件。

	比夏：《生命与死亡的生理学研究》。
1800—1805 年	居维叶：《比较解剖学讲义》。
1801 年	1 月 5 日，雅各宾派分子被流放。
	2 月 9 日，吕内维尔条约。
	5 月 29 日，马尔梅松法令。
	7 月 15—16 日，签订《教务专约》。
	10 月 1 日，法英和约的预备性谈判。
	10 月 8 日，法俄条约。
	10 月 28 日，法国对瑞士进行军事干涉。
	比夏：《普通解剖学》。
	博纳尔：《社会秩序的自然法则析论》；斯塔尔夫人：《论文学》；夏多布里昂：《阿塔拉》。
1802 年	1 月 18 日，清洗保民院。
	1 月 24 日，波拿巴担任内阿尔卑斯共和国总统，1 月 26 日，该共和国成为意大利共和国。
	3 月 25 日，亚眠条约。
	4 月 1 日，对保民院进行重组。
	4 月 12 日，禁止工人结社。
	5 月，朱安党人恢复活动。
	8 月 2 日，全民投票同意波拿巴任终身执政。
	8 月 4 日，共和十年宪法。
	8 月兼并厄尔巴岛；9 月兼并皮埃蒙特；10 月兼并帕尔马。
	9 月 13 日，富歇失宠。
	12 月 24 日，设立商会。
	博纳尔：《论早期法制》；夏多布里昂：《基督教的真谛》；曼恩·德·比朗：《习惯的影响》；热拉尔：《雷卡米埃夫人肖像》。
1802—1885 年	维克多·雨果在世。

1802 年	4 月 12 日，禁止工人联合。
1803 年	5 月 3 日，美国向法国购买路易斯安那。
	5 月 16 日，亚眠和约破裂，波拿巴占领汉诺威。
	9 月 27 日，法国—瑞士同盟。
	11 月 19 日，法国人在圣多明各遭驱逐。
	12 月，皮什格吕阴谋。
	J.B. 萨伊：《政治经济学概论》。
1803—1869 年	柏辽兹在世。
1803—1870 年	梅里美在世。
1804 年	2—3 月，逮捕莫罗、皮什格吕和卡达杜尔。
	3 月 15 日，绑架昂吉安公爵。
	3 月 21 日，处死昂吉安公爵；颁布民法典。
	5 月 18 日，共和十二年宪法，建立法兰西第一帝国。
	5 月 24 日，法俄防卫同盟。
	7 月 10 日，富歇重新担任警务大臣。
	12 月 2 日，拿破仑加冕典礼。
	傅立叶：《全世界和谐》（发表于《里昂通报》）。
1804—1869 年	圣伯夫在世。
1805 年	3 月 18 日，拿破仑兼任意大利国王。
	6 月 6 日，兼并热那亚。
	9 月，法国开始出现金融危机。
	9 月 25 日，法国大军越过莱茵河。
	10 月 15 日，乌尔姆投降条约。
	10 月 21 日，特拉法加战役。
	12 月 2 日，奥斯特里茨战役。
	12 月 15 日，法国—普鲁士申布龙条约。

12月26日，普列斯堡条约。

曼恩·德·比朗：《关于〈思想之分析〉的回忆》；夏多布里昂：《勒内》。

1806年

2月13日，拿破仑与庇护七世决裂。

2月15日，法国—普鲁士巴黎条约。

5月10日，创建帝国教育团。

10月14日，耶拿战役与奥尔斯塔特战役。

11月21日，柏林敕令，开始实行大陆封锁政策。

11月27日，拿破仑占领华沙。

安格尔：《美丽的泽莉厄》；巴黎星形广场的凯旋门开始建造。

1807年

2月8日，埃劳战役。

6月14日，弗里德兰战役。

6月25日，提尔西特谈判开始。

7月4日，夏多布里昂开始流亡。

8月9日，塔列朗失宠。 1150

8月18日，吉罗姆·波拿巴就任威斯特伐利亚国王。

8月19日，取缔保民院；颁布商业法典。恢复审计法庭；开始进行土地的测量及估价。

10月13日，枫丹白露敕令。

11月23日，米兰敕令。

12月17日，法军占领西班牙。

盖-吕萨克对气体膨胀进行研究。

曼恩·德·比朗：《关于〈即时统觉〉的回忆》；大卫：《加冕礼》。

1808年

3月1日，册封帝国贵族。

6月6日，缪拉就任那不勒斯国王。

	11 月 30 日，索莫西埃拉战役。
	12 月 4 日，法军占领马德里。
	12 月，塔列朗与富歇策划的阴谋。
1808—1855 年	热拉尔·德·奈瓦尔在世。
1808—1879 年	奥诺雷·杜米埃在世。
1808—1889 年	巴尔贝·德·奥尔维利在世。
1809 年	6 月 10—11 日之夜，拿破仑被开除教籍。
	4 月 10 日，法国与奥地利之间的战争。
	5 月 13 日，拿破仑占领维也纳。
	7 月 6 日，劫持教皇。
	10 月 14 日，法奥申布龙条约。
1809—1865 年	蒲鲁东在世。
1810 年	2 月 1 日，颁布刑法典；法军攻占塞维利亚。
	2 月 2 日，法军攻占马拉加。
	2 月 5 日，恢复书报审查。
	3 月 3 日，恢复国家监狱。
	4 月 2 日，拿破仑与玛丽·路易丝成婚。
	6 月 3 日，富歇失宠。
	约瑟夫·德·迈斯特：《论政治组织的发生原理》。
1810—1857 年	阿尔弗雷德·德·缪塞在世。
1811 年	3 月 20 日，拿破仑与玛丽·路易丝的儿子，亦即罗马王诞生。
1811—1872 年	泰奥菲尔·戈蒂埃在世。
1812 年	2 月 23 日，拿破仑宣布废除《教务专约》。
	6 月，拿破仑把教皇押至枫丹白露。
	6 月 24 日，法军越过涅曼河。
	6 月 26 日，法军攻占了维尔纳。
	9 月 5—7 日，莫斯科战役。

	11 月 28—29 日，法军渡过别列津那河。
1813 年	1 月 25 日，枫丹白露教务专约。
	3 月 16 日，普鲁士向拿破仑宣战。
	3 月 24 日，教皇收回前言。
	8 月 12 日，奥地利向拿破仑宣战。
	10 月 8 日，威灵顿率军攻入法国南方。
	10 月 16—19 日，莱比锡战役。
1813—1978 年	克洛德·贝尔纳在世。
1814 年	1 月 5 日，缪拉背叛。
	3 月 30—31 日，巴黎投降。
	4 月 2 日，元老院宣布废黜拿破仑。
	4 月 6 日，元老院呼请路易十八登基。同日，拿破仑退位。
	4 月 11 日，枫丹白露条约。
	5 月 2 日，圣乌昂宣言。
	6 月 4 日，颁布《宪章》。
	10 月 1 日，塔列朗让法国在未来的维也纳会议上得到别国承认。
	安格尔：《大宫女》。
1815 年	1 月 3 日，法国、英国、奥地利同盟条约。
	3 月 1 日，拿破仑从厄尔巴岛回到法国。
	3 月 20 日，拿破仑抵达巴黎。
	6 月 1 日，附加法案。
	6 月 9 日，维也纳会议确定的最终条例。
	6 月 18 日，滑铁卢战役。
	6 月 22 日，拿破仑第二次退位。
	7 月 8 日，路易十八重返巴黎。
	7—9 月，白色恐怖。
	8 月 14—22 日，选举产生“无双议会”。

9 月，塔列朗与富歇被免职。

10 月 13 日，缪拉被枪决。

11 月 20 日，巴黎条约。

12 月 7 日，内伊元帅被处决。

1816 年　9 月 5 日，“无双议会”被解散。

巴黎海外传道会恢复存在。

居维叶：《动物界……》；布鲁塞：《医学学说之考察》；邦雅曼·贡斯当：《阿道夫》。

1817 年　拥护法国教会自主者拒绝了一份关于教务专约的方案。

2 月 8 日，莱内选举法。

拉默内：《论宗教领域的漠不关心》。

1818 年　3 月 12 日，古维永-圣西尔征兵法。

1151 12 月 25 日，黎塞留、德索尔与德卡兹退隐。

1818—1893 年　夏尔·古诺在世。

1818—1894 年　勒孔特·德·里斯勒在世。

1819 年　5—6 月，塞尔新闻法。

11 月，德卡兹政府。

盖-吕萨克对固体的可溶性进行研究。迈斯特：《论教皇》；席里柯：《梅杜萨之筏》；热拉尔：《在米赛纳海角的科里娜》。

1819—1856 年　夏斯里奥在世。

1819—1877 年　库尔贝在世。

1820 年　2 月 20 日，黎塞留公爵在贝里公爵遇刺后组成新的内阁。

拉马丁：《沉思集》；安培第一个提出了“电动力学”；阿拉戈发明电磁铁，即用电流通过绕线的方法使其中的铁块磁化；发现奎宁。

1821 年　5 月 5 日，拿破仑去世。

	12 月 13 日，黎塞留公爵离开政府。
	建立古文献学院。
1821—1880 年	古斯塔夫·福楼拜在世。
1822 年	9 月，拉罗歇尔的 4 名中士被处死。傅立叶：《论家务与农业协作社》；司汤达：《论爱情》。
1822—1890 年	塞扎尔·弗朗克在世。
1822—1895 年	路易·巴斯德在世。
1822—1896 年	埃德蒙·德·龚古尔在世。
1823 年	1 月，与西班牙断交。
	5 月 23 日，占领马德里。
	8 月 31 日，占领特罗卡代罗。
	圣西门：《工业家问答》；德拉克洛瓦：《希阿岛的屠杀》。
1824 年	选举产生“重获的议会”。
	6 月 9 日，颁布七年任期法。
	路易十八去世。
1825 年	5 月，查理十世在兰斯举行加冕典礼。
1826 年	维尼：《古今诗集》、《桑-马尔斯》。
1827 年	11 月，维莱尔解散议会，自由派在新的选举中明显占据优势；
	维克多·雨果：《〈克伦威尔〉序》；维克多·库赞：《哲学史教程》。
1828 年	1 月 3 日，维莱尔辞职。
1828—1893 年	泰纳在世。
1829 年	8 月 8 日，波利尼亚克内阁。
	雨果：《东方集》；梅里美：《查理九世时代轶事》。
1830 年	2 月 25 日，《欧那尼》首演并引发激烈争论。
	7 月 5 日，法军占领阿尔及尔。

	7月27、28、29日，“光荣三日”。
	8月2日，查理十世退位。
	8月9日，路易·菲利普宣誓效忠宪章。
1831年	里昂丝织工人起义。
1832年	10月11日，布罗伊、梯也尔和基佐上台执政。
1832—1883年	马奈在世。
1833年	攻占穆斯塔加奈姆；创建“人权社”；米什莱开始出版其《法国史》；巴尔扎克：《欧也妮·葛朗台》。
1833—1836年	吕德：《马赛曲》雕塑。
1834年	4月，里昂和巴黎发生共和派骚乱。
	缪塞：《洛伦佐奇奥》；拉默内：《一位信徒的话》；巴尔扎克：《高老头》。
1834—1917年	埃德加·德加在世。
1835年	9月，针对共和派宣传的“反无赖法”。
	雨果：《黄昏之歌》；维尼：《夏特东》。
1835—1840年	托克维尔：《论美国的民主》。
1835—1921年	圣桑在世。
1836年	修筑巴黎至圣日耳曼-昂-莱的铁路。
1839年	路易·勃朗：《论劳动的组织》；司汤达：《巴玛修道院》。
1839—1906年	保罗·塞尚在世。
1840年	10月29日，苏尔特-基佐内阁成立。
	蒲鲁东：《什么是财产?》；雨果：《光影集》。
1840—1902年	埃米尔·左拉在世。
1840—1926年	克洛德·莫奈在世。
1841—1918年	奥古斯特·雷诺阿在世。
1842年	7月13日，奥尔良公爵去世。

1842—1898 年　马拉美在世。

1844—1896 年　保尔·魏尔伦在世。

1845—1918 年　维达尔·德·拉布拉舍在世。

1846 年　8 月，立法选举；经济危机。

柏辽兹：《浮士德的天谴》；创办雅典法兰西学院。

1847 年　基佐担任首相。

1848 年　2 月 24 日，路易·菲利普下台。

2 月 25 日，宣布实行共和制。 1152

3 月 17 日，社会主义者要求推迟举行选举。

4 月 16 日，社会主义者在巴黎举行的示威游行遭到失败。

5 月 4 日，制宪议会召开。

5 月 15 日，巴黎出现骚乱。

6 月 22—26 日，“6 月行动日”。

7 月 5 日，卡芬雅克担任总理。

8 月 9—11 日 关于新闻的法律。

8 月 27 日，关于俱乐部的法律。

11 月 12 日，颁布宪法。

12 月 10 日，路易·拿破仑当选总统。

1849 年　4 月 24 日，法国对罗马发动远征。

5 月 26 日，解散制宪议会。

6 月 19 日，取缔结社权。

7 月 1 日，法军占领罗马。

11 月 2 日，路易·拿破仑组成一个议院难以制约的内阁。

11 月 27 日，禁止罢工。

库尔贝：《采石工》；乔治·桑：《小法岱特》。

1850 年　3 月 15 日，法卢法投票通过。

	5月31日，颁布反对普选的选举法。
	库尔贝：《奥尔南的葬礼》；米莱：《播种者》。
1850—1893年	莫泊桑在世。
1850—1923年	皮埃尔·洛蒂在世。
1851年	3月，争取重新选举路易·拿破仑委员会组成。
	12月2日，发动政变。
	12月4日，大林荫道上发生枪击事件。
	12月21日，公民投票拥护路易·拿破仑。
1851—1854年	奥古斯特·孔德：《实证政治体系》。
1851—1862年	圣伯夫：《星期一丛谈》。
1852年	1月14日，颁布新的法国宪法。
	2月17日，对新闻恢复通告制度。
	11月8日，开办动产信贷银行。
	12月10日，开办不动产信贷银行。
	巴黎第一家大百货商店“便宜”百货商店开张。
	奥古斯特·孔德：《实证主义要义问答》；勒孔特·德·里斯勒：《古诗集》；吕德：《戈德弗洛瓦·卡芬雅克的坟墓》。
	12月2日，重建帝国。
1853年	6月2日，法国舰队开往达达尼尔海峡。
	7月1日，奥斯曼就任塞纳省省长。
	雨果：《惩罚集》；缪塞：《喜剧与谚语》；吕德：《内伊元帅》。
1854年	3月27日，法国、英国向俄国宣战。
	6月26日，同盟国占领希腊。
	7月8日，同盟国与奥地利签订维也纳议定书。

	贝特洛提出热化学原理；库赞：《论美、真、善》；维奥莱-勒-杜克：《论中世纪的军事建筑》。
1854—1891 年	阿尔蒂尔·兰波在世。
1855 年	1 月 26 日，法国、英国、撒丁王国结盟。
	4 月，皮阿诺里与贝拉马尔试图谋害拿破仑三世。
	4 月 9—19 日，英法联军在塞瓦斯托波尔遭受重挫。
	5 月 2 日，关于巴黎的工程以及工业财产的法律。
	5 月 19 日，费迪南·德·勒赛普斯从赛义德处获得建立苏伊士运河公司的许可。
	6 月 18 日，英法联军在马拉霍夫遭受新的失败。
	9 月 8 日，占领马拉霍夫。
	贝特洛实现了酒精的合成；巴黎国际博览会；大西洋轮船公司成立；库尔贝：《画家工作室》。
1856 年	2 月 25 日，巴黎和会开幕。
	3 月 30 日，巴黎条约。
	7 月 26 日，法国对与商业公司有关的立法事宜进行改革。
	孔德：《主观的综合》；雨果：《沉思集》；福楼拜：《包法利夫人》；泰纳：《李维论》。
1857 年	9 月，拿破仑三世与沙皇在斯图加特举行会晤；费德尔布建立了达喀尔港。
	12 月 28 日，法国与英国军队占领了广州。
	蒙特—赛尼隧道工程开工。

波德莱尔：《恶之花》；库尔贝：《塞纳河畔的少女》；米莱：《拾穗者》。

1858 年　1 月 14 日，奥尔西尼行刺拿破仑三世。

2 月 19 日，公共安宁法公布。

1153 5 月 31 日，法国与英国的军队攻占天津。

6 月 24 日，在巴黎设立阿尔及利亚事务部。

7 月 13 日，拿破仑三世与加富尔在普隆比埃尔举行会晤；关于罗马尼亚公国的会议在巴黎召开。

蒲鲁东：《论革命与教会中的公正》；奥芬巴赫：《地狱中的奥菲欧》。

1858—1917 年　埃米尔·涂尔干在世。

1858—1929 年　乔治·库特林在世。

1859 年　1 月 23 日，法国与撒丁王国结盟。

2 月 18 日，法军占领西贡。

4 月 25 日，苏伊士运河工程开工。

兴业银行建立。

6 月 4 日，马让塔战役。

6 月 8 日，占领米兰。

6 月 11 日，关于建立法国铁路财政制度的法律。

6 月 24 日，索尔费里诺战役。

7 月 8—12 日，停战与维拉弗兰卡预备性谈判。

8 月 15 日，大赦敕令。

11 月 10 日，签订苏黎世条约。

米斯特拉尔：《米蕾伊》；米莱：《晚钟》；安格尔：《土耳其浴室》；古诺：《浮士德》。

1859—1891 年　修拉在世。

1859—1906 年	皮埃尔·居里在世。
1859—1941 年	柏格森在世。
1860 年	1 月 23 日，法英商约签订。 2 月 10 日，设立阿尔及利亚省政府。 3 月 24 日，萨伏依归属法国。 4 月 25 日至 1861 年 6 月 5 日，法军占领叙利亚。 7 月 9—13 日，大马士革大屠杀。 8 月 23 日，法英联军占领天津。 10 月 6 日，法英联军占领颐和园。 10 月 24—25 日，签订北京条约。 11 月 24 日，立法团获上奏权。 克雷米厄创办世界犹太人联盟；贝特洛：《合成有机化学》；勒南：《腓尼基的使命》；泰纳：《拉封丹及其寓言》；拉比什：《贝吕松先生的旅程》；圣-桑：《圣诞节神剧》。
1861 年	7 月 21 日，法国与西班牙就墨西哥的债务问题签订协议。 12 月 21 日，立法团在财政领域的权力增加。 蒲鲁东：《论税收》；夏尔·加尼埃开始建造巴黎歌剧院。
1861—1929 年	安托万·布尔代勒在世。
1861—1938 年	乔治·梅列斯在世。
1862 年	3 月 29 日，法国与普鲁士签订商约。 6 月 5 日，交趾支那归属法国；法国人占领奥博克。 10 月 30 日，拿破仑三世提议“继承战”的共同调停人。 贝特洛合成乙炔获得成功；福柯测定光速；

	克洛德·贝尔纳发现血管运动神经的作用；梯也尔：《执政府与帝国史》；雨果：《悲惨世界》；勒孔特·德·里斯勒：《蛮族诗集》；福楼拜：《萨朗博》；马奈：《洛拉·德·瓦朗斯》；卡尔波：《乌谷利诺及其子孙》。
1862—1918 年	克洛德·德彪西在世。
1862—1923 年	莫里斯·巴雷斯在世。
1863 年	法律允许成立有限责任公司。
	4 月 11 日，柬埔寨成为法国的保护国。
	里昂信贷银行成立。
	勒南：《耶稣传》；蒲鲁东：《论联邦制原则》；泰纳：《英国文学史》；马奈：《草地上的午餐》。
1863—1869 年	维克多·杜律伊担任国民教育大臣。
1863—1870 年	圣伯夫：《星期一丛谈续编》。
1864 年	2 月，60 人宣言。
	4 月 28 日，日内瓦公约：国际红十字会成立。
	5 月 25 日，关于罢工权利的埃米尔·奥利维耶法。
	9 月 15 日，法国与意大利就撤离罗马签订协议。
	9 月 28 日，第一国际成立。
	菲斯特尔·德·库朗治：《古代城邦》；维克多·库赞：《哲学史》；维尼：《命运》；米什莱：《人类的圣经》；小仲马：《男人们的朋友》；罗丹：《塌鼻男人》；古诺：《米雷叶》；奥芬巴赫：《美丽的海伦》。
1864—1901 年	图卢兹-劳特雷克在世。
1154 1865 年	法律承认支票的价值。

	10 月，美国要求法军撤出墨西哥。
	贝特洛发明量热器；克洛德·贝尔纳：《实验医学导论》；G. 帕里斯：《查理曼诗史》；蒲鲁东：《论艺术原则》；卡尔波：《花神》。
1865—1866 年	杜达尔·德·拉格雷与弗朗西斯·加尼埃在湄公河流域进行探险。
1866 年	巴黎动产信托公司倒闭。
	6 月 12 日，法国与奥地利就威尼西亚签订协议。
	8 月 5 日，拿破仑三世要求获得莱茵河左岸。
	8 月 20 日，拿破仑三世要求获得卢森堡与比利时。
	勒南：《使徒们》；柯罗：《马里塞尔的教堂》；奥芬巴赫：《巴黎人的生活》。
1867 年	1 月 19 日，皇帝致信国务大臣；合作组织的法律地位得到承认。
	2 月，拿破仑三世将法军撤出墨西哥；巴斯德对酒的发酵进行研究；夏尔·特里埃发明冷冻机；巴黎国际博览会。
	10 月 23 日，加里波第侵入教皇国。
	10 月 26 日，派遣法军。
	11 月 3 日，门塔纳之役。
	米斯特拉尔：《卡朗达尔》；古诺：《罗密欧与朱丽叶》。
1868 年	3 月 20 日，第一国际法国支部解散；拿破仑三世为工伤事故设立经费保管机构。
	7 月 31 日，高等研究实验学院成立。
	都德：《小东西》；柯罗：《珍珠女郎》。
1869 年	9 月，法国、奥地利和意大利就结盟进行

谈判。

11 月 17 日，苏伊士运河通航。

12 月，巴黎职业介绍所设立。

勒南：《圣保罗》；福楼拜：《情感教育》；都德：《磨坊书简》；卡尔波：《舞蹈》；奥芬巴赫：《强盗》。

1870 年

1 月 2 日，埃米尔·奥利维耶内阁组成。

1 月 12 日，维克多·诺瓦尔的葬礼。

4 月 20 日，参议院关于皇帝权力的法令。

5 月 8 日，公民投票拥护帝国。

6 月，埃米尔·奥利维耶下令逮捕第一国际的几位主要领导人。

7 月 13 日，埃姆斯急电。

7 月 19 日，法国对普鲁士宣战。

8 月 4 日，魏森堡之役。

8 月 5 日，法军撤离罗马。

8 月 6 日，弗勒施维勒与福巴克之役。

8 月 9 日—9 月 28 日，斯特拉斯堡被围困。

8 月 14—19 日，梅斯之役。

8 月 30 日—9 月 2 日，色当之役。

9 月 4 日，皇帝被废黜。

9 月 19 日，巴黎开始被围困。

10 月 27 日，梅斯投降。

11 月 5 日，俄国废除巴黎条约。

11 月 28 日，博内-拉-洛朗德之役。

泰纳：《论智力》。

1871 年

1 月 3 日，巴波姆之役。

1 月 10—11 日，勒芒之役。

1 月 28 日，法普停战协定。

2 月 12 日，国民议会在波尔多召开。

2 月 17 日，梯也尔任政府首脑。

2 月 26 日，阿尔萨斯-洛林居民严正抗议。

3 月 3 日，就签订和约举行预备性谈判。

3 月 10 日，国民自卫军中央委员会在巴黎成立。

3 月 18 日，巴黎人民起义。

3 月 26 日，市镇议会选举。

4 月，市镇法、里韦法以及关于省议会的法律。

4 月 5 日，人质法令。

5 月 21—28 日，“流血周”；屠杀人质。

7 月 5 日，白旗事件。

蒙特-塞尼隧道投入使用。

勒南：《法兰西的道德与精神改造》。

1871—1922 年　马塞尔·普鲁斯特在世。

1872 年　3 月 14 日，反（第一）国际法。

7 月 28 日，军事法；法国新教徒举行全国教务会议。

弗朗索瓦·科佩：《卑贱者》；杜米埃：《君主政体》。

1872—1946 年　保尔·朗日万在世。

1873 年　3 月，对里韦法加以修改。 1155

5 月 24 日，梯也尔辞职，麦克马洪当选为总统。

9 月 16 日，德军撤离法国领土。

10 月 27 日，复辟企图受挫。

11 月 20 日，七年任期法。

弗朗西斯·加尼埃占领河内；基佐：《法国

	史》；勒南：《反基督者》；兰波：《地狱一季》。
1873—1914 年	夏尔·贝居伊在世。
1874 年	3 月 15 日，法国与安南签订条约。
	福楼拜：《圣安东的诱惑》；塞扎尔·弗朗克：《赎罪》；印象派画展。
1875 年	1 月 30 日，瓦隆的宪法修正案投票通过。
	2 月 24 日，参议院组织法。
	2 月 25 日，国家权力组织法。
	7 月 16 日，国家权力关系法。
	12 月 31 日，国民议会分成参众两院；《小巴黎人报》创刊。
	马塞兰·贝特洛：《化学合成》；马奈：《阿让忒伊的划船者》；比才：《卡门》；圣-桑：《骷髅之舞》。
1875—1882 年	萨沃尔尼昂·德·布拉扎发现奥果韦地区，并在这一地区进行探险。
1875—1892 年	菲斯特尔·德·库朗治：《古代法国制度史》。
1875—1937 年	莫里斯·拉威尔在世。
1876 年	2—3 月，共和派获得选举胜利，儒勒·西蒙内阁成立。
	罗马法兰西学院建立；莫诺创办《历史评论》杂志；泰纳：《现代法国的起源：旧制度》；马拉美：《牧神的午后》；小仲马：《外国女人》；雷诺阿：《烘饼磨坊》。
1877 年	5 月 16 日，麦克马洪解除儒勒·西蒙的职务。
	6 月，解散众议院。
	9 月 3 日，梯也尔去世。
	10 月 14 日，共和派获得选举胜利。

	11 月 10 日，布罗伊辞职。
	勒南：《福音书》；库尔诺：《经济学说概要评论》；福楼拜：《三故事》；龚古尔：《少女艾莉莎》；左拉：《小酒店》；罗丹：《青铜时代》；马斯奈：《拉霍的国王》；圣-桑《桑松与达莉拉》。
1878 年	克洛德·贝尔纳：《实验科学》；弗朗索瓦·科佩：《宣叙调与哀歌》。
1879 年	1 月 30 日，麦克马洪辞职。
	6 月，于勒·格列维当选为总统。禁止未获授权的宗教团体办教育的法案。
	8 月 4 日，适用于阿尔萨斯和洛林的宪法。
	巴斯德发现免疫的基本原理。
	龚古尔：《桑加诺兄弟》；皮埃尔·洛蒂：《阿齐亚德》；奥芬巴赫：《军乐队队长的女儿》。
1880 年	3 月，政府颁布法令，要求耶稣会士和其他未获准许的宗教团体人士必须在 8 月底前离开学校，否则将强力驱逐。
	9 月，儒勒·费里担任政府总理。
	圣戈塔尔隧道竣工。
	泰纳：《艺术哲学》；莫泊桑：《羊脂球》；罗丹：《思想者》；雷诺阿：《包厢》。
1880—1918 年	纪尧姆·阿波利奈尔在世。
1881 年	3 月 29 日，市镇法。
	5 月 12 日，勒巴尔多条约；弗拉泰尔考察队在撒哈拉的屠杀。
	6 月 30 日，集会法。
	7 月 29 日，出版法；儒勒·费里下台。
	9 月，法国与中国在安南问题上出现冲突。

11月14日，甘必大组阁。

法国对突尼斯进行远征。

普恩加莱：《关于梨形能的理论》；巴斯德发现可以预防炭疽病的疫苗；雨果：《精神四风集》；魏尔伦：《智慧集》；阿纳托尔·法朗士：《希尔维斯特·波纳尔的罪行》；皮维·德·夏瓦纳：《贫穷的渔夫》；雷诺阿：《游艇上的午餐》；塞扎尔·弗兰克：《吕贝卡》；马斯奈：《埃洛迪阿德》；奥芬巴赫：《霍夫曼的故事》。

1881—1958年　马丹·杜伽尔在世。

1882年　儒勒·费里初等教育法；通用联盟在巴黎出现金融崩溃。

1月7日，法国与英国共同向埃及总督发出照会。

2月12日，关于埃及事务的国际会议召开。

6月11日，亚历山大出现骚乱。

7月29日，法国议会否决了法英两国共同采取干涉行动。

1156　12月31日，甘必大去世。

贝克：《群鸦》；马奈：《费里-贝舍尔酒吧间》（又名《女神游乐场的酒吧间》）。

1882—1944年　让·吉罗杜在世。

1883年　2月至1885年3月，第二届儒勒·费里内阁。

4月25日，里韦埃尔占领河内，库尔贝对于埃进行炮击，并迫使安南成为法国的保护国；对越南东京发动远征；中法战争爆发。

5—12月，法军占领马达加斯加。

莫泊桑：《一生》；塞扎尔·弗兰克：《可憎的

	猎人》。
1884年	3月21日，瓦尔德克-卢梭工会法。 4月5日，市镇法；纳盖离婚法。 5月11日，中法天津条约。 10月，法德两国就共同对付英国展开谈判：俾斯麦与儒勒·费里举行会晤。 12月9日，废除参议院议员终身制，改由选举产生。 勒孔特·德·里斯勒：《悲剧诗》；都德：《萨福》；马斯奈：《马侬》。
1885年	2月13日，法军占领朗松。 3月28日，法军撤离朗松。 6月9日，第二次中法天津条约。 12月17日，签订马达加斯加成为法国的保护国的条约。 12月28日，于勒·格列维再次当选为总统。 巴斯德首次用狂犬疫苗进行预防接种。 左拉：《萌芽》；贝克：《巴黎女人》；法朗士：《友人之书》。
1885—1967年	安德烈·莫洛瓦在世。
1885—1970年	弗朗索瓦·莫里亚克在世。
1886年	7月1日，布朗热担任陆军部长。 德律蒙：《犹太人的法国》；兰波：《灵光篇》；洛蒂：《冰岛渔夫》；库特林：《骑兵队的乐趣》；圣-桑：《C小调第三号交响曲》。
1887年	5月，布朗热未能继续担任陆军部长。 7月，巴黎的里昂车站发生游行示威；威尔逊丑闻：格列维总统因受牵连在12月2日辞职；萨迪·卡尔诺当选为总统。

	11 月 16 日，法英两国在新赫布里底恢复共同管理。
	洛蒂：《菊子夫人》；安托万建立自由剧院。
1887—1893 年	勒南：《犹太民族史》。
1887—1965 年	勒科尔比歇在世。
1888 年	首次在巴黎发行俄国公债。 巴斯德研究所成立。 巴雷斯：《在野蛮人眼前》；莫泊桑：《皮埃尔和若望》；德彪西：《两首阿拉伯风格幻想曲》。
1889 年	1 月 27 日，布朗热在巴黎当选；贡斯当担任内务部长；解散爱国者同盟。 4 月 1 日，布朗热出逃。 9 月，布朗热派在选举中受挫。 三年兵役法投票通过。 首届社会党国际代表大会在巴黎召开：第二国际成立。 巴黎国际博览会：埃菲尔铁塔。 布朗-塞卡尔发现内分泌腺的作用。 柏格森：《论意识的即时性》；保尔·布尔热：《门徒》。
1889—1893 年	皮维·德·夏瓦纳：为巴黎大学与巴黎市政厅创作壁画。
1890 年	5 月，法俄签订反对虚无主义的协定。 8 月 5 日，法英两国就苏丹、马达加斯加和桑给巴尔的殖民事宜签订协定。 11 月，红衣主教拉维热里宣布天主教徒归附共和国。 耶路撒冷法兰西圣经学院建立；保尔·瓦莱

里：《那喀索斯》；保尔·克洛岱尔：《黄金头》；左拉：《人兽》；克洛德·莫奈：《干草垛》。

1891 年　4 月 27 日，法俄外交协定。

5 月 1 日，富尔米的罢工与事变。

7 月 23 日，法国舰队访问喀琅斯塔得。

魏尔伦：《幸福》；巴雷斯：《贝丽妮丝的花园》；库特林：《8 点 47 分的列车》；克洛德·莫奈：《睡莲》。

1892 年　新的保护主义的关税：梅利纳税率。 1157

4 月 17 日，法俄军事条约。

普恩加莱：《天体力学新方法》；达律斯·米约出生；魏尔伦：《内在的礼拜仪式》。

1892—1893 年　巴拿马丑闻。

1892—1955 年　亚瑟·奥涅格在世。

1893 年　3 月 8—21 日，对巴拿马案件进行审讯，勒塞普斯被判刑。

10 月 3 日，湄公河左岸归法国所有。

10 月 13—29 日，一支俄国舰队访问土伦港。

11 月 17 日，法国迫使达荷美成为其保护国。

马雷制成了第一台动态摄像机；《道德与形而上学杂志》创刊；魏尔伦：《哀歌》；马拉美：《诗与散文》；埃雷迪亚：《战利品》；左拉：《妇女乐园》；法朗士：《鹅掌女王烤肉店》；保尔·布尔热：《国际性都市》；库特林：《布布罗歇》。

1894 年　6 月 24 日，萨迪·卡尔诺遇刺；卡齐米尔·佩里埃当选为总统。

7 月 29 日，投票通过“邪恶的法律”。

	11 月，法军远征马达加斯加。
	12 月，首次对德雷福斯进行审讯。
	卢发现白喉血清。
	涂尔干：《社会学方法之规则》；朗松：《法国文学史》；巴雷斯：《论血统、享乐与死亡》；法朗士：《红百合花》；罗丹：《加莱义民》；马斯奈：《黛依丝》；德彪西：《牧神午后前奏曲》。
1895 年	1 月 13 日，卡西米尔·佩里埃辞职；菲利克斯·富尔当选为总统；总工会成立。
	4 月 24 日，法俄德在日本建立"友好委员会"。
	9 月 30 日，法国占领塔那那利佛；签订新的保护国条约。
	卢米埃尔兄弟研制出了第一台电影放映机。
	科佩：《为了王位》；罗斯唐：《远方的公主》；瓦莱里：《与泰斯特先生共度的夜晚》；莫拉斯：《天堂之路》。
1896 年	1 月 5 日，法英就暹罗湾签订协议。
	9 月 30 日，法国与意大利就突尼斯签订协议。
	勒努维耶：《分析的历史哲学》；亨利·德·蒙泰朗诞生。
1897 年	涂尔干创办《社会学评论》；布伦斯维克：《判断的方式》；柏格森：《物质与记忆》；马拉美：《题外话》；巴雷斯：《背井离乡的人》；纪德：《人间食粮》。
1897—1901 年	法朗士：《现代史话》。
1898 年	1 月 30 日，左拉发表《我控诉》。
	6 月 14 日，法英就非洲边界的划定事宜签订

条约。

7月30日，德尔卡塞担任外交部长。

8月，亨利伪造文件事件；“法兰西行动”成立；工伤事故法。

11月26日，法国与意大利签订商约。

在阿尔及利亚设立财政委员会。

罗斯唐：《西哈诺·德·贝热拉克》；罗丹：《巴尔扎克》；皮维·德·夏瓦纳：《照看着吕戴斯的热纳维埃芙》。

1899年 菲利克斯·富尔去世。

2月18日，卢贝当选为总统。

3月21日，法英两国就埃及苏丹事宜签订条约。

6月，戴鲁莱企图发动政变；瓦尔德克-卢梭内阁成立。

德雷福斯再次受到审讯，并获得减刑。

8月9日，法俄同盟秘密修改相关盟约。

普恩加莱：《马克斯韦尔理论与电磁波的变动》；莫拉斯：《三种政治观念》；库特林：《特派员是个好孩子》；拉威尔《孔雀舞曲》。

1900年 关于限制劳动时间的米勒兰法。

12月6日，法、意两国就的黎波里达成秘密协议。

法国人摧毁在乍得的拉巴帝国。

巴黎世界博览会。

莫拉斯：《关于君主制的调查》；罗斯唐：《雏鹰》；马约尔：《坐着的女人》（佩皮尼昂）；夏庞蒂埃：《路易丝》；德彪西：三支《夜曲》。

1901 年　7 月 1 日，结社权得到完全承认。宗教团体受到排斥。

7 月 20 日，法国与摩洛哥就边境的保安治理签订议定书。

朱利安：《维尔琴热托里克斯》；莫拉斯：《安蒂内阿》；左拉：《劳动》；拉威尔：《戏水》。

1902 年　6 月，瓦尔德克-卢梭引退，孔勃上台。

1158 6 月 28 日，美国购买巴拿马法国公司的权益。

6 月 30 日，法、意秘密签订中立协定。

普恩加莱：《科学与假设》；纪德：《蔑视道德的人》；莫拉斯：《威尼斯的情人》；雷尼埃：《水城》；克洛德·莫奈：《维尔特耶的风景》；德彪西：《佩利亚斯与梅里桑德》。

1903 年　5 月，英王爱德华七世访问巴黎。

左拉：《真理》；罗曼·罗兰：《人民戏剧》；库特林：《家中的安宁》；德彪西：《雨中的花园》；拉威尔：《舍赫拉查德》。

1904 年　4 月，卢贝访问罗马。

4 月 8 日，法、英就殖民地问题达成协议，协约国集团开始建立。

7 月 7 日，颁布禁止一切宗教团体办学的法律；“服役期为两年制”的兵役法。

法国与罗马教廷断绝外交关系。

11 月，圣勒内·塔扬迪埃使团前往非斯。

莫奈：《卢登的景色》。

1905 年　1 月 19 日，孔勃辞职。

4 月 25 日，工人国际法国支部建立。

5 月 30 日，德国要求法国撤换德尔卡塞外长，并在 6 月 6 日提议召开关于摩洛哥问题的国际会议。

9 月 28 日，法、德就摩洛哥问题达成协议。

12 月 9 日，政教分离法。

奥拉尔：《法国大革命的政治史》；莫拉斯：《智慧的未来》；塞尔蒂朗热：《社会主义与基督教》；罗兰：《约翰·克利斯朵夫》；库特林：《阿尔塞斯特的改宗》；罗丹：《维克多·雨果》。

1906 年	1 月 17 日，法、英开始就军事合作进行会谈。 2 月，教皇发布通谕，谴责法国的政教分离法；宗教团体的"财产清理"引发骚乱；法利埃就任共和国总统；全国总工会召开代表大会并通过《亚眠宪章》。 5 月 19 日，森普隆隧道通车典礼。 7 月 12 日，为德雷福斯恢复名誉。 10 月，克雷孟梭内阁上台。 利奥泰就任奥兰舰队的指挥官。 普恩加莱：《科学的价值》，柏格森：《创造进化论》。
1907 年	3 月 26 日，颁布宗教信仰自由法。 5 月，进行过海军军籍登记的海员举行罢工。 卡约提议征收收入税。 奥古斯特·卢米埃尔发明彩色摄影技术。 安娜·德·诺阿耶：《目眩》；保罗·塞尚旧作汇展。
1907—1928 年	朱利安：《高卢史》。
1908 年	7 月，德拉维发生罢工事件；克雷孟梭下令逮捕全国总工会的领导人。 7 月 25 日，布雷略乘飞机穿越芒什海峡。

	9月25日，卡萨布兰卡外籍军团士兵事件。
	索雷尔：《论暴力》；罗兰：《从过去到现在的音乐家》；克洛德·莫奈：《威尼斯的景色》；拉威尔：《鹅妈妈》。
1909年	2月9日，法、德关于摩洛哥的协定。
	3月，邮电局职工罢工。
	7月，白里安接替克雷孟梭担任总理。
	纪德：《窄门》、《浪子回头》；巴雷斯：《科莱特·巴多什》；布尔代勒：《弓箭手赫拉克勒斯》。
1910年	《犁沟》遭到庇护十世谴责。
	10月，铁路工人大罢工。
	塞尔蒂朗热：《圣·托马斯·达甘》；罗斯唐：《尚特克莱》；贝居伊：《圣女贞德之爱德的奥秘》。
1911年	5月4日，法国占领非斯。
	克洛岱尔：《人质》、《五大颂歌》；德彪西：《圣塞巴斯蒂安的殉难》；马约尔：《弗洛尔》。
1912年	1月14日，普恩加莱内阁建立。
	5月30日，法、德签订关于非斯的协定；法国拥有对摩洛哥的保护权，利奥泰为法国派驻摩洛哥的驻扎官。
	9月，法英签订海军协定。
	涂尔干：《宗教生活的基本形式》、贝居伊：《第二种美德之奥秘的门廊》；巴雷斯：《克雷科或托莱德的秘密》；塔罗：《阿拉伯的节日》；克洛岱尔：《在马里作的声明》；布里厄：《信仰》；阿纳托尔·法朗士：《诸神渴了》；马约尔：《波莫那》；拉威尔：《达弗尼

斯与克洛埃》、《高贵与伤感的华尔兹》。

1913 年　1 月 17 日，普恩加莱担任共和国总统。

4 月 3 日，法、德两国在吕内维尔发生纠纷，继而又于 4 月 13 日在南锡发生纠纷。

马利坦：《柏格森的哲学》；巴雷斯：《有灵感的丘陵》；马丹·杜伽尔：《让·巴洛瓦》；于勒·罗曼：《伙伴们》；贝居伊：《圣母院的挂毯》。

1913—1927 年　普鲁斯特：《追忆似水年华》。 1159

1914 年　4—5 月，立法选举：敌视加强军备的“荒唐行为”的和平主义和民主的议会。

里博内阁垮台。

6 月 13 日，维维亚尼就任政府总理。

7 月 31 日，德国向俄国与法国发出最后通牒。

8 月 1 日，法国进行总动员。

8 月 3 日，德国向法国宣战，德军入侵比利时。

9 月 2 日，法国政府前往波尔多避难。

9 月 5—10 日，马恩河战役。

9 月 24—25 日，埃纳河与索姆河战役。

10 月 29 日，英国与法国（于 11 月 6 日）决定对德国实行经济封锁。

12 月，在诺特尔-达姆-德-洛雷特与香槟地区采取行动。

12 月 22 日，召集议会开会。

纪德：《梵蒂冈的地窖》。

1915 年　2 月 19 日，协约国的舰队进攻达达尼尔海峡。

2 月 26 日，法国在香槟地区发动进攻。

3 月 4 日，俄国渴望得到君士坦丁堡和海峡地区。
3月11日，在纳夫-沙佩尔采取行动。
3月12日，英军，继而是法军（于4月10日）登陆纳夫-沙佩尔。
4月5—8日，在沃埃弗尔发起进攻。
4月25日，协约国在加里波里，继而又于10月5日在萨洛尼卡登陆。
5—6月，协约国军队在阿图瓦发动进攻，继而又在同年9—10月间在香槟地区发动进攻。
9月4日，进步派集团组成。
10月29日，维维亚尼内阁辞职，白里安内阁组成。
12月6—8日，协约国在尚蒂伊召开军事会议。
罗曼·罗兰：《超乎混战之上》。

1916年　2月21日，凡尔登战役开始。
2月25日，德军攻克杜奥蒙，贝当担任凡尔登战线司令。
3月6—10日，莫尔-奥姆和304高地的战斗。
6月6日，德军攻克沃克斯要塞，但在6月23日的总攻中遭到失败。
6月21日，法金汉下令停止该战役。
7月1日到10月23日，法英联军在索姆河地区发动进攻。
9月15日，首次采用坦克进攻。
10月24日，法军夺回杜奥蒙要塞，接着，又在11月1日夺回沃克斯要塞。
12月，社会主义者代表大会召开，一个少数派团体宣告组成。

12月2日，霞飞被尼维尔取代。

12月13日，白里安内阁改组。

亨利·巴比塞：《炮火》。

1917年

1月10日，协约国关于战争目标的照会。

2月14日，法俄签订关于战争目标的协定。 1160

2月24日—3月13日，德军根据兴登堡的意见撤退。尼维尔发动进攻：4月9日，英军进入阿图瓦；4月16日，法军进入香槟地区。全线败北。

3月14日，白里安辞职。

3月31日，波旁-帕尔莫的亲王们与普恩加莱会晤。

4月6日，里博：设在贡比涅的法国军事委员会。

4月19日，停止军事行动，协约国与意大利之间的圣让-德-莫里埃纳协定。

5月15日，尼维尔被贝当取代。

5—6月，巴黎发生罢工。

7月22日，克雷孟梭对马尔维的抨击开始。

8月31日，马尔维辞职。

9月7日，潘勒韦接替里博。

10月11日，英国向法国保证将把阿尔萨斯和洛林归还给法国。

11月3日，法英意关于海军吨位的配置的协定。

11月6—7日，协约国在拉巴洛召开会议。法国的"神圣同盟"破裂。

11月13日，潘勒韦下台。

11 月 17 日，克雷孟梭组阁。

瓦莱里：《年轻的命运女神》；杜阿梅尔：《受难者》；塔罗：《在十字架的阴影下》。

1918 年

1 月 2 日，协约国在凡尔赛召开会议：设置执行委员会。

3 月 11 日，协约国经济委员会设立。

3 月 21 日，德方在索姆河一线发动进攻。英军的防线被突破。亚眠受到威胁。

3 月 26 日，法英在杜朗斯举行会议：福熙担任协约国军最高统帅。

3—5 月，罢工遭到克雷孟梭镇压。

4 月 5 日，德军停止进攻。

4 月 9 日，尼维尔在佛兰德尔发起进攻。

4 月 25 日，攻克克梅尔山。

5 月 27 日，在“贵妇之路”的进攻。

5 月 29 日，攻克苏瓦松、多尔芒，并在 5 月 31 日攻克夏托-蒂埃里。

6 月 5 日，停止进攻。

6 月 20 日，协约国与俄国断绝关系。

7 月 15 日，德军在马恩河一线发起进攻，并彻底失败。

7 月 18 日，法军在维耶-利特莱发起进攻。

7 月 21 日，鲁登道夫放弃马恩河战线。

8 月 8 日，法美军队在索姆河地区发动进攻，法军在埃纳发起进攻。

8 月 21 日，英军在康布雷发起进攻。

9 月 4 日，德军根据兴登堡的意见总撤退。

9 月 15 日，美军对圣米耶尔发起进攻。

9 月 26 日，法军和美军分别在香槟和阿尔戈纳发起进攻。

9 月 27 日，英军对索姆河地区发动进攻。

9 月 28 日，协约国军在佛兰德尔地区发起进攻。

11 月 4 日，德军向安特卫普-默兹一线撤退，这条战线于 11 月 7 日在色当被突破。

11 月 11 日，雷通德停战协定。

12 月，法军在敖德萨与克里米亚登陆。

克洛岱尔：《硬面包》；吉罗杜：《哀婉动人的西蒙》；莫洛瓦：《布朗勃上校的沉默》；罗兰：《科拉·布厄尼翁》；法朗士：《小皮埃尔》。

1919 年 2 月 25 日，法国要求以莱茵河作为法德之间的边界。以英美须共同担保法国东部边境的安全为交换条件，克雷孟梭放弃了这一要求。

3 月 4 日，第三国际（亦即共产国际）建立。

3 月，协议国军事联合协定废除。

3 月，驻敖德萨的法军撤离。

6 月 28 日，凡尔赛条约以及法英美保障条约签字。

9 月 19 日，圣日耳曼条约。

11 月 16 日，“国民联盟”在选举中获胜。“天蓝色”议会。

11 月 27 日，纳伊条约。

索雷尔：《关于一种无产阶级理论的材料》；吉罗杜：《埃尔佩诺尔》；巴比塞：《光明》；纪德：《田园交响乐》；贝努瓦：《亚特兰蒂德》。

1920 年 1 月，克雷孟梭辞职。图尔代表大会：社会主义者与共产主义者分裂。

1月10日，凡尔赛条约与国际联盟盟约生效。

1月17日，德夏内尔担任共和国总统。

1月24日，赔偿委员会组建。

3月8日，法伊沙尔被立为叙利亚国王。

4月6日—5月17日，达姆斯塔德与法兰克福被法国占领。

6月，设在巴黎的国际贸易商会建立。

7月24日，法国派人占领大马士革。

8月10日，色佛尔条约。

9月23日，米勒兰当选为共和国总统。

柏格森：《精神的能量》；马利坦：《艺术与经院哲学》；朗松：《法国悲剧史》；克洛岱尔：《受辱的父亲》；杜阿梅尔：《子夜的忏悔》。

1920—1924年　纪德：《如果种子不死》。

1921年　1—12月，白里安内阁。

1月24—29日，商讨赔偿事宜的会议在巴黎召开。

3月，法军占领杜塞尔多夫等地。

4月30日，就战争罪问题给德国发出最后通牒。

7月，罗马教廷与法国恢复外交关系。

7月27日，法德之间签订威斯巴登协定。

吉罗杜：《苏姗与平和的人》；塔罗：《当以色
1161 列称王》；莫洛瓦：《奥格拉迪博士的演讲》；
法朗士：《青春年华》。

1922年　1月12日，普恩加莱内阁。

7月，全国总工会中的社会主义者和共产主义者分裂。

	吉罗杜：《西格弗里德和里摩日》；莫里亚克：《和麻风病人亲吻》；瓦莱里：《幻美集》。
1922—1940 年	马丹·杜伽尔：《蒂波一家》。
1923 年	1 月 11 日，普恩加莱在比利时的赞同下出兵占领鲁尔。
	布罗伊提出了波动力学的原理。马利坦：《哲学的要素》；莫洛瓦：《雪莱传》。
1924 年	1 月 26 日，法国与捷克斯洛伐克结盟。
	3 月 11 日，“左翼联盟”在选举中获胜。
	6 月 11 日，米勒兰被迫辞职。
	6 月 13 日，杜梅格当选为共和国总统。
	6 月 15 日，赫里欧内阁成立。
	10 月 29 日，法国承认苏联。
	《超现实主义宣言》；瓦莱里：《灵魂与舞蹈》、《欧帕里诺》；莫拉斯：《哲学家们的林荫道》；蒙泰朗：《奥林匹克运动会》；吉罗杜：《男人国里的朱丽叶》；罗曼：《诺克》。瓦莱里：《杂文集》。
1925 年	4 月 10 日，赫里欧内阁垮台。
	7 月 1 日，法国开始从鲁尔撤兵。
	里齐耶的列圣品仪式。
	纪德：《伪币制造者》；布尔代勒：《萨福》；马约尔：《为塞尚而立的纪念碑》；拉威尔：《孩子与巫术》；装饰艺术展览会在巴黎举办。
1926 年	1 月 31 日，从科隆地区撤兵。
	5 月 29 日和 7 月 12 日，法国先后与美、英签订关于战债的协定。
	7 月 20 日，法郎大幅度贬值。
	7 月 23 日，普恩加莱内阁组成。“法兰西行

动”遭到教皇谴责。

塞尔蒂朗热：《理智的生活》；艾吕雅：《痛苦的首都》；蒙泰朗：《古罗马的斗兽者》；吉罗杜：《贝拉》；贝尔纳诺：《在撒旦的阳光下》；莫里亚克：《泰蕾丝·台斯盖普》。

1927 年　1 月 31 日，在德国实行的军事管制结束。

莫洛瓦：《狄斯累利传》；杜阿梅尔：《萨拉万的日记》；布尔代勒：《密茨凯维奇》；马蒂斯获得卡内基奖；勒内·克莱尔：《一顶意大利草帽》。

1928 年　3 月，关于社会保险的法令。

法郎正式稳定。

4 月，温和派在选举中获胜。

8 月 27 日，《白里安-凯洛格》公约签订。

11 月，激进党人退出普恩加莱内阁。

布勒东：《娜佳》；马尔罗：《征服者》；格林：《海中怪兽》；拉威尔：《波莱罗》；有声电影开始进入商业利用的阶段。

1929 年　7 月 27 日，普恩加莱引退。

10 月 24 日，纽约股票交易市场的崩盘开始产生后果。

吉罗杜：《第三十八位晚宴东道主》；克洛岱尔：《缎子鞋》；第二份《超现实主义宣言》。

1930 年　5 月 22 日，法国为叙利亚颁布了一部宪法。

塞尔蒂朗热：《无宗教信仰者的教理问答》；杜阿梅尔：《未来生活的舞台》；马约：《佩有颈饰的维纳斯》；拉威尔：《左手协奏曲》。

1931 年　5 月 13 日，白里安在总统选举中败于杜梅尔。

瓦莱里：《对现实世界的关注》；罗曼：《多诺

	古》；莫拉斯：《向弗洛尔示意》；迪诺瓦耶·德·塞贡扎克为《农事诗》绘制插图；勒内·克莱尔：《自由属于我们》。
1932 年	2 月 2 日，裁军会议开幕。
	5 月 5 日，杜梅尔遇刺；勒布伦接任总统。
	5 月，举行大选。
	6 月 4 日，赫里欧内阁组成。
	11 月 29 日，法苏互不侵犯条约。
	12 月 11 日，协约国承认德国拥有平等权利。
	12 月 15 日，法国拒绝向美国支付战债。
	莫里亚克：《蝮蛇结》；塞利纳：《在茫茫黑夜中的漫游》；马蒂斯为马拉美的《诗集》绘制插图。
1932—1945 年	杜阿梅尔：《帕斯基埃家轶事》。
1932—1946 年	罗曼：《善意的人们》
1933 年	1 月 30 日，希特勒就任德国总理。
	10 月 14 日，德国退出裁军会议，继而又退出国际联盟。若里奥·居里在研制人工放射性方面取得成功。
	马尔罗：《人类的处境》；吉罗杜：《间奏曲》；马约尔：《德彪西的不朽之作》；马蒂斯：《舞蹈》。
1934 年	1 月，斯塔维斯基丑闻开始披露。 1162
	1 月 30 日，达拉第组阁。
	2 月 6 日，协和广场上的枪击事件；达拉第辞职。
	2 月 9 日，杜梅格组阁；杜梅格在宪政改革问题上遭到失败。
	11 月 7 日，杜梅格辞职。

	裁军会议延期。
	蒙泰朗：《单身汉们》。
1934—1937 年	马约尔：《美惠三女神》。
1935 年	1 月 6 日，德意两国的罗马协定。
	1 月 13 日，萨尔举行公民投票。
	4 月 14 日，法、奥、意三国的斯特莱萨协定。
	5 月 2 日，法苏互助条约。
	吉罗杜：《特洛伊战争将不会发生》。
	费德尔：《壮烈的主保瞻礼节》。
1936 年	“人民阵线”在选举中获胜。
	5 月，罢工与占领工厂。
	6 月 4 日，勃鲁姆组阁。
	6 月 7 日，工会团体签订关于劳动时间与带薪休假的协定。
	8 月 9 日，法国与叙利亚的议定书。
	9 月 9 日，针对西班牙的不干涉委员会在伦敦开会；国际旅。
	9 月 25 日，法郎贬值。
	11 月 13 日，法国与黎巴嫩之间的议定书。
	纪德：《访苏归来》；贝尔纳诺：《一位乡村神甫的日记》。
1937 年	1 月 24 日，法国、土耳其两国关于亚历山大雷特的议定书。
	6 月 21 日，勃鲁姆政府垮台。
	6 月 30 日，法郎再次贬值。
	巴黎国际博览会。
	建造夏约宫。
1938 年	5 月，法郎第三次贬值。
	9 月 30 日，慕尼黑协定。

10月，“人民阵线”破裂。
11月30日，总罢工。
12月6日，法德巴黎宣言。
12月22日，意大利通告废除法意罗马协定。
莫里亚克：《阿斯莫德》；马尔罗：《希望》；萨特：《恶心》；科克托：《人的声音》、《不安分的父母》；路沙革新马奥布松挂毯的制作工艺；莱热：《力量的输送》。

1939年 3月15日，德军占领捷克斯洛伐克。
5月22日，意大利与德国结成军事同盟。
7月，法、英军事使团抵达莫斯科。
8月23日，苏德互不侵犯条约。
9月1日，德军入侵波兰。
9月3日，英、法先后向德国宣战。
9月9—30日，法国在萨尔发起进攻。
9月13日，达拉第内阁改组。
10月19日，法、英、土（耳其）三国协定。
11月10日，达拉第获得全权。
12月12日，雷诺-西蒙财政协定。
12月14日，苏联被开除出国际联盟。

1940年 3月20日，达拉第辞职，保尔·雷诺接替。
3月28日，法英商定绝不单独媾和或停火。
5月10日，入侵比利时、荷兰与卢森堡。
5月14日，法方战线在色当被突破。
5月18—21日，圣康坦、亚眠与阿拉斯被占领。
5月28日—6月3日，敦刻尔克战役。
6月6日，索姆河战线被突破。
6月9日，鲁昂沦陷。

6月10日，意大利向法国宣战。

6月14日，巴黎被占领。

6月16日，贝当要求停火，保尔·雷诺辞职。

6月17日，贝当掌权。

6月18日，戴高乐在伦敦发出呼吁。

6月21日，里昂与维埃纳被占领。

6月22日，法德停止交战。

6月23日，法意停止交战。

6月28日，英国政府承认戴高乐是自由法兰西军队的领袖。

7月2日，法国政府以维希为驻地。

7月4日，法、英之间断绝外交关系。

1163 7月10日，在维希开会的议会授予贝当元帅制宪权。第三共和国终结。

8月7日，丘吉尔、戴高乐就自由法兰西部队的组织签订协定。

8月21日，戴高乐被缺席判处死刑。

8月28日，“赤道法国”站在戴高乐一边。

9月23日，日本就印度支那向法国发出最后通牒。

10月3日，颁布关于法国犹太人的身份的法令。

10月24日，希特勒、贝当在蒙图瓦尔会晤。

1941年 2月9日，达尔朗担任政府副总理。

5月11—12日，希特勒、达尔朗在贝希特斯加登会晤。

6月2日，颁布涉及犹太人的新法令。

6月8日，卡特鲁将军停止行使其在叙利亚、黎巴嫩的权限。

1848

6 月 30 日，维希政权与苏联断绝外交关系。
7 月 17 日，魏刚出任驻北非的总代表。
7 月 29 日，法、日关于印度支那防务问题的协定。
8 月 14 日，针对共产党人的特别法庭设立。
大西洋宪章签署。
8 月 21 日，“人质制度”生效。
9 月 23 日，法国民族委员会组成。
10 月 4 日，劳动宪章颁布。
10 月 22 日，在夏多布里昂、南特和波尔多的人质被处决。
11 月 20 日，德方要求魏刚退役。
12 月 1 日，贝当、戈林在圣-弗洛朗坦会晤。
4 月 18 日，赖伐尔重新操纵政府。
11 月 8 日，盟军在北非登陆。
11 月 11 日，德军占领“自由区”和土伦：法国舰队的舰船在 11 月 27 日自行凿沉。
11 月 16 日，达尔朗被罢免。
11 月 20 日，魏刚被德国人逮捕。
12 月 24 日，达尔朗遇害。
维尔科尔：《大海的沉默》；阿拉贡：《艾尔莎的眼睛》；卡尔内：《夜间的来访者》。

1943 年 1 月 30 日，法国保安部队组建。
2 月 16 日，确立义务劳动。
3 月 24 日，吉罗与戴高乐在卡萨布兰卡会晤。
5 月 15 日，抵抗委员会组成。
7 月 31 日，吉罗担任法国部队司令官。
11 月 9 日，戴高乐成为法兰西民族解放委员会唯一的主席。

	维尔科尔：《向星球进军》。
1944 年	4 月 20 日，圣热尼-拉法尔大屠杀。
	4 月 21 日，吉罗辞职。关于在解放后组织权力事宜的命令在阿尔及尔颁布。
	6 月 6 日，盟军在诺曼底登陆。
	6 月 10 日，奥拉多尔-苏尔-格拉纳的大屠杀。
	6 月 27 日，瑟堡得到解放。
	6 月 28 日，菲利普·昂里欧遇害。
	7 月 7 日，芒代尔遇害。
	7 月 9 日，攻克卡昂城。
	7 月 13—21 日，维尔科斯的大屠杀。
	7 月 30 日，突破阿弗朗什。
	8 月 15 日，盟军在普罗旺斯登陆。
	8 月 20 日，贝当被德国人逮捕。
	8 月 23 日，马赛和格勒诺布尔得到解放。
	8 月 25 日，马耶的大屠杀，巴黎得到解放。
	9 月 6 日，法兰西共和国临时政府组成。
	9 月 11 日，里昂解放。
	9 月 13 日，分别从法国北部南下和从法国南部北上的盟军会合。法国发起进攻：11 月 20 日，攻克贝尔福；11 月 21 日，攻克米卢兹；11 月 23 日，攻克斯特拉斯堡。
	10 月 5 日，新的选举制度：妇女参加投票。
	11 月 27 日，多列士回到巴黎。
	12 月 10 日，法苏条约。
	12 月 14 日，北方的煤矿实行国有化。
	萨特：《苍蝇》《禁闭》；加缪：《误会》；阿拉贡：《奥雷里安》。
1945 年	1 月 1 日，德国在洛林发起进攻。

1 月 2—12 日，雅尔塔会议。 1164

1 月 20 日，德方在阿登地区进行最终的撤退。

2 月 20 日，戴高乐拒绝在阿尔及利亚与罗斯福会晤。

5 月 8 日，德军全面投降。

6 月，法英关系出现极度紧张局面，接着，在 7 月 25 日签订了关于地中海东岸地区国家的协定。

7 月 23 日—8 月 14 日，对贝当的诉讼。

8 月 3 日，法国受邀出席商讨补偿战争带来的损失事宜的会议。

9 月 3 日，戴高乐不承认全国总工会有权处理政治问题。

10 月 21 日，决定举行大选。

11 月 9 日—12 月 21 日，巴黎进行大选。

11 月 15—21 日，戴高乐与法共在组建政府问题上发生冲突。

12 月 3 日，银行与信贷部门实行国有化。

瓦莱里去世；吉罗杜：《夏约的疯婆子》；加缪：《加里古拉》；卡尔内：《天堂中的孩子们》。

1946 年

1 月 20 日，戴高乐辞去政府首脑职务。

4 月 19 日，对第一部宪法进行投票表决。

4 月 24—26 日，煤矿与保险部门实行国有化。

6 月 23 日，皮杜尔内阁。

9 月 14 日，法国与越南之间达成一项临时协定。

12 月 16 日，勃鲁姆组阁。

萨特：《死无葬身之地》《毕恭毕敬的妓女》；

圣琼-佩斯：《流放集》；纪德：《岱塞》；贝尔纳诺：《欧伊纳先生》。

1947 年

1 月 22 日，拉马迪埃组阁。
2 月 13 日，总罢工。
3 月 4 日，法英敦刻尔克同盟条约。
4 月 14 日，戴高乐创建法兰西人民联盟。
6 月，罢工浪潮。
8 月 5 日，在突尼斯发生流血事件。
8 月 27 日，就阿尔及利亚的地位进行投票表决。
10 月 5 日，萨尔地区的选举结果确认了其在经济上与法国合并。
10 月 9 日，法国在越南东京发动进攻。
10 月 19—26 日，市镇选举：法兰西人民联盟大获成功。
11—12 月，大规模的罢工浪潮。
11 月 12 日，共产党人在马赛示威游行。
11 月 19 日，拉马迪埃辞职。
11 月 23 日，舒曼内阁。
11 月 30 日，采取对付法国共产党的措施。
12 月 19 日，全国总工会与“工人力量”之间出现分裂。
加缪：《鼠疫》；吉罗杜：《贝拉的阿波罗》；让·热内：《女仆》；奥迪贝尔迪：《短暂的苦恼》；马蒂斯：《英国女青年》。

1948 年

1 月 24 日，法郎贬值。黄金实行自由交易。
4 月 4—11 日，在阿尔及利亚举行选举。
5 月 20 日，首届越南政府组成。
7 月 26 日，马利取代舒曼。

9月7日，第二届舒曼内阁。
10月4日—11月29日，在工厂与铁路部门出现罢工浪潮。
安托南·阿尔托去世；加缪：《戒严》；瓦扬：《有害的打击》；马蒂斯：《宽大的红色建筑物的内部》；查德金：《鹿特丹被毁纪念碑》。

1949年
9月19日，法郎贬值。
9月20日，“将军事件”开始。
10月5日，克耶内阁辞职。
10月28日，皮杜尔内阁。
12月30日，法国将权力移交给越南。
加缪：《正义者》。

1950年
6月24日，皮杜尔内阁垮台。
7月12日，普列文内阁。
12月6日，德拉特尔·德·塔西尼被任命为派往印度支那的高级特派员。
12月31日，对重整军备的拨款进行投票表决。
尤内斯库：《秃头歌女》。

1951年
1月，越南独立阵线发动进攻。
2月22日，欧洲防务委员会首次会议在巴黎举行。
2月28日，普列文内阁垮台。
3月13日，第三届克耶内阁。
3月16日—4月4日，运输、能源部门的罢工。
4月18日，设立欧洲煤钢共同体的巴黎协定。
6月17日，大选。共产党与人民共和党的支持率下降。

1165 6 月 18 日，法国在河内附近发动进攻。

8 月 11 日，新一届普列文内阁。

9 月 21 日，关于向私立教育提供援助的巴朗热法。

11 月 1 日，卡萨布兰卡发生严重的骚乱。

朱里安·格拉克：《沙岸》；马尔罗：《沉默的声音》；萨特：《肮脏的手》《魔鬼与上帝》；热内的下述作品获准出版：《花的圣母》《葬礼》《严密的监视》《窃贼的日记》。

1952 年 1 月 7 日，普列文内阁垮台。

1 月 17 日，在突尼斯的比塞达与费里维尔发生流血骚乱。

1 月 18 日，对在突尼斯发生的总罢工进行镇压。

1 月 20 日，富尔内阁组成。

2 月 24 日，从越南的和平撤兵。

5 月 26 日，发行一种按指数计算的公债。

5 月 27 日，关于欧洲防卫共同体的巴黎协定。

5 月 28 日，法共在巴黎举行激烈的游行示威。

7 月 11 日，人民共和党出现分裂。

10 月 30 日—11 月 18 日，在越南的东京进行“洛林行动”。

11 月 18 日，摩洛哥素丹要求收回摩洛哥的主权。

11 月 21 日，越南独立阵线在老挝发动进攻。

12 月 8 日，卡萨布兰卡发生骚乱。

12 月 23 日，比内内阁辞职。

保尔·艾吕雅去世；尤内斯库：《椅子》。

1953 年 1 月 9 日，梅耶内阁组成。

1854

4 月，越南独立阵线在老挝发动进攻。

5 月 6 日，戴高乐脱离法兰西人民联盟的议会党团。

8 月 16 日，在摩洛哥发生严重骚乱。

10 月 15—19 日，越南国会召开。

11 月 20 日，占领奠边府。

11 月 29 日，胡志明提出越方的停火条件。

贝克特：《等待戈多》；勒努瓦：《金子的四轮华丽马车》。

1954 年 2 月 3 日—5 月 7 日，奠边府战役。

6 月 19 日，孟戴斯·弗朗斯内阁。

7 月 27 日，在越南的停火协定生效。

7 月 31 日，孟戴斯·弗朗斯访问突尼斯，原则上同意突尼斯内政自主。

8 月 30 日，议会否决了欧洲防务共同体计划。

9 月 4 日，法突（尼斯）谈判开始。

10 月 9 日，从河内撤兵。

10 月 21 日，法印就法国在印度的银行的让与事宜签订协议。

10 月 23 日，关于萨尔地区的法德巴黎协定。

11 月 1 日，在阿尔及利亚出现一系列暗杀事件，奥雷高原发生的起义开始。

马蒂斯与科莱特去世；西蒙娜·德·波伏瓦：《名士风流》；塔蒂：《于洛先生》。

1955 年 1 月 26 日，苏斯戴尔被任命为驻阿尔及利亚总督。

2 月 23 日，富尔内阁组成。

3 月 31 日，对在阿尔及利亚实行紧急状态的法案进行投票。

5 月 15 日，法国最后一支部队撤离越南北方。克洛岱尔、费尔南·莱热与于特里约去世；米努-德鲁埃的诗歌出版；罗伯-格里耶：《窥视者》；贝雅尔：《单人交响乐》。

1956 年　2 月 1 日，居伊·摩勒就任政府总理。

3 月 2 日，法国承认摩洛哥独立。

7 月 26 日，苏伊士运河在埃及被收归国有。

10 月 31 日，法英军队轰炸埃及的飞机场。

11 月 7 日，在苏联入侵匈牙利之后萨特与法共断交。

12 月 3 日，法英同意撤回其在赛义德港的部队。

12 月 12 日，法德关于萨尔地区的协定获得批准。

保尔·莱奥托、居斯塔夫·夏庞蒂埃和米斯坦盖特去世。

阿兰·雷奈：《夜与雾》。

1957 年　1 月 7 日，马絮负责维持在阿尔及利亚的秩序。

1 月 28 日，阿尔及利亚民族解放阵线发布举行总罢工的命令。

1166 9 月 13 日，关于阿尔及利亚的框架法草案在内阁会议中获得通过。

11 月 6 日，费利克斯·加亚尔就任政府总理。

弗朗西斯·加尔科获得巴黎市的文学大奖；阿尔贝·加缪获得诺贝尔文学奖；瓦扬：《法律》；布托尔：《修改》；贝克特：《剧终》；巴塔耶：《色情史》；圣琼-佩斯：《阿梅尔》；布雷松：《一个被判死刑者出逃》；路易·马

勒：《通向断头台的电梯》。

1958年 1月28日，选举法在国民议会获得通过；1月31日，关于阿尔及利亚的框架法在议会被通过。

3月27日，政府派人查扣亨利·阿莱格的《问题》。

5月13日，由马絮主持的一个救国委员会在阿尔及尔成立。

5月15日，戴高乐发表其“准备担负起共和国的权力”的声明。

5月16—17日，投票通过实行紧急状态。

5月29日，科蒂总统紧急召唤戴高乐出任政府首脑，戴高乐表示同意。

5月31日，弗里姆兰辞职。

6月1日，国民议会授权戴高乐将军组阁，并赋予其“全权”。

6月4—7日，戴高乐首次阿尔及利亚之行。

6月16日，马絮被任命为阿尔及利亚行政长官。

9月19日，一个由法赫拉特·阿巴斯主持的“自由阿尔及利亚政府”在开罗组成。

9月24日，就新宪法进行全民投票：在本土有79.25％的选民投赞成票，而在阿尔及利亚则有95％的选民投赞成票。

10月5日，第四共和国终结。

12月21日，戴高乐当选为法兰西共和国及法兰西共同体总统。

弗朗西斯·加尔科与马丹·杜伽尔去世；阿拉贡：《神圣的一周》；博纳弗尔：《近来流行

荒凉》。

1959 年 1 月 1 日，共同市场生效。

1 月 8 日，德布雷担任第五共和国首任总理。

9 月 16 日，戴高乐宣布阿尔及利亚有权自治（需在恢复和平之后，且需获得公民投票的批准）。

9 月 28 日，阿尔及利亚共和国临时政府宣称“准备进行谈判”。

12 月 2 日，弗雷瑞斯的严重灾祸。

热拉尔·菲利普去世；巴罗成为法兰西剧院（前奥戴翁剧院）的经理，并在那里上演了克洛岱尔的《金头》；圣琼-佩斯获得法国文学大奖；萨特：《阿尔托纳的被关押者》；格诺：《地铁中的扎济埃》；夏布罗尔：《漂亮的塞尔热》；特吕弗：《四百击》；雷诺阿：《科尔德利埃博士的遗嘱》；戈达尔：《筋疲力尽》；雷奈：《广岛之恋》。

1960 年 1 月 24 日，阿尔及尔的“街垒周”开始，颁布戒严令。

2 月 1 日，拉加亚尔德被监禁在疗养院。

2 月 2 日，就为期一年的特别权力进行投票。

2 月 24 日，“让松联络网”被摧毁。

4 月 13 日，法国全国学生联合会代表大会投票通过一项要求与阿尔及利亚民族解放阵线进行谈判的动议。

4 月 25 日，苏斯戴尔被开除出保卫新共和联盟。

6 月，马里、达荷美、尼日尔、上沃尔特、科特迪瓦、乍德、中非共和国、刚果和加蓬等宣布独立。

9月5日—10月1日，针对“让松联络网”的诉讼。

9月6日，关于“不服从的权利”的“121人宣言”。

10月12—14日，枢机主教与总主教会议谴责“不服从的权利”。

阿尔贝·加缪去世；列维-施特劳斯在法兰西学院开始授课；瓦扬：《节日》；尤内斯库：《犀牛》；特吕弗：《对着钢琴师发射》。

1961年　1月8日，就阿尔及利亚政策举行公民投票。

2月20—22日，法国与阿尔及利亚民族解放阵线在瑞士举行秘密会谈。

4月22—25日，夏尔、茹奥、泽勒与萨朗在阿尔及尔采取强硬措施，宪法第16条实施。

5月10日，利奥泰的遗骸被迁移到荣军院。 1167

5月20日，埃维昂谈判开始。

6月1日，夏尔和泽勒被判处15年徒刑。

7月1日，萨朗被缺席判处死刑。

9月30日，宪法第16条停止实施。

11月8日，议会通过对阿尔及利亚的拨款计划。

12月19日，巴黎出现反对“秘密行动组织”的游行示威，有一百来人受伤。

塞利纳与梅洛-庞蒂去世；巴什拉尔获得全国文学大奖；索莱尔斯：《公园》；特吕弗：《朱尔与吉姆》；雷奈：《去年在马里昂巴》。

1962年　1月4日，秘密行动组织在巴黎进行针对法共的谋杀。

2月8日，巴黎举行反对秘密行动组织的游行示威：8人死亡（夏洛纳）。

3月15日，穆鲁·费拉欧纳在埃尔-皮阿尔被秘密行动组织暗杀。

3月18日，埃维昂协议签订。

3月19日，在阿尔及利亚实现停火；秘密行动组织发动罢工。

3月23日，秘密行动组织对维持秩序的部队开火；在巴布-埃尔-欧埃德发生激烈的战斗，35人死亡。

4月8日，就埃维昂协定和对阿尔及利亚的政策进行公民投票，投赞成票者占90.70%。

4月14日，德布雷辞职，蓬皮杜就任政府总理。

4月20日，萨朗在阿尔及利亚被捕。

7月1日，在阿尔及利亚就独立问题举行公民投票。

7月3日，法国政府承认阿尔及利亚独立。

10月28日，就以普选方式选举国家元首事宜进行公民投票，有62.25%的选民投了赞成票。

1963年 1月4日，国家安全法庭设立。

3月1日，洛林的煤矿工人举行罢工。

12月18日，德菲尔成为共和国总统的候选人。

12月30日，前上校阿尔古被判处终身监禁。

布拉克去世；贝克特：《噢！美好的日子》；勒克莱齐奥：《笔录》；罗伯-格里耶：《不朽者》；罗西弗：《死于马德里》；威尔逊继让·

维拉尔就任巴黎国家剧院经理。

1964年 1月27日，法国正式承认中华人民共和国。

3月16日，戴高乐将军访问墨西哥、危地马拉和马提尼克。

5月17日，多列士当选为法共主席，其总书记一职由瓦尔德克-罗歇取代。

萨特拒绝接受诺贝尔文学奖；娜塔莉·萨洛特：《金苹果》；戈达尔：《蔑视》；路沙：《世界之歌》。

1965年 1月28日，魏刚将军去世。

5月26日，国民议会同意把国民服兵役的期限定为16个月。

9月9日，弗朗索瓦·密特朗宣布竞选总统。

9月23日，法共中央委员会决定支持密特朗竞选总统。

10月29日，本·巴尔卡在巴黎遭到绑架。

12月5日，第一轮总统选举：戴高乐获得44.64%的选票，密特朗获得31.72%的选票；12月19日，戴高乐以获得55.19%的选票再次当选为共和国总统。

雅各布·勒沃夫与莫诺以其在基因研究方面取得的成果获得诺贝尔医学奖；吉阿科默蒂获全国艺术大奖；亨利·米修获得全国文学大奖（但其拒绝接受）；阿拉贡：《处死》；佩雷克：《物品》；戈达尔：《疯子皮埃罗》。

1966年 2月9日，马絮被任命为法国驻德部队总司令。

4月8日，让·热内在奥戴翁剧院上演《屏风》；勒鲁施：《一个男人与一个女人》。

6月1日，法国政府宣布，不再将驻扎在德国的法国军队编入北大西洋公约组织；吉斯卡尔·德斯坦为首的独立共和党成立。

6月20日—7月1日，戴高乐访问苏联。

1967年　3月12日，立法选举举行。

1168　4月17日，对绑架本·巴尔卡者的新的诉讼在巴黎开始，判决结果是2人被判处5到6年监禁，5人无罪释放。

马尔罗：《反回忆录》；克洛德·西蒙：《历史》；戈达尔：《中国女人》；梅尔维尔：《武士》；罗伯-格里耶：《横贯欧洲的列车》；杜拉斯：《音乐》。

1968年　1月26日，卡昂城在一次工人游行示威期间发生激烈的斗殴。

3月11日，巴黎交易所中的黄金交易明显增加。

5月2日，在南泰尔文学院有人闹事，院长下令暂停上课；3日，警察前往巴黎大学；5—7日，拉丁区出现游行示威；10—11日，“街垒之夜”：468名议员提出质询；13日，巴黎大学被大学生占领。全法国出现群众示威游行；14日，南特的南方飞机制造厂被占领；15日，奥戴翁剧院被占领；19日，伴随着占领工厂的罢工增多。戴高乐宣称：“改革可以，乱来不行！”25日，法国广播电视公司罢工；工会领导人、资方与政府达成协议。雷诺汽车工厂和一些大企业的工人宣布反对复工；27日，夏尔莱蒂体育场的群众大会；30日，国民议会解散，戴高乐的支持者在星形广场示威游行。

6 月 5 日，法国电力公司和法国煤气公司和煤炭部门复工；法国国营铁路公司、巴黎独立运输公司和邮电部门复工；7 月，在弗兰发生严重的撞车事故，一人死亡；8 日，皮杜尔返回法国；10 月，立法选举活动开始；11 月，在巴黎和蒙贝利亚尔出现游行示威：一位示威者被警察打死；12 日，禁止示威游行，一大批极左组织被解散；15 日，萨朗与另外 10 位因颠覆活动被判刑者得到赦免；16 日，警察撤离巴黎大学；23 日，首轮立法选举；30 日，在第二轮立法选举中，多数派获得了 485 个议席中的 358 个议席。

7 月 13 日，蓬皮杜辞职。顾夫·德姆维尔内阁。

9 月 4 日，取消对外汇的管制。

10 月 10 日，关于高等教育改革的法案在议会投票通过。

10 月 20—21 日，让奈特·多列士-维尔迈尔什辞去法共职务。法共对罗热·加罗迪实行公开纪律处分。

10 月 24 日，苏斯戴尔返回法国。

12 月，南泰尔出现罢课，警察占领校园。

1969 年　1 月 17 日，蓬皮杜在其前往罗马进行私人访问时宣布他将谋求成为戴高乐将军的继承人。

1 月 22 日，戴高乐宣布："把我的职责履行到任期结束，是我的义务与意愿"。

2 月 2 日，34 位大学生因为占领大学校长办公场所被勒令停学一年。蓬皮杜在瑞士的电视上表示："如果上帝愿意的话，我可能将拥有一种代表国家的命运"。

4 月 27 日，就参议院和地区化事宜进行公民投票，52％的选民投了反对票。

4 月 28 日，戴高乐辞职。

4 月 29 日，波埃代理总统一职，蓬皮杜宣布参加竞选总统。

5 月 31 日，第一轮总统选举：蓬皮杜获得 44.46％的选票，波埃获得 23.30％的选票，杜克洛获得 21.27％的选票。

6 月 15 日，在第二轮总统选举中，蓬皮杜以获得 58.21％的选票当选为总统。法郎贬值。

普列松上演拉辛的《贝雷尼斯》；科斯塔一加夫拉斯：《Z》；罗梅尔：《我在穆德家的夜晚》。

1970 年　1 月 19 日，在南泰尔大学和桑西埃的中心发生骚乱。

1 月 23 日，作家欧仁·尤内斯库当选为法兰西学士院院士。

2 月 2—21 日，法国国营铁路公司出现令人惊讶的地区性罢工，罢工涉及的地区从 2 月 18 日起扩大。

2 月 4—8 日，法共第 19 次代表大会；罗热·加罗迪被开除出政治局和中央委员会。

2 月 20 日，巴黎地区高速铁路网的第一条线路，即从星形广场到拉德芳斯新区的线路投入营运。

1169 2 月 23 日—3 月 3 日，蓬皮杜以总统身份对美国进行正式访问。

3月2—3日，在南泰尔大学内发生激烈的骚动，一百多人受伤。

3月8—15日，由保卫共和联盟和独立共和党组成的多数派在市镇选举中获胜。

3月12日，首台燃气轮机列车在巴黎至卡昂城的线路上投入使用。

3月16日—4月24日，南泰尔文学院和法学院的院长保尔·利科尔、让-玛丽·维尔迪埃先后辞职。

3月17日，历史学家、法兰西学士院院士杰罗姆·卡科皮诺去世。

3月27日，关于雷诺工厂工人工资月薪化的协定。

4月29日，女生被允许到综合工科学校就读。

4月30日—6月4日，议会通过暴力破坏惩治法。

5月20日，罗热·加罗迪被开除出法共。

5月23日，法学家、前司法部长勒内·加比唐去世。

5月27日，“无产阶级左翼”被解散。

6月19日，导演雅各·埃贝托去世。

6月21和28日，在南锡举行补充选举，让-雅克·塞尔旺-施莱贝尔在选举中领先于的罗热·苏夏尔。

7月9日，法国全国雇主理事会与工会就终身职业培训问题达成协议。

9月1日，作家弗朗索瓦·莫里亚克去世。

9月20日，波尔多举行补充选举，雅克·沙邦-戴尔马在第一轮选举中以获得63.55%选票，击败了只获得 16.59％选票的让-雅克·塞尔旺-施莱贝尔。

10 月 6—13 日，乔治·蓬皮杜对苏联进行正式访问。

10 月 9 日，作家让·季奥诺、路易·巴斯德-瓦莱里·拉多教授、国务部长埃德蒙·米什莱去世。

10 月 10 日，前总理爱德华·达拉第去世。

10 月 23 日，南斯拉夫人民共和国总统铁托元帅对法国进行正式访问。

11 月 9 日，戴高乐将军去世。

11 月 12 日，戴高乐将军下葬于科隆贝-双教堂，举国哀悼。

12 月 11 日，雷诺汽车公司的 54.2 万份股份在其 4.56 万名领取工资者中分配。

12 月 12 日，法国的“佩奥勒”号卫星发射。

12 月 19 日，医疗改革方案最终通过。

克洛德·西蒙：《法尔萨尔战役》、《盲目的奥里翁》；阿兰·罗伯-格里耶：《为在纽约的一场革命而制订的计划》；让·季奥诺：《苏斯的蓝蝴蝶花》；罗兰·巴特：《符号帝国》；勒克莱齐奥：《战争》；朱利安·格拉克：《半岛》。

1971 年

1 月 7 日，设立环境部长职位。

1 月 27 日，法国国营铁路公司改制为“独立的企业”。

2 月 3—12 日，蓬皮杜对撒哈拉以南的非洲法语国家进行正式访问。

3 月 14—21 日，市镇选举。

4 月 11 日，作家安德烈·比利与画家马塞尔·格罗梅尔去世。

4 月 22 日，雅克·沙邦-戴尔马总理访问贝尔格莱德。

6 月 3 日，朱利安·格林当选为法兰西学士院院士。

8 月 5 日与 9 月 9 日至 10 月 15 日，内政部与威胁要重新行使罢工权的警察发生严重冲突。

8 月 18—25 日，货币危机：设立双重的汇兑市场。

8 月 30 日，工程师路易·阿尔芒去世。

9 月 26 日，多数派在参议院选举中占上风。

10 月 25—30 日，苏共总书记勃列日涅夫对法国进行正式访问。

11 月 28 日、12 月 5 日和 12 日，补充选举。

12 月 23 日，法国与阿尔及利亚就将在法国的阿尔及利亚移民减少 1/3 签订协议。

克洛德·西蒙：《导体》；安德烈·马尔罗： 1170
《被砍伐的橡树林》；罗兰·巴特：《萨德、傅立叶、罗耀拉》；米歇尔·比托尔：《他在哪儿?》。

1972 年

1 月 3 日、10 日、14 日、15 日和 2 月 7 日，一些犯人在监狱里进行反抗斗争。

1 月 19 日，总理雅克·沙邦-戴尔马就纳税问题发表声明；政治与税收危机（对投资性企业的减税法问题）。

2 月 25 日和 3 月 4 日，皮埃尔·欧韦尔纳被人射杀和埋葬。

3 月 15 日，法国天主教工人青年会的创办者乔治·盖兰神甫去世。
4月23日，就扩大欧洲经济共同体举行全民投票，67.7%的选民赞成，32.3%的选民反对。
5月15—19日，英国女王伊丽莎白二世在巴黎进行正式访问。
6月9日，乔治·蓬皮杜在里昂为国际癌症研究中心揭幕。
6月18日，在科隆贝-双教堂的夏尔·戴高乐的纪念碑落成。
6月27日和7月9日，法共与社会党的《共同执政纲领》订立并得到批准。
7月5日，雅克·沙邦-戴尔马总理辞职。
1972年7月5日至1974年5月27日，皮埃尔·梅斯梅尔担任总理（其首届内阁的任期是1972年7月7日至1973年3月28日）。
8月14日和9月21日，法兰西学士院院士于勒·罗曼和亨利·德·蒙泰朗去世。
10月8日，巴斯克民族主义政党“埃塔”遭禁。

1973年 1月12—13日，蓬皮杜与勃列日涅夫在明斯克会晤。
2月9日，与东德建立外交关系。
2月15日，阿希尔·利埃纳尔枢机主教去世。
3月4—11日，立法选举：多数派战胜了少数派，其议席分别是273席和176席。
3月18日，罗兰·多热莱斯去世。
3月28日，皮埃尔·梅斯梅尔总理辞职。
4月2日，埃德加·富尔当选为众议院议长。

4 月 5 日—1974 年 2 月 27 日，第二届梅斯梅尔内阁。

4 月 8 日，毕加索去世。

4 月 29 日，雅克·马利坦去世。

5 月 24 日，人种学家克洛德·列维-施特劳斯入选法兰西学士院。

5 月 31 日—6 月 1 日，蓬皮杜与尼克松在雷克雅未克会晤。

6 月 4 日，法国与马尔加什签订协议，规定法国军队最晚在 9 月 1 日前全部撤离马尔加什。

6 月 26—27 日，蓬皮杜与勃列日涅夫在朗布依埃会晤。

6 月 28 日，共产主义联盟与“新秩序”被解散。

9 月 23—30 日，区级选举，左派加大了竞选力度。

10 月 18 日，作家让·德·奥尔梅松入选法兰西学士院。

10 月 22—25 日，胡安·卡洛斯王子正式访问法国。

12 月 5 日，政府提出对付通货膨胀的计划。

克洛德·西蒙：《三联画板》；雅克·德里达：《无意义论述的考古学》；米歇尔·比托尔：《间隔》《声誉 III》；路易·马勒：《拉孔勃·吕西安》。

1974 年

1 月 19 日，确定为期半年的法郎汇兑价格浮动期。

1 月 24 日，蓬皮杜在普瓦提埃宣布为期两年的能源计划。

1月30日，当局解散巴斯克、布列塔尼和科西嘉的自治主义者的组织。

2月27日，皮埃尔·梅斯梅尔总理辞职。

3月2日—5月27日，第三届梅斯梅尔内阁。

3月8日，戴高乐机场举行落成仪式，该机场于3月14日启用。

4月2日，蓬皮杜总统去世。

4月2日—5月27日，阿兰·波埃代理总统。

1974年4月21日—1977年1月30日，弗朗索瓦兹·克劳斯特尔在蒂贝斯蒂被囚禁。

5月5—19日，第二轮总统选举，瓦莱里·吉斯卡尔·德斯坦以获得50.81%选票，击败对手弗朗索瓦·密特朗，后者的得票率为49.19%。

1171 5月20日，让·达尼埃鲁枢机主教去世。

5月27日，吉斯卡尔·德斯坦的总统任期开始。

5月27日—1976年8月25日，雅克·希拉克担任总理。

6月12日，部长会议通过经济降温计划。

7月16日，雅克·希拉克内阁首次改组。设立负责妇女事务的国务秘书。

7月22日，雅克·希拉克内阁第二次改组。

9月4日，剧作家马塞尔·阿沙尔去世。

9月10日，200名被派往德拉基尼昂的士兵发表宣言。

9月17日，画家安德烈·迪诺瓦耶·德·塞贡扎克去世。

9月22日，参议院选举：左翼反对派获胜。

9 月 29 日和 10 月 6 日，议会补充选举。

10 月 29 日，雅克·希拉克内阁第三次改组。

11 月 29 日和 12 月 15 日，国民议会和参议院先后投票通过《流产法》。

12 月 5 日，吉斯卡尔·德斯坦与勃列日涅夫在朗布伊埃会晤。

12 月 14—16 日，吉斯卡尔·德斯坦与美国总统福特在马提尼克会晤。

12 月 18 日，《流产法》开始生效。

12 月 22 日，就科摩罗独立举行全民投票（赞成者占 95%）。

雅克·德里达：《丧钟》；罗兰·迪比亚尔：《一位吸烟者的忏悔》（新版）；玛格丽特·尤瑟纳尔：《虔诚的回忆》。

1975 年

1 月 6 日，接替法国广播电视公司的七家公司投入运营。

1 月 27—28 日，埃及总统萨达特在巴黎进行正式访问。

1 月 31 日，雅克·希拉克内阁第四次改组。

4 月 10 日，吉斯卡尔·德斯坦总统在阿尔及利亚进行正式访问（这是阿尔及利亚独立后法国总统第一次访问该国）。

4 月 25 日，法共党员雅克·杜克洛去世。

5 月 12—16 日，中国政府副总理邓小平在巴黎进行正式访问。

7 月 6 日，科摩罗群岛宣布独立：马约特岛的当选者表示拒绝。

8 月 4 日，前法国总工会总书记贝努瓦·弗拉商去世。

8 月 6 日，出版业的工人举行罢工。

8 月 22 日，两名宪兵在阿莱里阿被人暗杀，凶手是一名属于“为争取承认科西嘉独立而行动”组织的主张科西嘉独立的别动队队员。

8 月 27 日，“为争取承认科西嘉独立而行动”组织被解散。

9 月 4 日，吉斯卡尔·德斯坦总统提出耗资 305 亿法郎的经济扶持计划，该计划先后于 11 日和 12 日在国民议会和参议院投票通过。

9 月 20 日，诗人和外交家、诺贝尔文学奖获得者圣琼-佩斯去世。

9 月 30 日，左翼激进运动主席罗贝尔·法布尔在爱丽舍宫受到接见。

10 月 3 日，前社会党总书记居伊·摩勒去世。

10 月 17 日，国民议会投票通过地产改革。

11 月 15—17 日，六大强国为确定一种“新的世界经济秩序”而在朗布伊埃举行会议：关于稳定汇率的协议。

11 月 27 日—12 月 8 日，对“士兵委员会”提起诉讼。

12 月 25 日，出版商加斯东·伽利玛去世。

皮埃尔-贾克·埃利阿斯：《骄傲的马》；艾玛纽埃尔·勒华拉杜里：《蒙塔尤》；安德烈·格鲁克斯曼：《厨娘与食人者》；米歇尔·福柯：《监视与惩罚：监狱的诞生》；埃尔维·巴赞：《前夫人》；米歇尔·比托尔：《梦的内容》。

1976 年 1 月 11 日，赋予苏联的持不同政见者列奥尼德·普列欧切特齐避难权。枢机主教弗朗索

瓦·马尔蒂谴责法国的军火贸易。 1172

1月12日，雅克·希拉克内阁第五次改组。

1月21日，协和飞机首次商业飞行，其航线是巴黎—里约热内卢和伦敦—巴林。

2月4—8日，法共在圣乌昂召开第22次代表大会：放弃无产阶级专政的概念。

2月8日，就继续让马约特岛留在法国举行全民投票（赞成者占99.4%）。

3月7—14日，市镇选举：右翼反对派取得进展。

3月24日，雅克·希拉克被吉斯卡尔·德斯坦任命为多数派的协调者。

5月9日，图尔举行立法选举：57%的选民支持让·罗瓦耶（多数派及许多其他的派别）。

5月22日，民主主义中心与民主进步中心合并成为一个由让·勒卡努埃领导的新的社会民主主义中心。

5月24日，协和飞机首次在巴黎至华盛顿的航线上飞行。

5月31日，生物学家、诺贝尔医学奖获得者雅克·莫诺去世。

6月23日和7月10日，国民议会和参议院先后投票通过关于增值的法案。

7月23日，保尔·莫朗去世。

8月25日，雅克·希拉克总理辞职，雷蒙·巴尔被任命为总理。

8月27日—1977年3月28日，首届雷蒙·巴尔内阁。

9月22日，雷蒙·巴尔提出反通货膨胀的计划公布。

10 月 11 日，吉斯卡尔·德斯坦所著的《法兰西民主》上柜销售。

10 月 25 日，作家雷蒙·格诺去世。

11 月 14—21 日，议会补充选举：多数派失去两个议席。

11 月 23 日，作家安德烈·马尔罗去世。

12 月 5 日，雅克·希拉克组建保卫共和联盟(R. P. R.)。

12 月 24 日，前部长、来自厄尔省的议员让·德·布罗伊被暗杀。

米歇尔·福柯：《求知的愿望》；米歇尔·比托尔：《第二地下室》、《声望 III》；阿兰·罗伯－格里耶：《一个幽灵城市的拓扑学》；阿兰·雷奈：《神意》。

1977 年

1 月 28 日和 31 日，吉斯卡尔·德斯坦总统相继出席斯特拉斯堡的欧洲宫和巴黎的蓬皮杜艺术中心落成典礼。

1 月 30 日，皮埃尔·克劳斯特尔与弗朗索瓦兹·克劳斯特尔被图布人释放。

2 月 27 日，巴黎的圣尼古拉-迪-夏尔多内教堂被主张完全保存天主教传统的马塞尔·勒费弗尔主教大人的友人们占领。

3 月 13—20 日，市镇选举，左翼反对派占上风。

3 月 25 日，雅克·希拉克当选为巴黎市长。

3 月 28 日，雷蒙·巴尔总理辞职。

3 月 30 日到 9 月 26 日，第二届雷蒙·巴尔内阁。

5 月 8 日，全民投票批准了法属阿法尔和伊沙斯的独立（投赞成票者占 98.79%）。

5 月 10 日，左翼共同纲领估算出来的支持率在《人道报》上公布，股价大跌。

5 月 19 日，独立共和党在弗雷瑞斯改换门庭为共和党。

5 月 23 日，雷蒙·巴尔政府成功地发行了可筹资 60 亿到 80 亿法郎的公债。

6 月 13 日，企业与工会就私营企业职工年满 60 岁时能在享受退休金的情况下提前退休达成协议。

6 月 20—21 日，勃列日涅夫在巴黎进行正式访问。

6 月 27 日，法属阿法尔与伊沙斯获得独立并建立吉布提共和国。

7 月 6 日，青年就业法的合宪法性得到宪法委员会的承认。

7 月 8 日，吉斯卡尔·德斯坦在卡邦特拉就多数派必不可少的联合发表演说。

7 月 13 日，部长会议通过环境宪章。

7 月 15 日，科西嘉发生第一次“恐怖事件此起彼伏的夜晚”（有 20 人遇害）。

9 月 14 日，左翼联盟高层会议因国有化问题不欢而散。

9 月 23 日，左翼联盟破裂。

9 月 25 日，参议院选举，左翼党派取得相对 1173
的成功。

9 月 26 日—1978 年 3 月 30 日，第三届雷蒙·巴尔内阁。

10 月 6 日，议会通过了关于信息和自由的法律。

11 月 22 日，协和飞机首次在巴黎—纽约的航线上进行定期地航行。

安德烈·格鲁克斯曼：《思想大师》；雷蒙·阿隆：《为衰落的欧洲而辩》；贝尔纳-亨利·莱维：《人面兽行》；菲利普·阿里埃斯：《面对死亡的人》；玛格丽特·尤瑟纳尔：《北方的档案》。

1978 年

1 月 4—6 日，美国总统吉米·卡特在巴黎进行正式访问。

1 月 14—23 日，雷蒙·巴尔总理对中华人民共和国进行正式访问。

1 月 27 日，吉斯卡尔·德斯坦在杜河河畔凡尔登发表的演说中阐明了法国应采取的“明智选择”。

2 月 3 日，由共和党、社会民主人士中心和激进党联合而成的法国民主联盟成立。

2 月 22 日，太阳能委员会设立。

3 月 12 与 19 日，立法选举：多数派以 291 席对 200 席击败反对派。

3 月 16 日，利比里亚的油轮“阿莫科·卡迪克斯”号失事，布列塔尼西北沿岸长达一百多公里的区域被污染。

3 月 30 日，雷蒙·巴尔总理辞职。

4 月 3 日，保卫共和联盟的雅克·沙邦-戴尔马当选为国民议会议长。

4 月 5 日—9 月 11 日，第四届雷蒙·巴尔政府。

5月19日—6月7日，为解救在第二次沙巴战争中人身安全受到威胁的法国侨民，法国伞兵部队在扎伊尔的科卢韦奇采取行动。

6月5日，法、美、英、联邦德国和比利时五国就非洲的动乱在巴黎开会。

7月3日，科西嘉发生第二次“恐怖事件此起彼伏的夜晚”。

7月16—17日，第四次七国（美、英、法、日、意、加、西德）峰会在波恩召开，并签订关于重振经济与反对恐怖主义同盟的协定。

7月19—20日，吉斯卡尔·德斯坦首次对葡萄牙进行正式访问。

8月12日，自1793年以来首次放开面包的价格。

9月11日，第五届雷蒙·巴尔政府。

10月6日—1979年2月1日，霍梅尼居住在伊夫林省的诺弗勒-勒-夏托。

10月10日，国民议会以276票对200票通过关于钢铁业的计划。

11月29日，让·弗朗索瓦-蓬塞被任命为外交部长，取代路易·德·吉兰戈。

12月6日，希拉克在科尚发表呼吁书，谴责吉斯卡尔·德斯坦的欧洲政策。

12月19日，为反对钢铁工业进行大规模的解雇，隆威发生全城罢工。

米歇尔·比托尔：《自食其果三》。阿兰·罗伯-格里耶：《金三角的回忆》、《弑君者》。罗歇·卡洛瓦：《阿尔菲河》。勒内·吉拉尔：《世界创建以来被隐藏的事物》。雅克·勒高夫：《新史学》。

1979 年

1月1日，开始征收增值税。

1月5—6日，吉斯卡尔·德斯坦、吉米·卡特、詹姆斯·卡拉汉与赫尔穆特·施密特在瓜特罗普举行会晤。

1月24日，法国重新参加日内瓦裁军会议。

1月24与26日、2月6、9、21和24日，取消自1936年以来赋予西班牙共和派分子的难民身份。

3月8日与23日、5月18日，冶金工人为反对解雇在不少地方举行示威游行。

3月10日，科西嘉发生第三次“恐怖事件此起彼伏的夜晚”（发生31起凶杀案）。

3月12—14日，九个欧洲国家在巴黎举行会
1174 议，确定了建立在欧洲货币单位（每个单位相当于5.79831法郎）基础上的欧洲货币体系。

3月14—16日，议会特别会议。

3月16日，社会党梅斯代表大会。

5月2日和31日，在巴黎发生两次由科西嘉民族解放阵线制造的“恐怖事件此起彼伏的夜晚”（分别出现33和22起凶杀案）。

5月7日，科西嘉发生第四次“恐怖事件此起彼伏的夜晚”（发生33起凶杀案）。

5月9—13日，法共圣乌昂代表大会。

6月5日，英国首相撒切尔夫人首次访问巴黎。

6月7日和10日，欧洲九国共同体举行首次普遍选举（选举斯特拉斯堡议会议员）。

6月16日，科西嘉民族解放阵线在巴黎和科西嘉制造凶杀案。

6月19日，吉斯卡尔·德斯坦总统提出对付危机的计划。

6月21和22日，欧洲九国共同体就能源问题在斯特拉斯堡召开峰会。

7月4日，内阁改组，雅克·巴罗和让·法尔热分别被任命为卫生部长和社会保障部长，以接替辞职的西蒙娜·维尔。

7月7日，第一艘有核动力推进装置的进攻型潜水艇普罗旺斯号下水。

7月17日，西蒙娜·维尔当选为欧洲议会议长，她在第二轮选举中获得了377票中的192票。

8月18日，已改名为"挪威"号的"法兰西"号邮轮从勒阿弗尔起航前往联邦德国的不来梅港。

9月4日，巴黎市长希拉克出席巴黎中央菜市场改造工程落成仪式。

9月20日，法共与社会党1978年以来的首次高层会晤无果而终。

9月26日，七大工业强国在巴黎举行关于节约能源问题的会议。

10月18日，由于法共、社会党和保卫共和联盟议员的反对，关于收入税的新的计算表未被国民议会通过。

10月23日，医生首次举行全国性的罢工。

12月20日，由于反对派的支持，议会最终投票通过了正式实施1975年堕胎法的法案。

12 月 24 日，1980 年的财政法被宪法委员会废除。

1979 年 12 月 27—28 日至 1980 年 1 月，议会为投票通过新的财政法举行特别会议。

1980 年

1 月 13 日，社会党通过了为 80 年代制订的“社会主义规划”。

5 月 30 日—6 月 2 日，教皇让-保罗二世的法国之行（访问的城市为巴黎与里齐耶）。

6 月 7—8 日，通过了新的激进宣言。

6 月 26 日，吉斯卡尔·德斯坦总统举行其任期内的第九次记者招待会，宣布在 1982 年将有一颗可快速移动的战略导弹投入使用，以及开始研制中子弹。

9 月 4 日，法国民主工联的总书记埃德蒙·迈尔揭露“法国总工会与共产党宗派主义的孤立政策完全保持一致”。

9 月 13 日，法国总工会的总书记乔治·塞居伊揭露法国民主工联在“重新制定政策”时“该全面否定的状况”。

10 月 3 日，一颗炸弹在巴黎哥白尼街的犹太教堂前爆炸。

10 月 19 日，米歇尔·罗卡尔成为社会党竞选共和国总统的“候选人的候选人”。

11 月 8 日，弗朗索瓦·密特朗成为社会党的总统候选人。

11 月 20 日，乔治·马歇提出由 131 点组成的“斗争计划”。

11 月 23—30 日，国民议会补缺选举（补选 7 名议员）。社会党与保卫共和联盟获得双重胜利。法国民主联盟遭受失败。

12 月 18、19 日，国民议会与参议院先后通过《安全与自由》法案。

1981 年

1 月 23 日，教皇让-保罗二世与法国总统吉斯 1175
卡尔·德斯坦在梵蒂冈举行会谈。

2 月 12 日，科西嘉出现“恐怖事件此起彼伏的夜晚”，主张科西嘉自治者在此夜制造了多达 46 起凶杀事件。

2 月 27 日，让-玛丽·吕斯坦热接替弗朗索瓦·马尔蒂担任巴黎总主教。

3 月 2 日，在职总统吉斯卡尔·德斯坦谋求连任。

3 月 28 日，快帆喷气式飞机在法航相关航线上飞行 22 年后停飞。

4 月 9 日，总统选举竞选活动正式开始，10 位候选人参与角逐。

4 月 26 日，在第一轮总统选举中，吉斯卡尔·德斯坦与弗朗索瓦·密特朗领先，其分别获得了 28.32％和 25.85％的选票。

5 月 5 日，吉斯卡尔·德斯坦与弗朗索瓦·密特朗举行电视辩论。

5 月 10 日，弗朗索瓦·密特朗当选为共和国总统，其获得了 51.75％的选票，而吉斯卡尔·德斯坦只获得了 48.25％的选票。

5 月 11 日，巴黎证券交易所出现恐慌，为此连续停牌两天。

5 月 13 日，雷蒙·巴尔总理辞职。

5 月 21 日，弗朗索瓦·密特朗就任共和国总统。

5月22日—6月22日，社会党的皮埃尔·莫罗瓦担任总理。

1981年6月23日—1982年6月29日，第二届皮埃尔·莫罗瓦内阁。

1981年6月23日—1984年7月17日，有4名法共成员在皮埃尔·莫罗瓦为首的第二届至第五届左翼联合政府中出任部长。

1981年7月2日—1986年2月28日，第五共和国第七届国民议会。

7月7日，斯特拉斯堡成为欧洲议会所有全体会议的所在地。

7月14日—11月7日，有6510名囚犯因总统特赦获释。

7月29日，就《取消国家安全法庭法案》进行表决。

8月5日，关于赦免1981年5月10日前的违法者的法律。

9月12日，国民议会就权力下放法案第二部分的内容进行表决。

9月18日和20日，国民议会与参议院分别以363票对127票、160票对126票通过废除死刑法案。

9月22日，往返于巴黎和里昂的高速列车在试运行了27次之后正式投入营运。

9月24日，共和国总统弗朗索瓦·密特朗首次举行记者招待会。

9月30日，购买黄金实行实名制。

10月4日，布鲁塞尔：法郎首次贬值（贬值3%），马克升值（升值5%）。

10 月 26 日与 12 月 18 日，国民议会就国有化法案进行表决。

11 月 7 日，新喀里多尼亚首府努美阿发生骚乱。

11 月 23 日，国有化法案在参议院表决时以 184 票对 109 票被否决。

11 月 25 日，国民议会表决通过废除暴力破坏惩治法。

12 月 11 日，国民议会授权政府制定涉及社会事务的法令。

1981 年 12 月 15 日—1986 年 12 月 16 日，伊冯·加塔兹接替弗朗索瓦·塞拉克担任法国全国雇主理事会会长。

1982 年

1 月 17 日，国民议会补缺选举，保卫共和联盟与法国民主联盟的 4 名候选人当选。

1 月 23 日与 2 月 5 日，法国先后在巴黎与阿尔及尔分别与苏联、阿尔及利亚签订了关于苏联、阿尔及利亚向法国输送天然气的协定。

1 月 26 日，国民议会一读通过关于处理承租人与出租人之间关系的“基里奥法”。

2 月 1 日，设立第五个带薪休假周和 39 小时工作周（1 月 13 日部长会议的决定），并规定工资不得因此而减少（总统在 2 月 10 日作出的决定）。

2 月 11 日，宪法委员会批准了国有化法案。

3 月 2 日，关于赋予科西嘉特殊地位的法律。

3 月 3 日，《市镇、省与大区的权利与自由法》 1176
颁布。

3 月 14 日与 21 日，在区级选举中，反对派以获得 49.92％的选票略占上风（其对手只获得了 49.59%的选票）。

3 月 24 日，在省级议会议长的选举中，作为反对派的保卫共和联盟与法国民主联盟以 59 比 36 击败了左翼联盟。

3 月 25 日，部长会议通过了 7 项社会法令。

6 月 4 日—6 日，几大工业国在凡尔赛举行第八次峰会。

6 月 9 日，共和国总统弗朗索瓦·密特朗第二次举行记者招待会。

6 月 12 日，布鲁塞尔：法郎再次贬值（贬值 5.75%），马克再次升值（升值 4.25%）。

6 月 29 日—12 月 8 日，第三届皮埃尔·莫罗瓦（社会党）内阁。

7 月 13 日，部长会议通过了一项新的市镇选举法，并对巴黎、里昂、马赛做出了专门的规定。

7 月 21 日，通过了一项与社会保障相关的经济计划。

7 月 22 日，在努美阿召开的新喀里多尼亚领地议会遭到反独立分子的冲击。

7 月 24 日，国民议会废除了《安全与自由法》。

7 月 28 日，公民行动党（S. A. C.）解散。

8 月 4 日—10 月 28 日—11 月 13 日—12 月 18 日，关于工人在企业中的自由的“奥鲁法”。

8 月 8 日，巴黎罗西埃街发生针对犹太人的屠杀事件：在 Jo Goldenberg 饭店的顾客中，有 6 人死亡，22 人受伤。

8 月 18 日，“直接行动运动”根据部长会议的决定被宣布解散。

8 月 21 日—9 月 13 日，多国干涉部队中的法国分遣队首次驻扎在贝鲁特。

8 月 31 日，设立以米歇尔·戈塔为首（其任职期限为 1982 年 8 月 31 日至 1986 年 9 月 9 日）的新闻媒体最高委员会。

1982 年 9 月 24 日—1984 年 3 月 31 日，多国干涉部队中的法国分遣队第二次驻扎在贝鲁特。

9 月 29 日，部长会议通过了贝雷戈瓦计划：在公务员的薪金中扣除 1%作为失业金。

11 月 23 日，由政府出面向议会提出赦免秘密军队组织“O. A. S.”中的法国将领。

12 月 8 日，选举劳资调解委员会成员，总工会的力量有所消退，而具有改良主义色彩的联合会的力量压则有所增强。

1982 年 12 月 8 日—1983 年 3 月 22 日，第四届皮埃尔·莫罗瓦（社会党）内阁。

1983 年

1 月 5 日，巴黎总主教吕斯坦热与耶稣会神甫亨利·德·吕巴克晋升为红衣主教。科西嘉民族解放阵线在科西嘉制造了多起谋杀案后被取缔。

2 月 14 日—5 月 20 日，医学专业的大学生罢课，反对医学教学方面的改革。

1983 年 3 月 4 日—1986 年 3 月 4 日，达尼埃尔·梅耶担任宪法委员会主席。

3 月 6 日与 13 日，举行市镇选举，作为反对派的保卫共和联盟与法国民主联盟获胜。

3 月 21 日，法郎第三次贬值（贬值 2.5%），马克再次升值（升值5.5%）。

1983年3月22日—1984年7月17日，第五届皮埃尔·莫罗瓦（社会党）内阁（3月24日最终完成组阁）。

3月25日，第二项紧缩计划。根据在同年4月29日和5月1日与11日颁布的3项条例，在3年里强制公债增加10%，1982年的可征税收入提取1%。

4月1日，实行60岁退休制。

4月5日，47名苏联外交馆因被指控从事间谍活动被法方驱逐出境。

5月5、11、24日，维持秩序的部队与反对高等教育改革的示威游行者发生冲突。

5月31日，通过最终废除《安全与自由法》。

6月27日，最终通过关于1984—1988年军事规划以及修改国家兵役法典的法律。

1983年8月9—10日至1984年11月10日，在乍得实施“芒塔”行动。

8月14—15日，教皇让-保罗二世访问卢尔德。

9月25日，参议院选举，作为反对派的保卫共和联盟与法国民主联盟获胜，其在参议院的席位增加了12个。

10月10日，国民议会通过了关于医院改革的法案。

1177 10月15日—12月3日，许多青年人为反对种族主义举行从马赛到巴黎的行进活动，有6万人到达首都。

10月22日，8万名主张教育自由者在南特举行示威游行。

10月23日，58名法军士兵和239名美军士兵在贝鲁特发生的两起自杀式汽车爆炸事件中丧生。

12月1日，社会党与法共举行高层会晤，就双方遵守1981年6月23日签订的执政协定的情况进行核实。

12月21日，就高等教育方向法案进行最终表决。

1984年

1月22日、29日和3月4日，主张办私立学校的人士先后在波尔多、里昂和凡尔赛举行示威游行，其参加者分别为6万、15万、70万。

3月1—28日，西班牙的巴斯克人和法国西南地区的法国人之间出现流血，甚至是凶杀事件。

3月12日，A320空中客车飞机（150个座位）正式投入使用。

3月25—31日，驻贝鲁特多国部队中的法军官兵撤离贝鲁特。

3月28日，政府公布“强硬计划”，在3年内取消2万个以上的职位。

4月1日，弗朗索瓦·密特朗第三次举行记者招待会。

4月25日，15万支持世俗教育者在巴黎举行示威游行。

6月17日，反对派在欧洲议会选举获胜，其得票率为43%，而社会党与法共的得票率则分别为21%、11%。

6月24日，150万私立学校的支持者在巴黎巴士底广场举行示威游行。

6月27日，科西嘉地区议会解散。

7月6日，弗朗索瓦·密特朗与吉斯卡尔·德斯坦在夏马利埃举行会晤。

7月12日，弗朗索瓦·密特朗宣布计划就公共自由以及撤销萨瓦里教育法案举行公民投票。

7月16日，国民教育部长阿兰·萨瓦里辞职。

7月17日，皮埃尔·莫罗瓦总理辞职。社会党人洛朗·法比尤斯被任命为总理。法共拒绝加入政府，左翼联盟宣告终结。

7月19日，皮埃尔·贝雷戈瓦取代雅克·德洛尔就任经济、财政与预算部长，后者将任欧洲共同体委员会主席。

7月24日，皮埃尔·弗里姆兰当选为设在斯特拉斯堡的欧洲议会议长。

8月4日，阿里亚娜三号火箭在法属圭亚那的库鲁发射成功。

8月8日和9月5日，参议院否决了关于修改宪法第11款的法案（7月12日提交讨论）。

8月12日，第二届科西嘉地区议会选举：作为反对派的保卫共和联盟与法国民主联盟，以及国民阵线获得胜利。

9月17日，法国与利比亚签订从乍得撤军的协定。

9月23日，吉斯卡尔·德斯坦在多姆山省当选为国民议会议员，其得票率高达63.25%。

10月11日，宪法委员会驳回了带有追溯既往特征的新闻出版法的条款。

10月19日，国民议会取消了1973年发行的利率为7%的公债，即与黄金挂钩的“吉斯卡尔公债”的税务优惠。

11月15日，弗朗索瓦·密特朗与卡扎菲上校在克里特岛的埃卢达举行会晤。

11月18日，新喀里多尼亚领地议会选举：反对独立的一派获胜（获得70.87%的选票）；主张独立的一派拒绝承认其代表性。

1984年11月22日—1985年5月21日，在新喀里多尼亚，主张独立的一派与反对独立的一派之间发生冲突，其中包括多起流血冲突。

1984年12月1日—1985年5月21日，埃德加·皮萨尼出任新喀里多尼亚的政府代表。

1984年12月7日—1985年9月20日，第二届洛朗·法比尤斯内阁。

1985年

1月1日，雅克·德洛尔就任欧洲共同体委员会主席一职，首次会议于1月7日召开。

1月7日，关于解决新喀里多尼亚问题的皮萨 1178
尼计划。

1月12日—6月30日，新喀里多尼亚实行紧急状态。

3月10日与17日，由组成反对派的保卫共和联盟与法国民主联盟，以及国民阵线，在区级选举中战胜左翼的社会党与共产党，双方的得票率分别为59%和41%。

4月2日，农业部长米歇尔·罗卡尔因反对选举方式的改革而辞职。

4月10日，保卫共和联盟与法国民主联盟签订协定，其中提到，“为了能在1986年取得执政地位，只有结成一体”。

5月21日—11月13日，埃德加·皮萨尼担任负责新喀里多尼亚事务的部长。

5月25日，法国的第六艘核潜艇“刚毅号”开始服役。

6月8日、9日，自由派在巴黎举行大会，自1981年以来，反对派的“三位骑士”，即希拉克、吉斯卡尔·德斯坦和巴尔，首次汇聚一堂。

7月10日，反对进行核试验的绿色和平运动的船只“彩虹勇士号”在奥克兰港口因遭到破坏而沉没。

7月25日，最终通过因经济原因被解雇可获得一定假期寻找新的工作的法案。

8月24日，关于新喀里多尼亚地位（独特行政区）的新法律颁布。

9月20日，国防部长夏尔·埃尼辞职。

1985年9月20日—1986年3月20日，第三届洛朗·法比尤斯内阁：保尔·基莱担任国防部长。

9月29日，新喀里多尼亚首次举行行政区选举，反对独立的一派获得了60.84%的选票。

10月11—13日，社会党在图卢兹召开代表大会。

10月18日，保卫共和联盟与法国民主联盟签订选举协定，内容包括45个省的共同选举名单。

10月20日，通过法令宣布成立人口与家庭事务高级委员会。

10月21日，弗朗索瓦·密特朗第四次举行记者招待会。

10月27日，洛朗·法比尤斯与希拉克进行电视辩论。

12月20日，最终投票通过禁止兼任两个以上选举产生的职务的法律。

1986年 1月20日，法国与英国在里尔签订关于在芒什海峡建造两条海底铁路隧道的协定，该隧道计划在1993年投入使用。

1月24日，雷蒙·巴尔在电视三台的节目中重申反对（左右）“共治”。

2月12日，在利比亚于2月10日进行干预后，法国军队返回乍得。

2月16日，在乍得开始展开“雄鹰”行动。

2月19日，罗贝尔·巴丹泰被任命为宪法委员会主席（3月4日正式就任）。

2月28日，最终通过了关于整治工作时间的法律。

2月28日，第五共和国第七届国民议会最后一次会议。

3月16日，立法选举：保卫共和联盟、法国民主联盟以及与它们结盟的党派共获得了291席，与它们相对的社会党和法共则分别获得了216席和35席位。此外，国民阵线亦获得了35席。

3月20日，洛朗·法比尤斯总理（社会党人）辞职，雅克·希拉克被任命为总理。在巴黎香榭丽舍大街发生炸弹谋杀案。

3月21日，在大区议会议长的选举中，新多数派在20个大区获胜，而左派只在两个大区获胜。

3月22日，（左右）“共治”时期首次部长会议举行。

4月2日，雅克·沙邦-戴尔马就任国民议会议长。

4月9日，雅克·希拉克所提出的总体政策以292票对285票获得通过。

4月22日，让-皮埃尔·舍韦内芒推行的中学改革被勒内·莫诺里废除。

4月28日，勒内·莫诺里取消招募中学教育教师。

5月4—6日，西方七国首脑会议在东京举行，密特朗与希拉克共同出席此会。

5月15日，储蓄存款利率下调1.5%。

5月22日，黄金交易停止实行实名制。

1179 6月2日，宪法委员会赞同授权政府颁布严格保留解释权的社会经济条例的法律。

7月1日，菲利普·塞甘提出关于社会保障的财政计划。

7月3日，关于辞退无须经由行政部门批准的法律。

7月12日—1987年1月31日，以优惠政策鼓励非法流出国外的资本重新转移回国。

7月16日，反对私有化法令的密特朗签署了《青年（未满25岁者）就业法令》。

8月7日，《公报》公布了对65家企业实行私有化的法律（7月31日投票通过）。

8 月 19 日，《公报》公布了关于为退休金与抚恤金筹集资金的法律，其内容包括对 1985 年和 1986 年的收入各提取 0.4%。

8 月 24 日与 9 月 28 日，根据宪法委员会 7 月 8 日所作的决定，先后在曾出现选举舞弊行为的上科西嘉和上加龙重新选举国民议会议员。

9 月 3 日，宪法委员会批准针对恐怖主义的特别条例。

9 月 18 日，宪法委员会批准 8 月 13 日通过的关于广播电视管理的雷奥塔尔法。

11 月 13 日，原负责全国广播电视管理的机构被通讯与自由全国委员会所取代，后者的主席为加布里埃尔·德·布罗伊。

11 月 17 日，雷诺企业的董事长乔治·贝斯被“直接行动”组织杀害。

11 月 17 日—12 月 10 日，因反对阿兰·德瓦凯提出的大学改革法案，在一些大中学生中出现骚动。

11 月 18 日，宪法委员会批准 10 月 23 日通过的关于重新划分选区的法律。

11 月 24 日—12 月 12 日，对圣戈班企业实行私有化。

11 月 28 日，对媒体的集中化程度予以限制的雷奥塔尔法在《公报》上公布。

12 月 1 日，主要收藏 19 世纪艺术作品的奥赛博物馆正式开放。

12 月 5—6 日（之夜），参与游行示威的大学生马里克·乌塞吉纳在巴黎身亡。

12 月 6 日，负责科研与高等教育的部长级代表阿兰·德瓦凯辞职。

12月8日（1986年）—1987年1月15日，在商船上和公共运输部门中出现社会冲突。

12月16日，弗朗索瓦·佩里戈取代伊冯·加塔兹出任法国全国雇主理事会主席。

12月20日（1986年）—1987年6月27日，议会就工作时间的管理、调整进行辩论。

1987年

1月1日，在1986年11月26日得到国民议会批准的《单一欧洲法令》，以及在10月26日颁布的废除物价管制、放松汇兑限制的法令开始生效。

1月2日—8月8日，依靠法国在后勤方面提供的支持，希塞纳·阿布雷领导的派别重新占领了乍得从法达到奥祖之间的地区。

1月8日，人权咨询委员会设立。

1月12日，在布鲁塞尔重新调整欧洲货币蛇形浮动体系内的平价。

1月19—31日，巴黎巴银行实行私有化。

1月20日，内阁进行改组，雅克·瓦拉德（来自保卫共和联盟）出任负责科研与高等教育的部长级代表。

1月21日，科西嘉争取自治运动的组织被解散。

2月13日，空中客车A320在图卢兹起飞。

2月21日，“直接行动”组织4名曾起过重要作用的首领在卢瓦雷的维特里-奥-洛热被逮捕。

2月23—28日，乔治·易卜拉辛·阿布达拉受审，并被判处无期徒刑。

3月11—12日，法国与西班牙在马德里举行首次固定举行的峰会。

3月22日，上科西嘉举行地区选举，保卫共和联盟、法国民主联盟结成的派别获得绝对多数（在61个席位中占据31席）。

4月7日，吉斯卡尔·德斯坦担任国民议会外 1180
交事务委员会主席。

5月7日—7月9日，议会就涉及长期失业及其预防措施的法案展开讨论。

5月11日—7月4日，前纳粹德国党卫队军官克劳斯·巴尔比在里昂受审，并以7项反人类罪被判处无期徒刑。

5月18日，法共的安德烈·拉若瓦尼宣布竞选共和国总统（已在6月13日得到该党批准）。

5月22日，颁布1987—1991年军事规划法，该法在4月10日在国民议会一读通过（539票赞成，35票反对，1票弃权）。

5月29日，增加社会保险金。

6月11日，对金融与流动资产所得收入征收1%例外的社会抽取金。

6月15日—11月25日，召开关于社会保险的全国三级会议。

6月17日，积极反对科西嘉独立的让-保尔·拉费在阿雅克肖遇害。

6月22日—1988年1月7日，共有16名成员的顾问委员会就国籍法典举行会议。

6月29日—11月29日，法国与伊朗之间的关系出现危机：瓦希德·古尔杰被封锁在伊朗驻巴黎大使馆里。

6 月 30 日，国民议会的专门委员会表决通过了对卷入“发展十字路口事件”的前社会党政府合作部长克里斯蒂安·努西提起控诉。

7 月 1 日，取消欧洲补偿金。

7 月 5 日、12 日，格拉斯举行市镇选举，保卫共和联盟、法国民主联盟与国民阵线结成的联盟获胜。

7 月 7 日，对被遣返回国者补偿法。

7 月 8 日，完全取消汇兑控制。

7 月 15 日，取消巴黎证券交易所圆形场地内的交易。

7 月 17 日，古尔杰事件：法国与伊朗断绝外交关系。

7 月 19 日，玛格丽特·撒切尔与弗朗索瓦·密特朗在巴黎批准了关于建设拉芒什海峡海底隧道的协定。由于伊朗在波斯湾布雷，“为捍卫法国的利益”，驻扎在土伦的法国海军航空部队以及“克雷孟梭号”航空母舰开往阿曼海域。

7 月 31 日，《公报》发表相关法律，该项法律对国家公务员举行短期罢工作出了一些限制。

8 月 29 日，社会党的让-皮埃尔·舍韦内芒成为总统候选人的候选人。

9 月 2—4 日，密特朗与希拉克共同出席在魁北克召开的法语国家首脑会议。

9 月 3 日，发行年利率超过 10%的国债。

9 月 13 日，在新喀里多尼亚就其是否仍留在法国这一问题举行公民投票，结果98.3%的投票者选择仍留在法国。

9月17日，汽车的增值税税率从33.3%降为28%。

9月21—24日，法国与德国首次共同举行代号为“大胆的莫瓦诺”的大规模军事演习。

10月5—17日，苏伊士银行实行私有化。

10月19日，纽约与巴黎证券交易所先后发生危机。

10月23日，塔希提的帕皮提在码头工人举行罢工时发生骚乱。

11月22日和29日，马赛举行区议会补缺选举，保卫共和联盟、法国民主联盟虽遭到国民阵线的反对，仍取得选举胜利。

11月25日，国民议会表决通过了新喀里多尼亚新的地位。

11月27日，法国人质让-路易·诺尔芒丹、罗热·奥克在贝鲁特获释。在德黑兰，法国用瓦希德·古尔杰与伊朗交换，换回了法国领事保尔·托里。

12月9日，劳资调解委员选举，45.95%的人弃权；工会组织“工人力量”开始崭露头角，获得了20.49%的选票。

12月10日，参议院将克里斯蒂安·努西退回至高等法庭审讯。

1988年

1月7日，顾问委员会向雅克·希拉克提交关于国籍法典修改的报告。

1月7—9日，埃里希·昂纳克主席对法国进行正式访问，他是首位访问法国的东德国家

1181 元首。

1月16日，雅克·希拉克在马提尼翁宫宣布竞选共和国总统。

1月18日，偿还1973年发行的年利率为7%的债券，即“吉斯卡尔债券”的余额。

2月8日，雷蒙·巴尔在里昂宣布竞选共和国总统。

2月11—12日，12国在布鲁塞尔签订共同体财政改革协定（对农业方面的支出予以限制）。

2月25日，议会最终表决通过了两项涉及政治生活资金来源的法律。

3月11日，在圭亚那的库鲁用欧洲的阿里亚娜号火箭成功发射了一颗美国通讯卫星（Spacenet III）和一颗法国通讯卫星（Télécom 1 C）。

3月22日，弗朗索瓦·密特朗在电视二台宣布将竞选连任，这也是他第四次充当总统候选人。

4月7日，弗朗索瓦·密特朗发表《致所有法国人的信》。

4月21日，在与达索-布雷盖公司以及国营飞机发动机研制公司及斯奈克马签订了两份合同后，“阵风”战斗机项目正式启动。

4月21日—5月5日，有4名宪兵遇害，另有27名宪兵被洛亚尔提群岛的乌维阿岛的一支主张独立的卡纳克突击队扣为人质。

4月24日，首轮总统选举日。巴尔获得了16.54%选票，希拉克获得了19.94%的选票，密特朗获得了34.09%的选票。国民阵线主席让-玛丽·勒庞在此次选举中大出风头，竟然获得了14.39%的选票。巴尔不久表示支持希拉克竞选总统。

4月24日，在新喀里多尼亚举行地区选举，反对独立的一派获胜，在48个席位中占据了35席。

4月27日，吉斯卡尔·德斯坦表示支持希拉克竞选总统。

4月28日，弗朗索瓦·密特朗和雅克·希拉克在电视一台与电视二台进行电视辩论。

5月4日，在黎巴嫩的最后3名法国人质：马塞尔·卡尔东、马塞尔·封丹和让-保尔·考夫曼在贝鲁特获释。

5月5日，法国通过使用武力解救了在乌维阿岛被扣留的23名人质。

5月8日，弗朗索瓦·密特朗竞选连任成功。

5月10日，雅克·希拉克总理（来自保卫共和联盟）辞职。

5月10日—1991年5月15日，米歇尔·罗卡尔（来自社会党）担任总理。

5月12—13日，三名反对派成员加入政府。

5月14日，国民议会解散。

5月17日，保卫共和联盟、法国民主联盟共同建立了中派联盟，确定在各选区联合推举候选人。

6月5日和12日，国民议会选举，社会党和与其结盟的党派获得相对多数。

6月14日，米歇尔·罗卡尔总理辞职。

6 月 23 日，米歇尔·罗卡尔（来自社会党）被任命为总理。洛朗·法比尤斯（来自社会党）当选为国民议会议长。法国民主联盟在议会中组成独立中派联盟党团。

6 月 26 日，雅克·拉弗勒尔与让-玛丽·吉巴乌在马提尼翁宫签订关于新喀里多尼亚前途的协定。

6 月 28—29 日，第二届米歇尔·罗卡尔政府。

6 月 30 日，吉斯卡尔·德斯坦当选为法国民主联盟主席。

7 月 8 日，国民议会通过了大赦法案。

7 月 14 日，弗朗索瓦·密特朗放弃开放政策。

9 月 8 日，保卫共和联盟首次毫无保留地谴责任何与国民阵线结盟的选举联盟。

9 月 14 日，米歇尔·罗卡尔与苏瓦松提出就业计划。

9 月 21 日，部长会议通过关于设立一种其所得收入用于失业救济金等开支的财产税，以及设立融入法国社会必须达到的最低收入标准的法案。

9 月 25 日—10 月 2 日，区议会选举，其弃权率创下新的记录，分别为 50.87%、53%；左右两派之间的力量对比基本平衡，其中右派的得票率 50.9%。

1182 10 月 7 日，省议会议长选举，反对派有 71 人当选，总统所代表的多数派则只有 30 人当选。

10 月 8—11 日，教皇让-保罗二世第四次前来法国，此次访问的地区是阿尔萨斯-洛林。

11 月 3 日，与艾滋病进行斗争的政府计划。

11 月 6 日，就新喀里多尼亚的前途举行公民投票，63.1％的选民弃权，而在投票者中，79.9％的人对相关法案投了赞成票。

11 月 17 日，政府与工会首次就公共部门从业人员的工资问题达成协定，其有效期为 1988、1989 年。

11 月 25 日，法国与苏联在莫斯科签订空间合作协定。

11 月 26 日—12 月 21 日，法国宇航员让-卢·克雷蒂安乘坐苏联“联盟号”飞船进行第二次太空飞行。

11 月 30 日，国民议会一致通过了 5 月 18 日提交的关于设立融入法国社会必须达到的最低收入标准的法案。

12 月 19 日，标致汽车公司与菲亚特汽车公司在都灵签订关于汽车生产的协定。

1989 年

1 月 1 日—12 月 31 日，法国大革命两百周年纪念仪式。

1 月 5 日，法国民主联盟与保卫共和联盟就市镇选举签订协定。

1 月 9—14 日，“直接行动组织”4 名涉嫌在 1986 年 11 月 17 日杀害雷诺汽车公司董事长乔治·贝斯的成员受审。

1 月 12 日，法共与社会党就市镇选举签订协定。

1 月 13 日，颁布编号为 89—18 的便于雇佣求职人员的法律。

1 月 17 日，颁布 1988 年 12 月 22 日未经辩论就获通过的编号为89—25的法律，并以新闻媒体最高委员会取代全国传播与自由委员会。

1月29日，贝尔纳·塔皮在罗讷河口省当选为国民议会议员，其接替的是已被取消议员资格，且处于少数派的来自法国民主联盟的居伊·泰西埃。

1月30日，在国家元首1月24日任命的主席雅克·布泰的主持下，新闻媒体最高委员会开始履行职责。

2月4日，马克·布隆代尔取代安德烈·贝热隆担任工会组织“工人力量”总书记。

2月6日，监狱管理人员举行罢工。

2月27日，政府与工会组织就提高诊所开业人员的待遇等签订协定。

3月12、19日，举行市镇选举，反对派略微受挫，失掉了35个居民人数超过两千人的城市。尽管如此，其仍然占据多数，拥有60.11％的议席。

3月16日，政府与教育工会就提高大学教职员工的待遇签订协定。

3月20日，社会民主党人中心最终拒绝贝尔纳·梅埃尼耶里提出的这一倡议，即在6月18日的欧洲选举中与保卫共和联盟和法国民主联盟共同推出候选人。

3月21、24日，企业行政与技术人员总工会与法国民主工联签订关于确定与调整工作时间的协议。

3月24日，洛朗·法比尤斯正式成为社会党就欧洲选举提出的选举名单中的头号候选人。

3 月 28 日—4 月 13 日，保卫共和联盟、法国民主联盟和社会民主党人中心组成的反对派中一些年轻的主张改革者们，试图提出自己的同盟选举名单的努力以失败告终。

4 月 8、13 日，保卫共和联盟、法国民主联盟的全国委员会表示支持由吉斯卡尔·德斯坦和阿兰·朱佩领导制订的反对派同盟选举名单。

4 月 18 日，首次发行以埃居来结算的国债，其发行金额将在 8 年内达到 70 亿法郎。

4 月 27 日，西蒙娜·维尔在社会民主党中心提出的选举名单中名列榜首。

4 月 28 日，国民议会在无需辩论的情况下通过第十项计划（1989—1992）。

5 月 1 日，教皇让-保罗二世访问留尼汪岛。

5 月 4 日，主张独立的一派的两位领导人让-玛丽·吉巴乌、伊埃维纳·伊埃维纳双双遇害，凶手居伯里·维阿是位卡纳克族的极端主义分子，对 1988 年 6 月 26 日签订的关于新喀里多尼亚的马提尼翁协定强烈不满。

5 月 17 日，皮埃尔·若克斯提出关于外国人进入法国以及在法国居留的条件的法案。

5 月 24—26 日，法语国家在达卡尔召开第三次首脑会议：取消了 35 个黑非洲国家共达 160 亿法郎的债务。

6 月 6 日，驳回了针对皮埃尔·若克斯 5 月 1183
17 日提出的关于外国人进入法国以及在法国居留条件的法案的不信任动议。

6 月 11 日，重振喀里多尼亚共和党在新喀里多尼亚的省级选举中获胜。

6月13日，颁布关于欧洲经济利益集团的法律。

6月18日，在国民阵线（得票率为11.73%）与绿党（10.59%）的有力推动下，保卫共和联盟、法国民主联盟结成的选举联盟在欧洲选举中获胜，得票率达到28.89%。

6月19日，国民议会未经辩论通过了关于公共广播电视机构管理的法律，该法律涉及到对法国电视二台、电视三台实行统一管理。

7月1日—12月31日，法国担任欧洲经济共同体轮值主席国。

7月6日，颁布编号为89—461的涉及临时拘押的法律。

7月10日，颁布赦免科西嘉和瓜德卢普的民族主义者的法律。

7月14—16日，7个世界上最富裕的国家在巴黎举行国家元首和政府首脑会议。

8月2日，颁布对法国电视二台、电视三台实行统一管理的法律；颁布编号为89—531的涉及证券交易监督管理委员会监管下的金融市场的安全与透明的法律；颁布编号为89—548的涉及外国人进入法国以及在法国居留的法律。

8月17日，针对其在7月11日提出的反犹建议，对让-玛丽·勒庞予以追究。

9月1日，米歇尔·罗卡尔提出“经济增长公约”草案。

9月24日，举行参议院选举，有1/3参议员需要改选，保卫共和联盟在此次选举中占上风。

10月20日，行政法院作出判决，称条约的有效性强于后来的法律。

11月7日，科西嘉的民族主义者在维基奥港再次制造凶杀案。

11月26日和12月3日，在德勒选举新的国民议会议员，来自国民阵线的玛丽-弗朗斯·斯蒂尔布瓦在第二轮选举中当选。

12月19日，颁布编号为89—905的关于为处于困境的劳动者在专业（技术）融入方面提供便利的法律。设置融入事务高级委员会（1990年3月9日正式成立）。

12月20日，行政法院作出判决，要求教育机构加强其在内部纪律管理方面的责任（伊斯兰面纱事件）。

12月31日，颁布编号为89—1010的法律，其内容涉及暂时减轻因特殊情况负债过重者的负担。

1990年

2月9日，关于及时改进单一工资等级表的协定。

2月11日，保卫共和联盟举行会议，雅克·希拉克与阿兰·朱佩再次分别当选为总书记与秘书长。

3月5日—4月5日，法国进行第22次人口普查。

3月15—18日，社会党分裂为5个派别。

3月17日，巴士底歌剧院启用，首演剧目为埃克托·柏辽兹的《特洛伊人》。

3月21日，社会党各派领导人签订综合协议。皮埃尔·莫罗瓦被一致选为该党的第一书记。

3月24日，新喀里多尼亚卡纳克社会主义民族解放阵线选举新的主席，保尔·内祖蒂伊纳成为让-玛丽·吉巴乌的继任者。

4月7日，统一社会党自动解散。

4月11日，将雷诺国营汽车企业改制为股份有限公司的法案，两大股东雷诺与沃尔沃分别占有75%和25%的股份。

5月15日，汤普森公司与飞利浦公司就开展高清晰度电视的研发签订协议，计划在5年内投入的经费为200亿法郎。

5月23日，部长会议通过了涉及资金为160亿法郎的《大学发展状况报告》，

6月20—21日，在拉博勒召开第十六次法国与非洲国家首脑会议。

6月26日，保卫共和联盟与法国民主联盟组成名为“保卫法兰西联盟”的反对派联盟。

6月28日，议会通过了关于雷诺国营汽车企业改制的法案。

7月19—21日，米歇尔·罗卡尔访问日本。

7月27日，在偿还了1983年签约借贷的最后一笔数额为220亿法郎的外债后，法国已消除了外债。

8月2日至1991年，因伊拉克占领科威特引发海湾危机。

8月21日，弗朗索瓦·密特朗宣布在近东创立一种“战争的逻辑”。

9月15日，宣布在沙特阿拉伯实施“幼鹿”

行动。

9月18日，弗朗索瓦·密特朗与赫尔穆特·科尔出席在慕尼黑举行的法德峰会，会上商谈了与德国相关的问题，以及加强欧洲建设的问题。

9月19日，米歇尔·罗卡尔提出了第三份“就业计划”，其涉及的经费开支为80亿法郎。

10月3日、4日，弗朗索瓦·密特朗前往波斯湾地区访问。

10月6—9日，一些年轻的入境者在里昂郊区的沃莱克-昂-韦兰闹事。

10月15日—11月16日，整个法国的中学生为争取“中学里的民主”举行示威游行。

10月23日，司法从业人员举行全国行动与罢工日。

11月19日，反对派就普遍缴纳的社会税提出的不信任案被驳回。

12月1日，分头进行芒什海峡海底隧道施工的法英两国工程队会合。

12月4日，弗朗索瓦·密特朗在里昂宣布一项关于改造处境不利地区的五年计划。

12月6日，米歇尔·诺瓦尔与米歇尔·巴尔扎什退出保卫共和联盟和国民议会。

12月8日，决定在伊拉克与沙特阿拉伯边境地区加强“幼鹿”行动的兵力部署（在1991年1月15日达到9500人）。

12月13日，总工会在雷诺汽车工厂丧失绝对多数的地位，得票率仅为46.79%。

12月13日，议会最终通过了限制抽烟与喝酒行为的法案。

12月21日，米歇尔·德勒巴尔被任命为新设立的负责城市问题的国务部长。

12月21日，诺尔-加莱海峡地区的最后一口仍在产煤的矿井在瓦尼关闭。

12月22日，乔治·马歇再次被一致选为法共总书记。

1991年

1月13—14日，米歇尔·罗卡尔与皮埃尔·若克斯视察在沙特阿拉伯执行"幼鹿"行动的法军。

1月16日，弗朗索瓦·密特朗致信给议会，请求其批准增加对付伊拉克的兵力。

1月17日，法军对科威特领土上的伊拉克军队首次采取军事行动。

1月24日，法军对在伊拉克的军事目标首次采取军事打击。

1月27日，部长会议通过一项社会计划。

1月29日，法国国防部长让-皮埃尔·舍韦内芒因反对"战争的逻辑"而辞职。皮埃尔·若克斯被任命为新任国防部长

2月23—25日，在留尼汪出现严重骚乱。

2月25日，科威特埃米尔向法国支付10亿美元。

3月3日，联合国部队与伊拉克部队之间实行暂时停火。

4月12日，国民议会最终投票批准了科西嘉新的地位。

4月17日，政府声明接受有利于留尼汪的60

项措施。

4 月 18 日，国民议会最终投票批准了关于市镇之间在财政方面提供互助的法律。

5 月 15 日，米歇尔·罗卡尔总理辞职。

5 月 19 日—1992 年 4 月 2 日，社会党的埃迪特·克勒松担任政府总理。

5 月 19 日，“阵风”战斗机的样机首次飞行。

6 月 3 日，法国决定加入核不扩散条约。

7 月 11 日—11 月 21 日，热拉尔·达博维尔驾着小船穿越太平洋（从日本的铫子到美国的伊尔瓦戈）。

9 月 29 日，20 万名从事农业工作的人员、农 1185
业收入大幅度下降和债务过重的受害者在巴黎举行示威游行。

10 月 16 日，皮埃尔-吉尔·德·热纳获诺贝尔物理学奖。

10 月 17 日，共和国保安部队镇压护士在巴黎举行的示威游行。

10 月 21 日，“血液门事件”：雅克·卢教授、罗贝尔·内泰大夫、米歇尔·加雷塔大夫（法国全国输血中心主任）等被起诉。

10 月 25 日，法国与伊朗达成协议，偿还伊朗国王为实施欧洲气体扩散公司方案在 1975 年支付的预支款。

11 月 7 日，国立行政学院搬迁至斯特拉斯堡，烟草及火柴专卖公司搬迁至昂古莱姆。

11 月 17 日，10 万多从事保健工作的专业人员为捍卫疾病保障制度举行游行示威。

11 月 19—21 日，法语国家在巴黎举行第四次首脑会议。

11月29日，占法国地方信贷银行资本27%的该银行的证券在证券交易所标价前的所有手续办理完毕。

12月1日，法国在里昂夺得戴维斯杯（网球）。

12月9日、10日，第46届欧洲理事会在马斯特里赫特举行，会议通过了《欧洲货币与经济联盟条约》。

12月19日，议会通过将国民服役期从一年减少为10个月的法案。

12月21日，通过了关于向在输血时所使用的血液制品中含有艾滋病病毒的受害者提供赔偿的法案。

1992年

1月3日，电视五台提交其总结报告。

1月5—7日，鲍里斯·叶利钦对法国进行国事访问，并在6日签订了法俄友好合作条约。

1月6日，由勒内·雷蒙主持的委员会向阿尔贝·德库尔特雷枢机主教提交关于“图维耶与教会”的报告。

1月9日至1993年4月3日，洛朗·法比尤斯担任社会党第一书记。

1月13日，路易·维阿内取代亨利·克拉絮基担任总工会的总书记。

1月14日，URBA事件（公共项目回扣丑闻）。预审法官勒诺·范·吕安贝克在社会党总部进行搜查。

1月29日，巴勒斯坦领导人乔治·哈巴什在巴黎住院治疗。乔治娜·杜弗瓦辞去所有职务。

2 月 7 日，签署确定欧洲联盟建立的马斯特里赫特条约。

2 月 8—28 日，第十六届冬季奥运会在阿尔贝维尔召开。

3 月 22 日，保卫共和联盟与法国民主联盟组成的联盟在大区选举中获胜。

3 月 22—29 日，社会党在区议会选举中遭到失败。

3 月 31 日，设在布洛涅-比扬古尔的雷诺工厂关闭。

4 月 2 日至 1993 年 3 月 29 日，社会党的皮埃尔·贝雷戈瓦担任政府总理。

4 月 8 日，贝雷戈瓦推迟恢复核试验。

4 月 9 日，宪法委员会提出有利于在批准马斯特里赫特条约前修改宪法的意见。

4 月 12 日，欧洲最大的主题游乐公园欧洲迪斯尼乐园正式开放。

4 月 13 日，巴黎上诉法院判定对保尔·图维耶不予起诉。

5 月 2 日，关于创立欧洲经济区的波尔图条约。

5 月 5 日，巴斯蒂亚的菲里阿尼球场发生惨剧，为增加座位而临时搭建的看台坍塌，造成 15 人死亡。

5 月 6 日，全国教育联合会分裂，在全国小学教师工会的倡议下，全国中等教育工会脱离全国教育联合会。

5 月 23 日，城市部长贝尔纳·塔皮辞职。

6 月 13 日，杰克·朗与马克斯·克鲁佩神甫签订国家与私立学校协议。

6 月 22 日—7 月 31 日，对法国全国输血中心负责人进行审讯。

9 月 14 日，国民议会议长、社会党前司库亨利·埃玛纽埃里受到雷诺·范·鲁伊姆贝克法官的控告。

9 月 20 日，就马斯特里赫特条约举行公民投票，赞成票为 51.01%。

1186 9 月 28 日，法德合办的文化电视频道“艺术频道”开播。

10 月 6 日，乔治·夏尔帕获诺贝尔物理学奖。

10 月 20 日，参议院选举新议长，中间派的勒内·莫诺里当选。

10 月 23 日，前法国全国输血中心主任米歇尔·加雷塔大夫被判处 4 年监禁，4 名被告中有一人被免于起诉。

11 月 1 日，反吸烟法开始生效。

12 月 20 日，“血门事件”：在 1984—1986 年间担任相关职务的前负责健康事务的国务秘书埃德蒙·埃尔韦、前社会事务和全国救助部长乔治娜·杜弗瓦，以及前总理洛朗·法比尤斯在特别最高法院受审。

12 月 24 日—1993 年 3 月 29 日，左翼激进派运动的贝尔纳·塔皮再次担任城市部长。

1993 年

1 月 1 日，12 国欧洲统一大市场建立。

1 月 20 日，涉及预防腐败以及确保经济活动透明的法律生效。

2 月 5 日，特别最高法院预审委员会确认洛朗·法比尤斯、乔治娜·杜弗瓦、埃德蒙·埃尔韦的公共行为在“血门事件”中的时效性。

2月10日，提出“保卫法兰西联盟”计划，以及法国民主联盟和保卫共和联盟的选举纲领。

2月17日，蒙路易-苏尔-卢瓦尔演说：米歇尔·罗卡尔的大跃进。

3月1日，新的刑事程序法典生效（相关法律于1992年12月19日通过，并在1993年1月4日的《公报》上公布）。

3月21日和28日，法国民主联盟和保卫共和联盟组成的“保卫法兰西联盟”在立法选举中获胜：“蓝色浪潮”。

3月29日—1995年5月10日，保卫共和联盟的爱德华·巴拉迪尔担任第二次左右“共治”的政府总理。

4月2日，保卫共和联盟的菲利普·塞甘就任国民议会议长。

4月3日—10月23日，米歇尔·罗卡尔担任社会党合议制委员会主席。

5月1日，皮埃尔·贝雷戈瓦自杀身亡。

6月8日，在1942—1943年间担任法国警察部门秘书长的勒内·布斯凯在巴黎遇害。

6月23日，暴露出足球界腐败行径的马赛俱乐部“买球”事件开始。

6月24日，国民议会同意修改国籍法典。

6月25日—7月10日，“巴拉迪尔债券”大受欢迎，发行额度达到了1100亿法郎，大大超过了原定的400亿法郎。

7月19日，涉及最高司法会议以及设置共和国法院的凡尔赛大会召开。

7月24日，在确保全国工商业就业联合会的账户做到收支平衡的前提下签订失业保险协定。

7月28日，宪法委员会撤销1993年7月6日通过的关于大学自治的法律。

8月2日，进行欧洲货币制度改革，以便行之有效地使相关欧洲国家货币之间的比价避免出现大幅波动。

8月4日，《公报》公布了法兰西银行的地位的改变。

10月12—29日，法航的领导部门与工会之间产生矛盾。

10月20日，最后签署关于控制保健开支的协议。

10月22—24日，社会党在布尔热召开第一次制宪大会。

10月23日—1994年6月19日，米歇尔·罗卡尔担任社会党第一书记。

11月1日，马斯特里赫特条约生效：欧洲共同体被欧洲联盟取代。

11月16日，罗讷-普朗克公司开始实行私有化。

11月18日，弗朗索瓦·密特朗为卢浮宫博物馆的黎塞留馆揭幕。

1187 11月19日，凡尔赛大会：为限制庇护权对宪法予以修改。

12 月 15 日，117 个关税与贸易总协定成员国在日内瓦签署《乌拉圭回合多边贸易谈判结果最后文件》。

12 月 20 日，为期五年的就业法。

1994 年

1 月 1 日，法兰西银行独立。欧洲经济体生效。

1 月 13 日，宪法委员会取消允许地方机构向私立教育机构提供帮助的布尔格-布罗法的相关条款。

1 月 16 日，26 万人在巴黎示威游行，反对废除法卢法。

1 月 21 日，颁布关于向投资私立教育提供帮助的布尔格-布罗法。

1 月 25—29 日，法共在圣乌昂召开第二十八届代表大会，罗贝尔·于当选为总书记。

2 月 1—15 日，布列塔尼的渔民举行罢工。

2 月 3—10 日，埃尔夫-阿基坦公司实行私有化。

2 月 4 日，设在雷恩的布列塔尼议会所在地发生火灾。

2 月 23 日，关于使用包含职业融入内容的合同的法令。

3 月 1 日，新的刑事法典生效。

3 月 17 日—4 月 20 日，对二战期间的保安队队员保尔·图维耶进行审讯，并以反人类罪判其无期徒刑。

3 月 30 日，在反对者多次举行大规模示威游行之后，关于使用包含职业融入内容的合同的法令被撤销。

4 月 15 日，《乌拉圭回合多边贸易谈判结果最后文件》在 4 月 12—15 日召开的马拉克什会议结束之后签署。

4 月 20 日，国民议会通过关于 1995—2000 年度军事规划的法律。

4 月 22 日，阿尔贝·加缪未完成的手稿《第一人》出版。

5 月 6 日，伊丽莎白二世与弗朗索瓦·密特朗出席芒什海底铁路隧道通车典礼。

6 月 6 日，美军在欧洲登陆 50 周年纪念仪式。

6 月 9 日、12 日，欧洲 12 国举行欧洲议会选举，法国社会党候选人在本国的选举中遭到重创。

6 月 19 日，亨利·埃马努埃利取代米歇尔·罗卡尔担任社会党第一书记。

6 月 23 日，通过三项涉及生命伦理的法律。

6 月 23 日—8 月 21 日，法国军队在联合国的保护下，在卢旺达进行具有人道主义特征的“青绿色行动”。

7 月 3 日，阿尔卡特-阿尔斯通董事长皮埃尔·苏阿尔遭受审查。

7 月 11 日，美国正式承认由吕克·蒙塔尼埃教授领导的研究团队发现了艾滋病病毒。

7 月 12 日，议会发表报告指出里昂信贷银行的管理存在严重缺陷。

7 月 14 日，欧洲军团首次在香榭丽舍大道参加阅兵。

7 月 17 日，通信部长阿兰·卡里尼庸辞职（7 月 25 日受到审查）。

8月4日，16名来自阿尔及利亚的穆斯林极端主义者在其位于埃纳省弗朗布莱的住处被逮捕，并且受到传讯。

8月15日，化名为“卡洛斯”的国际恐怖主义分子伊里奇·拉米雷斯·桑切斯在苏丹被捕并被押至法国。

9月8日，美、英、法国军队撤离柏林。

9月12日，让-皮埃尔·艾勒卡巴什就弗朗索瓦·密特朗总统的过去对其进行电视采访。

9月27、29、30日，乔治娜·杜弗瓦、埃德蒙·埃尔韦和洛朗·法比尤斯因涉嫌“血门事件”遭受审查。

10月13日—1995年5月3日，前通信部长、保卫共和联盟的阿兰·卡里尼庸被羁押。

10月14日，工业、邮电与外贸部长吉拉尔· 1188
隆盖辞职。

11月3日，雷诺国营汽车企业部分私有化。

11月4日，雅克·希拉克成为共和国总统候选人。

11月12日，合作部长米歇尔·鲁辛（来自保卫共和联盟）辞职。

12月11日，雅克·德洛尔拒绝作共和国总统候选人。

12月14日，对贝尔纳·塔皮实行司法清理。

12月23—24日，最终投票通过关于向政治生活提供公共资金的法律的五项提案。

1995年

1月1日，世界贸易组织诞生并取代关税和贸易总协定。奥地利、芬兰和瑞典加入欧洲联盟，由此，欧盟共有15个成员国。

1 月 18 日，爱德华·巴拉迪尔竞选共和国总统。

1 月 23 日，埃尔维·布尔日被任命为新闻媒体最高委员会主席。

2 月 3 日，利昂内尔·若斯潘被一些社会党积极分子推举为共和国总统候选人。

2 月 20 日，菲永关于大学科技学院学生进入综合大学的通报被收回。

2 月 22 日，罗朗·迪马被任命为宪法委员会主席。

3 月 17 日，里昂信贷银行新的拯救计划。

4 月 23 日，首轮总统选举。

5 月 2 日，希拉克与若斯潘进行电视辩论。

5 月 7 日，雅克·希拉克当选为共和国总统，其得票率为 52.64％。

5 月 17 日，阿兰·朱佩被任命为总理。

5 月 18 日，首届阿兰·朱佩政府。

5 月 22 日，让·蒂贝里当选为巴黎市长。

6 月 11 日，首轮市镇选举。

6 月 13 日，雅克·希拉克宣布将在 1995 年 9 月至 1996 年 5 月间在南太平洋恢复核试验。

6 月 18 日，第二轮市镇选举。国民阵线在土伦、马里尼昂、奥朗日获得选举胜利。社会党在巴黎获得了 6 个市区区长的职位。

7 月 16 日，雅克·希拉克承认法国政府在法国犹太人被放逐的过程中负有责任。

7 月 19 日，雅克·希拉克访问非洲。

7 月 25 日，在巴黎地铁快线的列车上发生爆炸案，有 7 人死亡。

7月31日，议会对宪法进行修改（九个月中仅有的一次会议）。

8月17日，巴黎发生凶杀案，有17人受伤。

8月23日，采取打击非常移民的措施。

8月25日，经济与财政部长阿兰·马德兰辞职。

9月5日，法国在穆鲁罗阿珊瑚岛实施了计划中的第一次核试验。

9月8日，打击恐怖主义的“维杰皮拉特”计划生效。

10月6日，巴黎发生谋杀案。

10月10日，公务员为反对冻结工资举行总罢工。

10月17日，巴黎发生凶杀案。

11月1日，破获一个伊斯兰极端主义分子的联系网，逮捕一名涉嫌制造了夏季和秋季发生的爆炸案的人员。

11月5日，关于大学的紧急计划。

11月7日，第二届阿兰·朱佩政府。

11月15日，阿兰·朱佩提出改革社会保障制度的计划。

11月17日，阿兰·卡里尼庸被判处5年徒刑，其中2年缓期。

12月21日，为结束12月份发生的针对社会保障制度改革而举行的罢工，在马提尼翁宫举行社会各方高层会议。

1996年 1月8日，弗朗索瓦·密特朗逝世。

1月17日，法国通过同意在北约组织内部商谈核问题向北大西洋公约组织靠拢。

1189 1月18日，国际癌症研究机构负责人雅克·克洛泽马里因在审计法院的一份报告中被追究责任而辞职。

1月29日，在进行了6次核试验后，法国终止其在穆鲁罗阿珊瑚岛进行的一系列核试验活动。

2月3日，让·米奥被任命为法新社负责人。

2月19日，为使议会更好地参与社会预算，对宪法进行了修改。

2月21日，政府决定对汤普森公司实行私有化。马塞尔·卢莱接替阿兰·戈梅。

2月22日，雅克·希拉克宣布军队实行职业化。

3月20日，弗朗索瓦·贝鲁提出一项在学校防止暴力的计划。

3月22日，300名没有证件的非洲人撤离巴黎的圣昂布瓦兹教堂。

4月1日，工业七国针对就业问题在里尔举行峰会。

4月4日，雅克·希拉克访问贝鲁特。

4月12日，罗歇·福勒关于教育问题的报告。

5月13日，雷诺汽车公司部分实行私有化。

6月10日，法国国营铁路公司拯救计划。

6月11日，关于工作时间的罗比安法。

6月29日，工业七国在里昂举行会议。

7月4日，法国航空公司与法国国内航空公司合并。

8月2日，米歇尔·德布雷逝世。

8月8日，对里昂信贷银行的前领导人开始进

1920

行追究。
8 月 23 日，“无证件者”撤离巴黎圣贝尔纳教堂。
9 月 4 日，阿兰·朱佩的降税计划（1997 年减少 250 亿法郎，5 年内减少 750 亿法郎）。
9 月 18 日，被指控为“反人类罪的同谋”的莫里斯·帕蓬被退回重罪法庭审讯。
9 月 23 日，社会保障振兴计划，该计划力图在 1997 年将其赤字限定在 297 亿法郎的范围内。
9 月 30 日，反对排斥的法案。
10 月 10 日，罗贝尔·于和乔治·马歇因涉嫌“以其影响力不正当获利”受到审查。
11 月 12 日，AXA 与 U. A. P. 两大保险公司合并。
11 月 24 日，安德烈·马尔罗的骨灰被迁至先贤祠安放。
11 月 27 日，长途卡车司机之间发生的冲突结束。
12 月 3 日，巴黎的地铁快线上发生爆炸案，4 人死亡。
12 月 5 日，法国与非洲国家在瓦加杜古举行首脑会议。
12 月 9 日，法德两国提出“共同战略概念”。
12 月 12 日，关于单一货币的都柏林协议。
12 月 24 日，位于伊泽尔省克雷-马尔维尔的超级菲力克斯快速中子反应堆停止运行。

1997 年 1 月 9 日，生长激素事件披露出新的情况。
1 月 15 日，关于养老金基金的托马斯法。

1月20日，雅克·希拉克宣布改革司法制度，以不断增强检察机关的独立性。

1月26日，对1940年至1944年间被没收的犹太人的财产开始进行调查。

2月3日，贝尔纳·塔皮被监禁。

2月9日，在维特罗勒因社会党议员期满卸任而举行的补缺选举中，国民阵线获得绝对胜利。

2月22日，巴黎举行反对德布雷法的示威游行，这一法律试图通过“居住证明”对居住在法国的外国人加以控制。

3月5日，让·蒂贝里遭到审查。

3月11日，住院实习医生举行罢工。

3月12日，对娈童的社会环境予以质问。

3月29日，国民阵线代表大会在斯特拉斯堡召开，有5万名反对者前去示威抗议。

4月9日，贝鲁对大学进行改革。

4月21日，雅克·希拉克解散国民议会。

4月29日，社会党与法共签订选举协定与纲领。

1190 5月15日，雅克·希拉克访问中国。

5月18日，第50届戛纳电影节闭幕。

5月19日，一位中学生在塞纳-圣德尼省的邦迪被人用匕首刺死。

5月25日，首轮立法选举。

6月1日，“复数的左派”在第二轮立法选举中获胜。

6月4日，若斯潘政府组成。

6月13日，法德两国在普瓦提埃举行首脑

会议。

6 月 18 日，对娈童活动场所进行新的搜查与质询。

6 月 19 日，利昂内尔·若斯潘发表施政演说。

6 月 29 日，20 万同性恋者在巴黎举行游行，要求获得“世俗与社会的结合契约”。

7 月 6 日，菲利普·塞甘当选为保卫共和联盟主席。

7 月 31 日，帕特里克·韦伊就移民政策向总理提交了一份报告。

8 月 20 日，玛蒂娜·奥布里向部长会议提出青年就业计划。

8 月 24 日，天主教会组织的“世界青年日”结束。

9 月 8 日，法国电信公司部分（占其资本的 20%）私有化。

9 月 17 日，普遍征收的社会税税率从 4.1%提高到 7.5%，其中的 2.4%不得扣除；工薪者的疾病保险金则从 5.5%降至 0.75%。普遍征收的社会税的收入由此提高到 3300 亿法郎。

9 月 30 日，法国教会就其放任维希政府的犹太人政策向犹太人社团致歉。

10 月 8 日，波尔多重罪法庭开始审讯莫里斯·帕蓬。

10 月 10 日，政府决定就 35 小时工作周准备一项法案。

10 月 12 日，法国全国雇主理事会主席让·冈多瓦辞职。

10 月 29 日，伊丽莎白·吉古向部长会议提出司法改革方案。

11 月 2 日，长途卡车司机举行罢工。

11 月 16 日，乔治·马歇逝世；法语国家在河内召开的首脑会议结束；布特罗斯·布特罗斯-加利当选为法语国家组织秘书长。

11 月 21 日，社会党在布雷斯特召开代表大会。

12 月 1 日，投票通过关于国籍问题的吉古法。

12 月 5 日，雅克·希拉克在巴黎无名犹太人烈士纪念仪式上发表演说。

12 月 16 日，欧内斯特-安托万·塞利埃尔当选为法国全国雇主理事会主席。

12 月 17 日，投票通过关于移民问题的舍韦内芒法。

12 月 25 日，政府决定为平息社会动荡对失业者采取紧急措施。

1998 年　1 月 24 日，关于保护其不动产被扣押的债务过重者的法律。

1 月 28 日，设立在圣德尼的法兰西体育场落成典礼。

2 月 6 日，省长克洛德·埃里尼亚克遇害。

2 月 19 日，低租金住房允许转租。

3 月 2 日，奥布里在部长会议提出反排斥法案。

3 月 8 日，关于大区议会的作用的法律。

3 月 15 日，大区议会选举：弃权率颇高，左翼略占上风，国民阵线取得新的进展，共和派右翼与极右派别之间签订了多项地方性的协议。

4 月 17 日，对缴纳养老金超过 40 年的未满 60 岁的退休人员发放特殊津贴。

5 月 11 日，关于外国人进入法国、在法国居留以及避难权的法律。

5 月 12 日，为便于其加入欧洲中央银行体系，对关于法兰西银行的法规作了修改。

6 月 13 日，关于 35 小时工作周的奥布里法投票通过。

6 月 17 日，关于预防和惩治性犯罪以及保护 1191
未成年人的法律；批准北大西洋公约组织关于同意匈牙利、波兰和捷克共和国加入北大西洋联盟的议定书的法律。

7 月 9 日，商业法庭在一份议会报告中受到谴责。

7 月 12 日，法国赢得世界杯足球赛冠军。

8 月 20 日，法国降低利率（4.6%）。

8 月 21 日，阿兰·朱佩因巴黎市政府在雇佣人员时作假的事件受到审查。

8 月 25 日，绿党在 1999 年欧洲议会选举的选举名单中为达尼埃尔·科恩-邦迪保留了一个名额，其在 11 月份正式成为候选人。

8 月 29 日，全国统计及经济研究所宣布失业率在一年内降低了 4.6%。

9 月 2 日，让-皮埃尔·舍韦内芒因手术性休克陷入昏迷状态。在经过较长时期的治疗与恢复后，他在 1999 年初重新履行部长职责。

9 月 25 日，在法国生产转基因玉米产品的批准被行政法院撤销。

10 月 1 日，保卫共和联盟的克里斯蒂安·蓬塞莱击败法国民主联盟的勒内·莫诺里，当选为参议院议长。

10 月 14 日，法国退出关于投资的多边协定的谈判，不久，经济合作及发展组织亦放弃了这一谈判。

10 月 21 日，在中学生举行示威游行过了一周之后，克洛德·阿莱格勒提出一份关于中学的紧急计划。

10 月 26 日，为使阿姆斯特丹条约获得批准，开始了修改宪法的程序。

10 月 30 日，克里斯蒂娜·德维埃-荣古回忆录：埃尔夫公司曾为了影响罗朗·迪马（现已成为宪法委员会主席）向其发放酬劳。

11 月 5 日，利昂内尔·若斯潘为“贵妇之路”的反叛者恢复名誉。

11 月 8 日，在新喀里多尼亚举行的关于努美阿协定的磋商中，赞成派取得了胜利。

11 月 17 日，法国共产党取消了自其创建以来对其成员采取的一些处分。

12 月 3 日，失业者在圣诞节临近时举行新的示威游行。

12 月 4 日，行政法院取消夏尔·米庸在罗讷-阿尔卑斯大区当选为领导人的选举结果。

12 月 9 日，对将终止法国电力公司垄断地位的法案进行审查。

12 月 15 日，基莱关于法国在卢旺达的作用（1990—1994）的报告。

12 月 23 日，在布鲁诺·梅格雷被让-玛丽·勒庞开除出国民阵线之后，国民阵线分裂进程开始。

12 月 30 日，在 1999 年 1 月 1 日采用欧元之前，巴黎证券交易所最后一次以法郎标价。

1999 年

1 月 24 日，国民阵线出现分裂：布鲁诺·梅格雷建立“国民阵线-国民运动”。

1 月 26 日，法国航空公司的资本少量对外开放。

2 月 1 日，巴黎巴银行与里昂信贷银行之间的部分部门或业务实行合并。

3 月 4 日，参议院通过关于男女平等的法律。

3 月 9 日，共和国法庭对“血门事件”进行审讯。

3 月 23 日，司法改革法。

3 月 24 日，勃朗峰隧道发生严重交通事故。

3 月 27 日，雷诺、尼桑两家汽车公司开始加强合作。

4 月 16 日，因与雅克·希拉克意见不合，菲利普·塞甘辞去保卫共和联盟主席一职。

4 月 26 日，在科西嘉发生茅舍事件。

4 月 29 日，查尔潘提出关于退休金的报告。

5 月 9 日，新喀里多尼亚选举领地代表大会 1192
成员。

5 月 28 日，马克·泰西埃被任命为法国电视公司董事长。

6 月 13 日，举行欧洲选举，弃投率高达 53%。自 1979 年以来，右派首次在此类选举中落后于左派。

8 月 17 日，何塞·博韦因在弥约的麦当劳快餐店抢劫而受审。

8月28日，兴业银行、巴黎国民银行和巴黎巴银行合并。

9月12日，道达尔菲纳公司与埃尔夫公司合并。

10月13日，国民议会通过了“公民结合条约”。

10月19日，第二项关于减少工作时间的法律。

10月22日，潜逃的莫里斯·帕蓬在瑞士被捕。

11月2日，因在对法国全国大学生互助会进行的调查中受到牵连，经济与财政部长多米尼克·斯特劳斯-卡恩辞职。

12月12日，“埃里卡号”油轮断裂沉没，泄出的重油形成的“黑潮”肆虐法国西部大西洋海岸。

12月25日、27日，一场强度罕见的暴风雨肆虐法国与欧洲。

2000年 3月27日，内阁进行改组。

3月31日，失业率低于10%，创1992年以来的新低。

4月17日，马泰奥里关于1940—1944年间犹太人遭受掠夺情况的报告。

5月30日，法国电信公司重新购买英国Orange移动电话运行系统。

6月5日，雅克·希拉克赞同将总统任期缩短为5年的方案。

6月13日，阿尔及利亚总统布特弗利卡访问法国。

6月20日，威望迪-于尼维尔萨尔集团诞生。

国民议会通过反宗派法。

7月1日，法国担任为期六个月的欧盟轮值主席国。

7月2日，在赢得世界杯两年后，法国队在2000年欧洲杯足球赛中获得冠军。

7月20日，关于科西嘉未来地位的马提尼翁协定。

7月25日，法国航空公司的一架协和式大型客机在鲁瓦西机场附近的戈内斯坠毁。

8月7日，科西嘉民族主义活跃分子让-米歇尔·罗西遇害。

8月29日，内政部长让-皮埃尔·舍韦内芒因不赞同政府的科西嘉政策提出辞职。

8月31日，经济与财政部长洛朗·法比尤斯提出减税计划。

9月4日，长途卡车司机因抗议汽油涨价举行罢工。

9月24日，总统任期改为五年在公民投票中以73.1%的人赞成获得通过。

11月10日，雅克·沙邦-戴尔马逝世。

11月14日，与“疯牛病”进行斗争的计划。

12月10日，欧盟首脑会议在尼斯召开。

2001年

1月10日，若斯潘宣布设立“就业津贴”。

1月12日，“精神骚扰”被写入《劳工法典》。

1月18日，尽管土耳其威胁将会因此改变与法国的经济贸易关系，法国仍对亚美尼亚种族大屠杀的史实予以承认。

2月6日，在其结束联合国驻科索沃特别代表一职的任期后，贝尔纳·库什内被任命为负责卫生事务的部长级代表。

2月28日，1月份的失业率较上个月降低了2.9%。

3月11日，首轮市政选举。

3月18日，第二轮市政选举。在多数城市为右派所掌控的同时，巴黎、里昂两大城市却转入左派手中。

3月29日，达能公司同马克斯-斯潘塞公司进行重组和遣散。

1193 5月2日，奥萨雷塞将军承认在阿尔及利亚战争期间曾参与拷打与屠杀平民。

5月17日，通过科西嘉的新地位。

5月21日，以阿尔诺·蒙特布尔为首的30名国民议会议员要求雅克·希拉克向特别高等法庭说明巴黎低租金住房的相关事宜。

6月11日，父亲在其孩子出生时享受的带薪假期由3天延长为两周。

8月17日，科西嘉民族主义活跃分子弗朗索瓦·桑托尼遇害。

9月21日，设在图卢兹的 A. Z. F. 工厂发生严重爆炸。

2002年 1月1日，欧元在法国以及另外11个欧洲国家流通。

1月14日，艾里克·阿尔方法官辞职。

1月28日，统计数据表明犯罪率上升。

3月9日，勃朗峰隧道重新开放。

3月27日，南特在一次市镇议会开会时发生互相枪击事件。

1930

4月21日，利昂内尔·若斯潘在首轮总统选举中意外出局。

5月1日，全法举行反对极右派的示威游行。

5月5日，雅克·希拉克在第二轮总统选举中以82.21%的得票率击败让-玛丽·勒庞，再次当选为共和国总统。

5月6日，让-皮埃尔·拉法兰被任命为政府总理。

6月9日，右派在首轮立法选举中大胜。

6月16日，右派在第二轮立法选举中获得绝对多数。

6月18日，阿兰·朱佩当选为总统多数派联盟主席。

6月19日，何塞·博韦因在弥约的麦当劳快餐店进行抢劫被监禁。

7月1日，让-玛丽·梅西埃辞去威望迪-于尼维尔萨尔集团总裁一职。

7月14日，发生行刺雅克·希拉克未遂事件。

9月18日，莫里斯·帕蓬因健康原因恢复自由。

11月19日，“威望号”油轮断裂沉没，西班牙海域受到极为严重的污染。

12月11日，为保护法国侨民而向科特迪瓦增派军事人员。

参考书目

I. 概况

F. Braudel, *Identité de la France* (Flammarion, nouv. éd., 1990, 3 vol.). - A. Burguière, *Dictionnaire des sciences historiques* (P.U.F., 1986). - A. Burguière et J. Revel (sous la dir. de), *La France dans son Histoire* (Le Seuil, Paris, t. I et t. II, 1989). - J. Carpentier et F. Lebrun (sous la dir. de), *Histoire de France* (Le Seuil, 1987). - J. Delumeau et Y. Lequin, *les Malheurs des temps. Histoire des fléaux et des calamités en France* (Larousse, coll. « Mentalités : vécus et représentations », 1987). - G. Duby, *le Moyen Âge : de Hugues Capet à Jeanne d'Arc, 987-1460* (Hachette, coll. « Histoire de France », t. I, 1987). G. Duby et R. Mandrou, *Histoire de la civilisation française* (A. Colin, Paris, t. I, nouv. éd., 1984). - J. Dupâquier (sous la dir. de), *Histoire de la population française* (P.U.F., 2e éd., 1991, 4 vol.). - J. Favier, *le Temps des principautés (1000-1515)* [Fayard, coll. « Histoire de France », t. II, sous la dir. de J. Favier, Paris, 1984]. - P. Goubert, *Initiation à l'histoire de France* (Tallandier, coll. « Approches », Paris, 1984). - E. Lavisse, *Histoire de France depuis les origines jusqu'à la Révolution* (Hachette, Paris, 1903-1911). - J. Le Goff et R. Rémond (sous la dir. de), *Histoire de la France religieuse* (Le Seuil, Paris, t. I, 1988 ; t. II, 1988). - K.F. Werner, *les Origines. Avant l'an mil* (Fayard, coll. « Histoire de France », t. I, sous la dir. de J. Favier, 1984).

Pour placer les phénomènes français dans le cadre de l'évolution européenne, on utilisera :

M. Crouzet, *Histoire générale des civilisations* (P.U.F., Paris, nouv. éd., 1967-1985, 7 vol.). - M. Daumas, *Histoire générale des techniques* (P.U.F., Paris, nouv. éd., 1964-1979, 5 vol.). - A. Fliche et V. Martin, *Histoire de l'Église depuis les origines jusqu'à nos jours* (Bloud et Gay, Paris, 1935-1964). - J.-M. Mayeur, Ch. Piétri, A. Vauchez et M. Vénard (sous la dir. de), *Histoire du christianisme : des origines à nos jours* (Fayard-Desclée, 1990 et années suivantes, en cours). - L.-H. Parias (sous la dir. de), *Histoire générale du travail* (Nouvelle Librairie de France, Paris, 1959-1961, 4 vol.). - R. Taton (sous la dir. de), *Histoire générale des sciences* (P.U.F., Paris, nouv. éd., 1966-1983, 4 vol.).

II. 史前和古代

概况

J. Déchelette, *Manuel d'archéologie préhistorique et celtique* (A. et J. Picard, Paris, 1910 ; rééd., 1987-1989, 4 vol.). - A. Grenier, *Manuel d'archéologie gallo-romaine* (A. et J. Picard, réimpr., 1985-1989, 4 vol.). - J.-Ph. Rigaux (sous la dir. de), *les Hauts Lieux de la Préhistoire en France* (Bordas, coll. « Le Voyage culturel », 1989).

2. 史前

• 史前远古时代

Généralités. J. Demoule, *la France de la Préhistoire : mille millénaires des premiers hommes à la conquête romaine* (Nathan, 1990). - A. Leroi-Gourhan, *la Préhistoire* (P.U.F., coll. « Nouvelle Clio », n° 1, nouv. éd., Paris, 1977) ; *Dictionnaire de la Préhistoire* (P.U.F., coll. « Grands Dictionnaires », Paris, 1988). - J. Piveteau, *Traité de paléontologie* (t. VII : *les Primates, l'Homme*) [Masson, Paris, 1957] ; *Origine de l'homme* (Hachette, Paris, 1962). - D. de Sonneville-Bordes, *l'Âge de la pierre* (P.U.F., coll. « Que sais-je ? », n° 948, Paris, nouv. éd., 1981).

Peuplement paléolithique. E. Bonifay, *les Terrains quaternaires dans le sud-est de la France* (Impr. Delmas, Bordeaux, 1965). - F. Bordes, *les Limons quaternaires du bassin de Paris* (Masson, Paris, 1953). - J. Combier, *le Paléolithique de l'Ardèche dans son cadre paléoclimatique* (Impr. Delmas, Bordeaux, 1967). - L. Méroc, *la Conquête des Pyrénées par l'homme* (Paris, 1953). - L. Pales, *les Néanderthaliens en France* (Masson, Paris, 1958). - J. Roussot-Larroque, *la Préhistoire en Périgord* (Ouest-France, coll. « Guides couleur », Rennes, 1984). - P. Smith, *le Solutréen en France* (Bordeaux, 1966).

Vie quotidienne et culturelle. F. Bordes, *Typologie du paléolithique ancien et moyen* (C.N.R.S., Bordeaux, 1979). - H. Breuil, *Quatre Cents Siècles d'art pariétal* (Centre d'études et de documentation préhistorique, Montignac, 1952). - A. Leroi-Gourhan, *les Religions de la préhistoire paléolithique* (P.U.F., coll. « Quadrige », n° 44, Paris, 1990) ; *Préhistoire de l'art occidental* (Mazenod, Paris, 1965). - A. Leroi-Gourhan et J. Allain, *Lascaux inconnu* (C.N.R.S., Paris, 1979). - C. Perlès, *Préhistoire du feu* (Masson, Paris, 1977). - D. Stordeur, *les Aiguilles à chas au paléolithique* (C.N.R.S., Gallia, Paris, 1979). - H. V. Vallois, *Vital Statistics in Prehistoric Populations as Determined from Archaeological Data* (Chicago, 1960) ; *The Social Life of Early Man. Evidence of Skeletons* (Chicago, 1961). - C. Zervos, *l'Art de l'époque du renne en France* (Éd. « Cahiers d'art », Paris, 1959).

On trouvera l'essentiel des résultats récents dans les ouvrages collectifs : *la Préhistoire française*, sous la direction de H. de Lumley (C.N.R.S., Paris, 1976). - *La Fin des temps glaciaires en Europe.* Colloque international, n° 271, C.N.R.S., sous la direction de D. de Sonneville-Bordes (C.N.R.S., Paris, 1979).

• 史前晚近时代

Généralités. J. Guilaine, *Premiers Bergers et paysans de l'Occident méditerranéen* (Civilisation et Sociétés, 58, Mouton, Paris-La Haye, 1976). - J. Lichdardus et collab., *la Protohistoire de l'Europe* (P.U.F., coll. « Nouvelle Clio », n° 1 bis, 1985). - J.-P. Millotte, *Précis de protohistoire européenne* (A. Colin, coll. « U2 », Paris, 1970). - R. Riquet, *Populations et races au néolithique et au bronze ancien* (thèse, faculté des sciences, Bordeaux, 1967) ; *Anthropologie du néolithique et du bronze ancien* (Texier, Poitiers, 1970). - J.-G. Rozoy, *les Derniers Chasseurs* (Bulletin de la Société archéologique champenoise, Charleville, 1978).

Mésolithique. M. et S.J. Péquart, M. Boule et H.V. Vallois, *Téviec, station nécropole mésolithique du Morbihan* (Masson, Paris, 1937).

Néolithique, chalcolithique et bronze. J. Arnal, *les Dolmens du département de l'Hérault* (P.U.F., « Préhistoire », t. XV, Paris, 1963). - J. Arnal, G. Bailloud et R. Riquet, *les Styles céramiques du néolithique français* (P.U.F., « Préhistoire », t. XIV, Paris, 1960). - G. Bailloud, *le Néolithique dans le Bassin parisien* (C.N.R.S., « Gallia-Préhistoire », IIe Supplément, Paris, 1964). - J. Briard, *les Dépôts bretons et l'âge du bronze atlantique* (Travaux du Laboratoire d'anthropologie préhistorique, faculté des sciences, Rennes, 1965).

- P.R. Giot, J. L'Helgouach et J. Briard, *la Bretagne* (Arthaud, Grenoble-Paris, 1962). - J. Guilaine, *la France d'avant la France : du néolithique à l'âge de fer* (Hachette-Pluriel, coll. « Pluriel », nouv. éd., Paris, 1985). - J. L'Helgouach, *les Sépultures mégalithiques en Armorique, dolmens à couloir et allées couvertes* (Travaux du Laboratoire d'anthropologie préhistorique, faculté des sciences, Rennes, 1965). - A. Niederlender, R. Lacam et J. Arnal, *le Gisement néolithique de Roucadour* (C.N.R.S., « Gallia-Préhistoire », IIIe Supplément, Paris, 1966). - R. Riquet, A. Coffyn et J. Guilaine, *les Campaniformes français* (C.N.R.S., « Gallia-Préhistoire », t. VI, Paris, 1963). - C. Schaeffer, *les Tertres funéraires préhistoriques dans la forêt de Haguenau. I, les Tumulus de l'âge du bronze* (Impr. de la ville, Haguenau, 1928). - J. Vaquer, *le Néolithique en Languedoc occidental* (C.N.R.S., Paris, 1990).

Religion. P. M. Duval, *les Dieux de la Gaule* (P.U.F., Paris, 1957). - J. Le Goff, R. Rémond et F. Lebrun (sous la dir. de), *Des Dieux de la Gaule à la Papauté d'Avignon* (Le Seuil, coll. « Histoire de la France religieuse », t. I, Paris, 1988). - F. Le Roux, *les Druides* (P.U.F., Paris, 1961). - J. Markale, *le Druidisme : traditions et dieux des Celtes* (Payot, coll. « Bibliothèque historique », 1985). - M.L. Sjoestedt, *Dieux et Héros des Celtes* (P.U.F., Paris, 1940). - E. Thévenot, *Divinités et Sanctuaires de la Gaule* (Fayard, Paris, 1968). - J. de Vries, *la Religion des Celtes* (Payot, Paris, 1963).

Art celtique. H.-J. Eggers, E. Will, R. Joffroy et W. Holmqvist, *les Celtes et les Germains à l'époque païenne* (A. Michel, Paris, 1964). - A. Varagnac et coll., *Art gaulois* (Ed. Abbaye Sainte-Marie de la Pierre-qui-Vire, Saint-Léger-Vauban, 1956).

Monographies régionales. Alsace : C.F.A. Schaeffer, *les Tertres funéraires de la forêt de Haguenau* (t. II, musée de Haguenau, Haguenau). - Bourgogne : R. Joffroy, *l'Oppidum de Vix et la civilisation hallstattienne finale dans l'est de la France* (Les Belles Lettres, Paris, 1960). - Provence : F. Benoît, *Recherches sur l'hellénisation du midi de la Gaule* (Ophrys, Gap, 1965). - M. Louis et O. et J. Taffanel, *le Premier Âge du fer languedocien* (Institut international d'études ligures, Bordighera, 1955-1960). - M. Py, *Recherches sur Nîmes préromaine* (Ed. du C.N.R.S., Paris, 1981).

Rites funéraires et tombes à char. R. Joffroy, *les Sépultures à char du premier âge du fer en France* (A. et J. Picard, Paris, 1958) ; *le Trésor de Vix* (P.U.F., Paris, 1954) ; *Vix et ses trésors* (Tallandier, Paris, 1979).

3. 罗马征服前的高卢

Textes. G. Dottin, *Manuel pour servir à l'étude de l'antiquité celtique* (Champion, Paris, 1906 ; ouvrage qui donne les textes des auteurs anciens qui ont parlé de la Gaule et des Celtes).

Généralités. M. Dillon et N. K. Chadwick, *les Royaumes celtiques* éd. augmentée de l'œuvre de J. Guyonvarchh et F. Leroux, *la Gaule dans le monde celtique* (Fayard, coll. « L'Aventure des civilisations », nouv. éd., 1977). - P.M. Duval, *les Celtes* (Gallimard, coll. « L'Univers des formes », Paris, 1977) ; *Travaux sur la Gaule (1946-1986)* [De Boccard, coll. de la D.E.F.A.R., Rome-Paris, 1990, 2 vol.]. - Ch. Gaudineau, *César et la Gaule* (Errance, Paris, 1990). - A. Grenier, *les Gaulois* (Payot, Paris, 1945). - J. Harmand, *Vercingétorix* (Fayard, Paris, 1984). - C. Jullian, *Histoire de la Gaule* (t. I, II et III, Hachette, Paris, 1907-1909). - V. Kruta, *les Celtes* (Hatier, Paris, 1978) ; *les Celtes* (P.U.F., coll. « Que sais-je ? », n° 1649, Paris, 5e éd., 1990). - M. Rambaud, *César* (P.U.F., coll. « Que sais-je ? », n° 1049, Paris, 4e éd., 1983). - E. Thévenot, *Histoire des Gaulois* (P.U.F., coll. « Que sais-je ? », n° 206, Paris, 8e éd., 1987).

4. 罗马高卢人

Généralités. R. Bloch et J. Cousin, *Rome et son destin* (A. Colin, Paris, 1960). - F. Jacques et J. Scheid, *Rome et l'intégration de l'Empire, 44 av. J.-C.-260 apr. J.-C.*, t. I : *les Structures de l'Empire romain* (P.U.F., coll. « Nouvelle Clio », Paris, 1990). - P. Grimal, *la Civilisation romaine* (Arthaud, Paris, 1960). - L. Harmand, *l'Occident romain. Gaule, Espagne, Bretagne, Afrique du Nord (31 av. J.-C.-235 ap. J.-C.)* [Payot, coll. « Bibliothèque historique », Paris, nouv. éd., 1989]. - P. Lévêque, *Empires et barbaries. IIIe s. av. J.-C.-Ier s. apr. J.-C.* (Larousse, coll. « Histoire universelle », t. III, nouv. éd., Paris, 1974). - M. Meuleau, *le Monde antique* (t. II, Bordas-Laffont, Paris, 1965). - P. Petit, *la Paix romaine* (P.U.F., coll. « Nouvelle Clio » n° 9, Paris, nouv. éd., 1982). - M. Rouche, *les Empires universels. IIe-IVe siècle* (Larousse, coll. « Histoire universelle », t. IV, nouv. éd., Paris, 1974).

Synthèses sur la Gaule romaine. F. Beck et H. Chew, *Quand les Gaulois étaient Romains* (Gallimard, coll. « Découvertes », Paris, 1989). - G. Coulon, *les Gallo-Romains : au carrefour de deux civilisations* (A. Colin, coll. « Civilisations », Paris, nouv. éd., 1990, 2 vol.). - P.M. Duval, *la Vie quotidienne en Gaule romaine pendant la paix romaine (Ier-IIIe s. apr. J.-C.)* [Hachette, Paris, 1953]. - A. Grenier, *la Gaule, province romaine* (Didier, Paris, 1946). - J.J. Hatt, *Histoire de la Gaule romaine (120 av. J.-C. à 451 apr. J.-C.). Colonisation ou colonialisme ?* (Payot, coll. « Bibliothèque historique », Paris, nouv. éd., 1970). - L. Lerat, *la Gaule romaine* (A. Colin, coll. « U2 », Paris, 1977). - F. Lot, *la Gaule, les fondements ethniques, sociaux, politiques de la nation française* (Fayard, Paris, 1947 ; éd. revue et mise à jour par P.-M. Duval, 1967). - E. Thévenot, *les Gallo-Romains* (P.U.F., coll. « Que sais-je ? », n° 314, 6e éd., Paris, 1983).

Problèmes politiques et administratifs. A. Audin, *Lyon, miroir de Rome dans les Gaules* (Fayard, coll. « Résurrection du passé », Paris, nouv. éd., 1979). - J. Carcopino, *Étapes de l'impérialisme romain* (Hachette, Paris, 1961). - P.M. Duval, *Paris antique, des origines au IIIe siècle* (Hermann, Paris, 1961). - R. Étienne et P. Barrère, *Bordeaux antique* (Fédération historique du Sud-Ouest, Bordeaux, 1962). - Ph. Fabia, *la Table Claudienne de Lyon* (Audin, Lyon, 1929). - M. Gayraud, *Narbonne antique des origines au IIIe siècle* (De Boccard, Paris, 1981). - P. et M. Levêque, *les Villes dans l'Occident romain* (Université de Besançon, Diffusion Belles-Lettres, 1984). - H.-G. Pflaum, *le Marbre de Thorigny* (Champion, Paris, 1948) ; *les Fastes de la province de Narbonnaise* (Éd. du C.N.R.S., Paris, 1978). - J. Prieur, *la Province romaine des Alpes Cottiennes* (Publications du Centre d'études gallo-romaines de la faculté des lettres et sciences humaines de Lyon, Lyon, 1968). - W. Seston, *Dioclétien et la Tétrarchie* (E. de Boccard, Paris, 1946). - P. Wuilleumier, *Lyon, métropole des Gaules* (Les Belles Lettres, Paris, 1953).

Économie et société. R. Dion, *Histoire de la vigne et du vin en France des origines au XIXe siècle* (chez l'auteur, Paris, 1959). - A. Grenier, *la Gaule romaine* (dans *An Economic Survey of Ancient Rome*, sous la direction de T. Frank) [vol. III, Baltimore, 1937]. - J.J. Hatt, *la Tombe gallo-romaine* (Picard, nouv. éd., 1986). - F. Hermet, *la Graufesenque* (Leroux, Paris, 1934). - M. Le Glay, « la Gaule romanisée », dans *Histoire de la France rurale*, sous la direction de G. Duby et A. Wallon (Le Seuil, Paris, 1975, t. I, pp. 190-285). - A. Piganiol, *les Documents cadastraux de la colonie romaine d'Orange* (C.N.R.S., Paris, 1963). - M. Renard, *Technique et agriculture en pays trévire et rémois* (Latomus, Berchem, 1959).

- J.A. Stanfield et J. Simpson, *Central Gaulish Potters* (University Press, Oxford, 1958).

Vie religieuse et culturelle. F. Benoît, *Mars et Mercure, nouvelles recherches sur l'interprétation gauloise des divinités romaines* (Ophrys, Gap, 1959). - P.M. Duval, *les Dieux de la Gaule* (P.U.F., Paris, 1957). - R. Étienne, S. Prete, L. Desgraves, *Ausone humaniste aquitain* (Société des bibliophiles de Guyenne, 1987). - I. Gobry, *les Moines en Occident*, t. I : *les Origines orientales (de saint Antoine à saint Basile)* [Fayard, Paris, 1965]. - E. Griffe, *la Gaule chrétienne à l'époque romaine* (Letouzey et Ané, Paris, 1947-1965, 3 vol.). - J.J. Hatt, *Sculptures gauloises* (Éd. du Temps, Paris, 1966). - H. Schoppa, *Die Kunst des Römerzeit in Gallien, Germanien und Britannien* (Fribourg, 1958). - H. Stern, *Recueil général des mosaïques de la Gaule* (C.N.R.S., Paris, 1957 et suiv.). - E. Thévenot, *Divinités et sanctuaires de la Gaule* (Fayard, Paris, 1968).

III. 中世纪前期

概况

M. Banniard, *le Haut Moyen Âge occidental* (P.U.F., coll. « Que sais-je ? », n° 1807, Paris, 2ᵉ éd., 1986). - R. Folz, A. Guillou, L. Musset, D. Sourdel, *De l'Antiquité au monde médiéval* (P.U.F., coll. « Peuples et civilisations », t. V, Paris, 1972). - R. Fossier (sous la dir. de), *le Moyen Âge*, t. I, *les Mondes nouveaux, 350-950*, t. II, *l'Éveil de l'Europe, 950-1250* (A. Colin, Paris, 2ᵉ éd., 1990). - S. Lebecq, *les Origines franques, Vᵉ-IXᵉ siècle* (Seuil, Points-Histoire, coll. « Nouvelle Histoire de la France médiévale », t. I, 1990). - F. Lot, *la Fin du monde antique et le début du Moyen Âge* (A. Michel, Paris, nouv. éd. préfacée par P. Riché, 1989). - L. Musset, *les Invasions, les vagues germaniques* (P.U.F., Paris, coll. « Nouvelle Clio », n° 12, 2ᵉ éd., 1969). - P. Riché, *les Invasions barbares* (P.U.F., coll. « Que sais-je ? », n° 556, Paris, 7ᵉ éd. avec la collab. de P. Le Maître, 1989).

5. 蛮族大迁徙

Textes. P. Courcelle, *Histoire littéraire des grandes invasions germaniques* (Études augustiniennes, Paris, 3ᵉ éd., 1964). - Grégoire de Tours, *Histoire des Francs*, éd. et trad. R. Latouche (Les Belles Lettres, Paris, 1963-1965, 2 vol.). - Sulpice Sévère, *Vie de saint Martin*, éd. et trad. J. Fontaine (Éd. du Cerf, Paris, 1968-1969, 3 vol.).

La société et l'économie. S. Dill, *Roman Society in the Last Century of the Western Empire* (réimpr., New York, 1960). - A.H.M. Jones, *The Decline of the Ancient World* (Londres, 1966). - R. Latouche, *les Origines de l'économie occidentale (IVᵉ-XIᵉ siècle)* [A. Michel, Paris, nouv. éd., 1971]. - R. Macmullen, *Soldier and Civilian in the Later Roman Empire* (University Press, Cambridge [Mass.], 1963).

La fin de Rome. A.H.M. Jones, *The Later Roman Empire (284-602). A Social, Economic and Administrative History* (Blackwell, Oxford, 1964, 3 vol.). - R. Rémondon, *la Crise de l'Empire romain de Marc Aurèle à Anastase* (P.U.F., coll. « Nouvelle Clio », n° 11, Paris, nouv. éd., 1976). - V.A. Sirago, *Galla Placidia e la transformazione politica dell'Occidente* (Publications universitaires, Louvain, 1961). - E. Stein, *Histoire du Bas-Empire* (Desclée De Brouwer, Paris, 1949 et 1959, 2 vol.).

Vie religieuse et intellectuelle. M.B. Bruguière, *Littérature et droit dans la Gaule du Vᵉ siècle* (Toulouse, 1974). - Mgr L. Duchesne, *Histoire ancienne de l'Église* (t. III et IV, Fontemoing, Paris, 1911-1925). - I. Gobry, *les Moines en Occident*, t. II : *l'Enracinement (de saint Martin à saint Benoît)* [Fayard, Paris, 1985]. - E. Griffe, *la Gaule chrétienne à l'époque romaine* (Letouzey et Ané, Paris, 1947-1965, 3 vol.). - J. Hubert, J. Porcher et W. F. Volbach, *l'Europe des invasions* (Gallimard, Paris, 1967). - P. Riché, *Éducation et culture dans l'Occident barbare (VIᵉ-VIIIᵉ siècle)* [Le Seuil, Paris, 4ᵉ éd., 1989]. - An. *Rome et le christianisme dans la région rhénane* (P.U.F., Paris, 1963).

La conquête franque. F. Lot, *Naissance de la France* (Fayard, coll. « Grandes Études Historiques », Paris, 2ᵉ éd., 1970). - E. Salin, *la Civilisation mérovingienne d'après les sépultures, les textes et le laboratoire* (A. et J. Picard, Paris, 2ᵉ éd., 1986-1989, 4 vol.). - J. Stengers, *la Formation de la frontière linguistique de Belgique ou De la légitimité de l'hypothèse historique* (Latomus, Berchem, 1959). - C. Verlinden, *les Origines de la frontière linguistique en Belgique et la colonisation franque* (La Renaissance du Livre, Bruxelles, 1955).

6. 墨洛温王朝时代

Textes. Grégoire de Tours, *Histoire des Francs*, éd. et trad. R. Latouche (les Belles Lettres, Paris, 1963-1965, 2 vol.). - *Vie des Pères du Jura*, trad. F. Martine (Éd. du Cerf, Paris, 1968). - P. Riché et G. Tate, *Textes et documents d'histoire du Moyen Âge, Vᵉ-Xᵉ siècle*, t. I, *Vᵉ-milieu du VIIIᵉ siècle* (Sedes, Paris, 1972). - Association française d'archéologie mérovingienne, éd. *Bretagne, Pays de Loire, Touraine, Poitou à l'époque mérovingienne* (Errance, 1987).

Généralités. H. Atsma éd., « La Neustrie. Les pays au nord de la Loire de 650 à 850 », *actes du colloque international de Rouen* (Thorbecke Verlag, Sigmaringen, 1989). - F. Cardot, *l'Espace et le pouvoir : étude sur l'Austrasie mérovingienne* (Publications de la Sorbonne, coll. « Histoire ancienne et médiévale », n° 17, Paris, 1987). - G. Faider-Feytmans, *la Belgique à l'époque mérovingienne* (La Renaissance du Livre, Bruxelles, 1964). - G. Fournier, *les Mérovingiens* (P.U.F., coll. « Que sais-je ?, n° 1238, Paris, 1966 ; 6ᵉ éd., 1991). - P. O. Geary, *le Monde mérovingien. Naissance de la France* (Oxford University Press, 1988 ; Flammarion, coll. « Histoires », 1989). - M. Rouche, *l'Aquitaine des Wisigoths aux Arabes (418-781). Essai sur le phénomène régional* (coéd. E.H.E.S.S., Jean Touzot, Paris, 1979). - J.-H. Roy et J. Deviosse, *... oct. 733, la bataille de Poitiers* (Gallimard, coll. « Trente Journées qui ont fait la France », n° 2, 1966). - G. Tessier, *25 décembre 496, le baptême de Clovis* (Gallimard, coll. « Trente Journées qui ont fait la France », n° 1, Paris, 1964). - L. Theis, *Dagobert* (Fayard, Paris, 1982).

Histoire sociale et économique. G. Fournier, *le Peuplement rural en basse Auvergne durant le haut Moyen Âge* (P.U.F., 1962) ; *les Mérovingiens* (P.U.F., coll. « Que sais-je ? », n° 1238, Paris, 6ᵉ éd., 1991). - F.L. Ganshof, *Qu'est-ce que la féodalité ?* (Tallandier, 5ᵉ éd., 1982). - R. Latouche, *les Origines de l'économie occidentale (IVᵉ-XIᵉ siècle)* [A. Michel, Paris, nouv. éd., 1971]. - Ch. Lelong, *la Vie quotidienne en Gaule à l'époque mérovingienne* (Hachette, coll. « la Vie quotidienne », Paris, 1963).

Vie religieuse et culturelle. M. Banniard, *Genèse culturelle de l'Europe, Vᵉ-VIIIᵉ siècle* (Le Seuil, coll. « Points histoire », n° 127, Paris, 1989). - J. Dubois, L. Beaumont- Maillet, *Sainte-Geneviève de Paris : la vie, le culte, l'art* (Beauchesne, coll. « Saints de tous les temps », nouv. éd., Paris, 1985). - I. Gobry, *les Moines en Occident*, t. III : *De saint Colomban à saint Boniface : le temps des conquêtes* (Fayard, Paris, 1987). - J. Hubert, J. Porcher et W.F. Volbach, *l'Europe des invasions* (Gallimard, Paris, 1967). - E. Mâle, *la Fin du paganisme en Gaule et les plus anciennes basiliques chrétiennes* (Flammarion, Paris, 1950). - O. Pontal, *Histoire des conciles mérovingiens*

(Cerf, I.R.H.T., 1989). - P. Riché, *Éducation et culture dans l'Occident barbare (VIe-VIIIe siècle)* [Éd. du Seuil, 4e éd., 1989] ; dans *Histoire spirituelle de la France* (Beauchesne, Paris, 1964 pp. 44-60). - E. Salin, *la Civilisation mérovingienne d'après les sépultures, les textes et le laboratoire* (A. et J. Picard, Paris, 2e éd., 1986-1989, 4 vol.).

IV. 中世纪

概况

A. Chédeville, *la France au Moyen Âge* (P.U.F., coll. « Que sais-je ? », n° 69, Paris, 7e éd., 1988). - J. Chelini, *Histoire religieuse de l'Occident médiéval* (A. Colin, coll. « U », Paris, 1968). - R. Delort, *la Vie au Moyen Âge* (Le Seuil, coll. « Points Histoire », n° 62, nouv. éd., Paris, 1982). - G. Demians d'Archimbaud, *Histoire artistique de l'Occident médiéval* (A. Colin, coll. « U », Paris, 1968 ; 2e éd. 1983). - G. Devailly, *l'Occident du Xe au milieu du XIIIe siècle* (A. Colin, coll. « U », Paris, 1970). - G. Duby, *l'Économie rurale et la vie des campagnes dans l'Occident médiéval, France, Angleterre, Empire, IXe-XVe siècle* (Aubier, Paris, 1962, 2 vol.) ; *Adolescence de la chrétienté occidentale, 980-1140* (Skira, Genève, 1967 ; Flammarion, Paris, nouv. éd., 1984) ; *l'Europe des cathédrales* (Skira, Genève, 1966) ; *le Moyen Âge : de Hugues Capet à Jeanne d'Arc, 987-1460* (Hachette, coll. « Histoire de France-Hachette », t. I, 1987 ; coll. « Pluriel », n° 8457, Paris, 1990). - G. Duby, R. Mantran et collab., *l'Eurasie, XIe-XIIIe siècle* (P.U.F., coll. « Peuples et civilisations », t. VI, 1982). - J. Favier, *le Temps des principautés, 1000-1515* (Fayard, coll. « Histoire de France » sous la dir. de J. Favier, t. II, Paris, 1984). - R. Fossier, *Histoire sociale de l'Occident médiéval* (A. Colin, coll. « U », Paris, 2e éd., 1984). - R. Fossier (sous la dir. de), *le Moyen Âge*, t. II, *l'Éveil de l'Europe, 950-1250* ; t. III, *le Temps des Crises, 1250-1520* (A. Colin, Paris, 2e éd., 1986 et 2e éd., 1990). - G. Fournier, *l'Occident de la fin du Ve siècle à la fin du IXe siècle* (A. Colin, coll. « U », Paris, 1970). - G. Fourquin, *Histoire économique de l'Occident médiéval* (A. Colin, coll. « U », Paris, 4e éd., 1990). - L. Génicot, *les Lignes de faîte du Moyen Âge* (Casterman, Tournai, 6e éd., 1969). - B. Guillemain, *l'Éveil de l'Europe, 1100-1250* (Larousse, coll. « Histoire universelle », t. VI, nouv. éd., 1974). - J. Le Goff, *la Civilisation de l'Occident médiéval* (Arthaud, coll. « les Grandes Civilisations », Paris, 1964 ; éd. poche, 1984) ; *le Moyen Âge (1060-1330)* [Bordas, coll. l'Aurige, Paris, 1971]. - J.-F. Lemarignier, *la France médiévale : institutions et société* (A. Colin, coll. « U », Paris, 8e éd., 1987). - Ch. Klapisch-Zuber (sous la dir. de), *le Moyen Âge* (Plon, coll. « Histoire des femmes » sous la dir. de G. Duby et de M. Perrot, t. II, Paris, 1991). - R.S. Lopez, *Naissance de l'Europe, V^e-XIVe siècle* (A. Colin, coll. « Destins du monde », Paris, 1962). - F. Lot et R. Fawtier (sous la dir. de), *Histoire des institutions françaises au Moyen Âge* (P.U.F., Paris, 1957-1962, 3 vol. parus). - M. Pacaut, *les Structures politiques de l'Occident médiéval* (A. Colin, coll. « U », Paris, 1969). - J. Paul, *Histoire intellectuelle de l'Occident médiéval* (A. Colin, coll. « U », Paris, 1969 ; rééd. 1973). - Éd. Perroy, *le Moyen Âge* (P.U.F., *Histoire générale des civilisations*, t. III, Paris, 6e éd., 1980). - P. Riché, *Grandes Invasions et Empires, V^e-Xe siècle* » (Larousse, coll. « Histoire universelle », t. V, Paris, nouv. éd., 1974).

7. 加洛林王朝的建树

8. 最后的入侵

Textes. Ch. M. de La Roncière, R. Delort et M. Rouche, *l'Europe du Moyen Âge* (A. Colin, coll. « U », Paris, t. I, 1969). - G. Tessier, *Charlemagne* (A. Michel, coll. « le Mémorial des Siècles », Paris, 1967).

Structures politiques. J. Boussard, *Charlemagne et son temps* (Hachette, Paris, 1968). - R. Delort, *Charlemagne* (MA Éditions, coll. « Le Monde de... », 1986). - J. Devisse, *Hincmar, archevêque de Reims, 845-882* (Droz, Genève, 1976). - J. Dhondt, *Études sur la naissance des principautés territoriales en France (IXe-Xe siècle)* [Bordas, éd. revue par M. Rouche, 1976]. - H. Fichtenau, *l'Empire carolingien* (Payot, coll. « Bibliothèque historique », Paris, 1958). - R. Folz, *25 décembre 800, le Couronnement impérial de Charlemagne* (Gallimard, coll. « Trente Journées qui ont fait la France », n° 3, Paris, 1964). - L. Musset, *les Invasions, le second assaut contre l'Europe chrétienne (VIIe-XIe siècle)* [P.U.F., Paris, coll. « Nouvelle Clio », n° 12 *bis* ; nouv. éd., 1971]. - R. Mussot-Goulard, *Charlemagne* (P.U.F., coll. « Que sais-je ? », n° 471, Paris, 1re éd., 1984) ; *la France carolingienne, 843-987* (P.U.F., coll. « Que sais-je ? », n° 2390, 1re éd., 1988). - P. Riché, *les Carolingiens, une famille qui fit l'Europe* (Hachette, Paris, 1983). - L. Theis, *l'Héritage des Charles. De la mort de Charlemagne aux environs de l'An mil* (Le Seuil, Points-Histoire, coll. « Nouvelle Histoire de la France médiévale », t. II, 1990). - P. Zumthor, *Charles le Chauve* (Tallandier, nouv. éd., Paris, 1981).

Économie et société. R. Boutruche, *Seigneurie et féodalité* (Aubier-Montaigne, Paris, t. I, 1959 ; 2e éd., 1968 ; t. II, 1970). - J. Dhondt, *le Haut Moyen Âge (VIIIe-XIe siècle)*, éd. et mis à jour par M. Rouche (Bordas, Paris, 1976). - R. Doehaerd, *le Haut Moyen Âge occidental. Économies et sociétés* (P.U.F., coll. « Nouvelle Clio », n° 14, Paris, 3e éd., 1990). - G. Duby, *Guerriers et paysans, VIIe-XIIe siècle. Premier essor de l'économie européenne* (Gallimard, Paris, 1973 ; coll. « Tel », n° 24, Paris, 1978). - F.L. Ganshof, *la Belgique carolingienne* (La Renaissance du Livre, coll. « Notre passé », Bruxelles, 1958). - R. Latouche, *les Origines de l'économie occidentale (IVe-XIe siècle)* [Albin Michel, Paris, nouv. éd., 1971]. - St. Lebecq, *Marchands et navigateurs frisons du Haut Moyen Âge* (Presses universitaires de Lille, 1983). - E. Magnou-Nortier, *la Société laïque et l'Église dans la province ecclésiastique de Narbonne de la fin du VIIIe à la fin du XIe siècle* (Association des Publications de l'Université de Toulouse-Le Mirail, Toulouse, 1974). - P. Riché, *la Vie quotidienne dans l'empire carolingien* (Hachette, coll. « la Vie quotidienne », Paris, 4e éd., 1986).

Vie culturelle. J. Chelini, *l'Aube du Moyen Âge. Naissance de la chrétienté occidentale. La vie religieuse des laïcs à l'époque carolingienne* (Picard, Paris, 1991). - C. Heitz, *l'Architecture religieuse carolingienne* (Picard, Paris, nouv. éd., 1986). - J. Hubert, J. Porcher et W.F. Volbach, *l'Empire carolingien* (Gallimard, coll. « l'Univers des Formes », Paris, 1968).

9. 封建主时代

Textes. L'An Mil, présenté par G. Duby (Gallimard, coll. « Archives », n° 30, Paris, 1973). - *L'An mille. Œuvres de Liutprand, Raoul Glaber, Adémar de Chabannes, Adalbéron, Helgaud*, présentées par E. Pognon (Gallimard, Paris, 1947). - Ch. M. de La Roncière, R. Delort et M. Rouche, *l'Europe du Moyen Âge* (A. Colin, coll. « U », Paris, t. II, 1969).

Structures politiques. D. Barthélémy, *l'Ordre seigneurial (XIe-XIIe siècle)* [Le Seuil, Points-Histoire, coll. « Nouvelle Histoire de la France médiévale », t. III, Paris, 1990]. - M. Bloch, *les Rois thaumaturges* (Istra, Strasbourg, 1924 ; Gallimard, coll. « Bibliothèque des Histoires », nouv. éd., Paris, 1983). - P. Bonnassie, *la Catalogne au tournant de l'An Mil* (Albin Michel, 2e éd., 1990). - M. de Boüard, *Guillaume le Conquérant* (Fayard, Paris, 1984). - M. Bur, *la Formation du Comté de Champagne v. 950-v. 1150* (Publ. de l'Université de Nancy II, Nancy, 1977). - R. Fawtier, *les Capétiens et la France* (P.U.F., Paris, 1942). - R. Fawtier et J.-C. Fawtier Stone, *Autour de la France capétienne : personnages et institutions* (Variorum Reprints, Londres, coll. « Recueil d'études », 267, 1987). - F.L. Ganshof, *Qu'est-ce que la féodalité ?* (Tallandier, coll. « Approches », 6ᵉ éd., Paris, 1987). - O. Guillot, *le Comte d'Anjou et son entourage au XIᵉ siècle* (A. et J. Picard, Paris, 1972). - J.-F. Lemarignier, *le Gouvernement royal aux premiers temps des Capétiens (987-1108)* [A. et J. Picard, Paris, 1965]. - A. Lewis, *le Sang royal. La famille capétienne et l'État, France Xᵉ-XIVᵉ siècles* (Gallimard, Paris, 1986). - J.-P. Poly et E. Bournazel, *la Mutation féodale, Xᵉ-XIIᵉ siècles* (P.U.F., coll. « Nouvelle Clio », n° 16, Paris, 2ᵉ éd., 1991). - P. Riché, *Gerbert d'Aurillac ; le pape de l'An mil* (Fayard, Paris, 1987). - Y. Sassier, *Hugues Capet* (Fayard, Paris, 1986). - L. Theis, *3 juillet 987. L'avènement de Hugues Capet* (Gallimard, coll. « Trente Journées qui ont fait la France », n° 4, Paris, 1984).

Économie et société. M. Bloch, *la Société féodale* (A. Michel, Paris, coll. « l'Évolution de l'Humanité », éd. poche, n° 8, 1983). - P. Bonnassie, *la Catalogne du milieu du Xᵉ à la fin du XIᵉ siècle, croissance et mutation d'une société* (Association des Publications de l'Université de Toulouse-Le Mirail, Toulouse, 1976). - A. Déléage, *la Vie rurale en Bourgogne jusqu'au début du XIᵉ siècle* (Protat frères, Mâcon, 1941). - G. Devailly, *le Berry du Xᵉ* au milieu du *XIIIᵉ siècle. Étude politique, religieuse, sociale et économique* (Mouton, La Haye-Paris, 1973). - G. Duby, *la Société aux XIᵉ* et *XIIᵉ siècles dans la région maconnaise* (E.H.E.S.S., coll. « Bibliothèque générale », 3ᵉ éd., Paris, 1982) ; *l'Économie rurale et la vie des campagnes dans l'Occident médiéval, France, Angleterre, Empire, IXᵉ-XVᵉ siècle* (Aubier, coll. « Historique », Paris, 1962, 2 vol. ; Flammarion, coll. « Champs », nᵒˢ 26 et 27, Paris, 1977) ; *les Trois Ordres ou l'Imaginaire du féodalisme* (Gallimard, Paris, 1978) ; *le Chevalier, la femme et le prêtre. Le mariage dans la France féodale* (Hachette, coll. « la Force des idées », Paris, 1981) ; *Mâle Moyen Âge. De l'amour et autres essais* (Flammarion, coll. « Champs », 1990). - R. Fossier, *Enfance de l'Europe, Xᵉ-XIIᵉ siècles. Aspects économiques et sociaux* (P.U.F., coll. « Nouvelle Clio », n° 17 et 17 *bis*, Paris, nouv. éd., 1989, 2 vol.). - M. Parisse, *la Noblesse lorraine, XIᵉ-XIIIᵉ siècle* (Lille, Université de Lille-III ; Paris, diff. H. Champion, 1976, 2 vol.) ; *les Nonnes au Moyen Âge* (C. Bonneton, Paris, 1983) ; *les Religieuses en France au XIIIᵉ siècle* (études réunies par) [P.U. de Nancy, réimpr. 1991]. - E. Power, *les Femmes au Moyen Âge* (Aubier-Montaigne, coll. « Historique », Paris, 1979). - J. Rossiaud, *la Prostitution médiévale* (Flammarion, coll. « Champs », 1990).

Vie religieuse, attitudes mentales, histoire culturelle. - X. Barral I. Altet (sous la dir. de), *le Paysage monumental de la France autour de l'an mil* (Picard, Paris, 1987) ; *l'Art médiéval* (P.U.F., coll. « Que sais-je ? », n° 2518, Paris, 1ʳᵉ éd., 1991). - J. Chailley, *Histoire musicale du Moyen Âge* (P.U.F., Paris, coll. « Quadrige », n° 12 bis, nouv. éd., 1984). - Dom J. Leclercq, *l'Amour des lettres et le désir de Dieu* (Éd. du Cerf, Paris, 1957). - M. Pacaut, *l'Ordre de Cluny* (Fayard, coll. « Nouvelles Études historiques », 1986). - P. Zumthor, *Histoire littéraire de la France médiévale (VIᵉ-XIVᵉ siècle)* [P.U.F., Paris, 1954].

10. 十二世纪的飞跃

Textes. Suger, *Vie de Louis le Gros,* éd. et trad. H. Waquet (Les Belles Lettres, Paris, 1929).

Structures politiques. C. Berune, *la Naissance de la nation France* (Gallimard, coll. « Bibliothèque des Histoires », 1985). - E. Bournazel, *le Gouvernement capétien au XIIᵉ siècle, 1108-1180. Structures sociales et mutations institutionnelles* (P.U.F., Paris, 1975). - M. Bur, *la Formation du comté de Champagne v. 950-v. 1150* (Publ. de l'université de Nancy-II, Nancy, 1977). - J.-F. Lemarignier, *la France médiévale : institutions et société* (A. Colin, coll. « U », Paris, 9ᵉ éd., 1989). - W.M. Newman, *le Domaine royal sous les premiers Capétiens (987-1180)* [Sirey, Paris, 1937]. - M. Pacaut, *Louis VII et son royaume* (S.E.V.P.E.N., Paris, 1964). - St. Scoones, *les Noms de quelques officiers féodaux des origines à la fin du XIIᵉ siècle* (Klincksieck, Paris, 1976).

Économie et société. M. Bourin-Derruan et R. Durand, *Vivre au village au Moyen Âge* (Messidor, 1984). - A. Chédeville, *Chartres et ses campagnes, XIᵉ-XIIIᵉ siècle* (Klincksieck, Paris, 1973). - R. Coquand, P.M. Duval, G. Hubert, G. Livet et L. Trenard, *les Routes de France depuis les origines jusqu'à nos jours* (Hachette, Paris, 1959). - G. Devailly, *le Berry du Xᵉ siècle au milieu du XIIIᵉ siècle. Étude politique, religieuse, sociale et économique* (Mouton, Paris-La Haye, 1973). - J. Flori, *l'Essor de chevalerie* (Droz, Genève, 1986). - R. Fossier, *Chartes de coutume en Picardie, XIᵉ-XIIIᵉ siècle* (Bibliothèque nationale, Paris, 1974). - F.L. Ganshof, *Étude sur le développement des villes entre Loire et Rhin au Moyen Âge* (P.U.F., Paris, 1943). - J. Gardelles et J. Lafaurie, *Bordeaux pendant le haut Moyen Âge* (Fédération historique du Sud-Ouest, Bordeaux, 1963). - J. Heers, *la Ville au Moyen Âge en Occident* (Fayard, 1990). - M. Pastoureau, *la Vie quotidienne en France et en Angleterre au temps des chevaliers de la Table ronde, XIIᵉ-XIIIᵉ siècle* (Hachette, coll. « la Vie quotidienne », Paris, 1976). - C. Petit-Dutaillis, *les Communes françaises. Caractères et évolution, des origines au XVIIIᵉ siècle* (A. Michel, coll. « l'Évolution de l'humanité », t. XLIV, Paris, 1947 ; nouv. éd. poche, 1970). - J.P. Poly, *la Provence et la société féodale, 879-1166. Contribution à l'étude des structures dites féodales dans le Midi* (Bordas, Paris, 1976). - P. Wolff et P. Dollinger, *Bibliographie d'histoire des villes de France* (Klincksieck, Paris, 1967).

Vie religieuse, enseignement, histoire culturelle. Pierre Abélard. Pierre le Vénérable. Les courants philosophiques, littéraires et artistiques en Occident au milieu du XIIᵉ siècle. Abbaye de Cluny, 2 au 9 juillet 1972 (C.N.R.S., Paris, 1975). - R.R. Bezzola, *les Origines et la formation de la littérature courtoise en Occident (500 à 1200)* [Champion, Paris, 1946-1960]. - R. Crozet, *l'Art roman* (P.U.F., Paris, 1981). - H. Davenson, *les Troubadours* (Éd. du Seuil, Paris, 1960). - G. Duby, *la Sculpture. Le grand art du Moyen Âge du Vᵉ au XVᵉ siècle* (Skira, Genève, 1990). - H. Focillon, *Art d'Occident : le Moyen Âge roman et gothique* (A. Colin, Paris, 1937). - J. de Ghellinck, *l'Essor de la littérature latine au XIIᵉ siècle* (Desclée De Brouwer, Paris, 1946). - E. Gilson, *la Philosophie au Moyen Âge* (Payot, Paris, 4ᵉ éd., 1962). - M. Hélin, *la Littérature latine au Moyen Âge* (P.U.F., Paris, 1972). - J. Longère, *Œuvres oratoires de maîtres parisiens au XIIᵉ siècle. Étude historique et doctrinale* (Études augustiniennes. Paris, 1975, 2 vol.). - J. Paul, *l'Église et la culture en Occident, IXᵉ-XIIᵉ siècle* (P.U.F., « Nouvelle Clio » n° 15 et 15 *bis*, 1986). - P. Miché, *Petite Vie de saint Bernard* (Desclée de Brouwer, coll. « Petites Vies », Paris, 1989). - A. Vauchez, *les Laïcs au Moyen Âge : pratiques et expériences religieuses* (Cerf, coll. « Histoires », 1987). - J. Vignaud, *la Pensée au Moyen Âge* (A. Colin, Paris, nouv. éd., 1958).

11. 卡佩王朝的整合

Textes. Joinville, *Histoire de Saint Louis,* éd. par A. Pauphilet et Ed. Pognon, dans *Historiens et Chroniqueurs du Moyen Âge* (Gallimard, Paris, 1952). - *Les propos de Saint Louis,* présentés par D. O'Connell et préfacés par J. Le Goff (Gallimard, « Archives », Paris, 1974). - *La Croisade albigeoise,* présentée par M. Zerner-Chardavoine (Gallimard, « Archives », Paris, 1979).

Structures politiques. J. Baldwin, *Philippe Auguste* (Fayard, Paris, 1991). - R.-H. Bautier présente *la France de Philippe Auguste. Le temps des mutations* (C.N.R.S., 1983). - M. Bourin, *Temps d'équilibres, temps de ruptures 1200-1350* (Le Seuil, coll. « Points », « Nouvelle Histoire de la France médiévale », t. 4, Paris, 1990). - R. Fawtier, *les Capétiens et la France* (P.U.F., Paris, 1942). - R. Fédou, *l'État au Moyen Âge* (P.U.F., coll. « l'Historien », n° 8, Paris, 1971). - C. Petit-Dutaillis, *la Monarchie féodale en France et en Angleterre (xe-xiiie siècle)* [La Renaissance du Livre, puis A. Michel, coll. « l'Évolution de l'Humanité », t. XLI, Paris, éd. poche, 1971]. - J. Richard, *les Ducs de Bourgogne et la formation du duché du XIe au xive siècle* (Slatkine, Genève, réimpr. 1987) ; *Saint Louis* (Fayard, 1983). - G. Sivery, *Saint Louis et son siècle* (Tallandier, coll. « Figures de proue », Paris, 1983) ; *Marguerite de Provence. Une reine au temps des cathédrales* (Fayard, 1987) ; *Blanche de Castille* (Fayard, 1990).

Économie et société. P. Desportes, *Reims et les Rémois aux XIIIe et xive siècles* (A. et J. Picard, Paris, 1979). - G. Duby, *27 juillet 1214. Le dimanche de Bouvines* (Gallimard, coll. « Trente Journées qui ont fait la France », n° 5, Paris, 1973, coll. « Folio-Histoire », n° 1, 1985) ; *la Société aux XIe et xiie siècles dans la région mâconnaise* (S.E.V.P.E.N., Paris, 2e éd., 1971). - R. Fossier, *la Terre et les hommes en Picardie jusqu'à la fin du xiiie siècle* (Nauwelaerts, Paris-Louvain, 1969, 2 vol.). - G. Fourquin, *Histoire économique de l'Occident médiéval* (A. Colin, coll. « U », 4e éd., 1990). - Sous la direction de Ch. Higounet, *Histoire de Bordeaux,* t. III, P. Capra, J. Gardelles et B. Guillemain, *Bordeaux sous les rois d'Angleterre* (Fédération historique du Sud-Ouest, Bordeaux, 1965). - M. Th. Lorcin, *la France au xiiie siècle* (Nathan, Paris, 1975) ; *Société et cadre de vie en France, Angleterre et Bourgogne : 1050 à 1250* (C.D.U.-S.E.D.E.S., Paris, 1985). - M. Le Méné, *l'Économie médiévale* (P.U.F., coll. « l'Historien », n° 29, 1977). - G. Sivery, *l'Économie du royaume de France au siècle de Saint Louis* (Presses Universitaires de Lille III, 1984). - Ph. Wolff, *Histoire de Toulouse* (Privat, Toulouse, 1958).

Vie religieuse, attitudes mentales, histoire culturelle. J.-M. Bienvenu, *Robert d'Arbrissel, l'étonnant fondateur de Fontevraud* (Nouvelles Éditions latines, 1981). - J. Chailley, *Histoire musicale du Moyen Âge* (P.U.F., coll. « Quadrige », n° 12 *bis*, Paris, nouv. éd., 1984). - A. Demurger, *Vie et mort de l'Ordre du Temple : 1118-1314* (Le Seuil, coll. « Points Histoire », Paris, 2e éd., 1989). - J. Fouquet et Philippe-Étienne, *Histoire de l'Ordre de Grandmont, 1074-1772* (C.L.D., Paris, 1985). - É. Gilson, *la Philosophie au Moyen Âge* (Payot, Paris, 4e éd., 1962). - J. Le Goff, *les Intellectuels au Moyen Âge* (Éd. du Seuil, coll. « Points Histoire », Paris, nouv. éd. 1985). - E. Le Roy Ladurie, *Montaillou village occitan, de 1294 à 1324* (Gallimard, Paris, 1975). - M. Th. Lorcin, *Façons de sentir et de penser : les fabliaux français* (H. Champion, coll. « Essais », Paris, 1979). - M. Mollat et A. Vauchez (sous la dir. de), *Un temps d'épreuves (1274-1449)* [Desclée de Brouwer-Fayard, coll. « Histoire du christianisme des origines à nos jours », t. VI, 1991]. - E. Panofsky, *Architecture gothique et pensée scolastique* (Éd. de Minuit, Paris, 1967). - J. Verger (sous la dir. de), *Histoire des universités en France* (Privat, Toulouse, coll. « Bibliothèque historique Privat », 1986). - M.H. Vicaire (sous la dir. de), *les Moines noirs, xiiie-xive siècle* (Privat, Toulouse, coll. « Cahiers de Fanjeaux », n° 29, 1984). - P. Zumthor, *Histoire littéraire de la France médiévale (vie-xive siècle)* [P.U.F., Paris, 1954].

12. 伟大的王国

Histoire et structures politiques. A. Artonne, *le Mouvement de 1314 et les chartes provinciales de 1315* (Alcan, Paris, 1912). - B. Chevalier, *l'Occident de 1280 à 1492* (A. Colin, coll. « U », Paris, nouv. éd., 1986). - R. Cazelles, *la Société politique et la crise de la royauté sous Philippe VI de Valois* (D'Argences, Paris, 1958). - J. Favier, *Philippe le Bel* (Fayard, Paris, 1978). - B. Guenée, *Entre l'Église et l'État : quatre vies de prélats français à la fin du Moyen Âge, xiiie-xve siècles* (Gallimard, coll. « Bibliothèque des Histoires », 1987). - Ch. V. Langlois, *le Règne de Philippe III le Hardi* (Hachette, Paris, 1887). - P. Lehugeur, *Histoire de Philippe V le Long, roi de France* (t. I, Hachette, Paris, 1897 ; t. II, Sirey, Paris, 1931). - G. Zeller, « les Rois de France candidats à l'Empire », dans *Revue historique* (t. CLXXIII, 1934).

Économie, société, démographie. E. Baratier, *la Démographie provençale du XIIIe au xvie siècle* (S.E.V.P.E.N., Paris, 1961). - R. Cazelles, *Nouvelle Histoire de Paris : de la fin du règne de Philippe Auguste à la mort de Charles V, 1223-1380* (Hachette, Paris, 1972). - Ph. Dollinger, « le Chiffre de population de Paris au xive siècle : 210 000 ou 80 000 habitants ? » dans *Revue historique* (t. CCXVI, 1956, pp. 35-44). - E. Fournial, *les Villes et l'économie d'échange en Forez aux xiiie et xive siècles* (Klincksieck, Paris, 1967). - G. Fourquin, « la Population de la région parisienne aux environs de 1328 », dans *Moyen Âge* (1956) ; *le Domaine royal en Gâtinais d'après la prisée de 1332* (S.E.V.P.E.N., Paris, 1963). - A. Higounet-Nadal, *Périgueux aux xive et xve siècles. Étude de démographie historique* (Bordeaux, 1978). - Ch. Higounet, *la Grange de Vaulerent. Structure et exploitation d'un terroir cistercien de la plaine de France (xiie-xve siècle)* [S.E.V.P.E.N., Paris, 1965]. - B. Leroy, *la Navarre au Moyen Âge* (Albin Michel, coll. « l'Aventure humaine », Paris, 1984). - F. Lot, « l'État des paroisses et des feux de 1328 », dans *Bibliothèque de l'École des chartes* (1929). - J.M. Richard, « Thierry d'Hireçon, agriculteur artésien », dans *Bibliothèque de l'École des chartes* (1892). - J. Schneider, *la Ville de Metz aux xiiie et xive siècles* (impr. G. Thomas, Nancy, 1950). - R.-W. Southern, *l'Église et la Société dans l'Occident médiéval* (Flammarion, coll. « Nouvelle Bibliothèque scientifique », 1987). - Ph. Wolff, *les « Estimes » toulousaines des xive et xve siècles* (Association Marc-Bloch, Toulouse, 1956).

Histoire des mentalités. G. de Lagarde, *Naissance de l'esprit laïque au déclin du Moyen Âge* (P.U.F., Paris, 1948). - Ch. V. Langlois, *la Vie en France au Moyen Âge, de la fin du XIIe au milieu du xive siècle* (Hachette, Paris, 1924-1928). - J. Lods, *le Roman de Perceforest. Origines. Composition. Valeur et influence* (Droz, Genève, 1951). - M. Pastoureau, *Figures et couleurs : études sur la symbolique et la sensibilité médiévales* (Léopard d'Or, 1986) ; *Couleurs, images, symboles* (Léopard d'Or, 1989). - Y. Renouard, « l'Ordre de la Jarretière et l'ordre de l'Étoile. Étude sur la genèse des ordres laïcs de chevalerie et sur le développement progressif de leur caractère national », *le Moyen Âge* (1949, nos 3 et 4, p. 281-300).

Les débuts de la guerre de Cent Ans. E. Déprez, *les Préliminaires de la guerre de Cent Ans* (Fontemoing, Paris, 1902). - Jean le Bel, *Chronique,* éd. J.Viard et E. Déprez (Laurens, Paris, 1904). - E. Perroy, *la Guerre de Cent Ans* (Gallimard, Paris,

1946 ; nouv. éd., 1976). - P.C. Timbal et coll., *la Guerre de Cent Ans vue à travers les registres du Parlement* (C.N.R.S., Paris, 1961). - Ph. Wolff, « Un problème d'origines : la guerre de Cent Ans », dans *Hommage à Lucien Febvre* (A. Colin, Paris, 1954).

13. 苦难时代

Sources. Thomas Basin, *Histoire de Charles VII,* éd. Ch. Samaran (Les Belles Lettres, « les Classiques de l'histoire de France au Moyen Âge », n°s 15 et 21, Paris, 2e éd., 1964-1965, 2 vol.). - A. Chartier, *Œuvres latines* (éd. P. Bourgain-Hemerick Paris, 1977). - *Chronique des règnes de Jean II et de Charles V,* éd. R. Delachenal (Laurens et Champion, « Société de l'histoire de France », Paris, 1916-1920, 4 vol.). - J. Froissart, *Chroniques* (éd. S. Luce-G. Raynaud-L. et A. Mirot Renouard, Laurens et Klincksieck, « Société de l'histoire de France », Paris, 15 vol., parus de 1869 à 1976). - *Journal d'un bourgeois de Paris (1405-1449),* éd. A. Tuetey (Champion, « Société de l'Histoire de France », Paris, 1881). - J. Juvénal des Ursins, *Histoire de Charles VI,* dans Michaud et Buchon, *Choix de chroniques,* pp. 333-469 (Paris, 1829). - J. Juvénal des Ursins, *Écrits politiques,* éd. P.S. Lewis et A.M. Hayez (C. Klincksieck, « Société de l'Histoire de France », n° 489 et n° 496, Paris, 1979 et 1985, 2 vol. parus). - J. Le Fevre, *Journal,* éd. H. Moranvillé (Paris, 1887). - Chr. de Pisan, *le Livre des fais et bonnes meurs du sage roy Charles V,* éd. Solente (Champion, « Société de l'Histoire de France », Paris, 1936-1941, 2 vol.). - J. de Roye, *Journal dit Chronique scandaleuse,* éd. B. de Mandrot (Renouard, « Société de l'Histoire de France », Paris, 1894 et 1896, 2 vol.). - P.C. Timbal et coll., *la Guerre de Cent Ans vue à travers les registres du parlement (1337-1369)* [C.N.R.S., Paris, 1961]. - J. de Venette, *Continuation de Guillaume de Nangis (1300-1368),* t. II, éd. Géraud (Renouard, « Société de l'Histoire de France », Paris, 1844).

Généralités. Ch. Allmand, *la Guerre de Cent Ans,* trad. par Ch. Cler (Payot, 1989). - Ph. Contamine, *la Guerre de Cent Ans* (P.U.F., Paris, coll. « Que sais-je ? », n° 1309, 1968, 5e éd., 1989) ; *la Vie quotidienne pendant la guerre de Cent Ans, France et Angleterre* (Hachette, coll. « la Vie quotidienne », Paris, 1977) ; *la Guerre au Moyen Âge* (P.U.F., coll. « Nouvelle Clio », n° 24, Paris, 2e éd., 1986). - G. Duby et R. Mandrou, *Histoire de la civilisation française,* t. Ier (A. Colin, coll. « U », Paris, 7e éd., 1984). - *Histoire de France depuis les origines jusqu'à la Révolution,* sous la dir. d'E. Lavisse ; t. IV, Ire partie, A. Coville, *les Premiers Valois et la guerre de Cent Ans (1328-1422)* ; 2e partie, Ch. Petit-Dutaillis, *Charles VII, Louis XI et les premières années de Charles VIII (1422-1492)* [Hachette, Paris, 1911]. - A. Demurger, *Temps de crises, temps d'espoirs. XIVe-XVe siècles* (Le Seuil, coll. « Points » « Nouvelle Histoire de la France médiévale », t. 5, Paris, 1990). - J. Favier, *De Marco Polo à Christophe Colomb (1250-1492)* [Larousse, coll. « Histoire universelle », t. VII, Paris, nouv. éd., 1974]. - J. Favier, *La Guerre de Cent Ans, 1337-1453* (Fayard, 1980 ; Marabout, coll. « Marabout Université » n° 426, nouv. éd., Paris, 1983). - J. Favier, *le Temps des principautés (1000-1515)* [Fayard, coll. « Histoire de France », sous la dir. de J. Favier, t. II, Paris, 1984]. - R. Fédou, *Lexique historique du Moyen Âge* (A. Colin, coll. « U », Paris, 3e éd., 1989). - A. Leguai, *la Guerre de Cent Ans* (Nathan, Paris, 1974). - P. Lewis, *la France à la fin du Moyen Âge* (Hachette, Paris, 1977). - E. Perroy, *la Guerre de Cent Ans* (Gallimard, Paris, nouv. éd., 1976).

Structures politiques et événements. F. Autrand, *Naissance d'un grand corps de l'État. Les Gens du Parlement de Paris, 1345-1454* (Publications de la Sorbonne, 1981). - Fr. Autrand, *Charles VI* (Fayard, Paris, 1986). - J. d'Avout, *la Querelle des Armagnacs et des Bourguignons* (Gallimard, Paris, 1943) ; *31 juillet 1358, le meurtre d'Étienne Marcel* (Gallimard, coll. « Trente Journées qui ont fait l'histoire de France », n° 8, Paris, 1960). - R.-H. Bautier présente *la « France anglaise » au Moyen Âge* (C.T.M.S., « Actes du IIIe congrès national des sociétés savantes [Poitiers, 1986], Paris, 1988. - R. Cazelles, *la Société politique et la crise de la royauté sous Philippe de Valois* (Librairie d'Argences, Paris, 1958) ; « Jean II le Bon. Quel homme ? Quel roi ? » (*Revue historique,* 1974, pp. 5-26). - R. Cazelles, *Société politique, noblesse, couronne sous Jean II le Bon et Charles V* (Genève, Droz, 1982). - R. Cazelles, *Étienne Marcel, champion de l'unité française* (Tallandier, coll. « Figures de proue », Paris, 1984). - Ph. Contamine, *Guerre, État et société à la fin du Moyen Âge* (Mouton, Paris-La Haye, 1972). - R. Delachenal, *Histoire de Charles V* (A. et J. Picard, Paris, 1909-1931, 5 vol.). - J. Deniau, *la Commune de Lyon et la guerre bourguignonne, 1417-1435* (Masson, Lyon, 1935). - B. Guenée, *l'Occident aux XIVe et XVe siècles. Les États* (P.U.F., coll. « Nouvelle Clio », n° 22, Paris, 3e éd., 1987). - B. Guenée et F. Lehoux, *les Entrées royales françaises, 1328-1515* (C.N.R.S., Paris, 1968). - J.B. Henneman, *Royal Taxation in fourteenth century France* (Princeton, 1971). - M. Jones, *Ducal Britanny, 1364-1399* (Oxford, 1970). - A. Leguai, *les Ducs de Bourbon pendant la crise monarchique du XVe siècle* (Les Belles Lettres, Paris, 1962) ; *De la seigneurie à l'État. Le Bourbonnais pendant la guerre de Cent Ans* (Impr. réunies, Moulins, 1969). - F. Lehoux, *Jean de France, duc de Berri* (A. et J. Picard, Paris, 1966-1968, 4 vol.). - E. Le Roy Ladurie, *l'État royal de Louis XI à Henri IV, 1460-1610* (Hachette, coll. « Histoire de France-Hachette », 1987 ; coll. « Pluriel », 1990). - R. Pernoud et M.V. Clin, *Jeanne d'Arc* (Fayard, 1986). - J. Quillet, *Charles V, le roi lettré. Essai sur la pensée politique d'un règne* (Perrin, Paris, 1984). - M. Rey, *le Domaine du roi et les finances extraordinaires sous Charles VI (1388-1413)* [S.E.V.P.E.N., Paris, 1965] ; *les Finances royales sous Charles VI. Les causes du déficit (1388-1413)* [S.E.V.P.E.N., Paris, 1965]. - P. Tucoo Chala, *Gaston Fébus. Un grand prince d'Occident* (Marimpouey jeune, Pau ; Paris, diff. Touzot, 1976). - M.G.A. Vale, *English Gasconny, 1399-1453* (Oxford University Press, 1970) ; *Charles VII,* (Londres, 1974). - R. Vaughan, *Philip the Bold* (Longman, Londres, 1962) ; *John the Fearless* (Longman, Londres, 1966) ; *Philip the Good. The Apogee of Burgundy* (Longman, Londres, 1970).

Économie et société. É. Baratier, *la Démographie provençale du XIIIe au XVIe siècle* (S.E.V.P.E.N., Paris, 1961). - É. Baratier et F. Reynaud, *Histoire du commerce de Marseille,* t. II, *De 1291 à 1480* (Plon, Paris, 1951). - C. Billot, *Chartres à la fin du Moyen Âge* (E.H.E.S.S., Paris, 1987). - J. N. Biraben, *les Hommes et la peste en France et dans les pays méditerranéens* (Mouton, Paris-La Haye, 1975-76, 2 vol.). - G. Bois, *Crise du féodalisme* (Presses de la Fondation nationale des sciences politiques, Paris, 2e éd., 1981). - R. Boutruche, *la Crise d'une société. Seigneurs et paysans du Bordelais pendant la guerre de Cent Ans* (Les Belles Lettres, Paris, 2e éd., 1963). - M.-Th. Caron, *la Noblesse dans le duché de Bourgogne (1315/1477)* [Presses universitaires de Lille, Lille, 1987]. - E. Carpentier, « Autour de la peste noire : famines et épidémies dans l'histoire du XIVe siècle », dans *Annales. Économies, Sociétés, Civilisations* (A. Colin, Paris, 1962, pp. 1062-1092). - E. Carpentier et J. Glénisson, « Bilans et Méthodes : la démographie française au XIVe siècle », dans *Annales. Économies, Sociétés, Civilisations* (A. Colin, Paris, 1962). - R. Cazelles, *Paris de la fin du règne de Philippe Auguste à la mort de Charles V (1223-1380)* [Nouvelle Histoire de Paris, Paris, 1972]. - B. Chevalier, *Tours, ville royale,*

1356-1520 (Vander/Nauwelaerts, Louvain-Bruxelles, Paris-Louvain, 1975) ; « Pouvoir urbain et pouvoir royal à Tours pendant la guerre de Cent Ans » *Annales de Bretagne,* 1974 ; *les Bonnes Villes de France du* XIVe au XVIe *siècle* (Aubier, coll. « Historique », 1982). - Ph. Contamine (présentés par), *la Noblesse au Moyen Âge du* XIe au XVe *siècle, essais à la mémoire de R. Boutruche* (P.U.F., Paris, 1976). - R. Delort, *le Commerce des fourrures en Occident à la fin du Moyen Âge* (Rome-Paris, De Boccard, coll. « B.E.F.A.R. », fasc. 236, 1974-1980, 2 vol.). - H. Dubois, *les Foires de Chalon et le commerce dans la vallée de la Saône à la fin du Moyen Âge (vers 1280-vers 1430)* [Imprimerie nationale, coll. « Publications de la Sorbonne », série Sorbonne 4, Paris, 1976]. - G. Duby, *l'Économie rurale et la vie des campagnes dans l'Occident médiéval. France, Angleterre, Empire,* IXe-XVe *siècle,* t. II (Aubier, Paris, 1962). - J. Favier, *Paris au* XVe *siècle, 1380-1500* (Hachette, coll. « Nouvelle Histoire de Paris », Paris, 1974). - J. Favier, *les Finances pontificales à l'époque du Grand Schisme d'Occident* (De Boccard, coll. de la « B.E.F.A.R. », fasc. 211, Paris, 1966). - J. Favier, *François Villon,* (Fayard, Paris, 1982). - R. Favreau, *la Ville de Poitiers à la fin du Moyen Âge. Une capitale régionale* (Soc. des Antiquaires de l'Ouest, Poitiers, 1978, 2 vol.). - É. Fournial, *les Villes et l'économie d'échange en Forez aux* XIIIe et XIVe *siècles* (Klincksieck, Paris, 1967). - G. Fourquin, *les Campagnes de la région parisienne à la fin du Moyen Âge* (P.U.F., Paris, 1963). - B. Geremek, *le Salariat dans l'artisanat parisien,* XIIIe-XVe *siècle* (Mouton, Paris-La Haye, 1969) ; *les Marginaux parisiens aux XIVe et* XVe *siècles* (Flammarion, coll. « l'Histoire vivante », Paris, 1976). - P. Gresser, *la Franche-Comté au temps de la guerre de Cent ans* (L'être, Besançon, 1990). - B. Guillemain, *la Cour pontificale d'Avignon, 1309-1376, l'Étude d'une société* (De Boccard, coll. de la B.E.F.A.R., fasc. 201, Paris, 2e éd., 1966). - J. Heers, *l'Occident aux* XIVe et XVe *siècles, aspects économiques et sociaux* (P.U.F., coll. « Nouvelle Clio », n° 23, Paris, 5e éd., 1990). - A. Higounet-Nadal, *Périgueux aux* XIVe et XVe *siècles* (Fédération historique du Sud-Ouest, Bordeaux, 1978). - Ch. Higounet (sous la dir. de), *Histoire de Bordeaux,* t. III et IV (Fédération historique du Sud-Ouest, Bordeaux, 1965 et 1966). - F. Humbert, *les Finances municipales de Dijon du milieu du* XIVe *siècle à 1477* (Publications de l'université de Dijon ; les Belles Lettres, Paris, 1962). - M. Kriegel, *les Juifs à la fin du Moyen Âge dans l'Europe méditerranéenne* (Hachette, Paris, 1979). - M.T. Lorcin, *les Campagnes de la région lyonnaise aux* XIVe et XVe *siècles* (l'auteur, Paris-Lyon, 1974). - M. Mollat, *les Pauvres au Moyen Âge. Étude sociale* (Complexe, coll. « Historique », nouv. éd., Bruxelles, 1984). - M. Mollat et Ph. Wolff, *Ongles bleus, Jacques et Ciompi* (Calmann-Lévy, Paris, 1970). - G. Sivery, *les Structures agraires et la vie rurale dans le Hainaut à la fin du Moyen Âge* (Lille, 1973). - L. Stouff, *Ravitaillement et alimentation en Provence aux* XIVe et XVe *siècles* (Mouton, Paris-La Haye, 1971). - M.R. Thielemans, *Bourgogne et Angleterre : les relations politiques et économiques entre les Pays-Bas bourguignons et l'Angleterre, 1435-1467* (Institut de sociologie de l'université libre, Bruxelles, 1966). - *Villages désertés et histoire économique* (S.E.V.P.E.N., Paris, 1965). - Ph. Wolff, *Commerces et marchands de Toulouse (vers 1350-vers 1450)* [Plon, Paris, 1954] ; « les Luttes sociales dans les villes du Midi français (XIIIe-XVe siècle) », dans *Annales* E.S.C. (A. Colin, Paris, 1947, pp. 443-454) ; *Regards sur le Midi médiéval* (Toulouse, 1978) ; *Automne du Moyen Âge ou printemps des temps nouveaux ? L'économie européenne aux* XIVe et XVe *siècles* (Aubier, coll. « Historique », Paris, 1986). - M. Zerner, « En Provence, une crise de mortalité au XVe *siècle* » *(Annales,* E.S.C., 1979, n° 3).

Vie religieuse. Attitudes mentales. Histoire culturelle. L. Binz, *Vie religieuse et réforme ecclésiastique dans le diocèse de Genève, 1378-1450* (Jullien, Genève, 1973). - J. Chailley, *Histoire musicale du Moyen Âge* (P.U.F., « coll. Quadrige », n° 55, Paris, nouv. éd., 1984). - A. Chiffoleau, *la Comptabilité de l'Au-delà. Les hommes, la mort et la religion dans la région d'Avignon à la fin du Moyen Âge (vers 1320-vers 1480)* [Palais Farnèse, « collection de l'École française de Rome », 1980). - E. Delaruelle, E.R. Labande et P. Ourliac, *l'Église au temps du Grand Schisme et de la crise conciliaire (1378-1449),* dans *Histoire de l'Église,* fondée par A. Fliche et V. Martin, t. XIV (Bloud et Gay, Paris, 1962). - J. Delumeau, *la Peur en Occident (*XIV-XVIIIe *siècle). Une cité assiégée* (Fayard, Paris, 1978). - G. Duby, *Fondements d'un nouvel humanisme, 1280-1440* (Skira, Genève, 1966) ; *le Temps des cathédrales : l'art et la société, 980-1420* (Gallimard, Paris, 1978). - B. Guenée, *Histoire et culture historique dans l'Occident médiéval* (Aubier, coll. « Historique », nouv. éd., 1991). - J. Huizinga, *le Déclin du Moyen Âge* (Payot, Paris, 1948) ; *l'Automne du Moyen Âge* [nouveau titre du précédent ouvrage] (Payot, Paris, 1977). - F. Lebrun (sous la dir. de), *Du christianisme flamboyant à l'aube des lumières (*XIVe-XVIIIe *siècle)* (Le Seuil, coll. « Histoire de la France religieuse » sous la dir. de J. Le Goff et de R. Rémond, t. III, 1988). - É. Mâle, *l'Art religieux de la fin du Moyen Âge en France* (A. Colin, Paris, 1948). - H. Martin, *les Ordres mendiants en Bretagne, vers 1250-vers 1530* (Klincksieck, Paris, 1975). - M. Meiss, *French Painting in the Time of Jean de Berry* (Phaidon, Londres-New York, 1969, 2 vol.). - M. Parisse, *les Nonnes au Moyen Âge* (C. Bonneton, Paris, 1983). - D. Poirion, *le Poète et le prince* (Presses universitaires de Grenoble, Grenoble-Paris, 1965) ; *le Moyen Âge II, 1300-1480* (Littérature française, Arthaud, Paris, 1971). - F. Rapp, *l'Église et la vie religieuse en Occident à la fin du Moyen Âge* (P.U.F., coll. « Nouvelle Clio », n° 25, Paris, 3e éd., 1983). - A. Tenenti, *la Vie et la Mort à travers l'art du* XVe *siècle* (S. Fleury, coll. « la Mesure du temps », nouv. éd., 1982). - J. Toussaert, *le Sentiment religieux en Flandre à la fin du Moyen Âge* (Plon, Paris, 1963). - *Les Universités à la fin du Moyen Âge,* éd. par J. Paquet et J. Isewijn (Louvain, 1978). - A. Vauchez, *la Sainteté en Occident aux derniers siècles du Moyen Âge (1198-1431). Recherches sur les mentalités religieuses médiévales* (De Boccard, coll. de la B.E.F.A.R., fasc. 239, Rome-Paris, 1981). - A. Vauchez et M. Mollat du Jourdin (sous la dir. de), *Un temps d'épreuves : 1274-1449,* t. VI de l'*Histoire du christianisme des origines à nos jours* sous la dir. de J.-M. Mayeur, Ch. Piétri, A. Vauchez, M. Vénard (Fayard, Desclée, 1990). - J. Verger (sous la dir. de), *Histoire des universités en France* (Privat, coll. « Bibliothèque historique Privat, Toulouse, 1986).

14. 从重建到扩张

Textes. Thomas Basin, *Histoire de Louis XI,* éd. Ch. Samaran et M.-C. Garand (Les Belles Lettres, coll. « les Classiques de l'histoire de France au Moyen Âge », n°s 26, 27 et 30, Paris, nouv. éd., 1963-1972, 3 vol). - Jean d'Auton, *Chronique de Louis XII* (S.H.F., Paris, 1889-1895, 4 vol.) ; *Affaires de Jacques Cœur. Journal du Procureur Dauvet,* éd. M. Mollat (S.E.V.P.E.N., Paris, 1952-53, 2 vol.). - Philippe de Commynes, *Mémoires,* éd. J. Calmette et G. Durville (Les Belles Lettres, coll. « les Classiques de l'histoire de France au Moyen Âge », n°s 3, 5 et 6, Paris, nouv. éd., 1964-1965).

Généralités. J. Calmette et E. Déprez, *Histoire générale,* t. VII, *l'Europe occidentale de la fin du* XIVe *siècle aux guerres d'Italie :* 2e partie, *les Premières Grandes Puissances* (P.U.F., Paris, 1939). - B. Guenée, *l'Occident aux* XIVe et XVe s. Les États (P.U.F., coll. « Nouvelle Clio », n° 22, Paris, 3e éd., 1983).

– P. Lewis, *la France à la fin du Moyen Âge* (Hachette, Paris, 1977). – M. Mollat, *Genèse médiévale de la France moderne, xive-xve siècle* (Arthaud, Paris, 1970, rééd. Le Seuil, 1977). – E. Perroy, *la Guerre de Cent Ans* (Gallimard, coll. « la Suite des temps », Paris, 1946 ; nouv. éd., 1976).

Vie politique et institutions. J. Bartier, *Charles le Téméraire* (Arcade, Bruxelles, 1970) ; *Légistes et gens de finances au xve siècle. Les conseillers des ducs de Bourgogne Philippe le Bon et Charles le Téméraire* (Académie royale, Bruxelles, 1955). – B. Chevalier, Ph. Contamine (sous la dir. de), *la France de la fin du xve siècle : renouveau et apogée, économie, pouvoirs, arts, culture et conscience nationale* (Centre d'études supérieures de la Renaissance, Tours, 3-6 octobre 1983, éd. du C.N.R.S., 1986). – P. Champion, *Louis XI* (Champion, Paris, 1927, 2 vol. ; Slatkine, Genève, nouv. éd., 1984). – P.-R. Gaussin, *Louis XI, roi méconnu* (A.-G. Nizet, Paris, 1976). – P.M. Kendall, *Louis XI* (trad. fr. Fayard, Paris, 1974). – Y. Labande-Mailfert, *Charles VIII, le vouloir et la destinée* (Fayard, Paris, 1986). – R. Philippe, *Agnès Sorel* (Hachette, Paris, 1983). – B. Quillet, *Louis XII* (Fayard, Paris, 1986). – M. G. Vale, *Charles VII* (Oxford University Press, Oxford, 1974). – R. Vaughan, *Charles the Bold, the Last Valois Duke of Burgundy* (Longman, Londres, 1973).

Économie et société. J. Bernard, *Navires et gens de mer à Bordeaux (vers 1400-vers 1550)* [S.E.V.P.E.N., Paris, 1968, 3 vol.]. – R. Boutruche et coll., *Histoire de Bordeaux,* t. IV, *Bordeaux de 1453 à 1715* (Fédération historique du Sud-Ouest, Bordeaux, 1966). – G. Caster, *le Commerce du pastel et de l'épicerie à Toulouse, 1450 environ à 1561* (Privat, Toulouse, 1962). – B. Chevalier, *Tours, ville royale, 1356-1520* (Vander-Nauwelaerts, Paris-Louvain, 1975). – Ph. Contamine, *Guerre, État et Société à la fin du Moyen Âge. Étude sur les armées des rois de France* (Mouton, Paris-La Haye, 1972). – J. Favier, *Paris au xve siècle, 1380-1500* (Hachette, coll. « Nouvelle Histoire de Paris », Paris, 1974). – R. Favreau, *la Ville de Poitiers à la fin du Moyen Âge. Une capitale régionale.* (Soc. des Antiquaires de l'Ouest, Poitiers, 1978, 2 vol.). – R. Fédou, *les Hommes de loi lyonnais à la fin du Moyen Âge. Étude sur les origines de la classe de robe* (Les Belles Lettres, Paris, 1964). – G. Fourquin, *les Campagnes de la région parisienne à la fin du Moyen Âge* (P.U.F., Paris, 1963). – R. Gandilhon, *Politique économique de Louis XI* (P.U.F., Paris, 1941). – B. Guenée, *Tribunaux et gens de justice dans le bailliage de Senlis à la fin du Moyen Âge (vers 1380-vers 1550)* [Les Belles Lettres, Paris, 1963]. – M. Mollat, *le Commerce maritime normand à la fin du Moyen Âge* (Plon, Paris, 1952) ; *les Pauvres au Moyen Âge. Étude sociale* (Ed. Complexe, coll. « Historique », Paris, nouv. éd., 1984) ; *Jacques Cœur ou l'Esprit d'entreprise* (Aubier, coll. « Historique », 1988). – H. Touchard, *le Commerce maritime breton à la fin du Moyen Âge* (les Belles Lettres, Paris, 1967). – Ph. Wolff, *Commerces et marchands de Toulouse (vers 1350-vers 1450)* [Plon, Paris, 1954].

Vie religieuse. R. Aubenas et R. Ricard, *l'Église et la Renaissance (1449-1517),* dans *Histoire de l'Église,* fondée par A. Fliche et V. Martin, t. XV (Bloud et Gay, Paris, 1951). – P. Imbart de la Tour, *les Origines de la Réforme,* t. I, *la France moderne ;* t. II, *l'Église catholique, la crise et la renaissance* (Librairie d'Argences, Paris, 2e éd., 1946). – F. Lebrun (sous la dir. de), *Histoire des catholiques en France du xve siècle à nos jours* (Hachette, coll. « Hachette Pluriel », Paris, nouv. éd., 1985). – M.-T. Lorcin, *Vivre et mourir en Lyonnais à la fin du Moyen Âge* (C.N.R.S., Paris, 1981). – V. Martin, *les Origines du gallicanisme* (Bloud et Gay, Paris, 1939, 2 vol.). – F. Rapp, *l'Église et la vie religieuse en Occident à la fin du Moyen Âge* (P.U.F., coll. « Nouvelle Clio », n° 25, Paris, nouv. éd., 1983). – A. Renaudet, *Préréforme et humanisme à Paris pendant les premières guerres d'Italie, 1494-1517* (Librairie d'Argences, Paris, 2e éd., 1953).

Culture et vie artistique. J. Huizinga, *le Déclin du Moyen Âge,* trad., J. Bastin (Payot, Paris, 2e éd., 1948, rééd. sous le titre *l'Automne du Moyen Âge,* Paris, 1977). – É. Mâle, *l'Art religieux de la fin du Moyen Âge en France* (A. Colin, Paris, 1948). – A. Michel, *Histoire de l'art,* t. II, 2e partie, *Formation, expansion et évolution de l'art gothique* (A. Colin, Paris, 1906) ; t. III, 1re partie, *le Réalisme. Les débuts de la Renaissance* (A. Colin, Paris, 1907).

15. 文艺复兴和宗教纷争

Textes. On trouvera des listes de sources dans les nos 30, 30 bis, 31 et 32 de la collection « Nouvelle Clio », respectivement pp. 9 (n° 30), 27-29 et 33-35 (n° 31) et 7-9 (n° 32), dont les titres figurent ci-dessous.

Généralités. B. Bennassar, J. Jacquart, *le xvie siècle* (A. Colin, coll. « U », Paris, 2e éd., 1990). – F. Braudel, *la Méditerranée et le monde méditerranéen à l'époque de Philippe II* (A. Colin, Paris, 9e éd., 1990, 2 vol.) ; *Civilisation matérielle, économie et capitalisme, xve-xviiie siècle* (A. Colin, nouv. éd., Paris, 1986, 3 vol.). – A. Croix, J. Jacquart et Fr. Lebrun présentent *la France d'Ancien Régime. Études réunies en l'honneur de Pierre Goubert* (Privat, Société de démographie historique, Toulouse, 1984, 2 vol.). – J. Delumeau, *la Civilisation de la Renaissance* (Arthaud, Paris, 1967). – J.-Cl. Margolin (sous la dir. de), *l'Avènement des Temps modernes* (P.U.F., coll. « Peuples et Civilisations », t. VIII, Paris, 1977). – M. Mornineau, *le xvie siècle, 1492-1610* (Larousse, coll. « Histoire Universelle », t. VIII, Paris, nouv. éd., 1974). – R. Mousnier, *les xvie et xviie siècles : les progrès de la civilisation européenne et le déclin de l'Orient (1492-1715)* [P.U.F., coll. « Histoire générale des civilisations », t. IV, Paris, 4e, 5e éd., 1967].

Travaux d'ensemble sur la France. J.-P. Babelon, *Henri IV* (Fayard, Paris, 1982). – B. Barbiche, *Sully* (Albin Michel, Paris, 1978). – P. Chevallier, *Henri III, roi shakespearien* (Fayard, Paris, 1985). – I. Cloulas, *Catherine de Médicis* (Fayard, Paris, 1980) ; *Henri II* (Fayard, Paris, 1985). – G. Dodu, *les Valois. Histoire d'une maison royale, 1328-1589* (Hachette, Paris, 1934). – J. Jacquart, *François Ier* (Marabout, coll. « Marabout-Université » n° 403, nouv. éd. en poche, Paris, 1984). – H. Lemonnier, *les Guerres d'Italie. La France sous Charles VIII, Louis XII et François Ier (1492-1547),* dans *Histoire de France,* sous la direction d'E. Lavisse, t. V, 1re partie (Hachette, Paris, 1911). – J.-H. Mariejol, *la Réforme et la Ligue. L'édit de Nantes (1559-1598),* dans *Histoire de France...,* t. VI, 1re partie (Hachette, Paris, 1911). – H. Méthivier, *L'Ancien Régime* (P.U.F., coll. « Que sais-je ? », n° 925, 10e éd., Paris, 1990). – H. Méthivier, *l'Ancien Régime, xvie-xviie-xviiie siècle* (P.U.F., coll. « Précis », Paris, 2e éd., 1991). – J. Meyer, *la France moderne, 1515-1789* (Fayard, coll. « Histoire de France », sous la dir. de J. Favier, t. III, Paris, 1985). – M. Mollat et J. Habert, *Giovanni et Girolamo Verrazano, navigateurs de François Ier* (Imprimerie nationale, coll. « Voyages et découvertes », Paris, 1983). – J.-C. Sournia, *Blaise de Monluc, soldat et écrivain (1500-1577)* [Fayard, Paris, 1981]).

Vie politique et institutions. G. Cabourdin et G. Viard, *Lexique historique de la France d'Ancien Régime* (A. Colin, coll. « U », Paris, nouv. éd., 1990). – M. Devèze, *la Vie de la forêt française au xvie siècle* (S.E.V.P.E.N., Paris, 1961, 2 vol.). – R. Doucet, *Étude sur le gouvernement de François Ier dans ses rapports avec le parlement de Paris (1525-1527)* [Champion, Paris, 1922-1926, 2 vol.] ; *les Institutions de la France au xvie siècle* (A. et J. Picard, Paris, 1948, 2 vol.). – M. Fogel, *les Cérémonies de l'information dans la France du* XVIe au XVIIIe *siècle* (Fayard, Paris, 1989). - H. Lapeyre, *les Monarchies européennes du* XVI*e siècle ; les relations internationales* (P.U.F., coll. « Nouvelle Clio », n° 31, Paris, 1967 ; nouv. éd., 1973). - J.R. Major, *Representative Institutions in Renaissance France (1421-1559)* [Madison, 1960]. - G. Zeller et P. Magnard, *les Institutions de la France au* XVI*e siècle* (P.U.F., coll. « Dito », Paris, nouv. éd., 1987).

L'évolution économique et sociale. Y.-M. Bercé, *Histoire des Croquants* (Le Seuil, coll. « Historique », Paris, 1986). - F. Billacois, *le Duel dans la société française des XVIe et* XVII*e siècles : essai de psychologie historique* (E.H.E.S.S., coll. « Civilisations et sociétés », n° 73, Paris, 1986). - M. Bloch, *les Caractères originaux de l'histoire rurale française* (A. Colin, Paris, 3e éd., 1988). - F. Braudel et E. Labrousse (sous la dir. de), *Histoire économique et sociale de la France (1450-1660)* [P.U.F., Paris, 1977, 2 vol., rédigés respectivement par P. Chaunu et R. Gascon et E. Le Roy Ladurie et M. Morineau]. - G. Chaussinand-Nogaret (sous la dir. de), J.-M. Constant, C. Durandin et A. Jouanna, *Histoire des élites en France du* XVI*e* au XX*e siècle. L'Honneur, le Mérite, l'Argent* (Tallandier, Paris, 1991). - G. Duby et R. Mandrou, *Histoire de la civilisation française*, t. Ier, *le Moyen Âge et le* XVI*e siècle* (A. Colin, coll. « U », Paris, 7e éd., 1984). - G. Duby et A. Wallon (sous la dir. de), *Histoire de la France rurale* (Le Seuil, Paris, 1975) : vol. II *(1340-1789)* dirigé par E. Le Roy Ladurie. - G. Fourquin, *les Campagnes de la région parisienne à la fin du Moyen Âge* (P.U.F., Paris, 1963). - P. Harsin, *les Doctrines monétaires et financières en France du* XVI*e* au XVIII*e siècle* (Alcan, Paris, 1928). - A. Jouanna, *le Devoir de révolte. La noblesse française et la gestation de l'État moderne (1559-1660)* (Fayard, coll. « Nouvelles Études historiques », Paris, 1989). - J.-P. Labatut, *les Noblesses européennes de la fin du* XV*e* à la fin du XVIII*e siècle* (P.U.F., Paris, 1978). - E. Le Roy Ladurie, *les Paysans de Languedoc* (S.E.V.P.E.N., Paris, 1966, 2 vol.). - Fr. Mauro, *le* XVI*e Siècle européen. Aspects économiques* (P.U.F., coll. « Nouvelle Clio », n° 32, Paris, nouv. éd., 1981). - J. Meyer, *la Noblesse française à l'époque moderne :* XVI*e*-XVII*e siècle* (P.U.F., coll. « Que sais-je ? », n° 830, Paris, 1991). - G. Roupnel, *Histoire de la campagne française* (Grasset, Paris, 1955). - B. Schnapper, *Histoire d'un instrument de crédit . les rentes au* XVI*e siècle* (S.E.V.P.E.N., Paris, 1958). - H. Sée, *Histoire économique de la France* (A. Colin, t. Ier, Paris, 1948). - Fr. Spooner, *l'Économie mondiale et les frappes monétaires en France, 1493-1680* (Droz, Genève, et A. Colin, Paris, 1956). - P. de Vaissière, *Gentilshommes campagnards de l'Ancienne France* (Presses du Village, coll. « Terroirs de France », nouv. éd., Paris, 1986).

Les arts. L'Art de Fontainebleau (Ed. du C.N.R.S., Paris, 1975). - S. Béguin, *l'École de Fontainebleau* (Gonthier, Paris, 1960). - A. Blunt, *Art and Architecture in France, 1500-1700* (Penguin Books, Harmondsworth [Middlesex], 1957) ; *Philibert de l'Orme* (Julliard, Paris, 1963). - P. et G. Francastel, P. Tiné et M. Bex, *Histoire de la peinture française du* XIV*e* au XVIII*e siècle* (Elsevier, Paris-Bruxelles, 1955, 2 vol.). - Fr. Gébelin, *les Châteaux de la Loire* (Alpina, Paris, 1957) ; *les Châteaux de la Renaissance* (Les Beaux-Arts, G. van Oest, Paris, 1927). - J. Hautecœur, *Histoire de l'art*, t. II, *De la réalité à la beauté* (Flammarion, Paris, 1959). - F. Herbet, *Fontainebleau* (Paris, 1937).

Les lettres. P. Barrière, *la Vie intellectuelle en France, du* XVI*e siècle à l'époque contemporaine* (A. Michel, Paris, 1961). - H. Chamard, *Origines de la poésie française de la Renaissance* (E. de Boccard, Paris, 1920) ; *Histoire de la Pléiade* (Didier, Paris, 1939, 4 vol.). - P. Faure, *la Renaissance* (P.U.F., coll. « Que sais-je ? », Paris, 9e éd., 1990). - P. Jourda, *Marguerite d'Angoulême, duchesse d'Alençon, reine de Navarre* (Champion, Paris, 1930, 2 vol.). - A. Lefranc, *Grands Écrivains français de la Renaissance* (Champion, Paris, 1914). - P. Mesnard, *l'Essor de la philosophie politique au XVIe siècle* (Vrin, Paris, 2e éd., 1952). - J. Plattard, *la Renaissance des lettres en France de Louis XII à Henri IV* (A. Colin, Paris, 3e éd., 1952).

Les mentalités et la vie quotidienne. A. Denieul-Cornier, *la France de la Renaissance (1488-1559)* [Arthaud, Paris, 1962]. - J. Delumeau, *la Peur en Occident (*XIV*e*-XVIII*e siècle)* [Fayard, Paris, 1978]. - R. Mandrou, *Introduction à la France moderne, 1500-1640. Essai de psychologie collective* (A. Michel, coll. « l'Évolution de l'Humanité », t. LII., Paris, 1961 ; nouv. éd., n° 36, Paris, 1974). - R. Muchembled, *Culture populaire et culture des élites dans la France moderne,* XV*e*-XVIII*e siècle* (Flammarion, Paris, 1978).

Philosophie, religion. H. Busson, *les Sources et le développement du rationalisme dans la littérature française de la Renaissance (1533-1601)* [Letouzey et Ané, Paris, 1922]. - L. Cristiani, *l'Église à l'époque du concile de Trente,* dans l'*Histoire de l'Église* d'A. Fliche et V. Martin, t. XVII (Bloud et Gay, Paris, 1948). - J. Delumeau, *Naissance et affirmation de la Réforme* (P.U.F., coll. « Nouvelle Clio », n° 30, Paris, 3e éd., 1988) ; *le Catholicisme entre Luther et Voltaire* (P.U.F., Paris, coll. « Nouvelle Clio », n° 30 bis, 3e éd., 1985). - L. Febvre, *le Problème de l'incroyance au* XVI*e siècle : la religion de Rabelais* (A. Michel, Paris, 1947) ; *Au cœur religieux du* XVI*e siècle* (Droz, Genève et S.E.V.P.E.N., Paris, 1957). - J. Garrisson, *les Protestants au* XVI*e siècle* (Fayard, coll. « Nouvelles Études historiques », Paris, 1988). - P. Imbart de la Tour, *les Origines de la Réforme* (Hachette, Paris, 1905-1914, 4 vol. ; t. II et III, nouv. éd., Librairie d'Argences, Paris, 1946 et 1948). - F. Lebrun, *Du christianisme flamboyant à l'aube des Lumières (*XIV*e*-XVIII*e siècle)* [Le Seuil, coll. « Histoire de la France religieuse », sous la dir. de J. Le Goff et de R. Rémond, t. II, Paris, 1988]. - E.G. Léonard, *Histoire générale du protestantisme,* t. Ier, *la Réformation* (P.U.F., coll. « Quadrige », n° 101, nouv. éd., Paris, 1988). - G. Livet, *les Guerres de Religion, 1559-1598* (P.U.F., coll. « Que sais-je ? », n° 1016, Paris, 6e éd., 1988). - R. Mandrou, *Histoire de la pensée européenne. 3 : Des humanistes aux hommes de science, XVIe-XVIIe siècle* (Le Seuil, coll. « Points. Histoire », n° 8, Paris, 1973). - E. de Moreau, P. Jourda et P. Janelle, *la Crise religieuse du* XVI*e siècle,* dans l'*Histoire de l'Église* d'A. Fliche et V. Martin, t. XVI (Bloud et Gay, Paris, 1950). - R. Stauffer, *la Réforme* (P.U.F., coll. « Que sais-je ? », n° 1376, Paris, 4e éd., 1988).

16. 巴洛克时代的法国

Textes. Richelieu, *Testament politique ou les Maximes d'État de Monsieur le cardinal de Richelieu,* éd. D. Dessert (P.U.F., coll. « Historiques-Politiques », n° 63, Paris, 1990). - R. Mousnier, *Lettres et mémoires adressés au chancelier Séguier (1633-1649)* [P.U.F., Paris, 1964, 2 vol.].

Généralités. F. Bluche (sous la dir. de), *Dictionnaire du Grand Siècle (1589-1715),* [Fayard, Paris, 1990]. - P. Chaunu, *la Civilisation de l'Europe classique* (Arthaud, coll. « les Grandes Civilisations/Poche », nouv. éd., Paris, 1984). - G. Durand, *États et institutions* XVI*e*-XVIII*e siècle* (A. Colin, coll. « U », Paris, 1969). - P. Goubert et D. Roche, *Les Français et l'Ancien Régime* t. I, *La Société et l'État ;* t. II, *Culture et Société* (A. Colin, Paris, nouv. éd., 1990, 2 vol.). - H. Méthivier, *l'Ancien Régime* (P.U.F., coll. « Que sais-je ? » n° 925, 10e éd., 1990). - H. Méthivier, *l'Ancien Régime,* XVI*e*-XVII*e*-XVIII*e siècle* (P.U.F., coll. « Précis », Paris, 2e éd., 1991). - H. Méthivier, *le Siècle de Louis XIII* (P.U.F., coll. « Que sais-je ? » n° 1138, Paris, 7e éd., 1990). - J. Meyer, *la France moderne, 1515-1789*

(Fayard, coll. « Histoire de France » sous la dir. de J. Favier, t. III, Paris, 1985). - R. Mousnier, *les XVIe et XVIIe siècles*, dans *Histoire générale des civilisations*, t. IV (P.U.F., Paris, 1967). - V.L. Tapié, *la France de Louis XIII et de Richelieu* (Flammarion, Paris, nouv. éd., 1980).

Vie politique et institutions. D. Bitton, *The French Nobility in Crisis* (Stanford, 1969). - M. Carmona, *Marie de Médicis* (Fayard, Paris, 1981) ; *Richelieu. L'ambition et le pouvoir* (Fayard, Paris, 1983). - P. Chevallier, *Louis XIII, roi cornélien* (Fayard, Paris, 1979). - H. Duccini, *Concini. Grandeur et misère du favori de Marie de Médicis* (A. Michel, Paris, 1991). - E. Esmonin, *Études sur la France des XVIIe et XVIIIe siècles* (P.U.F., Paris, 1964). - P. Goubert, *Mazarin* (Fayard, 1990). - J. M. Hayden, *France and the Estates general of 1614* (Cambridge, 1974). - E. Kossmann, *la Fronde* (Leyde, 1954). - Sous la direction d'E. Lavisse, *Histoire de France depuis les origines jusqu'à la Révolution*, t. VI, 2e partie, J. H. Mariéjol, *le Règne de Louis XIII* (Hachette, Paris, 1911). - G. Livet, *la Guerre de Trente Ans* (P.U.F., coll. « Que sais-je ? », n° 1083, Paris, 5e éd., 1990). - A. Lloyd Moote, *Louis XIII, the Just* (Berkeley, Los Angeles, Londres, University of California Press, 1989). - H. Méthivier, *la Fronde* (P.U.F., coll. « L'Historien », n° 4, 1984). - R. Mousnier, *la Vénalité des offices sous Henri IV et Louis XIII* (Mégariotis Reprints, 1979) ; *14 mai 1610, l'assassinat d'Henri IV* (Gallimard, coll. « Trente Journées qui ont fait la France », n° 13, Paris, 1964) ; R. Mousnier et ses collaborateurs, *le Conseil du roi de Louis XII à la Révolution* (P.U.F., Paris, 1970). - G. Pagès, *la Guerre de Trente Ans* (Payot, coll. « Regard de l'histoire », Paris, 3e éd., 1979). - O. Ranum, *les Créatures de Richelieu, secrétaire d'État et surintendant des Finances, 1635-1642* (Pedone, Paris, 1966). - V.-L. Tapié, *la Guerre de Trente Ans* (S.E.D.E.S., coll. « les Cours de Sorbonne », nouv. éd., 1989).

Économie et société. Fr. Billacois, *le Duel dans la société française des XVIe-XVIIe siècles. Essai de psychologie historique* (E.H.E.S.S., coll. « Civilisations et Sociétés », 73, Paris, 1986). - M. Foisil, *la Révolte des Nu-pieds 1639* (P.U.F., Paris, 1970). - B. Carnot, *Société, cultures et genres de vie dans la France moderne, XVIe-XVIIIe siècle* (Hachette, coll. « Carré histoire », 1991). - P. Goubert, *Beauvais et le Beauvaisis. Contribution, l'histoire sociale de la France au XVIIe siècle* (E.H.E.S.S., coll. « Démographie et Sociétés », n° 3, Paris, nouv. éd., 1983, 2 vol.). - H. Hauser, *la Pensée et l'Action économiques du cardinal de Richelieu* (P.U.F., Paris, 1944). - M. B. Porchnev, *les Soulèvements populaires en France de 1623 à 1648* (S.E.V.P.E.N., Paris, 1963).

Religion, mentalités, culture. A. Adam, *Histoire de la littérature française au XVIIe siècle* (Domat-Montchrestien, Paris, 1951-1956, 5 vol.). - H. Bremond, *Histoire littéraire du sentiment religieux en France depuis la fin des guerres de Religion jusqu'à nos jours* (A. Colin, Paris, réimpress., 1967-68, 11 vol.). - A. Châtelet et J. Thuillier, *la Peinture française de Fouquet à Poussin* (Genève, Skira, 1963). - P. Coste, *Monsieur Vincent, le grand saint du grand siècle* (Desclée de Brouwer, Paris, 1935, 3 vol.). - L. Hautecœur, *Histoire de l'architecture classique en France* (A. et J. Picard, Paris, 1943-1957, 7 vol.). - J. Le Goff, R. Rémond et F. Lebrun, *Du christianisme flamboyant à l'aube des Lumières, XVe-XVIIIe siècle* (Le Seuil, coll. « Histoire de la France religieuse », t. II, 1988). - E. G. Léonard, *Histoire générale du protestantisme* (P.U.F., coll. « Quadrige », n° 101, Paris, 1988, 3 vol.). - É. Mâle, *l'Art religieux de la fin du XVIe siècle, du XVIIe siècle et du XVIIIe siècle* (A. Colin, Paris, 1951). - R. Mandrou, *Magistrats et sorciers en France au XVIIe siècle* (Plon, Paris, 1968). - H. J. Martin, *Livres, pouvoirs et société à Paris au XVIIe siècle* (Droz, Genève-Paris, 1969). - J. Morel, *la Tragédie* (A. Colin, Paris, 1964). - R. Mousnier, *Richelieu et la culture* (Éd. du C.N.R.S., Paris, 1987). - J. Orcibal, *les Origines du jansénisme* (Vrin, Paris, 1947-48, 3 vol.). - R. Pintard, *le Libertinage érudit dans la première moitié du XVIIe siècle* (Boivin, Paris, 1943, 2 vol.). - V.-L. Tapié, *le Baroque* (P.U.F., coll. « Que sais-je ? », n° 923, Paris, 1991).

17. 古典主义时代

Généralités. Fr. Bluche, *Louis XIV* (Fayard, Paris, 1986). - R. Bornecque (sous la dir. de), *la France de Vauban* (Arthaud, Paris, 1984). - A. Corvisier, *la France de Louis XIV, 1643-1715, Ordre intérieur et place en Europe* (S.E.D.E.S., coll. « Regards sur l'histoire », n° 33, Paris, 2e éd., 1981). - A. Corvisier, *Louvois* (Fayard, Paris 1983). - P. Goubert, *Louis XIV et vingt millions de Français* (Fayard, coll. « l'Histoire sans frontières », Paris, 1969 ; Hachette-Pluriel, coll. « Pluriel », Paris, 1977). - J.-P. Labatut, *Louis XIV, roi de gloire* (Imprimerie nationale, Paris, 1984). - F. Lebrun, *le XVIIe siècle* (A. Colin, coll. « U », Paris, 9e éd., 1990). - R. Mandrou, *la France aux XVIIe et XVIIIe siècles* (P.U.F., « Nouvelle Clio », n° 33, Paris, 4e éd. augmentée par M. Cottret) ; *Louis XIV en son temps, 1661-1715* (P.U.F., « Peuples et Civilisations », t. X, Paris, 2e éd., 1978). - H. Méthivier, *le Siècle de Louis XIV* (P.U.F., « Que sais-je ? », n° 426, Paris, 11e éd., 1991). - J. Meyer, *la France moderne, 1515-1789* (Fayard, coll. « Histoire de France », sous la dir. de J. Favier, t. III, Paris, 1985). - S. Pillorget, *Apogée et société d'ordres, 1610-1787* (Larousse, coll. « Histoire universelle », t. IX, nouv. éd., Paris, 1973). - A. Rossel, *Histoire de France à travers les journaux du temps passé : le faux grand siècle, 1604-1715* (A. Colin, coll. « l'Arbre verdoyant », Paris, 1982).

Politique étrangère. Louis XIV et l'Europe (*XVIIe Siècle*, numéro spécial 123, 1979). - Problèmes de politique étrangère sous Louis XIV (*XVIIe Siècle*, numéro spécial 46-47, 1960). - L. Bély, *Espions et Ambassadeurs au temps de Louis XIV* (Fayard, coll. « Nouvelles Études Historiques », 1990). - Ch.-A. Jullien, *les Français en Amérique au XVIIe siècle* (C.D.U., Paris, 1977).

Population. J. Dupâquier, *la Population française aux XVIIe et XVIIIe siècles* (P.U.F., coll. « Que sais-je ? », n° 1786, Paris, 1re éd., 1979) ; *la Population rurale du Bassin parisien à l'époque de Louis XIV* (Presses universitaires de Lille et E.H.E.S.S., Paris, 1979). - J. Dupâquier (sous la dir. de), Annales de démographie historique (1985) : *Vieillir autrefois* (E.H.E.S.S. Paris, 1986, 2 vol.) ; *Histoire de la population française*, t. II, *De la Renaissance à 1789* (P.U.F., Paris, 1989).

Vie économique. Aspects de l'économie française au XVIIe siècle (*XVIIe Siècle*, numéro spécial 70-71, 1966). - P. Léon, « la Crise de l'économie française à la fin du règne de Louis XIV (1685-1715) », dans *l'Information historique*, t. XIII, n° 4, septembre-octobre 1956, pp. 127-137. - J. Meuvret, *Études d'histoire économique* (A. Colin, Paris, 1971) ; *le Problème des subsistances à l'époque de Louis XIV. La production des céréales dans la France du XVIIe et du XVIIIe siècle* (Mouton, Paris-La Haye, 1977). - J. Meyer, J. Tanade, A. Rex-Goldzeiguer, J. Thobie, *Histoire de la France coloniale*, t. I, *De 1600 à 1914* (A. Colin, coll. « Histoires », 1991).

Vie sociale. Fr. Bluche et J.-F. Solnon, *la Véritable Hiérarchie sociale de l'ancienne France, le tarif de la première capitation (1695)* [Droz, Genève, 1983]. - J.-L. Flandrin, *Familles, parenté, maison, sexualité dans l'ancienne société* (Le Seuil, coll. « l'Univers historique », nouv. éd., Paris, 1984). - P. Goubert, D. Roche, *les Français et l'Ancien Régime*, t. I, *la Société et l'État* ; t. II, *Culture et Société* (A. Colin, Paris, 1990 et 1986,

2 vol.). - R. Mousnier, *les Hiérarchies sociales de 1450 à nos jours* (P.U.F., coll. « l'Historien », n° 1, Paris, 1969). [En particulier le chapitre VI.]. - R. Pillorget, *la Tige et le rameau. Famille anglaise et famille française aux XVIe-XVIIe siècles* (Calmann-Lévy, Paris, 1979).

Gouvernement et institutions, dans leurs rapports avec l'état social. L. André, *Michel Le Tellier et Louvois* (A. Colin, Paris, 1942). - J. Meyer, *Colbert* (Hachette, Paris, 1981). - R. Mousnier (sous la dir. de), *Un nouveau Colbert,* actes du colloque pour le tricentenaire de la mort de Colbert (C.D.U.-S.E.D.E.S., 1985). - I. Murat. *Colbert* (Fayard, Paris, 1980). - R. Mousnier, *les Institutions de la France sous la monarchie absolue, 1598-1789* (t. I, *Société et État ;* t. II, *les Organes de l'État et la Société*) [P.U.F., Paris, 2e éd., 1990 et 1re éd., 1980, 2 vol. ; coll. « Dito », 1990]. - *Serviteurs du roi. Quelques aspects de la fonction publique dans la société française du XVIIe siècle* (*XVIIe Siècle,* numéro spécial 42-43, 1959). - B. Pujo, *Vauban* (A. Michel, 1991). - J.-L. Thireau, *les Idées politiques de Louis XIV* (P.U.F., Paris, 1973).

Vie des provinces. G. Gabet, *la Naissance de Rochefort sous Louis XIV, 1666-1715 : une ville nouvelle et ses habitants au Grand Siècle* (Centre d'animation lyrique et culturel de Rochefort, 1986). - E. Le Roy Ladurie, *les Paysans de Languedoc* (S.E.V.P.E.N., Paris, 1966, 2 vol.). - G. Livet, *l'Intendance d'Alsace sous Louis XIV* (Les Belles Lettres, Paris, 1956). - R. Pillorget, *les Mouvements insurrectionnels de Provence entre 1596 et 1715* (Pedone, Paris, 1975).

Vie religieuse. Les Camisards, présentés par Ph. Joutard (Gallimard, coll. « Archives », Paris, 1976). - L. Cognet, *le Crépuscule des mystiques : le conflit Fénelon-Bossuet* (Desclée et Cie, Paris, 1958). - *Fénelon et son tricentenaire* [*XVIIe Siècle,* numéros spéciaux 12 (1951) et 14 (1952)]. - E. Labrousse, *la Révocation de l'édit de Nantes : une foi, une loi, un roi ?* (Payot, coll. « Petite Bibliothèque Payot », n° 34, Paris, nouv. éd., 1990). - *Missionnaires catholiques à l'intérieur de la France pendant le XVIIe siècle* (*XVIIe Siècle,* numéro spécial 41, 1958). - J. Orcibal, *Louis XIV et les protestants* (Vrin, Paris, 1951). - R. Taveneaux, *Jansénisme et politique* (A. Colin, coll. « U », Paris, 1965) ; *le Catholicisme dans la France classique (1610-1715)* [S.E.D.E.S., Paris, 1980].

Mentalités, vie intellectuelle et artistique. P. Bénichou, *Morales du Grand Siècle* (Gallimard, Paris, 1948). - L. Benoist, *Histoire de Versailles* (P.U.F. coll. « Que sais-je ? », n° 1526, Paris, 2e éd., 1980). - M. Bertaud, *le XVIIe Siècle. Littérature française* (Presses universitaires de Nancy, coll. « Phares », Nancy, 1990). - F. Bluche, *la Vie quotidienne au temps de Louis XIV* (Hachette, coll. « la Vie quotidienne », Paris, 1984). - Y. Bottineau, *Versailles, miroir des princes* (Arthaud, Paris, 1989). - *Comment les Français voyaient la France au XVIIe siècle* (*XVIIe Siècle,* numéro spécial 26, 1955). - J.-M. Constant, *la Vie quotidienne de la noblesse française aux XVIe et XVIIe siècles* (Hachette, coll. « la Vie quotidienne », Paris, 1985). - P. Hazard, *la Crise de la conscience européenne, 1680-1715* (Fayard, Paris, nouv. éd., 1989). - R. Mandrou, *Magistrats et sorciers en France au XVIIe siècle. Une analyse psychologique historique* (Plon, Paris, 1968) ; *la Bibliothèque bleue. La littérature populaire en France du XVIe au XIXe ssiècle* (Gallimard, coll. « Archives », Paris, 1971). - V.-L. Tapié, *Baroque et classicisme* (Plon, Paris, nouv. éd., 1972). - B. Teyssèdre, *l'Art au siècle de Louis XIV* (Librairie générale française, Paris, 1967). - *Versailles et la musique française* (*XVIIe Siècle,* numéro spécial 34, 1957). - J. de Viguerie, *l'Institution des enfants. L'éducation en France, XVIe-XVIIIe siècle* (Calmann-Lévy, Paris, 1978).

18. 启蒙运动

Textes. C.P. Duclos, *Considérations sur les mœurs de ce siècle,* éd. Green (Cambridge, 1939). - Montesquieu, *Lettres persanes.* - J.-J. Rousseau, *Julie ou la Nouvelle Héloïse ; Du contrat social.* - Voltaire, *Correspondance,* éd. Th. Besterman (Les Délices, Institut et musée Voltaire, Genève, 1953-1966, 107 fasc.).

Généralités. M. Denis et N. Blayau, *le XVIIIe siècle* (A. Colin, coll. « U », Paris, 6e éd., 1990). - G. Durand, *États et institutions, XVIe-XVIIIe siècle* (A. Colin, coll. « U ». Paris, 1969). - L. Forestier, *XVIIIe Siècle français. Le siècle des lumières* (Seghers, Paris, 1961). - P. Goubert, *Initiation à l'histoire de France* (Tallandier, coll. « Approches », Paris, 1984). - J. Lough, *An Introduction to Eighteenth Century France* (Londres, 1960). - R. Mandrou, *la France aux XVIIe et XVIIIe siècles* (P.U.F., coll. « Nouvelle Clio », n° 33, Paris, 4e éd. augm. par M. Cottret, 1988). - H. Méthivier, *l'Ancien Régime* (P.U.F., « Que sais-je ? », n° 925, Paris, 10e éd., 1990) ; *le Siècle de Louis XV* (P.U.F., « Que sais-je ? », n° 1229, Paris, 7e éd., 1991) ; *la Fin de l'Ancien Régime* (P.U.F., « Que sais-je ? », n° 1411, Paris ; 6e éd., 1991) ; *L'Ancien Régime, XVIe-XVIIe-XVIIIe siècle* (P.U.F., coll. « Précis », Paris, 2e éd., 1991). - J. Meyer, *la France moderne, 1515-1789* (Fayard, coll. « Histoire de France » sous la dir. de J. Favier, t. III, Paris, 1985). - R. Mousnier, E. Labrousse, *le Dix-Huitième Siècle, l'époque des Lumières, 1715-1815* (P.U.F., coll. « Quadrige », n° 79, Paris, 1985). - S. Pillorget, *Apogée et Déclin des sociétés d'ordres 1610-1787* (Larousse, coll. « Histoire universelle Larousse », t. IX, nouv. éd., Paris, 1973). - A. Soboul, G. Lemarchand et M. Fogel, *le Siècle des Lumières,* t. I, *l'Essor (1715-1750),* vol. 1 (P.U.F., coll. « Peuples et Civilisations », t. XI, Paris, 1977). - A. de Tocqueville, *l'Ancien Régime et la Révolution* (Gallimard, Paris, 1952 ; nouv. éd., coll « Folio », 1985).

Économie, société, État. M. Antoine, *le Conseil du roi sous le règne de Louis XV* (Droz, Genève, 1970) ; *Louis XV* (Fayard, Paris, 1991). - J.F. Bluche, *les Magistrats du parlement de Paris au XVIIIe siècle* (l'auteur, Paris, 1960). - F. Braudel et E. Labrousse, *Histoire économique et sociale de la France,* t. II, *Des derniers temps de l'âge seigneurial aux préludes de l'âge industriel, 1660-1789* (P.U.F., Paris, 1970). - G. Chaussinand-Nogaret, *Gens de finances au XVIIIe siècle* (Bordas, Paris, 1972 ; *la Noblesse au XVIIIe siècle : de la féodalité aux Lumières* (Complexe, coll. « Historique », n° 7, Bruxelles, nouv. éd., 1990). - A. Corvisier, *l'Armée française, de la fin du XVIIe siècle au ministère de Choiseul. Le soldat* (P.U.F., Paris, 1964, 2 vol.). - A. Daumard et Fr. Furet, *Structures et relations sociales à Paris au XVIIIe siècle* (A. Colin, « Cahier des Annales », n° 18, Paris, 1961). - P. Deyon et J. Jacquart, *les Hésitations de la croissance, 1580-1730* (A. Colin, coll. « Histoire économique et sociale du monde », t. II, Paris, 1978). - J. Egret, *la Pré-Révolution française, 1787-1788* (P.U.F., Paris, 1962) ; *Louis XV et l'opposition parlementaire, 1715-1774* (A. Colin, Paris, 1970). - E. Faure, *12 mai 1776 la Disgrâce de Turgot* (Gallimard, coll. « Trente Journées qui ont fait la France », n° 16, Paris, 1961). - E. Faure, *7 juillet 1720, la Banqueroute de Law* (Gallimard, coll. « Trente Journées qui ont fait la France », n° 15, Paris, 1977). - N. Ferrier-Caverivière, *Le Grand Roi à l'aube des Lumières : 1715-1751* (P.U.F., Paris, 1985). - F.L. Ford, *Robe and Sword. The Regrouping of the French Aristocracy* (Harvard University Press, Cambridge [Mass.], 1953). - R. Forster, *The Nobility of Toulouse in the Eighteenth Century* (Baltimore, 1960). - M. Garden, *Lyon et les Lyonnais* (Flammarion, coll. « Champs », nouv. éd., Paris, 1984). - P. Goubert, *l'Ancien Régime,* t. I, *la Société* (A. Colin, coll. « U », 6e éd., 1979) ;

t. II, *les Pouvoirs (id.,* 3e tirage, 1977). - P. Goubert, D. Roche, *les Français et l'Ancien Régime,* t. I, *la Société et l'État ;* t. II, *Culture et société* (A. Colin, Paris, nouv. éd., 1990, 2 vol.). - Ph. Haudière, *la Compagnie française des Indes, 1719-1795* (Librairie de l'Inde, 1989, 4 vol.). - F. Hincker, *les Français devant l'impôt sous l'Ancien Régime* (Flammarion, Paris, 1971). - J.-P. Labatut, *les Noblesses européennes de la fin du XVe siècle à la fin du XVIIIe siècle* (P.U.F., coll. « l'Historien », n° 33, Paris, 1978). - C.E. Labrousse, *Esquisse du mouvement des prix et des revenus en France au XVIIIe siècle* (Éditions des Archives contemporaines, coll. « Réimpressions », Paris, 1984). - C. Lefebvre, *Études orléanaises* (Bibl. nationale, Paris, 1963-64, 2 vol.). - J. Levron, *Madame de Pompadour. L'amour et la politique* (Perrin, Paris, 1973). - J. McManners, *French Ecclesiastical Society under the Ancien Régime. A Study of Angers in the Eighteenth Century* (Londres, 1960). - J. Meyer, *la Noblesse bretonne au XVIIIe siècle* (S.E.V.P.E.N., Paris, 1966, 2 vol. ; E.H.E.S.S., coll. « Bibliothèque générale », nouv. éd., Paris, 1985, 2 vol.) ; *Noblesses et pouvoirs dans l'Europe d'Ancien Régime* (Hachette, Paris, 1973) ; *le Régent : 1674-1723* (Ramsay, 1985). - M. Morineau, *les Faux-semblants d'un démarrage économique : agriculture et démographie en France au XVIIIe siècle* (A. Colin, coll. « Cahiers des Annales », Paris, 1971). - R. Mousnier, *les Institutions de la France sous la monarchie absolue, 1598-1789* (P.U.F., Paris, 2 vol., 2e éd., 1990 ; 1re éd., 1980, 2 vol.). - F. Olivier- Martin, *Histoire du droit français des origines à la Révolution* (Éd. du C.N.R.S., nouv. éd., Paris, 1984). - Ph. Sagnac, *la Formation de la société française moderne ;* t. II, *la Révolution des idées et des mœurs et le déclin de l'Ancien Régime (1715-1788)* [P.U.F., Paris, 1946]. - C. Saguez-Lovisi, *Les Lois fondamentales au XVIIIe siècle. Recherches sur la loi de dévolution de la Couronne* (P.U.F., coll. « Publications de l'Université de droit, d'économie et de sciences sociales de Paris, série : sciences historiques, Paris, 1984). - A. Soboul, *la France à la veille de la Révolution,* t. I, *Économie et Société* (C.D.U., Paris, nouv. éd., 1966). - R. Vaillot, *le Cardinal de Bernis : la vie extraordinaire d'un honnête homme* (Albin Michel, Paris, 1985). - G. Zeller, *les Temps modernes,* II, *De Louis XIV à 1789,* t. II de l'*Histoire des relations internationales* (Hachette, Paris, 1955). - G. Ziegler, *les Coulisses de Versailles,* t. II, *Louis XV et sa Cour* (Julliard, Paris, 1965).

Mouvement intellectuel et civilisation. S.M. Alsop, *les Américains à la cour de Louis XVI* (J.C. Lattès, Paris, 1983). - F. Bluche, *la Vie quotidienne de la noblesse française au XVIIIe siècle* (Hachette, coll. « la Vie quotidienne », Paris, 1973) ; *la Vie quotidienne au temps de Louis XVI* (Librairie gén. française, coll. « le Livre de poche, série vie quotidienne », n° 5 810, Paris, 1984). - E. Cassirer, *The Philosophy of the Enlightenment* (Princeton University Press, 1951). - R. Chartier, *les Origines culturelles de la Révolution française* (Le Seuil, Paris, 1990). - A. Corvisier, *Arts et sociétés dans l'Europe du XVIIIe siècle* (P.U.F., coll. « l'Historien », n° 34, Paris, 1978). - E. Dacier, *le Style Louis XVI* (Larousse, Paris, 1939). - N. Dufourcq (sous la direction de), *la Musique, les hommes, les instruments, les œuvres* (Larousse, Paris, 1965, 2 vol.). - M. Launay et J.M. Goulemot, *le Siècle des lumières* (Éd. du Seuil, Paris, 1968). - R. Mauzi, *l'Idée du bonheur au XVIIIe siècle* (A. Colin, Paris, 1960). - L. Réau, *l'Art au XVIIIe siècle en France. Époque Louis XVI* (Le Prat, Paris, 1952). - J. Starobinski, *l'Invention de la liberté (1700-1789)* [Skira, « Art, Idées, Histoire », Genève, 1962]. - M. Taillefer, *Une Académie interprète des Lumières : l'Académie des sciences, inscriptions et belles-lettres de Toulouse au XVIIIe siècle* (Éd. du C.N.R.S., Paris, 1985). - V.-L. Tapié, *Baroque et classicisme* (Plon, Paris, nouv. éd., 1972). - P. Verlet, *le Style Louis XV* (Larousse, Paris, 1942). - J. Vier, *Histoire de la littérature française au XVIIIe siècle* (A. Colin, Paris, 1965-1970, 2 vol.). - G. Weulersse, *La Physiocratie à l'aube de la Révolution : 1781-1792* (E.H.E.S.S., coll. « Bibliothèque générale de l'École des hautes études en sciences sociales », 1984).

19. 大革命

Grands classiques. A. Aulard, *Histoire politique de la Révolution française* (A. Colin, Paris, 1901, réédit. 1926). - J. Jaurès, *Histoire socialiste* (nouv. éd. par A. Soboul, Éditions sociales, coll. « Bibliothèque du bicentenaire de la Révolution Française », Paris, 1983-1986, 6 vol.). - E. Lavisse, *Histoire de la France contemporaine,* t. I, *la Révolution (1789-1792)* par P. Sagnac, et t. II, *la Révolution (1792-1799)* par G. Pariset (Hachette, Paris, 1920). - A. Mathiez, *la Révolution française* (A. Colin, Paris, 1922-1927, réédit. 1959). - H. Taine, *les Origines de la France contemporaine* (Hachette, Paris, 1876-1893). - A. de Tocqueville, *l'Ancien Régime et la Révolution* (Lévy frères, Paris, 1856 ; éd. présentée par G. Lefebvre, Gallimard, Paris, 1952 ; nouv. éd., coll. « Idées », Paris, 1964).

Manuels. P. Caron, *Manuel pratique pour l'étude de la Révolution française* (A. et J. Picard, Paris, nouv. éd., 1947). - A. Soboul et collab., *Dictionnaire historique de la Révolution française* (P.U.F., Paris,1989). - J. Tulard, J.-F. Fayard et A. Fierro, *Histoire et dictionnaire de la Révolution Française* (Laffont, Paris, 1987). - G. Walter, *Répertoire de l'histoire de la Révolution française. Travaux publiés de 1800 à 1940,* t. I, *les Personnes ;* t. II, *les Lieux* (Bibl. nationale, Paris, 1941-1945).

Synthèses récentes. Fr. Bluche et St. Rials (sous la dir. de) *les Révolutions françaises* (Fayard, Paris, 1989). - Fr. Bluche, St. Rials et J. Tulard, *la Révolution française* (P.U.F., coll. « Que sais-je ? », n° 142, Paris, 2e éd., 1979). - M. Bouloiseau, *la République jacobine (10 août 1792-9 thermidor an II)* [Le Seuil, « Nouvelle Histoire de la France contemporaine », t. II, Paris, 1972]. - F. G. Dreyfus, *le Temps des révolutions, 1787-1870* (Larousse, coll. « Histoire universelle », t. X, nouv. éd., Paris, 1973). - F. Furet et D. Richet, *la Révolution française* (Fayard, Paris, nouv. éd., 1987). - F. Furet, *la Révolution de Turgot à Jules Ferry, 1770-1880* (Hachette, coll. « Histoire de France Hachette », t. IV, Paris, 1988 ; Hachette Pluriel, coll. « Pluriel », n° 8549 et 8550, Paris, 2 vol., 1990). - F. Furet et M. Ozouf, *Dictionnaire critique de la Révolution française* (Flammarion, 1888). - F. Gendron, *la Jeunesse sous Thermidor* (P.U.F., coll. « Histoires », n° 22, Paris, 1983). - J. Godechot, *les Révolutions (1770-1799)* [P.U.F., coll. « Nouvelle Clio », n° 36, Paris, 4e éd., 1986]. - G. Lefebvre, *la Révolution française* (P.U.F., « Peuples et Civilisations », XIII, Paris, nouvelle rédaction en 1951, coll. « Dito », 1987) ; *Études sur la Révolution française* (P.U.F., Paris, 1954, réédit. 1963) ; *la France sous le Directoire, 1795-1799* (Éditions sociales, coll. « Terrains », nouv. éd. présentée par J.-R. Suratteau, Paris, 1984). - C. Mazauric et alii, *Histoire de la France contemporaine,* t. I *(1789-1799)* [Éd. sociales, livre-club Diderot, Paris, 1979]. - R. Mousnier, E. Labrousse et M. Bouloiseau, *le XVIIIe Siècle. Révolution intellectuelle, technique et politique (1715-1815)* [P.U.F., coll. « Quadrige », 1985]. - A. Soboul, *Précis d'histoire de la Révolution française* (Éd. sociales, Paris, 1962) ; *la Révolution française,* (Gallimard, coll. « Idées », n° 43 et 46, Paris, 1964, 2 vol.) ; *le Directoire et le Consulat* (P.U.F., coll. « Que sais-je ? », n° 1266, 3e éd., 1980) ; *la Civilisation et la Révolution française* (Arthaud, coll. « les Grandes Civilisations », Paris, 1982-

1983, 3 vol. ; coll. « les Grandes Civilisations poche », 1988) ; *Dictionnaire historique de la Révolution Française* (P.U.F., 1984). - J. Tulard, *les Révolutions de 1789 à 1851* (Fayard, coll. « Histoire de France », sous la dir. de J. Favier, t. IV, Paris, 1985). - M. Vovelle, *la Chute de la monarchie, 1787-1792* (Seuil, « Nouvelle Histoire de la France contemporaine », t. I, Paris, 1972). - D. Woronoff, *la République bourgeoise de Thermidor à Brumaire, 1794-1799* (Le Seuil, « Nouvelle Histoire de la France contemporaine », t. III, Paris, 1972).

Les origines de la Révolution. E. Labrousse, *la Crise de l'économie française à la fin de l'Ancien Régime et au début de la Révolution* (P.U.F., Paris, coll. « Dito », nouv. éd., 1990) ; *Esquisse du mouvement des prix et des revenus en France au XVIIIe siècle* (Éd. des Archives contemporaines, coll. « Réimpressions », Paris, nouv. éd., 1984, 2 vol.) - A. Soboul, *la France à la veille de la Révolution*, t. I, *Aspects économiques et sociaux* (C.D.U., Paris, 1961).

Déroulement et épisodes de la Révolution. P. Caron, *les Massacres de Septembre* (Maison du livre français, Paris, 1935). - J. Godechot, *la Prise de la Bastille* (Gallimard, coll. « Trente journées qui ont fait la France », n° 17, Paris, 1965). - G. Lefebvre, *la Grande peur de 1789* suivi de *les Foules révolutionnaires* (A. Colin, Paris, nouv. éd. présentée par J. Revel, 1988) ; *Quatre-vingt-neuf* (Éditions sociales, Paris, nouv. éd., 1970). - J. Massin, *Almanach de la Révolution française* (Club français du Livre, Paris, 1963). - A. Ollivier, *9 novembre 1799, le Dix-Huit Brumaire* (Gallimard, coll. « Trente Journées qui ont fait la France », n° 19, Paris, 1959). - R. Palmer, *le Gouvernement de la Terreur. L'année du Comité de salut public* (A. Colin, Paris, 1989). - M. Reinhard, *10 août 1792, la Chute de la royauté* (Gallimard, coll. « Trente Journées qui ont fait la France », n° 18, Paris, 1969).

Les hommes de la Révolution. Fr. Bluche, *Danton* (Perrin, Paris, 1984). - M. Bouloiseau, *Robespierre* (P.U.F., coll. « Que sais-je ? », n° 724, Paris, 6e éd., 1986). - M. Bruguière, *Gestionnaires et profiteurs de la Révolution : l'Administration des Finances françaises de Louis XVI à Bonaparte* (Orban, 1986). - G. Chaussinand - Nogaret, *Mirabeau* (Éd. du Seuil, coll. « Points », Paris, nouv. éd., 1984). - J.J. Chevallier, *Barnave ou les Deux faces de la Révolution* (P.U.G., Grenoble, nouv. éd., 1979). - J. Egret, *Necker, ministre de Louis XVI* (Honoré Champion, Paris, 1975). - B. Gainot, *Dictionnaire des membres du Comité de salut public* (Tallandier, Paris, 1990). - G. Maintenant, *les Jacobins* (P.U.F., coll. « Que sais-je ? », n° 190, Paris, 1re éd., 1984). - K. Margerison, *P.L. Roederer : Political throught and practice during the French Revolution*, (Philadelphia, 1983). - J. Massin, *Marat* (Club français du Livre, Paris, 1960). - A. Mathiez, *Études sur Robespierre* (A. Colin, Paris, 1918, nouv. éd., 1973, 2 vol.). - Cl. Mazauric, *Babeuf et la Conspiration pour l'égalité* (Éd. sociales, Paris, 1962). - A. Ollivier, *Saint-Just et la force des choses* (Gallimard, Paris, 1955). - M. Poniatowski, *Talleyrand et le Directoire, 1796-1800* (Perrin, Paris, 1982). - M. Reinhard, *le Grand Carnot* (Hachette, Paris, 1950-1952, 2 vol.). - A. Soboul, *Girondins et Montagnards* (Clavreuil, Paris, coll. « Bibliothèque d'histoire révolutionnaire », 1981).

Histoire des institutions. J. Godechot, *les Institutions de la France sous la Révolution et l'Empire* (P.U.F., Paris, 1951 ; 2e éd. revue et augmentée, 1968 ; coll. « Dito », 1989).

Histoire économique et sociale. P. Bois, *Paysans de l'Ouest. Des structures économiques et sociales aux options politiques depuis l'époque révolutionnaire dans la Sarthe* (Mouton, Paris, 1960 ; E.H.E.S.S., coll. « Sociétés, mouvements sociaux et idéologies, études », nouv. éd., Paris, 1984). - F. Gautier, *la Voie paysanne dans la Révolution française* (Maspero, Paris, 1977). - F. Hincker, *la Révolution française de l'économie. Décollage ou catastrophe* (Nathan, coll. « Circa », Paris, 1990). - G. Lefebvre, *les Paysans du Nord pendant la Révolution française* (réédit. A. Colin, Paris, 1972). - J.-C. Martin, *La Vendée de la France* (Le Seuil, coll. « Univers historique », Paris, 1987). - A. Mathiez, *la Vie chère et le mouvement social sous la Terreur* (Payot, Paris, 1927 ; nouv. éd., 1973, 2 vol.). - G. Rude, *The Crowd in the French Revolution* (Clarendon Press, Oxford, 1959). - R. Sécher, *le Génocide franco-français. La Vendée-Vengé* (P.U.F., coll. « Histoires », nouv. éd., 1989) ; *la Guerre de Vendée* (Tallandier, coll. « Guide Histoire », 1989). - A. Soboul, *les Sans-Culottes parisiens de l'an II : mouvement populaire et gouvernement révolutionnaire, 1793-1794* (Le Seuil, coll. « Points Histoire », 1979) ; *Problèmes paysans de la Révolution, 1789-1848* (La Découverte, coll. « Fondations », Paris, nouv. éd., 1983).

Idéologie révolutionnaire. P. Barbier et Fr. Vernillat, *l'Histoire de France par les chansons*, t. IV, *la Révolution* (Gallimard, Paris, 1957). - S. Bianchi, *la Révolution culturelle de l'An II. Élites et peuples, 1789-1799* (Aubier-Montaigne, coll. « Floréal », Paris, 1982). - F. Brunot, *Histoire de la langue française des origines à 1900*, t. IX, *la Révolution et l'Empire* (A. Colin, Paris, 1927, 2 vol.). - F. Furet, *Penser la Révolution française* (Gallimard, coll. « Folio Histoire », n° 3, 1985) ; *l'Héritage de la Révolution française* (Hachette, 1989). - J. Godechot, *la Pensée révolutionnaire en France et en Europe (1789-1799)* [A. Colin, Paris, 1964]. - P. Goubert et M. Denis, *1789, Les Français ont la parole : les Cahiers de doléances des États généraux* (Gallimard, « Archives », n° 1, Paris, nouv. éd., 1989). - Cl. Nicolet, l'*Idée républicaine en France, 1789-1924. Essai d'histoire critique* (Gallimard, coll. « Bibliothèque des histoires », Paris, 1982). - M. Ozouf, *la Fête révolutionnaire, 1789-1799* (Gallimard, Paris, 1976) - J. Starobinski, *1789, les Emblèmes de la Raison* (Flammarion, Paris, 1973). - M. Vovelle, *les Métamorphoses de la fête en Provence, 1750-1820* (Aubier-Flammarion, Paris, 1976).

Histoire religieuse. C. Cholvy, *la Religion en France de la fin du XVIIIe siècle à nos jours* (Hachette, coll. « Carré Histoire », 1991). - A. Latreille, *l'Église catholique et la Révolution française* (Hachette, Paris, 1946-1950, 2 vol. ; nouv. éd., 1971). - Mgr J. Leflon, « la Crise révolutionnaire, 1789-1848 », dans *l'Histoire générale de l'Église* de A. Fliche et V. Martin, t. XX (Bloud et Gay, Paris, 1951). - B. Plongeron, *Conscience religieuse en révolution. Regards sur l'historiographie religieuse de la Révolution française* (A. et J. Picard, Paris, 1964). - B. Plongeron (sous la dir. de), *l'Église de France et la Révolution*, t. I, *l'Ouest* (Beauchesne, coll. « Bicentenaire de la Révolution », Paris, 1983). - M. Vovelle, *Religion et Révolution, la déchristianisation de l'an II* (Hachette, Paris, 1976).

L'expansion révolutionnaire. M. Acerra et J. Meyer, *Marines et révolutions* (Ouest-France, 1988). - J.-P. Bertaud, *la Révolution armée, les soldats-citoyens de la Révolution française* (R. Laffont, Paris, 1980). - R. C. Cobb, *les Armées révolutionnaires, instrument de la Terreur dans les départements* (Mouton, Paris, 1964, 2 vol.). - A. Fugier, « la Révolution française et l'Empire napoléonien », t. IV de l'*Histoire des relations internationales* (Hachette, Paris, 1954). - J. Godechot, *la Grande Nation. L'expansion révolutionnaire de la France dans le monde, 1789-1799* (Aubier-Montaigne, coll. « Historique », Paris, éd. refondue, 1983, 1 vol.) ; *la Contre-Révolution, doctrine et action (1799-1804)* [P.U.F., coll. « Quadrige », n° 63, Paris, 1984]. - G. Lefebvre, « Place de la Révolution française dans l'histoire du monde », dans *Annales. Économies. Sociétés. Civilisations*, 1948, pp. 257-266.

- G. du Pontavice, *la Chouannerie* (P.U.F., coll. « Que sais-je ? », n° 2594, Paris, 1re éd., 1991). - A. Soboul, *les Soldats de l'an II* (Club français du Livre, Paris, 1959). - J. Tulard et B. Yvert, *la Contre-Révolution : origines, histoire et postérité* (Perrin, Paris, 1990). - J. Vidalenc, *les Émigrés français, 1789-1825* (Public. de la faculté des lettres et sciences humaines, Caen, 1963).

20. 帝国

Ouvrages généraux. Colloque Napoléon (Paris, Sorbonne, et Ajaccio, octobre 1969), rapports et actes dans la *Revue d'histoire moderne et contemporaine* (A. Colin, Paris, 1970). - L. Bergeron, *l'Épisode napoléonien : 1799-1815, aspects intérieurs* (Éd. du Seuil, « Nouvelle Histoire de la France contemporaine », t. IV, Paris, 1972). - J.-P. Bertaud, *le Consulat et l'Empire 1799-1815* (A. Colin, coll. « Cursus », Paris, 1989) ; *la France de Napoléon 1799-1815* (Messidor-Éditions sociales, coll. « Histoire », 1987). - R. Dufraisse, *Napoléon* (P.U.F., coll. « Que sais-je ? », n° 2358, Paris, 2e éd., 1991). - J. Godechot, *l'Europe et l'Amérique à l'époque napoléonienne 1800-1815* (P.U.F., coll. « Nouvelle Clio », n° 37, Paris, 1967) ; *Napoléon* (A. Michel, « le Mémorial des siècles », Paris, 1969). - A. Latreille, *l'Ère napoléonienne* (A. Colin, coll. « U », Paris, 1974). - G. Lefebvre, *Napoléon* (P.U.F., coll. « Peuples et Civilisations », t. XIV, Paris, 5e éd. rev. et augm., 1969). - *Napoléon et l'Empire,* ouvrage collectif publié sous la direction de J. Mistler (Hachette, Paris, 1968, 2 vol.). - A. Soboul, *le Premier Empire 1804-1815* (P.U.F., coll. « Que sais-je ? », n° 1541, Paris, 2e éd., 1980) ; *la Civilisation et la Révolution Française,* t. III, *la France napoléonienne* (Arthaud, coll. « les Grandes Civilisations », Paris, 1983). - A. Thiers, *Histoire du Consulat et de l'Empire* (Lheureux, Paris, 1845-1862, 20 vol.). - J. Tulard, *Napoléon ou le mythe du sauveur* (Fayard, Paris, nouv. éd., 1986) ; *le Grand Empire 1804-1815,* (A. Michel, coll. « l'Évolution de l'humanité », Paris, 1982) ; *Dictionnaire Napoléon* (Fayard, nouv. éd., 1989).

Textes, mémoires, documents. J. Arnna, *Napoléon Ier. Lettres au comte Mollien...* (Gay, Rochecorbon, 1965). - Chateaubriand, *Mémoires d'outre-tombe,* éd. Levaillant (Flammarion, Paris, 1964). - J. Damas-Hinard, *Dictionnaire ou Recueil alphabétique des opinions et jugements de Napoléon Ier* (Club de l'honnête homme, Paris, 1965, 4 vol.), rééd. sous le titre *Napoléon par Napoléon* (Club de l'honnête homme, Paris, 1965, 2 vol.). - A. Dansette, *Napoléon. Pensées politiques et sociales* (Flammarion, Paris, 1969). - E. de Las Cases, *Mémorial de Sainte-Hélène ;* trois éditions récentes, par les soins de M. Dunan (Flammarion, Paris, 1951) ; A. Fugier (Garnier, Paris, 1961) ; J. Tulard (Éd. du Seuil, Paris, 1968). - J. Massin, *Almanach du Premier Empire : du 9-Thermidor à Waterloo* (Encyclopædia Universalis, Paris, 1988). - Napoléon, *Correspondance. Six cents lettres de travail (1806-1810),* éd. M. Vox (Gallimard, Paris, 1943) ; *Lettres, ordres et apostilles. Extraits des archives Daru,* éd. S. d'Huart (Imprimerie nationale et S.E.V.P.E.N., Paris, 1965) ; *Œuvres littéraires et écrits militaires (1786-1815),* préface de M. Dunan, appareil critique de J. Tulard (Société encyclopédique française, Paris, 1967, 3 vol.). - Exposition « Napoléon et la Légion d'honneur » (1968), *la Cohorte,* numéro spécial, Paris, 1968. - *Napoléon, l'œuvre et l'histoire,* 12 vol. de textes éd. par J. Massin (Club français du Livre, Paris, 1969 sqq.). - *Le Sacre de Napoléon Ier,* éd. H. Pinoteau (Les Seize. Éd. du Palais-Royal, Paris, 1969). - Exposition « Napoléon tel qu'en lui-même », Archives nationales (1969), catalogue. - A. Palluel, *le Dictionnaire de l'Empereur* (Plon, Paris, 1971). - Chancelier E.D. Pasquier, *Souvenirs, 1767-1862,* introduction et notes par R. Lacour-Gayet (Hachette, Paris, 1964). - Mme de Staël, *Dix Années d'exil,* réimpress. (Les Bibliophiles de France, Brie-Comte-Robert, 1957). - Général baron P. Thiébault, *Mémoires,* éd. R. Lacour-Gayet (Hachette, Paris, 1962).

Généalogies, biographies. T. Aronson, *les Bonaparte : histoire d'une famille* (Fayard, Paris, 1967). - L. Bergeron et G. Chaussinand-Nogaret (sous la dir. de), *Grands Notables du Premier Empire* (Éd. du C.N.R.S., Paris, 1978-1988, 18 vol. parus). - L. Chardigny, *les Maréchaux de Napoléon* (J'ai lu, coll. « J'ai lu l'histoire », n° 1621, Paris, nouv. éd., 1984). - J.M. Cornwall, *Masséna, l'enfant chéri de la victoire* (Plon, Paris, 1967). - G. Coutant le Saisseval, *les Maisons impériales et royales d'Europe* (Les Seize. Éd. du Palais-Royal, Paris, 1966). - N. Gotteri, *Grands Dignitaires, ministres et grands officiers du premier Empire : autographes et notices biographiques* (Nouvelles Éditions latines, Paris, 1990). - F.-G. Hourtoulle, *Ney, le brave des braves* (Lavauzelle, Paris, 1981). - H. de La Barre de Nanteuil, *le Comte Daru ou l'Administration militaire sous la Révolution et l'Empire* (Peyronnet, Paris, 1966). - L. Madelin, *Fouché, 1759-1821,* (Plon, Paris, 1955). - B. Melchior-Bonnet, *Un policier dans l'ombre de Napoléon, Savary, duc de Rovigo* (Perrin, Paris, 1962). - J. Orieux, *Talleyrand ou le sphinx incompris* (Flammarion, Paris, 1970). - F. Papillard, *Cambacérès* (Hachette, Paris, 1961). - J. Pigeire, *la Vie et l'Œuvre de Chaptal* (Spes, Paris, 1932). - M. Poniatowski, *Talleyrand et le Consulat* (Perrin, Paris, 1986). - D. Reichel, *Davout et l'art de la guerre* (Delachaux et Niestlé, Lausanne, 1975). - J.-P. Rioux, *les Bonaparte* (Complexe, coll. « Le Temps et les hommes », n° 11, Bruxelles, 1982). - P. Saint-Marc, *le Maréchal Marmont, duc de Raguse* (Fayard, Paris, 1957). - A. Soubiran, *le Baron Larrey, chirurgien de l'Empereur* (Fayard, Paris, 1966). - R. Szramkiewicz, *les Régents et censeurs de la Banque de France* (Droz, Paris-Genève, 1974). - E. Tarlé, *Napoléon* (Éd. du Progrès, nouv. éd., 1990) ; *Talleyrand* (Éd. en langues étrangères, Moscou, 1958). - J. Tulard, *Murat* (Hachette, Paris, 1983 ; Marabout, coll. « Marabout Université », n° 406, rééd., Paris, 1984). - J. Valynseele, *les Princes et ducs du premier Empire non maréchaux, leur famille et leur descendance* (l'auteur, Paris, 1959).

Institutions et vie politique. L. Bergeron et G. Chaussinand-Nogaret, *les Collèges électoraux du premier Empire* (Paris, 1978). - Fr. de Dainville et J. Tulard, *Atlas administratif de l'Empire Français d'après l'Atlas rédigé par ordre du duc de Feltre en 1812* (Droz, Genève, 1973). - C. Durand, *Études sur le Conseil d'État napoléonien* (P.U.F., Paris, 1949). - J. Godechot, *les Institutions de la Révolution et de l'Empire* (P.U.F., Paris, 2 éd., 1968 ; coll. « Dito », 1989). - B. Melchior-Bonnet, *la Conspiration du général Malet* (Del Duca, Paris, 1963). - M. Regaldo, *la Décade philosophique* (Atelier de reproduction des thèses, Lille, 1976). - J. Savant, *les Préfets de Napoléon* (Hachette, Paris, 1958). - J. Tulard, *l'Anti-Napoléon, la légende noire de l'Empereur* (Julliard, Paris, 1965) ; *Paris sous le Consulat et l'Empire, 1800-1815* (Diffusion Hachette, coll. « Nouvelle Histoire de Paris », Paris, 1970 ; *Paris et son administration, 1800-1830* (Imprimerie municipale, Paris, coll. « Bibliothèque historique de la ville de Paris », 1976). - L. de Villefosse et J. Bouissounouse, *l'Opposition à Napoléon* (Flammarion, Paris, 1969). - J. Waquet, « la Société civile devant l'insoumission et la désertion à l'époque de la conscription », dans *Bibliothèque de l'École des chartes,* 1968.

Vie économique et sociale. L. Bergeron et G. Chaussinand-Nogaret, *les Masses de granit. Cent mille notables du Premier Empire* (E.H.E.S.S., coll. « Bibliothèque générale », 1979).

- L. Bergeron, *Banquiers, négociants et manufacturiers parisiens, du Directoire à l'Empire* (Mouton, Paris-La Haye-New York, 1978). - J. Bouvier, *les Rothschild* (Complexe, coll. « le Temps et les Hommes », nº 16, Paris, nouv. éd., 1983). - C.-I. Brelot, *la Noblesse en Franche-Comté de 1789 à 1808* (Public. de la faculté des lettres, Besançon, 1972). - F. Caron, *Histoire économique de la France, XIXe-XXe siècle* (A. Colin, coll. « U », Paris, 2e éd., 1984). - B. de Jouvenel, *Napoléon Ier et l'économie dirigée. Le Blocus continental* (La Toison d'or, Paris, 1942). - J. Labasse, *le Commerce des soies à Lyon sous Napoléon et la crise de 1811* (P.U.F., Paris, 1957). - M. Payard, *le Financier Ouvrard, 1770-1846* (Académie nat. de Reims, 1961). - R. Priouret, *la Caisse des dépôts. Cent cinquante ans d'histoire financière* (P.U.F., Paris, 1960). - J. Tulard, *Napoléon et la noblesse d'Empire avec la liste complète des membres de la noblesse impériale : 1808-1815* (J. Tallandier, coll. « Bibliothèque napoléonienne », Paris, nouv. éd., 1986) ; *la Vie quotidienne des Français sous Napoléon* (coll. « la Vie quotidienne », 1978 ; nouv. éd. Librairie gén. française, coll. « le Livre de poche », nº 5803, Paris, 1983).

Histoire religieuse, intellectuelle et artistique. A. Cabanis, *la Presse sous le Consulat et l'Empire (1799-1814),* [Société des Études robespierristes, coll. « Bibliothèque d'histoire révolutionnaire », série 3, 16]. - S. Delacroix, *la Réorganisation de l'Église de France après le Concordat (1801-1809)* [Éd. du Vitrail, Paris, 1962, 3 vol.]. - A. Francastel, *le Style Empire, du Directoire à la Restauration* (Larousse, Paris, 1939). - L. Hautecœur, *l'Art dans la Révolution et l'Empire en France* (Le Prat, Paris, 1953). - A. Latreille, *l'Église catholique et la Révolution française,* t. II, *l'Ère napoléonienne et la crise européenne (1800-1815)* [Hachette, Paris, 1950]. - J. Leflon, *la Crise révolutionnaire (1789-1848)* dans *l'Histoire générale de l'Église* d'A. Fliche et de V. Martin, t. XX (Bloud et Gay, Paris, nouv. éd., 1966). - E.-G. Léonard, *Histoire générale du protestantisme,* t. III, *Déclin et Renouveau* (P.U.F., coll. « Quadrige », nº 103, Paris, nouv. éd., 1988). - M. Leroy, *Histoire des idées sociales en France,* t. II, *De Babeuf à Tocqueville* (Gallimard, Paris, 1951). - B. Melchior-Bonnet, *Napoléon et le pape* (Amiot-Dumont, Paris, 1958). - F. Pietri, *Napoléon et les israélites* (Berger-Levrault, Paris, 1965). - D. Robert, *les Églises réformées de France* (1800-1830) [P.U.F., Paris, 1961] - J. Tulard, *L'Histoire de Napoléon par la peinture* (Belfond, coll. « l'Histoire... par la peinture », Paris, 1991).

Armée et campagnes. M. Baldet, *la Vie quotidienne dans les armées de Napoléon* (Hachette, Paris, 1965). - R. Darquenne, *la Conscription dans le département de Jemappes (1798-1813). Bilan démographique et médico-social* (Mons, 1970). - J. Jourquin, *le Dictionnaire des maréchaux du premier Empire* (Tallandier, coll. « Bibliothèque napoléonienne », 1986). - H. Lachouque, *Iéna* (G. Victor, Paris, 1962) ; *Napoléon et la Garde impériale* (Bloud et Gay, Paris, 1956). - H. Lachouque et J. Tranié, *la Garde impériale* (Lavauzelle, coll. « les Grands Moments de notre histoire », Paris, 1982). - Ph. Masson et J. Muracciole, *Napoléon et la marine* (Peyronnet, Paris, 1968). - J. Lovie et A. Palluel-Guillard, *l'Épisode napoléonien. Aspects extérieurs* (Éd. du Seuil, « Nouvelle Histoire de la France contemporaine », t. V, Paris, 1972). - J.-Cl. Quennevat, *Atlas de la Grande Armée. Napoléon et ses campagnes (1803-1815).* [Éd. Sequoia, Paris-Bruxelles, 1966]. - G. Six, *Dictionnaire biographique des généraux et amiraux français de la Révolution et de l'Empire* (Saffroy, Paris, 1934-1935, 2 vol.) - J. Tranié et J.-C. Carmignani, *Napoléon et la Russie : les années victorieuses, 1805-1807* (Copernic, Paris, 1980).

Napoléon, l'Europe et l'Orient. S. Askenasy, *Napoléon et la Pologne* (E. Leroux, Éd. du Flambeau, trad. par H. Grégoire, Paris, 1925). - F. Crouzet, *l'Économie britannique et le Blocus continental,* 1806-1813 (P.U.F., Paris, 1958, 2 vol.). - E. Driault, *Mohamed Aly et Napoléon (1807-1814). Correspondance des consuls de France en Égypte* (Champion, Paris, 1927). - M. Dunan, *Napoléon et l'Allemagne. Le système continental et les débuts du royaume de Bavière, 1806-1810* (Plon, Paris, 1942). - M. Dunan (sous la dir. de), *Napoléon et l'Europe* (Paris-Bruxelles, 1961). - A. Fugier, *Napoléon et l'Espagne* (1799-1803) [F. Alcan, Paris, 1930, 2 vol.] ; *Napoléon et l'Italie* (Janin, Paris, 1947) ; *la Révolution française et l'Empire napoléonien* (Hachette, Histoire des relations internationales, t. IV, Paris, 1954). - C. de Grünwald, *Les Alliances franco-russes. Neuf siècles de malentendus* (Plon, Paris, 1965). - L. Madelin, *la Rome de Napoléon. La domination française à Rome, de 1809 à 1814* (Plon-Nourrit et Cie, Paris, 1906). - H. Nicholson, *le Congrès de Vienne, histoire d'une coalition, 1812-1822* (Hachette, nouv. éd., Paris, 1957). - J. H. Pirenne, *la Sainte Alliance et le traité de Vienne* (La Baconnière, Neuchâtel, 1946-1950, 2 vol.) - A. Sorel, *l'Europe et la Révolution française* (Plon, Paris, 1885-1904, 8 vol.). - J. Spellman *Napoléon et l'Islam* (S, s. l., 1970). - E. Tarlé, *le Blocus continental et le royaume d'Italie* (F. Alcan, Paris, 1928). - J. Tulard, *l'Europe de Napoléon* (Horvath, coll. « Histoire de l'Europe », Roanne, 1989).

21. 浪漫主义的法国

Textes et documents. H. de Balzac, *Correspondance 1819-1850* (Calmann-Lévy, Paris, 1876). - Chateaubriand, *Mémoires d'outre-tombe,* éd. Levaillant (Flammarion, Paris, 1949). - F. Guizot, *Mémoires pour servir à l'histoire de mon temps* (Lévy Frères, Paris, 1858-1967, 8 vol.) ; *Lettres de François Guizot et de la princesse de Lieven,* préface de J. Schlumberger (Mercure de France, Paris, 1963-64, 3 vol.). - Ch. de Rémusat, *Mémoires de ma vie,* éd. Ch.-H. Pouthas (Plon, Paris, 1958-1962, 4 vol.). - Ch. Sainte-Beuve, *Correspondance* (Lévy, Paris, 1877-78). - G. Sand, *Correspondance,* éd. Lubin (Garnier, Paris, en cours, 6 vol. parus, 1964-1970). - Stendhal, *Mémoires d'un touriste,* éd. V. del Litto (Rencontre, Lausanne, 1962). - A. de Tocqueville, *Correspondance avec le vicomte de Beaumont* (Gallimard, Paris, 1967, 3 vol.). - L. Veuillot, *Correspondance,* éd. Fr. Veuillot (Lethielleux, Paris, 1931-1933, 12 vol.). - J. Viennet, *Journal* (Amiot-Dumont, Paris, 1955). - A. de Vigny, *Mémoires inédits* (Gallimard, Paris, 1958). - A. de Villeneuve-Bargemont, *Économie politique chrétienne* (Paris, 1834, 3 vol.). - L. R. Villermé, *Tableau de l'état physique et moral des ouvriers employés dans les manufactures de coton, de laine et de soie* (Renouard, Paris, 1840, 2 vol.).

Études politiques et sociales. G. de Bertier de Sauvigny, *la Révolution de 1830 en France* (A. Colin, coll. « U2 », nº 117, Paris, 1970) ; *la France et les Français vus par les voyageurs américains, 1814-1848* (Flammarion, Paris, 1982) ; *Au soir de la monarchie. Histoire de la Restauration* (Flammarion, coll. « Histoire », nouv. éd., Paris, 1983) ; *la Restauration* (Flammarion, coll. « Champs », nº 237, Paris, 1990). - Fr. Bluche, *le Bonapartisme : aux origines de la droite autoritaire (1800-1850)* [Nouvelles Éditions latines, Paris, nouv. éd., 1980] ; *le Bonapartisme* (P.U.F., coll. « Que sais-je ? », nº 1980, Paris, 1re éd., 1981). - L. Girard, *la Garde nationale, 1814-1871* (Plon, Paris, 1964). - A. Jardin et A.-J. Tudesq, *la France des notables : 1815-1848* (Le Seuil, coll. « Nouvelle Histoire de la France contemporaine », t. VI et VII, coll. Points, Paris, 1973). - J. Lhomme, *la Grande Bourgeoisie au pouvoir, 1830-1880* (P.U.F., Paris, 1960). - J.-J. Oeschlin, *le Mouvement ultra-royaliste sous la Restauration* (Libr. générale de droit et de jurisprudence, Paris, 1960). - F. Ponteil, *la*

Monarchie parlementaire (1815-1848) [A. Colin, 2ᵉ éd., Paris, 1958] ; *les Institutions de la France de 1814 à 1870* (P.U.F., Paris, 1966). - R. Rémond, *la Vie politique en France depuis 1789*, t. I., *1789-1848* (A. Colin, coll. « U », Paris, 1965) ; *la Droite en France, de la Restauration à nos jours* (Aubier-Montaigne, coll. « Historique », Paris, nouv. éd., 1982). - St. Rials, *le Légitimisme* (P.U.F., coll. « Que sais-je ? », nᵒ 2 107, Paris, 1ʳᵉ éd., 1983). - A.-J. Tudesq, *les Grands Notables en France 1840-1849* (P.U.F., Paris, 1964). - J. Vidalenc, *la Restauration, 1814-1830* (P.U.F., coll. « Que sais-je ? », nᵒ 1214, 5ᵉ éd., 1983). - Ph. Vigier, *la Monarchie de Juillet* (P.U.F. coll. « Que sais-je ? », nᵒ 1002, Paris, 6ᵉ éd., 1982). - E. de Waresquiel, *le Duc de Richelieu, 1766-1822. Un sentimental en politique* (Perrin, Paris, 1990).

Économie et société : études dans le cadre national. M. Augé-Laribé, *la Révolution agricole* (A. Michel, Paris, 1955). - A. Beetran et P. Griset, *la Croissance économique de la France (1815-1914)* [A. Colin, coll. « Cursus », 1988]. - F. Braudel et E. Labrousse (sous la dir. de), *Histoire économique et sociale de la France*, t. III. *De 1789 à 1880 : l'avènement de l'ère industrielle* (P.U.F., Paris, 1976). - F. Caron, *Histoire économique de la France, XIXᵉ-XXᵉ siècle* (A. Colin, coll. « U », Paris, 2ᵉ éd., 1984). - A. Dewerpe, *le Monde du travail en France (1800-1950)* [A. Colin, coll. « Cursus », 1989]. - G. Duby et A. Wallon (sous la dir. de), *Histoire de la France rurale*, t. III, *1789-1914* (Paris, 1976). - G. Duby (sous la dir. de), *Histoire de la France urbaine*, t. III et t. IV (Le Seuil, Paris, 1981-1982). - A.L. Dunham, *la Révolution industrielle en France, 1815-1848* (Rivière, Paris, 1953). - Cl. Fohlen, « Naissance d'une civilisation industrielle », t. III de l'*Histoire générale du travail* (Nouvelle Librairie de France, Paris, 1961). - B. Gille, *la Banque et le crédit en France de 1815 à 1848* (P.U.F., Paris, 1959). - L. M. Jouffroy, *l'Ère du rail* (A. Colin, Paris, 1953). - A. Soboul, *Problèmes paysans de la révolution, 1778-1848* (Maspéro, coll. « Fondations », Paris, 1983). - J. Vidalenc, *la Société française de 1815 à 1848* (Rivière, Paris, 1970).

Études dans un cadre régional. G. de Bertier de Sauvigny, (Paris sous) *la Restauration : 1815-1830* (Diffusion Hachette, coll. « Nouvelle Histoire de Paris », Paris, 1977). - L. Chevalier, *Classes laborieuses et classes dangereuses à Paris pendant la première partie du XIXᵉ siècle* (Rivière, Paris, 1958). - A. Corbin, *Archaïsme et modernité en Limousin au XIXᵉ siècle* (Rivière, Paris, 1975). - A. Daumard, *la Bourgeoisie parisienne de 1815 à 1848* (S.E.V.P.E.N., Paris, 1963). - G. Désert, *les Paysans du Calvados, 1815-1895*, (Université de Lille-III, 1975, 3 vol.). - G. Fayolle, *la Vie quotidienne en Périgord au temps de Jacquou le Croquant* (Hachette, Paris, 1977). - M. Gillet, *les Charbonnages du nord de la France au XIXᵉ siècle* (Mouton, Paris-La Haye, 1973). - P. Leuilliot, *l'Alsace au début du XIXᵉ siècle* (S.E.V.P.E.N., Paris, 1956-1961, 3 vol.). - P. Lévêque, *Une société provinciale*, t. I, *la Bourgogne sous la monarchie de Juillet* ; t. II, *Une société en crise : la Bourgogne au milieu du XIXᵉ siècle (1846-1852)*, [E.H.E.S.S., Paris, 1983]. - G. Livet et Ch. Gras, *Régions et régionalisme en France du XVIIIᵉ siècle à nos jours* (Colloque de Strasbourg, 1975) [P.U.F., Paris, 1976]. - G. Ribe, *l'Opinion publique et la vie politique à Lyon lors des premières années de la seconde Restauration, 1815-1822* (Sirey, Paris, 1958). - G. Thuillier, *Aspects de l'économie nivernaise au XIXᵉ siècle* (A. Colin, Paris, 1967). - L. Trénard, *Lyon, de l'Encyclopédie au préromantisme* (P.U.F., Lyon, 1958, 2 vol.). - J. Vidalenc, *le Département de l'Eure sous la monarchie constitutionnelle (1814-1848)* [Rivière, Paris, 1952]. - Ph. Vigier, *Essai sur la répartition de la propriété foncière dans la région alpine : son évolution, des origines du cadastre à la fin du second Empire* (E.H.E.S.S., coll. « Les Hommes et la Terre », nᵒ 8, 1963).

Vie religieuse et culturelle. H.R. d'Allemagne, *les Saint-Simoniens* (Gründ, Paris, 1930). - D. Bagge, *les Idées politiques en France sous la Restauration* (P.U.F., Paris, 1952). - C. Bellanger et J. Godechot (sous la dir. de), *Histoire générale de la Presse française*, t. II, *De 1815 à 1871* (P.U.F., Paris, 1969). - H. Clouzot, *le Style Louis-Philippe-Napoléon III* (Larousse, Paris, 1938). - A. Dansette, *Histoire religieuse de la France contemporaine*, t. I (Flammarion, Paris, 1948). - L. Epsztein, *l'Économie et la Morale aux débuts du capitalisme industriel en France et en Grande-Bretagne* (A. Colin, Paris, 1966). - H. Focillon, *la Peinture au XIXᵉ siècle* (Laurens, Paris, 1928). - Ch. Gide et Ch. Rist, *Histoire des doctrines économiques* (Larose et Ténin, Paris, 1909). - Y.-M. Hilaire, *Une chrétienté au XIXᵉ siècle. La vie religieuse du diocèse d'Arras (1840-1914)* [Presses universitaires, Lille, 1977]. - R. Huyghe, *la Peinture Française au XIXᵉ siècle* (Flammarion, Paris, 1974-1976, 3 vol.). - Ch. Ledré, *la Presse à l'assaut de la monarchie, 1815-1848* (A. Colin, Paris, 1960). - M. Leroy, *le Socialisme des producteurs, Henri de Saint-Simon* (Rivière, Paris, 1923). - J. Lucas-Dubreton, *le Culte de Napoléon* (A. Michel, Paris, 1960). - P. Moreau, *le Romantisme*, t. VIII de l'*Histoire de la littérature française* (Del Duca, Paris, 1957). - R. Picard, *le Romantisme social* (Brentano's, Paris, 1947). - F. Ponteil, *Histoire de l'enseignement en France, 1789-1965* (Sirey, Paris, 1966). - Ch.-H. Pouthas, *l'Église et les questions religieuses sous la monarchie constitutionnelle* (C.D.U., Paris, 1942). - D. Robert, *les Églises réformées en France, 1800-1830* (P.U.F., Paris, 1961). - L. J. Rogier, G. de Bertier de Sauvigny, J. Hajjar, *Siècle des Lumières, Révolutions, Restaurations* (Le Seuil, coll. « Nouvelle Histoire de l'Église », t. IV, 1966).

Études biographiques. P. Barbéris, *Balzac et le mal du siècle* (Gallimard, Paris, 1970, 2 vol.). - P. Barral, *les Périer dans l'Isère au XIXᵉ siècle d'après leur correspondance familiale*, (P.U.F., Paris, 1964). - P. Bastid, *Benjamin Constant et sa doctrine* (A. Colin, Paris, 1966, 2 vol.). - G. de Bertier de Sauvigny, *Un type d'ultra-royaliste, le comte Ferdinand de Bertier, et l'énigme de la Congrégation* (Presses continentales, Paris, 1952 ; nouv. éd., 1958). - J. Bouvier, *les Rothschild* (Fayard, Paris, 1967, Éd. Complexe, coll. « le Temps et les hommes », nᵒ 16. ; nouv. éd., Paris, 1983). - J. Cabanis, *Lacordaire et quelques autres. Politique et religion* (Gallimard, Paris, 1982). - J.M. Carré, *Michelet et son temps* (Perrin, Paris, 1926). - R. de Castries, *Louis-Philippe* (Tallandier, Paris, 1980). - A. Dansette, *Louis-Napoléon à la conquête du pouvoir* (Tallandier, Paris, 1980). - J.-R. Derré, *Lamennais, ses amis et le mouvement des idées à l'époque romantique (1824-1834)* [Klincksieck, Paris, 1962]. - E. Dolléans, *Proudhon* (Gallimard, Paris, 1948). - J. H. Donnard, *Balzac, les réalités économiques et sociales dans la « Comédie humaine »* (A. Colin, Paris, 1961). - J. Gouhier, *la Jeunesse d'Auguste Comte et la formation du positivisme* (Vrin, Paris, 1933-1941, 3 vol.). - H. Guillemin, *Lamartine et la question sociale* (La Palatine, Genève, 1946). - J.-Cl. Lamberti, *Tocqueville et les deux démocraties* (P.U.F., coll. « Sociologie », Paris, 1983). - E. Lever, *Louis XVIII* (Fayard, Paris, 1988). - F. Ley, *Benjamin Constant, Chateaubriand, Bernardin de Saint-Pierre, Madame de Staël et Madame de Krüdener* (Aubier, Paris, 1967). - Ph. Mansel, *Louis XVIII*, traduit de l'anglais par D. Meunier (Pygmalion, Gérard Watelet, Paris, 1982). - P. Moreau, *Chateaubriand* (Hatier, Paris, 1956). - Ch.-H. Pouthas, *Guizot pendant la Restauration* (Plon, Paris, 1923). - M. Reclus, *Monsieur Thiers* (Plon, Paris, 1929). - V.L. Tapié, *Chateaubriand par lui-même* (Le Seuil, Paris,

1965). - J. Touchard, *la Gloire de Béranger* (A. Colin, Paris, 1968).

Politique extérieure et politique coloniale. J. Ancel, *Manuel historique de la question d'Orient* (Delagrave, Paris, 1927). - G. de Bertier de Sauvigny, *Metternich et la France après le Congrès de Vienne* (Hachette, Paris, 1968-1972, 3 vol.). - J. Droz, *Histoire diplomatique de 1648 à 1919* (Dalloz, coll. « Études politiques, économiques et sociales », Paris, 3e éd., 1972). - J.-B. Duroselle, *l'Europe du XIXe siècle à nos jours : vie politique et relations internationales* (P.U.F., coll. « Nouvelle Clio », n° 38, Paris, nouv. éd., 1988). - J.-P. Faivre, *l'Expansion française dans le Pacifique (1800-1842)* [Nouvelles Éditions latines, Paris, 1953]. - Ch.-A. Julien, *Histoire de l'Algérie contemporaine*, t. I, *la conquête et les débuts de la colonisation* (P.U.F. Paris, 1964). - J.-H. Pirenne, *la Sainte Alliance et le Traité de Vienne* (La Baconnière, Neuchâtel, 1946-1950, 2 vol.). - Ch.-H. Pouthas, *la Politique étrangère de la France sous la monarchie constitutionnelle* (C.D.U., Paris, 1948). - P. Renouvin, *Histoire des relations internationales*, t.V, *le XIXe siècle*, vol. I : *De 1815 à 1871* (Hachette, Paris, 1954). - J. Tramond et A. Reussner, *Éléments d'histoire maritime et coloniale contemporaine (1815-1914)* [Sté d'Édit. géographiques, maritimes et coloniales, Paris, 1946-1948]. - Ch. Webster, *The Congress of Vienna* (Londres, 1934).

22. 革命与和解共和国

Les *mises au point* les plus récentes : M. Agulhon, *1848 ou l'apprentissage de la République, 1848-1852* (Le Seuil, coll. « Nouvelle Histoire de la France contemporaine », t. VIII, coll. « Points. Histoire », n° 108, Paris, 1973) ; *les Quarante-huitards* (Gallimard, coll. « Archives », n° 61, Paris, 1975) ; *1848 : les utopismes sociaux* (S.E.D.E.S., Paris, 1983). - G. de Bertier de Sauvigny, *la Révolution parisienne de 1848 vue par les Américains* (Bibliothèque historique de la Ville de Paris, coll. « Verte », 1984). - P. Dominique, *les Journées de Juin* (Berger-Levrault, Paris, 1967). - G. Duveau, *1848* (Gallimard, coll. « Idées », Paris, 1965). - L. Girard, *Naissance et mort de la IIe République* (Calmann-Lévy, Paris, 1968). - F. Ponteil, *1848* (A. Colin, Paris, 3e éd., 1955). - A.-J. Tudesq, *l'Élection présidentielle de Louis-Napoléon Bonaparte, 10 décembre 1848* (A. Colin, coll. « Kiosque », Paris, 1965). - Ph. Vigier, *la Seconde République* (P.U.F., « Que sais-je ? », n° 295, 5e éd., Paris, 1988) ; *la Vie quotidienne en province et à Paris pendant les journées de 1848* (Hachette, coll. « la Vie quotidienne », Paris, 1982). - L. Willette, *le Coup d'État du 2 décembre 1851* (Aubier-Montaigne, coll. « Floréal », Paris, 1982).
renvoient elles-mêmes :

a) soit à des *histoires anciennes* ayant plutôt un caractère de sources (Daniel Stern, Garnier-Pagès, E. Ollivier, Lamartine, etc.) ;

b) soit à des synthèses dépassées, mais riches de faits, telles que celle de Ch. Seignobos au tome VI de l'*Histoire de France contemporaine* (Hachette, Paris, 1921) de É. Lavisse, celle de G. Renard au tome IX de l'*Histoire socialiste* (1906) dirigée par J. Jaurès, ou celle de P. de la Gorce, *Histoire de la Seconde République française* (1887), qui représentent bien respectivement les trois orientations classiques : républicaine, socialiste et conservatrice ;

c) soit à des *travaux particuliers* dont on trouvera une sélection dans les mises au point citées plus haut.

On retiendra seulement que les principaux *renouvellements récents* de points de vue sont venus :
a) d'une part, des beaux travaux néo-lamartiniens de H. Guillemin, *le Coup du 2-Décembre* (Gallimard, coll. « Trente Journées qui ont fait la France », Paris, 1952) et *la Première Résurrection de la République, 24 février 1848* (Gallimard, coll. « Trente Journées qui ont fait la France », Paris, 1967) ;

b) d'autre part, des thèses d'histoire sociale à cadre régional : Ph. Vigier, *la Seconde République dans la région alpine* (P.U.F., Paris, 1963, 2 vol.). - M. Agulhon, *la République au village : les populations du Var, de la Révolution à la IIe République* (Seuil, coll. « Univers historique », 1979) et *Une ville ouvrière au temps du socialisme utopique : Toulon de 1815 à 1851* (E.H.E.S.S., coll. « Publ. de l'École pratique des hautes études, Sorbonne. VIe section : Civilisations et Sociétés », n° 18, nouv. éd., 1977). - A. Corbin, *Archaïsme et modernité en Limousin au XIXe siècle* (Rivière, Paris, 1975, 2 vol.), et la série n'en est pas close ;

c) d'une active historiographie sociale de langue anglaise, dont on peut retenir R. Price, comme auteur de *The French Second Republic, a social history* (Batsford, Londres, 1972), et comme « éditeur » de *Revolution and Reaction, 1848 and the Second French Republic* (CroomHelm, Londres, 1975), ainsi que J. Merriman, *The Agony of the Republic* (Yale University Press, 1978) ;

d) d'un récent regain d'intérêt pour l'histoire intellectuelle, dont émerge *le Temps des prophètes* de Paul Bénichou (Gallimard, Paris, 1977).

L'École française d'histoire ouvrière, celle d'E. Dolléans, de G. Duveau, d'E. Labrousse, s'exprime principalement dans *le Mouvement social*, revue trimestrielle (Éditions ouvrières, Paris). Elle a réalisé sous la direction de J. Maitron un *Dictionnaire biographique du mouvement ouvrier français*, 1re partie, *1789-1864* (Éditions ouvrières, Paris, 1965-1971, 3 vol.) où la plupart des « quarante huitards » connus font l'objet de notices élaborées de première main.
Enfin la *Société d'histoire de la révolution de 1848*, qui avait naguère publié le périodique *Études, bibliothèque de la révolution de 1848* (interrompu depuis 1968), a donné en 1975 un utile numéro spécial aux *Annales historiques de la Révolution française* (« 1848 - et la Seconde République ») ; elle apporte aujourd'hui sa coopération à *Romantisme, revue du XIXe siècle* (trimestrielle, chez Champion).

23. 一种新文明的演进

N'ont été retenus que des ouvrages et articles récents et originaux. Ch.-R. Ageron, J. Thobie, G. Meynier, C. Coquery-Vidrovitch, *Histoire de la France coloniale*, t. II, *De 1914 à nos jours* (A. Colin, coll. « Histoires », 1991). - M. Agulhon, *la République : de Jules Ferry à François Mitterrand, 1880 à nos jours* (Hachette, coll. « Histoire de France-Hachette », t. V, 1990). M. Agulhon (sous la dir. de), *la Ville de l'âge industriel, le cycle haussmannien (1840-1950)* [Éd. du Seuil, coll. « Histoire de la France urbaine » dirigée par G. Duby, t. IV, Paris, 1983]. - A. Armengaud, *la Population française au XIXe siècle* (P.U.F., coll. « Que sais-je ? », n° 1420, Paris, 2e éd., 1976). - J.-C. Asselain, *Histoire économique de la France du XVIIIe siècle à nos jours*, t. I *(du XVIIIe siècle à 1919)* [Éd. du Seuil, Paris, 1984]. - P. Bairoch, *Commerce extérieur et développement économique de l'Europe au XIXe siècle* (Mouton, La Haye-Paris, 1976). - P. Barral, *le Département de l'Isère sous la IIIe République, 1870-1940* (A. Colin, Paris, 1962). - A. Beltran et P. A. Carré, *la Fée et la Servante. La société française face à l'électricité (XIXe-XXe siècle* (Belin, coll. « Histoire et Société »). - L. Bergeron, *les Capitalistes en France, 1780-1914*

(Gallimard, coll. « Archives », Paris, 1978) ; *l'Industrialisation de la France au XIXe siècle* (Hatier, Paris, 1979) ; *les Rothschild et les autres : la gloire des banquiers* (Perrin, coll. « Histoire et fortunes », 1991). - J. Bouvier, *le Crédit Lyonnais de 1863 à 1882. Les années de formation d'une banque de dépôts* (S.E.V.P.E.N., Paris, 1961, 2 vol.) ; *Naissance d'une banque : le Crédit Lyonnais* (Flammarion, Paris, nouv. éd., 1968) ; *Un siècle de banque française* (Hachette, Paris, 1973). - J. Bouvier, Fr. Furet et M. Gillet, *le Mouvement du profit en France au XIXe siècle* (Mouton, La Haye-Paris, 1965) ; *Charbon et sciences humaines. Actes du colloque de Lille, 1963* (Mouton, La Haye-Paris, 1966). - F. Braudel et E. Labrousse (sous la dir. de), *Histoire économique et sociale de la France,* t. III, *l'Avènement de l'ère industrielle, 1789-années 1880* (P.U.F., Paris, 1976, 2 vol.) ; t. IV, *l'Ère industrielle et la société d'aujourd'hui, 1880-1980* (P.U.F., Paris, 1976 et 1979, 2 vol.). - D. et A. Cabanis, *Histoire économique, sociale et politique de la société française aux XIXe et XXe siècles* (Privat, Toulouse, 1990). - R.E. Cameron, « Profit, croissance et stagnation en France au XIXe siècle », dans *Économie appliquée,* avr.-sept. 1957 ; *la France et le développement économique de l'Europe, 1800-1914* (Le Seuil, Paris, 1971). - « La Concentration des établissements en France de 1896 à 1936 », dans *Études et conjoncture,* sept. 1954. - F. Caron, *Histoire de l'exploitation d'un grand réseau, la Compagnie du chemin de fer du Nord, 1846-1937* (Mouton, La Haye-Paris, 1973). - F. Caron, *Histoire économique de la France, XIXe-XXe siècles* (A. Colin, coll. « U », Paris, 2e éd., 1984) ; *Le résistible des sociétés industrielles* (Perrin, Paris, 1985) ; *La France des patriotes de 1851 à 1918* (Fayard, coll. « Histoire de France », t. V, sous la dir. de J. Favier, Paris, 1985). - P. Cayez, *Du métier Jacquard aux hauts fourneaux : aux origines de l'industrie lyonnaise* (P.U.L., Lyon, 1978) ; *Crises et croissance de l'industrie lyonnaise, 1850-1900* (P.U.L., Lyon, 1980). - F.-P. Codaccioni, *De l'inégalité sociale dans une grande ville industrielle : le drame de Lille de 1850 à 1914* (Presses de l'Université de Lille-III, Lille, 1976). - A. Corbin, *Archaïsme et modernité en Limousin au XIXe siècle* (M. Rivière, 1975, 2 vol.). - F. Crouzet, « Essai de construction d'un indice annuel de la production industrielle française au XIXe siècle », dans *Annales E.S.C.,* janv.-févr. 1970, pp. 56-99 ; « Encorela croissance française au XIXe siècle », dans *Revue du Nord,* juill.-sept. 1972. - A. Daumard et alii, *les Fortunes françaises au XIXe siècle* (Mouton, La Haye-Paris, 1973). - M. Daumas et alii, *Histoire générale des techniques,* t. III et IV (P.U.F., Paris, 1969 et 1979). - G. Désert, *Une société rurale au XIXe siècle ; les paysans du Calvados 1815-1895* (Université de Lille-III, Lille, 2 vol. ; Champion, Paris, 1975, 1 vol.). - J. Dupâquier (sous la dir. de), *Histoire de la population française.* T. III : *de 1789 à 1914 ;* T. IV : *de 1914 à nos jours* (P.U.F., Paris, 1988 et 1989). - G. Dupeux, *Aspects de l'histoire sociale et politique du Loir-et-Cher, 1848-1914* (Mouton, La Haye-Paris, 1962) ; *la Société française, 1789-1970* (A. Colin, Paris, 6e éd., 1986) ; *Atlas historique de l'urbanisation de la France (1811-1975)* [Éd. du C.N.R.S., 1982]. - Dik. Fieldhouse, *Economics and Empire, 1830-1914* (MacMillan, Londres, 1984). - Cl. Fohlen, *l'Industrie textile au temps du Second Empire* (Plon, Paris, 1956). - J. Fourastié, *Migrations professionnelles* (P.U.F., coll. I.N.E.D., Paris, 1957). - P. Fridenson et A. Strauss (sous la dir. de), *le Capitalisme français, XIXe-XXe siècle. Blocages et dynamisme d'une croissance* (Fayard, 1987). - R. Fruit, *la Croissance économique du pays de Saint-Amand (Nord), 1668-1914* (A. Colin, Paris, 1963). - G. Garrier, *Paysans du Beaujolais et du Lyonnais, 1800-1970* (P.U.G., Grenoble, 1973, 2 vol.). - G. Garrier (sous la dir. de), *la Domination du capitalisme 1840-1914* (A. Colin, coll. « Histoire économique et sociale du monde », sous la dir. de P. Léon, t. III, Paris, 1977). - B. Gille, *Histoire de la maison Rothschild, 1848-1870,* t. II (Droz, Genève, 1967) ; *la Sidérurgie française au XIXe siècle* (Droz, Genève, 1968). - M. Gillet, « Révolution industrielle ou « take-off » ?, dans *l'Information historique,* mars-avr. *1970,* pp. 67-75 ; *les Charbonnages du nord de la France au XIXe siècle* (Mouton, La Haye-Paris, 1973) ; *Histoire sociale du Nord et de l'Europe du Nord-Ouest* (P.U.L., Lille, 1984). - L. Girard, « Valeur et permanence des thèmes saint-simoniens », dans *Cahiers de l'I.S.E.A.,* Économies et sociétés, avr. 1970. - A. Gueslin, *les Origines du Crédit agricole* (Annales de l'Est, Mémoire n° 59, Nancy, 1978). - P. Guillaume, *Individus, Familles, Nations* (S.E.D.E.S., Paris, 1985). - R. Hübscher, *l'Agriculture et la société rurale dans le Pas-de-Calais du XIXe siècle à 1914* (Arras, 1974, nouv. éd., 1979-1980, 2 vol.). - Ch. Kindleberger, *Economic Growth in France and Britain, 1851-1950* (Harvard University Press, Cambridge, Massachusetts, 1964). - M. Laget, *Naissances. L'accouchement avant l'âge de la clinique* (Éd. du Seuil, Paris, 1982). - Cl. Lamming et J. Marseille, *le Temps des chemins de fer en France* (Nathan, 1986). - P. Léon, *la Naissance de la grande industrie en Dauphiné (fin du XVIIe siècle-1869)* [P.U.F., Paris, 1954, 2 vol.] ; « l'Usine d'Allevard, 1869-1914 », dans *Cahiers d'histoire,* 1963 ; P. Léon, F. Crouzet, R. Gascon et alii, *l'Industrialisation en Europe au XIXe siècle* (C.N.R.S., Paris, 1972). - Y. Lequin, *les Ouvriers de la région lyonnaise, 1848-1914* (P.U.L., Lyon, 1977, 2 vol.). - M. Lévy-Leboyer, « la Croissance économique en France au XIXe siècle », dans *Annales E.S.C.,* juill.-août 1968, pp. 788-807 ; M. Lévy-Leboyer et alii, *la Position internationale de la France* (E.H.E.S.S., 1977). - F. Loyer, *le Siècle de l'industrie* (Skira, Paris, 1983). - J. Marczewski, « le Produit physique de l'économie française de 1789 à 1913 ; comparaison avec la Grande-Bretagne », dans *Cahiers de l'I.S.E.A.,* série AF, juill. 1969. - T.J. Markovitch, « l'Industrie française de 1789 à 1964 », dans *Cahiers de l'I.S.E.A.,* série AF, 4 vol., 1965-1966 ; « les Cycles industriels en France », dans *le Mouvement social,* avr.-juin 1968 ; « les Secteurs dominants de l'industrie française », dans *Analyse et prévision,* mars 1966. - J. Marseille, *Empire colonial et capitalisme français : histoire d'un divorce* (Albin Michel, coll. « l'Aventure humaine », 1986 et Le Seuil, coll. « Points-Histoire », n° 426, 1989) ; *l'Âge d'or de la France coloniale* (Albin Michel, coll. « Beaux livres », 1986) ; *les Paysans : 1850-1880* (Atlas, coll. « Un certain âge d'or », 1987). - C.-A. Michalet, *les Placements des épargnants français de 1815 à nos jours* (P.U.F., Paris, 1968). - G.-P. Palmade, *Capitalisme et capitalistes français au XIXe siècle* (A. Colin, Paris, 1961). - M. Perrot (sous la dir. de), *De la Révolution à la Grande Guerre* (Le Seuil, coll. « Histoire de la vie privée », t. IV (sous la dir. de G. Duby et de Ph. Ariès), Paris, 1987). - Ph. Pinchemel, *Structures sociales et dépopulation rurale dans les campagnes picardes de 1836 à 1936* (A. Colin, Paris, 1957). - A. Prost, *Histoire de l'enseignement en France (1800-1967)* [A. Colin, coll. « U », Paris, 6e éd., 1986] ; *Petite Histoire de la France au XXe siècle* (A. Colin, coll. « U », Paris, 5e éd., 1986). - R. Rémond, *Notre siècle (1918-1991)* [Fayard, coll. « Histoire de France », t. VI, sous la dir. de J. Favier, Paris, 2e éd., 1991]. - J.-P. Rioux, *la Révolution industrielle 1780-1880* (Le Seuil, Paris, 1971). - R. Roehl, « l'Industrie française : une remise en cause », dans *Revue d'histoire économique et sociale,* 1977. - W. Serman, *les Officiers français dans la nation 1848-1914* (Aubier-Montaigne, coll. « Historique », 1982). - J.-F. Sirinelli, *Intellectuels et passions françaises. Manifestes et pétitions au XXe siècle* (Fayard, coll « Nouvelles études historiques », Paris, 1990). - P. Sorlin, *la Société française,*

t. I *(1840-1914)* [Arthaud, Paris, 1969]. - A. Thépot et alii, *l'Ingénieur dans la société française* (Éditions ouvrières, coll. « Mouvement social », Paris, 1985). - G. Thuillier, *Pour une histoire du quotidien au XIXe siècle en Nivernais* (Mouton, La Haye-Paris, 1977). - R. Trempé, *les Mineurs de Carmaux, 1848-1914* (Éditions Ouvrières, 1971, 2 vol.). - J. Vial, *l'Industrialisation de la sidérurgie, 1814-1864* (Mouton, La Haye-Paris, 1968, 2 vol.). - E.A. Wrigley, *Société et population* (Hachette, Paris, 1969).

24. 第二帝国

Ouvrages généraux. A. Dansette, *Du 2 décembre au 4 septembre* (Hachette, Paris, 1972). - A. Gérard, *le Second Empire, innovation et réaction* (P.U.F., Paris, 1972). - P. Labracherie, *le Second Empire* (Julliard, Paris, 1962). - P. Miquel, *le Second Empire* (A. Barret, Paris, 1979). - A. Plessis, *De la fête impériale au mur des Fédérés, 1852-1871* (Le Seuil, coll. « Nouvelle Histoire de la France contemporaine », t. IX, Paris, 1973). - G. Pradalié, *le Second Empire* (P.U.F., coll. « Que sais-je ? » n° 739, Paris, 7e éd., 1987).

L'Empereur. Napoléon III, Man of destiny. Enlightened statesman or protofascist ? ed. by B.G. Gooch (New York, 1962). - L. Girard, *Napoléon III* (Fayard, Paris, 1986). - W. Smith, *Napoléon III* (Hachette, trad. fr., Paris, 1982).

Les personnes. N. Blayau, *Billault, ministre de Napoléon III d'après ses papiers personnels* (Klincksieck, Paris, 1969). - J. Durieux, *le Ministre Pierre Magne d'après ses lettres et ses souvenirs* (Champion, Paris, 1929). - G. Lameyre, *Haussmann, préfet de Paris* (Flammarion, Paris, 1958). - B. Leclère et V. Wright, *les Préfets du second Empire* (A. Colin, Paris, 1972). - J. Maurain, *Un bourgeois français au XIXe siècle : Baroche, ministre de Napoléon III* (Alcan, Paris, 1936). - B. Melchior- Bonnet, *Jérôme Bonaparte, l'envers de l'épopée* (Perrin, Paris, 1979). - M. Parturier, *Morny et son temps* (Hachette, Paris, 1969). - J. Rohr, *Victor Duruy, ministre de Napoléon III. Essai sur la politique de l'Instruction publique au temps de l'Empire libéral* (Librairie générale de droit et de jurisprudence, Paris, 1967). - R. Schnerb, *Rouher et le second Empire* (A. Colin, Paris, 1949).

Institutions et vie politique. R. Bellet, *Presse et journalisme sous le second Empire* (A. Colin, Paris, 1967). - J.-J. Chevallier, *Histoire des institutions de la France de 1789 à nos jours* (Dalloz, nouv. éd. Paris, 1981). - J. Dubois, *le Vocabulaire politiqueet social en France de 1869 à 1872* (Larousse, Paris, 1962). - L. Girard, R. Gossez, A. Prost, *les Conseillers généraux en 1870* (P.U.F., Paris, 1967). - P. Guiral, *Prévost-Paradol, pensée et action d'un libéral sous le second Empire* (P.U.F., Paris, 1955). - B. Le Clère et V. Wright, *les Préfets du second Empire* (A. Colin, Paris, 1973). - A. Plessis, *Régents et gouverneurs de la Banque de France sous le second Empire* (Droz, Genève-Paris, 1985). - H.C. Payne. *The Police State of Louis-Napoléon Bonaparte, 1851-1860* (Seattle, University of Washington Press, 1978). - M. Rubel, *Karl Marx devant le bonapartisme* (Mouton, Paris, 1960). - I. Tchernoff, *le Parti républicain au coup d'État et sous le second Empire* (Pedone, Paris, 1906). - V. Wright, *le Conseil d'État sous le second Empire* (A. Colin, Paris, 1972). - Th. Zeldin, *The Political System of Napoléon III* (McMillan, Londres, 1958).

L'Empire libéral et la « crise » finale. Les Élections de 1869, sous la direction de L. Girard (Rivière, Paris, 1960). - Th. Zeldin, *E. Ollivier and the Liberal Empire of Napoléon III* (Clarendon Press, Oxford, 1963).

La vie économique et sociale. A. Armengaud, *les Populations de l'Est aquitain au début de l'époque contemporaine. Recherches sur une région moins développée (vers 1845-vers 1871)* [Mouton, Paris, 1961]. - A. Armengaud et A. Fine, *la Population française au XIXe siècle* (P.U.F., coll. « Que sais-je ? », n° 1167, Paris, 2e éd., 1976). - R. Cameron, *la France et le développement économique de l'Europe* (Seuil, coll. « Univers historique », Paris, 1971). - A.-L. Dunham. *The Anglo-French Treaty of Commerce of 1860 and the Progress of the Industrial Revolution in France* (Detroit, University of Michigan Press, 1930). - G. Duveau, *la Vie ouvrière sous le second Empire* (Gallimard, Paris, 1946). - C. Fohlen, *l'Industrie textile au temps du second Empire* (Plon, Paris, 1956). - J. Gaillard, *Paris, la Ville, 1852-1870* (Université de Lille-III, 1976 ; Champion, Paris, 1976). - L. Girard, *la Politique des travaux publics du second Empire* (A. Colin, Paris, 1952). - L. Girard, *Paris sous la Deuxième République et le second Empire, 1848-1870* (Diffusion Hachette, coll. « Nouvelle Histoire de Paris », Paris, 1981). - P. Guiral, *la Vie quotidienne en France à l'âge d'or du capitalisme, 1852-1879* (Hachette, Paris, 1976). - J. Lhomme, *la Grande Bourgeoisie au pouvoir, 1830-1850* (P.U.F., Paris, 1960). - T.J. Markovitch, *Salaires et profits industriels en France sous la Monarchie de Juillet et le second Empire* (Cahiers de l'I.S.E.A., 1965). - *Marseille sous le second Empire. Centenaire de la chambre de commerce* (Plon, Paris, 1961). - P. Pierrard, *la Vie ouvrière à Lille sous le second Empire* (Bloud et Gay, Paris, 1965). - A. Plessis, *la Banque de France et ses deux cents actionnaires sous le second Empire* (Droz, coll. « Travaux d'histoire éthico-politique », n° 40, Genève, 1983). - A. Rowley, *Évolution économique de la France du XIXe siècle à 1914* (C.D.U. et S.E.D.E.S., 1982).

Aspects de la politique extérieure. St Bobr-Tylingo, *Napoléon III, l'Europe et la Pologne, 1863-1964* (Rome, Institutum Historicum Polonicum, 1963). - L.M. Case, W. Spencer, *French Opinion on War and Diplomacy during the Second Empire* (Philadelphie, 1954). - G. Delamare, *la Tragédie mexicaine, une faute de Napoléon III* (Thone, Liège, 1963). - A.-L. Dunham, *The Anglo-French Treaty of commerce of 1860 and the Progress of the Industrial Revolution in France* (Detroit, University of Michigan Press, 1930). - J.-B. Duroselle, *l'Europe du XIXe siècle à nos jours, vie politique et relations internationales* (P.U.F., coll. « Nouvelle Clio », n° 38, Paris, nouv. éd. 1988). - *La Première Internationale* (C.N.R.S., Paris, 1964). - J.-G. Larregola, *le Gouvernement français face à la guerre de Sécession* (Pedone, Paris, 1970). - P. Renouvin, *Histoire des relations internationales,* t. V, *le XIXe siècle,* vol. I : *de 1815 à 1871* (Hachette, Paris, 1964).

Les guerres du second Empire ; armée, diplomatie et conflits. L.M. Case, *Franco-Italian Relations 1860-1865. The Roman Question and the Convention of September* (Philadelphia, 1932). - P. Guichonnet, *l'Unité italienne* (P.U.F., coll. « Que sais-je ? », n° 942, Paris, nouv. éd. 1978) ; *Histoire de l'annexion de la Savoie à la France* (Roanne, Horvath, 1983). - R. Guillemin, *la Guerre de Crimée* (France-Empire, Paris, 1981). - L. Monnier, *Études sur les origines de la guerre de Crimée* (Droz, Genève, 1978). - B. Schnapper, *le Remplacement militaire au XIXe siècle* (S.E.V.P.E.N., Paris, 1968). - Fr. Valsecchi, *l'Unificazione italiana e la politica europea dalla guerra di Crimea alla guerra di Lombardia 1854-1859* (Milano, 1939).

La guerre de 1870 et la Commune. J.-F. Audoin-Rouzeau, *1870 : la France dans la guerre* (A. Colin, 1989). - J. Bruhat, J. Dautry, E. Tersen, *la Commune de 1871* (Éd. sociales, Paris, 1970). - A. Decouflé, *la Commune de Paris* (Cujas, Paris, 1969). - L. M. Greenberg, *Sisters of Liberty. Marseille, Lyon, Paris and the Reaction to a Centralized State, 1868-1871* (Harvard University Press, 1971). - H. Lefebvre, *26 mars 1871, la Proclamation de la Commune* (Gallimard, coll.

« Trente Journées qui ont fait la France », n° 26, Paris, 1965). - Ch. Rihs, *la Commune de Paris (1871). Sa structure et ses doctrines* (Le Seuil, coll. « Univers historique », Paris, 1973). - J. Rougerie, *Procès des Communards* (Julliard, Paris, 1964) ; *Paris libre 1871* (Le Seuil, Paris, 1971) ; *la Commune de Paris* (P.U.F., « Que sais-je ? », n° 581, Paris, 1re éd., 1988). - W. Serman, *la Commune de Paris (1871)* [Fayard, Paris, 1986].

25. 第三共和国

Études d'ensemble. L'histoire de la IIIe République est réinsérée dans un cadre mondial par A. Jourcin, *Prologue à notre siècle, 1872-1918* (Larousse, coll. « Histoire universelle », t. XI, Paris, 1974). Son étude est esquissée dans le livre, bref et clair, de P. Bouju et H. Dubois, *la Troisième République (1870-1940)* [P.U.F., coll. « Que sais-je ? », n° 520, 11e éd., 1988]. Elle est plus détaillée par C. et A. Ambrosi, *la France (1870-1986)* [Masson, coll. « Un siècle d'histoire », 4e éd., 1986]. - Elle est éclairée par J. Dalloz, *Histoire de la France au xxe siècle par les textes* (Masson, coll. « Un siècle d'histoire », Paris, 1985). - Les ouvrages les plus complets sont ceux de J.-M. Mayeur, *les Débuts de la IIIe République, 1871-1899,* et de Madeleine Rebérioux, *la République radicale, 1899-1914,* qui forment les t. X et XI de la *Nouvelle Histoire de la France contemporaine* (Éd. du Seuil, Paris, 1973 et 1975) [larges orientations bibliographiques]. L'ouvrage de J.-B. Duroselle, *la France de la Belle Époque. La France et les Français, 1900-1914* (Éd. Richelieu, Paris, 1972), éclaire la fin de la période. Des œuvres d'écrivains plus anciens sont aujourd'hui des classiques, telles celles de F. Goguel, *la Politique des partis sous la IIIe République* (Éd. du Seuil, Paris, 1946, 2 vol.), d'A. Siegfried, *Tableau politique de la France de l'Ouest* (Paris, 1914 ; A. Colin, Paris, 1964), de D. Halévy, *la Fin des notables et la République des ducs* (le Livre de Poche, Paris, nouv. éd., 1972), et, de Ch. Seignobos, *l'Évolution de la Troisième République* (Hachette, coll. « Histoire de la France contemporaine », t. VIII sous la dir. d'E. Lavisse, Paris, 1921).

Études particulières. Les principaux faits politiques sont relatés par J. Chastenet, *Histoire de la IIIe République* (Hachette, Paris, t. I à IV, 1952-1954), par R. Rémond, *la Vie politique en France depuis 1789,* t. II *1848-1879* (A. Colin, Paris, 3e éd., 1986)et par J.-P. Azéma et M. Winock, *la IIIe République* (Calmann-Lévy, Paris, 1970). - Les grandes crises et les « scandales », sont relatés dans la collection « Archives » (Gallimard, Paris) : J. Bouvier, *les Deux Scandales de Panama* (1964), J. Julliard, *Clemenceau, briseur de grèves* (1965), J.-M. Mayeur, *la Séparation de l'Église et de l'État* (1966), et dans la collection « Kiosque » (A. Colin, Paris) : P. Boussel, *l'Affaire Dreyfus et la presse* (1963), A. Kriegel et J.-J. Becker, *1914, la Guerre et le mouvement ouvrier français* (1964), J. Néré, *le Boulangisme et la presse* (1964), M. Ozouf, *l'École, l'Église et la République, 1871-1914* (1963). Pour l'histoire religieuse, consulter J.-M. Mayeur (sous la dir. de), *Guerres mondiales et totalitarismes (1914-1958)* [Fayard-Desclée, *Histoire du christianisme des origines à nos jours,* t. 12, 1990].

Ouvrages de référence. L. Charlet, P. Albert, F. Terrou, et R. Ranc, *Histoire générale de la presse française,* sous la dir. de Cl. Bellanger, L. Charlet, J. Gudechot, t. III, 1871-1940 (P.U.F., Paris, 1972). - J. Jolly (sous la dir. de), *Dictionnaire des parlementaires. Notices biographiques sur les ministres, députés et sénateurs français de 1889 à 1940* (P.U.F., Paris, 1960-1977, 8 vol.). - J. Maîtron, *Dictionnaire biographique du mouvement ouvrier français* (Éd. ouvrières, Paris, 1964-1983, 20 vol.). - R. Rémond et collab., *Atlas historique de la France contemporaine, 1800-1965* (A. Colin, coll. « U », Paris, nouv. éd., 1966). - A. Robert et G. Gougny. *Dictionnaire des parlementaires français... depuis le 1er mai 1789 jusqu'au 1er mai 1889...* (Bourcoton, Paris, 1889-1891, 5 vol.).

La vie politique. P. Chevallier, *la Séparation de l'Église et de l'École. Jules Ferry et Léon XIII* (Fayard, Paris, 1981). - J. Gadille, *la Pensée et l'Action politique des évêques français au début de la IIIe République, 1870-1883* (Hachette, Paris, 1967, 2 vol.). - J. Kayser, *les Grandes Batailles du radicalisme des origines aux portes du pouvoir, 1820-1901* (Rivière, Paris, 1961). - G. Lachapelle, *le Ministère Méline. Deux années de politique intérieure et extérieure 1890-1898* (Éditions d'Art, Paris, coll. des « Politiques contemporains », sous la dir. de J.L.L. d'Artrey, 1928). - B. Lavergne, *Journal : 1879-1887. Les deux présidences de Jules Grévy* (Fischbacher, Paris, 1967). - J.-M. Mayeur, *la Séparation de l'Église et de l'État* (Julliard, Paris, 1966). - J.-M. Mayeur, *la Vie politique sous la IIIe République* (Éd. du Seuil, Paris, 1984). - B. Ménager, *la Vie politique dans le département du Nord* (P.U.L., Lille, 1983). - P. Miquel, *l'Affaire Dreyfus* (P.U.F., coll. « Que sais-je ? », n° 867, Paris, 7e éd., 1985). - Cl. Nicolet, *le Radicalisme* (P.U.F., coll. « Que sais-je ? », n° 761, 5e éd., 1983). - R. Rémond, *les Droites en France* (Aubier-Montaigne, coll. « Historique », nouv. éd., 1982). - A. Thibaudet, *la République des professeurs* (Grasset, Paris, 1927). - E. Weber, *l'Action française* (Stock, Paris, 1962). - G. Wormser, *la République de Clemenceau* (P.U.F., Paris, 1961).

Personnages. J.-C. Allain, *Caillaux* (Imprimerie nationale, Paris, 1981). - G. Aumercier, *Paul Leroy-Beaulieu* (Université de Paris IV). - P. Barral, *les Périer dans l'Isère au xixe siècle, d'après leur correspondance familiale* (P.U.F., Paris, 1964). - P. Barral, *les Agrariens français* (A. Colin, coll. « U », Paris, 1968). - P. Barral, *les Fondateurs de la IIIe République* (A. Colin, Paris, 1968). - J. Bouvier, *les Rothschild* (Éd. Complexe, coll. « le Temps et les Hommes », n° 16, Bruxelles, nouv. éd., 1983). - R. Cazelles, *le Duc d'Aumale* (Tallandier, coll. « Figures de proue », Paris 1984). - G. Cendrars (présenté par), *Jean Jaurès (1859-1914)* [les Éd. ouvrières, coll. « Aux sources du socialisme », Paris, 1984). - J. Chastenet, *Léon Gambetta* (Fayard, Paris, 1969). - Ch. Chesnelong, *les Derniers Jours de l'Empire et le gouvernement de Monsieur Thiers* (Perrin, Paris, 1932). - A. Dansette,*Histoire des présidents de la République. De Louis-Napoléon Bonaparte à Georges Pompidou* (Plon, Paris, 1981). - J. Estèbe, *les Ministres de la République* (F.N.S.P., Paris, 1982). - B. Foucart, *Courbet* (Paris, 1982). - J.-M. Gaillard, *Jules Ferry* (Fayard, Paris, 1989). - H. Goldberg, *Jean Jaurès. La biographie du fondateur du parti socialiste* (Fayard, Paris, 1970). - P. Guiral, *Adolphe Thiers* (Fayard, Paris, 1986). - D. Halévy, *Péguy* (Grasset, Paris, 1979). - J. Julliard, *Fernand Pelloutier* (Éd. du Seuil, Paris, 1971). - B. Leroy, *Gustave Eiffel* (F. Hazan, Paris, 1984). - Ph. Levillain, *Boulanger, le fossoyeur de la monarchie* (Flammarion, Paris, 1982). - Albert de Mun, *Catholicisme français et catholicisme romain du Syllabus au ralliement* (Rome, École française de Rome, 1983). - J.-M. Mayeur, *Un prêtre démocrate, l'abbé Lemire, 1853-1928* (Casterman, Paris, 1968). - Louise Michel, *Matricule 2182. Souvenirs de ma vie (extraits)* [Dauphin, coll. « Archives », Paris, 1982]. - P. Miquel, *Poincaré* (Fayard, Paris, nouv. éd., 1984). - C. Molette, *Albert de Mun* (Beauchesne, Paris, 1970). - F. Pisani-Ferry, *le Général Boulanger* (Flammarion, Paris, 1969) ; *Jules Ferry et le partage du monde* (Grasset, Paris, 1962). - M. Rebérioux, *Jean Jaurès* (Calmann-Lévy, Paris, 1983). - J. Silvestre de Sacy, *le Maréchal de Mac-Mahon, duc de Magenta* (Éditions Inter-Nationales, Paris, 1970).

- P. Sorlin, *Waldeck-Rousseau* (A. Colin, Paris, 1966). - C. Willard, *Jules Guesde, textes choisis* (Éditions sociales, Paris, 1959) ; *les Guesdistes* (Éd. sociales, Paris, 1965). - A. Zévaès, *Jules Guesde* (Rivière, Paris, 1929) ; *Clemenceau* (Julliard, Paris, 1949).

Vie économique. J.-P. Aron et alii, *Misérable et glorieuse. La femme au XIXe siècle* (Fayard, Paris, 1980). - H. Bonin, *Histoire économique de la France depuis 1880* (Masson, coll. « Un siècle d'histoire », Paris, 1988) ; *l'Argent en France depuis 1880. Banquiers, financiers, épargnants dans la vie économique et politique* (Masson, coll. « Un siècle d'histoire », Paris, 1989). - J. Bouvier, *le Krach de l'Union générale* (P.U.F., Paris, 1960). - J.-P. Chaline, *les Bourgeois de Rouen* (F.N.S.P., Paris, 1982). - R.-H. Hubscher, *l'Agriculture et la société rurale dans le Pas-de-Calais* (Commission départementale des monuments historiques du Pas-de-Calais, 1979-1980, 2 vol.). - G. Jacquemet, *Belleville au XIXe siècle* (E.H.E.S.S., Paris, 1984). - J. Maurin, *Armée, Guerre, Société. Soldats languedociens (1889-1919)* [Publications de la Sorbonne, Paris, 1982]. - J.-Y. Mollier, *Histoire du capitalisme d'édition, 1860-1920* (Fayard, coll. « Nouvelles Études historiques », Paris, 1988) ; *le Scandale de Panama* (Fayard, coll. « Nouvelles Études historiques », Paris, 1991). - C. Omnes, *De l'atelier au groupe industriel, Vallourec, 1882-1978* (Paris, 1981). - Michelle Perrot, *les Ouvriers en grève, 1871-1890* (Mouton, Paris, 1974).

Politique étrangère. Ch. Andrew, *Théophile Delcassé and the Making of the Entente Cordiale* (Londres, 1968). - J. Droz, *Histoire diplomatique de 1648 à 1919* (Dalloz, coll. « Études politiques et sociales », 3e édit., 1972). - J.-B. Duroselle, *l'Europe de 1815 à nos jours. Vie politique et relations internationales* (P.U.F., coll. « Nouvelle Clio », n° 38, nouv. éd., 1988). - R. Girault, *Emprunts russes et investissements français en Russie, 1887-1914* (A. Colin, Paris, 1973). - P. Guillen, *l'Allemagne et le Maroc de 1870 à 1905* (P.U.F., Paris, 1967). - G. Haupt et M. Rebérioux, *la Deuxième Internationale et l'Orient* (Cujas, Paris, 1967). - P. Milza, *les Relations internationales de 1871 à 1914* (A. Colin, Paris, 1968). - R. Poidevin, *les Relations économiques et financières entre la France et l'Allemagne de 1890 à 1915* (A. Colin, Paris, 2e éd., 1979). - P. Renouvin, *le XIXe siècle, de 1871 à 1914* (Hachette, coll. « Histoire des relations internationales », t. VI, Paris, 1955). - J. Thobie, *les Intérêts économiques, financiers et politiques français dans la partie asiatique de l'Empire ottoman* (Publications de la Sorbonne, Paris, 1975).

Politique coloniale. Ch. R. Ageron, *les Algériens musulmans et la France, 1871-1919* (P.U.F., Paris, 1968, 2 vol.) ; *Politiques coloniales au Maghreb* (P.U.F., coll. « Hier », Paris, 1973) ; *Histoire de l'Algérie contemporaine*, T. II. *De l'insurrection de 1871 à la guerre de libération, 1954* (P.U.F., Paris, 1979). - H. Brunschwig, *Mythes et réalités de l'impérialisme colonial français* (A. Colin, Paris, 1960) ; *Noirs et Blancs dans l'Afrique noire française ou comment le colonisé devient colonisateur (1870-1914)* [Flammarion, coll. « Nouvelle Bibliothèque scientifique », Paris, 1983]. - C. Coquery-Vidrovitch, *le Congo au temps des grandes compagnies concessionnaires (1898-1930)* [Mouton, Paris, 1932]. - J. Ganiage, *les Origines du protectorat français en Tunisie* (P.U.F., Paris, 1959) ; *l'Expansion coloniale de la France sous la IIIe République, 1871-1914* (Payot, Paris, 1968). - R. Girardet, *l'Idée coloniale en France* (La Table ronde, Paris, 1972). - P. Goinard, *Algérie, œuvre française* (Robert Laffont, Paris, 1984). - Ch. Meyer, *la Vie quotidienne des Français en Indochine 1860-1910* (Hachette Littérature, coll. « la Vie quotidienne », Paris, 1985). - M. Michel, *l'Appel à l'Afrique* (Éditions de la Sorbonne, Paris, 1982). - J.-L. Miège, *Expansion européenne et décolonisation de 1870 à nos jours* (P.U.F., coll. « Nouvelle Clio », n° 28, Paris, nouv. éd., 1986). - A. Reussner, *Éléments d'histoire maritime et coloniale contemporaine (1815-1914)* [Société d'éditions géographiques, maritimes et coloniales, Paris, 1946-1948]. - X. Yacono, *Histoire de la colonisation française* (P.U.F., « Que sais-je ? », n° 452, 5e éd., Paris, 1988).

26.知识传播和文化变革

Témoignages. G. Bonheur, *Qui a cassé le vase de Soissons ? L'album de famille de tous les Français* (Laffont, Paris, 1963) ; *La République nous appelle* (Laffont, Paris, 1965). - É. Carles, *Une soupe aux herbes sauvages* (J.-C. Simoën, Paris, 1977). - L. Chaleil, *la Mémoire du village* (Stock, Paris, 1977). - *La Classe ininterrompue. Cahiers de la famille Sandre, enseignants 1780-1960, présentés par Mona Ozouf* (Hachette-Littérature, Paris, 1979). - B. Dussane, *Dieux des planches* (Flammarion, Paris, 1964). - Jacques-Charles, *le Caf'Conc'* (Flammarion, Paris, 1966). - R. Jeanne, *Cinéma 1900* (Flammarion, Paris, 1965). - J. Ozouf, *Nous les maîtres d'école* (Gallimard, Paris, 1967). - M. Proust, *À la recherche du temps perdu* (Gallimard, Paris, 1913-1927, 15 vol.). - R. Thabault, *1848-1914. L'ascension d'un peuple : mon village, ses hommes, ses routes, son école* (Delagrave, Paris, 1945).

Généralités. J. Cassou, E. Langui et N. Pevsner, *les Sources du XXe siècle* (Éd. des Deux-Mondes, Paris, 1961). - M. Crubelier, *Histoire culturelle de la France, XIXe-XXe siècle* (A. Colin, Paris, 1974). - R. L. Delevoy, *Dimensions du XXe siècle (1900-1945)* [Skira, Genève, 1965]. - F. Loux, *le Corps dans la société traditionnelle* (Berger-Levrault, Paris, 1979). - *Niveaux de culture et groupes sociaux. Actes du colloque réuni du 7 au 9 mai 1966 à l'École normale supérieure* (Mouton, La Haye-Paris, 1967). - N. Ponente, *les Structures du monde moderne (1850-1900)* [Skira, Genève, 1965].

Cadres de la vie culturelle. C. Amalvi, *les Héros de l'histoire de France* (Phot'œil, Paris, 1980). - L. Charlet, P. Albert, F. Terrou et R. Ranc, *De 1871 à 1940* (P.U.F., coll. « Histoire générale de la presse française », t. III sous la dir. de C. Bellanger, L. Charlet, J. Godechot, P. Guiral, R. Ranc, F. Terrou, Paris, 1972). - M. Blancpain, *la Vie quotidienne dans la France du Nord sous les occupations (1824-1914)*[Hachette-Littérature, coll. « la Vie quotidienne », Paris, 1983]. - G. Désert, *la Vie quotidienne sur les plages normandes du second Empire aux années folles* (Hachette, coll. « la Vie quotidienne », Paris, 1983). - R. Dumesnil, *l'Époque réaliste et naturaliste* (Tallandier, Paris, 1945). - « Enseigner l'histoire », *H-Histoire*, n° 1, mars 1979. - F. Furet et J. Ozouf, *Lire et écrire* (Éd. de Minuit, Paris, 1977, 2 vol.). - P. Gerbod, *la Vie quotidienne dans les lycées et collèges au XIXe siècle* (Hachette, coll. « la Vie quotidienne », Paris, 1960). - P. Guiral et G. Thuillier, *la Vie quotidienne des domestiques en France au XIXe siècle* (Hachette-Littérature, coll. « la Vie quotidienne », Paris, 1978). - P. Labracherie, *la Vie quotidienne de la bohème littéraire au XIXe siècle* (Hachette, coll. « la Vie quotidienne », Paris, 1967). - F. Mayeur, *l'Enseignement secondaire des jeunes filles sous la troisième République* (Presses de la Fondation nationale des sciences politiques, Paris, 1977) ; *Histoire générale de l'éducation en France*, T. III (Nouvelle Librairie de France, Paris, 1981). - A. Martin-Fugier, *la Place des bonnes, la domesticité féminine à Paris en 1900* (Grasset, Paris, 1979). - R. Moulin, *le Marché de la peinture en France* (Éd. de Minuit, Paris, 1967). - P. Ory, « Sorbonne, cathédrale de la science républicaine », dans *l'Histoire*, n° 12, mai 1979. - P. Ory et J.-F. Sirinelli, *les Intellectuels en France de l'affaire Dreyfus à nos jours* (A. Colin, coll. « U », Paris, 1986). - B. Plessy et L. Challet, *la Vie quotidienne des mineurs au temps de Germinal* (Hachette-Littérature, coll. « la Vie quotidienne », Paris, 1984.) - Ch. Prochasson, *les Années électriques : 1880-1910* (La Découverte, coll. « l'Aventure intellectuelle du XXe siècle », Paris, 1991). - A. Prost, *Histoire de l'enseignement en France (1800-1967)* [A. Colin, coll. « U », Paris, 1968].

Idées politiques et vie intellectuelle. E. Carassus, *le Snobisme et les lettres françaises, de Paul Bourget à Marcel Proust, 1884-1914* (A. Colin, Paris, 1966). - G. Cholory et Y.-M. Hilaire, *Histoire religieuse de la France contemporaine*, t. II : *1880-1930* (Privat, coll. « Bibliothèque historique », Toulouse, 1986). - R. Girardet, *Le Nationalisme français 1871-1914* (A. Colin, Paris, 1966). - R. Griffiths, *Révolution à rebours, le renouveau catholique dans la France de 1871 à 1914* (Desclée de Brouwer, Paris, 1971). - G. Leroy et alii, *les Écrivains et l'affaire Dreyfus* (P.U.F., Paris, 1983). - J. Lethève, *Impressionnistes et symbolistes devant la presse* (A. Colin, Paris, 1959). - M.-B. Palmer, *Des petits journaux aux grandes agences* (Aubier-Montaigne, Paris, 1983). - R. Rémond, *l'Anticléricalisme en France. De 1815 à nos jours* (Fayard, coll. « Grandes Études contemporaines », Paris, 1986. Éditions Complexe, coll. « Historiques », Bruxelles, 1985). - Z. Sternhell, « les Origines intellectuelles du racisme en France », dans *l'Histoire*, n° 17, nov. 1979 ; *Maurice Barrès et le nationalisme français* (A. Colin, Paris, 1972). - M. Ambrière (sous la dir. de), *Précis de littérature française du XIXe siècle* (P.U.F., coll. « Précis », 1990).

Vie artistique. J. Combarieu et R. Dumesnil, *Histoire de la musique*, t. IV et V (A. Colin, Paris, 1958 et 1960). - P. Francastel, *Peinture et société* (Audin, Lyon, 1952). - R. Huyghe, *l'Art et l'homme*, t. III (Larousse, Paris, 1961). - J. Leymarie, *l'Impressionnisme* (Skira, Genève, 1955, 2 vol.). - D. Pistone, *la Musique en France de la Révolution à 1900* (Champion, Paris, 1979). - M. Raynal, *Peinture moderne : Matisse, Munch, Rouault* (Skira, Genève, 1953). - M. Raynal, J. Lassaigne et A. Rudlinger, *De Picasso au surréalisme* (Skira, Genève, 1950). - J. Rewald, *Histoire de l'impressionnisme* (édit. franç., A. Michel, Paris, 1955, nouv. éd. poche, 1965). - G. Sadoul, *Histoire générale du cinéma*, t. I, II, III (Denoël, Paris, 1946, 1947, 1952). - M. Sérullar, *l'Impressionnisme* (P.U.F., coll. « Que sais-je ? », n° 974, Paris, 9e éd., 1990). - M. Seuphor, *la Peinture abstraite, sa genèse, son expansion* (Flammarion, Paris, 1965) ; *la Sculpture de ce siècle* (Le Griffon, Neuchâtel, 1959).

27. 第一次世界大战

Histoire générale. J.J. Becker, *le Carnet B, les pouvoirs publics et l'antimilitarisme avant la guerre de 1914* (Klincksieck, Paris, 1973) ; *1914 : comment les Français sont entrés dans la guerre* (F.N.S.P., Paris, 1977) ; *les Français dans la Grande Guerre* (Robert Laffont, Paris, 1980). - Ph. Bernard, *la Fin d'un monde, 1914-1929* (Le Seuil, coll. « Nouvelle Histoire de la France contemporaine », t. XII, Paris, nouv. éd., 1975). - P. Miquel, *la Grande Guerre* (Fayard, coll. « Histoire », 1983). - P. Renouvin, *la Crise européenne et la Première Guerre mondiale* (P.U.F., « Peuples et Civilisations », t. XIX, Paris, nouv. éd., 1969). - P. Renouvin, *la Première Guerre mondiale* (P.U.F., coll. « Que sais-je ? », n° 326, Paris, 7e éd., 1987).

L'histoire proprement militaire est largement renouvelée par deux ouvrages d'ensemble : Celui de J.E. Valluy et P. Dufourcq, *la Première Guerre mondiale* (Larousse, 1968, 2 vol.) ; celui de F. Gambiez et M. Suire, *Histoire de la Première Guerre mondiale* (Fayard, Paris, 1968-1969, 2 vol.). Elle l'est aussi par les mises au point de H. Contamine, *la Revanche* (Berger-Levrault, Paris, 1957) ; *9 septembre 1914, la Victoire de la Marne* (Gallimard, coll. « Trente Journées qui ont fait la France », n° 27, Paris, 1970). À signaler la thèse de G. Pedroncini, *Pétain, général en chef, 1917-1918* (P.U.F., coll. « Publications de la Sorbonne », Paris, 1974). Le cadre politique est mis en place par E. Bonnefous, *Histoire politique de la IIIe République*, t. II, *la Grande Guerre, 1914-1918* (P.U.F., Paris, 1957, nouv. éd., 1967).

Les plus importants des Mémoires de chefs politiques et militaires sont ceux de R. Poincaré, *Au service de la France* (Plon, Paris, 1926-1928, 5 vol.), de G. Clemenceau, *Grandeurs et misères d'une victoire* (Plon, Paris, 1929), du maréchal Joffre (*Mémoires*, t. II, 1910-1917) [Plon, Paris, 2 vol.] et du maréchal Foch (*Mémoires pour servir l'histoire de la guerre de 1914-1918*) [Plon, Paris, 2 vol., 1931].

Si les monographies concernant les opérations sont trop nombreuses pour être citées, les livres d'*histoire de la nation et de la société* sont au contraire très rares. Il faut signaler : A. Ducasse, J. Meyer et G. Perreux, *Vie et mort des Français, 1914-1918* (Hachette, Paris, 1962). - G. Perreux, *la Vie quotidienne des civils en France pendant la Grande Guerre* (Hachette, coll. « la Vie quotidienne », Paris, 1966). - J. Meyer, *la Vie quotidienne des soldats pendant la guerre mondiale* (Hachette, coll. « la Vie quotidienne », Paris, 1968). De nombreux témoignages de combattants ont été analysés et critiqués par J. N. Cru, *Témoins* (Les Étincelles, Paris, 1929). Un modèle d'étude minutieuse a été donné récemment par G. Pedroncini, *les Mutineries de 1917* (P.U.F., Paris, nouv. éd., 1983).

Pour l'*histoire diplomatique*, consulter J.-B. Duroselle, *la Politique extérieure de la France de 1914 à 1945* (C.D.U., Paris, 1965). - P. Renouvin, *Histoire des relations internationales*, t. VII, *les Crises du XXe siècle, de 1914 à 1929* (Hachette, Paris, 1957) ; *11 novembre 1918. L'armistice de Rethondes* (Gallimard, coll. « Trente Journées qui ont fait la France », n° 28, Paris, 1968) ; *le Traité de Versailles* (Flammarion, Paris, 1969) ; J. Bariéty, *Les Relations franco-allemandes après la Première Guerre mondiale, 10 novembre 1918-10 janvier 1925* (A. Pédone, nouv. éd., 1986).

En ce qui concerne l'*histoire économique* de la France pendant la Grande Guerre, voir l'article bibliographique de J.-B. Duroselle dans *Revue d'histoire moderne et contemporaine*, t. XVI, janv.-mars 1969).

28. 两次大战之间

Témoignages. S. de Beauvoir, *Mémoires d'une jeune fille rangée* (Gallimard, Paris, 1958) ; *la Force de l'âge* (Gallimard, Paris, 1960) ; *la Force des choses* (Gallimard, Paris, 1963). - L. Blum, *À l'échelle humaine* (Mermod, Lausanne, 1945). - G. Bonnet, *le Quai d'Orsay sous trois républiques* (Fayard, Paris, 1961) ; *Vingt Ans de vie politique, de Clemenceau à Daladier* (Fayard, Paris, 1969). - R. Brasillach, *Notre avant-guerre* (Plon, Paris, 1941). - A. François-Poncet, *De Versailles à Potsdam* (Flammarion, Paris, 1948). - J. Guéhenno, *Journal d'un homme de quarante ans* (Grasset, Paris, 1934). - Éd. Herriot, *Jadis*, t. II, *D'une guerre à l'autre, 1914-1936* (Flammarion, Paris, 1952). - E. Moreau, *Souvenirs d'un gouverneur de la Banque de France* (M.-T. Génin, Paris, 1954). - J. Paul-Boncour, *Entre deux guerres* ; t. II, *les Lendemains de la victoire 1919-1934* ; t. III, *Sur les chemins de la défaite 1935-1940* (Plon, Paris, 1945-1946). - P. Reynaud, *Mémoires*, t. I, *Venu de ma montagne* ; t. II, *Envers et contre tous, 1936-1940* (Flammarion, Paris, 1960-1963).

Généralités. M. Agulhon et A. Noushi, *la France de 1914 à 1940* (Nathan, coll. « Fac », Paris, 1971). - Ch. Ambrosi, *la France 1870-1981* (Masson, Paris, 1981). - J.-P. Azéma, *De Munich à la Libération 1938-1944* (Éd. du Seuil, coll. « Nouvelle Histoire de la France contemporaine », t. XIV, Paris, 1979). - J.-P. Azéma et M. Winock, *Naissance et mort de la IIIe République* (Calmann-Lévy, Paris, 1970). - J.-J. Becker et S. Berstein, *Victoires et Frustrations : 1919-1929* (Seuil, Points-Histoire, 112, coll. « Nouvelle Histoire de la France contemporaine », t. XII, Paris, 1990). - F. Bédarida, J.-M. Mayeur, J.-L. Monneron et A. Prost, *Histoire du peuple français*, t. V (Nouvelle Libr. de France, Paris, 1964). - S. Berstein, *la France des années 30* (A. Colin, coll. « Cursus », 1988). - D. Borne et H. Dubief, *la Crise des années trente : 1929-1938* (Éd. du Seuil, coll. « Nouvelle Histoire de la France contemporaine », t. XIII, Paris, nouv. éd., 1989). - Cl. Fohlen, *la France de l'entre-deux-guerres (1917-1939)* [Casterman, Paris, 1966]. - J. Néré, *la Troisième République, 1914-1940* (A. Colin, coll. « U », Paris, 1967). - Y. Trotignon, *la France au XXe siècle* (Bordas/Mouton, coll. « Études », 2 vol., 1968 et 1976).

Économie. M. Augé-Laribé, *la Politique agricole de la France de 1880 à 1940* (P.U.F., Paris, 1950). - Ch. Bettelheim, *Bilan de l'économie française (1919-1946)* [P.U.F., Paris, 1946]. - J.-J. Carré, P. Dubois, F. Malinvaud, *la Croissance française. Un essai d'analyse économique causale de l'après-guerre* (Éd. duSeuil, Paris, 1972). - B. Gazier, *la Crise de 1929* (P.U.F., coll. « Que sais-je ? », n° 2126, 3e éd., Paris, 1989). - P. Guillaume, P. Delfaud, *les Anciens Combattants et la Société française, 1914-1939* (Presses de la F.N.S.P., Paris, 1977, 3 vol.). - J. Néré, *la Crise de 1929* (A. Colin, coll. « U Prisme », n° 22, Paris, 5e éd., 1983) ; *les Crises économiques au XXe siècle* (A. Colin, coll. « Cursus », 1989). - M. Roncayolo (sous la dir. de), *la Ville aujourd'hui. Croissance urbaine et crise de la cité* (Le Seuil, coll. « Histoire de la France urbaine » dirigée par G. Duby, t. V, Paris, Paris, 1985).

Sociétés. G. Dupeux, *la Société française 1789-1970* (A. Colin, coll. « U », 6e éd., 1986). - S. Hoffmann et coll., *À la recherche de la France* (Éd. du Seuil, Paris, 1963). - R. Predal, *la Société française 1914-1945 à travers le cinéma* (A. Colin, coll. « U2 », Paris, 1972). - J.-F. Sirinelli, *Génération intellectuelle. Khâgneux et normaliens dans l'entre-deux-guerres* (Fayard, coll. « Nouvelles Études historiques », Paris, 1988). - P. Sorlin, *la Société française* (B. Arthaud, coll. « Sociétés contemporaines », Grenoble, 2 vol., 1972).

Vie politique. S. Bernstein, *Histoire du parti radical* (F.N.S.P., Paris, 1980 et 1982, 2 vol.). - Éd. Bonnefous, *Histoire politique de la troisième République* (t. III à VI, *De 1919 à 1940)* [P.U.F., Paris, 1960]. - F. Goguel, *la Politique des partis sous la IIIe République* (Éd. du Seuil, Paris, 1946, 3e éd., 1958). - J.-N. Jeannency, *François de Wendel en République : l'argent et le pouvoir, 1914-1940* (Le Seuil, coll. « l'Univers historique », 1976) ; *Georges Mandel, l'homme qu'on attendait* (Le Seuil, coll. « XXe siècle », 1991). - A. Kriegel, *le Congrès de Tours 1920. Naissance du parti communiste français* (Gallimard, coll. « Archives », n° 7, Paris, 1964) ; - *Aux origines du communisme français 1914-1920. Contribution à l'histoire du mouvement ouvrier français* (Mouton et Cie, Paris-La Haye, 1964, 2 vol., Flammarion, Paris, 1969). - G. Lefranc, *les Gauches en France 1789-1972* (Payot, coll. « le Regard de l'histoire », Paris, 1973) ; *Le Mouvement socialiste* (Payot, coll. « Petite Bibliothèque Payot », n° 307 et 308, Paris, 1977). - R. Rémond, *les Droites de 1815 à nos jours* (Aubier-Montaigne, coll. « Historique », Paris, nouv. éd., 1982). - E. Weber, *l'Action française* (Stock, Paris, 1964).

Le Front populaire. L. Bodin et J. Touchard, *Front populaire 1936* (A. Colin, Paris, 1961). - G. Dupeux, *le Front populaire et les élections de 1936* (A. Colin, Paris, 1959). - G. Lefranc, *Histoire du Front populaire (1934-1938)* [Payot, coll. « Études et Documents », Paris, 1965] ; *Juin 1936 : l'explosion sociale* (Gallimard, coll. « Archives », n° 22, 2e éd. 1970) ; *l'Expérience du Front populaire* (P.U.F., coll. « Dossiers Clio », n° 40, 1972) ; *le Front populaire* (P.U.F., coll. « Que sais-je ? », n° 1209, Paris, 6e éd., 1984). - A. Prost, *la C.G.T. à l'époque du Front populaire 1934-1939* (A. Colin, Paris, 1964).

29. 第二次世界大战中的法国

Mémoires et témoignages. M. Bloch, *l'Étrange Défaite* (Gallimard, coll. « Folio- Histoire », Paris, nouv. éd., 1990). - Cl. Bourdet, *l'Aventure incertaine* (Stock, Paris, 1975). - H. du Moulin de Labarthète, *le Temps des illusions* (le Cheval ailé, Genève, 1947). - H. Frenay, *La nuit finira* (Laffont, Paris, 1973). - Général Gamelin, *Servir* (Plon, Paris, 1947, 3 vol.). - Ch. de Gaulle, *Mémoires de guerre* (Plon, Paris, 1954-1959, 3 vol.). - Général Giraud, *Un seul but : la victoire. Alger 1942-1944* (Julliard, Paris, 1949). - P. Reynaud, *La France a sauvé l'Europe* (Flammarion, Paris, 1947, 2 vol.). - M. Weygand, *Mémoires. Rappelé au service* (Flammarion, Paris, 1953).

Études. H. Amouroux, *la Grande Histoire des Français sous l'Occupation* (R. Laffont, Paris, 8 vol., 1976-1987). - J.-P. Azéma, *De Munich à la Libération, 1938-1944* (Le Seuil, coll. « Nouvelle Histoire de la France contemporaine », t. XIV, Paris, 1979). - J.-J. Becker, *Histoire politique de la France depuis 1945* (A. Colin, coll. « Cursus », 1988). - J. Chapsal et A. Lancelot, *la Vie politique en France depuis 1940* (P.U.F., coll. « Thémis », 5e éd., 1979). - M. et J.-F. Cointet, *la France à Londres : renaissance d'un État, 1940-1943* (Complexe, Bruxelles, 1990). - J. Defrasne, *Histoire de la collaboration* (P.U.F., coll. « Que sais-je ? », n° 2030, Paris, 2e éd., 1987). - F.-G. Dreyfus, *Histoire de Vichy. Vérités et légendes* (Perrin, Paris, 1990).- Y. Durand, *la France dans la Seconde Guerre mondiale* (A. Colin, coll. « Cursus », Paris, 1989). - E. Jäckel, *la France dans l'Europe de Hitler* (Fayard, Paris, 1968). - A. Latreille, *la Seconde Guerre mondiale* (Hachette, Paris, 1966). - Cl. Lévy, *les Nouveaux Temps et l'idéologie de la collaboration* (A. Colin, Paris, 1974). - J. Marseille et D. Le Febvre, *1940 au jour le jour* (Albin Michel, Paris, 1989). - Ph. Masson (sous la dir. de), *Dictionnaire de la Seconde Guerre mondiale*, avec le concours d'A. Melchior-Bonnet (Larousse, 1979-1980, 2 vol.). - H. Michel, *Vichy, année 40* (Laffont, Paris, 1966) ; *la Drôle de guerre* (Hachette, Paris, 1972) ; *Histoire de la France libre* (Hachette, Paris, 1972) ; *Histoire de la Résistance en France* (P.U.F., coll. « Que sais-je ? », n° 429, Paris, 10e éd., 1987) ; *le Procès de Riom* (A. Michel, Paris, 1979) ; *Pétain et le régime de Vichy* (P.U.F., coll. « Que sais-je ? », n° 1720, 3e éd., Paris, 1986) ; *la Seconde Guerre mondiale* (P.U.F., coll. « Que sais-je ? », n° 265, Paris, 7e éd., 1989). - P. Ory, *la France allemande* (Gallimard-Julliard, Paris, coll. « Archives », 1977). - O. Paxton, *la France de Vichy,* 1940-1944 (Le Seuil, Paris, 1973). - C. Richard, *la Deuxième Guerre mondiale. La Guerre 1939-1945* (Masson, coll. « Histoire contemporaine générale (1680-1984) », Paris, 1987). - J.-P. Rioux (sous la dir. de), *la Vie culturelle sous Vichy* (P.U.F., coll. « Questions au XXe siècle », n° 18, Paris, 1990). - D. Rossignol, *Histoire de la propagande en France de 1940 à 1944. L'utopie Pétain* (P.U.F., coll. « Politique d'aujourd'hui », Paris, 1991). - A. Sauvy, *la Vie économique des Français de 1939 à 1945* (Flammarion, Paris, 1978). - R. Thalmann, *la Mise au pas. Idéologie et stratégie sécuritaire dans la France occupée* (Fayard, coll. « Pour une histoire du xxe siècle », Paris, 1991). - O. Wormser et H. Michel, *Tragédie de la déportation, 1940-1945* (Hachette, Paris, 1954).

Voir aussi les comptes rendus de colloques : *Français et Britanniques dans la drôle de guerre* (C.N.R.S., Paris, 1979) ; *le Gouvernement de Vichy, 1940-1942* (A. Colin, Paris, 1972) ; *la Guerre en Méditerranée* (C.N.R.S., Paris, 1971) ; *la Libération de la France* (C.N.R.S., Paris, 1976).

Consulter également la *Revue d'histoire de la Deuxième Guerre mondiale* (trimestrielle), qui publie, depuis octobre 1950, des travaux scientifiques et analyse tous les ouvrages importants consacrés à l'histoire de la guerre. Chacun de ses numéros comporte une bibliographie complète des livres et articles parus au cours du trimestre.

30.战后法国经济社会史

Ouvrages généraux. P. Arnaud Ameller, *Mesures économiques et financières de décembre 1958* (A. Colin, Paris, 1967) ; *la France à l'épreuve de la concurrence internationale* (A. Colin, Paris, 1970). - P. Bauchet, *la Planification française* (Éd. du Seuil, Paris, 1962). - P. Bleton, *le Capitalisme français* (Éd. ouvrières, Paris, 1966). - F. Bloch-Lainé, *À la recherche d'une économie concertée* (Éd. de l'Épargne, Paris, 1959). - D. Borne, *Histoire de la société française depuis 1945* (A. Colin, coll. « Cursus », 2e éd., Paris, 1988). - P. Bourdieu et J.-C. Passeron, *les Héritiers. Les étudiants et la culture* (Éd. de Minuit, Paris, 1964). - G. Cholvy et Y.-M. Hilaire, *Histoire religieuse de la France contemporaine,* t. III, *1930-1988* (Privat, coll. « Bibliothèque historique », Toulouse, 1988). - P. H. Chombart de Lauwe. *Des hommes et des villes* (Payot, Paris, 1965). - M. Crouzet, *Histoire générale des civilisations,* t. VII, *l'Époque contemporaine. À la recherche d'une civilisation nouvelle* (P.U.F., Paris, nouv. éd., 1969). - Darras, *le Partage des bénéfices. Expansion et inégalités en France* (Éd. de Minuit, Paris, 1966). - A. Delattre, *Politique économique de la France depuis 1945* (Sirey, coll. « Politiques économiques », Paris, 1966). - Cl. Delmas, *l'Aménagement du territoire* (P.U.F., Paris, 1962). - J. Derogy et P. Lescaut, *Population sur mesure* (Éd. du Seuil, Paris, 1965). - P. Drouin, *l'Europe du Marché commun* (Julliard, Paris, 1963). - G. Dupeux, *la France de 1945 à 1965* (A. Colin, coll. « U », Paris, 1969, 4e éd., 1983). - J. Ensemble, *le Contre-Plan* (Éd. du Seuil, Paris, 1965). - P. Fabra. *Y a-t-il un Marché commun ?* (Éd. du Seuil, Paris, 1965). - J.-P. Fourastié et J.-P. Courtheoux, *la Planification économique en France* (P.U.F., coll. « l'Économiste », n° 3, Paris, 1968). - J.-F. Eck, *Histoire de l'économie française depuis 1945* (A. Colin, coll. « Cursus », 1988). - M. Gervais, C. Servolin et J. Weil, *Une France sans paysans* (Éd. du Seuil, Paris, 1965). - R. Girardet, *la Crise militaire française (1945-1962). Aspects sociologiques et idéologiques* (A. Colin, cahiers de la F.N.S.P., n° 123, Paris, 1964). - J. F. Gravier, *Paris et le désert français* (Flammarion, nouv. éd., Paris, 1958 et 1972) ; *l'Aménagement du territoire et l'avenir* (Flammarion, Paris, 1964). - J. Guyard, *le Miracle français* (Éd. du Seuil, coll. « Société », n° 6, Paris, 1965). - H. Hatzfeld et J. Freyssinet, *l'Emploi en France* (Éd. ouvrières, Paris, 1964). - S. Hoffmann et coll., *À la recherche de la France* (Éd. du Seuil, Paris, 1963). - J.-M. Jeanneney, *Forces et faiblesses de l'économie française, 1945-1956* (A. Colin, Paris, 1956). - J.-N. Jeanneney, *l'Argent caché : milieux d'affaires et pouvoirs politiques dans la France du xxe siècle* (Éd. du Seuil, Paris, 1984, Le Seuil, coll. « Points-Histoire », n° 70, Paris, 1984). - B. de Jouvenel, *Arcadie. Essai sur le mieux-vivre* (S.E.D.E.S., Paris, 1969). - A. Delattre, *la France* (Sirey, Paris, 1966). - G. Lefranc, *le Mouvement syndical, de la Libération aux événements de mai-juin 1968* (Payot, Paris, 1969). - M. Le Lannou, *le Déménagement du territoire* (Éd. du Seuil, Paris, 1967). - J.-A. Lesourd et C. Gérard, *Histoire économique, XIXe et xxe siècle,* t. II (A. Colin, coll. « U », Paris, 9e éd., 1987). - J.-P. Maillard, *le Nouveau Marché du travail* (Éd. du Seuil, Paris, 1968). - S. Mallet, *la Nouvelle Classe ouvrière* (Éd. du Seuil, Paris, 1969). - P. Masse, *le Plan ou l'Anti-Hasard* (Gallimard, Paris, 1965). - G. Mathieu, *Peut-on loger les Français ?* (Éd. du Seuil, Paris, 1965). - M. Niveau, *Histoire des faits économiques contemporains* (P.U.F., coll. « Thémis », Paris, nouv. éd., 1984). - F. Perroux, *l'Europe sans rivages* (P.U.F., Paris, 1954) ; *la Coexistence pacifique* (P.U.F., Paris, 1958, 3 vol.) ; *le IVe Plan français (1962-1965)* [P.U.F., Paris, 1962]. - A. Philip, *Histoire des faits économiques et sociaux de 1800 à nos jours* (Aubier, Paris, 1963). - A. Prost (sous la dir. de), *De la Première Guerre mondiale à nos jours* (Le Seuil, coll. « Histoire de la vie privée », t. V, sous la dir. de G. Duby et de Ph. Ariès, Paris, 1987). - J.-D. Raynaud, *les Syndicats en France* (A. Colin, coll. « U », Paris, 1964). - A. Sauvy, *Histoire économique de la France entre les deux guerres (1918-1931)* [Fayard, Paris, 1965]. - F. Sellier, *Stratégie de la lutte sociale* (Éd. ouvrières, Paris, 1961) ; *Dynamique des besoins sociaux* (Éd. ouvrières, Paris, 1970). - A. Touraine, la *Civilisation industrielle* (Nouvelle Librairie de France, coll. « Histoire générale du travail », t. IV, Paris, 1961) ; *la Conscience ouvrière* (Éd. du Seuil, Paris, 1966) ; *Sociologie de l'action* (Éd. du Seuil, Paris, 1965) ; *la Société post-industrielle* (Gonthier, Paris, 1969). - M. Villain, *la Politique de l'énergie en France de la Seconde Guerre mondiale à l'horizon 1985* (Cujas, Paris, 1969). - L.-A. Vincent, « la Mesure de la productivité à l'échelle de la nation et des branches d'activité », dans *Études et conjoncture,* août 1961.

Publications diverses. Le Phénomène urbain, n° spécial de *l'Action populaire,* n° 165, févr. 1963. - « Qu'est-ce que la classe ouvrière française ? » dans *Arguments,* n°s 12-13, 1959. - *Vues sur l'économie et la population de la France jusqu'en 1970,* Cahiers de l'I.N.E.D., n° 17, 1953. - *Des villes pour les hommes,* n° 161 d'*Économie et Humanisme,* 1965. - *L'Aménagement urbain en question,* n° 176 d'*Économie et Humanisme,* août 1967. - N° spécial d'*Esprit,* décembre 1957. - « Les Transports en France », dans *la Documentation photographique,* n° 5-223. - « La Population en France », dans *la Documentation photographique,* n° 5-262. - « Le Tourisme en France », dans *la Documentation photographique,* n° 5-271. - « Les Industries chimiques en France », dans *la Documentation photographique,* n° 5-275. - « Les Échanges extérieurs de la France », dans *la Documentation photographique,* n° 5-280. - « Prix, coûts et revenus en France de 1949 à 1968 », dans *Documents du Centre d'études des revenus et des coûts,* n° 2 (1969).

Généralités. A. Armengaud et A. Fine, *la Population française au xxe siècle* (P.U.F., coll. « Que sais-je » ?, n° 1167, Paris, 7e éd., 1988). - Fr. Bloch-Lainé et J. Bouvier, *La France restaurée (1944-1954). Dialogue sur les choix d'une modernisation* (Fayard, 1986). - R. Boyer, J. Mistral, *Accumulation, inflation, crises* (P.U.F., Paris, 1978). - F. Caron, *Histoire économique de la France, xixe-xxe siècle* (A. Colin, coll. « U », 2e éd., 1984) ; *le Résistible Déclin des sociétés industrielles* (Perrin, coll. « Histoire et décadence », 1985). - J.-J. Carré, P. Dubois, E. Malinvaud, *la Croissance française. Un essai d'analyse économique causale de l'après-guerre* (Le Seuil, Paris, 1972) ; *Abrégé de la croissance française* (Le Seuil, Paris, 1973). - A. Gauron, *Histoire économique et sociale de la Ve République* (la Découverte-Maspero, 1983, 1 vol. paru). - P. Guillaume, P. Delfaud, *Nouvelle Histoire économique,* t. II : *le xxe siècle* (A. Colin, coll. « U », Paris, 9e éd., 1987). - P. Léon, *le Second Vingtième Siècle de 1947 à nos jours* (A. Colin, coll. « Histoire économique et sociale du monde » sous la dir. de P. Léon,

t. VI, 1977). – A. P. Mariano, *Métamorphose de l'économie française, 1963-1973* (Arthaud, Paris, 1973). – A. Pratte, *les Batailles économiques du général de Gaulle* (Plon, coll. « Espoir », Paris, 1978). – M. Roncayolo (sous la dir. de), *la Ville aujourd'hui. Croissance urbaine et crise de la cité* (le Seuil, coll. « Histoire de la France urbaine », dirigée par G. Duby, t. V, Paris, 1985). – R. Sédillot, *Histoire du franc* (Sirey, Paris, 1979). – Y. Trotignon, *la France au xxe siècle,* t. I et II (Bordas, Paris, 1968 et 1976). – G. Vincent, *les Français - 1945-1975. Chronologie et structure d'une société* (Masson, Paris, 1977). – INSEE, *Rapport sur les comptes de la nation* (Collections de l'INSEE, C. 62-63, 1977) ; *Statistiques et indicateurs des régions françaises* (Collections de l'INSEE, R. 34-35, 1979) ; *les Transports en France en 1978* (Collections de l'INSEE, C. 81, 1979) ; Tableaux de l'économie française (INSEE, 1984). – « Le Monde », *l'Année économique et sociale (1975-1979)* [Dossiers et documents]. – « Le Nouvel Observateur », *Faits et chiffres (1973-1979).*

Système productif, industrie. M. Battiau, *les Industries textiles de la région du Nord-Pas-de-Calais* (Lille-Paris, Champion, 1976). – B. Bellon, P. Allard, M. Beaud, A.-M. Lévy, S. Liénart, *Dictionnaire des groupes industriels et financiers en France* (Le Seuil, Paris, 1978). – B. Bellon, *le Pouvoir financier et l'industrie en France* (Le Seuil, Paris, 1980). – A. Cotta, *la France et l'impératif mondial* (P.U.F., Paris, 1978). – H. Delestre, J. Mairesse, *la Rentabilité des sociétés privées en France 1956-1975* (I.N.S.E.E., 1978). – J. Denizet, *la Grande Inflation (salaires, intérêt et change)* [P.U.F., coll. « l'Économiste », n° 68, 1978]. – J. Labasse et M. Laferrère, *la Région lyonnaise* (P.U.F., Paris, 1966). – G. Lafay, *Dynamique de la spécialisation internationale* (Economica, 1979). – F. Morin, *la Structure financière du capitalisme français* (Calmann-Lévy, Paris, 1974). – Ch. Stoffaes, *la Grande Menace industrielle* (Calmann Lévy, Paris, 1978). – L. Stoléru, *l'Impératif industriel* (LeSeuil, Paris, 1969). – H. Bertrand, « la Croissance française, analysée en sections productives (1950-1974) » [*Statistiques et études financières,* n° 35, 1978]. – Desrosières, « le Découpage de l'industrie » (*Économie et statistiques,* n° 40, 1971). – B. Guibert et alii, *la Mutation industrielle de la France. Du traité de Rome à la crise pétrolière* (2 tomes) [Collections de l'INSEE, E. 31-32]. – INSEE, *Fresque historique du système productif* (Collections de l'INSEE, 27, 1974). – C. Leprêtre, *la Concentration des établissements industriels français en 1962 et 1972* (Collections de l'INSEE, E. 43).

Agriculture. M. Gervais, M. Jollivet et Y. Tavernier, *la Fin de la France rurale de 1914 à nos jours* (Le Seuil, coll. « Histoire de la France rurale », t. IV, sous la dir. de G. Duby, 1976). – J. Klatzmann, *l'Agriculture française* (Le Seuil, Points Économie, Paris, 1978). – *Le Monde paysan (les Cahiers français,* n° 187, juill.-sept. 1978). – J.-P. Girard, M. Gombert, M. Petry, *les Agriculteurs,* t. I : *Clés pour une comparaison sociale* (Collections INSEE, 46-47, Entreprises).

Énergie. F. Bollon, *la Situation énergétique de la France. État et perspective (Économie et humanisme,* n° 250, nov.-déc. 1979). – *Problèmes économiques, la Politique énergétique française depuis 1975 (Bulletin du ministère de l'Économie et du ministère du Budget,* n° 1605, 10 janv. 1979). – P. Amouyel, *l'Avenir énergétique de la France (Projet,* n° 137, juill.-août 1979). – Lacoste, *Énergie, quelles contraintes ? (Projet,* janv. 1980).

Commerce international. Les Multinationales (les Cahiers français, n° 190, mars-avr. 1979) ; *le Commerce mondial (les Cahiers français,* n° 191, mai-juin 1979) ; *Redéploiement ou protectionnisme (les Cahiers français,* n° 192, juill.-sept. 1979).

Classes sociales. C. Baudelot, R. Establet, J. Malemort, *la Petite Bourgeoisie en France* (Maspero, Paris, 1975). – P. Bourdieu, J.-C. Passeron, *la Reproduction (éléments pour une théorie du système d'enseignement)* [Éd. de Minuit, coll. « le Sens commun », Paris, 1970]. – F. Braudel et E. Labrousse (sous la dir. de), *l'Ère industrielle et la société d'aujourd'hui (1880-1980),* vol. 3 : *Année 1950 à nos jours* (P.U.F., coll. « Histoire économique et sociale de la France », t. IV, Paris, 1982). – M. Debatisse, *la Révolution silencieuse. Le combat des paysans* (Calmann-Lévy, Paris, 1963). – B. Lambert, *les Paysans dans la lutte des classes* (Le Seuil, Paris, 1970). – G. Lefranc, *le Mouvement syndical de la Libération aux événements de mai-juin 1968* (Payot, Paris, 1969) ; *les Organisations patronales en France* (Payot, Paris, 1976). – S. Mallet, *la Nouvelle Classe ouvrière* (Le Seuil, coll. « Politique », Paris, 1969). – M. Perrot, *le Mode de vie des familles bourgeoises* (Presses de la F.N.S.P., Paris, nouv. éd., 1982). – N. Poulantzas, *les Classes sociales dans le capitalisme d'aujourd'hui* (Le Seuil, coll. « Points-politique », Paris, 1974). – J.-D. Reynaud, *les Syndicats en France* (2 tomes) [Le Seuil, coll. « Points- politique », Paris, 1975] ; *les Syndicats, les patrons et l'État* (Éd. ouvrières, Paris, 1978). – P. Sorlin, *la Société française,* t. II, *1914-1968* (Arthaud, coll. « Sociétés contemporaines », 1971). – INSEE, *Données sociales* (Éd. 1978). – P. Rosanvallon, A. Touraine, M. Wieviorka, E. Maire, B. Trentin, *Crise et avenir de la classe ouvrière* (« Faire », n° 49, nov. 1979).

Revenus, inégalités. Dispersion et disparités de salaires en France, au cours des vingt dernières années (Revue C.E.R.C., n°s 25 et 26, 1er et 2e trimestre 1975). – *Les Revenus des Français* (C.E.R.C., n°s 37 et 38, 3e trimestre 1977). – *Le Patrimoinedes Français, montant et répartition* (C.E.R.C., n° 49, 1979). – *Deuxième Rapport sur les revenus des Français* (C.E.R.C., n° 51, 1979).

31. 政治制度与政治生活

Ouvrages généraux. Faits, textes et statistiques sont répertoriés par *l'Année politique,* publiée depuis 1945 aux Presses universitaires de France.
On complétera cette documentation par deux ouvrages ; F. Goguel et Alfred Grosser, *la Politique en France* (A. Colin, Paris, 1970) et J. Chapsal, *la Vie politique en France de 1940 à 1958* (P.U.F., coll. « Thémis », Paris, 5e éd., 1979). L'histoire de la France de 1939 à 1969 est réinsérée dans son cadre mondial par M. Crouzet, *l'Époque contemporaine* (P.U.F., coll. « Histoire générale des civilisations », t. VII, 5e éd., 1969) et par les ouvrages de P. Thibault, *l'Âge des dictatures, 1918-1947* et *le Temps de la contestation, 1947-1969* (Larousse, coll. « Histoire universelle », t. XII et XIII, nouv. éd., 1974).

Les forces politiques au sein de la société française. Ph. Ardant et O. Duhamel, *le Mendésisme* (P.U.F., Paris, 1983). – S. Bernstein, *Histoire du parti radical* (Presses de la F.N.D.S.P., Paris, 1980-1982, 2 vol. parus). – E.F. Callot, *le Mouvement républicain populaire* (Rivière, Paris, 1978). – J. Charlot, *le Gaullisme d'opposition 1946-1958. Histoire politique du gaullisme* (Fayard, Paris, 1983). – A. Chebel d'Appollonia, *Histoire politique des intellectuels en France 1944-1954,* t. I : *Des lendemains qui déchantent,* t. II : *le temps de l'engagement* (Complexe, Diffusion P.U.F., coll. « Questions au xxe siècle », n°s 31 et 32, Bruxelles-Paris, 1991). – Fr.-G. Dreyfus, *Histoire des gauches en France, 1940-1974* (Grasset, Paris, 1975). – J. Droz (sous la dir. de), *Histoire générale du socialisme,* t. IV, *De 1945 à nos jours* (P.U.F., Paris, 1978). – F. Goguel et A. Grosser, *la Politique en France* (A. Colin, coll. « U », 8e éd., Paris, 1980). – F. Goguel,

Chroniques électorales (Presses de la F.N.D.S.P., t. I, 1981). - S. Hoffmann, *le Mouvement Poujade* (A. Colin, Paris, 1956). - A. Kriegel, *les Communistes français, essai d'ethnographie politique* (Éd. du Seuil, Paris, 1968). - G. Lefranc, *les Gauches en France 1789-1972* (Payot, coll. « Le Regard de l'histoire », 1973). - Cl. Nicolet, *le Radicalisme* (P.U.F., coll. « Que sais-je ? », n° 761, nouv. éd., 1983). - P. Ory, *l'Anarchisme de droite* (Grasset, Paris, 1985). - Ch. Purtschet, *le Rassemblement du peuple français* (Cujas, 1965). - R. Quilliot, *la S.F.I.O. et l'exercice du pouvoir, 1944-1958* (Fayard, Paris, 1972). - R. Rémond, *les Droites en France de 1815 à nos jours* (Aubier-Montaigne, coll. « Historique », nouv. éd., 1982). - J.-P. Rioux et J.-F. Sirinelli, *la guerre d'Algérie et les intellectuels français* (Complexe, coll. « Questions au XXe siècle », Bruxelles, 1991). - Ph. Robrieux, *Histoire intérieure du parti communiste* (Fayard, Paris, 1980-1984, 4 vol.). - J. Touchard, *le Gaullisme, 1940-1969* (Éd. du Seuil, Paris, 1978) ; *la Gauche en France depuis 1900* (Éd. du Seuil, coll. « Points », Paris, nouv. éd., 1981). - M. Vaussard, *Histoire de la démocratie chrétienne,* (Éd. du Seuil, coll. « Esprit », Paris, 1956). - E. Weber, *l'Action française* (Stock, Paris, 1964).

Période de la guerre et de la Libération. R. Aron, *Histoire de Vichy* (Fayard, Paris, 1954) ; *Histoire de la libération de la France* (Fayard, Paris, 1959). - J. Dalloz, *la France de la Libération, 1944-1946* (P.U.F., coll. « Que sais-je ? », n° 2108, Paris, 3e éd., 1991). - La lecture des *Mémoires de guerre* de Ch. de Gaulle (Plon, Paris, 1954-1959, 3 vol.) est également indispensable.

La IVe République. Les cinq ouvrages les plus accessibles sont ceux de J. Fauvet, *la IVe République* (Fayard, Paris, 1959), de J. Julliard, *la IVe République* (Calmann-Lévy, Paris, 1968), de J.-P. Rioux, *la IVe République 1944-1958* et *La France de la IVe république : l'expansion et l'impuissance, 1952-1958* (Seuil, Points-Histoire, nos 115 et 116, coll. « Nouvelle Histoire de la France contemporaine », t. XV et XVI, Paris, 1980 et 1983) et de P. Courtier, *la IVe République* (P.U.F., coll. « Que sais-je ? », n° 1613, Paris, 5e éd., 1989). Autres travaux : de J. Chapsal, *la Vie politique en France de 1940 à 1958* (P.U.F., coll. « Thémis », 1979). - G. Elgey, *la République des illusions* (Fayard, Paris, 1965) ; *la République des contradictions* (Fayard, Paris, 1968). - P.-M. de La Gorce, *Apologie et mort de la IVe République* (Grasset, Paris, 1979). - Philip Williams, *Politics in Post-War France* (Longmans, Londres, 1954). - M. Duverger (sous la dir de), *Partis politiques et classes sociales en France* (A. Colin, Paris, 1955). - A. Grosser, *la IVe République et sa politique extérieure* (A. Colin, Paris, 1961). - V. Auriol, *Mon septennat* (Gallimard, Paris, 1970), témoignage précieux sur la vie politique.

La Ve République. La *Revue française de science politique* a commenté le texte de la Constitution (numéro spécial, mars 1989). - Sous la dir. de F. Luchaire et de G. Conac a été entreprise l'étude de la pratique de la *Constitution de la République française* (Economica, Paris, 2e éd., 1987). - L'Association française de science politique a fait de même : *la Constitution de la cinquième République* (Presses de la F.N.D.S.P., 1985). La nature et la vie du régime ont été l'objet de nombreux travaux : P. Avril, *le Régime politique de la Ve République* (Librairie générale de droit et de jurisprudence, Paris, 1975). - J. Chapsal, *la Vie politique sous la Ve République* (P.U.F., coll. « Thémis », 2e éd. 1984) ; *la Vie politique sous la Ve République* (P.U.F., coll. « Thémis », t. I ; *1958-1974* [Section sciences économiques] ; t. II : *1974-1987* [Section sciences politiques], Paris, 1987-1989). - C. Debbasch (et alii), *la Cinquième République* (Economica, Paris, 1985). - Henry W. Ehrmann, *Politics in France* (Little Brown, Boston, 1976). - F. Furet, J. Julliard et P. Rosanvallon, *la République du centre, la fin de l'exception française* (Calmann-Lévy, 1988 ; Hachette-Pluriel, coll. « Pluriel », n° 8534, Paris, 1989). - J. Gicquel, *Essai sur la pratique de la Ve République* (Librairie générale de droit et de jurisprudence, Paris, 1968). - L. Hamon, *Une République présidentielle ?* (Bordas, Paris, 1977). - P.-M. de La Gorce, B. Moschetto, *la Cinquième République* (P.U.F., coll. « Que sais-je ? », n° 1763, Paris, 5e éd., 1989). - A. Lancelot, *les Élections sous la cinquième République* (P.U.F., coll. « Que sais-je ? », n° 2109, Paris, 2e éd., 1987). - J. Massot, *la Présidence de la République en France, vingt ans d'élection au suffrage universel* (la Documentation française, Paris, 1986) ; *le Chef du gouvernement en France* (la Documentation française, Paris, 1979). - S. Sur, *la Vie politique en France sous la Ve République* (Montchrestien, coll. « Université nouvelle », Précis Domat, Paris, nouv. éd., 1982). - B. Tricot et R. Hadas-Lebel, *les Institutions politiques françaises* (Presses de la F.N.D.S.P., Paris, 1985). - J.-L. Quermonne : *le Gouvernement de la France sous la Ve République* (Dalloz, Paris, 1980).

L'histoire de la période gaullienne est retracée par S. Berstein, *La France de l'expansion : la République gaullienne, 1958-1969* (Seuil, Points-Histoire ; 117, coll. « Nouvelle Histoire de la France contemporaine », t. XVII, Paris, 1989). Sa lecture est éclairée par celle irremplaçable des œuvres de Ch. de Gaulle. *Discours et messages* (Plon, Paris, 1970) ; *Mémoires d'espoir* (Plon, Paris, 1970, 2 vol.). Sous la dir. de G. Pilleul, *l'« Entourage » et de Gaulle* (Plon, Paris, 1979) éclaire les mécanismes de prise de décision. Les courants d'idées sont étudiés par J. Touchard, *le Gaullisme, 1940-1969* (Seuil, Paris, 1978) et par J. Charlot, *les Français et deGaulle* (Plon, Paris, 1971), les événements de mai 1968 par M. Grimaud, *En mai, fais ce qu'il te plaît* (Stock, Paris, 1977), et les thèmes de la révolte, par Épistémon, *Ces idées qui ont ébranlé la France* (Fayard, Paris, 1968). Trois auteurs analysent la politique internationale du chef de l'État : M. Couve de Murville, *Une politique étrangère* (Plon, Paris, 1971), A. Grosser, *la Politique extérieure de la Ve République* (Seuil, Paris, 1965) et G. de Carmoy, *les Politiques de la France* (La Table ronde, Paris, 1973).

La pensée de G. Pompidou se révèle dans les *Entretiens et discours* (Plon, Paris, 1975, 2 vol.) et dans *le Nœud gordien* (Plon, Paris, 1974). Celle de V. Giscard d'Estaing s'est exprimée à travers son livre *Démocratie française* (Fayard, Paris, 1976). Voir également « le Giscardisme » (N° spécial de la revue *Pouvoirs*, n° 9, 1979) et l'ouvrage de S. Cohen et M.-Cl. Smouts, *la Politique extérieure de Valéry Giscard d'Estaing* (Presses de la F.N.D.S.P., Paris, 1985). L'état récent des forces partisanes est fourni par Fr. Borella dans *les Partis politiques dans la France d'aujourd'hui* (Seuil, Paris, 1975) et par O. Duhamel : *la Gauche et la Ve République* (P.U.F., Paris, 1980).

Les thèses du parti socialiste ont été exposées dans *le Projet socialiste* (Paris, Club socialiste du livre, 1980) et celles de F. Mitterrand dans *Politique* (A. Fayard, Paris, 1977) et *Ici et maintenant* (A. Fayard, Paris, 1980). Sous la dir. de D. Chagnollaud, des universitaires analysent les résultats de leur application dans *1991 : Bilan politique de la France, les Institutions, les Partis, la Vie politique, les Débats* (Hachette, 1991).

32. 文化表述与传播

Généralités. G. Berger, *l'Homme moderne et son éducation* (P.U.F., Paris, 1967). - P. Cabanne, *le Pouvoir culturel sous la Ve République* (Orban, Paris, 1985). - B. Charbonneau, *le Paradoxe de la culture* (Denoël, Paris, 1965). - É. Gilson, *la Société de masse et sa culture* (Vrin, Paris, 1967). - M. Cointet,

Histoire culturelle de la France 1918-1959 (S.E.D.E.S.-C.D.U., coll. « Regards sur l'Histoire », n° 66, Paris, 2e éd., 1989). - M.-C. Gousseau, *Qu'est-ce que la culture ?* (Morin, Colombes, 1969). - C. Lévi-Strauss, *Race et histoire* (Gonthier, Paris, 1967). - M. Nicholson, *la Révolution de l'environnement* (Gallimard, Paris, 1973). - P. Ory, *l'Entre-deux- mai, Histoire culturelle de la France, mai 1968 - mai 1981* (Le Seuil, Paris, 1983). - A. Prost, *Histoire de l'enseignement en France (1800-1967)* [A. Colin, coll. « U », Paris, 6e éd., 1986].

Théâtre. A. de Baecque, *le Théâtre d'aujourd'hui* (Seghers, Paris, 1964). - *Enciclopedia dello Spettacolo* (Le Maschere, Rome, 1954-1968, 11 vol.). - J. de Jomaron (sous la dir. de), *le Théâtre en France* (A. Colin, coll. « les Grands classiques », Paris, 1989, 2 vol.). - P.-L. Mignon, *le Théâtre contemporain* (Hachette, Paris, 1969). - E. Piscator, *le Théâtre politique* (L'Arche, Paris, 1962). - L.-C. Pronko, *le Théâtre d'avant-garde* (Denoël, Paris, 1963). - *Le Théâtre moderne,* ouvrage collectif, t. II : « Depuis la Deuxième Guerre mondiale » (C.N.R.S., coll. « le Chœur des Muses », Paris, 5e éd., 1978). - J. Vilar, *De la tradition théâtrale* (L'Arche, Paris, 1955). - *Les Voies de la création théâtrale* (C.N.R.S., coll. « Arts du spectacle », Paris, 1970-1985, 13 vol. parus).

Télévision. P. Albert et A.-J. Tudesq, *Histoire de la radio-télévision,* (P.U.F., coll. « Que sais-je ? », n° 1904, Paris, 2e éd., 1986). - T. de Galiana, *la Télévision* (Éd. du Cap, Monte-Carlo, 1966). - E. Melon-Martinez, *la Télévision dans la familleet les sociétés modernes* (Éd. sociales françaises, Paris, 1969). - P. Miquel, *Histoire de la radio et de la télévision* (Perrin, Paris, nouv. éd., 1984).

Presse. P. Albert et F. Terrou, *Histoire de la presse* (P.U.F., coll. « Que sais-je ? », n° 368, Paris, 6e éd., 1990). - Cl. Bellanger, L. Charlet, J. Godechot..., *Histoire générale de la presse française,* t. IV : *De 1940 à 1958 ;* t. V : *De 1958 à nos jours* (P.U.F., Paris, 1975 et 1976). - H. Calvet, *la Presse contemporaine* (Nathan, Paris, 1959). - R. Cayrol, *la Presse écrite et audiovisuelle* (P.U.F., coll. « Thémis », Paris, 1973). - *Le Lieu théâtral dans la société moderne* (C.N.R.S., Paris, 4e éd. 1979). - B. Voyenne, *la Presse dans la société contemporaine* (A. Colin, coll. « U », Paris, nouv. impr. 1966).

Cinéma. *Histoire du cinéma français contemporain, 1945-1977* (Paris, 1978). - C. Clouzot, *le Cinéma français depuis la nouvelle vague* (Nathan, Paris, 1972). - J. Daniel, *Guerre et cinéma* (A. Colin, Paris, 1972). - J.-P. Jeancolas, *le Cinéma des Français, la Ve République* (Stock, Paris, 1979). - A. Kyrou, *le Surréalisme au cinéma* (Le Terrain vague, Paris, 1963). - A. Labarthe, *Essai sur le jeune cinéma français* (Le Terrain vague, Paris, 1960). - J. Mitry, *Esthétique et psychologie du cinéma* (Éd. universitaires, Paris, 1963-1965, 2 vol.). - J. L. Passek, *Dictionnaire du cinéma* (Larousse, Paris, 1986). - R. Prédal, *la Société française, 1914-1945, à travers le cinéma* (A. Colin, coll. U², n° 201, 1972). - G. Sadoul, *le Cinéma français, 1890-1962* (Flammarion, Paris, 1962) ; *Histoire du cinéma mondial, des origines à nos jours* (Flammarion, Paris, nouv. éd., 1966). - J. Tulard, *Dictionnaire du cinéma* (R. Laffont, coll. « Bouquins », Paris, 2e éd., 1984, 2 vol.). - Voir aussi les *Cahiers du Cinéma,* numéros en cours et collection.

Littérature. J.-P. Bernard, *le Parti communiste et la question littéraire, 1921-1939* (P.U.G., Grenoble, 1972). - P. de Boisdeffre, *Une histoire vivante de la littérature d'aujourd'hui 1938-1964* (Le Livre contemporain, Paris, 1964) ; *le Roman français depuis 1900* (P.U.F., coll. « Que sais-je ? », Paris, 2e éd., 1985). - G. Brée, *Littérature française,* t. XVI (Arthaud, Paris, 1978). - P. Foulquié, *l'Existentialisme* (P.U.F., coll. « Que sais-je ? », n° 253, Paris, 20e éd., 1984). - R. Garaudy, *Perspectives de l'homme* (P.U.F., coll. « Bibl. Phil. cont. », Paris, nouv. éd., 1969). - G. Loiseaux, *la Littérature de la défaite et de la capitulation* (Publications de la Sorbonne, Paris, 1984). - E. Mounier, *Introduction aux existentialismes* (Denoël, Paris, 1947). - J.-P. Sartre, *Qu'est-ce que la littérature ?* (Gallimard, coll. « Folio-Essais », n° 19, Paris, nouv. éd., 1985). - P. Deshusses, *Dix Siècles de littérature française,* t. II, *XIXe-XXe siècle* (Bordas, 1991). - R.-M. Albérès, *Métamorphoses du roman* (A. Michel, Paris, 1966). - F. Alquié, *Philosophie du surréalisme* (Flammarion, Paris, 1955). - Y. Duplessis, *le Surréalisme* (P.U.F., coll. « Que sais-je ? », n° 432, Paris, 13e éd., 1987). - M. Nadaud, *le Roman français depuis la guerre* (Gallimard, Paris, 1963). - Y. Olivier-Martin, *Histoire du roman populaire en France 1840-1978* (A. Michel, Paris, 1980). - M. Raimond, *le Roman français contemporain,* t. I, *le Signe des temps* (C.D.U. et S.E.D.E.S., 1976) ; *les Romans de Montherlant* (C.D.U.-S.E.D.E.S., 1982). - A. Robbe-Grillet, *Pour un nouveau roman* (Éd. de Minuit, Paris, 1964). - N. Sarraute, *l'Ère du soupçon* (Gallimard, Paris, 1956). - P. Claudel, *Réflexions sur la poésie* (Gallimard, Paris, 1963). - P. Eluard, *les Sentiers et les routes de la poésie* (Gallimard, Paris, 1954). - G. Mounin, *Poésie et société* (P.U.F., Paris, 1962). - P. Seghers, *la Résistance et ses poètes* (Seghers, Paris, 1974). - M. Merleau-Ponty, *Éloge de la philosophie* (Gallimard, Paris, 1965). - G. Picon, *Panorama de la nouvelle littérature française* (Gallimard, Paris, nouv. éd., 1960). - R. Verneaux, *Histoire de la philosophie moderne* (Beauchesne, Paris, 1957).

Arts plastiques. L'Art de notre temps depuis 1945 (Éd. de la Connaissance, Bruxelles, 1969). - R. Charmet, *Dictionnaire de l'art contemporain* (Larousse, Paris, 1965). - *Dictionnaire de la peinture française* (Larousse, coll. « Essentiels », 1989). - H. Koepf, *la Sculpture en Europe* (Hachette, Paris, 1964). - M. Laclotte, *Petit Larousse de la peinture* (Larousse, Paris, 1979, 2 vol). - J. Marchiori, *la Sculpture moderne en France* (Bibliothèque des arts, 1963). - *Nouveau Dictionnaire de la sculpture moderne* (Hazan, Paris, 1970). - H. Perruchot, *la Peinture* (Hachette, Paris, 1965). - V. Scully Jr., *l'Architecture moderne* (Éd. des Deux-Mondes, Paris, 1963). - Y. Taillandier, *Naissance de la peinture moderne* (Les Libraires associés, Paris, 1963). - P. Walberg, *les Demeures d'Hypnos* (Éd. de la Différence, Paris, 1976).

Musique et ballet. J. Attali, *Bruits. Essai sur l'économie politique de la musique* (P.U.F., Paris, nouv. éd., 1981). - H. Barraud, *Pour comprendre les musiques d'aujourd'hui* (Éd. du Seuil, Paris, 1968). - P. Boulez, *Penser la musique aujourd'hui* (Gallimard, coll. « Tel », n° 124, 1987). - R. de Candé, *Histoire universelle de la musique,* tome II (Éd. du Seuil, Paris, 1978). - A. de Mille, *l'Âme de la danse* (Flammarion, Paris, 1964). - *Dictionnaire de la musique : Les hommes et leurs œuvres,* 2 vol. ; *Science de la musique : technique, formes, instruments,* 2 vol. (Bordas, Paris, 1976). - *Dictionnaire du ballet moderne* (Hazan, Paris, 1957). - Sous la direction de N. Dufourcq, *la Musique, les hommes, les instruments, les œuvres* (Larousse, Paris, 1964-1965, 2 vol.). - W. Furtwängler, *Musique et Verbe* (A. Michel, Paris, 1963). - G. Hacquard, *la Musique et le cinéma* (P.U.F., Paris, 1959). - Cl. Samuel, *Panorama de l'art musical contemporain* (Gallimard, Paris, 1962). - P. Schaeffer, *Traité des objets musicaux* (Éd. du Seuil, coll. « Pierres vives », Paris, 1966). - M. Scriabine, *Introduction au langage musical* (Éd. de Minuit, Paris, 1961). Sous la direction de M. Vignal, *Dictionnaire de la musique française* (Larousse, Paris, 1988).

Sciences et technologie. J. Bureau, *l'Ère logique* (Laffont, Paris, 1959). - L. Couffignal, *la Cybernétique* (P.U.F., coll. « Que sais-je », n° 638, Paris, 5e éd., 1978). - A. Danjon, *Astronomie générale* (Sennac, Paris, 1962). - M. Daumas (sous la dir.

de), *Histoire générale des techniques*, t. IV et V : *les Techniques de la civilisation industrielle* (P.U.F., Paris, 1979). – L. Leprince-Ringuet et J. Rigal (sous la dir. de), *la Science contemporaine* (Larousse, Paris, 1964, 2 vol.). – J. Sarano, *Hommes et sciences de l'homme* (Éd. de l'Épi, Paris, 1968). – R. Taton (sous la dir. de), *Histoire générale des sciences*, t. III, vol. 2, *la Science contemporaine, le vingtième siècle* (P.U.F., Paris, 2e éd., 1983).

近期的著作

Histoire générale. J. Barbey, *Être roi. Le roi et son gouvernement en France de Clovis à Louis XVI* (Fayard, Paris, 1992). – H.-M. Bercé et Ph. Contamine (sous la dir. de), *Histoire de France, historiens de France*, actes du colloque international de Reims, 14 et 15 mai 1993 (Librairie Honoré-Champion, « Société de l'histoire de France », n° 510, 1994). – H. Bonin, *la Banque et les banquiers en France du Moyen Âge à nos jours* (Larousse, Paris, 1992). – Th. Charmasson, A.-M. Lelorrain, M. Sonnet, *Chronologie de l'histoire de France* (P.U.F., Paris, coll. « Premier Cycle », 1994). – A. Corvisier (sous la dir. de), *Histoire militaire de la France* (P.U.F., Paris, 1992-1994, 4 vol.). – J. Le Goff et P. Rémond, *Histoire de la France religieuse* (Le Seuil, Paris, 1988-1992, 4 vol.). – A. Lombard-Jourdan, *la Plaine Saint-Denis, deux mille ans d'histoire* (C.N.R.S., Paris, 1994). – J. Meyer et M. Acerra, *Histoire de la marine française des origines à nos jours* (Ouest-France, Rennes, 1994). – P. Nora (sous la dir. de), *les Lieux de mémoire* (Gallimard, coll. « Bibliothèque des histoires », Paris, 1993). – M. Vergé-Franceschi (sous la dir. de), *Guerre et commerce en Méditerranée, IXe-XXe siècle* (Veyrier, Paris, 1991).

Histoire ancienne. J.-L. Brunaux et B. Lambot, *Guerre et armement chez les Gaulois, 450-52 av. J.-C.* (Errance, Paris, 1988). – P.-M. Duval, *De Lutèce oppidum à Paris capitale de la France* (Hachette diffusion, coll. « Nouvelle histoire de Paris », 1993). – F. Favory et J.-L. Fiches (sous la dir. de), *les Campagnes de la France méditerranéenne dans l'Antiquité et le haut Moyen Âge : études microrégionales* (coll. « Documents d'archéologie française », Maison des sciences de l'homme, Paris, 1994). – A. Ferdière, *les Campagnes en Gaule romaine, 52 av. J.-C. – 486 ap. J.-C.* (Errance, 1988, 2 vol.). – St. Fichtl, *les Gaulois du Nord de la Gaule, 150 – 20 av. J.-C.* (Errance, Paris, 1995). – Ch. Goudineau, *César et la guerre* (Errance, Paris, 1990). – Ch. Goudineau et Y. de Kisch, *Vaison-la-Romaine* (Errance, Paris, 1991). – Jules César, *Guerre des Gaules*, présentation par Ch. Goudineau (Imprimerie nationale, Paris, 1994). – C. Jullian, *Histoire de la Gaule* (Hachette, réédition intégrale, Paris, 1993). – Y. Le Bohec (sous la dir. de), *Militaires romains en Gaule civile* (Centre d'études romaines et gallo-romaines de l'université de Lyon-III, Lyon, 1993). – A. Pelletier, *la Civilisation gallo-romaine de A à Z* (Presses universitaires de Lyon, 1993).

Le Moyen Âge. M. Aurel, *les Noces du comte. Mariage et pouvoir en Catalogne, 785-1213* (Presses de la Sorbonne, Paris, 1995). – F. Autrand, *Charles V le Sage* (Fayard, Paris, 1994). – D. Barthélemy, *la Société dans le comté de Vendôme de l'an Mil au XIVe siècle* (Fayard, Paris, 1993). – C. Bozzolo et E. Ornato (études réunies par), *Préludes à la Renaissance. Aspects de la vie intellectuelle en France au XVe siècle* (C.N.R.S., Paris, 1992). – G. Brunel et E. Lalou (sous la dir. de), *Sources d'histoire médiévale, IXe-milieu du XIVe siècle* (Larousse, coll. « Textes essentiels », Paris, 1992). – J.-P. Brunterc'h, *Archives de la France*, t. I, *Ve-XIe siècle*, sous la dir. de J. Favier (Fayard, Paris, 1994). – L. Buchet (sous la dir. de), *la Femme pendant le Moyen Âge et l'Époque moderne* (C.N.R.S., Paris, 1994). – M. Bur, *Suger, abbé de Saint-Denis, régent de France* (Perrin, Paris, 1991). – M.-Th. Caron, *Noblesse et pouvoir royal en France (XIIIe-XVIe siècle). De Saint Louis à François Ier* (A. Colin, Paris, 1994). – Ph. Contamine, M. Bompaire, St. Lebecq et J.-L. Sarrazin, *l'Économie médiévale* (A. Colin, coll. « U », Paris, 1993). – Ph. Contamine et Ch. Giry de Loison, *Guerre et société en France, en Angleterre et en Bourgogne, XIVe-XVe siècle* (Presses universitaires de Lille-III, 1991). – Ph. Contamine, *Des pouvoirs en France, 1300-1500* (Publications de l'École normale supérieure, Paris, 1992). – Ph. Contamine (présentation par), *Mémoires de Philippe de Commynes* (Imprimerie nationale, Paris, 1994). – J. Day, *Monnaies et marchés au Moyen Âge* (Imprimerie nationale, « Comité pour l'histoire économique et financière de la France », Paris, 1995). – B. Delmaire, *le Diocèse d'Arras de 1093 au milieu du XIVe siècle. Recherches sur la vie religieuse dans le Nord de la France au Moyen Âge* (Arras, commission départementale d'histoire et d'archéologie du Pas-de-Calais, 1995). – J. Favier, *Dictionnaire de la France médiévale* (Fayard, Paris, 1993). – J. Flori, *la Chevalerie en France au Moyen Âge* (P.U.F., coll. « Que sais-je ? », n° 972, Paris, 1995). – R. Fossier, *la Société médiévale* (A. Colin, coll. « U », Paris, 1re éd., 1991). – R. Fossier, *l'Occident médiéval du Ve au XIIIe siècle* (Hachette, Paris, 1995). – F. Gasparri (sous la dir. de), *le XIIe siècle : mutations et renouveau en France dans la première moitié du XIIe siècle* (Le Léopard d'Or, Paris, 1994). – Cl. Gauvard, *« De grâce especial », Crime, État et société en France à la fin du Moyen Âge* (Publications de la Sorbonne, Paris, 1991). – P.-J. Geary, *le Vol des reliques au Moyen Âge* (Aubier, Paris, 1993). – N. Gonthier, *Délinquance, justice et société dans le Lyonnais médiéval de la fin du XIIIe siècle au début du XVIe siècle* (Arguments, Paris, 1993). – B. Guenée (préface de), *Chronique du religieux de Saint-Denys contenant le règne de Charles VI de 1380 à 1422* (C.T.H.S., Paris, 1994). – B. Guenée, *Un meurtre, une société. L'assassinat du duc d'Orléans, 23 novembre 1407* (NRF, 1992). – O. Guillot, A. Rivaudière, Y. Sassier, *Pouvoirs et institutions dans la France médiévale* (A. Colin, coll. « U », Paris, 1re éd., 1994, 2 vol.). – P. Guiral, *Clemenceau en son temps* (Grasset, Paris, 1994). – O. Guyot-Jeannin, *le Moyen Âge, Ve-XVe siècle* (Fayard, coll. « Archives de l'Occident », t. 1, sous la dir. de J. Favier, 1992). – P.-M. Gy, *Guillaume Durand, évêque de Mende (v. 1230-1296)* [C.N.R.S., Paris, 1992]. – J. Heers, *Gilles de Rais* (Perrin, coll. « Vérités et légendes », Paris, 1994). – Ch. Higounet, *Défrichements et villeneuves du Bassin parisien, XIe-XIVe siècle* (C.N.R.S., Paris, 1991). – G. Jéhel, *la Méditerranée médiévale de 350 à 1450* (A. Colin, coll. « Cursus », Paris, 1992). – R.W. Kaeuper, *Guerre, justice et ordre public. La France et l'Angleterre à la fin du Moyen Âge* (Aubier, coll. « Historique », éd. franç., Paris, 1994). – J. Krynen, *l'Emprise du roi. Idées et croyances politiques en France, XIIIe-XVe siècle* (Gallimard, Paris, 1993). – J. Krynen et A. Rigaudière, *Droits savants et pratiques françaises du pouvoir, XIe-XVe siècle* (Presses universitaires de Bordeaux, 1992). – M. Laharie, *la Folie au Moyen Âge, XIe-XIIIe siècle* (Le Léopard d'Or, Paris, 1991). – R. Locatelli, *Sur les chemins de la perfection. Moines et chanoines dans le diocèse de Besançon vers 1060-1220* (Publications universitaires de Saint-Étienne, 1992). – A. Lombard-Jourdan, *Fleur de lis et oriflamme : signes célestes du royaume de France* (C.N.R.S., Paris, 1991). – B. Merdrignac, *la Vie religieuse en France au Moyen Âge* (Ophrys, Gap, 1995). – R. Musso-Goulard, *la Naissance de la France* (Perrin, Paris, 1995). – M. Pacaut, *les Moines blancs. Histoire de l'ordre de Cîteaux* (Fayard, Paris, 1993). – M. Parisse (études réunies par), *À propos des actes d'évêques. Hommage à Lucie Fossier* (Presses universitaires de Nancy, 1991). – M. Parisse (sous la dir. de), *Veuves et veuvages dans le haut Moyen Âge* (Picard, Paris, 1993). – R. Pernoud, *Christine de Pisan* (Calmann-Lévy, Paris, 1995). – J.-Ch. Picard (sous la dir. de), *les*

Chanoines dans la ville. Recherches sur la topographie des quartiers canoniaux en France (De Boccard, Paris, 1994). - A. Plaisse, *À travers le Cotentin : la grande chevauchée guerrière d'Édouard III en 1346* (Isoète, Cherbourg, 1995). - L. Pressouyre (sous la dir. de), *Pèlerinages et croisades*. Colloque de Pau, 1993 (C.T.H.S., Paris, 1995). - B. Prévot, B. Ribemont, *le Cheval en France au Moyen Âge* (Paradigme, coll. « Medievalia », Caen, 1994). - Ch. Prigent, *Pouvoir ducal, religion et production artistique en Basse-Bretagne 1350-1575* (Maisonneuve-et-Larose, Paris, 1992). - Ch. Raynaud, *Mythes, cultures et sociétés (XIIIe-XVe siècle). Images de l'Antiquité et iconographie politique* (Le Léopard d'Or, Paris, 1995). - A. Renoux, *Fécamp. Du palais ducal au palais de Dieu. Bilan historique et archéologique des recherches menées sur le site du château des ducs de Normandie* (C.N.R.S., Paris, 1991). - P. Riché, *les Carolingiens, une famille qui fit l'Europe* (Hachette, coll. « Pluriel », nouv. éd., Paris, 1992). - P. Riché (sous la dir. de), *la Christianisation des pays entre Loire et Rhin, IVe-VIIe siècle* (Éd. du Cerf, Paris, 1993). - P. Riché et D. Alexandre-Bidon, *l'Enfance au Moyen Âge* (Le Seuil, coll. « Bibliothèque de France », Paris, 1994). - A. Rigaudière, *Gouverner la ville au Moyen Âge* (Anthropos, Paris, 1993). - S. Roux, *le Monde des villes au Moyen Âge, XIe-XVe siècle* (Hachette Supérieur, coll. « Carré Histoire », Paris, 1994). - Y. Sassier, *Louis VII* (Fayard, Paris, 1991). - A. Saunier, *« Le pauvre malade » dans le cadre hospitalier médiéval : France du Nord, vers 1300-1500* (Arguments, Paris, 1993). - P. Sicard, *Hugues de Saint-Victor et son École* (Brépols, Paris, 1991). - G. Sivéry, *Philippe Auguste* (Plon, Paris, 1993). - G. Sivéry, *Louis VIII le Lion* (Fayard, Paris, 1995). - M. Sot, *Un historien et son Église. Flodoard de Reims* (Fayard, Paris, 1993). - Suger, *la Geste de Louis VI* (Imprimerie nationale, Paris, 1994). - A. Terroing, *Un bourgeois parisien du XIIIe siècle. Geoffroy de Saint-Laurent (1245 ?-1290)*, édité par L. Fossier (C.N.R.S., Paris, 1992). - C. Vincent, *les Confréries médiévales dans le royaume de France, XIIIe-XVe siècle* (A. Michel, Paris, 1994). - C. Vincent, *Introduction à l'étude de l'Occident médiéval* (Le livre de poche, Paris, 1995). - A. Saint-Denis, *Institutions hospitalières et société aux XIIe et XIIIe siècles. L'Hôtel-Dieu de Laon, 1150-1300* (Presses universitaires de Nancy, 1982). - A. Saint-Denis, *le Siècle de Saint-Denis* (P.U.F., coll. « Que sais-je ? », n° 1481, 1re éd., 1994). - A. Saint-Denis, *Apogée d'une cité : Laon et son pays aux XIIe et XIIIe siècles* (Presses universitaires de Nancy, 1994).

Histoire moderne. A.-L. Angoulvent, *l'Esprit baroque* (P.U.F., coll. « Que sais-je ? », n° 3000, Paris, 1994). - I. Aristide, *la Fortune de Sully* (Comité pour l'histoire économique et financière de la France, Imprimerie nationale, Paris, 1990). - M. Balard, J.-Cl. Hervé, N. Lemaître (présentation par), *Paris et ses campagnes sous l'Ancien Régime*. Mélanges offerts à Jean Jacquart (Presses de la Sorbonne, Paris, 1994). - F. Bayard, P. Guignet, *l'Économie française aux XVIe, XVIIe et XVIIIe siècles* (Ophrys, Gap, 1991). - L. Bély, *la France moderne, 1498-1789* (P.U.F., coll. « Premier Cycle », Paris, 1994). - Y.-M. Bercé, *la Naissance dramatique de l'absolutisme, 1598-1661* (Le Seuil, coll. « Nouvelle histoire de la France moderne », t. III, n° H 209, Paris, 1992). - J. Bérenger et J. Meyer, *la France dans le monde au XVIIIe siècle* (SEDES, coll. « Regards sur l'histoire », n° 84, Paris, 1993). - J. Bergin, *l'Ascension de Richelieu* (Payot, Paris, 1994). - F. Bluche et J.-F. Solnon, *la Véritable Hiérarchie sociale de l'ancienne France. Le tarif de la première capitation, 1695* (Droz, Genève, nouv. éd., 1995). - J.-L. Bourgeon, *l'Assassinat de Coligny* (Droz, Genève, 1992). - R. Bourgerie, *Magenta et Solférino (1859). Napoléon III et le rêve italien* (Économica, Paris, 1993). - L. Bourquin, *Noblesse seconde et pouvoir en Champagne aux XVIe et XVIIe siècles* (Publications de la Sorbonne, Paris, 1994). - E. Brian, *la Mesure de l'État. Administrateurs et géomètres au XVIIIe siècle* (A. Michel, Paris, 1994). - P. Burke, *Louis XIV. Les stratégies de la gloire* (Le Seuil, Paris, 1995). - P. Butel, *l'Économie française au XVIIIe siècle* (SEDES, coll. « Regards sur l'histoire », n° 87, Paris, 1993). - A. Cabantous, *Dix Mille Marins face à l'océan. Les populations maritimes de Dunkerque au Havre aux XVIIe et XVIIIe siècles. 1660-1794* (Publisud, Lagny-sur-Marne, 1991). - A. Cabantous, *les Citoyens du large. Les identités maritimes en France, XVIIe-XIXe siècle* (Aubier, Paris, 1995). - R. Chartier, *Malesherbes, mémoires sur la librairie, mémoire sur la liberté de la presse* (Imprimerie nationale, Paris, 1994). - S. Charton-Le Clech, *Chancellerie et culture au XVIe siècle. Les notaires et secrétaires du roi de 1515 à 1547* (Presses universitaires du Mirail, coll. « Histoire notariale », Toulouse, 1993). - L. Châtelier, *Catholicisme et Contre-Réforme (début du XVIe-milieu du XVIIe siècle)*, t. I, *le XVIe siècle* (SEDES, coll. « Regards sur l'histoire », Paris, 1995). - P. Chaunu, *la Civilisation de l'Europe des Lumières* (Arthaud, Paris, nouv. éd., 1993). - G. Chaussinand-Nogaret, *le Citoyen des Lumières* (Éditions Complexe, coll. « Historiques », n° 91, Bruxelles, 1994). - G. Chaussinand-Nogaret, *Voltaire et le siècle des Lumières* (Éditions Complexe, Bruxelles, 1994). - O. Christin, *les Réformes. Luther, Calvin et les protestants* (Gallimard, coll. « Découvertes », Paris, 1995). - G. Collard, *Voltaire, l'affaire Calas et nous* (Les Belles Lettres, Paris, 1994). - J.-M. Constant, *la Société française aux XVIe, XVIIe et XVIIIe siècles* (Ophrys, Gap, 1994). - J. Cornette, *le Roi de guerre. Essai sur la souveraineté dans la France du Grand Siècle* (Payot, Paris, 1993). - J. Cornette, *le XVIe siècle. Chronique de la France moderne* (SEDES, coll. « Regards sur l'histoire », Paris, 1995). - J. Cornette, *l'Affirmation de l'État absolu, 1515-1652* (Hachette Supérieur, coll. « Carré Histoire », Paris, 1993). - J. Cornette, *Absolutisme et Lumières 1652-1783* (Hachette Supérieur, coll. « Carré Histoire », Paris, 1993). - B. Cottret, *la Vie politique en France aux XVIe, XVIIe et XVIIIe siècles* (Ophrys, Gap, 1991). - B. Cottret (présentation par), *Jacques Fontaine. Mémoires d'une famille huguenote, victime de la révocation de l'édit de Nantes* (Chaleil, Montpellier, 1993). - L. Crété, *les Camisards* (Perrin, Paris, 1992). - D. Crouzet (présentation par), *la Vie de Bayard par Champier* (Imprimerie nationale, Paris, 1993). - D. Crouzet, *la Nuit de la Saint-Barthélemy. Un rêve perdu de la Renaissance* (Fayard, Paris, 1994). - J. Cubero, *l'Affaire Calas. Voltaire contre Toulouse* (Perrin, Paris, 1993). - G. Daridan, *MM. Le Couteux et Cie, banquiers à Paris. Un clan familial dans la crise du XVIIIe siècle* (Loysel, Paris, 1994). - Ch. Delmas, *la Tragédie de l'âge classique, 1553-1770* (Le Seuil, Paris, 1994). - R. Darnton, *Gens de lettres, gens du livre* (Odile Jacob, Paris, 1992). - P. Delsalle, *la France industrielle aux XVIe, XVIIe et XVIIIe siècles* (Ophrys, coll. « Synthèse et histoire », Gap, 1993). - P. Delsalle, *le Cadre de vie en France aux XVIe, XVIIe, XVIIIe siècles* (Ophrys, Gap, 1995). - J. Delumeau, *le Temps des supplices : de l'obéissance sous les rois absolus, XVe-XVIIIe siècle* (A. Colin, coll. « Références », Paris, 1992). - J. Delumeau (sous la dir. de), *Jurieu, l'accomplissement des prophètes* (Imprimerie nationale, Paris, 1994). - G. Deregnaucourt et D. Poton, *la Vie religieuse en France aux XVIe, XVIIe et XVIIIe siècles* (Ophrys, Gap, 1994). - J. Ducoin, *Naufrages, conditions de navigation et assurances dans la marine de commerce du XVIIIe siècle. Le cas de Nantes et de son commerce colonial avec les îles d'Amérique* (Librairie de l'Inde, Paris, 1993). - J.-M. Duhamel, *la Musique dans la ville, de Lully à Rameau* (Presses universitaires de Lille, 1994). - Cl. Dulong, *Marie Mancini. La première passion de Louis XIV* (Perrin, Paris, 1993). - Y. Durand, *la Société française au XVIIIe siècle. Institutions et société* (SEDES, coll. « Regards sur l'histoire », n° 85, Paris, 1992). - F.-X. Emmanuelli, *État et pouvoirs dans la France des XVIe-XVIIIe siècles. La métamorphose inachevée* (Nathan, Paris, 1992). - A. Farge, *Vivre dans les rues de Paris au XVIIIe siècle* (Gallimard, coll. « Folio-Histoire », Paris, 1992). - A. Farge, *la Vie fragile, violence, pouvoirs et solidarités à Paris au XVIIIe siècle* (Le Seuil, coll. « Points-Histoire », Paris, 1992). - A. Farge, *Dire et mal dire. L'opinion publique au XVIIIe siècle* (Le Seuil, coll. « La Librairie du XXe siècle », Paris, 1992). - A. Félibien, *les Fêtes de Versailles. Chroniques de 1668-1674* (Dédale/Maisonneuve-et-Larose, Paris, 1994). - M. Fogel, *l'État dans la France moderne de la fin du XVe au milieu du XVIIIe siècle* (Hachette, coll. « Carré Histoire », sous la dir. de R. Muchembled, 1992). - M. Foisil, *la vie quotidienne en France au temps de Louis XIII* (Hachette, coll. « La Vie quotidienne », Paris, 1992). - B. Carnot et D. Poton, *la France et les Français au XVIIIe siècle. Sociétés et pouvoirs, 1715-1788* (Ophrys, Gap, 1992). - J. Garrisson, *Royaume, Renaissance et Réforme, 1483-1559* (Le Seuil, coll. « Nouvelle histoire de la France moderne », t. 1, n° H 207, Paris, 1991). - J. Garrisson, *Guerre civile et compromis, 1559-1598* (Le Seuil, coll. « Nouvelle histoire de la France moderne », t. II ; n° H 208, Paris, 1991). - J. Garrisson, *Marguerite de Valois* (Fayard, Paris, 1994). - J. Gaston, *la Communauté des notaires de Bordeaux, 1520-1791* (Presses universitaires du Mirail, Toulouse, 1992). - J.-P. Gutton (sous la dir. de), *l'Intendance du Lyonnais, Beaujolais, Forez en 1698 et en 1762. Édition critique du mémoire rédigé par Lambert d'Herbigny* (C.T.H.S., Paris, 1992). - M. Hamon et D. Perrin, *Au cœur du XVIIIe siècle industriel. Condition ouvrière et tradition villageoise à Saint-Gobain* (Éd. PAU, Paris, 1993). - Ph. Hamon, *l'Argent du Roi. Les finances sous François Ier* (Ministère des Finances, Paris, 1994). - Ph. Haudrère, *La Bourdonnais, marin et aventurier* (Desjonquères, Paris, 1992). - D.Hickey, *le Dauphiné devant la monarchie absolue. Le procès des tailles et la perte des libertés provinciales, 1540-1640* (Presses de l'université de Grenoble, 1993). - F. Hildesheimer, *le Jansénisme en France aux XVIIe et XVIIIe siècles* (Publisud, Paris, 1992). - F. Hildesheimer (édité par), *Testament politique de Richelieu* (Honoré Champion, « Société de l'histoire de France », n° 511, Paris, 1995). - J. Imbert, *le Droit hospitalier sous l'Ancien Régime* (P.U.F., Paris, 1993). - R. Kleinman, *Anne d'Autriche* (Fayard, Paris, 1993). - A. Kraatz, *la Compagnie française de Russie. Histoire du commerce franco-russe aux XVIIe et XVIIIe siècles* (F. Bourin, Paris, 1993). - M. Lachiver, *les Années de misère. La famine au temps du grand Roi, 1680-1720* (Fayard, Paris, 1991). - J. Lecler, *Histoire de la tolérance au siècle de la Réforme* (A. Michel, Paris, nouv. éd., 1994). - M. Le Moël, *la Grande Mademoiselle* (Éditions de Fallois, Paris, 1994). - E. Le Roy Ladurie, *l'Ancien Régime, 1610-1770* (Hachette, coll. « Histoire de France », t. III, Paris, 1991). - E. Le Roy Ladurie (présentation par), *la Dîme royale du maréchal Vauban* (Imprimerie nationale, Paris, 1992). - G. Lesage, *Denain, 1712, Louis XIV sauve sa mise* (Economica, Paris, 1992). - M.-F. Limon, *les Notaires au Châtelet de Paris sous le règne de Louis XIV* (Presses universitaires du Mirail, Toulouse, 1992). - G. Livet, *l'Intendance d'Alsace du Saint Empire romain germanique au royaume de France, de la guerre de Trente Ans à la mort de Louis XIV, 1634-1715* (Presses universitaires de Strasbourg, 1991, 2 vol.). - Ph. Loupès, *la Vie religieuse en France au XVIIIe siècle* (SEDES, coll. « Regards sur l'histoire », n° 89, Paris, 1993). - B. Lugan, *Histoire de la Louisiane française, 1682-1804* (Perrin, Paris, 1994). - Abd. Ly, *la Compagnie du Sénégal* (Karthala, Paris, nouv. éd., 1993). - Ph. Masson et M. Verge-Franceschi (sous la dir. de), *la France et la mer au siècle des grandes découvertes, XVIe siècle* (Tallandier, Paris, 1993). - H. Merlin, *Public et littérature en France au XVIIe siècle* (Les Belles Lettres, Paris, 1994). - J. Meyer, *Béveziers, 1690. La France prend la maîtrise de la Manche* (Économica, Paris, 1993). - J. Meyer, *La Chalotais. Affaires de femmes et affaires d'État sous l'Ancien Régime* (Perrin, Paris, 1995). - Cl. Michaud, *l'Église et l'argent sous l'Ancien Régime. Les receveurs généraux du clergé de France aux XVIe-XVIIe siècles* (Fayard, Paris, 1991). - G. Minois, *Censure et culture sous l'Ancien Régime* (Fayard, Paris, 1995). - J.-M. Moriceau, *les Fermiers de l'Île-de-France, XV-XVIIIe siècle* (Fayard, Paris, 1994). - J.-M. Moriceau et G. Postel-Vinay, *Ferme, entreprise, famille. Grande exploitation et changements agricoles, XVIIe-XIXe siècles* (Éd. de l'E.H.E.S.S., Paris, 1992). - R. Mousnier, *l'Homme rouge ou la vie du cardinal de Richelieu, 1585-1642* (Laffont, coll. « Bouquins », Paris, 1992). - R. Muchembled, *le Temps des supplices. De l'obéissance sous les rois absolus, XVe-XVIIe siècles* (A. Colin, coll. « Références », Paris, 1992). - R. Muchembled, *le Roi et la sorcière. L'Europe des bûchers, XVe-XVIIIe siècles* (Desclée de Brouwer, Paris, 1993). - R. Muchembled, *Magie et sorcellerie en Europe du Moyen Âge à nos jours* (A. Colin, Paris, 1994). - R. Muchembled, *Cultures et société en France du début du XVIe au milieu du XVIIe siècle* (SEDES, coll. « Regards sur l'histoire », Paris, 1995). - R. Muchembled, *Société et mentalités dans la France moderne, XVIe-XVIIe siècle* (A. Colin, coll. « Cursus », Paris, 1990). - A. Muhlstein, *Cavelier de La Salle, l'homme qui offrit l'Amérique à Louis XIV* (Grasset, Paris, 1992). - B. Neveu, *Érudition et religion aux XVIIe et XVIIIe siècles* (A. Michel, Paris, 1994). - M. Pernot, *la Fronde* (Éditions de Fallois, Paris, 1994). - J.-Cl. Perrot, *Une histoire intellectuelle de l'économie politique, XVIIe-XVIIIe siècles* (Éd. de l'E.H.E.S.S., coll. « Civilisations et Sociétés », n° 85, Paris, 1992). - J. Peter, *Vauban et Toulon. Histoire de la construction d'un port-arsenal sous Louis XIV* (Économica, Paris, 1994). - J. Peter, *les Artilleurs de la marine sous Louis XIV* (Économica, Paris, 1995). - J.-Ch. Petitfils, *Louis XIV* (Perrin, Paris, 1995). - P. Pluchon, *Histoire de la colonisation française.* t. I : *le Premier Empire colonial. Des origines à la Restauration* (Fayard, Paris, 1994). - A. Poitrineau, *Ils travaillaient la France. Métiers et mentalités du XVIe au XIXe siècle* (A. Colin, coll. « Références », Paris, 1993). - O. Ranum, *la Fronde* (Le Seuil, Paris, 1995). - M.-E. Richard, *la Vie des protestants français de l'édit de Nantes à la Révolution, 1598-1789* (Éd. de Paris, Paris, 1995). - D. Richet, *De la Réforme à la Révolution. Études sur la France moderne* (Aubier, Paris, 1991). - D. Roche, *la France des Lumières* (Fayard, Paris, 1993). - M. Simonin, *Charles IX* (Fayard, Paris, 1995). - J.-F. Solnon, *les Ormesson au plaisir de l'État* (Fayard, Paris, 1992). - J.-F. Solnon (sous la dir. de), *Sources d'histoire de la France moderne, XVIe – XVIIe -XVIIIe siècles* (Larousse, « coll. Textes essentiels », Paris, 1994). - R. Taveneaux, *Jansénisme et Réforme catholique* (Presses universitaires de Nancy, 1992). - M. Touzery, *Atlas de la généralité de Paris au XVIIIe siècle. Un paysage retrouvé* (Imprimerie nationale, Paris, 1995). - D. Troyanky, *Miroirs de la vieillesse : en France au siècle des Lumières* (Eshel, Paris, 1992). - D. Van Der Cruysse, *l'Abbé de Choisy, androgyne et mandarin* (Fayard, Paris, 1995). - M. Vénard, *Réforme protestante, réforme catholique dans la province d'Avignon, XVIe siècle* (Éd. du Cerf, Paris, 1993). - M. Vergé-Franceschi, *Marine et éducation sous l'Ancien Régime* (C.N.R.S., 1991). - M. Vergé-Franceschi, *Abraham Duquesne. Huguenot et marin du Roi-Soleil* (France-Empire, Paris, 1992). - M. Vigié, *Dupleix* (Fayard, Paris, 1993). - J. de Viguerie, *Histoire et dictionnaire du temps des Lumières, 1715-1789* (R. Laffont, coll. « Bouquins », Paris, 1995). - R. Vincent, *Pondichéry (1674-1761). L'échec d'un rêve d'empire* (Autrement, Paris, 1993). - T. Wanegffelen, *la France et les Français : XVIe – milieu du XVIIe siècle, la vie religieuse* (Ophrys, Gap, 1994). - J. Villain, *la Fortune de Colbert* (Comité pour l'histoire économique et financière de la France, Imprimerie nationale, Paris, 1994). - D. Woronoff, *Histoire de l'industrie en France, du XVIe siècle à nos jours* (Le Seuil, Paris, 1994). - A. Zysberg, *la Puissance et la guerre, 1661-1715* (Le Seuil, coll. « Nouvelle histoire de la France moderne », t. IV, n° H 210, Paris, 1994). - A. Zysberg, *l'État et les Lumières, 1715-1783* (Le Seuil, coll. « Nouvelle histoire de la France moderne », t. V, n° H 211, Paris, 1995).

Histoire contemporaine. Ch.-R. Ageron, *la Décolonisation française* (A. Colin, coll. « Cursus », Paris, 1991). - Ch.-R. Ageron, M. Michel, *l'Afrique noire française : l'heure des indépendances* (C.N.R.S., Paris, 1992). - M. Agulhon (sous la dir. de), *Cultures et folklores républicains.* Colloque de Toulouse, 1992 (C.T.H.S., Paris, 1995). - A. Anderson, *Politiques de la ville* (Syros, Paris, 1998). - F. Arnault, Frédéric Le Play, *De la métallurgie à la science sociale* (Presses universitaires de Nancy, 1993). - J. Attali, *Pour un modèle européen d'enseignement supérieur* (Stock, Paris, 1998). - J.-P. Azéma et F. Bédarida (sous la dir. de), *le Régime de Vichy et les Français* (Fayard, coll. « Pour une histoire du XXe siècle », Paris, 1992). - J.-P. Azéma et F. Bédarida, *la France des années noires* (Le Seuil, Paris, 1993, 2 vol.). - J.-P. Azéma et O. Wieviorka, *les Libérations de la France* (Éd. de la Martinière, Paris, 1993). - É. Balladur, *Deux ans à Matignon* (Plon, Paris, 1995). - C. Barbier, *les Derniers Jours de Mitterrand* (Grasset, Paris, 1998). - M.-O. Baruch, *Servir l'État français* (Fayard, Paris, 1997). - N. Baverez, *les Trente Piteuses* (Flammarion, Paris, 1997). - N. Bazire, *Journal de Matignon* (Plon, Paris, 1996). - J.-J. Becker, *Crises et Alternances. 1974-1995* (coll. « Nouvelle Histoire de la France contemporaine » t. XIX, Paris, Le Seuil, 1998). - J.-J. Becker, *Histoire politique de la France depuis 1945* (A. Colin, Paris, 1998). - F. Bédarida, *l'Histoire et le métier d'historien en France. 1945-1995* (M.S.H., Paris, 1995). - A. Beitone, *l'Économie et la société française du second XXe siècle* (A. Colin, Paris, 1995). - R. Bellet, *Jules Vallès* (Fayard, Paris, 1995). - A. Bergounioux et G. Grunberg, *le Long Remords du pouvoir. Le Parti socialiste français, 1905-1992* (Fayard, coll. « L'espace du politique », Paris, 1992). - S. Beroud, *le Mouvement social en France* (La Dispute, Paris, 1998). - S. Berstein et P. Milza, *Histoire de la France au XXe siècle* (Éd. Complexe, Bruxelles, 1991, 3 vol.). - S. Berstein, P. Milza, *Histoire de la France au XXe siècle* (Éd. Complexe, coll. « Questions au XXe siècle », n° 65, Bruxelles, 1994). - J.-P. Bertaud, *les Causes de la Révolution française* (A. Colin, coll. « Cursus », Paris, 1992). - J.-P. Bertaud, *l'An I de la République* (Perrin, Paris, 1992). - M. Biard, *Collot d'Herbois. Légendes noires et révolution* (Presses universitaires de Lyon, 1995). - E. Biasini, *les Grands Travaux* (O. Jacob, Paris, 1995). - J. Binoche, *Histoire des relations franco-allemandes* (Masson/A. Colin, Paris, 1995). - O. Blanchard, *Croissance et Chômage* (La Documentation française, Paris, 1997). - F. Bourillon, *les Villes en France au XIXe siècle* (Ophrys, Gap, 1992). - M. Bourset, *Casimir Perier. Un prince financier au temps du romantisme* (Publications de la Sorbonne, Paris, 1994). - D. Boy, *l'Écologie au pouvoir* (F.N.S.P., Paris, 1995). - F. Bozo, *la Politique étrangère de la France depuis 1945* (La Découverte, Paris, 1997). - Cl.-I. Brelot, *la Noblesse réinventée. Nobles de Franche-Comté de 1814 à 1870* (Presses universitaires de Besançon, Besançon, 1992, 2 vol.). - Ph. Burrin, *la France à l'heure allemande, 1940-1944* (Le Seuil, Paris, 1995). - P. Buton et J.-M. Guillon (sous la dir. de), *les Pouvoirs en France à la Libération* (Belin, Paris, 1994). - J.-C. Cambadelis, *la France blafarde* (Plon, Paris, 1998). - J.-Cl. Caron, *la France de 1815 à 1848* (A. Colin, coll. « Cursus », Paris, 1993). - R. Castel, *les Métamorphoses de la question sociale* (Fayard, Paris, 1996). - M. Charasse, *55, rue du Faubourg-St-Honoré* (Grasset, Paris, 1996). - Ch. Charle, *la République des universitaires, 1870-1940* (Le Seuil, coll. « L'Univers historique », Paris, 1994). - A. Chauveau, *l'Audiovisuel en liberté* (F.N.S.P., Paris, 1997). - L.-M. Clénet, *la Contre-Révolution* (P.U.F., coll. « Que sais-je ? », n° 2633, Paris, 1re éd., 1992). - D. Cohen, *Partage de la valeur ajoutée* (La Documentation française, Paris, 1997). - E. Cohen, *Service public - secteur public* (La Documentation française, Paris, 1997). - S. Cohen, *Mitterrand et la sortie de la guerre froide* (P.U.F., Paris, 1998). - J.-P. Cointet, *Pierre Laval* (Fayard, Paris, 1993). - M. Cointet, *Vichy, capitale 1940-1944* (Perrin, Paris, 1993). - J.-P. Colin, *l'Acteur et le roi* (Georg, Genève, 1994). - E. Conan et H. Rousso, *Vichy, un passé qui ne passe pas* (Fayard, Paris, 1994). - O. Coquard, *Marat* (Fayard, Paris, 1993). - C. Coquery-Vidrovitch (sous la dir. de), *l'Afrique occidentale au temps des Français. Colonisateurs et colonisés, 1860-1960* (La Découverte, Paris, 1992). - A. Corbin et N. Gérôme (sous la dir. de), *les Usages politiques des fêtes aux XIXe et XXe siècles* (Publications de la Sorbonne, Paris, 1994). - M. Cotta, *les Secrets d'une victoire* (Plon, Paris, 1995). - S. Courtois, M. Lazar, *Histoire du P.C.F.* (P.U.F., Paris, 1995). - F. Crouzet, *la Grande Inflation. La monnaie en France de Louis XVI à Napoléon* (Fayard, Paris, 1993). - M. Crubellier, *l'École républicaine 1870-1940* (Éd. Christian, Paris, diffusion A. et J. Picard, Paris, 1993). - P. Darmon, *Pasteur* (Fayard, Paris, 1995). - O. Davanne, *Retraites et épargne* (La Documentation française, Paris, 1998). - J.-M. Domenach, *Regarder la France. Essai sur le malaise français* (Perrin, Paris, 1997). - D. Domergue-Cloarec, *la France et l'Afrique après les indépendances* (SEDES, coll. « Regards sur l'histoire », n° 97, Paris, 1994). - J.-M. Donegani, M. Sadoun, *la Ve République, naissance et mort* (Calmann-Levy, Paris, 1998). - O. Donnat, *les Français face à la culture* (La Découverte, Paris, 1994). - Ph. Douste-Blazy, *Pour sauver nos retraites* (Paris, Plon, 1998). - J. Dupâquier, *Histoire de la population française*, t. IV (P.U.F., Paris, 1995). - J. Dupâquier, *Morales et politiques de l'immigration* (P.U.F., Paris, 1998). - J. Dupâquier et D. Kessler, *la Société française au XIXe siècle. Tradition, transition, transformations* (Fayard, coll. « Nouvelles Études historiques », Paris, 1993). - E. du Réau, *Édouard Daladier, 1884-1970* (Fayard, coll. « Pour une histoire du XXe siècle », Paris, 1993). - J.-B. Duroselle, *la France de la « Belle Époque »* (Presses de la Fondation nationale des sciences politiques, Paris, 1992). - J.-B. Duroselle, *la Grande Guerre des Français, 1914-1918* (Perrin, Paris, 1994). - J.-F. Eck, *Histoire de l'économie française depuis 1945* (A. Colin, Paris, 1996). - E. Edou, *les H.L.M.* (Économica, Paris, 1998). - G. Elgey, *Histoire de la IVe République* (Fayard, coll. « Grandes Études contemporaines », Paris, 1965-1992, 3 vol.). - L. Engel, *Mitterrand, le fil d'Ariane* (Michalon, Paris, 1996). - P. Éveno, *le Monde 1944/1995* (Le Monde Éditions, Paris, 1997). - P. Favier, M. Martin-Rolland, *la Décennie Mitterrand*, 3 tomes (Le Seuil, Paris, 1990, 1991, 1997). - A. Fierro et J. Tulard, *Histoire et dictionnaire du Consulat et de l'Empire* (R. Laffont, coll. « Bouquins », Paris, 1995). - J.-B. de Foucault, *Une Société en quête de sens* (O. Jacob, Paris, 1995). - H. Fréchet, *Histoire de la France au XIXe siècle* (Ellipses, Paris, 1993). - J.-M. Frodon, *La Projection nationale. Cinéma et Nation* (O. Jacob, Paris, 1998). - F. Furet et M. Ozouf, *la Gironde et les Girondins* (Payot, Paris, 1991). - F. Furet et M. Ozouf (sous la dir. de), *le Siècle de l'avènement républicain* (Gallimard, Paris, 1993). - J.-M. Gaillard, *Tu seras riche mon fils* (Plon, Paris, 1994).- J.-M. Gaillard, *l'É.N.A. miroir de l'État. 1945-1995* (Complexe, Bruxelles, 1995). - A. Garapon, *le Gardien des promesses* (O. Jacob, Paris, 1997). - M. Gauchet, P. Manent, P. Roranvallon dir., *Situation de la démocratie* (*La pensée politique* n° 1,

Le Seuil-Gallimard, Paris, 1993). - M. Gauchet, *la Religion dans la démocratie* (Gallimard, Paris, 1998). - G. de Gaulle-Anthonioz, *l'Engagement* (Le Seuil, Paris, 1998). - A. Gérard, *la Vendée, 1789-1793* (Champ Vallon, Seyssel, 1992). - P. Goetschel et E. Loyer, *Histoire culturelle et intellectuelle de la France au XXe siècle* (A. Colin, Paris, 1994). - A. Gueslin, *l'État, l'économie et la société française XIXe-XXe siècle* (Hachette Supérieur, coll. « Carré Histoire », Paris, 1992). - A. Gueslin (sous la dir. de), *Michelin, les hommes du pneu. Les ouvriers Michelin à Clermont-Ferrand de 1889 à 1940* (Éd. de l'Atelier, Paris, 1993). - H. Guillaume, *Technologie et innovation* (La Documentation française, Paris, 1998). - P. Guillaume, *Histoire sociale de la France au XXe siècle* (Masson, Paris, 1992). - C. Guinzburg, *le Juge et l'historien* (Verdier, Lagrasse, 1997). - P. Guiral, *les Militaires français à la conquête de l'Algérie, 1830-1857* (Critérion, Paris, 1992). - J.-N. Jeanneney, *le Passé dans le prétoire* (Le Seuil, Paris, 1998). - P. Jeannin, *Deux siècles à Normale Sup'. Petite histoire d'une grande École* (Larousse, Paris, 1994). - C. Jelen, *La France éclatée* (Nil, Paris, 1996). - M.-T. Join-Lambert, *Chômage, mesures d'urgence, minima sociaux* (La Documentation française, Paris, 1998). - J. Julliard, M. Winock, *Dictionnaire des intellectuels français* (Le Seuil, Paris, 1997). - J. Julliard, *l'Année des dupes* (Le Seuil, Paris, 1995). - Y. Knibielher, *la Révolution maternelle depuis 1945* (Perrin, Paris, 1997). - Y. Lacoste, *Vive la Nation !* (Fayard, Paris, 1998). - J. Lacouture, *Mitterrand. Une histoire de Français*, 2 tomes (Le Seuil, Paris, 1998). - G. Lamarque, *l'Exclusion* (P.U.F., Paris, 1995). - P.-A. Lambert, *la Charbonnerie française (1821-1823). Du secret en politique* (Presses universitaires de Lyon, 1995). - Ch. Lazergues, *Réponses à la délinquance des mineurs* (La Documentation française, Paris, 1998). - J.-P. Le Goff, *Mai 1968. L'héritage impossible* (La Découverte, Paris, 1998). - P. Lévêque, *Histoire des forces politiques en France*, t. I : *1789-1880* ; t. II : *1880-1940* (A. Colin, coll. « U », Paris, 1992 et 1994). - A. Martin-Fugier, *la Vie quotidienne de Louis-Philippe et de sa famille* (Hachette, Paris, 1992). - N. Mayer, *le Front national à découvert* (F.N.S.P., Paris, 1996). - G. Merle, *Émile Combes* (Fayard, Paris, 1995). - J. Meyer et A. Corvisier, *la Révolution française* (P.U.F., coll. « Peuples et civilisations », t. XIII, 1er vol., Paris, 1991). - P. Milza et R. Poidevin, *la Puissance française à la Belle Époque. Mythe ou réalité ?* (Éd. Complexe, Bruxelles, 1992). - P. Milza, *les Relations internationales de 1918 à 1939* (A. Colin, Paris, 1995). - P. Miquel, *le Second Empire* (Plon, Paris, 1992). - P. Miquel, *la Guerre d'Algérie* (Fayard, Paris, 1993). - F. Monnet, *Refaire la République. André Tardieu, une dérive réactionnaire, 1876-1946* (Fayard, coll. « Pour une histoire du XXe siècle », Paris, 1993). - J.-F. Muracciole, *Histoire de la Résistance en France* (P.U.F., coll. « Que sais-je ? », n° 429, Paris, 1re éd., 1993). - H. Néant, *la Politique en France XIXe-XXe siècle* (Hachette Supérieur, coll. « Carré Histoire », Paris, 1991). - Cl. Nicolet, *l'Idée républicaine en France 1789-1924* (Gallimard, Paris, 1995). - Ph. Nivet, *la France de 1815 à nos jours* (Ellipses, Paris, 1994). - G. Noiriel, *Sur la « crise de l'histoire »* (Belin, Paris, 1996). - P. Nora dir., *Science et conscience du patrimoine* (Fayard-Éd. du Patrimoine, Paris, 1997). - P. Ory et J.-F. Sirinelli, *les Intellectuels en France de l'affaire Dreyfus à nos jours* (A. Colin, coll. « U », Paris, 2e éd., 1992). - J. et M. Ozouf, *la République des instituteurs* (Gallimard/Le Seuil, Paris, 1992). - P. Péan, *Une jeunesse française. François Mitterrand 1934-1947* (Fayard, Paris, 1994). - G. Pedroncini (sous la dir. de), *Leclerc et l'Indochine, 1945-1947* (A. Michel, Paris, 1992). - G. Pedroncini, *Pétain, la victoire perdue, novembre, 1918-juin 1940* (Perrin, Paris, 1995). - P. Perrineau, *le Symptôme Le Pen*, Paris, Fayard, 1997. - P. Perrineau, C. Ysmal, *le Vote de crise. L'élection présidentielle de 1995* (F.N.S.P., Paris, 1995). - A. Pessin, *le Mythe du peuple et la société française au XIXe siècle* (P.U.F., coll. « Sociologie d'aujourd'hui », Paris, 1992). - P. Poirrier, *Société et culture en France depuis 1945* (Le Seuil, Paris, 1998). - Ch. Prochasson, O. Wieviorka, *la France du XXe siècle* (Le Seuil, Paris, 1994). - M. Rebérioux, G. Candar, *Jaurès et les intellectuels* (Éd. de l'Atelier, Paris, 1994). - M. Reinhard, *Le Grand Carnot. Lazare Carnot, 1753-1823* (Hachette, Paris, nouv. éd., 1994). - F. Renault, *le Cardinal Lavigerie. L'Église, l'Afrique et la France, 1825-1892* (Fayard, Paris, 1992). - H. Rey, *la Peur des banlieues* (F.N.S.P., Paris, 1996). - F. Rigaux, *la Loi des juges* (O. Jacob, Paris, 1997). - J.-P. Rioux, J.-F. Sirinelli, *Histoire culturelle de la France*, t. IV, « Le temps des masses » (Le Seuil, Paris, 1998). - P. Rosanvallon, *le Sacre du citoyen. Histoire du suffrage universel en France* (Gallimard, Paris, 1992). - P. Rosanvallon, *la Monarchie impossible. Les chartes de 1814 et de 1830* (Fayard, Paris, 1994). - P. Rosanvallon, *La Nouvelle question sociale* (Le Seuil, Paris, 1995). - P. Rosanvallon, *le Peuple introuvable* (Gallimard, Paris, 1998). - P. Rosanvallon (et autres), *France : les révolutions invisibles* (Calmann-Levy, Paris, 1998). - H. Rousso, *les Années noires. Vivre sous l'Occupation* (Gallimard, coll. « Découvertes », Paris, 1992). - M. Ruby, *Jean Zay* (Corsaire, Orléans, 1994). - J. de Saint Victor, *la Chute des aristocrates. La naissance de la droite, 1787-1792* (Perrin, Paris, 1992). - J.-M. Salmon, *le Désir de société* (La Découverte, Paris, 1998). - R. Schneider, *la Haine tranquille* (Le Seuil, Paris, 1992). - D. Schneiderman, *l'Étrange Procès* (Fayard, Paris, 1998). - S. Schweitzer, *André Citroën, 1878-1935* (Fayard, coll. « Pour une histoire du XXe siècle », Paris, 1992). - W. Serman, *la Vie professionnelle des officiers français au milieu du XIXe siècle* (Éd. Christian, Paris, diffusion A. et J. Picard, Paris, 1994). - A. Siegfried, *Tableau politique de la France de l'Ouest*, présentation par P. Milza (Imprimerie nationale, Paris, 1995). - J.-F. Sirinelli (sous la dir. de), *Histoire des droites en France* (Gallimard, Paris, 1992, 3 vol.). - F. Sirinelli, *la France de 1914 à nos jours* (P.U.F., coll. « Premier Cycle », Paris, 1993). - J.-F. Sirinelli (sous la dir. de), *École normale supérieure. Le livre du bicentenaire* (P.U.F., Paris, 1994). - J.-F. Sirinelli (sous la dir. de), *Dictionnaire historique de la vie politique française au XXe siècle* (P.U.F., Paris, 1995). - A. G. Slama, *la Régression démocratique* (Fayard, Paris, 1995). - F. Sudt, *Un passé imparfait. Les intellectuels en France, 1944-1956* (Fayard, coll. « Pour une histoire du XXe siècle, Paris, 1992). - J.-P. Sueur, *Demain la ville* (La Documentation française, Paris, 1998). - I. Théry, *Couple, filiation et parenté aujourd'hui* (O. Jacob, Paris, 1998). - L. Trenard, *la Révolution française dans la région Rhône-Alpes* (Perrin, Paris, 1992). - J. Tulard, *Napoléon II* (Fayard, Paris, 1992). - P. Vaisse, *la IIIe République et les peintres* (Flammarion, Paris, 1995). - M. Vaïsse, *La France et l'O.T.A.N., 1949-1996* (Complexe, Bruxelles, 1996). - J. Valette, *la Guerre d'Indochine, 1945-1954* (A. Colin, Paris, 1994). - J. Valette, *la France et l'Afrique. L'Afrique subsaharienne de 1914 à 1960* (SEDES, coll. « Regards sur l'histoire », n° 90, Paris, 1994). - H. Védrine, *les Mondes de François Mitterrand* (Fayard, Paris, 1996). - P. Verley, *Entreprises et entrepreneurs du XVIIIe siècle* (Hachette, Paris, 1994). - M. Vovelle, *la Révolution française, 1789-1799* (A. Colin, coll. « Cursus », Paris, 1992). - M. Vovelle, *la Découverte de la politique. Géopolitique de la Révolution française* (La Découverte, Paris, 1993). - P. Weil, *La France et ses étrangers* (Calmann-Lévy, Paris, 1991). - P. Weil, *Mission d'étude des législations de la nationalité et de l'immigration* (La Documentation française, Paris, 1998). - O. Wieviorka et Ch. Prochasson (présentation de) *la*

France du XXe siècle. Documents d'histoire (Le Seuil, coll. « Points », Paris, 1994). - Cl. Willard (sous la dir. de), *la France ouvrière*, t. I : *Des origines à 1920* (Éd. de l'Atelier, Paris, 1993). - M. Winock, *le Socialisme en France et en Europe XIXe-XXe siècle* (Le Seuil, Paris, 1992). - M. Winock, *Parlez-moi de la France* (Plon, Paris, 1995). - M. Winock, *le Siècle des intellectuels* (Le Seuil, Paris, 1997). - J.-M. Wiscart, *la Noblesse de la Somme au XIXe siècle* (Encrage, Amiens, 1994). - T. Wolton, *la France sous influence. Paris-Moscou : 30 ans de relations secrètes* (Grasset, Paris, 1996). - J. Wolff, *les Périer. La fortune et les pouvoirs* (Économica, Paris, 1993). - X. Yacono, *Histoire de l'Algérie de la fin de la Régence turque à l'insurrection de 1954* (Éd. de l'Atlanthrope, Paris, diffusion Distique, Lucé, 1993). - E. Zemmour, *le Coup d'État des juges* (Grasset, Paris, 1997). - D. Zeraffa-Dray, *Histoire de la France : d'une république à l'autre, 1918-1958* (Hachette Supérieur, coll. « Carré Histoire », Paris, 1992).

索　引

（索引中的页码为法文原书页码。）

A

B

C

D

E

F

G

H

J

K

L

M

N

O

P

Q

R

S

T

W

X

Y

Z

译后琐记

乔治·杜比（1919—1996 年）是一位享誉法国，乃至国际史坛的著名历史学家，曾先后在 1970 年和 1987 年进入法兰西学院并当选法兰西科学院院士。这位史学大师在其学术生涯当中，笔耕不辍，著述宏富，其中不仅有独自撰写的一系列关于中世纪史的专著，而且还单独主编或与人联袂主编了多种大部头的“集体著作”，如五卷本的《私人生活史》、四卷本的《法国乡村史》等等，这些著作表明，他不仅是一位对中世纪的社会经济史和心态史有着精深研究的专家，同时还是一位名副其实的大家——此处的“大”字从好的方面似乎怎么理解都行。毋庸讳言，当今之世，“专家”显然相对易得，而真正的“大家”（欺世盗名者自然不在此列）则可谓日益难求，鉴此，不由得对乔治·杜比更生敬意。

呈现在中国读者面前的这本《法国史：从起源到当代》就是乔治·杜比后一类著作中的一种。它最初的版本问世于 1970 年代初期，是由印制考究、图文并茂的三大卷组成的——构成本书的三大部分各为 1 卷。本书在问世后好评如潮，广受欢迎，遂一版再版，尤其是在出了一卷本的平装本后，更是成了典型的既畅销又长销的佳作。人们如果有机会经常光顾法国的书店的话不难发现，大概隔个一两年，此书就会推出新的版本。要而言之，这部由乔治·杜比这位名副其实的

“大家”领衔主编，莫里斯·阿居隆、米歇尔·优维尔等诸多当时法国第一流的史学名家参与撰写的著作，已经堪称是法国通史类著作中的经典之作。

笔者对自己能够在把这样一部佳作介绍给中国读者的过程中略尽绵薄深感荣幸，同时觉得这在很大程度上也是一种缘分。笔者最早见到此书是在1970年代末期，是时，本人正在北京大学历史系求学，在选修我国著名的法国史专家张芝联教授所开设的“法国史”课程期间，在北大图书馆偶然看到了此书。当时，这部装帧考究、图文并茂、篇幅巨大的“洋书”立马就对我产生了很强烈的视觉冲击，并且随即就不由得想到，我们国家什么时候也能出这样气派的书那该多好啊！80年代前期，本人在杭州大学师从我国法国史研究的开拓者之一沈炼之教授研读法国史，当时，沈师主持的法国史研究室恰好有此书，而且还不止一套，这自然令我喜出望外，遂在先生的恩准下将其中的一套借来，作为自己读研期间的枕边书，不时翻阅。如果说当年在北大初见此书时，更多地是为此书的气派和精美的“外形”所吸引的话，那么，在读研期间，随着自己法语阅读能力有所提高，对法国历史的了解程度略有加深，则更多地是为本书的内容，或曰该书主编及作者们的功力和洞见所折服。光阴荏苒，当年不过二十几岁的年轻学子而今也已成了半百之人。其间，亲身感受到了我们的国家或社会在改革开放以来所发生的巨大变化，包括目睹了我国的人文社会科学研究与出版事业的长足发展。虽然如此，在我自己潜心翻译本书的相关章节或对合作者们的译稿进行统校时，仍时不时地冒出这样的念头，即觉得如今我们的出版社要印制出在外观上堪与本书最初的版本媲美，乃至更为让人有“惊艳”之感的书早已不在话下，但在内容方面能同样以“既厚重又精辟”誉之的书，似乎出得还远远不够多。

如前所述，翻译此书很大程度上也是一种缘分。因而，当商务印书馆的王明毅先生在2005年一再表示希望我能承担此项译事时，尽管手头事情很多，包括有国家社科基金或教育部社科规划课题之类的研究任务需要按时完成“计划”，但在经过慎重考虑后还是硬着头皮接受了下来。之所以有“硬着头皮”一说，倒并非是怕自己因此而无法按时完成那些“计划”色彩浓重的课题，主要是担心自己才疏学浅，难以胜任；而又之所以接受，我想最主要的原因是无论是商务印书馆还是我们这些译者都深知此书的价值，认为需要有人来做这项工作，尽快将此书介绍给中国读者。当然，之所以能鼓起勇气来接受这一任务，还有一点非常关键，这就是因为有一些志同道合者从一开始就鼎力相助，积极加盟。他们分别是本人多年的同事与好友沈坚教授，以及既懂法语，又熟悉法国历史文化的顾杭、黄艳红、沈衡等过去的学生、现在的好友。为了确保及时完成这项规模甚大的译事，后来又由商务印书馆出面约请了田军、杨庭芳两位既精通法语，又熟悉相关内容的青年才俊。

本书的翻译具体分工如下：

吕一民独自翻译了序言、第 8 章、第 29 章、第 31 章以及大事年表和索引，并与黄艳红合译了第 19、20、23、26、27、28、30 章，与沈衡合译了第 24 章。

沈坚翻译了第 1—7 章。

黄艳红独自翻译了第 9—17 章，并与吕一民合译了第 19、20、23、26、27、28、30 章。

顾杭翻译了第 18、21、22 章。

沈衡独自翻译了第 25 章，并与吕一民合译了第 24 章。

杨庭芳翻译了第 32 章。

田军翻译了第 33 章。

在此，谨对上述合作者的精诚合作与出色的翻译表示感谢。

钱虹、盛瑜、倪振恒等先后在浙江大学世界历史研究所就读的研究生，以及“法兰西论坛”创建人顾东东先生在本人整理、翻译大事年表和索引（亦即译名对照表）时出力甚多，特此说明并致谢。

商务印书馆译作室副主任王明毅先生在我们进行此项译事的过程中始终悉心指导，鼎力相助。本书的责任编辑郭可女士不仅极其认真负责地对译稿进行编辑加工，而且在发现原书的索引存在收录不够齐全等问题后，出于方便中国读者的考虑，毅然在编辑过程中花费大量的时间与精力，对中文版之索引的内容大幅度地加以增补。在此，一并深表感谢！

浙江大学南都历史学科建设基金对本书的翻译提供了部分资助，法国国家图书中心亦曾为此提供了奖译金，对此深表感谢。此外，本人在 2005 年和 2008 年先后赴巴黎政治学院 20 世纪欧洲史研究所和法国社会科学高等研究院近现代中国研究中心访学时，曾就此书的翻译向一些法国同行请教，受益匪浅。特此致谢！

作为本书的主译，本人除了出面约请合适的译者之外，还负责了全书的通校，包括对其他译者的译稿分别予以审定、修改。因此，本书的译责当主要由我承担。由于我们几位译者学识有限，加之本书篇幅实在巨大，内容既广又深，尽管我们在翻译过程中始终谨慎行事，如履薄冰，译文中仍会有一些纰漏不妥之处。在此，敬祈专家与读者不吝赐教。

最后需要说明的是，由于本书是一部集体著作，加之撰写者多为风格独特的名家，故全书各章在文笔上不一定非常统一，对此，也请读者理解与海涵。

吕一民

2009 年 8 月 19 日于浙江大学